Sara Bangert
Entgrenzte Ähnlichkeit im Milieu des Surrealismus

Undisziplinierte Bücher

Gegenwartsdiagnosen und ihre historischen
Genealogien

Herausgegeben von
Iris Därmann, Andreas Gehrlach und Thomas Macho

Wissenschaftlicher Beirat
Andreas Bähr · Kathrin Busch · Philipp Felsch
Dorothee Kimmich · Morten Paul · Jan Söffner

Band 8

Sara Bangert

Entgrenzte Ähnlichkeit im Milieu des Surrealismus

Konturen, Vorgeschichte und Konjunktur eines
ästhetischen Konzepts

DE GRUYTER

Diese Studie wurde von der Philosophischen Fakultät der Universität Tübingen als Dissertation angenommen (Erstgutachterin: Prof. Dr. Dorothee Kimmich, Zweitgutachter: Prof. Dr. Anil Bhatti) und im November 2020 verteidigt (summa cum laude).

ISBN 978-3-11-221403-9
e-ISBN (PDF) 978-3-11-076786-5
e-ISBN (EPUB) 978-3-11-076788-9
ISSN 2626-9244

Library of Congress Control Number: 2022944156

Bibliografische Information der Deutschen Nationalbibliothek
Die Deutsche Nationalbibliothek verzeichnet diese Publikation in der Deutschen Nationalbibliografie; detaillierte bibliografische Daten sind im Internet über http://dnb.dnb.de abrufbar.

© 2025 Walter de Gruyter GmbH, Berlin/Boston
Dieser Band ist text- und seitenidentisch mit der 2023 erschienenen gebundenen Ausgabe.
Einbandabbildung: Max Ernst, L'Évadé (Der Ausbrecher) (Blatt 30), in: Histoire naturelle (1926), Lichtdruck; Papier, 50 × 32,30 cm, Staatsgalerie Stuttgart, Graphische Sammlung, A 2014/7947,30, © VG Bild-Kunst, Bonn 2023 / Foto: Staatsgalerie Stuttgart
Satz: Integra Software Services Pvt. Ltd.
Druck und Bindung: CPI books GmbH, Leck

www.degruyter.com

Inhalt

Dank —— IX

Einleitung —— 1

Teil I: **Schlüsselbegriffe, -momente und -konzepte der Ästhetik und Epistemologie des Ähnlichen**

1 Ähnlichkeit: Perspektiven einer theoretischen Kontextualisierung —— 29
1.1 Zum ‚Begriff' der Ähnlichkeit —— 43
1.2 Zur Problematik und Kritik des Ähnlichkeitsbegriffs —— 53
1.3 Zur Unbegrifflichkeit und Ungleichheit des Ähnlichen —— 67
1.4 Ähnlichkeit als Grundbegriff und Paradigma ästhetischer Erfahrung —— 80
1.5 Fazit: Schlüsselbegriffe einer (modernen) Ästhetik des Ähnlichen —— 114

2 Schlüsselmomente der Ästhetik und Epistemologie des Ähnlichen —— 120
2.1 *Analogon, homoios, mimesis*: Antike Bestimmungen der Ähnlichkeit —— 121
2.1.1 Einheit in der Vielheit: Platons Ähnlichkeitskonzepte —— 124
2.1.2 Aristoteles' topische Ähnlichkeit —— 135
2.1.3 Antike Bestimmungen mimetischer Ähnlichkeit —— 150
2.2 *Similitudo, analogia, vera icon*: Ähnlichkeitskonzepte im Mittelalter —— 178
2.3 *Le visage du monde*: Das Ähnlichkeitsdenken der Renaissance —— 193
2.4 Die Manie(r) der unähnlichen Ähnlichkeit —— 214
2.5 Die ‚Welt im Stand der Ähnlichkeit': Ähnlichkeit in der Romantik —— 227
2.6 Korrespondenzen: Der symbolistische ‚Dämon der Analogie' —— 254
2.7 Moderne Latenzen und Konjunkturen des Ähnlichen —— 262
2.8 Fazit: Persistenz der Ästhetik und Epistemologie des Ähnlichen in der Moderne —— 284

3 Schlüsselkonzepte der (surrealistischen) ‚Ästhetik des Ähnlichen' —— 298
3.1 Metapher —— 299
3.2 Metamorphose —— 338
3.3 Simulacrum —— 370
3.4 Mimikry —— 390

Teil II: Im ‚Reich des Ähnlichen': Ähnlichkeitskonzepte des Surrealismus

4 Die unähnliche Ähnlichkeit der Metapher: André Bretons Programmatik des Sprachbilds —— 421
4.1 ‚Unbeschreibliche Konfrontationen': Die imaginäre Welt der Surrealisten —— 425
4.2 ‚Das Fremdeste paarend und das Nächste trennend': Im Reich der Metapher —— 450
4.3 Im ‚Tropenlaboratorium': Der Seziertisch und die Alchemie des Wortes —— 470
4.4 ‚Abschweifungen': Metamorphosen der Metapher —— 492
4.5 Der analogische Funke —— 507
4.6 Fazit: Die Überwindung der Unähnlichkeit —— 518

5 Metamorphosen der Ähnlichkeit: Max Ernsts *Histoire naturelle* —— 522
5.1 *Diaphora* und *synopse*: Schnitt und Blick in der Montage —— 526
5.2 Frottage: ‚Blindes Sehen' und ‚blindes Zeichnen' —— 539
5.3 Metamorphosen der Naturgeschichte: Die Frottagen der *Histoire naturelle* —— 575
5.3.1 Verwandlungen: Das ‚Wunder der totalen Transfiguration' —— 587
5.3.2 Naturgeschichte nach dem Ende der Naturgeschichte —— 602
5.4 Fazit: ‚Hier ist noch alles in der Schwebe' —— 617

6 René Magrittes ‚Kunst der Ähnlichkeit' —— 620
6.1 ‚Kalkulierte Absurdität': Text, Bild, Repräsentation —— 623
6.2 „Die Poesie ist eine Pfeife" —— 637
6.3 *Ressemblance* vs. *similitude*: Ähnlichkeit und Gleichartigkeit —— 647
6.4 Die Kunst der Ähnlichkeit —— 658

6.5	Magritte, Foucault und die ‚Ordnung der Ähnlichkeit' —— **672**	
6.6	Die ‚Ordnung der Ähnlichkeit' im Denkbild —— **693**	
6.6.1	Sehen-Denken: Ähnlichkeit und Imagination —— **695**	
6.6.2	Von der Kombinatorik des ‚Seziertischs' zum Problem der Ähnlichkeit —— **704**	
6.6.3	Erscheinungsebenen der Koinzidenz: Die selbstähnliche (Re-)Präsentation —— **716**	
6.7	Fazit: Die Tücken der Ähnlichkeit: Simulacrum vs. Repräsentation —— **730**	
7	**Roger Caillois' Maskenspiele der Mimesis** —— **734**	
7.1	Pha(nta)smen —— **739**	
7.1.1	Zwischen Identität und Differenz: Unterscheidung und Transformation —— **743**	
7.1.2	Mimetische Praktiken zwischen Magie und Imagination —— **759**	
7.1.3	Die Verführung des Raumes: Abwehr und Hingabe —— **768**	
7.1.4	Die Ähnlichkeit des Anderen —— **782**	
7.2	‚Kreuzwege der Einbildungskraft' —— **790**	
7.3	*Meduse und Cie*: Ähnlichkeit als Methode der poetischen Wissenschaft —— **804**	
7.3.1	‚Sciences diagonales': Diagonale Wissenschaften des Ähnlichen —— **806**	
7.3.2	Bilder der Natur —— **811**	
7.3.3	Entomo-Eth(n)ologie des Mimetismus —— **819**	
7.4	Fazit: Ähnlichkeit als Logik des Imaginären —— **834**	

Zur entgrenzten Ähnlichkeit des Surrealismus: Rückblick und Ausblick —— **841**

Literatur —— **867**

Abbildungsverzeichnis —— **911**

Namensregister —— **917**

Sachregister —— **923**

Dank

Mein herzlicher Dank gilt allen, die mich in den Jahren der Entstehung dieses Buchs unterstützt und begleitet haben. Meiner Betreuerin und Erstgutachterin Dorothee Kimmich danke ich für die Möglichkeit, in aller Eigenständigkeit an einem ‚entgrenzten' Thema zu arbeiten, aber auch für ihr Vertrauen im Rahmen meiner langjährigen Anstellung als Mitarbeiterin, u. a. in dem Tübinger Forschungsprojekt „Ähnlichkeit als kulturtheoretisches Paradigma" (in Zusammenarbeit mit dem EXC 16 der Universität Konstanz). Für sein Gutachten, aber auch die erste Anregung zum Nachdenken über Ähnlichkeit in einem von ihm geleiteten Seminar an der Universität Tübingen danke ich meinem Zweitgutachter Anil Bhatti. Sigrid Köhler danke ich für ihr Gutachten und ihren kollegialen Rat. Birgitta Coers (documenta archiv), Julia Drost (DFK Paris) und Judith Weiß (ZfL Berlin) haben meine Beschäftigung mit dem Surrealismus auf unterschiedliche Weise angeregt und gefördert. Dankbar bin auch für die Förderung durch ein Promotionsstipendium der Landesgraduiertenförderung, das mir ermöglichte, zwei Jahre lang konzentriert an dieser Studie zu arbeiten.

Andreas Öffner, Markus Gottschling, Kim Luther, Stephanie Lavorano, Timo Stösser und Anna Conant danke ich für Lektüren, Anregungen und Gespräche, Korrekturen und technische Hilfe, aber auch für ihre Freundschaft und Unterstützung in allen Lebenslagen; neben ihnen haben mich mit Korrekturen vor der Einreichung des Manuskripts auch Leevke-Malena Sörensen und Julian Klinner unterstützt. Lena Sutterer und Daniela Bohner haben mir in Pausen der Arbeit an diesem Buch Nähe, Energie und Vertrauen gegeben. Vor allem danke ich aber Björn Bludau für seine liebevolle Begleitung, sein Mitfiebern und Durchhalten in den Hochs und Tiefs der letzten Jahre. Besonderer Dank gebührt Andreas Gehrlach nicht nur für seine langjährige Freundschaft, sondern auch, gemeinsam mit Iris Därmann und Thomas Macho, für die Aufnahme dieses undiszipliniert dicken Buches in die Reihe ‚Undisziplinierte Bücher'. Anja-Simone Michalski von De Gruyter danke ich herzlich für die freundschaftliche Beratung bei allen Fragen der Veröffentlichung und darüber hinaus; ich freue mich sehr, dass das Buch damit ein so ‚wahlfamiliäres' Zuhause gefunden hat. Für die freundliche und kompetente Betreuung des Veröffentlichungsprozesses danke ich Stella Diedrich und Anne Stroka.

Das Cover ziert der ‚Ausbrecher' auch im Gedenken an meine Oma Lore Fleck, die mich in ihrem liebevollen Verständnis für mein undiszipliniertes Interesse mit einem ähnlichen Wesen beschenkt hat. Widmen möchte ich dieses Buch meinen Eltern, vor allem meiner Mutter Rose Fleck-Bangert, die mich immer unterstützt hat: nicht nur finanziell, sondern vor allem mit Liebe, Rat und Tat in allen Phasen der Zähmung des Ungetiers – selbst wenn wir uns auf unterschiedliche Weise mit ästhetischen Fragen befassen, ist doch diese Ähnlichkeit kein Zufall; und meinem Vater Gerd Bangert, der trotz gelegentlicher Nachfragen zu meinem Tun doch eine Relevanz in dieser Arbeit entdeckt hat, die sich wohl erst auf den zweiten Blick zeigt.

Einleitung

Das Denken in Ähnlichkeiten ist alles andere als genuin modern, sondern wird oft als vormodern und als modern nicht erkenntnisfähig qualifiziert. Obwohl sie seit der Antike als fundamental für Erkenntnis und ästhetisches Handeln konzipiert wird, ist der Ähnlichkeit nicht nur die Philosophie überwiegend „ausgewichen"[1], auch die Literatur-, Kunst- und Kulturwissenschaften haben sie „weitgehend umschifft oder marginalisiert"[2] oder „das Konzept als heikel apostrophiert und eine eingehende Beschäftigung damit als aporetisches Unterfangen ausgeklammert."[3] Als *„topic that has been important in the history of aesthetics but that has been marginalized by various critiques of it since the 1960s"*[4] verdient Ähnlichkeit jedoch eine Neubewertung: Dem Befund folgend, dass sie in der ästhetischen Moderne eine bemerkenswerte Produktivität entfaltet, wird hier Ähnlichkeit als zentrales ästhetisch-epistemologisches (Meta-)Konzept im Milieu des Surrealismus untersucht. Dabei mag die These einer modernen ‚Konjunktur' der Ähnlichkeit zunächst überraschen, denn sie scheint, ausgetrieben aus der philosophischen Erkenntnistheorie, der wissenschaftlichen Theoriebildung und künstlerischen Mimesiskonzepten und verdrängt durch die Repräsentationskritik und das Paradigma der Differenz, in der Moderne vielfach totgesagt. Demgegenüber argumentieren diese Überlegungen im Einklang mit einer Reihe aktueller Forschungsarbeiten für die „Persistenz"[5] der Ähnlichkeit als ästhetisch-epistemologisches Paradigma. Dafür konturieren sie im ersten Teil Ähnlichkeit als epistemologischen und ästhetischen Grundbegriff,

---

[1] Robert Spaemann, „Ähnlichkeit", in: ders., *Schritte über uns hinaus. Gesammelte Reden und Aufsätze*, Bd. II, Stuttgart 2011, S. 50–57, S. 52.
[2] Jeanette Kohl, Martin Gaier, Alberto Saviello, „Ähnlichkeit als Kategorie der Porträtgeschichte", in: dies. (Hg.), *Similitudo. Konzepte der Ähnlichkeit in Mittelalter und Früher Neuzeit*, München 2012, S. 11–27, S. 11.
[3] Ebd., S. 12.
[4] Alan Goldman, Art. „Representation", in: Michael Kelly (Hg.), *Encyclopedia of Aesthetics*, New York u. a. 1998, S. 137–148, S. 137 [Hv. i. Orig.; alle Hervorhebungen im Folgenden, soweit nicht anderweitig gekennzeichnet, im Original]; vgl. den Hinweis auf diesen Artikel – eine Ausnahme gegenüber dem zu konstatierenden weitgehenden Fehlen des Begriffs in einschlägigen Lexika – in: Kohl, Gaier, Saviello, Ähnlichkeit als Kategorie der Porträtgeschichte, S. 12, Anm. 5.
[5] Iulia-Karin Patrut, Reto Rössler, „Ähnlichkeit um 1800. Konturen eines literatur- und kulturtheoretischen Paradigmas am Beginn der Moderne", in: dies. (Hg.), *Ähnlichkeit um 1800. Konturen eines literatur- und kulturtheoretischen Paradigmas am Beginn der Moderne*, Bielefeld 2019, S. 7–24, S. 15; vgl. u. a. Anil Bhatti, Dorothee Kimmich (Hg.), *Ähnlichkeit. Ein kulturtheoretisches Paradigma*, Konstanz 2015; Dorothee Kimmich, *Ins Ungefähre. Ähnlichkeit und Moderne*, Paderborn 2017.

rekonstruieren Quellen der Ähnlichkeitsreflexion und die Vorgeschichte der modernen „Ästhetik des Ähnlichen"[6] und erarbeiten konzeptuelle Zugänge zu den im zweiten Teil analysierten surrealistischen Ähnlichkeitskonzepten. Dieses mehrschrittige Vorgehen zielt nicht nur auf eine angemessen komplexe Perspektivierung der surrealistischen Ästhetik und Epistemologie des Ähnlichen, sondern zugleich auf eine theoretische Reevaluierung der Ähnlichkeit.

Entgegen dem vermeintlichen Abschied der Moderne von der Ähnlichkeit zeigt eine genauere Betrachtung, dass sie als ein grundlegendes Phänomen der „ästhetische[n] Erfahrung"[7], der Wahrnehmung, des Denkens, der Imagination, der Erinnerung, des (Wieder-)Erkennens, der Mimesis, der Sprache und der „Bildgebung"[8] so wenig auszutreiben wie theoretisch zu bewältigen ist: Ähnlichkeiten zu erkennen und zu bilden ist als Grundoperation menschlichen In-der-Welt-Seins und „Grundkategorie menschlichen Denkens sowie der Wirklichkeitserfassung"[9] so basal wie die Fähigkeit zur Unterscheidung. Das phänomenale Kontinuum der Welt wird nicht nur durch das differenzierende,[10] sondern, wie bereits Platon und Aristoteles betonen, ebenso durch das Ähnlichkeiten (er-)findende Denken strukturiert. „Es ist eine philosophische Binsenweisheit, dass der Begriff der ‚Ähnlichkeit' *der* zentrale Begriff ist, um die Einheit der menschlichen Erfahrung zu garantieren, er wird als solcher niemals geleugnet."[11] Dennoch genießt Ähnlichkeit weit geringere theoretische Aufmerksamkeit als die Leitbegriffe *Identität* und *Differenz*. „Wer vom Ähnlichen spricht, weiß offenbar nichts Genaues"[12], so das Vorurteil, und begnüge sich mit einer „*Hermeneutik des Vorläufigen*", für die es scheinbar „*weniger diakritische[r] Energie* als für die Herstellung von Identität

---

6 Gerald Funk, Gert Mattenklott, Michael Pauen (Hg.), *Ästhetik des Ähnlichen. Zur Poetik und Kunstphilosophie der Moderne*, Frankfurt a. M. 2001.
7 Niklas Dommaschk, *Ähnlichkeit und ästhetische Erfahrung. Eine Konstellation der Moderne: Kant, Benjamin, Valéry und Adorno*, Würzburg 2019.
8 Kohl, Gaier, Saviello, Ähnlichkeit als Kategorie der Porträtgeschichte, S. 13.
9 Ebd., S. 23.
10 Schklowskij verweist auf Lenins Notizen zu Hegels *Vorlesungen über die Geschichte der Philosophie*: „‚Was die Schwierigkeit macht, ist immer das Denken, weil es die in der Wirklichkeit verknüpften Momente eines Gegenstands in ihrer Unterscheidung auseinanderhält'" (Viktor Schklowskij, *Von der Unähnlichkeit des Ähnlichen in der Kunst*, hg. u. übers. v. Alexander Kämpfe, München 1972, S. 18).
11 Christian Strub, *Kalkulierte Absurditäten. Versuch einer historisch reflektierten Metaphorologie*, Freiburg i. Br., München 1991, S. 481.
12 Gerald Funk, Gert Mattenklott, Michael Pauen, „Symbole und Signaturen. Charakteristik und Geschichte des Ähnlichkeitsdenkens" (Einleitung der Herausgeber), in: dies. (Hg.), *Ästhetik des Ähnlichen*, S. 7–34, S. 7.

oder gänzlicher Andersheit" bedarf.[13] Dass jedoch, so Umberto Eco, „Menschen auf der Grundlage von Urteilen über Identität und Ähnlichkeit denken, läßt sich nicht bezweifeln."[14] Daher spielt der Ähnlichkeitsbegriff seit jeher „im Zusammenhang mit dem Erkenntnisproblem eine große Rolle."[15] So intuitiv evident sein Stellenwert erscheint, so komplex, unbestimmt und klärungsbedürftig ist er jedoch: Schwierigkeiten entstehen gerade dort, wo die theoretische Reflexion Ähnlichkeit *auf den Begriff zu bringen* sucht: „Zunächst einmal gibt es keine überkommene Theorie mit dem Titel *Ähnlichkeit*."[16] Zwar sind es „die Quellen selbst, die uns die herausragende Bedeutung der ‚Ähnlichkeitsfrage' von Aristoteles bis Foucault und Deleuze vor Augen führen."[17] Doch die so lange wie vielstimmige, teils explizite, teils „latente Tradition von Ähnlichkeitsphilosophemen"[18] von Platon und Aristoteles über Tommaso Campanella, David Hume, John Stuart Mill, Gottfried W. Leibniz und Immanuel Kant bis hin zu Fritz Mauthner, Walter Benjamin und Ludwig Wittgenstein ist von Beginn an von begrifflichen Schwierigkeiten geprägt, die zu einem großen Teil aus der charakteristischen Unschärfe des Ähnlichkeitsbegriffs entstehen. Ähnlichkeit ist ein so universaler und ubiquitärer wie vager und proteischer ‚Begriff', der der Verbegrifflichung widersteht.[19]

Betrachten daher Philosophie und Wissenschaften Ähnlichkeit nicht nur als epistemologisch fundamental, sondern vielfach auch als Stein des Anstoßes und Quelle der Täuschung, so verhandeln neben ästhetischer Theorie, Poetik und Kunstprogrammatik gerade auch die Kunst und Literatur selbst Ähnlichkeitsphänomene, -wahrnehmungen und -assoziationen einerseits als epistemologisch valide, ingeniös und schöpferisch, andererseits als potenziell trügerisch, täuschend, phantastisch, wahnhaft und unheimlich. So lassen sich dem weiten Begriffsfeld

---

13 Albrecht Koschorke, „Ähnlichkeit. Valenzen eines post-postkolonialen Konzepts", in: Anil Bhatti, Dorothee Kimmich (Hg.), *Ähnlichkeit. Ein kulturtheoretisches Paradigma*, Konstanz 2015, S. 35–45, S. 36.
14 Umberto Eco, *Die Grenzen der Interpretation*, übers. v. Günter Memmert, München 1995, S. 76.
15 Art. „Ähnlichkeit", in: Arnim Regenbogen, Uwe Meyer (Hg.), *Wörterbuch der philosophischen Begriffe*, Hamburg 1998, S. 18 f., S. 18.
16 Martin Andree, *Archäologie der Medienwirkung: Faszinationstypen von der Antike bis heute* (Simulation, Spannung, Fiktionalität, Authentizität, Unmittelbarkeit, Geheimnis, Ursprung) [Diss.], München ²2006, S. 33.
17 Kohl, Gaier, Saviello, Ähnlichkeit als Kategorie der Porträtgeschichte, S. 13.
18 Dorothee Kimmich, „Das Missverständnis der Mimesis. Bemerkungen zur Theoriegeschichte der mimetischen Verständigung", in: Klaus Sachs-Hombach (Hg.), *Verstehen und Verständigung. Intermediale, multimodale und interkulturelle Aspekte von Kommunikation und Ästhetik*, Köln 2016, S. 194–205, S. 194.
19 Vgl. Bernhard Gruber, *Topographie des Ähnlichen: Aristoteles und die gegenwärtige Kritik an ‚Repräsentation'*, München 2001.

der Ähnlichkeit nicht nur Begriffe wie Vergleich, Mimesis, Imitation, Nachahmung, Realismus, Repräsentation, Analogie, Assoziation, Modell, Kopie, Abduktion, Metapher, Symbol, Allegorie, Korrespondenz, Entsprechung oder Verwandtschaft zuordnen, sondern etwa auch Begriffe wie Unähnlichkeit, Simulation, Täuschung, Fälschung und *Fake*; vielbeklagt ist seit Platon ihr Potential zur Täuschung insbesondere der visuellen Wahrnehmung: Ähnlichkeit erscheint als „Begriff der evidentesten, aber auch verworrensten *visuellen Beziehung*, mit der wir im Alltagsleben wie in unserer Erfahrung der Bilder der Kunst Bekanntschaft machen können."[20] Wird alltagspragmatisch meist durchaus sicher „zwischen relevanten Ähnlichkeiten und solchen, die zufällig und illusorisch sind", unterschieden, so sind dort, wo Kriterien der Unterscheidung und Maßstäbe der Bestimmung *relevanter* Ähnlichkeitsbezüge fehlen, dem Ähnlichkeitssehen, der Pareidolie oder einem paranoischen Interpretationssyndrom Tür und Tor geöffnet – zumal „jeder ein unanzweifelbares und von vielen Semiologen und Sprachphilosophen illustriertes Prinzip verinnerlicht hat: *Unter einem bestimmten Gesichtspunkt hat jedes Ding Analogie-, Kontiguitäts- und Ähnlichkeitsbeziehungen zu jedem anderen.*"[21] Das Problem, dass „auf einer hinreichend allgemeinen Ebene jede Vorstellung mit jeder anderen in einem Verhältnis der Ähnlichkeit" steht und alle „einander zu ‚berühren' vermögen"[22], begleitet die Ähnlichkeitsreflexion von Platon bis Nelson Goodman. Während theoretische Ansätze diese Problematik mittels der Bestimmung von Relevanzkriterien sowie der Modellierung der Kontextabhängigkeit von Ähnlichkeitsurteilen rational zu *begrenzen* suchen – „[b]ereits die im Zeitalter der Aufklärung veröffentlichten Überlegungen zu Ähnlichkeit und Unähnlichkeit legen nämlich die Annahme nahe, dass es gerade die ‚constraints' sein könnten, durch die das Denken in Ähnlichkeiten produktiv wird"[23] –, thematisiert und provoziert die ästhetische Praxis vielfach gerade eine *Entgrenzung* der Ähnlichkeit. Niklas Dommaschk spricht von einem „Überborden des Ähnlichen" als Kehrseite der „Offenheit der Ähnlichkeit", insofern „dem Herstellen von Ähnlichkeitsbezie-

---

20 Didi-Huberman, *Formlose Ähnlichkeit*, S. 25.
21 Eco, *Grenzen der Interpretation*, S. 76. Eco leitet hier ein ‚paranoisches' Interpretationssyndrom ab. Der dubiose Status, den Ähnlichkeit in diesem Kontext genießt, lässt sich etwa an dem Jiangang Liu, Jun Li, Lu Feng, Ling Li, Jie Tian und Kang Leed 2014 an der Harvard-Universität für das eine Studie über Pareidolie veröffentlichende Paper „Seeing Jesus in toast: Neural and behavioral correlates of face pareidolia" verliehenen ‚Ig-Nobel'-Preis ablesen (vgl. https://www.utoronto.ca/news/jesus-toast-study-wins-ig-nobel-prize-u-ts-kang-lee, 2.8.2017).
22 Eckard Lobsien, *Kunst der Assoziation. Phänomenologie eines ästhetischen Grundbegriffs vor und nach der Romantik*, München 1999, S. 212f.
23 Iulia-Karin Patrut, „Grenzen der Ähnlichkeit" (online unter http://www.litwiss-fl.de/projekte/grenzen-der-aehnlichkeit, 8.10.2019), o. S.

hungen durch das Konzept selbst keine Grenzen gesetzt sind".[24] Literarische und bildkünstlerische Beispiele inszenieren die Produktivität der Ähnlichkeitswahrnehmung als Quelle der Imagination und Kreativität, aber auch die Fallstricke der Täuschung, des wissenschaftlichen Dilettantismus und des Wahns, denen Figuren verfallen, die überall trügerische Ähnlichkeiten sehen, Relevanzkriterien nicht nach Maßgabe der Logik oder Konvention auswählen und die Welt ungewöhnlich ordnen: Angesichts der „wilden Ähnlichkeit"[25] drohe die „Relationalität des Ähnlichen [...] ihr Erkenntnispotential gänzlich einzubüßen".[26]

Die ästhetische Thematisierung eines potentiell *entgrenzten* Denkens in Ähnlichkeiten verweist dabei auf die grundlegende epistemologische und ästhetische Bedeutung der Ähnlichkeit, deren Konzeptualisierung sich in die Antike zurückverfolgen lässt: Seit den philosophischen Großkonzepten Platons und Aristoteles' wird Ähnlichkeit als erkenntnistheoretisches und ontologisches, topisches und dialektisches, mimetisches und tropologisches Konzept diskutiert, das zwischen Identität (dem Einen, Selben) und Differenz (dem Anderen, Verschiedenen) steht und so nicht nur zwischen grundlegenden onto-epistemologischen Größen vermittelt, sondern auch zur logischen Grundlage von Begriffsbildung und Kategorisierung wird.[27] Zugleich fasst eine weite, abstrakte Definition der Ähnlichkeit als ‚Zwischen' oder Ineinander von Identität und Differenz weder die basale Evidenz

---

24 Dommaschk, *Ähnlichkeit und ästhetische Erfahrung*, S. 34.
25 Michel Foucault, *Die Ordnung der Dinge. Eine Archäologie der Humanwissenschaften*, Frankfurt a. M. 1971 [*Les Mots et les choses. Une archéologie des sciences humaines*, 1965], S. 81, nennt als Typus dieser Erfahrung den „Irre[n], der in der abendländischen Erfahrung zum Menschen der wilden Ähnlichkeit geworden ist [...], der sich in der Analogie entfremdet hat [...]. Er sieht überall nur Ähnlichkeiten und Zeichen der Ähnlichkeit. Alle Zeichen ähneln sich für ihn, und alle Ähnlichkeiten haben den Wert von Zeichen." Symmetrisch dazu finde „der Dichter [...] unterhalb der [...] Unterschiede die verborgenen Verwandtschaften der Dinge und ihre verstreuten Ähnlichkeiten" (ebd.). Der Irre sichere die „Begrenzung" der Macht des Wissens durch „die Funktion des *Homosemantismus*. Er sammelt alle Zeichen und überschüttet sie mit einer Ähnlichkeit, die sich unaufhörlich fortpflanzt. Der Dichter sichert die umgekehrte Funktion, er hat die *allegorische* Rolle inne. Unter der Sprache der Zeichen und unter dem Spiel ihrer Unterscheidungen lauscht er ‚der anderen Sprache', derjenigen, ohne Wörter und Rede, der Ähnlichkeit. Der Dichter läßt die Ähnlichkeit bis zu den Zeichen kommen, die sie aussprechen" (ebd., S. 82). Nach Assmann ist „[w]ilde Semiose [...] das weite Feld, das sich zwischen den Polen des Pathologischen und des Kreativen ausdehnt." (Aleida Assmann, *Im Dickicht der Zeichen*, Berlin 2015, S. 18): „‚Wahnwitzige, Poeten und Verliebte'" verbinde, „dass sie sich von den gesellschaftlich sanktionierten Standards der Zeichenlogik freimachen, aus unterschiedlicher Motivation neue Verbindungen und Beziehungen entdecken und damit immer neue Ähnlichkeiten offenbaren." (Ebd.)
26 Dommaschk, *Ähnlichkeit und ästhetische Erfahrung*, S. 34 (im Verweis auf Foucault).
27 Zur ontologischen und logischen Konzeptualisierung der Ähnlichkeit bei Platon und Aristoteles vgl. Dieter Lau, *Metaphertheorien der Antike und ihre philosophischen Prinzipien. Ein Beitrag zur Grundlagenforschung in der Literaturwissenschaft*, Frankfurt a. M. 2006; zur Proble-

noch die konkrete Komplexität, weder die Produktivität noch die Proteushaftigkeit von Ähnlichkeitswahrnehmungen und -urteilen, die in verschiedensten lebensweltlichen Situationen, wissenschaftlichen Methoden und zumal ästhetischen Praktiken zum Tragen kommen. Ähnlichkeit „bears upon perception, representation, imitation, relationships among others, the modelisation of culture, and the relation between past and present"[28]: Die Ähnlichkeitsreflexion begleitet daher neben ästhetischen Fragen etwa nach Mimesis, Repräsentation und Simulation auch in ihrer Vielfältigkeit kaum zu bündelnde ontologische, epistemologische und anthropologische Fragen nach Erkenntnis und Erinnerung, Nachahmen und Lernen, Vergleich und Modell, Qualität und Gestalt, Formen und Strukturen des Denkens, der Begriffsbildung und der klassifikatorischen Ordnung der Welt, grammatische, etymologische und semiotische Überlegungen sowie Reflexionen an den Schnittstellen von Sprache und Bild, Wahrnehmung und Imagination. In der Geschichte der Ästhetik entfaltet Ähnlichkeit – gerade vor dem Hintergrund der historisch variablen Konzeptualisierung ihres Wirkens in Mimesis, Bild und Metapher bei Platon und Aristoteles und in deren Rezeption – eine anhaltende Wirkung, je unterschiedlich vermittelt etwa über das christliche Bildverständnis, den kratylischen „Mimologismus" oder die Rezeption der aristotelischen Metapherntheorie.[29]

> Das vielschichtige und vielgesichtige Phänomen der Ähnlichkeit in der Kunst kann nicht von den grundlegenden Problemfeldern getrennt werden, in denen – wie von Platon und Aristoteles eröffnet und bis heute diskutiert – Ähnlichkeit als eine ontologisch-ästhetische Kategorie und als ein Grundphänomen der Wirkungsästhetik bestimmt wird.[30]

Während Ähnlichkeit also in ihren ästhetischen Dimensionen bis in die Moderne wirksam bleibt, scheint die epistemologische Valenz des Ähnlichkeitsdenkens zu schwinden: Begründete das Denken in Ähnlichkeiten in älteren Erkenntnislehren Verhältnisse der Kontinuität, Kontiguität und Korrespondenz, der Eingebundenheit des Menschen in demiurgisch oder göttlich gestiftete

---

matik der Ähnlichkeit im Universalienstreit vgl. Jens Kohne, *Drei Variationen über Ähnlichkeit. Eine systematische Einführung in die Eigenschaftsontologie*, Hildesheim 2005.

28 Stefano Arduini, „Introduction: Similarity and Difference in Translation", in: ders., Robert Hodgson Jr. (Hg.), *Similarity and Difference in Translation. Proceedings of the International Conference on Similarity and Translation*, Rimini 2004, S. 7–14, S. 11.

29 Vgl. u. a. Gérard Genette, *Mimologiken. Reise nach Kratylien*, Frankfurt a. M. 2001; vgl. Jeffrey F. Hamburger, „In the Image and Likeness of God: Pictorial Reflection on Images and the Imago Dei", in: Jean-Claude Schmitt (Hg.), *Femmes, art et religion au Moyen Âge*, Strasbourg 2004, S. 1–18; Lau, *Metaphertheorien der Antike*; Paul Ricœur, *Die lebendige Metapher*, übers. v. Rainer Rochlitz, hg. v. Richard Grathoff u. Bernhard Waldenfels, München 1986 [*La métaphore vive*, Paris 1975], S. 36.

30 Kohl, Gaier, Saviello, Ähnlichkeit als Kategorie der Porträtgeschichte, S. 27.

Relationen einer kosmogonischen Ordnung, umgreifende Analogieverhältnisse und die Spiegelungs- und Übersetzungsprozesse sinnesphysiologischer Übertragung, die etwa Johann Wolfgang von Goethes Zeilen aufrufen: „Wär nicht das Auge sonnenhaft, / Die Sonne könnt es nie erblicken; / Läg nicht in uns des Gottes eigne Kraft, / Wie könnt uns Göttliches entzücken?"[31], so nimmt die ontologisch, epistemologisch und metaphysisch fundierte Bindungskraft des Ähnlichen über die Jahrhunderte ab, um im „nachanalogischen" Zeitalter[32] weitgehend marginalisiert zu werden. Ähnlichkeits- und Analogiebezüge, die naturphilosophische Theorien onto-epistemologisch begründeten, geraten mit der Entwicklung der modernen Wissenschaften und mit der Aufklärung in Kritik und werden schließlich zu einem Paradigma *vormodernen* Denkens – so jedenfalls argumentiert die in Michel Foucaults *Les Mots et les choses* (1965) vertretene These einer ‚Episteme' der Ähnlichkeit. Foucault zufolge ist die Renaissance eine Epoche der Ähnlichkeit: Die ‚vier Ähnlichkeiten' *convenientia*, *aemulatio*, Analogie und Sympathie bestimmten die Interpretation der Relationen zwischen Dingen, Zeichen und Menschen, deren Lesbarkeit Signaturenlehren beglaubigten.[33] Ähnlichkeit bezeichnet hier „einen Beziehungstyp, in dem sich die Dinge durch vielfältige Analogie- und Sympathiebeziehungen durchdringen, beeinflussen, nachahmen"[34], und der umfassende Korrespondenzverhältnisse begründet. Dieses zunehmend als unwissenschaftlich, naiv, konfus und dem magischen Denken zugehörig bewertete Ähnlichkeitsdenken und das darauf beruhende Zeichenkonzept löse mit dem Ende der Renaissance ein epistemischer Paradigmenwechsel ab – eine These, die vor dem Hintergrund der aufklärerischen Ähnlichkeitskritik[35] plausibel scheint und weithin

---

31 Johann Wolfgang v. Goethe, „Zahme Xenien III", in: ders., *Sämtliche Werke*, Bd. 1: Sämtliche Gedichte. Erster Teil: Die Gedichte der Ausgabe letzter Hand, Zürich 1977 [1950], S. 624–632, S. 629; vgl. den Verweis in: Gert Mattenklott, „Ähnlichkeit. Jenseits von Expression, Abstraktion und Zitation", in: Funk, Mattenklott, Pauen (Hg.), *Ästhetik des Ähnlichen*, S. 167–183, S. 181.
32 Vgl. zur „nachanalogischen Ontologie der Moderne" Strub, *Kalkulierte Absurditäten*, S. 471.
33 Vgl. Foucault, *Die Ordnung der Dinge*, Kap. II, S. 46–77.
34 Eva Johach, Jasmin Mersmann, Evke Rulffes, „Try to blend in!" (Editorial), in: *ilinx – Berliner Beiträge zur Kulturwissenschaft* 2 (2011): Mimesen, S. VII–XVIII, S. XIIf.
35 Foucault zitiert René Descartes' Verdikt als Beleg: „Die Ähnlichkeit ist nicht mehr die Form des Wissens, sondern eher die Gelegenheit des Irrtums, die Gefahr, der man sich aussetzt, wenn man den schlecht beleuchteten Ort der Konfusionen nicht prüft. In den ersten Zeilen der Regulae sagt Descartes: ‚Sooft die Menschen irgendeine Ähnlichkeit zwischen zwei Dingen bemerken, pflegen sie von beiden, mögen diese selbst in gewisser Hinsicht voneinander verschieden sein, das auszusagen, was sie nur bei einem als wahr erfunden haben.'" (Foucault, *Die Ordnung der Dinge*, S. 83) Dass sich Descartes' Kritik hier weniger gegen Ähnlichkeit als gegen einen Vergleich von Kunst und Wissenschaft richtet, zeigen die folgenden Regeln. Nach

aufgegriffen wurde: Seit dem siebzehnten Jahrhundert werde Ähnlichkeit, als logisch defiziente Vorstufe des Wissens diffamiert, in univoke Begriffe, ein binäres Zeichenkonzept und eine Analyse nach Maßgabe von Identität und Differenz überführt, da sie den Anforderungen an Klarheit und Distinktheit, Verbindlichkeit und Anwendbarkeit des Begriffs nicht genüge. So trete „die ‚Ähnlichkeit' in ein Zeitalter ein, in dem sie entweder als unvernünftig oder zur Sache der Einbildungskraft erklärt wird."[36]

Foucaults *Die Ordnung der Dinge* hat – als „gewichtige Ausnahme"[37] gegenüber ihrer weitgehenden Dethematisierung – Ähnlichkeit in ihrer epistemologischen Bedeutung in den Blick gerückt, zugleich aber ihre Bewertung als neuzeitlich nicht mehr erkenntnisfähige und der Moderne fremd gewordene Form des Denkens festgeschrieben und damit zu ihrer Marginalisierung beigetragen. „Der Kern seines Narrativs ist die Dichotomie ‚vormodern/modern', die sich dann in der abrupten Ersetzung blockartiger epistemischer Konfigurationen ausprägt."[38] Der theoretische Blick auf Ähnlichkeit ist seit dieser Periodisierung, der zufolge die Ähnlichkeitsepisteme zugunsten des Ordnungsmodells der Repräsentation verabschiedet werde, dadurch problematisiert, dass das Ähnlichkeitsdenken als epistemologisch überwunden eingestuft wird: „Michel Foucaults Thesen zur Ähnlichkeit haben [...] am nachhaltigsten dafür gesorgt, dass Ähnlichkeit und Moderne als gegensätzlich wahrgenommen werden."[39] Sie haben nicht nur die postmoderne Ähnlichkeitskritik informiert, sondern prägen die gängige Forschungsmeinung, dass

> das Ähnlichkeitsdenken vom siebzehnten Jahrhundert an durch den Siegeszug der empirischen Naturwissenschaften in den Hintergrund gedrängt wird. Der Wissenschaftler wird

---

Descartes ist „[j]ede sinnliche Erfahrung [...] dem Irrtum ausgesetzt; sie bietet nicht einmal sichere Kriterien, zwischen wirklichen und geträumten Dingen, Zuständen etc. zu unterscheiden" (Constanze Peres, „Nachahmung der Natur. Herkunft und Implikationen eines Topos", in: Hans Körner et al. (Hg.), *Die Trauben des Zeuxis. Formen künstlerischer Wirklichkeitsaneignung*, Hildesheim, Zürich, New York 1990, S. 20).

36 Zit. n. Jochen Schulte-Sasse, Art. „Einbildungskraft/Imagination", in: Karlheinz Barck, Martin Fontius, Dieter Schlenstedt u. a. (Hg.), *Ästhetische Grundbegriffe. Historisches Wörterbuch in sieben Bänden*, Bd. 2, Stuttgart 2001, S. 88–120, S. 115f. Vgl. weiter: „Zwischen dem Dichter und dem Irren sei seither der „espace d'un savoir" entstanden, ‚où, par une rupture essentielle dans le monde occidental, il ne sera plus question des similitudes, mais des identités et des différences'" (ebd.).

37 Andree, *Archäologie der Medienwirkung*, S. 33; die Studie habe „viele Folgepublikationen angeregt, auch zum Aspekt der Ähnlichkeit" (ebd.).

38 Assmann, *Im Dickicht der Zeichen*, S. 15.

39 Kimmich, *Ins Ungefähre*, S. 54.

zum objektiven Beobachter, dem es nicht mehr um schwer fassbare Korrespondenzen, sondern um genau formulierbare Gesetze geht; der Perspektivismus des Ähnlichen wird ersetzt durch eine möglichst einheitliche und exakte mathematische Bestimmung. [...] Dort allerdings, wo es an Maßstäben fehlt, um Gleichheit oder Identität zu bestimmen, spielt der Begriff des Ähnlichen zumindest im Hintergrund weiterhin eine Rolle.[40]

Durch Forschungsbeiträge zu Ähnlichkeit, die „gegen Foucaults Verdrängungsgeschichte ihre fundamentale Funktion für Erkenntnisprozesse hervorheben" und ihre Bedeutung für die moderne Ästhetik beschreiben,[41] wurde gerade seiner Periodisierung widersprochen und betont, dass sich „das Denken des Ähnlichen [...] mit dieser Zuweisung historisch [...] nicht erledigt" habe:[42]

Foucaults Einteilung bleibt nicht nur vage, was das Analogiedenken vor dem 16. Jahrhundert betrifft, sondern lässt auch außer acht, dass die *Lesbarkeit der Welt* auch in den folgenden Jahrhunderten Axiom und Programm blieb. Insbesondere die aus einer Transformation frühneuzeitlicher Signaturenlehren erwachsene Epistemologie der Romantik lässt sich in Foucaults Schema nicht einpassen. Gerade im 19. und 20. Jahrhundert entfaltet die ‚Episteme der Ähnlichkeit' ein intensives Nachleben, das sich in naturphilosophischen, ästhetischen und kosmologischen Entwürfen niederschlägt.[43]

Für die vorliegenden Überlegungen sind neben dem Einwand, dass „nicht [...] die Abkehr vom Ähnlichkeitsdenken der Renaissance zur Voraussetzung für den Anbruch der Moderne" erklärt werden muss,[44] Hinweise auf die ästhetische und epistemologische „Persistenz des Ähnlichen" in der Moderne grundlegend.[45] Dabei ist zuzugestehen, dass Foucault die Renaissance als Negativfolie für den eigentlichen Gegenstand seiner „Geschichte der Ähnlichkeit" entwirft – das ‚klassische' Zeitalter der Repräsentation, das von einem modernen Zeitalter der Historizität und des Menschen abgelöst werde –, und konstatiert, dass der Verlust ihrer Bedeutung als Episteme *nicht* mit einem Verschwinden der Ähnlichkeit gleichzusetzen sei, wenn er seine Studie unter die Leitfrage stellt,

---

40 Funk, Mattenklott, Pauen, Symbole und Signaturen, S. 21f.
41 Dommaschk, *Ähnlichkeit und ästhetische Erfahrung*, S. 15.
42 Waldemar Fromm, „Inspirierte Ähnlichkeit. Überlegungen zu einem ästhetischen Verfahren des Novalis", in: *Deutsche Vierteljahrsschrift für Literaturwissenschaft und Geistesgeschichte* 71, 4 (1997), S. 559–588, S. 562.
43 Johach, Mersmann, Rulffes, Try to blend in!, S. XIII.
44 Annette Vowinckel, *Das relationale Zeitalter. Individualität, Normalität und Mittelmaß in der Kultur der Renaissance*, München 2011, S. 247.
45 Patrut, Rössler, Ähnlichkeit um 1800, S. 15: Diesem Befund stehe „eine geradezu kanonisch gewordene Sichtweise [...] gegenüber, die [...] ein [...] fortschreitendes Zurücktreten der Ähnlichkeit hinter Differenz und klare Repräsentationskonzeptionen behauptet" (ebd.).

„unter welchen Bedingungen [...] das klassische Denken Beziehungen der Ähnlichkeit oder der Äquivalenz zwischen den Dingen reflektieren" konnte.[46]

> Die Ähnlichkeit in der klassischen Philosophie (das heißt, in einer Philosophie der Analyse) spielt eine Rolle symmetrisch zu der, die im kritischen Denken und den Philosophien des Urteils das Verschiedene sichert. In dieser Position der Grenze und der Bedingung (ohne was und diesseits wovon man nicht erkennen kann) steht die Ähnlichkeit auf der Seite der Imagination, oder genauer, sie erscheint nur durch die Kraft der Imagination, und die Imagination wirkt sich umgekehrt nur aus, indem sie sich auf sie stützt. [...] Ohne die Imagination gäbe es keine Ähnlichkeit zwischen den Dingen.[47]

So werde „die Ähnlichkeit an die Grenzen des Wissens zurückgedrängt, hin zu seinen niedrigsten und unwürdigsten Grenzen. Dort verbindet sie sich mit der Imagination, mit den unbestimmten Wiederholungen, mit den umnebelten Analogien."[48] Zugleich hebt Foucault die „fortwährend hohe Bedeutung der Ähnlichkeit vor allem im Bereich des Ästhetischen"[49] hervor, wenn er betont, die moderne Literatur bilde „eine Art ‚Gegendiskurs'" der Ähnlichkeit.[50] Der Dichter als einer der beiden Typen einer residualen Erfahrung des Ähnlichen höre „[u]nter den etablierten Zeichen, und trotz ihnen, [...] eine andere und viel tiefere Rede, die an die Zeit erinnert, in der die Worte in der universalen Ähnlichkeit der Dinge glitzerten: die Souveränität des Gleichen, die so schwierig auszusagen ist, löscht in ihrer Sprache die Trennung der Zeichen aus."[51] Nicht nur ist Literatur demnach gerade in ihrer nichtrepräsentationalen Autonomie fähig, die ‚Ähnlichkeitsepisteme' zu erinnern; auch ist für diese Überlegungen aufschlussreich, inwiefern der Umstand, dass sie auf diskursive Ordnungsmechanismen zu reflektieren vermag, den Anlass der Untersuchung Foucaults bildet: Sie habe ihre Entstehung „einem Text von Borges zu verdanken", genauer, dem unbehaglichen

> Lachen, das bei seiner Lektüre alle Vertrautheiten unseres Denkens aufrüttelt, des Denkens unserer Zeit und unseres Raumes, das alle geordneten Oberflächen und alle Pläne er-

---

46 Foucault, *Die Ordnung der Dinge*, S. 27. Vgl. ders., „Die Ordnung der Dinge" (Gespräch mit R. Bellour), in: ders., *Schriften in vier Bänden. Dits et Ecrits*, Bd. 1, übers. v. Michael Bischoff, Hans-Dieter Gondek u. Hermann Kocyba, hg. v. Daniel Defert u. François Ewald unter Mitarbeit v. Jacques Lagrange, Frankfurt a. M. 2001, S. 644–652.
47 Foucault, *Die Ordnung der Dinge*, S. 104.
48 Ebd., S. 107.
49 Dommaschk, Ähnlichkeit und ästhetische Erfahrung, S. 15.
50 Foucault, *Die Ordnung der Dinge*, S. 76.
51 Ebd., S. 81. Wo im Folgenden nicht genderneutral formuliert wird, ist keine geschlechtliche Festschreibung intendiert. Gemeint sind alle Geschlechter, wo dies nicht historische Gegebenheiten oder Quellen umdeuten würde.

schüttert, die [...] unsere tausendjährige Handhabung des *Gleichen* und des *Anderen* (*du Même et de l'Autre*) schwanken läßt und in Unruhe versetzt. Dieser Text zitiert „eine gewisse chinesische Enzyklopädie", in der es heißt, daß „die Tiere sich wie folgt gruppieren: a) Tiere, die dem Kaiser gehören, b) einbalsamierte Tiere, c) gezähmte, d) Milchschweine, e) Sirenen, f) Fabeltiere, g) herrenlose Hunde, h) in diese Gruppierung gehörige, i) die sich wie Tolle gebären, k) die mit einem ganz feinen Pinsel aus Kamelhaar gezeichnet sind, l) und so weiter, m) die den Wasserkrug zerbrochen haben, n) die von weitem wie Fliegen aussehen." Bei dem Erstaunen über diese Taxonomie erreicht man mit einem Sprung, was in dieser Aufzählung als der exotische Zauber eines anderen Denkens bezeichnet wird – die Grenze unseres Denkens: die schiere Unmöglichkeit, *das* zu denken.[52]

Diese Denkunmöglichkeit der Klassifikation bestehe in einer „Monstrosität", die nicht die „Körper" oder das „Bestiarium der Vorstellungskraft" betreffe,[53] sondern die *Ordnung*, die das Heterogene verbinde. Dessen Näheverhältnis grenzt Foucault von der „Bizarrerie ungewohnten Zusammentreffens" ab: „Man weiß, was in der Nähe der Extreme oder ganz einfach in der plötzlichen Nachbarschaft beziehungsloser Dinge an Verwirrungsmöglichkeiten enthalten ist".[54] Neben einem Zitat aus Rabelais' *Gargantua und Pantagruel* greift er hier auf die „Programmmetapher" des Surrealismus zurück, die „berühmte protosurrealistische Imagination Lautréamonts"[55], die den „gemeinsamen Platz" noch beglaubige, den Borges' Text zerstöre:

[D]er Regenschirm und die Nähmaschine auf dem Operationstisch. Wenn die Seltsamkeit ihres Aufeinandertreffens hervortritt, dann auf dem Hintergrund dieses *Und*, dieses *In* und dieses *Auf*, deren Festigkeit und Evidenz die Möglichkeit einer Nebeneinanderstellung garantieren. [...] Die Monstrosität, die Borges in seiner Aufzählung zirkulieren läßt, besteht dagegen darin, daß der gemeinsame Raum des Zusammentreffens darin selbst zerstört wird. Was unmöglich wird, ist nicht die Nachbarschaft der Dinge, sondern der Platz selbst, an dem sie nebeneinandertreten könnten. [...] Wo könnten sie nebeneinandertreten, außer in der Ortlosigkeit der Sprache?[56]

---

52 Ebd., S. 17. Vgl. Jorge Luis Borges, „Die analytische Sprache von John Wilkins", in: ders., *Inquisitionen. Essays*, Frankfurt a. M. 1992, S. 113–117. Vgl. Friedrich Balke, „Michel Foucault und die Möglichkeiten eines Denkens in der ‚Leere des verschwundenen Menschen'", in: Wilhelm Vosskamp, Günter Blamberger, Martin Roussel (Hg.), *Möglichkeitsdenken. Utopie und Dystopie in der Gegenwart*, München 2013, S. 45–68, S. 47.
53 Foucault, *Die Ordnung der Dinge*, S. 17 f.
54 Ebd., S. 18. „Nicht die *Fabel*tiere sind unmöglich [...], sondern der geringe Abstand, in dem sie neben den Hunden, die herrenlos sind, oder den Tieren, die von weitem wie Fliegen aussehen, angeordnet sind." (Ebd., S. 18).
55 Balke, Foucault und die Möglichkeiten eines Denkens, S. 51 u. ebd., Anm. 20. Balke verweist auf Erich Auerbach, „Die Welt in Pantagruels Mund", in: ders., *Mimesis. Dargestellte Wirklichkeit in der abendländischen Literatur*, Tübingen, Basel 2001, S. 250–270; er betone den „Verzicht auf das, was er ‚den festen Rahmen einer Gesamtordnung' nennt" (ebd., S. 50 f., Anm. 19).
56 Foucault, *Die Ordnung der Dinge*, S. 18 f.

Mit dem Hinweis auf die paradoxe Metakategorie h) der Klassifikation Borges' folgert Foucault:

> Das Absurde ruiniert das *Und* der Aufzählung, indem es das *In*, in dem sich die aufgezählten Dinge verteilen, mit Unmöglichkeit schlägt. Borges fügt dem Atlas des Unmöglichen keine Gestalt hinzu. Er läßt nirgends den Blitz des poetischen Zusammentreffens aufleuchten, verbirgt lediglich die diskreteste aller Notwendigkeiten. Er entzieht den Platz, den stummen Boden, an dem die Lebewesen nebeneinandertreten können. [...] Fortgenommen ist, in einem Wort, der berühmte „Operationstisch". Und indem ich Roussel einen schwachen Teil dessen gebe, was ihm geschuldet wird, verwende ich dieses Wort „Tisch" in zwei übereinanderliegenden Bedeutungen: als vernickelten, gummiüberzogenen, weiß eingehüllten und unter der gläsernen Sonne, die den Schatten verschlingt, glänzenden Tisch, dort wo für einen Augenblick, vielleicht für immer, der Regenschirm die Nähmaschine trifft; und als Tableau, das dem Denken gestattet, eine Ordnungsarbeit mit den Lebewesen vorzunehmen, eine Aufteilung in Klassen, eine namentliche Gruppierung, durch die ihre Ähnlichkeiten und ihre Unterschiede bezeichnet werden, dort, wo seit fernsten Zeiten die Sprache mit dem Raum sich kreuzt.[57]

Foucault verweist auf die „Unordnung" des „*Heterokliten*" und der „*Heterotopien*", die „die Sprache unterminieren, weil sie verhindern, daß dies und das benannt wird, weil sie die gemeinsamen Namen zerbrechen oder sie verzahnen, weil sie [...] die ‚Syntax' zerstören, und nicht nur die, die die Sätze konstruiert, sondern die weniger manifeste, die die Wörter und Sachen [...] ‚zusammenhalten' läßt."[58] Das Unbehagen angesichts dieser Unordnung sei dem eines Aphasikers verwandt, der mit der Sprache die Fähigkeit verloren habe, die Dinge, die in wechselnde Ähnlichkeitsbezüge eingehen können, zu ordnen, und werfe die Frage auf:

> Auf welchem „Tisch", gemäß welchem Raum an Identitäten, Ähnlichkeiten, Analogien haben wir die Gewohnheit gewonnen, so viele verschiedene und ähnliche Dinge einzuteilen? [...] Tatsächlich gibt es selbst für die naivste Erfahrung keine Ähnlichkeit, keine Trennung, die nicht aus einer präzisen Operation und der Anwendung eines im voraus bestehenden Kriteriums resultiert. Ein „System von Elementen", eine Definition der Segmente, bei denen die Ähnlichkeiten und Unterschiede erscheinen können, schließlich die Schwelle, oberhalb derer es einen Unterschied und unterhalb derer es Ähnlichkeit gibt, ist unerläßlich für die Errichtung der einfachsten Ordnung.[59]

Der ‚Archäologie' der klassischen und der Genese der modernen Ordnung der Dinge widmet sich *Les Mots et les choses* als „Buch über die Herausbildung derartiger Operationstische"[60] und „Geschichte der ‚Ordnungsarbeit' einer Kultur [...],

---

57 Ebd., S. 19.
58 Ebd., S. 20. Vgl. auch Balke, Foucault und die Möglichkeit eines Denkens, S. 53.
59 Foucault, *Die Ordnung der Dinge*, S. 22.
60 Balke, Foucault und die Möglichkeit eines Denkens, S. 51. „Die epistemologische Heterotopie ist nicht an den methodischen Zweifel der neuzeitlichen Philosophie gebunden, die die

die sich an den ‚Lebewesen' vollzieht."[61] Zumal die Brüche der epistemischen Konfiguration „weder als Fortschritts- noch als Verfallsgeschichte erzählt" würden, erweist sich laut Friedrich Balke gerade „der Ausgangspunkt des Buches, der als das *Zeitalter der Ähnlichkeit* bestimmt wird und der uns am weitesten entrückt zu sein scheint, einer neuen Betrachtung" würdig.[62] Balke sucht zu zeigen, dass „Foucaults Archäologie der modernen Episteme auf eine Zurückweisung der großen kulturhistorischen Diskontinuitäten und der daraus entspringenden dualistischen Kosmologie abzielt" – um zu schließen, dass sich daher „die *Ordnung der Dinge* für uns heute als der Versuch einer Erneuerung einer Wissensform liest, die nicht länger der Ordnung der Repräsentation zugehört, sondern die Ähnlichkeiten und Übergänge zwischen Dingen und Zeichen erforscht."[63]

Einen impliziten Hinweis auf eine solche Lesart bieten Foucaults Rekurs auf den ‚Gegendiskurs' der Literatur und seine daher hier ausführlich zitierte vergleichende Lektüre Borges' und Lautréamonts, die in die Periodisierung der Ähnlichkeit als vormoderne ‚Episteme' eine mit der surrealistischen Epistemologie verknüpfte Passage in die Moderne brechen. Denn gerade die Abgrenzung, die Foucault zwischen dem ‚exotischen Zauber' der absurden Taxonomie Borges' und dem Modell des Seziertischs vornimmt, wird im Verlauf dieser Überlegungen im Anschluss an einen Hinweis Regine Pranges hinterfragt: „Foucault formt hier eine surrealistische Idee zur episteme", verwahrt sich aber gegen eine solche Deutung, indem er Borges' Klassifikation von „dem Urbild für die surrealistische Montageästhetik" abgrenzt.[64] Doch „Lautréamonts Beschreibung eines poetischen Zusammentreffens wird hier mißverstanden", so Prange:

Fundamente des Denkens umstößt, um sie um so hartnäckiger zu restituieren. Sie entzieht dem Denkenden vielmehr den Ort, an dem aus unübersichtlichen und ‚gefährlichen' Mengen (von Dingen und Wörtern, Zeichen oder Daten) geordnete Vielheiten entstehen." (Ebd., S. 46).
61 Ebd., S. 53.
62 Ebd., S. 55. Er beschreibe „eine Denkunmöglichkeit für uns, die allerdings im 16. Jahrhundert den Raum des Denkmöglichen bezeichnet."
63 Ebd., S. 46f. Demgegenüber betont Foucault: „Wenn man [...] die bekanntesten Begriffe des 18. Jahrhunderts, Schemata wie Ähnlichkeit und Kontiguität, zur Errichtung und Begründung der Humanwissenschaften heranzieht", sei dies „intellektuelle Faulheit"; Mensch und Sprachdimension seien nicht vereinbar (Foucault, Die Ordnung der Dinge. Gespräch mit R. Bellour, S. 650f.). Doch eine „Wiederkehr der Analogie" in Foucaults Denken wurde mehrfach konstatiert (Peter Bürger, „Die Wiederkehr der Analogie. Ästhetik als Fluchtpunkt in Foucaults *Die Ordnung der Dinge*", in: ders., Christa Bürger (Hg.), *Postmoderne. Alltag, Allegorie und Avantgarde*, Frankfurt a. M. 1987, S. 114–121).
64 Zit. n. Regine Prange, *Der Verrat der Bilder. Foucault über Magritte*, Freiburg i. Br., Berlin 2001, S. 59.

Der Seziertisch nimmt in Lautréamonts Bild eben nicht die Funktion des Raums oder des Tableaus ein, in dem Regenschirm und Nähmaschine ihr Nebeneinander, ihre Verwandtschaft begründen könnten. Obwohl der Tisch als Tisch diese bestimmende Qualität eines Feldes der Ordnung evoziert, wird er als Seziertisch (nicht: Operationstisch) von dieser hierarchischen Position tendenziell entbunden und tritt als drittes Ding neben die anderen beiden Gegenstände. In der Demontage seiner raumgebenden Rolle erfüllt sich die von Foucault undialektisch, als bloßes Verschwinden-Lassen des übergeordneten Sinns gefaßte Qualität des Absurden.[65]

Mehr noch, die vermeintliche ‚Festigkeit' dieses Tischs wird – über Pranges Hinweis auf die ‚Dinghaftigkeit' hinausgehend – im Verlauf dieser Überlegungen dementiert, insofern die sprachliche Operation der Begegnung auf dem Seziertisch als die der Metapher lesbar wird – mithin als analogisches Gegenstück der klassifizierenden, diakritischen Ordnungsarbeit auf dem ‚Tableau'. Pranges Deutung leitet aus dem unverbundenen Nebeneinander des surrealistischen Zusammentreffens der Dinge, die in Bildverfahren der Montage wie in der „Warenwelt der Pariser Passagen [...] in einen geheimnisvollen Austausch miteinander [...] treten, also des vermittelnden ‚Und' [...] entbehren", die Autonomie des Zeichens ab, die Foucault als ‚Sein der Sprache' beschreibt; von hier aus führen demnach zwei Wege zur surrealistischen Epistemologie und Ästhetik des Ähnlichen und zur postmodernen Differenzphilosophie,[66] die Prange näher zusammenrückt, als Foucaults Abgrenzung es will – womit sie die postmoderne Ähnlichkeitskritik etwas vorschnell überspielt.

Doch lässt dieser von Foucault selbst gelegten Spur folgend nicht erst die aktuelle theoretische Hinwendung zu Ähnlichkeit, sondern gerade der Fokus auf die ästhetische Ähnlichkeitsreflexion und -produktion die Periodisierung zweifelhaft scheinen, die ein Denken in Ähnlichkeiten als *vormodern* qualifiziert. Entgegen einer solchen Charakterisierung bleibt Ähnlichkeit in der „nachanalogischen Ontologie der Moderne"[67] sowohl ästhetisch als auch epistemologisch wirksam – sowohl in rationalistischen, messenden und vergleichenden Denkoperationen, die Ähnlichkeit als ‚prälogische' Vorstufe zu disziplinieren suchen, als auch in ästhetischen und rationalitätskritischen Ansätzen, die an diese Dimension erinnern: Sie prägt die wissenschaftliche Begriffs- und Theoriebildung, Klassifikation, Methodik und Heuristik[68] und verbindet sich in ästhetischen Entwürfen der Ima-

---

65 Ebd., S. 60. Die Identifikation des Seziertisches mit dem Tableau depotenziert mithin seine ‚Operationalität'.
66 Ebd. In der „archaisierenden Figur der Unmittelbarkeit ist Foucault Surrealist" (ebd.).
67 Strub, *Kalkulierte Absurditäten*, S. 471.
68 Vgl. u. a. Michael Eggers, *Von Ähnlichkeiten und Unterschieden. Vergleich, Analogie und Klassifikation in Wissenschaft und Literatur* (18./19. Jahrhundert), Heidelberg 2011.

gination, um etwa das kombinatorische *ingenium* der manieristischen Dichtung oder die kühnen Metaphern und den scharfsinnigen Witz der Romantik zu zünden.[69] Dass gerade die Dichtung die Ähnlichkeit ‚wiederfindet', „gilt [...] für die Frühromantik und spätere, sich ihr anschließende (besonders avantgardistische) Bewegungen uneingeschränkt."[70] Gerade in der surrealistischen Ästhetik, so die leitende These dieser Überlegungen, erlangt Ähnlichkeit programmatische Bedeutung.

Um die vielfach unterschätzte Produktivität der Ähnlichkeit als eines variablen ästhetischen und epistemologischen Paradigmas und die Vorgeschichte ihrer Konjunktur in der ästhetischen Moderne zu erarbeiten, widmet sich der erste Teil dieser Überlegungen der historisch-systematischen Konturierung von *Schlüsselbegriffen*, *Schlüsselmomenten* und *Schlüsselkonzepten* der Ästhetik und Epistemologie des Ähnlichen, vor deren Hintergrund im zweiten Teil ausgewählte Ähnlichkeitskonzepte des Surrealismus analysiert werden. Dabei gilt es zunächst, theoretische Ansatzpunkte zu benennen, den ‚Begriff Ähnlichkeit' in den Blick zu nehmen und Argumente der Ähnlichkeitskritik zu diskutieren, um Ähnlichkeit als ästhetischen Grundbegriff[71] zu perspektivieren. Denn sie wird vielfach verkürzt, marginalisiert, diskreditiert und depotenziert: in der – insbesondere von der analytischen Philosophie formulierten – Kritik an der Vagheit und mangelnden Formalisierbarkeit der Ähnlichkeit, in der differenztheoretischen Kritik der Ähnlichkeit als eines auf Identität und Repräsentation verpflichteten Defizienzbegriffs oder in der Einhegung auf eine Ähnlichkeitsauffassung „im Sinne der traditionellen Mimesis-Konzeption"[72], die sie mit Abbildlichkeit, Nachahmung und Realismus identifiziert. Ordnen die ersten Einschätzungen Ähnlichkeit tendenziell den Leitbegriffen Identität und Differenz unter – denen

---

69 Vgl. Ekkehard Knörer, *Entfernte Ähnlichkeiten. Zur Geschichte von Witz und ingenium*, München 2007.
70 Schulte-Sasse, Art. Einbildungskraft/Imagination, S. 116.
71 Bezeichnenderweise fehlt ein Lemma „Ähnlichkeit" im *Handbuch Ästhetische Grundbegriffe* ebenso wie in dem Nachschlagewerk *Critical Terms for Art History*; die meisten Lexika beschränken sich auf knappe Einträge zum philosophischen Ähnlichkeitsbegriff. Vgl. aber die Hinweise in Kohl, Gaier, Saviello, Ähnlichkeit als Kategorie der Porträtgeschichte, S. 12, besonders den Verweis auf Alan Goldman, Dominic M. McIver Lopes, Gabriela Sakamoto, „Representation", in: *Encycvlopädia of Aesthetics*, hg. v. Michael Kelly, 4 Bde., Bd. 1, New York 1998, S. 137–148 (vgl. bes. Gabriela Sakamoto, „Representation: Resemblance", S. 142–148); vgl. Richard Woodfield, „Resemblance" in: David Cooper (Hg.), *A Companion to Aesthetics: Blackwell Companions to Philosophy*, Oxford, S. 369–372; zu Ähnlichkeit „als zentrale[m] Grundbegriff" der Bildtheorie Jörg R. J. Schirra, Klaus Sachs-Hombach, „Gleichheit, Ähnlichkeit und Identität", in: Jörg R. J. Schirra, Mark A. Halawa, Dimitri Liebsch (Hg.), *Glossar der Bildphilosophie* (2013) (online unter http://www.gib.uni-tuebingen.de/netzwerk/ glossar/index.php?title = Gleichheit,_Ähnlichkeit_und_Identität, 28.7.2017).
72 Funk, Mattenklott, Pauen, Symbole und Signaturen, S. 10.

gegenüber ästhetische Überlegungen gerade den irreduziblen Eigenwert des Ähnlichen betonen –, so hat die letzte ihre Ineinssetzung mit einem imitativ (miss-)verstanden Mimesisbegriff zur Folge. Ihr jahrtausendealter Konnex mit dem Mimesistheorem, genauer, die Tatsache, dass „Ähnlichkeit (homoiōsis) die grundlegende Komponente für die Äquivalenz zwischen Mimesis und Nachahmung war"[73], scheint die trotz anhaltender Kritik persistente Identifikation von Ähnlichkeit und Mimesis nahezulegen. So steht zu dem Befund einer modernen Konjunktur der Ähnlichkeit – vermeintlich – nicht nur ihr epistemologisch problematischer Status quer, sondern auch der „Abschied von der Mimesis".[74] Doch entgegen einem verkürzten Mimesisverständnis sind die Kunstprogramme der ästhetischen Moderne und der Avantgarden[75] nicht *antimimetisch*: Allenfalls im Sinn der Verkürzung auf eine imitativ-mimetische und repräsentationale Relation schwindet ihre Bedeutung, wenn die ästhetische Moderne das Prinzip, demzufolge Kunst die (sichtbare) Wirklichkeit nachzuahmen habe, ‚verabschiedet'. Der Ähnlichkeitsbegriff erweist sich so als je klärungsbedürftig; er vereindeutigt weder die Begriffe Mimesis, Realismus oder Repräsentation noch die Unterschiede der Signifikationsmodi von Bild und Sprache. Vielmehr zeigt eine systematische Öffnung des Ähnlichkeitsbegriffs dessen enorme historische und konzeptuelle Variabilität.

Dass Ähnlichkeit alles andere als ein genuin modernes Paradigma ist, zeigt die in *Schlüsselmomenten* nachgewiesene ästhetisch-epistemologische Tradition des Denkens in Ähnlichkeiten, die sich – ausgehend von antiken Bestimmungen der Ähnlichkeit, die gerade im Rekurs auf mimetische Ähnlichkeit die Auseinandersetzung mit ihr bis heute prägen – von Mittelalter und Renaissance über Manierismus, Romantik und Symbolismus bis in die Moderne verfolgen lässt: Diese Schwerpunktsetzung dient der Rekonstruktion der Vorgeschichte der surrealistischen Ästhetik und Epistemologie des Ähnlichen wie der Diskussion wesentlicher Quellen und Forschungspositionen.[76] Als notwendig erweist sich dabei die Korrektur der Periodisierung von Vormoderne und Moderne entlang der Überwindung

---

[73] Luiz Costa Lima, Art. „Mimesis/Nachahmung", in: Karlheinz Barck, Martin Fontius, Dieter Schlenstedt (Hg.), *Ästhetische Grundbegriffe. Historisches Wörterbuch in sieben Bänden*, Bd. 4, Stuttgart 2002, S. 84–120, S. 100.
[74] Karl-Heinz Ott, *Die vielen Abschiede von der Mimesis*, Stuttgart 2010, S. 9.
[75] Zu den Begriffen ‚Moderne' – als problematischer Ober- und Abgrenzungsbegriff – und ‚Avantgarde' vgl. Klaus von Beyme, *Das Zeitalter der Avantgarden. Kunst und Gesellschaft 1905–1955*, München 2005, S. 31–34.
[76] Auf eine solche „Tradition" verweist die im Verlauf diskutierte Einleitung: Funk, Mattenklott, Pauen, Symbole und Signaturen, S. 8. Es liegt zudem nahe, den Einsatz der Ähnlichkeit im Surrealismus, der den „nichtklassischen, manieristischen" Stilen zugeordnet wurde (Greber, *Textile Texte*, S. 210), auf den Manierismus zurückzubeziehen (vgl. u. a. Hocke, *Manierismus in der Literatur*).

einer wesentlich neuplatonisch geprägten Ähnlichkeitsepisteme. Neben ihr wird eine aristotelisch-topisch geprägte Traditionslinie rekonstruiert, deren rezeptiv-konstruktives Moment zu betonen ist und deren Einsatz ‚entfernter Ähnlichkeiten' die Programmatik des manieristischen *ingeniums* und die romantischen und symbolistischen Poetiken prägt; an dieser verflochtenen Tradition einer von Analogien, Metaphern und Korrespondenzen gestifteten ‚unähnlichen Ähnlichkeit' partizipiert der Surrealismus. Doch nicht nur die Tatsache, dass die ästhetische Ähnlichkeitsreflexion und -produktion diese Tradition in die Moderne transportiert, lässt die erwähnte Periodisierung fraglich erscheinen; auch ihre Konjunktur auf verschiedenen Wissensfeldern zeigt, dass ihre Einschätzung als vormoderne Denkform zu revidieren ist: Ähnlichkeit ist in der Moderne weder ästhetisch noch epistemologisch ‚erledigt', sondern spielt in deren Selbstverständigung etwa über die Grundlagen von Wahrnehmung und Denken, Assoziation und Vergleich, Sprache und Bild eine zentrale Rolle. Zugleich ist der epistemologisch problematische Status der Ähnlichkeit von Bedeutung für die kritische Konstitution einer ‚amodernen' Moderne, für die zumal der Surrealismus exemplarisch steht. Doch erschöpft sich dessen Anschluss an die besagte Tradition weder in einer romantisierenden Rückkehr zu einem naiven Analogismus oder ungebrochen motivierten Zeichenkonzept noch in dem ästhetischen Selbstzweck einer ‚überbordenden' Ähnlichkeitsproduktion in poetischen und bildnerischen Verfahren. Vielmehr zeichnet seine Ähnlichkeitsreflexion ein kritischer Einsatz des Ähnlichen aus, der die vermeintliche Transparenz von Repräsentation hinterfragt, Ähnlichkeitsbezüge von Sprache und Bild jenseits repräsentationaler, referenzieller und imitativer Bezugnahmen in den Blick rückt und auf eine entautomatisierende, verfremdende, verunähnlichende Störung konventionell etablierter Ähnlichkeitsbezüge – etwa in Assoziation, Vergleich, Begriff und Klassifikation – zielt, die deren Maßstäbe, Vergleichspunkte und ethisch-ästhetische Implikationen problematisiert und ästhetisch überbietet. Sie zeigt sich so verbunden mit einer Kritik der rationalistischen Selbstbeschreibung der Moderne und der Suche nach alternativen Rationalitätsformen. So setzt der Surrealismus die ‚entgrenzte' Produktion von Ähnlichkeiten als Instrument der Kritik eines ausschließlichen Erkenntnisanspruchs moderner Rationalität und ‚Identitätslogik' ein, entwirft nichtimitativ-mimetische Konzepte, die auf eine alternative ästhetische Modellierung des Wirklichen zielen, und operiert programmatisch mit transversalen, transdisziplinären, transgenerischen und transmedialen Bezügen. Neben der Vermittlung der ‚eigenen' ähnlichkeitsästhetischen und -epistemologischen Tradition in die Moderne ist dabei die Integration eines ‚anderen Wissens' des Ähnlichen von Bedeutung, wie es die zeitgenössische Ethnologie entdeckt – ein auch im Kontext ethnologisch informierter Primitivismusdiskurse thematisiertes Denken in Ähnlichkeiten, das der Surrealismus erforscht. Darin steht er in produktiver Nähe zu dem anthropologischen Interesse an mimetischen Denkweisen und einer kulturtheoretischen Aufmerksamkeit für die Ähnlichkeit des ‚Anderen', die in dessen Spiegel Eigenes entdeckt. An der Neuorientierung der Ähnlichkeit auf *nichtimitative* Konzepte im Surrealismus hat die „Entgrenzung der Mimesis" im Kontext ethnologischer Diskurse Anteil.[77] Hier wird mithin mehr als ein nur residualer Raum vormodernen Ähnlichkeitsdenkens erkennbar; vielmehr lässt sich die Ähnlichkeitsreflexion der ästhetischen Moderne gegen ein Verständnis der Ähnlichkeit als epistemologisch naives und repräsentational affirmatives Konzept wenden.

Dies wird besonders deutlich, wenn in einem dritten Schritt das Feld der surrealistischen Ästhetik des Ähnlichen mittels der untereinander vielfach verflochtenen *Schlüsselkonzepte* Metapher, Metamorphose, Simulacrum und Mimikry konzeptuell strukturiert wird; sie dienen zugleich als Binnenstruktur des Analyseteils, der Ähnlichkeitskonzepte André Bretons, Max Ernsts, René Magrittes und Roger Caillois' untersucht. Die historisch-systematische Synopse ihrer Ähnlichkeitsaspekte erweist sich als zentral, um Einsatzstellen der surrealistischen (Re-)Konzeptualisierung der Ähnlichkeit zu markieren. Dieser konzeptuelle Zugang, der der Annahme folgt, dass sich durch den Fokus auf Ähnlichkeit die programmatische Arbeit an diesen und weiteren Kernkonzepten wie Assoziation, Imagination, Analogie und Traum in einem systematischen Zusammenhang begründen lässt, trägt dem reflexiven Charakter der surrealistischen Ästhetik Rechnung:

> Wohl in keiner anderen künstlerischen Bewegung zuvor sind die künstlerischen Mittel so kritisch bewußt eingesetzt worden wie im Surrealismus. Das reflexive Moment begleitet jegliche Technik. Wesentlich war bei solchem kalkulierten Einsatz von bildnerischen und literarischen Techniken, die „Mechanismen der künstlerischen Schöpfung", wie Breton formulierte, „frei von allen Fesseln" zu wissen und daher ständig mit diesen benutzten und durchschauten Mechanismen der Inspiration neu anzusetzen.[78]

Dabei richtet sich der konzeptuelle Zugang nicht an einem übergreifenden Programm ‚des Surrealismus' aus, weder an seiner ‚hellen', aktivistischen und emanzipatorischen, noch an seiner ‚dunklen', onirischen, mythischen, esoterischen oder unheimlichen Seite; er ist weder an einem auf der orthodoxen und „dogmatischen" Selbstbeschreibung Bretons beruhenden Bild des Surrealismus

---

[77] Rosa Eidelpes, *Entgrenzung der Mimesis. Georges Bataille – Roger Caillois – Michel Leiris*, Berlin 2018, bes. S. 9, S. 13, passim.
[78] Schneede, *Die Kunst des Surrealismus*, S. 141.

orientiert,[79] noch ist die den Wechselfällen seiner In- und Exklusionspolitik unterworfene Zugehörigkeit zur surrealistischen Gruppe[80] Kriterium der Auswahl der Konzepte. Vielmehr lässt sich mit ihrer Konstellation quer zu Debatten um die Ausrichtung des Surrealismus und zu der Aufspaltung eines „official Bretonian surrealism" und eines „dissident Bataillean surrealism"[81] ein Panorama heterogener Positionen der Ähnlichkeitsreflexion und -produktion im Milieu des Surrealismus herstellen. Surrealismus wird dabei mit James Clifford als Modus der Wissensorganisation,[82] mit Maurice Blanchot als „Geisteshaltung"[83] und mit Werner Haftmann und Hans Holländer als „Methode"[84] begriffen. Er propagiert eine „andere und nicht weniger wirkliche Welt aus Vorstellung, Phantasie und tieferer Ahnung", wobei ästhetische Verfahren als „‚méthode de la recherche' zur bildnerischen Definition dieser neu sich figurierenden Wirklichkeit" fungieren[85] und literarische und manifestantistische Texte sich zugleich der Reflexion und Kritik etablierter Repräsentationsmodi und Wahrnehmungsweisen verschreiben. Aufgrund dieser reflexiven Arbeit diskutiert Karl-Heinz Bohrer 1969 den Surrealismus provokativ als „die einzige bisher bedeutende Literaturtheorie [...], in der das Verhältnis zwischen Realität und Kunst, von schönem Schein und Wahrheit als Herausforderung wirklich angenommen wird. Surrealismus wird dabei verstanden als ein unwiederholbares, aber herausforderndes Wagnis; eine Anlei-

---

[79] Rübel, *Plastizität*, S. 85. Vgl. zu seiner Definition als Bewegung des Begehrens, der Revolution und Befreiung durch André Breton Foster, *Compulsive Beauty*, S. XI.
[80] Vgl. dazu u. a. Maurice Nadeau, *Histoire du surréalisme*, Paris 1970.
[81] Foster, *Compulsive Beauty*, S. 216, Anm. 5. Die Spaltung Ende der 20er Jahre geht mit dem Ausschluss verschiedener Mitglieder einher, die Breton polemisch im „Zweiten Manifest des Surrealismus" kommentiert. Darauf reagieren Georges Bataille und andere mit dem Pamphlet „Un cadavre"; mit der Gründung der Zeitschrift *Documents* schaffen sie sich ein eigenes Organ (vgl. Rübel, *Plastizität*, S. 85). Vgl. Michel Leiris, „Vom unmöglichen Bataille zu den unmöglichen Documents", in: ders., *Das Auge des Ethnographen. Ethnologische Schriften*, Bd. 2, übers. v. Ralf Wintermeyer, Frankfurt a. M. 1985, S. 67–76.
[82] Vgl. James Clifford, „On ethnographic surrealism", in: ders., *The Predicament of Culture: Twentieth-Century Ethnography, Literature, and Art*, Cambridge, MA 1988, S. 117–151.
[83] Vgl. Maurice Blanchot, „Überlegungen zum *Surrealismus*", in: Bürger, *Surrealismus*, S. 37–50, S. 37.
[84] „Surrealismus ist kein Stil, sondern mehr als das, eine Methode. Denn so definierbar die Ausgangspositionen auch sein mögen, die Resultate sind es per definitionem nicht; das folgt aus den Spielregeln. Der Begriff Surrealismus ist daher vor allem an den formulierbaren Spielregeln zu messen und an ihren Möglichkeiten, ein Maximum an Freiheit der Kombination, der Erfindung zu sichern." (Holländer, Ars inveniendi et investigandi, S. 255).
[85] Haftmann, *Metamorphose des Dinges*, S. 30.

tung zur literarischen Methode."[86] Wurden dieser reflexiven Tendenz entsprechend in seiner Erforschung dem Surrealismus eigene Konzepte aufgenommen, um ihm nicht überkommene ästhetische Kategorien überzustülpen, so greifen auch die vorliegenden Überlegungen methodisch Hal Fosters Forderung auf: „[I]f there is a concept that comprehends surrealism, it must be contemporary with it, immanent to its field."[87] So folgt die Konturierung der Schlüsselkonzepte der Ähnlichkeit dem Anspruch „to take surrealism as seriously as possible [...] as a related set of complex practices, [...] less an object to be subject of theory than a theoretical object productive of its own critical concepts."[88]

Lange wurde der Surrealismus nicht nur von der aus historischen Gründen zögerlichen deutschen Forschung vernachlässigt:[89] Als *„impensé"* modernistischer Narrative[90] wurde er nicht zuletzt aus den Theoriebedarfen der Zeit seit den 60er und vor allem in den 70er und 80er Jahren ‚entdeckt' – insbesondere unter

---

86 So formuliert Christine Magerski, *Theorien der Avantgarde. Gehlen – Bürger – Bourdieu – Luhmann*, Wiesbaden 2011, S. 21; vgl. Karl-Heinz Bohrer, „Surrealismus und Terror", in: *Merkur* 23, 10 (1969), S. 921–940, S. 923. Darauf reagiert etwa Kristevas Apparat zur Analyse der „Revolution der poetischen Sprache" (Julia Kristeva, *Die Revolution der poetischen Sprache*, übers. u. mit einer Einleitung v. Reinold Werner, Frankfurt a. M. 1999 [*La Révolution du langage poétique: l'avantgarde à la fin du XIXe siècle: Lautréamont et Mallarmé*, Paris 1974]; dies., *Sens et non-sens de la révolte*, Paris 1966).
87 Ebd., S. XVII. Foster, der als ein solches Konzept das Unheimliche vorstellt, betont, „no given categories, aesthetic *or* surrealist, could comprehend surrealism conceptually – could account for its heterogeneous practices or address its quintessential concerns with psychic conflict and social contradiction" (ebd., S. S. XVI).
88 Ebd., S. XVIIf.
89 1966 weist Lenk darauf hin, dass es „eigentlich eine Affinität geben müßte, denn die Surrealisten beziehen sich ausdrücklich auf die deutsche Romantik und auf die Philosophie des deutschen Idealismus" (Elisabeth Lenk, „Warum wird der Surrealismus in Deutschland so wenig beachtet?", in: dies., *Kritische Phantasie*, München 1986, S. 57–60, S. 57). Sie erklärt dies aus der „Gegenreaktion gegen den Faschismus", die zu einem „Affekt gegen die Romantik" führe und als „zweite" oder „neue Aufklärung" die Gefahr einer „Lähmung [...] der geistigen Fähigkeiten" berge (ebd., S. 58): Ihr Mittel sei der „Verstand", der, wo er als Kontrollinstanz auftrete, die „Gegenreaktion jener Kräfte [...], die er unterdrückt und denen er den Zugang zum Ausdruck und zum Bewusstsein verwehrt", provoziere. In dem zu integrierenden „*Ausdruck* des Irrationalen" (ebd., S. 59) erkennt Lenk das gemeinsame Moment von Romantik und Surrealismus und sieht in der „Surrealismusrezeption eine Chance", „das am tiefsten Verdrängte an der Romantik wiederzuerinnern" (ebd., S. 60), die Vermittlung von „Anschauung und Begriff" (ebd., S. 61).
90 Foster, *Compulsive Beauty*, S. XII.

dem Aspekt der Kritik der Repräsentation.[91] Vor diesem Hintergrund wurde er als Bewegung der Diskontinuität und des Bruchs mit Traditionen und Konventionen beschrieben, die, etwa in ihrem *simulacralen* Moment, *Un*ähnlichkeit favorisiere. Momente, die eine solche Qualifizierung nahelegen, sind sein „Versuch einer Überbietung der Moderne"[92], der revolutionäre Gestus des Neuen, Verfahren der Montage und ‚diaphorischen' Metapher, eine Vorwegnahme dekonstruktivistischer Ansätze des Gleitens von Sinn und die hermeneutische Inkommensurabilität literarischer und bildkünstlerischer Ergebnisse.[93] Wenn sich dabei noch in der radikal partikularen Ästhetik von Georges Batailles Zeitschrift *Documents*, die die Metapher- und Montageprinzipien des Surrealismus antiästhetisch überbietet,[94] ein dialektisches Prinzip der ‚formlosen', „*'transgressiven'*" oder „*„zerreißende[n]'*" Ähnlichkeit ausmachen lässt,[95] zeigt sich, dass selbst dort noch eine „*Kunst der*

---

91 Ebd., S. XIII. „[...] [S]urrealism became a retroactive point of reference for postmodernist art, especially of its critique of representation" (ebd.), aber auch aufgrund seines „troubling of identity by sexuality" und „troubling of reality via the simulacrum" (ebd.).
92 Bürger, zit. n. Eidelpes, *Entgrenzung der Mimesis*, S. 19, Anm. 76.
93 Vgl. Plessner, der das ‚Gesetz der Avantgarde' in einer „„Kunstform der vollendeten Traditionslosigkeit'" erkennt (zit. n. Magerski, *Theorien der Avantgarde*, S. 20); Ionesco, der die Avantgarde „en termes d'opposition et de rupture" definiert – bezogen auf eine „Opposition zum jeweiligen Zeitgeist" (zit. n. Karlheinz Barck, „Avantgarde", in: ders., Fontius, Schlenstedt, *Ästhetische Grundbegriffe*, Bd. l, Stuttgart 2000, S. 544–577, S. 554); und Adornos Bemerkung zum Prinzip der Collage: „„Der Schein der Kunst, durch Gestaltung der heterogenen Empirie sei sie mit dieser versöhnt, soll zerbrechen, indem das Werk buchstäbliche, scheinlose Trümmer der Empirie in sich einläßt, den Bruch einbekennt und in ästhetische Wirkung umfunktioniert'" (zit. n. Peter Bürger, *Theorie der Avantgarde*, Frankfurt a. M. 1974, S. 105). Die Perspektive des Traditionsbruchs kreuzt etwa Astrit Schmidt-Burkhardt, *Stammbäume der Kunst. Zur Genealogie der Avantgarde*, Salzburg 2004.
94 Vgl. Denis Hollier, „La Valeur d'usage de l'impossible", préface à la réimpression de *Documents*, Paris 1991, S. VII–XXIV, S. XIII: „Le ‚particulaire' [...] renvoie ici à l'hétérogénéité inéchangeable d'un réel, à un irréductible noyau de résistance contre la transposition, la substitution, un réel intraitable par la métaphore". *Documents* stelle die „l'incongruité radicale du concret" aus: „les êtres les plus ordinaires ressemblent à rien" (ebd., S. XIXf.). Dass Ähnlichkeit *und* Form so auf die Zerreißprobe gestellt werden, thematisiert Georges Bataille, „Informe", in: *Documents* 1, 7 (1929), S. 382, online unter https://gallica.bnf.fr/ark:/12148/bpt6k32951f/f1.image.r=Documents%20Bataille, 27.07.2019).
95 Didi-Huberman, Formlose Ähnlichkeit, S. 34 f.: „Während sich die Kunstreflexion im Allgemeinen auf die Darstellungsfunktion [...] konzentriert [...], hat Bataille aus der Ähnlichkeit einen auf grausame Weise ‚dialektischen' Prozeß gemacht. *Die formlose Ähnlichkeit*: Sie verleiht zwar Form und schafft Verbindungen in der Erkenntnis; gleichzeitig versteht sie es jedoch, aus der Berührung ein Zerreißen zu machen, die Verbindungen zu zerreißen und sich

Ähnlichkeiten"[96] wirkt, wo das Unähnliche an der Ähnlichkeit teilhat. Jenseits solch voraussetzungsreicher ähnlichkeitstheoretischer Perspektiven erscheint es – gerade angesichts der Kritik der Ähnlichkeit als Grundprinzip der Repräsentation[97] – jedoch weithin wenig intuitiv, Ähnlichkeit als Kernkonzept des Surrealismus zu beschreiben. Es lässt sich sogar von einem ‚Ähnlichkeitsverdikt' sprechen: So wurde Ähnlichkeit für durch den Surrealismus verabschiedet erklärt, etwa von Stefan Willer, der von der surrealistischen Metapher als einem „Vergleich ohne Ähnlichkeit"[98] spricht, oder von Michel Foucault, der die ‚Auflösung' der Ähnlichkeit in René Magrittes Bildwelt beschreibt.[99] Solche im Verlauf zu diskutierenden Befunde, die eine unvoreingenommene Perspektive auf die in der Arbeit an tradierten Ähnlichkeitskonzepten wie der Metapher nicht aufgegebene, sondern rekonzeptualisierte Ähnlichkeit verstellen, verwerfen vorschnell ein (Meta-)Konzept, das im surrealistischen Gebrauch auf kritische Weise produktiv wird.

Der Leitfrage folgend, wie dabei Ähnlichkeit jeweils konzeptualisiert und zur Begründung programmatischer Positionen, ästhetischer Verfahren und epistemologischer Ansprüche eingesetzt wird, widmen sich die Analysen den in Texten, Bildern und Theoremen Bretons, Ernsts, Magrittes und Caillois' entworfenen metaphorischen, metamorphotischen, simulacralen und mimikrytheoretischen Ähnlichkeitskonzepten; die Heterogenität dieses Korpus[100] ermöglicht es, der Ähnlichkeitsreflexion medien- und gattungsübergreifend nachzugehen. So lässt sich der Stellenwert der Ähnlichkeit im Milieu des Surrealismus nicht allein aus Bretons Programmatik ableiten; doch bietet sie einen grundlegenden Zugang zu dem metaphorisierenden Denkansatz des Surrealismus, der auf die

---

gerade in der Zersetzung der verwendeten Elemente herzustellen [*construire*]. Eben dadurch wird sie zu jener *formlosen Ähnlichkeit*" (ebd., S. 372).
96 Bataille lasse sich von einer „*Kunst der Ähnlichkeiten* leiten [...] – einer bestimmten Kunst der Annäherungen, Montagen, Reibungen, Bildattraktionen, kurzum, von einem bestimmten Stil figuralen Denkens" (ebd., S. 31).
97 Vgl. zu dieser nichtnotwendigen Engführung Gruber, *Topographie des Ähnlichen*, S. 123, passim.
98 Stefan Willer, „Metapher/metaphorisch", in: Barck, Fontius, Schlenstedt, *Ästhetische Grundbegriffe*, Bd. 7, Stuttgart, Weimar 2005, S. 89–148, S. 127. Sie sei in der Tradition Lautréamonts zu verstehen und die moderne Metaphorik ohne Bezugnahme auf Ähnlichkeit beschreibbar.
99 Vgl. Michel Foucault, *Dies ist keine Pfeife*. Mit zwei Briefen u. vier Zeichnungen von René Magritte. Übers. u. mit einem Nachwort v. Walter Seitter, München, Wien 1997 [*Ceci n'est pas une pipe*, Montpellier 2010 (1973)].
100 Dieses Korpus ist eher exemplarisch als repräsentativ; es zielt auf die Erarbeitung der Ähnlichkeitsreflexion kanonischer, konzeptuell starker Positionen. Wünschenswert wäre die Ausweitung auf weitere und weniger erforschte Konzepte, wobei sich diese Auswahl besonders das Fehlen weiblicher Perspektiven vorwerfen lassen muss, die sich etwa im Rekurs auf Claude Cahun oder Toyen auch um einen gendertheoretischen Aspekt ergänzen ließen.

ästhetische Erfahrung ausgerichteten Erforschung des Wirkens des ‚Dämons der Analogie' und der „welterschließenden"[101] Kraft der Imagination.

André Bretons Konzept des ‚Sprachbilds' (*image*) und der *écriture automatique* und seine poetische Restitution der Analogie werden unter dem Aspekt des Schlüsselkonzepts der *Metapher* untersucht. Dabei mag es vor dem Hintergrund des metapherntheoretischen Ähnlichkeitsverdikts auf Skepsis stoßen, das Sprachbild als Ähnlichkeitskonzept zu beschreiben. Doch Bretons Programmatik unähnlicher Ähnlichkeit, die metaphorische Ähnlichkeit jenseits der vergleichstheoretischen Rückführung auf ein *tertium comparationis* konzipiert, schließt darin nicht nur an die *entfernte* Ähnlichkeit ‚kühner' konzeptistischer und romantischer Metaphern an, sondern entwirft eine spezifisch moderne, metaphorische Ähnlichkeit rekonzeptualisierende Metaphorik: Die Annäherung unähnlicher Elemente in Metapher und Analogie akzentuiert nach Breton nicht in einen Vergleich übersetzbare Ähnlichkeiten. Diese entgrenzende Arbeit an der logischen Sedimentierung der Ähnlichkeit in Vergleich und Begriff greift nicht nur der Problematisierung der Ähnlichkeit in der Metapherntheorie und der theoretischen Beschreibung *diaphorischer* Ähnlichkeit vor; sie lässt sich auch als ähnlichkeitspoetischer Ansatz der Annäherung an eine ‚sur-reale' Welt beschreiben.

Max Ernsts Bildverfahren, die eine differenzierte theoretische Erfassung ikonischer Ähnlichkeit erfordern, werden unter dem Aspekt des Schlüsselkonzepts der *Metamorphose* analysiert. Nach einem knappen Rekurs auf seine der surrealistischen Metaphorik korrespondierende Montagekonzeption wird das formgenetische, strukturmimetische Verfahren der Frottage analysiert, das, durch das Ähnlichkeitssehen vermittelt, indexikalische Spuren in ikonische Ähnlichkeit transformiert. Diesen nichtimitativen, antirepräsentationalen Gestus setzt die Frottageserie *Histoire naturelle* gegen das klassifikatorische *Tableau* der ‚Naturgeschichte', eine hybride, die Naturreiche transzendierende Verwandlungsästhetik inszenierend, die auf die Tradition des Ähnlichkeitsdenkens verweist und Ernsts Metamorphosekonzept epistemologisch auswertet.

René Magrittes ‚Kunst der Ähnlichkeit' illustriert weniger seine aus Vorträgen und Notizen zu rekonstruierende Ähnlichkeitstheorie – die von einem ‚ähnelnden' Denken (*ressemblance*) abbildliche Gleichartigkeit (*similitude*) unterscheidet, die er verbinde, um eine sur-reale Wirklichkeit darzustellen –, vielmehr stellt sie eine eigenständige, nicht propositional zu erfassende, die Paradoxien der Repräsentation inszenierende Ähnlichkeitsreflexion im Medium des Bildes dar. Sie wird unter dem Schlüsselkonzept des *Simulacrums* verhandelt und, um Magrittes

---

[101] Hölz, *Destruktion und Konstruktion*, S. 94.

Konzept zu pointieren, mit Foucaults repräsentationskritischer Deutung konstelliert: Er beschreibt Magrittes Bildwelt im Rückgriff auf Gilles Deleuze als Triumph der Simulacra, der unähnlichen Zeichen, die die Ähnlichkeit auflösten. Demgegenüber stiftet das Magritte zufolge in ihr zum Ausdruck gebrachte ähnelnde Denken inner- und interikonische Bezüge; ihre simulacralen Effekte destabilisieren demnach Repräsentation, ohne Ähnlichkeit konzeptuell preiszugeben.

Roger Caillois' Studien über Mimikry und Mimese werden unter dem Aspekt des Schlüsselkonzepts der *Mimikry* analysiert. „Mimese und legendäre Psychasthenie" konzipiert Mimese im Schnittpunkt von Biologie, Medientheorie, Psychiatrie und einem ethnologisch ‚entgrenzten' Mimesisbegriff über Analogien zu Fotografie, Praktiken magisch-mimetischer Metamorphose und psychopathologischer Depersonalisierung als über ihr Ziel hinausschießende Assimilation. Die Lektüre dieser Studie, die das Phänomen im Kontext eines umfassenden ‚mimetischen Vermögens' und der Erforschung der ästhetischen und anthropologischen Bedeutung der Ähnlichkeit kontextualisiert, ergänzen die Thematisierung der ähnlichkeitsepistemologischen Fundierung Caillois' Erforschung der Imagination und die Analyse der Studie *Meduse & Cie*, die produktive Aspekte mimetischer Anverwandlung stärker betont. Weisen beide Studien eine Textstrategie auf, die die ‚anthropologische Differenz' unterläuft, so geht Caillois' veränderte Perspektive auf Ähnlichkeit generierende mimetische Praktiken einher mit der expliziten Reflexion der Analogie als Werkzeug einer ‚diagonalen Wissenschaft', die den transversalen Phänomenen der Natur und Imagination zu folgen vermag.

Abschließend werden Aspekte der entgrenzten surrealistischen Ähnlichkeitsproduktion und -reflexion rekapituliert und Potentiale einer weiteren literatur-, kunst- und kulturwissenschaftlichen Erforschung der Ähnlichkeit angedeutet, deren Produktivität sich nicht zuletzt an der Rekonstruktion der ihr zugesprochenen ästhetischen und epistemologischen Leistungsfähigkeit erweist. Damit wird weder eine methodisch naive Übernahme ästhetischer Ansätze propagiert, noch zielen die Überlegungen auf die restlose ‚Aufklärung' der ‚surrationalistischen' Momente des Surrealismus. Vielmehr soll dessen Intervention gegen die rationale Selbstbeschreibung der Moderne *mit Mitteln der Ähnlichkeit* als Einforderung eines „Erkenntnisanspruch[s] der Künste"[102] ernst genommen werden, in dem das Programm einer ästhetischen Rationalität oder einer „Logik der Poesie"[103]

---

[102] Dommaschk, *Ähnlichkeit und ästhetische Erfahrung*, S. 39.
[103] Lautrémont propagiert in den *Poésies* 1871 eine „Logik der Poesie" – mit dem Ziel der „Wiedergewinnung der ihr wie der Kunst überhaupt bestrittenen Erkenntnisfunktion. ‚Une logique existe pour la poésie. Ce n'est pas la même que celle de la philosophie. [...] Les poètes ont le droit de se considérer au-dessus des philosophes.' Die [...] für die Poesie reklamierte Erkenntnisfunktion präformiert das Avantgardebewusstsein zu Beginn des 20. Jh. [...]. ‚Das Poe-

erkannt werden kann. So entfaltet der programmatische Einsatz der *unähnlichen Ähnlichkeit* etablierte Zuschreibungen destabilisierende, Identitäts- und Differenzurteile infrage stellende und Bekanntes umperspektivierende Potentiale – und vermag so nicht nur angesichts der Verfahren und Ergebnisse surrealistischer Ähnlichkeitsreflexion und -produktion die theoretische Perspektivierung der Ähnlichkeit zu öffnen, sondern gerade auch im Anspruch ihrer Rekonzeptualisierung. Das Anregungspotential des surrealistischen Einsatzes der Ähnlichkeit ist mithin nicht nur in einer Heuristik zu sehen, die die Unbestimmtheit der Ähnlichkeit nicht vorschnell mithilfe generalisierender ‚*constraints*' zu bewältigen sucht – es bestünde so in einem souveränen Umgang mit Unschärfe und Deutungsoffenheit –, sondern gerade auch in einer Erarbeitung ähnlichkeitstheoretischer Zugänge, die komplexe ähnlichkeitsästhetische Entwürfe angemessen erschließen. Selbst wenn emphatischen Erwartungen an dieses Anregungspotential eines ästhetischen Programms für die Theoretisierung von Ähnlichkeit skeptisch zu begegnen ist,[104] ergeben sich hier doch Perspektiven, die sich in die „Offenheit" und „Freiheit"[105] des ‚Denkraums' der Ähnlichkeitsreflexion wagen: Zu gewinnen sind dabei Ansätze, die Ähnlichkeit nicht depotenzieren, indem sie sie auf eine simple Repräsentationsfunktion oder defiziente Schwundstufe von Identität festschreiben, sondern die sie gerade in der in ihrem ästhetischen Einsatz produktiven Unbestimmtheit nachvollziehen.

---

tische' wird zum Merkmal einer die Gattungsgrenzen transzendierenden Funktion und unterscheidet ein Avantgardebewusstsein von der Moderne." (Barck, Avantgarde, S. 554).
104 Die Schwierigkeit, zu diskutieren, was sich dem Programm der analysierten Konzepte zufolge in einem rational-begrifflichen Rahmen nicht fassen lässt, ist demnach konstitutiv: Dieses „methodische Problem" benennen Funk, Mattenklott und Pauen (Symbole und Signaturen, S. 30, Anm. 64) in dem Hinweis, dass die Betrachtung auf den „begrifflichen Rahmen beschränkt ist, den das Ähnlichkeitsdenken zu überwinden sucht". Ist also zu problematisieren, inwieweit ein ästhetisch erfolgreiches Programm theoretisch fruchtbar werden kann, so fordern die reflexiven Effekte der Arbeit an Ähnlichkeit zugleich eine differenzierte Auseinandersetzung, die für deren Komplexität und Variabilität sensibilisiert.
105 Dommaschk, *Ähnlichkeit und ästhetische Erfahrung*, S. 30 f.

Teil I: Schlüsselbegriffe, -momente und -konzepte der Ästhetik und Epistemologie des Ähnlichen

Ähnlich ist am Ende alles; nur auf den Grad der Ähnlichkeit kommt es an. (Fritz Mauthner)[1]

---

1 Fritz Mauthner, *Beiträge zu einer Kritik der Sprache*, Bd. 2: Zur Sprachwissenschaft, Frankfurt a. M, Berlin, Wien 1982, S. 44 f.

1 Ähnlichkeit: Perspektiven einer theoretischen Kontextualisierung

> Heute kann man Jean-Marie Schaeffer nur recht geben, wenn er sagt, dass die Tatsachen manchmal starrsinniger sind als die Theorien: Die Existenz eines biologischen Vermögens des analogischen Wiedererkennens visueller Formen ist ein durch die Neuropsychologie und die Wahrnehmungspsychologie zu solide belegtes Faktum, als dass man es einfach loswerden könnte, indem man mit dem zweifelhaften philosophischen Status der Begriffe *Repräsentation* und *Ähnlichkeit* argumentiert. (Klaus Speidel)[1]

Wurde Ähnlichkeit im späten zwanzigsten Jahrhundert theoretisch weitgehend marginalisiert und problematisiert, so hat „[i]n den letzten Jahren [...] das wissenschaftliche Interesse an ‚Ähnlichkeit' und am ‚Ähnlichkeitsdenken' deutlich zugenommen"[2]: Ähnlichkeit wird im Rahmen aktueller Forschungsbemühungen als „zentrale ästhetische, heuristische und hermeneutische Kategorie"[3] und als ästhetisches und anthropologisches, kunst- und literaturwissenschaftliches und kulturtheoretisches „Paradigma"[4] konturiert. In diesem Zusammenhang wurde auf einen ‚post-postmodernen' Theoriebedarf hingewiesen, der von der Erforschung der Ähnlichkeit produktive Anregungen erwartet – nicht zuletzt angesichts der Aktualität von Denkansätzen jenseits der Dichotomie von Identität und

---

[1] Klaus Speidel, „Zwischen Wahlverwandtschaft und Beliebigkeit. Annalen gegen die imaginären Grenzen der Imagination", in: Didier Ottinger (Hg.), *Magritte. Der Verrat der Bilder*, München, London, New York 2017, S. 56–65, S. 64.
[2] Anil Bhatti, „Vorwort", in: Patrut, Rössler (Hg.), *Ähnlichkeit um 1800*, S. 7.
[3] Kohl, Gaier, Saviello, Ähnlichkeit als Kategorie der Porträtgeschichte, S. 11.
[4] Vgl. Anil Bhatti et al., „Ähnlichkeit. Ein kulturtheoretisches Paradigma", in: *IASL* 36, 1 (2011), S. 233–247; Bhatti, Kimmich, *Ähnlichkeit*; dies., *Similarities*; Kimmich, *Ins Ungefähre*. Im Kontext der Tübinger Forschung zu Ähnlichkeit entstand das Erkenntnisinteresse an der Konjunktur des Ähnlichen im Surrealismus (dazu bereits erschienen: „Ähnlichkeit als Konzept des SurRealismus", in: Moritz Baßler et al. (Hg.), *Realisms of the Avant-Garde*, Berlin 2020; „Sympathie mimétique: On the Persistence of Resemblance in Aesthetic Modernity", in: Michele di Monte, Benjamin Paul, Silvia Pedone (Hg.), *Mimetophobia, Elephant & Castle* 12/2020, https://archiviocav.unibg.it/elephant_castle/web/numeri_monografici/mimetofobia/37; „Rapprochement, Documents, Sciences diagonales. Transversale Ähnlichkeitskonzepte im Milieu des Surrealismus", in: Dorothee Kimmich u. Nicole Colin (Hg.), *Ähnlichkeit / Similitude* (Dossier), *lendemains* 173, 44 (2019), S. 49–67; „‚Unähnliche Ähnlichkeit' in Romantik und Surrealismus", in: Sebastian Lübcke, Johann Thun (Hg.), *Romantik und Surrealismus. Eine Wahlverwandtschaft?* Bern u. a. 2018).

Differenz, zu deren Neuvermessung sie beitragen kann: „Ähnlichkeit ist in bestimmter Hinsicht die exemplarische ‚Figur des Dritten', die dem Denken in Identität und Differenz hinzugefügt werden muss."[5] Wurde der Identitätsbegriff in der Theorieentwicklung des zwanzigsten Jahrhunderts von Philosophie, Psychoanalyse, Poststrukturalismus, Dekonstruktion, Postkolonialismus, Feminismus, Gender- und Queer-Theorie zunehmend problematisiert, um eine erneute Konjunktur in identitätspolitischen Debatten des einundzwanzigsten Jahrhundert zu entfalten, so hat sich der ‚Leitbegriff' Differenz durchgesetzt: „Das Wort Differenz scheint das Stichwort der sogenannten Postmoderne zu sein."[6] Dass Differenz im Rahmen (post-)strukturalistischer, dekonstruktivistischer und systemtheoretischer Theorien zu einem Leitbegriff aufsteigen konnte, lässt sich unter anderem auf einen „breakdown of positivism" zurückführen, der einen „focus on perspective" zur Folge hat.[7] Dessen ungeachtet, dass in diesem Kontext auch *Ähnlichkeitskonzepte* entworfen wurden – etwa von Peirce und Wittgenstein –, wurde Differenz theoretisch dominant. „With the emergence of cultural studies toward the end of the century, the emphasis on difference became acute, and *difference* became almost a rallying cry not only for those who advocate identity politics, but also for those who study and theorize the phenomena of cultural production": Dass Differenz auch zu einem „goal to be valorized ideologically" wurde, zeigt sich etwa an Forderungen nach Heterogenität, Diversität und Pluralismus.[8] Wird in einem postkolonial geprägten kulturtheoretischen und -politischen Kontext die Begegnung von Eigenem und Anderem in Begriffen von Identität und Alterität gefasst, so kritisieren jüngere Theorien angesichts der problematischen Aufeinanderbezogenheit auch dieses dichotomen Begriffspaars, der Essentialisierung von Unterschieden und der homogenitätsstiftenden Aspekte kulturalistischer Grenzziehungen auch Theoreme kultureller Differenz: Konzepte der Transkultu-

---

5 Kimmich, *Ins Ungefähre*, S. 12.
6 Rita Casale, „Die Verwandlung der Philosophie in eine historische Diagnostik der Differenzen", in: Helma Lutz, Norbert Wenning (Hg.), *Unterschiedlich verschieden. Differenz in der Erziehungswissenschaft*, Opladen 2001, S. 25–46, S. 25. Vgl. u. a. Rogers Brubaker, Frederick Cooper, „Beyond ‚Identity'", in: *Theory and Society* 29, 1 (2000), S. 1–47; Franz Kasper Krönig, „Wie fängt eine Gesellschaft damit an, ‚auf Differenzen umzustellen'. Die technische Herstellung funktioneller Ganzheiten als moderner Prototyp", in: Jan Broch, Markus Rassiller (Hg.), *Protomoderne. Schwellen früherer Modernität*, Würzburg 2008, S. 235–247; Jean Clam, „Was heißt, sich an Differenz statt an Identität orientieren? Zur De-ontologisierung in Philosophie und Sozialwissenschaft", Konstanz 2002.
7 Maria Tymoczko, „Difference in Similarity", in: Arduini, Hodgson Jr., *Similarity and Difference in Translation*, S. 27–43, S. 27. Unter den Proponenten des Postpositivismus sieht sie Peirce, Benjamin Whorf, Ferdinand de Saussure, Roman Jakobson und Wittgenstein.
8 Ebd., S. 28.

ralität, Transdifferenz, Hybridität, *Métissage* und des Dritten Raumes als Verhandlungszone, die auf Begegnung, Mischung und Austausch, Kulturkontakt, *entanglement*, Transfer oder Konvivialismus fokussieren, lassen sich ähnlichkeitstheoretisch perspektivieren: „Ähnlichkeit ist eine Figur des Dritten, die statt Oppositionen und Dichotomien das Übergängliche repräsentiert"[9].

Damit wird für die kulturtheoretische Debatte ein vielschichtiges ästhetisches und epistemologisches Paradigma attraktiv,[10] das hier näher untersucht werden soll. Ansätze seiner Erforschung liegen in zahlreichen Einzeluntersuchungen vor, die es für die vorliegenden Überlegungen verfügbar zu machen gilt. Dass dabei kein Anspruch auf Vollständigkeit erhoben wird, muss kaum betont werden: Eine Übersicht über Theoreme des Denkens in Ähnlichkeiten müsste nicht nur von der Antike bis in die aktuelle Theoriebildung reichen, sondern auch die teils implizite, teils explizite Ähnlichkeitsreflexion verschiedenster Disziplinen umfassen.[11] Gegenstand wissenschaftlicher Reflexion wurde Ähnlichkeit etwa in der Philosophie und Logik, Physik, Mathematik, Geschichte, Theologie, Rechtswissenschaft, Soziologie, Psychologie, der Kognitionswissenschaft, im Modellbegriff, in der Klassifika-

---

9 Kimmich, *Ins Ungefähre*, S. 140. Kulturtheoretische und -politische Ähnlichkeitskonzepte müssen sich jedoch kritisch mit Aspekten wie Assimilation, Homogenisierung und Universalismus auseinandersetzen. Vgl. u. a. Alois Moosmüller, „Kulturelle Differenz: Diskurse und Kontexte", in: ders. (Hg.), *Konzepte kultureller Differenz*. Münster u. a. 2009, S. 13–45; Michel Wieviorka, *Kulturelle Differenzen und kollektive Identitäten*. Hamburg 2003; Jochen Bonz, Karen Struve, „Homi K. Bhabha: Auf der Innenseite kultureller Differenz: ‚in the middle of differences'", in: Stephan Moebius, Dirk Quadflieg (Hg.), *Kultur. Theorien der Gegenwart*. Wiesbaden 2006, S. 140–153; Eva Eßlinger, Tobias Schlechtriemen, Doris Schweitzer, Alexander Zons (Hg.), *Die Figur des Dritten: Ein kulturwissenschaftliches Paradigma*, Berlin 2010; Claudia Breger, Tobias Döring (Hg.), *Figuren der/des Dritten. Erkundungen kultureller Zwischenräume*, Amsterdam, Atlanta 1998; Wolfgang Welsch, „Was ist eigentlich Transkulturalität?", in: Lucynda Darowska, Claudia Machold (Hg.), *Hochschule als transkultureller Raum? Beiträge zu Kultur, Bildung und Differenz*. Bielefeld 2009, S. 39–65; Hans-Jürgen Lüsebrink, Manfred Schmeling, Christiane Solte-Gresser (Hg.), *Zwischen Transfer und Vergleich. Theorien und Methoden der Literatur- und Kulturbeziehungen aus deutschfranzösischer Perspektive*. Stuttgart 2013.
10 Vgl. zu der Forderung einer Wendung „[f]rom identity to resemblances" etwa Francesco Remotti, „Identity barriers and resemblance networks", in: *Acta musicologica* 84, 2 (2012), S. 137–146, S. 141; vgl. Bhatti, „Vorwort", S. 8: „Die Ästhetik des Ähnlichen hat durch ihre Variationen mit Analogie, Ambiguität, Ambivalenz, Vagheit, ‚fuzzy' Grenzen, einen Bereich des „Sowohl-als-Auch" und des ‚Zusammenhangs wachgehalten gegenüber der dominanten Logik des rigiden ‚Entweder-Oder' und ‚Trennungen', die dem kolonialen Denken zu Grunde liegen."
11 Vgl. Spaemann, *Ähnlichkeit*, S. 52. Vgl. zu dieser Universalität auch Harald Holz, Art. „Analogie", in: Hermann Krings, Hans Michael Baumgartner u. Christoph Wild (Hg.), *Handbuch philosophischer Grundbegriffe*, Bd. 1, München 1973, S. 51–65, S. 57: „Insgesamt gesehen arbeitet natürlich jeder Denker von Rang methodisch u. a. auch mit Analogie bzw. Ähnlichkeiten".

tionstheorie, der Semiotik, der Sprachphilosophie, der Linguistik, der Literaturwissenschaft und der Kunst- und Bildwissenschaft.[12] Allein die in den Fachdisziplinen zur Anwendung kommenden, unterschiedlichen und vielfach auch intradisziplinär umstrittenen Ähnlichkeitsbegriffe prägnant aufzuführen, würde den Rahmen dieser Überlegungen überschreiten. So ist weder ein verbindlicher Begriff noch eine gemeinsame Theorieoption anzugeben: Da weder *ein* Ähnlichkeitsbegriff noch *eine* Ähnlichkeitstheorie existieren und weder fach- noch transdisziplinäre Ähnlichkeitstheoreme generalisierende Reichweite beanspruchen können, lassen sich weder *die* Begriffs- und Ideengeschichte noch der aktuelle Stand der Ähnlichkeitsreflexion aufzeigen. Johannes Endres zufolge erweist sich das „Lager der Ähnlichkeitstheoretiker [als] geteilt"[13] – in Skeptiker, Enthusiasten, Kritiker, Nostalgiker, Ähnlichkeitsanalytiker, Ähnlichkeitseschatologen, Anhänger materieller und kultureller Ähnlichkeitstheorien und Kombinationen solcher Positionen. Die so konstatierte Vielstimmigkeit ist nicht nur Mahnung genug, sich in kontroversen Debatten um Ähnlichkeit vorschnell zu positionieren, auch ist gegenüber überzogenen Erwartungen Skepsis geboten: Obwohl Ähnlichkeit als *travelling concept*[14] im starken Sinn gelten kann – gerade in ihrer Bedeutung für jüngst in den Kulturwissenschaften vielbeachtete theoretische Schlüsselbegriffe wie Bild, Metapher, Mimikry, Imagination, Übersetzung, Vergleich, Vernetzung oder Transformation –, bleibt der Anspruch der Konturierung eines verbindlichen, pragmatischen und anwendbaren transdisziplinären Begriffs oder gar einer generalisierbaren Ähnlichkeitstheorie bis auf Weiteres uneinlösbar. So ist Ähnlichkeit kaum auf *einen* Begriff zu bringen. Vielmehr weist der Ähnlichkeitsbegriff eine Flexibilität auf, die transdisziplinäre Perspektiven geradezu provoziert: Ähnlichkeit ist „ein elementares Denkmuster fachübergreifenden Charakters"[15], dessen Herausforderung gerade im Fehlen eines tragfähigen und angemessen komplexen gemein-

---

[12] Vgl. Günther Schenk, Art. „Ähnlichkeit", in: Hans-Jörg Sandkühler (Hg.), *Europäische Enzyklopädie zu Philosophie und Wissenschaften*, 4 Bde., Bd. 1, Hamburg 1990, S. 51–53, S. 52 f.; vgl. Hans Jörg Sandkühler, Art. „Analogie", in: ders., *Europäische Enzyklopädie zu Philosophie und Wissenschaften*, Bd. 1, S. 101–108, S. 105; Art. „Analogie", in Regenbogen, Meyer, *Wörterbuch der philosophischen Begriffe*, S. 33; Harald Schöndorf, Art. „Ähnlichkeit", in: Walter Brugger, Harald Schöndorf (Hg.), *Philosophisches Wörterbuch*, Freiburg i. Br. 2010, S. 18 f.; Christian Thiel, Art. „ähnlich/Ähnlichkeit", in: *Enzyklopädie Philosophie und Wissenschaftstheorie*, hg. v. Jürgen Mittelstraß, Bd. 1, Stuttgart, Weimar ²2005, S. 52.
[13] Johannes Endres, „Unähnliche Ähnlichkeit. Zu Analogie, Metapher und Verwandtschaft", in: Gaier, Kohl, Saviello, *Similitudo*, S. 29–58, S. 29.
[14] Vgl. Mieke Bal, *Travelling Concepts in the Humanities: A Rough Guide*, Toronto 2002; vgl. Birgit Neumann, Ansgar Nünning (Hg.), *Travelling Concepts for the Study of Culture*, Berlin 2012.
[15] Kohl, Gaier, Saviello, Ähnlichkeit als Kategorie der Porträtgeschichte, S. 13.

samen Begriffs liegt. Dass dem nicht mittels generalisierender Begriffs- und Theoriebildung begegnet werden kann, deuten die Überlegungen der folgenden Teilkapitel an. Dennoch erscheint Ähnlichkeit als fruchtbares (Meta-)Konzept der Relationierung, das transversale Anschlüsse zwischen Wissensbereichen, Methoden und Theorien herzustellen und kritisch zu reflektieren vermag.[16] Ähnlichkeit lässt sich mithin als Paradigma, Meta-Konzept oder *travelling concept* fassen, das es nicht nur selbst transdisziplinär zu untersuchen gilt, sondern das auch verschiedene disziplinäre Ansätze zu konstellieren erlaubt: So verlangen auch das Thema und Erkenntnisinteresse der vorliegenden Überlegungen einen Zugang, der literatur-, kunst- und kulturwissenschaftliche Ansätze verbindet. Ausgehend von dem Befund eines produktiven Einsatzes heterogener Ähnlichkeitskonzepte in der surrealistischen Literatur und Kunst werden ähnlichkeitsästhetische und -epistemologische Konzepte, Verfahren und Prozesslogiken aus einer transdisziplinären Perspektive untersucht, die sich bereits aus dem Gegenstand ergibt – dies gilt für den Surrealismus im Allgemeinen[17] und für dessen transversale, transgenerische und transmediale Ähnlichkeitsreflexion und -produktion im Besonderen. Dafür finden sich vielfältige Ansätze der theoretischen Perspektivierung in metaphorologischen, semiotischen, literatur-, kunst- und

---

16 So konstatiert etwa Eco, *Grenzen der Interpretation*, S. 208: „Es ist leicht zu sehen, daß der Begriff Abduktion, das Prinzip einer Logik der Forschung, mit dem von Black (1962) und Hesse (1966) vorgeschlagenen Begriff Modell verwandt sind. In beiden Fällen zeigt die Logik der wissenschaftlichen Forschung gemeinsame Aspekte mit der Logik der metaphorischen Interpretation. In dieser Perspektive gehören metaphorische Interpretation, wissenschaftliche Forschung und theologischer Diskurs alle drei zur Gattung des Analogiedenkens". Zu Ähnlichkeit und Analogie als Basis von Modelltheorien vgl. Rolf Bernzen, Art. „Modell", in: Sandkühler, *Europäische Enzyklopädie zu Philosophie und Wissenschaften*, Bd. 2, S. 425–432; Sandkühler, Analogie, S. 102. Zur Klassifikationstheorie vgl. Schenk, Ähnlichkeit, S. 53.
17 Der Gegenstand dieser Studie verbindet kunst- und literaturwissenschaftliche, kulturwissenschaftliche, ästhetiktheoretische und philosophische Problemstellungen; so soll Ähnlichkeit medien- und gattungsübergreifend untersucht werden, wobei ein systematisches Interesse an der Kategorie der Bildlichkeit verfolgt wird. Lichtenstern zufolge sind „[i]n keiner anderen künstlerischen Gruppierung des 20. Jahrhunderts [...] die Beziehungen zwischen Dichtern und bildenden Künstlern derart eng verflochten wie im Surrealismus. Zwischen den Themen, Symbolen, Metaphern und Schaffensmethoden, die Dichter und Schriftsteller [...] fanden, und denen der bildenden Künstler bestehen mannigfache, vielfach im Detail noch kaum erforschte Zusammenhänge." (Christa Lichtenstern, *Metamorphose. Vom Mythos zum Prozeßdenken. Ovid-Rezeption. Surrealistische Ästhetik. Verwandlungsthematik der Nachkriegszeit*, Weinheim 1992, S. 122) Seit Erscheinen dieser instruktiven Studie 1998 hat sich die Avantgardeforschung intensiv um die Erforschung dieser Zusammenhänge bemüht.

bildwissenschaftlichen, kulturwissenschaftlichen, philosophischen und kognitionswissenschaftlichen Reflexionen.[18]

Für die Perspektive dieser Überlegungen besonders relevant sind literatur- und kunstwissenschaftliche Forschungsbeiträge, die sich der vergleichsweise wenig erforschten Konjunktur der Ähnlichkeit in der Moderne und ihrer Vorgeschichte widmen. Anknüpfungspunkte bietet der bereits 2001 erschienene Band *Ästhetik des Ähnlichen*, der die ‚Poetik und Kunstphilosophie' der Moderne als Residuum des Denkens in Ähnlichkeiten konturiert; darin widmet sich Markus Bauers Beitrag explizit dem Surrealismus.[19] Die ‚diskontinuierliche Kontinuität' der ästhetischen Ähnlichkeitsreflexion lässt sich im Rekurs auf diverse Publikationen belegen, darunter etwa der Band *Le Démon de l'analogie*[20] und der Band *Similitudo*, der künstlerische und kunstphilosophische Ähnlichkeitskonzepte des Mittelalters und der frühen Neuzeit untersucht; neben der Einleitung bietet auch der Aufsatz Endres' eine instruktive historisch-systematische Konturierung ästhetischer Ähnlichkeitstheoreme.[21] Die „Vorgeschichte der [...] Ähnlichkeit am Beginn der Moderne"[22] thematisiert der erste Band der Reihe ‚Ähnlichkeiten', *Ähnlichkeit um 1800*, und setzt damit einen historischen Schwerpunkt, dem sich neben dem Band *Von Ähnlichkeiten und Unterschieden* zahlreiche Einzeluntersuchungen zur Ähnlichkeitsreflexion der Goethezeit und der Romantik widmen.[23] Der von Doro-

---

18 Zur Konjunktur der Ähnlichkeitsreflexion in den vergangenen Jahren werden im Verlauf diverse Publikationen aufgeführt; verwiesen sei auf deren Vorwegnahme in Thomas Reisch (Hg.), *Ähnlichkeit. Eigenart* (Studierendenmagazin des AStA der Universität der Künste Berlin), 81 (2012); vgl. aktueller etwa die von der Japanischen Gesellschaft für Germanistik herausgegebenen Ausgabe „Analogie – Ähnlichkeitsdenken in Literatur und Kultur". Neue Beiträge zur Germanistik, Internationale Ausgabe von „Doitsu Bungaku", 157, 17, 1 (2018), und Alexis Anne-Braun, Alexandre Declos *Philosophies de la ressemblance/Resemblance in Contemporary Philosophy* (= *Philosophia Scientiæ. Travaux d'histoire et de philosophie des sciences* 24, 2 (2020), online unter : http://journals.openedition.org/philosophiascientiae/2257, 12.2.2022. (= Titel des Themenhefts) 24, 2 (2020).
19 Vgl. Funk, Mattenklott, Pauen, *Ästhetik des Ähnlichen;* darin: Markus Bauer, „Ähnlichkeit als Provokation. Zur Funktion der Bildwelten im Surrealismus", S. 111–135.
20 Christian Michel (Hg.), *Le Démon de l'analogie. Analogie, pensée et invention d'Aristote au xxe siecle*, Paris 2016.
21 Vgl. Gaier, Kohl, Saviello, *Similitudo*; Endres, Unähnliche Ähnlichkeit.
22 Vgl. Patrut, Rössler, Ähnlichkeit um 1800, S. 19.
23 Vgl. Eggers, *Von Ähnlichkeiten und Unterschieden;* Andre Rudolph, *Figuren der Ähnlichkeit. Johann Georg Hamanns Analogiedenken im Kontext des 18. Jahrhunderts*, Tübingen 2006; Johannes Endres, „Meaningful Complexity: Goethe's Concept of Similarity", in: *Modern Language Notes*, 130, 3 (2015), S. 466–486; Fromm, „Inspirierte Ähnlichkeit"; Anil Bhatti, „‚... zwischen zwei Welten schwebend.' Zu Goethes Fremdheitsexperiment im ‚West-östlichen Divan'", in: Hans-Jörg Knobloch, Helmut Koopmann (Hg.), *Goethe. Neue Ansichten*, Würzburg 2007, S. 103–121; ders., „Der Orient als Experimentierfeld. Goethes ‚Divan' und der Aneignungsprozess kolonialen Wissens", in: *Goethe-Jahrbuch* 126 (2009), S. 115–128.

thee Kimmich beleuchteten ‚Prominenz' des „Denkens, Sprechens, Handelns und Schreibens in Ähnlichkeiten [...] Ende des 19. und zu Beginn des 20. Jahrhunderts" geht auch der zweite Band der Reihe ‚Ähnlichkeiten', *Ähnlichkeit um 1900*[24], nach; ihre Konjunktur in der ästhetischen Theorie der Moderne weist Niklas Dommaschk in *Ähnlichkeit und ästhetische Erfahrung*[25] überzeugend in der Konstellierung von Theoremen Kants, Benjamins, Valéry und Adornos nach.

Auch im Kontext der Avantgarde- und Surrealismusforschung finden sich anschlussfähige Positionen. Auf eine für die surrealistische Ästhetik aufschlussreiche Weise konzeptualisiert Ähnlichkeit etwa Viktor Schklowskij, der von der „Ungleichheit des Ähnlichen" in der Kunst spricht:

> Im Ähnlichen wird das Neue vermerkt – das „eigene Fremde". [...] Es entsteht ein Neues, das sich von „seinem Anderen" unterscheidet und abgrenzt, welches in ihm enthalten ist. Die Ungleichheit bedarf der Ähnlichkeit, um „ihr Eigenes" wiederzugeben, um ihr gesondertes System herzustellen. Die fixierten Formen in der Kunst leben von und durch Veränderungen. [...] Ein einziger veränderter Zug des Ähnlichen vermag durch seine auf verschiedene Weise eingesetzte Ungleichheit das ganze System zu verändern. Die Ungleichheit des Ähnlichen ist durchaus ökonomisch, denn sie macht das System, ohne es zu vernichten, zum Teil einer neuen Mitteilung.[26]

Obwohl surrealistische Literatur und Kunst als gut erforscht gelten können, wurden die hier entwickelten Ähnlichkeitskonzepte nur vereinzelt explizit thematisiert; doch kann auf Forschungen zurückgegriffen werden, die, etwa in der Untersuchung des Unbewussten und Unheimlichen, des Traums, der Metapher und der Metamorphose, Ähnlichkeitskonzepte implizieren.[27] Zur Konturierung

---

24 Matthias Bauer, Nadjib Sadikou, Dominik Zink (Hg.), *Ähnlichkeit um 1900.* Bielefeld 2023 (im Erscheinen).
25 Vgl. Dommaschk, *Ähnlichkeit und ästhetische Erfahrung.*
26 Schklowskij, *Von der Ungleichheit des Ähnlichen in der Kunst*, S. 14. Diese gegen die „Konvention'" (ebd.) des Systems gerichtete Funktion schließt an den Begriff der „Verfremdung (*ostranenije*)" an: Sie „ähnelt in ihrem Aufbau oft dem Rätsel, das heißt: sie vollzieht eine Umstellung der Merkmale des Gegenstands. [...] Man muß die Welt so zeigen, daß sie aus den gewohnten Assoziationen herausgelöst wird." (Ebd., S. 32).
27 Besondere Aufmerksamkeit wurde dem Ähnlichkeitsbegriff René Magrittes zuteil, dessen Bedeutung der Katalog Ottingers belegt: Ottinger, *Magritte. Der Verrat der Bilder*, München 2017. Vgl. u. a. Funk, Mattenklott, Pauen, *Ästhetik des Ähnlichen*; Peter Bürger, *Der französische Surrealismus. Studien zur avantgardistischen Literatur. Um Neue Studien erweiterte Ausgabe*, Frankfurt a. M. 1996; ders. (Hg.), *Surrealismus*, Darmstadt 1982 (darin nach wie vor bes. instruktiv: Michael Riffaterre, „Die Reihenmetapher in der surrealistischen Dichtung", S. 207–230); Karl Hölz, *Destruktion und Konstruktion. Studien zum Sinnverstehen in der modernen französischen Literatur*, Frankfurt a. M. 1980; Karin Orchard, Jörg Zimmermann (Hg.), *Die Erfindung der Natur. Max Ernst, Paul Klee, Wols und das surreale Universum* [Ausstellungskatalog], Freiburg i. Br. 1994; Uwe Schneede, *Die Kunst des Surrealismus. Malerei, Skulptur, Dichtung, Fo-*

des Anschlusses des Surrealismus an eine ästhetische ‚Tradition' der Ähnlichkeit lassen sich Befunde aufgreifen, die Rückbezüge auf renaissancistische, manieristische und romantische Ästhetiken und Poetiken aufzeigen. Der Anschluss an eine Tradition der (Er-)Findung ‚entfernter' Ähnlichkeiten wurde vereinzelt hinsichtlich des Einsatzes von Metapher und Analogie, Kombinatorik und (Sprach-) Magie thematisiert.[28] Hervorzuheben sind vor allem Georges Didi-Hubermans Forschungen, die sich nicht nur auf produktive Weise mit Ähnlichkeitsphänomenen und der Ähnlichkeitsreflektion und -produktion der Kunst verschiedener Jahrhunderte auseinandersetzen, sondern mit Georges Batailles ‚formloser Ähnlichkeit' auch ein surrealistisches Ähnlichkeitskonzept analysieren und theoretisch produktiv zu machen suchen.[29] Unter kultur- und literaturwissenschaftlichem Blickwinkel behandeln Rosa Eidelpes die *Entgrenzung der Mimesis* im Kontext des

---

tografie, Film, München 2006; Hal Foster, *Compulsive Beauty*, Cambridge, London 1993; Lichtenstern, *Metamorphose*; Monika Schmitz-Emans, „Surrealismus" (online unter http://homepage. ruhr-uni-bochum.de/niels.werber/Avantgarden/Schmitz-Emans.htm, 3.7.2018); Nanette Rißler-Pipka, „Denken von Differenz und Ähnlichkeit: Das Siglo de Oro als zweifelhaftes Vorbild für Buñuels Spätwerk", in: Uta Felten, Volker Roloff (Hg.), *Spielformen der Intermedialität im spanischen und lateinamerikanischen Surrealismus*, Bielefeld 2004, S. 125–140. Weitere Titel werden im Verlauf einbezogen.

28 Vgl. Strub, *Kalkulierte Absurditäten*; Rüdiger Zill, *Messkünstler und Rossebändiger. Zur Funktion von Modellen u. Metaphern in philosophischen Affekttheorien*, [Diss.] Berlin 1996; vgl. zu dieser Tradition Knörer, *Entfernte Ähnlichkeiten*; vgl. im Blick auf die kombinatorische Methode u. a. Erika Greber, *Textile Texte: Poetologische Metaphorik und Literaturtheorie. Studien zur Tradition des Wortflechtens und der Kombinatorik*, Köln 2002; Gustav René Hocke, *Die Welt als Labyrinth. Manier und Manie in der europäischen Kunst*, Hamburg 1957 [1978]; ders., *Manierismus in der Literatur. Sprach-Alchemie und esoterische Kombinationskunst*, Hamburg 1959 [1978]; Hans Holländer, „Ars inveniendi et investigandi: Zur surrealistischen Methode", in: Bürger, *Surrealismus*, S. 244–312. Vgl. zur ‚Wahlverwandtschaft' von Romantik und Surrealismus Sebastian Lübcke, Johann Thun, „Zur Einleitung: Methodische und wissenschaftstheoretische Überlegungen zur ‚Wahlverwandtschaft' zwischen Romantik und Surrealismus", in: dies., *Romantik und Surrealismus*, S. 7–14.

29 Vgl. neben zahlreichen Aufsätzen die Monografien *Fra Angelico. Unähnlichkeit und Figuration*, München 1995 [*Fra Angelico. Dissemblance et figuration*, Paris 1990]; *Ähnlichkeit und Berührung. Archäologie, Anachronismus und Modernität des Abdrucks*, München 1999 [*La Ressemblance par contact. Archéologie, anachronisme et modernité de l'empreinte*, Paris 2008]; *Phasmes. Essays über Erscheinungen von Fotografien, Spielzeug, mystischen Texten, Bildausschnitten, Insekten, Tintenflecken, Traumerzählungen, Alltäglichkeiten, Skulpturen, Filmbildern*, München 2001 [*Phasmes. Essais sur l'apparition*, Paris 1998] und *Formlose Ähnlichkeit oder die Fröhliche Wissenschaft des Visuellen nach Georges Bataille*, übers. v. Markus Sedlazec, München 2010 [*La Ressemblance informe ou Le Gai Savoir visuel selon Georges Bataille*, Paris, 1995].

‚dissidenten', ethnologisch inspirierten (Post-)Surrealismus und Elisabeth Heyne Ähnlichkeit bei Canetti und Caillois.³⁰

Für die Ästhetik, Literatur- und Kunstgeschichte forderte Barbara Stafford bereits Mitte der 90er Jahre

> „to recuperate the ancient and intrinsically visual method of analogy for modern times." Gegenwärtig ermangele es einer „sophisticated theory and practise of resemblance." Angemessener als endlose Ausdifferenzierung der Schrift wäre ein „connective model of visual rhetoric adequate to our networked, multimedia future."³¹

Einen methodisch reflektierten Umgang mit Ähnlichkeiten haben seither verschiedenste literatur-, kultur-, kunst- und medienwissenschaftliche Ansätze entwickelt, wie etwa Michael Löwys Forschungen zur „Wahlverwandtschaft"³², Elisabeth Bronfens komparatives Lektüreverfahren des *Crossmapping*³³ oder Axel Fliethmanns Reflexion über ‚Korrespondenzen'³⁴, die transdiziplinäre und -historische Ähnlichkeitsbezüge konzeptualisieren. Die Bedeutung der Ähnlichkeit für Konzepte des Vergleichs thematisiert etwa der Band *Äpfel und Birnen. Illegitimes Vergleichen in den Kulturwissenschaften*³⁵. Gerade auch im Kontext

---

30 Vgl. Eidelpes, *Entgrenzung der Mimesis*; Elisabeth Heyne, *Wissenschaften vom Imaginären. Sammeln, Sehen, Lesen und Experimentieren bei Roger Caillois und Elias Canetti*, Berlin 2020.
31 Zit. n. Axel Fliethmann, *Texte über Bilder. Zur Gegenwart der Renaissance*, Freiburg i. Br., Wien, Berlin 2014, S. 9; vgl. Barbara M. Stafford, *Artful Science. Enlightenment, Entertainment and the Eclipse of Visual Education*. Cambridge, MA 1994; dies., *Visual Analogy. Consciousness as the Art of Connecting*, Cambridge, MA 1999.
32 Vgl. Michael Löwy, *Rédemption et Utopie. Le judaïsme libertaire en Europe centrale*, Paris 1988, S. 13: *Wahlverwandtschaft* sei „un type très particulier de rapport dialectique qui s'établit entre deux configurations sociales ou culturelles, qui n'est pas réductible à la détermination causale directe ou à l',influence' au sens traditionnel. Il s'agit, à partir d'une certaine analogie structurelle, d'un mouvement de convergence, d'attirance réciproque, de confluence active, de combinaison pouvant aller jusqu'à la fusion." Vgl. ders., „Le concept d'affinité élective chez Max Weber", in: *Archives de sciences sociales des religions* 127 (2004), S. 93–103, S. 94: Es handle sich um eine ‚innere' Verwandtschaft, in deren Hintergrund eine bestimmte historische Konstellation zu sehen sei. Vgl. Lübcke, Thun, Zur Einleitung.
33 Elisabeth Bronfen, *Crossmappings: Essays zur visuellen Kultur*, Zürich 2009.
34 Vgl. Axel Fliethmann, „Korrespondenzen", in: Christiane Barz u. a. (Hg.), *Handbuch der Mediologie*, München 2012, S. 135–141.
35 Helga Lutz, Jan-Friedrich Missfelder (Hg.), *Äpfel und Birnen. Illegitimes Vergleichen in den Kulturwissenschaften*, Bielefeld 2006. Vgl. u. a. auch Seiji Hattori, „‚Vergleichen' als ein ‚Ritual' des Verstehens aufgrund des Ähnlichkeitsdenkens? Überlegungen zu einer literaturwissenschaftlichen Verfahrensweise am Schnittpunkt von Hermeneutik, Dekonstruktivismus und Kulturwissenschaft", in: Japanische Gesellschaft für Germanistik (Hg.), *Rituale des Verstehens – Verstehen der Rituale. Beiträge des Vierten Internationalen Kolloquiums der Japanischen Gesellschaft für Germanistik an der Doshisha-Universität*, Kyoto, 9.-10.10.2005, München 2006, S. 73–93.

der Forschung zu Konzepten der Mimesis und Mimikry, Metapher und Imagination, Ikonizität und Diagrammatik in den Literatur-, Kunst- und Kulturwissenschaften des zwanzigsten und einundzwanzigsten Jahrhunderts wurde eine Vielzahl von Ansätzen entwickelt, die sich gegen die Auffassung wenden, Ähnlichkeit und

> analogisches Denken werde zum Ballast, wenn es um Innovationen gehe; ja, man kopple sich von wirklichen Neuerungen ab. Das Gegenteil ist der Fall: Man muss die Offenheit und die sich daraus ergebende Vielfalt analogischen Denkens erst wieder entdecken. Man hat das Prinzip der Nachahmung und der ‚similitudo' in jüngerer Zeit gründlich missverstanden, als Verengung statt als Öffnung aufgefasst.[36]

Eine vielstimmige Forschungsdiskussion um den Begriff der Ähnlichkeit führen vor allem auch Kunsttheorie und Bildwissenschaft: So verweist etwa Eco auf die bildsemiotische Diskussion im Anschluss an Charles Sanders Peirces Konturierung ikonischer Zeichen.[37] Im Kontext der analytisch informierten Bildwissenschaft reflektieren etwa Nelson Goodman und Oliver Scholz kritisch Ähnlichkeitstheorien des Bildes; Klaus Sachs-Hombach und Martin Seel argumentieren für eingeschränkte Ähnlichkeitstheorien. Laure Blanc-Benon plädiert für eine Reevaluierung des Ähnlichkeitsbegriffs in der Vermittlung konventionalistischer und naturalistischer bzw. realistischer Positionen[38] und Jacques Rancière markiert die historische Variabilität der Verbindung von Ähnlichkeit und Mimesis.[39]

Weitere Anknüpfungspunkte bieten philosophische, kognitionswissenschaftliche und wahrnehmungspsychologische Konzeptualisierungen von Ähnlichkeit:

---

36 Werner Oechslin, „Vorwort: Ein Loblied auf Nachahmung und die *similitudo* – gegen die nihilistischen Neutöner und deren kulturgeschichtliche Blindheit", in: Eva von Engelberg-Dočkal, Markus Krajewski, Frederike Lausch (Hg.), *Mimetische Praktiken in der neueren Architektur: Prozesse und Formen der Ähnlichkeitserzeugung*, Heidelberg, 2017, S. 6–8, S. 7.
37 Vgl. Umberto Eco, *Kant und das Schnabeltier*, München, Wien 2000. Ecos Revision der semiotischen Ähnlichkeitsdebatte der 60er Jahre führt eigene Theoreme ein. Die Thematik wird insbesondere auch in der Forschung zu *Ikonizität* und *Diagrammatik* aufgegriffen; vgl. die seit 1999 u. a. von Olga Fischer herausgegebene Reihe „Iconicity in Language and Literature" und das „Iconicity Research Project" (https://www.iconicity.uzh.ch/en/Iconicity/Iconicity-Research-Project.html); vgl. Frederik Stjernfelt, *Diagrammatology. An Investigation on the Borderlines of Phenomenology, Ontology and Semiotics*, Dordrecht 2007; Stjernfelt argumentiert für eine Rehabilitierung der Ähnlichkeit in einer an Peirce anschließenden Theorie des ikonischen Realismus.
38 Laure Blanc-Benon, *La question du réalisme en peinture. Approches contemporaines*, Paris 2009.
39 Jacques Rancière, *Politik der Bilder*, Zürich 2006 [*Le Destin de l'image*, Paris 2003], bes. S. 121.

Anregend ist etwa Bernhard Grubers Untersuchung der topischen Ähnlichkeitsauffassung Aristoteles' als Perspektive eines ‚postrepräsentationalen' Denkens.[40] Gerhard Gamm sieht die moderne Konjunktur der Ähnlichkeit im Zusammenhang mit einer „Positivierung des Unbestimmten in der Moderne".[41] Robert Spaemann sucht Ähnlichkeit für die moderne Philosophie ontologisch zu rehabilitieren.[42] Karen Gloy untersucht das Analogiedenken als alternativen Rationalitätstypus neben dem dichotomen „Klassifikationsdenken" und dem „zyklisch-dialektische[n] Denken", der mit der Herausbildung der modernen Wissenschaft „in Mißkredit geriet und schließlich suspendiert wurde."[43] Insbesondere der von Ludwig Wittgenstein in *Philosophische Untersuchungen* eingeführte Begriff der „Familienähnlichkeit"[44] hat zu einer breiten Diskussion um den Ähnlichkeitsbegriff beigetragen. Im Anschluss daran wurden Ähnlichkeitskonzepte der Kategorisierung – wie die *Fuzzy Logic* Lotfi Zadehs und die Prototypentheorie Eleanor Roschs – erarbeitet. So wird Ähnlichkeit seit der zweiten Hälfte des zwanzigsten Jahrhunderts besonders im disziplinären Kontext der Psychologie und der Kognitionswissenschaften thematisiert; gerade die Kognitionswissenschaft wird zunehmend zur Referenzwissenschaft für die Reflexion auf Ähnlichkeit in der jüngeren Theoriebildung, wie etwa Douglas R. Hofstadters Forschung zum Innovationspotential der Analogie prominent verdeutlicht.[45] Denn während die – insbesondere von der analytischen Philosophie artikulierten – Probleme der philosophischen Logik mit Ähnlichkeit bis heute nicht gelöst scheinen, sind die Humanwissenschaften bei der Theoretisierung der Ähnlichkeit mit weniger Vorbehalten belastet, wie Cristina Cacciari 1995 in dem Band *Similarity in Language, Thought and Perception* betont: „[C]onnecting

---

40 Vgl. Gruber, *Topographie des Ähnlichen*.
41 Vgl. Gerhard Gamm, *Flucht aus der Kategorie. Die Positivierung des Unbestimmten in der Moderne*, Frankfurt a. M. 2004, S. 348 ff.
42 Vgl. Spaemann, *Ähnlichkeit*.
43 Karen Gloy, *Vernunft und das Andere der Vernunft*, Freiburg i. Br., München 2001, S. 207; dies. (Hg.), *Rationalitätstypen*, Freiburg i. Br., München 1999; dies., „Das Analogiedenken der Renaissance. Seine Herkunft und seine Strukturen", in: Enno Rudolph (Hg.), *Die Renaissance als erste Aufklärung*, Bd. 2: *Die Renaissance und die Entdeckung des Individuums in der Kunst*, Tübingen 1998, S. 103–134; vgl. Manuel Bachmann, dies. (Hg.), *Das Analogiedenken. Vorstöße in ein neues Gebiet der Rationalitätstheorie*, Freiburg i. Br., München 2000.
44 Ludwig Wittgenstein, *Philosophische Untersuchungen*, Frankfurt a. M. 1971, S. 57 [§ 67].
45 Vgl. Douglas R. Hofstadter, Emmanuel Sander, *Die Analogie. Das Herz des Denkens*, übers. v. Susanne Held, Stuttgart 2014 [*Surfaces and Essences. Analogy as the Fuel and Fire of Thinking*, New York 2013/*L'Analogie. Cœur de la pensée*, Paris 2013]; vgl. auch Douglas R. Hofstadter, *The Fluid Analogies Research Group: Die FARGonauten. Über Analogie und Kreativität*, Stuttgart 1996.

processes based on a model of similarity seem to be a natural mental activity"[46]. Eine viel beachtete Zusammenstellung von Beiträgen veröffentlichten bereits 1989 Stella Vosniadou und Andrew Ortony, die konstatieren: „[T]he ability to perceive similarities and analogies is one of the most fundamental aspects of human cognition"[47]. In der Folge wurden differenzierte Perspektiven auf Ähnlichkeitswahrnehmungen und -urteile entwickelt, die spatial, kontrastiv oder transformational konzeptualisiert werden: Da „perceptual similarity itself is not one thing but many interrelated kinds", „determining similarity is not just a matter of judging the likeness of features or properties, but also assessing process, values or standards, functions, point of view, and so forth, as well as structural alignments."[48] Die Einsicht in die solchermaßen diagnostizierte Komplexität trägt zu einer gerechtfertigten Kritik auch im wissenschaftlichen Kontext vielfach naiv gefällter Ähnlichkeitsurteile bei: Die trügerische „seduction of perceived similarity"[49] lasse ihre subjektiven und kulturellen Kontexte und Bedingungen übersehen, so etwa Dwight Bolinger:

> Always one's first impulse, on encountering two highly similar things, is to ignore their differences in order to get them into a system of relationships where they can be stored, retrieved and otherwise made manageable. The sin consists in stopping there. And also in creating an apparatus that depends on the signs of absolute equality and absolute inequality, and uses the latter only when the unlikeness that it represents is so gross that it bowls you over.[50]

Dies gemahnt daran, ähnlichkeitskritische Perspektiven nicht zu dethematisieren, sondern für die Entwicklung angemessen komplexer Konzeptualisierungen von Ähnlichkeit zu nutzen.[51] In diesem Sinn gehört die Reflexion auf der jeweiligen theoretischen Perspektive inhärente Ähnlichkeitsannahmen zur Methodenre-

---

46 Arduini, Introduction, S. 14. Vgl. Cristina Cacciari (Hg.), *Similarity* in *Language, Thought, and Perception*, Turnhout 1995.
47 Stella Vosniadou, Andrew Ortony, *Similarity and analogical reasoning*, Cambridge 1989, S. 1; vgl. Tymoczko, Difference in Similarity, S. 28.
48 Tymoczko, Difference in Similarity, S. 29. Tymoczko verweist auf die Forschungen von Linda B. Smith und Dedre Gentner. Douglas Medin und Robert Goldstone betonen, dass „similarity statements of the form ‚A is similar to B' are really shorthand for ‚A is similar to B in respect to C, according to comparison process D, relative to some standard E mapped onto judgements by some function F for some purpose G.'" (Tymoczko, Difference in Similarity, S. 29); Dedre Gentner, Arthur B. Markman, „Similarity is like analogy: Structural alignment in comparison", in: Cacciari, *Similarity in language, thought and perception*, S. 111–147; Ulrike Hahn, Nick Chater, Lucy B. Richardson, „Similarity as transformation", in: *Cognition* 87 (2003), S. 1–32.
49 Tymoczko, Difference in Similarity, S. 30.
50 Ebd., S. 31. Hier scheint die von Foucault zitierte Kritik Descartes' widerzuhallen.
51 So stellt etwa in den Kognitionswissenschaften das Bezugsmoment für eine heute weitgehend als unproduktiv kritisierte Auffassung der Ähnlichkeit ihre geometrische Definition dar

flexion jeder mit Ähnlichkeit befassten Disziplin. Karl Popper formuliert dies so: „Allgemein gesprochen setzt Ähnlichkeit – und somit auch Wiederholung – stets die Einnahme *eines Standpunkts* voraus: manche Ähnlichkeiten oder Wiederholungen werden uns auffallen, wenn wir uns für ein bestimmtes Problem interessieren, andere, wenn wir uns für ein anderes Problem interessieren."[52] Dies verweist nicht nur auf die Funktion der Ähnlichkeit in verallgemeinernden, schematisierenden Operationen, die auf das Finden von Wiederholungen, Typen und Gesetzmäßigkeiten zielen, sondern auch auf die notwendige Reflexion der Aspektbezogenheit, Kontextabhängigkeit, Situiertheit, der Relevanzkriterien und der Perspektivierung von Ähnlichkeitsurteilen – gerade auch im Blick auf Prämissen und Hypothesen wissenschaftlichen Arbeitens. Dies wurde in der jüngeren Theoriebildung insbesondere für die vergleichenden Wissenschaften betont, die maßgeblich auf die Systematisierung von Ähnlichkeitsbezügen verwiesen sind:

> Es handelt sich hierbei [bei der Ähnlichkeit, S. B.] um eine Kategorie mit bestimmten Potentialen, aber eben auch Grenzen. Vor diesem Hintergrund wurde in den Literatur-, Geschichts- und Kulturwissenschaften eine intensive Debatte um das Vergleichen angestoßen, die in mancherlei Hinsicht auch für die Dimensionen und Möglichkeiten von Ähnlichkeit erhellend ist. So wenig es zutrifft, dass Vergleiche das Gegenteil ‚reiner Erkenntnis' sind, so sehr kommt es auf das ‚Wie', auf Kontextualisierung und Explizieren von Kriterien, an.[53]

So gilt es gerade angesichts des „Relativismus" – der „Kontextabhängigkeit" und „Beobachterabhängigkeit" – der Ähnlichkeit[54] die *Gemachtheit* des Herstellens und Findens von Ähnlichkeiten zu reflektieren: „Ähnlichkeitsurteilen liegt immer ein Vergleich (*comparatio*) und damit eine trianguläre Struktur zugrunde",[55] die konstitutiv das Subjekt einbezieht, insofern „jede Ähnlichkeit immer subjektive und objektive Elemente enthält".[56] Die Ähnlichkeitsreflexion erzwingt so förmlich eine Metaperspektive, die Ähnlichkeitsaussagen auf ihre Kontexte, Bedingungen und Erkenntnisinteressen prüft und als Aspekt methodologischer Reflexion wie als Ethos zu den Grundlagen wissenschaftlichen Arbeitens gerade auch in den Geisteswissenschaften gehört. Denn, so betont Maria Tymoczko: „When we turn from the fields of mathematics and the natural

---

(vgl. Lieven Decock, Igor Douven, „Similarity After Goodman", in: *Review of Philosophy and Psychology* 2, 1 (2011), S. 61–75).
52 Karl Popper, *Logik der Forschung*, Tübingen 1989, S. 376.
53 Patrut, Rössler, Ähnlichkeit um 1800, S. 15. Vgl. zur jüngeren Forschung u. a. Angelika Epple, Antke Flüchter, Thomas Müller, „Praktiken des Vergleichens: Modi und Formationen. Ein Bericht von unterwegs" (2020), Praktiken des Vergleichens – Working Paper des SFB 1288, No. 6, Universität Bielefeld (online unter https://pub.uni-bielefeld.de/record/2943010, 12.1.2022).
54 Dommaschk, *Ähnlichkeit und ästhetische Erfahrung*, S. 20.
55 Endres, Unähnliche Ähnlichkeit, S. 29.
56 Strub, *Kalkulierte Absurditäten*, S. 475.

sciences to the humanities, questions of similarity become immeasurably more complex."[57] Darin liegt eine spezifische Herausforderung literatur-, kunst- und kulturwissenschaftlicher Ähnlichkeitsforschung: „Particularly when we approach areas of human symbolic behaviour, such as language, and raise questions about meaning, determining similarity becomes very difficult"[58]. Gerade die damit bezeichnete Komplexität kann jedoch theoretisch produktiv werden: „Die Geistes- und Kulturwissenschaften interessieren sich vornehmlich für jene Überschüsse und Möglichkeitsräume, bei denen Ähnlichkeits-Phänomene einerseits nicht monokausal erklärbar sind und andererseits auf die Ordnung, auf die sie sich beziehen, zurückwirken."[59] Dabei gilt es, differenzierte Perspektiven zu entwickeln: „[D]iscussions of similarity must move beyond uncritical and ostensive assertions of similarity, as well as gross impositions of taxonomies, if they are to be useful theoretically and practically. Metastatements about similarity must be nuanced and particularized."[60]

Auch die vorliegenden Überlegungen suchen „less normative, less binaristic, more supple, and more particularized and precise ways of thinking about similarity that reflect current research"[61] und reagieren dabei auf ein sowohl historisches als auch systematisches Desiderat. Endres zufolge fehlt eine „*Geschichte* der Ähnlichkeitsreflexion, ihrer Diskontinuitäten und Konstanten, Krisen und Konjunkturen",[62] worauf das Fehlen von Überblicksdarstellungen zur Begriffs- und Ideengeschichte des Denkens in Ähnlichkeiten hinweist; eine solche Geschichte kann und soll auch hier nicht vorgelegt werden: Es kann lediglich darum gehen, die Vorgeschichte der Ähnlichkeitsreflexion und -produktion der ästhetischen Moderne in der ästhetisch-epistemologischen Tradition des Denkens in Ähnlichkeiten zu konturieren; gerade die moderne Ästhetik und Epistemologie des Ähnlichen bildet eine erst in den vergangenen Jahren ins Blickfeld rückende Leerstelle der Forschung. Zugleich bemüht sich diese Studie in der Annahme, dass nicht nur die Eliminierung der Ähnlichkeit keine theoretische Zielvorgabe sein, sondern sich ihrer Konjunktur in der ästhetischen Moderne Anregungen für ihre Reevaluierung entnehmen lassen, um eine Rehabilitierung der Ähnlichkeit, die aufgrund ihrer theoretischen Latenz bislang wenig Aufmerksamkeit erfahren hat.

---

57 Tymoczko, Difference in Similarity, S. 29.
58 Ebd., S. 30.
59 Andreas Becker, Martin Doll, Serjoscha Wiemer, Anke Zechner, „Einleitung", in: dies. (Hg.), *Mimikry. Gefährlicher Luxus zwischen Natur und Kultur*, Schliengen, S. 7–26, S. 11.
60 Tymoczko, Difference in Similarity, S. 31.
61 Ebd., S. 38.
62 Endres, Unähnliche Ähnlichkeit, S. 56.

1.1 Zum ‚Begriff' der Ähnlichkeit

> Wer sich auf das Thema der Ähnlichkeit einlässt, wird das Gefühl nicht los, ein höchst unübersichtliches, kaum klar zu definierendes Terrain zu betreten. Dies liegt nicht nur daran, dass Ähnlichkeit als eine Kategorie des Denkens und der Wahrnehmung gemeinhin subjektive und temporäre, ihrem Kern nach unscharfe und sich der Messbarkeit entziehende Relationen kreiert. Ähnlichkeitsverweise treten daher oft auf, wo eine klare Bestimmung von Relationen eben nicht möglich ist. Darüber hinaus erweist sich der Begriff der Ähnlichkeit [...] in historischer Perspektive als äußerst volatil und wandelbar. (Martin Gaier, Jeanette Kohl, Alberto Saviello)[63]

Um die Konzeptualisierung der Ähnlichkeit in der ästhetischen Moderne jenseits der einleitend angedeuteten Verkürzungen in den Blick zu nehmen, muss zunächst der ‚Begriff Ähnlichkeit' problematisiert und geöffnet werden. Dazu gilt es, ihm – wenn auch unscharfe – Konturen zu verleihen, ihn in seinem Verhältnis zu Begriffen wie Analogie, Identität, Differenz und Unähnlichkeit zu bestimmen, Aspekte der Ähnlichkeitskritik zu umreißen und Dimensionen eines ästhetischen Grundbegriffs der Ähnlichkeit zu skizzieren. Aufgabe der folgenden Teilkapitel wird dabei nicht nur sein, Ähnlichkeit aus dem simplifizierenden Konnex mit einem imitativ (miss-)verstandenen Mimesisbegriff zu lösen, sondern auch, zu zeigen, inwiefern der ‚Begriff Ähnlichkeit' gerade *nicht* zu ‚klären' ist. Diese irreduzible Vagheit trägt dazu bei, dass Ähnlichkeit mit dem „Stigma des Undiskutierbaren" belegt wurde.[64] Ziel dieser Überlegungen ist es demgegenüber, gerade aus der *Unbegrifflichkeit* der Ähnlichkeit heraus Perspektiven ihrer ästhetischen Konzeptualisierung und Ansätze einer Wendung der Ähnlichkeitskritik aufzuzeigen.

Dass nicht ohne Weiteres zu bestimmen ist, *was Ähnlichkeit ist*, deutet ein Blick auf die Etymologie des Wortes ‚ähnlich' an; über sie spekuliert Fritz Mauthner 1906, die These referierend, das Wort könnte als „Übersetzung von similis, das von semel herstammt, ‚einlich'" bedeuten:

> (Das französische ressembler, ressemblant, geht auf similare oder simulare = ähnlich machen zurück; eine Anknüpfung des deutschen Wortes ist aber weder an die lateinische noch an die italienische Form belegt). Vielleicht ist es doch, wie einmal vermutet worden ist, ein verdorbenes „analogon", volksetymologisch mit Ahn in Zusammenhang gebracht, wo denn freilich mit dem Worte ‚ähnlich' schon der Grund aller Ähnlichkeit mit hineingeheimnist wäre. Die Bedeutungsgeschichte wird noch schwieriger, wenn man erwägt, daß similis einst durch „gleich" übersetzt wurde, daß im Althochdeutschen „gelîh" für ähnlich überwiegt und mundartlich wohl ein „einlich" (siebenb. inesch) für gleich noch

---
63 Kohl, Gaier, Saviello, Ähnlichkeit als Kategorie der Porträtgeschichte, S. 12.
64 Ebd., S. 27.

heute vorkommt. Etymologisch ist „gleich" = einen ähnlichen Körper, eine ähnliche Gestalt habend (ge-Leiche).[65]

Davon ableiten ließen sich die Suffixe „like (Gestalt)" und „-lich".[66] Noch der Eintrag im *Wörterbuch der Philosophischen Begriffe* bestätigt in Teilen diese Analyse:

> ähnlich, von mhd. *anelich*, urspr.: über ‚Ahnen' verwandt; in später Bed[eutung] erst von M. Luther eingeführt als *ehnlich*, eine Nebenform zu *einlich*, somit zu ‚ein' sich verhaltend wie lat. *similis* zu *semel*, erst im 17. Jh., wahrscheinlich von J. Kepler, in der Bedeutung von gr. *analogon* und lat. *similis* von gleich (lat. *aequalis*) unterschieden.[67]

Ohne den etymologischen Ableitungen weiter zu folgen, weisen sie doch bereits auf die Schwierigkeit der Angabe einer verbindlichen Bedeutung des Ähnlichkeitsbegriffs ebenso hin wie auf begriffs- und ideengeschichtlich zentrale Aspekte der *Produktion von Ähnlichkeiten*, der genealogischen Dimension der *Verwandtschaft*[68] und der Konkurrenz mit dem Begriff des *Gleichen*. Dabei zeigt nicht erst der Blick auf die Etymologie oder die begriffliche und theoretische Konturierung die Schwierigkeit, Ähnlichkeit zu fassen, auch der alltagssprachliche Wortgebrauch weist auf die symptomatische Vagheit dieses proteischen Relationsbegriffs hin. Sie zeigt sich schon „auf der fundamentaleren Ebene [...], wenn wir

---

65 Fritz Mauthner, *Beiträge zu einer Kritik der Sprache*, Bd. 1: *Zur Sprache und zur Psychologie*, Frankfurt a. M., Berlin, Wien 1982, S. 435. Phonetische und begriffsgeschichtliche Argumente gegen diese auch von Kluge notierte Etymologie von „ähnlich" als Ableitung von „ein" bzw. „Nebenform von ‚einlich/ainlich'" bringt 1905 Friedrich Wenzlau vor, „‚Enlich'" sei abgeleitet von mhd. „anelich", das sich im vierzehnten Jahrhundert bei Johann von Neumarkt nachweisen lasse, von Martin Luther übernommen und von den „Schriftsteller[n] des Westens" zur Abkunft von *similis* „umetymologisiert[]" worden sei (Friedrich Wetzlau, „Ähnlich", in: *Zeitschrift für deutsche Wortforschung* 6 (1905), S. 99 f. (online unter https://archive.org/stream/bub_gb_Yuc0AAAAIAAJ#page/n107/mode/2up, 23.10.2016).
66 Ebd. Mauthner schließt hier eine Spekulation über das gleichbedeutende indische Suffix „-maya" an (ebd.).
67 Art. Ähnlichkeit, in: Regenbogen, Meyer, *Wörterbuch der philosophischen Begriffe*, S. 18. Ein Blick auf semantische Felder des Ähnlichkeitsbegriffes im Englischen, Französischen, Spanischen und Italienischen, die diesen meist von griech. *homoion* bzw. *homoiotes* oder lat. *similis*, *similitudo* ableiten, zeigt eine Nuancierung von Teilbedeutungen: Die Nuancierung von *resemblance*, *semblance*, *likeness*, *similitude* und *similarity* im Englischen, ergänzt um den Begriff der Analogie, findet sich auch im Französischen mit *ressemblance* und *similitude*, *analogie/analogue*, im Spanischen mit *semblanza*, *similitud*, *semejanza*, *parecido* und *analogía* und im Italienischen mit *rassomiglianza* (*somiglianza*, *assomiglianza*), *similarità*, *similitudine*, *analogia* und *affinità*.
68 Vgl. zum „Strukturmuster des Erbes und der Verwandtschaft" Endres, Unähnliche Ähnlichkeit, S. 37, passim.

verschiedene, nicht als Zeichen verwendete Dinge, als ähnlich klassifizieren".[69] Ähnlichkeit ist ein basaler Begriff intuitiver Wahrnehmung und alltäglicher Erfahrung: Orientierung in der Welt wird möglich, indem Erinnerungen, Dinge, Bilder, Wörter oder Handlungen miteinander in Beziehung gesetzt, wiederholt oder imitiert werden; solche meist vortheoretischen und unbewussten Akte der Ähnlichkeitsherstellung strukturieren das Sprechen, Denken und Handeln und ermöglichen den Umgang mit Neuem, Unbekanntem und Fremdem. Die Übereinstimmung ähnlicher Ereignisse, Dinge, Erinnerungen, Formen, Bilder oder Strukturen bezeichnend, werden fachsprachlich differenzierte Begriffe wie „,Analogie', ,Entsprechung' und ,Verwandtschaft'" alltagspragmatisch oft synonym gebraucht,[70] um „jegliche Erkenntnis durch Vergleich und Ähnlichkeitsfeststellung"[71] zu beschreiben. Wissenschaftliche Ansätze suchen das in „einer bestimmten Hinsicht, dem Vergleichspunkt (tertium comparationis), Ähnliche" genauer zu bestimmen, um Aspekte und Kontexte von Ähnlichkeitsurteilen zu spezifizieren.[72] Die Notwendigkeit, den Relationsbegriff für den wissenschaftlichen Gebrauch zu konkretisieren, formuliert etwa Linda B. Smith: „The problem with similarity is that it has no meaning unless one specifies the kind of similarity".[73] Zum weiteren Wortfeld gehören auch Fachbegriffe wie „„Korrespondenz'"[74], „Äquivalenz (Übereinstimmung in *einer* Hinsicht)" und „Gleichheit (Übereinstimmung in allen Hinsichten)"[75], Homologie,[76] Isomorphie[77], Kongruenz, Ikonizität, Famili-

---

[69] Klaus Sachs-Hombach, „Zur Revision des Bildbegriffs", in: Julian Nida-Rümelin (Hg.), *Rationalität, Realismus, Revision. Vorträge des 3. internationalen Kongresses der Gesellschaft für Analytische Philosophie vom 15. bis zum 18. September 1997 in München*, Berlin 2000, S. 778–787, S. 786.
[70] Schenk, Ähnlichkeit, S. 51.
[71] Hans Jörg Sandkühler, Art. „Analogie", in: ders. (Hg.), *Europäische Enzyklopädie zu Philosophie und Wissenschaften*, Bd. 1, S. 101–108, S. 102. Vgl. auch Scholz, *Bild, Darstellung, Zeichen*, S. 56: „Vielen Ähnlichkeitsurteilen liegen Tätigkeiten des Vergleichens zugrunde".
[72] Kuno Lorenz, „Analogon", in: *Enzyklopädie Philosophie und Wissenschaftstheorie*, S. 100.
[73] Zit. n. Tymoczko, Difference in Similarity, S. 29.
[74] Lorenz, Analogon, S. 100, beschrieben als Übereinstimmung von „Struktur- und Funktionsmerkmalen unterschiedlicher Entitäten" (ebd.).
[75] Sandkühler, Analogie, S. 101 f.
[76] Homologie fungiert in der Biologie nicht synonym, sondern antonym zu Analogie, morphologische Übereinstimmung aufgrund evolutionärer Verwandtschaft benennend (vgl. Reinhard Junker, *Ähnlichkeiten, Rudimente, Atavismen*, Holzgerlingen 2002).
[77] Isomorph meint „gleichgestaltig[]" (Sandkühler, Analogie, S. 102). Die Abbildtheorie der analytischen Philosophie beschreibt die Abbildung als „Isomorphie von strukturellen Eigenschaften der Dinge bzw. Sachverhalte und der sprachlichen Abbildung" (Peter Prechtl, Art. „Abbildtheorie", in: *Metzler Philosophie Lexikon. Begriffe und Definitionen*, hg. v. Peter Prechtl u. Franz-Peter Burkard, Stuttgart, Weimar ³2008, S. 1f., S. 1).

enähnlichkeit und Wahlverwandtschaft – eine Reihe, die um zahlreiche im Rahmen der „historischen Konjunkturen der Begriffsverwendung von Ähnlichkeit"[78] gebrauchte Begriffe, wie *similitudo, verisimilitudo, comparatio, imitatio, aemulatio* und Sympathie, zu erweitern ist. Damit „erweist sich der Begriff der Ähnlichkeit (gr. *homoiótes*, lat. *similitudo*) auch in historischer Perspektive hinsichtlich der mit ihm verbundenen Diskurse und Wertbestimmungen als äußerst volatil und wandelbar."[79] So ist eine begriffsgeschichtliche Rekonstruktion nicht nur durch das weitgehende Fehlen des Ähnlichkeitsbegriffs in einschlägigen Nachschlagewerken erschwert,[80] das sich als Symptom dessen lesen lässt, dass Philosophie und Wissenschaften die Auseinandersetzung mit Ähnlichkeit weitgehend gemieden haben; auch wäre eine umfassende Darstellung der Wandlungen des Ähnlichkeitsbegriffs aufgrund seiner systematischen und historischen Variabilität kaum leistbar, zumal fachwissenschaftliche Ähnlichkeitsbegriffe definitorisch stark differieren: Ähnlichkeitsbezüge spielen in verschiedensten Disziplinen eine basale Rolle – der „Terminus Ä[hnlichkeit] kommt im Alltag und allen Wissenschaften vor"[81], wie auch der „Begriff der A[nalogie] und das Verfahren des analogen Schließens [...] in vielen Wissenschaften heimisch"[82] sind.

Für den Ähnlichkeitsbegriff kann damit Vergleichbares wie für den häufiger methodisch reflektierten, in zahlreichen Lemmata bestimmten Begriff der Analogie angenommen werden, dessen

> Geschichte [...] von Anfang an mehrere Stränge erkennen [lässt, S. B.], die teils ganz unabhängig voneinander verlaufen, dann aber auch wieder in Wechselwirkung treten können, so daß sie nicht einfach getrennt darzustellen sind. Es ergibt sich so ein Bild von heterogener Kontinuität, worin nur partiell klare Konturen hervortreten.[83]

---

78 Axel Fliethmann, *Texte über Bilder. Zur Gegenwart der Renaissance*, Freiburg i. Br., Berlin, Wien 2014, S. 8.
79 Kohl, Gaier, Saviello, Ähnlichkeit als Kategorie der Porträtgeschichte, S. 12.
80 Auf einige Lemmata wurde bereits verwiesen; vgl. u. a. Schöndorf, Art. „Ähnlichkeit"; Schenk, Ähnlichkeit; Thiel, Art. „ähnlich/Ähnlichkeit".
81 Schenk, Ähnlichkeit, S. 53. Dabei differieren die fachdisziplinären Bestimmungen; so beschreibt etwa die Logik Ähnlichkeitsrelationen durch die kombinierten „Struktureigenschaften" *Symmetrie* und *Reflexivität* (Schenk, Ähnlichkeit, S. 52f.), während im erkenntnistheoretischen, aber auch bildtheoretischen Kontext Ähnlichkeit als *asymmetrische* Relation beschrieben wird: Der Sohn ähnelt dem Vater, nicht umgekehrt.
82 Sandkühler, Analogie, S. 105; vgl. auch Holz, Analogie, S. 52.
83 Wolfgang Kluxen, Art. „Analogie (I)", in: *Historisches Wörterbuch der Philosophie*, hg. v. Joachim Ritter, Darmstadt 1971, S. 214–227, S. 215. Zur Begriffsgeschichte vgl. Holz, Analogie; Maarten J. F. M. Hoenen, Art. „Analogie", in: *Historisches Wörterbuch der Rhetorik*, hg. v. Gert Ueding, Bd. 1, Tübingen 1992, S. 498–514; zur Ähnlichkeit vgl. Thomas Bachmann, *Die Ähnlichkeit von Ereignisbegriffen bei der Analogiebildung*, Münster 1998.

Der Analogiebegriff bezeichnet „*relationstheoretisch* – im Unterschied zur Art- und Gattungseinheit – die *Verhältniseinheit* bzw. *Verhältnisgleichheit* einander strukturell oder funktional ähnlicher Eigenschaften oder Zustände"[84]. In engerem Sinn wird „nicht die Ähnlichkeit beliebiger Eigenschaften von Verglichenem als ‚analog'" bestimmt, „sondern nur ähnliche Verhältnisse"; etymologisch bedeutet „*analogia* die Übereinstimmung verschiedener Größen- oder Funktionsverhältnisse *ana ton auton logon*", seit der Übersetzung Ciceros synonym als „proportio"[85] bzw. „comparatio"[86] bezeichnet. Die Analogie hat dabei in der Begriffs- und Ideengeschichte der Ähnlichkeit einen eigenen Ort; erst im Verlauf der Ausdifferenzierung des Analogiebegriffs werden Analogie und Ähnlichkeit engegeführt.[87] Quelle der Ähnlichkeitsbegriffe Platons und Aristoteles' in der vorsokratischen Philosophie und seit der Stoa gewürdigtes „Erkenntnisverfahren […] des analogen Schließens als eines methodischen Hilfsmittels der Entdeckung von noch Unbekanntem aus Bekanntem"[88], beruft sich auf sie eine bis in die Moderne reichende Tradition der *Heuristik*.[89] Dass „[e]ine Verallgemeinerung von Erfahrungen, wie es das wissenschaftliche Denken fordert, […] bereits zu erwartende Ähnlichkeiten bei den einzelnen Erfahrungsgegenständen voraus[setzt], da sie sonst streng genommen gar nicht aufeinander bezogen werden könnten", beschreibt etwa Immanuel Kants *Anthropologie in pragmatischer Hinsicht* im Kapitel „Von dem Vorhersehungsvermögen" als „*Erwartung ähnlicher Fälle*".[90] Die aus Erfahrungen extrapolierten Erwartungen lassen sich als „Grundoperationen

---

[84] Sandkühler, Analogie, S. 102; vgl. die formalisierte „Schlußform": Aus „A hat die Merkmale a, b, c, x" und „B hat die Merkmale a, b, c" folgt: „Wahrscheinlich hat B auch das Merkmal x" (ebd.); vgl. Lorenz, Analogon, S. 99: „[V]erhalten sich zwei Arten S_1 und S_2 einer Gattung M analog, d. h., gibt es eine Eigenschaft Q, für die ‚alle S_1 sind!' und ‚alle S_2 sind Q' gilt (tertium comparationis), so kann man von ‚alle S_1 sind P' per analogiam auf ‚alle S_2 sind P' schließen, *falls* ‚alle Q sind P' gilt. Die letzte Bedingung wird bei unkorrektem A[nalogieschluß] häufig vergessen." Der Analogieschluss wird auch als „Analogismus oder Analogiebeweis" bezeichnet (Art. „Analogismus", in: Regenbogen, Meyer, *Wörterbuch der Philosophischen Begriffe*, S. 33).
[85] Sandkühler, Analogie, S. 102. So in der Proportion, wie „2:6 = 3:9, mit dem gleichen Verhältnis 1:3" (ebd.).
[86] Art. Analogie, S. 33.
[87] Vgl. zu der scholastischen Diskussion um Ähnlichkeit und Analogie Lau, *Metaphertheorien der Antike*, S. 89.
[88] Sandkühler, Analogie, S. 102. Vgl. Fromm, Inspirierte Ähnlichkeit, S. 558.
[89] Vgl. u. a. Dommaschk, *Ähnlichkeit und ästhetische Erfahrung*, Kap. 6, „Ähnlichkeit und Analogie als heuristische Prinzipien, S. 27–30.
[90] Reinhard Schulz, „Erwartungen im Modus methodischer Wissbarkeit. Zum Verhältnis von hermeneutischer und naturwissenschaftlicher Erfahrung", in: Reinhold Esterbauer, Elisabeth Pernkopf, Mario Schönhart (Hg.), *Spiel mit der Wirklichkeit. Zum Erfahrungsbegriff in den Naturwissenschaften*, Würzburg 2004, S. 211–230, S. 221: „Das empirische Voraussehen ist die *Er-*

allen suchenden und forschenden Handelns" beschreiben, wobei „das Ziel dieser Erwartungen [...] das Aufspüren von Ähnlichkeiten [ist], d. h. die unbestimmten Erwartungen liegen den erst noch zu bestimmenden Ähnlichkeiten voraus."[91] Modern betont etwa Ernst Mach die heuristische Produktivität der Analogie, die er als „Spezialfall der Ähnlichkeit" analysiert.[92] Walter Benjamin, der in dem Fragment „Analogie und Verwandtschaft" scharf zwischen Analogie und Ähnlichkeit unterscheidet, bezeichnet „Analogie als metaphorische Ähnlichkeit".[93] Heute werden *sichtbare* oder *sinnlich wahrnehmbare* „surface or accessible resemblances" von *unsichtbaren* oder *unsinnlichen* „deeper similarities, including relational ones"[94], also „‚strukturelle[n]'" und „‚funktionale[n]'" Analogiebeziehungen[95] unterschieden, wobei bestimmte definitorische Voraussetzungen angenommen werden:

> Faßt man Ähnlichkeit als Übereinstimmung zweier Systeme in gewissen (nicht sämtlichen) ‚Merkmalen' im Sinne von Eigenschaften ihrer Elemente oder Elementgruppen, so stimmen ähnliche Systeme auch in den Beziehungen zwischen den einander entsprechenden Elementen bzw. Elementgruppen überein und sind somit strukturell analog. Ähnlichkeit erscheint dann als ein Spezialfall von struktureller A[nalogie], ein Ergebnis, das der Auffassung E. Machs, nach der umgekehrt die A[nalogie] ein Spezialfall der Ähnlichkeit ist, nur scheinbar widerspricht, da Mach die Übereinstimmung zweier Systeme in den Beziehungen ihrer Elemente untereinander nur als spezielle Übereinstimmung der Systeme in gewissen ‚Merkmalen' ansah, die auch bei ihm als Definition der Ähnlichkeit diente.[96]

---

wartung ähnlicher Fälle (*expectatio casuum similium*) und bedarf keiner Vernunftkunde von Ursachen und Wirkungen, sondern nur der Erinnerung beobachteter Begebenheiten'" (ebd.).
91 Ebd. Vgl. zur „Kritik an dem Analogieprinzip [...], dass es logisch höchst bedenklich sei, das Gleiche durch das Gleiche zu objektivieren, weil man dadurch leicht in ein sich selbst bestätigendes Zirkeldenken gerate, in dem man genau das finde, was man [...] vorausgesetzt habe", Wilhelm Köller, *Sinnbilder für Sprache: Metaphorische Alternativen zur begrifflichen Erschließung von Sprache*, Berlin, Boston 2012, S. 60.
92 Thiel, Analogie, S. 117. Mach erkennt in *Erkenntnis und Irrtum* in dem heuristischen Moment die Produktivität der Analogie. Vgl. dazu auch Daiber, Urformel, S. 20, Anm. 84: „Ziel dieser Neukombination bekannten Datenmaterials ist es [...], Entdeckungen zu machen".
93 Endres, Unähnliche Ähnlichkeit, S. 44.
94 Tymoczko, Difference in Similarity, S. 34f.
95 Christian Thiel, Art. „Analogie", in: *Enzyklopädie Philosophie und Wissenschaftstheorie*, hg. v. Jürgen Mittelstraß, Bd. 1, Stuttgart, Weimar ²2005, S. 117. Dabei wird zwischen struktureller Analogie, die „reflexiv, symmetrisch und transitiv" ist, und funktionaler Analogie unterschieden, in der unterschiedlich strukturierte Systeme analoge Funktionen erfüllen. Funktionale Analogien seien der „Metapher, dem Symbol und der Allegorie verwandt" (ebd.). Dabei scheine sich der „große heuristische Wert der A[nalogie] [...] erst da zu vermindern, wo die A[nalogie]bildung in metaphorisches [...] und allegorisches [...] Denken übergeht." (Ebd., S. 118).
96 Ebd., S. 98f.

Ein Ansatz, Ähnlichkeit „als Spezialfall von Analogie [zu] definieren", besteht in der Annahme, dass sich „ein Ding (oder Ereignis oder System) in ein zu ihm ähnliches ‚überführen' lassen [muss] (‚Transformation'), so daß die wesentlichen Größen, Merkmale invariant bleiben."[97] *Transformation* beschreibt ein Moment der kontinuierlichen zeiträumlichen Differenzierung des Ähnlichen, das etwa aktuelle kognitionswissenschaftliche Definitionen der Ähnlichkeit gegenüber einem „geometrical model of similarity"[98] anführen.

Hier deutet sich an: Ähnlichkeit ist eine „Relation der Nuance und des Übergangs und nicht der diskreten Einheiten"[99] und entzieht sich der definitorischen Festlegung. So verzichtet bereits Aristoteles – aus gutem Grund – auf eine begriffliche und theoretische Fixierung der Ähnlichkeit.

> Läßt sich „Ähnlichkeit" überhaupt definieren? Zum Beispiel durch den Begriff der „Analogie"? Verkürzt der Analogiebegriff nicht die perspektivische Weite einer Rede vom „Ähnlichen", eine perspektivische Weite, um derentwillen bereits Aristoteles sich damit begnügt hatte, von einem „Zusammen-sehen ähnlicher Dinge" zu sprechen?[100]

Ähnlichkeit wird, wie im Hinweis auf die gegenüber der Analogie betonten wahrnehmbaren ‚surface resemblances' und das ‚Zusammensehen' des Ähnlichen angedeutet, seit der antiken Ähnlichkeitsreflexion und bis in die aktuelle Diskussion als dem Bereich der sinnlichen, besonders visuellen Wahrnehmung und bildhaften Vorstellung verbunden gedacht – und so bei aller historischen und konzeptuellen Varianz den ‚niederen' Erkenntnisbereichen zugeordnet bzw. als basale Grundlage von Wahrnehmung, Denken, Erinnerung, Imagination, Assoziation, Bild und Sprache, Begriffsbildung und Kategorisierung definiert: Es gibt

> ohne diese Erinnerung aufgrund von Ähnlichkeit nicht einmal das Wiedererkennen des Selben. Denn Selbigkeit, Identität ‚stellen' wir nur ‚fest' aufgrund der Ähnlichkeit der Weisen, in denen sich etwas durch die Zeit hindurch präsentiert, etwas, von dem wir im

---

97 Art. Ähnlichkeit, S. 19. Vgl. den Hinweis auf diese Definition G. Klaus' in: Thiel, Art. ähnlich/Ähnlichkeit, S. 52).
98 Vgl. Lieven Decock, Igor Douven, „Two accounts of similarity compared" (online unter http://wittgensteinrepository.org/agora-ontos/article/viewFile/2104/2343, 20.7.2019), S. 389–401, S. 389: „On this approach, a similarity relation is defined by reference to a fixed distance in the metric similarity space." (Ebd.) Vgl. für einen transformationalen Ansatz Hahn, Chater, Richardson, Similarity as transformation, in: S. 1–32.
99 Dommaschk, *Ähnlichkeit und ästhetische Erfahrung*, S. 13 f.
100 Otto, *Die Wiederholung und die Bilder*, S. 70.

Übrigen annehmen dürfen, dass seine Stellen im Raum innerhalb des Zeitraums seiner Existenz eine kontinuierliche Linie bilden.[101]

Die Ähnlichkeitswahrnehmung und -erinnerung, die das veränderliche Kontinuum der Welt ordnet, indem sie Ähnlichkeiten im Unähnlichen ausmacht und Unbekanntes auf Bekanntes zurückführt,[102] strukturiert die „Beziehungen der Sachen und Ereignisse", ohne restlos in „die logische Bestimmtheit über Identität und Unterschied"[103] überführbar zu sein.

Seit ihrer Bestimmung in den Schriften Platons und Aristoteles' bewegt sich die Theoretisierung des Ähnlichen *zwischen* Identität und Differenz oder verhält sich vorgängig oder vermittelnd dazu – als Mittleres zwischen dem Einen, Selben und dem Anderen, Verschiedenen oder als Identisches im Differenten bzw. Ähnliches im Unähnlichen. Entsprechend wurde Ähnlichkeit gefasst als „teilweise Gleichheit bei teilweiser Verschiedenheit von zwei oder mehr Entitäten"[104] oder als „Gleichheit zusammen mit Verschiedenheit, wobei dies als ein Zugleich und Ineinander aufgefasst werden muss. Denn die Ä[hnlichkeit] beruht auf einer mehr oder minder großen qualitativen, formalen Übereinstimmung."[105] Ähnlichkeit ist, als „Übereinstimmung in mehreren Merkmalen" und Kriterium der Qualität aufgefasst, Basis der Begriffsbildung.[106] Zugleich zeigt eine begriffliche Formalisierung

---

101 Spaemann, Ähnlichkeit, S. 52. Ähnlichkeit ist „die Basis der Fähigkeit, mit individuellen, die Zeit überdauernden Gegenständen umgehen zu können (Objektkonstitution), nämlich die Fähigkeit[,] verschiedene Situationen miteinander in Beziehung zu setzen (Kontextbildung)" (Schirra, Sachs-Hombach, Gleichheit, Ähnlichkeit und Identität, o. S.). Dies formuliert Hume mit den Worten: „Unterläge alles Naturgeschehen derart dem Wechsel, daß nicht zwei Ereignisse Ähnlichkeit miteinander hätten, sondern jeder Gegenstand gänzlich neu und ohne jegliche Gleichartigkeit mit früher Erlebtem wäre, so hätten wir in diesem Falle niemals die mindeste Vorstellung einer Verknüpfung zwischen den Gegenständen erlangt." (David Hume, *Eine Untersuchung über den menschlichen Verstand*, übers. u. hg. v. Herbert Herring, Stuttgart 1976 [*An Enquiry Concerning Human Understanding*, 1748], S. 108).
102 Vgl. Schklowskij, *Von der Ungleichheit des Ähnlichen in der Kunst*, S. 36: Die „Wahrnehmung der Welt als eines Totum ist eine wiederkehrende, vergleichende Wahrnehmung, eine wiederholende Bewegung, die aus dem Unbekannten das Bekannte heraushebt."
103 Gamm, *Flucht aus der Kategorie*, S. 347.
104 Schenk, Ähnlichkeit, S. 51.
105 Schöndorf, Ähnlichkeit, S. 18.
106 Art. Ähnlichkeit, S. 18. „Ähnlichkeit besagt im Unterschied zur Gleichheit, die auf die Quantität bezogen wird, die Übereinstimmung verschiedener Dinge in der Qualität" (Dietrich Schlüter, Art. „Ähnlichkeit", in: Joachim Ritter et al. (Hg.), *Historisches Wörterbuch der Philosophie*, online unter https://www.schwabeonline.ch/schwabe-xaveropp/elibrary/start.xav#__elibrary__%2F%2F*%5B%40attr_id%3D%27verw.ahnlichkeit%27%5D__1549839246885, 20.2.2019). Goodman zufolge können Ähnlichkeitsaspekte nicht als Eigenschaften angegeben werden (Seven strictures on similarity, S. 443): „Similarity cannot be equated with, or measured in terms of, possession of

gerade dort die Kollision identitäts- und ähnlichkeitstheoretischer Perspektiven an, wo sie Ähnlichkeit auf die *Gleichheit* von Merkmalen, Qualitäten, Eigenschaften oder auf Gattungsidentität reduziert. Eine solche definitorische Festlegung der Ähnlichkeit auf Identität belegt etwa der

> Einwand [...], daß doch auch Ähnlichkeit sich nur über Gleichheit und Unterschied verstehen lasse; selbst wenn Ähnlichkeit nicht an die logische Genauigkeit der mit Identität und Differenz gesetzten Normen heranreiche, als Abstandsmaß müsse man sie gleichwohl heranziehen: Ähnlichkeit definiere sich zuletzt als geringer Grad an Identität.[107]

Während so manche Definition davon ausgeht, dass Ähnlichkeit „durch Vergleich auf der Basis von Identität (als Grundbegriff) festgestellt" wird, als „,nahezu gleich/übereinstimmend'", wobei die „,Beinahe-gleich-sein-Relation' [...] Gemeinsamkeiten hervor[hebt]"[108], weisen so unterschiedliche Autoren wie Spaemann und Deleuze darauf hin, es sei „ein Irrtum, Ähnlichkeit als partielle Identität und partielle Verschiedenheit zu verstehen."[109] Nicht nur aus definitorischen Gründen muss Ähnlichkeit von Identität abgegrenzt werden – „By definition similarity is not sameness: it involves difference"[110] –, sondern auch aus logischen, sofern sie als Übereinstimmung *hinsichtlich* bestimmter Aspekte gefasst wird:

> Es sind Hinsichten, die Ähnlichkeit begründet, und diese Hinsichten können allerdings wirklich identisch sein. Niemals ist das Rot zweier Dinge genau dasselbe Rot. Aber was wir mit Farbe meinen, wenn wir die Dinge hinsichtlich ihrer Farbe vergleichen, ist allerdings immer genau dasselbe. Die identische Hinsicht eröffnet einen qualitativen Raum, ein Kontinuum, innerhalb dessen eine spezifische Art von Nähe und Ferne möglich wird. Solange das Kontinuum allerdings nur als Kontinuum besteht, gibt es nicht die Unterschiedenheit, die die Voraussetzung von Ähnlichkeit bildet. Erst von verschiedenen, diskreten farbigen Dingen sagen wir, dass sie durch ihre Farbe oder dass ihre Farben einander ähnlich seien, so dass das eine an das andere, das satte Gelb von Zinnien an Gewänder von Poussin erinnert.[111]

---

common qualities". Vgl. auch Endres, Unähnliche Ähnlichkeit, S. 30; Stjernfelt, *Diagrammatology*, S. 48.
107 Gamm, *Flucht aus der Kategorie*, S. 314 f., Anm. 15. So fasse etwa Husserl „Ähnlichkeit als ‚angenäherte Gleichheit'" (ebd.).
108 Schenk, Ähnlichkeit, S. 51. Davon ausgehend werden verschiedene Begriffsdimensionen differenziert.
109 Robert Spaemann, „Nähe und Ferne", in: ders., *Schritte über uns hinaus. Gesammelte Reden und Aufsätze*, Bd. II, Stuttgart 2011, S. 58 f., S. 58. Deleuze betont in *Differenz und Wiederholung*: „‚Ähnlichkeit ist keine partielle Identität.'" (Zit. n. Gamm, *Flucht aus der Kategorie*, S. 314 f., Anm. 15).
110 Tymoczko, Difference in Similarity, S. 31.
111 Spaemann, Ähnlichkeit, S. 54.

Auch wenn es sich „zufälligerweise um eine völlige Gleichheit der Qualität handelt", sei dies kein „Grenzfall von Ähnlichkeit", weil es sich nicht um die abstrahierten Farbtöne handle, sondern um die konkreten Blumen, die die „Ähnlichkeitserinnerung" auslösen: „Ähnlichkeit ist nie partielle Gleichheit, obgleich partielle Gleichheit – als Grenzfall qualitativer Nähe partieller Elemente – einer der Gründe für eine Ähnlichkeitswahrnehmung sein kann."[112] Es sind graduelle Abstufungen, die „das Ähnlichkeitsurteil allererst motivieren – als einen dynamischen Grad der Nicht-Identität, der auf eine (potentiell unendliche) Zahl von Punkten auf einer Skala zwischen Gleichheit und Differenz verweist."[113] Der Hinweis auf die *Hinsicht* der Ähnlichkeitsfeststellung betont „ein wesentliches Kennzeichen von Ähnlichkeitsrelationen: die Abwesenheit eines objektiven Kriteriums. Positiv formuliert: ‚Gleichheit ist etwas objektives, allein Ähnlichkeit ist subjektiv.'"[114] Forderungen ihrer *Objektivierung* lässt sich zugleich aus ähnlichkeitstheoretischer Perspektive entgegnen, dass – gemessen an basalen, vorpropositionalen und intuitiven Ähnlichkeitsfeststellungen und relationalen Ähnlichkeitskonzepten des In-Beziehung-Setzens, der graduellen Abstufung und des prozessualen Übergangs von Verähnlichung und Verunähnlichung – Identität und Differenz weniger als Grenzpole denn als logische Abstrakta erscheinen, mittels derer das phänomenale Kontinuum der Welt begrifflich strukturiert wird. Identität erscheint so als Abstraktum, dem in Einheiten wie Begriffe, Formen, Schemata und Kategorien transformierte Ähnlichkeitsurteile zugrunde liegen: „[S]oweit sich das Wort ‚Identität' überhaupt auf etwas bezieht, dann auf Vervielfältigung und Vergleich, auf Serien. Es ist aus dem mittelalterlichen Latein abgeleitet, von ‚identidem', ähnlich. Mit Einzigartigkeit hat es nie etwas zu tun gehabt."[115] So ist Ähnlichkeit weder als eine „Kategorie der Defizienz"[116] gegenüber Identität aufzufassen, noch ist sie gegen Differenz sinnvoll in Stellung zu bringen: „[D]ass Ähnlichkeit ohne ihr notwendiges Pendant der Unähnlichkeit, das heißt der Differenz nicht denkbar sei", bezeichnet Dommaschk als „eine begriffslogische Banalität [...]. Bezogen auf die Phänomenalität der Ähnlichkeit ist vielmehr festzuhalten,

---

112 Ebd.
113 Endres, Unähnliche Ähnlichkeit, S. 34.
114 Ebd., S. 30.
115 Valentin Gröbner, „Porträt, Passbild, Werbeplakat. Neue Identitäten aus dem Mittelalter", in: *Merkur* 6 (2012), S. 498–509, S. 506. Ähnlichkeit ersetzt damit – dies werten phänomenologische Perspektiven aus – Identität und Differenz als notwendig abstrakte Pole einer graduellen Skala (vgl. Jörg Zirfas, Benjamin Jörissen, *Phänomenologien der Identität. Human-, sozial- und kulturwissenschaftliche Analysen*, Wiesbaden 2007, S. 243–252).
116 Funk, Mattenklott, Pauen, Symbole und Signaturen, S. 10.

dass die Feststellung von Ähnlichkeiten stets auf Differenzen angewiesen ist."[117] Dass Ähnlichkeit Differenz einschließt, zeigt nicht nur der Blick auf antike Theoreme en, die das Verhältnis von Ähnlichkeit und Unähnlichkeit fassen, sondern bereits eine oberflächliche Betrachtung der Phänomene, wie Peirce bemerkt: „[E]verything is both similar and dissimilar to everything else".[118]

Hier deutet sich bereits an, dass sich das Ähnliche letztlich *der Verbegrifflichung entzieht*: „Ähnlichkeiten werden sinnlich oder sozial, räumlich oder zeitlich, bildhaft oder mythisch angeregt und warten, sei's auf zustimmende oder ablehnende Erzeugung von Resonanz; Identität bestimmt etwas als so und nicht anders sich verhaltend."[119] Ähnlichkeit ist vage, relativ, volatil – und so, wie das folgende Kapitel zeigt, aus logischer und wissenschaftlicher Perspektive höchst problematisch. Sie wird zugleich produktiv, wo Wahrnehmung intuitiv geordnet wird, wo die logische Ordnung und wissenschaftliche Zurichtung der Welt versagt oder der kritischen Revision unterzogen wird – und wo sie als Modus ästhetischer Erfahrung wirksam wird.

1.2 Zur Problematik und Kritik des Ähnlichkeitsbegriffs

> Similarity, ever ready to solve philosophical problems and overcome obstacles, is a pretender, an impostor, a quack. (Nelson Goodman)[120]

„Vage Begriffe können große Unruhe im Feld der Wissenschaften stiften."[121] Das gilt für den Begriff der Ähnlichkeit in besonderem Maße: Trotz der Anerkennung ihrer fundamentalen Bedeutung für die alltägliche wie wissenschaftliche Erfahrung ist die Diskussion um den ‚Begriff Ähnlichkeit' und dessen Erkenntniswert und Anwendbarkeit von Vorbehalten belastet, die „aus dem Fehlen eines praktikablen Ähnlichkeitsbegriffs einerseits und aus der Evidenz

---

117 Dommaschk, *Ähnlichkeit und ästehtische Erfahrung*, S. 35. So „schließen Unähnlichkeit und Ähnlichkeit einander nicht aus [...], Unähnlichkeit fungiert vielmehr als Bedingung der Möglichkeit von Ähnlichkeit und umgekehrt." (Endres, Unähnliche Ähnlichkeit, S. 44). Vgl. auch Arne Melberg, *Theories of mimesis*, Cambridge 1995, S. 7: „The German Ähnlichkeit already indicates a kind of similarity that includes difference".
118 Zit. n. Endres, Unähnliche Ähnlichkeit, S. 47.
119 Gamm, *Die Macht der Metapher*, S. 71.
120 Nelson Goodman, „Seven strictures on similarity", in: ders., *Problems and projects*, Indianapolis, New York 1972, S. 437–446, S. 437.
121 Mit diesem Satz beginnt Helmuth Lethen die Einleitung des Bandes *Auf die Wirklichkeit zeigen. Zum Problem der Evidenz in den Kulturwissenschaften. Ein Reader*, hg. v. ders., Ludwig Jäger, Albrecht Koschorke, Frankfurt a. M., New York 2015, S. 9–19, S. 9.

des Ähnlichen als einer Realität menschlicher Wahrnehmung andererseits" resultieren.[122] Die Vagheit, Relativität, Subjektivität, Kontext- und Beobachterabhängigkeit von Ähnlichkeitsurteilen führen zu einer problematischen Status der Ähnlichkeit, die als ‚Stiefkind' der Philosophie bezeichnet werden kann, die ihr „vorwiegend auszuweichen versucht"[123] hat, und als „Fremdkörper im Bereich von Wissenschaft und Logik" abqualifiziert wurde.[124]

Wie seit der „Warnung Platons, bei den Ähnlichkeiten gerate man sehr leicht ins Rutschen"[125], immer wieder bemerkt, begibt man sich mit der Ähnlichkeitsfeststellung auf unsicheres Terrain: „Ja, Ähnlichkeit hat auch der Wolf mit dem Hund, das wildeste mit dem zahmsten Tier. Wer aber sicher gehen will, der muß vor allem vor Ähnlichkeiten auf der Hut sein; denn da bewegt man sich auf einem besonders schlüpfrigen Boden."[126] Als täuschend und fehlerhaft bewertet Sokrates die *physei*-These einer auf Ähnlichkeit basierenden Verbindung der Wörter mit den Sachen – „dieser Zug nach der Ähnlichkeit ist schlüpfrig"[127] – sowie den Gebrauch der Ähnlichkeit durch Rhetorik und sophistische Eristik. Auch die Problematik einer *begrifflichen* Erfassung der Ähnlichkeit ist seit der antiken Ähnlichkeitsreflexion thematisch: Aristoteles, der Platons Mahnung übernimmt,[128] ‚verdrängt', so Gruber, den „Problemtitel"[129] Ähnlichkeit aus seiner Philosophie: Sie spielt „in den fundamentalen logischen Prozessen der Dihairesis eine konstitutive Rolle, ohne selbst jedoch die Position eines funktionalen inhaltlichen Begriffes einzunehmen"; ihre Anerkennung als *topisches Findungskonzept* geht mit einer bemerkenswerten Unterlassung einher: „An keiner Stelle unternimmt Aristoteles auch nur den Versuch, eine Definition der Ähnlichen zu geben, geschweige denn, das Ähnliche logisch-begrifflich zu fassen."[130] So beginnt mit der frühesten philosophischen Reflexion der Ähnlichkeit zugleich ihre epistemologische Würdigung *und* ihre Kritik und Dethematisierung.

---

122 Endres, Unähnliche Ähnlichkeit, S. 29.
123 Spaemann, Ähnlichkeit, S. 52.
124 Gamm, *Flucht aus der Kategorie*, S. 314.
125 Lau, *Metaphertheorien der Antike*, S. 115.
126 Platon, *Sophistes*, in: ders., *Sämtliche Dialoge*, Bd. VI: *Timaios, Kritias, Sophistes, Politikos, Briefe*, übers. v. Otto Apelt, Hamburg ²2004 (1922), S. 55 [231]. Die Täuschung durch Ähnlichkeit in der Redekunst diskutiert Sokrates in *Phaidros*, in: Platon, *Sämtliche Dialoge*, Bd. II: *Menon, Kratylos, Phaidon, Phaidros*, übers. v. Otto Apelt, Hamburg ²2004, S. 82f. [262].
127 Platon, *Kratylos*, in: ders., *Sämtliche Dialoge*, Bd. II, S. 123 [435].
128 Vgl. Spaemann, Ähnlichkeit, S. 52: „Von einem ‚schlüpfrigen Gelände' spricht Aristoteles".
129 Gruber, *Topographie des Ähnlichen*, S. 88.
130 Ebd., S. 52f.

> Die Philosophie ist, wie gesagt, diesem schlüpfrigen Genus in der Regel gänzlich ausgewichen. Ihr Thema war stets die Polarität von Identität und Differenz. Die Gemeinsamkeit des Unterschiedenen hat sie entweder als Zusammengehörigkeit Verschiedener in der Identität einer übergreifenden Struktur zu fassen gesucht oder als Anwesenheit eines identischen Moments im Verschiedenen, als partielle Gleichheit – wobei der berühmte Universalienstreit um den ontologischen Status dieses Identischen ging.[131]

Dafür, dass sich realistische und nominalistische Positionen seit dem Universalienstreit unvereinbar gegenüberstehen, ist nicht weniger als die Ähnlichkeitsproblematik verantwortlich: „Der Stein des Anstoßes ist die Frage nach dem Grund der Ähnlichkeit zwischen Einzeldingen."[132] Spaemann führt aus:

> Das Paradigma für Identität ist ja die individuelle Substanz, die sich im Wechsel der Zustände durchhält und diese Zustände integriert. Aristoteles und vor ihm schon Platon sahen das Dilemma, das entsteht, wenn wir die Gemeinsamkeit eines So-und-So-Seins verschiedener Entitäten, also die ‚Idee', als Identität, also nach Analogie individueller Dinge verstehen. Dann nämlich stellt sich die Frage nach dem Grund der Gemeinsamkeit dieser Entität mit jenen anderen, deren Gemeinsamkeit untereinander durch den Bezug auf diese ideelle Identität erklärt werden sollte. Ist das ‚Universale' aber ursprünglich ‚in' die Vielheit von Seienden versenkt, in ihnen ‚instantiiert', was kann es dann heißen, dass es in diesen allen ‚dasselbe' ist? Es heißt nichts anderes, als dass Verschiedenes miteinander ähnlich ist, und basta: So lautete die Antwort der als ‚Nominalisten' bekannten Philosophen. Die Frage nach dem Grund und ontologischen Status von Ähnlichkeit wurde von ihnen konsequent abgewiesen. Bertrand Russell war der Meinung, der Nominalismus müsse an dieser Frage scheitern. Wenn alle Universalien auf die Ähnlichkeit individueller Entitäten reduzierbar seien, dann bleibe doch Ähnlichkeit selbst ein irreduzibles Universale. Denn was die Gemeinsamkeit zwischen – sagen wir – der Ähnlichkeit von Gedanken untereinander und der Ähnlichkeit von Blättern untereinander ausmacht, ist offenbar nicht wieder die Ähnlichkeit eines Haufens Blätter mit z. B. der Ähnlichkeit zwischen den beiden Relativitätstheorien von Einstein und Whitehead.[133]

Nicht nur im Hinblick auf das ‚Universale' Ähnlichkeit und die Eigenschaftsontologie und den ontologischen Status der Ähnlichkeit im Allgemeinen bleibt der Ähnlichkeitsbegriff ungeklärt. Selbst wo der basale Stellenwert der Ähnlichkeit anerkannt wird, kann man offenbar das „Ähnlichkeitskriterium nur als einen hochgradig flexiblen terminologischen Proteus des vergleichenden Sehens und Denkens" angeben:[134] Dass ohne nähere Bestimmung des Kontexts, der Perspektive, der Relevanzkriterien, der Aspekte und Hinsichten von Ähnlichkeitsurteilen

---

[131] Spaemann, Ähnlichkeit, S. 52.
[132] Kohne, *Drei Variationen über Ähnlichkeit*, S. 2. Kohne zufolge ist das Problem, zu dessen Lösung seine Studie ansetzt, bis dato ungelöst; er sieht beide Positionen in ihrer Analyse des Ähnlichkeitsproblems verfehlt und plädiert für eine mittlere Position.
[133] Spaemann, Ähnlichkeit, S 52f.
[134] Endres, Unähnliche Ähnlichkeit, S. 34.

alles ‚irgendwie ähnlich' ist, gehört nicht nur zu den menschlichen Grunderfahrungen – „[a]lles, was existiert, erinnert an etwas anderes"[135], Spaemann spricht daher von dem „elementarsten aller ‚Phänomene'"–, sondern auch zu den frühesten Einsichten der Ähnlichkeitsreflexion: „Irgendwie scheint alles mit allem vergleichbar zu sein. Aber über das ‚irgendwie' scheinen wir nicht hinauszukommen."[136] Bereits Platons Auseinandersetzung mit Ähnlichkeit ist geprägt von dem Versuch, diesem ‚irgendwie' mittels des onto-epistemologisch validen dialektischen Verfahrens zu begegnen, und noch die moderne Philosophie ist darauf konzentriert, die Bestimmung der Relevanzkriterien von Ähnlichkeitsurteilen einzufordern. Wo von deren Bestimmung abgesehen wird, ist die Ähnlichkeitserfahrung in ihrer Universalität nicht auf gemeinsame Eigenschaften oder Qualitäten festgelegt; vielmehr kann „alles Seiende", so Spaemann, den „Raum qualitativer Nähe und Ferne" öffnen, „in dem auch das Fernste noch ein ‚Ent-ferntes, d. h. ein, wenn auch minder, Nahes ist".[137] Denn „jedes So-Sein eines Wirklichen ist nur, was es ist, indem es einen unendlichen Raum möglicher Ähnlichkeiten eröffnet": Aus dieser Einbindung in ein Kontinuum *ent-fernter* Ähnlichkeiten zieht Spaemann die Konsequenz: „Seiendes als Seiendes zu bestimmen, heißt, es unter dem Aspekt seiner Ähnlichkeit mit uns zu bestimmen. Ein kritischer Anthropomorphismus ist die Bedingung jeder Ontologie."[138] Er folgert: „Erinnerung lässt eine Ent-Fernung, also eine Nähe sichtbar werden, die aller Begrifflichkeit zugrunde liegt, und sich selbst doch dem Begriff entzieht. Eine Philosophie der Ähnlichkeit müsste in eine Ontologie münden, deren Grundbegriffe die des Nahen und des Fernen, der Distanz und der Ent-Fernung wären."[139]

Jenseits einer solch weiten ontologischen Bestimmung geht die philosophische wie die wissenschaftliche Kritik der „Relativität des Ähnlichkeitsurteils [...] häufig mit der Klage über seine Ungenauigkeit einher".[140]

---

135 Spaemann, Ähnlichkeit, S. 50.
136 Ebd., S. 52.
137 Ebd., S. 54. Zu diesem ontologischen ‚Syndesmos' des Ähnlichen vgl. Lau, *Metaphertheorien der Antike*, S. 83.
138 Spaemann, Ähnlichkeit, S. 55. „Was aus diesem Raum herausfiele, wäre nicht ein Seiendes. Der neuzeitliche Versuch, Subjektivität der Welt des ‚gegenständlichen' Seins als das schlechthin Inkommensurable, Unähnliche entgegenzusetzen, führt deshalb unvermeidlich zu einer spiritualistischen oder zu einer materialistischen Konsequenz. Entweder ist Subjektivität ein ‚Loch im Sein' und gehört nicht zur Welt, oder aber die Welt hat ihr Sein nur in ihrer Gegenständlichkeit für Subjekte." (Ebd.) Spaemann formuliert dies als „Konsequenz aus der Tatsache, dass wir über Sein nur sprechen können nach Analogie jenes Seienden, das wir sind" (ebd.).
139 Ebd., S. 57.
140 Endres, Unähnliche Ähnlichkeit, S. 3, Anm. 19.

> Wir beurteilen die Ähnlichkeit von Gesichtern, von Personen, von Familienangehörigen, von Lebensläufen, von Buchstaben, von Plattformen, von Schachstellungen et cetera. [...] In allen diesen Fällen ist Ähnlichkeit keine einheitliche Beziehung; und es gibt keine einheitlichen Verfahren oder Methoden, welche zu einem (positiven oder negativen) Ähnlichkeitsurteil führen. Die einschlägigen Vergleichspunkte können ebenso wechseln wie die Kategorien und die Gewichtungen. Worauf geachtet wird, wie es bewertet wird, hängt nicht nur von den zu vergleichenden Gegenständen, der Umgebung und dem Zweck des gesamten Verfahrens ab, sondern auch von den Kenntnissen, der Erfahrung und den Interessen des Betrachters.[141]

Gerade der Logik gilt Ähnlichkeit als „entsprechend verrufen"[142], wie auch „die Methode, nach der Analogie zu schließen, in der Logik [...] kein hohes Ansehen"[143] hat. So begründen Ähnlichkeitsrelationen Willard Van Orman Quine zufolge keine der formalen Logik genügenden Schlüsse, sondern haben „nur heuristische Bedeutung und werden allmählich durch wissenschaftliche Ordnungsprinzipien wie z. B. den evolutionsgenetisch definierten Begriff der ‚Art' abgelöst."[144] Doch sperren sie sich gegen logische Formalisierung:

> Um die Unbestimmtheit, die der Ähnlichkeitsbegriff mit sich führt, wegzuarbeiten, müßte [...] der Versuch gemacht werden, den Begriff komparativer Ähnlichkeit zu *formalisieren*. Wie Quine zeigt, hat sich dieser Begriff bis heute der Formalisierung durch Logik und Mengenlehre widersetzt. Er ist ein Fremdkörper im Bereich von Wissenschaft und Logik und als solcher entsprechend verrufen. Quine schreibt sehr schön, daß dem Ähnlichkeitskonzept ‚etwas logisch Abstoßendes' anhafte. Zugleich aber ist das Gefühl für Ähnlichkeit oder natürliche Arten von fundamentaler Bedeutung [...].[145]

Ein formalisierendes ‚Wegarbeiten' der Ähnlichkeit begründet auch Nelson Goodman in „Seven strictures against similarity" mit der Vagheit des Ähnlichkeitsbe-

---

141 Scholz, *Bild, Darstellung, Zeichen*, S. 55.
142 Zit. n. Gamm, *Flucht aus der Kategorie*, S. 314.
143 Vgl. Ulrich Stadler, „Ich lehre nicht, ich erzähle. Über den Analogiegebrauch im Umkreis der Romantik", in: *Athenäum. Jahrbuch für Romantik* 3, 1993, S. 83–105, S. 83 (online unter http://edoc.hu-berlin.de/hostings/athenaeum/documents/athenaeum/1993-3/stadler-ulrich-83/PDF/stadler.pdf, 6.3.2016, S. 89, Anm. 26).
144 Spaemann, Ähnlichkeit, S. 52: „Ähnlichkeitsmaßstäbe sind nach Quine zunächst angeborene Schemata, die unserem ostensiven Spracherwerb zugrunde liegen und deren Adäquatheit darwinistisch erklärbar ist. Durch Erfahrung werden diese Schemata modifiziert, schließlich überhaupt eliminiert und durch wissenschaftliche, z. B. chemische Artbegriffe ersetzt, die von Ähnlichkeit keinen Gebrauch mehr machen." (ebd., S. 56); vgl. Gamm, *Flucht aus der Kategorie*, S. 314; Kimmich, *Ins Ungefähre*, S. 23.
145 Gamm, *Flucht aus der Kategorie*, S. 314. „‚Der Begriff der Art bzw. der der Ähnlichkeit ist gleichermaßen verrufen'", so Quine. Da er basal für die Wissenschaft ist, sei sie „‚bis ins Innerste vermodert. Jedoch kann dieser Moder unleugbar eine gewisse Fruchtbarkeit für sich beanspruchen.'" (Zit. n. ebd., Anm. 15).

griffs. Ähnlichkeit sei „notoriously slippery"¹⁴⁶, so betont er in der Tradition der Bemühung Platons, dem ‚irgendwie' der Ähnlichkeit beizukommen, weswegen sie „aus dem philosophischen Begriffsinventar eliminiert werden sollte".¹⁴⁷ Er verweist auf die Notwendigkeit einer Konkretisierung und Spezifikation der Relevanzaspekte von Ähnlichkeitsfeststellungen – womit sie jedoch überflüssig oder tautologisch werde: „As it occurs in philosophy, similarity tends under analysis either to vanish entirely or to require for its explanation just what it purports to explain."¹⁴⁸ Um eine gehaltvolle Aussage zu erhalten, reiche es nicht, festzustellen, dass zwei Dinge einander ähneln; doch mit der Spezifikation werde „die Berufung auf Ähnlichkeit [...] überflüssig; die Angabe der Hinsicht ersetzt sie".¹⁴⁹ Die Vagheit der Ähnlichkeit veranlasst Goodman zu der im Grunde banalen, in der Frage nach der ‚Wissenschaftsfähigkeit' der Ähnlichkeit jedoch vielfach aufgegriffenen Feststellung: „Circumstances alter similarities".¹⁵⁰ Damit bezweifelt Goodmans Argumentation weniger die universelle Bedeutung der Ähnlichkeit als ihre Eignung als analytische Kategorie:

> Similarity is not definitionally eliminated here; we have neither a definiens serving as an appropriate replacement for every occurrence of „is similar to" nor a definitional schema that will provide an appropriate replacement for each occurrence. Rather we must search for the appropriate replacement in each case; and „is similar to" functions as little more than a blank to be filled.¹⁵¹

Goodman formuliert damit prominent das „Bestreben der Wissenschaft [...,] relevante von nichtrelevanten Ähnlichkeitsbeziehungen zu unterscheiden. Die Relevanzkriterien können aber nicht in der Auffälligkeit und Intensität der Ähnlichkeitsbeziehungen selbst liegen."¹⁵² Nicht zuletzt aus diesem Grund sei die

---

146 Goodman, Seven strictures on similarity, S. 444.
147 Klaus Rehkämper, „Ist der Begriff der bildhaften Ähnlichkeit wirklich undefinierbar?", in: Christian Nimtz, Ansgar Beckermann (Hg.), *Philosophie und/als Wissenschaft. Hauptvorträge und Kolloquiumsbeiträge zu GAP.5*, Paderborn 2005, S. 236–242, S. 236.
148 Goodman, Seven strictures on similarity, S. 445. Vgl. Endres, Unähnliche Ähnlichkeit, S. 33.
149 Scholz, *Bild, Darstellung, Zeichen*, S. 81. „Fügen wir eine Angabe über die Ähnlichkeitshinsicht hinzu, so erhalten wir erst eine Aussage mit einem bestimmten Gehalt: Während die Feststellung, A und B seien ähnlich, so ohne weiteres noch nichts besagt, kann die Aussage, A und B ähnlen sich in der Hinsicht F, einen Gehalt haben. Nur scheint die Berufung auf Ähnlichkeit jetzt überflüssig zu werden" (ebd., S 60).
150 Goodman, Seven strictures on similarity, S. 445; vgl. auch Andrew Chesterman, „Where is similarity", in: Hodgson Jr., *Similarity and Difference in Translation*, S. 63–75, S. 67: „[S]imilarity is relative, variable, culture-dependent".
151 Goodman, Seven strictures on similarity, S. 445.
152 Spaemann, Ähnlichkeit, S. 52.

„determination of similarity", so Tymoczko, „one of the most difficult questions that can be posed in any domain: it is not simple or prima facie obvious when things are similar or what constitutes similarity".[153]

Der ‚*Begriff Ähnlichkeit*' ist also nicht – ohne Verluste – zu ‚klären': Nicht nur ist er im formallogischen Sinn[154] kaum zu definieren, auch ist die Produktivität und Leistungsfähigkeit eines so definierten Begriffs zu bezweifeln – und dies, obwohl (oder weil) Ähnlichkeit seit der Antike und bis in aktuelle Überlegungen als basales und konstitutives Moment der Wahrnehmung und Erfahrung, des (Wieder-)Erkennens und Lernens, der Erinnerung und Erkenntnis, Assoziation und Imagination, Sprachbildung und Metaphorizität, Begriffsbildung und Kategorisierung, des Vergleichs und der Analogie- und Modellbildung erkannt wird. Ähnlichkeit entzieht sich beharrlich der begrifflichen Erfassung: Aller philosophischen und wissenschaftlichen Bemühung zum Trotz bleibt der „Begriff Ähnlichkeit" bis heute „unscharf und flexibel"[155] und lässt sich weder in die logische Abstraktheit von Identität und Differenz auflösen, noch entspricht er der seit Descartes von Begriffen geforderten Klarheit und Distinktheit: „Ähnlichkeit ist keine klare und distinkte Idee im Sinne Descartes', sondern eine ‚konfuse Idee' im Sinne Leibniz'."[156] Der Philosophie gilt sie daher als „Grundidee, der schon Descartes mißtraute und von der das Philosophieren der Gegenwart sich offenbar endgültig verabschieden möchte", so Stephan Otto unter Berufung auf Quine und Gilles Deleuze:

> Für das postmoderne Denken gibt es ja Ähnlichkeiten nurmehr „als entstellte", als „Trugbilder", die „das Ähnliche simulieren", und für die Analytische Philosophie ist wohl kennzeichnend, daß es „gewiß nichts Grundlegenderes gibt als unser Ähnlichkeitsgefühl", daß aber der „Ähnlichkeitsbegriff", seinem „metaphysischen Reiz" zum Trotz, ein „trüber Begriff" bleibe und erst dann, wenn er „gänzlich verschwindet", ein „Paradigma für die Entwicklung von der Vernunftlosigkeit zur Wissenschaft" zu konstatieren sei.[157]

Den „problematischen Umgang mit dem Denken von ‚Ähnlichkeit' in der Philosophie der Gegenwart"[158] sieht Gruber in Zusammenhang mit der „*Krise* der Repräsentation", die zu dessen Diskreditierung beigetragen habe: Sei es zunächst

---

153 Tymoczko, Difference in Similarity, S. 28f. [sic].
154 Vgl. zur Komplexität des ‚Begriffsbegriffs' Hans Wagner, „Begriff", in: *Handbuch philosophischer Grundbegriffe*, hg. v. Hermann Krings, Hans Michael Baumgartner und Christoph Wild, Bd. 1, München 1973, S. 191–209.
155 Eco, *Grenzen der Interpretation*, S. 87.
156 Spaemann, Ähnlichkeit, S. 57.
157 Otto, *Die Wiederholung und die Bilder*, S. 69.
158 Gruber, *Topographie des Ähnlichen*, S. 123.

„erstaunlich, daß das gegenwärtige Mißtrauen gegen Repräsentation in gleichem Maße ‚‚Ähnlichkeit' erfasst und in Verruf gebracht hat",[159] erkläre sich dies aus der ‚‚Verbegrifflichung' des Topos ‚ähnlich'".[160] So formulieren postmoderne Differenztheorien eine Kritik der Ähnlichkeit im Dienste der Repräsentation. Am prominentesten ist darunter der Differenzbegriff, den Jacques Derridas Dekonstruktion der „logozentrische[n] Metaphysik" von Platon bis Heidegger entwirft: Im Begriff der ‚*trace instituée*' sucht er, „die Spur vor dem Seienden zu denken".[161] Dieses Denken schließt die „Ähnlichkeit des ‚Abbildes', die Derivation oder die repräsentative Reflexion" aus.[162] Die reine Bewegung, die **Differenz* und damit Sinn allererst hervorbringe, sei die Möglichkeitsbedingung des Zeichens.[163] Dies drückt Derridas Betonung der verschiebenden Verrichtung aus: „‚differre': die Tätigkeit, etwas auf später zu verschieben – die Temporisation; nicht identisch, anders sein" –, die zugleich „die Dimension der ‚Verräumlichung'" hat: „Das Zeichen wäre also die aufgeschobene (différée) Gegenwart".[164] Dabei situiert Derrida seine Kritik in einem Denken „against representation", das angesichts der Weite und Ambiguität dieses Begriffs Ort und Berechtigung dieser Kritik klar zu benennen habe:[165] Sein Vortrag *Envoi* entwickelt die These, dass die im deutschen ‚Vor-

---

159 Ebd., S. 14.
160 Otto, *Die Wiederholung und die Bilder*, S. 381, Anm. 24, im Verweis auf Gruber, *Topographie des Ähnlichen*, der diesen Befund entwickelt.
161 Derrida, *Grammatologie*, übers. v. Hans-Jörg Rheinberger u. Hanns Zischler, Frankfurt a. M. 1974, S. 81 f. Derrida spricht von einem „Unmotiviert-Werden des Symbols", einer „Ent-Motivierung" der Spur als „Tätigkeit" (ebd., S. 88), deren Wissenschaft die *Grammatologie* sei, und konzipiert Differenz als „Urschrift" (ebd., S. 99) und „Ur-Spur" (ebd., S. 107), die er dem Denken des Ursprungs und der „Metaphysik der Präsenz" entgegensetzt (Casale, Die Verwandlung der Philosophie, S. 38). Die Präsenz der Spur sei nur „Simulacrum eines Anwesens" (ebd., S. 41). Zum Anschluss an Husserl vgl. ebd, S. 38; Derrida, *Grammatologie*, S. 84; zu Peirces „,Symbols grow'" ebd., S. 83.
162 Derrida, *Grammatologie*, S. 90.
163 Vgl. ebd., S. 109: „Ohne in der minimalen Einheit der zeitlichen Erfahrung festgehalten zu werden, ohne eine Spur, die das Andere als Anderes im Gleichen festhält, könnte keine Differenz ihre Arbeit verrichten und kein Sinn in Erscheinung treten. Es geht hier nicht um eine bereits konstituierte Differenz, sondern, vor aller inhaltlichen Bestimmung, um eine reine Bewegung, welche die Differenz hervorbringt. Die (reine) Spur ist die **Differenz.*" Der Asterisk kennzeichnet, was *La différance* (1968) als „Logik des Supplements, der Schrift" beschreibt (Casale, Die Verwandlung der Philosophie, S. 40).
164 Casale, Die Verwandlung der Philosophie, S. 41.
165 Gruber, *Topographie des Ähnlichen*, S. 11, im Verweis auf Derrida, *Sending: On Representation [Envoi]*. Dass die Repräsentationskritik einen Komplex theoretischer Annahmen vereint, liegt nicht zuletzt an dem vieldeutigen Begriff ‚Repräsentation': Ricœur benennt die „,Tendenz, das gesamte abendländische Denken unter dem gewaltigen Nebelfleck des Wortes ‚représentation' – Vorstellung – zusammenzufassen.'" (Zit. n. ebd.)

stellen' implizierte „Selbstbezüglichkeit" den Charakter der Repräsentation ausmache: Der vor jeder Ontologie und Repräsentierbarkeit liegende Begriff des *„envoi"* als Zusammen der „Spuren der différance"[166] entwirft ein Denken jenseits von Repräsentation, „Identität und Bestimmung"[167].

Einen Begriff der Differenz, der diese jenseits des unter einem gemeinsamen Gesichtspunkt Identischen denkt, entwickelt Gilles Deleuze in *Différence et répétition* (1968) und *Logique du sens* (1969), und bemüht sich so um eine theoretische Ausrichtung, die „unter dem Einfluss von Marx, Nietzsche, Freud und Heidegger Differenz jenseits des Horizonts der Repräsentation" denkt.[168]

> Die Differenz und die Wiederholung sind an die Stelle des Identischen und des Negativen, der Identität und des Widerspruches getreten. Denn nur in dem Maße, wie man die Differenz weiterhin dem Identischen unterordnet, impliziert sie das Negative und läßt sich bis zum Widerspruch treiben. Der Vorrang der Identität [...] definiert die Welt der Repräsentation. Das moderne Denken aber entspringt dem Scheitern der Repräsentation wie dem Verlust der Identitäten und der Entdeckung all der Kräfte, die unter der Repräsentation des Identischen wirken. Die moderne Welt ist die der Trugbilder [*simulacres*] [...]. Wir wollen die Differenz an sich selbst und den Bezug des Differenten zum Differenten denken, unabhängig von den Formen der Repräsentation, durch die sie auf das Selbe zurückgeführt und durch das Negative getrieben werden [...]."[169]

Die Neubesetzung der Begriffe ‚Differenz' und ‚Wiederholung' soll die „Unterordnung der Differenz unter das Denken der Repräsentation" aufheben.[170] Diese auf die ‚reine' Differenz zielende Kritik subsumiert dabei Ähnlichkeit unter Identität

---

166 Ebd., S. 13: „[D]as eigentliche Thema und die eigentliche Problematik der Repräsentation ist die Raumerschließung eines Subjekts und seiner Objekte." Zu Heideggers „Verschränkung [...] der Bildwerdung der Welt" in der Vorstellung (*repraesentatio*) mit der „Subjektwerdung des Menschen" ebd., S. 12; Bergson sucht *représentation* als wiederholte Erkenntnis zu definieren (ebd.); vgl. Otto, Die Wiederholung und die Bilder, S. 279.
167 Ebd., S. 14. Der Ausdruck ‚*Krise* der Repräsentation' scheine angesichts solch vehementer Kritik schwach.
168 Casale, Die Verwandlung der Philosophie, S. 35. Das Denken der Differenz verstehe sich als Fortsetzung des Projekts Nietzsches, den Platonismus umzukehren, und dessen Radikalisierung durch Heidegger; vgl. dazu ebd., S. 27, S. 44.
169 Gilles Deleuze, *Differenz und Wiederholung*, übers. v. Joseph Vogl, München 1992 [*Différence et répétition*, 1968], S. 11f. Die Vorgeschichte der Differenzphilosophie leitet Deleuze her als „die immer schärfere Ausrichtung Heideggers auf eine Philosophie der ontologischen Differenz; die Anwendung strukturalistischer Verfahren, die auf einer Verteilung differentieller Merkmale in einem Raum von Koexistenz beruhen; die Kunst des zeitgenössischen Romans, der um Differenz und Wiederholung kreist [...]; die in allen möglichen Gebieten vollzogene Entdeckung einer Macht, die der Wiederholung eignet und ebenso dem Unbewußten, der Sprache, der Kunst zukäme. All diese Zeichen können einem verallgemeinerten Antihegelianismus zugeschlagen werden" (ebd.).
170 Casale, Die Verwandlung der Philosophie, S. 36.

und Repräsentation: Deleuze spricht von einer „vierfache[n] Fessel der Repräsentation" – „der Identität im Begriff, des Gegensatzes im Prädikat, der Analogie im Urteil, der Ähnlichkeit in der Wahrnehmung".[171] Otto paraphrasiert dies wie folgt:

> Die erste Fessel knebelt, indem sie die Differenz [...] der Identität des Begriffes „Ich denke" unterstellt – für Deleuze soll „Differenz" ja ein Gedanke bleiben, „den man nicht denken kann." Die zweite Fessel wird der Differenz angelegt, wenn ihr affirmierende oder negierende Prädikate zugeschrieben werden, wenn man also von ihr aussagt: sie „ist" oder sie „ist nicht"; diese Aussagen folgen wiederum nur Begriffen, welche die „lebendige Tiefe" der Differenz lediglich an ihrer Oberfläche erfassen [...]. Die dritte Fessel ist das Urteil, das die Differenz in eine Gattung oder eine Art einfügt und damit wiederum durch begriffliches Denken unterjocht. Die vierte Fessel schließlich erzeugt die irrige Vorstellung, alle sinnlichen Dinge würden als einander ähnlich wahrgenommen; sie zwingt das immer differente Sinnliche unter den Begriff der Ähnlichkeit – für Deleuze der Begriff einer „Qualität"; weder das sinnlich Differente noch die „Natur der Differenz" sind indes in einen qualifizierenden Begriff einholbar. Und die Lehre aus dieser vierfachen Fesselung soll lauten: „das denkende Subjekt als Identitätsprinzip" läßt die „Differenz im Denken verschwinden". Von Aristoteles bis Hegel sei doch immer nur dasselbe gedacht worden: die „begriffliche Differenz" als eine „durch Re-präsentation vermittelte" Differenz oder die „Verwechslung des *eigenen* Begriffs der Differenz mit der Niederschrift der Differenz in die Identität des Begriffs".[172]

Hier wird deutlich, dass Deleuze Ähnlichkeit in einer Dimension denkt, die sie dem „Identitätsprinzip als Voraussetzung der Repräsentation"[173] unterordnet (des *tertium comparationis*, des gemeinsamen Merkmals, der Gattungsidentität, der qualitativen Übereinstimmung des Wahrgenommenen). Der Begriff Wiederholung wird aus dem Konnex mit Ähnlichkeit gelöst – entgegen seiner von der Antike bis in die Moderne reichenden Theoretisierung im Zusammen-

---

171 Deleuze, *Differenz und Wiederholung*, S. 329. Deleuze beruft sich auf Foucaults Darstellung der „klassische[n] Welt der Repräsentation": „Dies sind die vier Wurzeln des Vernunftprinzips: die Identität des Begriffs, die sich in einer *ratio cognoscendi* reflektiert; der Gegensatz des Prädikats, der in einer *ratio fiendi* entfaltet wird; die Analogie des Urteils, die in einer *ratio essendi* verteilt wird; die Ähnlichkeit der Wahrnehmung, die eine *ratio agendi* bestimmt. Jede andere Differenz, jede Differenz, die nicht auf diese Weise verwurzelt ist, muß maßlos, unkoordiniert, anorganisch sein" und undenkbar wie ein „himmlisches Jenseits" oder das „höllengleiche [...], unauslotbare Diesseits eines Ozeans an Unähnlichkeit" (ebd.).
172 Otto, *Die Wiederholung und die Bilder*, S. 279 f. Vgl. Deleuze, *Differenz und Wiederholung*, S. 329 ff.
173 Deleuze, *Differenz und Wiederholung*, S. 75: „Denn in letzter Instanz befreit sich die unendliche Repräsentation nicht vom Identitätsprinzip als Voraussetzung der Repräsentation." (Ebd.) „Kurz, die Repräsentation mag noch so sehr unendlich werden, *sie erlangt nicht die Macht zur Bejahung von Divergenz und Dezentrierung*." (Ebd., S. 331.)

hang mit Konzepten der *Anamnesis* und *memoria*, Erinnerung, Vorstellung und Einbildungskraft.[174]

> Wenn es [das Denken S. B.] nicht mehr nach den Gemeinsamkeiten unter der Differenz suchte, sondern die Differenz differentiell dächte? Dann wäre die Differenz kein relativ allgemeines Merkmal des allgemeinen Begriffs mehr, sondern – als differierendes Denken und als Denken der Differenz – ein reines Ereignis; und die Wiederholung wäre nicht mehr das trübsinnige Gewimmel von Immergleichem, sondern verschobene Differenz.[175]

Als differentieller Gegenbegriff der Repräsentation, so reformuliert Michel Foucaults „Theatrum Philosophicum" Deleuzes Stoßrichtung richtung, zielt *Wiederholung* – in Verbindung mit den Begriffen *Trugbild* und *Unähnlichkeit* – auf die Dekonstruktion eines metaphysischen Begriffs der Identität und ihres vermeintlichen Defizienzbegriffs Ähnlichkeit und steht damit exemplarisch für die poststrukturalistische Theorie, die das Denken der Differenz gegenüber einem Denken des Identischen privilegiert und auf die Ablösung eines auf das *Finden des Ähnlichen* ausgerichteten Paradigmas und der von Deleuze kritisierten verbegrifflichten Dimension der Ähnlichkeit setzt.

> Aber kehren wir zur Funktionsweise des Begriffs zurück. Wenn er die Differenz beherrschen soll, muss die Wahrnehmung in der so genannten Vielfalt globale Ähnlichkeiten erkennen (die anschließend in Differenzen und partielle Identitäten zerlegt werden); jede neue Darstellung muss von Darstellungen begleitet sein, die sämtliche Ähnlichkeiten ausbreiten, und in diesem Darstellungsraum (Wahrnehmung-Bild-Erinnerung) setzt man das Ähnliche dem Test der quantitativen Gleichheit und der graduell abgestuften Quantitäten aus; so entsteht das große Tableau der messbaren Differenzen. Und in der Ecke der Tafel, dort wo auf der Abszisse der kleinste quantitative Abstand mit der kleinsten qualitativen Variation zusammentrifft, also im Nullpunkt des Koordinatensystems, haben wir die vollkommene Gleichheit, die exakte Wiederholung. Die Wiederholung, die im Begriff nur das impertinente Vibrieren des Gleichen war, wird in der Darstellung zum Ordnungsprinzip des Ähnlichen. Aber *wer* erkennt das Ähnliche, das genau Ähnliche und das weniger Ähnliche? Das Größte und Kleinste, das Hellste und Dunkelste? Der gesunde Menschenverstand. Er erkennt; er stellt Äquivalenzen her; er schätzt Abstände ab und misst die Distanzen; er assimiliert und verteilt; er ist die bestverteilende Sache der Welt. Der gesunde Menschenverstand herrscht über die Philosophie.[176]

---

174 Vgl. Otto, *Die Wiederholung und die Bilder*, S. 69. Auf der „Idee der ‚Ähnlichkeit'" beruhten insbesondere Memoria-Techniken der Renaissance (vgl. ebd.); die *imaginatio* ordne Gesehenes (vgl. ebd. S. 68); vgl. auch Wellbery, *Seiltänzer des Paradoxalen*, S. 73: „Greift die Einbildungskraft antizipatorisch über die Gegenwart hinaus, so tut sie dies, um Vergangenes zu wiederholen."
175 Michel Foucault, „Theatrum Philosophicum" (übers. v. Michael Bischoff), in: ders., *Dits et Ecrits. Schriften in vier Bänden*, Bd. II: 1970–1975, hg. v. Daniel Defert u. François Ewald, Frankfurt a. M. 2002, S. 93–122, S. 109.
176 Foucault, Theatrum Philosophicum, S. 109 f.

Gegen diese ‚Herrschaft' opponiert Foucault mit Deleuze:

> Wenn wir den gesunden Menschenverstand pervertieren und das Denken aus dem geordneten Tableau der Ähnlichkeiten herausführen, erscheint es als Senkrechte aus Intensitäten, denn an sich und noch vor der Abstufung durch die Darstellung ist Intensität reine Differenz: eine Differenz, die sich verschiebt und wiederholt, die sich zusammenzieht oder ausbreitet, ein singulärer Punkt, der sich in seiner zugespitzten Ereignishaftigkeit durch endlose Wiederholungen anspannt und lockert. Wir müssen das Denken als intensive Regellosigkeit denken. Als Auflösung des Ich.[177]

Ziel ist die „Befreiung der Differenz" als anarchische Kraft: Foucault betont die Denkbewegung, Differenz nicht aus dem Identischen hervorgehend zu denken, sondern „mit Aristoteles die Identität des Begriffs auf[zu]geben, in der Wahrnehmung auf die Ähnlichkeit [zu] verzichten, uns mit einem Schlage jeglicher Repräsentation [zu] entledigen",[178] die Negation und Hegel'sche Dialektik zu verabschieden – und zuletzt auch die ‚zähen' Kategorien, die den „seienden Dingen ihr Verteilungsschema vor[geben]" und die „Ähnlichkeiten der Darstellung" strukturieren: Die Verteilung des Einen und Vielen werde bei Deleuze neu gedacht, denn „für ihn ist das Sein, was in der Wiederholung von der Differenz ausgesagt wird; das Sein ist die Wiederkehr der Differenz, ohne dass es in der Art, wie das Sein ausgesagt wird, eine Differenz gäbe."[179] Sein als „*Wiederkunft* der Differenz"[180] – so resümiert Foucault die These von *Differenz und Wiederholung* und unterstreicht damit die Emphase des „Neuen, das in der Virtualität des Differenten sich verbirgt und deshalb nicht wieder-erkannt werden kann, sondern wieder-gefunden werden muß".[181]

Die repräsentationskritische Philosophie versteht sich so auch dahingehend als „*subversiv*", dass sie den Differenzbegriff „als glatte Verkehrung der Topikmodelle sei es des Aristoteles sei es des Giambattista Vico [setzt], die lehren wollten, wie an differenten Dingen ‚Ähnliches' gefunden oder gesehen werden kann, und für die ‚Differenz' niemals ein ‚vom Denken absolut Differentes'

---

177 Ebd., S. 110.
178 Ebd., S. 112.
179 Ebd., S. 113. Diese Auffassung habe Vorläufer in Duns Scotus und Spinoza.
180 Ebd., S. 118. „Die Zeit ist das, was sich wiederholt; und die Gegenwart [...] ist endlose Wiederkunft. Aber sie kommt wieder als einzigartige Differenz; keine Wiederkehr dagegen erlebt das Analoge, Ähnliche, Identische. Die Differenz kehrt wieder; und das Sein, das sich in derselben Weise von der Differenz aussagen lässt, ist nicht der universelle Strom des Werdens und auch nicht der genau zentrierte Kreislauf des Identischen; das Sein ist die gegenüber der Krümmung des Kreises versetzte Wiederkehr, die Wiederkunft." (Ebd., S. 120).
181 Otto, *Die Wiederholung und die Bilder*, S. 278.

war."¹⁸² Otto kritisiert dies als „auf den Kopf gestellte[] Transzendentalphilosophie ‚reiner Differenz'"¹⁸³ und betont:

> [E]ine Kritik am Repräsentationsbegriff, die jedwede Bildlichkeit durch die Vorstellung einer „primären" und in ihrer „Tiefe" niemals auslotbaren *différance* unterlaufen möchte oder im *simulacre*, im „Trugbild" eines Systems anonymer, sich stets differenzierender Differenzen untergehen lassen will, läßt nicht allein die Vieldeutigkeit des Wortes „Repräsentation" außer acht; sie weiß sich gleichzeitig nicht mehr vor einer ganz anderen Illusion zu schützen: vor der Illusion einer „neueren" Transzendentalität des „Virtuellen" und seiner „differenzierenden Elemente", die sich immer wieder „verschieben" und in solcher Verschiebung begriffslos „wiederholen".¹⁸⁴

Bereits die oberflächliche Darstellung lässt erkennen, dass die repräsentationskritische Abwehr der Ähnlichkeit – wenn auch mit der analytischen Kritik gewissermaßen gegenläufiger Intention – aus einer ‚Verbegrifflichung' des Ähnlichen motiviert ist. Entsprechend beschreibt Frederik Stjernfelt die differenztheoretische Ähnlichkeitskritik als zweite Linie eines „anti-similarity-movement" im zwanzigsten Jahrhundert neben „its analytical variant": Werde die Ähnlichkeitskritik Goodmans im angloamerikanischen Kontext als „definitive burial of similarity" rezipiert, so führten „the famed ‚philosophies of difference' which teach that difference is always presupposed by [...] identity or similarity" – als späte ‚Inkarnation' von Nietzsches vitalistisch geprägtem Konzept des *Werdens* – einen aus der Rückführung von Ähnlichkeit auf Identität motivierten Angriff auf Ähnlichkeit.¹⁸⁵ Unter diesem Aspekt erscheint die antirepräsentationalistische Ähnlichkeitskritik als Konkurrenzunternehmen zur analytischen: Beide reduzieren Ähnlichkeit auf Identität und begründen damit ihre Diskreditierung; doch während die analytische Kritik ein ‚schlüpfriges' Konzept auf ein ‚unproblematisches' zu reduzieren sucht,¹⁸⁶ treiben Differenztheorien Ähnlichkeit gerade aufgrund ihrer Reduktion auf Identität und Repräsentation durch die philosophische Tradition aus. Dies richtet sich gegen die

---

182 Ebd., S. 279.
183 Ebd., S. 283.
184 Ebd., S. 282.
185 Stjernfelt, *Diagrammatology*, S. 53. Vgl. zu einer kritischen Revision der Thesen Goodmans, die ein vereinfachtes geometrisches Ähnlichkeitsmodell implizierten, auch Decock, Douven, Similarity After Goodman.
186 Diese Formulierung gebrauchen Decock, Douven, Two accounts of Similarity compared, S. 389: „Tversky's account of similarity could be said to reduce similarity to identity and thereby to reduce an allegedly philosophically problematic notion to an unproblematic one. In Gärdenfors's more recent account of similarity, similarity figures as a primitive, unreduced notion. We argue that this gives no reason for preferring Tversky's account to Gärdenfors's."

Beschwörung der Identität [...] [als] Teil eines Rituals der klassischen modernen Philosophie, in dem Identität als verfügbar und unabhängig von den Dingen definiert wird. Dieses Ritual ist charakteristisch für eine Abwehr gegen die täuschende Anverwandlung und das Trugbild, durch welche das Zurückfallen der Identität auf Ähnlichkeit verhindert werden soll.[187]

Statt aus der Kritik des Ähnlichkeits*begriffs* eine Rekonzeptualisierung der Ähnlichkeit abzuleiten, wird sie so auf begriffliche und repräsentationale Funktionen festgelegt. Dass die differentielle Bewegung mit einem nicht begriffslogisch formulierten Ähnlichkeitskonzept zu vereinbaren wäre,[188] deutet sich in der differenztheoretischen Beschäftigung mit dem Feld des Ähnlichen zuzuordnenden Begriffen wie *Spur, Wiederholung, Mimesis* und *Mimikry, Unähnlichkeit, Simulacrum* und *Simulation* an, die, als „Gegenbegriff[e]"[189] *gegen repräsentational verstandene Ähnlichkeit* in Stellung gebracht, die Ambivalenz der Ähnlichkeit gegenüber Repräsentation und den ihr inhärenten Differenzaspekt ausstellen. Der „Ausgriff post/moderner Theoretiker und Repräsentationskritiker auf ‚Ähnlichkeit'"[190] zielt auf die Kritik ihrer repräsentationalen, verbegrifflichten, der Identitätslogik dienenden Fassung – aus dieser Reduktion auf Identität resultiert die Frontstellung von Ähnlichkeit und Differenz, die den repräsentationskritischen Angriff auf Ähnlichkeit motiviert: „In this kind of thought, similarity is most often identified with identity as being part of the despised ‚Identitätsphilosophie'; by this operation all the non-trivial difficulties in the concept of similarity are concealed by reducing it to the trivial idea that A = A."[191]

Die Karriere des Differenzbegriffs – so wurde in Folge der differenztheoretischen Kritik an Identität und Repräsentation etwa ein „ontological turn in favor of difference"[192] ausgerufen – hat zur Dethematisierung der Ähnlichkeit beigetragen. Mit dem hier entsprechend als ‚post-postmodern' artikulierten Theoriebedarf zielen diese Überlegungen jedoch weder darauf, die Verdienste der Differenztheo-

---

187 Becker, Doll, Wiemer, Zechner, Einleitung, S. 24 f., im Verweis auf Richard Heinrich, „Ein so vielfarbiges verschiedenes Selbst. Gedanken gegen das Mimetische", in: dies., Mimikry, S. 162–172.
188 Peter Pál Pelbart überdenkt in Auseinandersetzung mit Deleuzes Differenzbegriff und Eduardo Viveiros de Castros Perspektivismus das Verhältnis von Ähnlichkeit und Differenz, die gerade *nicht* in Frontstellung zu bringen seien: „In der Frage nach Prozessen der Differenzierung sei die Frage nach Ähnlichkeiten bereits aufgehoben." (Nicole Falkenhayner, „After Postcolonialism. Similarities in an Entangled World", Tagungsbericht, online unter https://www.exc16.uni-konstanz.de/aehnlichkeit-bericht.html?&L=1%2Findex.php, 2.7.2019).
189 Becker, Doll, Wiemer, Zechner, Einleitung, S. 12.
190 Gruber, *Topographie des Änlichen*, S. S. 89.
191 Stjernfelt, *Diagrammatology*, S. 51.
192 Melberg, *Theories of mimesis*, S. 5.

rien in Frage zu stellen, noch darauf, sie durch ein Ähnlichkeitsparadigma zu ersetzen. Doch sind sie nicht zuletzt aus einem Unbehagen gegenüber der Fixierung auf die dominanten Theorieoptionen Identität und Differenz motiviert.[193] So ist einer sich auf Differenz berufenden Ablehnung der Ähnlichkeit etwa zu begegnen, indem die angedeutete falsche Opposition dementiert wird: *Ähnlichkeit ist ohne Differenz nicht zu denken*, wohl aber als *Gegenkonzept zu Identität*. Ihr Mehrwert ist in einer Ergänzung der Differenzkonzepte um eine ähnlichkeitstheoretische Perspektive zu erwarten. So fordert auch Tymoczko: „[T]he question of difference must inevitably be balanced by attention to similarity".[194] Dies gilt es auch gegen eine Diskreditierung der Ähnlichkeit zu betonen, die gegen ihre Vagheit und Unschärfe die analytische Kraft der Unterscheidung ausspielt. So lässt sich gegenüber dem Vorbehalt, Ähnlichkeit erfordere geringe ‚*diakritische Energie*' als die Herstellung von Identität und Differenz,[195] die These vertreten, dass ein nicht auf die im Sinne der philosophischen Tradition unproblematischeren Konzepte von Identität und Differenz reduzierter Ähnlichkeits-‚Begriff' eines hohen Maßes an konzeptueller und theoretischer Energie, Unschärfetoleranz und Souveränität im Umgang mit Uneindeutigkeit bedarf, die aufzubringen dessen Potentialen jedoch angemessen scheint.

1.3 Zur Unbegrifflichkeit und Ungleichheit des Ähnlichen

> Denk nicht, sondern schau! [...] Und das Ergebnis dieser Betrachtung lautet nun: Wir sehen ein kompliziertes Netz von Ähnlichkeiten, die einander übergreifen und kreuzen. Ähnlichkeiten im Großen und Kleinen. (Ludwig Wittgenstein)[196]

Ähnlichkeit wird produktiv, wo ihre Anschaulichkeit, Konkretheit, Komplexität und Unschärfe nicht reduziert und formalisiert, sondern gerade in ihrer *Unbegrifflichkeit*

---

[193] Zur Relevanz von Ansätzen jenseits der „Differenzfixierung" vgl. Doris Bachman-Medick, „Kulturkonzepte" (online unter http://www.topoi.org/wp-content/uploads/2013/05/Kulturkon zepte.pdf, 2.2.2018). Vgl. zu einer solchen ‚Fixierung' Dennis McCort, *Going beyond the Pairs. The coincidence of opposites in German Romanticism, Zen, and Deconstruction*, Albany 2001, S. 101: „Poststructuralists might well warn us of the danger of the concepts [difference, S. B.] reification by academic epigones into some perverse, ‚backdoor' version of ‚truth' or ‚logos'".
[194] Tymoczko, Difference in Similarity, S. 28.
[195] Koschorke, Ähnlichkeit, S. 36. Dies scheint gerechtfertigt, wo naive Ähnlichkeitskonzepte, suggestive Analogien und unreflektierte Vergleiche Erkenntnis verstellen; doch handelt es sich um einen allgemeinen Vorbehalt: Auch in den Geisteswissenschaften, die mit konstitutiv vagen Phänomenen umzugehen haben, wird der epistemologische und methodische Wert der Ähnlichkeit häufig kritisch diskutiert.
[196] Wittgenstein, *Philosophische Untersuchungen*, S. 57 [§ 66].

und *Ungleichheit* ausgelotet werden. Mehr noch, die attestierte Defizienz des Ähnlichkeitsbegriffs lässt sich aus ähnlichkeitstheoretischer Perspektive relativieren, insofern Ähnlichkeit *nicht* als eine auf Identität hinordnende Defizienzkategorie verstanden werden muss:[197] Entzieht sich das Ähnliche der Verbegrifflichung, so dient die Ähnlichkeitsreflexion zugleich der Problematisierung des Begriffs und der Geltungsansprüche moderner Rationalität und Identitätslogik.[198] Dieses Potential ähnlichkeitstheoretischer Perspektivierungen betonen sprachphilosophische, sprach- und begriffskritische und metaphorologische Ansätze, die die Vagheit der Ähnlichkeit im Rahmen identitätskritischer Überlegungen gegen an den Begriff gestellte Forderungen logischer Formalisierbarkeit wenden. Die *Unbegrifflichkeit* der Ähnlichkeit, die bereits die topische Ähnlichkeitsauffassung Aristoteles' prägt, betonen modern etwa die Sprach- und Begriffskritik Friedrich Nietzsches und Fritz Mauthners, Walter Benjamins Überlegungen zur ‚unsinnlichen' Ähnlichkeit, und, für neuere Überlegungen prägend, implizit Hans Blumenbergs These der „Unbegrifflichkeit" der Metapher[199] und explizit Wittgensteins Theorem der „Familienähnlichkeit"[200]. Insbesondere letztere Thesen haben zu einem Umbau des Nachdenkens über Sprache beigetragen, angesichts dessen, so Gerhard Gamm, „die logische Bestimmtheit des Begriffs einer relativen Unbestimmtheit weichen" muss:

> Schlüsse nach Art der Analogie oder Ähnlichkeit führen zu mehr oder weniger großer Wahrscheinlichkeit, nicht auf definitiv bestimmte Wahrheit. In den Sprachspielen der Menschen führt nicht die Logik Regie, sondern die Semantik regional begrenzter Sprachverwendungsregeln, die Ähnliches zueinandergesellen.[201]

Solches Denken und Sprechen könne nicht als irrational abqualifiziert werden, auch wenn es nicht nach den Maßgaben der Logik „formalisierbar" sei.[202] Die Tatsache, dass sich der irreduziblen Unschärfe der Sprache weder die alltägliche noch die wissenschaftliche Sprachverwendung entziehen können, diese

---

197 Vgl. für einen aktuellen Ansatz, der Ähnlichkeit nicht an Identität orientiert, Decock, Douven, Two accounts of Similarity compared, S. 389.
198 Vgl. Gloy, *Rationalitätstypen*; Wolfgang Welsch, *Vernunft. Die zeitgenössische Vernunftkritik und das Konzept der transversalen Vernunft*, Frankfurt a. M. 1996.
199 Hans Blumenberg, „Ausblick auf eine Theorie der Unbegrifflichkeit", in: *Schiffbruch mit Zuschauer. Paradigma einer Daseinsmetapher*, Frankfurt a. M. 1979, S. 75–93, S. 75; ders., *Theorie der Unbegrifflichkeit*, aus dem Nachlaß hg. u. mit einem Nachwort v. Anselm Haverkamp, Frankfurt a. M. 2007, S. 9.
200 Wittgenstein, *Philosophische Untersuchungen*, S. 57 [§ 67].
201 Gamm, *Flucht aus der Kategorie*, S. 347. So herrsche „im relativen Gegensatz zur Welt wissenschaftlich-theoretischen Denkens in Alltagsdingen eine *Logik des Repräsentativen*", die sich „über [...] ‚Identität' und ‚Ähnlichkeit' aufschlüsseln" lasse (ebd., S. 298).
202 Ebd., S. 310.

1.3 Zur Unbegrifflichkeit und Ungleichheit des Ähnlichen — 69

vielmehr in die theoretische Modellierung des Sprachgebrauchs und der spezifischen Leistungsfähigkeit des Metaphorischen einzugehen habe, reflektieren prominent Wittgenstein und Blumenberg. So unterhält die Metapher nach Blumenberg nicht nur „Verbindungen zur Lebenswelt" als „Motivierungsrückhalt aller Theorie"[203], anders als begriffliche Abstrakta: „Die Metapher [...] konserviert den Reichtum ihrer Herkunft, den die Abstraktion verleugnen muß."[204] Sie sei eine „das seiner Identitätssorge anheimgegebene Bewußtsein" durch eine Abweichung oder „Störung" bedrohende „Widerstimmigkeit'", die es in ihrer Interpretation *als Metapher* normalisierend einzuhegen gilt,[205] und diene zugleich als „bevorzugte[s] Element der Rhetorik als der Einstimmung bei nicht erreichter oder nicht erreichbarer Eindeutigkeit"[206]. Dass Begriff, Logik und systematisches Denken epistemischen Suchbewegungen im Bereich der Wahrheit oder der komplexen, veränderlichen Wirklichkeit nicht immer gerecht werden, beweisen die ideengeschichtlichen Gehalte ‚absoluter Metaphern'.[207] „Vernunft", so Blumenberg, sei nicht „nur dort, wo es gelungen oder wenigstens angestrebt ist, die Wirklichkeit, das Leben oder das Sein – wie immer man die Totalität nennen will – auf den Begriff zu bringen. Es gibt keine Identität zwischen Vernunft und Begriff."[208]

An der Frage, ob nicht vielmehr die begriffliche Logik an der Unschärfe der Phänomene und der Sprache zu messen wäre als umgekehrt, arbeitet auch Wittgensteins sprachphilosophisches Spätwerk.[209] Sein berühmtes Theorem der

---

203 Blumenberg, Ausblick auf eine Theorie der Unbegrifflichkeit, S. 77.
204 Ebd., S. 80.
205 Ebd., S. 78; in der Beschreibung der Metapher als „,Widerstimmigkeit'" schließt Blumenberg an Husserl an (vgl. ebd.).
206 Ebd., S. 81.
207 Vgl. ebd., S. 77, passim.
208 Blumenberg, *Theorie der Unbegrifflichkeit*, S. 9; vgl. Frank Witzel, „Erzählte Theorie. Zweite Vorlesung", in: Uwe Timm, Frank Witzel, *Grenzüberschreitungen: Räume, Texte, Theorien*. Tübinger Poetik-Dozentur 2018, Künzelsau 2019, S. 75–110, S. 75.
209 Wittgensteins nominalistische sprachtheoretische Reflexionen lassen Raum für ontoepistemologische Annahmen – „‚Möglichkeiten' der Erscheinung'" im Blick auf „die *Art der Aussagen*, die wir über Erscheinungen machen" (Wittgenstein, *Philosophische Untersuchungen*, S. 72 [§ 90]) –, auch wenn er nicht die Frage des Universalienstreits nach dem ‚Grund der Ähnlichkeit zwischen Einzeldingen' stellt, sondern eine „grammatische" (ebd.) Untersuchung anstellt. Die Begriffsumstellung ermöglicht es, eine Ersetzung oder Ergänzung der begriffslogischen Annahme einer ‚Identität in der Differenz', die die Begriffspyramide organisiert, durch eine ähnlichkeitstheoretische Konzeption verflochtener, unscharfer Begriffe vor- und eine Perspektivierung zwischen oder jenseits von Realismus und Nominalismus einzunehmen. Die philosophische Dimension der Fragestellung kann hier nicht eruiert werden; vgl. den Verweis auf Renford Bambrough, „Universals and Family Resemblance", in: *Wittgenstein. The Philosophi-*

‚Familienähnlichkeit' konturiert die Verfasstheit von Begriffen, die durch ‚Sprachspiele' konstituiert und durch Ähnlichkeitsbezüge verknüpft sind. Das Diktum „Denk nicht, sondern schau" der *Philosophischen Untersuchungen* (I, § 66) verknüpft sinnliche Wahrnehmung und Denken und begründet die Analyse des Sprachgebrauchs in der Anschauung:

> [66.] Betrachte z. B. einmal die Vorgänge, die wir „Spiele" nennen. Ich meine Brettspiele, Kartenspiele, Ballspiel, Kampfspiele, usw. Was ist allen diesen gemeinsam? – Sag nicht: „Es *muß* ihnen etwas gemeinsam sein, sonst hießen sie nicht ‚Spiele'" – sondern *schau*, ob ihnen allen etwas gemeinsam ist. – Denn wenn du sie anschaust, wirst du zwar nicht etwas sehen, was *allen* gemeinsam wäre, aber du wirst Ähnlichkeiten, Verwandtschaften, sehen, und zwar eine ganze Reihe. Wie gesagt: denk nicht, sondern schau! – Schau z. B. die Brettspiele an, mit ihren mannigfachen Verwandtschaften. Nun geh zu den Kartenspielen über: hier findest du viele Entsprechungen mit jener ersten Klasse, aber viele gemeinsame Züge verschwinden, andere treten auf. Wenn wir nun zu den Ballspielen übergehen, so bleibt manches Gemeinsame erhalten, aber vieles geht verloren. – Sind sie alle ‚*unterhaltend*'? Vergleiche Schach mit dem Mühlfahren. Oder gibt es überall ein Gewinnen und Verlieren, oder eine Konkurrenz der Spielenden? Denk an die Patiencen. In den Ballspielen gibt es Gewinnen und Verlieren; aber wenn ein Kind den Ball an die Wand wirft und wieder auffängt, so ist dieser Zug verschwunden. Schau, welche Rolle Geschick und Glück spielen. Und wie verschieden ist Geschick im Schachspiel und Geschick im Tennisspiel. Denk nun an die Reigenspiele: Hier ist das Element der Unterhaltung, aber wie viele der anderen Charakterzüge sind verschwunden! Und so können wir durch die vielen, vielen anderen Gruppen von Spielen gehen. Ähnlichkeiten auftauchen und verschwinden sehen. Und das Ergebnis dieser Betrachtung lautet nun: Wir sehen ein kompliziertes Netz von Ähnlichkeiten, die einander übergreifen und kreuzen. Ähnlichkeiten im Großen und Kleinen.

> [67.] Ich kann diese Ähnlichkeiten nicht besser charakterisieren als durch das Wort „Familienähnlichkeiten"; denn so übergreifen und kreuzen sich die verschiedenen Ähnlichkeiten, die zwischen den Gliedern einer Familie bestehen: Wuchs, Gesichtszüge, Augenfarbe Gang, Temperament, etc. etc. Und ich werde sagen: die ‚Spiele' bilden eine Familie.[210]

Den Unterschied seiner Konzeption der Sprache, die er in § 65 nach diesem Muster modelliert, zu der ‚verbegrifflichten' Funktion der Ähnlichkeit in Begriffsbildung und Kategorisierung nach generischer Merkmalsgleichheit – nach *genus proximum* und *differentia specifica* – verdeutlicht Wittgenstein mit den Worten, es sei „diesen Erscheinungen [den Sprachen, S. B.] garnicht Eines gemeinsam, weswegen wir für alle das gleiche Wort verwenden, – sondern sie sind miteinander in vielen verschiedenen Weisen *verwandt*. Und dieser Verwandtschaft, oder diesen Verwandtschaften wegen nennen wir sie alle ‚Sprachen'".[211] Dabei ver-

---

cal Investigations, hg. v. George Pitcher, New York 1966, S. 186–204 in Endres, Unähnliche Ähnlichkeit, S. 47.
210 Ebd., S. 56 f. [§ 66; 67].
211 Wittgenstein, *Philosophische Untersuchungen*, S. 56 [§ 65].

deutlicht die Metapher ‚Familienähnlichkeit', dass Ähnlichkeit in ihrer Relationalität zur Beschreibung sprachlicher Bezüge geeignet sein soll, „denen nicht eine (wesentliche) Eigenschaft gemeinsam ist",[212] dass also durch eine *Rekonzeptualisierung des Ähnlichkeitsbegriffs* das Modell begriffsbildender Ähnlichkeit als Identität in der Differenz wenn nicht abgelegt, so doch ergänzt werden muss. Scheint es zunächst kontraintuitiv, dass Wittgenstein eine das „Verwandtschaftsparadigma" aufrufende Metapher mit Konnotationen einer genealogischen, kausalen, asymmetrischen und merkmalsbezogenen Ähnlichkeitsbeziehung wählt,[213] so liegt darin der präzise Sinn der Umwertung des Begriffs ‚Familienähnlichkeit' von einem hierarchischen, vertikalen Modell des Stammbaums (oder des porphyrischen Baumes) zur Metapher für phänomenologisch eruierte, einander auf einer horizontalen Ebene ‚überkreuzende' Ähnlichkeiten. Es handelt sich um einen „Klassenbegriff[]", der die beschriebene Problematik benennt: „Ähnlichkeit im hier theoretisierten Sinne *ist* Familienähnlichkeit."[214] So markiert der Ähnlichkeitsbegriff selbst den Wechsel von einem hierarchischen, asymmetrischen Modell zu einem symmetrischen, (kor-)relationalen: „Der Begriff ‚Ähnlichkeit' scheint seinerseits in die Reihe jener Begriffe zu gehören, deren Anwendungsbereich sich nicht durch das Vorhandensein einer gemeinsamen Eigenschaft bestimmen lässt."[215]

---

212 Endres, Unähnliche Ähnlichkeit, S. 48.
213 Ebd., S. 47. Dass Wittgenstein für die Rekonzeptualisierung sprachlicher Ähnlichkeiten als ‚verwandtschafts*analoge*' Relationen auf diese Metapher zurückgreift, ist irritierend. Sicherlich ist der ‚widerstimmige' metaphorische Reflexionsraum bewusst gewählt; offenbar ist das Modell in seiner Verbildlichung unterschiedlicher *Aspekte* solcher Betrachtung anschaulich genug, um die genannten Konnotationen zu überspielen. Endres verweist auf den „engen diskursgeschichtlichen Zusammenhang von Ähnlichkeitsreflexion und Verwandtschaftsparadigma" (ebd.) und die in Wittgensteins Beschreibung „starke Betonung des Familien- und Verwandtschaftsgedankens sowie zugehöriger Vorstellungen von Abstammung und Vererbung", die Ähnlichkeit „dem Leitbild natürlicher, biologischer Merkmalsübertragung subsumiert" (ebd., S. 50). Dies sei irreführend, insofern suggeriert werde, die Phänomene hätten eine „gleichsam genetische Wurzel [...], eine angebbare Eigenschaft gemeinsam (was gerade ausgeschlossen sein soll.) Wittgenstein verwendet den Begriff der ‚Familienähnlichkeit' folglich als Metapher und nicht in einem wörtlichen Sine, so dass eine genealogische Explikation desselben sogar kontraproduktiv zu sein scheint." (Ebd., S. 51).
214 Endres, Unähnliche Ähnlichkeit, S. 49. Die Metapher *Familienähnlichkeit* spiegelt die Ablösung der merkmalsbasierten Taxonomie ontologisch vorliegender Klassen durch eine relationale Ordnung um 1900; diese wird im Paradigmenwechsel des Artbegriffs von Linné zu Darwin vorbereitet; hier wird die Klassifikation nach *typologischen Ähnlichkeiten* durch die Artbestimmung nach *Verwandtschaftsrelationen* ersetzt; vgl. Werner Kunz, „Die Bedeutung der Mimikry für das Verständnis des Artbegriffs", in: *Entomologie heute* 23 (2011), S. 3–22, S. 5; vgl. Kap. I.3.4.
215 Endres, Unähnliche Ähnlichkeit, S. 48. Daraus folge, „dass der Begriff der ‚Familienähnlichkeit' selbst familienähnlich ist, insofern in der Klasse familienähnlicher Erscheinungen

Wittgenstein verbildlicht dies mittels der in § 67 angeführten ‚Fadenmetapher': Die ‚Begriffs-Verwandtschaft' sei dem Prozess vergleichbar, in dem

> wir beim Spinnen eines Fadens Faser an Faser drehen. Und die Stärke des Fadens liegt nicht darin, dass irgend eine Faser durch seine ganze Länge läuft, sondern darin, daß viele Fasern einander übergreifen. Wenn aber Einer sagen wollte: „Also ist allen diesen Gebilden etwas gemeinsam, – nämlich die Disjunktion aller dieser Gemeinsamkeiten" – so würde ich antworten: hier spielst du nur mit einem Wort. Ebenso könnte man sagen: es läuft ein Etwas durch den ganzen Faden, – nämlich das lückenlose Übergreifen dieser Fasern.[216]

Dieses ‚Etwas' denkt Wittgenstein als „verwandtschafts*analoge*" Struktur – „wirklicher Familienähnlichkeit nur ähnlich"[217] – und als Übertragung „nach Analogie"[218], insofern nicht ein allen Begriffen Gemeinsames, sondern *verschiedene* Merkmale in ein semantisches Netz eingehen. Gamm betont:

> Es ist gegenüber dem philosophischen Denken der Tradition in Kategorien von Identität und Verschiedenheit gleichsam bloß eine ‚schwache Kraft', welche die Merkmale der Begriffe aufeinander bezieht. Um den Ähnlichkeitsaspekt herauszustellen oder das Charakteristische, das manchmal die Mitglieder einer Familie verbindet, spricht Wittgenstein auch von der ‚Physiognomie' oder der ‚Gestalt' von Begriffen.[219]

Die ‚schwache Kraft' der Ähnlichkeit ist es, die in ihren Möglichkeiten zur Umperspektivierung nach wechselnden Hinsichten – wie sie in der Metapher wirken – die *unscharfen* Grenzen des Begriffs umspannt: „[D]er Begriff ‚Spiel' ist ein Begriff mit verschwommenen Rändern."[220] Dass dies nicht als Mangel anzusehen ist, betont Wittgenstein mit der Frage: „Ist das Unscharfe nicht oft gerade das, was wir brauchen?"[221] So übernehmen Wittgensteins Begriffe des Sprachspiels und der Familienähnlichkeit als Metaphern terminologische Funktion,

---

gilt, dass ‚diesen Erscheinungen garnicht Eines gemeinsam' ist, ‚sondern sie sind miteinander in vielen verschiedenen Weisen *verwandt*.'" (Zit. n. ebd., S. 49 f.).
216 Ebd., S. 58 [§ 67]. Diese Metapher erinnert an eine vormoderne Metapher der Kontinuität: die der Kette des Seienden.
217 Endres, Unähnliche Ähnlichkeit, S. 51. Die Metapher etabliert so eine „Als-ob-Verwandtschaft" (ebd.).
218 Wittgenstein, *Philosophische Untersuchungen*, S. 62 [§ 75].
219 Gamm, *Flucht aus der Kategorie*, S. 313.
220 Wittgenstein, *Philosophische Untersuchungen*, S. 60 [§ 71].
221 Ebd. Vgl. ebd., S. 62 f. [§ 76]: „Wenn Einer eine scharfe Grenze zöge, so könnte ich sie nicht als die anerkennen, die ich auch schon immer ziehen wollte, oder im Geist gezogen habe. Denn ich wollte gar keine ziehen. Sein Begriff ist nicht der gleiche wie der meine, aber ihm verwandt. Und die Verwandtschaft ist die zweier Bilder, deren eines aus unscharf begrenzten Farbflecken, das andere aus ähnlich geformten und verteilten, aber scharf begrenzten, besteht."

erfüllen also autologisch das eigene Programm: Die *Metapher Familienähnlichkeit* ist selbst ein „‚Sprachspiel'".[222]

Die als ‚Sprachspiele' konzipierten Begriffe modellieren, statt über gemeinsame Eigenschaften „die logische Identität eines Dings oder Begriffes, das Wesen", festzuschreiben,[223] den flexiblen alltagspragmatischen Gebrauch der Sprache: „Vorstellungen und Begriffe [...] stehen [...] in einem losen Verbund, der sie je nach Kontext oder Situation aufeinander verwiesen sein läßt":

> Die philosophische Leitidee des Sprachspiels setzt an die Stelle des rationalen Verfahrens, das über Identität und Verschiedenheit die logische Bestimmtheit des Begriffs zu erreichen trachtet, das ästhetische Konzept der Familienähnlichkeit. ‚Familienähnlichkeit' ist selbst eine Metapher, um den nichtbegrifflichen Zusammenhang der Begriffe metatheoretisch zu beschreiben.[224]

Entgegen philosophischen Ansprüchen auf Gültigkeit, die „das allgemeine oder wesentliche Merkmal eines Begriffs" zu fassen suchen, bestimmt nach Wittgenstein „ein situativ bestimmtes, kompliziertes Netz von Ähnlichkeiten die Bedeutung des Begriffs"[225]. Die Konzeption über den Verwandtschaftsbegriff metaphorisierter Ähnlichkeitsrelationen wendet sich gegen die identitätslogische Reduktion der Ähnlichkeit, die so nicht an den Leistungen scharfer begrifflicher Grenzziehung gemessen, sondern gerade aufgrund ihrer Vagheit dagegen ins Feld geführt wird.

Gamm rückt diesen Ansatz in sein historisches Argument einer „Positivierung des Unbestimmten in der Moderne" ein, in deren Folge „[v]orprädikative[s] Sein nicht in der Negationslogik des Mangels begriffen werden kann": Das latente Unbestimmte werde in der Moderne „hoch reaktiv".[226]

> Jedem Versuch, im Rahmen von Philosophie und Wissenschaft dem epistemisch oder gesellschaftstheoretisch Unbestimmbaren mit erhöhter Reflexivität zu begegnen, war das gleiche Schicksal beschieden: Die forcierte Rationalitätserwartung ließ das Unbestimmbare der Gegenstände nur um so deutlicher hervortreten. Ja, mehr noch, auf dem höchsten Punkt der Reflexion, auf dem sie sich gegen sich selbst kehrt, wurde sie seltsam *unscharf*;[227]

---

222 Endres, Unähnliche Ähnlichkeit, S. 51, Anm. 96.
223 Gamm, *Flucht aus der Kategorie*, S. 344.
224 Ebd., S. 343.
225 Ebd., S. 345.
226 Ebd., S. 226 u. ebd., Anm. 23. An das, was Gamm als „Reaktivwerden des rohen Seins und seine Positivierung" beschreibt, ließen sich die Diskursfiguren des Lebens, des Wahnsinns und des Primitivismus anschließen.
227 Ebd., S. 296f.

sie zeige sich ‚verschmutzt' – durch „Vagheit [...] verunreinigt"[228], wie Wittgenstein formuliert – durch „nichtepistemologische und praktische Einschlüsse" und durch eine metaphorische Verfasstheit, die den „Standards cartesischer Klarheit und Wohlunterschiedenheit der Vorstellungen" spotte.[229] Dem begegne Wittgensteins ähnlichkeitstheoretische Perspektivierung.

> Auf der Höhe einer vom Fortschrittspathos ausgehöhlten Moderne setzt Wittgenstein die Kategorie der Ähnlichkeit erneut in ihre Rechte, wenn er die kommunikativen Beziehungen der Menschen in rhetorischen (und das heißt eben auch ästhetischen) Beziehungen fundiert sieht. Die Ähnlichkeitsbeziehungen von Begriffen und sprachlichen Tropen gehen jeder Identitätsbestimmung voran.[230]

Die vielkritisierte, dem Ähnlichkeitsbegriff aufgrund der Tatsache, dass sich das Ähnliche *der Verbegrifflichung entzieht*, als logische Schwäche angelastete Defizienz lässt sich vor diesem Hintergrund positivieren: In diesem Kontext verortet auch Monika Schmitz-Emans Wittgensteins

> Sprachspielkonzeption und die von dieser bezeugte Ablösung des Paradigmas „Identität" durch das der „Ähnlichkeit". An die Stelle des rationalistisch motivierten Strebens nach Bestimmung von Identischem tritt die Operation mit „Familienähnlichkeiten" auch und gerade im Prozeß des Erkennens [...]. Die Metapher ist privilegierte sprachliche Ausdrucksform des „Ähnlichen". Begriffe werden aus Metaphern abgeleitet, „Logik" gründet im Rhetorischen. Letzter Bezugshorizont des Denkens ist die – weiter nicht begründbare – metaphorische Praxis der Sprechergemeinschaften. Nicht „Identität", sondern „Analogie": auf diese Formel läßt sich die moderne Verschiebung des Erfahrungs- und Bezeichnungshorizontes bringen. Vor allem *Nietzsches* Denken ist wegweisend bei der Entdeckung der „poetischen" Dimension aller Erfahrung. Die Tendenz, durch Fundierung der kommunikativen Praxis in rhetorischen Beziehungen die Kategorie der Ähnlichkeit zu rehabilitieren, erhält aber auch durch *Foucaults* Diskursanalysen wichtige Anstöße.[231]

Wittgensteins Theoreme haben kritische Reaktionen erfahren, aber auch eine zögerliche Rehabilitierung der Ähnlichkeit ausgelöst und eine transdisziplinäre Auseinandersetzung angeregt, die besonders die Klassifikationstheorie

---

228 Wittgenstein, *Philosophische Untersuchungen*, S. 76 [§ 100].
229 Gamm, *Flucht aus der Kategorie*, S. 296 f.
230 Ebd., S. 347. Gamm verweist hier auf Nietzsche.
231 Monika Schmitz-Emans, „Metapher" (online unter: http://www.ruhr-uni-bochum.de/komparatistik/basislexikon/, abgerufen von http://users.unimi.it/dililefi/costazza/corsi/2010-11/Metapher-Schmitz-Emans.pdf am 12.6.2019, o. S. (S. 33) [Kapitälchen i. Orig.]); vgl. dies., „Rezension zu Gerhard Gamm: ‚Die Macht der Metapher. Im Labyrinth der modernen Welt.' Stuttgart (Metzler) 1992", in: *Zeitschrift für Germanistik. Neue Folge* 3 (1994), S. 692–695. Zur These der Konjunktur der Ähnlichkeit vgl. auch Gamm, *Flucht aus der Kategorie*, S. 296–378.

beeinflusst hat:²³² Die im Anschluss daran entwickelten postpositivistischen Theorien der Begriffsbildung lassen anders als die Konzepttheorie der 50er Jahre Unschärfe nicht nur zu, sondern theoretisieren sie explizit etwa im Rahmen der „‚natürliche[n] Konzepttheorie'" und der Prototypentheorie nach Eleanor Roschs *Principles of Categorization*.²³³ Letztere zeigt, dass Begriffe und Konzepte nicht nur „keineswegs klare Grenzen" haben, sondern von Eigenschaften und Kontexten variiert werden und intern strukturiert sind; sie gruppiert „Kategorien um *Prototypen*", die sich „auf ein repräsentatives Feld einer Klasse" beziehen²³⁴ und „über *Ähnlichkeitsbeziehungen* oder über die Vorstellung natürlicher Arten gebildet werden."²³⁵ Solche Analysen der Begriffsbildung betrachten Prozesse, die weder irrational noch „völlig durchrationalisiert"²³⁶ sind, sondern nach einer Art alternativer Rationalitätstheorie verlangen; denn „die Bildung prototypischer Begriffe vollzieht sich über die Herstellung von Ähnlichkeitsbeziehungen, welche intersubjektiv relevant und für Denken und Handeln fundamental sind, aber [...] nicht vollständig auf logische Zusammenhänge zurückgeführt werden können."²³⁷ Eine solche Konzeptualisierung ist Gamm zufolge für die Beschreibung eines am Paradigmatischen und Prototypischen orientierten Urteilens und Schließens geeignet, das „nicht an formallogischer Schlüssigkeit, sondern an Repräsentativität ausgerichtet" sei,²³⁸ und damit zu einem vorprädikativen Wissen gehöre, das von der philosophischen Tradition

---

232 Vgl. u. a. Joachim Renn, „Ähnlichkeit und Einheit des Sprachgebrauchs bei Ludwig Wittgenstein, in: Funk, Mattenklott, Pauen, *Ästhetik des Ähnlichen*, S. 137–165. „Wittgensteins Begriff der Familienähnlichkeiten führt – konsequent weiter gedacht – zum Begriff des Prototypen. Diese Vorstellung nimmt Abschied von der Idee, daß sich die Welt trennscharf in Kategorien aufteilen läßt, die durch notwendige oder hinreichende Bedingungen festgelegt sind." (Rehkämper, *Bilder, Ähnlichkeit und Perspektive*, S. 131).
233 Gamm, *Flucht aus der Kategorie*, S. 311. Vgl. etwa die Experimente Tverskys und Kahnemanns (ebd., S. 305).
234 Ebd., S. 311. So seien nicht gemeinsame *Eigenschaften* für die Klassenbildung entscheidend, sondern die *Nähe* zum prototypischen *Vertreter* (z. B. ist Rotkehlchen prototypischer als Huhn in der Kategorie ‚Vogel', vgl. ebd.).
235 Ebd., S. 314.
236 Ebd., S. 313.
237 Ebd., S. 314.
238 Ebd., S. 315. Diese entsprächen prototypischen „Typikalitätsgesichtspunkten" (ebd.), wobei „diese Art alltagspraktischen Denkens vermittels einer *Orientierung am Typischen* (implizit) eine Rationalität transportiert", die als „Logik der *Repräsentativität*" durch „*theoretische* oder *logische Unschärfe* im Umgang mit Begriff, Urteil und Schluß" gekennzeichnet ist (ebd., S. 316f.). Als „‚Theorie' der Praktiker" sei die „Repräsentativitätsheuristik" zentral, da das „‚Eigenrecht' vorprädikativen oder nichtdiskursiven Wissens nicht grundsätzlich bestritten werden kann und also in der Rationalitätsdebatte mitbedacht werden muß" (ebd., S. 319).

abgewertet wurde, da ihm der „Geruch des Irrationalen" anhafte: „Es beruht auf einer *praktischen Vertrautheit* im Umgang mit den Dingen" und „verläuft über die Repräsentativität der Erfahrung, die nicht vollständig über ein Wissen in der Form von Urteilen, Aussagen (Satzsystemen) transformiert" und objektiviert, also in wissenschaftliche Systematik übersetzt werden kann.[239] Gamm fordert eine „folgenschwere *Begriffsumstellung*", da die Unterscheidung von Rationalität und Irrationalität nicht bruchlos in die von ‚kognitiv' und ‚affektiv' oder ‚propositional' und ‚vorprädikativ' überführt werden könne, sondern „quer dazu" stehe.[240] Dies gelte auch für die Wissenschaft, denn „[d]ie Anerkennung prototypischer Strukturen in bestimmten Kernbereichen des Wissenschaftshandelns schließt prälogische, nichtpropositionale Voraussetzungen der wissenschaftlichen Erkenntnis mit ein"[241].

Vor diesem Hintergrund lässt sich der Kritik am Ähnlichkeitsbegriff begegnen: Zum einen mit dem Hinweis auf einen Umgang mit Ähnlichkeit als relationale Verfasstheit des Denkens und Sprechens und vorpropositionales Wissen, der sich als *Uneindeutigkeits-* oder *Unschärfetoleranz* charakterisieren ließe; hier lassen sich neben sprachphilosophischen und metaphorologischen Theoremen philosophische Überlegungen zu ‚alternativen Rationalitätstypen' anschließen, wie sie Karen Gloy formuliert, deren Untersuchung moderner Formen des Analogiedenkens zeigt, dass Denkfiguren der Ähnlichkeit und Analogie nicht als einem vormodernen Rationalitätstypus zugehörig zu werten sind.[242] Zum anderen mit dem Verweis auf eine moderne Bewegung „[v]on

---

239 Ebd., S. 320 f., Anm. 19.
240 Ebd., S. 320. „Der Gegensatz von rational und irrational ist nicht der anthropologische zwischen höheren und niederen Seelenvermögen, zwischen Denken und Sinnlichkeit, Rationalem und Emotionalem, zwischen Vernunft auf der einen und Leidenschaft auf der anderen Seite, sondern eine Gemengelage dieser Momente" (ebd., S. 321).
241 Ebd., S. 324 f. Dies fordere (wie die Wissenschaftstheorien Kuhns und Feyerabends), mehr als *einen* Rationalitätstypus anzuerkennen. Weiter noch gehe die „Behauptung, alles propositionale Wissen stütze sich zuletzt auf nichtproportionale Erfahrung; letztere sei überhaupt die Bedingung der Möglichkeit allen Aussagens und Mitteilens." (Ebd., S. 325) Zu Paradigma-Begriff und Typus-Begriff vgl. ebd., S. 324, Anm. 24.
242 Karen Gloy, „Das Analogiedenken unter besonderer Berücksichtigung der Psychoanalyse Freuds", in: Manuel Bachmann, dies. (Hg.), *Das Analogiedenken. Vorstöße in ein neues Gebiet der Rationalitätstheorie*, Freiburg, München 2000, S. 256–297: Das Analogiedenken weise „drei Gesetzmäßigkeiten bzw. Übergangsschemata auf: *erstens* die Gegensätzlichkeit, *zweitens* die Verschiebung und *drittens* die Entsprechung oder, anders formuliert: *erstens* die Ähnlichkeit als Verkehrung von Identität, *zweitens* die Ähnlichkeit als Verschiebung und *drittens* die Ähnlichkeit als mimetisches Verhältnis." (Ebd., S. 280) Gloy unterscheidet „drei wesentliche Merkmale [...], die [...] die unerläßliche Bedingung für analogisches Denken bilden: *erstens* die Überdetermination, *zweitens* die Verweisungsstruktur, *drittens* die Gesetzmäßigkeit der Ver-

der Identität zur Ähnlichkeit"²⁴³, die Gamm als Wiedererstarken der Rhetorik gegenüber der Logik und der Metapher gegenüber dem Begriff beschreibt. Dies fordere dazu auf, „den Begriff der Rationalität auf den der Repräsentativität" zu erweitern und „logische Formalisierbarkeit als Kriterium" der Rationalität zu verabschieden.²⁴⁴ Methodisch stelle sich dabei das Problem, dass auch über nichtproportionales Wissen nur „unter den Bedingungen der diskursiven Vernunft" gesprochen werden kann: „Um das Problem angemessen zu erfassen, sollte man mitbedenken, daß auch und gerade ästhetische Erfahrung zu einem großen Teil aus vorpropositionalem Wissen genährt wird" – wobei sich frage, wie sie angesichts des „Diskursivierungszwang[s]" propositionalen Wissens" Gegenstand der Erkenntnis werden kann. Der Anspruch einer Beschreibung dessen, was sich „der Diskursivierung sperrt"²⁴⁵, äußert sich auch in Wittgensteins Bemerkung, die „Beulen, die sich der Verstand beim Anrennen gegen die Grenzen der Sprache geholt hat [...], lassen uns den Wert jener Entdeckung erkennen".²⁴⁶

Die These eines ‚Erstarkens der Rhetorik' in der philosophischen Diskussion lässt sich auf die Beobachtung beziehen, dass sich die Erkenntnis der sprachlichen Verfasstheit des Wissens in Folge des *linguistic turn* durchsetzt. So gerate die historische „Verdrängung" der Rhetorik, die es nicht mit Wahrheit, sondern mit *Wahrscheinlichkeit* zu tun habe, zugunsten der Logik in den Blick.²⁴⁷ Die Selbstreflexion auf ihren „logozentrischen Mythos"²⁴⁸ führe zu einer

> Horizontverschiebung der philosophischen Moderne [...]. Infolge davon hat sich das neuzeitliche, der wissenschaftlichen Methode angelehnte Denken in Richtung eines Diskurses verändert, dem ästhetische Motive einer fiktionalen Welterschließung in dem Maße

---

weisung." (Ebd., S. 276): Letztere bestehe in der „Ähnlichkeit der Analoga", die Analogiedenken als rationalen Denktypus kennzeichne. (Ebd., S. 270).
243 Gerhard Gamm, *Die Macht der Metapher: Im Labyrinth der modernen Welt*, Stuttgart 1992, S. 67. Zu beobachten sei „eine Wiederermächtigung von Grundbegriffen, auf denen die Rhetorik beruht: zuletzt stehen Eindeutigkeit gegen Verwandtschaft, Wahrheit gegen Wahrscheinlichkeit, Logik gegen Metaphorik, Identität gegen Ähnlichkeit, logische Bestimmung gegen kommunikative Unterbestimmtheit" (ebd., S. 72).
244 Gamm, *Flucht aus der Kategorie*, S. 324. Gamm verweist auf Putnam, der im Anschluss an Goodman zeigt, dass die Formalisierung der „‚wissenschaftlichen Methode' zwangsläufig scheitert" (ebd., Anm. 25).
245 Alle Zitate ebd., S. 329.
246 Wittgenstein, *Philosophische Untersuchungen*, S. 81 [§ 119].
247 Gamm, *Flucht aus der Kategorie*, S. 337.
248 Ebd., S. 338.

wichtig werden, wie die Kunst zum Organ der Wahrheit aufsteigt und der Realismus der wissenschaftlich-technischen Weltsicht sich selbst reflexiv untergräbt.[249]

Zu Gamms These einer diskursiven Verschiebung von Identität zu Ähnlichkeit im Kontext eines ‚Erstarkens der Rhetorik' gegenüber der Logik steht die an ihrer logischen Defizienz orientierte analytische Ähnlichkeitskritik ebenso quer wie die differenztheoretische, die ‚Repräsentativität' gerade aufzulösen sucht[250] und Ähnlichkeitskritik *als* Identitätskritik formuliert. Demgegenüber fragt Gruber, „ob die gegenwärtige Kritik an ‚Repräsentation', die sich in selbem Maße auf ‚Ähnlichkeit' erstreckt, das Thema ‚Ähnlichkeit' überhaupt noch anders als unter einer gewaltsamen Verbegrifflichung erschließen kann."[251] Dagegen erweise sich der „Topos ‚Ähnlichkeit'" als Perspektive eines „‚post-repräsentationellen'" Denkens.[252] Aristoteles fasse „das Ähnliche [...] eben nicht als kategoriale[n] Begriff [...]. Das Ähnliche wird als konstitutiver Teil innerhalb eines topischen Findungskonzepts präsentiert, das von gesprochener Sprache ausgeht": Mit diesem Ähnlichkeitsverständnis konfrontiert Gruber die Repräsentationskritik Ricœurs und Deleuzes, die „explizit den Anspruch erhebt, auch das Ähnliche bei Aristoteles zu treffen."[253] Aus dieser Perspektive lässt sich das „Verhältnis von ‚Repräsentation' und ‚Ähnlichkeit'"[254] hinterfragen, aufgrund dessen Ansätze des Denkens jenseits der Repräsentation „mit ihr zugleich auch ‚Ähnlichkeit' abschaffen wollen [...]. Damit wird jedoch nur allzu leichtfertig die schöpferische Kraft des ‚Sehens des Ähnlichen' preisgegeben"[255].

---

249 Ebd., S. 337. „Die Rhetorik widerstreitet mit der Erinnerung an die sprachliche Form des Denkens dem Purismus philosophischer Vernunft." (Ebd.) Als Exponenten, die diesen Einsatz der Rhetorik in der Philosophie vorbereiten, sieht Gamm neben Wittgenstein Adorno (ebd., S. 339). So ziehe sein „‚Denken in Konstellationen' [...] den Identitätsanspruch der klassischen Philosophie in Zweifel, ohne grundsätzlich mit ihm brechen zu wollen." (Gamm, *Die Macht der Metapher*, S. 67) Dahinter steht die Annahme, dass „Umfang und Intensität dinglicher Erfahrung [...] sich nicht ohne Rest durch begriffliches Denken einfangen [lassen]." (Gamm, *Flucht aus der Kategorie*, S. 339).
250 Vgl. Foucaults zitierten Kommentar: „Aber *wer* erkennt das Ähnliche, das genau Ähnliche und das weniger Ähnliche? Das Größte und Kleinste, das Hellste und Dunkelste? Der gesunde Menschenverstand. Er erkennt; er stellt Äquivalenzen her; er schätzt Abstände ab und misst die Distanzen; er assimiliert und verteilt; er ist die bestverteilende Sache der Welt. Der gesunde Menschenverstand herrscht über die Philosophie." (Foucault, Theatrum Philosophicum, S. 109 f.).
251 Gruber, *Topographie des Ähnlichen*, S. 14.
252 Ebd. Vgl. auch ebd., S. 89.
253 Ebd., S. 15.
254 Ebd., S. 14.
255 Ebd., S. 125.

Die Widerständigkeit der Ähnlichkeit gegenüber Verbegrifflichung lässt sich so gegen ihre Reduktion auf Identität und Repräsentation wenden, um den ‚Begriff' Ähnlichkeit für ästhetische Überlegungen zu öffnen. Dabei lässt sich die These vertreten, dass ein *unbegrifflicher*, nicht auf Identität reduzierter Ähnlichkeitsbegriff, wie ihn Wittgensteins Metapher ‚Familienähnlichkeit' bestimmt, in Konkurrenz zu einem reduktiven, depotenzierten Ähnlichkeitsbegriff treten kann: als ein offenes, korrelatives ‚Sprachspiel', das, statt hierarchisch auf Merkmals- und Gattungsidentität hinzuordnen, sich auf einer horizontalen Ebene ausbreitende, zugleich ähnliche und unähnliche, nicht unter einem gemeinsamen Gesichtspunkt fassbare Elemente bezeichnet. Gegenüber der Reduktion der Ähnlichkeit auf Identität und ihre Bewertung als Instanz des ‚Gleichen' ist die „Ungleichheit des Ähnlichen" zu betonen, durch die die Kunst, so Schklowskij, „[i]m Ähnlichen [...] das Neue vermerkt"[256] – so ist es in den Worten Rancières „Aufgabe der Kunst", im Spiel mit den „Ambivalenzen der Ähnlichkeiten und der Unbeständigkeit des Unähnlichen [...] eine lokale Neuanordnung"[257] zu schaffen.

Die Loslösung der Ähnlichkeit von Identität und Repräsentation nimmt die Ähnlichkeitsreflexion und -produktion der ästhetischen Moderne vorweg. So wird die von Gamm und Schmitz-Emans konstatierte ‚Ablösung des Paradigmas Identität durch das der Ähnlichkeit' im zwanzigsten Jahrhundert zuerst von ästhetischen Positionen vorangetrieben, die als Teil einer auch von der modernen Kultur- und Sprachkritik artikulierten Selbstaufklärung der rationalen Moderne

> nach Ansätzen dafür [...] suchen, wie die Geschichte der abendländischen Philosophie (Erkenntnisbegriff, Kausalitätsvorstellungen) und Kunsttheorie (Mimesis) anders rekonstruiert werden kann als durch ein Narrativ der ‚Überwindung der Ähnlichkeit', das fast unvermeidlich eurozentrische Züge trägt. Dazu könnte der Nachweis beitragen, dass auch in der Zeichenwelt moderner Gesellschaften der Konnex über vermutungsweise Ähnliches ein kommunikatives Gewebe aus schwachen Bindungen schafft, die indessen gerade durch ihren geringen definitorischen Härtegrad eine große Plastizität bewahren. Als Kronzeugen für eine solche Betrachtungsweise der Moderne können Denker wie Fritz Mauthner und Ludwig Wittgenstein gelten.[258]

---

[256] Schklowskij, *Von der Ungleichheit des Ähnlichen in der Kunst*, S. 14.
[257] Rancière, *Politik der Bilder*, S. 33.
[258] Koschorke, *Ähnlichkeit*, S. 39 f.

1.4 Ähnlichkeit als Grundbegriff und Paradigma ästhetischer Erfahrung

> In der Phantasie sind die Gegensätze noch beisammen, aus ihr nährt sich der Sinn für Schattierungen, der Protest gegen Trennungen, gegen die Reglementierung des Denkens. (Elisabeth Lenk)[259]

Ähnlichkeit ist ein – an ihrer intuitiv evidenten Zentralstellung für die „ästhetische Erfahrung"[260] gemessen – bemerkenswert unterreflektierter Begriff der Ästhetik und ihrer Vorgeschichte, soweit von Kunstphilosophie und ästhetischer Reflexion vor deren Begründung durch Alexander Gottlieb Baumgarten die Rede ist.[261] Dabei ist sie in ihrer begrifflichen Unbestimmtheit der Ästhetik schon insoweit verbunden, als diese mit der Vermittlung vorpropositionalen Wissens befasst ist; der „Unbestimmtheits-Topos der ästhetischen Erfahrung korreliert also mit dem der Ähnlichkeit".[262] Ähnlichkeit genügt, wie angedeutet, nicht den cartesischen Forderungen an den Begriff, sondern ist eine ‚konfuse Idee'[263] und nicht „auf den Begriff zu bringen" – wie es paradigmatisch auch für die ästhetische Erfahrung gilt: Nach Baumgarten hat die

> sinnlich-verworrene Erkenntnis als ‚cognitio clara et confusa' ihre eigene Vollkommenheit, die sich nicht nach dem Grad ‚intensiver Klarheit', d. i. gemäß größerer oder geringerer Deutlichkeit, bemißt, sondern nach dem grad ‚extensiver' Klarheit, d. i. gemäß größerer oder geringerer ‚Fülle' an Bestimmungen im Sinne einer anschaulich beschreibenden Vergegenwärtigung. In dieser Funktion ist Verworrenheit nicht als logischer Mangel zu beklagen, sondern als ästhetischer Reichtum zu begrüßen.[264]

Am Beginn der Ästhetik als Wissenschaft steht ihre Begründung als ‚ars analogi rationis', „den analytischen Verstand ergänzende Erkenntnistheorie, die nicht

---

259 Elisabeth Lenk, *Kritische Phantasie. Gesammelte Essays*, München 1986, S. 9.
260 Dommaschk, *Ähnlichkeit und ästhetische Erfahrung*.
261 Vgl. Gaier, Kohl, Saviello, Ähnlichkeit als Kategorie der Porträtgeschichte, S. 11f.; vgl. Sakamoto, Representation, Resemblance.
262 Dommaschk, *Ähnlichkeit und ästhetische Erfahrung*, S. 37.
263 Vgl. Spaemann, Ähnlichkeit, S. 57: Klare und distinkte Ideen als Sache des Verstandes, so Wittgenstein, führen zu von Platon in *Parmenides* besprochenen Aporien, die Hegels Dialektik in eine „Tugend" verwandelt (ebd.).
264 Gottfried Gabriel, „Der Witz als Erkenntnisvermögen und ästhetisches Prinzip", in: Astrid Bauereisen, Stephan Pabst, Achim Vesper (Hg.), *Kunst und Wissen: Beziehungen zwischen Ästhetik und Erkenntnistheorie im 18. und 19. Jahrhundert*, Würzburg 2009, S. 35–47, S. 45: Im Sinne Leibniz' ist „Verworrenheit [...] Klarheit [...], die es zwar erlaubt, ein Objekt als dasselbe wiederzuerkennen [...], aber nicht ausreicht, die Unterschiede durch die Angabe von Merkmalen zu bestimmen, d. h. auf den Begriff zu bringen."

auf [...] Isolierung einzelner Erkenntnisse und ihre begriffliche Distinktion, sondern auf [...] die Komplexität der sinnlichen Vorstellung zielt, die möglichst viele Wahrnehmungsmerkmale in sich aufnimmt", und gerade darin epistemologische Valenz beansprucht.[265] Baumgartens Konzeption betont die „Affinität der sinnlichen Erkenntnis zum Prinzip der Analogie", die die philosophische Tradition als trügerisch und wahrheitsfern theoretisiert: „Erstmals kommt daher dem Schein und seiner Phänomenologie ein systematischer Stellenwert in der Wahrheitserkenntnis zu"; dessen metaphorischer „Konzeptualisierung" im „Begriff der *verisimilitudo* ist präzise abzulesen, daß sich der Schein der Wahrheit einem Verhältnis der Ähnlichkeit, *similitudo*, verdankt".[266] Dabei spricht, dies ist für den Erkenntnisanspruch der Ästhetik zentral, „die begriffliche *Unausschöpfbarkeit* der ästhetischen Idee nicht gegen deren Erkenntniswert, ganz im Gegenteil": Baumgartens „perspectio praegnans" als „,sinnreiche'" Vorstellung wirkt in Kants *ästhetischer Idee* als „begrifflich nicht ausschöpfbare Vorstellung [...] auf *analogischer* Grundlage" weiter.[267] Damit liefert

> Kants Postulat der Begriffslosigkeit des Schönen [...] die Blaupause für moderne Theorien ästhetischer Erfahrung, die dieser einen eigenen Bereich jenseits propositionaler Erkenntnis zuweisen. [...] Die ästhetische Erfahrung zeigt sich dabei durch das Verhältnis zwischen dem überbordenden Ähnlichkeitsreichtum des ästhetischen Gegenstands auf der einen und dessen damit verbundener begrifflicher Unbestimmtheit auf der anderen Seite charakterisiert.[268]

Ähnlichkeit ist der Ästhetik jedoch nicht erst seit deren Begründung als Wissenschaft sinnlicher Erkenntnis und hinsichtlich ihrer Unbegrifflichkeit verbunden; ihre Zugehörigkeit zur ästhetischen Reflexion und Bedeutung für die ästhetische Produktion und Rezeption ist weit älter und grundlegender: Mit Endres können daher „weder die logischen und philosophischen Probleme des Begriffs noch die gemeinsprachliche Rede vom Ähnlichen unabhängig vom Diskurs über das Ähnliche in Kunst, Kunsttheorie und Ästhetik sinnvoll diskutiert

---

265 Art. „analogon rationis", in: Regenbogen, Meyer, *Wörterbuch der philosophischen Begriffe*, S. 34, im Verweis auf Baumgartens *Metaphysica*, § 531. Vgl. Alexander Gottlieb Baumgarten, *Ästhetik*. Lateinisch-Deutsch, übers. u. hg. v. Dagmar Mirbach, 2 Bde., Hamburg 2007. Zu Descartes' Reduktion der Komplexität des figurativen Denkens vgl. Otto, *Die Wiederholung und die Bilder*, S. 73, passim.
266 Willer, Metapher/metaphorisch, S. 106. So werde „die Metapher als analogisches Vermögen mit ins Spiel gebracht" (ebd.)
267 Gabriel, Der Witz, S. 44 f. (im Verweis auf *Kritik der Urteilskraft*, § 51): „‚Eine *ästhetische Idee* kann keine Erkenntnis werden, weil sie eine *Anschauung* (der Einbildungskraft) ist, der niemals ein Begriff adäquat gefunden werden kann.'" (Zit. n. ebd., S. 44).
268 Dommaschk, *Ähnlichkeit und ästhetische Erfahrung*, S. 41.

werden".²⁶⁹ Seit der Antike verbunden mit „der Theorie der *Nachahmung (mimesis)* und des *Realismus*, [...] der Theorie des *Bildes* bzw. des *ikonischen Zeichens*, und [...] der Theorie der *Illusion*",²⁷⁰ ist Ähnlichkeit für ästhetische Überlegungen zentral und mit Begriffen wie Mimesis, Repräsentation, Imitation und Simulation durch eine vielstimmige Theoriebildung verknüpft: Bis in die Moderne begleiten beständig rekonzeptualisierte Ähnlichkeitstheoreme das Nachdenken über das Verhältnis der Bilder, Worte und Zeichen zu Wirklichkeit, Natur, Ideal oder Urbild und damit über Repräsentation, Referenz und Realismus, aber auch die ontische oder phänomenal-*aisthetische* Fundierung von Ähnlichkeitsfeststellungen und ihren epistemologischen Status. Ähnlichkeit prägt zudem die Korrelation von Zeichen, Assoziationen, Bild- und Sprachelementen untereinander und kann Modus und Verfahren, Effekt, Ziel und Produkt ähnlichkeitserzeugender Praktiken sein. Dass Ähnlichkeit als ästhetisches Paradigma trotz dieser Variabilität meist als Relation der *Repräsentation* aufgefasst wird, hat historische Gründe: Ein enger Konnex verbindet sie seit der Antike mit Theorien der Mimesis. Damit verbunden, ist sie von zentraler Relevanz für Theorien des Bildes; und auch für ästhetische Theorien der Sprache sind Ähnlichkeitsbezüge, wie in den Überlegungen zu Unbegrifflichkeit und Metapher vorweggenommen, von fundamentaler Bedeutung: Nachfolgend werden diese Verbindungen in einigen für die vorliegenden Überlegungen relevanten Aspekten kursorisch skizziert.

Mimetische Ähnlichkeit

> Ressembler passa longtemps pour le propre de l'art [...]. Ne pas ressembler passe en notre temps pour son impératif [...]. (Jacques Rancière)²⁷¹

Das Verhältnis von Ähnlichkeit und Mimesis als „vergleichbar gelagertes Problemfeld [...], das der Ähnlichkeit vielfach verbunden[]"²⁷² ist, ist so voraussetzungsreich wie grundlegend. Mimesis ist ein ähnlich proteisches Konzept wie Ähnlichkeit: „Beide Begriffe, die als Leittermini einer Reihe von Grundsatzfragen menschlicher Kreativität fungieren, entziehen sich aufgrund ihrer historischen

---

269 Endres, Unähnliche Ähnlichkeit, S. 31.
270 Andree, *Archäologie der Medienwirkung*, S. 33.
271 Rancière, *Le Destin de l'image*, S. 16.
272 Kohl, Gaier, Saviello, Ähnlichkeit als Kategorie der Porträtgeschichte, S. 12.

wie theoretischen Komplexität bündigen Definitionen."[273] Wenn ihr Konnex hier diskutiert wird, so im Bewusstsein ihrer Theoriewiderständigkeit;[274] ihn generalisierend klären zu wollen, würde der Theoriegeschichte des Mimesisbegriffs nicht gerecht.[275] Dennoch ist eine knappe Diskussion vonnöten, um den Ähnlichkeitsbegriff zu öffnen: Denn *mimetische Ähnlichkeit*, in der vermeintlich *antimimeti-*

---

273 Ebd. S. 12. Vgl. (ebd.) den Verweis auf Valeska von Rosen, „Nachahmung", in: *Metzler Lexikon Kunstwissenschaft. Ideen, Methoden, Begriffe*, hg. v. Ulrich Pfisterer, Stuttgart, Weimar 2003, S. 240–244.
274 Vgl. Christoph Wulf, „Mimesis", in: Dietmar Kamper u. a. (Hg.), *Historische Anthropologie. Zum Problem der Humanwissenschaften heute oder Versuche einer Neubegründung.* Reinbek b. Hamburg, 1989, S. 83–125, S. 85: „Mimesis ist theoriewiderständig; sie widersetzt sich dem Versuch, sie eindeutig zu machen".
275 Seine „Möglichkeiten sind so vielzählig, paradoxal und verwirrend, daß sie eine überaus reiche Kombinatorik zu entfalten vermochten" (Derrida, Die zweifache Séance, S. 208). Vgl. zu der Theoriegeschichte der Mimesis, die hier selbst unter dem Aspekt der Ähnlichkeitsreflexion nicht zureichend dargestellt werden kann, u. a. Erich Auerbach, *Mimesis. Dargestellte Wirklichkeit in der abendländischen Literatur*. Tübingen, Basel 2001 [1946]; Hans Blumenberg, „‚Nachahmung der Natur'. Zur Vorgeschichte der Idee des schöpferischen Menschen", in: *Studium Generale*, 10, 5 (1957), S. 266–283; Sylviane Agacinski, Jacques Derrida, Sarah Kofman, Philippe Lacoue-Labarthe, Jean-Luc Nancy, Bernard Pautrat, *Mimésis des Articulations*, Paris 1972; Beatrice Wehrli, *Imitation und Mimesis in der Geschichte der deutschen Erzähltheorie unter besonderer Berücksichtigung des 19. Jahrhunderts*. Göppingen 1974; Mihai Spariosu (Hg.), *Mimesis in Contemporary Theory: An Interdisciplinary Approach*, Bd. I: *The Literary and the Philosophical Debate*, Philadelphia, Amsterdam 1984; Kendall Walton, *Mimesis as Make-Believe. On the foundations of the representational arts*, Cambridge, MA u. a. 1990; Wolfgang Iser, „Mimesis und Performanz", in: ders. (Hg.), *Das Fiktive und das Imaginäre. Perspektiven literarischer Anthropologie*, Frankfurt a.M. 1991; Michael Taussig, *Mimesis and Alterity. A Particular History of the Senses*, New York, London 1993; Stefanie Hüttinger, *Der Tod der Mimesis als Ontologie und ihre Verlagerung zur mimetischen Rezeption. Eine mimetische Rezeptionsästhetik als postmoderner Ariadnefaden*, Frankfurt a. M., Berlin, Bern, New York, Paris, Wien 1994; Jürgen H. Petersen, „‚Mimesis' versus ‚Nachahmung'. Die Poetik des Aristoteles – nochmals neu gelesen", in: *Arcadia. Zeitschrift für vergleichende Literaturwissenschaft*, 27 (1992), S. 3–46; ders., *Mimesis – Imitatio – Nachahmung. Eine Geschichte der europäischen Poetik*, Stuttgart 2000; Constanze Peres, „Nachahmung der Natur. Herkunft und Implikationen eines Topos", in: Hans Körner et al. (Hg.), *Die Trauben des Zeuxis. Formen künstlerischer Wirklichkeitsaneignung*, Hildesheim, Zürich, New York 1990, S. 1–39; Birgit Recki, „Mimesis: Nachahmung der Natur. Kleine Apologie eines missverstandenen Leitbegriffs", in: *Imitation und Mimesis. Kunstforum International*, 114 (1991), S. 116–126; Melberg, *Theories of Mimesis*; Andreas Kablitz, Gerhard Neumann (Hg.), *Mimesis und Simulation*, Freiburg i. Br. 1998; Thomas Metscher, *Mimesis*, Bielefeld 2015; Paul Naredi-Rainer (Hg.), *Imitatio. Von der Produktivität künstlerischer Anspielungen und Mißverständnisse*, Berlin 2001; Gunter Gebauer, Christoph Wulf (Hg.), *Mimetische Weltzugänge*, Stuttgart 2003; Barbara Cassin (Hg.), *Vocabulaire Éuropéenne des Philosophies. Dictionnaire des Intraduisables*, Paris 2004; Matthew Potolsky, *Mimesis*, New York, London 2006; vgl. Gertrud Koch, Martin Vöhler, Christiane Voss (Hg.), *Die Mimesis und ihre Künste*, München 2010; Luiz Costa Lima, *Mimesis. Herausforderung an das*

schen Moderne kaum zu programmatischen Ehren gekommen, ist nicht mit Repräsentation, Imitation oder Abbildlichkeit zu identifizieren.

Seit der Antike geprägt von vielfältigen Bedeutungsaspekten, wurden Begriff und Konzepte der Mimesis (gr. μίμησις, *mimesis*; lat. *imitatio*)[276] über eine jahrtausendelange Reflexion angereichert. Platons und Aristoteles' wirkmächtige Konzeptualisierungen, die die weite Dimension kultisch-theatraler Praxis auf die repräsentationale Dimension zuspitzen und für ästhetische Überlegungen auswerten, begründen die Annahme, dass Sprache und Bild der Welt mimetisch *ähneln*. Dabei scheint der Mimesis ‚irgendwie' immer Ähnlichkeit inhärent zu sein: Eine genauere Betrachtung zeigt, dass sowohl in einem engen als auch einem weiten Begriffsverständnis Mimesis und Ähnlichkeit komplex verkoppelt sind. Ähnlichkeit kann als Relation *innerhalb* der Mimesiskonstellation und zugleich als übergeordnete „Meta-Kategorie" aufgefasst werden, so dass die Reichweite beider Begriffe jeweils über die des anderen hinauszuweisen scheint:[277]

> Ähnlichkeit leistet in diesem Zusammenhang beides (sozusagen innerhalb und außerhalb der Mimesis. Sie kann reproduzierende Grundstruktur sein, aber auch das reproduzierte, relationale Resultat – letzteres drückt sich noch im englischen Terminus für Porträt/Bild als ‚likeness' aus. Sie ist Bestandteil der Mimesis (in all ihren Spielarten, im schieren ‚ritrarre' der Wiedergabe äußerer Erscheinungsformen wie im interpretativen ‚imitare') und geht zugleich als Konzept über sie hinaus, insofern Ähnlichkeit eine grundsätzliche Strukturhomologie zwischen realer und fiktiver Welt postuliert bzw. hervorbringt. Ähnlichkeit garantiert Wirklichkeits- bzw. Naturnähe, eine Nähe zum ‚Original', und sie gibt zugleich, als Instrument der Interpretation von Kunst und Realität, in ihrer jeweiligen Verfasstheit und Aufgefasstheit Auskunft über historische Vorstellungen und Wahrnehmungsmuster von ‚Wirklichkeit'.[278]

Dabei ist nicht nur der Mimesisbegriff, sondern auch die variable Funktion der Ähnlichkeit in mimetischen Konstellationen klärungsbedürftig: Sie changiert zwischen den

---

Denken, übers. v. Johannes Kretschmer u. Ellen Spielmann, Berlin 2012; Friedrich Balke, Bernhard Siegert, Joseph Vogl (Hg.), *Mimesis*, München 2012.

276 Vgl. Göran Sörbom, *Mimesis and Art. Studies in the Origin and Early Development of an Aesthetic Vocabulary*, Uppsala 1966, S. 11; S. 12 f.; S. 37 f.; passim. *Mimos* scheint das ursprüngliche Wort zu sein, das den ‚Mimen' oder seine Darstellung bezeichnet, von dem die Begriffe der *mimeisthai*-Gruppe (*mimeisthai; mimesis, mimema, mimetes, mimetikos*) abgeleitet sind (vgl. ebd., S. 12; S. 204); vgl. Grassi, *Die Theorie des Schönen*, S. 123; Gunter Gebauer, Christoph Wulf, *Mimesis. Kultur, Kunst, Gesellschaft*. Reinbek b. Hamburg 1992, S. 44.

277 Kohl, Gaier, Saviello, Ähnlichkeit als Kategorie der Porträtgeschichte, S. 13: Der Feststellung, dass „Ähnlichkeit die Bildstrukturen transzendiert und als Grundkategorie menschlicher Angleichung" aufzufassen ist (ebd., S. 22), ist zuzustimmen, nicht aber der Verengung der Mimesis auf eine „auf Bild- oder Wortschöpfungen bezogene Kategorie" (ebd., S. 13).

278 Ebd., S. 15.

Extremen rein struktureller Isomorphie und naturalistischer *imitatio*, mit anderen Worten, zwischen den Polen unsinnlicher und sinnlicher Ähnlichkeit. Unsinnliche Ähnlichkeit bezieht sich auf strukturelle Analogien und Isomorphie, sinnliche Ähnlichkeit darauf, dass die ästhetische Anschauungsform unserer alltäglich-empirischen Wahrnehmung entspricht.[279]

So stößt jeder Versuch, diesen Konnex zu systematisieren, auf Schwierigkeiten. Grundlegend ist die mit der hier angerissenen Variabilität angedeutete Tatsache, dass Mimesis nicht in Nachahmung „als einem linear gedachten Prinzip der Repräsentation"[280], Nachahmung nicht in einer simplifizierenden Vorstellung von *Imitation*[281] und alle drei Begriffe nicht in einer naiven Auffassung der ‚Kopie' aufgehen. Die – bereits antike – Kritik einer Vorstellung ‚bloßen Kopierens'[282] wurde in der Kunsttheorie vielfach reformuliert; so vertritt die Ansicht, „daß die Kunst die Wirklichkeit nicht nachahmt, sondern erkennt", etwa Leonardo als „Vertreter des kognitiven Kunstverständnisses"[283]. Dem Mimesisdiskurs selbst eignet eine Überbietungstendenz der Kritik eines auf die „*Verdoppelung*" des sichtbaren (Natur-)Vorbildes verkürzten Mimesisbegriffs, der als Negativfolie zur Legitimation ästhetischer Positionen dient – etwa in avancierten realistischen Theorien.[284]

---

[279] Metscher, *Mimesis*, S. 28.
[280] Kohl, Gaier, Saviello, Ähnlichkeit als Kategorie der Porträtgeschichte, S. 14.
[281] Vgl. Petersen, *Mimesis – Imitatio – Nachahmung*, S. 91.
[282] Vgl. Władysław Tatarkiewicz, *Geschichte der sechs Begriffe Kunst, Schönheit, Form, Kreativität, Mimesis, Ästhetisches Erleben*, übers. v. Friedrich Griese, hg. v. Dieter Bingen, Frankfurt a. M. 2003, S. 386: „In der heutigen Sprache bedeutet der Ausdruck ‚Nachahmung' mehr oder weniger soviel wie ‚Wiederholung' [...]. In der griechischen Sprache hatte er mehrere Bedeutungen [...]: Nachahmung bedeutete nicht Wiederholung [...] der sichtbaren Dinge." (Ebd.; vgl. auch S. 391f.) Peres zufolge prägt die „Relation Nachahmung-von-etwas" ein Bezug, der „näher als Kopieren und Wiederspiegeln oder ganz allgemein als Darstellen oder Wiedergeben" ist (Nachahmung der Natur, S. 17).
[283] Ebd., S. 406. So umfasst der Repräsentationsbegriff neben der Dimension der *Darstellung* die der *Vorstellung*. Vgl. Tobias Schöttler, *Von der Darstellungsmetaphysik zur Darstellungspragmatik. Eine historisch-systematische Untersuchung von Platon bis Davidson*, Münster 2012; ders., „Mimesis", in: Jörg R. J. Schirra, Mark A. Halawa, Dimitri Liebsch, *Glossar der Bildphilosophie* (2013) (online unter http://www.gib.uni-tuebingen.de/netzwerk/glossar/index.php?title=Mimesis, o. S., 15.6.2018).
[284] Recki, Mimesis, S. 124: „Kritiker der *bloßen Verdoppelung* der Natur bekunden, wie ihnen mit der Differenziertheit des Konzepts auch der innere Reichtum seiner Möglichkeiten entgangen ist. Selbst wenn sich Mimesis in der kopierenden Wiedergabe [...] erschöpfte, gälte es doch immer noch zu ergründen und zu erörtern, wieso dies als reizvoll genug erlebt wird, um ganze Epochen in Atem zu halten" (ebd.).

Die Festlegung der Mimesisrelation auf den ähnelnden Bezug auf ein Objekt der Nachahmung erweist sich somit als so komplexitätsreduzierend wie in sich vieldeutig:[285] So wäre, wo Mimesis ‚Wirklichkeit' nachahmen soll, nicht nur die Ähnlichkeitsrelation näher zu bestimmen, sondern auch der Bezugspol, „denn weder der Begriff der Übereinstimmung mit der Wirklichkeit noch der Begriff der Wirklichkeit selbst ist eindeutig."[286] Ob sie als geschlossene oder offene, einzige oder plurale, als äußere, sichtbare oder tiefere, unsichtbare, als subjektiv perspektivierte oder „subjektunabhängige[ ] Wirklichkeit"[287] oder als ‚Möglichkeitswelt' bestimmt wird, ist ebenso variabel wie der Begriff der Natur, den Aristoteles in den einer geschaffenen (*natura naturata*) oder schöpferischen Natur (*natura naturans*) ausdifferenziert.[288] So ist das „Etwas, das es nachzuahmen gilt, [...] der vieldeutigste Aspekt der Mimesiskonstellation".[289] Damit ist „das Problem der Nachahmung weitaus komplexer", als es erscheint, wenn es auf den „Topos von der bloßen ‚Verdoppelung' der Realität, so als ob Nachahmung darin aufginge"[290], verkürzt wird. So wird mit der *natura naturans* ein schöpferisches Prinzip Gegenstand der Nachahmung: „Da Natur schöpferisch wirkt, ist also auch das Nachahmen der Natur (in sich) schöpferisch", wenn auch auf „eine defiziente Weise".[291] Dabei ist „die mehr oder minder große Ähnlichkeit der Produkte dieses Nachahmens mit denen der Natur nicht zwangsläufig gegeben".[292] Dies verweist auf „Freiräume" in der Konstellation, die über den „Modus"

---

[285] Vgl. Melberg, *Theories of Mimesis*, S. 46: „This belongs to the standard disputes in aesthetics – what is actually imitated in aesthetical imitation? – and the answers have varied from time to time between, for example, ‚ideals,' ‚tradition,' ‚nature,' ‚reality.'"
[286] Tatarkiewicz, *Geschichte der sechs Begriffe*, S. 418; vgl. auch Blumenberg, ‚Nachahmung der Natur'; Peres, Nachahmung der Natur.
[287] Julian Nida-Rümelin, „Begrüßungsrede/Opening Address", in: ders., *Rationalität, Realismus, Revision*, S. VII–X, S. VIII.
[288] Vgl. zur „Plastizität dessen, was in den unterschiedlichsten Konstellationen als ‚die Natur' gedacht wird", Recki, Mimesis, S. 118. Vgl. für eine instruktive systematische Diskussion Peres, Nachahmung der Natur, S. 19–23.
[289] Peres, Nachahmung der Natur, S. 18.
[290] Recki, Mimesis, S. 116. Vom „Prinzip des schöpferischen Vorgangs künstlerischer Erfindung", spricht Oechslin, Vorwort, S. 8.
[291] Peres, Nachahmung der Natur, S. 23. „So wie die Natur überhaupt etwas aus sich erschafft, so bringt auch der Künstler als solcher etwas aus sich hervor." (Ebd.) Künstlerische Schöpfung kann dabei auch natürliche ‚überbieten' (ebd., S. 24). Vgl. zu Gott als höchster Schaffensinstanz der *natura naturans* Gebauer, Wulf, *Mimesis*, S. 90–101. Lima betont, dass seit der *Poetik* die „Herrschaft der Ähnlichkeit sich ihrerseits in einem organischen Begriff der Mimesis gründet, d. h. in der Annahme, sie sei der Natur homolog" (Lima, *Mimesis*, S. 13).
[292] Ebd. Auch die „Totalität" der *natura naturata* als auf das Gegebene bezogener Begriff kann das Einzelne und das Wesen, Dinge und Konstellationen, Strukturen, Denken und Moral

der Freiheit oder „Gebundenheit", die „*Weise* des künstlerischen Nachahmens",[293] als *Imitation* – „Kopieren, Nachäffen, regelgeleitete Technik" – oder auch als *kreativer Akt* – „schöpferisches Erfinden, kreatives Hervorbringen, autonomes Erschaffen"[294] aufgefasst werden kann. Mimesis bezieht „sich auf eine fiktionale Welt von Repräsentationen, denen ein hohes Maß künstlerischer Vermitteltheit zugrunde liegt. Künstlerische Nachahmung [...] betont das Besondere im Allgemeinen, die neuschaffende Intervention", wobei schon in antiken Kunsttheorien „[e]lectio, Wahlfreiheit im Dienste der Naturverbesserung [...,] zur Forderung nach Ähnlichkeit [...] hinzu[tritt]."[295] Ein weites, *poietisches* Verständnis prägt auch die von Aristoteles' *Poetik* geprägte Auffassung der „literarischen *Mimesis*", die Literatur – mit Bezug auf den Referenzbereich der Malerei – an Ähnlichkeit orientiert, ohne sie auf eine Wiedergabe des Wirklichen zu reduzieren, insofern sie die Darstellung des Möglichen umfasst: Die „Übereinstimmung dessen, was erzählt wird, mit dem Referenzrahmen [...], von dem sie erzählt [...,] überträgt sich in den Eindruck einer *Ähnlichkeit* des Geäußerten mit demjenigen, was [...] als realisierbar zu betrachten" ist.[296]

Ungeachtet der so angedeuteten systematischen, historischen und konzeptuellen Varianz wird Ähnlichkeit einhergehend mit der verbreiteten „Synonymie von Nachahmung und Mimesis"[297] vielfach auf die Repräsentationsrelation redu-

---

umfassen. Tritt dazu der subjektive Faktor, so ist eine „durch die Ähnlichkeitsrelation bestimmte Begrenzung des Nachahmens nahezu aufgehoben" (ebd., S. 26).
293 Ebd., S. 24 f.: Die ,Weise des Nachahmens' kann etwa ein „Prinzip der Lebendigkeit" implizieren (wie in der lebensphilosophischen Rezeption), ein mechanistisches „determiniert gesetzmäßigen Produzierens (oder sogar nur Geschehens)", oder auch das Göttliche als theistisches Prinzip des freien Schöpfungsaktes" und „Prinzip einer Ordnung, die Selbstsetzung der göttlichen Vernunft" (ebd.).
294 Ebd., S. 26.
295 Kohl, Gaier, Saviello, Ähnlichkeit als Kategorie der Porträtgeschichte, S. 14: „Da in der Kunst [...] das Prinzip der Nachahmung die sichtbare Welt nicht nur wiedererschafft, sondern diese, kunsttheoretischen Forderungen über die Epochen hinweg Folge leistend, auch verschönert, idealisiert, nachbessert, erhöht und verallgemeinert, unterläuft es das Grundprinzip der Ähnlichkeit auf kreative und zielgerichtete Weise." (Ebd.)
296 Luiz Costa Lima, *Die Kontrolle des Imaginären. Vernunft und Imagination in der Moderne*, übers. v. Armin Bierman, Frankfurt a. M. 1990, S. 88 f. „Vom Gesichtspunkt des Produzenten resultiert dieselbe zentrale Rolle der Ähnlichkeit daraus, daß ,das Bekannte (...) fast immer der Ausgangspunkt für die Darstellung des Unbekannten'" ist (ebd., S. 89). Vgl. Walter Hettche, Art. „Mimesis", in: *Literaturwissenschaftliches Lexikon. Grundbegriffe der Germanistik*, hg. v. Horst Brunner u. Rainer Moritz, Berlin 1997, S. 226–228. Vgl. für ein weites Verständnis auch Auerbachs Fiktionalitätstheorie, die, so Melberg, das „mimetic play of similarity and difference not in terms of representation, but in terms of figura, of figural style and figural interpretation" erkläre (Melberg, *Theories of Mimesis*, S. 2).
297 Lima, Mimesis/Nachahmung, S. 84.

ziert: Ein intuitives Verständnis neigt dazu, Mimesis und Ähnlichkeit zu identifizieren und so beide Konzepte zu verkürzen. Nicht zuletzt Folge der Rezeption des platonischen Mimesisbegriffs, wirkt diese simplifizierende Auffassung in der Geschichte der Ästhetik nach, wie etwa die Anreicherung antiker Mimesiskonzepte mit dem lateinischen *imitatio*-Begriff zeigt, selbst eine Übersetzung des Mimesisbegriffs und Folge einer „Verschmelzung" der Begriffe Mimesis und Nachahmung.[298] Wesentlich für die Neuzeit ist die Ablösung eines naturphilosophischen Begriffs der *einen* Wirklichkeit, auf deren Nachahmung künstlerisches Schaffen beschränkt ist. „Trotz der Auflösung ihrer ontologischen Voraussetzungen erlebt die ästhetische und somit auf Darstellungen bezogene Mimesis ihre zweite Blütezeit in der Renaissance und der Aufklärung in Form der [...] Naturnachahmungstheorien"[299], die bis ins achtzehnte Jahrhundert zentral bleiben. Dass dabei die Identifikation von Ähnlichkeit und Mimesis über unterschiedliche Mimesisideale tradiert wird, zeigen etwa Leon Battista Albertis Auslegung der Analogie des Bildes als *finestra aperta* als ‚offenes Fenster' zur Natur[300] oder Dichtungstheorien, die Poesie auf Nachahmung verpflichten: „Nulle poésie se doit louer pour accomplie si elle ne ressemble la nature"[301]. Nicht zuletzt dieses normative Erbe der Mimesisideale bedingt die moderne Abkehr von einem als reproduktiv eingeschätzten Konzept.[302]

---

298 Martin Fontius, „Mimesis/Nachahmung, I. Der Verschmelzungsprozeß seit der Renaissance", Barck, Fontius, Schlenstedt, *Ästhetische Grundbegriffe*, Bd. 4, S. 86–91, S. 86. Der *imitatio*-Begriff bezieht sich auf die Nachahmung antiker Vorbilder, nicht das Verhältnis von Kunst und Realität. In der Antikenrezeption fallen jedoch die Begriffe zusammen und werden mit rhetorischen Maßgaben wie *repraesentatio*, *evidentia* und *aptum* in Übereinstimmung gebracht (vgl. Schöttler, Mimesis, o. S.; Anne Eusterschulte, „Mimesis", in: *Historisches Wörterbuch der Rhetorik*, Bd. 5, Tübingen 2001, Sp. 1232–1294).
299 Schöttler, Mimesis, o.S. (im Verweis auf Blumenberg).
300 Wie Lichtenstein richtigstellt, bezieht sich Albertis Begriff auf die ‚storia', nicht auf Natur; doch sein repräsentationales Bildkonzept, das den zeigenden Charakter des Bildes betont, legt diese Übertragung nahe (Jacqueline Lichtenstein, „La fenêtre d'Alberti", in: *Dictionnaires le Robert* (2019) (online unter https://vep.lerobert.com/Pages_HTML/$MIMESIS2.HTM, 20.10.2019).
301 Pierre de Ronsard, „Vorwort zu den Oden" (1550), zit. n. Tatarkiewicz, *Geschichte der sechs Begriffe*, S. 386.
302 Vgl. Schöttler, Mimesis, o. S.: So „endet die Karriere des Naturnachahmungsbegriffs mit dem Ende des 18. Jahrhunderts. [...] Der Begriff wird mit der [...] Regelpoetik assoziiert und im ausgehenden 18. und frühen 19. Jahrhundert zunehmend mit einem Kopieren der empirischen Wirklichkeit gleichgesetzt und letztendlich verdrängt durch den Darstellungs- und den Repräsentationsbegriff". Vgl. auch Martin Fontius, „Das Ende einer Denkform. Zur Ablösung des Nachahmungsprinzips im 18. Jahrhundert", in: Dieter Schlenstedt (Hg.), *Literarische Widerspiegelung. Geschichte und Theoretische Dimensionen eines Problems*, Berlin, Weimar 1981, S. 189–238; Herbert Diekmann, „Die Wandlung des Nachahmungsbegriffs in der französischen Ästhetik des 18. Jahrhunderts", in: Hans Robert Jauß (Hg.), *Nachahmung und Illusion. Poetik und Hermeneutik I*,

1.4 Ähnlichkeit als Grundbegriff und Paradigma ästhetischer Erfahrung

Mit dem „Mimesisbegriff der Alten"[303] in Verbindung gebracht, scheint Mimesis in der ästhetischen Moderne in Misskredit zu geraten; doch besiegelt dies weder das Ende der Ähnlichkeit noch das der Mimesis – wenngleich gängige Theoreme ihre Geschichte als die einer Überwindung erzählen. „Seit den Anfängen der Moderne ist Mimesis innerhalb der ästhetischen und poetischen Theoriebildung einer nicht abreißenden Kritik ausgesetzt, die der mimetischen Bezugnahme auf Wirklichkeit mit Forderungen nach einer autonomen und nicht-repräsentationalen Kunst begegnet (Iser 1991)".[304] Dieser „antimimetische Affekt"[305] der Moderne gilt weithin als gesicherter Bestand der Forschung: Auf den ‚Abschied von der Mimesis' verweisen Titel wie *Von der Mimesis zur Simulation*[306] und historische Thesen eines „movement of mimesis from the Platonic philosophy of similarity to modern ideas of difference", denen zufolge „the modern development of *mimesis* results paradoxically in its fulfilment and disappearance, meaning that similarity gives way to difference."[307] Es erscheint geradezu als Signum der Modernität, mimetische Ähnlichkeit zugunsten von Autonomie, Abstraktion, Unähnlichkeit, Serialität und Wiederholung zu verabschieden[308] – und der Postmoderne, den Triumph der Differenz und des Trugbilds und die Selbstaufhebung der Mimesis in der Simulation zu beschreiben.[309] Dabei wurde der Angriff auf Mimesis *als Repräsentation* vor allem von der französischen Philosophie artikuliert: „no art and no sensation have ever been representational"[310], so reformuliert Michael Camille Deleuzes und Guattaris Einrede.

München 1969, S. 28–59; Wolfgang Preisendanz, „Zur Poetik der deutschen Romantik I: Die Abkehr vom Grundsatz der Naturnachahmung", in: Hans Steffen (Hg.), *Die deutsche Romantik. Poetik, Formen und Motive*, Göttingen 1967, S. 54–74; Frances Bradshaw Blanchard, *Retreat from Likeness in the Theory of Painting*, New York 1949.
303 Lima, *Mimesis*, S. 13.
304 Otto, Mimesis, o. S. Otto verweist hier insbesondere auch auf die „performative[] Wende der Kulturwissenschaften" (ebd.).
305 Karl-Heinz Ott, *Die vielen Abschiede von der Mimesis*, Stuttgart 2010, S. 9.
306 Werner Jung, *Von der Mimesis zur Simulation. Eine Einführung in die Geschichte der Ästhetik*, Hamburg 1995.
307 Melberg, *Theories of Mimesis*, S. 1.
308 Vgl. Melberg, *Theories of Mimesis*, S. 1–4, bes. S. 3: „Perhaps modern theorists become modern by emphasizing the differential movements and possibilities of what earlier was called *mimesis*." (Ebd.).
309 Vgl. zum Hyperrealismus medialer Bildwelten, die „das Reale exakt verdoppeln", Gerhard Schweppenhäuser, *Ästhetik: Philosophische Grundlagen und Schlüsselbegriffe*, Frankfurt, New York 2007, S. 182; Gebauer, Wulf, *Mimesis*, S. 437.
310 Michael Camille, „Simulacrum", in: *Critical Terms for Art History*, hg. v. Robert S. Nelson, Richard Shiff, Chicago, London ²2003, S. 35–48, S. 44. Vgl. Becker, Doll, Wiemer, Zechner, Einleitung, S. 14. Vor dem Hintergrund der Kritik an den repräsentationalistischen Voraussetzungen

Angesichts solcher theoretischer Einlassungen scheint es zunächst wenig intuitiv, von der modernen Persistenz mimetischer Ähnlichkeit auszugehen. Doch verstellt der in diesen Positionen angenommene Blickwechsel auf Differenz nicht nur eine systematische Perspektive auf das bereits von Platon beschriebene mimetische ‚Doppelspiel' von Ähnlichkeit und Unähnlichkeit,[311] sondern auch eine unvoreingenommene Perspektive auf Ähnlichkeit und Mimesis in der ästhetischen Moderne: Die Einschätzung einer ‚antimimetischen Moderne' ist orientiert an subjektive Seh-, Ausdrucks- und Darstellungsweisen etablierenden Abstraktionstendenzen, zumal ungegenständlicher Kunstprogramme, die „jegliche Ähnlichkeit mit Wiedererkennbarem zu tilgen und dadurch das Abbildverhältnis zu verabschieden" suchen, und an den repräsentationskritischen Programmatiken modernistischer und avantgardistischer Kunst.[312] Letztere beziehen sich wesentlich auf die Abkehr von der Imitation des äußerlich Sichtbaren – und damit der Funktion, auf die ein simplifizierender Mimesisbegriff mimetische Ähnlichkeit einhegt, der sie als hartnäckiges Vorurteil mit gegenständlicher Darstellung gleichsetzt und es zugleich als gegeben sieht, „dass die ‚Nachahmung der Natur' zu den Ladenhütern des künstlerischen Selbstverständnisses zu zählen ist"[313]. Doch

> ist die moderne Kunst, wenigstens bei ihren klassischen Vertretern, keineswegs antimimetisch. Wichtig wäre freilich, sich hier, wie schon Platon es tat, von einer allzu eingeschränkten Vorstellung zu lösen, wonach Mimesis oder Nachahmung der Natur von vornherein auf einen Naturalismus im engeren Sinne, auf die genaue Abbildung von der „Vorderseite der Dinge", festgelegt wäre.[314]

---

des Mimesisbegriffs entwickelt sich im Poststrukturalismus eine produktive Mimesisreflexion, die sich anhand der Textsammlung *Mimesis des Articulations* nachvollziehen lässt. Vgl. auch Martin Jay, „Mimesis und Mimetologie: Adorno und Lacoue-Labarthe", in: Gertrud Koch (Hg.), *Auge und Affekt*, Frankfurt a. M. 1995, S. 175–201, hier S. 176.
311 Vgl. Melberg, *Theories of Mimesis*, S. 1: „[M]imesis is always the meeting-place of two opposing but connected ways of thinking, acting and making: similarity and difference." Vgl. Jörg Zirfas, „Die Ästhetik der Mimesis. Über kulturelle Wechselspiele und Zirkulationsformen", in: *Paragrana* 23, 2 (2014), S. 85–98.
312 Claudia Blümle, „Natura Pictrix. Zur Wiederentdeckung der Steinbilder durch Jurgis Baltrušaitis und Roger Caillois" in: Markus Müller (Hg.), *Nutzen und Nachteil* [Ausstellungskatalog], Zürich 2006, S. 25–32, S. 30. Vgl. Moser, Sinnbild und Abbild, S. 10: „Die Moderne ist gekennzeichnet durch die Abkehr von der Mimesis hin zu einer Ikonisation". Den Begriff prägt Werner Hoffmann; vgl. ebd., S. 21, Anm. 28.
313 Recki, Mimesis, S. 116.
314 Ebd., S. 118.

1.4 Ähnlichkeit als Grundbegriff und Paradigma ästhetischer Erfahrung

Die Kunstprogramme vor allem der historischen Avantgarden sind geprägt von einer permanenten kritischen „Referenz auf die Nachahmungskategorie"[315], die als eine Arbeit an Begriff und Konzept der Mimesis aufzufassen ist: *Anti*mimetisch sind sie allein hinsichtlich der Kritik ästhetischer Nachahmungskonzepte, die in der Bedeutungsverengung auf *Ähnlichkeit mit der sichtbaren Wirklichkeit* oder dem *(abbildlich) imitierten Gegenstand* zum normativen Topos wurde.[316] Dies gilt für bildkünstlerische ebenso wie literarische und poetische Entwürfe, die, wie etwa im Symbolismus, sprachliche Korrespondenzen stiften und eine „'Mimesis ohne Original'" inszenieren.[317] So werden Ähnlichkeitsbezüge gerade auch für *nichtrepräsentationale* und *nichtimitative* Mimesiskonzepte produktiv: „Entscheidend ist [...] die spezifische Produktivität des Ähnlichkeitsdenkens für eine Entwicklung innerhalb der Künste, die zur Emanzipation vom Mimesisprinzip führt".[318] Diese ‚Emanzipation' ist angesichts der beschriebenen Variabilität jedoch eher als eine Rückgewinnung der vielfältigen Möglichkeiten mimetischer Konstellationen zu verstehen,[319] angesichts derer sich die Funktionen mimetischer Ähnlichkeit nicht generalisieren und weder mit den Konjunkturen realistischen Darstellens und Erzählens identifizieren, noch in eine Opposition imitativer Nachahmung und autonomer Kreation übersetzen lassen: Um das Missverständnis einer modernen Austreibung mimetischer Ähnlichkeit zu hinterfragen, bedarf es einer „komplexen Bewertung der Mimesis", die von einer „pauschalen Gegenüberstellung von *Autonomie* und Nachahmung" absieht.[320] Eine solche komplexe

---

315 Peres, Nachahmung der Natur, S. VII.
316 Vgl. Recki, Mimesis, S. 120. „Das Antimimetische am Programm eines Klassikers der Moderne wie Paul Klee zu betonen, stellt eine extreme Vereinfachung dar, denn seine Position ist allein gegen den vordergründigen Mimetismus einer gleichsam spiegelbildlichen Wiedergabe gerichtet."
317 Zit. n. Johanna Bossinade, *Poststrukturalistische Literaturtheorie*, Stuttgart, Weimar 2000, S. 85; dies arbeitet Derrida in „Die zweifache Séance" an Stéphane Mallarmés Text „Mimique" heraus: „Mallarmé entwickle [...] eine andere Art von Mimesis [...]. Im Raum dieser anderen, nicht mehr philosophisch determinierten Mimetologie gebe es keinen Wahrheitsanspruch, der außerhalb des vom literarischen Text selbst exponierten Verfahrens zu finden sei." (Ebd., S. 83).
318 Funk, Mattenklott, Pauen, Symbole und Signaturen, S. 32.
319 Vgl. Jacques Derrida, „La double séance", in: ders., *La dissémination*, Paris 1972, S. 215–347, S. 230: „[T]oute l'histoire de l'interprétation des arts littéraux s'est déplacée, transformée à l'intérieur des diverses possibilités logiques ouvertes par le concept de mimesis."
320 Recki, Mimesis, S. 118. Angesichts der Flexibilität des Mimesiskonzepts sei es „schwerlich einzusehen [...], wieso man starrsinnig auf einer – sei es auch noch so bequem eingeschliffenen – Gegenüberstellung beharren sollte": So sei „das als Natur und als natürlich Denkbare in seiner Komplexität so differenziert entfaltet", dass die *falsche Alternative von Nachahmung und Konstruktion* aufgegeben werden könne (ebd.) So ergebe sich aus der „prometheischen" Geste der Genieästhetik und moderner Autonomiekonzepte der Fehlschluss, „Nachahmung der Natur und genuine Schöpfung der Kunst [seien] einander systematisch ausschließende Möglichkeiten der künstleri-

Auffassung, die in einem anthropologisch weiten Sinn ein ‚mimetisches Vermögen' der Wahrnehmung und Herstellung von Ähnlichkeiten umfasst und eine Transformation mimetischer Bezüge in das sprachliche Archiv einer „unsinnlichen Ähnlichkeit" annimmt, entwickelt modern etwa Walter Benjamin.[321]

Der moderne „Ostrazismus der *Mimesis*", der, wie Luiz Costa Lima konstatiert, „mehr von historischen Gründen abhing" als von ihrer „inneren Auszehrung"[322], führt mithin weder zu einem Ende der Mimesis noch zu einer Austreibung der Ähnlichkeit, sondern zu einer *Entkoppelung* ihres überkommenen Konnexes und dessen Rekonzeptualisierung in *nichtimitativen*, etwa spurhaften und strukturmimetischen Ähnlichkeitskonzepten. So hat mit Rancière „die anti-mimetische Revolution [...] noch nie das Ende der Ähnlichkeit bedeutet, denn die Mimesis war nicht das Prinzip der Ähnlichkeit, sondern das Prinzip einer bestimmten Kodifizierung und Verteilung der Ähnlichkeiten."[323] Im Rahmen der Kritik des ‚Regimes der Repräsentation' trete an seine Stelle in der Moderne, so Rancière

> eine Ähnlichkeit, die das Spiegelbild gegen einen direkten Bezug des Erzeugers zum Erzeugten eintauscht: ein gegenüberstellendes Sehen, der glorreiche Körper der Gemeinschaft oder die Spuren des Dinges selber. Wir wollen diese Ähnlichkeit als Archi-Ähnlichkeit bezeichnen. Die Archi-Ähnlichkeit ist die ursprüngliche Ähnlichkeit, jene, die kein Abbild der Wirklichkeit liefert, sondern unmittelbar von dem Anderswo, aus dem sie kommt, zeugt.[324]

Zeigt sich somit der Konnex von Mimesis und Ähnlichkeit – zumal unter den Vorzeichen eines weiten Mimesisbegriffs, der in die Konstellation Aspekte der Produktion und Rezeption einbezieht – variabel, so lässt sich als theoretischer Minimalkonsens festhalten, dass *Ähnlichkeit mimetisches Verhalten orientiert* und *mimetisches Verhalten Ähnlichkeiten produziert*:[325] „Ähnlichkeit ist eine Folge von mimetischer Bezugnahme" und diese wiederum „Generator von Bil-

---

schen Programmatik" (ebd.). Recki verweist für eine differenzierte Darstellung auf Blumenberg, Nachahmung der Natur.
321 Walter Benjamin, „Über das mimetische Vermögen", in: *Gesammelte Schriften*, Bd. II, 1, S. 210–213, S. 211; vgl. ders., Lehre vom Ähnlichen, S. 207. Vgl. dazu Kap. I.2.7. Vgl. grundlegend Hans-Ernst Schiller, *Ähnlichkeit und Analogie. Zur Erkenntnisfunktion des mimetischen Vermögens*, Frank & Timme, Berlin 2021; die hier vorgestellten Überlegungen konnten für die vorliegende Studie nicht mehr ausgewertet werden.
322 Lima, *Die Kontrolle des Imaginären*, S. 81.
323 Rancière, *Politik der Bilder*, S. 121.
324 Ebd., S. 15f. Ein im Zeichen eines erweiterten Mimesisbegriffs stehender „affirmativer Umgang kann beispielsweise auf eine ‚spirituelle' Realität zielen, er kann die psychische Verfaßtheit der künstlerischen Sensibilität zum Gegenstand machen, oder er kann medienspezifische Strukturen selbstreferentiell abzubilden suchen." (Peres, Nachahmung der Natur, S. VII f.).
325 Vgl. dagegen zur Kritik der „Mimesis als Erzeugerin von Ähnlichkeit" als ausschließliches Konzept Lima, *Mimesis*, S. 12.

1.4 Ähnlichkeit als Grundbegriff und Paradigma ästhetischer Erfahrung — 93

dern, Korrespondenzen, Ähnlichkeiten, Widerspiegelungen, von Abbildungsverhältnissen, die Beziehungen zwischen Ereignissen und Gegenständen auf der sinnlichen Oberfläche der Erscheinungen herstellen",[326] so formulieren Gebauer und Wulf:

> Im Verlauf der historischen Entwicklung entfaltet sie ihr Bedeutungsspektrum mit Bezeichnungen wie: sich ähnlich machen, zur Darstellung bringen, ausdrücken; aber auch: Mimikry, *imitatio*, Repräsentation, unsinnliche Ähnlichkeit. Der Akzent kann auf einer sinnlich gegebenen Ähnlichkeit, auf einer unsinnlichen Korrespondenz oder auf der intentionalen Konstruktion einer Entsprechung liegen.[327]

Dabei gilt es, das Subjekt der Mimesis, mimetische Erzeugnisse und Praktiken der Ähnlichkeitsproduktion und des Ähnlichwerdens ebenso in den Blick zu nehmen wie den „Zwischencharakter der Mimesis [...], der sich in der medialen Position der Bilder zwischen Außenwelt und Innenwelt zeigt. Je nach ästhetischem, philosophischem und sozialem Kontext verändern sich die Bedeutungen der Mimesis und offenbaren einen bislang kaum wahrgenommenen Reichtum des Begriffs."[328] So können Ähnlichkeit hervorbringende Praktiken etwa „Prozesse des Kopierens, Rekonstruierens, Zitierens, der Übertragung, der Montage und der Mimikry" umfassen.[329] Als „Anverwandlung an ein Anderes gedacht, als eine Möglichkeit, sich ähnlich zu machen",[330] ist Ähnlichkeit nicht auf eine repräsentationale Funktion beschränkt. Mimesis bedeutet so nicht nur Nachahmung, sondern auch „‚vor-ahmen'", und prägt als mimetisches ‚Vermögen' alle Bereiche „menschlichen Handelns, Vorstellens, Sprechens und Denkens"[331] – etwa auch unwillkürliche Akte spontaner Imitation, die „Rezeption und Produktion" vermitteln: „Einem Verständnis dieser ebenso fundamentalen wie komplexen Vorgänge ist aber nur beizukommen, wenn man auch sieht, dass die Einbildungskraft das mimetische Vermögen ist".[332] Mimesis prägt in einem solch weiten Verständnis alle Bereiche sozialen, symbolischen und kreativen Handelns. Eine solche Perspektive bereiten die moderne Kunst und Kulturtheo-

---

326 Gebauer, Wulf, *Mimesis*, S. 433.
327 Ebd., S. 9.
328 Ebd.
329 Engelberg-Dočkal et al. „Einleitung: Mimetische Praktiken in der neueren Architektur. Prozesse und Formen der Ähnlichkeitserzeugung", in: Engelberg-Dočkal, Krajewski, Lausch, *Mimetische Praktiken in der neueren Architektur*, S. 10–17, S. 10 (im Verweis auf Gebauer, Wulf, Mimesis); vgl. weiter: „Mit diesen Mitteln schafft Mimesis den Bezug zu Vorgängigem und ermöglicht gleichzeitig den Weg zu Differenz" (ebd.).
330 Otto, Mimesis, o. S. (Im Verweis auf Gebauer und Wulff 1992).
331 Wulf, Mimesis, S. 83.
332 Recki, Mimesis, S. 125.

rie vor, die die „mimetische[n] Züge unseres alltäglichen Lebens und Verhaltens" in Anerkenntnis der Tatsache erkunden, dass alles

> Leben im Grunde *mimetisch* ist. Mimesis und selbstständige Formung, Mimesis und Abstraktion dürfen dabei von vornherein gar nicht als einander ausschließende Gegensätze, sie können, mit mehr Sinn sogar, auch in ihrer Verschränkung als die zwei allenfalls analytisch trennbaren Momente ein und desselben Vorgangs begriffen werden.[333]

Angesichts der Variabilität des Konnexes von Mimesis und Ähnlichkeit erscheint es also im Ansatz verfehlt, ihn im imitativ-repräsentationalen Sinn zu verkürzen; mimetische Ähnlichkeit ist weder auf ein Kriterium der Nähe zu einem Vorbild oder des Realismus festgelegt,[334] noch Definiens der Repräsentation. Eine differenzierte Einschätzung mimetischer Ähnlichkeit ist zentral, um Spielraum und Reichweite der Ähnlichkeit im Rahmen der jeweiligen Konzeptualisierung und ihre produktive Funktion gerade auch für die Kritik naiver Konzepte der Mimesis und Repräsentation zu erfassen. Dies wird aufgegriffen, wenn antike Mimesistheoreme und die moderne Rekonzeptualisierung mimetischer Ähnlichkeit näher beleuchtet werden – denn sowohl der reduktive Mimesisbegriff als auch die Rückgewinnung seiner weiten Bedeutungsdimension sind von der Rezeption der antiken Mimesiskonzepte geprägt.

Bildhafte Ähnlichkeit

> [L]a *ressemblance* n'est ni une fin idéale, ni un simple genre humaniste. Elle n'est pas un terme, mais une relation; elle n'est pas seulement affaire artistique, elle est affaire d'images en général; elle n'existe pas seulement dans le style supposé parfait de son opticalité (la Renaissance), mais dans le mouvement complexe de sa longue durée, présente et stratifié dans chaque objet mimétique doué de quelque signification; elle se relève donc pas seulement d'une histoire de l'art, mais d'une anthropologie de l'image. Et il revient à l'historien d'art lui-même d'assumer cette ouverture du point de vue. (Georges Didi-Huberman)[335]

---

[333] Ebd., S 124. Modern betonen etwa Tarde und Plessner die Bedeutung der Imitation für das Lernen und Prozesse der sozialen Kohäsion. Vgl. Gabriel Tarde, *Die Gesetze der Nachahmung*, Frankfurt a. M. 2003 [1890]; Helmut Plessner, „Zur Anthropologie der Nachahmung", in: ders., *Gesammelte Schriften*, Bd. VII: *Ausdruck und menschliche Natur*, Frankfurt a. M. 2003 [1948], S. 391–398.

[334] Vgl. Tatarkiewicz, *Geschichte der sechs Begriffe*, S. 407 ff.

[335] Georges Didi-Huberman, „L'imitation comme mythe à la Renaissance", in: Thomas W. Gaehtgens (Hg.), *Künstlerischer Austausch/Artistic exchange. Akten des XXVIII. Internationalen Kongresses für Kunstgeschichte*, Bd. 2, Berlin 1993, S. 493–501, S. 500.

"Auffällig oft wird in den Diskursen über die Bilder der Begriff der ‚Ähnlichkeit' verhandelt."[336] Dies lässt sich auf die Affiliation von Ähnlichkeit und Mimesis rückbeziehen: In Platons Konzeption der Mimesis „ist das Konzept des Bildes eine *fundamentale Metapher*, welche der Programmatik der Ähnlichkeit vorausgeht: Seit der griechischen Antike ist das *Bild* das Medium der Ähnlichkeit schlechthin."[337] Platons Bestimmung des mimetischen Bildes in *Sophistes* differenziert das ‚wahrhaft' ähnelnde *Abbild* und das ‚scheinhaft' ähnelnde *Trugbild*. Dieses Theorem prägt den

> Topos abendländischer Bildtheorie, der seinen maßgebenden Ursprung in der platonischen Ideenlehre hat und der wie ein roter Faden ihre Geschichte durchzieht: den Topos eines durch Ähnlichkeit hergestellten Verhältnisses zu vorangehenden Urbildern. Zwischen wirklicher, wahrheitssuchender, mit Fleiß und Sachverstand erreichter Ähnlichkeit und täuschender Nachahmung, verzerrender Spiegelhaftigkeit und bloßem Voyeurismus klafft zwar ein theoretischer Abgrund, praktisch besteht aber nur eine geringe Fallhöhe, die bewacht werden muß und eine ständige Gefahr für die Wirklichkeit bleibt.[338]

Platon orientiert das scheinhafte, ontologisch sekundäre mimetische Bild auf den Bezug zu einem Urbild, indem er es als Abbild konzipiert: „eikon, ebenso wie imago, bedeutet ursprünglich das ‚Sichgleichen' oder ‚Ähnlichsein'"; „auf die unmittelbare Beziehung zwischen Bild und ‚Ab-bild'" verweisend, ist es „eben diese Assoziation, die den Bildplatonismus begründet".[339] Dieser Konnex von Mimesis, Bild und Ähnlichkeit – wie etwa Antoine Quatremère de Quincy das Nachahmungstheorem formuliert: „‚Imiter dans les beaux-arts, c'est produire la ressemblance d'une chose, mais dans une autre chose qui en devient l'image'"[340] – bleibt ungeachtet der Kritik nicht nur an metaphysischen und idealistischen Implikationen, sondern auch an der verkürzten *Identifikation von Ähnlichkeit und Bildrelation* bis in die Moderne persistent.

---

336 Fliethmann, *Texte über Bilder*, S. 8: „Die negative wie auch die positive Attraktivität des Ähnlichkeitsbegriffs verdankt sich dabei vermutlich dem operativen Moment des Exemplarischen, das es einerseits gestattet, vereinnahmenden Generalisierungen durch empirische Offenheit entgegenzuarbeiten, aber sich zugleich auch anbietet, jeden Aufstand des Konkreten theoretisch zu unterdrücken" (ebd.). Zu Ähnlichkeit „als zentrale[m] Grundbegriff" der Bildtheorie vgl. Schirra, Sachs-Hombach, Gleichheit, Ähnlichkeit und Identität, o. S.; vgl. Kohl, Gaier, Saviello, Ähnlichkeit als Kategorie der Porträtgeschichte, S. 12; Goldman, Lopes, Sakamoto, „Representation"; vgl. Woodfield, „Resemblance".
337 Andree, *Archäologie der Medienwirkung*, S. 63.
338 Schulz, *Ordnungen der Bilder*, S. 86 f. Zu Platons Mimesiskonzeption(en) vgl. Kap. I.2.1.3.
339 Dieter Mersch, „Sichtbarkeit/Sichtbarmachung: Was heißt ‚Denken im Visuellen'?" (online unter http://dieter-mersch.de/.cm4all/iproc.php/Mersch_Denken%20im%20Visuellen_2013.pdf?cdp = a, 17.6.2019), S. 1.
340 Zit. n. Oechslin, Vorwort, S. 7.

In der Kunsttheorie wurde in unzähligen Traktaten viele Jahrhunderte lang gelehrt, Kunst sei Nachahmung (mimesis, imitatio) der Natur [...]. Freilich wurden mit dem Terminus ‚Nachahmung' und ‚Nachahmung der Natur' historisch recht unterschiedliche Konzeptionen [...] verknüpft. Der Nachahmungsbegriff war und ist selbst klärungsbedürftig. Traditionell wurde er unter Rückgriff auf die Begriffe der Teilhabe (methexis, participio) und der Ähnlichkeit (homoiosis, similitudo) expliziert. In neuerer Zeit haben zahlreiche Kunsttheoretiker den stark vorbelasteten Begriff der Nachahmung in den Hintergrund treten lassen und den Bildbegriff direkt durch Ähnlichkeit zu explizieren versucht.[341]

Es ist wohl nicht zuletzt die durch ihre Sichtbarkeit und Anschaulichkeit beförderte Intuition, dass Bilder auf unmittelbarere Weise repräsentieren, also auf Abwesendes hinweisen, als Sprache, die die Gleichsetzung von Ähnlichkeit und Bildrelation nahelegt; auch weist die Kunsttheorie seit der Antike auf den „Zusammenhang mancher unserer Bildsysteme mit natürlichen Zeichen wie Spiegelungen"[342] hin. So scheint es, als seien Bilder gegenüber der von Platons *Kratylos* bis de Saussure betonten Arbitrarität und Konventionalität von Sprachzeichen durch Ähnlichkeit relativ motiviert: „Most people are inclined to believe that pictures bear some resemblance or likeness to the objects they depict, and this intuition has led many theorists to claim that it is just this relation of resemblance between a picture and its referent that is the condition of pictorial significance"; eine solch starke Ähnlichkeitsannahme prägt etwa die ‚*Kopie-Theorie der Repräsentation*':

> In the so-called copy theory of representation, one of the least complicated models adopting this ontological approach, resemblance is taken as natural relation between a picture and referent where the referent is ‚reality' or ‚the way things are' or ‚the way things look.' A belief in this privileged relation accounts for the way many art historians and theorists explain elements of realistic depiction. Pictures can be said to be more ‚realistic' in proportion to the completeness of the resemblance relation.[343]

Die ‚naturalistische' Ähnlichkeitstheorie erfährt nicht erst im zwanzigsten Jahrhundert Kritik;[344] die Frage, ob „resemblance could be sufficient for representa-

---

341 Scholz, *Bild, Darstellung, Zeichen*, S. 17 f. Vgl. Mersch, Sichtbarkeit/Sichtbarmachung, S. 5 f. Das englische *likeness* drückt diesen Konnex deutlich aus (vgl. Sörbom, *Mimesis and Art*, S. 179). „Mimesis or resemblance", so untertitelt Dominic M. McIver Lopes, „Representation: Depiction", in: Kelly, *Encyclopedia of Aesthetics*, S. 139–142, S. 140.
342 Scholz, *Bild, Darstellung, Zeichen*, S. 50. Scholz verweist darüber hinaus auf den Zusammenhang mit „Schatten oder Abdrücken" (ebd.). Als Bilder führt etwa Platons *Sophistes* „Bilder im Wasser und in den Spiegeln, ferner Gemälde und Statuen" an (vgl. Platon, *Sophistes*, S. 71).
343 Sakamoto, Representation: Resemblance, S. 143.
344 Vgl. ebd., S. 144. „Partly this is the result of increasing interest in both philosophy and psychology with understanding the formal nature of the relation and the nature of similarity judge-

tion"³⁴⁵, oder „ob eine (bildhafte) Repräsentation mittels Ähnlichkeit denotiert, hat eine lange Tradition und eine positive Antwort wurde schon von Platon im *Staat* und im *Sophistes* sowie von Descartes in seiner *Dioptrik* (1637) kritisiert."³⁴⁶ So wird die These einer historischen Ablösung der Ähnlichkeitstheorie des Bildes häufig datiert auf Descartes' Beschreibung von Kupferstichen, an der er eine ‚Unähnlichkeitstheorie' des Bildes entwirft: Bilder dürfen, so argumentiert er, dargestellten Gegenständen nicht nur nicht in allen Aspekten ähneln, um sie zu repräsentieren, sondern ihnen häufig gerade *nicht* ähneln.³⁴⁷ Unähnlichkeit ist demnach konstitutiv für Referenz und Repräsentation. „L'image cartésienne n'a plus pour tâche de représenter de façon mimétique; elle acquiert la liberté du signe qui représente pour autant qu'il ne ressemble pas."³⁴⁸ Der *Dioptrik* geht es dabei um das Netzhautbild: Einspruch gegen antike Wahrnehmungslehren erhebend, erklärt Descartes, es seien nicht ähnliche Bilder (*simulacra*), die von der Netzhaut in mentale Bilder übertragen würden, sondern verschiedene, auch nicht bildhafte Versatzstücke, „‚comme par exemple les signes et les paroles, qui ne ressemblent en aucune façon aux choses qu'elles signifient'".³⁴⁹ So könne nicht von *einem ähnlichen* Bild als Repräsentation des Realen ausgegangen werden, vielmehr von zusammengesetzten Bildern. Die starke Konsequenz einer Ablösung der Ähnlichkeitstheorie durch die These des unähnlichen Zeichens betont etwa Maurice Merleau-Ponty: „La vieille idée de la ressemblance efficace, imposée par les miroirs et les tableaux, perd son dernier argument si toute la puissance du tableau est celle d'un texte proposé à notre lecture, sans aucune promiscuité du voyant et du visible."³⁵⁰ Demgegen-

---

ments. Also, during this time, there is growing scepticism of the ontological and epistemological assumptions inherent in naturalism that there is one way that the world is given to us."
345 Alan Goldman, „Representation: Conceptual and Historical Overviev", in: Kelly, *Encyclopedia of Aesthetics*, S. 137–139, S. 137.
346 Rehkämper, Ist der Begriff der bildhaften Ähnlichkeit wirklich undefinierbar?, S. 237. Zwischen „Kratylos und einem Bild des Kratylos" muss es Unterschiede geben, sonst wären es „zwei Kratylos" (zit. n. Scholz, *Bild, Darstellung, Zeichen*, S. 27). Das ist kein Einwand gegen Ähnlichkeit, aber ein erster Hinweis, dass die Ähnlichkeitsrelation nicht mit Denotation gleichzusetzen ist.
347 Vgl. Blanc-Benon, *La Question du réalisme en peinture*, S. 54; vgl. auch Scholz, *Bild, Darstellung, Zeichen*, S. 27.
348 Ebd., S. 60. Vgl. ebd.: „[P]our Descartes, c'est cette dissemblance, cet écart même entre la chose et sa représentation, qui rend possible la référence, c'est-à-dire la maîtrise intellectuelle de l'image comme signe. La dissemblance assure à l'image son bon fonctionnement alors qu'elle était cause d'une dépréciation ontologique chez Platon."
349 Ebd., S. 55.
350 Zit. n. ebd, S. 59. Der Kupferstich sei, so diskutiert er Descartes, ein Bild der Dinge „qu'à condition de ‚ne lui pas ressembler'. [...] La gravure nous donne des indices suffisants, des ‚moyens'

über schlägt er die These vor: „La ressemblance est le résultat de la perception, non son ressort."³⁵¹ Descartes' Theorem impliziert keine radikale Absage an bildhafte Ähnlichkeit; doch gerade die ‚Unähnlichkeit' des Bild-Zeichens wird künftig gegen Ähnlichkeitstheorien des Bildes vorgebracht.

> [L]'absence de ressemblance n'empêche pas de signifier, de faire concevoir, de représenter. Il n'y a donc pas de corrélation stricte entre perception de la ressemblance et perception de la représentation. Et il n'est pas dit que l'image picturale serait à penser sur le modèle du signe langagier.³⁵²

Eine radikal konventionalistische Position im letzteren Sinn vertretend, problematisiert Goodman nicht nur die Vagheit der Ähnlichkeit, sondern betont auch, dass „Ähnlichkeit weder eine notwendige noch eine hinreichende Bedingung für Bildlichkeit" ist:³⁵³ „Denotation ist der Kern der Repräsentation und ist von Ähnlichkeiten unabhängig."³⁵⁴ So beruhten Bilder wie Sprache auf einem Denotationssystem aus semantisch ‚dichten' Symbolen: Dieser These der Konventionalität bildlicher Referenz folgend argumentieren Konventionalisten, dass „there is no special sort of similarity between a picture and its subject".³⁵⁵ Goodmans Kritik wurde etwa von Oliver Scholz aufgegriffen, dem zufolge die

---

sans équivoque pour former une idée de la chose qui ne vient pas de l'icône, qui naît en nous à son ‚occasion'."' (Ebd.)

351 Maurice Merleau-Ponty, *L'Œil et l'esprit*, Paris 1964, S. 41.

352 Blanc-Benon, *La Question du réalisme en peinture*, S. 56. „Il a besoin de la dissemblance, de l'écart, non pas pour dire [...] que les tableaux ne ressemblent pas à la réalité, mais pour dire que, même si ‚les images qui se forment sur le fond de l'œil ne sont pas de copies conformes ni des images ressemblantes de la réalité (elles sont plus petites et à l'envers), elles sont pourtant bien des images de la réalité." (Ebd., S. 58).

353 Sachs-Hombach, „Zur Revision des Bildbegriffs", S. 778. Vgl. Sakamoto, Representation: Resemblance, S. 143.

354 Nelson Goodman, *Sprachen der Kunst. Ansatz zu einer Symboltheorie*, Frankfurt a. M. 1973, S. 17 [*Languages of Art. An Approach to a Theory of Symbols*, Indianapolis; 2. Aufl. 1976]; vgl. Funk, Mattenklott, Pauen, Symbole und Signaturen, S. 9.

355 Sakamoto, Representation: Resemblance, S. 144. Der Konventionalitätsthese nach kennzeichnet Bilder nicht die Signifikation qua Ähnlichkeit, sondern ihre syntaktische Organisation (vgl. Sachs-Hombach, Revision des Bildbegriffs, S. 783). Dem widerspricht u. a. Flint Schier: Man nähere die Seherfahrung des gemalten Objekts der visuellen des Objekts an und müsse das Objekt etwa als gemaltes erkennen können, damit es ein Bild ist (vgl. Goldman, Representation, S. 137). Auch die intuitive Ähnlichkeitswahrnehmung sei jedoch „eine mittelbare Ähnlichkeit, die auch auf der Kenntnis von Konventionen beruht", so Klaus Rehkämper, *Bilder, Ähnlichkeit und Perspektive. Auf dem Weg zu einer neuen Theorie der bildhaften Repräsentation*, Wiesbaden 2002, S. 135) Vgl. zu Ähnlichkeit als Streitpunkt der mit Thesen Goodmans und Gombrichs verbundenen ‚falschen Debatte' um Naturalismus und Konventionalismus Blanc-Benon, *La question du réalisme en peinture*.

1.4 Ähnlichkeit als Grundbegriff und Paradigma ästhetischer Erfahrung — 99

„unhintergehbare Dominanz einer unzulänglichen offiziellen Lehre, der Ähnlichkeitsauffassung, [...] eine adäquate Vorstellung von der Komplexität des Bildbegriffs [...] lange Zeit verhindert" habe:[356] „Die Bildbeziehung kann nicht einfach mit der Ähnlichkeitsbeziehung gleichgesetzt werden".[357] Es gilt vielmehr zu klären, „whether these resemblances are significant."[358] Die postulierte „Unzulänglichkeit der Ähnlichkeitstheorien des Bildes"[359] beruhe dabei auf zahlreichen theoretischen Problemen, selbst wenn die „Ähnlichkeitsauffassung" in Psychologie, Kunstwissenschaft und Semiotik – insbesondere seit Peirce, der *ikonische* Zeichen als auf Ähnlichkeit beruhend beschreibt – fundiert sei: Damit sei eine Differenz zwischen Sprachzeichen als „arbiträre und konventionale Zeichen" und auf Ähnlichkeit beruhender Bildzeichen formuliert,[360] die als „natürliche, subjekt-unabhängige, Beziehung" vorgestellt werde.[361] Die Konventionalitätsthese richtet sich gegen die „Intuition, die Beziehung zwischen Bild und Abgebildetem sei eine natürliche Beziehung und nicht willkürlich oder beliebig".[362] Das Bild als ‚Bild von etwas', als *Zeichen* zu verstehen, setze ein hohes Maß an historisch und kulturell geprägter, erlernter Seherfahrung voraus. Diese konstitutive Bedeutung des Sehens hat auch die kunsthistorische Forschung herausgearbeitet – ohne daraus allerdings notwendig eine konventionalistische Konsequenz zu ziehen. So betont etwa Ernst Gombrich, an der Ähnlichkeit der Bilder grundsätzlich festhaltend, mit der These, es gebe kein ‚unschuldiges Auge', die Konstruktivität und Habitualität des Sehens.

> The similarity of a picture with natural objects is not like the relation of a copy to an original but of the kind of mental or visual activities both can arouse. Although Gombrich shifts the relation of resemblance away from the representation and the object to the judgement of viewers and denies the naturalist's epistemological assumptions that one

---

356 Scholz, *Bild, Darstellung, Zeichen*, S. 13f.
357 Ebd., S. 21.
358 Sakamoto, Representation: Resemblance, S. 142f.
359 Ebd., S. 17. „Es ist wohl wahr, dass ein Bild dem Dargestellten sowohl ähnlich als auch unähnlich ist" (ebd., S. 28); doch sei das Bild als Zeichen, so Goodman, damit nicht ausreichend beschrieben: „The plain fact is that a picture, to represent an object, must be a symbol for it, stand for it, refer to it; and that no degree of resemblance is sufficient to establish the requisite relationship of reference."' (Zit. n. ebd.) Vgl. zu einer Kritik dieser Argumentation vgl. Stjernfelt, *Diagrammatology*, S. 48ff.
360 Scholz, *Bild, Darstellung, Zeichen*, S. 18. Die Bildrelation „soll nun gerade ‚die' Relation der Ähnlichkeit sein." (Ebd., S. 19).
361 Ebd., S. 20.
362 Ebd., S. 48. Vgl. zur Konventionalitätsthese auch ebd., S. 46.

can get at the way the world actually is, he manages only to postpone and recast the question of a natural or privileged relation between pictures and the world.[363]

Doch argumentiert Scholz nicht nur gegen die Auffassung der Ähnlichkeit als *natürliche Beziehung*, sondern führt mit Goodman gegen Ähnlichkeitstheorien des Bildes logische Schwächen der Gleichsetzung von Bild- und Ähnlichkeitsrelation[364] und, neben weiteren Gegenargumenten,[365] die Vagheit des Ähnlichkeitsbegriffs an: Aufgrund der „vielfache[n] Relativität von Ähnlichkeitsurteilen"[366] könne die „Ähnlichkeitsauffassung das Bildverstehen nicht erklären".[367] Wo der „,Begriff' der Ähnlichkeit" genauer analysiert werde, „erhärtet sich die Skepsis gegenüber der Hoffnung, unter Berufung auf diesen Begriff eine zutreffende und gehaltvolle Bildtheorie zu entwickeln."[368] Hier begegnen Schwierigkeiten der *Verbegrifflichung*, die die analytische Ähnlichkeitskritik bemängelt; so zeigt sich auch im ‚Sonderfall' der „Ähnlichkeit des Bildes" die „Variabilität und Relativität" der Ähnlichkeit als Problem für eine um Generalisierung bemühte Bildtheo-

---

363 Sakamoto, Representation: Resemblance, S. 144. Vgl. Ernst Gombrich, *Bild und Auge. Neue Studien zur Psychologie der bildlichen Darstellung*, Stuttgart 1984; vgl. auch Scholz, *Bild, Darstellung, Zeichen*, S. 42.
364 So sei die „komparative und graduelle" (ebd., S. 23) Ähnlichkeitsrelation „reflexiv und symmetrisch", die Bildbeziehung asymmetrisch sei (ebd., S. 21). Dieses Argument ist weder neu noch unumstritten; Scholz selbst widerspricht ihm mit dem Hinweis: „Die traditionellen Ähnlichkeits- und Nachahmungsauffassungen des Bildes haben bei dem Verhältnis des Bildes zur Welt nur eine Richtung im Auge." (Ebd.) Die Urbild-Abbild-Relation und die Ähnlichkeit der Schöpfung mit dem Schöpfer, die das Paradigma der Ähnlichkeit in der christlichen Bildbeziehung prägen, sind gewissermaßen Extreme der asymmetrischen Relation. Einen Sonderfall stelle das Porträt dar (ebd., S. 57).
365 Ein Argument gegen die Ähnlichkeitstheorie seien Bilder fiktionaler Gegenstände wie Kentauren, wogegen „darstellende[] Bilder" auf einem Repräsentationsverhältnis beruhten (vgl. Scholz, *Bild, Darstellung, Zeichen*, S. 37, Anm. 37). Allerdings trifft auf abstrakte, ungegenständliche und metareflexive Bilder eine repräsentational verkürzte Ähnlichkeitstheorie ebenso wenig zu.
366 Ebd., S. 40.
367 Ebd., S. 42. Er notiert in Goodman'schem Ton: „Wie in manchen anderen Wissensbereichen auch ist die Berufung auf Ähnlichkeit in der Bildtheorie nichts weiter als eine Verlegenheit, ein Platzhalter für unser Nichtwissen." (Ebd., S. 60).
368 Ebd., S. 52. Die Unzulänglichkeit des Ähnlichkeitsbegriffs liege in der Schwierigkeit, anzugeben, was eine relevante „Eigenschaft" ist (ebd., S. 53). „,That a given two things are similar will hardly be notable news if there are not two things that are not similar'" (ebd., S. 53 f.). Dem mag man zustimmen – doch handelt es sich nicht um einen starken Einwand gegen Ähnlichkeit, sondern um den polemischen Hinweis des Analytikers auf die Problematik des Ähnlichkeitsbegriffs.

rie:[369] „Wird der Ähnlichkeitsbegriff nicht eingeschränkt bzw. genauer bestimmt, so fehlt ihm jede unterscheidende Kraft."[370] Daraus folgt die Forderung einer Spezifizierung: „‚An adequate resemblance theory of depiction must avoid appealing to the intuitive connection between depiction and resemblance. It must specify those representation-independent resemblances in virtue of which we identify pictures' subjects.'"[371] Bemerkenswerterweise richtet sich die Kritik nicht eigentlich gegen die Affiliation von Ähnlichkeit und Bild – wie im zeichentheoretischen Verweis auf die ‚Unähnlichkeit' der Bildzeichen –, sondern kapriziert sich auf die Vagheit des Ähnlichkeitsbegriffs und die Identifikation von Ähnlichkeit und repräsentationaler Bildrelation.

Dabei bleibt solche Kritik nicht unwidersprochen. So betont etwa Martin Seel: „Bildliche Repräsentation setzt Ähnlichkeit [...] als eine notwendige Bedingung voraus", die er als mittels ‚sortaler Zerlegung' erkennbare „Selbigkeit von Gestaltverhältnissen" beschreibt:

> Von daher sind auch Grade der Ähnlichkeit verständlich, wie sie ins Spiel kommen, wenn gefragt wird, *wie realistisch* ein Bild sei. Realismus wäre demnach keine – jedenfalls nicht einfach eine – ‚Sache der Gewohnheit', sondern der *Leichtigkeit* (bzw. überhaupt der Möglichkeit) der Unterscheidbarkeit und sortalen Zerlegbarkeit von Gegenständen auf der Fläche des Bildes.[372]

Das Konzept umfasst nicht nur die Relation zwischen Bild und ‚Vorbild', sondern auch inner- und interikonische Relationen der Bild*elemente*. Jenseits starker

---

369 Ebd., S. 58: „Es hat den Anschein, dass sich in diesem Bereich eigene Maßstäbe und Kriterien für Ähnlichkeit herausgebildet haben" (ebd.). Die Polemik gegen die naive Ähnlichkeitstheorie und den ‚impostor' Ähnlichkeit, der keine Definition des Bildes begründen könne, tendiert dazu, die geforderte komplexere Theoretisierung – ein Nachdenken über Ähnlichkeit sei möglich, wo der „Grundstein einer nicht-zirkulären, nicht-trivialen und fruchtbaren Analyse der Bilddarstellung gelegt ist" (ebd., S. 81) – zu verstellen, indem sie sich auf den dominanten Bildplatonismus und die naturalistische Kopie-Theorie konzentriert (vgl. bspw. Scholz, *Bild, Darstellung, Zeichen*, S. 39: „Etwas kann ein Bild sein, bevor oder ohne dass es eine Ähnlichkeitsbeziehung zu einem Gegenstand gibt."). Die Kritik schließt dennoch reflektierte Ähnlichkeitstheoreme nicht aus, sondern richtet sich gegen ihre Identifikation mit der Bildrelation und die Annahme des Bildes als eines natürlichen Zeichens.
370 Scholz, *Bild, Darstellung, Zeichen*, S. 81.
371 Lopes, zit. n. ebd., S. 59.
372 Martin Seel, *Ästhetik des Erscheinens*, Frankfurt a. M. 2003, S. 278. Als „Selbigkeit von Gestaltverhältnissen" beschreibt er den hohen ‚Grad der Ähnlichkeit', durch den sich das „*Verhältnis* von Partien" des „‚sortal zerlegbar[en]'" Bildgegenstands mit dem der Partien des „entsprechenden realen Gegenstand[s]" einfach abgleichen lässt. So werde auch Perspektive als „getreue bildliche Darstellung der Sichtbarkeit räumlicher Gegenstands*verhältnisse*" verständlich (ebd.).

Ähnlichkeitstheorien schlagen zudem diverse Spielarten eingeschränkter Ähnlichkeitstheorien, die ‚arbitraritätseinschränkende' Aspekte bildlicher Darstellung annehmen, *Spezifizierungen* im Blick auf die Frage vor, „in welcher Hinsicht Ähnlichkeit vorliegt"[373], indem sie etwa „visuelle Ähnlichkeit, Ähnlichkeit im Sinne von Verwechselbarkeit, Isomorphie, Übereinstimmung von Farbe, Gestalt, räumlichen Verhältnissen und dergleichen mehr" betonen,[374] oder nehmen für bestimmte Bilder „einen nicht-konventionellen Aspekt der semantischen Interpretation" an: „Diesen Kernbereich bilden vor allem die sogenannten ‚realistischen' Darstellungen", denen „unmittelbar Ähnlichkeit mit dem Dargestellten zu[gesprochen]" werde, so Klaus Sachs-Hombach,[375] der ebenfalls für die Spezifikation der Ähnlichkeitstheorie plädiert: So

> könnte die lange Zeit vertretene Ähnlichkeitstheorie, deren Mängel seit Goodmans umfassender Kritik deutlich geworden sind (vgl. Scholz 1991), erheblich verfeinert werden. Auch im Rahmen der Theorie wahrnehmungsnaher Zeichen reicht das Ähnlichkeitskriterium allein zwar nicht zur Charakterisierung des Bildbegriffs aus, es kann aber durchaus geeignet sein, bildhafte und sprachliche Bezugnahme zu unterscheiden, da der Zeichenbegriff vorausgesetzt ist. Zu präzisieren wäre freilich, was genau unter Ähnlichkeit zu verstehen ist. Hier ist es möglich, eine bestimmte Eigenschaft als relevant für Ähnlichkeit auszuzeichnen, etwa die Verdeckungsgestalt (‚occlusion shape', vgl. Hyman 1989), die Isomorphie (Rehkämper 1991, 66 ff.) oder die Umrisslinie (,outline shape', Hopkins 1998). Gleicherweise ist es möglich, den Ähnlichkeitsbegriff mit kognitiv gesteuerte Wahrnehmungsmechanismen zu erläutern, die auf Typikalitätserwägungen basieren (vgl. Sachs-Hombach 2000). In diesem Rahmen wäre es auch möglich (obschon nicht notwendig), den Begriff des mentalen Bildes (etwa innerhalb einer Prototypentheorie) erneut zur Geltung zu bringen.[376]

---

373 Sachs-Hombach, Zur Revision des Bildbegriffs, S. 786; vgl. Sakamoto, Representation: Resemblance, S. 142 f.; Lopes, Representation: Depiction, S. 140. Scholz stellt die Frage nach einem Zusammenhang vom Sehen natürlicher Zeichen und dem Zeichnen und Deuten von Bildern als Frage des „Erwerbs von Bildsystemen und der arbitraritäts-einschränkenden Mechanismen" (Scholz, *Bild, Darstellung, Zeichen*, S. 52); die Umrisslinie etwa entspreche dem visuellen Abtasten des realen Objekts (vgl. ebd., S. 51).
374 Scholz, *Bild, Darstellung, Zeichen*, S. 59. Neben der „Isomorphietheorie" verweist Scholz auf die „Strukturentsprechungstheorie" (ebd., S. 74) und den Begriff der „‚Relationstreue'" (ebd.) und findet von Platon bis Leibniz Vorläufer in der Annahme einer „‚gewissen Analogie der Relationen'" (ebd., S. 75 f.). Isomorphie sei ebenfalls reflexiv und symmetrisch – also nicht hinreichend und notwendig für die Bilddefinition, da alle möglichen Komplexe und Zerteilungen Isomorphien aufweisen können (vgl. ebd., S. 78 f.).
375 Sachs-Hombach, Revision des Bildbegriffs, S. 786. Etwas als anderem ähnlich zu erkennen, erscheine dabei als „Grundlage der Bildkompetenz" (ebd.; dabei stelle das Trugbild einen Sonderfall dar, vgl. ebd.).
376 Klaus Sachs-Hombach, „Bildtheorien in Geschichte und Gegenwart" (online unter https://www.theomag.de/25/ksh1.htm, 3.8.2019 [sic]).

1.4 Ähnlichkeit als Grundbegriff und Paradigma ästhetischer Erfahrung — 103

Die Hinweise auf die *perzeptuelle* und *kognitive* Dimension, die in den Begriffen des ‚mentalen Bildes' und des Bildes als ‚wahrnehmungsnahes Zeichen' zur „Bezeichnung von Vorstellungen und Wahrnehmungen" anklingt, verweisen nicht nur auf die neuzeitliche „Umformung des metaphysischen Bildbegriffs" als „Übertragung des repräsentationalistischen Bildbegriffs", in der dessen „Bestimmungen [...], vor allem Ähnlichkeit und Verursachung, erhalten bleiben."[377] Sie weisen zugleich auf basale bildhafte Ähnlichkeitsphänomene hin, die neben den angeführten Ansätzen etwa an Peirce anschließende Theorien *ikonischer Ähnlichkeit* thematisieren:[378] Sein Konzept werten Theorien aus, die nach dem Verhältnis alltäglicher Ähnlichkeitsurteile und bildhafter Ähnlichkeit fragen, indem sie „die ikonische Natur der Wahrnehmung", die „fundamental ikonische Natur der Erkenntnis überhaupt" und die „Natur der sogenannten ikonischen Zeichen" (Bilder oder „*Hypoikone*" nach Peirce) untersuchen: Darin sieht Umberto Eco die Bedeutung der Ähnlichkeit in der visuellen Semiotik, deren theoretische Debatte er eine „Neufassung des *Kratylos*" nennt.[379]

> Die fast unbestrittene Annahme, daß Hypoikone kraft angeborener Ähnlichkeit und ohne die Vermittlung durch einen Inhalt auf ihren Gegenstand verweisen, war eine Möglichkeit für die visuellen Semiotiken, jene direkte Verbindung zwischen Zeichen und Referent wieder einzuführen, die aus den Semiotiken der Verbalsprache mit nahezu chirurgischer Brutalität vertrieben worden war. Es ging nicht darum, abzustreiten, daß es Zeichen gibt, die in gewisser Weise motiviert sind [...]; vielmehr ging es um eine sorgfältige Unterscheidung zwischen Motiviertheit, Natürlichkeit, Analogie, Nicht-Codiertheit, ‚weicher' Codiertheit und Indexalität.[380]

Grundlegend dafür ist Peirces Differenzierung von *Firstness*, *Secondness* und *Thirdness*: Peirce zufolge ist der ‚Grund' der ikonischen Wahrnehmung (*Likeness*) als „*Firstness*" eine Präsenz", aufzufassen als „‚mere may-be'", als „Potentialität ohne

---

377 Ebd.
378 „Similarity" bzw. „Iconicity" bilden die theoretischen „cornerstones" in Peirces triadischem Konzept (Arduini, Similarity and Difference in Translation, S. 12) als „an action, an influence, which is, or involves, a cooperation of three subjects, such as a sign, its object and its interpretant, this tri-relative influence not being in any way resolvable into actions between pairs" – denn das Zeichen „stands to somebody for something in some respects or capacity" (zit. n. Eco, *Grenzen der Interpretation*, S. 80); vgl. Han-Liang Chang, „Plato and Peirce on Likeness and Semblance", in: *Biosemiotics* 5, 3 (2012), S. 301–312.
379 Eco, *Kant und das Schnabeltier*, S. 386. Eco zeichnet Peirces Konzept und die bildsemiotische Diskussion um Ähnlichkeit nach.
380 Ebd., S. 390 f. Eco betont, dass Peirce entgegen der Unterstellung einer „naiven Vorstellung von Ähnlichkeit" die „symbolische und weitgehend konventionelle Komponente" des Bildes „nie geleugnet hat" (ebd., S. 390).

Existenz" und „Möglichkeit eines Wahrnehmungsprozesses"'[381]; er ist selbst keine Relation, sondern begründet jedes mögliche Ähnlichkeitsurteil. Dem steht das „Erkennen des Objekts (*Secondness*)" und der „durch Schlüsse genährte[ ] Vergleich" der *Thirdness* gegenüber.[382] So könne,

> wenn das Ikon Ähnlichkeit ist, der *Ground* nicht einmal ein Ikon sein, denn er kann zu nichts in Ähnlichkeitsbeziehungen stehen, nur zu sich selber [...]. In diesem Fall müssen wir [... .] den Begriff Ähnlichkeit von dem des Vergleichens loslösen. Ein Vergleichen findet statt, wenn man bei Gleichartigkeiten, ausgehend von einem festgesetzten Verhältnis, beispielsweise von einem Graph sagt, er bringe bestimmte Beziehungen zum Ausdruck, die wir im Objekt vermuten müssen. Die (schon mit Gesetzen vermengte) Analogie erklärt, wie *Hypoikone* funktionieren, also etwa Diagramme, Zeichnungen, Gemälde, Partituren, algebraische Formeln. Doch das Ikon wird nicht dadurch erklärt, daß man sagt, es sei eine Analogie, und nicht einmal dadurch, dass man sagt, es sei eine Ähnlichkeit. Das Ikon ist ein Phänomen, das jedes mögliche Ähnlichkeitsurteil begründet, aber nicht von ihm begründet werden kann.[383]

Eco bespricht in einer Wiederaufnahme dieser Theoreme die „Frage, wie ein Element von primärer Ikonizität – ‚Ähnlichkeit' im Sinn von Peirces *Likeness*, die eigentliche Grundlage der Wahrnehmungskonstanz – auch beim Wahrnehmen von Hypoikonen (Bildern), denen Analogiekriterien zugrunde liegen, erhalten bleiben könne."[384] Ähnlichkeit wird hier als *vor* dem Vergleich liegende, basale Wahrnehmungskategorie konzipiert: als „Empfindung", „Indexalität, ein Typ von Erfahrung, der die Form des *shock* hat, [...] ein Zusammenprall mit einem Individuum, mit einer *haecceitas*, die das Subjekt ‚trifft', ohne schon eine Vorstellung zu sein."[385] Dies verweist auf die fundamental *ikonische Dimension* von Wahrnehmung und Denken, die von der Antike bis in die Moderne unter

---

[381] Ebd., S. 121f.
[382] Ebd., S. 123.
[383] Ebd., S. 124.
[384] Ebd., S. 120. Er sucht neben der Umrisslinie weitere „Ersatzreize" zu bestimmen, durch die ‚primäre Ikonizität' ins Bild übersetzt wird. Vgl. ebd., S. 402ff. So seien etwa, „auch wenn ich mir darüber im Klaren bin, daß das, was ich sehe, nicht ein Glas, sondern das Bild eines Glases ist [...], die Wahrnehmungsschlüsse, die ich ins Spiel bringe, um etwas wahrzunehmen [...] dieselben, mit denen ich arbeiten würde, um das reale Objekt wahrzunehmen." (Ebd., S. 403) Zu Analysemöglichkeiten der Übersetzung ikonischer Wahrnehmung ins Bild ebd., S. 391–407.
[385] Ebd., S. 120. Zum Vergleich ebd., S. 124. „Das ist der *Ground* im Sinn des kognitiven, nicht des metaphysischen Prozesses, andernfalls wäre er die Substanz [...]: Man muß es [das Wort ‚Ground'] in seiner gängigen Bedeutung verstehen, als Erscheinung, Aussehen [...]. Weshalb nennt Peirce ihn Ikon und Ähnlichkeit (*likeness*) und sagt, er habe die Beschaffenheit einer *idea*? Ich glaube deshalb, weil Peirce der griechisch-abendländischen Tradition entstammt, für die die Erkenntnis immer durch ein Schauen hindurchgeht." (Ebd., S. 120f.).

1.4 Ähnlichkeit als Grundbegriff und Paradigma ästhetischer Erfahrung

den Begriffen der *Phantasie, Imagination, Einbildungskraft* und des *Imaginären* reflektiert wird;[386] so bespricht etwa Aristoteles ‚phantasmatische' Bilder (*phantasmata*) als „bildhafte Erscheinungen", die – etwa in Traum und Tragtraum – „irrationale Kombinationen dessen darstellen, was im Wachen wahrgenommen werde", und damit als „für jedes Denken und Erkennen unverzichtbare Denkformen"[387]. Auch hier wirkt Ähnlichkeit in basalen Phänomenen des *Hineinsehens* oder *Ähnlichkeitssehens* – das nicht nur eine weitere mögliche ‚Urszene' der Kunst, sondern auch einen nichtrepräsentationalen Bildtopos begründet[388] –, der *Pareidolie* oder des ‚*Sehen-als*', die auch das Theorem des Aspektsehens thematisiert.[389]

Diese kursorischen Bemerkungen deuten an, dass Ähnlichkeit als wirkmächtiger Begriff der Bildhaftigkeit zu werten ist, der neben repräsentationalen auch präikonische, inner- und interikonische Relationen auf vielfältige Weise prägt. Dabei wird nicht nur die historische Bedeutung der Ähnlichkeit durch die angesichts naiver Generalisierungen – wie der ‚Kopietheorie der Repräsentation' – angemessene systematische Kritik nicht geschmälert; vielmehr wirkt sie in einer dem Konnex von Ähnlichkeit und Bild bis heute zugestandenen privilegierten Darstellungsfunktion nach: „Resemblance, therefore, works as a kind of a standard of realisms or

---

386 Vgl. Wulf, Zur Performativität von Bild und Imagination, S. 43: Die „Möglichkeit, die Außenwelt in Form von Bildern zum Teil der menschlichen Innenwelt zu machen [...], sowie gleichzeitig die innere Vorstellungs- und Bilderwelt außerhalb des Menschen zu vergegenständlichen, ist eine *conditio humana*. Im Griechischen wurde sie Phantasie genannt, von den Römern als Imagination übersetzt, von Paracelsus als Einbildungskraft ins Deutsche übertragen und heute [...] oft als das Imaginäre bezeichnet."
387 Victoria von Flemming, „Mediale Ausprägungen des Phantastischen: Bildende Kunst (2.1)", in: *Phantastik: Ein interdisziplinäres Handbuch*, hg. v. Hans Richard Brittnacher u. Markus May, Stuttgart 2013, S. 198–226, S. 201 (im Verweis auf Aristoteles *De insomnii*, 460b-461a).
388 Neben „Spiegelungen, Schatten oder Abdrücken" kommt als anthropologischer Ursprung der Kunst auch ein „gezielte[s] Verstärken zufällig entstandener Ähnlichkeiten" in Frage (Scholz, *Bild, Darstellung, Zeichen*, S. 50), indem an „Wurzeln oder Steinen, die in der Form an Tierköpfe erinnern, Augen angebracht oder entsprechende Formen verstärkt" wurden (ebd., S. 59). Zu dem Bildtopos der Verbindung von Zufallsverfahren und Ähnlichkeitssehen seit Plinius und Leonardo vgl. Kap. I.2.1.3.
389 Zum Begriff des ‚Sehen-als' vgl. Richard Wollheim, „Sehen-als, sehen-in und bildliche Darstellung", in: ders. (Hg.), *Objekte der Kunst*, übers. v. Max Looser, Frankfurt a. M. 1982, S. 192–210. Endres betont im Verweis auf Wittgensteins „H-E-Kopf", „dass das Sehen-Als ein ‚Seherlebnis' begründet, in dem das Bemerken einer Ähnlichkeit – von Bild und Abgebildetem – und das gleichzeitige Bemerken einer Unähnlichkeit – des Abgebildeten mit der Sache selbst – eine paradoxe Gleichsetzung des Bildzeichens mit seinem Inhalt und damit eine ‚ästhetische Nichtunterscheidung' von Sein und Bedeuten zeitigt" (Endres, Unähnliche Ähnlichkeit, S. 49).

accuracy or truthfulness".³⁹⁰ Auch systematisch lässt sich die Ähnlichkeit des Bildes vor diesem Hintergrund reformulieren; so sieht Blanc-Benon in der gleichzeitigen Ähnlichkeit *und* Unähnlichkeit des Bildes³⁹¹ die Möglichkeit einer Überwindung der Theorieopposition von Naturalismus und Konventionalismus: Die theoretische Dichotomie von Ähnlichkeit und Zeichen sei verfehlt, insofern es sich um komplementäre Weisen des Nachdenkens über Bilder handele; sie sucht die vielfach als unvereinbar dargestellten Positionen Gombrichs und Goodmans als ‚Gefangene einer falschen Debatte' durch eine differenzierte Darstellung zu vereinen: Betrachte man beide Positionen nicht als zwei Seiten einer Medaille, „le mystère de la ressemblance reste entier".³⁹²

So lässt sich bildhafte Ähnlichkeit auch jenseits einer naturalistischen Kopietheorie fassen:

> Das Bild – ob das plastische Bild, das Tafelbild oder auch das virtuelle Bild – besitzt die Funktion, Wirklichkeiten durch Darstellung für uns erfahrbar zu machen. Dabei spielt die Ähnlichkeit die entscheidende Rolle. Das Bild hat die Möglichkeit, Merkmale, die sich nur unter voneinander verschiedenen Perspektiven zeigen, in einem Bildraum zur Darstellung zu bringen. Die verschiedenen Dimensionen der Wirklichkeit(en) einzuschmelzen in eine dem statischen Gebilde Bild eigene Raumzeit, – sodaß das Bild fähig sei, für uns in seiner Wirkung, Informationsmöglichkeit und als Auslöser unserer Imagination der Wirklichkeit ähnlich zu sein – ist ein Kunstschritt ungeahnten Ausmaßes. Er trägt in seiner Inkommensurabilität zur sogenannten „Magie" des Bildes bei.³⁹³

Dass Ähnlichkeit weder mit der Repräsentationsrelation zu identifizieren noch ihre Funktion in der Bildrelation zu generalisieren ist, wurde ebenso deutlich wie die Tatsache, dass die analytisch informierte Ähnlichkeitskritik des Bildes keinen grundsätzlichen Einwand gegen bildhafte Ähnlichkeit darstellt, sondern gegen deren Verkürzung auf die Bildrelation in naturalistischen Ähnlichkeitstheorien

---

390 Sakamoto, Representation, Resemblance, S. 145. Vgl. auch Kendall L. Walton, *Mimesis as Make-Believe. On the Foundations of the Representational Arts*, Cambridge, London 1993, S. 328: „[T]he more ‚similar' the world of a work is to the real world, the more realistic it may be said to be. This standard is neither simple nor univocal. [...] There will be decisions to be made about how much to weigh various particular points of similarity and difference."
391 Vgl. Blanc-Benon, *La Question du réalisme en peinture*, S. 59: „On pourrait dire que tout tableau porte à la fois ressemblance et dissemblance". Eine Dialektik von Ähnlichkeit und Unähnlichkeit beschreibt Didi-Huberman, *Fra Angelico*, S. 44f.
392 Blanc-Benon, *La Question du réalisme en peinture*, S. 61: Eine Option, diese Dichotomie aufzuheben, sieht Blanc-Benon im Ineinander der *Ähnlichkeit* der Farbe und der *Unähnlichkeit* der Zeichnung, das *Dioptrik* hervorhebt und das bereits Sokrates; die Betonung der Ähnlichkeit gehe oft mit der Betonung der Farbe einher, „pour parler d'une image mimétique et non plus d'une image-signe"' (ebd.).
393 Moser, Sinnbild und Abbild, S. 3.

eine angemessen komplexe Auseinandersetzung mit ikonischer Ähnlichkeit einfordert. Ein radikal konventionalistisches Dementi erscheint demgegenüber ebenso systematisch einseitig – gerade dort, wo bildhafte Ähnlichkeit auf zeichenhafte Unähnlichkeit reduziert wird – wie angesichts der in den Überlegungen zu mimetischer Ähnlichkeit angedeuteten Variabilität gerade auch moderner Ähnlichkeitskonzepte historisch überholt – „geht es hier doch, anders als bei Goodman, gerade nicht um mögliche Ähnlichkeiten zwischen Bild und Gegenstand im Sinne der traditionellen Mimesis-Konzeption".[394]

Sprachliche Ähnlichkeit

> Dass die Sprache ursprünglich poetisch ist und der Mensch ‚dichterisch wohnt', hängt damit zusammen, dass Ähnlichkeit das fundamentale Medium unseres In-der-Welt-Seins ist. (Robert Spaemann)[395]

Die fundamentale Bedeutung der Ähnlichkeit für die Sprache wurde – insbesondere hinsichtlich der Unbegrifflichkeit des Ähnlichen und der ‚Familienähnlichkeit' der Sprache – bereits angesprochen; gerade im ästhetischen Kontext literarischer und poetischer Sprache ist sie eng mit Überlegungen zu *mimetischer* und *bildhafter Ähnlichkeit* verknüpft. Im Blick auf ihre basale Funktion für Denken, Erinnerung, Assoziation, Begriffsbildung, Metapher und sprachliche Analogizität ist sie für sprachphilosophische und -theoretische Überlegungen von ebenso zentraler Bedeutung wie für die ästhetische und poetische Ähnlichkeitsreflexion und -produktion. In ihren vielfältigen, unter anderem semiotischen, semantischen, grammatischen, assoziativen und etymologischen Funktionsweisen strukturieren Ähnlichkeitsbezüge sowohl die Relationen von Wort und Sprache zum durch sie Dargestellten oder Ausgedrückten als auch die intra-sprachliche Relationierung von Buchstaben, Klangelementen, Wörtern, Sätzen und Texten.

Das Nachdenken über sprachliche Ähnlichkeit hat entsprechend eine so lange wie vielschichtige Tradition, die unmöglich zu umreißen ist, deren für die vorliegende Studie grundlegende Dimensionen sich jedoch in ihren begriffsbildenden, aber gerade auch begriffskritischen Aspekten andeuten lassen. Platons Dialektik und die Kategorienlehre Aristoteles', der mit dem topischen Charakter der Ähnlichkeit deren fundamentale Bedeutung für Klassifikation und Begriffsbildung betont, machen mit der „Bestimmung von Ähnlichkeit als Übereinstimmung in qualitativen Aspekten [...] Ähnlichkeit zur Basis von Klassifikationen";

---

394 Funk, Mattenklott, Pauen, Symbole und Signaturen, S. 10.
395 Spaemann, Ähnlichkeit, S. 56 f.

ihre Überführung in generische Merkmalsgleichheit erlaubt, Gattungen und Begriffe nach *genus proximum und differentia secifica* „in Form einer Begriffshierarchie" zu ordnen.[396] Dabei wird Ähnlichkeit ebenso die generische Funktion einer Festigung der Begriffe[397] wie das grundlegende Potential einer transgenerischen, analogischen Reorganisation[398] – besonders durch die Metapher – zugeschrieben; hier deutet sich eine Konkurrenz *dihairetischer* Begriffsbildung und *analogischer* Sprachauffassungen[399] und zugleich eine onto-epistemologische Dimension an: Die Erkenntnisfähigkeit und Angemessenheit des Begriffs und der Sprache werden im Blick auf die Frage diskutiert, ob sie Relationen zwischen den Dingen (angemessen) erfassen oder als rein sprachliche allererst ausdrücken, wie sie etwa die Debatte um Realismus und Nominalismus verhandelt.[400]

Dabei ist Ähnlichkeit letztlich für jedes Nachdenken über Sprache maßgeblich, wenn anerkannt wird, dass „[s]owohl die Konstitution als auch die Änderung von Worten [...] nach dem Ähnlichkeitsprinzip ('Ähnlichkeit' im weiten

---

396 Schenk, Ähnlichkeit, S. 51.
397 So vermutet die Aufklärung „ausgehend von der These des (onto)logische[n] Prinzip[s] ‚Natur = Vernunft' [...] dass die Individuen, Arten und Gattungen ursprünglich von den Substanzen seien. Eine Folgerung daraus ist, dass zwischen Substanz und Begriff eine Ähnlichkeit bestehe. [...] Man geht davon aus, dass die Benennung der Dinge der Intellektualwelt ‚von den Dingen der Körperwelt hergenommen sind, sofern sie nach unserer Vorstellungsart eine Aehnlichkeit damit haben, und wenn wir beyde mit eynerley Namen benennen, so ist der abstracte Begrif, den wir mit dem Worte verbinden, transcendent.'" (Schenk, Ähnlichkeit, S. 51 f.)
398 Dies betrifft nicht nur die Analogie als „Verhältnis von erkannter Wirklichkeit und deren sprachliche[m] Ausdruck" (Béla Weissmahr, „Analogie", in: Brugger, Schöndorf, *Philosophisches Wörterbuch*, S. 20–23, S. 24). Die analogische Verfasstheit des Denkens und das Erkenntnispotential analogischer Reorganisation betont etwa John Stuart Mill: „The processes of Classification, Reasoning, Imagination, and the inventive faculty generally, depend upon the identifying stroke of likeness in unlikeness." (Zit. n. Lobsien, *Kunst der Assoziation*, S. 188, Anm. 158).
399 Das analogische Moment der Sprache gerät poetisch und begriffskritisch in Konkurrenz zu begrifflicher Abstraktion: „Während die Begriffstheorie und dihairetische Logik auf der Subordination gleichrangiger Instanzen unter einen gemeinsamen Oberbegriff basiert und so zu Über- oder Unterordnungen gelangt, verbleibt die Analogietheorie grundsätzlich auf derselben Ebene und operiert mit der Gedankenfigur einer Zweiheit in der Einheit wie einer Einheit in der Zweiheit." (Gloy, Das Analogiedenken, S. 293).
400 Dies impliziert die sprachphilosophische und epistemologische Frage, ob sprachlich erzeugte Ähnlichkeiten auf ontologisch Vorliegendes verweisen, also Ausdruck einer substanziellen Verbindung sind, oder ob sie Ausdruck eines variablen Relationsgefüges sind, das etwa Wittgenstein antiessenzialistisch als *Familienähnlichkeit* beschreibt, ohne Sprache von ontologischer Bezüglichkeit abzukoppeln.

Sinn aufgefasst) vor sich" gehen.⁴⁰¹ Dies verdeutlichen nicht nur etymologische Forschungen, in denen „[d]ie Evidenz [...] in der *Ähnlichkeit* der in Beziehung gesetzten Wörter"⁴⁰² liegt, sondern auch die Reflexion auf die Funktionsweise sprachlicher Assoziation:

> Der Erkennende fasst seine Empfindungen durch Assoziation als miteinander ähnlich auf. Worte sind – gleich ob in realistischen oder nominalistischen Theorien – Zeichen für die daraus entstandenen Klassen von als ähnlich empfundenen Empfindungen. Die klassischen psychologischen Assoziationsgesetze der Ähnlichkeit, Kontiguität und Opposition formulieren diesen weiten Ähnlichkeitsbegriff. Unter diesem Ähnlichkeitsbegriff ist Ähnlichkeit *das* Prinzip der Sprache, durch sie werden nämlich die Bedeutungen von Worten erst konstituiert; mit ihm ist es auch zu beschreiben, wie Katachresen funktionieren, nämlich als Erweiterungen von Wortbedeutungen aufgrund der Ähnlichkeit der durch sie neu bezeichneten Empfindungen [...]."⁴⁰³

Ein solch weiter Ähnlichkeitsbegriff, der die konstitutive, auch für den Spracherwerb entscheidende Funktion der Ähnlichkeitserinnerung hervorhebt,⁴⁰⁴ verweist zugleich auf die Wahrnehmung von etwas „*als etwas*" und anderem ähnlich und auf deren kognitive Repräsentation, die assoziiert und typisiert, durch neue Verknüpfungen reperspektiviert und sprachlich reproduziert wird.⁴⁰⁵ Er setzt die Ein-

---

401 Strub, *Kalkulierte Absurditäten*, S. 484. Belege für eine solche Auffassung finden sich bei Cassirer, Mauthner, Wittgenstein, Hesse und Richards.
402 Stefan Willer, *Poetik der Etymologie. Texturen sprachlichen Wissens in der Romantik*, Berlin 2003, S. 3. Etymologisch wird „Sprache [...] in unabsehbar viele Elemente zersprengt; die Figur der Ähnlichkeit macht diese Elemente frei kombinierbar, indem Ähnlichkeiten überall wahrgenommen werden können, also ohne Berücksichtigung struktureller oder idiomatischer Grenzen. Ähnlichkeit ist deshalb, in Umkehrung der Perspektive, auch im Sinne einer Herstellung von Ähnlichkeiten zu verstehen, und Vergleichen im Sinne von Gleich-Machen. Der Begriff von Sprache, der so entsteht, ist nicht statisch, sondern metamorphotisch; die Ableitung genealogischer Beziehungen zwischen Wörtern erscheint demgegenüber oft nur als Sekundäreffekt. Außer mit *Verwandtschaften* hat man es mit *Verwandlungen* von Wörtern zu tun" (ebd., S. 4).
403 Strub, *Kalkulierte Absurditäten*, S. 481.
404 Vgl. Spaemann, Ähnlichkeit, S. 50 f.: „Etwas erinnert an etwas anderes, weil es mit diesem anderen zusammen eine übergreifende Einheit bildet. [...] Aller Spracherwerb vollzieht sich in der Stiftung einer solchen, vielen Menschen gemeinsamen Folge von Assoziationen innerhalb einer verbindlichen Struktur".
405 Wilhelm Köller, *Narrative Formen der Sprachreflexion. Interpretationen zu Geschichten über Sprache von der Antike bis zur Gegenwart*, Berlin, New York 2006, S. 309: „Fest steht, dass wir etwas gar nicht *an sich* und *für sich* wahrnehmen können, sondern immer nur *als etwas*. Ohne die Zuordnung von Erfahrungen und Vorstellungen zu typisierten und typisierenden Mustern sind kognitive Operationen undenkbar, weil wir uns nur dann in der Welt orientieren können, wenn wir Individuelles auf Allgemeines, Neues auf Bekanntes und Einmaliges auf Ähnliches zuordnen können."

sicht in basale sprachliche Ähnlichkeit und Analogizität voraus, deren moderne Bezugspunkte sich unter anderem in Wilhelm von Humboldts analogischer Sprachauffassung[406] finden. Neben Mauthner, Benjamin oder Wittgenstein beziehen modern etwa Ferdinand de Saussure und Roman Jakobson ähnlichkeitstheoretische Aspekte in ihre Sprachanalysen ein. Jenseits der semiotischen Konventionalität, Arbitrarität und Unähnlichkeit sprachlicher Zeichen, wie sie mit Descartes' *Dioptrik* anklang und modern etwa von de Saussure vertreten wird[407] – ihr stellt Peirce das bereits erwähnte ikonische Zeichen zur Seite –, prägt sie etwa Überlegungen zu semantischer *Relationierung* und sprachlicher *Ikonizität*, wie sie in Assoziation und Metapher wirken.

Diese Aspekte stehen bereits in der antiken Sprachreflexion nebeneinander. So ist trotz der in Platons *Kratylos* mit skeptischem Bedauern angenommenen Einsicht, dass Wörter und Dinge nicht, wie die *physei*-These behauptet, durch mimetische Ähnlichkeit verbunden sind, die Reflexion über Ähnlichkeit zentral für sprachliche Mimesis, die die Theoreme Platons und Aristoteles' – mit Bezug auf den Referenzbereich der Malerei und ihrer Ähnlichkeitseffekte – als Modell sprachlicher Repräsentation, dichterischer Mimesis und literarischer *poiesis* begründen: Sie prägt insbesondere die Reflexion über sprachliche Ikonizität und metaphorische Ähnlichkeit. Unbeschadet der dort belegten Konventionalitätsthese bezeugt „die ungeheure Wirkungsmacht des *Kratylos* [...], daß die *Utopie* von einer transparenten, die Dinge gleichsam zeigenden, ‚malenden' Sprache über Jahrtausende ungebrochen ist".[408] Bereits vor Platons Analogisierung von Dichtung und Malerei nennt der Dichter Simonides von Keos „die Malerei [...] eine stumme Poesie [...] und die Poesie [...] eine redende Malerei", wie Plutarch überliefert:[409] „Es gilt also auch für sprachliche Texte das Ideal einer *bildlichen Anschaulichkeit*"; sie sollen

---

406 Vgl. Art. „Analogie, Analogieschluß", in: *Metzler-Lexikon Philosophie: Begriffe und Definitionen*, hg. v. Peter Prechtl u. Franz-Peter Burkard, Stuttgart, Weimar 2008, S. 21. Humboldts Sprachverständnis zufolge ist Sprache ein Gewebe aus Ähnlichkeitsrelationen: „The analogical network shows how we organize the world linguistically. [...] Language forms analogically the matter of the phenomic world because it is through analogy that we realize our first gnoseologic approach to the world. In this way, Humboldt connected himself to a tradition that runs from Aristotle to Kant. This tradition has interpreted similarity as a creative way of interpreting the world and finding the analogical knowledge that builds the first steps in the other processes of knowledge" (Arduini, Similarity and Difference in Translation, S. 11).
407 Gemeinhin wird Saussures Betonung sprachlicher Differenz hervorgehoben; doch wird auch ihm zufolge *Sprachwandel* „by analogy, that is, by similarity" vorangetrieben (Arduini, Similarity and Difference in Translation, S. 12).
408 Ebd., S. 66, Anm. 177.
409 Andree, *Archäologie der Medienwirkung*, S. 63.

verfahren ‚wie die Malerei' und ihre Erzeugnisse dem Gegenstand *ähnlich* machen [...], wobei das Bild als Archetyp der Ähnlichkeit stets mitgedacht wird [...]. Von nun an ist das Paradigma des visuell wahrgenommenen Bildes (der Malerei, der Skulptur etc.) unauslöschlich mit jeder Thematisierung von ‚sprachlicher Anschaulichkeit' verbunden.[410]

Diese Vorstellung wirkt in der mimologischen Tradition[411] im Verein mit der adamitischen Sprachauffassung[412] weiter, Spekulationen über die Motiviertheit sprachlicher Zeichen begründend, etwa in Signaturenlehren, Natursprachmodellen und sprachmystischen und sprachmagischen Konzepten; im Ähnlichkeitsbegriff klingt so auch die „Transformation einer magischen Tradition"[413] an, die in kombinatorischen, onomatopoetischen und metamorphotischen Sprachkonzepten wirkt. An dieser Tradition partizipiert modern noch Benjamins „Lehre vom Ähnlichen", der zufolge die Sprache als Archiv ‚unsinnlicher Ähnlichkeit', als ein das Ausdruckssystem durchwaltender Fundus mimetischer Bezüge, ein ursprünglich ‚mimetisches Vermögen' bewahrt.[414] Der Aspekt ‚sprachlicher Anschaulichkeit' ist darüber hinaus in einem grundlegenden Sinn für Konzeptualisierungen von Sprachbildlichkeit relevant – wie sie die ‚Ästhetik des Ähnlichen' insbesondere in der Charakterisierung von Metapher und Gleichnis, Symbol, Allegorie und Witz thematisiert. „Als Träger einer Vorstellung ist das Wort derart eng an deren Bildcharakter gebunden, daß sich der Sprachgebrauch mühelos in das System einer auf dem Prinzip des natürlichen Zeichens beruhenden Mimesis eingliedern lässt"; so ist das „semantische Verhältnis zwischen Wort und Bild durch einen Ähnlichkeitsnexus verbürgt".[415] Gerade mit der Metapher ist nicht nur die paradigmatische Bedeutung sprach(bild)licher Ähnlichkeit für die poetische Sprache,

---

410 Ebd., S. 64.
411 Vgl. Genette, *Mimologiken*. So werden auch für die Sprache ‚arbitraritätseinschränkende Mechanismen' angenommen. Andree verweist auf die „Vielzahl von Folgetheorien prominentester Autoren", die „belegt, wie wirkungsmächtig der Gedanke oder der Wunsch war, die gesamte Sprache könne im Verhältnis der Ähnlichkeit zu ihrem Gegenstand stehen" (Andree, *Archäologie der Medienwirkung*, S. 66, Anm. 177).
412 So beschreibt etwa Vico „‚die heilige Sprache Adams'", dem „‚Gott die göttliche Onomathesia, d.i. Namensgebung nach dem wahren Wesen des Gegenstandes gewährte'" (zit. n. Jörg Zimmermann, „Ästhetische Erfahrung und die ‚Sprache der Natur'. Zu einem Topos der ästhetischen Diskussion von der Aufklärung bis zur Romantik" in: ders. (Hg.), *Sprache und Welterfahrung*, München 1978, S. 234–257, S. 246).
413 Willer, *Poetik der Etymologie*, S. 5.
414 Vgl. Walter Benjamin, „Lehre vom Ähnlichen", in: ders., *Gesammelte Schriften*, Bd. II, 1, hg. v. Rolf Tiedemann u. Hermann Schweppenhäuser ²1989, S. 204–210.
415 Albrecht Koschorke, *Körperströme und Schriftverkehr. Mediologie des 18. Jahrhunderts*, München 2003, S. 355. Es sei „Aufgabe der Einbildungskraft [...], Wort- und Sachgedächtnis aneinanderzuknüpfen. Doch es handelt sich dabei doch mehr um das Aufspüren einer Verwandtschaft als um ein Durchqueren des leeren Raumes der Sprachkonvention." (Ebd.)

sondern auch eine mit ihrer Bildlichkeit und Analogizität begründete sprachfundamentale, sprachgenetische und onto-epistemologische Dimension angesprochen, die Annahme, die Dichtung weise eine privilegierte Verbindung zu Wahrheit oder Wirklichkeit auf. Dabei lässt sich, wie in den Überlegungen zur Unbegrifflichkeit des Ähnlichen und zur basalen sprachlichen Ikonizität vorweggenommen, das Nachdenken über die Metapher als stellvertretend für die Ähnlichkeitsreflexion auffassen: Sie ist gewissermaßen sprachlicher Ausdruck des Akts der Ähnlichkeitsfeststellung.

An die bereits von Aristoteles in ihrer sowohl ästhetisch als auch epistemologisch grundlegenden Bedeutung betonte „Ähnlichkeit des metaphorisch Verbundenen" schließt eine bis in die Moderne reichende rhetorische, poetologische und metapherntheoretische Auseinandersetzung mit metaphorischer Ähnlichkeit an:[416] Die Metapher als „der Ähnlichkeitstropus schlechthin"[417] kann als eines der Schlüsselkonzepte der ‚Ästhetik des Ähnlichen' gelten. Dabei wurde die von Aristoteles betonte „Rolle des Ähnlichen, genauer: der Analogie", die die rhetorische Metapherntheorie und die poetische Tradition vermittelt, „von der neueren Diskussion stets desavouiert", insofern die Metapherntheorie die Verabschiedung der Ähnlichkeit durch die moderne Metaphorik behauptet – insbesondere durch die des Surrealismus, der in der ‚Kühnheit' des metaphorisch Verbundenen das analogische Prinzip überdehne.[418] Problematisiert er so die metaphorische Ähnlichkeit begründende vergleichende Konzeption, so zeigt sich hier sowohl der Anschluss an die ästhetische Tradition als auch die rekonzeptualisierende Arbeit an Ähnlichkeit. Gerade die Wendung sprachlicher Metaphorizität gegen die Identitätslogik verweist dabei auf einen wesentlichen Aspekt moderner Ähnlichkeitsreflexion.

> Metaphern werden über Ähnlichkeit definiert, Begriffe über Identität und Unterschied. [...] Bei der Bildung von Metaphern geht es um die treffende Auswahl von Vergleichbarem auf der Basis der Ähnlichkeit; bei der Erzeugung von Begriffen um die logische Bestimmung der Eigenschaften auf der Basis von Identität und Verschiedenheit. Das eben ist gemeint, wenn es heißt, an die Stelle der logischen Identität begrifflichen Denkens kommt die ästhetische Umschreibung nach Direktiven der Ähnlichkeit zu stehen.[419]

---

416 Lau, *Metaphertheorien der Antike*, S. 23.
417 Ricœur, *Die lebendige Metapher*, S. 168.
418 Sybille Krämer, „Sagen und Zeigen. Sechs Perspektiven, in denen das Diskursive und das Ikonische in der Sprache konvergieren", in: *Zeitschrift für Germanistik* 13, 3 (2003), S. 509–519, S. 514. Vgl. zur surrealistischen Metapher Willer, Metapher/metaphorisch, S. 127.
419 Gamm, *Flucht aus der Kategorie*, S. 346.

1.4 Ähnlichkeit als Grundbegriff und Paradigma ästhetischer Erfahrung

Indem sie einen basalen, ‚vor' oder jenseits der Bestimmung begrifflicher Identität liegenden Aspekt der Ähnlichkeit aufscheinen lässt, tritt die Metapher in Konkurrenz zum Begriff: Die Frage nach dessen Angemessenheit diskutiert die „Sprachkritik der Moderne [...] unter dem Begriff der Ähnlichkeit."[420] Gerade in der mit den Überlegungen zu Unbegrifflichkeit angedeuteten sprachfundamentalen Dimension betonen die Bedeutung der Metapher im zwanzigsten Jahrhundert neben Wittgenstein und Blumenberg etwa Robert Spaemann, Karl Löwith und Hans-Georg Gadamer, die das Wirken einer ähnlichkeitsbasierten metaphorischen „‚Substruktur des Denkens'" beschreiben,[421] statt Sprache an einem Anspruch logischer Formalisierung zu messen: „Die natürliche Sprache ist im Unterschied zur Wissenschaftssprache wesentlich metaphorisch. Sie eliminiert nicht, sondern eröffnet Ähnlichkeitsräume."[422]

So ist Ähnlichkeit in aller Vielschichtigkeit ihrer von formalen Aspekten der Relationierung bis zu Topoi des Ähnlichkeitsdenkens im engeren Sinn reichenden Dimensionen für die Sprachphilosophie, die Begriffstheorie und Theorien der Metaphorizität und Ikonizität[423] gleichermaßen bedeutsam, spielt aber insbesondere auch in poetologischen Konzeptionen noch der Moderne eine ungebrochene, variable Rolle – trotz beständiger Hinweise auf die Differenzialität sprachlicher Zeichen oder auch die seit Foucault immer wieder bekräftigte These, dass ähnlichkeitsbasierte Zeichenauffassungen mit der Aufklärung von einer „binären Logik der ‚Repräsentation'" abgelöst werden:[424] Wie in den Überlegungen zu nichtimitativen Ähnlichkeitskonzepten der Moderne angedeutet, lässt sich gegen eine „auf die Spaltung von Zeichen und Bezeichnetem abstellende[] Sprachkritik" der „Bezugsreichtum" selbst noch einer Sprache wenden, die „einen eigenen Bereich von Ähnlichkeiten hervorbringt, der – gerade weil die

---

[420] Dommaschk, *Ähnlichkeit und ästhetische Erfahrung*, S. 25.
[421] Blumenberg, zit. n. Lau, *Metapherntheorien der Antike*, S. 25, Anm. 60.
[422] Spaemann, Ähnlichkeit, S. 56 f. So betont Löwith „den *universalen* und *fundamentalen* Charakter der Sprache als einer ‚metaphorischen' – auf der entdeckten Ähnlichkeit zwischen den Dingen gegründeten und die Auffassung des Menschen von den Dingen ausdrückenden – ‚Rede'" (Lau, *Metapherntheorien der Antike*, S. 24). Gadamer rückt die Metapher als Ausdruck der „Zusammenschau des Gemeinsamen" in den Kontext einer philosophischen Hermeneutik (Willer, *Poetik der Etymologie*, S. 25): „Mit dem Terminus ‚Ähnlichkeit' öffnet Gadamer ausdrücklich den historischen Durchblick auf ein Schlüsselwort der antiken Metaphorologie und auf die das Problem der Ähnlichkeit intensiv durchdenkende griechische Philosophie [...], damit zugleich aber auch auf die philosophischen Implikationen der Metapher." (Ebd., S. 24).
[423] Vgl. u. a. die Reihe *Iconicity in Language and Literature*; Roland Posner: „Ikonismus in den natürlichen Sprachen", in: ders. et al. (Hg.), *Ikonismus in den natürlichen Sprachen (Zeitschrift für Semiotik* 2, 1/2 (1980), S. 57–82.
[424] Endres, Unähnliche Ähnlichkeit, S. 29.

Sprache nicht mehr per Ähnlichkeit an die Ordnung der Dinge gebunden ist – ganz neue Bezüge herzustellen erlaubt".[425]

1.5 Fazit: Schlüsselbegriffe einer (modernen) Ästhetik des Ähnlichen

> Ein einziger veränderter Zug des Ähnlichen vermag durch seine auf verschiedene Weise eingesetzte Ungleichheit das ganze System zu verändern. (Viktor Schklowskij)[426]

Für einen ästhetischen ‚Grundbegriff' der Ähnlichkeit wie für die ‚Ästhetik des Ähnlichen' relevant ist vor dem Hintergrund dieser Vorüberlegungen ein über die *verbegrifflichende Reduktion auf Identität* ebenso wie über die *Identifikation mit Repräsentation* hinaus erweiterter Ähnlichkeitsbegriff: Für ihre ästhetische Konzeptualisierung zentral ist, dass sich die *Ungleichheit* und *Unbegrifflichkeit* der Ähnlichkeit gegen ähnlichkeitskritische Argumente wenden lassen und so Relevanz für den Erkenntnisanspruch der Kunst erlangen: Ähnlichkeitsfeststellungen sind relativ, graduell, transitorisch, subjektiv, abhängig von Standpunkt und Perspektive, Relevanzkriterien und Kontext und weisen so zugleich Unschärfe und eine konstitutive, irreduzible Komplexität auf. Werden jedoch die Überschüsse der Ähnlichkeit als Reichtum ästhetischer Erfahrung bewertet, so kann ihre Unschärfe nur aus der Perspektive verbegrifflichenden Denkens als Mangel erscheinen. Nicht zuletzt die ihrem ästhetischen Gebrauch inhärente Tendenz, diese Unbestimmtheit zu positivieren, bedingt – als Kehrseite ihrer Vagheit – die Produktivität der Ähnlichkeit.

> Die aus der Perspektive propositionaler Erkenntnis zu konstatierende Unbestimmtheit von Ähnlichkeitsrelationen und der ästhetischen Erfahrung lässt sich so als Gewinn darstellen: Ästhetische Erfahrung erscheint dann als überreiche Erfahrung von Ähnlichkeiten und Verweisen, deren Fülle begrifflich nicht einzuholen ist. Die Ähnlichkeitserfahrung ist demnach geprägt durch eine Dialektik von Mangel und Überfluss. Was dem begrifflichen Wissen als Mangel erscheint, die Vagheit der Ähnlichkeit, ist so nicht als defizitärer Erkenntnismodus zu begreifen, sondern als eine andere Art der Erfahrung, die nur bedingt begrifflich darstellbar ist.[427]

Gerade im Sinne einer ‚Positivierung des Unbestimmten' wird Ähnlichkeit für die ästhetische Moderne relevant. Ähnlichkeitsfeststellungen sind nicht auf die Reproduktion einsinniger, messbarer oder objektivierbarer, dialektisch oder katego-

---

425 Ebd., S. 26.
426 Schklowskij, *Von der Ungleichheit des Ähnlichen in der Kunst*, S. 14.
427 Dommaschk, *Ähnlichkeit und ästhetische Erfahrung*, S. 38.

rial überprüfbarer generischer Relationen festgelegt; sie stellen potentiell vielfältige, sinnliche und unsinnliche und, gerade wo sie transgenerische Bezüge knüpfen, lediglich ‚verwandtschaftsanaloge' Relationen her, „eine ähnlichkeitsähnliche Ähnlichkeit, die als solche – als ‚unähnliche Ähnlichkeit' – aber zugleich ein Verhältnis der Stellvertretung und Repräsentation zwischen den Objekten des Vergleichs zu begründen vermag."[428] Dabei kennzeichnet das Denken in Ähnlichkeiten, so Funk, Mattenklott und Pauen, ein charakteristischer *Perspektivismus*: Potentiell gehe „ein Gegenstand mit *all* seinen Eigenschaften oder Erscheinungsweisen in die Ähnlichkeitsbeziehung ein – nicht zuletzt hieraus ergibt sich der Perspektivismus des Ähnlichkeitsdenkens"[429]. Wie in dem Hinweis auf das Wirken der Ähnlichkeit in basalen Phänomenen der Wahrnehmung und Imagination, in Metapher, Typisierung und Schematisierung betont, weisen Ähnlichkeitsfeststellungen ein Ineinander von Wahrnehmungsnähe und *Gemachtheit* auf, das – wie zu zeigen sein wird – historisch als Ablösung der epistemologisch relevanten *Entdeckung* oder mimetischen ‚Abbildung' ontologisch vorliegender Ähnlichkeit durch ihre *Herstellung* und ein innovatives oder kreatives ‚Schaffen' von Ähnlichkeit beschrieben wird. Doch nicht zuletzt angesichts der Tatsache, dass das Subjekt der Ähnlichkeitsfeststellung „nicht distanzierter Beobachter" ist,[430] dass es vielmehr, wenn auch subtile oder vorläufige Akte des Erkennens, Vergleichens, Deutens, Zuordnens und Interpretierens unternimmt, die im Modus des *Als-ob* verbleiben können, zeigt sich – gerade im ästhetischen Kontext – der „Doppelcharakter" der Ähnlichkeit, „als auf- und vorgefundene, empfundene einerseits und als hineingelesene andererseits" zugleich vorfindlich (abgebildet) *und* konstruiert (geschaffen) zu sein.[431] Das scheinbar ins Amimetische kippende (Er-)Finden von Ähnlichkeiten ist in diesem Ineinander konstruktiver und epistemologischer Momente in der Ähnlichkeitsproblematik immer schon enthalten:

---

428 Endres, Unähnliche Ähnlichkeit, S. 53: „‚Familienähnlichkeit' und ‚ästhetische' Ähnlichkeit sind damit aber auch in einem Maße begrifflich inexakt (oder ‚unklar' im Sinne Benjamins), in dem sie eine doppelte gedankliche Operation ausführen: das Vergleichen und Ähnlichfinden von Ähnlichkeitsphänomenen mit verwandtschaftlicher Ähnlichkeit und die Transposition eines solchen Nexus in eine nur metaphorische, d. h. nichtkausale Ähnlichkeitsbeziehung. Zumindest das ästhetische Ähnlichkeitsurteil reflektiert damit immer schon auf eine Ähnlichkeit ‚auf zweiter Stufe'".
429 Funk, Mattenklott, Pauen, Symbole und Signaturen, S. 20.
430 Ebd., S. 11; vgl. auch S. 12.
431 Helmut Kaffenberger, „Denkbilder des dritten Raums? Walter Benjamins Theorie des Ähnlichen", in: Breger, Döring (Hg.), Figuren der/des Dritten, S. 39–64, S. 49.

> Die Feststellung von Ähnlichkeit impliziert daher nicht nur eine Erkenntnisleistung bezüglich der Wirklichkeit, sondern ist auch mit einer Gestaltung derselben verbunden – eine Konsequenz, die wesentlich für die Prominenz der Ähnlichkeit im ästhetischen Diskurs verantwortlich ist, der es ebenfalls mit Prozessen der Formierung von Wirklichkeit und deren Reflexion zu tun hat [...].[432]

Aus diesem Doppelcharakter ergibt sich nicht nur ein (meta-)reflexiver Konnex von Ähnlichkeit und Mimesis, Realismus und Repräsentation, der im letzten Kapitel als historisch und systematisch variables, vieldeutiges Verhältnis angedeutet wurde, sondern auch eine spezifische Aufmerksamkeit für den Ähnlichkeits*aspekt*, was die ästhetische Tradition in einer reflexiven Überbietung konventioneller und etablierter Ähnlichkeitsbezüge durch unerwartete, subtilere oder innovative auswertet. Dabei ist es bereits in der aristotelischen Metapherntheorie gerade der akzidentelle und

> okkasionelle Zug, der dem Bemerken der Ähnlichkeit überhaupt erst eine nicht-triviale Qualität verleiht. Denn wenn – wie Platon und viele andere nach ihm festgestellt haben – grundsätzlich alles allem ähnlich sein kann, dann wird ‚unerwartete Aehnlichkeit' verlangt, um der Ubiquität des Phänomens den Reiz des Ungewöhnlichen abzugewinnen.[433]

Damit liegt „ästhetischer Ähnlichkeit ein paradoxes Moment zugrunde, insofern sie ‚unwahrscheinliche Ähnlichkeit' [ist], d. h. universell und singulär zugleich".[434] Das Potential, gegen die Festlegung der Ähnlichkeit auf die Übereinstimmung mit bereits Bekanntem und Erwartbarem zu intervenieren, besitzt insbesondere die Metapher, die ihre umperspektivierenden Reorganisationsakte auf die Analogizität und Assoziabilität der Sprache stützen kann. „Der Tropus [...] ist das im Gewohnten neu Gesehene, er ist die Bewußtwerdung der Ungleichheit des Ähnlichen."[435] Dies wertet in der ästhetischen Moderne der Surrealismus aus, darin an die nachfolgend skizzierte ästhetisch-epistemologische ‚Tradition' der Ähnlichkeitsreflexion und -produktion anschließend, die das (Er-)Finden entlegener, unvorhergesehener oder entfernter Ähnlichkeiten würdigt und damit ein spezifisch ästhetisches Erkenntnispotential einfordert. So ist es gerade die Kunst, die – mit Schklowskijs avantgardetheoretischer Ähnlichkeitsauffassung formuliert –, in der Ungleichheit des Ähnlichen ‚das Neue vermerkt', das ein gesamtes ‚System zu verändern' vermag.

In den kursorisch skizzierten Überlegungen zu *mimetischer, bildhafter* und *sprachlicher* Ähnlichkeit deutete sich die historische und systematische Variabilität

---

[432] Endres, Unähnliche Ähnlichkeit, S. 33.
[433] Ebd., S. 34.
[434] Ebd., S. 35.
[435] Schklowskij, *Von der Ungleichheit des Ähnlichen in der Kunst*, S. 14.

1.5 Fazit: Schlüsselbegriffe einer (modernen) Ästhetik des Ähnlichen — 117

des ästhetischen Wirkens der Ähnlichkeit an, die einer vereinfachenden Festschreibung der Ähnlichkeit auf Repräsentation und Identität widerspricht; eine solche Festschreibung problematisiert die ästhetische Moderne ebenso wie die neuere Theorie, aus der einige Ansätze angeführt wurden, die Ähnlichkeit *vor* oder *jenseits* dieser Zuordnung denken.

So zeigt sich, dass die moderne Mimesiskritik weder das Ende der Mimesis noch das der Ähnlichkeit bedingt, sondern die Aufkündigung ihrer Reduktion aufeinander, die diese vermeintlich evidente Verbindung als Prinzip der Repräsentation festschreibt: Mit der Ablehnung einer ‚bloßen Kopie' oder Widerspiegelung des Wirklichen wird nicht Mimesis, sondern ihre Verkürzung auf Imitation ‚ausgetrieben' und der repräsentationale Konnex von Mimesis und Ähnlichkeit entkoppelt, *ohne* auf den Einsatz von Ähnlichkeit zu verzichten. Dies verweist auf einen Theoriebedarf, der die „aktuellen Anstrengungen, den Begriff Mimesis von der diskreditierten Tradition der ‚Nachahmung' zu befreien",[436] neu orientiert, ohne der theoretischen Austreibung der Ähnlichkeit zu folgen, die nicht zuletzt auf der Tatsache beruht, dass „,Mimesis' seit der Neuzeit verstärkt als ein Modell der *Repräsentation* interpretiert wurde, gebunden an eine Relation von selbstidentischem Vorbild und nachahmendem Abbild. Erst in der jüngeren Theoriegeschichte wird die Vielschichtigkeit des Mimesis-Begriffs von neuem entdeckt."[437] Gerade ein weiter Begriff, der sich den vielfältigen Möglichkeiten der Ähnlichkeitsproduktion und -rezeption in einer Konstellation öffnet, die nicht nur ihre Gegenstände und Produkte, sondern auch mimetische Subjekte und Praktiken in den Blick nimmt oder „Mimesis als eine Form ästhetischer Aneignung, die mit Ähnlichkeiten operiert und dem Zeichengebrauch voraus liegt"[438], versteht, lässt ästhetische Repräsentationspraktiken nach der ‚Krise der Repräsentation' fassen; im Sinne einer solchen Öffnung erlebt der Mimesisbegriff in jüngerer Zeit eine theoretische Renaissance.[439]

---

436 Lima, Mimesis/Nachahmung, S. 86.
437 Becker, Doll, Wiemer, Zechner, Einleitung, S. 12. Vgl. zur Ablösung des Mimesisbegriffs durch den kaum weniger problematischen Begriff der *Repräsentation* auch Tobias Schöttler, „Darstellung (historisch)", in: Schirra, Halawa, Liebsch (Hg.), *Glossar der Bildphilosophie* (2013), online unter http://www.gib.uni-tuebingen.de/netzwerk/glossar/index.php?title=Darstellung_(historisch), 20.3.2019.
438 Otto, Mimesis, o. S.; vgl. den Verweis auf Robert Weimann, *Shakespeare und die Macht der Mimesis. Autorität und Repräsentation im elisabethanischen Theater*, Berlin, Weimar 1988: Er entwerfe Mimesis als „sinnlich-körperliche[n] Vorgang" und zugleich als „auf das Verhältnis von Darstellung und Macht bezogen", also „als Tätigkeit, Performanz und Aneignung *innerhalb des Repräsentationsvorgangs*" (zit. n. ebd., S. 12).
439 Vgl. Hüttinger, *Der Tod der Mimesis*, S. 17; vgl. Tomberg, Mimesis, S. 418.

Einer theoretischen Perspektive, die Ähnlichkeit jenseits der Verkürzung auf Repräsentation denkt, lässt sich etwa Rancières Verweis auf die moderne ‚Rekodifizierung' des Verhältnisses von Mimesis und Ähnlichkeit und sein Begriff der „Archi-Ähnlichkeit" zuordnen,[440] aber auch das Nachdenken über basale bildliche und sprachliche Ikonizität, etwa als ‚vor dem Vergleich' konzipierte Bestimmung ikonischer Ähnlichkeit, wie sie Eco im Rekurs auf Peirce andeutet. Die Semiotik

> habe sich geweigert, ‚philosophisch' über den Begriff Ähnlichkeit nachzudenken, und diese zu erklärende Ähnlichkeit sei nicht die Entsprechung zwischen zwei Objekten (sagen wir einer Zeichnung und ihrem Vorbild) gewesen, sondern die Peircesche *Firstness*, als innere Differenz, ‚die nicht konkrete Objekte unterschiedet, sondern deren Individuation und Konstitution vorbereitet' [...]. Fabriccesi sagte voraus, dass das Thema in der Textsemiotik wieder auftauchen würde, in der Diskussion über die Metaphern, über die Interpretationskooperationen, über das Erkennen von *frames* [...].[441]

Dem Hinweis auf eine solche protosemiotische oder präikonische Dimension lässt sich eine Perspektive auf die Genese bildhafter Ähnlichkeit als ‚Verähnlichungsaktivität' und ‚Sichtbarmachung' im Sinne eines Hervorbringens oder Erscheinens der Ähnlichkeit ebenso ableiten,[442] wie sich der Verweis auf die in metaphorischen Akten wirkende basale sprachliche Ikonizität daran anknüpfen lässt – die in einer explizit unbegrifflichen Tradition *topischer* Ähnlichkeit stehende ‚schöpferische Kraft des Sehens des Ähnlichen' (Gruber) – und eine semantische und perzeptuelle *Herstellung* von Ähnlichkeit, wie sie etwa Merleau-Ponty betont.

Die Herausforderung einer Untersuchung der Ähnlichkeit als ästhetisches Paradigma gerade auch der Moderne liegt, wie in den letzten Kapiteln gezeigt, nicht zuletzt in der theoretischen Voreingenommenheit gegenüber den Potentialen des Ähnlichkeitsbegriffs. Zugleich kann sie an die genannten und viele weitere, im Verlauf aufgegriffene Ansätze und Perspektiven anschließen, die das Denken in Ähnlichkeiten als Paradigma ästhetischer Erfahrung und alternatives

---

440 Rancière, *Politik der Bilder*, S. 16.
441 Eco, *Kant und das Schnabeltier*, S. 549, Anm. 2. Eco geht auf den semiotischen Streit um Ähnlichkeit der 1960er Jahre ein (vgl. ebd., S. 79 ff.). Die Rekapitulation kann hier nicht nachvollzogen werden; stattdessen sei auf die fruchtbare Diskussion um Ikonizität verwiesen: Vgl. u. a. die seit 2005 erscheinende Reihe *Iconicity in Language and Literature*, hg. v. Olga Fischer et al., Amsterdam.
442 Vgl. Mersch, Sichtbarkeit/Sichtbarmachung: Mit dem Begriff „‚Sichtbarmachung'" plädiert Mersch für eine *„andere Philosophie des Bildlichen"*, die an die Stelle der platonisch-repräsentationalen Bildauffassung „die Betonung der ‚Hervorbringung' (*poiēsis*), der ‚Bedingungen des Erscheinens', des sichtbar gemachten ‚Als' sowie dem ‚Spiel zwischen Sichtbarkeit und Unsichtbarkeit'" betont (ebd., S. 1 f.).

Rationalitätsmodell zu rehabilitieren suchen und angemessen komplexe Ähnlichkeitsmodelle jenseits ihrer depotenzierenden Reduktion auf Identität und Repräsentation entwerfen: Eine Untersuchung der Latenzen und Kontinuitäten des Ähnlichen in der Moderne muss Perspektiven entwickeln, die ihre Marginalisierung überwinden, ohne hinter das Reflexionsniveau der formulierten Ähnlichkeitskritik zurückzufallen.

2 Schlüsselmomente der Ästhetik und Epistemologie des Ähnlichen

Die folgenden Überlegungen dienen einer historischen Konturierung der Ästhetik und Epistemologie des Ähnlichen. So soll eine auf *Schlüsselmomente* der Ähnlichkeitsreflexion und -produktion konzentrierte Darstellung für den vorliegenden Zusammenhang relevante Dimensionen, Theoreme, Topoi, Begriffe und Verfahren der ästhetisch-epistemologischen „Tradition" erarbeiten, wie sie Funk, Mattenklott und Pauen ausmachen[1] – genauer, der verflochtenen *Traditionslinien*, an die die ästhetische Moderne anknüpft –, oder, insoweit von Überlegungen vor der Begründung der Ästhetik gehandelt wird, der „Vorgeschichte"[2] der modernen und insbesondere der surrealistischen ‚Ästhetik des Ähnlichen'.

Neben der Rekonstruktion von Quellen der Ähnlichkeitsreflexion dient dies der Rekapitulation zentraler Forschungspositionen. Der Tatsache, dass sich die Ähnlichkeitsreflexion – bis in die postmoderne Kritik – aus der Rezeption antiker Quellen speist, wird durch eine entsprechende Schwerpunktsetzung ebenso Rechnung getragen wie der Diskussion von Foucaults ‚Verdrängungsgeschichte' der Ähnlichkeit und den Rückbezügen des Surrealismus auf Manierismus, Romantik und Symbolismus. In einer solchen Perspektive können ‚Wahlverwandtschaften' der ästhetischen und epistemologischen Arbeit an Ähnlichkeit über historische Differenzen – gerade auch über die Leitdifferenz von Moderne und Vormoderne – hinweg in den Blick genommen werden.[3]

---

[1] Funk, Mattenklott, Pauen, Symbole und Signaturen, S. 30. Ein – angesichts der Variabilität der Begriffe, Konzepte, Theoreme, Figuren, Verfahren und Praktiken der Ähnlichkeitsreflexion und -produktion vermessener – Anspruch auf Vollständigkeit ist ebensowenig Ziel wie der Anspruch, dem historischen Kontext jeweils auf der Höhe der Forschung gerecht zu werden. Doch soll ein allzu summarischer Zugang vermieden werden, wie ihn die Einleitung des Bandes *Ästhetik des Ähnlichen* vorstellt: Die hier entworfene historische Folie für die moderne Auseinandersetzung engt eine durch Foucaults *Ordnung der Dinge* geprägte Perspektive auf eine neuplatonisch geprägte Tradition ein, deren Beispiele holzschnittartig bleiben. Es muss jedoch zugutegehalten werden, dass die Konzentration der Aufsätze auf Ähnlichkeit in der ästhetischen Moderne Foucaults Periodisierung gerade in Frage stellt. Vgl. dazu Kap. I.2.8.

[2] Bhatti, Vorwort, S. 11; vgl. zur „Vorgeschichte der Ähnlichkeit am Beginn der Moderne" Patrut, Rössler, Ähnlichkeit um 1800, S. 19.

[3] Der Begriff ‚Wahlverwandtschaft' verweist, wie einleitend angedeutet, nicht auf einen methodisch scharfen Modus des Vergleichs, sondern auf historisch ähnliche Konfigurationen oder Problemstellungen (vgl. Löwy, *Rédemption et Utopie*, S. 13). Diese Überlegungen gehen von einer diskontinuierlichen Ähnlichkeitsreflexion in verflochtenen Rezeptions- und Traditionslinien aus. Statt eine konstante ideen- und begriffsgeschichtliche Linie oder aber kontingente Konjunkturen der Ähnlichkeitsreflexion anzunehmen, wird mit wiederkehrenden Argumenten,

2.1 *Analogon, homoios, mimesis*: Antike Bestimmungen der Ähnlichkeit

> Sieh aber mit der Vernunft gleichermaßen die entfernten Dinge [...]; denn sie wird das Seiende vom Zusammenhang mit dem Seienden nicht abtrennen ... (Parmenides)[4]

Ähnlichkeit ist nicht nur zentral für das antike Denken, auch ist die Geschichte des Ähnlichkeitsdenkens bis in die Moderne mit der Rezeption antiker Theoreme verknüpft: Die Ähnlichkeitsreflexion begleitet onto-epistemologische Überlegungen, Reflexionen über Wahrnehmung, Denken, Erinnerung, Sprache, Bild und Konzeptionen, die die Relation der Zeichen zur Welt und ihre künstlerische Nachahmung oder Darstellung beschreiben. Ähnlichkeitstheoreme prägen Thesen über die ursprünglich motivierte Natur sprachlicher Zeichen im Kratylismus oder im adamitischen Ursprachmodell[5] ebenso wie die Bestimmung der Kunst als Mimesis. Antike Überlegungen begründen die Urszenen ästhetischer Virtualität in der Ähnlichkeit und prägen die „magische Ähnlichkeitsformel ‚Einheit in der Vielheit' der klassischen Ästhetik".[6]

Dass Ähnlichkeit bereits in der vorsokratischen Philosophie epistemologisch bedeutsam ist, belegt neben den Grundsätzen des *similia similibus* – wie Aristoteles bekundet, betonen Pythagoras, Empedokles und Demokrit, „daß Ähnliches nur durch Ähnliches erkannt werden könne"[7] – auch die von Lukrez überlieferte ato-

---

Topoi und Funktionen des Ähnlichkeitsdenkens gerechnet. Dies impliziert nicht, dass historische und konzeptuelle Differenzen geleugnet würden – im Gegenteil ist zu betonen: „Dass Ähnlichkeit [...] unterschiedliche Bedeutungen und Funktionen inne hatte, bedeutet [...], dass untersucht werden muss, wie sie sich hinsichtlich der wechselnden weltanschaulichen wie kunsttheoretischen Diskurse, aber auch der Produktionspraxis und ihrer Bedingungen, jeweils neu konstituiert." (Kohl, Gaier, Saviello, Ähnlichkeit als Kategorie der Porträtgeschichte, S. 15) Eine transhistorische Betrachtung der Konjunkturen des Ähnlichen deutet Fliethmann (*Texte über Bilder*, S. 8) an: So sei „bemerkenswert [...], dass die historischen Konjunkturen der Begriffsverwendung von Ähnlichkeit mit den medientechnischen Evolutionen und den damit einhergehenden Diskussionen um die Neubestimmung der kulturellen Relevanz der Medien Text und Bild zusammenfallen."

4 Zit. n. Lau, *Metaphertheorien der Antike*, S. 56 (*Über die Natur*, B 4 1f.).
5 Vgl. Erich Kleinschmidt, „*Umschreibungen – Umschreibungen*. Sprachphilosophische Selbstreflexivität im 18. Jahrhundert", in: *DVJS* 71, 1997, S. 70–91, 71f.
6 Lachmann, Ähnlichkeit, S. 112.
7 Vgl. *De anima* I.2, zit. n.: Art. Ähnlichkeit, in: Regenbogen, Meyer, *Wörterbuch der philosophischen Begriffe*, S. 19. Der „Grundsatz, dass sich Ähnliches ähnlich verhält" (Schenk, Ähnlichkeit, S. 52) prägt die Wendungen *similia similibus delectat, similia similibus curant* oder *ome agens agit sibi simile*. „Dahinter steht die für das vormoderne Denken fundamentale Prämisse, dass Kausalität auf der Wirkung von Gleichem auf Gleiches beruht" (Koschorke, *Körperströme und Schriftverkehr*, S. 353).

mistische „Abbildtheorie des Erkenntnisvorgangs" Leukipps, Demokrits und Epikurs, der zufolge sich im Sehvorgang feine „Abbilder (eidola, typoi; simulacra)" von den Dingen lösen, die Wahrnehmungen und Traumbilder konstituieren.[8] Lukrez berichtet zudem kritisch von Anaxagoras' Lehre der ‚homoiomereia', der zufolge die elementaren Teilchen „alle von gleicher Natur sind wie die Dinge, die sich aus ihnen entwickeln"[9], und beschreibt die epikureische Philosophie als einen „philosophischen Pluralismus", dessen Konzeption der Natur „Ähnlichkeiten und Differenzen" umgreift, ohne sie im Glauben an „das Sein, das Eine und das Ganze" zu vereinen.[10] Ähnlichkeit erscheint demnach als Strukturprinzip der Natur.

Eine weitere vorbegriffliche Quelle der Ähnlichkeitsreflexion ist die ontologisch begründende *Analogie* als Ordnungsmodell kosmologischer Entsprechungen, wie sie in Bryennios' Vergleich der Lyra des Orpheus mit den vier Elementen oder in der Lehre der Chaldäer auftritt, „‚der Frühling stehe zum Herbst im Verhältnis der Quarte, zum Winter im Verhältnis zur Quinte, zum Sommer im Verhältnis der Oktave'".[11] Die pythagoreische Ähnlichkeitstheorie entwickelt ein fundiertes Verständnis der Analogie.[12] Die ontologischen, logischen und onomasiologischen Grundlagen der Ähnlichkeit betreffen in den vorsokratischen Quellen über die Proportionsanalogie hinaus die Beziehung von Sprache und Wirklichkeit.[13] Herak-

---

8 Scholz, *Bild, Darstellung, Zeichen*, S. 9.
9 Lukrez (Titus Lucrezius Carus), *Über die Natur der Dinge*, übers. v. Klaus Binder, Frankfurt a. M. 2014, S. 63.
10 Gilles Deleuze, „Trugbild und Antike Philosophie", in: ders., *Logik des Sinns*, Frankfurt a. M. 1993, S. 311–340, S. 326: „Weder Identität noch Widerspruch, sondern Ähnlichkeiten und Unterschied [...] – daraus besteht die Natur der Dinge." (Ebd., S. 327): „Die epikureische Methode ist in erster Linie eine Analogiemethode", die „vom noetischen Analogen zum sinnlich wahrnehmbaren Analogen und umgekehrt" übergeht; unendliche Kombinationen der Atome konstituieren die Welt als „Heterogenität des Diversen gegenüber sich selbst *und auch* Ähnlichkeit des Diversen mit sich selbst" (ebd., S. 330).
11 Zit. n. Funk, Mattenklott, Pauen, Symbole und Signaturen, S. 13.
12 Vgl. Sandkühler, Analogie, S. 102. Vgl. zur mathematischen Proportionsanalogie der Pythagoreer als „*Gleichheit* der Verhältnisse" Kluxen, Art. Analogie (I), S. 214. Dieses Analogiekonzept findet bei Platon eine begriffliche Fassung und wird „zum ordnenden Prinzip bei der Gestaltung der Welt" erhoben (K. Mugler, „Platon und die geometrische Ähnlichkeitslehre", in: *Hermes*, 76, 4 (1941), S. 321–338, S. 352). Platons „Ausdehnung der Ähnlichkeit von der ebenen Geometrie auf den Raum" (ebd., S. 338) geht in Euklids „Ähnlichkeitslehre" ein, die den geometrischen Ähnlichkeitsbegriff bis heute prägt (Schenk, Ähnlichkeit, S. 52). Nikomachos entwickelt den pythagoreischen Analogiebegriff als „‚Synthese' von Zahlenverhältnissen" (Kluxen, Art. Analogie (I), S. 214).
13 Lau, *Metaphertheorien der Antike*, S. 53. So weisen Homers Gleichnisse eine „analogische Grundstruktur" auf (ebd., Anm. 1). Parmenides' Lehrgedicht *Über die Natur* konstruiert die Relation: „Es verhält sich die Wahrheit zu den Meinungen der Menschen *wie* das Seiende zur Sin-

lit prägt schließlich den Ausdruck *kata ton logon* bzw. *ana ton logon*: Dem die Welt ordnenden Logos – als dem alles vereinenden Einen bzw. der kosmischen Ordnung, die „Differentes zur Übereinstimmung mit sich selbst" und „das aus Einem Gewordene zur Einheit der Harmonie" bringt –,[14] korrespondiert der Logos der menschlichen Seele: „Das Denken erfolgt dem Logos gemäß, also analogisch, und kommt in der Rede dementsprechend zum Ausdruck."[15] Andere Vorsokratiker setzen Analogieschlüsse als heuristische „Methode der aitiologischen naturwissenschaftlichen Forschung" ein, die strukturelle Entsprechungen herausstellt.[16] Im *Corpus Hippocraticum* wird die analogische Erkenntnismethode des Schließens vom Sichtbaren auf Unsichtbares angewandt.[17] Die Stoa beschäftigt sich mit der induktiven Erschließung des „Unbekannten von Bekanntem aufgrund eines beiden gemeinsamen *logos*", worauf noch der neuzeitliche Analogiebegriff beruht.[18] So erscheint die Analogie *avant la lettre* als „ontologisch-logische[s] Strukturprinzip"[19] und epistemologische Begründungsfigur, die die Kontinuität und Einheit des Seienden in seiner Vielheit beglaubigt. Dabei ist, auch wenn die „seinsmäßig vorgegebene Analogie von der Analogie als Denkform" unterschieden wird, Erkenntnisfähigkeit darin begründet, dass der Mensch und sein „Denken im Seienden verwurzelt" sind: „Für die antike Problemgeschichte der Analogie und Ähnlichkeit [...] ist dadurch eine grundlegende und zukunftsträchtige Bestimmung getroffen: die Sequenz ‚Seiendes – Denken – Sprache'".[20] Die hier ansetzende Theoretisierung von Ähnlichkeit und Analogie in den philosophischen Großkonzepten Platons und Aristoteles' umfasst mit dem Nachdenken über Sprache, Mimesis, Bild, Metapher und Mnemotechnik Theo-

---

neswelt, *wie* Denken zur schwankenden Vernunft, *wie* die wahre Rede zum Sprechen als Ausdruck der Meinung und Spiegel der bloßen Erfahrung." (Ebd., S. 55).
14 Lau, *Metaphertheorien der Antike*, S. 58.
15 Ebd., S. 59. Beruhend auf einer anthropomorphen Übertragung ist die „‚Ana-Logie'" Ermöglichungsbedingung der „‚Ana-Logie' im Bereich des Denkens" (ebd., S. 61). Auch die Heraklit zugeschriebene Lehre des *panta rhei* und der Topos, dem zufolge man nicht zweimal in den gleichen Fluss steigen könne, lässt sich als Konzeption eines phänomenalen Ähnlichkeitskontinuums lesen.
16 Ebd., S. 61. So sieht Empedokles „[d]ie seinsmäßige Fundierung [...] des vergleichenden In-eins-Sehens [...] in ‚der durchgehenden Einheit aller Dinge, der Verwandelbarkeit von allem in alles'" (ebd., S. 62).
17 Vgl. ebd., S. 63. Lau verweist auf Anaxagoras' Begriff des „‚Einblick[s] ins Unbekannte: das Erscheinende'" (ebd.).
18 Sandkühler, Analogie, S. 102.
19 Lau, *Metaphertheorien der Antike*, S. 54.
20 Ebd., S. 64. Lau verweist hier auf „die darauf gegründete Denk- und Ausdrucksform der Metapher" (ebd.).

reme, die der ästhetischen Ähnlichkeitsreflexion bis in die Moderne Ansatzpunkte der Konzeptualisierung, aber auch der Kritik der Ähnlichkeit bieten.

2.1.1 Einheit in der Vielheit: Platons Ähnlichkeitskonzepte

> [...] nomisas muriô^i kallion homoion anhomoiou. / [...] meliorem similitudinem dissimilitudine iudicans. (Platon/Calcidius)[21]

> Ähnlichkeit ist das Phänomen, zu dessen Erklärung Ideen in Anspruch genommen werden. (Robert Spaemann)[22]

In Platons Philosophie gewinnt die Analogie an epistemologischer Relevanz; sie wird „zu einem kosmologischen Strukturprinzip" der göttlichen Ordnung[23] und dient der Erschließung der intelligiblen, noetischen Ideenwelt:[24] Über den Analogiebegriff hinaus lässt sich seine Ähnlichkeitsreflexion in der Bestimmung der „Prinzipien der Einheit und Vielheit" in Zusammenhängen lokalisieren, in denen „die Ähnlichkeit und Unähnlichkeit, die Identität und Andersheit, die Idee und Ideenverflechtung, die Gattung und die Verbindung/Trennung der Gattungen, die Homonymie" bedacht werden.[25] Dabei unterscheidet der *richtige Umgang mit Ähnlichkeit* Dialektik und Sophistik. Für die Ähnlichkeitsreflexion sind diese Thesen ebenso prägend wie Platons Bestimmung mimetischer, bildlicher und sprachlicher Ähnlichkeit.[26]

Timaios begründet die Analogie als „ontisches Strukturprinzip und als Denkform" im Ursprungsmythos des Demiurgen, der die Welt entsprechend einer

---

21 Zit. n. Hans Zimmermann, der dies übersetzt als „beurteilend als unendlich schöner das Gleiche als das Ungleiche" (online unter http://12koerbe.de/pan/timaios2.htm, 7.6.2018); vgl. die Übersetzung mit ‚gleich' auch in Platon, „Timaios", in: ders., *Sämtliche Dialoge*, übers. u. hg. v. Otto Apelt, Hamburg 2004, S. 51 (im Folgenden wird zitiert nach dieser Ausgabe).
22 Spaemann, Ähnlichkeit, S. 53.
23 Sandkühler, Analogie, S. 102. „[I]n der Ethik ist das Gute von analoger Bedeutung für die sinnliche und Ideen-Welt; der Aufstieg zum Guten ist dem der Sonne analog." (Ebd.)
24 Lemma Ähnlichkeit, S. 19: Platon zufolge ist die Ähnlichkeit „der Wahrnehmungsgegenstände mit den Ideen Bedingung der Anamnese."
25 Lau, *Metaphertheorien der Antike*, S. 65.
26 Vgl. auch Christian Schäfer (Hg.), *Platon-Lexikon. Begriffswörterbuch zu Platon und der platonischen Tradition*, Darmstadt 2007: *eidôlon, eikasia, eikôn* – Abbild, S. 29–34; *homoiotês – Ähnlichkeit, homoios/anhomoios* – ähnlich/unähnlich, *homoiôsis* – Anähnlichung, S. 35–39; *analogia* – Analogie, S. 39–44; *mimêsis* – Nachahmung/Darstellung/Mimesis, S. 210–213.

Proportionsanalogie geschaffen habe.²⁷ Der demiurgische Akt fügt die Dinge in eine Verhältniseinheit²⁸ in einer Mimesis an die unveränderliche Natur der Ideenwelt, „so ähnlich wie möglich"²⁹. Das Prinzip der Analogie ordnet auch die Weltseele, bestehend aus dem Einen, selbstidentisch Seienden, dem teilbaren Sein der Körperwelt und einer gemischten „Seinsart", und dazu *analog* die Seele:³⁰ Aus denselben Bestandteilen gemischt, nur weniger „rein", kann sie Identisches, Verschiedenes und Gemischtes erkennen; so bildet die „strukturelle Übereinstimmung zwischen der Seele als Wahrnehmungs- und Erkenntnisorgan und ihrem Objektbereich [...] dem alten methodischen Prinzip ‚Gleichartiges durch Gleichartiges' gemäß die Voraussetzung aller Erkenntnis"³¹.

Dieses proportionale Denken ist in späteren Dialogen von der Ausarbeitung des *Mittleren* als Zwischenbereich zwischen Ideen- und Körperwelt, Göttlichem und Menschlichem, Wahrem und Unwahrem, Wahrnehmung und Denken geprägt.³² In einem entsprechenden Verhältnis stehen die Erkenntnisbereiche des Vermutens, Fürwahrhaltens, diskursiven Denkens und Erkennens, wobei die Stufung aufbaut auf der Erkenntnis des „durch Ähnlichkeit verbundenen nachgeordneten Bereichs. Es wird eine neue Seinsregion ‚analogisch' erschlossen als die Unbekannte einer Proportion: wie sich das Spiegelbild zur Wirklichkeit verhält, so diese wiederum zur höheren Wirklichkeit"' der Ideenwelt.³³ Dabei beruht die Proportionalität der Seinsregionen *nicht* auf „Ähnlichkeit zwischen den jeweiligen Vor- und Abbildern der Seinsregionen": Ähnlichkeit „auf Grund des Abbild-Urbild- oder Teilhabe-Verhältnisses" ist nicht mit der *Analogie* gleichzusetzen,

---

27 Ebd., S. 65. Gedacht als „das für die Verbindung der Elemente unentbehrliche, schönste und sich selbst wie das Verbundene zur engsten Einheit verbindende Band", konstituiert sich aus den vier in die Proportionsanalogie einbezogenen Elementen – „wie Feuer zu Luft, so Luft zu Wasser, so Wasser zu Erde" – der „‚Weltkörper'" (ebd., S. 66.).
28 Ebd., S. 67.
29 Gebauer, Wulf, *Mimesis. Kultur*, S. 51. Vgl. Melberg, *Theories of mimesis*, S. 22: „mimesis becomes nothing less than the formula for the creation of the world".
30 Lau, *Metaphertheorien der Antike*, S. 67.
31 Ebd., S. 68. Diese Vorstellung bildet die ontologische Grundlage der späteren Metapherntheorien, als „Erklärung, [...] worin der Wahrheitsgehalt einer nach der Analogie gebildeten Metapher besteht." (Ebd., S. 69).
32 So wird in der Diotima-Rede des *Symposions* die „Schau des Schönen" in einer propositionalen Stufung vom körperlich Schönen über das seelisch Schöne zum Schönen des Wissens und zum Sein (Schönheit) dargestellt. Das Liniengleichnis erklärt das Verhältnis des Sichtbaren zur Denkwelt als Proportionsanalogie, in der das Ähnlichkeitsverhältnis von (natürlichen) Abbildern (Schatten und Spiegelbildern) zu Vorbildern sich verhält wie das zwischen mathematischen Formeln und Prinzipien (ebd., S. 70f.).
33 Stenzel, zit. n. ebd., S. 71. Die Erkenntnisbereiche heißen bei Platon *eikasia, pistis, dianoia* und *noesis*.

die Einheit begründe.³⁴ Vielmehr schreibt Platon den Gliedern der Proportionsanalogie eine „Ähnlichkeit des Abbilds mit dem Vorbild" als des „Hervorgebrachten mit dem Hervorbringenden" zu, eine asymmetrische Relation „des Verursachten zu seinem Existenzgrund, des Nachgeordneten zum Vorgeordneten", die nicht das analoge Verhältnis ist, sondern eines der „Teilhabe" (*methexis*) oder – logisch – der „Gattungszugehörigkeit"³⁵. Die Proportionsanalogie beruht so auf einer doppelten Verbindung der Glieder „durch ihre in der Teilhabe gründende (generische) Ähnlichkeit und durch ihr Teil-Sein innerhalb der Analogie": In ihr ist nicht nur die Spiegelfunktion des Sinnlichen für die Ideen- und Denkwelt grundgelegt, sondern zugleich die Tatsache, dass über diese nur mittels der „auf der Stufe der Schatten- und Spiegelbilder angesiedelten Bezeichnungen" gesprochen werden kann, also *metaphorisch*.³⁶

Neben der Analogie gebraucht Platon Ähnlichkeit (*homoiotes*) als Begriff, der „in vielfache Zusammenhänge – ästhetische, sprachliche, politische, religiöse, philosophische – eingebracht wird und in seinen Verwendungsweisen die Skala ‚von den einfachsten bis zu den höchsten metaphysischen Beziehungen' durchläuft."³⁷ Ähnlichkeit mit dem „Guten und Schönen" ist dem Seienden „eingeschaffen": In der Ordnung der Welt schafft der Demiurg ein Abbild des Urbildbereichs, das Seiende „zugleich sich selbst möglichst ähnlich" machend.³⁸ „Ähnlich-Sein" als „Gut-Sein, Schön-Sein und Geordnet-Sein" verweist auf die Einheit des Sichtbaren und ist bestimmt durch die Beziehungen des Abbildbereichs zum Urbildbereich und „zwischen den einzelnen Teilen des Abbildungsbereichs. Dies bedeutet nicht, daß alle Dinge einander in jeder Hinsicht ähnlich sind – von allem Seienden gleichermaßen zukommenden Bestimmungen abgesehen –, sondern lediglich, daß für alle Dinge das Prinzip der Ähnlichkeit gilt."³⁹ Diese Ähnlichkeitsrelation ist unumkehrbar; „das Abbild ist dem Urbild ähnlich – nicht umgekehrt. [...] Es handelt sich um eine asymmetrische, nicht konvertierbare Ähnlichkeit."⁴⁰ Die Bestimmung

---

34 Ebd., S. 71. So handle es sich bei dem auf Teilhabe beruhenden *generischen* Prinzip von Ähnlichkeit nicht um die *Analogie*. Die Ineinssetzung der Begriffe beruhe auf der „Rückprojizierung der scholastischen Analogiediskussion auf die Antike" (ebd., S. 89).
35 Ebd., S. 72.
36 Ebd., S. 73.
37 Stenzel, zit. n. ebd., S. 74. Zu Ähnlichkeit als ‚generischem Prinzip der Einheit' vgl. ebd., S. 73.
38 Ebd., S. 74 f. (in Bezug auf *Timaios*).
39 Ebd., S. 76.
40 Ebd. In der Frage nach dem Verhältnis von Einzeldingen zu Ideen vertritt Sokrates die These: „‚Diese Ideen stehen gleichsam als Musterbilder in voller Wirklichkeit da, die übrigen Einzeldinge aber sind ihnen ähnlich und Abbildungen von ihnen, und die gemeinte Teilhabe

der „Erkenntnis der All-Ähnlichkeit des Seienden"[41] geht in spätere Dialoge ein: So sprechen der eleatische Gastfreund und Sokrates dem Seienden „vom Ursprung her Ähnlichkeiten" zu, wobei „bestimmten Dingen eben gewisse Ähnlichkeiten" zukommen:

> Die Dinge weisen in ihrem Verhältnis zueinander Ähnlichkeit und Unähnlichkeit auf. Zur Ähnlichkeit gehört also die Differenz. Das Gesamt des Seienden erscheint in einzelne durch Gemeinsamkeiten verbundene wie durch Verschiedenheiten voneinander abgegrenzte [...] [ousia]-Gruppen gegliedert. Besäße das Seiende nicht Ähnlichkeit und Unähnlichkeit, dann könnte es [...] nicht Vieles geben; denn die Konsequenz wäre das totale uniforme Eine alles Seienden.[42]

Ähnlichkeit und Differenz diversifizieren also als zusammenwirkende Prinzipien die Welt. Dabei ist allen Dingen das Sein gemeinsam; „all das, von dem ausgesagt werden kann, daß es *ist*, weist somit Gemeinsames auch im scheinbar ganz Verschiedenen auf; es ist [...] durch die Ähnlichkeit, die den inneren Zusammenhalt herstellt, zu einem lückenlosen Bau zusammengebunden."[43] Dieser „in der Ähnlichkeit von allem mit allem gründende[] Syndesmos der Weltdinge", über den Mitglieder der Akademie wie Speusippos spekulieren, deutet eine die Ähnlichkeitsreflexion begleitende Problematik an: die „im sophistischen Relativismus gründende Behauptung, ‚irgendwie' sei alles einander ähnlich": Diesem eristischen „‚Irgendwie'" stellt Platon das Verfahren der *Dialektik* entgegen.[44]

Zur Grundlegung der Ähnlichkeit der Dinge untereinander und zu den Ideen fasst Platon das Verhältnis von Körper- und Ideenwelt als „‚Gegenwart der Idee in den Dingen'" und „‚Urbild-Abbild'-Relation" der *Teilhabe*: *Sophistes* bestimmt die Idee als Gattungsbegriff (*genos*) und Teilhabe als „gattungs- und begriffsmäßiges Eingeschlossensein".[45] Neben *Sophistes* erklären *Parmenides* und *Politikos*, wie „Ähnlichkeit, genauer eine bestimmte Art derselben, zwischen scheinbar ganz verschiedenen Dingen begründet ist."[46] So stellt *Parmenides* die Teilhabe der Dinge, beschrieben als „Nachbilder" der „Musterbilder" der Ideen (*paradeigmata*), als

---

der Einzeldinge an den Ideen besteht eben in nichts anderem als dieser Verähnlichung." (Scholz, *Bild, Darstellung, Zeichen*, S. 22).
41 Lau, *Metaphertheorien der Antike*, S. 76.
42 Ebd., S. 76f. Dieses Eine wäre das eleatische *en* (vgl. ebd., S. 77). In *Parmenides* bezieht diese Position Sokrates gegen Zenon und dessen Behauptung, „es sei unmöglich, daß Unähnliches ähnlich und Ähnliches unähnlich sei." (Ebd., S. 77, Anm. 139).
43 Ebd., S. 77.
44 Ebd., S. 83. Dies wird im Dialog *Protagoras* ausgeführt.
45 Ebd., S. 78. Der Begriff ‚Teilhabe' wird in *Phaidon* und den späten Dialogen ausgeführt.
46 Ebd., S. 79. Diese wird „von Aristoteles später in ihrer Bedeutung für die Metapher erkannt[] und beschrieben[]" (ebd.).

„Anähnlichung" vor, wobei „einander ähnliche Dinge an ein und derselben Idee teilhaben müssen", an der „teilhabend das Ähnliche ähnlich ist".[47] Dabei werden Ähnlichkeit und Unähnlichkeit – neben dem Identischen und Anderen, Seienden und Nicht-Seienden, Einen und Vielen – „ideell, d. h. als Ideen/Gattungen" bestimmt, wenn Sokrates vermutet, dass es „eine für sich bestehende Wesenheit der Ähnlichkeit [...] und der Unähnlichkeit gibt und daß alles, was an der Ähnlichkeit teilnimmt [...], ähnlich [...] wird; alles, was an der Unähnlichkeit teilhat, unähnlich [...]; was aber an beiden teilnimmt, beides wird [...], nämlich sowohl ähnlich als auch zugleich unähnlich.'"[48] So wird „Ähnlich-Sein" und „Unähnlich-Sein" begründet mit der

> Existenz der Idee der Ähnlichkeit bzw. Unähnlichkeit. Die anschließende Feststellung nun, dass nämlich alles [...] sich zugleich ähnlich und unähnlich [ist], die Gleichzeitigkeit von Identität und Differenz, beleuchtet den ontologisch-logischen Status, den das Zentralproblem des Metaphorischen besitzt, zu dessen platonischer Lösung die ‚Verflechtung der Ideen' [...] des *Sophistes* und die diairetische Dialektik einen wichtigen Beitrag leisten.[49]

Sophistes klärt die Frage, warum Gattungen übereinstimmen oder einander ausschließen, mit der Annahme von Gattungen, die, durch andere „hindurch ein Band bildend, Ursache der Gattungsgemeinschaft sind", während andere trennen, wobei er mehr und weniger eng verbindbare und umfassende Gattungen annimmt.[50] So werden die Gattungen in einer „Begriffspyramide" geordnet, in

---

[47] Ebd. Zwei Dinge sind ähnlich, „insofern sie beide bezüglich des ihnen gemeinsamen an derselben Idee teilhaben – ontologische Dimension – oder derselben Gattung – logische Dimension – zugehören [...]. Damit ist auch die Ähnlichkeit in der horizontalen Dimension, d. h. zwischen den Dingen, ontologisch-logisch geklärt und zudem der Weg zum Auffinden der Idee, der zugleich der Weg der Begriffsbildung ist, sichtbar." Allerdings deutet *Parmenides* an, dass die Idee ein *noema*, „‚Gedankending'" sein könnte – so würden Ideen und Relationen zwischen ihnen im menschlichen Geist begründet (ebd., S. 80, Anm. 160).
[48] Zit. n. ebd., S. 80.
[49] Ebd., S. 81. Zur Ideen-Verflechtung vgl. Platon, „Parmenides", in: ders., *Sämliche Dialoge*, Bd. IV, Hamburg 2004 (1923), S. 51–162, S. 56. „Heißt es nicht, das Problem umgehen, wenn wir kurzerhand Ähnlichkeit selbst zur Idee erklären? Sie wäre dann jedenfalls eine Art Metaidee [...], ein ‚Jenseits des Wesens' wie das platonische Gute, da ja alle untereinander ähnlichen Identitäten nicht einfachhin ähnlich sind, sondern ähnlich aufgrund bestimmter Gemeinsamkeiten und in bestimmten Hinsichten. Ist das, was die Gemeinschaften der untereinander Ähnlichen miteinander verbindet, wirklich ein identisches Merkmal oder nicht selbst wieder nur eine Analogie?" (Spaemann, Ähnlichkeit, S. 53).
[50] Lau, *Metaphertheorien der Antike*, S. 81; vgl. ebd., S. 82.

der Oberbegriffe untergeordnete Begriffe umfassen, deren Gemeinsames und Differentes so (onto-)logisch begründet wird.[51]

Ähnlichkeit als Identisches im Verschiedenen versinnbildlicht *Politikos* anhand des Lernens von Buchstaben, die im Vergleich mit erlernten Wörtern und in ihren „‚Verflechtungen'" erkannt werden.[52] So erhält das „Identische im (scheinbar) Verschiedenen seinen ontologisch und logisch genau zugemessenen Standort," indem das Ähnliche „ontologisch in der Existenz der durchgehenden und teilgebenden Ideen begründet [wird], logisch in der begrifflichen Ausschließung bzw. der Zusammenfassung".[53] Das dialektische Verfahren der *Dihairesis* soll der eristischen „Begriffsverwirrung" begegnen, indem „die Behauptung, Verschiedenes sei ‚irgendwie' [...] zugleich identisch und Identisches irgendwie verschieden", an der Untersuchung der „Instanz, der gemäß die Identitäts- bzw. Differenzerfahrung jeweils behauptet wird", also der *Hinsichtlichkeit* geprüft wird.[54] So grenzt sich der dialektische Umgang mit Ähnlichkeit von der Sophistik ab, die „alles allem ähnlich zu machen" in der Lage sei und Ähnlichkeit missbrauche:[55] *Phaidros* verweist auf die täuschende Redekunst, „die einen in den Stand setzt, alles Mögliche allem Möglichen ähnlich zu machen, und was ein anderer so ähnlich machend vertuscht ans Licht zu ziehen."[56] So müsse der Redner, der „einen andern betrügen will, ohne selbst betrogen zu werden, die Ähnlichkeit und die Unähnlichkeit der wirklichen Dinge genau auseinanderkennen", „die Wahrheit des einzelnen Dinges" kennen und die „kleine und große Ähnlichkeit des Unbekannten mit anderen Dingen an diesem sicher zu unterscheiden" wissen – wobei auch bei den Getäuschten „dieser Irrtum offenbar mit Benutzung gewisser Ähnlichkeiten" einhergehe.[57]

Die *epistemologische* Bestimmung der Ähnlichkeit muss schließlich klären, wie Ähnlichkeit, Gleiches oder Gemeinsames erkannt wird: Die in *Phaidon* formulierte Annahme, die Seele gelange zur Erkenntnis des Gleichen durch die Erfahrung gleicher Dinge, wird dahingehend korrigiert, dass dem Menschen ein „Vorwissen vom Dasein des Gleichen an sich" gegeben sei, das er erinnere: Die

---

51 Vgl. ebd., S. 82. Im Verweis auf *Sophistes* 254b 7c 1. Am Beispiel der Vokale, die ‚syndesmotisch' die Konsonanten aneinanderfügen, erklärt Platon, was „der Dialektiker an den Gattungen" aufzeigt (ebd., S. 83).
52 Ebd., S. 83.
53 Ebd.
54 Ebd. Der *bestimmten Hinsicht gemäß* kann das „Identische ein Verschiedenes", das „Verschiedene ein Identisches", „das Große klein", „das Ähnliche unähnlich" sein (ebd.). Die Eristiker dagegen nehmen willkürliche Gleichsetzungen und Trennungen vor – Platon zufolge „ganz die Art ‚eines ungebildeten und unphilosophischen Menschen'" (ebd., S. 84).
55 Ebd., S. 84.
56 Platon, *Phaidros*, S. 82.
57 Ebd.

Bedingung für „das Erfassen von Ähnlichkeitsbezügen überhaupt" wird durch die *Anamneselehre* bestimmt.[58] Dem dialektisch Geschulten sind *diairesis* als „Vermögen, gemäß den Gattungen zu trennen", und *synagoge* als Vermögen der „Zusammenschau des vielfach Zerstreuten [...] auf eine Idee [...,] auf eine Gattung hin" gegeben.[59] Das dialektische Verfahren verhindert, „Verschiedenes als vermeintlich Ähnliches zum Identischen" zu rechnen, und ermöglicht, Verwandtes in „einem wesenhaften Gattungsbegriff" zusammenzufassen und so „‚die Einheit mit gleichzeitigem Blick auf die Vielheit zu sehen'".[60] Diese Operation, Dinge am „Leitfaden der Ähnlichkeit progressiv zu umfassenderen Einheiten zusammenzuschließen bzw. am Leitfaden der Differenz progressiv in Unterbegriffe zu zerlegen", wodurch sich in der Zusammenfassung des Ähnlichen im übergeordneten *eidos* bzw. *genos* immer umfassendere Gattungen bilden lassen, zielt auf die *Definition*: Beziehungen zwischen Ideen und Gattungen werden der „gattungskonstitutiven Ähnlichkeit bzw. der artbildenden Differenz" nach erkennbar, wobei Ähnlichkeit der Beschreibung der Relationen zwischen körperlichem und intelligiblem Seinsbereich *und* zwischen den Dingen dient, deren Ordnung sie erfahrbar macht.[61]

Neben den Ähnlichkeitsrelationen zwischen Dingen, zwischen *gene* und *eide* und zwischen wahrnehmbarer und noetischer Welt prägen Ähnlichkeitsannahmen Reflexionen über Homonymie, das Verhältnis von Wörtern und Sachen und die Analyse der Prädikation, das Verhältnis von Sprache und Welt. Homonymie beruht auf einer ontologisch und logisch verknüpften „onomatische[n] Relation"[62], in der die „Körperwelt [...] der Ideenwelt nicht nur ähnlich, sondern auch gleichnamig (homonym)" ist:[63] Die Dinge erhalten durch Teilhabe ihre Namen (*onoma*): „Ähnlichkeit und Gleichnamigkeit stellen somit die Brücke zwischen der Sinneswelt und der noetischen Welt her. *Ontologie und Semantik gehören zusammen.*"[64] So gehört das Gleichnamige zu einem Genos, wobei artbildende Differenzen dialektisch eingeschlossen sind, und lässt auf die Ideen, den noetischen

---

58 Vgl. Lau, *Metaphertheorien der Antike*, S. 85.
59 Ebd., S. 85.
60 Zit. n. ebd., S. 86.
61 Ebd., S. 86. Dies ließe sich zu einem umfassenden *homoion* weiterdenken, das sich der analogischen Einheit (*hen*) nähert und „im Grenzbereich der Weite der Proportionsanalogie nahekommt" (ebd., S. 88).
62 Ebd., S. 107. Vgl. ebd., S. 93: „Die onomatische Relation ist für Platon von der Ähnlichkeits-Relation nicht trennbar."
63 Ebd., S. 93 (*Timaios*, 52 a 1–7). Gleichnamig sind auch gemalte, mimetische Bilder der Dinge (vgl. *Sophistes*, 234b 6 f); vgl. ebd.
64 Ebd., S. 94 [Hv.: S. B.]. „Sie folgt aus der [...] Teilhabe [...]: Das Abbild ist seinem Urbild ähnlich und trägt dessen Namen."

Bereich, schließen.⁶⁵ Dem ‚richtigen' Namen kommt insofern eine immense Bedeutung zu, als er das Sprechen über die Ideenwelt legitimiert. Doch bleibt die höchste Stufe der Erkenntnis, das „wahrhaft Seiende [...]" unsagbar, und zwar auf Grund der Schwäche der menschlichen Logoi [...]. Dieses Motiv taucht in der Folgezeit immer wieder auf, wenn es darum geht, die Ursache für den Metapherstatus menschlicher Rede über das Geistige und Göttliche zu bestimmen."⁶⁶ Wörter und Definitionen stellen das Seiende unvollkommen dar, da sie auf „‚Qualität'", auf „zufällige Eigenschaften", abstellen.⁶⁷

Das Verhältnis von Wort und Sache reflektiert Platon in *Kratylos*, eine von Gérard Genette aufgezeigte mimologische Tradition begründend.⁶⁸ Der Dialog zwischen Sokrates, Kratylos und Hermogenes handelt von der Frage nach der „‚Richtigkeit der Wörter'"; dabei wird die *Physei*-These der Ähnlichkeit von Sokrates favorisiert, doch schließlich verworfen; sie ist die „epistemologisch bedeutsame, da sie nach dem Erkenntniswert des Wortes als solchen fragt."⁶⁹ Der von Kratylos gegen Hermogenes' Konventionalitätsthese verfochtenen These nach hat der ‚Sprachbildner' die Worte „gemäß" der Physis, der Natur der Sache, gebildet.⁷⁰ Dieser Argumentation zufolge haben *richtige Namen* „einen

---

65 Ebd. Vgl. ebd., S. 95. „Das Auffinden des richtigen Namens [...] und die Gliederung der Gattungen nach Arten [...] gehören in der diairetischen Dialektik zusammen." (Ebd., S. 96) „Mit der Verbindung von Ähnlichkeit und Homonymie hat Platon ein wichtiges und wirksames Instrument zur Erschließung der noetischen Welt von der sinnlichen Welt her geschaffen, das später in der christlichen Theologie, z. B. Augustins, eine wichtige Funktion erfüllt." (Ebd., S. 96).
66 Ebd., S. 97. Im Verweis auf den 7. Brief [343a 7–344d 2].
67 Ebd. „Nur im Bild, das zunächst nicht sprachliches Bild, sondern das sichtbar-gegenständliche Abbild eines unsichtbar-noetischen Urbildes ist, wird das wahrhaft Seiende unvollkommen sichtbar und sodann partiell in der Sprache einholbar" (ebd., S. 98). Zum Bildcharakter der Sprache „von dem ideellen Urbild her" und „von dem Menschen her" vgl. ebd.
68 Vgl. Platon, „Kratylos", in: *Sämtliche Dialoge*, Bd. II, S. 92–158; vgl. Genette, *Mimologiken*.
69 Lau, *Metaphertheorien der Antike*, S. 99. Platon steht „in der Tradition der [...] Vorstellung von der Einheit der Sache und des Wortes, die in der Etymologie das hermeneutische Instrument zur Wesensschließung" sieht (ebd). Sokrates beschreibt das Namensbilden, als Nachahmung der *physis* mittels Buchstaben (Platon, *Kratylos*, S. 104). Sich von der Ähnlichkeitsthese abwendend, betont er: „[S]o bin auch ich sehr dafür, daß die Worte nach Möglichkeit den Dingen ähnlich seien, doch ich fürchte, Hermogenes hat tatsächlich recht: dieser Zug nach der Ähnlichkeit ist schlüpfrig, und es ist unvermeidlich für die Richtigkeit der Worte auch von dem plumpen Mittel der Übereinkunft Anwendung zu machen. An sich wäre es [...] am schönsten, wenn entweder alle oder doch möglichst viele Buchstaben [...] ähnlich, d. h. von Natur zugehörig wären" (ebd., S. 123) – „die wohlgelungenen Worte seien den Dingen, deren Namen sie sind, ähnlich, seien also Bilder der Sachen?" (ebd., S. 129).
70 Lau, *Metaphertheorien der Antike*, S. 99 f. So ist die Wort*bildung* mimetisch: „Das Wesen [...] der zu benennenden Sache wird durch geeignete Buchstaben und Silben nachgeahmt [...]"

in ihrer Ähnlichkeit mit der bezeichneten Sache liegenden Informations- und Wahrheitswert."[71] Mit der Abkehr von der *Physei*-These „fällt auch die Ansicht vom Wahrheitswert des Einzelwortes. Damit ist die Freifläche geschaffen, auf der Platon im *Sophistes* seine Lehre vom Urteil, von der wahren bzw. der falschen Aussage errichtet."[72] Die Konventionalitätsthese ist zudem auch für die aristotelische Metapherntheorie grundlegend.[73]

Ebenso bedeutsam ist für sie mit Dieter Lau die „Theorie der Prädikation", die die Relation zwischen Aussage bzw. Urteil (*logos*) und Sachverhalt betrifft: *Sophistes* untersucht die „Minimal- und Primäraussage" ontologisch, logisch, grammatisch und psychologisch auf die Prädikation hin.[74] Die in *Phaidon* vorgestellte Fassung der Idee als „Eingestaltiges", dem die „Vielgestaltigkeit" der Sinneswelt gegenübersteht, wird dabei modifiziert zur *Ideenverflechtung*: Die Gattungen ‚verflechten' sich und haben so aneinander teil. So wird die „komplexe Natur einer Sache durch die Teilhabe an den entsprechend miteinander verflochtenen Ideen sowohl in ontologischer wie logischer Hinsicht" erklärbar:[75] Dies gesteht einen *Perspektivismus* zu, der über die einsinnige Zuordnung von Idee und Sache hinausgeht. Zugleich wird die „Verbindung von Urteilssubjekt und Urteilsprädikat" (onto-)logisch erklärt:

> Verflechtung gründet ihrerseits darin, dass diese Ideen/Gattungen Ähnlichkeiten aufweisen, modern gesagt, Übereinstimmungsmerkmale, eine Gegebenheit, für die [...] Platon in der Existenz der Ideen der Identität und Ähnlichkeit das Fundament findet. Nach den an ihnen jeweils als Ähnlichkeiten begriffenen erkenn- und prädizierbaren Proprietäten werden die Sachen im Urteil verbunden.[76]

Prädikationen sind demnach dann dialektisch richtig, wenn die Zugehörigkeit einer Sache zu einem *eidos* oder mehreren *eide* ausgesagt werden kann. Dem entspricht grammatisch die Zusammensetzung der Aussage aus einem hand-

---

(ebd., S. 100). Dies weist Genette als mimologische Argumentation aus (Genette, *Mimologiken*, S. 74).
71 Ebd., S. 101.
72 Ebd., S. 102.
73 Vgl. ebd., S. 102f.
74 Ebd., S. 103.
75 Ebd., S. 105. „Das Verhältnis der Ideen [...] ist dialektischer Natur, d. h. die Ideen weisen logische Verhältnisse der Koordination, der Über- und Unterordnung auf" (Ebd., S. 105). Betrachte man die Dinge jeweils „als eines", bezeichne man sie doch mit verschiedenen Namen, wenn man etwa „Menschen [...] Farben, Körperformen und Körpergrößen, Fehler und Vorzüge zuspreche." (Ebd., S. 105; 106).
76 Ebd., S. 106.

lungsbezogenen „Aussagewort" und einem seinsbezogenen „Nennwort"[77]. Was das Seiende aussagt, ist zu einer wahren Aussage zu verbinden; dagegen sind Aussagen falsch, die „das Nicht-Seiende als Seiendes, das Nicht-Identische als Identisches" aussagen.[78] Das Ähnliche fordert diese Bestimmung jedoch heraus, weswegen *Sophistes* auf die ‚Schlüpfrigkeit' der Ähnlichkeit verweist. Denn sie definiert eine *Verflechtung* von Identischem, Selbem und Anderem, Differentem sowie zwischen Seiendem und Nichtseiendem: Sie ist „nicht ein Wirkliches, sondern ein Ähnliches", „nicht wahrhaft seiend", sondern „nur ein Bild" (*eikon*).[79] Das Nichtseiend-Seiende nennen Theaitetos und der Fremde eine „schwer zu begreifende Verbindung"[80], die es mittels der Dialektik gegen die Sophistik zu definieren gelte; sie kommen zu dem Schluss, das Nichtseiende sei ein „Teilgebiet des Begriffes der Verschiedenheit", also „nicht das Gegenteil des Seienden, sondern [...] verschieden von ihm"[81].

Nach der Hinwendung zur Konventionalitätsthese in der Verbindung des Wortes mit der Sache gewinnt Ähnlichkeit mit der Ideenverflechtung erneut Relevanz in der Verbindung der Sprache mit der Sinneswelt und den Ideen: Die „Verflechtung der Nenn- und Aussagewörter im Logos" ist in der Ideenverflechtung begründet; so bildet „die Aussage, wenn sie dialektisch richtig gestaltet ist, in ihrer logischen Struktur tatsächlich einen eidetischen Zusammenhang ab, wie sie andererseits auf den ebenfalls ontisch verankerten Zusammenhang im Bereich der die Struktur des wahren Seienden abbildenden Dingwelt verweist".[82] Die in der Dingwelt vorliegenden, in der Teilhabe an den verflochtenen Ideen gründenden „Verbindungen bzw. Trennungen" kommen durch den Dialektiker zur Sprache, der durch Dihairesis und Synagoge wahre Aussagen trifft.[83] Daran schließt Platon auch eine psychologische Analyse des Urteils an: Die Aussage (*doxa*) ist Ergebnis des Denkens (*dianoia*); dagegen bilde die „durch die Wahrnehmung [...] zustandegekommene Vorstellung" die *phantasia*: „Das Wahrnehmungsurteil resultiert aus der Vereinigung der Wahrnehmung und des gedanklichen Urteils. Wie die Umschreibung mit dem Ausdruck ‚es er-

---

[77] Ebd., S. 108. In der Minimalaussage sind beide verflochten und konstituieren das „Benennen" und „Aussagen" (ebd., S. 109).
[78] Ebd., S. 109. Verdeutlicht wird dies von Platon am Beispiel des dialektisch richtigen „‚Theaitetos sitzt'" bzw. des grammatisch richtigen, dialektisch falschen „‚Theaitetos fliegt'" (ebd., S. 112 f.).
[79] Platon, „Sophistes", in: *Sämtliche Dialoge*, Bd. VI, S. 72 [240b].
[80] Ebd, S. 73.
[81] Ebd., S. 108 [258b]. „[N]ot the opposite of being, but only the other of being", so übersetzt Sörbom (*Mimesis and Art*, S. 155).
[82] Lau, *Metaphertheorien der Antike*, S. 110 f.
[83] Ebd., S. 111. Die sophistische Eristik wird dagegen für falsche Dihairesis kritisiert.

scheint' [...] zeigt, führt die Verbindung von geistiger Einsicht und sinnlicher Anschauung zum Aufscheinen der Evidenz."[84] So lässt sich dialektische Richtigkeit auch an einem Urteil prüfen, das *dianoia* und *phantasia* verknüpft.

Die erkenntnistheoretischen und ontologischen Funktionen von Analogie und Ähnlichkeit im Denken Platons sind grundlegend für die ästhetisch-epistemologische Tradition des Ähnlichkeitsdenkens. Neben seiner – noch zu thematisierenden – Mimesiskonzeption wirkt die metaphysische Fundierung der Ideenwelt und die damit verbundene Ausrichtung der Ähnlichkeit auf das *Eine* nach, ebenso wie die ontologische Fundierung der Analogie und des ‚Syndesmos des Ähnlichen', der in der Metapher des alles Seiende verbindenden Bandes ausgedrückt wird. Auch die Funktionen der Ähnlichkeit in Urteilslehre, Begriffsbildung,[85] Kategorisierung und dialektischem Verfahren, die Frage nach ihrem Wahrheitswert sowie ihre Rolle im Verhältnis von Wort und Sache, Sprache und Welt bilden wiederkehrende Bezugspunkte. Wesentliche Aspekte sind auch die Asymmetrie der generischen Ähnlichkeitsrelation, die im christlichen Neuplatonismus „zur Theorie ausgebaut" wird,[86] die Perspektivik, die unhintergehbare Verbindung von Ähnlichkeit und Unähnlichkeit bzw. Differenz und die Verbindung mit *anamnesis* bzw. *memoria*. Als Topoi der Ähnlichkeitskritik bleiben der ‚eristische' Hinweis, ‚irgendwie' sei alles ähnlich, der Vorwurf des Täuschungscharakters der Ähnlichkeit und der Verweis auf ihre logische Schlüpfrigkeit präsent, denen das dihairetische Verfahren der Dialektik begegnet. In ihm ist auch Aristoteles' Bestimmung der „auf der Gattungseinheit des in ihr Zusammengeführten beruhende[n] Metapher" grundgelegt:[87] Das synoptische „Zusammenschauen des Ähnlichen" als „Grundlage des erfolgreichen metaphorischen Aktes" zeigt, dass der *Metaphoriker*, „der Metaphern zu finden weiß, als ein Dialektiker zu verstehen" ist.[88]

---

84 Ebd., S. 112. Die Seele ist entweder durch das Nachdenken, unsinnlich, affiziert und bringt die Doxa als „gedankliches Urteil" hervor, oder sinnlich affiziert und bringt eine Vorstellung (*phantasia*) als Wahrnehmungsurteil hervor (ebd., S. 112, Anm. 329).
85 Vgl. ebd., S. 80: „Ähnlichkeit als konstitutives Element des Begriffs – dies weist voraus auf die moderne merkmalbezogene Begriffsbildung" (ebd.), die bei Platon nicht nur logisch, sondern ontologisch fundiert ist.
86 Vgl. ebd. S. 320 f.
87 Ebd., S. 96.
88 Ebd., S. 86 f.

2.1.2 Aristoteles' topische Ähnlichkeit

> [W]as die Metapher in der Dichtung bzw. der Topos des Ähnlichen in der Philosophie grundsätzlich leistet, ist ein Sichtbarmachen von (Verwandtschafts-)Beziehungen; die Metapher formuliert, was der Blick blitzartig zusammensieht. Der Blick, der den Philosophen auszeichnet, wenn er das Wahre gut trifft, ist ein *Kurzschluß* innerhalb der Dihairesis, die er jedoch nicht lahmlegt, sondern deren lineare Spaltungsstruktur er zu einem Netz von Beziehungen erweitert. (Bernhard Gruber)[89]

Aristoteles' Überlegungen zu Ähnlichkeit nehmen in seiner Philosophie differenzierte Funktionen ein; für die hier konturierte Tradition sind sie besonders aufgrund seiner topischen Fundierung metaphorischer Ähnlichkeit von Bedeutung. Während seine Naturforschung an den Analogiebegriff anschließt, „um unterschiedliche Lebewesen aufgrund analoger Funktionen klassifizieren zu können"[90], ist die seine metaphorologischen Thesen grundierende Ähnlichkeitsreflexion von Platon angeregt, dessen Überlegungen er systematisiert, wobei Lau drei gegeneinander abgrenzbare Ähnlichkeitsformen ausmacht: die *generische*, die *analogische* und die *anagogische*.[91] Christof Rapp zufolge „räumt Aristoteles [...] eine Rolle von Ähnlichkeitsverhältnissen vor allem für die Erkenntnis ein" – gerade dort, wo „das allgemeine Art-/Gattungsgefüge Lücken aufweist oder sich die sonst verbindlichen Genauigkeits- und Rationalitätsstandards als nicht anwendbar erweisen."[92]

> Bemerkenswert ist nun, daß Aristoteles, *wenn* er auf Ähnlichkeitsverhältnisse zurückgreift, die so erfolgten Bestimmungen gar nicht – wie man es aufgrund seines Akribieverständnisses erwarten müsste – als etwas Defizientes zu behandeln scheint, sondern hierin eine eigenständige, in sich konsequente Begründungsebene mit ihren eigenen Rationalitätskriterien sieht.[93]

Den zentralen epistemologischen Stellenwert und vortheoretischen Charakter der Ähnlichkeitsauffassung Aristoteles' betont auch Bernhard Gruber: So nehme „die Betrachtung des Ähnlichen [...] kein eigenes Stadium ein. Sie trägt vielmehr die Züge einer erkenntnisbedingenden Kraft, die mittelbar oder unmittelbar alle Er-

---

[89] Gruber, *Topographie des Ähnlichen*, S. 45; vgl. Christof Rapp, „Ähnlichkeit, Analogie und Homonymie bei Aristoteles", in: *Zeitschrift für philosophische Forschung* 46,4 (1992), S. 526–544; zur Metapherntheorie auch Lau, *Metaphertheorien der Antike*, bes. S. 117–218.
[90] Sandkühler, Analogie, S. 102.
[91] Vgl. Lau, *Metaphertheorien der Antike*, bes. S. 117–218. Vgl. zum „aristotelischen Begriff der Ähnlichkeit und seiner platonisch-speusippischen Tradition bzw. seiner Differenz zu dieser" Lau, *Metaphertheorien der Antike*, S. 141, Anm. 119.
[92] Rapp, Ähnlichkeit, Analogie und Homonymie bei Aristoteles, S. 526 f.
[93] Ebd., S. 527.

kenntnisstufen betrifft."⁹⁴ Ähnlichkeit erhalte *nicht als Begriff*, sondern als „topisches Findungskonzept" eine epistemologisch relevante – „das logisch-kategoriale Denken erst ermöglichende – Funktion":⁹⁵ Dabei zeigten auch subtextuelle Strukturen, wie „fundamental das Aristotelische Philosophieren auf einem Topos des Ähnlichen aufbaut", der gegen die Übersetzung von *homoion* als ‚Gleiches' zu verteidigen sei.⁹⁶

Aristoteles entwirft miteinander verbundene Ansätze der Konzeptualisierung von Ähnlichkeit. So ist sie in *Peri hermeneias* (*De Interpretatione*) „Chiffre für einen Repräsentationstypus" in einem semiotischen Modell, in dem abbildliche Ähnlichkeit zwischen Dingen und Denken vermittelt.⁹⁷ Während sich Wörter als geschriebene oder sprachlich geäußerte Zeichen je unterschieden, seien „die seelischen Empfindungen [...] bei allen dieselben'".⁹⁸ Demnach sind Zeichen der Dinge „schon in der Seele als Ähnliche abgebildet".⁹⁹ Ähnlichkeit leistet zudem den „sematologische[n] Transport" und die Dynamisierung der Reihe semiotischer Stadien des Wortes und der Schrift, des Empfundenen bzw. des Denkens und der Dinge.¹⁰⁰ „Die Dinge und die von ihnen in der Seele ausgelösten Empfindungen sind einander also ähnlich; und dies ist der Garant dafür, daß das, was wir erkennen, mit dem tatsächlichen Sein der Dinge in entsprechender Weise deckungsgleich ist."¹⁰¹ Die Empfindungen werden symbo-

---

94 Gruber, *Topographie des Ähnlichen*, S. 39, Anm. 63. Dies gelte gerade, wenn man die „epistemische Stufung [...] als Anähnlichungsprozeß versteht" (ebd.), wie Gruber in Kap. 3.5.1 ausführt.
95 Ebd., S. 60. Dass dieser Stellenwert meist übersehen wurde, sei dem geschuldet, dass er aus expliziten Textstellen allein nicht hervortritt (vgl. ebd.). Zwar existiere keine ausgearbeitete *Theorie* des Ähnlichen, doch wiesen *Peri hermeneias*, *Metaphysik* und *Kategorien*, *Topik*, *Rhetorik* und *Poetik* das „Programm einer gnoseologischen Welterschließung durch Sprache" aus, in dem Ähnlichkeit die zentrale Rolle spielt (ebd., S. 16).
96 Ebd., S. 86. An dieser Übersetzung werde „die enorme Sinnverschiebung [...] deutscher Aristoteles-Ausgaben besonders augenfällig" (ebd.).
97 Vgl. ebd., S. 50. In Abgrenzung von der auf die Zeichentheorie fokussierten Rezeption der Textstelle verweist Gruber auf die „Ähnlichkeitsthematik" und leitet aus dieser „*Bild-Zeichen-Theorie*" eine dem Bezug von Wort und Schrift auf die Dinge inhärente „Ähnlichkeitsimplikation" ab (ebd., S. 18; 19).
98 Zit n. ebd., S. 17. Das in der Seele Empfundene ist auch das Denken; ihm ist das gesprochene Wort ähnlich und nachgeordnet; Gruber spricht von einer „sematologischen Reihung" (ebd., S. 21).
99 Ebd., S. 23. Der ‚Bockhirsch' aus *Peri hermeneias* 1,16a16 f ist ein Beispiel für das Entstehen eines Zeichens vor jeder ontologischen Bestimmung aus der Phantasie, vgl. ebd., S. 22f.
100 Ebd. Ähnlichkeit begreift so Dinge und Empfindungen in ein „Abbildungsverhältnis" (ebd., S. 23) ein, für dessen Beschreibung Aristoteles auf *De anima* verweist.
101 Ebd., S. 24. Darüber hinaus gleicht sich die „Erkenntnisweise" der Menschen, was Kommunikation ermöglicht.

lisch, „das Ganze auf komplementäre Weise" in einem Teil repräsentierend, in Worten oder Schriftzeichen wiedergegeben.[102]

In *Metaphysik* analysiert Aristoteles Ähnlichkeit als Unterbegriff des Selben, das Teil des Einen ist. Auch hier wird der „Aspekt des Ähnlichen als eines Empfundenen" betont, als „pathetisch bzw. aisthetisch" gewonnenes Urteil, das zum Ausdruck gebracht wird.[103]

> Als ähnlich [...] wird das in jeder Hinsicht als Selbes Empfundene [...] ausgesagt und das eher als Selbes, denn als Anderes Empfundene und das, dessen Qualität eine ist; auch das wird als ähnlich ausgesagt, das mit dem, worin es sich verändern kann, die meisten oder stärksten Gegensätze gemein hat. Den Aussageweisen von ähnlich entgegengesetzt sind die von unähnlich.[104]

Die Definition zeigt die „Differenzierung von Ähnlichem und Selbem [...] über Modi, oder anders ausgedrückt, über Hinsichtlichkeiten", also des *in allen Hinsichten* und ‚eher als Selbes' Empfundenen; dazu kommt die Bestimmung, „was ein und derselben Qualität ist, muß sich ähnlich sein, ungeachtet seiner Zugehörigkeit zu einer anderen Kategorie."[105] Der dritte Aspekt betont Aristoteles' Seinsauffassung gemäß, dass

> nicht nur aktual oder potential Seiendes, modal Gleiches, als ähnlich erkannt und ausgesagt werden kann, sondern auch aktual und potential Seiendes, d. h. modal Verschiedenes, wenn es zueinander im Verhältnis der Kontrarietät steht. Die scheinbar bizarre Folge, daß das größtmögliche Gegensätzliche auch als ein Ähnliches ausgesagt werden kann, [...] bedeutet nicht weniger, als daß einander Gegensätzliches generell als ein Ähnliches ausgesagt werden kann, wie auch, daß miteinander Identisches generell als ein Unähnliches ausgesagt werden kann.[106]

Ähnlichkeit wird als graduell und relativ beschrieben,[107] zwischen dem Selben und dem Anderen liegend, wobei „diese beiden Extreme [...] die Ähnlichkeitsaussage ins Paradoxe zu steigern drohen. Im Grunde genommen kann nämlich so ziemlich alles als ein Ähnliches empfunden und ausgesagt werden".[108] Damit

---

102 Ebd., S. 25. Gruber leitet die Frage ab, ob Ähnlichkeit durch die semiotische Reihe hindurchführt und von welchem Vermögen die „Transformation von Bildern in Zeichen" vorgenommen werde (ebd.).
103 Gruber, *Topographie des Ähnlichen*, S. 26, Anm. 29.
104 *Metaphysik* V9, 1018a15–19, zit. n. ebd., S. 26.
105 Ebd., S. 26. Das Selbe erscheint so als Grenzfall des Ähnlichen, was Aristoteles nicht thematisiert (vgl. ebd., S. 27, Anm. 32).
106 Gruber, *Topographie des Ähnlichen*, S. 26. Das aristotelische Seinsverständnis ist, differenziert in *dynamis* und *energeia*, wandelbar (vgl. ebd).
107 Vgl. ebd., S. 26 f.
108 Ebd., S. 27.

wird fraglich, ob das *Unähnliche* wie definiert als Gegensatz des Ähnlichen gelten kann, oder ob von einer „Austauschbarkeit von ähnlich und unähnlich" auszugehen ist: Das Ähnliche umgreift das Unähnliche in einem „Kontinuum der Ähnlichkeit", dem das Selbe und das Andere als „relative[s], komplementäre[s] Paar" einbegriffen sind, das die „Relativität der Mitte" begründet.[109] Zugleich wird ein Aspekt der *Transformation* thematisch, der „,Verähnlichung' (,Assimilation')" als „Aufnahme fremder Qualitäten und ihre Umwandlung [...] (in arteigene Qualität)" fasst.[110]

Ähnlichkeit als *Qualität* bestimmt das „gattungsmäßig Zusammengehörige"[111], insofern „Ähnlichkeit – als Merkmal – die Gattung konstituiert."[112] Als „Problem der Relation von Einzelding, Art und Gattung wie der Subordination von unteren Gattungen unter die höheren"[113] und als Kriterium der Qualität wird Ähnlichkeit auch in *Peri ton kategorion (Kategorien)* bestimmt: „[D]enn es ist das eine dem anderen in keiner anderen Hinsicht ähnlich, als daß es qualitativ ist".[114] Daraus folgt, dass „jede Ähnlichkeitsaussage von den Qualitäten aus formuliert [ist], nicht von der sie verbindenden Relation"; diese werden im Moment der Aussage ,fixiert'; „für die Formulierung einer Ähnlichkeitsaussage sind qualitative Identitäten, bzw. (sich selbst) identische Qualitäten die unabdingbare Voraussetzung".[115]

Das identische „Eine" bespricht *Metaphysik* X; ihm sei das Selbe, Ähnliche und Gleiche untergeordnet, dem entgegengesetzten „Vielen" das Andere, Unähnliche und Ungleiche.[116] Etwas wird als

---

109 Ebd.
110 Schenk, Ähnlichkeit, S. 51.
111 Lau, *Metaphertheorien der Antike*, S. 144.
112 Ebd., S. 148.
113 Ebd., S. 150, im Verweis auf das dritte Kapitel der *Kategorien*.
114 Zit. n. Gruber, *Topographie des Ähnlichen*, S. 28; vgl. Kategorien 8, 11a15–199.
115 Ebd., S. 29. Dabei kann Qualität und damit Ähnlichkeit und Unähnlichkeit nur über Konkretes ausgesagt werden, nicht über die übergeordnete Gattung „als das ununterschiedene Selbe"; das Einzelne fungiert als „das differenzierte Selbe bzw. das Andere [...], von dem aus Ähnlichkeitsstrukturen erst empfunden und formuliert werden können." (Ebd.) „Kann das Selbe damit überhaupt noch anders als in der Fassung des höchsten Ähnlichen gedacht werden? Bedeutet dies nicht eine Kontaminierung der Sphäre des Selben mit der Differenz, die durch das Andere repräsentiert wird?" Denn die „Gattung [soll] ein homogenes Selbes repräsentieren und zugleich alle aus ihr generierten Differenzen [...] übergreifen" (ebd., S. 29 f.) Dieses Problem werde nicht gelöst.
116 *Metaphysik* X 3, 1054a29–32, zit. n. Gruber, *Topographie des Ähnlichen*, S. 30. Gruber betont, dass das Eine anders als bei Platon nicht metaphysisch, sondern *phänomenologisch* untersucht wird.

> Ähnliches [...] [ausgesagt, B. G.], wenn es entweder schlechthin [...] nicht dasselbe ist und nicht gemäß dem zusammengesetzten Wesen ununterschieden ist, gemäß dem Aussehen [...] aber dasselbe ist, wie z. B. das größere Viereck dem kleineren ähnlich ist und die ungleichen Geraden; denn diese sind einander ähnlich aber nicht schlechthin dieselben. Oder, wenn es dasselbe Aussehen, in welchem es mehr oder weniger zustande kommt, weder mehr, noch weniger hat. Oder, wenn es dieselbe Empfindung [...] ist, auch dem Aussehen nach eins, wie z. B. das Weiße, stärker oder schwächer [ausgeprägt, B. G.], als ähnlich zu sein ausgesagt wird, da sein Aussehen eines ist. Oder, wenn es mehr Selbes als Anderes hat, sei es schlechthin, sei es auf der Hand liegend, wie z. B. Zinn dem Silber und Gold dem Feuer [ähnlich ist, B. G.] insofern es gelb und rot ist[117].

Das Ähnliche „gemäß dem Eidos" muss von dem Selben entweder nach dem „'Wesen'" unterschieden werden können und „gemäß dem dihairetisch erzeugten Eidos exakt identisch sein"[118], oder ein in der Dihairesis fixiertes Stadium „erschließt sich dem Anblick, der Disparates als ein Ähnliches zusammenzusehen vermag."[119] Die dritte Bestimmung nach ‚derselben Empfindung' ist qualitativ, wobei „Qualität ein gemäß den Sinnen [...] Empfinden Schaffendes ist"[120]. Damit wird die Ausrichtung „auf die sinnliche Wahrnehmung" betont: Das „*Denken des Qualitativen als eines Wahrnehmbaren*" begreift „Pathos" als „Eidos [...], ein Angeschautes, das als ein Ähnliches erkannt wird, egal ob es mehr oder weniger intensiv empfunden wird."[121] Auch die letzte, auf die Qualität und deren Kategorie des ‚Habitus' als dauerhafte „Bestimmtheit" bezogene Definition, zeigt,

> daß der Blick auf das Ähnliche nicht nur auf das phänomenologisch geprüfte Ähnliche gerichtet ist, sondern auch auf das oberflächlich als ähnlich Erkannte. Es ist damit nicht nur ein phänomenologisierender Blick, sondern gleichberechtigt auch ein unmittelbarer, unreflektierter, assoziierender. Oder, um es vorwegzunehmen: *es ist dies nicht nur ein metaphysischer Blick, sondern auch, vielleicht sogar vornehmlich, ein metaphorisierender Blick.*[122]

Das „Identische" beschreibt damit „das wesentliche Verbindungselement, mit dessen Hilfe Aristoteles die ontologische und logische Zusammengehörigkeit der Dinge, deren Bezeichnungen die Metapher konstituieren, faßt", wobei es sich um „relative Identität, die Selbigkeit in einer ganz bestimmten *Hinsicht*", handelt:[123] „Sind zwei Dinge in Hinblick auf eine gemeinsame Gattung oder die

---

117 *Metaphysik* X 3, 1054 b 3–13, zit. n. ebd., S. 30 f.
118 Ebd., S. 31. Dieser Konzeption zufolge fällt das Einzelne mit dem „Eidos als substantieller Form" zusammen (ebd.).
119 Ebd., S. 32.
120 *Kategorien* 8, 9 b 3–7, zit. n. ebd., S. 32.
121 Ebd., S. 32.
122 Ebd., S. 33.
123 Lau, *Metaphertheorien der Antike*, S. 147 [Hv.: S. B.].

Analogie identisch, dann ist diese partielle Identität bei gleichzeitiger Differenz eben das Ähnliche, das beiden Dingen eignet; im ersten Fall handelt es sich um die generische Ähnlichkeit, im zweiten um die analogische Ähnlichkeit."[124] So dient der Ähnlichkeitsbegriff neben der *generischen* Funktion – die Ähnlichkeit zur Basis von Klassifikation und Begriffsbildung nach *genus proximum* und *differentia specifica* macht – der Bestimmung der *Analogie* als „Verhältnisentsprechung":[125] Sie ist „*das Instrument, um die Ähnlichkeit zwischen den Dingen, die verschiedenen Gattungen angehören, zu erfassen; sie übergreift die verschiedenen Gattungen.*"[126]

Die *Topik* formuliert Aristoteles' umfassendste logische Reflexion über Ähnlichkeit – gegen Ende des ersten Buches, in VI.2, wo metaphorische Rede „als eine Art des undeutlichen Definierens" thematisiert wird, und in IX, „wo Ähnlichkeit [...] im Sinne von Vergleich [...] als Mittel für dialektische Dispute"[127] besprochen wird. Die „'Betrachtung des Ähnlichen'", dessen Erkennen es zu üben gelte, gehört – neben dem Unterscheidungsvermögen – als Instrument der Induktion und des Syllogismus zu den zentralen Erkenntniswerkzeugen des Logikers.[128]

> Die Ähnlichkeit [...] ist bei dem in verschiedenen Gattungen [Seienden, B. G.] zu betrachten: wie sich Verschiedenes *zu* [...] einem Verschiedenen verhält, so verhält sich Anderes zu einem Anderen (wie sich z. B. Wissenschaft zu Wißbarem verhält, so verhält sich Wahrnehmung zu Wahrnehmbarem) und wie sich Verschiedenes *in* [...] einem Verschiedenem verhält, so verhält sich Anderes in einem Anderen (wie sich z. B. der Sehsinn im Auge verhält, so verhält sich die Vernunft in der Seele und wie sich die Meeresstille im Meer verhält, so verhält sich die Windstille in der Luft). *Am wichtigsten ist es, sich in den weit auseinanderliegenden* [Gattungen, B. G.] *zu üben; denn dann wird man imstande sein, das Ähnliche auch bei den übrigen leichter zusammenzusehen.* Auch bei dem, was in derselben Gattung ist, ist [die Ähnlichkeit, B. G.] zu betrachten, ob denn allem etwas Selbes in ist, dem Menschen, dem Pferd und dem Hund; wenn ihnen nämlich etwas Selbes in ist, sind sie auf diese Weise [...] ähnlich[129].

---

124 Ebd., S. 148. Gegen die Auffassung von Ähnlichkeit als ‚partielle Identität' vgl. Anm. 110.
125 Ebd., S. 145: „Aristoteles sagt, daß die beiden Verhältnisse sich zueinander ähnlich verhalten" und „spricht von der ‚Analogie-Ähnlichkeit'" (ebd.).
126 Ebd., S. 152 [Hv.: S. B.]. Das Analoge zeigt sich „nicht in der Übereinstimmung nach qualitativen Merkmalen, sondern [...] in der Übereinstimmung nach den Seinsprinzipien und den Seinsmodi, auf denen die Strukturidentität des Seienden, seine Isomorphie, beruht." (Ebd., S. 154).
127 Gruber, *Topographie des Ähnlichen*, S. 33.
128 *Topik* I. 13, 105 a 21ff, zit. n. ebd., S. 34.
129 *Topik* I. 17, 108 a 7–17, zit. n. ebd. [Hv.: S. B.].

Hier wird die „Betrachtung des Ähnlichen als des vierten ‚Werkzeugs' [...] zur Gewinnung von Syllogismen" beschrieben, wobei das „‚Zusammensehen des Ähnlichen'" die „Zusammenschau der Analogie-Ähnlichkeit" betrifft:[130] Das Ähnliche in *verschiedenen* Gattungen wird als „strukturelle Ähnlichkeitsbeziehung" erklärt, in der das Heterogene „auf mögliche Ähnlichkeitsstrukturen hin betrachtet" bzw. in eine proportionale Beziehung gesetzt wird: „Ist man imstande, diese Ähnlichkeitsstrukturen über weit auseinanderstehende Gattungsgrenzen hinweg zusammenzusehen, so schärft sich damit automatisch der Blick für Ähnliches in einander näherstehenden Gattungen."[131] Zu der *transgenerischen* kommt so die *generische* Funktion der Ähnlichkeitsfeststellung.[132] Die Untersuchung des Ähnlichen *innerhalb* einer Gattung dient als Korrektiv der Gattungseinteilung und macht die *Hinsicht* der Gattungszugehörigkeit sichtbar.[133] Die topische Erkenntnisoperation, „Ähnliches [...] im schöpferischen Zusammensehen zu erkennen", erfordert damit die Fähigkeit zum Perspektivwechsel.[134] Ihr gesteht Aristoteles in *Topik* I.18 eine Vorrangstellung zu: Das Ähnliche zu betrachten sei „nützlich für die epagogischen Schlüsse [...], für die Syllogismen aus Hypothesen [...] und für die Prüfung der Definitionen'"; sie lasse vom Einzelnen auf Allgemeines schließen.[135] So ist die „Betrachtung des Ähnlichen auch an dem, was weit auseinander liegt, nützlich [...] für die Begriffsbildung [...], weil die Zusammenschau dessen, was bei einem jeden das Identische ist [...], es ermöglicht, das Vorliegende zu bestimmen und der Gattung nach einzuordnen."[136]

Insofern Ähnlichkeit somit für die „drei fundamentalen logischen Operationen Aristotelischen Philosophierens" zentral ist, behauptet Gruber, dass dessen „logische[s] Gebäude [...] in seinen Grundfesten auf einer Theoretisierung des

---

130 Lau, *Metaphertheorien der Antike*, S. 145.
131 Gruber, *Topographie des Ähnlichen*, S. 35. „[I]hre Beziehung zueinander' wird angeähnlicht" (ebd.). Vgl. auch *Rhetorik* III. 11.
132 Vgl. Lau, *Metaphertheorien der Antike*, S. 146: *Topik* 1, 17, 108a 14–17 zufolge ist das „Identische [...] das Ähnliche des zu derselben Gattung Gehörigen" (ebd., S. 148). „Wie Platon unterscheidet auch Aristoteles – vor allem in seinem späteren Werk, etwa in den biologischen Schriften – zwischen dem Genosprinzip und dem Analogieprinzip." (Ebd., S. 146).
133 Vgl. Gruber, *Topographie des Ähnlichen*, S. 36.
134 Ebd. Gruber leitet aus dem Bezug auf *De anima* III 4 429 ab, dass es sich hier weniger um ein „Wahrnehmungsvermögen" handelt, als um eine der „geistigen Erkenntnishaltungen" (ebd., S. 36 f.).
135 *Topik* I 18 108 b 7–31, zit. n. ebd., S. 37 f. Für die Definition sei dienlich, „‚zusammenzusehen [...], was im Einzelnen dasselbe ist'", wobei das „‚vom Gemeinsamen am ehesten als Wesen [...] ausgesagt[e]'", das „‚Gemeinsame'", die Gattung definiere (ebd.).
136 Lau, *Metaphertheorien der Antike*, S. 148.

Ähnlichen und den dadurch bedingten Operationen beruht."[137] In epagogischen Schlüssen, die Einzelnes an Ähnliches heranführen, ist es „ein Eidos, ein Angeschautes, das in der Annäherung an ihm Ähnliches aufscheint", woraus sich das Allgemeine ergibt.[138] Damit die Betrachtung des Ähnlichen epistemologisch wertvoll ist, muss sie *eingeübt* werden, da „man das Ähnliche nicht immer gleich sieht"[139]. Dagegen leisten hypothetisch gebildete Syllogismen eine „Transferoperation", in der Einzelnes „die Verhältnismäßigkeit von ihm Ähnlichen" ausdrückt und die Funktion eines Allgemeinen übernimmt, das „auf den *vorgängigen Akt versammelnden Sehens des Ähnlichen* angewiesen ist."[140] Damit in Zusammenhang steht der dritte Aspekt der Definition, der die dihairetische Gattungsbestimmung mit dem „Zusammensehen des Ähnlichen im Vereinzelten" korreliert, das „in seiner jeweiligen Verhältnismäßigkeit" gesehen werden muss.[141] Hier zeige sich, wie „profund Aristoteles den Blick auf das Ähnliche ansetzt", der, ohne logisch-begrifflich definiert zu werden, „zum substantiellen *Wesen-Sein* der Dinge vorzudringen scheint", insofern er die Gattungseinteilung bedingt:[142] Das Allgemeine wird generiert durch den „versammelnden Blick für das Ähnliche, der der Wissenschaft ihr ‚Rohmaterial' liefert."[143] *Ähnlichkeiten zu erkennen* ist konstitutiv für Erfahrung, Wissenschaft und Kunst.

Diese Ähnlichkeitsreflexion findet auch in Aristoteles' Metaphorologie Eingang, die „die Bedeutung der *Ähnlichkeit als eines konstitutiven Elements der Metapher*" betont:[144] Er sucht

> das Phänomen der sprachlichen Mehrdeutigkeit unter einem bestimmten Gesichtspunkt zu erfassen und als das Ergebnis einer *Wortübertragung* zu erklären, mit deren Hilfe ein Wort durch ein anderes derselben Kategorie und derselben syntaktischen Position ersetzt bzw. eine bis dahin unbenannte Sache benannt wird: auf einer festgelegten Grundlage, nämlich

---

137 Gruber, *Topographie des Ähnlichen*, S. 38.
138 Anders steht in *Metaphysik* I 1 das Allgemeine im Vordergrund; über das vermittelnde Ähnliche gelange man zu einem „vermuteten Allgemeinen", zur Kunst (ebd., S. 39).
139 Ebd., S. 39; vgl. *Topik* 108 a 13.
140 Ebd., S. 40.
141 Ebd. Vgl. auch S. 36, Anm. 58.
142 Ebd., S. 41. Dabei muss das „versammelnde Sehen des Ähnlichen" als wahr oder falsch geprüft werden (ebd., S. 40, Anm. 65).
143 Ebd., S. 51.
144 Lau, *Metaphertheorien der Antike*, S. 141. Auch die *Topik* betont, „daß alle, die eine Metapher bilden, dies gemäß einer Ähnlichkeit tun" (ebd.). Anschießend an Platon entwickle Aristoteles eine „in ihrer ontologischen, logischen, semiotischen, kognitiven und ästhetischen Dimension [...] in ihrer Aktualität [...] auch heute vielfach verkannte Metapherkonzeption." (Ebd., S. 117).

der *Ähnlichkeit* zwischen den bezeichneten Sachen bzw. zwischen der bezeichneten und der zu bezeichnenden Sache; und weiter nach exakt definierten Übertragungsrichtungen.[145]

Rhetorik und *Poetik* thematisieren die Metapher in Dichtung und Philosophie, wobei die „dialektische Tiefenstruktur der Metapher" und die ontologische Ausrichtung der aristotelischen Metaphorologie deutlich werden.[146] *Rhetorik* vergleicht Philosophie und Dichtung im Blick auf das *Zusammensehen von Ähnlichem*: „Man muß, wie früher schon gesagt wurde, übertragen […] von Verwandtem und nur nicht Sichtbarem, so, wie es auch in der Philosophie einen Trefflichen […] auszeichnet, das Ähnliche auch in weit Auseinanderliegendem zu sehen"[147]. So kommen „in der Entdeckung nicht auf der Hand liegender Ähnlichkeiten […] die Metapher und das richtige Denken des Philosophen überein"[148]. Denn das Erkennen *entfernter* Ähnlichkeiten ist auch für die Metapher essentiell: Sie „erfüllt in der Dichtung die Funktion, Verwandtes, das lediglich verdeckt ist, sichtbar zu machen, eine Funktion, die vergleichbar ist mit dem Sehen des Ähnlichen in der Philosophie, das besonders in weit voneinander entfernten Gattungen angewandt werden muß."[149] Dabei könnte „*die Metapher, als wichtigstes Darstellungsmittel innerhalb der Lexis,* […] *selbst nichts darstellen, ohne daß die sie konstituierende Ähnlichkeit darstellbar wäre.*"[150] Damit führt Aristoteles ein an der dialektischen Gattungseinteilung orientiertes Maß ein: So

---

145 Ebd., S. 121 [Hv.: S. B.]. Der Metapher ist das „Phänomen der Gleichnamigkeit" inhärent (ebd., S. 129). Das *Homonyme* lässt sich nur *analogisch* in Bezug setzen und nicht in einer *Gattung* zusammenfassen oder „unter umfassende Begriffe subsumieren" (ebd., S. 133). *Synonym* sind Dinge mit gleichem Namen und gleicher Definition, die einen „generischen Zusammenhang" aufweisen (ebd., S. 136) und sich in einer Gattung zusammenfassen lassen (etwa der Kategorie ‚Seiendes'): „Dieses Offensein ‚nach oben hin' kennzeichnet nun auch die Metapher. Denn die Antwort auf die Frage, ob die Grundlage für eine Übertragung in einer generischen oder einer analogischen Ähnlichkeit bestehe, hängt wesentlich auch davon ab, ob wir einen restriktiven, d. h. nach bestimmten Maßgaben begrenzten Gattungsbegriff oder aber einen nach oben zu immer größerer Weite hin geöffneten zugrunde legen." (Ebd., S. 137).
146 Lau, *Metaphertheorien der Antike*, S. 123. „Wie der Hinweis auf die in der Philosophie bedeutsame Erfassung von Ähnlichkeitsbezügen zeigt, reicht die Metapher in Hinblick auf ihre Gründung in der Ähnlichkeit tief in das Gebiet der Philosophie hinein, die auf das den Sinneswahrnehmungen am entferntesten liegende Allgemeinste zielt." (Ebd., S. 144).
147 *Rhetorik* III. 11, 1412 a 9–12, zit. n. ebd, S. 44; Aristoteles bezieht sich hier wohl auf *Rhetorik* III. 2 1405 a 35–37. Die *Rhetorik* als „‚Gegenstück […] zur Dialektik'" soll definieren, „worüber rhetorische Schlüsse aufzustellen sind" (in Abgrenzung zu *logischen* Syllogismen), und ihre Wahrheit bzw. Wahrscheinlichkeit prüfen (Gruber, *Topographie des Ähnlichen*, S. 42). „Das Wahre und das Wahr-Ähnliche wird mit demselben Vermögen gesehen" (ebd., S. 51).
148 Knörer, *Entfernte Ähnlichkeiten*, S. 15.
149 Gruber, *Topographie des Ähnlichen*, S. 36.
150 Ebd., S. 44. Zur Lexis als Redeweise oder Sprachform vgl. auch ebd., S. 46.

„‚soll man nicht von weither, sondern von dem Verwandten [...] und dem Gleichartigen [...] auf das hin übertragen, was noch keinen Namen hat, wo das Aussprechen klar macht, daß es verwandt ist."[151] Die gelungene Metapher ist orientiert an *dialektischer Richtigkeit*. Zugleich führt das „Überschreiten der benannten Gattungs- und Artgrenzen neue Namen und Querverbindungen innerhalb der sprachlich geführten Dihairesis" ein.[152] Das Auffinden des Ähnlichen bezeugt also nicht nur die Findigkeit des Philosophen, sondern auch die des Metaphorikers: „[E]s ist aber bei weitem das Wichtigste, dass man Metaphern zu finden weiß. Denn dies ist das Einzige, das man nicht von einem anderen erlernen kann, und ein Zeichen von Begabung"[153]; so auch die *Poetik*: „Denn gute Metaphern zu bilden bedeutet, daß man Ähnlichkeiten erkennen kann."[154] Aristoteles thematisiert damit „die Fähigkeit zur Metapherfindung, d. h. zur Neuprägung im Unterschied zum Gebrauch bereits vorhandener und gängiger Metaphern, als Zeichen dichterischen Ingeniums."[155] Mit der Einschränkung, dass die Metapher „nicht willkürlich, sondern nach bestimmten logischen Regeln"[156] zu bilden sei, nur gelungene Metaphern „mit dem Sehen des Ähnlichen in eins gesetzt" werden bzw. nicht „alles Metaphorisieren das als ähnlich Erkannte in gleich guter Weise darstellt", wird das metaphorisch Ähnliche zum wichtigsten Ausdrucksmittel der Dichtung erklärt. Das auf dem „genialen Geistesblitz" beruhende Metaphorisieren wird mit dem Erkennen des „Wahre[n] im Zusammensehen von weit Auseinanderliegendem" verknüpft – und mit der Begabung als ‚naturgemäße' Fähigkeit mimetischen Darstellens (*mimeisthai*), die die *Poetik* als konstitutive Fähigkeit des Menschen beschreibt:[157] Die „Metapher

---

151 *Rhetorik* III 2 1405 a 35–37; zit. n. ebd., S. 44.
152 Ebd., S. 45. Hier wird die Unterscheidung zwischen ‚eigentlicher' und ‚uneigentlicher' (metaphorischer) Rede problematisch.
153 Aristoteles, *Poetik* [22], Griechisch/Deutsch, übers. u. hg. v. Manfred Fuhrmann, Stuttgart 2001 (1982), S. 75–77. Begabung wird in Knörers Übersetzung bestimmt als das „‚Auge für das Ähnliche'", „die notwendige, und zwar nicht erlernbare Voraussetzung der Metaphernbildung (ebd., S. 15): „Es ist aber bei weitem das wichtigste, dass man Metaphern zu finden weiß. Denn dies ist das Einzige, das man nicht von einem anderen erlernen kann und ein Zeichen von *ingenium*. Denn gute Metaphern zu bilden bedeutet, dass man ein Auge für das Ähnliche hat." (*Poetik* 1459a, zit. n. Knörer, *Entfernte Ähnlichkeiten*, S. 15, Anm. 4).
154 Aristoteles, *Poetik*, S. 77. Vgl. Willer, Metapher/metaphorisch, S. 92.
155 Lau, *Metaphertheorien der Antike*, S. 119. Um ‚das Ähnliche zu erkennen', „braucht es „Scharfsinn, Ingenium, Witz"; zum Witzbegriff des achtzehnten Jahrhunderts vgl. ebd., S. 143, Anm. 130. Die Metapher ist Ausdruck „sprachlicher Originalität" (ebd., S. 143) und „Kreativität" (ebd., S. 143, Anm. 131), wie auch moderne Metapherntheorien betonen.
156 Ebd., S. 124. Es lässt sich daher die „richtig gebildete Metapher von der Pseudometapher" unterscheiden (ebd., S. 125).
157 Gruber, *Topographie des Ähnlichen*, S. 45 [vgl. Aristoteles, *Poetik*, S. 12f.].

erkennt das Natürliche und bringt es auf ihre Weise zum Ausdruck. Die Abgrenzung zwischen Dichtung und Philosophie wird damit nicht mehr eindeutig möglich. Das heißt, daß sich im Bereich des metaphorischen Sprechens die Modi von *darstellbarer Ähnlichkeit* und *dargestellter Metapher* überdecken."[158]

Selbst wenn dabei Aristoteles seine Metapherntheorie nicht auf eine explizite „Theorie des Ähnlichen"[159] gründet, ist eine solche dabei implizit angelegt in ihrer „Verwurzelung in der Dialektik": Sie

> begreift die Metapher als sprachlichen Ausdruck von Ordnung, d. h. von Relationen, in denen der Standort der Dinge und ihre Funktion im Ganzen des Seienden zur Sprache kommen. Diese Theorie der Metapher läßt sich deshalb – sowohl in Hinblick auf die Metapherbildung wie auf die ihr korrespondierende Metapherinterpretation – verstehen als Teil einer Hermeneutik des Seienden. Metaphernverständnis, das auf dieser Auslegekunst beruht, ist ein Erfassen von Ordnungszusammenhängen.[160]

In *Poetik* wird die Metapher als *Wortübertragung* definiert und auf „Gleichnamigkeit" und „Ähnlichkeit" gegründet:[161] Sie wird generisch oder „,nach den Regeln der Analogie' [...] gebildet und weist eine große Nähe zum [...] Bild oder Vergleich"[162] auf, so die Definition der *Poetik*:

> Eine Metapher ist eine Übertragung eines Wortes [...], und zwar entweder von der Gattung auf die Art oder von der Art auf die Gattung, oder von einer Art auf eine andere, oder nach den Regeln der Analogie. [...] Unter einer Analogie verstehe ich eine Beziehung, in der sich die zweite Größe zur ersten ähnlich verhält wie die vierte zur dritten. Dann verwendet der Dichter statt der zweiten Größe die vierte oder statt der vierten die zweite; und manchmal fügt man hinzu, auf was sich die Bedeutung bezieht, für die das Wort eingesetzt ist. [...] In manchen Fällen fehlt eine der Bezeichnungen, auf denen die Analogie beruht; nichtsdestoweniger verwendet man den analogen Ausdruck.[163]

Diese Definition bestimmt „Metaphorisierung als eine logische Operation mit vier Modi"[164]. Die Übertragung (*epiphora*) erscheint als „*Über*-Tragen" (*meta-*

---

158 Ebd., S. 46.
159 Ebd.
160 Lau, *Metapherntheorien der Antike*, S. 174.
161 Ebd., S. 124. Aristoteles zufolge ist „,[j]edes Nomen [...] entweder eine gebräuchliche Bezeichnung [...] oder eine Glosse, eine Metapher" (Gruber, *Topographie des Ähnlichen*, S. 46). Nach Gruber ist die aristotelische Metapherntheorie als „Theorie der Metapher des Nomens" zu betrachten. Demgegenüber weist Fuhrmann auf den Unterschied dieser Textstelle (20) mit der im Folgenden zitierten (21) hin, in der die Beispiele Nomen und Verben umfassen (vgl. Aristoteles, *Poetik*, S. 129, Anm. 1 zu Kap. 21).
162 *Rhetorik* 21, 1457 b 6–9, zit. n. Willer, Metapher/metaphorisch, S. 92.
163 Aristoteles, *Poetik*, S. 67 u. S. 69.
164 Lau, *Metapherntheorien der Antike*, S. 156. Die „drei auf dem Genosprinzip beruhenden modi" stützten sich auf die „dialektischen Relationen" (ebd., S. 158). Die Subordinationsver-

phorein)¹⁶⁵ einer Bedeutung durch ein ‚fremdes', nicht gebräuchliches Wort, als „Abweichung, ein Verstoß gegen die gewöhnliche Wortbedeutung".¹⁶⁶ Dabei betreffen die ersten drei Übertragungstypen nach *generischer Ähnlichkeit* das dihairetische „Zusammensehen des Ähnlichen",¹⁶⁷ womit „[d]ie Bildung der Metapher [...] als ein Akt der Gliederung, Klassifikation und Begriffsbildung, Metaphernverständnis als Begriffsverständnis"¹⁶⁸ erscheint.

Dazu tritt die *Analogiemetapher*, „die als Verhältnismäßigkeit formulierte Figur dieses genialen Geistesblitzes [...], die auf dem ursprünglichen Zusammensehen von Verschiedenem als eines Ähnlichen beruht."¹⁶⁹ Die Übertragung aufgrund analogischer Ähnlichkeit ist von der generischen, „gattungskonstitutive[n] Ähnlichkeit" abzugrenzen.¹⁷⁰ Aristoteles spricht „vom Sich-ähnlich-Verhalten [...] der beiden Verhältnisse der Proportionsanalogie":¹⁷¹ In „aufsteigender Progression" schreitet die Typologie „vom Genosprinzip der Einheit zum Analogieprinzip der weitesten Art von Einheit. Die Differenz zwischen den Übertragungstypen 1–3 und

---

hältnisse der Gattungen beträfen „auch die metaphorische Prädikation" (ebd., S. 150 f.) Lau sieht dies in der „Tradition der platonschen Dialektik und der sogenannten ‚Verflechtung der Begriffe' [...]. Es liegt dieselbe Konzeption eines ‚nach oben' offenen Gattungsbegriffs vor [...]: Die Gattungen sind – in einer Pyramide – je höher, desto umfassender", und schließen als „die weitesten und obersten Gattungen [...] die Kategorien" ein (ebd., S. 151).
165 Gruber, *Topographie des Ähnlichen*, S. 47; Gruber leitet aus *Physik* (III 1, 201a15; V 2, 225a32–b2) ‚phora' als „Ortsveränderung" ab (ebd.); *epiphora* übersetzt von Gruber als „Beilegen" (ebd,, S. 46); vgl. Aristoteles, *Poetik*, S. 66,.
166 Ebd., S. 47. Lau betont, dass es um die Ersetzung des qua „Übereinkunft" bedeutenden Wortes geht, das Aristoteles als „übliches Nennwort" bezeichnet, das „jedermann gebraucht" (ebd., S. 125). Es handelt sich um eine „Durchbrechung des konventionellen Sprachgebrauchs" (ebd., S. 126) und eine „‚Verfremdung'" (ebd., S. 126, Anm. 46).
167 Vgl. Lau, *Metaphertheorien der Antike*, S. 137. Dabei werde die Übertragung von einer Gattung auf die andere übergangen, weil der „Unterschied zwischen den Gattungen [...] mittels Epiphora" nicht überbrückt werden könne, so Gruber (*Topographie des Ähnlichen*, S. 47). Jedoch, so Lau: „Die Analogie dient als Brücke zwischen den verschiedenen Gattungen" (Lau, *Metaphertheorien der Antike*, S. 155).
168 Gruber, *Topographie des Ähnlichen*, S. 87.
169 Ebd., S. 47 f. Auch in *Metaphysik* werde „gefordert, ‚das Analoge zusammenzusehen'" (ebd., S. 48, Anm. 78).
170 Lau, *Metaphertheorien der Antike*, S. 141. Lau spricht von der „*reinen* Analogie-Metapher", in der „die Verbindung der konstitutiven Elemente tatsächlich allein durch die weiteste Form von Einheit, eben die Analogie, erfolgt" (ebd., S. 139).
171 Ebd., S. 159. Vgl. das Beispiel: „‚Es verhält sich ähnlich eine Schale [...] zu Dionysos wie ein Schild [...] zu Ares" (ebd.). „Daß die prädikative Relation aus der Nennform des doppelten Akkusativs in ein ‚Ist'-Urteil umzusetzen ist, zeigt Aristoteles selbst [...]: ‚Der Schild ist die Trinkschale des Ares.'" (Ebd., S. 163) Aristoteles nennt die letztere Form „nicht-einfach" gegenüber der „einfache[n]": „‚Die Schale ist der Schild'" (ebd.).

dem vierten Typus liegt danach also in der Weite der Ähnlichkeitsbezüge."[172] Zudem ist die Analogiemetapher – anders als die generische Metapher, die „nach bestimmten dialektischen Bedingungen" Worte substituiert, – der Struktur nach ein „Ausdruck in der Grundform der *Prädikation*"[173] durch Umformung der Proportionsanalogie (als Verhältnisähnlichkeit) in ein „‚Ist-Urteil'", das „ein Existenzurteil oder ein Identitätsurteil oder eine Gattungsprädikation" bedeuten kann,[174] mithin eine „identifizierende Aussage"[175] nach dem Schema, „‚daß dieses jenes [ist].'"[176] In dieser Form sei, so Lau, „der metaphorologisch bedeutsame Zusammenhang zwischen der Identitätsaussage und der Gattungsprädikation offensichtlich. Was formal als Identitätsaussage erscheint, hat, [...] als Metapher verstanden, den Status einer latenten Gattungsprädikation".[177]

Dabei sind sowohl *generische Analogiemetaphern*, in denen „eine gemeinsame Gattung die in den Übertragungsakt einbezogenen Größen der Proportionsanalogie umfasst", die mithin „homogen" sind,[178] als auch auf „transgenerische[r] Verhältnisähnlichkeit"[179] beruhende Übertragungen möglich: So

> liegt die reine Analogie-Metapher eigentlich erst dort vor, wo die Analogie als Bildungsprinzip der Metapher in einer doppelten Weise wirksam ist: zum einen, indem sie die Struktur der Metapher als einer Aussage bestimmt, zum anderen, indem sie die Heterogenität der in der Metapher zusammengeführten Größen überbrückt.[180]

Wo die Prädikation „nach dem logischen Status des zwischen dem Urteilssubjekt und dem Urteilsprädikat bestehenden Gemeinsamen, d. h. der [...] als dekompositionelles Implikat bezeichneten Größe"[181] befragt wird, zeige sich die „paradoxe Dialektik der Analogie-Metapher, d. h. ihr Charakter als einer ‚unfügsamen' Prädikation", so Lau:[182] In ihr markiert, was sich als *entfernte Ähnlichkeit* bezeichnen lässt, die Fremdheit (*xenikon*) und Ungewöhnlichkeit, den

---

172 Ebd., S. 159.
173 Ebd., S. 160 [Hv.: S.B.]. „Ausdrücklich spricht Aristoteles schließlich von einer metaphorischen Aussage" (ebd., S. 161). Solche Metaphern entsprächen dem „modernen Metaphernverständnis" (ebd., S. 162), mit dem Unterschied, dass der Übertragungsaspekt zurücktrete (ebd.).
174 Ebd., S. 168.
175 Ebd., S. 171.
176 Ebd., S. 170.
177 Ebd., S. 168.
178 Ebd., S. 167.
179 Ebd., S. 169.
180 Ebd., S. 171. Die Differenzierung ist abhängig von der Frage, ob ein „zu immer größerer Weite und damit inhaltlicher Unbestimmtheit hin offener Gattungsbegriff zugrundegelegt wird" (ebd., S. 170) – wie in *Rhetorik* und *Poetik* (vgl. ebd., S. 172).
181 Ebd., S. 175.
182 Ebd., S. 176.

Rätselcharakter, der aus der *Heterogenität* der Übertragungsbereiche entsteht und in Spannung zu den Forderungen dialektischer Richtigkeit, des richtigen Maßes und der Angemessenheit (*aptum*) zu treten droht:[183] Darin bestimmt Aristoteles in *Poetik* „programmatisch" die Vollkommenheit des sprachlichen Ausdrucks, der in einem „dialektischen Balanceakt" zugleich „‚klar und nicht gewöhnlich'" sein soll.[184] Auch in *Rhetorik* stellt er die „Forderung, daß Metaphern [...] so formuliert werden müssen, daß sie *passen*", also „nach Art der Analogie gebildet werden. Die Paßgenauigkeit der Metapher innerhalb der Prosarede wird also an der Proportion festgemacht."[185] Dieses nicht beliebige, sondern

> gekonnte Abweichen von der Norm durch Metaphorisieren wird von Aristoteles mit dem Sehen des Ähnlichen identifiziert [...]. Das läßt darauf schließen, daß die gewöhnliche Lexis nur das Bekannte und Identische aufzuweisen vermag. Damit kommt es der Metapher zu, über ein bloßes Darstellungs- bzw. Stilmittel hinaus, *einen Bereich der Wirklichkeit sichtbar zu machen, der anders nicht zugänglich gemacht werden kann*[186].

Diese Auffassung trägt, so Gruber, der basalen Bedeutung des Ähnlichen Rechnung: Als „*empfunden, ausgesagt* oder *betrachtet*" gekennzeichnet, wird Ähnlichkeit von Aristoteles nicht begrifflich fixiert, sondern topisch beschrieben, „als *Pathos*, als *Logos* und als *Eidos*, als den drei bewußtseinshaften Erscheinungsformen oder Darstellungsweisen des Ähnlichen": Dabei ist,

> da das Erkennen des Ähnlichen bei Aristoteles als ein eidetischer Prozeß gefaßt ist, [...] das Ähnliche als Angeschautes die Bedingung für die beiden anderen Darstellungsweisen [...]. *Der versammelnde Blick scheint dabei als Gegenspieler zum dihairetischen, unterscheidenden Blick zu fungieren:* dieser zielt auf die Gattung, die aus dem Einzelnen Gemeinsamen zusammengesehen wird, jener ist auf die Spezies gerichtet, die aus der Gattung differenziert wird. Es darf nicht übersehen werden, daß lediglich die Blickrichtungen [...] einander entgegengesetzt sind.[187]

---

183 Vgl. zum *Rätselcharakter* „fremdartig[er]" Metaphern Aristoteles, *Poetik*, S. 73: „Denn das Wesen des Rätsels besteht darin, unvereinbare Wörter zu verknüpfen und damit gleichwohl etwas wirklich Vorhandenes zu bezeichnen." Bei ‚unpassender' Verwendung wirke der Einsatz der Metapher (wie aller Ausdrücke) lächerlich.
184 Gruber, *Topographie des Ähnlichen*, S. 47; vgl. Aristoteles, *Poetik*, S. 71: „[K]lar und nicht banal" zu sein, kennzeichnet angemessene Metaphern. „Präzision und Unschärfe" sollen im „‚Glück des Ausdrucks'" paradox zusammenfallen, was Aristoteles (*Poetik* 22 1458 a 31) als „Mischungsverhältnis" bespricht (Gruber, *Topographie des Ähnlichen*, S. 48).
185 Gruber, *Topographie des Ähnlichen*, S. 49, im Verweis auf *Rhetorik* 1405 a 11.
186 Ebd., S. 50 [Hv.: S. B.]. „Wie dieses Sichtbarmachen funktioniert, bleibt das Geheimnis der natürlichen Begabung, die Aristoteles in der Erkenntnis von Wahrheit einfugt." (ebd.). Diese Konzeption überschreite die Substitutionstheorie, in die sie einzupassen versucht wurde.
187 Ebd., S. 52 [Hv.: S. B.].

Für die Analyse der „Transformationen und Modifikationen, die der Problemtitel ‚Ähnlichkeit' vollzieht", verfolgt ihn Gruber auch in Texten, die Ähnlichkeit implizit thematisieren; obwohl sie „bis an die innersten Strukturzusammenhänge und tiefsten Grundlagen" seiner Philosophie reiche,[188] spreche Aristoteles von einem „*Topos* des Ähnlichen und nicht von einem *Begriff* des Ähnlichen".[189] Dabei sei, auch wenn er auf das Subjekt der Ähnlichkeitswahrnehmung nicht näher eingehe,[190] neben der *Hinsichtlichkeit* deren *Subjektivität* und *Perspektivik* entscheidend, wie der Hinweis auf die Begabung betont: Ähnlichkeit wird „von einem zusammensehenden Blick synthetisch erzeugt [...]. Es gibt nicht das Kriterium der Ähnlichkeit *an den Dingen*, sondern ein versammelndes, abstrahierendes Sehen *auf die Dinge* unter dem Gesichtspunkt der Ähnlichkeit."[191] Denn „*der philosophische Blick repräsentiert nicht ontisch präexistierende Ähnlichkeiten, sondern präsentiert sich die Dinge als Ähnliche oder Unähnliche*"[192]. Daraus folgt die Forderung einer Schulung des Blicks, die „das Disparate *als ein Ähnliches zu sehen*"[193] lehrt.

Die *topische* Verfasstheit der Ähnlichkeitsauffassung Aristoteles' und deren dialektische Fundierung prägt nicht zuletzt die ästhetische Ähnlichkeitsreflexion maßgeblich. Gerade die ähnlichkeitstheoretische Fundierung der Metapher, die in der römischen Antike Ciceros und Quintilians Metaphernlehren

---

188 Ebd., S. 88.
189 Ebd., S. 53. Ein Begriff des Ähnlichen sei unter seinen Vorgaben nicht zu denken: Es falle weder unter die Prädikatsbegriffe noch unter die *Kategorien* der Qualität, Relation und Substanz. Ähnlichkeit als *zusätzliche* Kategorie zu konzipieren, was das topisch Ähnliche „seiner dynamischen Funktionsstruktur" beraubt (ebd.), nimmt erst Tommaso Campanellas Kategorientafel vor (ebd., S. 57 f.).
190 Ebd., S. 55; vgl. auch ebd., S. 53. Vgl. dazu eingehender Kap. 2 der Studie Grubers.
191 Ebd., S. 56.
192 Ebd., S. 57. Den *subtextuell* bleibenden epistemologischen Grundlagen dieses Blicks geht Gruber weiter nach: Das topische „*Betrachten der Ähnlichkeiten*" (ebd., S. 62) bestimmt die *Topik* als dialektisches Prüfverfahren (vgl. ebd., S. 69). *De anima* bestimmt, dass das „Bewußtsein [...] potential Wißbares bzw. Wahrnehmbares zu einem aktual Gewußten bzw. Wahrgenommenen vollenden kann" (ebd., S. 74) und belegt die „Ähnlichkeit der zu erkennenden Dinge mit den erkannten Vorstellungsbildern" (ebd., S. 75). *Metaphysik* und *Analytica posteriora* begründen *topisches Finden* als phänomenologische Prüfung sprachlich verfasster *doxa*; dies eröffnet einen *aisthesischer* Zugang zu Prinzipienerkenntnis, der „epagogisch begründet" ist (ebd., S. 87; vgl. zur „differenzierende[n] Funktion der Erkenntnis", die *diaphoras* (Unterschiede) entdeckt ebd., S. 80, Anm. 144). Die „*Versammlung ähnlicher Erfahrungen*" konstituiere Gewusstes (ebd., S. 81). Insofern das „Bewußtsein" potenziell identisch mit Wahrnehmbarem sei, lasse sich ‚eidetische Selbigkeit' als Ähnlichkeit (ebd., S. 85) und Wahrnehmung als „*Anähnlichung*" des Wahrnehmenden und Wahrgenommenen lesen (ebd., S. 86).
193 Ebd., S. 58.

aufgreifen und die in Poetiken des Cinquecento, des Manierismus und der Romantik nachwirkt, bleibt bis in die moderne Metapherntheorie maßgeblich.[194] Darüber hinaus diskutiert Aristoteles Ähnlichkeit auch im Kontext der Mimesis-Thematik, die Grubers auf *topische Ähnlichkeit* fokussierte Analyse vernachlässigt: Die Grundlinien antiker Reflexionen *mimetischer Ähnlichkeit* reichen die folgenden Ausführungen nach.

2.1.3 Antike Bestimmungen mimetischer Ähnlichkeit

Etwa seit dem fünften vorchristlichen Jahrhundert sind Theoreme zu *Mimesis* überliefert. Entgegen der von „einem im Sinne des üblichen Vorurteils halbierten Platon"[195] abgeleiteten Vorstellung ist sie dabei in frühen Quellen „mit dem Körper und mit schöpferischem Ausdruck verbunden"[196]. Die von Friedrich Tomberg im Anschluss an Hermann Koller spekulativ formulierte mythische Funktion einer kultisch-ekstatischen „vorlogische[n]" Mimesis werde in der Polis diszipliniert und der Mythos „zur Dichtung rationalisiert".[197] Zudem fassen Termini des Begriffsfeldes *Mimesis* auch das „Nachahmen der *Handlungsformen der Natur*"[198], etwa bei Demokrit: „*Die Menschen* sind in den wichtigsten Dingen Schüler der Tiere geworden: der Spinne im Weben und Stopfen, der Schwalbe im Hausbau und der Singvögel, des Schwans und der Nachtigall, im Gesang und zwar auf dem Wege der Nachahmung."[199] Zunehmend wird in der Folge der Mimesisbegriff

---

194 Vgl. Gruber, *Topographie des Ähnlichen*, S. 89 ff.; vgl. zu Ricœur ebd., S. 9 ff. Vgl. dazu Kap. I.3.1.
195 Recki, Mimesis, S. 116.
196 Becker, Doll, Wiemer, Zechner, Einleitung, S. 13. Sie verweise auf den Ausdruck „der inneren Wirklichkeit" als „Funktion des Schauspielers, nicht der eines Kopisten", so Tatarkiewicz, *Geschichte der sechs Begriffe*, S. 387.
197 Tomberg, Mimesis, S. 420; S. 419. Vgl. Gebauer, Wulf, *Mimesis*, S. 70; Melberg, *Theories of Mimesis*, S. 36 ff.; Becker, Doll, Wiemer, Zechner, Einleitung, S. 15; Koller, *Die Mimesis in der Antike*, S. 38. Der Begriff sei abgeleitet von den „mimoi", Tänzern des dionysischen Kultes, die heilige Ereignisse in „Wort (Mythos), Musik und rhythmischer Bewegung" darstellten (Friedrich Tomberg, Art. „Mimesis", in: Sandkühler, *Europäische Enzyklopädie zu Philosophie und Wissenschaften*, Bd. 3, S. 418–421, S. 418). An Kollers Theorie, die von „*Darstellung*" und „*Ausdruck*" spricht (Sörbom, *Mimesis and Art*, S. 14) kritisiert Sörbom, es gehe um eine bestimmte Weise der ‚Repräsentation' (vgl. ebd., S. 17 f.).
198 Tatarkiewicz, *Geschichte der sechs Begriffe*, S. 387.
199 Demokrit, „Fragment 154", übers. v. Hermann Diels, zit. n. Sörbom, *Mimesis and Art*, S. 70.

für den ästhetischen Bereich gebräuchlich, wobei die *Ähnlichkeitsrelation* eine zentrale Bedeutung innehat.[200]

So bezieht Xenophon bereits vor oder zeitgleich mit Platon *Mimesis* erstmals auf die Kunst.[201] *Memorabilia* III. 10.1–8 überliefert anhand anekdotischer Künstlergespräche Annahmen über Kunst: Angeblich habe Sokrates im Rahmen seiner Besuche bei dem Maler Parrhasios und dem Bildhauer Cleiton die Reflexion über Mimesis und Ähnlichkeit angeregt.[202] Er stellt die Beobachtungen an, Malerei als „image- or likeness-making"[203] sei Repräsentation ((*ek*)*mimesis*) der *sichtbaren* Welt in der Gestaltung des Bildes; Formen und Farben konstituierten ein den wahrnehmbaren Dingen ähnliches Bild „by means of similarities"[204]. Zugleich handelt es sich um ein synthetisches, idealisierendes Verfahren der Kompilation ‚schöner' Ansichten menschlicher Körper entsprechend einer abstrakten Idee aus der Erinnerung des Malers; das Bild ist weniger einem individuellen Vorbild ähnlich als einem aus vielen Eindrücken gewonnenen „‚geistigen Bild'". Nicht die Kopie des Sichtbaren, sondern die Imagination des Malers stellt in dieser ‚mentalistischen' Kunsttheorie den Bezugspunkt dar.[205] Sokrates' Frage, ob nur das Sichtbare oder auch seelische Aspekte durch Ähnlichkeit repräsentiert werden können, entscheidet er positiv, insofern Seelenzustände, Stimmungen und Charakterzüge sich in Ausdruck und Haltung zeigten.[206] Schließlich führt er die Maßgabe der Schönheit und Güte des zum Ausdruck gebrachten Charakters an. Diese Reflexion setzt sich fort im Gespräch

---

200 Vgl. Sörbom, *Mimesis and Art*, S. 18. Göran Sörbom untersucht einschlägig das Vorkommen von *mimos*, *mimesis* und der ‚*mimeisthai*-Gruppe' in Texten Aischylos', Homers, Pindars, Herodots, Euripides', Demokrits, Aristophanes' und Xenophons, Begriffe, die Platon aufgreift (vgl. Sörbom, *Mimesis and Art*, S. 11). Er geht von einem ursprünglich metaphorischen Wortgebrauch aus, der auf den ästhetischen Bereich übertragen wurde; vgl. auch Gebauer, Wulf, *Mimesis*, S. 46.
201 Vgl. Sörbom, *Mimesis and Art*, S. 80 f. Xenophon überliefert wohl den mehrheitlichen Gebrauch des Begriffs. Vgl. ebd., S. 82.
202 Vgl. ebd., S. 95. Die Argumente übernimmt er von Sokrates oder spricht sie ihm zu (vgl. ebd.). Die hier gebrauchten Begriffe *mimeisthai*, *apeikatsein*, *afomoioun* (vgl. ebd., S. 86, Anm. 23) sind „basically related with the relation of similarity" (ebd., S. 83, Anm. 14).
203 Sörbom, *Mimesis and Art*, S. 87.
204 Ebd., S. 88.
205 Gebauer, Wulf, *Mimesis*, S. 48; vgl. Sörbom, *Mimesis and Art*, S. 89: „In order to realize this ‚mental image' he forms his artistic material […] to be similar to many things which he sees or has seen. […] Thus the work of art is *similar* to its models but *adjusted* to the „mental image".
206 Vgl. ebd., S. 90. Sörbom spekuliert über eine Verbindung zu der bildhauerischen Tätigkeit Sokrates'; die Darstellung von „bodily, but also moral, excellence" mag zu seinem Argument fiktionalisiert worden sein. Parrhasios sei für die Darstellung von Seelenzuständen berühmt gewesen; dies verweise auf den Wandel der Kunst zum Ausdruck lebendiger und seelischer Qualitäten (ebd., S. 91 f.).

mit Cleiton, den Sokrates lobt, er gestalte Figuren nicht nur schön, sondern auch ‚lebensecht', indem er die Körperhaltung skulptierter Sportler den genau beobachteten Lebenden ähnlich schildere: Lebendigkeit meint keine realistische Abbildung individueller Vorbilder, sondern die Darstellung einer Idee.[207] Da die Wahrnehmung körperlich dargestellter Empfindungen den Betrachter erfreue, solle deren Ausdruck Teil der Wiedergabe sein, der der äußeren Erscheinung ähnlich zu machen sei.[208] Kunstwerke sind also Xenophon zufolge geprägt von mimetischer Ähnlichkeit in dem Sinn, dass die Eigenschaften sichtbarer Vorbilder in der Erfahrung des Künstlers synthetisiert und im künstlerischen Prozess kompiliert werden;[209] die Ähnlichkeitsrelation zum Modell ist bereits hier keine ‚Kopie' des Sichtbaren, sondern über das innere Bild vermittelt, und dient dem Ausdruck auch unsichtbarer Qualitäten.

Ein ‚menschlicher Wachtraum': Platons Mimesis
Platons Auseinandersetzung mit Mimesis, die eng mit seiner Philosophie verbunden ist, führt eine spezifisch ästhetische Bedeutung ein, die mit den Begriffen *Ähnlichkeit* und *Bild* verknüpft ist.[210]

> In Platons Werk kündigt sich bereits die zentrale Bedeutung der Mimesis für Kunst, Dichtung und Musik an. Ihr wird die Möglichkeit zugeschrieben, eine Welt des Scheins zu erzeugen. Nachahmung wird nicht als Fähigkeit zur Hervorbringung von Dingen, sondern von Bildern begriffen. Merkmal dieser Bilder ist die Ähnlichkeitsbeziehung zu Gegenständen und Objekten, in der sich Reales und Imaginäres verbindet. Wenn Bilder durch Ähnlichkeit bestimmt werden, gehören sie zur Welt der Erscheinungen und machen etwas sichtbar, was sie selbst nicht sind. Sie haben einen Zwischenstatus zwischen Sein und Nichtsein [...].[211]

---

[207] Vgl. ebd., S. 94. Sörbom spricht von der „,lifelike quality'" (ebd., S 93) als neu entdeckte Qualität (vgl. ebd., S. 97 f.).
[208] Vgl. ebd., S. 87: „,[T]he sculptor ought to make the manifestation of the soul [...] similar to [...] the outer appearance'".
[209] Vgl. Sörbom, *Mimesis and Art*, S. 96.
[210] Sörbom, *Mimesis and Art*, S. 102. Ein entsprechender Gebrauch findet sich in *Politeia*, *Sophistes*, *Politikos*, *Nomoi* und *Kratylos* (vgl. ebd., S. 103 f.) Dabei sei „the concept of ‚likeness' and ‚picture' [...] of crucial importance." (Ebd., S. 103.) So werden alle Werke der Dichtung, Bilder und musikalische Werke in *Politeia* und *Sophistes eidola* genannt, in *Nomoi eikones*. Vgl. zur Überschrift Platon, *Sophistes* [266], S. 125: Mimetische Kunst sei „ein menschlicher Traum, für Wachende".
[211] Gebauer, Wulf, *Mimesis*, S. 41 f. Mimesis bedeutet je nach Kontext „neben Nachahmung, Darstellung und Ausdruck auch Nacheifern, verwandeln, Schaffen von Ähnlichkeit, Erzeugen von Erscheinungen und Schein" (ebd., S. 41).

Platons Auseinandersetzung mit Mimesis berührt ontologische, epistemologische, ethische, pädagogische und theologische Überlegungen:[212] Sie kann „nicht nur im Sinne einer nachahmenden Verdoppelung gesehen werden und wird keinesfalls generell verurteilt. Vielmehr finden sich bei ihm mehrere Verwendungsweisen des Begriffs".[213] Dabei lässt sich der allgemeine Wortsinn der ‚imitierenden Nachahmung' der Handlungen von Personen und der Herstellung verschiedener Artefakte durch *techné* und der des Künstlers als eines mittels Form, Farbe und Klang *mimemata* herstellenden *mimetes*[214] unterscheiden von dem dichtungstheoretischen Sinn *mimetischen Erzählens* durch Personifikation bzw. Figurenrede, also „Figuration".[215]

Emphatisch schöpferische Bedeutung erlangt Mimesis in der metaphysischen Spekulation des *Timaios*, der zufolge die Welt „,in der Mimesis der unveränderlichen Natur' der ewigen Welt so ähnlich wie möglich gemacht worden sei."[216] Die Dinge erscheinen als „‚mimemata'" des Demiurgen; der Mimesis dieses „göttliche[n] Dichter[s]" vergleichen Sokrates und Timaios ihr eigenes Schaffen – den Entwurf des Idealstaates und der philosophischen Erkenntnis: „Mimesis verweist auf Korrespondenzen zwischen den mimetischen Subjekten und den Objekten der Welt. Sie ist die Fähigkeit, durch die das Ewige die Welt erzeugt, und das Mittel, mit dem der Mensch die Erkenntnis der Welt erreicht."[217]

Kratylos stellt die Überlegung an, die Namensbildung sei eine von der künstlerischen Nachahmung verschiedene Art der Mimesis, die auf die ‚Natur' der Dinge bezogen ist, doch ebenfalls auf Ähnlichkeit beruht.[218] Bilder (*eikones*) sind durch ihre *Ähnlichkeit* mit anderem charakterisiert, jedoch zugleich durch *Unähnlichkeit*: Teilten sie alle Qualitäten ihrer Vorbilder, wären sie ein ununter-

---

212 Vgl. Peres, Nachahmung der Natur, S. 4.
213 Becker, Doll, Wiemer, Zechner, Einleitung, S. 13. Vgl. Sörbom, *Mimesis and Art*, S. 108, Anm. 8: „Thus the theory of imitation need not imply ‚slavish realism'; in fact, it did not do so to Plato and to the Greeks." Das Wortfeld „mimos/mimeisthai/ mimetikous/mimesis" weist nach Arne Melberg zumindest zehn Bedeutungsnuancen auf (vgl. Melberg, *Theories of Mimesis*, S. 13): „Plato's mimesis is [...] a movable concept, and every effort to make it reasonably unambiguous would be a betrayal of that floating ambiguity." (Ebd., S. 18).
214 Vgl. Sörbom, *Mimesis and Art*, S. 101. Zum Gebrauch von *mimesis* und „likeness" in *Politeia* vgl. ebd., S. 103.
215 Gebauer, Wulf, *Mimesis*, S. 51. Vgl. Sörbom, *Mimesis and Art*, S. 99.
216 Gebauer, Wulf, *Mimesis*, S. 52.
217 Ebd.
218 Vgl. Platon, *Kratylos* 422d-423e; vgl. Sörbom, *Mimesis and Art*, S. 109.

scheidbares Duplikat; gleiches gilt für die Namen.[219] Doch während *mimemata* sinnliche Qualitäten wiedergeben, sollen Namen – nach Kratylos' schließlich widerlegter Vorstellung – mimetisch das Wesen der Dinge bezeichnen.[220] Diese Begrenzung künstlerischer Mimesis auf die Darstellung sinnlicher Qualitäten wird in *Politeia* auf den onto-epistemologischen Rahmen der Ideenlehre bezogen.[221]

Meist wird in Bezug auf Platons Mimesisreflexion und seine „Kritik der mimetischen (Dicht-)Kunst" auf das zehnte Buch der *Politeia* verwiesen, das diese aus dem Staat auszuschließen fordert.[222] Mimesis wird hier explizit im ästhetischen Sinn zur Qualifizierung nachahmender Kunst gebraucht.[223] Im Sinne dessen, was in der Rezeption als ‚platonisch' bezeichnet wird[224], charakterisiert Sokrates das *Bild* (*eidolon*)[225] als epistemologisch defizient in Bezug auf die Ideenlehre und die ontologische Dichotomie von Sein und Schein: Da der Maler in den Dingen nur das Abbild des Urbilds (*idea*) nachahme, ist dieses „drei Stufen vom Seienden"[226] entfernt. Der Künstler gibt als „‚Nachbildner'" und „‚Schattenbildner'" nur die sinnlich wahrnehmbare, „relative Erscheinung" wieder, nicht die *Wahrheit*.[227] „Im Verhältnis zu den eidetischen Kon-

---

219 Vgl. Sörbom, *Mimesis and Art*, S. 110 f. Eine Bedingung der Ähnlichkeit des Bildes mit einem realen Gegenstand ist die Existenz von Farbpigmenten, die den imitierten Phänomenen von Natur aus ähnlich sind (vgl. Platon, *Kratylos* 434a).
220 Vgl. Sörbom, *Mimesis and Art*, S. 112. *Kratylos* zufolge können Namen die ‚wahre Natur' der Dinge darstellen. So sind die Ideen wie auch die *eidola* jeweils mit *mimema* (Namen bzw. *mimemata*) und den Phänomenen (wesenhaft bzw. sinnlich) verbunden (vgl. ebd. S. 145).
221 Vgl. ebd., S. 115.
222 Peres, Nachahmung der Natur, S. 5.
223 Vgl. Sörbom, *Mimesis and Art*, S. 113.
224 Vgl. Melberg, *Theories of Mimesis*, S. 13; vgl. Gadamers Bemerkung, Platon sei kein Platoniker (ebd.). Platon verwende „his poetical pharmaceutics – mimesis, repetition, mania, dialogical writing – in a more playful and unpredictable way than his Platonistic followers." (Ebd., S. 43).
225 *Politeia* VI 510a führt natürliche Bilder an, denen die der Kunst analogisiert werden: „Ich verstehe aber unter Bildern erstens die Schatten, sodann die Abspiegelungen im Wasser und auf den Oberflächen dichter, glatter und glänzender Körper und alles Ähnliche." (Platon, *Der Staat*, in: ders., *Sämtliche Dialoge*, Bd. V, S. 265) Auch die „Konzeption der Urbild-Abbild-Relation ist vermutlich vom Phänomen der natürlichen Bilder (insbesondere der Spiegel- und Schattenbilder) beeinflusst. Von ihrer Beschreibung übernimmt Platon die Verknüpfung einer Verursachungsbeziehung mit einer Ähnlichkeits- bzw. Teilhabebeziehung." (Klaus Sachs-Hombach, Bildtheorien in Geschichte und Gegenwart, o. S.)
226 *Politeia* X 599a (Platon, *Der Staat* S. 394); 602 (ebd, S. 399).
227 Peres, Nachahmung der Natur, S. 5.

stanten sind Bilder wenig nützliche, eher verfälschende und bloß simulierende Nachahmungen dritten Grades, die daher in der Skala des möglichen Wissens (*epistéme*) den niedrigsten Rang einnehmen."[228] Kunst hat nicht nur keinen Anspruch auf Erkenntnis, sie gilt sogar als ‚falsch', insofern sie das Abgebildete als Wirkliches suggeriere; „als Abbild von einem Abbild [...] hat Kunst so gut wie keinen Wahrheitsgehalt und somit keine Funktion im Staat"[229]. Ontologisch begründet wird dieser Status einer „‚Mimesis der Mimesis'" über das „Drei-Betten-Argument"[230], das die Lehre vom „‚Wesensbildner'" erläutert, der selbstidentische Urbilder schafft. Auch das Bett des Handwerkers ist sich identisch, aber verglichen mit der Wahrheit der Ideen „etwas Trübes"[231], etwas „ähnliches, das aber selbst kein Sein hat"[232]. Die Phänomene nachahmende mimetische Kunst (*mimetike*) generiert ein scheinhaftes „Schattenbild";[233] dies gilt für die Malerei wie für die ‚Bilder erzeugende' Dichtung.[234] Das Gleichnis des Mannes, der einen Spiegel umherträgt, und die Kritik der Malerei, die nur darstellen könne, wie ein Ding in einer bestimmten Hinsicht erscheint, sind nicht als Hinweise auf Realismus und auf Perspektivik zu verstehen;[235] eher wird betont: Der Erscheinung (*phantasma*)[236] ähnliche *mimemata* können alles produzieren, allerdings nur in einem bestimmten, scheinhaften Aspekt, und sind so von der Wahrheit und der Repräsentation der Ideen entfernt.[237]

Bilder vermögen zudem die Wahrnehmung zu täuschen, ohne dass ihr falscher Schein – wie der unter Wasser gebogen erscheinende Stock oder der durch verschiedene Distanzen erzeugte Anschein, unterschiedlich große Dinge seien gleich groß – durch Messung aufgehoben werden könnte, und zielen gerade auf

---

228 Schulz, *Ordnungen der Bilder*, S. 82.
229 Becker, Doll, Wiemer, Zechner, Einleitung, S. 13, Anm. 29.
230 Schöttler, Art. Mimesis, o. S. Die Abwertung der Malerei als Mimesis des als Artefakt Geschaffenen bereitet die Abqualifizierung der Dichtung vor. Vgl. Platon, *Politeia*, S. 391ff.
231 Peres, Nachahmung der Natur, S. 5.
232 Platon, *Politeia* [X 597a], S. 390.
233 Platon, *Politeia*, S. 394f.: Politeia X 596ff spricht von „Schattenbild" und „Scheingebilde". Vgl. Peres, Nachahmung der Natur, S. 6.
234 *Politeia* X 605b bezeichnet den Dichter als „‚Bildner von Bildern'", der „Groß und Klein nicht voneinander zu unterscheiden weiß" (Platon, *Politeia*, S. 405).
235 Vgl. Platon, *Politeia*, S. 390; S. 393. Vgl. Sörbom, *Mimesis and Art*, S. 131f., S. 138f. Es gehe weder um ein realistisches Porträt noch um die getreue Wiedergabe von Perspektive: Es geht um ein Urteil über den Dichter (vgl. ebd., S. 139f.).
236 Vgl. Sörbom, *Mimesis and Art*, S. 137.
237 *Polieia* X 589b; 598A; 601a. Vgl. Sörbom, *Mimesis and Art*, S. 130. Vgl. Sakamoto, Representation: Rersemblance, S. 143: „His attack is largely influenced by his ontological commitment to a unique and unvarying realm of Forms."

diese „Schwäche unserer Natur."[238] So bestehe die Gefahr der Verwechslung von Ähnlichem mit Identischem;[239] auch seien leidenschaftliche Anteile der Seele öfter Gegenstand dichterischer Mimesis als die „vernunftgemäße und ruhige Gemütsart"[240]. Diesem pädagogischen Argument nach verstärkt Mimesis „den menschlichen Grundkonflikt zwischen Vernunftbegabung und Unvernunft" und die „Affektivität": Sie ist verführerisch und ansteckend.[241] Gefeit ist nur, wer über das *pharmakon* verfügt,[242] das „Schutzmittel" des wahren Wissens;[243] es gilt, die Bürger durch richtige Erziehung zu immunisieren. Insbesondere die „negative Anthropomorphisierung der Götter" sei abzulehnen.[244] Die *mimetische* Dichtung wird also aus dem Staat ausgewiesen aufgrund ihrer „Gefährlichkeit"; um der „Vernunft" und der Erziehung zum Guten willen sind nur „Gesänge an die Götter und Loblieder auf die Tugendhaften" zugelassen.[245] Sokrates deutet an, die Dichtung dürfe aus der Verbannung zurückkehren, wenn sie ihre Nützlichkeit recht-

---

238 Platon, *Politeia* [X 602d], S. 400. Vgl. Sörbom, *Mimesis and Art*, S. 140 f.
239 *Politeia* X 467b-c, so Sörbom (ebd., S. 141), unterscheide den Philosophen, der Erkenntnis erlangen könne, vom Kunstliebenden als Träumenden, der, „was irgend einer Sache ähnlich ist, nicht für ähnlich hält, sondern für die Sache selbst, der es gleicht." (Platon, *Politeia*, S. 218).
240 Platon, *Politeia* [X 603d-605a], S. 404.
241 Peres, Nachahmung der Natur, S. 6. Mimesis mit ihrem illusionistischen Potential widerspricht dem „Rechenverstand" (Platon, *Politeia*, S. 400) und der „Vernunft" (S. 404). Sie gehöre der „zur Ungebärdigkeit geneigte[n] und in allen Farben schillernde[n] Gemütsart" zu, die dem „niedrigen Teil der Seele" entspricht (ebd.). Da „man das Fremde nicht genießen kann, ohne daß etwas davon uns selbst zu eigen wird" (ebd.), befördert die Dichtung diesen „verworrenen Seelenzustand" (ebd., S. 400) und die „Triebe" (ebd., S. 402), die die „dichterische Nachahmung" zu „Herren in uns" macht (ebd., S. 407). Auf Dichtung wird ‚verzichtet', weil sie nicht von der Wahrheit handelt; ihr wird mit Vorsicht begegnet aus Sorge um die „eigene Seelenverfassung" (ebd., S. 409).
242 Vgl. Platon, *Politeia*, S. 428.
243 Platon, *Politeia* [X 595b], S. 386; immunisierend wirke die die Kenntnis des Wesens der Dinge und die Erkenntnis ihrer Entfernung von der Wahrheit: [608a], S. 409; vgl. Jacques Derrida, „Platons Pharmazie", in: ders., *Dissemination*, übers. v. Hans-Dieter Gondek, hg. v. Peter Engelmann, Wien 1995, S. 69–190. Neben *Phaidon* thematisiert *Ion* die „divine madness which is transplanted from the muses to the poet and then from the rhapsode or actor to the hearers of the poem" (Sörbom, *Mimesis and Art*, S. 109).
244 Peres, Nachahmung der Natur, S. 6, f. Platons Kritik richtet sich gegen mimetische Dichter wie Homer, weniger gegen diegetische Erzähler, vor allem aber gegen den „*mimos*, a buffoon and a juggler with a liking for imitating animals and wheater disturbances. The singer of songs seems to include a buffoon in disguise", dem Sokrates ironisch mit Verehrung zu begegnen und den er dennoch abzuweisen empfiehlt (Melberg, *Theories of Mimesis*, S. 19).
245 Platon, *Politeia* [X 607a], S. 407. Sie sollen sich durch Tugend und Gerechtigkeit den „Göttern ähnlich machen" (ebd., S. 417).

fertigen könne,²⁴⁶ und gibt dafür selbst ein Beispiel: Der Schluss von *Politeia* präsentiert das *pharmakon* eines ‚nützlichen' dichterischen Mythos: Um die Idee der Gerechtigkeit zu versinnbildlichen, erzählt Sokrates die Geschichte von „Er", Sohn des Armenios, der aus dem Jenseits von den Widerfahrnissen der Seelen berichtet.²⁴⁷

Platons gegen die Dichtung gerichtete Kritik ist nur ein Aspekt seines Mimesisverständnisses. In *Politeia* II und III finden sich Ansätze einer Narratologie und Poetik, wenn dichterische Mimesis als narrative Strategie definiert wird, dem ‚Anderen' eine Stimme zu geben;²⁴⁸ doch ist die Konsequenz des zehnten Buches hier grundgelegt, insofern der Mimesis eine zu disziplinierende Macht zugeschrieben wird: Platons „Kritik wendet sich [...] gegen eine spezielle Form der Mimesis, die zur Identifikation mit dem Falschen führt. Mimesis in ihren ansteckenden und identitätsauflösenden Potentialen muss eingedämmt werden. Die Kontrolle der Mimesis wird zu einer Funktion staatlicher Machtausübung."²⁴⁹ Verführerisch und gefährlich scheint der Selbstverlust, den das „sympathetische[] Verhalten"²⁵⁰, das „becoming another" der ‚niederen' Mimesis provozieren.²⁵¹ *Politeia* II und III thematisieren die musische Erziehung der Wächter, die Dichtung umfasst: Der Mythos als dichterisches Produkt sei ‚falscher Logos' und unwahr im Sinne von *pseudos*: fiktiv, falsch, lügenhaft.²⁵² Dies gilt vor allem für die Dichtungen Homers und Hesiods *Theogonie*. Denjenigen, der nicht die wahre Natur der Götter und Heroen zum Ausdruck bringe, vergleicht Platon mit dem Maler, dessen Bild es an Ähnlichkeit (*homoia*) mit dem fehlt, was er darstellen möchte.²⁵³ Als Gegenstände geduldeter Dichtung kommen *typoi* infrage wie ‚Götter sind keine Gestaltwandler'. Mime-

---

246 Ebd., S. 408.
247 Vgl. ebd., S. 418–428. Es ist bemerkenswert, dass Sörbom und Melberg dies nicht thematisieren, zumal mit Melberg der *mimetische* Charakter der Dialoge Platon „as a poet" ausweist (vgl. Melberg, *Theories of Mimesis*, S. 30). Apelt weist in der ersten Anmerkung zum zehnten Buch darauf hin, dass Platon hier ein „Muster" für die ‚gute Dichtung' gibt. Sokrates' Jenseitsmythos korrigiert die Jenseitsmythen Homers, die der Beginn des dritten Buches kritisiert – als Negativbild des „heilsam[en] [...] religiösen Mythus auf Grundlage der Ideenlehre" (Anmerkungen zu Platon, *Politeia*, S. 532). Für die These, Platon trete hier als „Dichter" auf (ebd., S. 532), sprechen Sujet und diegetische Form der Darstellung.
248 Vgl. Melberg, *Theories of Mimesis*, S. 13; S. 18; S. 26; S. 36; S. 40.
249 Becker, Doll, Wiemer, Zechner, Einleitung, S. 13.
250 Gebauer, Wulf, *Mimesis*, S. 74.
251 Vgl. Melberg, *Theories of Mimesis*, S. 20. „The imitator is [...] doomed to be someone else or something other than the self. But this Self is in the same procedure doomed to seek its self in someone else, and searching can be done only mimetically, by imitation." (Ebd., S. 20).
252 Vgl. Sörbom, *Mimesis and Art*, S. 117 f.
253 Vgl. ebd., S. 120.

tische Dichtung erscheint als ‚gut' und ‚nützlich', wo sie als *pharmakon* gegen ansteckende Mimesis gerichtet werden kann.²⁵⁴ Kenne man etwa in Bezug auf die mythische Vorzeit nicht „den wahren Sachverhalt", sei „die Lüge der Wahrheit so ähnlich wie möglich" zu gestalten, um sie „nützlich" zu machen: Dichtung ist ein „nützliches Abwehrmittel wie eine Art Arzenei" nur in der Hand der ‚Ärzte', der Herrscher der Stadt.²⁵⁵ Kunst wird an der didaktischen Qualität moralischer Vorbildlichkeit gemessen: Es gilt, nur ‚gute' Vorbilder für die Nachahmung anzubieten – denn Nachgeahmtes wird zur Gewohnheit und zweiten Natur –, und die Wächter nicht zu guten Nachahmern des Vielen, sondern zu *einer* Tätigkeit zu erziehen.²⁵⁶ Zu Beginn des dritten Buches wird der Mimesisbegriff in einer Diskussion Homers für die Dichtung präzisiert und auf die Darstellungsform bezogen, die Dargestelltem eine Stimme gibt: die Personifikation bzw. Prosopopoiia, die der *diegesis* des Erzählers gegenübergestellt wird;²⁵⁷ deren affektive Kraft gilt es einzudämmen. Auch Rhythmus und Tonart haben dabei eine „mimetische Funktion"²⁵⁸; wo sie gemäßigt sind, bilden sie den Wohlklang des Guten nach – wogegen die ‚niedere' mimetische Darstellungsweise abgewertet wird, die Naturgeräusche oder Tierstimmen nachahmt.²⁵⁹ In Platons Konzeption kommt so „nicht allein die wechselnde Erscheinung der Dinge" zur Sprache, „sondern auch eine ideelle Qualität: ‚das Wohlgemessene' (*to eurythmon*)"²⁶⁰.

Dieses Thema der Disziplinierung der Nachahmung wird auch in *Nomoi* aufgegriffen: In der idealen Stadt müsse den Bürgern richtiges, gutes und tapferes

---

254 Vgl. Platon, *Politeia* [II 382], S. 85. Die Interpreten sind sich uneinig, ob alle, oder nur die *mimetische* Dichtung verbannt werde. J. Tate („‚Imitation' in Plato's Republic" (1932)) unterscheidet „a good and a bad sense of imitation" (Sörbom, *Mimesis and Art*, S. 135). Sörbom hält dies für irreführend, da Platon verneint, Kunst könne Ideen darstellen; Tate stehe in der Tradition von Autoren, die dennoch annehmen, Kunst könne die Ideen wiedergeben (vgl. ebd. S. 133 f.).
255 Platon, *Politeia* [II 382], S. 85.
256 Vgl. ebd. [II 394e-395d], S. 100; vgl. Sörbom, *Mimesis and Art*, S. 124.
257 Vgl. *Politeia* III 392 ff. Zwar ist alle Dichtung *mimesis*, aber die Form (*lexis*) kann mimetisch oder erzählend sein: Platon unterscheidet *logoi* und *lexis*, das ‚Was' und das ‚Wie' der Erzählung. Homer wird sowohl für das Subjekt seiner Dichtung (die Darstellung der Heroen und Götter) als auch für die mimetische Erzählweise kritisiert (vgl. Melberg, *Theories of Mimesis*, S. 36).
258 Peres, Nachahmung der Natur, S. 7; vgl. Sörbom, *Mimesis and Art*, S. 125 f. Dabei wirken ‚gute' wie ‚schlechte' Ausdrucksweisen affektiv und bilden entsprechende Dispositionen aus (vgl. ebd., S. 127 f.).
259 Vgl. *Politeia* III 397a; 398d-4001b.
260 Recki, Mimesis, S. 117. Dass sich Platon in der positiv bewerteten Mimesis „auf […] Ideen" beziehe, beruhe auf der „quasi mathematischen Strukturanalogie zwischen Urbild/Idee und gewirktem Abbild" in seiner späten Philosophie (Peres, Nachahmung der Natur, S. 7).

Verhalten durch die Konditionierung von „Lust" und „Unlust" anerzogen werden:[261] Als „Nachahmung menschlicher Verhaltensweisen"[262] wird die „ganze musische Kunst für nachahmende und nachbildende Kunst" erklärt.[263] Mit der Freude an Rhythmus und Harmonie werde der Charakter des Guten vermittelt,[264] durch Assimilation an den nachgeahmten Charakter, dem „man auch unvermeidlich ähnlich werden" wird.[265] Daher dürften die Bürger nur das moralisch Gute mimetisch darstellen; nur „vom Standpunkt des Zuschauers aus" sollen sie das Hässliche kennenlernen, das die Komödie zur „Kenntnis des Lächerlichen" vermittelt: „Mit mimischen Darstellungen dieser Art nun müssen wir Sklaven und bezahlte Fremde betrauen".[266] Die Tragödiendichter würden abgewiesen mit dem Argument, die Gründer der Stadt selbst seien Dichter und ihre Stadt als „Nachahmung des schönsten und besten Lebens [...] die einzig wahre Tragödie".[267] Die Bedeutung der Ähnlichkeit für die Erziehung betont Sörbom mit dem Hinweis auf Platons „insistence on a true similarity as the criterion of likenesses"[268]: *mimema* sollen wahre Nachbildungen sein, also *Ähnlichkeit* mit Qualitäten *einer* Art zu handeln haben. Gebilligt wird „nur diejenige [Kunst, S. B.], die in der Nachahmung des Schönen ihr Ziel – die volle Ähnlichkeit – erreicht".[269] Um dies zu überwachen, muss man wissen, was das Gute fördert: das Kriterium der Ähnlichkeit. Die Richter müssen zur Beurteilung ‚schöner' Musik Kenntnisse über die proportionale ‚Nachbildung' besitzen. *Nomoi* thematisiert so eine Dimension der „Repräsentation des Intelligiblen" durch ein „Maß": Die „‚Nachahmung des Schönen' nennt Platon diese Entsprechung – und das Schöne ist das, worin die Dinge und Verhältnisse dem *rechten Maß* entsprechen, auf das die Ordnung des Kosmos gegründet ist."[270]

---

[261] Die „Regelung der Lust- und Schmerzgefühle" übernimmt die musische Erziehung (Platon, *Nomoi* [453], in: *Sämtliche Dialoge*, Bd. VII, S. 41). Da Menschen zu „Rhythmus und Harmonie" fähig sind, kann die Freude daran konditioniert werden (Ebd. [654a], S. 41 f.; vgl. Sörbom, *Mimesis and Art*, S. 165).
[262] Platon, *Nomoi* [655], S. 44.
[263] Ebd. [668], S. 63. Vgl. ebd. [655], S. 44.
[264] Ebd. Vgl. Sörbomm *Mimesis and Art*, S. 167 f. Tanz und Gesang üben tapferes Verhalten ein, vgl. ebd., S. 169. (*Nomoi* 815a).
[265] Vgl. Sörbom, *Mimesis and Art*, S. 169 (*Nomoi* 656a-b).
[266] Platon, *Nomoi* [816], S. 305. *Nomoi* weisen neben *Komödien*dichtern auch *Tragödien*dichter aus, mit dem Argument, die Stadt selbst sei eine mimetische Nachahmung des guten Lebens (vgl. Melberg, *Theories of Mimesis*, S. 21; Platon, *Nomoi* [816], S. 304 ff.).
[267] Ebd. [817], S. 306.
[268] Sörbom, *Mimesis and Art*, S. 172.
[269] Platon, *Nomoi* [668], S. 63.
[270] Recki, Mimesis, S. 117.

Eine das *ähnliche Bild* (*eikōn, eoikenai*)[271] charakterisierende, den Mimesisbegriff ausdifferenzierende Bestimmung nimmt der Dialog *Sophistes* vor, in dem der Fremde aus Elea das Ziel verfolgt, den Sophisten zu definieren: Analog zur Einschätzung des Dichters in *Politeia* wird der Sophist, der alles zu wissen scheint, doch vermöge der Kunst der Rede nur Meinungen vertritt, ein *eidola* hervorbringender Nachahmer (*mimetes*) genannt, der mittels „durch Worte hervorgezauberte[r] Bilder" den täuschenden Schein der Wahrheit erzeuge.[272] Im Blick auf die Frage, ob es Täuschung, Schein und Irrtum geben könne, versucht sich der Fremde an dem Beweis, „daß das Nichtseiende in gewisser Hinsicht ist"; dies ist die Voraussetzung dafür, die Existenz „falsche[r] Vorstellungen, seien es nun Bilder oder Abbilder oder Nachahmungen oder Scheinbilder", anzunehmen.[273] Da der abstrakte Nachweis einer Existenz des Nichtseiend-Seienden scheitert, zieht sich die Beweisführung auf das Bild zurück, das „nicht ein Wirkliches, sondern ein Ähnliches" sei.[274] „Ähnlichkeit ist also das bestimmende Merkmal des Bildes, in dem sich der Hinweis auf das Reale und das Illusionäre verbinden; einerseits ist das Bild ein Doppel, andererseits ist es bloßer Schein."[275] Bilder sind ‚falsch' – wie Vorstellungen und Behauptungen ‚Irrtümer' sein können –, da sie nicht sind, was sie zu sein vorgeben;[276] die *phantasia* als auf sinnlicher Wahrnehmung beruhende Meinung kann durch sie getäuscht werden.[277] Zur wahrnehmbaren Dingwelt gehören *eidola* als göttlich geschaffene Phänomene – Träume, Schatten und Spiegelungen – und *eidola* der Kunst.[278] Dabei werden neben der Unterschei-

---

271 Das Griechische leitet „the notion of image (*eikōn*) directly from the notion of resembling (*eoikenai*)" ab (Max Statkiewicz, „The Notion of (Re)Semblance in the *Sophist*", in: ders., *Rhapsody in Philosophy. Dialogues with Plato in Contemporary Thought*, Philadelphia 2009, S. 102–131, S. 104).
272 *Sophistes* 234c, 235a; S. 61f. Vgl. Sörbom, *Mimesis and Art*, S. 152–162, hier 152f.
273 Platon, *Sophistes*, in Kap. 29, S. 76. Vgl. bereits ebd., Kap. 24, S. 66.
274 Ebd. [240], S. 72f.
275 Gebauer, Wulf, Mimesis, S. 61. Ähnlichkeit allein reicht dabei nicht aus für die Bestimmung des Bildes, dazu muss es von anderer Art sein als das Repräsentierte und darf keine andere Existenz haben neben der als Bild (vgl. Sörbom, *Mimesis and Art*, S. 154).
276 Vgl. *Sophistes* [241]. Sörbom, *Mimesis and Art*, S. 155, verweist auf 260c, 264c-d. Apelt übersetzt mit „Bilder oder Abbilder oder Nachahmungen oder Scheinbilder" (Platon, *Sophistes*, S. 75) bzw. als „scheinbildende Kunst" (S. 121).
277 Vgl. Sörbom, *Mimesis and Art*, S. 156, vgl. Platon, *Sophistes* [264], S. 120: Apelt übersetzt *phantasia* als „‚anschauliche Vorstellung'".
278 Theaitetos führt zunächst „Bilder im Wasser und in den Spiegeln, ferner Gemälde und Statuen" an (Platon, *Sophistes*, S 71).

dung von hervorbringender (*poetike*) und bilderzeugender Kunst (*mimetike*) bzw. „„Nachahmungskunst""[279] die Bilder der letzteren in *ähnliche Abbilder, eikones*, hervorgebracht durch „*eikastike techne*", und *unähnliche Scheinbilder oder nur scheinhaft ähnliche Trugbilder* (*phainetai eoikenai*), *phantasmata*, hervorgebracht durch „*phantastike techne*" unterschieden.[280] Während das *ähnliche* Abbild die „Maßverhältnisse" des Modells übernimmt, also die richtigen Proportionen abbildet, ist das Schein- oder Trugbild dem, „dem es gleichen soll, nicht einmal ähnlich", sondern gibt nur aus einer bestimmten Perspektive den Anschein richtiger Proportionen:[281] Es verzerre die Proportionen des Dargestellten, wie am Beispiel monumentaler Werke beschrieben wird, die zur Erzeugung der Illusion richtiger Maßverhältnisse die Proportionen ändern. „Gibt es aber Täuschung, so ist notwendig alles voll von Bildern und Truggestalten und Scheinwesen" – und der Sophist habe eben „in dieser Gegend seine Zuflucht gesucht."[282] Die Erwägungen führen zu einem „Schwindel" ob der „Behauptung [...], daß es überhaupt weder Bild noch Abbild noch Scheinbild gebe", wenn nicht die Möglichkeit des im Nichtseiend-Seienden begründeten „Irrtum[s]" angenommen werde; auf ihm beruhe aber die sophistische „Kunst der Täuschung"[283]. Dies konstatierend, nimmt die Untersuchung die Unterscheidung von „nachbildende[r] und [...] scheinbildende[r] Kunst" wieder auf.[284] Die *phantastike* wird weiter unterteilt in eine technische, durch Werkzeug hervorgebrachte Kunst, und eine mimetische, in der der Nachahmende „sich selbst zum Werkzeug macht"[285]: „Wenn einer seinen Körper so in seiner Gewalt hat, daß er damit deine Gestalt, oder mit seiner

---

279 Carlo Ginzburg, „Götzen und Abbilder. Die Wirkungsgeschichte eines Origenes-Textes", in: ders., *Holzaugen. Über Nähe und Distanz*, übers. v. Renate Heimbucher, Berlin 1999, S. 144–158, S. 147.
280 Sörbom, *Mimesis and Art*, S. 158. Vgl. Platon, *Sophistes* [235–236], S. 63–65. So sei das Scheinbild dem, „dem es gleichen soll, nicht einmal ähnlich" (ebd., S. 64): „Denn wenn sie wirkliche Maßverhältnisse der nachgebildeten schönen Gegenstände wiedergeben wollten, so würden [...] die oberen Partien zu klein, die unteren zu groß erscheinen, weil wir die ersteren aus der Ferne, die letzteren aus der Nähe sehen." (Ebd., S. 64). Diese Technik trifft Apelt zufolge für große Wandgemälde und Tempelfronten zu (ebd., S. 137, Anm. 43).
281 Platon, *Sophistes*, S. 64; Die perspektivische Suggestion richtiger Proportionen gilt analog für den Sophisten: „[S]imulacra are constructions which include the angle of the observer [...]; the sophist uses simulacra, then, to create illusions by appealing to the interlocutor's own point of view." (Art. Simulacrum/Le simulacre, o. S.); vgl. Ginzburg, Götzen und Abbilder, S. 147; Sörbom, *Mimesis and Art*, S. 158.
282 Platon, *Sophistes*, Kap. 44, S. 113.
283 Ebd., Kap. 48, S. 121.
284 Ebd., Kap. 51, S. 125. Die sophistische ‚Kunst der Täuschung' war bereits als Nachahmung qualifiziert worden (vgl. ebd., S. 122).
285 Ebd. [267a], S. 125.

Stimme deine Stimme in annähernder Gleichheit darzustellen weiß, so wird dieser Teil der scheinbildenden Kunst doch wohl allgemein Nachahmung genannt."[286] Mimesis meint also sowohl allgemein die Produktion von Bildern[287] als auch die performative imitierende Darstellung – „in diesem Sinne ist der Sophist jemand, der ‚mit seinem Scheinbild täuscht'".[288] Insofern die dihairetische Ableitung zu einer Definition des Sophisten gelangt, die „auf bloßer Meinung beruhende Nachahmung als Scheinnachahmung" von „auf Wissen beruhender Nachahmung" unterscheidet – so gebe der Sophist als ‚nicht wissender Nachahmer' „durch die Gewundenheit seiner Rede"[289] seine täuschenden Absichten bekannt – betrifft die Unterscheidung von *Abbild* und *Trugbild* zugleich die von Philosoph als Mimetiker und Sophist als Trugbildner, und bekräftigt so die ambivalente Einschätzung der Mimesis: „The wild, irresponsible side of mimesis remains problematic, however, and the strangers distinction between images and simulacra seems to be introduced precisely in order to separate the ‚good' from the ‚bad' side of mimesis."[290] Die Differenzierung, die die von dialektischer Philosophie und sophistischer Rhetorik bedingt, dient zugleich der Differenzierung der Ansprüche von Philosophie und Kunst; „the division of mimesis itelf[] is necessary in order to settle the old dispute between philosophy and art."[291] Doch bleibt die Unterscheidung – nicht zuletzt aufgrund der ‚Schlüpfrigkeit' der Ähnlichkeit des scheinhaften, nichtseiend-seienden Bildes – letztlich fraglich.[292] „The dialogue questions the basic

---

286 Ebd., S. 126. Letztere werden noch einmal unterschieden in die, die aufgrund von Wissen, und die, die auf Grund von Meinungen nachamen: Als „Scheinnachahmer" ([267], S. 127) definiert Sokrates abschließend die Sophisten.
287 Ebd. [265b], S. 122.
288 Ginzburg, Götzen und Abbilder, S. 148. „Es handelt sich dabei nicht um eine bloße Analogie. Die Hypothese, daß der Sophist ein ‚Bilderzeuger' [...] ist, bringt uns geradewegs zum Kernpunkt des Dialoges, nämlich zur Widerlegung des Satzes von Parmenides, daß ‚das Nichtseiende nicht ist'. Das Bild ist nicht wirklich [...], ‚aber in gewisser Hinsicht ist es doch' [...]. Deshalb darf die Negation der Unterscheidung nicht verwechselt werden mit der Negation als Nichtsein (wie bei der radikal monistischen Argumentation des Parmenides)." (Ebd.).
289 Ebd., S. 127.
290 Statkiewicz, The Notion of (Re)Semblance in the *Sophist*, S. 106. Die Ambivalenz des Mimesisbegriffs zeigt nicht nur die ‚schlüpfrige' Unterscheidung von Bild und Trugbild, sondern auch der Begriff des *pharmakon*.
291 Ebd. *Politeia* X 607b verweist mittels polemischer Zitate auf diesen ‚Streit', der hier in seiner ersten nachweislichen Inszenierung bereits als ‚alt' bezeichnet wird (vgl. Melberg, *Theories of Mimesis*, S. 12).
292 Statkiewicz, The Notion of (Re)Semblance in the *Sophist*, S. 103. Dies gilt zumal, wenn die Dialoge in ihrer mimetischen Struktur selbstreferenziell ausgelegt werden. Statkiewicz fragt: „[I]s an absolute (that is, completely detached from any ‚original') simulacrum/phantasma possible at all?" (ebd., S. 105). Zur ‚schlüpfrigen' Ähnlichkeit vgl. Platon, *Sophistes* [231], S. 55.

distinction between the two modes of representation, philosophy on the one side, and poetry/mimesis on the other, which is supposed to govern Plato's theory of being as *idea* and his politics of partition".[293] Die Problematik der Unterscheidung von Bild und Trugbild, Dialektik und Sophistik bedroht damit letztlich die repräsentationale Ordnung von *Politeia*; dabei zeige gerade die „mimesis as play" die irreduzible Ambiguität seines Mimesisbegriffs:

> Indeed, mimesis seems to be a condition sine qua non of both images and simulacra, of both representation and the challenges to its reign. The Stranger might well call it ‚slippery'; and perhaps he does. After all, homoiotēs, which he explicitly calls *olisthēra*, consitutes, as (re)semblance, the ‚anarchic' principle of the play of *mimesis*.[294]

Die Beschreibungen des durch den Maler hervorgebrachten Trugbilds, des ihm verglichenen, degradierten[295] und zu disziplinierenden Dichters und des Sophisten zeigen Mimesis als „Macht, die Welt darzustellen; doch dieselbe Macht kann ebenso fälschen, maskieren, heucheln und posieren."[296] Auch lehnt Platon Mimesis als theatralische,[297] kultisch-musikalische Praxis, als Form ‚niederer Mimesis' ab, die den Mythos erinnert: „But contagious mimesis is not easily banned"[298]. Zugleich zeigen Platons Dialoge jedoch auch „passages where *mimesis* can be glimpsed as a positive concept or an unavoidable principle of knowing";[299] sie

---

293 Statkiewicz, The Notion of (Re)Semblance in the *Sophist*, S. 103: „What could be more dangerous for Platonism as the rule of representation than confusing the philosopher, a champion of truth, with the sophist, a master of mimesis? One recalls Sokrates' proclamation of the old dispute between philosophy and poetry or mimesis in the tenth book of the Republic and the dramatic banishment of drama, and mimesis in general, from the ideal city, a city ruled by philosophers. But mimesis is back, and again, just as in the third book of the Republic, it threatens to disrupt with play (paidia) the serious business of education (paideia)" (ebd., S. 105) Vgl. Platon, *Sophistes* [234b], S. 61: „Gibt es aber eine kunstvollere und anmutigere Art des Scherzes als die Nachahmungskunst?", und *Politeia*, die die „Nachahmung eine Spielerei" nennt (Platon, *Politeia* [602], S. 399).
294 Statkiewicz, The Notion of (Re)Semblance in the *Sophist*, S. 116. „But the challenge of the *Sophist* seems so radical that many contemporary thinkers turn to this dialogue to ‚overturn Platonism'" (ebd., S. 194).
295 Darauf verweist Sörbom, *Mimesis and Art*, S. 147: Die Dichter hatten eine wichtige Funktion der Wissensvermittlung inne, die ihnen *Politeia* einräumt. Umso mehr gelte es, sie dieses Platzes zu verweisen, der dem Philosophen vorbehalten sei. Der Vergleich mit den Malern verweise die Dichter auf eine niedrige Stufe. Dafür spricht *Politeia* 605a: „Nunmehr also sind wir vollkommen berechtigt unseren Tadel über ihn ergehen zu lassen und ihn als Seitenstück zu dem Maler hinzustellen" (Platon, *Politeia*, S. 404).
296 Michael Taussig, *Mimesis und Alterität. Eine eigenwillige Geschichte der Sinne*, übers. v. Regina Mundel u. Christoph Schirner, Konstanz 2014, S. 75.
297 Vgl. Andree, *Archäologie der Medienwirkung*, S. 57.
298 Melberg, *Theories of Mimesis*, S. 23.
299 Ebd., S. 21.

bezeichnet nicht nur eine „‚Unterordnung unter den Zauber'" sympathetischer Identifikation und eine Form oraler „Wissenstradierung", sondern auch einen „Akt der Gestaltung, der einen Schöpfungsakt konstituiert."[300] Als mimetisch werden Dichtung (*Politeia*), Bild (*Sophistes*), Sprache (*Kratylos*), Politik (*Nomoi*) und selbst die Schöpfung der Welt (*Timaios*) beschrieben.[301] So ist die „Säuberung"[302] des Staates von der ‚niederen' Mimesis nicht zuletzt Ausdruck einer Konkurrenz der Mimetiker, wobei Ähnlichkeit das Kriterium der Beglaubigung darstellt, das ‚gute' und ‚schlechte' Mimesis, Abbild und Trugbild und die sophistische Spreu vom dialektischen Weizen trennen lassen soll: Seit Aristoteles wird auf die *mimetische Form* der Dialoge verwiesen – „Plato created his dialogues *dia mimeseos*"[303] –, die den ‚alten Streit' zwischen Philosophie und Dichtung inszenieren:

> Plato allows himself to criticize mimesis in mimetic dialogue. This paradoxical manner and attitude indicates that we are far from finished with Plato's evaluation of mimesis after having followed Sokrates' evaluations in *Republic* – and it is still an open question whether Plato or Aristotle hold narration in the highest regard.[304]

Mit Platons Konzeptualisierung der Mimesis kommt es, so Gebauer und Wulf, zur „Herausbildung eines neuen Mimesisbegriffs, der den ästhetischen Bereich konstituiert"[305]. Für dessen Rezeption ist zentral, dass er die „ursprüngliche Bedeutung von *tänzerischer Darstellung*" um „die Konnotation von *abbildender Wiedergabe*"[306] ergänzt und dabei nicht nur das *Bild* als ähnlich charakterisiert, sondern *mimetische Ähnlichkeit* zur Maßgabe aller Kunst erklärt, indem analog auf Dichtung geschlossen wird. Dabei meint Ähnlichkeit nicht die ‚Kopie' eines sichtbaren Modells – selbst wenn mimetische Kunst auf die

---

300 Gebauer, Wulf, *Mimesis*, S. 75 (im Verweis auf Havelock Ellis).
301 Vgl. Melberg, *Theories of Mimesis*, S. 22.
302 Platon, *Politeia* [399], S. 107.
303 Melberg, *Theories of Mimesis*, S. 35. Vgl. zu den „sokratischen Dialoge[n]" als Mimesis Aristoteles, *Poetik*, S. 7. Die Dialoge sind in dem in *Politeia* III definierten Sinne mimetisch (vgl. dazu Melberg, *Theories of Mimesis*, S. 26 ff.).
304 Ebd., S. 17 f. „Our demands on Plato's *mimesis* should take into account his mimetic practice rather than (or as much as) his different views on the concept *mimesis*." (Ebd., S. 30) Melberg verweist auf Rosens Appell, die ironischen Textqualitäten ernst zu nehmen, die sich aus der Dialogform ergeben (vgl. ebd., S. 13). Die Auswertung der Homer-Kritik zeigt einen Widerspruch der Abwertung der mimetischen, dramatischen Inszenierung, die der Figur eine Stimme gibt, gegenüber der einfachen Diegese durch Sokrates, und der Präsentation der platonischen Dialoge. „Socrates thereby corrects and improves not only Homer, but also, indirectly, Plato himself, who, after all, presents his investigation of *mimesis*, including the criticism of *mimesis*, in the very manner that he has Socrates define and criticize as mimetic." (Ebd., S. 17).
305 Ebd., S. 50. Vgl. auch Goldman, Representation, S. 137: „Plato gave birth to aesthetics".
306 Recki, Mimesis, S. 117.

2.1 *Analogon*, *homoios*, *mimesis*: Antike Bestimmungen der Ähnlichkeit — 165

‚wahrhaft' ähnliche Darstellung der Erscheinungen einer ‚vollständigen Welt' festgelegt ist.³⁰⁷ Schon „durch eine spezifische Referenz" der Malerei, Dichtung, Plastik oder Musik ergibt sich jedoch eine „Fülle möglicher *Gehalte* und unterschiedlicher *Techniken*" mimetischer Praxis; in Übereinstimmung mit dem Ikonoklasmus der Ideenlehre und der moralischen Disziplinierung der Mimesis behauptet demgegenüber ein „zählebiges Vorurteil der Rezeptionsgeschichte [...] die feindliche Haltung Platons zu den nachahmenden Künsten".³⁰⁸ Entsprechend persistent ist die Verkürzung seines Mimesisbegriffs sowohl im Blick auf die Dichtung³⁰⁹ als auch auf die bildplatonische Zuspitzung der Bedeutungsdimensionen *mimetischer Ähnlichkeit* auf Repräsentation, Imitation, Abbild und Kopie. Diese Ähnlichkeit auf den Aspekt ‚bloßer Nachahmung' verkürzende Rezeption wird bereits in der Antike kritisiert – „*Gegenvorschläge*" gegen den simplifizierenden Mimesisbegriff als Kopie bringen etwa Maximos von Tyros, Philostratos, Seneca, Horaz und Lukian vor.³¹⁰ Doch wird „[t]he view that representational works, especially pictures, resemble or mirror or look like things in the world [...] a predominat one in Western aesthetics".³¹¹ So kommt es mit der „Bedeutungseinengung auf nachahmende Repräsentation" zu einer „Begriffsverfälschung":³¹² „The adoption of the resemblance model led to an increasing emphasis being placed on the representational content of artworks and on the skill of the artist in reproducing those likenesses."³¹³ In der Kunsttheorie schlagen sich zudem die idealistische Verknüpfung von Ähnlichkeit und Schönheit und die Affinität von Ähnlichkeit

---

307 Vgl. Schöttler, Mimesis, o. S.: „Im Rahmen der platonischen Ontologie gibt es keinen Spielraum für die Formulierung einer Überschreitung der Natur durch die Kunst, da einer vollständigen Welt nichts hinzugefügt werden kann." Vgl. Blumenberg, Nachahmung der Natur.
308 Recki, Mimesis, S. 117.
309 Vgl. Wehrli, *Imitatio und Mimesis in der Geschichte der deutschen Erzähltheorie*, S. 22: „Die spätere Fehldeutung des Mimesisbegriffs rührt daher, daß sich der Dichtungsbegriff seit der Renaissance am 10. Kapitel der *Politeia* orientiert."
310 Vgl. Tatarkiewicz, *Geschichte der sechs Begriffe*, S. 392; vgl. ebd., S. 91f.: „In der hellenistischen und der römischen Epoche überwog [...] das populäre Verständnis der Nachahmung als Wiederholung der Wirklichkeit. Diese allzu einfache Interpretation der Künste mußte Widerspruch hervorrufen. Die Theorie der Nachahmung, die sich eher durch die Macht der Tradition erhielt, löste eine recht starke Opposition aus. Man stellte der Nachahmung solche Losungen entgegen wie die Phantasie [...], die Expression und das innere Bild, die Freiheit des Schöpfers [...], die Inspiration [...], die Erfindung [...]."
311 Sakamoto, Representation: Resemblance, S. 143. Dies gilt insbesondere vor dem Hintergrund einer ‚Revitalisierung' des Naturalismus im Rückbezug auf die griechische Antike in der Renaissance.
312 Becker, Doll, Wiemer, Zechner, Einleitung, S. 13.
313 Sakamoto, Representation: Resemblance, S. 143.

und Idee im „Primat der Form"[314] vor dem Material nieder. Demgegenüber werden gerade der Repräsentation gefährdende *simulacrale* Aspekt[315] und der verdrängte ambivalente Aspekt der *Performativität* der Mimesis und des *Produzierens von Ähnlichkeiten* durch mimetische Praktiken, die die körperliche Dimension der ansteckenden, ‚niederen' Mimesis umfassen, in der ästhetischen Moderne und der Theorie der Postmoderne wiederentdeckt.

Aristoteles' Mimesis

> Da die Tragödie Nachahmung von Menschen ist, die besser sind als wir, muß man ebenso verfahren wie die guten Porträtmaler. Denn auch diese geben die individuellen Züge wieder und bilden sie ähnlich und zugleich schöner ab. (Aristoteles)[316]

Dem, was angesichts der ontologischen Abwertung mimetischer Kunst und des normativen Verdikts der ‚niederen' Mimesis vereinfachend als Platons Mimesiskritik bezeichnet wird, scheinen Aristoteles' positive Bewertung der Mimesis und die „Behauptung, für unser Vergnügen an Nachahmungen sei das Wissen um deren Charakter konstitutiv", entgegenzustehen.[317] Aristoteles betont, dass menschliches Handeln wesentlich mimetisch ist: Er sieht in einer „graduellen Abstufung die Unterscheidung des Menschen ‚von den anderen Lebewesen', nämlich darin, ‚daß er am meisten zur Nachahmung befähigt ist.'"[318] Dies umfasst etwa das „Lernen über das im Verhalten angelegte Nachahmen von Vorbildern", das Mimesis „als Ur- oder Grundbedürfnis" definieren lässt.[319] Mimesis als sein „master concept" bezieht Aristoteles zudem auf die (Dicht-)Kunst.[320] Dabei schließt er in der Konzeption *mimetischer Ähnlichkeit* an Platon an; „most kinds of work of art constitute a distinct group of phenomena because of this similarity for Aristotle also".[321] Auch Aristoteles verwendet Mimesis damit sowohl in einem allgemeinen Sinn – dazu gehört die auf die „Ähnlichkeit des

---

314 Mersch, Materialität und Bildlichkeit, S. 6.
315 Vgl. Becker, Doll, Wiemer, Zechner, Einleitung, S. 15, Anm. 38. Vgl. dazu Kap. I.3.3.
316 Aristoteles, *Poetik* [1454b 8 ff], S. 49.
317 Recki, Mimesis, S. 116. Vgl. Melberg, *Theories of Mimesis*, S. 44: „Aristotelian mimesis has dominated the history of aesthetics".
318 Aristoteles, *Poetik*, zit. n. Peres, Nachahmung der Natur, S. 16.
319 Ebd. Dabei präge unbewusstes Nachahmen „‚Welt-Sicht'" und ‚Objektwahl' (ebd..); diese Annahmen ließen, wenn Nachahmen „im Ursprung ein (eingeborenes) Verhalten ist, [...] eine anthropologische Fundierung mimetischer Kunstausübung zu" (ebd., S. 16 f.).
320 Gerald F. Else, *Aristotle's Poetics*, zit. n. Melberg, *Theories of Mimesis*, S. 43. Vgl. Tatarkiewicz, *Geschichte der sechs Begriffe*, S. 386–401.
321 Sörbom, *Mimesis and Art*, S. 188.

Schaffensprozesses" bezogene Aussage, Kunst ahme die Natur als ‚Hervorbringende' nach – als auch in ästhetischer Bedeutung.[322]

> Allgemein gesprochen, die Kunstfertigkeit bringt teils zur Vollendung, was die Natur nicht zu Ende bringen kann, teils eifert sie ihr (der Natur) nach: Wenn nun die Vorgänge nach Maßgabe der Kunstfertigkeit auf Grund des ‚wegen etwas' ablaufen, so ist es klar, daß auch die Vorgänge gemäß der Natur (dies tun). Denn es verhält sich ja ähnlich zueinander das Spätere zum Früheren sowohl bei den Vorgängen gemäß Kunst wie auch bei denen gemäß Natur. Besonders deutlich wird das bei den *übrigen Lebewesen*, die weder aus bewußter Kunstfertigkeit noch indem sie vorher untersucht haben oder zu Rate gegangen sind, an ihr Werk gehen. Daher wissen einige die schwierige Frage nicht zu entscheiden, ob mit Verstand oder irgendeiner anderen (Fähigkeit) die Spinnen, Ameisen und dergleichen Tiere ihre Arbeit verrichten.[323]

So wird zugleich mit der Differenzierung zwischen Natur und ihr nachschaffender Kunst „die Schaffenskraft als etwas der Natur und dem Menschen Gemeinsames"[324] bestimmt.

Im engeren, ästhetischen Sinn umfasst Kunst als Mimesis die Produktion ähnlicher Bilder und die Formen der Dichtung.[325] Aus dem besonderen Verhältnis zu Rhythmus und Melodie als eine zweier „naturgegebene[r] Ursachen" sei, so die These der *Poetik*, die Dichtung entstanden – im Verein mit der *Fähigkeit zur Mimesis*:

> Denn sowohl das Nachahmen selbst ist den Menschen angeboren – es zeigt sich von Kindheit an, und der Mensch unterscheidet sich dadurch von den übrigen Lebewesen, daß er in besonderem Maße zur Nachahmung befähigt ist und seine ersten Kenntnisse durch Nachahmung erwirbt – als auch die Freude, die jedermann an den Nachahmungen hat. [...] Das Lernen bereitet nicht nur den Philosophen größtes Vergnügen, sondern in ähnlicher Weise auch den übrigen Menschen [...]. Sie freuen sich also deshalb über den Anblick von Bildern, weil sie beim Betrachten etwas lernen und zu erschließen suchen, was ein jedes sei[326].

---

322 Gebauer, Wulf, *Mimesis*, S. 84. Vgl. zur allgemeinen Bedeutung u. a. *Politik* 1320b9–10; 1336a30 ff; *Rhetorik* 1404a35–36; vgl. *Physik* 194a 21: Zekl übersetzt, dass „die Kunstfertigkeit der Naturbeschaffenheit nacheifert" (Aristoteles, *Physik. Vorlesung über die Natur*, in: Aristoteles, *Philosophische Schriften in sechs Bänden*, Bd. 6, übers. v. Hans Günher Zekl, Darmstadt 1995, S. 1–258, S. 30); in 199a15 folgt die Formulierung: „.... die Kunstfertigkeit bringt teils zur Vollendung, was die Natur nicht zu Ende bringen kann, teils eifert sie ihr (der Natur) nach" (ebd. S. 44).
323 Aristoteles, *Physik* [II.8 199a], S. 44 f (199a).
324 Gebauer, Wulf, *Mimesis*, S. 85. Dies wertet die Kunsttheorie und -praxis in Konzepte einer der Natur als *natura naturans* analogen Kunst aus.
325 Schlecht oder ‚unkünstlerisch' malen, heißt amimetisch malen. Vgl. *Poetik* 1460 b 32–33; Sörbom, *Mimesis and Art*, S. 180 f.
326 Aristoteles, *Poetik*, S. 11 f.

Die *Poetik* geht somit von einem ähnlichen Ansatzpunkt aus wie *Politeia*, wertet jedoch nicht nur Homers dramatische Dichtung positiv,[327] sondern auch Bilder. So wird „Nachahmung zum Grundprinzip" aller Künste erklärt: „Denn wie manche mit Farben und mit Formen, indem sie Ähnlichkeiten herstellen, vielerlei nachahmen [...], ebenso verhält es sich auch bei den genannten Künsten: sie alle bewerkstelligen die Nachahmung mit Hilfe bestimmter Mittel"[328]. *Poetik* widmet sich der Hervorbringung (*poiesis*) dichterischer Kunst, die wie die Malerei Ähnlichkeiten herstelle[329] und als *téchne* und *mimesis* gedacht ist. „Mittel" (Medien), „Gegenstände" und „Weise" (Modi) der Nachahmung differenzieren die Dichtkünste[330] in Tragödie, Komödie und Epik: „Die Nachahmenden ahmen handelnde Menschen nach"[331]; insofern die Art des Handelns moralische Werte impliziert, unterscheiden sich Tragödie und Komödie, indem sie Menschen nachahmen, die „besser oder schlechter sind, als wir es zu sein pflegen, oder auch ebenso wie wir. So halten es auch die Maler: Polygnot hat schönere Menschen abgebildet, Pauson häßlichere, Dionysios ähnliche."[332] Dabei bezieht sich Ähnlichkeit (*homoious*) allenfalls metaphorisch auf den Realismus eines Portraits; so fordert die *Poetik* für die Produktion der Dichtung, man solle Handlungen ausarbeiten, „indem man sie sich möglichst vor Augen stellt."[333] Durch szenisches Vor-Augen-Führen könne man Inkohärenzen vermeiden: Es geht somit weniger um die Nachahmung eines konkreten Vorbilds als um Fragen der Kohärenz und angemessenen Darstellung des Sujets.[334] Dafür spricht die Bemerkung, die „phantasiebegabten" oder „leidenschaftlichen" Dichter seien die besten, da sie „wandlungsfähig" seien und sich in Personen hineinversetzen könnten.[335] Das zentrale Argument folgt mit der Feststellung, der Dichter müsse nicht „wirklichkeitsgetreu"

---

327 Vgl. ebd, S. 83: „Homer verdient in vielen Dingen Lob, insbesondere auch darin, daß er als einziger Dichter nicht verkennt, wie er zu verfahren hat. Der Dichter soll nämlich möglichst wenig in eigener Person reden; denn insoweit ist er nicht Nachahmer." Vgl. ebd., S. 9: „Denn es ist möglich, mit Hilfe derselben Mittel dieselben Gegenstände nachzuahmen, hierbei jedoch entweder zu berichten – in der Rolle eines anderen, wie Homer dichtet, oder so, daß man unwandelbar als derselbe spricht – oder alle Figuren als handelnde und in Tätigkeit befindende auftreten zu lassen." Es scheint – entgegen Platons Verdikt – um die an den Dichter gestellte Forderung zu gehen, „wandlungsfähig" zu sein, die Kapitel 16 ausspricht (ebd., S. 55).
328 Aristoteles, *Poetik*, S. 5.
329 Peres, Nachahmung der Natur, S. 8.
330 Vgl. Aristoteles, *Poetik* [1447a], S. 5; vgl. S. 7, S. 9.
331 Aristoteles, *Poetik*, S. 7.
332 Ebd., S. 7; S. 9; vgl. Sörbom, *Mimesis and Art*, S. 190.
333 Aristoteles, *Poetik*, S. 53. Vgl. Sörbom, *Mimesis and Art*, S. 192.
334 Vgl. Sörbom, *Mimesis and Art*, S. 193.
335 Vgl. Aristoteles, *Poetik*, S. 55.

darstellen, sondern konsistent – da es „nicht Aufgabe des Dichters ist mitzuteilen, was wirklich geschehen ist, sondern vielmehr, was geschehen könnte, d. h. das nach den Regeln der Wahrscheinlichkeit oder Notwendigkeit Mögliche."[336] Daraus resultiert der philosophische Anspruch der Dichtung, das „Allgemeine" darzustellen, im Gegensatz zu Geschichtsschreibung, die das „Besondere" darstelle.[337] Dabei ist der Dichter, wie das siebzehnte Kapitel zusammenfasst, nicht vollkommen frei:

> Da der Dichter ein Nachahmer ist, wie ein Maler oder ein anderer bildender Künstler, muß er von drei Nachahmungsweisen, die es gibt, stets eine befolgen: er stellt die Dinge entweder dar, wie sie waren oder sind, oder so, wie man sagt, daß sie seien, und wie sie zu sein scheinen, oder so, wie sie sein sollten.[338]

Kunst ist also Mimesis der „Praxis, nachahmend-vergegenwärtigende Darstellung des gesellschaftlich Wesentlichen".[339] Aristoteles konzeptualisiert – dies ist seine mimesistheoretische Innovation einer von der Bilderzeugung explizit unterschiedenen Bedeutungsdimension – die durch Handlung und Zeitmomente dynamisierte narrative Ordnung mittels der Begriffe *„mimesis – praxis – mythos"*.[340]

Die künstlerische Ordnung der Elemente dient dabei nicht zuletzt der Wirkung:[341] Während Platon vor demoralisierenden Effekten der Dichtung warnt, schätzt Aristoteles neben der Freude an der Nachahmung die durch die sympathetische Reaktion hervorgebrachten Affekte *phobos* und *eleos*.[342] Die als Reinigung „‚mit Hilfe von Furcht und Mitleid […] von eben derartigen Affekten'" konzipierte „Katharsis", die über Identifikation eine „befreiende Empfindung und Ausscheidung" der Affekte bewirkt,[343] führt den in Platons *pharmakon* angelegten Gedanken weiter.[344] Fordert Platon aufgrund der Ambivalenz der Mimesis ihre Disziplinierung, bietet Mimesis als Rezeptionsprozess für Aristoteles einen Weg zum Umgang mit den Affekten; doch „domestiziert er sie so zugleich, weil er ihre Wirkung auf die psychosoziale Reinigung des Gesellschafts-

---

336 Ebd. [1451a-b], S. 29.
337 Vgl. ebd., S. 29 f.
338 Aristoteles, Poetik, S. 85. Vgl. ebd., S. 86–95. Als Beispiel für das „Unmögliche, das glaubwürdig ist", dient Zeuxis' Idealisierung (ebd., S. 93).
339 Tomberg, Mimesis, S. 420.
340 Vgl. Gebauer, Wulf, Mimesis, S. 81; S. 83. Zu „mimesis praxeos", „mythos" und „praxis" vgl. Melberg, Theories of Mimesis, S. 44.
341 Vgl. Gebauer, Wulf, Mimesis, S. 85, im Verweis auf Bywaters Analyse.
342 Vgl. auch ebd., S. 46.
343 Peres, Nachahmung der Natur, S. 11.
344 Vgl. Schöttler, Mimesis, o. S.

körpers reduziert – und setzt damit das platonische Projekt der Entmachtung der Mimesis in subtilerer Form fort."³⁴⁵

Aristoteles lehnt sowohl die Ideenlehre ab als auch eine Verpflichtung der Mimesis auf die Nachahmung konkreter Phänomene. Ist ihm zufolge der mimetische Bezug durch Möglichkeit und Wahrscheinlichkeit bestimmt, so folgt im Gegensatz zu Platons Erkenntniskritik am Scheinhaften aus seinen Überlegungen eine „Idealisierung des Wirklichen", die auf der ontologischen „Ideenimmanenz im einzelnen Seienden"³⁴⁶ beruht: Da sich Wesen und Einzelnes wechselseitig bestimmen, „kann dem individuell Gegebenen in seiner Mannigfaltigkeit und zugleich Wesenhaftigkeit, ‚Wirklichkeit' zugesprochen werden."³⁴⁷ Für die Dichtung folgt daraus die Aufgabe der Nachahmung des Menschen nach Maßgabe der Wahrscheinlichkeit, Plausibilität und Kohärenz ebenso wie die konstitutive Bedeutung der Imagination, denn „Mimesis produziert *Fiktion*"³⁴⁸. Sie ist als Nachahmung eines Handelns konzipiert.

> Aristotle made the poet into a „second maker," with the same stress on both words, to use an expression that should not be used until eighteenth-century aesthetics. The artistic „self-assertion" is an aesthetics of production, but has some psychological dimensions.³⁴⁹

So führt der sekundäre Status der Mimesis nicht zu ihrer Abwertung, sondern steht im Gegensatz zu Platons Verdikt gegen die ‚niedere' Mimesis als Selbst*verlust*: „In the Aristotelian tradition, art and the poet emerge *after*, for example, ‚nature,' ‚reality,' ‚work,' since the poet imitates action (*mimesis praxeos*, 49b24), but this *after* is also a privileged route to self-assertion and to the reality of *praxis*"³⁵⁰.

Zugleich verweist der Status des Mimetikers als ‚second maker' auf die produktive „Spannung", die „der aristotelischen Definition der Nachahmung der Natur inhärent ist"³⁵¹, wenn die *Physik* formuliert, dass „[d]as menschliche Herstellen Gebilde der Natur teils zum Abschluß" bringt, teils „Gebilde der Natur nach[bildet]."³⁵² Seinem Mimesiskonzept ist die Verbindung von „Nachschaffen und Verändern" inhärent, als „gestaltende Nachahmung', in der eine malerische

---

345 Otto, Mimesis, o. S.
346 Peres, Nachahmung der Natur, S. 9.
347 Ebd., S. 10.
348 Gebauer, Wulf, *Mimesis*, S. 84.
349 Melberg, *Theories of Mimesis*, S. 47 f.
350 Ebd., S. 47.
351 Johach, Mersmann, Rulffes, Try to blend in!, S. XIII.
352 *Physik* 2.8, zit. n. ebd., Anm. 25.

bzw. dichterische Synthese geschaffen werden soll."³⁵³ Das kreative Handeln ist dabei auf einen geschlossenen, wenn auch dynamischen Kosmos beschränkt: „Insofern die Vermögen in der Natur angelegt sind, überschreitet auch die aristotelische Mimesis die Natur nicht, schließt vielmehr wie Platon eine freie Erfindung aus."³⁵⁴ Doch hat sie die Freiheit, die Dinge in der Nachahmung schöner oder hässlicher zu machen und Mögliches und Wahrscheinliches darzustellen. Damit festigt er nicht nur das Konzept mimetischer Ähnlichkeit, das in *Poetik* die Übereinstimmung der Kunst mit der Wirklichkeit einfordert, sondern etabliert zugleich ein Gegengewicht, das „das Grundprinzip der Ähnlichkeit auf kreative und zielgerichtete Weise" unterläuft: „Künstlerische Nachahmung [...] betont das Besondere im Allgemeinen, die neuschaffende Intervention des Künstlers innerhalb der Bannlinien der Reproduktion."³⁵⁵ Dies wirkt ästhetikgeschichtlich ebenso nach wie Aristoteles' Orientierung der Kunst an der schöpferischen Natur und sein anthropologisch weiter, positiv besetzter Mimesisbegriff. Dabei wird Aristoteles' Mimesistheorie – später umgedeutet zur „Nachahmung der *Natur*"³⁵⁶ – insbesondere dichtungstheoretisch ausgewertet und erlangt besondere Bedeutung etwa auch in der Begründung einer schöpferischen Mimesis in Analogie zur *natura naturans*.

Die in den Mimesiskonzeptionen Platons und Aristoteles' begründete flexible Verbindung von Mimesis und Ähnlichkeit wirkt in kaum zu überschätzender Weise bis in die Moderne nach. Platons Mimesiskonzept ist fundamental von einer bildhaften Dimension geprägt, die den Bereich des Ästhetischen und der Repräsentation allererst entwirft;³⁵⁷ wie nach ihm Aristoteles überträgt er dabei den Ähnlichkeitsaspekt des Bildhaften und der Malerei auf die Beschreibung der Dichtung. Angesichts dessen, dass in der Platon-Rezeption Ähnlichkeit ‚bildplatonisch' auf Repräsentation verkürzt wurde, gilt es den Blick ergänzend und abschließend noch einmal auf den keineswegs ausschließlich repräsentational konzipierten Referenzbereich mimetischer Ähnlichkeit zu richten: die Ähnlichkeit des künstlerischen Bildes.

---

353 Gebauer, Wulf, *Mimesis*, S. 82.
354 Schöttler, Mimesis, o. S.
355 Kohl, Gaier, Saviello, Ähnlichkeit als Kategorie der Porträtgeschichte, S. 14; vgl. Tatarkiewicz, *Geschichte der sechs Begriffe*, S. 390; vgl. Kap. I.1.4.
356 Tatarkiewicz, *Geschichte der sechs Begriffe*, S. 391.
357 Vgl. Goldman, Representation, S. 137. „Mimesis is, in spite of the threefold rejection, always present in the Platonic world as image and imagination." (Melberg, *Theories of Mimesis*, S. 25).

Topoi der Ähnlichkeit des Bildes
Eine aufschlussreiche Quelle antiker ‚Urszenen' der Ähnlichkeit des Bildes ist Plinius' d. Ä. *Naturalis historia*, die etwa 50 Jahre n. Chr. kunsttheoretisch einflussreiche Topoi bildhafter Ähnlichkeit überliefert.[358] Darunter ist die Anekdote der Jungfrauen von Kroton, die dem Maler Zeuxis von Herakleia Modell stehen: Beauftragt, für den Juno-Tempel von Kroton ein Bild der Helena zu malen,[359] kompiliert er nach ihren Vorbildern ein Idealbild weiblicher Schönheit. Hier zeigt sich – wie bereits bei Xenophon – eine synthetische Ähnlichkeitsauffassung und ein zwischen Sujet und Modell unterscheidendes Bildkonzept jenseits einer naiven Naturalismusvorstellung, als Orientierung am Ideal, die eine Vervollkommnung der Natur impliziert: Die „*Electio*, Wahlfreiheit im Dienste der Naturverbesserung (das einschlägige Beispiel sind die krotonischen Jungfrauen des Zeuxis)", tritt in antiken Theorien der Schönheit neben die synthetisch-mentalistische Auffassung der Ähnlichkeit.[360]

Die ebenfalls auf das fünfte vorchristliche Jahrhundert datierte Legende des Malerwettstreits zwischen Zeuxis und Parrhasios[361] überliefert die Urszene der „Illusionstheorie des Bildes",[362] die um das Trompe l'œil kreist, die vollkommene „Augentäuschung"[363], und die „Malerei als – eng gefasste – Nachahmung der Natur"[364] definiert. Zeuxis hatte Trauben gemalt, die selbst nach ihnen pickende Vögel täuschten, und später das Bild eines Jungen, der Trauben trägt – vor dem sich die Vögel nicht fürchten, wie er erbost kommentiert: „[H]ätte ich auch mit ihm Vollkommenes geschaffen, hätten sich die Vögel fürchten müssen"[365]. Parrhasios jedoch gewinnt den Wettstreit, da er Zeuxis täuschen kann, der, als Maler kompetent in der Unterscheidung von Sein und Schein, einen von Parrhasios

---

358 Plinius (C. Plinius Secundus d. Ä), *Naturkunde*. Lateinisch – deutsch. Buch XXXV: Farben, Malerei, Plastik, hg. u. übers. v. Roderich König in Zusammenarbeit mit Gerhard Winkler, Darmstadt 1987.
359 Vgl. ebd., S. 55.
360 Kohl, Gaier, Saviello, Ähnlichkeit als Kategorie der Porträtgeschichte, S. 14.
361 Vgl. Jörg Schirra, „Täuschung, Ähnlichkeit und Immersion: Die Vögel des Zeuxis", in: Klaus Rehkämper, Klaus Sachs-Hombach (Hg.), *Vom Realismus der Bilder: Interdisziplinäre Forschungen zur Semantik bildhafter Darstellungsformen*, Magdeburg 2000, S. 119–135; Klaus Sachs-Hombach, „Einleitung", in: ders. (Hg.), *Bildtheorien. Anthropologische und kulturelle Grundlagen des Visualistic Turn*, Frankfurt a. M. 2009, S. 7–14, S. 8.
362 Scholz, *Bild, Darstellung, Zeichen*, S. 61.
363 Peres, Nachahmung der Natur, S. 3.
364 Ebd., S. 4.
365 Plinius, *Naturkunde*, S. 57. Einer weiteren Anekdote zufolge malt Apelles ein Pferde täuschendes Pferd (vgl. ebd., S. 75; vgl. Sakamoto, Representation: Resemblance, S. 143).

gemalten „leinenen Vorhang" vor dessen Bild wegzuziehen befiehlt.[366] Der „Zeuxis-Topos" transportiert zum einen das klassisch gewordene Mimesiskonzept des Bildes, demzufolge ein außerbildlicher Gegenstand möglichst ähnlich nachzuahmen ist.[367] Zum anderen verweist Parrhasios' Triumph auf das *simulacrale* Moment der Täuschung, der Illusion von Präsenz, und das ‚verschleiernde' Spiel mit den Ebenen der Repräsentation; dabei ist die Frage nach der vollkommenen Mimesis, die zugleich in Trug umschlägt, „nach Maßgabe einer Ähnlichkeitsrelation im Hinblick auf einen Beschauer entschieden": Hier zeigt sich Ähnlichkeit als „gradueller Begriff", wobei die ideale „Sollbestimmung größtmöglicher Ähnlichkeit" gilt, „aber auch andere Ähnlichkeitsgrade [...] möglich" sind, „von Fast-schon-Unähnlichkeit bis hin zur scheinbaren Identität".[368] Zugleich erweist sich das Ähnlichkeitsurteil als „relativ auf die Disposition des Rezipienten" – „denn die Ähnlichkeit kann nur über den Vergleich zwischen wirklichen oder gemalten" Dingen festgestellt werden.[369] So ist das „Etwas-als-etwas-Erkennen" eine die Ähnlichkeitswahrnehmung und das Bildverständnis bedingende Fähigkeit; wenn die Täuschung gelingt, ist zugleich „das nur dem Menschen gegebene Vermögen der vernunftgemäßen Entlarvung der Illusion außer Kraft" gesetzt.[370]

Ein weiterer Topos bildhafter Ähnlichkeit wird im Rahmen einer Legende der Entstehung des Bildes aus der „Schattenähnlichkeit"[371] thematisiert: In der von

---

366 Vgl. ebd., S. 55; vgl. Peres, Nachahmung der Natur, S. 3.
367 Peres, Nachahmung der Natur, S. 18.
368 Ebd.
369 Ebd., S. 3. Dabei spielen „Ähnlichkeit und ihre[] Gradualität oder das epistemologische Moment des notwendig vorauszusetzenden Wiedererkennens und damit Vorausweisens seitens des Rezipienten" eine Rolle (ebd., S. 11). Ähnlichkeit in Relation zu Rezeptionsmodi zu verhandeln, impliziert eine Hierarchisierung der Erkenntnisvermögen von Tier und Mensch. Vgl. Schirra, Sachs-Hombach, Gleichheit, Ähnlichkeit und Identität, o. S., die davon ausgehen, dass nur der Mensch Ähnlichkeit und Identität unterscheiden kann.
370 Ebd., S. 4. *Etwas als etwas* und *anderem Ähnliches* wahrnehmen zu können, erscheint so als Grundlage des Bildverständnisses. Das „‚Erkennen von Ähnlichkeiten'" lässt sich mit Wollheims Begriff der „twofoldness" in Beziehung setzen (vgl. Schirra, Sachs-Hombach, Gleichheit, Ähnlichkeit und Identität, o. S.; vgl. Richard Wollheim, „Sehen-als, sehen-in und bildliche Darstellung", in: ders. (Hg.), *Objekte der Kunst*, Frankfurt a. M. 1982, S. 192–210). In der Täuschung Zeuxis' liegt keine Wahrnehmung des Ähnlichen, sondern eine Identifikation, eine Täuschung vor.
371 Weigel, *Grammatologie der Bilder*, S. 152. Von dieser ‚Schattenkunst' unterscheidet sich die *Skiagraphia* (Schattenmalerei), die die Darstellung von Schatten zur Steigerung der Raumwirkung einsetzt (vgl. ebd., S. 155).

Plinius als Ursprung der Plastik eingeführten Szene[372] der „Gewinnung des Bildes aus dem Schatten" wird berichtet, wie die Tochter des Töpfers Butades aus Sikyon vor dem Abschied ihres Geliebten dessen Porträt von seinem an die Wand geworfenen Schattenriss abnimmt.[373] Diese Zeichnung soll „nach den Worten des Athenagoras von ‚außergewöhnlicher Ähnlichkeit' gewesen sein"[374]. Plinius beschreibt, dass der Schatten mittels einer Lampe an die Wand geworfen und nachgezeichnet wird, worauf der „als erster ähnliche Bilder [similitudines] aus Ton"[375] formende Vater die Kontur mit Ton füllt und die entstandene „Figur (*typus*)" brennt.[376] Plinius gründet damit zugleich das Hervorgehen des Bildes aus natürlichen Zeichen (*physei eikones*) auf eine kausale Bildtheorie, wenn er konstatiert, es bestehe Uneinigkeit über den Ursprung der Malerei, „alle jedoch sagen, man habe den Schatten eines Menschen mit Linien nachgezogen; deshalb sei die erste Malerei so beschaffen gewesen"[377]. Neben der motivierten Ähnlichkeitsbeziehung der Teilhabe[378] werden hier die kontinuierlichen Transformationsschritte zu ikonischer und plastischer Ähnlichkeit und die der Zeichnung inhärente „Trias von *Auge, Hand* und *Umriss/Linie*"[379] thematisch, die die Kunsttheorie und bildliche Motivik des achtzehnten Jahrhunderts an die Legende knüpfen wird.

---

372 „Über die Malerei ist nun genug und übergenug gesagt worden. Es mag zweckmäßig sein, dem Bisherigen auch [einiges über] die Plastik beizufügen." (Plinius, *Naturkunde*, S. 109).
373 Ebd. Vgl. auch Krämer, *Figuration, Anschauung, Erkenntnis*, S. 110–113.
374 Jan Blanc, „Sehen, um zu glauben", in: Ottinger, *Magritte*, S. 94–101, S. 97.
375 Plinius, *Naturkunde*, S. 109.
376 Weigel, *Grammatologie der Bilder*, S. 56. Den „dreiteiligen Vorgang" verkürzt die Kunsttheorie später teils zum Ursprungstopos der Malerei als „Herstellung eines Umrisses aus dem Schattenbild" (ebd.), teils zum „phallokratischen Mythos" der „Erfindung der Bildhauerei", wie in Albertis Version der Anekdote (Blanc, Sehen, um zu glauben, S. 98).
377 Zit n. Plinius, *Naturkunde*, S. 100. „Spekulationen zufolge haben natürliche Phänomene der einen oder anderen Art – etwa ein Schatten an der Wand, der mit einem Stück Kohle nachgezogen wird – eine entscheidende Rolle bei dem ‚Ursprung der (bildenden) Kunst', besser: bei dem ersten Bildermachen, gespielt." (Scholz, *Bild, Darstellung, Zeichen*, S. 50; vgl. zu natürlichen Zeichen als „*physei eikones*" auch ebd., S. 8).
378 Die Aufladung der ‚außergewöhnlichen Ähnlichkeit' mit Präsenzmomenten entsteht daraus, dass es „nicht nur ein *Abdruck*, sondern ein *Eindruck*" ist, der den „‚Wunsch [...,] eine ‚Inschrift' zu hinterlassen [...], in diesem Objekt ewig präsent zu sein'" dokumentiere (Tisseron, zit. n. Blanc, Sehen, um zu glauben, S. 97. Dies sei vergleichbar mit dem „Denkmal" (ebd., S. 100)).
379 Weigel, *Grammatologie der Bilder*, S. 57. Im siebzehnten und achtzehnten Jahrhundert wird die Legende im Rahmen einer „Aufwertung der Umrisse" als Integration von Einbildungskraft und Spur rezipiert, etwa von Karl Philipp Moritz, Goethe und Schlegel (ebd.).

Eine weitere Episode beschreibt ein Paradigma bildhafter Ähnlichkeit, das die Grenzen mimetischer Ähnlichkeit markiert: „[D]er Allgemeinplatz vom Zufallsbild" ist ein Sonderfall antiker „Reflexionen über visuelle Vorstellungen", der „Bilder und Zeichen ohne Bedeutung" thematisiert.[380] Der Maler Protogenes verzweifelt über der nicht glücken wollenden Darstellung von Schaum, der einem von ihm gemalten Hund vor dem Fang steht: „[W]eit von der Naturtreue entfernt", wirkt „der Schaum wie gemalt"[381]. In Wut wirft er den farb- und wassergetränkten Schwamm gegen die Tafel. Der entstehende Fleck ergänzt die verpatze Stelle auf so vollkommene Weise, wie sie der intentionalen Darstellung nicht gelungen war: „[S]o hat in der Malerei der Zufall die Naturwahrheit geschaffen."[382] Der Fleck als zufällige Spur einer „Berührungsähnlichkeit"[383] wird zum „Medium einer gegenständlichen Repräsentation im Bild", wobei „alle mimetischen Relationen aufgekündigt, alle Motiveffekte vermieden werden"[384]. Zugleich verweist die zufällige Ähnlichkeit auf eine ‚phantasmatische' Wahrnehmung, die Phänomene wie formlose Flecken durch ein imaginäres Hineinsehen ikonisch bedeutungsvoll machen: „So wird im prekären Moment des Betrachtens ein bewusstes Sehen befördert, dessen Produktivität einen Akt des Erkennens und erkennenden Hervorbringens meint"[385]: In diesem *Ähnlichkeitssehen* wurde – neben der These des Hervorgehens aus natürlichen Bildern wie Schatten oder Abdrücken – ein weiterer Ursprung des Bildes angenommen, für den „vermutlich das gezielte Verstärken zufällig entstandener Ähnlichkeiten von Bedeutung [war]. Beispielsweise wurden bei Wurzeln oder Steinen, die in der Form an Tierköpfe erinnern, Augen angebracht oder entsprechende Formen verstärkt."[386] Die Verbindung von Zufallsverfahren und Ähnlichkeitssehen, die das Unähnliche und Formlose figurativ verwandelt, greifen als „Topos der *inventio*" später prominent Leonardo und Alberti auf.[387]

---

380 Ginzburg, Götzen und Abbilder, S. 157.
381 Plinius, *Naturkunde*, S. 79.
382 Ebd., S. 81.
383 Weigel, *Grammatologie der Bilder*, S. 144. Darin ist ein Konzept begründet, das die Transformation unähnlicher Spuren in ikonische Bilder konzipiert (vgl. Rancière, *Politik der Bilder*, S. 15).
384 Oliver Jehle, „Otto Stelzer – zur Abstraktion vor der Abstraktion", online unter http://www.kunstgeschichte-ejournal.net/kommentare/2010/jehle/#ftn.d57e47, 28.8.2017, o. S.); vgl. Otto Stelzer, *Die Vorgeschichte der abstrakten Kunst. Denkmodelle und Vor-Bilder*, München 1964.
385 Jehle, Otto Stelzer, o. S. Das Hineinsehen behandelt Aristoteles im Kontext der *phantasmata*-Lehre (vgl. von Flemming, Mediale Ausprägungen des Phantastischen, S. 201).
386 Scholz, *Bild, Darstellung, Zeichen*, S. 50.
387 Jehle, Otto Stelzer, o. S.; vgl. Leon Battista Alberti, *Das Standbild. Die Malkunst. Grundlagen der Malerei*, hg. v. Oskar Bätschmann u. Christoph Schäublin, Darmstadt 2000, S. 143). Mit der modernen Aufwertung der Imagination verbindet sich damit ein Fokus auf Subjektivität (vgl. ebd.).

Die Varianz der von Plinius angeführten Topoi bildhafter Ähnlichkeit verdeutlicht, dass hier bereits verschiedene Aspekte der Produktion und Rezeption von Ähnlichkeiten differenziert werden. Zwar setzt sich in der Antike eine „positive Beurteilung der repräsentationalistischen Bildauffassung" durch und geht in der „Mimesislehre, mit dem Ideal der Ähnlichkeit", in die Kunsttheorie ein; hinter sie tritt das angedeutete Spektrum mimetischer und bildhafter Ähnlichkeitskonzepte zurück.[388] Demgegenüber ist die so verdeckte Bedeutungsvielfalt des Mimesisbegriffs Quelle gerade auch einer künstlerischen und kunsttheoretischen Orientierung an nichtrepräsentationalen Ähnlichkeitskonzepten. So zeigt sich in den antiken Bestimmungen eine „Plastizität des Konzepts"[389], die die Subsumption unter *ein* Theoriemodell verunmöglicht; entsprechend variabel ist die Funktion der Ähnlichkeit. Auch bei Platon und Aristoteles gibt es keine eindeutige Definition des Begriffs; doch bildet sich in Platons Dialogen ein ästhetischer Wortsinn heraus, der bei Aristoteles bereits vorherrscht. Damit werden die Künste erstmals unter dem Begriff *mimesis* zusammengefasst. Stellt dabei Ähnlichkeit das verschiedene Bildordnungen und Kunstgattungen verbindende Bezugsmoment dar, so geht *mimetische Ähnlichkeit* nicht in einer ‚Kopie' der sichtbaren Wirklichkeit auf. Dabei betont etwa Birgit Recki die Flexibilität des Mimesisbegriffs Platons mit dem Hinweis, dass er die „‚bilderzeugende Kunst (*mimetike*) noch weiter in ‚abbildende' bzw. ‚ebenbildnerische' und ‚scheinbildende' bzw. ‚trugbildnerische' (*eikastike – phantastike*) unterscheiden wird und allein damit bereits die Grundlage schafft für eine differenzierte Bewertung verschiedener Leistungen von Kunst",[390] die gerade in der Zurückweisung der simplifizierenden ‚bildplatonischen' Rezeption modern wieder hervortreten.

Die antike Ähnlichkeitsreflexion wirkt in vielfacher Weise nach. Ihre Topoi entfalten eine Wirkung, die nicht auf *eine* ideengeschichtliche Traditionslinie einzugrenzen ist. Neben der „seit Platon postulierten, von der christlichen Lehre fortgeschriebenen defizitären Ähnlichkeit des irdischen Seins gegenüber den göttlichen Idealbildern"[391] gehören dazu unter anderem die Formel ‚Einheit in der Vielheit', der Topos eines ‚Syndesmos' der Ähnlichkeit, die Kritik des eristischen ‚Irgendwie-ist alles-ähnlich' und die ihm begegnenden dialektischen und kategorialen Methoden, und die ontologisch beglaubigende und heuristische Analogie, die in epistemologischen Überlegungen auf vielfältige Weise weiterwirken. Dabei scheint es nicht zuletzt die *aisthetisch*-epistemologische Valenz der Ähnlichkeit zu sein, die gerade in ihrer logischen ‚Schlüpfrigkeit' und Unbegrifflichkeit und in

---

388 Sachs-Hombach, Einleitung, S. 8.
389 Recki, Mimesis, S. 118.
390 Ebd., S. 117.
391 Kohl, Gaier, Saviello, Ähnlichkeit als Kategorie der Porträtgeschichte, S. 26.

ihrer topischen, vortheoretischen, wahrnehmungsnahen und bildhaften Verfasstheit – mit besonderer Nähe zum Sehvermögen[392] – der Ästhetik nahesteht. Relevant ist für die ‚Ästhetik des Ähnlichen' zudem ihre enge Verbindung zu Mimesis, Bild und Metapher, die, gerade im Anspruch auf einen privilegierten Bezug zu Wirklichem oder einen spezifischen Erkenntnisanspruch der Kunst, virulent bleibt: Besitzt nach Platon die Ähnlichkeitserkenntnis onto-logische Erschließungskraft, so nimmt – trotz ihrer Fundierung in der Dialektik – Aristoteles' Auffassung einer „vom Bewußtsein *syntheoretisch* erzeugt[en]"[393] Ähnlichkeit die moderne Auffassung vorweg, dass Ähnlichkeit nicht ontisch gegeben, sondern ‚gemacht' ist. Wiederholt thematisiert wird dabei auch das Zusammenwirken von *Ähnlichkeit und Unähnlichkeit*,[394] der *Perspektivismus* und die *Subjektivität* des Ähnlichkeitsurteils.

Es wäre verkürzt, die antike (Vor-)Geschichte der ‚Ästhetik des Ähnlichen' ausschließlich auf platonische und aristotelische Wurzeln zurückzuführen, wie die Hinweise auf vorsokratische Ähnlichkeitslehren, Xenophons und Plinius' Urszenen bildhafter Ähnlichkeit oder Ciceros und Quintilians Metaphernlehren andeuten mögen; Aspekte der christlichen Mythologie werden im folgenden Kapitel nachgereicht. Doch wirken Platons und Aristoteles' Ähnlichkeitsreflexionen, aus denen sich bis in die Moderne prägend bleibende Bestimmungen der Ähnlichkeit ableiten lassen, als Quellen zweier vielfach verflochtener Linien der Ästhetik und Epistemologie des Ähnlichen nach: Die platonische prägt unter anderem die epistemologische Dimension des ‚Ähnlichkeitsdenkens', das etwa Foucaults Theorem der Ähnlichkeitsepisteme als Ensemble neuplatonisch geprägter Denkfiguren konturiert, die als vormodern und einer analogischen Ontologie zugehörig eingeschätzt werden; die aristotelische Linie, vielfach als ‚moderner' vorgestellt, prägt insbesondere die Rezeption seiner topischen Bestimmung der Metapher.

---

[392] Vgl. zur Verbindung von Sehen und Erkenntnis Rose-Paul Vinciguerra, „Das Gemälde, der Blick und das Phantasma", in: Claudia Blümle, Anne von der Heiden (Hg.), *Blickzähmung und Augentäuschung. Zu Jacques Lacans Bildtheorie*, Berlin 2005, S. 45: „Seit der Antike hat das Sehen eine archetypische, metaphorische Funktion theoretischen Wissens."
[393] Gruber, *Topographie des Ähnlichen*, S. 57.
[394] Dass *Unähnlichkeit* als der Ähnlichkeitsfeststellung inhärenter Differenzaspekt kein *Gegenbegriff zu Ähnlichkeit*, zeigen Platons Überlegungen: Dass die Dinge in ihrem Verhältnis zueinander ähnlich *und* unähnlich sind, dynamisiert das Seiende. Die Dialektik erlaubt, *Ähnliches von Identischem und Differentem* zu unterscheiden *und* synoptisch *Ähnliches im Unähnlichen* aufzufinden. Dies wertet Aristoteles als Kernstück der philosophischen und poetischen Begabung; seine Bestimmung in *Metaphysik* lässt Ähnliches sondern als Differenz denken; so sei von der „Austauschbarkeit von ähnlich und unähnlich" auszugehen (Gruber, *Topographie des Ähnlichen*, S. 27).

2.2 *Similitudo, analogia, vera icon*: Ähnlichkeitskonzepte im Mittelalter

Inter Creatorem et creaturam non potest tanta similitudo notari, quin inter eos maior sit dissimilitudo notanda. (Nicolaus Cusanus)³⁹⁵

Für die mittelalterliche Ähnlichkeitsreflexion ist eher von einem Schlüsselmoment der *epistemologischen* als der *ästhetischen* Reflexion und Produktion von Ähnlichkeit zu sprechen;³⁹⁶ hier ist sie vor allem für die Vermittlung einiger Topoi und Theoreme in die Folgezeit relevant, die antike Bestimmungen der Ähnlichkeit und Analogie aufgreift und mit der christlichen Mythologie verknüpft. In der Rezeption antiker Ähnlichkeitskonzepte vor allem Platons und Aristoteles' setzt sich das „Welt- und Wissenschaftsverständnis"³⁹⁷ des christlichen Mittelalters zentral mit Ähnlichkeit auseinander, die Fragen nach dem Verhältnis von Gott und Schöpfung, der Möglichkeit der Gotteserkenntnis, des Sprechens über Gott und seiner Abbildbarkeit prägt.

So wird in „philosophisch-theologischen Texte[n]"³⁹⁸ etwa die in *Genesis* 1, 26 begründete Urszene der *similitudo dei* thematisiert, die den Menschen als „Schöpfung Gottes ‚zu seinem Bild und seiner Ähnlichkeit'" fasst.³⁹⁹ Die *Genesis* begründet damit das mythische „Paradigma sämtlicher Ähnlichkeitsbeziehungen" in der christlichen Tradition: Der Mensch – Adam – ist „nach dem Bilde Gottes" erschaffen, genauer, nach „seinem Bild *und* seiner Ähnlichkeit"⁴⁰⁰, Begriffe, die in der

---

395 Zit. n. Walter Haug, *Positivierung von Negativität. Letzte kleine Schriften*, hg. v. Ulrich Barton Tübingen 2008, S. 355, Anm. 4. [„Zwischen Schöpfer und Geschöpf gibt es keine Ähnlichkeit, ohne dass diese von einer noch größeren Unähnlichkeit begleitet wäre." (4. Laterankonzil 1215, zit. n. ebd., S. 371; vgl. Kap. III.9: „Gotteserfahrung bei Nicolaus Cusanus. Dargestellt aus der Perspektive der Analogieformel von der unähnlichen Ähnlichkeit", S. 371–396)].
396 Da sich wenige Quellen kunsttheoretisch äußern, könne „nur indirekt eine Theorie der Künste des Mittelalters" dargestellt werden, so Henriette Haug, „Materie als Prinzip und Ursache der Individuation. Ähnlichkeit und Bildnis in der Plastik des 13. Jahrhunderts", in: Gaier, Kohl, Saviello, *Similitudo*, S. 77–100, S. 96. Zur „Aufnahme *mimetischer Ähnlichkeit*" im dreizehnten Jahrhundert vgl. ebd., S. 93.
397 Schenk, Ähnlichkeit, S. 52.
398 Haug, Materie als Prinzip und Ursache der Individuation, S. 96.
399 *Gen* 1, 26–27;5, 1;9,6, zit. n. Dominic Olariu, „Miniaturinsekten und bunte Vögel. Naturbeobachtung und Tierdarstellungen in Manuskripten des 13. Jahrhunderts", in: Gaier, Kohl, Saviello, *Similitudo*, S. 59–76, S. 60, Anm. 7. Vgl. Kohl, Gaier, Saviello, Ähnlichkeit als Kategorie der Porträtgeschichte, S. 24; Hamburger, In the Image and Likeness of God.
400 Endres, Unähnliche Ähnlichkeit, S. 37 [Hv.: S. B.]. Diese „Verbindung von Ähnlichkeit, Genesis, Bild, Erbe und Verwandtschaft", schreibe der „Ähnlichkeit generell (auch in der Kunst) Strukturmuster des Erbes und der Verwandtschaft" ein (ebd.).

Diskussion um Gottesebenbildlichkeit differenziert werden. Dabei hat „[d]ie platonische Ideenlehre [...] großen Einfluss auf die mittelalterliche Bildphilosophie und mehr noch auf die christliche Bildtheologie, die zwischen den irdischen, fleischlichen und daher vergänglichen Abbildern und dem unsichtbaren Urbild des einen Gottes unterscheiden musste."[401] Die ontologische Kluft zwischen Schöpfer und Schöpfung, mit der die ähnlichkeitstheoretische Annahme kollidiert, dass Bilder „purport to resemble the objects they stand for", sichert das daraus resultierende Bilderverbot als „ban against the production of likenesses of God".[402]

Diese Kluft überwindet der die Christus-Ikonographie begründende antike und mittelalterliche Bildtopos des bildmagisch entstandenen *Acheiropoieton* ('nicht von Menschenhand geschaffen') oder *Vera ikon*, wie des selbsttätigen Abdrucks des Antlitz' Christi im *Schweißtuch der Veronika* oder im *Turiner Grabtuch*: Er bezeugt die Echtheit des Bildes, das in der „Transformation von Spuren" in ein „ähnliches Abbild übertragen und damit überformt" wird, und begründet die „ikonische Bildtradition".[403] Verbunden mit dem Paradigma des *Abdrucks* als scheinbar unmittelbare, motivierte Beziehung, wird so die ‚Abbildung' Gottes beglaubigt.

> Das Einbringen des Unsichtbaren in die sichtbare Welt geschah durch ein einschlägiges Interpretieren der in der Genesis angesprochenen Gottebenbildlichkeit des Menschen. Die *griechischen Väter* wie z. B. Gregor von Nyssa betonten ausdrücklich die Ähnlichkeit und Verähnlichung des Menschen mit Gott. Das Ziel des Lebens in Gottesfurcht war die Teil-

---

401 Schulz, *Ordnungen der Bilder*, S. 84 f.
402 Sakamoto, Representation, Resemblance, S. 144: Platons Warnung, Bilder seien „misleading or dangerous precisely because they give the impression of reality" wirke hier nach: „One of the fears with similarity-based representation is that there is the possibility of substitutive error in which the symbol, the idol, ceases to be a representation of God and comes to be seen as God himself or as part of him".
403 Weigel, *Grammatologie der Bilder*, S. 107. Vgl. ebd., S. 105–111; vgl. zur Dialektik des *Acheiropoieton* als „Index und Ikon in einem" Didi-Huberman, *Ähnlichkeit und Berührung*, S. 27: „Ihre Macht, ihr Zauber rühren gerade von ihrer Fähigkeit her, den Gedanken an eine Verbindung, eine Berührung, einen Abdruck *hervorzurufen*, obwohl sie selbst nur einen leeren Raum, eine Entfernung, die Spur einer Abwesenheit *darstellen*. Doch dies scheint die bevorzugte Form zu sein, in der sich die Götter den Menschen zeigen: ob es die Fußspuren Buddhas sind oder die Abdrücke, die Christus bei seiner Himmelfahrt hinterließ, stets präsentiert die Macht des Abdrucks sich als subtile Vereinigung einer *Nähe* und einer *Ferne*. Diese Vereinigung hat einen Namen: es ist die *Aura*." (Ebd., S. 46). Dabei werden „die Spuren [...] in ähnliche Bilder, in Nachahmungen des menschlichen Angesichts rückverwandelt" (ebd., S. 108); Weigel verweist (ebd., S. Anm. 80) auf den Begriff einer ‚Konversion' vom Abdruck zum Bild in Georges Didi-Huberman, „Face, proche, lontaine. L'empreinte du visage et le lieu pour apparaître", in: Herbert L. Kessler, Gerhard Wolf (Hg.), *The Holy Face and the Paradox of Representation*, Bologna 1998, S. 95–108; vgl. auch Hans Belting, *Bild und Kult. Eine Geschichte des Bildes vor dem Zeitalter der Kunst*, München 1990.

> habe am Mysterium, am Göttlichen, durch Verähnlichung. Auf diese Weise wurden platonische Gedankengänge fortgesetzt [...]. Das ‚Abbild' aus der intelligiblen Welt, die Ikone, ist die einzig wahre und gültige Stellvertretung des göttlichen oder transzendenten Urbildes in der sichtbaren Welt.[404]

In der philosophisch-theologischen Diskussion um Gottesebenbildlichkeit wird, vermittelt über die Lehren der Kirchenväter, Platons Bildkonzept mit der Genesismotivik verwoben – „eine maßgeblich von Augustinus vorgenommene Verschmelzung biblischer und antiker Gedanken, der zufolge nur noch der Mensch als ein Abbild Gottes zu betrachten sei"[405]. Dabei unterscheidet die Konzeption der Gottesebenbildlichkeit – seit dem Kirchenvater Irenäus von Lyon – zwischen Abbild und (durch den Sündenfall verlorener, wiederzuerringender) Ähnlichkeit: „*Faciamus hominem ad imginem et similitudinem nostram*'"[406]. Die Bibelübersetzung *Vetus Latina* definiert *similitudo* als Bild und Abbild – „Du sollst dir keinen Götzen noch irgendein Abbild machen ... [*non facies tibi ipsi idulum neque omnem similitudinem eorum* ...]"; „Und Gott schuf den Menschen zu seinem Bilde, zum Abbild Gottes schuf er ihn [*ad imaginem et similitudinem Dei*]".[407] Augustinus' Definition der Begriffe „Bild", „Gleichnis" und „Ähnlichkeit" zufolge ist dagegen, was sich ähnelt, nicht notwendig ein Bild.[408] Dieses Argument ist für die Theologie relevant, um die *asymmetrische* Relation Gott – Mensch zu sichern. Nur vor dem Sündenfall ist Adam ‚imago dei', als

> gewißermaßen mittlere Ähnlichkeit, die zwar kleiner war als jene, die Hugo von St. Victor die „Ähnlichkeit der Gleichheit" nannte – und die die besondere Beziehung Jesu Christi zu seinem göttlichen Vater definiert –, aber natürlich größer als jene „Ähnlichkeit der Gegensätzlichkeit", durch die – vom Schauspieler oder Antichrist etwa – bloße Trugbilder erzeugt werden. Vom Teufel in Versuchung geführt, der ihn auf die unerreichbare Ähnlichkeit der Gleichheit hoffen läßt, begeht Adam die Sünde; dadurch verliert er jede Ähnlichkeit mit Gott, ist nicht mehr *imago Dei*. Oder genauer gesagt, das Ebenbild ist jetzt „entstellt", „ausgebleicht", „entfärbt", es ist „trübe geworden", ja „zerbrochen".[409]

---

404 Moser, Sinnbild und Abbild, S. 7 (im Verweis auf Gerhart B. Ladner, *Images and ideas in the middle ages*, Rom 1983, S. 572f.).
405 Sachs-Hombach, Bildtheorien in Geschichte und Gegenwart, o. S.
406 Zit. n. Haug, Materie als Prinzip und Ursache der Individuation, S. 93 [Hv.: S. B.].
407 Ginzburg, Götzen und Abbilder, S. 147. In der Septuaginta steht *homóiōsis*, „das in platonischen oder neuplatonischen Texten die Konnotation einer aktiven Angleichung des Menschen an Gott hatte"; dies bezeichne „G. Ladner als ‚entscheidendes Ereignis in der Geistesgeschichte'" (ebd.). Götzen galten Origenes als Scheinwesen; vgl. zur Unterscheidung von *idolum* und *similitudo/simulacrum* (ebd., S. 152).
408 Scholz, *Bild Darstellung Zeichen*, S. 24. Dabei handelt es sich um ein bis in die Moderne, etwa von Goodman, angeführtes Argument gegen das Hinreichen der Ähnlichkeitstheorie des Bildes.
409 Didi-Huberman, *Fra Angelico*, S. 53.

Der neuplatonische Bezug sichert zugleich den „Übergang der himmlischen Ideen zu ihren unvermeidlich inadäquaten irdischen Abbildern":[410] Ähnlichkeit (*similitudo*) prägt die Beziehungen zwischen Gottvater und Sohn, Adam und Christus, Gott und Mensch, wobei daraus unterschiedliche Auffassungen der Ähnlichkeit abgeleitet werden, die nicht nur zwischen ‚Gleichheitsähnlichkeit' und Unähnlichkeit zu orientieren ist, sondern die auch auf unterschiedlichen Ebenen verhandelt wird.[411] Auch wenn dabei die Theologie nicht etwa „an der ästhetischen Wertung einer eventuellen *similitudo* zwischen Abbild und Vorbild"[412] interessiert ist, äußern sich Augustinus und etwa auch Thomas von Aquin über „Grundvoraussetzung[en] des Bildes"[413]: Aquin betont, dass die „Bildbeziehung ‚nur den Geist oder die Seele (mens) betrifft', nicht aber das Körperliche", und nur, wo die Seele zur Gottesliebe fähig sei; sonst zeige sie sich nur in „Fragmente[n]" oder „Spuren" (*vestigia*).[414] Die „Thomistische These", wie sie die *Summa Theologica* definiert: „‚Die Ähnlichkeit wird gemäß der Übereinstimmung in der Form verstanden (*secundum convenientiam in forma*), daher ist die Ähnlichkeit vielfältig (*multiplex est similitudo*)'", belege, so Didi-Hubermann, die Evidenz des Ähnlichen mit einem „*Tabu*".[415] Die „*Mythos-Struktur*" der Ähnlichkeit beruhe darauf, dass

> in der ersten großen jüdisch-christlichen Mythenerzählung die Ähnlichkeit von Beginn an nicht als eine natürliche oder immanente – noch weniger als eine vertraute – Beziehung gesetzt wird, sondern als eine übernatürliche, transzendente, metaphysische, in gewissem Sinne zu fürchtende Beziehung: Es ist die Beziehung des Menschen zu seinem

---

410 Ebd.
411 Vgl. Ginzburg, Götzen und Abbilder, S. 152; Haug, Materie als Prinzip und Ursache der Individuation, S. 93 f., Anm. 41: „Gottähnlichkeit" könne sich etwa auch „in der Fähigkeit des Menschen äußern [...], Dinge zu schaffen oder frei entscheiden zu können".
412 Olariu, Miniaturinsekten und bunte Vögel, S. 60.
413 Haug, Materie als Prinzip und Ursache der Individuation, S. 95. So sei „das Motiv, die Ursache oder auch die Begründung des Bildnisses die Ähnlichkeit [...] (*de ratione imaginis est similitudo*)" (ebd., S. 93). Seine Definition des Bildes in *Summa theologica* knüpft daran die Forderung einer nicht nur oberflächlichen Imitation, sondern einer Ähnlichkeit, die der „Art der Sache" entspricht (ebd., S. 95). Allerdings erkennt Aquin „im Bereich der körperlichen Dinge die *figura*, also etwas wie die *äußere Form*, als hauptsächliches Ähnlichkeitsmerkmal" an. Dabei betont er: „Zwischen den beiden Dingen besteht ein Verhältnis, das mehr ist, als das, was zwei Objekte verbindet, bei denen sich die Ähnlichkeit nicht durch ein Abbildungsverhältnis, sondern durch ihre Zugehörigkeit zu ein und derselben (ontologischen) Kategorie ergibt." (Ebd., S. 95).
414 Didi-Huberman, *Fra Angelico*, S. 54.
415 Didi-Huberman, *Formlose Ähnlichkeit*, S. 37. Die „vollständige[] Ähnlichkeit" wäre die einer „*aequiformitas*, einer ‚Gleichheit in der Form'", die „nur von einer göttlichen Person gegenüber eine anderen göttlichen Person ausgesagt werden" kann (ebd., S. 40).

Gott. Dem Bericht der Genesis zufolge hat Gott den Menschen nämlich *ad imaginem et similitudinem suam* geschaffen …, nirgends aber wird gesagt, daß Kain zum Beispiel seinem Vater Adam „ähnelt", noch weniger, daß er seinem Bruder Abel „ähnelt".[416]

Mit der Mythos-Struktur gehe die „*Tabu-Struktur*" der Ähnlichkeit einher, da die Beziehung zwischen Mensch und Gott von dem „berühmten Verbot begleitet" sei, den Baum der Erkenntnis „*anzurühren*".[417] Durch den Verstoß erfährt der Mensch „den Verlust der Ähnlichkeit selbst (und damit den Verlust seines ersten mythischen Kriteriums, seiner göttlichen Unsterblichkeit)."[418] Die infolge dieses Verlusts ausdifferenzierte, „‚komplex' oder plural (*multiplex*)" gedachte Ähnlichkeit lässt nur noch abgestufte Formen zu wie die „*Rivalitätsähnlichkeit*" des Antichristen und die „Unähnlichkeit des Menschen".[419]

Die asymmetrische Relation des Schöpfers zur Schöpfung gilt es dabei auch über die Gottesebenbildlichkeit des Menschen hinaus zu begründen. Als Verhältnis des Einen zum Vielen – Streitpunkt auch des berühmten Universalienstreits[420] – wird sie etwa im Rahmen eines theologisch ausdifferenzierten Ähnlichkeits- und

---

416 Zit. n. ebd., S. 38.
417 Ebd., S. 38.
418 Ebd., S. 38 f. Die „gesamte christliche Theologie der Ähnlichkeit" gründe auf der Verschränkung „eines ‚Ursprungsversprechens' […] und eines Verbots, welches aus diesem Versprechen das Unberührbare par excellence macht." (Ebd., S. 39) „Die christliche Ähnlichkeit drückt sich hierarchisch aus: So legt Thomas von Aquin fest, daß ein Abbild (ein Porträt oder der Mensch) seinem Vorbild (der porträtierten Person oder Gott) ähnelt, und daß man nie das Umgekehrte behaupten dürfe, denn das Gegenteil würde die Ähnlichkeitsbeziehung genau gesagt *deklassieren*." (Ebd.) Ähnlichkeit wirkt „in den beiden unmöglichen mythischen Zeiten des (verlorenen) Ursprungs und des äußersten Endes", an dem „die Erwählten ihr ‚Ähnlichkeits-Gut' zurückerstattet bekommen können", und wird „nur als verlorenes Objekt" thematisiert: Der Mensch ist in Folge dieses Verlustes verurteilt, „in der materiellen Welt als einem ‚Land der Unähnlichkeit (*regio dissimilitudines*)' umherzuirren." (Ebd., S. 39 f.)
419 Ebd., S. 40. Die Darstellung des Teufels als Figur mit Hörnern, Schwanz und Bocksfuß weise ihn als Simulacrum aus; die Unähnlichkeit des Menschen drücke sich „positiv […] in der ‚relativen Unähnlichkeit'" der „*Nachahmungsähnlichkeit*" aus, in „negativer Weise […] in jener radikalen Unähnlichkeit", die Didi-Huberman mit dem Begriff einer „*formlosen Ähnlichkeit*" bezeichnet – der *Deformation* der „menschliche[n] Figur" in schuldhaftem Leiden und Tod (ebd., S. 41).
420 Vor allem über Porphyrius' Einführung in die aristotelische Kategorienlehre wird die Frage nach dem ontologischen Status der Universalien vermittelt, die in den ‚Streit' nominalistischer und realistischer Auffassungen des Verhältnisses von Einzelnem, Konkretem, und Allgemeinem provoziert; vgl. Marc-Aeilko Aris et al., „Universalienstreit", in: *Theologische Realenzyklopädie Online* (2010), online unter https://www.degruyter.com/database/TRE/entry/tre.34_340_3/html, 2.12.2021; vgl. zur „Frage nach dem Grund und ontologischen Status von Ähnlichkeit" Spaemann, Ähnlichkeit, S 52 f.; Kohne, *Drei Variationen über Ähnlichkeit*, S. 2.

2.2 Similitudo, analogia, vera icon: Ähnlichkeitskonzepte im Mittelalter — 183

Analogiebegriffs theoretisiert,[421] der Analogie in der Tradition der Antike ontisch fundiert denkt; besonders die scholastische „Analogielehre" seit dem dreizehnten Jahrhundert nimmt „metaphysische wie logische, platonische wie aristotelische Bestimmungen" auf.[422] Die paradoxale Argumentationsstruktur einer das Verhältnis Gottes zur Welt und zum Menschen theologisch absichernden Ähnlichkeitsauffassung wird besonders anschaulich in der im Rahmen des vierten Laterankonzils von 1215 ausgesprochenen „Analogieformel von der unähnlichen Ähnlichkeit" als paradoxes Verhältnis der „Ähnlichkeit bei je größerer Differenz"[423], das eine Analogiebeziehung zwischen „dem ewigen Sein Gottes und dem vergänglichen Sein seiner Schöpfung"[424] setzt. Damit vermittelt sie Transzendenz und Immanenz, Identität und Differenz – deren jeweilige Verabsolutierung als „radikal-dualistische Unähnlichkeit" und „pantheistische Identität [...] als häretische Positionen" erklärt werden.[425] Diese Analogieformel wird in der Folge in der von Aquin und dem Thomismus geprägten Lehre der „*analogia entis* (Ähnlichkeit des Seienden)"[426] entfaltet, die besagt:

> Alles Geschaffene ist Gott als dem vollkommensten Sein ähnlich darin, daß es ist. Zugleich aber sind Gott und Welt völlig unähnlich dadurch, daß Gott außer dem, daß er als Ursache des Seins in allem Sein ist, zugleich über allem Sein ist. Diese Transzendenz hat zur Folge, daß inhaltliche Aussagen über sein Wesen eben als Aussagen des Geschöpfs, wie das Geschöpf selbst, Gott unähnlich sind.[427]

---

421 Vgl. Lau, *Metaphertheorien der Antike*, S. 320 f. Das „intrikate theologische Analogiedenken der Scholastik und jenes davon durchaus unterschiedene der Frühen Neuzeit" thematisieren Kohl, Gaier, Saviello, Ähnlichkeit als Kategorie der Porträtgeschichte, S. 22. Vgl. zu den Analogiebegriffen der Proportionsanalogie und der Attributionsanalogie Weissmahr, Analogie, S. 20–23, S. 24.
422 Sandkühler, Analogie, S. 103.
423 Haug, *Positivierung von Negativität*, S. 371.
424 Art. „Analogia entis", in: Regenbogen, Meyer, *Wörterbuch philosophischer Begriffe*, S. 33.
425 Ebd. Haug beschreibt die Formel als „Paradox. Denn inwiefern kann man noch von einer Ähnlichkeit sprechen, wenn die Unähnlichkeit ihr gegenüber prinzipiell größer ist? Jedenfalls trägt die Formel eine unausgetragene Spannung in sich, die nicht zuletzt dafür verantwortlich gewesen sein dürfte, daß die christliche Theologiegeschichte durch immer neue Versuche vorangetrieben worden ist, Gotteserfahrung unter der Bedingung der unähnlichen Ähnlichkeit im Verhältnis zwischen dem Endlichen und dem Ewigen verständlich und nachvollziehbar zu machen" (Haug, *Positivierung von Negativität*, S. 371).
426 Sandkühler, Analogie, S. 103. „Die Geschöpfe sind nur *in* Gott, aber ihm *gegenüber* nichts. Jede Ähnlichkeit zwischen beiden schließt immer größere Unähnlichkeit in sich, alle Verbindung unendliche Distanz." (Art. „Analogia entis", in: *Metzler Philosophie Lexikon. Begriffe und Definitionen*, hg. v. Peter Prechtl und Franz-Peter Burkard, Stuttgart, Weimar 1996, S. 20).
427 Art. Analogia entis, S. 33.

Beschreibt Aquin in *Summa Theologica* die Schöpfung als dem „Ursprung allen Seins" ähnlich, so beruht darauf *Summa contra Gentiles* zufolge auch die „Möglichkeit analoger Aussagen über Gott. [...] Zwischen Abbild und Urbild herrscht Ähnlichkeit, wobei das Ähnlichsein dem Nachrangigen und nicht dem Urbild zugeschrieben wird."[428] Wird hier die von Platon beschriebene asymmetrische Ähnlichkeitsrelation „zur Theorie ausgebaut"[429], so werden dabei Ähnlichkeits- und Bildrelation fusioniert, wobei eine „Dependenzbeziehung" formuliert wird.[430] In Aquins Worten:

> „Wenn wir auch zugeben müssen, dass die Geschöpfe in gewisser Hinsicht Gott ähnlich sind, so können wir doch in keiner Weise zugeben, dass umgekehrt auch Gott den Geschöpfen ähnlich ist. Denn nach Dionysius ‚können wir nur innerhalb derselben Seinsordnung von einer gegenseitigen Ähnlichkeit sprechen, nicht aber bei Ursache und Wirkung'. So sagen wir zwar, dass das Bild dem Menschen ähnlich sei, nicht aber umgekehrt, dass der Mensch dem Bilde ähnlich sei. In ganz gleicher Weise sprechen wir zwar von einer Ähnlichkeit der Geschöpfe mit Gott, nicht aber von einer Ähnlichkeit Gottes mit den Geschöpfen."[431]

Aquin setzt dabei einer „univoken Entsprechung die *convenientia secundum analogiam* entgegen, der zufolge Substanz und Akzidenz im Seienden [...] vereinigt sind; entsprechend verhalten sich Gott und Schöpfung zueinander."[432] So betrachtet er die Analogie als „proportionale Ähnlichkeit; jedem, was ist, kommt ‚Seiendheit' etc. entsprechend seiner *essentia* (Wesen) zu; die *analogia entis* gründet in der unterschiedlichen Teilhabe jedes Seienden am Sein Gottes", woraus folgt, dass „Seinsordnung und Begriffsordnung [...] nicht identisch" sind, „aber in einem notwendigen Verhältnis zueinander [stehen]. Diese A[nalogie] erlaubt hinsichtlich des Verhältnisses zwischen Schöpfer und Geschöpf nur bildliche Aussagen, wie etwa, Gott verhalte sich zu seinem Sein wie die Geschöpfe zu ihrem."[433] So wird das Verhältnis zwischen Schöpfergott, „creator, exemplar",

---

428 Schöndorf, Ähnlichkeit, S. 19.
429 Vgl. Lau, *Metaphertheorien der Antike*, S. 320 f.
430 Scholz, *Bild, Wahrnehmung, Zeichen*, S. 23; vgl. ebd., S. 22. Darin greift die Bildtheologie die Kritik neuplatonischer Denker wie Dionysos Pseudo-Areopagita auf, die Platons in *Parmenides* dargelegte Auffassung einer symmetrischen Ähnlichkeitsrelation kritisieren (ebd.).
431 Zit. n. Scholz, *Bild Darstellung Zeichen*, S. 23.
432 Sandkühler, Analogie, S. 103.
433 Ebd. Dies entspricht Platons Bestimmung der Proportionsanalogie als Verbindung der Glieder durch Teilhabe (als generische Ähnlichkeit) und „ihr Teil-Sein innerhalb der Analogie", in der „die Spiegelfunktion des Sinnlichen für die Ideen- und Denkwelt" ebenso wie die Tatsache begründet ist, dass darüber nur proportional oder metaphorisch gesprochen werden kann (Lau, *Metaphertheorien der Antike*, S. 73).

und der von ihm unterschiedenen „Schöpfung (creatura, exemplum)" als „Ähnlichkeitsrelation" beschrieben, die im „schöpferischen Ursprung" Gott auch mit der Schöpfung verknüpft:

> Damit zerfällt die Schöpfung in Ähnliches und Unähnliches bezüglich des Schöpfers (damit ist auch die Teilbarkeit von Schöpfung begründet); das Ähnliche, die Form (forma), als das Dauernde und damit Gottnahe) steht dem Schöpfer (der Wahrheit) näher als das Unähnliche, die Materie. (materia, als das Vergängliche und damit Gottferne)[434]

So wird die „trinitarische Struktur: materia – compositio – forma" durch den Dualismus von *forma* und *materia* strukturiert, der „durch eine vermittelnde Kategorie ‚compositio' [...] zur Einheit" gebracht wird: Dieses „Denken der Diskontinuität auf der Basis der Kontinuität" begründet das Zusammengesetztsein der Schöpfung in „Dekomposition und Komposition".[435] Dass die Vielheit der Schöpfung zugleich als Gott ähnlich und unähnlich erklärt werden kann, wird so über den Formbegriff, insofern die *Summa Theologica* Ähnlichkeit ‚gemäß der Übereinstimmung in der Form' definiert, näher begründet: Da, so Aquin, „[d]as Nach-dem-Bilde-Gottes-Sein [...] nur den Geist" betreffe,[436] könne der Mensch nur in der Überwindung des unähnlichen, formlosen Materiellen Gott ähnlich werden. Das *Unähnliche* erhält dabei einen „diabolischen Beiklang" und wird „negativ konnotiert: Die Unähnlichkeit wird [...] mit dem Gebiet der Unreinheit und der Sünde in Verbindung gebracht; vielleicht fundamentaler noch wird sie mit dem Alteritätsgedanken zusammengeschlossen".[437] Der *Formbegriff* – genauer, die Verbindung von Form und Ähnlichkeit, die Platons Ideenlehre mit den Formbegriffen *eîdos* und *idéa* und deren neuplatonische Rezeption prägt – erfährt damit eine metaphysische Aufladung und Idealisierung, die wie die damit einhergehende Deklassierung der Formlosigkeit, Unähnlichkeit und Materie[438] die Ästhetikgeschichte bis

---

434 Schenk, Ähnlichkeit, S. 52. Den Formbegriff der Scholastik diskutiert etwa Mauthner: So scheine „das Wort *forma* den eigentlichen Mittelpunkt des scholastischen Denkens auszumachen. Gott ist die *forma prima*, die erste Ursache. Die verlegene Vorstellung des Aristoteles, daß die Form teils das Wesentliche am Einzelding, teils die Ursache des Wesentlichen sei, führt zu dem scholastischen Leitmotiv: *forma dat esse rei*. Alle obersten Begriffe der Scholastik sind im Grunde Synonyme von *forma*" (Mauthner, Form, S. 485).
435 Ebd. Dem entsprechen methodisch „Analyse und Synthese" (ebd.).
436 Didi-Huberman, *Fra Angelico*, S. 245, Anm. 11.
437 Schenk, Ähnlichkeit, S. 52 (etwa in „Ausdrücken wie *extraneus et dissimilis*").
438 Die Abwertung des unähnlichen Formlosen geht in die mittelalterliche christliche Ontologie insbesondere durch Augustinus' neuplatonische Auslegung des Bösen als Abfall von Gott ein. Den Zusammenhang von Unähnlichkeit (*dissimilitudinem*) und Formlosigkeit (*informe*) spricht er auch in den *Confessiones* aus (Aurelius Augustinus, Bekenntnisse / Confessiones. Lateinisch – Deutsch. Mit einer Einführung v. Norbert Fischer, übers. v. Wilhelm Thimme, Düsseldorf, Zürich 2004, S. 659). Dabei thematisiert er in der Genesisdarstellung im zwölften Buch

in die Moderne begleitet: Während Form zu einem „Lieblingswort der Philosophie" aufsteigt,[439] fällt das Formlose der Verdrängung anheim.

Antike Bestimmungen von Ähnlichkeit und Teilhabe, Bild, Form und Analogie dienen mithin den hier kursorisch skizzierten Theoremen dazu, die ‚unähnliche Ähnlichkeit' von Gott und Mensch, Schöpfer und Schöpfung auszubuchstabieren. Die *asymmetrische* Ähnlichkeitsbeziehung von Gott und Welt wird über Teilhabe, Proportionsanalogie und Formbegriff gesichert. Wesentlich neuplatonisch geprägt sind Konzepte, die auf der Vorstellung beruhen, dass das Geschaffene dem Schöpfer ähnelt und auf „natürliche oder ikonische Weise" etwas davon ausdrücken kann, da Gott sich in allem mitteilt (*communicatio*) und alles Geschaffene an ihm teilhat (*participatio*):[440] „Das bedeutet, dass alles Existierende vertikal und horizontal aufeinander verweist, weshalb es dann auch als Bild bzw. als ikonisches Zeichen für etwas anderes in Erscheinung treten kann".[441] Bezeichnend ist, wie viel Wert die theologischen Konzepte auf die Ausdifferenzierung *bildhafter* Ähnlichkeit legen: Deutlich wird dabei, dass vor allem mit der ‚anmaßenden' Ähnlichkeit der Bilder zu rechnen ist, deren substituierende Macht es zu bannen gilt. Demgegenüber ist die Schrift und ihr Paradigma, die Bibel, nach Augustinus „not fallen discourse, but retains the substantial union of word and thing lost at the fall)."[442] So wird „dem Wort [...] ein ontologischer Vorrang zugesprochen [...]. Metaphysisch gründet dieser Vorrang in der Deutung des Universums als ursprünglicher ‚Wortung' (Meister Eckhart)."[443] Diese mediale Konkurrenz und ontologische Vorrangstellung der Schrift zeigen etwa Handschriften, in denen der

---

der *Confessiones* das *regio dissimilitudines*, das „Land der Unähnlichkeit"', als das *„Land, in dem Gott nicht gesehen werden kann"* (ebd., S. 78). Dieser Begriff kennzeichnet den Zustand nach dem Sündenfall, als „räumliche[r] Ausdruck für diese Entstellung und das Zerbrechen des göttlichen Ebenbildes" (ebd., S. 53). „Die christliche Adaptation dieses Bildes reduziert sich [...] darauf, diese absolute Negativität [...] mit der Erbsünde gleichzusetzen." (Didi-Huberman, *Fra Angelico*, S. 52).

439 Mauther, Form, S. 478. „Man kann sich zur Rechtfertigung dieser Vorrangstellung nahezu auf die gesamte Geschichte der Metaphysik berufen und in Varianten immer wieder dieselbe Unterscheidung finden, dieselbe Aufwertung der Form [...] wie umgekehrt dieselbe Depravierung der Materialität als nichtig oder niederstufig" (Mersch, Materialität und Bildlichkeit, S. 5; vgl. den Verweis (ebd., Anm. 14) auf Erwin Panofsky, *Idea. Ein Beitrag zur Begriffsgeschichte der älteren Kunsttheorie*, Berlin 41982, S. 2ff.

440 Köller, *Sinnbilder für Sprache*, S. 60. Köller verweist auf das Nachwirken einer solchen plotinischen Vorstellung bei Goethe.

441 Ebd., S. 61.

442 Ian Maclean, „Foucault's Renaissance Episteme Reassessed: An Aristotelian Counterblast", in: *Journal of the History of Ideas* 59, 1 (1998), S. 159.

443 Jörg Zimmermann, „Philosophische Horizonte der *Histoire Naturelle* von Max Ernst", in: Orchard, Zimmermann, *Die Erfindung der Natur*, S. 15–24, S. 16.

Legende die ikonoklastische Funktion zukommt, die ähnlichen Bilder auf ihren Platz zu verweisen.[444]

Auf ein ‚Nachschaffen' der ‚ursprünglichen Wortung' verweist die Adam der *Genesis* zufolge gegebene „‚facultas signatrix'", die den Sprachursprung in einer motivierten Zeichenbeziehung begründet.[445] Dabei scheint der Weg zurück zu einer adamitischen Sprache ebenso verstellt wie der zu einem ‚prälapsarischen' Zustand und zu einem vollständigen Wissen.[446] Doch auch, wenn solche substantiellen Ähnlichkeitsbezüge nicht mehr unmittelbar zugänglich sind, dienen Ähnlichkeit und Analogie der Erkenntnis sowohl der Welt – die mit dieser Auffassung verbundene Metapher des ‚Buches der Natur' als Wort Gottes ist seit Augustinus belegt[447] – als auch Gottes: „In dem Maße, in dem

---

444 Vgl. Jeffrey F. Hamburger, „The Hand of God and the Hand of the Scribe: Craft and Collaboration at Arnstein", in: Michael Embach (Hg.), *Die Bibliothek des Mittelalters als dynamischer Prozess*. Trierer Beiträge zu den historischen Kulturwissenschaften 3, Wiesbaden 2012, S. 55–80, S. 59: So finde sich in der Arnstein-Bibel unter der Darstellung einer Hand der Zweizeiler: „*nemo deum pingt cuius manus omnia f<ingit>*" (ebd., S. 55) [Kapitälchen i. Orig.]): „*fingere* and *pingere* [...] contrast the reality and reliability of divine creation to the illusoriness of that which is merely imagined or painted" (ebd., S. 55f.). Die Kombination von Text und Bild zeige eine Konkurrenz von Malerei und Arbeit des Schreibers: „Script was the more prestigious – and more sacred – medium," weil sie Anteil an der Vermittlung der Heiligen Schrift habe (ebd., S. 60).
445 Kleinschmidt, *Umschreibungen – Umschreibungen*, 71f.: Diese „‚facultas signatrix'" ist „dem Menschen seit dem biblischen Schöpfungsbericht zugeordnet [...]: ‚omne enim, quod vocavit Adam animae viventis, ipsum est nomen' (Gen. 2, 19f.)".
446 Vgl. Assmann, *Im Dickicht der Zeichen*, S. 129. Vgl. Ludger Kaczmarek, „Aspekte scholastischer Sprachursprungstheorien", in: *Theorien vom Ursprung der Sprache*, hg. v. Joachim Gessinger und Wolfert von Rahden, Bd. 1, Berlin, New York 1989, S. 65–88, S. 73: ‚Prälapsarisch' „besitzt Adam perfektes, vollständiges Wissen (*scientia completa*) von den Dingen, der Welt und ihren Zusammenhängen, und seine Kenntnis der Sprache ist mit praktischer Erfahrung (*peritia, scientia experimentalis*), wie sie jeder nachadamitische Mensch für sich neu erwerben muß, gleichzusetzen [...]. Nur wenn Adam diese Bedingungen erfüllt, ist er überhaupt in der Lage, die Tiere richtig und ‚wahr' zu benennen, d. h. motivierte Sprachzeichen zu bilden. Adam verdoppelt gleichsam im Benennungsakt (*impositio, impositio voluntaria*) den Sprachursprung, jedoch handelt es sich nun nicht mehr um *creatio* – die bleibt Gott vorbehalten – sondern um *generatio*, Hervorbringung, die durchaus dem Menschen zusteht."
447 Blumenberg, der die Metapherngeschichte des ‚Buches der Natur' nachverfolgt, verweist auf Augustinus' Neuauslegung der richtenden Bücher und des ‚Buches des Lebens' zu einem „Buch *der* Leben'" im Gottesstaat (Hans Blumenberg, *Die Lesbarkeit der Welt*, Frankfurt a. M. ³1993, S. 29). Er sieht das Aufkommen der Metapher des ‚Buches der Natur', die eigentlich vor dem *einen* großen Buch verblassen müsste, in einer – der Abwehr der Gnosis und ihres Dualismus dienenden – „Aufwertung der Natur" begründet: So „konnte die Welt nicht stumm und irreführend, nicht Kerker und Irrgarten gewesen sein, wenn das theologische System die Einheit des Weltgottes mit dem Heilsgott wahren sollte." (Ebd., S. 34) Diese Aufwertung steigere sich bis zum Pantheismus Giordano Brunos und Spinozas (vgl. ebd., S. 35).

Gott in der Welt erscheint, in dem Maße wird er in diesem Erscheinen erfahrbar: alles Seiende ist Theophanie, die Schöpfung versteht sich als Buch Gottes."[448]

Solche Theoreme wirken in der Ähnlichkeitsreflexion der Folgezeit weiter; gerade die angedeuteten ontisch fundierten Analogievorstellungen, in denen das Seiende sich als ‚ikonisches Zeichen' mitteilt, begründen etwa die *Analogie von Mikro- und Makrokosmos* und am Vorbild der Heiligen Schrift ausgerichtete[449] *Natursprachenmodelle* und *Signaturenlehren*, in die zugleich magische und hermetische Diskurse eingehen – dazu gehören etwa die kombinatorische Methode Ramon Llulls, die Quellen der pythagoreischen und platonischen „mathematische[n] Mystik" aufnimmt, und die neuplatonisch beeinflusste Kabbala,[450] die die durch das babylonische Ereignis verlorene *adamische Ursprache* thematisiert.[451] Ein Entsprechungsverhältnis der Analogie von Mikrokosmos und Makrokosmos, der zufolge Kleines das Größere, etwa der Mensch den Kosmos, abbildet, beschreibt etwa die *Tabula Smaragdina*, Bezugstext der Hermetik und Alchemie aus dem sechsten bis achten Jahrhundert:[452] Ihr zufolge ist ‚gemäß dem Bau der großen Welt [...] der Bau der kleinen Welt' beschaffen"[453].

Die ‚Tradition' der ‚Ästhetik des Ähnlichen' leiten Funk, Mattenklott und Pauen – im Anschluss an Foucaults *Die Ordnung der Dinge* – aus solchen Quellen eines Ähnlichkeits- und Analogiedenkens des Spätmittelalters und vor allem der Renaissance ab, die ihre eigene Suggestibilität entfalten: Sie konzentrieren sich

---

448 Walter Haug, „Wendepunkte in der Geschichte der Mystik", in: ders., *Mittelalter und frühe Neuzeit: Übergänge, Umbrüche und Neuansätze*, Tübingen 1999, S. 357–377, S. 359.
449 Vgl. Maximilian Bergengruen, „Das Unsichtbare in der Schrift. Magische Texttheorie im Paracelsus-Diskurs der Frühen Neuzeit" (online unter https://www.geistsoz.kit.edu/813.php, 2.7.2019); Friedrich Ohly, *Zur Signaturenlehre der Frühen Neuzeit*, Stuttgart, Leipzig 1999, S. 156.
450 Neubauer, *Symbolismus und symbolische Logik*, S. 17. Der Zohar wird zu Lebzeiten Lulls im dreizehnten Jahrhundert in Spanien herausgegeben. Die Lull'sche Tradition der Kombinatorik als zufallsgesteuerte *ars inveniendi*, vermittelt über Leibniz' Dissertation *Arte Combinatoria* (1666), wirkt besonders in der ästhetischen Tradition nach (vgl. ebd., S. 41); vgl. Frances Yates: „‚Lull is a mystic and a poet – a thirteenth-century romantic poet who ascends through nature in his visions'" (zit. n. ebd., S. 19).
451 Vgl. Assmann, *Im Dickicht der Zeichen*, S. 121. Assmann verfolgt das Theorem von der Kabbala, die die „Überzeugung vom nicht-arbiträren Charakter der hebräischen Sprache und [...] die unerschöpfliche Ausdeutung der heiligen Gottesnamen ins Zentrum ihres Studiums" stellt, bis in die „‚adamische Weisheit'" der Moderne (ebd., S. 123 f.).
452 Vgl. Funk, Mattenklott, Pauen, Symbole und Signaturen, S. 18.
453 Ebd., S. 14.

auf das neuplatonisch und magisch-hermetisch geprägte Ähnlichkeitsdenken,[454] das neben Paracelsus, Agrippa von Nettesheim und Jakob Böhme etwa Ulisse Aldrovandi, Giambattista della Porta, Marsilio Ficino, Gianozzo Manetti und Giordano Bruno vertreten, die antike und mittelalterliche Topoi der Ähnlichkeitsreflexion aktualisieren. Kennzeichnend für darauf beruhende epistemologische Konzeptionen ist die Einbindung des Menschen in ein Kontinuum der Korrespondenzen und in eine kosmische Ordnung, die durch Ähnlichkeitsbezüge geprägt ist.[455]

So begründet die Analogie von Mikrokosmos und Makrokosmos etwa nach Bruno ein universelles Abbildungsverhältnis, das er in der Metapher des Spiegels fasst: „Wenn es nun aber geschieht, daß jener Spiegel zerschlagen wird und in unzählige Teile zersplittert, so repräsentiert doch jeder Teil das Ganze, und wir sehen in jedem Splitter das ganze, ungeteilte Bild der Sonne."[456] Solche Entsprechungsverhältnisse prägen, so Waldemar Fromm, auch auf Ähnlichkeitsbezügen beruhende Zeichenlehren:

> Zeichen sind darin so verfaßt, daß ihnen neben Signifikat und Signifikant ein drittes Moment angehört, das die Beziehung dazwischen erst wirkungsmächtig gestalten kann: die Ähnlichkeit. Dinge und Wörter treten in eine Korrespondenzbeziehung, über die Mittelalter und teilweise noch Barock und Renaissance ausführliche Lehren von den Signaturen entwickeln, die vorrangig Natursprachmodelle sind.[457]

Die Vorstellung, dass alles Seiende sich in Zeichen mitteilt, prägt die Konzepte der *Signatur* und des Lesens in einem nach dem Vorbild der Heiligen Schrift

---

454 Zur Bedeutung des Lullismus als Erfindungs- und Erinnerungskunst, die sich im sechzehnten Jahrhundert mit den „mystischen Traditionen der Kabbala und des Neuplatonismus" vermische, vgl. Neubauer, *Symbolismus und symbolische Logik*, S. 21.
455 Vgl. Bergengruen, Das Unsichtbare in der Schrift; vgl. Ohly, *Zur Signaturenlehre der Frühen Neuzeit*. So entsprechen etwa nach Paracelsus „Geist und Seele des Menschen dem Himmel, sein Körper dem dunklen Abgrund von Wasser und Materie" (Funk, Mattenklott, Pauen, Symbole und Signaturen, S. 14; vgl. Walter Pagel „Paracelsus and the Neoplatonic and Gnostic Tradition", in: *Ambix* VIII (1960), S. 125–167, S. 129). Agrippa führt die Annahme einer universalen Korrespondenz aus (vgl. Funk, Mattenklott, Pauen, Symbole und Signaturen, S. 20); er bestimmt in der „Frage, wie denn die Zugehörigkeit eines Objekts zu einem Himmelskörper zu bestimmen sei", eine „Vielzahl unterschiedlicher Eigenschaften" (vgl. ebd., S. 19f.). „Es ist offenbar, daß alles Untere unter dem Einflusse des Obern steht und gewißermaßen, wie *Proklus* sagt, Alles in einander enthalten ist, nemlich das Unterste im Obersten und das Oberste im Untersten." (Zit. n. ebd., S. 12). Dies beziehen Funk, Mattenklott und Pauen auf die Analogie der orphischen Lyra mit den Elementen (vgl. ebd., S. 13).
456 Zit. n. Funk, Mattenklott, Pauen, Symbole und Signaturen, S. 15.
457 Fromm, Inspirierte Ähnlichkeit, S. 562.

vorgestellten *Buch der Natur*, wie sie etwa der Mediziner Paracelsus entwirft,[458] dessen Signaturbegriff die Arzneimittelkunde der Renaissance informiert: „‚Nichts […] ist, das die Natur nicht gezeichnet hat, durch welche Zeichen man kann erkennen […]. Wir Menschen auf Erden erfahren alle das […], durch die äußern Zeichen und Gleichnus, auch dergleichen alle Eigenschaft in Kräutern, und alles das, das in den Steinen ist.'"[459] Paracelsus beschreibt morphologisch-physiognomische Entsprechungsverhältnisse, die die Heilkunde entschlüsseln soll. So bedeuteten große Ohren „‚gute gedechtnus, aufmerkig, sorgsam, gesunt hirn und haupt'": Sie sind signifikant, insofern sie sich „als funktionaler und damit notwendiger Bestandteil der Ähnlichkeitsbeziehung" deuten lassen[460] – hier als „gemeinsame Funktion des *Vernehmens*".[461] Doch muss das Lesen der Signaturen erlernt werden, um etwa die Heilwirkung der Walnuss auf das Gehirn zu erkennen: „Zwar seien die natürlichen Gegenstände wie Buchstaben, doch ‚niemands weiß aber nit, was dieselbigen Buchstaben in ihnen begreifen. […] Nun aber zu erforschen, was in Kräutern ist, darzu gehört *Philosophia Adepta*, dieselbig weiß alle verborgene Ding, alle Heimlichkeit, alle *Arcana der Natur*.'"[462] Wie Signaturenlehren annehmen,

> werden die *virtutes* im Inneren durch die äußere „Form" angedeutet, die „Signatur" genannt wird. Das der Signaturenlehre zu Grunde liegende semantische System funktioniert dabei über Ähnlichkeit: jedes „Kraut" und auch der „Mensch" wird „in dieselbe Form geführt, die auch seiner Natur *gleich sieht*". Doch die Signaturen sind nicht nur Hinweis auf die inneren Kräfte der Natur, sondern zugleich Anreiz für ihre Entdeckung. Wären alle Kräfte offenbar, so Paracelsus, gäbe es keinen Anlass zu forschen. Da Gott aber will, dass seine „*mysteria* sichtbar […] werden" auch wenn sie es jetzt noch nicht sind, muss er durch zarte Hinweise sicher stellen, dass der Mensch „seine Übung oder dergleichen habe".[463]

---

458 Vgl. Bergengruen, Das Unsichtbare in der Schrift, S. 156: „Überhaupt ist bei den Paracelsisten das Vorbild für das Buch der Natur natürlich nicht in erster Linie die hermetische Literatur, sondern die Bibel." (Ebd.) Solches ‚medizinalisches' Analogiedenken prägt noch und später etwa in die Homöopathie Samuel Hahnemanns (vgl. Köller, *Sinnbilder für Sprache*, S. 59: Das Diktum *similia similibus*, Empedokles, Hippokrates und Paracelsus zugeschrieben, ruft ein vormodernes Paradigma der Epistemologie auf. Samuel Hahnemann erhebt es als „similia similibus curentur" zum Grundsatz der Homöopathie: „Versuch über ein neues Princip zur Auffindung der Heilkräfte der Arzneysubstanzen, nebst einigen Blicken auf die bisherigen", in: *Journal der practischen Arzneykunde und Wundarzneykunst* 2 (1796), S. 391–439 und S. 465–561).
459 Zit. n. Funk, Mattenklott, Pauen, Symbole und Signaturen, S. 16 [sic].
460 Zit. n. ebd. [sic].
461 Ebd., S. 20.
462 Zit. n. ebd., S. 16 [sic].
463 Zit. n. Bergengruen, Das Unsichtbare in der Schrift, S. 152.

Signaturenlehren suchen so das Wirken unsichtbarer Kräfte in der Natur zu entschlüsseln, Böhme zufolge „in der Nachfolge Christi"[464]. Auch er geht von gottgestifteten Korrespondenzen aus und nimmt an,

> daß das Wesen des Gegenstandes selbst in jenen Signaturen und damit auch in seiner äußeren Erscheinung zum Ausdruck kommen kann: „Die gantze äussere sichtbare Welt mit all ihrem Wesen, ist eine Bezeichnung oder Figur der inneren geistlichen Welt; alles was im inneren ist, und wie es in der Wirckung ist, also hats auch seinen *Character* äusserlich".[465]

In *De signatura rerum* beschreibt er die ‚Erkenntnisfähigkeit' der Dinge als durch ihre Signatur gewährleistet: „[D]enn das Innerliche arbeitet stets zur Offenbarung. [...] Ein jedes Ding hat seinen Mund zur Offenbarung'".[466] Daraus entwickelt er das Konzept eines sprachanalogen Zeichencharakters der Dinge, einer Natursprache, deren Entschlüsselung zu erlernen ist, um im ‚Buch der Natur' zu lesen. „„Und das ist die Natur-Sprache, daraus iedes Ding aus seiner Eigenschaft redet, und sich immer selber offenbaret, und darstellet, worzu es gut und nütze sey."'[467] Konsequenz daraus ist die Einebnung der Differenz göttlicher und menschlicher Zeichen; damit verbundene Spekulationen werden etymologisch begründet, wobei sich die „Gestalt der Schriftzeichen" als bedeutungsvoll zeigt.[468] Ähnliche Überlegungen zu einer motivierten Zeichenbeziehung finden sich bei Agrippa, dem zufolge „jeder ‚Sache [...] gemäß der harmonischen Ordnung und von ihrem sie bestrahlenden Sterne ein besonderes Zeichen oder Merkmal eingedrückt' werde. So zeigen etwa ‚der Lorbeer, der Lotus und die Sonnenwende [...] als Sonnenblumen in ihren Wurzeln und Knoten die Charaktere der Sonne'".[469] Doch seien diese „‚Eigenschaften der Dinge [...] unseren Sinnen verborgen und kaum dem Verstande bekannt'."[470] In solchen Konzepten wird die perspektivische Vieldeutigkeit möglicher Interpretation als „Zeichen der Fruchtbarkeit eines Textes" und einer sich über die Deutungen anreichernden Wahrheit „als Bestandteile

---

464 Bergengruen, Das Unsichtbare in der Schrift, S. 151: So „muss der alchemistische Philosoph – in der Nachfolge Christi – durch seine naturwissenschaftliche und naturphilosophische Arbeit das Antlitz der Natur freilegen und von seinen Hüllen befreien. Auch das ist ein Akt des ‚Offenbahren[s]'" (ebd.).
465 Zit. n. Funk, Mattenklott, Pauen, Symbole und Signaturen, S. 15.
466 Zit. n. ebd., S. 16.
467 *Sämtliche Schriften*, Bd. VI, S. 7, zit. n. ebd., S. 17 [sic].
468 Ebd., S. 19. Etymologisch-kratylische Spekulationen finden sich etwa in der *Tabula Smaragdina* (vgl. ebd., S. 18 f.).
469 Zit. n. ebd., S. 16. Auch gegensätzliche Verhältnisse lassen sich an der Signatur giftiger Pflanzen ablesen.
470 Zit. n. ebd., S. 17.

der einen, universellen Harmonie" verstanden, ohne dass die Mehrdeutigkeit eine „direkte Entsprechung von Zeichen und Bezeichnetem, von ‚Erscheinung' und ‚Wesen'" ausschließen würde.[471] Sie stellen vielfältige Bezugsmöglichkeiten her, wenn Gestalt und Eigenschaften der Dinge in mehrfacher Hinsicht in Ähnlichkeitsbeziehungen eingehen: Die Distel hilft gegen ‚Stechen'; die Wegwarte als eine ihre Blüten auf die Sonne ausrichtende Pflanze zeigt ihre Wirkung nur bei Tage; ein feindliches Gegenüber zeigt sich darin, dass die „‚Sonne, wenn sie im Krebse steht, [...] die Schlangen' quält"[472]. Die Vielfalt der Bezugsmöglichkeiten fasst Agrippa in dem Beispiel, „[d]ie einem bestimmten Gestirn entsprechenden Gegenstände erkenne man [...] daran, ‚daß sie die Strahlen oder die Bewegung, oder die Figur der Himmelskörper nachahmen. Einige entsprechen auch gewissen Sternen durch ihre Farbe und ihren Geruch, andere durch ihre Wirkungen'".[473] Es ist nicht zuletzt diese entgrenzte Perspektivik der „hermetischen Semiose"[474], die Foucault und Funk, Mattenklott und Pauen als charakteristisch für das Ähnlichkeitsdenken beschreiben.

Hier deutet sich nicht nur an, dass sich das von ihnen konturierte „Paradigma der Ähnlichkeit aus mittelalterlichen Quellen rekonstruier[en]" lässt,[475] sondern auch, dass es sich bei dieser ‚Tradition' nicht um *ein* homogenes *Ähnlichkeitsdenken* handelt, das Foucault zur ‚Episteme' prägt, sondern um eine Gemengelage unterschiedlicher Theoreme, die in der Renaissance weiterwirken und noch in Barock und Romantik nachhallen – wenn auch unter geänderten Vorzeichen einer ‚nachanalogischen Ontologie': Hans Blumenberg setzt den Beginn der Epochenschwelle von Mittelalter zu Neuzeit mit Cusanus' „Abkehr vom Substanzdenken des Mittelalters und der Begründung einer modernen Weltsicht, die das Prinzip der Konstruktion von Relationen auf alle Bereiche des Lebens ausweitet."[476] Die Renaissance erscheint so als „eine Zeit, die die Substanztheologie und Substanzästhetik des Mittelalters zugunsten einer mit Systemen und Funktionen operierenden Weltsicht verdrängt."[477] Ändert sich dabei die ontische Fundierung von Ähnlichkeitsannahmen, so bleibt ihre epistemologische Valenz erhalten, wie sie noch Cusanus in *Liber de Mente* rühmt: „[D]er menschliche Geist ‚ähnlich sich an,

---

471 Ebd., S. 19.
472 Zit. n. ebd., S. 20.
473 Zit. n. ebd., S. 19 f.
474 Eco, *Grenzen der Interpretation*, S. 104.
475 Assmann, *Im Dickicht der Zeichen*, S. 14, verweist für diesen Befund auf C. S. Lewis' *The Discarded Image*.
476 Vowinckel, *Das relationale Zeitalter*, S. 248. Vgl. Hans Blumenberg, *Aspekte der Epochenschwelle: Cusaner und Nolaner*, Frankfurt a. M. 1976, S. 20.
477 Vowinckel, *Das relationale Zeitalter*, S. 245.

wenn er begreift, indem er Begriffe oder Gesichte der Vernunft hervorbringt; der göttliche Geist ist eine Kraft, welche Sein erschafft, der unsrige eine Kraft, welche sich anähnelt', ,denn Ähnlichkeit bringt Erkenntnis hervor'."[478]

2.3 *Le visage du monde*: Das Ähnlichkeitsdenken der Renaissance

> Le monde est couvert de signes qu'il faut déchiffrer, et ces signes, qui révèlent des ressemblances et des affinités, ne sont eux-mêmes que des formes de la similitude. Connaître sera donc interpréter: aller de la marque visible à ce qui se dit à travers elle, et demeurerait, sans elle, parole muette, ensommeillée dans les choses. (Michel Foucault)[479]

Die Forschung belegt eine Fülle von Zeugnissen des Denkens in Ähnlichkeiten in der Renaissance,[480] von denen einige bereits angedeutet wurden; doch dessen Bewertung bietet Anlass zu Kontroversen, die besonders seinen epistemologischen Status betreffen. Die Selbstverständlichkeit, mit der sich Funk, Mattenklott und Pauen auf die Tradition der ‚Ästhetik des Ähnlichen' berufen, verdankt sich, wie angedeutet, nicht zuletzt Foucaults Beschreibung der Ähnlichkeitsepisteme, die die Wissensordnung der Renaissance präge: „Bis zum Ende des sechzehnten Jahrhunderts", so der Beginn des zweiten Kapitels von *Les Mots et les choses*, „La prose du monde", „hat die Ähnlichkeit im Denken (*savoir*) der abendländischen Kultur eine tragende Rolle gespielt", um in der Folge „ihre Zugehörigkeit zum

---

[478] Zit. n. Funk, Mattenklott, Pauen, Symbole und Signaturen, S. 12. „Similitudine enim fit cogito', schreibt Nikolaus von Kues in ‚De Mente'. Aus Ähnlichkeit und Angleichung entsteht Einsicht und Erkenntnis." (Oechslin, Vorwort, S. 8).
[479] Michel Foucault, *Les mots et les choses*, Paris 1966, S. 47. Die Überschrift zitiert Montaigne (vgl. Blumenberg, Ausblick auf eine Theorie der Unbegrifflichkeit, S. 79).
[480] Die ästhetische Ähnlichkeitsreflexion der Renaissance betrifft darüber hinaus die Diskussion um Mimesis und *imitatio*, um Realismus und Lebensähnlichkeit; vgl. Jeanette Kohl, „‚Vollkommen ähnlich'. Der Index als Grundlage des Renaissanceporträts", in: Gaier, Kohl, Saviello, *Similitudo*, S. 182–206, S. 182: „Die im 15. Jahrhundert im großen Stile um sich greifende ‚Entdeckung der Ähnlichkeit' als Mittel künstlerischer Darstellung ist ein Gemeinplatz kunsthistorischer Renaissanceforschung." Vgl. Georges Didi-Huberman, „L'imitation comme mythe à la Renaissance", in: Thomas W. Gaehtgens (Hg.), *Künstlerischer Austausch/Artistic exchange. Akten des XXVIII. Internationalen Kongresses für Kunstgeschichte*, Bd. 2, Berlin 1993, S. 493–501; Stefan Weppelmann, „Zum Schulterblick des Hermelins – Ähnlichkeiten im Portrait der italienischen Frührenaissance", in: Keith Christiansen, ders. (Hg.), *Gesichter der Renaissance. Meisterwerke italienischer Portrait-Kunst*, München 2011, S. 64–76, S. 65.

Wissen [zu] lösen und zumindest teilweise vom Horizont der Erkenntnis [zu] schwinden".[481] Foucaults Skizze umfasst einige der gegen Ende des letzten Kapitels angeführten „Figuren des Wissens", die er heuristisch in die „vier Ähnlichkeiten" *convenientia, aemulatio*, Analogie und Sympathie einteilt:[482] *Convenientia* bezeichnet Kontiguität – „Nachbarschaft", Nähe und Berührung; im „Scharnier" nicht scharf voneinander abgegrenzter Dinge ist das „Zeichen einer zumindest dunklen Verwandtschaft" impliziert, darüber lege „die sichtbare Wirkung der Nähe" eine zweite Ähnlichkeit: „Die Ähnlichkeit erlegt Nachbarschaften auf, die ihrerseits Ähnlichkeiten garantieren: Ort und Ähnlichkeit verflechten sich"[483]. Dinge und Lebewesen, die einander mehr oder weniger ähneln, sind miteinander ‚verkettet', wobei die ‚Kette der Wesen' die „Extreme in Distanz (Gott und die Materie)" hält und zugleich verbindet.[484] Davon abgesetzt wird die „berührungslose[ ] Ähnlichkeit" entfernter Dinge in der Entsprechung, ‚Spiegelung' oder Imitation: „Durch diese Beziehung der *aemulatio* können die Dinge sich von einem Ende des Universums zum anderen ohne Verkettung oder unmittelbare Nähe nachahmen. Durch ihre Verdoppelung im Spiegel hebt die Welt die ihr eigene Distanz auf."[485] Als besonders machtvoll beschreibt Foucault die renaissancistische Form der *Analogie*, insofern sich in ihr *convenientia* und *aemulatio* überlagerten; sie stelle als „Gelenk" unabhängig von räumlichen Verhältnissen „Anpassungen, Verbindungen" und statt sichtbarer Ähnlichkeiten „die subtileren Ähnlichkeiten der Verhältnisse (*rapports*)" her, wodurch sie „von einem einzigen Punkt aus eine

---

481 Foucault, *Ordnung der Dinge*, S. 46. Vgl. aber auch den Verweis auf Cassirers *Individuum und Kosmos in der Philosophie der Renaissance* (Funk, Mattenklott, Pauen, Symbole und Signaturen, S. 11).
482 Ebd.; vgl. ebd., S. 46–56.
483 Ebd., S. 47.
484 Ebd., S. 48. „So bildet durch die Verkettung der Ähnlichkeiten und des Raumes, durch die Kraft dieser Konvenienz, die das Ähnliche in Nachbarschaft rückt und die nahe beieinander liegenden Dinge assimiliert, die Welt eine Kette mit sich selbst." (Ebd.) Dafür steht das Bild etwa della Portas', demzufolge die einander in gewissen Aspe ähnelnden Lebewesen durch ein „‚Seil'" oder „‚Band'" verbunden sind, das man „‚mit an einander hangenden Ringen und einer Kette vergleichen'" könne. (Zit. n. ebd., S. 48).
485 Ebd., S. 49. Bei Paracelsus wird die „Verdoppelung (*redoublement*) der Welt mit dem Bild von Zwillingen, ‚die sich vollständig ähneln, ohne daß jemand sagen könnte, welcher von beiden dem anderen seine Ähnlichkeit gegeben hat'", erklärt (ebd.); der Mensch sei „‚eine Konstellation von Sternen'"; er könne durch Weisheit „der Ordnung der Welt ähnlich" werden, indem sein inneres „Firmament" das äußere aufnimmt, um zu erkennen, „‚daß er so das Firmament mit all seinen Einflüssen trägt.'" (Zit. n. ebd.) Für die *aemulatio*, die „die von ihr durchmessene Distanz nicht [annulliert]" (ebd., S. 50), stehen die Ringe einer Kette.

unbeschränkte Zahl von Verwandtschaften" knüpfen könne.⁴⁸⁶ In ihr sieht Foucault eine Verbindung zu modernen Wissensformen wie der „vergleichende[n] Anatomie", die er gegenüber dem fremd gewordenen Wissenstypus betont.⁴⁸⁷ Als dynamische Form der Ähnlichkeit beschreibt er zuletzt das „Spiel der *Sympathien*", die, ohne einer vorgängigen Verbindung, einem festgelegten Abstand oder Proportionsverhältnis zu unterliegen, Entfernungen überspringen oder Berührungen herstellen.⁴⁸⁸ Als „Instanz des *Gleichen (Même)*" habe die Sympathie „die gefährliche Kraft, zu assimilieren, die Dinge miteinander identisch zu machen, sie zu mischen und in ihrer Individualität verschwinden zu lassen, sie also dem fremd zu machen, was sie waren. Die Sympathie transformiert. Sie verändert, aber in der Richtung des Identischen."⁴⁸⁹ Damit sich die Welt nicht „auf einen Punkt reduzierte", müsse sie durch *Antipathie* ausbalanciert werden, die die Individualität und Distanz der Dinge wahrt, sie trennt und ihre ‚Feindschaften' bedingt.⁴⁹⁰

Organisieren nach Foucault diese vier Formen „dieses ganze wunderbare Gewimmel der Ähnlichkeiten", so bieten sie selbst keinen Hinweis, wie die „Ordnung der Welt" zu erkennen wäre: Die Relationen werden in „Zeichen"⁴⁹¹ manifest, die es zu entziffern gilt – in den *Signaturen* als „einer letzten Form der Ähnlichkeit, die alle anderen umhüllt und sie in einem einzigen Kreis einschließt".⁴⁹²

> Die Ähnlichkeiten in ihrer Verborgenheit müssen an der Oberfläche der Dinge signalisiert werden. Ein sichtbares Zeichen muss die unsichtbaren Analogien verkünden. Jede Ähn-

---

486 Ebd., S. 51. So entspricht nach Cesalpino das Verhältnis von Gras und Erde dem von Sternen und Himmel; die Pflanze ist ein kopfüber verwurzeltes Tier, dieses eine aufrechte Pflanze. Durch ihre „Reversibilität" und „Mehrwertigkeit" kann die Analogie „alle Gestalten der Welt einander annähern", wobei der Mensch einen Kreuzungspunkt der Analogien darstellt, in einer proportionalen Relation zum Himmel wie zur Erde und ihren Gegenständen und Lebewesen stehend (ebd., S. 51f.): „Der Körper des Menschen ist immer die mögliche Hälfte eines universalen Atlas." (Ebd., S. 52) Er „vermittelt umgekehrt die Ähnlichkeiten, die er von der Welt erhält. Er ist der große Herd der Proportionen, das Zentrum, auf das die Beziehungen sich stützen und von dem sie erneut reflektiert werden." (Ebd., S. 53).
487 Vgl. ebd., S. 52: „Es ist festzustellen, daß der Raster, durch den wir die Gestalten der Ähnlichkeit bis zu unserem Wissen dringen lassen, jenen Raster überschneidet" (ebd.).
488 Ebd., S. 53.
489 Ebd., S. 54.
490 Vgl. ebd. Die Souveränität des Paares Sympathie – Antipathie, die Bewegung und die Verbreitung, die es vorschreibt, geben allen Formen der Ähnlichkeit Raum. [...] Durch dieses Spiel bleibt die Welt identisch, die Ähnlichkeiten [...] bleiben einander ähnlich. (Ebd., S. 55f.).
491 Ebd., S. 56.
492 Ebd., S. 57.

lichkeit ist doch gleichzeitig das Manifesteste und Verborgenste. [...] Die Welt des Ähnlichen kann nur eine bezeichnete Welt sein. [...] Das Wissen (*savoir*) der Ähnlichkeiten gründet sich auf die Aufzeichnung dieser Signaturen und ihre Entzifferung."[493]

Ob der *Sichtbarkeit* der Ähnlichkeiten „ist das Gesicht der Welt[] mit Wappen, Charakteren, Chiffren, dunklen Worten, oder, wie Turner sagte, ‚Hieroglyphen‘ überdeckt. Der Raum der unmittelbaren Ähnlichkeiten wird zu einem großen, offenen Buch. Es starrt vor Schriftzeichen."[494] So bilden die Signaturen, die die Lesbarkeit der Dinge garantieren – wie die Walnuss, die dem Gehirn ähnelt, nach Crollius als Heilmittel gegen Kopfschmerzen dient –, eine zweite Ebene von Ähnlichkeiten, die aufeinander verweisen.[495] Das Zeichen „bedeutet, insoweit es Ähnlichkeit mit dem von ihm Angezeigten hat (das heißt mit einer Ähnlichkeit). [...] Es ist eine andere Ähnlichkeit, eine benachbarte Ähnlichkeit von *anderem* Typ, die zum Erkennen der ersten dient, die aber ihrerseits durch eine dritte enthüllt wird",[496] so dass „das Zeichen der Sympathie in der Analogie ruht, das der Analogie in der *aemulatio*, das der *aemulatio* in der *convenientia*, die ihrerseits zur Anerkennung das Zeichen der Sympathie verlangt ..."[497]

Diese zirkuläre Struktur, die Ian Maclean als „displacement of the set"[498] bezeichnet, prägt nach Foucault die Epistemologie des sechzehnten Jahrhunderts. „Bezeichnende Form und bezeichnete Form sind Ähnlichkeiten, die nebeneinanderstehen"; Ähnlichkeit bedingt Erkenntnis und begründet deren inhaltlichen „Reichtum".[499] Dieser Zeichenlehre zufolge heiße „Sinn zu suchen, [...] an den Tag zu bringen, was sich ähnelt. Das Gesetz der Zeichen zu suchen, heißt die Dinge zu entdecken, die ähnlich sind."[500] Doch sei die „Hermeneutik der Ähnlichkeit" mit der „Semiologie der Signaturen" nicht ohne ein „Oszillieren", eine „‚Kerbe‘ zwischen den Ähnlichkeiten" in Deckung zu bringen, wodurch sich ein Raum „zwischen dem Ähnlichen und dem ihm Ähnlichen" öffne, den das Denken im „Zickzackkurs" durchquere; Konsequenz dieser zugleich reichen, da nahezu

---

[493] Ebd., S. 56f. Paracelsus zufolge habe Gott die Welt „mit auswendigen sichtlichen zeichen'" belegt (ebd., S. 57).
[494] Ebd., S. 57. Crollius beschreibt Pflanzen als „‚Bücher und magische Zeichen'" (ebd.), wobei „‚die Gräser zu dem neugierigen Arzt durch ihre Signatur sprechen'" (ebd., S. 58).
[495] Vgl. ebd., S. 58f. So erweist sich etwa die Sympathie des Heilmittels Eisenhut, dessen weiß umhüllte schwarze Samen dem Auge ähneln, durch diese Analogie, deren Signatur wiederum die *aemulatio* darstellt.
[496] Ebd., S. 59.
[497] Ebd., S. 60.
[498] Maclean, Foucault's Renaissance Episteme Reassessed, S. 152.
[499] Foucault, *Ordnung der Dinge*, S. 60.
[500] Ebd.

„unbegrenzt[en]", und „armen", da auf „Addition" verwiesenen Wissensordnung sei, dass „die Ähnlichkeit [...] niemals in sich selbst fest [bleibt], sie wird nur fixiert, wenn sie auf eine andere Ähnlichkeit verweist, die ihrerseits neue anspricht, so daß jede Ähnlichkeit nur durch die Akkumulation aller anderen ihren Wert erhält"[501]. Da „zwischen dem Zeichen und dem Bezeichneten die Ähnlichkeit (die gleichzeitig die dritte Kraft und einzige Gewalt ist, weil sie auf gleiche Weise dem Zeichen und dem Inhalt innewohnt)" wirkt, entdecke diese Episteme an ihrem aufgeschobenen Horizont tautologisch das immer Gleiche. Hier erfülle ein aktualisiertes Mikrokosmos-Makrokosmos-Modell die Funktion, das „Spiel der reduplizierten Ähnlichkeiten" zu beglaubigen und die unendliche ‚Abdrift' des „Spiel[s] der Zeichen und der Ähnlichkeit" zu begrenzen.[502] Diese Notwendigkeit der Begrenzung sei – eher als ein Glaube an das Modell – für dessen Bedeutung verantwortlich; dabei sieht Foucault in der Wissensformation Anteile des magischen Wissens, der Tradition der Antike und des Wissens der beginnenden „souveräne[n] Rationalität" gemischt.[503]

Sprache und Dinge seien darin in ein Netz der Zeichen verwoben, das als „opake[s]" Verweisungssystem zu entziffern ist: Die Metapher des *Buches der Natur* verweise darauf, dass beide in ihrem Zeichencharakter qualitativ nicht unterschieden sind.[504] Die Grammatik folge der „gleichen erkenntnistheoretischen Disposition" wie Naturforschung und Esoterik, wie die Sprache „zwischen den sichtbaren Figuren der Natur und der geheimen Übereinstimmung der esoterischen Diskurse" situiert sei; als zu entschlüsselndes „Geheimnis" erinnert sie die „ursprüngliche Transparenz" einer verlorenen ‚adamischen' Ursprache.[505] Dieser

---

501 Ebd., S. 61.
502 Ebd., S. 62.
503 Ebd., S. 63. Das zu interpretierende „‚signatum signum'" bezeichnet qua Ähnlichkeit; und „auf die Zeichen hin handeln", heißt, „auf das Bezeichnete zu wirken" (ebd., S. 64). Foucault betont, dass es sich bei der Magie nicht um „eine rückständige Wirkung [...] um eine Wiedererweckung aus Gründen jener Zeit [handelt], weil die fundamentale Konfiguration des Wissens um die Zeichen und die Ähnlichkeiten aufeinander verwies. Die magische Form war der Erkenntnisweise inhärent." (Ebd., S. 64).
504 Ebd., S. 66. „Die Sprache gehört zur großen Distribution der Ähnlichkeiten und Signaturen." (Ebd.) Sie wird auf die gleichen Gesetze untersucht wie Dinge, „ihre Affinitätsgesetze und Gesetze der Konvenienz, ihre obligaten Analogien." (Ebd., S. 66).
505 Ebd., S. 67: „In ihrer ursprünglichen Form, als sie den Menschen von Gott gegeben wurde, war die Sprache ein absolut sicheres und wahres Zeichen der Dinge, weil sie ihnen ähnelte. Die Namen waren auf dem von ihnen Bezeichneten deponiert [...] durch die Form der Ähnlichkeit. Diese Transparenz wurde in Babel als Bestrafung für die Menschen zerstört. Die Sprachen wurden voneinander nur getrennt und wurden miteinander unvereinbar insoweit, als zunächst jene Ähnlichkeit mit den Dingen ausgelöscht wurde, die die erste *raison d'être* der Sprache war."

allen Sprachen inhärente „Hintergrund der verlorenen Ähnlichkeit"[506] werde einzig im Hebräischen als Sprache Adams und in der Onomatopöie bruchstückhaft erinnert. Doch auch wenn Sprache der Welt nicht mehr „unmittelbar" ähnelt, steht sie mit ihr in einer Analogiebeziehung, in der „ihr Zeichenwert und ihre Funktion der Reduplizierung [sich] überlagern."[507] So (re-)konstruierten renaissancistische Enzyklopädien „durch die Verkettung der Wörter und durch ihre Anordnung im Raum die Ordnung der Welt".[508] Der Vorrang der Schrift und des Geschriebenen ergebe sich aus der Annahme, die Ursprache sei in Form von Schriftzeichen gegeben, wie die Natursprache „aus den Zeichen der Natur [...], so daß diese Charaktere die Kraft gehabt haben, direkt auf die Dinge einzuwirken"; diese magische Dimension bewahre die Kabbala.[509] Das Wissen hat die Funktion, „die große einförmige Ebene der Wörter und der Sachen wiederherzustellen, alles sprechen zu lassen", zu kompilieren, zu interpretieren und zu kommentieren:[510] Auf der Ebene des Kommentars solle der geheimnisvolle Anteil der Sprache, „die Souveränität eines ursprünglichen Textes", wiederhergestellt werden, die einen Diskurs der Exegese fordert – „jene erste Schrift, die er gleichzeitig verspricht und aufschiebt".[511] Wie die Naturerkenntnis durch die Mikrokosmos-Makrokosmos-Analogie sei die Unendlichkeit der Diskurse durch die Ebene des

---

(Ebd.) Foucault stellt den mythischen Topos in den Reflexionshorizont der Renaissance, ohne etwa auf die kratylische Tradition zu verweisen.
506 Ebd.; vgl. ebd., S. 68.
507 Ebd., S. 68 f. Diese „symbolische Funktion in der Sprache" suche man „seit dem Unheil von Babel [...] bis auf einige seltene Ausnahmen nicht mehr in den Wörtern selbst, sondern in der Existenz der Sprache [...], in ihrer totalen Beziehung zu der Totalität der Welt" (ebd., S. 69).
508 Ebd., S. 70. Foucault nennt hier Grégoire, Alsted, Christophe de Savigny und La Croix du Maine.
509 Ebd., S. 71. Foucault verweist auf die „Nichtunterscheidung des Gesehenen und des Gelesenen, zwischen dem Beobachteten und dem Berichteten." So nehme Aldrovandi in seine Beschreibung der Schlange in *Historia serpentum et draconum* Aspekte auf, die dem naturwissenschaftlich Beobachtbaren und dem schriftlich Überlieferten entstammen (von Etymologie bis hin zu „‚Legende'", so Buffon, die aufgrund des Zeichencharakters der Natur „*legenda*", „zu lesen sind" (ebd., S. 72). Vgl. ebd., S. 71: „Die Esoterik ist im sechzehnten Jahrhundert ein Phänomen der Schrift und nicht des Sprechens."
510 Ebd., S. 72.
511 Ebd., S. 73. Die Sprache sei als „Spiel von Ähnlichkeiten", das auf „die unendliche, notwendig unvollendete Aufgabe, das Ähnliche zu erkennen", verweist, geprägt von dem Versuch, einen „absolut ursprünglichen Diskurs wiederherzustellen, [...] indem sie [...] über ihn ihm ähnliche Dinge" sagt (ebd., S. 74). Dabei sei der „Zwischenraum zwischen dem ersten Text und dem Unendlichen der Interpretation" konstitutiv für die Erfahrung der Sprache (ebd., S. 73 f.).

ersten Textes und der ihn entziffernden Interpretation begrenzt. Hier leitet Foucault die Schlussfolgerung einer ‚ternären' Zeichenkonzeption ab:

> Seit dem siebzehnten Jahrhundert dagegen wird die Anordnung der Zeichen binär, weil man sie seit Port-Royal durch die Verbindung eines Bezeichnenden und eines Bezeichneten definieren wird. In der Renaissance ist die Organisation eine andere und viel komplexere. Sie ist ternär, weil sie sich des formalen Gebietes der Zeichen, dann des Inhalts, der durch diese Zeichen signalisiert wird, und der Ähnlichkeiten bedient, die diese Zeichen mit den bezeichneten Dingen verbinden. Aber da die Ähnlichkeit ebenso die Form der Zeichen wie ihr Inhalt ist, lösen sich die drei getrennten Elemente dieser Distribution in einer einzigen Figur auf.[512]

Dies bedinge die ‚Dreieinigkeit' der Schrift als „Markierung" auf den Dingen, als deren Auslegung im Kommentar und als evozierter ursprünglicher Text. Nach Ablösung dieses Zeichenmodells der „Schrift der Dinge" durch die „Herrschaft der repräsentativen Zeichen" werde die Frage nach der Relation von Bezeichnendem und Bezeichnetem im „klassische[n] Zeitalter durch die Analyse der Repräsentation" erklärt, während das moderne Denken im neunzehnten Jahrhundert sie durch die „Analyse des Sinns und der Bedeutung" beantworte.[513] Der Umbruch einer Trennung von „Sachen und Wörter[n]" löse die Erkenntnisdisposition ab, in der „die Bedeutung der Zeichen [...] in der Souveränität des Ähnlichen resorbiert war. In dieser aber schillerte das rätselhafte, monotone, obstinate, primitive Sein der Zeichen in einer unendlichen Dispersion."[514] Die moderne Literatur – Foucault nennt Hölderlin, Mallarmé und Artaud – inszeniere „das Wiedererscheinen des lebendigen Seins der Sprache"; in ihrer Autonomie formiere sie einen „Gegendiskurs"', der „von der repräsentativen oder bedeutenden Funktion der Sprache zu jenem rohen Sein zurückging, das seit dem sechzehnten Jahrhundert vergessen war."[515] Sie entziehe sich der auf dem binären Zeichenmodell beruhenden Analyse, „indem sie das signifikative Funktionieren der Sprache kompensiert (und nicht bestärkt)": In ihr „glänzt das Sein der Sprache erneut", so Foucault: „Deshalb erscheint die Literatur immer mehr als das, was gedacht werden muß", jedoch nicht nach Maßgabe einer „Theorie der Bedeutung", also „von der Seite des

---

512 Ebd., S. 74 f.
513 Ebd., S. 75.
514 Ebd., S. 76.
515 Ebd. Der wesentliche Unterschied bestehe darin, dass es „nicht mehr jenes ursprüngliche Sprechen [gibt], das absolut anfänglich war und wodurch die unendliche Bewegung des Diskurses begründet und begrenzt wurde": Es sei eine „Sprache ohne [...] Verheißung" (ebd., S. 77).

Bezeichneten [...] oder von der Seite des Bezeichnenden her", sondern nach Maßgabe eines ‚postrepräsentationalen' Denkens.[516]

Der Beginn des Zeitalters der Repräsentation markiert so das Ende der Ähnlichkeitsepisteme: „Das Denken der Repräsentation gibt einem Skeptizismus Raum, der das Geflecht der Ähnlichkeiten, das Wahrnehmung, Imagination und Sprache miteinander verband, mehr und mehr als naive Erfahrungsrückstände behandelt."[517] Als Kronzeugen dieser Entwicklung gelten Descartes und die grammatischen Forschungen von Port Royal, denen zufolge „zwischen Lautform und bezeichneter Sache keine Ähnlichkeit festzustellen ist".[518] Die Logik von Port Royal kritisiert solches Denken als spekulativ: „‚Es gibt eine Konstellation am Himmel, die einige Leute Waage zu nennen belieben und die einer Waage so ähnlich ist wie einer Windmühle; die Waage ist das Symbol der Gerechtigkeit: also werden die, die unter dieser Konstellation geboren werden, gerecht und billig sein'"[519]. Mit Descartes, dessen „Rückblick auf das Ähnlichkeitswissen der Renaissance [...] diese farbenfrohe Denklandschaft in ein verlorenes Paradies zu verwandeln"[520] scheint – wird die „Epistemologie der Ähnlichkeit [...] in die Taxonomie eines neuen Ordnungsdenkens *transformiert*."[521] So wird Foucault zufolge Ähnlichkeit in der ‚Klassik' an den Rand des Wissens gedrängt und wird zur Bedingung vergleichender Erkenntnis, von der ausgehend „Gleichheit und Ordnung"[522] generiert werden; dabei beschreibt er eine „Anpassung der Ähnlichkeit und der Imagination, die alle empirischen Wissenschaften der Ordnung begründet und möglich macht".[523]

> Die Ähnlichkeit wird in Zukunft aus der Erkenntnis herausfallen. Es handelt sich um die abgenutzteste Form des Empirischen; man „darf [...] den praktischen Verstand nicht für

---

516 Ebd., S. 77.
517 Albrecht Koschorke, *Körperströme und Schriftverkehr. Mediologie des 18. Jahrhunderts*, München 2003, S. 361.
518 Zimmermann, Ästhetische Erfahrung und die ‚Sprache der Natur', S. 250.
519 Arnauld, *Die Logik oder die Kunst des Denkens*, zit. n. Gamm, *Flucht aus der Kategorie*, S. 349.
520 Otto, *Die Wiederholung und die Bilder*, S. 71.
521 Ebd., S. 72. Mittels „Defiguration'" reduziert Descartes in den *Regulae* die sinnliche Komplexität des Renaissancedenkens (ebd., S. 73). *Dioptrik* kritisiert die „‚Ähnlichkeit' der Bilder und der Dinge", die Dinge und Denken vermitteln: Die Philosophen glaubten, Dinge würden erkannt „‚anhand der Bilder in unserem Kopf. Doch dabei übersehen sie, daß es ja noch ganz anderes als derartige Bilder gibt: Zeichen nämlich und Wörter, die dem, was sie bezeichnen, nicht im mindesten ähnlich sind; und sie übersehen desgleichen, daß sie den Dingen, die sie repräsentieren, gar nicht so ähneln wie sie vielleicht müßten'" (zit. n. ebd.).
522 Focuault, *Die Ordnung der Dinge*, S. 102.
523 Ebd., S. 107.

Philosophie halten", es sei denn, sie wird in ihrer Ungenauigkeit als Ähnlichkeit beseitigt und durch das Wissen in eine Beziehung von Gleichheit und Ordnung transformiert. Und dennoch bildet die Ähnlichkeit für die Erkenntnis eine unerlässliche Einfassung. Eine Gleichheit oder eine Ordnungsbeziehung kann nämlich zwischen zwei Dingen nur hergestellt werden, wenn ihre Ähnlichkeit zumindest die Gelegenheit geboten hat, sie zu vergleichen. Hume rechnete die Identitätsbeziehung zu jenen „philosophischen" Beziehungen, die eine Überlegung voraussetzen. Dagegen gehörte für ihn die Ähnlichkeit zu den natürlichen Beziehungen, die unseren Geist mit einer „stillen", aber unvermeidlichen Kraft zwingen. „Der Philosoph kann sich um so viel Präzision bemühen, wie er nur will [...], ich wage dennoch zu behaupten, daß er keinen einzigen Schritt bei seinen Vorhaben ohne die Unterstützung der Ähnlichkeit machen kann. Man werfe nur einen Blick auf das metaphysische Gesicht der Wissenschaften, auch der am wenigsten abstrakten, und man sage mir dann, ob die allgemeinen Induktionen, die man aus besonderen Fakten zieht, oder ob die Familien und Arten und alle abstrakten Begriffe sich anders als mit Hilfe der Ähnlichkeit bilden könnten."[524]

Das Zitat aus Humes *Traktat über die menschliche Natur* zeigt, dass Ähnlichkeit im ‚klassischen Zeitalter' nicht verschwindet, aber epistemologisch in einen *Status der Latenz* wechselt, aus der heraus sie künftig die Selbstaufklärung des Denkens über die Bedingungen der Erkenntnis begleitet. Weiterhin „bedingen sich Ähnlichkeit und Zeichen auf fatale Weise", insofern Ähnlichkeit den „undifferenzierten, sich bewegenden Hintergrund, auf dem die Erkenntnis ihre Beziehungen, ihre Maße und Identitäten errichten kann", bilde.[525]

> In dieser Position der Grenze und der Bedingung (ohne was und diesseits wovon man nicht erkennen kann) steht die Ähnlichkeit auf der Seite der Imagination, oder genauer, sie erscheint nur durch die Kraft der Imagination, und die Imagination wirkt sich umgekehrt nur aus, indem sie sich auf sie stützt [...]. Ohne die Imagination gäbe es keine Ähnlichkeit zwischen den Dingen.[526]

Entsprechend dem „doppelte[n] Erfordernis", dass es in „den repräsentierten Dingen das eindringliche Gemurmel der Ähnlichkeit geben" müsse und „in der Repräsentation den stets möglichen Rückgriff der Imagination", gebe es fortan „zwei Richtungen der Analyse"[527]: die vergleichende „*Analytik der Imagination*" und die „*Analyse der Natur*" mit ihren Ähnlichkeiten vor jeder Ordnung.[528]

Foucaults Darstellung, die dem Ähnlichkeitsdenken zu einem breiten Interesse der Forschung verhalf, „ist fest in den Köpfen verankert".[529] Dies gilt besonders für die semiotische Dimension der Verbindung von Ähnlichkeit und Zeichen, die

---
524 Ebd., S. 102 f.
525 Ebd., S. 103.
526 Ebd., S. 104.
527 Ebd.
528 Ebd., S. 105.
529 Assmann, *Im Dickicht der Zeichen*, S. 13.

mit der Grammatik von Port Royal ihr Ende finde; so beschreibt etwa Fromm die Ablösung einer ternären Auffassung des Zeichens durch die binäre.[530] Zugleich wurde seine Darstellung des „Ähnlichkeitsdenkens [als] selektiv und unvollständig"[531] gewertet, die semiologische „Charakterisierung des vormodernen Sprachverständnisses" als einseitig eingeschätzt[532] und insbesondere die dem Episteme-Konzept inhärente Periodisierung kritisiert. Foucaults Ähnlichkeitsepisteme „bedarf [...] einiger Differenzierungen", was die *„Datierung"*, *„Geltung"* und *„Wirkungsgeschichte"* betrifft, so etwa Aleida Assmann: „Als bewusstseinsbildender Faktor im Kulturerbe ist das Ähnlichkeitsparadigma aber nicht schlagartig mit der Wende zum 17. Jahrhundert außer Kraft gesetzt worden. Eine breitere Wirkungsgeschichte dieser Zeichenlogik umfasst daher Überlieferungen, Verwandlungen und das Nebeneinander widersprüchlicher Denkstile."[533] Assmann sieht das ‚Ähnlichkeitspara-

---

530 Vgl. Fromm, Die Sympathie, S. 35 f. So werde Ähnlichkeit im siebzehnten Jahrhundert „aus dem Zusammenhang von Signifikat und Signifikant exkommuniziert. Mit dem Aufkommen und der Postulierung von Identitätsrelationen zwischen Bedeutung und Bedeutetem schwächt sich das Denken in Ähnlichkeiten deutlich ab – es wird auf das ‚Konto der Imagination geschrieben', auf dem es unter wissenschaftlicher Betrachtung und Beobachtung geblieben ist." (Fromm, Inspirierte Ähnlichkeit, S. 562.)
531 Ulrike Haß, *Das Drama des Sehens. Auge, Blick und Bühnenform*, München 2005, S. 160, Anm. 63.
532 Andree, *Archäologie der Medienwirkung*, S. 33. „Bei Foucault wird der Begriff jedoch nicht aus Dispositionen der Simulation und der *mimesis* aufgebaut, sondern aus der *analogia* als Verhältnisentsprechung" (ebd., Anm. 64); vgl ebd., Kap. II.3, S. 203–208. Die Verbindung des von Foucault konstatierten epistemischen Wandels zum Mimesisbegriff zieht Koschorke: „Alle Wahrnehmungs- und Mitteilungsakte spielen sich in dem Gefüge dreier Ähnlichkeiten ab: Ähnlichkeit zwischen Sache und Vorstellung, zwischen Wort und Bild, zwischen dem Bewusstseinsinhalt eines Sprechers/Schreibers und dem seiner Adressaten. Es handelt sich mit anderen Worten um Implikationen des Konzepts der Mimesis. Man muß diese Balance von Ähnlichkeitsrelationen erfassen, um die weiträumigen anthropologischen Erschütterungen zu verstehen, die aus ihrem Zusammenbruch im Prozeß der europäischen Aufklärung entstehen." (Koschorke, *Körperströme und Schriftverkehr*, S. 351).
533 Assmann, *Im Dickicht der Zeichen*, S. 14; S. 15. Assmann konturiert einen „Denkstil der Unähnlichkeit, der nicht erst eine moderne Errungenschaft ist, sondern seinerseits auf eine lange Tradition zurückgeht. Die Episteme der Unähnlichkeit basierte wiederum auf zwei Denktraditionen die gewissermaßen die Hauptarterien der abendländischen Kultur bildeten: dem Platonismus und der jüdisch-christlichen Überlieferung. In beiden Fällen haben wir es mit einer Zwei-Welten-Theorie zu tun, die von einer radikalen Opposition der geschaffenen und der gefallen Welt beziehungsweise der manifesten Welt und der Welt der Ideen bestimmt ist. Hier spiegelt sich nicht das Eine im Anderen, hier gibt es keine kosmischen Ähnlichkeiten und verborgenen Zusammenhänge, sondern überall Trennung und Differenz." (Ebd., S. 14 f.) Dem entsprechen die biblischen Ereignisse Sündenfall, Sintflut und Babel. So erscheine Foucaults Episteme „eher als die Ausnahme denn die Regel" (ebd., S. 15). Beide Topoi scheinen aber ineinanderzugreifen.

digma' in einem „kultursemiotischen Kontext"[534] der „Lesbarkeit der Welt", der in der Zeichenlogik der „[u]nmittelbare[n] Signifikation" als einer „neoplatonisch-synkretistische[n] Gegen- und Nebenströmung zum christlich-platonischen Mainstream" bis ins zwanzigste Jahrhundert in Bereichen „der Kunst, aber auch der Psychologie und Philosophie" weiterwirke.[535] Auch Achim Geisenhanslüke zufolge kann Foucaults „These von einem radikalen Ausschluß der Ähnlichkeit aus der Repräsentation, der das Wissen der Klassik konstituiere, nicht vollständig überzeugen."[536] Zwar unterschlägt dies Foucaults Hinweise auf ein Fortwirken der Ähnlichkeit als eines der „bekanntesten Begriffe des 18. Jahrhunderts"[537], trifft jedoch die simplifizierende Übernahme der Periodisierung in der Rezeption. Besonders seitens der Renaissanceforschung erfährt Foucaults Darstellung aus verschiedenen Gründen Kritik,[538] insbesondere das von ihm entworfene Bild eines neoplatonisch geprägten, semiologisch-hermeneutisch orientierten, tautologischen Ähnlichkeits- und Analogiedenkens.[539] So kritisiert etwa Otto diese Perspektivierung des Wissens der Renaissance:

> Dreht sich denn die „Ähnlichkeitsepisteme" der Renaissance [...] nicht tatsächlich im Kreis einer „universalen Konvenienz" aller Dinge und Zeichen? Bleibt dieses *„savoir* des Ähnlichen" nicht einer „magischen" Form des Denkens verhaftet? Steht es, statt auf solidem Grund, nicht doch auf „sandigem Boden", wenn es sogar die eherne Stabilität der geometrischen Wissenschaft ineins mit der vagen Flüchtigkeit der *memoria* und ihrer Vorstellungsbilder auf ein Wissenstableau projiziert, auf dem „das Ähnliche das Ähnliche umhüllt" und zuletzt auch das Unendliche dem Endlichen „ähnlich" macht? Ganz entgegen der Lehre des Kusaners, daß zwischen dem Unendlichen und dem Endlichen keine Proportion bestehen kann? Die Philosophen der Renaissance gehen mit dem Wort „ähnlich" ebenso wie mit dem Begriff „Ähnlichkeit" durchaus besonnen um, und sie begnügen sich keineswegs mit der Beschreibung einer *Episteme*, die nur zusieht, wie „Zeichen

---

534 Ebd., S. 15.
535 Ebd., S. 16.
536 Achim Geisenhanslüke, *Foucault und die Literatur. Eine diskurskritische Untersuchung*. Opladen 1997, S. 55.
537 Foucault, ‚Die Ordnung der Dinge'. Gespräch mit R. Bellour, S. 650f. Vgl. Foucault, *Ordnung der Dinge*, S. 103f.
538 Dies nicht zuletzt, weil sie die Existenz eines eigenen Wissensparadigmas der Renaissance behauptet, statt von einer Übergangsperiode zwischen Mittelalter und Neuzeit auszugehen (vgl. Vowinckel, *Das relationale Zeitalter*, S. 248).
539 Vgl. Stephan Otto, *Das Wissen des Ähnlichen. Michel Foucault und die Renaissance*, Frankfurt a. M., Bern, New York, Paris 1992; ders., *Die Wiederholung und die Bilder. Zur Philosophie des Erinnerungsbewußtseins*, Hamburg 2007; ders., „Représentation et ressemblance. Stratégies de la ‚representatio mundi' dans les modes de pensée de la Renaissance et dans la philosophie cartésienne", in: Emmanula Faye (Hg.), *Descartes et la renaissance*, Paris 1999, S. 235–248; Vowinckel, *Das relationale Zeitalter*, S. 247; Maclean, Foucault's Renaissance Episteme Reassessed.

und Ähnlichkeiten sich gegenseitig schneckenförmig und ohne Ende aufwickeln". [...] Was Foucault schlicht unterschlägt, ist ihre Arbeit an einer *Epistemologie* des Ähnlichkeitsdenkens selber – an einer Epistemologie, die auch die „Konfiguration" von geometrischen Bildern und Erinnerungsbildern erlaubt.[540]

Maclean, der sich ebenfalls auf epistemologische Aspekte, Foucaults Zeichenkonzept und Sprachauffassung konzentriert, kritisiert den neoplatonischen, lullistischen und hermetischen Charakter, den Foucault dem Wissen der Renaissance unterstelle, das er als aristotelisch geprägt, empirisch und endoxisch sieht: Foucaults Blick sei durch eine nachaufklärerische Perspektive geprägt, die die Semiologie der Renaissance verfremde und das Wissen des Ähnlichen *konstruiere*;[541] die vier Formen der Ähnlichkeit seien summarisch aus Wissensbereichen wie Rhetorik, Grammatik, Moralphilosophie, Dialektik, Naturphilosophie und Medizin zusammengezogen.[542] Zwar nennt er Foucaults Zugang ‚neu und exotisch';[543] seiner nicht zuletzt aus einer Kritik des Episteme-Konzepts motivierten Gegendarstellung zufolge geben jedoch die Quellen seiner Synthese nicht recht; so seien die zitierten Autoren nicht repräsentativ.[544] Gerade das physiognomisch begründete Analogiedenken sei zeitgenössisch in Zweifel gezogen worden: Die Korrelierung unterschiedlicher Phänomenbereiche wie Planeten und Krankheiten sei Teil eines okkulten Wissens, das Pico della Mirandola als „stuff of fantasy" und

---

540 Otto, *Die Wiederholung und die Bilder*, S. 69. Eine solche Arbeit zeige Agricolas Reflexion über das Wort „ähnlich'": „[K]ein anderer Sprachtopos besitzt so geringe Überzeugungskraft wie gerade dieses Wort. Es ‚beweist' nämlich nichts; dennoch erzeugt es im Hörer das Bild eines komplexen, nicht unmittelbar einsichtigen Sachverhalts, und das ‚Finden' von Ähnlichkeiten „vermittels eines Bildes und einer Figur" (*imagine et figura*) lenkt das Auge des Geistes auf ‚Neues'. Der Topos ‚ähnlich' fungiert hier als ‚offenes Such- und Findungswort, das vielfältige Perspektiven eröffnet, aber zu einem ‚Begriff' noch nicht geronnen ist und jeder Definition von ‚Ähnlichkeit' vorausliegt." (Ebd., S. 70).
541 Vgl. Maclean, Foucault's Renaissance Episteme Reassessed, S. 165: „Foucault's Renaissance episteme [...] looks very Lullist and Platonist and seems to me to be read backwards through the prism of the Enlightenment, or even Kant: his own quasi-Kantian insistence on conditions of possibility, on formal, preconceptual constraints, and on the limiting factor of the imagination may make him blind to endoxical knowledge, with its untidy edges and imprecisions, but undoubted practicality" (ebd.).
542 Vgl. ebd., S. 153. Insbesondere medizinische Schriften enthielten Verweise auf Analogie und Sympathie.
543 Vgl. ebd., S. 151; S. 165.
544 Ebd., S. 155. „Foucault's corpus of evidence is drawn mainly from texts outside the scholastic or neo-Aristotelian sphere, many of which are influenced by Neoplatonism. These texts were necessarily read in an Aristotelian environment and were seen through the prism of Aristotle's own quite detailed critiques of Plato" (vgl. S. 153). „Aristotle's position is much less easy to reconcile with his episteme, and it allows for the possibility that the sphere of knowledge could be extended or modified." (Ebd., S. 156).

William Gilbert als „‚old wives' talk'" bezeichneten.[545] Die Vernachlässigung solcher Quellen führe zu der „implicit contention that a number of doctrines associated with Neoplatonist and occult thought are typical of the Renaissance."[546] In diesen Kontext stellt er auch das Zeichenkonzept, das zeitgenössisch ebenso Kritik erfahren habe wie die Übertragung der Signaturenlehre auf die astrologische Medizin oder Botanik.[547] Zu der von Foucault als unstrittig suggerierten kratylisch-adamitischen These zitiert Maclean Marie-Luce Demonet, deren Renaissance-Lektüre zufolge die Ähnlichkeit von Wort und Welt nicht unumschränkt gelte:

> This [Foucaults] „emotional conception" had been confirmed by my investigation in only two precise cases: the divine name and the poetic word. The first includes the network of sacred names found in Platonic and mystical writers, but the particular status of these words which sometimes were hoped to work miracles does not imply that all words in all languages produce the same effects. On the other hand, universal analogy is only analogy: admittedly, in the writings of Paracelsus and some others, signs refer to other signs, but these are not linguistic. General semiology, whether mystical ... scientific ... or both at the same time, does not touch the functioning of language. The only point at which this semiology calls the arbitrariness of language into question is that of Aristotle's „species," which he calls the „similitudines" of things; but this property of resemblance which might suggest that words have power over things is only invoked in the cases of divine names and magical words; and this is not the general fate of human language.[548]

Zwar beziehen sich, so Maclean, Autoren wie Valla oder Agricola auf die Natur der Dinge, die die Rede über sie bestimme; doch bedeute die Skepsis gegenüber mittelalterlichen nominalistischen Positionen keinen Anschluss an ‚vulgärrealistische'.[549] Die These der universalen Gültigkeit eines durch Ähnlichkeit motivierten Zeichens zieht Maclean ebenso in Zweifel wie die eines ternären Zeichenkonzepts mit zirkulärer Verweisstruktur.[550] Ähnliches gelte für Naturphilosophie und

---

545 Maclean, Foucault's Renaissance Episteme Reassessed, S. 154; vgl. Vowinckel, *Das relationale Zeitalter*, S. 247. Vgl. Richard Heinrich, „Das Wissen der Renaissance", in: Marianne Kubaczek, Wolfgang Pircher, Eva Waniek (Hg.), *Kunst, Zeichen, Technik. Philosophie am Grund der Medien*, Berlin u. a. 2004, S. 87–102, S. 89.
546 Maclean, Foucault's Renaissance Episteme Reassessed, S. 154.
547 Ebd., S. 157. Vgl. den Verweis auf Rembert Dodoens Kritik, die Methode Paracelsus' sei unsicher, da sich Krankheitssymptome nicht eindeutig Signaturen zuordnen ließen (vgl. ebd., S. 158).
548 Zit. n. ebd., S. 158 f.; vgl. Marie-Luce Demonet, *La Voix du signe. Nature et origine du langage à la Renaissance (1480–1580)*, Paris 1992, S. 87–91.
549 Ebd., S. 160.
550 Vgl. ebd. „The framework in which Renaissance users of language lived allowed them to recognize its conventional nature [...]. Therefore, it is not the tautology of which Foucault accuses it of being."

Wissenschaft.⁵⁵¹ Diese Argumentation zielt auf die Kritik des tautologischen Moments – „[b]y making Renaissance semiology parasitic on interpretation, knowledge and evidence become one, and Foucault claims that a closed system of tautology is in place"⁵⁵² –, um zu zeigen, dass die Reflexion methodischer Grundlagen endoxischen Wissens durchaus verbreitet ist.⁵⁵³ Abschließend wiederholt Maclean die Gegenüberstellung einer platonistisch-lullistischen Perspektive Foucaults mit der aristotelischen, die die teils widersprüchlichen Aspekte der Wissensordnung der Epoche akkurater fassen könne,⁵⁵⁴ nicht ohne eine grundsätzliche Würdigung anzufügen und die Zielrichtung seiner Kritik zu markieren: Foucaults These der Überlagerung von Semiotik und Hermeneutik „in der Form der Ähnlichkeit".⁵⁵⁵ Die Betonung der hermeneutischen Ebene der Entzifferung der alle Formen des Ähnlichen ‚umhüllenden' Signaturen, die nach Foucault die Lesbarkeit der Ähnlichkeiten sichern, nach Maclean jedoch ein Topos unter anderen sind, beschreibt eine epistemologische Beschränkung auf das *Auffinden* und Beschreiben oder *Abbilden* der Relationen einer vorgeordneten Welt: „Man ‚erkennt nur, indem man den Wegen der Ähnlichkeit folgt,' und die Erkenntnis hat stets eine ‚magische Form'."⁵⁵⁶ Annette Vowinckel betont diesen Einsatzpunkt der Kritik Macleans: Foucaults Deutung zufolge sei

---

551 Ottos Untersuchung zeige, dass „the conceptual apparatus which is elaborated to discuss similarity does not just collapse into tautology [...] but opens up any field of abstract enquiry " (ebd., S. 161).
552 Ebd., S. 152.
553 Vgl. ebd.: „Endoxical knowledge can be constructed, like scientific knowledge, by using the syllogism [...]; it may also be derived from induction or analogy" (ebd., S. 161) als Schlussverfahren gemäß der „persuasive force of relevant similarity" (ebd., S. 162) Besonders das Paradox zeige die Transzendierbarkeit der Wissensordnung, was sein Einsatz in der Literatur verdeutliche (vgl. ebd., S. 163f.).
554 Ebd., S. 166. So etwa die Beglaubigung religiöser Schriften und ihre gleichzeitige Verbannung aus der Wissenschaft (vgl. ebd.).
555 Foucault, *Die Ordnung der Dinge*, S. 60. Vgl. Maclean, Foucault's Renaissance Episteme Reassessed, S. 166: „[L]a Prose du Monde' [...] is a useful corrective to Frances Yates's account of Renaissance magic which makes of it the forerunner of the scientific and political revolutions of the seventeenth century. Second, it highlights a radical refiguration of knowledge in the seventeenth century, seen in the work of Descartes, in the logic and grammar of Port Royal, and in the development of more sophisticated taxonomy in the biological sciences. Third, it denies man perspicacity, totality, and continuity, and it is a useful corrective to historians' presumptuous self-confidence in progress, evolution, omnitemporal rationality and those enduring features of human nature which were nothing more than ideological constructs. Fourth, it brings into sharp focus the internal contradictions of some aspects of past thought which arise from the structures of thought themselves".
556 Ebd., S. 64, zit. in Vowinckel, *Das relationale Zeitalter*, S. 246.

das Denken der Renaissance im Prinzip ein platonisches System: Es gilt, die Dinge hinter den Dingen zu erkennen, Sein und Schein voneinander zu unterscheiden. Wissen entsteht nicht induktiv durch die Wahrnehmung und Klassifizierung der Dinge; vielmehr muss der den Dingen bereits gegebene Sinn ‚enthüllt', er muss ‚dechiffriert' werden.[557]

Dies übernehmen Forscher wie etwa Michael Sonntag, der Ähnlichkeitsbezüge als „‚wesenhafte[ ] Verbindungen'" einschätzt, für die der „Glaube an einen göttlichen Bauplan, dem alle Naturerscheinungen folgen, sowie die neoplatonische Vorstellung von einer hierarchisch organisierten Welt, die vom Geist über die Seele bis zu den Körpern reicht und in der alles seinen Platz und seine Entsprechungen hat"[558], grundlegend sei. Dabei handelt es sich vor dem Hintergrund der skizzierten Kritik um eine einseitige Auffassung des Denkens der Renaissance, die dessen Ähnlichkeitsbezüge als hermeneutisch, ontisch vorfindlich und substanzialistisch beschreibt. Eine Korrektur dieses Bildes wirkt auf die Einschätzung des Ähnlichkeitsdenkens zurück: Entscheidend ist, dass Macleans Gegenthese

> die Epoche der Renaissance nicht mit dem Begriff der Entzifferung, sondern mit dem Begriff der Herleitung bzw. Konstruktion von Wissen belegt. Relationen sind nicht *da*, sie entstehen durch Messen und Vergleichen. (Deshalb muss Mclean auch nicht, wie Foucault, die Abkehr vom Ähnlichkeitsdenken der Renaissance zur Voraussetzung für den Anbruch der Moderne erklären).[559]

Als der Festschreibung der Ähnlichkeit als vormoderne und vorwissenschaftliche Wissensform entgegenstehende Quelle mag Tommaso Campanellas korrelationale „Philosophie der Ähnlichkeit" gelten, deren epistemologische Untersuchung der Ähnlichkeit Ruth Hagengruber zufolge auf seine Modernität verweise:

> Das wohlbekannte Interpretationsmodell, die Renaissancekultur sei beherrscht von der Deutung der Welt als mikro-makrokosmischer Analogie, ist jedoch zu unspezifisch, weil dabei die Stellung des die Welt reflektierenden Subjektes nicht mitbedacht wird, obwohl dieser Gedanke für die Renaissance-Philosophen gleich wichtig ist. Das Verhältnis zwischen Mikro- und Makrokosmos wird üblicherweise als Ähnlichkeitsbeziehung gedeutet, ohne klar zumachen, worin die Begriffe kulminieren. Am Beispiel Campanellas kann –

---

557 Vowinckel, *Das relationale Zeitalter*, S. 246.
558 Ebd. Er beschreibt die renaissancistische Ordnung der Welt „‚durch ein System der Ähnlichkeiten zwischen den Dingen, die ihre wesenhaften Verbindungen bezeichnen. Man muß das Ähnliche kennen, um die Unterschiede zu sehen.'" (Zit. n. ebd.).
559 Ebd., S. 247. Maclean setzt die Epochengrenzen ähnlich wie Blumenberg um 1420 (mit der Rezeption der Schriften Ciceros und Quintilians) und im siebzehnten Jahrhundert (vgl. ebd.).

stellvertretend auch für andere Denker der Epoche – der Umschwung von einer ‚magischen' zu einer subjektivistischen Weltdeutung abgelesen werden.⁵⁶⁰

Der Bestimmung der Ähnlichkeit widme sich sein gesamtes Werk, wobei er „sich [...] von der Philosophie der Renaissance löste und zum Visionär einer Philosophie des Selbstbewußtseins wurde, denn die Überlegungen zur Begründung der Ähnlichkeit führen Campanella zu einer radikalen Erneuerung der erkenntnistheoretischen Grundsätze."⁵⁶¹ Dies zeige sich in der Überführung der Ähnlichkeitswahrnehmung in ein hypothetisches Wissen mittels der *Einbildungskraft*, die „mit den Begriffen der Ähnlichkeit frei hantiert".⁵⁶²

So spielt die Wahl des Blickwinkels und der Quellen für die Bewertung der Ähnlichkeitsreflexion der Renaissance eine entscheidende Rolle. Eine vermittelnde Perspektive lässt sich etwa mit Eco andeuten; er sieht die Renaissance als eine von „neuplatonischer Hermetik" geprägte Epoche, was der zugleich konzedierten „Wiederaufnahme der Aristotelischen Ästhetik"⁵⁶³ nicht widerspreche – anders als im Mittelalter,

> das bei der Suche nach der Vielheit der Bedeutungen dennoch an einer Vorstellung vom Text festgehalten hatte, dergemäß dieser sich nicht widersprechen kann, während die Welt der Renaissance [...] den idealen – nämlich poetischen – Text als einen solchen zu definieren versuchte, der alle möglichen, auch die widersprüchlichsten Aussagen erlaubt.⁵⁶⁴

---

560 Ruth Hagengruber, *Tommaso Campanella. Eine Philosophie der Ähnlichkeit*, St. Augustin 1994, S. 9f.
561 Ebd., S. 15.
562 Ebd., S. 186. Campanella ist ein Beispiel für die von Foucault vernachlässigte aristotelische Linie. Seine Kategorientafel verzeichnet als achte Kategorie die *similitudo* und „erhebt die Ähnlichkeit zum Weg der Wissenschaft und zum Prinzip der Erkenntnis: die *similitudo* gehört zur Ontologie des Seienden, ohne sie kann es keine Erkenntnis des Seienden geben. Campanella zerstört die Aristotelische Kategorientafel radikal durch die Annahme einer transkategorialen Ähnlichkeit, die sich in allen Kategorien nachweisen läßt, [...] als *korrelative Ähnlichkeit*, die die Binnenstruktur der Ähnlichkeitsbeziehung selbst reflektiert" (Gruber, *Topographie des Ähnlichen*, S. 60). An Campanellas Kategorie der Ähnlichkeit zeige sich ein Übergang „vom Findungstopos ‚ähnlich' zu einer Metaphysik der ‚Ähnlichkeit'" (Otto, *Die Wiederholung und die Bilder*, S. 70). Er sieht „in allen Kategorien eine ‚verborgene' Ähnlichkeit am Werk [...]: in der Kategorie ‚Substanz' die Ähnlichkeit alles Substanziellen, ‚Konsubstanzialität' genannt, und in der Kategorie der ‚Zeit' die Ähnlichkeit einer ‚Gleichzeitigkeit'" (ebd.). Mit der „Figur einer ‚Korrelation'" als bringe „Campanella die Binnenstruktur der Ähnlichkeitslehre der Renaissance zum Vorschein: ihre Logik der Korrelationalität, eine Logik, die alle Ordnungsbegriffe des Denkens und des Gedachten beherrscht" (ebd.).
563 Eco, *Grenzen der Interpretation*, S. 31.
564 Ebd., S. 36.

Eco sieht das Wissen der Renaissance mnemotechnisch in *quasi-semiotischen* Systemen organisiert, in denen eins für das andere steht *„und umgekehrt"*[565], ein enzyklopädisches „Abbild der ganzen Welt" erstellend, wobei der „Bau des Kosmos" die Inhaltsebene und ein „korrespondierendes System von *loca* und Bildern" die Ausdrucksebene bilde.[566] Diese stellten eine „Sammlung kosmischer Weisheit, als organische *imago mundi* (im Gegensatz zur bloß kumulierenden Struktur, wie sie für die *Imago Mundi* oder die Enzyklopädie des Mittelalters typisch war)", dar.[567] Dass die Renaissance als „Übergangsphase" zur Moderne und in der Entwicklung der Wissenschaften zu sehen sei, lasse sich gerade damit begründen, dass sie die „Regeln [...] der Korrelation zwischen einer Ausdruckseinheit und einer Inhaltseinheit" nicht anhand eines einheitlichen Kriteriums festlege – auf Grund der „einflußreichen Metaphysik" der bei Agrippa, Paracelsus und Böhme hermetisch inspirierten Signaturenlehren.[568] Um die Signatur als Teil eines semiotischen Systems zu deuten, müsse ein Kriterium für die Bezugnahme des *„signans* auf das *signatum"* anzugeben sein: „Dieses Kriterium könnte das der Ähnlichkeit sein, also semiotisch ausgedrückt, der Korrelation durch Ikonizität; und wenn es sich so verhielte, wäre die Sache ziemlich problematisch, denn der Begriff Ähnlichkeit ist unscharf und flexibel."[569] Ihm ordne Foucault „viele voneinander sehr verschiedene Phänomene" zu: Seien nach Paracelsus' *De natura rerum* und *De signaturam rerum* Pflanzen nach ihrer Gestalt (etwa *heliotropium*) oder ihren Eigenschaften benannt (wie Augentrost: *herba oculis*), so, um auszudrücken, dass „die Kunst der Bezeichnung allen Dingen richtige Namen geben lehrt. Sie hat Adam, unser erster Vater, vollkommen gewußt und gekannt."[570] Sowohl eine „morphologische Ähnlichkeit" als auch eine „Kausalbeziehung" oder „Schlussfolgerung aus Symptomen" könne

---

565 Ebd., S. 84.
566 Ebd., vgl. auch S. 85. Diese „Neigung, ein Inhalts-System zu entdecken, das einem Ausdrucks-System korreliert werden kann, ist zweifellos neuplatonischen Ursprungs." So fassten mittelalterliche Mnemotechnik das „System der Welt" im unterscheidungslogischen porphyrischen Baum (*arbor porphyriana*) (ebd.).
567 Ebd., S. 85.
568 Ebd., S. 86. „[D]as ganze hermetische Denken [ist] durchdrungen [...] von der Vorstellung einer universellen Sympathie, die sich ausdrückt vermittels der *signaturae rerum*, also jener formalen Aspekte der Dinge, die durch *Ähnlichkeit* auf die formalen Aspekte anderer Dinge verweisen (von der sublunaren auf die astrale Welt und von dieser auf die spirituelle Welt. Um die Sympathiebeziehungen sichtbar zu machen, hat Gott jedem Gegenstand der Welt gleich einem Siegel ein Merkmal eingeprägt, das dessen sonst verborgene Verwandtschaft erkennbar macht." Eco verweist auf die „Wiederaufnahme" dieser Annahmen „in der deutschen Romantik bei Goethe bis Novalis" (ebd.).
569 Ebd., S. 87.
570 Zit. n. ebd.

die motivierte Beziehung und die Richtigkeit des Namens ausdrücken.[571] Agrippas Signaturenlehre rubriziere verschiedenste Erscheinungen als ‚sonnenhaft', wie Feuer, Blut, Gold, Steine, Pflanzen und Tiere: „Es dürfte schwerfallen, ein einheitliches Kriterium für diese unterschiedlichen Typen von ‚Ähnlichkeit' zu finden."[572] Die Vielgestaltigkeit der Beziehungen und die Gleichgültigkeit gegenüber einem systematischen Kriterium, die Eco als *„semiosische Toleranz"* bezeichnet, seien für den

> wissenschaftlich ausgebildeten Geist [...] unhaltbar. Nimmt man aber, vor allen Beweisen, an, daß die Sympathiebeziehungen bestehen, so wird sie gleich völlig akzeptabel. Andererseits – das haben Untersuchungen über die primitive magische Mentalität gezeigt – nimmt diese Denkweise deshalb an, die Sympathiebeziehungen bestünden, weil sie jede Analogie sogleich in die Vorstellungen von Signaturen und der Möglichkeit der Wechselwirkung zwischen *signans* und *signatum* übersetzt.[573]

Es gebe jedoch einen „Typ semiotischen Vorgehens, der die Flexibilität und Toleranz des magischen Denkens nachbildet: die Rhetorik", die „jede beliebige Substitution" zulasse: Es sei daher kein Zufall, dass die Romantik das „magische Denken" aufgewertet und „die Dichtung als Werkzeug der Offenbarung, als Ersatz der religiösen Botschaft" betrachtet habe,[574] denn die „Metaphysik der Sympathie und der Signaturen" bediene sich der „rhetorischen Logik": „Die Theoretiker der Signaturen glauben, im festen Vertrauen darauf, daß die Signaturen existieren, Ähnlichkeiten zu *entdecken*, die in Wahrheit mittels komplexer rhetorischer Operationen erst von ihnen *gesetzt* werden."[575] So seien „*hypotyposis* und [...] metaphorische[] Benennung" Grundlage der Ähnlichkeiten der Dinge, die etwa auch von einer „morphologischen Ähnlichkeit" in eine

---

571 Ebd., S. 87 f. Oswald Crolls (Crollius') *De signatura rerum* erklärt die sympathetische Beziehung zwischen Eisenhut und Augen aus der Gestalt der Samen, während Rudolph Goclenius kraft einer analogischen Verbundenheit der Körper ein „vermittelndes Band'", magnetische und chemische Sympathiebeziehungen behauptet, die keine sichtbare Ähnlichkeit generieren (ebd., S. 88).
572 Ebd., S. 89. Gleiches gilt für della Portas Beschreibung der Färbung und Oberfläche von Pflanzen und Tieren in *Phytognomonica*, in der „Fälle von morphologischer Ähnlichkeit einerseits eine Art von Allianz zwischen dem Vermögen der Pflanze und des Tiers ‚signieren' [...] und andererseits eine heilbringende Feindschaft zwischen Pflanze und Tier" (ebd.). Taddeus Hagecks Beschreibung der Flechten weist Ähnlichkeiten zur gesunden wie zur kranken Lunge aus (ebd., S. 90).
573 Ebd., S. 90.
574 Ebd.
575 Ebd., S. 91.

„metonymisch[e]" Verbindung übergehen können.⁵⁷⁶ Die Mnemotechniken von Renaissance und Barock glichen sich darin, dass sie „als reduziertes Modell des Weltgebäudes [...] der einflußreichen Metaphysik der Signaturen verpflichtet" blieben, die die Welt nicht in der abstrakten Logik des Mittelalters, sondern „mit den Mitteln der Rhetorik" ausdrücke.⁵⁷⁷

> Ziel der Mnemotechnik hätte sein sollen, das Universum der Kunstgriffe auf der Ausdrucksseite ebenso wie das der zu erinnernden Sachen auf eine sehr ökonomische Kombinatorik und eine elementare und unmittelbar einleuchtende Korrelationsregel zu reduzieren. Stattdessen aber waren die Mnemotechniken der Renaissance und des Barock beherrscht vom Dämon der hermetischen Semiose.⁵⁷⁸

Sie bringe eine „Hermeneutik der Interpretation ins Spiel, für die, weil alles zur Signatur von allem werden kann, das Spiel der Korrespondenzen proteisch wird."⁵⁷⁹

Mit diesen Beobachtungen zu einer renaissancistischen „Rhetorik der Ähnlichkeit"⁵⁸⁰ rückt Eco das Ähnlichkeitsdenken in ein Spannungsfeld von Logik und Rhetorik, Metaphysik und Metaphorik. Macleans Hinweis auf die endoxische Konstruktion des Wissens, Hagengrubers und Ottos Hinweise auf die korrelative und subjektive Ähnlichkeitsphilosophie Campanellas und Ecos Hinweis auf die ‚gesetzten' Ähnlichkeitsrelationen weisen auf den Doppelcharakter der Ähnlichkeit hin, *vorfindlich und konstruiert* bzw. perspektiviert zu sein, das Ineinander

---

576 Ebd. Die Deutungen beruhten auf einem endoxischen Erfahrungsschatz: „Augentrost und Blutwurz haben sich zuerst [...] als nützlich zur Heilung des Organs erwiesen, dann erhalten sie den Namen des Organs, das sie heilen, und schließlich betrachtet man sie – aufgrund einer *hypotyposis* und wegen ihrer metaphorischen Benennung – als dem Organ ‚ähnlich'. *Cynoglossum* und *orchis* erhalten ihren Namen zuerst wegen einer morphologischen Ähnlichkeit; später hält man sie für metonymisch verbunden mit dem Organ, dessen Metapher sie sind" (ebd.). Dies gelte auch für die barocke Mnemotechnik (ebd., S. 91).
577 Ebd., S. 93. Eco verweist auf Rosselli, der wisse, „daß die Korrelation auf Ähnlichkeit beruhen muß", aber auch, „daß die Ähnlichkeit allein nicht viel besagt, weil jedes Ding sub aliqua ratione einem anderen ähnlich sein kann", und daher versucht, ein System von Kriterien zu erstellen, das an rhetorischen Figuren orientiert ist und alle möglichen Beziehungen zulässt (ebd., S. 91f.). Auch Delmimio greife in seiner Schrift über das Theater auf ein Netz unterschiedlichster Ähnlichkeitsbeziehungen zurück (vgl. ebd., S. 92), das „hinsichtlich der Korrelationskriterien die rasendsten Signaturenjäger zu schlagen scheint" (ebd., S. 96).
578 Ebd., S. 97. So beobachte Foucault im Verweis auf die nicht zu fixierende, auf Ähnlichkeiten verweisende Ähnlichkeit „im Mittelpunkt einer Metaphysik der Korrespondenz von Ordnung der Darstellung und Ordnung des Kosmos" ein „Theater der Dekonstruktion und der unendlichen Abdrift" (ebd.; daran partizipiert auch der von Eco dargestellte alchimistische Diskurs, vgl. ebd., S. 98).
579 Ebd., S. 98.
580 Ebd., S. 86.

des *Findens* und *Erfindens*, das für die ‚Ästhetik des Ähnlichen' von grundlegender Bedeutung ist. Dies lässt sich abschließend im Blick auf die Ähnlichkeitsreflexion im Bereich der Metapherntheorie zeigen. Gerd Breitenbürger beschreibt die von der Rezeption der aristotelischen *Poetik* und *Rhetorik* geprägte italienische Dichtungstheorie des sechzehnten Jahrhunderts als Vorläuferin der Barockpoetiken, die einen kritischen Umgang mit der antiken Tradition pflege:[581]

> Aristoteles sah in der Metapher das höchste Kunstmittel der Sprache. Sie hatte neben diesem ästhetischen Rang für ihn auch einen erkenntnisbezogenen, insofern als sie aufgrund logischer Operationen im Unterschiedlichen das Verwandte, d. h. die Analogie erkennt. Obwohl – oder eher: weil – Aristoteles in der Metapher das Geistreiche, das Lusterhöhende mittels Überraschung bejaht, setzt er ihr auch Grenzen: sie darf nicht eine zu sachferne Analogie anbieten und damit in die Gefahr der Verrätselung geraten; sie muss Angemessenheit bewahren, insbesondere eine solche an das Niveau der von ihr ins Bild übertragenen Sache; sie darf nicht um der bloßen Lust und der bloßen Überraschung willen gesagt werden. Eine Freigabe der totalen künstlerischen Subjektivität findet nicht statt [...]; trotz ihrer theoretischen Gipfelstellung bleibt sie, als das Uneigentliche, dem Eigentlichen untergeordnet und entspricht in dem ihr auferlegten Gebot des Maßhaltens der Endlichkeit des griechischen Weltbildes.[582]

Die Metaphernlehre Aristoteles' und den Hinweis Ciceros auf die Vergleichbarkeit aller Dinge – „[ü]ber die Ähnlichkeit können alle Dinge miteinander in Beziehung treten und metaphorisch verwendbar werden"[583] – greift etwa Lodovico Castelvetros *Poetica d'Aristotele* (1570) auf, der den Begriff des „,simile'" gebraucht,[584] um den „Ordnungsfaktor" der *similitudo* und anderer „,loci'" in der „Verbindung der Dichtungslehre mit der *inventio*-Lehre der Dialektik"[585] zu beschreiben. Rudolf Agricolas *De inventione dialectica* (1563) analysiert „*similitudo* [...] als Prämisse der ‚loci'", die die Dinge und ihre Eigenschaften aufgrund ihrer „,habitudo'" systematisieren lassen: Dem „,locus' *similia*" als einem der 24 *loci* wird aufgrund der „bildhaften und erklärenden Leistung" besondere Bedeutung zugesprochen, wobei Ähnlichkeit zu den ‚externen' loci gehöre, da sie

---

581 Gerd Breitenbürger, *Metaphora. Die Rezeption des aristotelischen Begriffs in den Poetiken des Cinquecento*. Mit einem Vorwort von Hugo Friedrich, Kronberg/Ts 1975. Um 1550 wird Aristoteles' Poetik wiederentdeckt, etwa von Robortello, Segni, Cintio, Calvacanti, Minturno, Parthenio, Caro, Castelvetro, Tomitano, Piccolomini, Guarini und Buonamici (vgl. ebd., S. 1).
582 Hugo Friedrich, „Vorwort", in: Breitenbürger, *Metaphora*, S. VI.
583 Breitenbürger, *Metaphora*, S. 118.
584 Ebd., S. 117.
585 Ebd., S. 118. Vgl. Manfred Kienpointner, „Inventio" (2013), in: *Historisches Wörterbuch der Rhetorik Online* (online unter https://www.degruyter.com/database/HWRO/entry/hwro.4.inventio/html, 12.12.2021).

„ganz außerhalb der Sache liegt".[586] Von der Sache zum Gleichnis verhilft die „Fähigkeit des *ingenium*, das Ähnlichkeiten in den Dingen zu Vergleichszwecken sucht".[587] Dabei gelte es, bei der Suche nach ähnlichen Dingen oder Eigenschaften (*similitudines*) allzu „augenfällige Vergleichsmomente" zu vermeiden, um die Findigkeit des *ingenium* unter Beweis zu stellen: „Vielleicht finden wir nichts, das völlig passend ist. Da aber die Begabung wenig lobenswert wäre, wenn das Gesuchte allenthalben aus dem Naheliegenden genommen werden könnte, müssen wir gleichwohl etwas finden."[588] Eine Möglichkeit, entlegene Ähnlichkeiten aufzuspüren, sieht Agricola in der Analyse der Metapher, die neue Metaphernbildungen anregen könne.[589] So seien die Dinge „[u]nter dem Aspekt der *similitudo* [...] durchsichtig, ‚flüssig', und geben den Blick auf eine miteinander verkettete Reihe von Metaphern frei, wenn das *ingenium* sich nur die richtige Mühe gibt".[590] Diesen Mechanismus nutzt auch Castelvetro für die Bildung neuer Metaphern.[591] In Erweiterung der Definitionen Aristoteles' und Ciceros – so bezeichnet er den Vergleich als „‚Mutter' der Metapher[592] –, stellt er fest, die Metapher beruhe auf „‚Ähnlichkeit'"[593], sei aber anders als der Vergleich „dunkel, da das *tertium comparationis* und das eigentlich Gemeinte erst erschlossen werden müssen. Beim Bilden des Vergleichs in der Metapher muß eine Sache gesucht werden, die der vorliegenden ähnlich ist"[594]. Von dem gemeinsamen „Gegenstand als neuer Ausgangspunkt" aus können immer neue Metaphern gebildet werden, indem ähnliche Eigenschaften und Hinsichten gefunden werden; diese Erweiterung des „aristotelischen Proportionsgedanke[ns]" erlaubt, „Metaphern in jeder beliebigen Menge zu produzieren"[595]. Die Abweichung von der ‚klassischen' Lehre zeigt sich darin, dass das *iudi*-

---

[586] Ebd., S. 118f.
[587] Ebd., S. 119.
[588] Ebd., zit. n. ebd., S. 213.
[589] Vgl. ebd.: „Es wird jedoch sehr nützlich bei dieser Sache sein zu untersuchen, welche Dinge von der Sache, für die wir einen Vergleich suchen, mittels Tropen (wir nennen sie Metaphern) ausgesagt werden. Der Bereich, in dem jene Metaphern eigentlich vorkommen, wird uns nämlich unverzüglich den Vergleich liefern." (Zit. n. ebd., S. 213).
[590] Ebd., S. 119.
[591] Vgl. ebd., S. 120.
[592] Ebd., S. 115.
[593] Ebd., S. 114.
[594] Ebd., S. 115f.
[595] Ebd., S. 116. In Erweiterung des Beispiels Aristoteles': Was der Becher des Dionysos, ist der Schild dem Ares, so dass der Becher zum „Schild des Dionysos" erklärt werden kann, und der Schild zum „Becher des Ares"; diese Proportion wird in Reihen erweitert, insofern zum Schild bspw. „Kampf" assoziiert wird, usf. (vgl. ebd.).

cium nicht mehr das *ingenium* kontrolliert – eine Abkehr von Aristoteles' Angemessenheit (*prepon*), die „über Relativierung und Kritik [eine] fortschreitende Entleerung der klassischen Begriffe und Vorstellungen" bedingt, mit der die Poetik des Quinquecento die Barocktraktate vorbereitet:[596] Diese Metaphorik fordert – wie nach ihr die manieristische, die romantische und die moderne – die maßvolle Poetik heraus: Sie entfernt die

> Metapher von dem, was nach aristotelischer Auffassung ihre Grundlage sein sollte, von der Analogie; sie wird ein Zusammenzwingen des Heterogenen; an die Stelle einer logischen Kontrolle tritt eine hybride Kombinatorik, die von der Verbindbarkeit von allem mit allem überzeugt ist. Die bei den Römern schon gewonnene, dann wieder vergessene Einsicht, dass die Metapher das Eigentliche, die direkte Bezeichnung das Uneigentliche sein kann, regt sich wieder; an die Stelle des Maßhaltens treten provokatorische Exzesse.[597]

Dieses metaphorische Prinzip des (*Er-*)*Findens* und Konstruierens *entfernter* und *unähnlicher Ähnlichkeiten* aus einer *ars combinatoria* heraus, das in den Barockpoetiken die entscheidende Rolle spielt, scheint den Übergang von einer ontoepistemologischen zu einer konstruktiven Ähnlichkeitskonzeption zu markieren.

2.4 Die Manie(r) der unähnlichen Ähnlichkeit

In der Übergangszeit von der Spätrenaissance zur Neuzeit, der ‚Barockepoche' des siebzehnten Jahrhunderts, von Ernst Robert Curtius und Gustav René Hocke als *manieristische* Stilperiode mit eigenen ästhetischen und theoretischen Positionen analysiert,[598] scheint das Weiterwirken renaissancistischer Antikenrezeption

---

596 Ebd., S. 121.
597 Friedrich, Vorwort zu Breitenbürger, *Metaphora*, S. VII.
598 Zur terminologischen Problematik des Barockbegriffs vgl. Winfried Barner, „Einleitung", in: ders. (Hg.), *Der literarische Barockbegriff*, Darmstadt 1975, S. 1–13; diese löst auch der Manierismusbegriff nicht. Doch bildete sich in der literarischen Barockforschung Übereinstimmung darin heraus, ‚Barock' als Epochenbegriff und ‚Manierismus' als Stilbegriff zu verstehen (vgl. ebd., S. 9; Hocke, *Die Welt als Labyrinth*; ders., *Manierismus in der Literatur*. Manierismus datiert Hocke von 1520–1650, verfolgt ihn jedoch als Stilbegriff des ‚Antiklassischen' bis in die Moderne. Greber differenziert die Polarisierung des Manierismus-Begriffs in Bezug auf nominalistische und realistische Positionen mittels der semiotischen Unterscheidung der „primären und sekundären Stile": Der sekundäre Stil zeichne sich aus durch eine „Semiotisierung der Realia", „linguistisch-literarische Produktionskompetenz, Motivierung des künstlerischen Zeichens im Verhältnis zu anderen Zeichen; Markierung des Codes, nicht der Mitteilung; selbst-decodierende Textelemente usw." (Greber, *Textile Texte*, S. 210). Vgl. zur Kritik eines überhistorischen Manierismusbegriffs u. a. Joachim Knape, (Art.) „Barock", in: Gert Ueding (Hg.), *Wörterbuch der Rhetorik*, Bd. 1, Tübingen 1992, Sp. 1285–1332. Der kunsthistorische Barockbegriff sieht Manierismus und Barock als abgegrenzte

in aristotelischen wie neuplatonischen Einflüssen kontrastiert durch Effekte eines neuen Krisenbewusstseins.[599] Dies zeitigt einen zugleich hypertrophen[600] und kritischen Umgang mit Ähnlichkeit.

Die Ausdeutung der metaphorologischen Bemerkungen Aristoteles' zu einer Poetik des *Unähnlich-Ähnlichen* ist vor allem durch die barocke Metapher und die konzeptistischen Metapherntheorien und Acumen-Lehren vermittelt, die die Dichtungstheorie des Cinquecento vorbereitet: Renate Lachmann beschreibt diese „poetologische[n] Spekulationen" als „theoretisch abgesicherte Tradition"[601]. Concettistische Traktate wie Baltasar Graciáns *Agudeza y arte de ingenio* (1638), Matteo Pellegrinis (Peregrini) *Delle acutezze* ... (1639) und Emanuele Tesauros *Il Cannocchiale Aristotelico* ... (1654)[602] entdecken antike Metapherntheorien als Quelle zur Legitimation eines Stils, der im frühen siebzehnten Jahrhundert in Manierismus (Italien) und Góngorismus (Spanien) etwa durch Góngora und Marino gepflegt wird, im Norden durch die *metaphysical poets* – ‚dunkle', hermetische Metaphern, denen mit den Traktaten ein poetischer Ort zugewiesen wird.[603] So wird das dritte Buch von Aristoteles' *Rhetorik* „für die Manieristen eine Art Bibel"[604]: Es liefert Material für eine Rezeption, die eine Ästhetik des *ingenium*, des *acumen* und der *acutezza/argutezza* propagiert. Für diese Ästhetik ist das der Metapher und dem

---

Epochen. Vgl. Wilfried Barner, „Stilbegriffe und ihre Grenzen. Am Beispiel ‚Barock'", in: *Deutsche Vierteljahrsschrift für Literaturwissenschaft und Geistesgeschichte* 45 (1971), S. 302–325.

599 Vgl. Hocke, *Die Welt als Labyrinth*, S. 55: „Die *Idea* in der *Idea*, die absolutes Idee in der geistigen Vorstellung bleibt vom Geheimnis verhüllt. Nur ihr Wirken ahnt man: als wesende Magie. Für Baltasar Gracián ist die ganze Welt ‚chiffriert', alle Dinge sind in Chiffren niedergelegt. Geistig erlöst wird nur derjenige, der über die ‚Dechiffrierungskunst verfügt'".

600 Vgl. zum *furor poeticus* Renate Lachmann, „Die ‚problematische Ähnlichkeit'. Zu Sarbiewskis Traktat ‚De acuto et arguto' im Kontext concettistischer Theorien des 17. Jahrhunderts", in: dies. (Hg.), *Slavische Barockliteratur II. Gedenkschrift für Dmitrij Tschižewskij (1894–1977)*, München 1983, S. 87–114, S. 89, im Verweis auf die platonische *mania*-Lehre, die durch die Aristotelesinterpretation angereichert werde (ebd., S. 90).

601 Renate Lachmann, „Die Mystifikation der Ähnlichkeit. Anmerkungen zu Vladimir Nabokovs Roman Otčajanie (Verzweiflung)", in: Susi Frank et al. (Hg.), *Mystifikation, Autorschaft, Original*, Tübingen 2001, S. 313–330, S. 313.

602 Vgl. Hocke, *Manierismus in der Literatur*. Vgl. Klaus-Peter Lange, *Theoretiker des literarischen Manierismus: Tesauros und Pellegrinis Lehre von der ‚Acutezza' oder von der Macht der Sprache*. München 1968; vgl. Breitenbürger, *Metaphora*, S. 2.

603 Vgl. Breitenbürger, *Metaphora*, S. 17 f. In Deutschland ist die Rezeption von Vorbehalten geprägt: Die Aufklärung kritisiert mit ihrem „Schwulst-Verdikt" (Birus, *Vergleichung*, S. 60) den manieristischen Metapherngebrauch. In der Barockforschung wurde ein differenziertes Bild entworfen (vgl. Richard Alewyn (Hg.), *Deutsche Barockforschung. Dokumentation einer Epoche*, Köln, Berlin 1965; Barner, *Der literarische Barockbegriff*).

604 Hocke, *Manierismus in der Literatur*, S. 78; vgl. Lachmann, Die ‚problematische Ähnlichkeit', S. 91.

Vergleich von Aristoteles zugesprochene Ähnlichkeitsmoment (*similitudo*) zentral, genauer, die bereits von Agricola geforderte *entfernte* Ähnlichkeit: „Das unruhige Zentrum bildet jene auf Aristoteles wie auf Cicero zurückbeziehbare Formel, auf die die Rede über den Witz immer wieder kommt, [...] nämlich die von der ‚Entdeckung entfernter Ähnlichkeiten'"[605]. Wesentlich ist die Rezeption der *Rhetorik* aufgrund der Koppelung der Entdeckung *entfernter Ähnlichkeiten* mit dem „Scharfsinn" (*argutia, agudeza, acutezza*), die die *Concetto*-Theorien und *acumen*-Lehren inspiriert.[606] Sie partizipieren an einer ästhetischen ‚Tradition', für die *ingenium* die europäische Begrifflichkeit bereitstellt: Der „‚Witz' (*bizzaria, capriccio, ingegno, macchie, grilli*), der die hinter der scheinbaren Unordnung und Disparatheit verborgene Ähnlichkeit offenbart"[607], wird als Mittel „einer gedanklichen Kombinatorik zum Zweck der Verähnlichung des Unähnlichen bedeutsam"[608]. Dabei werden „[i]n der metaphorisierenden Argumentation und der argumentierenden Metaphorik [...] ästhetische und kognitive Verfahren zusammengeführt, die in der Problematisierung der Ähnlichkeitsbeziehung zwischen *res* und *verba* ein neues Konzept der Ähnlichkeit formulieren. Die Analogie wird als Paralogie entworfen."[609]

Aristoteles' Bestimmung der Metapher durch Angemessenheit und nach einem analogischen Maß oder Proportionsschema tritt hinter das Fremde (*xenikon*), Dunkle und Enigmatische, Rätselhafte teils so weit zurück, dass – so Hugo Friedrich – aus der Analogie-Metapher ein ‚Zusammenzwingen des Heterogenen' wird.[610] Hier ist die Entfernung der Elemente, die „problematische Ähnlichkeit"[611], ein poetologischer Topos bzw. Ausdruck einer Topik des Ingeniösen – einer „aus der Unähnlichkeit entwickelten Ähnlichkeit oder aus der Ähnlichkeit entwickelten Unähnlichkeit".[612] Dabei zielt die übertragene Bedeutung auf die „a-mimetischen Produkte der Phantasie"[613], womit sich der Schwer-

---

605 Knörer, *Entfernte Ähnlichkeiten*, S. 16.
606 Hocke, *Manierismus in der Literatur*, S. 78.
607 Bauer, Ähnlichkeit als Provokation, S. 134. Gerhart von Graevenitz nennt *ingenium* die europäische Begrifflichkeit zum Witz (Graevenitz, Gewalt des Ähnlichen, S. 66). Sie bezeichnet die „Produktivkraft der inventio, jener ‚Erfindung', die sich von der Naturnachahmung ab- und den konstruktivistischen Hervorbringungen der phantasia zuwendet." (Ebd.)
608 Endres, Unähnliche Ähnlichkeit, S. 32.
609 Lachmann, Die ‚problematische Ähnlichkeit', S. 87.
610 Vgl. Friedrich, Vorwort, S. VII; Birus, *Vergleichung*, S. 60. Dies sieht Lachmann als „Konzept der Verfremdung", als Steigerung der Abweichung, die auch auf die Rezeption, auf *admiratio* und *delectatio* ziele (Lachmann, Die ‚problematische Ähnlichkeit', S. 91).
611 Lachmann, Die ‚problematische Ähnlichkeit', S. 91.
612 Ebd., S. 88.
613 Graevenitz, Gewalt des Ähnlichen, S. 66.

punkt auf das *Erfinden* des Ähnlichen zu verschieben scheint. „Die barocke Ähnlichkeit aber ist fingiert, das *tertium comparationis* verflüchtigt sich, die Erzeugung der Analogien ist ein Schaffensakt, der, Maß und Angemessenheit verletzend, Verblüffung und Schock hervorrufen kann, angesichts der unähnlichen Ähnlichkeit."[614] Darin

> artikuliert sich ein ästhetisches und intellektuelles Interesse für eine Differenz, die aus der Ähnlichkeit entsteht, und eine Ähnlichkeit, die aus der Differenz entsteht. Ähnlichkeit / Unähnlichkeit oder Differenz wird in dieser Koppelung als eine Art Spiel, Illusion, Theater, Traum oder Vision interpretiert, deren konzeptuelle und sprachliche Parallele das *acumen* oder das *argutum* darstellt. Das *acumen* wird zum Ort einer fiktiven allegorischen Ähnlichkeit, zum Ort einer Ähnlichkeitsschaffung (nicht aber einer Bestätigung bestehender Ähnlichkeit). Das *acumen* erscheint als Hypertrophie der Ähnlichkeit und gleichzeitig als deren Verkehrung.[615]

Dies ist bedingt durch eine Spannung der Positionen, die sich mit Lachmann an Thesen Graciáns, Peregrinis, Tesauros und Sarbiewskis verdeutlichen lässt: Gracián definiert das *Concetto* als „un acto del entendimiento, que exprime la correspondencia que se halla entre les objetos."[616] Er prägt den Begriff der „,künstlichen Korrespondenz'", der ‚contraposición' und ‚disonancia' durch eine „artificiosa conexion de los objetos" einbindet.[617] Peregrini, der wie Tesauro und Gracián „das logische Phantasieren mit Analogien" lobt, betont, „daß man ‚schöne Dinge nicht findet, sondern macht'".[618] Sarbiewski defniert das akute Argument als „concors diskordia vel discors concordia"[619], das in der „unio dissentanei et consentanei" eine equilibristische ‚Lösung' erhält.[620] Diese Grundstruktur gestalten die Traktate durch „das metaphorische Verfahren arguter Rhetorik, die mit Vorliebe für Paradox und Oxymoron Unähnliches als ähnlich zusammenführt oder Ähnliches als unähnlich verfremdet", um so „das Vertraute und Gewohnte transparent für neue imaginäre Welten unvordenkbarer Zusammenhänge"[621] werden zu lassen.

---

614 Lachmann, Die ‚problematische Ähnlichkeit', S. 89.
615 Lachmann, Die Mystifikation der Ähnlichkeit, S. 323.
616 Zit. n. Hocke, *Manierismus*, S. 165. [„Das *Concetto* ist ein Akt des Verstandes, der der Korrespondenz zwischen den Dingen Ausdruck verleiht." (Übers.: S. B.)] Vgl. auch Lachmann, Die ‚problematische Ähnlichkeit', S. 107.
617 Zit. n. Hocke, *Manierismus in der Literatur*, S. 164.
618 Ebd.
619 Lachmann, Die ‚problematische Ähnlichkeit', S. 97.
620 Ebd., S. 106.
621 Graevenitz, Gewalt des Ähnlichen, S. 72. Graevenitz beschreibt einen Zusammenhang von *concetto* und Erhabenem im Überwältigtsein durch akute Metaphern und durch das „Pathos" der Natur-Gewalt (vgl. ebd., S. 76).

Die *konstruierte metaphorische Ähnlichkeit* der so geschaffenen, teils rein sprachlichen Ähnlichkeitsrelationen beschreibt Lachmann, die darin angezeigte „Problematisierung" der Ähnlichkeit auf den von Foucault konzedierten „epistemologischen Bruch" beziehend, als „Umschlag von der ‚magischen' und topologischen zur empirischen Ähnlichkeit": Die „Hypertrophie und Verkehrung von Ähnlichkeit" und die semiologische Labyrinthik, die aus der Wahrnehmung einer „rationalistisch nicht zähmbaren Kontiguität" entstehen, reagierten auf diese Ähnlichkeitskrise.[622] Sie lasse sich als „Bruch zwischen objektivem (topischem) Ähnlichkeitsdenken und subjektiv-kreativem Ähnlichkeitsdenken"[623] beschreiben. An der Schwelle zu einer ‚nachanalogischen' Ontologie wird die Kluft zwischen „reproduzierter und fingierter Ähnlichkeit"[624] inszeniert und durch das „Finden, Erfinden von Ähnlichkeit, Korrespondenz und Analogie" ästhetisch überbrückt, wobei das kombinatorische *ludus verborum* eine „neue Magie" beschwöre: „[D]as Spiel deckt ‚Ur-Ähnlichkeiten' auf."[625] Zugleich betrifft diese Einschätzung einen ‚maliziösen' Aspekt des concettistischen Umgangs mit Ähnlichkeit: „In der barocken Poetik der Falsifikate und der optischen Täuschungen wird die erfahrbare, empirische Ähnlichkeit durch unwahrscheinliche Gleichungen vertuscht. Und die durch Erfahrung kontrollierte Analogie durch eben jene Paralogie abgelöst, die mit der Lüge zusammenfällt."[626] In dieser Affirmation ‚trügerischer' Ähnlichkeiten deutet sich eine *simulacrale* Ästhetik an:

> In den Spielen der Illusion oder semantischen Trugbilder, wenn man so will, entwickelt sich eine neue Ordnung der Dinge und der Zeichen, die sich nicht auf die konventionelle Entsprechung zwischen Zeichen und Bezeichnetem zurückführen läßt. Die Verdrängung der Ähnlichkeit wird durch die Fiktion kompensiert.[627]

Das *ingeniöse Neue* des *Concetto*, das „das Moment der Entdeckung entfernter Ähnlichkeiten als Fähigkeit zu tropischer Pointierung" nutzt,[628] wird aus gere-

---

[622] Lachmann, Die ‚problematische Ähnlichkeit', S. 88. Foucault zufolge stellt im siebzehnten Jahrhundert Ähnlichkeit „nicht mehr die Form des Wissens, sondern eher die Gelegenheit des Irrtums" dar (Foucault, *Ordnung der Dinge*, S. 83). Diese „neue Verwandtschaft zwischen Ähnlichkeit und Illusion" bestimme die „Zeit des trompe l'oeil, der komischen Illusion, des Theaters, das sich verdoppelt und ein Theater repräsentiert, des Quidproquo, der Träume und Visionen" (ebd.) und „der Sinnestäuschungen, die Zeit, in der die Metaphern, die Vergleiche und die Allegorien den poetischen Raum der Sprache definieren" (ebd., S. 83 f.).
[623] Ebd., S. 113 f.
[624] Ebd., S. 114.
[625] Ebd., S. 89.
[626] Ebd. So spielt der Einsatz von Lüge, Paralogie, Paradox und täuschender Ähnlichkeit etwa bei Tesauro eine besondere Rolle.
[627] Lachmann, Die Mystifikation der Ähnlichkeit, S. 324.
[628] Knörer, *Entfernte Ähnlichkeiten*, S. 16.

gelten „Findungsoperationen" der *Kombinatorik*, aus Klassifikationen, Inventaren von Argumenten und Systematiken der *loci* erzeugt, die die „Zuordnung von *res* und *verba* als erlernbare Zeichenoperation" regeln.[629] Dabei kommt es zu einer Neuinterpretation antiker und zeitgenössischer Texte im Hinblick auf die „Kreuzung von disparaten, auseinanderstrebenden Sequenzen, die Durchkreuzung semantischer Hierarchien"; der Vergleich des Disparaten generiert „Verfahren der Disproportion, Unähnlichkeit, Disharmonie, Inkompatibilität", die in den Konzepten auf unterschiedliche Weise mit Ähnlichkeitsverfahren verbunden werden:[630] „Die harmonische Korrelation, die aus der Disharmonie folgt, die erschütternde Ähnlichkeit, die aus dem Unähnlichen herausbricht, das Zusammenzwingen des Disparaten und Inkompatiblen – bei Gracián, Tesauro, Pellegrini – umschreiben denselben Vorgang."[631]

So ergänzt Gracián seine Bestimmung des *Concetto* als ‚Akt des Verstandes, der der Korrespondenz zwischen den Dingen Ausdruck verleiht', der zufolge also eine „vorfindliche (objektive) Korrespondenz [...] im (subjektiven) Verstandesakt ausgedrückt" wird, um

> ein auf Dissonanz zielendes Gegenstück [...]. Die Korrespondenz erscheint nicht mehr als gegeben, sondern als Eigenschaft der *concetti*, als Leistung der Kunst und des schöpferischen *ingenium*. Dieses schaffte die künstliche Verbindung zwischen den Gegenständen, und diese Verbindung kann als Übereinstimmung oder Nichtübereinstimmung interpretiert werden.[632]

Von einem harmonisch konsonanten *acumen* als „conformidad" unterscheidet er die „discordancia"; so kann „das Verhältnis der Gegenstände zueinander [...] beliebig als Ähnlichkeit oder Unähnlichkeit gesehen und in einem je anderen *acumen*-Typ formuliert werden."[633] So wird anhand der Manipulation der Wörter

---

629 Lachmann, Die ‚problematische Ähnlichkeit', S. 90. Darin liegt eine *Überbietung* der Rhetorik; trügerische Ähnlichkeiten, Fehlschlüsse und Täuschungen, Paradoxa und Geheimnisse sind Mittel arguten Argumentierens (vgl. ebd., S. 100 f.).
630 Ebd., S. 93.
631 Ebd., S. 113.
632 Ebd., S. 107.
633 Ebd., S. 108. „Die Grundfigur der beiden *acumen*-Operationen ist die einer zweigipfligen Relation zwischen zwei Extremen", wobei der Korrespondenz Schönheit und Proportion zugeordnet werden, der Disharmonie Künstlichkeit und Disproportion. Die in diesem Modell entwickelte „Umkehrung (alle Verfahren der Proportionierung und Ähnlichkeitsfindung können in entgegengesetzter Richtung arbeiten)" gründet auf das Doppelvermögen der „‚ingeniosa comparación'" und der „‚disparidad conceptuosa'": Die „Konkurrenz von Ähnlichkeit und Unähnlichkeit [...] wird hier in das *ingenium* verlagert. Das *ingenium* selbst, das Proportion und Disproportion erfindet, weist eine doppelte Programmierung auf. Die Extreme liegen nicht in den Objekten, ebenso wenig wie ihre Ähnlichkeits- oder Unähnlichkeitsbeziehungen" (ebd.).

und Namen, des Austauschs von Silben oder Buchstaben und Doppeldeutigkeiten, also „durch die Grundfigur der Relationierung zweier Elemente in der Sprache ‚verborgene' Ähnlichkeit-Unähnlichkeit reflektiert".[634]

Tesauro setzt metaphorische Ähnlichkeit als das Fremde, Neue und Unbekannte – Aristoteles' *xenikon* – gegen die konventionalisierte Alltagssprache, um eine „Entautomatisierung der Wahrnehmung" zu erzielen: Das binär gedachte Zeichen könne auf konventionelle oder auf neue, ingeniöse Weise hergestellt werden, die „Vergnügen, *diletto*" bereite.[635] Maßgeblich ist die Erkenntnis, dass sich „Repräsentation durch die Erfindung neuer Signifikanten verfremde[n]",[636] also „ästhetisch und intellektuell gestalten und verändern"[637] lässt. Dabei wird bereits ‚kodifizierte' rhetorische und poetische „Uneigentlichkeit" *überboten* durch die Einführung einer Differenz von Eigentlichkeit und Uneigentlichkeit in die poetische Sprache und durch ingeniöse Metaphern:[638] Dies zeigt die Klassifizierung der Tropen in einfache Metaphern (*metafore simplici*), metaphorische Sätze (*propositione metaforiche*) und metaphorische Argumente (*argumenti metafirici*) als höchste Stufe, wobei die „Hauptaufgabe der Metapher" die Entdeckung *unähnlicher Ähnlichkeit* sei: „trovando in cose dissimiglianti la simiglianza."'[639] Sie findet

> Ähnlichkeit im Unähnlichen, die Hierarchien und Klassen von Gegenständen, Vorstellungen und ihren sprachlichen Repräsentanten durchkreuzend. Künstliche ‚Harmonien', die die [...] vorfindlichen stören. Harmonien, die intellektuell und ästhetisch bestürzen, die keine Gültigkeit beanspruchen, durch immer andere gelöscht werden können. Die ‚akuten' Ähnlichkeitsordnungen sind ephemer, sie werden in *diletto* und *maraviglia* aufgezehrt. Die Metapher oktroyiert eine Ähnlichkeit, die gegen Alltagsverstehen und Alltagswahrnehmung gerichtet ist. [...] So ist diese erfundene und fingierte Ähnlichkeit, Harmonie, sowohl militant als ludistisch. Sie stellt die Repräsentation in Frage. Die Signifikant-Signifikat-Zuordnung wird suspendiert.[640]

Pellegrini befasst sich mit „Assoziationen, Äquivalenzen, plötzliche[n] Verwandtschaften zwischen den Einheiten"[641]. Dabei untersucht er die Ausrichtung der ingeniösen Ästhetik auf die Rezeption, die ein kognitives Moment umfasst. Das *ingenium* stellt künstliche Verbindungen zwischen den Sphären von Signifikant und Signifikat, aber auch zwischen Signifikanten und zwischen

---

634 Ebd., S. 109.
635 Ebd.
636 Ebd., S. 110.
637 Ebd., S. 109.
638 Vgl. ebd., S. 110.
639 Ebd., S. 100.
640 Ebd., S. 110.
641 Ebd., S. 111.

Signifikaten her, die die Verbindung zur Erkenntnis der Wahrheit übersteigen, künstliche Schönheit (*acconcezza*) schaffend.[642] Pellegrinis *Fonti del Ingegno* (1650) untersucht die Quellen des *ingeniums*, die er nicht in den Ideen, sondern in *inneren Bildern* findet, die er ‚*Immagini*' oder ‚*Fantasmi*' nennt.[643]

Sarbiewski führt sein Konzept der *discors concordia* mittels eines Diagramms aus, das das akute Material in ein *consentaneum* und ein *dissentaneum* überführt, eine entsprechende und eine gegenläufige Aussage; in der beide zusammenführenden *unio* geschieht eine metaphorische Übertragung „auf der Grundlage eines *tertium comparationis*".[644] Ähnlichkeit ist bestimmend für seine Findungslehre, in der das *argutum* sprachliche Verfahren der Tropierung und des *lusus verborum* bezeichnet.[645] Dessen Verfahren erreichen eine Störung des „alltagssprachlichen Bedeutungsautomatismus"[646] und eine *Überbietung* der poetischen Sprache durch das Bewusstmachen ihrer „potentiellen semantischen Labilität".[647] Sarbiewski

> setzt auf der Stufe der Verfahren und der ästhetischen Handlungen selbst die Kategorie der Ähnlichkeit an. In der *unio* wird eine Ähnlichkeitsbeziehung zwischen Ähnlichkeitsoperationen hergestellt – eine Äquivalenz zwischen vorbarocker und barocker Ästhetik. Die Ähnlichkeitsoperation, die sich auf einen Ähnlichkeitskode berufen kann, und die Ähnlichkeitsoperation, die einen bekannten Kode entweder brüskiert oder einen unbekannten ‚findet', beziehen sich aufeinander.[648]

Dieser Umgang mit Ähnlichkeit zeigt für Lachmann den postulierten ontoepistemologischen Bruch: Die metaphorische Operation der *unio* stelle keine Harmonie her, sondern zeige die

> Konkurrenz zweier Modi der Wahrnehmung: Ähnlichkeiten wiederentdecken, entsprechend einem Ähnlichkeitskode, der auf einer (Wahrscheinlichkeits-Ähnlichkeit) beruht, die den Objekten Eigenschaften zuerkennt, die verglichen werden können, und: Ähnlichkeiten erzeugen, die vorgegebenen Unähnlichkeiten assimilieren (mit dem Normenhinter-

---

[642] Vgl. ebd.: „So ist der Nachvollzug erfunden-gefundener Ähnlichkeiten zwischen zwei Bedeutungen oder Lauten, zwischen Gegenständen, Vorstellungen und sprachlichen Ausdrücken nur über eine kognitive Stufe, die in eine ästhetische mündet, möglich".
[643] Hocke, *Manierismus in der Literatur*, S. 164.
[644] Lachmann, Die ‚problematische Ähnlichkeit', S. 99. Vgl. dazu ausführlicher ebd., S. 97 f.
[645] Vgl. ebd., S. 101 f. Er systematisiert Modi des Wortspiels, die auf Ähnlichkeit von Wortbestandteilen aufbauen, um Signifikanten korrespondieren zu lassen (ebd., S. 102 f.). Die „Similarisierung" wirkt auch bei konträrer Bedeutung (ebd., S. 104).
[646] Ebd., S. 105.
[647] Ebd., S. 106. Dies umfasst die Störung der poetischen Metaphorik und Allegorik, bspw. über die Resemantisierung auf einen eigentlichen Sinn hin, einer „Rückführung, semantischen Entflechtung" nach Jakobson: Durch die „wörtlich zu lesende Metapher" wird die Opposition zwischen eigentlicher und uneigentlicher Rede in die poetische Sprache verlagert (vgl. ebd., S. 95).
[648] Ebd., S. 112.

grund spielend). Die Differenz zur Wahrscheinlichkeitsähnlichkeit (die objektiv ist) entsteht als ästhetisch-kognitive in der Präsentation einer Gegenordnung von (primär) konträren inkompatiblen Gegenständen.[649]

Zusammenfassend lässt sich als Ziel der Traktate die Charakterisierung der Ähnlichkeit als „eine Beziehung neuer Art" konstatieren, „eine ingeniöse Assoziation, oder *ingegnoso accoppiamento*, Verknüpfung disparater Vorstellungsreihen."[650] Die ‚konstruktivistische' Verfasstheit hat zur Folge, dass sich für metaphorische Ähnlichkeit, abgelöst von *prepon* und *iudicium*, von Wahrnehmungsähnlichkeit und onto-epistemologischen Verifizierungsverfahren, keine Restriktionsbedingungen angeben lassen: „Alles erscheint mit allem vergleichbar"[651] in der concettistischen Ästhetik, die metaphorische Ähnlichkeit aus der Konfrontation entstehen lässt, um ihre Gegenstände in ungewohnten Aspekten wiederzugeben.

> In der so verstandenen Ähnlichkeit erst wird die Welt universell verkettbar: Alles kann in ihrem Zeichen – im Prinzip – in Beziehung gesetzt werden zu allem. In der Verkettbarkeit aber spricht sich nicht mehr notwendig eine Grundverfasstheit oder Ur-Ähnlichkeit der geschaffenen Welt, der Natur aus, sondern die neu-schöpferische Fähigkeit des Menschen [...], als Finder und Erfinder der ingenös aufzuspürenden Ähnlichkeiten – und als Agent der möglichen (topischen) Relationen und der Tropen, die die Verkettungen organisieren.[652]

So sichert nicht die Berufung auf einen ontisch fundierten Syndesmos der Ähnlichkeit ihre Relevanz, sondern die Kompetenz der ingeniösen Phantasie, womit eine Verlagerung von dem epistemologisch-mimetischen auf den kognitiv-konstruktiven Aspekt von Ähnlichkeitsoperationen einhergeht. Deren ‚Scharfsinnigkeit' zielt nicht auf eine *rationale* Ordnung der Dinge, die der Entdeckung des Ähnlichen die Rolle einer Vorstufe begrifflicher Erkenntnis zuwiese, vielmehr tritt an die Stelle einer „Raschheit des Blicks, der im Topischen erwartbare, von der Vor-Ordnung des Topischen vorgegebene Entdeckungen des Ähnlichen macht", eine „Wahrheit des Poetischen, des Tropischen, des Umgangs mit Topischem, des Blitzschnellen auch, [...] die wahrer ist als die Wahrheit des Logischen".[653] Der Dichter wird zum

> Meister des anderen Blicks auf die Welt, einer Blickstruktur, die die Dinge und die Worte, ohne sie vorderhand zu verändern, neu ordnet [...]. Der höchste Wert ist die Subtilität und

---

649 Ebd., S. 113.
650 Ebd., S. 110.
651 Ebd., S. 93.
652 Knörer, *Entfernte Ähnlichkeiten*, S. 90.
653 Ebd., S. 16 und S. 20.

ihr Kriterium der Schwierigkeit der Entdeckung, die Besonderheit und Abgelegenheit der Ähnlichkeits- oder Korrespondenzverknüpfung.[654]

Gerade an der emphatisch betonten Bedeutung dieser Blickstruktur des ‚akuten Sehens', durch die der Akzent von den objektiven „Eigenschaften der sichtbaren Dinge" auf die subjektiven „Eigenschaften des Sehens" verlegt wird,[655] zeige sich die „Opposition von vorgefundener und aufgefundener Korrespondenz, von aufgedeckter und fingierter Ähnlichkeit":

> Das akute Sehen, die ‚agudeza de perspicacia' (Gracian, 21), das ‚Transparenzvermögen des *ingegno*', kann die objektive Symmetrie ebensowenig bestätigen wie es sich der Ordnung der Dinge der neuen Objektivität des Rationalismus unterordnen kann. Die subjektive *acumen*-Ästhetik zeigt sich in der Ambivalenz von Begriffen wie ‚finden' und ‚erfinden', ‚entdecken' und ‚erschaffen'.[656]

Lachmanns Schlussfolgerungen spiegeln die seit Foucault weitgehende Übereinstimmung der Forschung zum problematischen Stellenwert der Ähnlichkeit im ‚nachanalogischen' Zeitalter: Die „barocke Dichtung inszeniert die Ähnlichkeit als eine in die Krise geratene Form des Erkennens und Darstellens"[657], eine These, die mit der einer *Abkehr von der Mimesis zugunsten der Phantasie* einhergeht.

> Theorie und poetische Praxis des *acumen* formulieren diesen Bruch, indem sie das Finden, Erfinden von Ähnlichkeit, Korrespondenz und Analogie als intellektuelles und ästhetisches Ereignis profilieren. Der Verlust der Ähnlichkeit wird in ihrer Fiktion aufge-

---

654 Ebd., S. 92.
655 Lachmann, Die ‚problematische Ähnlichkeit', S. 94. Lachmann führt Tatarkiewicz' Analyse der Begriffe Symmetrie und *eusýnopton* der aristotelischen Ästhetik an: Hier wird der Betonung der objektiven Eigenschaften der Dinge das subjektive Sehen gegenübergestellt; während hier beides nebeneinander besteht, werde in den concettistischen Traktaten der Akzent auf die subjektive Seite verlagert. „Das akute Sehen, das die italienischen Concettisten die *perspicacia* nennen, die Transparenz, schafft in der Zerstörung des Überdrusses der Trivialität eine kognitive und ästhetische Erfahrung der Durch- und Einsicht in den Zusammenhang der sprachlichen und argumentativen Zeichen. Es geht um das Aufdecken der verborgenen Wahrheit, der unbekannten Gründe (Gracián, Sarbiewski) in einem Akt des Verstandes [...]. Aber hier zeigt sich in den Thesen der *acumen*-Theoretiker jener Bruch zischen ‚objektiver' und ‚subjektiver' Ästhetik, die der Ähnlichkeitskrise vorausgeht. Die Korrespondenzen, Ähnlichkeiten sind verborgen und den Dingen immanent, vom akuten Verstand benannte Eigenschaften der Objekte, doch ist es die Kunst des *ingenium* (*arte del ingenio*), des *conceptus*, der kreativen Vorstellungskraft, die die Korrespondenzen herstellt. Der *poeta* als *creator* schafft die künstliche (nie dagewesene) Verbindung zwischen den Gegenständen [...]). Hierin steckt, so scheint mir, die Opposition von vorgefundener und aufgefundener Korrespondenz, von aufgedeckter und fingierter Ähnlichkeit." (Ebd., S. 93f.).
656 Ebd., S. 94.
657 Ebd., S. 88.

hoben. Die Phantasia löst die Mimesis ab. Der Zerfall der auf Ähnlichkeit begründeten Welt wird auf der Weltbühne der Similaritäten vorgespielt. Im Ähnlichkeitsspiel werden die Identitäten und Unterschiede zur Disposition gestellt. [...] Die barocke Ähnlichkeit [...] ist fingiert, das *tertium comparationis* verflüchtigt sich, die Erzeugung der Analogien ist ein Schaffensakt, der, Maß und Angemessenheit verletzend, Erstaunen und Schock hervorrufen kann angesichts der unähnlichen Ähnlichkeit.[658]

Diese plausible und im Hinblick auf den Wandel der ontologischen Fundierung von Ähnlichkeit und Analogie konsistente Perspektivierung desambiguiert tendenziell den mit Endres hervorgehobenen objektiv-subjektiven *Doppelaspekt der Ähnlichkeits(er)findung*, der bereits für den synoptischen Blick in Aristoteles' topischer Ähnlichkeitsauffassung betont wurde – und auf den Lachmann selbst verweist. Lachmanns mit Foucaults Periodisierung betonte historische Opposition scheint so in gewissem Sinn hinter den in Auseinandersetzung mit Sarbiewski aufgezeigten Umgang mit Ähnlichkeiten zurückzufallen: Es handelt sich wohl weniger um einen Bruch oder eine Ablösung von objektiv vorgefundener durch subjektiv konstruierte Ähnlichkeit, noch um eine Opposition von Mimesis und Phantasie, sondern eher um ein skalares Verhältnis – insofern das Ineinanderwirken eines subjektiven Aspekts und eines objektiven Moments der Ähnlichkeitsfeststellung immer schon inhärent ist –, und um eine Akzentverschiebung in dieser der Ähnlichkeitsfeststellung inhärenten Doppelpoligkeit, die die ästhetisch-epistemologische Funktion der Ähnlichkeit mit begründet.[659] So betont etwa Gerhard von Graevenitz anhand Federico Zuccaris Concettismus-Traktat *L'Idea de Pittori, Scultori et Architetti* (1607), dass *Mimesis* und *Phantasie* nicht als Binäropposition gesehen werden müssen.[660] Es differenziert drei *concetto*-Formen:[661] „1. ‚*Disegno Naturale*', d. h. die Kunst ahmt die Natur nach. 2. ‚*Disegno Artificiale*': Der Geist macht aus der Natur ein eigenes künstliches Bild. 3.

---

658 Ebd., S. 89. Vgl. auch Renate Lachmann, *Erzählte Phantastik: zu Phantasiegeschichte und Semantik phantastischer Texte*, Frankfurt a. M., S. 449.
659 Vgl. zu dieser These Christian Strub, „Abbilden und Schaffen von Ähnlichkeiten. Systematische und historische Thesen zum Zusammenhang von Metaphorik und Ontologie", in: Lutz Danneberg, Klaus Petrus, Andreas Graeser (Hg.), *Metapher und Innovation. Die Rolle der Metapher im Wandel von Sprache und Wissenschaft*, Bern, Stuttgart, Wien 1995, S. 105–125.
660 Graevenitz, Gewalt des Ähnlichen, S. 69.
661 Hocke, *Die Welt als Labyrinth*, S. 48. Das Traktat definiert *concetto* als „Bildbegriff oder Begriffsbild" und *disegno interno* als „bildliche Vorstellung, [...] innere Zeichnung": „Zunächst entsteht ‚in unserem Geiste ein *Concetto*' [...], eine ‚ideelle Vorstellung', ein ‚*Disegno Interno*', dann gelangen wir zur Verwirklichung, zum ‚*Disegno Esterno*'." (Ebd., S. 49).

‚Disegno Fantastico-artificiale': Ursprung aller [...] ‚Capricci'", erreiche er „*effiti meravigliose*' [...], und zwar expressiver oder sur-realer Art." Als höchste Kunst gilt Zuccari der „‚*Disegno esterno prodottivo, discorsive, fantastico*'":[662] Hier wird „Kunst [...], dank der extremen Ausdrucksmittel der Phantasie, zu einem ‚*Disegno metaforico*' [...], d. h. der Möglichkeit, alles mit allem zum Ausdruck zu bringen."[663] Graevenitz sieht Mimesis und Phantasie hier „in einer Skala der concetto-Realisationen" verbunden, die eine „Verschränkung von Mimesis und phantasia"[664] impliziere. Der „Grundwiderspruch von Irrealisierung des Realen" werde dabei ebenso aufgelöst wie der Widerspruch von „‚realistischer' Mimesis und ‚konstruktivistischer' Phantasie"[665]. Eine Überdehnung des Prinzips der Analogiemetapher im Medium des Bildes beschreibt auch Roland Barthes, der dieses konstruktivistische Moment in Giuseppe Arcimboldos Bildern mit surrealistischen Verfahren vergleicht: Die in der ‚syntaktischen Struktur' arbeitende Metaphorik beschreibt er als „so kühn [...], dass zwischen der dargestellten Sache und der Darstellung keinerlei ‚natürliche' Beziehung besteht. [...] Das Verfahren ist jedenfalls auf äußerst ausgeklügelte Relais angewiesen; die analogische Verbindung ermattet (wird selten, preziös)."[666] Es entspricht damit der concettistischen Metapher:

> Man kann sagen, dass in diesen extremen Metaphern die zwei Glieder der Metabole nicht in einer Beziehung der Äquivalenz (des Seins) stehen, sondern tatsächlich in einer des *Machens*; Arcimboldo lenkt die Aufmerksamkeit somit auf den produktiven, transitiven Charakter der Metaphern; es sind jedenfalls keine bloßen Verwandtschaftsbekundungen, keine Verbindungen virtueller Analogie, die in der Natur existieren und vom Dichter herauszustellen wären: Sie zerlegen die vertrauten Objekte, um neue, fremdartige hervorzubringen, und zwar durch einen wahren Gewaltstreich [...], durch die Arbeit des Visionärs. (und nicht bloß durch seine Fähigkeit, Ähnlichkeiten zu erfassen)[667]

---

662 Alle Zitate ebd., S. 49 f.
663 Ebd., S. 50. Naturnachahmung wird als lehrreich gewürdigt, doch stelle die Kunst ebenso *Vor*bilder für künstlerisches Arbeiten – und reine Nachahmung kenne keine „‚*teoria*'" (ebd.) Die aus Kunst hervorgehende Kunst schafft „unsichtbare Dinge', die nur im ‚inneren Sinne' oder nur im Intellekt ohne Form der Dinge bekannt sind. Aus diesem entschiedenen Visionarismus und Intellektualismus einer rationalen Mystik wird der Künstler gelobt, der ‚künstliche Dinge' schafft, welche die Augen der Menschen, der Unwissenden wie der Weisen, täuschen und trügen'" (ebd., S. 50 f.).
664 Graevenitz, Die Gewalt des Ähnlichen, S. 69.
665 Ebd., S. 70.
666 Roland Barthes, „Arcimboldo oder Rhétoriqueur und Magier", in: ders., *Der entgegenkommende und der stumpfe Sinn. Kritische Essays III*, Frankfurt a. M. 1990, S. 144.
667 Ebd., S. 145.

Es gilt, in der Rezeption die „Rätsel durch das geduldige Spiel der Metaphern und Metonymien [zu] lösen"[668] Diese „Verknüpfung des Entlegenen" wird nicht nur von Arcimboldo angewendet, sondern zeitgenössisch als Prinzip der Groteske begründet – als Prinzip, das „keineswegs nur einer Laune der munter kombinierenden *phantasia*, sondern dem in kühnen Metaphern dokumentierten scharfsinnigen Erkennen des Ähnlichen zu verdanken" sei.[669]

So entfaltet sich die manieristische ‚Rhetorik der Ähnlichkeit' explizit vor dem Hintergrund einer ‚nachanalogischen' Ontologie. Doch scheint sie – gerade angesichts der Betonung des ‚akuten' Blicks – letztlich weniger einen eindeutigen Umschlag des Doppelaspekts der Ähnlichkeitsherstellung von einer topischen, objektiv-vorgefundenen zu einer tropischen, subjektiv-konstruierten Ähnlichkeit zu artikulieren als eine Überbietungsgeste, die die ingeniöse Freiheit poetischer Mittel zur transgenerischen poetischen Perspektivierung gegen die logisch-begriffliche, generische Verifizierung betont, also das *(Er-)Finden des Ähnlichen* als eigentliche Leistung des Ästhetischen behauptet. Diese Thematisierung *unähnlicher Ähnlichkeit* findet in der concettistischen Ästhetik und Poetik eine programmatische Fassung: „Es kommt zu einer Theoriebildung, die in dieser Konsequenz und Abgeschlossenheit seit der Kanonisierung der antiken Lehre nicht mehr stattgefunden hat, und deren Folgen für die ästhetische Diskussion bis zur Romantik deutlich bleiben werden."[670] Denn „[d]ie konzeptuellen Zusammenhänge von Witz und Scharfsinn in der concettistischen ‚Vereinigungskunst des Heterogenen'" wirken in der romantischen Poetik – und bis in die surrealistische Metaphorik – weiter.[671]

---

668 Barthes, Arcimboldo, S. 136.
669 Von Flemming, Mediale Ausprägungen des Phantastischen: Bildende Kunst", in: Hans Richard Brittnacher, Markus May (Hg.), *Phantastik. Ein interdisziplinäres Handbuch*, Stuttgart, Weimar 2013, S. 198–226, S. 207f.: Arcimboldos „Kompositköpfe" zeigten, „– den fast zeitgleich revidierten Regeln der Metaphernbildung vergleichbar – eine Verknüpfung des Entlegenen"; dies lies sich „mit einer von Gregorio Commanini im 16. Jh. geleisteten Deutung des *Sophistes* legitimieren", wobei „solche Kompositionen keineswegs nur einer Laune der munter kombinierenden *phantasia*, sondern dem in kühnen Metaphern dokumentierten scharfsinnigen Erkennen des Ähnlichen zu verdanken waren".
670 Lachmann, Die ‚problematische Ähnlichkeit', S. 91.
671 Greber, *Textile Texte*, S. 475. Graevenitz, Gewalt des Ähnlichen, S. 80, betont, gerade der *frühromantische* Witz habe daran Anteil, um einer späteren „‚Gemütserregungskunst' und ihrem Bezug auf kantischen Transzendentalismus oder neuplatonischen Analogismus" zu weichen.

2.5 Die ‚Welt im Stand der Ähnlichkeit': Ähnlichkeit in der Romantik

> *Der Mensch kann nur an Dingen, die seine Seele ohne Ketten lassen, Aehnlichkeiten und Beziehungen wahrnehmen.* (Jean Paul)[672]

> Die fremdesten Dinge kommen durch Einen Ort, Eine Zeit, Eine seltsame Aehnlichkeit, einen Irrthum, irgend einen Zufall zusammen. So entstehn wunderliche Einheiten und eigenthümliche Verknüpfungen – und Eins erinnert an alles – wird das Zeichen Vieler und wird selbst von vielen bezeichnet und herbeygerufen. Verstand und Fantasie werden durch Zeit und Raum auf das sonderbarste vereinigt und man kann sagen daß jeder Gedanke, jede Erscheinung unsers Gemüths das individuellste Glied eines durchaus eigenthümlichen Ganzen ist. (Novalis)[673]

Auf die Bedeutung der Ähnlichkeit für die romantische Poetik und Epistemologie wurde vielfach hingewiesen; ihrer „*Relevanz für die Neuformierung der Episteme*", für „die *Ausbildung von Poetiken des Ähnlichen*" und die „*Reflexion von Interkulturalität und Medialität*" widmete sich zuletzt etwa der Band *Ähnlichkeit um 1800*:[674]

> Das Ausmaß, in dem Ähnlichkeitsdenken in die Weltmodellierung und -erschließung involviert wird, ist in dieser epistemischen Umstellungsphase so groß, die Spielarten der Bezugnahme so breit gefächert, dass jeder Versuch, Ähnlichkeitsdenken an überwundene Epochen zu knüpfen oder auch der Ratio als ihr Gegenteil entgegenzusetzen, zu kurz greift.[675]

Die romantische Ästhetik, Poetik und Naturphilosophie prägt ein teils implizites Ähnlichkeitsdenken und eine teils explizite Ähnlichkeitsreflexion, wie etwa das Wortfeld der Ähnlichkeit in Novalis' Reflexionen,[676] das witz- und metapherntheoretische Konzept Jean Pauls oder der Stellenwert der Analogie im Denken Friedrich Schlegels belegen. Ähnlichkeitsannahmen erfüllen ontologische, epis-

---

672 Jean Paul (Blumen- Frucht- und Dornenstücke oder, Ehestand, Tod und Hochzeit des Armenadvokaten F. St. Siebenkäs, Kap. 7, Das Vogelschießen), zit. n. Stadler, Ich lehre nicht, ich erzähle, S. 83 (Motto). Zur Überschrift dieses Kapitels vgl. Walter Benjamin, „Zum Bilde Prousts", in: ders., *Illuminationen*, Frankfurt a. M. 1961, S. 355–369, S. 365.
673 Novalis, *Schriften. Die Werke Friedrich von Hardenbergs*, Bd. 3. Das philosophische Werk II, hg. v. Richard Samuel in Zusammenarbeit mit Hans-Joachim Mähl und Gerhard Schulz, Abt. XII, *Aphorismen und Fragmente* 1799–1800 [559], Darmstadt 1968, S. 525–693, S. 650 f. [sic].
674 Bhatti, Vorwort, S. 7.
675 Patrut, Rössler, Ähnlichkeit um 1800, S. 13.
676 Durch Novalis' Fragmente ziehen sich Bemerkungen zu „*Paralellism, Verhältnislehre, Coexistenz, Coactivity, Sympathie, Calcül der Analogie, Metemphychose, Wechselrepresentationslehre*" (vgl. Fromm, Inspirierte Ähnlichkeit, S. 560).

temologische und methodologische Funktionen, die in den Dienst einer kritischen Revision der rationalistischen ‚Entzauberung' der Welt treten, als eines „Rationalisierungsprozesses, der das Ähnlichkeitsdenken verdrängt. Spätestens in der Romantik kommt es jedoch zu einer ernsthaften Reaktion gegen diese Entwicklung und damit zu einer Rückbesinnung auf die [...] älteren Traditionen."[677] So lassen sich um 1800 im Anschluss an neuplatonische und neuaristotelische Ähnlichkeitstheoreme nicht nur des Manierismus, sondern auch der Antike, des Mittelalters und der Renaissance[678] etwa Referenzen auf ein motiviertes Zeichenkonzept durch „das hieroglyphische, allegorische oder metaphorische Bezeichnen dieses Orts" erkennen, die angesichts der unmöglichen Restitution eines mythischen ‚Ursprungs' die „fragile Balance von Zeichen und Bezeichnetem" betonen.[679] Voraussetzungen des Rückbezugs auf das Ähnlichkeitsdenken sind unter anderem die „antimetaphysische Beschränkung der Analogie"[680] und die Sprachreflexion der Aufklärung, mit der, so Erich Kleinschmidt, „Sprache [...] zur komplexen und kreativen Eigenstruktur mit affektiver Grundierung" wird:[681] „Die kommunikative Naturwelt aufklärerischer Provenienz ist kein Ort ‚wilder Rede'. Sie unterliegt ganz im Gegenteil sogar einer strikten, apriorischen Disziplinierung durch die Vernunft"[682]. Gegen den als „‚metaphysische Ordnung der Wörter'" kritisierten rationalistischen Optimismus richten sich sensualistische Auffassungen, denen zufolge in jedem Sprechakt das Wirken zugrundeliegender Sinneseindrücke, „Empfindungen, Erfahrungen und Reflexionen" analogisch

---

677 Funk, Mattenklott, Pauen, Symbole und Signaturen, S. 23.
678 Vgl. Lothar Pikulik, *Frühromantik – Epoche, Werke, Wirkung*, München 1992, bes. S. 113–119, S. 114.
679 Fromm, Inspirierte Ähnlichkeit, S. 564.
680 Sandkühler, Analogie, S. 103f.; vgl. den Verweis auf die Metaphysikkritik des Analogiebegriffs Humes und besonders Kants (ebd., S. 104).
681 Ebd., S. 70. Zwar ist „Kants Klage über die ungenaue Bedeutung der Begriffe" symptomatisch (ebd., S. 71). Doch zugleich „ist den Theoretikern, die über das Sprachproblem nachdenken, zunehmend bewußt, daß aller sprachlichen Zeichenwelt eine kommunikative ‚Naturwelt' vorangeht [...]. Darüber hinaus wird bewußt, daß [...] auch den Zeichen eine Natur zu eigen ist" (ebd., S. 81). Vgl. zur „Differenz von Natur und Institution" als Voraussetzung des Sprachdenkens im achtzehnten Jahrhundert ebd.: „Das Denken der sprachlichen Differenz von Natur und Institution trifft den zentralen Punkt der aufklärerischen Sprachdebatte" (ebd.).
682 Ebd., S. 81. Die Natur der Sprache leite „sich danach unmittelbar aus der Vernunftordnung des Seins ab. Diese rationalistische Vorgabe vor allem Descartscher Provenienz führt zur Annahme eines als ‚natürlich' angenommenen Idealtyps logischer Satzkonstruktion, der aller konkreten Sprachrealisierung vorangeht" (ebd., S. 82).

zum Ausdruck kommt.⁶⁸³ Die Sprachreflexion um 1800 führe „zu einer ästhetischen Dimension hin, die existentiell und affektiv verankert wird."⁶⁸⁴

Zentraler Ansatzpunkt der Romantik ist der Versuch einer „(transzendentalen) Aufklärung über die Aufklärung".⁶⁸⁵ Mit der Kritik Friedrich Heinrich Jacobis an Kant, der zufolge es kein sicheres Wissen von einem ‚Ding an sich' geben könne, sondern allenfalls ein dem Gegenstand korrespondierendes „Gefühl" und eine „‚*Ahndung* des Wahren'", die „zu Bewußtsein aber nur in relationalen Aussagen kommen können"⁶⁸⁶, ist der romantischen Aufklärungskritik der Boden bereitet. Das

> Denken in Ähnlichkeiten entfaltet in dieser Entwicklung seinen problemgeschichtlichen Ort zunächst in der Sprache und ihrer (Un-)Möglichkeit, Dinge plausibel aufeinander zu beziehen. Vor allem aber zur Beschreibung des ‚geheimnisvollen Weges nach Innen' genügen den Autoren theologische, mechanische und aufklärerische Positionen nicht. Man ist ästhetisch bemüht, die wahrgenommenen Leerstellen in den Leistungsbereichen poetischer Sprache nicht vorschnell zu übergehen. Das Denken in Ähnlichkeiten ist an einer Trennung von Subjekt und Objekt, wie sie Kant in der Beschränkung der Vernunft auf die Vorstellung unternommen hat, nicht interessiert.⁶⁸⁷

Das Denken in Ähnlichkeiten richtet sich „gegen ein Identifizieren von Personen, Sachverhalten oder Gegenständen" im aufklärerischen Denken, dessen „Dissonanzen" ästhetisch problematisiert werden.⁶⁸⁸ Aus dieser Position wird ein vertieftes Wissen angestrebt: Die romantische Kritik geht aus von einem

> Bewusstsein von der Endlichkeit und Beschränktheit des zuvor so anmassenden Verstandes: Dieser vermag nur zu begreifen, was ihm ähnlich ist, und bemüht sich vergeblich, das ihm Unähnliche in seinen eigenen Kategorien und Ordnungsmustern zu assimilieren. Die Welt der Empfindungen und Sinnesreize, das Spontane und Individuelle in seiner subversiven Inkommensurabilität an jegliches Begriffssystem, ja vor allem jenes Übersinnliche, Numinose, Wunderbare, von dem die Religionen, Mythen und Dichtungen der

---

683 Kleinschmid, *Um*schreibungen – *Um*schreibungen, S. 82. Zur Funktion der Ähnlichkeit in der Aufklärung unter der Maßgabe „alles ‚wahrhaft' Natürliche ist vernünftig (d. h. rational)" vgl. Schenk, Ähnlichkeit, S. 53.
684 Kleinschmid, *Um*schreibungen – *Um*schreibungen, S. 86.
685 Fromm, Die Sympathie, S. 30 f.; vgl. ders., Inspirierte Ähnlichkeit; Jürgen Daiber, „Die Suche nach der Urformel: Zur Verbindung von romantischer Naturforschung und Dichtung", in: *Aurora* 60 (2000), S. 75–103 (online unter http://www.goethezeitportal.de/fileadmin/PDF/db/wiss/epoche/daiber_urformel.pdf, 16.1.2020, S. 1–30 [im Folgenden wird nach der Onlineversion zitiert]); Manfred Frank, „Philosophische Grundlagen der Frühromantik", in: *Athenäum – Jahrbuch der Friedrich Schlegel-Gesellschaft* 4,4 (1994), S. 37–130.
686 Fromm, Die Sympathie, S. 40.
687 Fromm, Inspirierte Ähnlichkeit, S. 565.
688 Ebd., S. 567.

Völker stets Zeugnis abgelegt haben – diese ‚andere' und nächtliche Seite der Welt (die der vorromantischen und romantischen Zeit [...] als die wichtigere galt) bleibt dem Verstand verschlossen.[689]

Im Versuch, dieses ‚Andere' zu artikulieren, drückt sich weniger „naiver ‚Irrationalismus'" aus als die „Einsicht in die begrenzte Tragfähigkeit rationaler Kategorien" und das Vertrauen in das „Vermögen der Sprache, auch und gerade das Unverständige, das Subversiv-Besondere und Nichtkonforme zu artikulieren"[690]. Dabei kommt Ähnlichkeitstheoremen, vor allem vermittelt über Programmatiken des *Witzes*, der *Metapher* und der *Analogie*, eine zentrale Rolle zu, die an die beschriebene Tradition anknüpfen:

> Zur ästhetischen wie philosophischen Erkundung einer [...] ungesicherten Sprachansicht und offenen Epistemologie beruft man sich um 1800 verstärkt auf Einsichten aus Ähnlichkeitsmodellen, die unter dem Begriff der ‚Sympathie' in der theologischen Tradition des Mittelalters sowie der Renaissance zur Dechiffrierung der Sprache Gottes und der Natur entwickelt wurden, um den ‚Riß im Sein' zu kitten.[691]

Hier erlangen Theorien bildhaften Sprechens besondere Bedeutung, wobei terminologisch Metapher, Symbol und Allegorie, „ja der vieldeutige Begriff des ‚Bildes' selbst"[692] konkurrieren: „Die Krise des Benennens wird langsam in einen Diskurs der Metapher überführt."[693] Auch die synthetisierende Kraft der Analogie wird vielfach hervorgehoben: Sie schafft ein „Verhältnis der Ähnlichkeit", das „die Positionen zwischen der völligen Gleichheit und der völligen Verschiedenheit" offenhält,[694] und dient so der „äquilibristischen Verhandlung von Identität und Differenz" durch eine *Inspiration*, die „Heterogenes aus einem unsagbaren Grund

---

[689] Monika Schmitz-Emans, „Romantische Sprachästhetik", in: *Die Wende von der Aufklärung zur Romantik 1760–1820. Epoche im Überblick*, hg. v. Horst Albert Glaser, György M. Vajda, Amsterdam, Philadelphia 2001, S. 567–587, S. 572 [sic].
[690] Ebd.
[691] Fromm, Die Sympathie, S. 40 f.
[692] Schmitz-Emans, Romantische Sprachästhetik, S. 579. So notiert etwa Novalis in den *Freiberger naturwissenschaftlichen Studien*: „‚Alle Figuren etc. sollen Wort oder Sprachfiguren werden – so wie die *Figurenworte* – die inneren Bilder etc. die IdealWorte der übrigen Gedanken oder Worte sind – indem sie alle innre Bilder werden sollen" (Zit. n. Fromm, Inspirierte Ähnlichkeit, S. 578, Anm 66.).
[693] Fromm, Inspirierte Ähnlichkeit, S. 564. Menninghaus bemerkt, der „poetische[n] Faszination" der Metapher in der Romantik stünde eine „Leerstelle" ihrer Theoretisierung gegenüber (Willer, Metapher/metaphorisch, S. 118); Schmitz-Emans (Romantische Sprachästhetik, S. 578 f.) betont, die Metapher sei, wenn sie auch konzeptuell selten deutlich in Erscheinung trete, zentral.
[694] Pikulik, *Frühromantik*, S. 133.

2.5 Die ‚Welt im Stand der Ähnlichkeit': Ähnlichkeit in der Romantik — 231

heraus als zusammengehörig" denkt.[695] So „gruppieren sich", wie Fromm am Beispiel Novalis' zeigt, „die poetologischen Äußerungen um eine Idee von Ähnlichkeit, mit der die Prozessualität symphilosophischen Erkennens betont wird".[696] Dabei stehen die durch das Ähnlichkeitsdenken beleuchteten „Facetten des Sachverhalts" statt eines „positiv formulierbaren endgültigen Beweis[es]" im Vordergrund.[697]

> Entsprechend gestaltet die Idee der Ähnlichkeit das Verhältnis von Sprache und Wirklichkeit im Sinne einer ‚Tropen- und Rätselsprache', plädiert für eine Hieroglyphik von Zeichen, eine neue Bedeutungslehre in der Annahme einer sympathetischen Relation zwischen Zeichen und Bezeichnetem und sucht seine Rettung in Ironie und Witz.[698]

Dass das *ingenium* der concettistischen ‚Vereinigungskunst des Heterogenen' im scharfsinnigen Witz der Romantiker fortlebt[699] und zugleich neu mit den imaginativen Syntheseleistungen bildhaften Sprechens verknüpft wird, belegt der Stellenwert des kreativen Geistesblitzes in Witz und Metapher, die „Gleichheit in der Differenz" oder Ähnliches im Unähnlichen finden.[700] So deckt etwa nach Joseph von Eichendorff der „‚Geisterblick'" der Einbildungskraft „‚den verborgenen Zusammenhang des Entlegenen blitzartig auf [...], als ob sich das Unerhörte von selbst verstünde.'"[701] Nach Novalis synthetisiert die Imagination das ‚Entlegene' als „ästhetische Version einer coincidentia oppositorum", die aus dem „Urbedürfnis Entgegenzusetzen" entsteht, und verbindet so Heterogenes holistisch zu einem Ganzen.[702] Friedrich Schlegel charakterisiert die Allianz von Ähnlichkeit und Einbildungskraft erkenntnistheoretisch, wenn er in seinen *Kölner Vorlesungen* Ähnlichkeit als „eines der Gesetze ‚natürliche[r] Verknüpfung' von Gedanken

---

695 Fromm, Inspirierte Ähnlichkeit, S. 559. Vgl. Pikulik, *Frühromantik*, S. 133 ff [F.] Analogie]; Stadler, Ich lehre nicht, ich erzähle.
696 Fromm, Inspirierte Ähnlichkeit, S. 559. Vgl. zu Novalis' Auseinandersetzung mit Ähnlichkeit im Kontext der *Fichte-Studien* ebd., S. 571 f.
697 Ebd., S. 565.
698 Ebd., S. 560.
699 Vgl. zu dieser oben zitierten Formulierung Greber, *Textile Texte*, S. 475.
700 Fromm, Die Sympathie, S. 38. Gerade „in der wechselseitigen Bezogenheit von Symbol und Symbolisiertem auf eine Gleichheit in der Differenz" zeige sich: „Ähnlichkeit ist demnach auch in der frühromantischen Symboltheorie aufzufinden." (Ebd. 60 f.)
701 Zit. n. Assmann, *Im Dickicht der Zeichen*, S. 18 f.
702 Vgl. Daiber, Urformel, S. 17, Anm. 68. Er „notiert im *Allgemeinen Brouillon*: „Aus d[er] produk[tiven] Einb[ildungs]Kr[aft] müssen alle innern Ver[mögen] und Kräfte – und alle äußern Verm[ögen] und Kr[äfte] deducirt werden (HKA III, 413). Manfred Frank hat in einer Studie exakt in diesem Sinne die Einbildungskraft als synthetisierende Einheitskraft gefaßt, welche als verbindendes Glied zwischen Anschauung und Vorstellung, zwischen empirischer Welt und geistiger Sphäre, zwischen Zeitlichem und Außerzeitlichem vermittelt." (Zit. n. ebd.)

durch ‚Ideenassoziation'"[703] beschreibt. Ähnlichkeit grundiert die Assoziationsgesetze und verknüpft Wahrnehmung und Denken: „Als ‚äußere Ähnlichkeit' gründet sie in der Sinnlichkeit [...]. Erst die Einbildungskraft kann die äußere Ähnlichkeit in eine ‚innere wesentliche Verwandtschaft und Gleichartigkeit' [...] der Dinge überführen, indem sie ‚in das Gegenteil überspringt'".[704] So wird „Ähnlichkeit [...] als ein Verfahren vorgestellt, das der Natur des Denkens entspricht."[705] Darüber tauscht sich Schlegel mit Novalis brieflich aus, der ein „‚Associationsgesetz'" zum wichtigsten Prinzip des Denkens erklärt:[706] „[D]ie ganze Poësie beruht auff thätiger Ideenassociation – auf selbstthätiger, idealischer Zufallsproduktion"[707]; aus dieser auch die kombinatorische Tradition des Lullismus beerbenden „Idee eines ungebundenen Spiels der Korrespondenzen" folgt Novalis' Forderung, „‚Erzählungen ohne Zusammenhang [zu schreiben], jedoch mit Association, wie Träume ...'".[708]

Dieser Gedanke einer Assoziation nach Similarität ist auf der Höhe der Traumforschung der Romantik: So beschreiben etwa Gotthilf Heinrich Schuberts *Die Symbolik des Traumes* (1814) und Johannes Volkelts *Die Traum-Phantasie* (1875) den Traum als den Gesetzen der Ähnlichkeit folgend, insbesondere „Associationsträume", in denen „Vorstellungen [...] durch Association einander herbeigezogen" würden: „Und zwar ist in dieser Association die ungefähre Gleichheit

---

703 Fromm, Die Sympathie, S. 44.
704 Zit. n. ebd. Schlegel sucht die „„innere Gesetzmäßigkeit' der scheinbaren Regellosigkeit der Ideenassoziation zu erkunden, also das Verfahren einer ‚intuitiven Dialektik' des Seins zu bestimmen, das eine autogene Form annehmen kann, ohne trivial zu werden. Er zielt auf ein ‚ontologische[s] Gesetz, das die Verknüpfung des Verwandten aber Ungleichartigen' klären soll" (ebd.)
705 Ebd.; dagegen sei „[f]ür das Verfahren der Analogie [...] ein ‚Wechselerweis' grundlegend, der das Eigene am Fremden erst sichtbar werden läßt" (ebd., S. 44 f.). In der Suche nach Regeln der Transformation „„durch Aneignung und Aufnahme des Fremden in das eigene Wesen, durch Verwandlung der Gestalten, *durch Übergang aus einer Form in die andere*'" – „in einem analogischen Verfahren der Verbindung des Entgegengesetzten" – zeige sich die „Überlegenheit der Analogie gegenüber anderen philosophischen Erkenntnismethoden" (ebd.).
706 Zit. n . ebd., S. 45. Novalis spricht von einer Anverwandlung der Erfahrung: „„Ich kann etwas nur erfahren, insofern ich es in mir aufnehme; es ist also eine Alienation meiner Selbst und eine Zueignung oder Verwandlung einer andern Substanz in die meinige zugleich'" (ebd.) Vgl. zur paradoxen Figur der Verinnerlichung und Dezentrierung des Ichs als Erbe der Romantik im zwanzigsten Jahrhundert den Verweis auf Taylor, *Quellen des Selbst*, ebd., S. 50.
707 Zit. n. Neubauer, *Symbolismus und symbolische Logik*, S. 122.
708 Zit. n. Fromm, Inspirierte Ähnlichkeit, S. 578, Anm 66.

im räumlichen Vorkommen und die Ähnlichkeit des allgemeinen Charakters [...] das Bindende."⁷⁰⁹ Der Traum wird damit zum „Beispiel für die [...] steigernde Thätigkeit der Phantasie"⁷¹⁰.

> Die Fähigkeit des Traumes, eine andere „Associationsordnung" im Geist zu erzeugen, hat für die Romantiker in diesem Zusammenhang Schlüsselfunktion: Sie eröffnet die Möglichkeit, die andere Seite des Ich zu erfahren, den Geist für jene geheimnisvolle Welt durchlässig zu machen, die der Sphäre der Bewußtheit entzogen bleibt.⁷¹¹

Assoziation, Traum und Imagination teilen das Vermögen zu einer ‚anderen Assoziationsordnung' mit dem Witz. Die poetische und philosophische Bedeutung des Gegensätze verbindenden Witzes als „‚kombinatorische[r] Geist'"⁷¹² betont etwa Friedrich Schlegel: Als „progressive Universalpoesie" solle die Dichtung den „Witz poetisieren".⁷¹³ Dem Witz kommt so ein zentraler Stellenwert zu.⁷¹⁴ Denn er kann das bruchstückhafte Bewusstsein in der geahnten Erinnerung an eine Einheit *synthetisieren* – wenn auch nur fragmentarisch, in der Form des gewitzten Geistesblitzes, „weil der Witz aus der Erinnerung an die ursprüngliche Einheit seine Kraft schöpft, Analogien, Ähnlichkeiten und innere Beziehungen in der scheinbar fragmentarischen Welt wahrzunehmen": Ein „‚Blitz aus der unbewussten Welt, die für uns immer neben der bewußten besteht'", ‚beleuchte' er als *ars inveniendi* deren „‚unendliche Fülle'" und vermag, so Schlegel, „‚Ähnlichkeiten zwischen Gegenständen aufzufinden, die sonst sehr unabhängig, verschieden und getrennt sind, und so das Mannigfaltigste, Verschiedenartigste zu Einheit zu verbinden'".⁷¹⁵

Das Nachwirken der *entfernten Ähnlichkeit* der ‚kühnen' concettistischen Metapher in den Überlegungen zum Witz deutet sich auch in Novalis' Bemerkung im

---

709 Johannes Volkelt, *Die Traum-Phantasie*, in: Stefan Goldmann (Hg.), *Traumarbeit vor Freud. Quellentexte zur Traumanalyse im späten 19. Jahrhundert*, Gießen 2005, S. 94–240, S. 182.
710 Ebd., S. 183. Vgl. auch Peter-André Alt, *Der Schlaf der Vernunft. Literatur und Traum in der Kulturgeschichte der Neuzeit*, München 2002.
711 Daiber, Urformel, S. 24. Vgl. Peter-André Alt, Christiane Leiteritz (Hg.), *Traum-Diskurse der Romantik*, Berlin 2005.
712 Friedrich Schlegel, „Die Entwicklung der Philosophie in zwölf Büchern", in: *Kritische Friedrich-Schlegel-Ausgabe (KA)*, hg. v. Ernst Behler unter Mitwirkung v. Jean-Jacques Anstett u. Hans Eichner, fortgeführt v. Ulrich Breuer, Bd. 12: *Philosophische Vorlesungen* [1800–1897]. Erster Teil, mit Einleitung u. Kommentar hg. v. Jean-Jacques Anstett, Paderborn u. a. 1964, S. 403.
713 KA, Bd. 2, hg. v. Hans Eichner, Paderborn, München, Wien, Zürich, Darmstadt 1967, S. 183 [116].
714 Vgl. Gabriel, Der Witz, S. 41: „‚Alles ist Witz und überall ist Witz.'".
715 Zit. n. Neubauer, *Symbolismus und symbolische Logik*, S. 129 f.

Allgemeinen Brouillon an: „Der Witz ist schöpferisch, er *macht* Ähnlichkeiten."[716] Dass diese Funktion nicht nur für die Jenaer Frühromantik zentral ist, zeigt etwa Jean Pauls Diskussion der Bestimmung des Witzes als „‚Vermögen [...], entfernte Aehnlichkeiten zu finden'", die er kritisiert: „Denn ferne Ähnlichkeit ist, aus dem Bildlichen übersetzt, eine unähnliche"; die „Vergleichungen des Witzes" lassen sich so von dem „Scharfsinne, als dem Finder der Unähnlichkeiten" nur graduell differenzieren:[717] Der Witz finde ein „Verhältnis der Ähnlichkeit, d. h. theilweise Gleichheit, unter größere Ungleichheit versteckt; der Scharfsinn findet das Verhältnis der Unähnlichkeit, d. h. teilweise Ungleichheit, unter größere Gleichheit verborgen"[718]. Jean Paul konstatiert: „Der Witz im engern Sinne findet mehr die ähnlichen Verhältnisse *inkommensurabler* (unanmeßbarer) Größen [...]. Diese Ähnlichkeit erzwingt ein Instinkt der Natur".[719]

Diese Theoreme nehmen Bezug auf die aufklärerische Bestimmung des Witzes: „In der ästhetischen Debatte des 18. Jahrhunderts war der Sinn für das Ähnliche im Witz bereits lokalisiert worden."[720] Der Witz, als *ars inveniendi* mit dem *ingenium* verbunden und so in „Verbindung zum Geniebegriff" stehend, wird im Spannungsfeld zwischen Logik und Rhetorik lokalisiert.[721]

---

716 Novalis, „Das Allgemeine Brouillon. Materialien zur Enzyklopädistik 1798/99", in: ders., *Schriften. Die Werke Friedrich von Hardenbergs* [HKA], Bd. 3, hg. v. Paul Kluckhohn u. Richard Samuel, Darmstadt 1968, S. 201–478, S. 410 [732] [i. Orig. gesperrt].
717 Jean Paul, „Definitionen", in: *Vorschule der Ästhetik*, n. der Ausgabe von Norbert Miller hg., textkritisch durchgesehen u. eingeleitet v. Wolfgang Henckmann, Hamburg 1990, S. 169 f. [§ 42].
718 Jean Paul, „Witz, Scharfsinn, Tiefsinn", *Vorschule der Ästhetik*, S. 171 f. [§ 43].
719 Ebd., S. 172.
720 Fromm, Inspirierte Ähnlichkeit, S. 574, Anm. 50. Fromm verweist auf Christian Wolff, wie Birus, *Vergleichung*, S. 120, Anm. 82: „‚[D]ie Leichtigkeit die Aehnlichkeit wahrzunehmen / ist eigentlich das jenige / was wir *Witz* heißen.'" Birus zufolge bezieht sich die deutsche Aufklärung auf Lockes Definition: „‚[...] *wit* lying most in the assemblage of ideas, and putting those together with quickness and variety, wherein can be found any resemblance or congruity'" (zit. n. ebd., S. 120, Anm. 81). Locke verhandelt den Witz im Zusammenhang mit „‚metaphor and allusion; wherein for the most part lies that entertainment and pleasantry of wit, which strikes so lively on the fancy'" (ebd.).
721 Gabriel, Der Witz, S. 36. Willer zufolge beerbt die „ästhetiktheoretische Metapherndiskussion", indem sie „an den barocken Nexus von Metaphorik und Scheinbarkeit anknüpft, [...] das konzeptistische Programm des ingegno, allerdings mit der entscheidenden Differenz, daß es der mainieristischen Poetik vor allem um die Kunstfertigkeit im Weben des Schleiers geht, der Ästhetik des 18. Jh. hingegen um die Analyse des Schleiers als Medium, also um die wissenschaftliche Konzeptualisierung des Scheins. Ausgehandelt wird diese Differenz in den Gegenüberstellungen von Ingenium und Iudicium, von Witz und Scharfsinn, wie sie sowohl im sensualistischen als auch im rationalistischen Kontext zu finden sind." (Willer, Metapher/metaphorisch, S. 106).

Daß in all diesen Debatten immer wieder in herausgehobener Weise von der Metapher die Rede ist, ergibt sich durch den hohen Stellenwert, den die Kategorie des Ähnlichen für das Konzept des Witzes einnimmt. Im Sinne des 18. Jh. bezeichnet dieser das rationale Vermögen, Ähnlichkeiten – insbesondere unerwartete und entfernte – durch sprachliche Operationen bewußt zu machen. In dieser Perspektive hat daher die Metapher eine ebenso explizierende Funktion wie der Vergleich, weshalb die Differenz zwischen beiden hinsichtlich des Witzes oft ignoriert wird.[722]

Beide verbindet, „daß der Witz ganz allgemein Vergleiche ermögliche und dabei sowohl Ähnlichkeiten als auch Verschiedenheiten ausmache."[723] Während er im deutschen Rationalismus an der „Heuristik wissenschaftlicher Erkenntnis" partizipiert, wird bei seiner Bestimmung im englischen Empirismus zwischen Einbildungskraft (*fancy*) und Scharfsinn (*judgement*) unterschieden und eine Hierarchisierung zwischen den Rhetorik und Logik zugeschriebenen Vermögen vorgenommen.[724] Locke folgt Hobbes in der „Gegenüberstellung von (Ähnlichkeiten bemerkendem) ‚*wit*' und (Unterschiede suchendem) ‚*judgement*'", wobei er den Witz der Einbildungskraft, rhetorischen Sprachbildern und der Poesie zuschlägt, „‚for wit lying most in the assemblage of ideas, and putting those together with quickness and variety, wherin can be found any resemblance or congruity, thereby to make up pleasant pictures and agreable visions in the fancy.'"[725] Der Witz gerät so nicht nur in die Nähe der aristotelischen Bestimmung

---

[722] Willer, Metapher/metaphorisch, S. 106.
[723] Gabriel, Der Witz, S. 36.
[724] Ebd. Hobbes stellt fest, der Witz, „‚fancy, without the help of judgement'", könne „im Übermaß sogar eine Form des Wahnsinns sei[n] (gemeint ist hier die assoziative Ideenflucht)", während der Scharfsinn ohne Einbildungskraft vorkommen könne (zit. n. ebd.). In *Human nature, or the Fundamental Elements of Policy* beschreibt er „‚those grateful similes, metaphors, and other tropes' gleichermaßen als Belege für das menschliche Vermögen, die ‚unexpected similitude of things, otherwise much unlike' zu finden." (Zit. n. Willer, Metapher/metaphorisch, S. 106f.)
[725] Zit. n. Gabriel, Der Witz, S. 37. In der englischen Diskussion, vermittelt über die Tradition der *metaphysical poets*, steht die Bestimmung des *Unähnlich-Ähnlichen* im Zentrum. Samuel Johnson schreibt: „‚Wit, abstracted from ist effects upon the hearer, may be more rigorously and philosophically considered as a kind of disconcordia concors; a combination of dissimilar images, or discovery of occult resemblances in things apperently unlike.'" (Zit. n. Birus, Vergleichung, S. 59) Robert Boyle bemerkt, dass „‚[...] the being able to find the latent resemblances betwixt things seemingly unlike, make up a great part of what we are wont to call *Wit*.'" (Zit. n. ebd., S. 60) Joseph Addison ergänzt Lockes Definition: „‚[...] In order therefore that the Resemblace in the Ideas be Wit, it is necessary that the Ideas should not lie too near one onother in the Nature of Things; for where the Likeness is obvious, it gives no Surprize'" (zit. n. ebd.). James Beatties Definition einer „‚unexpected discovery of resemblance between ideas supposed dissimilar'" steht ebenso in dieser Tradition wie George Campbells einer Entdeckung von „‚similarity in objects, which, at first sight, appear the most dissimilar and heterogenous. Thus high and low are coupled, humble and superb, momentous and trivial, common and extraordinary'" (zit. n. ebd.). Vgl. Hobbes: „‚[...] fin-

der Metapher, sondern, wo er den ihm angemessenen Bereich überschreitet, in den Verdacht des „Mißbrauchs der Sprache", des „Irrtums und der Täuschung".⁷²⁶ Christian Wolffs weite Definition sieht im Witz die Fähigkeit, „Aehnlichkeiten wahrzunehmen", betont aber auch sein Vermögen des ‚Findens'⁷²⁷, das zu den Erkenntnisvermögen gehöre, auf „‚Scharfsinn'", „‚Einbildungskraft'" und „‚Gedächtnis'" beruhend.⁷²⁸ In der Folge wird in der deutschen Tradition einerseits gefordert, Witz und Scharfsinn zum „‚acutum ingenium'" zu verbinden, wobei der Witz als *ingenium* „Ähnlichkeiten im Verschiedenen", der Scharfsinn als „‚acumen'" umgekehrt „Verschiedenheiten im Ähnlichen" erkennen lasse.⁷²⁹ Andererseits verweist die Trennung vom Scharfsinn auf den Versuch, die Ästhetik als der Logik gleichberechtigte Disziplin einzuführen. Dies zeigt Gottfried Gabriel an Kant, der Wolffs Bestimmung folgt, „indem er Witz und Scharfsinn nicht einander gegenüberstellt, sondern das Bemerken von ‚kleinsten Ähnlichkeiten oder Unähnlichkeiten' zusammengenommen als Scharfsinn bestimmt".⁷³⁰ Mit der Unterscheidung von Witz und Urteilskraft schließt er an die Dichotomisierung von *wit* und *judgement* und den daraus folgenden Vorbehalt an: Zwar sei es „‚angenehm, beliebt und aufmunternd, Ähnlichkeiten unter ungleichartigen Dingen aufzufinden und so, was der Witz tut, für den Verstand Stoff zu geben, um seine Begriffe allgemein zu machen.' Andererseits gibt er zu bedenken: ‚Witz hascht nach Einfällen; Urteilskraft strebt nach Einsichten.'"⁷³¹ Im Begriff der „‚perspicacia'" zielt Kant auf eine Balance von Witz und Urteilskraft.⁷³² Darin darf sie nicht „willkürlichen Assoziationen folgen", sondern ist an die „*Verwandtschaft* der Vorstellungen untereinander" gebunden; entsprechend ist das Genie „‚frei', aber

---

ding unexpected *similitude* of things, otherwise much unlike, in which men place the excellency of *fance*, and from whence proceed those grateful similes, metaphors, and other tropes [...].'" (Zit. n. ebd., S. 120 f., Anm. 86) Vgl. T. S. Eliot, „The Metaphysical Poets", in: ders., *Selected Essays*, London 1949, S. 281–291.

726 Gabriel, Der Witz, S. 37.
727 Vgl. ebd., S. 36; S. 38.
728 Zit. n. ebd., S. 37 f.
729 Ebd., S. 38. – Dem vergleichbar ist der französische Begriff des *esprit* (vgl. ebd., S. 39).
730 Ebd., S. 38.
731 Zit. n. ebd., S. 41.
732 Ebd. Gabriel weist nach, dass die Bestimmung des Witzes in der *Anthropologie* in der *Kritik der Urteilskraft* in die „reflektierende Urteilskraft" eingeht, die so „als das transzendentalphilosophische Substitut des Witzes" erscheint: Als „*ästhetisch* reflektierende Urteilskraft" oder „‚Geist'" kommt ihr das „‚Vermögen der Darstellung ästhetischer Ideen'" zu, d. h. „‚Vorstellung[en] der Einbildungskraft'" (ebd., S. 43). So werde dem Witz „von zwei vollkommen entgegengesetzten Seiten der Rang streitig gemacht. Von erkenntnislogischer Seite (vgl. Locke) wird er gegenüber der Urteilskraft (bzw. dem Scharfsinn) abgewertet und von poetologischer (vgl. Klopstock, Goethe, Schiller) soll er durch das Genie überboten werden." (Ebd.).

2.5 Die ‚Welt im Stand der Ähnlichkeit': Ähnlichkeit in der Romantik — 237

nicht zügellos", da die Urteilskraft selbst die Funktion erfüllt, die Einbildungskraft „dem Verstande anzupassen", und so „vor überbordender Ideenflucht bewahrt."[733]

Demgegenüber greifen die Romantiker die concettistische Koppelung von Scharfsinn und *entfernter, unähnlicher* Ähnlichkeit auf. Neben Schlegel – der „jenseits des Wolffschen Witzbegeriffs und des französischen ‚esprit' auf einen ‚kombinatorischen' Witz stieß" und an Gracian, Leibniz und Lessing anschließt[734] – ergänzen Novalis und, wie angedeutet, ihr Zeitgenosse Jean Paul die auf Ähnlichkeit konzentrierte aufklärerische Bestimmung des Witzes um ein Moment des *Unähnlichen*, wobei das „Verhältnis von Verstand und Einbildungskraft [...] zugunsten der letzteren verschoben" und die imaginative Herstellung der Ähnlichkeit betont wird, die die poetische Funktion des Witzes legitimiert: „Der Witz ist vom ‚Finder' (so Christoph Georg Lichtenberg) im Sinne der objektbezogenen *ars inveniendi* zu einem Erfinder im Sinne der *imaginatio* geworden. Die Ähnlichkeiten werden nicht gefunden, sondern gemacht."[735] Dabei wird dem Witz ein epistemologisches Moment zugestanden – anders als bei Kant, der ihn gegen die Urteilskraft abqualifiziert.[736] Jean Paul schreibt: „‚Am Ende sind alle Aehnlichkeiten, die der Witz zwischen Vorstellungen aufdeckt, eben so wahr als die, die der Scharfsinn unter ihnen auskundschaftet.'"[737] So macht der Verweis auf *unähnliche* Ähnlichkeit die witzig-kreative *(Er-)Findung entfernter Ähnlichkeiten* zur Aufgabe einer Poetik, die sich zugleich um die Restitution einer prekär gewordenen „substantiellen Verbindung"[738] bemüht, die die Metapher leisten soll.

---

733 Ebd., S. 43 f. Hier ist Baumgartens „perceptio praegnans" aufgenommen, die als „begrifflich nicht ausschöpfbare Vorstellung" die sinnliche Erkenntnis – die „ästhetische Leistung des Witzes" – aufwerte (ebd., S. 45): „Das Verfahren der ästhetisch reflektierenden Urteilskraft besteht wie das Verfahren des ästhetischen Witzes in der Entfaltung von ‚Nebenvorstellungen' auf *analogischer* Grundlage – und nicht wie das Verfahren des Scharfsinns in der deutlichen Distinktion von Merkmalen. Durch Ausnutzung der konnotativen Kraft ästhetischer Ideen bzw. prägnanter Vorstellungen, deren semantische Prototypen Allegorie und Metapher sind, werden überraschende Beziehungen und Zusammenhänge offenbar, die uns neue Sichtweisen eröffnen." (Ebd.)
734 Neubauer, *Symbolismus und symbolische Logik*, S. 41. Die Lull'sche Tradition der Kombinatorik wirke hier nach.
735 Gabriel, Der Witz, S. 41.
736 Vgl. Fromm, Die Sympathie, S. 41.
737 Zit. n. Birus, *Vergleichung*, S. 90; vgl. weiter: „‚Daher sehen vielleicht höhere Wesen das buntfarbige Band, womit der Witz spielend unähnliche Dinge zusammennäht, mit beiden Enden um die halbe Schöpfung laufen und sich schlingen; daher mag inen oft unser Scharfsinn Witz und unser Witz Scharfsinn dünken.'".
738 Bettine Menke, „Witz", in: Eva Erdmann (Hg.), *Der komische Körper. Szenen – Figuren – Formen*, Bielefeld 2003, S. 238–247, S. 244.

Jean Paul, als „Exot" aufgrund seiner Manieriertheit zeitgenössisch in die Nähe des ‚Orientalischen' gerückt, erweist sich als der „produktivste Metaphoriker"[739], dessen ‚Vergleichungen'[740] in ihrer „Extravaganz und Quantität" der konzeptistischen Ästhetik und ihrer ‚kühnen' „topische[n] Argumentationslogik" verwandt scheinen:[741] So entwirft er in *Grönländische Prozesse* (1783) eine allegorische

> „Logik [...], ‚in der ich die Wörter Axiom, Postulatum, etc. auf eine neue Art definieren und mit dem gleichgeltenden Gleichnis Metapher etc. vertauschen werde". Aus der logischen Technik der schlußfolgernden Verkettung von Prädikat und Subjekt wird so eine „Reihe" metaphorischer „Ähnlichkeiten", wobei man mit deren Anzahl [...] füglich die Entfernung wachsen läst."[742]

Zugleich sucht Jean Paul die Unterschiede von Witz und Metapher poetologisch zu fassen, wobei Bettine Menke eine „abwehrende Verhandlung des französischen *esprit*"[743] konstatiert. In *Vorschule der Ästhetik* nimmt er im IX. Kapitel, *Über den Witz*, Bezug auch auf die Metapher. Am Beispiel des als „Priester, der jedes Paar kopuliert", umschriebenen „‚unbildlichen Witzes'" (§ 44) erklärt er die Funktionsweise des Witzes: „[D]er ästhetische Schein aus einem gleichwohl unbildlichen Vergleichspunkt entsteht bloß durch die taschen- und wort-spielerische Geschwindigkeit der Sprache, welche halbe, Drittel-, Viertel-Ähnlichkeiten zu Gleichheiten macht, weil für beide *ein* Zeichen des Prädikats gefunden wird.'"[744] Ähnliches gilt

---

739 Willer, Metapher/metaphorisch, S. 120.
740 Vgl. Birus, *Vergleichungen*, S. IX; vgl. ebd., Kap. 3, S. 8 ff, und Kap. 5, S. 26 ff.
741 Willer, Metapher/metaphorisch, S. 119; vgl. Birus, *Vergleichungen*, S. 15; Die „kühnste Metapher" spricht Goethe Jean Paul zu (ebd., S. 81). Walter Benjamin, der ihn als „größten Allegoriker'" bezeichnet, weist auf eine „‚offenkundige Verwandtschaft dieses gewiß barocken Dichters mit der Barockzeit der deutschen Dichtung'" hin (Birus, *Vergleichungen*, S. 63).
742 Zit n. Willer, Metapher/metaphorisch, S. 119; vgl. Jean Paul, „Grönländische Prozesse oder Satirische Skizzen. 2. Bändchen", in: ders. *Sämtliche Werke*, Abt. II, Bd. 1: *Jugendwerke*, Bd. 1, Darmstadt 1974, S. 487–582, S. 505: „Zur Probe" dieser Logik bietet § 173 „eine Definition des Sorites": „‚Ein Sorites ist eine Reihe von solchen Ähnlichkeiten, mit deren Anzahl man füglich ihre Entfernung wachsen läst." (Ebd.) Die rauschhafte Inspiration beschreibt Jean Paul ebd., S. 381.
743 Menke, Witz, S. 241.
744 Jean Paul, „Der unbildliche Witz", in: ders., *Vorschule der Ästhetik*, S. 174 [§ 44]. Gabriel, Der Witz, S. 41 betont den selbstreferenziellen Charakter der Witztheorie Jean Pauls: „Dieses schöpferische Moment der Herstellung von assoziativen Beziehungen unterstreicht Jean Paul mit seiner ‚witzigen' Bemerkung, der Witz sei der verkleidete Priester, der jedes Paar kopuliert.'" (Ebd.). In der performativen Dimension trete die von dem Bild suggerierte „substantielle Erfüllheit der Kopulierung [...] auf als der bloße Anschein", so Menke, Witz, S. 242; vgl. Matthias Bauer, „Tücken der Ähnlichkeit bei Lichtenberg, Jean Paul und Albert Korzybski", in: Patrut, Rössler, *Ähnlichkeit um 1800*, S. 267–285.

für die rein sprachliche Ähnlichkeit des in § 52 als „Sprach- oder Kling-Witz" bezeichneten Wortspiels:[745] „Das Wortspiel heißt ein ‚optischer und akustischer Betrug', insofern der ‚Zufall' einer (bloß) sprachlich gegebenen Gleichheit oder Ähnlichkeit zugleich ‚von der Sprache' einen ‚Schein' substantieller(er) ‚Gleichheit erhielt': Der Zufall des Anklangs der Worte erhält eine Sinninvestition/itur"[746]. Reiz gewinne das Wortspiel etwa durch das

> Erstaunen über den Zufall, der durch die Welt zieht, spielend mit Klängen und Weltteilen. Jeder Zufall, als eine wilde Paarung ohne Priester, gefällt uns vielleicht, weil darin der Satz der Ursachlichkeit (Kausalität) selber, wie der Witz, Unähnliches zu gatten scheint, sich halb versteckt und halb bekennt.[747]

Jean Paul definiert den unbildlichen Witz und das Wortspiel als „Vexierbild", als „ein gleichsetzendes Prädikat für zwei unähnliche Subjekte [...], das nur von der Sprache den Schein der Gleichheit erhielt"[748] – um diese rein sprachliche Ähnlichkeit von der Leistung der Metapher abzugrenzen, von der „Wahrheit" sprechend, „welche allen witzigen Ähnlichkeiten zu unterlegen ist":[749] Im Versuch der Begründung einer neuen „„Metaphernlogik""[750] beschreibt er die Metapher in § 49 über den „bildlichen Witz" als synästhetischen Bildwitz, der Materielles und Geistiges verbinde, als metaphysische „Sprachmenschwerdungen der Natur"[751] und „Brotverwandlungen des Geistes"[752], und begründet dies mit einer historischen Spekulation: Die ursprüngliche Metapher als „Doppel-Tropus" des Beseelens und Beleibens

> verglich nicht Unähnlichkeiten, sondern verkündete Gleichheit; die Metaphern waren, wie bei Kindern, nur abgedrungene Synonymen des Leibes und Geistes. Wie im Schreiben Bilderschrift früher war als Buchstabenschrift, so war im Sprechen die Metapher, insofern sie Verhältnisse und nicht Gegenstände bezeichnet, das frühere Wort, welches sich erst

---

745 Jean Paul, „Das Wortspiel", in: ders., *Vorschule der Ästhetik*, S. 191 [§ 52].
746 Menke, Witz, S. 244.
747 Jean Paul, Das Wortspiel, S. 193.
748 Jean Paul, Das Wortspiel, S. 192. Vgl. auch Menke, Witz, S. 244 f.: „Die trügerische Vorgabe einer substantiellen Verbindung dessen, was nur Signifikanten gemeinsam hat [...], nähert den ‚Zufall' klanglicher Nähe, als ‚Paarung ohne Priester', doch dem Fall des ästhetischen Witzes, für den ein ‚verkleideter Priester' als persona des ‚Trugs' einer gegebenen Verbindung antritt: ‚jeder Zufall' der Sprache trägt in einer haltlosen Verkuppelung eine ‚illegitime Verbindung zweier Begriffe' zu, die ‚moralische und logischen Skandal' zu machen vermag, insofern sie deren ‚substantiellen' Bezug impliziert und drangibt. Im Effekt eines Sinns ist dieser als ‚Trug' (oder Investition) merklich, den die Gewaltsamkeit der Sprachoperation merklich macht."
749 Jean Paul, Das Wortspiel, S. 193.
750 Wiethölter, zit. n. Willer, Metapher/metaphorisch, S. 119.
751 Jean Paul, Der bildliche Witz, dessen Quelle, S. 182 [§ 49].
752 Ebd., S. 184.

allmählich zum eigentlichen Ausdruck entfärben mußte. Das tropische Beseelen und Beleiben fiel noch in *eins* zusammen, weil noch Ich und Welt verschmolz. Daher ist jede Sprache in Rücksicht geistiger Beziehungen ein Wörterbuch erblasseter Metaphern.⁷⁵³

Der Metapher schreiben bereits Vico, Hamann und Herder eine sprachurspüngliche Funktion zu: Die „These vom fundamental-metaphorischen Charakter aller Sprache"⁷⁵⁴, die mit Beginn der Romantik in Spannung zu einem rhetorischen Metaphernverständnis tritt, formuliert auch Friedrich Schlegel, der die *sprachgenetische* Kraft der Metapher betont, wenn er gegen die sprachliche Abstraktion die Leistung von „'Etymologie und Metapher'" hervorhebt, „lebendige Worte" einzuführen.⁷⁵⁵ Solche Theoreme begründen die „romantische[] Auffassung vom wahrheitsgemässen und offenbarenden Charakter der Metapher".⁷⁵⁶ So würdigt sie etwa August Ferdinand Bernhardis *Sprachlehre* (1801/1803) als wichtigstes poetisches Mittel.⁷⁵⁷ August Wilhelm Schlegel knüpft daran in den *Vorlesungen über schöne Literatur und Kunst* (1801–1804) eine historische Spekulation. Er konstatiert, „daß die Onomatopöie, die Metapher samt allen Arten von Tropen, und die Personifikation, Redefiguren, welche die Kunst-Poesie geflissentlich sucht, in der Ursprache von selbst, ja mit unumgänglicher Nothwendigkeit einheimisch, ja im höchsten Grade herrschend sind'", und leitet daraus eine „Apologie der kühnen Metapher" ab:

> „Nach der einen großen Metapher, welche schon in der ursprünglichen Bildung der Sprache liegt [...], kann eigentlich der Dichter nichts kühneres mehr wagen. Wo für die leiseste Empfänglichkeit, für die wunderbarste Stimmung der Fantasie noch eine Beziehung

---

753 Jean Paul, „Doppelzweig des bildlichen Witzes", in: *Vorschule der Ästhetik*, S. 184 [§ 50]; vgl. Willer, Metapher/metaphorisch, S. 120; vgl. zu der „metaphorische[n] Verkörperung" Menke, Witz, S. 246f.; zu der „Doppelstruktur der Metapher, die ja ‚Bild' und ‚Bedeutung', ‚Körper' und ‚Geist' synthetisiert, und der sinnlich-spirituellen Doppelnatur des Menschen" analog ist, Schmitz-Emans, Romantische Sprachästhetik, S. 581.
754 Vgl. Schmitz-Emans, Romantische Sprachästhetik, S. 579. Vgl. auch Strub, *Kalkulierte Absurditäten*, S. 124: „In der Neuzeit wird (seit Vico) Metapher und sprachliche Kreativität immer stärker gleichgesetzt".
755 Zit. n. Willer, Metapher/metaphorisch, S. 119. Zur Bedeutung der Etymologie in der Romantik – auch in Verbindung mit der mimologischen Tradition – vgl. Willer, *Poetik der Etymologie*.
756 Schmitz-Emans, Romantische Sprachästhetik, S. 578.
757 Vgl. ebd., S. 582: „‚Betrachten wir die Sprache als Allegorie unseres Wesens [...], so liegt die Idee sehr nahe, dass es nur eine scheinbare Trennung sei, wenn wir die Welt in die sinnliche und die unsinnliche zerschneiden, sondern dass eine die andere nur reflektiere, und dass ein geheimes Band zwischen beiden sei, welches die Sprache durch die Metapher ausdrückt und nach dessen Entdeckung die Philosophie von jeher strebte, ohne es jedoch, als seit kurzem, aufzufinden.'" (Zit. n. ebd.).

wahrnehmbar ist, da ist die Metapher gültig: denn der ächte Dichter weiß eben diese bey seinen Zuhörern hervorzubringen."[758]

Solche ‚kühnen' Metaphern bespricht er bereits in den *Vorlesungen über philosophische Kunstlehre* (1789) als Ausdruck der „poetische[n] Freiheiten" der ‚lyrischen Dichtungsart' und betont deren unmittelbaren Zusammenhang mit den Empfindungen:

> Da im lyrischen Gedichte eine Gemütsregung das lenkende Prinzip ist, von dem alle Tätigkeiten des Verstandes und der Phantasie abhängig gemacht sind, so muß sich der Gedanke ganz von dem Gesetze des ruhigen [138] Denkens und die Bilder und Vergleichungen müssen sich von den gewöhnlichen Analogien auffallend entfernen und zwar umso mehr, je energischer jene Regung ist [...].[759]

Der Metapher wird so eine spezifische Leistung der ‚ungewöhnlichen' Analogisierung *und* eine über ihre rhetorische Funktion hinausreichende sprachgenetische Funktion zugeschrieben: Sah bereits Vico die „frühen Sprachstufen durch ihren Bilderreichtum charakterisiert", so wird in der romantischen Poetik „Bildhaftigkeit als zentrales Charakteristikum der Dichtung" definiert, das die Konkretheit und „‚Sinnlichkeit' des Ausdrucks" steigert.[760] Vor diesem Hintergrund wird Sprachwandel denkbar – und das Metaphorisieren „findet hier seine tiefste Rechtfertigung", denn der Dichter „verändert, verschiebt und bereichert mittelbar auch die Wahrnehmungs- und Artikulationsmodalitäten einer Gemeinschaft von Sprechern."[761] Dabei wird die These weiterentwickelt, die ursprüngliche Sprache sei bildhafter und ausdrucksstärker: Bildhafte Sprache kann anschaulich „plastische Sinneseindrücke entstehen" lassen, zugleich aber als „Bedeutungsträger" Höheres vermitteln, das nicht unmittelbar dargestellt werden kann – nach Friedrich Schlegel ist dies Aufgabe des Allegorischen, in August Wilhelm Schlegels Begrifflichkeit des Symbolischen:

> Wie kann das Unendliche auf die Oberfläche, zur Erscheinung gebracht werden? Nur symbolisch, in Bildern und Zeichen. Die unpoetische Ansicht ist die, welche mit den Wahrnehmungen der Sinne und den Bestimmungen des Verstandes alles an ihnen für abgetan hält;

---

[758] Zit. n. Willer, Metapher/metaphorisch, S. 119; vgl. August Wilhelm Schlegel, „Vorlesungen über schöne Literatur und Kunst (1801–1804)", in: ders., *Kritische Ausgabe der Vorlesungen*, begr. v. Ernst Behler u. Frank Jolles, hg. v. Claudia Becker, Bd. 1, Paderborn 1989, S. 391.
[759] August Wilhelm Schlegel, *Vorlesungen über philosophische Kunstlehre*, hg. v. August Wünsche, Leipzig 1911, S. 134f [§ 193]: „[D]aher die kühnen Übergänge und Wendungen, das Abgebrochene, die plötzlichen Sprünge, die scheinbaren Unordnungen und erst das Dunkele und Verflochtene der Ode" (ebd.).
[760] Schmitz-Emans, Romantische Sprachästhetik, S. 570.
[761] Ebd., S. 584.

die poetische, welche sie immerfort deutet und eine figuerliche Unerschöpflichkeit in ihnen sieht. (...) Dichten (...) ist nichts anderes als ein ewiges Symbolisieren."[762]

Die Metapher steht demnach an dem der Begriffssprache und der rationalistischen ‚metaphysischen Ordnung der Wörter' entgegengesetzten Pol, die sie durch analogische Übertragungen kreativ erweitert;[763] dabei überbietet sie die ‚gewöhnlichen Analogien' und die Assoziationen des ‚ruhigen Denkens', die seit Kants Verdikt in der *Kritik der Urteilskraft* (1790) vielfach als ‚mechanisch' kritisiert werden. Kant sieht „in der Natur ein produktives, nach dem Gesichtspunkt der Zweckmäßigkeit wirkendes Prinzip": Seine Konzeption einer die Opposition zwischen Natur und Kunst überbrückenden Analogie setzt „‚Natur als *Kunst*'": in ihr ist „ein produktives Prinzip am Werke [...], das sich seinerseits nicht anders als durch den Rekurs auf die Natur fassen lässt."[764] Die „Unhintergehbarkeit der Natur" als *natura naturans* lässt sie selbst dort wirken, wo die Autonomie der Kunst betont wird.[765] Dabei ist der Doppelaspekt einer naturanalogen und freien Kunst, den die *Einbildungskraft*[766] vermittelt, von Bedeutung: „‚Die Einbildungskraft (als produktives Erkenntnisvermögen) ist nämlich sehr mächtig *in Schaffung gleichsam einer andern Natur*, aus dem Stoffe, den ihr die wirkliche gibt.'"[767] Im

---

762 Zit. n. ebd., S. 579 f. „Metaphorischer Vermittlung bedarf einem alten theologisch-mystischen Konzept zufolge vor allem das Übersinnliche, das Transzendente und Göttliche." (Ebd.).
763 Vgl. Kleinschmidt, *Um*schreibungen – Um*schreibungen*, S. 76: „Die metaphorische Erweiterung der Begriffe [...] besagt etwas über eine fruchtbare Strategie der Ideenorganisation. Sie funktioniert allerdings nur deshalb, weil es die analogisch strukturierte Bündelungskraft von sprachlichen Zeichen gibt." Dies ist bereits für die sensualistische Ästhetik zentral (vgl. ebd., S. 76 f.).
764 Recki, Mimesis, im Verweis auf KdU, § 23 A 76.
765 Ebd., S. 118; vgl. auch ebd., S. 119.
766 Vgl. zu Kants Begriff der Einbildungskraft und ihrer „Synthesis des Mannigfaltigen" Rainer Warning, „Mimesis als Mimikry: Die ‚Realisten' vor dem Spiegel" (Kap. I), in: ders., *Die Phantasie der Realisten*, München 1999, S. 9–34 (online unter https://digi20.digitale-sammlungen.de/de/fs1/object/display/bsb00043501_00016.html, 7.1.2019), S. 16.
767 KdU, § 49A 190, zit. n. Recki, Mimesis, S. 125. Derrida, der in „Economimesis" Kants Konzept diskutiert, fasst dies so: „Cette flexion spéculaire donne à la fois le principe des jugements réfléchissants – la nature garantissant la légalité dans une démarche procédant depuis le particulier – et le recours secret de la *mimesis*: non pas d'abord une imitation de la nature par un art mais une flexion de la *physis*, le rapport à soi de la nature. Plus ici d'opposition entre *physis* et *mimesis*, et par conséquent entre *physis* et *tekhnè*" (Cette flexion spéculaire donne à la fois le principe des jugements réfléchissants – la nature garantissant la légalité dans une démarche procédant depuis le particulier – et le recours secret de la *mimesis*: non pas d'abord une imitation de la nature par un art mais une flexion de la *physis*, le rapport à soi de la nature. Plus ici d'opposition entre *physis* et *mimesis*, et par conséquent entre *physis* et *tekhnè*.

Anschluss an Kant postuliert etwa Friedrich W. J. Schelling die Abkehr von einem als *imitativ* verstandenen Mimesispostulat zugunsten der schöpferischen Analogie: „Nicht *nach* der Natur, sondern *wie* die Natur arbeitet demnach der große Künstler"[768]. Folgt die ‚reproduktive Einbildungskraft' Assoziationen, so entwickelt sich die ‚produktive Einbildungskraft' in freiem Spiel.[769] So fordert Schelling „‚Freiheit vom Gesetze der Assoziation'".[770]

Dies verlangt, aus konventionalisierten Assoziationszusammenhängen auszubrechen – mittels *entfernter Ähnlichkeiten*, die unkonventionelle Verknüpfungen herstellen. Dass die Metapher dennoch nicht in ein ‚Erfinden' rein sprachlicher Ähnlichkeiten kippt, vielmehr die angedeutete onto-epistemologische Funktion auch durch Elemente des Ähnlichkeitsdenkens im engeren Sinn verbürgt ist, suggeriert etwa Eichendorffs Gedicht „Wünschelrute": „Schläft ein Lied in allen Dingen / Die da träumen fort und fort. / Und die Welt hebt an zu singen / Triffst du nur das Zauberwort"[771] – dieses programmatische Gedicht, das mit dem ‚Zauberwort' eine „Metapher der Metapher"[772] inszeniert, verweist selbstreflexiv auf den offenbarenden Charakter der Metapher, die die Welt ‚beseelt': „Die erkalteten Dinge werden durch die Ähnlichkeit ihres Namens mit ihnen selber heimgeholt, und der Zug der Sprache erweckt jene Ähnlichkeit."[773] Die Bedeutung solcher Topoi des Ähnlichkeitsdenkens in der Romantik belegt die Auffassung, dass metaphorische Ähnlichkeit nicht nur Effekt eines manierierten Spiels ist, sondern emphatisch auf eine prekär gewordene „substantielle Erfülltheit"[774] verweist, die Sprache analog auszudrücken vermag:

---

[768] Recki, Mimesis, S. 119. Vgl. zu Schellings „Konzept einer schaffenden Natur als Subjekt unendlicher Progressivität" auch Tanja van Hoorn, *Naturgeschichte in der ästhetischen Moderne. Max Ernst, Ernst Jünger, Ror Wolf, W. G. Sebald*, Göttingen 2016, S. 39.
[769] Kant fasst dies in *Allgemeine Anmerkungen über die erste Abteilung der Analytik*; vgl. (kritisch) Derrida, Economimesis, S. 62.
[770] Zit. n. Recki, Mimesis, S. 119.
[771] Joseph von Eichendorff, „Wünschelrute", in: ders., *Werke in sechs Bänden*, hg. v. Wolfgang Frühwald, Brigitte Schillbach, Hartwig Schultz, Bd. 1: *Gedichte. Versepen*, hg. v. Hartwig Schultz, Frankfurt a. M. 1987, S. 328 u. S. 1038; auf die reflexive Dimension in Bezug auf Novalis' Ästhetik und auf den Stellenwert der Musik kann hier nicht eingegangen werden.
[772] David Wellbery, „Übertragen: Metapher und Metonymie", in: Heinrich Bosse, Ursula Renner (Hg), *Literaturwissenschaft – Einführung in ein Sprachspiel*, Freiburg i. Br. 1999, S. 130–155, S. 151. Bei Eichendorff bezeichnet das „Zauberwort" die „metaphorische Kraft" des Textes (ebd.).
[773] Theodor W. Adorno, „Zum Gedächtnis Eichendorffs", in: ders., *Noten zur Literatur*, Frankfurt a. M. ³1990, S. 69–94, S. 84.
[774] Menke, Der Witz, S. 242.

> Es werden ontologische Proportionslehren erforscht, die nach seinsbezogenen Ähnlichkeiten fragen und in der Literatur eine Möglichkeit suchen, diese wenn schon nicht unmittelbar, so doch zumindest symbolisch oder allegorisch auszudrücken. [...] In der Vorstellung einer ‚ästhetischen' Ähnlichkeit wird die Sprache als den Dingen entgegengesetzt akzeptiert, dennoch aber nach einer Überwindung des ‚Risses' gesucht.[775]

So wird nach einer idealen Sprache gesucht, mit der sich diese Kluft zwischen Sprache und Welt durch eine „‚*Sympathie* des *Zeichens* mit dem Bezeichneten'"[776] überwinden ließe. Diese Einsatzstelle der Ähnlichkeitskonzepte in der romantischen Poetik lässt sich als Versuch einer poetischen Wiedererlangung des *Ähnlichen im Unähnlichen* einer ‚nachanalogischen Ontologie' bezeichnen, der die Suche nach „Zeichen mit umfassender semiotischer Potenz"[777] dient. Im Rückgriff auf antike, mittelalterliche und renaissancistische Ähnlichkeitstheoreme wie neuplatonische Vorstellungen einer motivierten Zeichenbeziehung, der Natursprache, des Buches der Natur und der Signaturen werden *analogische* Modelle entwickelt, die die poetische Sprache an ‚Natur' binden: Fromm verweist auf das Fortwirken von Böhmes Signaturenlehre in kabbalistischen Werken des achtzehnten und theosophischen Werke des neunzehnten Jahrhunderts, „in denen der Versuch einer Restituierung des Ähnlichen" auszumachen sei, und auf Hamanns und Herders Natursprachmodelle.[778] Auch Jean Paul zufolge wird „[i]n der sprachlichen Metaphorik [...] eben der Verweisungszusammenhang explizit gemacht, welchen die Erscheinungen untereinander immer schon besitzen."[779] Eine Reflexion über universalsemiotische Zeichenbezüge findet sich in *Vorschule der Ästhetik*: „So wie es kein absolutes Zeichen gibt – denn jedes ist auch eine Sache –, so gibt es im Endlichen keine absolute Sache, sondern jede bedeutet und bezeichnet; wie im Menschen das göttliche Ebenbild, so in der Natur das menschliche."[780] So solle die Poesie „‚die Wirklichkeit, die einen göttlichen Sinn haben muß, weder vernichten, noch wiederholen, sondern entziffern.' [...] ‚[V]oll Zeichen steht ja schon die Welt, die ganze Zeit;

---

775 Fromm, Die Sympathie, S. 43. Fromm differenziert *logische* Ähnlichkeitskonzepte (Witz), *theosophische* (Natursprachenmodelle) und *ästhetische* (Analogie), die in der romantischen Ästhetik vielfach ineinanderzugreifen scheinen. Die theosophische Richtung vermittelt zwischen Zeichen und Bezeichnetem. Als Beispiel nennt Fromm Schuberts *Symbolik des Traumes* (1814) (vgl. ebd.., S. 42).
776 Novalis, *Das Allgemeine Brouillon*, I [137], „Magie", in: *Schriften*, Bd. III: *Das philosophische Werk* II, S. 266. Nach Novalis „[e]ine der Grundideen der Kabbalistik" (ebd.); „eine grundlegende Operation des Denkens in Ähnlichkeiten" nach Fromm, Inspirierte Ähnlichkeit, S. 566.
777 Schmitz-Emans, Romantische Sprachästhetik, S. 569.
778 Fromm, Inspirierte Ähnlichkeit, S. 562.
779 Schmitz-Emans, Romantische Sprachästhetik, S. 580.
780 Jean Paul, Der bildliche Witz, dessen Quelle, S. 182f. [§ 49].

2.5 Die ‚Welt im Stand der Ähnlichkeit': Ähnlichkeit in der Romantik — 245

das Lesen dieser Buchstaben eben fehlt; wir wollen ein Wörterbuch und eine Sprachlehre der Zeiten. Die Poesie lehrt lesen'"[781]: im ‚Buch der Natur'.

Auch Friedrich Schlegels in der Ersten Vorlesung zur *Philosophie der Geschichte* (1828) vorgebrachter These zufolge spricht die Natur

> in ihrer stummen Bilderschrift eine Sprache; allein sie bedarf eines erkennenden Geistes, der den Schlüssel hat und zu brauchen weiss, der das Wort des Rätsels in dem Geheimnis der Natur zu finden versteht, und statt ihrer, das in ihr verhüllte innere Wort laut auszusprechen vermag, damit die Fülle ihrer Herrlichkeit offenbar werde.[782]

In den hier anklingenden Konzepten der *Natursprache* und *Ursprache* zeigt sich eine romantische Wendung – Genette spricht von Flexion[783] – der mimologischen, platonisch-kratylischen oder christlich-adamitischen Vorstellung, ikonische und figürliche, symbolische Zeichen seien motiviert – durch Ähnlichkeit, Analogie und göttliche Benennung –, und könnten die Beziehungen zwischen den Dingen wahrhaft ausdrücken. So liegt nach Jean Paul selbst noch im Wortspiel etwas von der Wahrheit des Witzig-Ähnlichen: „[D]enn wenn in der Ursprache stets der Klang des Zeichens der Nachhall der Sachen war: so steht einige Ähnlichkeit der Sachen bei der Gleichheit ihres Wiederhalles zu erwarten", weswegen „Sprachforscher" und „Philosophen" gerne „die Verhältnisse der Ideen in Verhältnisse der Klänge kleiden"[784]. So sei „[e]in Wortspiel [...] da erlaubt [...], wo es sich mit dem Sach-Witz gattet und die Schar der Ähnlichkeiten verstärken hilft".[785]

Die Spekulation einer vormals motivierten, lebendigen Sprache, die zugleich die basale Metaphorizität der Sprache begründet, legitimiert die Forderung einer ‚natürlichen' Sprache[786] in der Übernahme älterer Natursprachmodelle: Die

---

781 Zit. n. Birus, *Vergleichung*, S. 89. Die Zitate sind zusammengezogen aus der „III. Kantate-Vorlesung. Über die poetische Poesie" und „Über den Roman. Über dessen poetischen Wert" der *Vorschule der Ästhetik*.
782 Zit. n. Schmitz-Emans, Romantische Sprachästhetik, S. 579 [sic].
783 Dass Schlegel Sprache „nicht mehr als mimetisch, sondern als *organisch*" erklärt, beruhe auf einer „‚innere[n] Flexion'" (Genette, *Mimologiken*, S. 264). „Seit Schlegel bis hin zu Saussure [...] verblaßt, während die syntagmatische Imagination einer ausgedehnten Träumerei über das Paradigma Platz macht, zugleich und notwendig das Thema der Aufwertung der Ähnlichkeit vor dem der Differenz. Die Sprache als Organismus und dann als Struktur setzt die Rede als Widerspiegelung außer Kraft. Das heißt aber nicht schon, daß Kratylos endgültig und ein für alle Mal das Spiel verloren hätte." (Ebd.)
784 Jean Paul, Der bildliche Witz, dessen Quelle, S. 193 [§ 52].
785 Ebd., S. 194.
786 Vgl. Zimmermann, Ästhetische Erfahrung und die ‚Sprache der Natur', S. 250 f.: Im Rekurs auf die Ursprache soll die „‚Poesie der Poesie' den Prozeß rückgängig machen, durch den sich die Sprache aus einer ‚Einheit lebendiger Bezeichnung' in eine ‚Sammlung willkürlicher konventioneller Zeichen' verwandelt hat".

Natursprache gilt als „Totalität von bedeutsamen Chiffren, als sprachanaloge Manifestation des schöpferischen Logos. An diesem Universum göttlicher Zeichen musste sich die Wortsprache bemessen lassen."[787] Diesen „transzendentalen Grund" jeder Sprache gilt es zu „übersetzen'".[788] Deutlich wird dies an Novalis' Konzeption einer an Böhmes Signaturenlehre anschließenden Natursprache, die in den Hieroglyphen einer Rätselsprache wiederzugewinnen wäre: „Der Mensch spricht nicht allein – auch das Universum *spricht* – alles spricht – unendliche Sprachen. – Lehre von den Signaturen."[789] Auch in *Lehrlinge zu Sais* (1802) schreibt Novalis von den Signaturen als „,jener großen Chiffrenschrift [...], die man überall, auf Flügeln, Eierschalen, in Wolken, im Schnee, in Krystallen und in Steinbildungen, [...] in den Feilspänen um den Magnet her, und sonderbaren Konjunkturen des Zufalls erblickt.'"[790] Mit dem Rekurs auf ein ursprüngliches ,Bezeichnungsvermögen' wird die adamitische Ursprache beschworen, die „Adam durch Gott verliehene[] Gabe [...], den Dingen ihren Namen nach ihrem wahren Wesen zu geben. Zeichen- und Gegenstandswelt erschien so substantialistisch aus einer ,Imagination der Ähnlichkeit' versöhnt."[791] Diese etwa bei Böhme durch Sündenfall und babylonische Sprachverwirrung in ein mythologisches Zeitalter verwiesene und wiederzugewinnende Ursprache[792] wird, etwa bei Friedrich Schlegel, zu einem poetisch wiederzuerinnernden „Ursprung [...], der hinter der beobachtbaren, einem unterstellten, babylonischen Eingriffsereignis zu verdankenden Sprachenvielfalt erschließbar schien"[793]. Elemente der „sprachmystische[n] Tradition"

---

[787] Schmitz-Emans, Romantische Sprachästhetik, S. 575.
[788] Ebd., S. 576. Damit „hätte die Sprache Anteil an einer überzeitlichen Wahrheit göttlicher Provenienz" (ebd.).
[789] Novalis, *Das Allgemeine Brouillon*, I, S. 267 f. [Nr. 143]. Vgl. das Lemma „Signatur – Signaturenlehre, in: *Historisches Wörterbuch der Philosophie*, Bd. 9, hg. v. Stephan Meier-Oeser, Basel 1996, S. 750–754.
[790] Zit. n. Funk, Mattenklott, Pauen, Symbole und Signaturen, S. 23. Vgl. Fromm, Inspirierte Ähnlichkeit, S. 586.
[791] Kleinschmidt, Um*schreibungen* – Um*schreibungen*, S. 71 f.
[792] Fromm, Inspirierte Ähnlichkeit, S. 537. Böhme suche „den verborgenen bzw. verlorenen Teil der adamitischen Ursprache am eigenen Leib und also mit den Sprechwerkzeugen nachsprechen zu lernen. Das kam Novalis' Annahme eines inneren Sinnes entgegen, den er in Bezug auf die Sprache im *Monolog* als ,Sprachtrieb' kennzeichnet." (Ebd., S. 579, Anm. 71) Doch sucht Novalis die Signaturenlehre „in einer binären Zeichenordnung" zu verankern (ebd., S. 580).
[793] Kleinschmidt, Um*schreibungen* – Um*schreibungen*, S. 72. Zu Schlegel vgl. Schmitz-Emans, Sprachphilosophie, S. 564. Vgl. Zimmermann, Ästhetische Erfahrung und die ,Sprache der Natur', S. 246. Dabei wird die „Überwindung der Entgegensetzung von Sprache und Welt erst (wieder) für das Goldene Zeitalter in Aussicht gestellt." (Fromm, Die Sympathie, S. 36): Da das Zeichen, auch das poetische, arbiträr und konventionell gedacht ist, wird das natürliche Zeichen im Rahmen eines „Unsagbarkeitstopos" verhandelt (ebd., S. 37).

Böhmes, Cusanus' oder des von Mathias Claudius übersetzten St. Martin, wie sie etwa auch Hamann und Franz von Baader vermitteln, greifen sprachmagische Positionen auf.[794] So ist nach Novalis im „Ideal magischer Sprachpraxis [...] das Zauberwort mit dem jeweils Benannten innerlich verbunden"[795]. In der „Verbindung von Gegensätzen durch Zauberwörter, die Zusammenhänge [...] im Prozeß der Zusammenführung in einem erleuchteten Jetzt stiften"[796], ist die kombinatorische Geste „magisch gedacht als sprachliches Einwirken auf die Welt. Das Wesen der Dinge verbirgt sich in ihren Namen, die es zu entziffern gilt"[797]. Das Zusammenfügen des Heterogenen wird als ein *alchemischer* Prozess verstanden, der der ‚unio mystica' entgegenkommt: „Zur Herstellung dieser Intensität werden die Zeichen in ihrer Bedeutung verdichtet, indem Relationen des Ähnlichen unter ihnen zugelassen werden."[798]

Sind also „Anleihen bei Ähnlichkeitskonzepten der Philosophie und Literatur des Mittelalters und der Renaissance" gängig, etwa bei Bruno, Böhme, Meister Eckard oder Konzepten der Proportion von Boethius oder Thomas von Aquin,[799] so ist der „Kern des Rückbezugs auf das Spätmittelalter [...] die Konzeption einer analogen Wissensorganisation"[800]. Der „Zauberstab der Analogie" als zentrales Instrument der romantischen Wissensordnung[801] lässt sich zum Denken in

---

794 Vgl. Schmitz-Emans, Romantische Sprachästhetik, S. 577. Vgl. zur Verbindung von „Mystik und romantischer Reflexion" ebd., S. 571.
795 Ebd., S. 575.
796 Fromm, Die Sympathie, S. 38. Die „Verbindung von Gegensätzen durch Zauberwörter" vergleicht Fromm (ebd., S. 36) der Alchimie.
797 Greber, *Textile Texte*, S. 204. Nach Novalis ist die ‚Sympathie des Zeichens mit dem Bezeichneten' von der magischen „Identifizierung von Bezeichnung und Sache, von Wort und Wesen" unterschieden: „„Auf Verwechslung des Symbols mit dem Symbolisierten [...] – auf den Glauben an wahrhafte, vollst[ändige] Repräsentation – und Relation des Bildes und des Originals – der Erscheinung und der Substanz – auf der Folgerung von äußerer Aehnlichkeit – auf durchgängige innere Übereinstimmung und Zusammenhang kurz auf Verwechslungen von Subj[ect] und Obj[ect] beruht der ganze Aberglaube und Irrtum aller Zeiten, und Völker und Individuen.'" (Zit. n. Fromm, Die Sympathie, S. 62, Anm. 79).
798 Fromm, Inspirierte Ähnlichkeit, S. 565.
799 Fromm, Die Sympathie, S. 39. Schelling bezieht sich auf Bruno; Schlegel, Tieck und Novalis entdecken „Böhme als Romantiker" (ebd.), Hoffmann stützt sich auf die Kabbala. „Die ‚Sprachen' der Ähnlichkeit werden hier in symphilosophischer und sympoetischer Absicht erkundet." (Ebd.).
800 Fromm, Inspirierte Ähnlichkeit, S. 560.
801 Novalis, „Die Christenheit oder Europa. Ein Fragment", in: ders., *Schriften. Die Werke Friedrich von Hardenbergs* [HKA], hg. v. Paul Kluckhohn, Richard Samuel, Darmstadt 1968, Bd. 3, S. 507–524, S. 518. Hier formuliert Novalis Kritik an den „Gelehrten", die nach dem „Licht [...] ihr großes Geschäft, Aufklärung", benannten, die der Poesie feindlich gegenüberstehe, insofern sie das säkularisierte „Wunderbare und Geheimnißvolle" aufgreife: „Schade daß die Natur so wunderbar und unbegreiflich, so poetisch und unendlich blieb, allen Bemühungen sie zu moderni-

Ähnlichkeiten und – aufgrund ihrer Definition als Verhältnismäßigkeit – zu den Figuren des Unähnlich-Ähnlichen rechnen. Während der Analogieschluss zeitgenössisch etwa von Kant[802] und Hegel[803] kritisiert wird, sieht neben Herder etwa auch Friedrich Schiller die Analogie zwar als nicht unproblematisch, bezeichnet sie aber doch als „‚mächtiges Hülfsmittel' des Historikers, mit dem man aus einem ‚Aggregat von Bruchstücken [...] zum System, zu einem vernunftmäßig zusammenhängenden Ganzen' gelangen könne"[804]. Aufgrund dieser synthetisierenden Eigenschaft gewinnt die Analogie die Anhängerschaft auch Goethes und der Romantiker: Angesichts der von Goethe beschriebenen „‚Disproportion unseres Verstandes zu der Natur der Dinge'", der die wissenschaftliche Zurichtung durch Induktion widerspricht, stellt er fest: „‚Nach Analogien denken ist nicht zu schelten'"; denn „‚die Analogie hat den Vorteil, daß sie nichts Letztes will'".[805]

Ist in der mittelalterlichen ‚Analogieformel vom Unähnlich-Ähnlichen' das Verhältnis Gottes zur Welt als eines der Ähnlichkeit in der Unähnlichkeit gedacht, so scheint dieses Verhältnis in ihrer Funktion in der romantischen Naturphilosophie und Poetik gewissermaßen ästhetisch gewendet. Sie begründet in theosophisch-neuplatonischer Tradition die holistische Einheit der Welt und die Relation zwischen Mensch und Kosmos;[806] zugleich wird sie zum methodischen Werkzeug zur Auffindung des Ähnlichen und begründet die mimetischen Ansprüche der Kunst. In der Suche nach der „Urformel"[807], nach Möglichkeiten der Synthese und der Verbindung des Entgegengesetzten „fungiert die Analogie als eine Art Seismograph":[808]

---

sieren zum Trotz." (Ebd., 516). Er empfiehlt den Aufklärern eine „Beziehung auf das Weltall" (ebd., S. 518) und die Geschichte.
802 Vgl. zu „Kants Bedenken gegen das wilde analogische Denken im Namen des Witzes" Gabriel, Der Witz, S. 42.
803 Hegel „nennt den Analogieschluß eine ‚Antizipation seiner eigenen Folgerung'" (zit. n. Daiber, Urformel, S. 13) Er wird „in der Logik im Gegensatz zum Syllogismus nicht als Wahrheitskriterium akzeptiert. Ihm kommt lediglich eine gewisse Wahrscheinlichkeit, aber keinerlei Gewißheit zu." (Ebd.): „Die *Wahrscheinlichkeit*, auf welche sich das Resultat derselben [der Analogie, S. B.] reduzieren würde, verliert gegen die *Wahrheit* allen Unterschied von geringerer und größerer Wahrscheinlichkeit.'" (Zit. n. Sandkühler, Analogie, S. 104).
804 Zit. n. Stadler, Ich lehre nicht, ich erzähle, S. 87 (im Verweis auf *Was ist und zu welchem Zweck studiert man Universalgeschichte*).
805 Zit. n. ebd., S. 93.
806 Vgl. Zimmermann, Ästhetische Erfahrung und die ‚Sprache der Natur', S. 240.
807 Vgl. Daiber, Urformel, S. 2: „Hinter der variierenden Begrifflichkeit steht *ein* zentrales Axiom: Es ist der Glaube an die Einheit der Natur."
808 Ebd., S. 14.

2.5 Die ‚Welt im Stand der Ähnlichkeit': Ähnlichkeit in der Romantik — 249

Ein wesentliches Mittel dazu besteht für die Romantiker im Aufspüren von Ähnlichkeiten und Verwandtschaften in Objekt- und Geisteswelt mittels des ‚Zauberstabs der Analogie'. Das Schließen per Analogie wird zum Königsweg der romantischen Naturphilosophie. Ausgehend von der Prämisse, daß sowohl zwischen den einzelnen Stufen der Natur als auch zwischen dem Bauplan der Natur und dem Bauplan des Geistes eine Übertragbarkeit von Strukturen besteht, erfährt die Analogie ihre Legitimation als beherrschende Erkenntnisoperation der romantischen Naturforschung.[809]

Auf ihre Aktualisierung als „‚ontologische[s] Gesetz, das die Verknüpfung des Verwandten aber Ungleichartigen' klären soll",[810] zielt Friedrich Schlegels „Lehre von der Analogie" aus den *Kölner Philosophischen Vorlesungen* (1805/1806), die er gegenüber dem Syllogismus aufwertet: Ihm zufolge ist „[d]er Schluß nach der *Wahrscheinlichkeit* und Analogie [...] ebenso wichtig für die Philosophie, ja oft ist seine Anwendung von noch weit größerer Bedeutung."[811] Dabei legitimiert die Wahrscheinlichkeit als einzig mögliche „Annäherung[] zur höchsten Wahrheit"[812] die Analogie. Die holistische „Vorstellung der *analogia entis*"[813] als „Obersatz", der die Analogie auf das „ganze System der philosophischen Wahrheit" gründe, formuliert Schlegel so: „Alle höhere Wahrscheinlichkeit oder philosophische Analogie beruht auf [...] der Idee der unendlichen Einheit und unendlichen Fülle, und dem Grundsatze eines allgemeinen organischen Zusammenhangs aller Dinge"[814]. Dieser implizit bleibende Grundsatz legitimiere auch scheinbar sprunghafte Schlüsse: „In Rücksicht auf die Form ist die philosophische Analogie, besonders wenn sie entferntere Ähnlichkeiten und Wahrscheinlichkeiten aufstellt, oft in den unregelmäßigen Schlüssen abgefaßt, die wir unter dem Namen Sorites,

---

809 Ebd., S. 11. Die experimentelle Basis für die Verbindung des Gegensätzlichen liefere der Galvanismus. „Arnim – und mit ihm zahlreiche andere Romantiker wie Novalis, Kerner, Carus, Görres, Chamisso – werden auf der Suche nach der Urformel einen anderen Weg einschlagen. Sie wenden sich ab von einer Verabsolutierung der Naturwissenschaft, ‚vom Experiment im Glase', und suchen die Einheit von Natur und Geist über ein ‚Experiment im Kopfe', über die Hinwendung zur Poesie zu konstruieren" (zit. n. Daiber, Urformel, S. 10).
810 Fromm, Die Sympathie, S. 44.
811 Friedrich Schlegel, „Lehre von der Analogie", in: ders., *Philosophische Vorlesungen* (1800–1807), hg. v. Jean-Jacques Anstett, Bd. 13, München u. a. 1964, S. 314–317, S. 315.
812 Ebd., S. 314.
813 Daiber, Urformel, S. 13: Die „Welt sei als ein Komplex von Beziehungen zu begreifen, in dem alles mit allem verbunden ist. Die Analogie verweist auf diesen gemeinsamen Ursprung allen Seins".
814 Schlegel, Lehre von der Analogie, S. 316. Dieser Gedanke ist auch über die Hermetik vermittelt. Zur mit dem Holismus der Romantik begründeten These, dass den Hintergrund der Analogie organizistische, nicht mechanistische Annahmen bilden, vgl. Daiber, Urformel, S. 88.

d. h. zusammengesetzte oder Kettenschlüsse definiert haben."⁸¹⁵ Die „Leerstelle" eines gemeinsamen Dritten verdeutlicht, dass

> [d]er Analogieschluß der Romantik [...] primär nicht als konsistente logische Operation [fungiert], sondern vielmehr wesentlich als ein Erkenntnisverfahren, durch das der Forscher zur Entdeckung von Unbekanntem aus der Rekombination bekannten Datenmaterials gelangt. Herder vermerkt dazu in seiner Sammlung *Bilder und Träume*: ‚In allen Wissenschaften sind die größten Erfindungen nur durch Analogien gemacht worden.⁸¹⁶

In diesem Sinn versteht sich auch Novalis' Projekt einer Enzyklopädistik als „Analogistik. Die Analogie – als Werkzeug, beschrieben und ihren mannichfaltigen Gebrauch gezeigt".⁸¹⁷ Ihre epistemologische Leistung sieht er darin, vom Teil aufs Ganze und umgekehrt zu schließen.⁸¹⁸ Die Analogie ist nicht nur eine Methode, in Gleichnissen zu schreiben, um durch das „Kalkül der Analogie'" eine „Verlebendigung der Schrift" und eine Wiederannäherung an einen unsagbaren, nicht unmittelbar zugänglichen Grund des Seins zu erreichen,⁸¹⁹ sie ist auch ein Schlüsselkonzept für die „Frage nach der verbindenden ‚Flamme', die für den (transitorischen) Augenblick des Erkennens das Differente zwischen Innen und Außen zum Ich werden läßt".⁸²⁰ Beispiele dafür finden sich in Novalis' Fragmenten, die Analogien zwischen naturwissenschaftlichen Experimenten, wie denen der Chemie, und dem Innenleben ziehen oder die Naturreiche analogisieren: „Sollte nicht jeder Pflanze ein Stein, und ein Thier entsprechen.

---

815 Schlegel, Lehre von der Analogie, S. 316.
816 Daiber, Urformel, S. 13. Die „Leerstelle" des gemeinsamen Dritten bezeichnet Stadler (Ich lehre nicht, ich erzähle, S. 101) als „Spezifikum frühromantischer Theoriebildung", die die Spätromantik fülle (ebd.).
817 Novalis, *Das Allgemeine Brouillon*, II, S. 321 [Nr. 431]. Vgl. Stadler, Ich lehre nicht, ich erzähle, S. 96.
818 Vgl. im auf Novalis' *Freiberger naturwissenschaftliche Studien* Pikulik, *Frühromantik*, S. 115.
819 Fromm, Die Sympathie, S. 46. Dieser Grund ist nur dem Gefühl zugänglich. Fromm untersucht die Musik als Form, die den vorsprachlichen Zugang zu einem bedeutungsvollen Zeichen symbolisch ausdrückt und „in hohem Maße von Ähnlichkeitsvorstellungen geprägt ist" (ebd., S. 49): „Die Rede von der Musik der Sprache beruht auf synästhetischen, analogischen Modellen der Integration der Gesamtperson in einen Prozeß der Korrespondenzstiftungen. Musik als das Andere der Sprache verweist auf die Grenzen der Repräsentation in der Sprache [...]. Daraus folgt eine Poetik der Unbegrifflichkeit als provozierte Unverständlichkeit, deren sprachmagische Dimension mit Ähnlichkeitsmodellen unterstützt wird." (Ebd., S. 57) So könne nach August W. Schlegel die Sprache „„durch die Art des Gebrauchs in natürliche und an sich bedeutende Zeichen'" verwandelt werden, wenn sie *musikalischen* Gesetzen folge, da Sprache, Musik und Tanz ursprünglich eins waren (ebd., S. 58).
820 Fromm, Inspirierte Ähnlichkeit, S. 559, f.

2.5 Die ‚Welt im Stand der Ähnlichkeit': Ähnlichkeit in der Romantik — 251

Realität der Sympathie, Parallelism der Naturreiche. Pflanzen sind gestorbene Steine. Thiere – gestorbene Pflanzen etc."[821]

Dabei verbürgt die Analogie holistisch auch das Verhältnis von Mensch und Welt als eines von Mikro- und Makrokosmos.[822] Nicht zuletzt diese Integration begründet ihren epistemologischen Wert:

> Ich würde meinen Sinn oder Körper, teils durch sich selbst, teils durch die Idee des Ganzen – durch seinen Geist –, die Weltseele, bestimmt finden, und zwar beides als unzertrennlich vereinigt, so daß man genau weder das eine noch das andre ausschließend sagen könnte. Mein Körper würde mir nicht spezifisch vom Ganzen verschieden, sondern nur als eine Variation desselben vorkommen. Meine Erkenntnis des Ganzen würde also den Charakter der Analogie haben – diese würde ich aber auf das innigste und unmittelbarste auf die direkte und absolute Erkenntnis des Gliedes beziehn. Beide zusammen machten zusammen eine antithetisch-synthetische Erkenntnis aus. Sie wäre unmittelbar und mittels des Unmittelbaren mittelbar, real und symbolisch zugleich. Alle Analogie ist symbolisch.[823]

Ein analogisches Verhältnis kennzeichnet auch die natürliche und menschliche ‚Schöpferkraft': Kunst wird von Novalis aus dieser inneren Verwandtschaft heraus zum Schöpfungs- und Erkenntnismittel erklärt – wobei aus der Fähigkeit zur Nachahmung auf eine innere Verwandtschaft geschlossen wird:

> Der menschl[iche] Geist kann die äußern Symptome und ihre Compositionen approximando nachahmen – er muß also die Analogie mit den Bestandtheilen und *Naturkräften* haben – Schlüsse daraus. / Ausgeführte vergleichende Betrachtung d[er] Natur und Kunst und Folgerungen aus der Vergleichenden W[issenschaft] von beyden.[824]

So behauptet Novalis, „daß die Kunst zur Natur gehört, und gleichsam die sich selbst beschauende, sich selbst nachahmende, sich selbst bildende Natur ist."[825] Die Analogie von Natur (als *natura naturans*) und Kunst begründet Kants *Kritik*

---

821 Zit. n. Daiber, Urformel, S. 12; vgl. ebd. zu Novalis' Suche „nach einer ‚chemische[n] Mischung von Subj[ect] und Obj[ect]'".
822 Vgl. Novalis, *Das Allgemeine Brouillon* [407], S. 316: „Die Welt ist der Macroandropos." Vgl. ders., „Studien zur bildenden Kunst", in: ders., *Schriften. Die Werke Friedrich von Hardenbergs* [HKA], hg. v. Paul Kluckhohn, Richard Samuel, Bd. 2, Darmstadt 1965, S. 648–651, S. 650 f. [485]): „Unser Körper ist ein *Theil der Welt* – Glied ist besser gesagt: Es drückt schon die *Selbstständigkeit*, die Analogie mit dem Ganzen – kurz den Begriff des Microcosmus aus. Diesem muß das Ganze entsprechen. So viel Sinne, so viel Modi des Universums – das Universum völlig ein Analogon des menschlichen Wesens in Leib – Seele und Geist. Dieses Abbreviatur, jenes Elongatur derselben Substanz.'" .
823 Novalis, „Fragmente [Bruchstücke psychologischer Enzyklopädistik, Psychologische Sinnenlehre, Sinn]", in: ders., *Werke*, hg. v. Gerhard Schulz, München 1969, S. 388.
824 Pikulik, *Frühromantik*, S. 115.
825 Daiber, Urformel, S. 16.

der Urteilskraft gerade in ihrer organisch gedachten Autonomie.[826] Aus dieser Analogie heraus entwirft Novalis das Programm der „‚romantisierende[n]' Verwandlung der Wirklichkeit allein aus der Kraft des Geistes"[827], genauer, aus der „schöpferischen Imagination": „Der Impetus der Poetisierung der Welt beinhaltet eine vorgängige Analogie von Kunst und Natur (und dies ist die romantische Anverwandlung der traditionellen künstlerischen ‚Mimesis') in diesem Sinne: Dass beide ästhetisches Produkt, kreative Setzung des Ich, ‚poesis' sind."[828] Dies bedeutet einen „Abschied vom mimetischen Wortbezug".[829] Bei Novalis folgt daraus ein „Ansatz zu einer absichtslosen Zeichenverwendung. Die Forderung nach dem Hören auf ein ‚inneres Wort', das dem Geist nahe ist, enthält bereits die Selbstbezüglichkeit der Intentionalität von Sprache, in frühromantischer Diktion: ihre Natur": In *Monolog* fordert er eine Sprache, die in Analogie zu mathematischen Formeln gerade in ihrer Selbstbezüglichkeit „‚das seltsame Verhältnisspiel der Dinge'" spiegelte.[830] Diesem Programm zufolge „ist jede Sprachverwendung angemessen, die Zeichen ohne Absicht gebraucht", denn erst die wirkende „Natur der Sprache" könne die „Natur der Dinge" wiedergeben: „Die sich selbst sprechende Sprache stellt eine simultane Vielbezüglichkeit her".[831]

In den hier summarisch skizzierten Positionen zeigt sich ein Spannungsfeld scheinbar unvereinbarer Vorstellungen, die nebeneinander präsent sind: Die

> Erscheinungswelt [ist] an sich bedeutsam, eben eine ‚Sprache Gottes', und wer sprechend Phänomene evoziert, gestaltet notwendig ‚bedeutsame' Bilder. Die metaphorischen Bilder gelten als ‚Übersetzungen' einer an und für sich metaphorisch verfassten Wirklichkeit,

---

826 Vgl. ebd., S. 15. „Laut Kant weisen die Werke der Kunst […] und die Organismen der Natur eine Analogie auf. Die Strukturähnlichkeit besteht […] in der zweckfreien Eigengesetzlichkeit beider Sphären […]. Diese grundlegende Beziehung zwischen Natur und Kunst in der Kantischen Ästhetik wird von den Frühromantikern aufgegriffen und nach der Seite der Poesie hin ausgebaut." (Ebd., S. 15 f.).
827 Pikulik, *Frühromantik*, S. 115; Plotins Einfluss bestehe in der „Verbindung von ‚logischer' Emanation und ‚realer' Weltkonstruktion in der „Entfaltung des Seins aus dem Denken" (ebd.) Die Analogie „sichert den Übergang zwischen der äußeren, von Gott geschaffenen Welt der Natur, und der inneren, vom Dichter nacherschaffenen Welt der Poesie" (Daiber, Urformel, S. 115).
828 Sabine Kleine, „Mimesis und Imagination", in: *Die Wende von der Aufklärung zur Romantik 1760–1820. Epoche im Überblick*, hg. v. Horst Albert Glaser u. György M. Vajda, Amsterdam, Philadelphia 2001 S, 443–459, S. 455.
829 Kleinschmidt, *Um*schreibungen – *Um*schreibungen, S. 74.
830 Zit. n Fromm, Inspirierte Ähnlichkeit, S. 578.
831 Ebd. Dabei bewegt sich die Sprache wie das Ich sich selbstbezüglich „in sich selbst" ist und nur so „Teil der Natur" (ebd., S. 579). Vgl. Daiber, Urformel, S. 17: „Der Geist – genauer: die produktive Einbildungskraft als seine kreativste Komponente – reproduziert die Schöpfungsprinzipien der äußeren Natur im Innern des Menschen. Dies ist Aufgabe und Zielsetzung der Poesie."

ihr Sinn ist transzendental abgesichert. Anders gesagt: Metaphern sind ‚wahr', weil die göttliche Schöpfung selbst ‚metaphorisch' ist. Und selbst wenn der Dichter nach neuen Formen des Ausdrucks von Spirituellem sucht, so besitzen seine Metaphern aber doch eine Analogie zu jenem Universum von Metaphern, welches die Schöpfung darstellt.[832]

Diese Spannung wird nicht zufällig im Rahmen der Diskussion um *Symbol* und *Allegorie* verhandelt, „insofern die deutsche Klassik das Symbol als eine mit ihrer Bedeutung innerlich verbundene Chiffre, die Allegorie dagegen als ein willkürliches und von Setzungen abhängendes Zeichen versteht."[833] In der Sprachreflexion erfährt das „transzendentale[] Subjekt[] [...] seine eigenen synthetisierenden Vermögen, seine Fähigkeit, noch das Heterogenste aneinanderzuknüpfen."[834] Zwischen den Konzepten einer autonomen Sprache, eines setzenden Subjekts und eines holistischen Weltbezugs vermitteln in späteren Theorien der Romantik Metapher und Analogie, die die Beglaubigung dafür bieten, dass die Autonomie der Sprache die in einer sinnerfüllten Welt begründeten Ähnlichkeitsrelationen ausdrücken kann, die sie zugleich sinn-stiftend setzt.

> Ihr Abbildungscharakter wird damit umdefiniert. Sie ahmt die Realität der Signifikate nicht mehr nach, sondern sie folgt einer an sich freien Bildwelt der Empfindungen *analog*. Sprache verhält sich zu den Empfindungen wie diese zur Welt, was der sinnlichen Erfahrung und damit dem Subjekt eine zentrale ‚Spiegelposition' verschafft.[835]

Im Gegensatz zur *logischen* Kritik etwa Hegels an der Analogie nutzt die Romantik Ähnlichkeit für eine *poetische* Epistemologie: Nicht zuletzt vor dem Hintergrund der historischen Ausdifferenzierung von Wissenschaft und Kunst, deren Trennung sie nicht anerkennt, entwickelt sie alternative Erkenntnisbestrebungen, die Anschauung und Begriff, Subjekt und Objekt, Innen und Außen zu

---

832 Schmitz-Emans, Romantische Sprachästhetik, S. 550. „Auch A. W. Schlegel ist unentschieden. Einerseits nimmt er die „tiefergehende Wahrheit" der „symbolistischen ‚Ansicht der Dinge'" an; andererseits beschreibt er die „transzendentale Produktivität des sprachfähigen Subjekts als eigentliches synthetisierendes Vermögen": ‚„[W]ir suchen (!) entweder für etwas Geistiges die äussere Hülle oder wir beziehen ein Äusseres auf ein unsichtbares Inneres'" (zit. n. ebd., S. 581).
833 Ebd., S. 581. Zur romantischen Gegenüberstellung einer bedeutungsemphatischen Symbolvorstellung mit einem spielerisch-manieristischen Allegoriebegriff vgl. ebd. Schmitz-Emans beschreibt (im Gegensatz zu bspw. Goethe) die „avancierteren" Romantiker als Allegoriker (vgl. Benjamin über Jean Paul): „Sie betrachteten schreibend oft die Erscheinungswelt als gefügigen Fundus an Chiffren, spielten mit deren Bausteinen, die zu ‚Texten' zusammengesetzt werden wie die Lettern des Alphabets. Oft erscheinen Metaphern, Allegorien und Bilder daher bewusst kunstvoll und konstruiert." (Ebd., S. 581).
834 Ebd., S. 582. „[S]prachliche Mittel suggerieren Zusammenhang und Ordnung im an sich Zusammenhanglosen und Ungeordneten, sie etablieren Gesetzlichkeiten in einer Welt, die kein absolutes Gesetz kennt." (Ebd., S. 581).
835 Kleinschmidt, *Umschreibungen – Um*schreibungen, S. 74f.

vermitteln suchen, und setzt der rationalistischen Disziplinierung der Ähnlichkeit in der Unterordnung von Witz, Analogie, Metapher und Imagination unter logische Erkenntnisformen ein „Dementi" entgegen.[836] In der Aktualisierung ähnlichkeitsästhetischer und -epistemologischer Topoi und Denkformen wie Witz und Metapher, Analogie und Signatur zeigt sich ein Nachhall der onto-epistemologischen Annahme einer analogischen Fundierung der ‚Einheit' der Welt und zugleich eine Aufwertung der Poetik, die rational nicht fassbare Zusammenhänge der Welt in der ästhetischen Ordnung der Dinge privilegiert zum Ausdruck bringt. In dem so formulierten, Rationalität und Logik im (Er-)Finden des Ähnlichen überbietenden Erkenntnisanspruch der Kunst ist die Ästhetik und Epistemologie des Surrealismus ebenso vorweggenommen wie in der „poetisch-spielerischen Auflösung und Umgestaltung von Zusammenhängen" und in „sprachbedingten Verfahren der ‚Analyse' und ‚Synthese' von Wirklichkeitspartikeln", die auch im Symbolismus weiterwirken.[837]

2.6 Korrespondenzen: Der symbolistische ‚Dämon der Analogie'

> [I]l ne faut pas *vouloir* la ressemblance *avant toute chose*: elle doit, au contraire, résulter d'une convergence d'observations et d'actions qui accumulent dans la forme de l'ensemble une quantité toujours croissante de relations observées entre les parties. Le bon travail est tel que l'on peut toujours le pousser plus avant ver la précision, sans avoir à charger departi ni de points de référence. (Paul Valéry)[838]

Der Symbolismus partizipiert an der Tradition des Ähnlichkeitsdenkens als ein ‚Schlüsselmoment' der Konjunktur des Ähnlichen in der ästhetischen Moderne: Funk, Mattenklott und Pauen verfolgen die „Lehre vom Ähnlichen"[839] in ihrem Niederschlag in der symbolistischen Poetik, die die „Affinität dieser Erkenntniskonzeption mit der ästhetischen Produktivität"[840] auslote. Als antirealistische Strömung hält der Symbolismus die von der Romantik eingeforderte Funktion der Literatur aufrecht. „Die deutsche Romantik wird erst [...] über ihre Rezeption in Frankreich für die Moderne des zwanzigsten Jahrhunderts relevant. Dabei

---

836 Kleine, Mimesis und Imagination, S. 444.
837 Schmitz-Emans, Romantische Sprachästhetik, S. 585; darin sieht auch Schmitz-Emans eine Antizipation moderner Verfahren.
838 Paul Valéry, Les Essais, Bd. 10: Pièces sur Part, Paris 1948, S. 240.
839 Funk, Mattenklott, Pauen, Symbole und Signaturen, S. 26.
840 Ebd., S. 28. Die Diskussion um die Problematik und Abgrenzung des Begriffs ‚Symbolismus' kann hier nicht nachvollzogen werden.

kommt Baudelaire eine besondere und herausragende Rolle zu."[841] Die Poetik des Symbolismus ist Teil der ‚Tradition' der ‚Ästhetik des Ähnlichen': Mit dem Anschluss an die Romantik, aber auch der Wiederaufnahme der kombinatorischen Ästhetik[842] evoziert sie vor dem Hintergrund eines Schwindens der Bindungskräfte ästhetischer Darstellungskonventionen und der gewandelten Lebenswelt der Moderne autarke Verweisungsgeflechte „mit überraschende[r] Nähe zum Ähnlichkeitsdenken".[843] Dies betrifft nicht nur den Einsatz der Metapher – so hat Jakobson auf das „Primat des metaphorischen Prozesses in den literarischen Schulen der Romantik und des Symbolismus" mit seiner Betonung semantischer *Similarität* hingewiesen[844] –, sondern auch eine Aktualisierung der onto-epistemologischen Funktion der Analogie gerade in der Programmatik sprachlich gestifteter ‚Korrespondenzen'.

Das kombinatorische Sprach-Spiel führt etwa Stéphane Mallarmé weiter,[845] der Paul Valéry zufolge erkennt, „,daß die Sprachformen Figuren von Beziehungen und Operationen sind, die – indem sie Kombinationen und Assoziationen von Zeichen beliebiger Objekte und heterogener Qualitäten ermöglichen – uns zur Entdeckung der Struktur unseres intellektuellen Universums dienen könnten'".[846] Führt Mallarmés Prosagedicht *Le Démon de l'analogie* (1874) das von einem sich wiederholt aufdrängenden unheimlichen Satz verfolgte lyrische Ich vor ein Schaufenster, in dem „seine Vorstellungen leibhafte Gestalt" annehmen,[847] so inszeniert sich *Un Coup de dés jamais n'abolira le hasard* (1897) als ein

---

841 Gerald Funk, „Zusammenklänge. Zur Geschichte der Poetik des Ähnlichen bei Baudelaire", in: Funk, Mattenklott, Pauen, *Ästhetik des Ähnlichen*, S. 69–94.
842 Vgl. Neubauer, *Symbolismus und symbolische Logik*.
843 Funk, Mattenklott, Pauen, Symbole und Signaturen, S. 30.
844 Roman Jakobson, „Der Doppelcharakter der Sprache. Die Polarität zwischen Metaphorik und Metonymik", in: Jens Ihwe (Hg.), Literaturwissenschaft und Linguistik. Ergebnisse und Perspektiven, Bd. 1, Frankfurt a. M. 1972, S. 323–334, S. 329.
845 Vgl. Holländer, Ars inveniendi et investigandi, S. 253: Holländer sieht das „Modell der ‚ars combinatoria'" bei Mallarmé weitergeführt (ebd.). Mallarmé finde den vorklassischen Modus der Sprache wieder, in dem Subjekt und Objekt des Erkennens „im Medium der Sprache vereint" sind – „das alte Subjekt-Objekt"; so beschreibt Bürger Foucaults Rekurs auf Mallarmé als „idealistische Sehnsucht nach der Aufhebung des Gegensatzes von Subjekt und Objekt" (Bürger, Die Wiederkehr der Analogie, S. 119).
846 Zit. n. Neubauer, *Symbolismus und symbolische Logik*, S. 123. Valéry verkenne, dass Mallarmé damit an die Romantik anschließe.
847 Michael Pauen, „Der Dämon der Analogie. Stéphane Mallarmé und die Lehre vom Ähnlichen", in: Funk, Mattenklott, ders., *Ästhetik des Ähnlichen*, S. 95–110, S. 95; vgl. Stephane Mallarmé, „Unheimliche Analogie [Le Démon de l'analogie]", in: ders., *Sämtliche Dichtungen*, Frz. u. deutsch, übers. v. Carl Fischer u. Rolf Stabel, München ³2007, S. 135 f.

„besonders prägnantes Beispiel für die Ästhetik des Ähnlichen"[848] – als „regelrechte Theorie des Ähnlichen [...], die selbst Gebrauch macht von ebenjenen Analogien, die sie thematisiert."[849]

Insbesondere Charles Baudelaires „Poetik des Ähnlichen"[850] und sein Begriff der *correspondances* steht für die Auffassung einer dichterisch auszudrückenden, analogisch verfassten Welt, „die nach Baudelaire im Symbolismus die Auffassung von der Analogie als Seinsstruktur zum Glaubensartikel machen wird."[851] Dichtung ist ihm zufolge eine „rezeptive" poetische „Tätigkeit": Der Dichter „erfasst bereits existierende Analogien und Entsprechungen, und, wenn er Schöpfer ist, schafft er sich keine gänzlich neue Welt, sondern erneuert in anderer Form die bereits bestehende Schöpfung. Dichtung ist also in den Dingen, sie ist Wiederholung der vorgegebenen Seinsstruktur."[852] So sind „die verborgenen Beziehungen, Parallelitäten, ‚correspondances', die er aufzeigt, [...] nicht von ihm erschaffen, sie sind vielmehr der Welt, den Dingen immanent, er ist der Übersetzer der ‚correspondances' in Sprache, nicht der eigentliche Schöpfer."[853] Dies lässt sich anhand seiner poetischen Analysen in *L'Art romantique* (1868) belegen. Die Dichter, so formuliert Baudelaire hier, wissen um die etwa von Charles Fourier erforschten „mystères de l'*analogie*":

> Chez les excellents poëtes, il n'y a pas de métaphore, de comparaison ou d'épithète qui ne soit d'une adaptation mathématiquement exacte dans la circonstance actuelle, parce que ces comparaisons, ces métaphores et ces épithètes sont puisées dans l'inépuisable fonds de *l'universelle analogie*, et qu'elles ne peuvent être puisées ailleurs.[854]

Die symbolistische Poetik beschreibt Baudelaire am Beispiel Theophile Gautiers mit den Worten:

---

848 Funk, Mattenklott, Pauen, Symbole und Signaturen, S. 29.
849 Ebd., S. 32. Vgl. Pauen, Der Dämon der Analogie.
850 Funk, Zusammenklänge, S. 77.
851 Eckart Pastor, *Studien zum dichterischen Bild im frühen französischen Surrealismus: Untersuchungen zum Bildbereich des Feuers mit Hilfe einer systematischen Bildkonkordanz*, Paris 1972, S. 15, Anm. 17.
852 Pastor, *Studien zum dichterischen Bild*, S. 14 f.
853 Ebd., S. 15.
854 Charles Baudelaire, „L'Art romantique. Réflexions sur quelques-uns de mes contemporains", in: ders., *Œuvres complètes*, Bd. 2,2, hg. v. Jacques Crépets, Paris 1925, S. 304 f. Er verweist auch auf Swedenborg und Lavater. „Si nous étendons la démonstration [...], nous arrivons à cette vérité que tout est hiéroglyphique, et nous savons que les symboles ne sont obscurs que d'une manière relative, c'est-à-dire selon la pureté, la bonne volonté ou la clairvoyance native des âmes. Or qu'est-ce qu'un poëte [...], si ce n'est un traducteur, un déchiffreur?" (ebd., S. 305) Ein Beispiel für die Poetik der Analogien sei Victor Hugo.

> Si l'on réfléchit qu'à cette merveilleuse faculté Gautier unit une immense intelligence innée de la *correspondance* et du symbolisme universel, ce répertoire de toute métaphore, on comprendra qu'il puisse sans cesse, sans fatigue comme sans faute, définir l'attitude mystérieuse que les objets de la création tiennent devant le regard de l'homme. Il y a dans le mot, dans le *verbe*, quelque chose de *sacré* qui nous défend d'en faire un jeu de hasard.[855]

Baudelaires Berufung auf eine *universelle Analogie* und *universelle Korrespondenz*, die „von der Imagination erkannt"[856] werden können, worin sich ein besonderes ‚Vermögen' zeigt, formuliert so als eine modernisierte Version älterer Topoi des Ähnlichkeitsdenkens das Programm einer sprachlich im ‚Repertoire der Metaphern' zum Ausdruck gebrachten Mimesis an die verborgenen Zusammenhänge der Welt. In seinem Sonett „Correspondances", dessen Titel auf „Swedenborg, die deutschen Romantiker oder Fourier" ebenso verweist wie „auf die literarischen Spielformen intellektueller Poesie des Manierismus"[857], kommen die Korrespondenzen „in der klanglichen Verwandtschaft der [...] Wörter unmittelbar zum Ausdruck".[858] So fällt hier „die Formulierung einer Poetik des Ähnlichen mit ihrem Vollzug zusammen: Aus einem Gedicht über Düfte, Farben und Klänge wird damit ein äußerst folgenreiches Manifest zur ästhetischen Autonomie."[859]

Der Baudelaire-Übersetzer Walter Benjamin, der Baudelaire als Allegoriker beschreibt, notiert über die „correspondances", was er damit anstrebe, könne „als eine Erfahrung bezeichnet werden, die sich krisensicher zu etablieren sucht. Möglich ist sie nur im Bereich des Kultischen. Dringt sie über diesen Bereich hinaus, so stellt sie sich als ‚das Schöne' dar. Im Schönen erscheint der

---

855 Ebd., S. 164 f.
856 Pastor, *Studien zum dichterischen Bild*, S. 20.
857 Funk, Zusammenklänge, S. 84. Vgl. zur Diskussion des Sonetts ebd., S. 83–94. Im Hinblick auf die Entstehungszeit sei es nicht als „konsistente philosophische Theorie der Ähnlichkeit" zu deuten (vgl. die Verweise ebd., S. 83).
858 Funk, Mattenklott, Pauen, Symbole und Signaturen, S. 26. Der Text lautet: „*Correspondances* // La Nature est un temple où de vivants piliers / Laissent parfois sortir de confuses paroles; / L'homme y passe à travers des forêts de symboles / Qui l'observent avec des regards familiers. // Comme de longs échos qui de loin se confondent / Dans une ténébreuse et profonde unité, / Vaste comme la nuit et comme la clarté, / Les parfums, les couleurs et les sons se répondent. // Il est des parfums frais comme des chairs d'enfants, / Doux comme les hautbois, verts comme les prairies, / – Et d'autres, corrompus, riches et triomphants, // Ayant l'expansion des choses infinies, / Comme l'ambre, le musc, le benjoin et l'encens, / Qui chantent les transports de l'esprit et des sens." (Charles Baudelaire, „Correspondances", in: ders., *Œuvres complètes*, Bd. 1, hg. Claude Pichois, Paris 1975, S. 11).
859 Ebd., S. 32.

Kultwert als Wert der Kunst."⁸⁶⁰ In den Anmerkungen zu dieser Passage zieht er mit der Feststellung, Baudelaire suche das „Schöne zu bestimmen als den Gegenstand der Erfahrung *im Stande des Ähnlichseins*"⁸⁶¹, eine Linie von der Romantik über den Symbolismus bis in die postsymbolistische Moderne – zu Marcel Proust –, zu seinem eigenen Schreiben und bis zum Surrealismus, wenn er in „Zum Bilde Prousts" auf die von diesem beschworene ‚Welt im Stand der Ähnlichkeit' verweist: *„Es ist die Welt im Stand der Ähnlichkeit, und in ihr herrschen die ‚Korrespondenzen', die zuerst die Romantik und die am innigsten Baudelaire erfaßte, die aber Proust als einziger vermochte, in unserem gelebten Leben zum Vorschein zu bringen."*⁸⁶²

> Das ist Prousts frenetisches Studium, sein passionierter Kultus der Ähnlichkeit. Nicht da, wo er sie in den Werken, Physiognomien, oder Redeweisen, immer bestürzend, unvermutet aufdeckt, läßt sie die wahren Zeichen ihrer Herrschaft erkennen. Die Ähnlichkeit des Einen mit dem Andern, mit der wir rechnen, die im Wachen uns beschäftigt, umspielt nur die tiefere der Traumwelt, in der, was vorgeht, nie identisch, sondern ähnlich: sich selber undurchschaubar ähnlich, auftaucht. Kinder kennen ein Wahrzeichen dieser Welt, den Strumpf, der die Struktur der Traumwelt hat, wenn er im Wäschkasten, eingerollt, ‚Tasche' und ‚Mitgebrachtes' zugleich ist. Und wie sie selbst sich nicht ersättigen können, dies beides: Tasche und was darin liegt, mit *einem* Griff in etwas Drittes zu verwandeln: in den Strumpf, so war Proust unersättlich, die Atrappe, das Ich, mit einem Griffe zu entleeren, um immer wieder jenes Dritte: das Bild, das seine Neugier, nein, sein Heimweh stillt, einzubringen. Zerfetzt von Heimweh lag er auf dem Bett, Heimweh nach der im

---

860 Walter Benjamin, „Über einige Motive bei Baudelaire", in: ders., *Gesammelte Schriften* Bd I, 2: Abhandlungen, hg. v. Rolf Tiedemann u. Hermann Schweppenhäuser, Frankfurt a. M. 1974, Frankfurt a. M. 1974, S. 638 f.
861 Ebd., S. 638 f. [Hv.: S. B.]: „Das Schöne in seinem Verhältnis zur Natur kann als das bestimmt werden, was ‚wesenhaft sich selbst gleich nur unter der Verhüllung bleibt.' [...]. Die correspondances geben Auskunft darüber, was unter solcher Verhüllung zu denken sei. Man darf die letztere, mit einer freilich gewagten Abbreviatur, als das ‚Abbildende' am Kunstwerk ansprechen. Die correspondances stellen die Instanz dar, vor der der Gegenstand der Kunst als ein treulich abzubildender, dadurch allerdings durch und durch aporetischer vorgefunden wird. Wollte man versuchen, im Material der Sprache selbst diese Aporie nachzubilden, so käme man dahin, das Schöne zu bestimmen als *den Gegenstand der Erfahrung im Stande des Ähnlichseins*. Diese Bestimmung würde sich wohl mit Valérys Formulierung decken: ‚Das Schöne fordert vielleicht die servile Nachahmung dessen, was in den Dingen undefinierbar ist.'".
862 Walter Benjamin, „Zum Bilde Prousts", in: ders., *Illuminationen*, Frankfurt a. M. 1961, S. 355–369, S. 365 [Hv.: S. B.]. „Die Ewigkeit, in welche Proust Aspekte eröffnet, ist die verschränkte, nicht die grenzenlose Zeit. [...]. Das Widerspiel von Altern und Erinnern verfolgen, heißt in das Herz der Proustschen Welt, ins Universum der Verschränkung dringen." Dies sei das „Werk der mémoire involontaire", die dort wirke, „[w]o das Gewesene im taufrischen ‚Nu' sich spiegelt" (ebd.).

Stand der Ähnlichkeit entstellten Welt, in der das wahre surrealistische Gesicht des Daseins zum Durchbruch kommt.[863]

Benjamins Hinweis auf die ‚Erfahrung im Stande des Ähnlichseins' verdeutlicht das komplexe Verhältnis von Mimesis und Ähnlichkeit. Wie der Romantik geht es auch der symbolistischen Poetik nicht um imitative Nachahmung der sichtbaren Wirklichkeit, sondern um eine analogische ‚Übersetzung' ihrer ‚tieferen Ähnlichkeit' in Sprache:

> Da die romantische Poesie „nicht an Gegenstände gebunden [ist], sondern [...] sich die ihrigen selbst [schafft]", wie A. W. Schlegel einmal in seinen *Vorlesungen über schöne Literatur und Kunst* von 1801–04 bemerkte, imaginiert sie – traumhaft, rauschhaft, phantastisch, visionär – „künstliche Paradiese" und setzt sie – von Poe bis Baudelaire und noch bis zum französischen Surrealismus – gegen die reale, wahre, vernünftige, bürgerliche.[864]

Die daraus resultierende Poetik schließt an Topoi des Ähnlichkeitsdenkens an: Funk, Mattenklott und Pauen sehen gerade in der Tatsache, dass „dem Symbolismus [...] die Lautgestalt nicht mehr als unwichtiges Beiwerk [gilt], sondern als konstitutives Moment der Sprache", eine Wiederaufnahme älterer etymologischer, onomatopoetischer, mimologischer und musikalischer Annahmen, in denen „Ähnlichkeitsbeziehungen zwischen dem Klang der Wörter und ihren Gegenständen, aber auch zwischen verschiedenen Wörtern selbst, unabhängig von ihrer Bedeutung gestiftet"[865] werden – wie etwa in Baudelaires „Correspondances":

> [D]er Symbolismus reagiert auf den weitgehenden Wegfall mimetischer Bezüge zur Erfahrungswirklichkeit, aber auch auf den Zusammenbruch der bislang geltenden ästhetischen und geistesgeschichtlichen Konventionen mit der Entwicklung von inner- und außerästhetischen Verweisungszusammenhängen [...].[866]

Wo also Konventionen allgemeingültiger Symbolik und die Verbindlichkeit eines traditionellen „Mimesisprinzip[s]" schwinden, „müssen die Werke der Moderne ihre Formensprache immer wieder neu erfinden, und es sind Ähnlichkeitsbeziehungen, die hierbei eine Rolle spielen" – wobei gerade der „Perspektivismus des Ähnlichen den Raum neuer Bezüge erweitert", die sich werkimmanent entfalten: „Zwei ähnliche Klänge in einer Gedichtzeile, zwei ähnliche Formen in einem Bild

---

[863] Ebd., S. 358f. Genette zufolge projiziert Proust zur Herstellung von Metaphern und Gleichnissen analogische Relationen auf Kontiguitätsrelationen; der häufige Gebrauch des Wortes *wie* (*comme*) zeige an, dass Ähnlichkeitsrelationen ineinsgesetzt werden, um eine ‚verzeitlichte' Form der Mimesis einzusetzen (vgl. Melberg, *Theories of Mimesis*, S. 7): Vergleich und Metaphorizität seien Methoden der *Recherche* (vgl. ebd., S. 8).
[864] Kleine, Mimesis und Imagination, S. 457.
[865] Funk, Mattenklott, Pauen, Symbole und Signaturen, S. 25.
[866] Ebd., S. 30.

lassen sich auch ohne die Kenntnis einer ikonographischen oder ästhetischen Tradition einander zuordnen."[867] So tritt bei Mallarmé und Baudelaire „an die Stelle der einsinnigen Repräsentationsbeziehung zwischen Werk und phänomenaler Wirklichkeit eine Vielfalt von Korrespondenzen"[868], wenn etwa die „sprachlichen Qualitäten", ihre Materialität und Erscheinungsweise, die grafische Gestalt, die durch Auslassungen entstehenden Bezugsmöglichkeiten oder die Klangfarbe ästhetisch relevant werden.[869] Damit wird deutlich, dass die in der symbolistischen Ästhetik als erkannt *und* sprachlich geschaffen gedachten Korrespondenzen,

> gerade weil sie sich nicht mehr auf allgemeinverbindliche Konventionen stützen können, auf das Ähnliche angewiesen sind: Es vermag Beziehungen zu stiften, die eine unmittelbare Evidenz haben, ohne doch jene Spannung aufzuheben, die aus dem Widerspiel von Verweis und Differenz des Aufeinanderbezogenen entsteht.[870]

Dieses Widerspiel entwirft Paul Valéry in seinen epistemologischen „Notizen zur Theorie des Ähnlichen" in den *Cahiers* und seinen poetologischen Schriften.[871] Der Eintrag in den *Cahiers*: „Die Hälfte des Denkens vergeht mit der Entdeckung, daß das Unähnliche ähnlich und das Ähnliche unähnlich ist"[872], betont die variablen Aspekte der Ähnlichkeitsfeststellung entsprechend der „für das Ähnlichkeitsdenken charakteristische[n] Überwindung der Dichotomie von Subjekt und Objekt"; so ist es „der Erkennende selbst, der die Beziehungen zwischen den Dingen herstellt, sich dabei aber diesen Beziehungen gleichzeitig auch unterwirft."[873] Der Geist bringe auf Reize hin eine Vielzahl variierender Reaktionen hervor, die Valéry „*Transformationen*" nennt.[874] In einem „Spannungsfeld zwischen vollständiger

---

867 Ebd., S. 31.
868 Ebd., S. 30.
869 Vgl. ebd., S. 25.
870 Ebd., S. 30.
871 Ebd., S. 26. Vgl. zum Hinweis auf dessen „Bedeutung für den Symbolismus" ebd. Vgl. Gert Mattenklott, „Ähnlichkeit. Jenseits von Expression, Abstraktion und Zitation, in: *Ästhetik des Ähnlichen*, S. 167–183, ders.: „Die ‚Gabe der seltsamen Sicht'. Paul Valerys Anthropologie", in: *Neue Rundschau* 101 (1990), S. 153–161.
872 Paul Valéry, *Cahiers/Hefte*, Bd. 3, hg. v. Hartmut Köhler, Frankfurt a. M. 1989, S. 252; vgl. Gérard Genette, „Valéry et la poétique du langage", in: *MLN*, 87, 4 (1972), S. 600–615.
873 Funk, Mattenklott, Pauen, Symbole und Signaturen, S. 26.
874 Ebd. Die Herstellung von Ähnlichkeiten ist „die Funktionsweise der Intelligenz selbst, wenn sie ihrem Erlöschen in Identität oder Alterität ausweichen will." (Mattenklott, Die ‚Gabe der seltsamen Sicht', S. 169) Der Geist stellt Ähnlichkeiten her, die nicht als „wirkliche Beziehung zwischen den Dingen", bestehe, um erkenntnisfähig zu sein; dies „verlangt, daß die Dinge nicht unendlich variiert und auch nicht unendlich identisch sind.'" (Ebd.) Die „intermediäre Stellung" des Geistes zwischen Eigenem und Anderem und „zwischen Erinnern und Vergessen" ist konstitutiv: Ähnlichkeit ist „denknotwendig", insofern sie die „‚Beweglichkeit'"

Identität und absoluter Differenz" und „nur zwischen diesen Polen ist dem Geist jene Herstellung von Korrespondenzen möglich, die seine eigentliche Aufgabe ausmacht. Bei absoluter Differenz fehlte jeglicher Anknüpfungspunkt, absolute Identität machte die Herstellung jedweder Beziehung überflüssig", wie Valéry notiert:

> Die Existenz ähnlicher Dinge ist das Fundament von allem. Eine Welt aus Einzelexemplaren ist unvorstellbar. Wenn nichts sich wiederholte, dann wäre auch nichts. Der Sohn von anderm Schlage als der Vater; und jeder fortwährend sich selbst unähnlich; jeder Augenblick mit jedem anderen unvergleichbar, genau das wäre das Chaos.[875]

Ähnlichkeit erscheint in diesem modern formulierten Syndesmos als „grundlegende[s] Strukturmoment" und „basale Ordnungskategorie, die Relationen herstellt, ohne den feststellenden Charakter begrifflicher Identifizierung zu besitzen."[876] Dabei prägt eine „Disposition des Subjekts zur gesteigerten Wahrnehmung von Ähnlichkeit", auch den „'poetische[n] Zustand'" als Ausgangspunkt der Poesie,[877] die Valéry als bewusste, synthetisierende Arbeit beschreibt – ‚*il ne faut pas vouloir la ressemblance avant toute chose*':

> diese muß vielmehr aus der Übereinstimmung einander zugewandter Beobachtungen und Verrichtungen hervorgehen, die in die Form des Ganzen eine ständig sich mehrende Vielheit von Bezogenheiten der einzelnen Teile speichern, die der Künstler wahrgenommen hat.[878]

So würdigen auch die Reflexionen der ästhetischen Schriften Valérys Ähnlichkeit als „Augenblick ästhetischer Erfahrung und poetischer Kreativität"[879], denn die „literarische Produktivität ergibt sich [...] aus genau jenem Alternieren in der Her-

---

des Denkens selbst ist (ebd., S. 170). „Die Aufmerksamkeit für die mentalen Operationen des Ähnlichkeitssinns zwischen Identität und Alterität gilt der mittleren Sphäre, in der der Geist den spontanen Respons auf einen Reiz parabelförmig verzögert und umbiegt." (Ebd., S. 171) Gegen die „verwildern[de]" Selbstüberschreitung dieses Denkens ohne Zentrum verhilft der „Gleichgewichtssinn" zu einem „Ausgleich[]" (ebd., S. 172), wobei der Widerspruch des Geistes zu sich selbst in Gang gehalten wird (ebd.) „'Denken heißt abweichen'", so lautet Valérys „Funktionsbeschreibung der mentalen Apparatur", wobei „Abweichung und Restitution, Verlassen und Rückkehr" (ebd.) den „unterschiedslosen Immobilismus ebenso wie das Wuchern ungehemmter Energien" verhindern (ebd., S. 173).
875 Ebd., S. 27. „'Das unendliche Identische und das unendlich Variierte sind Extreme, zwischen denen der Mensch nur immer wieder aufsprengen, nur immer wieder zusammenfügen kann.'" (Zit. n. ebd., S. 27 f.).
876 Dommaschk, *Ähnlichkeit und ästhetische Erfahrung*, S. 126.
877 Ebd., S. 124.
878 Zit. n. Funk, Mattenklott, Pauen, Symbole und Signaturen, S. 28 [vgl. das Mottozitat].
879 Dommaschk, *Ähnlichkeit und ästhetische Erfahrung*, S. 124. Zu dieser als „Implex" beschriebenen Disposition vgl. ebd., S. 133.

stellung von Identität und Differenz", so Valéry: „„Der ganze Nervenapparat, alle seine Funktionen sind dabei ebenso aktiv wie reaktiv, fragend und antwortend, rezeptiv und produktiv'".[880] Valérys Ähnlichkeitstheorie wendet sich gegen assimilierende „Angleichung" und dissoziierende „Entfremdung" gleichermaßen und fordert eine equilibrierende „Aufmerksamkeit", die er „die Gabe der seltsamen Sicht'" nennt.[881] Die von ihm beschriebenen „'transitorischen Funktionen'" des Geistes entdeckt ähnlich auch die Kunst des frühen zwanzigsten Jahrhunderts.[882] Seine Überlegungen belegen, was im Verlauf angedeutet wurde: Ähnlichkeitsepistemologien sind nicht per se vormodern; vielmehr wird die epistemologische Valenz des Denkens in Ähnlichkeiten vor dem Hintergrund moderner Voraussetzungen in ästhetischen wie epistemologischen Reflexionen um 1900 aktualisiert; dabei vermittelt der Symbolismus das von der Romantik betonte ästhetische Vermögen zum Ausdruck einer ‚tieferen Ähnlichkeit' und die Auslotung ihrer Entsprechung in den vielfältigen Relationierungsmöglichkeiten der Sprache in die Moderne.

2.7 Moderne Latenzen und Konjunkturen des Ähnlichen

> Die Ähnlichkeit dürfte noch einmal die wichtigste Rolle in der Psychologie spielen. Vielmehr hat man die Ähnlichkeit bisher instinktiv darum vernachlässigt, weil man sonst zu früh hätte einsehen müssen, wie tief unser logisches oder sprachliches Wissen unter unseren wissenschaftlichen Ansprüchen stehe, wie weit entfernt unsere Begriffsbildung von mathematischer Genauigkeit sei; denn unsere Sprachbegriffe beruhen auf *Ähnlichkeit*, die mathematischen Formeln auf *Gleichheit*. (Fritz Mauthner)[883]

Dabei ist die moderne Konjunktur der Ähnlichkeit nicht zuletzt auf ihren in der Moderne epistemologisch problematischen Stellenwert zurückzuführen. Zwar ist die Ähnlichkeitskritik keine Errungenschaft der Moderne, äußert sich doch zu

---

[880] Vgl ebd., S. 29. Dabei verweist der Schüler Mallarmés auf *Un Coup de dés* als Beispiel für ein literarisches Ergebnis solcher Prozesse.
[881] Mattenklott, Die ‚Gabe der seltsamen Sicht', S. 168. Maßstab ist „die ausbalancierende Tätigkeit des Subjekts"; denn das Charakteristikum des menschlichen Intellekts ist die Möglichkeit des Denkens seines „Anderen" (ebd., S. 169).
[882] Zit. n. ebd., S. 173. Mattenklott sieht diese künstlerische Entdeckung im Kontext von „neumystischen Strömungen" (vgl. ebd.).
[883] Fritz Mauthner, *Beiträge zu einer Kritik der Sprache*. Bd. 1, S. 436 [i. Orig. gesperrt.].

ihrer ‚Schlüpfrigkeit' bereits Platon; doch geht, wie angedeutet, mit der Herausbildung der neuzeitlichen und modernen Wissenschaften die Kritik bestimmter Aspekte des Ähnlichkeitsdenkens und eine Skepsis gegenüber seiner epistemologischen Valenz einher: „Es gehört zum erkenntniskritischen Vorrat moderner Wissenschaft, sich gegenüber der Evidenz des Ähnlichen äußert reserviert zu verhalten."[884] Mit der logischen Ordnung von Identität und Differenz und Descartes' Anforderungen an den Begriff haben Ähnlichkeitsbezüge weniger gemein als mit Rhetorik und Bildlichkeit, was für die „Verbannung des Analogie- und Ähnlichkeitsdenkens, als deren ‚natürlichen' Ort man seit jeher die Rhetorik ansah, aus der Sphäre der Logizität und des diskursfähigen Wissens"[885], verantwortlich ist. Dass gerade der Analogieschluss – nach einer langen Tradition als ontologische und metaphysische Begründungsfigur in Erkenntnistheorie, Philosophie und Theologie – dubios erscheint, zeigt etwa Hegels Kritik der Analogie als zirkulärer Schluss. So gilt „[i]n epistemologischer Hinsicht [...] insbesondere das Analogiedenken als das, was die Moderne hinter sich gelassen hat."[886] Schreibt bereits Francis Bacon in *Novum organum scientiarum*, der Mensch ‚dichte gern' „Parallelen und korrespondierende Verhältnisse, die nicht vorhanden sind",[887] so wird mit der Aufklärung zunehmend besonders gegen ein neuplatonisch geprägtes Ähnlichkeitsdenken polemisiert. Die Kritik an einem Syndesmos des Ähnlichen, an Beziehungswahn oder „Ideenflucht",[888] an der ‚wilden Semiose' der Assoziationen und an der Kühnheit der Analogien und Metaphern, die, von einer wuchernden, lustvoll „dichtende[n] Einbildungskraft"[889] verführt, Entlegenes verknüpfen, kommentiert in der Folge das Denken in Ähnlichkeiten. Prominente Beispiele solcher Kritik im zwanzigsten Jahrhundert sind etwa Robert Musils Polemik gegen Oswald Spengler anhand des hypertrophen Vergleichs von Zitronenfal-

---

884 Willer, *Poetik der Etymologie*, S. 3.
885 Patrut, Rössler, Ähnlichkeit um 1800, S. 13.
886 Johach, Mersmann, Rulffes, Try to blend in!, S. XII.
887 Zit. n. Gamm, *Flucht aus der Kategorie*, S. 349. Vgl. auch Foucault, *Ordnung der Dinge*, S. 84.
888 Gabriel, Witz, S. 42.
889 Zit. n. Schulte-Sasse, Art. Einbildungskraft/Imagination, S. 107: Auch Kant neige „wie so mancher Kunsttheoretiker des 18. Jh. dazu, in der dichterischen Einbildungskraft eine Lust am Werke zu sehen, die von einer vag empfundenen Ähnlichkeit unter Zeichen und Dingen (oder zwischen einem Kunstwerk und der nachgeahmten Wirklichkeit) ausgeht und u. U. das bürgerliche Logifizierungsprojekt gefährdet." (Ebd.).

tern und Chinesen[890] und Ecos Beispiel eines Arztes, der Zirrhose auf den Genuss von Soda zurückführt, den seine Patienten unterschiedlichen Alkoholika beimischen.[891]

So scheint es, als habe eine der Logik von Identität und Differenz und der Klarheit und Distinktheit des Begriffs verpflichtete Wissenschaft Ähnlichkeit als eine der Erkenntnis vorgängige, nichtpropositionale, vage und undifferenzierte Denkweise zunehmend ‚weggearbeitet': „Die Produkte der Wissenschaft, Theorien, Hypothesen, Experimente und anderes, sind auf dem Weg, die Ähnlichkeitsbeziehungen vergessen zu machen, am weitesten fortgeschritten."[892] Doch, so betont Spaemann, die „Tendenz der Naturwissenschaft zur Eliminierung von Ähnlichkeit bedeutet natürlich nicht die Eliminierung aus etwas anderem als aus der Wissenschaft", die schon deshalb unmöglich sei, weil Sprache fundamental von Ähnlichkeitsbezügen geprägt ist.[893] Zudem lässt sich Ähnlichkeit nicht restlos rationalisieren: Wird sie „im Zeitalter der wissenschaftlichen Vernunft aus dem Gebiet der Erkenntnis"[894] weitgehend verdrängt, so nicht ohne als „‚Hintergrund'" und „‚nicht zu beseitigende Notwendigkeit'"[895], als Grundlage logischer Identitäts- und Differenzbezüge und Voraussetzung begrifflichen Denkens und wissenschaftlicher Heuristik zu fungieren. In dieser Position scheint sie zum blinden Fleck szientifischer Selbstbeschreibung zu avancieren, wie Foucault mit Hume betont,[896] und legitimiert gerade auch die Kritik rationalistischer Ordnungsträume.

---

890 „‚Es gibt zitronengelbe Falter, es gibt zitronengelbe Chinesen; in gewissem Sinn kann man also sagen: Falter ist der mitteleuropäische und geflügelte Zwergchinese. Falter wie Chinese sind bekannt als Sinnbilder der Wollust. Zum erstenmal wird hier der Gedanke gefaßt an die noch nie beachtete Übereinstimmung des großen Alters der Lepidopterenfauna und der chinesischen Kultur. Daß der Falter Flügel hat und der Chinese keine, ist nur ein Oberflächenphänomen. Hätte ein Zoologe je auch nur das geringste von den letzten und tiefsten Gedanken der Technik verstanden, müßte nicht erst ich die Bedeutung der Tatsache erschließen, daß die Falter nicht das Schießpulver erfunden haben; eben weil das schon die Chinesen taten. Die selbstmörderische Vorliebe gewisser Nachtfalterarten für brennendes Licht ist ein dem Tagverstand nur schwer zugänglich zu machendes Relikt dieses morphologischen Zusammenhangs'" (zit. n. Kimmich, *Ins Ungefähre*, S. 17).
891 Vgl. ebd., S. 17 f.
892 Gamm, *Die Macht der Metapher*, S. 75.
893 Vgl. Spaemann, Ähnlichkeit, S. 56: Solange die Wissenschaftssprache nicht die Umgangssprache ersetze, „[s]olange bewegen wir uns im qualitativen Medium teils konstitutiver, teils kontingenter Ähnlichkeiten."
894 Gamm, *Flucht aus der Kategorie*, S. 348.
895 Foucault, zit. n. ebd., S. 348 u. 349.
896 Vgl. Foucault, *Die Ordnung der Dinge*, S. 103; vgl. auch Gamm, *Flucht aus der Kategorie*, S. 349.

So „bleibt das analogische Denken weit über 1800 hinaus auch in den Wissenschaften bedeutsam. Es setzt bis in das 20. Jahrhundert den methodischen Rahmen einer vergleichenden Betrachtung zumindest im Bereich der Biowissenschaften, Anthropologie und Psychologie."[897] Dabei befördern verschiedene Faktoren das Denken in Ähnlichkeiten, wie die Ablehnung des Positivismus, die Kritik des logischen Wahrheitsbegriffes und der rationalistischen Selbstbeschreibung, aber auch die Etablierung der Psychologie und Ethnologie und der Entwurf vergleichender Modelle. Gerade um und nach 1900 erfährt es eine Konjunktur; so finden sich insbesondere

> in einem akademisch-intellektuellen Milieu, das von Phänomenologie, Ethnologie, Philosophie, Psychologie und Literatur gleichermaßen geprägt ist, zu Beginn des 20. Jahrhunderts […] Überlegungen zu einer Ontologie der Ähnlichkeit. Die Reflexion auf Ähnlichkeit gehört in dieser Epoche in das Feld eines kulturkritischen Diskurses, der – vor allem durch die methodischen Herausforderungen, die die Ethnologie einbrachte – die Moderne provoziert: Die Vermessung des Terrains, auf dem sich Fremdes und Eigenes begegnen, wird komplizierter und verlangt immer komplexere Antworten.[898]

Kulturtheorie, Kunstwissenschaft und Avantgarden arbeiten in der ‚amodernen' Moderne[899] an relationalen, komparativen und transversalen Entwürfen, die im Zeichen des Ähnlichen Grenzen zwischen Medien, Genres und Disziplinen, zwischen Vormoderne und Moderne, Eigenem und Anderem und Natur und Kultur überschreiten. So wird Ähnlichkeit als Teil der kritischen Selbstreflexion der Moderne nicht zuletzt aus ihrer epistemologischen Latenz heraus zum Operator ästhetisch-epistemologischer Modelle: „Diese Gegenströmung verstärkt sich parallel zum Siegeszug der Wissenschaften, und sie gewinnt theoretische Prägnanz vor allem in der Ästhetik und Kulturkritik der Zwischenkriegszeit dieses Jahrhunderts."[900] Bereits die kursorische Durchsicht des diskursiven Feldes um 1900 liefert Anhaltspunkte für den Nachweis einer „Ähnlichkeitswissenschaft"[901], wie sie etwa Walter Benjamin, Sigmund Freud, Aby Warburg, Ludwig Wittgenstein,

---

897 Olaf Breidbach, „Analoge Anthropologien. Zur Reanimierung des Mikro-Makrokosmos-Denkens im 19. Jahrhundert", in: Eggers, *Von Ähnlichkeiten und Unterschieden*, S. 33–55, S. 33.
898 Kimmich, *Ins Ungefähre*, S. 45 u. Kap. 4: „Die Moderne: Das Verschwinden der Ähnlichkeit. Oder doch nicht?", ebd., S. 45–54.
899 Von Beyme betont die ‚Amodernität' der Moderne: „Das ‚Projekt der Moderne', das rückblickend erfunden wurde, hat sich nicht linear entwickelt. Immer war es von ‚survivals' und ‚revivals' durchsetzt." (Von Beyme, *Das Zeitalter der Avantgarden*, S. 31).
900 Funk, Mattenklott, Pauen, Symbole und Signaturen, S. 23.
901 Johannes Feichtinger, „Kakanische Mischungen. Von der Identität- zur Ähnlichkeitswissenschaft", in: Bhatti, Kimmich, *Ähnlichkeit*, S. 219–243. Damit sind nur einige Gewährsleute benannt: Die Ähnlichkeitsreflexion zieht sich durch semiotische, phänomenologische, wahrnehmungs- und gestaltpsychologische, psychoanalytische, ethnologische und (post-)strukturalistische Reflexio-

Friedrich Nietzsche, Ernst Mach, Rudolf Carnap, Edmund Husserl, Otto Neurath, Hans Cornelius, Theodor Lipps, Fritz Mauthner, Alois Riegl und Max Weber entwickeln.

Eine bedeutende Rolle spielt Ähnlichkeit besonders in sprachphilosophischen und begriffskritischen Überlegungen: So beziehen etwa Friedrich Nietzsche, Ferdinand de Saussure, Fritz Mauther und Roman Jakobson ähnlichkeitstheoretische Aspekte in ihre Sprachanalysen ein. Als paradigmatisch für den Befund, dass die „Frage der Angemessenheit des Begriffs an die Sache" von der „Sprachkritik der Moderne [...] unter dem Begriff der Ähnlichkeit diskutiert"[902] wird, kann Nietzsches früher, postum veröffentlichter Text *Über Wahrheit und Lüge im außermoralischen Sinne* (1873)[903] gelten, der metaphorische Ähnlichkeit gegen begriffliche Identität ausspielt und so die Einsicht in die grundlegende Metaphorizität der Sprache für eine Desautomatisierung der Wirklichkeitsinterpretation mit ästhetischen Mitteln auswertet. Zwischen ‚lebendigen' Metaphern „als Quellen sprachlichen Sinns" und ‚totem', erstarrtem Sprachmaterial, als *„abgenutzt und sinnlich kraftlos"* beschrieben, unterscheidend,[904] setzt er das kreative Potential der Metaphernproduktion dem konventionalisierten Bestand der Sprache und der Ordnung der Begriffe entgegen, um Vorstellungen von Wahrheit und objektiv fassbarer Realität zu attackieren. „Wir glauben etwas von den Dingen selbst zu wissen, wenn wir von Bäumen, Farben, Schnee und Blumen reden und besitzen doch nichts als Metaphern der Dinge [...]. Jeder Begriff entsteht durch Gleichsetzen des Nichtgleichen."[905] Unterhalb der abstrakten Begriffe wirkt mit der basalen Metaphorizität

---

nen, die eine systematische Untersuchung der modernen Ähnlichkeitsreflexion zu sichten hätte. Hier werden lediglich für die vorliegende Thematik zentrale Theoreme skizziert.

902 Dommaschk, *Ähnlichkeit und ästhetische Erfahrung*, S. 24 f. Dommaschk verweist hier auf Benjamin und Adorno.

903 Friedrich Nietzsche, „Ueber Wahrheit und Lüge im aussermoralischen Sinne", in: ders., *Werke. Nachgelassene Schriften 1870–1873*, hg. v. Giorgio Colli u. Mazzino Montinari, Berlin, New York 1973, S. 367–384, S. 382; vgl. Nicolas Füzesi, „Nietzsches analogisches Denken", in: Bachmann, Gloy (Hg.), *Das Analogiedenken*, S. 346–359.

904 Zit. n. Derrida, Die weiße Mythologie, S. 237. Derrida betont den „Austausch zwischen dem Linguistischen und dem Ökonomischen" in Nietzsches Metaphern des Geldes: Die ‚Abnutzung' der Prägung verweist auf den Vergessensprozess der Metaphorizität lexikalisierter Metaphern – als ‚totes' Sprachmaterial, das es neu zu prägen gilt (vgl. ebd.).

905 Nietzsche, Ueber Wahrheit und Lüge, S. 373 f. Dies führt Nietzsche so aus: „So gewiß nie ein Blatte einem anderen ganz gleich ist, so gewiß ist der Begriff Blatt durch beliebiges Fallenlassen dieser individuellen Verschiedenheiten, durch ein Vergessen des Unterscheidenden gebildet und erweckt nun die Vorstellung, als ob es in der Natur etwas gäbe, das ‚Blatt' wäre" (ebd., S. 374). „Jenes Gleichsetzen von ‚Nichtgleichem' im Prozeß der Begriffsbildung ist einerseits ein Selbstbetrug der Sprecher; das Unbestimmbare, das die Nervenreize auslöst, bleibt unbestimmbar [...]. Andererseits manifestiert sich aber gerade im Sprachbildungsprozeß das

auf dem Grund der Sprache ein Prinzip der Übertragung, dessen Ursprünge imaginär und kognitiv vermittelt sind:[906] Nach Nietzsche sind

> [i]n der Welt des Metaphorikers [...] die Dinge zunächst noch im Fluß; sie durften sich „ähnlich" sehen, ohne gleich „identifizierbar" werden zu müssen. Immerhin wird die produktive Leistung des Sprachbildners, der damit zugleich „Welt"-Bildner ist, betont. Und mehr noch: Die Schöpfung von „Metaphern" für Bilder und Nervenreize erscheint ihm als ein künstlerischer Prozeß, der Sprachbildner als ein „künstlerisch schaffendes Subjekt", das sich dessen allerdings selbst nicht bewußt ist – spätestens dann nicht mehr, wenn es an Begriffe zu glauben beginnt und die Metaphorizität seiner Sprachschöpfungen vergißt.[907]

So kann die Metapher als sprachgenetisches und ästhetisches Prinzip die Beschränkungen konventionellen Sprechens und begrifflichen Denkens zumindest zeitweise überwinden:

> Jener Trieb zur Metaphernbildung [...] ist dadurch, dass aus seinen verflüchtigten Erzeugnissen, den Begriffen, eine reguläre und starre neue Welt als eine Zwingburg für ihn gebaut wird, in Wahrheit nicht bezwungen und kaum gebändigt. Er sucht sich ein neues Bereich seines Wirkens und [...] findet es im *Mythus* und überhaupt in der *Kunst*. Fortwährend verwirrt er die Rubriken und Zellen der Begriffe dadurch dass er neue Uebertragungen, Metaphern, Metonymien hinstellt, fortwährend zeigt er die Begierde, die vorhandene Welt des wachen Menschen so bunt unregelmäßig folgenlos unzusammenhängend, reizvoll und ewig neu zu gestalten, wie es die Welt des Traumes ist.[908]

Wenn der Metaphoriker die Begriffe „zerschlägt, durcheinanderwirft, ironisch wieder zusammensetzt, das Fremdeste paarend und das Nächste trennend, so offenbart er, daß er jene Notbehelfe der Bedürftigkeit nicht braucht", die die Begriffe darstellen, und „redet in lauter verbotenen Metaphern und unerhörten Begriffsfügungen, um wenigstens durch das Zertrümmern und Verhöhnen der alten Begriffsschranken dem Eindrucke der mächtigen gegenwärtigen Intuition

---

Vermögen des Menschen, sich seine Welt zurechtzumachen" (Schmitz-Emans, Metapher, o. S. (S. 10). „(*Nietzsche* steht gerade mit diesen Überlegungen in nominalistischer Tradition.) Eine sprachlich erzeugte Illusion wie das ‚Ding' ist auch jegliche ‚Eigenschaft', welche durch Adjektive den ‚Dingen' beigelegt werden. Dem ursprünglichen Sprachbildner geht es überhaupt nicht um irgend ein ‚Ding an sich' [...]. Eine ‚Metapher' ist die Übertragung eines Nervenreizes in ein Bild, eine weitere die vom Bild in den sprachlichen Laut." (Ebd., o. S. (S. 19 [Kapitälchen i. Orig.])). Nietzsches Pointe ist es, die Ursprungsmomente zu metaphorisieren; vgl. auch Gamm, *Die Macht der Metapher*, S. 77.

906 So wird der „Metaphernbegriff auf alle Übertragungsvorgänge" der Sprache erweitert (Nicola Gess, „‚So ist damit der Blitz zur Schlange geworden'. Anthropologie und Metapherntheorie um 1900", in: *Deutsche Vierteljahrsschrift für Literaturwissenschaft und Geistesgeschichte* 83/4 (2009), S. 643–666, S. 654).

907 Schmitz-Emans, Metapher, o. S. (S. 20).

908 Nietzsche, Ueber Wahrheit und Lüge, S. 381 [sic].

schöpferisch zu entsprechen."[909] Diese vitalistische These des ‚intuitiven' Menschen, „mit dem Pathos größter Ursprünglichkeit beladen",[910] imaginiert die Revision der „Vergessensprozesse" der Begriffsbildung und ihrer Transparenzeffekte: „Nicht nur zertrümmert er mit neuen Metaphern fortwährend die tradierten Begriffe, sondern er ist sich zugleich der bloßen Metaphorizität seiner Metaphern bewusst."[911] Deren epistemologische Valenz wird betont, wenn „nicht mehr der Begriff, sondern die Metapher als adäquate Erschließung von Wirklichkeit" gilt, die, weil sie „eine ursprüngliche und motivierte Sprache ist, einen privilegierten Zugang zur Wirklichkeit" bietet:[912] „Die metaphorische Sprache offenbart, weil sie eine setzende Sprache ist, die poietische Tätigkeit des Geistes".[913]

Eine ‚unterhalb' der Identitätsbezüge des Begriffs wirkende Ähnlichkeit thematisiert auch Mauthner, der in *Beiträge zu einer Kritik der Sprache* (1901) in sprach- und erkenntniskritischer Manier die Vagheit der Sprache betont: „Auf Ähnlichkeit, nicht auf Gleichheit ist alles Klassifizieren oder die Sprache aufgebaut, auf Ähnlichkeit, nicht auf Gleichheit all unser Urteilen oder die Anwendung der Sprache."[914] So prognostiziert er, Ähnlichkeit werde „einmal die wichtigste Rolle in der Psychologie spielen": Denn man habe

> die Ähnlichkeit bisher instinktiv darum vernachlässigt, weil man sonst zu früh hätte einsehen müssen, wie tief unser logisches oder sprachliches Wissen unter unseren wissenschaftlichen Ansprüchen stehe, wie weit entfernt unsere Begriffsbildung von mathematischer Genauigkeit sei; denn unsere Sprachbegriffe beruhen auf *Ähnlichkeit*, die mathematischen Formeln auf *Gleichheit*.[915]

Mauthner verweist auf die basale epistemologische Funktion der Ähnlichkeit, indem er die antiken Sätze „Similia similibus cognoscuntur (Ähnliches wird durch Ähnliches erkannt)" und „Similis simili gaudet, das Ähnliche freut sich des Ähnlichen" modern reformuliert: „Ähnliches empfinden nennen wir erkennen, wobei der Skeptiker noch hinzufügen wird: Ähnlichkeit empfinden nennen wir irrtümlich erkennen. Denn all unser vermeintliches Erkennen ist vergleichendes Klassifizieren"[916]. Dabei drücke der zweite Lehrsatz eine psychologische

---

909 Ebd., S. 382.
910 Gess, Anthropologie und Metapherntheorie, S. 658.
911 Ebd., S. 657.
912 Ebd., S. 661.
913 Ebd., S. 655. Gess arbeitet eine solche Auffassung auch Cassirers heraus.
914 Fritz Mauthner, *Beiträge zu einer Kritik der Sprache*. Bd. 1: *Zur Sprache und zur Psychologie*, Frankfurt a. M., Berlin, Wien 1982, S. 470.
915 Ebd., S. 436 [i. Orig. gesperrt.]
916 Ebd., S. 434.

Motivation aus: „Im Wiedererkennen ist ein Gefühlston des Interesses"; es erzeuge Lustgewinn, „vergleichend zu klassifizieren, zu benennen und so zu dem zu gelangen, was wir Welterkenntnis nennen, was aber immer nur Empfindung von Ähnlichkeiten ist."[917] Entsprechend beschreibt Mauthner Ähnlichkeit als grundlegend für den Vorgang, der „Vorstellungen in unserem Gedächtnis zu Begriffen" verbinde: „Unsere ganze Klassifikation der Natur, also unsere ganze Sprache ist begründet auf das wechselnde Spiel von Ähnlichkeiten".[918] Doch dieser die Sprachgenese konstitutiv prägende Vorgang sei notwendig lückenhaft: So habe

> diese bloße Ähnlichkeit, d. h. die wissenschaftliche oder mathematische Unvergleichlichkeit der Dinge überhaupt erst unser Sprechen oder Denken möglich gemacht [...], also erst die Lücken unserer Vorstellungen, die Fehler unserer Sinneswerkzeuge unsere Sprache gebildet [...]. Im Ernst, die ganze Begriffsbildung der Sprache wäre nicht möglich, wenn wir nicht unter lauter lückenhaften Bildern umhertappten, eben wegen der Lückenhaftigkeit die Ähnlichkeit überschätzten und so aus der Not eine Tugend machten. Je weniger wir von etwas wissen, desto leichter werden wir von Ähnlichkeiten „frappiert".[919]

Gerade die Unschärfe der Ähnlichkeit ist also Ermöglichungsbedingung von Denken und Sprechen: „So gebrauchen wir überhaupt Ähnlichkeitsbilder oder Worte umso leichter, je unwissender wir sind. So ist die menschliche Sprache eine Folge davon, daß die menschlichen Sinne nicht scharf sind."[920]

Die von Mauthner vorhergesagte zentrale Rolle der Ähnlichkeit in der Psychologie lässt sich an Ähnlichkeitsannahmen aus den Kontexten der Kontext der Gestaltpsychologie[921], der Psychoanalyse und der Assoziationspsychologie belegen, der Ähnlichkeit als eines der beiden die Assoziation bedingenden Prinzipien –

---

917 Ebd., S. 435.
918 Ebd., S. 436.
919 Ebd., S. 437.
920 Ebd., S. 438. So sei es, wären die Sinnesorgane differenzierter, unmöglich, „den Begriff Anemone zu bilden: die einzelnen Anemonen wären einander zu unähnlich" (ebd., S. 437).
921 Als Verfechter der Verknüpfung von Sinnesempfindungen durch Ähnlichkeit diskutiert Hans Cornelius ihre Funktion in der Beschreibung von „Gestaltqualitäten" durch Ideenassoziation und „Vergleichungsurtheile" („Ueber ‚Gestaltqualitäten'", in: *Zeitschrift für Psychologie und Physiologie der Sinnesorgane* 22 (1900), S. 101–121, S. 113 u. S. 118); Theodor Lipps („Zu den ‚Gestaltqualitäten'", in: *Zeitschrift für Psychologie und Physiologie der Sinnesorgane* 22 (1900), S. 383–385), definiert „Gefühle", die er von „Gestaltqualitäten'" differenziert, als deren „Bewußtseinssymptom", und beschreibt das „Ähnlichkeitsbewußtsein" als ein solches Gefühl: „Das Erlebnis, das ich so nenne, besteht in einer Weise, wie ich beim Vergleich zweier Objekte, genauer beim Sichaneinandermessen zweier psychischer Vorgänge mich affiziert fühlte." (Ebd., S. 385).

Similarität und *Kontiguität* – gilt.⁹²² „Ähnlichkeitsassoziationen" sind Vorstellungen, die „einander ähnlich sind und im Bewußtsein eine Assoziation (Verbindung) eingehen."⁹²³ So organisieren sie, die mentale ‚Innenwelt' des Subjekts konstituierend, (Wieder-)Erkennen, Erinnern und Prozesse der Sprachbildung und Ideenverknüpfung.⁹²⁴ Überlegungen zur Ähnlichkeitsassoziation, die Erinnerung und Gedächtnis, synthetisierende Reflexion, Sprache und Begriffsbildung betreffen, formuliert etwa Saussure, der „zwischen der manifesten syntagmatischen Kette und den ‚latenten' paradigmatischen ‚Assoziationen'" unterscheidet und sprachliche Bedeutung in einem „Netz" von Assoziationen fundiert sieht.⁹²⁵

Mit Freuds Beschreibung unbewusster assoziativer Verknüpfungen als „Indikatoren einer wesentlichen Verbindung [...], die uns aber nicht zugänglich ist"⁹²⁶, gewinnt die Assoziation besondere Relevanz: Er erhebe sie, so Eckard Lobsien, gerade in der Verbindung von „Gedächtnisarbeit" und „Darstellungsfunktion" potenziell in den Rang eines „ästhetischen Grundbegriffs"⁹²⁷, wobei die Verbindung

---

922 Vgl. Lobsien, *Kunst der Assoziation*, S. 482 ff.; vgl. Arthur Koestler, *Der göttliche Funke. Der schöpferische Akt in Kunst und Wissenschaft*, übers. v. Agnes von Cranach u. Willy Thaler, Bern 1966, S. 215. Intensiv widmen sich den Gesetzen der Ideenassoziation bereits die englischen Empiristen: John Stuart Mills Anmerkungen zu James Mills *Analysis* zufolge liegt Ähnlichkeit (als Vergleichsvermögen) der Assoziation zugrunde; Alexander Bain widmet der Assoziation ausführliche Überlegungen (vgl. Hans Ruin, *Erlebnis und Wissen*, Helsingfors 1921; vgl. http://www.gleichsatz.de/b-u-t/trad/hk/ruin_bain.html#14, 6.9.2016).
923 Schenk, Ähnlichkeit, S. 52. Assoziation gilt bis heute als psychologisch-erkenntnistheoretischer Begriff, selbst wenn die „Assoziationspsychologie" kritisiert werde (ebd.). Assoziation beschreibt Spaemann als „Weise[] des Erinnerns an anderes" (Spaemann, Ähnlichkeit, S. 50).
924 Vgl. Koschorke, *Körperströme und Schriftverkehr*, S. 375. „Die Assoziationen sind insofern abgezogen vom unmittelbaren Einfluss der Sinne; sie bewohnen eine autonome semantische Sphäre, die sich der Lockerung der Relation zwischen den Urbildern und ihren mentalen Repräsentanten, der tendenziellen Selbstabschließung des Systems der Vorstellungen von der außermenschlichen Umwelt verdankt". Dies erkläre sich vor dem Hintergrund, „dass sich in dem Riß zwischen Gegenstands- und Vorstellungswelt, den das Zeichenmodell der Sinneswahrnehmung zugleich entdeckt und diskursiv produziert, die moderne Assoziationslehre niederlässt. Sie stellt das Bindegewebe zwischen den vereinzelten sensorischen Reizen, das auf der Objektseite zerfallen ist, auf der Subjektseite wieder her. Denn die Frage ist ja, wie die Kohärenz, die zuvor in der Phänomenwelt verbürgt war, nun vom kognitiven Apparat selbst gestiftet werden kann" (ebd.).
925 Hartmut Winkler, „Medien – Speicher – Gedächtnis" (online unter http://homepages.uni-paderborn.de/winkler/gedacht.html, 3.1.2018, o. S): „Das Netz dieser Assoziationen ist es, das den einzelnen Elementen überhaupt erst Bedeutung verleiht [...]; Sprache in diesem Sinne ist sehr weitgehend ein Gedächtnisphänomen." (Ebd.) Vgl. auch Lobsien, *Kunst der Assoziation*, S. 221.
926 Lobsien, *Kunst der Assoziation*, S. 230.
927 Ebd., S. 233.

von Anschaulichkeit und Zeichenhaftigkeit die ihr zugesprochenen Leistungen vereine. Freud geht an mehreren Stellen seiner Schriften auf Ähnlichkeit ein, die eine zentrale Rolle in Traumarbeit und Traumanalyse spielt: „Die gesamte Symptomatologie der Psychoanalyse [...], sofern sie sprachlich codiert ist", kann als „Darstellung des Unähnlichen als Ähnliches im Traum, im Versprecher oder im Witz" charakterisiert werden.[928] Freud stützt sich explizit auf Ähnlichkeitsannahmen, wenn er konstatiert, das in Traumassoziationen manifest werdende Unbewusste folge Regeln der Ähnlichkeit und Kontiguität:

> Einer einzigen unter den logischen Relationen, der der *Ähnlichkeit, Gemeinsamkeit, Übereinstimmung*, kommt der Mechanismus der Traumbildung im höchsten Ausmaße zugute. Die Traumarbeit bedient sich dieser Fälle als Stützpunkte für die Traumverdichtung, indem sie alles, was solche Übereinstimmung zeigt, zu einer *neuen Einheit* zusammenzieht.[929]

Die Erklärung der Traumlogik, genauer, der symbolischen Organisation der Traumgedanken in Verdichtung und Verschiebung, beruht somit – wie bereits in der romantischen Traumforschung – wesentlich auf Assoziationsprinzipien: „Im Traum sehen wir die Assoziationen als sie selber konkret an der Arbeit".[930]

> Der Traum verschiebt über assoziative Verknüpfungen seine Gedanken – seinen ‚eigentlichen' Inhalt – in eine Bildersprache; per Assoziation inszeniert der Traum einen Ablauf, der umso fesselnder wirkt, je ‚autonomer' er organisiert ist. Je freier die Assoziationen operieren, je prägnanter sie die Kontiguitäts- und Similaritätsrelationen zwischen den Traumelementen ausformen, desto illusionärer wirkt diese Inszenierung.[931]

Positivist in der Erschließung des Unbewussten, errichtet Freud in *Die Traumdeutung* (1900)[932] ein System hermeneutischer Abduktion: Der Auslegungsprozess der Analyse reduziert in der (Re-)Konstruktion der „assoziativen Relationen" die Fremdheit der Traumbilder, die in sprachliche Bedeutung transponiert und der

---

[928] Willer, *Poetik der Etymologie*, S. 18; Vgl. zu Ähnlichkeit bei Freud Ulrike Kistner, „Arbeit der Ähnlichkeiten – Arbeit an Ähnlichkeiten", in: Bhatti, Kimmich (Hg.), *Ähnlichkeit*, S. 61–74. Vgl. zu Ähnlichkeit in der Psychoanalyse auch Wilhelm Stekels unter dem Titel „Ähnlichkeiten" publizierten Fall der Ähnlichkeitssymptomatik (*Zentralblatt für Psychoanalyse. Medizinische Monatsschrift für Seelenkunde*, III. Jahrgang, H. 6/7 (1913), online unter https://archive.org/stream/ZB_III_1913_6_7_k/ZB_III_1913_6_7_k_djvu.txt, 4.2.2019).
[929] Sigmund Freud, „Über den Traum", in: ders., *Über Träume und Traumdeutungen*, Frankfurt a. M. 1971 [1899], S. 11–52, S. 33.
[930] Lobsien, *Kunst der Assoziation*, S. 266.
[931] Ebd., S. 232.
[932] Sigmund Freud, *Die Traumdeutung* (= Freud-Studienausgabe, Bd. II), hg. v. Alexander Mitscherlich, Angela Richards u. James Strachey, Frankfurt a. M. 1972.

Ratio kommensurabel gemacht werden.[933] Blumenberg zufolge gründet dieses Bedürfnis der Sinnstiftung auf einen „Rechtsanspruch der Vernunft auf reine Theorie".[934] Der unerklärbare Rest des Traumes, der „,Nabel, durch den er mit dem Unerkannten zusammenhängt'"[935], ist das Skandalon, das die Kohärenz der Identität gefährdet: Es weist auf die

> Angst [...] wir könnten von anderem als uns selbst beherrscht werden. Genau an dieser Stelle mündet Freuds Traumtheorie in alte philosophische Besorgnisse um das Prinzip des *nexus idearum*, nach dem jede Vorstellung im Bewusstsein durch die ihr vorausgehenden herbeigeführt und durch Konsistenz mit ihnen abgesichert sein muß. Dieses Prinzip könnte durch den Traum unterlaufen werden.[936]

Denn die alogische Vorstellungswelt, die sprachliche Versatzstücke bildlich ‚vorstellt', steht dem diskursiven, logischen Denken entgegen, das die assoziativen Verflechtungen und „Knoten"[937] (in scheinbar inverser Bewegung) auflöst zu einem sukzessive ablaufenden Faden – ein Übersetzungsprozess von inneren Bildern in Sprache: Freud vergleicht den Traum mit einem „Rebus".[938] Dessen „Zeichenbeziehung ist [...] keine simple Eins-zu-eins-Relation", vielmehr ordnen metaphorisch und metonymisch verdichtende und verschiebende Substitutionen die latenten Traumgedanken im manifesten Trauminhalt durch ihre „,Verschie-

---

933 So sind „die Einheiten und die assoziativen Relationen zwischen ihnen nachträgliche Analyseprodukte: erst die analytische Dissoziation erzeugt die Assoziation" (Lobsien, *Kunst der Assoziation*, S. 213).
934 Blumenberg, *Die Lesbarkeit der Welt*, S. 358: „Das Ärgernis der Sinnlosigkeit, die am manifesten Trauminhalt auftritt, ist unerträglich genug, um jede Anstrengung der Sinnfindung zu rechtfertigen. Zum Vergleich erinnere ich daran, dass genau gleichzeitig die Phänomenologie Husserls entstanden ist, um gegen den Psychologismus das Ärgernis der Assoziation als einer mechanischen Koppelung von Vorstellungen aus der Welt zu schaffen und durch einsichtige Sinnbildungen zu ersetzen. Insofern ist die ‚Traumdeutung' zuerst und vor allem im Rechtsanspruch der Vernunft auf reine Theorie begründet".
935 Ebd., S. 369: „Es wäre, zugespitzt gesagt, ganz überflüssig, eigene Träume zu deuten oder deuten zu lassen, wenn man sich sicher sein könnte, sie seien nicht ‚transzendente' Ereignisse." (Ebd., S. 370).
936 Ebd., S. 371.
937 Freud, *Über den Traum*, S. 17: „Ich könnte in dem Gewebe, welches sich der Analyse enthüllt, die Fäden fester anziehen und würde dann zeigen können, daß sie zu einem einzigen Knoten zusammenlaufen".
938 Freud, *Die Traumdeutung*, S. 280. „Das pathologische wie das normale Symptom werden nicht mehr zeichentheoretisch im regressiven Sinne eines bloßen Zeichens oder Signals verstanden, sondern symboltheoretisch als Rebus, in dem viele Interpretationsfäden zusammenlaufen." (Gloy, *Das Analogiedenken*, S. 278) „Der Inhalt des Symbols ist ein *Nebel* möglicher Interpretation, offen für eine semiotische Verschiebung von Interpretant zu Interpretant." (Eco, *Semiotik und Philosophie der Sprache*, S. 237).

bung längs einer Assoziationskette'"⁹³⁹ eigenlogisch an, wobei „jedes Glied [...] zum unabhängigen Ausgang einer Reihe von Einfällen"⁹⁴⁰ wird. Ihr Ausdruck in einem ‚Bilderstrom' erfolgt in „symbolischer Weise durch Gleichnisse und Metaphern, wie in bilderreicher Dichtersprache".⁹⁴¹ Der Traum wird damit zum *Modellfall analogischer Zeichenbeziehungen.*⁹⁴²

Die Assoziationsprinzipien der Similarität und Kontiguität bilden die Verknüpfungsregeln nicht nur zwischen Traumassoziationen: In seinem eine spekulative Analogie von Phylo- und Ontogenese etablierenden Text *Totem und Tabu* (1913) nimmt Freud auf James G. Frazers Unterscheidung der Typen sympathetischer Magie in „*imitative* oder *homöopathische*" und „*kontagiöse Magie*"⁹⁴³ Bezug, die dieser den Prinzipen der Ideenassoziation vergleicht: „Da aber Ähnlichkeit und Kontiguität die beiden wesentlichen Prinzipien der Assoziationsvorgänge sind, stellt sich als Erklärung für all die Tollheit der magischen Vorschriften wirklich die Herrschaft der Ideenassoziation heraus."⁹⁴⁴ Freud verweist auf das Wir-

---

939 Lobsien, *Kunst der Assoziation*, S. 228 und Freud, zit. n. ebd., S. 229.
940 Freud, Über den Traum, S. 24.
941 Ebd., S. 30. Aus „Rücksicht auf Darstellbarkeit" gehen logische Relationen verloren; logischer Zusammenhang wird ausgedrückt durch simultane „Annäherung in Zeit und Raum", Widerspruch durch absurden Witz, „Verwandlung" ersetzt eine Ursache-Wirkungs-Relation (Freud, Über den Traum, S. 30 f.). Die Verwandlungslogik entwickelt Freud am Traumbeispiel *Irma*.
942 Gloy, Das Analogiedenken, S. 278: „Mit der Überdetermination der [...] Phänomene ist ihre Verweisung auf anderes verbunden, sei es auf eines oder vieles, sei es auf einen anderen Sachverhalt oder einen anderen Sinn oder gar eine andere Bedeutungsebene. Bekunden kann sich der Transzendenzcharakter [...] im Durchschimmern einer anderen Bedeutung oder im plötzlichen Bedeutungsumschlag [...], oder wie in den alltäglichen psychischen Fehlleistungen im Vordringen eines andern Namens oder einer andern Sache. Beim Traum und Symptom besteht er in der durch die nachträgliche Analyse ermöglichten assoziativen Anknüpfung der Traumgedanken und Interpretationen." (Ebd.).
943 Sigmund Freud, *Totem und Tabu. Einige Übereinstimmungen im Seelenleben der Wilden und der Neurotiker*, Frankfurt a. M. ¹²1973, S. 87; vgl. James G. Frazer, *The Golden Bough. A Study in Magic and Religion*, Hertfordshire 1993, S. 11 ff.
944 Ebd., S. 89; vgl. weiter: „Man sieht, wie zutreffend sich *Tylors* oben zitierte Charakteristik der Magie erweist: *mistaking an ideal connexion for a real one*, oder, wie es fast gleichlautend *Frazer* ausgedrückt hat: *men mistook the order of their ideas for the order of nature, and hence imagined that the control which they have, or seem to have, over their thoughts, permitted them to exercise a corrsponding control over things.*" (Ebd., S. 89). Freuds Analyse der „Allmacht der Gedanken" betont, „daß die beiden Prinzipien der Assoziation – Ähnlichkeit und Kontiguität – in der höheren Einheit der *Berührung* zusammentreffen. Kontiguitätsassoziation ist Berührung im direkten, Ähnlichkeitsassoziation solche im übertragenen Sinn. Eine von uns noch nicht erfaßte Identität im psychischen Vorgang wird wohl durch den Gebrauch des nämlichen Wortes für beide Arten der Verknüpfung verbürgt." (Ebd., S. 91) Vgl. zu der intellektualistischen

ken der Assoziationsprinzipien in der „„Allmacht der Gedanken"" [945] als im Unbewussten wirkender archaischer Rest magischer und animistischer Denkweisen, die sich in der *Regression* der Neurose als nicht durch die Ratio kontrolliertes Denken äußern, das die Moderne verdrängt oder sublimiert:

> Nur auf einem Gebiete ist auch in unserer Kultur die ‚Allmacht der Gedanken' erhalten geblieben, auf dem der Kunst. In der Kunst allein kommt es noch vor, dass ein von Wünschen verzehrter Mensch etwas der Befriedigung ähnliches macht, und daß dieses Spielen – dank der künstlerischen Illusion – Affektwirkungen hervorruft, als wäre es etwas Reales [...].[946]

So konturiert Freud ein „concept of similarity that covers a large anthropological ambit", wie etwa „neurotic symptoms and dreams",[947] indem er die Ideenassoziation mittels Similarität und Kontiguität nicht nur zur Beschreibung der Traumlogik, sondern – im Rückgriff auf ethnologische Thesen – auch zur Beschreibung latenter Reste mimetischer Magie heranzieht. Auf Frazer und Freuds *Traumdeutung* bezieht sich auch Roman Jakobson,[948] dessen an Saussure anschließendem Konzept zufolge Similaritäts- und Kontiguitätsrelationen den metaphorisch-metonymischen ‚Doppelcharakter der Sprache' bedingen, wobei Jakobson konstatiert: „Das Prinzip der Similarität bildet für die Poesie die Grundlage".[949] Sie betone „semantische Similarität", indem sie deren Äquivalenzprinzip auf der Ebene der Kombination wirken lasse:[950] „Die Selektion vollzieht sich auf der Grundlage der Äquivalenz, der Ähnlichkeit und Unähnlichkeit, der Synonymie

---

Theorie der Magie und der Rolle der Ähnlichkeit E. E. Evans-Pritchard: *Theorien über primitive Religionen*, Frankfurt a. M. 1968, S. 61 f.
945 Freud, *Totem und Tabu*, S. 91.
946 Ebd., S. 96.
947 Arduini, Similarity and Difference in Translation, S. 12. Benveniste spricht von „the rhetoric of the unconscious that has its figures in literary style", Gilbert Durand von einer „rhetoric of imagination that identifies processes of symbolic structuring based on contiguity" (ebd.).
948 Vgl. Jakobson, Der Doppelcharakter der Sprache, S. 332; Stockhammer folgert: „Die poetische Funktion kombiniert also die beiden Achsen des Beziehungsgefüges, welches nach Frazer das magische Weltbild strukturiert, und überführt es in die Binnenstruktur des Sprachgebäudes." (Robert Stockhammer, *Zaubertexte. Die Wiederkehr der Magie und die Literatur 1880–1945*, Berlin 2000, S. 32).
949 Jakobson, Der Doppelcharakter der Sprache, S. 333. Bemerkenswert ist auch, dass Jakobson seine Argumentation auf ein Assoziationsexperiment gründet, das etwa der Reizwortmethode entspricht (vgl. Jakobson, Der Doppelcharakter der Sprache, S. 332). „Daß diese Rückführung sprachlicher Metaphorik auf ‚Ähnlichkeiten' nicht unproblematisch ist, sei an dieser Stelle betont." (Schmitz-Emans, Metapher, o. S. (S. 14 [Kapitälchen i. Orig.])).
950 Jakobson, Der Doppelcharakter der Sprache, S. 328.

und Antinomie, während der Aufbau der Sequenz auf Kontiguität basiert. *Die poetische Funktion projiziert das Prinzip der Äquivalenz von der Achse der Selektion auf die Achse der Kombination.*"[951] Die Betonung der ‚Similaritätsoperation' – ausgeprägt wirke das „Primat des metaphorischen Prozesses" in Romantik und Symbolismus[952] – verweist auf den Konnex von Ähnlichkeit und Metapher, der auch Freuds Charakterisierung des Traums grundiert.

Wird Ähnlichkeit so vor allem von Freud zu einer anthropologischen Grundkonstante erhoben, die die kulturtheoretische Neuverhandlung der Nähe- und Distanzverhältnisse von Vormoderne und Moderne, Eigenem und Anderem gestattet, so gehen die theoretischen Anregungen dazu von der zeitgenössischen ethnologischen Forschung aus, etwa der Lucien Lévy-Bruhls zum *„mimetischen* Charakter der [...] ‚primitiven' *modes of thought*"[953]: „Diese Denkweisen wurden als der modernen Rationalität entgegengesetzt beschrieben und als Wahrnehmungsweisen verstanden, welche die Welt nicht als Ensemble von distinkten Subjekten und Objekten, sondern als Gewebe von Ähnlichkeits-, Ansteckungs- und Verwandtschaftsbezügen fassen."[954] Diese Auffassung beruht auf der von Edward B. Tylor und James George Frazer und, an sie anschließend, Henri Hubert und Marcel Mauss vertretenen These, „dass magische Praktiken ein ‚primitives Denken' in Similaritäten und Kontakt- und Assoziationsketten voraussetzen": „Das Denken in assoziativen Näheverhältnissen bzw. ‚sympathetischen Ähnlichkeiten' (*sympathie mimétique*) zwischen Gegenständen, Tieren und Menschen ist nach Mauss und Hubert das Grundprinzip der Magie".[955] Die ‚unähnliche Ähnlichkeit' dieses Denkens in „‚sympathetischen Ähnlichkeiten'"[956] zum modernen Denken entdeckt die Ethnologie mithin gerade in einem Ähnlichkeitsdenken, das zwar

---

951 Roman Jakobson, „Was ist Poesie", in: ders., *Poetik. Ausgewählte Aufsätze 1927–1971*, hg. v. Elmar Holenstein u. Tarcisius Schelbert, Frankfurt a. M. ²1989, S. 67–82, S. 94.
952 Jakobson, Der Doppelcharakter der Sprache, S. 329. Vgl. Schmitz-Emans, Metapher, o. S. (S. 14).
953 Eidelpes, *Entgrenzung der Mimesis*, S. 12; Lévy-Bruhls Theorie der „‚primitiven Mentalität' beschreibt ein „‚vormodernes', ‚prälogisches' Weltverhältnis", in dem „die Subjekt-Objekt-Grenzen zugunsten der Vorstellung von einer ‚mystischen Partizipation' an der Welt außer Kraft gesetzt sind." (Ebd., S. 14).
954 Ebd., S. 12f.
955 Ebd. (im Verweis auf „Esquisse d'une théorie générale de la magie"): „Magische Macht könne aber auch durch die Identifizierung von Subjekten mit Gegenständen ausgeübt werden sowie über eine ‚Wesensverbundenheit' verschiedener Gegenstände oder Subjekte, die als einander ähnlich wahrgenommen werden. Zugleich durchlaufe die Magierin selbst einen Prozess des Sich-Ähnlich-Machens und unterziehe sich einer körperlichen Metamorphose." (Ebd.).
956 Ebd., S. 13.

zu irrationalen Schlüssen führe, doch weniger fremd ist, als es scheint, da es nicht nur aus der ‚eigenen' Tradition vormoderner Ästhetiken und Epistemologien des Ähnlichen bekannt ist, sondern in der Ähnlichkeitsassoziation modern fortbesteht.

Dass auch im „Ähnlichkeitsdenken"[957] komparativer Konzepte um 1900 wie etwa den „Vergleichsstrategien der Kunstkritik das Bedürfnis nach einem übergeordneten Zusammenhang der Vielfalt menschlicher Kulturen"[958] deutlich wird, belegen Thesen Riegls und Warburgs: „Kunstwissenschaftler wie Alois Riegl überprüften die Kunstproduktion vergangener Zeiten und entdeckten dabei Ähnlichkeiten in der Ornamentik als Indizien für räumliche Verflechtungen zwischen Orient und Okzident."[959] Warburg bemüht sich um eine methodische Grundlegung des vergleichenden Blicks im „Sehen von Ähnlichkeiten".[960] Sein Mnemosyne-Atlas, dessen Bildtafeln formale Ähnlichkeiten kartieren und dabei nach tieferliegenden Beziehungen suchen, entwirft eine visuelle komparative Methode. Die Konzepte der ‚Pathosformel' und der ‚Bilderfahrzeuge' fragen nach Übertragungen über kulturelle und historische Differenzen hinweg und nehmen komplexe Deutungsbezüge an, die Antike, Renaissance und Moderne, kanonisierte Kunst und Alltagskultur, Altes und Neues, geografisch und historisch Fernes und Nahes ineinander verschränken, um die Macht der Bilder – affektive Wirkungen einer ‚Magie', die es apotropäisch zu bannen gilt –, zu erforschen.[961] Warburgs 1923 im Kreuzlinger Sanatorium Ludwig Binswangers unter dem Titel „Schlangenritual" gehaltener Vortrag über die Bedeutung des Blitzsymbols im Wetterzauber der mexikanischen Hopi betont die Ähnlichkeit ‚primitiver' und moderner Formen magischen Denkens und thematisiert mimetische Anverwandlung als symbolische Praxis zwischen Logik und Magie.[962] Er belegt symptoma-

---

957 Bärbel Küster, *Matisse und Picasso als Kulturreisende. Primitivismus und Anthropologie um 1900*, Berlin 2003, S. 218.
958 Küster, *Matisse und Picasso als Kulturreisende*, S. 218. Sie lassen sich der Grundlagenarbeit vergleichender Wissenschaften beiordnen, in der Ähnlichkeit eine zentrale Rolle spielt. Vgl. Eggers, *Von Ähnlichkeiten und Unterschieden*; darin Stefan Willer, „Die Allgemeinheit des Vergleichs. Ein komparatistisches Problem und seine Entstehung um 1800", S. 143–165.
959 Vgl. Feichtinger, Kakanische Mischungen, S. 237; vgl. ebd., S. 239.
960 Johach, Mersmann, Rulffes, Try to blend in!, S. XV.
961 Vgl. auch Warburgs Begriff des „Denkraums", den dieser in dem Aufsatz „Heidnischantike Weissagung in Wort und Bild zu Luthers Zeiten" (1920) entwickelt und dem Mythos und der Magie entgegensetzt (vgl. Martin Treml, Sabine Flach, Pablo Schneider (Hg.), *Warburgs Denkraum. Formen, Motive, Materialien*, München 2014).
962 Vgl. Aby M. Warburg, *Schlangenritual. Ein Reisebericht*. Mit einem Nachwort v. Ulrich Raulff, Berlin, 1988; vgl. Kimmich, *Ins Ungefähre*, S. 50 f.

tisch die Verknüpfung von Ähnlichkeitsdenken und Kulturkritik, wie sie im diskursiven Schnittpunkt von Ethnologie, Kulturtheorie und Ästhetik artikuliert wird.[963]

Bärbel Küster sieht dem Relationsdenken des primitivistischen Diskurses ebenso wie anthropologisch begründeten ‚Vergleichsstrategien' um 1900 eine „Ganzheitsidee"[964] eingeschrieben, die älteren ähnlichkeitsepistemologischen Entwürfen aufruhe: „Hierin mag der Primitivismus und seine anthropologische Fundierung eine neue Etappe in einer ideengeschichtlichen Entwicklung darstellen, die schon in der Weltanalogie der Romantik oder auch in Charles Baudelaires *Fleurs du Mal* 1861 als ‚Correspondances' zu erkennen ist"[965]. So zeige sich, wie Küster am Beispiel Henri Matisses und Pablo Picassos aufzeigt, „[i]n der anthropologischen Prägung von Sehgewohnheiten des Ähnlichen [...] die inhaltliche Rückseite der neuen Formen [...] als Arbeit an jenem Band zwischen Menschen verschiedener Zeiten und Kulturen [...], das ihre Zeitgenossen mit dem irritierenden Begriff Primitivismus belegen"[966]. Eine künstlerische Annäherung an das ‚Andere', die dessen Ähnlichkeit betont, entwickelt insbesondere Picasso, der das Eigene der „‚fremden Kultur' ähnlich und sein eigenes Kunstschaffen als mit den religiösen Praktiken der sogenannten ‚Primitiven' verwandt erkennt"[967].

> Insofern treten Picasso und Matisse aus dem zivilisatorischen Prozeß [...] heraus. (Auch Othon Friesz und das *Manifeste du Primitivisme* beschreiben kein Zurück, sondern die Suche nach Kontinuitäten und Gemeinsamkeiten). Ihre Werke entsprechen der zeitgenössischen Primitivismus-Definition, nicht weil sie ‚primitive' Kunst rezipieren, sondern weil sie an den Vergleichbarkeiten arbeiten. Die dezidierte Suche nach Gemeinsamkeiten widerlegt die Vorstellung, die Auseinandersetzung mit Werken alter und fremder Kunst sei eine ‚Plünderung der Vergangenheit' oder gar Wahllosigkeit. [...] Der Verlust der Ge-

---

963 Vgl. Kimmich, *Ins Ungefähre*, S. 102–109. Vergleichbar ‚antiprimitivistisch' ist Wittgensteins Kritik Frazers: Ludwig Wittgenstein, „Bemerkungen über Frazers *Golden Bough*", in: ders., *Vortrag über Ethik und andere kleine Schriften*, hg. v. Joachim Schulte, Frankfurt a.M. 1995, S. S. 29–46.
964 Küster, *Matisse und Picasso als Kulturreisende*, S. 218. „Ein Teil der Weltanalogie ist auch den dem hier vorgestellten [...] Konzept des Primitivismus noch enthalten: die psychische Einheit des Menschen. [...]. Auch die ‚wild' erscheinenden Gegenüberstellungen des ‚Blauen Reiter Almanach' von 1907 arbeiten nicht nur mit dem visuellen Dualismus (wie Heinrich Wölfflin mit seiner Doppelprojektion und bei den anthropologischen Vergleichspraktiken), sondern vereinnahmen Zwischenwelten von Sprache und Bild im gemeinsamen ‚Klang' der Formen und Bildthemen [...]. Aby Warburgs *Bilderatlas* dagegen bricht den Dualismus auf und ist so künstlerischen Arbeitsweisen näher als andere Kunstwissenschaftler seiner Zeit" (ebd., S. 220 f.).
965 Ebd., S. 218.
966 Ebd., S. 221.
967 Eidelpes, *Entgrenzung der Mimesis*, S. 9.

schichtlichkeit von Kunstwerken vor dem Hintergrund einer formalen Vergleichbarkeit evoziert eine Ästhetik des Ähnlichen, die sowohl Vorläufer als auch Nachfolger hatte.[968]

So steht Ähnlichkeit im Kontext moderner Reflexionen, die die lebensphilosophische ‚Topografie'[969] des primitivistischen Diskurses aktualisieren und dabei „das ‚Primitive durch seine nur mehr *relative* Differenz zu den ‚Modernen'" beschreiben: „Man dachte die ‚Primitiven' [...] ‚als Stadien eines umfassenderen welthistorischen Prozesses' – und damit als prinzipiell mit der eigenen Kultur verwandt."[970] Das ‚Primitive' wird als entwicklungsgeschichtlich vorgängig und zugleich latent oder residual in der Moderne erhalten konzeptualisiert und gerade in alternativen Rationalitätsformen eines magisch-mimetischen, animistischen oder prälogischen Denkens lokalisiert. So wird das Ähnliche nicht nur zum Signum eines eigenen, (vor-)modernen Ähnlichkeitsdenkens, sondern zugleich eines anderen, ‚primitiven', ‚wilden', magischen und mimetischen Denkens: „Der Primitivismus schließt in diesem Sinne [...] an ein Denken der Ähnlichkeit an, wie es Michel Foucault für die Zeit vor der klassischen Episteme der Repräsentation beschrieben hat"[971]. Entsprechend sieht auch Albrecht Koschorke Thesen Frazers, Lévy-Bruhls, Benjamins und Foucaults zur Ähnlichkeit vor dem Hintergrund primitivistisch orientierter Diskurse:

---

968 Küster, *Matisse und Picasso als Kulturreisende*, S. 219: Diese Vorläufer und Nachfolger sieht Küster in Ethnologie und Strukturalismus: „Haben die stilistischen Reihen von John Ruskie, Gottfried Semper oder Alois Riegl in der Ethnologie und Anthropologie eine Entsprechung im morphologischen Ordnungssystem von Henry Lane Fox Pitt Rivers, so weist der Primitivismus, wie er um 1900 diskutiert wird und wie ihn Matisse und Picasso künstlerisch umsetzen, auf den Strukturalismus voraus – die Suche nach Analogien unter Aufgabe der historischen Perspektive. Auch der Strukturalismus sieht sein Erkenntnisinteresse [...] in allgemein verbindlichen Einheiten, die in allen menschlichen Kulturen verwendet und immer neu kombiniert werden, sei es in der Sprache oder im sozialen Bereich" (ebd.).
969 Den Diskurs des Primitivismus prägt mit Lethen ein Modell, das aus einem vitalistisch grundierten Verständnis eine Tiefendimension ‚unterhalb' der kulturell konventionalisierter ‚Codes' annimmt. „Das ist die Topographie avantgardistischen Denkens: unter der zivilisatorischen Kruste befindet sich ein dynamischer Kern des eigentlichen Lebens. Unter der starren Oberflächenform befindet sich die dynamische Ganzheit des Lebens. Die zivilisatorische Form ist zwar zum Schutz wie zur Entlastung hervorgebracht, sie hemmt dessen Dynamik aber gleichzeitig. Das wird als Tragödie der Kultur begriffen (Georg Simmel) oder es ist die Quelle des Unbehagens an ihr (Sigmund Freud)." (Helmut Lethen, „Die Masken der Authentizität. Der Diskurs des ‚Primitivismus' in Manifesten der Avantgarde", in: Hubert van den Berg, Ralf Grüttemeier (Hg.), *Manifeste: Intentionalität*, Amsterdam, Atlanta 1998, S. 227–256, S. 30).
970 Eidelpes, *Entgrenzung der Mimesis*, S. 12.
971 Sven Werkmeister, „Analoge Kulturen. Der Primitivismus und die Frage der Schrift um 1900", in: Nicola Gess (Hg.), *Literarischer Primitivismus*, Berlin, New York 2012, S. 29–58, S. 52, Anm. 77. Diesen Anschluss stellt auch Küster her: *Matisse und Picasso als Kulturreisende*, S. 219.

Bei allen genannten Autoren steht der Begriff der Ähnlichkeit im Dienst einer letztlich, so oder so, asymmetrischen Moderne-Erzählung – ob er nun fortschrittsoptimistisch als niedere oder überwundene Rationalitätsstufe oder nostalgisch als verlorenes Vermögen, an den Dingen zu partizipieren, gefasst ist. Lediglich der Kunst bleibt es vorbehalten, dem Sinn für das Ähnliche eine Art Reservat zu bieten, sowohl praktisch wie theoretisch. Tatsächlich hat sich Europa im Zeitalter des Kolonialismus vor allem auf ästhetischem Gebiet empfänglich für die Denk- und Darstellungsformen außereuropäischer Kulturen gezeigt; die Kunst (im weitesten Sinn) von den Normen des westlichen Rationalismus entlastet, wäre demnach der einzig wirklich offene Kanal für beiderseitigen kulturellen Austausch gewesen.[972]

Die Erforschung dieser Ähnlichkeit, die als Verwandtschaft der ‚Primitiven' und Modernen gedacht ist, steht in der ästhetischen Moderne – insbesondere im Surrealismus – im Kontext eines „epistemologische[n] Primitivismus'"[973], der das ‚Andere' in einer „epistemische[n] Internalisierung des ‚Primitiven'" zu integrieren sucht,[974] und geht mit der von Eidelpes beschriebenen ‚Entgrenzung der Mimesis' einher.

Einer der prominentesten Vertreter einer ‚entgrenzenden' Rekonzeptualisierung der Mimesis im Sinne einer weiten – anthropologischen und durch den Einfluss der Ethnologie außereuropäisch informierten – Dimension mimetischer Praktiken ist Walter Benjamin.

> Benjamin versteht Mimesis nicht mehr als künstlerisches Verfahren, sondern als *anthropologisch* begründetes Vermögen und fundamentales Prinzip der menschlichen Existenz, als „Rudiment des gewaltigen Zwanges, ähnlich zu werden und sich zu verhalten", und zugleich als „Gabe", nicht nur existierende Ähnlichkeiten zu erkennen, sondern deutend neue hervorzubringen. Dieses Vermögen des ‚Sich-Ähnlich-Machens' sei in der Moderne keineswegs abgestorben, sondern in abstrakte (sprachliche) Formen überführt.[975]

Benjamins Denkfiguren des „mimetischen Vermögens"[976] und der „unsinnlichen Ähnlichkeit"[977], die er in „Lehre vom Ähnlichen" und „Über das mimetische

---

972 Koschorke, Ähnlichkeit, S. 39. Zugleich wurde zu Recht kritisch auf die primitivistische und exotistische Aneignung außereuropäischer Kunst und Kultur im Interesse einer ‚Revitalisierung' des Eigenen und die damit einhergehende Konstruktion des Anderen verwiesen.
973 Schüttpelz, zit. n. Eidelpes, *Entgrenzung der Mimesis*, S. 16, Anm. 60.
974 Ebd., S. 12.
975 Zit. n. ebd., S. 15.
976 Benjamin, Lehre vom Ähnlichen, S. 205; ders., Über das mimetische Vermögen, S. 211; vgl. zu Benjamins Ähnlichkeits- und Mimesiskonzept Doris Fittler, *„Ein Kosmos der Ähnlichkeit". Frühe und späte Mimesis bei Walter Benjamin*, Bielefeld 2005; Kaffenberger, Walter Benjamins Theorie des Ähnlichen; Sigrid Weigel, *Entstellte Ähnlichkeit. Walter Benjamins theoretische Schreibweise*, Frankfurt a. M. 1997; Michael Opitz, „Ähnlichkeit", in: ders., Erdmut Wizisla (Hg.), *Benjamins Begriffe*, Bd. 1, Frankfurt a. M. 2000, S. 15–50.
977 Benjamin, Lehre vom Ähnlichen, S. 207.

Vermögen" entwickelt, beschreiben das ‚mimetische Vermögen' als beim Menschen besonders ausgeprägte Fähigkeit, Ähnlichkeiten herzustellen und wahrzunehmen; es habe sich bis in die Moderne erhalten und sei in die Sprache als Archiv ‚unsinnlicher Ähnlichkeit' eingegangen:

> Wenn Benjamin von der ‚unsinnlichen Ähnlichkeit' spricht, geht es ihm zunächst um diese verlorene Gabe, das heißt um dasjenige, „was einmal möglich machte, von einer solchen Ähnlichkeit zu sprechen, vor allem: sie hervorzurufen", sei es das Erkennen magischer Homologien zwischen Makro- und Mikrokosmos, beispielsweise zwischen Sternkonstellationen und menschlichen Schicksalen oder Charakterzügen im astrologischen Lesen von Sternbildern oder sei es die Nachahmung von Vorgängen am Himmel mittels archaischer Tänze. Nach Benjamin besitzen wir aber auch heute noch einen Kanon, der von diesem mimetischen Vermögen zeugt: Sprache und Schrift, die zu einem „Archiv unsinnlicher Ähnlichkeiten, unsinnlicher Korrespondenzen" geworden sind und in die „jene mimetische Begabung, welche früher das Fundament der Hellsicht gewesen ist, [...] hineingewandert" oder transformiert ist.[978]

Benjamin zufolge ist das Mimetische der Sprache und Schrift in ihren Konstellationen ‚archiviert', nicht in der Beziehung zwischen Worten und Dingen;[979] es bedarf einer entsprechenden Wahrnehmungsdisposition und eines ‚Trägers', um – flüchtig, im ‚Nu' aufblitzend – in Erscheinung zu treten.[980] Im Akt des Erkennens ist eine Sinnstiftung enthalten, ein Mehr an Sinn über das Semiotische als Träger hinaus, das sich etwa im flüchtigen Lesen vermittelt; „das scheinbar widersprüchliche Verhältnis des ‚mimetischen Vermögens' als Herstellung und/ oder Nachahmung von Ähnlichkeit [ist] aus der Perspektive des ‚mimetischen'

---

[978] Becker, Doll, Wiemer, Zechner, Einleitung, S. 17.
[979] Vgl. Winfried Menninghaus, *Walter Benjamins Theorie der Sprachmagie*, Frankfurt a. M. 1995, S. 63. „Sprache – als ‚Bindung' von ‚Empfängnis und Spontaneität'" erzeugt keine Abbilder, sondern schafft „Verwandlung" (ebd.).
[980] Vgl. Benjamin, Lehre vom Ähnlichen, S. 206. Benjamin nennt den Träger der ‚unsinnlichen' Ähnlichkeit, die in der Flüchtigkeit des Lesens aufblitzt, das ‚Semiotische' (vgl. ebd., S. 208); vgl. Benjamin, Über das mimetische Vermögen, S. 213. Vgl. Becker, Doll, Wiemer, Zechner, Einleitung, S. 17: „Die magische und mimetische Seite der Sprache steht nicht im Kontrast zu deren arbiträrer Zeichenfunktion, zu den buchstäblichen Wortbedeutungen, sondern residiert im Semiotischen, aus dem ‚blitzartig Ähnliches mit einem Nu [...] zum Vorschein kommen kann' [...]. Es handelt sich dabei [...] um ein je ephemeres Gewahren oder Aufflackern von Ähnlichkeit im Akt des Lesens: ‚Ihre Wahrnehmung ist in jedem Fall an ein Aufblitzen gebunden. Sie huscht vorbei, ist vielleicht wiederzugewinnen, aber kann nicht eigentlich wie andere Wahrnehmungen festgehalten werden.'" Wie im metaphorischen Denken, Re-Perspektivieren oder Sehen-Als blitzt flüchtig Ähnlichkeit auf.

Vermögens als eines ‚semiologischen' Vermögens aufzulösen".⁹⁸¹ Diese Thesen bringen nicht nur einen erweiterten Mimesisbegriff, sondern auch

> einen deutlich erweiterten Begriff von Ähnlichkeit in Anschlag, der nicht nur bewusste, sondern vor allem auch unbewusste und gar nicht mehr wahrgenommene Ähnlichkeiten umfasst. Letztere sind „wie der gewaltige unterseeische Block des Eisbergs im Vergleich zur kleinen Spitze, welche man aus dem Wasser ragen sieht." Das mimetische Vermögen, Korrespondenzverhältnisse zwischen mimetischen Kräften und ihren Gegenständen (den mimetischen Objekten) hervorzubringen und zu erkennen, ist für ihn historisch bedingt.⁹⁸²

Diese in Auseinandersetzung mit dem Symbolismus und Proust beschriebene ‚tiefere Ähnlichkeit' verarbeitet Benjamin im Verlauf der 30er Jahre in *Berliner Kindheit um neunzehnhundert* auch literarisch.

> Beizeiten lernte ich es, in die Worte, die eigentlich Wolken waren, mich zu mummen. Die Gabe, Ähnlichkeiten zu erkennen, ist ja nichts als ein schwaches Überbleibsel des alten Zwangs, ähnlich zu werden und sich zu verhalten. Den aber übten Worte auf mich aus. Nicht solche, die mich musterhaften Kindern sondern Wohnungen, Möbeln, Kleidern ähnlich machten. Ich war entstellt vor Ähnlichkeit mit allem, was um mich war. Ich hauste wie ein Weichtier in der Muschel im neunzehnten Jahrhundert, das nun hohl wie eine leere Muschel vor mir liegt. Ich halte sie ans Ohr.⁹⁸³

Die Auffassung des Wortes als etwas Vages, Fluides, zugleich Umhüllendes ist bezeichnend für Benjamins Konzept: Eine ‚entstellte' phonetische Ähnlichkeit zwischen ‚Wort' und ‚Wolke' zeigt an, dass die Worte, dem konventionellen Bedeuten

---

981 Tilman Lang, *Mimetisches oder Semiotisches Vermögen? Studien zu Walter Benjamins Begriff der Mimesis*, Göttingen 1998, S. 22.
982 Zit n. Becker, Doll, Wiemer, Einleitung, S. 16). Vgl. den Verweis auf Anja Lemke, „Zur späteren Sprachphilosophie", in: *Benjamin-Handbuch*, hg. v. Burkhardt Lindner, Stuttgart, Weimar 2006, S. 643–653; zum Konnex dieser Thesen mit Benjamins Theorie der Sprachmagie Weigel, *Entstellte Ähnlichkeit*, die die Verbindung von „Mimesis und ‚Magie'" betont (Eidelpes, *Entgrenzung der Mimesis*, S. 15, Anm. 51).
983 Walter Benjamin, „Die Mummerehlen", in: ders., *Berliner Kindheit um neunzehnhundert*. Mit einem Nachwort von Theodor W. Adorno, Frankfurt a. M. 2006 [1987], S. 59 f., S. 59. Hier thematisiert Benjamin die sprachmagische Dimension, die „Bezeichnungen – dynamisiert und verwandelt. Die sich ergebenen Bedeutungsverstellungen erscheinen zunächst absurd und wie zufällige Ähnlichkeiten." (Jessica Nitsche, „Spiele mit der Sichtbarkeit. Mimétisme und mimetisches Vermögen nach Roger Caillois und Walter Benjamin", in: Becker, Doll, Wiemer, Zechner, *Mimikry*, 74–91, S. 85) Wenn Blumeshof zu Blume-Zoof wird oder die Wohnung an der Steglitzer Ecke zum Vogelkäfig, weist das Kind onomatopoetisch Sinn zu: Die „verstellten Begriffe des Kindes bezeichnen weniger die Wirklichkeit als vielmehr Wahrnehmungsweisen derselben." (Ebd., S. 86)

entzogen, in eine Welt der Korrespondenzen eingehen, in die sich das Kind mimetisch einfügt.[984] Diese Auffassung stellt Ähnlichkeit nicht nur in den Kontext der Sprachphilosophie, sondern auch der Konzeptualisierung des ‚mimetischen Vermögens' zugunsten einer Wiedererlangung von Erfahrungsfülle. „‚Mimetische Nachahmung' ist keine bloß imitative Wiedergabe", sondern eine „spontane ‚Fähigkeit im Produzieren von Ähnlichkeiten'", die Benjamin als „Ensemble rezeptiver und produktiver Erfahrungscharaktere" entwickelt.[985] Er setzt im Anschluss an antike Vorstellungen einen „nicht-imitativen Mimesisbegriff" als eine Art „‚Antwort'".[986] Seine Anmerkung zu der in der Mimesis waltenden Polarität von „Schein und Spiel"[987] aus dem ‚Kunstwerkaufsatz' deutet an, dass ein solch weiter Mimesisbegriff, der die Produktion von Ähnlichkeiten durch ein mimetisches Subjekt betont, die performative, körperliche und theatrale Dimension der Mimesis als Praxis mitdenkt, die Platon als ‚niedere' und potenziell subversive, affektiv ansteckende Mimesis der Kunst, des Theaters und der Rhetorik philosophisch zu bannen sucht: Für dieses „Mimesisverständnis" sei, so Balke, „entscheidend [...], dass das mimetisch affizierte Subjekt eine fundamentale Selbstverwandlung durchmacht".[988] Michael Taussig betont Benjamins Faszination durch die „Möglichkeit von Alterität oder ‚Anders-Werden', die Dimension des Archaischen oder ‚Primitiven' im mime-

---

984 Vgl. Werner Hamacher, „The Word Wolke – If It Is One", in: *Studies in 20th Century Literature* 11, 1 (1986), S. 133–162; Lorenz Engell, Bernhard Siegert, Joseph Vogl (Hg.), *Wolken* (Archiv für Mediengeschichte, Bd. 5), Weimar 2005.
985 Menninghaus, Walter Benjamins Theorie der Sprachmagie, S. 61.
986 Ebd., S. 64; vgl. Friedrich Balke, „Ähnlichkeit und Entstellung. Mindere Mimesis und maßgebender Anblick bei Platon und Benjamin", in: *Comparatio* 7, 2 (2015), S. 261–283.
987 Walter Benjamin, „Das Kunstwerk im Zeitalter seiner technischen Reproduzierbarkeit (Zweite Fassung)", in: Rolf Tiedemann, Hermann Schweppenhäuser (Hg.), *Walter Benjamin: Gesammelte Schriften*, Bd. VII, I, Frankfurt a. M. 1991, S. 350–384, 368. Anm. 10: „Weder die Hülle noch der verhüllte Gegenstand ist das Schöne, sondern dies ist der Gegenstand *in* seiner Hülle" – das ist die Quintessenz der goetheschen wie der antiken Kunstanschauung. Ihr Verfall legt es doppelt nahe, den Blick auf ihren Ursprung zurückzulenken. Dieser liegt in der Mimesis als dem Urphänomen aller künstlerischen Betätigung. Der Nachahmende macht, was er macht, nur scheinbar. Und zwar kennt das älteste Nachahmen nur eine Materie, in der es bildet: das ist der Leib des Nachahmenden selber: Tanz und Sprache, Körper und Lippengestus sind die frühesten Manifestationen der Mimesis. – Der Nachahmende macht seine Sache scheinbar. Man kann auch sagen: er spielt die Sache. Und damit stößt man auf die Polarität, die in der Mimesis waltet. In der Mimesis schlummern, eng ineinandergefaltet wie Keimblätter beide Seiten der Kunst: Schein und Spiel."
988 Balke, Ähnlichkeit und Entstellung, S. 264.

tischen Vermögen und die Wiederkehr der Mimesis in der Moderne"[989], die sich im Kontext ethnologischer Forschung verorten lässt: Tilman Lang nimmt an, Benjamins Thesen zur Mimesis stützten sich auf „den Magie-Aufsatz von Mauss und Hubert"[990].

> Angesichts der Popularität der Ethnologie scheint es kein Zufall, dass sich, auch in der zeitgenössischen, kunst- und ästhetiktheoretischen Diskussion – anders als die oft formulierte These vom ‚antimimetischen' Charakter der künstlerischen und literarischen Moderne behauptet – im ersten Drittel des 20. Jahrhunderts eine verstärkte Beschäftigung mit der Theorie der Mimesis und eine Neuentdeckung kultureller und künstlerischer Praktiken des Mimetischen beobachten lässt.[991]

Nicht nur Benjamins Mimesisbegriff steht in diesem diskursiven Schnittpunkt von Kulturtheorie, Ethnologie und Ästhetik. Angeregt durch Schriften Frazers, Émile Durkheims, Mauss' und Lévy-Bruhls und im Kontext primitivistischer Diskurse entwickelt auch die ästhetische Avantgarde alternative Modelle mimetischer Ähnlichkeit, die Mimesis „weder als *imitatio* noch als *poietische* Neuschaffung, sondern vielmehr als intensive Form der Teilhabe an der Welt"[992] konzipieren: Die ‚Entgrenzung' der Mimesis prägt die Entwicklung *nichtimitativer* Ähnlichkeitskonzepte, in denen Ähnlichkeit eine zentrale Funktion der Modellierung des Wirklichen inne hat, zugleich aber auch einen Aspekt der einfühlenden und verwandelnden Anähnlichung. Sie kann als zentraler Aspekt des „modernen Denkens der Ähnlichkeit (und dessen Bezüge zum Denken der Episteme der Ähnlichkeit im Sinne Foucaults)" gelten, wobei es „sich beim Ähnlichkeitsdenken um 1900 nicht einfach um anti-modernen Irrationalismus handelt: ‚Es ist [...] weder bloße Opposition gegen die modernen Wissenschaften noch ein verschwiegener Antimodernismus,

---

989 Zit. n. Eidelpes, *Entgrenzung der Mimesis*, S. 15, Anm. 52. „Together with primititivism, alterity is a major component in Benjamin's assessment of the mimetic faculty. This is a lot more performative and physical, a lot more realist yet fanciful, than implied in the way ‚othering' is alluded to in discussions today." (Taussig, *Mimesis and Alterity*, S. 33) Taussig bemerkt zu der „almost drug-like addiction to mime, to merge, to become other – a process in which not only images chase images in a vast, perhaps infinitely extended chain of images, but one also becomes matter": „This takes us not only to Surrealism but to the interplay of magic with film, of Flaubert's realism with Benjamin's optical unconscious, of the birth and rebirth of the mimetic faculty with modernity. Vibrating like sound, gleaming like light, copy blurs with contact at the heart of matter's sympathetic magic." (Ebd., S. 43).
990 Eidelpes, *Entgrenzung der Mimesis*, S. 15; vgl. den Verweis auf Lang, *Mimetisches oder semiologisches Vermögen?*, S. 107 ebd., Anm. 51.
991 Ebd., S. 14.
992 Ebd., S. 19.

der die Avantgarden zum Rückgriff auf jene Tradition veranlasst."'[993] Dass, mehr noch, Ähnlichkeit nicht nur als *vormodernes* Paradigma zu werten ist, auf das die ästhetische und kulturkritische Moderne zurückgreift, sondern in theoretischen Überlegungen und der ästhetischen Praxis der Moderne eine Konjunktur erlebt, wurde hier deutlich. So bildet sich um 1900 ein transdisziplinäres Diskursfeld der Ähnlichkeit mit verflochtenen Konzepten heraus, die nicht nur theoretische Ähnlichkeitskonzepte wie etwa Freuds Assoziationsmodell, Warburgs Vergleichspraxis oder Benjamins Theorem der ‚unsinnlichen Ähnlichkeit' umfassen, sondern gerade auch eine ‚Ästhetik des Ähnlichen', die maßgeblich die Avantgarden entwickeln: Ähnlichkeit kann so verstanden werden als „crucial issue of modernity."[994] Sie bleibt in der Moderne als basales Moment der Erkenntnis und Paradigma ästhetischer Erfahrung relevant, wobei sie, „auch wenn die besondere Rolle der Ähnlichkeit nicht auf den Bereich der Künste beschränkt ist, [...] ihre Strahlkraft – gerade auch in epistemischer Hinsicht – von hier aus entfaltet".[995]

2.8 Fazit: Persistenz der Ästhetik und Epistemologie des Ähnlichen in der Moderne

In der Rekonstruktion der antiken Quellen des Nachdenkens über Ähnlichkeit wurden in diesem Kapitel ähnlichkeitsästhetische und -theoretische Thesen, Denkfiguren und Verfahren aufgezeigt und deren Wirken in Schlüsselmomenten verfolgt, die sich zu einem Wahlverwandtschaftszusammenhang der Ästhetik und Epistemologie des Ähnlichen konstellieren lassen. Wie deutlich wurde, hat Foucaults Periodisierung, die der Ähnlichkeit zu einem breiten Forschungsinteresse verhalf, zugleich den Blick auf die moderne Persistenz des Ähnlichen verstellt. Dies korrespondiert der Marginalisierung der Ähnlichkeit durch die philosophische und wissenschaftliche Reflexion, die bis heute von kritischen Bezugnahmen auf die Schwierigkeiten ihrer begrifflichen, methodischen und logischen Konzeptualisierung und die Klage über ihre Vagheit und Relativität begleitet wird. So bringen nicht nur die Schwierigkeiten ihrer Formalisierung, ihre Unbegrifflichkeit, Wahrnehmungsnähe, Beobachter- und Kontextabhängigkeit Ähnlichkeit in Misskredit, sondern auch ihre – in Foucaults Periodisierung symptomatisch zu Tage tretende – Verbindung zu einem vormodernen oder amodernen, mythischen, magischen, figurativen, mimetischen und analogischen Denken und Formen des

---

[993] Werkmeister, Analoge Kulturen, S. 52, Anm. 77, im Verweis auf Funk, Mattenklott und Pauen, *Ästhetik des Ähnlichen*, S. 32.
[994] Arduini, Introduction, S. 14.
[995] Dommaschk, *Ähnlichkeit und ästhetische Erfahrung*, S. 10.

,wilden Denkens' wie der ,wilden' oder ,hermetischen Semiose'.[996] Nicht zuletzt solche Verbindungen sind es jedoch, die Ähnlichkeit zugleich zu einem zentralen Konzept der ästhetischen Moderne – insbesondere des Surrealismus – machen, die in den ersten Dezennien des zwanzigsten Jahrhunderts im Verein mit der kritischen Kulturtheorie an einer transversalen Epistemologie und Ästhetik im Zeichen des Ähnlichen arbeitet, die Grenzen zwischen Disziplinen, Medien und Gattungen, Eigenem und Anderem, Vormoderne und Moderne und Natur und Kultur überschreitet.

Dabei kann die ästhetische Moderne auf die ästhetisch-epistemologische Tradition ebenso zurückgreifen wie auf einen spezifisch modernen Ähnlichkeitsdiskurs, der die Persistenz der Ähnlichkeit über die Leitdifferenz von Vormoderne und Moderne hinweg belegt. Demgegenüber wird zumeist betont, dass ein tiefgreifender Wandel in der ,entzaubernden' Rationalisierung der Welt durch das szientifische Weltbild liegt, das das Ähnlichkeitsdenken gerade in spekulativen, ontologischen und metaphysischen Tendenzen zurückweist. So ist in der „Vorstellung einer von Gott gestifteten kosmischen Harmonie, die umschließt, was in den späteren Erkenntnislehren auseinandertreten wird", das Subjekt „eingebunden in jenes Geflecht von Korrespondenzen, das die Schöpfung durchzieht", und die „Affinität von Betrachter und Betrachtetem [...] konstitutiv für den Erkenntnisprozeß".[997] Es geht bei der Ablösung eines solchen als vormodern eingeschätzten Erkenntnismodells nicht zuletzt um die Ersetzung eines *mimetischen* Näheverhältnisses des Subjekts zu seinen Objekten und dessen Zugehörigkeit zu einem analogischen Seinszusammenhang – denn „[e]s gehört zu den Selbstgewissheiten moderner Gesellschaften, das Stadium einer auf Magie und Mythos begründeten mimetischen Phase überwunden zu haben"[998] – durch die objektivistische Forderung einer analytisch distanzierten, die konstruktivisti-

---

996 Vgl. Claude Lévi-Strauss, *Das wilde Denken*, übers. v. Hans Naumann, Frankfurt a. M. 1968 [*La pensée sauvage*, 1962]; Eco, *Die Grenzen der Interpretation*; Aleida Assmann, „Die Sprache der Dinge. Der lange Blick und die wilde Semiose", in: Hans Ulrich Gumbrecht, Karl Ludwig Pfeiffer (Hg.), *Materialität der Kommunikation*, Frankfurt a. M. 1995, S. 237–51.
997 Funk, Mattenklott, Pauen, Symbole und Signaturen, S. 11. Vgl. auch ebd., S. 22.
998 Johach, Mersmann, Rulffes, Try to blend in!, S. XII. Vgl. zur Infragestellung des „geschichtsphilosophische[n] Selbstverständnis[ses] der Moderne als eine grundlegend amimetische kulturelle und soziale Formation" auch das Programm der DFG-Forschergruppe *Medien und Mimesis*, online unter https://www.fg-mimesis.de/info/, 2.2.2019: „Anstatt die Mimesis in einen Gegensatz zur modernen Technik und der auf ihr beruhenden Zivilisation zu manövrieren und sie als mit dem konstruktivistischen Selbstverständnis der Neuzeit grundsätzlich unvereinbar anzusehen, verfolgt das Projekt [...] die kultur- und sozialitätskonstitutive Funktion mimetischer Praktiken."

sche Annahme einer erkenntniskonstitutiven oder die ästhetische Behauptung einer kreativ-schöpferischer Subjektposition.

Damit betrifft die Differenz zwischen Vormoderne und Moderne das ontologische Fundament der Ähnlichkeit: Lau sieht den „‚Paradigmawechsel'" zu einer ‚nachanalogischen' Ontologie darin, dass die antiken

> Begriffe der Analogie und der Ähnlichkeit ontisch verankert und als Elemente des Denkens ontisch begründet [sind]. Anders das neuzeitliche Denken, das ausgeht von der – bereits mittelalterlichen (Dietrich von Freiberg) – Vorstellung des die „Wesensstruktur der Dinge" konstituierenden menschlichen Intellekts und vom subjektiven Bewußtsein (Descartes). Hier dominiert die umgekehrte Anschauung, daß „die Ähnlichkeit [...] nicht eine absolute Qualität [sei], die den Dingen an sich selbst [zukomme], sondern ein Werk des Bewußtseins", „daß [...] Analogien [...] in die Natur hineingelesen werden als unsere Entwürfe, als unsere Hypothesen."[999]

Alles andere als konsensuell ist die historische Verortung eines solchen Paradigmenwechsels: Stationen einer Verschiebung von *substanzontologischen* zu *relationalen* und *konstruktivistischen* oder von einer *geschlossenen* zu einer *offenen* Ontologie wurden in Platons Erkenntnistheorie und Cusanus' und Kants apriorischer Form der Erkenntnis ausgemacht.[1000] Angesichts der Tatsache, dass bereits Ähnlichkeitsreflexionen der Antike, des Mittelalters und der Renaissance ein Wissen darum prägt, dass Ähnlichkeit und Analogie nicht (nur) Seinsformen, sondern (auch) Denkformen und Sprachformen sind,[1001] scheint es plausibel,

---

999 Lau, *Metaphertheorien der Antike*, S. 90 (im Verweis auf Weinrich).
1000 Lau verweist auf Landmann, demzufolge „,in der neuzeitlichen Erkenntnistheorie die Erkenntnis, ihrer eigenen Leistungskraft bewußt geworden, [...] die Ordnungen selbst aus sich setzt'", und Köller, um die „Zurückdrängung des Substanzbegriffs durch den Relationsbegriff" zu belegen; zugleich problematisiert er die These einer historisch späten „Ablösung der ‚Substanzenontologie' durch eine ‚Funktionenontologie'", da bereits das platonische und aristotelische Denken „den Relationsbegriff [...] kennt." So entwerfe der späte Platon „Relationsideen, die die Beschreibung komplexer Relationsgeflechte und Funktionszusammenhänge ermöglichen" (Lau, *Metaphertheorien der Antike*, S. 90 f, Anm. 217). Spätestens mit Kants Transzendentalismus ändern sich die Grundannahmen über die ontologische Verfasstheit der Welt und deren Erkennbarkeit zu einer konstruktivistischen Realitätsauffassung (vgl. Tatarkiewicz, *Geschichte der sechs Begriffe*, S. 311). Wurde ein konstruktivistischer Zug der Erkenntnistheorie bereits Platons *Theaitetos* zugeschrieben, herrsche hier eine „ontologische Konzeption der Idee" vor; doch sei eine „‚Kantische' Interpretation der Platonischen Idee [...] – gerade im Bereich der Kunsttheorie und unter dem Namen der ‚Form' – schon längst unternommen worden, von einem Denker der Frührenaissance aus der platonischen Linie, Nicolaus Cusanus." (Ebd., S. 344) Zur ‚nachanalogischen' Ontologie der Moderne vgl. Strub, *Kalkulierte Absurditäten*, S. 471; zur Ablösung einer geschlossenen durch eine offene Ontologie als Verschiebung der ontischen Fundierung von Ähnlichkeitsannahmen vgl. Strub, Abbilden und Schaffen von Ähnlichkeiten, S. 121, S. 124.
1001 Vgl. Köller, *Sinnbilder für Sprache*, S. 60 f.

weniger einen onto-epistemologischen Umbruch anzunehmen als eine graduelle Verschiebung – wenn nicht eine regelmäßige Neujustierung – des Akzents von der Ähnlichkeits*feststellung* auf die Ähnlichkeits*herstellung*, die keine genuin moderne Errungenschaft ist: Bereits die Ähnlichkeitsoperationen der aristotelischen Metapherntheorie, die auf das *Sehen des Ähnlichen* als zu schulende Begabung abstellt, verbinden *objektiv Gegebenes* und *subjektive Perspektivierung*. Die seit der Antike reflektierte trianguläre Struktur der Ähnlichkeitsfeststellung, ihr subjektiv-objektiver Doppelcharakter, der zwischen einem vorfindlichen und einem konstruktiven Moment changiert, weist mithin eher auf eine ‚Aufhebung' der onto-epistemologischen Dimension – etwa in der Einschätzung der Funktion und Leistung metaporischer Ähnlichkeit – hin.[1002] Es dürfte – jenseits der variablen historischen und konzeptuellen Voraussetzungen – einer der zentralen diachron zu beobachtenden Aspekte des ästhetisch-epistemologischen Denkens in Ähnlichkeiten sein, dass es zwischen Subjekt und Objekt und zwischen einem konstruktivistischen und einem mimetischen Pol des Weltbezugs zu vermitteln vermag. So ist der vielfach konstatierte Übergang von einer *ontologisch beglaubigten* zu einer *fingierten* Ähnlichkeit entlang der Leitdifferenz von Vormoderne und Moderne zu relativieren. Vielmehr begründet gerade das Changieren zwischen *Finden* und *Erfinden*, *Mimesis* und *Kreation* den prominenten Stellenwert des Ähnlichen in der Ästhetik: Wie einführend mit Endres angedeutet, verbindet die Ähnlichkeitsfeststellung auf diese Weise „eine Erkenntnisleistung bezüglich der Wirklichkeit" mit ihrer „Gestaltung".[1003]

Dies gilt in besonderem Maß für die Konjunktur der Ähnlichkeitsreflexion und -produktion in der ästhetischen Moderne und den Avantgarden, deren unvoreingenommene Untersuchung „das modernitätstheoretische Dogma von der Überwindung des Mimesispostulats"[1004] verstellt – ein Exorzismus, den die Theorie des zwanzigsten Jahrhunderts im Zeichen der Kritik am Repräsentationalismus vorantreibt. Die ästhetische Moderne verabschiedet jedoch weder *Ähnlichkeit* noch *Mimesis*, deren variabler Konnex nicht auf Repräsentation festgelegt ist. So lässt sich die ‚anti-mimetische Revolution' (Rancière), die Ablehnung der imitativen Nachahmung der sichtbaren Wirklichkeit und eines naiven Realismus weder als eigentlich *antimimetisch* bezeichnen, noch schließt sie ästhetische Ähnlichkeitsproduktion

---

1002 So schränkt Lau, *Metaphertheorien der Antike*, S. 90, die These eines Paradigmenwechsels etwa im Blick auf die theologische Metapherntheorie ein. Vgl. dazu die Ausführungen zum Schlüsselkonzept der Metapher: Kap. I.3.1.
1003 Endres, Unähnliche Ähnlichkeit, S. 33.
1004 Eva Geulen, „Realismus revisited", in: ZfL Blog. Blog des Leibniz-Zentrums für Literatur- und Kulturforschung, Berlin, online unter https://www.zflprojekte.de/zfl-blog/2016/04/14/realismus-revisited-eva-geulen/, 20.10.2019.

aus. Diesem Missverständnis lässt sich die Rekonzeptualisierung mimetischer Verfahren etwa in der von Eidelpes' beschriebenen anthropologisch-ethnologischen *Entgrenzung* der Mimesis entgegensetzen, die eine nichtrepräsentationale Dimension der Mimesis als Vermögen und Praxis auslotet: Magisch-mimetische Praktiken als eine „Form der Mimesis, die sich weder auf optische Ähnlichkeit noch überhaupt auf die bloße *Nach*ahmung der Welt reduzieren lässt", zielen auf die „‚Realisierung'" von Ereignissen und sind so „auch *Vor*ahmung von Geschehnissen"; zugleich implizieren sie mit der Identifikation „von Subjekten mit Gegenständen" die „‚Wesensverbundenheit' verschiedener Gegenstände oder Subjekte, die als einander ähnlich wahrgenommen werden", und einen „Prozess des Sich-Ähnlich-Machens und [...] einer körperlichen Metamorphose."[1005] Zudem entdeckt die ästhetische Moderne in der Aufweitung der Mimesiskonstellation die „Bedeutungsvielfalt" des Mimesisbegriffs, die neben der bei Platon disziplinierten Dimension ‚niederer' Mimesis auch antike Topoi umfassen, wie sie im Zusammenhang mit den ‚Urszenen' mimetischer Ähnlichkeit als Schatten- und Berührungsähnlichkeit eingeführt wurden. Ihre als „wesentlich für die wiedererstarkte Auseinandersetzung mit Mimesis im 20. Jahrhundert"[1006] einzuschätzende weite Konzeptualisierung umfasst damit neben dem „Ergebnis des mimetischen Prozesses"[1007] verschiedenste „Verfahren zur Hervorbringung von Ähnlichkeit", wie „Assimilation, Verwandlung, Nachbildung und Nachahmung", die nicht nur als ästhetisches Programm der „Nachahmung der Natur", sondern „als psychisches wie theatrales Vermögen und soziale Tätigkeit" gefasst werden, ebenso wie „jene epistemologischen Verfahren, die Michel Foucault als ‚Episteme der Ähnlichkeit' bezeichnet hat; und nicht zuletzt die Anpassungskünste der Tiere und Menschen."[1008]

Als eine Ermöglichungsbedingung dieser Rekonzeptualisierung erscheint Kants Analogie von Kunst und Natur als *natura naturans*, die Mimesis als ‚Kon-

---

1005 Eidelpes, *Entgrenzung der Mimesis*, S. 13f. (hier im Verweis auf Gebauer und Wulf). Vgl. Zu dem ethnologischen Einwand gegen einen repräsenttationalistischen Mimesisbegriff etwa Taussig, *Mimesis and Alterity*, S. 44: „Today it is common to lambast mimesis as a naive form or symptom of Realism. It is said to pertain to forced ideologies of representation crippled by illusions pumped into our nervous systems by social constructions of Naturalism and Essentialism."
1006 Becker, Doll, Wiemer, Zechner, Einleitung, S. 13. „In der Romantik begann [...] ein Wechsel von Mimesis als Produktionskategorie [...] hin zum Verständnis von Mimesis als Form der ästhetischen Rezeption, wodurch der Begriff wieder sehr viel näher an seine ursprüngliche Bedeutungsvielfalt heranrückte."
1007 Recki, Mimesis, S. 124. Recki führt als Beispiel die prähistorische Höhlenmalerei an, die – unabhängig von der Interpretation ihrer Funktion – als „magische Aneignung und Triumph in der Verfügung über die eigenen Mittel" anzusehen sei (ebd., S. 124).
1008 Johach, Mersmann, Rulffes, Try to blend in!, S. VIII.

struktion' und ‚Produktion' konzipiert.[1009] Spätestens mit der Romantik etabliert sich die Auffassung der „Kunst als Schaffen" und die Verschiebung der „drei Funktionen des Künstlers: er ist entweder Nachbildner oder Entdecker oder Erfinder, das heißt Schöpfer", zum letzteren Pol[1010] – zu Mimesis als kreativer Imagination und Produktion von Ähnlichkeiten: Modern ist das „Programm der Mimesis ausdrücklich bereits auf das Prinzip der *natura naturans* ausgedehnt".[1011] Avantgardistische Kunstprogramme lehnen, an die romantische Bevorzugung der Neuschöpfung vor der Nachahmung anschließend, imitative Mimesis ab; so formuliert Paul Klee: „Kunst gibt nicht das Sichtbare wieder, sondern macht sichtbar".[1012] Die – lebensphilosophisch aktualisierte – Analogie einer künstlerischen Produktion legitimiert mithin auch Programme einer Mimesis, die „das Bild einer Natur eher *vorahmt* als nachahmt".[1013]

> In der Selbstreflexion der modernen Kunst scheinen nun mit einemmal alle Stadien einer Reflexion verfügbar, für deren historische Entfaltung es mehrerer Jahrhunderte bedurfte. Aus der Not der Trennung von der Natur ergibt sich die Notwendigkeit einer Besinnung auf die genuinen Fähigkeiten menschlichen Schaffens und schließlich im Nimbus einer Offenbarung die Tugend der gelingenden Bewältigung: Man schafft sich eine eigene Welt, die ganz für sich und in sich einen Sinn hat und darin gleichwertig neben der Natur zu stehen kommt.[1014]

1009 Vgl. die Zwischenüberschrift „La production comme mimesis", in: Jacques Derrida, „Economimesis", in: Sylviane Agacinski et al., *Mimesis des articulations*, Paris 1975, S. 56–93, S. 58. Vgl. zur Paarung ‚Mimesis und Konstruktion' Theodor W. Adorno, *Ästhetische Theorie*, hg. von Gretel Adorno u Rolf Tiedemann, Frankfurt a M. 1973.
1010 Tatarkiewicz, *Geschichte der sechs Begriffe*, S. 384.
1011 Recki, Mimesis, S. 122. Deren Dynamik wird zum „Inbegriff der wirkenden Kräfte, in deren Gesetzmäßigkeiten eingelassen wir uns auch selbst noch vorfinden und die wir immer auch an uns selbst erleben können" (ebd., S. 119).
1012 Paul Klee, „Schöpferische Konfession", in: Kasimir Edschmid (Hg.), *Tribüne der Kunst und Zeit. Eine Schriftensammlung*, Bd. XIII: Schöpferische Konfession, Berlin 1920, S. 28–40, S. 28.
1013 Ebd., S. 119. Recki betrachtet die modernen Künstler als Kantianer, insofern sie dieser Konzeptualisierung folgen – ein „reflektierter Naturalismus [...] von innen, eine Lern- und Imitationsbereitschaft" in Bezug auf die „wesentlichen Kräfte" (ebd., S. 122) und das „Prinzip der schaffenden Natur berufen" im Sinne einer „als unerschöpflich erlebte[n] Produktivität der Natur" (ebd., S. 123). So berufe sich Klee auf eine „‚Freiheit, die lediglich ihr Recht fordert, ebenso beweglich zu sein wie die große Natur beweglich ist'" (zit. n. ebd., S. 120) – wobei es „immer auch darum [geht], geheim Erschautes sichtbar (zu) machen" (ebd). Wie Derrida zeigt, bezieht das analogische Verhältnis bei Kant die schöpferische Natur auf anthropozentrische Maßstäbe (Derrida, Economimesis, S. 68).
1014 Ebd., S. 122. Dabei werde die „Entgegensetzung des menschlichen Beitrages und der Natur selbst noch in der Einsicht von einer weitaus tieferen und zugleich bei weitem geschmeidigeren Verbindung aufgehoben" (ebd.). Dahinter steht vielfach eine „pan-naturalistische Einsicht" (ebd., S. 121); so fordert etwa Picassos die Freiheit, „‚etwas zu erfinden'", denn: „‚Alles, was in uns existiert, ist Natur'" (zit. n. ebd.).

So verweist der konstruktive Aspekt mimetischer Produktion auf die falsche Opposition von mimetischer Nachahmung und autonom-kreativer Konstruktion als Pole, die bereits die Romantik zu vermitteln sucht. Die Aufweitung der Mimesiskonstellation wird modern zumal insofern virulent, als sich im Kontext der konstruktiv-relationalen Realitätsauffassung der Moderne die Wirklichkeitsauffassung pluralisiert: Die „erkenntnistheoretische Problematisierung von ‚Wirklichkeit' und – mit dem achtzehnten Jahrhundert – die ästhetiktheoretische Problematisierung der künstlerischen Aneignung von Wirklichkeit [...] machten den Nachahmungsbegriff in seiner Vielschichtigkeit noch brisanter."[1015] Gerade die „Umbruchsperiode" der Avantgarden „erzwingt die Entwertung bis dahin fest etablierter Realitätsbestände".[1016] Die Kehrseite dieser „*Derealisierung*"[1017] beschreibt Koschorke als Transformation eines konstruktivistischen wie „revelatorischen"[1018] Wirklichkeitsverständnisses in die ästhetische Praxis, das das „Reale" thematisiert, das sich nie „in vollem Umfang in [...] Repräsentationen bannen" lasse:[1019] „das Mysterium eines direkten, nicht durch die Konventionen mimetischer Abbildlichkeit gefilterten Berührt-Werdens durch das Wirkliche".[1020] In der Mimesis an diese ‚tiefere Realität' durch eine gestaltende Produktion von Ähnlichkeiten erlaubt gerade der Rückgriff auf Ähnlichkeitsrelationen eine alternative Modellierung sowohl der Wirklichkeit als auch der Relation von Kunst und Wirklichkeit – und damit eine Konzeptualisierung *nichtimitativ*-mimetischer Ähnlichkeit jenseits des „naiven Abbildrealismus"[1021], etwa in der von Rancière beschriebenen Dimension der *Archi-Ähnlichkeit*. So bemerken die Herausgeber des Bandes *Ästhetik des Ähnlichen*, dass

---

1015 Peres, Nachahmung der Natur, S. VII. Vgl. Albrecht Koschorke, „Das Mysterium des Realen in der Moderne", in: ders., Lethen, Jäger, *Auf die Wirklichkeit zeigen*, S. 13–38, S. 30: „Dass der Weltbezug konstitutionell unsicher ist, bildet gewißermaßen [sic] die philosophische Dauerkulisse für wechselnde Konjunkturen der *Zuschreibung und Aberkennung von Wirklichkeit.*"
1016 Koschorke, Das Mysterium des Realen in der Moderne, S. 15.
1017 Ebd., S. 30.
1018 Ebd., S. 34.
1019 Ebd., S. 16. „Schock" und „Träume" lassen sich als so Momente des Einbruchs des Realen fassen (ebd., S. 28).
1020 Ebd., S. 29. Darin sieht Koschorke „das verbindende Element künstlerischer Umwälzungen wie der abstrakten Malerei, der Konkreten Fotografie oder der Sprachzertrümmerungen der literarischen Avantgarde" und der Kunstpraxis der Avantgarde, „das Reale von Alltagsobjekten [...] durch Hineinnahme in einen Rahmen, der einmal den Bildraum umgrenzte, gewissermaßen für sich selbst sprechen zu lassen" (ebd.).
1021 Ebd., S. 18.

das Interesse am Ähnlichkeitsdenken dort merklich zunimmt, wo die Künste beginnen sich vom Nachahmungsprinzip zu befreien, dessen Ideal die Gleichheit der Erscheinung des ästhetischen Gegenstands mit seinem ‚realen' Pendant gewesen war. Unter dem Blick für das Ähnliche dagegen geraten die Dinge in Bewegung: An die Stelle einer einsinnigen Relation von außerästhetischem Gegenstand und ästhetischem Abbild tritt eine Vielfalt von Korrespondenzen und Analogien zwischen den einzelnen Elementen eines Werkes: seine Farben und Klänge, seine Bedeutungen und Dispositionen treten in Beziehung zueinander.[1022]

Alternativen zu imitativer Mimesis und der repräsentationalen Verkürzung der Ähnlichkeit werden somit in der ästhetischen Moderne gerade auch *mit den Mitteln der Ähnlichkeit* und unter Rückgriff auf die ästhetisch-epistemologische Tradition des Denkens in Ähnlichkeiten erprobt: „Wenn die Künste sich auf diese Tradition zurückbesinnen, so sind dafür nicht etwa Regressionsgelüste oder übertriebene Sympathien mit den Kulturkritikern verantwortlich – entscheidend ist vielmehr, daß der Perspektivismus des Ähnlichen gegen das Nachahmungsprinzip ins Spiel gebracht werden kann".[1023]

In dem Anliegen, aufzuzeigen, „wo der Begriff des Ähnlichen produktiv wird", folgen diese Überlegungen Funk, Mattenklott und Pauen, deren Aufweis der modernen Konjunktur der ‚Ästhetik des Ähnlichen' insbesondere den hier angesprochenen „Perspektivismus" des Ähnlichkeitsdenkens betont:

> Die Wahrnehmung des Ähnlichen, aber auch das Denken in dieser Kategorie zeichnen sich aus durch eine Komplexität, die in Begriffen wie ‚gleich' oder ‚nicht gleich', ‚identisch' oder ‚nicht identisch' kaum zu fassen ist. Dies gilt vor allem deshalb, weil Gleichheit stets einen Maßstab oder eine Perspektive einschließt. [...]. Dem Blick für das Ähnliche ist eine solche Verengung der Perspektive fremd; ein Gegenstand kann mit allen, zumindest aber mit einer nicht von vornherein festgelegten Zahl von Eigenschaften in die Ähnlichkeitsbeziehung eingehen [...]. Es handelt sich also nicht nur um eine Beziehung, die weit umfassender ist als die der Gleichheit, sie ist überdies direkter, weil sie nicht den Bezug auf ein Drittes voraussetzt – ebenjenen Maßstab, der zur Bestimmung der Gleichheit notwendig ist."[1024]

Die in der Variabilität der Aspekte, die in Ähnlichkeitsbeziehungen eingehen können, gründende potenzielle proteische Vervielfachung – oder *Entgrenzung* – von Hinsichten verbindet das moderne Denken in Ähnlichkeiten mit der perspektivischen Weite vormoderner Ähnlichkeitsepistemologien und wird modern angesichts des Fehlens von Regeln für die Festlegung von Relevanzaspekten noch virulenter. Dem auf objektivierbare, messbare Größen rekurrierenden szientifi-

---

1022 Funk, Mattenklott, Pauen, Symbole und Signaturen, S. 8 [sic].
1023 Ebd., S. 30.
1024 Ebd., S. 10 f.

schen Rationalismus entgegengesetzt, nimmt das Denken in Ähnlichkeiten verschiedene Aspekte der Erscheinungen in den Blick – „ebendas, was sie einander ähnlich macht"[1025] –, ohne einen „positiv formulierbaren endgültigen Beweis" zu fordern.[1026] Die Dinge können in flexible, korrelative Beziehungsgefüge eingehen, deren relationale und trianguläre Verfasstheit Subjekt und Objekt(e) in ein Näheverhältnis setzt. So stelle gerade auch die „Abwesenheit der Dichotomien von Subjekt und Objekt, von Zeichen und Bezeichnetem sowie von Wesen und Erscheinung"[1027] das Denken in Ähnlichkeiten als Alternative zu einem in der Polarität von Identität und Differenz befangenen Denken heraus.[1028] Für den ästhetischen Einsatz der Ähnlichkeit ist wesentlich, dass sie in ihrer *Ungleichheit* gegen die Identitätslogik ins Feld geführt werden kann:

> Ähnlichkeit ist nicht Identität. Ähnlichkeit verhält sich zu Identität wie der Mythos zur Wissenschaft oder das Bild zum Begriff. Eine Identitätsrelation schreibt etwas zwingend vor; Ähnlichkeit verschafft Anschlüsse oder Zusammenhänge nach Maßgabe der Einbildungskraft. Identitätsbestimmung erfolgt nach den Regeln des Verstandes, die Einbildungskraft wählt Beziehungen der Ähnlichkeit zwischen Dingen und Ereignissen nach subjektiven Hinsichten aus; sie stellt bloß Vergleiche an – denn ‚comparaison, ce n'est pas raison', sagt Voltaire.[1029]

Als in der ästhetischen Moderne aktualisierte Kriterien des vormodernen Denkens in Ähnlichkeiten benennen Funk, Mattenklott und Pauen zudem die Suche nach motivierten Zeichenbeziehungen, die einer Auslegung offen stünden, die „*verschiedenste* Aspekte eines Gegenstandes als ‚Zeichen' zu lesen weiß"[1030]. Dass dieser unsystematische Wissenstyp durch die neuzeitliche und moderne Wissenschaft verdrängt werde, sei nicht erstaunlich; darin folgen sie Foucaults Konturierung einer vormodernen Ähnlichkeitsepisteme und der damit verbundenen Periodisierung:[1031] Ohne dabei einen Bruchpunkt von Vormoderne und Moderne zu lokalisieren, konturieren sie die moderne ‚Ästhetik des Ähnlichen' vor der einleitend skizzierten Hintergrundfolie und blenden sie darin ein, wenn sich die Aufsätze des Bandes der „Produktivität"[1032] des Ähnlichkeitsdenkens in einer

---

1025 Vgl. ebd., S. 20. „Das Ähnlichkeitsdenken berücksichtigt neben *phänomenalen* auch *funktionale* Verwandtschaften" (ebd.).
1026 Fromm, Inspirierte Ähnlichkeit, S. 565.
1027 Funk, Mattenklott, Pauen, Symbole und Signaturen, S. 11.
1028 Vgl. dazu ebd., S. 29.
1029 Gamm, *Die Macht der Metapher*, S. 70.
1030 Funk, Mattenklott, Pauen, Symbole und Signaturen, S. 19.
1031 Vgl. ebd., S. 22f. Über die Topoi der Renaissanceepisteme hinaus finden sich dabei knappe Anmerkungen zu Locke und Wolff.
1032 Ebd., S. 10.

ästhetischen „Gegenströmung"[1033] widmen, zu der Romantik, Symbolismus, Surrealismus und ein Teil der Kulturkritik des zwanzigsten Jahrhunderts gezählt werden: Sie suchten „Alternativen zu den Reduktionsmechanismen eines rein rationalistischen Denkens"[1034], anschließend an ältere Ähnlichkeitslehren etwa in dem „Versuch, Bezüge zwischen Zeichen und Bezeichnetem, zwischen der Wirklichkeit und ihrer theoretischen oder ästhetischen Abbildung herzustellen, die den überkommenen begrifflichen und künstlerischen Konventionen entgehen, ohne doch in bloße Beliebigkeit abzugleiten"[1035]. So ergibt sich eine latente Kontinuität des Ähnlichkeitsdenkens, dessen Bedeutung nicht nur darin liegt,

> die Dichotomie von Identität und Differenz außer Kraft [zu] setzen [...], sondern auch die Vereinfachungen eines szientischen Paradigmas, das sich auf diese Alternativen festgelegt hatte und dabei ausgrenzen mußte, was in diesem einfachen Schema nicht aufging. Offensichtlich besteht hier ein enger Zusammenhang zu jener Kultur- und Erkenntniskritik, die den Siegeszug der empirischen Wissenschaften spätestens seit dem Beginn des neunzehnten Jahrhunderts begleitet hat.[1036]

Es ist das Verdienst des Bandes, die moderne ‚Ästhetik des Ähnlichen' in den Blick gerückt zu haben; sein Fokus, der typologische Aspekte des Ähnlichkeitsdenkens diachron verfolgt, aktualisiert, was Foucaults ‚Exotisierung' des von ihm (re-)konstruierten Wissenstypus verfremdet. Wenn er von dem „Sein der Sprache" als „das, was ihr [der abendländischen Kultur] am fremdesten ist" spricht, das in der Moderne als „eine Art ‚Gegendiskurs'" auferstehe, bezieht er sich auf die Autonomie einer Literatur, die Sprache von Repräsentation gelöst

---

[1033] Ebd., S. 23. Dabei erlaubt der Rückgriff auf Ähnlichkeit verschiedenste Indienstnahmen, etwa auch durch die konservative Kulturkritik. So machen Ludwig Klages und Oswald Spengler moderne „Residuen des Ähnlichen" aus (ebd., S. 25). Spengler stellt in *Untergang des Abendlandes* „den methodischen Primat der Naturwissenschaften mit einem Hinweis auf ebenjene Qualitäten in Frage [...], die [...] als charakteristisch für das Ähnlichkeitsdenken" (ebd., S. 23) gelten können. Seine „Geschichtsmorphologie" suche „ein ‚Bild' der Historie zu zeichnen, das sich über die verschiedenen Epochen hinweg an Ähnlichkeiten und Analogien orientiert (ebd., S. 24). Eine kulturkritische Haltung gegenüber dem szientischen Rationalismus nimmt, an Romantik, Symbolismus und Vitalismus anknüpfend, Klages ein, der in *Der Geist als Widersacher der Seele* ein „kosmisches Drama zwischen der Seele und ihrem ‚Widersacher', dem Geist" konstatiert, wobei die „auf dem Sinn für das Ähnliche beruhende Erfahrung der qualitativen Vielfalt des Wirklichen" in der Moderne verlorengehe (ebd., S. 24). Demgegenüber sieht Klages „Residuen des Ähnlichen, in der Schrift, der Sprache und insbesondere in den Künsten" (ebd., S. 25).
[1034] Ebd., S. 33.
[1035] Ebd., S. 34 f.
[1036] Funk, Mattenklott, Pauen, Symbole und Signaturen, S. 7.

hat,[1037] jedoch „*nicht*, um den Bogen der Welt zu reintegrieren, der sie in der Renaissance barg, oder um sich mit den Dingen in einem zirkelartigen Zeichensystem zu vermengen."[1038] Die Einleitung des Bandes *Ästhetik des Ähnlichen* schreibt dagegen die neuplatonisch-hermetische Konturierung der ‚Lehre vom Ähnlichen' tendenziell fort. Demgegenüber verweist die oben skizzierte Kritik an dem von Foucault konstruierten Bild der Renaissance auf eine notwendige Justierung auch dieses Bildes: So umfasst die (Vor-)Geschichte der (modernen) Ästhetik und Epistemologie des Ähnlichen nicht nur die aufgezeigten Denkfiguren, sondern auch eine auf die ‚Gemachtheit' von Ähnlichkeitsfeststellungen aufmerksame Ähnlichkeitsreflexion und eine aristotelisch-topische Linie, die insbesondere die Diskussion um Metapher und Witz prägt. So befragen die Poetiken von Manierismus und Romantik in einem kreativ-konstruktiven Überbietungsgestus des kombinatorischen Zusammenfügens des *entfernt* Ähnlichen, inwiefern Ähnlichkeiten zugleich *er*funden und *ge*funden, in Blick und Geistesblitz sowohl entdeckt als auch poetisch gestiftet werden, und verweisen darin auf einen topisch-tropischen, spezifisch ästhetischen Erkenntnisanspruch. Sie gehören wesentlich zur Vorgeschichte der ‚entgrenzten' Ähnlichkeit des Surrealismus: Nicht erst die surrealistische Metapher wird reflexiv auf die sprachliche Organisation von Wissen, sucht in der Konstellation des *Unähnlich-Ähnlichen* die begriffliche Logik und die konventionelle Sprache zu überbieten und behauptet einen privilegierten Zugang zum durch sie erst beleuchteten ‚Weltzusammenhang'.

So lässt sich die Wahlverwandtschaft des Surrealismus zu Manierismus, Romantik und Symbolismus unter dem Aspekt des poetischen und ästhetischen Einsatzes der *unähnlichen Ähnlichkeit* aufzeigen. Kann der Anschluss des Surrealismus an Manierismus, Romantik und Symbolismus als gesicherter Forschungsbestand gelten, so ist die Dimension seines Fortführens der diskontinuierlich-kontinuierlichen Tradition der ‚Ästhetik des Ähnlichen' im Dienste einer spezifisch modernen Ästhetik und Epistemologie des Ähnlichen in dieses Bild einzutragen: Nicht nur wird in der kombinatorischen *ars inveniendi* des Surrealismus, der dem „nichtklassischen, manieristischen Pol" künstlerischer Stile zugeordnet wurde,[1039]

1037 Foucault, *Die Ordnung der Dinge*, S. 76.
1038 Ebd., S. 368. [Hv.: S. B.] Vgl. dazu auch S. 365 ff. und das Kap. „Die Wiederkehr der Sprache", S. 367–372.
1039 Greber, *Textile Texte*, S. 210. Auf ein solches Verständnis weist der Band *Ästhetik des Ähnlichen* voraus; wird die aristotelisch-topische ‚Linie' in der Einleitung der Herausgeber tendenziell unterschlagen, so sieht etwa Bauer ältere Erkenntnislehren im Hintergrund, auf die Romantik und Surrealismus zurückgreifen (vgl. Bauer, Ähnlichkeit als Provokation, S. 131) und bezieht sich hier etwa auf Hockes ahistorische Konzeption des Manierismus (vgl. ebd., S. 133, Anm. 67); vgl. Hocke, *Manierismus in der Literatur*; Holländer, Ars inveniendi et investigandi.

die ‚kühne' Aufdehnung analogisch-metaphorischer Projektionsregeln als eigenwertiges ästhetisches und poetologisches Prinzip reflektiert. Auch der von den Surrealisten explizit betonte Anschluss an die Romantik – so nennt etwa Caillois den „Surrealismus auch das zeitgenössische Äquivalent der Romantik"[1040] – und die von ihr aufgebotenen „‚Gegenmittel gegen den Rationalismus und Positivismus'" ist gut belegt.[1041] Ähnlichkeitsästhetische Aspekte dieser Wahlverwandtschaft sind etwa die Erforschung des Traums,[1042] des Unbewussten,[1043] der Imagination, der Assoziation, der Metapher und Analogie. Jean Giraudoux spricht von einem „Zu-Ende-Denken und ‚Realisieren' romantischer Vorstellungen wie ‚das Hinabsteigen in die Tiefen des Seins, das Vertrauen in die Enthüllungen der Träume, des Wahnsinns, der Ausnahmezustände (vertiges) und der Extasen, das Vertrauen in die Gaben des Zufalls' (Béguin)".[1044] Carl Einstein beschreibt die ‚neueren' Maler 1926 als „romantische Generation", die unter dem

---

1040 Möbius, *Zauberlehrlinge*, S. 228.

1041 Stelzer, *Die Vorgeschichte der abstrakten Kunst*, S. 149: „[D]er französische Surrealismus ist als Ganzes der Versuch, die deutsch-romantischen Ideen in Kunst- und Lebenspraxis zu verwandeln. Aragon: ‚Ich habe in einem dicken deutschen Buch die Geschichte von diesen Träumereien gelesen.' Paul Éluard zitiert Novalis, Jean Cassou zitiert Novalis. André Breton faßt zusammen: ‚Wir können sagen, daß es vor allem die deutsche Philosophie war, die uns das einzige wirkungsvolle Gegenmittel gegen den Rationalismus und Positivismus entdeckt hat.'" Vgl. zu Bretons Bezugnahmen auf Achim von Arnim und Hoffmann ebd., S. 147.

1042 Vgl. Lübcke, Thun, *Romantik und Surrealismus*; Albert Béguin, *L'âme romantique et le rêve, essai sur le romantisme allemand et la poésie française*, Marseille 1937; Jacques Bosquet, *Les thèmes du rêve dans la littérature romantique (France, Angleterre, Allemagne). Essai sur la conaissance et l'évolution des images*, Paris 1964; Philipp Lersch, *Der Traum in der deutschen Romantik*, München 1923; Elisabeth Lenk, *Die unbewußte Gesellschaft*, München 1983; Isabella Ferron, „Der Traum im Surrealismus: ein romantisches Erbe?", in: Lübcke, Thun, *Romantik und Surrealismus*, S. 71–83; im Verlauf wurden einige Aspekte skizziert, an die der Surrealismus anschließt, wie an die Überbietung der Aufklärung in der ‚Überbietung der Moderne', die epistemologische Funktion von Metapher und Analogie, den kombinatorischen Witz, die Erforschung des Traums und den Entwurf einer Oneiropoetik, das Interesse am Wunderbaren, die Semiotisierung der Realia und den Verweis auf die Einheit der Natur, das Konzept des Wunderbaren, Motivkomplexe des Unheimlichen und Mythischen, Verfahren des Fragmentarischen, das Wuchern von Imagination und Zeichen, die Tendenz zum Revolutionären; vgl. Michael Löwy, „Explosive charge: surrealism as a revolutionary romantic movement" (online unter http://www.europe-solidaire.org/spip.php?article2443, 1.8.2016).

1043 Vgl. Daiber, *Urformel*, S. 22: „Es ist mittlerweile ein Gemeinplatz der Wissenschaftsgeschichte, daß die psychoanalytische Konzeption des Unbewußten ihre philosophischen Vorläufer in Frühromantik und Spätaufklärung besitzt".

1044 Stelzer, *Die Vorgeschichte der abstrakten Kunst*, S. 147 f.

Einfluss Nietzsches und Freuds und unter spezifisch modernen Bedingungen eine „Wendung zur Romantik" vollzogen habe, indem sie den „Automatismus der Analogien [...] zum wichtigen Mittel des Findens und Erfindens erhoben" habe;[1045] deren ‚Aufzeichnung' dient dem von Elisabeth Lenk als Gemeinsamkeit von Romantik und Surrealismus benannten ästhetischen ‚*Ausdruck* des Irrationalen'.[1046] Der Einfluss des die Romantik in die französische Moderne des zwanzigsten Jahrhunderts vermittelnden Symbolismus lässt sich in der Aufnahme von Konzepten der Korrespondenz und Analogie und der Techniken einer „Vergegenwärtigung der Wörter" beobachten, die die seit Baudelaire, Rimbaud und Mallarmé geführte Diskussion einer „Erneuerung der Sprache" fortsetzt.[1047]

Scheint es also zunächst, als habe die Moderne Ähnlichkeit – als für die wissenschaftliche Methodik untauglich im szientifischen, imitativ und affirmativ repräsentierend im ästhetischen Diskurs – abgelegt, so zeigt sich, dass sie nicht nur persistent bleibt, sondern auch als spezifisch modernes Paradigma firmiert: Darin, dass gerade die ästhetische Moderne an die Ästhetik und Epistemologie des Ähnlichen anknüpft, zeigen sich nicht nur Reminiszenzen an ein vormodernes Ähnlichkeits- und Analogiedenken, als dessen Residuum die Kunst fungierte: Wird die Überwindung des Denkens in Ähnlichkeiten nicht als Signum der Moderne betrachtet, erscheint Ähnlichkeit nicht als Teil einer vormodernen Wissensordnung, die allenfalls residual und marginal bestehen bleibt – vielmehr handelt es sich bei dessen moderner Konjunktur selbst um einen solchen *Schlüsselmoment*. Zu der vermeintlichen Austreibung des Ähnlichkeitsdenkens stehen vielgestaltige Anschlüsse und Ansätze quer, die neben der Reflexion auf die Grundlagen des Wahrnehmens und Erkennens, Erinnerns und Assoziierens, Denkens und Sprechens, Ordnens und Darstellens nicht zuletzt einer Selbstbefragung der Moderne dienen, die ihr Anderes in ‚ungleichzeitig-gleichzeitigen', ‚ent-fernten' Räumen findet: im Kindlichen, Archaischen, ‚Primitiven', Regressiven, in Traum, Rausch, Imagination und Wahnsinn. So wird mittels Ähnlichkeitsfiguren nicht nur ein (quasi-)mythischer Rest vormoderner Epistemologien aufgerufen, sondern auch nichtrationale Anteile, auf die sich ästhetische Konzepte im Dienste der Konstitution einer ‚amodernen' Moderne und eines spezifisch ästhetischen Wissens berufen. Anregungen findet ein solches modernes Ähnlichkeitsdenken, wie der Rekurs auf den primitivistischen Diskurs und die ethnologische Forschung verdeutlicht, nicht nur in der eigenen Wissenstradition. In kritischer Bezugnahme

---

1045 Carl Einstein, Die *Kunst des 20. Jahrhunderts*, Leipzig 1988, S. 158, S. 164, S. 169.
1046 Vgl. Lenk, Warum wird der Surrealismus in Deutschland so wenig beachtet?, S. 59. Dies meint einen reflektierten Anti-Rationalismus.
1047 Bauer, Ähnlichkeit als Provokation, S. 115.

auf die ‚Randgebiete' der rationalen Moderne lotet gerade der Surrealismus die ästhetischen Einsatzmöglichkeiten der Ähnlichkeit zur Rückgewinnung von Erfahrungsfülle und die epistemologische Valenz des Ähnlichen aus. Mit Benjamin ist es das ‚Heimweh nach der im Stand der Ähnlichkeit entstellten Welt, in der das wahre surrealistische Gesicht des Daseins zum Durchbruch kommt.' So setzt der surrealistische Entwurf einer der rationalen Selbstbeschreibung der Moderne alternativen (Ana-)Logik zu einer Überbietung rationalistischer und realistischer Positionen mittels einer entgrenzten, die *(Er-)Findung entfernter Ähnlichkeiten* zum Programm erhebenden Ähnlichkeitsproduktion an. Inwiefern es sich dabei um eine konzeptuelle Arbeit handelt, wird im Folgenden anhand ausgewählter *Schlüsselkonzepte* gezeigt.

3 Schlüsselkonzepte der (surrealistischen) ‚Ästhetik des Ähnlichen'

Zu den Kernkonzepten moderner Ähnlichkeitsreflexion und -produktion ließen sich neben den für die surrealistische Ästhetik und Epistemologie des Ähnlichen als zentral identifizierten, in den folgenden Kapiteln konturierten Schlüsselkonzepten *Metapher, Metamorphose, Simulacrum* und *Mimikry* weitere Begriffe aus dem Feld der ‚Ästhetik des Ähnlichen' zählen, wie etwa Analogie, Korrespondenz, Assoziation, Verwandtschaft und Wiederholung. Deutlich wird dabei, dass Ähnlichkeit als ästhetischer Grundbegriff und Meta-Konzept alle diese Begriffe – dem Modell der *Familienähnlichkeit*[1] vergleichbar – über die ihnen inhärente Ähnlichkeitsthematik verknüpft. Solche konzeptuellen Verflechtungen lassen sich an den für die surrealistische Ästhetik zentralen Begriffen Imagination, Assoziation, Traum und Analogie andeuten: In der Imagination wirkt Ähnlichkeit im ‚nachanalogischen' Zeitalter ungebrochen und spielt eine zentrale Rolle in der Begründung einer alternativen „„Logik der Phantasie""[2] in den Kunstprogrammen der Romantik, die ihre Bedeutung als „„Mater aller Realität""[3] hervorhebt, und des Surrealismus, der die „Fähigkeit der Imagination" intensiv untersucht.[4] Sie steht in engem Zusammenhang mit der Assoziation. Als mit Imagination und Assoziation verwobener Begriff lässt sich der Traum als Spielfeld unbewusster, freier Assoziationen beschreiben, der zugleich als Modellfall analogischen Denkens firmiert[5] – Verbindungen, die das erste Analysekapitel näher thematisiert. Untereinander verflochten sind auch die nachfolgend thematisierten Schlüsselkonzepte, die ein

---

[1] Vgl. neben der Metapher ‚Familienähnlichkeit' auch die ‚Fadenmetapher': Wittgenstein, *Philosophische Untersuchungen*, S. 56–58 [66; 67].

[2] Schmitz-Emans, Metapher, o. S. (S. 27); zu „Vicos Konzept einer ‚Logik der Phantasie' – diese wäre zuständig für die ‚übertragene' Rede, für die Metaphorik" – vgl. ebd. [Kapitälchen i. Orig.]. Vgl. Schulte-Sasse, Art. Einbildungskraft/Imagination, S. 115 f.; Christoph Menke, *Kraft. Ein Grundbegriff ästhetischer Anthropologie*, Frankfurt a. M. 2008.

[3] Novalis, zit. n. Klein, Mimesis und Imagination, S. 444.

[4] Lichtenstern, *Metamorphose*, S. 122. Vgl. Florian Nickel, „Parallelen der Imagination zwischen E.T.A. Hoffmann und André Breton", in: Lübcke, Thun, *Romantik und Surrealismus*, S. 17–34; Hendrick Heimböckel, „Poetologie der Einbildungskraft: Eine semantische Isotopie produktionsästhetischer Reflexionen bei Schelling, Novalis, Aragon und Breton", in: Lübcke, Thun, *Romantik und Surrealismus*, S. 35–54.

[5] Dieser Komplex verknüpfter Theoreme erfährt in Bretons Programmatik eine Konzeptualisierung, die ihn dem Sprachbild (*image*) zuordnet, und wird im ersten Analysekapitel thematisiert. Übergreifende Dimensionen der Ähnlichkeitsreflexion und -produktion sind auch die kritische Arbeit an *mimetischer Ähnlichkeit* und der Konnex von *Ähnlichkeit und Bildlichkeit*.

heterogenes Spektrum der Rekonzeptualisierung der Ähnlichkeit im Surrealismus belegen. Die ähnlichkeitsästhetischen und -theoretischen Implikationen dieser modern in einem transdisziplinären Diskursfeld stehenden Konzepte werden in historisch-systematischer Perspektive umrissen, um Anschlüsse an die Vorgeschichte der modernen ‚Ästhetik des Ähnlichen' und Einsatzstellen der surrealistischen konzeptuellen Arbeit an Ähnlichkeit herauszuarbeiten; dies dient zugleich der Öffnung und Kontextualisierung der Perspektiven, die die im Analyseteil behandelten Konzepte, Texte und Bilder entwickeln.

3.1 Metapher

> Das Ähnliche bemerken, betrachten, sehen, darin besteht beim Dichter, aber auch beim Philosophen der Geistesblitz, der Poetik und Ontologie vereint. (Paul Ricœur)[6]

> Comparer deux objets aussi éloignés que possible l'un de l'autre, ou par toute autre méthode, les mettre en présence d'une manière brusque et saisissante, demeure la tâche la plus haute à laquelle la poésie puisse prétendre. (André Breton)[7]

Die Metapher (von gr. *metaphorein*, ‚übertragen') gilt als „der Ähnlichkeitstropus schlechthin"[8]: *„Tropen mittels Ähnlichkeit, das heißt Metaphern"*, so zitiert Jacques Derrida Pierre Fontanier, und konstatiert: „Ähnlichkeit oder Analogie – so lauten die distinktiven Mittel der Metapher, von *Aristoteles* bis *Fontanier*."[9] Dabei ist die Metapher, schon weil sie als das „‚Merkmal eines anthropologischen Grundvermögens, der poetischen mímesis'"[10] gelten kann, immer schon mit der Ähnlichkeits-

---

6 Ricœur, *Die lebendige Metapher*, S. 36.
7 André Breton, *Les Vases communicants*, Paris 1955, S. 148.
8 Ricœur, *Die lebendige Metapher*, S. 168. Die Forschung zur Metapher repräsentativ anführen zu wollen, wäre vermessen; sie ist nicht erst in den letzten Jahren angewachsen; ihre Konjunktur vermerkt bereits 1960 Jakobson (Der Doppelcharakter der Sprache, S. 334). Diese Ausführungen konzentrieren sich daher auf einige zentrale Aspekte der Ähnlichkeitsthematik.
9 Jacques Derrida, „Die weiße Mythologie. Die Metapher im philosophischen Text", in: ders., *Randgänge der Philosophie*, hg. v. Peter Engelmann, Wien ²1999 [*Marges de la philosophie*, 1972], S. 229–290, S. 253 u. S. 401 [Kapitälchen i. Orig.]. Vgl. zu Fontaniers – der „Linné der Rhetorik" – Versuch einer Systematisierung tropischer Ähnlichkeitsrelationen Strub, *Kalkulierte Absurditäten*, S. 297 u. S. 297–302.
10 Manfred Frank, zit. n. Willer, Metapher/metaphorisch, S. 92. Vgl. Derrida, Die weiße Mythologie, S. 255 ff. Mit Blumenberg zeigen Metaphern den „reflexiv-hermeneutische Charakter der Wirklichkeitskonstitution: ‚Der menschliche Wirklichkeitsbezug ist [...] metaphorisch'" (Zit. n. Hans Heinz Holz, Art. „Metapher", in: Sandkühler, *Europäische Enzyklopädie zu Philosophie und Wissenschaften*, Bd. 3, S. 378–383, S. 380).

reflexion verbunden. Die Bedeutung der Ähnlichkeit in der Metapherntheorie geht dabei über die Frage nach semantischer Similarität[11] oder eine Definition der Metapher als verkürzter Vergleich weit hinaus; vielmehr ist „[f]ür das erkenntnistheoretische und ästhetische Potential der Metapher [...] die Lehre vom Ähnlichen von fundamentaler Bedeutung."[12] Scheint die Metapher in vormodernen Ontologien „die vom Menschen in ihrem vorgegebenen Seinszusammenhang erkannte Welt zur Sprache" zu bringen, womit sie „etwas ‚von der Entsprechung' sichtbar werden [lässt], ‚die die Welt im Innersten zusammenhält'"[13], so überliefert die ästhetische Tradition ihren onto-epistemologischen Charakter in die ‚nachanaloge Ontologie' der Moderne: Wo nicht die „Uneigentlichkeit" der Metapher, ihre „falsche Abbildung der Welt"[14], ihre ‚wahrheitsferne', subjektive „Operation des Verstehens"[15] oder ihre katachrestisch-absurde Überdehnung poetologischer Regeln kritisiert wird, begründen Ähnlichkeitsannahmen vielfach einen offenbarenden, „privilegierten Zugang"[16] zu einer anders nicht zugänglichen Wirklichkeit, eine sprachfundamentale Dimension oder sprachliche Innovation, wie im Blick auf die Tradition der ‚Ästhetik des Ähnlichen' deutlich wurde. Ort, Funktion und Wir-

---

11 Vgl. Jakobson, Der Doppelcharakter der Sprache, S. 333. Vorläufig lässt sich die Bedeutung der Ähnlichkeit im Surrealismus mit Jakobsons Bestimmung der Metaphorizität und dem „Primat des metaphorischen Prozesses in den literarischen Schulen der Romantik und des Symbolismus" (ebd., S. 329) in Verbindung bringen. Doch erweist sich die Diskussion um metaphorische Ähnlichkeit als komplexer: „Während *Jakobson* davon ausgeht, daß metaphorische Rede auf Ähnlichkeiten beruht, könnte man umgekehrt die provokante These aufstellen, [...] daß sie zunächst scheinbar Unverbundenes, ja Unvergleichbares vergleichbar, unter irgendeinem Aspekt ‚ähnlich' erscheinen läßt. [...] (Daß der Ansatz *Jakobsons* sich nicht eignet, radikal innovatorische Metaphorik oder auch solche Metaphern zu beschreiben, bei denen ein Relat nicht bestimmbar ist, sei ebenfalls erwähnt.)" (Schmitz-Emans, Metapher, o. S. (S. 14) [Kapitälchen i. Orig.]).
12 Willer, Metapher/metaphorisch, S. 92.
13 Eberhard Jüngel, zit. n. Lau, Metaphertheorien der Antike, S. 91 f.
14 Gess, Anthropologie und Metapherntheorie, S. 656. Vgl. Holz, Metapher, S. 379: „Jeder Erkenntnisinhalt habe, wie Descartes sagt, ‚von allen anderen abgesondert und präzise' zu sein, so dass metaphorische Formulierungsverfahren wegen ihres Vermischungs- und Überlagerungsverfahren nur einen minderen und höchstens vorläufigen Erkenntniswert haben können." Vgl. auch das Verdikt Hegels: „Die Metapher aber ist immer eine Unterbrechung des Vorstellungsganges und eine stete Zerstreuung, da sie Bilder erweckt und zueinander stellt, welche nicht unmittelbar zur Sache und Bedeutung gehören und daher ebensosehr auch von derselben fort zu verwandten und fremdartigen herüberziehen." (Georg W. F. Hegel, *Vorlesungen über die Ästhetik I*, in: ders., *Werke in 20 Bänden mit Registerband*, hg. v. Eva Moldenhauer u. Karl Markus Michel, Bd. 13, Frankfurt a. M. 1986, S. 523; vgl. Schmitz-Emans, Metapher, o. S. (S. 12)).
15 Klaus Weimar, „Vom barocken Sinn der Metapher", in: *Modern Language Notes* 105, 3 (1990), S. 453–471, S. 468.
16 Gess, Anthropologie und Metapherntheorie, S. 656.

kungsweise metaphorischer Ähnlichkeit werden dabei historisch variabel konzipiert. Die Moderne bringe, so wird weitgehend konsensuell angenommen,

> einen Metapherntypus hervor, der nichts mehr mit einer von der Natur angebotenen Vergleichsfunktion zu tun hat, sondern Vorstellungen erschafft, die in der realen Welt keine Entsprechungen haben; so konnte die Metapher ein Werkzeug werden zum Ausbruch aus sachgegebenen Analogien, ja aus dem Realen überhaupt, zum Mittel einer dichterischen Weltverwandlung [...].[17]

Scheint es entsprechend, als verabschiede die Moderne „Ähnlichkeit als Fundament der Metapher",[18] so zeigt sich gerade hier – insbesondere im Surrealismus, der die Metapher zu seinem wichtigsten Ausdrucksmittel erklärt – die ästhetische und theoretische Arbeit an Ähnlichkeit besonders deutlich.

Ihrer frühesten systematischen Bestimmung als „rhetorisch-poetische Redewendung" in Aristoteles' *Poetik* nach bedeutet *Metapher* „Übertragung [...] unter einem bestimmten Hinblick in einen fremden Bereich":[19] „Die metaphora ist die epiphora eines anderen Wortes"[20]. Diese These ist verbunden mit der Problematik, dass das Verhältnis von Wort und Begriff bzw. dem Ort, „dem es eigentlich zugehört", und von dem aus es „zu einem anderen getragen" wird, nicht fixierbar ist; *verba* und *res* sind, wie Platons *Kratylos* thematisiert, nicht notwendig (qua Ähnlichkeit) verbunden.[21] Metaphorische Akte beschreibt Aristoteles als „Epiphora des Nomens"[22] und „Akte der Benennung"[23], der *Substitution* und *De-*

---

17 Friedrich, Vorwort (zu Breitenbürger, *Metaphora*), S. V.
18 Lau, *Metaphertheorien der Antike*, S. 20. Vgl. Kap. 5: „No Resemblance", in: Denis Donoghue, *Metaphor*, Cambridge, MA 2014, S. 92–117. Willer betont, dass für die theoretische Konzeption der (modernen) Metapher Ähnlichkeit nicht notwendig ist (vgl. Willer, Metapher/metaphorisch, S. 127); doch selbst wenn ihr systematischer Wert infrage gestellt wird, komme ihr historisch große Bedeutung zu. Wurde in der neueren Metapherntheorie die ältere Vergleichstheorie und mit ihr der häufig simplifizierend aufgefasste Ähnlichkeitsaspekt kritisiert, so verzichten Spannungstheorien vielfach auf die Bezugnahme auf Ähnlichkeit (vgl. z. B. Inez Hedges, „Surrealist Metaphor: Frame Theory and Componential Analysis", in: *Poetics Today* 4, 2 (1983): *Metaphor*, S. 275–295, S. 281ff.).
19 Bernhard Debatin, Art. „Metapher", in: *Metzler Philosophie Lexikon. Begriffe und Definitionen*, hg. v. Peter Prechtl u. Franz-Peter Burckhard, Stuttgart, Weimar ²1999, S. 361f., S. 361.
20 Aristoteles, *Poetik*, S. 67, zit. n. Willer, Metapher/metaphorisch, S. 92. Die *Übertragung* begründe die Nähe zur *Topik*. Die *Poetik* verbinde einen poetologischen und einen „hermeneutischen Horizont" (ebd.), Regeln der Metaphernbildung mit Beispielen (Lau, *Metaphertheorien der Antike*, S. 123).
21 Willer, Metapher/metaphorisch, S. 90. Wo von der privilegierten Erschließungskraft der Metapher ausgegangen wird, liegen mit der ‚kratylischen' These des ‚richtigen Namens' jedoch oft ähnlichkeitsepistemologische Aspekte der Sprachreflexion zu Grunde.
22 Gruber, *Topographie des Ähnlichen*, S. 91.
23 Willer, Metapher/metaphorisch, S. 91.

nomination, aber auch als Akte der *Prädikation*[24], die die sprachliche Generierung von Bedeutung en détail und *in statu nascendi* zeigen.[25] So könne die Metapher auch benennen, was „noch gar keinen Namen hat", also „eine Bezeichnungslücke schließe[n]".[26] Aus dieser *sprachgenetischen* Dimension, die die Metapher weniger als ‚schmückenden' Tropus und ‚Abweichung' erscheinen lässt, als eine basale Metaphorizität der Sprache zu offenbaren, ergibt sich letztlich nicht nur die Unmöglichkeit einer Grenzziehung zwischen ‚eigentlicher' und ‚uneigentlicher' Rede, sondern auch „die Notwendigkeit und zugleich Unmöglichkeit, die Metapher von der Katachrese zu unterscheiden, von jenem Tropus also, der im Lateinischen die verdächtige Bezeichnung ‚abusio', Mißbrauch, trägt."[27]

Erfüllen Ähnlichkeit und Analogie seit der *Poetik*, die, wie oben skizziert, Ähnlichkeit als „Zentralbegriff des Metaphorischen" einführt,[28] Funktionen der Bestimmung und Motivierung der Metapher, die sich nicht bereits aus der „bloßen Topik des eigenen und fremden Ortes" ergeben, so zeigt sich, dass „die Metapherndiskussion bei Aristoteles den rhetorisch-poetologischen Rahmen überschreitet" – auf onto-epistemologische Annahmen seiner an Platons Dialektik geschulten topischen Ähnlichkeitsauffassung hin.[29]

---

24 Lau zufolge ist es ebenso falsch, Aristoteles auf die „Substitutionstheorie zu reduzieren", wie ihm „die Theorie der Substitution abzusprechen" (Lau, *Metaphertheorien der Antike*, S. 125, Anm. 42). Ricœur betont Prädikation als das Moment, in dem das Wirken der Ähnlichkeit zu verorten sei, gegen die semiotische These die semantische Benvenistes setzend: „‚La métaphore ne nomme pas, mais caractérise ce qui est déjà nommé'" (Ricœur, zit. n. Moser, Sinnbild und Abbild, S. 15; vgl. Ricœur, *Die lebendige Metapher*, S. 189 f.).
25 Vgl. zu der Auffassung, dass die Metapher die Generierung von Bedeutung aufzeigt, Wilhelm Köller, „Dimensionen des Metaphernproblems", in: *Zeitschrift für Semiotik* 8 (1986), S. 379–410; Hedges, Surrealist Metaphor, S. 281: „The way in which metaphoric meaning is contextually defined is only a slightly more dramatic demonstration of the way language can convey any meaning at all. [...]. The mechanism of metaphor [...] entails a shift in the semantic compatibility between two signs [...]. Thus metaphor *as a process* lies at the structural base of language."
26 Lau, *Metaphertheorien der Antike*, S. 127. Das pauschale Urteil einer Substitutionstheorie der Antike sei damit widerlegt.
27 Willer, Metapher/metaphorisch, S. 91. Die *nacharistotelische* Rhetorik unterscheidet „Übertragungen [...], die etwas benennen, das noch keinen Namen hat, und Übertragungen, die eine bereits vorhandene Bezeichnung [...] um des *ornatus* willen ersetzen": Erstere „erhält die [...] Bezeichnung ‚Katachrese' [...], während der Terminus ‚Metapher' sich auf die Fälle beschränkt, in denen eine schon vorhandene Benennung durch Wortübertragung substituiert wird." (Lau, *Metaphertheorien der Antike*, S. 127, Anm. 50).
28 Lau, *Metaphertheorien der Antike*, S. 141.
29 Willer, Metapher/metaphorisch, S. 92. Vgl. Lau, *Metaphertheorien der Antike*, S. 155 f.

> Die Definition der Metapher ist in der *Poetik* am rechten Platz, welche wie eine Abhandlung über die *mimesis* beginnt. Die *mimesis* ist stets mit der *theoretischen* Wahrnehmung der Ähnlichkeit oder der Gleichartigkeit verbunden, das heißt damit, was immer als Bedingung der Metapher gelten wird. Die *homoiosis* ist nicht nur konstitutiv für den Wert Wahrheit (*aletheia*), […] sie stellt dasjenige dar, ohne das der metaphorische Vorgang unmöglich wäre: „Denn gute Metaphern zu bilden bedeutet, daß man Ähnlichkeiten zu erkennen vermag."[30]

Aristoteles leitet die Ausführungen zur Metapher mit der Bemerkung ein, es sei „‚bei weitem das Wichtigste, dass man Metaphern zu finden weiß. Denn dies ist das Einzige, das man nicht von einem anderen erlernen kann und ein Zeichen von Begabung. Denn gute Metaphern zu bilden bedeutet, das Ähnliche zu *erblicken*.'"[31] In dieser Bestimmung zeigt sich die Verbindung zur topischen Findungskraft: Das Auffinden nicht offensichtlicher Ähnlichkeiten bezeugt die Qualität der Metaphernbildung, die nicht durch Imitation oder Anwendung eines Regelwerkes zu reproduzieren ist, sondern eben darauf beruht, „daß man Ähnlichkeiten zu erkennen vermag".[32] Diese Bemerkung verweist auf das Moment der Apperzeption und des Visuellen in der topischen Erkenntnisoperation, „Ähnliches […] im schöpferischen Zusammensehen zu erkennen".[33] Dass Ähnlichkeit eine basale epistemologische Funktion erfüllt, betont die so marginale wie folgenreiche Notiz in *Rhetorik*, nach der „in der Entdeckung nicht auf der Hand liegender Ähnlichkeiten […] die Metapher und das richtige Denken des Philosophen überein [kommen]"[34]: „‚Man muß, wie früher schon gesagt wurde, übertragen […] von Verwandtem und nur nicht Sichtbarem, so, wie es auch in der Philosophie einen Trefflichen […] auszeichnet, das Ähnliche auch in weit Auseinanderliegendem zu sehen'".[35]

Die Funktionsweise der Ähnlichkeit in der Metapher geht aus der Definition der *Poetik* nicht eindeutig hervor, insofern die „aristotelische Übertragungstypologie mit ihrer Differenzierung eines generischen und eines analogischen Grundtypus"[36] zwei Formen metaphorischer Ähnlichkeit unterscheidet: „Eine Metapher ist es, eine Benennung einem anderen beizulegen, und zwar entweder (im Über-

---

30 Derrida, Die weiße Mythologie, S. 255 f.
31 Zit. n. Holz, Metapher, S. 378 [Hv.: S. B.]; das visuelle Moment betont Ricœur, der Aristoteles' Hinweis auf die Nichterlernbarkeit des Ähnlichkeits-*Sehens* hervorhebt (Ricœur, *Die lebendige Metapher*, S. 188).
32 Aristoteles, *Poetik*, Gr.-Dt., übers. v. Manfred Fuhrmann, Stuttgart 2001, S. 75–77: Die Übersetzung betont das epistemologische Moment.
33 Gruber, *Topographie des Ähnlichen*, S. 36.
34 Knörer, *Entfernte Ähnlichkeiten*, S. 15 (vgl. Rhetorik III 11, 1412 a 9–12).
35 Zit. n. Gruber, *Topographie des Ähnlichen*, S. 36.
36 Lau, *Metaphertheorien der Antike*, S. 137.

gang) von der Gattung zur Art oder von der Art zur Gattung oder von einer Art zu einer anderen oder gemäß der Analogie."[37] „Entlehnung" und „Substitution" sind als Aspekte der logischen „Abweichung" die „Kehrseite" der Epiphora, die in der „Kategorienüberschreitung das sinnproduzierende Moment" der Metapher enthält.[38] So stellt Ricœur die These auf, dass das „Verfahren, das eine bestehende logische Klassifizierung stört, dasselbe sei wie dasjenige, auf dem jede Klassifizierung beruht [...]. Damit ist die kalkulierte Kategorienverwechslung ‚das dekonstruktive Zwischenspiel zwischen Beschreibung und Neubeschreibung'".[39]

Während die drei ersten, generischen Übertragungsarten der *Substitution* durch *Synekdoche* und *Metonymie* zugeordnet werden,[40] gilt als Metapher „*im engeren Sinne*" die vierte Bestimmung nach der Analogie[41] und „auf dem Wege der *Prädikation*".[42] *Rhetorik* bestimmt deren Form so: „Die Metapher ‚sagt aus, daß dieses jenes [ist]'".[43] Die Analogiemetapher besteht somit aus „zwei Elementen", die „in der Form einer prädikativen Relation" zusammenkommen, „sei es in der einfachen Nennform oder der Aussage" als ‚nicht einfache' Form; die „zweistellige Grundstruktur der Ausdrucksform hat die nach der Analogie gebildete Metapher mit dem Vergleichssatz gemeinsam."[44] Dabei lässt die durch sie vorgenommene „widersprüchliche Prädikation"[45] ihre „urteilslogische Unfügsamkeit" gerade dort hervortreten, wo die Analogiemetapher *transgenerisch* Heterogenes prädiziert:

---

37 Zit. n. Holz, Metapher, S. 378.
38 Gruber, *Topographie des Ähnlichen*, S. 91.
39 Zit. n. ebd.
40 Metonymie und Synekdoche setzen demnach Bezüge von Art und Gattung, Teil und Ganzem oder Kontiguität voraus (die Metonymie reale, die Synekdoche logische), während Metaphern auf einer „spezifisch metaphorischen Ähnlichkeit" (Strub, *Kalkulierte Absurditäten*, S. 294) beruhen. Die Vergleichstheorie könne eher metonymische und synekdochische Verhältnisse auflösen als metaphorische (vgl. ebd., S. 297).
41 Holz, Metapher, S. 378. Als „Akt der Bedeutungssynthese: zwei Glieder werden zu einer nicht-identischen Deckung gebracht" (ebd.) habe die Analogiemetapher eine viergliedrige Grundstruktur: a verhält sich zu b wie c zu d. Diese Bestimmung beruht auf der geometrischen und arithmetischen „Mathematik der *Analogie*" (Barthes, Arcimboldo, S. 147). Der „Proportionsanalogie" (Strub, *Kalkulierte Absurditäten*, S. 347) liegt eine „Verhältnisentsprechung" unsinnlicher, funktionaler oder struktureller „analoge[r] Beziehungen" zugrunde (Holz, Metapher, S. 378).
42 Lau, *Metaphertheorien der Antike*, S. 139 [Hv.: S. B.].
43 Ebd., S. 167 (vgl. *Rhetorik* III 10, 1410b 19).
44 Ebd., S. 165: So werden „‚Vergleiche, die in bestimmter Hinsicht Metaphern sind [], aus zwei Elementen sprachlich geformt [...], gleichwie die nach der Analogie gebildete Metapher; so sagen wir z. B. ‚Der Schild ist die Schale des Ares' [...]. Damit sagt man nun nichts Einfaches [....,] hingegen ist die Bezeichnung [...] des Schilds als Schale einfach" (zit. n. ebd.).
45 Ebd., S. 138.

Hier zeigt sich das zentrale dialektische Problem vor allem der reinen Analogie-Metapher, insofern sie nämlich Heterogenes, das sich nur in einer viergliedrigen Verhältnisgleichung zur Einheit bringen läßt, in einer Aussage verbindet, die ihrer äußeren Form nach als eine Gattungsprädikation oder als ein Identitätsurteil aufgefaßt werden kann.[46]

Insofern die metaphorische Prädikation (,dies *ist (wie)* das') „als identifizierendes Urteil oder als Gattungsprädikation [...] eine Einheit vorstellt" und damit „Bezeichnungen von Sachen verbindet, deren Begriffe sich auf Grund ihrer Merkmale nicht fügen", stellt sie ein „hermeneutische[s] Problem" dar; dabei ist in der ‚nicht einfachen' Form die „Hinsicht" ausformuliert,[47] die die „widersprüchlich prädizierte Identität [...] durch die Angabe einer Bezugsinstanz, in Hinblick auf die eine behauptete Identität bzw. Gattungseinheit gültig ist, relativiert": Die *Hinsichtlichkeit* der Identitätsbehauptung bildet den „hermeneutischen Schlüssel zur Interpretation der nach der Analogie gebildeten Metapher".[48] Dabei betont Aristoteles, dass das Ähnlichkeitskriterium „immer nur subjektiv" bestimmbar

---

46 Ebd., S. 178. So beruht der Unterschied generischer und transgenerischer Analogiemetaphern nicht allein auf der Entfernung der Glieder, sondern auf der Weite des Gattungsbegriffs: Den „transgenerischen Übertragungstypus" der ‚reinen' Analogie-Metapher von einem generischen Typus zu unterscheiden, werde nötig, weil der Gattungsbegriff in den späteren biologischen Schriften Aristoteles' restriktiv wird (ebd., S. 170). Die Frage der „Interpretierbarkeit" und des „Wahrheits- und Erkenntniswertes der Metapher" vor dem Hintergrund des weiten Gattungsbegriffs auf platonisch-dialektischem Fundament führt Lau an Aristoteles' Beispiel ‚Achill als Löwe' aus: Dialektisch widersprüchlich, besitze die Metapher einen „partiellen Wahrheitswert", insofern sich „innerhalb der aufsteigenden Ordnung der Gattungen ein höheres Eidos" finde, in dem der „Individualbegriff ‚Achill' verbunden wird mit der Gattung ‚tapferes Lebewesen'" (ebd., S. 114). „Je höher und umfassender das Genos (Eidos), um so größer die Möglichkeit, ein Übereinstimmungs-Eidos aufzufinden, in dem die Ähnlichkeit [...] faßbar ist, das also die zunächst widersprüchliche Aussage interpretierbar macht" (ebd., S. 115).
47 Ebd., S. 184. Entscheidend ist, ob die Prädikation „eigentlich" oder „metaphorisch [...] aufgefaßt wird" (ebd., S. 180); „das, was sich auf Grund seiner Heterogenität nur in der Form der Analogie logisch korrekt verbinden läßt, wird formal als eine Gattungseinheit ausgegeben. Jedoch findet das in eigentlicher Redeweise als eine Pseudo-Gattungsprädikation nur widersprüchlich Gefügte, als Metapher verstanden, zusammen – um den Preis der Unklarheit, die das metaphorisch Gesagte kennzeichnet." (Ebd., S. 181) *Topik* stellt die Metapher als Fehlerquelle dar, wo homonyme Dinge (die nur den gleichen Namen teilen) als im Blick auf eine gemeinsame Instanz ähnlich dargestellt werden; nur im Blick auf die Instanz, in der zwei Dinge synonym sind (also einen „Wesensbegriff" teilen), ist „die Prädikation in *dieser* Hinsicht widerspruchsfrei" (ebd., S. 182). „Eine widersprüchliche Prädikation kann durch eine entsprechend gewählte Bezugsinstanz widerspruchsfrei erfolgen. Es kommt im dialektischen Diskurs darauf an, auf welche Instanz der Fragende eine bestimmte Prädikation bezogen wissen will und worauf andererseits der Antwortende sie tatsächlich bezieht. Eben dies ist das Problem der metaphorischen Prädikation." (Ebd., S. 183).
48 Ebd., S. 185; *Rhetorik* verbildlicht dies am Beispiel von Anker und Kesselhaken.

ist: „Dass die Analogie more geometrico in zwischenmenschlichen Anwendungsfällen (‚für uns') flexibilisiert, d. h. interpretiert werden muss", ist charakteristisch.[49] Verbindet die Metapher dabei nach Aristoteles das Fremde (*xenikon*) und Rätselhafte mit „den Regeln der Analogie",[50] so markiert dies eine *unähnliche Ähnlichkeit*, eine *Entfernung* der Übertragungsbereiche, die in Spannung zur Forderung des Maßes und der Angemessenheit (*prepon*) tritt: Er kritisiert die „Praxis ‚überdehnter Metaphern'" ebenso wie die Verbindung des zu Naheliegenden; denn „auch im Fall, dass die Metapher gelingt, liegt die so akzentuierte Verwandtschaft nicht offen zu Tage, sondern muss erst gefunden werden".[51] So „kommt es der Metapher zu [...], *einen Bereich der Wirklichkeit sichtbar zu machen, der anders nicht zugänglich gemacht werden kann*".[52] Dies zeigt gerade die Bezeichnung des noch nicht Benannten:

> So heißt es rhet. 3, 2, 1405a 35 f., man müsse vom Verwandten und Gleichartigen her die Übertragungen auf das noch Unbenannte vornehmen [...]. Diese Leistung erbringt nicht nur die generische Metapher – hier in der Form ‚von der Art auf die Art', sondern auch die Analogie-Metapher [...]. „Für manches von dem im Verhältnis der Analogie Stehenden gibt es keinen festgelegten Namen, gleichwohl aber wird es der Ähnlichkeit entsprechend benannt werden" [...].[53]

Dies erfolgt jedoch „ohne lexikalisch-semantische Sichtlenkung auf die zwischen einer bislang unbenannten und einer bereits benannten Sache bestehende und den Übertragungsakt ermöglichende Ähnlichkeitsrelation. Das heuristische Instrument ist die Fähigkeit des Namengebers zur Gestalt- und Ähnlichkeitswahrnehmung".[54] In gewisser Weise gilt dies für jede Metapher, wie der Hinweis auf die ‚Begabung' betont. Zielt die „*poetische* Funktionsweise der Metapher [...] nach Ricœur auf eine ontologische Ausfaltung des Referenzpostulats [...] über den Begriff der Mimesis",[55] so dient die Metapher im Kontext der *Rhetorik* der Überzeugung mittels ihrer Funktionen der ‚Verlebendigung' durch ‚Wirksamkeit' (*enérgeia*), die Unbeseeltes beseelt darstellt, und des „*Vor-Augen-Führens*", die

---

49 Endres, Unähnliche Ähnlichkeit, S. 42.
50 Aristoteles, *Poetik*, S. 67; dies konzipiert „das Ähnliche [...] als Funktion der Alterität" (Willer, Metapher/metaphorisch, S. 92).
51 Endres, Unähnliche Ähnlichkeit, S. 45.
52 Ebd., S. 50 [Hv.: S. B.].
53 Lau, *Metaphertheorien der Antike*, S. 127 f.
54 Ebd., S. 157 f. (im Verweis auf *Rhetorik* 3, 3, 1405a 34–1405b 3).
55 Gruber, *Topographie des Ähnlichen*, S. 92 [Hv.: S. B.]. Diese „ontologische Erschließungskraft der Dichtung'" ist nach Ricœur die aristotelische Mimesis (ebd., S. 92): Darin und in der „ontologische[n] Referenzfunktion" der Rede als Ausdruck des „In-der-Welt-Seins" verortet Gruber das „Problem der Repräsentation" (ebd.).

der des philosophischen „Geistesblitzes" entspricht[56] – „[d]ie metaphorische Artikulation des Vermögens, entfernte Ähnlichkeiten zu erkennen, ist in der rhetorischen Tradition seit jeher mit der Qualität des Anschaulichen, Evidenten verknüpft worden".[57] Dabei hebt die die Analogiemetapher betonende *Rhetorik* in der „Gegenüberstellung von Metapher und Vergleich" die Leistung der Metapher hervor: Der „Vergleich, der bei Aristoteles ausdrücklich der Metapher untergeordnet wird, bringt das Moment der Ähnlichkeit zur Sprache, das in der Metapher wirkt, ohne dabei thematisch zu werden."[58] Die Metapher als „dynamische[s] Prinzip" zieht er dem Vergleich vor, als einer „Paraphrase, die die Kraft der ungewöhnlichen Attribution entspannt."[59] Diese Kraft entsteht, so Ricœur, aus der „[v]erdoppelte[n] Referenz" der Metapher, deren Spannung von der „Kopula *ist* getragen" wird: „‚Sein-wie heißt sein *und* nicht sein'".[60] Folge daraus vor dem Hintergrund der Unterscheidung von Akt und Potenz die „ontologische[] Implikation" des Zeigens der Dinge in ihrer „aktuellen Verwirklichung", so seien in der Metaphorik Poetik und Ontologie verknüpft und „‚Zugehörigkeitserfahrung'" und „‚Distanzierungsvermögen'" dialektisch vereint.[61]

> Hier wird dem metaphorischen Sprechen eine höchst wichtige Rolle für das Erhellen des inneren Zusammenhangs der Mannigfaltigkeit des Seienden, also für das Einsehen der Ganzheit der Welt und der Einheit des Vielen zugeschrieben: es entdeckt nämlich diesen Zusammenhang in den Ähnlichkeiten zwischen den Logoi, und in den Ähnlichkeiten der Logoi erblickt der denkende/sprechende Mensch den Zusammenhang der Dinge.[62]

Entgegen der offenen *poetologischen* Perspektivierung und der Bevorzugung gegenüber dem Vergleich verdeutlichen die von Aristoteles aus *hermeneutischer*

---

56 Ebd., S. 91. Campe zufolge wird der metaphorische „Bezug auf Ähnlichkeit und Unähnlichkeit", der „ihre epistemische Bedeutung" begründet, ergänzt durch die „Aufgabe des Vor Augen Stellens" als „Aktualisierung, die Verwirklichung oder das Wirklichwerden, der epistemischen Beziehungen." (Rüdiger Campe, „Vor Augen Stellen. Über den Rahmen rhetorischer Bildgebung", in: Lethen, Jäger, Koschorke, *Auf die Wirklichkeit zeigen*, S. 106–136, S. 118; vgl. auch ebd. S. 117 ff.).
57 Willer, Metapher/metaphorisch, S. 109; zu Quintilian vgl. ebd., S. 110.
58 Gruber, *Topographie des Ähnlichen*, S. 91 (vgl. *Rhetorik* III.4). Ricœur betont an der Definition als *eikon* die „Einarbeitung eines ikonischen, bildhaften Moments in eine semantische Theorie" (ebd.).
59 Endres, Unähnliche Ähnlichkeit, S. 45.
60 Gruber, *Topographie des Ähnlichen*, S. 94.
61 Zit. n. ebd.
62 Holz, Metapher, S. 379.

Perspektive angeführten, sprachanalytisch gewonnenen Beispiele[63] nicht nur die Orientierung an Angemessenheit, sondern auch die Gebundenheit an eine geschlossene Ontologie, in der, so wurde vielfach interpretiert, die Metapher nichts Neues schaffen könne:

> Jede Metapher, jeder Vergleich, jede Analogie läßt sich auf ein konventionelles Vergleichsmoment reduzieren. Eine Ähnlichkeit, eine Analogie wird erkannt, besser wiedererkannt, die immer schon da war und die im Verfahren des Metaphorisierens, Analogisierens und Vergleichens gestaltet wird. Die Nachvollziehbarkeit der Ähnlichkeitsoperation durch den Hörer ist ihr Erfolg: intellektuelles und ästhetisches Vergnügen und Erstaunen, Zustimmung zur veränderten Erwartung, zur durchschauten Täuschung, die die Langeweile aufheben.[64]

Einen so aufgefassten, über die Hinsichtlichkeit entschlüsselbaren Ähnlichkeitsaspekt greifen die nacharistotelischen Vergleichs- und Substitutionstheorien auf. Die von der Rezeption der aristotelischen Metapherntheorie und der Stoa geprägten Rhetoriken Ciceros und Quintilians und die zeitgleiche Herreniusrhetorik differenzieren, die Tropenlehre systematisierend, die Metapher

> von den anderen Tropen [...], indem sie ihr ‚similitudo' zuschreiben. Das Wort bedeutet Ähnlichkeit, aber auch, als ‚Gleichnis' übersetzt, Äußerungsform der Ähnlichkeit. Gleichnis, so verstanden, umfaßt neben der M[etapher] den Vergleich und dessen Großformeln (z. B. Parabel). Anders als Aristoteles, der den Vergleich der M[etapher] begrifflich unterordnete, definiert deshalb Quintilian umgekehrt die M[etapher] als ‚brevior similitudo', als kürzeres Gleichnis oder verkürzten Vergleich (Vergleich hat dann [...] den heute unüblichen Sinn eines Oberbegriffs). Die Einordnung unter das Gleichnis galt bis ins 18. Jh., findet sich noch 1760 bei M. C. Curtius.[65]

Cicero entwickelt in *De inventione* seine „Vergleichsartentheorie":[66] Ähnlichkeit dient den wahrscheinlichen Argumenten (*probabilia*), als Argument (*simile*), das „,von den Sachen'" hergeleitet wird: „So finden sich die unter dem Begriff *simili-*

---

63 Lau betont gegen I. A. Richards, Aristoteles habe seine Metaphorologie nicht als „dialektisches Konstrukt [...] auf die lebendige Sprache appliziert", sondern sie sei „Resultat der Sprachanalyse, und zwar der gesprochenen Sprache" (Lau, *Metaphertheorien der Antike*, S. 120).
64 Lachmann, Die ‚problematische Ähnlichkeit', S. 89.
65 Bernhard Asmuth, „Metapher", in: *Literaturwissenschaftliches Lexikon, Grundbegriffe der Germanistik*, hg. v. Horst Brunner u. Rainer Moritz, Berlin ²2006, S. 259–263, S. 260. Derrida (Die weiße Mythologie, S. 401) zitiert César Chesneau Du Marsais, der die Metapher einen „Vergleich im Geiste" nennt, und Étienne Bonnot de Condillac, der schließt, „[w]as wir für die Vergleiche gesagt haben, muss sich auch auf die Metaphern anwenden lassen" als Vertreter von Vergleichstheorien im siebzehnten und achtzehnten Jahrhundert.
66 Vgl. Martin Paul Schittko, *Analogien als Argumentationstyp. Vom Paradeigma zur Similitudo*, Göttingen 2003, S. 98; vgl. *De inv*. 1. 46–49. Bezeichnen *similitudo* und *comparabile* Analogiebezüge, so wird *similitudo* als der weitere Begriff gebraucht (ebd., S. 98f.; vgl. *De inv*. 1.48–49). *Comparabile* verwendet Cicero in der Bedeutung von „Ähnlichkeitsbeziehungen neben anderen,

tudo vorgestellten Analogien in fast gleicher Form bereits in der aristotelischen Rhetorik, und zwar in der dortigen Lehre von den Topoi."[67] Nach *De oratore* ist die Metapher „„die auf ein einziges Wort zusammengezogene Kürze des Gleichnisses, welches Wort – an einen fremden Ort gesetzt, als wäre es sein eigener – erfreut, sofern es erkannt wird'".[68] Dabei geht Cicero von der „Vergleichbarkeit aller Dinge"[69] aus und wertet damit den ‚Syndesmos des Ähnlichen' als Ermöglichungsbedingung der Metapher: „Die Metapher ist so verschiedenartig, daß jeder einzelne Sinn des Menschen als ihre Quelle in Frage kommt. Es gibt nichts in der Welt, was nicht über den Vergleich an die Stelle des anderen treten könnte. Über die Ähnlichkeit können alle Dinge miteinander in Beziehung treten und metaphorisch verwendbar werden."[70]

Die vielzitierte Charakterisierung der Metapher als ‚verkürzter Vergleich' geht auf Quintilians *Institutio oratoria* zurück: „*metaphora brevior est similitudo.*"[71] Er definiert die Metapher als „Übertragung eines Nomens oder Verbs von einem Ort, an dem es ein eigenes ist, auf einen, an dem entweder ein eigenes fehlt oder das übertragene besser ist als das (vorhandene) eigene": Die eigentliche Bedeutung (*proprium*) hat ein Wort an seinem ‚eigenen' Ort, die Übertragung (*translatio*) ist geboten, wo es eines neuen oder „bezeichnenderen'" Wortes bedarf.[72] Der Ortswechsel bedingt eine „Bedeutungsveränderung", die in der tropischen ‚Wendung' mittels des *tertium comparationis* nachvollzogen wird, die die Aussage als „wahr

---

argumentativ verwertbaren Gesichtspunkten (*loki*) im Überzeugungsprozeß" (ebd.) Zur „metapherkonstituierenden Ähnlichkeit" bei Cicero vgl. Lau, *Metaphertheorien der Antike*, S. 333 ff.

67 Schittko, *Analogien als Argumentationstyp*, S. 99.
68 *De or.* 3, 39, 157, zit. n. Weimar, Vom barocken Sinn der Metapher, S. 457 f.
69 Breitenbürger, *Metafora*, S. 118. „‚[N]on res sed similitudines rerum'. Was wir vorfinden ist in einem Zustand der Vergleichbarkeit und wir nehmen es in diesem Zusammenhang wahr" (Oechslin, Vorwort, S. 6, im Verweis auf Cicero, *De Natura Deorum*).
70 Breitenbürger, *Metafora*, S. 118. „Niemand soll es sonderbar finden, daß die Metaphern so vielfältig sind, daß in uns keine Sinnesart ist, die nicht ihre Metaphern hätte. Es gibt nämlich nichts in der Natur der Dinge, was wir nicht bei anderen Dingen mit ein und demselben Wort neben dem eigentlichen Wort bezeichnen können. Dieser Umstand beweist, daß die Metapher sich weithin erstreckt [...]. Man kann alle Arten von Dingen durchgehen, man wird keine finden, die nicht aufgrund irgendeiner Ähnlichkeit für eine andere herangezogen werden kann. Aus allen Dingen [...] kann eine Ähnlichkeit abgeleitet werden" (zit. n. ebd., S. 118 f.).
71 Zit. n. Harald Weinrich, „Semantik der kühnen Metapher", in: Haverkamp, *Theorie der Metapher*, S. 316–339, S. 330.
72 Weimar, Vom barocken Sinn der Metapher, S. 453, im Verweis auf Quintilian, *Inst. or.* 8, 6, 5.

oder falsch oder eine Metapher" auslegt.[73] Dabei wird die Metapher von anderen Tropen weder durch ihr Material noch durch den Modus der Übertragung unterschieden, die Rhetorik vergleicht vielmehr „die Örter miteinander, zwischen denen der Worttransport stattfindet, um ihre möglichen Verhältnisse (relationes) zu bestimmen" – doch dies führe, so Klaus Weimar, in „Teufels Küche, in diejenige der Dialektik nämlich."[74] Die Summe möglicher Relationen zwischen „Begriffen" müsste die Summe möglicher Tropen bilden; doch diese ließen sich nicht vollständig aufzählen.

> Immerhin ist auf jeden Fall die Relation ‚Ähnlichkeit' (similitudo) zwischen Ähnlichen (similia) dabei, und der Streit geht nur um die Zahl der Relationen zwischen Unähnlichen (diversa). Ebenso kennen die Rhetoriker auf jeden Fall einen Tropus, die Metapher, die meist auch an erster Stelle steht und in deren Definition der Begriff ‚Ähnlichkeit' Verwendung findet.[75]

Bestimmt also Ähnlichkeit die Metapher, so lässt sich Quintilians Definition dahingehend ergänzen, dass „‚Ähnlichkeit' der Grund für die Wahl des Zielortes der Übertragung" ist – und so wurde die Metapher vielfach definiert, etwa im siebzehnten Jahrhundert.[76] Allerdings werde hier verunklärt, zwischen welchen Relata Ähnlichkeit wirkt; suggerieren Beispiele wie „Herodes ist ein Fuchs"[77], die durch Ähnlichkeit verbundenen Relata seien das substituierende (Fuchs) und das substituierte Wort (listig, schlau), so schiebt sich in den Erläuterungen ein „*dritter* Ort" ein: Ähnlichkeit besteht nun zwischen den Termen Herodes und

---

[73] Ebd., S. 454. Die Wendung ist „eine „Operation des Verstehens" (ebd., S. 456). Die Metapher ist nur „in gewisser Hinsicht" wahr (ebd., S. 461): „Indem nun das Wort ‚Fuchs' nur noch die Eigenschaft ‚Schlauheit' metaphorisch bezeichnet und sie dem Begriff ‚Herodes' zuspricht, vereinigt es den Begriff ‚Fuchs' mit dem Begriff ‚Herodes' in der gemeinsamen Eigenschaft ‚Schlauheit' und nur in ihr (nicht z. B. in der Eigenschaft ‚Vierfüßigkeit') [...]. Die Metapher ist also, wie alle Aussagen (praedicationes), eine Wortvereinigung und außerdem durch eine Wendung des Wortes, das die Vereinigung zu vollbringen bestimmt ist, eine Begriffsvereinigung." (Ebd., S. 465 f.).
[74] Ebd. „Die verschiedenen Arten des Tropus mußten so voneinander unterschieden werden, daß in jeder entweder dasselbe je anders übertragen oder je anderes gleich übertragen wird. Die differentia specifica läge dann entweder in der Weise (modus) oder im Material (materia) des Transports." (Ebd.) Der Fehler bestehe darin, sich auf den *Ort*, nicht auf den *Transport* als eigentliche Operation der Metapher zu beziehen.
[75] Ebd., S. 455.
[76] Ebd., S. 456. Vgl. ebd., S. 455: „Metapher ist die Übertragung eines Wortes von seiner eigentlichen Bedeutung auf etwas anderes Ähnliches, und zwar mit Tugend (Masenius). [...] Metapher oder Übertragung ist der Tropus, durch den ein Wort aus seiner eigentlichen Bedeutung in eine fremde übertragen wird um der Ähnlichkeit willen (Vossius)."
[77] Ebd., S. 460.

Fuchs, und beide Ähnlichkeiten „werden zu allem Überfluss [...] verwechselt".[78] Weimar zufolge differenziert die nacharistotelische Rhetorik nicht zwischen dem (poetologisch perspektivierten) „Prozeß" und dem (hermeneutisch perspektivierten) „Produkt" Metapher, was dazu führe, „die unterschiedlichen Relationen ‚Ähnlichkeit' miteinander zu verwechseln. Diese Verwechslung ist festgeschrieben in der fast obligatorischen Subsumption der Metapher unter das Gleichnis als dessen Kurzform."[79] Die *Produkte* Gleichnis und Metapher unterscheiden sich nur durch das im Vergleich explizite ‚wie': „Im Text stellt das Wort ‚ist' diese Beziehung her, indem es – als Kopula – das Wort ‚Fuchs' mit Herodes ‚kopuliert' und damit die Einheit beider behauptet."[80] Die Rhetorik nenne beides *similitudo*, obwohl diese definitionsgemäß in der Metapher (als Tropus) zwischen dem ersetzten und dem ersetzenden Ausdruck und im Gleichnis (als Figur) zwischen zwei nicht ersetzten Relata statthat.[81] Aus dieser Verwechslung der Ähnlichkeitsbeziehungen schließt Weimar: „Der Gesichtspunkt ‚Ähnlichkeit' verdirbt das rhe-

---

[78] Ebd., S. 457: „[D]ie Definitionen meinten die Ähnlichkeit der Örter von ‚Fuchs' und ‚listig', die Erläuterungen meinen die Ähnlichkeit der Örter von ‚Fuchs' und ‚Herodes'. Die erste Ähnlichkeit kann [...] nicht die differentia specifica der Übertragungsart ‚Metapher' sein, die zweite hat mit Übertragung überhaupt nichts zu tun, und spätestens in den Erläuterungen werden [...] beide miteinander verwechselt." (Ebd.).
[79] Ebd. Vgl. ebd., S. 469f.: Weimar differenziert die *poetologische* (qua Substitution) von der *hermeneutischen* Metaphernbeschreibung (qua Prädikation): „Aus poetologischer Perspektive wird der Prozeß ‚Metapher' [...] beschrieben als Bewegung eines Wortes zwischen zwei Begriffen (Sachen, Örtern) [...]. Das erste Wort (‚Fuchs') verbindet seinen eigenen Begriff (‚Fuchs') mit einem anderen (‚schlau') und verdrängt dabei das zweite Wort (‚schlau'). Das Produkt ‚Metapher' im Text besteht dann nur aus dem ersten Wort (‚Fuchs') und den beiden Begriffen, die es verbindet, während das zweite Wort (‚schlau') im Text abwesend ist. Aus hermeneutischer Perspektive wird das Produkt ‚Metapher' [...] beschrieben als eine Prädikation wie andere auch, in der ein Subjektsbegriff (‚Herodes') durch die Kopula ‚ist' mit einem Prädikatsbegriff (‚Fuchs') gleichgesetzt wird. [...] Ist diese Behauptung unwahr, so kann der Auslegungsprozeß ‚Tropus' einsetzen, die Wendung des ersten Wortes (‚Fuchs') auf den zweiten Begriff (‚schlau') [...]: die Prädikation ist per tropum als Metapher verstanden und die Behauptung damit als eine respektive bewahrheitet – wahr in Hinsicht auf den zweiten Begriff. ‚Metapher' und ‚Tropus' [...] sind Begriffe, die je einer anderen Perspektive zugehören. ‚Metapher' (Übertragung) ist ein rhetorischer bzw. poetologischer Begriff, ‚Tropus' (Wendung) ein hermeneutischer."
[80] Ebd., S. 460.
[81] Vgl. ebd., S. 458: „Metapher ist ein Tropus, Gleichnis eine Figur. Und in Tropen findet eine Übertragung eines Wortes an einen fremden Ort statt, während in Figuren alle Wörter an ihrem eigenen Ort bleiben. Ähnlichkeit, wenn man denn von ihr sprechen soll, mag in der Metapher zwischen dem eigenen und dem fremden Ort eines Wortes bestehen; im Gleichnis besteht sie zwischen den eigenen Örtern zweier Wörter. Metapher und Gleichnis haben nur das gemeinsam, daß die Rhetoriker bei jener unnötigerweise von similitudo reden und dieses ‚similitudo' nennen".

torische Konzept der Metapher".[82] Demgegenüber geht die „Frage [...], zwischen welchen die Metapher konstituierenden Elementen jene von Aristoteles als Fundament der Metapher herausgestellte Ähnlichkeit gegeben sein muß"[83], Lau zufolge nicht auf die Vermischung der poetologischen und hermeneutischen Dimension, sondern auf die Nichtunterscheidung der *generischen* und der *analogischen* Form der aristotelischen Metapherntypologie zurück: So handle es sich

> bei den generischen Typen 1–3 um die generische Ähnlichkeit zwischen den Dingen [...], die von dem ursprünglich gesetzten und dem übertragenen Wort bezeichnet werden; etwa, wenn wir eines der vorgestellten Beispiele aus der *Poetik* herbeizitieren, um die Ähnlichkeit zwischen ‚ankern' und ‚stillstehen'. Der Bezug zum ‚Schiff', das ‚stillsteht' bzw. ‚ankert', spielt hierbei keine Rolle. Bei der Analogie-Metapher hingegen handelt es sich um die Ähnlichkeit zwischen den Sachen, die von den als Urteilssubjekt und Urteilsprädikat fungierenden Ausdrücken bezeichnet werden. Diese Ähnlichkeit ist bei der Analogie-Metapher, die auf homogenen Elementen beruht, generischer Art; bei der auf heterogenen Elementen beruhenden und damit *reinen* Analogie-Metapher, wie wir sie um der terminologischen Heraushebung willen nennen, handelt es sich um die transgenerische Verhältnisähnlichkeit.[84]

So unterschieden sich die aristotelische Bestimmung und neuzeitliche und moderne Theorien der Metapher darin, dass – einhergehend mit der Zurückstellung des *generischen* hinter den *analogischen* Metapherntyp – der „Übertragungsakt" und damit die Ähnlichkeitsrelation zwischen dem ersetzten und dem übertragenen Wort hinter der zwischen den ‚Relata' zurücktritt.[85] Vergleichstheoretische Bestimmungen nehmen dabei an, dass die Metapher durch die Angabe eines Vergleichspunktes, *im Hinblick auf eine Gemeinsamkeit der metaphorischen Glieder*, in einen Vergleich übersetzbar, „ratione translata", also „nichtmetaphorisch ausdrückbar" ist.[86] Ähnlichkeit bildet das explizite oder implizite „Prinzip des *tertium* zwischen zwei Gegenständen",[87] die metaphorisch vereint werden. Der Maßstab

---

82 Ebd., S. 459.
83 Lau, *Metaphertheorien der Antike*, S. 168f.
84 Ebd., S. 169.
85 Ebd., S. 162. Dass nach Aristoteles in die Metapher „eine vorgängige Wortübertragung mit eingegangen ist", werde „in den modernen Theorien der Metapher häufig ausgeblendet" (ebd., S. 163): „Wie vor ihr schon die Metaphorologen der hellenistischen Epoche, hat auch sie [die moderne Metapher-Forschung, S. B.] den differenzierten aristotelischen Entwurf und die ihm zugrundeliegende Unterscheidung von Genos- und Analogieprinzip aufgegeben" und beschränke sich auf „den analogischen" Typus oder vermische beide Formen (ebd., S. 173).
86 Strub, *Kalkulierte Absurditäten*, S. 319 u. S. 357.
87 Knörer, *Entfernte Ähnlichkeiten*, S. 89. Vgl. Stephen Ullmann: „‚Toute image comprend deux termes, un comparant et un comparé, rattachés l'un à l'autre en vertu d'un trait commun, d'un tertium comparationis'" (zit. n. Pastor, *Studien zum dichterischen Bild*, S. 17). „Zwei Realitäten werden in eine Verbindung gesetzt, weil sie miteinander vergleichbar sind, die eine

für die Angemessenheit der Metapher ergibt sich aus der Bestimmung der Hinsichtlichkeit des Ähnlichkeitsaspekts: Das *tertium comparationis* – als Eigenschaftsgleichheit, ‚partielle Identität' oder analogische „similarities between relations between objects"[88] – birgt den Schlüssel zur Auflösung der Metapher und bedingt die Erkenntniskraft der „Projektionen von Bekanntem auf weniger Bekanntes".[89]

Diese Bestimmungen beruhen auf der Vergleichstheorie eigenen Vorannahmen zur Konzeptualisierung metaphorischer Ähnlichkeit, die Ricœur als Effekt der Verkürzung der Überlegungen Aristoteles' sieht, von denen er in *La Métaphore vive* sein Modell der ‚lebendigen Metapher' ableitet, das Ähnlichkeit in einer *semantischen Spannungstheorie* rekonzeptualisiert:[90] Er analysiert Ähnlichkeit als „Grundlage der Substitution", die die klassische Rhetorik als „Motiv der Entlehnung", als „positive Seite der Abweichung", „innere[n] Zusammenhang der Substitutionssphäre" und „Wegweiser der Paraphrase"[91] bestimmt, und kritisiert, dass die Substitutionstheorie dem Wirken der Ähnlichkeit nie gerecht wurde: „[W]enn die Ähnlichkeit in der Metapher eine Rolle spielt, so muß sie ein Kennzeichen der Attribution der Prädikate, nicht der Substitution der Namen sein."[92] Die „unheilvolle Verbindung von Substitution und Ähnlichkeit, die se-

---

Realität gewinnt im Bild an Deutlichkeit, Plastizität oder wird überhaupt erst aussprechbar durch die Eigenschaften, die ihr aus der anderen Realität zuwachsen." (Ebd., S. 16).

88 Andrew Ortony, „The role of similarity in similes and metaphors", in: ders. (Hg.), *Metaphor and Thought*, London, New York, 1979, S. 186–201, S. 188.

89 Wellbery, Übertragen, S. 141.

90 Ricœur greift auf Douglas Berggrens „theory of metaphorical tension" zurück (Strub, *Kalkulierte Absurditäten*, S. 450, Anm. 46). Sein Begriff der ‚lebendigen Metapher' benennt die onto-epistemologische Dimension: So habe „die Metapher, die das Leblose als Lebendiges zeigt, jenes Vermögen, die Beziehungen sichtbar zu machen. [...] Leblose Dinge als lebendig darstellen heißt keineswegs, sie mit dem Unsichtbaren zu verknüpfen, sondern sie selbst *gleichsam* in actu zu zeigen." (Ricœur, *Die lebendige Metapher*, S. 43).

91 Gruber, *Topographie des Ähnlichen*, S. 95. Vgl. Ricœur, *Die lebendige Metapher*, Kap. 4, „Das Wirken der Ähnlichkeit", S. 168–208. Ricœur korrigiert den in Jakobsons und Blacks Modellen ex negativo enthaltenen Substitutionsaspekt: „Denomination" nach Maßgabe der Ähnlichkeit regelt die „Substitution", woraus er schließt: „Ähnlichkeit ist die Grundlage der Substitution" (ebd., S. 168). Davon ausgehend entwirft er eine fiktive Anklage der Ähnlichkeit, die eher als Resultat der Metapher zu gelten habe; angeklagt wird auch die „logische Schwäche der Ähnlichkeit" (Gruber, *Topographie des Ähnlichen*, S. 95), die die Verbindung der Metapher mit Analogie und Vergleich nicht kläre; die „Zweideutigkeit des Verbs *ähneln*" und die Nähe zum *Bild*, die die „Logik der Propositionalität und der Bilderwelt des Ikonischen" verknüpft (ebd., S. 96).

92 Ricœur, *Die lebendige Metapher*, S. 183. Die fiktive Anklage parierend, verteidigt Ricœur Ähnlichkeit: So mache die Theorie der „Spannung" Ähnlichkeit nicht obsolet. Der „metaphorische Sinn [...] bestehe [...] nicht in der semantischen Kollision, sondern in der neuen Pertinenz" (Gruber, *Topographie des Ähnlichen*, S. 96). Zweitens sei Ähnlichkeit nicht durch die

miotisch bedingt sei, gelte es anzugehen und eine neue Verbindung der Ähnlichkeit mit der Theorie der ‚Wechselwirkung' herzustellen, die der semantischen Funktionsweise der Ähnlichkeit Rechnung trägt."[93] Ähnlichkeit überwinde als neue „Pertinenz" die als *Diaphorizität* bezeichnete Entfernung der Metaphernglieder und offenbare deren „semantische Nähe trotz des Abstands".[94] Metaphorischer Sinn entstehe aus der Wechselwirkung von Spannung und „Annäherung", da „Ähnlichkeit selbst auf Prädikation beruhe und zwischen den Begriffen eintrete, zwischen denen eine ‚Spannung' des Widerspruchs besteht."[95] Ricœurs Rekonzeptualisierung verweist auf eine Problematisierung der Ähnlichkeit in neueren Metapherntheorien, die älteren Vergleichstheorien widersprechen *und* den Übertragungsaspekt zurückstellen,[96] wobei bereits bekannte ähnlichkeitskritische Argumente begegnen.

Metapher konstruiert, sondern ihr Grund; die Epiphora als „Assimilierung, die zwischen fremde, weil entfernte Ideen eintritt" (ebd.), beruhe auf „Apperzeption, einem Sehen"; deren Gegenstück sei die diaphorische ‚„Konstruktion'" (ebd., S. 97): ‚„Die Diaphora der Epiphora ist eben dieses Paradox, das dem ‚Blick' zugrunde liegt, der jenseits der Scheidung die Verbundenheit erkennt.'" (Ebd.) Damit offenbare die Metapher den logischen Stellenwert der Ähnlichkeit, Identität und Differenz zu verbinden. Dagegen betont Gruber, dass Ähnlichkeit eben nicht Identität/das Selbe sei (ebd., Anm. 164).
93 Gruber, *Topographie des Ähnlichen*, S. 95. Ricœurs Betonung der Prädikation, in der das Wirken der Ähnlichkeit zu verorten sei, schließt an die Unterscheidung von Sinn und Referenz Freges und Benvenistes an (vgl. Gruber, *Topographie des Ähnlichen*, S. 93, Anm. 161) und weist einen Zug von der Semantik zur „Hermeneutik" auf: Sprache als Ganzes und ihr Anderes, die „Wirklichkeit", erscheinen so als Thema der Philosophie; die „Reflexivität der Sprache sei vielmehr das Wissen um ihr Bezogensein auf das Sein, das die Referenzfunktion selbst begleite" (ebd., S. 93).
94 Gruber, *Topographie des Ähnlichen*, S. 96. Vgl. zum Begriff *Diaphorizität* Aristoteles' Begriff der Gattung als Differenz (*diaphora*), ebd., S. 56.
95 Ebd.; vgl. Ricœur, *Die lebendige Metapher*, S. 183, der an Jakobson anschließt: Kombination vereint das „Zusammenwirken von simultanen Einheiten und die Verkettung der nacheinanderfolgenden Einheiten" (Jakobson, Der Doppelcharakter der Sprache, S. 324). „Die prädikative Synthese ist in einem gewissen Sinne das Gegenteil der Angrenzung [...]. Die metonymische Angrenzung erscheint somit als sehr verschieden von der syntaktischen Verknüpfung." (Ricœur, *Die lebendige Metapher*, S. 176) Die Metapher wirkt nicht nur in der Selektion aus dem Code, sondern über Prädikation in der Kombination: Ricœur trägt die Metapher ein, wo sie Jakobson als sekundäre Projektion verortet. Die Metapher ist *„das* ausgesprochen genetische Phänomen" der Sprache (ebd., S. 190); sie organisiere Semantik und Kombinatorik auf Ebene des Satzes.
96 „So führt Black etwa den Satz ‚Man is a wolf' als ein Standardexempel [...] an, um daran seine Interaktionstheorie zu illustrieren. Die Frage jedoch, worin hier das Übertragungsmoment bestehe, wird nicht in die Analyse einbezogen [...], denn das Wort ‚wolf' wird ja auf ‚man', genau besehen, nicht übertragen, sondern von ihm ausgesagt. Das Problem der Analyse wird also am Übertragungsbegriff vorbei auf das Gebiet der Urteilslogik verlagert." (Lau, *Metaphertheorien der Antike*, S. 162).

Besonders problematisch ist die Zurückführung des Begriffs „Metapher" auf den der „Ähnlichkeit": „Es ist symptomatisch für die Mängel der Vergleichstheorie, daß als Beispiele meist Metaphern herangezogen werden, deren metaphorischer Effekt sich schon längst aufgelöst hat. So muß immer wieder Achilles dazu herhalten, mit einem Löwen verglichen zu werden. Ohnehin ist Ähnlichkeit ein vager Begriff. Ähnlich sind Dinge nur in bestimmten Hinsichten, unter bestimmten Perspektiven. In irgendeiner Hinsicht kann alles allem ähnlich sein. Daher ist die Metapher auch kein ‚verkürzter Vergleich'."[97]

So besteht in der Frage nach der Ähnlichkeit in der Metapherntheorie alles andere als Einigkeit: Eine generalisierende Definition ihrer variablen Rolle scheint nicht nur aufgrund der Tatsache unmöglich, dass die Geschichte der Metaphorologie seit der Antike kaum zu überblicken und die Forschung zur Metapher unübersehbar ist, sondern auch, weil „konzeptionell tragende Stichwörter wie ‚Vergleich', ‚Identität', ‚Analogie', ‚Ähnlichkeit', ‚Übertragung' [...] bei verschiedenen Autoren unter Umständen sehr Verschiedenes" bedeuten.[98] *Wie* die Funktion der Ähnlichkeit bestimmt und ihre Bedeutung für den Prozess und das Produkt ‚Metapher' bewertet wird, ist abhängig von dem jeweiligen Modell und historisch variablen onto-epistemologischen und sprachtheoretischen Grundannahmen.

So unmöglich daher nicht nur eine systematisch generalisierende Bestimmung der Metapher, sondern auch eine Systematisierung des transdisziplinären Feldes der Metapherntheorie erscheint, die unter anderem rhetorische, semiotische, hermeneutische, sprachphilosophische, sprachanalytische, kognitionspsychologische und kognitionslinguistische Ansätze umfasst, lässt sich doch festhalten: Die „ambivalente Prädikation" der (Analogie-)Metapher (x ist (wie) y hinsichtlich z) weist formal einen Aspekt der Ähnlichkeit (bzw. Identitätsbehauptung) und einen Bereich der „Nicht-Identität" auf, die jede Metapher einbegreift und die Metapherntheorien historisch und systematisch variabel betonen:[99] Theoriepositionen der Substitutions-, Vergleichs- bzw. Ähnlichkeitstheorie, Spannungs-, Interaktions- und Framing-Theorie lassen sich als nicht zuletzt forschungsstrategisch abgegrenzte, in sich konsistente, aber in ihrem Generalisierungsanspruch oft notwendig reduktive Konzeptualisierungen verstehen.[100] Während vergleichsorientierte Theo-

---

97 Kurz, *Metapher, Allegorie, Symbol*, S. 20, zit. n. Schmitz-Emans, Metapher, o. S. (S. 5).
98 Rüdiger Zymner, Art. „Metapher", in: *Metzler Lexikon Literatur. Begriffe und Definitionen*, hg. v. Dieter Burdorf, Christoph Fasbehnder und Burkhard Moenninghoff, Stuttgart, Weimar ³2007, S. 494 f., S. 494.
99 Gess, Anthropologie und Metapherntheorie, S. 654 f. Vgl. auch Jörg Zimmer, „Identität und Differenz. Zur Dialektik der Metapher", in: ders., *Schein und Reflexion. Studien zur Ästhetik*, Köln 1996, S. 73–108.
100 Als in sich konsistente Theorieoptionen stellt diese Theorien Strub vor: *Kalkulierte Absurdität*, S. 471. Vgl. u. a. Anselm Haverkamp (Hg.), *Theorie der Metapher*, Darmstadt 1996; Andrew Ortony (Hg.), *Metaphor and Thought*, London u. a. 1979; Gerhard Kurz, *Metapher, Allegorie, Sym-*

reme die *Ähnlichkeit* der Örter, Terme oder ‚Quell'- und ‚Zielkonzepte' und das *tertium comparationis* zentral setzen,[101] betont die ‚Anomalie-Perspektive' jüngerer Metapherntheorien die *Unähnlichkeit*, Heterogenität, Spannung oder Diaphorizität der metaphorischen Glieder. Modern wird gerade der Vergleichsaspekt als ‚*Abbilden' von Ähnlichem* abgetan und das innovative Potential der Zusammenstellung des *Unähnlichen* und der kognitiven Reorganisation betont. „Die herkömmliche Metaphorik las aus der Wirklichkeit Ähnlichkeiten ab, die zwei Realitäten zu Metapher oder Vergleich zusammenfügbar machten. Bildersprache war also letztlich immer Imitation und damit Bestätigung der bestehenden Ordnung."[102] Dagegen schaffe die moderne Metapher neue semantische Bezugsmöglichkeiten, durch die Bekanntes umperspektiviert oder kognitiv reorganisiert wird. Ihre „‚Unfügsamkeit'" wird dabei „in der modernen Metapherlinguistik, die damit in betonter Abgrenzung von der ‚alten Metaphorik' die Fundamente einer neuen Metaphorologie gelegt zu haben meint, als ‚widersprüchliche Prädikation' bezeichnet."[103]

Diese – im Blick auf die beschriebene Tradition der *entfernten* Ähnlichkeit zurückzudatierende – Problematisierung des Stellenwerts metaphorischer Ähnlichkeit richtet sich nach dem Befund, dass moderne Metaphern die analogische Fügung zum „Zusammen*zwingen* zweier Bereiche" aufdehnen.[104] Seit Rimbaud,

---

bol, Göttingen ³1993; Lutz Danneberg, Andreas Graeser, Klaus Petrus (Hg.), *Metapher und Innovation. Die Rolle der Metapher im Wandel von Sprache und Wissenschaft*, Bern 1995; Donoghue, *Metaphor*; vgl. etwa für kognitionslinguistische Ansätze Lakoff und Johnson: Ihnen zufolge sind „Ähnlichkeiten empirisch und kulturspezifisch begründet, existieren nur in Relation zu dem jeweiligen ‚conceptual system' und resultieren aus konzeptuellen Metaphern" (Lau, *Metaphertheorien der Antike*, S. 91). Dabei blieben die „logische Struktur der Ähnlichkeit sowie die Letztbegründung der jenseits der ‚experiential similarities' und der ‚conceptual systems' liegenden ‚objective similarities'" unklar (ebd., Anm. 218); zur Annahme eines physiologischen „Fundament[s] des analogischen Denkens" vgl. Köller, Dimensionen des Metaphernproblems, S. 409, Anm. 27.

101 So bringt etwa Specht zufolge der „metaphorische Transfer [...] keine Identität, sondern lediglich eine Ähnlichkeit zum Ausdruck. Die Metapher hebt zwar bestimmte Gemeinsamkeiten hervor, lässt die Unterschiede jedoch *per se* unthematisiert." (Benjamin Specht, „Experiment und Metapher. Zur Tropologie und Rhetorik des Wissens", in: Michael Gamper (Hg.), *Experiment und Literatur. Themen, Methoden, Theorien*, Göttingen 2010, S. 252–277, S. 260).
102 Pastor, *Studien zum dichterischen Bild*, S. 25.
103 Lau, *Metaphertheorien der Antike*, S. 178, Weinrich zitierend (Anm. 274); vgl. Weinrich, Semantik der kühnen Metapher, S. 330.
104 Strub, *Kalkulierte Absurditäten*, S. 475. Strub geht davon aus, dass Substitutions- und Vergleichstheorien aus historischen Gründen aufgegeben werden müssen: Die „historische[n] Gründe" für die Ablösung der Vergleichstheorie, die er als in sich „konsistent und erklärungsmächtig" beschreibt, lägen in der „Einschätzung der Leistung der Metapher, des ‚poetischen Bildes' (*image*) seit dem, was als Moderne bezeichnet wird [...], also seit ca. 1850" (Strub, *Kalkulierte Absurditäten*, S. 471 f., im Verweis auf Baudelaire und den Surrealismus, vgl. ebd., S. 476).

Mallarmé, Baudelaire, Lautréamont und Apollinaire erscheine die Metapher als „Juxtaposition" in der Form eines „Vergleichs ohne Ähnlichkeit".[105] So scheint die „moderne Hochschätzung" der Metapher „darauf zu gründen, daß die beiden Bereiche, die in der Metapher zusammengebracht werden, möglichst weit voneinander entfernt liegen."[106] Dies verbildlicht paradigmatisch das Gleichnis Lautréamonts, das André Breton als einen Ausgangspunkt der surrealistischen Programmatik wählt: „[S]chön [...] wie die unvermutete Begegnung einer Nähmaschine und eines Regenschirms auf dem Seziertisch!"[107]. Bretons Konzeption des *Sprachbildes* (*image*)[108] stellt die „willkürlich[e] und [...] gerade nicht durch die Angabe eines tertium comparationis legitimiert[e]"[109] Kombination, die „Heterogenität"[110] und das *diaphorische*, rätselhafte, antihermeneutische Moment der *Unähnlichkeit* der zusammengezwungenen Elemente heraus und scheint so Ähnlichkeit zum Verschwinden zu bringen. Doch deutet sich die dezidierte Rekonzeptualisierung metaphorischer Ähnlichkeit, die in der „‚Überdehnung' des Analogieprinzips" an die Tradition einer Ästhetik des ‚Unähnlich-Ähnlichen' in barocken und romantischen Konzeptionen anschließt, gerade in der Tatsache an, dass die surrealistische „Beschreibung der neuen Leistung des poetischen Bildes sich immer noch des alten Konzepts der Analogie bedient"[111], zugleich aber „aggressiv gegen das vergleichende Denken opponiert".[112]

Das *diaphorische* Zusammenzwingen von Unähnlichem und das ‚Schaffen' von Ähnlichkeit gelten als Charakteristika der modernen, kreativen, innovativen Metapher: Die metaphorologischen Konzepte der ‚lebendigen' (Ricœur), ‚absolu-

---

105 Willer, Metapher/metaphorisch, S. 127.
106 Strub, *Kalkulierte Absurditäten*, S. 472. Strub führt Friedrich, Weinrich und Neumann an (ebd., Anm. 3). „In der Literatur der Moderne kann potentiell jedes Paar benachbarter Wörter als eine Metapher angesehen werden." (Kurz, zit. n. Schmitz-Emans, Metapher, o S. (S. 22)).
107 Isidore Ducasse (Comte de Lautréamont), „Die Gesänge des Maldoror", in: ders., *Das Gesamtwerk* (Vierter Gesang), übers. u. mit einem Nachwort v. Ré Soupault, Reinbek b. Hamburg ³2009, S. 9–256, S. 223. Breton zählt Lautréamont zu den Surrealisten (Erstes Manifest des Surrealismus, S. 27; vgl. auch ebd., S. 36).
108 Die surrealistische Metapher ist in der Konzeption als Sprach-Bild (*image*) weit gefasst. Die bevorzugten Metapherntypen zählt Strub mit Friedrich als „Apposition", „Juxtaposition" und „Genitivmetapher" auf (Strub, *Kalkulierte Absurditäten*, S. 476, Anm. 14).
109 Ebd., S. 475.
110 Willer, Metapher/metaphorisch, S. 127.
111 Strub, *Kalkulierte Absurditäten*, S. 478, Anm. 18.
112 Ebd., S. 472; Strub verweist auf die von Friedrich „noch für die avancierteste Metaphorik des Barock" konstatierte „‚Überdehnung eines antiken Prinzips'" (ebd., S. 457, Anm. 12).

ten' (Friedrich),[113] ‚emphatischen' (Black),[114] ‚kühnen' (Weinrich)[115] oder ‚paradoxen' (Haverkamp)[116] Metapher reagieren auf die moderne Metaphorik, indem sie den theoretischen „Akzent von der Beobachtung faktischer Ähnlichkeit auf deren Hervorbringung" verschieben:[117] Dabei geht es bei der *Distanz* der Übertragungsbereiche, die bereits die *entfernte* Ähnlichkeit manieristischer und romantischer Metaphern auslotet,[118] auch um die Verifizierbarkeit der metaphorisch hergestellten Ähnlichkeitsrelation durch die Evidenz der Wahrnehmung und Erfahrung und den Abgleich mit (sprach-)logischen Vorannahmen, von denen sich die Metapher als ‚bloß sprachliche' Form emanzipiert:

> Die alte Metaphorik war davon überzeugt, daß die Metaphern der Sprache Analogien, Korrespondenzen und Ähnlichkeiten abbilden, die in der Seinsordnung oder in unserem Denken vorgegeben sind. Das *tertium comparationis* ist gegeben, und die Sprache gibt mit der Metapher nur den mehr oder weniger schönen Wortleib hinzu. Hier sind erhebliche Zweifel anzumelden, und wir können gerade von der Bildspanne her die Frage des *tertium comparationis* neu aufgreifen. [...] Bei Metaphern weiter Bildspanne [...], also bei den Metaphern, die in der Sprache die geläufigsten sind, müssen wir mühsam nach dem *tertium* suchen und haben uns gewöhnlich damit zu begnügen, die eine Metapher mit einer zweiten zu erläutern, von der wir auch kein *tertium* wissen. [...] Wenn das aber so ist, dann drängt sich uns die Gewißheit auf, daß unsere Metaphern gar nicht, wie die alte Metaphorik wahrhaben wollte, reale oder vorgedachte Gemeinsamkeiten abbilden, sondern daß sie ihre Analogien erst stiften, ihre Korrespondenzen erst schaffen und somit demiurgische Werkzeuge sind.[119]

---

113 Vgl. Hugo Friedrich, *Die Struktur der modernen Lyrik. Von der Mitte des neunzehnten bis zur Mitte des zwanzigsten Jahrhunderts*, Reinbek b. Hamburg 1967, S. 38: Abgeleitet von Rimbauds Metaphern als „‚absolutes Gleichsetzten des sachlich Verschiedenen'" und Mallarmés „Technik der grundsätzlichen ‚metaphorischen Versetzung'" bestimme die absolute Metapher die moderne Lyrik, die durch einen „Entzug [...] des Vergleichens" gekennzeichnet sei (zit. n. Willer, Metapher/metaphorisch, S. 126).
114 Max Black, „Die Metapher", in: Haverkamp, *Theorie der Metapher*, S. 55–79 [*Models and Metaphors. Studies in Language and Philosophy*, 1962], bes. S. 76–78 zur „Interaktionsmetapher".
115 Vgl. Weinrich, Semantik der kühnen Metapher, bes. S. 330: „Die kühne Metapher ist [...] eine Prädikation, deren Widersprüchlichkeit nicht unbemerkt bleiben kann." Kühnheit meint dabei nicht eine große „Bildspanne" (Strub, *Kalkulierte Absurditäten*, S. 135), sondern Metaphern, „die die Form faktisch absurder und metaphysisch kontingenter Sätze haben, also einen denkbaren Zustand der Welt darstellen" (ebd., S. 138): Wenn, so Weinrich, „eine Wortfügung um ein geringes von den Erfahrungen der sinnlich erfahrbaren Welt abweicht, dann nehmen wir den Widerspruch stark wahr und empfinden die Metapher als kühn." (Weinrich, Semantik der kühnen Metapher, S. 327).
116 Anselm Haverkamp (Hg.), *Die paradoxe Metapher*, Frankfurt a. M. 1998.
117 Endres, Unähnliche Ähnlichkeit, S. 37.
118 Bereits concettistische und romantische Poetiken greifen Aristoteles' Begriff des *xenikon* als „Verfremdung" auf (Lachmann, Die ‚problematische Ähnlichkeit', S. 91).
119 Weinrich, Semantik der kühnen Metapher, S. 331; vgl. auch Strub, Abbilden und Schaffen von Ähnlichkeiten, S. 107.

Den „Bruch zwischen klassischer und moderner Auffassung über die Leistung der Metapher"[120] markiert also die historisch-systematisch argumentierte Demarkationslinie der hier angedeuteten Opposition eines ‚Abbildens' oder ‚Schaffens' von Ähnlichkeiten. So ist nicht nur aufschlussreich, wie auf die moderne Metaphorik reagierende Metapherntheorien Ähnlichkeit unterschiedlich konzipieren, sondern auch, worin sie einig sind:

> [...] in der Negation der Ansicht, daß die in der Wirklichkeit feststellbaren Ähnlichkeiten ontisch fundiert seien. Diese Anschauung, die den Menschen zu der die Analogien und Ähnlichkeiten setzenden Instanz erhebt, könnte als die ‚Kopernikanische Wende' angesehen werden, durch die das Wesen des Metaphorischen auch und gerade in Bezug auf dessen Wahrheitswert in einem zentralen Punkte neu bestimmt und das Fundament zu einem neuen ‚Paradigma' gelegt wird. Dem neuzeitlichen Anthropozentrismus ist die Metapher ein Aspekt der Weltdeutung.[121]

In der historischen Verortung dieses ‚Paradigmenwechsels' herrscht weniger Einigkeit; ob er bezogen wird auf die Wende zu einer ‚nachanalogischen Ontologie', die, wie oben angedeutet, mit Kopernikus, Cusanus oder auch Kant in Verbindung gebracht wird, oder in Metaphernkonzepten bereits Aristoteles', aber etwa auch des Manierismus und der Moderne verortet wird, ist von der Einschätzung der Funktion und Wirkungsweise der Ähnlichkeit in der Metapher ebenso abhängig wie von Grundannahmen über die ontologischen, logischen und epistemologischen Fundamente der Sprache und des Metaphorischen, dessen Wahrheitswert.[122] Damit verbunden ist das der „logischen Widersprüchlichkeit" der Metapher seit der Antike inhärente „onomasiologisches Problem", dass „dem der Analogie nach Einen und damit den in der reinen Analogiemetapher verbundenen Elementen prinzipiell eine gemeinsame Gattung" fehlt:[123] Die Frage, ob dies

---

120 Strub, Kalkulierte Absurditäten, S. 475.
121 Lau, Metaphertheorien der Antik, S. 91. Doch sei die Entwicklung zu einem modernen Paradigma weder unangefochten noch „unumkehrbar"; Lau verweist auf „manche moderne Metapherkonzeptionen theologischer und philosophischer Provenienz", die „nach wie vor von einer ontologischen Grundlegung der Analogie und Ähnlichkeit aus[gehen]" (vgl. die Kritik Puntels an einer „seinsvergesssenen Logik'" (ebd., Anm. 224). Als moderner Gewährsmann für diese Annahme kann Biese gelten: „Es führt keine andere Brücke von dem Denken zum Sein als die Analogie; und daher ist Denken und Sprechen metaphorisch" (Alfred Biese, Philosophie des Metaphorischen, Hamburg, Leipzig 1893, S. 106). Es sei daher eher von einem „Theorienpluralismus" (Lau, Metaphertheorien der Antike, S. 92) auszugehen als von einem Paradigmenwechsel.
122 Vgl. Lau, Metaphertheorien der Antik, S. 115.
123 Ebd., S. 187. In einer modernen Korrespondenztheorie hat die Metapher keinen Wahrheitswert, durchaus dagegen „im Licht der platonischen Ontologie und Logik als ein Mischgebilde, das auf einer in bestimmter Hinsicht [...] dialektisch richtigen Verbindung von Gattungen beruht,

„das lexikalische Inventar der Sprache betrifft, oder [...] das objektive Fehlen einer Gattung, berührt die [...] Differenz zwischen antikem und neuzeitlichem Denken".[124] Die Frage nach der Bestimmung der Ähnlichkeit als *objektiv auffindbar* oder *subjektiv geschaffen* ist dabei mit der nach Realismus und Nominalismus verbunden.[125] Eine schlüssige historisch-systematische These zu der Frage nach der *Dar*stellung oder *Her*stellung vorgängiger oder konstruierter Ähnlichkeiten durch die metaphorische Vereinigung formuliert Strub: Er nimmt an, dass sich „im Übergang zur Moderne" die ontologische Fundierung der Metapher ändert.[126] Die Metapher zeitige, wie die Analogie, die sie historisch als Weltmodell ablöse, einen – variablen – ontologischen Effekt:[127] Sie sei grundlegender „Reflex einer *analogischen* Theorie über die verschiedenen Existenzweisen von Sachen in der Welt", die selbst nicht rhetorisch fassbar ist.[128] Den Bruch setzt Strub mit Blumenberg bei Cusanus an und beschreibt ihn als Wandel von der Nachahmung der Natur hin zur Neuschöpfung als Konstruktion und zu einem ontologischen Pluralismus:[129] In einer geschlossenen, „begrenzte[n] Entdeckungswelt" entdecken Metaphern Ähnlichkeiten und stiften *„per analogiam"* ontologische Bezüge: „Die Theorie der Tropen ist dann nichts anderes als die Lehre davon, wie vergnüglich – nämlich durch eine Rätselrede – die ontologischen Grundstrukturen der Welt innerhalb verschiedener Substanzbereiche sichtbar gemacht werden können. Eine geschlossene Welt kann also sprachlich verrätselt werden – aber dieses Rätsel ist

---

bei dem aber im Licht der platonischen Psychologie des Urteils die Vereinigung des gedanklichen Urteils und der Wahrnehmung nicht möglich scheint" (ebd.).
124 Ebd., S. 197, Anm. 309. Dabei sieht Lau den Einfluss der platonischen Ähnlichkeitsreflexion noch in der modernen linguistischen Metapherntheorie. So entspreche die Merkmalsemantik mit ihrer „Subkategorisierung und Komponentenanalyse" zur Untersuchung der „‚enzyklopädischen' Merkmale der Lexeme" der Dihairesis, insofern sie auf einen weiten, „extensiven Gattungsbegriff" der „transgenerischen und damit analogischen Einheit" gegründete Metaphern analysiere (ebd., S. 89).
125 Vgl. Strub, Abbilden und Schaffen von Ähnlichkeiten, S. 114. Dies betrifft die sprachphilosophische und epistemologische Frage, ob sprachlich erzeugte oder metaphorisch ‚gefundene' Ähnlichkeiten – seien sie explizit oder durch eine kognitive Leistung rekonstruiert – auf ontologisch Vorliegendes verweisen, Ausdruck einer substanziellen Verbindung sind, oder Ausdruck eines ‚rein sprachlichen' Relationsgefüges.
126 Ebd., S. 107.
127 „Mittels der Tropen werden die ontologischen Grundstrukturen unserer Welt verrätselt" (Strub, *Kalkulierte Absurditäten*, S. 348).
128 Ebd., S. 325. Die Analogie sei modern „nicht als eindeutige Ordnungsstruktur der göttlichen Weltordnung" gedacht, sondern als „rein innerweltliche[] Erfahrungsordnung mit kontingentem Ursprung" (ebd., S. 492).
129 Vgl. Strub, Abbilden und Schaffen von Ähnlichkeiten, S. 121.

prinzipiell immer auflösbar."[130] In einer „entgrenzte[n] Erfindungswelt" zeige die Metapher dagegen „Möglichkeiten der Grenzerweiterung" auf: Gerade die sprachskeptische Moderne „reflektiert diese offene Ontologie und ihre sprachlichen Grenzen".[131] So bringe die „emphatisch[e]" Metapher[132] das Rätselhafte der Welt und die „Kontingenz" von Weltordnungsmodellen zum Ausdruck; insofern sie auf Ähnlichkeit als einem allgemeinen Prinzip der sprachlichen Ordnung von Erfahrungen beruht, dient sie als „Instrument, diese Erfahrungen zu ,verunähnlichen'" – dies sei „eine genuine Signatur der Moderne" – und vermag zugleich sprachlich konstruierte Ähnlichkeiten zu reflektieren: „*Die Metapher ist [...] als reflexives Sprachmoment gegenüber den von uns konstituierten Ähnlichkeiten aufzufassen.*"[133]

So zeige die moderne Metaphorik die Neubewertung der Leistung der Metapher in der nachanalogischen Ontologie der Moderne an, ohne dass Ähnlichkeit historisch abgelöst werde. „Die spezifische Differenz zwischen traditioneller und moderner Metaphorik muß also in der *Behandlung der in jeder Metapher eine Rolle spielenden Ähnlichkeit* liegen."[134] Damit verbunden ist die Frage nach einem mimetischen oder subjektiv-konstruktiven Charakter der Metapher, die Strub mit Benjamin als eine „,Verwandlung'" oder „,Transformierung'" des mimetischen Vermögens fasst.[135] Statt zwischen dem Abbilden und Schaffen von Ähnlichkeit zu unterscheiden oder einen linearen Übergang von einem mimetischen zu einem konstruktiven Metapherntypus zu postulieren, lässt mit Strub ein graduelles „Konzept der Skalierung von Ähnlichkeiten" historisch nur „*einen* Ähnlichkeitsbegriff mit verschieden starken Schaffensmomenten" annehmen:[136] So sei

---

130 Ebd., S. 124.
131 Ebd., S. 118.
132 Strub, *Kalkulierte Absurditäten*, S. 479.
133 Ebd., S. 495. Strubs These, dass die „genuin metaphorische[] Denkweise da anzusetzen [ist], wo der Begriff der Metapher in kritischer Absicht benutzt wird: nicht mehr – wie die Analogie – als Methode der materialen Vereinheitlichung unseres Weltmodells, sondern als Indiz für dessen Kontingenz, nicht mehr als Garant des Zusammenhangs durch Ähnlichkeit unserer Einzelerfahrungen innerhalb unseres Weltmodells", verweist auf ein Changieren der surrealistischen Metaphorik zwischen einer kritisch-reflexiven, spezifisch modernen Ähnlichkeitsreflexion und der Berufung auf die Analogie als ,amoderne', an vormoderne Epistemologien anschließende Position.
134 Strub, Abbilden und Schaffen von Ähnlichkeiten, S. 108 [Hv.: S. B.].
135 Zit. n. Strub, Abbilden und Schaffen von Ähnlichkeiten, S. 110, Anm. 14, im Verweis auf Benjamin, Lehre vom Ähnlichen.
136 Ebd., S. 110. Wie sich hier zeigt, gilt es, die Frage nach der Ähnlichkeit in der Metapher mit der Mimesiskonzeption auf nicht-banale Weise zu verknüpfen. Die Beschreibung der ontologischen Fundierung und Effekte der Metapher ist schlüssig; doch der Bezug auf Mimesis droht das Argument gegen die ,Abbildung von Ähnlichkeit' zu wiederholen, ohne die Problematik der ,neu geschaffenen' Ähnlichkeit klären zu können: Weder Ähnlichkeit noch Mimesis,

aus der modernen Akzentuierung des subjektiven Aspekts[137] keine rein subjektiv-konstruktivistische ‚Behandlung' der Ähnlichkeit abzuleiten, da „bei Ähnlichkeiten scheinbar immer subjektive Schaffens- und objektive Gegebenheitsfaktoren zum Tragen kommen müssen".[138] Dieses, wie einführend mit Endres konstatiert, „für die Prominenz der Ähnlichkeit im ästhetischen Diskurs"[139] konstitutive Ineinander von konstruktiven und epistemologischen Momenten führt die Debatte um die Frage, ob die Metapher als ‚Abbilden' oder ‚Schaffen' von Ähnlichkeiten zu betrachten ist, ad absurdum.

Diese Debatte wurde anhand der modernen Metapher ausgiebig geführt: Die Verschiebung des Akzents auf die *Produktion von Ähnlichkeit* bildet so etwas wie einen Minimalkonsens ihrer theoretischen Beschreibung: „,The metaphor creates the similarity'".[140] Zur systematischen Differenzierung solcher Metapherntypen wird etwa die begriffliche Unterscheidung Philip Wheelwrights herangezogen, nach der „entweder auf eine bereits bestehende Ähnlichkeit zwischen den beiden Bereichen zurückgegriffen (Epiphor) oder eine neue Ähnlichkeit hergestellt (Diaphor)"[141] werde. Eine solche These entwickelt in Auseinandersetzung mit dem Surrealismus[142] Ivor Armstrong Richards. Vor dem Hintergrund seiner Bestimmung der grundlegenden Metaphorizität der Sprache und der Metapher als eines sprachlichen Ausdrucks der „Interaktion zwischen ko-präsenten Gedanken"[143]

---

noch die Metapher gehen in solcher ‚abbildlicher' Konzeption auf. Einen solchen ‚Kurzschluss' vermeidet Strubs Verweis auf Benjamin, der Mimesis in der weiten Dimension des mimetischen Vermögens fasst.

137 Vgl. bspw. Moser, Sinnbild und Abbild, S. 15: „Wenn wir die Metapher als Sprachfigur erkennen, dann besteht ihre Bedeutung darin, daß sie es jedem Sprecher ermöglicht, die Realität seinen persönlichen Bedürfnissen entsprechend umzustrukturieren – sei es durch einen flüchtigen Vergleich oder durch eine Neubildung, die unter Umständen dauernd werden kann." (Ebd., S. 16).

138 Strub, *Kalkulierte Absurditäten*, S. 474. „Ähnlichkeitsrelationen zwischen Dingen als rein subjektiv, emotiv etc. anzusehen", hieße, „schwerwiegende ontologische Verpflichtungen – und nicht einmal sehr plausible –" einzugehen. „Wenn man diese vermeiden will, sollte die Distinktion ‚real-irreal' bzw. ‚mit/ohne' Existenzbehauptung zumindest nicht als Kriterium für das Vorliegen von Ähnlichkeit benutzt werden" (Strub, *Kalkulierte Absurditäten*, S. 302). „Plausibler ist eine Skala von ‚rapports' mit mehr oder weniger subjektiven Elementen." (Ebd.).

139 Endres, Unähnliche Ähnlichkeit, S. 33.

140 Honeck, zit. n. Lau, *Metaphertheorien der Antike*, S. 90.

141 Debatin, Metapher, S. 361. Vgl. Philip Wheelwright, *Metaphor and Reality*, Bloomington 1962, bes. S. 70–91.

142 Vgl. Strub, *Kalkulierte Absurditäten*, S. 446f. Vgl. Ivor Armstrong Richards, *The Philosophy of Rhetoric*, New York 1967.

143 Lau, *Metaphertheorien der Antike*, S. 21. „Ein zentrales Problem hatte für die Theoretiker der Metapher, welche diese für ein fundamentales sprachliches Prinzip [...] hielten, stets darin bestanden, einerseits die Metapher aus der Beziehung zwischen zwei Relaten erklären

(Vehikel und Tenor) evaluiert er die Rolle der Ähnlichkeit neu: „‚The process of *following* a metaphor is largely one of looking for resemblances [...]. Resemblances are commonly the ostensive ground of the metaphor, but the operative ground is usually much wider.'"[144] Im Nachvollzug gilt es, den „noch so geringfügigen Grund für das Zusammenzwingen (den ostensive ground [...]) zu suchen – eben eine Ähnlichkeit zwischen den Elementen. Das Zusammenzwingen erhält damit gleichsam eine Richtung, kann aber immer noch der wesentliche ‚operative ground' für die Interpretation der Metapher bleiben".[145] Dieses „Zusammenspiel zwischen ostensiver Ähnlichkeit und operativer Neuheit" verdeutlicht die Wirkungsweise dieser semantischen Kollision, die konventionalisierte Ähnlichkeitsbezüge stört: „Richards vertritt daher die These, die Metapher schaffe keine Ähnlichkeiten, sondern Unähnlichkeiten auf der Basis von Ähnlichkeiten"[146], wenn er schließt: „Some similarity will commonly be the ostensive ground of the shift, but the peculiar modification of the tenor which the vehicle brings about is even more the work of their unlikeness than of their likeness."[147] Dies bereitet Max Blacks Einsicht vor, dessen an Richards anschließende Interaktionstheorie „zwischen ‚Focus' (‚focus') und ‚Rahmen' (‚frame') differenziert":[148] Zwischen ihnen „findet oder erfindet das synoptische Denken von beiden eingeschlossene gemeinsame Einheiten, Implikate [...], deren einzelne Elemente" Black „als iso-

---

zu müssen (über die Vorstellung einer „Ähnlichkeit" zwischen zwei oder über den Prozeß eines ‚Vergleichs'), andererseits diese Beziehung aber doch nicht als bloß äußerliche Addition oder als einen Ersatz des einen durch das andere erklären zu können, ohne dabei die eigentliche Leistung des metaphorischen Prinzips zu verdunkeln und zu verharmlosen. *Richards* trägt diesem Problem Rechnung, indem er für die beiden Relate die Termini ‚Tenor' (‚tenor') und ‚Vehikel' (‚vehicle') einführt und unter „Metapher" das Zusammenspiel beider versteht; „Tenor" heißt der eigentliche „Gegenstand" der Benennung, „Vehikel" ist der Name für das, was ihn ausdrückt.'" (Schmitz-Emans, Metapher, o. S. (S. 12). Vgl. Ivor Armstrong Richards, „Die Metapher", übers. v. Margit Smuda, in: Haverkamp, *Theorie der Metapher*, S. 31–52, S. 37 [*The Philosophy of Rhetoric*, 1964].
144 Zit. n. Strub, *Kalkulierte Absurditäten*, S. 448.
145 Ebd., S. 477.
146 Ebd.; dieses ‚Zusammenspiel' beobachtet Strub an Reverdys auch von Breton zitierter Definition des Bildes.
147 Ivor Armstrong Richards, *The Philosophy of Rhetoric*, New York 1967, S. 127.
148 Schmitz-Emans, Metapher, o. S. (S. 24). Blacks auf I. A. Richards zurückgehender „*Interaktionstheorie* [...] [*interaction view* of metaphor]" (Black, Die Metapher, S. 68), zufolge gewinnt „das fokale Wort [...] eine neue Bedeutung [...], die weder genau seiner Bedeutung im wörtlichen Gebrauch noch genau der Bedeutung eines wörtlichen Substituts entspricht. Der neue Kontext (in meiner Terminologie der ‚Rahmen' der Metapher) bewirkt beim fokalen Wort eine Erweiterung des Bedeutungsumfangs [extension of meaning]" (ebd, S. 69).

morph bezeichnet".[149] Dabei betont er den Aspekt des ‚*Erfindens*' der Ähnlichkeit: So sei es

> in Fällen, in denen es uns vor der Konstruktion der Metapher sehr schwergefallen wäre, irgendeine wörtlich zu nehmende Ähnlichkeit [resemblance] [...] zu finden, [...] aufschlußreicher zu sagen, die Metapher schafft Ähnlichkeit [similarity], statt zu sagen, sie formuliert eine bereits vorher existierende Ähnlichkeit.[150]

In anderen Fällen scheine es „vertretbar zu sagen, dass solche [...] Metaphern Verbindungen *enthüllen*, ohne sie zu *schaffen*".[151] Diese Unterscheidung des *Abbildens* und *Schaffens von Ähnlichkeiten* ist jedoch insofern simplifizierend, als auch Vergleiche und Analogien nicht notwendig Bekanntes ‚abbilden': Die „Analogie gibt es nicht, solange der Dichter sie nicht gesehen hat. Das Entdecken der Analogie ist nicht eigentlich rezeptiv, sondern eine Stiftung von Relationen"[152] – und auch metaphorisch ‚konstruierte' Ähnlichkeiten können einen „Grund in der Sache" haben.[153] Blacks Formulierung sei daher „schief", so Christian Strub: Die Dichotomie, mit der man „eine spezifisch moderne Einschätzung der Metapher retten zu können" glaubte, kann die Frage nach dem Status und Verhältnis vorgängiger und neu geschaffener Relationen nicht klären. Black selbst konstatiert, dass die Unterscheidung einer „geschaffenen und einer vorher schon existierenden Ähnlichkeit" schwierig sei,[154] räumt ein, dass alle Metaphern „als eine *Kunst*, Ähnlichkeiten zu sehen", einen „subjektiven Schaffensaspekt und einen objektiven Anteil des Reformulierens haben"[155], und gesteht, die kreative Metapher „schaffe vielmehr Ähnlichkeiten, die nicht mit der Präzision wissenschaftlicher Aussagen

---

149 Lau, *Metaphertheorien der Antike*, S. 22; dabei bleibe, so Lau, „[d]er logische Status der Relation [...] unbestimmt. Black gebraucht, ohne den Versuch einer Differenzierung und Präzisierung zu unternehmen, promiscue die Termini ‚Ähnlichkeit', ‚Analogie' und ‚Strukturidentität': ‚[...] there is a similarity, analogy, or more generally, an identity of structure.'" (Zit. n. ebd., S. 23) Auffällig ist auch die offenbar synonyme Verwendung von *likeness*, *similarity* und *resemblane* (vgl. Black, Die Metapher, S. 67).
150 Black, Die Metapher, S. 68; vgl. auch Strub, Abbilden und Schaffen von Ähnlichkeiten, S. 105.
151 Strub, Abbilden und Schaffen von Ähnlichkeiten, S. 105. Black unterscheidet fünf Formen von Ähnlichkeit (vgl. ebd., S. 474, Anm. 9). Er räumt ein, Vergleichs- und Interaktionstheorie könnten unterschiedliche Metapherntypen beschreiben; vgl. Black, Die Metapher, S. 75–78.
152 Pastor, *Studien zum dichterischen Bild*, S. 15, Anm. 17.
153 Strub, *Kalkulierte Absurditäten*, S. 474, Anm. 9.
154 Ebd., S. 473; vgl. zu dieser Debatte ebd., S. 473f., Anm. 9.
155 Strub, Abbilden und Schaffen von Ähnlichkeiten, S. 109.

gefasst werden könnten."[156] Die Problematisierung der vergleichenden Konzeption seit Richards' Auseinandersetzung mit dem Surrealismus hat einen Paradigmenwechsel der Beschreibungsmodelle von Vergleichs- zu Interaktions- und Spannungstheorien der Metapher ausgelöst, der zu einer Reevaluation metaphorischer Ähnlichkeit führt, die nicht als intentionaler *Grund* im Verweis auf ein eindeutig benennbares *tertium*, sondern als *Effekt* der offenen Perspektivierung beschrieben wird, die die seither dominanten Theorien mit Ausdrücken wie Spannung bzw. Interaktion (Richards, Black, Ricœur)[157], ‚Schaffen von Ähnlichkeiten' (Black), Offenheit und Willkür der Perspektivierung („stereoscopic vision'") fassen.[158]

Neigt dabei die neuere Metapherntheorie dazu, die metaphorische ‚Abbildung' von Ähnlichkeiten einer vormodernen, analogischen, monistischen oder geschlossenen Ontologie zuzuweisen,[159] die sich von der onto-epistemologischen Fundierung der Ähnlichkeit hin zu einer Dimension der kognitiven Reorganisation verschiebt, so scheint diese mitunter mit der These einer *antimimetischen* Moderne verknüpfte Annahme einer naiven Abbildung von Ähnlichkeiten damit auf die ‚ältere', je vorgängige Metaphorik und Metaphorologie projiziert zu werden, die erst die moderne Metaphorik durch das ‚Schaffen' von Ähnlichkeiten ablöse. Dass jedoch der durch die „surrealistischen Äußerungen initiierte *Bruch* innerhalb der Metapherntheorie [...] *nicht* in der Ablösung des Ähnlichkeitsabbildens

---

156 Zit. n. ebd., S. 106. Mit der Dichotomie von Abbilden/Schaffen ist die Frage nach dem ontologischen und epistemologischen Status der Ähnlichkeit in der Moderne exemplarisch aufgeworfen, ohne zu ihrer Klärung beizutragen. Nicht nur stellt der Begriff ‚Abbildung' eine Vereinfachung der sprachlichen Mimesis dar, auch ist die Frage, welche Ähnlichkeitsrelationen bereits ‚sedimentiert' sind und auf Seiten des Rezipienten als ‚bekannt' vorausgesetzt werden können, und welche Aspekte eine ‚kognitive Reorganisation' bewirken, nicht zweifelsfrei zu beantworten. Weiter sei, so Black, die Annahme einer „objektiv gegeben[en]'", sachbezogenen, ontologisch vorgängigen, logisch beschreibbaren Ähnlichkeitsrelation zwar „verführerisch", doch lasse „Ähnlichkeit [likeness] [...] immer Abstufungen zu" (Black, Die Metapher, S. 67); daher lägen ihre „charakteristischen Möglichkeiten und Leistungen" jenseits der „formalen Bestimmung" etwa in logischen Urteilen (ebd., S. 68). Dies verweist nicht nur auf einen Eigenwert der metaphorischen Vagheit, sondern stellt auch die Frage, ob metaphorische Umperspektivierung nicht immer neue Ähnlichkeiten finden kann. Hier deutet sich eine von Ricœur und Strub angedeutete Differenz von „prädikative[r] und „vorpädikative[r]" Ähnlichkeit an, deren Annahme Strub Black abspricht (Strub, *Kalkulierte Absurditäten*, S. 474, Anm. 10).
157 Spannungs- und Interaktionstheorien beschreiben eine Reorganisation mittels „epiphoric elements", „which may constitute only an ad hoc category [...]. However, besides the similarity evoked, there will always be residual dissimilarity between the tenor and the vehicle. This dissimilarity is dubbed ‚tension'" (Marta Dynel, „Creative metaphor is a birthday cake: Metaphor as the source of humour", vgl. http://www.metaphorik.de/sites/www.metaphorik.de/files/journal-pdf/17_2009_dynel.pdf, 12.9.2017, S. 30).
158 Zit. n. Strub, *Kalkulierte Absurditäten*, S. 454, Anm. 56.
159 Vgl. Strub, Abbilden und Schaffen von Ähnlichkeiten, S. 115 f.

durch das Ähnlichkeitsschaffen liegen kann, zeigt indirekt deutlich Brooks" im Verweis auf die *metaphysical poets*, wenn er „exakt die gleiche Opposition zwischen den modernen Metaphorikern gegenüber ihren Vorgängern beschreibt".[160] Bereits hier tritt, wie in konzeptistischen Metapherntheorien, die Bestimmung nach einem analogischen Maß und einem *tertium comparationis* und die Orientierung an *proprium* und *iudicium* zurück;[161] noch die ‚kühnen' Metaphern der Romantik und des Surrealismus lassen sich als Symptom einer Überbietung lesen: Der Verweis auf *unähnliche* Ähnlichkeiten ist reflexiv auf sprachlich hergestellte Ähnlichkeit und macht das *(Er-)Finden entfernter Ähnlichkeiten*, „die Subtilität und ihr Kriterium der Schwierigkeit der Entdeckung, die Besonderheit und Abgelegenheit der Ähnlichkeits- oder Korrespondenzverknüpfung"[162], zur Sache der Ästhetik. Bestimmt entgegen der These einer vormodernen ‚Abbildung' des Ähnlichen ein *Zusammenwirken epiphorischer und diaphorischer Momente* nach Ricœur bereits seit Aristoteles' Metapherntheorie die metaphorische Semantisierung,[163] so lässt dieser *Doppelaspekt* auch die moderne Fassung metaphorischer Ähnlichkeit – gerade auch in der surrealistischen Metapher – präziser fassen: Hier zeigt sich, „‚dass die in der Metapher situierte Ähnlichkeit aus der Unähnlichkeit entsteht und sich gegen sie behaupten muß'".[164] Der Doppelcharakter der Ähnlichkeit als *ge-* und *er*fundene und das metaphorische Doppelspiel der Verwiesenheit von Ähnlichkeit und Unähnlichkeit aufeinander im identifizierenden Gleichsetzen von Differentem und in der Herstellung einer Beziehung zwischen entfernten Polen ist von zentraler Bedeutung für die surrealistische Rekonzeptualisierung der Ähnlichkeit, die unter modernen Bedingungen den Überbietungsgestus der *unähnlichen*, *entfernten* Ähnlichkeit aktualisiert.

---

160 Ebd., S. 475, Anm. 12; vgl. Cleanth Brooks, „Metaphor and Tradition", in: ders., *Modern Poetry and the Tradition*, Chapel Hill 1939, S. 1–17. Die reflexive Überbietung mittels *unähnlicher* Ähnlichkeit stellt keinen historisch neuen Einwand gegen die ‚Abbildung' von Ähnlichkeit dar; sie dient bereits Barockpoetiken als Spielfeld der Imagination und der sprachlichen Assoziabilität: Entgegen der Annahme eines modernen ‚Paradigmenwechsels' in der Beschreibung der Leistungen der Metapher, wie ihn die jüngere Metapherntheorie behauptet, lässt sich dieser so historisch zurückverlegen. Der Überbietungsgestus ‚entfernter' Ähnlichkeit wird mithin unter modernen Bedingungen der Kritik an Repräsentation, Begriff und Vergleich und unter Berufung auf die Tradition der konzeptistischen und romantischen Überdehnung der Analogie aktualisiert und lässt sich so als Fortschreibung der Ästhetik des (Unähnlich-)Ähnlichen beschreiben.
161 Vgl. zu der conccettistischen Poetik des Unähnlich-Ähnlichen, die in Romantik und Surrealismus nachwirkt, Kap. I.2.4.
162 Knörer, *Entfernte Ähnlichkeiten*, S. 92. Vgl. zur „concettistische[n] Verschränkung von Mimesis und phantasia" Graevenitz, Die Gewalt des Ähnlichen, S. 69.
163 Ricœur, *Die lebendige Metapher*, S. 183f.
164 Ricœur, zit. n. Strub, *Kalkulierte Absurditäten*, S. 454.

Für diese spezifisch moderne Konzeptualisierung der Metapher sind mehrere miteinander verbundene Momente grundlegend, wie die ‚Ästhetisierung' der Metapher im Kontext der Begründung der Ästhetik,[165] die Sprachskepsis[166] und Begriffskritik, die die sprachliche Verfasstheit des Denkens, die Konventionalität, zugleich aber das Reorganisationspotential der Sprache betonen, und der ‚Schiffbruch' der Rhetorik zu Beginn des zwanzigsten Jahrhunderts und ihre darauffolgende Generalisierung, mit der die „Verabsolutierung der Metapher" als ihres wichtigsten Begriffs einhergeht.[167] Gerade die Einsichten in die basale Metaphorizität der Sprache, die Ubiquität der Metapher und ihr dynamisches Moment in der Sprachgenese führen zu einer Revision ihrer Leistungen. Als paradigmatisch dafür kann etwa Nietzsches oben angesprochener Text *Über Wahrheit und Lüge im außermoralischen Sinne* gelten, dem das für die Operation der modernen Metapher sinnbildliche Schlagwort entstammt: „das Fremdeste paarend und das Nächste trennend".[168] Die zentrale Bedeutung der Begriffskritik Nietzsches für avantgardistische Sprachauffassungen verdeutlichen etwa Hugo Balls Forderung einer Erneuerung der Sprache[169] und Carl Einsteins Hinweis auf die Bedeutung seiner „Umwertung" für die Surrealisten.[170] Nietzsches Text demonstriert, inwiefern die moderne metaphorologische Reflexion die verdrängten Fundamente der mit Identitäten und Differenzen operierenden Begriffssprache, ihre basalen Ähn-

---

165 Diese führt mit Willer zu einer Ästhetisierung der Metapher: „Erst im Zusammenhang des neuen ästhetischen Paradigmas kann aber das Argument der Anschaulichkeit systematisch mit dem des Bildes verknüpft werden, weil die Theorie der sinnlichen Erkenntnis immer auch eine Theorie der Medialität und Intermedialität mit sich führt. Einbildungskraft und Imagination sind Konzepte von Metaphorik als Bildlichkeit." (Willer, Metapher/metaphorisch, S. 110). Die Metapher könne „als das schlechthin Ästhetische gelten, weil sie das bündelt, womit sich Ästhetik befaßt, nämlich die ‚niedere' sinnliche Erkenntnis auf dem Wege der Analogie übertragbar zu machen auf die ‚höhere', deutliche Vernunfterkenntnis" (ebd., S. 106).
166 Strub (*Kalkulierte Absurditäten*, S. 495) bezeichnet den „Sprachskeptizismus" als „Signatur der Moderne"; die „genuin metaphorische Leistung" bestehe in der „Reflexion auf die Kontingenz der sprachlichen Vermitteltheit der materialen Gestalt von Weltmodellen [...] oder auch ihrer formalen Struktur" (ebd., S. 495).
167 Willer, Metapher/metaphorisch, S. 126, verweist auf Gérard Genette, „Le rhétorique restreinte", in: ders., *Figures*, Bd. 3, Paris 1972, S. 32 f.
168 Nietzsche, Ueber Wahrheit und Lüge, S. 382.
169 So fordert Ball, „möglichst ohne Worte und ohne die Sprache auszukommen. Diese vermaledeite Sprache, an der Schmutz klebt wie von Maklerhänden, die die Münzen abgegriffen haben. Das Wort will ich haben, wo es aufhört und wo es anfängt." (Hugo Ball, „Eröffnungs-Manifest. 1. Dada-Abend Zürich, 14. Juli 1916", in: *Manifeste und Proklamationen der europäischen Avantgarde (1909–1938)*, hg. v. Wolfgang Asholt u. Walter Fähnders, Stuttgart, Weimar 1995, S. 121).
170 Einstein, *Die Kunst des 20. Jahrhunderts*, S. 161; Einstein nennt neben Nietzsche auch Freud.

lichkeitsbezüge, gegen den Begriff wendet. Sein Rekurs auf das ‚Gleichsetzen des Nicht-Gleichen', die assimilatorischen Effekte der Begriffsbildung, setzt die Einsicht in sprachliche Analogizität voraus: „Mit der Ähnlichkeitsfeststellung wird immer auch Ähnlichkeit generiert; der Ver-Gleich bewirkt, wenn Ähnlichkeit sein Resultat ist, zugleich eine An-Gleichung des Verglichenen."[171] Solche Kritik zielt auf eine Konzeption, die Ähnlichkeit als generisches Prinzip der Einheit als Basis von Klassifikation und Begriffsbildung gelten lässt, jedoch „vorprädikative"[172] Ähnlichkeit – hin zu cartesianischer Klarheit – in einem Verfahren der Abstraktion, der Reduktion von Komplexität und Anschaulichkeit abbaut: Gegen die logische und kategoriale Ordnung identifizierter und differenzierter Dinge, die in der Transparenz und Univozität des Begriffs (onto-)logisch gegeben scheint,[173] wirkt die Metapher als deessentialisierender Operator, deren „rein ideative Assoziationen" gerade „nicht an den realen Bezügen der durch sie spezifizierten Dinge geprüft" sind,[174] da sie weder ‚Wirkliches' objektiv definieren, noch ihre Fundierung in Analogizität aufheben. Wo Begriffe komplexe Abstrakta bilden, so zitiert Benjamin in seinem Essay über den Surrealismus Apollinaire, „„gibt es nichts modernes Entsprechendes in der Dichtung. Die heutigen Dichter aber füllen diese Lücke aus; ihre synthetischen Dichtungen schaffen neue Wesen, deren plastische Erscheinung ebenso komplex ist wie die der Worte für Kollektiva.'"[175]

Die ‚reine' Analogie-Metapher transportiert dabei das angedeutete onomasiologische Problem, das in der Moderne unter neuen ontologischen Vorzeichen virulent wird: Das „transgenerische" Moment kann „nicht auf einen Begriff gebracht werden".[176] Wie die Analogie begründet die Metapher Relationen einer „Als-ob-Verwandtschaft":[177] Sie überträgt Ähnlichkeiten „art- und gattungsübergreifend und etabliert so gattungs*analoge* Beziehungen quer zu den Kategorien […]. Die Analogie stiftet also Ähnlichkeiten zwischen eigentlich unähnlichen Dingen und imaginiert so eine hypothetische Gattungsbeziehung, die weder biologischer noch

---

[171] Endres, Unähnliche Ähnlichkeit, S. 32; vgl. zu diesem analogischen Moment der Sprache Strub, *Kalkulierte Absurditäten*, S. 481f.
[172] Strub, *Kalkulierte Absurditäten*, S. 474, Anm. 10, Ricœurs Unterscheidung zweier Formen von Ähnlichkeit folgend.
[173] So formuliert, wie einführend angedeutet, die Aufklärung „ausgehend von der These des (onto)logische[n] Prinzip[s] ‚Natur = Vernunft' […] die These […], dass die Individuen, Arten und Gattungen ursprünglich von den Substanzen seien. Eine Folgerung daraus ist, dass zwischen Substanz und Begriff eine Ähnlichkeit bestehe. […]" (Schenk, Ähnlichkeit, S. 51f.).
[174] Strub, *Kalkulierte Absurditäten*, S. 301.
[175] Benjamin, Sürrealismus, S. 207.
[176] Lau, *Metaphertheorien der Antike*, S. 188.
[177] Endres, Unähnliche Ähnlichkeit, S. 53.

kategorialer Natur ist."[178] Als „Meta-Ähnlichkeit" oder *„Ähnlichkeitsähnlichkeit"* neben der Verwandtschaftsähnlichkeit kreuzt sie Kausalbeziehungen und kategoriale Ordnungen.[179]

> Aufgrund ihrer ‚analogen' Funktionsstruktur vermag die Metapher solche verwandtschaftlichen Bezüge nicht nur zu finden, sondern auch *gegen* logische und kategoriale Zugehörigkeiten, wie sie zwischen Gattung und Art und Art und Art innerhalb einer Gattung üblich sind, zu konjizieren. Die Metapher konstruiert also – wie die Analogie – Verwandtschaftsverhältnisse, die lediglich verwandtschafts*ähnlich* sind. Dergestalt vergleicht sie das zugleich Ungleiche und Gleichartige aber nicht nur, sondern nimmt aktiv eine ‚Übertragung' (von *metaphorein*) von Merkmalen zwischen Objekt *a* auf *b* vor und erzeugt durch einen solchen Transport jene Gemeinsamkeiten, die sie alsdann selbst entdeckt. Erkenntnis- und Gestaltungsvermögen der Metapher bedingen sich so gegenseitig.[180]

So erfüllt die Metapher als „Agentur der Sprache, die zwischen heterogenen Bereichen vermittelt und dergestalt ein *fiktives* Kategoriensystem etabliert", eine der „umwegige[n] Logik" der Analogie entsprechende Funktion und beansprucht damit nicht nur einen „privilegierten Zugang zu einer Verwandtschaftsähnlichkeit diesen Typs"[181], sondern baut auch etablierte, konventionalisierte Ähnlichkeitsbezüge ab, indem sie neue Bezüge herstellt. Dies entzieht sie teils dem rationalen Abgleich mit logischen Grundlagen und unterstellt sie den Maßgaben einer „Erfahrung, die Ähnlichkeiten [...] gewahrt", und einer ästhetischen *poiesis*.[182]

Ein damit verbundener Aspekt der Reevaluierung metaphorischer Ähnlichkeit deutet sich in dem nur scheinbar widersprüchlichen Befund Strubs an, dass die surrealistische Programmatik ‚sich der Analogie' bediene und zugleich ‚gegen das vergleichende Denken' opponiere: die Kritik des Vergleichs. Die angesprochene metaphorische Prädikation – ist (wie) – formuliert Stephen Ullmann, indem er zwischen *impliziter* und *expliziter* Bildlichkeit unterscheidet: „L'analyse formelle des images pose tout d'abord un problème méthodologique d'importance capitale: la distinction entre analogie implicite et analogie explicite, entre métaphore et comparaison'".[183] Mit den begriffskritischen Theoremen der Moderne gewinnt diese Differenzierung wesentliche Bedeutung. „Der

---

178 Ebd., S. 42.
179 Ebd. Sie hat daher eine „kausalitätssubstituierende Funktion" (ebd., S. 39).
180 Ebd., S. 45.
181 Ebd.
182 Lau, *Metaphertheorien der Antike*, S. 25. Gadamer zufolge beruht die Metapher nicht auf logischen Grundlagen, sondern „auf einer ‚sich ausbreitenden Erfahrung, die Ähnlichkeiten [...] gewahrt'. Gadamer bezeichnet die ‚Genialität des sprachlichen Bewußtseins', solchen ‚Ähnlichkeiten Ausdruck zu geben', als dessen ‚grundsätzliche Metaphorik'" (ebd.).
183 Zit. n. Pastor, *Studien zum dichterischen Bild*, S. 15. Demzufolge gründen Metapher und Vergleich auf „dem analogischen Denken" (ebd., S. 16). Vgl. auch Barthes, Arcimboldo, S. 144:

Vergleich gehorcht der Ratio'", so Michael Landmann, „„die Metapher mit ihrer Bildhaftigkeit wurzelt noch mehr in spontanen Gefühlsantworten, sie ist, wie schon Hamann wusste, Sprache der ursprünglichen ‚Leidenschaft', nicht des späten logischen Verstandes'"[184]. Die Bestimmung der Hinsichtlichkeit legitimiert den Vergleich in logischer Hinsicht; „das tertium comparationis verbürgt eine logische Kontinuität, die der analytische Verstand nachzuvollziehen imstande ist"[185]. Es sind alltagssprachliche Konventionen und onto-logische Grundlagen – die Sedimentierung in Logik, dialektischer Richtigkeit bzw. dihairetischer Klassifikation, Kategorien und Regeln der Enzyklopädie –, die Ähnlichkeitsurteile rational begründbar machen und durch die Umformulierung in einen Vergleich in eine Wahrheitsaussage überführen lassen: Die Metapher wird durch die Angabe der Hinsichtlichkeit in das ‚ist *wie*' des Vergleichs transformierbar und so *ratione translata*. „Dieses ‚wie' hat zumindest die Kraft, einen absurden Satz zu einem nichtabsurden Satz zu machen."[186] Denn das

> ‚wie' des Vergleichs [...] signalisiert gerade die Uneinheitlichkeit im Sinn von Unverbundenheit unserer Erfahrungswelt und gibt die Stelle an, an der sie durch Ähnlichkeit ein Stück weit, allerdings sehr lose, vereinheitlicht werden kann. Der Vergleich behauptet nur, es gäbe zwei Sachverhalte, die in der wirklichen Welt per se beschreibbar sind und zwischen denen es darüber hinaus noch qualitative und strukturelle Bezüge gibt.[187]

Der Vergleich ist insofern also immer ‚wahr', als die Glieder „aufeinander per Ähnlichkeit beziehbar" sind[188] – selbst wenn diese nur graduell anzugeben ist, wie Andrew Ortony betont: „Comparisons are more or less successful or appropriate to the degree to which the things being compared are, or can be found to be, similar."[189] Dagegen ist die Metapher nie ‚wahr'; die durch sie behauptete

---

Ein Vergleich lässt sich derart herstellen, „dass zwischen den zwei Gliedern der Transposition ein gemeinsamer Zug bestehen bleibt, eine ‚Brücke', eine gewisse *Analogie*".
184 Zit. n. Pastor, *Studien zum dichterischen Bild*, S. 17.
185 Ebd., S. 18.
186 Strub, *Kalkulierte Absurditäten*, S. 384.
187 Ebd., S. 460.
188 Ebd., S. 449.
189 Ortony, The role of similarity, S. 189. Ortony unterschiedet Vergleich und Gleichnis (*simile*); während der Vergleich auf Basis eines *tertium comparationis* Wahrheitsaussagen begründe, produziere das Gleichnis, gelesen als wörtlicher Vergleich, absurde Aussagen: „The point about similes is that this procedure will produce *no* such shared predicates at all, unless those predicates are themselves interpreted metaphorically." (Ebd., S. 192) Würden Gleichnisse als Wahrheitsaussagen interpretiert, müsste das auf der Basis geschehen, dass sich alles in irgendeiner Weise ähnelt. Ortony schließt, dass Gleichnisse ‚uneigentlich' verstanden werden. Die *Unähnlichkeit* des poetischen Vergleichs betont auch Schklowskij: „Der Vergleich deckt sich stets nur partiell. Wobei im künstlerischen Vergleich wie in der Metapher unähnliche

Identitätsaussage oder Gattungszugehörigkeit vermag vielmehr „Eigenschaftszuschreibungen"[190] durch die „Absurdität" einer metaphorischen Zuschreibung infrage zu stellen, die zugleich „*als* Zuschreibung wieder problematisiert werden soll; sie soll also nicht fraglos wahr sein. Die Wahrheit des Vergleichs dagegen indiziert, dass bei der Vergleichsausdeutung eine positive Neuordnung erwartet wird, und diese gelingt trivialer Weise immer".[191] Die Analogiemetapher kann damit eine transgenerische Umperspektivierung im Modus des *Als-ob* leisten, die Ähnliches im Unähnlichen aufzeigt, in der Abkoppelung von onto-logischen Fundamenten Identitätsannahmen destabilisierend – im impliziten Verweis darauf, dass „keine universell gültige Logik die Bestimmtheit des Begriffs über Identität und Verschiedenheit definiert".[192] So ist mit Strub die

> Eigenleistung der Metapher gegenüber dem Vergleich in einem reflexiven Moment zu suchen: Obwohl sie ausgeht von einer Vergleichsanordnung der Welt, reflektiert sie doch darauf, dass es keine Instanz gibt, die die Richtigkeit oder Eindeutigkeit dieser Ordnung zeigt: Die Ordnung ist beliebig dadurch, dass alles mit allem verglichen werden kann *und* es keine Kriterien mehr gibt, nach denen ermittelt werden kann, ob das Verglichene ‚ratione translata' ist.[193]

Hier deutet sich eine Verschärfung des Problems des ‚eristischen' Relativismus an, dass alles ‚irgendwie' ähnlich ist: Es gibt keinen Maßstab für die Angemessenheit der Metapher, wenn modern sowohl die Selektion relevanter Vergleichskriterien beliebig als auch die rhetorischen Vorschriften der Erzeugung nicht zu weit entfernter Ähnlichkeiten hinfällig werden:

> Hier zeigt sich die [...] Differenz zwischen ontologischem Monismus und Pluralismus; sie macht sich im Bereich des metaphorischen Stiftens von Ähnlichkeiten an dem Verschwinden der Vorschrift der klassischen Metapherntheorie fest, nur Metaphern zu erzeugen, die ‚ratione translata' sind, also nicht zu weit voneinander entfernt; es gab also Kriterien dafür, was noch als ähnlich gelten konnte und was nicht. Neuzeitlich dagegen gibt es kein direktes außersprachliches Kriterium mehr, das die metaphorische Produktion steuern könnte [...].[194]

Ebenso wenig ist die semantische Distanz metaphorischer Glieder messbar: „Ähnlichkeiten und Unterschiede können nur nach dem ko-textuellen Erfolg der Meta-

---

Dinge verglichen werden, also solche, deren Vergleich verblüfft." (Schklowskij, *Von der Unähnlichkeit des Ähnlichen in der Kunst*, S. 37).
190 Ebd., S. 449 f.
191 Ebd., S. 450.
192 Gamm, *Die Macht der Metapher*, S. 70.
193 Ebd., S. 480. Strub bezeichnet die Metapher daher als zentralen „Ausdruck dieser ‚Dialektik der Moderne'" (ebd.).
194 Strub, Abbilden und Schaffen von Ähnlichkeiten, S. 121 f, Anm. 42.

pher bewertet werden, und wir können nicht nach einem ‚formalen' Kriterium suchen, das den angemessenen Grad von Unterschied und die angemessene Position in einem Porphyrischen Baum festlegt."[195] Eco zufolge sind es daher nicht ‚porphyrische' Regeln, sondern es ist eine ‚labyrinthische' Logik, die sprachliche Relationierungsakte steuert: Die Metaphorizität der Sprache verweist auf eine „*Entgrenzung* [...], eine Öffnung der möglichen Semiose" durch die „Form einer labyrinthischen Enzyklopädie".[196] Die „Abwesenheit eines objektiven Kriteriums", die Ähnlichkeitsrelationen allgemein als subjektiv, relativ, instabil und graduell problematisiert, begründet jedoch zugleich das kreative Potential der Metapher.[197] Die darin liegende Freiheit ist ein Grund für die Abwertung des Vergleichs, der durch „wohldefinierte semantische Beziehungen zwischen den Vergleichsgliedern und feste Eigenschaftszuschreibungen" und ein entsprechend geringes Innovationspotential gekennzeichnet ist: „Insofern können Vergleiche keine Ähnlichkeiten neu schaffen, sondern nur etwas abbilden, was auch durch unsere normale Begrifflichkeit verfügbar ist – diese Begrifflichkeit wird normal genannt, weil sie die Grenzen der von ihr begriffenen Welt gerade nicht verschiebt."[198] Demgegenüber erlaubt die ‚offene Semiose' der Metapher zunächst nur eine intuitive Bewertung der metaphorischen Innovation, die sich in einem *befremdenden* und *verfremdenden* Eindruck, im entautomatisierenden „Schock des unlegitimierten Zusammenzwingens"[199] anzeigt, bevor sie in der Herstellung neuer Pertinenz restituiert wird – was in der Umschreibung von ‚Spannung' und ‚Lösung' in der surrealistischen Metaphorik und noch von der neueren Metapherntheorie metaphorisch gefasst wird. So konterkariert die diaphorische Fügung den Versuch der Auslegung über ein *tertium comparationis*.

> Die Bezüge zwischen Sachen, deren Existenz vollständig unabhängig voneinander zu denken ist, sind die metaphorischen Bezüge. [...] [Sie] sind aus diesem Grund die überraschendsten, lassen sie doch die entsprechenden zwei Sachen, gerade weil sie als logisch und real völlig unabhängig zu denken sind, in neuem Licht erscheinen.[200]

---

195 Eco, *Semiotik und Philosophie der Sprache*, S. 184. Die Qualität der Ähnlichkeitsurteile könne nur in der nachträglichen Analyse als graduell abgestufte, skalierbare Größe gefasst werden: Gerade eine *entlegene* Ähnlichkeitsbeziehung sei kreativ wertvoll (vgl. ebd.).
196 Moritz Baßler, *Die kulturpoetische Funktion und das Archiv. Eine literaturwissenschaftliche Text-Kontext-Theorie*, Tübingen 2005, S. 236 [Hv.: S. B.]. Ein „lokales oder topisches Prinzip" (ebd.) begrenze die Semiose, das Baßler als „Isotopie und „Äquivalenz" fasst (ebd., S. 38).
197 Endres, Unähnliche Ähnlichkeit, S. 32.
198 Strub, Abbilden und Schaffen von Ähnlichkeiten, S. 120.
199 Strub, *Kalkulierte Absurditäten*, S. 477.
200 Ebd., S. 325.

Entsprechend versucht auch die neuere theoretische Diskussion, etwa in Friedrichs Begriff der ‚absoluten' Metapher, „Metaphern von Vergleichen/Analogien zu trennen", um ihr kreatives Potential jenseits der ‚Abbildung' unmittelbar kommensurabler Ähnlichkeiten zu betonen[201] – in der Annahme, dass die Metapher „prinzipiell nicht ersetzbar sei; sie soll etwas Neues sichtbar machen": Strub sieht in dieser „Unersetzbarkeitsforderung das Herzstück der modernen Metapherntheorie."[202] Metaphorische Ähnlichkeit wird dabei als produktives Verhältnis etwa der *Interaktion* metaphorischer Glieder und ganzer „Systeme von Vorstellungen"[203] gedacht; das Gelingen des metaphorischen Sprachspiels[204] hängt nicht zuletzt von der Frage ab, ob die durch die Auflösung dieser Spannung mögliche Umperspektivierung Ähnlichkeitsrelationen stiftet, die etwas ‚Neues' sichtbar machen: „Das eigentliche ‚Wunder' der Metapher [...] ist die Fruchtbarkeit des gesetzten Kontrastes."[205] Dies impliziert zugleich die hermeneutische Dimension: „‚[D]ie Metapher bildet keine Ähnlichkeit ab, sondern sie erzeugt sie allenfalls für den Hörer oder Leser'"[206], indem sie die Suche nach möglichen Vergleichspunkten aufgibt. „In hohem Maße originelle und kreative Metaphern können nur durch die (abenteuerliche, mühsame und unendliche) Erzählung ihrer Interpretation paraphrasiert werden – oder eigentlich der Erzählung davon, daß sie auf unterschiedliche Weise interpretierbar sind".[207]

---

201 Ebd., S. 419. Die Metapher muss ihre „eigentümliche Leistung als eine *andere* als die des Vergleichs" beweisen (ebd., S. 412). Friedrich zufolge bestimmt die absolute Metapher die moderne Lyrik, die durch einen „Entzug [...] des Vergleichens" gekennzeichnet sei (zit. n. Willer, Metapher/metaphorisch, S. 126); sie ist *nicht nichtmetaphorisch* zu ersetzen.
202 Strub, *Kalkulierte Absurditäten*, S. 379.
203 Eco, *Grenzen der Interpretation*, S. 212. Dies beschreibt Wellbery als Übertragung von „Beziehungen zwischen Systemen (die ihrerseits aus Elementen und deren Relationen bestehen)" (Wellbery, Übertragen, S. 146). Metaphern seien nicht „zweigliedrig", wie die nominale Struktur vieler Beispiele der Vergleichstheorie suggeriert, sondern „kompakte Formulierung[en] eines vielgliedrigen Verhältnisses zwischen mehr oder weniger komplexen Systemen" (ebd., S. 149).
204 Vgl. Wellbery, Übertragen, S. 146: „Das von der Metapher ausgelöste Reflexionsspiel ist gewissermaßen ein Spiel, das darin besteht, die Regeln, denen es folgt, zu (er-)finden. Andererseits ist das Spiel nicht beliebig, und zwar unter anderem deswegen nicht, weil die systematischen Zusammenhänge, die die Metapher herbeizitiert, in historisch spezifischen Wissensvorräten (im kulturellen Gedächtnis) gespeichert sind."
205 Gottfried Boehm, zit. n. Stefan Majetschak, „Sichtbare Metaphern. Bemerkungen zur Bildlichkeit von Metaphern und zur Metaphorizität in Bildern", in: Richard Hoppe-Sailer, Claus Volkenandt, Gundolf Winter (Hg.), *Logik der Bilder. Präsenz – Repräsentation – Erkenntnis*, Bonn 2005, S. 239–253, S. 244.
206 Kurz, zit. n. Specht, Experiment und Metapher, S. 260.
207 Eco, *Grenzen der Interpretation*, S. 213. Dabei stößt etwa die konzeptistische Metapher an die ‚Grenzen der Interpretation' bzw. zwingt den Leser zu metaphorischer Interpretation (ebd., S. 215).

Die solchermaßen betonte innovative Leistung nicht erst der modernen Metapher bringt Stefano Arduini in Verbindung mit einer perzeptuell-kognitiven Ähnlichkeitsauffassung, wenn er betont, dass Ähnlichkeiten zweier Entitäten durch deren Zusammenstellung erst konstruiert oder wahrnehmbar werden:[208]

> [E]ntities may show no similar characters at all before they are brought together. Indeed, the very act of bringing two objects together may often inaugurate their history of similarity. This means that similarity builds less on a starting point than a point of arrival or goal. Two objects may be similar to one another simply because the subject perceives and experiences them in like fashion. And because we construe the similarity inscribed in a metaphor, and cannot postulate the similarity as a given, not everyone will necessary grasp the similarity. [...] For Aristotle, [...] „metaphor" referred to „similarity" as a consequence since similarity or likeness gave the ontological foundation of metaphor. To ἀναλογία „the Analogy" referred to an act of thought that „established" the relationship between the common characters of two or more things [...].[209]

So muss eine Korrektur des vergleichstheoretischen Modells durch die Betonung des diaphorischen Reorganisationspotentials der Metapher Ähnlichkeit weder aus der Beschreibung der Metapher tilgen, noch einseitig als ‚Schaffen' von Ähnlichkeit reformulieren, sondern metaphorische Ähnlichkeit kann skalar als mehr oder weniger subjektiv-konstruktives Erzeugnis gewertet oder als Ineinanderwirken von Ähnlichkeit und Unähnlichkeit rekonzeptualisiert werden: „Das metaphorische Feld in seiner Gesamtheit steht allen Figuren offen, die die Beziehung des Ähnlichen und des Unähnlichen in irgendeinem Bereich des Denkbaren ins Spiel bringen."[210] Mit seiner Theoretisierung des ‚diaphorisch-epiphorischen' Doppelaspekts der ‚lebendigen' Metapher konzeptualisiert Ricœur die unähnliche Ähnlichkeit der Metapher auf eine für den vorliegenden Zusammenhang – nicht zuletzt aufgrund seines Fokus auf *Ikonizität* – aufschlussreiche Weise: Auch Ricœur nimmt keine vorgängige Entsprechung metaphorischer Termini an, sondern rekonstruiert die logische Struktur der Ähnlichkeitsbeziehung entgegen dem Argument der „logische[n] Schwäche der Ähnlichkeit: bis auf einen geringfügigen Unterschied ähnelt alles irgendwie allem ...! [...] *nach dem Muster des Vorganges*":

> Nun ist es die Metapher, die die logische Struktur des ‚Ähnlichen' zutage bringt, weil das ‚Ähnliche' in der metaphorischen Aussage *trotz* der Differenzierung, *ungeachtet* des Widerspruchs wahrgenommen wird. Die Ähnlichkeit ist damit die logische Kategorie, die dem prädikativen Vorgang entspricht, in dem das ‚Nahebringen' auf den Widerstand des

---

208 Arduini, Similarity and Difference in Translation (Introduction), S. 13.
209 Ebd., S. 13f.
210 Ricœur, *Die lebendige Metapher*, S. 272.

‚Entferntseins' trifft; mit anderen Worten, die Metapher zeigt das Wirken der Ähnlichkeit, weil in der metaphorischen Aussage der Widerspruch auf der Ebene der wörtlichen Bedeutung die Differenz aufrecht erhält; das Selbe und das Verschiedene sind nicht einfach vermengt, sondern bleiben einander entgegengesetzt. Durch dieses spezifische Merkmal wird das Rätsel im innersten der Metapher bewahrt. In der Metapher wirkt das ‚Selbe' *trotz* des ‚Verschiedenen'.[211]

So greifen das dissoziierende, diaphorische Moment, das zur Wiederherstellung semantischer ‚Pertinenz' auffordere, und das konstruktive, epiphorische Moment des (Aspekt-)*Sehens* ineinander, wie neben Ricœur auch Black betont, der die Übertragung der „asymmetrischen Ähnlichkeit" als „„seeing as""[212] bezeichnet: Dies richtet sich ebenso gegen eine essentialisierende Ähnlichkeitsauffassung wie gegen einen Ähnlichkeitsbegriff, der ein symmetrisches Verhältnis der Glieder annimmt; durch die asymmetrische Eigenschaftszuschreibung als Um-Perspektivierung (Re-framing)[213] wird eine „alte Eigenschaft neu gesehen" oder ein „neuer Bezug zu einem anderen Ding zugeordnet".[214] Damit geht die Funktion metaphorischer Ähnlichkeit über eine im *tertium comparationis* vorfindliche Ähnlichkeit hinaus, auch insofern die Hinsichtlichkeit ihrer Perspektivierung zunächst offen bleibt: In der „[u]navailability of the ground"[215] richtet die Metapher den Aspekt ihrer Perspektivierung aus auf das noch ‚Ungesehene': Die offenen Möglichkeiten der *Realisierung* der Reorganisation lassen

---

211 Ebd., S. 186.
212 Strub, *Kalkulierte Absurditäten*, S. 363. Wittgenstein vergleicht die „Wirkung einer in die Sprache aufgenommenen falschen Analogie" dem Hineinsehen: „Es ist wie wenn ein Ding aus der Entfernung ein Mensch zu sein scheint, weil wir dann Gewisses nicht mehr wahrnehmen, und in der Nähe sehen wir, daß es ein Baumstumpf ist. Kaum entfernen wir uns ein wenig und verlieren die Erklärungen aus dem Auge, so erscheint uns eine Gestalt; wir sehen daraufhin näher zu, so sehen wir eine andere; nun entfernen wir uns wieder, etc.etc." (Ludwig Wittgenstein, *Wiener Ausgabe*, Bd. 11: *The Big Typescript*, hg. v. Michael Nedo, Wien, New York (Lizenzausgabe Frankfurt a. M.) 2000, S. 408 f. [# 4]).
213 Vgl. Hedges, Surrealist Metaphor, S. 281: „Metapher is a case of ‚frame breaking' – a metaphor calls upon the constructive mental activity of the reader who must try to make sense out of word combinations which he or she knows to be semantically incompatible. If there are sufficient contextual cues, the reader will be able to grasp the knowledge conveyed by the metaphor; otherwise, he or she will be left with the impression of linguistic nonsense": „The reader's task is to ‚construe the world so as to make sense of the utterance'" (Levin, zit. n. ebd.).
214 Strub, *Kalkulierte Absurditäten*, S. 450. Strub betont, der Surrealismus leugne „metaphorische Asymmetrie" (ebd., S. 478, Anm. 17).
215 Dynel, Creative metaphor, S. 38.

sich mit Ricœur als perspektivische Ausrichtung eines poetisch „gestimmte[n] Imaginieren[s]"[216] bezeichnen. Metaphorische „Sinnübertragungen"[217] nutzen so durch die Offenheit ihres Referenzbereichs den „Überschuß an Assoziabilität über die reine Designation, die Signifikanz über den Referenzwert der Sprache" hinaus.[218] Mit Ricœur eröffnet die Metapher durch diese Rücknahme der „wörtlichen Referenz" eine Art Durchblick auf eine vorbegriffliche, *„mythische* Stufe [...], auf der die Erscheinungsfunktion" der Sprache „freigesetzt wird".[219] Dies deutet auf das Wirken der *Imagination* im ‚Inneren' der Metapher hin. Diese ‚Entbindung' der Imagination bezieht Ricœur auf die Vermittlung eines mimetischen Weltbezugs: „Könnten wir nicht sagen, daß dasjenige Merkmal der Metapher, das wir über alle anderen gestellt haben – ihren entstehenden oder auftauchenden Charakter – mit der Funktion der Dichtung als schöpferischer Nachahmung von Wirklichkeit in Verbindung steht?"[220] So entspricht das ‚Aufblitzen' neuer ‚Ähnlichkeitsmöglichkeiten' im Text der imaginativ gesteigerten Wahrnehmung eines metaphorischen ‚Blicks', der ständige Perspektivwechsel begünstigt – eine Perspektivierung, die sich auch für die surrealistischen (Text-)Verfahren als aufschlussreich erweist: Eine solche Eigenlogik des Metaphorischen, in der die surrealistische Metapher die Assoziabilität der Sprache herausstellt, die sich im Textzusammenhang ‚metamorphotisch' ausdehnt, lässt sich mit Ricœur und Gruber im Horizont des Ansatzes Wittgensteins „in Richtung auf eine ‚vorbegriffliche' ‚Familienähnlichkeit'" ausdeuten.[221]

Ricœurs Spannungstheorie ist für die Analyse des surrealistischen Sprachbildes aufschlussreich, insofern sie die Aspekte der Sprach-*Bildlichkeit* und der *unähnlichen Ähnlichkeit* betont: Die Implikation der – bereits bei Aristoteles als neu perspektiviert gedachten – *unähnlichen Ähnlichkeit* markiert die ‚Ent-fernung'[222]

---

216 Zit. n. Strub, *Kalkulierte Absurditäten*, S. 474, Anm. 10; hier spricht Strub mit Ricœur von ‚vorprädikativer' Ähnlichkeit.
217 Barthes, Arcimboldo, S. 142. „Nichts wird jemals *denotiert*", weil der Sinn der Elemente „gleichsam über sich selbst hinausgeführt wird (das bedeutet, etymologisch, das Wort ‚Metapher')" (ebd., S. 144). Barthes zählt mit Metapher und Metonymie, Allegorie, Anspielung, Konnotation und anderen unterschiedliche ‚Metabolen' auf, die eins für das andere setzen.
218 Koschorke, *Körperströme und Schriftverkehr*, S. 380.
219 Zit. n. Strub, *Kalkulierte Absurditäten*, S. 460.
220 Paul Ricœur, „Die Metapher und das Hauptproblem der Hermeneutik", in: ders., *Vom Text zur Person. Hermeneutische Aufsätze (1970–1999)*, übers. u. hg. v. Peter Welsen, Hamburg 2005, S. 109–134, S. 132.
221 Gruber, *Topographie des Ähnlichen*, S. 45, Anm. 72; vgl. Ricœur, *Die lebendige Metapher*, S. 183, S. 189.
222 Vgl. ebd., S. 183. Die Metapher der Übertragung, so betont Ricœur, ist in der von *Nähe und Ferne* fortgesetzt.

der Übertragungsbereiche, die eine Spannung erzeugt, über deren verunähnlichenden Widerstand hinweg neue Ähnlichkeitsbezüge ‚sichtbar' werden. An Ricœur schließt auch Strubs auf die Herausforderung durch die surrealistische Metapher reagierende Theorie der „Metapher als kalkulierter Absurdität"[223] an, eine „Unähnlichkeitstheorie der Metapher"[224], die die „Unersetzbarkeit von Metaphern"[225] betont. Scheint der von ihm konturierte Paradigmenwechsel der theoretischen Beschreibung einen historischen Wandel von der Mimesis zur Konstruktion, vom *Abbilden* zum *Schaffen* des Ähnlichen und von der Ähnlichkeit zur Unähnlichkeit und damit letztlich eine Periodisierung von Vormoderne und Moderne anzuzeigen, so erweisen sich doch immer schon beide Aspekte (das heißt auch: *mimesis* und *poiesis* als Zugehörigkeit zur Welt und ihre verfremdende Umperspektivierung) als an der metaphorischen Prädikation beteiligt – nicht zuletzt aufgrund des Doppelcharakters der Ähnlichkeitsfeststellung, subjektiv und objektiv, vorfindlich und konstruiert oder neu gesehen zu sein. Dies wird im Rahmen der *überbietenden* Tendenz der Tradition der ‚Ästhetik des Ähnlichen' reflektiert, die lange vor der jüngeren Metapherntheorie die irreduzible Leistung der Metapher betont, in der Stiftung unvorhergesehener Relationen zu einer neuen Sicht der Dinge und zu einer Reorganisation der Sprache zu gelangen; besonders deutlich zeigt sich dies, wo in der Berufung auf einen alternativen Erkenntnisanspruch von Metapher und Analogie ein Reflexivwerden der Ähnlichkeitsrelation zu beobachten ist, wie in Manierismus und Romantik, aber auch der surrealistischen Metapher: Sie ist – wie etwa Benjamins Hinweis auf die sprachmagischen „Verwandlungsspiele"[226] des Surrealismus betont – keine kapriziöse ‚Spielerei', sondern verweist auf eine ‚Welt im Stand der Ähnlichkeit' und setzt zugleich auf gestaltende Umperspektivierung mittels der *Ungleichheit* des Ähnlichen.

---

223 Strub, *Kalkulierte Absurditäten*, S. 502. Vgl. ebd., S. 473f. Strub verweist auf die Ähnlichkeit der Konzeption Bretons mit der „tension theory" (ebd., S. 473, Anm. 5; zu Reverdy vgl. ebd., S. 477, Anm. 18) und erkennt die surrealistische Metapher als ‚Initialzündung' für den Wechsel von einem Vergleichs- zu einem Spannungsmodell. Dass die originäre Reflexion des Surrealismus auf metaphorische Ähnlichkeit trotz des vielfachen Rekurses auf Richards tendenziell marginalisiert wird, zeigt etwa die Einschätzung Ricœurs, er habe „das eine Verdienst, ein Negativbild der klassischen Rhetorik hervorzubringen" (Strub, *Kalkulierte Absurditäten*, S. 477, Anm. 15).
224 Ebd., S. 414.
225 Ebd., S. 471.
226 Benjamin, Der Sürrealismus, S. 30: „Und magische Wortexperimente, nicht artistische Spielereien sind die passionierten phonetischen und graphischen Verwandlungsspiele, die nun schon fünfzehn Jahre sich durch die gesamte Literatur der Avantgarde ziehen, sie möge Futurismus, Dadaismus oder Sürrealismus heißen." Sie seien Ausdruck eines ‚philosophischen Realismus'.

3.2 Metamorphose

> Alle Gestalten sind ähnlich, und keine gleichet der andern [...]. (Johann Wolfgang v. Goethe)[227]

> Tout est délivré, tout poétiquement est sauvé par la remise en vigueur d'un principe généralisé de mutation, de métamorphose. On ne se borne plus à célébrer les ‚correspondances' comme de grandes lueurs malheureusement intermittentes, on ne s'oriente et on ne se meut que par une réalisation ininterrompue d'*accords passionnels*. (André Breton)[228]

Metamorphose als transdisziplinäres Konzept der Verwandlung[229] entstammt ideengeschichtlich der Mythopoetik einer sich kontinuierlich verändernden Welt, die Erfahrungen des Wandels der Natur und der Lebensprozesse fasst. Es begleitet die ästhetische Theorie und die literarische und künstlerische Praxis als Motiv, Thema, Narrativ, Erzähl- und Darstellungsverfahren gestalterischer Formgebung von der Antike bis in die Moderne.[230] In der konzeptuellen Arbeit an *Form* und *Identität* wird Metamorphose zu einer „zentralen Maxime" des Surrealismus[231] und einem „zentralen Verfahren surrealistischer Bildpraxis";[232] so notiert Breton emphatisch: „*Ein Prinzip dauernder Verwandlung hat sich der*

---

227 Johann Wolfgang v. Goethe, „Die Metamorphose der Pflanzen", in: ders., *Sämtliche Werke in 18 Bänden*, Bd. 1: *Sämtliche Gedichte, Erster Teil: Die Gedichte der Ausgabe letzter Hand*, hg. v. Ernst Beutler, Zürich, München ³1977, S. 516–518, S. 516.
228 André Breton, „Anthologie de l'humour noir" (Benjamin Peret, S. 1133–1139), in: ders., *Œuvres complètes*, Bd. 2, hg. v. Marguerite Bonnet, Paris 1992, S. 874–1176, S. 1134.
229 Vgl. Lutz Bergemann et al., „Transformation. Ein Konzept zur Erforschung kulturellen Wandels", in: Hartmut Böhme et al. (Hg.), *Transformation. Ein Konzept zur Erforschung kulturellen Wandels*, München 2011, S. 39–56;. Theodor Ballauff, Art. „Metamorphose", in: *Historisches Wörterbuch der Philosophie*, hg. v. Joachim Ritter und Karlfried Gründer, Basel 1980, Sp. 1177–1179; Assmann unterscheidet Verwandlung und Wandel (vgl. Aleida Assmann, „Kulturen der Identität, Kulturen der Verwandlung", in: dies., Jan Assmann (Hg.), *Verwandlungen. Archäologie der literarischen Kommunikation IX*, München 2006, S. 25–45).
230 Vgl. Monika Schmitz-Emans, *Poetiken der Verwandlung*, Innsbruck, Wien, Bozen 2008, S. 42; vgl. Verena Kuni, Art. „Metamorphose", in: Karlheinz Barck et al., *Ästhetische Grundbegriffe*, Bd. 4, Stuttgart, Weimar 2002, S. 71–83, S. 72f.; zu Metamorphosebegriffen der Geologie, Zoologie und Botanik vgl. ebd., S. 80; Günther Schweikle, Art. „Metamorphose", in: Dieter Burdorf, Christoph Fasbender, Burkhard Moennighoff (Hg.), *Metzler Lexikon Literatur: Begriffe und Definitionen*, Stuttgart, Weimar 2007, S. 494; Christa Lichtenstern, *Die Wirkungsgeschichte der Metamorphosenlehre Goethes. Von Philipp Otto Runge bis Joseph Beuys*, Weinheim 1990; Andreas Dorschel, *Verwandlung. Mythologische Ansichten, technologische Absichten*, Göttingen 2009; Ursula Reber, *Formenverschleifung. Zu einer Theorie der Metamorphose*, Paderborn 2009.
231 Lichtenstern, *Metamorphose*, S. 122. Lichtenstern hat den surrealistischen Gebrauch des Metamorphosekonzepts einschlägig herausgearbeitet.
232 Schneede, *Die Kunst des Surrealismus*, S. 31.

Dinge wie der Ideen bemächtigt, mit dem Ziel ihrer totalen Befreiung, einschließlich der Befreiung des Menschen ...".[233]

Metamorphose (gr. *metamórphōsis*) oder *Transformation* (lat. *transformatio*) bezeichnet einen übergänglichen Zustand nur vorübergehend ‚feststellbarer' Formen:[234] Konzepte des Form- und Gestaltwandels und der Verwandlung widersprechen substantialistischen, idealistischen und essentialistischen Annahmen einer Identität der (schönen, wohlproportionierten) Form als bestimmte, (aus-)differenzierte, individuelle Einheit und setzen an deren Stelle Wandel bei gleichzeitiger Kontinuität (des Wesens, der Materie, der Substanz, des Inhalts): eine „‚Figur des Kontinuierlichen', Übergänglichen"[235], der graduellen Veränderung, die Dynamiken und Verfahren der „Ähnlichkeitserzeugung"[236] ebenso umfasst wie solche der Verähnlichung und so *Ähnlichkeit gemeinsam mit* und *als Differenz* zu denken verlangt. Metamorphose ähnlichkeitstheoretisch zu perspektivieren, bedeutet, statt dichotomer Verhältnisse von Identität und Differenz eine grundlegende Transformabilität anzunehmen. Diese *kontinuierliche Veränderung* ist zu unterscheiden von einer anderen verzeitlichten Dimension der Ähnlichkeit, der punktuellen oder seriellen *Wiederholung*.[237] Die Möglichkeit, Metamorphoseprozesse als Ver(un)ähnlichung zu begreifen, deutet bereits Aris-

---

233 Breton, zit. n. Lichtenstern, *Metamorphose*, S. 133 [Hv. ebd.].
234 Zum ‚ästhetischen Grundbegriff' vgl. Klaus Städtke, Art. „Form", in: *Ästhetische Grundbegriffe. Historisches Wörterbuch in sieben Bänden*, Bd. 2, hg. v. Karlheinz Barck et al., Stuttgart, Weimar 2001, S. 462–494; Claus von Bormann, Art. „Form und Materie", in: *Historisches Wörterbuch der Philosophie*, Bd. 2, hg. v. Joachim Ritter, Basel, Stuttgart, 1972, Sp. 975; Christiane Schildknech, Art. „Form", in: *Reallexikon der deutschen Literaturwissenschaft*. Neubearbeitung des Reallexikons der deutschen Literaturgeschichte, hg. v. Klaus Weimar, Bd. I, Berlin, 1997, S. 612–615; Władysław Tatarkiewicz, „Die Form: Geschichte eines Terminus und von fünf Begriffen", in: ders., *Geschichte der sechs Begriffe Kunst, Schönheit, Form, Kreativität, Mimesis, ästhetisches Erlebnis*, Frankfurt a. M. 2003, S. 317–355.
235 Bhatti, Kimmich, Einleitung, S. 14 (im Verweis auf Descola).
236 Eva Maria Froschauer, „Operationen des Ähnlichmachens. Methodische Anmerkungen, um von einem vorbildlichen Ding auf einen architektonischen Entwurf zu schließen", in: von Engelberg-Dočkal, Krajewski, Lausch, *Mimetische Praktiken in der neueren Architektur*, S. 20–28, S. 22: Die „Trans-Formierung einer vorhandenen Formenreferenz zu einer neuen" (ebd., S. 21) umfasse „‚Transformationstypen' wie die ‚Assimilation, die ‚Disjunktion' oder die ‚Einkapselung', das Vorgehen der ‚Ausblendung' bis hin zur ‚Kreativen Zerstörung oder gar der ‚Negation', genauso die ‚Übersetzung' und die ‚Umdeutung'" (ebd.) und Formen des Ähnlichmachens wie Analogie, Appropriation und Collage.
237 Mit Winkler ließen sich darin heuristisch „[z]wei Arten von Ähnlichkeit" differenzieren: eine „Ähnlichkeit mit sich selbst", die mittels Wiederholung „‚Identität'" produziert, und eine anähnelnde, nach „‚außen'" gerichtete „Anhähnlichung an den Kontext" (Hartmut Winkler, „Tarnung, Mimese, Anverwandlung an den Kontext" (Kap. 6), in: ders., *Ähnlichkeit*, Berlin 2021, S. 81–90, S. 81).

toteles an: Das Ähnliche umgreift das Unähnliche in einem Ähnlichkeitskontinuum, in dem das Selbe und das Andere relative Komplemente sind; dies macht Transformation denkbar, als die etwa die Anähnlichung des Wahrnehmenden an Wahrgenommenes beschrieben wird. Metamorphotische Ähnlichkeit bezeichnet also Prozesse der Ver(un)ähnlichung – als Ineinander von Ähnlichkeit und Unähnlichkeit.[238] Auch im Rahmen aktueller Ansätze wird, wie einführend angedeutet, Ähnlichkeit

> dadurch zu charakterisieren versucht, daß sich ein Ding (bzw. System, Ereignis) in ein zu ihm ähnliches durch eine Transformation ‚überführen' lasse, die bestimmte für wesentlich erachtete Eigenschaften oder Größen unverändert läßt [...]; die Ä[hnlichkeit] erscheint dann als Spezialfall der Analogie.[239]

Nicht nur philosophische Thesen – so beschreibt etwa Gloy Metamorphose als „Raum-Zeitstruktur" des Analogiedenkens[240] – und kognitionswissenschaftliche Theoreme, die Ähnlichkeit als Effekt einer Transformation erklären,[241] auch literatur- und kulturwissenschaftliche Überlegungen belegen die Zugehörigkeit des Metamorphosekonzepts zum Ähnlichkeitsparadigma: „Im Konzept der Ähnlichkeit können Evolution, Wandel und Metamorphose gedacht werden."[242] Schmitz-Emans sieht das theoretische Interesse an Metamorphose im Kontext der

> Aufwertung des Paradigmas der Ähnlichkeit gegenüber dem der Identität [...], wie sie gegenwärtig nicht nur im literarischen, sondern auch im philosophischen Feld beobachtet werden kann. Das rationalistische Programm einer Bestimmung von Identischem wird abgelöst durch Operationen mit Familienähnlichkeiten. Nicht nach Wahrheit, sondern nach Wahrscheinlichkeit, nicht nach Identität, sondern nach Analogie ist gefragt.[243]

Ausdruck eines „Überdrusses am Identitätsparadigma" infolge der poststrukturalistischen „Kritik am Logozentrismus" und der „‚Affirmation von Nicht-Identität'" sei die Konjunktur kulturtheoretischer Konzepte wie Hybridität, die eine dynami-

---

238 Vgl. Gruber, *Topografie des Ähnlichen*, S. 27.
239 Thiel, ähnlich/Ähnlichkeit, S. 52.
240 Gloy, Das Analogiedenken der Renaissance, S. 122. „Die extremste Form der Analogiebildung und wechselseitigen Verweisung der Analoga aufeinander ist bei räumlich-zeitlicher Identität gegeben, die im Kontext der Zeit den besonderen Namen ‚Metamorphose' hat." (Ebd., S. 123).
241 Vgl. Hahn, Chater, Richardson, Similarity as transformation, S. 1: „[S]imilarity is determined by the transformation distance between representations". So beschreibe etwa der Ansatz der *Representational Distortion* an (ebd, S. 2) „ transformation itself" als „building block" einer „more general theory of similarity" (ebd.). Vgl. Kimmich, „Ähnlichkeit in der Wissensgeschichte" (Einleitung), in: Bhatti, Kimmich, *Ähnlichkeit*, S. 13.
242 Vgl. Kimmich, Ähnlichkeit in der Wissensgeschichte, S. 14.
243 Schmitz-Emans, *Poetiken der Verwandlung*, S. 44.

sche Auffassung von Identität fordern: Aleida Assmanns hier aufgegriffener Differenzierung von „Kulturen der Verwandlung und Kulturen der Identität" zufolge löst eine moderne Kultur der Identität Kulturen der Verwandlung ab, die keine strengen Grenzen zwischen Mensch und Nichtmensch ziehen; zu ihr treten moderne Ästhetiken der Verwandlung dekonstruierend in Bezug: Dabei geht es auch um „Einstellungen gegenüber dem Anderen", das „im Horizont eines Denkens der Verwandlung als das prinzipiell Benachbarte" gilt, „während es von einem Denken der Identität tendenziell ausgegrenzt werde".[244] Eine Destabilisierung des Eigenen, das der ‚Veranderung' unterzogen wird, forciert gerade der Surrealismus mittels des Konzepts der Metamorphose, zumal im Zusammenhang mit der Erforschung ähnlichkeitserzeugender Praktiken in der Dimension eines erweiterten Mimesisbegriffs: Es handelt es sich um ein durch den Surrealismus maßgeblich entwickeltes Konzept, an dessen ähnlichkeitsästhetische Tradition er, wie eine kursorische Rekapitulation des Konnexes von *Transformation und Ähnlichkeit* zeigt, anschließen kann.[245]

Der Metamorphosebegriff setzt – indem er Form in einer Dimension des Transitorischen denken lässt – Form und Veränderung in eins und ist damit einer spezifischen Formauffassung zuzuordnen, die sich bereits in der Antike unter einer Vielzahl von Formbegriffen und deren Gegenbegriffen ausmachen lässt:[246] Form als veränderlichen Zustand aufzufassen – statt etwa als platonische, eidetische

---

[244] Ebd., S. 42 (in Bezug auf Assmann, *Verwandlungen*).

[245] Den Begriff ‚Veranderung' prägt Werner Schiffauer, *Fremde in der Stadt*, vgl. Erhard Schüttpelz, *Die Moderne im Spiegel des Primitiven*, München 2005, S. 108, Anm. 3; Julia Reuter, *Ordnungen des Anderen. Zum Problem des Eigenen in der Soziologie des Fremden*, Bielefeld 2002. Auf die Notwendigkeit einer Rekonstruktion der „ideellen Voraussetzungen" moderner Metamorphosekonzepte verweist Lichtenstern angesichts der „Aushöhlung" durch einen „inflationär" gebrauchten Begriff (Lichtenstern, „Vorwort", in: dies., *Metamorphose*, S. Vf, S. V; vgl. auch Kuni, Metamorphose, S. 82f.). Dem ist mit dem Hinweis auf die dezidierte Konzeptualisierung des Metamorphosebegriffs im Surrealismus zu begegnen; vgl. dazu einschlägig Lichtenstern, *Metamorphose*, S. 295–388.

[246] Tatarkiewitz konturiert fünf Formbegriffe und „vier Gegensätze der Form: Inhalt, Stoff, dargestellte Sache, Thema. [...] Die Vielheit der Gegensätze deutet auf die Vielheit der Bedeutungen [...] hin: ist der Inhalt Gegensatz der Form, bedeutet das, daß die Form als das Äußere der Sache verstanden wird, ist der Stoff der Gegensatz, wird sie als Gestalt verstanden; ist das Element der Gegensatz, dann ist die Form gleichbedeutend mit einem System." (Ebd., S. 318). Die „Form im Sinne des Systems", der Proportion und Anordnung (ebd., S. 322), habe als Grundlage der Schönheit eine „privilegierte Stellung in der Kunsttheorie" (ebd., S. 330) inne; als Begriff der „Kontur", „Figur" und „Gestalt" (ebd., S. 338) sei sie kunsttheoretisch unter den Stichworten *figura* und *disegno* prägend, während die Moderne Form als äußere Erscheinung privilegiere. Dazu komme die Form als substanzieller Begriff bei Aristoteles (*entelechia*) und Platon (*idea*) mit metaphysischer Konnotation, die als Metaphysik des Schönen firmiert (vgl. ebd., S. 341ff.).

Form (*idea*) oder aristotelische ‚wesenhafte Form'[247] –, verweist auf aktualistische und materialistische Konzepte, für die neben Empedokles' analogischer Erkenntnistheorie die Heraklit zugeschriebenen *Fluss-Fragmente* und das Konzept des *panta rhei* paradigmatisch sind: „In dieselben Flüsse steigen wir und steigen wir nicht, wir sind und wir sind nicht"[248]. Diese „absolute Metapher"[249] konzipiert die Welt als Ähnlichkeitskontinuum, in dem es keine Identität gibt, und das erst durch das Denken stillgestellt, identifiziert und differenziert wird. Dagegen polemisiert Platon, in dessen Gegenüberstellung von „Stillstand" und „Bewegung"[250] sich die folgenreiche „Opposition einer Philosophie des Festen und einer Philosophie des Flüssigen"[251] ankündigt:

> Was aber immer sich gleichmäßig verhält und dasselbe bleibt, wie könnte das sich verändern oder sich bewegen, da es doch seiner eigenen Form ohne die geringste Abweichung treu bleibt? [...] Ja, nicht einmal die Möglichkeit der Erkenntnis kann man zugeben, mein Kratylos, wenn alle Dinge sich verändern und nichts beharrt. [...] Gibt es dagegen jederzeit eine Erkenntnis und gibt es ferner ein Schönes, ein Gutes und so fort für jede Klasse von Dingen, so sind diese eben genannten Begriffe offenbar nicht der Strömung oder Bewegung ähnlich.[252]

So haben Metamorphosevorstellungen bereits *avant la lettre* eine bestimmte Position innerhalb des Bedeutungsspektrums philosophischer Formbegriffe inne:

---

247 Nach Aristoteles hat „die Form oder auch Idee [...] ontologischen Status als in einem bestimmten Individuum Seinende(s)" (Peres, Nachahmung der Natur, S. 9f.); „‚verschieden ist das Ganze durch den Stoff [...], dasselbe aber ist es durch die Form'" (ebd., S. 10).
248 Vgl. Heraklit, *Quaest. hom.* 24, 5 (DK B22 B 49a), zit. n. *Die Vorsokratiker I: Milesier, Pythagoreer, Xenophanes, Heraklit, Parmenides*, Griechisch/Deutsch, übers. u. hg. v. Jaap Mansfeld, Stuttgart 1999, S. 273. Vgl. Plutarchs Formulierung: „Es ist unmöglich, zweimal in denselben Fluß zu steigen, so Heraklit." (Zit. n. ebd.). Vgl. die Übersetzung Bruno Snells: „In die gleichen Ströme steigen wir und steigen wir nicht; wir sind es und sind es nicht." (Heraklit, *Fragmente*, Griechisch u. Deutsch, Zürich 1989, S. 19).
249 Hans Blumenberg, „Eine absolute Metapher" (II), in: ders., *Zu den Sachen und zurück*, aus dem Nachlaß hg. v. Manfred Sommer, Frankfurt a. M. 2007, S. 12. Als Metapher dafür, „dass man die Wirklichkeit nicht festhalten könne", berge das Bild eine weitere „Unselbstverständlichkeit": „man kehrt an dasselbe Ufer zurück" (ebd.).
250 Platon, *Kratylos*, S. 126.
251 Driesen, *Theorie der Kritzelei*, S. 225. Auf Michel Serres, *Die Kommunikation. Hermes I* verweist Driesen zur Unterscheidung von Theorien des Festen und Theorien des Flüssigen (vgl. Driesen, Die Kritzelei als Ereignis des Formlosen, S. 24, Anm. 8).
252 Platon, *Kratylos*, S. 130 f. Heraklits Lehre komme dem gleich, „über die Dinge abzuurteilen, als gebe es nichts Gesundes an irgendeinem Ding, sondern alles fließe wie in reißender Strömung, kurzum, zu glauben, mit den Dingen stünde es ebenso wie mit den an Katarrh leidenden Menschen, alle Dinge nämlich seien der Gewalt des Flusses und des Katarrhs anheimgegeben" (ebd., S. 132).

Neben dem materialistischen Begriff des *rhythmós*, der „vage, relativ unbestimmte, unbeständige, ja formlose Formen" bezeichnet,[253] ist Aristoteles' Begriff der *morphé* einer derjenigen Begriffe der „Form, die einem Prozess der Verwandlung unterworfen ist"[254], als entelechische Bestimmung des Werdens aus Stoff und Form in der „Dialektik von *hylé* und *morphé*":[255]

> Die Entstehung des Begriffs der Metamorphose, also wörtlich des Übergangs von einer Gestalt zu einer anderen, wird der Form μορφή einen ausgezeichneten Platz einräumen, insofern sie mit dem Wandel des Seienden bei gleichzeitiger Beibehaltung des Wesens, der Substanz und des sich Wandelnden, verbunden ist.[256]

Metamorphosevorstellungen haben so Anteil an der Metaphysik der Form, sind aber zugleich einer Arbeit daran verbunden, die entlang mächtiger Leitdifferenzen operiert: So steht der Form (der Idee, dem Identischen, Eigenen, Schönen, Guten, Wesenhaften, Festen) ihre potentielle Auflösung – ein Skandalon für (neu-)platonische, idealistische und klassizistische Ästhetiken, die sich im Blick auf die Dialektik der Formgebung als prekär erweisen, wo sich Metamorphose zur Formlosigkeit steigert, worin sich eine Verbindung mit der Ästhetik des Hässlichen zeigt[257] – ebenso wie die sie ‚kontaminierende' Materie gegenüber, dem

---

253 Driesen, *Theorie der Kritzelei*, S. 223. Auch Driesen arbeitet fünf antike Formbegriffe heraus: *eidos, idea, morphé, skhéma, rhythmós*; gegenüber *morphé* und *rhythmós* sind *eidos, idea* und *skhéma* in Richtung einer *Begrenzung* der Form zu verstehen (ebd., S. 222). Der Begriff *rhythmós*, den Lukrez mit *figura* übersetzt, bezeichne Formen, „deren Genese und kontinuierliche Variation mit den an festen Körpern gewonnenen Formbegriffen nur unter Aufgabe ihres spezifischen Moments [...] zu analysieren sind." (Ebd., S. 223) Vgl. den Verweis auf Benveniste (ebd.) und Barthes' Ableitung des Begriffs ‚Idiorrhythmie' aus dem *rhythmos*-Begriff (Roland Barthes, *Wie zusammen leben: Simulationen einiger alltäglicher Räume im Roman. Vorlesungen am Collège de France 1976–1977*, hg. v. Éric Marty, Frankfurt a. M. 2007 [*Comment vivre ensemble*, Paris 2002], S. 44).
254 Driesen, *Theorie der Kritzelei*, S. 222.
255 Mersch, Materialität und Bildlichkeit, S. 7. „‚In-Verwirklichung-begriffen-sein aber ist Bewegung'" (Aristoteles, *Rhetorik* 1412 a 19, zit. n. Gruber, *Topographie des Ähnlichen*, S. 94). Auch *entelécheia* setzt mithin „Form gleich mit dem Akt, der Energie, dem Ziel, dem tätigen Element des Seins", birgt also eine Dynamik (Tatarkiewicz, Die Form, S. 341).
256 Driesen, *Theorie der Kritzelei*, S. 219. Vgl. zu Malabous Kritik eines metaphysischen Metamorphosebegriffs ebd., Anm. 69: „‚Das Problem ist nicht die Form, sondern die Tatsache, daß die Form unabhängig von der Natur des Wesens, das sich umwandelt, gedacht wird. [...] In der Metaphysik kann sich die Form ständig ändern, aber die Natur des Wesens bleibt.'" Zur Kritik der Form als Präsenz vgl. Jacques Derrida, „Die Form und das Bedeuten. Bemerkungen zu einer Phänomenologie der Sprache", in: ders., *Randgänge der Philosophie*, S. 177–194.
257 Vgl. Karl Rosenkranz, *Ästhetik des Hässlichen*, hg. u. mit einem Nachwort v. Dieter Kliche, Stuttgart ³2007, S. 69: „Die abstrakte Grundbedingung des Schönen ist [...] die Einheit". Vgl. Georges Bataille, Art. „Formlos", in: *Kritisches Wörterbuch*, S. 44f. [„Informe", in: *Documents* 7 (1929), S. 382]; vgl. Didi-Huberman, *Formlose Ähnlichkeit*.

System und dem Schema Vagheit und Fluidität. Damit ist die erkenntnistheoretische und sprachphilosophische Frage verbunden, wie *Unbestimmtes* zu fassen ist: in Begriff oder Metapher, philosophischer Systematik oder Mythos und Erzählung;[258] bezeichnenderweise wird der Metamorphosebegriff gerade im Rahmen von ‚Poetiken der Verwandlung' entwickelt. Ihn gebrauchen zuerst Strabon, später Plutarch, Galen und Lukian, Apuleius im Titel seines Romans *Metamorphoses (Der goldene Esel)* und schließlich Ovids *Metamorphoseon libri*.[259] Während in Ovids Sammlung mythischer Verwandlungserzählungen Götter ihre Gestalt wechseln, um unerkannt in das Schicksal der Menschen einzugreifen, können sich Menschen nicht selbst verwandeln, sondern werden von strafenden oder erlösenden Göttern in Tiere wie Kuh, Hirsch, Schlange oder Spinne, in Naturphänomene wie Quellen oder Pflanzen wie Lorbeer, Eiche und Linde, Hyazinthe und Narzisse verwandelt oder ihr Geschlecht wird gewechselt (Theiresias, Iphis), während sie ihr menschliches Bewusstsein behalten – wobei Ovid die Übergänge in der Umbildung einzelner Körperteile detailliert ausführt. So stellt das Metamorphose-Mythologem einen schicksalhaften Konflikt von Innerem und Äußerem, Wesen und Erscheinung, Körper und Seele bzw. Geist dar.[260] Ovids Proömium formuliert sein ästhetisches Programm: „Von den Gestalten zu künden, die einst sich verwandelt in neue Körper, so treibt mich der Geist. Ihr Götter, da ihr sie gewandelt, / Fördert mein Werk und lasset mein Lied in dauerndem Flusse von dem Beginne der Welt bis auf meine Zeiten gelangen!"[261] Die fluide poetologische Konzeption, die neben den Körpern das Korpus der Sammlung umfasst, expliziert Liber XV, in Pythagoras' Rede dessen Naturanschauung und Heraklits Fluss-Topos aufgreifend:

---

258 Vgl. Blumenberg, *Paradigmen zu einer Metaphorologie*, bes. S. 84; Schmitz-Emans, Metapher, o. S. (S. 27 f.): Blumenberg betone, dass Vicos Konzept einer „‚Logik der Phantasie' dem Cartesianischen Erkenntniskonzept diametral entgegengesetzt ist, was sich unter anderem in der divergenten Betrachtung sprachlicher Phänomene wie der Metapher niederschlägt. [...] Ein analoges Schicksal wie die Metapher hatte schon in antiker Zeit der *Mythos*, welcher von den Sophisten wie von der Stoa als ‚Vorform' des Logos denunziert worden war – in Blumenbergs Sicht ein ‚vorweggenommener Cartesianismus'. [...] Allerdings haben, [...] unabhängig von der theoretischen Mißachtung der Metaphern diese immer schon – auch in Antike und Mittelalter – ein ‚Mehr an Aussageleistung' gegenüber dem Begriff erbracht" [Kapitälchen i. Orig.].
259 Vgl. Kuni, Metamorphose, S. 73; Driesen, *Theorie der Kritzelei*, S. 219, verweist darauf, dass die Götter in „Ovids *Metamorphosen* [...] ihre Gestalt wechseln, ohne zugleich ihr Wesen: ihr εἶδος zu verändern"; sie kehrten „stets – und gerade hierin offenbart sich die Invarianz der μορφή als Form der Veränderung – zu ihrer Ausgangsform zurück."
260 Vgl. Lichtenstern, *Metamorphose*, S. 1.
261 P. Ovidius Naso, *Metamorphosen. Epos in 15 Büchern*, übers. u. hg. v. Hermann Breitenbach, Stuttgart 2005, I. Buch, 1–4, S. 23.

> Alles verwandelt sich, nichts geht unter [...]. / Gleich wie geschmeidiges Wachs zu neuen Figuren geprägt wird, / So sich wandelt, und niemals bewahrt es die nämlichen Formen, / Aber es ändert im Wesen sich nicht, so ist auch nach meiner / Lehre die Seele dieselbe; nur wechselt sie stets die Gestalten. / [...] [E]s ist nichts auf der Welt, das Bestand hat! / Alles ist fließend, und flüchtig ist jede gestaltete Bildung. / Gleiten doch auch in Dauerbewegung die Zeiten vorüber, / Ähnlich dem Flusse: er kann nie rasten, der Fluß, und es rastet / Nie die bewegliche Stunde.²⁶²

Ovids Metamorphoseauffassung reflektiert auch die metatextuelle „Gegenüberstellung der beiden Tapisserien, die Arachne und Athene im Wettstreit weben. Die der Göttin ist von einer stilisierenden Schönheit starrer Hierarchie und Symmetrie geprägt, während Arachne eine fließende Folge bewegter Darstellungen ineinander verwebt" und den Wettstreit gewinnt, um von der zürnenden Göttin in eine Spinne verwandelt zu werden: Metamorphose erscheint so „als ästhetisches Prinzip, das den Gesetzen einer selbst sich wandelnden und immer neu verwandelten Natur entspricht".²⁶³ An Verwandlungen von Göttern, mythischen Gestalten und Menschen in Tiere, Pflanzen, Gewässer oder Steine spielt Ovid eine „Welt im Wandel" durch, in der „alles [...] immer schon im Begriff [ist], etwas anderes zu werden: [...] Dass die ‚Metamorphosen' auf subversive Weise mit der Idee einer festen und feststellbaren gegenständlichen Welt umgehen, begründet aus dieser Perspektive ihre Aktualität."²⁶⁴

Darin zeigt sich zugleich eine konzeptuelle Nähe zum

> mimetische[n] Denken. Von der Zeitdimension her gesehen, ist ein Wesen viele, und seine äußere Form ist nicht konstant, denn diese Substanz ermöglicht es ihm, sich in alle lebenden Wesen hineinzuversetzen, und sogar noch das Unbelebte zu beleben. Das universelle Phänomen, daß ein und dasselbe Lebewesen bald klein, bald verpuppt, bald groß sein kann, daß es eine Zeit gibt, in der es als dieses bestimmte Wesen noch nicht existierte und eine andere Zeit geben wird, da es nicht mehr existiert, erscheint im Akte des Ausdrucks als das Prinzip der Metamorphose. Die mimetische Struktur erlaubt es, nicht nur das starre Sein, sondern das Werden auszudrücken.²⁶⁵

So weisen mythopoetische Verarbeitungen der Metamorphose einen Zusammenhang mit mimetischer Anverwandlung auf, die auch die von Platon kritisierte

---

262 Ebd., XV. Buch, 165–181, S. 484–485.
263 Kuni, Metamorphose, S. 76.
264 Schmitz-Emans, *Poetiken der Verwandlung*, S. 43; vgl. im Verweis auf Kathleen A. Perry Italo Calvino: „Die ratio scheitere angesichts einer solchen Unfeststellbarkeit der Welt; statt ihrer regiere die Einbildungskraft" (ebd).
265 Elisabeth Lenk, *Die unbewußte Gesellschaft. Über die mimetische Grundstruktur in der Literatur und im Traum*, München 1983, S. 33.

Dimension ‚niederer Mimesis'[266] umfassen; sie transportieren eine Semantik der Transgression in Bereiche sowohl des Göttlichen, Geistigen, Magischen und Mystischen als auch des Animalischen, Vegetabilen und Unbelebten und finden als ‚Ikonografie der Metamorphose'[267] bis in die Moderne vielfache motivische Wiederaufnahmen.

Metamorphose ist auch in der christlichen Mythologie von zentraler Bedeutung, beginnend mit der Selbstverwandlung Gottes als ‚erster Beweger' und dem Schöpfungsmotiv, gerade der Erschaffung des Menschen aus Erde (ādāmāh) in der Genesis, die das asymmetrische Ähnlichkeitsverhältnis zwischen Schöpfer und Schöpfung begründet. Ein strafendes Motiv der Versteinerung findet sich, wenn Lots Frau zur Salzsäule erstarrt; doch spricht erst das Neue Testament explizit von Metamorphose – den mythischen Topos in geistige Läuterung transponierend, wenn „Christi Verklärung mit dem Verbum ‚metamorphoustai' beschrieben wird"[268] und Johannes der Täufer zur Umkehr aufruft.[269] Während die griechisch-antike Vorstellung des Gestaltwandels diesseitig und sinnlich sei, für „existenzielle Grenzerfahrungen"[270] stehe und die Einfühlung in die „Selbsterfahrung" schicksalhaft Verwandelter durchspiele, zielt der Begriff hier, so Christa Lichtenstern, auf den läuternden „Metamorphosetypus der ‚*Erhebung (Aszension)*'".[271] Dabei geht es um die Verwandlung nicht der akzidentellen Form/Gestalt, sondern des *Wesens*, wie die Motive der Kommunion als Verwandlung der Gemeinde in den mystischen Leib Christi oder der Konversion Saulus' zeigen.[272]

---

266 Vgl. zu Platons ‚niederer Mimesis' als (macht-)gefährdender, subversiver, amoralischer, ansteckender Form der theatralen, selbstentäußernden Mimesis und dem Verdikt gegen den Mythos, Götter seien keine Gestaltwandler, Kap. I.2.1.3.
267 Von der surrealistischen „Ikonographie der Metamorphose" und des „Aspektwechsels" spricht Bauer, Ähnlichkeit als Provokation, S. 133. Diese ‚Ikonografie' umfasst der angedeuteten Variabiltität entsprechend zahlreiche Motive etwa der Verlebendigung, Erstarrung, Verkörperung des Anderen, der animistischen Beseelung des Unbelebten, der totemistische Identifikation, der Genese und Regression.
268 Kuni, Metamorphose, S. 76; vgl. Markus 9, 2 und 17, 2. Dabei habe sich in der „Übersetzung der Bibel für die Verwandlung Christi der Begriff der Transfiguration, bzw. im Deutschen, durch Luthers Bibelübertragung, derjenige der Verklärung eingebürgert" (vgl. ebd.).
269 Vgl. Lichtenstern, *Metamorphose*, S. 124; vgl. Matthäus 3, 2.
270 Ebd., S. 1.
271 Heselhaus, zit. n. ebd., S. 2.
272 Vgl. ebd., S. 124. Dass dieser „transzendierende[n] Auffassung der Metamorphose als Wesensverwandlung" (ebd.) gemäß „Metamorphose gleichbedeutend ist mit ‚Gestaltwandel durch Lichterscheinung, durch die Gegenwart Gottes'" (Lichtenstern, *Metamorphose*, S. 2), wird in der Verklärung, in der Christus als Lichtgestalt erscheint, der Eucharistie, in der Wein und Brot in Blut und Leib Christi transsubstantiiert werden, und in der Auferstehung thematisch. „Der christliche Aszensionsgehalt der Metamorphose scheint in der Folgezeit immer dort

Die Verarbeitung der Metamorphose-Thematik in so unterschiedlichen Genres wie ätiologischen Verwandlungsmythen, Homers *Odyssee*[273], der christlichen Läuterungsmotivik, Sagen und Märchen als „durch Zauberei herbeigeführte Verwandlungen"[274], besonders aber in Ovids *Metamorphosen* und deren Rezeption zeigen die Variabilität des Themas, das neben literarischen und bildkünstlerischen theologische, (natur-)philosophische und wissenschaftliche Stellungnahmen herausfordert, „den klassischen Bedeutungshorizont zwischen Degradation und Aszension"[275] transportierend: Die Polarität der *Degradation* zum Animalischen in der Zoomorphose, zur Pflanze oder zum Unbelebten und der *Aszension* zum Göttlichen orientiert Metamorphose innerhalb des Spektrums der Formbegriffe und kennzeichnet die Aufspannung des Menschen in der Dichotomie von Materie und Form, der die wertende Konnotation des Niederen und Hohen inhärent ist. So zeigt sich Metamorphose etwa für die theologische Auseinandersetzung mit der Ovidrezeption problematisch, wenn Augustinus sie in *De civitate Dei* mit einem an Platon gemahnenden Verdikt belegt, da die

> Vielgestaltigkeit, sowie auch die Verwandlung des Menschen in Tier, Pflanze oder Stein [...] mit der Gottesebenbildlichkeit unvereinbar scheint. Augustinus verurteilt die Metamorphose daher als „ludificatio daemonum" (Fopperei der Dämonen), die nur zum Schein einen Gestaltwandel vortäuschen [...]. Als Trugbild (phantasticum) ist Metamorphose in den Bereich der Träume und Imaginationen zu verweisen.[276]

Der Gottesebenbildlichkeit als mittelalterlich wirkmächtiger Ausprägung des Ähnlichkeitsparadigmas und der läuternden Verähnlichung mit Gott steht die Konzeption des Gestaltwandels entgegen;[277] allenfalls im Rahmen der „ordo-Begründungen des Häßlichen", die diesem einen niederen Ort in der Harmonie der kosmischen Ordnung zuweisen, lassen sich gestaltlose „Monstrositäten" und Mischwesen rechtfertigen.[278] Setzt etwa Dantes *Göttliche Komödie*, die im

---

durch, wo ein entelechisches Moment der geistigen Läuterung und der Ich-Verwandlung angesprochen wird" (ebd.), so etwa auch bei Nietzsche.
273 In Homers *Odyssee* ist hier bspw. die Kirke-Thematik zu nennen (vgl. Schweikle, Metamorphose, S. 494).
274 Kuni, Metamorphose, S. 75.
275 Ebd., S. 82.
276 Ebd., S. 77.
277 Metamorphose als Gestaltwandel widerspricht auch Augustinus' *memoria*-Konzept (vgl. Karlheinz Stierle, „Metamorphosen des Mythos. Petrarcas Kanzone ‚Nel dolce tempo' (Rime 23)", in: Walter Haug, Burghard Wachinger (Hg.), *Traditionswandel und Traditionsverhalten*, Tübingen 1991, S. 24–45): Stierle spricht von einer „Metamorphose der Erinnerung" in *Confessiones*: „Die Verwandlung ist eine Figur der Erinnerung und Selbstdurchdringung" in der Tiefe der *memoria*, deren Metapher die Höhle ist (ebd., S. 35).
278 Kliche, Häßlich, S. 31.

„Inferno" die Verwandlung der Diebe schildert, „Metamorphose als dramaturgisches Element zur Schilderung der Seelenverdammnis" ein, überwiegt in anderen Texten des Spätmittelalters die allegorische Ausdeutung Ovids, die in Ausgaben des *Ovide moralisé* und *Ovidius moralizatus* kulminiert, bis im fünfzehnten Jahrhundert nichtallegorische Editionen eine ästhetische Rezeption vorbereiten.[279] In der Renaissance wirken das antike Metamorphoseverständnis und die mittelalterliche Allegorik nach; dabei kann etwa „auch die alchemistische Allegorik auf Metamorphosemythen zurückgreifen, um in der Transmutation der Metalle zugleich auf die Selbstverwandlung des Menschen im christlichen Sinne zu verweisen."[280] In der magisch-hermetischen Tradition sind göttliche und dämonische Kräfte oder ‚Zaubermittel' Auslöser von Stoffverwandlungen; zugleich bereitet sich ein neuzeitliches Wissenschaftsverständnis darin vor, Dinge in Elemente zu zerlegen und zu rekombinieren.[281] So hat die Metamorphose auch im Kontext naturphilosophischer *curiositas* ihren Ort. In diesem Sinn notiert Roland Barthes:

> Der Ausübung einer derartigen Einbildungskraft haftet nicht nur etwas ‚Künstlerisches' an, sondern auch etwas ‚Wissenschaftliches': Verwandlungen aufspüren (was Leonardo da Vinci mehrmals tat) ist ein Akt des Erkennens; jedes Wissen ist an eine ordnende Einstellung gebunden; die Erweiterung oder bloße Veränderung des Wissens ist nichts anderes als kühnes Eingreifen, ein Experimentieren mit dem, was die Kategorien, an die wir gewöhnt sind, untergräbt: So lautet die edle Funktion der Magie, dieser ‚Summe der natürlichen Weisheit'. (Pico della Mirandola)[282]

Zugleich rücken im sechzehnten Jahrhundert Dichtung und bildende Kunst gerade den „ästhetischen Reiz des Verwandlungsmotivs" in den Vordergrund[283], etwa in der Diskussion um die Groteske: Der Begriff (von ital. *grotto, grottesche*) geht auf die Entdeckung phantastischer Wanddekorationen römischer Tempel und Bäder 1480 zurück; die „hybrids of implausible and ambiguously intertwined vegetal, animal, and human elements embodied the transgressive character of ugliness; they exemplified an ‚ars combinatoria' or ‚species of confusion'

---

[279] Kuni, Metamorphose, S. 77. Hierfür sind Petrarcas *Canzione* beispielhaft, besonders die Laura-Thematik. Vgl. zum Funktionswandel der Verwandlung Andreas Kablitz, „Laura und die alten Mythen. Zum Verhältnis von antikem Mythos und christlicher Heilsgeschichte in Petrarcas Canzoniere" in: *Petrarca-Lektüren. Gedenkschrift für Alfred Noyer-Weidner*, hg. v. Klaus W. Hempfer u. Gerhard Regn, Stuttgart 2003, S. 69–96.
[280] Kuni, Metamorphose, S. 78.
[281] So schreibt Paracelsus: „Alle die Werke, die die Natur vorangetrieben hat, von einer Staffel zu der andern, die müsst ihr wieder auflösen." (*Das Buch Paragranum*, online unter https://www.hermetik-international.com/de/mediathek/historische-schriften-zur-alchemie/paracelsus-das-buch-paragranum/, 20.7.2018).
[282] Barthes, Arcimboldo, S. 154.
[283] Kuni, Metamorphose, S. 78; so etwa in der Liebeslyrik.

that flouted natural law, befuddled reason, and offended decorum."²⁸⁴ Das Verwandlungspotential ‚phantasmatischer' Bilder wird dabei nicht nur motivisch bedeutend, sondern auch für Verfahren der Transformation bildnerischen Materials. So würdigt sie – im Rückgriff auf Plinius' Anekdote des Flecks – prominent Leonardo, der das formgenetische Potential der Anregung der Imagination durch natürliche und zufällige, amorphe oder fluide Formen, in denen das „Hineinsehen" als „Phänomen des assoziierenden Sehens" Unvorhergesehenes entdeckt, bildnerisch auswertet und in seiner ‚Schwammanekdote' kunsttheoretisch thematisiert.²⁸⁵

> Ähnlichkeitssehen ist eine imaginative Wahrnehmung, die Lebloses beleben und auch figürlich ausgestalten kann. In keiner Weise an Kunstwerke gebunden, zumeist an nicht von Menschenhand gemachten Objekten und Phänomenen geübt (Wolken, Steine, Astlöcher), begleitet es die neuzeitliche Kunstgeschichte als marginales, von der Kunsttheorie jedoch viel beachtetes Phänomen.²⁸⁶

Das *Ähnlichkeitssehen* macht auch noch in der Barockepoche besonders der mit Mehrdeutigkeiten spielende Manierismus zur „Methode".²⁸⁷ Prominent thematisiert es etwa Shakespeares Dialog zwischen Polonius und Hamlet – „‚H. Seht ihr die Wolke dort, beinah' in Gestalt eines Kamels? P. Beim Himmel, sie sieht wirklich aus wie ein Kamel'".²⁸⁸ Darüber hinaus wird im Barock der Metamorphosebegriff auch im Kontext des „künstlerische[n] Interesse[s] an der physi-

---

284 Nina Athanassoglou-Kallmeyer, „Ugliness", in: Nelson, Shiff, *Critical terms for Art History*, S. 281–295, S. 282.
285 Stelzer, *Die Vorgeschichte der abstrakten Kunst*, S. 171f.: „Unter ‚Hineinsehen' versteht die Psychologie ein Hineindeuten von Inhalten in Formen." Kunsttheoretisch wird es in Zufallstechniken thematisch, die das *‚Hineinsehen'* fördern – besonders prominent in Leonardos ‚Schwammanekdote' und in seinen bildnerischen Verfahren (vgl. ebd., S. 179). Zur ‚Schwammanekdote' vgl. Kap. II.5.2.
286 Ralph Ubl, *Prähistorische Zukunft. Max Ernst und die Ungleichzeitigkeit des Bildes*, München 2004, S. 51. Vgl. die einführend mit Didi-Hubermann und Scholz angesprochene These eines prähistorischen Ursprungs der Kunst im Hineinsehen; sie ist mit einer Übertragung verbunden, die Weigel auf Leonardo zurückführt und die auch die moderne *Einfühlungstheorie* beschreibt: „Denn die Theorie der Einfühlung handelt ja genau davon, dass es ein Akt der Beseelung – oder Animation – von Formen, Artefakten und kultureller Umwelt ist, durch den diese erst ‚zum Sprechen' gebracht werden oder, wie Vischer formuliert, ‚daß der Betrachter aus den Erscheinungen, Bewegungen der Natur Stimmungen, Leidenschaften *seines* Gemüths sich entgegenblicken *läßt*.' Eine solche Position des Bildes als gleichsam ‚aktives' Gegenüber ist jüngst wieder [...] zu einem prominenten Thema der Bildwissenschaft avanciert." (Weigel, *Grammatologie der Bilder*, S. 58).
287 Ebd., S. 173. Stelzer führt neben Shakespeare auch Arcimboldo an (ebd., S. 172).
288 Stelzer, *Die Vorgeschichte der abstrakten Kunst*, S. 172. In der Folge erkennt er darin ein Wiesel und einen Walfisch.

schen wie psychischen Bewegtheit und Dramatik des Vorganges" legitimierend eingesetzt und firmiert im Manierismus „als ästhetisches Capriccio im Gefolge des Wunderbaren und Monströsen".[289] So zeige der durch das Monströse eröffnete „sichtbare Raum einer Wanderung", wie Barthes formuliert, *„dass die Natur nicht innehält"*: Monster ist,

> was die Grenze zwischen den Reichen überschreitet, das Tierische und das Pflanzliche, das Tierische und das Menschliche vermengt: das *Maßlose*, insofern es die Eigenschaft der Dinge verändert, denen Gott einen Namen zugewiesen hat: Es ist die *Verwandlung*, die von einer Ordnung in die Andere führt; kurz, es ist, mit einem anderen Wort, die *Wanderung*.[290]

Blieb der Metamorphosebegriff zunächst an Ovid gebunden, zeigt sich nun seine Öffnung und im siebzehnten Jahrhundert eine in Voltaires *Dictionnaire philosophique* verzeichnete inflationäre Begriffsverwendung: „,Toutes les métamorphoses dont la terre est couverte'"[291]. Dabei wandelt sich das Metamorphoseverständnis neuzeitlich zu naturphilosophischen und psychologischen, Genealogie, Genese, Evolution und Prozessualität beschreibenden Vorstellungen, die wiederum auch ästhetische Entwürfe anregen.

Eine ideengeschichtliche Zäsur erfährt der Metamorphosebegriff mit Goethe, der ihn in seinen morphologischen Studien aktualisiert: In Folge seiner Metamorphoselehre gerät Metamorphose zum Prozessdenken.[292] Goethe verknüpft naturphilosophische Einlassungen mit eigenen Beobachtungen, wobei er „seine naturwissenschaftliche Erkenntnis auf die Ideengeschichte der Metamorphose rückbezieht und, indem er Metamorphose über die Gesetzmäßigkeit von Polarität und Steigerung physiologisch wie metaphysisch versteht, in ihr ein alles durchwaltendes Prinzip der Bildung und Umbildung erkennt."[293] Metamorphose

---

289 Kuni, Metamorphose, S. 78.
290 Barthes, Arcimboldo, S 153.
291 Zit. n. Kuni, Metamorphose, S. 73. Vgl. ebd., S. 78.
292 Vgl. Lichtenstern, *Die Wirkungsgeschichte der Metamorphosenlehre Goethes*; Olaf Breidbach, *Goethes Metamorphosenlehre*, München 2006; ders., „Gedanken zu Goethes Metamorphosenlehre", in: *Goethe-Jahrbuch*, 125 (2008), S. 95–109; Eva Geulen, „Metamorphosen der Metamorphose", in: Alexandra Kleihues, Barbara Naumann, Edgar Pankow (Hg.), *Intermedien. Zur kulturellen und artistischen Übertragung*, Zürich 2010, S. 203–217, S. 205: „Lakonisch heißt es in einer frühen Notiz zur Morphologie: ‚Gestaltenlehre ist Verwandlungslehre'".
293 Kuni, Metamorphose, S. 79. Zu Linnés und Aldrovandis Beobachtung der Insektenmetamorphose als „Synthese von naturwissenschaftlichem Terminus und christlich-allegorischer Auffassung […] mit der Ovid-Renaissance des 16. Jh. und dem damit verbundenen Interesse an der Ästhetik der Metamorphose […], zu dem dann noch die Wiederaufnahme des Paulinischen Metamorphose-Begriffs tritt" (ebd.).

gilt ihm als „Exemplum bildnerischer Tätigkeit"[294], das er in *Metamorphose der Pflanzen* (1799)[295], aber auch in der meteorologischen „Wolkenlehre"[296] und in der Untersuchung der Metamorphose der Insekten erforscht.[297] Die Thematik verarbeitet er auch in der berühmten Elegie „Die Metamorphose der Pflanzen"[298] und in den Schlussversen von „Eins und Alles":

> Und umzuschaffen das Geschaffne, / damit sich's nicht zum Starren waffne, / wirkt ewiges, lebendiges Tun. / Und was nicht war, nun will es werden / Zu reinen Sonnen, farbigen Erden; / In keinem Falle darf es ruhn. // Es soll sich regen, schaffend handeln, / erst sich gestalten, dann verwandeln; / Nur scheinbar stehts Momente still. / Das Ewige regt sich fort in allem: / Denn alles muß in Nichts zerfallen, / Wenn es im Sein beharren will.[299]

Goethes Metamorphoselehre, der anfangs, wie er klagt, „kalte, fast unfreundliche Begegnung"[300] zuteilwird, bewirkt einen Wandel der Formvorstellung, der für die Ästhetik maßgeblich wird. Gerade insofern Goethe – der „in der Pflanzenmetamorphose selbst meint, ‚der Natur abgemerkt zu haben, wie sie gesetzlich zu Werke gehe, um lebendiges Gebild, als Muster alles künstlichen, hervorzubringen'" – Metamorphose im Übergang „vom Naturprinzip zum Kunstprinzip" verortet, prägt sein Konzept nachfolgende ästhetische Entwürfe:[301] So bleibt „ein an

---

294 Lichtenstern, *Die Wirkungsgeschichte der Metamorphosenlehre Goethes*, S. 1.
295 Vgl. Johann Wolfgang v. Goethe, „Die Metamorphose der Pflanzen", in: ders., *Samtliche Werke*, Bd. 17: Naturwissenschaftliche Studien, Zweiter Teil, hg. v. Ernst Beutler, Zürich 1977, S. 22–58 und „Die Metamorphose der Pflanzen. Zweiter Versuch", ebd., S. 58–62.
296 Zu Wolken als „Symbol für die Metamorphose der Formen wie für das immerwährende Aufsteigen, Steigerung, Emporstreben und sich Auflösen" vgl. Hans Kloft, „Metamorphose und Morphologie. Ovids Verwandlungen und Goethes Naturanschauung", in: *Abhandlungen der Braunschweigischen Wissenschaftlichen Gesellschaft*, Bd. 64, Braunschweig 2011 (online unter https://publikationsserver.tu-braunschweig.de/servlets/MCRFileNodeServlet/dbbs_derivate_00028249/Kloft_Metamorphose_und_Morphologie.pdf, 11.3.2018), S. 77–97, S. 84.
297 Vgl. Johann Wolfgang v. Goethe, „Bildung und Umbildung organischer Naturen (Der Inhalt bevorwortet)", in: ders., *Sämtliche Werke*, Bd. 17, S. 11–21, S. 19. In diesem Sinn wurde der Metamorphosebegriff bereits in entomologischen Schriften gebraucht, um die Abfolge morphologischer Stadien zu beschreiben, etwa in Maria Sibylla Merians *Metamorphosis insectorum Surinamensium* (1705).
298 Goethe, Die Metamorphose der Pflanzen, S. 516; auch abgedruckt in: ders., *Sämtliche Werke*, Bd. 17, S. 90–93.
299 Johann Wolfgang v. Goethe, „Eins und Alles", in: *Sämtliche Werke*, Bd. 1: *Sämtliche Gedichte*, S. 514.
300 Goethe, Bildung und Umbildung organischer Naturen, S. 18.
301 Kuni, Metamorphose, S. 79. Vgl. zur ästhetischen Rezeption Lichtenstern, *Die Wirkungsgeschichte der Metamorphosenlehre Goethes*. Vgl. Stelzer, *Die Vorgeschichte der abstrakten Kunst*, S. 28: In die Formvorstellug als „das Element der starren (statischen) Seinsvorstellung" sei „der ‚Prozeßgedanke' eingebrochen wie der Operationsgedanke in unsere Methodik (John Dewey).

Goethe orientiertes Metamorphoseverständnis wichtiges Referenzmodell, wann immer es Künstlern um die theoretische Begründung von Form- und Bildungsprinzipen vor dem Bedeutungshorizont einer Kunst parallel zur Natur, um ‚Kunst als Schöpfungsgleichnis' geht."[302] Eine Überführung des Metamorphosekonzepts Goethes in kunsttheoretische Annahmen formulieren etwa Schelling, der darin in *Über das Verhältnis der Bildenden Kunst und Natur* (1807) ein „,Grundschema allen organischen Entstehens'" erkennt, und Hegel, der ihr in Bezug auf die „Entwicklung der Idee hin als Bildungsprinzip" Bedeutung zugesteht; zugleich behandelt er in den *Vorlesungen über die Ästhetik* (1835–38) „Metamorphose im Zusammenhang mit dem ‚Gestaltungsprozeß der klassischen Kunstform' unter den ‚Degradationen des Tierischen'".[303] Ausgedeutet „als ‚Strafe' und ‚Erniedrigung des Menschlichen'", wird Metamorphose „als ‚Bezeichnung des Üblen, Schlechten, Geringgeschätzten, Natürlichen und Ungeistigen' [...] in Tier und Mischgestalt ausdrücklich von der ‚Metempsychose' abgegrenzt" und vor dem Hintergrund eines idealistisch-klassizistischen Formbegriffs und einer Abwertung des Materiellen verurteilt: „Gleichzeitig weist Hegels eingehende Behandlung der Metamorphose auf das kultur- und religionshistorische Interesse des späten 19. Jh. voraus, das seine von animistischen Ursprüngen ausgehenden Erklärungsmodelle nicht mehr notwendig mit einem ästhetischen Urteil verknüpft."[304]

Hegels Verdikt gegen die metamorphotische Destabilisierung der Form stehen Thesen Charles Darwins und Friedrich Nietzsches und deren ästhetische Rezeption gegenüber. Die evolutionstheoretische Annahme natürlichen Wandels und eines „metamorphotischen' Menschen" setzt sich mit Darwins *On the Origin of Species* (1859) gegen Lamarcks Transformationismus durch:[305] „Die Arten [...] sind nicht konstant, sondern verändern sich" durch Anpassung und Selektion.[306] Gewinnt Metamorphose um 1900 durch eine „deszendenztheoretisch[ ] aktualisiert[e]"[307] Rezeption der Metamorphoselehre Goethes im Kontext der Le-

---

Heute hat die Physik Sein und Werden verschmolzen. Aber lange vorher war im romantischen Denken um 1800 dasselbe erfolgt."
302 Kuni, Metamorphose, S. 82.
303 Zit. n. ebd., S. 80. Vgl. zur Abwertung des Materiellen gegenüber der Form durch „[d]ie christliche [...] Verurteilung des Fleisches und der Leiblichkeit [...], wie sie gleichermaßen im Rationalismus der Aufklärung und vor allem der Hegelschen Kunstphilosophie nachhallt", Mersch, Materialität und Bildlichkeit, S. 5.
304 Kuni, Metamorphose, S. 81. Als Gewährsmann für dieses Interesse führt Kuni Jacob Burckhardt an (vgl. ebd.).
305 Schmitz-Emans, *Poetiken der Verwandlung*, S. 45 f.; zu Lamarck vgl. ebd., S. 47.
306 Ebd., S. 49.
307 Geulen, Metamorphosen der Metamorphose, S. 203: „Nach Jahrzehnten der Latenz und Ridikülisierung durch Haeckels 1866 erschienene *Generelle Morphologie der Organismen* in Zu-

bensphilosophie an Bedeutung, so wird für die ästhetische Moderne vor allem Nietzsches daran ebenfalls partizipierende[308] Metamorphosekonzeption bedeutsam, die ein frühes Fragment so formuliert: „Nun erfassen wir an einem Lebenden überhaupt nichts als *Formen* [...,] unser Intellekt ist zu stumpf, um die fortwährende Verwandlung wahrzunehmen: das ihm Erkennbare nennt er Form. In Wahrheit kann es keine Form geben, weil in jedem Punkte eine Unendlichkeit sitzt."[309] Davon leitet Nietzsche die anthropologische Auffassung eines „Übersich-selbst-Hinausgelangens"[310], einer „Selbstverwandlung des Menschen" ab, die „Metamorphose letztlich als ‚Synonym für Umwertung'" setzt, „für jene Wesensverwandlung, die der neu geforderte Typus Mensch, der ‚Philosoph' der Zukunft, vollzieht".[311] Diese die christliche Aszensionsvorstellung säkularisierende, „revolutionäre, erkenntniskritische Auffassung von Verwandlung gehört [...] in ideengeschichtlicher Hinsicht zu den Wegbereitern der surrealistischen Begrifflichkeit von Metamorphose."[312] Nietzsche entwirft diese Konzeption „in der utopischen Dimension einer [...] *ethisch-ästhetischen Metamorphose und nicht in der mythischen Metamorphosedimension der Antike*": Diese „Wende" des Metamorpho-

---

sammenhang mit Darwin gebracht und deszendenztheoretisch aktualisiert, begann die Metamorphose nach der Jahrhundertwende in [...] keineswegs nur monistischen Zusammenhängen nachgerade zu wuchern: bei Kulturwissenschaftlern wie Simmel und Cassirer, in der idealistischen Biologie, bei rationalitätskritischen Lebensphilosophen wie Spengler und Klages, unter Kunst- und später Literaturwissenschaftlern wie Worringer, Wölfflin, Walzel, Jolles, Günther Müller, bei Künstlern wie Rilke, Einstein und Kafka."

308 Vgl. Lichtenstern, *Die Wirkungsgeschichte der Metamorphosenlehre Goethes*, S. 16 f. Nietzsches Orientierung an „Heraklit, Empedokles, Spinoza, Goethe" zeigt seine „Sicht auf die Natur unter dem Aspekt des Wandels und ewigen Werdens und Vergehens" (ebd., S. 17).

309 Friedrich Nietzsche, „Nachgelassene Aufzeichnungen (Herbst 1864 bis Frühjahr 1868)", in: ders., Werke. Kritische Gesamtausgabe, begr. v. Giorgio Colli u. Mazzino Montinari, weitergeführt v. Wolfgang Müller-Lauter u. Karl Pestalozzi, Berlin 1999, 1. Abt., Bd. 4, S. 570, zit. n. Geulen, Metamorphosen der Metamorphose, S. 205 [Hv. i. Orig. gesperrt].

310 Schmitz-Emans, *Poetiken der Verwandlung*, S. 50.

311 Kuni, Metamorphose, S. 81. Als *Gleichnis* für die geforderte Ich-Verwandlung" formuliert *Also sprach Zarathustra* (1883) drei Verwandlungen, aus denen der Übermensch hervorgeht, als „Typus des freien, nur sich selbst verpflichteten Künstlers" (Lichtenstern, *Metamorphose*, S. 123), „*des verwandelten Künstlers*" und des „höheren, schaffenden, dionysischen Menschen" (ebd., S. 124.) Damit fasst Nietzsche Metamorphose als „innere Steigerung und Verheißung", als Ausdruck der mit dem ‚Willen zur Macht' einhergehenden „innere[n] Sinneswandlung" (Lichtenstern, *Metamorphose*, S. 124), wobei seine „‚Metamorphosen-Lehre'" auch im Kontext seiner Umwertungsphilosophie stehe (ebd., S. 125, Anm. 19).

312 Ebd., S. 122. Das säkularisierte „Erkenntnis-Wagnis" der Metamorphose setze an die Stelle der „Erneuerung sub gratia Christi [...] das Verwandlungsgebot sub vita", wobei der emphatische „Apellcharakter" erhalten bliebe; Lichtenstern führt hier die Zeile aus dem Gedicht „Aus Berges Höhen" an: „‚Nur wer sich wandelt, bleibt mit mir verwandt.'" (Ebd., S. 124.)

sebegriffs „nach Goethe und Hegel"[313] macht die „‚Künstler-Metamorphose'" zum „Desiderat einer Ästhetik, die a priori auf Veränderung der kulturellen Verhältnisse angelegt ist."[314] Dass es für Nietzsche „keinen Identitätskern" gibt, „weder für biologische Arten, noch für Individuen, noch für Begriffe", lässt sich mit Schmitz-Emans auf sein Nachdenken über „das metaphorische Wesen der Sprache" rückbeziehen.[315] Darin zeigt sich ein Ausschlag in der Polarität des Formbegriffs nicht nur zum ‚niederen' Materiellen – so kritisiert „Nietzsche den Vorrang des Menschen innerhalb der natürlichen Welt" im Verweis auf dessen „Animalität"[316] –, sondern auch zu einer erkenntnis- und sprachkritischen Auffassung, die Unbestimmtes nicht im Begriff, sondern in der Metapher fasst, die Vagheit und Wandelbarkeit der Welt nicht ‚wegarbeitet', sondern in einem Konzept basaler Metaphorizität zu bewahren sucht. So lässt sich in Folge der modernen Sprach- und Positivismuskritik und im Zuge des vitalistischen Prozessgedankens die Konjunktur der Metamorphose als eines fluiden Formbegriffes beobachten: Solche der ‚Positivierung des Unbestimmten' korrespondierenden ‚Theorien des Flüssigen', die auf die Kontinuität einer durch das begriffliche Denken stillgestellten Welt verweisen, entwerfen auch Henri Bergson, Ernst Cassirer, Arthur Schopenhauer und Fritz Mauthner.[317]

---

313 Ebd., S. 124.
314 Ebd., S. 125. Zunächst werde diese „Wandlungsmetaphorik" vom Expressionismus aufgegriffen; Lichtenstern verweist auf Bruno Hillebrandts, Gunter Martins und Georg Kaisers Forschungen zu Vitalismus und Nietzsche-Rezeption (ebd., S. 126, Anm. 26).
315 Schmitz-Emans, *Poetiken der Verwandlung*, S. 50.
316 Ebd., S. 51.
317 Bergson konstatiert: „Wirklichkeit ist reine Bewegung. Es existieren keine starren *Dinge*, sondern allein werdende Dinge, keine *Zustände*, die bleiben, sondern nur Zustände, die sich verändern. Die Ruhe ist nur scheinbar oder vielmehr relativ. Das Bewußtsein, das wir von unserer eigenen Person haben, in seinem unaufhörlichen Fließen, führt uns in das Innere einer Wirklichkeit hinein, nach deren Muster wir uns alle andere Wirklichkeit vorstellen müssen." (Henri Bergson, „Einführung in die Metaphysik", in: ders., *Denken und schöpferisches Werden, Aufsätze und Vorträge*, S. 180–225, S. 211) Die ‚Identität des Formbegriffs und des Veränderungsbegriffs' stellt, so Mauthner, Schopenhauer heraus: „‚[N]ur auf Zustände bezieht sich die Veränderung und die Kausalität. Die Zustände sind es, welche man unter Form, im weitern Sinne, versteht: und nur die Formen wechseln; die Materie beharrt.'" (Zit. n. Fritz Mauthner, Art. „Form", in: ders., *Wörterbuch der Philosophie. Neue Beiträge zu einer Kritik der Sprache (Das philosophische Werk*, Bd. I, 1), hg. v. Ludger Lütkehaus, Wien, Köln, Weimar 1997 [1923], S. 478–506, S. 491). Zu Cassirer vgl. Geulen, Metamorphosen der Metamorphose, S. 210: „*Die Philosophie der symbolischen Formen* lässt keinen Zweifel an der Bedeutung der Metamorphose für die eigene Konzeption: Denn eben dies ist es, was die Philosophie der symbolischen Formen gezeigt […] hat, daß sich alles geistige Leben und alle geistige Entwicklung nicht anders als in […] intellektuellen Metamorphosen vollziehen kann. Eine solche Metamorphose war es, durch welche bereits der Anfang und die Möglichkeit der Sprache bedingt war […]."

In der „ästhetische[n] Produktion" wird „Metamorphose als ästhetisches Prinzip"[318] im engeren Sinn in die Moderne transportiert, etwa in der Literatur der Romantik, die die Figur des Doppelgängers und das von der Aufklärung in den Bereich der Phantastik verbannte, im Traum figurierende Monströse auftreten lässt und eine magische, hermetisch-alchemistische Dimension erinnert.[319] Metamorphose wird auch hier sowohl motivisch, wie in „seit dem 19. Jahrhundert entstandenen Geschichten über die Durchlässigkeit der Grenze zwischen Mensch und Tier"[320], als auch formal eingesetzt, wenn sie „,als Steigerung [...] zum Gestaltprinzip der Dichtung'" wird oder eine „prozeßorientierte Formensprache" hervorbringt.[321] Wie etwa – stellvertretend für die Romantik – das Beispiel Victor Hugos zeigt, der die „Gestaltänderungen" der Wolken in dem „Aperçu: ,Nichts ändert die Gestalt so sehr wie Wolken, es sei denn das Felsgestein'" fasst,[322] schließt die Moderne dabei positiv an das Verwandlungspotential der *Einbildungskraft* an, wobei Verfahren der Transformation sprachlichen und bildnerischen Materials unter anderem auf kunsttheoretische Vorläufer wie Leonardo zurückgreifen können.

Eine imaginativ erweiterte Wahrnehmungsdimension und den Blick auf ‚unbestimmte' Dinge, deren Abgrenzung voneinander und vom Subjekt zu verschwim-

---

318 Kuni, Metamorphose, S. 82.
319 So verlebendigt etwa Mary Shelleys *Frankenstein* ein Produkt obskurer Wissenschaft. und reflektiert mit dem Galvanismus eine moderne Version magischer Verlebendigung des Unbelebten. Zum Anschluss des Doppelgängermotivs an die Metamorphosethematik vgl. Schmitz-Emans, *Poetiken der Verwandlung*, S. 53, Anm. 107.
320 Schmitz-Emans, *Poetiken der Verwandlung*, S. 45; Schmitz-Emans sieht dies im Gegensatz zu älteren Texten, die Vergleiche anstellen, „aber an der klaren Grenze zwischen Menschlichem und Außermenschlichem stets festgehalten hatte[n]" (ebd.).
321 Heselhaus, zit. n. Kuni, Metamorphose, S. 81. So prägen Symbolismus und Jugendstil ein „Interesse an Bildungsprinzipien einerseits und Verwandlung andererseits" (ebd., S. 82).
322 Ebd., S. 175. Vgl. Victor Hugo, *Les Travailleurs de la mer*, Bd. I, Paris 1891, S. 22. „Rien ne change de forme comme les nuages, si ce n'est des rochers." Den Gedanken aufnehmend, formuliert er in *Choses vues* (1861): „Il n'est personne qui n'ait remarqué la similitude entre les rochers et les nuages. Toutes les visions y sont mêlées. Vous êtes en mer, vous approchez d'une côte. Tiens, regardez donc cette roche: on dirait un homme assis, un moine; il lit dans un livre. Le navire marche. Non, ce n'est pas un homme, c'est une tour. On approche. C'est un énorme éléphant, puis une église, puis rien, une roche; tout s'est évanoui. Ainsi des nuées. Il y a des fantômes dans le granit comme dans la fumée. Ce qu'il y a de plus immobile se transforme et nous trompe comme ce qu'il y a de plus flottant" (Victor Hugo, *Choses vues* (Auszug unter http://classes.bnf.fr/essentiels/grand/ess_2212.htm, 22.1.2019 (o. S.). Vgl. André Weber, *Wolkencodierungen bei Hugo, Baudelaire und Maupassant im Spiegel des sich wandelnden Wissenshorizonts von der Aufklärung zur Chaostheorie*, Berlin 2012, bes. S. 210 ff. Michael Riffaterres Aufsatz „La vision hallucinatoire chez Victor Hugo" habe auf dessen „esthétique speciale [...], celle de la métamorphose" hingewiesen (ebd., S. 210).

men droht, thematisiert die Literatur um 1900 teils in explizitem Anschluss an Narrative der Metamorphose, die, etwa in Texten Franz Kafkas,[323] Themen der Verfremdung, des Traums und der Verlebendigung der Dinge verhandeln, die ein menschenähnliches Agens erlangen.[324] Diese Erfahrung etabliert einen „Rapport", der die „Unbeweglichkeit" der Dinge bezweifelt,[325] so Marcel Proust: „Vielleicht beziehen die Dinge um uns ihre Unbeweglichkeit nur [...] aus der Starrheit des Denkens, mit der wir ihnen begegnen."[326] Ähnlich charakterisiert Robert Musil Ulrichs Empfinden: „Jede Ordnung ist irgendwie absurd und wachsfigurenhaft, wenn man sie zu ernst nimmt, jedes Ding ist ein erstarrter Einzelfall seiner Möglichkeiten. Aber das sind nicht Zweifel, sondern es ist eine bewegte, elastische Unbestimmtheit, die sich zu allem fähig fühlt."[327] Aufgrund der „Betroffenheit vor seiner psychischen Beweglichkeit konnte das Ding in der modernen Phantasie geradezu mythische Qualität annehmen."[328] Einen an das Verwandlungsmotiv animistischer Beseelung und Identifikation mit den Dingen[329] gemahnenden Erfahrungsmodus beschreibt Benjamin in *Berliner Kindheit um neunzehnhundert*:

---

323 So etwa in *Die Verwandlung*: „Verwandlungen sind Kafkas Kernmotiv und zugleich das prägende Gestaltungsprinzip seiner Texte" Schmitz-Emans, *Poetiken der Verwandlung*, S. 160. Vgl. Gerhard Neumann, „Kafkas Verwandlungen", in Assmann, Assmann (Hg.), *Verwandlungen*, S. 245–266. Kafkas Text wird von den Surrealisten rezipiert: „Métamorphose. – ‚Un matin, au sortir d'un rêve agité, Grégoire Samsa s'éveilla transformé dans son lit en une formidable vermine [...]'" (André Breton, „Dictionnaire abrégé du surréalisme", in: ders., *Œuvres complètes*, Bd. II, S. 787–862, S. 858); vgl. André Breton, „Franz Kafka: ‚La Métamorphose'" (aus: „Anthologie de l'humour noir", in: ders., *Œuvres complètes*, Bd. 2, S. 1100–1105; vgl. Lichtenstern, *Metamorphose*, S. 137.
324 Vgl. Dorothee Kimmich, *Lebendige Dinge in der Moderne*, Konstanz 2011, S. 11: „Dinge in der Moderne sind dem Menschen nicht nur fremd, sondern auch oft sehr ähnlich [...]: Sie sind oft lebendig oder so etwas Ähnliches wie lebendig." Vgl. auch Werner Haftmann, „Das Ding und seine Verwandlung. Zur Vorgeschichte der zeitgenössischen Auffassung vom Gegenstand", in: *Metamorphose des Dinges, Kunst und Antikunst* 1910–1970 [Ausstellungskatalog], Brüssel 1971, S. 11–32. Das ‚lebendige' Ding erscheine als „geheimes Agens in der modernen Sensibilität" (ebd., S. 20); er verweist auf Latour, der hybride, lebendige Dinge theoriewürdig gemacht habe.
325 Haftmann, Das Ding und seine Verwandlung, S. 12.
326 Zit. [Musil zugeschrieben] n. Alexander Kluge, *Die Lücke, die der Teufel lässt. Im Umfeld des neuen Jahrhunderts*, Frankfurt a. M. 2003, S. 791.
327 Robert Musil, *Mann ohne Eigenschaften*. Roman, Bd. II, aus d. Nachlass hg. v. Adolf Frisé, Reinbek b. Hamburg [17]2007, S. 1509.
328 Haftmann, Das Ding und seine Verwandlung, S. 12. Auch Haftmann verweist hier auf Kafkas Odradek.
329 Eine solche Erfahrungsdimension, die „[d]as Ding als Fetisch" begreift, habe die Kunst an der afrikanischen Skulptur erfahren (ebd., S. 20). Vgl. hier auch Kunis Verweis auf ein Metamorphoseverständnis, das „seine von animistischen Ursprüngen ausgehenden Erklärungsmodelle nicht mehr notwendig mit einem ästhetischen Urteil verknüpft" (Kuni, Metamorphose, S. 81).

Die Texte „Schmetterlingsjagd" oder „Verstecke" schildern Anverwandlungen an das Tier und das Unbelebte, wie sie nicht nur dem Kinderspiel, sondern auch mimetisch-metamorphotischen Verwandlungspraktiken eignen.

Eine Quelle imaginativer Verwandlungen und Ähnlichkeitseffekte bilden auch die Zustände des Rausches und des Traumes, die die Moderne erforscht. Die rauschhaft gesteigerte Imagination – die etwa auch Jean Paul als Entfesselung von Ähnlichkeitsassoziationen darstellt[330] – beschreibt Baudelaire in *Les Paradis artificiels* (1816) als Selbstverlust provozierende Identifikation: „Manchmal geschieht es, daß die Persönlichkeit entschwindet und daß die Objektivität, die pantheistischen Dichtern eigen ist, sich in euch so regelwidrig entfaltet, daß die Betrachtung der äußeren Gegenstände euch eure eigene Existenz vergessen läßt und daß ihr euch alsbald mit ihnen verwechselt."[331] Die Rauscherfahrung bedinge die „Insinuation des eigenen Ichs in ein Fremdes" in der Einfühlung, deren Tendenz zur Selbstentäußerung der Dichter meistere, indem er „das eigene Ich so entleert, so frei von allem Ballast der Person" macht, „daß es in jeder Maske sich wohnlich fühlt", wie Benjamin über Baudelaire schreibt: „Die Erfahrung des Mannes im Haschischrausch [...] hat nichts anderes zur Armatur als die Einfühlung. Das Tertium ist der im Rausche Befangene selbst", der sich anderem „anverwandelt [...]. Von der Person bleibt hier nichts als eine unbegrenzte Fähigkeit und oft auch eine unbegrenzte Neigung die Stelle jedweder andern, auch jedweden Tiers, jedweden toten Dings im Kosmos zu vertreten."[332] Dabei rücke der sich aufdrängende „'Gedanke [...] der Sache auf den Leib, als wolle er in Tasten, Riechen, Schmecken sich verwandeln.'"[333] So vertritt das in den Rauschprotokollen *Über Haschisch* aufgezeichnetes „Rausch-Ich" eine alternative, mimetische Epistemologie: Indem sie „in dem Maße beziehungslos wird, in dem sie an allem teilnimmt"[334], sieht „die profan erleuchtete Phantasie" die

---

330 Vgl. Jean Paul, Grönländische Prozesse, S. 381: „– aus allen Winkeln des Gehirns kriechen verborgene Einfälle hervor, jede Ähnlichkeit, jede die Stammutter einer Familie von Metaphern, samlet ihre unähnlichen Kinder um sich, und gleich einer wandernden Mäusefamilie, hängt sich ein Bild an den Schwanz des andern".
331 Charles Baudelaire, *Die künstlichen Paradiese. Die Dichtung vom Haschischrausch*, übers. v. H. Hinderberger, Zürich 2000, S. 43f.
332 Walter Benjamin, *Gesammelte Schriften*, Bd. I, 3 (Anmerkungen zu S. 509–690), hg. v. Rolf Tiedemann u. Hermann Schweppenhäuser, Frankfurt a. M. 1974, S. 1179.
333 Zit. n. Hermann Schweppenhäuser, „Die Vorschule der profanen Erleuchtung" (Einleitung), in: Walter Benjamin, *Über Haschisch. Novellistisches, Berichte, Materialien*, hg. v. Tillman Rexroth, Frankfurt a. M. 1972, S. 7–30, S. 19.
334 Ebd., S. 26.

Welt unter dem „Gesichtspunkt, daß das Unversöhnliche unterirdisch vermittelt ist".³³⁵

Die Verwandlungs- und Ähnlichkeitseffekte des Traumzustands, die maßgeblich Freud erforscht, werden zu einer weiteren zentralen Quelle der Metamorphosekonzepte der ästhetischen Moderne. Traumassoziationen verbinden, wie bereits dargestellt, Freud zufolge heterogene Elemente kraft der Relation der Ähnlichkeit, die Traumgedanken durch die „Veränderung des sprachlichen Ausdrucks" einander annähere – „ein ähnlicher Vorgang wie beim Reimeschmieden, wobei der Gleichklang das gesuchte Gemeinsame ersetzt"; dies beschreibt er als „*Umformung* eines Gedankens zum Zwecke des Zusammentreffens mit einem anderen, ihm wesensfremden":³³⁶

> Durch diese Verdichtungsarbeit des Traums erklären sich auch gewisse Bestandteile seines Inhalts, die nur ihm eigentümlich sind und im wachen Vorstellen nicht gefunden werden. Es sind dies die *Sammel-* und *Mischpersonen* und die sonderbaren *Mischgebilde*, Schöpfungen, den Tierkompositionen orientalischer Völker vergleichbar, die aber in unserem Denken bereits zu Einheiten erstarrt sind, während die Traumkompositionen in unerschöpflichem Reichtum immer neu gebildet werden.³³⁷

Indem Ähnlichkeit Heterogenes ‚zu einer *neuen Einheit* zusammenzieht' – vergleichbar der Kombinatorik der Metapher³³⁸ –, gibt der Traum „*logischen Zusammenhang* wieder als *Annäherung in Zeit und Raum*": „Die direkte *Verwandlung* eines Dinges in ein anderes im Traum scheint die Relation von *Ursache* und *Wirkung* darzustellen".³³⁹ Freuds Erforschung des Unbewussten als „Dimension der Erfahrung, in welcher sich durchaus Verwandlungen vollziehen, auch und gerade in Tiere", trägt zur Aktualisierung der „Idee der Metamorphose in der Moderne" bei: Nicht nur beschreibt er „die Tätigkeit des Unbewussten […] als Transformationsprozess […]. Vor allem Traumarbeit ist ein Verwandlungsprozess", den gerade der Surrealismus in einer entgrenzten Metamorphosemetaphorik ästhetisch verarbeitet; auch die „Persönlichkeitsspaltung", in der sich die „Person wie von innen heraus verwandelt", das „Thema Regression", in der

---

335 Ernst Joël, Protokoll zu demselben Versuch, zit. n. ebd., S. 27 f. „So stellen denn dem Sensibilisierten ‚Verwandtschaften und Identitäten in einer tieferen Sphäre' sich her – dem kontemplativen Erleben der coincidentia oppositorum ähnlich, doch davon unterschieden durch das ‚beglückende Kontinuitätsgefühl', wie es allein der mimetische Kontakt in der materialistischen Inspiration gewährt".
336 Freud, *Über den Traum*, S. 24 f. [i. Orig. gesperrt.; Hv.: S. B.].
337 Ebd., S. 25.
338 Vgl. ebd., S. 26: „Der Trauminhalt sagt gleichsam nur aus: *Alle diese Dinge haben ein X gemeinsam*".
339 Ebd., S. 32.

„Vorstellungen der äußeren Verwandlung als Metaphern" dienen, und der Begriff ‚Übertragung' lassen sich anschließen.[340]

Gerade in Zusammenhang mit der Auslotung psychischer und imaginativer Tiefendimensionen, vor dem Hintergrund einer Abkehr von Repräsentation und distinkten Vorstellungen von Identität und Form und im Sinne einer Neudefinition des künstlerischen Selbstverständnisses wird in der Kunstproduktion der Avantgarden „das Phänomen der Metamorphose verstärkt zum neuen inhaltlichen und formalen Leitthema der Moderne".[341] So beschreibt etwa Paul Klee den „‚metamorphotischen Vorgang'" des Gestaltungsprozesses, „innerhalb dessen ‚eine neue Realität erzeugt' wird, der ‚kein Nach- oder Abbilden, [sondern] eher ein Abändern und Neubilden ist'".[342] Eine explizite Verknüpfung von „Kontiguitätsdenken" und Ähnlichkeitsparadigma zeigt etwa Kurt Schwitters' Text „Aus dem Land des Irrsinns" (1937), der „die Ähnlichkeit aller Wesen untereinander" herausstellt: „Wir alle gleichen in gewissem Sinne einander, wie überhaupt alles in gewissem Sinne ungewiß ist. Der Mensch gleicht dem Menschen, und zwar gleicht er dem Menschen mehr als z. B. der Katze, als die Katze dem Vogel, als die Fliege dem Flieger. Wir alle gleichen in gewissem Sinne allem."[343] Auch in der russischen Avantgarde firmiert Metamorphose als ästhetisches Konzept einer „offenen und veränderlichen Welt von Verwandlungen, wie sie für die metamorphische Welt der Avantgarde ganz allgemein war."[344]

---

340 Schmitz-Emans, *Poetiken der Verwandlung*, S. 52. Zum Beispiel des Wolfsmanns vgl. ebd., Anm. 105. Zu dieser Kontextualisierung des Übertragungsbegriffs vgl. Geulen, Metamorphosen der Metamorphose, S. 210.
341 Lichtenstern, „Vorwort", in: dies., *Metamorphose*, S. Vf., S. VI. Zu „‚Metamorphose'" und „‚Verwandlung'" als „Lieblingsvokabeln der ästhetischen Avantgarde" vgl. auch Schmitz-Emans, *Poetiken der Verwandlung*, S. 246.
342 Kuni, Metamorphose, S. 82. Vgl. Stelzer, *Die Vorgeschichte der abstrakten Kunst*, S. 28: „Daß Form als ein unveränderliches Regulativ für die Kunst nicht existiert, das wußte Paul Klee: Form ist ‚niemals als Erledigung, als Resultat, als Ende zu betrachten, sondern als Genesis, als Werden, als Wesen. Form als Erscheinung aber ist ein böses, gefährliches Gespenst. Gut ist Form als Bewegung, als Tun, gut ist tätige Form. Schlecht ist Form als Ruhe, als Ende. [...] Gut ist Formung. Schlecht ist Form. Form ist Ende, ist Tod, Formung ist Bewegung, ist Tat. Formung ist Leben.' Unter anderen spricht auch Franz Marc von der „‚ewige[n]' Suche nach ‚metamorphen Formen in der Kunst" (Aleksandar Flaker, Art. „Metamorphose", in: ders., *Glossarium der russischen Avantgarde*, Wien, Graz 1989, S. 390–400, S. 395).
343 Zit. n. Schmitz-Emans, *Poetiken der Verwandlung*, S. 251. Eine „hierarchiefreie, durch universale Kontiguität geprägte Welt" ist Programm der Merz-Kunst (ebd., Anm. 460).
344 Flaker, Metamorphose, S. 398. Jakobson beschreibt Metamorphose als „‚als Folge einer Realisierung der Trope, wobei sie die Trope in eine ‚Sujetkonstruktion' verwandelt." (Flaker, Metamorphose, S. 390) Flaker macht den Einsatz unterschiedlichster Metamorphosekonzepte aus (ebd., S. 396f.).

Nicht zufällig fasst der daran geschulte Formalismus Literatur als sich wandelndes, „‚beständig sich veränderndes, evolutionierendes Bezugssystem'"[345] und fokussiert auf „‚Entautomatisierung'"[346], die Schklowskij als „veränderte[n] Zug des Ähnlichen", dessen „Ungleichheit das ganze System zu verändern [vermag]",[347] ähnlichkeitstheoretisch auswertet.

Eine metamorphische Welt – deren Verfasstheit Paul Éluard mit den Worten formuliert: „Toutes les transformations sont possibles ..."[348] – und Text- und Bildverfahren der Metamorphose sind für den Surrealismus von programmatischer Bedeutung. Erst hier werde, so Lichtenstern, ein eigener Metamorphose-Begriff im engeren Sinne entwickelt: Zwar könne von *einer* „schlüssigen ästhetischen Theorie der Metamorphose" nicht gesprochen werden, doch werde die surrealistische „Auffassung von der Metamorphose entscheidend von der künstlerischen Praxis in Wort und Bild bestimmt"[349], wobei die Surrealisten an Nietzsches „revolutionäre[n] Gestus" anschließen:

> Durch die Surrealisten wurde die Metamorphose als Thema und als Gestaltungsprinzip zusammen mit dem Biomorphismus [...] und anderen prozeßorientierten surrealistischen Methoden wie der dessin automatique, der Frottage und der Decalcomanie auf breiter Grundlage in der Kunst des 20. Jahrhunderts verankert. Stets steht sie in einem Lebensbezug: Sie soll die gesellschaftliche Macht der selbstbestimmten Imagination und des ‚merveilleux' im Kampf gegen die einseitig vorherrschende Ratio bezeugen. Verwandlung als Indiz des zu sich selbst befreiten Menschen.[350]

Breton, Ernst, Carrington, Masson, Einstein, Dalí, Leiris, Bataille und andere greifen mythische und – auf die Genese und Transformabilität künstlerischer Formen reflexive – ästhetische Metamorphosevorstellungen Ovids, Apuleius' oder Leo-

---

345 Jurij Striedter, zit. n. Schmitz-Emans, *Poetiken der Verwandlung*, S. 246.
346 Ebd., S. 245. Als „Praktiken der Verwandlung" fast Schmitz-Emans „Verfremdung, Deformation, Entgrenzung" (ebd., S. 247). Im Dienst „der ästhetischen Abweichung" steht die „Deformation konventioneller Ausdrucksmittel" (ebd., S. 246), die als „Spielform der Verfremdung [...] suggeriert, dass keine vertraute Gestalt notwendig sei" (ebd., S. 247).
347 Schklowskij, *Von der Ungleichheit des Ähnlichen in der Kunst*, S. 14.
348 Zit. n. Pastor, *Studien zum dichterischen Bild*, S. 26.
349 Lichtenstern, *Metamorphose*, S. 122. Lichtenstern betont, man folge einer „falschen Prämisse [...], wollte man von den Surrealisten, die ja gerade dem herkömmlichen ästhetischen Diskurs abschworen, *per definitionem* erfahren, was Metamorphose sei" (ebd.).
350 Lichtenstern, Vorwort, S. V.

nardos auf[351] und entwickeln an Heraklit, der hermetisch-alchemistischen Tradition und Nietzsche orientierte Metamorphosekonzepte.[352]

Das Metamorphoseverständnis „*im Umkreis Bretons*" beschreibt Lichtenstern als „komplexes, für die bildende Kunst folgenreiches Theorem".[353] Breton findet das von ihm betonte ‚Prinzip dauernder Verwandlung' in Lautréamonts Poetik, dessen Aufruf: „‚Folgen wir dem Strom, der uns mit sich reißt'"[354] auf die phantastisch-metamorphotische Bilderflut seiner Texte verweist. In *Die Gesänge des Maldoror* imaginiert der Ich-Erzähler die Verwandlung in einen wilden Eber:

> Die Verwandlung erschien meinen Augen immer nur als das hohe und großmütige Echo eines vollkommenen Glücks, das ich schon lange erwartete. Endlich war er gekommen, der Tag, da ich ein Schwein wurde! Ich versuchte meine Zähne an der Rinde der Bäume; meine Schweineschnauze betrachtete ich mit Wonne. Es blieb auch kein Tüpfelchen Göttlichkeit übrig: ich konnte meine Seele bis zur äußersten Höhe dieser unaussprechlichen Wollust erheben. Hört mich also an, und errötet nicht, unerschöpfliche Karikaturen des Schönen, die ihr das lächerliche, höchst verächtliche Eselsgebrüll eurer Seele ernst nehmt, und die ihr nicht begreift, warum der Allmächtige in einem seltenen Augenblick vortrefflicher Possenreißerei, die gewiß nicht die allgemeinen Gesetze des Grotesken überschreitet, sich eines Tages das bewunderungswürdige Vergnügen gönnte, einen Planeten mit seltsamen und mikroskopischen Wesen zu bevölkern, die man MENSCHEN nennt und deren Materie der roten Koralle gleicht.[355]

Mit dieser triumphalen Umwertung der Degradation, die sich der Ästhetik des Hässlichen anschließt, wird Metamorphose in explizit antiidealistischer Tonalität aufgewertet; über diese Szene hinaus ist der Text geprägt von einander ablösenden

---

351 Vgl. Lichtenstern, *Metamorphose*, S. 128: Apuleius wird auf der in *Littérature* 1923 veröffentlichten Liste von Vorbildern geführt; Pierre Mabille druckt 1940 Auszüge aus Apuleius und Ovid. Mythische Metamorphosemotive werden aktualisiert, wenn Dalí Narziss malt oder Magritte das Pygmalionmotiv aufgreift. Vgl. auch das titelgebende Wesen der Zeitschrift *Minotaure*, das, selbst *keine* Gestalt der Metamorphose, sondern mythisches Mischwesen, das Interesse der Surrealisten am Mythos bezeugt (vgl. Lichtenstern, *Metamorphose*, S. 138 f.).
352 Vgl. Lichtenstern, *Metamorphose*, insbes. Teil II: „Metamorphose in Theorie und Praxis des Surrealismus", S. 121–276; unter anderem untersucht Lichtenstern Metamorphosekonzepte Bretons, Leiris', Batailles und Einsteins (vgl. ebd., S. 125 ff.).
353 Lichtenstern, *Metamorphose*, S. 132. Vgl. ebd., S. 132–149.
354 Zit. n. Werner Spies, „Die Desaster des Jahrhunderts", in: Ernst, *Une semaine de bonté*, S. 10–71, S. 28.
355 Lautréamont, Die Gesänge des Maldoror, S. 166 f. Lautréamonts „Verwandlungen besonders im Bereich von Tier und Mensch" führt Lichtenstern mit Capretz auf Darwins Abstammungslehre zurück (vgl. Lichtenstern, *Metamorphose*, S. 134).

Metamorphosephantasmen.[356] Orientiert an Lautréamonts Texten, „die Elisabeth Lenk auf die Formel gebracht hat: ‚Die Metapher wird zur Metamorphose'", zielen literarische Experimente etwa Bretons und Éluards auf eine „allseitig offene Metamorphosemetaphorik"[357], in deren Dienst auch die Erforschung des Traumes mit seiner charakteristischen Transformabilität steht: „Um die Metamorphose im surrealistischen Sinn als Potential der Befreiung wirksam werden zu lassen, hatten Breton und seine Gruppe aus ihrer Proklamation des Unbewußten heraus poetische Verfahren wie die dissoziierende Metaphorik, die ‚écriture automatique' und das Traumexperiment entwickelt".[358] Die Verwandlungen der entgrenzten Metaphorik dienen der erneuernden, relationsstiftenden Arbeit an der Sprache, deren Assoziabilität die surrealistische Metapher ausstellt. So schreibt etwa Robert Desnos: „ARGOT – L'argot de Rrose Selavy, n'est-ce pas l'art de transformer en cigognes les cygnes?"[359] Breton sucht „die mythologische Metamorphose mit alchemistischen, philosophischen, literarischen und künstlerischen Modellen der Gestalt- und Selbstverwandlung zu einem poetischen Leitbild zu verknüpfen, das in engem Zusammenhang mit seinen ästhetischen Konzeptionen des ‚merveilleux' und der ‚beauté convulsive' zu sehen ist."[360] Im *Zweiten Manifest des Surrealismus* bekräftigt Breton 1930 das Ziel, „unser gesamtes psychisches Vermögen zurückzugewinnen auf einem Wege, der nichts anderes ist als der schwindelnde Abstieg in uns selbst, die systematische Erhellung verborgener Orte und die progressive Verfinsterung anderer, ein ständiges Wandeln auf streng verbotenem Terrain", mit den Worten, dieses Bestreben habe „nicht die mindeste Aussicht […], an sein Ziel zu gelangen, solange der Mensch noch ein Tier von einer Flamme oder einem Stein zu unterscheiden vermag – der Teufel, sage ich, bewahre die surrealistische Idee davor, jemals ohne Metamorphosen auskommen zu wollen."[361] Das von Breton und Éluard 1938 herausgegebene *Dictionnaire*

---

356 Vgl. Lichtenstern, *Metamorphose*, S. 134: „Maldoror lebt als Inkarnation des Bösen in vielgestaltigen Metamorphosen, ist Gejagter und Verführer in einem und verschmilzt immer wieder mit dem Erzähler-Ich." So suche Lautréamonts „‚poétique de la transgression' […] ‚sowohl den Menschen als auch jenen, der ihn schuf, anzugreifen' (Lautréamont), das heißt den Schöpfer selbst zu zwingen, in die Metamorphosen einzutreten, die die Beständigkeit seiner Schöpfungen in Frage stellen" (ebd.).
357 Ebd., S. 133.
358 Lichtenstern, *Metamorphose*, S. 150.
359 Robert Desnos, zit. n. Breton, Dictionnaire abrégé du surréalisme, S. 790 [sic].
360 Kuni, Metamorphose, S. 81.
361 Breton, *Zweites Manifest des Surrealismus*, S. 65. Im Original: „Le diable préserve, dis-je, l'idée surréaliste de commencer à aller sans avatars" (André Breton, „Second manifest du surréalisme", in: ders., *Œuvres complètes*, Bd. 1, S. 730–828, S. 791).

abrégé du surréalisme definiert Metamorphose wie folgt: „MÉTAMORPHOSE: Als Gregor Samsa eines Morgens aus unruhigen Träumen erwachte, fand er sich in seinem Bett zu einem ungeheuren Ungeziefer verwandelt. [...]. Ich komme als Sperber und gehe als Phönix (Ägyptischer Text).'"[362]

Während also poetisch und poetologisch „Metamorphose im Horizont der assoziierenden Metaphorik und der écriture automatique als ästhetische Kategorie"[363] produktiv wird, entwickelt die bildende Kunst neben der Adaption mythischer Themen biomorphe und formgenetische Verfahren.[364] Metamorphose lässt sich als eines der beiden zentralen Bildverfahren des Surrealismus charakterisieren,[365] die, so Schneede, gekennzeichnet sind durch die „Kollision einander fremder Wesen, Objekte, Wörter oder die Verwandlung vom einen ins andere. Ersteres nennen wir als Methode *Kombinatorik*, letzteres *Metamorphose* – und das dazu notwendige Herausheben der Wesen, Objekte und Wörter aus ihrem Kontext *Entfremdung*."[366] Die Isolierung aus Kontextbezügen ermöglicht imaginativ vervielfältigte Bezüge: „Die Metamorphose also führt wie die Kombinatorik in die Tiefen des Unbewußten und der Abgründe, ins Freie des Wunderbaren und der Überraschungen."[367] Zeigen sich motivische Beispiele etwa in den „in einer wilden Metamorphose"[368] zerfließenden Körpern der Bilder Salvador Dalís wie *Le Jeu lugubre*, entwickeln

---

362 Zit. n. Lichtenstern, *Metamorphose*, S. 137: Den Text „MÉTAMORPHOSE. – [...] J'arrive en Épervier et je sors en Phénix (*Texte égyptien*)" (Breton, Dictionnaire abrégé du surréalisme, S. 859) zitiert Breton auch in *Signe ascendant* im Kontext des analogischen Bildes (vgl. André Breton, „Signe ascendant", in: ders., *Signe ascendant*, Paris 1949, S. 10). Lichtenstern leitet diese Textstelle als poetisch überformten Fund Éluards mit Paul Pierret vom *Turiner Totenbuch*, das den altägyptischen Text überliefert, her. Die „traumästhetische Perspektive", die im Verweis auf Kafka gegeben ist, werde so ergänzt um eine in den 30er Jahren bedeutsame, maßgeblich von bildenden Künstlern entwickelte „mythische Perspektive", die ihre Quellen nicht nur in der griechischen Antike sucht (Lichtenstern, *Metamorphose*, S. 138).
363 Lichtenstern, Vorwort, S. V.
364 Ein metamorphotisches Architekturkonzept entwirft etwa Friedrich Kiesler (vgl. Detlef Mertins, „,Where Architecture Meets Biology': An Interview with Detlef Mertins", online unter http://repository.upenn.edu/arch_papers/7, 20.6.2018 (o. S.): „For Kiesler, [...] forms are always contingent. They're fluid, changing, they're a moment in between: you go from formlessness to form and then back to formlessness, and it keeps going. Form as a concept becomes nested inside this dynamic model of the universe, and that changes it.'".
365 Schneede (*Die Kunst des Surrealismus*, S. 144) sieht die Zufallsbilder der *Cadavres Exquis* in diesem Zusammenhang, die Frottagen und Décalcomanien Ernsts, Massons Zeichnungen, Gemälde Magrittes und Dalís und Zeichnungen Bellmers.
366 Schneede, *Die Kunst des Surrealismus*, S 141 f.
367 Ebd., S. 144. Bereits die Konzeption der Groteske zeigte die Metamorphose als einer *ars combinatoria* verbunden.
368 Rübel, *Plastizität*, S. 95.

die *formgenetische* Dimension etwa Max Ernsts Frottageverfahren und André Massons Zeichnungen.

Ernsts mehrdimensionales Metamorphosekonzept, das sich mit der Programmatik der surrealistischen Metaphern in Verbindung bringen lässt, kommt besonders deutlich in seinem formgenetischen Frottageverfahren, das Abdrücke natürlicher und künstlicher Materialien in Zeichnungen ikonischer Ähnlichkeit transformiert, zum Tragen. Lichtenstern ordnet es den im Umkreis Bretons entwickelten „‚introvertiert[en]'", auf die Erforschung der Imagination und „auf Bewußtseinsforschung, mithin eher erkenntniskritisch angelegt[en]"[369] Konzepten bei. Es vereint die Aspekte der „*Metamorphose als Gestaltungsprinzip*" und einer „*neuen mythischen Perspektive der Surrealisten*"[370] und wird auf mehreren Bedeutungsebenen produktiv: auf der identitären Ebene der ‚Künstlermetamorphose', für die etwa Alter-Ego-Figuren wie Vogelwesen stehen; auf der motivischen Ebene, die Mischwesen, Monstren der Einbildungskraft und phantastisch-mythische Wesen verbildlicht; auf der formalen Ebene als prozessuales Gestaltungsprinzip der Formgebung, das – im Rückgriff auf Leonardo – imaginatives Ähnlichkeitssehen, Metamophosekonzeption und Ähnlichkeitsreflexion verbindet; und auf der Ebene der Programmatik, die mediale und gestalterische Übersetzungs- und Transformationsprozesse in Metaphern des Fluiden, der Verwandlung und Metamorphose fasst. Diese Aspekte der identitär, mythopoetisch, motivisch, formal und konzeptuell als ästhetisches Prinzip reflektierten Metamorphose werden in der Frottage als metamorphotisches Gestaltungsprinzip, das an „Naturzitaten" die „Verwandlung des natürlichen Milieus ins Phantastische" vollzieht, durchgespielt.[371] Die Ähnlichkeits-Thematik *als* Metamorphose-Thematik reflektiert explizit die Frottageserie *Histoire Naturelle*: „Unter der Hand entstand aus dem halluzinierten Betrachten der Abdrücke der Natur eine persönliche Naturmythologie, die Max Ernst in seiner ‚Histoire Naturelle' wie in einem Musterbuch zusammenfasste."[372]

---

[369] Lichtenstern, *Metamorphose*, S. 136. Die von Lichtenstein differenzierten introvertierten und extrovertierten Konzepte erscheinen vielfach als miteinander einhergehende Aspekte, etwa bei Leiris und Einstein.
[370] Lichtenstern, *Metamorphose*, S. 144. So lassen sich die von Lichtenstern unterschiedenen Aspekte allenfalls heuristisch trennen.
[371] Haftmann, Das Ding und seine Verwandlung, S. 28.
[372] Ebd.; vgl. Lichtenstern, *Metamorphose*, S. 150; vgl. Schmitz-Emans, *Poetiken der Verwandlung*, S. 248: „Wenn aber die Natur in die Kunst Einzug hält [...] – so verweist dies indirekt auch auf den metamorphotischen Charakter der gegenständlichen Welt. Oft werden die ‚natürlichen' Komponenten der ästhetischen Gebilde [...], in den Blick gerückt."

Bildkonzepte wie die Ernsts und Massons kommentiert Einstein, der eine eigene Theorie der Metamorphose entwirft,[373] in *Kunst des 20. Jahrhunderts* (1926) mit den Worten: „Allmählich erkannte man, daß das bekannte Motiv durchaus nicht immer Ende der menschlichen Prozesse sein muß, sondern aus diesen eine noch unbekannte oder unvermutete Gestalt erwachsen kann. Damit war eine lang vergessene Kraft wiedergefunden, nämlich das freie, mythische Schauen."[374] Er analysiert den „Dynamismus" eines „psychographischen Prozeß[es]", der die „tektonischen Merkmale der Dauer" auflöse,[375] an Zeichnungen Massons: „Nun gibt man die anscheinend inkohärenten Analogien des inneren Ablaufs".[376] In einem Artikel über Picasso formuliert er den nietzscheanisch inspirierten avantgardistischen Anspruch der Verwandlung: „Zu Ende der Reproduktionsbetrieb, Schöpfung beginnt: Ironische Brutalität gegen sich selbst, um metamorphotisch sich zu wandeln. [...] Unsere Freiheit war allzulange in Bildern kompromittiert, die schmeichlerisch der Erhaltung des Typs dienten, statt seine tatsächliche Verwandlung zu bewirken."[377] Dies verweist auf einen Zusammenhang der von Lichtenstern als „‚introvertiert'", auf die Erforschung der Imagination konzentriert und „weniger ontologisch als [...] erkenntniskritisch angelegt"[378] beschriebenen Konzepte, denen auch Ernsts Frottageverfahren beizuordnen sei, mit dem von ihr als „‚extravertiert'" gekennzeichneten Strang der Konzeption der Metamorphose als „Ektase und Identifikationsproblem" in der „Konsolidierungsphase"[379] zunehmender Theoretisierung in den 30er Jahren, die „von

---

373 Vgl. Klaus K. Kiefer, „Die Ethnologisierung des kunstkritischen Diskurses – Carl Einsteins Beitrag zu ‚Documents'", in: Hubertus Gaßner (Hg.), *Élan Vital oder das Auge des Eros. Kandinsky, Klee, Arp, Miró, Calder*, München 1994, S. 90–103, S. 99: Lichtensterns Forschungen zur Metamorphose bliebe „lediglich hinzuzufügen, daß kein anderer als Einstein eine wirklich umfassende – eine kosmologische Theorie der Metamorphose entwickelt hat, auf deren Basis er es sogar wagt und wagen kann, dem Morphologen Goethe polemisch gegenüberzutreten [...]: ‚Zwar hexameterte Goethe didaktisch über die Metamorphose der Pflanzen und Tiere, doch verstand er nie den Kampf um die Metamorphose der menschlichen und kosmischen Struktur.'" (Zit. n. ebd.).
374 Ebd., S. 163.
375 Ebd., S. 170. Die aus „tektonischen oder klassischen Hemmungen" (ebd., S. 169) resultierende „Statik" beschreibt Einstein als „Ergebnis der Todsangst" (ebd., S. 170). Die Hingabe an Regression erlöse aus der „Indifferenz" um den Preis der „Selbstvernichtung" (ebd.).
376 Ebd., S. 172.
377 Carl Einstein (*Cahiers d'Art* 7 (1932), S. 144), zit. n. Lichtenstern, *Metamorphose*, S. 129.
378 Lichtenstern, *Metamorphose*, S. 136. Im Blick auf diesen Zusammenhang erscheint Lichtensteins Differenzierung von Masson und Ernst allenfalls heuristisch berechtigt; Überkreuzungen beider Aspekte lassen sich auch bei Leiris und Einstein beobachten.
379 Ebd., S. 126.

einem verstärkten Interesse am Mythos überlagert" werde.[380] Insbesondere die (Post-)Surrealisten und Mitglieder des Collège de Sociologie um Bataille, wie Einstein, Michel Leiris und Roger Caillois theoretisieren – etwa in der Zeitschrift *Documents*[381] – Metamorphose und Formlosigkeit im Kontext mimetischer Verwandlung, Deformation und ‚Kontamination' durch das ‚niedere' Materielle, die an eigene und andere ‚Kulturen der Verwandlung' anschließen.[382]

> Unter dem Eindruck ethnologischer Theorien über das ‚primitive' Denken wendete sich der Surrealismus in den 1920er und 1930er Jahren zunehmend von der Imitation optischer Formen ab und stattdessen – auch in der westlichen Tradition verankerten – Figuren der Verwandlung bzw. Alterität zu. In den Werken von Salvador Dalí, Man Ray, André Masson und anderen Künstlern aus dem Umfeld des Surrealismus dominieren sich verflüssigende, traumartige Formen und die Auflösung des menschlichen Körpers als ekstatische Erfahrung des Außer-sich-Seins (*hors de soi*). So lässt sich nach Cheng durch die unterschiedlichen formalen Ausgestaltungen hindurch vor allem ein charakteristisches Leitmotiv ausmachen: Das Motiv der „mimetischen Metamorphose".[383]

So entwickelt Einsteins „ethnologische Untersuchung" der Bilder Massons die angedeutete Konzeption weiter: In der Tendenz, „das Imaginative als Herrscherin anzuerkennen", das als „das Beweglichste und Tödlichste" nicht „als Zeichen willkürlicher Subjektivität zu bewerten" sei, sondern „von fatalen, kaum

---

380 Ebd., S. 137.
381 Georges Bataille, *Documents*, hg. v. Bernard Noël, Paris 1968, vgl. https://gallica.bnf.fr/ark:/12148/bpt6k32951f/f27.image.r=documents (1, 1929) und https://gallica.bnf.fr/ark:/12148/bpt6k32952s.r=documents?rk=42918;4 (2, 1930), die deutsche Übersetzung der ersten Ausgabe ist publiziert im Anhang zu Gaßner, *Élan Vital oder das Auge des Eros*; vgl. Dawn Ades, *Undercover surrealism: Georges Bataille and Documents*, London 2006; Didi-Huberman, *Formlose Ähnlichkeit*. Dabei widmet sich Einstein „bildnerischen Metamorphosephänomenen" (Lichtenstern, *Metamorphose*, S. 127): Er veröffentlicht in *Documents* zahlreiche Artikel „zum Metamorphosephänomen in der modernen Kunst", etwa über Masson, Klee und Picasso: „Im Blick auf Picassos Metamorphosethematik von 1929/30 sieht Einstein sein eigenes Theorem von der ‚metamorphotischen Identifikation' bestätigt." (Ebd., S. 129) Vgl. Georges Didi-Huberman, „Der kurze Sommer der Verausgabung", in: Franz Engel, Yannis Hadjinicolaou (Hg.), *Formwerdung und Formentzug* (Actus und Imago, Bd. XVI), Berlin, Boston 2016, S. 123–169.
382 Vgl. Eidelpes, *Entgrenzung der Mimesis*, S. 30: „Um das Motiv der Metamorphose, Figuren der Verwandlung und Zustände von Alterität kreisen auch Batailles, Caillois' und Leiris' Texte der 1920er und frühen 1930er Jahre. Sie verstanden ihre Arbeiten im Unterschied zu den Surrealisten aber nicht als künstlerische, sondern als wissenschaftliche bzw. theoretische Auseinandersetzung mit der Ethnologie. Im Zentrum standen Überlegungen zur Theorie und Praxis der Mimesis." Hier lassen sich, wie im Teilkapitel zu Mimikry deutlich wird, auch Caillois' Forschungen zu Mimikry und Mimese anschließen.
383 Ebd., S. 30; im Verweis auf Joyce Cheng, „Mask, Mimicry, Metamorphosis: Roger Caillois, Walter Benjamin and Surrealism in the 1930s", in: *Modernism/modernity*, 16, 1 (2009), S. 61–86, S. 68.

steuerbaren Prozessen her[rührt]"[384], erkennt Einstein die „Wiederkehr einer psychologischen Archaik, die sich einer lediglich nachahmenden Archaik der Formen widersetzt."[385] Die selbstentäußernde „Obsession" der Metamorphose ermögliche, sich „gegen die halluzinatorischen Kräfte [...] durch das Mittel der Form" zu schützen und sich zugleich „dem Strom der Kräfte hinzugeben":

> Man kann Objekte nach der Anschauung zeichnen oder sie als Symptome oder Teile psychologischer Vorgänge werten. Der Abstand zwischen Subjekt und Objekt wird dadurch geringer. Mensch und Gegenstand bilden eine Einheit, und wir konstatieren eine totemistische Identifizierung, die als magischer oder psychologischer Archaismus gedeutet werden kann. Die Herstellung wird nicht mehr von biologischen, sondern entsprechend der halluzinatorischen Abläufe bestimmt. Man gelangt zu einer Auflösung der Objekte zugunsten eigenständiger psychologischer Analogien.[386]

Die ‚Objekte' seien „Gegenstand einer totemistischen Identifikation" und der „unmittelbare[n] psychischen Funktion", die Einstein der mythischen Metamorphose anschließt:

> [W]as Massons Bilder gewissermaßen durch Ansteckung provozieren, ist eine mythische Reaktion. Wenn es zutrifft, daß das Ich in der Ektase verschwindet, kann man von einem abgestimmten Verhalten sprechen. Man denke an die Bedeutung der Verwandlungen in primitiver Zeit und an die exogamen Bedürfnisse, um die Identität zu erweitern. Man denke an die Masken-Gewänder, die zur Identifikation mit Tieren, Ahnen usw. anregten. Eine andere Kraft, eine andere Gestalt ersetzt das ausgelöschte Ich des Geistersehers. Dagegen geht das ausgelöschte, aus dem Körper des Sehers ausgetretene Ich in ein Tier, einen Stein oder eine Pflanze ein. Die Metamorphose ist das klassische Drama des Totemismus und wahrscheinlich eines der ältesten dramatischen Motive (Tierpantomimen, Maskentänze). In diesen Dramen feiert man die Einverleibung neuer magischer Kräfte, und das Tier stirbt stellvertretend für den Menschen.[387]

Die konzeptuelle Verflechtung solcher „Identifikation mit dem Tier" mit einem in der ästhetischen Moderne nachwirkenden mimetischen ‚Vermögen' wird besonders deutlich, wenn Einstein auf die durch die Bilder evozierte imaginäre Erfahrung fokussiert: „Die nach rationaler Auffassung heterogenen Elemente verschmelzen ineinander im Verlauf einer Halluzination. Die klassischen Resultate sind bekannt; Chimären, Harpyien, Zentauren, Sphinx, Dryaden, Leoparden- und Krokodilmenschen entspringen einer totemistischen Identifikation heterogener Formen. [...] Die Grenzen der Dinge haben sich aufgelöst." Massons

---

[384] Carl Einstein, „André Masson. Eine ethnologische Untersuchung", in: Gaßner, *Élan Vital oder das Auge des Eros*, S. 492–494, S. 492.
[385] Ebd., S. 493.
[386] Ebd.
[387] Ebd., S. 494.

Bildwelt beschreibt er als „Projektion, durch die man einander widersprechende Formen zu einer einzigen Funktion verbinden kann. Und was vor allem hervorsticht in dieser Metamorphose, ist das Drama der Verwandlung."[388] Die Konzeptualisierung der metamorphotischen Identifikation steht im Kontext der von Einstein konstatierten „‚Primitivierung'" der Moderne[389] und des „‚Erfahrungsmodus' einer gegenseitigen Durchdringung von Subjekt und Objekt, in dem auf halluzinatorische Weise das ‚Ich zur metamorphotischen Person' (Einstein) sich weitet".[390]

In ethnologisch inspirierter Perspektive untersuchen auch Leiris' Texte in *Documents* Metamorphose im Schnittpunkt der Diskurse von Imagination, Animismus, totemistischer Identifikation, Magie und Beseelung, extatischer Selbsttransformation, Verkleidung und Mode, die im Blick auf ein Konzept des *anderen Zustandes* – „*hors de soi*" – aktualisiert werden:[391] Mit diesem Titel versieht er 1929 seinen Eintrag zu Metamorphose in dem „Kritischen Wörterbuch" der *Documents*; nach dem Beitrag Marcel Griaules, der ethnologische Betrachtungen ‚abessinischer Verwandlungsspiele' erklärt, notiert er unter 2):

> *Außer sich.* Die *Metamorphosen* von Ovid und der Roman von Apuleius, *Metamorphosen oder Der goldene Esel*, werden immer zu den poetischsten Schöpfungen des Menschen zählen, da ihre eigentliche Grundlage die Verwandlung ist. Ich bedaure die Menschen, die nicht zumindest einmal in ihrem Leben davon geträumt haben, sich in irgendeinen der verschiedenen Gegenstände zu verwandeln, mit denen sie umgeben sind: Tisch, Stuhl, Tier, Baumstamm, Blatt Papier [...]. Ohne von den magischen Kunstgriffen zu sprechen, die es erlauben würden, diese Metamorphose wirklich zu bewerkstelligen (allerdings für

---

[388] Alle vorhergehenden Zitate ebd.
[389] Zit. n. Lichtenstern, *Metamorphose*, S. 129.
[390] Ebd., S. 130. Sowohl seine literarischen Experimente als auch seine kunsttheoretische Metamorphoseauffassung stehen in Bezug zu Nietzsche: Einstein begreift „‚Dichtung als Verwandlung'"; hierfür finden sich in *Verwandlungen. Vier Legenden* (1908) Beispiele, wie die Identifikation mit einem Vogel (ebd., S. 130). Vgl. Kiefer, Die Ethnologisierung des kunstkritischen Diskurses, S. 99f.
[391] Vgl. Lichtenstern, *Metamorphose*, S. 127. Den Begriff bedenkt er 1925 in seinem in der Zeitschrift La Révolution surréaliste erschienenen „Glossaire" mit der Definition „metamorphoses = maladie métaphysique des morts" (ebd.) Leiris' Projekt des „GLOSSAIRE: J'y SERRE mes GLoses" erklärt er selbst 1939 so: „‚Wenn wir die Wörter [...] zerlegen, ohne darum besorgt zu sein, der Etymologie oder der allgemein anerkannten Bedeutung zu folgen, dann werden wir ihre verborgensten Kräfte entdecken und die geheimen Verzweigungen, die sich durch die gesamte Sprache ziehen, gelenkt von Klang, Form- und Gedankenassoziationen.'" (Ebd., S. 126) Auf dieser Basis generiert er seine ‚Definitionen'. Zu Maske und Verkleidung vgl. Michel Leiris' 1930 in Documents publizierten Artikel: „Das ‚caput mortuum' oder die Frau des Alchemisten", in: Gaßner, *Élan Vital oder das Auge des Eros*, S. 514–516; vgl. auch Cheng, Mask, Mimicry, Metamorphosis.

eine mehr oder weniger lange Zeit), steht fest, daß nichts zählt außer dem, was in der Lage ist, den Menschen wahrhaftig außer sich zu bringen [...].[392]

Hors de soi als „psychologische Metamorphose der Leidenschaft" und ästhetischer Zustand, der als „*Selbsterfahrung* [...] *der Ekstase*"[393] in surrealistischen Konzepten eine zentrale Rolle spielt, wird so „im Sinne imaginativer und poetischer Selbstverwandlung des Menschen interpretiert" und in einem „ethnopsychologischen" Kontext reflektiert.[394] Entsprechend definiert unter 3), „Animaux sauvages", Bataille, mit dessen Begriff der „Ekstase" das *hors de soi* konvergiert,[395] den „Zwang zur *Metamorphose* als ein gewaltsames Bedürfnis [...], *das sich übrigens mit allen unseren tierischen Bedürfnissen vermischt* und das den Menschen dazu anstachelt, sich plötzlich der Gesten und Posen zu entledigen, die vom menschlichen Wesen gefordert sind" – weniger eine *Verwandlung in Anderes* als eine Befreiung des eigenen *tierischen Wesens*:

> In jedem Menschen gibt es also ein Tier, das wie ein Sträfling im Gefängnis eingeschlossen ist, und eine Tür – und wenn man die Tür halb öffnet, stürzt sich das Tier nach draußen, wie ein Sträfling, der den Fluchtweg gefunden hat; daher kommt der Mensch bis auf weiteres plötzlich zu Tode, und das Tier verhält sich wie ein Tier, ohne sich darum zu sorgen, die dichterische Bewunderung des Todes hervorzurufen.[396]

Diese Konzeptualisierungen – gerade die Batailles, die Metamorphose im Kontext seines Begriffes der *bassesse* als „Gleichnis für die Niedrigkeit der vulgären Triebe" verhandelt[397] – opponieren gegen die wertende Dichotomie von Degra-

---

[392] Michel Leiris, „Metamorphose – 2) *Außer sich*", in: *Kritisches Wörterbuch*, S. 38 f., S. 39 [*Documents* I, 6 (1929)].
[393] Lichtenstern, *Metamorphose*, S. 128. „Zu seiner surrealistisch-ethnopoetischen Perspektive der Metamorphose als ‚hors de soi' und Ekstase finden sich im Bereich der bildenden Kunst der Surrealisten [...] viele Parallelen" (ebd., S. 29).
[394] Kuni, Metamorphose, S. 81. Lichtenstern (*Metamorphose*, S. 128) sieht den Artikel im Kontext des aufkeimenden ethnologischen Interesses Leiris'. Vgl. Michel Leiris, *Das Auge des Ethnographen* (Ethnologische Schriften, Bd. 2), übers. v. Rolf Wintermeyer, hg. v. Hans-Jürgen Heinrichs, Frankfurt a. M. 1987; ders., *Phantom Afrika. Tagebuch einer Expedition von Dakar nach Djibouti 1931–1933*, 2 Bde., übers. v. Rolf Wintermeyer, hg. v. Hans-Jürgen Heinrichs (Ethnologische Schriften, Bd. 3 u. 4), Frankfurt a. M. 1985.
[395] Lichtenstern, *Metamorphose*, S. 128. Das Interesse Batailles an Ekstase und Leiris' an Besessenheit und Trance verweise auf eine „paradoxe Grundsituation: Dichter wie Künstler drängen unter Ausschluß jeder Transzendenz auf Bewußtseinserweiterung insbesondere auf dem Wege der Metamorphosedarstellung, die ihrerseits aus ihren eigenen geistesgeschichtlichen Prämissen heraus zur Metaphysik strebt." (Ebd, S. 136).
[396] Georges Bataille, „Metamorphose – 3) *Wilde Tiere*", in: *Kritisches Wörterbuch*, S. 39 f., S. 40.
[397] Lichtenstern, *Metamorphose*, S. 128.

dation und Aszension. Im Rückgriff auf Nietzsche[398] richten sich Batailles antiidealistische Metamorphosekonzeption, Einsteins totemistische Identifikation und Leiris' Begriff des *hors de soi* ebenso gegen Aszendenz als Reinigung, Läuterung, Verklärung, Vergeistigung und einen transzendenten Bezugspunkt des Anders-Werdens[399] wie gegen die Deklassierung des Materiellen, Sinnlichen und Animalischen. Zusammenfassen lassen sie sich als Konzeptualisierungen einer „existentielle[n] Ausdrucksform, die [...] Erfahrungen und Utopien einschließt, wie *Ekstase, Halluzination, transpersonale Subjektivität* u. a. m, vorwiegend das *Problem der Identitätsfindung*"[400] adressierend. Dabei verweist diese im Surrealismus aktivierte Dimension einer ‚entgrenzten' Mimesis als im platonischen Sinn ‚niedere' Mimesis deklassierender Verwandlung zugleich auf einen systematischen Zusammenhang mit den Konzepten des *Trugbilds* und der *Mimikry*.[401]

3.3 Simulacrum

> Les *copies* sont possesseurs en second, prétendants bien fondées, garantis par la ressemblance; les *simulacres* sont comme les faux prétendants, construits sur une dissimilitude, impliquant une perversion, un détournement essentiels. C'est en ce sens que Platon divise en deux le domaine des images-idoles: d'une part les *copies-icônes*, d'autre part les *simulacres-phantasmes*. (Gilles Deleuze)[402]

Der Begriff des *Simulacrums* (lat. *simulacrum*, von *simul-*, *similis*, ‚ähnlich'), ins Englische als ‚semblance', ins Deutsche als ‚Trugbild' übersetzt, gehört

---

398 Vgl. Lichtenstern, *Metamorphose*, S. 122–126: Er habe „zentrale Probleme der surrealistischen Metamorphosekonzeption vorformuliert" (ebd., S. 122). Batailles gleichnishafter Gebrauch der Metamorphose erinnere an „sein großes Vorbild" (ebd.).
399 Vgl. ebd., S. 128.
400 Ebd., S. 130.
401 Schmitz-Emans sieht „Affinitäten zum Konzept der Verwandlung" im Rekurs auf das „Performanz-Paradigma" (*Poetiken der Verwandlung*, S. 246, Anm. 450); vgl. auch Cheng, Mask, Mimicry, Metamorphosis, S. 68, passim; Lomas, Artist-Sorcerers, S. 369, Anm. 12. An diese Perspektiven anschließen lassen sich Überlegungen zu einer ‚symmetrischen Anthropologie', zum interspezifischen Perspektivismus und zu einem relationalen Denken jenseits der Dichotomie von Natur und Kultur, wie es etwa Philippe Descola vertritt: „L'identité des humains, vivants et morts, des plantes, des animaux et des esprits est tout entière relationnelle, et donc sujette à des mutations ou à des métamorphoses selon les points de vue adoptés. (Philippe Descola, Par-delà nature et culture, Paris 2005, S. 29).
402 Gilles Deleuze, „Simulacres et philosophie antique", in: ders., *Logique du sens*, Paris 1969, S. 292–307, S. 295 f.

der Dimension der *Simulation*, *Illusion* und *Täuschung* an, in der Ähnlichkeit ein „Phantasma der Überschreitung" bedingt, das die „‚Illusion' von Präsenz"⁴⁰³ hervorruft. Er betrifft einen Aspekt der Ähnlichkeit in der mimetischen „Erzeugung *virtueller Welten*"⁴⁰⁴ und gehört – wie *Mimikry* – zu denjenigen Begriffen aus ihrem Feld, die unter dem Vorzeichen der *Unähnlichkeit* theoretisiert wurden: Mit postmodernen Theorien der Simulation, Virtualität und Hyperrealität zum Signum der Moderne avanciert, kommt ihm eine zentrale Bedeutung in der differenztheoretischen Kritik der Ähnlichkeit zu. So konstatiert Deleuze: „Die Moderne wird durch die Macht des Trugbildes definiert."⁴⁰⁵ Mimesis und Repräsentation hätten sich erfüllt und aufgehoben, wenn Simulation sie im „Taumel des Trugbildes"⁴⁰⁶ ersetze. Das Trugbild, so auch Foucault, bestimme in einer Struktur differentieller Wiederholung den „unbestimmten und umkehrbaren Bezug des Gleichartigen zum Gleichartigen".⁴⁰⁷ Baudrillard zufolge initiiert die Simulation einen ursprungs- und endlosen Bildertaumel referenzloser Imitationen ohne Original, in dem das Reale ebenso verschwinde wie Gott und Subjekt, Sinn und Bedeutung.⁴⁰⁸ Neuere literatur-, kunst- und kulturwissenschaftliche Theorien betonen neben der referenzlosen Selbstbezüglichkeit des Simulacrums besonders dessen Subversion der Autorität der Repräsentation und beschreiben es als Gegenkonzept überkommener Mimesistheoreme: Eine Perspektive, die we-

---

403 Andree, *Archäologie der Medienwirkung*, S. 25. Andree bezieht sich hier nicht im engeren Sinn auf Bilder, sondern veranschlagt einen Zeichenbegriff: „Ähnliche Zeichen bzw. Texte durchstreichen die Medialität durch die Simulation des Gegenstands (so daß sie am Ende keine Zeichen mehr sind, sondern die ‚Illusion' von Präsenz erzeugen)".
404 Ebd., S. 34; vgl. ebd., S. 33 f. Der Begriff zählt ideengeschichtlich zu den Dimensionen des Mimesisbegriffs. Grassi führt diesen etymologisch zurück auf den indogermanischen Stamm *mei, mai, mi*, ‚täuschen' und „maya, Wandlung, Verwandlung im negativen Sinne etwa von Truggestalt. [...]. Aus der Mimesis als Tausch, Wandlung und in diesem Sinne auch Nachahmung wird Täuschung, Trugbild, Lüge." (Ernesto Grassi, *Die Theorie des Schönen in der Antike*, Köln 1962, S. 164).
405 Deleuze, Trugbild und antike Philosophie, S. 324.
406 Ebd., S. 320.
407 Foucault, *Dies ist keine Pfeife*, S. 40; vgl. Michael Camille, „Simulacrum", in: *Critical Terms for Art History*, hg. v. Robert S. Nelson, Richard Shiff, Chicago, London ²2003, S. 35–48.
408 Vgl. Camille, Simulacrum, S. 35; Melberg, *Theories of Mimesis*, S. 2; Jung, *Von der Mimesis zur Simulation*, S. 229–232. So ist für Baudrillard die sich aus der Sphäre der Phantasmen lösende, zur Ersetzung des Realen potenzierende Simulation Symptom der Postmoderne; vgl. Jean Baudrillard, *Simulacres et Simulation*, Paris 1981, ders., *Agonie des Realen*, übers. v. Lothar Kurzawa u. Volker Schäfer, Berlin 1978; vgl. Schweppenhäuser, *Ästhetik*, S. 182; vgl. Melberg, *Theories of Mimesis*, S. 2.

sentlich von der surrealistischen, aber auch der poststrukturalistischen Konzeptualisierung des *Simulacralen* angeregt ist.[409]

Die Geschichte des Begriffs lässt sich in die griechische und römische Antike zurückverfolgen: „*[S]imulacrum*, modern as it is, can be derived from an ancient discussion of similarity and difference – the word itself apprises us of that."[410] Der Begriff entstammt der epikureischen Wahrnehmungstheorie, wie sie Lukrez' *De rerum natura* vermittelt: Hier bezeichnet er „dünne Häutchen, die sich von der Oberfläche der Dinge ablösen und in unseren Augen den Eindruck von Farben und Umrissen erzeugen (schwebende Häutchen, Idole des Blicks)".[411] In seiner bekannteren Rezeptionslinie geht er, übersetzt aus dem Griechischen,[412] zurück auf Platons Unterscheidung von Abbild und Trugbild: *Simulation* besteht in Platons Kritik ihrer illusorisch-theatralen Verfasstheit „ausschließlich aus *mimesis*".[413] Der Dialog *Sophistes* differenziert nicht nur mittels der Bestimmung des Bildes als ‚Nichtseiend-Seiendes' Sein und Schein, Idee und Erscheinung, Urbild und Abbild; auch illustriert er die Erzeugung des trügerischen, falschen Scheins der Wahrheit durch den Sophisten an einer Analogie: Er differenziert, wie oben ausgeführt, Mimesis als nachbildende, bilderzeugende Kunst in ähnliche Abbilder, *eikones*, und unähnliche Scheinbilder, *phantasmata*.[414] Gegenüber dem *ähnlichen* Abbild sei das Schein- oder Trugbild

---

409 Vgl. etwa Scott Durham, *Phantom Communities. The Simulacrum and the Limits of Postmodernism*, Stanford, CA 1998.
410 Vgl. Melberg, *Theories of Mimesis*, S. 3. Vgl. Andree, *Archäologie der Medienwirkung*.
411 Michel Foucault, „Theatrum Philosophicum", in: ders., *Schriften*, Bd. II, Frankfurt a. M. 2002, S. 93–122, S. 97; vgl. Lukrez, *De rerum natura*, 4. Buch, V. 30–53; vgl. Deleuze, Trugbild und antike Philosophie, S. 324–340.
412 Marsilio Ficino übersetzt *phantasma* als ‚simulacrum' (vgl. Art. „Simulacrum/Le simulacre", in: *Concept and Form: The Cahiers pour l'Analyse and Contemporary French Thought*, online unter http://cahiers.kingston.ac.uk/concepts/simulacrum.html, 16.1.2019, o. S.).
413 Andree, *Archäologie der Medienwirkung*, S. 61. Andree untersucht die „Prototypen der Simulationstheorie" bei Platon und Aristoteles: Er beschreibt den Übergang vom *„Kult zur Illusion"* in der Transformation des Dionysoskults „in das *Theater*" und den Übergang der „kultischen Partizipation" in die ‚Rezeption' „des *virtuellen Schauspiels*". Diese „mediengeschichtliche Revolution" sei von den Sophisten kommentiert worden (ebd., S. 58): Den positiven Begriff der ‚Täuschung' (*apate*) als „Wirkungsziel der Kunst" und der Rhetorik der Sophisten (etwa Gorgias') sieht Andree im Zusammenhang mit dieser Medienrevolution (ebd., S. 59, Anm. 153); so wende sich Platons Kritik der „Illusionsmacht der Medien" in *Sophistes* nicht nur gegen den rhetorischen und empirischen Wahrscheinlichkeitsbegriff der Sophisten, die sich nicht auf Wahrheit (*aletheia*), sondern auf Meinung (*doxa*) stützten (vgl. ebd., S. 60), seine „Theorie der Simulation" sei zudem „kulturkritisch" gegenüber dem „triumphalen Vormarsch der neuen Form theatralischer Illusion", da er „die Virtualität der Tragödie als Bedrohung sieht" (ebd., S. 61).
414 Vgl. Platon, *Sophistes*, S. 63–65. Vgl. Kap. I.2.1.3.

dem, „dem es gleichen soll, nicht einmal ähnlich", sondern gebe nur den Anschein richtiger Proportionen.[415] Die Gegenüberstellung der „‚real proportions'" mit der perspektivischen Relativität des Trugbildes betont, so Stanley Rosen, das „principle of the ontological (‚being') versus phenomenal (‚appearing') resemblance".[416] Entsprechend legt Schklowskij den Aspekt der „Symmetrie" und „Proportionen" aus: „Der Philosoph tritt für die Darstellung nicht des Gesehenen, sondern des Gewußten ein."[417] Bilder als Erzeugnisse simulierender mimetischer Praktiken werden so im Sinne der Ideenlehre hierarchisiert, da das ‚Phantasma' in gesteigertem Grad scheinhaft und von der Wahrheit distanziert ist; es ist nicht nur im ontologisch fragwürdigen Status des Abbilds verhaftet, sondern muss sich zudem trügerische (Un-)Ähnlichkeit vorwerfen lassen: „The simulacrum is more than a useless image, it is a deviation and perversion of imitation itself – a false likeness."[418] Die dialektische Methode soll die Unterscheidung zwischen Abbild und Trugbild und zugleich zwischen Philosoph und Sophist gewährleisten – als „a sort of ‚conjurer', an expert in the art of appearances and simulacra"[419], der mittels der ‚spielerisch' nachahmenden Kunst der Rede nur Meinungen vertritt und den Schein der Wahrheit erzeugt: Der Trugbildner schafft „durch Worte hervorgezauberte Bilder", die die ‚gleichen Namen' haben wie die Dinge, die sie zeigen, und so darüber hinwegzutäuschen vermögen, dass Bilder durch eine Differenz gekennzeichnet sind – insofern sie nicht *sind*, was sie darstellen.[420] Doch angesichts der ‚Schlüpfrigkeit' der Ähnlichkeit zeigt sich die Unterscheidung in Gefahr. Mit ihr steht und fällt zugleich die Glaubwürdigkeit der dialektischen Methode, die zwischen Täuschung und Wahrheit, zwischen augenscheinlichen und ontologisch wahren Ähnlichkeiten, zwischen dem ‚Irgendwie-ist-alles-ähnlich' der Sophistik und der onto-epistemologischen Validität der philosophischen Anam-

---

[415] Ebd., S. 64; die Beschreibung des Trugbilds mittels der perspektivischen Suggestion richtiger Proportionen gilt analog für den Sophisten: „[S]imulacra are constructions which include the angle of the observer [...]; the sophist uses simulacra, then, to create illusions by appealing to the interlocutor's own point of view." (Art. Simulacrum/Le simulacre, o. S.).

[416] Statkiewicz, The Notion of (Re)Semblance in the *Sophist*, S. 105. Statkiewicz hebt hervor, dass *eidolon* für beide Arten von Bildern stehe; Rosen betone, dass das Trugbild nicht absolut *unähnlich* sei (vgl. ebd.).

[417] Schklowskij, *Von der Ungleichheit des Ähnlichen in der Kunst*, S. 42.

[418] Camille, Simulacrum, S. 36; vgl. Gary Shapiro, „Pipe Dreams: Eternal Recurrence and Simulacrum in Foucault's Ekphrasis of Magritte", in: *Word & Image* 13/1 (1997), S. 69–76, S. 70. Damit wende Platon den positiven Begriff der „*Täuschung*" der Sophisten als „Wirkungseffekt" in „moralisch verwerflichen ‚Betrug'" (Andree, *Archäologie der Medienwirkung*, S. 62).

[419] Vgl. Art. Simulacrum/Le simulacre, o. S. (vgl. *Sophistes*, 235b).

[420] Platon, *Sophistes* [234bc, 235a], S. 61f. Vgl. Sörbom, *Mimesis and Art*, S. 152–162, hier 152f.; Scholz, *Bild, Darstellung, Zeichen*, S. 88f.

nese zu unterscheiden beansprucht. Die Ansprüche der Dialektik und der Repräsentation zu behaupten, erweist sich so zugleich als Symptom einer Unterordnung von Kunst, Dichtung und Rhetorik unter die Philosophie, die das *phantasma* bannen muss,

> because it threatens the very notion of representation itself. This is because it subverts the cherished dichotomy of model and copy, original and reproduction, image and likeness. For while the mimetic image has been celebrated as an affirmation of the real, the simulacrum has been denigrated as its negotiation. An image without a model, lacking that crucial dependence upon resemblance or similitude, the simulacrum is a false claimant to being which calls into question the ability to distinguish between what is real and what is represented.[421]

So unterminiert das Trugbild mit der ikonischen Ähnlichkeitsrelation – „*trotz ihres paradoxen Charakters* stets Zielpunkt der *mimesis* nach Platon"[422] – das dem Bild als *eikastike techne* zugeschriebene hierarchische Verhältnis von wesenhaftem Vorbild und akzidentellem Abbild: Von Platon bis in die Postmoderne wird das Simulacrum als Gefahr für Repräsentation, Realität und Wahrheit thematisiert[423] und im Rahmen einer Theorie der Repräsentation, die Ähnlichkeit auf Repräsentation verkürzt und Kunst als ähnliches Abbild des Wirklichen konzipiert, vernachlässigt. „Our aesthetic tradition imprisoned simulation in the realm of fantasy, which has always had an equivocal, if not negative, resonance in the visual arts."[424]

---

421 Camille, Simulacrum, S. 35. Vgl. auch Blanc-Benon, *La question du réalisme en peinture*, S. 52.
422 Andree, *Archäologie der Medienwirkung*, S. 68. Der kritisierte Präsenzeffekt des Simulacrums verweist letztlich auch auf die Forderung, dass *alle ähnlichen Bilder zugleich unähnlich sein müssen*, um ein Bild zu sein, keine Verdoppelung des Realen (vgl. ebd., S. 67 f.).
423 Vgl. Schulz, *Ordnungen der Bilder*, S. 86 f.: „Großzügig kann man von Platons Ächtung der ausschweifenden *mimetiké phantastiké* zu Jean Baudrillards Diagnose einer Hyperrealität der simulierenden Bildwelten [...] einen Bogen metaphysischer Übereinkunft spannen."
424 Camille, Simulacrum, S. 46. Dies gilt für die Ideengeschichte des Simulacralen im Allgemeinen, in der Platons Kritik nachwirkt. So wird der Begriff in Antike und im Mittelalter pejorativ verwendet, um Falsches und Unwahres zu brandmarken, wie Götzenbilder (vgl. zur Unterscheidung von *idolum* und *similitudo/simulacrum* Ginzburg, Götzen und Abbilder, S. 152) und fungiert als Abgrenzungsbegriff des metaphysisch-ontologisch defizienten Status der Schöpfung. So sind nach Bonaventura „creatures of this sensible world [...] shadows echoes and pictures, the traces, simulacra and reflections given to us by divine inspiration for us to look upon God." (Maclean, Foucault's Renaissance Episteme Reassessed, S. 157) Zu der ‚diabolischen' Unähnlichkeit, der „‚Ähnlichkeit der Gegensätzlichkeit', durch die – vom Schauspieler oder Antichrist etwa – bloße Trugbilder erzeugt werden", vgl. Didi-Huberman, *Fra Angelico*, S. 53; vgl. Kap. I.2.2.

Die weitreichenden Perspektiven einer Ästhetik des Simulacralen müssten verschiedene Begriffe und Konzepte des Simulacrums als Phänomen ‚scheinhafter', täuschender Ähnlichkeit fassen: Die mimetische Dimension der Simulation ist geprägt von der „paradoxalen Disposition", dass das Bild „*so ähnlich wie möglich sein soll*", womit sich „in letzter Konsequenz das Bild selbst auflöst, da es nicht mehr von seinem ‚Gegenstand' [...] unterschieden werden kann. Gerade also in ihrem vollständigen Gelingen löscht sich die Semantik der Ähnlichkeit selbst aus".[425] Das Simulacrum scheint zugleich *diesseits* und *jenseits* der repräsentationalen Konzeption der Mimesis zu stehen, die auf der Ähnlichkeitsrelation abbildlicher Wiedergabe beruht, indem es einerseits von einer potenzierten Scheinhaftigkeit, andererseits von einem Präsenzeffekt gekennzeichnet ist: Es „zeichnet sich durch eine Überschreitung des mimetischen Prinzips aus. Es läßt sich nicht als eine technische Vervollkommnung der Mimesis, nicht als eine Mimesis, die so sehr gelungen wäre, daß sie zu täuschen vermöchte, verstehen", vielmehr tritt „[d]er Gegenstand selber [...] hervor, steigt gleichsam aus dem virtuellen Raum der Darstellung heraus, und behauptet sich als Präsenz."[426] Dabei spielen im ästhetischen Bereich Theoreme des Simulacralen etwa dort eine Rolle, wo die Imagination gegenüber Positionen eine Aufwertung erfährt, die ihr einen negativen, trügerischen oder in der ‚Hierarchie visueller Vermögen' untergeordneten Status zuschreiben;[427] wo der oberflächliche, phänomenale, rhetorische Schein des Ähnlichen statt des ontologisch Wahren, Wesenhaften, Identischen im Vorder-

---

425 Andree, *Archäologie der Medienwirkung*, S. 67.
426 David E. Wellbery, „Verzauberung. Das Simulacrum in der romantischen Lyrik", in: *Seiltänzer des Paradoxalen. Aufsätze zur ästhetischen Wissenschaft*, München 2006, S. 146–176, S. 146. „Die Simulakra reihen sich nicht bloß ein in die Empirie, sie führen eine eigentümliche Doppelexistenz, die den Betrachter, auch nachdem er die Täuschung als solche eingesehen hat, beunruhigt. Der schwankende Charakter der die Augen täuschenden Dinge ist darauf zurückzuführen, daß sie, obzwar sie sich in ihrer Präsenz fühlbar machen lassen, nichtsdestoweniger ihr Sein der Darstellung verdanken. Die Differenz zwischen Mimesis und Simulakrum [...] ist somit die zwischen zwei unterschiedlich gerichteten Darstellungsrelationen: Mimesis: Darstellung eines ideell Wirklichen, Simulakrum: Wirklichkeit der Darstellung. Im Simulakrum gewinnt die Darstellung, die in der Mimesis die Transparenz auf einen ideellen Tiefenraum ist, eine eigene Dichte; das Tote (bzw. Abwesende) wird lebendig, erlangt den Status einer Präsenz, ohne jedoch seinen irrealen Charakter gänzlich abzustreifen." (Ebd., S. 147).
427 Vgl. zu dieser Hierarchisierung Shapiro, Pipe Dreams, S. 67: „There is a hierarchy of visual powers, productions and forms of knowledge, including dreams, reflections, illusions, objects perceived in a variety of contexts and perspectives, healthy and diseased eyes, and the eye of the soul." Vgl. Schulte-Sasse, Art. Einbildungskraft/Imagination, bes. S. 93f.; vgl. Deleuze, *Logik des Sinns*, S. 268f., passim.

grund steht; wo die ‚Kunst der Augentäuschung'[428] geübt wird; wo die Grenzen zwischen Realem und Symbolischem verwischen; wo performative mimetische Praktiken thematisiert oder Phantasie gegen Imitation ausgespielt wird. Insbesondere die ‚phantastische' Kunst des Concetto und ihr affirmativer Umgang mit trügerischen Ähnlichkeiten wurde als ‚simulacrale Ästhetik' charakterisiert,[429] und auch in der romantischen Ästhetik[430] und vor allem der Kunst und Literatur der Moderne und Postmoderne wurden simulacrale Aspekte erkannt:[431] Gerade die ästhetische Moderne problematisiert nicht nur ‚die Realität' und deren Repräsentation, sie thematisiert auch Hochstapler, Doppelgänger, Fälschungen, den Schein der Oberfläche und ein Bild, das – so Blanchot – aufhört, gegenüber dem Modell sekundär zu sein: „Un univers où l'image cesse d'être seconde par rapport au modèle, où l'imposture prétend à la vérité, où enfin il n'y a plus d'original, mais une éternelle scintillation où se disperse, dans l'éclat du détour et du retour, l'absence d'origine."[432]

Eine simulacrale Kunstgeschichtsschreibung, die in einer weiten Perspektive „the story of escape from the real in the realms of the imagination and fantasy, a story of introjection as well as protection, of desire as well as fear, liberating the object from any dependence of the eye or text" zu schreiben hätte,[433] beschriebe mit Michael Camille nicht etwa den Fortschritt einer „technical mastery of mimesis".[434] Sie betrachtete vielmehr Bilder als alternative Ordnungen des Wirklichen, um sich weniger mit der Abbildung ihrer Objekte als den „strategies of their simulation" auseinanderzusetzen, also eher dem *wie*

---

428 Eckhard Hollmann, Jürgen Tesch, „Glaube nicht, was Du siehst. Zum Begriff des Trompe-l'œil", in: dies., *Die Kunst der Augentäuschung*, München 2004, S. 9–19, vgl. S. 5f.; vgl. zur Zeuxis-Anekdote als ‚Erfindung' der „Simulation, des *trompe l'œil*" Andree, *Archäologie der Medienwirkung*, S. 57.
429 Vgl. Lachmann, Die Mystifikation der Ähnlichkeit, S. 324: „In den Spielen der Illusion oder semantischen Trugbilder, wenn man so will, entwickelt sich eine neue Ordnung der Dinge".
430 Vgl. Wellbery, Verzauberung, 163.
431 Vgl. Cornelia Klette, *Simulakrum Schrift. Untersuchungen zu einer Ästhetik der Simulation bei Valéry, Pessoa, Borges, Klosswski, Tabucchi, Del Giudice, De Carlo*, München 2001. Vgl. u. a. das ‚Mouvement Trompe-l'œil/Réalité' im zwanzigsten Jahrhundert.
432 Maurice Blanchot, *Le Rire des dieux*, zit. n. René Lemieux, „De la nécessité d'une imposture historiale. Réflexions sur le post- de notre époque, à partir de Heidegger et Deleuze", online unter http://oic.uqam.ca/sites/oic.uqam.ca/files/documents/lemieux-de-la-necessite.pdf, 22.9.2019, S. 31 (Motto).
433 Camille, Simulacrum, S. 45.
434 Ebd., S. 44.

als dem *was* der Darstellung und mit der Frage, wie (unähnliche) Ähnlichkeit Effekte der Präsenz produziert.[435] Diese Reflexion nimmt die ästhetische Moderne vorweg, wobei gerade *nicht* diejenigen „[m]odern art movements, like abstraction, that consciously rejected iconic resemblance",[436] sondern der Surrealismus mit seiner Verfremdung des Gegenstands eine solche simulacrale Perspektive durch seine „partial restoration of mimesis" initiiere: „In its subversive modes, however, representation becomes other, fantasmatic – as if, repressed in high modernism, it returns there uncannily, its distortion the mark of its repression."[437]

So erfährt das Simulacrum eine nennenswerte Konzeptualisierung erst im Surrealismus und eine nennenswerte Theoriebildung erst in den 60er Jahren des zwanzigsten Jahrhunderts, die, wie einleitend mit Foster angedeutet, gerade das „troubling of reality via the simulacrum" des Surrealismus wiederentdeckt.[438] Nicht nur wurde dem surrealistischen Bild eine „simulacral quality" attestiert – ein „paradoxical status as a representation without a referent, or a copy without an original".[439] Auch wird im Umkreis des Surrealismus der Begriff explizit gebraucht, um das Inkommensurable und Unkommunizierbare von Bildern und bildhaften Zeichen zu fassen, etwa von Bataille und insbesondere von Pierre Klossowski, demzufolge das *simulacrum* affektive, obsessive psychische *phantasmata* zum Ausdruck bringe und übertrage: Nur „als Simulacrum ist das Phantasma fortpflanzungsfähig.[440] Klossowskis Theorie des Simulacrums regt – neben Xavier Audouards Lektüre des *Sophistes* – eine produktive theoretische Rezeption des Begriffs an:[441] Im Kontext der Kritik der Repräsentation erfährt der Begriff das

---

435 Ebd., S. 45. Eine Umschreibung der Kunstgeschichte als „rewriting not in terms of resemblance but dissemblance encouraged by the displacements of the simulacrum" läutet insbesondere die Rezeption des Surrealismus ein (ebd.).
436 Ebd., S. 35.
437 Foster, *Compulsive Beauty*, S. 96. Auf Fosters Analyse verweist Camille, Simulacrum, S. 45.
438 Foster, *Comulsive Beauty*, S. XIII.
439 Ebd., S. 96; vgl. Camille, Simulacrum, S. 37; Hollmann, Tesch, Glaube nicht, was Du siehst, S. 18 f., passim.
440 Pierre Klossowski, *Die lebende Münze*, übers. v. Martin Burkhardt, Berlin 1998, S. 29; vgl. ders., *Die Ähnlichkeit*, übers. v. Walter Seitter, Bern, Berlin 1986; vgl. Walter Seitter, „Pierre Klossowski", in: *Bildtheorien aus Frankreich. Ein Handbuch*, hg. v. Kathrin Busch u. Iris Därmann, München 2011, S. 175–180, S. 177; vgl. zu Klossowskis vielschichtiger „Ästhetik der Simulation" Klette, *Simulakrum Schrift*, S. 86–132.
441 Art. Simulacrum/Le simulacre, o. S.: „Articles on the simulacrum published in the Cahiers pour l'Analyse by Xavier Audouard and Patrick Hochart contributed to the explosion of interest, in French philosophy and theory of the 1960s, in notions relating to mimicry, difference, and simulation." Vgl. Xavier Audouard, „Le simulacre", in: *Concept and Form: The Cahiers*

theoretische Interesse etwa Gilles Deleuzes, Michel Foucaults, Jacques Derridas, Roland Barthes' und Jean Baudrillards.[442] Besonders einflussreich innerhalb der postmodernen Rekonzeptualisierung der von Platon als Mangel beschriebenen *Un*ähnlichkeit des Trugbildes ist das von Klossowski beeinflusste[443] repräsentationskritische Konzept Deleuzes, der den Begriff *gegen Ähnlichkeit (und/als Repräsentation)* in Stellung bringt, indem er das Simulacrum als „eine täuschende Wiederholung ohne innere Ähnlichkeit"[444] gegen die platonischen Hierarchien wendet: Es beeinflusst maßgeblich Foucaults Deutung Magrittes und wird daher eingehender thematisiert.

Deleuze entwickelt den Begriff in verschiedenen Dimensionen. In *Différence et répétition* als Aspekt der *Wiederholung* gedacht, hat das Trugbild seinen Ort in dem hier konzipierten Prozess allen Werdens durch andauernde Differenzialität, der sich, gebunden an Konventionen sprachlicher und bildlicher Symbolisierung, notwendig in Wiederholung und „Wiederholungsverschärfung" äußere und schließlich die „Zeit als solche, als notwendig entfigurierende und (vor)

---

pour l'Analyse and Contemporary French Thought, Bd. 3: *Sur l'objet de la psychoanalyse* (1966), S. 57–71 (online unter http://cahiers.kingston.ac.uk/pdf/cpa3.4.audouard.pdf, 20.8.2019). „Auguste Diès' 1923 French translation (the one used by Xavier Audouard and Jean-Claude Milner [...]) likewise opted for *le simulacre*. (Responding to Audouard's presentation on the *Sophist* in his 1965 Seminar, which he praised as the ‚best introduction' to Plato's text, Jacques Lacan himself indicated his preference for the French term *fantasme*" (Art. Simulacrum/Le simulacre, o. S.).

442 Vgl. Camille, Simulacrum, S. 35. „In the 1960s the notion of a distorted copy or simulacrum became the object of considerable discussion in French philosophical circles marked by a radicalisation of the more general modern crisis of representation, most notably in the work of Pierre Klossowski, Gilles Deleuze and Jean Baudrillard [...]. As Daniel Smith notes, it was ‚Klossowski who first formulated the concept in his extraordinary series of theologico-erotic writings'" (Art. Simulacrum/Le simulacre, o. S.); vgl. Daniel W. Smith, „The concept of the simulacrum: Deleuze and the overturning of Platonism" (online unter https://www.academia.edu/16974440/The_Concept_of_the_Simulacrum_Deleuze_and_the_Overturning_of_Platonism, 20.8.2019).

443 Vgl. das Kap. „Phantasma und moderne Literatur, III. Klossowski oder Die Körper-Sprache", in: ders., *Logik des Sinns*, S. 341–364. Foucault sieht Deleuzes *Differenz und Wiederholung* in „rätselhafter Resonanz mit Klossowskis Werken, gleichfalls ein großes, jedes Maß sprengendes Zeichen" (Foucault, Theatrum Philosophicum, S. 94; „Ereignis und Phantasma zu denken", sei die wichtigste Aufgabe des zwanzigsten Jahrhunderts (ebd., S. 107). Vgl. Philippe Sabot, „Foucault, Deleuze et les simulacres", in: http://philippesabot.over-blog.com/article-foucault-deleuze-et-les-simulacres-96220210.html, 15.7.2019).

444 Becker, Doll, Wiemer, Zechner, Einleitung, S. 14.

bildlose aufscheinen" lasse.[445] Dabei konstruiert Deleuze eine Dichotomie von Wiederholung/Differenz und Repräsentation/Ähnlichkeit, die den Wiederholungsbegriff – im Sinne der von Otto konzedierten antirepräsentationalistischen Antithese – auch aus dem Zusammenhang mit der aristotelischen Topiktheorie und mit Ähnlichkeitstheorien löst, die sie als Konzept der Erinnerung auffassen.[446] Sein Konzept steht mithin im Kontext der einleitend skizzierten differenztheoretischen Ähnlichkeitskritik.

Deleuzes Überlegungen zielen darauf, das „Denken der Repräsentation auf eine grundlegende Differenzialität [zu] entgründen";[447] in dieser Perspektive entwickelt er in *Logique du sens* (1969) den Begriff des Simulacrums in der doppelten Dimension von Bildwerdung und Ichwerdung weiter; dabei erscheint das Trugbild an der Grenze zwischen Physis und Psyche, an der es „Imagination und Symbolisierung erst möglich" macht.[448] Dabei verknüpft er Thesen aus *Differenz und Wiederholung* mit antiken Theorien des Trugbilds, die er gegen Platons „metaphysics of representation" ausspielt,[449] deren Dualität von Idee und Erscheinung/Materie er in der von Abbild und Trugbild wiedererkennt: „Das reine Werden, das Grenzenlose bildet den Stoff des Trugbildes, insofern es sich der Aktion der Idee entzieht, insofern es zugleich sowohl das Urbild als auch das Abbild zurückweist."[450] Die Auseinandersetzung mit Konzepten des Simulacrums wird in den im Anhang zu *Logik des Sinns* publizierten Essays entwickelt: Der erste Teil von *Simulacre et philosophie antique*, „Platon und das Trugbild", fordert im Anschluss an Nietzsche eine „Umkehrung des Platonis-

---

445 Michaela Ott, „Gilles Deleuze", in: *Bildtheorien aus Frankreich*, S. 113–123, S. 115. So erscheint das „Wirkliche[] [...] als doppelte Zeitlichkeit [...], als unendlich differenzielle Virtualität, die sich ausgehend von vorbildlosen Simulakren, von deren immanenter Dynamik und deren ‚Selbstüberflug (*survol*)' als je andere Bilddifferenz aktualisiert (ebd., S. 114). Vgl. Foucault, Theatrum philosophicum, S. 118: „Das Sein ist das, was sich stets von der Differenz aussagen lässt; es ist die *Wiederkunft* der Differenz."
446 Vgl. Otto, *Die Wiederholung und die Bilder*, S. 75: „Erinnerung ist [...] Wiederholung".
447 Ott, Gilles Deleuze, S. 115.
448 Ebd. Der Begriff wird dabei nicht nur in eine „(onto)logische" Überlegung einbezogen, sondern anthropologisch als „Ausgangsdifferenzialität der Ontogenese" begründet, als Fundierung von „‚larvenhaften Subjekten' und deren serieller Entfaltung in ‚Individuationsfeldern'". Dabei stützt sich Deleuze auch auf die Studien Melanie Kleins und Freuds Ödipuskomplex.
449 Statkiewicz, The Notion of (Re)Semblance in the *Sophist*, S. 104. Deleuze führt in Auseinandersetzung mit Lewis Carroll ein Denken des Werdens ins Feld „by introducing certain Stoic concepts of the event and the surface" (Shapiro, Pipe Dreams, S. 69). „In going back to a neglected theme in Plato himself and to Lucretius, [...] Deleuze proposes to excavate possibilities from within the philosophical tradition for valuing a certain multiplicity, possibilities that have been neglected by the hegemonic form of the tradition itself." (Ebd., S. 69 f.).
450 Deleuze, *Logik des Sinns*, S. 16.

mus" und sucht in der Diskussion der Unterscheidung von ‚guter' – qua *eidola* – und ‚schlechter' Mimesis – qua *phantasma (simulacra)* –, den Begriff produktiv zu machen: Platons „Motiv" hinter der hierarchisierenden „Differenzierung" ergründend,[451] stellt Deleuze fest, der Dualismus, der „die Wesenheit von der Erscheinung, das Intelligible vom Sensiblen, die Idee vom Bild, das Original vom Abbild, das Urbild vom Trugbild"[452] trenne, sei oberflächlich; eigentlich gehe es um die dialektische „Teilungsmethode", die sich nicht in Differenzierung, Gegensätzlichkeit und Spezifizierung erschöpfe; sie nehme als „Dialektik der Rivalität" eine tieferliegende „Selektion" vor, die „Prätendenten, Bewerber", echt und unecht, rein und unrein unterscheide: „Das Wesen der Teilung erscheint nicht in der Weite, in der Bestimmung der Arten einer Gattung, sondern in der Tiefe, in der Selektion der Stammlinie. Die Ansprüche sortieren, den wahren Bewerber vom falschen unterscheiden."[453] In der Tiefe dieser Teilung wirke der *Mythos*, der das „Selektionskriterium" festlege, die Berechtigung der Ansprüche regle,[454] die auf einer abgestuften „Partizipation" beruhten.[455] Er modelliere die Selektionsbedingungen, die ein Urteil über ‚Bewerber' ermöglichen: Die Teilung ziele auf den „Nachweis der Echtheit der Idee".[456] Allein in *Sophistes* suche Platon nicht den ‚richtigen Bewerber' mythisch zu begründen, sondern durch die dialektische Methode dem „falschen Bewerber nachzustellen, das Sein (oder eher das Nicht-Sein) des Trugbildes zu definieren. Der Sophist selbst ist das Sein des Trugbilds".[457] Deleuzes Lektüre des *Sophistes* markiert die Fallhöhe dieser Distinktion:

---

451 Deleuze, Trugbild und antike Philosophie, S. 311.
452 Ebd., S. 314.
453 Ebd., S. 311f. Die Metaphern der ‚familialen' Ähnlichkeit beziehen sich auf die Teilhabe an der Idee als hierarchische Stufenfolge der auf Identität bezogenen Ähnlichkeit, als Abstammungslinie, deren ‚Reinheit' die Dialektik zu belegen sucht.
454 Ebd., S. 113 Anders als die traditionelle Platonrezeption betrachtet Deleuze den Mythos nicht als Anderes der Dialektik, sondern als „an integral part of the method of *diairesis*" (Statkiewicz, The Notion of (Re)Semblance in the *Sophist*, S. 108). Deleuze führt den Mythos der Seelenwanderung in *Phaidros* und den des Staatsmannes als gottähnlicher ‚Hirte' in *Politikos* an (ebd., S. 311f.).
455 Deleuze, Trugbild und antike Philosophie, S. 313. „Das Partizipierte ist das, was sich zuerst im Besitz des Nicht-Partizipierbaren befindet. Das Nicht-Partizipierbare läßt teilhaben, gibt den Partizipierenden das Partizipierte"; dies wird verdeutlicht durch Beispiele für die Trias „der Grund, der Gegenstand des Anspruchs, der Bewerber": Vater, Tochter und Verlobter; Gerechtigkeit, Eigenschaft des Gerechten, Gerechter.
456 Ebd.
457 Ebd.

> Doch insofern enthält das Ende des *Sophistes* möglicherweise das außergewöhnlichste Abenteuer des Platonismus: Durch angestrengtes Suchen in der Welt des Trugbildes und dadurch, daß er sich über seinen Abgrund beugt, entdeckt Platon im Aufleuchten eines Augenblicks, daß es nicht einfach ein falsches Abbild ist, sondern daß es die Begriffe des Abbilds und die des Vorbilds oder Urbilds in Frage stellt. Die abschließende Bestimmung des Sophisten führt uns an den Punkt, an dem wir ihn nicht mehr von Sokrates selbst unterscheiden können: Der Ironiker verfährt unter vier Augen mit kurzen Argumenten. Mußte man nicht die Ironie bis dorthin treiben? Und wies nicht Platon selbst als erster auf die Umkehrung des Platonismus hin?[458]

Die Lektüre bezieht sich auf den Versuch des Fremden aus Elea und Theaitetos', den Status des ‚nichtseiend-seienden' Bildes, „nicht ein Wirkliches, sondern ein Ähnliches",[459] als Abbild und Trugbild zu klären; der Einsatz ist hoch, denn von der Unterscheidung hängt, wie angedeutet, die von Dialektiker und Sophist ab, der „außerordentlich schwer zu erkennen ist",[460] da er sein „unzugängliches Versteck"[461] im Bereich der „Bilder[] und Truggestalten und Scheinwesen" habe.[462] Ihn aufzuspüren, führt über den Weg der ‚schwindelerregenden' Erkenntnis, „daß es überhaupt weder Bild noch Abbild noch Scheinbild gebe", wenn nicht die Möglichkeit des im Nichtseiend-Seienden begründeten „Irrtum[s]" angenommen werde; auf ihm beruhe aber die sophistische „Kunst der Täuschung"[463]. Dabei sei „auf bloßer Meinung beruhende Nachahmung als Scheinnachahmung" von „auf Wissen beruhender Nachahmung" zu unterscheiden;[464] den Sophisten als täuschenden ‚Scheinnachahmer' unterscheide zuletzt von einem heuchelnden Volksredner, dass er „in Privatkreisen und in kurzen Reden den Mitunterredner in die Zwangslage bringt, sich selbst zu widersprechen." – „Wie aber soll der andere

---

458 Ebd., S. 313f. Auch Foucault sieht „am Ende des *Sophistes*, wo man Sokrates nicht mehr von dem listigen Nachahmer zu unterschieden vermag", und im Sophisten selbst den Beginn der Philosophie, die immer schon versucht habe, „den Platonismus umzukehren" (Foucault, Theatrum philosophicum, S. 94). Vgl. Statkiewicz, The Notion of (Re)Semblance in the *Sophist*, S. 109: „If, at the end of the dialogue, the sophist ‚resembles' Sokrates, it is – ironically – because they both *lack* resemblance to any mythic, foundational pattern."
459 Platon, *Sophistes*, S. 72. Vgl. dazu Kap. I.2.1.3.
460 Ebd., S. 65.
461 Ebd., S. 71. Vgl. Apelts Anmerkung: „Die Sophisten leugneten mit Parmenides die Möglichkeit des Nichtseienden": Sie erklärten „Unwahrheit, Lüge, Täuschung für unmöglich […], da diese ja das Nichtseiende zur Voraussetzung hätten." (Ebd., S. 137, Anm. 45). Vgl. demgegenüber den Verweis auf die positive Konnotation der Täuschung bei Sophisten wie Gorgias (Andree, *Archäologie der Medienwirkung*, S. 59).
462 Platon, *Sophistes*, Kap. 44, S. 113.
463 Ebd., Kap. 48, S. 121.
464 Ebd., S. 127. Kap. 51. Der Sophist gebe „durch die Gewundenheit seiner Rede" seine täuschende Absicht zu erkennen (ebd.).

heißen? Weiser (Philosoph) oder Sophist?"⁴⁶⁵, fragt der Fremde suggestiv. Die aus der Herleitung abgeleitete komplizierte dihairetische Definition, mit der *Sophistes* schließt, lautet:

> Also die in Widersprüche verwickelnde Kunst, die in Reden ihr Gaukelspiel treibt als Teil der heuchlerischen unter der Scheinweisheit und weiter hinauf unter der Nachahmungskunst stehenden Kunst, welch letztere sich als Teil der scheinbildnerischen, von der bilderschaffenden Tätigkeit, als des menschlichen, nicht göttlichen Teiles der hervorbringenden Kunst überhaupt, abgesonderten Tätigkeit darstellt, wer also den echten Sophisten aus diesem Stamm und diesem Blute entstanden sein läßt, der wird allem Anschein nach die volle Wahrheit sagen.⁴⁶⁶

Deleuzes Lektüre des *Sophistes* zufolge sichert „die große Dualität, die Idee und das Bild", die „latente Unterscheidung [...] zwischen zwei Arten von Bildern", den Abbildern, „Besitzer zweiten Ranges, wohlbegründete Bewerber, durch die Ähnlichkeit bestätigt", und den Trugbildern als „die falschen Bewerber, die auf einer Ungleichartigkeit beruhen": „In diesem Sinne zweiteilt Platon den Bereich der Bilder-Idole: einerseits die *Ebenbilder-Ikonen*, andererseits die *Trugbilder-Phantasmen*."⁴⁶⁷ Das Motiv liege darin, die „stets wohlbegründeten Abbilder und die Trugbilder, die immer der Unähnlichkeit ausgesetzt sind" zu unterscheiden – wobei *Ähnlichkeit* das zentrale Kriterium zur Sicherung der Dominanz des Abbilds sei:

> Denn wenn die Abbilder oder Ikonen gute und wohlbegründete Bilder sind, dann aufgrund ihrer Ähnlichkeit. Die Ähnlichkeit darf freilich nicht als eine äußere Beziehung begriffen werden: Sie besteht weniger zwischen einer Sache und einer anderen als zwischen einer Sache und einer Idee, weil es die Idee ist, die die konstitutiven Beziehungen und Proportionen des inneren Wesens begreift. Als innere und spirituelle ist die Ähnlichkeit das Richtmaß eines Anspruchs: Das Abbild ähnelt einer Sache wirklich nur insoweit, als es der Idee dieser Sache ähnelt. [...] Kurz, es ist die höhere Identität der Idee, die den berechtigten Anspruch der Abbilder begründet und ihn auf eine innere oder abgeleitete Ähnlichkeit gründet.⁴⁶⁸

---

465 Alle vorangehenden Zitate ebd., S. 128.
466 Ebd., S. 129.
467 Deleuze, Trugbild und antike Philosophie, S. 314.
468 Ebd., S. 314 f. Vor dem Hintergrund der Einsicht Platons „daß gerade die Ähnlichkeitsbeziehung auch ein Erkenntnismittel sein *könnte*" (Andree, *Archäologie der Medienwirkung*, S. 70), deutet Andree diese ‚Einhegung' als Indiz einer „*Diskurskonkurrenz*: Platon verdammt die Ähnlichkeit der Kunstimmanenz und ihrer ‚virtuellen Welten', um sie im gleichen Augenblick seiner eigenen Philosophie einzuverleiben" (ebd., S. 71). Vor diesem Hintergrund erkläre sich auch die Verfolgung des Sophisten und des Mimen in ein und demselben Argument.

Dagegen erheben die Trugbilder einen unbegründeten Anspruch, der „versteckt", im Sinne einer „Subversion, ‚gegen den Vater' und ohne über die Idee zu verlaufen", „eine Unähnlichkeit wie ein inneres Ungleichgewicht verdeckt."[469] Mit der Betonung, das Trugbild sei nicht nur ein Abbild höhergradiger Scheinhaftigkeit, „eine unendlich gebrochene Ähnlichkeit", sondern, geprägt von „Differenz" und „verinnerlichte[r] Unähnlichkeit", etwas *wesentlich anderes*, definiert Deleuze: *„Das Abbild ist ein mit Ähnlichkeit ausgestattetes Bild, das Trugbild ein Bild ohne Ähnlichkeit."*[470] Hat das von *innerer Ähnlichkeit* gekennzeichnete Abbild an der Idee teil, wobei die Nachbildung eine *„richtige Meinung* oder sogar ein Wissen impliziert", so erzeuge das Trugbild eine „äußerliche und unproduktive Ähnlichkeitswirkung", einen „Ähnlichkeitseindruck": Es umfasst einen „differentiellen Gesichtspunkt"; seine Veränderlichkeit beschreibt Deleuze als „Unbegrenzt-Werden", als „subversives Werden der Tiefen, das dem Gleichförmigen, der Grenze, demselben oder dem Ähnlichen auszuweichen vermag" – entgegen dem impliziten Motiv des Platonismus, „[d]iesem Werden eine Grenze zu ziehen, es demselben auszusetzen, es ähnlich zu machen – und den Teil, der rebellisch bliebe, möglichst tief zu verdrängen", um „den Ikonen zum Triumph über die Trugbilder zu verhelfen."[471] Der Platonismus habe, so Deleuze, als das Gebiet der Philosophie die Grenzen der Repräsentation abgesteckt, das durch „intrinsische" Ähnlichkeitsbeziehungen „zum Urbild oder zum Grund" geprägt sei: Dem Urbild, „abstrakte Bestimmung des Grundes als das, was an erster Stelle besitzt", ähnelt das Abbild, „der Bewerber, der an zweiter Stelle erhält."[472] Foucaults Deleuze-Kommentar „Theatrum philosophicum" sieht entsprechend „Platons Besonderheit in jener feinen Auswahl, die aus der Masse des Scheins die schlechten Trugbilder

---

469 Deleuze, Trugbild und antike Philosophie, S. 315.
470 Ebd. [Hv.: S. B.] Deleuze illustriert die Unterscheidung mit dem Verweis auf ihr Fortwirken im Katechismus: Gott habe den Menschen „nach seinem Bilde und seiner Ähnlichkeit" geschaffen, der im Sündenfall diese Ähnlichkeit verliere und zum Trugbild werde; er habe so „die moralische Existenz verloren, um in eine ästhetische Existenz einzutreten." (Ebd.) Der „dämonische Charakter des Trugbildes" bringe so „einen Ähnlichkeits*effekt*" als einen „Gesamteffekt, ganz äußerlich" hervor, während es tatsächlich durch „Differenz" und „verinnerlichte Unähnlichkeit" geprägt sei (ebd.): „Das Trugbild beruht auf einer Unterschiedlichkeit, auf einer Differenz, es verinnerlicht eine Unähnlichkeit. Aus diesem Grund können wir es nicht einmal mehr unter Bezug auf das Urbild definieren, das sich den Abbildern aufzwingt, Urbild desselben, aus dem die Ähnlichkeit der Abbilder hervorgeht. Wenn das Trugbild noch über ein Urbild verfügt, ist es ein anderes, ein Urbild des andern, aus dem sich eine verinnerlichte Unähnlichkeit ergibt." (Ebd., S. 315 f.)
471 Ebd., S. 316 f.
472 Deleuze, Trugbild und antike Philosophie, S. 317.

aussondert – eine subtile Operation, die der Entdeckung des Wesens vorausgeht, weil erst sie diese Entdeckung notwendig macht."[473]

Sophistes verhandelt also die „crucial question: is an absolute (that is, completely detached from any ‚original') simulacrum/phantasma possible at all? The stability of the order of representation, and, dramatically, the definitional ‚capture' of the sophist, will depend on it."[474] Die Konkurrenz von Dialektik und Sophistik verleiht dem Abbild den von Deleuze betonten Nimbus des ‚wahren Prätendenten': „a legitimate image, a well-founded copy, connected to its model – the Idea – by a proper relation of resemblance, that gives a claimant the right to be called a being at all and not a false pretender, a simulacrum"; dies verdeutlicht den zentralen Stellenwert der Ähnlichkeit und zugleich ihre Problematik: „The question of resemblance is crucial to the problem of overturning Platonism because the ontological and cosmological framework of the Platonic system has the structure of representation".[475] Dabei bleibt, wie angedeutet, zum Ende des Dialogs die Unterscheidung von Bild und Trugbild fraglich.[476] Diese Nichtunterscheidbarkeit, so Max Statkiewitz, ist ein letztlich ungelöstes Problem: „Two problems elude the apparently rigorous method of *diairesis* in the *Sophist*: that of the difference between image and simulacrum and that of the difference between the philosopher and the sophist."[477] So stellt das Simulacrum eine Bedrohung für das „regime of representation" und die dialektische Methode dar, die *Sophistes* nur scheinbar definitorisch bewältigt: „Plato is aware of this threat when he attempts to exclude the simulacra that flout the two complementary principles of the system of representation: identity and resemblance".[478]

Deleuzes Subversion dieser Hierarchisierung durch den ‚Einlass der Trugbilder' beerbe dabei gerade diese Unterscheidungsoperation.

> Paradoxically, the method of division is the major Platonic characteristic to be conserved in carrying out the task of overturning Platonism, according to Deleuze. This method is not only an example of dialectic in general but also the culmination of all dialectical

---

473 Foucault, Theatrum philosophicum, S. 96.
474 Statkiewicz, The Notion of (Re)Semblance in the *Sophist*, S. 105.
475 Ebd., S. 109.
476 Vgl. ebd., S. 103. „In the terms of the *Sophist* (the sophist), a legitimate image of a thing would hardly be distinguishable from an illicit simulacrum, of which the sophist, the actor, and the rhapsode are the foremost examples." (Ebd.) Dies gilt zumal, wenn die Dialoge in ihrer mimetischen Struktur als selbstreferenziell ausgelegt werden. Vgl. Jean-Luc Nancys Lesart des *Sophistes*, die die Anspielungen auf den *sophistēs/Sophistēs* selbstreferenziell liest – „drawing Plato's Text into the uncertainties of the mimetic play of the sophist" (ebd., S. 103).
477 Ebd., S. 104.
478 Ebd., S. 109.

power that might suggest a philosophy of difference, the development of which is the task of Deleuze's philosophical project.[479]

Es handle sich um eine Unterscheidung nicht im aristotelischen Sinne: „Division is a method of arbitrating competing claims not through identification, but through authentication, through a juridical rather than logical judgement."[480] Die Unterscheidung von Philosophie und Dichtung sei das Paradigma für eine solche die Ansprüche des Platonismus behauptende Unterscheidung. „Such division is not a simple separation of different from different; it is a form of qualified separation that sifts out the impurities, a kind of ritual catharsis with all its consequences. It is exclusive and cruel: false claimants become victims (*pharmakoi*) and are sacrificed."[481] Die Unterscheidung offenbart mit der Teilhabe an der Idee eine qualitative Differenz: „Indeed, the *essential* difference between legitimate images, that is to say, icons or copies (Deleuze's translation of Plato's *eikones* and *mimēmata*) and simulacra (*phantasmata*) is resemblance itself".[482] Diese Polarität deutlicher als Platon herausstreichend, suche Deleuze „to render resemblance unambiguous".[483] Dagegen betont Statkiewicz mit Stanley Rosen, dass die Definition des Trugbildes als eines ‚Bildes *ohne* Ähnlichkeit' vor dem Hintergrund der engen Verknüpfung von Bildbegriff und Ähnlichkeit paradox sei.[484] So wäre das Trugbild nicht *ohne* Ähnlichkeit, sondern ‚(un)ähnlich' oder *scheinhaft* ähnlich. Die differenztheoretische Perspektive radikalisiert so die Abgrenzung simulacraler Unähnlichkeit von abbildhafter Ähnlichkeit; dagegen lässt sich behaupten, dass gerade die vertiefte Untersuchung der ambigen Ähnlichkeit den platonischen ‚Schwindel' erzeugt und zur Bedrohung der Repräsentation gerät.

In der modernen Literatur und Kunst kehrt nach Deleuze das durch den Platonismus Verdrängte wieder: In ihnen sieht er Ansätze einer das Trugbild und „seine Macht zum Phantasma" entfesselnden Kritik der Repräsentation; sie führten eine „Einheit genuin divergierender Serien" ein, die miteinander in „*innere Resonanz*" träten, jedoch auf dem Grund der Differenz, Dissymmetrie, Heterogenität, Ungleichheit und Divergenz.[485] So sei die Perspektivierung des Zusammenspiels von Ähnlichkeit und Differenz entscheidend:

---

479 Ebd., S. 106.
480 Ebd.
481 Ebd., S. 107. Die Ausweisung der ‚niederen' Mimesis ist hier mitzudenken.
482 Ebd.
483 Ebd., S. 108. Das Simulacrum sei nicht eine „vaguely resembling figure of the father", sondern ein „absolutely dissembling counterfeit violating the principles of family resemblance" (ebd.).
484 Vgl. ebd., S. 104 f.
485 Deleuze, Trugbild und antike Philosophie, S. 319 f.

Sehen wir uns zwei Formulierungen an: ‚nur was sich ähnelt, differiert', ‚einzig die Differenzen ähnlen einander'. Es handelt sich insofern um zwei Lesarten der Welt, als die eine uns veranlaßt, die Differenzen ausgehend von einer vorgängigen Gleichartigkeit oder Identität zu denken, wohingegen die andere uns auffordert, die Gleichartigkeit und sogar die Identität als Produkt einer Grunddisparität zu denken. Die erste definiert exakt die Welt der Abbilder oder Repräsentationen; sie setzt die Welt als Ikone. Die zweite definiert dagegen die Welt der Trugbilder. Sie setzt die Welt selbst als Phantasma. [...] So kann die Ähnlichkeit nur als Produkt dieser inneren Differenz gedacht werden.[486]

Die Umkehrung der platonischen Hierarchien führe zu einer „„Idoledämmerung'", die „die Trugbilder aufsteigen" lässt, um die Repräsentation mit ihren Dichotomien von Modell und Kopie, Sein und Schein zu subvertieren; das Simulacrum ist „kein degradiertes Abbild, es birgt eine positive Macht, die *sowohl das Original wie das Abbild, das Modell wie die Reproduktion* verneint."[487] So sei der Standpunkt aufgehoben, der Bild und Trugbild unterscheiden lässt; Ähnlichkeit sei nur „äußerer Effekt des Trugbildes" und werde „vom Differenten als erster Macht ausgesagt [...]. Es ist das Wesen des Selben und des Ähnlichen, nur mehr *simulierte* zu sein, das heißt das Funktionieren des Trugbildes auszudrücken." Damit werde die Unterscheidung unmöglich, die „Simulation als Schein, als Illusion" ausweise. Die „Maschinerie" des Trugbildes, die das Identische und Ähnliche der „Macht des Falschen (Phantasma)" unterordne,[488] setze ein anarchisches ‚Spiel der Zeichen' ins Werk – denn Simulation sei die „Macht zur Produktion eines *Effekts* [...] im Sinne eines aus einem Signalgebungsprozeß hervorgegangenen ‚Zeichens'"[489] –, ein ‚Spiel der Masken', das moderne Kunst als dionysisches Theater erscheinen lässt.[490] So lässt Deleuzes Konzeptualisierung den ‚verdrängten Ursprung' des Trugbilds metaphorisch auferstehen, den „Paradigmawechsel, welcher die Dionysosfeier in das Theater überführt, [...] also den Übergang vom *Kult* zur *Illusion* vollzieht".[491]

---

486 Ebd., S. 320. Darin scheint der von Assmann konturierte „Denkstil der Unähnlichkeit" zu resonieren (*Im Dickicht der Zeichen*, S. 15).
487 Deleuze, Trugbild und antike Philosophie, S. 320.
488 Alle Zitate ebd., S. 321. Mithin wird in diesem Taumel der ‚Phantasmen' auch die Unterscheidung von Abbild und Trugbild hinfällig.
489 Ebd., S. 322. Dies deutet einen Wechsel in ein zeichentheoretisches Register an, der das Trugbild nicht nur als bildhaftes Phänomen fasst.
490 Vgl. ebd., S. 322. Statkiewicz sieht hier weniger Philosophie und Dichtung in Opposition als „two kinds of the theatre of philosophy: the representational (Aristotelian, neoclassical) and the fantastic (Nietzsche's ,Dionysian Machine')" (The Notion of (Re)Semblance in the *Sophist*, S. 110). In diesem Sinn sei die moderne Kunst nach Deleuze „a veritable theater of metamorphoses and permutations." (Ebd.).
491 Andree, *Archäologie der Medienwirkung*, S. 57.

In diesem modernen Wirken der Simulation sieht Deleuze eine „tiefe Verbindung"[492] mit Nietzsches Konzept der „ewigen Wiederkehr":[493] Die divergierenden und differierenden Serien ließen das verdrängte dionysische Chaos und die exzentrische, schöpferische „Macht zur Bejahung des Chaos" wiedererstehen, die das Identische und Ähnliche unterordne und die Wiederherstellung der platonischen Ordnung verhindere.[494] Als das Nietzsche'sche *Unzeitgemäße* habe die Philosophie in der Umkehr des Platonismus freizusetzen, was vergangen, „im Trugbild als dem kritischen Punkt dieser Moderne" gegenwärtig und im „Phantasma der ewigen Wiederkehr als Glaube an das Künftige" zukünftig sei: Das Künstliche als „Kopie der Kopie" müsse „vorangetrieben werden", bis es *„seine Natur verändert und sich ins Trugbild verkehrt* (Moment der Pop-Art)".[495] So ist es neben der Literatur die Kunst, die mit dem subversiven Aufstieg des Simulacrums einen Bildersturm provoziere, „das schöpferische Chaos [...], das die Trugbilder in Gang setzt und ein Phantasma aufkommen läßt – die unschuldigste aller Zerstörungen, die Zerstörung des Platonismus."[496] Dieses Programm kommentiert Foucault in seinem Essay über die beiden Schriften Deleuzes: „Den Platonismus mit Deleuze umkehren heißt, darin umherzugehen und ein wenig tiefer hinabzusteigen, bis zu jener kleinen – diskreten, aber moralischen – Geste, die das Trugbild ausschließt".[497]

---

492 Deleuze, Trugbild und antike Philosophie, S. 323. Vgl. Statkiewicz, The Notion of (Re)-Semblance in the *Sophist*, S. 110.
493 Ebd., S. 322. Deleuze zitiert Klossowskis Behauptung, die ‚ewige Wiederkehr' sei das „Trugbild einer Lehre", insofern das „‚Seiende'" selbst Trugbild sei (ebd.).
494 Ebd., S. 323. „Die ewige Wiederkehr ist also durchaus das Selbe und das Ähnliche, jedoch als simulierte, durch die Verstellung, das Funktionieren des Trugbildes (Wille zur Macht) hergestellte. In diesem Sinne kehrt sie die Repräsentation um, zerstört sie die Ikonen: Sie setzt nicht mehr das Selbe und das Ähnliche voraus, sondern konstituiert umgekehrt das einzige selbe dessen, was differiert, die einzige Ähnlichkeit des nicht Zusammenpassenden" (ebd.).
495 Ebd. Vgl. Zum Rekurs auf die Pop-Art Shapiro, Pipe Dreams, S. 70: „If Warhol's images at first appear to be merely copies, reproductions of well-known images of Coca-Cola bottles, or of photographers' shots of Marilyn or Elvis, this marks their status as artifice; but what appears as artificial from a Platonic perspective can be ‚reversed' by a mode of presentation that makes it multiply and proliferate indefinitely so as to erase what would have been its source and center."
496 Deleuze, Trugbild und antike Philosophie, S. 324.
497 Foucault, Theatrum Philosophicum, S. 96. Das theatral-transgressive Moment des Phantasmatischen betont er mit der Formulierung: „Die Phantasmen verlängern nicht die Organismen ins Imaginäre hinein, sondern topologisieren die Stofflichkeit des Körpers. Daher müssen wir sie aus dem Gegensatz zwischen Wahr und Falsch, Sein und Nichtsein befreien (der nur den Unterschied zwischen Trugbild und Abbild festschreibt) und sie mit ihren Tänzen und Schauspielereien als ‚Außer-Sein' behandeln." (Ebd., S. 98).

Die theoretische Aufmerksamkeit, die Deleuze dem Simulacrum zukommen lässt, richtet sich nicht nur auf ein grundlegendes Andenken gegen den ‚Repräsentationalismus'; es stellt zugleich eine produktive Herausforderung für die ästhetische Konzeptualisierung von Mimesis, (Ab-)Bild und Schein und der damit verbundenen Funktionen der Ähnlichkeit dar, wie die kunstphilosophischen Einlassungen Deleuzes und Foucaults verdeutlichen: Foucault übernimmt das Konzept in seinem Essay über René Magritte, um dessen simulacrale Bildwelt zu beschreiben. Seine Einschätzung der ‚Auflösung' der Ähnlichkeit in Magrittes Malerei findet darin zentrale Argumente die in *Theatrum Philosophicum bereits anklingen*: „Die Philosophie der Repräsentation, des Urbilds, des ersten Mals, der Ähnlichkeit, der Nachahmung, des getreuen Abbilds löst sich auf. Der Pfeil des epikureischen Simulacrums fliegt geradewegs zu uns und lässt eine ‚Phantasmaphysik' entstehen oder wiederentstehen."[498]

Für diese Überlegungen ist demgegenüber die These leitend, dass die simulacralen Konzepte des Surrealismus im Kontext einer *Arbeit an Ähnlichkeit* stehen, deren Potential die differenztheoretische Ähnlichkeitskritik vorschnell verspielt. Während Deleuze auf ‚romantische' Weise Künstler wie Cézanne und Bacon als Entdecker neuer Wahrnehmungsweisen und Überwinder von Klischees feiert[499] und Foucault Kandinsky und Magritte als Überwinder von Ähnlichkeit und Repräsentation preist, beschreibt Foster etwa die Abstraktion Kandinskys als „far less subversive to both traditional mimesis and transcendental aesthetics than is usually thought, even by Foucault"[500] – gerade *weil* „it rejects resemblance", weil sie das Bild von Ähnlichkeit befreit, um, letztlich platonisierend, eine spirituelle Ebene zu erreichen.[501]

> In this narrative it is surrealism, rather than abstraction or constructivism, that emerges as the most radical and innovative movement of Western art in our century, *maintaining resemblance*, as in the uncanny cityscapes of de Chirico or the composite collage fantasies of Max Ernst, but at the same time undermining its hold over the real.[502]

---

498 Ebd., S. 100.
499 Vgl. Camille, Simulacrum, S. 35. Vgl. Gilles Deleuze, *Francis Bacon*, München 1995.
500 Foster, *Compulsive Beauty*, S. 96. Denn: „[...] if the referent is eclipsed in Kandinsky, reality, now located beyond resemblance (as spiritual or platonic), is still affirmed (as it is in Malevich, Mondrian ...)." Auch zit. in Camille, Simulacrum, S. 45.
501 Camille, Simulacrum, S. 45: „As Hal Foster has observed, a simulacral reading of abstract painting, such as that practiced by Kandinsky, would see it not as a freeing of the pictorial to go beyond resemblance to the realm of the spiritual and platonic but yet another way of untderlying the thrall of the real." (Ebd.).
502 Camille, Simulacrum, S. 45f. [Hv.: S. B.] „[A]fter Freud and the surrealists and more recently Lacan's repositioning or rather dethronement of the ‚Real' and emphasis rather upon the ‚Imaginary' as a powerful, preverbal, and essentially visual register, fantasy has returned to haunt our fin de siècle and become a key issue in psychoanalytically driven art criticism."

Die simulacrale Ästhetik des Surrealismus scheint so die Ambivalenz der Ähnlichkeit als mimetische *phantastike techne* gerade hervorzutreiben. Das Konzept des Simulacrums deutet auf Ähnlichkeitsrelationen jenseits repräsentionaler Ähnlichkeit und ermöglicht so deren Rekonzeptualisierung unter Bedingungen der Kritik der Repräsentation. Es ist verbunden mit den Konzepten der *Metamorphose*[503] und insbesondere der *Mimikry*, mit der es die Aspekte der Täuschung und des Perspektivismus teilt: So „bezieht das Trugbild, wie die Mimikry, in seine Ähnlichkeit immer schon den Blick des Betrachters mit ein, ist nicht allein aus einer Beziehung von Vorbild und Abbild zu erklären."[504] In seiner Subversion der Abbildbeziehung lässt es sich – wie Deleuzes „Vorstellung der Wiederholung ohne ‚innere Ähnlichkeit', die der Täuschung der Mimikry nahe kommt" – „gegen die Vorstellung von Ähnlichkeit als defizitärer Imitation" richten.[505] Die ihm inhärente Möglichkeit, Repräsentationskritik *als Identitätskritik* und Ähnlichkeit *als* Differenz zu denken, setzt sich von einem auf Imitation, Abbild und Realismus verkürzten Begriff von Ähnlichkeit ab. Aus dieser Perspektive relativiert sich die Schärfe der differenztheoretischen Ähnlichkeitskritik, die gerade in der Auseinandersetzung mit der modernen Kunst nicht als Austreibung, sondern als ‚Entgründung' der Ähnlichkeit erscheint. Doch ist der von Deleuze und Foucault angelegte Ähnlichkeitsbegriff in der Dichotomisierung von *ähnlichem* Abbild und *unähnlichem*, differentiellem Trugbild negativ an einer ‚bildplatonischen' Ähnlichkeitsauffassung orientiert, die auf den affirmativen Status eines ‚Prätendenten' der Identität reduziert wird und zum Erfüllungsgehilfen der Repräsentation verkommt – eine Auffassung, die die surrealistische Theorie und Kunst bereits überwunden hat. So verknüpft, wie sich zeigen wird, Foucaults Analyse Magrittes den ‚Triumph' der Simulacra letztlich eher unsubtil mit der These vom Ende mimetischer Ähnlichkeit. Das Potential des Konzepts, Ähnlichkeit von Identität einerseits und einer ‚Kopietheorie der Repräsentation' andererseits zu lösen, wird aus ähnlichkeitstheoretischer Perspektive nicht produktiv ausgewertet; so verstellt die differenztheoretische Perspektive eine Auswertung der Ambivalenz bildhafter Ähnlichkeit und des Perspektivismus modernen Ähnlichkeitsdenkens.

Vgl. zu Freud und „the psychic law of the compulsion to repeat" Foster, *Compulsive Beauty*, S. 194, und das Kap. „Auratic traces" über Benjamins, Freud und deren ‚unheimliche' Resonanzen im Surrealismus.
503 Dies deuten Deleuzes „Bejahung trugbildhafter Heterogenese und zeitlicher Metamorphose" (Ott, Gilles Deleuze, S. 121), die performativ-theatrale Dimension und die dem Konzept inhärente Parteinahme für den Materialismus an, die den ‚platonischen' Versuch, dem „Werden eine Grenze zu ziehen, es demselben auszusetzen, es ähnlich zu machen", konterkariere (Deleuze, Trugbild und antike Philosophie, S. 316).
504 Becker, Doll, Wiemer, Zechner, Einleitung, S. 15.
505 Ebd., S. 14.

Grubers These, es sei der *Verbegrifflichung* der Ähnlichkeit geschuldet, dass die Repräsentationskritik auch Ähnlichkeit austreibe, und Ottos kritische Einlassung auf die Ablösung topischer Ähnlichkeitstheorien durch den Wiederholungsbegriff sind so um den Verweis zu ergänzen, dass die antiplatonische Repräsentationskritik auch bildhafte Ähnlichkeit depotenziert, indem sie ihr die Unähnlichkeit/Differenz der (zeichenhaft gedachten) Simulacra gegenüberstellt. So schreibt sie letztlich auch in den Ähnlichkeit ‚entgründenden' kunsttheoretischen Einlassungen ihre Marginalisierung als repräsentationales Paradigma fest; um dies zu verdeutlichen, wurde dieses Schlüsselkonzept nicht (allein) aus der surrealistischen Konzeptualisierung heraus entwickelt, sondern zugleich als Negativfolie zu Magrittes Konzeption, anhand derer sich die der Ähnlichkeit zuerkannten Leistungen schärfer konturieren lassen. So besteht die Herausforderung einer Beschreibung der *unähnlichen Ähnlichkeit* des Surrealismus nicht zuletzt darin, hinter die postmoderne Kritik des Ähnlichkeitsbegriffs zurück- und zugleich darüber hinauszugehen. Ihr lässt sich nicht nur mit Statkiewicz' Relektüre der ambigen (Un)Ähnlichkeit des Bildes in Platons *Sophistes* begegnen, sondern gerade auch mit der Analyse surrealistischer Ähnlichkeitskonzepte, die das Ähnliche in seiner simulacralen Dimension bewahren. Exemplarisch zeigt dies Magrittes ‚Kunst der Ähnlichkeit', die Repräsentation im Namen der Ansprüche der Mimesis, der Kunst, der Malerei und des Bildes gegenüber der Philosophie hinterfragt, *ohne* auf Ähnlichkeit zu verzichten.

3.4 Mimikry

> Die Natur erzeugt Ähnlichkeiten; man braucht nur an die Mimikry zu denken. Die höchste Fähigkeit zum Produzieren von Ähnlichkeiten aber hat der Mensch. Die Gabe, Ähnlichkeiten zu erkennen, ist ja nichts anderes als ein schwaches Überbleibsel des alten Zwanges, ähnlich zu werden und sich zu verhalten. (Walter Benjamin)[506]

Mimikry ist ein Ähnlichkeitskonzept, das die Grenzen zwischen Natur- und Kulturwissenschaft als veritables *travelling concept* überschreitet. Begriffsgeschichtlich ebenfalls zu den Dimensionen der Mimesis gehörend – und auf mimetische Praktiken (rück-)übertragen, wenn der Mimikrybegriff „[i]n der ästhetischen Theorie, Anthropologie, Theaterwissenschaft, Literaturwissenschaft, Medientheorie, den gender studies und postcolonial studies [...] verwendet" wird –, ist er davon als Beschreibung eines weder intentionalen noch kontingenten biologischen Phänomens abzugrenzen und avanciert in der neueren Theoriebildung zu einem ihrer Gegenkonzepte: „Heute gehört ‚Mimikry' zum festen Begriffsinven-

---

[506] Benjamin, Lehre vom Ähnlichen, S. 204.

tar postmoderner (Identitäts-)Theorien. Man bedient sich des Mimikrykonzepts in der Regel, um mit ihm ein Gegengewicht zum normativen Traditionsbegriff der Mimesis zu schaffen."[507]

Als „a resemblance that deceives"[508] lassen Mimikryphänomene Deutungsprobleme greifbar werden, die das taxonomische Problem betreffen, dass Ähnlichkeit nicht auf Artzugehörigkeit schließen lässt: „Den Artbegriff von der Merkmalsäquivalenz zu lösen, widerstrebt einem Spontanempfinden", das „daran gewöhnt ist, Tier- und Pflanzenarten nach Merkmalen verlässlich einzustufen."[509] Scheint es sich um objektiv gegebene Phänomene *täuschender Nachahmung* zu handeln, so ist ihnen zugleich die Perspektivierung im Hinblick auf eine getäuschte Wahrnehmung inhärent, wobei das Täuschungspotential auch den forschenden Blick betreffen kann: Als Phänomen täuschender Ähnlichkeit, die als solche *per definitionem* entdeckt werden muss, gerät Mimikry zur Herausforderung, relevante von nichtrelevanten Ähnlichkeiten zu unterscheiden.

> Ähnlichkeiten finden wir in der Natur in Hülle und Fülle. Willkürlich zusammengesehen sind die Sternbilder des Tierkreises, ein typisch menschliches Phantasieprodukt. Naturgegeben ist die Zeichnung auf dem Thorax des Totenkopffalters (Acherontia atropos), die uns an einen menschlichen Totenkopf erinnert; die Puppe des nordamerikanischen Bläulings Feniseca tarquinius sieht einer Affenkopf-Miniatur ähnlich – aber eben nur für uns. Kein anderes Lebewesen sammelt ja so viele Erfahrungen und stellt so viele gedankliche Querverbindungen her wie der Mensch. Es geht uns hier aber nicht um gedachte, sondern um in der Natur vorgegebene Querverbindungen.[510]

Bereits die Tatsache, dass der Begriff etymologisch aus dem Mimesisbegriff hervorgeht,[511] zeigt die Theoriegeschichte der Mimikry als eine Geschichte disziplinärer und begrifflicher Übertragungen, die neben anthropologischen und wissenschaftshistorischen auch ästhetische Fragestellungen tangiert. Sie ist begleitet

---

507 Kyung-Ho Cha, *Humanmimikry. Poetik der Evolution*, München 2010, S. 21.
508 Alfred Russel Wallace, zit. n. ebd., S. 78.
509 Werner Kunz, „Die Bedeutung der Mimikry für das Verständnis des Artbegriffs", in: *Entomologie heute* 23 (2011), S. 3–22, S. 13.
510 Wolfgang Wickler, *Mimikry. Nachahmung und Täuschung in der Natur*, München 1968, S. 79. Cha beschreibt Wicklers Kommunikationsmodell als nach wie vor aktuell (vgl. *Humanmimikry*, S. 12, Anm. 5). Für einen Überblick über die heute auf entwicklungsbiologische Fragen konzentrierten Mimikryforschung vgl. ebd., S. 39 f.
511 Vgl. Becker, Doll, Wiemer, Zechner, Einleitung, S. 10, die darauf verweisen, die junge Biologie sei seinerzeit auf die Übertragung von Begriffen aus anderen Wissensbereichen angewiesen gewesen. Geble zufolge entstammt der Begriff *mimmickry* bzw. *mimicry* dem Theater des siebzehnten Jahrhunderts; bis Bates Mitte des neunzehnten Jahrhunderts das Mimikry-Verhalten ‚entdeckt', ist *resembling* in Gebrauch (vgl. Peter Geble, „Der Mimese-Komplex", in: *ilinx. Berliner Beiträge zur Kulturwissenschaft*, 2 (2011): *Mimesen*, S. 185–195, S. 186).

von „Spekulationen über eine künstlerisch schaffende Natur", „Analogiebildungen mit sozialen und kreativen Handlungen"[512] und der „Frage nach einer Strukturverwandtschaft zwischen den (nach-)bildenden Verfahrensformen von Natur und Kunst".[513]

Seit der Antike stellen mimetische Tiere ein Faszinosum dar, wobei früh Tarnung und Täuschung als Aspekte mimetischen Verhaltens beschrieben werden: So schreibt Aristoteles über die Mimese des Oktopus, der sich optisch Steinen angleicht, Theophrast berichtet vom Phänomen des Farbwechsels in nördlichen Breiten lebender Tiere zu unterschiedlichen Jahreszeiten und Plinius über das Chamäleon, das die Farben der Umgebung adaptiert,[514] sowie seinerseits über den Kraken, sein Mimikryverhalten dem Menschen zur Nachahmung anempfehlend.[515] Doch erst seit seiner ‚Entdeckung'[516] durch den britischen Entomologen Henry Walter Bates wird das Phänomen als *mimicry* bezeichnet, wobei Bates den Begriff in *A Naturalist on the River Amazonas* (1863) bemerkenswerterweise metaphorisch von der „totemistische[n] Tiernachahmung unter den sogenannten ‚primitiven' Naturvölkern" überträgt:[517]

> „[T]he aborigines celebrate their own ruder festivals: the people of different tribes combining; for, in most of their features, the merry-makings were originally alike in all the tribes. The Indian idea of a holiday is bonfires, processions, masquerading, *especially the mimicry* of different kinds of animals, plenty of confused drumming and fifing, monotonous dancing, kept up hour after hour without intermission, and the most important point of all, getting gradually and completely drunk."[518]

---

512 Johach, Mersmann, Rulffes, Try to blend in!, S. VIIf.
513 Ebd., S. IX.
514 Vgl. Mary Alice Evans, „Mimicry and the Darwinian Heritage", in: *Journal of the History of Ideas* 26, 2 (1965), S. 211–220, S. 211.
515 Vgl. Roger Caillois, *Der Krake: Versuch über die Logik des Imaginativen*, München 1986, S. 18 [*La Pieuvre*, 1973]: Caillois verweist auf Plinius, der in *Naturkunde* [IX, XLVIII, 30] den Kraken bespricht.
516 Vgl. Henry Walter Bates, „Contributions to an Insect Fauna of the Amazon Valley. Lepidoptera: Heliconidae", in: *Transactions of the Linnean Societey* 23/3 (1862), S. 495–566. Zur Vorgeschichte und den Thesen zu Mimikry seit dem achtzehnten Jahrhundert vgl. Evans, Mimicry and the Darwinian Heritage, S. 211f.
517 Vgl. Cha, *Humanmimikry*, S. 33: „Bates ist natürlich nicht der Auffassung, dass die Schmetterlinge der *Leptalis* eine Mimesis betreiben, welche sie der *Ithomia* ähnlich macht. Der Begriff der ‚*mimicry*' wird von ihm rein metaphorisch gebraucht." (Ebd., S. 34).
518 Zit. n. Becker, Doll, Wiemer, Zechner, Einleitung, S. 8f.

Von einer auf Feuerland beobachteten „Mimikry, die keineswegs nur auf die Tierwelt beschränkt ist"[519], schreibt auch Charles Darwin in seinem Bericht von der Reise mit der *Beagle*: „All savages appear to possess, to an uncommon degree, this power of mimikry".[520] Wissenschaftsgeschichtlich steht so, wo zunächst ein eigener Begriff fehlt, eine transgenerische Analogiemetapher am Beginn der Mimikrytheorie, die ‚Mimikry' als nicht nur anthropomorphisierenden und einer ästhetisch-anthropologischen, sondern auch einer transkulturellen, in einem kolonialen Kontext situierten Sphäre entstammenden Begriff ausweist: „In den totemistischen Tiernachahmungen liegt der außerbiologische Herkunftsort des wissenschaftlichen Begriffs."[521]

Im Zuge seiner Entdeckung charakterisiert Bates, der von 1848 bis 1859 Schmetterlinge im Amazonasgebiet untersucht hatte, das Phänomen als *täuschende Nachahmung*: Er stellt angesichts der Schwierigkeiten einer klassifikatorischen Zuordnung einander ähnlicher, doch nicht verwandter Arten fest, dass manche *Pieridae*, die üblicherweise hell gefärbt sind, die bunten Farben ungenießbarer *Nymphalidae* übernehmen, und nennt erstere „mimics" und letztere „models".[522] Am Ausgangspunkt der Mimikrytheorie steht damit ein Klassifikationsproblem, das die transversale Relationalität der Natur paradigmatisch ausstellt – und als *Trugbild* die Artbestimmung insofern herausfordert, als Wesen und Erscheinung, Ähnlichkeits- und Verwandtschaftsbeziehung auseinandertreten. Diese ‚vorgetäuschte' Artzugehörigkeit[523] bringt „die Grundlage der Linne'schen Taxonomie ins Wanken", der zufolge „essenzielle Merkmale [...] die Zugehörigkeit zu einer Art, die im platonischen Sinn" ontologisch vorliegt, be-

---

519 Ebd. Vgl. zur Verbindung von Mimesis und „Primitivismus" Taussig, *Mimesis und Alterität*, S. 78 ff., passim. Zu Darwins von Taussig als Ausgangspunkt seiner Überlegungen gewählten Schilderung der Begegnung mit den „'excellent mimics'" vgl. Kimmich, *Ins Ungefähre*, S. 116 und Kap. 10: „Mimetisches Verstehen. Charles Darwin auf Feuerland", S. 110–123; vgl. Iris Därmann, *Fremde Monde der Vernunft: die ethnologische Provokation der Philosophie*, München 2005, S. 306 f.
520 Zit. n. Susanna Burghartz, „Vermessung der Differenz. Die Magellanstraße als europäischer Projektionsraum um 1600", in: *Historische Anthropologie*, 19, 1, S. 4–30 (online unter https://edoc.unibas.ch/46187/1/%5BHistorische%20Anthropologie%5D%20Vermessung%20der%20Differenz.pdf, 16.7.2019).
521 Cha, *Humanmimikry*, S. 34. Vgl. auch Becker, Doll, Wiemer, Zechner, Einleitung, S. 10.
522 Vgl. Evans, Mimicry and the Darwinian Heritage, S. 214. „The resemblance is so close, that it is only after long practice that the true can be distinguished from the counterfeit, when on the wing in their native forest." (Bates, zit. n. Cha, *Humanmimikry*, S. 32) Bezeichnenderweise hat sich die Klassifikation der Schmetterlinge seither geändert (vgl. ebd., S. 31, Anm. 7).
523 Vgl. Cha, *Humanmimikry*, S. 35: „Ist Ähnlichkeit ein verlässliches Kriterium, um die Zugehörigkeit eines Individuums zu einer Art zu bestimmen? Oder kann eine Ähnlichkeit eine solche Artzugehörigkeit vortäuschen?".

stimmen lassen.[524] Das Mimikrykonzept verweist auf einen „Paradigmenwechsel für das Verständnis dessen, was eine Art ist", indem es den Wechsel von der „Merkmalsähnlichkeit" zur „Verwandtschaft"[525] nahelegt. Die art- und gattungsüberschreitenden Mimikry-Fälle erregten zeitgenössisch auch deshalb besondere Aufmerksamkeit, weil sie schnell „in das evolutionstheoretische Paradigma optimierter Überlebenschancen eingebunden" wurden.[526] Sie scheinen Darwins Evolutionstheorie zu belegen, „weil sie die Kontinuität biologischer Entwicklung aufzeigten"[527], wie Bates 1862 konstatiert: „‚The process by which a mimetic analogy is brought about in nature is a problem which involves that of the origin of all species and all adaptations.'"[528] Die „Mimikry-Hypothese" wird so zum „Prüffeld" der umstrittenen Selektionstheorie, die die „Absetzung einer zielstrebigen, die Anpassung hervorrufenden Schöpferkraft" fordert.[529] Entsprechend lobt Darwin, der selbst eine ähnliche These formuliert hatte,[530] Bates' Studie in einem 1862 an ihn gerichteten Brief: „In my opinion it is one of the most remarkable and admirable papers I ever read in my life. The mimetic cases are truly

---

524 Kunz, Die Bedeutung der Mimikry für das Verständnis des Artbegriffs, S. 4.
525 Ebd., S. 10. Entgegen der taxonomischen Einteilung der Natur in Klassen, die als natürlich gegebene Arten mit festen Merkmalen ontologisch vorliegen, hält Darwin Arten für „Einheiten, die der Mensch für seine Ordnungsbedürfnisse geschaffen hat" (ebd.). Zugleich sollen sie natürliche Verwandtschaftsbezüge aufzeigen.
526 Johach, Mersmann, Rulffes, Try to blend in!, S. VIII. Vgl. Kap. B.2: „Darwinismus. Die Entdeckung der Mimikry im Labor der Evolution (Henry Walter Bates, Charles Darwin)", in: Cha, *Humanmimikry*, S. 29–37.
527 Becker, Doll, Wiemer, Zechner, Einleitung, S. 8. In *A Naturalist on the River Amazonas* schreibt Bates: „The following facts [...] led me to conclude that the one is simply a modification of the other. [...] These hybrid-looking specimens are connected together by so complete a chain of gradations that it is difficult to separate them even into varieties [...]. They link together gradually the wide interval between the two species." (Zit. n. ebd., S. 8, Anm. 4).
528 Zit. n. Wickler, *Mimikry*, S. 243. Als Hybride, „intermediäre Formen [...], die den Verlauf der Evolution dokumentieren", scheinen die Mimikryinsekten die Kontinuität der Entwicklung zu beweisen (Cha, *Humanmimikry*, S. 35).
529 Cha, *Humanmimikry*, S. 38.
530 Darwin notiert in der ersten Auflage von The Origin of Species: „‚[E]very grade in resemblance which aided an insect to escape notice or detection would tend towards its preservation; and the more perfect the resemblance so much the better for the insect.' Thus Darwin at last provided the explanation of the mechanism for the development of protective resemblance and indirectly of mimicry" (Evans, Mimicry and the Darwinian Heritage, S. 13). In der vierten Auflage führt er Mimikry als Beispiel für „analoge Ähnlichkeiten" an: „The most remarkable case of analogical resemblance ever recorded, though not dependent on adaptation to similar conditions of life, is that given by Mr. Bates with respect to certain Butterflies in the Amazonian region closely mimicking other kinds." (Zit. n. Cha, *Humanmimikry*, S. 36).

marvelous, and you connect excellently a host of analogous facts."⁵³¹ Dass Mimikry die „merkmalsorientiert[e] Taxonomie ins Wanken" bringt, erkennt 1903 Edward Poulton, der das typologische durch ein relationales Konzept der Art ersetzt:⁵³² „Die Art als relationale Gruppe beruht auf Abstammungsverhältnissen."⁵³³ Mimikryphänomene zeigen zugleich, dass Ähnlichkeit weder auf essentielle Merkmale noch auf Verwandtschaft schließen lässt.⁵³⁴ Wo „taxonomische Grenzen zwischen den Arten zu verschwimmen drohen, entsteht das neue wissenschaftliche Konzept der Mimikry", das als Analogie- oder Konvergenzphänomen von „einer analogen Ähnlichkeit aus[geht]" und „nicht auf (naher) Verwandtschaft beruht."⁵³⁵

In der Folge entzündet sich das Interesse nicht zuletzt an Erklärungslücken.⁵³⁶ Unzählige Beispiele werden beschrieben und der Mimikrybegriff wird durch weitere Forschung differenziert, wobei widerstreitende Theoriepositionen entstehen. Um die Jahrhundertwende stehen sich neodarwinistische, Selektion und Vererbung verfechtende, und antidarwinistische, (neo-)lamarckistisch-milieutheoretische Ansätze gegenüber.⁵³⁷ Dem Mimikrykonzept inhärente Annahmen avancieren zu Streitfragen um Adaptation und organische Plastizität, Auswahl und Wirkungsweise der mimetischen Merkmale und ihre Zweckhaftigkeit.⁵³⁸ Einen Einblick in die moderne Diskussion um Zweckhaftigkeit bietet etwa

---

531 Evans, Mimicry and the Darwinian Heritage, S. 211 [sic].
532 Kunz, Die Bedeutung der Mimikry für das Verständnis des Artbegriffs, S. 15.
533 Ebd., S. 5.
534 Vgl. ebd., S. 13. Aus dem Paradigmenwechsel von der *typologischen* zur *verwandtschaftlichen* Taxonomie ergibt sich das Dilemma, dass „Verwandtschaft [...] nicht beobachtet werden kann." So kann der Schluss „von der Ähnlichkeit der Organismen auf den Grad ihrer Verwandtschaft" trügen (ebd., S. 10). „Die Tatsache, dass jeder natürliche Artbegriff ein relationaler sein muss [...], bedeutet prinzipiell, dass Merkmalsähnlichkeit keine grundsätzlich notwendige Bedingung für Artgleichheit sein muss." (Ebd., S. 13).
535 Cha, *Humanmimikry*, S. 36. Als Extrem von Analogie beschreibt Mimikry Franz M. Wuketits, „Analogie – eine Erkenntnis- und Wissensquelle", in: *Lexikon der Biologie* (1999) (online unter http://www.spektrum.de/lexikon/biologie/analogie-eine-erkenntnis-und-wissensquelle/3257, 3.11.2017), o. S.: „Ihre Extreme erreichen analoge Strukturen (Funktionen, Verhaltensweisen) in dem als *Mimikry* bekannten Sonderfall von *Schutzanpassungen*." Vgl. ders., „Die sieben Formen der biologischen Ähnlichkeit", in: *Biologie in unserer Zeit* 7, 4 (1977), S. 106–111.
536 Vgl. Evans, Mimicry and the Darwinian Heritage, S. 220: „The manner in which adaptations arise, or are lost, through natural selection offers a never-ending source of study to biologists. Mimicry, although it is only one of countless examples, provides a unique opportunity for the study of most of the questions which might arise in connection with the general subject of adaptations."
537 Vgl. Cha, *Humanmimikry*, S. 42; vgl. Kap. B.3: „Antidarwinismus. Anpassung oder Vererbung?", S. 39–70.
538 Zweck, Nützlichkeit und Funktion der Mimikry werden von den antidarwinistischen (Neo-)Lamarckisten bestritten (vgl. ebd., S. 41, Anm. 26): So begründet Carl Brunner von Wattenwyl (wie

Mauthners Kritik des teleologischen Formbegriffs: „[D]ie ganze Arbeit der letzten Jahrzehnte behandelt aber die Frage, ob Morphologie auf Genealogie zurückzuführen sei. *Formähnlichkeit* auf Blutsverwandtschaft (Haeckel sagt natürlich Form*verwandtschaft*, was erstens ein Unsinn ist und zweitens die Antwort vorwegnimmt)."[539] Der Darwinismus gilt ihm als „mißglückter Versuch, den anthropomorphistischen Zweckbegriff aus der Erklärung der Organismen zu entfernen. Die Aufgabe ist gestellt, gelöst ist sie nicht. Wir können nicht umhin, die Einheiten, die wir Organismen nennen, nach wie vor zweckmäßig zu finden in ihrem Bau."[540] So können, wie Mauthner notiert, geometrische „Formgesetze [...] bei ihren Entdeckern, von Pythagoras bis auf die Gegenwart, einen Freudenrausch erzeugen, der dem Rausch über ästhetische Formen, der dem Rausch über die teleologischen Formen der Tier- und Pflanzenwelt nichts nachgibt."[541]

Streitfragen und gegenseitige Polemik begleiten auch den Wandel der Begriffsdefinitionen, der mit dem der Mimikrytheorien einhergeht: Die Bates'sche Mimikry – als „aposematische Ähnlichkeit zwischen nicht-verwandten Arten"[542] der klassische Fall einer Schutzmimikry – wird begriffsbildend durch Studien Fritz Müllers, Robert Mertens' und Elizabeth Peckhams in Unterformen der Müller'schen Mimikry (Signalnormierung), der Mertens'schen (der ungiftigen Art ähnelnden) und Peckham'schen (lockenden) Mimikry ausdifferenziert.[543] Schutz- und Angriffsmimikry als Täuschung und Warnung werden von ‚kryptischer' Tarnung durch die

---

Caillois) „die Funktionslosigkeit ästhetisch" und beschreibt „Mimikry als eine Laune der Natur" („Über die Hypertelie in der Natur. Festrede der Jahres-Sitzung der k.k. zoolog.-botan. Gesellschaft", in: *Verhandlungen der kaiserlich-königlichen zoologisch-botanischen Gesellschaft in Wien* 23 (1873), S. 133–138, bes. 135). Wattenwyl ist der Einbildungskraft zugeneigt, die als „Spielraum der Phantasie" in die Forschung eingehen soll: Er spricht „von den ‚poetischen Gemüthern' der Naturforscher, die sich in der Bewunderung der Natur üben sollen" und „im Geiste dem künstlerischen Genie gleichen" sollen (ebd., S. 78, Anm. 164).
539 Mauthner, Form, S. 503.
540 Ebd.
541 Ebd., S. 500.
542 Cha, *Humanmimikry*, S. 72.
543 Evans, Mimicry and the Darwinian Heritage, S. 214; vgl. Fritz Müller, „Ituna and Thyridia. A remarkable case of mimicry in butterflies", in: *Proceedings of the Royal Entomological Society of London* 30 (1879), S. XX-XXIX: Er beschreibt Gemeinschaften mimetischer Insekten, die sich eines gemeinsamen Signals bedienen; beispielhaft sind die gelb-schwarz gestreiften Körper giftiger Insekten als „Warnfarbengemeinschaft" (Wickler, *Mimikry*, S. 86). Doch handle es sich nicht um Mimikry im engeren Sinn, sondern um die „Normierung von Signalen" (ebd). Vgl. Klaus Lunau, *Warnen, Tarnen, Täuschen: Mimikry und andere Überlebensstrategien in der Natur*, Darmstadt 2002, S. 16; er nennt als weitere Namensgeber Wasmann, Dodson, Kirby, Pyanne, Vavilov, Gilbert und Brower.

Differenzierung von *Mimikry* und *Mimese* unterschieden[544] und letztere wiederum von Somatolyse (optische Gestaltauflösung) oder Thanatosis (passives Totstellen).[545] So werden Aspekte der *aktiven Anähnelung* mit dem „Charakter einer ‚Tätigkeit'" und der „‚passiv'" wirkenden *Tarnung durch Anpassung* an die Umgebung und ‚Verkleidung' mittels Bestandteilen der Umwelt differenziert.[546]

Hier wird deutlich: Ein *generalisierender* Mimikrybegriff als prototypische oder universalistisch-prinzipielle[547] Definition zu merkmalsbezogener Artbestimmung und Verwandtschaftsverhältnissen querstehender Ähnlichkeitsphänomene ist problematisch und gerät um 1900 aufgrund seines inflationären Gebrauchs in eine bis in die 40er Jahre anhaltende „Krise", die bis zur Leugnung des Phänomens führt:[548] Ob es überhaupt existiert und inwiefern es sich dabei um täuschende „Nachahmung"[549] oder „Adaptation"[550], Anpassung im funktio-

---

544 Diese Differenzierung als „ein wesentlicher Bestandteil der Wissenschaftsgeschichte der Mimikryforschung" geht auf die „Krise der Mimikryforschung" zurück, die verschiedene Phänomene unter einem Begriff zu subsumieren sucht. (Cha, *Humanmimikry*, S. 72) Dies sei kein „nominalistisches" Problem, sondern verweise auf die für die Mimikrytheorien entscheidende „Frage, was die Mimikry ist." (Ebd., S. 73) Erst in den 20er Jahren differenziert der Zoologe Heikertinger Mimikry von Mimese mit dem „Ziel, ‚unsichtbar' zu werden" (vgl. S. 12, Anm. 5; vgl. S. 71f.; Franz Heikertinger, „Über die Begriffe ‚Mimikry' und ‚Mimese' mit besonderer Berücksichtigung der Myrmekoidie. Zugleich eine Antwort an E. Wasmann", in: *Biologisches Zentralblatt* 45, 5 (1925), S. 272–289). Die auch von Caillois gebrauchte Differenzierung setzt sich erst Jahrzehnte später durch; seinerzeit konkurriert die Klassifikation nach Einzelfällen nach dem Vorbild Bates'scher Mimikry mit einer Definition der „‚täuschenden Ähnlichkeit zwischen verschiedenen Tieren'" (Wasmann, zit. n. ebd., S. 75). Vgl. Kap. B.4.1: „Die Krise des wissenschaftlichen Begriffs. Zur Ausdifferenzierung von Mimikry und Mimese", in: Cha, *Humanmimikry*, S. 72–75.
545 Vgl. Cha, *Humanmimikry*, bes. S. 72–76.
546 Wickler, *Mimikry*, S. 51; Wickler zufolge ist der „Untergrund" für Fälle der Tarnung bestimmend, wie z. B. für das Winter- und Sommerfell der Tiere im Polargebiet oder Spannerraupen, die wie Ästchen aussehen (ebd., S. 51).
547 Vgl. Cha, *Humanmimikry*, S. 75.
548 Ebd., S. 71; vgl. Kap. B.4: „Die Krisen der Mimikryforschung und des Darwinismus um 1900", S. 71–81.
549 Ebd., S. 44. Die These der *Nachahmung* im starken Sinn des Lamarckismus als ein „unmittelbarer Umwelteinfluss, bei dem ähnliche Merkmale *kopiert* werden", kann heute ausgeschlossen werden: „Muster und Farben kommen nicht dadurch zustande, das [sic] ein Mimikrytier seine Umwelt ‚nachahmt'. Mimikry ist weder eine Kopierung von Merkmalen noch eine voluntative Nachahmung. Die lamarkistischen Theorien um 1900 behaupten nun genau dies." (Ebd., S. 43 f.)
550 Zur Schwierigkeit der Adaptation als Selektion von Merkmalen für die theoretische Biologie und zu den Erklärungsmodellen ultimativ, proximativ, teleologisch und teleonomisch vgl. Cha, *Humanmimikry*, S. 79.

nalistischen oder strukturalistischen Sinn handelt,[551] bleibt lange umstritten. Selbst wenn seit den 60er Jahren eine semiotisch-kommunikationstheoretische Minimal-Definition Wolfgang Wicklers[552] weitgehend Zustimmung findet und die Genetik den Streit zwischen (Neo-)Darwinisten und (Neo-)Lamarckisten zugunsten der Selektionstheorie entschieden hat – mit der Einschränkung, dass es Umwelteinflüsse auf Phänotypen und Gene gibt[553] –, belegt bis heute mitunter erst entwicklungs- und molekularbiologische Forschung das Vorliegen und die Funktionsweise eines ‚Mimikrysystems'.[554] Dabei geht es, wenn auch von der tatsächlichen *Nachahmung* eines ‚Vorbilds' zu sprechen unangebracht anthropomorphisiert – insofern der Mimikrybegriff, wie etwa Ernst Jünger betont, eine menschliche, intentionale „Art der Nachahmung"[555] suggeriert –, um die Feststellung transgenerischer, art-, gattungs- und familienübergreifender Ähnlichkeiten in

---

551 Ebd., S. 80: Funktionalistische Mimikrykonzepte schreiben dem Phänomen „Funktion und Ziel" zu, wobei die Definition des Zwecks theoretische Probleme bereitet. Zweck und die Funktion über strukturalistische Erklärungen zu stellen, bezeichnen Gould und Lewontin (nach Doktor Panglos aus Voltaires *Candide*) kritisch als „Panglossianismus" (ebd.; vgl. Stephan Jay Gould, Richard C. Lewontin, „The Spandrels of San Marco and the Panglossian Paradigm. A critique of the Adaptation Programme", in: *Proceedings of the Royal Society of London* B 205 (1979), S. 581–598). Im Gegensatz dazu zieht die strukturalistische Perspektive „sowohl die Randphänomene der Anpassung als auch die phylogenetischen Muster" in Betracht. Cha sieht den Dissens zwischen Funktionalisten und Strukturalisten im Akademiestreit der „prädarwinistischen Adaptionisten" George Cuvier und Étienne Geoffroy Saint-Hilaire vorweggenommen (vgl. ebd., S. 80, Anm. 172).
552 Vgl. Wolfgang Wickler, „Mimicry and the Evolution of Animal Communication", in: *Nature* 208 (1965), S. 519–521.
553 Vgl. Cha, *Humanmimikry*, S. 39–44; vgl. zur Betimmung des Phänotyps durch Selektion Kunz, Die Bedeutung der Mimikry für das Verständnis des Artbegriffs, S. 13.
554 Vgl. Wickler, *Mimikry*, S. 47. Lunau würdigt Wolfgang Wickler als Begründer eines „in sich geschlossene[n] Mimikrykonzept[s]", das Vorbild, Nachahmer und „Signalempfänger" umfasst und eine „konsequente und verblüffend einfache Ordnung" in die Vielzahl der Phänomene von Mimikry und Mimese einführt: „Die Täuschung eines Signalempfängers besteht in einer ungenügenden oder fehlenden Unterscheidung zwischen Vorbild und Nachahmer." (Lunau, *Warnen, Tarnen, Täuschen*, S. 20): Bis heute werden neue Fälle entdeckt – vorerst als Fälle einer „beobachteten Ähnlichkeit zweier Signalsender" beschrieben, an die „Hypothesen über ein Mimikrysystem" herangetragen werden, die es zu überprüfen gilt, um „Mechanismen, die zur Entstehung und Aufrechterhaltung von Mimikrysystemen" dienen, zu belegen –, die als komplexes Untersuchungsfeld von Koevolutions- und Kommunikationssystemen gelten (ebd., S. 21).
555 „Der menschliche Geist hat den Begriff der Mimikry erfunden, weil ihm, und ihm allein, diese Art der Nachahmung geläufig ist. Er allein verfügt über eine Sprache, die nichts verbirgt, sondern verbergen soll, ist zugleich Spieler und Schauspieler." (Zit. n. Cha, *Humanmimikry*, S. 76).

Aussehen, Farbe, Gestalt, Lauten, Verhalten und Geruch, als „mimetischen Signalen"[556], die der Täuschung oder – im Fall der Mimese als signallose Anpassung an den umgebenden Raum – der Tarnung dienen. Daraus folgt die basale Definition der Mimikry als einer *dreistelligen* Konstellation aus „Vorbild, Nachahmer, Signalempfänger", in der das Signal den letzteren, etwa einen Fressfeind, täuschen soll:[557]

> Der Unterschied zwischen ‚sinnlosen' und den möglicherweise sinnvollen, das heißt nützlichen, Ähnlichkeiten liegt darin, daß im letzten Fall vermutlich jemand da ist, der diese Ähnlichkeiten bemerkt und für den es außerdem wichtig ist, das Aussehen der giftigen Pflanzen oder Tiere zur Kenntnis zu nehmen, weil es ihm selbst Vorteile bringt, sie zu meiden.[558]

Diese Definition ist nach Wickler erfüllt, „wenn man annehmen kann, daß das mimetische Merkmal dieser Funktion angepaßt worden ist".[559] Doch sind die an der Relation Beteiligten, gerade der ‚Dritte' als definitorisch konstitutiver Teil der Konstellation, der in der Mimikrytheorie historisch erst spät in den Blick rückt,[560] mitunter schwer auszumachen. Die Vielfalt möglicher, teils jenseits der menschlichen Wahrnehmungsschwelle liegender mimetischer Signale erschwert die Deutung und erfordert die Erforschung von Mimikrykonstellationen als „Kommunikationssysteme[n]" mit verschiedenen Beteiligten: „Die Schwierigkeiten der Mimikry-Forschung haben also zwei Hauptwurzeln: Es sind zu viele Arten am einzelnen Mimikry-System beteiligt, und die Situationen, in denen der Signalempfänger auf die vermuteten Vorbilder und Nachahmer trifft, sind zu wenig bekannt."[561] Das Ähnlichkeitsphänomen verweist so auf die komplexe Korrelationalität durch Koevolution entstandener Lebensräume und auf die Notwendigkeit, den beobachtenden und Mimikry als solche interpretierenden forschenden Blick – ausgeweitet auf Methoden und Instrumente – kritisch zu reflektieren.

Wie voraussetzungsreich, fehleranfällig und metaphorisch durchsetzt die Bestimmung von Mimikryphänomenen sein kann, zeigen etwa Interpretationen der *Ozellen*, der Augenflecken, die vor allem Schmetterlinge und Raupen tragen:

---

556 Vgl. Wickler, *Mimikry*, S. 11.
557 Ebd., S. 179.
558 Ebd., S. 10.
559 Ebd., S. 109.
560 „Die Suche nach dem Signalempfänger ist meist der schwierigste und langwierigste Teil bei der Aufdeckung von Mimikrysystemen und noch längst nicht immer abgeschlossen." (Lunau, *Warnen, Tarnen, Täuschen*, S. 20).
561 Wickler, *Mimikry*, S. 178. Wickler (ebd., S. 92) plädiert für *Beobachtung*, statt auf generalisierende Begriffsarbeit zu fokussieren.

> Beim Abendpfauenauge (Smerinthus ocellata [...]) etwa ist, wenn das Tier sich bedroht fühlt und seine leuchtend-rot umrandeten Augenflecken präsentiert [...], die Ähnlichkeit mit dem Kopf eines Fuchses (oder vielleicht eines Uhus) nicht von der Hand zu weisen, wovon sich wohl auch die hauptsächlichen Fressfeinde des Smerinthus, Vögel, Igel u. ä., oft genug beeindrucken lassen. Natürlich versucht der Schmetterling in einem solchen Fall keinesfalls selbst mit Absicht, ein Raubtier vorzutäuschen (in dem Sinn, in dem etwa ein Schauspieler planvoll versucht, eine Figur vorzutäuschen). Dass sich ein Fressfeind hat täuschen lassen – oder dass Fressfeinde generell durch diese Eigenschaft der Abendpfauenaugen getäuscht, d. h.: zu der aktuellen Situation nicht adäquaten Verhaltensweisen veranlaßt, werden können – ist sicher etwas, das nur ein Beobachter (im Sinne einer *Dritte Person*-Zuschreibung) behaupten kann, sofern er die Beziehung zwischen der tatsächlichen Situation – d. h. eigentlich dem dieser Situation adäquaten Verhalten des beobachteten Wesens – und der unterstellten Täuschung – also der nicht gegebenen Situation, in der das beobachtete Verhalten adäquat wäre – erkennen kann [...].[562]

So beruht die Interpretation auf einer Beobachtung der Beobachtung, deren Gegenstand für anthropomorphistische Fehldeutungen anfällig ist, in denen ein Ähnlichkeitsurteil in die Konstellation projiziert wird – wobei sich das Täuschungspotential durch die Verwechslung der Ebenen potenziert: „Mimikry scheint Zweifel an der Wahrnehmung geradezu zu provozieren, was insofern nicht verwundert, als sie doch eine Blicktäuschung par excellence ist."[563] Dass Fragen nach „Täuschung und Wahrheit, Sein und Schein, Wahnsinn und Vernunft"[564] die Theoriegeschichte der Mimikry begleiten, zeigt sie als „eine besonders intrikate Wahrnehmungstäuschung [...], da nicht nur Tiere getäuscht werden, sondern auch die Forscher, die sie beobachten".[565] Um 1900 werden im Zuge einer „Krise der Einbildungskraft" Mimikryforscher Opfer beißenden Spotts gegen einen modernen Syndesmos des Ähnlichen: „Das Übel des Homosemantismus wurzelt, so glaubt man, in einer hypertrophen Einbildungskraft, für die sich die Ähnlichkeit in der Natur ins Unendliche fortzupflanzen scheint."[566] So bezeichnet Marinus Cornelius Pieper Mimikryphänomene als „*entités imaginaires*'" und „wahre biologische Gespenster'"; der Zoologe Karl Hauser attestiert manchen Kollegen Symptome einer „an Paranoia grenzenden Wahrnehmungsstörung" und eine blühende Phantasie, die „vielfach starke Aehnlichkeiten zu

---

562 Jörg R. J. Schirra, „Mimikry (Exkurs zu: Gleichheit, Ähnlichkeit und Identität)", in: http://www.gib.uni-tuebingen.de/netzwerk/glossar/index.php?title=Exkurs:Mimikry, 3.7.2018.
563 Cha, *Humanmimikry*, S. 78.
564 Ebd., S. 80 [Hv.: S. B.].
565 Ebd., S. 81.
566 Ebd.; vgl. ebd., S. 76–79.

sehen glaubt, wo sie in Wirklichkeit gering sind'".[567] Tatsächlich ist solche Kritik naheliegend, betrifft doch die Mimikryhypothese zunächst eine Kollision sichtbarer Ähnlichkeiten mit der taxonomischen Systematik.[568] So gehören „Schilderungen darüber, wie die Tiere nicht nur ihre Fressfeinde, sondern auch die Feldforscher täuschen, [...] zum Anekdotenschatz der frühen Mimikryforschung."[569] Anthropomorphe Ähnlichkeitsurteile schlagen sich in Benennungen wie ‚Totenkopffalter' und ‚Gottesanbeterin' oder der Feststellung nieder, die Flügelmusterung des Tagpfauenauges ähnele einer Eule; die Täuschung kann aber auch darin bestehen, das mimetische Merkmal oder dessen Funktion zu verkennen, also irrelevante Hinsichten der Ähnlichkeitsrelation zu selektieren. Zudem stellen mit dem metaphorischen Überschuss des Mimikrytheorems einhergehende Annahmen die Mimikrytheorie vor definitorische Herausforderungen, wie die von Jünger betonte Suggestion eines intentionalen Nachahmungsverhaltens. Eine Problematik besteht darin, den Ursprung und die Dauer der angenommenen Prozesse der Adaptation nicht feststellen zu können und so über die Mechanismen der Anähnlichung spekulieren zu müssen: War zuerst das mimetische Merkmal oder ein mimetisches Verhalten da? Hat dieses Einfluss auf den Prozess der Anähnlichung – der in lamarckistischen Theorien als individuelle oder intergenerationale *Transformation* gedacht wird –, wenn die hybriden Mimikryfälle die Evolution beweisen? „Ehe diese [Vorläufer und Wurzeln eines Merkmals, S. B.] nicht mimetisch wirken, können sie nicht durch Auslese ähnlicher werden, bevor sie aber nicht durch Auslese ähnlicher geworden sind, wären sie definitionsgemäß nicht mimetisch."[570] Ein von Wickler bezweifeltes Theorem besagt, dass die „Nachahmung jünger sein muss als das Vorbild", nimmt also ein asymmetrisches Ähnlichkeitsverhältnis an – das Abbild ähnelt dem Vorbild, nicht umgekehrt. Dagegen sei denkbar, dass Konstellationen auftreten, in denen ein mimetisches Insekt bereits da ist und durch das Hinzukommen von ‚Vorbildern' seltener gefressen wird, dass es also für die Ähnlichkeit der vermeintlichen ‚Kopie' kein Vorbild gibt; so sei der zeitlich vorordnende Aspekt hinfällig: Allein die Frage, „ob jemand durch die *Ähnlichkeit*

---

[567] Zit. n. ebd., S. 77. Vgl. Marinus Cornelius Piepers, *Mimikry, Selektion, Darwinismus*, Leiden 1903; Karl Hauser, *Allerhand Schauspieler in der Tierwelt. Mimikry u. Schutzfärbung*, Godesberg 1908.
[568] Vgl. Wickler, *Mimikry*, S. 47: „Am schönsten sind Fälle, wo nächste Verwandte Divergenzreihen bilden."
[569] Cha, *Humanmimikry*, S. 76 f; vgl. Wickler, *Mimikry*, S. 7. So wurde auch Bates' Klassifikation der Schmetterlinge differenziert.
[570] Wickler, Mimikry, S. 109.

zweier verschiedener Objekte getäuscht wird und welche Wirkung diese Täuschung hat"[571], sei zentral. Der Umstand, dass der Rückzug aus dem definitorischen Dilemma damit auf die Ähnlichkeit zurückgreift, die am Ausgangspunkt der Erforschung der Mimikry steht, ist bemerkenswert – angesichts der hier paradigmatisch nachvollziehbaren krisenhaften Erkenntnis, dass „Ähnlichkeit [...] ein unsicheres Evidenzkriterium" ist.[572]

Die Frage, ob gerade die klassifikatorisch initiale und definitorisch zentrale Ähnlichkeit der Mimikryphänomene nur im Auge des menschlichen Betrachters liegt, ist nicht trivial. Eine semiotische Auswertung der Frage nach der Ähnlichkeitswahrnehmung rekurriert etwa auf Peirces' Begriff der primären Ikonizität – in „jenen Situationen zwischen natürlicher primärer Ikonizität und nicht-menschlichen kognitiven Systemen [...], etwa den Fällen von Erkennen und Mimesis bei Tieren, dem Schlachtroß (noch nie hat eine Metapher besser gepaßt) der Zoosemiotiker", sucht man „eine Grundlage (und eine Vorgeschichte) für jenes anfängliche ikonische Moment des Erkenntnisprozesses zu finden, von dem Peirce spricht."[573] Die heutige Kognitionswissenschaft nimmt das Mimikryphänomen als Prüfstein gerade der *menschlichen* Ähnlichkeitswahrnehmung.[574] Ohne die Überlegung weiterzuverfolgen, ob die Ähnlichkeit der Mimikry also ein ebenso menschliches Wahrnehmungsphänomen darstellt, wie im Mimikrybegriff eine menschliche Nachahmungspraxis anklingt, zeigt sich: Der Mimikrybegriff birgt eine konzeptuelle Komplexität, die allerdings modern nicht nur krisenhaft wahrgenommen, sondern auch theoretisch produktiv wird. „Während sich viele Wissenschaftler dagegen wehren, die Phantasie als Medium der Er-

---

571 Ebd., S. 110.
572 Ebd., S. 78.
573 Eco, *Kant und das Schnabeltier*, S. 133 f. Eco sieht die damit bezeichneten Phämonene nicht als „semiosisch [...], weil sie [...] eher in den Bereich des *diadischen Reagierens* (Reiz – Rektion) gehören als in den des *triadischen Prozesses*" (ebd., S. 134).
574 Vgl. Schirra, Sachs-Hombach, Gleichheit, Ähnlichkeit und Identität, o. S.: „Denn auf Ähnlichkeit reagieren offensichtlich bereits recht niedere Organismen, wenn sie etwa in ethologischen Experimenten auf künstliche Reize oder in freier Natur auf Fälle von Mimikry ansprechen. Doch bleibt dabei gerade fraglich, ob jene Wesen tatsächlich ein Vorkommnis von ‚Ähnlichkeit' erkennen, ja, ob sie überhaupt dazu in der Lage sind, Ähnlichkeit im eigentlich gemeinten Sinn zu erkennen, wird hierbei doch ‚Ähnlichkeit' letztlich einfach im Sinne von ‚Gleichheit für jene Wesen' verwendet, während die Abweichungen von der Gleichheit nur dem menschlichen Beobachter bewußt sind." Bedingung für das *Gelingen der Mimikry* ist, dass *Ähnlichkeit als solche nicht erkannt*, für ihre *Beobachtung*, dass sie *erkannt* und die *Unterscheidung von model und mimic* vollzogen wird.

kenntnis einzusetzen, machen andere von ihr regen Gebrauch. Einer davon ist Roger Caillois"[575], der gerade in seiner Wendung der „Mimikry-Krise"[576] als Kritik einer Ähnlichkeiten produzierenden Imagination zum Vordenker der disziplinären Rückübertragung des Mimikrybegriffs wurde.

Für die Surrealisten, die die Mantodea und den bei Lautréamont figurierenden Kraken zu ihren Totemtieren wählen[577] und Mimikryinsekten wie *Phylliidae* (Wandelnde Blätter) thematisieren,[578] wird Mimikry, die im Kontext surrealistischer entomologischen Studien[579] einen besonderen Stellenwert besitzt, gerade aufgrund ihrer ‚unähnlichen Ähnlichkeit' zum Faszinosum. So belegen Mimikryfälle die Anregung der Imagination durch natürliche Ähnlichkeitsphänomene, die Möglichkeit, Entferntes als ähnlich zu erkennen, und ein ‚Bildwerden' natürlicher Phänomene[580] und sind damit der Erforschung des Wirkens der Ähnlichkeit in Wahrnehmung und Imagination und in Prozessen ästhetischer Produktion und Rezeption anschließbar. Als analogisches, relationales und transversales Phänomen der Natur und aufgrund der die Mimikrytheorie begleitenden Analogien von natürlichem und biologischem und anthropologischem und ästhetischem Bereich können sie im Sinne des romantisch inspirierten Entwurfs analogischer Ordnungen der Natur ausgewertet werden. Als verwandtschaftsähnliche Phänomene des ‚Als-Ob' verweisen sie zugleich auf täuschende, simulacrale Ähnlichkeit, Scheinhaftigkeit und Trugbildhaftigkeit. Als mimetische Praktiken der Ähnlichkeitserzeugung und Anverwandlung sind sie der – im Zusammenhang mit Praktiken der Täuschung, Tarnung, Schauspielerei, Verwandlung, Verkleidung und Maskerade, der Identifikation und des Selbstverlusts stehenden – Suche nach deessentialisierenden Identitätsstrategien verbunden. So stehen sie im Kontext einer ‚Entgrenzung der Mimesis', die nicht nur den metaphorischen Referenzbereich der Analogie mit menschlichem Nachahmungsverhalten aufruft, sondern explizit

---

575 Cha, *Humanmimikry*, S. 81.
576 Ebd., S. 80.
577 Vgl. Spies, Die Desaster des Jahrhunderts, S. 60; zum Kraken ebd., S. 47.
578 Vgl. André Breton, „Le Surréalisme et la Peinture", in: *Œuvres complètes*, Bd. IV, S. 345–801, S. 1274 f. (Anmerkung zu S. 403): „Symbolisant dans l'histoire naturelle surréaliste l'indifferenciation entre les règnes, l'insecte-feuille ou phyllie était l'un de la pièce *Comme il fait beau!*, écrite en collaboration avec Desnos et Péret". Das Max Ernst gewidmete Stück von 1923 ist in Breton, *Œuvres complètes*, Bd. I, S. 439–450, abgedruckt.
579 Vgl. Julien Bondaz, „L'ethnographie parasitée? Anthropologie et entomologie en Afrique de l'Ouest (1928–1960)", in: *L'homme* 206 (2013), S. 121–150, S. 126 (online unter https://journals.openedition.org/lhomme/24519?file=1, 15.1.2019): „L'importance des analogies entomologiques dans le surréalisme doit également être soulignée […]."
580 Etwas als anderem ähnlich zu erkennen, erscheint als „Grundlage der Bildkompetenz" (Sachs-Hombach, Revision des Bildbegriffs, S. 786).

auch den Ursprungskontext ‚primitiver' mimetisch-metamorphotischer Praktiken: Hier verweist Mimikry auf die mit Eidelpes angesprochene ‚epistemische Internalisierung' des ‚Primitiven' und das Interesse an ‚primitiven' Denkweisen und der magischen Mimesis, die sich weder auf ‚optische Ähnlichkeit' noch auf ‚bloße Nachahmung' reduzieren lasse.[581] Für alle diese Aspekte paradigmatisch ist Caillois' „[s]urrealistische Insektenkunde".[582]

Nicht zuletzt an Caillois anschließend, richtet sich mit der seit einigen Jahren zu verzeichnenden Konjunktur des Mimikrybegriffs[583] der Blick auf ästhetische, anthropologische und soziologische Aspekte:

> Wenn in kulturwissenschaftlichen und ästhetisch-philosophischen Überlegungen der Begriff der Mimikry aus den Naturwissenschaften entlehnt wird, so geschieht das nicht, um einem Biologismus das Wort zu reden. [...] Vielmehr rückt die Beschäftigung mit Mimikry die Fragwürdigkeit von Konzepten wie Identität, Ähnlichkeit, Zweckmäßigkeit und Nützlichkeit ins Licht und erlaubt so, das Spannungsfeld zwischen dem Zwang vorgefundener Ordnungen und der menschlichen Freiheit, sich dazu zu verhalten, zu thematisieren [...].[584]

Dass es sich dabei, wie angedeutet, weniger um eine ‚Entlehnung' als um den Reimport eines Begriffs handelt – da die Biologie „den Begriff der Mimikry aus der kulturellen Sphäre" übernimmt –, zeigt die Konjunktur als „Wiederaufnahme eines merkwürdig verschobenen Diskurses zwischen den Disziplinen",[585] die sich wiederum ideengeschichtlichen Ballasts entledigen muss: Dazu gehört neben sozialdarwinistischen Thesen ein unkritischer Gebrauch von Begriffen wie Adaptation oder Assimilation und eine Abwertung mimetischen Verhaltens, wie sie nicht nur in primitivistischen Theoremen etwa Bates' und Darwins durchscheint; so belegt etwa Wilhelm Dilthey „die ‚Primitiven' mit einem Ver-

---

581 Vgl. Eidelpes, *Entgrenzung der Mimesis*, S. 12f.
582 Cha, *Humanmimikry*, S. 83.
583 Inge Münz-Koenen zufolge ist „„Mimikry, im Unterschied zu Mimesis, ein Begriff mit Hochkonjunktur'" (zit. n. ebd., S. 21). Vgl. u. a. Becker, Doll, Wiemer, Zechner, *Mimikry*; Cha, *Humanmimikry*; Jussi Parikka, *Insect Media. An Archaeology of Animals and Technology*, Minneapolis, London 2010; *ilinx. Berliner Beiträge zur Kulturwissenschaft*, 2 (2011): *Mimesen*; David Lomas, „Artist-Sorcerers: Mimicry, Magic and Hysteria", in: *Oxford Art Journal*, 35, 3 (2012), S. 363–388; Hans-Werner Heister, Bernhard Spies (Hg.), *Mimesis, Mimikry, Simulatio. Tarnung und Aufdeckung in den Künsten vom 16. bis 21. Jahrhundert. Festschrift für Erwin Rothermund*, Berlin 2013; Jessica Ullrich, Antonia Ulrich (Hg.), *Tierstudien* 11 (2017): *Mimesis – Mimikry – Mimese*; Cheng, *Mask, Mimicry, Metamorphosis*.
584 Becker, Doll, Wiemer, Zechner, Einleitung, S. 9.
585 Ebd., S. 12.

dikt der Nachahmung".[586] Eine pejorative Begriffsverwendung wird auch in Nietzsches Polemik gegen die „‚Kunst des ewigen Verstecken-Spielens, das man bei Tieren mimicry nennt'", deutlich, die er als jüdisch und weiblich markiert und „‚dem niederen Volk'" zuschreibt, „‚das sein Mäntelchen in den Wind hängt, bis es selbst zum Mantel wird.'"[587]

Doch liefert der Reimport auch produktive Anregungen. Für ästhetische Fragestellungen ist zentral, dass Mimikry als „Seitenzweig der Geschichte des Mimesis-Begriffs" wie angedeutet als „Gegenbegriff zu klassischen Mimesis-Konzepten der Nachahmung oder als deren Ergänzung und Korrektur eingesetzt" werden kann.[588] Gerade die Konzeptualisierung eines anthropologisch weiten, mimetische Praktiken umfassenden Mimesisbegriffs wird nicht erst in der neueren Theoriebildung, sondern, wie angedeutet, bereits in der ästhetischen Moderne virulent. So sieht etwa Benjamin in der Mimikry die Fundierung mimetischen Verhaltens in der Natur, das im „‚mimetischen Vermögen'" des modernen Menschen, sowohl „‚Ähnlichkeiten zu produzieren als auch wahrzunehmen", fortlebt.[589] Mimikry lässt sich so gegen einen imitativ verkürzten Mimesisbegriff und eine vereinfachende Dichotomie von (‚primitivem') mimetisch-nachahmendem und (modernem) kreativ-innovativem Verhalten

---

586 Kimmich, Das Missverständnis der Mimesis, S. 201; vgl. Därmann, *Fremde Monde der Vernunft*, S. 305 f. Eine Abwertung zeigt sich auch in der Kritik ‚niederer Mimesis' und einer Dichotomie ‚pimitiver' Mimesis und ‚moderner', autonomer Kreation; eine despektierliche Wertung belegen etwa Jean-Jacques Rousseaus „‚Affentugenden'" (zit. n. Kimmich, *Ins Ungefähre*, S. 112) und Goethes „mimische[r] Naturgabe" (Johan Wolfgang von Goethe, „Wilhelm Meisters Wanderjahre", in: ders., *Sämtliche Werke in 18 Bänden*, Bd. 8, hg. v. Ernst Beutler, Zürich, München ³1977, S. 7–521, S. 279). Auf Opitz' *Buch von teutscher Poeterey* (1624) und die Übersetzung von Mimesis als „Nachäfferey" verweist etwa Ulf Otto, *Handbuch Kulturelle Bildung*, hg. v. Hildegard Bockhorst, Vanessa-Isabelle Reinwand, Wolfgang Zacharias, München 2012, S. 208–210. Das „Nachäffen" wird im Grimm'schen Wörterbuch definiert als „wie ein affe nachmachen, nachahmen" (*Deutsches Wörterbuch von Jacob und Wilhelm Grimm*, 16 Bde. in 32 Teilbänden, Leipzig 1854–1961, Bd. 13, Sp. 16f.) (online unter http://woerterbuchnetz.de/cgi-bin/WBNetz/call_wbgui_py_from_form?sigle=DWB&mode=Volltextsuche&hitlist=&pattern list=&lemid=GN00075#XGN00075, 1.5.2017).

587 Zit. n. Johach, Mersman, Rulffes, Try to blend in!, S. XV: „Schon früh wird Mimikry zu einem der Leitbegriffe im antisemitischen Diskurs, der Juden (Schein-)Anpassung oder Tarnung zum Zweck der Unterwanderung der Gesellschaft vorwirft." (Ebd., Anm. 27) Vgl. den Verweis auf Mathias Brodkorb, „Vom Verstehen zum Entlarven – Über ‚neu-rechte' und ‚jüdische Mimikry' unter den Bedingungen politisierter Wissenschft", in: *Jahrbuch Extremismus & Demokratie* 22 (2010), S. 32–46; vgl. Kyung-Ho Cha, „Psychologie als Überlebensstrategie. Die Evolution der Demokratie nach Friedrich Nietzsche", in *ilinx. Berliner Beiträge zur Kulturwissenschaft*, 2 (2011): *Mimesen*, S. 122–135.

588 Becker, Doll, Wiemer, Zechner, Einleitung, S. 12.

589 Ebd. S. 16; vgl. Benjamin, Lehre vom Ähnlichen, S. 207.

richten.⁵⁹⁰ „Mimesis als Mimikry" zu konzeptualisieren, bedeutet, sie nicht in einer *repräsentationalen* Dimension, sondern „vom mimetischen Akt her, von der Performanz" her zu denken: „Unter Performanzaspekt ist der ‚Gegenstand' nicht mehr urbildhaft-vorgängig, sondern dem mimetischen Akt gegenüber nachträglich. Der ‚Gegenstand' wird damit Interpretation, Definition von Realität"; dies betont das Agens und die „Macht des Mimen, die gerade in seiner Nichtidentität, seiner reinen Rollenhaftigkeit gründet."⁵⁹¹ Diese „Paradoxie einer ur- wie abbildlosen Mimesis"⁵⁹² lässt sich für Bild- und Textverfahren, Motive und Schreibweisen der Tarnung, Täuschung, Fälschung und Verschleierung, des Indirekten und Verdeckten, der Travestie und Verkleidung auswerten, wie die „durch Nachahmung zu untergraben" suchende Parodie⁵⁹³ oder Textstrategien der ‚diskursiven Mimikry'.⁵⁹⁴ An eine solche Perspektive lässt sich auch die Problematisierung naiver Mimesis- und Realismusbegriffe anschließen, die in der Fokussierung auf den mimetischen Akt und die Konstruktivität des literarischen Textes zeigt: „Nachahmung ist ontologisch grundlos".⁵⁹⁵ Als ein solches „Ähnlich-Werden ohne Vorbild"

---

590 Vgl. Jessica Ullrich, Antonia Ulrich, „Mimesis, Mimikry, Mimese" (Editorial), in: *Tierstudien* 11 (2017), S. 7–9, S. 7 f. Eine „Hauptkonfliktlinie innerhalb der Mimesisdiskussion" sei „das Gewicht des Eigenanteils der Nachahmung [...]. Die Nähe oder Distanz zum bzw. vom Nachgeahmten entscheidet über die Bewertung einer mimetischen Praxis. Am einen Ende des Spektrums ist die Adaption dem Adaptierten maximal ähnlich, heteronom und abhängig von der Vorlage, am anderen Ende des Spektrums löst sich die Nachahmung eigenständig und autonom von ihr und berührt sie nur noch in wenigen Punkten. Dabei kann diejenige Nachahmung, die wie die Natur, in Analogie zur Natur tätig ist, Ausdruck größter Freiheit sein".
591 Warning, Mimesis als Mimikry, S. 18.
592 Ebd.
593 Hans-Werner Heister, Bernhard Spies, „Erwin Rothermund zum achtzigsten Geburtstag – Präludium", in: dies., *Mimesis, Mimikry, Simulatio*, S. 9 f., S. 9. Vgl. u. a. Philipp Erchinger, „Die Evolution des Textes. Mimikry als Selbstbeschreibungsverfahren (Nashe, Cervantes, Sterne)", in: Becker, Doll, Wiemer, Zechner, Mimikry, S. 288–305; Claudia Breger, „Mimikry als Grenzverwirrung. Parodistische Posen bei Yoko Tawada", in: Claudia Benthien, Irmela Marei Krüger-Fürhoff (Hg.), *Über Grenzen. Limitationen und Transgression in Literatur und Ästhetik*, Stuttgart, Weimar 1999, S. 176–206.
594 Vgl. Monika Schmitz-Emans, „Diskursive Mimikry. Zu Gattung und Poetik des fiktiven Forschungsberichts", in: Becker, Doll, Wiemer, Zechner, *Mimikry*, S. 270–287, S. 270 f.
595 Warning, Mimesis als Mimikry, S. 16. Warning beschreibt dies (ebd.) an Diderots Figur des Harlekin und Pierrot. Im Verweis auf Mallarmés „Mimique" und die Faszination durch das Textbuch *Pierrot Assasin sa Femme*, in dem der Mime noch nicht Existierendes mimt („blanc comme une page pas encore écrite") und Derridas „brillante Lektüre" dieser „‚mimique qui n'imite rien'" in „La double séance" stellt Warning fest: „In der ‚Schrift' des Mimen also findet sich die Opposition nicht nur von Urbild und Abbild dekonstruiert, sondern weitergehend noch, die von Referenz auf Vorgegebenes und Heraussetzung eines Neuen." (Ebd., S. 18, Anm. 13).

spielt Mimikry etwa auch in Gilles Deleuzes und Felix Guattaris *Mille Plateaux* eine programmatische Rolle.[596]

Lässt also *Mimikry*, dem Konzept des *Simulacrums* verbunden, neben den genannten Textverfahren auch Fragen nach dem Bild als Trugbild, Trompe l'œil, *Fake* oder Fälschung[597] adressieren, impliziert *Mimese* Aspekte der Tarnung und Camouflage, die Frage nach dem Verhältnis von Figur und Grund bzw. Individuum und Umraum, die sich – in ihrer Nähe zur optischen Gestaltauflösung der Somatolyse und zur Thanatosis – konzeptuell mit dem Formlosen verbinden und einem „Diskurs über die Anähnelung an das Tote als Strategie des Überlebens" und der „Debatte über die Lebendigkeit von Bildern" anschließen lässt.[598] Eine theoretische Auswertung dieses Moments findet sich etwa auch bei Didi-Huberman, der die „ziemlich paradoxe und markante, wenn auch harmlose visuelle Erfahrung" der – auch von Caillois beschriebenen – *Phasmiden* (Gespenstschrecken) „als emblematisch für ein weitreichenderes Problem im Zusammenhang von Ähnlichkeit und Unähnlichkeit, Figur und Defiguration, Form und Formlosigkeit" beschreibt.[599] Ihre theoretische Produktivität sei begründet in einer „heuristischen Herausforderung: Daß das Denken sich zu dem erscheinenden Objekt so verhalte wie die Insektenart der Phasmiden zu dem Wald, in den sie eindringt."[600] Didi-Huberman widmet sich der Mimese als einem paradoxen Phänomen der „Erscheinung", das in diesem „Moment etwas von der Kehrseite der sichtbaren Welt, […] von ihrer Unterwelt, erkennen läßt – von der Region der Unähnlichkeit."[601] Die Suche nach den auf den Schildern im Vivarium des Jardin des Plantes bezeichneten

---

596 Becker, Doll, Wiemer, Zechner, Einleitung, S. 16. Dabei komme „es Deleuze/Guattari also nicht so sehr auf die Differenz an […], sondern auf Ähnlichkeit durch Transcodierung, auf die Querverbindung zweier differenzierter Serien" (ebd.).
597 Vgl. Stefan Römer, *Künstlerische Strategien des Fake. Kritik von Original und Fälschung*, Köln 2001; Werner Fuld, *Das Lexikon der Fälschungen. Fälschungen, Lügen und Verschwörungen aus Kunst, Historie, Wissenschaft und Literatur*, Frankfurt a.M. 1999; Jörg Huber, Martin Heller, Hans-Ulrich Reck (Hg.), *Imitationen. Nachahmung und Modell. Von der Lust am Falschen*, Basel, Frankfurt a. M. 1989, S. 140–159; Denis Dutton (Hg.), *The Forger's Art. Forgery and the Philosophy of Art*, Berkeley 1983; James Koobatian (Hg.), *Faking it. An international bibliography of art and literary forgeries 1949–1986*, Washington, D. C. 1987.
598 Johach, Mersmann, Rulffes, Try to blend in!, S. XVII; beide Aspekte lassen sich mit Diskussionen um Blickstörungen im Bild und einen bildhaften Blick zurück verknüpfen (vgl. Blümle, von der Heiden, *Blickzähmung und Augentäuschung*, vgl. darin bes.: Bernhard Siegert, „Der Blick als Bildstörung. Zwischen Mimesis und Mimikry", S. 103–126).
599 Georges Didi-Hubermann, „Einleitung", in: ders., *Phasmes*, übers. v. Christoph Hollender, Köln 2001, S. 9–12, S. 11.
600 Ebd., S. 12.
601 Georges Didi-Huberman, „Das Paradox der Phasmiden", in: ders., *Phasmes*, S. 15–21, S. 15.

Insekten wird zum „Spiel der hintertriebenen Mimesis",[602] wenn sie vor dem „leeren Hintergrund" der „*Szenerie*" plötzlich erkennbar werden: Ihr Name ist abgeleitet „von dem griechischen Wort *phasma*, das zugleich die Erscheinung, das göttliche Zeichen und das wunderbare oder gespenstische Phänomen bedeutet, aber auch das Trugbild und das Vorzeichen des Künftigen."[603] Ihr Charakteristikum sei eine *doppelte* Assimilation, insofern sie sich die Umgebung, der sie sich anverwandeln, „einverleiben. Die Phasmiden *sind das, was sie fressen und worin sie leben. Sie sind* der Zweig, das Geäst, der Strauch."[604] Dies beschreibt Didi-Huberman als simulacrale Qualität:

> Indem sie die Imitation bis zur Perfektion treiben, zerstören sie zugleich die Hierarchie, der jede Imitation unterworfen ist. Hier gibt es nicht mehr das Urbild und seine Kopie, sondern eine Kopie, die ihr Urbild verschlingt; und das Urbild existiert nicht mehr, aufgrund eines merkwürdigen Naturgesetzes genießt die Kopie allein das Privileg der Existenz. Das imitierte Urbild wird also zu einem Akzidenz seiner Kopie – ein unsichtbares Akzidenz, stets in Gefahr, verschlungen zu werden – und nicht umgekehrt.[605]

Als „Extrem der Mimesis" seien die *Phasmiden* „zutiefst *unähnlich*"; nicht nur setze sich in ihnen die Kopie im Wortsinn an die Stelle des Originals, auch gefährdeten sie die „Sicherheit"[606] des *Unterscheidungsvermögens*, da man, habe man sie „einmal als Tier erkannt, [...] die Tiere nicht mehr recht als solche erkenne[]."[607] *Phasmes* formuliert dabei ein Programm nicht nur der Umkehrung der Hierarchie von Vorbild und Abbild, sondern auch einer „*zufallsbedingten* Form der Erkenntnis und des Schreibens".[608]

---

602 Ebd., S. 17.
603 Ebd., S. 18 f.
604 Ebd., S. 19.
605 Ebd., S. 20. Das antiplatonische Moment bestehe in dieser Umkehrung: „Das minder Seiende hat sich das Sein einverleibt, es besitzt das Sein, *es ist* an dessen Stelle" (ebd., S. 20). Didi-Huberman spekuliert, es könne sich auch um „das mythische Tier eines jeden Platonismus" handeln, insofern das „*einverleibte* Urbild die vollkommenste Veranschaulichung von der Macht der Idee" biete (ebd.).
606 Didi-Huberman, Das Paradox der Phasmiden, S. 18.
607 Ebd., S. 20. Der „Dämon der Unähnlichkeit" berge als dritte Paradoxie die Erkenntnis, dass der „Wald [...] selbst das wilde Tier ist", und eine tiefere Beunruhigung: „Alles, was dir erscheint, erweist sich als eine Macht der Unähnlichkeit, und alles Unähnliche erweist sich letzten Endes als eine bedrohliche Eigenschaft des *Ortes* – eines Ortes, den du an diesem Tag wahrlich nicht hättest betreten sollen." (Ebd., S. 21).
608 Als *Phasmen* beschreibt Didi-Hubermann eine „Klasse der *erscheinenden Dinge*, die offensichtlich der Souveränität des Phantasmas unterstehen" und „einer *zufallsbedingten* Form der Erkenntnis und des Schreibens ihren Namen verleihen" (Didi-Hubermann, Einleitung, S. 12).

Als eine den primitivistischen Ursprungskontext revozierende Strategie der ‚Humanmimikry' (Cha), ‚durch Nachahmung zu untergraben', beschreibt Homi K. Bhabha subalterne Praktiken der Mimikry, die Verhaltens- und Erscheinungsweisen der Kolonisatoren imitieren, ohne sich ihnen zu assimilieren: „‚*almost the same, but not quite*' [...], haftet der Mimikry ein bedrohliches Moment an, das den kolonialen Machtdiskurs unterläuft und seine Instabilität aufzeigt".[609] Im Sinne des ambivalenten Potentials der Mimesis, ein Repräsentationsverhältnis zu begründen und zugleich zu unterlaufen, wird „Mimikry [...] zum Instrument der Wiederaneignung, denn durch die Wiederholung von Seiten der Unterworfenen wird die Identität des Originals und damit die Macht der Kolonisatoren unterlaufen".[610] Neben dem Hinweis auf dieses subversive Potential der „Irritation von Machtverhältnissen"[611] sind hier Spiegelungsverhältnisse des Eigenen und Anderen von Bedeutung, die auch die ästhetische Moderne erforscht. Dabei lässt sich die Rückübertragung des Mimikrybegriffs im postkolonialen Gestus begrifflicher Aneignung vor dem Hintergrund der Begriffsgeschichte als ‚diskursive Mimikry' interpretieren: Als Adaption der These einer ‚primitiven' Mimesis, die auf den Ursprungskontext des ethnologischen Interesses an Mimikry als eines in der Matrix des kolonialen Machtgefüges situierten Begriffs rekurriert, die mit kritischem Vektor verkehrt wird, kennzeichnet der Begriff nicht nur eine imitative Praxis, sondern auch die Produktion eines postkolonialen Wissens.

Mimikry und Mimese bergen also für ähnlichkeitsästhetische und -theoretische Ansätze produktive Anschlussmöglichkeiten – von Interesse sind für den vorliegenden Zusammenhang vor allem die angedeuteten, für die surrealistische Ähnlichkeitsreflexion und -produktion relevanten Aspekte – und weisen Verflechtungen

---

[609] Zit. n. Kristina Höfer, „Mimikry", in: *Poetiken der Migration. Ein Glossar* (online unter https://www.uni-saarland.de/lehrstuhl/solte-gresser/forschung/poetiken-der-migration.html#c83776; 22.11.2018); vgl. Homi K. Bhabha, „Of mimicry and man. The Ambivalence of Colonial Discourse", in: ders., *The Location of Culture*, London, New York 1994, S. 85–92.
[610] Vgl. Becker, Doll, Wiemer, Zechner, Einleitung, S. 21. Einen solchen mimetischen Umgang beschreiben etwa Fritz Kramer, Paul Stoller und Michael Taussig (ebd., S. 22). „Nirgends, so Taussig, werde die Surrealität der Verkehrung von Kopie und Original drastischer inszeniert als auf der kolonialen Bühne." (Burghartz, Vermessung der Differenz, S. 7) Ein Zeugnis der „Mimikry an den Europäer" (Becker, Doll, Wiemer, Zechner, Einleitung, S. 20) überliefert der Dokumentarfilm des Mauss-Schülers Jean Rouch *Les maîtres fous* (1954), der den mit Symbolen der Kolonialmacht durchsetzen Besessenheitskult der *Hauka* dokumentiert: „Mit einem verzerrenden Spiegel konfrontiert, den sie wiederum selbst nachahmen muss, um ihn zu verstehen, erfährt die Kolonialmacht sich selbst." (Ebd., S. 9; vgl. Henning Engelke, Ute Röschenthaler, „Mimesis und Reflexivität in Jean Rouchs *Les maîtres fous*", in: Becker, Doll, Wiemer, Zechner, *Mimikry*, S. 120–146).
[611] Kimmich, *Ins Ungefähre*, S. 120.

mit den konturierten *Schlüsselkonzepten* auf. Fragestellungen der ‚Humanmimikry' stehen dem Mimikrykonzept bereits aufgrund seines Ursprungs in der Analogisierung mit mimetischen Praktiken Nahe. Dabei ist seine Bewertung auch mit der Frage nach der Stellung des Menschen in der Natur verbunden. So ist eine Polarität zwischen Mimikrytheoremen zu beobachten, die von der Antike bis in die Moderne mimetische Tiere als Vorbild empfehlen (etwa in Techniken der Camouflage und Biomimikry)[612] oder Strukturanalogien tierischer und menschlicher, natürlicher und künstlerischer mimetischer Akte und Praktiken betonen, und solchen, die die Grenzen zwischen Mensch und Tier, Mensch und Natur, Kunst und Natur verteidigen, die also *Ähnlichkeiten* von Mensch und Tier und die Teilhabe des Menschen (und der Kunst) an der Natur oder seine *Differenz* und Alleinstellungsmerkmale wie Freiheit, Autonomie, Kreativität, kurz, die „anthropologische Differenz"[613] in den Vordergrund stellen. Diese sowohl ästhetische als auch ethische Problemstellung begleitet die Mimikrytheorie ebenso wie der Vorwurf des Anthropomorphismus. Von Interesse ist dabei auch die *dreistellige* Mimikrykonstellation und der Einbezug einer Beobachterperspektive zweiter Ordnung: Sie fordert eine Reflexion auf die Hinsichtlichkeit des selektierten Ähnlichkeitsaspekts, der für eine nichtmenschliche Wahrnehmung relevant sein muss, um nicht zu anthropomorphisieren; dies verlangt letztlich eine ‚interspezifische' Perspektive. Systematisch ist zudem das Mimikrykonzept, wie angedeutet, mit dem Konzept des Simulacrums ebenso verbunden wie mit dem der Metapher. So zeigt sich darin, dass mit dem Mimikrybegriff eine transgenerische Analogiemetapher eine „Bezeichnungslücke" schließt,[614] also für ein Phänomen namengebend wird, das generische und genealogische Verwandt-

---

[612] Vgl. Hanna Rose Shell, *Hide and Seek. Camouflage, Photography and the Media of Reconnaissance*, New York 2012; Hanne Loreck, „Mimikry, Mimese und Camouflage: Biologische, ästhetische und technisch-militärische Praktiken der Tarnung um 1900", in: Anne-Rose Meyer, Sabine Sielke (Hg.), *Verschleierungstaktiken. Strategien von eingeschränkter Sichtbarkeit, Tarnung und Täuschung in Natur und Kultur*, Frankfurt a. M. 2011, S. 159–184.
[613] Markus Wild, *Die anthropologische Differenz. Der Geist der Tiere in der Frühen Neuzeit bei Montaigne, Descartes und Hume*, Berlin/New York 2006, S. 1; vgl. auch Thomas Macho, „Tiere, Menschen, Maschinen. Zur Kritik der anthropologischen Differenz", in: Jörn Ahrens, Georg Toepfer und Mirjam Biermann (Hg.), *Die Diffusion des Humanen: Grenzregime zwischen Leben und Kulturen*, Frankfurt a. M. 2007, S. 17–29.
[614] Lau, *Metaphertheorien der Antike*, S. 127. Die auf „Ausdrucksnot" beruhende Funktion, später als „‚Katachrese'" bezeichnet (ebd., Anm. 50), beschreibt Aristoteles als Funktion der transgenerischen Metapher: „‚Für manches von dem im Verhältnis der Analogie Stehenden gibt es keinen festgelegten Namen, gleichwohl aber wird es der Ähnlichkeit entsprechend benannt werden.'" (Zit. n. ebd., S. 128); vgl. Moser, Sinnbild und Abbild, S. 15: „Für Handlungsgefüge, die noch nicht bekannt sind, erfindet die Metapher keinen Namen, sondern vergleicht sie mit etwas, was bereits als anschauliche Tatsache existiert. Was verglichen wird, ist nicht sosehr die Form wie die *Funktionsbeziehung*."

schaftsverhältnisse um eine *analogische* Relation ergänzt, ein nicht nur begrifflicher, sondern auch systematischer Zusammenhang: Wie die Metapher verweist Mimikry als *verwandtschaftsähnliche* Ähnlichkeit auf ‚entfernte Ähnlichkeiten', also auf eine transgenerische Identitätsbehauptung im Modus des ‚Als-ob'. Als analogisches Phänomen entzieht sie sich der kategorialen Ordnung nach Ober- und Unterbegriffen und impliziert Ähnlichkeiten jenseits essentieller Merkmale und Verwandtschaftsverhältnisse. Wie das Trugbild sich vor der ihm nachstellenden Dialektik verbirgt und dem „aristotelischen Vorbehalt" zufolge „die Metapher biologische und kategoriale Gattungsbeziehungen nur imitiert", irritiert in der Mimikry interspezifische Ähnlichkeit als eine ‚Als-ob'-Identität.[615] Dabei verweist das Mimikrykonzept auf den Verlust der ontischen Fundierung der typologischen Artbestimmung; mit ihr ist das „Zeitalter der typologischen Sichtweise dessen, was eine Art ist, endgültig beendet."[616] So geht es nicht nur um die Selektion für die Artbestimmung relevanter Kriterien, sondern auch „um die ontologische Frage, was eine Art wirklich ist, nicht darum, wie man sie erkennt."[617] essentieller. Zuletzt lassen sich die mimetische Praxis der Anverwandlung und die Genese der Mimikryphänomene auch dem Konzept der *Metamorphose* anschließen: „There is a degree of conceptual overlap between metamorphosis and mimicry, though one pertains more to myth and the other to biology. Whether human-to-animal transformations are described as metamorphosis or mimicry depends partly on the point of view."[618] Diese Verflechtungen, die Caillois' konzeptuell um den Ähnlichkeitsbegriff kreisende und den Strukturanalogien menschlicher und tierischer Mimikry folgende Texte paradigmatisch ausformulieren, gilt es im Rahmen der Analyse nachzuvollziehen.

---

615 Endres, Unähnliche Ähnlichkeit, S. 55, Anm. 100. Lau bemerkt, dass „nicht wenige Metaphern auf ‚Ähnlichkeiten' gründen, die sich im Horizont der biologischen Evolution verflüchtigen". Hier werde „das Problem des Wahrheitsgehaltes der in den Metaphern thesaurierten Ähnlichkeitsfeststellungen und der Auflösung ihrer scheinbaren Selbstverständlichkeit deutlich", die sich aus „Evolutionsprozesse[n]" verschiedenster Art ergeben kann (Lau, *Metaphertheorien der Antike*, S. 193 f., Anm. 339).
616 Kunz, Die Bedeutung der Mimikry für das Verständnis des Artbegriffs, S. 3. Kunz verweist auf den Unterschied, „ein Merkmal als ‚differentia' zur Unterscheidung von Arten zu benutzen", und es als ‚definition' zu nutzen (ebd., S. 6).
617 Ebd. Gerade Fälle von „Merkmalsähnlichkeit ohne Verwandtschaft" seien „[f]ür die ontologische Frage, was eine Art in der Realität ist, […] von Bedeutung." (Ebd., S. 10). Sie seien als Fälle der Konvergenz oder Analogie zu bestimmen.
618 Lomas, Artist-Sorcerers, S. 369, Anm. 12.

Teil II: Im ‚Reich des Ähnlichen': Ähnlichkeitskonzepte des Surrealismus

> ... ce qui m'intéresse dans toutes les peintures, c'est la ressemblance, c'est-à-dire ce qui pour moi est la ressemblance: ce qui me fait découvrir un peu le monde extérieur! (Alberto Giacometti)[1]

---

[1] Zit. n. Georges Charbonnier, *Le Monologue du peintre*, Neuilly-sur-Seine 1980, S. 182. Zum in der Überschrift bezeichneten surrealistischen „Reich des Ähnlichen" (am Beispiel Celans) vgl. Schmitz-Emans, Surrealismus, o. S.

Mit der ‚Entgrenzung'² der Ähnlichkeit forciert der Surrealismus ein die ästhetische Erfahrung kennzeichnendes ‚Überborden' des Ähnlichen, dessen Unbestimmtheit er weder zu neutralisieren noch blind zu entfesseln, sondern zu konzeptualisieren sucht. So ist diese weder auf ein irrationalistisches Wuchern der Imagination, der Zeichen, Texte und Bilder zu reduzieren, noch restlos zu rationalisieren. Die surrealistische Ästhetik und Epistemologie des Ähnlichen ist der Suche nach Denk- und Ausdrucksformen jenseits der Identitätslogik ebenso verpflichtet wie dem Entwurf von Ähnlichkeitskonzepten jenseits ihrer repräsentationalen Verkürzung, deren Durcharbeitung mit den Stichworten des Antimimetischen, der ‚Krise der Repräsentation'³ und der Ablehnung des Realismus nur vorläufig bezeichnet ist. Dieser kritischen Intervention nachzugehen, erfordert einen über die Reduktion auf Identität wie über die Identifikation mit Repräsentation hinaus erweiterten Ähnlichkeitsbegriff. Denn gerade gegen ihre Einhegung auf identitätslogische und repräsentationale Funktionen opponiert die Entgrenzung der Ähnlichkeit: Ihre ästhetisch-epistemologische Validierung verlangt, sie aus der verkürzten Bedeutung imitativer Repräsentation und abbildlicher Mimesis ebenso zu lösen wie aus der Affiliation mit rationalen Denkformen des Gleichen und dem alltagssprachlichen Symbolismus.

Die sowohl ästhetisch als auch epistemologisch, ethisch und politisch⁴ motivierte Entgrenzung der Ähnlichkeit betrifft somit eine Verteidigung ihrer *Unbegrifflichkeit* und *Ungleichheit* gegenüber Denkformen des Messens, Vergleichens und Identifizierens, die Ähnlichkeit von rationalen ‚*constraints*' zu lösen sucht: Von logischen Maßstäben und Grenzen befreit, konterkarieren Ähnlichkeitsfeststellungen als flüchtige, subjektiv-objektive Akte variierender Perspektivierung Identitätsbehauptungen und vermeintlich eindeutige Abgrenzungen durch Ef-

---

2 Die *Entgrenzung* der Ähnlichkeit ist ein – gerade im Blick auf ihre Verteidigung gegen Identität – leitmotivisch in allen Konzepten wiederkehrender Aspekt. Unter der Rubrik ‚Entgrenzte Epistemologien' erschien der Beitrag „Unähnliche Ähnlichkeit' in Romantik und Surrealismus." In Anlehnung an Eidelpes verweist der Begriff zudem auf die ethnologische *Entgrenzung der Mimesis*.
3 „Als einen ‚nichtigen und fundamentalen Raum' am Bruchpunkt der auf die Renaissance folgenden Ordnung muß man das Moment von Dada und Surrealismus sehen, auch wenn es hier um umfassendere Fragen der Repräsentation geht als nur um das ‚Literarische'" (John C. Welchmann, „Nach der Wagnerianischen Bouillabaisse. Theorie und Praxis des Wort-Bildes in Dada und Surrealismus", in: Judi Freeman (Hg.), *Das Wort-Bild in Dada und Surrealismus*, München 1990, S. 56–95, S. 72). Die Frage nach dem „komplexen Problem der Referenz" gerate im Surrealismus über die diskursive Vermittlung sprachtheoretischer Fragen durch Nietzsche und Freud in den Blick (ebd., S. 70 f.).
4 Der Surrealismus nimmt so in gewisser Hinsicht vorweg, was Remotti im Anschluss an Simon Harrison als „‚politics of resemblance'" bezeichnet (Remotti, Identity barriers and resemblance networks, S. 146).

fekte des (Wieder)-Erkennens, der Vermischung, Übertragung und Transformation, Korrespondenz und Kontinuität. Ihr Einsatz in ästhetischen Verfahren subvertiert die rationale ‚Reinigungsarbeit'[5] der Moderne, irritiert die Identitätslogik – „[d]em Prinzip der klassifizierenden Identifikation widersetzlich verhält sich das ‚Ähnliche'"[6] – und sucht das Wort oder Bild von seiner „Referenzfunktion"[7] zu befreien. Mit Bauer stellt der Surrealismus „methodisch die Frage von Identität und Darstellung [...]. [E]ine wichtige Funktion gewann hierbei ein Konzept der Ähnlichkeit, das unausgesprochen sowohl den umfassenden Anspruch einer die ‚Geheimnisse des Lebens' ergründenden Methode erhob", als auch den „ständigen Austausch der Gattungen" motivierte.[8] Dabei arbeitet die weniger „antimimetische[]" als *nichtimitative* Ähnlichkeitsreflexion und -produktion des Surrealismus[9] an der Entkoppelung und ‚Rekodifizierung' ihres Konnexes mit Mimesis, Referenz, Repräsentation und Realismus – an die sie auch in dieser Rekonzeptualisierung komplex gebunden bleibt. So steht der die Überbietung des Realismus programmatisch im Namen führende Surrealismus[10] dazu in einem Spannungsverhältnis,[11] das die Konzeption ‚des Wirklichen' und dessen Erkennt-

---

5 Vgl. Nacim Ghanbari, Marcus Hahn (Hg.), *Reinigungsarbeit. Zeitschrift für Kulturwissenschaften* 1 (2013).
6 Schmitz-Emans, Surrealismus, o. S.
7 Bauer, Ähnlichkeit als Provokation, S. 122.
8 Ebd., S. 113. So zeigen Jakobson zufolge die „surrealistischen Maler [...] eine offensichtlich metaphorische Einstellung." (Jakobson, Der Doppelcharakter der Sprache, S. 330) Die „Vergleichbarkeit der Künste" sieht er im Hinblick auf „strukturale Eigenschaften", die es im Rahmen „einer [...] allgemeinen Semiotik" zu erforschen gelte. Dabei überschreite die mimetische „Frage nach den Beziehungen zwischen Wort und Welt" (das Außerhalb des Texts) den Bereich von Poetik und Linguistik (Roman Jakobson, „Linguistik und Poetik", in: ders., *Poetik. Ausgewählte Aufsätze 1927–1971*, hg. v. Elmar Holenstein u. Tarcisius Schelbert, Frankfurt a. M. ²1989, S. 83–121, S. 85).
9 Bauer, Ähnlichkeit als Provokation, S. 113: Bauer spricht verkürzt von der „antimimetischen Ähnlichkeit" des Surrealismus.
10 Breton reklamiert mit dem Präfix ‚sur' und dem Begriff ‚Surrealismus' eine Bezeichnung Guillaume Apollinaires (vgl. Breton, Erstes Manifest des Surrealismus, S. 26 f.); er diskutiert auch die alternativen Begriffe des ‚Supernaturalismus' (Nerval) und ‚Ideorealismus' (Saint-Pol -Roux). Dass der Begriff heterogen konzeptualisiert wird, zeigen etwa Magrittes Charakterisierung der Konzeption Bretons als „Sous-Réalität" (Magritte, *Sämtliche Schriften*, S. 410), Aragons von Bretons Programm abweichendes Konzept (vgl. Roderich Billermann, „Aragon und der ‚surréalisme': Ein Beitrag zur Begriffsgeschichte ‚Surrealismus'", in: *Romanische Forschungen* 113, 4 (2001), S. 474–510) und Batailles Kritik des idealistischen ‚Ästhetizismus' Bretons, dem er den Realismus der Zeitschrift *Documents* entgegensetzt (vgl. Marie-Christine Lala, „Bataille et Breton: Le malentendu considérable", in: Christian Descamps (Hg.), *Surréalisme et philosophie*, Paris 1992, S. 49–61).
11 So werden Avantgarden und Realismus meist als gegensätzlich beschrieben (vgl. u. a. Barck, Avantgarde, S. 567). Koschorke stellt der „avantgardistischen Kunst" das „Paradigma des Realis-

nis, Repräsentation und Gestaltung ebenso problematisiert wie die Relation von Kunst und Wirklichkeit – gerade insofern er die imitative Wiedergabe ‚des' Wirklichen ablehnt. „Damit es Surrealismus gibt, muss es Realismus geben: es bedarf einer Realität, die man bearbeitet", wie Leiris betont.[12] Carl Einstein schildert in *Die Kunst des 20. Jahrhunderts* (1926) eine Erschütterung der „Übereinstimmung von Vorstellung und Wirklichkeit und ihr[es] gegenseitige[n] Gleichgewicht[s]": Mit der „Diskrepanz zwischen seelischem Ablauf und rationaler Normung, respektive überkommenem Bild von Wirklichem", sei „die nachahmende Tendenz der Kunst erledigt, da sie wichtige seelische Kräfte ausschloß"[13]. Die surrealistische Malerei vollziehe um deren Ausdruck willen, „dem inneren Automatismus in freien Analogien" folgend, eine „Wendung zur halluzinativen Kunst"[14], die „nichts mit der lächerlichen Abstraktion der Ästhetiker zu tun [habe], nichts mit einem vagen Idealismus. Wir betrachten diese Künstler als Realisten des Immanenten."[15] Dabei bezeugen die in surrealistischen Bild- und Textverfahren zum Ausdruck dieser ‚Automatismen' und zur Darstellung dieses ‚Immanenten' eingesetzten Ähnlichkeitskonzepte gerade in ihren nichtimitativen, produktiv-konstruktiven Aspekten gegen ‚bloßes Nachschaffen' Innovation – die *Ungleichheit* des Ähnlichen, durch die die Kunst mit Schklowskij ‚das Neue vermerkt': Sie dienen dem Ausdruck eines um den Beziehungsreichtum des Unbewussten und Imaginären erweiterten Wirklichkeitsverständnisses und der Darstellung eines ‚entzogenen' Realen, die Koschorke als positive Seite der „Abkehr vom klassischen Repräsentationismus zugunsten einer meta-ästhetischen Selbstreflexion als Kunstwerke" beschreibt.[16] So arbeitet der Surrealismus an der Übersetzung eines konstruktivistisch-,revelatorischen' Weltverhältnisses in eine Kunstpraxis, die die ‚Welt im Stand der Ähnlichkeit' zum Ausdruck bringt. „Die innovative

---

mus" gegenüber (Koschorke, Das Mysterium des Realen in der Moderne, S. 34). Vgl. differenzierend Baßler et al. (Hg.), *Realismen der Avantgarde*; darin Bangert, Ähnlichkeit als Konzept des SurRealismus. Schweppenhäuser beschreibt den Surrealismus als „Gegenprojekt zur künstlerischen Darstellung der Wirklichkeit"; er suche „die Bilder- und Wunschwelten aus der anderen Realität [...] in ihrem eigenen Code anschaulich zu machen. Dabei werden die Dinge [...] häufig so dargestellt, wie sie sich dem Augenschein im Alltag darbieten, aber ihre Beziehungen untereinander werden in eine gänzlich andere Logik gebracht." (Schweppenhäuser, *Ästhetik*, S. 181).
12 Michel Leiris, zit. n. Stephan Moebius, *Die Zauberlehrlinge. Soziologiegeschichte des Collège de sociologie (1937–1939)*, Konstanz 2006, S. 230.
13 Einstein, *Die Kunst des 20. Jahrhunderts*, S. 163.
14 Ebd., S. 164.
15 Ebd., S. 168. Vgl. weiter: „Suchte man neue Objektzusammenhänge, so musste man die vorher verworfenen oder wenig benutzten seelischen Bezirke erschließen. [...] Nutzte man diese Bezirke, so musste man die Wendung zur halluzinativen Kunst vollziehen." (Ebd.).
16 Koschorke, Das Mysterium des Realen in der Moderne, S. 29.

Kraft der Kunst ist das ‚Produzieren von Ähnlichkeiten', d. h. sie kann eine Wirkung hervorrufen, die zum Erreger für die Konstruktion von Korrespondenzen wird. Paul Klee nahm für die Kunst in Anspruch, daß sie sichtbar mache, was zuvor und ohne sie nicht zu sehen gewesen sei."[17] Dem lassen sich auch das als Motto zitierte schöpferische Bekenntnis Alberto Giacomettis und die Aussage Picassos anschließen: „Ich bemühe mich immer darum, die Natur nicht aus den Augen zu verlieren. Mir geht es um Ähnlichkeit, um eine tiefere Ähnlichkeit, die realer ist als die Realität und so das Surreale erreicht."[18]

Die Arbeit an der Konzeption des Wirklichen und dessen Gestaltung verweist zugleich auf den Deutungskampf um ‚das Wirkliche', in den sich die „surrealistische Bewegung" einschaltet: „Dadurch, dass sie die Beziehungen der ‚Realitäten' untereinander umstürzt, konnte sie nur zur Beschleunigung der allgemeinen Gewissens- und Bewusstseinskrise unserer Tage beisteuern."[19] Das ‚derealisierende' Programm, das „die Realität in Verruf zu bringen" sucht, geht dabei Caillois zufolge mit der Forderung einher, „alles anzuerkennen, was der industrielle und rationale Pragmatismus von der Wirklichkeit abzustreichen versucht hatte, ohne jemals die anmaßende Absurdität einer solchen Streichung wahrzunehmen."[20] In seinem Essay über Masson sieht Einstein „gerade in der Unvereinbarkeit von Halluzinatorischem und Objektstruktur [...] eine winzige Chance der Freiheit: eine Möglichkeit, die Ordnung der Dinge zu ändern":

> Wichtig ist vor allem, das, was man Realität nennt, mit Hilfe nicht angepaßter Halluzinationen zu erschüttern, um so die Werthierarchien des Wirklichen zu verändern. Halluzinatorische Kräfte schlagen eine Bresche in die Ordnung mechanischer Abläufe; sie schieben ‚a-kausale' Blöcke in diese Realität, die man absurderweise für die einzig bestehende hält [...].[21]

---

17 Hans Heinz Holz, Art. „Ästhetik", in: Sandkühler, *Europäische Enzyklopädie zu Philosophie und Wissenschaften*, Bd. 1, S. 53–70, S. 65.
18 Zit. n. Ingo F. Walther, *Pablo Picasso. 1881–1973. Das Genie des Jahrhunderts*, Köln u. a. 1986, S. 61. Im Kontext des Zitats grenzt sich Picasso ab: „‚Ich bin kein Surrealist. Ich bin nie von der Wahrheit abgewichen. Ich bin immer in der Wirklichkeit geblieben.' [...] So habe ich auch den Surrealismus verstanden, aber dieser Begriff wurde ganz anders verwendet.'" (Zit. n. Rita Emch, „Picasso, Meister der Metamorphose", in: *swissinfo* (2015), online unter https://www.swissinfo.ch/ger/picasso–meister-der-metamorphose/4614718, 24.3.2019).
19 Ernst, Was ist Surrealismus', S. 85. Zu diesem ‚Deutungskampf' vgl. Koschorke, Das Mysterium des Realen in der Moderne, S. 25.
20 Roger Caillois, „Zur näheren Bestimmung der Dichtkunst", in: Günter Metken (Hg.), *Als die Surrealisten noch recht hatten. Texte und Dokumente*, Stuttgart 1976, S. 251–253, S. 253.
21 Einstein, André Masson, S. 492. Vgl. ebd.: „Die Beziehungen zu Geschichte und Realität sind nun negativ betont. Das geschieht unter dem Zeichen der Revolte" (ebd., S. 439).

Das „gleichmäßige Gewebe der Realität"[22] zu zerreißen, gerade wo es repräsentational imitiert, durch eingespurte Ähnlichkeitsassoziationen reproduziert und durch konventionalisierte Bedeutungsgefüge affirmiert wird, ist das Ziel des Surrealismus, der auf ein *dérèglement* der Sinne und die revolutionär-utopische Gestaltung der Realität zielt: „Transformer le monde, a dit Marx; changer la vie, a dit Rimbaud: ces deux mots d'ordre pour nous n'en font qu'un."[23] Den rationalen Verkürzungen der Moderne begegnet der Surrealismus mit der Kritik der sprachlich fixierten Wirklichkeitsauffassung, dem Bruch mit etablierten Denk- und Wahrnehmungsweisen und der Integration der „erkannte[n] Surrealität der Realität"[24], wie sie in Imagination und Unbewusstem, Traum und Zufall oder auch in Bretons Konzeption des ‚Wunderbaren' aufscheint. Seine zwischen Mythifizierung und Kritik changierende ästhetischen Reflexivität[25] misst dabei Formen des Denkens in Ähnlichkeiten und „künstlerisch hergestellte[r] Ähnlichkeit"[26] besondere ästhetische und epistemologische Valenz bei. In der „Hinwendung [...] zu einer Ästhetik unsinnlicher Ähnlichkeit, die sich durch ein besonderes Interesse am Neuen und Wunderbaren auszeichnet",[27] sucht die surrealistische ‚Überbietung der Moderne' nach einer erweiterten Erfahrungsdimensionen, in der die romantische und symbolistische poetische Restitution vormoderner Ähnlichkeitsepistemologien nachhallt. In der Reflexion auf die Prägung von Denken und Sprache durch Ähnlichkeitsbezüge macht der Surrealismus die (Er-)Findung *entfernter Ähnlichkeiten* zur Aufgabe der Ästhetik, die bereits in manieristischen und romantischen Metaphoriken und Analogiebildungen den Anspruch einer ästhetischen Überbietung des Rationalismus zum Ausdruck bringt.[28] Zugleich schließt die surrealistische Konzeptualisierung der Ähnlichkeit nicht nur an die *eigene* vormoderne und moderne Vorgeschichte der Ästhetik und Epistemologie des Ähnlichen an, sondern findet eine auf Ähnlichkeit basierende Rationalitätsform auch in einem *anderen*, außereuropäischen Denken. Im Zuge eines kulturkritischen und -relativistischen

---

22 Ebd., S. 492.
23 Breton, Dictionnaire abrégé du surréalisme, S. 822.
24 Uwe Schneede, *Die Kunst des Surrealismus. Malerei, Skulptur, Dichtung, Fotografie, Film*, München 2006, S. 142.
25 Vgl. zu diesem „eigentümlichen fundamentalen Widerspruch" Lichtenstern, *Metamorphose*, S. 147, Anm. 45. Eine ähnlichkeitstheoretische Perspektive kann zu dessen Erhellung beitragen, etwa des zwischen metarealistischen und archaisierenden Momenten, Repräsentationskritik und poetischer Restitution des Analogiedenkens changierenden Einsatzes einer kombinatorischen Ästhetik und sprachmagischer Tendenzen.
26 Endres, Unähnliche Ähnlichkeit, S. 38.
27 Funk, Mattenklott, Pauen, Symbole und Signaturen, S. 32. Doch verhandelt der Surrealismus durchaus auch *sinnliche* Ähnlichkeit.
28 Vgl. Koschorke, Das Mysterium des Realen in der Moderne, S. 29.

Relationismus etabliert sie ein horizontales „Netz von Ähnlichkeiten und inhaltlichen Bezügen".[29] Dies lässt sich als Signum des modernen Ähnlichkeitsdenkens beschreiben, an dem der Surrealismus in der konzeptuell, epistemologisch und zugleich zeitlich und räumlich ‚entgrenzenden' Rekonzeptualisierung der Ähnlichkeit partizipiert: Darin angelegt ist die mit Eidelpes angesprochene ‚Entgrenzung der Mimesis' ebenso wie die ‚epistemische Internalisierung' des ‚Primitiven'.[30] Im Horizont der so entdeckten Ähnlichkeit des Anderen werden Grenzen zwischen Vormoderne und Moderne, Natur und Kultur, Menschen und Nichtmenschen durchlässig.

Bereits ein kursorischer Blick verdeutlicht mithin die Reichweite der Ähnlichkeitsreflexion und -produktion des Surrealismus. Ähnlichkeit wird auf der Verfahrensebene der Text- und Bildproduktion und -rezeption konzeptuell produktiv und programmatisch eingesetzt, um unvorhergesehene Relationen zwischen Dingen, Worten, Bildern und Gegenständen des Wissens zu stiften, Disziplinen-, Medien-, Gattungsgrenzen zu überschreiten und das Ineinandergreifen von Wahrnehmung, Imagination und Repräsentation zu reflektieren. Die Einsatzstellen dieser (Re-)Konzeptualisierung der Ähnlichkeit wurden in den Ausführungen zu den Schlüsselkonzepten des Ähnlichen systematisch als Wirken ‚unähnlicher Ähnlichkeit' in metaphorischen, metamorphotischen, mimikrytheoretischen und simulacralen Konzeptionen aufgefächert. Der der Ähnlichkeit dabei eingeräumte zentrale Stellenwert und die ihr zugestandene ästhetisch-epistemologische Valenz, die variabel konzipierte Bezugnahmen auf eine *sur*reale Wirklichkeit erlaubt, werden in den Analysen der folgenden Teilkapitel an Bretons Konzeption der Metapher als ‚Sprachbild', Ernsts metamorphotischen Bildverfahren, der auf eine ‚mysteriöse' Dimension der Surrealität hinweisenden Bildwelt Magrittes und der Erforschung der transversalen Phänomene der Natur und der analogischen Logik der Imagination in Caillois' surrealistischer Wissenschaft eingehend untersucht.

---

29 Küster, *Matisse und Picasso als Kulturreisende*, S. 178. Diese horizontale Relationierung mittels Ähnlichkeiten steht der vertikalen Implikation zivilisatorischen Fortschritts, wie sie dem frühen Primitivismus-Diskurs inhärent ist, entgegen. Vgl. Leclercq, Schön wie die zufällige Begegnung einer aphrodisischen Jacke mit einer Yupuk-Maske, S. 29, S. 33, passim.; Bangert, Rapprochement, Documents, Sciences diagonales.
30 Vgl. Eidelpes, *Entgrenzung der Mimesis*, S. 19; vgl. ebd., S. 11 f. und S. 16. Darin zeigt sich zugleich die Wiederentdeckung einer in der europäischen Tradition domestizierten Dimension mimetischer Ähnlichkeit, wie sie Platon als ‚niedere', ansteckende und gefährliche, den Mimenden verwandelnde Dimension der Mimesis zu disziplinieren sucht.

4 Die unähnliche Ähnlichkeit der Metapher: André Bretons Programmatik des Sprachbilds

> Il apparaît de plus en plus que l'élément générateur par excellence de ce monde qu'à la place de l'ancien nous entendons faire nôtre, n'est autre chose que ce que les poètes appellent l'*image*. La vanité des idées ne saurait échapper à l'examen, même rapide. Les modes d'expression littéraires les mieux choisis, toujours plus ou moins conventionnels, imposent à l'esprit une discipline à laquelle je suis convaincu qu'il se prête mal. Seule l'image, en ce qu'elle a d'imprévu et de soudain, me donne la mesure de la libération possible et cette libération est si complète qu'elle m'effraye. C'est par la force des images que, par la suite des temps, pourraient bien s'accomplir les *vraies* révolutions. (André Breton)[1]

Bretons *Manifeste du surréalisme*[2] von 1924 gilt als historischer Auftakt der Formation der zunächst literarisch orientierten surrealistischen Gruppe. An einer Analyse seiner Positionen führt – selbst wenn hier die heterogene Ähnlichkeitsreflexion und -produktion in einem nicht auf die Zugehörigkeit zu dieser Gruppe begrenzten Milieu des Surrealismus im Fokus steht –, nicht nur aufgrund seiner Rolle als wichtigster Programmatiker des Surrealismus kein Weg vorbei: Seine Überlegungen zur *Metapher* bilden sowohl einen zentralen Bezugspunkt für die surrealistische Theorie und künstlerische Praxis als auch einen eigenständigen Beitrag zur modernen Ähnlichkeitsreflexion.

Bretons Texte formulieren die Grundlagen des surrealistischen Umgangs mit Sprache und Ansätze einer „Theorie der Schrift und der Interpretation, die auf einer Theorie des Subjekts beruhen".[3] Insbesondere das *Manifeste du surréalisme*, „gleichsam eine Theoriecollage"[4] heterogener Versatzstücke, gibt neben einer Definition des Surrealismus dessen poetologische und ideologische Leitlinien vor, während das *Second Manifeste du surréalisme* 1930 eine erneute literarische und politische Richtungsbestimmung markiert und Poesie als ‚Spitze' einer avantgardistisch provozierten „Neuordnung der Werte im Dichterischen"[5] fasst.

---

[1] André Breton, „Le Maitre de l'image" (Alentours III), in: ders., *Œuvres complètes*, Bd. I, hg. v. Marguerite Bonnet, Paris 1988, S. 899–902, S. 901.
[2] Vgl. André Breton, „Manifeste du surréalisme", in: ders., *Œuvres complètes*, Bd. I, hg. v. Marguerite Bonnet, Paris 1988, S. 309–346 (dt. „Erstes Manifest des Surrealismus", in: ders., *Die Manifeste des Surrealismus*, S. 9–48).
[3] Gerd Hötter, *Surrealismus und Identität. André Breton. ‚Theorie des Kryptogramms'. Eine poststrukturalistische Lektüre seines Werks*, Paderborn 1990, S. 14.
[4] Schmitz-Emans, Surrealismus, o. S.
[5] André Breton, „Zweites Manifest des Surrealismus", in: ders., *Die Manifeste des Surrealismus*, S. 49–99, S. 82.

In zahlreichen manifestantistischen Texten, Essays, vom *Bureau de recherches surréalistes* veröffentlichten und gemeinsam mit anderen Schriftstellern und Gruppen gezeichneten Flugblättern und Pamphleten, in literarischen und poetischen Texten, Romanfragmenten und kunstkritischen Schriften formuliert Breton seine die surrealistische Poetik und Kunst fundierende Programmatik, darunter etwa *Les Champs magnétiques* (1921), *Poisson soluble* (1924), das Romanfragment *Nadja* (1928), *Le Surréalisme et la peinture* (1928), *Les Vases communicants* (1932), *Position politique du Surréalisme* (1935), *Anthologie de l'humour noir* (1937), *Signe ascendant* (1947), *Du Surréalisme en ses œuvres vives* (1953), *La Clé des champs* (1953) und *L'Art magique* (1957). Diese ihr eigenes Programm formulierenden Texte erfordern ein spezifisches Theorie-Verständnis:

> Die Meta-Texte wuchern – und sind zugleich keine Meta-Texte mehr. [...] [D]iese Texte unterlaufen die Grenze zwischen Literatur und Theorie. Die Literatur wird ihre eigene Theorie, die Theorie wird Literatur. Diese Meta-Geschichten über das Erzeugen literarischer Texte können selbst als literarische Texte gelesen werden.[6]

Die folgende Analyse konzentriert sich auf die anhand einiger Thesen aus den genannten Texten herausgearbeitete Bedeutung der Ähnlichkeit für die Konzeption poetischer Verfahren, die an einem Aspekt besonders deutlich hervortritt: Meist ohne explizit den Ähnlichkeitsbegriff zu gebrauchen, befasst sich Bretons Theoretisierung des surrealistischen ‚Sprachbilds' (*image*) intensiv mit Metapher und Analogie.

Dabei scheint das Konzept des Sprachbilds, das, so Breton, wo es gelingt, „von einem höchsten Grad an Willkür gekennzeichnet ist" und „für das man am längsten braucht, um es in die Alltagssprache zu übersetzen", da es „einen besonders hohen Grad an offenkundiger Widersprüchlichkeit aufweist"[7], zunächst gerade *nicht* auf Ähnlichkeit zu beruhen:

> *Das Bild ist eine reine Schöpfung des Geistes. Es kann nicht aus einem Vergleich entstehen, vielmehr aus der Annäherung von zwei mehr oder weniger voneinander entfernten Wirklichkeiten. Je entfernter und genauer die Beziehungen der einander angenäherten Wirklichkeiten sind, umso stärker ist das Bild – umso mehr emotionale Wirkung und poetische Realität besitzt es ...* [8]

---

[6] Schmitz-Emans, Surrealismus, o. S. Die „*Ambiguität* des Bretonschen Diskurses" verlange eine Reaktion, die sich dem „*Verstehen* einer spezifischen theoretischen Schrift nicht vergleichen läßt", so Jean Decottignies, „Surrealistisches Werk und Ideologie", in: Peter Bürger (Hg.), *Surrealismus*, Darmstadt 1982, S. 112–138, S. 123, Anm. 51 und S. 112.
[7] Breton, Erstes Manifest des Surrealismus, S. 36: Schwer übersetzbar sei es auch, wenn einer der „Ausdrücke merkwürdig verborgen bleibt."
[8] Reverdy, zit. n. Breton, Erstes Manifest des Surrealismus, S. 22 f.

–, so die Definition des Sprachbildes im *Manifeste du surréalisme*, die Breton von Pierre Reverdy übernimmt, um sie im Verlauf in Teilen kritisch zu befragen. So beruht die surrealistische Metapher auf der Unähnlichkeit, Heterogenität, Inkohärenz bzw. semantischen Inkompatibilität und der Entfernung der metaphorisch vereinten Bildbereiche, deren willkürlicher ‚Annäherung' (*rapprochement*) keine unmittelbar erkenntliche Ähnlichkeitsrelation zugrunde liegt. Auf diese ‚Problematisierung' metaphorischer Ähnlichkeit hat, wie angedeutet, die metapherntheoretische Forschung seit Richards nicht nur vielfach hingewiesen, sondern teils auch die historische These abgeleitet, dass die Moderne Ähnlichkeit aus der Metaphorik austreibe, und die systematische, dass Ähnlichkeit zur Erklärung des Mechanismus der modernen Metapher nicht benötigt werde: So sieht Stefan Willer in der an Lautréamont anschließenden surrealistischen Metapher die Form eines „Vergleichs ohne Ähnlichkeit"[9]. Breton fordere im *Manifeste du surréalisme* „‚die *kühne* Metapher'", so Weinrich.[10] Blacks an Richards anschließende Interaktionstheorie mit ihrer Betonung der *Diaphorizität* der Metapher weist eine gewisse Nähe zum surrealistischen Konzept auf.[11] Ricœur gesteht dem Surrealismus „das eine Verdienst, ein Negativbild der klassischen Rhetorik hervorzubringen", zu.[12] Strub, der von Bretons Metapherntheorie ausgehend eine ‚Unähnlichkeitstheorie' der Metapher entwirft,[13] vermerkt, dass der Surrealismus scharf den Vergleich at-

---

9 Willer, Metapher/metaphorisch, S. 127f.
10 Zit. nach Pastor, *Studien zum dichterischen Bild*, S. 24.
11 Vgl. Hedges, Surrealist Metaphor, S. 278: „Max Black goes one step further in Breton's direction by stating that metaphor ‚can sometimes generate new knowledge and insight by changing relationships between the things designated.' Black's ‚interaction theory' of metaphor divides the elements of a metaphoric expression into a ‚focus' (words used unconventionally) and a ‚frame' (words used conventionally); in the metaphoric interaction, the frame takes on some of the characteristics of the focus – it is *re-framed*." Vgl. Max Black, „More About Metaphors", in: Andrew Ortony (Hg.), *Metaphor and Thought*, New York 1979, S. 19–41. Vgl. zur Nähe der Konzeption Bretons zu Spannungstheorien der Metapher auch Strub, *Kalkulierte Absurditäten*, S. 473, Anm. 5.
12 Strub, *Kalkulierte Absurditäten*, S. 477, Anm. 15.
13 Ebd., S. 419: Strub betrachtet Metaphern als „‚kalkulierte Absurditäten'" und „kontextgebundene Überschreitung" im Rahmen einer „‚Unähnlichkeitstheorie'". Die These der Metapher als eines Schlüsselkonzepts der – wenngleich problematisierten – Ähnlichkeit kann an Strubs Entwurf anschließen, der die surrealistische Metapher zum Ausgangspunkt seiner theoretischen Rekonzeptualisierung macht, da sie nicht mehr nach den Beschreibungskriterien der Vergleichstheorie auflösbar sei: Er beruft sich auf Peirces „Modell des Parallelismus" (ebd., S. 419): statt Ähnlichkeit als ‚realen' Bezug vorauszusetzen, gelte es, die „Darstellung eines Parallelismus [zu] benutzen, um den metaphorischen Terminus zu einem Prädikat zu machen" (ebd., S. 420): „[D]er vom Surrealismus immer wieder geforderte ‚Schockcharakter' der Kunst beruht auf einem Verfahren, das identisch ist mit dem metaphorischen Verfahren, einem Ding Parallelismus-Eigenschaften [...] zuzuschreiben." (Ebd., S. 449).

tackiert, doch an der Analogie festhält, und lässt die Frage offen, ob „das poetische Bild gegenüber der Analogie etwas qualitativ Neues oder doch nur eine ‚Überdehnung' des Analogieprinzips"[14] darstellt. Gegenüber der neueren Metapherntheorie, die die Konzeptualisierung metaphorischer Ähnlichkeit in der surrealistischen Theorie des Sprachbilds überwiegend dethematisiert – Strub stellt eine Ausnahme dar –, folgen die vorliegenden Überlegungen der These, dass die der Ornat-Funktion rhetorischer Tropen entbundene und auf sprachliche Übertragungsvorgänge im Allgemeinen erweiterte Metaphorik, die die Struktur und Dynamik surrealistischer Texte bestimmt, nicht das ‚Ende der Ähnlichkeit' markiert, sondern sich auf *entfernte Ähnlichkeiten* beruft, die sie weniger zu entdecken als hervorzubringen beansprucht. Der produktive, so konstruktive, reflexive und kritische wie spielerische, emphatische und mythifizierende Umgang mit der entfernten, unähnlichen Ähnlichkeit kann auf konzeptistische und romantische Metaphernmodelle zurückgreifen[15] und initiiert die Problematisierung der Ähnlichkeit in neueren metapherntheoretischen Konzeptualisierungen, *ohne* das ästhetisch-epistemologische Potential metaphorischer Ähnlichkeit preiszugeben. Dies deutet implizit Reverdys Definition an, die die Entfernung der angenäherten Elemente als Ermöglichungsbedingung des Bildes darstellt, dessen Qualität sich an den so hergestellten Beziehungen bemesse.

Bretons emphatische Betonung der befreienden Potentiale der Sprache beruht auf der Konzeptualisierung der Metapher als poetologische Begründungsfigur eines nichtimitativ-mimetischen und zugleich revolutionär gestaltenden Weltverhältnisses, das auf eine subjektiv perspektivierte, offene, durch eine Vielzahl potenzieller Relationen gekennzeichnete Möglichkeitswelt zielt. Dabei verbindet das Sprachbild „die surrealistische Maxime der extremen Spannung zwischen den Bildelementen mit der Behauptung, dadurch sich der Ursprungspoesie des Denkens und der Wahrnehmung zu vergewissern."[16] Es eröffnet und überbrückt zugleich imaginative Zwischenräume des Nahen und Fernen, des Innen und Außen, des Eigenen und Fremden, in denen Zeichen von konventionalisierten Bedeutungen, univoken Referenzen und eindeutigen Auslegungen frei bleiben, zugunsten „unbeschreibliche[r] Konfrontationen [*Confrontations*

---

14 Ebd., S. 478, Anm. 18.
15 Vgl. zu dieser ‚typologischen' These Hocke, *Manierismus in der Literatur;* ders., *Malerei der Gegenwart. Der Neomanierismus. Vom Surrealismus zur Meditation*, Wiesbaden, München 1975; Friedrich, Vorwort, S. V–VII.
16 Bauer, Ähnlichkeit als Provokation, S. 131 f.

inénnarables]"[17], die ‚Funken schlagen'[18] sollen. Bevor die Konzeptualisierung der Ähnlichkeit in der surrealistischen ‚Spannungstheorie' der Metapher näher untersucht wird, werden im Rekurs auf die angedeuteten konzeptuellen Verflechtungen von Imagination, Assoziation, Traum und Analogie die Voraussetzungen und die Einsatzstelle des Sprachbildes in Bretons Programmatik näher beschrieben: Die grundlegende Bedingung surrealistischer (Sprach-)Bilder ist die „Assoziation verschiedener Eindrücke" durch „das intermediäre Vermögen der Einbildungskraft".[19] Im Anschluss an den kursorischen Streifzug durch die ‚imaginären Welten'[20] des Surrealismus wird das komplexe Wirken der *unähnlichen Ähnlichkeit* in der Metapher an ihrem paradigmatischen Modell untersucht und schließlich ihre textuelle Prozessualisierung und ihre Ana-logik analysiert.

4.1 ‚Unbeschreibliche Konfrontationen': Die imaginäre Welt der Surrealisten

> Les papillons, peuvent-ils être assimilés à des lumières? (André Breton)[21]

Wenn Bretons *Manifeste du surréalisme* den geforderten neuen Umgang mit der Sprache[22] als „Bruch mit der etablierten Ordnung" entwirft, gehen Sprachkritik, Erkenntniskritik und Kulturkritik miteinander einher, in romantischer Manier an die Grundfesten des rationalen Selbstverständnisses der Moderne rührend.[23] Er

---

17 Louis Aragon, *Abhandlung über den Stil. Surrealistisches Traktat*, übers. v. Jenny Graf-Bicher, hg. v. Klaus Bittermann u. Holger Fock, Berlin 1987, S. 113 [*Traité du style*, Paris 1928, S. 177].
18 Vgl. Breton, Was der Surrealismus will, S. 130; vgl. auch ders., Erstes Manifest de Surrealismus, S. 35.
19 Koschorke, *Körperströme und Schriftverkehr*, S. 354.
20 Zum Begriff *„mundus imaginalis"* vgl. Claude Lévi-Strauss, „Meditative Malerei", in: ders., *Der Blick aus der Ferne*, Frankfurt a. M. 2008, S. 355–360, S. 357.
21 André Breton, „Poisson soluble II", in: ders. (Hg.), *Œuvres complètes*, Bd. 1, S. 514–599, S. 386.
22 Vgl. Breton, *Manifeste du surréalisme*, S. 334: „Le langage a été donné à l'homme pour qu'il en fasse un usage surréaliste." Breton richtet sich gegen ein instrumentelles Verständnis der Sprache als Kommunikationsmittel und ihre Auffassung als (arbiträres) Zeichensystem: „Als Zeichen soll Sprache zur Kalkulation resignieren, um Natur zu erkennen, den Anspruch ablegen, ihr ähnlich zu sein. Als Bild soll sie zum Abbild resignieren, um ganz Natur zu sein, den Anspruch ablegen, sie zu erkennen." (Hötter, *Surrealismus und Identität*, S. 31).
23 Decottignies, Surrealistisches Werk und Ideologie, S. 130. „Die surrealistische Ideologie versteht sich zuerst als globale Verneinung der herrschenden Ideologie; sie ist die vollständige Subversion einer Kultur, die sie mit der größten Beständigkeit verfolgt, da […] das logische Denken von ihr abhängt." (Ebd., S. 123).

verteidigt die *"größte Freiheit*, die des Geistes"[24] – „[c]ette imagination qui n'admettait pas des bornes"[25] – gegen reduktionistische Denkformen „an Dummheit grenzende[r] Klarheit": den „Positivismus"[26], die „Herrschaft der Logik" und den „führende[n] absoluten[n] Rationalismus", kurz, den Absolutheitsanspruch der Vernunft: „Unter dem Banner der Zivilisation, unter dem Vorwand des Fortschritts ist es gelungen, alles das aus dem Geist zu verbannen, was zu Recht oder zu Unrecht als Aberglaube, als Hirngespinst gilt, und jede Art der Wahrheitssuche zu verurteilen, die nicht der gebräuchlichen entspricht."[27]

Dass das den Realismus überbietende Programm des Surrealismus daher zu einer ästhetischen Problematisierung rationalistischer und objektivistischer Auffassungen von Wahrheit und Wirklichkeit antritt, wobei diese reflexive Arbeit zugleich die kritische Rekonzeptualisierung der Relation von Kunst und Wirklichkeit, von Realismus, Repräsentation und Mimesis betrifft, lassen Bretons Positionen nachvollziehen: Seine Polemik gegen das *peu de realité* zielt nicht nur auf die rational zugerichtete Wirklichkeitsauffassung,[28] der kritische Furor seiner Positionsbestimmung macht auch vor der modernen Literatur nicht Halt. Die Ablehnung eines imitativen Mimesisverständnisses äußert sich in der Kritik am „Diktat des Ähnlichen (in der Metapher des Spiegels)"[29] und des Realismus als, so Breton, „bloße Imitation dessen, was ohnehin schon ist'".[30] So sei der realistische Roman „zum Abbild resignierte Kunst":[31] Breton opponiert gegen eine „realistische Haltung, die vom Positivismus, von Thomas von Aquin bis Anatole France beeinflußt ist" und zugleich – wie bereits Valéry gegen Flaubert – gegen die „,attitude réaliste'", die im psychologischen Roman die „kontinuierliche Handlung" begründe.[32] Der affirmativen Wiederholung

---

24 Breton, Erstes Manifest des Surrealismus, S. 12.
25 Breton, *Manifeste du surréalisme*, S. 311.
26 Breton, Erstes Manifest des Surrealismus, S. 13.
27 Ebd., S. 15.
28 Vgl. André Breton, *Introduction au discours sur le peu de réalité*, Paris 1927. Benjamin betont, Bretons *Introduction* lege dar, „wie der philosophische Realismus des Mittelalters der poetischen Erfahrung" zugrunde liege (Walter Benjamin, „Der Sürrealismus", in: Rolf Tiedemann, Hermann Schweppenhäuser (Hg.), *Gesammelte Schriften*, Bd. II.1, Frankfurt a. M. ²1989, S. 295–310, S. 302).
29 John C. Welchman, „Nach der Wagnerianischen Bouillabaisse. Theorie und Praxis des Wort-Bildes in Dada und Surrealismus", in: Judi Freeman (Hg.), *Das Wort-Bild in Dada und Surrealismus*, München 1990, S. 56–95, S. 75.
30 Zit. n. Hötter, *Surrealismus und Identität*, S. 31.
31 Ebd., S. 43. Dabei empfindet Breton vor allem den Psychologismus als Festschreibung von Identität (vgl. ebd).
32 Spies, Die Desaster des Jahrhunderts", S. 43.

‚des Wirklichen' setzt er eine imaginative Tiefendimension entgegen, wie er sie in der Romantik findet: Wie Novalis betont er das schöpferische Potential der Imagination.[33] Der komplexen Bindung des Surrealismus an die zu bearbeitende und nicht nur ästhetisch, sondern auch politisch zu gestaltende Realität wiederum scheint der Spott geschuldet, mit dem Breton auch die symbolistische Dichtung – bei aller Baudelaires ‚*Correspondances*'[34] und Rimbauds „„dèrèglement""[35] der Sinne entgegengebrachten Hochachtung – überzieht:

> Ich habe wohlgemerkt viel für die Naturalisten übrig: läßt man einmal ihren Pessimismus beiseite [...]. Ich finde sie, alles in allem, viel poetischer als die Symbolisten, ihre Zeitgenossen, die keine Anstrengung scheuen, dem Publikum mit ihren mehr oder weniger rhythmisierten Produkten in den Ohren zu liegen.[36]

Vor diesem Hintergrund zeichnet sich ab, dass unter dieser kritisch-reflexiven Perspektive die Bedeutung der Ähnlichkeit gerade in ihrer Verbindung mit Mimesis und Repräsentation für das literarische Schreiben – wie für die surrealistische Malerei und bildende Kunst – neu zu evaluieren ist. Dass in Reaktion auf die von Einstein konstatierte Erschütterung der ‚Übereinstimmung von Vorstellung und Wirklichkeit'[37] durch die moderne Erfahrung einer konstruktiv-veränderlichen Realität nun die bildproduzierende Imagination in Text und Bild Eingang finden soll, kommentiert Breton mit den Worten, derjenige mache „kläglichen Gebrauch von der magischen Kraft des Gestaltens", der sie allein „zur Bewahrung und Festigung dessen einsetzt, was auch ohne sie existierte"; dies erscheine umso mehr als „Verzicht", als „die äußere Welt ihrem Wesen nach mehr und mehr suspekt erscheint": „Die Werte des Wirklichen müssen einer grundlegenden Prüfung unterzogen werden [...]; und um dieser Notwendigkeit zu gehorchen, muß sich das bildnerische Werk einem rein inneren Vor-Bild zuwenden, oder es wird aufhören,

---

33 André Breton, „Vorwort zur Neuauflage des Manifestes", in: ders., *Die Manifeste des Surrealismus*, S. 5–8, S. 7. Breton bezeichnet Achim von Arnim als seinen wichtigsten Vorgänger (vgl. Breton, „Introduction aux ‚Contes Bizarres' d'Achim d'Arnim", in: ders., *Œuvres complètes*, Bd. II, S. 341–360). Neben Bezügen auf Arnim und Novalis (vgl. Breton, Erstes Manifest des Surrealismus, S. 37, Anm. 1) und der Ahnenliste des Manifests, die Breton bis Shakespeare und Dante zurückreichen lässt, betont den Anschluss an die Romantik (Schelley, de Nerval, Arnim) auch *L'amour fou* (André Breton, „L'amour fou" in: ders., *Œuvres complets*, Bd. I, S. 675–785, S. 677). Weiter nennt Breton Jarry (ebd.), Rimbaud, Mallarmé, Poe, Nerval, de Sade, Lewis, Gustave Moreau und Isidore Ducasses *Chants de Maldoror* und *Poesies*; vgl. Lübcke, Thun, *Romantik und Surrealismus*.
34 Vgl. zum Verweis auf Baudelaire (aber auch Vache, Apollinaire u. a.) ebd., S. 680.
35 Breton, „Les vases communicants [I]", in: *Œuvres complètes* II, S. 101–221, S. 104.
36 Breton, *Die kommunizierenden Röhren*, übers. v. Elisabeth Lenk und Fitz Meyer, München 1973, S. 68 [„Les vases communicants [II]", in: ders., *Œuvres complètes* II, S. 101–221, S. 158 f.)].
37 Vgl. Einstein, Die *Kunst des 20. Jahrhunderts*, S. 163.

zu sein."³⁸ Anschließend an die so alte – bereits antike – wie moderne und von den Avantgarden vielfach reformulierte Kritik der Mimesis als Kopie – „une conception très étroite de l'*imitation*, donnée pour but à l'art"³⁹ – arbeitet der Surrealismus an *nichtimitativen* Ähnlichkeitskonzepten, die die Tiefendimension der Imagination, des Unbewussten und des ‚Lebens' erschließen und so nicht ‚die' Wirklichkeit abzubilden, zu imitieren oder zu reproduzieren, sondern das sich der Repräsentation entziehende ‚Mysterium des Realen' (Koschorke) zu fassen und zugleich auf Inneres transparente Ausdrucksweisen zu finden suchen. So wird in der surrealistischen Arbeit am Realen und dessen Repräsentation Ähnlichkeit in Konzepten eines ‚meta'- bzw. ‚sur-realistischen' Weltverhältnisses rekonzeptualisiert. Sie steht ebenso im Dienst der Kritik einer rationalistischen und identitätslogischen Zurichtung ‚der Wirklichkeit' und des mimesistheoretischen Erbes der Realismustheorien als der überkommenen normativen Funktion der Ähnlichkeit wie des Ausdrucks der „*Surrealität*"⁴⁰ als einer durch die Ratio abgewehrten, „andere[n] und nicht weniger wirkliche[n] Welt aus Vorstellung, Phantasie und tieferer Ahnung", die der Surrealismus als „‚méthode de la recherche' zur bildnerischen Definition dieser neu sich figurierenden Wirklichkeit" erschließt.⁴¹

---

38 André Breton, „Der Surrealismus und die Malerei", in: ders., *Der Surrealismus und die Malerei*, übers. v. Manon Maren-Griesebach, Berlin 1967, S. 5–54, S. 9. Breton (Le Surréalisme et la Peinture, S. 352) spricht von einem „*modèle purement intérieur*".
39 Breton, Le Surréalisme et la Peinture, S. 352. Dieser enge Begriff stehe „am Anfang dieses tiefgreifenden Mißverständnisses, das wir bis in unsere Tage verfolgen können. […]. Der Irrtum, der begangen wurde, lag in der Meinung, der Bildgegenstand könne nur der äußeren Welt entnommen werden, oder es war einfach der Irrtum, ihn da überhaupt zu suchen" (Der Surrealismus und die Malerei, S. 9). Vgl. auch Bretons Ausführungen zu Balzacs Held in *Le Chef-d'œuvre inconnu*: „‚Die Aufgabe der Kunst ist nicht, die Natur zu kopieren, sondern sie auszudrücken'. Ein ähnlicher Gedanke findet sich bei von der Gabelentz: ‚Die Sprache dient dem Menschen nicht allein dazu, ein Ding auszudrücken, sondern auch sich selbst auszudrücken'. Die Kunst der Nachahmung setzte sich, da es ihre Absicht war, die Aspekte der äußeren Welt festzuhalten, notwendigerweise derartigen Angriffen aus. Am Ende eines solchen Weges, der bepflastert war oder auch nicht mit Schlingen der Wirklichkeit, steht der Gang durch den Spiegel von Alice." (André Breton, „Genesis und künstlerische Perspektiven des Surrealismus", in: ders., *Der Surrealismus und die Malerei*, Kap. II, S. 55–88, S. 58) Seit dem „Angriff" der Kubisten auf die Darstellung sei das Publikum „um die Zufriedenheit jener Ruhe" gebracht, die es an der „‚treue[n]' Wiedergabe der ihm vertrauten Dinge so liebt." (Ebd., S. 61).
40 Breton, Manifest des Surrealismus, S. 18.
41 Haftmann, Das Ding und seine Verwandlung, S. 30.

Die Identifikation des Surrealismus mit einem *psychischen Automatismus*, die das *Manifeste du surréalisme* postuliert,[42] begründet die für seine literarische Frühphase zentrale Konzeption des automatischen Schreibens, die Breton etwa von James Joyces Schreiben als ‚Imitation' eines Bewusstseinsstroms abgrenzt: „Es geht hier nicht mehr darum, sich der freien Gedankenassoziation *zu bedienen*, um ein *literarisches* Werk hervorzubringen, das durch das Heranziehen polyphonischer, polysemantischer und anderer Mittel jedoch eine ständige Rückkehr zur Willkür bedeutet."[43] Der Automatismus soll in unmittelbarem Bezug einer Transparenz auf die Imagination den „Ursprung der Literatur in den inneren Bildern möglichst ohne Filter übersetzen"[44], wie die von Breton geschilderte Urszene der *écriture automatique* betont, deren bildhaftes Moment auf die *ikonische* Dimension der Wahrnehmung und Imagination verweist: Den sich aufdrängenden Satz „‚Da ist ein Mann, der vom Fenster entzweigeschnitten wird'" habe eine „schwache[] bildhafte[] Vorstellung" begleitet, die *aufzuzeichnen* wäre: „[A]ls Maler hätte ich dieser visuellen Erscheinung zweifellos den Vorzug [...] gegeben"; dabei handle es sich „nicht darum [...], zu zeichnen – es handelt sich nur darum, durchzupausen."[45] Die *écriture automatique* ist die Methode, die für Breton den „‚Triumph der Imagination und der Kreation über die Imitation'"[46] ermöglicht: Sie leistet der „Verbindung, ja Identität von Sprache, Wahrnehmung und Denken im Wort als einer methodischen und phantasiegeleiteten Entbindung der in der Sprache angelegten Ähnlichkeit" Vorschub.[47] Nach Breton zielt der Surrealismus auf „Emanzipation durch Imagination"[48], die Freisetzung „gewisser, bis dahin vernachlässigter Assoziationsformen"[49], wie sie sich im Traum und in einem spielerischen Denken ausdrücken: Deren polyvalente Assozia-

---

42 Es enthält die viel zitierte, ironisch-enzyklopädische Definition: „SURREALISMUS, Subst., m. – Reiner psychischer Automatismus, durch den man mündlich oder schriftlich oder auf jede andere Weise den wirklichen Ablauf des Denkens auszudrücken sucht. Denk-Diktat ohne jede Kontrolle durch die Vernunft, jenseits jeder ästhetischen oder ethischen Überlegung. ENZYKOLPÄDIE. *Philosophie.* Der Surrealismus beruht auf dem Glauben an die höhere Wirklichkeit gewisser, bis dahin vernachlässigter Assoziationsformen, an die Allmacht des Traumes, an das zweckfreie Spiel des Denkens. Er zielt auf die endgültige Zerstörung aller anderen psychischen Mechanismen und will sich zur Lösung der hauptsächlichen Lebensprobleme an ihre Stelle setzen" (Breton, Erstes Manifest des Surrealismus, S. 26 f.).
43 Breton, Was der Surrealismus will, S. 127.
44 Bauer, Ähnlichkeit als Provokation, S. 129.
45 Breton, Erstes Manifest des Surrealismus, S. 23.
46 Zit. n. Lichtenstern, *Metamorphose*, S. 135.
47 Bauer, Ähnlichkeit als Provokation, S. 116.
48 Ebd., S. 133.
49 Breton, Erstes Manifest des Surrealismus, S. 27.

tionsgeflechte richten sich nach „gewisse[n] ‚heimliche[n] Affinitäten'" der Wörter, „die am Rande und ‚jenseits der Bedeutung' funktionieren und für sich ‚alle Arten von neuen Kombinationsmöglichkeiten' festsetzen."[50] Die unkonventionellen Relationen zwischen Wörtern entsprechen wahrgenommenen, imaginativ geknüpften und poetisch gestifteten Ähnlichkeitsbezügen, die sich einer ‚mimetischen Rezeptivität' erschließen.

Aus der Abkehr von naiven Realismuskonzepten erklärt sich das in der surrealistischen Ästhetik vielfach variierte Thema der Zerstörung des Auges, zugleich Ausdruck der „Reflexion über die Grenzen des Sehens"[51], der Nichtung der Distanz und Perspektive eines vorordnenden, messenden, identifizierenden Blicks und der Überschreitung der repräsentationalen Ordnung: „Das Auge und sein Trabant der Spiegel werden zum ersten Mal von Diderot des Despotismus angeklagt und mit Argwohn betrachtet."[52] Die „Künstler der Vergangenheit seien bis auf wenige Ausnahmen ‚Gefangene dieser äußeren Wahrnehmung' gewesen, dagegen hätten die Surrealisten ihre Sujets in der Innenwelt gefunden".[53] Die Berufung auf das Wirken der Einbildungskraft „bei ‚geschlossenen Augen'" zitiert den romantischen Topos der Erkundung einer Innenwelt,[54] deren Entäußerung als Gegenposition zur rationalisierten Moderne und als Überschreitung einer ihrer großen Trennungen, der von Innen und Außen, zu verstehen ist. Denn die Auffassung einer abgeschlossenen Innenwelt konstituiert sich, ältere Wahrnehmungslehren der Kontiguität ablösend, überhaupt erst in „der tendenziellen Selbstabschließung des Systems der Vorstellungen von der außermenschlichen Umwelt"; damit verbunden ist die Überschreitung des Repräsentationsmodells.[55] Löse dieses im ‚Zeitalter der Repräsentation' das „Primat einer vorausliegenden

---

50 Decottignies, Surrealistisches Werk und Ideologie, S. 130.
51 Volker Roloff, „Fragmentierung und Montage: Intermediale Aspekte (am Beispiel surrealistischer Texte, Filme, Bilder)", in: Arlette Camion et al. (Hg.), *Über das Fragment – Du fragment*, Heidelberg 1999, S. 238–295, S. 247. Vgl. die Eingangssequenz von Luis Buñuels Film *Un chien andalu*: „Le rasoir est une métaphore du montage" (Bonitzer, zit. n. ebd.) Der Topos des Schnitts durch das Auge symbolisiert die Auflösung des visuellen Zusammenhangs und die Abkehr von imitativer Mimesis. „Die Blendung meint den gewaltigen Ausschluß des Sichtbaren und einen demonstrativen Akt zum Aufschluß einer anderen Wirklichkeit." (Schneede, *Die Kunst des Surrealismus*, S. 155).
52 Breton, Genesis und künstlerische Perspektiven des Surrealismus, S. 57. Breton beruft sich hier auf Diderots *Lettre sur les Aveugles*.
53 Zit. n. Schneede, *Die Kunst des Surrealismus*, S. 153.
54 Ebd. Vgl. Caspar David Friedrich: „‚Schließe dein leibliches Auge, damit du mit dem geistigen zuerst siehest dein Bild.'" (Zit. n. ebd.).
55 Koschorke, *Körperströme und Schriftverkehr*, S. 375. Descartes entwickele sein Repräsentationsmodell im Vergleich mit der Optik (vgl. ebd.).

Textur" ab, in der die ‚Schrift der Welt' und die Zeichen ineinander verwoben waren, so gehe, wie Ulrike Haß beschreibt, in diesem Prozess das „Auge [...] eine enge Beziehung zum Sagbaren des Zeichens und des Wissens ein, während der Blick einen Zusammenhang mit dem Visuellen bildet, welches verinnerlicht wird: mit der Imagination."[56] Ihr verbinde sich die an den Rand des Wissens gedrängte Ähnlichkeit. Das Wirken der Imagination restituiert so eine Dimension des *Blicks* als „Ereignis im Sichtbaren"[57], die sich vor diesem Hintergrund als moderne Version eines „Denken[s] in Form des übertragenden Blicks" beschreiben ließe – ein „Spiel der Imagination, *das der Logik des Blicks folgt*, der affiziert, herausgreift, angreift oder anzieht"[58], ohne identifizierend zu ordnen und zu klassifizieren. „Die Imagination sucht nach Formen der Ähnlichkeit unter den Dingen und bietet verschiedene Verknüpfungen an."[59] Ein solcher *imaginativ übertragender Blick* tritt in der surrealistischen Ästhetik an die Stelle einer imitativen Repräsentation des Sichtbaren und dessen rationaler und perspektivischer Ordnung. Die Infragestellung des Spiegels als „Fixpunkt aller Realismus-Diskussion, die ‚Realismus' gleichsetzt mit der vermeintlichen Treue des Spiegels, mit Widerspiegelung"[60], vermitteln die Motive des manipulierten, zersplitterten, fragmentierten Spiegels – oder, wie Breton formuliert, der Blick auf die „Risse in diesem Spiegel".[61] Sie zeitigen komplexe Momente der Verdoppelung oder Inversion, der infiniten Vervielfachung im Motiv der Spiegelflucht, der anamorphotischen Verzerrung oder einer „Ikonographie der Metamorphose" und des „Aspektwechsel[s]", wie sie bereits die Kunst der Renaissance, des Manierismus und der Romantik verhandeln.[62] Die

---

56 Haß, *Das Drama des Sehens*, S. 42. „Im Zentrum dieses Zeichentypus wirkt ein ‚reduplizierendes', verdoppelndes Element wie ein Spiegel. Das siebzehnte Jahrhundert bricht mit der Auffassung einer fest in die Welt eingelassenen Sprache zugunsten der Entdeckung der Darstellung als einer einzigen Figur, in der *Bezeichnendes und Bezeichnetes einander reflektierend* zu einer bestimmten Deckung gebracht werden. Das reflektorische Moment im Zentrum dieses neuen Reflexionstypus verdankt sich der neuartig herrschenden Logik des Spiegels und seinem Primat der Sichtbarkeit" (ebd., S. 45).
57 Haß, *Das Drama des Sehens*, S. 44.
58 Ebd., S. 47 f. Haß fragt nach einem modernen „Begriff des ‚übertragenden Sehens'" (ebd., S. 44, Anm. 38).
59 Ebd., S. 50. Ohne die Imagination, so Foucault, gäbe „es keine Ähnlichkeit zwischen den Dingen" (Foucault, *Die Ordnung der Dinge*, S. 104). Haß beschreibt mit Foucault die Analysetypen der Repräsentation als imaginative Blicklogiken der „*sukzessiven Montage*" (der Logik des *Blicks* folgend) und der (dem sammelnden, nicht ordnenden Modell des *Auges*) gemäßen „*simultanen Montage*" (Haß, *Das Drama des Sehens*, S. 48 f.).
60 Rainer Warning, *Die Phantasie der Realisten*, München 1999, S. 19.
61 Breton, Genesis und künstlerische Perspektiven des Surrealismus, S. 58.
62 Bauer, Ähnlichkeit als Provokation, S. 133. Bauer bezieht die „Ähnlichkeit zwischen Denken und Sehen als das Paradox, das Ludwig Wittgenstein anhand des ‚Aspektwechsels' reflek-

ironische Inszenierung der Repräsentation als Spiegelkabinett modelliert die Vervielfachung von Relationen in der reflexiven Brechung eines der Urbilder der Repräsentation: Einen „Zugang zu einem in der vielfach gebrochenen Beziehung zwischen den Reflektoren erkennbaren Reich der antimimetischen Ähnlichkeit" suggeriert das Carroll'sche Motiv der Traverse durch den Spiegel,[63] das etwa Bretons und Soupaults Text „La Glace sans tain" zitiert, der 1920 *Les Champs magnétiques*, die erste Sammlung in der automatischen Schreibweise verfasster Texte, eröffnet.

> [D]urch den Spiegel der Sprache hindurch erschließt sich dem Leser ein Blick auf sprachliche und seelische Vorgänge, die der Referenzfunktion vorangehen, indem die Vermittlung der Wirklichkeit qua semantischer Fixierung von Worten aufgehoben ist. [...] Der durchsichtige Spiegel steht hier (als eine Metapher) für das rhetorische Verfahren selbst, das kein souverän handelndes Subjekt mehr voraussetzt, sondern Denken und seine Repräsentation ineinander sichtbar macht [...].[64]

Jenseits des Spiegels, dort, „wo die Welt durch die Wörter ‚gemacht' wird, kann der automatische Schreiber bei größter Passivität eine Einsicht erhalten, die ‚wirklicher' sei als jede sprachliche Nachahmung es je darstellen könnte"[65]. Gegen die Intentionalität bewussten und vernünftigen Sprechens wird das Vertrauen in die der Sprache eigene Evokationskraft und ihre imaginativen Übertragungsleistungen gesetzt. Dieses Verfahren ist nicht nur gleichgültig gegenüber „ästhetische[n] Kriterien"[66], es hintergeht das „Sprachvertrauen"[67] in die Transparenz konventionalisierter Zeichen auf Wirkliches und den Wahrheitsanspruch an die Richtigkeit der Begriffe ebenso wie symbolisch codierte Ausdrucksweisen der Alltagsprache

---

tierte" (ebd., S. 132) auf „historische Wurzeln" (ebd., S. 133). Vgl. Hocke, *Die Welt als Labyrinth*, S. 124–132: Gerade der Manierismus arbeite daran, die Grenzen zwischen Sein und Schein zu verwischen. Vgl. zur Romantik etwa Schlegels Bestimmung der Universalpoesie. Vgl. zu diesem Motivkomplex Elena Filippi, Harald Schwaetzer (Hg.), *Spiegel der Seele. Reflexionen in Mystik und Malerei*, Münster 2012; Jurgis Baltrušaitis, *Anamorphoses, les perspectives dépravées*, Paris 1984; Elke Pacholek-Brandt, *Imagination (Un)Limited: Zum Stellenwert manieristischer Traditionen in amerikanischer Prosa der Postmoderne*, Frankfurt a. M. 1988, S. 41–43.
63 Vgl. Bauer, Ähnlichkeit als Provokation, S. 124. „Die *écriture automatique* versprach, sich hinter dem Spiegel bewegen zu können, wie es der von den Surrealisten hoch geschätzte Lewis Carroll [...] in seiner Erzählung *Through the Looking Glass and what Alice found there* (1872) geschildert hatte" (ebd., S. 123). Vgl. zu Carroll Breton, Was der Surrealismus will, S. 127; ders., Genesis und künstlerische Perspektiven des Surrealismus, S. 58. Hier wird angesichts der Überlegungen zum variablen Konnex von Mimesis und Ähnlichkeit von *nichtimitativen* Konzepten gesprochen.
64 Ebd., S. 122f.
65 Ebd., S. 122.
66 Breton, Was der Surrealismus will, S. 127.
67 Köller, *Narrative Formen der Sprachreflexion*, S. 303.

und poetischer und literarischer Stilistik. An die Darstellungsmedien Sprache und Bild gebunden, inszeniert der Surrealismus diese Bindung und ihre – bereits in der Romantik, im späten Realismus, in Nietzsches Sprachkritik und im „„Chandos-Syndrom'" der literarischen Moderne auf unterschiedliche Weise reflektierten[68] – Aporien unter den Bedingungen der Krise der Repräsentation neu, indem er Prozessen kreativer Assoziation und metaphorischer Übertragung Ausdruck verleiht: In ihnen sollen Spuren *aisthetischer* Erfahrung und unbewussten Begehrens unverstellt zugänglich werden.

Dass die die Zeichen ‚verwildernde', sie aus ihrem „zweckhaften Gebrauch herauslösen[de]"[69] Wirkung der Imagination im Unbewussten fundiert ist, führt das *Manifeste du surréalisme* als zentrales Thema ein. Breton schließt damit nicht nur an die romantische Wertschätzung des Traumes an, sondern bezieht sich explizit auf Freud, wobei er behauptet, sich seit 1918 mit der Methode der Redekur zu befassen: „Ich [...] war mit seinen Untersuchungsmethoden vertraut [...], nämlich einen so rasch wie möglichen fließenden Monolog, der dem kritischen Verstand des Subjekts in keiner Weise unterliegt, der sich infolgedessen keinerlei Zurückhaltung auferlegt", von den Behandelten zu fordern.[70] Breton erklärt, die Entdeckung des Unbewussten habe die „Imagination [...] wieder in ihre alten Rechte" gesetzt, insofern sie dazu anleite, „zu den Quellen der dichterischen Imagination hinabzusteigen".[71] Dieses Bild des Abstiegs in imaginäre Tiefen ent-

---

[68] Koschorke, Das Mysterium des Realen in der Moderne, S. 29; vgl. zur Reflexion von Realismus und Mimesis etwa Adalbert Stifter, „Nachkommenschaften", in: ders., *Werke und Briefe* (HKA), Bd. 3, 2: Erzählungen, Erzählungen, Stuttgart 2003, S. 23–94: Die Erzählung durchkreuzt das Realismusprogramm des Malers und Schriftstellers Roderer mit genealogischen Ähnlichkeitseffekten: „Man kann [...] für die Nachkommenschaften eine ‚Kette' von ‚Ähnlichkeiten und Analogien' als ‚das immanente Formprinzip' des Textes bezeichnen." Vgl. zu dieser „Poetologie der Ähnlichkeit" Stefan Willer, „Grenzenlose Zeit, schlingender Grund. Genealogische Ordnungen in Stifters Nachkommenschaften", in: Michael Gamper, Karl Wagner (Hg.), *Figuren der Übertragung. Adalbert Stifter und das Wissen seiner Zeit*, Zürich 2009, S. 45–62, S. 52).
[69] André Breton, „Was der Surrealismus will", in: ders., *Die Manifeste des Surrealismus*, S. 125–132, S. 127.
[70] Breton, Erstes Manifest des Surrealismus, S. 24. Vgl. zum Verweis auf Freud auch ebd., S. 16. Es handelt sich nicht um eine direkte Auseinandersetzung mit der *Traumdeutung*, die erst 1926 ins Französische übersetzt wird, und deren genaue Lektüre Breton in *Les Vases communicants*, „Bretons ‚Traumdeutung'", verarbeitet (Gerd Bauer, „Die Surrealisten und Sigmund Freud", in: *Jahresring* 27 (1980/81), S. 139–154, S. 150). Die Anregung zur *écriture automatique* geht eher von Pierre Janets *L'Automatisme psychologique* (1889) aus: Janet beschreibt den Fall der ‚Hysterika' Nadja, „deren Extase er als ‚amour fou' bezeichnet und deren Visionen als ‚convulsive'" (ebd., S. 143).
[71] Breton, Erstes Manifest des Surrealismus, S. 15 u. S. 21; vgl. weiter: „[U]nd vor allem, dort zu bleiben. Ich behaupte nicht, dies getan zu haben" (ebd., S. 21).

spricht etwa Freuds Erklärung des „‚Primärvorgang[s]' der Träume und der ‚frei beweglichen Besetzungen' der Phantasie und Imagination – eine Domäne der Kindheit, des Witzes und der Kunst"; demgegenüber leistet die Wachlogik die nach Breton durchaus nicht zweifelsfreie Identifizierung und Differenzierung von Wahrgenommenem „analog zu Erfahrungen, Bedeutungen und Begriffen, die wir bereits gemacht haben und ohne die wir nichts identifizieren können".[72] Breton schätzt den Traum als Möglichkeit des Zugangs zum Unbewussten, das die bewusste Erfahrung und Erinnerung ergänze und dessen kreatives Potential es freizusetzen gilt, ebenso wie den Humor, die Kindheit zeitgenössisch als eine der kulturellen ‚Dressur' vorausgehende, durch Phantasietätigkeit geprägte, „von Zauber erfüllt[e]" Periode,[73] mit der er nicht nur „Ungebundenheit" assoziiere, sondern auch „das Gefühl, *abgeirrt* zu sein, das ich für das fruchtbarste von allen halte", und – in dem zeitgenössisch gängigen Kurzschluss von Phylo- und Ontogenese – das ‚Primitive'.[74]

Während das *Manifeste du surréalisme* sich mit der Würdigung der Freud'schen „Entdeckungen"[75] begnügt, um eine nahezu entgegengesetzte Konzeption zu entwickeln – es widmet sich „‚ausschließlich dem manifesten Trauminhalt als präkünstlerischer Chiffre des Unbewußten; der latente Inhalt und damit die rationale Auflösung wurden außer acht gelassen'"[76] – untersucht *Les Vases communicants* den Traum genauer, nachdem sich Breton 1931 systematisch mit den in der *Traumdeutung* ausgeführten Mechanismen der Traumarbeit auseinandersetzte:[77] Hier „‚schlägt das Pendel zur anderen Seite aus. Die Traumbilder wer-

---

[72] Hermann Pfütze, „Identitäten", in: *Kunstforum International* 164 (2003): *Das Magische*, Bd. II, S. 266–269, S. 267.

[73] Breton, Erstes Manifest des Surrealismus, S. 11. Vgl. Breton, Dictionnaire abrégé du surréalisme, S. 831: „La perception et la représentation – qui semblent au civilisé, à l'adulte s'opposer d'une manière radicale – doivent être tenues pour les produits de dissociation d'une faculté unique, originelle, dont l'image eidétique rend compte et dont on retrouve trace chez le primitif et chez l'enfant."

[74] Breton, Erstes Manifest des Surrealismus, S. 37. Implizit ist hier die These berührt, der zufolge Sprachentwicklung wie Begriffsbildung auf metaphorischem Denken beruhen; Hedges, Surrealist Metaphor, S. 278, verweist auf die Forschungen von David E. Rumelhart und Barbara Leondar, die zeige, „how metaphoric operations are part of the child's cognitive development".

[75] Breton, Erstes Manifest des Surrealismus, S. 15.

[76] Metken [sic], zit. n. Lichtenstern, *Metamorphose*, S. 135.

[77] Vgl. Marguerite Bonnet/Étienne-Alain Hubert, „Kommentar zu Les vases communicants", S. 1348–1369, S. 1356 f. Davon zeugt das in Bretons Exemplar der *Traumdeutung* gefundene, Lektüreeindrücke und Kommentare verzeichnende *Cahier de la Girafe*.

den als Einlagerungen des Alltags entzaubert, ihre Analyse dagegen mythisiert. Denn natürlich ist Breton nicht an Heilung interessiert wie der ‚bürgerliche' Professor Freud".[78] Vielmehr sucht er „über das Zeichensystem der ‚Traumdeutung' hinaus[zu]gehen", die Trennung zwischen Traum und Wirklichkeit aufzuheben und das revolutionäre Potential des „schöpferischen Individuums, das sich durch seine Träume besser erfahren lernt"[79], auszuschöpfen. Übereinstimmungen zeigen sich jedoch im Blick auf die analogische „Traumrhetorik"[80] und das ‚Abirren' der Assoziationen im Unbewussten, die Freud zufolge in einem ‚Bilderstrom' der „Gleichnisse und Metaphern, wie in bilderreicher Dichtersprache" Ausdruck finden.[81] Wie bereits dargestellt, hebt Freud an dieser Stelle die Bedeutung der Ähnlichkeit hervor, die als „einzige[] unter den logischen Relationen" im „Mechanismus der Traumbildung" eine zentrale Rolle spiele: „Die Traumarbeit bedient sich dieser Fälle als Stützpunkte für die Traumverdichtung, indem sie alles, was solche Übereinstimmung zeigt, zu einer *neuen Einheit* zusammenzieht."[82] Im Anschluss an Freuds Erforschung der Traumlogik scheint so eine Destabilisierung der Wachlogik durch ein ‚anderes Denken' möglich, indem äquivalente ästhetische Ausdrucksweisen entwickelt werden: „Die Ordnung des Traums erscheint als Inbegriff einer anderen Ordnung der Dinge."[83] Der zwischen den Schritten der Ideenassoziation liegende ‚dunkle Grund' des Unbewussten ist die imaginativ zu aktivierende Quelle sprachlicher Neubildungen. Das Unbewusste analogisiert und identifiziert heterogenes Material, wenn sich etwa das Begehren im Traum Ausdruck verschafft, indem „alles *zum Bilde wird*", denn „noch das geringste Objekt, sofern es nicht schon eine bestimmte symbolische Rolle zu spielen hat, ist geeignet, Beliebiges vorzustellen" – so notiert Breton, um in unmittelbarem Zusammenhang sein Konzept der ‚kühnen' Metapher auszuführen: Er spricht, wenn er die exzessiv analogisierende Konzeption des poetischen Bildes anführt, von der Anordnung des „Rohmaterial[s]" durch „Verdichtung, Verschiebung, Vertauschung,

---

78 Lichtenstern, *Metamorphose*, S. 135. Freud bringt im Gegenzug dem Surrealismus wenig Wertschätzung entgegen. Unverständnis und gegenseitige Kritik gehen aus dem *Les Vases Communicants* anhängten Briefwechsel hervor (vgl. André Breton, „Les Vases communicants", in: *Oeuvres complètes*, Bd. II, S. 101–215; dt., *Die kommunizierenden Röhren*, übers. v. Elisabeth Lenk u. Fritz Meyer, München 1973, S. 129 ff.; vgl. allg. Bauer, Die Surrealisten und Sigmund Freud.
79 Lichtenstern, *Metamorphose*, S. 135.
80 Umberto Eco, *Semiotik und Philosophie der Sprache*, München 1985, S. 208.
81 Freud, Über den Traum, S. 30. Vgl. Kap. I.2.7.
82 Ebd., S. 33.
83 Schmitz Emans, Surrealismus, o. S.

sekundäre Bearbeitung"[84]. So wird der Traum, dessen komplexe „Dichte" Breton im *Manifeste du surréalisme* betont,[85] als Modellfall analogischer Zeichenbeziehungen[86] und als ambiger „Verknotungspunkt"[87] imaginativer Bezüge, der unerwartete Ähnlichkeitseffekte bereithält, zum Vorbild für das surrealistische Schreiben: „Im Wachzustand bildet die Metapher das Verfahren des Traumes nach"[88]. Die „Metamorphosemetaphorik"[89] des Surrealismus, die Kombinatorik der Montage und das assoziative Abirren metaphorischer Bezüge, die „die Dinge in völlig neue Zusammenhänge [bringen], die das Auge und das logische Denken nicht mehr zu durchschauen in der Lage sind"[90], lassen sich als Mimesis an die Traumlogik beschreiben, die das aus Erfahrungen, Empfindungen und Wahrnehmungen gemischte ‚Primärmaterial' in fremd-vertrauten Bildern anordnet: „Für den Surrealisten blieben die mittels der ‚écriture automatique' geschöpften Metamorphosesprachbilder qualitativ an den Modus ihrer Entstehungsweise aus dem psychischen Automatismus gebunden, der seinerseits Freuds Technik der freien Assoziation folgt."[91] So ist die ästhetische Produktivität der Assoziationen – gerade in der surrealistischen Auswertung dieses Umstandes – nicht zuletzt der der Assoziationstheorie bekannten Problematik geschuldet, dass „auf einer hinreichend allgemeinen Ebene jede Vorstellung mit jeder anderen in einem Verhältnis der Ähnlichkeit" steht und alle „einander zu ‚berühren' vermögen."[92] Wenn Allgemeinbegriffe „assoziativ kombinierbar" sind, „wäre in einer Vorstellung wie ‚Welt überhaupt' alles mit allem assoziiert, und es wäre vollkommen legitim, ziemlich bizarr wirkende Junktionen als normales Denken anzugeben."[93] Der ästhetische Einsatz dieser Einsicht begünstigt das Abirren der Assoziationen, die in der „topische[n] Tiefe" des Unbewussten kreativ werden.[94] Carl Einstein beschreibt dies mit den Worten:

---

[84] Breton, *Die kommunizierenden Röhren*, S. 94 f. [„tout *fait image*" (*Les Vases communicants*, S. 181)]. Hier ist der Bezug zur Traumdeutung deutlich (vgl. Bonnet/Hubert, Anmerkungen zu Les vases communicants, Anm. 1, S. 1408).
[85] Breton, Erstes Manifest des Surrealismus, S. 16.
[86] Vgl. Gloy, Das Analogiedenken, S. 278; vgl. zu der analogischen Struktur von Traum und Bild Pastor, *Studien zum dichterischen Bild*, S. 19 f.
[87] Wellbery, Übertragen: Metapher und Metonymie, S. 147.
[88] Bauer, Ähnlichkeit als Provokation, S. 115.
[89] Lichtenstern, *Metamorphose*, S. 33.
[90] Pastor, *Studien zum dichterischen Bild*, S. 19.
[91] Lichtenstern, *Metamorphose*, S. 134.
[92] Lobsien, *Kunst der Assoziation*, S. 212 f.
[93] Ebd., S. 16.
[94] Vgl. zum ‚Abirren' der Assoziationen in der ‚topischen Tiefe' des Unbewussten ebd., S. 232.

4.1 ‚Unbeschreibliche Konfrontationen': Die imaginäre Welt der Surrealisten — 437

Wachsein gilt nun als gehemmter Traum, als verminderte Halluzination, während das Unbewußte oder der Automatismus der Analogien nun zum wichtigen Mittel des Findens und Erfindens erhoben wird; man kehrt zur Mantik zurück. Gleich wie im Traum zeichnet man Analogien auf, das heißt, Beziehungen, die nicht dem vernunftgebundenen, kausalen Ablauf folgen, sondern die in besessenem Zwang abrupt einander folgen und die wir nur durch Einschaltung symbolischer Beziehungen zu deuten vermögen.[95]

Entsprechend fragt Breton: „Wann werden wir schlafende Logiker, schlafende Philosophen haben?"[96]. Louis Aragon, dem zufolge der Surrealismus so wenig „in die Abteilung der festen Formen eingeordnet werden" könne wie der Traum,[97] betont die „Unzulänglichkeit der Worte, die die den Traumablauf begleitenden Empfindungen wiedergeben sollen", und seinen der rationalen Auflösung inkommensurablen Rest,[98] wenn er schreibt, „das Ungewisse der den Traum berührenden Begriffe zwingt uns zu sehr großer Strenge gegenüber den Berichten": „Die Reinheit des Traums, das Unverwendbare, Unnütze des Traums, das muß gegen das neue Wüten der Bürokratie, das auf uns zukommt, verteidigt werden."[99] Der hermeneutischen Desambiguierung, auf die Freuds *Traumdeutung* zielt, sperren sich surrealistische Sprachbilder und Textgefüge als Ausdrucksmedien imaginärer Prozesse und der ‚befreiten' Assoziationspotentiale, die die Auslegung auf eine kommensurable Bedeutung hin durch Ambiguität, Überkodierung und die Korrelativität der Bezüge vereiteln: Freuds ‚Aufklärungsarbeit' der Übersetzung des Traums in propositional vermittelte Erkenntnis[100] entgegengesetzt, erzeugen surrealistische Sprachspiele Rätselbilder, wie das *Manifeste du surréalisme* betont: „[D]er Mensch ist auflösbar in seinem Denken! Die surrealistische Flora und Fauna sind un-sagbar".[101] Diese Umwertung entbindet nicht nur die Zeichen ihrer Bedeutungsfunktion – entsprechend der

---

95 Einstein, *Die Kunst des 20. Jahrhunderts*, Leipzig 1988, S. 169 f. Salvador Dalí konstatiert, „der beste Film sei der, den man mit geschlossenen Augen wahrnehmen könne" (zit. n. Schneede, *Die Kunst des Surrealismus*, S. 156). Die filmische Erzeugung von ‚Bilderströmen' und die Integration phantastischer Momente und des ‚Optisch-Unbewussten (Benjamin), die die Fotografie ermöglicht, sind für die Surrealisten von zentralem Interesse (vgl. neben Luis Buñuel *L'age d'or* bspw. Hans Richters *Vormittagsspuk*).
96 Breton, Erstes Manifest des Surrealismus, S. 17.
97 Aragon, *Abhandlung über den Stil*, S. 123.
98 Ebd., S. 118, f.
99 Ebd., S. 119.
100 Bauer bezeichnet dies als das „Aufklärerische an der Psychoanalyse" (Bauer, Die Surrealisten und Sigmund Freud, S. 154).
101 Breton, Erstes Manifest des Surrealismus, S. 35.

Tendenz [...], die Auflösung störender, naturalistischer Codes visueller wie sprachlicher Art mit einer *anderen* Ordnung zu koordinieren, die *andernorts* entsteht: im Unbewußten, in den intratextuellen und (intertextuellen) Ordnungen der Sprache, oder in verborgenen mystischen, spirituellen oder alchimistischen Bereichen.[102]

Sie behauptet auch den primären Status des Unbewussten und seiner *analogischen* Logik gegenüber der rationalen Wachlogik und der durch sie gesicherten Wirklichkeitsinterpretation als einseitige Mechanismen der Komplexitätsreduktion,[103] wenn Breton betont:

> Innerhalb der Grenzen, in denen er sich vollzieht (zu vollziehen scheint), besitzt der Traum allem Anschein nach eine Kontinuität und Anzeichen von Ordnung. Einzig das Gedächtnis maßt sich das Recht an, Kürzungen darin vorzunehmen, Übergänge nicht zu beachten und uns eher eine Reihe von Träumen darzubieten als *den Traum*. Ebenso haben wir nur für den Augenblick eine deutliche Vorstellung von den Realitäten, und ihre Koordination ist Sache des Willens. [...] [D]a es keineswegs erwiesen ist, daß [...] die ‚Realität', die mich beschäftigt, im Traumzustand fortbesteht, daß sie nicht ins Unerinnerliche versinkt – warum sollte ich dem Traum nicht zugestehen, was ich zuweilen der Wirklichkeit verweigere, jenen Wert der in sich ruhenden Gewissheit nämlich, der für die Traumspanne ganz und gar nicht von mir geleugnet wird?[104]

Die Bedeutung des Traumes wird dabei universalisiert durch das Credo, das die Begrenzung seiner Bildwelt, den Moment des Erwachens, zu einer Schwellensituation dehnt: „Ich glaube an die künftige Auflösung dieser scheinbar so ge-

---

102 Welchman, Nach der Wagnerianischen Bouillabaisse, S. 78. Welchman interpretiert die „spielerische oder parodistische Einstellung [...] im Umgang mit der Sprache" als Reflexion der Grenzen zeitgenössischer Sprachtheorie: Sie thematisiert die „Unzulänglichkeit eines schlichten Nominalismus, der von einer Entsprechung zwischen einem Gegenstand und seinem Namen ausging, und die ebenso große Unzulänglichkeit seitens des gerade entstehenden Strukturalismus, der es zufrieden war, viele Unwägbarkeiten der Sprache auszuklammern" (ebd., S. 74).
103 Eine Logik des Analogiedenkens, die den Stellenwert der Wachlogik und des durch sie gesicherten Wirklichkeitsverständnisses als einseitige Mechanismen der Komplexitätsreduktion infrage stellt, leitet Gloy von Freuds Überlegungen ab: „Für das Verhältnis des analogischen Denkens zum angeblich schlüssigen der normalen Logik hätte dies die Konsequenz, dass es diesem vorgängig, nicht nachfolgend wäre, zumindest gleichrangig mit ihm. Auf jeden Fall ist mit der diskriminierenden These, die das Analogiedenken ins Irrationale verbannen will, aufzuräumen, da Rationalität hier nur aus der Perspektive der ‚normalen' Logik gesehen wird" (Gloy, Das Analogiedenken, S. 297). So wird „die Eigenständigkeit und Originalität der Traumlogik unterstellt, nicht zuletzt, weil sie sich dem analogischen Denken erschließt, während das Zustandekommen der normalen Wachlogik durch Reglementierung, Auswahl und Einspruch der kritischen Vernunft erklärt wird. Als künstliches Abstraktionsprodukt gibt sie nicht die Gesamtheit der Wirklichkeit wieder, sondern nur das, was sich dem konsistenten, kohärenten Denken fügt, während die Traumlogik gerade die Fülle des Lebens mit seiner Mehrdeutigkeit und Widersprüchlichkeit erschließt." (Ebd., S. 295).
104 Breton, Erstes Manifest des Surrealismus, S. 16 f.

gensätzlichen Zustände von Traum und Wirklichkeit in einer Art absoluter Realität, wenn man so sagen kann: *Surrealität*."[105] Der Traum als subjektives Erzeugnis wird in einer „Übertragung des vorrationalen psychischen Geschehens in die vernunftgeleitete Kommunikation der ‚Welt außerhalb des Spiegels'" projiziert:[106] „Daß hinter dem Spiegel die gleichen Mechanismen am Werk waren wie im Traum, ergaben nicht nur die theoretischen Überlegungen zur Metaphernproduktion [...], sondern bereits bei Carroll ist die Rückkehr aus dem Spiegel wie das Aufwachen aus einem Traum geschildert."[107]

Die Traumlogik affiziert in ihrer Entgrenzung die Wachlogik bis hin zu einer Überlagerung innerer und äußerer ‚Realitäten', provoziert durch das Wirken der imaginativ gesteigerten Wahrnehmung. Voraussetzung für ihren Austausch mit der rational disziplinierten Wachlogik ist das Aussetzen der Zensur des ‚Realitätsprinzips', etwa auch in erweiterten Wahrnehmungsdispositionen wie dem „künstlichen Paradies"[108] des Rausches: In „rauschhafter Wahrnehmung und Bildproduktion"[109] entfaltet die Imagination von Analogien, Korrespondenzen und Übergängen geprägte symbolische Freiräume, die sich erst aus dem Aussetzen der bewußten Kontrolle über den Schaffensprozess ergeben. Die surrealistischen „Identifikationsspiele" sind „Verhaltensweisen, durch die sich das Ich den Zufallseingebungen preisgibt", die „nachträgliche inhaltliche Relevanz" erhalten.[110] Indem sie auf diese Weise „das Unbewußte poetisieren",[111] verlassen sich die Surrealisten auf die „inhaltliche[] Aussagefähigkeit der Sprachautomatismen" und ihre „latente[] Bedeutungsinnovation".[112] Das Unbe-

---

105 Ebd., S. 18.
106 Bauer, Ähnlichkeit als Provokation, S. 131.
107 Ebd., S. 123.
108 Breton, Erstes Manifest des Surrealismus, S. 34. Breton spricht von Baudelaires „Bildern im Opiumrausch" (ebd.). „Die Kräfte des Rausches für die Revolution zu gewinnen, darum kreist der Sürrealismus in allen Büchern und Unternehmen. Das darf er seine eigenste Aufgabe nennen", so Benjamin: Methodisch stelle sich das Problem einer „undialektische[n] Anschauung vom Wesen des Rausches. Die Ästhetik des peintre, des poète ‚en état de surprise', der Kunst als Reaktion des Überraschten, ist in einigen sehr verhängnisvollen romantischen Vorurteilen befangen." (Walter Benjamin, „Der Sürrealismus. Die letzte Momentaufnahme der europäischen Intelligenz", in: ders., *Passagen. Schriften zur französischen Literatur*, hg. v. Gérard Raulet, Frankfurt a. M. 2007, S. 145–159, S. 156). Doch „‚[e]s träumt sich nicht mehr recht von der blauen Blume', dies Bewusstsein von der Geschichtlichkeit des Träumens schrieb Benjamin den Surrealisten zu" (Hötter, *Surrealismus und Identität*, S. 37).
109 Carsten Bäuerle, *Zwischen Rausch und Kritik. Auf den Spuren von Nietzsche, Bataille, Adorno und Benjamin*, Berlin 2003, S. 375.
110 Hölz, *Destruktion und Konstruktion*, S. 81.
111 Bauer, Die Surrealisten und Sigmund Freud, S. 144.
112 Hölz, *Destruktion und Konstruktion*, S. 107.

wusste schätzen sie als Sphäre, die den Austausch mit dem ‚welterschließenden' Beziehungsreichtum der Sprache ermöglicht: „Natur und Unbewußtes werden über die Sprache vermittelt und durch eine Theorie bildlicher Analogieverfahren vereint".[113] Das Unbewusste ist so nicht nur Movens der imaginativen Übertragungen – darin steht es neben den ebenso unzuverlässigen Agenten *Inspiration* und *Zufall* –, sondern Quelle und psychische Energie der ‚befreiten' Sprache; zugleich sieht Breton darin die Basis aller Transzendenzvorstellungen.[114] Um sein Material „keiner Art von Filtrierung" zu unterziehen und nicht durch intentionale Ordnungsleistungen zu depotenzieren – Breton spricht ihr „*Genie*"[115], sogar „‚Talent'" ab –, soll die ‚träumende' Autorschaft im „passivsten oder [...] rezeptivsten Zustand"[116] spontan und frei von ordnenden Interventionen das Denkdiktat aufzeichnen, in dem sich die „*surrealistische Stimme*" offenbart.[117] Deren Aufzeichnung macht die Schreibenden „zu tauben Empfängern so vielen Widerhalls [...], zu bescheidenen *Registriermaschinen*"[118], nachdem das poietische Agens der Metaphernproduktion von der Sprache selbst besetzt wurde. Diese Metapher suggeriert wie die des ‚Durchpausens', dass die aufgezeichneten Sprachbilder auf ihre imaginativen Ursprünge im Unbewussten transparent werden, und operiert mit der Vorstellung einer *spurhaften* Aufzeichnung innerer Energien: Die Nähe der Metapher der Registriermaschine zu in der psychiatrischen Praxis eingesetzten „Aufschreibeapparaten" wurde von der Forschung betont.[119]

---

[113] Ebd., S. 79. Zur einleitend betonten ‚welterschließenden' Kraft der Imagination vgl. ebd., S. 94.
[114] Dies, insofern „das sexuelle Begehren, bisher durch die Tabus mehr oder weniger im trüben Bewusstsein oder in schlechtem Gewissen angestaut, sich in letzter Analyse als das verwirrende, schwindelerregende und unschätzbare ‚Diesseits' erweisen würde, aus dessen grenzenloser Verlängerung der Traum des Menschen alle seine ‚Jenseits' gebildet hat." (Breton, Was der Surrealismus will, S. 130).
[115] Breton, Erstes Manifest des Surrealismus, S. 127.
[116] Ebd., S. 29.
[117] Ebd., S. 28. „Dieses Reden [...] ist ein neutraler Strom, bei dem das Bewußtsein, um die verworrene und wunderbare Stimme der Welt aufzunehmen, sich seiner Individualität entäußern muß." (Jean Starobinski, „Freud, Breton, Myers", in: Bürger, *Surrealismus*, S. 139–155, S. 153). Die Mystifikation der Inspirationsmetaphorik als eine Art „metaphorische[n] Subjektwechsels" (Buntfuß, *Tradition und Innovation*, S. 14) und ‚Unterwerfung' unter die „‚voix surrealiste'" (zit. n. Hötter, *Surrealismus und Identität*, S. 39) ist die Konsequenz.
[118] Breton, Erstes Manifest des Surrealismus, S. 28.
[119] Barbara Wittmann, „Zeichnen, im Dunkeln. Psychophysiologie einer Kulturtechnik um 1900" (Preprint 291 des Max-Planck-Instituts für Wissenschaftsgeschichte (online unter https://www.mpiwg-berlin.mpg.de/sites/default/files/Preprints/P291.pdf, 8.10.2014), S. 11.

Die passiv-rezeptive Haltung soll dem übertragenden Blick die Regie überlassen und die imaginäre Bildproduktion in der Aufzeichnung möglichst unverstellt zum Ausdruck bringen:

> The metaphorical mode of thinking could be applied to experiences as well as to objects; Breton's *Nadja* as well as *L'Amour fou* can be read as catalogues of such experiences. Common to all of them are the elements of frame breaking and frame making which define the perceptual qualities of the experiences: they are moments of integration, of synthesis between the world and the mind.[120]

Dabei ist die durch die ‚metaphorische Aktivität des Geistes'[121] geprägte, imaginativ gesteigerte Wahrnehmung im Bunde mit der modernen ‚Ästhetik des Ähnlichen': Der ‚Dämon der Analogie', der Mallarmés lyrisches Ich vor ein Schaufenster führte, Prousts von Benjamin attestierte Sehnsucht nach der ‚Welt im Stand der Ähnlichkeit' und Baudelaires auf den ‚Geheimnissen der Analogie' beruhende Korrespondenzen lenken etwa auch Aragons *Paysan de Paris* durch die Pariser Passagen, geleitet von der Suche nach einer „Ursprungspoesie des Denkens und der Wahrnehmung" im „Gefühl des scheinbar geheimen und unsichtbaren Zusammenhangs der Elemente".[122] Benjamin beschreibt das Paris der Surrealisten als eine Welt, in der „geisterhafte Signale aus dem Verkehr aufblitzen, unerdenkliche Analogien und Verschränkungen von Geschehnissen an der Tagesordnung sind".[123] Den „Verweisungen" der Ding- und Zeichenwelten in ihrer „semiologischen Labyrinthik"[124] folgend und auf akzidentelle, aufblitzende Wahrnehmungsmomente eines *aisthetischen* „Kairos"[125] ausgerichtet, wendet sich die surrealistische Imagi-

---

120 Hedges, Surrealist Metaphor, S. 276.
121 Von der „activité metaphorique de l'esprit" spricht Hölz, *Destruktion und Konstruktion*, S. 81.
122 Decottignies, Surrealistisches Werk und Ideologie, S. 132; vgl. Mallarmé, Le Démon de l'analogie; vgl. Louis Aragon, *Le Paysan de Paris*, Paris 1926. Aragon zieht „in seiner Baudelaire-Mimese die Welt Baudelaires teilweise retrospektiv heran[]: Die Passsage de l'Opera, von der aus Aragon operierte, war bereits von den Bautrupps, die den neuen Boulevard verlegten, bedroht." (Spies, Une semaine de bonté, S. 26).
123 Benjamin, Sürrealismus, S. 151.
124 Michael Wetzel, „Verweisungen. Der semiologische Bruch im 19. Jahrhundert", in: Friedrich A. Kittler, Georg C. Tholen (Hg.), *Arsenale der Seele. Literatur- und Medienanalyse seit 1870*, München 1989, S. 71–95, S. 92.
125 Endres, Unähnliche Ähnlichkeit, S. 34. Diesen „prägnanten Moment im Fluss der Möglichkeiten, den es zugunsten ihrer Apperzeption besser nicht zu verpassen gilt" (ebd.), beschreibt Peirce als „Haecceitas" des Zeichens: Es „sticht [...] aus dem Hintergrund des Verweisungsganzen hervor" im Umschlagmoment vom „unbewußten Gleiten der Signifikanten" in „die entscheidende Kombination" (Wetzel, Verweisungen, S. 93). Hier zeigt sich eine gewisse Nähe zur *Spurensuche* abduktiver Wissenstypen. Das Moment der „Plötzlichkeit'" und

nation der modernen Wirklichkeit zu, in der sie zugleich regressive und anachronistische Schichten und Einschlüsse ausmacht, die es mythopoetisch zu bergen gilt – „keine Kunstproduktion außerhalb der den Alltag durchdringenden mythischen Poesie".[126] Breton zufolge ist der „objektive Zufall" der Moment, in dem das – romantisch inspirierte – *Wunderbare* zustößt, auf eine „verborgene ontologische Ebene" verweisend, „die quer zur empirischen Realität steht, so daß ihr Einbruch in die Welt des Gewohnten und Erwarteten als ,das Wunderbare' erscheinen muss, an dessen Epiphanie sich die Frage entzündet: ,Ist es wahr, daß das Jenseits, das ganze Jenseits in diesem Dasein ist?'"[127] Dieses Wunderbare, nach Einstein „die durchdringendste, schärfste Realität, die es gibt"[128], bezeichnet in Bretons „Philosophie der Immanenz [...], der zufolge die Surrealität in der Realität selbst beschlossen läge und ihr weder überlegen noch äußerlich wäre"[129], nicht ein transzendentes Moment oder das Wesen der Dinge, sondern ihre wechselnden Aspekte, Konstellationen und Koinzidenzen: „In der Wirklichkeit selbst sind die überraschenden Begegnungen angelegt, sie wollen nur gesehen und erlebt werden. Inso-

---

„Ereignishaftigkeit" betont zudem das Epiphanische der Wahrnehmungserfahrung (Markus Rautzenberg, „Zeichen/Präsenz. Zu einer vermeintlichen Dichotomie", in: Lutz, Missfelder, Renz, *Äpfel und Birnen*, S. 149–164, S. 155). Das flüchtige ,Aufblitzen' der Ähnlichkeit beschreibt Benjamin, Lehre vom Ähnlichen, S. 205. Darauf verweist auch der Begriff der *profanen Illumination*: „Der Leser, der Denkende, der Wartende, der Flaneur, sind ebensowohl Typen des Erleuchteten wie der Opiumesser, der Träumer, der Berauschte. Und sind profanere." (Benjamin, Sürrealismus, S. 157).
126 Bauer, Ähnlichkeit als Provokation, S. 130: „Jede ernsthafte Ergründung der okkulten, sürrealistischen, phantasmagorischen Gaben und Phänomene hat eine dialektische Verschränkung zur Voraussetzung, die ein romantischer Kopf sich niemals aneignen wird. Es bringt uns nämlich nicht weiter, die rätselhafte Seite am Rätselhaften pathetisch oder fanatisch zu unterstreichen; vielmehr durchdringen wir das Geheimnis nur in dem Grade, als wir es im Alltäglichen wiederfinden, kraft einer dialektischen Optik, die das Alltägliche als undurchdringlich, das Undurchdringliche als alltäglich erkennt." (Benjamin, Sürrealismus, S. 156) Den Mythos bezeichnet Oppitz als „vergesellschaftete Form" des Traumes (Michael Oppitz, *Notwendige Beziehungen. Abriß der strukturalen Anthropologie*, Frankfurt a. M. 1975, S. 190).
127 Zimmermann, Philosophische Horizonte der *Histoire Naturelle* von Max Ernst, S. 19. Zum Wunderbaren vgl. ebd., S. 18–20; vgl. Schmitz-Emans, Surrealismus, o. S.: „,Traum', ,Zufall' und ,Wunderbares': so die drei Programmworte des Surrealismus, und man kann [...] vereinfachend sagen, daß das Interesse am Wunderbaren das romantische Erbteil, das am Zufall vor allem ein Vermächtnis Nietzsches, und das am Traum eine Leihgabe der Psychoanalyse war."
128 Carl Einstein, „Collagen", in: Gaßner (Hg.), *Élan Vital oder das Auge des Eros*, S. 481f, S. 481. Das Wunderbare löse als „Wunder ohne Gott die Explosion des Logischen" aus (ebd.).
129 Das Zitat entstammt Bretons Eintrag „Philosophie": „Alles, was ich liebe, alles, was ich denke und empfinde, lässt mich zu einer bestimmten Philosophie der Immanenz neigen, der zufolge die Surrealität in der Realität selbst beschlossen läge und ihr weder überlegen noch äußerlich wäre." (Breton, Dictionnaire abrégé du surréalisme, S. 832 [Übers.: S. B]).

fern ist die Surrealität auch eine Frage der Wahrnehmung einer erweiterten Realität."[130]

Es ist der *metaphorische Blick*, der solche ‚Begegnungen' entdeckt: Ihre analogischen Beziehungsmöglichkeiten machen aus den Dingen „Schwellen zu neuen Erfahrungen traumhafter Natur" und bewirken zugleich die „Suggestion einer doppelbödigen Wirklichkeit [...], einer Durchlässigkeit der Dinge auf Unbekanntes, Unerhörtes hin. Vom Vertrauten ausgehend, findet eine Reise ins Sur-Reale statt".[131] Dabei ist die

> Struktur der surrealistischen Ästhetisierung nicht zufällig ‚unrein' und beruht auf einer spielerischen Kombination von Gegensätzen. Gerade im scheinbar nach menschlichen Plänen durchrationalisierten urbanen Raum, seinen scheinbar dem alltäglichen Nutzen dienenden Gegenständen – etwa den Waren in den Arkaden und Schaufenstern – und seinen zwielichtigen Orten, gerade im Feld der *Artefakte*, die sich sammeln lassen, lebt der ‚auf bestimmte überraschende Objektbeziehungen ausgerichtete Blick des Surrealisten' (Bürger), findet das surrealistische Subjekt verstörend-anziehende Assoziationen, neue, dem Subjekt wie ‚magisch' erscheinende Symbole. Die Objekte des Alltags sind [...] rein ästhetische Erlebensobjekte mit kontingenten, zu dechiffrierenden Bedeutungen, die sie mit dem geheimen Begehren der Subjekte verknüpfen: eine ‚Fauna menschlicher Fantasien'. (Aragon)[132]

Dieses imaginativ gesteigerte Wahrnehmen der Großstadt – als ein Lesen oder Dechiffrieren ihrer Zeichengeflechte – beruht auf einer Semiotisierung der Realia,[133] die nicht nur vormoderne und romantische Natursprachenmodelle prägt, sondern auch in der visuellen Kultur der Medien und Waren der modernen Umwelt angelegt ist. Dinge, Schrift und Bilder machen ihre Verweisungen zu einem ‚Wald der Symbole' als einer zweiten Natur. Der liminale Raum der Überblendung von Wahrnehmung und Imagination und die ‚Schwellenräume' der modernen Kultur, Orte der Verfremdung des Eigenen und der Integration des Fremden und Inkommensurablen, sind für das surrealistische Schreiben zentral, um die „Antinomien" von Innen und Außen, Subjekt und Objekt einzureißen und das „‚unsichere Ge-

---

130 Schneede, *Die Kunst des Surrealismus*, S. 53.
131 Schmitz-Emans, Surrealismus, o. S. „Nicht mehr ist es die Subjektivität, die die Welt verdoppelt, die sie, die Seiende, zwingt, zu bedeuten. Sie verdoppelt sich selber. Jedes Ding verharrt ‚eifersüchtig allein'. Zugleich aber bedeutet es ein anderes. Es ist in seiner konkreten Form des anderen materialisierte Idee." (Elisabeth Lenk, *Der springende Narziß. André Bretons poetischer Materialismus*, München 1971, S. 190).
132 Andreas Reckwitz, *Das hybride Subjekt. Eine Theorie der Subjektkulturen von der bürgerlichen Moderne zur Postmoderne*, Weilerswirst 2006, S. 309.
133 Vgl. Greber, *Textile Texte*, S. 210.

lände zugänglich zu machen, das sich an der Grenze des Poetischen und Realen eröffnet"[134]; solche Schauplätze der Überschreitung werden auch im Kontext der ‚Wahlverwandtschaft' von Surrealismus und Ethnologie thematisch.[135]

Das *Manifeste du surréalisme* formuliert das Ziel der Vermittlung von Traum und Wirklichkeit in der Erfahrung der ‚Surrealität' als Verwischung der „Grenzlinie zwischen Außenwelt und Innenwelt", die mit Claude Lévi-Strauss in dieser „Übergangsszene" beobachtbar wird, „wobei sich die Nahtstelle dann als realer erweist als die beiden Teilbereiche, der physische und der psychische, und sie nicht eben bloß – wie es die philosophische Tradition und die gängige Anschauung wollten – vereint."[136] So benennt Breton den „geistigen Standort" der Vermittlung der Gegensätze als *point suprême*, „wo Konstruktion und Destruktion nicht mehr gegeneinander ausgespielt werden können"[137]. Dieser mitunter als idealistisch beschriebenen Topografie liegt eine Infragestellung der „relation between man and the perceptual categories that mediate between him and reality"[138] zugrunde. Sie ist geprägt von der kritischen Einsicht, dass der Wahrnehmung ein konstruktives Moment inhärent ist, insofern Wissen und sprachlich strukturierte kognitive Ordnungsmuster in sie hineinwirken; auch gehen die Dinge nicht in ihrer Präsenz als visuelles Ereignis auf, sondern sind „sinnstiftende Zeichen" und

---

134 Schneede, *Die Kunst des Surrealismus*, S. 53.
135 Sie lotet etwa die Zeitschrift *Documents* aus: „Eine Schwelle überschreiten, das heißt also eine gefährliche Zone zu durchqueren", so notiert der Ethnologe Griaule im darin publizierten *Kritischen Wörterbuch* (Marcel Griaule, „Schwelle", in: Georges Bataille, Michel Leiris et al., *Kritisches Wörterbuch*, übers. u. hg. v. Rainer M. Kiesow u. Henning Schmidgen, Berlin 2005, S. 53).
136 Lévi-Strauss, Meditative Malerei, S. 357 u. 358.
137 Breton, Zweites Manifest des Surrealismus, S. 55 (vgl. auch Breton, *Œuvres complètes*, Bd. I, S. 781 f.). Pastor schließt, dass es um einen „Punkt der absoluten Identität" geht (Pastor, *Studien zum dichterischen Bild*, S. 19). Den Idealismus Bretons kritisiert Bataille, der sich gegen die Möglichkeitswelt der Imagination und seinen Ästhetizismus wendet: Er wirft den Surrealisten einen „‚idéalisme gâteux'" und eine „analyse idéologique élaborée sous le signe de rapports religieux" vor (Marie-Christine Lala, „Bataille et Breton: Le malentendu considérable", in: Christian Descamps (Hg.), *Surréalisme et philosophie*, Paris 1992, 49–61, S. 51). Das surrealistische Bild sei geprägt von einem naiven Hegelianismus als „bias de l'identité des contraires" (ebd., S. 59); sein „jeu des transpositions", das „au-dessus" des *Sur*realismus, gefährde das surrealistische Projekt in seinem subversiven Anspruch (vgl. ebd., S. 56). Für eine gegenüber der sprachidealistischen Programmatik Bretons kritische Position vgl. Jean-Luis Houdebine, „André Breton und die doppelte Aszendenz des Zeichens", in: Bürger, *Surrealismus*, S. 79–111.
138 Vgl. Hedges, Surrealist Metaphor, S. 278: „The surrealist attitude is ‚constructivist' because the surrealist attack on conventional language went further than a critique of literary norms; instead, the whole question of man's symbolization processes was called into question, in particular the relation between man and the perceptual categories that mediate between him and reality. For Breton, the most serious handicap which these categories imposed upon man was his separation from his own desire".

„Bestandteile von Ordnungszusammenhängen oder gar Hinweiszeichen auf etwas anderes"[139], die es zu interpretieren gilt. Insofern aber jeder Wahrnehmung typisierende, vergleichende, analogisierende und identifizierende, kurz, auf impliziten Ähnlichkeitsurteilen beruhende Interpretationsakte inhärent sind, hat „[j]ede Identifikation [...] dieses Weichfeld durchlässiger Grenzen zwischen Wirklichkeit und Einbildung".[140] An diesem Ineinanderwirken setzt das Programm an, mittels des „metaphorisierenden Denkansatz[es], der in der Substitutionspoesie des Surrealismus vorherrscht",[141] Wahrnehmung, Denken und Wirklichkeitsauffassung zu verändern.[142] In ihm werden Wahrnehmung und Imagination in ihrer Beteiligung an der Konstitution von ‚Wirklichkeit' und der Produktion von Bedeutung ununterscheidbar: „Die Imagination [...] stattet Wahrnehmung und Gegenstände mit surrealer Wirklichkeit aus und lässt das Gedachte im Wahrgenommenen aufgehen. Die bilderreiche Sprache der Imagination ist Ausdruck des Geistes und der Materie."[143] Das Moment der metaphorischen Herstellung von *Ähnlichkeiten inmitten des Unähnlichen*, das im Übersprung von einem zum anderen wirkt – ähnlich wie in der Pareidolie als Sonderform des *Ähnlichkeitssehens* oder *Hineinsehens* –, konterkariert die identifizierenden und differenzierenden Ordnungsleistungen des ‚Wirklichkeitssinns' durch ein ambiguierendes Doppelsehen und dessen derealisierende Effekte: „Die Grenzüberschreitungen bauen zwar die Welt der Empirie ab, lassen aber mit der Kompetenz ihrer kognitiven Wahrnehmungsweise ein anderes Universum entstehen, in dem Wahrnehmung und Imagination eins sind".[144] In dieser ebenso konstruktivistischen wie revelatorischen[145] und „sprachidealistischen"[146] Perspektive gibt es keinen Standpunkt, der Abweichungen von der gültigen Wirklichkeitsauslegung beurteilen ließe, deren Kohärenz,

---

139 Köller, *Narrative Formen der Sprachreflexion*, S. 313. „Erst wenn sinnlich fassbare Phänomene als Zeichen wahrgenommen werden, was bei Wörtern natürlich viel leichter fällt als bei Dingen, dann treten sie als Mittel des Denkens und der Sinnbildung in Erscheinung." (Ebd.).
140 Pfütze, Identitäten, S. 267.
141 Hölz, *Destruktion und Konstruktion*, S. 81.
142 Vgl. Hedges, Surrealist metaphor, S. 278.
143 Hölz, *Destruktion und Konstruktion*, S. 82. Bruno Snell beschreibt es als Aspekt einer in Metaphern wirkenden anthropomorphen Übertragung, „daß in diesen Gegenstand das hineingesehen wird, was er dann wieder illustriert'" (zit. n. Zill, *Messkünstler und Rossebändiger*, S. 114).
144 Hölz, *Destruktion und Konstruktion*, S. 93.
145 Vgl. Koschorke, Das Mysterium des Realen in der Moderne, S. 34.
146 Hölz, *Destruktion und Konstruktion*, S. 82: „Das *inconnu* der imaginativen Welt ist nicht mehr bloß potentielle, gedachte Alternative zu der als unzulänglich erfahrenen empirischen Wirklichkeit. Das surrealistische Bild verbindet die Abstraktion mit der Konkretisation und nimmt in seiner Offenheit die Polyvalenz von Funktionen an, deren Zusammenspiel den ontologischen Charakter und den sprachidealistischen Ansatz surrealistischer Theorie deutlich widerspiegelt."

so Breton, allein ‚Sache des Willens'[147] ist. Er formuliert die Konsequenzen der Entdeckung der produktiven Potentiale einer Verwischung der Grenzlinien zwischen Wahrnehmung und Imagination im Rekurs auf die Romantik[148] in einer Geste der Aufhebung: „Das Bewundernswerte am Phantastischen ist, daß es nichts Phantastisches daran mehr gibt: es gibt nur noch das Wirkliche".[149] Wenn sich Wahrnehmungsakte als Akte der Interpretation erweisen, deren machtvollster die Annahme *der* objektivistisch rationalisierten, sprachlich affirmierten, repräsentational reproduzierten, diskursiv verhandelten und durch naturalisierende und essentialisierende Effekte beglaubigten *einen* Wirklichkeit ist, muss die Programmatik an deren Umperspektivierung ansetzen, indem sie sich, von der Imagination geleitet, auf ästhetisch zu erfassende latente Beziehungen einer pluralen Möglichkeitswelt richtet:

> Einzig die Imagination zeigt mir, was *sein kann*, und das genügt, den furchtbaren Bann ein wenig zu lösen; genügt auch, mich ihr ohne Furcht, mich zu täuschen, zu ergeben (als wenn man sich noch mehr täuschen könnte). Wo beginnt sie, Trug zu werden, und wo ist der Geist nicht mehr zuverlässig? Ist für den Geist die Möglichkeit, sich zu irren, nicht vielmehr die Zufälligkeit, richtig zu denken? [...] [T]atsächlich sind Halluzinationen, Illusionen usw. keine geringzuachtende Quelle des Genusses.[150]

Das schöpferische, bedeutungsstiftende Potential der Imagination betont Breton, wenn er im *Vorwort zur Neuauflage des Manifestes* (1929) schreibt, sie sei

---

147 Vgl. Breton, Erstes Manifest des Surrealismus, S. 16.
148 „„Es gibt eine Reihe idealischer Begebenheiten, die den Wirklichkeiten parallel läuft. Selten fallen sie zusammen" (Breton, Erstes Manifest des Surrealismus, S. 37, Anm. 1). Die Faszination dieses Zustands korrespondiert mit dem von Freud beschriebenen *Unheimlichen*. Der Dichter sei fähig, eine unheimliche Verunklärung der Ebenen zu suggerieren: Die Transgression fiktionaler Ebenen bewirke, dass „die Grenze zwischen Phantasie und Wirklichkeit verwischt wird, wenn etwas real vor uns hintritt, was wir bisher für phantastisch gehalten haben" (Sigmund Freud, „Das Unheimliche", in: ders., *Psychologische Schriften* (= Freud-Studienausgabe, Bd. IV), hg. v. Alexander Mitscherlich, Angela Richards u. James Strachey, Frankfurt a. M. [5]1970, S. 214–274, S. 267).
149 Breton, Erstes Manifest des Surrealismus, S. 19. Vgl. zu Todorovs These, es gebe im zwanzigsten Jahrhundert keinen phantastischen Roman mehr, weil die „die klare Trennung zwischen ‚Realem' und ‚Imaginärem', verwischt ist", Stockhammer, *Zaubertexte*, S. 44.
150 Breton, Erstes Manifest des Surrealismus, S. 12. Vgl. Stockhammer, *Zaubertexte*, S. 122 f.: „Breton bezieht sich ausdrücklich auf eine wahrnehmungspsychologische Theorie, welche die Unterscheidung von ‚Halluzination' und ‚Wahrnehmung' in Frage stellt". Dies entspricht einer dem „Wahn eigenen Umkehrung im Verhältnis von Wirklichkeit und Deutung. Die Metapher wird zur Wirklichkeit, die Realität ist ein bloßes Halten-für. Solche Wahnideen sind (im pathologischen Falle) der Korrektur durch Vernunftgründe nicht zugänglich." (Thomas M. Scheerer, *Textanalytische Studien zur ‚écriture automatique'*, Bonn 1974, S. 157).

es, die „allein die realen Dinge schafft".[151] So werden die ins Wanken geratenen Pole der mimetischen Beziehung durch den *realisierenden* Effekt der Imagination gewissermaßen auf einer neuen Ebene stabilisiert.

> Innenschau und Außenschau sind dialektisch ineinander vermittelt und lassen in ihrer Einheit die Vision einer Welt entstehen, in der das Ich gemäß seiner Natur handelt und sich gleichzeitig seiner kosmogonen Weltorientierung vergewissern kann. Voraussetzung ist allerdings ein subjektivistischer Wirklichkeitsbegriff, der den Kosmos der Bildsprache zum Modell der Welt erklärt.[152]

Wie für die moderne Ähnlichkeitsreflexion gezeigt, fordert bereits Nietzsche die Desautomatisierung der konventionalisierten Wirklichkeitsauffassung mittels der ‚lebendigen' metaphorischen Sprache, die er der Identitäten konstruierenden Begriffssprache entgegenstellt:[153] Der Metaphoriker, der die Begriffe „zerschlägt, durcheinanderwirft, ironisch wieder zusammensetzt, *das Fremdeste paarend und das Nächste trennend*", „redet in lauter verbotenen Metaphern und unerhörten Begriffsfügungen, um [...] durch das Zertrümmern und Verhöhnen der alten Begriffsschranken dem Eindrucke der mächtigen gegenwärtigen Intuition schöpferisch zu entsprechen."[154] In ähnlich emphatischem Gestus richten sich nach den Dadaisten[155] auch die Surrealisten, die basale Metaphorizität der Sprache ebenso erkennend wie ihren den Gegenstand der Erkenntnis mit konstituierenden Einfluss, gegen den begrifflichen Sprachgebrauch: „Die Begriffe sind die Gummizellen

---

151 Breton, Vorwort zur Neuauflage des Manifestes, S. 7. Die Innen und Außen synthetisierende ‚Wahrheit' der Imagination formuliert auch Aragon: „Le monde extérieure, c'est une seule construction de mon esprit, de la conscience (...), la nature est mon inconscient" (*Traité du style*, S. 152, zit. n. Pastor, *Studien zum dichterischen Bild*, S. 20).
152 Hölz, *Destruktion und Konstruktion*, S. 82.
153 Das sprachgenetische Potential der Metapher thematisieren, wie im Verlauf gezeigt, bereits Vico, Hamann, Herder und die Romantiker; Sprache ist „‚vitally metaphorical'" (Shelley); die Metapher als „‚das Prinzip, das bei jeder freien Entfaltung (der Sprache) allgegenwärtig ist'", wirkt „in den Tiefen der Wechselwirkung zwischen den Worten [...]. Es handelt sich [...] um einen Austausch zwischen Gedanken, also um eine Transaktion zwischen Kontexten." (Ricœur, *Die lebendige Metapher*, S. 139).
154 Nietzsche, Ueber Wahrheit und Lüge, S. 382 [Hv.: S. B.]. So wird die epistemologische Valenz von metaphorischer Sprache und Dichtung gegen den Begriff aufgewertet, deren sprachgenetisches und poietisches Potential der Welterschließung gerecht werden soll und einen ‚privilegierten Zugang zur Wirklichkeit' bietet. Vgl. dazu Kap. I.2.7 und Kap. I.3.1.
155 Vgl. Ball, Eröffnungsmanifest, S. 121: „Auf die Verbindung kommt es an, und daß sie vorher ein bißchen unterbrochen wird. Ich will keine Worte, die andere erfunden haben. Alle Worte haben andere erfunden. Ich will meinen eigenen Unfug, und Vokale und Konsonanten dazu, die ihm entsprechen. [...]. Das Wort will ich haben, wo es aufhört und wo es anfängt." Vgl. dazu bereits Kap. I.3.1.

der Logiker. Durch Begriffe erschwindelt man sich Dauer."[156] Da „Begriffsmuster so konzipiert sind, dass sie mit vorgegebenen Seinsmustern korrespondieren bzw. diese auf der Ebene der Sprache abbilden"[157], setzt hier die Kritik an der Konventionalität der sprachlichen Ordnung der Welt an:

> [T]o use language is to limit oneself to the modes of perception that are already inherent in that language. This view of language, commonly known as the ‚Whorfian hypothesis' (Whorf 1956), is the starting point for Breton's politics of transformation: through metaphor, man can evade the cage of language that imprisons him.[158]

Die Begrenztheit des Denkens gilt es mittels des Sprachbildes ästhetisch zu wenden, das der Sprache ihre ursprüngliche ‚Lebendigkeit' zurückerstatten und darin eine revolutionäre Wirkung entfalten soll. In Konsequenz der Einsicht Bretons, „daß die Wörter ‚sich gerne besonderen Affinitäten folgend anordnen, die normalerweise bewirken, daß sie die Welt immer wieder nach demselben Muster neuschaffen'"[159], zielt die *dekonstruktive* „Konstante in der surrealistischen Philosophie des Schreibens" darauf, „die Ordnung der Wörter zu stören'", um die sprachlich sedimentierte Ordnung der Wirklichkeit anzugreifen, indem durch eingespurte Assoziationen und ‚verblasste' oder ‚tote' Metaphern[160] geknüpfte Bezüge zerstört werden. Zugleich werden in einer *konstruktiven* Tendenz Akte metaphorischer und analogischer Übertragung als Findungskonzept und exzessive Textstrategie genutzt: Das übertragende Sehen und Denken, das in der imaginativ gesteigerten Wahrnehmung ebenso wirkt wie in den kombinatorischen Verfahren der Montage und Collage, verbindet auch im *rapprochement* des Sprachbildes divergente Elemente, indem es sie im Moment des Aufblitzens von Ähnlichkeiten inmitten des Unähnlichen *als etwas* und als *anderem ähnlich* erscheinen lässt: „Das ‚Rauschgift Bild' schafft neue Realitäten der ‚lebendigen Metapher', die nicht nur nachahmt nach dem Kriterium der mimetischen Ähnlichkeit."[161] So geht in Bretons Programmatik die *Auflösung dem Sprachgebrauch inhärenter Ähnlichkeitsbezüge* mit dem hypertrophen Umgang mit *entfernter Ähnlichkeit* einher. Darin kann die surrealistische Programmatik an die Tradition

---

156 Carl Einstein, „Absolut", in: Bataille et al., *Kritisches Wörterbuch*, S. 11f., S. 12; vgl. bereits 1906/9: „Der Fehler des Logischen ist, dass es noch nicht einmal symbolisch gelten kann. [...] Wir müssen einsehen, dass die Logik das Phantastischste ist." (Carl Einstein, *Bebuquin oder Die Dilettanten des Wunders*, Leipzig, Weimar 1989, S. 10).
157 Köller, *Narrative Formen der Sprachreflexion*, S. 325.
158 Hedges, Surrealist Metaphor, S. 277.
159 Zit. n. Decottignies, Surrealistisches Werk und Ideologie, S. 131.
160 Vgl. Hedges, Surrealist Metaphor, S. 277: „Breton's cognitive view of metaphor finds expression in the current distinction between ‚vital' and ‚dead' metaphor".
161 Bauer, Ähnlichkeit als Provokation, S. 117.

der Ästhetik des ‚Unähnlich-Ähnlichen' ebenso anschließen wie an die moderne Metaphorik – insbesondere Lautréamonts – und ihren problematisierenden Umgang mit einer von der Vergleichstheorie einerseits, dem mimesistheoretischen Erbteil andererseits depotenzierten Ähnlichkeit.[162] Die an das Sprachbild geknüpfte ästhetische Utopie, eine poetische Freiheit in den Sprachgebrauch einzuführen – und dies, scheinbar paradox, gerade in der intentionalen Unverfügbarkeit der Beziehungsmöglichkeiten der Sprache –, gründet auf dessen Potential, das in der sprachlichen Assoziabilität latente Material in der Transzendierung von Referenz und Bedeutung freizusetzen, um unvorhergesehene Relationen zu knüpfen. Als Vehikel der Imagination dient die Metapher der Integration der durch sie vermittelten, gesteigerten *aisthetischen* Erfahrung und der Rückverfolgung sprachlicher Signifikation zu ihrer ikonischen Basis – der „Übersetzung jener Ursprünge von Sprache und Bildern, in denen die Ähnlichkeit gerade die extremen Unterschiede poetisch und philosophisch fruchtbar macht".[163] Das Potential, ‚*perception*' und ‚*représentation*' ineinander sichtbar zu machen, die im zivilisierten Erwachsenenleben streng voneinander getrennt seien, erklärt die Emphase, die Breton auf die Erschließungskraft des Sprachbildes legt:

> Die Willkür und Spontaneität bildlichen Sprechens ist im Kosmos der Surrealität verbindliche Aussage geworden und umgibt sich mit der Bedeutsamkeit von *choses révélées*. Die Formalsprache der Analogien wird inhaltliches Äquivalent einer Welt, in der Idee und Erfahrung, Freiheit und Naturbindung, Wunsch und Erfüllung einander bedingen. Diese subjektkonforme Ordnung der Surrealität, die über die Form des Unbewußten erstellt wird, wird dem Ich schließlich durch ein Zusammenwirken gegensätzlicher Vermögen zugetragen, über die die im Bild entbundene Instanz der Imagination verfügen muß: „Le problème artistique consiste aujurd'hui à amener la représentation mentale à une précision de plus en plus objective, par l'exercice volontaire de l'imagination et de la mémoire [...]. Le plus grand bénéfice qu'à ce jour le surréalisme ait tiré de cette sorte d'opération est d'avoir réussi à concilier *dialectiquement* ces deux termes violemment contradictoires pour l'homme adulte: perception, représentation".[164]

---

162 Von einer „Depotenzierung" der Ähnlichkeit in der Reduktion auf die „Substitutions- und Vergleichstheorie" spricht Zill, *Messkünstler und Rossebändiger*, S. 97. Zum Anschluss an die Moderne vgl. Lichtenstern, *Metamorphose*, S. 133.
163 Ebd., S. 129.
164 Zit. n. Hölz, *Destruktion und Konstruktion*, S. 82. Vgl. die oben zitierte Notiz: Breton, Dictionnaire abrégé du surréalisme, S. 831.

4.2 ‚Das Fremdeste paarend und das Nächste trennend': Im Reich der Metapher

> Auf die Verbindung kommt es an, und daß sie vorher ein bißchen unterbrochen wird. (Hugo Ball)[165]

> La poésie est par essence orageuse, et chaque image doit produire un cataclysme. Il faut que ça brûle ... (Louis Aragon)[166]

> L'attitude du surréalisme à l'égard de la nature est commandée avant tout par la conception initiale qu'il s'est faite de l'„image" poétique. On sait qu'il y a vu le moyen d'obtenir, dans des conditions d'extrême détente bien mieux que d'extrême concentration de l'esprit, certains traits de feu reliant deux éléments de la réalité de catégories si éloignées l'une de l'autre que la raison se refuserait à les mettre en rapport et qu'il faut s'être défait momentanément de tout esprit critique pour leur permettre de se confronter. (André Breton)[167]

Die Konzeption des surrealistischen „Weltverständnisses", so betont Breton in dem vorangestellten Zitat, ist, statt von einer „*Nachahmung* des Lebens" auszugehen,[168] vermittelt durch das (Sprach-)Bild, von dem aus sich das nichtimitative Mimesiskonzept und konstruktivistisch-revelatorische Weltverhältnis der Surrealisten erschließen: Es *realisiert* latente Beziehungsmöglichkeiten in der Annäherung, dem *rapprochement* ‚entfernter' Elemente. „For Breton, language becomes a cognitive tool for exploring reality. The world is a ‚cryptogram' that the poet must decipher by combining the disparate elements of reality into images."[169] Er stellt sein Konzept in den Kontext eines „Problems, das der Beziehung des menschlichen Geistes zur sinnlich wahrnehmbaren Welt entspringt", wobei er betont, „dass wir ‚versuchen müssen, die Natur nach uns selbst zu verstehen, und nicht uns selbst nach der Natur'", ohne dem „Erzfehler des Anthropomorphismus" zu verfallen.[170] Indem die metaphorische Relationierung auf eine durch sie erst eröffnete Möglichkeitswelt zielt, wird nicht nur der epistemologische Wert der Metapher betont, sondern auch ihr poietisches Potential. Breton leitet daraus eine ebenso erkenntniskritische wie ethisch-ästhetische Sprachauffassung ab, die den Wirkungs- und Handlungscharakter der Sprache

---

165 Ball, Eröffnungsmanifest, S. 121.
166 Aragon, *Traité du style*, S. 140.
167 André Breton, „Du surréalisme en ses œuvres vives", in: ders., *Œuvres complètes*, S. 17–25; vgl. zum Titel dieses Kapitels Nietzsches bereits zitierte ‚Metapher der Metapher' und Barthes (Arcimboldo, S. 143: „ein triumphierendes Reich der Metapher").
168 Breton, Was der Surrealismus will, S. 127.
169 Hedges, Surrealist Metaphor, S. 276. Sie verweist hier auf *Du Surréalisme en ses œuvres vives*.
170 Breton, Was der Surrealismus will, S. 131.

betont und in der „Neuordnung der Objektbezüge ein politisch-revolutionäres Ziel" verfolgt.[171] Diese Neuordnung soll eine „kühne Bildlichkeit"[172] erreichen, deren „Kraft", die ‚Realität' zu verändern, in der Beeinflussung der Sensibilität, der Wahrnehmung und des Bewusstseins liegt – da die Metapher von den Lesenden mit konstituiert oder ‚realisiert' wird.[173]

Die Metapher ist – mit Analogie und Gleichnis – der wichtigste Baustein und das dynamisierende Moment surrealistischer Textgenese. Wurde sie in der rhetorischen Tradition auf die Beschreibung einer Ähnlichkeitsrelation verpflichtet, die den Ausgangspunkt der Substitution eines gewöhnlichen Wortes bildet oder die Richtung der Auflösung der Metapher in einen Vergleich anzeigt, betont Breton die Offenheit ihrer Struktur, ihre Diaphorizität und Inkommensurabilität. Wurde sie rhetorisch traditionell als Tropus der Übertragung und Figur ‚uneigentlichen' Sprechens klassifiziert, unterscheidet er nicht zwischen wörtlicher und figurativer Bedeutung.[174] Dass seine Metaphernkonzeption die sich zwischen einander angenäherten metaphorischen Gliedern anbahnenden Beziehungen im Blick hat, betont Reverdys zitierte Definition des Bildes als *„reine Schöpfung des Geistes"*, die den Ausgangspunkt der Auseinandersetzung mit dem Bild bildet: Es könne *„nicht aus einem Vergleich entstehen, vielmehr aus der Annäherung von zwei mehr oder weniger voneinander entfernten Wirklichkeiten. Je entfernter und genauer die Beziehungen der einander angenäherten Wirklichkeiten sind, umso stärker ist das Bild"*.[175] Es handelt sich mithin um den analogischen, transgenerischen Metapherntypus, dessen Überdehnung bereits die manieristische, romantische und moderne Metaphorik inszenieren. Dass die Programmatik Bretons dabei eine Sensibilität für den subjektiv-objektiven Doppelcharakter der in der Metapher wirkenden Ähnlichkeit zeigt, deutet sich darin an, dass er Reverdys Definition im Verlauf des *Manifeste du surréalisme* in einem wesentlichen, auf die ‚Schöpfung' der Bilder bezogenen Aspekt korrigiert: „Bleibt die Frage, ob man jemals die Bilder ‚evoziert' hat. Wenn

---

171 Hölz, *Destruktion und Konstruktion*, S. 90. Vgl. die Zusammenarbeit mit der KPF und die in Bretons Zweitem Manifest und dem Gegenmanifest ‚Un cadavre' Texten dokumentierten Richtungsstreits über die politisch-revolutionäre Ausrichtung.
172 Pastor, *Studien zum dichterischen Bild*, S. 26.
173 Die Verbindung von Metapher und möglichen Welten untersucht, darauf weist Hedges hin, Samuel R. Levin in *The Semantics of Metaphor*: (vgl. Hedges, Surrealist Metaphor, S. 280, Anm. 1): „‚A poet in writing what we would consider a (fresh) metaphor can intend it quite literally. For him the historical process of aggrammatization is seized and implemented in the single instant of conception. To be in sympathy with the poet, to read in a condition of poetic faith, we should have to take the poet at his word. This means that instead of construing the expression, we must construe the world' (1977: 115)."
174 Vgl. Hedges, Surrealist Metaphor, S. 277. Dies gilt bereits für den Manierismus.
175 Breton, Erstes Manifest des Surrealismus, S. 22 f.

man sich wie ich auf die Definition Reverdys stützt, scheint es unmöglich, seine ‚zwei voneinander entfernten Wirklichkeiten' absichtlich einander zu nähern. Entweder es geschieht eine Annäherung oder nicht, das ist alles."[176] So würde eine bewusste Evokation von Ähnlichkeitsassoziationen die Metapher auf die Reproduktion konventioneller Bezüge einengen. Dies voraussetzend, formuliert Breton seinen Vorbehalt aus: „Reverdys Ästhetik, durch und durch eine Ästhetik a posteriori, veranlaßte mich, die Wirkungen für die Ursachen zu halten."[177] Dagegen entwirft er die Metapher in *poetologischer* Perspektive als radikal offene Methodik,[178] in der Ähnlichkeit nur Ergebnis, nicht Ausgangspunkt der Metaphernbildung sein kann. So erweist sich der Moment der Produktion zugleich als der einer ersten, passiven Rezeption des ‚zufallenden' Bildes:. „Meines Erachtens ist es verkehrt, zu behaupten, daß von den zwei gegebenen Wirklichkeiten ‚der Geist die Beziehungen erfasst habe'. Zuerst einmal hat er überhaupt nichts bewußt erfaßt."[179] Vielmehr bedinge eine rezeptive Haltung die Fruchtbarkeit des *rapprochement*:

> An der sozusagen zufälligen Annäherung der beiden Ausdrücke hat sich ein besonderes Licht entzündet, *ein Licht des Bildes*, für das wir unendlich empfänglich sind. Der Wert des Bildes hängt ganz von der Schönheit des erzielten Funkens ab; ist also folglich die Funktion des Spannungsunterschieds zwischen den beiden Leitern. Wenn dieser Unterschied nur sehr schwach ist, wie im Vergleich, kommt es zu keinem Funken. Nun ist aber nach meinem Dafürhalten der Mensch nicht befähigt, die Annäherung zweier so weit voneinander entfernter Wirklichkeiten zu bewerkstelligen. Das Prinzip der Ideenassoziation, wie wir es kennen, stellt sich dem entgegen.[180]

---

[176] Ebd., S. 34 [„Le rapprochement se fait ou ne se fait pas, voilà tout" (Manifeste du surréalisme, S. 337)].
[177] Ebd., S. 23. Eine ähnliche Verwechslung begehe, so Weimar, die Vergleichstheorie, die die hermeneutische Perspektive der an Beispielen gewonnenen Ähnlichkeitsaspekte mit der poetologischen der Formulierung von Regeln für die Metaphernbildung verwechsle.
[178] Vgl. Holländer, der die Wirkungsweise der „kombinatorischen Methode" als rationale Grundlage teils irrationaler poetischer Ergebnisse herausarbeitet (Holländer, Ars inveniendi et investigandi, S. 255): „Surrealismus ist kein Stil, sondern mehr als das, eine Methode. Denn so definierbar die Ausgangspositionen auch sein mögen, die Resultate sind es per definitionem nicht; das folgt aus den Spielregeln. Der Begriff Surrealismus ist daher vor allem an den formulierbaren Spielregeln zu messen und an ihren Möglichkeiten, ein Maximum an Freiheit der Kombination, der Erfindung zu sichern." (Ebd., S. 258).
[179] Breton, Erstes Manifest des Surrealismus, S. 35.
[180] Ebd. Bretons Lichtmetaphorik hebt auf den *Erkenntnischarakter* der Metapher ab, ältere Metaphoriken modern reformulierend, um die energetische Dimension zu betonen und die (noch in der metapherntheoretischen Begrifflichkeit enthaltene) Mehrdeutigkeit von *Spannung* als Metapher auszudeuten. „Die Terme erhalten verschiedene elektrische Ladungen, bilden Pole" (ebd.; vgl. auch Hedges, Surrealist metaphor, S. 276, die diese Metaphorik „scientifico-experimental" nennt). Dabei suggeriert das Bild eine ‚pseudokausale' Verursachung: Die Spannung entlädt sich selbsttätig als elektrisches Potential, vielmehr, sie wird im Bild gehalten und überträgt sich im ‚Schock'. Dies ließe

Die Passage drückt zentrale Aspekte der metapherntheoretischen Positionierung metaphorisch aus: Elektromagnetische Spannung, Funken und „Blitze"[181] umschreiben die Diaphorizität, die Entfernung der angenäherten Bildbereiche und den epistemologisch-ästhetischen Wert des ‚aufblitzenden' Bildes: Es bedarf der ‚Gegenpoligkeit', der Heterogenität der Bildelemente, um in der spontanen ‚Überbrückung' ein geglücktes Bild zu schaffen. Der Widerstand der Glieder eines Vergleichs, die durch ein *tertium comparationis* verbunden sind, reicht dafür nicht hin; denn die ‚Mechanik' der Ideenassoziation, die Verknüpfungen nach Similarität und Kontiguität herstellt, tendiert zu einer Reproduktion eingespurter Ähnlichkeitsassoziationen: Assoziation als kollektiv tingierte Leistung des Subjekts erscheint – seit Kants Kritik der reproduktiven Einbildungskraft – als mechanische Reproduktion internalisierter sprachlicher Bezüge, als ‚Bewusstseinsmechanismus'.[182] Dagegen setzt Breton mittels eines Verfahrens, durch das „man über die glatten kausalen Beziehungen heraus, wie Ähnlichkeit, Übergang usw. (die übliche Kontiguität ist nur ein Ergebnis der Mechanisierung) die bequeme Ordnung durchbrach und das Inkohärente, die Unordnung, das unerwartet Irrationale, aufzeigte"[183], wie Einstein notiert, die durch ‚gewisse, bisher vernachlässigte Assoziationsformen' gestifteten Beziehungen (*rapports*) kombinatorischer Konstellationen.[184] Ein so verstandenes Assoziationsprinzip findet Ausdruck in der diaphorischen Metapher. Insofern die aus der Annäherung inkongruenter Elemente hervorgehenden Relationen nicht intentional hervorgebracht werden können, ist der konstruktive Aspekt auf das

---

sich als moderne Formulierung eines Konzepts kontinuierlicher Übertragung verstehen, die der „Affinität der modernen Technik zur Magie" entspricht (Stockhammer, *Zaubertexte*, S. 32). Nicht nur zeitgenössische Experimente mit Elektrizität, auch deren esoterische Aufnahmen in Spiritismus, Galvanismus und Mesmerismus liegen nahe (vgl. Assmann, Assman, *Verwandlungen*, S. 17 f.).

181 Breton, Erstes Manifest des Surrealismus, S. 35.
182 Die „Paradoxie der Assoziation ist geradezu ihre begriffs- und problemgeschichtliche Konstante" (Lobsien, *Kunst der Assoziation*, S. 11): Die Polarität, bewusstseinskonstitutiv einerseits zu sein und andererseits das Bewusstsein unterbrechend, reproduziert sich in der modernen Auffassung als „konservative[r] Bewußtseinsmechanismus [...], der den unendlichen Reichtum der Empfindungen (als Kopie oder Pendant des Reichtums der Dinge) auf immer die gleichen Muster reduziert", dem eine nichtlineare, komplexe Assoziation als „Einfallswirbel" (ebd., S. 187) gegenübersteht; sie macht das „denkende Subjekt zu einem passiven Tummelplatz von Einfällen, die sich anonymen Ursachen verdanken" (ebd., S. 8) als „beirrende geistige Energiequelle" (ebd., S. 11).
183 Einstein, *Die Kunst des 20. Jahrhunderts*, S. 166.
184 „Il est faux, selon moi, de prétendre que l'esprit a saisi les rapports, des deux réalités en présence. Il n'a, pour commencer, rien saisi consciemment." (Breton, Manifeste du surréalisme, S. 337).

rapprochement und das in der so provozierten imaginativen Übertragung wirkende inspiratorische Findungsmoment des Geistesblitzes zurückgenommen, das der überspringende *Funke* metaphorisch bezeichnet.[185] Der so ausgelöste ‚Schock' wird als eine Art Stromschlag vorgestellt, der die energetische Entladung der Verbindungen produktionsästhetisch auslöst und wirkungsästhetisch überträgt.[186] Breton schließt,

> dass die beiden Begriffe, die das Bild ausmachen, vom Geist nicht etwa *mit Absicht* auf den zu produzierenden Funken voneinander abgeleitet wurden, sondern dass sie das Ergebnis eines Vorgangs sind, den ich surrealistisch nenne, wobei die Vernunft sich darauf beschränkt, das Licht-Phänomen festzustellen und zu würdigen.[187]

Bereits die Vermeidung des Begriffs ‚Metapher' zugunsten der Begriffe ‚Bild' oder ‚Sprachbild' scheint eine Position jenseits der klassischen Substitutions-, Vergleichs- oder Analogietheorien anzuzeigen.[188] Dies verweist auf eine Reformulierung der Leistungen der Metapher in einem allgemeineren Sinn der

---

185 Vgl. Koschorke, *Körperströme und Schriftverkehr*, S. 372: Der „rein dynamischen Auffassung der Gehirn- und Nervenfunktionen", unterlegen schon die Romantiker „ein physikalisches Substrat": So „wird [...] das Zusammenwirken der Sinne als ein Gewitter von elektrischen Reizungen darstellbar sein. Auf diese Weise bereitet die romantische Physik den Boden für die romantische Synästhesie [...]. Mehr und mehr erscheinen bei all dem die Wahrnehmungsbilder als Oberflächenrudimente einer sei es bildlosen, sei es ‚hieroglyphischen' Tiefenstruktur." Ähnlich konnotiert Bretons Spannungsmetaphorik physikalische Thesen zu Elektrizität und Elektromagnetismus: Es gehe nicht um „die Geschwindigkeit und Leichtigkeit der Ortsveränderung [...], sondern vielmehr darum, die wahre Elektrizität, die einzige Strömung, die uns in der geistigen Welt zu leiten vermag, zu beherrschen, um zu erreichen, dass die erstrebten Annäherungen auch wirklich Folgen nach sich ziehen" (Breton, Was der Surrealismus will, S. 131). Freuds neurologische Schriften beschreiben nervliche „Erregungsübertragung" (Lobsien, *Kunst der Assoziation*, S. 226).
186 Vgl. zeitgenössische metaphorologische Thesen wie Müllers These der „‚radikalen Metapher', d. h. von der Übersetzung der ‚Anschauungs- und Gefühlsgehalte' in Laute und mythische Gestalten"; Cassirer sieht einen emotionalen Schock am Beginn der Sprachbildung (Gess, Anthropologie und Metapherntheorie, S. 662 f.). „Dabei behauptet das indexikalische Verhältnis einen Zusammenhang im Sinne der Kontiguität, und zwar vor allem verstanden als physiologische Motiviertheit der Sprache: Eine innere Spannung entlädt sich unwillkürlich in einer körperlichen Bewegung, die mit ersterer in einem physiologisch erklärbaren Wechselverhältnis steht." (Ebd., S. 650).
187 Breton, Erstes Manifest des Surrealismus, S. 35 [„... que les deux termes de l'image ne sont pas déduits l'un de l'autre par l'esprit *en vue* de l'étincelle à produire, qu'ils sont les produits simultanés de l'activité que j'appelle surréaliste, la raison se bornant à constater, et à apprécier la phénomène lumineux." (Ebd., S. 338)].
188 Vgl. Pastor, *Studien zum dichterischen Bild*, der dies 1977 betont: Die Studie behandelt zentrale Aspekte des surrealistischen Umgangs mit metaphorischer Ähnlichkeit, ist jedoch nicht nur veraltet, sondern auch ungenau.

Sprachbildlichkeit,[189] die sich auch von Bestimmungen der Metapher als Ähnlichkeitstropus absetzt. Aristoteles' vierte Bestimmung der Metapher als „Proportionsanalogie"[190] prägt die Annahmen der Vergleichs- und Substitutionstheorie, dass sie einen wörtlichen Ausdruck ersetzt und durch die Angabe eines Vergleichspunktes, einer Gemeinsamkeit der metaphorischen Glieder, in einen Vergleich übersetzbar – und so *ratione translata*, durch Umformulierung in einen Vergleich in eine Wahrheitsaussage zu überführen – ist: Der Maßstab für die Angemessenheit der Metapher ergibt sich aus der durch das *tertium comparationis* bestimmten Ähnlichkeit. Doch gibt es, wie in den Ausführungen zur *Metapher* dargelegt, modern kein „außersprachliches Kriterium mehr, das die metaphorische Produktion steuern könnte."[191] Hier deutet sich das Problem des Relativismus an, die „Abwesenheit eines objektiven Kriteriums", die Ähnlichkeitsrelationen allgemein als subjektiv, relativ und ubiquitär problematisiert, damit aber zugleich das poetische Potential der Metapher begründet.[192] Modern werden die Vorschriften der Erzeugung nicht allzu entlegener Ähnlichkeiten hinfällig und die begrenzenden Kriterien dafür, „was noch als ähnlich gelten" kann, fraglich;[193] ebenso wenig ist die semantische Distanz der metaphorischen Glieder messbar.[194]

Bretons diese modernen Voraussetzungen zu einer *Entgrenzung* der Ähnlichkeit auswertende Programmatik, so wird aus seinen Bestimmungen deutlich, beruft sich explizit auf eine *analogische* Konstellation. Sie richtet sich jedoch weder an der Substitution nichtmetaphorischer Ausdrücke aus, noch verpflichtet sie die Metapher auf Entschlüsselbarkeit durch die Bestimmung der Hinsichtlichkeit der Ähnlichkeitsrelation und die Umformulierung in nichtmetaphorische Ausdrücke, sondern orientiert sie an der *Entfernung* der Übertragungsbereiche. Damit erfüllt die surrealistische Metapher die von Aristoteles, der die überdehnte Metapher kritisiert, und Cicero abgeleitete Auffassung metaphorischer *Kühnheit*: „In kühnen Metaphern ist die Ähnlichkeit nur schwer zu entdecken, daher sprengen sie ihre legitime Funktion."[195] Eine „große ‚Bildspanne'" scheint nun eher im ‚blitzar-

---

189 Vgl. zu den Formen im Surrealismus eingesetzter Sprachbildlichkeit Breton, Erstes Manifest des Surrealismus, S. 36, S. 38; vgl. Strub, *Kalkulierte Absurditäten*, S. 457.
190 Strub, *Kalkulierte Absurditäten*, S. 347. Sie gilt, wie oben ausgeführt, modern als Metapher „im engeren Sinne" (ebd. S. 378). Vgl. Kap. I.3.1.
191 Strub, Abbilden und Schaffen von Ähnlichkeiten, S. 121, Anm. 42.
192 Endres, Unähnliche Ähnlichkeit, S. 32.
193 Strub, Abbilden und Schaffen von Ähnlichkeiten, S. 122, Anm. 42.
194 Vgl. Eco, *Semiotik und Philosophie der Sprache*, S. 184. „Ähnlichkeiten und Unterschiede können nur nach dem ko-textuellen Erfolg der Metapher bewertet werden" (ebd.).
195 Zill, *Messkünstler und Rossebändiger*, S. 65. Wie Zill bemerkt, habe vor dem Surrealismus „nur eine literaturgeschichtliche Epoche: der Barock" (ebd.) die Überdehnung der Analogiemeta-

tigen Schock' der Metaphern aufzutauchen als im Vergleich",[196] so suggeriert Bretons Spannungsmetaphorik; ein *tertium comparationis* zwischen den Bildelementen wird hier nicht vorausgesetzt. „Entfällt das ‚tertium comparationis', so entfernt sich das Bild von der Ordnung, die sich in der Welt und im Bewusstsein des Menschen eingenistet hat. Das surrealistische Bild entsteht ohne Rücksicht auf die Vergleichbarkeit zweier Realitäten" im Vertrauen auf die potentielle Bedeutungsfülle der Verbindungen, insofern es sich entsprechend der Abkehr von einer Imitation ‚des Wirklichen' „unterscheidet von dem empirisch Erfahrbaren"[197] und „die Vorstellungen [...] mit Bezugsmöglichkeiten an [reichert], die ihnen normalerweise fehlen"[198]. Die Inkongruenz der Übertragungsbereiche – ihre Diaphorizität – ist somit Gelingensbedingung der surrealistischen Metapher. Sie beruht nicht auf „vorgängige[r] Ähnlichkeit", sondern schafft eine „neue Sinnfigur", die entsteht, wenn sich die kombinierten Elemente „wechselseitig interpretieren"[199], um neue Sinnbereiche zu erschließen. Diese „Methode, die statt auf statische Beschreibung bestehender Ähnlichkeiten zu dringen, es auf Entfaltung und Dynamik zwischen und an den Wörtern und Dingen abgesehen hat"[200], findet metaphorisch Ausdruck im Bild der von beiden ‚Bildpolen' aus wirkenden Spannung: Hier lassen sich nicht – in Weinrichs Terminologie – „‚Bildspender'" und „‚Bildempfänger'" ausmachen, die in eine asymmetrische Ableitungsrichtung eingehen, vielmehr

---

pher eingesetzt; dies erscheint vor dem Hintergrund der obigen Darstellung ungenau: Bereits Aristoteles kritisiert die „Praxis ‚überdehnter Metaphern'" (Endres, Unähnliche Ähnlichkeit, S. 45).

196 Strub, *Kalkulierte Absurditäten*, S. 472. Pastor formuliert das „traditionelle Gesetz" mit Weinrich so: „‚Je weiter der Abstand der Metaphernglieder, umso kühner und besser die Metapher.'" (Zit. n Pastor, *Studien zum dichterischen Bild*, S. 27) Diesem klassischen Gesetz ordnet er den Surrealismus zu. Kühnheit – die in der Terminologie Weinrichs die ‚Abweichung von der sinnlich erfahrbaren Welt' bezeichnet – zeichne dagegen Weinrich zufolge weniger eine große, sondern eine kleine „Bildspanne" aus (ebd., S. 135), Metaphern, „die die Form faktisch absurder und metaphysisch kontingenter Sätze haben, also einen denkbaren Zustand der Welt darstellen" (ebd., S. 138): Wenn „eine Wortfügung um ein geringes von den Erfahrungen der sinnlich erfahrbaren Welt abweicht, dann nehmen wir den Widerspruch stark wahr und empfinden die Metapher als kühn." (Weinrich, Semantik der kühnen Metapher, S. 327) Kühnheit meint eine „Prädikation, deren „Widersprüchlichkeit nicht unbemerkt bleiben kann." (Ebd., S. 330).

197 Pastor, *Studien zum dichterischen Bild*, S. 25.

198 Ebd., S. 26. Von „Zerreissungen, Schocks, mindestens Überraschungen'" spricht Karl Krolow (zit. n. ebd., S. 21).

199 Specht, Experiment und Metapher, S. 259. Dies wertet die Interaktionstheorie aus, die eine *asymmetrische* Relation annimmt.

200 Pastor, *Studien zum dichterischen Bild*, S. 28.

treten die ‚zufällig angenäherten Ausdrücke', die das poetische Bild vereint, in eine „Wechselbeziehung":[201]

> Das Magnetfeld (vgl. den Titel ‚champs magnétiques' von Breton und Soupault) kennt keinen Pol, von dem aus sich die Spannung zum anderen Pol hin ausbreitet, das Magnetfeld des surrealistischen Bildes ist vielmehr ein Korrelat, das durch die Ausstrahlung zweier Realitäten, zweier Dinge, zweier Wörter entsteht.[202]

Damit stützt sich die Programmatik des Bildes – trotz ihrer Abwertung des Vergleichs und anders als die jüngere Metapherntheorie, deren Betonung der „asymmetrischen Ähnlichkeit" sich gegen einen Ähnlichkeitsbegriff richtet, der im *tertium comparationis* ein symmetrisches Verhältnis der Glieder annimmt,[203] – gezielt auf die *Form des Vergleichs*. Breton notiert, für die analogische Konstellierung der Bildelemente sei es nebensächlich, ob das Wort ‚wie' (*comme*) ausgesprochen werde oder stumm bleibe.[204] Wie Paul Éluard betont, setzen die Surrealisten *images par analogie* „(ceci est *comme* cela)" und *images par identification* „(ceci *est* cela)" ein:[205] Surrealistische Sprachbilder umfassen, so zeigt die Differenzierung ‚expliziter' und ‚impliziter' Metaphern, auf einer Vergleichsstruktur beruhende Bilder in Form der Prädikation ‚x ist *wie* y' ebenso wie Metaphern der Form ‚x *ist* y', wobei beide Formeln, auf die Beschränkung der *Hinsicht* von Ähnlichkeiten verzichtend, Heterogenes kombinieren. So formuliert eine weitere Bezugnahme Bretons auf den Relator ‚wie':

---

[201] Ebd., S. 25. Es gibt hier keine ‚Ableitungsrichtung', sondern eine von beiden Polen aus wirkende „Spannung" (ebd., S. 28). Vgl. Breton, Erstes Manifest des Surrealismus, S. 35.
[202] Pastor, *Studien zum dichterischen Bild*, S. 29.
[203] Strub, *Kalkulierte Absurditäten*, S. 363.
[204] Breton, *Signe Ascendant*, S. 10, spricht von „le mot COMME, que ce mot soit prononcé ou *tu*".
[205] Paul Éluard, „Donner à voir", in: ders., *Œuvres complètes*, Bd. I, hg. v. Lucien Scheler, Marcelle Dumas, Paris 1968, S. 917–1004, S. 969: „L'image par analogie (ceci est *comme* cela) et l'image par identification (ceci *est* cela) se détachent aisément du poème, tendent à devenir poèmes elles-mêmes, en s'isolant. A moins que les deux termes ne s'enchevêtrent aussi étroitement l'un que l'autre à tous les éléments du poème." Vgl. Pastor, *Studien zum dichterischen Bild*, S. 14, der ‚images par analogie' als die ‚klassischen' „analogischen Bilder" bezeichnet, ‚*images par identification*' als die ‚eigentlich' surrealistischen Bilder (vgl. ebd., S. 16). Die Differenzierung lässt diese Schlussfolgerung nicht zu – allenfalls lässt sich behaupten, dass erstere den Charakter eines Gleichnisses besitzen, letztere metaphorischen Charakter; vgl. Maryvonne Meuraud, die „Vergleich und Metapher bei Éluard als ‚images par analogie' unter einem Gesichtspunkt zusammenfasst" (ebd., S. 16): „Le rapprochement des deux réalités repose sur un rapport de similitude parfaitement saisissable par l'esprit." (Zit. n. ebd., S. 16). Vgl. Lichtenstern, *Metamorphose*, S. 136.

> Der Geist ist von einer wunderbaren Sicherheit, wenn es gilt, noch die leiseste Beziehung, die zwischen zwei Objekten bestehen mag, zu erfassen, und die Dichter wissen, daß sie niemals fehlgehen, wenn sie vom einen sagen, es sei *wie* das andere: Mehr noch, wenn überhaupt eine Hierarchie unter Dichtern besteht, so nur auf Grund des größeren oder geringeren Maßes an Freiheit, das sie in dieser Hinsicht bewiesen haben.[206]

Der vermeintlich willkürliche Einsatz des Relators ‚wie' wird so zum Gradmesser subjektiver Freiheit, die nicht als Willkür erscheint,[207] sondern dem ästhetischen Wert ‚unwahrscheinlicher Ähnlichkeit' auf Basis eines modernen Syndesmos des Ähnlichen verpflichtet ist – „tout est comparable à tout", alles ist allem vergleichbar, so formuliert Éluard, damit in einer Reihe mit prominenten Vorgängern von der sophistischen Eristik über Cicero bis Victor Hugo stehend, die betonen, ‚irgendwie' sei alles ähnlich bzw. könne alles mit allem verglichen werden.[208] Die Offenheit der metaphorischen Ableitungs- und Projektionsregeln kann als Symptom der Einsicht in die Metaphorizität der Sprache betrachtet werden und verweist auf das konstatierte Fehlen von Regeln angesichts der „Ubiquität der Metapher", mit der eine gesteigerte „*Beliebigkeit* der Auswahl des tertium comparationis"[209] einhergeht; sie ist augenscheinlicher Ausdruck der

> Trivialität, daß jedes Ding dieser Welt jedem anderen in irgendeiner – sei es auch noch so vagen, nebensächlichen oder allgemeinen – Hinsicht gleicht. Alles ähnelt also gewissermaßen allem potentiell. Diese mögliche Ähnlichkeit realisiert sich aber erst dann, wenn irgend jemand zwei Dinge aneinanderhält, die – realiter vorhandenen – Merkmale selektiert und aufeinander bezieht, also *zu Polen* einer Ähnlichkeitsbeziehung macht. Mögliche Ähnlichkeiten, von denen die Welt so voll ist, daß sie an sich bedeutungslos sind, müssen erst in einem Akt der Bezugnahme realisiert und damit für uns *als Ähnlichkeiten* konstituiert werden.[210]

---

206 Breton, *Die kommunizierenden Röhren*, S. 94 f. [*Les vases communicants*, S. 181]. Vgl. die Übersetzungsvariante: „Der Geist ist von einer wunderbaren Unmittelbarkeit im Erfassen der unscheinbarsten Beziehung, die zwischen zwei zufällig wahrgenommenen Gegenständen existieren kann, und die Dichter wissen, daß sie ohne die Befürchtung, sich zu täuschen von dem einen immer sagen können, daß er *wie* der andere sei: die einzige Hierarchie, die man unter Dichtern aufstellen könnte, kann sich sogar nur nach dem Mehr oder Weniger an Freiheit richten, das sie in dieser Hinsicht bewiesen haben)." (Zit. n. René Magritte, „Die Gleichartigkeit", in: ders., *Sämtliche Schriften*, hg. v. André Blavier, Frankfurt a. M., Berlin, Wien 1985, S. 480 f., S. 481).
207 Anna Balakian, „Reminiscences and Reflections on André Breton", in: *L'Esprit Créateur* 36, 4 (1996), S. 21–31, S. 25: Balakian spricht von einem „fundamental misunderstanding" des automatischen Schreibens, das „does not imply an absence of moral or aesthetic bases to the arts", sondern zu verstehen ist als „mental path free of the inter-ferencreof aestehtic or moral preoccupations".
208 Zit. n. Pastor, *Studien zum dichterischen Bild*, S. 26. Vgl. zu Hugo ebd., S. 26, Anm. 56.
209 Ebd., S. 318, Anm. 50.
210 Zill, *Messkünstler und Rossebändiger*, S. 120.

Dabei kann Bretons Programmatik an Aristoteles' Findungstopos der Ähnlichkeit und die darauf zurückgreifenden, die Analogiemetapher überdehnenden Poetiken der *entfernten Ähnlichkeit* anschließen:

> Zwei denkbar weit voneinander entfernte Objekte vergleichen, oder sie, auf welche Weise immer, brüsk und frappierend aneinanderhalten, bleibt der höchste Ehrgeiz der Poesie. Ihre unvergleichliche, einzige Kraft muss ganz auf dieses Ziel gerichtet sein, sie muß die konkrete Einheit der beiden, in Beziehung gesetzten Glieder zur Erscheinung bringen und jedem von ihnen, welcher es auch sei, eine Intensität mitteilen, die ihm als vereinzeltem abging. Es gilt, den formalen Gegensatz dieser beiden Glieder aufzubrechen; es gilt, ihres augenfälligen Mißverhältnisses Herr zu werden, das nur aus der unvollkommenen, kindischen Vorstellung stammt, die man sich von der Natur, von Zeit und Raum als bloßen Bestimmungen der Außenwelt macht. *Je stärker das Element unmittelbarer Verschiedenheit in Erscheinung tritt, desto entschiedener muss es aufgehoben oder negiert werden.* Es geht um die Bedeutung des Objekts schlechthin. Zwei verschiedene Körper gelangen so, wenn man sie aneinander reibt, durch den Funken zur höchsten Einheit im Feuer; Eisen und Wasser finden so ihre gemeinsame, erstaunliche Auflösung im Blut, etc. Diese Weise zu sehen, zu fühlen, läßt sich auch durch äußerste Absonderlichkeit nicht stören: wie denn auch die ornamentale Architektur sich innig mit der Butter vermählt im tibetanischen *Torma*, etc.[211]

Die *Unähnlichkeit* der Elemente, die das surrealistische Bild vereint, wird damit explizit: Bretons Wendung „*[p]lus l'élément de dissemblance immédiate paraît fort, plus il doit être surmonté et nié*"[212] formuliert, dass die surrealistische Metapher auf die *Überwindung* der Unähnlichkeit, des spannungsvollen Wechselverhältnisses unähnlicher Elemente zielt – mit den Worten Ricœurs, „„dass die in

---

211 Breton, *Die kommunizierenden Röhren*, S. 95, Anm. (*) [Hv.: S. B.].
212 Vgl. das Zitat im Original: „Comparer deux objets aussi éloignés que possible l'un de l'autre, ou, par toute autre méthode, les mettre en présence d'une manière brusque et saisissante, demeure la tâche la plus haute à laquelle la poésie puisse prétendre. En cela doit tendre de plus en plus à s'exercer son pouvoir inégalable, unique, qui est de faire apparaître l'unité concrète des deux termes mis en rapport et de communiquer à chacun d'eux, quel qu'il soit, une vigueur qui lui manquait tant qu'il était pris isolément. Ce qu'il s'agit de briser, c'est l'opposition toute formelle de ces deux termes; ce dont il s'agit d'avoir raison, c'est de leur apparente disproportion qui ne tient qu'à l'idée imparfaite, infantile qu'on se fait de la nature, de l'extériorité du temps et de l'espace. *Plus l'élément de dissemblance immédiate paraît fort, plus il doit être surmonté et nié.* C'est toute la signification de l'objet qui est en jeu. Ainsi deux corps différents, frottés l'un contre l'autre, atteignent, par l'étincelle, à leur unité suprême dans le feu; ainsi le fer et l'eau parviennent à leur résolution commune, admirable, dans le sang, etc. La particularité extrême ne saurait être l'écueil de cette manière de voir, de sentir: aussi bien la décoration architecturale et le beurre se conjuguent-ils parfaitement dans le *torma* tibétain, etc." (Breton, *Les vases communicants*, S. 181, Anm.* [Hv.: S. B.]. Die Wendung *surmonté et nié* verweist, so der Kommentar zu *Les Vases Communicants*, auf „*l'aufgehoben* de Hegel" (Œuvres complètes, Bd. 2, S. 1408, Anm. 4)); Strub (*Kalkulierte Absurditäten*, S. 472) übersetzt *dissemblance* mit ‚Differenz'.

der Metapher situierte Ähnlichkeit aus der Unähnlichkeit entsteht und sich gegen sie behaupten muß'"[213]. Im surrealistischen Sprachbild ist „ein Bindeglied zwischen beiden Teilen des Vergleichs, ein ‚tertium comparationis' [...,] nicht mehr auf derselben Ebene wie früher, nicht mehr in der objektiven Welt und in den Gesetzen der Ratio und auch nicht im ‚normalen' Bildvorrat der Baudelaire'schen Einbildungskraft aufzufinden"[214], beruht also nicht auf offenkundiger Ähnlichkeit, messbarer Verhältnisgleichheit oder konventionellen Assoziationszusammenhängen. Vielmehr ist das „Zusammen*zwingen* zweier Bereiche durch den Metaphernproduzenten [...] willkürlich und muß gerade *nicht* durch Angabe eines tertium comparationis legitimiert werden".[215] Die surrealistische Metapher ‚bildet' weniger gegebene Ähnlichkeiten ‚ab', als sie unvorhergesehene Ähnlichkeitsrelationen hervorbringt oder *akzentuiert*.[216] So lässt sich diese Metaphernkonzeption als Indiz der modernen Akzentverschiebung „von der Beobachtung faktischer Ähnlichkeit auf deren Hervorbringung" beschreiben,[217] anhand derer sich die metapherntheoretische Frage stellt, „ob die Metapher Ähnlichkeit *entdeckt* oder *erzeugt*."[218] Gerade die Einsicht, dass in jedem Ähnlichkeitsurteil ein subjektiver und ein objektiver, ein erkennender und ein perspektivierender oder konstruktiver Aspekt zusammenwirken, zeigt an, dass die Relationierung nach Ähnlichkeit alles andere als trivial und beliebig ist, sondern bezeichnend für die jeweilige – konventionelle oder unkonventionelle – Denkweise.[219] So gewinnt, gerade wenn Ähnlichkeitsrelationen ubiquitär sind, die Auswahl signifikanter Ähnlichkeiten ästhetische Relevanz: Das Kriterium der Ähnlichkeit, des oder der möglichen *tertia comparationis*, wird „singulär"[220], *speziell* im Sinne der ‚un-

---

213 Ricœur, zit. n. Strub, *Kalkulierte Absurditäten*, S. 454. Vgl. dazu Kap. I.3.1.
214 Pastor, *Studien zum dichterischen Bild*, S. 21.
215 Strub, *Kalkulierte Absurditäten*, S. 475.
216 Dies entspricht der etwa von Zill vertretenen „*Akzentuierungsthese*", die der These widerspreche, die Metapher *schaffe* Ähnlichkeit, wie sie Blacks „starke *Kreativitätsthese*" vertritt (Zill, *Messkünstler und Rossebändiger*, S. 120); so habe „etwa Haig Khatchadourian provokativ gefragt: ‚Wie kann man denn, wörtlich genommen, mit Hilfe einer Metapher ein Merkmal oder eine Ähnlichkeit erzeugen?'" (Zit. n. ebd., S. 119).
217 Endres, Unähnliche Ähnlichkeit, S. 37.
218 Zill, *Messkünstler und Rossebändiger*, S. 120.
219 Es handelt sich nicht um eine Kunstform mit Selbstzweck, so Balakian: Sie fördere „revelations" des Unbewussten zu Tage, die in ein eigengesetzliches Leben und Schreiben integregriert werden, das frei sein soll „from the assocative habits of the conventional strictures produced by the exercise of moral and aesthetic codes." (Balakian, Reminiscences and Reflections on André Breton, S. 25): „[W]hen you free the mind of the connotative burden, then you open up the path to freer association and proceed to the juxtaposition of distant realities, distant only insofar as their acceptred, conventionalized meanings are concerned." (Ebd.).
220 Endres, Unähnliche Ähnlichkeit, S. 35.

erwarteten Ähnlichkeit', die „dem Bemerken der Ähnlichkeit [...] eine nicht-triviale Qualität verleiht [...], um der Ubiquität des Phänomens den Reiz des Ungewöhnlichen abzugewinnen."[221] Zumal vor dem Hintergrund der über den ästhetischen Bereich hinausweisenden Forderung, durch die Metapher die *Grenzen der sprachlich erfassten Welt zu verschieben*, gewinnt der bereits in Aristoteles' Metapherntheorie angelegte Aspekt, *andere* als die üblichen Ähnlichkeiten zu ‚sehen', erheblich an Relevanz und Reflexivität. Dabei ist das ‚Mehr an Freiheit'[222], das die surrealistischen Metaphoriker nach Breton auszeichnet, scheinbar paradox bedingt durch das Hinterschreiten des subjektiven Aspekts der Ähnlichkeitsfeststellung – des rationalen ebenso wie eines als ingeniös bzw. künstlerisch-autonom verstandenen Sprachgebrauchs und der entsprechenden Autorschaftskonzepte: Es soll sich nicht um eine intentionale Synthese, sondern um einen *möglichen* Übersprung aus der ‚sozusagen zufälligen' Annäherung der Metaphernglieder als Effekt sprachlicher Assoziabilität handeln. Dieses ‚Dérèglement' betont „die Unwahrscheinlichkeit einer Ordnung durch und gegen die Assoziation"[223] und zeigt den Anspruch an, das Agens der Sprache zu befreien, wie Einstein betont: „Man jongliert mit tanzenden Assoziationen."[224] Sie sollen in der rezeptiven Ausrichtung auf überraschende und nichtkonventionelle Beziehungen verknüpfter Bildbereiche neue, in dem methodisch-experimentellen Verfahren intuitiv ‚registrierte' Bilder hervorbringen: Die „poetische Praxis der absoluten Metaphorisierung [geht] einher mit einer Bereitschaft für das Neue"[225]: „[W]ir [werden] nicht zu den abgegriffenen Metaphern zurückkehren, die uns die Pantoffeln der Gewohnheit anziehen, wir wollen eine Sprache des Katapults hören, sie soll Decken zum Einsturz bringen und die Stiere

---

221 Ebd., S. 34.
222 Die Fügungsregeln der Wörter lassen sich nach Jakobson mit relativer Freiheit behandeln: „Natürlich ist diese Freiheit [der Kombination] relativ: der Zwang, den feststehende Redewendungen ausüben, ist nicht unbeträchtlich. Dennoch ist die Freiheit, ganz neue Kontexte zusammenzustellen, unbestreitbar [...]. Bei der Satzbildung aus Wörtern besitzt der Sprecher größere Freiheit. Schließlich verlieren bei der Kombination von Sätzen zu größeren Äußerungen die obligatorischen syntaktischen Regeln ihre Wirksamkeit, so dass die Freiheit der individuellen Sprecher, neue Kontexte zu schaffen, in bedeutendem Maße wächst, obwohl auch hier die zahlreichen stereotypen Äußerungen nicht übersehen werden dürfen." (Jakobson, Der Doppelcharakter der Sprache, S. 325).
223 Lobsien, *Kunst der Assoziation*, S. 241. „Wenn die Sprache ein ‚système naturellement chaotique' ist, dann ist die Assoziation der Kern dieser Chaotisierung; und wenn Sprache sich nur sinnvoll begreifen und beschreiben lässt unter dem Gesichtspunkt einer ‚limitation de l'arbitraire', dann ist das allemal eine Limitierung der Assoziation." (Ebd.).
224 Einstein, *Die Kunst des 20. Jahrhunderts*, S. 174.
225 Bauer, Ähnlichkeit als Provokation, S. 118.

enthörnen",[226] so Aragon, der entsprechend der Betonung der genuinen Leistung der ‚lebendigen' Metapher eine scharfe Grenze zieht: „Poesie und Routine, Poesie und Idiotie dürfen nicht verwechselt werden, auch nicht Bild und Vergleich."[227] Dieser scharfe Angriff verdeutlicht, dass die surrealistische Programmatik „aggressiv gegen das vergleichende Denken opponiert."[228] Wie im Verweis auf Reverdys Definition deutet sich hier eine Metaphernkonzeption an, die mit der Vergleichstheorie bricht. Die „Vergleichsformel ‚ist wie'"[229] drückt nicht Vergleichbarkeit aus, sondern dient schlicht der Relationierung: „Der Sachverhalt soll gerade dadurch, dass er mit einem anderen zusammengezwungen wird, sein Eigenleben entfalten und nicht als bloßes Exempel einer allgemeinen Vergleichseigenschaft gelten können."[230] Die Indifferenz gegenüber der *Festlegung des Vergleichspunkts* markiert den Wechsel von einer Vergleichstheorie zu einer Spannungstheorie der Metapher, die Ähnlichkeit weder als Grund der Substitution noch als *tertium comparationis*, sondern als Effekt einer offenen Perspektivierung versteht. In der analogischen Struktur ‚blitzen' entfernte Ähnlichkeiten ‚auf', die in den metaphorischen Akten der Sprache allererst zu entdecken, nicht intentional vorwegzunehmen sind.

In der Identifikation der Operationen von Vergleich und Metapher und der Überdehnung der vergleichenden Metaphernkonzeption zeigt sich der Stellenwert der analogischen Struktur, die als „scheinbare Analogie jeder Logik entbehrt"[231]: Sie erlaubt die Freiheit der Perspektivierung, der Wahl des Aspekts, der Hinsichtlichkeit, die Ähnlichkeit als metaphorisch *hervorgebracht* oder *akzentuiert* reflektiert – von der sich lediglich im Blick auf eine *vergleichende* Konzeption der Metapher behaupten lässt, sie sei ‚fingiert' oder konstruiert: sie

---

226 Aragon, *Abhandlung über den Stil*, S. 88. Im „surrealistischen Experiment [geschieht] alles so, als ob sich die Kurve eines Pendels abzeichnete [...]. In wessen Namen wollten Sie die Variationen dieser Kurve diskutieren? Ihre Höhen, ihre Tiefen, ihre Unterbrechungen haben ihren Wert, weil sie Unbekanntes ausdrücken. Diejenigen, die das gegenwärtige Experiment ausdrücken, haben sich auf die Suche nach dem Unbekannten begeben." (Ebd., S. 124); „*Gut geschrieben* nenne ich das, was ohne Wiederholung auskommt." (Ebd., S. 125).
227 Ebd., S. 95. Aragons Würdigung Lautréamonts, dessen Murmeln er zu hören meint, und dessen ‚Metapherngewitter' gibt die Ausrichtung vor: „Stil nenne ich den Akzent, den die Flut des Ozeans der Symbole, der die Erde weltweit durch die Metapher unterhöhlt, annimmt, wenn sie von einem gegebenen Menschen zurückprallt. Und nun, Pferdeknecht, binde diese Definition los. Soll sie austreten und dir die Zähne einschlagen! Nun kann ich über den Stil Lautréamonts sprechen" (ebd. S. 133).
228 Strub, *Kalkulierte Absurditäten*, S. 472. Vgl. zu diesem bereits zitierten Befund Strubs auch Kap. I.3.1.
229 Zill, *Messkünstler und Rossebändiger*, S. 128.
230 Strub, *Kalkulierte Absurditäten*, S. 467.
231 Pastor, *Studien zum dichterischen Bild*, S. 21.

ist in der hergestellten Konstellation *realisiert* oder *neu ‚gesehen'*. Die dieser Konzeption implizite Abwertung des Vergleichs beruht auf seiner in vergleichstheoretischer Perspektive beschriebenen Funktion, die Metapher in Alltagssprache zu übersetzen, sie verständlich und kommensurabel zu machen.[232] Zudem ist sie der Tatsache geschuldet, dass der Vergleich aufgrund der festgelegten „semantische[n] Beziehungen zwischen den Vergleichsgliedern und feste[n] Eigenschaftszuschreibungen [...] keine Ähnlichkeiten neu schaffen"[233] kann, sondern in der Angabe des *tertium* die Spannung „der ungewöhnlichen Attribution entspannt",[234] dessen Bestimmbarkeit den Vergleich logisch legitimiert. Demgegenüber stiftet die Metapher, die Identitätsaussagen vornimmt, die sie zugleich „*als* Zuschreibung [...] problematisiert"[235], begriffliche und klassifikatorische Ordnungen querend, „Ähnlichkeiten zwischen eigentlich unähnlichen Dingen",[236] die anders nicht ‚sichtbar' würden. Die Regellosigkeit in der Festlegung eines Vergleichspunktes scheinbar beliebig auszunutzen, ist so eine präzise Intervention: In der Überdehnung der Analogie – der Struktur des Vergleichs und der Identifikation – kann das ‚Denken des übertragenden Blicks' potenziell unbegrenzt neue Zuordnungen und Umperspektivierungen vornehmen. Metaphorische Ähnlichkeit ist so nicht als onto-epistemologisch verifizierbare ‚partielle Identität' gedacht, sondern als *entgrenztes* Wirkprinzip eines Denkens, das den Übersprung über das Differente und die Suche nach Ähnlichem im Unähnlichen als Möglichkeit zur Realisierung ‚unscheinbarer Beziehungen' (Breton) provoziert. Diesem dynamischen Moment gibt Breton den Vorrang, wenn er in *Was der Surrealismus will* die Metapher der Analogie vorzieht: Er betont, „daß die Metapher, die im Surrealismus jede Freiheit genießt, die Analogie (die vorfabrizierte), [...] weit hinter sich lässt. Beide, Metapher und Analogie, gereichen zwar dem System der ‚Korrespondenzen' zur Ehre, doch sind sie voneinander entfernt wie Höhenflug von Tiefflug."[237]

Vor diesem Hintergrund ist die surrealistische Metapher gerade *nicht*, wie Willer im Blick auf ihren Anschluss an Lautréamonts „Hervorheben des Vergleichens"

---

232 Vgl. Strub, *Kalkulierte Absurditäten*, S. 384: „Dieses ‚wie' hat zumindest die Kraft, einen absurden Satz zu einem nichtabsurden Satz zu machen." Vgl. zum künstlerischen Vergleich Schklowskij, *Von der Unähnlichkeit des Ähnlichen in der Kunst*, S. 37.
233 Strub, Abbilden und Schaffen von Ähnlichkeiten, S. 120. Vgl. zum Vergleich auch Strub, *Kalkulierte Absurditäten*, S. 449.
234 Endres, Unähnliche Ähnlichkeit, S. 45: Bereits Aristoteles zieht die Metapher als „dynamische[s] Prinzip" dem Vergleich vor (ebd.).
235 Strub, *Kalkulierte Absurditäten*, S. 450.
236 Endres, Unähnliche Ähnlichkeit, S. 42.
237 Breton, Was der Surrealismus will, S. 131.

nahelegt, als eine Form des „Vergleichs ohne Ähnlichkeit"[238] zu interpretieren – selbst wenn, wie er weiter konzediert, Bretons Programmatik „die Differenz zwischen Metapher und Vergleich noch weiter, als dies in der klassischen Vergleichstheorie der Fall ist", zu reduzieren scheint.[239] Sie impliziert vielmehr eine Überbietung des Vergleichs, dessen Ähnlichkeitskriterium zu unspezifisch, zu trivial oder gewöhnlich ist, und seiner logischen Fundamente in Gattungsidentität, Eigenschaftsgleichheit und lexikalischer Etabliertheit: Es geht ihr weder um eigenschaftslogische Vergleichbarkeit – wie der generischen, auf einen gemeinsamen Gattungsbegriff fundierten Metapher Aristoteles' – oder die ‚Abbildung' einer anschaulichen oder im lexikalischen Inventar festgelegten Ähnlichkeit, sondern um die transgenerische Analogiemetapher, deren logisches Fundament überdehnt wird, um aus der Annäherung entstehende Beziehungen sichtbar zu machen. So lässt sich die surrealistische Metaphernkonzeption als Wiederaufnahme der Ästhetik des (Unähnlich-)Ähnlichen verstehen, an der die konzeptistische Kombinatorik, die Ähnlichkeitskonzeption der *metaphysical poets* und die romantische und symbolistische Bildsprache partizipieren, die „das Moment der Entdeckung entfernter Ähnlichkeiten als Fähigkeit zu tropischer Pointierung" herausstellen, die den logischen Verstand übertrumpft.[240] Die Überbietungsgeste des Surrealismus scheint in der des tropisch-kombinatorischen (Er-)Findens angelegt – jedoch mit der von Breton betonten Einschränkung, die das *ingeniöse* ‚Sehen' der entfernten Ähnlichkeit ‚als ein Zeichen von Begabung' zurücknimmt und

---

238 Willer, Metapher/metaphorisch, S. 127.
239 Ebd., S. 128.
240 Knörer, *Entfernte Ähnlichkeiten*, S. 16. Die Wirkungen der *konstruierten* Metapher (bzw. der von ihr konstruierten, teils rein sprachlichen Ähnlichkeitsrelationen) beschreibt Lachmann, Die ‚problematische Ähnlichkeit'; Wellbery zufolge macht die „Überlagerung von alternativen Lesarten [...] die eigentliche Kunst des *conceit* aus" (vgl. Wellbery, Übertragen, S. 142). Nebensächliches dient als Aufhänger der „künstlich erzwungen[en]" Metapher (ebd.). Die Konfrontation entgegengesetzter Bereiche, des Hohen und Niedrigen, Schönen und Hässlichen, Metaphysischen und Ephemeren, findet sich auch in der surrealistischen Metapher: „Unbeschreibliche Konfrontationen": „Ich bin der Goldschmied der Abfälle, ich fasse den nutzlosen Abfall ein"; „Ich spreche eine Trümmersprache, wo Sonne und Schutt nebeneinanderliegen."; „In meinem Stil gibt es genügend Platz für das Mutterkorn und die Reblaus" (Aragon, *Abhandlung über den Stil*, S. 111); *ergot*: Mutterkorn, in A.d.Ü. in Verbindung gebracht mit *argot*, übersetzt mit Slang / Gaunersprache, wäre auch zu beziehen auf „argut; zusammengefügt werden" (Knörer, *Entfernte Ähnlichkeiten*, S. 93), und die *argutezza* Gracians und Tesauros. Die Kombinatorik finde „in der über konventionelle Angemessenheiten hinausgreifenden Neu-Konstellierung von Dingen und Dingen sowie Dingen und Wörtern zu ungeahnten Ausdrucksmöglichkeiten"; darin liege ein Moment der „Erkenntnis, die als Analogon der in Begriffsbildung, Urteil, Schluss Dinge kompilierenden, Relationen herstellenden ‚Tropismen' des Verstandes gedacht wird, als Gegenstück, oder gar als deren Fundament." (Ebd., S. 19 f.).

den Initialmoment metaphorischer Rekombination an die Sprache selbst delegiert: Breton verweist in *Le Merveilleux contre le mystère* (1936) explizit auf diese Tradition, unterscheidet davon aber die „Kombinationsmöglichkeiten nach eigener Gesetzlichkeit und Affinität"[241] der Wörter: Der Dichter könne als ‚Meister' oder ‚Sklave' der Verbindungen auftreten. In der Sprache seien

> incluses des possibilités de contact beaucoup plus étroit entre les hommes que les lois qui président à un tel échange ne le font généralement supposer; la culture systématique de ces possibilités ne mènerait à rien moins qu'à la récréation du monde. Il va sans dire que le nouveau langage courant, le meilleur moyen qu'il a d'y parvenir étant de faire un sort exubérant à la valeur émotionnelle des mots. Cette vie émotionnelle des mots, très loin de n'être que fonction de leur sens, les dispose à ne se plaire les uns aux autres et à ne rayonner au-delà du sens que groupé selon des affinités secrètes, qui leur laissent toutes sortes de nouveaux moyens de se combiner. Ou les deux routes dont je parlais divergent, c'est à l'instant ou le poète *décide de se tenir pour le maître ou pour l'esclave de telles combinaisons.*[242]

In der Forderung der „passiven Hingabe" an die latente Assoziabilität der Sprache, die Schreibende durch eigene Intentionen nur verfremden können, richtet er sich gegen Zweckgebrauch und Kalkül, um sich „von den Worten das Ziel erst weisen [zu] lassen"[243]. Es handle sich um ein spezifisch modernes Problem seit Baudelaire,[244] in dessen Konsequenz es einen der folgenden Wege zu wählen gelte: In Abgrenzung zum Symbolismus, der nach dem *mystère* gestrebt habe, setzt Breton den Begriff des *merveilleux*. Die Surrealisten verstünden sich als ‚Sklaven' der Sprache:

> De l'instant où les mots sont appréciés sous un angle de plus en plus exclusivement affectif, où l'on prête à leur association, sous certaines formes, un pouvoir de liaison profonde, unique, d'un être à un autre, mieux même où l'on fait le rêve, par eux ‚de saisir l'Essence', il est clair que le comportement en matière de langage tendra de plus en plus se régler sur le comportement en amour.[245]

Während in der Tradition des ‚Unähnlich-Ähnlichen' die *ingeniöse* Verbindung von Witz und Scharfsinn bizarre oder kapriziöse Einfälle garantieren soll, um eine ‚Verähnlichung des Unähnlichen' (Endres) herbeizuführen oder eine ‚hinter der

---

241 Hölz, *Destruktion und Konstruktion*, S. 71.
242 André Breton, „Le Merveilleux contre le mystere", in: ders., *Œuvres complètes*, Bd. III, S. 653–658, S. 657.
243 Hölz, *Destruktion und Konstruktion*, S. 72.
244 Mallarmé betont das der Sprache eigene Agens, dem gegenüber der Dichter zurücktreten müsse, um „den Worten die Initiative zu überlassen" (Stéphane Mallarmé, „Crise de Vers", in: ders., *Œuvres complètes*, hg. v. Henri Mondor u. G. Jean-Aubry, Paris 1945, S. 360–368, S. 366).
245 Breton, Le Merveilleux contre le mystere, S. 658. Vgl. die Überlegungen Novalis' zu einer ‚sich selbst sprechenden' Sprache (Kap. I.2.5).

scheinbaren Unordnung und Disparatheit verborgene Ähnlichkeit aufzudecken' (Bauer),[246] überlassen sich die Surrealisten dem Vertrauen auf die ‚pouvoir de liaison profonde' der Sprache. Doch scheint diese Geste ebenso in der des kombinatorischen *(Er-)Findens von Ähnlichkeiten* angelegt wie die Nivellierung der Differenz von eigentlichem und uneigentlichem Sprechen: An die Stelle einer Auffassung der Metapher als Vorstufe begrifflicher Erkenntnis tritt die „Wahrheit des Poetischen, des Tropischen", die die „Wahrheit des Logischen" überbietet.[247] So wird auch dem neu ordnenden Blick des surrealistischen Dichters „die Besonderheit und Abgelegenheit"[248] der *entfernten* Ähnlichkeit zum ethisch-ästhetischen Eigenwert und zum Mittel, die Bahnen der Ideenassoziation, des „assoziierten System[s] von Gemeinplätzen"[249] und der ‚abgegriffenen' Metaphern zu verlassen.

Die poetologische Reflexion Bretons widmet sich wiederholt der Thematisierung der Frage nach dem Verhältnis der passiven, registrierenden Subjektposition und der über das Unbewusste und die Imagination vermittelten Ähnlichkeitsrelationen. Dieses auf Zufall und Willkür zurückgreifende, scheinbar ins Amimetische kippende Weltverhältnis des *(Er-)Findens* verweist auf den subjektiv-objektiven Doppelcharakter der Ähnlichkeitsfeststellung: Das ihm inhärente Ineinander konstruktiver – wobei sich das das konstruktive Moment der surrealistischen Programmatik zufolge auf das *rapprochement* beschränkt – und perzeptiver Momente vermag einen konstruktiv-gestaltenden und einen mimetisch-epistemologischen Pol des Weltverhältnisses zu vermitteln. Die surrealistische Metapher dient „nicht als Beschreibung einer bloßen Ähnlichkeitsrelation"[250], sondern der Eröffnung neuer Relationierungsmöglichkeiten „in einem metaphorischen oder sinnbildlichen Sprachgebrauch, wo die konventionelle Bedeutung der Wörter punktuell außer Kraft gesetzt wird, wo aber durch Analogierelationen unterschiedlichster Art neue Bedeutungsfüllungen wieder ermöglicht werden".[251] Indem sie – das ‚Fremdeste paarend und das Nächste trennend' – konventionalisierte Ähnlichkeitsrelationen diaphorisch zerreißt und in der ‚Aufhebung' der Unähnlichkeit epiphorisch rekonstituiert, reflektiert sie diese durch gezielte De- und Resemantisierung als sprachlich konstituiert. Sie wird so zum paradigmatischen Fall der ‚emphatischen' Metapher der Moderne, die die Reflexion auf sprachlich geknüpfte Ähnlichkeit vermittelt: „Die Metapher schafft etwas Neues in der Welt dadurch, dass sie aufgrund

---

246 Vgl. Bauer, Ähnlichkeit als Provokation, S. 134; Endres, Unähnliche Ähnlichkeit, S. 32.
247 Knörer, *Entfernte Ähnlichkeiten*, S. 20.
248 Ebd., S. 92. Vgl. dazu auch Kap. I.2.4. und Kap. I.3.1.
249 Zit. n. Zill, *Messkünstler und Rossebändiger*, S. 107. Der hier zitierte Ricœur diskutiert damit einen Ausdruck Blacks.
250 Strub, *Kalkulierte Absurditäten*, S. 453.
251 Köller, *Narrative Formen der Sprachreflexion*, S. 334.

4.2 ‚Das Fremdeste paarend und das Nächste trennend': Im Reich der Metapher

einer vorgegebenen Ähnlichkeit etwas Altes durch Verunähnlichung zerstört."[252] Sie dient, so Strub, einer sprachskeptischen „Selbstkritik der Ontologie der Erfindungswelt"[253], indem sie diese „offene Ontologie und ihre sprachlichen Grenzen"[254] reflektiert:

> Indem Metaphern Beliebiges zusammenzwingen, zerstören sie die in unserem sprachlich verfassten Weltbild festgelegten Ähnlichkeitsrelationen. Die moderne Metapher steht also dem Paradox viel näher als dem Vergleich: Sie ist ein Verunähnlichungs-, nicht ein Verähnlichungsinstrument. Das Funktionieren emphatischer Metaphern wäre als Zerstören alter Ähnlichkeiten durch das Provisorium neuer Verähnlichung zu begreifen.[255]

Eine diesen Doppelaspekt der Ver(un)ähnlichung fassende Rekonzeptualisierung der Funktion der Ähnlichkeit in einer Spannungstheorie der Metapher bietet, wie in den Ausführungen zur *Metapher* angedeutet, Ricœurs Modell der ‚lebendigen Metapher', das die Pole des *Diaphorischen* und des *Epiphorischen*, von semantischer Kollision und Übertragung zusammenschließt. Ricœur betont, dass „Spannung, Widerspruch und Kontroversheit nur die Kehrseite der Art von Annäherung sind, durch die die Metapher Sinn ergibt", und begründet so, dass „die Ähnlichkeit selbst auf Prädikation beruht und zwischen eben den Begriffen eintritt, zwischen denen die Spannung des Widerspruchs besteht."[256] Widerspruch und Kontroversheit sind Funktionen des Diaphorischen, während das Epiphorische das ikonische Moment der „Apperzeption" bezeichnet, das dem „‚Bild' den ersten Sinn dieser Übertragung in ihrem intuitiven Moment" zuweist, und zugleich den „vereinigende[n] Prozeß, die Art der Assimilierung, die zwischen fremden – weil voneinander entfernten – Ideen eintritt": ‚Epiphora' bezeichnet bei Aristoteles den Aspekt der „Transposition, Übertragung als solcher",[257] der das Ähnliche „vor Augen zu führen" vermag.[258]

---

252 Strub, Abbilden und Schaffen von Ähnlichkeiten, S. 123.
253 Ebd., S. 122. Strubs These zur modernen Redefinition der Leistungen der Metapher zufolge wird „[e]rst in dem Moment, in dem auf das Problem der Grenzerweiterung reflektiert wird, [...] auch auf die Eigenschaft der Metapher, die diese Grenzerweiterung ermöglicht, nämlich Emphatizität, reflektiert" (ebd.).
254 Ebd., S. 118. „Wenn Sprache nicht fähig ist, eine unvermittelte und eindeutige Erfahrung der Dinge selbst zu gewährleisten, so ist die Metapher eine Reflexion genau darauf – auf dieses notwendige Defizit, das als kontingentes Weltmodell gerade eine Toleranz gegenüber anderen zulassen muß" (S. 495). Vor dem Hintergrund der ‚whorfian hypothesis' kann die Reflexion nur eine *sprachliche* sein.
255 Ebd., S. 123.
256 Ricœur, *Die lebendige Metapher*, S. 183.
257 Ebd., S. 184.
258 Ebd., S. 190.

> Die Ähnlichkeit entspringt gleichursprünglich einem intuitiven Sehen und einer diskursiven Konstruktion. „Die Diaphora der Epiphora ist eben das Paradox, das dem ‚Blick' zugrundeliegt, der jenseits der Scheidung die Verbundenheit erkennt." Darin aber entspricht das Wirken der Ähnlichkeit dem Verhältnis von Identität und Differenz, das in die Spannungsmetapher eingegangen ist. Die Metapher auf das Wirken der Ähnlichkeit zurückzuführen, bedeutet deswegen nicht zwangsläufig, eine vorgängige Identität zu behaupten, sondern sichert gerade die Verschiedenheit des ungewohnt miteinander Verbundenen.[259]

Das paradoxe Ineinander von diaphorischem und epiphorischem Moment erkläre, so Ricœurs auch für die surrealistische Metapher aufschlussreiche These, das Changieren der Ähnlichkeit „zwischen der Logik der Proportionalität und der Bilderwelt des Ikonischen"[260]. Das im Unähnlichen übertragende Moment des imaginativen Blicks als potenziell entgrenztes epiphorisches Vermögen wirkt erst in der Unverbundenheit des diaphorisch Zusammengestellten. Die metaphorische Prädikation – ‚dies ist (wie) das' – bedingt die von Ricœur hervorgehobene Doppelung von ‚wörtlicher' Differenz, der „semantische[n] Impertinenz" syntaktischer Brüche, und ‚uneigentlicher' Identität der bildlichen Übertragung:[261] Die Metapher löst die Identität der üblichen Eigenschaftszuschreibung und fordert die Herstellung neuer Ähnlichkeiten heraus: „[M]an muß das Geheimnis der Metapher in den ungewohnten syntagmatischen Verbindungen, den neuen, rein kontextgebundenen Kombinationen suchen."[262] In dieser semantischen Störung und Wiederherstellung von Pertinenz (Kohäsion) veranschlagt Ricœur die logische Form der Ähnlichkeit in der metaphorischen Prädikation. „Bei dem Übergang von der semantischen Impertinenz zu einer neuen Pertinenz spielt die Ähnlichkeit eine unverzichtbare Rolle."[263] Sie dient – nach der Dekonstruktion eingeschliffener Assoziationen – der Bildung neuer Ähnlichkeitsrelationen, der Rekontextualisierung und Auflösung der Spannung in neuer Semantisierung: Die Metaphorik schafft Neues „auf der Grundlage einer bisher unbekannten, nun aber sichtbar gewordenen Ähnlichkeit. Zumindest ein analogiestiftendes Moment muß also auch für die Spannungsmetapher vorausgesetzt werden."[264] Die Offenheit der Perspektivierung und damit auch die Produktivität der Sprachbilder im Kontext, die in der Rezeption eine kognitive Reorganisation bedingen, machen die Quali-

---

259 Zit. n. Markus Buntfuss, *Tradition und Innovation. Die Funktion der Metapher in der theologischen Theoriesprache*, Berlin, New York 1997, S. 49; vgl. Ricœur, *Die lebendige Metapher*, S. 185.
260 Ricœur, *Die lebendige Metapher*, S. 181.
261 Ebd.
262 Ebd., S. 178.
263 Buntfuss, *Tradition und Innovation*, S. 49.
264 Ebd., S. 48.

4.2 ‚Das Fremdeste paarend und das Nächste trennend': Im Reich der Metapher — 469

tät der Übertragung aus, die erst nachträglich evaluiert werden kann, wenn in Folge des semantischen Schocks nach Beziehungsmöglichkeiten gesucht wird.[265]

> Daß Metaphern uns zu neuen Sichtweisen auf die Dinge verhelfen, heißt also nicht nur, daß sie eine Perspektive auf prinzipiell Vorhandenes auswählen [...], daß sie die Bewegung unseres geistigen Auges lenken, sondern daß sie selbst verändernd in die Konstruktion unseres mentalen Bildes eingreifen, dies allerdings nur unter Voraussetzung bestimmter Ähnlichkeitsannahmen. *Ohne die Analogie als regulatives Prinzip ist die Arbeit der Metapher nicht zu verstehen.*[266]

Eine entsprechende Rezeptionshaltung fordert die surrealistische Metapher von den Lesenden, die sie in die (Re-)Konstrution von Ähnlichkeiten und damit die Resemantisierung einbezieht. Die ‚lebendige' Metapher, die neue Beziehungen (er-)findet, ist in Bezug auf ihre Auflösung unökonomisch, da sie eine umwegige Ableitung verlangt, ein kognitiv forderndes Rätsellösen, das die semantischen Netze der Wörter aktiviert: Dabei kann sie auf die Assoziabilität der Sprache und die Variationsmöglichkeiten der „Enzyklopädie" zurückgreifen.[267] Das Sprachbild delegiert in seiner Inkongruenz die Suche nach einem epiphorischen Moment in den aufgerufenen Assoziationsfeldern an die Lesenden; durch die Blockade und den Aufschub des Ähnlichkeitsurteils provoziert es eine Deutungsaktivität, die den Doppelcharakter der Ähnlichkeit als ge- und erfundene, vorgefundene und hineingesehene nachvollziehen lässt.[268] So bestimmt die von der Interaktionstheorie beschriebene kognitive Reorganisation (*reframing*) bereits eine Wirkungsintention der surrealistischen Metapher: Ihre Übertragungsmöglichkeiten werden wirksam, wo sie eine semantische Reorganisation erfordern, die mit „weltorientierenden Konsequenzen [...] ‚etwas [...] *als* etwas sichtbar'"[269] macht. Dabei kann das Konzept des *image* auch an seit der Antike mit Sprachbildlichkeit verbundene Mechanismen *lebendigen bildhaften* Darstel-

---

[265] Wellbery zufolge verweist der „‚blitzartige Schock'" auf die „Aufdeckung einer Erfahrungslücke" und die Möglichkeit eines „fruchtbaren Umgang" damit (Strub, *Kalkulierte Absurditäten*, S. 456). „Metaphern sind Aufforderungen zum Perspektivenwechsel": Sie indizieren „diagnostisch das Problematische scheinbar schon geschlossener Erfahrungslücken" (ebd., S. 495f.).
[266] Zill, *Messkünstler und Rossebändiger*, S. 123. Diese Sichtweise finde nach einer Phase der Ähnlichkeitskritik in der Metapherntheorie „in neuerer Zeit wieder mehr Zustimmung" (ebd., S. 123, Anm. 183); vgl. den Verweis auf Sybille Krämer, „Die Suspendierung des Buchstäblichen. Über die Entstehung metaphorischer Bedeutung", in: *Allgemeine Zeitschrift für Philosophie*, 15, 2 (1990), S. 61–68.
[267] Eco, *Semiotik und Philosophie der Sprache*, S. 183: „[D]ie Enzyklopädie erlaubt der Phantasie (selbst der visuellen) voranzupreschen, und das beständige Gewebe der Semiose wird von Allianzen und Unvereinbarkeiten belebt."
[268] Vgl. Kaffenberger, Walter Benjamins Theorie des Ähnlichen, S. 49.
[269] Majetschak, Sichtbare Metaphern, S. 244 (imVerweis auf Gottfried Boehm).

lens anschließen, die etwas anschaulich ‚vor Augen führen' – als „*enargeia*"[270] bezeichnet, als Prämisse der Bildübertragung, die der „*Ähnlichkeit zwischen Wort und Bild*"[271] und dem „klassischen Modell der Sprachkommunikation im ganzen zugrunde" liegt.[272] Die Destabilisierung vereindeutigender identitätslogischer Denkweisen und die Steigerung imaginativer und assoziativer Fähigkeiten sind zentrale Lehren der surrealistischen ‚Vorschule' eines *dérèglement*, einer Entautomatisierung des Denkens, die rezeptionsästhetisch wirken soll, um die „Sensibilität de[r] Aufnehmenden [zu] verändern".[273]

Um detaillierter aufzuzeigen, wie sich die diaphorisch-epiphorische, *unähnliche Ähnlichkeit* von vergleichendem Denken absetzt, lassen sich die Rekonzeptualisierung der Ähnlichkeit im Prozess der Metaphern*bildung* und ihr Wirken innerhalb der Struktur der Spannungsmetapher anhand des paradigmatischen Modells des surrealistischen Sprachbildes nachvollziehen; bezeichnenderweise handelt es sich dabei um einen Zufallsfund der Surrealisten.

4.3 Im ‚Tropenlaboratorium': Der Seziertisch und die Alchemie des Wortes

> Les „beau comme" de Lautréamont constituent le manifeste même de la poésie convulsive. (André Breton)[274]

---

270 Koschorke, *Körperströme und Schriftverkehr*, S. 355.
271 Ebd., S. 354.
272 Ebd., S. 356. Die mit seiner „Anschaulichkeit" verbundene „besondere ‚Wirksamkeit' (energeia)" soll unbegriffliche „Erkenntnisse auf einem spezifischen, nicht-propositionalen Weg vermittel[n]" (Specht, Experiment und Metapher, S. 257).
273 Bürger, *Der französische Surrealismus*, S. 79: „[I]n dieser Veränderung der Sensibilität des Publikums sieht Breton [...] den surrealistischen Beitrag zu einer Veränderung der Gesellschaft" (ebd.). Einstein (*Die Kunst des 20. Jahrhunderts*, S. 173) spricht von einer „Infektion, also Übertragung des somnambulen oder besessenen Ablaufs auf den Beschauer". Malinowskis Thesen zur Sprachmagie beschreiben ein „Konzept der phatischen Sprachfunktion, das Roman Jakobson später aufgreifen sollte." (Gess, Anthropologie und Metapherntheorie, S. 653): So müsse „eine gewisse Art von Berührung zwischen den Gesprächspartnern bestehen, um die Übermittlung der Mitteilung zu garantieren" (Jakobson, Der Doppelcharakter der Sprache S. 327); der gemeinsame Referenzrahmen ist hier weniger die „Gleichwertigkeit zwischen den Symbolen" (ebd.) als die kognitive Reorganisation, die aus dem negativen Bezug auf Etabliertes möglich wird.
274 Breton, „L'Amour fou", in: *Œuvres complètes*, S. 671–785, S. 679. Vgl. zu dem in der Überschrift zitierten „Tropenlaboratorium" Barthes, Arcimboldo, S. 142. Von der „Alchemie des Wortes" [„Alchimie du verbe"] spricht im Anschluss an Rimbaud Breton, Zweites Manifest des Surrealismus, S. 89 [„Second Manifeste du surréalisme", in: *Œuvres complètes*, Bd. I, S. 775–837, S. 818].

4.3 Im ‚Tropenlaboratorium': Der Seziertisch und die Alchemie des Wortes — 471

Die Charakteristika des surrealistischen Sprachbildes lassen sich exemplarisch an seinem „Urbild"[275] *avant la lettre* analysieren, auf das nicht nur Breton wiederholt rekurriert, sondern das etwa auch Max Ernst für seine Konzeption der Montage übernimmt. Ein gemeinsamer Bezugspunkt der surrealistischen Ästhetik ist die berühmteste der „‚beau-comme'-Analogien"[276] Lautréamonts aus *Les Chants de Maldoror*, die als „Formel für die surrealistische Bildsprache"[277] zum ästhetischen Modell sowohl der Metapher als auch des „Montageprinzips" wird:[278] „*schön [...] wie die unvermutete Begegnung einer Nähmaschine und eines Regenschirms auf dem Seziertisch!*"[279] Sie scheint Reverdys Definition des Bildes als „ästhetischen Grundsatz" vorwegzunehmen, der „die poetische Notwendigkeit der dissoziierenden Metaphern" propagiert, und bedingt Lautréamonts „Aneignung" durch die Surrealisten.[280] Eine Analyse dieses beinahe „zu einem Klischee verkommene[n] Vergleich[s]"[281] erweist sich als erstaunlich auf-

---

275 Bürger, *Der französische Surrealismus*, S. 79.
276 Karlheinz Barck, „Phantasie und Bilderrausch im Surrealismus. In zwei Sätzen und einer Coda", in: Gerhard Bauer, Robert Stockhammer (Hg.), *Möglichkeitssinn. Phantasie und Phantastik in der Erzählliteratur des 20. Jahrhunderts*, Wiesbaden 2000, S. 135–146, S. 142.
277 Willer, Metapher/ metaphorisch, S. 127.
278 Lichtenstern, *Metamorphose*, S. 133. Lautréamont wird von Breton als Surrealist *avant la lettre* benannt (vgl. Breton, Erstes Manifest des Surrealismus, S. 27). Auch *Les Pas perdus* (1924) verweist auf Lautréamonts „poetisches Verfahren, welches die Schönheit überall entdeckte", und das zum „ästhetischen Paradigma des Collage- und Montageprinzips des Surrealismus avanciert" (ebd., S. 133). Vgl. auch Barck, Phantasie und Bilderrausch, S. 141f.: „Grundmodell dieser poetischen Praxis, [...] die von der Verschiebung gewohnter und sprachlich repräsentierter Beziehungen zwischen Dingen und Verhältnissen lebt, waren die *Chants de Maldoror*".
279 Lautréamont, Die Gesänge des Maldoror, S. 223 [Hv.: S. B.] [„beau comme la rencontre fortuite, sur une table de dissection, d'une machine à coudre et d'un parapluie" (zit. n. André Breton, Paul Éluard, „Enquête sur la rencontre", in: *Minotaure* 3, 4 (1933), S. 101–116, S. 101)]. Zur Formel geworden, ist das Gleichnis aus den *Gesängen des Maldoror* vielzitierter Gemeinplatz, wobei der Kontext meist übergangen wird: Hier geht es um die Verdichtung der Spannung einer Situation im sechsten Gesang, in der Maldoror Mervyn verfolgt; das letzte der zu dessen Beschreibung eingesetzten absurden Gleichnisse ist das Bild des Seziertisches. Darauf verweist auch Lichtenstern: Lautréamont ziele drauf, mittels „sämtlich auf Bedrohung und Verletzung zielenden Bildern gleichsam der Schönheit das nahende Ende ins Gesicht zu schreiben. Er tut dies mit einem unerbittlich sich steigernden Dirigismus der Metaphern, der an dieser Stelle jedenfalls kaum den Lautréamont so oft unterstellten Automatismus bezeugt." (Lichtenstern, *Metamorphose*, S. 133).
280 Lichtenstern, *Metamorphose*, S. 133 u. 134. Lichtenstern betont, dass Lautréamont für die Surrealisten „nicht nur [...] in poetologischer Hinsicht wegen seines Gebrauchs der dissoziierenden Metapher wichtig war, sondern gerade auch als Erfinder der ‚modernen Mythologie'"; vgl. zu der „zweifache[n] Aneignung von Lautréamonts Metamorphose als ‚Prinzip' der Wortgestaltung *und* als ‚Mythos'" ebd., S. 134.
281 Barck, Phantasie und Bilderrausch, S. 142.

schlussreich für ein genaueres Verständnis der surrealistischen Rekonzeptualisierung metaphorischer Ähnlichkeit: Das katachrestische Bild, als Paradigma „ästhetischer Bizarrerie"[282] gelesen, lässt die Wirkungsweise der *unähnlichen Ähnlichkeit* exemplarisch nachvollziehen. Es veranschaulicht die Operationen des Metaphorisierens und Analogisierens sowie die Funktion des expliziten und impliziten ‚wie' in der paradoxen Überlagerung von Inkongruenz und Übertragung – als eine „Metapher der Metapher"[283], die die Strukturen surrealistischer (Sprach-)Bilder modelliert. In hohem Maße selbstreflexiv, ist das Bild gerade dann metaphorisch zu verstehen, wenn seine Aspekte entfaltet werden. So lässt sich nicht nur die *Begegnung* als Metapher der Metapher, sondern auch der *Seziertisch selbst* als Metapher der Metaphorizität und die Rahmenkonstruktion ‚*schön wie*' als metaphorischer Ausdruck der formelhaften Vergleichs-Struktur bezeichnen, die das einzelne Sprachbild mit dem Kontext verbinden, auf das Wirken der metaphorischen Prädikation verweisend. Dass das Zusammentreffen all dieser Elemente nicht auf vorgängiger Ähnlichkeit beruht, lässt sich als Travestie der logischen Grundlagen des Vergleichs lesen: In der Gleichsetzung des Ungleichen und der Herstellung von Ähnlichkeit im Unähnlichen stellt das Bild die ‚problematische' Ähnlichkeit der modernen Metaphorik aus.

Die Entschlüsselung dieses ‚Rätsels' hat mehrere Ebenen: Zunächst entziehen sich die Glieder seines Rahmens (... *beau comme* ...) der Vergleichbarkeit: Der ‚Vergleich' muss als Gleichnis aufgefasst, metaphorisch verstanden werden; dabei interpretiert – beim Wort genommen und zugleich interaktionistisch gelesen – das im eigentlichen Sinn metaphorische Glied das andere neu, indem es das Konzept ‚Schönheit' durch eine neue Zuschreibung reperspektiviert.[284]

---

282 Zimmermann, Philosophische Horizonte der *Histoire Naturelle* von Max Ernst, S. 15.
283 Michael Riffaterre, „Die Reihenmetapher in der surrealistischen Dichtung", in: Bürger (Hg.), *Surrealismus*, S. 207–230, S. 221 [„La Métaphore fille dans la poésie surréaliste", in: *Langue française* 3 (1969), S. 46–60].
284 Vgl. Ortonys Unterscheidung von Unterscheidung und Gleichnis als „‚literal comparisons and [...] similes as being ‚unliteral comparisons'" (Ortony, The role of similarity, S. 192). Das katachrestische Gleichnis eröffnet einen Auslegungsprozess, der zugleich die Frage nach dem ‚Schönen' neu perspektiviert: Wo der ‚topic' unterdeterminiert ist, kann neues Wissen entstehen – durch „predicates [...] introduced as new predicates as a result of the comparision process" (ebd., S. 199). In der asymmetrischen Übertragung des ‚focus' auf den ‚frame', die Satzaussage, wird das Wort ‚schön' neu ‚gerahmt'. Schon der äußerste Auslegungsschritt des Bildes ist so selbstreflexiv, insofern er neben dem Hinweis auf die Historizität ästhetischer Urteile zugleich den Anspruch ihrer Reform formuliert, zu der das Bild selbst den Schlüssel liefert: Was ‚schön' ist, kann nur ästhetisch (neu)definiert werden – hier durch die Dekonstruktion der Konzeption des klassischen, harmonisch-vollendeten, autonomen, geschlossenen Kunstwerks und die Setzung einer neuen Vorstellung von ästhetischer Qualität, die die kombinatorische Methode hervorbringt. Einstein zufolge sollen auch die bildenden Künstler die Wertmaßstäbe der

Der „Rahmen"²⁸⁵ der Interaktion stellt nicht nur selbst die Konstruktion einer diaphorischen Metapher dar, sondern verweist zugleich auf den poetischen Ko-Text – den auch Bretons im Plural stehendes „Les ‚beau comme' de Lautréamont" betont; von Ricœur stammt der „Vorschlag, die Beziehung zwischen Metapher und Text selbst wieder als Interaktionsverhältnis zu deuten."²⁸⁶ Die ‚kühne' Metapher der *Begegnung* – Metapher (in) der Metapher – stellt das diaphorische Moment der Zufallsbegegnung, der Kombination des Heterogenen und der Katachrese aus, die die Möglichkeit der epiphorischen Übertragung als (Re-)Konstruktion semantischer Ähnlichkeit vorerst offen lässt: Ziel ist zunächst der Reorganisationsprozess selbst. Wird, um die Metapher zu entschlüsseln, in ihrem ‚Inneren' nach einem *tertium* gesucht, so zeigt sich, dass die denotierten Gegenstände Regenschirm und Nähmaschine äußerlich so wenig Ähnlichkeiten haben wie die Wörter (*machine à coudre* und *parapluie*) und Vorstellungsbilder: Ihre Gemeinsamkeit besteht allein darin, dass es sich um „industriell gefertigte Gegenstände" handelt, die ihr Zusammentreffen dekontextualisiert, isoliert und jedem Zweckgebrauch entfremdet:²⁸⁷ Die ungewöhnliche Konstellation kombiniert sie zu einer neuen Sinneinheit, die den Schock semantischer Impertinenz vermittelt. Diese Suchbewegung stößt also an Grenzen, die auf den rätselhaften Selbstzweck der Begegnung verweisen, was zugleich eine Suche nach tieferliegenden Ähnlichkeitsrelationen motiviert. Die Gleichung führe, so Claude Lévi-Strauss, wo sie „*seziert*" werde, „auf die Fährte eines ganzen Systems, in dem Übereinstimmungen und Differenzen aufeinander reagieren"²⁸⁸ – „ein doppeltes Spiel von Opposition und Korrelation [...] einerseits zwischen einer komplexen Figur und dem Hintergrund, auf dem sie sich abzeichnet, andererseits

---

klassischen Ästhetik (Schönheit, „Bildvollendung") überwinden und „die Bezirke des Traumes und des Unbewußten" dem Bild erschließen (Einstein, *Die Kunst des 20. Jahrhunderts*, S. 164).
285 Zill, *Messkünstler und Rossebändiger*, S. 106.
286 Ebd., S. 108.
287 Lévi-Strauss, Meditative Malerei, S. 356. Das „Konzept der Verfremdung" entnimmt bereits die concettistische Ästhetik Aristoteles' Begriff des *xenikon*, was in der Romantik und noch im Surrealismus nachwirkt (Lachmann, Die ‚problematische Ähnlichkeit', S. 91).
288 Lévi-Strauss, Meditative Malerei, S. 357. Lévi-Strauss versucht sich an einer Gegenüberstellung der Funktionen der Gegenstände und ihrer Bezeichnungen als der beiden parallel zu lesenden Ebenen. Er will in der Formel des Surrealismus die strukturale Methode „wieder erkennen": „Die strukturalistische Methode arbeitet, wie man weiß, mit der Freilegung und systematischen Auswertung von binären Oppositionen [...]" (ebd., S. 356); „die gleichzeitige Anwesenheit der beiden ungewöhnlichen Gegenstände [...] auf dieser besonderen Art von Tisch fordert dazu auf, die Ungebührlichkeit ihrer Zusammenstellung aufzulösen, indem man sie selbst und ihren Zusammenhang *seziert*." (Ebd.)

zwischen den konstitutiven Elementen der Figur selbst."²⁸⁹ Das Bild lässt sich so in die konstituierenden Aspekte der Metapher auseinanderlegen: Regenschirm und Nähmaschine stehen mit Lévi-Strauss nicht nur für die metaphorischen Glieder des Bildes, sondern sogar für ‚entgegengesetzte Metaphern' in einem neuen textuellen Kontext, den ihr Rahmen andeutet:

> Die zunächst unlösbare Gleichung [...] kann gelöst werden, wenn das unerwartete Zusammentreffen der beiden Gegenstände nachdrücklich dadurch motiviert wird, dass sie selbst mit einem dritten in Zusammenhang gebracht werden; denn dieser liefert den Schlüssel zur Analyse ihres Begriffs. Als gänzlich verschiedene Gegenstände werden die ersteren in einander entgegengesetzte Metaphern transformiert [...].²⁹⁰

Der *Seziertisch* verbildlicht damit die Funktion des metaphorischen *Grundes*, die über eine im *tertium comparationis* vorfindliche Ähnlichkeit der Glieder hinausgeht, indem sie in bestem Doppelsinn *operativ* wird: „‚Resemblances are commonly the ostensive ground of the metaphor; but the operative ground is usually much wider'"²⁹¹, so Richards. Zugleich steht er mit Lévi-Strauss für die Ebene der poetischen Textgenese. Die *Begegnung* lässt sich als Metapher für das diaphorisch-epiphorische Doppelspiel des surrealistischen Sprachbildes lesen, das nicht intentional konstruiert ist, sondern als beobachtbar (vor dem Hintergrund der an der modernen Lebenswelt geübten imaginären Übertragung etwa im Schaufenster), ‚zufallend' und ‚autopoietisch' wirkend suggeriert wird.²⁹² Dabei lädt die semantische Inkongruenz diese Reflexionsfigur des Sprachbilds mit extremer *Spannung* zwischen den Bildelementen auf, die die Überschreitung logischer Widerstände, die Störung sprachlicher Konventionen und die Aufdehnung der Grenzen des Sinns²⁹³ anzeigt: Die Fügung figuriert als eine „Spreng-Metaphorik"²⁹⁴, in der die innere Distanz des Zusammengezwungenen weniger auf intelligible *Lösung* als auf energetische Entladung zu drängen scheint, die in der *Überwindung der Unähnlichkeit* überspringende Funken schlägt. Solche katachrestischen Effekte nicht nur der einzelnen Metapher, sondern auch im poetischen Ko-Text untersucht auch die Witz- und Humortheorie: Angesichts der „catachresis embracing two novel metaphors, an additional layer of resolvable incongruity emerges between

---

289 Ebd., S. 356.
290 Ebd., S. 357.
291 Richards, zit. n. Strub, *Kalkulierte Absurditäten*, S. 448.
292 Lichtenstern (*Metamorphose*, S. 133) zufolge belegt dieses Bild „kaum den Lautréamont so oft unterstellten Automatismus."
293 Vgl. Hedges, Surrealist metaphor, S. 283f.
294 Kaffenberger, Walter Benjamins Theorie des Ähnlichen, S. 42.

the two adjacent metaphors".[295] Nicht zuletzt im Blick auf das Nachwirken der „concettistischen ‚Vereinigungskunst des Heterogenen'" im ‚gewitzten' (Er-)Finden entfernter Ähnlichkeiten in der Romantik[296] und noch der surrealistischen Metapher, die das Assoziationsprinzip kreuzt und die Analogie überspannt, erscheint hier ein Begriff der Humortheorie treffend: Die Funktionsweise des Sprachbilds entspricht der von Arthur Koestler beschriebenen „Bisoziation"; den „bisoziativen Schock"[297] beschreibt er als „das Wahrnehmen einer Situation oder eines Geschehnisses in zwei gewöhnlich unvereinbaren Assoziationszusammenhängen. Die Folge ist ein jähes Übertragen des Gedankenganges von einer Matrix auf eine andere"[298]. Die Freisetzung einer „Affektladung" in einer *„Explosion* [...] oder *Erdung* der partizipatorischen Tendenzen" zeigt die „Kraft blitzartiger Erleuchtung" durch eine „plötzliche Umkehr der Logik, eine ironische Wendung oder eine Beleidigung des gesunden Sachverstands"[299].

Dabei bliebe das surrealistische Bild in der Inkongruenz fixiert, käme es nicht zu einer *Reorganisation*, die die Unähnlichkeit der Spannungsmetapher überwindet. Sie geschieht ‚auf dem *Seziertisch*', dem *operative ground* der Metapher, der, statt metaphorische Ähnlichkeit durch ein *tertium comparationis* anzuzeigen, zwischen der innersprachlichen Ebene diaphorischen Zusammentreffens und epiphorischer Übertragung changiert. Diese Reorganisation erhellt auch Ernsts Montagekonzept – entgegen der Einschätzung Willers, er *verändere* „den

---

295 Dynel, Creative metaphor, S. 44. Dynel bezeichnet solche Fügungen als „[h]umorous incongruity within the vignette of the vehicle" (ebd., S. 42), die zur ‚Meta-Inkongruenz' einer „higher level incongruity" führt (ebd., S. 40).
296 Greber, *Textile Texte*, S. 475. Vgl. dazu Kap. II.2.4 und II.2.5.
297 Koestler, *Der göttliche Funke*, S. 88. Vgl. Holländer, Ars inveniendi et investigandi, S. 253: Die Kombinatorik bringe selbstverständliche wie absurde Bilder hervor. „Aber in einigen von ihnen prallt Disparates so aufeinander, daß eine Zündung erfolgt, die Elemente treten in einen unerwarteten Kontakt zueinander, und es entsteht etwas Neues. Diese Zündung ist ein Modell der Phantasie", der Bisoziation verwandt: Die „Disparatheit der Elemente" sei der Assoziation des Verstandes gegenläufig, „der nur seine bereits gewohnten Kombinationen abwandelt".
298 Ebd., S. 93. Köstler verweist auf den ‚topischen' Eigenwert des humorvollen Geistesblitzes: „Intuitionen sind wie unerwartete Funken oder Kurzschlüsse der Vernunft." (Ebd., S. 226) „Die komische Entdeckung weist auf ein Paradoxon hin, die wissenschaftliche Entdeckung hebt es auf." (Ebd., S. 92) Vgl. auch Aragon: „Der Humor meint, wo eine Lösung ist, gibt es keinen Humor. Und ich füge hinzu, denn er selbst ist zu bescheiden, auch keine Poesie." (Aragon, *Abhandlung über den Stil*, S. 121): „Das Bild ist übrigens das Vehikel des Humors und in proportionaler Umkehrung macht der Humor die Kraft des Bildes aus. Vergleichen Sie zwei willkürlich gewählte Bilder und sie werden baff sein. Das erklärt auch ihr Altern, denn der Humor ist nur für eine kurze Zeitspanne an das Bild gebunden [...]. Das ist die Grundlage des Gedankens vom Neuen in der Poesie" (ebd., S. 87 f.).
299 Koestler, *Der göttliche Funke*, S. 85 f.

Sinn der literarischen Juxtaposition dadurch einschneidend, daß er die Ortsbestimmung (‚auf dem Seziertisch') verselbstständigt. Die Ebene der Begegnung wird zu einem eigenständigen Operationsfeld, das der Collage, die sich in einen strukturierten Bildraum einzufügen hat."[300] Die ‚Ortsbestimmung auf dem Seziertisch' erweist sich jedoch auch in der Metapher als vermeintlich fester Grund – ganz im Gegensatz zu der ihm, wie einleitend zitiert, von Foucault zugeschriebenen Funktion als Tableau einer ‚Ordnungsarbeit'. In der Eigenschaft, ein „drittes Ding"[301] zu sein, verweist er auf eine Ähnlichkeitsrelation der Bildelemente, die eher als eine Art *Familienähnlichkeit* denn als gemeinsame Eigenschaft aufzufassen wäre.[302] Die gemeinsame ‚Dinghaftigkeit' festzustellen, ist tautologisch, wie die moderne Metapherntheorie beklagt – „‚is a thing'" sagt allenfalls etwas über das ‚Quellgebiet' surrealistischer Metaphern.[303] Vielmehr stellt der Seziertisch als Ebene der Kombination der ‚auf' ihn gesetzten Gegenstände den ‚Grund', auf dem die Unähnlichkeit erst wirksam wird, indem er sie *aktiviert*. Er offenbart den Ort metaphorischer Wirksamkeit im richtungsoffenen „Zusammenspiel zwischen ostensiver Ähnlichkeit und operativer Neuheit":

> Wenn auch am Anfang der Metaphernproduktion der Schock des unlegitimierten Zusammenzwingens stehen muß, kommt der Metaphernrezipient dennoch nicht darum herum, einen noch so geringfügigen Grund für dieses Zusammenzwingen (den ‚ostensive ground' [...]) zu suchen – eben eine Ähnlichkeit zwischen den Elementen.[304]

Indem sie sich über das Fehlen verbindlicher *tertia comparationis* hinwegsetzt, arbeitet die Metaphorik in einer Gleichnis-Struktur, die dazu auffordert, ihre Willkür durch Ähnlichkeitsaspekte zu überbrücken, die in der epiphorischen Reorganisation neue Kohärenz herstellen. Auf die Realisierungsmöglichkeiten dieser semantischen Integration verweist die imaginative Perspektivierung, die Ricœur

---

300 Willer, Metapher/metaphorisch, S. 128 (im Verweis auf Werner Spies).
301 Prange, *Der Verrat der Bilder*, S. 69. Die Thematik wird im Blick auf Foucaults Auseinandersetzung mit Magritte erneut aufgegriffen.
302 Als *Familienähnlichkeit* lässt sie sich bezeichnen, insofern metaphorische Ähnlichkeit ‚verwandtschaftsanaloge' Bezüge stiftet: Eine Verwandtschaft betrifft die gemeinsame Prädikation, ein Ding zu sein, nur vage; doch der *operative ground* ist kein ‚Container' gemeinsamer Eigenschaften.
303 Ortony, The role of similarity, S. 192. Der Ersatz durch einen Vergleich (im *Hinblick* darauf, ein Ding mit Werkzeugcharakter zu sein) birgt keinen Erkenntnisgewinn: Er bewiese nur die Ubiquität von Vergleichen und ihren tautologischen Wahrheitswert.
304 Strub, *Kalkulierte Absurditäten*, S. 477. Ortony beschreibt dies als Versuch der Resemantisierung infolge der durch den Vergleich verletzten Konventionen: „The hearer would then assume that there is a detectible basis for comparison and would engage in processes that might help find it." (Ortony, The role of similarity, S. 198).

als poetisch „gestimmtes Imaginieren"³⁰⁵ bezeichnet. Das Gleichnis Lautréamonts bietet dieses Ableitungskriterium durch den Wechsel in ein organisches Register an, dessen Konnotation im Begriff des *Seziertischs* mitschwingt. Das Sezieren als Methode der *„anatomischen Zergliederung"*³⁰⁶ verweist metaphorisch auf die analytische Zerlegung unbelebter Gegenstände oder Obduktion des ‚toten' Sprachmaterials – den *Schnitt* durch dessen Beziehungsgefüge, die *Trennung* des Verbundenen: Der Seziertisch erscheint so als sprachlich-imaginärer Ort, an dem Sprache ‚operabel' wird, der zugleich der (Re-)Konstruktion subkutaner Beziehungen dienen mag. Das so ausgelöste Reflexionsspiel suggeriert eine imaginative *Verlebendigung*, indem es die Wörter (bzw. Dinge und Bilder) auf dem Seziertisch „in reale oder potenzielle Geschichten verstrickt":³⁰⁷ Sie werden, imaginär aktiviert, zu Agenten ihrer eigenen Verwandlung. Die anthropomorph konnotierte Metapher der *Begegnung* steigert die syntaktische Kontiguität bildlich zur körperlichen Berührung, zum *Kontakt* der Elemente, deren semantische Spannung eine selbsttätige Auflösung durch Übertragung aufeinander nahe legt; die körperlich-anatomische Konnotation legt die Analogie der Kopulation nahe – die Breton auch ausführt, der die vereinten Dinge in *Les Vases communicants* als „Sexualsymbole"³⁰⁸ auslegt. Seine Schrifttheorie evoziert eine solche Dimension über eine paraerotische Bedeutungsebene: „‚Les mots font l'amour'".³⁰⁹ Spannung und

---

305 Zit. n. Strub, *Kalkulierte Absurditäten*, S. 474, Anm. 10.
306 Foucault, *Die Ordnung der Dinge*, S. 330. In Platons *Kratylos* orientiert die *physei*-These die ‚Richtigkeit der Namen' an der *inneren* Natur der Dinge: „Ebenso wie derjenige, der etwas zerschneiden wolle, nur dann erfolgreich sei, wenn er sich dabei an der Natur dessen orientiere, was er zerschneiden wolle, so müsse sich auch der gute Wortbildner an der Struktur dessen orientieren, was er unterscheiden wolle." (Köller, *Narrative Formen der Sprachreflexion*, S. 326).
307 Köller, *Narrative Formen der Sprachreflexion*, S. 309.
308 Breton, *Die kommunizierenden Röhren*, S. 46. Die Bedeutungsebene ist zentral für Bretons in *L'Amour fou* und *Nadja* ausgeführte Konzeption: „Die Schönheit wird *konvulsiv* sein oder nicht sein" (André Breton, *Nadja*, Frankfurt a. M. 2002, S. 138). Das Objekt des surrealistischen Schreibens „must answer in some veiled way to the poet's [...]; must combine contradictory attributes, for example, explosive/mobile, strength/fragility, animate/inanimate" (Hedges, Surrealist metaphor, S. 275). Breton suggeriert die anthropomorphisierende Einschreibung von Geschlecht auch in dem mit Soupault verfassten Sketch *Vous m' oublierez*: „‚Regenschirm' [...] ist das strenge, männliche Formprinzip. Im Namen ‚parapluie' liegt [...] eine Anspielung auf die Zeit. Zeit und Wetter werden bekanntlich im Französischen mit dem gleichen Wort ‚temps' bezeichnet. Wie der Regenschirm gegen die Unbilden des Wetters schützt, so trotzt der Formwille der Zeit." (Lenk, *Der springende Narziss*, S. 40) Die Nähmaschine assoziiert Lenk mit der „Hysterikerin": „‚Nähmaschine' liebt ‚Regenschirm'" (ebd.).
309 Zit. n. Hötter, *Surrealismus und Identität*, S. 35. Hötter verbindet die „Liebesmetapher" mit der magischen Beschwörung der Zeichen, vom Signifikanten zum Signifikat zu werden (ebd.).

Interaktion werden so erotisch semantisiert und anthropomorphisiert.[310] In dieser übertragenen Bedeutungsdimension – „Regenschirm und Nähmaschine begatten sich"[311] – nimmt auch Ernst das Gleichnis für die Erklärung des „Mechanismus des Verfahrens" der Collage in Anspruch: Dabei geschehe „zwangsläufig" eine „völlige Transmutation als Folge einer reinen Handlung wie dem Liebesakt"; deren „Voraussetzung[ ]" sei *„die Vereinigung zweier scheinbar unvereinbarer Wirklichkeiten auf einer Ebene, die ihnen scheinbar nicht entspricht"*.[312] Der suggerierte Effekt der *Verlebendigung* des Sprachmaterials oder der Elemente der Collage verweist auf eine Verschmelzung und Verwandlung – an dieser Stelle wird die konzeptuelle Verflechtung mit dem Konzept der *Metamorphose* besonders deutlich: „[T]he surrealist object in itself contains the transforming properties of metamorphosis, and is able to be one thing and another at the same time."[313] Darauf beruht die an Rimbaud, der von „l'alchimie du verbe" und dessen Verwandlungskraft spricht,[314] geschulte „Alchemie des Wortes".[315]

Die imaginativ angelegte, in diesen Auslegungen ‚realisierte' Möglichkeit der metaphorischen Übertragung als Moment der Zeugung und ‚(Kopf-)Geburt' lässt das Bild eines neuen, hybriden Dings im „Bestiarium der Vorstellungs-

---

310 Dies mag konstruiert wirken, ist jedoch angesichts poetologischer und metapherntheoretischer Metaphern der Metapher nicht abseitig – so etwa Jean Pauls „witzige[r]' Bemerkung", der unbildliche Witz sei „der verkleidete Priester, der jedes Paar kopuliert.'" (Gabriel, Der Witz, S. 41). Auch als Übertragung durch Berührung und Kontiguität zieht sich dieser Gedanke der ‚Kopulation' durch die anthropologischen Sprachtheorie (vgl. Gess, Anthropologie und Metapherntheorie, S. 662f.). Goodman beschreibt die „‚Affaire zwischen einem Prädikat mit Vergangenheit und einem Objekt, das sich unter Protest hingibt'. Der Protest ist das Überrest der früheren Ehe – die wörtliche Zuweisung –, die von dem Widerspruch aufgelöst wird; das Sichhingeben ist das Endergebnis der neuen Verbindung." (Zit. n. Ricœur, Die lebendige Metapher, S. 185). Nicht nur der Surrealismus ‚verführt' zu solchen Metaphern; mit Jakobson lädt die Similarität dazu ein, die sich leicht auf die Metasprachebene bewege (vgl. Jakobson, Der Doppelcharakter der Sprache, S. 333). Mit Snells Anmerkung hat das Hineinsehen eine anthropomorphe Komponente.
311 Max Ernst, „An einem Regentag in Köln oder die Entstehung der Collage", in: ders., *Schnabelmax und Nachtigall. Texte und Bilder*, mit einem Vorwort von Heribert Becker, hg. v. Pierre Gallissaires, Hamburg ²2006, S. 88.
312 Ebd., S. 89.
313 Hedges, Surrealist metaphor, S. 275.
314 Zit. n. ebd., S. 275f.: Vgl. ebd. zu den „transformative powers of visual and verbal hallucination", auch im Verweis auf Balakian, die „the epistemological basis of surrealist metaphors in terms of alchemical concepts" definiere: „‚Things and beings are not like other qualities or states; through the alchemy of the word they become something else'".
315 Breton, Zweites Manifest des Surrealismus, S. 89.

kraft" entstehen.³¹⁶ Diese ‚Ähnlichkeitsfigur' verweist auf die verlebendigende, metamorphotische Wirkung der Metapher, in der poetischen Synthese einen neuen Referenten zu erzeugen, auf das epiphorische Moment neuer Ähnlichkeitseffekte in der Reorganisation der Elemente im Ko-Text, in der Bildordnung von Montage und Collage und in der Konstellation ‚surrealer Dinge'³¹⁷ – und in der Rezeption.³¹⁸ Dieser zunächst bizarr erscheinende Vorgang erhellt die Funktionsweise der surrealistischen Metapher: Das Sprachbild wirkt mehrschrittig im verfremdenden, dekontextualisierenden Bruch des konventionellen Zusammenhangs, im Sezieren als Akt verunähnlichender Auflösung sprachlicher Codes, und in der verähnlichenden Neustiftung von Beziehungen. Damit verbunden ist die Vorstellung einer verlebendigenden *enargeia/energeia*, mittels derer in der metaphorischen „Amalgamierung" eine ‚emergente Struktur' entsteht: „Metaphern gestalten also den Assoziationsumfang aktiv. Was durch sie in Gang gesetzt wird, ist eine *imaginative* oder *kognitive Assimilierung*."³¹⁹ Der Seziertisch verbildlicht damit die Funktion des *blending*, das die Bildbereiche reorganisiert und darin *Ähnlichkeiten schafft* – oder auch *realisiert, aktualisiert* oder *sichtbar macht*: „[M]etaphor can *create* similarity: the newly created metaphor leads [...] to become aware of previously unthought of similarities [...], similarities that did not exist *before* the metaphor occurred."³²⁰ Die in der Übertragungssphäre er-

---

316 Foucault, *Die Ordnung der Dinge*, S. 17 f. „[S]eine Lebens*ähnlichkeit* verdankt das lebendige Artefakt wiederum dem genetischen Prinzip der Metapher, das eine organismusanaloge Schöpfung eigenen Rechts erzeugt." (Endres, Unähnliche Ähnlichkeit, S. 46) In der „gemeinsamen Fähigkeit, Lebendigkeit zu *produzieren*" (ebd.), wirkt das „Paradigma biologisch-natürlicher Zeugung" als eine der Analogie implizite Begründungsfigur, die den „rhetorischen Effekt der Metapher als einen der ‚Verlebendigung' bezeichnet." (Ebd., S. 45 f.) So wird bei Aristoteles der „Dichter zum Paradigma eines Schöpfungsprinzips" (vgl. ebd.).
317 In der surrealistischen Ästhetik werden aus Kontextbezügen extrapolierte Dinge ebenso wie reorganisiertes Sprachmaterial de- und rekontextualisiert oder in andere, ‚dritte Dinge' verwandelt – Ready-Mades, Bildelemente, das *objet trouvé*, ethnologische Sammlungsobjekte oder das Fetisch-Ding. Vgl. Ingrid Pfeiffer, Max Hollein (Hg.), *Surreale Dinge. Skulpturen und Objekte von Dalí bis Man Ray* [Ausstellungskatalog], Ostfildern 2011; prominent ist z. B. Bretons ‚Hummertelefon'.
318 Dies korrespondiert Thesen der Interaktionstheorie, aber auch Jakobsons und Ricœurs: Erst im Kontext, auf der Ebene poetischer Äquivalenz und in der semantischen Ableitung zeigt sich das metaphorische Potential.
319 Zill, *Messkünstler und Rossebändiger*, S. 122. Dies zeige, dass die Metapher, wie die Interaktionstheorie beweise, *Neues* schaffe. Vgl. Schmitz-Emans, Metapher, o.S.: „Auf der Basis der Interaktionstheorie läßt sich die für die Metapher charakteristische Amalgamierung von Bildspender und Bildempfänger [...] explizieren."
320 Sakis Kyratzis, „Laughing Metaphorically: Metaphor and Humour in Discourse" (online unter http://wwwling.arts.kuleuven.ac.be/iclc../Papers/Kyratzis.pdf, 2.8.2016), S. 9: „I think this is what Indurkhya (1992) means when he suggests that metaphor can reinstate lost simila-

scheinende *Gestalt*[321] hebt – mit Breton – die Unähnlichkeit der metaphorisch vereinten Glieder auf. Nach Ricœur ist, wie angedeutet, die „semantische Kollision nur die eine Seite eines Prozesses [...], dessen andere Seite die ikonische Funktion ist."[322] Sein Versuch, „das ikonische Moment der Metapher [...] auf der Grundlage der paradoxen Struktur der Ähnlichkeit zu erfassen",[323] ist für die Analyse des surrealistischen Sprachbildes gerade aufgrund der Aufmerksamkeit für das *Ikonische* und seine „Brückenrolle zwischen dem Sprachlichen und dem Quasi-Visuellen"[324] aufschlussreich: Als „Ort [...] der entstehenden Bedeutungen" innerhalb der semantischen Sphäre müsse es sprachlich fundiert werden, bevor der „*nichtverbale*[] Kern der Imagination, also des quasi Visuellen, quasi

---

rities between objects and events and what later Fauconnier and Turner (2002) called the *emergent structure* of the blend." (Ebd.): „[T]o resolve the problem of directionality, there is a third space, the blend, which is created with the elements projected by both input spaces" (ebd., S. 5). Ortony sieht Blacks „creation of similarities" als „emergence of ‚something new'" (Andrew Ortony, „Metaphor, language and thought", in: ders. (Hg.), *Metaphor and Thought*, S. 1–18, S. 7). Das *blending* entspricht der ad-hoc-Kategorie (Dynel) oder „knowledge representations that are constituent structures of the entities being compared." (Ortony, Similarity in similes and metaphors, S. 190).

321 Ortony beschreibt dies so: „[Integration] gives rise to a gestaltlike representation." Das imaginative Potential der Metapher sei ein „image-evoking value" (Ortony, The role of similarity, S. 186): „Their comprehension results in richer representations – [...][which] can include perceptual and emotive aspects. [...] [T]his may bring them closer to perceptual representations than most language-initiated representations [...]. This more coherent, holistic representation helps us to see things in different ways" (ebd., S. 200).

322 Ricœur, *Die lebendige Metapher*, S. 196. Vgl. ders., Die Metapher und das Hauptproblem der Hermeneutik, S. 143: „Sind wir nicht bereit, in der Einbildungskraft nicht mehr das Vermögen zu erkennen, ‚Bilder' aus unserer Sinneserfahrung zu gewinnen, sondern die Fähigkeit, neue Welten unser Selbstverständnis formen zu lassen? Diese Kraft würde nicht von Bildern, sondern von Bedeutungen getragen werden, die in unserer Sprache neu entstehen. Die Imagination würde also letztlich als Dimension der Sprache behandelt werden. Auf diese Weise würde eine neue Verbindung in Erscheinung treten, nämlich zwischen Imagination und Metapher." Ricœur sieht hier die Frage nach einer über die Semantik hinausweisenden „Phänomenologie der Imagination" (ebd., S. 207). „Wir haben von Gaston Bachelard gelernt, dass das Bild kein Residuum des Sinneseindrucks, sondern die Morgenröte des Wortes ist: ‚Das dichterische Bild versetzt uns an den Ursprung des redenden Seins.' [...]. Was ein ‚neues Sein' der Sprache war, wird ein ‚Bewußtseinszuwachs', ja ein ‚Seinszuwachs'. Bis in die ‚psychologische Poetik', bis in die ‚Träumereien über die Träumerei' hinein bleibt das Psychische durch das dichterische Wort ‚geprägt'" (Ricœur, *Die lebendige Metapher*, S. 207 f.).

323 Ricœur, *Die lebendige Metapher*, S. 190.
324 Ebd., S. 206.

Auditiven, quasi Taktilen, quasi Riechbaren" untersucht werde.[325] Ricœurs semantische Beschreibung des Wirkens der Ähnlichkeit findet so in der Imagination ihren ‚inneren Endpunkt': das bereits von Aristoteles betonte „*sinnliche Moment der Metapher*".[326] Einen Beschreibungsansatz der Wirkungsweise des der semantischen Analyse unzugänglichen „ikonischen Charakter[s] des Sinns" sieht Ricœur – wie Black – in Wittgensteins „‚Sehen als'": Es beschreibe die „sinnliche Seite der dichterischen Sprache; halb Denken, halb Erfahrung, ist das ‚Sehen als' die intuitive Beziehung, die den Zusammenhang zwischen Sinn und Bild herstellt."[327] Als der Sprache inhärente „Ähnlichkeitsbeziehung" erscheint die „Ähnlichkeit, die das ‚Sehen als' begründet"[328], im metaphorischen Prozess als ‚emergente Struktur', wogegen im Vexierbild die ambige „Mischform"[329] bereits vor dem Bedeutungsumschlag gegeben ist. Die Sinnmöglichkeiten der Perspektivierungsakte ergeben sich „aus der Kontiguität übereinandergreifender

---

325 Ebd., S. 191. Ricœur nimmt auf Kants Begriff des *Schemas* Bezug: „Wie also das Schema die Matrix der Kategorie, so ist das Ikon diejenige der neuen semantischen Pertinenz, die aus dem Abbau der semantischen Felder unter der Schockwirkung des Widerspruchs entsteht. [...] Dieser Schematismus macht die Imagination zum Entstehungsort des bildlichen Sinnes im Spiel von Identität und Differenz. Und die Metapher ist der Ort in der Rede, der diesen Schematismus sichtbar macht, weil Identität und Differenz hier nicht verschmolzen sind, sondern im Widerstreit miteinander stehen" (ebd.). „Der Ort dieser Dynamik liegt in der produktiven Einbildungskraft. [...] ‚Die Einbildungskraft ist diese Kompetenz, diese Fähigkeit, neue logische Räume durch prädikative Angleichung zu schaffen und sie trotz – und dank – des anfänglichen Unterschieds zwischen den Termini zu schaffen, die sich der Angleichung widersetzen.'" (Buntfuss, *Tradition und Innovation*, S. 50). Ricœur erwähnt Peirce als Quelle der von ihm verhandelten Autoren; dessen „kantische Rückkehr zur Unmittelbarkeit der Anschauung" vollzieht Eco nach: *Kant und das Schnabeltier*, S. 120, passim. Vgl. zu Ricœurs „Schematisierung der Attribution an der Grenze zwischen Semantik und Psychologie" auch Gruber, *Topographie des Ähnlichen*, S. 100.
326 Ricœur, *Die lebendige Metapher*, S. 198. Ricœurs Beschreibung zielt auf „den Punkt der Verankerung des Imaginären in einer semantischen Metapherntheorie" (ebd.), die Jakobsons ‚poetische Funktion' ergänze (vgl. ebd. 199). „Die Metapher besetzt genau ein Zwischenreich, das von einer unabhängigen semantischen Analyse nicht mehr erfasst werden kann: weder ist sie bloße Absurdität noch normaler Sinn." (Strub, *Kalkulierte Absurditäten*, S. 164).
327 Ebd., S. 205. Vgl. Endres, Unähnliche Ähnlichkeit, S. 33. Black bezeichnet die Übertragungsleistung der „asymmetrischen Ähnlichkeit" als „seeing as'" (Strub, *Kalkulierte Absurditäten*, S. 363). Dies richtet sich gegen ein im *tertium comparationis* angenommenes symmetrisches Verhältnis der Glieder; durch die asymmetrische Eigenschaftszuschreibung wird eine „alte Eigenschaft neu gesehen" oder ein „neuer Bezug zu einem anderen Ding zugeordnet" (ebd., S. 450).
328 Gruber, *Topographie des Ähnlichen*, S. 100.
329 Ricœur, *Die lebendige Metapher*, S. 204. „Das ‚Sehen als' ist das positive Band zwischen *vehicle* und *tenor*: Bei der dichterischen Metapher ist das metaphorische *vehicle* wie der *tenor*; und zwar von einem bestimmten Standpunkt aus gesehen, nicht von allen Standpunkten; eine Metapher erklären heißt die passenden Sinnmöglichkeiten aufzählen, denen zufolge das *vehicle* ‚als' der *tenor* ‚gesehen' wird" (ebd.).

semantischer Felder"³³⁰, deren Assoziationspotentiale aktiviert werden – „zu konstruieren bleibt das gemeinsame Moment B, die *Gestalt*, nämlich der Gesichtspunkt unter dem A und C einander ähneln."³³¹ Dies verweist auf das Potential metaphorischer Spracherweiterung, „die Bedeutungen der gewöhnlichen Sprache zugunsten eigenartiger Verwendungen umzuformen [...]. Warum sollten wir neue Bedeutungen aus unserer Sprache beziehen, wenn wir nichts Neues zu sagen hätten, keine neue Welt zu projizieren hätten?"³³²

Der Blick auf diesen Ursprungsmoment sprachlicher Bedeutungsstiftung auf dem ‚Grund' der Metapher eröffnet eine Dimension „diaphorischer Ähnlichkeit", die als *vorprädikative, mythische* und *magische* Funktion der Sprache beschrieben wurde.³³³

> Tatsächlich wirkt die Erschütterung der geltenden Kategorisierungen wie eine logische Störaktion mit impertinenten Vergleichen, ungehörigen Übergriffen, als ob die dichterische Rede an einer fortschreitenden Entkategorisierung unserer ganzen Rede arbeite. Was die zweistufige Referenz angeht, die die positive Kehrseite dieser Störaktion ist, so scheint sie den Einbruch des Vorprädikativen und Vorkategorialen in die Sprache zu be-

---

330 Hölz, *Destruktion und Konstruktion*, S. 109. Der ontologische Status der Metapher sei hybrid, wenn „durch die Tätigkeit von Subjekten wirklich ein neuer *Referent* erzeugt werden kann" (Strub, Abbilden und Schaffen von Ähnlichkeiten, S. 117).
331 Ricœur, *Die lebendige Metapher*, S. 205.
332 Ricœur, Die Metapher und das Hauptproblem der Hermeneutik, S. 133.
333 Kritiker dieses Modells „diaphorischer Ähnlichkeit" monieren, dass hier „keine neue Ähnlichkeit mehr vorhanden sei, sondern eine Verschmelzungsidentität" (Strub, *Kalkulierte Absurditäten*, S. 457). Foss beschreibt sie als aus der „,energy-tension'" der Metapher hervorgehend: „,The living creation is born out of destruction of the old, it is not a summing-up of the old parts but their entire absorption in the creation'" (zit. n. ebd., S. 458); daraus folgt eine Aufhebung der Spannung und Stillstellung, die Strub eher im Ideogramm sieht als im surrealen Bild (vgl. ebd., S. 458). Angewandt auf das Bild des Seziertischs wäre dies eine Auslegung, die nicht nur ein Weiterwirken der Inkongruenz leugnet, sondern auch vergessen macht, dass es in einem ‚unähnlichen' (poetisch zu transformierenden) Kontext erst wirksam wird, nicht eine in sich ‚identische' Einheit schafft. Gerade in der Annahme einer verschmelzenden poetischen Sprache liege nach Strub die Gefahr einer Ununterscheidbarkeit von „Mythos und Dichtung" (ebd., S. 456 f.): Dem ist Wheelrights Unterscheidung von fester und „‚flüssiger'" Sprache unterlegt (ebd., S. 459). Dichtung erscheint so als „Relikt einer mythischen Ursprache, die metaphorisch eine Gesamtheit der Erfahrung garantierte, die heute verloren ist. Die Dichtung kann die Erinnerung an diese Ursprache wach halten: Hier findet sich eine Ahnung der verlorenen Einheit der Erfahrung wieder." (Ebd., S. 460) Strub problematisiert, ob Ricœur über die Thematisierung hinausgelange: Das „Verhältnis zwischen vorprädikativer Ähnlichkeit und Mythos" bleibe hier ungeklärt; an anderer Stelle werde jedoch das Verhältnis zwischen Semantik und Psychologie, das „veränhlichende Subjekt" bedacht; nach Cooper ist eine Ursprache überhaupt nur als „phantastische" möglich (ebd., S. 461, Anm. 68).

zeichnen und einen anderen Wahrheitsbegriff als den der Verifizierungswahrheit zu erfordern, der unserem gewöhnlichen Realitätsbegriff entspricht.[334]

Mit Ricœur lässt sich dies auf das Problem der Ähnlichkeit beziehen: Er sieht die Leistung der Metapher im Durchblick auf eine vorbegriffliche, „*mythische* Stufe", wobei die Rücknahme der „wörtlichen Referenz" die „Erscheinungsfunktion" der Sprache freisetze.[335] Die Analyse metaphorischer Umschlagmomente in ihrer „Wirkungsweise in actu"[336] bindet die imaginative epiphorische „Verschmelzung", die in einem „‚intuitiven Übergang'" neue Pertinenz herstellt, in die Theorie der Prädikation ein.[337] Ricœur konzeptualisiert das Wirken metaphorischer Ähnlichkeit als aus der Annäherung entfernter Elemente entstehende Beziehung: „Was die neue Pertinenz ausmacht, ist die Art der semantischen ‚Nähe', die trotz des ‚Abstands' zwischen den Begriffen entsteht. Bisher ‚entfernte' Dinge erscheinen plötzlich als ‚nahe' zueinander."[338] In dieser Annäherung bringe die „Metapher [...] die logische Struktur des ‚Ähnlichen' zutage": „Die Ähnlichkeit ist damit die logische Kategorie, die dem prädikativen Vorgang entspricht, in dem das ‚Nahebringen' auf den Widerstand des ‚Entferntseins' trifft"; so zeige „die Metapher [...] das Wirken der Ähnlichkeit, weil in der metaphorischen Aussage [...] das ‚Selbe' *trotz* des ‚Verschiedenen'" wirke.[339] In der Einheit von diaphorischer Konstruktion und epiphorischem Sehen sieht Ricœur daher nicht nur die „Vereinbarkeit einer Spannungs- und Verschmelzungstheorie", sondern ihre gegenseitige Ergänzung: „Das Geheimnis der Epiphora scheint damit durchaus in dem ikonischen Charakter des intuitiven Übergangs zu liegen. Der metaphorische Sinn als solcher lebt von der Tiefendimension des Imaginären".[340] Diese Dimension muss nicht als Einbruch des Mythischen[341] ins ‚Reich der Zeichen'

---

334 Ricœur, zit. n. Strub, *Kalkulierte Absurditäten*, S. 460, Anm. 68. Die zweistufige Referenz meint die Störung der referenziellen Struktur der Sprache und das Wirken der neuen Prädikation durch den ‚ikonischen Sinn'.
335 Zit. n. Strub, *Kalkulierte Absurditäten*, S. 460.
336 Ricœur, *Die lebendige Metapher*, S. 196.
337 Gruber, *Topographie des Ähnlichen*, S. 101.
338 Ebd., S. 183. Die Metapher der Übertragung, so betont Ricœur selbst, ist in der von Nähe und Ferne fortgesetzt.
339 Ebd., S. 186. Auch hier deutet sich die Reduktion der Ähnlichkeit auf das Ineinander von Differenz und Identität an.
340 Ebd, S. 207.
341 So wurde ein heuristisches Potential der philosophischen Metapher zuerkannt, nicht der *poetischen*, die ‚in den Mythos zu fallen' drohe. Mit Wittgenstein lässt sich fragen, ob die Unterscheidung notwendig ist. Strub unterscheidet Möglichkeiten der „*dichterischen* Sprache" (Ricœur) zur „Neubestimmung der fraglichen Eigenschaftszuschreibungen" von denen der Lebenswelt, Wissenschaft und Philosophie (Blumenberg): Die in der poetischen Metapher er-

behandelt werden, sondern kann als basaler Signifikationsakt beschrieben werden: Als Wirken imaginativer Ähnlichkeit in semiotischen Akten geraten so Prozesse der Bedeutungskonstitution in Wahrnehmung und Imagination in einer Sphäre in den Blick, die den ikonischen und den semantischen Bereich, *aisthesis* und *semiosis* verbindet: „Was hier beschrieben wird, ist tatsächlich das *skandalon* postmetaphysischer Semiotik, der Minotaurus im Zentrum der dezentrierten Struktur: Der singuläre, flüchtige, nicht wiederholbare Augenblick ästhetischen Erlebens: die Epiphanie *erlebter Form.*"[342]

Das Changieren der Programmatik Bretons zwischen Reflexion und Mythos lässt sich so in seiner Theorie sprachlicher Übertragung poetologisch verorten. Die der Zeugung eines neuen Referenten implizite Vorstellung alchemischer Verwandlung, Verwirklichung und Verlebendigung ist bereits für die (früh-)romantische Sprachmagie zentral.[343] In der surrealistischen Programmatik klingt der Anspruch

---

zeugte „diaphorische Ähnlichkeit'" sei „*vor*kategorial und *vor*prädikativ", dagegen sei nach der wissenschaftlichen Ableitung die „neu zu konstituierende Ähnlichkeit [...] genauso ‚epiphorisch' wie die alte, die in Frage gestellt wurde", also „eher *nach*prädikativ (nämlich auf den Trümmern einer alten Prädikation aufgebaut und nicht hinter diese zurückgehend)" (Strub, *Kalkulierte Absurditäten*, S. 456). Auf Basis einer semantischen Theorie seien die Möglichkeiten weder zu vermitteln, noch zu hierarchisieren. Zwischen dem Abbilden und Schaffen von Ähnlichkeiten zu unterscheiden, sei nur mit Ricœur sinnvoll, wobei vorprädikative Ähnlichkeit als poetisch gebundene geschaffen würde.

342 Rautzenberg, Zeichen/Präsenz, S. 156f. Dies „zeigt die von Derrida als undurchlässig postulierte Membran zwischen ‚Wort und Welt', zwischen Zeichen und Referent in einer spezifischen Dynamik. Die Membran wird sozusagen semipermeabel und zeigt ein osmotisches Verhältnis von aisthesis und semiosis im Augenblick ästhetischer Erfahrung." (Ebd., S. 155) Ansätze zur Vermittlung semiotischer und phänomenologischer Aspekte begegnen in der Diskussion um Ikonizität und der Gestaltpsychologie. Vgl. Lars Ellerström, „Iconicity as Meaning Miming Meaning and Meaning Miming Form", in: Jac Conradie et al. (Hg.), *Signergy* (*Iconicity in Language and Literature*, Bd. 9), Amsterdam 2010, S. 73–100, S. 78: „The dissolution of distinct borders between the world, experience, and description is thus not only a feverish dream of the humanities. [...] It is definitely safe to say that perception is strongly linked to unconscious interpretation of sensory data. Also the distinction between perception and imagination is much more blurred than it is normally assumed, and it is certainly rather risky to distinguish between physical and mental imagination" (ebd.).

343 Vgl. Greber, *Textile Texte*, S. 209: Neben der Konnotation des ‚Verschmelzens' sind Entsprechungslehre, Veredelung und die Suche nach dem ‚Urstoff' Elemente sprachmagischer Konzepte. Die Vorstellung, dass „erst alles in den Urzustand einer prima materia zurückgeführt werden muß", wirkt in der Romantik, wobei das frühromantische Erkenntnisstreben von der spätromantischen Kombinatorik abgelöst werde, die Alchimie als Metapher für poetisches Schaffen einsetzt (Axel Dunker, „Artistische Erkenntnis. Sprachalchimie und Manierismus in der Romantik", in: Rüdiger Zymner (Hg.), *Manier und Manierismus*, Tübingen 2000, S. 323–338, S. 328). Benjamin beschreibt Symbolismus und Surrealismus als sprachmagisch geprägt: „Dieser Realismus aber – der Glaube also an eine wirkliche Sonderexistenz der Begriffe, sei es außerhalb

einer „Remotivation der Zeichen" an: Das metaphorisch-metamorphotische Denken verweist auf einen „archaischen Typ von Semiosis", der einen motivierten Zeichentyp zu restituieren sucht,[344] wie Breton betont:

> Für den Surrealismus ging es einzig darum, den ‚Urstoff' (im Sinne der Alchimie) der Sprache erfasst zu haben [...], wo das Begehren sich ungehemmt entfaltet, den Bereich, wo auch die Mythen ihren Ursprung haben. Man hat jedoch nicht genug hingewiesen auf den Sinn und die Tragweite eines Vorgehens, das die Sprache ihrem wahren Leben zurückzugeben suchte; das statt von der bezeichneten Sache zum sie überlebenden Zeichen zurückzugehen (was sich übrigens als unmöglich erweist), ungleich besser noch sich blitzartig den Ursprung des Bezeichnenden vergegenwärtigt.[345]

Statt also einen *rapport* zwischen Zeichen und Bezeichnetem zu restituieren („remonter de la chose signifiée au signe qui lui survit") versetzt sich, so Breton wörtlich, die „opération" an den Punkt zurück, an dem „la naissance du signifiant" zu beobachten ist:[346] Nicht zwischen Wort und Ding, sondern zwischen Wort, Sprachbild und Imagination wird so Durchlässigkeit behauptet; die „*survivance du signe à la chose signifiée*" zeigt Bretons Charakterisierung „der sprachlichen Verfremdung" an; er zieht daraus die Konsequenz, dass „Sprache nicht das Resultat des Denkakts, sondern seine Ursache [ist]. Entsprechend kehrt Breton die Folge der Zuordnung von *signifié* und *signifiant* um. Er akzeptiert nur die Lösung, die vom *signifiant* ausgeht und nachträglich die ihm zugehörige Sinnreferenz sucht".[347] Die surrealistischen Schreibweisen suggerieren, an diesen vorprädikativen Moment zu gelangen, an dem die ‚Sprachwerdung' innerer Bilder beginnt, und der im Sprachbild unvermittelt zum Ausdruck kommen soll, „– da am Beginn von allem die Benennung steht – ‚der Name sozusagen keimen muß, wenn

---

der Dinge, sei es innerhalb ihrer – hat immer sehr schnell den Übergang aus dem logischen Begriffsreich ins magische Wortreich gefunden." (Benjamin, Sürrealismus, S. 151) Benjamins Konzept der Sprachmagie lässt sich dem surrealistischen Umgang mit Ähnlichkeit vergleichen (vgl. Winfried Menninghaus, *Walter Benjamins Theorie der Sprachmagie*, Frankfurt a. M. 1995).
344 Greber, *Textile Texte*, S. 206 und 205. Vgl. zu dieser „Spur des Sprachrealismus (Kratylismus)" ebd., S. 204.
345 Breton, Was der Surrealismus will, S. 28.
346 „On n'a pas assez insisté sur le sens et la portée de l'opération qui tendait à restituer le langage à sa vraie vie, soit bien mieux que de remonter de la chose signifiée au signe qui lui survit, ce qui s'avérerait d'ailleurs impossible, de se reporter d'un bond à la naissance du signifiant." (Breton, Du surréalisme en ses œuvres vives, S. 20f.).
347 Hölz, *Destruktion und Konstruktion*, S. 70. Der Zweifel an den Fähigkeiten des Bewusstseins verlangt nach Ordnungsleistungen, die „vom Gegenstand selbst ausgehen": Dies führt zu einer ‚Verstellung' der Zeichenbeziehung: „Breton findet das wortgebundene Zeichen vor, aber es mangelt ihm an dessen Bedeutung." (Ebd.) Daraus resultiert die „Priorität einer inhaltsfremden *signifiant*-Ebene" (ebd., S. 71).

er nicht falsch sein soll'. Der Hauptbeitrag des Surrealismus in der Dichtung sowohl als auch in der Kunst besteht darin, dass er dieses Keimen genügend gepriesen hat, um sichtbar werden zu lassen, wie unzulänglich alles ist, was nicht daran teilhat"[348]. Suche Breton also, „as Octavio Paz says, [...] to ‚recover the origin of words, the moment in which speaking is synonymous with creating' (Paz 1967: 615)", handelt es sich um eine „magical conception of language [...]. For Breton, the magical system of analogies is equivalent to metaphor".[349] Diese Position changiert zwischen Mythifizierung im Anschluss an gnostische und alchemistische Diskurse der „hermetischen Semiose", die die „Vorstellung [...] der universellen Ähnlichkeit [...] auf die verbale und visuelle Sprache" übertragen,[350] und einer semiologisch gewendeten Theoretisierung der *poietischen* Sprachbildproduktion: „Die Funktion des welterschließenden alchimistischen ‚Stein des Weisen' ist auf die Sprache übergegangen und behauptet sich hier als der einzig mögliche Wegweiser in den Kosmos der unbewußten Seinsmanifestationen."[351] Eine poetisch remotivierte Beziehung von Zeichen und Bezeichnetem ergibt sich so als zu realisierende Möglichkeit aus zufälligen Signifikationen. Diese Position inszeniert gewissermaßen den mythischen Restbestand des Ähnlichkeitsdenkens im Rahmen einer skeptischen Sprachauffassung, mit der, so Greber, eine „Umfunktionierung des Mimologischen zu einer ‚mimologischen Mimikry'"[352] einhergehe:

---

[348] Breton, Was der Surrealismus will, S. 128. Damit stellt sich Breton in die Tradition der ‚philosophie occulte': „[D]u fait que l'énonciation est à l'origine de tout, il s'ensuit qu'‚il faut que le nom germe pour ainsi dire, sans quoi il est faux'. Le principal apport du surréalisme, dans la poésie comme dans la plastique est d'avoir suffisamment exalté cette germination pour faire apparaître comme dérisoire tout ce qui n'est pas elle" (Breton, Du surréalisme en ses œuvres vives, S. 21). Den Begriff des ‚Keimens' übernimmt Breton von René Alleau (vgl. S. 1213, Anm. 1). Die Metapher suggeriert eine organische Entwicklung: Das ‚Keimen' geschieht auf dem ‚Grund' der Metapher. Die „relativ stabileren Zonen in einer ansonsten ganz instabilen Umgebung sind das, was wir als Körper bezeichnen, die einen Namen erhalten." (Lobsien, *Kunst der Assoziation*, S. 198) Der Rekurs auf die ‚Richtigkeit des Namens' (Köller) suggeriert eine mit der Transparenz und Univozität des Begriffs und der arbiträren Verbindung von *signifier* und *signifiant* konkurrierende Angemessenheit – eine Art ‚Metaphernrealismus' (Blumenberg) im Nominalismus; der ontologische Grund der Worte liegt jedoch nicht im Wesen der Dinge, sondern im Unbewussten und im Grenzbereich der Imagination. Im Surrealismus wird mithin nicht die Ähnlichkeit von Wort und Welt behauptet, doch in der Betonung der Sprachbildlichkeit werden mimologische Thesen aufgegriffen, um Sprache zu ‚motivieren'.
[349] Hedges, Surrealist metaphor, S. 276.
[350] Eco, *Die Grenzen der Interpretation*, S. 104: Die hermetische „Semiose [...] beruht nicht nur auf einer Vorstellung von der Sympathie und der universellen Ähnlichkeit, sondern überträgt dieses Prinzip auf die verbale und visuelle Sprache"; Dunker, Artistische Erkenntnis, S. 329.
[351] Hölz, *Destruktion und Konstruktion*, S. 94.
[352] Greber, *Textile Texte*, S. 211. Die „mythische ‚Nomination', eine ontologische Identifizierung von Benennung und Sache aufgrund einer Homologie und Wesensverwandtschaft zwi-

Die im magischen Sprachmodell gegebene mimetische Implikation ist postmythisch eine ‚mimologische' [...]. Sie nimmt, so paradox es klingt, im Lauf der jahrhundertelangen Tradition ab bzw. ist schließlich nicht mehr substantialistisch zu denken (und vielleicht auch nicht mehr logozentrisch [...]).[353]

Die Surrealisten suchen nach dem Ursprung der Signifikation in der Sphäre des Unbewussten, der sprachlichen Assoziation und der bildlichen Imagination. Gerd Hötter fasst Bretons Ansatz als „Sprachbetrug und Sprachmagie" zusammen;[354] er „thematisiert die ursprüngliche Präsenz stets unter dem Gesichtspunkt der Verstellung."[355] Die sprachmagische Dimension lässt sich so *poetologisch* fassen: Das Sprachbild als setzende Geste soll eine – in imaginativen Übertragungsvorgängen fundierte – Unmittelbarkeit erreichen, gerade in seinem bildhaft anschaulichen, emergent erscheinenden Aspekt: „‚restituer le *fond* à la forme'".[356] Breton verschiebt so die Frage nach dem Ursprung oder Grund des Bezeichnenden in die metaphorischen Übertragungsleistungen der

---

schen *signans* und *signatum*" wird nicht naiv vertreten, sondern „mimend" zitiert (ebd., S. 206): Die semiotische Konzeption, in der „die magische natürliche Einheit durch semiotische Ausdifferenzierung in Signifikant und Signifikat aufgelöst ist", kann nicht hinterschritten werden – doch innerhalb der Unterscheidung von ikonischen, motivierten und arbiträren, unmotivierten Zeichen wird der „ikonische Zeichentyp privilegiert": Dies nennt Genette „sekundären Kratylismus der Literatur" (ebd.). Greber beschreibt kombinatorische Sprachspiele, in denen „mittels künstlicher, ‚problematischer' Ähnlichkeitsoperationen die Ähnlichkeit als substanzielle Kategorie infragegestellt und doch zugleich als rhetorisches Verfahren exerziert wird. Hier beginnt der Kratylismus negiert zu werden." (Ebd., S. 211).
353 Ebd., S. 206. „Von der Avantgarde und Postmoderne her geurteilt, kann man in den epochebedingten Wandlungen des mimologischen kratyleischen Modells sogar eine Entwicklung – Überdrehung oder Sprung – zum Amimetischen diagnostizieren. Beschreiben ließe sich dies analog zum epistemologischen Bruch im Ähnlichkeitsdenken (vgl. Foucault, *Die Ordnung der Dinge*), d. h. analog zur Ablösung des Findens von natürlichen Ähnlichkeiten durch das Erfinden von künstlichen (Un)Ähnlichkeiten im Concettismus" (ebd., S. 210, im Verweis auf Lachmann).
354 Hötter, *Surrealismus und Identität*, S. 33. ‚Pragmatisch' impliziere er einen „*Betrug am kommerziellen Sprachsystem, insbesondere unter dem Aspekt seiner kommunikativen Funktion*", ‚sprachtheologisch' eine ‚Sprache vor Babel', dem ‚Sündenfall' der Arbitrarität (ebd., S. 33). „Die sprachliche Realisierung der ‚veritable pensée' wäre zugleich die reine Präsenz des ‚Signifié' in der Sprache, ist doch Bretons Sprachmetaphysik zufolge das konventionelle Sprachsystem zu solcher Präsenz nicht fähig" (ebd., S. 38). Hötter interpretiert die Theorie der *écriture* als Scheitern einer „in metaphysischen Präsuppositionen befangenen Theorie" (ebd., S. 39).
355 Ebd., S. 39. Ihr Zielpunkt liegt nicht in der Re-Evokation des „romantischen Mythos der Einheit von ‚signifiant' und ‚signifié'" (ebd.). Die Sphäre der Imagination ist der Ort des sich entziehenden Signifikats, der abdriftenden Assoziation, an dem Poststrukturalismus und Dekonstruktion die Beharrlichkeit des ‚phantasmatischen Ursprung' sehen (vgl. u. a. McCort, *Going beyond the Pairs*, S. 102).
356 Zit. n. Hötter, *Surrealismus und Identität*, S. 32.

Imagination. „In contradistinction to magical practices that project language onto the physical world, however, the surrealist practice projects language onto man's *perception* of the physical world. Reality is changed because the perception of reality is changed".[357] Entsprechend dem Ziel der Vermittlung von *perception* und *représentation* ist die „Bedeutung des Bildes [...] rezeptionsästhetisch fundiert und reicht tief in die Wahrnehmungspsychologie des Subjekts hinein"[358]. So formuliert Breton: „Es ist [...] unsere Aufgabe [...] zu versuchen, immer klarer zu sehen, was sich gegen den Willen des Menschen in den Tiefen seines Geistes tut, wenn er uns auch zuerst seine eigenen Verwirrungen übelnimmt."[359]

Dieser Anspruch gelangt notwendig an Grenzen der Rationalisierung: So führt die Programmatik des Automatismus das Verfahren der Metaphernproduktion in einer mediumistisch-technizistischen Metaphorik aus, die den subjektiven Aspekt einer *Herstellung* von Ähnlichkeiten zurücknimmt: Die „Zeichen", so Einstein, „werden [...] nicht gewählt, sondern tauchen zwanghaft im automatischen Ablauf auf".[360] Der Übersprung über das Unähnliche durch das metaphorisierende Denken ist weder an die eingespurte Assoziation der Ideen gebunden noch intentional zu provozieren, wie auch Aragon betont: „Der Surrealismus ist die erkannte, akzeptierte und praktizierte Inspiration."[361] Deren Wirken zeigt sich in

> dieser totalen Inbesitznahme unseres Geistes, die gelegentlich verhindert, dass wir bei jedem gestellten Problem zum Spielzeug *eher dieser rationalen Lösung* statt jener anderen werden, an dieser Art Kurzschluß, den sie zwischen einem gegebenen Einfall und seiner Entsprechung (der geschriebenen zum Beispiel) herstellt. Genau wie in der Physik entsteht der Kurzschluß, wenn die beiden ‚Pole' der Maschine durch einen Leiter mit zu geringem Widerstand vereinigt werden. Der Surrealismus hat in der Dichtung, in der Malerei das äußerste getan, diese Kurzschlüsse zu mehren.[362]

---

357 Hedges, Surrealist metaphor, S. 277.
358 Hölz, *Destruktion und Konstruktion*, S. 79.
359 Breton, Zweites Manifest des Surrealismus, S. 79.
360 Einstein, *Die Kunst des 20. Jahrhunderts*, S. 171.
361 Aragon, *Abhandlung über den Stil*, S. 119. So „reichen sich die Inspiration und der Stil einander ganz ähnlich, hingespuckt, die Hände. Wer behauptete denn neulich, dass man zwischen dem Stil und der Inspiration wählen müßte?" (Ebd., S. 115).
362 Breton, Zweites Manifest des Surrealismus, S. 81 [Hv.: S. B.]. „Sie [die Inspiration] allein gibt uns den Faden an die Hand, der zurückführt auf den Weg der Gnosis, weil sie Kenntnis der suprasensiblen Realität ist, ‚unsichtbar sichtbar in einem ewigen Geheimnis'" (ebd). Gegen die Mystik und das Mysterium stellt Breton das romantisch inspirierte, immanente *Wunderbare* der poetisch zu ergründenden Welt. Die Distraktionszustände und das Paradox forcierter Spontaneität lassen sich in die Tradition der Inspirationsrhetorik einrücken, sind jedoch säkularisiert als eine Art ‚profaner Erleuchtung' (Benjamin), die das Agens vom Subjekt an die Sprache übergibt. Einstein beschreibt diesen Zustand als Besessenheit von einer „idee fixe" (Einstein, *Die Kunst des 20. Jahrhunderts*, S. 171) und „besessenen Ablauf[]" des Automatismus

Die produktionsästhetische Position ist durch die Spannung zwischen schöpferischer Freiheit und unverfügbarer Assoziabilität der Sprache gekennzeichnet, deren Agens sie sich unterstellt: „Die mythische Inspirationsquelle ist ins Unbewußte des Dichters verlegt, das fortan über die Manifestationen der Sprachautomatismen für die Verbindlichkeit der Aussage bürgt."[363]

Auf dem unbewussten ‚Grund' der Sprache wirkt so ein umfassendes Prinzip der Übertragung, dessen Ursprungsmomente immer schon sprachlich und imaginär vermittelt sind; die Pointe, die rational unzugänglichen Ursprungsmomente selbst zu metaphorisieren und in die universellen Übertragungsakte eines erweiterten metaphorischen Prinzips aufzulösen, findet sich bereits bei Nietzsche, der eine unmittelbare Verbindung von Sache und Wort dementiert.[364] Diese Unzugänglichkeit setzt der rationalen Erforschung des Ursprungs der Bilder ebenso eine Grenze wie der Macht, über sie zu verfügen. Die „Bildsprache, die ihren Inhalt über das ontologische Substrat des Unbewußten erhält", gründet die ‚Weltsynthese' vielmehr auf die rezeptive Hingabe an „die Imaginationsgabe des Unbewußten":[365] Dass die Metapher als „Agentur eines absoluten Zufalls" und in einer Disposition der Distraktion ‚zustößt', ist die Bedingung, die der Assoziabilität der Sprache Raum bietet, selbsttätig – nicht poetisch funktionalisiert – aufzutreten, um die Wörter zu ‚befreien' und in ihrer Korrelationalität zu entgrenzen: „Die Künstlichkeit der Metaphern steht demnach nicht im Gegensatz zum

---

(ebd., S. 173). „Ihnen, der Sie schreiben, sind diese Elemente scheinbar *ebenso fremd wie jedem anderen.*" (Breton, Erstes Manifest des Surrealismus, S. 25) Doch nennt Breton die Inspirationsmomente ‚rationale Lösungen', die einem anderen, *analogischen* Denken gemäß sind: „Die Vorwegnahme der logischen Wahrheitsaussage durch das Unbewußte [...] stimmt [...] auf die zukünftige Lösung der surrealistischen Geheimnisse zumindest ein." (Hölz, *Destruktion und Konstruktion*, S. 105).

363 Hölz, *Destruktion und Konstruktion*, S. 91. „‚Das automatische Schreiben, ein von den Spiritisten eingeführtes Verfahren, wurde von Wissenschaftlern als Methode der Erforschung des Unbewußten übernommen." (Zit. n. Bauer, Die Surrealisten und Sigmund Freud, S. 143) Dabei könne, so Starobinski, der Surrealismus von einer Tradition, die das „Unbewußte bis zum Exzess aufwertet und auf die schmale Bandbreite des Bewusstseins hinweist, [...] alles übernehmen – außer einem: die spiritualistische Voraussetzung. André Breton will Materialist oder wenigstens doch Monist sein." (Zit. n. ebd, S. 144).

364 Vgl. Gamm, *Die Macht der Metapher*, S. 77: „Zwischen Nervenreiz und Bild, Bild und Laut, Ding und Wort besteht kein unmittelbares Verhältnis, demzufolge das eine (das Bild oder das Wort) kausal notwendig aus dem anderen (dem Nervenreiz oder dem Ding) folgte [...]. Erkenntnis ist nicht kausal bedingte Abbildung". Zur Komplexität von Unmittelbarkeit und Medialität etwa auch bei Benjamin vgl. Lang, *Mimetisches oder semiologisches Vermögen?*, S. 44; vgl. etwa auch die Assoziation von Wort- und Dingvorstellungen in Freuds *Das Unbewußte* (1915).

365 Hölz, *Destruktion und Konstruktion*, S. 80.

Konzept der ‚écriture automatique', sondern soll gerade als dessen Beleg gelten."[366] Es ist nicht der begabte Metaphoriker, nicht das ingeniöse Subjekt oder das gewitzte Genie, das in synthetisierenden Ordnungsakten neue Relationen knüpft: Die Macht des Metaphorikers beschränkt sich darauf, die im Zusammenzwingen des Entfernten sich aufdrängenden Bilder aufzuzeichnen; „die *sensibilité* überträgt, was die *raison* dem Subjekt bislang vorenthielt", um „Wahrnehmungszusammenhänge zu erfassen, die [der] Zeichenhaftigkeit von Realbezügen" entsprechen: „Die Wahrheit [...] offenbart sich in der Poesie durch das bedeutungsinitiierende Zeichen sprachlicher Automatismen."[367] Deren „Sinnübertragung" bedingt eine Erweiterung der Wahrnehmungssensibilität, die als Möglichkeit ästhetischer Erkenntnis latente Sinndimensionen einer „Welt der surrealistischen Analogien" zum Ausdruck bringt – mit Hölz, der die von Breton beschworene Vermittlung von *perception* und *représentation* wie folgt erklärt:[368]

> Natur und Unbewußtes werden über die Sprache miteinander vermittelt und durch eine Theorie bildlicher Analogieverfahren vereint [...]. In dieser Wechselbeziehung wird die Alogik des Bildes zum Maßstab der surrealistischen Wahrheitsaussage. [...] Ich und Welt, Subjekt und Objekt haben eine gemeinsame Wurzel im Unbewußten und finden über die Sprache surrealistischer Bildanalogien zueinander.[369]

Die Imagination vermittelt so zwischen Innen- und Außenwelt und „verbindet subjektive Schau und objektive Realität zu synthetischer Einheit":[370] Die Sprachbilder vermitteln ein Surplus der Erfahrung latent vorfindlicher, durch das Medium metaphorischen Sprachdenkens realisierter Ähnlichkeitsrelationen. „[D]ie *poetische* Intuition [...], im Surrealismus endlich frei geworden, versteht sich nicht nur rein assimilatorisch in Hinblick auf alle bekannten Formen, sondern kühn als Schöpferin neuer Formen, fähig also, alle Strukturen der Welt, offenbare oder nicht, in sich zu begreifen".[371]

Dies auf das Bild des *Seziertischs* beziehend, lässt sich schließen: Die *vorprädikative* Dimension der Metapher setzt ikonischen Sinn frei und erschließt den Beziehungsreichtum der Sprache. Dabei ist das in der Verschmelzung der Elemente als Geburt eines Signifikaten aus diaphorischer Ähnlichkeit metaphorisch

---

366 Willer, Metapher/metaphorisch, S. 128; vgl. auch Breton; Erstes Manifest des Surrealismus, S. 35f.
367 Hölz, *Destruktion und Konstruktion*, S. 105.
368 Ebd., S. 106 und S. 108.
369 Ebd., S. 79f. Hölz beschreibt die durch das Bild begründete „Relation zum Universum" als „ontologisch fundierte Harmonie von Ich und Welt" aus der „Position eines ontologischen Subjektivismus" (ebd., S. 80).
370 Ebd., S. 93.
371 Breton, Was der Surrealismus will, S. 132.

ausgedrückte, verlebendigende und metamorphotische Potential der Metapher ebenso von Bedeutung wie das rahmende Gleichnis *schön wie* – als Scharnier, das die Metapher in den Ko-Text einträgt und auf die „Unverbundenheit unserer Erfahrungswelt" verweist, die „durch Ähnlichkeit ein Stück weit [...] vereinheitlicht werden kann".[372] Diese Unverbundenheit ist, so suggeriert die Programmatik, nicht zuletzt Folge der Zurichtung der Erfahrungswelt durch den Rationalismus, den Begriff und den konventionellen Sprachgebrauch, der sie eine Welt metaphorisch und analogisch gestifteter Korrespondenzen entgegenhält. Strub sieht „Lautréamonts berühmtes Beispiel der Hochzeit eines Regenschirms mit einer Nähmaschine auf einem Operationstisch" als Indiz der Rolle der Metapher im Rahmen einer „neuzeitliche[n] Erfindungsontologie", in der „Kunst als Konstruktion" auftritt, ohne dass ein „außersprachliches Kriterium [...] die metaphorische Produktion steuern könnte":

> Hier ergibt sich auch gleich das alte (nominalistische) Problem, dass alles mit allem ähnlich ist, wenn kein extramentales Kriterium für korrekte Ähnlichkeiten existiert. Dem kann in der Neuzeit nicht mehr begegnet werden: Wirklich kann zunächst alles mit allem ähnlich sein. Dann stellt sich natürlich direkt die Frage nach der Bewährung von Metaphern: es gibt auch in der Neuzeit gute und schlechte Metaphern, solche, die sich durchgesetzt haben und solche, die verschwunden sind: *Auch die [...] Ontologie der offenen Erfindungswelt ist eine, in der die Innovation etwas in der Welt ‚treffen' muß*. Dies führt natürlich direkt zum Problem der Bewährung jenseits einer Adäquationstheorie der Wahrheit.[373]

Metaphorische Ähnlichkeit erfüllt hier eine doppelte Rolle: Sie zielt auf eine imaginativ entdeckte Welt reicher Bezüge der Ähnlichkeit, Analogie und Korrespondenz und realisiert in ihrem Wirken zugleich allererst die Restitution, Akzentuierung oder Neustiftung solcher Korrelationen. Indem es konventionelle Bezüge stört, geläufige Zuschreibungen in Frage stellt und die referenzielle Funktion der Worte unterbricht, fordert das diaphorische Moment des Bildes zu einer epiphorischen Ableitung auf, einer reorganisierenden, die Unähnlichkeit ‚aufhebenden' Herstellung neuer Ähnlichkeiten – wobei in der offenen Perspektivierung das Kriterium der Ähnlichkeit *entgrenzt* wird. Beide Aspekte werden über das Sprachbild vereint und sollen in Übertragungsautomatismen zum Ausdruck kommen, die die Welt verrätseln und ‚rückverzaubern'. Die verwandelnde Dimension der Übertragung auf dem metaphorischen Grund der Sprache setzt sich dabei in einer (ko-)textuellen Dynamik fort, in einem Prozess der Abdrift, die, wie in der hermetischen Semiose, ein Entgleiten des Sinns impliziert.[374] Das Bild des Seziertischs symbolisiert –

---
372 Strub, *Kalkulierte Absurditäten*, S. 460.
373 Strub, Abbilden und Schaffen von Ähnlichkeiten, S. 121 f., Anm. 42 [Hv.: S. B.].
374 Vgl. Eco, zit. n. Dunker, Artistische Erkenntnis, S. 349.

wenn mit Lévi-Strauss die Glieder als Metaphernkombination verstanden werden – auch dieses Potential der poetischen Sprache als prozessualisierte Form der Metapher: Die imaginäre Verlebendigung und die Rahmung des Bildes zeigen einen Wechsel auf die Ebene des poetischen Ko-Textes an, in dem die Metapher metamorphotisch prozessualisiert wird, um – mit Einstein – dem ‚inneren Automatismus in freien Analogien' zu folgen.

4.4 ‚Abschweifungen': Metamorphosen der Metapher

> C'est le triste horizon des sédentaires qui leur fait craindre les digressions. (Louis Aragon)[375]

> Le verbe, non plus le style, subit avec Lautréamont une crise fondamentale, il marque un *recommencement*. C'en est fait des limites dans lesquelles les mots pouvaient entrer en rapport avec les mots, les choses avec les choses. Un principe de mutation perpétuelle s'est emparé des objets comme des idées, tendant à leur délivrance totale qui implique celle de l'homme. A cet égard, le langage de Lautréamont est à la fois un dissolvant et un plasma germinatif sans équivalents. (André Breton)[376]

Soll das einzelne Sprachbild durch die Kombination des Heterogenen schockieren, so verliert es durch Einbettung in den Kontext seinen ‚abweichenden' Charakter und prägt die Struktur und Dynamik surrealistischer Texte in einem entgrenzten „process of metaphorization"[377], der durch metaphorische Übertragungen, analogische Sprünge, semantische Verschiebungen und assoziative Verstrickungen gekennzeichnet ist. Diese textuelle Metaphorisierung beschreibt Breton, wie angedeutet, programmatisch als *Metamorphose*: Durch sie wirkt die Metapher als *„Prinzip ständiger Verwandlung"*, wie in der Sprache Lautréamonts, die Breton als ein *„unvergleichliches Lösungsmittel und Keimplasma zugleich"* beschreibt.[378]

---

[375] Aragon, *Traité du style*, S. 174 [„Es ist der trübe Horizont der Sesshaften, der ihnen Angst vor den Abschweifungen macht" (*Abhandlung über den Stil*, S. 111)].
[376] André Breton, „Isidore Ducasse Comte de Lautréamont" [Anthologie de l'humour noir, S. 986–995], in: ders., Œuvres complètes, Bd. II, S. 863–1176, S. 987.
[377] Hedges, Surrealist metaphor, S. 290.
[378] Breton, Isidore Ducasse Comte de Lautréamont, S. 217. Vgl. auch Lichtenstern, *Metamorphose*, S. 134f.: „Lautréamonts Poetik, die Elisabeth Lenk auf die Formel gebracht hat: ‚Die Metapher wird zur Metamorphose', gerät in *Poisson soluble* zum Selbstzweck. Die Metamorphose wird aus dem Verfahren der poetischen Produktion heraus immer wieder ‚konkretisiert'. Sie bringt in diesem Text sozusagen die automatische Schreibweise auf den Begriff ihrer Tätigkeit."

In der vorbewußt vermittelten Metapher sucht der surrealistische Dichter die Befreiung seiner Imagination. Ihre in der automatischen Tätigkeit zum Erlebnis gebrachte Dynamik wird zum Mittel, die Vorherrschaft der ‚raison' zu brechen und im Menschen die Phantasie des Möglichen, Veränderlichen und Verwandelbaren zu erwecken und damit seine eigentliche ‚Menschwerdung' zu erzielen. Noch 1942 hebt Breton die Bedeutung der ‚écriture automatique' hervor und spricht von einer ‚Eroberung', die ‚weltweit den unbestreitbaren Triumph der Imagination und der Kreation über die Imitation' eingeleitet habe.[379]

Diese „Emphase metaphorischen Schreibens"[380] erklärt sich aus der metamorphotischen Prozessualisierung der dissoziierenden Metapher, in deren imaginärer Verlebendigung ihre Dynamisierung bereits angelegt ist. Inez Hedges beschreibt den „cumulative effect of metaphors in surrealist ‚automatic' writing – a reference to their framemaking function."[381] Der erste Satz, gebildet aus einem sich spontan aufdrängenden Bild, ‚fällt zu' und löst eine „inspirative Initialzündung" aus:[382] Er provoziert weitere Bilder, die sich dem ersten in einem durch einen „vollkommenen Zustand der Distraktion, der Zerstreutheit"[383] beförderten, abschweifenden „Bilderrausch"[384] anschließen. Bretons Programmatik zufolge entsteht dabei der Textfluss aus dem psychischen Automatismus: Das *Manifeste du surréalime* suggeriert die Anwendbarkeit des Verfahrens als Schreibweise, die sich „durch möglichst unkorrigierte Wiedergabe dieser permanenten inneren Metaphernproduktion von jedem herstellen [ließe], dessen Phantasie fruchtbar dafür ist."[385] Breton beschreibt die „surrealistische[] Atmosphäre" der *écriture automatique* als

> für die Gewinnung der schönsten Bilder besonders geeignet. Man kann sogar sagen, dass die Bilder in diesem schwindelerregenden Ablauf als die einzigen Anhaltspunkte des Geistes erscheinen. Allmählich gewinnt der Geist Gewißheit von der höchsten Realität solcher Bilder. Begnügt er sich zunächst damit, sie nur zu ertragen, so begreift er bald, daß sie seine Intelligenz unterstützen, seine Einsicht vertiefen. Er macht sich die unbegrenzte

---

379 Lichtenstern, *Metamorphose*, S. 135.
380 Willer, Metapher/metaphorisch, S. 128.
381 Hedges, Surrealist metaphor, S. 279.
382 Greber, *Textile Texte*, S. 453.
383 Breton, Erstes Manifest des Surrealismus, S. 43.
384 Barck, Phantasie und Bilderrausch im Surrealismus, S. 142.
385 Bauer, Ähnlichkeit als Provokation, S. 115. Ironisch deutet Breton an, dass es sich dabei nicht um einen rein ‚automatischen' Ablauf handelt: „Ziemlich schwierig ist es, etwas darüber zu sagen, wie es mit dem folgenden Satz geht; ohne Zweifel gehört er unserer bewußten Tätigkeit und zugleich der anderen an – wenn man annimmt, daß die Tatsache, einen ersten Satz geschrieben zu haben, ein Minimum an Wahrnehmung mit sich bringt. Es spielt übrigens keine Rolle: gerade darin liegt zum großen Teil der Wert des surrealistischen Spiels." (Breton, Erstes Manifest des Surrealismus, S. 29) Seine Anleitung begründet die Vermittlung von Kunst und Leben produktionsästhetisch, indem sie sich gegen ein starkes Autorschaftskonzept richtet: Mittels der Anleitung zur *écriture automatique* wird jeder potenziell zum Künstler (vgl. ebd.).

Weite bewußt, wo sich seine Wünsche formen, wo sich Für und Wieder ständig aufheben, wo ihn seine Unsicherheit nicht preisgibt. [...] Die schönste aller Nächte, *die Nacht der Blitze*: neben ihr ist der Tag Nacht.[386]

Der Zustand unfokussierter, rezeptiver Passivität ist die Voraussetzung für das Eintreten der rauschhaften Bildproduktion: Erst „[i]n der Distanzierung zu sich selbst setzt der Fluß der Bilder ein."[387] In einer fluiden Metaphorik beschreibt Benjamin dies als „flutende Bilder [...], wo Laut und Bild und Bild und Laut mit automatischer Exaktheit derart glücklich ineinandergriffen, daß für den Groschen ‚Sinn' kein Spalt mehr übrigblieb. Bild und Sprache haben den Vortritt."[388]

Im Prozess der Metaphorisierung wird die offene Ausrichtung auf das Neue, die Mehrdeutigkeit, die „Verknotung mehrerer Systeme" und die daraus entstehende konstitutive „Mehrgleisigkeit des Diskurses"[389] zum poetischen Prinzip. So soll im Automatismus die „potentiell vielschichtige Sprachlichkeit des Unbewußten für die Poesie nutzbar" werden.[390] Wie angedeutet, lässt sich das assoziative Abirren metaphorischer Bezüge als Mimesis an die Traumlogik beschreiben: Orientiert an der komplexen Bildsprache des Traums erhält Sprache die „Autarkie eines Symbolwertes, der die angestammte Bedeutung des *signifiant* übersteigt und ihn auf die Dimension des noch nicht Erkannten festlegt."[391] Vergleichbar mit Freuds Metapher des Traums als Rebus, belegt das Verfahren des Automatismus „das einzelne Wort mit einem Bedeutungsspektrum, das ebenso auf die anderen Sprachzeichen ausstrahlt wie es von diesen selbst wieder reflektiert wird."[392] Der Verselbstständigung der Assoziationen in „Traumketten"[393] entsprechend,

---

386 Breton, Erstes Manifest des Surrealismus, S. 35. Im Anhang des *Manifeste du surréalisme* formuliert Breton die Einsicht in die Sinnbezüge der „eigenen ‚automatisch' gewonnenen Verwandlungsmetaphorik" anhand seines Textes *Poisson soluble* (1924): „[D]a ist der ‚auflösbare Fisch', der mir immer noch ein wenig Angst macht. POISSON SOLUBLE, bin nicht ich es, der auflösbare Fisch, im Zeichen der Fische bin ich geboren, und der Mensch ist auflösbar in seinem Denken!" (Ebd., S. 37).
387 Bauer, Ähnlichkeit als Provokation, S. 116.
388 Benjamin, Sürrealismus, S. 146.
389 Wellbery, Übertragen, S. 152.
390 Hölz, *Destruktion und Konstruktion*, S. 106.
391 Ebd., S. 116.
392 Ebd.
393 Vgl. die von Jean Vinchon übernommene Vorstellung Bretons, dass es im Wahn „‚keinen Wechsel mehr zwischen dem Traumleben und dem wirklichen Leben gibt', und dass diese Art der Inspiration die höhere Form des Automatismus darstelle.'" (Bauer, Die Surrealisten und Sigmund Freud, S. 148) Experimente in der automatischen Schreibweise wurden vereinzelt als ‚mimetische Masken', als Nachahmung von Träumen, aber auch sprachpathologischer Symptome interpretiert: Hier sind die „Symptome [...] das alleinige Ziel der Vertextung. Hinter ihnen steht kein Inhalt, der unabhängig von ihnen ausgedrückt werden sollte." (Scheerer, *Textanalytische Studien zur ‚écriture automatique'*, S. 146): „Assoziationsvielfalt", „‚manische

eröffnet es „intermediale Spielräume [...], in denen – wie im Traum – die vertrauten Assoziationen entgleiten, einem hermeneutischen Zugriff entzogen werden."[394] Dieser Prozess lässt sich als metonymische Verschiebung oder, mit Jakobson, als Projektion des Äquivalenzprinzip auf die metonymische Ebene beschreiben:[395] „Die poetische Funktion [...] aktualisiert die immanente eigene Magie der Sprache, ohne sie [...] zu instrumentalisieren. Die so sich artikulierende ‚substantielle Kraft' der Sprache bringt die Intentionen des Menschen zum Verschwinden."[396] Ihr Agens realisiert den Anspruch einer befreiten Sprache, die sich im poetischen Text entfaltet: „Diese neue Welt der surrealistischen Bilder ist gekennzeichnet durch eine unendliche Mobilität, denn alles kann mit allem verbunden werden".[397] Die ‚um- und abwegigen' Möglichkeiten metaphorischer Übertragung erzeugen im Textverlauf eine Simile-Struktur, eine Überlagerung von Referenzen und ständige Umperspektivierung – vergleichbar den Aspektwechseln des *Sehen-als*, des Ähnlichkeitssehens in Ernsts Bildverfahren oder der ‚paranoisch-kritischen' Methode Dalís: „Metaphernketten"[398] errichten eine „semantische Alternativwelt"[399], deren Äquivalenzprinzipien ein überdeterminiertes, variables Korrespondenzsystem mit einer offenen und ambigen Bedeutungsstruktur entstehen lassen. Deren Eigenlogik analysiert Michael Riffaterre, der die surrealistische „Reihenmetapher" als

---

Ideenflucht'" „Beziehungswahn (‚délir d' interpretation')" sind Symptome der Schizophrenie, wobei „Assoziationen [...] auf allen möglichen Ebenen vor sich [gehen]" (ebd., S. 145).

394 Roloff, Fragmentierung und Montage, S. 255.

395 In der poetischen Sprache wirkt das Äquivalenzprinzip der Similarität auf der Achse der Kontiguität. Aufgrund des Zusammenwirkens zweier Auswahlregeln (der vertikalen Synonymie des Codes in absentia und dem horizontalen syntaktischen Verknüpfen und Zusammenwirken) eröffnet sich ein „weiter Variationsbereich" (Jakobson, Der Doppelcharakter der Sprache, S. 329). Zur Kontiguität als Movens der Metonymie, die der Übertragung von Elementen innerhalb eines Systems dient, „nicht inter-, sondern *intrasystemisch*", vgl. Wellbery, Übertragen, S. 153. Die in umwegigen Ableitungsprozessen wirkende „Verschiebungsenergie" bringt „Variation" hervor (Barthes, Arcimboldo, S. 148 f.).

396 Stockhammer, *Zaubertexte*, S. 134. „Die Sprache wird in diesen ‚magischen Wortexperimenten [Benjamin]' aus den Sicherungsgesten des parapsychologischen Experiments ebenso wie aus der Deutungswut der Spiritisten herausgelöst und erhält den Vortritt vor Sinn und Ich." (Ebd., S. 121) Bezüglich der Ignoranz gegenüber der ‚magischen' „Kraft der Sprache [...], ihren eigenen Referenten zu produzieren [...] bildet die ‚automatische' oder ‚indirekt mediumistische Schrift' eine wichtige, aber doch nur partielle Ausnahme" (ebd. S. 118 f.) mit dem „Telos [...] [der] Evokation von Sichtbarem" (ebd., S. 123).

397 Pastor, *Studien zum dichterischen Bild*, S. 26.

398 Ebd., S. 30.

399 Wellbery, Übertragen, S. 148.

„Spezialcode"[400] bezeichnet: Dessen Grundform beschreibt er als „Serie von Metaphern, die durch die Syntax miteinander verbunden sind", und deren ‚Primärmetapher' als eine „annehmbare Metapher" den „Schlüssel" zum Verständnis des Codes bildet:[401] Sie „‚ähnelt' der Wirklichkeit, ist durch einen Vergleich der Wörter mit den Dingen verifizierbar", wenn auch in „Abstufungen der Kühnheit".[402] Die Entschlüsselung des aus mehreren Termini und ihren Verknüpfungen bestehenden Codes sei möglich, da er grundlegend semantisch bleibe; er weise „ein von einer Anfangskomponente abgeleitetes Assoziationsprinzip auf[ ] [...] im Hinblick auf eine Ähnlichkeit der Form, die es, falls erforderlich, über den Sinn hinaushebt".[403] Mittels dieses Prinzips leitet der metaphorische Code die Bedeutung der Primärmetapher in ein verwandtes Wort(-feld) ab, „durch den parallelen Ablauf von zwei assoziativen *Systemen*"[404] eine Überlagerung der Bedeutungen erzeugend. Auch in einer ‚gewöhnlichen' Metaphernkette werde „semantische Entsprechung" zwischen den Elementen ausgedrückt durch weitere, den Sinn der ersten Metapher konkretisierende Bilder: „Diese Verknüpfungen stellen wirkliche Bezüge her, das heißt ‚Ähnlichkeiten' zwischen den entsprechenden Signifikaten".[405] Die logische Gültigkeit dieser Relationen *simuliert* der surrealistische Text entsprechend der Einsicht, dass modern kein verbindlicher Maßstab dafür existiert, was als ähnlich oder vergleichbar gelten kann: So ist die „Subversion der Sprache durch die ‚écriture automatique' auf die Fügungsgesetze der Wörter (diejenigen Gesetze, die sie zu begründbaren Aussagen fügen), nicht auf die Worte selbst"[406] bezogen. Werden die Regeln ihrer Assoziierbarkeit ausgeweitet, so nicht, um die Syntax anzugreifen, sondern um das „‚System von assoziierten Gemeinplätzen'"[407] in einer selbstreferenziellen Struktur aufzulösen.

> Die *surrealistischen Verknüpfungen* [...] setzen an Stelle der lexikalischen Bedeutung eine ‚strukturale'. Sie stellen keine realen Bezüge dar, und die Ausdrücke, die sie verbinden, sind lediglich dadurch homolog, dass sie eine ähnliche Stellung in ihren jeweiligen Se-

---

400 Riffaterre, Reihenmetapher, S. 208. Diese Untersuchung ist hinsichtlich der hier generierten Ähnlichkeitseffekte nach wie vor instruktiv.
401 Ebd., S. 209.
402 Ebd., S. 214, Anm. 17.
403 Riffaterre, Reihenmetapher, S. 228 u. 212. „Bei der *surrealistischen* Reihenmetapher ist der Kontrollfaktor über den Ablauf beider Systeme die *ecriture automatique* (als beherrschender Faktor, der aber nicht absolut die referentielle Funktion und die wechselseitige Auswahl ausschließt), d. h. ein Vorgang formaler Verbalassoziation. Ein vom System gegebenes Wort bestimmt das Auftreten der Wörter, die ihm folgen" (ebd., S. 212).
404 Ebd., S. 211.
405 Ebd., S. 214.
406 Hötter, *Surrealismus und Identität*, S. 32.
407 Zill, *Messkünstler und Rossebändiger*, S. 106.

quenzen einnehmen. Auf Grund der Tatsache, dass sie grammatikalisch die Ausdrücke der normalen Metapher verbinden, symbolisieren die Verknüpfungen die implizite Existenz etlicher Gemeinsamkeiten zwischen Gehalt und Medium. Dieser in den Gewohnheiten des Lesers verankerte Symbolismus bleibt auch nach dem Verschwinden der Ähnlichkeiten, die dieses Annähern von Ausdrücken rechtfertigen, bestehen. Die Verknüpfung, zum formalen Ersatz der Synonymie geworden, verbindet metaphorisch Wörter, die keinerlei semantischen Bezug zueinander haben.[408]

Die in dem ‚System assoziierter Gemeinplätze' sedimentierten Ähnlichkeitsbezüge werden gezielt frustriert, Verständlichkeit als Konventionalität entlarvt. Durch die Störung des konventionellen Codes und der referenziellen Funktion der Sprache entfalten die Metaphernketten „Irritationsmomente".[409] So zielt die *écriture automatique* auf den „notwendigen Bruch zwischen den sprachlichen Kombinationen einerseits und den logischen Erfordernissen der Bedeutung andererseits":[410] Der referenzielle Bezug wird unterbrochen, um „die Vermittlung von Wirklichkeit qua semantischer Fixierung von Worten"[411] aufzuheben und alternative Assoziationszusammenhänge zu stiften. Diesen Doppelcharakter der De- und Rekonstruktion beschreibt Jean Decottignies als konstitutiv für die Erzeugung semantischer Freiräume:

> Schreiben bedeutet, ohne Ansehen jeder Logik, die Elemente des Diskurses zu verwenden, um ein den bekannten und als normal angesehenen Verhältnissen der Diskursivität fremdes System herzustellen; sei es, daß das System sich als ein Netz auf diese Verhältnisse aufgepfropfter Über-Bedeutungen *(sur-signification)* entwickelt; sei es, daß es diese Verhältnisse vollständig nichtig macht, wie es in den Grenzfällen von automatischem Schreiben geschieht.[412]

Dieses ‚fremde' System entsteht, indem ausgehend von dem initialen Bild Metaphernfelder oder „Ketten" erzeugt werden, in denen „jedes Einzelbild an das ihm vorausgehende gebunden" ist und das „folgende oder übernächste Bild" evoziert.[413] So entsteht eine neue „„„Assoziationskette" oder ein „Netz, das sich knüpft aus vielen und oft sehr divergierenden Vorstellungsbereichen": Der Ko-Text der Metapher, über den sich die „surrealistische Bildlichkeit" in der Kettenmetapher

---

408 Riffaterre, Reihenmetapher, S. 215. „Alle der surrealistischen Reihenmetapher eigenen Charakteristika haben eines gemeinsam: sie ersetzen die referenzielle Funktion der Sprache durch eine auf die *Form* der linguistischen Botschaft selbst bezogene *Referenz* (durch das, was Jakobson die poetische Funktion nennt). Hiermit haben wir den Mechanismus, durch den in der Schrift diese poetische Analogie verwirklicht wird." (Ebd.).
409 Specht, Experiment und Metapher, S. 257.
410 Decottignies, Surrealistisches Werk und Ideologie, S. 130.
411 Bauer, Ähnlichkeit als Provokation, S. 122.
412 Decottignies, Surrealistisches Werk und Ideologie, S. 132.
413 Pastor, *Studien zum dichterischen Bild*, S. 30.

ausbreitet, ist der poetische Text als Verklammerung der „Bildbereiche, die das jeweilige Einzelbild umgeben".[414] So ist das einzelne Bild nicht länger als ‚abweichend' zu beurteilen, weil der Text eigene Fügungsregeln etabliert.

> If the maxim of *relation* is infringed upon for intentional effect, the result is the creation of a fictional world which sets up its own unconventional norms [...]. A circularity is established in which the ‚metaphoric' status of any one element is questionable – a demonstration, pushed to its extreme, of the idea that a metaphor only functions when taken literally, that is, when the distinction between focus and frame is temporarily lifted.[415]

Ricœur zufolge sind damit literarische Metaphern die eigentlich kreativen, denn der „Implikationszusammenhang literarischer Metaphern wird im Text selbst erst konstruiert, der Text wird also zum Kontext."[416] Dieser These folgt Rüdiger Zill mit der Annahme, Metaphern blieben lebendig, wenn sie „stark auf private Konnotationen zurückgreifen oder durch den Text selbst konstruiert sind".[417]

Den poetischen Kontext etablieren in der surrealistischen Kettenmetapher die Richtungswechsel metaphorischer Umperspektivierung als eine aus „Konstellationen" von Bildern und Bildbereichen hervorgehende Ebene der *surréalité*: Die imaginären Bilder, die „in der Sprache manifest werden", „ergeben in der Gesamtkonstellation ein Gewebe", ein „System von wiederkehrenden Bildfügungen".[418] In der übercodierten analogischen Struktur kann ein „‚Sinn' der Verknüpfung, die Illusion der Metapher"[419] sich aufdrängen; sie kann aber auch „zu nicht mehr annehmbaren Metaphern" führen, die „nur in Bezug auf die Primärmetapher eine Bedeutung"[420] haben: Wie die logische Form des Vergleichs im einzelnen Sprachbild bildet die Syntax dann lediglich ein „Gerüst [...] [zur] Herstellung von Verbindungen zwischen Syntagmen, die semantisch nicht aufeinander bezogen werden können."[421] Die *sursignification* als „Substitut der einen Augenblick lang zerstörten Sprache"[422] bildet eine scheinbar

---

414 Ebd., S. 33.
415 Hedges, Surrealist metaphor, S. 283.
416 Zill, *Messkünstler und Rossebändiger*, S. 106.
417 Ebd., S. 111.
418 Pastor, *Studien zum dichterischen Bild*, S. 34.
419 Riffaterre, Reihenmetapher, S. 215.
420 Ebd., S. 216. Beispiele für solche Ableitungen führt Riffaterre aus auf S. 216 ff.
421 Peter Bürger, „Die Dichtung Bretons", in: ders. (Hg.), Surrealismus, S. 231–243, S. 235. „Auf dem Hintergrund eines logische Folgerichtigkeit intendierenden Systems entfaltet sich die befreiende Wirkung des (absurden) Bildes, das dieses Systems bedarf, um es zerstören zu können." (Ebd.) Seine Negation konventioneller Sprachautomatismen „verbindet folglich Signifikanten, deren Signifikate unvereinbar sind: die Darstellung der Wirklichkeit wird dadurch umgestürzt" (Riffaterre, Reihenmetapher, S. 213).
422 Riffaterre, Reihenmetapher, S. 218.

zufällige Anhäufung von Wörtern, die ihre Realität erwarten, von Wörtern, die mangels einer Ausrichtung auf eine Sache lediglich sich gegenseitig reflektieren [...]. Als Darstellungsstruktur durch Übertragung oder Unterlegung stellt sie lediglich sich selbst dar und lässt den Leser eine Art Vergleichsgymnastik vollführen [...].[423]

Die Zufälligkeit der Kombination geht dabei in „produktive[r] Ambivalenz"[424] mit dem Eindruck der Willkür einher. Wo auf Seiten der Produktion eine subjektive Überformung droht, muss diese ausgesetzt werden.[425] Das „Maximum an Willkürlichkeit" wird an den Polen der analogischen Übertragung offenbar, die die *sursignification* etabliert: „Alles geschieht, als ob der Spezialcode eine Übersetzungsregel A = A_1 aufstellte".[426] Diese „unmögliche Gleichung [...] bedroht die ureigensten Grundlagen der semantischen Struktur, indem sie Gleichwertigkeit an die Stelle von einer Gegensätzlichkeit setzt".[427] Riffaterre zeigt an einem Gedicht Éluards, das die Sphären Luft und Wasser kurzschließt (eau/air, oiseaux/poissons, nageant/volant), die „Annullierung einer semantischen Gegensätzlichkeit" auf.[428] Sie zwingt Differentes in die Vergleichsstruktur, den Lesenden die Suche nach einem Aspekt aufgebend, der eine fruchtbare Übertragung erlaubt: Willkür und Zufall sind paradox be- und entgrenzt durch die poetisch gebundene Imagination des *Sehen-als*, die den imaginativen Bilderstrom literarischer Texte Ricœur

---

423 Ebd., S. 224.
424 Greber, Textile Texte, S. 212. Das Aleatorische, die „zufällige Ausstreuung der Signifikanten" macht das (Wort-)*Spiel* zum „Würfelwurf" (Hötter, Surrealismus und Identität, S. 33). Dem „Isotopienbruch zwecks Freisetzung der selbsttätigen Sprachphantasie" (Greber, Textile Texte, S. 213) korrespondiert die Frage nach inhaltlicher Kohärenz als Suchspiel. Die „poetische Dissemination" (ebd., S. 213) ironisiert jede Aufforderung zur Auslegung in der „ludischen Negation von Sinn" (ebd., S. 215).
425 Riffaterre, Reihenmetapher, S. 222: „Die Surrealisten verwenden das Willkürliche, um die Authentizität der écriture automatique zu sichern. Wenn ein Rückfall in die Subjektivität die Wortsequenz zu verbiegen scheint, muß der Autor eingreifen, indem er mit dem Kontext bricht" (ebd., S. 223). Dabei gibt es „auf der Ebene der Wörter weder Phantasie noch Unbegründbares, wohl aber die innere Logik eines Codes [...]. Denn dies Willkürliche ist lediglich das Ergebnis des Zusammentreffens von zwei Assoziationsketten." (Ebd. S. 218 f.). Der Automatismus ist nicht frei von gestaltenden Eingriffen, sondern ein „Spannungsfeld von Kontrolle und Eigendynamik, Handlung und Widerfahrnis, Heteronomie und Autonomie", in dem sich die „Suche nach neuen Denk- und Sprachoptionen" orientiert (Specht, Experiment und Metapher, S. 277).
426 Ebd., S. 226, Anm. 44; vgl. Jakobson: „Man könnte hier einwenden, dass die Metasprache ebenfalls äquivalente Einheiten zu einer Sequenz kombiniert, wenn synonyme Ausdrücke zu einer Gleichung verbunden werden: A = A (,Stute' ist ,ein weibliches Pferd'). Dichtung und Metasprache sind aber diametral entgegengesetzt: in der Metasprache dient die Sequenz zur Aufstellung einer Gleichung, in der Dichtung hingegen dient die Gleichung zum Bau einer Sequenz." (Jakobson, Was ist Poesie, S. 95).
427 Riffaterre, Reihenmetapher, S. 218.
428 Vgl. ebd., S. 226.

zufolge strukturiert: Ein „der Sprache selbst inhärentes Imaginäres" wird durch ihre Assoziabilität freigesetzt; so wird „das Imaginäre allein durch das Spiel der Sprache erweckt und gestaltet", zu einem „Bilderfluß", dessen Produktion und Rezeption die „Hingabe an das vom Sinn freigesetzte Imaginäre" ermöglicht.[429] Die poetische Sprache zeigt sich so als „Sprachspiel", dessen „Sinn selbst ikonisch [ist] aufgrund dieses Vermögens, sich in Bildern zu entfalten".[430] Damit lässt sich der „logische Stellenwert der Ähnlichkeit im metaphorischen Prozeß" mit Wittgensteins *Familienähnlichkeit* fassen:[431] Sie ist nicht eigenschaftslogisch gedacht als Ähnlichkeit, die „allen subordinierten Instanzen eigentümlich ist", sondern als relationales Modell, das eine Vielzahl sich „überkreuzende[r] und überlappende[r] Ähnlichkeiten bezeichnet bei gleichzeitiger Unähnlichkeit in anderer Hinsicht".[432] Ein solches metaphorisches Denken in Verweisungszusammenhängen, Assoziationsfeldern und Konstellationen entspricht auch der Beschreibung des ‚Sprachspiels': Es ermöglicht durch ein *Sehen-als* in wechselnden Hinsichten eine flexible Umperspektivierung mittels Verunähnlichung und neuer Verähnlichung.[433] Die Offenheit der Bedeutungsübertragung bewirkt dabei eine ‚Reflexion' auf den Ko-Text durch den „semantische[n] Hof" der Metapher, die diesen nicht nur „erweitert, entgrenzt, sondern auch ‚konterdeterminiert' (also reklassifiziert)."[434] Ricœur betont diese in dem semantisch-ikonischen Doppelaspekt liegende „Entwicklungsfähigkeit" der Metapher im Text: Die „ikonische Darstellung enthält somit die Möglichkeit, die parallele Struktur herauszuarbeiten und zu erweitern."[435] Die poetische Verfahrensweise überschreitet Referenzialität, indem die Metapher mit der „Öffnung zum Imaginären hin den Sinn auch gegen eine Realitätsdimen-

---

429 Ricœur, *Die lebendige Metapher*, S. 203 und S. 201.
430 Ebd., S. 101.
431 Ricœur, *Die lebendige Metapher*, S. 183. Darin liegt ein Argument gegen jede Abweichungstheorie der Metapher, auch Strubs am Surrealismus exemplifizierte ‚Unähnlichkeitstheorie' (vgl. Schmitz-Emans, Metapher, o.S.).
432 Karen Gloy, „Versuch einer Logik des Analogiedenkens", in: Bachmann, Gloy (Hg.), *Das Analogiedenken*, S. 298–323, S. 314.
433 „Die Nicht-Transitivität des Ähnlichkeitsphänomens folgt [...] aus dessen Aspektabhängigkeit – wenn der Fokus des Ähnlichkeitsvergleichs wechselt, dann entsteht Ähnlichkeit oder sie ‚verfällt'" (Endres, Unähnliche Ähnlichkeit, S. 35). Die Kettenbildung ‚familienähnlicher' Sachverhalte beschreibt Wittgenstein am Beispiel der ‚Fadenmetapher' (vgl. Gamm, *Die Macht der Metapher*, S. 70).
434 Endres, Unähnliche Ähnlichkeit, S. 47.
435 Ebd., S. 194.

sion hin öffnet, die nicht mit dem zusammenfällt, das die gewöhnliche Sprache unter dem Namen natürliche Wirklichkeit versteht."[436]

Die durch die Metaphernketten eingeführten Kreuzungen, Variablen und „Umwandlungen"[437] bilden „Untersysteme", in denen „sich die automatischen Assoziationen an jedem beliebigen Punkt der Reihenmetapher gabeln".[438] Am Beispiel von Éluards *La Vie immédiate* beschreibt Riffaterre eine solche Überblendung: „Le doux fer rouge de l'aurore / Rend la vu aux aveugles [Das süße rote Eisen der Morgenröte / gibt den Blinden das Sehvermögen wieder]."[439] Die Ähnlichkeit der aufgehenden Sonne mit glühendem Metall lässt die Assoziation eines gewaltsamen Bildes der Blendung zu; diese überlagert sich mit der Bedeutung des weichen Lichts der Morgenröte zu einem ambivalenten Bild der wiedererlangten Sicht,[440] das in einer paradoxen Struktur Kohärenz über eine tieferliegende Ähnlichkeit herstellt: „Nicht aus dem scheinbaren Concetto leitet sich die Poesie des Bildes her, sondern aus der mythischen Struktur, die es verdeckt: [...] Waffe, die eine Wunde schlägt → Eisen, das sie heilt".[441] Riffaterre sieht darin eine Reminiszenz an den Topos analogischen Denkens, der die Wirkung der homöopathischen Magie als *similia similibus curant* benennt.[442]

---

436 Ebd., S. 202. „[E]inerseits ist das Bild im besonderen Sinne das Resultat der Neutralisierung der natürlichen Wirklichkeit; andererseits ist die Entfaltung des Bildes etwas, was geschieht (occurs) und wohin sich der Sinn unbegrenzt entfaltet [...]. Mit seinem gleichsam beobachtungshaften Charakter liegt auch das Imaginäre dem erfahrungsartigen Charakter, der virtuellen Erfahrung, kurz der *Illusion* zugrunde." (Ebd., S. 201).
437 Riffaterre, Reihenmetapher, S. 228.
438 Ebd., S. 219.
439 Zit. n. ebd., S. 226.
440 Riffaterre schiebt in der Analyse eine „Antiphrase" ein, die die Verdichtung (Apposition) auseinanderlegt (ebd., S. 227) „le fer rouge ôte la vue aux voyent → le doux fer rouge rend la vu aux aveugles" [Das rote Eisen nimmt den Sehenden die Sehkraft → das süße rote Eisen gibt den Blinden die Sehkraft wieder]." (Ebd., S. 228).
441 Ebd., S. 228.
442 Vgl. Koschorke, *Körperströme und Schriftverkehr*, S. 353: „Dahinter steht die für das vormoderne Denken fundamentale Prämisse, dass Kausalität auf der Wirkung von Gleichem auf Gleiches beruht". Dabei liegt gerade in der Ambiguierung ein reflexives Moment im Hinblick auf die Reflexion auf das Sehen und die Abhängigkeit von Sehen/Erkenntnis und Sonne/Licht seit Platons Höhlengleichnis. Die „Leitmetapher der Aufklärung [...] des Höhlenaustritts und des Hervorgehens ans Licht" wird bereits von den Romantikern parodiert (Ralf Konersmann, *Lebendige Spiegel. Die Metapher des Subjekts*, Fischer, Frankfurt a.M. 1991, S. 29). Der Hintergrund, von dem sich die wechselseitige Verwiesenheit von Sehen und Sichtbarkeit (Erkenntnis) in Abhängigkeit vom Licht abhebt, ist der blinde Fleck (der Nacht, der Höhle, des Scheinhaften), den die logozentrische Vernunft ebenso dethematisiert wie deren metaphorische Konstitutionsbedingungen.

Die Assoziabilität der Wörter und die Umkehrbarkeit der Epitheta bewirken die Übercodierung der Bilderketten und die Möglichkeit ständiger Aspektwechsel. „So groß ist die Wirksamkeit eines Verfahrens, bei dem es genügt, ein Bild abzuwandeln, um eine ganze Sequenz zu verändern, dass man darin [...] eines der Hauptstilmittel der Mimesis des Surrealen sehen muß."[443] Die so etablierten Assoziationsketten verzweigen sich korrelational und stellen ein potenziell unbegrenztes Netz von Bezügen her. Dieses „spiegelt sich in einem poetischen Umformungsprozeß wieder, in welchem der Dichter Alltagswirklichkeit in den *ressort analogique* der Poesie bannt."[444] Riffaterre beschreibt dies als „so etwas wie ein *Negativ* der Mimesis des Realen. Und somit eine umgekehrte Welt. Sie wird nicht durch die gewissenhafte Phantasie des Autors geschaffen, Stück für Stück, durch Verwirrung der Wirklichkeit", sondern erweckt den Anschein einer *mimetischen Transformation* der Erfahrung, „authentisch, wahrscheinlich, denn es ist die gelebte Wirklichkeit, die dann in der Sprache durchgestaltet und schließlich umgedreht wird."[445] Ein Textbeispiel für eine solche auf ihre Konstruktionsregeln reflexive ‚verkehrte Welt' bietet eine seitenlange Reihenmetapher aus Aragons *Traité du style*, der die „objektive Beschreibung [s]eines eigenen Stils" so einleitet:

> Mein Stil ist wie die Natur, oder eher umgekehrt. Folgen Sie mir entlang diesen Bächen und Felsen. Der riesige Brieföffner der Straßen kennt das Land nicht genügend. Du brauchst einen Führer durch die Achselhöhlen der Wälder. Da lauert ein böser Wolf aus Moos auf, hier würdest du von einem Minotaurus-Pilz gefressen. Seltsame Lichter irren überall ein wenig durch meine Ebenen [...]. Ginster! hier bist du zu Hause. Überall, wo dieses beunruhigende Grün auftaucht, dessen Fülle einen trügerischen Untergrund und stille Wasser verrät, da breitet sich dein Reich aus, in dem sich der Leser verliert. Moosige Sphinxensätze, Weidenrute, Leberkraut, Froschkraut, Gewächse zwielichtiger Gegenden, die der Fuß plötzlich an einer Pfütze erkennt. Und plötzlich verschwindet die braunmelierte Erde, unter den niedrigen Zweigen eines Geisterwaldes lassen Kobolde tiefe Tücher gleiten. Wo der Salbei blüht, ist die Metallepsis üblich.[446]

---

443 Riffaterre, Reihenmetapher, S. 228.
444 Hölz, *Destruktion und Konstruktion*, S. 106 [sic].
445 Ebd., S. 229. Die These korrespondiert der surrealistischen Erforschung des visuellen Potentials der Fotografie und der „Figur des *redoublement*", „die Durchsichtigkeit des photographischen Negativs, auf dem die Information, obwohl links und rechts dabei verkehrt sind, sowohl von vorne als auch von hinten vollständig erkennbar ist. In dieser fundamentalen Bedingung der Umkehrbarkeit verortete Tabard die Verschmelzung des ‚Bildes mit seinem umgedrehten, gespiegelten Double.' Diese Figur des *redoublement*, des gedoppelten Doubles, besaß eine große Anziehungskraft für die theoretischen, bildnerischen und psychoanalytischen Felder jener Zeit." (Haß, *Das Drama des Sehens*, S. 70).
446 Aragon, *Abhandlung über den Stil*, S. 107 und (nach der Auslassung) ebd., S. 110 f. [sic].

Diese Beschreibung einer imaginären Landschaft, die der Analogie Natur-Text folgt, verknüpft Metaphern, die nicht an vergleichbaren Eigenschaften orientiert sind, sondern entlang einander überkreuzender Korrespondenzen von Sprach- und ‚Naturmaterial' die Richtung, den Wahrnehmungsbereich oder die Ebene wechseln: Das poetische Verfahren stiftet so verschiedenste, als Effekte eines analogisierenden, imaginativ übertragenden, hineinsehenden ‚Stils' des *Sehen-als* reflektierte Relationen zwischen Kunst und Natur.

So erzeugen die Metaphernketten eine ambiguierende Öffnung und Umschlagmomente, die neue Beziehungsmöglichkeiten schaffen: Diese poetische Entbindung ikonischen Sinns dient der Vermittlung einer spezifischen Weise des mimetischen Weltbezugs: So steht mit Ricœur der „entstehende[] oder auftauchende[ ] Charakter" der Metapher „mit der Funktion der Dichtung als schöpferischer Nachahmung von Wirklichkeit in Verbindung",[447] die das emergente Aufblitzen neuer Ähnlichkeitsaspekte im Text realisiert:

> ‚Sehen als' ist zugleich eine Erfahrung und ein Akt […]. Verstehen ist ein Tun; wir sagten oben, dass das Bild nicht frei, sondern gebunden ist, und tatsächlich bringt das ‚Sehen als' eine Ordnung in den Fluß und regelt die ikonische Bildentfaltung. Auf diese Weise sichert der Erfahrungsakt des ‚Sehen als' das Impliziertsein des Imaginären in der metaphorischen Bedeutung: *the same imagery which occurs also means.*[448]

Wie sich hier zudem andeutet, sind die Lesenden an dieser Bedeutungskonstitution beteiligt. Durch den Bruch mit sprachlichen Konventionen setzt ein komplexer Ableitungsprozess ein: „Die Primärmetapher also schockiert den Leser und lässt ihn unbefriedigt: Diese Spannung aber, die ganz allgemein das surrealistische Bild kennzeichnet und seine Wirksamkeit erklärt, hat hier eine funktionale Rolle."[449] Sie begründet den Versuch, in der Reflexion auf neue Beziehungsmöglichkeiten ‚Pertinenz' wiederherzustellen, in dem Ricœur die prädikative Funktion der Ähnlichkeit ausmacht.[450] Ein fließender Übergang führt

---

447 Ricœur, Die Metapher und das Hauptproblem der Hermeneutik, S. 132.
448 Hester, zit. n. Ricœur, *Die lebendige Metapher*, S. 205. Es wird Breton zufolge nachträglich bedeutend: Dass die hergestellten Sinnzusammenhänge nicht verfügbar sind, sondern erst durch die in Sprachbild und Automatismus wirkende Imagination ‚auftauchen', ist programmatisch.
449 Riffaterre, Reihenmetapher, S. 227; vgl. Dynel, Creative metaphor, S. 38: „The process of meaning construction may initially be hindered, especially when the vehicle is linearly (over)developed and conceptually complex, and hence difficult to conceive of"; das „exhaustive mapping of features of the source concept onto the target concept" lasse interpretativen Spielraum (ebd., S. 39).
450 Durch die richtungsoffene Ableitung auf die Nichtfestlegung metaphorischer Projektionsregeln zu reflektieren, lässt sich, wie angedeutet, als Signum der surrealistischen Metapher beschreiben: Ihr „Reflexionsspiel" verweist ex negativo – im Bruch damit – darauf, dass die „systematischen Zusammenhänge, die die Metapher herbeizitiert, in historisch spezifischen Wissensvorräten (im kulturellen Gedächtnis) gespeichert sind." (Wellbery, Übertragen, S. 146)

„von den Metaphern zur symbolischen Interpretation", zu einer „allegorischen Lektüre", die den Verwandlungen der Metaphernketten folgt; „[w]enn der Prozeß unbegrenzter Semiose einmal begonnen hat, ist es schwierig zu sagen, wo und wann die metaphorische Interpretation aufhört: es hängt vom Ko-Text ab."[451]

Wurde die Diaphorizität der Metapher als für den Surrealismus spezifischer Bruch des Kontextes und als Grenze des Sinns interpretiert – „‚surreality' finally breaks the narrative frame apart [...]: ‚The mimesis of the story is devoured by the indices of Surrealism'"[452] –, so betont Hedges' an Riffaterre anschließende Analyse des automatischen Schreibens, dass die „frames" vielmehr in der Rezeption miteinander verbunden werden, sich verschieben und verschiedene semantische Felder und Register ineinander greifen lassen:[453] Es oblige den Lesenden, „to engage in constructive mental activity despite the obstacles posed by the structural dislocations and semantic incompatibilities of the text".[454] Sie verweist auf den für solche Rezeptionsprozesse charakteristischen „automatism effect", der aus Diskrepanzen etablierter *frames* mit den „semantic and discoursive elements of the text" entstehe, die die *frames* der Lesenden aktivierten: „‚The text's grip on the reader is exactly that of subconscious memory itself'".[455] Der Auslegungsprozess und die möglichen Interpretationen sind in diesem antihermeneutischen Programm potenziell unabschließbar, denn „[t]he reading of a surrealist text is a matching process in which the reader tries to account for the regularities and anomalies according to frames stored in memory."[456] Die Forschung gehe daher fehl in ihrem Versuch, Ordnung in eine Unordnung zu bringen, die nicht in Ordnung gebracht werden könne – ein Fehler, den Riffaterre nicht begehe. Doch gehe auch er nicht weit genug, wenn er die Referenzialität surrealistischer Texte negiere und die semantische Inkompatibilität der lexikalischen Elemente und die diskursiven Diskrepanzen der *Literarizität* zuschreibe.

> Instead, it should be seen that the mode of reading is itself referential – it teaches the reader not just to search his or her memory for old frames, but to construct new ones. The

---

Hier wird die Metapher selbstreflexiv auf die sprachliche Organisation von Wissen. Allerdings kennzeichnet bereits die manieristische und in deren Nachfolge auch die romantische Metapher eine Nichtfestlegung der Projektionsregeln.

451 Eco, *Semiotik und Philosophie der Sprache*, S. 185.
452 Zit. n. Hedges, die Laurent Jennys Untersuchung „La surréalité et ses signes narratifs" kritisiert: Surrealist metaphor, S. 284.
453 Ebd., S. 285. Hedges bezieht sich dabei auf Riffaterres Studie „Semantic Incompatibilities in Automatic Writing" (ebd., S. 286).
454 Ebd., S. 286.
455 Zit. n. ebd.
456 Ebd.

„automatic" text refers, by the mechanism of reading it activates, to the mode of thought that can best be characterized as „poetic revelation", in which the experience of language becomes the training ground for the reader's subsequent experience [...].[457]

Hedges schlägt für eine Erklärung des surrealistischen „process of metaphorization" einen linguistischen Zugriff vor: Sie beschreibt die Metapher als „semantically incompatible combination capable of undergoing a process of compatibilization owing to the surrounding context".[458] Ihr wesentliches Ziel sei die Reorganisation von Erfahrungen über die Verschiebung kognitiver Rahmen: „Because of their orientation toward the perceptual training of the reader, surrealist works transcend the aesthetic – they have implications for the future cognitive functioning of the reader's attitude toward everyday lived experience."[459] Das Sprachbild dient, wie angedeutet, der umperspektivierenden, metaphorisierenden Aktivität des Geistes, die *perception* und *représentation* vermittelt.

> The meditation between art and life that is the function of so many surrealist works is facilitated by the linguistic nature of everyday perception, as postulated by the Whorfian hypothesis. Through metaphor, surrealism sought to change the reader's cognitive apprehension of the world. [...] Surrealism formulated – more coherently than ever before or since – man's unceasing quarrel with the linguistic order of the world.[460]

Der ‚Automatismus der Analogien' soll so die stereotype Mechanik der Ideenassoziation kreativ wenden: Indem es zur (Re-)Konstruktion von Beziehungen zwingt, richtet dieses Konzept den Blick auf die Korrelationalität der konstellierten Wörter und Bilder. Aus diesem Verfahren resultiert der Eindruck einer „Ortsenthobenheit"[461] – ein Effekt des ‚Operativwerdens' der Sprache ‚auf dem Seziertisch'. Riffaterre nennt den Surrealismus „eine praktische Übung in visionärer Poesie"[462], die die *sprachlichen* Reflexe aller Dinge in eine ‚immanente Transzendenz' einbezieht und zur Grundlage von Affinitäten auf der Wortebene macht:

---

[457] Ebd., S. 286f. Auch Ricœur nimmt für literarische Texte einen spezifischen, eigengesetzlichen „Implikationszusammenhang" an (Zill, *Messkünstler und Rossebändiger*, S. 106). Demgegenüber wirke das *Reframing* der surrealistischen Metapher auf die kognitive Reorganisation in der Lektüre und verweise damit auf die Dimension der Verbindung von Kunst und Leben.
[458] Hedges erprobt das Modell semantischer Inkompatibilität mittels computergestützter Modellierung am Beispiel von Bretons und Soupaults Text „Eclipse" (vgl. Hedges, Surrealist metaphor, S. 291).
[459] Ebd., S. 293f.
[460] Ebd., S. 294.
[461] Riffaterre, Reihenmetapher, S. 229.
[462] Ebd., S. 230.

Nur dank dieser Autonomie offenbart sich die „propriété des mots à s'assembler par chaînes singulières pour resplendir, et cela au moment où on le cherche le moins" [Fähigkeit der Wörter, sich zu eigenartigen Ketten zusammenzufinden und zu strahlen, und das in einem Augenblick, da man es am wenigsten erwartet]. Diese Fähigkeit aber ist, wie André Breton betont hat, die Grundlage der surrealistischen Dichtung.[463]

Darin zeigt sich eine Privilegierung der Metapher und ihrer ästhetisch reicheren Möglichkeiten zur Knüpfung von „Bedeutungsgeflechten"[464] vor der begrifflichen und konventionellen Sprache. Die Ketten- oder Flechtwerkmetapher, die sich auf Freuds verstrickten Assoziations-Faden und Wittgensteins ‚Fadenmetapher' ebenso beziehen lässt wie auf das kombinatorische „Flechtprinzip", verweist auf eine moderne poetische Auswertung des Syndesmos des Ähnlichen.[465] Die im Surrealismus an das Agens der Sprache und des Unbewussten delegierten Relationierungsakte sind, wie im Blick auf die ‚negative' Mimesis angedeutet, nicht Ausdruck eines rein konstruktivistischen, amimetischen Weltverhältnisses: In ihnen ist eine epistemologische Dimension erhalten, für die Metapher und Analogie als Schlüssel dienen. „Dieses außergewöhnliche ständige Überspringen von Funken" zeige, so Breton, „[d]ie Welt [...] von neuem als ein Kryptogramm, das nur dann undechiffrierbar bleibt", wenn die „akrobatische Übung" nicht beherrscht wird, mittels der Metapher „nach Belieben von einem Gerät zum andern über[zu]wechseln".[466] Ähnlich wie Benjamins Mimesisbegriff beruht die Analogie „Leben als Text" auf einer Mimesiskonzeption, die nicht auf *Widerspiegelung* setzt, sondern auf *Transformation*.[467] Der subjektiv-objektive Doppelcharakter der Ähnlichkeitsfeststellung zwischen Finden und Erfinden, *mimetisch-epistemologischer*

---

463 Breton, zit. n. Riffaterre, Reihenmetapher, S. 230.
464 Gamm, *Die Macht der Metapher*, S. 69.
465 Knörer, *Entfernte Ähnlichkeiten*, S. 90. Greber verfolgt das „Flechtprinzip" in Kombinatorik, *bout-rimé*-Gedichten und kombinatorischem Witz (Greber, *Textile Texte* S. 1). Wittgensteins Metapher des Fadens, verbunden durch seine ineinandergreifenden Fasern, versteht sich nicht eigenschaftsontologisch, sondern im Blick auf überlappende Bedeutungen (vgl. Anthony Kenny, *Wittgenstein*, Frankfurt a. M. 1974, S. 191).
466 Breton, Was der Surrealismus will, S. 130.
467 Hötter, *Surrealismus und Identität*, S. 78. „Das surrealistische Schreiben ist nicht Abschrift, sondern *Umschrift / Über-setzung* des Lebenstextes in ein Kryptogramm." (Ebd.) Breton erweitert (etwa in *Nadja*) seine Schrifttheorie zu einer Theorie des kryptogrammatischen Schreibens: Auf das Leben äquivalent schreibend zu reagieren, bedeutet, ein aktiv-passives Schreib- und Leseverfahren zu entwickeln: „,Il se peut que la vie demande à être déchiffrée comme une cryptogramme." (Zit. n. ebd., S. 28) Das Kryptogramm erfüllt die Doppelfunktion einer „Entzifferung des Lebens" und einer Konstitution des schreibenden Ich in der „Erzeugung einer Ich-Fiktion" (ebd., S. 75). Das „Subjekt als *Schriftfunktion oder genauer die Vielzahl von Schriftfunktionen*" wird der Erstarrung in der Form als Identität entzogen – durch Anverwandlung; hier erweitert sich die Funktion der Ähnlichkeit um einen identitären Aspekt (ebd., S. 33).

Funktion und *kreativer Konstruktion* steht hier im Rahmen eines erweiterten mimetischen Weltverhältnisses, aus dem sich das utopische Potential der Programmatik Bretons erschließt: „For Breton, the vitality of metaphor is really only a subset of a much larger ambition, that of restoring the vitality of language, the correspondence between word and world".[468] Die metaphorische Relationierung ermöglicht, eine Welt ‚im Stand der Ähnlichkeit' an die Stelle der identitätslogisch verbegrifflichten Wirklichkeit zu setzen und die Korrelationalität einer beziehungsreichen Welt der Korrespondenzen, Analogien und Koinzidenzen zu vermitteln: Den privilegierten Zugang zu einem *ästhetischen* Modus der Erkenntnis, der mit Ähnlichkeiten, nicht mit Identitäten handelt und der sprachlichen Verfasstheit von Weltentwürfen reflexiv, flexibel und gestaltend begegnet, eröffnet die Metapher.

4.5 Der analogische Funke

> Là est sans doute la leçon la plus consistante et la plus fertile entre toutes celles qui peuvent s'attacher à l'idée d'une ‚tradition' véhiculant de siècle en siècle des ‚pouvoirs originels', communs aux sorciers, aux artistes et aux poètes, et dont la théorie des correspondances offre comme une transposition stratégique, indispensable pour pénétrer véritablement au cœur du réel où ‚une image n'est pas une allégorie, n'est pas le symbole d'une chose étrangère, mais le symbole d'elle-même' (Novalis) aperçu en quelque sorte à sa naissance, dans son originalité absolue et avec l'intacte étendue de des résonances, en nous comme en rapport avec le reste de l'univers. (André Breton)[469]

Der Ähnlichkeitstropus Metapher ist mit der Ähnlichkeitsreflexion nicht nur über die Frage nach ihrer semantischen Wirksamkeit verbunden, sondern auch über Topoi des Ähnlichkeitsdenkens. Deren Aktualisierung – insbesondere die der romantischen Suche nach einer wenn auch nur fragmentarisch poetisch zu restituierenden, verlorenen Einheit oder Korrespondenz von Sprache und Welt mittels des ‚Zauberstabs' der Analogie und des ‚Zauberworts' der Metapher – zeigt sich in der Emphase, die Breton auf den Einsatz von Metapher und Analogie legt. Diesen im Verlauf bereits angedeuteten Zusammenhang expliziert Breton in dem kurzen, mit zahlreichen poetischen Zitaten und Textbeispielen unterschiedlicher Provenienz illustrierten Text *Signe ascendant* (1947), der einige für den vorliegenden Kontext zentrale Überlegungen rekapituliert, den onto-epistemologischen Effekt der Analogie und der Metapher in der nachanalogischen Ontologie der Moderne explizit benennend. Breton leitet ihn mit der schöpferischen Konfession ein, intel-

---

[468] Hedges, Surrealist metaphor, S. 277.
[469] André Breton, „L'Art magique", in: ders., *Œuvres completes*, Bd. IV, S. 46–289, S. 69.

lektuelle Freuden ausschließlich am analogischen Denken zu empfinden: „Je n'ai jamais éprouvé le plaisir intellectuel que sur le plan analogique."[470] Die einzige ‚Evidenz', die er gelten lasse, sei die der spontanen, luziden Beziehung, die sich unter bestimmten Bedingungen zwischen zwei Elementen herstelle, deren Gegenüberstellung der ‚gesunde Menschenverstand' vermeide. Breton stellt der Logik des „‚diskursiven Denkens'" die *Analogik* gegenüber, derer sich die Dichtung bedienen solle, um „die Welt in unvermuteten Annäherungen wahrgenommener Gegenstände geistig ‚zu erfassen'" und so die in der Antike und im Mittelalter in Ehren gehaltene Analogie wieder zu etablieren, deren rüde Verdrängung durch die ‚logische Methode' in eine Sackgasse geführt habe.[471] Die *Aszendenz* des Zeichens impliziert dabei eine vertikale Bewegung, einen Ebenenwechsel, den das poetische Bild in einem „‚analogischen Sprung'" erzielt,[472] der die „Funktion der Transgression" der Linearität des Diskursiven erfüllt: Das der Kausallogik Vorschub leistende Wort *daher* („*donc*") sei ihm verhasst, so Breton, hingegen schätze er, was ‚abenteuerlustig' „‚den Faden des diskursiven Denkens'" zerreiße und – plötzlich in die Höhe schießend – ein an anderen Beziehungen reiches Leben erhelle.[473] Ein analogisches Bild, so ließe sich reformulieren, quert die assoziativen Bahnen und lenkt in dem seiner Verweisstruktur inhärenten Reflexionspotential die vereindeutigende Verstehensbewegung ab: „Die Diagonale zeigt, wie man sich in mehrere Richtungen zugleich bewegt."[474]

Die von der Antike bis in die Moderne reichende Tradition des analogischen Denkens, das als ontologische und metaphysische Begründungsfigur, epistemologische Heuresis und magisches Wirkgesetz, aber auch als rhetorisches und

---

470 Breton, Signe ascendant, S. 7. Vgl. dazu bereits Bangert, ‚Unähnliche Ähnlichkeit' in Romantik und Surrealismus.
471 Houdebine, André Breton, S. 96; vgl. Breton, Signe ascendant, S. 7. „Bretons Kult der Analogie gipfelte 1953 in der Erfindung des Spiels ‚L'un dans l'autre'. Ein beliebiges Ding [...] wird, ohne seine Individualität zu verlieren, zur ‚allegorischen Zeichnung' eines anderen Dings" (Lenk, *Der springende Narziß*, S. 190). Vgl. Hedges, Surrealist Metaphor, S. 275f. Breton beschreibt es unter Rückgriff auf Huizingas Kategorisierung, in der das Spiel zu denen gehöre, die „le caractère supralogique de notre situation dans le cosmos'" affirmierten, als Wiederholung des magischen Dialogs. Ein Spieler stellt ein Tier, Objekt, eine Person oder ein Ereignis vor (Breton, L'Art magique, S. 68).
472 Houdebine, André Breton, S. 95. Der Titel führt die Mehrdeutigkeit nicht nur des ‚Wirkungsvollen', des ‚Aufsteigenden' und der ‚korrespondierenden Verwandtschaft' mit: Auch kosmologische und, entlegener, phallische Konnotationen schwingen mit, wenn im Motto-Zitat aus dem Zohar die Anziehungskräfte des Begehrens beschworen werden. Die theologische Bedeutung der „Erhebung (Aszension)" teilen jüdische Mystik, hellenistische Mysterien und das Christentum (Lichtenstern, *Metamorphose*, S. 2).
473 Houdebine, André Breton, S. 98; vgl. Breton, Signe ascendant, S. 7.
474 Demandt, zit. n. Köller, *Narrative Formen der Sprachreflexion*, o. S. (Motto).

poetisches Mittel dient, bildet die ideengeschichtliche Folie, auf die sich Breton bezieht.[475] Der ‚aufblitzende' Licht-Schein des analogischen Bildes lasse den mythischen Referenzpunkt einer verlorenen ‚Urzeit', in der das Geheimnis fruchtbarer analogischer Beziehungen noch bekannt gewesen sei, erahnen und die Analogie modernekritisch gegen die üblichen ‚Tauschwerte' aufwiegen: Ausschließlich im analogischen Denken ließen sich die in der Moderne durchtrennten Verbindungen („les contacts primordiaux") flüchtig wiedergewinnen. Dessen ideengeschichtlich diskontinuierliche Tradition würdigt Breton als das seltene Aufleuchten der Splitter eines verlorenen Spiegels, das nur fragmentarische Kontakte zu den Dingen herstellen lasse. Er illustriert sie durch das Zitat Charles Fouriers und weitere über den Text verteilte Beispiele aus magisch-mythologischen, religiösen und poetischen Texten – wie Sprüche aus dem Zohar, dem Hohelied und dem Ägyptischen Totenbuch,[476] aber auch Zeilen von Baudelaire, Reverdy, Peret, Bashō und anderen –, deren Auswahl den Einbezug auch nichteuropäischer analogischer Denkweisen verdeutlicht. Die Moderne reagiere dagegen nicht auf existentielle, sondern lediglich auf zweckorientierte Fragen und sei der ‚Entzifferung' der Natur gegenüber indifferent: Die Überzeugung, jede Erscheinung enthalte eine chiffrierte Mitteilung, die den Großteil der Kosmogonien belebe, sei abgestumpfter Gleichgültigkeit gewichen.[477]

Entgegen dem – romantisch inspirierten – modernekritischen Rekurs auf vormoderne Epistemologien und ihren Nachhall in der ‚Ästhetik des Ähnlichen', in die Breton den Surrealismus hier unmissverständlich einreiht, betont die weitere Ausführung, dass das Analogiedenken nicht notwendig als vormodern oder amodern aufzufassen, sondern vielmehr modern zu aktualisieren ist. Sein Verweis auf die Notwendigkeit, die Analogik von esoterischen Gebräuchen zu lösen, verweist darauf, dass ihre Positionierung in einer – ohnehin nicht unproblematischen – Dichotomie von Esoterik und Exoterik verkürzt wäre,[478] und betont demgegen-

---

475 Vgl. Breton, Signe ascendant, S. 8f. In *L'Art magique* verweist Breton auf Novalis, der bei Paracelsus und Swedenborg geborgt habe (vgl. Breton, *L'Art magique*, S. 49f.).
476 Vgl. Breton, Signe ascendant, S. 10. Die bereits im Kontext der Metamorphosethematik im Hinblick auf den Aspekt der läuternden Verwandlung angesprochene Textstelle – „J'arrive en épervier et je sors en phénix (*Texte égyptien*)", deren Quelle hier als ‚Sprüche der 3. Seele, Ägypten' angegeben ist – leitet Lichtenstern als poetisch überformten Fund Éluards mit Paul Pierret vom *Turiner Totenbuch*, das den altägyptischen Text überliefert, her; vgl. Lichtenstern, *Metamorphose*, S. 138.
477 Ebd., S. 8.
478 Vgl. zum Verhältnis von Esoterik und Exoterik Andreas Kilcher, „Seven Epistemological Theses on Esotericism. Upon the Occasion of the 10th Anniversary of the Amsterdam Chair", in: Wouter Hanegraaff, Joyce Pijnenburg (Hg.), *Hermes in the Academy. Ten Years' Study of Western Esotericism at the University of Amsterdam*, Amsterdam 2009, S. 143–148; Tessel

über den ästhetischen Erkenntnisanspruch und epistemologischen Eigenwert der Kunst:[479] Ihre wichtigste Aufgabe sei es, das von der Logik verdrängte analogische Denken zu etablieren und es von spiritualistischen Denkweisen zu lösen, die sich ihm ‚parasitär' anlagerten und seine Funktion korrumpierten oder paralysierten. Die Verbindungen des metaphorischen und analogischen Denkens – des „champ illimité des assimilations possibles" – mit der Magie untersucht Breton ausführlich auch in *L'Art magique*.[480] Zwar scheine die poetische Analogie wie die mystische in ihrem *Effekt* für die Vorstellung einer unübersehbar verzweigten Welt einzutreten, die sie zugleich durchmesse, bleibe dabei jedoch im Rahmen des Sinnlichen („sensitive").[481] Gerade dieses ‚empirische' Vorgehen garantiere ihre Freiheit zum analogischen Sprung, den sie in der Immanenz des Sinnlichen leiste, ohne zum Übernatürlichen zu neigen: „Das analogische Denken soll das

---

M. Bauduin, *Surrealism and the Occult. Occultism and Western Esotericism in the Work and Movement of André Breton*, Amsterdam 2014.

479 Vgl. Balakian, Reminiscences and Reflections on André Breton, S. 23: „poetry involved a distinct epistemology".

480 Breton, *L'Art magique*, S. 69. Breton schließt sich der Definition M. Louis Chochods (*Histoire de la magie et de ses dogmes*, 1949) an, der die Generaltheorie der Magie als „‚théorie des correspondances'" bestimmt: „On reconnait ici – jusque dans le vocabulaire – la célèbre théorie de Baudelaire quant à la puissance et à la structure même de l'imagination, ‚positivement apparentée avec l'infini', et qui a créé ‚au commencement du monde' l'analogie et la métaphore." (Zit. n. ebd., S. 67) „C'est au nom des pouvoirs de l'imagination que Baudelaire fait de la religion, entendue au sens large, la plus haute fiction de l'esprit humain. Cette théorie ne commande pas seulement le sonnet ‚Correspondances' où s'ouvre la forêt de symboles que va hanter toute la poésie moderne, elle est aussi omniprésente dans l'œuvre du critique d'art on ne peut plus qualifié que fut Baudelaire, même si l'on regrette qu'il ait cru devoir se réclamer de Swedenborg – et même de Lavater! – à l'exclusion expresse de Charles Fourier" (ebd.). Fourier habe sich zur Aufgabe gemacht habe „de réviser tous les rapports humains pour les lier à nouveau par l'attraction passionelle, expression humaine d'une *analogie universelle* qui est celle-là même que nous avon aperçue chez les théoriciens de la magie" (ebd., S. 68). Dem schließt er das surrealistische Bild an: „On sait que, sous-jacente aux conceptions surréalistes du ‚poème-objet' et des ‚objets à fonctionnement symbolique, objets oniriques, etc.' qui se firent jour à trouvé son expression la plus vive dans l'*image* telle que la poésie surréaliste l'a promue pour sa part, et s'est en quelque sorte ‚révélée' à elle-même dans le jeu surréaliste de *l'un dans l'autre*." Der an Rimbaud und Baudelaire gezeigte „charactère magico-biologique des métaphores" (ebd., S. 69) könne auch in der Malerei auftreten.

481 Vgl. Breton, Signe ascendant, S. 9. Sie unterscheide sich von der Mystik, gegen die Breton das Wunderbare betont, insofern sie kein unsichtbares Universum voraussetze, das sich durch das ‚Gerüst der sichtbaren Welt hindurch' manifestiere. Auch wenn sie danach strebe, „la vraie vie ‚absente'" (ebd.) flüchtig sichtbar und geltend zu machen, schöpfe sie weder ihre Substanz aus metaphysischer Schwärmerei, noch träume sie davon, ihre Errungenschaften einem ‚Jenseits' zuzuschreiben. Ein Vers Reverdys betont das sinnliche Moment: ‚Der Traum ist ein schwerer Schinken, der von der Decke hängt' (*lourd*: auch ‚schwerverdaulich').

logische Denken ersetzen. Es gibt kein Innen, kein Wesen, kein Jenseits oder nur insofern als dies Innen, dies Wesen, dies Jenseits wiederum in dinglicher Form erscheint."[482] So habe die *poetische* Analogie mit der *mystischen* einzig gemein, dass sie die Gesetze der Deduktion überschreite, um dem

> „Verstand die Interdependenz von zwei gedachten Objekten einleuchtend zu machen, die auf verschiedenen Ebenen angesiedelt sind, welche die durch Logik geprägte Verstandestätigkeit durch keinerlei Brücke zu verbinden vermag, und die sich auch *a priori* gegen jeglichen Brückenschlag wehrt."[483]

Die in der hier aufgegriffenen Definition Reverdys angesprochene Annäherung zweier kombinierter ‚Objekte' stelle „rapports"[484], unvorhergesehene Relationen, zwischen ihnen her. *Analogie* meint auch hier nicht die Proportionsanalogie im engeren Sinn, sondern die Struktur und Bewegung der Übertragung, die „in einem weniger technischen Sinne jeden Rückgriff auf die Ähnlichkeit bei der vergleichenden ‚Annäherung' voneinander ‚entfernter' semantischer Felder bezeichnet."[485] Im Sinne seiner „notion of analogy as an exploration of possible (and sometimes impossible) relationships among images culled in the process of interweaving the subcontious with the conscious"[486] erklärt Breton *Metapher* und *Vergleich* in ihrer Funktion als ‚Auslöser' des analogischen Bildes zu gleichberechtigten, austauschbaren Vehikeln,[487] mit deren Hilfe allein sich das utopische, revolutionäre Potential der Sprache verwirklichen könne, den Lauf der Welt zu beeinflussen. Wo die Metapher die energetischen Kräfte des plötzlich Aufblitzenden („fulgurance") aufbringe, biete der Vergleich den Vorzug einer ‚schwebenden Spannung' (*„suspension"*) – sofern man ihn nach den Analogien des ‚*schön wie*' Lautréamonts beurteile. Wie gezeigt, handelt es sich dabei um eine wesentliche Einschränkung, denn in diesem Verweis ist die nicht messbare Entfernung und ‚Unvergleichlichkeit' der Vergleichspole angesprochen, die das Kriterium der Ähnlichkeit problematisiert und die überdehnte Analogiemetapher der ver-

---

482 Lenk, *Der springende Narziß*, S. 190.
483 Reverdy, zit. n. Riffaterre, Reihenmetapher, S. 216; vgl. Breton, Signe ascendant, S. 9.
484 Breton, Signe ascendant, S. 11.
485 Ricœur, *Die lebendige Metapher*, S. 264, f. Die Analogie erlaubt verschiedene Beziehungsformen: Fontanier unterscheidet „rapports de *corrélation / correspondance*: Metonymie, rapports de *connexion*: Synekdoche, und rapports de *ressemblance*: Metapher" (Strub, *Kalkulierte Absurditäten*, S. 300).
486 Balakian, Reminiscences and Reflections on André Breton, S. 28.
487 Vgl. Breton, Signe ascendant, S. 9. Die Unterscheidung sei ‚beim derzeitigen Stand der poetischen Forschung rein formal'. Vgl. auch Ullmanns Unterscheidung von *impliziter* und *expliziter* Bildlichkeit (vgl. Pastor, *Studien zum dichterischen Bild*, S. 15).

gleichenden Rationalisierung entzieht.[488] Ob explizit oder implizit eingesetzt –
als *analogisches* oder *identifizierendes* Bild nach Éluards Differenzierung –, sei
das Wort ‚*wie*'[489] das wirkungsvollste Wort, über das die Poesie verfüge, um die
Maßstäbe der Imagination zu erweitern und so die spielerische Ausübung dieser
höchsten Verstandestätigkeit zu ermöglichen. Breton widerspricht damit der Poesie gegenüber geäußerten Vorwürfen, das Bild katachrestisch zu missbrauchen,
und fordert einen ‚verschwenderischen' Einsatz des analogischen Denkens. Dabei
müsse die mit Reverdy formulierte Bedingung des Bildes um eine letztlich ethische
ergänzt werden, die die ontische Fundierung der Relationen – und den ontologischen Effekt der Metapher – betrifft: Das analogische Bild („l'image analogique")
könne, insofern es sich darauf beschränke, *partielle Ähnlichkeiten* („similitudes partielles") ‚in lebendigstem Licht zu *beleuchten*', nicht in die Form einer *Gleichung*
übersetzt werden und sei nicht umkehrbar.[490]

So bewege sich das aszendente Zeichen zwischen den Ebenen in einer bestimmten, *nicht umkehrbaren* Richtung[491] und markiere mit dem tropischen Sprung
ein qualitatives Maß des Bildes: der Intensität, der kreativen Lebendigkeit und der
Komplexität.[492] Abschließend zitiert Breton ein anschauliches Beispiel für diese
konstruktive Tendenz. So überliefere die treffendste Erläuterung der Bedeutung,
die ein dieses Namens würdiges Bild annehmen könne, ein Zen-Apologet. Bashō
habe einst in buddhistischer Güte das Haiku seines Schülers Kikakou: ‚Eine rote
Libelle – reißen Sie ihr die Flügel ab – eine Paprikaschote', ingeniös ersetzt durch:
‚Eine Paprikaschote – setzen Sie ihr Flügel an – eine rote Libelle'.[493] Der *Akzent*

---

488 Ebd., S. 10.
489 Ebd. [„le mot COMME, que ce mot soit prononcé ou *tu*"].
490 Ebd., S. 11f. Ricœur, *Die lebendige Metapher*, S. 181, spricht von der „Gleichheit der Verhältnisse, also einer Rechnung".
491 Dass die Analogie eine „Richtung" hat, betont Zill: „Metaphern sind also direktional,
d. h., sie sind asymmetrisch und intransitiv." (Ebd., S. 126) Dies scheint dem Verweis auf die
Wechselwirkung der Vergleichskonstellation zu widersprechen.
492 Breton assoziiert mit der Spannung Gesundheit, Vergnügen und Gelassenheit, deren Gegner das Abwertende und Depressive seien. Woran sich die Qualität des Bildes bemisst, sei
nicht kategorisch zu bestimmen; doch verrieten sich die ‚falschen Poeten' durch krude Gegenüberstellungen. Swedenborgs Vergleich sei elegant: ‚Ich sehe versammelte Geister; sie tragen Hüte auf dem Kopf' (vgl. Breton, Signe ascendant, S. 12).
493 Vgl. ebd., S. 13. Der Anschluss an außereuropäische Traditionen wird auch hier deutlich.
Die aszendente Dynamik lässt sich mit Barthes' Ausführungen zu Arcimboldo als analogische
‚Anreicherung' verstehen: „Die Kunst Arcimboldos ist nicht unentschlossen, sie verläuft in
einer bestimmten Richtung […]. Arcimboldo redet uns ein, dass die Nase *natürlich* einer Ähre
gleicht, […] [a]ber niemand würde *natürlich* das Gegenteil behaupten: Die Ähre ist keine Nase"
(Barthes, Arcimboldo, S. 144). Bretons korrespondierendes Beispiel aus dem Hohelied Salomons lautet: ‚Deine Zähne sind wie eine vom Waschplatz zurückkehrende Schafsherde.'

richtet sich im ersten Fall auf den in den Analoga vorfindlichen Vergleichsaspekt, das *tertium comparationis* der sichtbaren Ähnlichkeit der roten länglichen (Körper-)Form, die das Haiku destruktiv betont, indem es das Bild darauf *reduziert*. Demgegenüber dient die Ähnlichkeit in einer offenen Perspektivierung als Ausgangspunkt des ‚gestimmten Imaginierens', des imaginativen Hineinsehens eines neuen Aspekts, das als Surplus zum Gegebenen den qualitativen Sprung auf eine höhere Ebene anzeigt – die Konstruktion neuer oder eine neue „Perspektierung" gegebener Relationen durch ein hinzutretendes Element, das eine *metaphorische Verlebendigung* bewirkt (hier, indem es ‚Flügel verleiht').[494] Dieses Modell einer lebendigen Metapher fungiert als poetologische Anweisung zur Bildung der ‚magisch-biologischen' Metapher.[495] Bretons Aneignung dieses Bildes lässt sich als didaktisch vorgeführter Einspruch gegen die Vergleichstheorie lesen, die das kreative Potential der Metapher aufgrund ihrer depotenzierenden Auffassung von Ähnlichkeit nicht erfasst: Auf einen Vergleichspunkt reduzieren lässt sich nur eine ‚tote' Metapher, neu gestiftete, entfernte Ähnlichkeitsaspekte imaginierend entfaltet sich die ‚lebendige'. Stärker als in den früheren Texten betont Breton hier das qualifizierende Moment der ‚Bewährung' der Metapher, deren Innovation auch in der nachanalogischen Ontologie der Moderne „etwas in der Welt ‚treffen' muß"[496], und den in der Theorie des Automatismus zurückgenommenen subjektiven Anteil des Doppelaspekts, dass „jede Ähnlichkeit immer subjektive und objektive Elemente enthält".[497] Entsprechend dem Hinweis, dass das analogische Bild Ähnlichkeiten *beleuchte*, ist hier das dissoziierende, diaphorische Moment weniger stark betont als das konstruktive, epiphorische Moment des (Aspekt-)*Sehens*:

> Man wird das für Ähnlichkeitsfälle konstitutive *tertium comparationis* folglich nicht nur in den Relata des Vergleichs, seinen gegenständlichen Bestandteilen, zu suchen haben, sondern auch im ‚Horizont' desjenigen, der von Ähnlichkeiten spricht. Mit Wittgenstein lässt sich dies auch der ‚Aspekt' der Ähnlichkeit nennen, bei dem es sich sowohl um eine Qualität der Objekte als auch um den relevanten Gesichtspunkt ihres Betrachters handeln kann.[498]

---

494 Strub, *Kalkulierte Absurditäten*, S. 296, Anm. 19. Im wörtlichen Sinn ist damit die analogische Begründungsfigur aufgerufen, die den „rhetorischen Effekt der [...] ‚Verlebendigung' bezeichnet." (Endres, Unähnliche Ähnlichkeit, S. 45f.).
495 Von dem „charactère magico-biologique des métaphores" spricht Breton in dem obigen Zitat aus *L'Art magique*, S. 69.
496 Strub, Abbilden und Schaffen von Ähnlichkeiten, S. 121f., Anm. 42.
497 Strub, *Kalkulierte Absurditäten*, S. 475.
498 Endres, Unähnliche Ähnlichkeit, S. 33.

Bretons Programm des analogischen Bildes bezieht so das Kernstück der Verfahren surrealistischer Poetik auf das seit Aristoteles für die philosophische Erkenntnis wie für die poetische Metaphernbildung grundlegende topisch-tropische Mittel der „Entdeckung nicht auf der Hand liegender Ähnlichkeiten",[499] das besonders in der entfernten Ähnlichkeit der Analogiemetapher wirkt. Bereits im *Manifeste du surréalisme* bemerkt er bezogen auf die Elemente der *écriture automatique*: „Poetisch betrachtet, zeichnen sie sich vor allem durch einen sehr hohen Grad von *unmittelbarer Absurdität* aus, wobei das Spezifische dieser Absurdität sich bei näherem Hinsehen als Platzmachen erweist für alles nur Zulässige, auf der Welt Gültige".[500] Bretons Formulierung in *Signe ascendant* legt nahe, dass eine üblicherweise ‚unsichtbare' Ähnlichkeitsrelation durch die Metapher ‚beleuchtet' oder ‚enthüllt' wird, und suggeriert so, dass das analogische Bild Relationen in der Welt ‚trifft', die es im Bereich des Sprachlichen weder abbildet noch konstruiert, sondern *aktualisiert, realisiert* oder *akzentuiert*. Dieser Hinweis auf das Beleuchten von Aspekten eines analogischen Beziehungsnetzes entspricht der „Akzentuierungsthese" der Metapher:[501] Das Beispiel der Libelle wäre so weniger als metaphorisches *Neuschaffen* von Ähnlichkeiten im Sinne Blacks zu verstehen denn als hineinsehendes Akzentuieren, das dem subjektiv-objektiven Doppelcharakter der Ähnlichkeitsfeststellung entspricht.

Vor dem Hintergrund der poetischen Restitution der Analogie erscheint die ‚Aszendenz' des Zeichens als These eines Ähnlichkeitsdenkens, das der nachanalogischen Ontologie der Moderne, deren Selbstbeschreibung sich auf die epistemologische Überwindung der Ähnlichkeit beruft, mittels des Verfahrens der Metapher und ihrer ‚welterschließenden' Kraft begegnet. Die Metapher begründet – wie ausgeführt – Relationen einer „Als-ob-Verwandtschaft" jenseits kausallogisch begründbarer, generischer Ähnlichkeitsbezüge.[502] So impliziert die moderne Analogiemetapher ein *transgenerisches* Moment, das sich nicht ‚auf den Begriff bringen' lässt:[503] Sie erfüllt eine der Analogie entsprechende Funktion, indem sie gegen logische spezifisch metaphorische Ähnlichkeits-Bezüge setzt, die „jene Gemeinsamkeiten [erzeugt, S. B.], die sie alsdann selbst entdeckt.

---

499 Knörer, *Entfernte Ähnlichkeiten*, S. 15.
500 Breton, Erstes Manifest des Surrealismus, S. 25.
501 Vgl. zu der bereits erwähnten „*Akzentuierungsthese*" Zill, *Messkünstler und Rossebändiger*, S. 120.
502 Endres, Unähnliche Ähnlichkeit, S. 53: Wie in den Überlegungen zum Schlüsselkonzept der Metapher ausgeführt, kreuzt sie so als „*Ähnlichkeitsähnlichkeit*" kategoriale Kausalbeziehungen (ebd., S. 42).
503 Vgl. Lau, *Metaphertheorien der Antike*, S. 188.

Erkenntnis- und Gestaltungsvermögen der Metapher bedingen sich so gegenseitig."⁵⁰⁴ Die poetische Valenz der Analogiemetapher weist so über den rational disziplinierten Einsatz von Ähnlichkeit und Analogie in Heuristik, Begriffsbildung und Klassifikation ebenso hinaus wie über die begriffslogische Behauptung einer *adaequatio* über Eigenschaftszuschreibungen: Die Konstruktion von Identitäten durch die Projektion von Bekanntem, die sprachliche Reduktion von Fremdem und die kategoriale Vereinheitlichung des Ungleichen kritisiert Breton in einer Passage des *Manifeste du surréalisme*: „Wenn eine Traube keine zwei gleichen Beeren hat, warum soll ich dann diese Beere durch die andere beschreiben, durch alle anderen, um daraus eine Beere zum Essen zu machen? Die unausrottbare Manie, das Unbekannte aufs Bekannte, auf Klassifizierbare zurückzuführen, schläfert das Gehirn ein."⁵⁰⁵ Dieser nietzscheanisch tönende kritische Rekurs auf die assimilatorische Wirkung der Begriffsbildung setzt die *Analogizität* der Sprache gegen eine Sprachauffassung, die Ähnlichkeit als Basis porphyrischer Klassifikation und begrifflicher Logik betrachtet, die es hin zu cartesianischer Klarheit abzubauen gilt.

> Die metaphorische Denkform muß damit die analogische voraussetzen. Denn sie kann erst dann entstehen, wenn eine Vereinheitlichung durch Ähnlichkeit schon vorhanden ist – sie aber nicht mehr als einzig mögliche, sondern als relative erkannt wird. Sie ist eine Denkform, die das Ähnlichkeitsdenken immer noch akzeptiert – aber nur unter der Voraussetzung, dass sie ein (der einzige) menschlicher Behelf ist, der die Disparatheit der menschlichen Erfahrungswelt zusammenhalten muß. Unsere sprachlich vermittelten Weltmodelle sind heuristische Fiktionen, die zwar notwendig sind, deren Falle aber darin besteht, zu meinen, das Bezeichnete adäquat, wie die Sache selbst ist, ausdrücken zu können.⁵⁰⁶

So wirkt, wie oben argumentiert, metaphorische Ähnlichkeit als deessentialisierender Operator gegen die durch logische und kategoriale Identitäts- und Differenzbezüge befestigte Ordnung der Dinge, die in der Transparenz und Univozität des Begriffs onto-logisch gegeben scheint. Die „rein ideative[n] Assoziationen" metaphorischer Ähnlichkeit stellen in ihrer „kausalitätssubstituierende[n] Funktion"⁵⁰⁷ die Gewissheit der gegebenen Ordnung auf eine Weise in Frage, die eine „Innova-

---

504 Endres, Unähnliche Ähnlichkeit, S. 45.
505 Breton, Erstes Manifest des Surrealismus, S. 15; vgl. Breton, Manifeste du surréalisme, S. 315: Breton zitiert hier einen Gedanken Blaise Pascals: „en a-t-elle jamais produit deux grappes pareilles? et une grappe a-t-elle deux grains pareils?" (Ebd. (Kommentar), S. 1347, Anm. 2). Eine ähnliche Kritik am ‚Gleichsetzen des Nichtgleichen' am Beispiel von Blättern übt Nietzsche, Ueber Wahrheit und Lüge, S. 373f.
506 Strub, *Kalkulierte Absurditäten*, S. 496.
507 Endres, Unähnliche Ähnlichkeit, S. 39.

tion unseres Wirklichkeitsbezugs impliziert"[508], insofern sie die „Entdeckung einer höheren Ordnung zwischen den Dingen selbst"[509] behauptet, die sich mit Benjamin als eine ‚tiefere Ähnlichkeit' bezeichnen ließe.

Diese Deutung lässt sich auf den Idealismus-Verdacht beziehen, der an Bretons Programmatik im Allgemeinen[510] und an dem Begriff der Aszendenz geübt wurde, verstanden als sublimierende, transzendierende Bewegung und (substanz-)ontologischer Effekt des poetischen Zeichens.[511] Dabei trifft solche Kritik, meint sie eine „Entwicklung des Denkens von der sinnlichen Erfahrung zur abstrakten Beziehungserfassung",[512] weder das sinnlich-immanente Moment des Sprachbilds, dessen diaphorisch-epiphorische Konzeption nicht in einer ‚höheren Einheit' stillgestellt wird, sondern in der Aktivierung eines dereglementier-

---

[508] Krämer, Die Suspendierung des Buchstäblichen, S. 63; Krämer betont damit, dass die Metapher „ausgreift auf die Welt" (ebd., S. 64).
[509] Ebd., S. 67.
[510] Zu Batailles Kritik am Idealismus Bretons vgl. Lala, Bataille et Breton, S. 56.
[511] Houdebine liest aus einer Perspektive des marxistischen Strukturalismus (vgl. Nicolas Calas, „The Challenge of Surrealism", in: *Artforum* 17, 5 (1979), S. 24–29 (online unter https://www.artforum.com/print/197901/the-challenge-of-surrealism-35901, 18.11.2021) „Aszendenz als *Deutung* eines der Welt immanenten Signifié" (Houdebine, André Breton, S. 101), das monistisch auf die die ‚Identität der Welt', ihre „*Einheit als Kontinuität*", ziele (ebd., S. 99); das Bild des verlorenen Spiegels sei „dem seit ‚Urzeiten' verlorenen *Wesen* (dem mythischen Signifié der Erzählung)" verpflichtet (ebd., S. 105). Diese Metaphorik kritisiert er als „Ideologie des aszendenten Zeichens", in der die „Einheit einer *Substanz* ins Spiel gebracht wird, deren innere Unterschiede immer nur Trugbilder sind und sich vor der *Vision* eines Ganzen auflösen, das in alle seine ‚Phänomene' oder ‚Wesen' die vollkommene Einheitlichkeit seiner *Identität* projiziert." (Ebd., S. 100) Diese Substantialisierung der Ähnlichkeit erscheint als nichtnotwendige Deutung „einer idealistischen und bei Breton zweifelsfrei in ihrem Wesen Hegelschen Dialektik als einer ‚aszendenten' Bewegung, die [...] die letztendliche Identität aller partieller Ähnlichkeiten realisiert." (Ebd.) Hölz zufolge tritt trotz idealistischer Reste in Bretons Programmatik an die Stelle des Geistes die Sprache selbst (vgl. Hölz, *Destruktion und Konstruktion*, S. 82).
[512] Holz, Metapher, S. 382. In der aufsteigenden Bewegung scheint die „privilegierte Richtung der metaphysischen Metapher" zitiert (Ricœur, *Die lebendige Metapher*, S. 265). „Wird jedoch an die Metapher eine Metaphysik angeschlossen, so ist es nicht diejenige des Platon, sondern durchaus die des Aristoteles [...]. Leblose Dinge als lebendig darstellen heißt keineswegs, sie mit dem Unsichtbaren zu verknüpfen, sondern sie selbst *gleichsam* in actu zu zeigen." (Ricœur, *Die lebendige Metapher*, S. 43) Weise die „Substitutionstheorie [...] Affinität zur ‚Aufhebung' des Sensiblen im Intelligiblen auf[...], so nimmt die Spannungstheorie dieser Aufhebung jede Vorrangstellung. [...]" (Ebd., S. 272) Gegenüber einer „Substanzenontologie" als „Einheit der Welt", die die Metapher „*per analogiam*" zum Ausdruck bringe (Strub, *Kalkulierte Absurditäten*, S. 326), scheint hier eine Ontologie der *Möglichkeit* relevant.

ten Denkens weiterwirken soll, noch den meta-reflexiven Charakter[513] und die semantisch-ikonische Fundierung seiner Ähnlichkeitsstiftung in der imaginativ gesteigerten Wahrnehmung, auf der das Potential des Bildes gründet, Dinge, Wörter und Bilder neu zu ordnen. Gerade die in diesem *Doppelcharakter des Ähnlichkeitsaspekts* angesprochene Relationalität und Perspektivität der Ähnlichkeitsfeststellung lässt es als Operator einer antiessentialistischen Epistemologie und Ästhetik wirken, die nicht in eine *amimetische*, konstruktivistische Konsequenz kippt, sondern „Familienähnlichkeiten zwischen den Dingen" auszudrücken sucht, die „durch die Grenzziehungen unserer begrifflichen Klassifizierungen gerade zugeschüttet, wenn nicht ausgeschlossen werden":

> Wir stoßen hier auf die Rolle des Ähnlichen, genauer, der Analogie, die Aristoteles schon festgestellt hat, an der die rhetorische Tradition der Metaphernanalyse auch festhielt, die aber in der neueren Diskussion stets zum Stein des Anstoßes geriet. Tatsächlich setzt jede Metapher ein Spiel der Ähnlichkeiten frei. [...] Die Metapher leistet eine Synthese in unserer Erfahrung der Welt, die durch die definitorische Arbeit der Verstandesanalytik gerade verloren gegangen ist. Sie macht eine Ordnung sichtbar, die quer liegt zu der gewöhnlichen begrifflichen Verarbeitung unserer Realität. Diese Ordnung wird gestiftet durch Analogie.[514]

Diese „zusammenhangstiftende Funktion des Analogischen ist uns als ein Charakteristikum des vor-rationalen, des mythischen und magischen Weltbildes überliefert".[515] Im Rückbezug auf die Ästhetik und Epistemologie des Ähnlichen suggeriert Bretons Rekurs auf die Leistungen der Analogie den „Fortbestand der mythischen Sicht der Realität"[516] und fordert zugleich eine ästhetische „Arbeit

---

513 Vgl. Schmitz-Emans, „Es scheint nun, daß gerade der Surrealismus mit seiner Idee von der Existenz einer ‚Überrealität' eine Art Ersatz-Metaphysik kreiert, welche den vom Auseinanderfallen bedrohten Dingen ihre Kohärenz sichern soll. [...] Die automatischen Schreibexperimente wie die Würdigungen des Zufalls sind Meta-Poesie: In ihnen drückt sich der Wunsch aus, an sich Nichtintentionales als Ausdruck verborgener Intentionen zu würdigen, an sich Bedeutungsloses als bedeutsam betrachten zu dürfen – als Zeichen unsichtbarer Zusammenhänge. Als (proto-)literarisch behandelt, wird das Ungeplante, Zu-Gefallene zur Literatur. Wenn man das Zufällige als Zeichen liest, dann wird es (für den Leser) zum Zeichen" (Schmitz-Emans, Surrealismus, o. S.).
514 Krämer, Die Suspendierung des Buchstäblichen, S. 67; zit. in Zill, *Messkünstler und Rossebändiger*, S. 123, Anm. 183.
515 Krämer, Die Suspendierung des Buchstäblichen, S. 67. Im Verweis auf Foucault und auf Cassirers Studie über das mythische Denken folgert Krämer: „Ähnlichkeit gelte nicht als Relation, die der vermittelnden Arbeit des Verstandes geschuldet ist, sondern wird zur inhärenten Eigenschaft der Dinge selbst, die auf diese Weise ihre ursprüngliche Verbundenheit, ihre substantielle Übereinstimmung kundtun." (Ebd.)
516 Ebd., S. 68.

an der Metapherngeleitetheit von Erkenntnis";[517] sie dient einer „dynamischen Anschauung der Wirklichkeit, die die implizite Ontologie der metaphorischen Aussage ist."[518] Die Auslegung der Welt nach Maßgabe von Ähnlichkeiten konterkariert die Ansprüche der modernen Rationalität, indem sie über die Metapher die analogische Reflexionsform restituiert, und erfüllt damit explizit ähnlichkeitsepistemologische Ansprüche.

4.6 Fazit: Die Überwindung der Unähnlichkeit

Der Umgang des surrealistischen Sprachbilds mit Ähnlichkeit, der in Bretons Rekonzeptualisierung des ‚Ähnlichkeitstropus' Metapher an ein ästhetisches Ähnlichkeitskonzept par excellence anschließt und zugleich die metapherntheoretische Problematisierung metaphorischer Ähnlichkeit vorwegnimmt, stellt sowohl die Problematik als auch die Produktivität einer modern entgrenzten Ähnlichkeitsauffassung heraus. Wirkt die surrealistische Metapher zunächst wie die Konstruktion eines ‚Vergleichs ohne Ähnlichkeit' (Willer), die als diaphorische Zusammenfügung jeden Versuch der Auslegung über ein *tertium comparationis* konterkariert, mithin keine ‚vorgegebene' Ähnlichkeit ‚abbildet', so erscheint sie vor dem Hintergrund der Emergenz einer neuen Sinnfigur aus der diaphorischen Ähnlichkeit, aber auch Bretons Begründung der „poetische[n] Alleinherrschaft der Analogie" – so „polemisiert er nicht nur gegen jede logische Methodik, sondern auch gegen jede literarische Methodik jenseits des *comme*" – als Verteidigung der Ähnlichkeit gegen ‚Gleichheit'.[519] Diese Verteidigung richtet sich gegen

---

517 Gamm, *Die Macht der Metapher*, S. 80. „Es mag einen mythenlosen Zustand geben, unmöglich jedoch einen unmetaphorischen Sprachzustand. Es gibt daher keinen anderen Ausweg als den, ‚die Masken zu ersetzen', dies jedoch mit Bewusstsein." (Strub, *Kalkulierte Absurditäten*, S. 500, Anm. 62). Dieses „kritische[] Bewusstsein" trenne Metapher und Mythos (ebd.). Der Widerspruch zwischen mythischer (‚Ur'-)Sprache und wissenschaftlichen Weltmodellen bleibe in Ricœurs Modell Desiderat. Die Vermittelbarkeit der poetischen Herstellung von Ähnlichkeit und der lebensweltlichen und wissenschaftlichen metaphorischen Reorganisation bleibt Desiderat in Strubs Unähnlichkeitstheorie, wohl, weil die Annahme einer Sprache ohne feste Bedeutungszuschreibungen einem *Abweichungsmodell* der Metapher als ‚Absurdität' letztlich widerspricht.
518 Ricœur, *Die lebendige Metapher*, S. 275. Balakian, Reminiscences and Reflections on André Breton, S. 31, liest Bretons Philosophie als hoffnungsvollere Version der agnostischen Krtitik etwa Nietzsches, als Spätfolge eines anthropozentrischen Universums der aufklärerischen „‚plurality of worlds'" und der „attemts in a decentralized universe to transfer to humanity the responsibilities previously assigned to divine powers."
519 Willer, Metapher/metaphorisch, S. 127 und S. 128.

die logischen Operationen der Identifizierung und Differenzierung und die „Depotenzierung der Ähnlichkeit"[520] in ihrer Reduktion auf eine Vergleichsfunktion. Gerade das metaphorische Aktivität begrenzende Gebot, *ratione translata* zu sein, wird im Surrealismus durch die Nichtmessbarkeit der imaginativ-emergenten Ähnlichkeitsaspekte konterkariert, die auf eine primäre Ikonizität verweisen: Breton attackiert mit den Grundlagen von Vergleich, Begriffsbildung und Kategorisierung die ‚verbegrifflichende' Reduktion der Ähnlichkeit auf Identität, die Ähnlichkeitsurteile rational begründbar macht, und der die vorprädikative, imaginative Ähnlichkeitswahrnehmung vorgängig ist. Das Sprachbild beruht demgegenüber auf einer „spezifisch metaphorischen Ähnlichkeit"[521], insofern es „Verknüpfungen aller Art zwischen Dingen und Worten, Vorstellungen und Gegenständen imaginiert, wo logisch oder sachlich partout keine angenommen werden müssten."[522] In der emphatischen Betonung seiner Macht, durch das (Er-)Finden ‚entfernter Ähnlichkeiten' die Welt umzuperspektivieren und so die Grenzen der sprachlich erkannten und repräsentierten Welt reflexiv auf die darin niedergelegten Ähnlichkeitsurteile und -Effekte zu verschieben, schließt Bretons Programmatik an die Ästhetik und Epistemologie des Ähnlichkeits- und Analogiedenkens an. Anknüpfend an Konzepte sprachbildlicher Wirksamkeit und der Überdehnung der Analogiemetapher reiht sie sich in die überbietende Tendenz der ‚Ästhetik des Ähnlichen' ein, die die analogische und metaphorische *(Er-)Findung* entfernter Ähnlichkeiten als ästhetisch-epistemologisches Gegenmodell formuliert. Dabei lässt Strub, wie oben bemerkt, offen, ob „das poetische Bild [...] etwas qualitativ Neues oder doch nur eine ‚Überdehnung' des Analogieprinzips" darstellt: Die von ihm in Opposition gebrachten Befunde, dass Breton sich unter modernen Bedingungen einer nachanalogischen Ontologie, in der die Metapher eine der Analogie komplementäre Leistung erfüllt, des ‚alten Konzepts der Analogie' bedient und zugleich das vergleichende Denken verwirft,[523] scheinen vor dem Hintergrund der konturierten Ähnlichkeitsreflexion und -produktion, die die poetische Überbietung rational kommensurabler und konventionalisierter Ähnlichkeitsrelationen anstrebt, nicht widersprüchlich. Beides ist vielmehr kohärenter Ausdruck einer programmatisch formulierten Ästhetik und Epistemologie des Ähnlichen und der entgrenzenden Arbeit an seiner logischen Sedimentierung und Depotenzierung.

---

520 Zill, *Messkünstler und Rossebändiger*, S. 125: Substitutions- und Vergleichstheorien sei eine ‚Depotentierung' der Ähnlichkeit inhärent.
521 Strub, *Kalkulierte Absurditäten*, S. 294. Vgl. auch ebd., S. 325. Vgl. dazu Kap. I.3.1.
522 Gamm, *Die Macht der Metapher*, S. 77.
523 Diese oben zitierten Formulierungen finden sich in Strub, *Kalkulierte Absurditäten*, S. 478, Anm. 18 und S. 472.

Mittels Metapher, poetischem Vergleich und Analogie Ähnlichkeiten im Unähnlichen herzustellen, verweist dabei sowohl auf das Ziel einer Steigerung der Imaginations-, Erfahrungs- und Wahrnehmungsfähigkeit, die die surrealistische ‚Entregelung' der Sinne schulen möchte, als auch auf eine sinnstiftende Verbindung des Unverbundenen in der ‚entzauberten' Welt der Moderne, deren rationale Selbstbeschreibung eine epistemologische Überwindung des Denkens in Ähnlichkeiten postuliert. Doch verweist dieses Programm nicht nur auf ein „Residuum der mythischen Konstitution des Wirklichen"[524] in der Metapher; die kritisch-reflexive Einsicht in das Wirken sprachlicher Ähnlichkeitsbezüge problematisiert die Mechanik der Assoziation und die assimilierenden Effekte des Ver-gleichens. So findet Breton im Sprachbild die Möglichkeit einer Erneuerung der Sprache im Inneren der Metapher(n): Seine De- und Resemantisierungsakte stiften neue und reperspektivieren bestehende Relationen; die Wechselwirkungen der Wörter knüpfen ein „Netz von Ähnlichkeiten"[525], das auf eine offene, labyrinthische Enzyklopädie verweist. Die Konzeptualisierung metaphorischer Ähnlichkeit als *entfernte* aktualisiert den überbietenden Aspekt in der Entgrenzung der Hinsichten möglicher Relationen. Die Einsicht, dass es modern keine Kriterien zur Beurteilung relevanter Ähnlichkeit gibt, wertet die zunächst triviale Feststellung, ‚irgendwie' sei alles ähnlich und könne alles mit allem verglichen werden, dahingehend aus, dass der Aspekt der *unähnlichen* Ähnlichkeit ästhetisch relevant wird, der in einem übertragenden Denken wirkt, das unerwartete Ähnlichkeiten aufblitzen lässt und in der Aktivierung der Assoziabilität der Sprache ihre Imaginationspotentiale erschließt. So zeigt der surrealistische Umgang mit metaphorischer Ähnlichkeit trotz des Rekurses auf ältere Ähnlichkeitskonzepte seine Situierung in der Moderne, deren Bezugspunkt keine metaphysische, substanzontologische Einheit der Weltordnung sein kann. Das Sprachbild als „Weltbezug per Ähnlichkeit durch Hinweis auf Unähnlichkeiten, die die Ähnlichkeiten voraussetzen, und damit als das neue Sehen alter Vertrautheiten"[526], kann vielmehr als Ausdruck eines modernen metaphorischen Weltbezugs gelten: „Das Paradigma für die metaphorische Sicht auf die Welt wäre nicht das Wittgensteinsche Enten-Hasen-Bild, sondern vielmehr der Typ des surrealistischen Bildes, in dem ein Ding in eine ihm fremde ‚irreale' Umgebung transponiert wird, und in dieser Umgebung *als Fremdkörper* trotzdem in Bezüge gerät."[527]

Legt der an der surrealistischen Metapher orientierte Paradigmenwechsel von einer Vergleichs- zu einer Unähnlichkeitstheorie der Metapher eine Periodisierung

---

524 Krämer, Die Suspendierung des Buchstäblichen, S. 68.
525 Gamm, *Die Macht der Metapher*, S. 70 (hier im Verweis auf Wittgenstein).
526 Strub, *Kalkulierte Absurditäten*, S. 502.
527 Ebd., S. 449.

von Vormoderne und Moderne im Wandel von *Mimesis* zu *Konstruktion*, vom *Abbilden* zum *Schaffen* des Ähnlichen und von *Ähnlichkeit* zu *Unähnlichkeit* nahe, so erweisen sich angesichts des Doppelcharakters der Ähnlichkeit, subjektiv *und* objektiv, vorfindlich *und* konstruiert zu sein, beide Aspekte an der metaphorischen Prädikation beteiligt. Auch die diaphorisch-epiphorische Rekonzeptualisierung der Ähnlichkeit legt so den Schluss nahe, dass die Opposition von *Abbilden* und *Schaffen* systematisch und historisch verkürzt ist. Vielmehr erscheint gerade das (Er-)finden der Ähnlichkeit konstitutiv für Relationierungsakte nach Maßgabe von Ähnlichkeiten, die in imaginativ-perzeptuellen Umperspektivierungen der Welt ebenso wirkt wie in der metaphorisch-textuellen *sursignification*. Dies hat die weitreichende Konsequenz, dass so *mimesis* und *poiesis* als Zugehörigkeit zur Welt und ihre gestaltende und verfremdende Umperspektivierung im Ineinander (onto-)epistemologischer und konstruktiver Aspekte vereinbar sind. Die Möglichkeit, die „condition moderne"[528] in ihrer Spaltung von Realismus und Konstruktivismus durch einen metaphorisierenden Denkansatz zu überwinden, deutet sich im surrealistischen Umgang mit Ähnlichkeit an. Das scheinbar paradoxe Verhältnis subjektiver Freiheitsmomente, der Unverfügbarkeit sprachlicher Assoziabilität, der kombinatorischen Bisoziation – in „kombinierten Strategien von Auflösung, Spiel und Neukombination"[529] – und des Erkenntnisanspruchs, vorfindliche Relationen zu ‚beleuchten', entspricht diesem Ineinander konstruktiver und epistemologischer Momente. Die ästhetisch-epistemologische Valenz der metaphorisch gestifteten Ähnlichkeiten im Grenzbereich von Wahrnehmung, Imagination, Unbewusstem und Sprache ist dabei nicht anders als ästhetisch verifizierbar; sie ist Eigenwert einer poetischen (Ana-)Logik, die die überbietende Tendenz der ‚Ästhetik des Ähnlichen' im Einsatz der *unähnlichen Ähnlichkeit* erneuert.

---

528 Vgl. Koschorke, Das Mysterium des Realen in der Moderne, S. 19. Diese *condition moderne* führt Koschorke auf Kant zurück.
529 Welchman, Nach der Wagnerianischen Bouillabaisse, S. 78.

5 Metamorphosen der Ähnlichkeit: Max Ernsts *Histoire naturelle*

> Die Freude an jeder gelungenen Metamorphose entspricht nicht einem elenden ästhetischen Distraktionstrieb, sondern dem uralten vitalen Bedürfnis des Intellekts nach Befreiung aus dem trügerischen und langweiligen Paradies der fixen Erinnerungen und nach Erforschung eines neuen und ungleich weiteren Erfahrungsgebiets, in welchem die Grenzen zwischen der so genannten Innenwelt und der Außenwelt (nach der klassisch-philosophischen Vorstellung) sich mehr und mehr verwischen und wahrscheinlich eines Tages (wenn präzisere Methoden als die ‚écriture automatique' gefunden sind) völlig verschwinden werden. In diesem Sinne konnte ich wohl ohne Prätention eine Folge von Tafeln, auf denen ich eine Reihe von optischen Halluzinationen mit größtmöglicher Präzision festgelegt hatte, als ‚Histoire Naturelle' bezeichnen. (Max Ernst)[1]

Max Ernsts Bildtechniken der Ähnlichkeitsproduktion lassen sich der *Metamorphose* als Schlüsselkonzept der surrealistischen Arbeit an Ähnlichkeit und Form zuordnen: Als „[p]eintre, poète et théoricien surréaliste des origines du Mouvement à ce jour"[2] entwickelt er Bildverfahren der Kombinatorik und Metamorphose,[3] die in ihrem Einsatz unähnlicher Ähnlichkeit der surrealistischen Metaphorik korrespondieren und literarische Experimente der Erforschung der Imagination ins Medium des Bildes übersetzen. Seine Methoden, Sujets und Figuren, aber auch die kunsttheoretische Kontextualisierung eigener Verfahren im Rahmen seines Selbstkommentars[4] lassen Anschlüsse an die Tradition der ‚Ästhetik des Ähnlichen' erkennen. Die Aktualisierung von Aspekten vormoder-

---

[1] Max Ernst, „Was ist Surrealismus?", in: ders., *Schnabelmax und Nachtigall*, S. 77–85, S. 80f. Ernsts Texte sind z. T. zuerst auf Französisch erschienen; hier werden die deutschsprachigen Ausgaben verwendet. In dem Beitrag „Ähnlichkeit als Konzept des (Sur)Realismus" wurden einige Thesen des Kapitels in knapper Form vorgestellt.

[2] Éluard, zit. n. Breton, Dictionnaire abrégé du surréalisme, S. 807; vgl. Lichtenstern, *Metamorphose*, S. 147, Anm. 48. Den Titel des Theoretikers des Surrealismus erlangte Ernst im Kontext der *Histoire naturelle*, ohne selbst auf eine Theorie „Anspruch" zu erheben (ebd., S. 164).

[3] Vgl. Schneede, *Die Kunst des Surrealismus*, S. 141f.

[4] Ernst nutzt das Genre des Künstlerkommentars zur Errichtung eines Künstlermythos (vgl. Julia Drost, „‚Biografische Notizen'. Max Ernsts Spiel mit einer literarischen Gattung", in: Werner Spies (Hg.), *Max Ernst – Leben und Werk*, Köln 2005, S. 17–31). Die Auswertung des Selbstkommentars soll nicht etwa mythifizierende Selbstauslegungen übernehmen; doch sind ihm programmatische Hinweise zu entnehmen. Konersmann interpretiert ihn als „‚Erzählung'", in der er die Ebenen der „Programmatik", der „künstlerischen Arbeit", einer „autobiographischen, privatmythologischen Erzählebene", der „kunstgeschichtlichen Reminiszenz" und ihres jeweiligen Gegenstandes, wie der „Naturgeschichte", ausmacht (Ralf Konersmann, „Max Ernst und die Idee der Naturgeschichte", in: Karin Orchard, Jörg Zimmermann (Hg.), *Die Erfindung der*

nen Analogiedenkens geht dabei mit einer bildlichen Produktion und Reflexion von Ähnlichkeitsrelationen einher. Weniger auf mythifizierende Rückverzauberung als auf eine kritische Metareflexion auf Mimesis und Bild, Repräsentation und Imagination sowie den Niederschlag konkurrierender Weltordnungsmodelle in Zeichensystemen bedacht, erkundet Ernst Potentiale *nichtimitativer* Ähnlichkeitskonzepte. Die Analyse des kombinatorischen Bildkonzepts der *Montage* und des spurhaften Bildkonzepts der *Frottage* offenbart die zentrale Bedeutung, die ähnlichkeitsepistemologischen und -ästhetischen Ansätzen und Verfahren in der formalen Gestaltung und in der Reflexivität der erzielten Bildeffekte zukommt; sie zeigt sich besonders deutlich in der Untersuchung des Frottagezyklus *Histoire naturelle*, der eine Ästhetik der Metamorphose etabliert.[5]

Die Bildtechniken Ernsts, den René Crevel einen „Zauberer der kaum spürbaren Verrückungen"[6] nennt, spielen mit Ambivalenzen, Mehrfachcodierungen, Übergängen und graduellen Transformationen, die sich als ähnlichkeitslogische Prozesse nicht nur jenseits der Dichotomie von Identität und Differenz beschreiben lassen, sondern die zugleich auf den Abbau weiterer Dichotomien zielen, um Innen und Außen, Subjekt und Objekt, und, am ‚Inneren der Sicht'[7] operierend, Wahrnehmung und Imagination zusammenzuschließen und dabei ästhetische Produktions- und Rezeptionsprozesse offenzulegen. Mittels so genannter ‚halbautomatischer' Bildverfahren[8] und im Rückgriff auf seit der Antike kunsttheoretisch abgesicherte Zufallsverfahren – wie den Einsatz des imaginativen Potentials des *Flecks* und des *Ähnlichkeitssehens* – bezieht Ernst den Zufall in den zugleich durch strukturierende Eingriffe kontrollierten Werkprozess ein, um ihn methodisch „in der bilderschaffenden Wechselwirkung mit den vorgewählten Strukturen zu nutzen, wenn nicht einzukalkulieren: Imagination, Zufall und Kalkül."[9] Wie Montage und Collage erzeugen die Zeichen- und Durchreibeverfahren der

---

Natur. Max Erst, Paul Klee, Wols und das surreale Universum [Ausstellungskatalog], Rombach, Freiburg i. Br. 1994, S. 159–167, S. 163).
5 Vgl. zu Ernsts Frottagen im Kontext einer Ästhetik der Metamorphose einschlägig Lichtenstern, *Metamorphose*, bes. S. 150 ff.
6 Zit. n. Max Ernst, „Plötzliche Identität oder das Passbild", in: ders., *Schnabelmax und Nachtigall*, S. 120–125, S. 125.
7 Vgl. Max Ernst, Paul Éluard, *Das Innere der Sicht. 8 sichtbare Lieder*, übers. v. Alexander Koval, Köln 1971; vgl. das Kap. ‚L'Intérieur de la vue' in Heft fünf des Collageromans: Max Ernst, *Une semaine de bonté*, hg. v. Werner Spies, Köln 2008, S. 253–272.
8 Vgl. Spies, Die Desaster des Jahrhunderts, S. 28; Roloff, Fragmentierung und Montage, S. 249.
9 Schneede, *Die Kunst des Surrealismus*, S. 140.

Frottage,[10] malerische Abkratzverfahren der Grattage[11] und die Abklatschtechnik der Décalcomanie durch scheinbar flüchtige und nichtintentionale, tatsächlich aber überlegte, technisch ausgefeilte Operationen assoziationsreiche, ambige und mit polyvalenten Bezügen spielende Bilder.

Dass die surrealistischen Sprachbilder eine Entsprechung in den Verfahren der Montage und Collage finden, betont Aragon, wenn er Ernst den „Schöpfer einer neuen bildlichen Metaphorik, einer Kunst der Bedeutungsübertragung" nennt.[12] So aktualisiert Ernsts Montagekonzeption als zugleich dissoziierendes und assoziierendes, sezierendes und synthetisierendes Verfahren die imaginative Operation der aristotelischen Metaphernkonzeption, des *Sehens* von Ähnlichem im Unähnlichen, im Bild – und überträgt ihren Nachvollzug den Betrachtenden, die sich mit der antihermeneutischen Tendenz dieser „vorgetäuschten Rebusse"[13] konfrontiert sehen. Lassen sich also Montage und Collage als „visuelle[ ] Allegorie"[14] der metaphorisch übertragenden Imagination verstehen, so nutzt die Frottage „Metamorphose als Gestaltungsprinzip", das durch die Genese, den Wandel und das Instabilwerden der Formen „eine Welt des Transitorischen und des status nascendi"[15] heraufbeschwört. Mit der Frottage entwickelt Ernst eine Technik, „mittels eines direkten physischen Kontakts Ähnlichkeit zu erzielen" und zugleich den dynamischen Übergang von indexikalischer „Berührungsähnlichkeit" zu ikonischer Ähnlichkeit als *Metamorphose der Linie* zu inszenieren.[16] Dieses transformatorische Potential der Linie, das in Ernsts Frottageverfahren ‚zum Zug' kommt, lässt sich theoretisch unter anderem im Lichte einer „Wiederaufwertung der

---

10 Die Frottage (von frz. *frotter*, reiben) gilt van Hoorn „[a]ls eigentlicher Durchbruch zum Surrealismus in der bildenden Kunst" (Tanja van Hoorn, *Naturgeschichte in der ästhetischen Moderne. Max Ernst, Ernst Jünger, Ror Wolf, W.G. Sebald*, Göttingen 2016, S. 73).
11 Auch hier wirkt ein „Gestaltungsprinzip der Metamorphose" (Lichtenstein, *Metamorphose*, S. 164); Günther Metgen beschreibe die Horden-Bilder als der „Frottagetechnik'" zugehörig (ebd., S. 165).
12 Zit. n. Ralph Ubl, *Prähistorische Zukunft. Max Ernst und die Ungleichzeitigkeit des Bildes*, München 2004, S. 51.
13 Spies, Die Desaster des Jahrhunderts, S. 42. Sie geben die „Suche nach dem verlorenen Kontext" auf, vermitteln aber ein „Interpretationsverbot": Der Ursprung der „surrealen Ikonografie" bleibt unverständlich, hermetisch (ebd., S. 19).
14 Bauer, Ähnlichkeit als Provokation, S. 135.
15 Lichtenstern, *Metamorphose*, S. 150.
16 Sigrid Weigel, *Grammatologie der Bilder*, Berlin 2015, S. 144. Zur metamorphotischen Potenz der Linie vgl. Sybille Krämer, *Figuration, Anschauung, Erkenntnis. Grundlinien einer Diagrammatologie*, Berlin 2016, S. 95.

Linie"[17] und ihres „Erkenntnispotential[s]" auswerten,[18] um die „Wechselbeziehungen etwa zwischen Anikonischem und Ikonischem, zwischen Differenz und Ähnlichkeit, Indikatoren und Zeichen, Spuren und Linien, Codierung und Lesbarkeit" zu untersuchen.[19]

Beide Verfahren zeigen die Reflexion auf verschiedene Konzepte bildhafter Ähnlichkeit und die Parodie eines naiven Mimesisverständnisses: Während Collage und Montage die Einheitlichkeit des Bildraums durch die Relationierung unähnlicher Elemente stören, unterbricht das Frottageverfahren Konventionen zeichnerischer Darstellung. So ist hier Ähnlichkeit nicht mit der Bildrelation, imitativer Mimesis oder ‚bildplatonischer' Repräsentation gleichzusetzen, vielmehr erlangt sie in der Montage einen der diaphorischen Metapher vergleichbaren Status und verbindet in der Frottage Konzepte imaginativer und spurhafter Ähnlichkeit. Mit Rancière tritt in der Moderne an die Stelle des ‚Regimes der Repräsentation' und ‚mimetisch kodifizierter' Ähnlichkeit „eine Ähnlichkeit, die das Spiegelbild gegen einen direkten Bezug des Erzeugers zum Erzeugten eintauscht: ein gegenüberstellendes Sehen, der glorreiche Körper der Gemeinschaft oder die Spuren des Dinges selber"; diese „Archi-Ähnlichkeit ist die ursprüngliche Ähnlichkeit, jene, die kein Abbild der Wirklichkeit liefert, sondern unmittelbar von dem Anderswo, aus dem sie kommt, zeugt."[20] Hat Ähnlichkeit in Ernsts Frottagen den Status einer *Archi-Ähnlichkeit* im Sinne einer spurhaften Berührungsähnlichkeit inne, so zeitigt sie zugleich auf der Verfah-

---

17 Weigel, *Grammatologie der Bilder*, Kap 2: „Die Spur und die Wiederaufwertung der Linie", S. 27–64; vgl. zum Interesse an der Linie „zwischen Spuren, Zeichnungen und dem Register wissenschaftlicher Bilder wie Graphen, Kurven, Diagrammen, Umrissen, Schemata und Stammbäumen", das über Aspekte der „‚klassisch-idealistischen *disegno*-Theorie'" zugleich hinausgeht wie es diese aktualisiert, S. 43.
18 Krämer, *Figuration, Anschauung, Erkenntnis*, Kap. 5. „Aisthesis und Erkennstnispotential der Linie", S. 95–141, S. 95; Werner Busch, Oliver Jehle, Carolin Meister (Hg.), *Linien. Ästhetische und epistemische Dimensionen der Zeichnung*, München 2005; vgl. die Forschergruppe „Wissen im Entwurf. Zeichnen und Schreiben als Verfahren der Forschung" (2005–2011) (http://knowledge-in-the-making.mpiwg-berlin.mpg.de).
19 Weigel, *Grammatologie der Bilder*, S. 23.
20 Rancière, *Politik der Bilder*, S. 15 f. Dass der Begriff weniger emphatisch als kritisch-deskriptiv zu verstehen ist, zeigt Rancières Polemik: „Die heutige Zelebrierung oder nostalgische Heraufbeschwörung des Bildes fordert die Spur des Dinges, die nackte Identität seines Andersseins anstelle seiner Nachahmung, die Materialität ohne Satz und Sinn des Sichtbaren anstelle der Figuren eines Diskurses: eine immanente Transzendenz, eine glorreiche Essenz des Bildes, die durch die Art seiner materiellen Herstellung garantiert wird." (Ebd., S. 17).

rensebene ‚ver(un)ähnlichende' Prozesse der Formgenese und firmiert als Anreiz und Effekt des imaginativen „Sehens und des ‚Hineinsehens'"[21]. Daneben besitzt sie zentralen Stellenwert auf motivischer Ebene – wobei Ähnlichkeitsfiguren metareflexive Aspekte verbildlichen – und als epistemologisches und ästhetisches Programm, das auf die Produktivität analogischer und metaphorischer Übertragungen und imaginativer Ähnlichkeitsproduktion setzt. In Anspielung auf Theoreme der Mimesis, des Ähnlichkeitssehens, des *disegno* und der *inventio* entwickelt Ernst so eigengesetzliche Bildwelten der Ähnlichkeit und Metamorphose.

5.1 *Diaphora* und *synopse*: Schnitt und Blick in der Montage

> Wer Collage sagt, meint das Irrationale. (Max Ernst)[22]

Aragons Rede von der ‚bildlichen Metaphorik' Ernsts lässt sich der Beobachtung Jakobsons anschließen, der zufolge die „surrealistischen Maler [...] eine offensichtlich metaphorische Einstellung"[23] zeigen: „Eine Beschäftigung mit der surrealistischen Metapher könnte sich kaum über die Bilder Max Ernsts [...] hinwegsetzen".[24] Zwischen den Sprachbildern und Ernsts Montage- und Collageverfahren[25] zeigen sich deutliche Korrespondenzen, wie auch Breton mehrfach würdigt:[26] Im *Manifeste du surréalisme* bemerkt er, die „surrealisti-

---

[21] Konersmann, Max Ernst und die Idee der Naturgeschichte, S. 165. Vgl. Stelzer, *Die Vorgeschichte der abstrakten Kunst*, S. 89 ff.
[22] Max Ernst, „Jenseits der Malerei", in: Metken, *Als die Surrealisten noch Recht hatten. Texte und Dokumente*, S. 326–333, S. 333.
[23] Jakobson, Der Doppelcharakter der Sprache, S. 330.
[24] Jakobson, Linguistik und Poetik, S. 85.
[25] Zu Synonymie und Differenzierung der Begriffe Montage und Collage vgl. Hanno Möbius, Art. „Collage oder Montage", in: Hubert van den Berg, Walter Fähnders (Hg.), *Metzler Lexikon Avantgarde*, Stuttgart 2009, S. 65–67; ders., *Montage und Collage. Literatur, bildende Künste, Film, Fotografie, Musik, Theater bis 1933*, München 2000. Montage wird als Oberbegriff definiert, Collage (von frz. *coller*) als Technik, die geklebte Bildelemente verwendet. Zu Ernsts Collagen vgl. die Forschungen von Werner Spies; unter seiner Mitarbeit: *Max Ernst. Collagen. Inventar und Widerspruch*, hg. v. Götz Adriani [Ausstellungskatalog], Köln 1988. Roloff betont den intermedialen Stellenwert der Montage, durch den „die Trennung der Künste bewußt unterlaufen" werde (Roloff, Fragmentierung und Montage, S. 252); als „Spiel der Fragmentierung und Zerstückelung" thematisiere sie „den Zusammenhang von Konstruktion und Dekonstruktion bei der Wahrnehmung" (ebd., S. 246).
[26] Im Vorwort zu Ernsts Pariser Collage-Ausstellung 1921 betont er „unsere wunderbare Fähigkeit, an zwei entfernte Wirklichkeiten zu reichen und aus der Berührung Funken zu schlagen, ohne dabei den Erfahrungsraum zu verlassen; die Fähigkeit, unseren sinnlichen Erlebnisraum

schen Mittel" müssten um „Assemblage"-Gedichte erweitert werden, „um von bestimmten Assoziationen den erwünschten Überraschungseffekt zu erlangen",[27] und stellt fest, Ernst habe die ‚surrealistische Stimme', die in einer „bildhaften Vorstellung" erfahrbar werde, früh gehört.[28] In der Collage äußere sich „eine völlig neue Auffassung der anschaulichen Ordnungen [...], die dennoch dem entspricht, was schon Lautréamont und Rimbaud in der Dichtung gewollt hatten".[29] Sie impliziere „die totale Veränderung des Begriffs der Relation":

> Der äußere Gegenstand hatte mit seiner gewohnten Daseinsweise gebrochen, das ihm Wesentliche hatte sich gewissermaßen von ihm emanzipiert, um so mit anderen Dingen völlig neue Beziehungen eingehen zu können, wobei er zwar dem Prinzip der Wirklichkeit entfloh, was aber doch nicht ohne Folgen für diese Wirklichkeit blieb.[30]

Ihre Deutungsoffenheit entzieht die Collage der identifizierenden Interpretation, wie das, so Ernst, „prophetische Wort" Bretons betont: „Wer weiß, vielleicht schaffen wir uns damit die Voraussetzungen, um eines Tages dem Identitätsprinzip zu entrinnen."[31] In „Der Surrealismus und die Malerei 1928" nennt Breton Ernsts Werke einen „Traum der Vermittlung [...] zwischen den Dingen": „Die gehässige Trennung einzelner Traumpartien voneinander ist auch hier ganz da, damit wir uns entschließen, alles aufs Spiel zu setzen. Darin besteht vielleicht für Max Ernst die Möglichkeit, [...] in Freiheit zu leben".[32]

---

zu erweitern durch Hereinnahme abstrakter Figuren von gleicher Intensität und Schärfe wie alle anderen und uns unter Aufhebung des Bezugssystems in der eigenen Erinnerung zu verfremden." (Zit. n. Ernst, An einem Regentag in Köln oder die Entstehung der Collage, S. 89).
27 Breton, Erstes Manifest des Surrealismus, S. 37. Ernst bestätigt diesen intermedialen Charakter, indem er auch ‚verbale Collagen' liefert: „PHALLUSTRADE. – C'est un produit alchimique, composé des éléments suivants L'autostrade, la balustrade et une certaine quantité de phallus. Une phallustrade est un collage verbal." (Max Ernst, *Dictionnaire abrégé du surréalisme*, S. 832); „Collage. – Si ce sont les plumes qui font le plumage ce n'est pas la colle qui fait le collage." (Ebd., S. 800).
28 Breton, Erstes Manifest des Surrealismus, S. 23, Anm. 2: Dies gelte etwa auch für Klee, Masson und vor allem Picasso.
29 Breton, Genesis und künstlerische Perspektiven des Surrealismus, S. 69.
30 Ebd., S. 70. Vgl. die Übersetzungsvariante bei van Hoorn, *Naturgeschichte in der ästhetischen Moderne*, S. 72: Dies schaffe „völlig neue, dem Realitätsprinzip sich entziehende Verbindungen [...], die sich jedoch trotzdem auf die Ebene des Realen auswirkten'".
31 Zit. n. Ernst, An einem Regentag in Köln oder Die Entstehung der Collage, S. 89.
32 Breton, Der Surrealismus und die Malerei 1928, S. 29.

Ernst selbst bezeichnet Collage und Montage als Verfahren der „Kombinatorik"[33] als seine „Errungenschaft" einer „surrealistische[n] Malerei".[34] Er beschreibt das Collageverfahren im Anschluss an das Gleichnis Lautréamonts – ‚schön [...] wie die unvermutete Begegnung einer Nähmaschine und eines Regenschirms auf dem Seziertisch!' – als „Auswertung der *zufälligen Begegnung zweier entfernter Wirklichkeiten* [...] oder, mit einem kürzeren Ausdruck, als die Kultivierung der Ergebnisse einer *systematischen Verfremdung*".[35] Dieses „‚dépaysement systématique'"[36] würdigt Breton als „hauptfunktion aller surrealität"[37]: Die Montage fixiert im Versetzen der Elemente ein „Terrain des Surrealistischen, das Breton als Déplacement der akzeptierten semantischen Aussage der Sprache definiert"[38]. Wie Peter Bürger betont, wird mit ihr „ein Darstellungssystem, das auf der Abbildung der Realität und d. h. auf dem Prinzip beruhte, daß das künstlerische Subjekt die Transposition der Wirklichkeit zu leisten habe, durchbrochen"[39], indem die „Durchgestaltung des Bildraums als eines Kontinuums" aufgehoben wird:

> Die Einfügung von Realitätsfragmenten in das Kunstwerk verändert dieses grundlegend. Nicht nur verzichtet der Künstler auf die Gestaltung des Bildganzen; das Bild erhält auch einen anderen Status, denn Teile des Bildes stehen zur Wirklichkeit nicht mehr in dem für das organische Kunstwerk charakteristischen Verhältnis: Sie verweisen nicht mehr als Zeichen auf die Wirklichkeit, sie sind Wirklichkeit.[40]

So können neben kombinatorisch reorganisiertem Sprach- und Bildmaterial auch aus Kontextbezügen gelöste Dinge, Materialien und Realitätsfragmente in neue Bedeutungsgefüge eingehen:

---

33 Schneede (*Die Kunst des Surrealismus*, S. 142) verweist auf Raimund Lull, auf den sich Breton im *Zweiten Manifest des Surrealismus* beruft. Die von ihm begründete Tradition des „Zusammenziehen[s] von Gegensätzen" werde im Surrealismus „bewußte Methode, um Unbewußtes an den Tag zu bringen"; vgl. Holländer, Ars inveniendi et investigandi; zur Collage als „‚Methode'" Spies, Die Desaster des Jahrhunderts, S. 43.
34 Ernst, Jenseits der Malerei, S. 333.
35 Ernst, Jenseits der Malerei, S. 330. Spies schränkt dies dahingehend ein, dass in der direkten Übertragung dieser Maxime vom Text auf die Collage „der Kombinatorik keine Grenzen gesetzt" wären; Ernsts Collagen zeichne aber die Gebundenheit der Imagination an die „materielle Verfügbarkeit von Vorlagen" aus: „Es sind die strukturierenden Mittel, die in der Bildcollage erst die Analogie zu Lautréamonts Satz schaffen" (Spies, Die Desaster des Jahrhunderts, S. 49).
36 Zit. n. Bürger, *Der französische Surrealismus*, S. 79.
37 Vorwort zu dem Collageroman *La femme 100 têtes*, zit. n. Spies, Die Desaster des Jahrhunderts, S. 51 [sic]: „[V]erfremdung ist die hauptfunktion der surrealität. Man kann eine hand verfremden, indem man sie vom arm trennt. Sie gewinnt dabei ‚als hand' [sic]." (Zit. n. ebd.)
38 Ebd., S. 50.
39 Bürger, *Theorie der Avantgarde*, 104.
40 Ebd., S. 105.

> Wenn die Avantgarden daran arbeiten, die Barriere zwischen Kunst und Leben niederzureißen, dann läuft dies in den künstlerischen Arrangements darauf hinaus, das Reale von Alltagsobjekten [...] für sich selbst sprechen zu lassen. Ihr Programm zielt darauf, den Illusionismus der herkömmlichen Bildkunst sowohl zu unterlaufen (durch Zerstörung des Abbildprinzips) als auch zu überbieten (durch Ausstellung der ‚Dinge selbst'). Auf demselben Prinzip [...] beruhen Marcel Duchamps *readymades* und die surrealistischen *objets trouvés*.[41]

Der *Schnitt* in Montage und Collage dekontextualisiert dabei nicht nur die in den ästhetischen Kontext überführten Dinge und Materialien, sondern symbolisiert auch den Einbruch des Realen ins Symbolische.[42] Dabei konfrontiert die Collage nicht einfach heterogene Wirklichkeitsfragmente, sondern das „Zerstücken und Verrücken der einzelnen Details ergab überraschende a-logische Koppelungen"[43]; den neuen bildlichen Zusammenhang kennzeichnet ein gewisses „Maß an Probabilität, das die Materialisierung von Fremdartigem hinterfängt."[44] Den die „Vieldeutigkeit der dinglichen Wirklichkeit" zu einer „poetische[n] Umdeutung" und zur Konstruktion einer „phantastische[n] Gegenwirklichkeit" nutzenden *sur*realistischen Effekt der Collage und Montage betont Werner Haftmann:

> Das Zerbrechen des logischen Bezugssystems, das das ursprüngliche Bild sinnvoll zusammenhielt, liess [sic] hinter der einfältigen Wirklichkeitsbeschreibung eine doppelbödige, hintergründige zweite Wirklichkeit hervorluken, die erst durch den willkürlichen und widersprüchlichen Kontext der Dinge anschaulich wurde.[45]

Das Verfahren inszeniert so den verfremdenden *Blick*, der die imaginäre Topografie des Surrealismus belebt, und seine Anregung durch die „Initiative des Materials. Es kommt hier zu blitzschnellen Reaktionen."[46] Das Gestaltungsprinzip ist somit reflexiv auf den produktions- und rezeptionsästhetischen Stellenwert des Sehens und eines auf „die ‚nicht-optischen Wege' der Dingerfahrung" erweiterten imaginativen Blicks: Es verweist auf deren aktive, eine „Metamor-

---

41 Koschorke, Das Mysterium des Realen in der Moderne, S. 29 f.
42 Zum Begriff *coupure* bei Jacques Lacan vgl. Rolf Nemitz, „Der Schnitt: die Einschreibung des Realen in das Symbolische" (online unter https://lacan-entziffern.de/objekt-a/der-schnitt-die-einschreibung-des-realen-in-das-symbolische/, 16.7.2019); vgl. Sarah Hadda, *Der Schnitt als Denkfigur im Surrealismus: Max Ernst, Man Ray, Luis Buñuel und Salvador Dalí*, [Diss.] Bielefeld 2019.
43 Haftmann, Metamorphose des Dinges, S. 28.
44 Spies, Die Desaster des Jahrhunderts, S. 49.
45 Haftmann, Metamorphose des Dinges, S. 28. So erlangten etwa Hausmanns Fotografien „‚magische Qualität'" (ebd.).
46 Spies, Die Desaster des Jahrhunderts, S. 29. Das Moment intuitiver Bildfindung kann nicht „vorausberechnet" werden (ebd.).

phose der Dinge" auslösende Rolle in Zeichenprozessen.[47] So ist „[d]er Blick (und mit ihm die aisthesis, die sinnliche Wahrnehmung) [...] die Basis der Analyse jener künstlerischen Verfahrensweisen [...] der ‚Fragmentierung' und Montage"[48]. Als analytischer, sezierender, diakritischer Blick erzeugt er die Dissoziation des Kontinuums des Sichtbaren und isoliert die Elemente aus ihrem Ursprungskontext, um sie an einen ihnen ‚fremden' Ort und in einen neuen Kontext zu übertragen; das retinale Sehen wird so über die Funktion eines perspektivisch ordnenden, erkennend zuordnenden Blicks hinaus und gegen dessen Abstraktionsleistungen – entsprechend dem ‚Denken des übertragenden Blicks' und seiner Ähnlichkeitseffekte – auf ein imaginatives ‚inneres Sehen' hin gesteigert. Dieses unfokussierte und dissoziierende, zugleich aber synthetisierende Sehen erzeuget ambiguierende Effekte. Dies deutet Ernsts ‚Gründungsmythos' der Collage an, der die Blickverwirrung angesichts der Abbildungen eines Kataloges beschreibt, indem er die Auflösung vorgefundener Bedeutungszusammenhänge und die imaginative Neukonstellierung von Elementen in den Prozess eines vexierenden Sehens vorverlegt:

> Ich sehe Anzeigen von Modellen aller Art, mathematische, mineralogische, paläontologische und so fort, Elemente von so verschiedener Natur, dass die Absurdität ihrer Ansammlung blickverwirrend und sinnverwirrend wirkte, Halluzinationen hervorrief, den dargestellten Gegenständen neue, schnell wechselnde Bedeutungen gab.[49]

Ernst beschreibt eine durch das verfremdende Sehen ausgelöste Dekontextualisierung der Bildelemente über bewegliche Assoziationen, die eine „halluzinierende Folge widersprüchlicher, doppelter, drei- und vielfacher Bilder hervorrief, die sich mit einer Geschwindigkeit und Eindringlichkeit überlagerten, wie man es von Liebeserinnerungen oder Visionen im Wachtraum kennt": Die Assoziationsfolgen evozieren den vereinenden Grund der Collage als ‚Möglichkeitsraum' neu gestifteter Relationen: „Diese Bilder riefen neue Ebenen hervor für die gemeinsame Begegnung in einem neuen Unbekannten (die Ebene der Inkonvenienz). [...] Dabei gab ich nichts anderes wieder als das, ‚was in mir sah'."[50] So wirkt in einem ers-

---

47 Haftmann, Metamorphose des Dinges, S. 31: „Über das Absurde ergab sich eine neue mehrdimensionale Definition der Wirklichkeit, in der die ‚nicht-optischen Wege' der Dingerfahrung – wie es Klee verstand – in die optischen Erfahrungsbereiche eindrangen, sie veränderten und in der Metamorphose der Dinge ein sichtbares, dichterisch antwortendes Gegenbild fanden."
48 Roloff, Fragmentierung und Montage, S. 239. Vgl. zu Blicklogiken ‚sukzessiver' und ‚simultaner' Montage Haß, *Das Drama des Sehens*, S. 48 f.
49 Zit. n. Werner Spies, *Max Ernst. Leben und Werk*, Köln, London 2005, S. 54. Das Zitat bezieht sich auf einen didaktischen Lehrmittelkatalog (vgl. Ernst, An einem Regentag in Köln oder die Entstehung der Collage, S. 87).
50 Ernst, Jenseits der Malerei, S. 332.

ten Schritt ein ‚auswählender' Blick[51], der durch ein „Zersehen", eine Dissoziation und „Dissimilation", die Bildelemente aus dem „ikonischen Zusammenhang"[52] löst, „ohne dass die Ikonizität als solche angegriffen und eine subikonische Ebene freigelegt wird"; er folgt der „Zweideutigkeit", die „im Ikonischen selbst [liegt, S. B.]: im Vexierbild, das sich in den Bildern verbirgt, und sich durch deren Ausschneiden, Umdrehen und Neuordnen zu erkennen gibt".[53] Dabei erhält die Collage die Integrität der Bildgegenstände, die sie in einem zweiten Schritt in eine Bildordnung transponiert, die unvorhergesehenen Begegnungen fixierend. In den Worten Aragons zielt Ernsts ‚intellektuelle Montage' darauf, „'das Phantom in der fremden Landschaft, in die er es gestoßen hat, anzusiedeln [...] mit etwas Farbe oder Blei'".[54]

Die Montage als Prinzip der spannungsvollen Synthese ‚kollidierender' Elemente dient der Subversion der harmonischen, geschlossenen *Form*. Sie negiert die „Lust an einer übernatürlichen Einheit" als „Effekt der ‚schönen Form'" und etabliert ein Nebeneinander des Entfernten: „Das Verfahren der ‚Zusammensetzung' als solches stört, zersetzt und zerschlägt somit das einheitliche Auftauchen der Form."[55] Zudem können die Bildelemente „im Kontext, in den sie gesetzt werden, eine neue Rolle übernehmen. Formen können andere ersetzen."[56] Diese Arbeit an der (Nicht-)Identität der Form ist ein zentrales Moment kombinatorischer Verfahren: „In Dadaismus und Surrealismus war das Nebeneinander (die Kollu/ision von Ideen, Bildern, Texten, usw.) nicht, oder zumindest nicht nur, ein *Mittel*, das ausschließlich bildgestalterischen Zwecken diente" – vielmehr fungiert das Verfahren methodisch „als eine ‚größere' Logik und als eine ‚kleinere' subversive Antilogik."[57] Es instituiert eine „‚Neudefinition des Verhältnisses der Teile zum Ganzen, des Verhältnisses der Teile zueinander. Der Schnitt, das Prinzip der Montage, macht die Energie in dem System sichtbar und aktiviert sie.'"[58] Dies formu-

---

51 Als „‚personalité du choix'" bezeichnet Aragon Max Ernst, die, „‚ – sich gegen eine Überfülle abgrenzend – eine Auswahl trifft'", anschließend an Bretons Charakterisierung Marcel Duchamps (Spies, Die Desaster des Jahrhunderts, S. 21).
52 Ubl, *Prähistorische Zukunft*, S. 51.
53 Ebd., S. 53.
54 Zit. n. Ernst, Jenseits der Malerei, S. 331. Aragon nennt Ernsts Verfahren „*un sorte de collage intellectuel*" (Louis Aragon, „Max Ernst – Peintre des illusions", in: ders., *Ecrits sur l'art*, Paris 1981, S. 12–16, S. 14; zit. n. Ludger Derenthal, „Dada, die Toten und die Überlebenden des ersten Weltkriegs", online unter http://www.zeitenblicke.de/2004/01/derenthal/Derenthal.pdf, o. S., 8.11.2016).
55 Barthes, Arcimboldo, S. 152.
56 Spies, Die Desaster des Jahrhunderts, S. 23.
57 Welchman, Nach der Wagnerianischen Bouillabaisse, S. 62.
58 Ebd., S. 64.

liert Ernst in einer Metaphorik, die an die alchimisch-sprachmagische Dimension der Kombinatorik ebenso gemahnt wie an „Lautréamonts Metamorphose"[59]:

> Man könnte die Collage als alchemistisches Produkt aus zwei oder mehr heterogenen Elementen bezeichnen, als Ergebnis ihrer unerwarteten Annäherung, die eine – aus Liebe zum Hellsehen – auf systematische Konfusion und die ‚Verwirrung aller Sinne' (Rimbaud) gerichtete Absicht herbeigeführt haben kann, aber auch der Zufall oder eine den Zufall begünstigende Absicht.[60]

Die ‚hellsehende' Einbildungskraft, die, angeregt durch die Vorlage, neue Zusammenhänge stiftet, ermöglicht demnach eine Transformation der Elemente, die Ernst beschreibt als „so etwas wie eine Alchimie der visuellen Vorstellung. *Das Wunder der totalen Transfiguration von Wesen und Objekten, mit oder ohne Veränderung ihrer physischen oder anatomischen Erscheinung.*"[61] Die *Synopse*, deren verfahrenstechnische Spuren Ernst in der „Verfertigung neuer plausibler Bilder"[62] tilgt, bewirkt diese Transfiguration, ohne semantische Brüche restlos einzuebnen oder in einer ‚höchsten Einheit' aufzuheben: „Identität ist hier weder vorauszusetzen noch dauerhaft zu etablieren. Die in der Collage zusammentreffenden gegensätzlichen Ebenen des Wirklichen werden nicht ‚versöhnt'; in ihrer Annäherung bleibt ein Moment von Heterogenität enthalten"[63]. Dies erlaubt den Nachvollzug des durch die Kombination hervorgerufenen ästhetischen Schocks[64] sowie die (Re-)Konstruktion sowohl der dekontextualisierten als auch der in der bildlichen Resemantisierung neu konstruierten Bezüge, die in ambiger Gleichzeitigkeit oder einem kippenden Wechselspiel des *Sehen-als* aktualisiert werden. Wie in der surrealistischen Metapher ist die Herstellung neuer Ähnlichkeitsbezüge auch Sache der Rezeption; so „zündet das Überraschende des Zusammentreffens den Funken im Kopf des Lesers oder Betrachters, und in ihm blitzt nun das surrealistische, das neue, das fremde Bild auf"[65].

Dass der neue ikonische Zusammenhang als Vereinigung, Verschmelzung, Zeugung, Metamorphose und Verlebendigung gedacht ist, verdeutlicht Ernsts Inanspruchnahme des Gleichnisses Lautréamonts für die Erklärung des ‚Me-

---

59 Lichtenstern, *Metamorphose*, S. 134. Lautréamont ist für die Surrealisten nicht nur als ‚Erfinder' „der dissoziierenden Metapher" bedeutend, „sondern gerade auch als Erfinder der ‚modernen Mythologie', in der Metamorphose für sie Aktualität besaß. Diese zweifache Aneignung von Lautréamonts Metamorphose als ‚Prinzip' der Wort-Gestaltung und als ‚Mythos'" spiegele „die ambivalente Struktur der surrealistischen Metamorphoseauffassung insgesamt" (ebd.).
60 Ernst, Jenseits der Malerei, S. 332.
61 Ebd., S. 329.
62 Spies, Die Desaster des Jahrhunderts, S. 22.
63 Zimmermann, Philosophische Horizonte der *Histoire Naturelle*, S. 21 f.
64 Vgl. zu diesem Effekt der Montage Rancière, *Die Politik der Bilder*, S. 60.
65 Schneede, *Die Kunst des Surrealismus*, S. 143.

chanismus' seines Verfahrens, das eine „völlige Transmutation" durch *„die Vereinigung zweier scheinbar unvereinbarer Wirklichkeiten auf einer Ebene, die ihnen scheinbar nicht entspricht"*[66] erziele; indem

> eine fest umrissene Realität, deren natürliche Bestimmungen ein für alle Mal festzuliegen scheint (ein Regenschirm), sich unvermittelt neben einer zweiten, weit entfernten und nicht weniger absurden Realität (einer Nähmaschine) an einem Ort findet, wo beide sich fremd fühlen müssen (auf einem Seziertisch), tritt sie aus ihrer natürlichen Bestimmung und ihrer Identität heraus; auf dem Umweg über einen relativen Wert geht sie von ihrer falschen Absolutheit über in eine neue, wahre und poetische Absolutheit.[67]

Diese Vereinigung lässt sich am Beispiel der Collage *L'Ascaride de sable ...* von 1920 (Abb. 1) illustrieren. Eine Reihe verschiedener, in ihrer Form an Muscheln und Schneckenhäuser erinnernder Hüte scheinen sich auf Grundlage einer visuellen Analogie in panzer muschel- oder käferartiger Wesen zu verwandeln, die im bildlichen Zusammenhang einer – mittels der den sandfarbenen Untergrund und den blauen Himmel trennenden Horizontlinie vage definierten – Landschaft angesiedelt werden, durch die sie zu prozessieren scheinen. Aufgrund der Form, aber auch über das inhaltliche *tertium comparationis* der schützenden und schmückenden ‚Bedeckung' lassen sich tierischer Panzer und menschlicher Kopfputz analogisieren, doch erst der Bildtitel – besser, die poetische Bildlegende, selbst eine Aneinanderreihung von Elementen: „L'ascaride de sable qui rattrache sandale / la mouche torpille qui forme un aparté / les terrigles lèvres solaires qui s'enroulent autour de l'horizon / max ernst"[68] – macht aus den so verbundenen Elementen ein Wesen, indem er es – Aufgabe der transgenerischen Analogiemetapher – mit einem Namen belegt: ‚Der

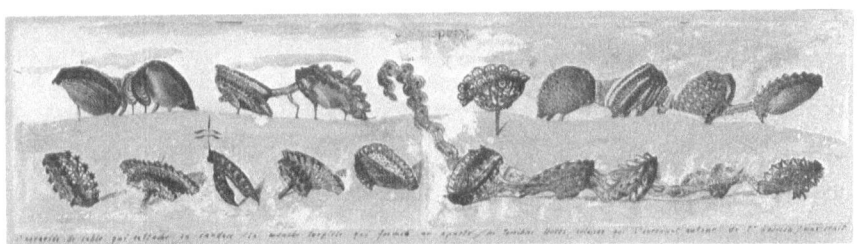

Abb. 1: Max Ernst, *L'Ascaride de sable ...* (1920), Wasserfarbe, Collage auf Papier, 11,5 x 51,5 cm, Privatsammmlung.

---

66 Ernst, An einem Regentag in Köln oder die Entstehung der Collage, S. 89.
67 Ebd., S. 88.
68 Zit. n. Elza Adamowicz, *Surrealist Collage in Text and Image: Dissecting the Exquisite Corpse*, Cambridge 1998, S. 77; vgl. ebd.

Sandspulwurm'. Die montierten Bildelemente verweisen auf in zeitgenössischen Katalogen beworbene Hutmode und mögen sowohl auf Modeerscheinungen in ihrer Abfolge anspielen als auch auf die Prozession der ‚Hutmodelle' durch großstädtische Straßen – deren ‚Auswanderung' in einen natürlichen Kontext sich als humorvolle Verfremdung der Dinge der modernen Lebenswelt lesen lässt.[69] So denotieren die Bildelemente deren Bilderkosmos, dem sie entnommen sind: Das Collageverfahren kann, wie Ernsts Gründungsnarrativ betont, der sein „inspiratives Vergnügen an Warenkatalogen" belegt, auf massenmedial reproduzierte und über Groschenromane, Roman-Feuilletons, Plakate, Lehrmittel- und Warenkataloge, Zeitschriften und Zeitungen verbreitete Bilder wie die anachronistisch gewordenen Holzstiche des neunzehnten Jahrhunderts zurückgreifen.[70] Auch Werbung und Auslagen in Schaufenstern, Passagen und Warenhäusern regen die metaphorische Aktivität der Imagination an.[71] Dem Zitat vergleichbar, transportieren Montage und Collage „reproduziertes, historisch und ikonographisch bereits besetztes Material"[72], das

---

69 Die Collage *Der Hut macht den Mann* (1920) interpretiert Barthes als selbstreflexive Anspielung auf die Redewendung ‚Kleider machen Leute': „[D]er Hut macht den Menschen", und eine „geordnete Anhäufung von Kopfbedeckungen [ergibt] menschliche Silhouetten." (Barthes, Arcimboldo, S. 138).
70 Schneede, *Die Kunst des Surrealismus*, S. 142. Ernst bezieht das Material für die Collagen aus *La Nature* oder *Le Magasin pittoresque*, *Magasins de nouveautés* und *Attributes de commerce*, aber auch Roman-Feuilletons (vgl. Spies, Die Desaster des Jahrhunderts, S. 52f.). Vgl. zum Holzstich, den Ernst in den 20er Jahren als Vorlage wählt, um sich gegen die zeitgenössische Holzschnitttechnik abzugrenzen, ebd., S. 24f. „Nicht nur die Inhalte, auf die er für die Collagen zurückgreift, sind fremd geworden. Auch das [...] Medium fordert ihn heraus. Denn es geht ihm in den Collagen um Verfremdung und um die Präsentation einer unverständlich gewordenen Sehweise" (ebd., S. 26): Sie dienen der „poetischen Rehabilitierung" des Vergangenen und „Vergessenen" (ebd.). Vgl. zu *La Nature* und dem von Ernst verwendeten Lehrmittelkatalog „Bibliotheca Paedagogica" Annerose Keßler, Isabelle Schwarz, „Verzweigungen von Naturgeschichte und Kunst, Objektivität und Imagination. Eine Einführung", in: dies. (Hg.), *Objektivität und Imagination. Naturgeschichte in der Kunst des 20. und 21. Jahrhunderts*, Berlin 2018, S. 9–38, S. 13, Anm. 3.
71 Vgl. Schneede, *Die Kunst des Surrealismus*, S. 53. „Das Absurde der zufälligen Kopplungen wurde womöglich hier als neue Qualität entdeckt." (Ebd., S. 142) Vgl. Haftmann, Metamorphose des Dinges, S. 30f.: „Der am Absurden aufmerksam gewordene Blick entdeckt allenthalben [...] die sonderbarsten natürlichen Dinggebilde, die einmal aufgelesen und vorgezeigt die Phantasie reizten, mancherlei Assoziationen animistischer, mythischer oder auch satirischer Art an sie anzuhängen." So verändern die Dinge selbst den „Blick auf die Wirklichkeit" (ebd., S. 31).
72 Karin Orchard, „(Un)Ordnung schaffen", in: Orchard, Zimmermann (Hg.), *Die Erfindung der Natur*, S. 9–15, S. 13. Zur Abgrenzung von Zitat und Collage vgl. Möbius, Collage oder Montage, S. 65–67. Daran ließen sich Formen kollektiver Kunst von Interpikturalität bis forciertem Plagiarismus anschließen, die sich gegen das ‚Originalgenie' richten. Solche „Zusammenar-

durch Schnitt und Transposition umbesetzt und durch das die Zeichen ‚verwildernde' Vermögen der Imagination verfremdet wird:

> [D]ie artistisch inspirierte Verwilderung der Zeichen korrespondiert jener faszinierenden Fremdheit, die Foucault in der Analyse des voraufklärerischen Diskurses über die Natur zu erfahren glaubt. Sie läßt sich bis zu einem gewissen Grade wie das Resultat einer surrealistischen Verfremdung lesen. Demgegenüber bildet die dem ‚klassischen Wissen' entsprechende deskriptiv-referentielle Darstellungsform als konventionalisierte ‚zweite Natur' die Basis, an der die durch die Collage-Technik bewirkte Bedeutungsverschiebung ansetzen kann.[73]

Der Mechanismus der Montage- und Collageverfahren lässt sich dabei – Ernsts Programmatik folgend – an die anhand des Seziertisch-Gleichnisses für die surrealistische Metaphorik herausgearbeitete semantische Wirkungsweise der Ähnlichkeit anschließen: Die dissoziierende, desidentifizierende, dekonstruierende Dimension des Schnitts/Blicks und die synoptische, assoziierende, re-konstruierende Dimension des Zusammensehens werden in der Verschränkung von *Verunähnlichung* und neuer *Verähnlichung* produktiv. Die spannungsvolle Vereinigung heterogener Bildelemente auf einem ‚operativen' Grund, die Ernst als *Metamorphose* beschreibt, kann in der Rezeption als Effekt eines imaginativen Sehens nachvollzogen werden, das die Bildfindung allererst ausgelöst hat. So verbindet das Paradox ‚naher Ferne' die Funktion der Ähnlichkeit in der Metapher und der Montage. Dies ließe sich – in Rückbezug auf die Ausführungen zur Herstellung neuer Pertinenz in der diaphorischen Metapher – als ein ‚Ent-fernen'[74] bezeichnen: Der Bildraum wird zur Ebene einer im Bild materialisierten imaginären *Konvenienz des Ent-fernten*, deren Sympathiegesetze einer poetischen Eigenlogik folgen; der neu gestiftete Zusammenhang der Elemente ist der einer *unähnlichen* oder *im Unähnlichen wirkenden Ähnlichkeit*.

Ernst überträgt seine Collagetechnik – die „synthetische Collage"– nicht nur in malerische Montagen, um der Traumlogik surrealistischer Metaphern entsprechende Rätselbilder zu schaffen,[75] sondern auch in ein serielles Bildverfahren, indem er lose Folgen mit narrativer Kohärenz und „stilistischer und temporärer

---

beit'" nennt Ernst einen der Collagetechnik vergleichbaren Prozess der „Verschmelzung der Gedanken" (Ernst, Jenseits der Malerei, S. 333).

73 Zimmermann, Philosophische Horizonte der *Histoire Naturelle*, S. 18.
74 Vgl. Ricœur, *Die lebendige Metapher*, S. 183.
75 Spies, Die Desaster des Jahrhunderts, S. 63. Bildtitel wie *L'Œdipe* und *Totem und Tabu* suggerieren den Rückgriff auf Freud. Lichtenstern nimmt an, auch der Begriff der ‚Horde', den Ernst für einige Grattagen verwendet, sei von Freuds Versuch über den Totemismus abgeleitet (vgl. Lichtenstern, *Metamorphose*, S. 165 f.). Ernst besuchte Freud in Wien und war von seiner Beschreibung des Traums fasziniert, der ihm als Bildquelle diente. Doch sah er, wie Freud selbst, klar die Diskrepanz zwischen surrealistischer und aufklärerischer Methode, die einer

Kontinuität" zusammenstellt.[76] Die Collageromane *La femme 100 têtes*, *Rêve d'une petite fille voulut entrer au carmel* und *Une semaine de bonté* wenden gegenüber der synthetischen Collage ein „analytisches" Verfahren an, in dem ein Ausgangsbild durch sorgfältig einmontierte Bildelemente verändert wird.[77] Sie zeigen Ernst als „Urheber einer Welt, in der sich Bilder wechselseitig anstecken"[78]. So figuriert Metamorphose nicht nur motivisch als Bildthema, wie in den „metamorphotische[n] Figuren, die die Räume durchwandern", den Vogelwesen, Drachenartigen und Mischwesen wie Löwenmenschen in *Une semaine de bonté*.[79] Das dem Montageprinzip inhärente Zusammenspiel von „Kontrast" und „Annäherung"[80] wirkt auch bildübergreifend, den Kettenmetaphern surrealistischer Texte und ihren metamorphotischen Effekten vergleichbar, wobei Ähnlichkeitsbezüge die Blätter formal und inhaltlich verbinden; „analoge Motive", „wiederkehrende Gesten" und „Querverweise" erzeugen eine Kohärenz, die in der Rezeption (re-)konstruiert werden muss: „Bei dieser Suche nach durchgehenden Motiven kann ein Ding ein anderes ersetzen", wenn etwa eine Schlange sich in einen Schlauch ‚verwandelt'.[81] „Die Zusammenstellung arbeitet mit Nachbarschaften, mit dem Echo, das eine Form in einem anderen Blatt auslöst. [...] Pseudoähnlichkeiten werden geschaffen."[82] Solche suggestiv konstruierten Zusammenhänge regen dazu an, „ein Geschehen zu rekonstruieren", „eine fortlaufende Geschichte [zu] erkennen" und „nach Ähnlichkeiten" zu

---

psychoanalytischen Ausdeutung der Bilder letztlich entgegensteht (vgl. Spies, Die Desaster des Jahrhunderts, S. 64).

76 Spies, Die Desaster des Jahrhunderts, S. 50. Hans Richter zufolge zeichnet Ernsts Collagen dieses narrative Moment aus: „‚Das Neue lag in einer literarisch-intellektuellen Komponente. Es ging nicht allein um die Bilder, sondern um Erzählungen von recht gefährlichem Inhalt. Irgendetwas Drohendes erscheint immer in oder hinter diesem menschlich inszenierten Universum, das Ernst manipulierte.'" (Zit. n. ebd., S. 21) „‚Une semaine de bonté' gewinnt seine Einheit dank der unauflöslichen Dramatik, die die einzelnen Kapitel untereinander bindet" (ebd., S. 33). Der Collageroman bezieht sich auf die textuelle Vorlage des ‚roman noir', die in „banalen, realistischen Romanen" des 19. Jahrhunderts verarbeitet wird, deren illustrierende Holzstiche Ernst als Material dienen (ebd., S. 34).
77 Zu dieser Unterscheidung vgl. ebd., S. 63.
78 Ebd., S. 18.
79 Ebd., S. 63. Einen Löwenmenschen zeigt etwa das erste Blatt, *Le Lion de Belfort*: „[I]n der Konfrontation Hund-Löwe und Löwe-Mensch, in der Gattungsgrenzen übertreten werden, klingt das Thema des Hybriden an." (Ebd., S. 12).
80 Ebd., S. 60.
81 Ebd. S. 52.
82 Ebd., S. 60.

suchen: „Doch die Blätter bleiben zumeist so lose miteinander verbunden, dass sie sich nicht zu einer fortlaufenden Handlung zusammenfügen lassen."[83].

Wie bereits an Ernsts Konzeptualisierung der Collage als Transfiguration wird hier deutlich, dass das „‚Prinzip der Metamorphose'"[84] mit dem „‚Prinzip der Kombinatorik'" konzeptuell in engem Zusammenhang steht:[85] „Bei der *Metamorphose* als einer Sonderform der Kombinatorik wird die plötzliche Konfrontation abgelöst von der Übergängigkeit des einen Elements in das andere, das dem ersten gleichwohl völlig fremd ist."[86] Weniger das dekonstruktiv-synoptische Wechselspiel steht hier also im Vordergrund als das dynamische Moment der Transfiguration, das Moment der Metamorphose der im *rapprochement* angenäherten Elemente. Statt dieses Wirken der unähnlichen Ähnlichkeit in der kombinatorisch-metamorphotischen Relationsstiftung der Montage und Collage vertieft zu analysieren, wird im Folgenden mit der *Frottage* eine weitere metamorphotische Bildtechnik untersucht, die Ähnlichkeit ebenfalls auf der Verfahrensebene fruchtbar macht. Auch hier ist es die durch ein imaginatives Sehen ausgelöste De- und Resemantisierung, die Vorgefundenes transformierend gestaltet. Doch greift die Frottage, statt mit der Integration und Inversion bestehender Bedeutungen zu spielen, mit dem *Abdruck* nicht bereits ikonisch besetzter Materialien auf

---

83 Ebd., S. 42: Ihre „akausale Kontinuität" fordere dazu auf, „in der Abfolge der Blätter eine kohärente Handlung zu projizieren. Er [der Betrachter, S. B.] sucht, in dem er sich an ähnliche Motive hält, die Fließkraft der Bilder anzuhalten und das Angebot an Motiven zu ordnen. Doch der Wunsch, die einzelnen Blätter miteinander in Beziehung zu bringen, wird ständig frustriert. Es geht dem Betrachter nicht anders als beim Umgang mit den Vorstellungen und Bildern, die der manifeste Trauminhalt anliefert. Ein Interpretationssog verhindert zudem die klare, definitive Auskunft" (ebd.). In *Une semaine de bonté* sei es neben dem Untertitel „Roman" „das Spiel mit den Szenen, die immer wieder eine große Nähe aufweisen und die uns auffordern, nach einer logischen Verknüpfung des Geschehens zu fahnden." (Ebd.).
84 Zit. n. Lichtenstern, *Metamorphose*, S. 4, in Bezug auf das so betitelte Kap. 4 aus Schneede, *Die Kunst des Surrealismus*.
85 Ebd., S. 14. Neben Collage, Kombination, Montage und Vexierbild „behauptet sich die Metamorphose als eigenständiges Gestaltungsprinzip, insofern sie mit prozessualen bildnerischen Methoden gleichzusetzen ist, die jenen der Permutation, der Addition und der Juxtaposition diametral widersprechen", so Lichtenstern (ebd., S. 150). Dieser nicht zuletzt forschungsstrategisch stark formulierten Abgrenzung steht der von Ernst und Breton beschriebene Übergang zwischen den Methoden entgegen, den auch Spies betont. „Es gibt nichts, was sich im Werk nicht mit Collage definieren ließe. Die Durchreibearbeiten, die Übermalungen, die gepausten Collagen, die Frottage, die Grattage, die Decalcomanie, die Skulptur [...] – alles greift nach der Kombinatorik, zu der die kritische Begegnung mit bestehenden Formen und Reproduktionen aufruft." (Spies, Die Desaster des Jahrhunderts, S. 20 f.).
86 Schneede, *Die Kunst des Surrealismus*, S. 144.

eine *subikonische* und *präsignifikative* Ebene zurück, um den Prozess der Zeichenproduktion gewissermaßen an seinem Nullpunkt zu beobachten:

> Diese surrealistische Technik stiftet ihre neue surreale Wirklichkeit nicht allein durch überraschende Kombinationen vorgegebener Zeichen, sondern läßt [...] in das Chaos jener visuellen Stimuli eintauchen, die von einer der leeren Bildfläche unterlegten und sodann herausgetriebenen ‚ersten Natur' als essentiell vieldeutige Erscheinung des Sichtbaren ausgehen.[87]

Berührung und *Ähnlichkeit* wirken zusammen in einem Verfahren, das in einem kontinuierlichen Transformationsprozess vom Index zum Ikon Bildgenese als „Formwerdung" inszeniert.[88] Auch das Frottageverfahren verweist dabei auf die Intermedialität surrealistischer Gestaltungsprinzipien, deren Gleichordnung das obenstehende, nachfolgend im Kontext zitierte Mottozitat formuliert; so verweist Ernsts konzeptueller Anschluss der Bildtechnik an die *écriture automatique* und ihre metaphorisch-metamorphotischen, verlebendigenden Texteffekte auf das „generelle surrealistische Anliegen"[89], das „prozessuale Gestaltungsprinzip der Metamorphose als eine ästhetische Ausdruckskategorie"[90] zu entwickeln:

> Für Maler und Bildhauer schien es anfangs nicht leicht, der ‚écriture automatique' entsprechende, ihren technischen Ausdrucksmöglichkeiten angepaßte Verfahren zur Erreichung der poetischen Objektivität zu finden, d. h. Verstand, Geschmack und bewußten Willen aus dem Entstehungsprozeß des Kunstwerks zu verbannen. Theoretische Untersuchungen konnten ihnen nicht dabei helfen, sondern nur praktische Versuche und deren Resultate. ‚Die zufällige Begegnung von Nähmaschine und Regenschirm auf einem Seziertisch' (Lautréamont) ist heute ein altbekanntes, fast klassisch gewordenes Beispiel für das von den Surrealisten entdeckte Phänomen, daß die Annäherung von zwei (oder mehr) scheinbar wesensfremden Elementen auf einem ihnen wesensfremden Plan die stärksten poetischen Zündungen provoziert. Zahllose individuelle und kollektive Experimente (z. B. die als ‚cadavre exquis' bezeichneten) haben die Brauchbarkeit dieses Verfahrens erwiesen. Es zeigte sich dabei, daß, je willkürlicher die Elemente zusammentreffen konnten, umso sicherer eine völlige oder partielle Umdeutung der Dinge durch den überspringenden Funken Poesie geschehen mußte. *Die Freude an jeder gelungenen Metamorphose entspricht* nicht einem elenden ästhetischen Distraktionstrieb, sondern dem *uralten vitalen Bedürfnis des Intellekts nach Befreiung aus dem trügerischen und langweiligen Paradies der fixen Erinnerungen und nach Erforschung eines neuen, ungleich weiteren Erfahrungsgebietes, in welchem die Grenzen zwischen der so genannten In-*

---

87 Zimmermann, Philosophische Horizonte der *Histoire Naturelle*, S. 18.
88 Weigel, *Grammatologie der Bilder*, S. 144; vgl. Didi-Huberman, der für den Abdruck ein Ineinander von „Zeichenhaftigkeit als Index (Berührung) und als Ikon (Ähnlichkeit)" konstatiert (Didi-Huberman, *Ähnlichkeit und Berührung*, S. 25).
89 Lichtenstern, *Metamorphose*, S. 166. So sei das „Metamorphoseprinzip in seinen Frottagewie in seinen Grattage-Bildern [...] mehr als eine ästhetische Demonstration. Max Ernst ist zu sehr von den Zielsetzungen des Surrealismus erfüllt, als daß ihn nicht mehr als nur Methoden bewegten" (ebd.).
90 Ebd., S. 167.

nenwelt und der Außenwelt (nach der klassisch-philosophischen Vorstellung) *sich mehr und mehr verwischen und wahrscheinlich eines Tages (wenn präzisere Methoden als die ‚écriture automatique' gefunden sind) völlig verschwinden werden.*[91]

5.2 Frottage: ‚Blindes Sehen' und ‚blindes Zeichnen'

„*... es ist wie Glockenläuten, aus dem man das heraushört, was man als Vorstellung in sich trägt.*" (Leonardo da Vinci)[92]

Den von Breton im *Manifeste du surréalisme* als für surrealistische Textverfahren maßgeblich bestimmten „psychischen Automatismus" beschreibt Einstein 1926 in seiner Relevanz auch für die ‚neueren' Maler:

Man erweiterte bedeutsam die Auslese der seelischen Momente und führte als wichtigste Kraft geradezu den Zufall, das kaum Erwartbare und Fatale, ein. Dies zeigt sich in der Betonung des Halluzinativen und des Psychographischen, man folgt der Intuition, die die Gestalten diktiert und sucht diese in einem zeichnenden Tasten, das heißt man nimmt die Welt nicht mehr als Fertiges, sondern durchaus Provisorisches und versucht, ihr noch nicht ermüdete Erlebnisse und Sichten einzufügen, indem man sich fataler Eingebung preisgibt.[93]

Einstein findet damit treffende Worte für Bildverfahren Massons und Ernsts; eine der *écriture automatique* analoge „dynamische Kunst" bringe in der ‚Psychografie' innere „Prozesse" zum Ausdruck: „Man fixierte vor allem die Bewegung selber".[94] Auch hierfür gibt Breton die Richtung vor, wenn er die Urszene automatischen Schreibens als *Aufzeichnung* einer ‚schwachen bildhaften Vorstellung' narrativiert: Sie sei nicht etwa „zu zeichnen – *es handelt sich nur darum, durchzupausen.*"[95] Mit der Durchreibetechnik der Frottage entwickelt Ernst eine diese Anregung umset-

---

91 Zit. n. Lichtenstern, *Metamorphose*, S. 135 [Hv.: C. L.]; es handelt sich um Ernsts Einführung in die Ausstellung in Zürich 1934.
92 Zit. n. Max Ernst, „Geschichte einer Naturgeschichte", in: ders., *Schnabelmax und Nachtigall*, S. 101–106, S. 101.
93 Einstein, *Die Kunst des 20. Jahrhunderts*, S. 166.
94 Ebd. Vgl. Lichtenstein, *Metamorphose*, S. 137 zu Masson und Ernst als Exponenten einer *extravertierten* und *intravertierten* Perspektive.
95 Breton, Erstes Manifest des Surrealismus, S. 23. Vgl. das Zitat im Kontext: „Seit jenem Tag konzentriere ich zuweilen meine Aufmerksamkeit auf ähnliche Erscheinungen, und ich weiß, dass sie an Genauigkeit in nichts den hörbaren Phänomenen nachstehen. Mit Bleistift und Papier wäre es mir ein Leichtes, ihren Umrissen zu folgen. Weil es sich hier wieder einmal nicht darum handelt, zu zeichnen – *es handelt sich nur darum, durchzupausen.* Ich könnte auf diese Weise sehr gut einen Baum, eine Welle, ein Musikinstrument darstellen, alle Dinge, von denen ich jetzt nicht einmal die schematische Ansicht liefern könnte. Überzeugt, mich zurechtzufinden, würde ich eintauchen in einen Wirrwarr von Linien, die zunächst nirgends hinführen.

zende grafische „Methode der Intensivierung seiner halluzinatorischen Fähigkeiten"[96]. In *Au-dela de la peinture* (1936) betont er die Ähnlichkeit der „beiden Verfahren, von denen die Inspiration angeregt wird [...]: Frottage und Collage. Beide sind sich so ähnlich, daß ich die Entdeckung der einen fast mit den gleichen Worten [...] schildern könnte wie [...] die der anderen."[97] Den ersten Ausgangspunkt und „‚fond provocateur'"[98] der Frottage bildet ein Dielenboden; später sind es Oberflächen unterschiedlichster Materialien, die wie in einer spielerischen Kinderzeichnung mittels Schraffuren durchgerieben werden; die durch den Abrieb des Bleistifts erscheinenden Strukturen werden im Prozess der Bildgenese gestaltet. Die Entdeckung der Methode beschreibt Ernst so:

> „Von einer Kindheitserinnerung ausgehend, bei der eine imitierte Mahagoni-Vertäfelung gegenüber meinem Bett die Rolle des optischen Provokateurs einer Vision im Halbschlaf gespielt hatte, betrachtete ich bei regnerischem Wetter in einem Gasthaus am Meer (im August 1925 in Pornic) die Maserung des stark ausgewaschenen Dielenbodens und war betroffen von der Kraft, die davon ausging. Ich beschloß, diesen zwanghaften Eindruck auf seinen symbolischen Gehalt hin zu befragen; um meinen meditativen und halluzinatorischen Kräften zu helfen, machte ich eine Reihe Zeichnungen mit den Dielen, und zwar legte ich Papierbogen darüber, wie es gerade kam, und rieb die Maserung mit einem weichen Bleistift durch [...]. Neugierde und Staunen waren erwacht, und ich begann auf diese Weise alle möglichen Materialien, die mir unter die Augen kamen, zu erproben: Blätter und ihre Adern, die ausgefransten Ränder einer Sackleinwand, die Pinselstriche eines modernen Gemäldes, einen abgespulten Faden usw. ... Unter dem Titel *Histoire Naturelle* (Naturgeschichte) habe ich die ersten Ergebnisse gesammelt, die sich durch das Verfahren der ‚Frottage' ergaben."[99]

Und ich würde, wenn ich die Augen öffnete, eine äußerst starke Empfindung eines ‚*jamais vu*' verspüren." (Ebd.)

96 Lichtenstern, *Metamorphose*, S. 156. Van Hoorn betont, dass, „wie Bretons écriture automatique in dieser Radikalität mehr ein Programm als ein tatsächlich breit angewandtes schriftstellerisches Verfahren ist, auch Max Ernsts Frottagen realiter nicht rein automatisch, zufällig oder gar völlig ‚willkürlich' entstanden sind" (van Hoorn, *Naturgeschichte in der ästhetischen Moderne*, S. 77 f.). „Gleichwohl stehen sie im Kontext des surrealistischen Automatismus, indem sie sich den eingeübten zeichnerischen Konventionen und dem kontrollierend-arrangierenden Auge bewusst entziehen und die Regie der Bildgestaltung ein Stück weit an das Material selbst abgeben." (Ebd., S. 78) Vgl. zum „semiautomatischen Verfahren" ebd, Anm. 27; vgl. den Verweis auf Ludger Derenthal, Jürgen Pech, „Frottages – L'écriture automatique de Max Ernst", in: dies., *Max Ernst*, übers. v. Wolf Fruhtrunk, Paris 1992, S. 191–112.
97 Ernst, Jenseits der Malerei, S. 331.
98 Lichtenstern, *Metamorphose*, S. 152.
99 Zit. n. Gaston Diehl, *Max Ernst*, übers. v. Sabine Ibach, Berlin, Darmstadt, Wien 1975, S. 52. Einer weiteren Version nach setzen die „Maserungen sich ‚in Bewegung [...]' [...]. Wie damals beim Mahagoni-Brett, wie bei Visionen im Halbschlaf, werden die Linien zu flüssigen, wechselnden Bildern, zunächst verschwommen, dann mehr und mehr präzis. [...] ‚Derart gewon-

Die auf den 10. August 1925 datierte Erfindung der Frottage beschreibt Ernst als eine die Kindheitserinnerung an einen Fiebertraum heraufbeschwörende „Erleuchtung" beim Betrachten des Holzbodens, der ihm „‚Visionen'" eingegeben habe: Das imaginative *Hineinsehen* führt zu einer Verlebendigung der Muster im Holz des Schrankes – „All dies bewegt sich" –, die er auf eine Destabilisierung des Bewusstseins zurückführt: „[W]ie damals beim Mahagoni-Brett, wie bei Visionen im Halbschlaf werden die Linien zu flüssigen, wechselnden Bildern, zunächst verschwommen, dann mehr und mehr präzis."[100] Die Abdrücke der Dielen und der „Kratzspuren auf den Fußbodendielen"[101] auf fallengelassenen, zufällig zum Liegen gekommenen Blättern regen als „regelrechte Vexierbilder"[102] die Imagination an; die entstandenen Bilder ‚offenbaren' die „Symbolik dieser Zwangsinspiration".[103]

Das initiale Moment der Frottagen ist somit der *Abdruck*, dessen ‚Archäologie' Didi-Huberman unter dem Titel *Ähnlichkeit und Berührung* eine umfassende Studie gewidmet hat: „Eine philosophische Paradoxie: Die Zufälle der Natur werden zur Substanz des graphischen oder plastischen Schaffens, das eine wahrgenommene Ähnlichkeit – oft nur durch winzige Modifizierung oder eine bloße Akzentuierung – zum Bestandteil einer von Menschen erstellten Ähnlichkeit macht."[104] Dabei ist in dem an die Technik des „Natur*abdruck*[s]" erinnernden Verfahren eine „Berührungsähnlichkeit" Ausgangspunkt der Bildgenese; wie Sigrid Weigel, an Didi-Huberman anschließend, konstatiert, haben sich,

---

nene Zeichnungen [...], dank einer Folge von Suggestionen und Transmutationen, die spontan vonstatten gehen (wie hypnagogische Visionen), verloren bei ihrem Entstehen den Charakter des verwendeten Materials [...] und nahmen das Aussehen unglaublich genauer Zeichen an, die wahrscheinlich den ersten Anlaß der Zwangsidee offenbarten oder doch ein Scheinbild ihres Anlasses produzierten" (Max Ernst, „Biografische Notizen (Wahrheitsgewebe und Lügengewebe)", in: Werner Spies (Hg.), *Max Ernst. Retrospektive 1979* [Ausstellungskatalog], München 1979, S. 121–203, S. 126. Vgl. ebd., S. 149. Den Inhalt der Vision gibt Max Ernst, „Halluzination oder Die Entstehung der Frottage", in: ders., *Schnabelmax und Nachtigall*, S. 94–101, S. 95 wieder.

100 Alle Zitate, Ernst, Halluzination oder Die Entstehung der Frottage, S. 96.
101 Ernst, Jenseits der Malerei, S. 327.
102 Van Hoorn, *Naturgeschichte in der ästhetischen Moderne*, S. 76.
103 Ernst, Halluzination oder Die Entstehung der Frottage, S. 96. Lichtenstern entnimmt der Gründungslegende, die Spies und Schneede als „‚mystifizierend'" beschreiben, genaue Hinweise auf das Verfahren (Lichtenstern, Metamorphose, S. 156).
104 Didi-Huberman, *Ähnlichkeit und Berührung*, S. 23: Er verweist mit André Leroi-Gourhan auf den Zusammenhang „mit dem ‚ästhetischen Gefühl, das nach geheimnisvollen, bizarren Formen sucht, nach Muschelschalen, Steinen, Zähnen oder Hauern, nach fossilen Abdrücken'" (ebd., S. 22f.). Zur These eines anthropologischen Ursprungs der Kunst im „Verstärken zufällig entstandener Ähnlichkeiten" vgl. Scholz, Bild, Darstellung, Zeichen, S. 50; vgl. Kap. I.2.1.3.

[i]nsofern der Abdruck als Paradigma einer ‚Archäologie der Ähnlichkeit' gelten kann, [...] mit den veränderten Abdrucktechniken auch unterschiedliche Ausformungen der Ähnlichkeit ausgebildet. Im Abdruck geht das *Bild* direkt, wenn auch mit Hilfe unterschiedlicher Techniken, aus den *Spuren* im Material hervor; die Bildgebung ist im Wesentlichen Formgebung.[105]

Die Konzentration auf diesen Übergang *von der Spur zum Bild* – zu beobachten an im Bild erscheinenden Strukturen, die mit ‚unsinnlichen', imaginären Einschreibungen angereichert und, durch die Linienführung zunehmend ausgestaltet, in ikonische Ähnlichkeit übersetzt werden – lässt sich an Ernsts Frottagen verfolgen, die diese Transition rezeptionsästhetisch offenlegen. Sie sind nicht nur Abdruck und Bild zugleich und changieren zwischen den aufeinander durchlässigen Polen des Indexikalischen und Ikonischen – diesen ‚dialektischen' Status mit der *vera ikon* als dafür „bildhistorisch zentrale Figuration" teilend[106] –, sondern verbildlichen die *Transformation* von einem ins andere als kontinuierlichen Übergang von indexikalischen Abdrücken in ikonische Bilder, vom Formlosen zur Form und von einer präsignifikativen Dimension der Ähnlichkeit zu ikonischer Ähnlichkeit – eine „Zeichenmetamorphose[]" der „Ikonifizierung"[107]. Damit werten die Frottagen programmatisch das metamophotische Potential der Linie aus:

---

105 Weigel, *Grammatologie der Bilder*, S. 144 f. Der Abdruck ist ein „dialektischer Mechanismus, das heißt, einer, in dem zwei Ordnungen von heterogenen Realitäten aufeinandertreffen können." (Didi-Huberman, *Ähnlichkeit und Berührung*, S. 26) Das „Zusammentreffen eines da und eines nicht-da, einer Berührung und einer Abwesenheit" (ebd.) lässt den Abdruck über die Unterscheidung von Präsenz und Repräsentation hinausweisen. Die ihn von anderen Zeichentypen unterscheidende *Berührung* ist der Grund der mimetischen Ähnlichkeit des Typos. Der Abdruck impliziert so eine Art ‚Kontaktmagie': „Diese Übertragungsmagie oder ‚sympathetische Magie' ist, wenn man sie in einem funktionelleren theoretischen Kontext formuliert, nicht ohne phänomenologische Relevanz für die Macht des Abdrucks, denn sie vereint Berührung und Disseminierung in sich." (Ebd.) Ähnlich wie das *symbolon* zielt „[d]ie metonymische Beziehung – vom Abdruck zum Fuß, vom Fuß zum ganzen Menschen – [...] darauf, einen Zwang auszuüben, ein Gesetz der Berührung." (Ebd., S. 45).
106 Ebd., S. 107. Mit Didi-Huberman kann der Abdruck „Index und Ikon in einem" sein, wie in bildmagischen Zusammenhängen, Ikonen und der *vera ikon* (*Ähnlichkeit und Berührung*, S. 27): Das Vera-Ikon-Paradigma „erzählt vom klassischen Fall eines Übergangs von (leiblichen) Spuren in ein (ikonisches) Bildnis", von der „Geburt des Bildes aus den Spuren", der Weigel ‚grammatologisch' folgt; sie verweist auf Didi-Hubermans *Devant l'image* (Weigel, *Grammatologie der Bilder*, S. 17) und zitiert den Aufsatz „Near and Distant": „Weil sie das strukturelle Vermögen zur Konversion und zum Austausch zwischen heterogenen Ordnungen der Realität entfalte, charakterisiere die immerwährende Bewegung zwischen ‚what is and what represents' die besondere Dialektik des Bildes" (ebd., S. 105; zur *vera ikon* vgl. ebd., S. 105–111).
107 Rudi Keller, „Zeichenbegriff und Metaphern", in: Gisela Harras (Hg.), *Die Ordnung der Wörter. Kognitive und lexikalische Strukturen*, Berlin, New York 1995, S. 179–192, S. 182. Keller

Mit dem Ziehen einer Linie ist eine Metamorphose verbunden: Die Sukzession einer Bewegung gerinnt zur Simultaneität einer Inskription; eine zeitliche Aufeinanderfolge kristallisiert sich aus in einer räumlichen Konfiguration; etwas Dynamisches und Flüchtiges kondensiert zu Statischem und Fixiertem. Der Linienzug vollzieht eine signifikante ‚Übersetzung' oder besser: eine Umwandlung.[108]

Das Bildverfahren lässt die Transformation von Spuren in einem Doppelsinn des Abdrucks natürlicher oder gefertigter Materialien *und* der Spur eines Kontakts in der Berührung von Hand/Stift und durchgeriebenem Material – die „‚Spur einer Geste'"[109] – nachvollziehen: Ihre doppelt motivierte Inskription macht diese ‚Kontaktbilder' zu einer mehrfachcodierten Linientextur,[110] in der sich die Einschreibungen der leiblichen Spur, der Spur des Materials, der Spur der Einbildungskraft und der Erinnerungsspur überlagern, wie das Gründungsnarrativ Ernsts suggeriert. Damit ist nicht nur ausgesagt, dass „das imaginäre Vermögen der Einbildungskraft im bildlichen Wahrnehmen und Denken gründet"[111], sondern zugleich, dass ein imaginativ gesteigertes Sehen dem künstlerischen Prozess vorausgeht und ihn strukturiert. Die durchgeriebenen Strukturen als spurhafte Indices erscheinen noch ohne *als etwas* erkennbar zu sein, auf anderes zu verweisen, etwas zu denotieren oder zu repräsentieren: Die Frottage nutzt diese „durch die methodische Elementarisierung der Oberflächenstruktur erzielte Neutralität, deren semantische und formale Potenz einer unbegrenzten Zahl neuer

---

verwendet diesen Begriff nicht bildsemiotisch, aber die Übertragung scheint plausibel; als „ikonische Verfahren" bezeichnet er das „assoziative Schließen auf der Basis von Ähnlichkeitsbeziehungen" (ebd., S. 184).
108 Krämer, *Figuration, Anschauung, Erkenntnis*, S. 95.
109 Tim Ingold, zit. n. ebd., S. 104.
110 Zum Begriff der Textur vgl. Klaus Krüger, „Texturen der Evidenz. Unschärfe und Fokus" in: Claudia Blümle, Beat Wismer (Hg.), *Hinter dem Vorhang. Verhüllung und Enthüllung seit der Renaissance – von Tizian bis Christo* [Ausstellungskatalog], München 2016, S. 306–313. Krüger schlägt mit der „Differenzierung zwischen Medialität und Materialität heuristisch klärende Perspektiven" des Texturbegriffs vor, der ein „doppeltes Register" aufruft: „Weist der Begriff der Textur in seiner etymologischen Abkunft von *textere, textus, textum* (weben, flechten oder Gewebe, Geflecht, Zusammenhang) auf Aspekte der Materialität, sinnlichen Wahrnehmbarkeit und Faktur, des Duktus sowie der Machart und meint ‚gewissermaßen das Fixierungsmittel von Sinn ... oder die Marteriatur, in der Sinn aufbewahrt wird', so birgt er doch zugleich auch den Begriff des Textes als Konfiguration sprachlicher Zeichen, das heißt als Produkt der sprachlichen Semiose und entsprechend als Gegenstand einer sinn- beziehungsweise bedeutungsbezogenen Auslegung in sich. [...]" (Ebd., S. 312) Im *bildgenetischen* Kontext „geht es dabei um die Produktivität einer Semiose im Zusammenspiel von Figuralität und prä- beziehungsweise transfiguraler Bildlichkeit, von deren begrifflicher Dimension und Unbegrifflichkeit." (Ebd.).
111 Weigel, *Grammatologie der Bilder*, S. 15.

und ungesehener Gestalten Raum gibt."[112] Dem entspricht Ernsts Metaphorik des *Fluiden*, die die Transformabilität der imaginativen Bilder betont, die in der gestaltenden Linienführung grafisch fixiert werden: Zunächst amorphe Strukturen gewinnen Form durch die Wirkung eines „umfassenden Prinzip[s]: des Sehens von Ähnlichkeiten."[113] Dabei liegt die „Pointe beim Hineinsehen [...] in der Mehrdeutigkeit. Es werden ‚entfernte Ähnlichkeiten' hineingesehen. Das Bild verrückt sich schnell, es bleibt in der Schwebe, etwa so, wie es Shakespeare in einem Dialog Polonius-Hamlet darstellt"[114].

Das Verfahren rückt damit den Akt der „Bild*gebung*" in den Blick, der zugleich ein Übergang aus der Sphäre des „Nichtsichtbaren in die des Visuellen" und „vom Unsichtbaren und Anikonischen zum Bild" ist; denn „was dem Visuellen vorausgeht, ist nicht unsichtbar, sondern diesseits der ikonischen Welt; es ist anikonisch, virtuell oder latent."[115] Die „*Mise-en-apparition*" als Moment des „In-Erscheinung-Tretens" und der „Emergenz visueller Bilder"[116] lässt sich als *likeness* oder *firstness* im Sinne Peirces' oder als *Archi-Ähnlichkeit* im Sinne Rancières und Weigels fassen, die „Archi-Ähnlichkeit [...] nicht als ursprüngliche Ähnlichkeit" konzipiert, „sondern als erstmaliges Erscheinen eines an sich Unähnlichen im Register der Ähnlichkeiten"[117]. Diese Emergenz imaginativer Phänomene im Bild wiederholt die visuelle Erfahrung des *Hineinsehens* als „imaginative Wahrnehmung"[118] auf dem Papier: Indem Ernst dieses Erscheinen im Medium der Zeichnung inszeniert, verbildlicht er paradigmatisch einen Moment des Sichtbarwerdens, der sich mit Derridas in *Aufzeichnungen eines Blinden* geprägtem Begriff des ‚blinden Zeichnens' fassen lässt:[119] Bezugnehmend auf dessen Konzeptualisierung des Übergangs von

---

112 Konersmann, Max Ernst und die Idee der Naturgeschichte, S. 160.
113 Ubl, *Prähistorische Zukunft*, S. 54.
114 Stelzer, *Die Vorgeschichte der abstrakten Kunst*, S. 172 vgl. dazu bereits Kap. I.3.2.
115 Weigel, *Grammatologie der Bilder*, S. 11.
116 Ebd.
117 Ebd., S. 24.
118 Ubl, *Prähistorische Zukunft*, S. 51.
119 Weigel, *Grammatologie der Bilder*, S. 27. Vgl. die von Derrida 1990 kuratierte Ausstellung und den begleitenden Essay: Jacques Derrida, „Aufzeichnungen eines Blinden. Das Selbstportrait und andere Ruinen", in: *Aufzeichnungen eines Blinden. Das Selbstporträt und andere Ruinen*, übers. v. Andreas Knop u. Michael Wetzel, hg. v. Michael Wetzel, München 1997 [*Mémoires d'aveugle. L'autoportrait et autres ruines*, Paris 1990], S. 9–128. Seeberg verweist auf Wetzels Bemerkung, „der Titel ‚Mémoires d'aveugle' sei eigentlich unübersetzbar und bedeute soviel wie ‚Blinden-Memoiren' im Sinne von blinden Aufzeichnungen" (Ulrich Seeberg, „Das Sehen der Blinden. Derrida als Kunsttheoretiker", in: *Proceedings of the European Society for Aesthetics* 5 (2013), S. 388–406, S. 388, Anm. 1). Vgl. Wittmann, Zeichnen, im Dunkeln; vgl. Weigel, *Grammatologie der Bilder*, S. 27.

„der unwillkürlichen oder nichtmotivierten Spur zur *trace instituée*"[120] betont Weigel, Voraussetzung *jeder* Linie sei der „Handzug" („*trait*") als „‚ursprüngliche Bahnung'", der sich Ungesehenes einschreibt – „‚der Strich in der Nacht'"[121].

> Indem sich der *trait* dem Feld des Sehens entzieht, wird er zu einem Phänomen, das sich als eine Art Linie im Zustand der Latenz darstellt. Der Zug der Hand besetzt damit die Schwelle zur materialisierten, sichtbaren Linie auf dem Blatt, er wird von Derrida am Übergang zwischen Spur und Linie verortet: als Möglichkeit zur *trace instituée*, wie es in der *Grammatologie* hieß. Das Zeichnen wird damit zu einem privilegierten Schauplatz für das In-Erscheinung-Treten des Bildes, den Übergang vom Amimetischen in die Welt des Sichtbaren.[122]

Anhand der Frottage als formgenetischer Prozess der Überlagerung von Indexikalität und Ikonizität, der die Reflexion auf unterschiedliche Weisen der Ähnlichkeitserzeugung erlaubt, lassen sich verschiedene Dimensionen von Ähnlichkeit differenzieren: Die *Berührungsähnlichkeit*; die *Archiähnlichkeit* als ‚Bezug des Erzeugers zum Erzeugten' und ‚Spur des Dings' nach Rancière und ‚als erstmaliges Erscheinen eines an sich Unähnlichen im Register der Ähnlichkeiten' nach Weigel; die *imaginative Ähnlichkeitsproduktion* des *Hineinsehens* oder *Ähnlichkeitssehens*; die *formgenetische Verähnlichung* und die *ikonische Ähnlichkeit* des Bildes. Dies verlangt eine Differenzierung gängiger Einschätzungen, die ikonische Ähnlichkeit auf eine repräsentationale Dimension festlegen. Verweist das indexikalische Zeichen spurhaft auf den Kontakt mit einem vormalig präsenten Referenten, so referenziert das Ikon durch seine „Ähnlichkeitsstruktur"; dabei „nimmt die Ähnlichkeitsfeststellung immer schon eine Sinnzuschreibung vor (interpretiert also die Welt der Objekte), während die indexikalische Beziehung zwischen Zeichen und Sache durch die Existenz des Zeichengebers hinlänglich sinnvoll ist."[123] Indices markieren so einen „unhintergehbaren Weltbezug", ohne in eine „realistische Position" überzugehen;[124] indexikalische Verfahren implizieren nach Rosalind Krauss eine

> Reduktion des konventionellen Zeichens auf eine Spur, die dann das Bedürfnis nach einem supplementären Diskurs erzeugt [...]. Die Wirkung des Indexikalischen äußert sich also vor allem im Ausbleiben einer konventionellen Bedeutung, in der Reduktion des

---

120 Weigel, *Grammatologie der Bilder*, S. 23. Mit *Aufzeichnungen eines Blinden* übertrage Derrida seine ‚grammatologische' Theorie der Spur ins „Feld des Visuellen" (ebd., S. 50).
121 Derrida, Aufzeichnungen eines Blinden, zit. n. ebd., S. 49.
122 Weigel, *Grammatologie der Bilder*, S. 50.
123 Endres, Unähnliche Ähnlichkeit, S. 39.
124 Peter Geimer, *Theorien der Fotografie. Zur Einführung*, Hamburg 2009, S. 24.

Kunstwerks auf die überwältigende physische Präsenz des ursprünglichen Objekts, fixiert in der Spur des Abdrucks.[125]

Dabei ist in den Frottagen gerade keine „zweifelsfreie Identifikation'" möglich: „,Ein Kontakt hat stattgefunden, doch Kontakt mit wem, was, wann, mit welchem ursprünglichen Objekt?'"[126] Der in der Lineatur vage zu erkennende Abdruck des Materials führt nicht zu einer Essentialisierung oder Auratisierung der Spur und ihres Ursprungs;[127] er erschöpft sich nicht im Eindruck der Präsenz, vielmehr geht im Prozess der Transformation der Spur die zunehmende Ver*unähnlichung* mit dem so verfremdeten Material mit einer ikonischen Ver*ähnlichung* einher, indem die Strukturen figurativ gestaltet werden: Anlass der Anregung des übertragenden Blicks, blitzt in der Wahrnehmung des Erscheinenden im ‚Register der Ähnlichkeiten' auf, was sich mit Weigel als *Archi-Ähnlichkeit* fassen lässt. Insofern diese Ähnlichkeitseffekte den Umschlag der Lineatur in ikonische Formen und Gestalten ‚*schauend nachzeichnen*' lassen, lässt sich das Hineinsehen auf Theoreme der Einfühlung und *„Einbildung"* beziehen.[128]

Den produktiven Stellenwert, den Ernst den formalen Möglichkeiten der Frottage zugesteht, zeigt das Bild *Poire* (Abb. 2) aus dem Jahr 1925, das in schulmeisterlicher Ironie eine Art Linientypologie präsentiert. Die aquarellierte Zeichnung inszeniert die Reflexion auf den Konnex von Ähnlichkeit und Mimesis, Repräsentation, Referenz und Realismus in einem „Kabinettstück der Verschränkung unterschiedlicher Realitätsebenen" durch das vergleichende In-Verhältnis-Setzen dreier Birnendarstellungen in einem perspektivisch vage definierten „(Nicht-)Raum".[129] Prominent im Vordergrund ist die detailgetreue Repräsentation einer naturalistisch abgebildeten Birne zu erkennen, die umso realistischer erscheint,

---

125 Krauss, zit. n. ebd., S. 31. Krauss interpretiert dies in Bezug auf die Fotografie als Geschehen „in einem deutungsresistenten Zwischenraum – jenem ‚*Moment* der natürlichen *Einschreibung* der Welt auf die lichtempfindliche Fläche'" (zit. n. ebd., S. 43).
126 Didi-Huberman, zit. n. ebd., S. 46.
127 Vgl. Didi-Huberman *Ähnlichkeit und Berührung*, S. 46: Im Bildtopos des Acheiropoieton als „Spur einer Abwesenheit" zeige sich „die Macht des Abdrucks [...] als subtile Vereinigung einer *Nähe* und einer *Ferne*. Diese Vereinigung hat einen Namen: es ist die *Aura*."
128 Weigel, *Grammatologie der Bilder*, S. 15. Das Ähnlichkeitssehen ist nicht nur dem Abdruck als möglichem prähistorischem Ursprung der Kunst verbunden, sondern auch der ‚Einbildung', die Weigel auf Leonardo da Vinci zurückführt, und der ‚Einfühlung', wie sie die Einfühlungstheorie aus der Rezeptionsperspektive beschreibt (vgl. ebd., S. 58). So wird von Robert Fischer in *Über das optische Formgefühl* (1873) ein solches „‚Schauen' – verstanden als ein im mehrfachen Sinn bewegtes Sehen – selbst als ein ‚Linienziehen' beschrieben, wobei ich mir haarscharf, gleichsam mit der Fingerspitze die Umrisse nachweise'" (zit. n. ebd., S. 57).
129 Orchard, (Un)Ordnung schaffen, S. 13.

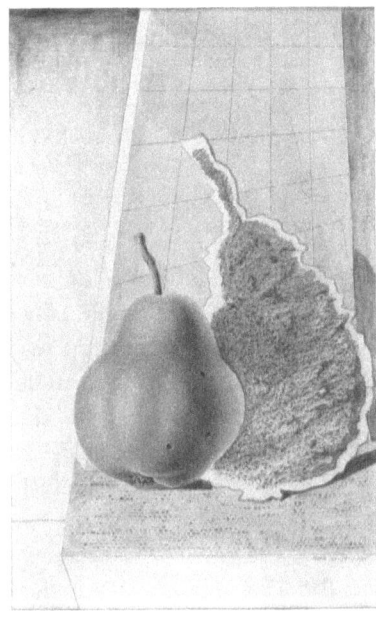

Abb. 2: Max Ernst, *Poire* (1925), Aquarell, Bleistift, Frottage auf Papier, 29 x 18,1 cm, Staatliche Museen zu Berlin, Nationalgalerie, Sammlung Scharf-Gerstenberg.

als ihr gelbfarbiger, voluminös wirkender Körper in Schattierungen modelliert ist und einen Schlagschatten wirft – sie vertritt offensichtlich die „ästhetische Doktrin, daß die Kunst Mimesis der Natur zu sein habe."[130] Was durch die Form, die Position im Mittelgrund und die dunkle Schraffur zunächst als Schatten dieses Körpers auf der Oberfläche eines zweiten, wie ein unsauber ausgerissenes Zeichenblatt einmontiert wirkendenden Untergrundes erscheint, wird als Frottage eines in seiner Struktur vage bleibenden Materials erkennbar: In ihrer flächigen Form mit ausgefransten Konturen variiert die grafisch schraffierte zweite ‚Birne' den Bildgegenstand in motivischer Wiederholung, die Darstellungsweise transformierend. Im Hintergrund ist der Umriss einer dritten Birne in einem – womöglich als Hilfs- oder Konstruktionslinien zu interpretierenden – diagrammatischen Raster angedeutet, der sich als zweidimensionale Projektion der Kontur der ersten Birne verstehen lässt. Dieser Vergleich dreier der Darstellung nach unterschiedli-

---

130 Zimmermann, Philosophische Horizonte der *Histoire Naturelle*, S. 19. Sie erfüllt den illusionistisch-abbildlichen Anspruch der Kunsttheorie an ikonische Ähnlichkeit, gerade auch durch die Modellierung von Licht und Schattenpartien; jedoch erscheint der Bildgegenstand mit seinen scharfen Konturen wie collagiert, isoliert auf dem heterogenen Grund schwebend, entgegenständlicht durch einen kurzen Schatten, der hinter der Frottage verschwindet. Auch diese gewinnt dadurch eine räumliche Dimension, die ihren Zeichengrund ins Bild montiert wirken lässt.

cher Maßgabe dienender Linien verdeutlicht, dass diese ihren Gegenstand immer ‚verwandelt' wiedergeben:

> Nahezu alles, was es gibt, kann als Lineatur bzw. Konfiguration aufgezeichnet werden. In diesem sehr allgemeinen und im ersten Schritt durchaus ‚naiven' Sinne gilt: Mit Linien kann etwas ‚abgebildet' werden Eine Möglichkeit zur ‚Verzweifachung' durch die symbolische und/oder figürliche Inskription von etwas entsteht, die – und darauf kommt es jetzt an – selbstverständlich keine einfache Verdoppelung, sondern vielmehr eine *Metamorphose* ist.[131]

Dabei erschöpft sich *Poire* nicht in einer relativierenden Gegenüberstellung der ihren Gegenstand iterativ transformierenden Linien; vielmehr weist das Bild über das Thema der Repräsentation als Abbildung oder Darstellung (einer Birne, wie der Titel lapidar bekundet) hinaus, insofern es deren Realitätsgehalt in Zweifel zieht.[132] So weist paradoxerweise allein die Frottage zwischen ikonischer und diagrammatischer Repräsentation eine unmittelbare referentielle Beziehung auf – als indexikalisches Zeichen, das gerade *nicht* bzw. lediglich durch seine ‚Ikonifizierung' eine Birne indiziert; ihr willkürlich wirkender, allein durch die Suggestion ihres scheinbaren ‚Schattendaseins' motivierter Umriss wird durch das Zusammenwirken von Kontext und Titel als Darstellung einer Birne identifizierbar. Dazu trägt auch ihre Verräumlichung bei: Mit ihrer Anordnung und Ausrichtung, der Mittelstellung in Projektionsrichtung der sie umgebenden Darstellungen, scheint die durchgeriebene Struktur von der Zeichenfläche in den dreidimensionalen, ikonischen Bildraum zu kippen. Dies verstärkt den im Abdruck der Oberflächenstruktur erhaltenen *taktilen* Eindruck, der die illusionären Raumeffekte der konkurrierenden Darstellungen konterkariert. Dabei potenziert sich die Linientextur näher betrachtet zu einem Figur-Grund-Spiel, das ein „imaginatives Ähnlichkeitssehen" aktiviert, dessen Assoziationen die Lineatur mehrdeutig werden lassen: Durch das „Sehen von Ähnlichkeiten provoziert",[133] treten Markierungen hervor, die vom

---

131 Krämer, *Figuration, Anschauung, Erkenntnis*, S. 110. „Jede Abbildung ist ein Übersetzungsvorgang, der mit einem Wechsel in den Dimensionen und Materialien einhergeht" (ebd., S. 112) und durch „das Vorhandensein einer Projektionsmethode und [...] den Wechsel unterschiedlicher Darstellungsformen" (ebd., S. 113) gekennzeichnet ist. Dabei ließen sich mit Krämer auch die diagrammatischen Konstruktionslinien als Verweis auf die Einsicht deuten: „Das Reale ist ‚realistisch' abbildbar nur mit Hilfe von Imaginärem. Es ist die Erfindungskunst, welche die Abbildungskunst grundiert und eröffnet." (Ebd., S. 117).
132 Der ‚Realitätsgehalt' der Darstellungen ist allein schon durch die Wiederholung in Zweifel gezogen: Nicht eine bestimmte Birne scheint in der ersten Darstellung abgebildet, sondern das ‚Schema' einer Birne und der Darstellungsmodus der Abbildung selbst. Eine solche selbstreflexive, Mimesis und Repräsentation im Bild thematisierende Dimension prägt auch die Bilder Magrittes.
133 Ubl, *Prähistorische Zukunft*, S. 50. Die Figur-Grund-Unterscheidung setzt Vertrautheit mit der Übersetzung von dreidimensionalen in zweidimensionale Figuren voraus und lenkt die Aufmerksamkeit auf deren vertraute Mechanismen (vgl. Scholz, *Bild, Darstellung, Zeichen*, S. 43).

Zeichner ‚Hineingesehenes' erkennen lassen. So wird die indexikalisch referenzierende Spur durch den Umschlag ins Ikonische überboten: Augen und Schnabel lassen einen nach rechts gewandten Vogelkopf – und womöglich weitere, vage erkennbare Köpfe – erahnen. Die ‚Birnenfrottage' wird zu einer ambigen Form, deren Ähnlichkeit mit einem gedrungenen Vogelkörper aufscheint, wobei die durchgeriebene Struktur ein Federkleid assoziieren lässt. Diese Ähnlichkeit stiftet „ein imaginatives Wahrnehmen, das die Oberfläche vitalisiert und auf diese Weise eine Ähnlichkeit des Unähnlichen (Birnenfossil und Vogelfamilie) ,entdeckt'"[134].

Drei verschiedene Repräsentationsmodi scheinen so vorgeführt: das mimetische Abbild, die diagrammatische Projektion und der spurhafte Abdruck.[135] Das Nebeneinander der Lineaturen und ihrer jeweiligen Ähnlichkeitseffekte verweist auf verschiedene kunsttheoretische Begründungsfiguren ikonischer Ähnlichkeit. Das mimetische Abbild, angedeutet durch zeichnerische Akkuratesse, Farbe und „Schatteneffekte", die seit der antiken Skiagrafie zur Steigerung des Realismus eingesetzt werden,[136] ist als Medium der Repräsentation Gegenstand der Perfektionierung der *möglichst ähnlichen* Widergabe, die insbesondere die Zeichentechnik und den Linienzug betrifft, wie etwa Plinius' *Naturalis historia* in den Anekdoten über den Maler Apelles berichtet.[137] Dem steht die vorgebliche „Schattenähnlichkeit"[138] der mittleren Darstellung gegenüber,

---

[134] Ebd., S. 51.
[135] Die drei modellhaft vorgestellten Verfahren, die ikonisch, indexikalisch und symbolisch referenzieren, erinnern an Peirces Unterscheidung der Hypoikone (Bilder) in „images (‚simple Qualities, Firstness')", „diagrams (‚analogous relations')" und „metaphors (‚parallelism')" (Strub: *Kalkulierte Absurditäten*, S. 419). Dabei besitzt das Frottageverfahren offenbar Qualitäten der *firstness* und *likeness*, unterschreitet also semiotisch höherstufige Ebenen des Bildes, eine *primäre* ikonische Ebene eröffnend.
[136] Weigel, *Grammatologie der Bilder*, S. 155.
[137] Mit der Rezeption der platonischen Verknüpfung von Mimesis und Ähnlichkeit geht eine „increasing emphasis [...] on the representational content of artworks and on the skill of the artist in reproducing those likenesses" einher (Sakamoto, Representation: Resemblance, S. 143). Diese Perfektionierung gilt nicht erst dem ähnlichen Abbild oder dem möglichst distinkten Konzept, sondern bereits der Übung der (abstrakten) Linienführung: Plinius überliefert in einer Anekdote über den Wettstreit Apelles' und Protogenes', „wer die feinere Linie malen könne", „Apelles habe es sich nämlich zur Gewohnheit (perpetua consuetudo) gemacht, niemals einen Tag vergehen zu lassen, ohne sich durch das Ziehen einer Linie in seiner Technik zu vervollkommnen. Recht lapidar hält Plinius schliesslich fest, das tägliche Malen einer Linie sei durch Apelles zum Sprichwort geworden (quod ab eo in proverbium venit). In der Tat wird dieses Sprichwort gewöhnlich mit den Worten ‚nulla dies sine linea' (kein Tag sei ohne Linie) zitiert." (Andreas Marti, „Nulla dies sine linea. Von Plinius bis zu Paul Klee" (online unter http://www.hatjecantz.de/files/3775715525_06.pdf, 4.7.2017); vgl. Plinius, *Naturkunde*, S. 65ff.
[138] Weigel, *Grammatologie der Bilder*, S. 152.

die zunächst als Projektionsschatten der ersten Birne erscheint, um schließlich ihre „Berührungsähnlichkeit"[139] als Abdruck zu erkennen zu geben, dessen subikonische Struktur Gestalten imaginären Ursprungs Form gibt. Diese Darstellungen ergänzt die angedeutete Konturlinie in der perspektivischen Rasterung im Hintergrund, die eine Anspielung sowohl auf den abstrahierenden Einsatz der Linie als auch auf Projektionstechniken künstlerischer Welterfassung seit der Optik der Renaissance erkennen lässt, wie sie etwa Dürers oder Da Vincis zentralperspektivische Messungen im Kastenraum konzipierten.

Ihren ironischen Effekt verdankt die ‚Birnensimulation' in der Mitte nicht zuletzt dieser Konstellation, die an den kunsttheoretischen Topos der in Plinius' *Naturalis historia* überlieferten Legende des Töpfers Butades gemahnt: Indem dessen Tochter das Antlitz ihres Geliebten für sein Model dem Schattenriss abnimmt, tritt der Schatten als indexikalisches Zeichen zwischen den Körper und die dessen Konturlinie nachziehende grafische Linie. Diese „*intermediäre* Position des Schattens" bedingt den „Übersetzungsvorgang, eine Metamorphose [...] im Grenzgang zwischen Natürlichem und Künstlichem", durch den der Körper abgebildet wird, dessen Präsenz die Schattenähnlichkeit beglaubigt.[140] Analog ist die auf dem Papier erscheinende Textur ein natürliches Zeichen des ehemals Präsenten. Doch wird die Wahrnehmung der Frottage als ‚schattenhaftes' Abbild einer Birne konterkariert, schon, indem das Nachzeichnen einer Kontur – wie in der dritten Darstellung – vermieden und der Schlagschatten der ersten Birne durch die Frottage unterbrochen wird: Die ‚Schattenparodie' bringt nichts von der Gestalt ihres Ursprungs zur Erscheinung. Statt der den Schattenriss bewahrenden Linie, wie ihn die dritte Birne vorstellen mag, stellt Ernst mit der Frottage einen anderen Linientypus in den Mittelpunkt. In der Transformation der Lineatur von der übercodierten *Spur*, deren *Archi-Ähnlichkeit* die an der vexierenden Textur gewonnenen imaginativen Eingebungen in *ikonische Ähnlichkeit* umschlagen lässt, bietet diese Bildtechnik der Ähnlichkeitsproduktion einen Ausgang aus den Zwängen der Repräsentation. Die Frottage im Bildzentrum, Ausdruck und Ergebnis „einer sich vom Realismus radikal lösenden, imaginationsentfesselnden Kunst"[141], scheint – indem sie das spurhafte Moment ins Ikonische über-

---

139 Ebd., S. 144.
140 Krämer, *Figuration, Anschauung, Erkenntnis*, S. 111. Vgl. Ernst Gombrich, *Shadows: the depiction of cast shadows in Western art*, London 1995, S. 30. Die Anekdote schildert eine Urszene der Plastik, doch wird der Topos im siebzehnten und achtzehnten Jahrhundert zur Verbildlichung der „Erfindung der Zeichnung" zitiert, etwa von Joachim von Sandrart (Weigel, *Grammatologie der Bilder*, S. 55).
141 Van Hoorn, *Naturgeschichte in der ästhetischen Moderne*, S. 79.

setzt – mittels „Strukturmimesis"¹⁴² *und* imaginativer Verähnlichung den in selbstreflexivem Überbietungsgestus inszenierten „mimetischen Wettstreit" zu gewinnen.¹⁴³

Dieser scheinbar marginale Linientyp kann sich auf miteinander verbundene kunsttheoretische Topoi berufen: Das Ähnlichkeiten herstellende imaginative Sehen ist eine nicht auf den ästhetischen Einsatz beschränkte Begründungsfigur ‚phantasmatischer' Bilder, wie sie bereits Aristoteles im Blick auf „die flüchtigen, bei Fieber und in tiefer Depression, im Rausch oder im Traum sichtbaren Gestalten" thematisiert, die

> wilde, irrationale Kombinationen dessen darstellen, was im Wachen wahrgenommen werde. Das trifft auf die im Traum sichtbaren Erscheinungen ebenso zu wie auf die im Tagtraum oder Rausch in Rissen und Flecken an der Wand erkannten Ähnlichkeiten mit Tieren, die unversehens zu ‚wilden Formen' wachsen könnten, aber darin den Wolkenbildern vergleichbar seien, die ‚in schnellem Wechsel Menschen und Kentauren' glichen und schließlich gäbe es dann noch ‚allerlei Bilder' die besonders jüngere Menschen ‚bei weit geöffneten Augen in der Finsternis' sähen. Dass all diese Erscheinungen – auch die für die bildende Kunst später so wichtig werdenden Wolken- Schlamm- oder Gesteinsbilder – Produkte einer anderen, der Vernunft entglittenen Seite des Selbst waren, lässt sich erst unter Berücksichtigung der gesamten aristotelischen *phantasma*-Lehre begreifen.¹⁴⁴

Diese phantasmatische Form des Sehens wird in den Unschärfebereichen bewussten Denkens, Wahrnehmens und Vorstellens, das „für eine regelkonforme, sinnvolle Verknüpfung solcher Repräsentationen sorgen wird", reaktiv: So „sind die in Traum, Rausch oder Fieber sichtbaren Wesen nur deren irrationale Kehrseite. Sie sind aus Elementen zusammengesetzt, die genauso gut zu vernünftigen Denkformen hätten kombiniert werden können."¹⁴⁵ Das imaginative Potential der phantasmatischen Bilder wertet eine kunsttheoretisch vielfach gewürdigte Technik aus, die Ernst für sich reklamiert: die mit der Anekdote des Flecks in Plinius' *Naturalis historia* eingeführte Technik des Zufallsbildes, die einen Gegenentwurf zu Apelles' perfektioniertem Linienzug darstellt. An dem amorphen Fleck des Protogenes – als „ein Zeichen ohne Bedeutung, festgehalten im Akt der Verwandlung in die vollkommene Darstellung von Hundegeifer"¹⁴⁶ – ‚entzündet' sich das *Ähnlichkeitssehen* oder *Hineinsehen* in einer Tradition, die von Plinius über Leon Battista Alberti,

---

142 Lichtenstern, *Metamorphose*, S. 156.
143 Orchard, (Un)Ordnung schaffen, S. 13.
144 Von Flemming, Mediale Ausprägungen des Phantastischen, S. 201 (im Verweis auf Aristoteles *De insomnii*, 460b-461a).
145 Ebd.
146 Ginzburg, Götzen und Abbilder, S. 157.

Leonardo da Vinci und Giorgio Vasari über die Moderne bis zum Tachismus reicht.[147] Ernst spielt die Zufallstechnik des Kleckses und sein imaginatives Potential gegen die zu repräsentationalem Zweck verfeinerte, der idealen Form verpflichtete und ingeniös gezogene Linie aus, wie sie insbesondere Theorien des *disegno* fassen. Die Anekdote der „Erfindung der ‚Frottage'" – zu ihr geführt habe ein „visueller Zwang zur Entdeckung der technischen Mittel, um diese Lektion Leonardos weitgehend zu verwirklichen" –, stellt sich in die Tradition der berühmten, in Leonardos *Trattato della pittura* überlieferten Anweisung aus dem Disput mit Botticelli.[148] Auf dessen abfälligen Kommentar zur Landschaftsmalerei – „Wenn man einen mit verschiedenen Farben gefüllten Schwamm an die Wand wirft, wird man im Fleck, den er hinterläßt, auch eine schöne Landschaft erblicken können" – erwidert Leonardo:

> Man kann in solche Sudeleien die seltsamsten Dinge hineinsehen. Ich will damit sagen, daß jemand, der den Fleck gern aufmerksam betrachtet, darin wirklich menschliche Köpfe, verschiedene Tiere, Schlachten, Klippen, Meere, Wolken, Wälder und mehr zu sehen vermag. Es ist wie Glockenläuten, man kann alles heraushören, was man sich darin vorstellt. So mag dir ein Fleck [...] zu Einfällen verhelfen [...]. Es ist nach meiner Meinung nicht unnütz, wenn du zur Vergegenwärtigung von Bildformen innehältst und die Flecken an der Mauer, in der Herdasche, in den Wolken oder im Rinnstein ansiehst: Bei aufmerksamer Betrachtung wirst du ganz wunderbare Erfindungen darin entdecken, aus denen der Geist des Malers Nutzen zieht für die Komposition von Menschen- und Tierschlachten, Landschaften, Monstren, Teufeln und anderen phantastischen Sachen, mit denen du zu Ehren kommen wirst. Diese wirren Dinge wecken den Geist zu neuen Erfindungen.[149]

---

147 Vgl. zum „‚Hineinsehen'" Stelzer, *Die Vorgeschichte der abstrakten Kunst*, S. 171f. Alberti schreibt 1440 in *De Statua*, die Skulptur sei erfunden worden, als die Menschen Formen in Holz und Stein wahrnahmen, während er für das Bild die Spiegelung grundlegend sieht (vgl. Scholz, *Bild, Darstellung, Zeichen*, S. 51): „‚Ich glaube', schreibt er [...], ‚daß diese Künste auf die folgende Weise zustande gekommen sind: in einem Baumstamm, einem Erdklumpen oder dergleichen entdecken wir eines Tages gewisse zufällige Züge, die nur geringer Änderungen bedürfen, um wie ein wirkliches Naturobjekt auszusehen ... Durch Zufügen oder Wegnehmen wird dann vollständige Ähnlichkeit erzielt.'" (Zit. n. Stelzer, *Die Vorgeschichte der abstrakten Kunst*, S. 174). Van Hoorn lässt die „lange Tradition" bei Leonardo beginnen (*Naturgeschichte in der ästhetischen Moderne*, S. 78); sie verweist auf dessen „Zielsetzung [...] einer möglichst genauen Darstellung der Erfahrungswelt" (ebd.). Auch Lichtenstern betont, Leonardo habe für eine „nova inventione di speculatione' plädiert, um letztlich eine vollkommenere Wirklichkeitsbeschreibung in der Landschaftsmalerei zu erreichen" (Lichtenstern, *Metamorphose*, S. 158). Ernst vereinnahmt das Zitat also in seinem Sinne.
148 Ernst, Jenseits der Malerei, S. 327.
149 Zit. n. ebd.; vgl. die Variante: Auf Botticellis Kommentar, „dass, wenn man einen Schwamm, der mit verschiedenen Farben vollgetränkt sei, gegen eine Wand werfe, man einen Fleck verursacht, aus dem man eine wunderschöne Landschaft ersehen könne'", antworte da Vinci: „‚[I]n einem solchen Klecks kann man gewiss bizarre Dinge finden [...] – es ist wie Glo-

Die subjektiven Assoziationen des Hineinsehens dienen, so beschreibt Hocke in einer Passage über Ernsts Leonardo-Kommentar ihr innovatives Potential, als „wertvolle[] Anregungen, welche ein Maler aus der Beobachtung fließender irrealer Naturerscheinungen empfangen kann"[150]: So erkenne der Künstler, dessen imaginative Fähigkeiten daran geschult seien, die „‚transmutazione di forme' [...], die Bereitschaft der Formen zu unendlicher Verwandlung, auf der das Universum beruht. Denn Leonardo sieht die Welt als organischen Prozeß, und so entdeckt er auch für den Künstler die ‚prozeßhafte Entfaltung des Schöpferischen'."[151] Ernsts Berufung auf Leonardos Traktat nobilitiert die Frottage kunsttheoretisch als formgenetisches Verfahren:

> Seit Leonardo, der in Albertis Linie steht und der seinerseits in Plinius d. Ä. seinen Vorgänger hat, birgt der Fleck das Werden der Form und ist zugleich Zeichen eines intrinsischen Ikonoklasmus. Er oszilliert zwischen Etwas und Nichts und findet sein Pendant in der geometrischen Auffassung des Punktes bei Leonardo. Wenn die Form als Prozess aufgefasst werden kann, so hat die Unbestimmtheit des Flecks großen Anteil daran. Die Unbestimmtheit schafft einen Zwischenraum. Sie ist die Leerstelle des Bildes, von der die Überwindung der faktischen Unbelebtheit des Bildes abhängt.[152]

So verweist Ernsts Rekurs auf die „Rolle des Flecks als dynamisches Potential" und „Topos des Anfangs" zum einen auf *Metamorphose* in diesem Sinn der ‚Form als Prozess': „Die produktive Spannung zwischen Chaos und Form wird im Zufallsprinzip zu einem Paradigma erhoben, das die unentwegte Schöpfung von Bildern zu begreifen sucht."[153] Zum anderen und damit verbunden stützt er das „Verfahren, das auf nichts anderem beruht als der *Intensivierung der Reizbarkeit geistiger Fähigkeiten*"[154], auf das *Ähnlichkeitssehen* als „präfiguratives Sehen"[155], worauf deutlicher noch eine weitere von ihm zitierte Anekdote verweist:

> Vasari berichtet, Piero di Cosimo sei manchmal in den Anblick einer Mauer, auf die Kranke zu spucken pflegte, versunken gewesen. Aus solchen Flecken habe er Reiter-

---

ckenläuten, aus dem man das heraushört, was man als Vorstellung in sich trägt.'" Es sei „nicht zu verachten, wenn einer, der den Klecks an der Wand, die Kohlen auf dem Rost, die Wolken, den fließenden Strom genau angestarrt hat, sich dann wieder ihrer Aspekte erinnert. [...] In solch verworrenen Dingen wird der Genius neuer Erfindungen gewahr'" (zit. n. Ernst, Plötzliche Identität, S. 120).
150 Hocke, *Die Welt als Labyrinth*, S. 53.
151 Stelzer, *Die Vorgeschichte der abstrakten Kunst*, S. 179; Stelzer zitiert hier Joseph Gantner.
152 Engel, Hadjinicolaou, Formwerdung und Formentzug, S. XI.
153 Ebd., S. XI.
154 Diehl, *Max Ernst*, S. 52. Vgl. Ernst, Jenseits der Malerei, S. 329.
155 Stelzer, *Die Vorgeschichte der abstrakten Kunst*, S. 180.

schlachten geformt, die phantastischsten Städte und die herrlichsten Landschaften, die man je gesehen hätte. Dasselbe soll er mit den Wolken des Himmels gemacht haben."[156]

Ernsts Anschluss an diese – nicht allein europäische[157] – Tradition „reklamiert [das] Recht auf eine artistische ‚Erfindung der Natur'"[158] und knüpft damit an die Begriffe der *imaginatio* und *inventio* an: „Ernsts ‚Hineinsehen' will gerade das Streben der Renaissance nach Wirklichkeit und totaler Darstellung der Erfahrungswelt unterlaufen, indem es [...] die Befreiung der Imagination ins Werk setzt"[159], ohne dabei die Genese des Bildes ganz von der Bezugnahme auf Natur abzukoppeln: Durch die Mimesis ans Material „,zwingt' er die Inspiration herbei"[160] und provoziert so eine Überlagerung äußerer und innerer Bilder: „Das Ähnlichkeitssehen schafft diese Vermittlung" zwischen Innen und Außen,[161] zwi-

---

156 Ernst, Jenseits der Malerei, S. 329, Anm.*
157 Stelzer betont dies in der fragwürdigen Wortwahl, Albertis Forderung vergleichbar werde „wie schrittweise in der Pfahlplastik der Neger [...] ‚vollständige Ähnlichkeit' erzielt" (Stelzer, *Die Vorgeschichte der abstrakten Kunst*, S. 174): Die „Frühzeiten und Primitivkulturen, die animistischen Religionen und die Mythologie der Alten lebten geradezu von den schöpferischen Umsetzungen des Hineinsehens." (Ebd., S. 173) Er verweist auf den chinesischen Landschaftsmaler Sung Ti, der im elften Jahrhundert ein solches Zufallsverfahren entwickelt habe: „Man decke ein Stück feiner Seide über eine geborstene Mauer und betrachte sie morgens und abends; man wird Berge, Höhlen, Schluchten, Flüsse, schließlich Menschen, Vögel, Pflanzen entdecken. Und warum die Seide? In ihrer Transparenz läßt sie von den Zufallsbildungen, die sie bedeckt, nur gerade so viel durchschimmern, wie es die so sehr auf Weglassen eingestellte ostasiatische Landschaftstradition verlangt." (Ebd., S. 180).
158 Zimmermann, Philosophische Horizonte der *Histoire Naturelle*, S. 18. Ernsts Position lässt sich nicht auf eine Opposition nachahmender Mimesis und kreativer Autonomie reduzieren: Die „gesteigerte Einbildungskraft oder Phantasie" speist sich nicht nur aus dem inneren Vermögen, wie in der Analogisierung von Künstler und Schöpfergott bzw. schaffender Natur in Geniediskurs und Enthusiasmustopos, die noch die Avantgarden gegen einen Nachahmungsbegriff der ‚bloßen Kopie' richten: „Da der geniehaft produzierende Künstler wie die Natur gleichsam über nie versagende Ressourcen verfügt, vermag er ständig Neues hervorzubringen" (Norbert Schneider, *Geschichte der Ästhetik von der Aufklärung bis zur Postmoderne*, Stuttgart 2002, S. 13). Bei Ernst beruhen „Invention und Innovation" (ebd.) auf einem äußeren Anstoß bzw. der Wechselwirkung von Innerem und Äußerem. Dies lässt sich anschließen an die ursprüngliche Bedeutung von Phantasie (*phainesthai*, erscheinen), die zugleich – etwa in Aristoteles' *De anima* – als „Aspekt der reproduktiven Einbildungskraft" (ebd., S. 264, Anm. 16) betrachtet wird.
159 Lichtenstern, *Metamorphose*, S. 158, im Verweis auf Ernsts Text „Comment on force l'inspiration" von 1933. Vgl. zur Konkurrenz der Begriffe in der Dichtungstheorie der Renaissance Volkard Wels, „imaginatio oder inventio. Das dichterische Schaffen und sein Gegenstand bei Puttenham, Sidney und Temple", in: *Poetica: Zeitschrift für Sprach- und Literaturwissenschaft* 37/1, 2 (2005), S. 65–91.
160 Ebd., S. 156.
161 Ubl, *Prähistorische Zukunft*, S. 62.

schen mimetischem ‚Anschmiegen' und kreativer Erfindung. Die von einem „optischen Provokateur[ ]"[162] angeregte methodische Freisetzung der Imagination erlaubt sowohl die von Darstellungskonventionen befreite Erfindung neuer Sujets, die sich von der Reproduktion der Schemata des bereits Gesehenen löst, als auch die „‚systematische Verfremdung' bekannter Ordnungsmodelle" wie des perspektivischen Raums, von Nähe und Distanz, Größenverhältnissen und Maßstabsveränderungen, die eine vage Raumbestimmung, visuell ambige Phänomene oder verzerrte Größenverhältnisse in der Schwebe halten[163] – Mittel, mit denen das Ähnlichkeitssehen traditionell die „Visualisierung des künstlichen Aspekts des Sehens als eines Produzierten, einer durch Operationen der Repräsentation und des Denkens hergestellten Übereinkunft [erzielt, S. B.]. Bevorzugter Gegenstand dieser Reflexion auf das Sehen war [...] die anthropomorphe Landschaft"[164]. Dabei lässt sich der Verweis auf die imaginative Potenz des Flecks nicht nur gegen die akkurat gezogene Linie, sondern auch gegen Albertis Bestimmung des Bildes als ‚offenes Fenster' als Metapher der *Transparenz* des Mediums in Stellung bringen.[165] Diese *nichtimitative* Dimension des Hineinsehens betreffend, verweist Gombrich auf Philostratus' *Das Leben des Apollonius von Tyana*: „Dann ist also, fragt Apollonius wieder, Malerei Nachahmung, mimesis? [...]. [A]ber was ist mit den Dingen, die wir in den treibenden Wolken des Himmels sehen, die Kentauren und Antilopen, die Wölfe und Pferde? Sind sie auch Werke der Nachahmung? Ist etwa Gott ein Maler, der sich mit solchen Dingen die Zeit vertreibt?" Apollonius und Damon kommen zu der Antwort, vielmehr seien „diese Wolkengestalten [...] rein zufällig; es ist der Mensch, der kraft seiner Imagination diese Dinge hineinsieht."[166] Dass diese – wie angedeutet – besonders in Manierismus und Romantik[167] geschätzte Verbindung von Zufallstechnik und Ähnlichkeitssehen in der ästhetischen Moderne eine Konjunktur erlebt, bezeugt etwa auch Klees eine Kindheitserinnerung aufzeichnende Tagebuchnotiz:

---

162 Ernst, Jenseits der Malerei, S. 327.
163 Zimmermann, Philosophische Horizonte der *Histoire Naturelle*, S. 19. Rehkämper, Bilder, Ähnlichkeit, Perspektive, S. 119, betont mit Goodman, „dass nichts besser geeignet sei, aus einem Berg einen Maulwurfshügel zu machen, als die Photographie. Nämlich genau dann, wenn wir im Bild kein Objekt erkennen, daß [sic] wir als Maßstab verwenden können. [...] Wir können uns immer bei der Zuweisung eines Denotats irren."
164 Bauer, Ähnlichkeit als Provokation, S. 135.
165 Vgl. Zimmermann, Philosophische Horizonte der *Histoire Naturelle*, S. 18.
166 Zit. n. Stelzer, *Die Vorgeschichte der abstrakten Kunst*, S. 173; der Begriff *Nachahmung* sei hier „nicht mehr recht brauchbar" (ebd.).
167 Stelzer verweist auf bildnerische Zufallstechniken der Romantik, wie Justinus Kerners Klecksografien und das „‚Blotting'" Alexander Cozens', in dem Farbkleckse „Formen des Zufalls produzieren, die dann ihrerseits Ideen suggerieren'" (ebd., S. 177). Vgl. Kap. I.3.2.

> Im Restaurant meines Onkels (Frick), des dicksten Mannes in der Schweiz, standen Tische mit geschliffenen Marmorplatten, auf deren Oberfläche ein Gewirr von Versteinerungsquerschnitten war. Aus diesem Labyrinth von Linien konnte man menschliche Grotesken herausfinden und mit dem Bleistift festhalten.[168]

Einstein beschreibt ein solcherart sensibilisiertes Sehen vor dem Hintergrund einer gegenüber „üblicher Wahrnehmung, also optischen Vorurteilen" kritischen Reflexion; durch das „freie, mythische Schauen" sei dagegen „in das Sehen Zufall oder Geschick wieder eingeschaltet".[169] Die „gegen die Sehräson konfektionierter Wahrnehmungsgewohnheiten" gerichtete „These von der morphologischen Verwandtschaft und wechselseitigen Repräsentierbarkeit des Gesehenen"[170] ist eng verbunden mit der metaphorisierenden Aktivität des Blicks, der unvorhergesehene Ähnlichkeiten herstellt: Den abstrahierenden Blick, der künstlerischen Übersetzungsprozessen – wie etwa zentralperspektivischen Projektionsverfahren – ebenso inhärent ist wie der identifizierenden und differenzierenden, vergleichenden und messenden Ordnung des Sichtbaren, unterläuft Ernsts Forderung nach der Unmittelbarkeit eines ‚echten Sehens': „Durch alles, was sich in den Jahrhunderten angesammelt hat, ist das direkte, echte Sehen verloren gegangen. Und zu allen Zeiten hat es doch Maler gegeben, welche auf dieses Sehen zurückgekommen sind. Und diese sind die echten Revolutionäre der Malerei."[171]

Zwar ist trotz der vorgeblich kontingenten Wahl des Ausschnitts der Durchreibung das frei assoziierende Sehen eingebunden in einen Formgebungsprozess, der, so betont Einstein, der künstlerischen Kontrolle der Fokussierung, Auswahl, Ordnung und Herausarbeitung von Vorgefundenem unterliegt.[172]

---

168 Zit. n. ebd., S. 179; zum Zufall vgl. ebd., S. 182. Vgl. die von Jurgis Baltrušaitis (*Imaginäre Realitäten. Fiktion und Illusion als produktive Kraft*, Köln 1984) untersuchten Steinbilder, die sich auf die von Didi-Huberman analysierten *marmi finiti* Giottos und Fra Angelicos beziehen lassen.
169 Einstein, *Die Kunst des 20. Jahrhunderts*, S. 163: „Hieraus war nun zu folgern, daß die Abläufe des Seelischen und ihre Ergebnisse nicht mit den kausalen, mechanischen Prozessen des Wirklichen übereinstimmten. Das Problem des irrational Menschlichen trat […]." (Ebd.)
170 Konersmann, Max Ernst und die Idee der Naturgeschichte, S. 165 u. S. 162. Der Blick „gehört der Aussageform und dem Sagbaren zu, das er, sprunghaft und metaphorisch arbeitend, im Milieu der Sichtbarkeiten zum Ausdruck bringt." (Haß, *Das Drama des Sehens*, S. 43) Mit Foucault konstatiert Haß: „Je stärker sich ‚die sichtbare Ordnung der Dinge' vom Raum emanzipiert, desto mehr ist das Modell des Blicks an die Imagination verwiesen." (Ebd., S. 62).
171 Ernst, Plötzliche Identität, S. 124. Zum Konzept des ‚innocent eye' vgl. Branko Mitrović, „Visuality After Gombrich: the Innocence of the Eye and Modern Research in the Philosophy and Psychology of Perception", in: *Zeitschrift für Kunstgeschichte* 76 (2013), S. 71–89.
172 Die in ‚halbautomatischen' Verfahren wirkende „Kontrapunktik der gegensätzlichen seelischen Bezirke erzeugt", so Einstein, „ein Doppelspiel ungefähr wie die romantische Ironie (Einstein, *Die Kunst des 20. Jahrhunderts*, S. 166): „Häufig wird der automatische Ablauf unterbrochen werden oder nachträglich korrigiert, ungefähr wie man in der Erzählung seine

Doch Ernst suggeriert, dass es sich bei dem Prozess der Verähnlichung um einen *nichtintentionalen* Vorgang handelt, der den spurhaften Charakter zugunsten des imaginären und schließlich ikonischen Bildes zurücktreten lässt.

> Ich bestehe auf der Tatsache, dass die so gewonnenen Zeichnungen nach und nach den Charakter des befragten Materials (z. B. des Holzes) verloren haben, und zwar durch eine Serie von Suggestionen und Transmutationen, die sich spontan aufdrängten, so wie es hypnagogischen Visionen eigen ist. Und so nahmen diese Zeichnungen den Aspekt von Bildern einer unerhofften Präzision an; wahrscheinlich haben sie die erste Ursache der visionären Heimsuchung offenbart oder das Scheinbild dieser Ursache hervorgebracht.[173]

So ist zum einen betont, dass die Frottage flüchtig aufblitzende Ähnlichkeitsassoziationen aufzeichnet – die phantasmatische Wahrnehmung des Künstlers (oder ihr Simulacrum) ins Bild bannend –, zum anderen, dass ihr Transformationsprozess von der Dynamik eines „blinden Sehen[s]" geleitet ist: Die Frottage dient entsprechend der surrealistischen „Ikonografie des Unsichtbaren" dazu, „das innere Auge zu öffnen, und somit der Imagination – die von Baudelaire als ‚Königin der Fähigkeiten' bezeichnet worden war – zur Entfaltung zu verhelfen", zur „Entdeckung einer Wahrheit, die sich jenseits des Sichtbaren befindet".[174] Die mit der Metapher der geschlossenen Augen beschriebene und im Motiv der Blendung radikalisierte Hinwendung zum Ungesehenen innerer Bilder entspricht dem Diktum Caspar David Friedrichs: „„Schließe dein leibliches Auge, damit du mit dem geistigen Auge zuerst siehest dein Bild. Dann fördere zu Tage, was du im Dunkeln gesehen, daß es zurückwirke auf andere von außen nach innen.""[175] Uwe Schneede sieht Ernsts „‚Visionen im Wachtraum' [...] als Metapher für den durchaus wachen Blick nach innen, der die Imagination fördert und neue Bilder schafft."[176] Entnimmt Breton Diderots *Lettre sur les aveugles* (1749) den Gedanken des „Sehen[s] mit geschlossenen Augen und der damit verbundenen Kraft der Imagination",[177] so bezieht sich Ernst auf Arthur Rimbaud, der im *Lettre du voyant* (1871) notiert: „Der Dichter macht sich zum Seher durch eine langandauernde, unerhörte und

---

Träume abändert." (Ebd.) Vgl. auch ebd., S. 170: „Hier und da wird man sich gegen den inneren Dynamismus durch Einschalten der Kontrolle, also ironischen Kontrast, schützen".
173 Ernst, Geschichte einer Naturgeschichte, S. 105.
174 Judith Elisabeth Weiss, „Das Bett der Bilder. Zur Augen-Metaphorik im Surrealismus", in: Reinhard Spieler, Barbara Auer (Hg.), *Gegen jede Vernunft. Surrealismus Paris – Prag* [Ausstellungskatalog], Stuttgart 2009, S. 214–219, S. 215.
175 Zit. n. Schneede, *Die Kunst des Surrealismus*, S. 153.
176 Ebd.
177 Weiss, Das Bett der Bilder, S. 216.

wohlüberlegte Entgrenzung aller Sinne"[178]: Wie der Dichter im Seher-Brief wiedergibt, „was in ihm denkt", müsse der Maler das, „‚was in ihm sieht', von seiner Hülle befreien und sichtbar [...] machen."[179] So ermögliche das „innere Gesicht'", „sich ‚der Blindheit zu entledigen'"[180].

Dies betont eine weitere theoretisch bedeutsame Implikation der Frottage: Insofern im Abdruck eine *Berührung* den Ausgangspunkt der Gestaltung bildet, ist das Vermögen des Auges der Leistung der Hand nachgeordnet. Die Frottage als „Durchreibung unter dem Papier verborgener Gegenstände wird zum Inbegriff des Künstlers als ‚Zuschauer' des eigenen Werks."[181] Als ‚blinder Zeichner' sieht er erst mit dem Erscheinen der Strukturen auf dem Papier, das den Blick abschirmt und die ‚Blindheit' explizit macht, die Derrida als grundlegendes Moment jeder Zeichnung thematisiert:

> [I]n dem Augenblick, wo die Spitze an der Spitze der Hand (des Leibes überhaupt) sich im Kontakt mit der Oberfläche vorwärtsbewegt, wird die Einschreibung des Einschreibbaren nicht gesehen. [...] Selbst wenn die Zeichnung, wie man sagt, mimetisch ist, also reproduktiv, figurativ und darstellend, selbst wenn das Modell dem Künstler in leibhaftiger Gegenwart gegenübersitzt, muß der Strich in der Nacht vorgehen.[182]

Die Metapher des ‚blinden Zeichnens' dient der Aufdeckung einer Scheinselbstverständlichkeit: „Angesichts der immer noch verbreiteten Tendenz, die Arbeit des Künstlers im Horizont des Mimetischen zu bestimmen, betont Derrida die ‚abgrundtiefe Heterogenität', die den darzustellenden Gegenstand vom ‚zeichnenden Strich' trennt"[183]. Der ‚Strich in der Nacht' ist verwiesen auf eine tastende Bewegung: „Das Tasten des Blinden [...] ähnelt [...] der Situation eines Schreibens oder Zeichnens im Dunklen, und dies ähnelt wiederum der Situation eines Beginnens ohne zu wissen, worauf dies hinausläuft."[184] Dem lässt sich als

---

178 Arthur Rimbaud, „Seher-Briefe" (an Georges Izambart, Douai), in: ders., *Sämtliche Werke*, Französisch u. Deutsch, übers. v. Sigrid Löffler u. Dieter Tauchmann, hg. v. Thomas Keck, Frankfurt a. M., Insel 1992, S. 393–399, S. 396 [„‚Le Poète se fait *voyant* par un long, immense et raisonné *dérèglement* de *tous les sens*'" (zit. n. Eco, *Kant und das Schnabeltier*, S. 60)].
179 Max Ernst, Halluzination oder Die Entstehung der Frottage, S. 99.
180 Weiss, Das Bett der Bilder, S. 217.
181 Ebd. Vgl. Ernst, Halluzination oder Die Entstehung der Frottage, S. 99: „Der Autor ist nur Zuschauer, gleichgültig oder engagiert, bei der Entstehung des Werks und seinen Entwicklungsphasen."
182 Derrida, *Aufzeichnungen eines Blinden*, S. 49, zit. n. Wittmann, Zeichnen, im Dunkeln, S. 4f.
183 Krämer, Figuration, Anschauung, Erkenntnis, S. 98. Die Linie ist bei Derrida Konstituens der Differenz. Der „transzendenzphilosophischen Überhöhung des Strichs" sucht Krämer eine „immanenzphilosophische Wendung" zu geben.
184 Seeberg, Das Sehen der Blinden, S. 392.

gewissermaßen paradigmatischer Fall ‚blinden' Zeichnens die Unterbrechung des Blicks durch das Papier anschließen; ‚blind' ist der Zeichner, insofern er von der abbildlichen Übertragung eines Modells ins Bild absieht *und* insofern sich ihm die an der im Abtasten durchgeriebenen Struktur aufscheinende *Archi-Ähnlichkeit* erst als ‚In-Erscheinung-Tretendes' zeigt.[185]

Die von der Kunsttheorie vielfach thematisierte „Trias von Hand, Auge und Linie"[186] fordert demgegenüber die Einheit der mimetischen Übertragung von der Natur oder Idee über das visuelle Vermögen des Auges durch das Taktile der Hand in die Linie: „Die Linie, die von der Fingerspitze auf dem Blatt hervorgebracht wird und über die Hand direkt mit dem Auge des Künstlers verbunden ist, [...] steht für das besondere Vermögen eines geistbegabten Auges und dessen Unmittelbarkeit zum Bild."[187] Die historisch variabel begründete „Trias von Auge (beziehungsweise Erkenntnis), Hand und Linie (beziehungsweise Zeichnung) begegnet auch schon in den Traktaten zum disegno als Grundprinzip der Künste", in denen *disegno* gefasst wird „als geistiger" und „zeichnerischer Entwurf, [...] als ‚Materialisierung der Idee'."[188] Diesen Vermittlungsvorgang reorganisiert das Frottageverfahren mit der weitreichenden Implikation einer sich aus der Vorgängigkeit des Spurhaften ergebenden antiklassischen und antiidealistischen Aufwertung des Taktilen gegenüber dem Visuellen, des Materiellen gegenüber der Form (Idee) und des Kleckses gegenüber dem geistvollen, geübten Linienzug,

---

185 Die auf dem Papier erscheinende Struktur ist der Abzeichnung des Schatten des Geliebten der Tochter des Butades auch insofern strukturanalog, als sie auf den Schatten statt auf das Modell blickt, um dessen Konturlinie abzuzeichnen; analog nimmt die indexikalische grafische Spur eine „*intermediäre* Position" in der Verbildlichung des Imaginären ein (Krämer, *Figuration, Anschauung, Erkenntnis*, S. 111).
186 Weigel, *Grammatologie der Bilder*, S. 50. Vgl. ebd., Kap. 2.4. „Die Trias von Auge, Hand und Linie – oder das Auge in der Fingerspitze (Moritz, Plinius, *disegno*)", S. 50–64.
187 Ebd., S. 50. Wittmann betont, dass die „klassische Konzeption des Zeichnens [...] die Vorstellung einer störungsfreien Vermittlung zwischen Geistes- und Muskeltätigkeit voraussetzt. Die Hand unterwirft sich dem Kopf, „la man che ubbidisce all'intelletto" wie Michelangelo in einem berühmten Sonett an Vittoria Colonna schrieb." (Wittmann, Zeichnen, im Dunkeln, S. 3).
188 Weigel, *Grammatologie der Bilder*, S. 59. „Als *disegno* bzw. *dessin/dessein* bezeichneten [...] Kunstschriftsteller der Frühen Neuzeit zum einen die Linienzeichnung und ihre Disposition auf dem Papier und zum anderen den ihr vorausgehenden Plan, das Konzept, die Idee, die im materiellen *disegno* ins Werk gesetzt wird. Das Zeichnen galt als ein synthetisches Urteilsvermögen, das dank der Kenntnis der Natur und ihrer Maße, die Idee der Dinge hervorzubringen vermag." (Wittmann, Zeichnen, im Dunkeln, S. 2f.) Dieses Theorem bleibe bis ins neunzehnte Jahrhundert gültig. Vgl. Wolfgang Kemp, „Disegno. Beiträge zur Geschichte des Begriffs zwischen 1547 und 1607", in: *Marburger Jahrbuch für Kunstwissenschaft*, 19 (1974), S. 219–240 (online unter http://www.jstor.org/stable/1348597, 10.6.2018).

der seine Materialität und Medialität zugunsten der Transparenz auf die ideale Form vergessen macht.

So gerät eine kunsttheoretisch zentrale Übersetzungsleistung der Linie in den Blick, die den Zusammenhang von *Zeichnung und Form* betrifft: In den Begriffen Umriss, Kontur, *figura* und *disegno* theoretisiert, ist die Prävalenz von Form, Idee und künstlerischem Genie, dergegenüber das „Medium, als materielles Dispositiv, [...] nurmehr als ‚Formativ'" erscheint,[189] vom fünfzehnten bis ins achtzehnte Jahrhundert prägend. Vasari beschreibt die Zeichnung als „der Form ähnlich (*simile a una forma*)", Zuccari bezeichnet sie als „*Form ohne körperliche Substanz.*"[190] Die Concetto-Theorie verklammert die Begriffsreihe „,idea – concetto – disegno interno – disegno esterno'" in einer „neuplatonischen Abstiegsfolge vom göttlichen Ideen-Bild zur sichtbaren Zeichnung".[191] Zuccaris Traktat *L'Idea de Pittori, Scultori et Architetti* definiert den ‚Linienzug' als „*das, was erscheint*" und „sichtbare Substanz der ‚Inneren Zeichnung'".[192] Vorläufer einer antiklassischen Ästhetik, würdigt er dabei den *disegno metaforico* als „Möglichkeit, alles mit allem zum Ausdruck zu bringen": Solche Kunst zeige „,unsichtbare Dinge', die nur im ‚inneren Sinne' [...] bekannt sind."[193] So betont er, „daß in der Zeichnung nicht abgebildet, sondern alle Gegenstände neu konstruiert werden".[194] In dieser – säkular gewendeten – Tradition steht, so Hocke, auch Ernst.[195]

---

189 Mersch sucht „den Disegno-Begriff [...] mit Blick auf die Frage der Materialität zu konkretisieren." (Mersch, Materialität und Bildlichkeit, S. 8): „Die Kunst- und Bildtheorien des 15. und 16. Jahrhunderts sind [...] rationalisierende und normierende Lehren, die als solche ihr Erbe den Ästhetiken der Aufklärung und Klassik weitergeben werden, flankiert um die Rechte der *phantasia* und Einbildungskraft, die die Natur erhöhen, verbessern oder sogar noch übertreffen soll" (ebd., S. 31).
190 Tatarkiewicz, *Geschichte der sechs Begriffe*, S. 339. Vgl. auch Charlotte Kurbjuhn, *Kontur: Geschichte einer ästhetischen Denkfigur*, Berlin, Boston 2014.
191 Graevenitz, Die Gewalt des Ähnlichen, S. 68. „Im materiellen Substrat des Dargestellten repräsentiert die Linie den ideellen Umriß, Analogon des concetto." Vgl. zur „Vorstellung eines *disegno interno* als verinnerlichter platonischer Ideenhimmel" Wittmann, Zeichnen, im Dunkeln, S. 3. Die idealistische Dimension des Begriffs zeigt sich bereits darin, dass er etymologisch auf *dio* und *segno* als „Signatur des göttlich Überirdischen" zurückgeht (Hocke, *Die Welt als Labyrinth*, S. 51).
192 Hocke, *Die Welt als Labyrinth*, S. 49.
193 Ebd., S. 50 f.
194 Graevenitz, Die Gewalt des Ähnlichen, S. 68. Wie Graevenitz betont, stehen hier Mimesis und Phantasie nicht in Opposition (vgl. ebd., S. 69). Zur Perspektive als „Gefängnisregel des Blicks", die ihn an die eigenen Konstruktionen bindet, vgl. ebd., S. 70.
195 Vgl. Hocke, Die Welt als Labyrinth, S. 52, der dessen Wirken in der Montage beschreibt: „Max Ernst definierte die ‚Rolle des Malers' in folgender Weise: ‚cerner et projeter ce qui se voit en lui.' (Einkreisen und projizieren, was er in sich selbst sieht.) [...] Der ‚Disegno metaforico' [...] erscheint einem Kernmoment der surrealistischen ‚Ästhetik' kongruent". Vgl. zur Wendung ins Säkulare im surrealistischen „antitheistischen Radikalismus" ebd., S. 51.

Dabei stellt die Frottage mit der Unterbrechung und Inversion der Abfolgen Natur-Auge-Hand-Linie und *idea-concetto interno-concetto esterno-linea* mittels der doppelcodierten Linie, die als imaginativ gestiftetes *disegno metaforico* gelten kann, allerdings am Material als *fond provocateur* gewonnen ist, gewissermaßen das *disegno*-Theorem vom Kopf auf die Füße, die „Unterordnung" der Hand aufhebend.[196] Das *disegno* als ingeniöser Linienzug ist über die Kontingenz des Zufallsverfahrens, die Kontiguität des Abdrucks, die Formlosigkeit der Lineatur und den „Entzug des Auges aus einer bekannten Konstellation"[197] mehrfach konterkariert: Es handelt sich auch hier um eine ‚innere Bilder' manifestierende Geste der Linienführung, doch entsteht diese erst sekundär, aus dem *Kontakt*. Die Betonung des materiellen ‚Grundes' der Zeichnung ist ebenso Ausdruck einer ‚unreinen', heteronomen Ästhetik und der subversiven Arbeit an der *Form* wie das Ausspielen des phantasmatischen Wahrnehmens gegen die geistig-ideelle Aufladung des *disegno*. Derridas Metapher des ‚blinden Zeichnens' ist für die Beschreibung solcher für verschiedene „Avantgarde-Programme" zentraler Konzeptionen aufschlussreich, in denen das „Handgedächtnis unter Ausschaltung des Geistes die Linienführung bestimmt"[198]: Durch diese Umkehrung

> wird das klassische Prinzip der Zeichnung – als ideale schöpferische Einheit von Auge, Geist und Hand – der kontrollierenden Instanz des Sehsinns entzogen. Diese Blendung bindet den Zeichner zwar in neuer Weise an die Erinnerung – und damit an eine mentale Funktion –, aber diese Funktion steht nicht mehr im Dienst eines vorgefassten Konzepts, eines Plans, einer visuellen Idee, sondern versteht sich als Handgedächtnis – als Erinnerung an motorische und taktile Empfindungen. „Unter der Hand" verwandelt sich die Zeichnung in ein Aufschreibesystem psychophysischer Ereignisse, in ein „Ferntasten" (Georg Stiehler) und ein „Urgebiet der psychischen Improvisation" (Paul Klee), das sich gerade durch seine (intendierte) Reduktion auf den physischen Vorgang zur Notation von Prozessen eignet, die bislang nur in den Blick der Psychologen geraten waren [...]. Die „Blind Time Drawings" des frühen 20. Jahrhunderts decken [...] den Eigenwillen der Hand und jene fragile funktionale Zusammenarbeit zwischen Hand und Kopf auf, die sich der sehende Zeichner nicht zu Bewusstsein kommen lassen darf, um überhaupt zeichnen zu lernen.[199]

---

196 Wittmann, Zeichnen, im Dunkeln, S. 3. Wittmann verweist hier auf Warnkes Begriff der „‚Zerebralisierung'" der Hand (ebd.).
197 Weigel, *Grammatologie der Bilder*, S. 50.
198 Ebd., S. 48. In der ästhetischen Moderne sind beide auf unterschiedliche Weise verbunden gedacht (vgl. Ubl, *Prähistorische Zukunft*, S. 62). Ernsts Gegenüberstellung von Auge und Hand scheint in Mallarmés Kommentar in *The impressionists and Edouard Manet* (1876) vorweggenommen: „Each work should be a new creation of the mind. The hand, it is true, will conserve some of its acquired secrets of manipulation, but the eye should forget all else it has seen, and learn anew from the lessons before it." (Zit. n. Lima, Mimesis/Nachahmung, S. 86).
199 Wittmann, Zeichnen, im Dunkeln, S. 4.

Dem entspricht, was Breton als Metapher für das automatische Verfahren als blindes ‚Durchpausen' beschreibt, dessen „Wirrwarr von Linien, die zunächst nirgends hinführen", beim Öffnen der Augen ein „‚jamais-vu'" vermittle.[200] Einer solchen Konzeption, die Einstein als „psychographische Handschrift"[201] bezeichnet, folgen auch Massons *dessins automatiques*, zu denen dieser bemerkt: „Die Zeichnungen hatten mir eine Welt eröffnet ... Ein wenig die der Medien. Oder direkt gesagt, jene der Analogie."[202] Auch hier soll das Resultat des gestalterischen Prozesses durchlässig auf den ersten Bildimpuls sein:

> Man muss in sich die Leere herstellen; da die automatische Zeichnung ihre Quelle im Unbewußten hat, muß sie wie eine unerwartete Geburt auftauchen. Die ersten graphischen Erscheinungen auf dem Papier sind reine Geste, Rhythmus, Zauberspruch, und als Ergebnis: reine *Schmierereien*. Das ist die erste Phase. In der zweiten Phase nimmt das Bild (das bisher latent vorhanden war) seine Rechte in Anspruch. Wenn das Bild zum Vorschein gekommen ist, muß man aufhören. Dieses Bild ist nur ein Rest, eine Spur, ein Überbleibsel. Es versteht sich von selbst, daß eine Unterbrechung zwischen diesen zwei Phasen verhindert werden muß.[203]

Auch in der Frottage kommt es, so Ernst, zu einer „Folge von gegensätzlichen und übereinander geschichteten Bildern"[204] in der Überblendung der *Spur eines Kontakts* und der *Spur einer Geste*. Dabei löst nicht erst „der bewusste Blick nach innen"[205] die Bildentstehung aus, sondern bereits die „Auswahl der durchzureibenden Dinge":[206] Die Gestaltungsmöglichkeiten ihrer Struktur werden durch einen ‚taktilen Blick' entdeckt, der die taktile Qualität des Visuellen in die visuelle Qualität des Taktilen überführt, durch die die Lineatur die am Ausgangspunkt der Frot-

---

200 Breton, Erstes Manifest des Surrealismus, S. 23.
201 Einstein, *Die Kunst des 20. Jahrhunderts*, S. 170. Einstein spricht von einem „leidende[n] passive[n] Typus [...], der einer Besessenheit nachgibt, zunächst den eigenen Willen ausschaltet" (ebd., S. 166); dabei „zeigt sich in den Perversionen ein schöpferischer Trieb, nämlich man versucht, aus der physiologischen Fatalität und Eindeutigkeit sich zu lösen, man will dem Geschick der eindeutig auferlegten Gestalt entgehen und verzichtet auf die Eitelkeit des Klassikers ... Wir können sagen, die Perversion ist die Basis des Imaginativen." (Ebd., S. 167) Vgl. Foster, der das „surrealist image as a repetitive collaging of primal fantasy" und „as an enigmatic trace of a traumatic experience and/or fantasy" beschreibt (Foster, *Compulsive Beauty*, S. XIX).
202 André Masson, „Propos sur le surréalisme", zit. n. Lichtenstern, *Metamorphose*, S. 154.
203 Ebd., S. 150. Lichtenstern sieht im Hintergrund der *dessins automatiques* die „Befreiung der Linie durch den Jugendstil [...], in der die Dynamik von Werden und Vergehen thematisiert wird", und die „Autonomisierung der Zeichnung im 19. Jahrhundert" (ebd., S. 154).
204 Ernst, Geschichte einer Naturgeschichte, S. 104.
205 Schneede, *Die Kunst des Surrealismus*, S. 153.
206 Lichtenstern, *Metamorphose*, S. 156.

tage stehende Unterbrechung des Blicks überbrückt,[207] die Derrida als Blendung metaphorisiert; sie verweist auf eine

> Dialektik des Sehens, in der das Gesehene stets Momente des Nichtgesehenen oder auch Ungesehenen einschließt – Momente, die sowohl auf Vergangenes beziehungsweise das Gedächtnis als auch auf Gedachtes verweisen. Insofern sich dem blinden Zeichner das Gesehene per se verschließt, ist er dazu prädestiniert, mit dem Zug seiner Hand das Ungesehene zu Papier zu bringen. Damit verwandelt sich der blinde Zeichner im Horizont von Derridas Theorie aus einer Figur des Mangels in die eines Überschusses, eines *plus-de-vue*.[208]

Dieses *plus-de-vue* ist in Ernsts Programmatik das des imaginativen Hineinsehens: „Nachdem das Zusammenspiel von Auge und Hand auf diese Weise unterbrochen wurde, wird es von der Taktilität des Ähnlichkeitsdenkens nachträglich verknüpft."[209] Die Relation von Welt und Bild wird so nicht repräsentational, durch vergleichendes Sehen und abbildliche Ähnlichkeit etabliert, sondern durch Strukturmimesis und ein sich dem Taktilen ‚anschmiegendes' Sehen, das selbst *ähnelt*, indem es sich dem Tastsinn nähert: Gert Mattenklott beschreibt ein Bestreben des modernen Ähnlichkeitsdenkens, „Ausgleichsbewegungen zwischen den Wahrnehmungsvermögen" einzuführen, und fragt, „ob die hohe Auszeichnung des optischen Sinns unter den Wahrnehmungsformen nicht eine komplementäre Balance des Tastens nach den lastenden Materialien" provoziere.[210] In dem von Einstein beschriebenen ‚*zeichnenden Tasten*' ersetzen „Nähe" und Berührung distanzierende Ordnungsleistungen des Blicks.[211] So beruht auch die Frottage auf der im

---

[207] Das „Verhältnis zwischen Tasten und Sehen von der Antike bis zur Philosophie der Aufklärung" zeigt eine „fortschreitende Arbitrarisierung": Während in der Antike „Sehen in einem durchaus unmetaphorischen Sinn taktil" ist, führt die neuzeitliche Optik (u. a. Descartes) ein perspektivisches Modell ein (Koschorke, *Körperströme und Schriftverkehr*, S. 362). Ernst etabliert dagegen eine auf Berührung basierende „taktile[] Übergangslogik" (ebd., S. 353). Dies impliziert eine Stellungnahme zur „Opposition der Greifbarkeit des Blicks (16. Jahrhundert) gegen die rein optische Aufgeschlossenheit des Auges (17. Jahrhundert) [...]. Das ausschließlich der Sichtbarkeit überantwortete Auge ist weit entfernt vom Griffbereich der Hand, und das ist im siebzehnten und achtzehnten Jahrhundert sogar der Kern seines Auftrags: Es soll eine ganze und allein in ihrer Sichtbarkeit zusammenhängende Welt erschließen." (Haß, *Das Drama des Sehens*, S. 63, Anm. 76). Die Riegl-Schule sieht Kunstgeschichte als dauernden „Wechsel zwischen der optischen und der haptischen Form", als apriorische Formen des Sehens verschiedener Ausprägung (Tatarkiewicz, *Geschichte der sechs Begriffe*, S. 347).
[208] Weigel, *Grammatologie der Bilder*, S. 49.
[209] Ubl, *Prähistorische Zukunft*, S. 62.
[210] Mattenklott, Ähnlichkeit. Jenseits von Expression, Abstraktion und Zitation, S. 167–183, S. 182.
[211] Zur „Nähe der unmotivierten Spur" vgl. Weigel, *Grammatologie der Bilder*, S. 48: „Verkörpert wird diese Nähe in der Figur des Blindzeichnens und des blinden Zeichners", die Derrida in *Mémoires d'Aveugle* erforscht (ebd., S. 48 f.).

Kontakt von Hand, Stift, Papier und abgetastetem Material gewonnenen sinnlichen Dimension des Realen, wobei die Kontiguität des Abdrucks einen ursächlichen Zusammenhang mit dem Durchgeriebenen begründet, den Krämer als „Materialitätskontinuum" der Spur bezeichnet:

> Spuren treten gegenständlich vor Augen. Ohne physische Signatur auch keine Spur. Spuren entstehen durch Berührung, also durchaus ‚stofflich': Sie zeigen sich im und am Material. Spuren gehören der Welt der Dinge an. Nur Kraft eines Kontinuums in der Materialität, Körperlichkeit und Sinnlichkeit der Welt ist das Spurenhinterlassen und Spurenlesen also möglich.[212]

Handelt es sich bei der ersten Phase der Einschreibung um eine physische Genese der Spur aus Abdruck, Kontakt und Berührung,[213] so prägt die zweite Phase deren Wechselbeziehung mit der durch ihre ‚Anreize' angeregten phantasmatischen Wahrnehmung und Imagination und die Einschreibung der Spur der imaginativ eingegebenen Geste. In die Doppelnatur der Lineatur gehen dabei, so lässt sich behaupten, zwei modern programmatisch werdende Paradigmen der Zeichnung ein: das der *Kritzelei* und das der *Aufzeichnung*.

Die spurhafte Linie gerät in der Moderne in den Fokus eines nicht nur ästhetischen, sondern auch anthropologischen Interesses an der Entwicklungsgeschichte der Kunst: „‚Am Anfang waren Spur und Linie', so könnte man die anthropologische These zusammenfassen, die aus dem im 19. Jahrhundert erwachten Interesse am ‚primitiven Denken' entstand, in dessen Horizont auch das Studium der Kinderzeichnungen trat", das eine „Entwicklung von unmotivierten Linien hin zum mimetischen Bild" feststellt.[214] Für die surrealistische Auswertung dieser Paralleli-

---

[212] Krämer, zit. n. Geimer, *Theorien der Fotografie*, S. 46.
[213] Dies betont Didi-Huberman, der diesen Prozess der Zeugung und Embryogenese analogisiert: „Denn der Abdruck überträgt physisch – und nicht nur optisch – die Ähnlichkeit der Sache oder der Person, von der ein Abdruck gemacht wird. Die Analogie zur sexuellen Reproduktion läßt sich leicht nachvollziehen: Zum einen gehört zum Prozeß des Abdrucks die enge Berührung, der Druck der sich abdrückenden Gegenstands auf oder sein Eindringen in ein Substrat; zum anderen verschwindet sein Resultat nicht, wie ein Spiegelbild es tut, sondern es wird buchstäblich ‚geboren' als ein durch den Akt des Abdrucks produzierter Körper. Man könnte also sagen, daß im Unterschied zur figurativen *Nachahmung*, welche die optische ‚Kopie' von ihrem ‚Modell' säuberlich und hierarchisch getrennt hält, die Reproduktion durch Abdruck als ihr Resultat eine ‚Kopie' erzeugt, die das taktile, leibliche Kind, und nicht die verblaßte Reflexion ihres ‚Modells' oder genauer gesagt ihrer elterlichen Form ist. [...] In ihr [der Matrize, frz. auch Gebärmutter] findet die Institution der Bilder ein Modell – ein Phantasma – der natürlichen Entstehung, der Embryogenese." (Didi-Huberman, *Ähnlichkeit und Berührung*, S. 31).
[214] Weigel, *Grammatologie der Bilder*, S. 48.

sierung von Phylo- und Ontogenese ist Einsteins Begriffsfügung der ‚neolithischen Kindheit'[215] sprechend. Didi-Huberman verweist auf die in Georges-Henri Luquets Studien *Le Dessin enfantin* (1927) und *L'Art primitif* (1930) ausgeführten

> Thesen über die „Entstehung der figürlichen Kunst", nach denen die *Berührung* die *Spur* hervorbringt und die Spur die *Linie*. „Ihr einziger Grund", schrieb Luquet, „der sich überdies dem Bewußtsein kaum zu erkennen gibt, ist es, der Wand sein Siegel aufzudrücken, an der ein Subjekt diese Spuren hinterließ." Diese *Markierungen einer Anwesenheit* gaben ihm Anlaß zu einer ausgefeilten Dialektik von *tyche* und *techne*, von „zufälligem Realismus" und „beabsichtigtem Realismus".[216]

Das entsprechende frühe Stadium kindlicher Malentwicklung ist die *Kritzelei* als „Werden, das eine graphische Materie betrifft, deren fundamentaler Exzess in der Kritzelei auf die ein oder andere Weise gebannt, gebündelt, gebunden wird"[217], noch bevor sie zeichenhaft wird oder ikonische Ähnlichkeit erlangt: „[V]or diesem quasi-symbolischen In-Beziehung-setzen" ist Kritzelei „*sinnliche Unähnlichkeit*" und entspricht nach Luquet einer Phase des „,verfehlten Realismus'", in der ikonische Ähnlichkeit nicht abbildlich, sondern (struktur-)mimetisch zustande kommt: „*Das Kind schöpft erst die Ähnlichkeit zwischen Graphismus und Ding*, [...] indem eine gekritzelte Linie sich einem diffus wahrgenommenen Gegenstand anschmiegt [...]. Ihr Bezug stellt sich her als das jähe Aufblitzen eines Zusammenhangs, der sich *wie von selbst* in einer Zeichnung verdichtet."[218] Die formlose Kritzelei, die „psychophysisch [...] wie von Geisterhand geführt zu werden scheint", ist „[u]nähnlich in dem Maße, wie die sich spurenden Linien [...] keine Referenz zu etwas anderem sowie keine (wieder-)erkennbare Gestalt, keine konturierte Form, schließlich keine repräsentative Ähnlichkeit herstellen."[219] Der Übergang vom Unähnlichen zu einer „Bewegung der Formation oder Figuration" stabilisiert sich in einer späteren Phase des Zeichnens:

> Wenn also die unähnliche Kritzelei ihre Sinnlichkeit in dem Maße einbüßt, wie der grafische Affekt mehr und mehr unter die einübende Kontrolle der Hand und des Auges [...] fällt, dann nimmt die Ähnlichkeit der graphischen Zeugnisse zu im Hinblick auf das, was sie darzustellen vorgeben, ohne je über eine sinnliche, sprich anschauliche, figurative oder formale Nähe zu verfügen. [...] Unsinnlich ist schließlich weniger die Form [...] als vielmehr

---

215 Vgl. Carl Einstein, „Neolithische Kindheit", in: *Neolithische Kindheit. Kunst in einer falschen Gegenwart, ca. 1930*, hg. v. Anselm Franke u. Tom Holert [Ausstellungskatalog], Zürich 2018, S. 74 f.
216 Didi-Huberman, *Abdruck und Berührung*, S. 23.
217 Driesen, Die Kritzelei als Ereignis des Formlosen, S. 25; vgl. Rose Fleck-Bangert, *Kinder setzen Zeichen. Kinderbilder sehen und verstehen*, München 1994, bes. S. 27–50.
218 Driesen, *Theorie der Kritzelei*, S. 60.
219 Ebd., S. 61.

das Verhältnis zwischen Graphie und Welt, deren Ähnlichkeit [...] durch die Einbildungskraft erzeugt: *schematisiert* wird.[220]

Ein impliziter Hinweis auf das Paradigma des Kritzelns ist Ernsts Anekdote der Erfindung der Frottage zu entnehmen – auch wenn er die Frottagetechnik nicht selbst mit der Kinderzeichnung vergleicht:[221] Der Ausgangspunkt der Kindheitserinnerung verweist auf eine Technik, die sich gewissermaßen künstlich in ein Stadium der Kritzelei zurückversetzt, um die Potentiale der kindlichen, durch die Fieberphantasie gesteigerten Imagination – und die archaisierende Dimension der prähistorischen und ‚primitiven' Kunst, auf die bereits der Abdruck und das Ähnlichkeitssehen verweisen – wiederzugewinnen, die durch zunehmende Schematisierung verstellt und auf Repräsentation festgelegt ist. Zugleich setzt das Verfahren die Entwicklung vom *unähnlichen Amorphen* zum *ähnlichen Geformten* ins Bild, in der die Zeichnung die Kritzelei entwicklungspsychologisch ablöst, indem sie sie „*auf Linie* und schließlich *in Form* bringt"[222]. Selbst wenn also die Kritzelei als „*Affektlinie*" rein gestischen Ursprungs ist – anders als die zugleich strukturmimetische und psychografische Schraffur der Frottage –, ist ihr die Frottage doch als ‚Matrix' grafischer Formgenese äquivalent.[223] Damit bietet das Paradigma der Kritzelei als Prozess zunehmender Verähnlichung die für die Analyse der Frottage aufschlussreiche „Möglichkeit einer genetischen Pers-

---

220 Ebd.
221 Solches suggeriert van Hoorn, wenn sie schreibt, *Au-delà de la peinture* stelle die Erfindung der Frottage „als ein plötzlich-zufälliges, visionsartiges, geradezu mystisches Durchbruchserlebnis zu einem ihm aus der Kindheit geläufigen Verfahren" dar (van Hoorn, *Naturgeschichte in der ästhetischen Moderne*, S. 75). Einen indirekten Hinweis birgt die – nur auszugsweise von ihr zitierte und nicht dahingehend ausgewertete (ebd., S. 75, Anm. 16) – Textstelle, die als Teil der Vision ein Männlein erscheinen lässt, das die Linien mit einem Pinsel nachzieht (vgl. Ernst, Halluzination oder Die Entstehung der Frottage, S. 95).
222 Driesen, *Theorie der Kritzelei*, S. 62.
223 Ebd., S. 61. Wenn die „Kritzelei zwischen der absoluten Gestaltlosigkeit des Chaos (oder, klassisch, dem Weiß des Papiers oder der Leinwand etc.) und der verwirklichten Wohlgeformtheit einer Figur angesiedelt werden muss, weil ihr Erscheinungs- oder Werdensprozess der Gegenwendigkeit von Defiguration und Figuration: einer *Dialektik der Plastizität* unterliegt, so eignet ihr ein spezifischer Zwischenraum, dessen individuierende Wirkmächtigkeit in einem zweifachen Unähnlichwerden grafischer Formen besteht." (Driesen, Die Kritzelei als Ereignis des Formlosen, S. 25). Diese doppelte Unähnlichkeit beschreibt Driesen wie folgt: „Unähnlich wird die Kritzelei an ihrem Ursprung deswegen, weil der Ursprung des Graphismus selbst unähnlich, diffus, unscharf und formlos ist; weil dem Figurativen die Figuration, dem Individuum die Individuation, schließlich der Ähnlichkeit ein Unähnlichwerden vorausgeht – sodass Re-präsentation: *Wiederholung eines Gegenwärtigen* erst geschehen kann. Die Kritzelei hat so Ähnlichkeit weder mit dem, woraus sie hervorgeht, weil dieses jenseits der Unterscheidung von Ähnlichkeit und Unähnlichkeit liegt, noch mit irgendeiner Form, sei sie im Bild, sei sie in der Welt" (ebd., S. 26).

pektive auf unähnliche Figurationen, deren Ähnlichkeit und damit intelligible Erkennbarkeit selbst noch Produkt des Formlosen ist."[224] Sie lässt sich nicht nur mit dem Begriff der *Archi-Ähnlichkeit* fassen; auch im Anschluss an Maurice Merleau-Pontys „Begriff der ‚wirksamen Ähnlichkeit', die das Ergebnis der Wahrnehmung, nicht deren Triebfeder' sei"[225], lässt sich die „Phänomenalität, d. h. die Ereignishaftigkeit erscheinender Graphismen in den Blick [...] [nehmen], anhand derer der transformatorische Prozess des Kritzelns erst zum Vorschein kommt."[226] Entsprechend ließen sich die in der Frottage aufblitzenden Ähnlichkeitseffekte mit Christian Driesen als „*graphische Kristallisation* von Formen" beschreiben.[227]"

Zugleich ist die Frottage dem produktionsästhetischen Paradigma der *Aufzeichnung* verbunden, an das Ernsts Selbstauslegung programmatisch anschließt. Die durch sie erreichte Steigerung der „Reizbarkeit geistiger Fähigkeiten" zugunsten eines Konzeptes minimaler Autorschaft fasst er, wie angedeutet, im Rekurs auf Rimbaud, indem er vorgibt, er nehme an der Aufzeichnung dessen, was ‚in ihm sieht', „*fast wie ein Zuschauer* teil";[228] so besteht er auf der Nichtintentionalität des Verfahrens und stilisiert sich zum Aufzeichnungsmedium halluzinatorischer Eingebungen, als „Zeuge[] im offengelegten Prozeß der Imagination".[229] Damit schließt Ernsts Verfahren an Bretons Programm des Künstlers als ‚Registriermaschine', als Protokollant eines psychischen Automatismus an. „Wie der Dichter seinen automatischen Denkvorgängen lauscht und sie notiert, so projiziert

---

224 Ebd., S. 26, Anm. 13.
225 Ebd. Vgl. Maurice Merleau-Ponty, „Das Auge und der Geist", in: ders., *Das Auge und der Geist. Philosophische Essays*, hg. u. übers. v. Hans Werner Arndt, Reinbek bei Hamburg 1967, S. 13–43, hier S. 24 (übers. nicht als ‚Triebfeder', sondern als „Wirkmittel.").
226 Driesen, Die Kritzelei als Ereignis des Formlosen, S. 27.
227 Ebd., S. 28: „Diese Singularitäten entsprechen den Kristallisationskeimen, von denen aus das amorphe Blatt mit nach und nach Form annehmenden Linien- und Punktgewirren überzogen, strukturiert wird" (ebd.); ihre Formgenese „operiert als Kritzeln, das dem Ikonischen widerfährt, insofern es diesem phänomenal vorausliegt, es durchzieht und wie ein Dämon heimsucht (ebd., S. 37).
228 Ernst, Jenseits der Malerei, S. 329.
229 Schneede, *Die Kunst des Surrealismus*, S. 162. „Es gehört zu den ersten revolutionären Akten des Surrealismus, diesen Mythus [des Künstlers, S. B.] mit sachlichen Mitteln und in schärfster Form attackiert zu haben, indem er auf der rein passiven Rolle des ‚Autors' im Mechanismus der poetischen Inspiration mit allem Nachdruck bestand und jede ‚aktive' Kontrolle durch Vernunft, Moral oder ästhetische Erwägungen als inspirationswidrig entlarvte." (Ebd.) Mit seinen ‚halbautomatischen' Verfahren nimmt Ernst eine Zwischenposition zwischen Duchamps radikaler Position und einer „individuellen Handschrift" ein (Zimmermann, Philosophische Horizonte der *Histoire Naturelle*, S. 19). Obwohl die Originalität und Authentizität des Werkes zurücktritt, bleibt Ernst ‚Erfinder', der sich in eine genealogische Linie mit Künstlergenies wie Leonardo da Vinci stellt; vgl. Drost, ‚Biografische Notizen'.

der Maler auf Papier oder Leinwand, was ihm seine optische Einbildungskraft eingibt."[230] Als „echtes Äquivalent" zur „*écriture automatique*"[231] bestimmt Ernst die ‚*peinture automatique*', von deren Malern er fordert,

> dass sie sich auf dem physikalisch und psychisch durchaus realen (‚surrealen'), wenn auch noch wenig bestimmten Grenzgebiet von Innen- und Außenwelt frei, kühn und selbstverständlich bewegen, einregistrieren, was sie dort sehen und erleben, und eingreifen, wo ihnen ihre revolutionären Instinkte dazu raten.[232]

So wird die Spur als leibliche Präsenz bezeugender Abdruck und als Imaginations- und Erinnerungsspur in einem Zwischenraum verortet, der die ‚Grenzen zwischen der so genannten Innenwelt und der Außenwelt zu einem liminalen Raum aufdehnt, aus dem es „unverfälschte (durch keine Kontrolle verfärbte) Fundgegenstände (‚Bilder')" zu bergen gilt, „deren Verkettung man als irrationale Erkenntnis oder poetische Objektivation bezeichnen kann."[233] Barbara Wittmann erkennt – im Rekurs auf Klees Traum, „‚Erlebnisse zu notieren, die sich selbst in blinder Nacht in Linie umsetzen könnten'", – in solchen Aufzeichnungstechniken die Reflexion einer diskursiven Konstellation um 1900, die „die Zeichnung als das Medium, das seit der italienischen Kunsttheorie der Mitte des 16. Jahrhunderts im Verdacht einer besonderen Intimität mit dem intellektuellen Vermögen stand, grundlegend verändert", indem sie die „Unmittelbarkeit des graphischen

---

230 Ernst, „Was ist Surrealismus", in: *Schnabelmax und Nachtigall*, S. 77–85, S. 77.
231 Ernst, Jenseits der Malerei, S. 329; vgl. dazu Bretons Impuls, die bildhafte Vorstellung ‚durchzupausen'.
232 Ernst, Was ist Surrealismus, S. 82. „Mit dieser, später ‚paranoisch-kritisch' genannten Aktivität (Passivität) beschäftigte ich mich immer eingehender. Ich paßte das Durchreibe-Verfahren, das anfangs nur für die Zeichnung geeignet schien, den technischen Mitteln der Malerei an, z. B. als Abkratzen von Farben auf einem farbig präparierten und unebenen Grund (Grattage), und bemühte mich, meine eigene aktive Beteiligung an der Entstehung des Bildes immer mehr einzuschränken, damit die halluzinatorischen Fähigkeiten größeren aktiven Anteil gewännen." (Ernst, Jenseits der Malerei, S. 329).
233 Ernst, Was ist Surrealismus, S. 79: „Da jeder ‚normale' Mensch (und nicht nur der ‚Künstler') bekanntlich im Unterbewusstsein einen unerschöpflichen Vorrat an vergrabenen Bildern trägt, ist es Sache des Muts oder befreiender Verfahren (wie der ‚écriture automatique'), von Entdeckungsfahrten ins Unbewusste unverfälschte (durch keine Kontrolle verfärbte) Fundgegenstände (‚Bilder') ans Tageslicht zu fördern, deren Verkettung man als irrationale Erkenntnis oder poetische Objektivation bezeichnen kann, nach Paul Éluards Definition: ‚Die poetische Objektivität besteht einzig in der Verkettung aller subjektiven Elemente, deren Sklave – und nicht Herr – der Dichter bis auf weiteres ist.'"

Ausdrucks" betont.²³⁴ Das Paradigma „der psycho-physiologischen Aufzeichnung"²³⁵ beschreibt Weigel an Wittmann anschließend als *„Méthode grafique* der Aufzeichnungsapparate", die dem „Traum einer unmittelbaren Aufzeichnung physiologischer Bewegungen und Phänomene, die ohne menschlichen Beobachter und ohne Sprache auskommt", Ausdruck verleiht,

> einer mit Hilfe von technischen Apparaturen wie Kymograph (Wellenschreiber), Sphymograph (Pulsschreiber), Myograph (Registrierung der Muskelkontraktionen), Seismograph und diversen weiteren Aufzeichnungsgeräte erzeugten Unmittelbarkeit, die auch als ‚natürliche Schrift', als *graphique naturel*, gefeiert wurde.²³⁶

Dabei geht es Ernst weniger um die Behauptung einer tatsächlichen *Transparenz* der Aufzeichnung auf innere Bilder als ‚Symptome' – so formuliert er, die Zeichnungen hätten ‚*wahrscheinlich die erste Ursache der visionären Heimsuchung offenbart oder das Scheinbild dieser Ursache hervorgebracht*' – als um die Erschließung einer subikonischen Ebene: Die ‚grafische Methode' dient den Avantgarde-Programmen als Modell, den spurhaften „,Zustand der Linie vor ihrer Kodierung als Buchstabe oder bildliche Repräsentation'" zu fixieren.²³⁷ Ernsts Rhetorik der Befreiung ‚halluzinatorischer Fähigkeiten' würdigt dieses Konzept minimaler Autorschaft in mythifizierenden und zugleich programmatischen Formulierungen als eine Art Initiation: „Den blinden Schwimmer, der ich war, machte ich sehend. ‚Ich habe gesehen.' Und überrascht entdeckte ich meine Liebe zu dem, was ich sah, den Willen, mich mit ihm gleichzusetzen."²³⁸ Dies gemahnt nicht nur an Einsteins anhand der Bilder Massons entwickeltes Konzept metamorphotischer Identifikation, auch epistemologische Modelle einer sich ‚anähnelnden' Erkenntnis scheinen aufgerufen, wenn in der Identifikation mit dem Gesehenen die Identität durchlässig erscheint.²³⁹ Ernsts produktionsästhe-

---

234 Wittmann, Zeichnen, im Dunkeln, S. 2. Im Hintergrund stehe eine „moderne, sensomotorische Konzeption des Menschen." (Ebd., S. 5).
235 Weigel, *Grammatologie der Bilder*, S. 47.
236 Ebd., S. 46. Vgl. Wittmann, Zeichnen, im Dunkeln, S. 11: „Der Kurvenschreiber ist also ein Ort, wo die *écriture automatique* des Apparats eine spezifische Vorstellung von der ‚Blindheit' der Hand zeugt und er ist auch ein Ort, wo die Entdifferenzierung von Schreiben und Zeichnen ihren Ausgang nehmen dürfte."
237 Wittmann, zit. n. ebd., S. 48.
238 Ernst, Jenseits der Malerei, S. 329. Breton (*Der Surrealismus und die Malerei*, S. 168) schreibt Ernst „eine eigenartige Allwissenheit [zu], die sich mit der Gabe der Satire und der Mystifikation paart, um das zu brauen, was der Gewöhnliche unter dem Namen ‚Humor' begreift." (Ebd.).
239 Ernst denkt Identität als Ergebnis eines „Energieaustausch[s]" mit der Wirklichkeit und als ‚zusammengefügtes' „Äquivalent dessen, was die klassische Philosophie mit dem Begriff Identität beschriebe habe" (Zimmermann, Philosophische Horizonte der *Histoire Naturelle*,

scher Angriff auf Konzepte des Genies und der Autonomie macht den Ort ästhetischer Kreation zum „Schauplatz" einer Re-Organisation.[240] Seine dynamische Auffassung der (Künstler-)Identität verbildlichen die „Künstlermetamorphosen", in denen er sich „als ein Verwandelter" darstellt – meist als „*Vogelmensch*" in Gestalt seines privatmythologischen Alter Ego „,Loplop'", eines Vogeltotems, das sich in dem dadaistisch getönten Alter Ego „,Schnabelmax'" vorbereitet, aber auch als „*Stiermensch*" oder „*Chimäre*".[241] Metamorphose wird mithin auch auf dieser Ebene als ein Konzept eingesetzt, das die modernen ‚Kulturen der Identität' durch eine Ästhetik der Verwandlung dekonstruiert. Diesen Zusammenhang erfasst Éluards Reflexion auf Ernsts Gestaltungsprinzipien und seine „Identifikation mit dem, was sein imaginativ-produktives Sehen an Verwandlungsbildern" hervorbringt:

> Max Ernst entschließt sich, die alte Vernunft [...] unter der freien Darstellung eines freien Universums zu begraben. Es ist nicht weit durch den Vogel von der Wolke zum Menschen, durch die Bilder ist es nicht weit vom Menschen zu dem, was er sieht, von der Natur der realen Dinge zu der Natur der vorstellbaren Dinge. [...] Man wird nicht verneinen können, daß alles ab dem Augenblick, wo du davon noch keine Idee hast, in alles verwandelbar ist. Eine wahrhaft materialistische Interpretation der Welt kann aus dieser Interpretation nicht denjenigen ausschließen, der sie bestätigt. [...] Max Ernst hat sich vermischt und identifiziert mit dem, was er uns zeigt.[242]

S. 21) Er formuliert mit Breton: „Die Identität wird konvulsiv sein – oder sie wird nicht sein." (vgl. Ernst, Plötzliche Identität, S. 123. Vgl. zu dem Begriff einer „,convulsive identity'" Lomas, Artist sorcerers, S. 367. Wie Rimbaud, so sagt er von sich, „tat ich alles, um ‚meine Seele in ein Monster zu verwandeln'" (Ernst, Jenseits der Malerei, S. 329).
240 Lévi-Strauss, Meditative Malerei, S. 355: Er sieht hier eine Analogie zu seinem eigenen Konzept. Die surrealistische Frage nach dem „Künstler als Subjekt" sieht Zimmermann als Vorgriff der „philosophischen Destruktion des Subjekts" (Zimmermann, Philosophische Horizonte der *Histoire Naturelle*, S. 19).
241 Lichtenstern, *Metamorphose*, S. 264. Weitere Identifikationsfiguren sind mythologische Gestalten (Pan, Papua, Prometheus), einen ambivalenten Naturbezug verkörpernd, der mythische, romantische und primitivistische Vorstellungen reflektiert. Vgl. zum Thema der Künstlermetamorphose ebd., S. 264–294; vgl. Werner Spies, *Max Ernst, Loplop. Die Selbstdarstellung des Künstlers*, Ostfildern 1998; Rainer Zuch, „Max Ernst, der König der Vögel und die mythischen Tiere des Surrealismus", online unter https://edoc.hu-berlin.de/bitstream/handle/18452/8068/zuch.pdf?sequence=1&isAllowed=y, 26.8.2018.
242 Paul Éluard, *Donner à voir*, zit. n. Lichtenstern, *Metamorphose*, S. 136. Lichtenstern zufolge zeigt sich hier eine Nähe zu Éluards Poetik des „L'image par analogie (ceci est comme cela) et L'image par identification (ceci est cela)" (ebd.). Zu der Éluards Theorie der Sprachbilder inhärenten Gleichwertigkeit realer und imaginärer Dinge zitiert sie Jean-Charles Gateaus „Vorwurf des Idealismus", der eine Angleichung der Dinge, der Darstellung und des für das Subjekt Wirklichen annimmt. Dagegen sei diese ‚materialistische Interpretation der Welt' die eines „dialektischen Marxisten", dem zufolge die „Transformation der Welt durch die mensch-

Die kontinuierliche Verwandlung ‚von der Natur der realen Dinge' in die der ‚vorstellbaren Dinge' inszeniert die Frottage als Transformation unähnlicher Spuren in ähnliche Bilder; inwiefern sich dabei die scheinbare Unmittelbarkeit spurhafter *Archi-Ähnlichkeit* in verschiedene Dimensionen ikonischer Ähnlichkeit auffächert, lässt sich abschließend mittels im Verlauf skizzierter Theoreme zusammenfassen. Das Ineinander der Lineaturen verbindet den taktil-materiellen Abdruck und die psychografische Geste, Index und Ikon, Kontiguität und Similarität, wobei die Übertragungsleistung des ‚taktilen Sehens' die Genese des Bildes als aus der Textur ‚erwachsende' ikonisch-imaginative Gestaltung von einem unähnlichen Grund aus suggeriert: Verähnlichung setzt an einem subikonischen Moment an und erlaubt den Nachvollzug der evozierten imaginativen Neuschöpfung vor jeder Zeichen-Codierung. Um diesen Zwischenbereich jenseits des Dualismus von Erscheinung (Präsenz) und Zeichen (Repräsentation) zu fassen, bedarf es einer Perspektive, die phänomenologische und semiotische Ansätze verbindet,[243] um den Transfer von der Spur zum Ikon und vom Imaginären zum Sichtbaren zu fassen. So kann sich eine ähnlichkeitstheoretische Analyse dieser Formgenese auf Ansätze stützen, die den Blick auf den Schwellenraum zwischen Spur und Ikon, auf das Erscheinen der Ähnlichkeitsphänomene im Bild richten: Die Überlegungen zur *Kritzelei* und zum Graphismus der *Aufzeichnung* erörtern ebenso wie das Theorem des blinden Zeichnens als „‚unsichtbare Bedingung der Möglichkeit der Zeichnung' überhaupt" Ansätze einer alternativen „Theorie des Zeichnens"[244], die „die Spannung zwischen innerer Vorstellung und äußerer Materialisation des disegno-Paradigmas" überwindet.[245] Die Komplexität von Bildprozessen, in denen Wahrnehmung und Imagination solchermaßen ineinandergreifen, beschreibt Merleau-Ponty so: „Essenz und Existenz, Imaginäres und Wirkliches, Sichtbares und Unsichtbares – die Malerei bringt alle unsere Kategorien durcheinander, indem sie ihre Traumwelt körperlicher Wesenheiten,

---

liche Arbeit geschieht'", und der dies hier in eine eher „pantheistische als alchemistische Formulierung" kleide (ebd.). Gateau sieht darin eine Mischung aus deutscher Romantik und dialektischem Marxismus; Lichtenstern verweist auf den „Horizont einer antiidealistischer Naturdeutung", die für die „Surrealisten generell" gelte (ebd.).
243 Vgl. Rautzenberg, Zeichen/Präsenz; vgl. Seel, *Ästhetik des Erscheinens*. Vgl. dazu bereits Kap. II.4.3.
244 Wittmann, Zeichnen, im Dunkeln, S. 4. „Aus der Perspektive der *Mémoires d'aveugle* versteht sich das, was sich in Stiehlers und Klees propädeutischen Übungen im blinden Zeichnen ereignet, als ‚unsichtbare Bedingung der Möglichkeit der Zeichnung' überhaupt", wie Wittmann mit Derrida betont (ebd.).
245 Das Denken des „*Ent-zugs (retrait)* wie Derrida es nennt – hat die Spannung zwischen innerer Vorstellung und äußerer Materialisation des *disegno*-Paradigmas überwunden" (ebd., S. 5).

wirksamer Ähnlichkeiten und stummer Bedeutungen entfaltet."[246] Eine genetische Perspektive auf die Zeichnung als „ikonografische Philosophie des Sehens"[247] mit Fokus auf die darin entstehenden *Ähnlichkeitseffekte* bietet sein Theorem der ‚wirksamen Ähnlichkeit'; er verweist im Kontext des folgenden Zitats auf Ernsts Anleihen an Rimbauds ‚Seher-Brief':

> Wer auch immer der Maler sei, *während er malt*, praktiziert er eine magische Theorie des Sehens. Er muß schon zugeben, daß die Dinge in ihn übergehen oder daß, entsprechend dem sarkastischen Dilemma von Malebranche, der Geist ihm aus den Augen tritt, um sich unter den Dingen zu ergehen, da er ja unaufhörlich sein zweites Gesicht nach ihnen ausrichtet. (Daran ändert sich nichts, wenn der Maler nicht nach dem Motiv malt: er malt auf jeden Fall, weil er gesehen hat, weil ihm die Welt, zumindest einmal, die Chiffren des Sichtbaren eingeprägt hat.) Er muß schon zugeben, daß das Sehen, wie ein Philosoph sagt, eine Spiegelung oder Konzentration des Universums ist oder daß, wie ein anderer sagt, der ἴδιος κόσμος sich durch das Sehen auf einen κοῖνος κόσμος hin öffnet, daß schließlich dasselbe Ding dort im Innern der Welt und hier im Innern seines Sehens ist; dasselbe oder, wenn man will, ein *ähnliches* Ding, jedoch durch eine wirksame Ähnlichkeit, die Verwandtschaft, Entstehung und Metamorphose des Seins in seinem Sehen ist.[248]

Einen Zugang zu den Transformationsschritten der Frottage erlaubt auch Peirces Differenzierung ikonischer Ähnlichkeit von der als „primäre Ikonizität" konzipierten „protosemiotische[n] Disposition":[249] Sie lässt die Übersetzung der basalen Ikonizität der Wahrnehmung und Imagination ins Bild nachvollziehen: von der *likeness* als „Möglichkeit eines Wahrnehmungsprozesses'"[250] zum „Erkennen des Objekts (*Secondness*)" und zum „Vergleich" (*Thirdness*) als Schritte der Übertragung wahrnehmbarer Ähnlichkeit in die Analogiebeziehungen der Bilder.[251] Dabei bestimmt er als „einen der ersten Modi der Zeichenerzeugung (und des Zeichenerkennens) die *Kongruenzen* (also die Abdrücke)"; in dem Schluss von der anwesenden Spur auf das Abwesende, der der „Konstruktion eines möglichen *Inhalts* eines Zeichens" entspricht, lokalisiert er eine Art „präsemiotischen Anfang" der Deutung.[252]

---

246 Merleau-Ponty, *Das Auge und der Geist*, S. 22.
247 Ebd., S. 21.
248 Ebd., S. 19 f. Vgl. zum Verweis auf Ernst ebd., S. 20 f.
249 Eco, *Kant und das Schnabeltier*, S. 130.
250 Ebd., S. 121 f.
251 Ebd., S. 123.
252 Ebd., S. 131. Die impliziere, dass „zwei *Etwas* deshalb zusammentreffen, weil sie miteinander *übereinstimmen*, wie *die Schraube mit der Mutter übereinstimmt*." (Ebd., S. 130) Die Rekonstruktion „setzt etwas voraus, das abdrückt und geht also von einem ursprünglichen Kontakt, einem Zusammentreffen, einer *de facto*-Übereinstimmung zweier Elemente aus. Eben das würde genügen, um bei einer *Secondness* zu sein. [...] Hier spielen gerade *räumliche* Phä-

Ernsts kontinuierliche Vermittlung solcher primärer Wahrnehmungsmomente lässt sich vor dem Hintergrund dieser Theoreme weiter erhellen: Insofern die Verähnlichung in der Frottage an der Spur als dem subikonischen Ort der Zeichenproduktion ansetzt und den Nachvollzug imaginativer Neuschöpfungen vor jeder Codierung erlaubt, steht sie zwischen zwei Konzeptualisierungen der Spur, die das Ähnlichkeitssehen vermittelt: ihrer Konzeption als „Hinterlassenes" (Didi-Hubermans Abdruck, Ginzburgs Indizienparadigma) und „Vorgängiges"[253] (Derridas *trace*, Peirces *firstness*). Dies transportiert paradigmatisch der Begriff der *Archi-Ähnlichkeit*, den Rancière eher in der ersten, Weigel in der zweiten Dimension konzeptualisiert: Derridas Perspektivwechsel „vom Hinterlassenen auf das Vorausgehende, von der Ähnlichkeit auf die Differenz, von positiv vorhandenen Bildern dorthin, wo sich die Spuren im Unkenntlichen, Heterogenen oder Immateriellen verlieren", orientiert „die Frage der Bildgebung auf das *Anikonische vor dem Bild*"[254]; hier lässt sich entsprechend Peirces Formel: „Symbols grow"[255] von einem prozessualen ‚Herauswachsen' der Bilder aus der Spur sprechen. Ein stärker an der ‚grafischen Methode' der Frottage orientierter Begriff der *Archi-Ähnlichkeit* operiert gewissermaßen im Zwischenraum: Es handelt sich weniger um ein ‚Unmotiviert-Werden' der – bei Derrida nicht als Index gedachten – Spur als um eine Interferenz von Einschreibungen in einem Prozess, der zu einem ikonischen ‚Motiviert-werden' der Spur, zu Figuration und Ähnlichkeit führt.

Die Frottage als Verfahren einer durch das Ähnlichkeitssehen prozessualisierten Transformation der spurhaften Linie, das im Kontext der programmatischen Abgrenzung avantgardistischer Konzepte des Zeichnens gegen kunsttheoretisch abgesicherte Theorien der Zeichnung steht, dient Ernst dazu, „Imaginäres im Sinne von mentalen Vorstellungen in das Register der Sichtbarkeit zu überführen",[256] um das imaginative Potential der Herstellung von Ähnlichkeiten zugleich zu entgrenzen und ins Bild zu bannen. Der „anschauliche[n] Linie" sieht Krämer

---

nomene eine Rolle, Austauschvorgänge nach Art eines Abdrucks [...]. Er [Peirce, S. B.] hat oft wiederholt, dass man die *Firstness* zwar (logisch) von der *Secondness lösen*, dass sie aber nie ohne diese *vorkommen* kann [...]. Spricht man also von der primären Ikonizität als einem Abdruck, so meint man nicht tatsächlich realisierte Abdrücke, sondern eine *Prädisposition für einen Abdruck*, eine ‚Ähnlichkeit' durch Komplementarität eines Elements zu einem *zukünftigen* Element. Die natürliche primäre Ikonizität wäre demzufolge die Eigenschaft von Abdrücken, die (zwangsläufig) ihr Abdrückendes noch nicht gefunden haben, aber bereit sind, es zu ‚erkennen'" (ebd., S. 132). *Firstness* erscheint als „Bild von etwas das noch nicht da ist" – als *ähnliches* Bild, aber kein Bild *von etwas* (ebd., S. 133).
253 Weigel, *Grammatologie der Bilder*, S. 30 f.
254 Ebd., S. 31.
255 Zit. n. Derrida, *Grammatologie*, S. 83.
256 Krämer, *Figuration, Anschauung, Erkenntnis*, S. 98.

mit Merleau-Ponty als einer „dem Sichtbaren eingelagerten Unsichtbarkeit die Phänomenologie einer ‚anderen Welt' ab, welche als Grenze einer Phänomenologie des Imaginären und Verborgenen beschrieben werden könne."[257] Dies entspricht einer Sehschule der Surrealität: Es bleibt, wie Breton angesichts Ernsts Collagen betont, nicht ohne Folge für die Realitätsauffassung, wenn die Imagination Ähnliches im Unähnlichen aufspürt. Die Frottage verbildlicht die Interferenz von Wahrnehmung und Imagination durch das Changieren zwischen Index und Ikon in einem Kippspiel, das Momente des *Sehen-als* evoziert, indem die flüchtig erscheinenden Ähnlichkeitsaspekte, die metaphorische Akte des Blicks stiften, notiert werden: Die poietische Kraft des übertragenden Blicks steht in Vermittlung mit der Außenwelt, denn „[d]ie Wirklichkeit – [...] eine der Elementaraussagen des ‚Überrealismus' in der Malerei – birgt das unausschöpfbare Reservoir des überhaupt jemals Imaginierbaren"[258]. Die Entzündung der Phantasie an Oberflächenstrukturen öffnet wiederum „die sichtbare Welt für die Deutungsräume des Imaginären, für die Welt des Unsichtbaren"[259]. Die so etablierte „Ikonographie des Aspektwechsels" bezeichnet Bauer „als Rezeptionsmodus antimimetischer Ähnlichkeit".[260] Indem die Frottage den Umschlag von einem „‚stetigen Sehen'" in flüchtige Ähnlichkeitsaspekte inszeniert, lässt sie ein „Ineinander von Ähnlichkeit und Unähnlichkeit"[261] anschaulich werden. „Materielles und Imaginäres" verbindet dabei „eine augenscheinliche Ähnlichkeit, nicht [...] substantielle Identität, und es ist offensichtlich diese durch die Analogie pointierte Differenz, in der der imaginative Reichtum der Frottage entspringt."[262] Gerade indem sie ihre Genese sichtbar macht, verlangt sie ein Verfahren der ‚schwebenden Abduktion', wenn nicht der *Einbildung*, in der die in Erscheinung tretende Figuration Teil des Rezeptionsakts und damit der ‚wirksamen Ähnlichkeit' im

---

257 Zit. n. ebd., S. 97.
258 Konersmann, Max Ernst und die Idee der Naturgeschichte, S. 162.
259 Ebd., S. 161.
260 Bauer, Ähnlichkeit als Provokation, S. 135.
261 Endres, Unähnliche Ähnlichkeit, S. 47. Wittgensteins „H-E-Kopf" dient als Modell, um „‚zwischen dem stetigen Sehen' eines Aspekts und dem ‚Aufleuchten' eines Aspekts [zu] unterscheiden'": Das stetige Sehen ist der Wahrnehmung zu vergleichen, die den Bildgegenstand identifiziert. „[D]ass das Sehen-Als ein ‚Seherlebnis' begründet, in dem das Bemerken einer Ähnlichkeit – von Bild und Abgebildetem – und das gleichzeitige Bemerken einer Unähnlichkeit – des Abgebildeten mit der Sache selbst – eine paradoxe Gleichsetzung des Bildzeichens mit seinem Inhalt und damit eine ‚ästhetische Nichtunterscheidung' von Sein und Bedeuten zeitigt" (ebd., S. 49), macht die Frottage sichtbar.
262 Konersmann, Max Ernst und die Idee der Naturgeschichte, S. 162.

Sinne Merleau-Pontys ist. Die Frottage verführt „‚symproduktiv'"²⁶³ zum *Sehen-als*, „erfordert ein assoziatives Hineinsehen und macht die Möglichkeit der Metamorphose zum beherrschenden Bildthema."²⁶⁴ Dass die durch sie gestifteten Ähnlichkeitseffekte mit einer entgrenzenden Arbeit an Identität, Form und Repräsentation einhergehen, lässt sich besonders anschaulich an den Blättern aufzeigen, die Ernst zu der Folge *Histoire naturelle* zusammenstellt.

5.3 Metamorphosen der Naturgeschichte: Die Frottagen der *Histoire naturelle*

> Kein Wunder, dass ich in dem Augenblick, da ich noch meine alten eigenwilligen Augen hatte, um zu schauen, Vergleiche anstellte, um wählen zu können. Mein Mund aber, der höher lag als meine Augen und kühner war, weil er oft aus dem Schlaf gesprochen, war mir vorausgeeilt und rief mir seinen Spott zu: ‚Alter Identitätskrämer! Was hast du erblickt und erkannt, tapferer Doktor der Tautologie? Was hast du erkannt, sag, am Rand dieser neuen Straße? Einen Auch-Baum oder Beinah-Baum, nicht wahr? Nun suchst du wohl dein Latein zusammen für einen Brief an den alten Linnaeus? Hol dir lieber ein paar Augen aus dem Grund deiner Seele und setze sie dir auf die Brust: dann erfährst du, was sich hier ereignet! (Paul Celan)²⁶⁵

Das Verfahren der Frottage gewinnt an narrativer Dynamik und ikonischem Reiz in den „Metamorphoseschöpfungen der ‚Histoire naturelle'"²⁶⁶, einer Folge von

---

263 Ebd., S. 161. Die Bestimmung des Künstlers als *Zuschauer* verweist so auch auf eine „Rezeptionsvorgabe": Der „Gestaltwechsel, der den Abgrund überbrückt, ist ein vereindeutigendes und zugleich bedeutungsstiftendes Ereignis im Kopf des Betrachters." (Ebd.)
264 Orchard, (Un)Ordnung schaffen, S. 13.
265 Paul Celan, „Edgar Jené und der Traum vom Traume", in: ders., *Historisch-Kritische Ausgabe (Bonner Ausgabe)*, I. Abteilung: Lyrik und Prosa/Band 15,1, hg. v. Andreas Lohr und Heino Schnull in Verbindung mit Rolf Bücher, Frankfurt a. M. 2014, S. 11–17. Celan beschreibt hier die Bildwelt Jenés als „ein Reich des Ähnlichen, des (Unter-anderem-),Auch' und ‚Beinahe', des Ungeschiedenen und Übergänglichen, wo das Verschwimmen äußerer Konturen und das Versagen identifizierender und trennender Begriffe wechselseitig aufeinander verweisen." (Schmitz-Emans, Surrealismus, o. S.) Vgl. dazu Schklowskijs Bemerkung: „[D]ie Dichter und Prosaiker wollten mit neuen Worten reden, denn sie sahen mit neuen Augen" (Schklowskij, *Von der Ungleichheit des Ähnlichen in der Kunst*, S. 11).
266 Lichtenstern, *Metamorphose*, S. 135f. Die Serie erscheint 1926 bei Jeanne Bucher als Mappe von im Lichtdruckverfahren reproduzierten Blättern; vgl. van Hoorn, *Naturgeschichte in der ästhetischen Moderne*, S. 73. Van Hoorn analysiert alle Blätter der *Histoire naturelle*, ohne jedoch dezidiert auf Metamorphosethematik und Ähnlichkeitsreflexion einzugehen.

34 Blättern (Abb. 3–36), die als „das geradezu ikonische Werk für die Verbindung zwischen naturkundlichen Ideen mit der Kunst im 20. Jahrhundert" die Genese einer subjektiv-mythopoetischen Welt zeigt.[267] Die formgenetischen Aspekte des Verfahrens erhalten mit dem „Entwicklungsmodell der Naturgeschichte, das vom Unorganisierten und Ungebildeten zu zunehmender Bildung und Organisation aufsteigt"[268], einen reflexiven Rahmen. Indem Ernst auch hier den Schwellenraum zwischen Spur und Bild besiedelt, entsteht „eine neue imaginäre Wirklichkeit, in der er Metamorphose als einen Prozeß von Gestaltumwandlungen veranschaulicht"[269]: Die Folge schafft von Mischwesen bevölkerte Landschafts- und Innenräume und konstruiert in ihrer „metamorphotischen Gesamtbewegung"[270] einen über einzelne Blätter hinausweisenden, durch formale Äquivalenzen betonten Verweisungszusammenhang: Hans Holländer nennt sie „eine Serie von Montagen aus Metaphern und Analogien."[271] Ernst entwickelt kunsttheoretisch anspielungsreich eine metamorphotische Ikonografie, die als ‚visuelle Allegorie' der transformierenden Macht der Imagination erscheint. Dabei reflektiert die *Histoire naturelle* Aspekte der Repräsentationskritik: Sie kommentiert ironisch die Tradition neuzeitlicher Naturgeschichten und deren „Ordnung der Enzyklopädie" und zugleich das klassische Mimesis-Konzept, „die seit der Renaissance geltende Auffassung des Bildes als ‚offenen Fensters' zur Wirklichkeit":

> Denn Albertis berühmte Definition antizipiert die Vorstellung eines völlig transparenten Mediums, die nach Foucault eine entscheidende Voraussetzung für den Übergang von der spekulativen Hermeneutik der Natur zu ihrer klassischen wissenschaftlichen Repräsentation seit Beginn der Aufklärung ist.[272]

---

[267] Keßler, Schwarz, Verzweigungen von Naturgeschichte und Kunst, S. 13. Auf das Motiv der Naturgeschichte greifen die Surrealisten vielfach zurück, etwa auch Peret: „[E]s war wirklich traurig, mitanzusehen, wie die Verwirrung um sich griff, wie die Mistel mit Kornblumenblüten bedeckt aus der Erde kam, während die Rosen in den Birnbäumen prangten. Nichts war an seinem Platz. Und unter dem Einfluß des Gewitters, das schon seit Jahrhunderten andauerte, nahm die Unordnung unablässig zu." (Zit. n. Orchard, (Un)Ordnung schaffen, S. 13).
[268] Weigel, *Grammatologie der Bilder*, S. 52; sie bezieht sich hier auf Karl Philipp Moritz' „Signatur des Schönen".
[269] Lichtenstern, *Metamorphose*, S. 158.
[270] Konersmann, Max Ernst und die Idee der Naturgeschichte, S. 162.
[271] Holländer, Ars inveniendi et investigandi, S. 280.
[272] Zimmermann, Philosophische Horizonte der *Histoire Naturelle*, S. 18. Dies artikuliert nicht nur die Vorstellung einer „wahrheitsgetreu abbildenden" Malerei: „Aufgrund der notwendigen Korrelation von sehendem Subjekt und ansichtig werdender Welt läßt sich diese Auffassung des Bildes sogar als Antizipation der Problemstellung verstehen, wie sie die neuzeitliche Philosophie seit Descartes entfaltet hat." (Ebd.)

In Ernsts bildlicher ‚Schwellenkunde' dagegen „bewirkt das Hineinsehen eine Gestaltverwandlung"[273], womit er auch hier die Möglichkeiten der strukturmimetischen *Berührungsähnlichkeit*, der *Archi-Ähnlichkeit* und des *Ähnlichkeitssehens* gegen abbildliche Mimesis ausspielt. Diese selbstreflexiv thematisierte Ebene bereichert er um eine quasiphilosophische Dimension, die eine alternative ‚(Un-)Ordnung der Dinge' vorführt: Das Sujet der *Histoire naturelle* spielt auf den Zusammenhang von Sichtbarkeit und Wissen an, die Ordnung des Sichtbaren in deskriptiver Klassifikation und enzyklopädischer Systematik und ihre ästhetische Transgression in einer „Gegen-Schöpfung aus surrealistischem Widerspruchsgeist."[274] Um dies zu erläutern, werden, an Beobachtungen zur Einheit der Folge und zu Aspekten der Mimesisreflexion anschließend, aus dem formgenetischen Verfahren hervorgehende Ähnlichkeitseffekte und -figuren thematisiert, um die *Histoire naturelle* abschließend als moderne Naturgeschichten ‚nach der Naturgeschichte' zu kontextualisieren.

In ihrer eine chronologische Entwicklungslogik suggerierenden Abfolge, die sich in Abschnitte gliedern lässt,[275] veranschaulichen die Blätter der assoziations- und bedeutungsstiftend betitelten Serie – „von ‚Das Meer und der Regen' bis ‚Eva, unsere letzte Hoffnung'"[276] –, narrativen Strukturmerkmalen folgend,

---

273 Lichtenstern, *Metamorphose*, S. 158. Von einer „Schwellenkunde des Bildes" spricht Weigel, *Grammatologie der Bilder*, S. 20.
274 Ebd. Vgl. Orchard, (Un)Ordnung schaffen. Ernst zitiert im fiktiven Interview die Interpretation eines Kunstkritikers: „Sein surrealistische Universum lese sich wie das Inhaltsverzeichnis eines zeitgenössischen philosophischen Werks, das noch nicht geschrieben worden sei." (Zimmermann, Philosophische Horizonte der *Histoire Naturelle*, S. 15) Auf Éluards Frage zur *Histore Naturelle*: „‚Hat der Spiegel seine Illusionen verloren, oder hat die Welt sich ihrer Undurchsichtigkeit entledigt?'" antwortet er: „‚Indem es sich ihrer Undurchsichtigkeit entledigt, verschmilzt das Universum im Menschen. Sich seiner Blindheit zu entledigen, wird so des Menschen Berufung.'" (Ernst, Halluzination oder Die Entstehung der Frottage, S. 94).
275 Van Hoorn sieht sechs zusammengehörige Komplexe: „Naturkräfte (Blatt 1–5)", „vegetative Landschaften (Blatt 6–21)", „Menschliche Produkte [...] (Blatt 23–23)", „Tiere (Blatt 24–28), 32–33)", „visionäre Augen (Blatt 29–31)" und „abschließend eine ‚unsichtbare Frau' (Blatt 34)" (van Hoorn, *Naturgeschichte in der ästhetischen Moderne*, S. 81).
276 Ernst, Halluzination oder Die Entstehung der Frottage, S. 97. Vgl. zur Betitelung van Hoorn, *Naturgeschichte in der ästhetischen Moderne*, S. 139: „Wie der bildende Künstler durch die Frottagetechnik und durch einen selbstbewussten Akt der Neuzuschreibung Holzdielen oder Leder zu Blättern macht, so kann er als Sprachkünstler diese Transformation im Akt der Benennung seines Werks noch einmal fortsetzen. Behauptet, praktiziert und zur Nachahmung empfohlen wird damit nicht nur ein neues Sehen, sondern auch ein neues Benennen, das das übliche Sehen und Denken in Kategorien der Ähnlichkeit, das überall nur Varianten immer gleicher und bekannter Dinge erblickt, außer Kraft setzt."

578 —— 5 Metamorphosen der Ähnlichkeit: Max Ernsts *Histoire naturelle*

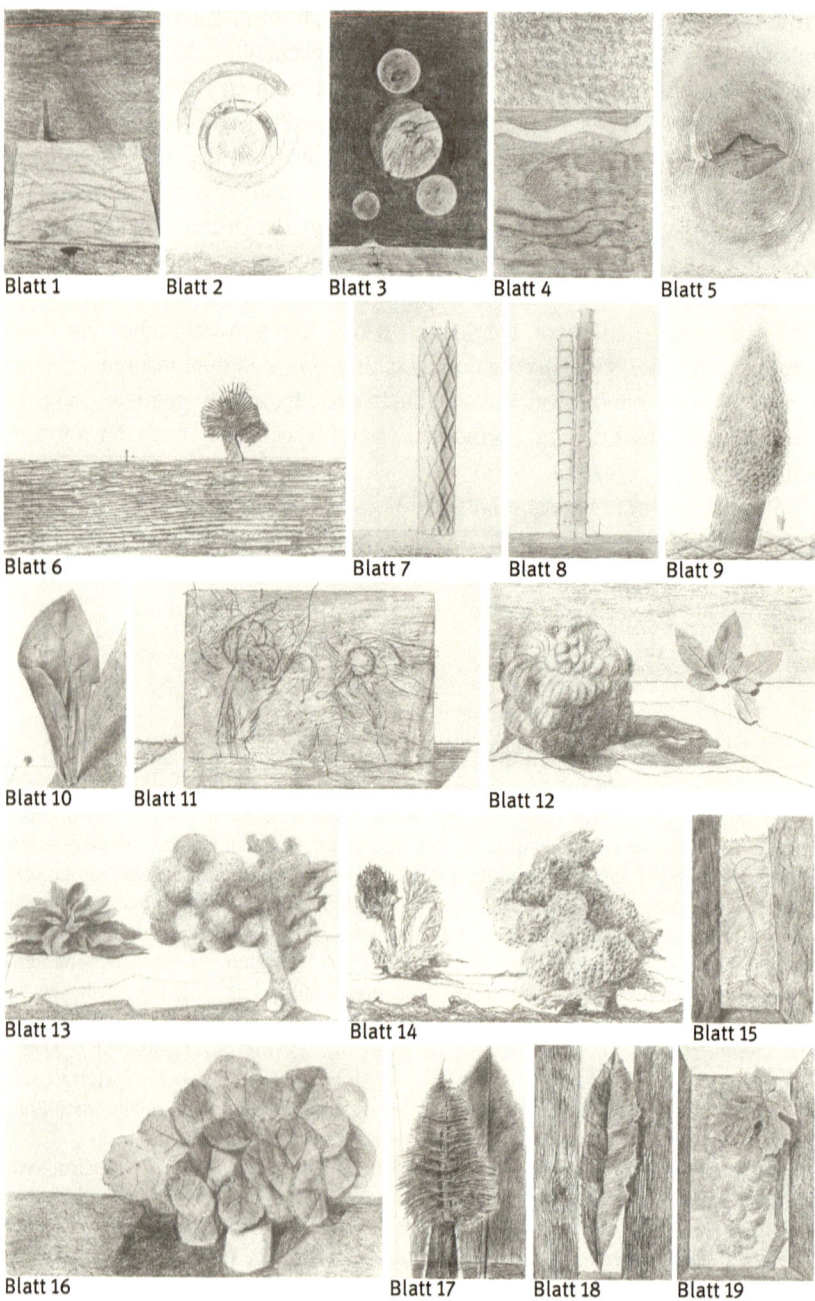

Abb. 3–21: Max Ernst, *Histoire naturelle* (1926) (Blätter 1–19), Lichtdruck; Papier, 50 x 32,30 cm, Staatsgalerie Stuttgart, Graphische Sammlung.

5.3 Metamorphosen der Naturgeschichte: Die Frottagen der *Histoire naturelle* — 579

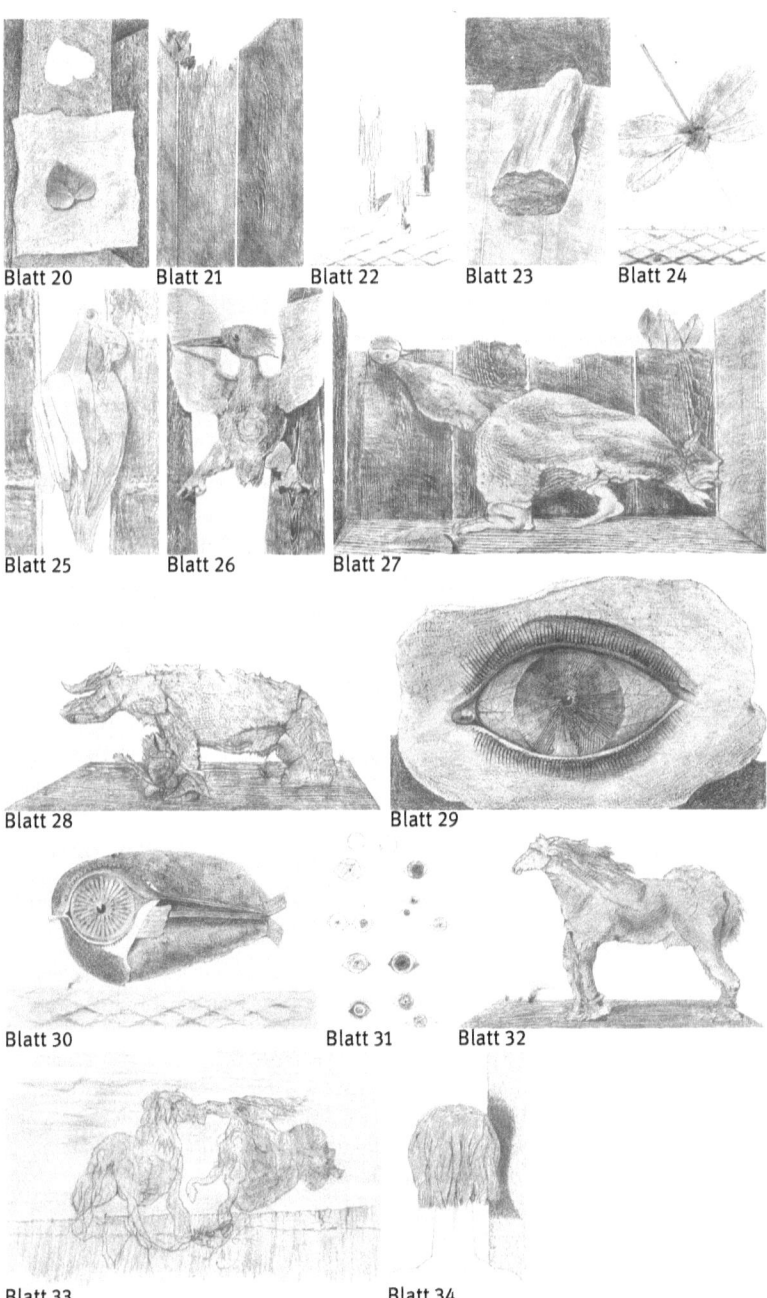

Abb. 22–36: Max Ernst, *Histoire naturelle* (1926), (Blätter 20–34), Lichtdruck; Papier, 50 x 32,30 cm, Staatsgalerie Stuttgart, Graphische Sammlung.

eine *Genesis-* oder *Evolutionsgeschichte*,[277] die sie in Darstellungen kosmologischer, pflanzlicher, tierischer, menschlicher und die Naturreiche kreuzender Wesen verbildlicht: Die ersten drei Blätter, *La Mer et la pluie* (Blatt 1), *Un Coup de l'œil* (Blatt 2) und *Petites Tables autur de la terre* (Blatt 3) illustrieren ein kosmogonisches Geschehen; *La Châle à fleurs de givre* (Blatt 4) und *Le Tremblement de terre* (Blatt 5) tellurische Prozesse, ab *Les Pampas* (Blatt 6) werden Landschaften und Vegetation eingeführt, um immer komplexere pflanzliche und tierische Formen zu bilden, endend mit der weiblichen Rückenansicht mit dem Titel *Eve, la seule qui nous reste* (Blatt 34). Einige Blätter zeigen pflanzliche und tierische Merkmale vereinende, hybride Mischwesen, deren Hervorgehen aus der Frottage den Eindruck der Metamorphose und der prozessualen Kontinuität hervorruft, wie das Vogelwesen auf dem Blatt *Dans LÉcurie du sphinx* (Blatt 27).

Die Folge hält mehrdeutig die Balance zwischen den parallelgeführten Deutungsangeboten kosmogonischer, christlicher und naturphilosophischer Dimensionen, die die ästhetische Neudeutung kreuzt. Dabei alludieren die Motivik und der narrative Rahmen der Genesis als das „Paradigma sämtlicher Ähnlichkeitsbeziehungen" in der christlichen Tradition die Ähnlichkeitsreflexion: Der Mensch ist „nach dem Bilde Gottes"[278] erschaffen, nach „seinem Bild und seiner Ähnlichkeit"; es ist diese „Verbindung von Ähnlichkeit, Genesis, Bild, Erbe und Verwandtschaft", die der „Ähnlichkeit generell (auch in der Kunst) Strukturmuster des Erbes und der Verwandtschaft einschreibt": „Ähnlichkeit fungiert damit zum einen als Signum natürlicher Prokreation, zum anderen ist sie Merkmal eines autopoetischen Zeugungsakts *sui generis*".[279] Diesen Assoziationsraum der Bildbeziehungen ruft die Frottage auch in ihrer formgenetischen Dimension auf – an die *vera ikon* als Paradigma der Transformation von Spuren in ähnliche Bilder *und* an eine ‚fortgezeugte' Ähnlichkeit als Modell mimetischer Beziehungen ge-

---

277 Vgl. van Hoorn, *Naturgeschichte in der ästhetischen Moderne*, S. 81: Dem „Muster der biblischen Schöpfungsgeschichte" folgend, beginne Ernst „wie die Genesis mit einer Schilderung der elementaren Urgewalten der Erde, widme sich zweitens sehr ausführlich der Flora, schweift kurz ab in die Dingwelt menschlicher Produktion, zeigt dann ausschnitthaft einige Exemplare der Fauna und endet mit der Darstellung eines Menschen als der Krone der Schöpfung." Zum im Verweis auf Ernsts Bezugnahme auf Buffon kritisch kommentierten Hinweis auf die Darwin'sche Evolutionstheorie vgl. ebd., S. 81, Anm. 38.
278 Endres, Unähnliche Ähnlichkeit, S. 37.
279 Ebd., S. 38. Darin zeigt sich eine Verbindung von Ähnlichkeit und Mimesis, die historisch zwei wirkungsmächtige Ableitungen zeitigt: Die „Privilegierung *künstlerischer* Ähnlichkeitsphänomene" und ein „genetisches Moment der Erzeugung", das die Verbindung zum „Strukturmuster des Erbes und der Verwandtschaft" begründet (ebd., S. 37).

mahnend.[280] Umso auffälliger ist die „Korrektur der herrschenden Rangordnung der Geschlechter: Am Ende des Zyklus steht – vom Betrachter abgewandt und daher physiognomisch undurchschaubar – *Eva, die einzige, die uns bleibt*".[281]

Mit ihrer eine Entwicklungslogik vorstellenden Ordnung verweist der parallele naturphilosophische Strang der ‚Erzählung' weniger auf das im Titel benannte Genre der Naturgeschichte in der prominent durch Diderots und d'Alemberts *Encyclopédie* vertretenen Ausprägung als auf das „Ende der Naturgeschichte"[282] in Folge des modernen Evolutionismus, der „darwinische[n] Revolution in der Naturgeschichte", die die Schöpfungsgeschichte ablöst und *Metamorphose als Prozessdenken* aktualisiert:[283] Die temporalen Dimensionen beider Narrative

---

280 Vgl. zum Begriff des ‚Fortzeugens' Konersmann, Max Ernst und die Idee der Naturgeschichte S. 162. Als ‚spurhaftes Fortzeugen' mag sie implizit auf die von Aquin betonte spurhafte Ähnlichkeit des Seienden mit Gott verweisen, dergegenüber bildhafte Ähnlichkeit Gottes Sohn, dem Menschen vor dem Sündenfall und der gottesliebenden Seele vorbehalten ist, vgl. Didi-Huberman, Fra Angelico, S. 54.
281 Zimmermann, Philosophische Horizonte der *Histoire Naturelle*, S. 19. Die abgewandte ‚Eva' ist durch ihren Namen und den Kontext der Genesis als erste mythische Frau kodiert; sie suggeriert zugleich die weibliche Kodierung der ‚mütterlichen' Natur; auch auf die Frau als (erotische) Projektionsfläche des Surrealismus mag angespielt sein; nach Breton setzt der Surrealismus „[d]as Bild der Frau [...] als Schlussstein des Gebäudes" (Breton, Was der Surrealismus will, S. 129): „Der Frau gebührte schließlich aller Ruhm [...] als das große Versprechen, das Versprechen, welches fortbesteht, nachdem es erfüllt worden ist" (ebd.). Die Rückenfigur ist zugleich ein Mittel der Selbstreflexion des Bildes. Entgegen der sekundären Stellung der künstlerischen Produktion (im christlich-theologischen Bildverständnis) ließe sich die strukturmimetische Poiesis als Komplizenschaft mit natürlicher Prokreation lesen: So ließe sich Eva als Schlüssel zu einem kreativ-mimetischen Verhältnis lesen, das vor oder neben die ‚männliche' Zeugung die Bedingung einer ‚weiblichen' Matrix setzt. „‚Die Rückenfigur vergegenwärtigt als visuelle Trope der Romantik die Unzugänglichkeit dessen, wovor sie steht und wohin sie blickt.' [...] Die Unergründlichkeit Evas verweist letztlich auf ihre (ursprüngliche) Materialität zurück und damit im übertragenen Sinne auf den schöpferischen Urstoff des surrealistischen Bildkosmos." (Keßler, Schwarz, Verzweigungen von Naturgeschichte und Kunst, S. 17 (im Verweis auf Ubl)).
282 Wolf Lepenies, *Das Ende der Naturgeschichte. Wandel kultureller Selbstverständlichkeiten in den Wissenschaften des 18. und 19. Jahrhunderts*, Frankfurt a. M. 1978. Auch Eva mag auf die Ablösung der enzyklopädischen Ordnung durch die ‚Evolutionsgeschichte' verweisen: „Sie legte zwar der Ordnung der Lebewesen eine neue evolutionsgeschichtliche Rationalität zugrunde, blieb aber in ihren populären Ausdeutungen weiterhin der Vorstellung des Menschen als Krone der Schöpfung und Telos des naturgeschichtlichen Entwicklungspfades verhaftet. Das genealogische Tableau des Menschen wird durch seine Eingliederung in die Serie seiner stammesgeschichtlichen Vorläufer errichtet [...]" (ebd.): „Auffällig ist, dass Max Ernst in seiner Histoire naturelle nicht, wie die Naturgeschichte von Plinius über Buffon zu Brehm, dem Menschen nach der einleitenden Kosmologie und Geographie den prominenten ersten Platz in der Kette der Lebewesen zuweist." (Van Hoorn, *Naturgeschichte in der ästhetischen Moderne*, S. 82).
283 Balke, Foucault und die Möglichkeiten eines Denkens, S. 47.

konterkarieren die klassische Konfiguration der Naturgeschichte als „Beschreibung der im Wesentlichen als unveränderlich gedachten Natur"[284].

Die Doppelkodierung von Genesis und Genese eröffnet konkurrierende Orientierungspunkte einer mimetischen Konstellation, die künstlerische Schöpfung an der Analogie zu göttlicher Schöpfung und natürlicher Genese nach dem Modell der *natura naturans* ausrichtet – als ästhetische Arbeit an der Tendenz, die „künstlerisch hergestellte Ähnlichkeit gegenüber der vorgängigen, ermöglichenden Ähnlichkeitsproduktion – sei sie göttlicher oder biologisch-natürlicher Abkunft – als sekundär theoretisiert"[285]. Im Anspruch einer künstlerischen Neuschöpfung überbietet die Folge dabei, indem sie ihre Naturdeutung im Medium des *Bildes* verhandelt, die „funktionale Bedeutung" der Abbildungen im „Genre der naturkundlichen Gebrauchsillustrationen"[286] und „zitiert [...] ironisch das alte Paradigma der Naturnachahmung"[287]. So lässt sich die

> tentative Haltung zur Tradition der Naturgeschichte [...] auch bezüglich des Verfahrens feststellen: Max Ernst zitiert die sogenannte Naturselbstabdrucktechnik, die in botanischen Lehrbüchern des 18. und 19. Jahrhunderts vereinzelt Verwendung fand, folgt deren zentralem Darstellungsziel, einen realistischen Abdruck der Natur herzustellen, aber gerade nicht.[288]

Mit *L'Idole* (Blatt 19), *La Palette de César* (Blatt 20) und *Rasant les murs* (Blatt 21) (Abb. 21–23) thematisieren drei eine „selbstreflexive Sequenz"[289] bildende Blätter explizit die Reflexion auf Mimesiskonzepte. ‚Das Idol', ein Blatt, das die

---

[284] Van Hoorn, *Naturgeschichte in der ästhetischen Moderne*, S. 12.
[285] Endres, Unähnliche Ähnlichkeit, S. 38. Die Differenzierung der Begriffe „geschaffener Natur (natura naturata) und ihrerseits schöpferischer Natur (natura naturans)" bedingt eine Komplizierung der Mimesis-Problematik: Ernst kann sich beziehen auf die „spekulative Verschränkung der Sphären von Natur, Kunst und Künstler, wobei der Begriff der Kunst zunächst im weitesten Sinne als ‚techne' bzw. ‚ars' zu verstehen ist, also auch den Bereich wissenschaftlich-technischer Erfindung umfasst. Die das Sein der Dinge generierende Kraft Gottes als des größten Künstlers läßt sich an die Natur als Künstlerin delegieren. Durch das Prinzip der Nachahmung [...] wird der Mensch als Künstler in diese Konstruktion einbezogen, auch wenn ihm zunächst keine in eigener Phantasie begründete Gestaltungskraft und damit die Fähigkeit zur Neuerfindung der Natur in der Kunst zugebilligt wird." Demgegenüber knüpft Ernst an die dem Künstler seit der Renaissance zuerkannte „Fähigkeit zur Neuerfindung der Natur in der Kunst" an (Zimmermann, Philosophische Horizonte der *Histoire Naturelle*, S. 16).
[286] Van Hoorn, *Naturgeschichte in der ästhetischen Moderne*, S. 151. Van Hoorn betont mit Bischoff, dass „Ernst ausgehend von der exakten Darstellungstradition der Naturgeschichte seine ‚Kunst der Verrückung' entwickle, die folglich als eine Auseinandersetzung mit der naturhistorischen Abbildungsschichte gelesen werden muss" (ebd., S. 83, Anm. 44).
[287] Ebd., S. 70.
[288] Ebd., S. 83. Vgl. Günter Metken, „Naturselbstdruck und fossile Spuren. Max Ernsts mögliche Naturgeschichte", in: Orchard, Zimmermann (Hg.), *Die Erfindung der Natur*, S. 145–147.
[289] Ebd., S. 140.

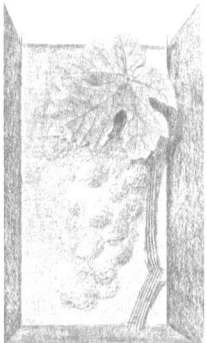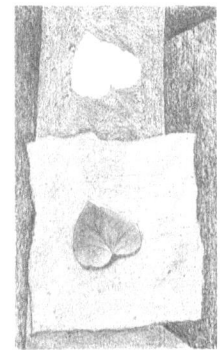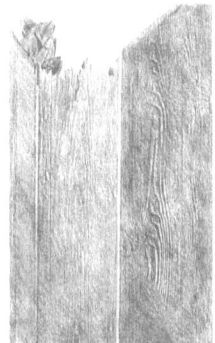

Abb. 21–23: Max Ernst, *L'Idole* (Blatt 19), *La Palette de César* (Blatt 20), *Rasant les murs* (Blatt 21), in: *Histoire naturelle*, 1926.

Frottage eines Weinblattes und im Hintergrund eine unscharf angedeutete Weinrebe in einem „schaukastenartigen"[290] Rahmen zeigt, lässt sich als Allusion auf die in Plinius' *Naturalis historia* tradierte Anekdote des Malerwettstreits Zeuxis' und Parrhasios' verstehen. Die gemalten Trauben des Zeuxis, nach denen Vögel picken, symbolisieren das überlieferte Ideal der illusionistischen Malerei – das ‚Idol' (εἴδωλον, idolum, ‚Bild', ‚Abbild', ‚Trugbild');[291] den Malerwettstreit gewinnt jedoch Parrhasios, dessen gemalter Vorhang selbst den im Unterscheiden von Sein und Schein, Realität und Bild, Identität und Ähnlichkeit, Abbild und Trugbild geübten Maler Zeuxis täuscht, der den vermeintlichen Schleier vor dem Bild wegzuziehen verlangt: „Das Bild aber war der Vorhang, der Vorhang das Bild."[292] Dem Motiv des Vorhangs und der ihm inhärenten Dialektik des Ver- und Entbergens und der Ver- und Enthüllung ist eine Reflexion der Bild*fläche* – weniger des Bild*gegenstands* – inhärent. Die

> Legende thematisiert die Bildoberfläche, die eine für den Blick absolut undurchdringliche Wand bildet, welche sich als Vorhang oder Schleier ausgibt. Es geht um die auf dieser Fläche spielende Täuschungsmöglichkeit, nicht um die Negation der Fläche durch die Vortäuschung eines dahinterliegenden Raumes.[293]

---

290 Ebd., S. 139.
291 Van Hoorn sieht demgegenüber in dem titelgebenden Idol den Maler Zeuxis selbst, vgl. ebd., S. 140.
292 Wolfgang Kemp, „Lasst den Vorhang herunter! Die Kunst beginnt ... Zu gemalten Vorhängen bei Rembrandt und seinen Schülern", in: Blümle, Wismer (Hg.), *Hinter dem Vorhang*, S. 56–64, S. 56.
293 Haß, *Das Drama des Sehens*, S. 34.

Diese beruht nur vordergründig allein auf dem Illusionismus des Trompe-l'œil, das in seinen Präsenzeffekten die Transparenz des Mediums auf Gegenstand und Raumtiefe übersteigt: Die „Täuschung ist nicht allein das Ergebnis von wirklichkeitsgetreuer Nachahmung, sondern sie setzt – jedenfalls beim Menschen – ein Begehren zu sehen voraus"[294], das sich in dem Verlangen offenbart, den Vorhang beiseite zu ziehen, der das Bild zu verbergen scheint, doch zeigt, was das Bild selbst ist:

> Dabei handelt es sich im Wesentlichen um das Aufeinandertreffen der Abbildung als solcher und ihrer (scheinbaren) Negation. Die täuschenden ‚Trauben des Zeuxis' werden von/ auf einem irreführenden Bild präsentiert, während sich der trügerische ‚Vorhang des Parrhasios' trotz seiner Negierung der Abbildung schließlich als deren Triumph entpuppt.[295]

Ernsts Allusion stellt dem überkommenen Ideal sdes seine Materialität verleugnenden Bildes als ‚offenes Fenster', das die Transparenz des Mediums suggeriert, die Reflexion auf Medialität und Materialität gegenüber, die im Motiv des vermeintlich verhüllenden Vorhangs thematisch wird: Er kommentiert und „desavouiert am Beispiel der Naturdarstellung und der Naturgeschichte"[296] das durch Plinius überlieferte, vergangene Mimesis-Ideal und setzt ihm sowie dem „Malerverständnis [...], das auf der Vorstellung der perfekten Mimesis basiert"[297], in „selbstreflexive[m] Bezug auf das anti-mimetische Verfahren"[298] – genauer, das *struktur*mimetische Verfahren – der Frottage ein neues ‚Idol' dagegen: Das Weinblatt scheint seinem Naturvorbild abgenommen, während die Trauben im Hintergrund vage aus der Durchreibung herausgearbeitet sind, dem Illusionismus des Trompe-l'œil entgegengesetzt: Das Ideal „wird ironisiert, indem just die berühmten Trauben alles andere als illusionistisch, vielmehr gerade erst aus der Imagination aufsteigend [...] dargestellt werden".[299] Ernsts ironisches Spiel erweitert sich noch dadurch, dass er der Frottage ein eigenes Leinwandbild unterlegt und sich damit als ‚moderner Parrhasios' inszeniert, auf das im Vorhang thematisierte Spiel

---

294 Claudia Blümle, „Zeuxis und Parrhasios", in: Blümle, Wismer, *Hinter dem Vorhang*, S. 40.
295 Victor I. Stoichita, „Der Vorhang des Parrhasios. Das Bild der Ähnlichkeit von Giotto bis Magritte", in: Blümle, Wismer, *Hinter dem Vorhang*, S. 66–73, S. 69 f.
296 Van Hoorn, *Naturgeschichte in der ästhetischen Moderne*, S. 140. Dies lässt sich als Anschluss an ein plinianisches Modell der Naturgeschichte lesen, das nicht nur Fakten und Fabeln aus dem Bereich der Tiere, Pflanzen, Mineralogie und Anthropologie sammelt, sondern auch – „im Kontext einer historia naturalis aus heutiger Sicht überraschend – Kunstgeschichte ergänzt" (ebd., S. 15) und „ein ganzes Buch den Fabelwesen" widmet (ebd.): Van Hoorn analysiert das plinianische als eines von drei antiken Ordnungsmodellen der *historia naturalis*, das *historia* nicht (wie Aristoteles) der Philosophie unterordnet (vgl. ebd.).
297 Stoichita, Der Vorhang des Parrhasios, S. 69.
298 Van Hoorn, *Naturgeschichte in der ästhetischen Moderne*, S. 139.
299 Ebd., S. 140.

5.3 Metamorphosen der Naturgeschichte: Die Frottagen der *Histoire naturelle* — 585

der „Figuration und ihrer Negation"[300] anspielend: Das Papier, das sich wie ein Vorhang über die Dinge legt oder sich als ‚undurchdringliche Wand' den Blick ‚blendend' vor sie schiebt, wird in der Durchreibung weniger zum diaphanen, auf eine dahinter liegende Tiefendimension transparenten Schleier, als es gerade durch die Materialität seiner Oberfläche die Textur erscheinender Spuren sichtbar werden lässt; so überbietet die Frottage das in der Anekdote vermittelte, kunsttheoretisch ausgewertete Verhältnis von Opazität und Transparenz durch das auf der Fläche des Bildes spielende *surplus* eines mittels Strukturmimesis und Ähnlichkeitssehen erreichten doppelten Sichtbarwerdens: Die Mimesis an das Material bedingt die „Materialtransfiguration"[301]; das Hineinsehen als ‚Begehren zu sehen' verwandelt die Textur in ein ähnliches Bild im Sinne der *Archi-Ähnlichkeit*, weniger Transparenz auf Inwendiges suggerierend als dessen *Einschreibung* in die äußere und innere Bilder überblendende Lineatur. Dies lässt sich als im Medium des Bildes artikulierte Stellungnahme für eine Rekonzeptualisierung mimetischer Ähnlichkeit begreifen, die in der Differenzierung von Konzepten abbildlicher Mimesis und ikonischer Ähnlichkeit, die Ähnlichkeit auf eine repräsentationale Funktion und illusionistische Vervollkommnung festschreiben, ein *nichtimitativmimetisches* Ähnlichkeitskonzept gewinnt.

Das Blatt ‚Cäsars Palette' symbolisiert – oder ersetzt – das titelgebende künstlerische Werkzeug durch ein naturalistisch gezeichnetes Lindenblatt, das vor die durchgeriebene Textur – hier wohl im Wortsinn einer Stofftextur – tritt und die Positivform des Mimesis-Ideals verbildlicht. Dass es sich um die Durchreibung der realen Vorlage des Blattes handelt, legt auch die in der oberen Bildhälfte platzierte Negativform nahe, die nahezu identisch die Umrisslinie wiederholt; „die Kontur desselben Blattes erscheint hier strahlend weiß als Aussparung".[302] Ihre Leere lässt sich als „ironischer Kommentar zum platonischen Verhältnis von un-

---

300 Stoichita, Der Vorhang des Parrhasios, S. 70. Vgl. Zimmermann, Philosophische Horizonte der *Histoire Naturelle*, S. 19: In dieser „Verwirrung der Ebenen von Original und Reproduktion, Kalkül und Zufall, Wahrheit und Trug" (ebd.) wird Materialität und Medialität gegen Transparenz ausgespielt – die Selbstidentifikation mit dem überlegenen Künstlertypus ist eindeutig.
301 Krüger, Texturen der Evidenz, S. 312, spricht von „Materialtranszendenz bzw. bildlichen Formen einer Materialtransfiguration" (ebd.).
302 Van Hoorn, *Naturgeschichte in der ästhetischen Moderne*, S. 140. Wie van Hoorn betont, ist „das zentrale Requisit eines traditionellen Malers [...] nicht zu sehen, [...] weil das Frottage-Verfahren sich dergleichen Maler-Utensilien verweigert und das darzustellende Objekt, das Pflanzenblatt, zugleich auch als Material nutzt." (Ebd.) Vgl. das auch unter dem Titel „Max Ernst und Caesar Buonarotti" bekannte Selbstporträt, auf dem Ernst Buonarotti als durch ‚dadamax' überragtes Idol parodiert: *The Punching Ball ou l'immortalité de Buonaroti* (1920); vgl. Zimmermann, Philosophische Horizonte der *Histoire Naturelle*, S. 20; van Hoorn, *Naturgeschichte in der ästhetischen Moderne*, S. 141.

sichtbarem Urbild und sichtbarem Abbild"[303] lesen, das, als sekundär theoretisiert, in diesem metaphysisch-idealistischen Konstrukt hinter seinem Vorbild stets zurückbleiben musste, wobei es sein Ideal gerade insofern zu erfüllen behaupten konnte, als sich das Urbild notwendig entzieht – und zu einem davon abgeleiteten Mimesisverständnis des ähnlichen Abbilds: „Während Repräsentation auf der Absenz eines Objekts beruht, um es in seiner Idealität darzustellen – eine Idealität und Erkennbarkeit, die durch die Transparenz und Distanzierungsleistung des Darstellungsmediums hergestellt wird –", erscheint das so „durch Abwesenheit Verfügbare" etwa im Illusionismus des „trompe l'œil wieder anwesend".[304] Gegenüber der *abbildlichen* Mimesis als Repräsentation und der *trugbildlichen* Mimesis als Simulation lässt die „Verknüpfung einer Verursachungsbeziehung mit einer Ähnlichkeits- bzw. Teilhabebeziehung"[305] den *Abdruck* über die Dichotomie von Präsenz und Repräsentation hinausweisen. Dabei werden in ‚Cäsars Palette' in dem zweifachen Vorhandensein desselben Blattes, das auf das paradoxe „Zusammentreffen eines da und eines nicht-da, einer Berührung und einer Abwesenheit"[306] im Abdruck verweist, die Pole von An- und Abwesenheit, Präsenz und Repräsentation thematisch: Positive und negative Form lassen sich als Matrix und Typos des Abdrucks deuten und wirken wie ein avantgardistischer Zynismus gegenüber den Anforderungen der vergangenen Ideale: Ernst zeigt auch hier, „daß nichts im strengeren Sinne Mimesis genannt werden kann als der Anschein einer direkten Durchreibung einer derart bewunderungswürdigen Erfindung der Natur, wie sie das fein geäderte Blatt eines Baumes verkörpert."[307]

Als nichtimitativ-mimetisches Bild und „verdeckte bildkünstlerische Selbstreflexion" lässt sich mit Tanja van Hoorn auch das dritte Blatt, ‚Mauerkratzer', lesen.[308] Es zeigt in nahe herangerückter Ansicht einen Bretterzaun, im Detail drei an ihren oberen Enden angeschnittene und gesplitterte Bretter, hinter denen am linken Bildrand einige Blätter zu sehen sind: „Sowohl die Bretter als auch die Blätter sind offenbar ohne alle graphische Verfremdung, ohne die künstliche Herstellung von ‚Vertraulichkeiten', genau aus den Materialien ab-

---

303 Zimmermann, Philosophische Horizonte der *Histoire Naturelle*, S. 20.
304 Ubl, *Prähistorische Zukunft*, S. 59. Der „Augentrug als Simulakrum" (nach Louis Marin) fungiert so als Gegenkonzept zu Repräsentation (ebd.). Ubl zitiert hier Wellberys Ausführung: „Im Simulakrum gewinnt die Darstellung, die in der Mimesis [als Repräsentation – R. U.] die Transparenz auf einen ideellen Tiefenraum ist, eine eigene Dichte; das Tote (bzw. Abwesende) wird lebendig, erlangt den Status der Präsenz, ohne jedoch seinen irrealen Charakter gänzlich abzustreifen." (Zit. n. ebd., S. 58 f.).
305 Sachs-Hombach, Einleitung, S. 7.
306 Didi-Huberman, *Ähnlichkeit und Berührung*, S. 26.
307 Ebd.
308 Van Hoorn, *Naturgeschichte in der ästhetischen Moderne*, S. 141.

gerieben, die sie auch zeigen."³⁰⁹ Der Titel reichert das Bild semantisch an mit der „Inspiration Max Ernsts zu seiner *Histoire naturelle* durch den Blick auf die Kratzer in den Dielenböden und die Erinnerung an die Mauerflecken bei Leonardo da Vinci."³¹⁰ Dass die Blätter in einer dahinter liegenden Ebene sichtbar werden, interpretiert van Hoorn als selbstreflexives Moment der Durchreibung von Naturmaterialien im „Rahmenthema der Naturgeschichte"³¹¹; dem ist Lichtensterns Deutung der *Histoire naturelle* Ernsts anzuschließen: „Bei ihm erhält das automatische Frottage-Produkt ‚Natur' im Versetzen der Realitätsebenen sein eigenes Geheimnis, das im Bild und nirgends sonst gegenwärtig ist."³¹² So verdeutlicht die selbstreflexive Sequenz, dass die *Histoire naturelle* „weder eine Naturbeschreibung im Sinne der tradierten Naturgeschichte, noch ein Kopieren der Natur im Sinne des alten Mimesisgebotes"³¹³ verfolgt, dass vielmehr das Verfahren der Frottage der „Materialität" der Natur näher kommt

> als die Verfechter des traditionellen Mimesiskonzeptes. [...] Ist mithin durch den Herstellungsprozeß Natur in den Bildern unmittelbar anwesend, so wird darstellerisch eine Mimesis von Natur konsequent verweigert. Die Blätter der *Histoire naturelle* sind daher charakterisiert durch eine Spannung zwischen materialhafter Konkretion und antimimetischer Darstellung, zwischen haptischem Realismus und visueller Illusionsverweigerung.³¹⁴

5.3.1 Verwandlungen: Das ‚Wunder der totalen Transfiguration'

> L'Idée des trois règnes est, du reste, un contresens absolu. Si une phyllie se pose sur une branche, qui soutiendra qu'un peu plus tard ce ne sera pas à sa place une feuille quelcon-

---

309 Wie van Hoorn bemerkt, hat bereits Spies in *Max Ernst: Frottagen* diese Tatsache betont und angeführt, Ernst habe diese Frottage als erste angefertigt (ebd., S. 142, Anm. 95). Zur Anspielung auf ‚Vertraulichkeiten' vgl. den u. g. Bildtitel. Im Verlauf werden weitere selbstreflexive Hinweise auf das Verfahren beschrieben, die sich nicht nur in der analysierten Sequenz, sondern in der gesamten Serie finden lassen.
310 Spies habe darauf hingewiesen, dass „der Originaltitel des Blattes [...] den technischen Vorgang der Frottage [bezeichnet, T. H.]: Der Stift des Malers ‚rase les murs', streicht am Holz entlang.'" (Zit. n. ebd., mit dem Hinweis, die Übersetzung erscheine „nicht ganz statthaft", S. 142, Anm. 96.) Bretter – womöglich besagtem Dielenboden abgenommen – zeigen einige Blätter: In ähnlicher Anordnung wie in Blatt 21 die Blätter 18, 23, 25, 26 und 27 und, in die Horizontale gekippt, die Blätter 6, 8, 28, 32.
311 Ebd. Die Assoziation des Abbruchs des Zauns mit den Kratzern in der Mauer, die „erst den Blick freigibt auf das Naturschöne des Blätterfächers" (ebd.), wirkt allerdings etwas überinterpretiert.
312 Lichtenstern, *Metamorphose*, S. 158.
313 Van Hoorn, *Naturgeschichte in der ästhetischen Moderne*, S. 84.
314 Ebd., S. 85.

que de l'arbre qui s'envole? Je sais qu'en pareil cas on préféra croire au départ d'un autre insecte-feuille, et ainsi de suite jusqu'à l'hiver. Les nuages du pauvre Hamlet, si semblables à des animaux: mais c'étaient des animaux! Il n'y a pas de paysages. Pas même d'horizon. Il n'y a, du côté physique, que notre immense suspicion qui entoure tout. (André Breton)[315]

Die Frage nach der Ähnlichkeit in der *Historie naturelle* lässt sich nicht nur im Blick auf die selbstreflexiven Aspekte der nichtimitativen Mimesiskonzeption, sondern auch an Effekten der „noch unentschiedene[n] Doppelung zweier semantischer Schichten" verhandeln, in denen die durchgeriebenen Strukturen „zugleich identisch und doch verwandelt" und in einem „Schweben zwischen Übereinstimmung und Unterschiedlichkeit" begriffen scheinen.[316] Dabei wird das *Erscheinen der Ähnlichkeit* als Verwandlungsthema sowohl formal als auch motivisch an den aus der Transformation der Lineatur entstehenden Gestalten durchgespielt, die sich als Ähnlichkeitsfiguren interpretieren lassen.

Das durch die ‚Ikonographie des Aspektwechsels', die das Frottageverfahren etabliert, provozierte Changieren zwischen subikonischer und ikonischer Ebene lässt sich als Überbietung sowohl des Repräsentationalismus als auch des Illusionismus der Präsenz im Trompe-l'œil lesen, insofern es inmitten der Präsenzeffekte des Abdrucks „noch nicht ganz ausgeformte, instabile Illusionseffekte erzeugt".[317] Die Struktur der durchgeriebenen Unterlage ist wahrzunehmen, etwa Ledernoppen, Blattäderungen, Holzstrukturen und Stofftexturen, zugleich aber die semantische Ebene ihres neuen ikonischen Zusammenhangs. Diese durch das – in der Verstärkung zufälliger Ähnlichkeiten evozierte – Kippmoment zwischen Präsenz und Repräsentation erzeugten „Vexiereffekte" fügen sich in „keine ausschließende Bewegung"[318] einer Deutung, vielmehr lässt die Übercodierung der Lineatur Umschläge zwischen dem „Amorphen" und dem „Geformten"[319] wahrnehmen: „[A]nders als im temporalen Nacheinander von Kippfiguren kann die Simultaneität unterschiedlicher Ausrichtungen auf einer Zeichnung – interpretiert als eine Objektdarstellung – nicht aufgelöst werden in die Sukzession eines Entweder-oder. Dem Auge bleibt nur ein *Weder-noch*"[320] oder ein *Sowohl-als-Auch* – etwa

---

315 Breton, Le Surréalisme et la Peinture, S. 403.
316 Konersmann, Max Ernst und die Idee der Naturgeschichte, S. 161.
317 Ubl, *Prähistorische Zukunft*, S. 56.
318 Ebd., S. 54. Gloy bestimmt über- und untercodierte Phänomene als Analogiefiguren: Überbestimmt sind v. a. „Kippfiguren, Vexierbilder, Umschlagphänomene", in denen sich das „Figur-Grund-Verhältnis" umkehrt (Gloy, Versuch einer Logik des Analogiedenkens, S. 310).
319 Konersmann, Max Ernst und die Idee der Naturgeschichte, S. 162.
320 Krämer, *Figuration, Anschauung, Erkenntnis*, S. 122 [Hv.: S. B.], hier in Bezug auf unmögliche Konstruktionszeichnungen. Anders im Aspektwechsel der ‚Vasenköpfe' oder der ‚Hasenente' oder auch in Arcimboldos „umkehrbare[n] Bilder[n]" (Barthes, Arcimboldo, S. 146) bei deren Betrachtung je ein Aspekt aktualisiert wird und der Bedeutungsumschlag desambiguierend wirkt.

der Wahrnehmung *sowohl* der Maserung durchgeriebener Dielen *als auch* von Bodenwellen oder Ackerfurchen in *Les Pampas* (Blatt 6). „Auf der simultanen Ebene des Sichtbaren läßt sich die Ähnlichkeitsbeziehung jederzeit in beide Richtungen verfolgen"[321]. Der Akt des Ähnlichkeitssehens als eines *Sehen-als* bleibt so auch dort nachvollziehbar, wo die Serie eine zunehmende figürliche Konkretion erreicht, also in ikonische Ähnlichkeit ‚umschlägt'.

Deutlicher noch als in der semantisch vage bleibenden Struktur der Birnen-Frottage wird an den Blättern der *Histoire naturelle*, dass die Fläche des Zeichenpapiers und der Bildgrund nur „beinahe identisch"[322] sind: Die Ausrichtung des Papiers, der Wechsel von der Horizontalen in die vertikale „Eigenwelt des Bildes"[323] und die durch einfache Mittel erreichte Definition des Bildraumes überführen die Abdrücke in die perspektivische, Raum konstituierende Ordnung des Ikonischen. Das Kippspiel von Fläche – als Träger des Subikonischen – und Raum – als Medium des Ikonischen – wird reflektiert in *Les Épouvantails* (Blatt 13) (Abb. 15), dessen in verschiedenen Winkeln kippende Ebenen auf den Übergang von der Papierfläche zum Bildraum verweisen. So wird die grafische ‚Umwandlung' der Sukzession und Zweidimensionalität des Linienzugs in simultane, ikonische Raumeffekte der Rezeption zugänglich; „*mobil*", verlangen die Bilder „die Bewegung nicht [nur] der Unterlage ab, sondern [auch] dem menschlichen Subjekt"[324], zum Nachvollzug des Umschlags der Lineatur auffordernd: „Entfernung und Nähe sind sinnstiftend. Liegt nicht darin das Geheimnis

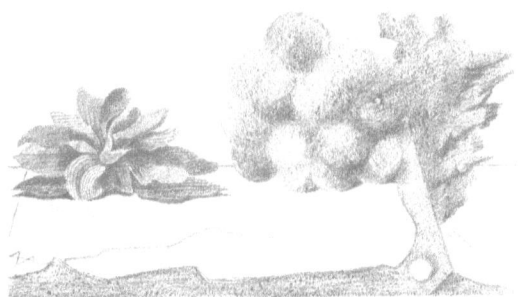

Abb. 15: Max Ernst, *Les Épouvantails* (Blatt 13), in: *Histoire naturelle*, 1926.

---

321 Konersmann, Max Ernst und die Idee der Naturgeschichte, S. 160.
322 Ubl, *Prähistorische Zukunft*, S. 58.
323 Konersmann, Max Ernst und die Idee der Naturgeschichte, S. 162.
324 Barthes, Arcimboldo, S. 148.

jeder lebendigen Semantik? Der Sinn entspringt einer Kombinatorik insignifikanter Elemente (Phoneme, Linien)", die sich auf einer neuen Ebene organisieren.[325]

Konturen, flächige Ebenen und Raum definierende Horizontlinien etablieren dabei eine „entfernte physiognomische Ähnlichkeit"[326] mit der Außenwelt oder fiktiven (Landschafts-)Räumen – die Landschaft ist, wie angedeutet, das bevorzugte Feld des Ähnlichkeitssehens. Der ikonische Raum ist in den meisten Blättern durch solch einfache Gesten definiert: Eine Horizontlinie deutet vage Landschaft an, Abriebe von Dielen symbolisieren Bodenwellen, umschlagende Größenverhältnisse schaffen weite, kaum markierte Räume. Dabei können die ikonischen Räume ebenso wie die sie bevölkernden Gestalten mit dem durchgeriebenen Untergrund korrespondieren: So zeigen sich in der ausgestalteten Lineatur mitunter Äquivalenzen zu den indexikalisch erfassten Strukturen, wobei das Bedeutungspotential der Textur prinzipiell mehrwertig bleibt: Wird in ‚Mauerkratzer' der Abdruck unmittelbar korrespondierend ins Bild gesetzt, indem die Durchreibung der Dielen zu Holzbrettern des Zauns wird, so wird in der analogischen Logik, der *Les Pampas* folgt, die Maserung der Dielen zu Bodenwellen – während etwa in *Le Repas du mort* (Blatt 28) die Hautoberfläche eines nashornartigen Wesens nur vage mit einer Struktur korrespondiert, die die ledrig wirkenden Hautplatten darstellt. Zwischen den vexierenden Ebenen vermitteln so visuelle Ähnlichkeiten, sichtbare und unsichtbare Analogien und metaphorische, metonymische und synekdochische Relationen. Diese Effekte zeigen sich besonders deutlich im Komplex der Pflanzenbilder. So werden in *Le Tilleul est docile* (Blatt 16) einige durchgeriebene Blätter pars pro toto zur Darstellung der Baumkrone, oder der Abdruck von Holzstrukturen wird in die Form eines Blattes – oder einer Zypresse – übersetzt, wie in *Les Mœurs des feuilles* (Blatt 18). Andere Blätter inszenieren eine Art metaphorische Substitution, visuelle Ähnlichkeiten der Strukturen nutzend, wie *Les Confidences* (Blatt 9) oder *Le Fascinant cyprès* (Blatt 17): Die an die Hautstruktur von Leder erinnernde Textur und die durch sie dargestellten Blattäderungen ähneln sich optisch und implizieren die funktionale Analogie und morphologische Homologie von Haut und pflanzlicher Kutikula des Blattes, das, ähnlich wie in ‚Die Linde ist gelehrig', mittels Maßstabsverschiebung metonymisch für die Äste einer Baumkrone eingesetzt wird. Solche Zusammenhänge gewährleistet ein übertragendes Sehen, das Analogien und transversale ‚Wahlverwandtschaften' stiftet. Ein Blatt, mit dem Ernst Lichtenstern zufolge durch „Strukturmimesis unbestimmte Formen, Bewegungen und Gestaltübergänge

---

325 Ebd., S. 147: „Die Wahrnehmung aufschieben heißt gewissermaßen, einen neuen Sinn hervorbringen" (ebd.).
326 Konersmann, Max Ernst und die Idee der Naturgeschichte, S. 163.

thematisiert", und das sich somit der beschriebenen selbstreflexiven Sequenz anschließen ließe, ist *Coup de fouet ou licelles de lave* (Blatt 11):

> In dieser Komposition setzt er eigens auf einer groß aufgestellten Tafel die vibrierende Mehrdeutigkeit ‚ins Bild', die mit den Reiz seiner künftigen Horden-, Wald- und Muschelblumen-Bilder ausmachen wird. Max Ernst thematisiert in ‚coup de fouet ou licelles de lave' die Frottage auf geradezu didaktische Weise: Was noch soeben ein ‚Schnur'-Zitat dünkte, scheint sich nun, genauer betrachtet, als Spinnenfüße oder Insektenfühler über die Tafel hinauszutasten. Ernst gibt damit dem durchgeriebenen Detail eine phantastische Selbstständigkeit. Was ‚hinter' der Tafel als simple Schnur zu denken ist, nimmt ‚vorne' eine doppeldeutige metamorphe Gestalt an.[327]

So lässt das Ähnlichkeitssehen auch hier in der vexierenden Struktur ikonische Elemente erkennen. „Es ist das von Éluard an Ernst gerühmte verlebendigende Sehen, das am durchgeriebenen Material die Imagination erschließt. Kraft seines halluzinatorischen Sehens erhebt Ernst, wie am Beispiel von ‚coup de fouet ...' besonders gut deutlich wird, die Möglichkeit der Verwandlung zum expliziten Bildthema."[328]

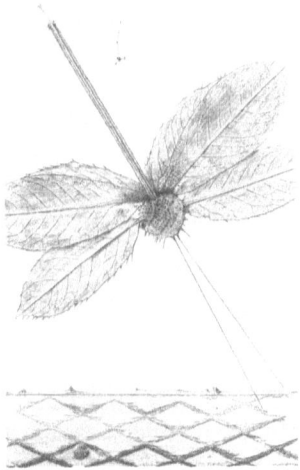

Abb. 26: Max Ernst, *Les Éclairs au-dessous de quatorze ans* (Blatt 24), in: *Histoire naturelle*, 1926.

Werden in der Sequenz der Tierbilder meist aus pflanzlichen Strukturen tierische Körperformen zusammengesetzt, so entwickeln sich im scheinbar kontinuierlichen Übergang zwischen den Naturreichen immer komplexere Gebilde (Blatt 24–28, 30, 32, 33). Sie ähneln vage oder explizit Tierarten wie Insekten, Vögeln,

---

327 Lichtenstern, *Metamorphose*, S. 163.
328 Ebd.

Pferden oder einem Nashorn, bleiben teils aber auch in ihrer hybriden Form doppeldeutig. Mit *Les Éclairs au-dessus de quatorze ans* (Blatt 24) (Abb. 26), dem ersten Blatt dieser Sequenz, das den „Übergang zwischen Pflanzen- und Tierreich bewusst verschleiert"[329], scheint das transversale Ähnlichkeitsphänomen der Mimikry, das, so Breton, die Trennung der Naturreiche herausfordert, in Ernsts Naturgeschichte Eingang zu finden: Hier könnte es sich um ein an Körperform und Augen als libellenartiges Insekt zu erkennendes Tier handeln, dessen Flügel das Aussehen von Blättern ‚mimen' (‚insecte-feuille'). *Les Diamants conjugaux* (Blatt 25), *L'Origine de la pendule* (Blatt 26), zwei Vögel zeigende Blätter, die „große Ähnlichkeiten auf[weisen]"[330], *Dans l'Écurie du sphinx* (Blatt 27), *Le Repas du mort* (Blatt 28) und *A tout oublier* (Blatt 32) sind weitere Beispiele mythopoetischer Flora-Fauna-Hybride. Sie lassen Naturprozesse der Metamorphose, hybride Zwischenstufen und Mischwesen assoziieren, wie sie die antike Mythologie, die *ars combinatoria* der Groteske oder die manieristische Ästhetik des Monströsen bevölkern. Als augenscheinliches Beispiel eines „Interspezies-Mischwesens" erscheint das auf dem Blatt ‚Die Mahlzeit des Toten'

> dargestellte Geschöpf [...] wie eine Kreuzung verschiedener Spezies, die sich jedoch, auch aufgrund der vereinheitlichenden, an Baumrinde erinnernden Oberflächenstruktur, nicht klar voneinander unterscheiden lassen. Ein Schuppen- oder Krustentier scheint sich mit einer Baumart gepaart zu haben, wobei der Kopf wiederum an den eines Nashorns denken lässt oder, was die Position des Horns betrifft, vielmehr an den heute vom Aussterben bedrohten Rhinozerosvogel (*Buceros rhinoceros*). Nicht nur über die Arten (*Species*), sondern sogar über die Reiche (*Regna*) hinweg verschwimmen hier die Grenzen zwischen Tieren (*Animalia*) und Pflanzen (*Plantae*).[331]

---

329 Van Hoorn, *Naturgeschichte in der ästhetischen Moderne*, S. 144.
330 Ebd., S. 145.
331 Keßler, Schwarz, Verzweigungen von Naturgeschichte und Kunst, S. 16. Näher beschrieben wird das Wesen auch von van Hoorn als der Unterlage entwachsend und den Hybridwesen zwischen Pflanze und Tier zuzuordnen (ebd., S. 146 f.). Sie verweist auf das ikonische Vorbild, Dürers Holzschnitt eines Nashorns, das die Darstellung des Nashorns in Diderots *Encyclopédie* assoziieren lässt (ebd., S. 147). Dies liegt auch aufgrund der ledig wirkenden Hornplatten nahe, die Dürers Nashorn kennzeichnen. Das Hinterteil des nashornartigen Wesens erinnert jedoch eher an einen Hummerschwanz. Dies mag einen ironischen Verweis auf die gängige Praxis der Illustration von Naturgeschichte bergen, den die kunstgeschichtliche Forschung mit dem Hinweis, dass die Zeichnungen oft nicht nach Anschauung und Erfahrung entstanden, sondern nach kopierten Prototypen, herausgearbeitet hat (vgl. Lepenies, *Das Ende der Naturgeschichte*, S. 30). So nehme, wie Lepenies im Verweis auf Gombrich betont, Gesner Dürers Holzschnitt in seine *Historiae animalum* auf, der nie ein Nashorn gesehen habe; er „konnte sich nur auf indirekte Angaben stützen und mußte sie aus seiner Phantasie ergänzen, wobei er zweifellos von Berichten über das berühmteste aller exotischen Tiere beeinflußt war, nämlich über den Drachen und seinen ‚gepanzerten' Leib." (Zit. n. ebd.).

5.3 Metamorphosen der Naturgeschichte: Die Frottagen der *Histoire naturelle* — 593

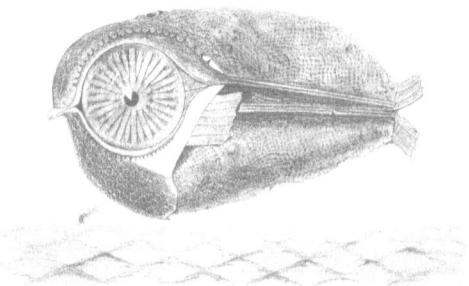

Abb. 32: Max Ernst, *L'Évadé* (Blatt 30), in: *Histoire naturelle*, 1926.

Das auffälligste der jeglichen Klassifikationsversuch querenden hybriden Mischwesen in der Tier-Sequenz ist, wie sein Name nahelegt, *L'Évadé* (Blatt 30) (Abb. 32), ein „alle biologischen Grenzen und Ordnungen sowohl überschreitendes als auch unterschiedlichste Formen integrierendes Phantasiewesen"[332], das sowohl der Ordnung der Vögel als auch der der Fische zugehörig scheint. Sein gedrungener Körperbau und sein übergroßes Auge lassen einen Tiefseefisch oder einen Nachtvogel assoziieren. Es besitzt einen kurzen Schnabel, etwas, das wie ein Atemloch aussieht, schuppig wirkende Haut und eine Art Flossen oder verkümmerte Flügel: Ernst nutzt die Analogiebeziehung anatomisch homologer Entsprechung, um eine Figur des ‚Sowohl-als-Auch' zu kreieren. Dabei scheint das Wesen seiner, mehrfachcodierten Umwelt angepasst:[333] Die niedrige Horizontlinie und der vage definierte Untergrund lassen die Raumbestimmung so unklar, wie Funktion und Gebrauch der Organe des Wesens fraglich bleiben – ein angemessen ambiges Habitat.[334] So wird der ‚Ausbrecher' zum Schnabeltier in Ernsts Naturgeschichte: Er entzieht sich der Klassifikation und eröffnet damit einen Prozess der Abduktion wie sein lebensweltlicher Verwandter, der sich, „wie Lesson 1839 gesagt hatte, quer in den Weg der taxonomischen Methode gelegt hatte, um deren Falschheit zu beweisen", und so einen achtzig Jahre andauernden Wissenschaftsstreit unter Naturforschern entfachte.[335] Wie das Schnabeltier

---

332 Van Hoorn, *Naturgeschichte in der ästhetischen Moderne*, S. 150.
333 Vgl. zu Analogie von Luft und Wasser auch das von Riffaterre analysierte Gedicht Éluards (vgl. Riffaterre, Reihenmetapher, S. 218).
334 Dies ließe sich als ironischer Kommentar nicht nur auf Darwin, sondern auch auf den Funktionalismus der optimalen System-Umwelt-Anpassung der Biologie und Ökologie betrachten, der von einem Diskurs des Biokonstruktivismus übernommen wird.
335 Eco, *Kant und das Schnabeltier*, S. 287. Vgl. ebd., Kap. 4.5, „Die wahre Geschichte vom Schnabeltier", S. 277–285 u. Kap. 4.6.1, „Achtzig Jahre lang verhandeln", S. 286–288.

die wissenschaftliche Taxonomie, die hierarchisch Unterkategorie unter Oberkategorie einordnet, durch seine die Kategorien kreuzenden Eigenschaften (schnabelbesitzend, eierlegend, befellt etc.) in Verlegenheit brachte, definiert sich der ‚Ausbrecher' – der transgenerischen Metapher vergleichbar, erscheint er als Vereinigung des Heterogenen, als ambiguierende ‚bricolage'[336] – über „eine große Zahl von Merkmalen", wobei das Verfahren der „wilde[n] Kategorisierung"[337] sein Milieu mit erschafft – vergleichbar der *sursignification* surrealistischer Metaphernketten, in deren poetischem Zusammenhang das Sprachbild keine ‚Abweichung' darstellt. Seine Einordnung bleibt, der Ästhetik des Monströsen entsprechend, in der Schwebe: Sein Auftritt verweist darauf, dass Ordnung in der Natur fortlaufend errichtet werden muss „aus dem unaufhörlichen Grunde der Monstrositäten":[338] Monster sind, wie oben mit Barthes angedeutet, nicht nur „Irrwege der Natur", „monströs" ist auch die Phantasmagorie einer ungeordneten Natur, die ein „Unbehagen an der Substanz" verspüren lässt, am „Gewimmel", der „Verknäuelung von vegetativen Wesen" und an dem, „was die Grenze zwischen den Reichen überschreitet, das Tierische und das Pflanzliche, das Tierische und das Menschliche vermengt: [...] Es ist die *Verwandlung*, die von einer Ordnung in die Andere führt".[339] Dieser monströskombinatorische Aspekt lässt sich auf Ernsts Collagetechnik rückbeziehen, die er als ‚Alchimie der visuellen Vorstellung und *Wunder der totalen Transfiguration von Wesen und Objekten, mit oder ohne Veränderung ihrer physischen oder anatomischen Erscheinung*' beschreibt. Der ‚Ausbrecher' zeigt, dass ein vergleichbares Prinzip seine Existenz bedingt: Das „an die Frottage-Technik gebundene *offene Metamorphoseprinzip*"[340].

Von solchen Ähnlichkeitsfiguren im engeren Sinn abgesehen, erzeugt das Ähnlichkeitssehen auch in der *Histoire naturelle* die Wahrnehmung versteckter Vexierbilder, indem es Ähnlichkeiten im Unähnlichen entdeckt. So erhält in *Le Start du châteignier* (Blatt 14) die analog zu den beschriebenen Baumformen aus rundlichen, stachelig wirkenden und so an Kastanienfrüchte erinnernden Formen konstruierte Baumkrone eine Art Nilpferdgesicht – angedeutet durch als Auge, Nüster

---

336 Vgl. ebd., S. 74. „Denn bekanntlich ist das wilde Denken eine Art *bricolage*, nämlich eine Form des Ordnens, der die hierarchische Organisation nichts bedeutet." (Ebd., S. 270) Es entspricht situationsspezifischen Erfahrungswerten und einem pragmatischen Erfahrungswissen.
337 Ebd., S. 267.
338 Foucault, *Die Ordnung der Dinge*, S. 200.
339 Barthes, Arcimboldo, S. 152 f.; dies fordert die Ordnungsbestrebungen der Naturgeschichte heraus, denn der „sichtbare Raum einer Wanderung" zeigt, „*dass die Natur nicht innehält*" (ebd.).
340 Lichtenstern, *Metamorphose*, S. 163 f.

und Ohren interpretierbare Markierungen – und scheint sich, motiviert durch den Titel, gerade mit einem Schritt Richtung Bildmitte in Bewegung zu setzen.[341] Solche Effekte, durch eine „Vitalisierung der gesamten Oberfläche"[342] und das verlebendigende Hineinsehen erreicht, suggerieren eine dynamische Entwicklung der Figuren aus dem unähnlichen Grund, die dem formgenetischen Verfahren korrespondiert: Die Frottage ist ein „Fortzeugen, ein Herstellen ohne absoluten Beginn. Der dem entsprechende Begriff des Bildes umfaßt [...] das Sichtbare als Prozeß."[343] Damit verweisen die Vexiereffekte auf ihre metamorphotische Genese und die von der narrativen Entwicklungslogik angedeutete zeitliche Ebene, die im Deutungsrahmen der Natur*geschichte* zusätzlichen Interpretationsspielraum eröffnet.[344] Dies lässt sich an das moderne Metamorphoseverständnis eines vitalistisch aktualisierten Prozessdenkens ebenso anschließen wie an Konzepte der Mimesis an die *natura naturans*, die ein naives Mimesisverständnis in der künstlerischen Neuschöpfung überbieten: Ernst nutzt das imaginative Surplus der Bilder, um „die Analogie von Kunst und erfinderischer Natur in neuer Weise zu revozieren."[345] Die grafische Spur der Frottage als ‚entstellte' Anspielung auf den *disegno* erhält mit dem Naturbezug der *Histoire naturelle* eine Deutungsebene, die auf eine Parallele von Natur und Kunst, den Zusammenhang von *disegno* und Erschaffung der Welt und die Mittlerstellung eines „gottähnlichen und naturgleichen kreativen Prin-

---

341 Die Formulierung gebraucht Ernst in dem obigen Zitat, das seine ‚Vision' schildert. Van Hoorn sieht hier ein Kaninchen (vgl. van Hoorn, *Naturgeschichte in der ästhetischen Moderne*, S. 136).
342 Ubl, *Prähistorische Zukunft*, S. 54.
343 Konersmann, Max Ernst und die Idee der Naturgeschichte, S. 162.
344 Vgl. zum Verhältnis von „Naturgeschichte und Geschichtsphilosophie", Kap. 2.2 in van Hoorn, *Naturgeschichte in der ästhetischen Moderne*, S. 35–49. Kant fordert die „Unterscheidung zwischen einer rein deskriptiven Naturbeschreibung und einer tatsächlichen Naturgeschichte als temporalisierter Erzählung von den Veränderungen in der Natur" (ebd., S. 25). In Folge der modernen Marginalisierung der Naturgeschichte durch die „evolutionstheoretische Historisierung" werden häufig beide Dimensionen verknüpft: „Dies führt zu einer durchaus in sich widersprüchlichen Gemengelage des Nebeneinanders von Naturgeschichte und Geschichte der Natur – eine Verwirrung, die sich auch terminologisch niederschlägt, indem ‚Naturgeschichte' nach Darwin häufig im evolutionstheoretischen Sinne verwandt wird." (Ebd., S. 29).
345 Zimmermann, Philosophische Horizonte der *Histoire Naturelle*, S. 17. Die oben angedeutete Analogie von Kunst und Natur aktualisiere er im Sinne der *natura naturans* als „in eigener Phantasie begründete Gestaltungskraft und damit die Fähigkeit zur Neuerfindung der Natur in der Kunst", wie sie erst die Renaissance dem Künstler als Genie mit der „Fähigkeit zur Neuerfindung der Natur in der Kunst" zubilligt (ebd.).

zips" verweist.³⁴⁶ Entstellt erscheint diese Anspielung, insofern sie das oben angesprochene metaphysisch-idealistische Moment des ingeniösen Linienzugs durch die Strukturmimesis konterkariert, die dem ästhetischen Ingenium der vom Material angeregten Imagination als Matrix der subjektiven Vision einer monströs-veränderlichen Natur dient. Dabei entfaltet die *Histoire naturelle* eine spezifische Dynamik, die weder in der linearen Fortsetzung eines lebendigen Entwicklungsprozesses der *natura naturans* noch in einer Naturalisierung der Kunst aufgeht: „Ernsts automatisches Frottage-Produkt ‚Natur' rührt an das Zentrum des surrealistischen Verständnisses der Natur als das Fremde und Andere."³⁴⁷

Der temporalen Logik dieser ‚Erzählung' liegt so trotz der die Komplexität ihrer Figuren steigernden Tendenz der Folge weder eine genealogische oder teleologische Perspektive zu Grunde, noch geht das Verfahren in einem vitalistisch-schöpferischen Naturbild auf. Vielmehr verweist es auf eine zu dem modernen Prozessdenken querstehende Ebene der ‚Verräumlichung der Zeit', die der mit Krämer angedeuteten Verwandlung der Sukzession des Zeichenprozesses in die Simultaneität der Inskriptionen korrespondiert, die die Überlagerung der Lineaturen betont: Es lässt die sekundäre Verlebendigung mortifiziert wirkender, im Abdruck konservierter Strukturen der *natura naturata* als einer zweiten Natur assoziieren,³⁴⁸ die neben der Natur- die Kulturgeschichte umfasst – denn über Blätter, die „offensichtlich von Menschen Hergestelltes wie stehlampenähnliche Gegenstände [...] und einen Brotlaib"³⁴⁹ zeigen, wie *Entre dans les continents* (Blatt 22) und *Le Pain vacciné* (Blatt 23), scheint die *Histoire naturelle* ihre ‚Historisierung' auf eine anthropologische Dimension auszudehnen – „als bewusst rätselhafte Vorausdeutungen auf die erst im letzten Blatt explizit thematisierte Sphäre des Menschen".³⁵⁰ So entsteht eine suggestive Parallelisierung und Verklammerung mehrerer Zeitebenen, die die Strukturanalogie des künstlerischen Automatismus zu Naturprozessen auf eine lange Dauer projiziert und eine paradoxe Zeitstruktur etabliert, wie sie Einstein der zeitgenössischen Kunst attestiert: „Dem neuesten entspricht eine noch stärkere Regression, die sich gleichzeitig in

---

346 Kemp, Disegno, S. 235. Bei Cellini partizipieren Kunst und Natur an einem kreativen Prinzip, das antagonistische Tendenzen umfasst. Vgl. zu dem Zusammenhang von *disegno* und Genesis bei Vasari und Doni ebd., S. 225.
347 Lichtenstern, *Metamorphose*, S. 163.
348 Vgl. Peres, Nachahmung der Natur, S. 23: So fungiere „die schöpferische Natur [...] in ihrer Prozessualität [...] innerhalb der Relation Nachahmung-der-Natur wieder als natura naturata [...], dem [...] die Zusatzbestimmung ‚prozessual' oder ‚schöpferisch' innewohnt."
349 Van Hoorn, *Naturgeschichte in der ästhetischen Moderne*, S. 142.
350 Ebd., S. 143. Zum Verhältnis von „Naturgeschichte und Kulturgeschichte" vgl. das so betitelte Kap. 2.3 in van Hoorn, *Naturgeschichte in der ästhetischen Moderne*, S. 49–59; vgl. auch den Verweis auf Olaf Breidbach, *Goethes Metamorphosenlehre*, München 2006, S. 13.

5.3 Metamorphosen der Naturgeschichte: Die Frottagen der *Histoire naturelle* — 597

einer stärkeren Rückdehnung des geschichtlichen Aspekts auswirkt."[351] So lässt sich der Abdruck ‚lebloser' Materialien durch die Schicht des Papiers *sedimentierenden* Naturprozessen der Schichtung und damit einer geologischen Dimension der Metamorphose und des Abdrucks „fossile[r] Spuren"[352] analogisieren, wobei die „fossilierende Verfahrenslogik"[353] zugleich den Abdruck als Verfahren archäologischer Rekonstruktion konnotiert. Eine „archaische Schicht"[354] impliziert besonders deutlich das Blatt ‚Die Mahlzeit des Toten', das das nashornartige Wesen „wie präpariert und ausgestellt" wirken lässt.[355] Der Abdruck der Naturformen ist dabei zugleich die Matrix, aus der in dem formgenetischen Prozess, der eine der fossilierenden Logik gegenläufige Verlebendigung suggeriert, Figuren entstehen. So

> verwandeln sich die taktilen Reize (Maserungen, Ledernoppen, Gewebe) in optische Erscheinungen (Meereswogen, Blätter, Bäume, Tiere, Pupillen [...]). Diese Metamorphosen des Ähnlichkeitssehens lösen die fossile Welt aus ihrer Starre und beleben die mortifizierten Räume mit einem spukhaften Nachleben der Naturnachahmung. Naturillusionen und Naturnachahmung, Visuelles und Taktiles bilden in den Frottagen wieder eine Einheit – eine Einheit zweiten Grades allerdings, die aus einer Spaltung hervorgeht und sie überspielt.[356]

Damit wird selbst noch eine unterkomplexe Vorstellung von Strukturmimesis als „Nachvollzug naturhafter Prozesse" parodiert:[357] Effekte der Mortifizierung, Erstar-

---

351 Einstein, *Die Kunst des 20. Jahrhunderts*, S. 169. Was bereits mit Einsteins erwähnter Begriffsprägung der ‚neolithischen Kindheit' angesprochen wurde, lässt sie auch hier auf den Abdruck als *archaische Kunstform* beziehen: Den Aspekt der Archaik hebt Einstein im Blick auf den Automatismus als „Psychogramm" des Unbewussten hervor; auf die paradoxe Zeitstruktur der ihm inhärenten *Regression* verweisend, spricht er von einem „seelischen Archaismus": „Sobald man die Kräfte des Traumes und des Unbewussten weckt, wirken Atavismen, alte Verdrängungen, die lange, kaum benutzt, ruhten. Diese alten Verdrängungen zeigen meistens archaische, kollektive Merkmale. Wir stellen fest, dass diese Versuche, neue seelische Erlebnisse nachzuzeichnen, gleichzeitig älteste Schichten in Bewegung setzen. Somit sind solche Versuche, geschichtlich betrachtet, ungemein komplex. Dem neuesten entspricht eine noch stärkere Regression, die sich gleichzeitig in einer stärkeren Rückdehnung des geschichtlichen Aspekts auswirkt. Gleichzeitig tritt eine ungemeine Spannung im Individuum ein, das zwischen neuestem Versuch und ältester Erinnerung pendelt. Mit solch verstärkter Regression entfernte man sich noch stärker von der klassischen Position." (Ebd.)
352 Vgl. Metken, Naturselbstdruck und fossile Spuren.
353 Ubl, *Prähistorische Zukunft*, S. 56. Auch in den von Didi-Huberman vorgestellten Formen des ‚archaischen' Abdrucks wirkt diese Dialektik, ist „Nachleben [...] Zeichen seiner Abwesenheit" (Didi-Huberman, *Ähnlichkeit und Berührung*, S. 26).
354 Zimmermann, Philosophische Horizonte der *Histoire Naturelle*, S. 18.
355 Van Hoorn, *Naturgeschichte in der ästhetischen Moderne*, S. 146.
356 Ubl, *Prähistorische Zukunft*, S. 56.
357 Ebd., S. 61. Ernst überbietet noch den künstlerischen Einsatz der Strukturmimesis in der Moderne. Die durchgeriebenen „Naturreste" sieht Ubl als „Nachbilder der lebendigen Natur" (ebd, S. 58), „halluzinatorische und parodistische Nachbilder oder Simulakren" (ebd, S. 55; zum Doppelsinn von frz. *simulacre: fantôme/parodie* ebd., Anm. 47): „Max Ernsts surrealisti-

rung und Fixierung und die verlebendigende Dynamik ergänzen sich in simultaner Überlagerung zu einer dialektischen Denkfigur, die den Antagonismus von Naturprozessen analog wiedergeben mag. „Dieses Zusammentreffen der Zeiten ist auch ein *visuelles* Zusammentreffen: ein Zusammentreffen von verschiedenen Arten des Ähnlichseins."[358] So spielen das verlebendigende Ähnlichkeitssehen und die fossilierende Figuration ineinander in der Schöpfung „einer prähistorischen Welt aus Fossilien, ergänzt um Mischwesen und Augen"[359].

Inwiefern das durch Ähnlichkeitssehen und visuelle Verähnlichung *sichtbar Gemachte*[360] auf nichtrepräsentationale Weise den für die Naturgeschichte paradigmatischen Zusammenhang von Sehen, Sichtbarkeit und Wissen reflektiert, thematisieren die zuletzt anzitierten Blätter, die Augen zeigen. Das Ideal eines neuen, ‚inneren' Sehens wird vorgeführt in der Ikone des Auges, das ein Blatt mit dem Titel *La Roue de la lumière* (Blatt 29) (Abb. 31) als isoliertes Detail zeigt: Das nahe herangerückte, weit geöffnete Auge befindet sich auf einer Fläche, deren Form und Struktur an eine Steintafel – oder einen Bilderstein – erinnert. Der Augapfel ist auf eine Weise geädert, die die Frottage eines Blattes vermuten lässt; die Ähnlichkeit der Blattäderung mit der Äderung der Iris mag eine Teilhabe an einer Natur andeuten, auf deren materialistisches Kontinuum Éluard verweist. Der Titel verknüpft die

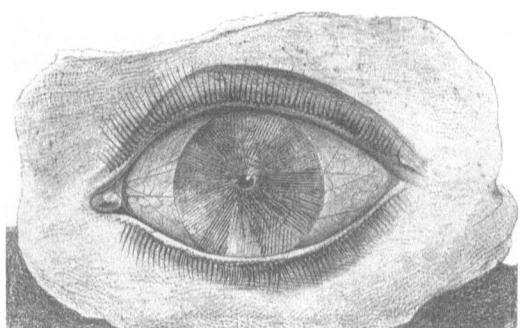

Abb. 31: Max Ernst, *La Roue de la lumière* (Blatt 29), in: *Histoire naturelle*, 1926.

---

sche Simulakren sind Nachbilder einer Mimesis, wie sie seit der Romantik, im Besonderen aber in der Abstraktion eines Kandinsky oder Arp [...] als Ideal der Malerei diente: Mimesis als Nachvollzug der Natur durch die Materialität des Bildes." (Ebd., S. 59).
358 Didi-Huberman, *Ähnlichkeit und Berührung*, S. 23 [Hv.: S. B.].
359 Keßler, Schwarz, Verzweigungen von Naturgeschichte und Kunst, S. 16.
360 Mit dem Begriff der ‚"Sichtbarmachung"' plädiert Mersch für „die Betonung der ‚Hervorbringung' (*poiēsis*), der ‚Bedingungen des Erscheinens', des sichtbar gemachten ‚Als' sowie dem ‚Spiel zwischen Sichtbarkeit und Unsichtbarkeit'": Mersch, Sichtbarkeit/Sichtbarmachung, S. 1 f.

Form der Iris mit der Kreisform des Rads und dem (Sonnen-)Licht: Die „aus der physikalischen Optik entlehnte Vorstellung des Lichtrades, auf das schon in Blatt 2 mit dem Titel *Un coup d'œil – Ein kurzer Blick* angespielt wurde, deutet eine Ineinssetzung der organischen Sehfähigkeit mit dem kosmischen Licht an".[361] Dass in dieses Auge ‚übernatürlich' viel Licht einfällt, mag zugleich die kleine Pupille suggerieren; die Deutung bietet sich an, es blicke ins Innere, ein unfokussiertes Sehen oder visionäres Schauen verbildlichend – „eine Erweiterung des relativen, eingegrenzten menschlichen Sehvermögens in Richtung auf eine andere Optik, wie sie auch durch die Experimente der Frottage selbst (im Sinne eines halluzinatorischen Sehens) angeregt wird."[362] So veranschaulicht das Blatt das von Ernst thematisierte ‚Innere der Sicht' und das von Einstein bezeichnete ‚freie, mythische Schauen'. Die Verbindung von Auge, Licht und Sonne, die den Komplex der Blendung und der inneren Schau und die Verwiesenheit des Sehens auf das Licht aufruft, lässt sich so als selbstreflexive Anspielung auf das Frottageverfahren als ‚blindes Sehen' und ‚blindes Zeichnen' lesen, zugleich aber auch als Hinweis auf das vormoderne Ähnlichkeitsdenken des *similia similibus*: Die Annahme einer Wirkung von Gleichem auf Gleiches grundiert vormoderne Wahrnehmungs- und Erkenntnislehren, die etwa im ‚Sehstrahl' eine Verähnlichungsaktivität vermuten.[363] Dass das Auge am Licht teilhat, ist eine Vorstellung Agrippas, die Mattenklott auf die Tradition des Plotinismus bezieht, „etwa in dem Sinne, in dem Goethe Plotin zu Wort kommen läßt mit dem Diktum, daß die farbige Welt nicht sichtbar wäre, wäre das Auge nicht ‚sonnenhaft', d. h. am Licht teilnehmend, der Sonne den Rücken zukehrend: ihr Licht im Schattenriß erkennend."[364] Dieses „zu einem halluzinatorischen Sehen befähigte Auge" sieht van Hoorn im ‚Ausbrecher' „in ein ganzes [...] Phantasiewesen"[365] integriert. Dessen großes Auge steht in einer formalen Ähnlichkeitsbeziehung mit dem ‚Lichtrad' und macht so auf interikonische Verweisungszusammenhänge der *Histoire naturelle* aufmerksam: Der ‚Ausbrecher' entflieht nicht nur dem „Gefängnis biologischer Systematik und der historischen Chronologie", er ist zugleich ein „die Natur selbst transzendierendes, den Status einer Kunstnatur behauptendes und nur Auge sein wollendes Subjekt".[366] So gibt

---

361 Van Hoorn, *Naturgeschichte in der ästhetischen Moderne*, S. 149. Die Assoziation der Ikonografie des ‚göttlichen Auges' legt, auch wenn das Auge hier in die Immanenz einbezogen ist, der Bezug auf die Blätter der „kosmologischen Sequenz" nahe (ebd.).
362 Ebd., S. 150. Vgl. die Literaturhinweise zum Thema des Sehens in Lichtenstern, *Metamorphose*, S. 200, Anm. 50.
363 Vgl. Koschorke, *Körperströme und Schriftverkehr*, S. 353.
364 Mattenklott, Ähnlichkeit, S. 181.
365 Van Hoorn, *Naturgeschichte in der ästhetischen Moderne*, S. 149.
366 Ebd., S. 150. Celans ‚Tiefseewanderer' spricht angesichts der Bilder Jenés von einer „erstmaliger Schau" bei „geschlossenen Lider[n]", die einer „neuen Helligkeit ins Auge" blicke;

er sich zudem als eine Instanz des Künstlers – im Sinne der Künstlermetamorphose – zu erkennen: ‚Den blinden Schwimmer, der ich war, machte ich sehend.'

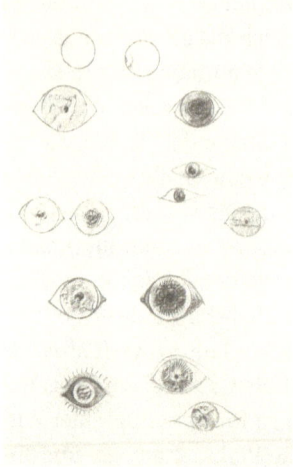

Abb. 33: Max Ernst, *Système de monnaie solaire* (Blatt 31), in: *Histoire naturelle*, 1926.

Eine ikonische Einbindung erfährt das Motiv auch in *Système de monnaie solaire* (Blatt 31) (Abb. 33), einem Blatt, das über verschiedene Kontexte eine Art Mikrokosmos-Makrokosmos-Analogie vorstellt, die auf der Überblendung von Augen- und Kreisformen beruht. Durch den Titel konnotieren die auf dem Blatt verteilten Augenformen mit runder Iris, „die sich zum Teil paarweise ähnln, aber in Größe, Form und Darstellung variieren", ein in einem imaginären Raum aufgespanntes ‚Sonnen-System' und evozieren so kosmologische Zusammenhänge, wie die ersten, planetarische Konstellationen zeigenden Blätter, die interikonische Verknüpfung von kosmischem Licht und Augenform weiterführend; zugleich suggeriert der Titel Münzen, die mit dem ‚sonnenhaft' leuchtenden Gold konventionell assoziiert sind. Dabei erinnert die unregelmäßig gruppierte Anordnung in einem in der *Histoire naturelle* „singulären Bildaufbau" an die Verteilung von Objekten auf einer Bildtafel oder in einem Schausammlungskasten:

> Damit zitiert das Blatt offensichtlich eine aus einschlägigen Lehrbüchern der Naturgeschichte, aber auch aus der *Encyclopédie* bekannte Bildtafel, auf der nicht nur aus Kosten- und Platzgründen, sondern auch, um eine bessere Identifizier- und Vergleichbarkeit zu ermöglichen, dasselbe Objekt in verschiedenen Varietäten und/oder in verschiedenen Wachstumsphasen oder Perspektiven dargestellt wird. [...] Von diesem Muster weicht das Blatt jedoch zugleich ab, indem eine Einbindung in ein Referenzsystem verweigert wird

---

„ihr Licht ist nicht das Licht des Tages, und sie ist von Gestalten bewohnt, die ich nicht *wiederkenne* sondern *erkenne*" (Celan, Edgar Jené und der Traum vom Traume, 13 f.).

> [...]. Während in der *Encyclopédie* die Figuren mit dem dazugehörigen Text durch ein derartiges Verweissystem fest verbunden sind und eine illustrative Funktion erfüllen, stehen die vielen Augen auf der Bildtafel von Max Ernst ohne erkennbare Ordnung und ohne Leseanleitung nebeneinander.[367]

Dies verweist insofern ironisch auf die räumliche Ordnung und sichtbare Präsentation von Wissen, die das Genre der Naturgeschichte prägt, als Ernsts ‚System' auf größtmögliche Deutungsoffenheit zielt: ‚Sonnengeld' könnte eine archaische Münzprägung sein; auf eine solche unzeitgemäße, vormoderne Dimension verweist der Titel, anspielend auf die „frühe, kosmologische Sonnen- und Lichtmetaphorik"[368]. Der Rekurs auf Münzen eröffnet erneut eine selbstreferenzielle Dimension: Nicht nur über den spekulativen Bezug auf die durchgeriebene Vorlage im Kinderspiel, auch über die Kulturtechnik der Münzprägung im Prägestock mittels Matrix und Typos verweist er auf den Abdruck und seine „Ökonomie der Transsubstantiation und der ‚wirklichen Gegenwart'" und erweitert so den mit der Anspielung auf den Naturselbstabdruck eröffneten Assoziationsraum.[369] Auf den Konnex von Frottage und Ähnlichkeitssehen mag zuletzt eine weitere selbstreflexive Assoziation hinweisen: die der in der ästhetischen Moderne und im Surrealismus wiederentdeckten Bildersteine, die als bevorzugter Gegenstand des Hineinsehens gelten können: „André Breton ist es zu verdanken, [...] daß die Erkenntnisse dieser Tradition formloser Flecken im Stein in den Surrealismus Eingang gefunden haben, indem die Künstler selbst malerische Zufallstechniken wie *frottages, fumages, coulages* oder *soufflages* in Zusammenhang mit diesen Naturphänomenen brachten."[370] Hier liegt insbesondere die Assoziation eines bestimmten Bildersteins nahe: „Der beäugte Jaspis [...] offenbart an der Oberfläche [...] eine Vielzahl von kleinen Augen mit kleinen konzentri-

---

[367] Ebd., S. 150 f.
[368] Ebd., S. 151. So werde „das neue Sehen [...] nicht nur pathetisch zu einer kosmischen Sonnenhaftigkeit erhöht, es wird zugleich ironisch in den naturgeschichtlichen Horizont einer [...] Linnéschen Systematik eingeordnet und desillusionierend auf das alles irdische Leben der Menschen bestimmende Geld bezogen" (ebd.). Im Blick auf die *Ähnlichkeitsthematik* scheint eine andere Deutung möglich.
[369] Didi-Huberman, *Ähnlichkeit und Berührung*, S. 44, spricht im Blick auf die Münzprägung von der „Magie und Macht des Abdrucks" (ebd.).
[370] Claudia Blümle, „Mineralischer Sturm. Steinbilder und Landschaftsmalerei", in: Werner Busch, Oliver Jehle (Hg.), *Vermessen: Landschaft und Ungegenständlichkeit*, Zürich u. a. 2007, S. 73–95 (online unter https://archiv.ub.uni-heidelberg.de/artdok/2071/1/Bluemle_Mineralischer_Sturm_2007.pdf, 2.2.2019, S. 83). Im Verweis auf Jurgis Baltrušaitis und André Breton, „Langue des pierres", in: ders., *Perspective cavalière*, hg. v. Marguerite Bonnet, Paris 1970, S. 147–155, S. 150 (vgl. dazu auch Kap. II.7.3).

schen Kreisen"³⁷¹. Die Bildebene erfährt durch diese Analogien eine starke Aufladung: Mehrfachcodiert als Fläche der (Re-)Präsentation und durch reduzierte Bildzeichen eröffneter Raum der Imagination, scheint sie eine Ordnung auf dem Tableau der Bildtafeln zugleich zu simulieren – wobei sich Konnotationen der Sammlung, Archivierung, Präsentation und Deutungszuschreibung mischen – und zu überschreiten; die Überlagerung schafft ambige Bezüge, die an eine *analogische* Wissensordnung gemahnen. Gerade insofern das Bild keine eindeutige Auslegung ermöglicht, sondern irreduzible Mehrdeutigkeit herstellt, wird es in seiner einfachen Geste zu einem weiteren selbstreflexiven Meta-Bild für Ernsts Verfahren: Als paradigmatisches Beispiel für die Umwertung des Bildes vom repräsentationalen Abbild zum übercodierten Knotenpunkt visueller und semantischer Assoziationen zeigt das Blatt keine einsinnige, imitativ-mimetische oder illustrative Abbildrelation, sondern birgt die Möglichkeit zur Realisierung eines Netzes von Ähnlichkeiten. Nicht zuletzt mit diesem Metakommentar zur „wechselseitigen Beeinflussung von Sehen und Wissen"³⁷², die immer schon die Geschichte der Naturgeschichten prägt, reiht sich Ernst auf ironisch überbietende Weise in deren moderne Fortschreibung ein.

5.3.2 Naturgeschichte nach dem Ende der Naturgeschichte

> Unter den Seepflanzen, die ich vom Kap mitgebracht habe, [...] haben zwei eine große Rolle in der Wissenschaft gespielt, indem sie für die Verwandlung der Gattungen und Arten in andere Gattungen und Arten Zeugnis ablegen gesollt. Ich habe wohl in meinem Leben Märchen geschrieben, aber ich hüte mich, in der Wissenschaft die Phantasie über das Wahrgenommene hinausschweifen zu lassen. Ich kann in einer Natur, wie die der Metamorphosler sein soll, geistig keine Ruhe gewinnen. Beständigkeit müssen die Gattungen und Arten haben, oder es gibt keine. Was trennt mich homo sapiens denn von dem Tiere, dem vollkommneren und dem unvollkommneren, und von der Pflanze, der unvollkommneren und der vollkommneren. wenn jedes Individuum vor- und rückschreitend aus dem einen in den andern Zustand übergehen kann? (Adelbert von Chamisso)³⁷³

Diese Notiz aus Chamissos 1836 erschienenem Tagebuch der Romanzow-Expedition (1815–1818), *Reise um die Welt*, verweist auf epistemologische Umbrüche im Feld der jungen Biologie, die das ‚Ende der Naturgeschichte' einläuten. Die von Jean-

---

371 Blümle, Natura Pictrix, S. 30.
372 Zimmermann, Philosophische Horizonte der *Histoire Naturelle*, S. 15.
373 Zit. n. Lepenies, *Das Ende der Naturgeschichte*, S. 51 [sic].

5.3 Metamorphosen der Naturgeschichte: Die Frottagen der *Histoire naturelle* — 603

Baptiste de Lamarck und Charles Darwin formulierten Evolutionstheorien bringen im Verein mit weiteren auf einer „Verzeitlichung der Naturkonzeptionen"[374] beruhenden Entwicklungstheorien das enzyklopädische Ordnungsmodell an ein Ende: Sie markieren den „Übergang von der Naturgeschichte zu einer Geschichte der Natur",[375] von einer räumlich-systematischen Organisation des Wissens zu historisch-genealogischen Ordnungsmodellen.

> Entscheidend ist, dass sich hinter einer klassischen historia naturalis im Kern gerade keine Darstellung der Entwicklungsgeschichte der Natur verbirgt und insbesondere keine Darstellung der evolutionären Genese biologischer Arten, die bekanntlich erst seit Darwin wirklich eine Geschichte haben. Die historia naturalis alten Schlags bietet vielmehr eine deskriptive Bestandsaufnahme vorhandener Naturdinge: Naturgeschichte meint Naturkunde ohne phylogenetische Zeitachse; Naturgeschichte meint Naturbeschreibung, nicht Evolution.[376]

Dabei zeigt die historische Variabilität des Genres Wandlungen der Wissensordnungen an, die deren Gegenstandbereich ebenso umfassen wie die zugrundeliegenden Prinzipien der Wissensorganisation. So nimmt etwa Plinius' *Naturalis historia* neben Kosmologie, Zoologie und Botanik auch Medizin, Ethnologie, Gartenbau und Kunst auf. In Mittelalter und Renaissance „soll die ‚Entzifferung des göttlichen ‚Buches der Natur' dem Kundigen am Leitfaden der Signatura rerum den Weg zur Erkenntnis des ‚Wesens aller Dinge' weisen."[377] Neben den von Foucault beschriebenen Ähnlichkeitsbezügen, die Signaturen der Welt ‚aufprägen', grundiert die Naturgeschichte der Renaissance die Vorstellung des „kontinuierliche[n] Zusammenhang[s] zwischen allen Wesen"[378]; in ihr etabliert

---

374 Wolfgang Lefèvre, „‚Das Ende der Naturgeschichte' neu verhandelt. Historisch-genealogische oder epigenetische Neukonzeption der Natur?" (Preprint 476 des Max-Planck-Instituts für Wissenschaftsgeschichte (2016), online unter https://www.mpiwg-berlin.mpg.de/sites/default/files/Preprints/P476.pdf, S. 3). Lefèvre spricht von verschiedenen Fassungen eines „naturhistorischen Denkens" und von „historischen Naturauffassungen" (ebd., S. 2).
375 Lepenies, *Das Ende der Naturgeschichte*, S. 50.
376 Van Hoorn, *Naturgeschichte in der ästhetischen Moderne*, S. 13. Vgl. die Hinweise in den Anmerkungen auf S. 12 ff.
377 Zimmermann, Philosophische Horizonte der *Histoire Naturelle*, S. 16.
378 Lepenies, *Das Ende der Naturgeschichte*, S. 40. Lepenies folgt in weiten Teilen Foucault; dieser beschreibt diese Kontinuitätsvorstellung als „Bedingung" ihrer Zeitdimension (ebd., S. 201). Denn „die Natur hat eine Geschichte nur insoweit, als sie dem Kontinuum unterliegt. Weil sie nacheinander alle möglichen Merkmale annimmt (jeden Wert aller Variablen), stellt sie sich in Form der Abfolge dar." (Ebd., S. 200) Doch sei „für die *Naturgeschichte* die *Geschichte der Natur* so unmöglich zu denken und ist die erkenntnistheoretische Anordnung, die durch die Übersicht und das Kontinuum gebildet wird, so fundamental, daß das Werden nur einen vermittelnden Platz hat" (ebd., S. 203).

sich eine räumliche Wissensordnung, die bis Ende des achtzehnten Jahrhunderts prägend bleibt. Die Vorstellung einer gottgeschaffenen, unveränderlichen „Kette der Wesen" (*scala naturae*) dokumentiert noch Charles Bonnets *Contemplation de la nature* (1764):

> Da aber ein kontinuierlicher Zusammenhang zwischen allen Wesen herrscht, finden wir Mittelglieder [...] vor, die sich unserem Klassifikationsraster entziehen: so steht der Polyp zwischen dem vegetabilen und dem animalischen Bereich, der Strauß zwischen den Vögeln und Vierfüßlern, zwischen diesen und den Menschen der Affe[379].

Entsprechend den Kontinuitätsvorstellungen der älteren Naturforschung spiegeln vormoderne Naturgeschichten auch das „Interesse an [...] zweideutigen Übergängen zwischen einzelnen Reichen der Natur, an Monstren und hybriden Bildungen, wie sie etwa als Vermischungen des Vegetabilen mit dem Animalischen" auftreten.[380] Insbesondere barocke Wunderkammern dokumentieren die *curiositas*, die ambivalente, zwischen dem Schock des Inkommensurablen und dem „Mut, diesen Eindruck in den Kontrollraum der Sprache und der Begriffe einzulassen",[381] schwankende Faszination des Monströsen. Besondere Signifikanz besitzen dabei, so Foucault, Monstren und Fossilien:

> Das Monstrum und das Fossil [...] bilden zwischen der Übersicht [der Ordnung, S. B.] und dem Kontinuum [der Natur, S. B.] die schattige, bewegliche und bebende Region, wo die Analyse etwas als Identität definiert, was jedoch nicht mehr als stumme Analogie ist [...] – und so erzählt das Monstrum wie eine Karikatur auf dem Grund des Kontinuums die Genesis der Unterschiede, und das Fossil erinnert in der Ungewißheit seiner Ähnlichkeiten an die ersten hartnäckigen Versuche der Identität.[382]

Monstren und Fossilien verweisen als widerständige Objekte des Wissens auf die Ablösung der Ordnung der *Kontinuität*. Nehmen Naturgeschichten bis ins siebzehnte Jahrhundert eine Vielfalt von Quellen und Bezügen auf,[383] so suchen mit

---

379 Zit. n. ebd., S. 41; vgl. zur „Kette der Wesen" Foucault, *Die Ordnung der Dinge*, S. 198. Die neuplatonisch geprägte Vorstellung „verbindet zwei Prinzipien: ein Kontinuitätsprinzip – ‚natura non facit saltus': die Schöpfung bildet ein lückenloses Kontinuum – und ein hierarchisches Prinzip – ‚scala naturae': das Kontinuum der Schöpfung ist aufsteigend geordnet und erstreckt sich vom primitivsten zum vollkommensten Geschöpf" (Lefèvre, „Das Ende der Naturgeschichte" neu verhandelt, S. 10).
380 Zimmermann, Philosophische Horizonte der *Histoire Naturelle*, S. 20.
381 Bredekamp, zit. n. ebd., S. 17.
382 Foucault, *Die Ordnung der Dinge*, S. 203.
383 Zimmermann, Philosophische Horizonte der *Histoire Naturelle*, S. 18, beschreibt Foucaults Entwicklungslinie als reduktiv, insofern nicht nur in der Renaissance mehrere Konzepte von Natur nebeneinander bestehen. „Die Verschränkung der Darstellungsmedien ist [...] auch für die von Foucault in den Mittelpunkt gestellte spekulative Naturdeutung des 17. Jahrhun-

der Aufklärung vor allem die Enzyklopädisten Carl von Linné, Georges Buffon, Denis Diderot und Jean-Baptiste le Rond D'Alembert eine in die Logik von Identität und Differenz überführte Ordnung der Dinge aufzustellen, wie sie der porphyrische ‚Baum des Wissens' auf dem Vorsatzblatt der *Encyclopédie* symbolisiert: eine deskriptive Ordnung des Tableaus, das Foucault zufolge im Zentrum des Denkens der Repräsentation steht.[384] Naturgeschichten sollen „nicht mehr scheinbar wilde Sammlungen einer immer auch Monstrositäten gebärenden spielerischen Schöpfung, sondern geordnetes Anschauungsmaterial einer klassifizierten, gesetzmäßig funktionierenden, begreifbaren Natur sein".[385] Text- und Tafelbände mit taxonomischen Bezeichnungen und illustrierenden Bildern dienen der Ordnung des Wissens aus einer Perspektive der ‚Übersicht', die „sich sowohl von den barocken Wunderkammern, als auch von den vermeintlich ungeordneten, theoriefernen, ins Phantastische ausschweifenden Naturgeschichten der frühen Neuzeit ab[setzt]."[386] Dass sie sich damit auch von einer „Allianz von Literatur und Naturgeschichte" zu reinigen suchen,[387] wird anschaulich an Buffons Kritik an Aldrovandi – Foucaults Beispiel für eine *„Sprache, die sich unter die Dinge mischt"* –, der

> seinen italienischen Vorgänger dafür kritisiert, dass dieser beständig die naturgeschichtliche Beschreibung der Form eines Tieres mit den unabsehbaren Berichten und dem gan-

---

derts bedeutsam, für jene analogische Denkweise also, für die die ‚große Dreiteilung' zwischen der ‚Beobachtung', dem ‚Dokument' und der ‚Fabel' noch nicht existiert.'" (Ebd., S. 17).

384 Vgl. Balke, Foucault und die Möglichkeiten eines Denkens, S. 55: „Die (ideale) Sprache garantiert die vernünftige Repräsentierbarkeit alles dessen, was es gibt, so dass die ‚Welt als Totalität des Repräsentierbaren in ihrer Gesamtheit eine Enzyklopädie werden' kann." (Zit. n. Foucault, *Die Ordnung der Dinge*, S. 35).

385 Van Hoorn, *Naturgeschichte in der ästhetischen Moderne*, S. 21.

386 Ebd., S. 20. Vgl. Zimmermann, Philosophische Horizonte der *Histoire Naturelle*, S. 17: Den Enzyklopädisten ist jeder „enzyklopädische Entwurf [...] nur das kleine Buch zu jenem vollständigen Buch der Natur, dessen Inhalt erschöpfend nicht ausgebreitet werden kann. Nur Gott verfügt über alle erforderlichen Einsichten." Denn „das Weltall, das reale und das intelligible, hat doch unendlich viele Gesichtspunkte, unter denen es dargestellt werden kann", was das Projekt „vom Relativismus bedroht" scheinen lässt (Konersmann, *Lebendige Spiegel*, S. 139). „Die Lösung besteht für Diderot in der Einnahme eines überlegenen, und das kann nur heißen, erhöhten Blickpunktes", den eine „Kartographen-Metaphorik" vermittelt: „‚Und so wandert Diderots panoramatischer Blick über ‚eine große und breite Straße, die sich in die Ferne erstreckt und von der ebenso gut angelegte Seitenstraßen ausgehen, die auf den bequemsten und kürzesten Weg zu den einzelnen, abgesonderten Gegenständen führen.'" (Ebd., S. 140). Vgl. zu Diderots Modell der Übersicht ebd. Dem steht der übertragende Blick der Surrealisten diametral entgegen.

387 Lepenies, *Das Ende der Naturgeschichte*, S. 136. „Linné nennt die ältere Zoologie ‚einen mit Fabeln und Torheiten angefüllten Augiasstall', zu dessen Reinigung er antritt." (Ebd., S. 115).

zen symbolischen Niederschlag vermische, den diese Tierfigur auslöst, aber auch mit den vielfältigen medialen und technischen Funktionszusammenhängen, in denen beispielsweise die geschriebene oder dargestellte *Schlange* Eingang findet.[388]

Die Fabel wird ausgeschlossen, die „Abarten und Zwischenstufen" werden „zu Monstruositäten und Degenerationserscheinungen herab[ge]setzt"; was einen Platz im Monstra-Kapitel oder Kuriositätenkabinett hatte, passt „[a]uf dem Höhepunkt der systematischen Phase" nicht mehr in die Vorstellung der „Unveränderlichkeit der Arten"[389], da Hybride die Klassifikation queren und die Konstruktion von „Artenreinheit" unterlaufen:[390] Die systematische Naturgeschichte klassifiziert „statisch" und hierarchisch, es gibt in ihr „Zwischenstufen", aber keinen „Übergang" zwischen Arten.[391] Dieses Ordnungsmodell wird durch die ‚Verzeitlichung' abgelöst, in deren Folge.

> diese Ordnung der stabilen Repräsentationen und der zeitlosen Taxonomien gesprengt und eine neue „Tiefe" erfunden [wird], „in der nicht mehr von den Identitäten, unterschiedlichen Merkmalen, zusammenhängenden Tafeln mit all ihren Wegen und möglichen Bahnen, sondern von [...] Geschichte die Rede sein wird."[392]

---

[388] Balke, Foucault und die Möglichkeiten eines Denkens, S. 56. Buffon kritisiert, dass „ein Naturforscher eine derart ‚unentwirrbare Mischung genauer Beschreibung, aufgenommener Zitate, kritikloser Fabeln und Bemerkungen' vorlegte, ‚die unterschiedslos über Anatomie, Wappen, Lebensverhältnisse, mythologische Werte eines Tieres handeln und darüber, welchen Gebrauch man davon in der Medizin oder der Magie machen kann'" (zit. n. ebd., S. 57; Foucault zitiert aus dem Kapitel „Über die Schlange im Allgemeinen", die „der chinesischen Enzyklopädie nicht unähnlich [...] eine Art umfassender kultureller Ökologie dieses Tieres" entwirft (ebd.)). Vgl. zu Buffons Polemik gegen die ‚Monstrositäten' Aldrovandis auch van Hoorn, *Naturgeschichte in der ästhetischen Moderne*, S. 21. Zugleich setzt sich Buffons „Beschreibungskunst" von Linnés „vermeintlich künstlichen Systematisierungsversuchen" ab (ebd., S. 23).
[389] Lepenies, *Das Ende der Naturgeschichte*, S. 65. Der „Transformismus", der auf die Temporalisierung der Naturgeschichte vorausweist, wird daher in dieser Phase abgewehrt (ebd., S. 64).
[390] Zimmermann, Philosophische Horizonte der *Histoire Naturelle*, S. 21. Diese ist auch moralisch konnotiert: Bei Lavater bedingt der physiognomische Analogieschluss auf charakterliche Anlagen moralische Wertungen. Diderot widmet den Bastarden ein eigenes Kapitel, Buffon spricht von ‚Entartung'. Flauberts *Bouvard und Pécuchet* ironisiert dieses Denken, indem die Protagonisten Kreuzungsversuche anstellen, angeregt durch die Lektüre Buffons (vgl. ebd.). Moralisch wertet auch Linné, der die Amöbe als „Chaos chaos" und als „Charaktertier unserer Epoche" beschreibt (Lepenies, *Das Ende der Naturgeschichte*, S. 41).
[391] Vgl. ebd., S. 47. Lepenies vergleicht diese Hierarchie mit der Ständeordnung, mit deren Auflösung die Artgrenzen durchlässig geworden seien. Ernst Jüngers *Marmorklippen* sieht enzyklopädische Naturgeschichte und Monarchie verbunden (vgl. ebd., S. 48).
[392] Balke, Foucault und die Möglichkeiten eines Denkens, S. 55 (im Verweis auf Foucault, *Die Ordnung der Dinge*, S. 25 u. S. 308).

5.3 Metamorphosen der Naturgeschichte: Die Frottagen der *Histoire naturelle* — 607

Das ‚Ende der Naturgeschichte' bedingt ein Wandel der Naturauffassung, in dessen Folge natürliche Gegebenheiten „nicht als [...] göttliche Schöpfung verstanden werden, sondern als Produkte natürlicher Prozesse, als in der Zeit von der Natur selbst Geschaffenes".[393] Die Vorstellung einer unveränderlichen Natur wird durch den Entwicklungsgedanken abgelöst, wie die Erkenntnis, „dass die Erdoberfläche in der Vergangenheit gewaltigen Revolutionen unterworfen gewesen sein musste".[394] Dabei zeigt gerade der Deutungskampf um das Fossil – „in seiner aus Tier und Mineral gemischten Natur [...] der bevorzugte Ort einer Ähnlichkeit, die der Historiker des Kontinuums verlangt, während der Raum der *taxinomia* sie streng zerlegte"[395] – den Widerstand der Naturgeschichte gegen die „Temporalisierung ihrer Grundannahmen":[396] Es sind die „Fossilien selbst, die diese Ansätze einer historischen Geologie veranlasst hatten und später, im neunzehnten Jahrhundert, eine bedeutende Rolle in der biologischen Evolutionstheorie spielen sollten"[397], denn die ‚Tiefenzeit' wird durch geologische Zeugnisse des „*fossil record*" allererst lesbar.[398] In der Folge befördert der Entwicklungsgedanke eine „Verzeitlichung der ‚Kette der Wesen'";[399] womit das räumliche Modell einer

---

[393] Lefèvre, „Das Ende der Naturgeschichte" neu verhandelt, S. 4. Vgl. zur Kritik des Begriffs ‚Verzeitlichung', der die Zeitlosigkeit früherer Naturmodelle unterstelle, auf die Vorbereitung historischer Konzeptionen bei Descartes, Kant, Laplace, Buffon und Lamarck (ebd., S. 4 f.).
[394] Ebd., S. 7.
[395] Foucault, *Die Ordnung der Dinge*, S. 202.
[396] Lepenies, *Das Ende der Naturgeschichte*, S. 42. Vgl. zu Voltaires Spott, die Fossilien auf dem Mont Cénis seien Muscheln, die Pilger dort hinterließen, nicht Überreste eines urzeitlichen Meeres ebd., S. 49 f. Auch ist es üblich, „Fossilien für Zeugnisse noch nicht entdeckter rezenter Arten anzusehen" (Lefèvre, „Das Ende der Naturgeschichte" neu verhandelt, S. 8). „Die Fundorte der Fossilien, insbesondere maritimer Fossilien hoch oben in Gebirgen, die schon im Altertum zu Spekulationen Anlass gegeben hatten, mehr noch jedoch die prinzipielle Deutung des Versteinerungsprozesses organischer Strukturen, die im 17. Jahrhundert gelang, ließen die Annahme unabweisbar werden, dass diese Gebirge einst den Grund eines Meeres gebildet haben mussten." (Ebd., S. 7).
[397] Lefèvre, „Das Ende der Naturgeschichte" neu verhandelt, S. 8.
[398] Friedrich Balke, Bernhard Siegert, Joseph Vogel, „Editorial", in: dies. (Hg.), *Mikrozeit und Tiefenzeit*, Paderborn 2018, S. 5–9, S. 6.
[399] Lefèvre, „Das Ende der Naturgeschichte" neu verhandelt, S. 10. Dies im Sinn einer Verzeitlichung, „die an der hierarchischen Anordnung der Kettenglieder ansetzte und diese Ordnung so interpretierte, dass jeweils erst die weniger vollkommenen Wesen ins Dasein getreten sein müssen, bevor ein vollkommeneres entstehen kann" (ebd.) Im Hintergrund sieht Lefèvre „Ideen der Aufklärung": „[D]ie eines geschichtlichen Fortschritts, zum anderen aber die Idee, dass es in der Natur vernünftig zugeht" (ebd., S. 11). Leistet letzterer Aspekt der „Entwicklungslogik einer nach Perfektionsgraden geordneten Natur" Vorschub, also der „Rekonstruktion des vernünftigen, d. h. konstruktionslogischen, Zusammenhangs unter den Stufen der ‚scala naturae', die als Schritte einer realen Entstehung dieser hierarchischen Natur in der Zeit

Fortschrittslogik der Natur weiche.[400] Ein „naturalistisches Modell für die Idee einer sich perfektionierenden Natur"[401] bietet das „der epigenetisch verstandenen Ontogenese", wofür Goethes Metamorphoselehre steht, die „die Formenwelten ganzer Naturreiche als Resultate einer epigenetischen Entwicklung zu verstehen versuchte".[402] Dabei lässt der Entwicklungsgedanke gerade den Artbegriff nicht unbeeinflusst, wie Chamissos Kritik am Naturbegriff der ‚Metamorphosier' andeutet: Bereits „Linné und Buffon lassen sich durch Kreuzungsexperimente in der Annahme einer Konstanz der Arten erschüttern und propagieren schließlich einen ‚begrenzten Transformationismus'"[403]. Doch erst mit Darwins *On the Origin of Species* setzt sich der Gedanke veränderlicher Arten durch: Wie in den Ausführungen zu *Mimikry* angedeutet, geht mit dem Evolutionsparadigma die Umstellung von einem wesenhaften Artbegriff zur Einsicht in die konstruktiven Aspekte jeder Ordnung der Natur und die Umstellung der Taxonomie von der Artbestimmung nach *typologischen Ähnlichkeiten* zu der nach *relationalen, verwandtschaftlichen* einher, die mit Art- und Gattungsgrenzen querenden Analogien und Konvergenzen zu rechnen hat.

Besiegelt die moderne Naturwissenschaft, die noch Buffon als „Literat[en]" betrachtet, mit dem Ende der Naturgeschichte auch das ihrer von den Enzyklopädisten kritisierten Allianz mit Literatur und ästhetischer Darstellung – so erscheint „gegenüber der sich ausbreitenden Evolutionstheorie die *Histoire naturelle* als eine Sammlung meist unterhaltender, doch wenig wirklichkeitsgetreuer Romane"[404] –, ist zugleich von einem *poetischen* und *ästhetischen Nachleben* der Naturgeschichte zu sprechen: „[I]hr Überleben [...] sichert die Naturgeschichte nicht in den Wissenschaften, sondern in der Literatur" und den Bildkünsten.[405] So lässt auch Ernsts

---

aufgefasst wurden", impliziert erster eine Übertragung der kulturalistischen Fortschrittsthese auf die Natur: „Nicht die Idee einer produktiven Natur, einer ‚natura naturans', war bis dahin unerhört, sondern die einer sich selbst zum Höheren entwickelnden Natur." (Ebd., S. 14).

400 Doch scheint die Krise der ‚Verzeitlichung' vorübergehend: „[I]m Rückblick erscheint die [...] Verzeitlichung lediglich als eine Episode, die schon bald von einer neuen Etappe der Verräumlichung abgelöst wird." (Ebd., S. 115 f., Anm. 1).

401 Lefèvre, „Das Ende der Naturgeschichte" neu verhandelt, S. 14.

402 Ebd., S. 15. Lefèvre verweist auf „Goethes *Metamorphose der Pflanzen* und seine zoologische Morphologie" (ebd.).

403 Van Hoorn, *Naturgeschichte in der ästhetischen Moderne*, S. 13, Anm. 6; vgl. den Verweis auf Herbert Diekmann, „Naturgeschichte von Bacon bis Diderot. Einige Wegweiser", in: *Geschichte – Ereignis und Erzählung*, hg. v. Reinhart Koselleck u. Wolf-Dietrich Stempel, München 1973, S. 95–114, S. 105.

404 Lepenies, *Das Ende der Naturgeschichte*, S. 138.

405 Ebd., S. 122. Lepenies verweist auf Honoré de Balzacs „Vergleich von Tierreich und Gesellschaft" (ebd.) in der *Comédie humaine* als „‚Naturgeschichte der Literatur'" und auf Hippolyte

Histoire naturelle das Genre in einem Nachbild auferstehen, das „im Dialog mit dem Muster positivistisch-klassifikatorischer Weltaneignung par excellence"[406] eine dieses Muster konterkarierende ‚Geschichte der Natur' entwirft. Die variable Geschichte des Genres eröffnet dabei Zugänge zu alternativen Wissensmodellen, an die Ernst ebenso anschließen kann wie an die moderne Verzeitlichung der Naturauffassung. Seine poetische Geschichte einer Natur, die sich der repräsentativen Ordnung entzieht, tritt als Kommentar zu diesem Genre mehrfach in „Bezug [...] zur Natur [...]: Erstens hinsichtlich der Bildsprache, d. h. des durchgeriebenen Materials, zweitens hinsichtlich des Inhalts, d. h. der auf den Blättern dargestellten Dinge, und drittens hinsichtlich der Ästhetik, d. h. der Positionierung zum tradierten ästhetischen Paradigma der Kunst als Mimesis von Natur".[407] Indem sie strukturmimetisch Spuren der Materialien zum Ausgangspunkt künstlerischer Erfindung macht, inszeniert die *Histoire naturelle* am Nachbild der Naturgeschichte zugleich das ‚Nachleben der Naturnachahmung'.[408] So reflektiert das Ineinander von Verfahren und Motivik ironisch auf die enzyklopädische Naturgeschichte als Medium von Weltordnungsversuchen, die das von der älteren Naturphilosophie beschriebene Kontinuum der Natur in ein systematisches Ordnungsraster zerlegen und diese Ordnung zugleich ontologisch naturalisieren: Auf die Überwindung dieses Ordnungsmodells im Zeichen des Evolutionsparadigmas und seines Nachhalls in ästhetischen Metamorphosekonzepten verweist Ernsts Naturgeschichte, indem sie ihre Figurationen aus dem formgenetischen Prozess der Frottage entstehen lässt und so „metamorphe Bildgenese als Evolutionsthema" inszeniert:[409] Wie in den Überlegungen zu *Metamorphose* skizziert, gewinnt die desendenztheoretisch und vitalistisch aktualisierte Rezeption der Metamorphoselehre Goethes in der ästhetischen Moderne an Bedeutung und prägt den Entwicklungsgedanken formbildender Naturkräfte. Dabei

---

Taine (ebd., S. 124). Vgl. zum ästhetischen Nachleben der Naturgeschichte van Hoorn, *Naturgeschichte in der ästhetischen Moderne*; Keßler, Schwarz (Hg.), *Objektivität und Imagination*.
406 Van Hoorn, *Naturgeschichte in der ästhetischen Moderne*, S. 74. Ernst bezieht sich dabei mit der Einladungskarte zur Subskription explizit auf Buffon (vgl. Zimmermann, *Philosophische Horizonte der Histoire Naturelle*, S. 21).
407 Van Hoorn, *Naturgeschichte in der ästhetischen Moderne*, S. 79.
408 In ihr wirke Naturnachahmung als „halluzinatorisch geisternder Prozess", so Ubl, *Prähistorische Zukunft*, S. 54.
409 Lichtenstern, *Metamorphose*, S. 164. Vgl. auch Keßler, Schwarz, Verzweigungen von Naturgeschichte und Kunst, S. 15: „Nicht zuletzt auf den Darwinismus nahm Ernst [...] Bezug, insbesondere mit Darstellungen von Hybriden, Zwischenformen und Zwitterwesen, die der Theorie über genetische Mutationen ein kurioses Gesicht verleihen und – die traditionellen Bereiche der Naturkunde überschreitend – die Entstehung und Kommunikation der Arten einer eigenen Chronologie übereignen".

stützt Ernst seine Ikonografie des Metamorphotischen, Hybriden und Monströsen auf transversale Wahlverwandtschaften, die sich jeder Ordnungsbemühung entziehen, und verweist damit auf eine Faszination, die zu den Grundlagen nicht nur der aufklärerischen *taxonomia*, sondern auch der modernen Temporalisierung der Naturkonzeption quer steht, in der Wolfgang Lefèvre zufolge „Ideen der Aufklärung" – „die eines geschichtlichen Fortschritts" und „die Idee, dass es in der Natur vernünftig zugeht" – weiterwirken.[410] Mit ihren Hybriden und analogischen Konstellationen hält sie die *curiositas* vormoderner Naturforscher wach, die noch die romantische Naturgeschichte prägt und die der Surrealismus im Interesse an der „Irrationalität in ihrer logischen Ordnung" methodisch verfolgt.[411] Mittels der „Einbildungskraft [...] Verwandlungen aufspüren", wie Barthes über Arcimboldo schreibt, gilt in dieser Tradition noch Ernst als „Akt des Erkennens": Denn „jedes Wissen ist an eine ordnende Einstellung gebunden; die Erweiterung oder bloße Veränderung des Wissens ist nichts anderes als kühnes Eingreifen, ein Experimentieren mit dem, was die Kategorien, an die wir gewöhnt sind, untergräbt".[412]

Dieser Anschluss an die vormoderne Naturforschung lässt sich hinsichtlich der Funktionen des Ähnlichen konkretisieren, die neben dem Konnex mit Imagination und Analogie das Kontinuum der Wesen und eine räumliche Dimension der Wissensordnung betreffen. Dabei lässt sich das zuletzt beschriebene Interesse am Unbekannten und Nichtklassifizierbaren, das Ernst für die künstlerische Erfindung reklamiert, mit der antiken Bestimmung von *inventio* und *heuresis* in Verbindung bringen; sie wird seit dem siebzehnten Jahrhundert mit der Einbildungskraft assoziiert, der sich die Ähnlichkeit Foucault zufolge verbindet: Entspreche der Imagination im ‚Zeitalter der Repräsentation' die „Unordnung der Natur" als „ungreifbare Verwirrung der Repräsentation [...], die bewirkt, dass die Ähnlichkeit darin spürbar wird, bevor die Ordnung der Identitäten sichtbar ist", so erinnert das Wirken der Imagination noch in Ernsts *Histoire naturelle* nicht nur an die durch die Ordnung der Repräsentation verdrängte Kontinuität und Unordnung der Natur, sondern zugleich daran, dass „die Anpassung der Ähnlichkeit und der Imagination [...] alle empirischen Wissenschaften der Ordnung

---

410 Lefèvre, „Das Ende der Naturgeschichte" neu verhandelt, S. 11.
411 Hölz, *Destruktion und Konstruktion*, S. 100. Schon Pico della Mirandola warnt vor deren Effekten: „Im Sinne des ‚curiositas'-Verbots sieht er in der Entfaltung einer schrankenlosen Imagination die Gefahr eines ungebändigten Ehrgeizes und friedenszerstörender Potentiale" (Schneider, *Geschichte der Ästhetik*, S. 264, Anm. 16). Max Ernsts „Wahlverwandtschaften zum 16. Jahrhundert" betont Holländer, Ars inveniendi et investigandi, S. 289. Zur Faszination der Surrealisten durch das Monströse, die sich auch auf literarische Vorläufer wie Jarry, Lautréamont oder Rimbaud berufen kann, die die „‚originale, unerschöpfliche Schönheit' des Monströsen" feiern, vgl. Zimmermann, Philosophische Horizonte der *Histoire Naturelle*, S. 21.
412 Barthes, Arcimboldo, S. 154.

5.3 Metamorphosen der Naturgeschichte: Die Frottagen der *Histoire naturelle* — 611

begründet und möglich macht."[413] Sucht die klassische Naturgeschichte eine in ihrem Universalitätsanspruch repräsentative Mnemonik des Wissens zu entwerfen, als Bild einer vernünftigen Ordnung der Schöpfung, die vollkommene Naturordnung und erfolgreiche rationale Systembildung gleichzeitig wäre, ist dies in Ernsts ästhetischer „Kosmogonie als ‚Chaogonie'" ad absurdum geführt:[414] Indem sie „sich unter Rückgriff auf die Naturgeschichte gegen ihre Prinzipien, gegen alles Klassifizieren, Ordnen und Verstehenwollen richtet",[415] ironisiert Ernsts *Histoire naturelle* diesen Anspruch.

> [D]er kritische Sinn seines auch in der Metaebene ästhetischer Reflexion angesiedelten Projekts liegt also zumindest darin, daß es das Ideal ‚einer wahren Ordnung der Dinge', der ‚vollständigen Enzyklopädie' und des von Vermischungen und Grenzüberschreitungen ungetrübten ‚natürlichen Systems' unterminiert und als Erfindungen eigener Art erscheinen läßt.[416]

Gegen enzyklopädische Vollständigkeit, identifizierende und differenzierende Klassifikation und taxonomische Reinheit setzt Ernst nicht nur eine metamorphotisch prozessualisierte Entwicklungslogik, die mittels hybridisierender und fossilierender Effekte auf zeiträumliche Übergänglichkeit verweist, sondern auch eine „‚Verräumlichung'" als Evokation eines Ordnungsmodells, in dem sich, so Wolf Lepenies, die Signaturenlehren und die „Pflanzenlehre der Naturvölker […] ähneln"[417]: Es wird evoziert durch die Verknüpfungsakte einer „mit unkalkulierbaren Vielfaltsvermehrungen operierende[n] Imagination"[418], denen sich „kein homogenes Prinzip der Klassifikation entnehmen" lässt – vergleichbar derjenigen „‚Form des enzyklopädischen Projekts', die das Zeitalter der Ähnlichkeit kennzeichnet und die sich fundamental von den Enzyklopädien des Zeitalters der Repräsentation unterscheidet, wegen seiner schwindelerregenden Analogiebildungen, die auf dem beruhen, was Foucault die ‚Schrift der Dinge' oder Blumenberg *Die Lesbarkeit der Welt* nennt".[419] So tritt das Verfahren

---

413 Foucault, *Die Ordnung der Dinge*, S. 106f. Das „reziproke Band der Imagination und der Ähnlichkeit" sichere die Erkennbarkeit der Natur (ebd., S. 106). Vgl. Kap. 3.V: „Die Imagination der Ähnlichkeit", S. 102ff.
414 Orchard, (Un)Ordnung schaffen, S. 10.
415 Van Hoorn, *Naturgeschichte in der ästhetischen Moderne*, S. 153.
416 Zimmermann, Philosophische Horizonte der *Histoire Naturelle*, S. 21. Zimmermann nennt dies einen „Beitrag zur Dialektik der Aufklärung im Medium der Bildreflexion" (ebd.).
417 Lepenies, Das Ende der Naturgeschichte, S. 33.
418 Konersmann, Max Ernst und die Idee der Naturgeschichte, S. 164. Vgl. auch Lichtenstern, *Metamorphose*, S. 163 und S. 136.
419 Balke, Foucault und die Möglichkeiten eines Denkens, S. 55f. Darin ist es der Klassifikation Borges' vergleichbar.

der repräsentationalen „Logik des Spiegels und seinem Primat der Sichtbarkeit" entgegen, die das ‚Primat der Textur' ablösen, in der die ‚Schrift der Welt' und die Zeichen ineinander verwoben waren, und restituiert so die oben mit Haß skizzierte Dimension des imaginativen *Blicks*:[420] Gegen die Repräsentation setzt Ernst eine die ‚Übersicht' des Diderot'schen Modells gegen den metaphorisch übertragenden Blick eintauschende *Ordnung des Ähnlichen*, deren Logik der Kontinuität, der Analogie und einer Textur, in der sich Materialspuren und Zeichen verflechten, vormoderne Wissensmodelle aktualisiert. Diese Affinität der *Histoire naturelle* zu vorsystematischen Naturgeschichten und vormodernem Analogiedenken verdeutlicht gerade das Ineinander von Ähnlichkeitssehen und Imagination: Ernst verweist auf ihre Funktion als „Vehikel der Ähnlichkeitsvorstellung"[421] und situiert die durch ihr innovatives Potential gestifteten Ähnlichkeitsbezüge – das *Surplus* der Frottage gegen die illustrierende Repräsentationsfunktion der Zeichnung ausspielend – in einer ästhetisch-epistemologischen Tradition, die von der Kontinuität einer metamorphotischen Welt ausgeht. In dieser Rückwendung auf vormoderne Wissensordnungen setzt er sich nicht nur von der ‚klassischen' Naturgeschichte, sondern auch von der modernen Naturwissenschaft ab.

Dabei verknüpft die Verbindung von Imagination und Heuristik in der ästhetischen Erfindung der Natur die Ausrichtung auf die „Entdeckung von Aspekten [...], die im Objektbereich zunächst noch unentdeckt verborgen liegen und daher aus ihm gedanklich (durch ‚excogitatio') herausgeholt werden müssen"[422], mit der „Vorstellung ästhetischer Anziehung auch des Heterogensten"[423]. Die epistemologische Valenz der Ähnlichkeit in der Fähigkeit zum Sichtbarmachen des (noch) Unsichtbaren, der Relationierung des Heterogenen und der Herstellung von Bezügen im Unähnlichen macht sie zu einem Findungsmittel sowohl der Kunst als auch der Wissenschaft, das zugleich das „Klassensystem der Naturdinge nach Ähnlichkeiten"[424] errichtet *und* die Grenzen der (Art-)Begriffe, Taxonomien und Wissensmodelle transversal überschreitet – etwa in dem von John Stuart Mill betonten „identifying stroke of likeness in unlikeness"[425]. Nicht nur die ästhetische Imagination, die – wie im Blick auf die transgenerische Analogie-

---

420 Haß, *Drama des Sehens*, S. 45.
421 Kohl, Gaier, Saviello, Ähnlichkeit als Kategorie der Porträtgeschichte, S. 21.
422 Schneider, *Geschichte der Ästhetik*, S. 264.
423 Zimmermann, Philosophische Horizonte der *Histoire Naturelle*, S. 19.
424 Lepenies, *Das Ende der Naturgeschichte*, S. 37. So konturiert noch Kant die Aufgabe einer Naturgeschichte, der die „Tendenzen", Naturgeschichte „zu einer Geschichte der Natur umzuformen" wahrnimmt und kommentiert (ebd.).
425 Zit. n. Lobsien, *Kunst der Assoziation*, S. 188, Anm. 158: „The processes of Classification, Reasoning, Imagination, and the inventive faculty generally, depend upon the identifying stroke of likeness in unlikeness."

metapher gezeigt – rein ideative Ähnlichkeitsbezüge stiftet und subjektive Ähnlichkeitsaspekte entdeckt, auch die wissenschaftliche Neugier motiviert etablierte Ordnungen querende Reorganisationsakte und tritt so auf „als Widersacherin im Inneren der prozedierenden Systembildung, die sie zu immer neuen Differenzierungen und Diversifikationen herausfordert."[426] So verweist die Ähnlichkeitsstiftung der *Histoire naturelle* auf die Unabschließbarkeit jeder Ordnung der Natur.[427] Indem die Sukzession der Folge in ihrer metamorphotischen Übergänglichkeit auf ein Überschreiten jeglicher Systematik verweist, setzt sie auf eine Neuschöpfung, die Ähnlichkeit nicht zur Rückführung des Fremden auf das Bekannte, sondern zur Öffnung auf das in einem „Reich des Ähnlichen"[428] ästhetisch *Mögliche* einsetzt: Sie tritt an, die von Breton attackierte ‚unausrottbare Manie, das Unbekannte aufs Bekannte, aufs Klassifizierbare zurückzuführen'[429], zu düpieren, um der ‚Ungleichheit des Ähnlichen' willen, in der die Kunst – mit Schklowskij – ‚das Neue vermerkt'.

Dabei kann Ernsts ‚visuelle Argumentation'[430] an die angedeutete Überwindung des Tableaumodells durch moderne Prozesslogiken anknüpfen. Die Zeitdimension der doppelten Allusion der Genesis- und Genesemotivik wird durch die simultane Zusammenführung kontrapunktischer Zeitebenen natürlicher und künstlerischer Formgenese und Fossilierung noch weiter kompliziert, die in der Überblendung der formgenetischen mit der tiefenzeitlichen Dimension eine analogische Bezüglichkeit entfalten,[431] jede lineare Tendenz der Temporalisierung, die die Fortschrittsmaxime teleologischer Selbstvervollkommnung unterstellt, konterkarierend. Dabei vermittelt die „Prozessanalogie zwischen Ähnlichkeitsse-

---

[426] Konersmann, Max Ernst und die Idee der Naturgeschichte, S. 163. Zur Bestimmung der *curiositas* als Motiv wissenschaftlichen Erkenntnisstrebens seit der frühen Neuzeit vgl. Hans Blumenberg, *Der Prozeß der theoretischen Neugierde*, Frankfurt a. M. 1973.
[427] Zur Kritik Lepenies' These einer Erklärung der Verzeitlichung durch einen Mangel an Kapazität der räumlich ordnenden Systematiken zur „Informationsverarbeitung" vgl. Lefèvre, „Das Ende der Naturgeschichte" neu verhandelt, S. 9.
[428] Schmitz-Emans, Surrealismus, o.S.
[429] Vgl. auch van Hoorn, *Naturgeschichte in der ästhetischen Moderne*, S. 74, die diesen Bezug ebenfalls herstellt.
[430] Vgl. Horst Bredekamp, Pablo Schneider (Hg.), *Visuelle Argumentationen. Die Mysterien der Repräsentation und die Berechenbarkeit der Welt*, München 2006.
[431] Vgl. zum Begriff der Tiefenzeit im Kontext der Avantgarden die Tagung „Tiefenzeit und Krise" (26.-27.5.2018) im Kontext der Ausstellung ‚Neolithische Kindheit': Sie widmete sich der avantgardistischen „Neubestimmmung des Projekts der Moderne" in einer krisenhaft erfahrenen Zeit, die den „Imaginationsraum der Archaik und Exotik" erforscht, um „alternative[] Ursprünge[] und Nullpunkte[] der Menschheit zu entwerfen" (online unter hkw.de/presse, 17.10.2019). Zur Temporalität der Avantgarde vgl. Sascha Bru, *Time and Temporality in Literary Modernism* (1900–1950), Leuven 2016.

hen, künstlerischer Produktion und fossilierender Natur" nicht nur eine gesteigerte „mimetische Evidenz".[432] Die tiefenzeitliche Dimension assoziiert auch in quasi-archäologischer Perspektive die Methode ihrer Erforschung, die Spurensuche der Ichnologie, die den Abdruck als Teil einer ‚Archäologie der Ähnlichkeit' erforscht:[433] Als Deutungsmethode des Lesens in der *zweiten Natur* legt sie nahe, Natur-(Kultur-)Geschichte(n) neu zu erfinden und auszudeuten. Dass sich Ernsts „‚Geschichte einer Naturgeschichte'" dabei nicht in der „‚Mortifikation des Vergangenen'" erschöpft, deutet sich nicht zuletzt darin an, dass er den Menschen einbezieht:[434] Dies verdeutlicht das letzte Blatt der *Histoire naturelle*, das als ihr offenes Ende die Rückenfigur der abgewandten Eva als Projektionsfläche für ‚unsere Hoffnung' und für die Mitwirkung der Rezeption inszeniert; darin ist „eine zukunftsweisende Gestik zu verspüren, die die Einbildungskraft des Betrachters an realen Spuren ansetzen läßt, um deren Bedeutung ins Surreale zu erweitern – und sei es nur als gesteigertes Bewußtsein von Möglichkeit mit seinen ambivalenten, ebenso euphorischen wie beunruhigenden affektiven Besetzungen."[435] So vermittelt Ernsts subjektiv-mythopoetische Naturdeutung nicht nur den Eindruck der Konstruktivität und Historizität jeder ‚Geschichte der Natur', sondern erhebt auch den Anspruch, ein dem Objektivismus moderner Wissenschaft überlegenes Weltverhältnis anzubieten, das die Stellung des Menschen in der Natur verrückt. Dabei bezieht er sich positiv auf die zeitgenössische Naturwissenschaft, wo er auf eine Parallele zu seiner ‚künstlerischen Forschung' verweist:

> Die revolutionäre Bedeutung dieser erstlich vielleicht absurd anmutenden Naturbeschreibung wird vielleicht deutlicher dadurch, dass analoge Resultate der modernen Mikrophy-

---

432 Ubl, *Prähistorische Zukunft*, S. 60.
433 Vgl. Didi-Huberman, *Ähnlichkeit und Berührung*, S. 197.
434 Zimmermann, Philosophische Horizonte der *Histoire Naturelle*, S. 21, der Adornos „Rückblick auf den Surrealismus" zitiert. Den Menschen begreift auch die vormoderne Naturgeschichte und ein Teil der modernen Geschichtsphilosophie ein. Demgegenüber wird das Weltverhältnis der Naturgeschichte mit der Aufklärung dichotom – Natur erscheint als ‚Anderes', bezeichnet von einem Subjekt, das ihr äußerlich bleibt; die Aufklärung unterscheidet zwischen „Menschheitsgeschichte und der Deskription von Naturgegenständen"; modern zeige sich deren „Annäherung, weil sowohl Natur als auch Menschen einer historisierenden Perspektive unterworfen werden." (Van Hoorn, *Naturgeschichte in der ästhetischen Moderne*, S. 35) Dies sei in vitalistischen Konzepten wie „Blumenbachs Bildungstrieb" erkennbar (ebd., S. 36). Vgl. zu einer monistischen Perspektive auf „Naturgeschichte und Kulturgeschichte" ebd., Kap. 2.3, S. 49–59, bes. den Verweis auf Herder, Goethe und Schellings Naturphilosophie (ebd., S. 39) und Adornos und Marx' Hinterfragung der Hegelschen „polare[n] Gegenüberstellung von Natur und Geschichte" (ebd., S. 41); vgl. um 1900 auch Kurt Breysiks *Geschichte der Menschheit* als „eine ‚vergleichende[] Universalhistorie'" (ebd., S. 57).
435 Zimmermann, Philosophische Horizonte der *Histoire Naturelle*, S. 21.

sik vorliegen. P. Jordan stellt als Resultat einer Messung an einem kraftfrei bewegten Elektron und nachheriger Messung des Orts fest: ‚Aber dieser Unterscheidung (von Außen- und Innenwelt) wird eine Hauptstütze entzogen mit der experimentellen Widerlegung der Vorstellung, dass in der Außenwelt Tatbestände vorliegen, welche unabhängig vom Beobachtungsprozess ein objektives Dasein besitzen.'[436]

Diese Erkenntnis kann für die empiriokritizistisch ausgerichtete Wissenschaft stellvertretend gelten, die einen objektiven Beobachterstandpunkt in Frage stellt: „Der Gegenstand der Naturwissenschaften wird über das Subjekt konstituiert."[437] Wenn Ernst, der in der Aufhebung „der Unterscheidung von Außen- und Innenwelt" die „universale Bedeutung des Surrealismus"[438] sieht, seine Erforschung des Grenzbereichs von Wahrnehmung und Imagination der wissenschaftlichen Erkenntnis eines *nichtdichotomen* Verhältnisses von Subjekt und Objekt anschließt, verweist er auf ein zentrales Motiv modernen Ähnlichkeitsdenkens, das den subjektiv-objektiven Doppelaspekt der Ähnlichkeit betont: „Ähnlichkeit kann bei der Explikation dessen, was es heißt, eine Erfahrung zu machen, hilfreich sein, sofern gilt: ein Objekt zu konstruieren heißt, das Subjekt zu verändern".[439] Angesichts der ambivalent changierenden Resultate der Ernst'schen ‚Naturbeschreibung' scheint eine „Souveränität des Denkens [ausgeschlossen], durch die eine vieldeutig sich wandelnde und durch Imagination potenzierte Natur letztlich im Begriff bezwungen werden könnte."[440] Seine Souveränität besteht im Gegenteil in der produktiven Potenzierung der inkommensurablen Deutungsoffenheit moderner Welterfahrung im Vertrauen auf die Erschließungskraft einer *ästhetischen* Neuordnung der Dinge. Die sinnstiftenden Ordnungsangebote

---

436 Ernst, Was ist Surrealismus, S. 80f. Keßler, Schwarz, Verzweigungen von Naturgeschichte und Kunst, S. 15f., Anm. 4 verweisen auf „Vorbilder[]" wie Georges-Louis Leclerc, Georges Cuvier, Ernst Haeckel und Camille Flammarion im Blick auf „Konzepte, aber auch die Idee einer eigenen Naturgeschichte".
437 Hölz, *Destruktion und Konstruktion*, S. 100. Auf die Destabilisierung der Realitätsvorstellung durch die Physik verweist Einstein in Bezug auf Riemanns Feststellung, „dass die Geometrie mit Konventionen und durchaus nicht mit eindeutigen Wirklichkeiten arbeite, das heißt, dass wir über die sogenannte naive Erfahrung hinaus eine mehr oder weniger willkürliche Auslese der Elemente treffen können, um einen uns gemäßen Raum zu bilden. Hinzu kam, dass die stabilen Elemente erschüttert waren und man, vielleicht unter dem Einfluß der Biologen, weniger die Elemente als die funktionalen Beziehungen betonte. Das heißt: Das klassisch-statische Weltbild war in ein funktionales und vieldeutiges verwandelt worden." (Einstein, *Die Kunst des 20. Jahrhunderts*, S. 160) Er zieht hier die Verbindung zu einer veränderten Subjektauffassung: „Man konnte Funktionen nur dann feststellen, wenn der Begreifende selber, also der Mensch, ein Aggregat funktioneller Beziehungen darstellt" (ebd.).
438 Ernst, Was ist Surrealismus, S. 82.
439 Fromm, Die Sympathie, S. 36.
440 Zimmermann, Philosophische Horizonte der *Histoire Naturelle*, S. 22.

von Mythos, Analogie und Metapher erscheinen als Agenten einer Positivierung des Unbestimmten, die gegen die Identitätslogik opponiert: Ernsts ‚Erfindung der Natur' setzt der objektivistischen Naturdeutung der enzyklopädischen Naturgeschichte, die, einhergehend mit einer zentrierten Subjektposition, das Neue im Akt der Bezeichnung und Klassifikation überblickt, vereindeutigt, einordnet und aussondert, ein Gegenmodell – die Parteinahme für das Unreine, den Austausch von Wahrnehmung und Imagination, das Denken des übertragenden Blicks und mimetische Näheverhältnisse des taktilen Sehens – entgegen. Damit weist sein Projekt über den ästhetischen Bereich hinaus: Chamissos beunruhigter Frage – ‚was trennt mich homo sapiens denn von dem Tiere?' – entgegengesetzt, verweist seine Konzeption, deren materialistische Dimension Éluard betont, auf ein relationales Denken, das das Subjekt monistisch in eine sich wandelnde Natur einbezieht. Ernsts ‚Wille', sich mit dem Gesehenen ‚gleichzusetzen', die an den Verwandlungstopos totemistischer Identifikation anschließende Künstlermetamorphose, die die Ähnlichkeit mit dem ‚Anderen' betont, lässt sich im Blick auf das letzte Blatt der *Histoire naturelle* in „eine Hybridisierung von Mensch und Tier als Teil einer möglichen zukünftigen Naturgeschichte weiterdenken, wie sie in [...] seinen Vogelmenschen[ ] immer wieder auftaucht".[441]

Der *Histoire naturelle* ist eine Epistemologie der Ähnlichkeit inhärent, die nicht als defiziente Vorstufe, sondern als Gegenmodell zu begrifflicher Erkenntnis und Repräsentation firmiert, die eine Logik der Identitäten und Differenzen konstituieren. Auf die Freiheit künstlerischer Erfindung zielend, stützt sie sich auf ein Verfahren, das Ähnlichkeiten sowohl ‚entdeckt' und sichtbar macht als auch verstärkt und konstruiert, und durch die Aspektwechsel des Ähnlichkeitssehens ermöglicht, „die Dinge anders zu sehen bzw. andere Dinge zu sehen. Es gibt also auch eine normative Konkurrenz im Felde der Einbildungskraft, die über vermeintliche Gleichgültigkeit im Ästhetischen hinausweist."[442] Erweist sich die Produktivität der Ähnlichkeit gerade in Grenzräumen des Wissens und Bezeichnens, so gilt dies insbesondere für die surrealistische Erforschung der Zwischenbereiche von Wahrnehmung, Imagination und Bild, die ihr im Rahmen einer nichtimitativen Mimesiskonzeption, eines nichtrepräsentationalen Bildbegriffs und eines nichtdichotomen Naturverhältnisses ästhetischen, epistemologischen und ethischen Wert zugestehen.

---

[441] Keßler, Schwarz, Verzweigungen von Naturgeschichte und Kunst, S. 16. Vgl. hier die Forschungen Latours und Descolas.
[442] Zimmermann, Philosophische Horizonte der *Histoire Naturelle*, S. 21.

5.4 Fazit: ‚Hier ist noch alles in der Schwebe'

Ernsts kombinatorische und metamorphotische Bildverfahren nehmen Konzeptualisierungen bildhafter Ähnlichkeit vor, die der *entgrenzenden* Arbeit an Form, Identität und Mimesis und der Entkoppelung von Ähnlichkeit und Repräsentation dienen, Dimensionen der Ähnlichkeit differenzierend, die naiv mit einer als mimetisch bezeichneten repräsentationalen Relation identifiziert wird. Im Konnex mit dem *Schlüsselkonzept der Metamorphose* tritt Ähnlichkeit als *formgenetische Verähnlichung, Berührungsähnlichkeit, Archi-Ähnlichkeit, ikonische Ähnlichkeit* und *Ähnlichkeitssehen* auf, das als Movens ästhetischer Produktion und Rezeption wirkt, indem es zufällig vorgefundene Ähnlichkeiten verstärkt: Der *Doppelaspekt des Erkennens und Herstellens von Ähnlichkeit* wirkt im metaphorisierenden Blick der Montage ebenso wie im Ähnlichkeitssehen, das in der Frottage die formgenetisch produktiven Möglichkeiten der amorphen Textur auswertet.

Als nichtimitative ähnlichkeitsästhetische Konzeption lässt sich so nicht nur das der Operation der Metapher verwandte Collageverfahren beschreiben, auch das Zusammenspiel von strukturmimetischem Abdruck und Hineinsehen in der Frottage dient einer entgrenzten Herstellung von Ähnlichkeiten: Das Verfahren, das Index und Ikon mittels des Ähnlichkeitssehens interferieren lässt, überbietet die abbildliche Mimesiskonzeption und erscheint als im Medium der Zeichnung artikulierte polemische Inversion des *disegno*. In seinem zufallsbasierten Ursprungsmoment ‚entzündet' sich die Imagination an dem materiellen Grund. Als „Verfahren zur Realisation von unkontrollierbaren Assoziationen und Dissoziationen" und „Möglichkeit rascher Zündungen"[443] potenziert es den Abdruck der Struktur in der doppelten Motivierung der Bildzeichen zum übercodierten Verweisungsgeflecht. Dabei wird die Lineatur der Vorlage in dem Maße *unähnlich*, wie sie *ikonische Ähnlichkeit* erlangt, die über den Umweg des Taktilen und die Anreicherung mit der Spur einer ‚psychogrammatischen' Geste im Bild als ein *Sichtbarwerden* erscheint: „Im Unterschied zum illusionistischen Bildverständnis der Tradition [...] ist die Frottage nicht ‚repräsentativ', sondern pures Ereignis, stillgestellte Imagination".[444] So bannt Ernsts Aufzeichnung des halluzinatorischen Sehens den ‚übertragenden Blick' ins Bild, dessen metaphorische Akte und metamorphotische Prozesse die Wechselwirkung von Wahrnehmung und Imagination im Bildwerden der Surrealität aufzei-

---

443 Holländer, Ars inveniendi et investigandi, S. 282.
444 Konersmann, Max Ernst und die Idee der Naturgeschichte, S. 166. Dabei setzen Ernsts Bilder „die Wirksamkeit der traditionellen Illusorik ausdrücklich voraus." (Zimmermann, Philosophische Horizonte der *Histoire Naturelle*, S. 19).

gen. Dabei dient die *metamorphotische* Konzeption der Frottage als Genese, Wandel und Instabilwerden der Form der Befreiung von der Identitätslogik und der „Identifikationsvereitelung": „Die Frottage ist eine Vorrichtung zur Freisetzung von Unwägbarkeiten, ein Instrument des aufgetanen Blicks, eine Erregerin des Vielfaltsinns, eine planvoll arrangierte Grenzaufhebung, mit einem Wort: eine ‚Imaginationsmaschine'".[445]

Dass Ernsts Kritik der Repräsentation die der abbildlichen Nachahmung der Natur ebenso umfasst wie die einer repräsentationalen Ordnung des Wissens, reflektiert seine „[s]urrealistische Naturgeschichte".[446] Das anachronistische Genre erlaubt die Reflexion „auf die Pluralität ihrer Ordnungen zwischen den Extremen einer nüchternen wissenschaftlichen Klassifikation und einer phantasiegesteuerten ‚Erfindung der Natur'".[447] Die in Ernsts ‚Geschichte der Natur' gekreuzten Weltmodelle historisieren in einer „Relativierung des Sinnraums"[448] jede Ordnung des Wissens über Natur als Erfindung und vermitteln eine Gegengeschichte zu rationalistisch bereinigten Systematisierungsversuchen im Namen des Hybriden, Analogen und Metamorphotischen. An die Stelle einer göttlich gegebenen und durchwalteten Schöpfung, Ordnungsvorstellungen unveränderlicher *regna* und *species*, ontologisch vorliegender, typologisch erkennbarer Arten, logisch univoker Begriffe, aber auch von Modellen natürlicher Selbstvervollkommnung setzt sie die privatmythologische Vision einer monströs-veränderlichen Natur, die gegen die Reinigungsarbeit der Neuzeit und Moderne die *Unreinheit* der Natur als Materialitäts- und Ähnlichkeitskontinuum ausspielt, gegen ihre Entzauberung ihre Poetisierung. Dass sie den Mischformen Raum bietet, lässt sich als Kritik der neuzeitlichen und modernen Ordnung der Dinge lesen, die die hierarchische Klassifikation, die Logik der Identitäten und Unterschiede und ihre Ein- und Ausschlussmechanismen mittels der Effekte einer Prozesslogik ironisiert, deren Dynamiken der Verwandlung und des Hineinsehens Ähnlichkeit als Merkmal der Mischung und der Komplexität hybrider und fluider Formen gegen formale, begriffliche und repräsentationale Identität setzen. Die „Frottagetechnik als referentielles Verfahren"[449] bietet sich hierfür als „Dekonstruktionsinstrument'"[450] an, das Mehrdeutigkeit und interpretative Freiräume erzeugt, indem sie „das ungeordnete Wuchern der Mannigfaltigkeiten duldet. Ihre vielfältigen semantischen und semiotischen Interventionen be-

---

445 Konersmann, Max Ernst und die Idee der Naturgeschichte, S. 162.
446 Van Hoorn, *Naturgeschichte in der ästhetischen Moderne*, S. 71.
447 Zimmermann, Philosophische Horizonte der *Histoire Naturelle*, S. 21.
448 Barthes, Arcimboldo, S. 148.
449 Konersmann, Max Ernst und die Idee der Naturgeschichte, S. 162.
450 Ebd., S. 165.

schleunigen und bejahen das Fließen der Bedeutungen".[451] Sie ist „– das ist ihre hermeneutische Pointe – [...] eine deutungsresistente Form: Sie bringt keine Gegenordnung hervor, sondern [...] ‚aleatorische Abweichung'."[452] Angesichts der so erzeugten „essentiell vieldeutige[n] Erscheinung des Sichtbaren" scheint es, als wollte Ernst die Konventionen der Zeichenordnungen durch ‚kaum spürbare Verrückungen' lösen.[453] In seiner Erforschung des Übergänglichen greifen analogische Momente, metaphorische Übertragungen und verlebendigende Effekte des Ähnlichkeitssehens ineinander, das den ordnenden Blick ersetzt, um der ästhetischen Naturgeschichte Unvorhergesehenes und Nichtklassifizierbares mit spielerischer Selbstverständlichkeit einzufügen. Ähnlichkeiten verweisen dabei nicht auf typologisch erkennbare Arten und Verwandtschaftsbezüge, sondern auf Übergangsphänomene, Mischwesen, Wahlverwandtschaften und Möglichkeitswelten: „Hier ist noch alles in der Schwebe"[454]. Die *Histoire naturelle* ist so paradigmatischer Ausdruck der von Ernst programmatisch konzipierten Ästhetik und Epistemologie des Ähnlichen, die mit der Frottage ein metamorphotisches Bildverfahren entgrenzter imaginativ-ikonischer Verähnlichung findet.

---

451 Ebd., S. 164.
452 Ebd., S. 165.
453 Zimmermann, Philosophische Horizonte der *Histoire Naturelle*, S. 18.
454 So formuliert ein Bildtitel Max Ernsts aus dem Jahr 1920; vgl. https://www.deutsche-digitale-bibliothek.de/item/BPPZFX2KNFJAIHYFO4CSRYKWASCU75AO, 14.4.2022.

6 René Magrittes ‚Kunst der Ähnlichkeit'

La peinture attire votre admiration par la ressemblance des choses dont vous n'admirez pas les originaux. Mais cette admiration vous est parfois pénible, elle vous mènera loin.
(René Magritte)[1]

Das Bild *L'Empire des lumières* von 1954 (Abb. 37) zeigt eine widersprüchliche Szenerie: Einen sich zur Horizontlinie aufhellenden blauen Taghimmel mit weißen Wolken; ein Haus mit darum stehenden Bäumen und der spiegelnden Fläche eines Gewässers im Vordergrund, die sich scharf konturiert wie ein Schattenriss davon abheben: Haus, Bäume und Wasser liegen in Dunkelheit. Die Fenster sind erleuchtet, eine Straßenlaterne wirft einen Lichtschein auf Haus und reflektierendes Wasser. Etwa in der Bildmitte, über der niedrigen Horizontlinie, bricht mit der Einheit des Bildraums die Logik, die erwarten ließe, dass Tageslicht die Gegenstände beleuchtet. Über der nächtlichen Szenerie wirkt der helle Himmel montiert wie in einer Collage. Das Bild scheint zweigeteilt; es vereint mit dem Gegensatz von Tag und Nacht zwei Ansichten, deren Ganzes in einer Art Kippbild gegeben wird, dessen Bildhälften – anders als im Aspektwechsel – beide Ansichten simultan aktualisieren. Der Verismus der Darstellung kollidiert mit der Unvereinbarkeit der Aspekte der Szenerie, die nur durch eine zeitliche Verschiebung logisch in Bezug zu setzen sind: „[E]ine nächtliche Landschaft und ein Himmel,

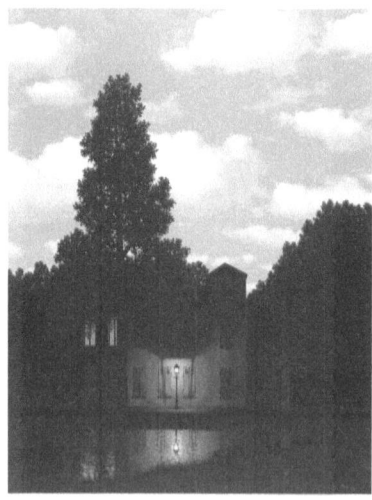

Abb. 37: René Magritte, *L'Empire des lumières* (1954), Öl auf Leinwand, 164 x 114 cm, Musées royaux des Beaux-Arts de Belgique (Bruxelles).

---

1 Magritte, „Vous", in: ders., *Écrits complets*, hg. u. komment. v. André Blavier, Paris 1979, S. 37 f, S. 37; vgl. Moser, *Sinnbild und Abbild*, S. 3.

wie wir ihn am hellichten Tag sehen. Die Landschaft evoziert die Nacht, und der Himmel evoziert den Tag."² Was zu sehen ist, ist unvertraut – und doch der Erfahrungswelt *ähnlich*: Obwohl die scheinbar realistisch dargestellten Bildgegenstände visuell mit der Außenwelt korrespondierenden, handelt es sich offensichtlich nicht um die imitativ-mimetische Ähnlichkeit des Abbilds. Das Bild spiegelt nicht reale Gegebenheiten, sondern eint Gegensätzliches; trotz seiner Ähnlichkeit mit der Erscheinungswelt referiert es nicht eindeutig auf Reales, sondern schafft rätselhafte Verhältnisse: Im Reich der Bilder gelten eigene Gesetze.

So vereint auch das berühmteste und meistzitierte Bild des „[p]eintre et théoricien surréaliste"³ René Magritte, *La Trahison des images* von 1929, Gegensätze: Die Darstellung einer eindeutig als solche erkennbaren Pfeife – ein dreidimensional modellierter, mit illusionistischen Lichtreflexen versehener Gegenstand, der vor einem planen, ockerfarbenen Hintergrund zu schweben scheint – und eines darunter in geschwungener schwarzer Schreibschrift gemalten Schriftzugs: *Ceci n'est pas une pipe*. Der Ähnlichkeit des Bildgegenstands mit realen Pfeifen scheint die Aussage paradox zu widersprechen – ein ironisches Rätselbild, das zahllose Interpretationen, Kommentare und Adaptionen provoziert hat.

Magrittes Malerei macht die Reflexion auf das Bild und dessen Zeichen- und Erscheinungscharakter, auf Ähnlichkeit, Mimesis, Abbild und Trugbild, Realismus, Referenz und Repräsentation – im mehrfachen Begriffssinn von *Vor*stellung und *Dar*stellung, Abbildung und Stellvertretung – sichtbar.⁴ Im „Aufbrechen der spiegelbildlichen Re-Präsentation in irritierenden Störungen der Bedeutungsübertragung realistischer Abbildungsverfahren" werden Paradoxien offengelegt; dabei geht es um mehr als die Aufdeckung der naiven Gleichsetzung von Ähnlichkeit und Abbildung, Repräsentation und Realismus als „Mythos [...], der den scheinbar logischen Verfahren zugrundeliegt":⁵ Magritte ist derjenige surrealistische Maler, der das Nachdenken über Ähnlichkeit am explizitesten ins Zentrum seines Schaffens gestellt hat. Seine Konzeptualisierung der Ähnlichkeit, die er im

---

2 René Magritte, „L'Empire des Lumieres", in: ders., *Sämtliche Schriften*, S. 347f., S. 348.
3 Breton, Dictionnaire abrégé du surréalisme, S. 821.
4 Vgl. u. a. Christoph Jamme, Hans Jörg Sandkühler, „Repräsentation, Krise der Repräsentation, Paradigmenwechsel. Skizze eines interdisziplinären Forschungsprogramms", in: Silja Freudenberger, Hans Jörg Sandkühler (Hg.), *Repräsentation, Krise der Repräsentation, Paradigmenwechsel. Ein Forschungsprogramm in Philosophie und Wissenschaften*, Frankfurt a. M. 2003, S. 15–45, S. 25, Art. „Repräsentation", in: *Historisches Wörterbuch der Philosophie*, hg. v. Joachim Ritter u. Karlfried Gründer, Basel 1992, S. 790; Moser, Sinnbild und Abbild, S. 12; Ernst H. Gombrich, „Icônes Symbolicae", in: ders., *Das symbolische Bild, Zur Kunst der Renaissance II*, Stuttgart 1986, S. 151, 152.
5 Bauer, Ähnlichkeit als Provokation, S. 126.

Rahmen der theoretischen Reflexionen seines Selbstkommentars[6] in Vorträgen, Briefen und Katalogtexten thematisiert, fasst Ähnlichkeit als Schlüsselbegriff einer kritischen Arbeit an der „Frage der Bildrepräsentation"[7]. Sein so idiosynkratisches wie kohärentes Ähnlichkeitskonzept, das auf komplexe Weise seine Bilder bestimmt, steht im Mittelpunkt der Analyse. Wenn diese mit dem Konzept des *Simulacrums* konstelliert wird, das Foucault in seinem Essay *Ceci n'est pas une pipe* (1968/1973) zum Prinzip der Malerei Magrittes erklärt, geschieht dies weniger aufgrund der Überzeugungskraft, die diese Deutung angesichts der Serialität und Metareflexivität der Bilder Magrittes erlangte, sondern um seinen Ansatz mit einer Deutung zu konfrontieren, die ihm diametral entgegenzustehen scheint. Auf dieses „Mißverständnis",[8] das offenbar weniger auf der Unkenntnis des Magritte'schen Ähnlichkeitskonzepts beruht als auf Foucaults theoretischen Voraussetzungen, entsprechend derer er ihn zu einem Überwinder der Repräsentation erklärt, wurde bereits hingewiesen. Dabei steht nicht weniger auf dem Spiel als der Umgang postmoderner Theorien mit der als ‚platonisch' gefassten Ähnlichkeit. Denn Ähnlichkeit bedeutet für beide Entgegengesetztes: ihre ‚mimetische Kodifizierung' als *Prinzip der Repräsentation* und deren Aufhebung.

Ähnlichkeit ist für Magritte ein *Prinzip des Denkens* in Bildern und Relationen: „Die Ähnlichkeit ist das Denken, das unmittelbare Erkenntnis wird und das den Reichtum und die Genauigkeit der in der unmittelbaren Erkenntnis vereinten Glieder intakt hält."[9] Dieses Denken könne zur Darstellung kommen: „Die Ähnlichkeit – die geeignet ist, durch die Malerei sichtbar zu werden – erfaßt nur Figuren, wie sie in der Welt erscheinen [...], spontan in der Ordnung vereint, wo das Vertraute und das Fremdartige ins Mysterium zurückversetzt sind."[10] Mit der theoretischen und malerischen Reflexion von Ähnlichkeit und Bild, Mimesis und Repräsentation, Sehen und Denken, Sichtbarkeit und Erkenntnis aktualisiert Magritte die antiken Urszenen des Ähnlichkeitsparadig-

---

6 Die in Magrittes Selbstkommentar entwickelte Konzeption wurde in der Rezeption lange vernachlässigt, etwa im Werkkatalog Sylvesters, der Magrittes ‚Definition' flüchtig streift und verkennt (David Sylvester, *Magritte*. Mit einer Einführung v. Michel Draguet, Köln 2009, S. 191). Ausnahmen bilden die hier einbezogenen Quellen; in der neueren Forschung einschlägig, da der Schwerpunkt auf dem „konzeptuellem Denken" liegt (Philipp Demnadt, „Vorwort", in: *Magritte. La trahison des images*, hg. v. Didier Ottinger [Ausstellungskatalog] Paris 2016, o. S. (S. 11)).
7 Prange, *Der Verrat der Bilder*, S. 77.
8 Ebd., S. 60.
9 Magritte, „Die Kunst des Malens", in: ders., *Sämtliche Schriften*, S. 421–427, S. 422.
10 Ebd., S. 421.

mas und beschwört ein nichtpropositionales Wissen der Ähnlichkeit.[11] Seine Bilder eröffnen eine konzentrierte metarealistische Reflexion auf bildliche Ähnlichkeitsoperationen, eine erstaunliche Komplexität entfaltend; sie inszenieren die Repräsentation des Bildes als *„représentant de la représentation* [...], Vorstellungsrepräsentanz"[12], und initiieren eine befremdliche Ordnung der Dinge im Bild durch Denkoperationen, die ungewohnte Verbindungen herstellen. Die Paradoxien, die selbstreflexive Elemente wie *mise en abyme* und metapikturale Anspielungen, Figur-Grund-Widersprüche, die Kombinatorik der Montage oder metamorphotische Übergänge der Bildgegenstände ineinander in Verbindung mit einer akkuraten realistischen Malweise hervorrufen, lassen sich als Versuch verstehen, diese Akte der Relationierung thematisch werden zu lassen. Denn das daran sichtbar werdende Denken hält Magritte für das, was es allein zu malen gilt: „Was man malen muß, ist das Bild der Ähnlichkeit – wenn das Denken in der Welt sichtbar werden soll."[13]

6.1 ‚Kalkulierte Absurdität': Text, Bild, Repräsentation

> L'habitude de parler pour les besoins immédiats de la vie impose aux mots qui désignant les objets un sens limité. Il semble que le langage courant fixe des bornes imaginaires à l'imagination. Mais on peut créer entre les mots et les objets de nouveaux rapports et préciser quelques caractères du langage et des objets généralement ignorés dans le déroulement de la vie quotidienne. (René Magritte)[14]

---

11 Vgl. Andree, *Archäologie der Medienwirkung*, S. 34 f., der als „Urszene" der Ähnlichkeit die antike Diskussion um die „Erzeugung *virtueller Welten*" sieht; dabei werde besonders die „platonische Erkenntnis [...] im metaphorischen Feld der visuellen Wahrnehmung entfaltet" (ebd., S. 34). Auch der von Plinius überlieferte Zeuxis-Mythos stellt ein Paradigma der Ähnlichkeit von „Simulationsmedien" wie der Malerei vor (ebd., S. 35). In den Kontext der „Gründungsmythen der Malerei" stellt auch der Katalog Ottingers Magrittes Werk, u. a. das 23. Kapitel des *Exodus* der Bibel, die *Historia naturalis* Plinius', Platons *Politeía* und Ciceros *De Inventione* (Ottinger, *Magritte*, S. 53).
12 Jacques Lacan, „Vorlesungen über Velázquez' Bild *Las meninas*. (Teil IV)", übers. v. Rolf Nemitz (online unter https://lacan-entziffern.de/phantasma/jacques-lacan-vorlesungen-ueber-las-meninas-von-velazquez-uebersetzung-teil-iv/, o.S., 12.7.2019).
13 Magritte, Die Kunst des Malens, S. 421.
14 Magritte, „La Ligne de vie I", in: *Écrits complets*, S. 103–130, S. 120. Das Zitat findet sich im Manuskript von Louis Scutenaire, eine Textvariante, die in die Übersetzung der *Sämtlichen Schriften* nicht aufgenommen wurde. Auch zit. in Klaus Speidel, „Des signes arbitraires aux affinités électives. Peindre contre les bornes imaginaires de l'imagination", in: Ottinger, *Magritte*, S. 60–69, S. 65 [Klaus Speidel, „Zwischen Wahlverwandtschaft und Beliebigkeit. Anmalen gegen die imaginären Grenzen der Imagination", in: Ottinger, *Magritte*, S. 56–65, S. 61]. Der Titel dieses Teilkapitels zitiert die Formulierungen Strubs (*Kalkulierte Absurditäten*) und

Seit Platons *Kratylos* und bis in aktuelle bildtheoretische Diskussionen werden dem Bild höhere mimetische Valenz und ein unmittelbarerer Bezug auf Repräsentiertes beigemessen als der konventionell referierenden Sprache, nicht zuletzt aufgrund seiner visuellen Evidenz; daraus resultieren Annahmen einer natürlichen, motivierten Beziehung und privilegierten Verbindung von Bild, Sichtbarkeit und Ähnlichkeit: ‚Mimetische' Ähnlichkeit und Repräsentation fallen zusammen in der „Annahme, daß die Ähnlichkeit der Gegenstände im Gemälde mit solchen außerhalb des Gemäldes auf ein Verfahren von Repräsentation hinweise"[15] – eine Junktion, die Magritte mittels unterschiedlicher Bildstrategien und theoretischer Einreden wie der folgenden in Frage stellt: „Die Malerei heißt umgangssprachlich: eine Kunst der Ähnlichkeit. Aber ein gemaltes Bild kann nicht ähneln. Nur dem Denken kommt es zu zu ähneln."[16] Seine typischen Bilder verweisen trotz anschaulicher Ähnlichkeit der nahezu pedantisch akkurat dargestellten Bildgegenstände, die eine ostentativ realistische Malweise ausstellt, nie eindeutig auf außerbildliche Gegenstände, Größenverhältnisse und Gegebenheiten der Alltagserfahrung; sie brechen den repräsentationalen Raum auf: Ihre grundlegende Operation ist die Lockerung der Identifikation von Ähnlichkeit mit mimetischer Abbildlichkeit, Referenz und Repräsentation von Realität in einer metarealistischen Überbietung. Magrittes Reflexionen bemühen sich zugleich um eine Neubestimmung der Ähnlichkeit und eine Konzeptualisierung der Malerei als Darstellungsmedium des ähnelnden Denkens: „[N]eu überdacht werden Begriffe, die eng in Zusammenhang mit dem Bild stehen, wie Ähnlichkeit, Sinnbild, Abbild, Bildmacht, Darstellung, Repräsentation und nicht zuletzt Nachahmung."[17]

Ein früher Zugang Magrittes und seine „erste theoretische Äußerung" zu diesen Problematiken besteht in der zeichnerischen ‚Illustration' achtzehn über die Repräsentationsmodi von Text und Bild aufgestellter Thesen, die die bildliche Darstellung weniger veranschaulicht als konterkariert – eine widersprüchliche

---

Gloys (Karen Gloy, „Kalkulierte Absurdität. Die Logik des Analogiedenkens", in: dies., *Rationalitätstypen*, S. 213–245).

15 Bauer, Ähnlichkeit als Provokation, S. 129. Vgl. zu der Intuition, Ähnlichkeit bedinge bildliche Signifikation Sakamoto, Representation: Resemblance, S. 143; Andree, *Archäologie der Medienwirkung*, S. 34. „[S]eit Platons *Kratylos* wird die Unterscheidung zwischen Wörtern und Bildern zumeist mit einer anderen, grundlegenderen verknüpft: der zwischen natürlichen bzw. motivierten und künstlichen beziehungsweise beliebigen Zeichen. Natürliche Zeichen repräsentieren ihre Zeichen nicht kraft einer Konvention – der impliziten oder expliziten Vereinbarung einer Gemeinschaft über den Gebrauch des Zeichens – sondern aufgrund einer tieferen Verbindung: der Ähnlichkeit, der Kausalität, eventuell auch der regelmäßigen Nachbarschaft." (Speidel, Zwischen Wahlverwandtschaft und Beliebigkeit, S. 58).

16 Magritte, Die Kunst des Malens, S. 422.

17 Moser, Sinnbild und Abbild, S. 15.

Korrelation und Konfrontation, die wie eine spielerische text- und bildsemiotische „Lektion" wirkt,[18] doch durchaus ernsthaft mit theoretischen Positionen zum Verhältnis von Text und Bild und zur Theoriedebatte um Konventionalismus und Naturalismus korrespondiert. Magrittes ‚Text-Bild-Manifest' „Les Mots et les images" (Abb. 38)[19] von 1929 steht in der Tradition der „Fibeln" und führt, dem Modell einer „pädagogischen Lehrtafel" nachempfunden, „eine ‚didaktische Klassifikation'"[20] vor, die zunächst die Arbitrarität und Konventionalität *beider* Zeichensysteme zu suggerieren scheint[21] – als eine „Sprachtheorie des Bildes", die vermittelt, dass Bildzeichen nicht weniger willkürlich und von Konventionen des Gebrauchs abhängig sind als Sprachzeichen.[22] Die im ersten Satz behauptete

---

[18] Carolin Meister, „Les mots et les images: Eine optische Maschine von Rene Magritte", in: *Zeitschrift für Kunstgeschichte* 67, 1 (2004), S. 115–130, S. 115. Als „Metatext" zu den Wortbildern von 1927–1930, der die „Invasion der Wörter in die Bilder" reflektiert, wurde „Les Mots et les images" von der Forschung rezipiert, die darauf als „selbstreferentielle Werktheorie" und Interpretationshilfe zurückgreife; doch werde so „sein präziser Einsatz maßgeblich unterschätzt": Die semiotische Auslegung dieser „visuellen Lektion" (ebd.) und Theorie im „Medium der Darstellung" (ebd., S. 116) habe zum Vergleich mit Peirce, Saussure und Wittgenstein und zu einer Unterschätzung der *Bilder* geführt (vgl. ebd., S. 119): „In *Les mots et les images* konstituiert sich das Wissen im Feld der Schaubilder selbst." (Ebd., S. 120).

[19] Erschienen in *La Révolution surréaliste* 12 (1929), S. 32 f.; vgl. Magritte, „Les mots et les images", in: ders., *Écrits complets*, S. 60 f., als „Die Wörter und die Bilder" übersetzt in ders.: *Sämtliche Schriften*, S. 43 f. Tatsächlich mögen die Thesen wie eine Parodie der im *Cours de linguistique générale* Saussures eingeführten Illustration seines Konzepts am Beispiel des Baumes wirken; auch an Peirces triadisches Zeichenmodell ist zu denken; doch zielt Magritte nicht auf ein linguistisches Lehrstück.

[20] Meister, Les mots et les images, S. 116.

[21] Dass es „dem Nachweis einer grundlegenden Arbitrarität und Konventionalität der Zeichen verpflichtet" sei, betont die Forschung so einmütig wie verkürzt (Meister, Les mots et les images, S. 119). So beschreibt Siepe den Artikel als Auseinandersetzung mit linguistischen Thesen (vgl. Hans T. Siepe, *Der Leser des Surrealismus. Untersuchungen zur Kommunikationsästhetik*, Stuttgart 1977, S. 204). Lüdeking *liest* ihn als Übertragung der Konventionalität und Arbitrarität sprachlicher Zeichen in die Einsicht, dass „die Beziehung von Bildern und Dingen ebenfalls und gleichermaßen eine rein konventionelle Beziehung" sei, bestimmt durch die „jeweiligen Sichtweisen und Gewohnheiten, die Dinge darzustellen." (Karlheinz Lüdeking, „Die Wörter und die Bilder und die Dinge. Magritte und Foucault", in: Marcel Broodthaers et al. (Hg.), *René Magritte. Kunst und Konversation*, München, New York 1996, S. 58–72, S. 58). Der „nominalistische[n] Zeichentheorie" entsprechend kann „jedes Wort und jedes Bild im Prinzip jedes beliebige Ding repräsentieren"; für Magritte folge daraus, dass „keines unserer Wörter und Bilder den Dingen als solchen wirklich angemessen" ist: Bilder zeigten „Dinge bestenfalls in ihrer äußeren Erscheinung" (ebd., S. 60). So legen die meisten Interpreten „Les Mots et les images" im Sinne der Konventionalitätsthese aus (vgl. Speidel, Zwischen Wahlverwandtschaft und Beliebigkeit, S. 64).

[22] Vgl. Karlheinz Lüdeking, „Was Bilder zeigen und was sie bedeuten", in: ders., *Grenzen des Sichtbaren*, München 2006, S. 77–96, S. 77. Lüdeking zieht die Parallele zu Wittgensteins „Bild-

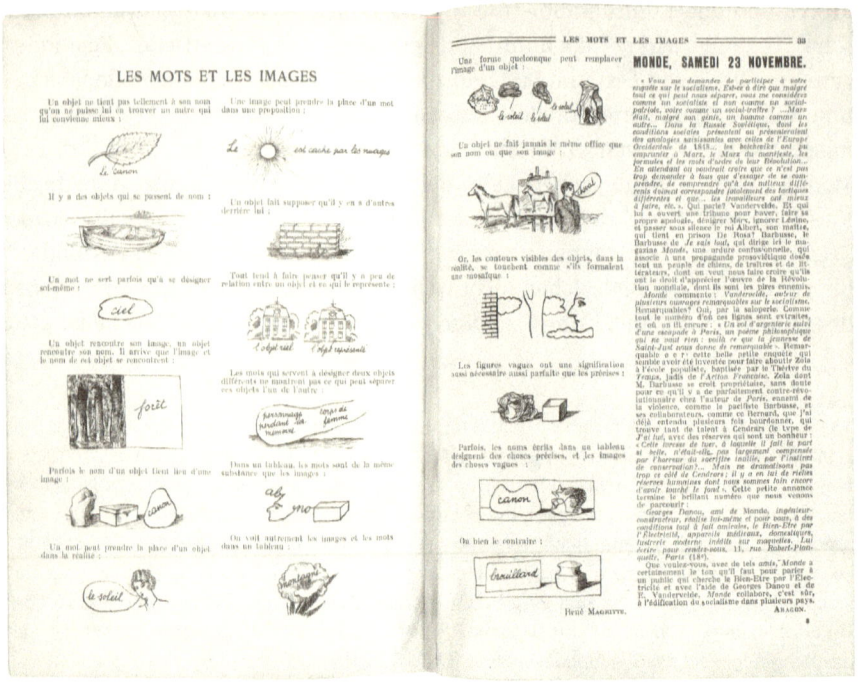

Abb. 38.1 und 38.2: René Magritte, „Les Mots et les images", in: *La Révolution surréaliste* 5, 12 (1929), S. 32 f., Bibliothèque nationale de France.

Austauschbarkeit von „Namen" – „Un objet tient pas tellement à son nom qu'on ne puisse lui en trouver un autre qui lui convienne mieux" (ein Echo der kratylischen Diskussion um *Denomination* und die Richtigkeit der Namen, deren Ausgang die Möglichkeit der *Metapher* markiert) – erprobt Magritte in einem ihn auf ironische Weise befragenden Schaubild, das der Zeichnung eines Blattes den Namen „le canon" beilegt.[23] Die These wird auf den Bereich der Bilder erweitert,

---

theorie der Sprache" in *Tractatus logico-philosophicus*. Magritte betone die Konventionalität der „Beziehung von Bildern und Dingen" (ebd., S. 77). Die Nähe zu Wittgenstein wird vielfach betont (vgl. u. a. Bauer, Ähnlichkeit als Provokation, S. 128; Gablik, *Magritte*, S. 147; Siepe, *Der Leser des Surrealismus*, S. 203): Er dekonstruiere logische Fehler ausgehend von der Annahme, dass „‚die Aspekte jener Dinge, die für uns am wichtigsten sind, wegen ihrer Einfachheit und Gewöhnlichkeit verborgen sind.'" (Zit. n. Gablik, *Magritte*, S. 130).

23 Magritte, Les mots et les images, S. 60 [„Ein Gegenstand hängt nicht so sehr an seinem Namen, daß man für ihn nicht einen anderen finden könnte, der besser zu ihm paßte" (Die Wörter und die Bilder, S. 43)]. Zur Diskussion um Denomination vgl. Speidel, Zwischen Wahlverwandtschaft und Beliebigkeit, S. 63. Speidel betont, dass es sich nicht um *Arbitrarität* im Sinne Saus-

wenn die Sätze fünf und sieben die Ersetzbarkeit von Bildzeichen durch Namen im Bild und von Worten durch Bildzeichen im Satz postulieren; letztere Möglichkeit der Substitution thematisiert Satz sieben: „Une image peut prendre la place d'un mot dans une proposition"; das Schaubild zeigt das Bild einer Sonne, das in dem handschriftlichen Satz „Le ... est cache par les nuages" das Wort „soleil" ersetzt.[24] Die Darstellung dementiert die These durch das *Zeigen* der Sonne als eines „widerständigen Kerns, der im Zentrum des Magritteschen Schaubilds aufblitzt", da ihre *sichtbare Erscheinung* der Bedeutung des Satzes widerspricht.[25] Die vorgeblich äquivalent behandelten Beziehungen zwischen Gegenstand, Name und Bild werden so zunehmend problematisiert – auch ihre ‚Begegnung', die Satz vier thematisiert: „Un objet rencontre son image, un objet rencontre son nom. Il arrive que l'image et le nom du cet objet se rencontrent."[26] Entsprechend der von den Thesen suggerierten Lockerung der semiotischen Relationen zwischen Zeichen und Referent und zwischen Bezeichnendem und Bezeichnetem (dem Vorstellungsgehalt) – faktisch beruht die provokante Wirkung des Manifests gerade auf der Kollision des Bildzeichens mit dem im Sprachzeichen evozierten Signifikat – gibt

---

sures als nichtmotivierte Beziehung handelt, insofern Magritte ‚besser passende' Namen vorschlägt, was „im Widerspruch zur behaupteten Beliebigkeit der Verbindung zwischen Name und Gegenstand" steht (ebd., S. 59). Damit formuliert die These die *Operation der Metapher* als „Epiphora des Nomens" (Gruber, *Topographie des Ähnlichen*, S. 91; vgl. Lau, Metapherntheorien der Antike, S. 102), die die klassische Rhetorik als Substitution qua Ähnlichkeit denkt – doch das *Schaubild* zeigt eine *diaphorische* Kombination ohne Ähnlichkeit zwischen Blatt und ‚Kanone'.

24 Magritte, Les mots et les images, S. 60. Wie Meister bemerkt, hat „Jakobson [...] diese generelle Möglichkeit der Substitution von linguistischen Zeichen durch nicht-linguistische Symbole als ‚intersemiotische Übersetzung'" (Meister, Les mots et les images, S. 123).

25 Ebd., S. 124. Darauf verweist Meister, der zufolge dies die Bedeutung der Schaubilder als ‚Bildtheorie' Magrittes belegt: Sie fragt: „Auf welche Weise läßt das Schaubild die Maßgaben der verbalen Formel hinter sich?" (ebd., S. 123), und beobachtet die subtile Störung der semiotischen Auslegung als Substitution darin, dass das Bild die Sonne *zeigt*, nicht *verbirgt*, womit der Sinn des Satzes affirmiert wäre: Stimmte die repräsentative Funktion soweit überein, dass sie die Differenz der Zeichentypen auf eine „einheitliche Bedeutung hin" überspielte, wäre das Schaubild *Illustration* der These. Da sie aber abweicht, *demonstriert* sie im „Widerstand gegen die substitutive Funktion" die „Unvereinbarkeit von ikonischem und verbalem Sinn" (ebd., S. 125).

26 Magritte, Les mots et les images, S. 60 [„Ein Gegenstand begegnet seinem Bild, ein Gegenstand begegnet seinem Namen. Es kommt vor, daß das Bild und der Name dieses Gegenstands sich begegnen." (Die Wörter und die Bilder, S. 43)]. Diese „‚Begegnung' [...] meint keine stabile Beziehung, sondern signalisiert ein okkasionelles Zusammentreffen ohne Vorrang" (Dieter Mersch, „Das Bild als Argument. Visualisierungsstrategien in der Naturwissenschaft", in: Christoph Wulf, Jörg Zirfas (Hg.), *Ikonologie des Performativen*, München 2005, S. 322–344, S. 324). In einem Brief an André Bosmans vom 22. Oktober 1963 schreibt Magritte von der Operation, ein „Bild mit seinem Namen zu ‚vereinen'": „Seither scheint mir ‚einen' richtig'" (Magritte, *Sämtliche Schriften*, S. 44).

Magritte etwa auch einer morphologisch vagen (Un-)Form den Namen „le soleil", wie im dreizehnten Satz. Die Signifikationsweise und referenzielle Funktion der Namen und Bilder wird *scheinbar* gleichgeordnet; so scheint es, als würde der Gegenstand von beiden Zeichensystemen gleichberechtigt – oder auch: von keinem der beiden notwendig – repräsentiert (nur beiläufig erwähnt Satz sechs die Stellvertreterfunktion sprachlicher Repräsentation ‚in der Realität')[27]. Satz neun resümiert: „Tout tend à faire penser qu'il y a peu de relation entre un objet et ce qui le représente"[28] – es existiere ‚wenig Beziehung' zwischen einem Gegenstand (durch die linke Zeichnung eines Hauses wiedergegeben, das als ‚*l'objet réel*' bezeichnet ist) und seiner Darstellung (die rechte, als ‚*l'objet représenté*' titulierte Zeichnung). Während die Beschriftungen vorzugeben scheinen, diese ‚wenige' Beziehung sei die referentielle Relation von Referent und Zeichen, vergleicht die Illustration zwei Darstellungen, deren Beziehung visuell evident ist – zumal das ‚repräsentierende Objekt' in seiner Zeichenhaftigkeit qualitativ auf keine Weise von dem ‚repräsentierten' unterschieden ist (etwa durch eine Rahmenlinie oder eine andere Abstufung im Realitätsgehalt): „die der Ähnlichkeit" zwischen den Zeichnungen.[29] „Alles scheint darauf ausgelegt, uns gerade die Ähnlichkeit des Gegenstands und seines Bilds in Erinnerung zu rufen."[30] Der These widerspricht die nahezu identische Wiederholung der Bildzeichen: Dieses „Rätsel der Mimesis"[31] in quasi didaktischer Form"[31] inszeniert einen Widerspruch „zeichenhafter Repräsentation und mimetischer Bildlichkeit", der den referentiellen Verweis auf Reales sowohl der Sprach- als auch der Bildzeichen in Zweifel zieht:

> Während die Bildunterschriften eine Differenz behaupten, postuliert die Verdoppelung, also das gleiche Aussehen von ‚wahrem' (hier mit dem Gegenstand selbst gleichgesetzten) Bild und zeichenhaft Abbild, das Funktionieren der Mimesis, die Kongruenz der

---

27 Vgl. Magritte, Die Wörter und die Bilder, S. 43. Das zugeordnete Schaubild zeigt die Büste einer Frau mit einer Sprechblase, in der „le soleil" steht. In Kontrast mit dem *Zeigen* der Sonne im siebten Satz scheint die These: „Ein Wort kann in der Realität den Platz eines Gegenstandes einnehmen" auch hier ironisiert.
28 Magritte, Les mots et les images, S. 60 [„Alles deutet darauf hin, dass es wenig Beziehung gibt zwischen einem Gegenstand und dem, was ihn darstellt." (Die Wörter und die Bilder, S. 43)].
29 Lüdeking, Was Bilder zeigen und was sie bedeuten, S. 81. Die Konstellation lässt die Beobachtung zu, dass der Kontext, hier die Legende, über die Hierarchie der Relation entscheidet. Dies lässt sich als Anspielung auf die Uneindeutigkeit mimetischer Verhältnisse sehen: der Frage, „welches Glied innerhalb dieser Beziehung als Urbild und welches als Abbild fungiert." (Gloy, Das Analogiedenken, S. 294).
30 Speidel, Zwischen Wahlverwandtschaft und Beliebigkeit, S. 64 [Im Französischen resoniert der neunte Satz deutlicher: „Tout y tend à nous faire penser à la ressemblance de l'objet et de son image" (Des signes arbitraires aux affinités électives, S. 68)].
31 Prange, *Der Verrat der Bilder*, S. 74.

Darstellungsmethoden, also die [...] klassische künstlerische Repräsentation. Zugleich wird die Identität des Bildes durch seine Verdoppelung fragwürdig.[32]

So wird die These der ‚wenigen Beziehung' von der visuellen Evidenz der Illustration ironisch dementiert – und zugleich der konventionelle referentielle Bezug destabilisiert: Was ein Bild zeigt, lässt offenbar nicht notwendig festlegen, worauf es verweist (etwa nicht auf ein reales Denotat, sondern wiederum auf ein Bild oder einen Vorstellungsgehalt und seinen „psychischen Darstellungscharakter"[33]): Der Gegenstand selbst entzieht sich, da er von beiden Zeichensystemen nicht notwendig repräsentiert werden kann.[34] „Die Nicht-Referenz ist ebenso postuliert wie die Referenz, die Identität wie die Divergenz, die Kohärenz wie die Inkohärenz – so als sollte der Rezipient mit dem Problem von Wirklichkeit und ihrer Beziehung zu Zeichen/Zeichnungen überrascht werden."[35] Gegen die Annahme, dass mit der Ähnlichkeit Bildrelation und Verweisstruktur festgelegt sind, behauptet Magritte die Autonomie des Bildes analog zur Sprache – nicht ohne zugleich die Kompetenz des Zeigens, Zur-Erscheinung-Bringens des *ähnlichen* Bildes gegen den *unähnlichen* Zeichencharakter auszuspielen. So fallen

---

32 Ebd., S. 75 f.
33 Roland Barthes, *Elemente der Semiologie*, Frankfurt a. M. ²1981, S. 37.
34 Vgl. Koschorke, Das Mysterium des Realen in der Moderne. Die Sätze sechs, neun und vierzehn thematisieren den ‚Gegenstand' des Bildes und der Sprache explizit: Satz vierzehn zeigt ein Pferd neben dem Bild eines Pferdes und einer Person mit Sprechblase, in der ‚cheval' steht: „Un ojet ne fait jamais le même office que son nom ou son image" (Magritte, Les mots et les images, S. 61) [„Ein Gegenstand leistet nie das gleiche wie sein Name oder sein Bild" (Die Wörter und die Bilder, S. 44)]. Auf die „ontische Differenz" zwischen dem „Universum der Dinge" und dem „Universum der Zeichen" (Assmman, *Im Dickicht der Zeichen*, S. 22) verweist an diesem Beispiel schon Augustinus: „‚Wie könnte ein Bild eines Pferdes ein ‚wahres Bild' sein, ohne ein falsches Pferd zu sein?'" (Zit. n. ebd., S. 20).
35 Siepe, *Der Leser des Surrealismus*, S. 210. Siepe fasst die Thesen abschnittsweise zusammen, um ihren aporetischen Charakter nachzuweisen (ebd., S. 202 ff), womit Magritte gezielt Verwirrung stifte (ebd., S. 210). In dem einführend mit Descartes' Betonung der unähnlichen Zeichen der Kupferstich-Gravuren bezeichneten Angleichung von Sprach- und Bildzeichen, wie sie der Ausdruck „Zeichen/Zeichnungen" bezeichnet, liegt eine Problematik, die nicht zuletzt Lüdekings konventionalistische Auslegung fördert. Prange (*Der Verrat der Bilder*, S. 34) unterstellt Magritte einen „undifferenzierten Zeichenbegriff", der Bild und Zeichen nicht unterscheide; dementgegen differenziert er sowohl ‚image' (als Bild(-Zeichen)) und ‚tableau' (als Gemälde) als auch die Signifikationsweisen von Wort und Bild, wenn er schreibt, es gelte die wörtliche Beschreibung als zu „allgemein" durch Zeichnungen zu ergänzen, die „einen Zustand oder Gegenstand" konkret bezeichnen (Magritte, *Sämtliche Schriften*, S. 44); die „Wörter [...] zeigen nicht" (ebd.); „Man sieht in einem Gemälde Wörter und Bilder anders" (ebd., S. 43 f.). Prange gesteht zu, Magritte suche „die Qualität des Bildes zu erfassen, woraus die Paradoxie seiner Didaktik sich ergibt" (*Der Verrat der Bilder*, S. 74, Anm. 34).

nicht nur der „Raum der Repräsentation und der Raum der Schrift"[36] auseinander, auch vermittelt Satz elf eine subtile Unterordnung: „Dans un tableau, les mots sont de la même substance que les images"[37]. Die ironisch-paradoxen Thesen, die, so Magritte, „weder eine Erklärung noch ein Vergnügen" sein, sondern den „Leser heftig erschüttern" sollen,[38] bringen so die für sein Werk zentrale Behauptung vor, „daß ein Hinweis auf die Ähnlichkeit eines Bildes mit anderen Phänomenen bestenfalls von Belang sein kann, wenn es um seinen ‚Sinn' geht, also um das, was es zeigt, nicht aber, wenn bestimmt werden soll, was es bezeichnet."[39] Die Trennung von Ähnlichkeit und Referenz, die zu negieren scheint,

---

36 Meister, Les mots et les images, S. 125 (ebd.): Schrift werde fortlaufend entziffert und generiere *sukzessive* ein mentales Bild, im Gegensatz zur Simultanität des Bildes (ebd., S. 26). „Im Verhältnis der Dependenz aneinander gebunden, zerreißen Bild und Schrift in einer umso heftigeren Bewegung die vermeintlich einenden Bande der Syntax" (ebd., S. 130). „Das Schaubild ist zerrissen in ‚ein Sichtbares, das nur gesehen werden kann' und ‚ein Sagbares, das nur gesagt werden kann'" (Deleuze, zit. n. ebd.) und „produziert einen gespaltenen Betrachter/Leser, hin und her gerissen zwischen seiner Lektüre und seinem Anblick" (ebd.). Nach den ‚Verrichtungen' solcher Konstellationen fragt auch W. T. Mitchell: „The real question to ask when confronted with these kinds of image-text relations is not ‚what is the difference (or similarity) between the words and the images ?, but ‚what difference do the differences (and similarities) make?' That is, why does it matter how words and images are juxtaposed, blended, or separated?"" (Zit. n. ebd., S. 127). Entscheidend sei, „dass Magritte der Irreduzibilität der beiden Ordnungen mithilfe einer einfachen Motorik zur kontinuierlichen Sichtbarkeit verhilft; dass er also eine Konstruktion erfindet, die es [...] die Spaltung von Sichtbarem und Lesbarem in einer unaufhaltsamen Reproduktion erfahrbar" mache (ebd., S. 27). Meister zufolge votiert Magritte nicht eindeutig für das Bild, sondern inszeniert eine ‚Widerspruchsmaschine'.
37 Magritte, Les mots et les images, S. 60 [„In einem Gemälde sind Wörter von derselben Substanz wie Bilder." (Die Wörter und die Bilder, S. 44)].
38 Magritte, *Sämtliche Schriften*, S. 44. Es sei ein „Fragment [...] ohne den Gebrauch von Analyse und Synthese", das seine Intentionen verdeutliche, doch „weder eine Erklärung noch ein Vergnügen", so Magritte brieflich an Nougé im November 1927 (ebd.).
39 Lüdeking, Was Bilder zeigen und was sie bedeuten, S. 87. Lüdeking sucht dies mittels Freges Differenzierung von „Intension" und „Extension" zu schärfen: Zu erkennen, was das Bild zeigt (seine Intension), lässt nicht auf seine Bedeutung (Extension) schließen. Wittgenstein unterscheidet Sinn und Referenz, Erscheinung und darstellende Zuweisung von Bedeutung im Gebrauch (vgl. ebd., S. 84). In Magrittes Werk können nicht nur konventionalistische und naturalistische, sondern auch semiologische und phänomenologische Perspektive, Zeichen- und Erscheinungsebene, in Konkurrenz gesehen werden; vgl. u. a. den Verweis auf Merleau-Ponty (Magritte, *Sämtliche Schriften*, S. 321). Zur Unterscheidung von Lektüre und Anblick in phänomenologischem Sinn vgl. Jean-François Lyotard, *Discours, Figure*, Paris.

dass das Bild ein natürliches Zeichen ist (also beispielsweise durch Ähnlichkeit mit seinem Gegenstand verbunden), steht in der Tat im Gegensatz zu einer seit Platon vorherrschenden Vorstellung, die auch heute noch von den meisten, die sich mit Bildtheorie beschäftigen, in der einen oder anderen Form vertreten wird.[40]

Indem er in der „Kombinatorik"[41], der aporetischen Konfrontation von Name, Bild und Gegenstand, die konventionelle Repräsentationsbehauptung verwirrt, spielt Magritte Zeichen und Abbild gegeneinander aus und nimmt damit die Debatte um die Frage nach der Relevanz von Ähnlichkeit für die Bildtheorie vorweg. Ähnlichkeit strukturiert hier nicht die hierarchische Abbildrelation und die semiotische Relation der Referenz oder Denotation, sondern vielmehr ein „Beziehungsgeflecht"[42], in dem „sich eine Vielzahl von Diskursen und Relationen kreuzen und überlagern"[43], insofern sich Worte und Bildelemente gegenseitig wiederaufnehmen. Doch obwohl damit der Konnex von Ähnlichkeit und Repräsentation gelöst scheint, lässt sich das Text-Bild-Rätsel nicht so eindeutig, wie die Thesen suggerieren und wie viele Interpretationen annehmen, nach der semiotischen Zeichendimension und der von Goodman verfochtenen Konventionalitätsthese hin auflösen; denn die anschauliche Erscheinungsdimension der Zeichnungen hält diesem Eindruck die Waage. „Erst der Gegensinn von Bild und Proposition läßt die Eigengesetzlichkeit der Repräsentation erscheinen."[44] Die vermeintliche *Illustration* der Thesen wird so mit Carolin Meister zur *Demonstration*: „Die Gültigkeit der Proposition zerbricht an der Evidenz der Anschauung, die im Raum der Darstellung herrscht. Auf diese Weise demonstriert das Schaubild sichtbar Wissen um Syntax und Repräsentation."[45] Es veranschaulicht, dass ein Bild mehr zeigt, als es darstellt. „[S]o hat sich die Lektion in den Teil der Schaubilder zurückgezogen", dessen visuelle Evidenz die spezifische Leistung der Bilder betont: „Les mots et les images zeigt in diesem Sinne das unübersetzbare Räsonieren der Schaubilder. [...] Magritte sucht die Erkenntnis im Feld der Repräsentation und artikuliert sein Wissen mit dem Zeichenstift."[46]

---

40 Speidel, Zwischen Wahlverwandtschaft und Beliebigkeit, S. 63.
41 Meister, Les mots et les images, S. 116.
42 Ebd.
43 Ebd., S. 117.
44 Ebd., S. 125.
45 Ebd., S. 126. Die „Funktion" der Schaubilder sei nicht die „Illustration der sprachlich verfassten, theoretischen Stellungnahmen." (Ebd., S. 125): Sie seien „Demonstrationszeichnungen", die „das Bild zum Medium der Erkenntnis" machen. Dagegen seien die Sätze als „Verzeichnis der konkreten Verfahren" (ebd., S. 121) eher als Elemente des „Versuchsaufbaus" denn als zu verifizierende Thesen zu verstehen (ebd., S. 127).
46 Ebd., S. 121f.. Vgl. auch Seel, *Ästhetik des Erscheinens*, S. 280: Bilder wirken „zugleich als *Erscheinung* und als *Darbietung*".

Das Bild *La Clef des songes* von 1927 (Abb. 39) bereitet einige dieser als ein Laboratorium für Bildoperationen, die in Magrittes Werk immer wieder begegnen, fungierender Thesen für die Werkgruppe der sogenannten Wort- bzw. Sprachbilder oder „‚images-mots'" vor, die es eröffnet,[47] und wurde daher oft als Illustration der Arbitrarität des Zeichens und als Verbildlichung des ersten Satzes aus „Les Mots et les images" ausgelegt. Eher stellt es jedoch eine Synthese der dort erprobten Möglichkeiten der Wort-Bild-Kopulation vor – der „possibilités poétiques qu'offrent l'association, le remplacement, la superposition, la fusion ... d'un mot avec l'objet qu'il est censé désigner dans un rapport arbitraire faisant lui aussi naître un sens nouveau."[48] In vier schwarzen, durch einen akkurat gemalten „scheinperspektivischen" Rahmen unterteilten Feldern sind Bilder von je einem Gegenstand – Tasche, Taschenmesser, Blatt und Schwamm – angeordnet, denen wie im „Alphabetbuch", auf Schultafeln oder in einem Schausammlungskasten gemalte Beschriftungen zugeordnet sind:[49] *Le ciel, L'oiseau, Le table, L'éponge.* Die Namen scheinen den Bildern im Bild willkürlich beigeordnet zu sein: Während die ersten drei Bildfelder Arbitrarität – weniger im Sinne Saussures als der *metaphorischen* Beilegung von Namen, die „Les Mots et les images" postuliert[50] –

---

47 Speidel, Des signes arbitraires aux affinités électives, S. 62; vgl. Speidel, Zwischen Wahlverwandtschaft und Beliebigkeit, S. 61. S. 63. Vgl. Prange, *Der Verrat der Bilder*, S. 53; Christoph Schreier, *René Magritte: Sprachbilder 1927–1930*, Hildesheim, Zürich, New York 1985; Sylvester, *Magritte*, S. 166 und bes. Kap. 25: „Wörter als Bilder", S. 210–223. Mit Meister vereint das Bild Elemente aus „Les Mots et les images" und *La Trahison des images*. Sein Konzeptualismus mindere seinen „repräsentative[n] Wert", da sein „eigentlicher Bezug nicht mehr derjenige zur Welt, sondern derjenige zur Konstruktion ist, aus der das Bild hervorgegangen ist." (Ebd., S. 128). „Das Schaubild Magrittes stellt in der extremen Simplizität seiner Konstruktion eine äußerst effiziente und vielfach einsetzbare optische Maschine dar. [...] Die Funktionsweise dieser optischen Maschine ist denkbar einfach. Die Aussage erhält als Bedingung ihrer Möglichkeit ein bildliches Element: Der Satz bedarf des Bildes, um seinen Lauf zu vollenden und eine Aussage zu produzieren. Im gleichen Zuge wie dieses der syntaktischen Konstitution dient, wird es zu demjenigen Akteur, der dieselbe ruiniert" (ebd., S. 129 f.).
48 Educateam, „Dossier Magritte, 7. Les mots et les images", in: *Extra-Edu*/Musées royaux des Beaux-Arts de Belgique (online unter http://www.extra-edu.be/Theme07?PHPSESSID= c5fb3e73fb688aa9b7a7342828f16095, 12.6.2019).
49 Regine Prange, „‚Das Denken und die Bilder.' René Magrittes reflexiver Surrealismus", in: Oliver Kase (Hg.), *Traum-Bilder. Ernst, Magritte, Dalí, Picasso, Antes, Nay. Die Wormland-Schenkung* [Ausstellungskatalog], Ostfildern 2013, S. 58–87, S. 68.
50 Vgl. Speidel, Zwischen Wahlverwandtschaft und Beliebigkeit, S. 58 f. Die These, dass Magritte die Arbitrarität der Zeichen betone, wird nicht nur für die Wortbilder vertreten (Speidel verweist u. a. auf Suzi Gablik und Jean David), sondern vielfach auf das gesamte Werk ausgedehnt (auch von Foucault). Speidel betont, dass es sich hier nicht um Saussures Begriff der Arbitrarität handelt, sondern um ein ‚willkürliches' Neubennen, das auf den *metaphorischen* Akt verweist (ebd., S. 59).

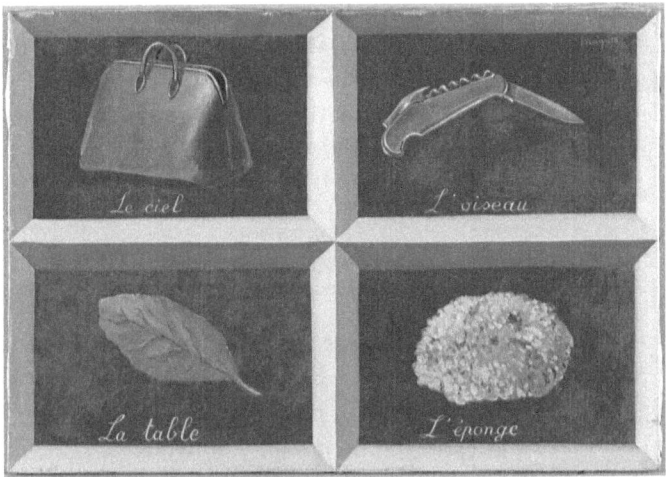

Abb. 39: René Magritte, *La Clef des songes* (1927), Öl auf Leinwand, 38 x 55 cm, Bayerische Staatsgemäldesammlungen – Sammlung Moderne Kunst in der Pinakothek der Moderne, München.

suggerieren, überrascht der korrespondierende Name im letzten Bildfeld, der von der iterativen Logik der Bildfelder abweicht; die Bildlogik spielt so die konventionelle und die unkonventionelle Anordnung gegeneinander aus: Die Abweichung löst die Suche nach einer Regel aus, um „die konzeptuelle Integration zu realisieren, die allein die formelle Strenge des Bildes rechtfertigen kann"[51]. Doch

> [d]as im Sinne der Sprachkonvention richtige Zusammentreffen von Bild und Wort erscheint als Folge des Grundgesetzes freier Kombination und damit nicht weniger zufällig als die alogische Begegnung von Wort und Bild zuvor. [...] Wenn der Gegenstandsname das Gegenstandsbild trifft, ist dies nur eine Sonderform der Begegnung beliebiger Repräsentanten, seien sie Bilder oder Wörter. Der Schwamm als Gegenstand verschwindet somit in der Tautologie seiner Darstellung.[52]

Der paradoxe Eindruck beruht wiederum auf der vorgeblichen Herstellung geregelter Verhältnisse von Bild und Text als Illustration (*pictura*) und Legende (*lemma*)[53],

---

51 Speidel, Zwischen Wahlverwandtschaft und Beliebigkeit, S. 60.
52 Prange, *Der Verrat der Bilder*, S. 81.
53 Vgl. zum Konnex von *pictura* und *lemma* Ralf Konersmann, *Die verbotene Reproduktion. Über die Sichtbarkeit des Denkens*, Frankfurt a. M. 1991, S. 30. Das Verhältnis von Text und Bild – einschließlich Bild und Titel – ist historisch variabel, gerade in der beiden konkurrierend zugesprochenen Valenz. Das hier zitierte, auf Komenius zurückgehende Schema der

die sich an ihrem angestammten Ort unterhalb der Bildzeichen befindet und scheinbar den Anspruch eindeutiger Bezeichnung erhebt – die Konfiguration suggeriert, dass ein Zeichensystem das andere affirmiert und beide, wenn auch auf je unterschiedliche Weise, auf einen wirklichen Gegenstand verweisen. Diesen Anschein führt die pseudodidaktische Inversion des Wortbildes ad absurdum, da

> sich die Wörter nicht mit den Elementen des übrigen Bildes verbinden, obwohl sie einen solchen bedeutungshaften Bezug durch ihre Plazierung nahelegen. Selbst wenn Magrittes Bilder leicht erkennbare Gegenstände zeigen, scheint der Gegenstand aus ihnen zu verschwinden. Die so bemühte ‚Ähnlichkeit' wird stets dementiert.[54]

Wo in der klassischen Repräsentationskonfiguration die Erscheinungsdimension des „Tafelbild[es]"[55], der Bildraum als Ort einer „Ähnlichkeitsrelation zum Bedeuteten", mit der Zeichenrelation zusammenfällt, setzt hier der vage definierte dunkle Hintergrund eine Gleichordnung von Raum und Fläche und damit eine Gleichbehandlung oder Angleichung ins Werk, durch die einerseits die Konventionalität der bildlichen Darstellung und andererseits das Eintreten der Schrift – die als Imitation einer individuellen Schreibschrift malerische Qualität erhält – in den Bildraum betont wird.[56] Dass „die beiden Mimesiskonzepte des Zeichens und des Bildes explizit an der Doppeldeutigkeit des Hintergrundes festgemacht" werden,[57] erlaubt, „die Ebene des naturähnlichen Erscheinungsbildes von der Ebene zeichenhafter Reproduktion zu trennen und beide Komponenten in einen Raum zu versetzen. So geraten die einst im klassischen Kunstwerk versöhnten Qualitä-

---

Orbis Pictus stattet das Bild eines Gegenstandes zu didaktischen Zwecken mit seiner Bezeichnung aus, „zur enzyklopädischen Information [...] über Unbekanntes, insbesondere aber zum Lernen des Schriftbildes von Namen, deren Gegenstand durchaus bekannt ist." (Gernot Böhme, „Das ist doch eine Pfeife – über Kunst und Werbung bei Magritte", in: *Kunstforum international* 129 (1995), S. 166–177, S. 172) Die Wortbilder werden auch als *Embleme* beurteilt (vgl. Prange, *Der Verrat der Bilder*, S. 80): Die emblematische Form scheint in der Dreiheit von Bild, Kommentar und Titel, Rätselcharakter und didaktischer Form gegeben.
54 Prange, *Der Verrat der Bilder*, S. 54. Doch auch die „als Erklärung eingesetzte Bildunterschrift kann sich als solche nicht behaupten, das Bild des Gegenstandes engleitet dem im Wort aufgerufenen Sinn." (Prange, Das Denken und die Bilder, S. 70).
55 Prange, *Der Verrat der Bilder*, S. 81.
56 Ebd., S. 70. Vgl. zur Ambivalenz des Grundes und zur „Bildhaftigkeit des Wortes" ebd., S. 69 f.
57 Ebd., S. 81. Prange hebt die *Doppeldeutigkeit des Grundes* als Raum und Fläche hervor: Die räumliche Qualität werde verstärkt durch den von den Binnenrahmen ausgelösten Eindruck einer „Raumbühne" (ebd.). Der Bildraum vermittelt die phänomenologische Dimension des Erscheinens (des Ähnlichen) mit der Fläche der Zeichendimension.

ten der Autonomie und der Referenz in einen unauflöslichen Widerspruch."[58] Durch die wechselseitige Negierung, die sich aus der Kollision des Konnexes von Sprachzeichen und Signifikat und der Identifizierung der Bildzeichen mit denotierten Gegenständen ergibt, artikuliert das Auseinandertreten sprachlicher Bezeichnung und ähnlicher Bilder auch hier einen „,Abgrund'" zwischen Worten, Bildern und Dingen.[59] Ausgeschlossen ist die Verwechslung von Objekt und Darstellung; gerade die abweichende Übereinstimmung im letzten Bildfeld zieht deren konventionelle Zuordnung in Zweifel – sie wirkt im Sinne der Bildlogik „falsch'".[60] Die *Ähnlichkeit* der Bildelemente fällt auch hier weder mit dem sprachlich bezeichneten Signifikat noch einem außerbildlichen Denotat zusammen. Sie werden zu die „Unmöglichkeit von Repräsentation"[61] suggerierenden

> Figurationen der Absenz, denn die alogische Konstellation von Wort und Bild setzt beim Betrachter eine Deutungsarbeit in Gang, die sich auf die Suche nach dem eigentlichen Gegenstand begibt, der die im Werk hergestellte Relation zwischen dem Himmel (le ciel) und der Reisetasche, dem Vogel (l'oiseau) und dem Messer, dem Tisch (la table) und einem Blatt begründen kann.[62]

So bereitet das Bild auch die Sätze vier, fünf und sieben aus „Les Mots et les images" vor: „Für einen Gegenstand einen Namen zu finden, der besser zu ihm passt, heißt also, ihm den eines anderen Gegenstands so zuzuweisen, dass unerwartete und poetische Verbindungen entstehen."[63] Zugleich tritt hier – gegenüber dem Ensemble aus Thesen und Zeichnungen, die das Manifest zeigt – die *Bildqualität* hervor, die nicht nur die malerisch erzeugte Ähnlichkeit betont, sondern über einzelne Bildelemente oder Bildzeichen hinaus das Gemälde als Ganzes, als Kompo-

---

58 Ebd., S. 77. Die visuelle Evidenz der Darstellung widerspricht dem sprachlichen Zeichen gerade dann, wenn sie konventionell mit dem Gegenstand identifiziert wird. Mit Prange besteht der Widerspruch in der durch die Bezeichnung postulierten Differenz, die durch die Identität der mimetischen Darstellung konterkariert wird (vgl. ebd., S. 76). Die alogische Kombination löst eine Suche nach deren Regeln aus.
59 Konersmann, *Die verbotene Reproduktion*, S. 30. Als „einer der elementaren und konstitutiven Problembefunde der Moderne" gilt „der bereits von Schiller beklagte ,Abgrund' zwischen Wörtern und Sachen. Die Bilder Magrittes richten den Blick in diesen Abgrund. Sie geleiten den Betrachter so sanft in das Labyrinth der Zeichen, daß er seiner Verwirrung erst inne wird, wenn sie bereits vollkommen ist." (Ebd.).
60 Speidel, Zwischen Wahlverwandtschaft und Beliebigkeit, S. 61.
61 Prange, *Der Verrat der Bilder*, S. 81.
62 Ebd., S. 82.
63 Speidel, Zwischen Wahlverwandtschaft und Beliebigkeit, S. 62. Auf Satz fünf und sieben verweist hier auch Speidel (ebd.).

sition ausweist. Damit leistet *La Clef des songes* mehr, als auszusagen, dass das Bild eines Schwammes kein Schwamm ist, sondern ein Bild, und mehr, als zu negieren, was es zu affirmieren scheint – das ist (k)ein Vogel: Es stellt die Frage, ob „die Verbindungen, die es vorschlägt, beliebig sind oder gerechtfertigt werden können. Wenn das Feld mit dem Schwamm auf seine Art ‚falsch' sein kann, können dann die anderen auf ihre Art ‚richtig' sein?"[64] Mit Klaus Speidel, der eine Ähnlichkeit der Form des Messers mit von Magritte gemalten Vögeln (re-)konstruiert, bietet das Bild diese Möglichkeit an:

> Die so hergestellten Verbindungen zwischen den Bildern und den Wörtern sind nicht unbedingt evident, aber keinesfalls *beliebig*. Dass es eine Art von Taschenmesser gibt, die man als ‚couteau colibri' (Kolibrimesser) bezeichnet, bestätigt die Schlüssigkeit der Verbindung von Messer und Vogel. Die Entscheidung muss bewusst getroffen worden sein. Es ist allerdings unwahrscheinlich, dass uns die Ähnlichkeit ohne *Der Schlüssel der Träume* aufgefallen wäre. In diesem Sinn sind die Werke von Magritte *serious games*, Spiele, aber *ernsthafte*: Wer sie spielt, lernt etwas – über die Dinge.[65]

Durch diese der Operation der surrealistischen Metapher vergleichbare Assoziationsstiftung, die ein Netz imaginärer Beziehungen und eine selbstreflexive Bildwelt erstehen lässt, die neben innerbildlichen auch interikonische Relationen knüpft, wird die konventionelle Bildwahrnehmung dekonstruiert, die bildhafte Ähnlichkeit als Repräsentationsrelation interpretiert, der referentielle Bezug der Wörter und Bilder destabilisiert und die mimetische Relation von der Abbildung des ‚Wirklichen' auf die Darstellung einer erdachten Konstellation verschoben – wozu Magritte verschiedene weitere Techniken nutzt:

> Die Schaffung neuer Gegenstände, die Verwandlung bekannter Gegenstände, die Veränderung des Materials bei bestimmten Gegenständen, der Gebrauch von Wörtern in Verbindung mit Bildern, die Ausführung von Ideen, die Freunde geliefert hatten, die Verwertung bestimmter Halbschlaf- oder Traumvisionen – das waren andere Mittel, die im Hinblick darauf angewendet wurden, einen Kontakt zwischen dem Bewußtsein und der Außenwelt herzustellen. Die Titel wurden so gewählt, daß sie dem Betrachter ein berechtigtes Miß-

---

[64] Ebd., S. 61. Es leiste so in gewissem Sinne mehr als *Verrat der Bilder*, das eine bestimmte Problematik zuspitzt.
[65] Speidel, Zwischen Wahlverwandtschaft und Beliebigkeit, S. 61. Mit Speidel weist die Ähnlichkeit von Taschenmesser und Vogel im zweiten Bildfeld voraus auf die Ausrichtung späterer Bildlösungen: als Vorschein der gesuchten *affinités électives*, für die das Bild mit dem Titel „Wahlverwandtschaft" paradigmatisch ist (vgl. ebd.). Georges Roque, „Sous la signe des Magritte, in: John Pier, Jean-Marie Schaeffer (Hg.), *Métalepses. Entorses au pacte de la représentation*, Paris 2005, S. 263–276, S. 265, interpretiert die Ersetzung des Vogels durch das ‚Federmesser' – „l'artiste choisit de remplacer son image par celle de canif" – als dritten Weg zwischen der Repräsentation und deren Aufhebung.

trauen einflößten – gegen die mittelmäßige Neigung, die ihn dazu brächte, sich zu leicht zu beruhigen.[66]

So hat auch der Titel *La Clef des songes* eine ironisch assoziationsstiftende Funktion: Der Schlüssel zur ‚Traumlogik' ist eine „Kombinatorik heterogener Gegenstände", die „auf die Schriftsprache ausgeweitet" ist;[67] die selbstreferenzielle Autonomie des Bildes und die Assoziabilität der Bildelemente spotten der repräsentationalen Konvention; trotz der Ähnlichkeit seiner Elemente ‚bildet' das Bild weder ab noch repräsentiert es ‚Wirkliches'. Stattdessen wird die eigenwillige Ordnung einer ‚Wort-Bild-Montage' errichtet, die Referenz nicht ausschließt, sondern – beunruhigender noch als ein arbiträrer Spezialcode „freien Spiel[s]" – durch ‚Dérèglement', zufällige Kongruenz und die „gegenseitige[] Negierung von Sprach- und Bildraum"[68] entautomatisiert.

6.2 „Die Poesie ist eine Pfeife"

Achilles: I wonder if that ‚ceci' inside the painting refers to the *whole* painting, or just to the pipe inside the painting. Oh, my gracious! That would be *another* self-engulfing! I'm not feeling at all well, Mr Crab. I think I'm going to be sick ... (Douglas Hofstadter)[69]

Das berühmte Bild *La Trahison des images* von 1929 (Abb. 40) verbildlicht einige der anhand von „Les Mots et les images" thematisierten Aspekte in zugespitzter Weise: Der Titel „jenes Werks, das die Aufmerksamkeit des breiten Publikums auf die möglichen Paradoxien einer direkten Gegenüberstellung von Worten und Bildern gelenkt hat" und von der Forschung zum „Schlüsselwerk" erklärt wurde,[70]

---
66 Magritte, „Die Lebenslinie (II)", in: *Sämtliche Schriften*, S. 105–112, S. 107.
67 Prange, Das Denken und die Bilder, S. 71. „Auch wenn der Traum für den Maler kein Reservoir aus darzustellenden Situationen bereithält, ist er Teil einer Erkenntnismethode – was Freud die ‚Traumarbeit' nennt –, mit der a posteriori ein Ereignis erhellt werden kann, indem sie es auf seine Grundfrage [son questionnement initial] reduziert" (Michel Draguet, „Vom Bild als Deckmantel zur Kunst des Problems", in: Ottinger, *Magritte*, S. 178–187 [„De l'image-écran à l'art u problème", in: Ottinger, *Magritte*, S. 200–2009, S. 205]).
68 Prange, *Der Verrat der Bilder*, S. 82.
69 Douglas Hofstadter, „Edifying Thoughts of a Tobacco Smoker", in: ders., *Gödel, Escher, Bach: An Eternal Golden Braid*, New York 1999, S. 480–494, S. 494 [Kapitälchen i. Orig.]. Das titelgebende Zitat erschien in der Aphorismensammlung *Notes sur la poesie* André Bretons und Paul Éluards in *La Revolution surréaliste* 12 (1929), S. 53; vgl. Magritte, *Sämtliche Schriften*, S. 42.
70 Speidel, Zwischen Wahlverwandtschaft und Beliebigkeit, S. 56; Speidel zufolge machen „selbst Spezialisten daraus einen Schlüssel zum Verständnis des Gesamtwerks" (ebd.); Prange erklärt das Bild zum „Hauptwerk der surrealistischen Malerei" (*Der Verrat der Bilder*, S. 69).

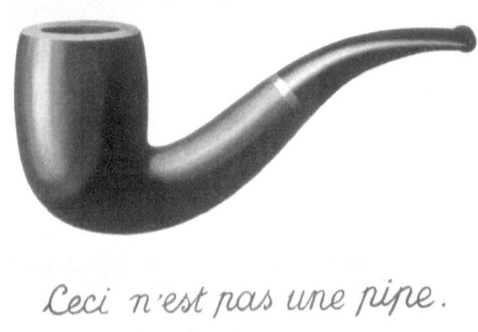

Abb. 40: René Magritte *La Trahison des images* (1929), Öl auf Leinwand, 60 x 81 cm, Los Angeles County Museum of Art, CA.

ersetzt dessen früheren Titel *L'Usage de la parole I* und verschiebt so den Akzent des irritierenden „Aufeinanderprallen[s] von Bedeutungen am Schnittpunkt unterschiedlicher Codes, vor allem dem, durch den wir Bilder verstehen und dem präziser definierten Sprachcode", in Richtung des *Bildes*.[71] Das die Implikationen der Wortbilder paradigmatisch ausstellende Bild einer Pfeife – von Ralf Konersmann als „bildtheoretische Studie"[72] tituliert – gewinnt „emblematische Qualität" durch seine „auf das Wesentliche beschränkte, zentrierte Komposition".[73] David Sylvester, Regine Prange und Klaus Speidel lesen es als Illustration des neunten Satzes aus „Les Mots et les images", „Alles deutet darauf hin, daß es wenig Beziehung gibt zwischen einem Gegenstand und dem, was ihn darstellt"[74]; zu ergänzen ist

---

[71] Welchman, Nach der Wagnerianischen Bouillabaisse, S. 82. Böhme liest den ‚Verrat' als einen an den Konventionen des Sprachgebrauchs *und* des Bildgebrauchs, wobei der Titel verdeutliche, „daß er längst jenseits des Mimesisprinzips sich befindet und [...] die *Konventionalität* von Bildern radikal voraussetzt" (Böhme, Das ist doch eine Pfeife, S. 171). Mit Speidel, Zwischen Wahlverwandtschaft und Beliebigkeit, S. 57, verschiebt sich jedoch mit dem Wechsel von „*Der Gebrauch der Rede* zu *Der Verrat der Bilder* das kritische Gewicht des Gemäldes von den Wörtern auf die Bilder. Er legt auch die grundlegende Zweideutigkeit eines Werks bloß, dessen mutmaßliche ‚Botschaft' man allzu voreilig auf den Gedanken reduziert hat, das Bild eines Gegenstands sei eben nicht der Gegenstand selbst. Der erste Titel legt in der Tat nahe, dass unser Reden das Problem darstellt. [...] Der zweite Titel hingegen stellt deutlich die Bilder infrage."
[72] Konersmann, *Die verbotene Reproduktion*, S. 19.
[73] Sylvester, *Magritte*, S. 213.
[74] Magritte, *Sämtliche Schriften*, S. 43; vgl. Sylvester, *Magritte*, S. 212; Speidel, Zwischen Wahlverwandtschaft und Beliebigkeit, S. 64: „Dieses Prinzip ist das theoretische Äquivalent von *Der Verrat der Bilder*, das Landhaus das *Analogon* der dort dargestellten Pfeife."

die offensichtliche Anspielung auf den vierten Satz: „Es kommt vor, daß das Bild und der Name dieses Gegenstandes sich begegnen"[75].

Diese Begegnung ist alles andere als harmlos Die gemalte Pfeife ähnelt eindeutig einer ‚realen' Pfeife, die sich mit einigem Recht als prototypisch bezeichnen ließe; der Satz mit seinem deiktischen Pronomen negiert die erwartbare Aussage: ‚Dies' ist *keine* Pfeife. Eine lapidare Auflösung des paradoxen Bilderrätsels, das zahlreiche Deutungen angeregt hat – unter anderem die Studie Foucaults, für die es titelgebend ist –, hat Magritte selbst gegeben: „Ein Bild ist nicht mit etwas Greifbarem zu verwechseln: das Bild einer Pfeife ist keine Pfeife."[76] Mit Douglas Hofstadter wird hier die „symbol-object-mystery"[77], die Trennung und der Konflikt von Objekt und Darstellung, im Bildraum inszeniert: „once you are willing to ‚enter the room', you have already been tricked: you've fallen for image as reality."[78] Selbstverständlich *ist* die malerische Repräsentation einer Pfeife *nicht* eine Pfeife, sondern auf der Leinwand in Form gebrachte Farbe, die erst im Zurücktreten ihrer materiellen Qualität eine Pfeife erscheinen lässt und qua Konvention des Bildgebrauchs auf eine Pfeife verweist – oder: sie ist einer Pfeife nur *ähnlich*.[79] Auch die Sprachkonvention weckt mit dem Wort ‚pipe' der Negation zum Trotz ein Vorstellungsbild, das mit dem Bildelement

---

75 Magritte, *Sämtliche Schriften*, S. 43.
76 René Magritte, „Die Ähnlichkeit" (Londoner Fassung), in: *Sämtliche Schriften*, S. 437 ff., S. 438. Eine „Trivialinterpretation" nennt Böhme (Das ist doch eine Pfeife, S. 170) die Kritik am ‚Sprachgebrauch' und am Schein der Bilder, die „sich als die Sachen selbst präsentieren" (S. 179) – dies markiert mit Prange in historischer Hinsicht das ‚Ende' des Bildes. Vgl. Foucault: „Das Befremdende an dieser Darstellung ist nun nicht der Widerspruch zwischen dem Bild und dem Text. Denn Widerspruch kann es nur zwischen zwei Aussagen oder innerhalb einer Aussage geben. Und hier liegt nur eine Aussage vor, die nicht widersprüchlich sein kann, da ihr Subjekt bloß ein Hinweis ist. Ist also die Aussage falsch, da ihr ‚Referent' – offensichtlich eine Pfeife – sie nicht bestätigt? Wer aber wird ernsthaft behaupten, daß dieses Ensemble von Linien über dem Text eine Pfeife ist? Ist das nicht alles recht simpel, da die Darstellung einer Pfeife natürlich nicht selbst eine Pfeife sein kann? Und doch sagt man gewöhnlich: was ist das, dieses Bild? – Das ist ein Kalb, das ist ein Quadrat, das ist eine Blume." (Foucault, *Dies ist keine Pfeife*, S. 11).
77 Hofstadter, *Gödel, Escher, Bach*, S. 700.
78 Ebd., S. 701.
79 Die lakonisch-‚platonische' Feststellung des Nur-Bild-Seins gemahnt an die platonische Bestimmung des ‚Nichtseiend-Seienden', das im Dialog *Sophistes* beträchtliche Verwirrung stiftet: Handelt es sich um ein Abbild? Um ein Trugbild? Welcher Pfeife ähnelt es? Wenn nicht einer bestimmten, realen Pfeife, einem Bild von einer Pfeife? Einem Urbild, Modell, Schema, Prototyp oder Klischee? In seinem metarepräsentationalistischen Spiel der Verweisungen wird das Bild selbstreflexiv und desavouiert so jede repräsentionale Deutung.

korrespondiert. So verunsichert die Konstellation die Denk- bzw. Sehgewohnheit: „Haben wir das Abbild einer Pfeife vor uns oder lediglich ein Zeichen, das aber nicht die geringste Ähnlichkeit mit dem haben muß, was es bezeichnet? Bezeichnet also das, was wir wegen seiner Ähnlichkeit mit einer Pfeife für eine Pfeife halten, etwas anderes?"[80] Die paradoxe Wirkung beruht – wie in Satz neun aus „Les Mots et les images" – darauf, dass

> es eine starke Beziehung zwischen dem Bild des Gegenstands und dem Gegenstand selbst gibt, eine Beziehung, die ins Auge springt, die so frappierend ist, dass sie einen täuschen könnte, wenn man es nicht besser *wüsste*. Diese Beziehung ist die (subjektive) Ähnlichkeit, die das unmittelbare Wiedererkennen erlaubt.[81]

Diese Beziehung negiert der Satz, wobei sich das deiktische ‚ceci', wie Hofstadter betont, sowohl auf die gemalte Pfeife, als auch auf das Bild als Ganzes, einschließlich des Satzes selbst, beziehen lässt.[82] Im Ensemble des Bildgegenstands ‚Pfeife' mit dem Dementi des kommentierenden Satzes, der der Darstellung die Identität mit dem Gegenstand abspricht, zeigt sich auch *La Trahison des images* als Bild, das Zeichen und Bild, Fläche und Bildraum, Konventionalismus und Naturalismus, Konventionalitätsthese und Ähnlichkeitsthese gegeneinander ausspielt.[83] „In der unendlichen Bewegung des Widerspruchs zwischen Zeichen- und Erscheinungshaftigkeit, Fläche und Raum, isoliert und reflektiert dieses Hauptwerk der surrealistischen Malerei die Fundamente des klassischen Tafelbildes."[84] Wiederum werden die Signifikationsweisen von Wort und Bild kombiniert, um mit der Verdoppelung der Referenz zugleich ihre Negation auszustellen – nicht ohne die Deutungshoheit des *gemalten* Satzes einzuklammern. Auch hier wird deutlicher als in den Zeichnungen von „Les Mots et les images" auf den Unterschied der Signifikationsweisen verwiesen, der auch in einem je anderen Verhältnis von

---

80 Moser, Sinnbild und Abbild, S. 4.
81 Speidel, Zwischen Wahlverwandtschaft und Beliebigkeit, S. 65.
82 Auf diese Polysemie des deiktischen Ausdrucks verweist das Mottozitat; vgl. die Differenzierung von ‚image' (als Bild(zeichen)) und ‚tableau' (als Gemälde) in Satz 11 und 12 von „Les Mots et les images".
83 Die Opposition Konventionalismus – Naturalismus von Platon bis Goodman bezeichnet Blanc-Benon als falsche Alternative: *La Question du réalisme en peinture*, S. 14. Vgl. zu dieser bildwissenschaftlich umstrittenen Thematik Seel: „Der Bezug eines gegenständlichen Bildes ist anderer Art als die Referenz eines sprachlichen Terminus und die Richtung des gegenständlichen Sehens. [...] Der Ball auf dem Bild [...] ist weder ein Ball noch die Illusion eines Balles, noch einfach das Muster oder die Figur, sondern das Zeichen des Balles: dargeboten, formuliert im Medium der Differenz von sichtbarer Fläche und auf ihr (nicht allein sichtbarer, sondern) dargebotener Figur" (Seel, *Ästhetik des Erscheinens*, S. 283 f.).
84 Prange, *Der Verrat der Bilder*, S. 69.

„Form und Inhalt" liegt: Der Inhalt der Sprachform, das Signifikat, liegt ‚außerhalb', in der *Vorstellung*, der Inhalt des Bildes liegt im Bild, außerhalb dessen sich (gegebenenfalls) sein Modell befindet.[85] Carlo Ginzburg formuliert diesen „wesenhaften Unterschied zwischen Wort und Bild" so:[86]

> Ein Wort wie ‚Bockhirsch' kann mit ‚Nicht-Existenz' prädiziert werden; das entsprechende Bild nicht. Bilder sind immer affirmativ, ganz gleich, ob sie existierende, nicht existierende oder gar keine Gegenstände darstellen. Um zu sagen *Ceci n'est pas une pipe*, brauchen wir Wörter [...]. Bilder sind das, was sie sind.[87]

Dass diese simple Bildlösung erstaunliches Reflexionspotential entfaltet, wo detaillierter nach Bild, Zeichen, Repräsentation und Konventionen des Sehens und Deutens gefragt wird, zeigen Foucaults Überlegungen zu dem Bild und zu *Aube à l'antipode*, einer gezeichneten Version von *Les Deux mystères* aus der ‚Pfeifen-Serie':

> Das Verwirrende ist, daß es einerseits unvermeidlich ist, den Text auf die Zeichnung zu beziehen (wie es das Demonstrativpronomen, der Sinn des Wortes *Pfeife*, die Ähnlichkeit des Bildes nahelegen), und daß es andererseits unmöglich ist, die Ebene zu definieren, auf der der Satz für wahr, falsch oder widersprüchlich erklärt werden könnte.[88]

Auch hier handelt es sich um eine Bild-Text-Konfiguration,[89] die die Hierarchie der Zeichenrelationen und den Stellenwert und die Funktion des Textes als Legende reflektiert, invertiert und dementiert: Die „Trennung" von Wörtern und Bildern spiele sich auf dem schmalen Zwischenraum über den Worten und unter den Bildern ab; „auf diesen wenigen Millimetern weißer Fläche [...] knüpfen sich zwischen den Wörtern und den Formen alle Beziehungen von Bezeichnung, Benennung, Beschreibung, Klassifizierung."[90] Diese „ungewisse und neblige Region" inszeniere das „Fehlen eines Raumes, ein Verschwinden des gemeinsamen Ortes zwischen den Zeichen der Schrift und den Linien des Bildes".[91] Demgegenüber tritt mit Prange im Gemälde der Erscheinungscharakter des Bildes deutlich hervor, womit der „Widerspruch zwischen Sprach- und Bild-

---

85 Tatarkiewicz, *Geschichte der sechs Begriffe*, S. 335.
86 Ginzburg, *Götzen und Abbilder*, S. 158.
87 Ebd., S. 159.
88 Foucault, *Dies ist keine Pfeife*, S. 12.
89 Nach Böhme handelt es sich um ein Schema der Werbung: Die Konventionalität entspreche der „Pfeife als Ware", der „Präsentation" im „Gebrauchswert" (Böhme, *Dies ist doch eine Pfeife*, S. 172); auch in der Ergänzung um eine Textlegende bediene sich Magritte eines „Bildschemas der Werbepräsentation" (ebd., S. 174).
90 Foucault, *Dies ist keine Pfeife*, S. 20.
91 Ebd., S. 20f. Deutlich wird, dass er sich auf die Zeichnung bezieht, deren Fläche Prange (*Der Verrat der Bilder*, S. 76) als zeichenhaft beschreibt.

raum" erst ganz offenbar werde:⁹² Hier finde „der Widerspruch zwischen Identität und Differenz seine dialektische Form, wird das Doppelgängermotiv ikonoklastisch, denn hier reibt es sich mit dem Einmaligkeitspostulat des räumlichen Hintergrundes, das in der Zeichnung fehlt."⁹³

Dieses in seiner Selbstreflexivität so prototypisch moderne Bild lässt sich mit einer vormodernen ‚Text-Bild-Konstellation' in überraschende Resonanz bringen: In der mittelalterlichen Handschrift *Carmina Burana* findet sich eine Miniatur, die als ihr „medieval equivalent" die Bildformel Magrittes auf erstaunlich akkurate Weise vorwegnimmt (Abb. 41).⁹⁴ Das Bild eines Blumenstraußes, den ein Minnender der Geliebten überreicht, ist unterschrieben mit dem Kommentar: „Flos in pictura non est flos, immo figura; Qui pingit florem, non pingit floris odorem."⁹⁵ Hier hat die Schrift ontologischen Vorrang in der Wahrheitsfunktion;⁹⁶ sie tritt *außerhalb* des Bildrahmens als Legende kommentierend hinzu, um in ikonoklastischer Funktion die Identität des künstlerischen Bildes mit der göttlichen Schöpfung zu dementieren und die visuelle Suggestionskraft des ähnelnden Bildes durch den Hinweis auf die ontologische Differenz in Schranken zu weisen.⁹⁷ Die Gegenüberstellung mit diesem Bildtopos zeigt das Überraschende

---

92 Prange, *Der Verrat der Bilder*, S. 67.
93 Ebd., S. 76.
94 Hamburger, The Hand of God and the Hand of the Scribe, S. 59. Den Hinweis verdankt die Verf. dem Vortrag Jeffrey F. Hamburgers: „Die Hand Gottes und die Hand des Schreibers. Kunstproduktion und künstlerische Zusammenarbeit in Arnstein" am Kunsthistorischen Institut Tübingen (publiziert ist die zitierte englische Fassung); Hamburger verweist auf Michael Curschmann, „Epistemologisches am Schnittpunkt von Wort und Bild, in: ders., *Wort – Bild – Text: Studien zur Medialität des Literarischen in Hochmittelalter und früher Neuzeit*, Baden Baden 2007, Bd. 1, S. 21–67, S. 60 f.
95 Benedikt Konrad Vollmann (Hg.), *Carmina Burana: Texte und Übersetzungen*; mit Miniaturen aus der Handschrift, Frankfurt a. M. 1987, S. 592 [Vers 186, 2] [„Eine gemalte Blume ist keine Blume, sondern nur deren Abbild; wer eine Blume malt, kann nicht auch den Duft der Blume mitmalen." (Ebd., S. 593)].
96 Impliziert ist, „daß dem Wort [...] ein ontologischer Vorrang zugesprochen wird. Metaphysisch gründet dieser Vorrang in der Deutung des Universums als ursprünglicher ‚Wortung' (Meister Eckhart)." (Zimmermann, Philosophische Horizonte der *Histoire Naturelle*, S. 16).
97 Vgl. Hamburger, The Hand of God and the Hand of the Scribe, S. 59: „A couplet added to the poem satirizes ist flowery rhetoric and the pretensions of representation itself: A flower in a picture is not a flower, but an image; / Who paints a flower does not paint the flower's smell."' (Ebd.) Diese in der in Kap. I.2.2. thematisierten Arnstein-Bibel figurierende Kombination von Text und Bild zeige die Konkurrenz der Malerei und der Arbeit des Schreibers. „The Arnstein bible stands at the cusp between a culture that prized writing over picture and another that, in due course, would come to prize pictures as much, or even more, than words" (ebd., S. 60). So kündige sich darin ein Dementi des Vorrangs des Wortes und der Schrift an. Eine solche Lesart plausibilisiert Pranges Interpretation von *La Clef des songes*, das auf die Bildfunktion der „Ver-

6.2 „Die Poesie ist eine Pfeife" — 643

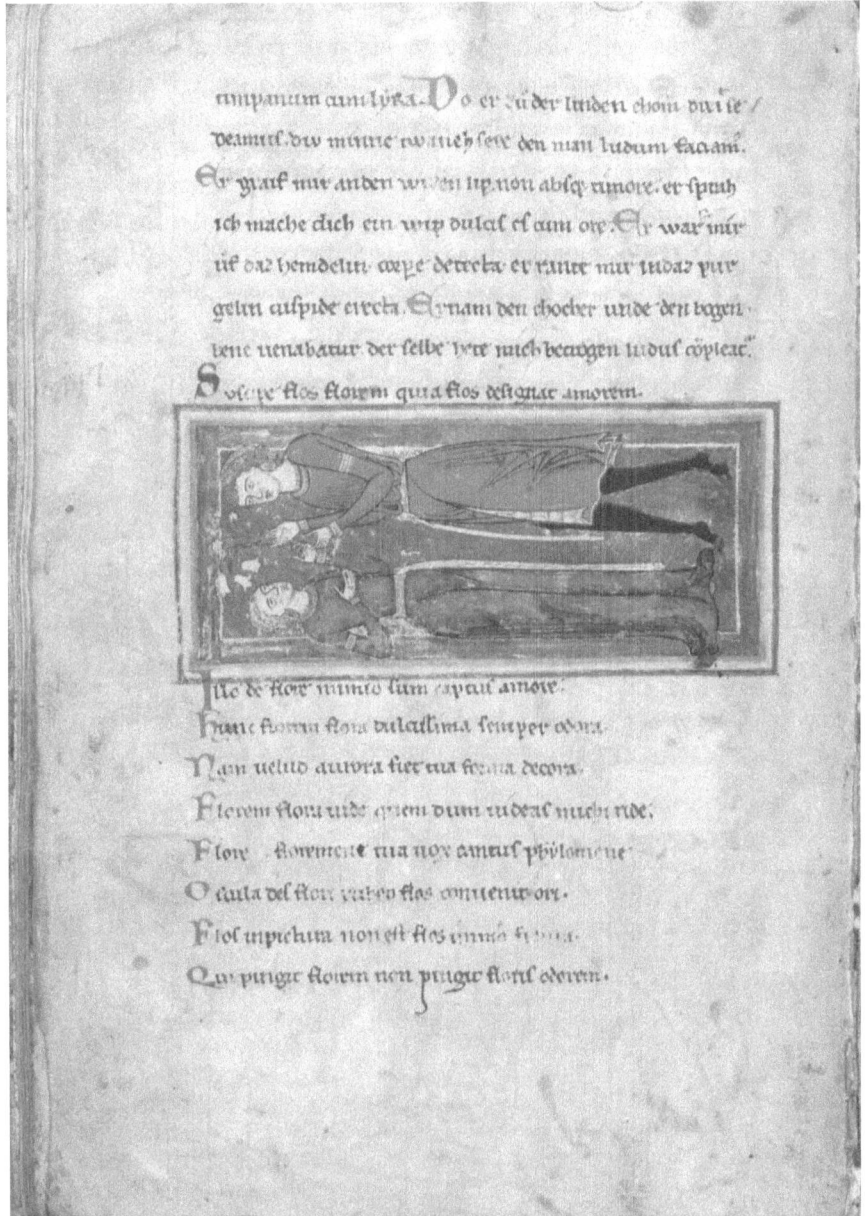

Abb. 41: Miniatur aus der Handschrift *Carmina Burana*, Bayerische Staatsbibliothek München, Carmina Burana – BSB Clm 4660, [S.l.] Kärnten/Steiermark oder Südtirol, um 1230 bis 14. Jahrhundert, Bildnr. 148.

der Magritte'schen Bildformel deutlicher: So scheint der Satz ‚Dies ist keine Pfeife' als ein Echo der Inschrift aus der mittelalterlichen Handschrift auszusagen: „Eine gemalte Pfeife raucht nicht und duftet nicht, auch wenn sie durch Schattenwurf den Eindruck von Plastizität vermittelt, oder wenn, wie in einer späteren Fassung, feine Qualmwölkchen Funktionstüchtigkeit versprechen."[98] Zugleich scheint sich dies jedoch auf den – ebenso wenig ‚duftenden' – Schriftzug zurückzuwenden:[99] Die Medienkonkurrenz wird zugunsten des Bildes entschieden, zumal beide Zeichensysteme in den Rahmen des Bildes integriert, auf einem gemeinsamen Grund gleichgeordnet sind, und so, wie Satz elf aus „Les Mots et les images" konstatiert, ‚von der gleichen Substanz' sind. „It is as if once lured within the frame, language could no longer govern the image it once named. Mirrored in the painting, commentary appears only as its faithful double: a simulacrum": Das Bild „mimics" „that language that it interprets" und inszeniert so deren Subversion.[100] Der Wahrheitswert des Satzes „Dies ist keine Pfeife" werde dementiert, insofern sie gemalt im Bild erscheine, so betont neben Foucault und Prange auch Hofstadter.[101] Zugleich dekonstruiert dieses „im diskursiven Raum ikonoklastischer Selbstkritik" stehende Bild den repräsentationalen Bildraum des Tafelbildes, indem es ihn „ironisch" durch den heterogenen Bildraum der *Montage* ersetzt:[102] Einen Zusammenhang „‚zwischen der Collage und

mittlung der Sprachkonvention" anspiele – als „das Erbe des christlichen Bildes, das sich gegen die Vorwürfe der Ikonoklasten rechtfertigen musste", um das Bild als „dem Wort analoge Repräsentation des Dogmas" zu behaupten (Prange, Das Denken und die Bilder, S. 68).
98 Konersmann, *Die verbotene Reproduktion*, S. 16.
99 Lüdeking verweist auf die Unterscheidung von ‚Objektsprache' und ‚Metasprache' nach dem Schema: „Der Ausdruck ‚Blume' duftet nicht", so wenig, wie das Bild einer Pfeife raucht (ebd.); vgl. den Hinweis auf Freges Unterscheidung von Intensionalität/Sinn-Extensionalität/Bedeutung (Lüdeking, Die Wörter und die Bilder und die Dinge, S. 72, Anm. 73): Bilder, obwohl ohne reale Referenz, können in ihrer Extension (da das Bild im Sachbezug nicht leer, eine Pfeife erkennbar ist) etwa auf andere Bilder verweisen (vgl. Scholz, *Bild, Darstellung, Zeichen*, S. 39).
100 Scott Durham, „From Magritte to Klossowski. The Simulacrum, between Painting and Narrative, in: *October*, 64 (1993), S. 16–33, S. 22.
101 Vgl. Prange, *Der Verrat der Bilder*, S. 68; Hofstadter, *Gödel, Escher, Bach*, S. 701; vgl. Seel, *Ästhetik des Erscheinens*, S. 280: „Auch Worte [...] können einen bildlichen Status gewinnen. Dann [...] verweisen zwar die *Worte* weiterhin auf das normalerweise Gemeinte, die *Bildfläche* aber, auf der sie sich nunmehr befinden, verweist nun auf eine Choreographie von Linien, Zeilen und Klängen – worauf kein Mensch achten würde, der eben mal ins Wörterbuch schaut."
102 Prange, *Der Verrat der Bilder*, S. 71. Das Tafelbild ikonoklastisch zu reflektieren heiße, es als das „übergreifende, die Gegenstände eines Bildes vereinende Dritte umso entschiedener scheitern zu lassen" (Prange, Das Denken und die Bilder, S. 72). Die Pfeife ist nicht nur dem Charakter einer Collage entsprechend isoliert, auch lässt sich die Einführung von Schrift in den Bildraum auf die Collage beziehen: „Ohne die kubistische Nivellierung von Typographie und malerischer Form wäre ein solcher Rückgriff auf das Modell von Bild und Legende

der Verwendung von Schrift auf einem Bild, wie Magritte es praktiziert'"[103], sieht bereits Aragon. „In dieser Zersetzung löst sich sowohl der Anspruch des Bildes wie der des Schriftzeichens auf die Darstellung der Pfeife auf, deren unsichtbare Existenz – so Foucault – früher im Raum zwischen Bild und Legende vorausgesetzt war."[104] So wird „sowohl der Schrift wie auch dem Bild die Kompetenz abgesprochen [...], eine Pfeife zu repräsentieren."[105] Indem „die visuellen wie auch die verbalen Zeichen aus jeglicher Bindung an das Bezeichnete befreit" werden, werden die referenziellen, repräsentationalen und affirmativ realistischen Konventionen der Bildinterpretation aufgelöst: „Nirgendwo ist da eine Pfeife",[106] so die lapidare Schlussfolgerung Foucaults.

> Magritte zerstört hier den Rest der Illusion, das Bild der Pfeife und das Wort, das sie benennt, könne etwas von der realen Pfeife zur Erscheinung bringen. Eine solche (‚vorklassische') Beziehung der Teilhabe der Zeichen an dem, was sie bezeichnen, ist ohnehin nicht mehr möglich. Nun macht Magritte den Zeichen [...] auch noch jene Funktion streitig, die ihnen unter der Herrschaft der klassischen ‚Episteme' noch geblieben war: die Funktion von bloßen Stellvertretern, deren Aufgabe sich darauf reduziert, für Dinge einzustehen, mit denen sie nichts mehr verbindet.[107]

Gerade indem die „Prämisse des Bezeichnens"[108] aufgehoben, der denotative Bezug der Bildzeichen gestört ist und die konkurrierenden Repräsentationsbehauptungen in die Aporie führen, hat das Bild in seiner rätselhaften Erscheinung unmittelbare Evidenz, so Magritte:

> Ich verstehe unter *Abwesenheit von Bedeutung* (zweifellos zu Unrecht halte ich alle Bedeutung für ‚pragmatisch') die Tatsache, die sich ergibt, wenn wir wissen, daß es ungebührlich wäre, dem eine Bedeutung zu geben, was sich mit solch einer Intensität oder ‚Beredsamkeit' zeigt, daß selbst eine glänzende Bedeutung überflüssig ist und das Vorhandene verunklären würde.[109]

---

nicht möglich gewesen", auch wenn hier, anders als in den *Papiers collés* des Kubismus, die Worte wieder semantisch aufgeladen seien (Prange, *Der Verrat der Bilder*, S. 80). Die Collage führe den Widerspruch von Bild und Zeichen, Erscheinung und Referenz, Authentizität und Einmaligkeit vor. Vgl. zur „Gleichberechtigung und Autonomie der Schrift" als Bildelement in der kubistischen Collage Prange, Das Denken und die Bilder, S. 71.
103 Zit. n. Sylvester, *Magritte*, S. 212.
104 Prange, *Der Verrat der Bilder*, S. 52.
105 Ebd., S. 51 f.
106 Foucault, *Dies ist keine Pfeife*, S. 21.
107 Lüdeking, Die Wörter und die Bilder und die Dinge, S. 68.
108 Moser, Sinnbild und Abbild, S. 60.
109 Magritte, *Sämtliche Schriften*, S. 322. Die ‚Abwesenheit von Bedeutung' lässt den Sinn hervortreten: „Für das Denken ist der einzige *Wert* der *Sinn*, das heißt, das moralische Denken

In Magrittes Bildern verweist somit „,Sinn' nicht länger auf eine zwar verborgene, aber dennoch eindeutig bestimmte und gesicherte ‚Bedeutung' [...], sondern in einen dunklen, diffusen und gänzlich unbeherrschbaren Raum von allen möglichen Referenzen"[110]. Sie dementieren die Transparenz der Zeichen auf Reales und verweisen selbstreferenziell auf ihre sprachlich nicht substituierbare *Präsenz*: Magrittes ‚Metacode' artikuliert Operationen eines Denkens, das Bildelemente und Sprachzeichen in einem widersprüchlichen Raum vereint und präsentiert ein nicht-propositionales Wissen, das zu zeigen eine irreduzible Leistung des Bildes und seiner Möglichkeiten des Sichtbarmachens ist.[111] Dabei ist es nicht zuletzt die Entautomatisierung konventioneller Seh- und Denkgewohnheiten und die Neuordnung der Dinge im Denken, die Magrittes Projekt von dem der semiotischen und sprachphilosophischen Theoriebildung unterscheidet:

> Es ist unsere *Sichtweise der Welt*, die der Maler zu ändern suchte: [...] Es sind nicht nur die *ikonischen und sprachlichen Zeichen* und ihre mehr oder weniger beliebigen oder natürlichen Beziehungen zu den Objekten der Welt, die den Maler interessieren. Es ist auch die Beziehung zwischen Gegenständen. Als Maler experimentiert er in der Malerei damit, sie zueinander in Beziehung zu setzen – und zwar, indem er Beziehungen zwischen Bildobjekten schafft oder Wörter und Bilder zusammenstellt.[112]

Als „Ort, an dem die Gegenstände der Welt zueinander in Beziehung treten"[113], soll das von seiner Repräsentations- und Denotationsfunktion befreite Bild transparent werden auf ein Denken, das unvertraute Konstellationen stiftet:

---

des *Unmöglichen*. Den Sinn denken bedeutet für das Denken, sich von gewöhnlichen, fast gewöhnlichen, oder außergewöhnlichen Ideen zu befreien" [gesperrt i. Orig.; ebd., S. 307].
110 Lüdeking, Was Bilder zeigen und was sie bedeuten, S. 94.
111 Vgl. Magritte, *Sämtliche Schriften*, S. 356: „Nietzsche sagt auch, ‚außerhalb der Sprache gibt es kein Denken'. Wäre die Malerei, die uns berührt, vielleicht eine Sprache ohne Denken?" Magritte legt seine Repräsentationskritik auf der „semio-strukturalistischen" Ebene an (Eco, *Kant und das Schnabeltier*, S. 407), wie Foucault, der die spezifische Leistung des Bildes vernachlässigt: Wo Analysen wie die Foucaults semiotische Thesen formulieren, die Bild*zeichen* betonen, geht es hier um das nichtrepräsentationale *Bild als Gemälde* und dessen Ordnung, die ‚syntaktische' Organisation der Bildgegenstände in ihrem Ensemble. Der ‚Verrat' der Bilder dementiert sowohl Sprachtransparenz als auch die Identifikation des Bildes mit dem Gegenstand in der Verkürzung der Ähnlichkeit auf Repräsentation. Prange bezieht ihn auf das Bild: „Der ‚Verrat' der Bilder meint im Sinne des platonischen Vorwurfs deren sinnlichen Anspruch auf Authentizität gegenüber dem faktischen Zurückbleiben hinter einer als geistig gedachten wesenhaften Wirklichkeit, also den Scheincharakter der Bilder" (Prange, *Der Verrat der Bilder*, S. 65).
112 Speidel, Zwischen Wahlverwandtschaft und Beliebigkeit, S. 62.
113 Ebd. [„... le lieu de la *mise en rapport d'objets du monde*" (Des signes arbitraires aux affinités électives, S. 66)].

Die Inspiration gibt dem Maler, was man malen muss: die Ähnlichkeit, die ein Denken ist, das geeignet ist, durch die Malerei sichtbar zu werden: zum Beispiel der Gedanke, dessen Glieder eine Pfeife und die Inschrift ‚Dies ist keine Pfeife' sind, oder auch der Gedanke, der aus einer nächtlichen Landschaft unter einem sonnigen Himmel gebildet ist.[114]

Soll demzufolge ‚die Ähnlichkeit' selbst in der Verbildlichung dieses Denkens zur Darstellung kommen, so ist klar, dass es sich um eine Dimension jenseits ihrer Auffassung als natürliches Zeichen und ihrer Identifikation mit der Bildrelation im Sinne der ‚Kopietheorie der Repräsentation' handelt:

Magritte's objective was to undo the demonstrative gesture by which such „self-evident" resemblance is ritually witnessed and by which its presuppositions – the identity of the original referent of the demonstration; the authority [...] to show it, along with the desire of the viewers to see it shown; and the ability of language to name the image and of the image to illustrate the affirmation [...].[115]

Dies weckt nicht nur begründete Skepsis daran, dass sich ikonische Ähnlichkeit mit Repräsentation deckt, sondern deutet zugleich an, dass sich die Leistung des Bildes nicht in Repräsentation erschöpft, es sich vielmehr in der Aufkündigung der Abbildrelation für andere Relationen öffnet. „[D]ass die Entdeckung von Resonanzen zwischen Gegenständen im Zentrum von Magrittes Interesse steht"[116], zeigt sich darin, dass er seine Bildstrategien zunehmend auf die Suche nach zwingenden Relationen ausrichtet: „Es gibt eine geheime Verwandtschaft zwischen bestimmten Bildern. Sie gilt auch für die Gegenstände, die von diesen Bildern dargestellt werden."[117] Es ist Sache des Bildes, diese Relationen sichtbar zu machen, um die ‚bornes imaginaires à l'imagination' zu überwinden. Der Versuch, diesem Anspruch mittels der Differenzierung zweier Dimensionen von Ähnlichkeit theoretisch zu genügen, zeigt sich in Magrittes Differenzierung von *ressemblance* und *similitude*.

6.3 *Ressemblance* vs. *similitude*: Ähnlichkeit und Gleichartigkeit

La ressemblance s'identifié à l'acte essentiel de la pensée: celui de ressembler. La pensée ressemble en devenant ce que le monde lui offre et en restituant ce qui lui est offert au

---
114 Magritte, *Sämtliche Schriften*, S. 438 [im Orig. in Kapitälchen].
115 Durham, From Magritte to Klossowski, S. 28.
116 Speidel, Zwischen Wahlverwandtschaft und Beliebigkeit, S. 62.
117 Magritte, *Sämtliche Schriften*, S. 74.

mystère sans lequel il n'y aurait aucune possibilité de monde, ni aucune possibilité de pensée. L'inspiration est l'événement où surgit la ressemblance. (René Magritte)[118]

„Die Malerei erregt Ihre Aufmerksamkeit wegen ihrer Ähnlichkeit mit den Dingen, die Sie im Original nicht bewundern. Aber diese Bewunderung ist Ihnen bisweilen anstrengend, sie wird Sie weit führen."[119] Diese Übersetzung des oben als Motto zitierten Diktums Magrittes aus dem Jahr 1926, das Pascals Phrase abwandelt: „Quelle vanité que la peinture, qui attire l'admiration par la ressemblance de choses dont on n'admire point les originaux!"[120], nimmt eine desambiguierende Interpretation vor; denn die Reflexion über *la ressemblance des choses dont vous n'admirez pas les originaux* führt den Maler selbst weit – und zu einer Differenzierung zweier Dimensionen von Ähnlichkeit in den späteren Schriften, die eine von Bildrelation und Repräsentationsbehauptung gelöste Dimension der Ähnlichkeit zu konzeptualisieren erlaubt. „[J]e crois avoir défini la ressemblance elle-même et non une manière de penser à la ressemblance", „ich glaube, die Ähnlichkeit selbst definiert zu haben und nicht eine Art und Weise, an die Ähnlichkeit zu denken", schreibt er am 11. Dezember 1959 in einem Brief an André Bosmans über den Vortrag, den er am selben Abend in der Académie Picard halten sollte: In *La Ressemblance*[121] und späteren Fassungen – insbesondere den Vortragsmanuskripten und Katalogtexten von Lüttich (1960)[122] und London (1961)[123] und der erweiterten Fassung *L'Art de la ressemblance* (1967)[124] –, den Texten *L'Art de peindre* (1960)[125] und

---

118 René Magritte, „La ressemblance (Version de Liège)", in: ders., *Écrits complets*, S. 518f., S. 518.
119 Magritte, „Sie", in: *Sämtliche Schriften*, S. 27f, S. 27. Es geht Magritte neben der Ähnlichkeit *mit* den Dingen auch um die *der* Dinge.
120 Blaise Pascal, *Pensées*, hg. v. Philippe Sellier und Gérard Ferreyrolles, Paris 2000, S. 65 [74] (das Originalfragment ist digitalisiert unter http://www.penseesdepascal.fr/RO-extraits/RO21-4.pdf, 20.1.2022).
121 Magritte, „La ressemblance", in: *Écrits complets*, S. 493–496, S. 496 [„Die Ähnlichkeit", in: *Sämtliche Schriften*, S. 405–409, S. 409].
122 Vgl. ebd., S. 518f. [*Sämtliche Schriften*, S. 428f.].
123 Ebd., S. 529f. [*Sämtliche Schriften*, S. 437f.].
124 Ebd., S. 655–657 [„Die Kunst der Ähnlichkeit", in: *Sämtliche Schriften*, S. 545–547].
125 Vgl. ebd., S. 510 [„Die Kunst des Malens", in: *Sämtliche Schriften*, S. 421]. Dem Text ist in *Écrits complets* ein Manuskript aus dem Museum Ixelles unter der Überschrift „Texte du manuscrit Coquelet", des Kustos der Sammlung, beigefügt (S. 511–515 [*Sämtliche Schriften*, S. 422–426]), das Blavier zufolge eine Zwischenstufe zwischen diesem im Katalogtext zur Ausstellung in der Galerie Rive droite 1960 abgedruckten Text und dem Lütticher Text darstellt. Auch auf diese ausführlichere Fassung wird Bezug genommen.

La Similitude (1962)[126] und in diversen Interviews und Briefen entwirft Magritte sein Ähnlichkeitskonzept.

Die für seine Konzeption zentrale Unterscheidung von „Gleichartigkeit" (*similitude*) und „Ähnlichkeit" (*ressemblance*) begründet die Lütticher Fassung über die Organisation der Dinge im Denken:

> Die Ähnlichkeit – von der in der Alltagssprache die Rede ist – wird Dingen gleicher oder nicht gleicher Beschaffenheit zuerkannt [...]. Diese sogenannte Ähnlichkeit besteht in Gleichartigkeitsbeziehungen, die vom Denken, das prüft, bewertet und vergleicht, ausgemacht werden. Solche Akte des Denkens vollziehen sich nur im Bewußtsein möglicher Gleichartigkeiten: diesem Bewußtsein enthüllen die Dinge nur ihren Gleichartigkeitscharakter. *Die Ähnlichkeit ist mit dem wesentlichen Akt des Denkens identisch: dem des Ähnelns.* Das Denken ähnelt, indem es das wird, was die Welt ihm bietet, und indem es das, was ihm geboten wird, zurückversetzt ins Mysterium, ohne das es keine Möglichkeit der Welt und keine Möglichkeit des Denkens gäbe. Die Inspiration ist das Ereignis, wo die Ähnlichkeit auftaucht [...].[127]

Die Unterscheidung der alltagssprachlich äquivalent verwendeten Begriffe führt eine „Sonderbedeutung" ein, die *similitude* für „Gegenstände des Denkens" auf der „Objekt-Ebene" gebraucht, *ressemblance* für „Operationen des Denkens" auf „einer Meta-Ebene"[128]: „Die Dinge haben miteinander keine Ähnlichkeit, sie haben Gleichartigkeiten oder sie haben keine Gleichartigkeiten", notiert Magritte; „[n]ur dem Denken ist es eigen, ähnlich zu sein."[129] Beide Modi des Denkens setzen Relationen: *similitude* beschreibt vergleichende Denkakte und das, was „mit verschiedenen Meßmethoden nachgewiesen werden" kann, und ist „nicht mit der Ähnlichkeit zu verwechseln" – „trotz des Brauchs, Erbsen für einander ähnlich zu halten, das Falsche und das Echte oder auch den Himmel und seinen Reflex auf dem Wasser eines Sees – welche untereinander nur mehr oder weniger Gleichartigkeitsverhältnisse haben"; dagegen meint *ressemblance* Akte der Relationierung eines spontan sich anverwandelnden Denkens und die so etablierte Ordnung der Dinge, Wörter und Bilder: „Die Ähnlichkeit kommt nur dem Denken zu: es ähnelt, indem es die Welt wird, die sich in unsichtbarer Form manifestiert (Ideen, Gefühle, Empfindungen) und in sichtbarer Form (Personen, Himmel, Berge, Möbel, feste Körper, Inschriften, Bilder usw.)." Während *Gleichartigkeit* (*similitude*) umfasst, was Philosophie und Wissenschaften als Ähnlichkeit von Qualitäten, Merkmalen, Eigenschaften, als Verhältnisgleichheit, ‚partielle Identität', ikonische

---

[126] Ebd., S. 579 [„Die Gleichartigkeit", in: *Sämtliche Schriften*, S. 480].
[127] Magritte, Die Ähnlichkeit, S. 428 [Hv. S. B.]. Magritte reformuliert die Differenzierung in mehreren Textfassungen.
[128] Lüdeking, Die Wörter und die Bilder und die Dinge, S. 59.
[129] Magritte, „Brief an Foucault", zit. n. Foucault, *Dies ist keine Pfeife*, S. 55.

Abbildrelation oder Isomorphieverhältnis fassen, kennzeichnet *Ähnlichkeit (ressemblance)* ähnelnde Akte des Denkens, die als „Beschreibung des Denkens [...], das dem ähnelt, was die Welt ihm an Sichtbarem bietet",[130] bildlich dargestellt werden können. *Similitude* umfasst somit nicht nur „[d]ie Ähnlichkeit, von der in d[er] Umgangssprache die Rede ist", die jedoch nur „mehr oder weniger ähnlich" ist: „[i]n d[em] Maße, als zwei Identitäten mehr oder weniger Gleichartigkeiten aufweisen"[131], sondern alle durch rationale „Akte des Betrachtens, Vergleichens, Unterscheidens und Bewertens"[132] hervorgebrachten Ähnlichkeitsurteile. Dass sie auf rationalen Operationen beruht, betont Magritte mit der Aussage, dass

> das Wie – das vergleicht – nur mehr oder weniger zahlreiche *Gleichartigkeiten* zu Sprache bringt und daß es sich nicht um *Ähnlichkeit* handelt (es sei denn, die Ähnlichkeit wird falsch verstanden: beispielsweise zu glauben, daß zwischen dem Echten und dem Imitierten Ähnlichkeit möglich sei). Aus diesem Grunde enthält die Poesie keine Gleichartigkeiten, also auch keine Vergleiche. Weil Vergleiche oder Gleichartigkeiten nur von dem Denken ausgemacht werden, das *mißt*, ohne unbedingt das zu kennen, was gemessen wird.[133]

Die Feststellung messbarer Gleichartigkeit bedarf einer Subjekt-Objekt-Dichotomie, eines Maßstabs und der Bestimmung eines *tertium comparationis*, das „zwei Gegenstände immer nur bezüglich einer bestimmten Qualität"[134] in Beziehung setzt. Magritte modifiziert die intuitive und theoretisch beglaubigte Unterscheidung zwischen *sichtbarer* Ähnlichkeit und *unsichtbarer* Gleichartigkeit, die etwa als formale, strukturelle und funktionale Verhältnisgleichheit beschrieben wird. *Similitude* schreibt er auch der ikonischen Ähnlichkeit bildlicher Repräsentation zu: „[E]in gemaltes Bild hat mit den Ansichten der sichtbaren Welt nur mögliche Gleichartigkeiten."[135] *Similitude* ist der Ähnlichkeitstyp, der nicht nur der Logik von Identität und Differenz zugeordnet wird, sondern auch der Ordnung der Repräsentation.

---

130 Alle Zitate in: Magritte, Die Gleichartigkeit, S. 480. Das Beispiel der Erbsen zur Charakterisierung der Übereinstimmung sichtbarer und unsichtbarer Eigenschaften findet sich auch in Magrittes Brief an Foucault vom 23.5.1966, zit. n. Foucault, *Dies ist keine Pfeife*, S. 55 f., S. 55). Dieses Beispiel gemahnt an Nietzsches ‚Blätter' und Bretons ‚Trauben'.
131 Magritte, Die Ähnlichkeit, S. 405.
132 Ebd., S. 406. Vgl. zum Vergleich „im Hinblick auf bestimmte Teilaspekte" auch Lüdeking, Die Wörter und die Bilder und die Dinge, S. 59.
133 Brief an Bosmans vom 3. August 1962, in: *Sämtliche Schriften*, S. 481. Magritte leitet ein, er könne einen Text „über dieses Wort Wie" für *Rhetorique* Nr. 7 schreiben (ebd., S. 480).
134 Funk, Mattenklott, Pauen, Symbole und Signaturen, S. 10.
135 Magritte, Die Ähnlichkeit, S. 406. Dies korrespondiert, wenn auch mit gegenläufiger Intention, der bildtheoretischen Abgrenzung von Ähnlichkeit, ‚partieller Identität' und Analogie, wenn der ‚vage' Ähnlichkeitsbegriff etwa als Isomorphieverhältnis spezifiziert wird; vgl. Seel, *Ästhetik des Erscheinens*, S. 278.

Ressemblance reserviert Magritte demgegenüber für die „nicht rationale, auf Ähnlichkeit zielende gedankliche Arbeit", die Relationierungsakte eines Denkens, „das die Dinge nicht durch Kategorien verfügbar macht, sondern sich ihrem eigenen ‚Sein' öffnet"[136] – ein sich den Dingen annäherndes, von ihnen affiziertes und sich ihnen assimilierendes Denken: „Die Ähnl[ichkeit] ist das spontane Denken, das auftaucht, indem es sich mit dem Reichtum und der Präzision der Glieder herstellt, die es in der spontanen Ordnung vereinigt, und das sich wohl hütet, diese spontane Ordnung abzuändern."[137] Dieses „Denken, das durch die Malerei beschrieben werden kann", ist „identisch mit dem, was die Erscheinungswelt unserem Bewusstsein bietet"[138]. Es „ähnelt" spontan, nichtintentional und ohne eigenen Maßstab, „indem es die Welt wird, die sich in unsichtbarer Form manifestiert [...] und in sichtbarer Form"[139]: Als „nicht-vertrautes Ereignis"[140], das den konventionellen Ablauf des Denkens unterbricht, ähnelt es „der Welt, indem es Gleichartigkeiten mit dem hat, was die Welt ihm bietet, *und* indem es das Mysterium dessen evoziert, was es empfängt."[141] Dabei ist es – dem subjektiv-objektiven Doppelcharakter der Ähnlichkeitsfeststellung entsprechend – durch aktive Teilhabe gekennzeichnet: Es besteht nicht in ‚wiederspiegelnder' Imitation, sondern – etwa Merleau-Pontys ‚wirksamer Ähnlichkeit' vergleichbar – in einem *aktiven Akt*, so dass „das Produkt des Anähnelns im Denken kein extramentales Vor-Bild" kennt.[142]

> As opposed to functioning as a hackneyed reflex, Magritte suggests, the mind could be capable of reformulating the data it receives, ideally, it could deploy a fundamentally ‚active' conceptualization of phenomena, which, whilst using known facts, extends beyond them to unrealized states: thought could, in the words of Magritte, *resemble*, rather than *mimic*, the world as we know it.[143]

---

136 Prange, *Der Verrat der Bilder*, S. 45.
137 Magritte, Die Ähnlichkeit, S. 408.
138 Magritte, *Sämtliche Schriften*, S. 458.
139 Magritte, Die Gleichartigkeit, S. 480.
140 Magritte, Die Ähnlichkeit, S. 408.
141 Magritte, Die sichtbare Poesie, S. 468 [i. Orig. gesperrt].
142 Jörg Zimmermann, „Chimären der Einbildungskraft. Zur Inversion des cartesianischen Zweifelspiels im Horizont des Surrealismus", in: Wilhelm Friedrich Niebel, Angelica Horn, Herbert Schnädelbach (Hg.), *Descartes im Diskurs der Neuzeit*, Frankfurt a. M. 2000, S. 329–348 (online unter http://www.aesthetik-der-verwitterung.de/download/Text/Chimaeren_der_Einbildungskraft.pdf, 4.7.2019, hier S. 1–11, S. 8). Zimmermann fasst diese Position als „Radikalisierung des cartesianischen Mentalismus" auf eine surrealistisch invertierte „cartesianische Verfremdung der *condition humaine* im Spiel des universalen Zweifels" hin (ebd.).
143 Silvano Levy, „Foucault on Magritte on Resemblance", in: *The Modern Language Review* 85, 1 (1990), S. 50–56, S. 53.

Diese mentalistische Konzeption attestiert dem ähnelnden Denken – vergleichbar mit Benjamins Konzept des Ähnlichkeiten produzierenden ‚mimetischen Vermögens' – ein Erkenntnisvermögen, dessen Postulierung seit Aristoteles die ‚Ästhetik des Ähnlichen' prägt, an der Magrittes Konzept in seiner ästhetisch-epistemologischen Dimension partizipiert: „Ähnlichkeit ist Gleichartigkeit plus Inspiration: Das ist, so scheint mir, die grundlegende Gleichung, die aus der Nachahmung ein Denken macht. Erneut höre ich hier eher Aristoteles, für den die gute Metapher – die von der Fähigkeit abhängt, ‚Ähnlichkeiten zu erkennen' – überrascht und etwas mitteilt."[144] So lässt sich Magrittes Ähnlichkeitsbegriff als beispielhaft für moderne Rekonzeptualisierungen des Denkens in Ähnlichkeiten betrachten, die, wie Funk, Mattenklott und Pauen betonen, gegen die Gleichartigkeitsverhältnisse wissenschaftlicher und alltagspragmatischer Rationalität den Perspektivismus des Ähnlichen wenden, durch den „ein Gegenstand [...] mit einer nicht von vornherein bestimmten Zahl von Eigenschaften in die Ähnlichkeitsbeziehung eingehen" kann: „Es handelt sich also nicht nur um eine Beziehung, die weit umfassender ist als die der Gleichheit, sie ist überdies direkter, weil sie nicht den Bezug auf ein Drittes voraussetzt – eben jenen Maßstab, der zur Bestimmung der Gleichheit notwendig ist.[145] Dabei gründet der Erkenntnisanspruch des ähnelnden Denkens darauf, sich, auf „Anschauungsformen und Kategorien verzichten[d]", den Dingen „anzuverwandeln",[146] wie Magritte betont: „Ähneln ist: das werden, was man in sich aufnimmt."[147] Diese onto-epistemologisch konzipierte, auf das Gegebene offene, es dem Anspruch nach weder zurichtende noch interpretativ einhegende, sich anverwandelnde und zugleich aktive Weise des Denkens in Ähnlichkeiten revoziert vormoderne Erkenntnislehren, in denen das *Anähneln* an den Gegenstand Erkenntnis verbürgt und die „Affinität von Betrachter und Betrachtetem konstitutiv für den Erkenntnisprozeß" ist; diese Auffassung setzt voraus, dass Subjekt und Objekt Teil „‚desselben *Lebenszusammenhangs*'" sind.[148] Eine solche Einbindung in einen kontinuierlichen ontologischen Seinsbezug nimmt auch Magritte an: „‚Man kann noch so weit von einem Objekt entfernt sein, man ist niemals ganz von ihm getrennt'"[149]. Als Bedingung und „Daseinsgrund

---

144 Barbara Cassin, „Der Maler-König", in: Ottinger, *Magritte*, S. 114–123, S. 120 f. [„Le peintre-roi", in: Ottinger, *Magritte*, S. 128–137].
145 Funk, Mattenklott, Pauen, Symbole und Signaturen, S. 10 f.
146 Lüdeking, Die Wörter und die Bilder und die Dinge, S. 60.
147 Magritte, Die Ähnlichkeit, S. 405.
148 Cassirer (im Blick auf Ficino und Cusanus), zit. n. Funk, Mattenklott, Pauen, Symbole und Signaturen, S. 11.
149 Zit. n. Gablik, *Magritte*, S. 105. Hier mag Magrittes Beschäftigung mit Heideggers Ontologie ab 1953 eine Rolle spielen, der der Kunst ebenfalls eine besondere Erfahrung des Seins der Dinge zugesteht (vgl. Lüdeking, Das Zeug und die Zeichen, S. 45 f.): Während Heidegger van

der Welt und des Denkens" umfasse das ‚Mysterium' alles Erscheinende; es partizipiert an der Erscheinungswelt in einer Art ‚immanenter Transzendenz'.[150] Mit der Betonung, dass es sich der rationalen Erfassung entzieht und in der Fremdheit, Disparatheit, Unverfügbarkeit und Inkommensurabilität der Dinge und ihrer Insubordination unter eine Idee oder ein System erfahrbar ist, bringt Magritte zum Ausdruck, dass die Welt nicht in einer ‚vernunftgemäßen' Ordnung vorliegt: „Die Uneinigkeit ist der konstante Zustand dessen, was die Welt dem Denken darbietet."[151] Das ähnelnde Denken vermag die (Un-)Ordnung der von ihm spontan erfassten Dinge aufrechtzuerhalten, um zu evozieren, was Magritte ‚Mysterium', ‚Poesie' und ‚Inspiration' nennt:

> [D]ie Poesie ist keine Angelegenheit des Reimens. Sie ist das, was sich im Universum befindet, jenseits dessen, was wir beobachten können. So sieht ein Wissenschaftler durchs Mikroskop mehr als unser Auge. Aber es kommt ein Augenblick, wo auch er an einem Punkt aufgehalten wird. Nun, und an diesem Punkt beginnt für mich die Poesie.[152]

Ohne die Inspiration, die das konventionelle Denken durchbricht, „wird das Denken mechanisch, fügt sich der Vulgarität des mehr oder minder ‚konformistischen' ‚gesunden Menschenverstands' und kennt nur eine imaginäre Welt."[153] Dagegen sei „[d]ie Poesie [...] mit der Beschreibung des inspirierten Denkens identisch, das heißt des Denkens, das sieht, indem es der Welt ähnelt, die von ihrem Mysterium nicht getrennt ist":

> Die Ähnlichkeit kümmert sich nicht darum, mit dem ‚gesunden Menschenverstand', der mit den Widersprüchen der Welt passiv übereinstimmt, übereinzustimmen oder ihn herauszufordern. Die Ähnlichkeit – die einzig die Inspiration hervorbringen kann – manifestiert das Mysterium, das nahezulegen die widersprüchliche Welt der Vernunft unfähig ist.[154]

Gogh, Cézanne und die Kubisten schätzt, entwirft er eine eigene ‚Kunst der Ähnlichkeit' (vgl. ebd., S. 62).
150 Magritte, *Sämtliche Schriften*, S. 461. Im Mysterium wird Sinn als ‚Zugehörigkeit zur Welt' zugänglich: „[D]ie einzige Malerei, die betrachtet zu werden verdient, hat denselben Daseinsgrund wie der Daseinsgrund der Welt, nämlich das Mysterium." (Magritte, *Sämtliche Schriften*, S. 321) Vgl. zum Begriff der ‚immanenten Transzendenz' u. a. Harald Holz, *Immanente Transzendenz*, Würzburg 1997.
151 Magritte, *Sämtliche Schriften*, S. 460.
152 Magritte, Interview mit Maurice Bots, in: *Sämtliche Schriften*, S. 258 f, S. 259. Foucault, *Die Ordnung der Dinge*, S. 105, verweist auf die „Tatsache einer Natur, die vor jeder Ordnung sich selbst ähnelt" (ebd., S. 106).
153 Magritte, „Die sichtbare Poesie", in: ders., *Sämtliche Schriften*, S. 468 f, S. 468.
154 Magritte, Die Kunst der Ähnlichkeit, S. 546. Vgl. Wulf, Zur Performativität von Bild und Imagination, S. 44: Unweigerlich „nehmen wir die Welt anthropomorph wahr".

Ähnlichkeit ist so Modus eines intuitiven Erkenntnisvermögens, das zwischen Welt, Denken und Bild vermittelt: Es gilt, die verstellenden Ordnungsleistungen konventionellen Denkens zu transzendieren, um eine „*Ordnung der Ähnlichkeit*"[155] hervorzubringen, die das inspirierte Denken spontan etabliert – zugunsten des ethisch-ästhetischen Anspruchs, die Dinge in einer erweiterten Erfahrungsqualität zu erfassen. Die Maßgaben der „,Denkweisen'", die immer schon im Begriff sind, Erkenntnis zu „,modifizieren'", aussetzend, gilt es, „die kategoriale ,Brille' abzulegen, durch die wir die Dinge betrachten", um „unmittelbare Erkenntnis" zu erlangen; hinter dieser Forderung steht der „(kaum verhüllte) normative" Anspruch,

> sich den Dingen gegenüber zu öffnen und anzuverwandeln, anstatt sie dem eigenen ,Wollen' und dem eigenen ,Denken' zu unterwerfen. Magritte möchte auf alle Erkenntnisinteressen, Anschauungsformen und Kategorien verzichten, um auf diese Weise die Dinge endlich so zur Erscheinung zu bringen, wie sie wirklich sind.[156]

Nur dem inspirierten Denken „,offenbaren sich die Dinge bar aller praktischen Bedeutungen'"; „das wahre Sein der Dinge zur Erscheinung [zu] bringen", dessen Fremdheit zu bewahren ist Aufgabe der Kunst, wie Karlheinz Lüdeking reformuliert: „Es *muß* ein ,meta-physisches' oder ,surreales' Sein der Dinge geben, auch wenn es für uns auf ewig ein ,Mysterium' bleibt, das sich unserer sinnlichen Wahrnehmung ebenso widersetzt wie der Artikulation in unseren Zeichensystemen."[157] So legitimiert die Bezugnahme auf eine immanente, jenseits der rationalen Erschließbarkeit liegende Ebene des ,(Sur)Realen' eine skeptische Deutungsabstinenz: „Es beruhigt, zu wissen, daß es ein Mysterium gibt – zu wissen, daß es mehr gibt, als man weiß."[158] Allein im *Bild der Ähnlichkeit* kommt es zum Ausdruck:

---

155 Magritte, *Sämtliche Schriften*, S. 423 [Hv.: S. B.].
156 Lüdeking, Die Wörter und die Bilder und die Dinge, S. 60.
157 Ebd., S. 61. Darin sieht Lüdeking die Unterscheidung Heideggers von Wesen und Erscheinung: „Das ,Wesentliche der Dinge', so glaubt Magritte, ,steht immer in einem Gegensatz zu dem ,Bild, das wir von ihnen im realen Leben sehen.'" (Ebd., S. 60) Er wolle „,die bildhaften Äquivalente dieses Wesentlichen finden'", um „das wahre Sein der Dinge in seinen Bildern zu beschwören" (ebd.). Heideggers Philosophie entlehne er „jenes fundamentale platonische Denkmotiv eines ,eigentlichen', nicht mit dem bloß Seienden identifizierbaren Seins" (Prange, *Der Verrat der Bilder*, S. 45, Anm. 6). Magritte notiert den Kommentar de Waelhens': „,Das Charakteristikum unserer Zeit ist, daß sie das Sein und das Seiende identifiziert und verwechselt." (Lüdeking, Die Wörter und die Bilder und die Dinge, S. 61) „[U]m ein Ding ,sein' zu lassen, wie es wirklich ist, muß man ihm – Heidegger zufolge – ,gleichsam ein freies Feld gewähren, damit es sein Dinghaftes unmittelbar zeige. Alles, was sich an Aussage und Auffassung über das Ding zwischen das Ding und uns stellen möchte, muß zuvor beseitigt werden.'" (Zit. n. ebd.) Magritte zielt auf die „fremde und rätselhafte Existenz der Dinge", die durch die Zweckgebundenheit der Dinge verstellt wird (vgl. ebd.).
158 Magritte, *Sämtliche Schriften*, S. 439.

"[D]as Mysterium ist da, weil ein poetisches Bild eine Realität hat. Weil das ,inspirierte Denken' eine Ordnung imaginiert, die die Figuren des Sichtbaren eint, hat das poetische Bild dieselbe Art Realität wie das Universum."[159] In der Evokation des Mysteriums, „dessen Perspektive grenzenlos ist", wird eine Ordnung der Dinge sichtbar, die „das Mysterium ihrer Realität evoziert"[160]; „daß das Reale metaphysisch ist, daß es eine umfassendere Realität gibt als die gewöhnlich wahrgenommene", vermittle sich durch die „Überraschung", die „die Einigung von etwas Unbekanntem, die Einung von etwas Notwendigem" begleitet.[161] Dieses eigenständige Konzept des *Sur*-Realismus sucht zu fassen, was sich als „Mysterium des Realen in der Moderne" der Repräsentation entzieht:[162]

> Ich bin kein Philosoph, ich bin kein Metaphysiker. Ich male Bilder, die nicht gleichgültig sind [...], weil sie poetisch sind. [...] Realismus ist etwas Vulgäres, Gewöhnliches, aber Realität ist für mich nicht leicht zu erreichen. Und darum sage ich surrealistisch, um jene

---

159 Magritte, Interview mit Paul Waldo Schwartz, S. 568.
160 Interview mit Carl Waï, in: *Sämtliche Schriften*, S. 551–554, S. 551. Vgl. Moser, Sinnbild und Abbild, S. 15: „Das Mysterium ist nichts anderes als die Vielzahl der Schnittflächen unserer Wahrnehmungen. Je mehr Perspektiven wir einnehmen können, umso rätselhafter wird die Ordnung, die die Dinge eint." Vgl. Spaemanns ontologische Rekonzeptualisierung des ‚Syndesmos des Ähnlichen' (wo auf die Bestimmung von Hinsichten verzichtet wird, offenbare sich Seiendes als Ähnliches) im Versuch, Ähnlichkeit im Anschluss an Heidegger als ‚Universale' des Erkenntnisvermögens zu konzipieren: „Es ist offenbar so, daß alles Seiende einen solchen Raum qualitativer Nähe und Ferne eröffnet, in dem auch noch das Fernste noch ein ‚Entferntes', d. h. ein, wenn auch minder, Nahes ist. [...] Jedes So-Sein eines Wirklichen ist nur, was es ist, indem es einen unendlichen Raum möglicher Ähnlichkeiten eröffnet" (Spaemann, Ähnlichkeit, S. 54). Magritte ,Daseinsgrund' lässt sich als Nähe des Fernen beschreiben: Er zeigt sich „sehr wenig überzeugt von der Entfernung des leichten Blaus am Horizont, da die unmittelbare Erfahrung es einfach in die Höhe meiner Augen legte" (Magritte, Die Lebenslinie (I), S. 82).
161 Interview mit Ann Holmes in Houston Chronicle, in: Magritte, *Sämtliche Schriften*, S. 511–513, S. 511 f. Magritte nennt seinen Entwurf mitunter metaphysisch: „[I]n einem ‚metaphysischen Stadium' [...] bedeutet für mich: das Leben im Mysterium" (ebd., S. 356). Das Mysterium ist weder Idee noch Negation. Es korrespondiere mit neoplatonischen, gnostischen und mystischen Vorstellungen und der Negativen Theologie, so Lüdeking, Die Wörter und die Bilder und die Dinge, S. 61.
162 Koschorke, Das Mysterium des Realen in der Moderne. Magrittes Begriff des Mysteriums lässt sich so im ästhetischen Sinn eines surrealistischen Interesses an dem ‚immanenten' (Einstein) Realen lesen, das sich der Repräsentation entzieht. Koschorke verweist auf eine Konzeption, die „das Reale abseits gesellschaftlich normierter Verfügbarmachungen von Realität sucht – in der Art eines den eingeübten Zeichenrepertoires enthobenen Mysteriums [...]. Diese Faszination kann sich [...] zu einem Kult des Realen steigern, der indessen nicht mehr auf eine außerweltlich-göttliche Instanz gerichtet ist, sondern auf die Imagination einer sich den Menschen vorenthaltenden Wirklichkeitstiefe" (ebd., S. 26 f.).

Realität zu bezeichnen, die wir in bestimmten privilegierten Momenten wahrnehmen, wenn wir Geistesgegenwart besitzen."[163]

Hier wird deutlich, dass Magritte „Malerei als ein Instrument der Erkenntnis"[164] konzipiert, das „eine Essenz der Wirklichkeit" erschließen kann, die anders nicht zugänglich ist.[165] „Das Spiel der Gleichartigkeit der Elemente soll in einer nur dem Bild eigenen, nach Maßstäben rationaler Repräsentation unmöglichen ‚Ordnung der Dinge' das Mysterium evozieren, und dies sei gleichbedeutend mit dem Akt des Anähnelns im Denken."[166] Sein Konzept entwickelt Magritte in einem Manuskript des Textes „Die Kunst des Malens" über tastend und kreisend variierte Formulierungen weiter.[167] So sei „die Inspiration das notwendige Ereignis [...], damit das Denken die Ähnlichkeit selber ist":

> Die Ähnlichkeit ist immer inspiriert, sie ist das Denken, das auftaucht, ohne seine unmittelbare Erkenntnis zu modifizieren. Die Ähnlichkeit – die sich als Ganzes bildet – durch eine ausschließliche Erkenntnis der Anblicke der sichtbaren Welt, ist geeignet, durch eine genaue Beschreibung sichtbar zu werden.[168]

In diesem „Bild der Ähnlichkeit" schließlich „hören die vertrauten Dinge auf, vertraut zu bleiben, wenn sie in der Ordnung der Ähnlichkeit vereint werden."[169] Deren Fremdheit formuliert die Lütticher Fassung des Textes mit den Worten: „Die Ähnlichkeit vereint diese Figuren spontan in einer Ordnung, die direkt das Mysterium evoziert."[170] Sie sei allein der Inspiration zugänglich: „Die Ähnlichkeit ist ein inspiriertes Denken, das sich nicht darum kümmert, mit einer naiven oder gelehrten Denkweise übereinzustimmen. Sie steht notwendigerweise sowohl der Vernunft als auch dem Absurden entgegen."[171] Sie

---

163 Interview mit Paul Waldo Schwartz, in: *Sämtliche Schriften*, S. 567–569, S. 569.
164 Prange, Das Denken und die Bilder, S. 58.
165 Ebd., S. 60. Dies schließt an den „utopischen Gestus der modernistischen Tradition" an, wie – gerade in der Inspirationsmetaphorik – an die „Tradition der romantischen Ästhetik", die „im Modus einer Erleuchtung metaphysische Wahrheit zugänglich" zu machen suche (ebd., S. 58). Vgl. zu der „romantischen Thematik", das Transzendente in der „Selbstdeutung" auf das „Geheimnis der Existenz und des Lebens schlechthin zu beziehen", ebd., S. 81.
166 Zimmermann, Chimären der Einbildungskraft, S. 8.
167 Denken ist „der Akt, den Dingen zu ähneln"; „Ähneln ist: die Dinge werden, die das Denken in sich aufnimmt"; „Der wesentliche Akt des Denkens ist die Ähnlichkeit, die die Glieder einer Erkenntnis erfaßt und die Ordnung, die sie spontan vereinigt." (Magritte, Die Kunst des Malens, S. 422 (Text des Manuskripts von Coquelet)).
168 Ebd., S. 424.
169 Ebd., S. 425.
170 Magritte, Die Ähnlichkeit (Lütticher Fassung), S. 428 f.
171 Ebd., S. 429.

übe „dem gegenüber, was man die ‚Gesetzte des Möglichen' nennt", eine „Freiheit des Denkens", die das Mysterium nicht verfälsche.[172] „Das Mysterium sträubt sich per definitionem gegen die Anforderungen jedes Systems. Es ist erfüllt und kann nur durch die Erfüllung des wesentlichen Denk-Aktes evoziert werden: der Welt und ihrem Mysterium zu ähneln."[173] Immanent und gegenwärtig, ist es Bretons ‚Wunderbarem' vergleichbar:

> [D]as höchste Gefühl ist das ‚nicht-vertraute' Gefühl vom Mysterium, das man für die Dinge empfindet, die man üblicherweise ‚natürlich' und vertraut findet (unter anderem unser Denken). Die Idee, daß eine ‚wunderbare' Welt sich in der ‚gewohnten' Welt manifestiert, wenn wir von Koinzidenzen überrascht werden, ist zu überprüfen. Es ist eben die ‚gewohnte' Welt, die sich durch die Koinzidenzen behauptet: sie versichern uns, daß wir sie deutlicher erkennen. Anstatt sich über die überflüssige Existenz einer anderen Welt zu verwundern, sollte man *unsere einzige Welt*, wo die Koinzidenzen uns überraschen, nicht aus den Augen verlieren.[174]

Magrittes Unterscheidung der Begriffe *similitude* und *ressemblance* dementiert den Anschein, seine Malerei „bilde die äußere Wirklichkeit ab"[175], und stellt die Spezifität des ähnelnden Denkens heraus, solche überraschenden Koinzidenzen zu erfassen: Sie differenziert eine dem rationalen Denken kommensurable Dimension der *similitude*, des Gleichartigen, die der Repräsentation und der Ordnung von Identität und Differenz zuzuordnen ist, Ergebnis eines die Dinge und ihre Eigenschaften messenden, vergleichenden und ordnenden rationalen Zugriffs – der gegenüber die basale und intuitive, nicht auf Identität reduzierte Dimension der *ressemblance* ein Näheverhältnis zu den Dingen etabliert. Es ist wohl kein Zufall, dass Magrittes Theorie, die die Vagheit des Ähnlichkeitsbegriffs nicht nur erbt, sondern explizit gegen die rationalen *constraints* des Ähnlichen vorbringt, umständlich formuliert wirkt: Der emphatisch betonte inspirierte Akt des ähnelnden Denkens bezeichnet einen prälogischen, vorbegrifflichen, vorprädikativen Einbruch des Realen im Sinne der modernen Positivierung des Unbestimmten, das mit Magritte nur im Bild zur Erscheinung kommen kann, als Repräsentation einer mentalistisch-mimetischen Dimension, deren Verbildlichung einen privilegierten Zugang zu der *Surrealität* einer – mit Benjamin – im ‚Stand der Ähnlichkeit entstellten Welt' beansprucht. „Die Kunst des Malens verdient es wahrlich, die Kunst der Ähnlichkeit genannt zu werden, wenn sie darin besteht, das Bild eines

---

172 Magritte, „Die Stimme des Mysteriums", in: *Sämtliche Schriften*, S. 454.
173 Magritte, Brief an Bosmans, Dezember 1963, in: *Sämtliche Schriften*, S. 455.
174 Magritte, „Natur und Mysterium", in: *Sämtliche Schriften*, S. 385. Vgl. Prange, *Der Verrat der Bilder*, S. 42: Magritte suche „einen geheimnisvollen Sinn zu berühren, fern der gewöhnlichen Wahrnehmung und ähnlich dem ‚Wunderbaren' [...]."
175 Prange, *Der Verrat der Bilder*, S. 42.

Denkens zu malen, das der Welt ähnelt: da das Ähneln ein spontaner Akt des Denkens ist und nicht ein vernünftiges oder wahnsinniges Gleichartigkeitsverhältnis."[176]

6.4 Die Kunst der Ähnlichkeit

> L'acte essentiel de la pensée est la ressemblance qui comprend les termes d'une connaissance et l'ordre qui les réunit spontanément. Cet ordre n'est présent que dans l'acte essentiel de la pensée. (René Magritte)[177]

> L'art de peindre – qui mérite vraiment de s'appeler l'art de la ressemblance – permet de décrire, par la peinture, une pensée susceptible de devenir visible. Cette pensée comprend exclusivement les figures que le monde nous offre: personnes, rideaux, armes, astres, solides, inscriptions, etc. La ressemblance réunit spontanément ces figures dans un ordre qui évoque directement le mystère. (René Magritte)[178]

Magrittes Bestimmung der ‚Kunst des Malens' verweist auf die Rekonzeptualisierung ikonischer Ähnlichkeit in der Integration von *similitude* und *ressemblance*. Die „Kunst der Ähnlichkeit" – so der Titel eines Katalogtextes aus dem Jahr 1967, der ein Resümee der Überlegungen zu Ähnlichkeit zieht, – charakterisiert er durch den Ausschluss von „Phantasie" und „Originalität"[179], von „Technik"[180] und der „Illustration eines ‚Sujets', eines ‚Themas' oder eines Symbols": So müsse sich „[d]as ‚Wie' des Malens der Ähnlichkeit [...] darauf beschränken, Farben dergestalt auf einer Fläche auszubreiten, daß ihre tatsächliche Ansicht schwindet und das Bild des Denkens erscheinen läßt, das ähnelt und das, was es sieht, ins Mysterium wiedereinsetzt." Die Passage schließt emphatisch: „*Ein Bild der Ähnlichkeit ist ein Bild an sich*, einzig das Mysterium ist ihm nicht fremd."[181] Aufgabe des Bildes ist mithin „un travail sur la ressemblance"[182]. Malerische Qualitäten, die in den stilistischen Experimenten des Modernismus die

---

176 Magritte, Die Kunst des Malens, S. 421.
177 René Magritte, „L'art de peindre [Manuscrit du Coquelet]", in: ders., *Écrits complets*, S. 510–516, S. 511.
178 Magritte, La ressemblance (Version de Liège), S. 518. Zur ‚Kunst der Ähnlichkeit' vgl. auch ebd., S. 421, S. 547, passim.
179 Vgl. Magritte, Die Kunst der Ähnlichkeit (Text des Manuskripts von Coquelet), S. 546: „Die Genauigkeit und der Charme eines Bildes der Ähnlichkeit gehen zugunsten einer ‚originellen' Malweise ins Mittelmaß verloren."
180 Magritte, Die sichtbare Poesie, S. 486 f, S. 486.
181 Alle Zitate in Magritte, Die Kunst der Ähnlichkeit, S. 546.
182 Cassin, Le peintre-roi, S. 134 [Die Übersetzung verunklärt: „eine Arbeit, die die Ähnlichkeit betrifft" (Cassin, Der Maler-König, S. 120)].

Dinge lediglich in „neuen Darstellungsrastern" erscheinen ließen, treten zurück: „„Für mich ist es das Wesentliche, *zu wissen, was ich malen muß*. Das *Wie* besteht nur darin, korrekt zu malen, was ich malen muß.""[183] Dabei ist zentral, „dass das Dargestellte präsent wirkt"[184]: Die angedeuteten Paradoxien entstehen wesentlich aus dem gegenständlichen, „bewußt dilettantischen Malstil", der jede „Phantastik abstreift" und so „den reflexiven Kern, die Frage der Bildrepräsentation, um so prägnanter frei[legt]."[185] Denn nach Magritte „gibt [es] keine unterschiedlichen Arten, das inspirierte Denken, das der Erscheinungswelt ähnelt, darzustellen":[186] Es gelte, in der „genauen Beschreibung der in der Ähnlichkeit erfaßten sichtbaren Welt [...] ein Bild der Ähnlichkeit erscheinen" zu lassen.[187]

Die ‚Kunst der Ähnlichkeit' besetzt dabei einen mittleren Ort auf einer Skala ikonischer Ähnlichkeit zwischen Unähnlichkeit und vollkommenem Illusionismus: Geringe Grade von *similitude* kennzeichnen mit Magritte ‚schlecht gemalte' Bilder; nahezu ununterscheidbare Gleichartigkeit Bilder, deren

> Stil [...] so bemerkenswert ist, daß er die Erkenntnis, die man daraus gewinnt, überdeckt. Was die Gleichartigkeit – ohne nennenswerten Unterschied – des im sogenannten ‚Trompe-l'œil' gemalten Bildes betrifft, so kann sie nur aus einem malerischen Können resultieren, das im Dienst einer Denkweise steht.[188]

Das Bild der Ähnlichkeit müsse demgegenüber den „unzweideutigen Charakter *eines Bildes* haben. Man sieht keine Zigarre, sondern *das Bild* einer Zigarre"[189].

---

183 Zit. n. Lüdeking, Die Wörter und die Bilder und die Dinge, S. 62.
184 Speidel, Zwischen Wahlverwandtschaft und Beliebigkeit, S. 63. Interessanterweise gehen die dezidierteren theoretischen Ausführungen zu Ähnlichkeit mit der eher expressiven Malweise der ‚Sonnenperiode' einher. Zu den Perioden des Spätwerks (*periode solaire*; *periode vache*) vgl. Cassin, Der Maler-König, S. 121 f; vgl. Magritte, *Sämtliche Schriften*, S. 153, Anm. 1; die „Querelle du soleil" mit Breton geht der Entwicklung des Konzepts in Texten der 60er Jahre voraus.
185 Prange, *Der Verrat der Bilder*, S. 77.
186 Magritte, Die Ähnlichkeit, S. 437.
187 Magritte, Die Kunst des Malens, S. 421. Er fordert, dass die „Malerei [...] nicht von formalen Untersuchungen geleitet wird, sondern aufgrund ihres ununterbrochenen Zusammenhangs mit der Welt und ihrem Mysterium ausschließlich das Denken betrifft" (Magritte, *Sämtliche Schriften*, S. 458).
188 Magritte, Die Ähnlichkeit, S. 407.
189 Magritte, *Sämtliche Schriften*, S. 591. Die Denkbewegung des Bildverstehens vermittelt mit Seel jedes künstlerische Bild, indem „es den Prozeß der Differenzierung zwischen Bild-Objekt und Bild-Darbietung spürbar [...] oder [...] sogar zu seinem primären Sujet" macht (Seel, *Ästhetik des Erscheinens*, S. 271). Magrittes Bilder sind nicht simulacral im Sinne des *Trompe-l'œil*, sondern bleiben im Rahmen eines moderaten Illusionismus, der eine als konventionell (semiotisch ‚universell') zu beschreibende Korrespondenz von Form, Farbe, Modellierung und perspektivischer Darstellung herstellt: Es geht nicht um das Verschwinden des medialen Charakters in der illusionistischen Suggestion von Präsenz. Mediale Grenzen verschwimmen gerade nicht, um die Anwesenheit eines

Es ist nicht nur gekennzeichnet durch einen mittleren Grad ikonischer Ähnlichkeit ‚gleichartiger' Bildgegenstände, sondern zugleich durch deren unerwartete *Vereinigung*: „[D]ie Formen werden durch das poetische Denken geeint", wobei dies auch den Titel als Bestandteil umfasst: „Die vertrauten Wörter, mit denen man einem Bild der Ähnl[ichkeit] einen Titel gibt, hören auf, vertraut zu bleiben, wenn sie versuchen, die Ähnl[ichkeit] zu benennen. Desgl[eichen] hören die vertrauten Dinge auf, vertraut zu bleiben, wenn sie in der Ordnung der Ähnlichkeit vereinigt werden."[190] Entsprechend dem Anspruch, unmittelbare Erkenntnis unverstellt wiederzugeben, lehnt Magritte seine Bezeichnung als Künstler ab: „Dass Bilder die Ähnlichkeit selber und nicht Ähnlichkeit des Dargestellten mit faktischen oder fiktiven Gegenständen der Welt zeugen, hat Magritte auch damit kommentiert, dass er kein ‚Künstler' sei, sondern ein ‚denkender Mensch, der seine Gedanken durch die Malerei vermittelt'".[191]

Magrittes autobiografischer Text „La Ligne de vie" beschreibt 1938 die Entwicklung zu diesem Stil seiner typischen Werkperioden, deren initiales Moment er in eine Szene seiner Kindheit zurückverlegt, den Aufstieg aus dunklen Kavernen ins helle Licht eines Friedhofs, in dessen Allee ein Maler malt. Dieser an Platons Höhlengleichnis gemahnende ‚Höhlenausgang' vermittelt dem Kind die „Magie der Kunst": Die Suche nach einer Möglichkeit, „die Welt anders zu sehen"[192], führt Magritte später zunächst zu einer Auseinandersetzung mit der futuristischen „Herausforderung des gesunden Menschenverstands"[193] und dem Impressionismus, der sich, so der Text „Gegenständliche und impressionistische Malerei", in einer *„gefühlsmäßigen Sicht"*[194] übe, die ihren Gegenstand nicht ne-

---

Gegenstandes vorzutäuschen, sie sind überbetont durch Techniken wie Verdoppelung und *mise en abyme* und treten zwischen die dargestellten Ebenen, um doch wieder überschritten zu werden. Es handelt sich nicht um Akte der Täuschung sondern um eine Metareflexion auf pikturale Repräsentation, die unter anderem mit Mitteln der Metalepse arbeitet (vgl. Roque, Sous la signe des Magritte). Magritte zeigt sich hier weniger als Surrealist im Sinne Bretons, denn als malender Bildtheoretiker.

190 Magritte, Die Ähnlichkeit, S. 408.
191 Fliethmann, *Texte über Bilder*, S. 8. Vgl. Jean Vanparys Bericht über den Vortrag in der Académie Picard (Magritte, *Sämtliche Schriften*, S. 408 f.).
192 Magritte, „Die Lebenslinie (I)", in: ders., *Sämtliche Schriften*, S. 78-96, S. 80. Zum Höhlengleichnis vgl. Cassin, Der Maler-König, S. 118 f.
193 Magritte, Die Lebenslinie (I), S. 80.
194 Magritte, „Gegenständliche und impressionistische Malerei", in: *Sämtliche Schriften*, S. 135-137. Magritte grenzt in diesem wohl 1946 entstandenen Text ‚gegenständliche' Malerei als „die photographische Erscheinung der Gegenstände" und ‚impressionistische' Malerei voneinander ab (ebd., S. 135). „Der mit dieser Gegenstandsdarstellung erzielte Effekt ist [...] ein Gefühl von mit Zauber gemischter Doppeldeutigkeit aufgrund der Übertragung der Erscheinung eines Gegenstandes, den man als dreidimensionalen erkennen kann, in ein feststehendes

giere. 1925 geht er dazu über, „die Gegenstände nur noch mit ihren augenfälligen Details zu malen", die „mit einer mysteriösen Existenz begabt" scheinen.¹⁹⁵ Dabei sucht er die „Auswahl der zu verfremdenden Gegenstände auf sehr vertraute Gegenstände zu konzentrieren, um der Verfremdung ihre maximale Wirksamkeit zu geben".¹⁹⁶ Im Verlauf der malerischen Entwicklung geht dieses Verfremdungskonzept in einer Konzeption auf, in der die Grenze von Sein und Schein fällt:

> „Schließlich fand ich in der Erscheinung der realen Welt selbst dieselbe Abstraktion wie in den Gemälden" [...]. Die Hierarchie wird nicht nur umgekehrt – die wahrnehmbare Erscheinung ist die Idee –, in Wahrheit gibt es nur eine einzige Welt, denn, wie Nietzsche sagt, mit der wahren haben wir auch die scheinbare Welt abgeschafft.¹⁹⁷

Nicht zuletzt die Reflexion auf historisch variable künstlerische Stile zeigt die Konstruktivität der je unterschiedlich codierten repräsentationalen Ordnung; darauf reagiert Magritte – wie Max Ernst – mit der „Visualisierung des künstlichen Aspekts des Sehens als [...] einer durch Operationen der Repräsentation und des Denkens hergestellten Übereinkunft."¹⁹⁸ Wenn das „Wissen um die Dinge in

---

zweidimensionales Bild" (ebd.). Der „Mann von der Straße" sei allein für diese „Magie" empfänglich (ebd.). Der philosophische Aspekt des Impressionismus sei „eine aufmerksamere Art zu sehen; die Sicht ist nicht allein natürlich, sie ist durchdacht" (ebd., S. 136 f.). Sie nehme die „Bedeutung einer *gefühlsmäßigen Sicht* an, die eine *Sicht des visuellen (sinnlichen) Organs* ersetzt. Sie wäre die Sicht zweiten Grades, die Vermittlung zwischen dem wirklichen, ,extramentalen' Gegenstand und dem Geist, das heißt, eine Sicht als solche, *die als sie selbst genommene Sicht, die nicht mit dem wahrgenommenen Gegenstand bis zu seiner Negation verschmelzen will.* Die mit dieser Ausrichtung verbundenen Konsequenzen sind für die anderen Wahrnehmungsarten die gleichen. Es ist die Negation jeder (idealistischen oder naturalistischen) Philosophie, die glaubt, das vollkommene Denken könne mit dem Gegenstand verschmelzen, was den ,extramentalen' Gegenstand negiert usw. Es ist ratsam, den ,gefühlsmäßigen' Charakter der Sicht zu forcieren, damit er *offensichtlich* ist" (ebd., S. 137).

195 Magritte, Die Lebenslinie (I), S. 82.
196 Ebd., S. 86.
197 Zit. n. Cassin, Der Maler-König, S. 119.
198 Bauer, Ähnlichkeit als Provokation, S. 133. Vgl. auch Olaf Breidbach, „Topiken oder über das Vage in der Anschauung von Welt. Mit acht Farbabbildungen", in: Richard Hoppe-Sailer, Claus Volkenandt, Gundolf Winter (H.g.), *Logik der Bilder. Präsenz – Repräsentation – Erkenntnis*, Berlin 2005, S. 255–269, S. 265: „Erst dadurch, dass der Beobachter das Bild der Welt im Blick auf diese Welt interpretiert, wird das Abbild zur Repräsentation. Erst in der Theorie, aus der Kenntnis dessen, was in der Abbildung fixiert ist, kondensiert sich das neue Beobachtungsbild zu einem Abbild." Die Konvention, die repräsentationale Abbildrelation vorauszusetzen, schafft sowohl die ,mythische' Konfiguration des ,affirmierenden' Bildes als auch den Glauben an eine repräsentierbare Wirklichkeit.

der Anschauung gründet", scheint an dieser Stelle zugleich ein Eingreifen möglich.[199] Mit einer realistischen Malweise, die gänzlich „‚dem Funktionieren des Auges'" entspräche, „‚das die Gegenstände nach einem universalen Kode sieht'", würde sich der Maler lediglich dem „Diktat eines Denkens in ‚Gleichartigkeiten'" unterwerfen; doch beweist „optische [...] Übereinstimmung" der Gegenstände zunächst nur malerisches Können;[200] auch „die Ordnung, in der die dargestellten Figuren vereinigt sind, ist eine zufällige oder überlegte, durch eine Denkweise determinierte Ordnung."[201] Soll „Malerei, die bestenfalls ein visuelles Äquivalent der optischen Erscheinung der Dinge erzeugen kann, [...] zugleich ihr wahres Sein enthüllen", muss sie also eine „*Ordnung der Dinge*" zeigen, die „nicht durch die Weise determiniert [ist], in der uns die Realität erscheint. Es ist vielmehr eine Ordnung, ‚in der die *Erkenntnis* Figuren der sichtbaren Welt vereinigt.'"[202] So muss sich die „Malerei aus ihrer Fixierung auf das ‚Retinale' befreien. Sie muss sich in den Dienst einer besonderen Art des Denkens stellen, das die Dinge in Zusammenhänge bringt, in denen ihr geheimnisvolles Sein plötzlich aufblitzt", als eine „Konstellation, deren Bedeutung sich nur einem ‚geistigen Auge' erschließt."[203] Bilder wie *L'Empire des lumières* und *La Trahison des images* zeigen, „daß die ‚Ordnung der Ähnlichkeit', die Magritte in seiner Malerei enthüllen möchte, unseren semantischen Konventionen ebenso widersprechen kann wie unserem empirischen Wissen."[204] Statt die Dinge der Vermittlung durch Denkweisen, Darstellungskonventionen und auch Eingriffe der Phantasie, des Unbewussten oder des Traumes – auch hier seien die Dinge „Spielzeuge des Subjekts" – zu unterwerfen, „möchte Magritte das eigentliche und eigenständige Sein der Dinge wiederherstellen,

---

199 Breidbach, Topiken, S. 262; „Sehen ist historisch und kulturell ermöglicht und eingeschränkt zugleich. Als solches ist es veränderbar, kontingent und zukunftsoffen." (Christoph Wulf, „Zur Performativität von Bild und Imagination", in: Wulf, Zirfas, *Ikonologie des Performativen*, S. 35–49, S. 44). Vgl. zu der normativen „Auswahl und Formung der Wahrnehmungen der Außenwelt" durch „mentale Bilder" Christoph Wulf, Jörg Zirfas, „Bild, Wahrnehmung und Phantasie. Performative Zusammenhänge", in: dies., *Ikonologie des Performativen*, S. 7–34, S. 18: Das Imaginäre [...] ist Operator und Modell für die Konstruktion der jeweils historisch, kulturell und sozial verschieden ausgeprägten Welten."
200 Lüdeking, Die Wörter und die Bilder und die Dinge, S. 62.
201 Magritte, *Sämtliche Schriften*, S. 407. Das schließt die Überlegung ein, dass Perspektivregeln Schemata messenden Denkens sind.
202 Zit. n. ebd., S. 63. Dies gemahnt an Benjamins ‚profane Erleuchtung' und den kombinatorischen Geistesblitz Bretons. „Nur durch solche privilegierten Akte des intuitiven Einsseins mit den Dingen in einem mystischen Nu könne es gelingen, die Raster klassifizierender Denkweisen, die sich für gewöhnlich zwischen die Menschen und die Dingwelt schieben, zu durchstoßen" (Mattenklott, Ähnlichkeit, S. 180).
203 Lüdeking, Die Wörter und die Bilder und die Dinge, S. 63.
204 Ebd.

indem er sie aus dem Zusammengriff aller ‚Denkweisen' befreit, mit denen wir sie (in der Imagination oder in der Realität) gefügig machen": Gegen die Gefahr, ihnen eine „eigene willkürliche Ordnung auf[zu]zwingen", betont er, dass er nicht „'komponiert'".[205] So zielt die Verbildlichung des Mysteriösen auf ein ‚Eigenrecht der Dinge', die dem messenden Verstand entzogen werden: Sie bekommen in ihrer Ordnung im Bild „für die Intelligenz einen Sinn" jenseits des „manischen Willens", „der den Dingen Bedeutung gibt, um sie zu benutzen oder zu beherrschen."[206] Dieser „Sinn steht im Einklang mit der moralischen Gewissheit unserer Zugehörigkeit zur Welt."[207] Magrittes Reflexionen zeigen so exemplarisch, wie Ähnlichkeit und Repräsentation entkoppelt werden können, um *nichtimitative* Ähnlichkeitskonzepte zu entwickeln, in denen Ähnlichkeit eine zentrale Funktion der Modellierung der Relation von Kunst und Wirklichkeit bewahrt.

Dabei ist die ‚Kunst der Ähnlichkeit' Magritte zufolge so modern wie amodern:

> ‚Historisch' gesehen, taucht die Kunst der Ähnlichkeit mit dem Ende der formalen Bestrebungen der Impresionisten, Futuristen, Kubisten und Abstrakten des 20. Jahrhunderts auf. Die besondere Konfusion dieser Bestrebungen, die von einer Kunst befreien wollten, die auf die Illustration von aus einem Repertoire gewählten Sujets beschränkt war, ermangelten nicht eines gewissen Charmes der Neuheit. Die Kunst der Ähnlichkeit für eine Neuheit zu halten, wäre konfus: was sie zur Sprache bringt, ist nichts Geringeres als das Mysterium von Leben und Tod – das nichts Historisches hat.[208]

So tritt die ‚Kunst der Ähnlichkeit' mit der Rückbesinnung auf den Gegenstand der surrealistischen Malerei auf; *sur*realistisch ist Magritte zufolge, wie zitiert, die in ‚privilegierten Momenten', ‚wenn wir Geistesgegenwart besitzen', wahrgenommene Realität, wobei „Realismus das Reale mit dem Mysterium, das im Realen ist, meint"[209]. Magrittes Konzeption zeigt eine metarealistische Überbietung, die die repräsentationale Relation von Kunst und Wirklichkeit aufbricht, auf das „Reale" weisend, das sich nie „in vollem Umfang in [...] Repräsentationen bannen"[210] lässt. Magrittes Unterscheidung von *Realem*, *Sous-Realem* und *Surrealem* deutet dabei die kritische Auseinandersetzung mit dem Surrealismus

---

205 Ebd.
206 René Magritte, Interview mit Conrad Altenloh, in: ders., *Sämtliche Schriften*, S. 341f, S. 341.
207 Ebd., S. 342.
208 Magritte, Die Kunst der Ähnlichkeit, S. 547 [sic]. Konersmann, *Die verbotene Reproduktion*, S. 27, betont die „Amodernität" der gegenständlichen Malerei gegenüber einem Modernismus, der nach dem ‚Wie' des Malens fragt.
209 Magritte, Interview für *Life*, in: *Sämtliche Schriften*, S. 502–510, S. 505. Vgl. Magritte, Interview mit Paul Waldo Schwartz, S. 569.
210 Koschorke, Das Mysterium des Realen in der Moderne, S. 16.

Bretons an, dem er sich nach seinem Umzug nach Paris von 1927 bis 1929 vorübergehend anschließt: Er betont,

> daß ein Irrtum im Umlauf ist dank einer ganzen Literatur, die den Traum, die Traumbilder und das Absurde auf der einen Seite mit *deren Gegenteil* auf der anderen Seite *verwechselt*. Der Traum (das Absurde) das ist eine *Sous*-Realität. Nun, was wir als höchsten Wert lieben, das ist das *Surreale*, wo nichts Absurdes Platz hat. Zwischen diesen beiden ‚Welten' befindet sich die ‚Realität', auf die man sich nicht beziehen kann (nicht mehr als auf die Sous-Realität), um die Sur-Realität zu beurteilen, zu ‚verstehen', zu definieren.[211]

Die für Bretons Programmatik konstitutiven Bezugsmomente Unbewusstes, Traum, Zufall und Automatismus interessieren Magritte so wenig wie Phantastik und Symbolik. „Die Symbole und die Tradition, die ihnen huldigt, zu verschmähen, entspricht dem Vorrang, den ich der Realität der Poesie über die Sous-Realität einer Pseudo-Poesie zuspreche, die in der Tradition und dem Gebrauch von Symbolen verhaftet ist."[212] Die Abgrenzung wird schärfer, wenn Magritte konstatiert: „[S]urrealistisch ist, was Breton zu passen scheint, was er für gültig erklärt. [...] Ich bin demnach sehr wenig ‚surrealistisch'."[213]

Doch sucht er, wie es das *Manifeste du surréalisme* fordert, unkonventionelle Relationierungsakte des Denkens darzustellen; auf das Vorsatzblatt eines ihm gewidmeten Exemplars notiert er: „Der Maler ist inspiriert, wenn er Anblicke der Welt in einer Ordnung vereinigt, die uns nicht gleichgültig ist. Es handelt sich dann nicht um ein durch Zufall, Willen oder Gelegenheit erzieltes Nebeneinander, sondern um eine Vereinigung, deren Mysterium kein Symbol mildern könnte."[214] Diese Formulierung zeigt, inwiefern Magrittes Konzeption der des Sprachbilds

---

211 Magritte, *Sämtliche Schriften*, S. 410.
212 Ebd., S. 203.
213 René Magritte, Brief an Rapin am. 3. Juli 1957, in: ders., *Sämtliche Schriften*, S. 368–370, S. 368. „‚Praktisch' kann man denken, dass ich ‚Surrealist' bin, das gehört zu einem idiotischen ‚Spiel'. Ich stelle mit ‚Surrealisten' [...] aus. Man täuscht sich selbstredend, wenn man glaubt, ich nähme Anteil oder teil an dieser künstlerisch-kulturell-russischen Ballett-Bewegung" (ebd.). Dass die „‚Surrealisten'" angesichts „irgendwelcher von Miró artistisch auf Leinwände gesauter Farbflecke" von „‚der Befreiung des Menschen' sprachen", sei „lächerlich" (ebd., S. 368 f.). Magritte gibt zu, dies 1926 anders gesehen zu haben und eine „naive[ ] Neugier" dem Surrealismus gegenüber empfunden zu haben (ebd., S. 359).
214 Ebd., S. 430. Auch in der Bestimmung des Zufalls zeigt sich eine gewisse Übereinstimmung: „[W]ir können nichts vorhersehen; alles, was uns widerfährt, ist eine ‚Wirkung', deren ‚Ursache' außerhalb unseres Horizonts liegt." (Ebd., S. 357). „Wenn das Wort ‚Zufall' existiert, so kommt die Sache, die es bezeichnet, dem gleich, was mit dem Wort ‚Ordnung' bezeichnet wird. Man kann zeigen, dass der Zufall einer gewissen Ordnung gehorcht, daß er die Ordnung der Dinge ist, daß die Ordnung dem Zufall verpflichtet ist, daß sie solches zufällig ist usw." (Ebd., S. 554) ‚Zufall' ist ein Symptom der Unzulänglichkeit menschlicher Erkenntnis der Welt;

und der Montage korrespondiert. Doch distanziert er sich etwa von der *écriture automatique* als Methode zur Evokation des Unbewussten.[215] Die Ordnung der Ähnlichkeit, die in den durch Montagetechnik manipulierten Bildräumen Magrittes aufscheint, ist nicht von der Befreiungslogik automatischer Verfahren, sondern durch ein „reflexiv-ironisches Umgehen mit der Malerei"[216] bestimmt. Dass sich Magritte gegen die symbolische Auslegung seiner Bilder verwahrt, wird auch in der polemischen Wendung gegen die Psychoanalyse deutlich: „Das in meinem Werk ausgedrückte Denken ist absolut [...]. Es kann nicht interpretiert werden. In meiner Malerei ist ein Vogel ein Vogel. Und eine Flasche ist eine Flasche und kein Symbol für eine Gebärmutter."[217] Nicht das Unbewusste, seine tabuisierten Inhalte und sein Medium, der Traum, sind Magrittes Anliegen, vielmehr soll die Verbindung von Bewusstsein und Außenwelt im bildhaften Denken thematisch werden, um das ‚was sich zeigt', als Erkenntnisproblem zu fassen. Diesem Anspruch an eine surrealistische Malerei entsprechend bezeichnet Magritte die Bilder Klees als „dekorativ"[218], die Mirós als „artistisch auf Leinwände gesaute[] Farbflecke"[219] und die Dalís als „überflüssig"[220], bezieht sich jedoch wiederholt auf die „Vorläufer"

---

er muss nicht provoziert werden, sondern ist verbürgt durch die Kontinuität des Mysteriums: „In Wirklichkeit entgeht nichts der universellen Koinzidenz" (ebd.).
215 Vgl. Magritte, *Sämtliche Schriften*, S. 554: „Die Surrealisten haben eine ganze Menge Dummheiten gesagt, und ich fürchte, daß sie trotz ihres Genies nicht aus dem Stoff sind, sich das klarzumachen. Die ‚automatische' Schreibweise begünstigt auf naive Art diese banale Anmaßung, daß man ein methodisches Experiment kenne, ‚das Denken zum Reden zu zwingen', als ob das Interesse an dem, was durch die Schrift oder die Malerei in Erscheinung tritt, nicht *immer* von einem *unvorhersehbaren* Interesse abhinge ...".
216 Prange, *Der Verrat der Bilder*, S. 42.
217 Magritte, *Sämtliche Schriften*, S. 587. „Die Psychoanalyse erlaubt nur das zu interpretieren, was sich zum Interpretieren eignet. [...] Die Kunst, wie ich sie auffasse, sträubt sich gegen die Psychoanalyse: sie evoziert das Mysterium [...], das man nicht mit einer Art Problem verwechseln darf, so schwierig es sei. Ich achte darauf, nur Bilder zu malen, die das Mysterium evozieren. Damit das möglich ist, muss ich sehr wach sein, was bedeutet, daß ich aufhöre, mich gänzlich mit Ideen, Gefühlen, Empfindungen zu identifizieren. (Im Gegensatz dazu sind Traum und Wahnsinn einer absoluten Identifikation günstig [in Nachschrift hinzugefügt:] das rationale Denken auch.) Kein Vernünftiger glaubt, daß die Psychoanalyse das Mysterium der Welt erklären könnte. Die Psychoanalyse hat auch über Bilder, die das Mysterium evozieren, nichts zu sagen." (Ebd., S. 463).
218 Magritte, *Sämtliche Schriften*, S. 512.
219 Ebd., S. 369.
220 Ebd., S. 396.

Giorgio de Chirico und Max Ernst, die „die Poesie sichtbar gemacht haben":²²¹ Vor allem Ernsts Malerei besitze „jene ‚Realität', die unser Vertrauen zum Wunderbaren, wenn es einschläft, wieder aufzuwecken weiß und die vom gegenwärtigen Leben, wo sie erscheint, nicht isoliert werden kann."²²² Ernst wiederum bezeichnet – wie Aragon – Magrittes Wortbilder als „‚ganz und gar handgemalte Collage[n]'"²²³. Deutlich wird Magritte in der Abgrenzung von Hieronymus Bosch als „‚religiöser Realist'", der „Ideen" male, wie sie in den mittelalterlichen Mysterien zum Ausdruck kämen; dagegen male er selbst

> *keine Ideen. Ich beschreibe*, so gut ich kann, vermittels gemalter Bilder Gegenstände und das Zusammentreffen von Gegenständen, unter dem Aspekt, zu verhindern, daß ihnen irgendwelche unserer Ideen oder Gefühle anhaften. Es ist wesentlich, diese Gegenstände, diese Verbindungen oder Begegnungen von Gegenständen nicht mit irgendeinem „Ausdruck", irgendwelchen „Illustrationen" oder „Kompositionen" zu vergleichen. Letztere würden jedes Mysterium vertreiben, wohingegen die Beschreibung, die ich male, dem Geist nicht offenbart, *was es ist*, das Gegenstände veranlassen könnte, in Erscheinung zu treten, was sie verbinden oder ineinander übergehen lassen könnte.²²⁴

Die Mechanismen der Evokation dieser Ordnung der Ähnlichkeit erklärt Magritte mittels der skizzierten Argumentation, in der die Funktion seiner Ähnlichkeitstheorie für seine Auffassung vom Bild zirkulär wirken mag. Dies ist nicht zuletzt der Konzeption geschuldet, die das *Bild* zum Erkenntnismedium erklärt,²²⁵ dem es obliegt, durch seine unmittelbare Evidenz die Ordnung des

---

221 Interview mit Marcel Fryns I, in: Magritte, *Sämtliche Schriften*, S. 470–472, 471. Vgl. auch: „Es gibt nur zwei Maler, die ich schätze: Chirico und Max Ernst." (Interview mit Michel Georis, in: *Sämtliche Schriften*, S. 464–567, S. 467); vgl. auch die Interviews mit Pierre Mazars (S. 494) und Carl Waï (ebd., S. 551). Doch gesteht er auch Cézanne eine „Vorstellung vom Universum [zu], die sich mit dieser einfachen Erscheinung nicht zufrieden geben konnte. Es ist die Substanz der Welt selbst und das Wesen des Raumes, das der Maler zu ergründen suchte": Dieser Vermerk findet sich in dem Text „Georges Braque", in: Magritte, *Sämtliche Schriften*, S. 67f, S. 68.
222 Magritte, „Die Malerei von Max Ernst", Brief an Patrick Waldberg, in: ders., *Sämtliche Schriften*, S. 395f.
223 Ernst, An einem Regentag in Köln oder die Entstehung der Collage, S. 90.
224 Magritte, Sätze, 1970, zit. n. Gablik, *Magritte*, S. 14, zit. in: *Sämtliche Schriften*, S. 591.
225 Seel sieht darin eine spezifische Qualität: „Der ästhetische Gegenstand wird in einer Gleichzeitigkeit und einem Zusammenwirken seiner Erscheinungen wahrgenommen, die jeder Beschreibung spotten", so „daß dieses Besondere einem begrifflich erkennenden Zugriff nicht zugänglich" scheint (Seel, *Ästhetik des Erscheinens* S. 93) – wurde in der ästhetischen Theorie in der begrifflichen Fixierung immer wieder ein „Identitätszwang" gesehen (ebd.), so sei ästhetisches Erscheinen in Aspekten doch immer bestimmbar; jedoch wird „mit erhöhter Aufmerksamkeit das an ihnen Unbestimmbare wahrgenommen." (Ebd., S. 95) Mit Seel besteht zwischen „Hinwendung" zum und „*Transzendierung* des Wirklichen" kein Widerspruch (ebd., S. 101): „Der Gegensatz zwischen einer ‚Ästhetik des Seins' und einer ‚Ästhetik des Scheins' nämlich führt in die Irre. [...] Die Macht

Ähnlichen zu *zeigen*. Der wichtigste methodische Begriff der Verbildlichung der Inspiration ist dabei der des ‚(Ver-)Einens', der Magrittes Konzeption mit denen Bretons und Ernsts verbindet: „Die Ähnlichkeit des Denkens entspricht der surrealistischen Wort- und Bildkopulation, nur daß sie bei Magritte an der Ordnung der Dinge im Denken orientiert entwickelt wird."[226] Auch Magritte bezieht sich auf Lautréamonts Gleichnis, wenn er das *poetische* ‚Wie' von einem *vergleichenden* differenziert: „Hier wird verglichen, um uns eine gleichgültige ‚Auskunft' zu geben."[227] Dort hingegen sei das Wort „‚Wie'" nicht per se

> zu ächten: es ist zum Beispiel sehr wünschenswert, „Schön wie ein Regenschirm auf einem Seziertisch" zu kennen. Hier handelt es sich nicht um einen „Vergleich" im „übertragenen" Sinn. Das „Wie" in jenem Sinne wäre eher eine *Gleichsetzung*. Das ‚Wie' wird gleichgültig, wenn: eine Hand aus Marmor gleichbedeutend ist mit „einer Hand *wie* Marmor".[228]

Den Zusammenhang mit seiner Konzeption drückt Magritte aus, wenn er betont, das Gleichnis als „symbolisch für Unordnung, da die Dinge nicht dort sind, wo man sie erwartet", zu deuten, „hieße aber, daß man die Poesie und das Mysterium verfehlt, die dem Bild innewohnen"[229], und wenn er auf dessen Nähe zu seinem Begriff des ‚(Ver-)Einens' verweist: „Nicht zufällig sagt Lautréamont: Die *Begegnung einer Nähmaschine usw.* und nicht: Die *Komposition* eines Ensembles, das aus einer Nähmaschine usw., besteht. Er hätte auch Die Vereinigung einer Nähmaschine usw. sagen können".[230]

Magritte vermutet, dass der „Gebrauch der Metapher in der Sprache vielleicht einem tiefen Bedürfnis entspricht, die gewohnte Ordnung der Dinge zu verändern." Der durch diesen Wunsch ausgelösten Beunruhigung werde mit der Auffassung begegnet, die Metapher sei rein sprachlich: „Eine Erklärung meiner Malerei [...] ließe sich aus diesem Prozeß herleiten. [...] Wenn ich einen Himmel voll Blut male, dann ist es wirklich so. Es gibt keine Metapher mehr."[231] So kor-

---

des ästhetischen Scheins verdankt sich einem Bündnis mit den Prozessen des Erscheinens" (ebd., S. 102).
226 Bauer, Ähnlichkeit als Provokation, S. 127.
227 Magritte, *Sämtliche Schriften*, S. 481.
228 Brief an Bosmans vom 2. August 1962, in: Magritte, *Sämtliche Schriften*, S. 481. Das Gleichnis mache das ‚Licht des Bildes' anschaulich.
229 Magritte, „Interview Suzi Gablik", S. 537–540, in: ders., *Sämtliche Schriften*, S. 539.
230 Magritte, Brief an Rapin am 24. Februar 1956, in: ders., *Sämtliche Schriften*, S. 399.
231 Magritte, *Sämtliche Schriften*, S. 592. Einen ähnlichen Prozess erklärt Barthes für die Bildwelt Arcimboldos: Er nimmt „den Vergleich buchstäblich und macht daraus eine Gleichsetzung" (Barthes, Arcimboldo, S. 137). „Das Verfahren arbeitet in zwei Phasen: Zum Zeitpunkt des Vergleichs bleibt es innerhalb des gesunden Menschenverstands und stellt die banalste Sache der Welt auf, eine Analogie; in einer zweiten Phase aber wird die Analogie verrückt,

respondieren seine Verfahren der ‚realisierenden' Wirkung des surrealistischen Sprachbilds: „Magritte ‚bildete' im ursprünglichen Sinn, seine Bilder haben wie Metaphern die Macht, *neue Wirklichkeiten zu schaffen* und unser Begriffssystem zu verändern. Die Darstellung der Gegenstände in nüchterner Sachlichkeit erweckt Ideenassoziationen, in denen das Ungewohnte zum Vorschein kommt."[232] Breton beschreibt die „gegenständliche Richtung" Magrittes in Analogie zu tropologischen Verfahren als Vereinen zweier „Ebenen", deren „niedrigere", die „dem Begreifen geläufig" sei, die der realistischen Darstellung sei:

> Aber weit darüber hinaus – und erst darin liegt das originale und entscheidende Eingreifen Magrittes – gilt es, unsere Augen für das verborgene Leben zu öffnen durch die Erinnerung an die hin- und herflutenden Beziehungen, die zwischen ihnen bestehen. Die Beziehungen der Größe, der Lage, der Beleuchtung, des Wechsels, der Substanz, der gegenseitigen Toleranz und des Werdens zu lösen, notfalls mit Gewalt, gibt uns den Blick frei ins Innere der zweiten bildlichen Darstellungsebene, die über die erste hinausgeht. Er erreicht dies durch Maßnahmen, die in der Rhetorik als „Gedankenfiguren" und „Wortfiguren" aufgezählt werden. Wenn die konkrete Darstellung im beschreibenden Sinn, den Magritte für sich in Anspruch nimmt, nicht so peinlich genau wäre, dann wäre nie die große semantische Brücke entstanden, auf der man von der direkten zur übertragenen Bedeutung hinübergehen und mit einem Blick diese beiden Bedeutungen vereinen kann. Und dies geschieht in Hinsicht auf ein „vollkommeneres Denken", das seine völlige Befreiung erlangt hat.[233]

Mit der Betonung dieser beiden Ebenen erfasst Breton das Ineinanderwirken von *similitude* und *ressemblance*, in deren Rekonzeptualisierung Ähnlichkeit zum zentralen Schlüsselbegriff der theoretischen Reflexion Magrittes werden kann, der in engem Zusammenhang mit den Begriffen des inspirierten Denkens, der Poesie und des Mysteriums die Grundlage seiner Auffassung der Malerei bildet. Dieses Konzept birgt eine gewisse Spannung, die der zugleich basale und metareflexive Charakter ästhetischer Ähnlichkeit mit zu bedingen scheint: Spezifisch modern gedacht, beansprucht es kritisches Potential in der Ergänzung rationaler Denkweisen und in der metarealistischen Reflexion des Bildes und der Repräsentation; es

---

weil sie radikal ausgeschöpft und bis zur [sic] ihrer Selbstvernichtung als Analogie getrieben wird: Der Vergleich wird zur Metapher: Der Helm ist nicht mehr *wie* ein Topf, er *ist* ein Topf. Durch eine letzte Feinheit lässt Arcimboldo allerdings zwei Glieder der Gleichsetzung, den Helm und den Topf, getrennt: Auf der einen Seite lese ich einen Kopf, auf der anderen den Inhalt eines Topfs; die Identität der zwei Gegenstände beruht nicht auf der Simultaneität der Wahrnehmung, sondern auf der Rotation des Bildes, das als umkehrbar präsentiert wird. Die Lektüre kreist, ohne einzurasten [...]. Die Metapher kreist um sich selbst, aber in einer zentrifugalen Bewegung: und schleudert endlos Sinn aus sich heraus." (Ebd., S. 138).
232 Moser, Sinnbild und Abbild, S. 15.
233 Breton, *Der Surrealismus und die Malerei*, S. 275 f.

verschiebt die Auffassung abbildlich-repräsentationaler ikonischer Ähnlichkeit zu einem mentalistischen Bildbegriff und zu dem relationalen, aktiven, perzeptiv-kognitiven Ähnlichkeitsbegriff eines mimetisch anverwandelnden Denkens, das sich affizieren lässt und zugleich aktiv ‚ähnelt': „Dieses ‚ähnelnde' Denken ist das Bewußtsein des Menschen, das alle Sinnesdaten gemäß erforschten und zum Teil noch unerforschten Auswahlprinzipien verarbeitet und mit dem vorhandenen Wissen zu einem Sinn verbindet", den die bildlichen „*Beziehungsgefüge*" vermitteln.[234] Zugleich transportiert das Konzept Aspekte vormoderner Ähnlichkeitsreflexion, die teils als platonisch, teils als antiplatonisch, aber auch als aristotelisch gewertet wurden:

> Das inspirierte Denken der ‚Ähnlichkeit' stellt den Gegenstand in ungewohnte Konstellationen, deren verborgene Zusammenhänge sich dem bloß retinalen Sehen entziehen. Grundlage dieser Vorstellung von der ideellen Berufung der Malerei ist mithin nicht wirklich der Bruch mit herkömmlichen Denkgewohnheiten, sondern die platonische Philosophie, die stets dem Unsichtbaren, Wesenhaften die Priorität zugestanden hat gegenüber dem Empirischen, Sichtbaren.[235]

Eine platonisierende Auffassung scheint dieser Interpretation zufolge der Auffassung einer Transparenz des Bildes auf die *sur*reale Ordnung der Welt inhärent: „Es gibt eine geistige Tendenz in der Wirklichkeit selbst, der sich die Wahrnehmung ähnlich machen kann"[236]. Doch handelt es sich weder um eine idealistische Reminiszenz noch um eine Illustration philosophischer Thesen: Wie auch

---

[234] Moser, Sinnbild und Abbild, S. 11. „Wenn sich solches Denken mit der künstlerischen Fähigkeit verbindet, es zu visualisieren, dann entsteht ein gemaltes Bild, das nichts verbirgt für den, der das Gemalte zu deuten vermag wie der Jäger die Spur, die in den Schnee getreten wurde. Dem Leser des Bildes kommt es auf das *Beziehungsgefüge* an. Die kognitive Leistung, zum Maximum an Information zu gelangen, wird dabei offenkundig. Ein ‚Bilderlesen' solcher Art darf nicht verwechselt werden mit der Methode der Semiotik" (ebd.).
[235] Prange, *Der Verrat der Bilder*, S. 45. Als antiplatonisch interpretiert demgegenüber Foucault Magrittes Bildoperationen, Deleuze folgend, als antiplatonisch-platonisch Statkiewicz und Cassin, die zugleich aristotelische Momente herausarbeiten.
[236] Mattenklott, Ähnlichkeit, S. 181. Dies bestimmt Mattenklott als neuplatonisch. „Magritte zielt mit der Insistenz auf der verborgenen Wesentlichkeit hinter der opaken Oberfläche der tautologisch eingeebneten Welt auf eine unsichtbare, platonisierend aufgefaßte ideale Ordnung, in der das identifizierende Denken durch eines in Konstellationen und Konfigurationen ersetzt ist, dergestalt, daß Sein und Schein zur Disposition stehen." (Ebd.) Magrittes Skeptizismus, der in der Erscheinung der realen Welt selbst dieselbe Abstraktion wie in den Gemälden ausmacht, scheint demgegenüber deutlich zu machen: Das im Bild erscheinende ‚Wesen' der Dinge ist keine platonische „*Idee* des Schönen" (Seel, *Ästhetik des Erscheinens*, S. 95), sondern ihr unbestimmbar Erscheinendes selbst. Cassin sieht hier einen antiplatonisch-platonischen Aspekt: „Der Maler wechselt vom konkreten Objekt über das gemalte Bild zur Idee des Objekts: Es ist die Kopie der Kopie, die der Idee am nächsten kommt!" (Cassin, Der Maler-König, S. 119).

Barbara Cassin betont, wehrt sich Magritte gegen philosophische Bezüge: In dem zitierten Interview mit Paul Waldo Schwartz bestreitet er, befragt nach dem ‚Archetyp', der platonischen Erkenntnistheorie zu folgen: „‚Ich denke, als habe niemand vor mir gedacht. Ich bin kein Philosoph, kein Metaphysiker'".[237] Magrittes Bilder, so auch Gary Shapiro

> pose an undecidable oscillation between the inside and the outside, appearance and reality, the drapery or covering and the naked truth presumed to underlie it. If there are temptations to philosophy here, it is important to note that they no longer include some of the familiar gestures toward a philosophy of the visual found in earlier painting. [...] The image now is left on its own.[238]

Cassin erscheint daher der Anspruch, das Bild der Ähnlichkeit zu malen, vielmehr „wie ein umgekehrtes Echo Platons und des Status, den dieser der Malerei einräumt: ein Bild vom Bild, doppelt entfernt von der Wirklichkeit [...] der ‚Idee'".[239] Magrittes ‚Metamalerei' sei durch die potenzierte Distanzierung gekennzeichnet, „den Akt selbst der Mimesis zu malen, [...] den Akt des Malens zu malen, die Malerei in Aktion", und in einem zweiten Schritt der Distanznahme „das *Bild* der *Mimesis* zu malen".[240] So revidiert er *als Maler* mit der repräsentationalistischen *Abbild*funktion den sekundären, akzidentellen, defizienten Status des Bildes, einen originären Erkenntnisanspruch der Kunst behauptend: „Alles muss demnach neu definiert werden: die Wirklichkeit, das Bild, die Ähnlichkeit, die Malerei, die Poesie, das Denken"[241]. Cassin folgert:

> „Die Kunst das Malens" ist in meinen Augen das antiplatonischste aller platonischen Manifeste. Eine weitere Wendung, um die Hierarchien der Ähnlichkeit, wie die der Benennung, unumkehrbar umzustürzen. Ein platonisches Manifest, weil der Maler die Bilder malt, die Gegenständen ‚ähneln', sich aber in keinem Fall mit diesen verwechseln lassen, und die demnach nicht diese ‚sind', ebenso wenig wie die den Dingen gegebenen Namen diese Dinge sind – „Das ist keine Pfeife", wie wir wissen. Ein antiplatonisches Manifest, weil die Ähnlichkeit keinen untergeordneten Status impliziert (wie in der im oben zitierten Interview erwähnten ‚Metaphysik'), sondern die Öffnung einer Welt, die ebenfalls eine Welt des Denkens ist, Schöpferin einer anderen Ordnung der Welt, einer anderen, von der philosophischen Ordnung völlig unabhängigen Hierarchie.[242]

---

237 Cassin, Der Maler-König, S. S. 114.
238 Shapiro, Pipe Dreams, S. 69.
239 Cassin, Der Maler-König, S. 114.
240 Ebd., S. 115. Dies kennzeichne das ‚Moderne' der Kunst – „das Transzendentale zeigen, die Bedingung der Möglichkeit" (ebd.).
241 Zit. n. ebd., S. 114. Magritte stellt Ähnlichkeit als hierarchisches „Subordinationsverhältnis" (Gloy, Das Analogiedenken, S. 292) in Frage.
242 Ebd., S. 116.

So wird dem ähnelnden Denken und seiner Wiedergabe im Bild emphatisch ein Erkenntnisanspruch zuerkannt, der über das rationale und propositionale Denken hinausgeht – ein Vorrang des Sichtbaren gegenüber dem Sagbaren –, weil es die Dinge in der Unbestimmbarkeit ihrer Erscheinung belässt, die die „Poesie" und „Wahrheit" der Bilder zeigt: „[W]enn sie in Begriffen normaler Beziehungen der Logik ermangeln, so zeigt das nur den Mangel an Realität in dem, was wir die Erscheinung der Dinge nennen."[243]

Gerade in dem ästhetisch-epistemologischen Anspruch des ähnelnden Denkens erinnert Magrittes Ähnlichkeitskonzept an die von Foucault in *Die Ordnung der Dinge* beschriebene Ähnlichkeitsepisteme:

> [D]ie Denkoperationen des Anähnelns [...] sind sämtlich ‚vorklassisch' im Sinne von Foucault und haben mehr mit den rhetorischen Verfahren metaphorischer Verschiebung und wechselseitiger Spiegelung, Verdopplung oder Umkehrung von Strukturen, Konsonanzen und Zitationen, Analogien und Korrespondenzen zu tun, also einem Reichtum komplexer Beziehungen, die von einem auf Gleiches errichteten Denken nivelliert zu werden pflegen.[244]

Die ‚Ordnung der Ähnlichkeit' scheint mit der Fremdheit des von Foucault beschriebenen Ähnlichkeitsdenkens ebenso zu korrespondieren wie das Ziel, das Denken sichtbar zu machen, dem, den „Reichtum" der „verborgene[n]" *episteme*, „die Ähnlichkeit selbst in ihrem eigenen Licht an den Tag kommen" zu lassen.[245] Dabei geht Magritte nicht nur von der Erkenntnisfähigkeit des ähnelnden Denkens, sondern auch von der Konstruktivität und Historizität der ‚Ordnung der Dinge' aus, deren Veränderung möglich scheint, wo Codes „ihre ursprüngliche Transparenz verlieren":[246] Kunst scheint „in der Lage, jenes Denken in

---

243 Magritte, *Sämtliche Schriften*, S. 586.
244 Mattenklott, Ähnlichkeit, S. 180. Vgl. auch Lüdeking, Die Wörter und die Bilder und die Dinge, S. 64: Das Ähnlichkeitsdenken „verknüpft die Dinge in einem endlosen Netz von ‚Ähnlichkeiten', das aus heutiger Sicht ebenso irrational wie poetisch erscheint" (ebd.). Dieser Bezug nähert Magrittes Konzept der onto-epistemologischen Konzeption der Analogie als vermittelndes Prinzip zwischen Seinsformen an, wie sie bis in die Renaissance verstanden wird (vgl. Kluxen, Analogie, S. 219).
245 Foucault, *Die Ordnung der Dinge*, S. 60: Foucault zufolge ist „die Ähnlichkeit im Denken des sechzehnten Jahrhunderts das am meisten verborgene; das, was die Erkenntnisform determiniert (denn man erkennt nur, indem man den Wegen der Ähnlichkeit folgt) und was ihr den Reichtum ihres Inhalts garantiert (denn wenn man die Zeichen aufhebt und betrachtet, was sie bezeichnen, läßt man die Ähnlichkeit selbst in ihrem eigenen Licht an den Tag kommen und aufleuchten)."
246 Ebd., S. 23. Magritte sucht die surrealistische Ordnung *im* Denken anzusiedeln und logische Ordnungsmechanismen zu hinterschreiten. Dies entspricht etwa der Einsicht, „daß *es* Ordnung *gibt*. [...] Im Namen dieser Ordnung werden die Codes der Sprache, der Perzeption

Gleichartigkeiten subversiv zu unterlaufen".[247] Womöglich veranlassten Magritte diese Übereinstimmungen, mit Foucault Kontakt aufzunehmen.

6.5 Magritte, Foucault und die ‚Ordnung der Ähnlichkeit'

> Ressembler suppose une référence première qui prescrit et classe. Le similaire se développe en séries qui n'ont ni commencement ni fin, qu'on peut parcourir dans un sens ou dans l'autre, qui n'obéissent à aucune hiérarchie, mais se propagent de petites différences en petits différences. La ressemblance sert à la représentation, qui règne sur elle; la similitude sert à la répétition qui court à travers elle. La ressemblance s'ordonne en modèle qu'elle est chargée de reconduire et de faire reconnaître; la similitude fait circuler le simulacre comme rapport indéfini et réversible du similaire au similaire. (Michel Foucault)[248]

> Encore qu'il nous semble que Foucault ait ici mal interprété ce qu'écrivait Magritte ... (André Blavier)[249]

> Ressembler n'est pas un moindre être, qui ferait l'image inférieure au modèle, car ressembler c'est connaître ... (Barbara Cassin)[250]

In einem Brief an Foucault vom 23. Mai 1966, den er unter dem Eindruck der Lektüre des eben erschienenen *Les Mots et les choses* schreibt,[251] betont Magritte, nur dem Denken sei „es eigen, ähnlich zu sein."[252] Foucaults Thesen mögen Magritte von der Nähe ihrer ‚Forschungen' überzeugt haben. Doch geht er darauf kaum ein; vielmehr verweist er auf die Notwendigkeit, *similitude* und *ressemblance* zu unterscheiden, und erläutert knapp seine Konzeption:

> Die Wörter *Ähnlichkeit* und *Gleichartigkeit* machen es Ihnen möglich, die – absolut fremde – Gegenwart der Welt und unser selbst mit Nachdruck deutlich zu machen. Allerdings glaube ich, daß diese beiden Wörter unzureichend unterschieden sind; die Wörterbücher tragen zu ihrer Unterscheidung kaum etwas bei. So bin ich der Meinung, daß z. B. zwischen Erbsen Gleichartigkeitsbeziehungen bestehen, die zum Teil sichtbar (Farbe,

---

und der Anwendung kritisiert und teilweise außer Kraft gesetzt. [...] So gibt es zwischen dem bereits kodierten Blick und der reflektierenden Erkenntnis ein Mittelgebiet, das die Ordnung in ihrem Sein selbst befreit": Man „befreit sich genug, um festzustellen, daß diese Ordnungen vielleicht nicht die einzig möglichen oder die besten sind" (ebd.).
247 Prange, *Der Verrat der Bilder*, S. 47.
248 Foucault, *Ceci n'est pas une pipe*, S. 42.
249 Magritte, *Écrits complets*, S. 521. Zit. n. Levy, Foucault on Magritte on Resemblance, S. 50.
250 Cassin, Le peintre-roi, S. 135.
251 Vgl. Magritte, *Sämtliche Schriften*, S. 534.
252 Magritte, Brief an Foucault, zit. n. Foucault, *Dies ist keine Pfeife*, S. 55; vgl. Lüdeking, Die Wörter und die Bilder und die Dinge, S. 59 f.

Form, Größe) und zum Teil unsichtbar sind (Natur, Geschmack, Gewicht). Ebenso ist es mit dem Falschen und dem Echten usw. Die ‚Dinge' haben miteinander keine Ähnlichkeit, sie haben Gleichartigkeiten oder sie haben keine Gleichartigkeiten. Nur dem Denken ist es eigen, ähnlich zu sein. Es ähnelt, indem es das ist, was es hört, sieht oder erkennt; es wird zu dem, was ihm die Welt darbietet.[253]

Das Denken selbst sei „unsichtbar", allerdings gebe es ein „Denken, das sieht und das sichtbar beschrieben werden kann", sofern es „ausschließlich aus sichtbaren Gestalten besteht".[254] Dabei verberge das Gemalte, „von Natur aus unberührbar", nichts, anders, als sichtbare Dinge andere verdeckten. Während also das Sichtbare verborgen sein könne, könne das Unsichtbare nur „erkannt oder nicht erkannt werden": „Dasjenige, das der Bedeutung nicht ‚ermangelt', ist das Mysterium, das *de facto* vom Sichtbaren und vom Unsichtbaren hervorgerufen wird und das *de jure* vom Denken angerufen werden kann, welches die ‚Dinge' in der Ordnung eint, von der das Mysterium hervorgerufen wird."[255] Magritte fügt der knappen Darlegung seiner Thesen einige Reproduktionen seiner Bilder bei, darunter *La Trahison des images*, auf dessen Rückseite er notiert: „‚Der Titel widerspricht dem Bild nicht; er affirmiert anders.'"[256] Foucaults Antwort vom 4. Juni pflichtet vage bei: „Ce que vous dites de la différence entre ressemblance et similitude, et le rapport de cette différence au visible et l'invisible, me semble, en effet, aller très loin, presqu'au fond des choses".[257] Noch am 4. Juni antwortet Magritte auf die Frage nach dem Gemälde *Perspektive*[258] und bekundet seine Freude darüber, Foucault habe eine „bemerkenswerte Ähnlichkeit zwischen Roussel und meinem Denken" festgestellt: „Er imaginiert nichts Imaginäres, er beschwört die Realität der Welt, die von der Erfahrung und vom Verstand verworren betrachtet" werde.[259] Der Briefwechsel eröffnet die Auseinandersetzung Foucaults mit Magrittes Bildern, insbesondere zweier aus der ‚Pfeifen-Serie', im Zuge derer er Thesen

---

253 Zit. n. Foucault, *Dies ist keine Pfeife*, S. 55.
254 Ebd., S. 55 f. Er bezieht sich auf Foucaults Beschreibung des Bildes *Las Meninas* von Diego Velázquez als dessen sichtbar gewordenes Denken. Den Zusammenhang von Sagbarkeit und Sichtbarkeit betont der Hinweis auf diese Besprechung.
255 Alle Zitate ebd., S. 56.
256 Zit n. ebd., S. 60.
257 Magritte, *Écrits complets*, S. 521; die Anmerkung ist in den *Gesammelten Schriften* (vgl. S. 532 f.) nicht übersetzt. Vgl. Levy, Foucault on Magritte on Resemblance, S. 50, Anm. 2.
258 Die Bilderserie mit dem Titel *Perspektive* füge dem Wort neuen Sinn hinzu, indem sie zeige (als Kontext) „daß nichts verworren ist, außer dem Geist, der sich eine imaginäre Welt ausdenkt" (Foucault, *Dies ist keine Pfeife*, S. 58).
259 Zit. n. ebd., S. 58. Vgl. *Sämtliche Schriften*, S. 534, Anm. 2: Éluard hatte bereits diesen Vergleich gezogen.

zur modernen Malerei entwickelt.[260] Er antwortet schließlich mit dem Essay *Ceci n'est pas une pipe* (1968),[261] der kurz nach Magrittes Tod im Jahr 1967 erscheint und 1973 in einer erweiterten Fassung publiziert wird. Wäre es ihm möglich gewesen, hätte er wohl Einspruch erhoben. Denn Foucault differenziert zwar – wie von Magritte gefordert und anders als noch in *Die Ordnung der Dinge* – ressemblance und similutude, veranschlagt jedoch einen entgegengesetzten Ähnlichkeitsbegriff, ohne sich seinem Entwurf zu öffnen.[262]

Foucaults Essay lässt „Ekphrasis"[263] und theoretische Betrachtung einander abwechseln. Der erste Teil, „Zwei Pfeifen", beschreibt einleitend die bereits angesprochenen Vorzeichnungen zu *La Trahison des images* und *Les Deux mystères*. Der zweite Abschnitt, „Das zerstörte Kalligramm", thematisiert die Kluft zwischen bildlicher Darstellung und sprachlicher Referenz: Foucault legt die Pfeifenbilder als zerfallene Kalligramme, also zugleich abbildende und bezeichnende ‚Bilderschrift' aus.[264] Er erkennt in der Differenz von Zeichnung und gezeichne-

---

260 Foucaults Reflexionen über Velasquez und Magritte verwirklichen im Ansatz die in *Archäologie des Wissens* geforderte „‚archäologische'" Analyse der Malerei und „ihres in ‚Raum, Distanz, Tiefe, Farbe, Licht, Proportionen, Massen, Umrissen' ausgesprochenen Wissens." (Zit. n. Walter Seitter, „Michel Foucault und die Malerei" (Nachwort), in: Foucault, *Dies ist keine Pfeife*, S. 61–68, S. 62); die Leitfiguren seiner Moderneinterpretation sind neben Magritte Klee und Kandinsky. Parallel zur Charakterisierung der modernen Literatur (u. a. am Beispiel Roussels und Borges') zeigt sich hier der Ansatz einer kunstphilosophischen Bestimmung der Moderne.
261 Michel Foucault, „Ceci n'est pas une pipe", in: *Les Cahiers du chemin*, 2, 5.1.1968, S. 79–105. Diese erste Fassung ist auch publiziert in: Michel Foucault, „Dies ist keine Pfeife", in: ders., *Schriften in vier Bänden. Dits et ecrits*, Bd. 1: 1954–1969, hg. v. Daniel Defert u. Francois Ewald unter Mitarbeit v. Jacques Lagrange, übers. v. Michael Bischoff, Hans-Dieter Gondek u. Hermann Kocyba, Frankfurt a. M. 2001, S. 812–830. Gerade die zweite Fassung des Essays hat die Magritte-Rezeption geprägt; vgl. u. a. Prange, *Der Verrat der Bilder*, S. 46; Levy, Foucault on Magritte on Resemblance; Lüdeking, Die Wörter und die Bilder und die Dinge; Shapiro, Pipe Dreams.
262 Vgl. Levy, Foucault on Magritte on Resemblance, S. 50, im Verweis auf Martin Jay. Vgl. auch Statkiewicz, The Notion of (Re)Semblance in the *Sophist*, S. 112. Die Problematik der Terminologie zeigt sich deutlich darin, dass noch in der ersten Fassung des Essays *ressemblance* und *similutide* synonym verwendet werden und Foucault erst in der – hier zugrunde gelegten – zweiten eine Differenzierung einführt: „Er charakterisiert damit unterschiedlichen Funktionsweisen von Zeichen." (Lüdeking, Die Wörter und die Bilder und die Dinge, S. 66).
263 Vgl. den Untertitel von Shapiro, Pipe Dreams: „Eternal Recurrence and Simulacrum in Foucault's Ekphrasis of Magritte".
264 Vgl. Foucault, *Dies ist keine Pfeife*, S. 11–23. Magrittes Operation vertusche ein zuvor geschaffenes und zerstörtes Kalligramm, das in der Identifizierung von Schrift und Bild „das Alphabet zu ergänzen; unter Verzicht auf Rhetorik zu wiederholen; den Dingen die Falle eines zweifachen Zeichensystems zu stellen habe" (ebd., S. 12), indem es die „Gegensätze unserer alphabetischen Zivilisation überspiele[]: zeigen und nennen; abbilden und sagen; reproduzieren und artikulieren; nachahmen und bezeichnen; schauen und lesen." (Ebd., S. 13) Prange

tem Satz ein Umschlagmoment, das je nur das eine oder das andere wahrnehmen lasse: „Bezeichnen und Abzeichnen decken sich nicht"[265]. Der ‚deiktische Zeigefinger' des ‚Dies', der weder auf die Darstellung der Pfeife, noch auf den Satz eindeutig zu beziehen sei, ebenso wenig wie auf ein ‚kalligrafisches Ensemble' beider, nehme sowohl dem Satz als auch dem Bild die Repräsentationsbehauptung; „die Sache selbst entwischt"[266]. Zurück bleibt die „Aussage, die zugleich den Namen der Zeichnung und die Referenz des Textes" dementiert: ‚Nirgendwo ist da eine Pfeife'. Die spätere Zeichnung ironisiert die schulmeisterliche Anordnung durch die Rahmung des Bildes, das als Bild im Bild auf einer Staffelei erscheint, und das Auftauchen einer weiteren, über der Szenerie schwebenden Pfeife. Auch hier „diktiert ein allgemeiner Zeigefinger ein System von Verweisungen und versucht, einen Raum zu stabilisieren"[267] – vergebens: Auch hier ‚ist' keine Pfeife *und* kein gemeinsamer „Ort"[268] von Text und Bild.

---

sieht darin die „Funktion des neuzeitlichen Tafelbildes, welches Begriff und Anschauung zu versöhnen wußte, also gleichzeitig ‚zeigen' und ‚benennen' konnte. Foucaults Kalligramm meint damit auch insgeheim die metaphysische Bedeutung des Schönen [...]. Als ein Vergangenes, von dem in Magrittes Bild Reste vorhanden seien, das aber ein nicht mehr erreichbares Ziel darstelle, impliziert die Kalligramm-Metaphorik also nicht weniger als das Konzept der klassischen künstlerischen Bildes und seinen Zerfall in der Moderne." (Prange, *Der Verrat der Bilder*, S. 69).

265 Foucault, *Dies ist keine Pfeife*, S. 19. Vgl. ebd.: „Für den, der es sieht, *sagt* das Kalligramm *nicht*, kann es nicht sagen: dies ist eine Blume, dies ist ein Vogel. [...] Und wenn man es liest, so *ist* der Satz, den man entziffert (‚Dies ist eine Taube', ‚Dies ist ein Platzregen') *nicht* ein Vogel, ist er kein Platzregen mehr. Sei es aus List oder Unvermögen, niemals *sagt* und *repräsentiert* das Kalligramm im selben Augenblick." (Ebd., S. 16f.) „Im Kalligramm wurden ein ‚noch nicht sagen' und ein ‚nicht mehr repräsentieren' gegeneinander ausgespielt. In der *Pfeife* von Magritte sind der Entstehungsort und der Anwendungspunkt dieser Negationen ganz andere. [...] Die Redundanz des Kalligramms beruhte auf einem Ausschließungsverhältnis; der Abstand zwischen den beiden Elementen bei Magritte, das Fehlen von Buchstaben in seiner Zeichnung, die im Text ausgedrückte Negation manifestieren affirmativ zwei Positionen." (Ebd., S. 17f.) Vgl. auch Prange, *Der Verrat der Bilder*, S. 51.

266 Foucault, *Dies ist keine Pfeife*, S. 20. Vgl. Prange, *Der Verrat der Bilder*, S. 52.

267 Ebd., S. 22. Foucault narrativiert das Bild in einer Schulszene, die die Aussagen auseinanderlegt und die Enttäuschung der Seherwartungen pseudodidaktisch aufdeckt. Die „Stimme des Lehrers" geht im Lachen der Schüler unter, die fälschlich die schwebende Pfeife mit dem Gegenstand identifizieren; das Bild müsse sich auflösen, die Pfeife „‚brechen'", um den „Gemeinplatz" zum Verschwinden zu bringen (Foucault, *Dies ist keine Pfeife*, S. 23). Wie Durham kommentiert, geht diese Narration über eine Interpretation hinaus; vielmehr führt sie die bildlich inszenierte Konkurrenz – „a veritable agon" (Durham, From Magritte to Klossowski, S. 22) – zwischen „the visible and the sayable" (ebd., S. 23) weiter.

268 Ebd., S. 23.

Im dritten Teil unter dem Titel „Klee, Kandinsky, Magritte" diskutiert Foucaults Darstellung „der modernen Malerei die Auflösung der ‚Ähnlichkeit' zugunsten der ‚Gleichartigkeit'".[269] Er macht zwei in der Geschichte der Malerei wirkende Prinzipien aus: Erstens die „Trennung zwischen figürlicher Darstellung und sprachlicher Referenz" – die Ähnlichkeit ausschließe –, infolge derer sich das eine Repräsentationssystem jeweils dem anderen unterordne und Form und Diskurs hierarchisiert würden;[270] erst mit Klees den Bildraum neu definierenden ‚Zeichenbildern' „verschränken sich das System der Repräsentation durch Ähnlichkeit und das System der Referenz durch Zeichen zu einem einzigen Gewebe."[271] Zweitens

> die Äquivalenz zwischen der Tatsache der Ähnlichkeit und der Affirmation eines Repräsentationsbandes. Sobald die figürliche Darstellung einer Sache (oder einer anderen Figur) gleicht, schleicht sich in das Spiel der Malerei eine selbstverständliche, banale, tausendfach wiederholte, jedoch fast immer stillschweigende Aussage ein [...]: „Das, was man hier sieht, ist das da." [...] Wesentlich ist, daß Ähnlichkeit und Affirmation nicht zu trennen sind.[272]

Dieses Prinzip führe „den Diskurs (Affirmation gibt es nur, wo man spricht) wieder in eine Malerei ein, aus der das sprachliche Element sorgfältig ausgeschlossen war", um „die Beziehungen zwischen dem Bild und dem Zeichen wiederherzustellen."[273] Während die Überwindung der Ähnlichkeit *als* Repräsentation in der Abstraktion Kandinskys zu beobachten sei, scheine Magrittes Malerei „mehr als jede andere *der Genauigkeit der Ähnlichkeiten verpflichtet – so sehr, daß er sie freiwillig und bewußt vervielfacht, als wollte er sie nachdrücklich betonen.*"[274] Dennoch, und obwohl seine Malerei Schrift und Bild „sorgfältig, ja grausam" trenne – „was einem Schuh gleicht, heißt Mond, was einem Hut gleicht, heißt Schnee" – verbinde ihn dies mit Kandinsky und Klee, wie Foucault im vierten Abschnitt, „Die stumme Arbeit der Wörter", ausführt:[275]

---

269 Prange, *Der Verrat der Bilder*, S. 47.
270 Foucault, *Dies ist keine Pfeife*, S. 25 f.; vgl. Bauer, Ähnlichkeit als Provokation, S. 128: Foucault beschreibe die von Magritte tropologisch sichtbar gemachten „Grundprinzipien der abendländischen Malerei" (ebd.).
271 Ebd., S. 26 f.
272 Ebd., S. 27. Ob die Malerei auf das Sichtbare oder ein „Unsichtbares [...], das ihr gleicht", Bezug nehme, sei dabei nebensächlich (vgl. ebd.).
273 Ebd., S. 51.
274 Ebd., S. 28 [Hv.: S. B.]. Foucault führt hier Zeichnungen von Pfeifen an, die nicht realen Pfeifen, sondern einander gleichen, Blätter, die Bäume substituieren, das Schiff, das dem Meer ähnelt und Schuhe, die sich Füßen angleichen (vgl. ebd., S. 28).
275 Ebd.

Magritte „untergräbt" durch seine Wortbilder und Bildtitel „insgeheim einen Raum, den er in seiner traditionellen Ordnung zu bewahren scheint. Er höhlt ihn mit Wörtern aus."[276] Das „Spiel der Wörter und der Bilder"[277], das Foucault mit Zitaten aus „Les Mots et les images" belegt,[278] illustriert er an mehreren Bildbeispielen, um zu konstatieren:

> [H]eimlich haben sich in einen Raum, in dem jedes Element allein dem Prinzip der figürlichen Darstellung und der Ähnlichkeit zu gehorchen scheint, die sprachlichen Zeichen eingeschlichen, die sich in weitem Abstand um das Bild herumtrieben und die die Willkürlichkeit der Titel für immer ausgeschaltet zu haben schien; sie haben in die Festigkeit des Bildes, in seine sorgfältig gehütete Ähnlichkeit eine Unordnung gebracht – eine Ordnung, die nur ihnen eigen ist.[279]

Diese Passage schreibt den Zeichen eine agentielle, förmlich gespenstisch spukende Dimension zu, die – mit der von Descartes' *Dioptrik* betonten *Unähnlichkeit* der Zeichen – auf die Pointe der Argumentation vorausweist. Durch diese ‚Unterwanderung' machten Magrittes Bilder aus dem „alten Raum der Repräsentation" einen „Nicht-Ort" mit leeren Referenzen.[280] Denn durch das Eintreten der Schrift in den Bildraum wirke das Prinzip der Serie und der *Wiederholung*, das, so auch Prange, die Ähnlichkeitsbehauptung störe, die Referenz verabschiede und den Gegenstand aus dem Bild verbanne.

> Wiederholung läßt sich allgemein auf den Charakter des Zeichens beziehen, dessen Bedeutung sich unabhängig von Ähnlichkeit mit dem Bezeichneten auf der Basis von Konvention herstellt, also reproduzierbar ist. Der Raum hingegen verkörpert die Authentizität des Bildes in seiner Ähnlichkeitsrelation zum Bedeuteten, seinen originären, erscheinungshaften Aspekt. Aus der Konfrontation dieser einst im klassischen Bild vereinten Elemente bezieht Magrittes Werk einen selbstreferentiellen witzig zugespitzten Sinn, der auf keinen Grund zurückführt, auch nicht auf ein Nichts, vielmehr die historische Bedeutungsstruktur des Tafelbildes ästhetisch materialisiert, also zu sich selbst bringt.[281]

---

276 Ebd., S. 31.
277 Ebd., S. 33.
278 „‚Man kann zwischen den Wörtern und den Gegenständen neue Beziehungen schaffen und gewisse Eigenschaften der Sprache und der Gegenstände präzisieren, die im täglichen Leben meist übersehen werden.' [...] ‚Manchmal steht der Name eines Gegenstandes für ein Bild. Ein Bild kann in einem Satz den Platz eines Wortes einnehmen.' [...] ‚In einem Gemälde sind die Wörter von der gleichen Substanz wie die Bilder. Die Bilder und die Wörter werden in einem Gemälde anders gesehen.'" (Ebd., S. 33 f. Foucault zitiert nach Patrick Waldberg, *Magritte*, vgl. ebd., S. 60, Anm. 1).
279 Foucault, *Dies ist keine Pfeife*, S. 36.
280 Ebd., S. 37.
281 Prange, *Der Verrat der Bilder*, S. 70. Vgl. auch ebd., S. 53 ff. Prange interpretiert dies mit Foucault wie die Wortbilder als in das Bild eingedrungene *Zeichenhaftigkeit*: Das „Prinzip der

Im fünften Teil des Essays, „Die sieben Siegel der Affirmation"[282], setzt Foucault zu einem Plädoyer gegen die Ähnlichkeit an, um die „Obsoletheit der alten Auffassung, derzufolge die Welt in Wort und Bild repräsentierbar war"[283], darzulegen: Kandinsky habe die „alte Äquivalenz zwischen Ähnlichkeit und Affirmation [...] mit einer einzigen souveränen Geste" aufgehoben, indem er „die Malerei sowohl von der Ähnlichkeit wie von der Affirmation befreit" habe.[284] Magritte hingegen betreibe ihre „Auflösung": Er treibe *„die Ähnlichkeit bis zum Äußersten, entledigt sie aber jeder Affirmation, die sagt, wem sie gleicht.* Malerei des ‚Selben', befreit vom ‚als ob'. Wir sind von der Illusion so weit entfernt als möglich. Diese bedient sich der List der überzeugenden Ähnlichkeit, um ihre Affirmation durchzuschmuggeln"[285], einen illusionären Bildraum zu erzeugen. Hier kommt Foucault zum entscheidenden Schritt seiner Interpretation:

> Mir scheint, daß Magritte von der Ähnlichkeit die Gleichartigkeit losgelöst hat und diese gegen jene ausgespielt hat. Die Ähnlichkeit hat einen „Patron": ein Original, das von sich aus sämtliche Kopien beherrscht und hierarchisiert, welche man von ihm herstellen kann und welche sich immer weiter von ihm entfernen. Ähnlichsein setzt eine erste Referenz voraus, die vorschreibt und klassifiziert. Das Gleichartige entfaltet sich in Serien, die weder Anfang noch Ende haben, die man in dieser oder jener Richtung durchlaufen kann, die keiner Hierarchie gehorchen, sondern sich von winzigem Unterschied zu winzigem Unterschied ausbreiten. Die Ähnlichkeit dient der Repräsentation, welche über sie herrscht; die Gleichartigkeit dient der Wiederholung, welche durch sie hindurchläuft. Die Ähnlichkeit ordnet sich dem Vorbild unter, das sie vergegenwärtigen und wiedererkennen lassen soll; die Gleichartigkeit läßt das Trugbild (*simulacrum*) als unbestimmten und umkehrbaren Bezug des Gleichartigen zum Gleichartigen zirkulieren.[286]

Damit ist Foucaults zentrale These eingeführt, die die *Wiederholung des Gleichartigen* gegen die *Ähnlichkeit der Repräsentation* setzt: Die ‚Äquivalenz der Ähnlichkeit und der Affirmation' werde aufgelöst, die ahierarchischen Bezüge der Gleichartigkeit vertreiben die Repräsentationsbehauptung und den Gegenstand aus dem Bild. Foucault zufolge erzielt Magritte dies – wie an dem Bild *Représentation* (1962) beschrieben, dessen Motiv nicht nur die verkleinert verbildlichte

---

Wiederholung" sei „die Grundform des Zeichens" (ebd., S. 71), die nun die Bildelemente bestimme. Allerdings müsse ihre Wirkung im Bild auf die „Raum-Fläche-Dialektik" bezogen werden, die Foucault weitgehend unberücksichtigt lässt (ebd.).
282 Shapiro verweist auf die „Nietzschean resonance (recalling Zarathustra's ‚The Seven Seals')" (Shapiro, Pipe Dreams, S. 69).
283 Prange, *Der Verrat der Bilder*, S. 47.
284 Foucault, *Dies ist keine Pfeife*, S. 39. Vgl. auch Prange, *Der Verrat der Bilder*, S. 54 f.
285 Ebd., 39 [Hv.: S. B.].
286 Ebd., S. 40.

Szene, sondern eine ganze Reihe ihr ähnlicher „‚Repräsentationen'" wiederhole – durch Serialität, Motivverdoppelungen und Wiederholungen:

> Sobald sich auf ein und demselben Gemälde zwei durch Gleichartigkeit aneinandergereihte Bilder befinden, ist die äußere Referenz auf ein Modell – vermittels der Ähnlichkeit – erschüttert, verunsichert, in Frage gestellt. Was ‚repräsentiert' was? Während die Genauigkeit des Bildes auf ein Modell hinwies, auf einen souveränen, einzigen, äußeren ‚Patron', zerstört die Serie der Gleichartigkeiten (und zwei machen bereits eine Serie aus) diese Monarchie, die zugleich ideal und real ist. Jetzt läuft das Trugbild auf der Oberfläche umher, in stets umkehrbarer Richtung.[287]

Auch durch die Wiederholungen der „Dekalkomanie (Kopierwut)" geprägte innerbildliche Beziehungen – wie im Bild *Décalcomanie* (1966), das eine ausgeschnittene Form im Bild ein zweites Mal erscheinen lässt – verwiesen auf „Verschiebung und Austausch gleichartiger Elemente, nicht ähnelnde Reproduktion"; hier zeige sich „das Privileg der Gleichartigkeit gegenüber der Ähnlichkeit: diese lässt wiedererkennen, was gut sichtbar ist; die Gleichartigkeit läßt sehen, was die erkennbaren Gegenstände, die vertrauten Silhouetten, verdecken, nicht sehen lassen, unsichtbar machen."[288] Verkürzt reformuliert, destabilisieren diese bildimmanenten – und die Magrittes Bildwelt interikonisch immanenten, so wäre zu ergänzen – Bezüge die Repräsentationsrelation: „Die Ähnlichkeit impliziert eine einzige Behauptung, immer dieselbe: dies und das und das auch noch – das ist jene Sache.

---

[287] Foucault, *Dies ist keine Pfeife*, S. 41. „What is particularly puzzling in Magrittes *Représentation* is the maximum of resemblance between, if not the identity of, the two images in the playing field, and the lack of a clear framing that would place them in the model/copy structure of representation. [...] For Foucault, the similarity between the two images, or rather two simulacra, in the series disturbs a possible reference to an exterior model and abolishes the hierarchy of representation" (Statkiewicz, The Notion of (Re)Semblance in the *Sophist*, S. 114). Zugleich gibt er zu, dass die Ähnlichkeit der Bilder untereinander auf ein Modell verweist – „the representational model [...] remains the ‚subject' of the painting" (ebd.). „The field of play of representation [...] consist in the shuttling movement between the desire and effort to resolve the problem of resemblance and appearance – the problem of (re)semblance – and the failure to do so. Thus the registration of the lack of any hierarchical relationship between the two images, or rather simulacra, of the field of play, which eventually imposes itself in Magrittes *Représentation*, is not an immediate impression of the painting but rather the result of careful scrutiny in which the representational connection of resemblance has be taken into account" (ebd.).
[288] Foucault, *Dies ist keine Pfeife*, S. 42. Hier zeigt sich eine Bezugnahme, zugleich aber auch eine Diskrepanz zu Magrittes Konzeption, der zufolge Gleichartigkeit (*similitude*) die sichtbaren Figuren im Bild bestimmt, Ähnlichkeit (*ressemblance*) ihre Ordnung.

Die Gleichartigkeit vervielfacht die verschiedenen Affirmationen, die miteinander tanzen, sich aufeinander stützen und übereinander purzeln."[289]

Beschreibt Foucault damit konsistent die vervielfältigten, selbstreferenziellen bildlichen Relationen, so übergeht seine Terminologie die von Magritte vorgeschlagene Begriffsverwendung. Lediglich in einer knappen Passage wendet er sich Magrittes konzeptueller Intention zu, indem er ihn zu Wort kommen lässt:

> Vertrieben aus dem Raum des Gemäldes, ausgeschlossen aus der Beziehung zwischen den Dingen, die aufeinander verweisen, kommt die Ähnlichkeit zum Verschwinden. Aber errichtet sie ihre Herrschaft jetzt nicht anderswo – dort, wo sie vom unbegrenzten Spiel der Gleichartigkeit befreit ist? *Hat nicht die Ähnlichkeit die Souveränität, die zur Erscheinung bringt? Wenn sie keine Eigenschaft der Dinge ist, ist sie nicht das Eigentümliche des Denkens?* „Nur dem Denken ist es eigen", sagt Magritte, „ähnlich zu sein; es ähnelt, indem es ist, was es sieht, hört oder erkennt; es wird zu dem, was ihm die Welt darbietet." Das Denken ähnelt ohne Gleichartigkeit, indem es selber zu den Dingen wird, deren Gleichartigkeit untereinander die Ähnlichkeit ausschließt. In der Malerei überschneidet sich ein Denken in der Weise der Ähnlichkeit mit den Dingen, die in Beziehungen der Gleichartigkeit stehen".[290]

Ohne diese im Modus der Frage eingeleitete Einlassung auf Magrittes Annahmen weiter zu kommentieren, wendet sich Foucault wieder den ‚Pfeifenbildern' zu: Deren Abgründigkeit bestehe darin, dass die Ähnlichkeit zu einer Pfeife und zu einer „Abbildung eines geschriebenen Textes" durchaus gegeben sei, die ihre „innere Ähnlichkeit" jedoch gegenseitig „dementieren", um „ein offenes Netz von Gleichartigkeiten" herzustellen: An die Stelle der Referenz – „denn mit der Ähnlichkeit wird auch die Realitätsbehauptung verneint" – tritt der Bezug auf die „gleichartigen Elemente" aller Pfeifen und Bilder von Pfeifen, die „in diesem Netz die Stelle und Funktion von *Trugbildern* innehaben."[291] Die Negation der Repräsentation sei gleichbedeutend mit einer „Affirmation des Trugbildes, Affirmation des Elementes im Netz des Gleichartigen."[292] Foucault

---

289 Ebd.
290 Foucault, *Dies ist keine Pfeife*, S. 43 [Hv.: S. B.]. Magrittes Zitate entstammen dem Brief an Foucault. Foucault verweist zudem auf René Passerons *René Magritte*, vgl. ebd., S. 60, Anm. 2. Das schließende Anführungszeichen in der Übersetzung ist fehlerhaft; es verunklärt, ob es sich bei den letzten Sätzen um einen Kommentar Foucaults handelt oder um ein Zitat Passerons/Magrittes.
291 Ebd., S. 43 [Hv.: S. B.].
292 Ebd., S. 44.

perspektiviert die „die Ähnlichkeitsbehauptung" negierenden Aussagen aus Sicht der Bildelemente, die einander die Affirmation absprechen;[293] diese Vielstimmigkeit (er macht sieben „Diskurse" oder „Stimmen" aus) sei „notwendig, um die Festung niederzureißen, in der die Gleichartigkeit die Gefangene der Ähnlichkeitsbehauptung war."[294] So sei nun die „Gleichartigkeit auf sich selbst verwiesen – sie entfaltet sich von sich aus und zielt auf sich selbst zurück"; dies gibt einem „Spiel von Übertragungen" Raum, „die auf der Ebene des Bildes umherlaufen, sich vermehren und ausbreiten, einander antworten, ohne etwas zu affirmieren oder zu repräsentieren."[295] Foucault beschreibt abschließend „Magrittes endlose Spiele mit der gereinigten Gleichartigkeit, die niemals den Rahmen des Bildes überschreitet", am Beispiel einiger Bildstrategien – darunter „Metamorphosen" ohne wirkliche Vermischung, als Ineinanderübergehen, das sichtbar bleibt durch Analogien, die „jede Identitätsaffirmation" stören,[296] und eine weitere

> Methode für die Gleichartigkeit, sich von der Repräsentationsbehauptung zu befreien: mit einer perfiden List, die ihr eigenes Gegenteil anzuzeigen scheint, ein Bild mit dem zu vermengen, was es darstellen soll. Scheinbar wird damit bejaht, daß das Gemälde sein eigenes Modell *ist.* In der Tat würde eine derartige Affirmation eine innere Distanz, einen Abstand, eine Differenz zwischen der Leinwand und dem, was sie abbilden soll, einschließen.[297]

So bezeichnet Foucault die Bildoperationen der Serie *Condition humaine* als „Analogie, welche die Repräsentation verneint, indem sie die Zweiheit und Distanz auslöscht"[298]; weitere Methoden seien das „Spiel der Verdopplung", etwa auch in der ‚Enttäuschung' einer Erwartung der Verdopplung, oder in der selbstreferenziellen Verdopplung wie in *Liaisons dangereuses* (1936): Foucault beschreibt so Magrittes Techniken, Repräsentation selbstreferenziell im Bild zu

---

[293] Ebd. Die „Pfeife selbst" als *Bild* einer Pfeife, verdoppelt in der zweiten, schwebenden Pfeife, sei ein „‚Gleichartiges – nicht etwas einer Pfeife Ähnliches, sondern eine neblige Gleichartigkeit, die auf nichts verweist, sondern Texte wie diesen und Bilder wie das da unten durchläuft und kommunizieren läßt.'" (Ebd.) Gleiches gelte für die Aussage, „ein Schriftzeichen, das nur sich gleicht und nicht als das gelten kann, wovon es spricht", da ihm als „Zeichen jede Ähnlichkeit mit dem Bezeichneten fehlt." (Ebd., S. 45) Das *mise en abyme* gesetzte Bild trägt zur Komplizierung der negierenden Aussagen bei, indem es behauptet, Text *und* Bild seien „simuliert" (ebd.).
[294] Ebd., S. 45 f.
[295] Ebd., S. 45. Statkiewicz betont „[t]his notion of play" (The Notion of (Re)Semblance in the *Sophist*, S. 114 f): Foucault „acknoledged the importance of mimetic play" (ebd., S. 114), in dem Magritte Ähnlichkeit und Gleichartigkeit gegeneinander ‚ausspiele'.
[296] Ebd., S. 46.
[297] Ebd., S. 47.
[298] Ebd.

thematisieren; gerade das letzte Beispiel ruft mit Spiegel und Schatten metapikturale Paradigmen des Bildes und der indexalisch begründeten ikonischen Ähnlichkeit auf, deren referenzielle Funktion es zugleich unterbricht.

Foucault beendet den Essay mit einem zusammenfassenden sechsten Abschnitt, „Malen ist nicht behaupten", der einen konsequenten Ausgang seiner Deutung formuliert.

> Magritte verbindet die Sprachzeichen und die Bildelemente, verzichtet aber auf eine Isotopie. Er begibt sich nicht auf den Boden des affirmativen Diskurses, auf dem die Ähnlichkeit insgeheim beruhte. Er läßt reine Gleichartigkeiten und nicht-affirmative sprachliche Aussagen in einem Raum ohne Stabilität, ohne Anhaltspukte und ohne Koordinaten ihr Spiel treiben. *Dies ist keine Pfeife* gibt sozusagen die Formel für diese Operation. [...] Am Ende der Operation hat man sich zu vergewissern, daß das in der ähnelnden Repräsentation versteckte ‚Dies ist eine Pfeife' zum ‚Dies ist keine Pfeife' der zirkulierenden Gleichartigkeiten geworden ist. Eines Tages wird auch das Bild selbst, mitsamt dem Namen, den es trägt, durch die in einer Serie endlos übertragene Gleichartigkeit desidentifiziert werden. Campbell, Campbell, Campbell, Campbell.[299]

Das „Prinzip der Wiederholung"[300] scheint sich im Vorgriff auf Andy Warhol, der die Aura des Bildes „durch Multiplizität aus dem elitären Raum der Einmaligkeit" stößt, zu verselbstständigen.[301] Spätestens mit diesem Schlussabsatz wird unmissverständlich deutlich, unter wessen geistiger Ägide Foucaults Deutung steht: Nicht erst in der Zuspitzung auf das „Moment der Pop-Art"[302], das Deleuze gegen Ende seines Trugbildessays einführt, sondern bereits in dem Foucaults Essay prägenden Sprachregister, seiner Differenzierung von Ähnlichkeit und Gleichartigkeit und in den Begriffen des Trugbilds, der Wiederholung und der ‚inneren

---

299 Foucault, *Dies ist keine Pfeife*, S. 51. Diese These lässt sich auf Böhmes Verweis auf die Werbung als Referenzbereich der Bilder Magrittes beziehen; vgl. auch Statkiewicz' Kommentar zur Pop-Art als „a successful transformation of the ‚artificial' (*le factice*, that is, a copy of a copy, entangled in the world of representation) into the simulacrum" (Statkiewicz, The Notion of (Re)Semblance in the *Sophist*, S. 111). Dem stimmt Prange zu, insofern sie auf die Gleichwertigkeit von „Bilder[n], Ornamente[n] und Worte[n] [...] auf der Ebene des Markenzeichens" verweist (Prange, Das Denken und die Bilder, S. 67), betont jedoch: „Diese ‚Gleichartigkeit' der Zeichen, der eine dem klassischen Bild anverwandelte Autonomie implizit ist, entspricht allenfalls der Form des Markenzeichens [...]. Selbständigkeit des leeren Zeichens entspräche in der Warenästhetik dem virtuell verselbständigten Tauschwert. Im Gegensatz zur Ästhetik der Ware besitzen Magrittes Bilder jedoch einen Werkcharakter, der durch die Gleichartigkeit der Zeichen nicht erschlossen werden kann, sondern ihr widersteht." (Prange, Der Verrat der Bilder, S. 83).
300 Ebd., S. 71.
301 Moser, Sinnbild und Abbild, S. 14. Vgl. auch Seitter, Michel Foucault und die Malerei.
302 Deleuze, Trugbild und antike Philosophie, S. 324. Das Ende des Essay „sounds like an echo of Deleuze's „Plato and the Simulacrum" (Statkiewicz, The Notion of (Re)Semblance in the *Sophist*, S. 111).

Ähnlichkeit' klingt Deleuzes repräsentationskritisches Konzept des Simulacrums als ‚Bild ohne Ähnlichkeit' und die es begleitende Befreiungsrhetorik an, dessen Wirken in der Pop-Art Foucault auch in seiner Reflexion über Deleuzes Schriften, *Theatrum Philosophicum*, aufgreift.[303] Das Simulacrums, das das Bild vom Original befreit und die Emergenz des Mannigfaltigen erzeugt – als „‚copy of a copy', not consent to be subordinated to a model", womit die „hierarchy of resemblance", die „distinction presupposed in the notion of resemblance – namely, that between copy and model – is suspended"[304] –, begründet Foucaults Eloge der *Wiederholung* und *Gleichartigkeit*: *similitude* und *le similaire* bezeichnen ein nichthierarchisches Verhältnis autonomer Phänomene: An die Stelle des Ähnlichen trete das Prinzip der Wiederholung, das ein ‚Netz von Gleichartigkeiten' stiftet.

Dass sich das Prinzip der Serialität für die Beschreibung der Bildwelt Magrittes anbietet, ist offensichtlich: Foucaults Qualifizierung der ihren Gegenstand in Doppelgänger- und Wiederholungsmotiven vervielfältigenden Bilder als Präsentation ‚oszillierender' innerbildlicher Bezüge analysiert Verfahren wie *mise en abme*, Bilder im Bild oder die Inszenierung von Fenstern, Spiegeln und Vorhängen und beschreibt treffend, dass in Magrittes Bildern selbstreferenzielle, metapikturale und interikonische Bezüge die Repräsentationsrelation desavouieren.[305] Foucaults Deutung überführt damit auf kohärente Weise die in den ekphrastischen Textteilen entwickelte Beschreibung der Überwindung der mimetischen Kodifizierung der Ähnlichkeit in den theoretischen Teil und macht so die simulacrale Qualität einer ‚Ähnlichkeit ohne Vorbild' plausibel; doch verschleiert sie, dass eine solch

---

303 Vgl. Foucault, Theatrum philosophicum, S. 116: „Die Größe Warhols mit seinen Konservendosen, seinen stupiden Unfällen, seinen Serien werbewirksam lächelnder Gesichter: [...] Aber betrachtet man diese grenzenlose Gleichförmigkeit genauer, zeigt sich plötzlich die Mannigfaltigkeit – mit nichts im Zentrum, nichts an der Spitze und nichts dahinter. Ein Blitz leuchtet auf, der sich noch schneller bewegt als der Blick und nacheinander diese veränderlichen Etiketten, diese Momentaufnahmen ans Licht holt, die von nun an zu Zeichen werden, ohne etwas zu formulieren. Vor dem Hintergrund der alten gleichgültigen Trägheit zerreißt die Zeichnung des Ereignisses die Dunkelheit, und das ewige Phantasma findet seinen Ausdruck in dieser einzigartigen Dose, diesem einzigartigen Gesicht, denen jede Tiefe abgeht."
304 Durham, From Magritte to Klossowski, S. 18f. Vgl. Shapiro, Pipe Dreams, S. 70.
305 Vgl. Levy, Foucault on Magritte on Resemblance, S. 51. Levy beschreibt dies mit Jakobson als ‚shift' von der referentiellen zur poetischen Funktion und betont, dass Magritte auf innerbildliche Zusammenhänge autoreflexive Strategien anwendet (vgl. ebd.). Vgl. u. a. Margaret A. Rose, *Parodie, Intertextualität, Interbildlichkeit*, Bielefeld 2006; Valeska von Rosen, „Interpikturalität", in: Ulrich Pfisterer (Hg.), *Metzler Lexikon Kunstwissenschaft. Ideen, Methoden, Begriffe*. Weimar 2003, S. 161–164; Christoph Zuschlag, „Auf dem Weg zu einer Theorie der Interikonizität", in: Silke Horstkotte, Karin Leonhard (Hg.), *Lesen ist wie Sehen. Intermediale Zitate in Bild und Text*, Köln 2006, S. 89–99; W. T. Mitchell, „Metapictures", in: ders., *Picture Theory: Essays on verbal and visual Presentation*, Chicago 1994, S. 35–82.

entschiedene differenztheoretische Befreiung von der Ähnlichkeit Magrittes Konzept nicht gerecht wird: Angesichts Magrittes Verteidigung der Ähnlichkeit gegen die Gleichartigkeit mag es zunächst erstaunen, dass Foucault ihn zu einem ‚Befreier' der Gleichartigkeit erklärt. Dieses ‚Missverständnis'[306] lässt sich auf konzeptueller Ebene als konsequent bezeichnen: Nicht nur liegen mit Magrittes epistemologisch konnotiertem Begriff bildhafter Ähnlichkeit und Foucaults repräsentationalem Ähnlichkeitsbegriff und semiologisch aufgeladenem Gleichartigkeitsbegriff, der Bildelemente als (unähnliche) Zeichen liest, die kein „Original mehr angemessen repräsentieren"[307] – womit „hier ein bestimmter Zeichenbegriff vorausgesetzt [ist], der das Zeichen als Trugbild faßt, als Simulacrum, das keine Entsprechung in der Wirklichkeit hat, sondern sich nur auf sich selbst und auf seinesgleichen bezieht"[308] – unterschiedliche Zeichen- und Bildbegriffe zugrunde. Auch folgt Foucault zwar Magrittes Vorschlag einer Differenzierung von *ressemblance* und *similitude*, kehrt die Begriffsverwendung jedoch um: Was Magritte *similitude* nennt (unter anderem die Abbildrelation, die Bildgegenstände mit Gegenständen korrespondieren lässt), nennt Foucault *ressemblance*, identifiziert mit dem Abbild, das als Sekundäres und Abgeleitetes auf einen ‚Patron' referiert, mit einem bildplatonischen Verständnis ‚positiver', imitativer Mimesis.[309] Die Diskrepanz der Konzeptionen beruht wesentlich auf

---

[306] Darauf weisen neben Prange und Lüdeking, Levy, Statkiewicz und Cassin – unter anderen – auch André Blavier, der Herausgeber der Schriften Magrittes, und Martin Jay, „In the Empire of the Gaze. Foucault and the Denigration of Vision in the Twentieth-Century French Thought", in: David Couzens Hoy (Hg.), *Foucault. A critical reader*, Oxford, New York 1986, S. 175–204, hin. Vgl. auch Lüdeking, Die Wörter und die Bilder und die Dinge, S. 66. Foucault verweist auf zwei Monografien zu Magritte, die ihn offenbar mit dessen Konzept vertraut machten.

[307] Lüdeking, Die Wörter und die Bilder und die Dinge, S. 68. Dies ordnet das Bild dem ‚differentiellen' Zeichenbegriff unter. Gehört nach Foucaults Auffassung ‚mimetische' Ähnlichkeit dem Bildraum an, bestimmt serielle Gleichartigkeit der Zeichenebene: „Während er in der vermeintlichen Gleichartigkeit der Zeichen das Gesetz der Wiederholung totalisiert, wird dieses in ‚La trahison des images' de facto konfrontiert mit dem Prinzip der Einmaligkeit, das dem künstlerischen Bild im Unterschied zum Zeichen, letzteres im Sinne einer kodifizierten und somit reproduzierbaren Mitteilung, innewohnt." (Prange, *Der Verrat der Bilder*, S. 67) „Seine Interpretation stützt sich ausschließlich auf die Satzaussage. Doch die Funktion der Bildlegende wird in ‚La trahison des images' nicht desavouiert durch den Verneinungssatz, sondern durch den gemeinsamen Raum, in dem sich Schrift und Bild treffen. Dieser Raum bestreitet die Anmaßung des logisch so unbestreitbaren Satzes [...], von einem anderen, nämlich dem sprachlichen Raum aus, den Schein des Bildes bestreiten und behaupten zu können, dies sei keine Pfeife." (Ebd., S. 68).

[308] Prange, *Der Verrat der Bilder*, S. 55 [sic].

[309] Vgl. Levy, Foucault on Magritte on Resemblance, S. 51. Dabei meine Foucault „nicht allein die künstlerische Wiedergabe von Wirklichkeit – das Prinzip der imitatio naturae –, sondern er bezieht die künstlerische Mimesis, ähnlich wie Magritte, auf das viel allgemeinere Vermögen von Wirklichkeitserfassung überhaupt." (Prange, *Der Verrat der Bilder*, S. 46).

Foucaults *Kritik der Ähnlichkeit* als repräsentationales Subordinationsverhältnis, aufgrund derer er Magritte als „Vorkämpfer einer egalitären Autonomie der Zeichen" betrachtet.³¹⁰ In seiner vermeintlichen *Abkehr von Ähnlichkeit* besteht für Foucault die Voraussetzung, ihn als Vertreter einer die Hierarchien der Repräsentation überwindenden Malerei zu würdigen: Mit Foucault verweist „,Gleichartigkeit' [...] positiv auf die Zielvorstellung einer letztlich sinnentleerten Egalität von Bedeutungsträgern. Magritte ist für Foucault zunächst ein Maler der Gleichartigkeit und nicht der ‚Ähnlichkeit'."³¹¹

Walter Seitter, der im Nachwort zu Foucaults Essay Deleuze als Stichwortgeber der Reihe „Ähnlichkeit-Gleichartigkeit-*Trugbild*"³¹² ausmacht, formuliert, „[d]ie kunsthistorische Linie, die Foucault konstruiert", führe „über Magritte zum ‚selben', zum *simulacrum* – entthrontes Götterbild, das sich als Götzenbild wieder auf den Thron setzt; simuliertes Original; spielerisch vervielfältigtes Vexierbild"³¹³. Auch Shapiro sieht die Rhetorik des Essays „in a rather rigorous relation to the conception of the simulacrum developed by Deleuze, and by that intermediary Foucault is putting Magritte into dialog with a certain ‚anti-Platonic' aspect of Plato and with Lucretius' theory of perception",³¹⁴ denen Deleuze die ‚Idolendämmerung' ableitet.

> And in a move that will echo (or be simulated) in Foucault's essays on Deleuze and Magritte, and in his remarks on Warhol, this rise of the simulacrum is associated with the eternal recurrence and exemplified by the phenomenon of Pop Art. Here the recurrence is understood not as a way of organizing chaos but as the circulation of simulacra; in the eternal recurrence there is no genuine or authentic model of which the infinitely many recurrences or simulacra are copies. The recurrence might be rethought as the reign of the simulacrum itself and the expulsion of the Platonic model³¹⁵.

So resoniert in Foucaults Essay Deleuzes Lektüre von Platons *Sophistes*, der die Bestimmung des ‚nichtseiend-seienden' Bildes um ein Theorem der *Un*ähnlichkeit oder bloß erscheinungsmäßigen Ähnlichkeit des Trugbilds (*phantasma*) ergänzt, um das im positiven Sinne mimetische, *ähnliche* Abbild (*eikon*) theoretisch

---

310 Lüdeking, Die ‚Wörter und die Bilder und die Dinge, S. 67.
311 Prange, *Der Verrat der Bilder*, S. 47.
312 Seitter, Michel Foucault und die Malerei, S. 64.
313 Ebd., S. 68.
314 Shapiro, Pipe Dreams, S. 69. „In general, there is a strong parallel between Deleuze's reading of Lewis Carroll and Foucault's of Magritte: both the writer and the painter emerge as artists of the surface and the simulacrum." (Ebd.) Vgl. den Bezug auf das antike Wahrnehmungskonzept, das Deleuze in *Logik des Sinns* herausarbeite: „Foucault goes on to speak of a form that ‚reascends to the ethereal realm,' of similitudes being ‚born of their own vapor and ... ris[ing] endlessly into an ether where they refer to nothing more than to themselves.'" (Ebd.)
315 Ebd., S. 70.

abzusichern – eine, wie oben gezeigt, prekäre Unterscheidung von ‚ontological (‚being') versus phenomenal (‚appearing') resemblance' (Rosen).³¹⁶ Foucault bezieht die von Deleuze aktualisierte Frage des Fremden aus Elea nach dem Simulacrum auf Magrittes Bildwelt, indem er dessen Differenzierung von *ressemblance* und *similitude* in die Unterscheidung ikonischer und simulacraler Bilder übersetzt – ohne sich dabei letztlich der in *Sophistes* verhandelten Ambivalenz und ‚Schlüpfrigkeit' der Ähnlichkeit zu stellen, die dem Bild *und* dem Trugbild zukommt.³¹⁷

> Apparently reinforcing the Stranger's distinction between images and simulacra, he assigns to each of them a positive characteristic: „ressemblant" and „similaire." Images function in the framework of representation based on *resemblance*; simulacra proliferate freely beyond that framework, according to the principle of *similarity*³¹⁸.

Dabei liegt in Foucaults Darstellung, wie Max Statkiewicz betont, ein gar nicht so antiplatonischer Vorbehalt gegen das Ähnliche: „One might also hear in this new theory of images and simulacra an echo of the Platonic Strangers warning against resemblance, save that Foucault seems to situate the slippery character of resemblance exclusively on the image/representation side of the Stranger's and Deleuze's distinction."³¹⁹ Sein Verdikt zielt in einer an Deleuze anschließenden Wendung gegen den (Bild-)Platonismus gerade auf die *ikonische Ähnlichkeit*, die die Unähnlichkeit der Simulacra unterminiere: „Foucault does not fear that likeness might allow a phenomenon to slip out of representation. On the

---

316 Statkiewicz, The Notion of (Re)Semblance in the *Sophist*, S. 114. Statkiewicz argumentiert im Anschluss an Rosen, der den Begriff des ‚Bildes ohne Ähnlichkeit' (*simulacrum/semblance*) zurückweist und den Konnex von Bild und Ähnlichkeit in *Sophistes* analysiert, um zu betonen, dass eine Differenzierung von Bild und Simulacrum fraglich ist, wenn Bild sein bedeutet: Sein *und* nicht sein. „The closest we can come to analyzing ‚is like' and still preserve the distinction between original and image – a distinction compromised by the ‚predicationalist' translation of *eoike* as ‚duplicates' or ‚is the same as' –' is to say that the image, *qua* likeness, is and is not the original. But this comes close to an aporia. Since the being of the image is resemblance, it is this last notion that remains puzzling. For Rosen, it ultimately leads to the failure of a ‚discursive distinction between icons and fantasms'; thus there is no ‚epistemic or commonly acceptable definition of the distinction between the philosopher and the sophist.'" (Statkiewicz, The Notion of (Re)Semblance in the *Sophist*, S. 127).
317 Vgl. ebd., S. 114. „An image (*eidōlon*) and a simulacrum or semblance (*phantasma*), as opposed to the real and the true, are not and yet, precisely through resembling (*eoikenai*), they somehow are. The slippery resemblance and the ‚many-headed sophist' will thus force Theaetetus, the Stranger and the readers of the dialogue to admit the being of nonbeing. But they will also force them to recognize the significance of the entanglement [...] of resembling and dissembling images in the ‚stitching' of rhapsodic mimesis" (ebd., S. 127).
318 Ebd., S. 113.
319 Ebd., S. 112.

contrary, it is precisely the realm of representation that he would like art to escape; and he praises Magritte for having achieved just that."³²⁰

Beruht also Foucaults Inversion der Magritte'schen Begriffe auf Deleuzes Trugbildkonzept, so sieht Statkiewicz gerade in der Unterscheidung von „,ressemblant' and ‚similaire'"

> a clear formulation of Deleuze's basic distinction. But Foucault's terminology here reflects, perhaps better than that of Deleuze, the positive power that governs the proliferation of simulacra. The distinction seems to express the need for a term that would resemble, or rather be similar to, resemblance without dragging the series of simulacra back to the hierarchy of representation. But ‚similarity' (*similitude*), a word synonymous with ‚resemblance' in *The Order of Things*, can hardly fulfil this task. Rather, it seems to confirm the Elean Stranger's apprehension and reveal the ambiguity – the slippery character – of *homoiotēs* (similarity/resemblance).³²¹

Foucault desambiguiert damit nicht nur diese Ambivalenz der Ähnlichkeit – „[t]hus the resemblance (or similarity) between resemblance and similarity makes it difficult to maintain a rigorous theoretical distinction between images and simulacra, that is, to dispose of representation completely"³²² –, er unterschlägt in seinem Abgesang auf die bildplatonische Ähnlichkeit, dass nicht nur Magrittes Bildoperationen, sondern auch seine theoretischen Überlegungen Ähnlichkeit bereits von der hierarchischen, affirmierenden, abbildlichen Repräsentationsrelation gelöst haben, *ohne* sie konzeptuell preiszugeben. Die Absage an ein naives Verständnis ‚mimetischer Ähnlichkeit' ist dabei durchaus in Magrittes Sinne; auch kann seine Bildwelt als simulacral charakterisiert werden.³²³ Doch anders als Foucault in Übereinstimmung mit dem Theorem einer *antimimetischen* Moderne unterstellt, gibt Magritte, dessen Gleichartigkeitsbegriff einschließt, was Foucault mit *ressemblance* als gebrochener Bildrelation – der „idea of the copy or reproduction" – identifiziert, Ähnlichkeit *nicht* auf, die, so Silvano Levy, der „intervention of deliberate ideation" verbunden ist:

---

320 Ebd., S. 112f.
321 Ebd., S. 113f. Zur positiven Macht des Simulacrums vgl. Philippe Sabot, „Foucault, Deleuze et les simulacres" (online unter http://philippesabot.over-blog.com/article-foucault-deleuze-et-les-simulacres-96220210.html, 20.7.2019): „‚Nulle part, il n'y a de pipe', cela revient en effet à dire qu'il n'y a que des simulacres, qui ne sont pas seulement, comme nous l'avions d'abord laissé entendre, des copies dégradées, des images trompeuses (qui impliquaient la correction du ‚Ceci n'est pas une pipe'), mais véritablement des puissances positives d'affirmation du faux. Magritte, après Klossowski, assure ainsi dans sa mise en scène originale, le ‚triomphe du faux prétendant', ou encore, pour reprendre les termes de Foucault, le triomphe de la similitude sur la ressemblance."
322 Statkiewicz, The Notion of (Re)Semblance in the *Sophist*, S. 114.
323 Vgl. ebd., S. 126. Vgl. die Diskussion im folgenden Teilkapitel.

> What Foucault's critique glosses over and even discounts is that resemblance is, in fact, perceived by Magritte as a process of objectifying a correlativity instilled into otherwise monadic phenomena by an analytical and subjective gaze. Fundamental for Magritte is that the reflective process should be considered not as the superfluous witnessing of a potential correspondence, as it would be in relationships of similitude, but as a positive *act* exercised on visible entities. In the *act* of resemblance, the artist argues, the mind does not just respond to an extant relationship, as Foucault would have it, but operates as the motive force which is responsible for bringing about a state of relatedness. ‚La pensee', Magritte clarifies, ‚n'est pas un rapport, elle est essentiellement un acte ... c'est l'acte de ressembler aux choses'.[324]

Dieser mit Cassin weniger platonisch als aristotelisch zu interpretierende *Akt der Relationierung* kommt nach Magritte allein im Bild zum Ausdruck, das der ‚Ordnung der Ähnlichkeit' entspricht. Foucault liest diese als Netz bildimmanenter Bezüge der *similitude*, die sich ‚von winzigem Unterschied zu winzigem Unterschied ausbreiten' und „sich angesichts der frei zirkulierenden Zeichen endlich zu einer unbeschränkten ‚Souveränität' aufschwingen"[325]. Dahinter steht nicht nur eine inverse Zuordnung, sondern auch eine andere „*Bewertung*" von Unterordnung und Autonomie:

> Den beiden Haltungen des Denkens, das sich nach der Auffassung von Magritte dem eigentlichen Sein der Dinge entweder unterordnen oder sich selbstherrlich von ihm ablösen kann, entsprechen bei Foucault – genau analog – die beiden Funktionsweisen des Zeichens, das sich dem Bezeichneten ebenfalls entweder unterordnen oder sich autonom von ihm abtrennen kann.[326]

Während Foucault einer hierarchisch auf ein Original ausgerichteten Ähnlichkeitsbeziehung die ‚egalitäre Autonomie' gleichartiger Zeichen entgegensetzt, hält Magritte „trotz – oder gerade wegen – der Autonomie der Zeichen [...] am Ideal eines Denkens fest [...], das sich jenseits der Grenzen, die ihm von den Zeichen gesetzt sind, mit den Dingen vereinigt."[327] Indem es auf „Herrschaftsansprüche verzichtet

---

324 Levy, Foucault on Magritte on Resemblance, S. 53.
325 Lüdeking, Die Wörter und die Bilder und die Dinge, S. 68 f. Vgl. auch Prange, *Der Verrat der Bilder*, S. 70: Wenn man den Widerspruch ernst nimmt, den Magrittes Pfeifen-Bild inszeniert, gehe es jedoch nicht um die Inszenierung des „mythischen Spiels der Zeichen", sondern um die „Kritik an der mythischen Konstitution des klassischen Tafelbild. Das Wiederholungsmotiv, das Foucault in der ‚Gleichartigkeit' von Bildzeichen und Schriftbild ausmacht, kann dann nicht mehr verabsolutiert werden."
326 Lüdeking, Die Wörter und die Bilder und die Dinge, S. 67.
327 Ebd. „‚Dieses Bild der Pfeife läßt also an die Erscheinung denken, also an das, was keine Erscheinung hat, das Mysterium.' Obgleich auch Magritte glaubt, daß die Zeichen das Bezeichnete nicht mehr erreichen, ist er nicht bereit, ihre Referenz ganz und gar zu opfern. Gerade in ihrem Scheitern verweisen die Zeichen auf etwas jenseitiges, nämlich die fundamentale Existenz der Dinge, die man nur mit dem Begriff des Mysteriums bezeichnen kann." (Ebd., S. 68)

[...,] um das wahre Sein der Dinge für einen Moment aufleuchten zu lassen", suche es „den Abstand, den wir durch unsere semantischen Mittel zwischen uns und der Realität erzeugt haben, in einem spontanen Akt des ‚inspirierten' und ‚unmittelbaren' Denkens zu überfliegen."[328] Magrittes Rekonzeptualisierung des Ähnlichkeitsbegriffs zielt auf eine Kritik nicht nur an Imitation und Repräsentation, sondern gerade auch an einem modernen Denken, das die Dinge „in einem homogenen Tableau von Differenzen und Übereinstimmungen zu inventarisieren [sucht] – in einem Raster von Gleichartigkeiten, wie Magritte sagen würde."[329] Dabei nimmt er wie Foucault eine „Kluft zwischen den Dingen und den Zeichen" an; „die Wörter und die Bilder [...] ‚repräsentieren' die Dinge nur noch, ohne eine substantielle Beziehung zu ihnen zu haben. Damit hört – wie Magritte sagen würde – auch das Denken auf, den Dingen zu ‚ähneln'. Es registriert die Welt nur noch unter der Kategorie der ‚Gleichartigkeit'".[330] Magritte subvertiere, so Lüdeking, die „degenerierten Strukturen des Denkens in Gleichartigkeiten", um an „einer reicheren Erfahrung der Dinge festzuhalten"[331]. Entsprechend beschreibt Prange sein Konzept als „Lehre der unsinnlichen Ähnlichkeit", die „die Trennung von Zeichen und Bezeichnetem für die Stiftung neuer essentieller Zusammenhänge benutzt"[332]. Magrittes Konzeptualisierung der Ähnlichkeit ist reserviert für die *kognitive Mimesis* an das ‚Sur-Reale', als deren Medium das Bild eine epistemologische Aufwertung erfährt. Gerade diesen „Referenten [...], den Magritte in der mysteriösen Existenz des Gegenstandes noch anspricht, gibt es Foucault zufolge nicht mehr im Spiel der selbstwertigen Zeichen."[333] Zugleich zeige Magrittes Beschwörung des „‚Mysterium[s]' der Dinge" gerade die „semantische Leere, die Foucault beschreibt – jene Bodenlosigkeit, über der die referenzlos gewordenen Zeichen in einen delirierenden Taumel verfallen."[334]

---

328 Ebd.
329 Lüdeking, Die Wörter und die Bilder und die Dinge, S. 64.
330 Ebd., S. 64.
331 Ebd., S. 65.
332 Prange, Das Denken und die Bilder, S. 70.
333 Lüdeking, Die Wörter und die Bilder und die Dinge, S. 58.
334 Ebd., S. 69. Wenn Magritte zufolge die Zeichen sich „auf etwas richten, das ihre bezeichnende Kraft übersteigt", ein „unverfügbares absolutes Sein", sei dies „gar nicht so sehr von dem ‚Nichts', das Foucault hinter dem rastlosen Geflimmer unserer Zeichen vermutet", unterschieden (ebd.). Der ‚Glaube an etwas', den Magritte mal Metaphysik, mal Surrealismus nennt, schütze ihn vor „nihilistischen Konsequenzen", während Foucault auf die „fröhliche Anarchie prinzipieller ‚Gleichartigkeit'" setzt (ebd.). Magritte halte „daran fest [...], daß der Künstler in seinem Bild die ‚Essenz' von Wirklichkeit gestaltet und erfahrbar macht" (Prange, *Der Verrat der Bilder*, S. 48).

Prange und Lüdeking bringen so Magrittes Konzept *und* Foucaults Deutung in Dialog mit der Charakterisierung des Ähnlichkeitsdenkens in *Die Ordnung der Dinge* und der „These, daß dieses – im Übrigen längst verdrängte – Denken auch heute noch in der Kunst lebendig gehalten wird".[335] Auch wenn Foucaults Repräsentationskritik weiter gehe als die Magrittes, so Prange, sei sein Gleichartigkeitsbegriff „als philosophische Fortsetzung des surrealistischen Denkmodells verstehbar":[336] So hole „[d]ie in Magrittes Werk vermeintlich triumphierende ‚Gleichartigkeit' [...] auf der Stufe der Gegenwart die mythische ‚Ähnlichkeit' wieder ein".[337] Pranges Betonung der Nähe der Ansätze – „[b]eide partizipieren an der surrealistischen Grundidee" – leitet den der „Gleichartigkeit' verliehene[n] emanzipatorische[n] Glanz" von Foucaults Bezugnahme auf Borges' fiktive Klassifikation her.[338] Deren Abgrenzung von Lautréamonts hier als Tableau missverstandenem Gleichnis des Seziertisches „verweist bereits voraus auf Foucaults Mißverständnis von Magrittes Werk"; der Seziertisch als „drittes Ding" entspreche „[i]n der Demontage seiner raumgebenden Rolle" vielmehr der mit Borges und Roussel bezeichneten „Qualität des Absurden"; er wirkt auch in Magrittes Montageästhetik als ein Entzug des „vermittelnden ‚Und'".[339] Dass der ‚Nichtort' der solchermaßen das Tableaumodell negierenden Bilder Magrittes der ‚Ortlosigkeit der Sprache', in der die Tiere sich in Borges' absurder Klassifikation gemeinsam

---

[335] Lüdeking, Die Wörter und die Bilder und die Dinge, S. 65. In *Die Ordnung der Dinge* ist es der Dichter, der sich „‚unterhalb' der Differenzen und Identitäten'" bewegt und die „‚verstreuten Ähnlichkeiten'" auffindet (zit. n. ebd.). Doch wäre es eine „naive Illusion zu glauben, der einmal entstandene Riß zwischen der Sprache und der Welt könne sich wieder schließen." (Ebd., S. 68) Der Aspekt der Autonomie wird hier äquivalent Magrittes Malerei zugestanden, wofür Foucault einen zeichentheoretischen Bildbegriff anlegt.
[336] Prange, *Der Verrat der Bilder*, S. 48 f. „Die triumphierende Gleichartigkeit' fordert [...] die [...] dem Dichter zugewiesene magische Funktion der ‚Ähnlichkeit' ein." (Ebd., S. 48 f.)
[337] Prange, *Der Verrat der Bilder*, S. 63. Lüdeking übersehe in seiner Affirmation des Überschreitens der Referenzfunktion den „regressiven Sinn der Zentralthese, welche die ästhetizistische Verselbstständigung der Zeichen zur einzigen Wirklichkeit erhebt" (ebd., Anm. 30): „Unschwer läßt sich diesem Blick auf die Autonomie der Literatursprache wiederum das surrealistische Konzept des automatischen Schreibens entnehmen, dessen implizites Ziel auf die ‚romantische Revolte' zurückgeht und eine jenseits der Kontrolle des Denkens vorgefundene Ursprache mobilisieren will." (Ebd., S. 62) „Foucault erneuert somit [...] die ästhetische Utopie der Romantik: Die Grenzen zwischen Sprache und Welt wie die zwischen Wissenschaftssprache und Kunstsprache verschwinden in der Vorstellung von gleichartigen Zeichen, die als autonome Bedeutungsträger selbst zur einzigen Wirklichkeit werden, nichts anderes zu tun haben, ‚als im Glanz ihres Seins zu glitzern.'" (Ebd.).
[338] Ebd., S. 58.
[339] Ebd., S. 60. So sei „hinter Foucaults Vorstellung eines autonomen Zeichens die surrealistische Kombinatorik als Grundmotiv sichtbar" (ebd., S. 64).

befinden, entspricht,[340] ist – gerade auch vor dem Hintergrund der obigen Analyse des Seziertisch-Modells – plausibel und wird unten aufgegriffen. Dennoch können Pranges und Lüdekings Deutungen von Foucaults ‚Missverständnis' Magrittes nicht ganz überzeugen, da sie Deleuzes differenztheoretischen Einfluss ausblenden. Foucaults Deutung wendet nicht den 1966 in *Die Ordnung der Dinge* gebrauchten Ähnlichkeitsbegriff an: Gerade vor dem Hintergrund, dass die erste, 1967 als „Hommage"[341] an Magritte erschienene Fassung des Essays *ressemblance* und *similitude* noch nicht unterscheidet, die zweite, 1973 – nach Deleuzes *Différence et répétition* 1968 und *Logique du sens* 1969 – publizierte Fassung den deleuzianisch geprägten, repräsentationskritischen Begriff des Simulacrums als positive Abgrenzung von Ähnlichkeit anwendet,[342] erscheint Foucaults Essay auf der theoretischen Ebene eher als Dialog mit Deleuze als mit Magritte:

> Foucault, der zu Recht auf die Trennung von Ähnlichkeit und Gleichartigkeit hinweist, betont den höheren Wert der Gleichartigkeit, die er mit der Wiederholung und dem Simulacrum verknüpft, also mit dem Multiplen, gegenüber der Ähnlichkeit, die er mit der Darstellung und dem Modell, also dem Einzelnen, verbindet. Alles in allem schlägt er im Bestreben nach Antiplatonismus einen Deleuzeschen Magritte vor. In meinen Augen ist jedoch klar, vor allem beim Lesen dieses Vortrags [„La ressemblance", S. B.], dass Magritte die (Deleuzesche) Gleichartigkeit der (platonischen) Ähnlichkeit nicht vorgezogen hat. Er verschiebt die Ähnlichkeit und denkt sie malerisch, im Bild, um dem Platonismus zu entgehen. Die Idee ist durch die Kraft des Bildes in der Wirklichkeit enthalten. Damit wird die Ähnlichkeit selbst wiederholbar und nachahmbar, sie wird malbar und kann in Serie gezeigt werden. Es geht sehr wohl um den Gegensatz zwischen Deleuzescher Immanenz und

---

340 Ebd., S. 59. Dabei verbleibe Magritte in der „bestimmten Negation seiner erscheinungshaften und seiner zeichenhaften Verfaßtheit", ohne ihn mit Foucault in das „fröhliche Spiel der Zeichen" aufzulösen (ebd., S. 84).
341 So formuliert der Paratext der ersten Fassung (vgl. Foucault, Dies ist keine Pfeife, in: *Schriften in vier Bänden*, S. 812).
342 Vgl. Andree, *Archäologie der Medienwirkung*, S. 33, Anm. 64: Der Ähnlichkeitsbegriff werde hier „nicht aus Dispositionen der Simulation und der *mimesis* aufgebaut, sondern aus der *analogia* als Verhältnisentsprechung"; vgl. ebd., Kap. II.3, S. 203–208. Prange betont „das Schriftzeichen als primäres epistemologisches System" (Prange, *Der Verrat der Bilder*, S. 64). Vgl. Statkiewicz, The Notion of (Re)Semblance in the *Sophist*, S. 112: „Foucaults use of the term ‚similarity' (similitude) should not mislead. He is not challenging Deleuze's characterization of simulacra as images deprived of all resemblance to a model. The two words, ‚similarity' and ‚resemblance,' are not synonymous in *This Is Not a Pipe*. To be sure, they were synonymous in Foucault's earlier *The Order of Things*, and it is to this book that Deleuze refers in *Difference and Repetition* in order to support his notion of resemblance as the criterion of the Platonic distinction between images and simulacra. Foucault's theory in *This Is Not a Pipe* differs, however, from the clear picture of *The Order of Things*. The change of perspective apparently results from a closer consideration of modern art, in particular the paintings and the art theory of René Magritte."

platonischer Transzendenz, aber nicht zwischen Gleichartigkeit und Ähnlichkeit. Gleichartigkeit und Ähnlichkeit stützen sich beide auf das Können der Malerei, und es ist die Ähnlichkeit, die bestimmt.[343]

Es ist das *Problem der Ähnlichkeit*, an dem sich die Geister scheiden. Darin scheint sich nicht zuletzt ein Vorbehalt zu äußern, *Ähnlichkeit anders zu denken* als aus der Perspektive der differenztheoretischen Repräsentationskritik: Magritte verwendet Ähnlichkeit *nicht* in der mit der Bildrelation identifizierten „Bedeutung äußerlicher mimetischer Reproduktion"[344], die mit Foucault die Äquivalenz von Ähnlichkeit und Affirmation begründet. Gerade deren Auflösung durch gezielte Bildoperationen ermöglicht die Etablierung neuer Bezüge in dem „Raum merkwürdiger Beziehungen"[345], den Magritte als *Ordnung der Ähnlichkeit* konzipiert, als Verweisungszusammenhang sichtbar gewordenen Denkens, dessen Ordnung er gegen die *Gleichartigkeit* – als messendes, vergleichendes, Ähnlichkeit auf Identität hinordnendes Denken – verteidigt. Dies erscheint eher als aristotelisch-topische denn als (bild-)platonische, perzeptuell-kognitive Ähnlichkeitsauffassung, die *nicht* auf Identität und Repräsentation verkürzt wird. Angesichts der diskutierten konzeptuellen Diskrepanz verfehlt also Foucaults Deutung Magrittes Intention; ob sie seine Bildwelt angemessen fasst – ihr analytisch gar eher gerecht wird als Magrittes Selbstbeschreibung – ist vor dem Hintergrund seines Zeichenbegriffs fraglich: So sieht Prange „Anteile seiner Deutung, die dem Werk Magrittes nicht gerecht werden können", etwa darin, dass, indem er das „Schriftzeichen als primäres epistemologisches System behandelt, [...] das Bildmedium trotz der Ausflüge in die Erörterung der Malerei außen vor" bleibt[346] – und damit gerade die bildhafte Erscheinungsdimension, der Magritte nicht nur einen eigenen Erkenntnisanspruch zuerkennt, sondern an der auch die Ambivalenz der *Ähnlichkeit des Bildes* (als Abbild/Trugbild) erst ganz offenbar wird. Ob Magrittes Bildwelt vor dem Hintergrund seines notwendig vagen Ähnlichkeitsbegriffs angemessener zu erfassen ist, müssen Analysen erweisen, die sich seiner Rekonzeptualisierung der Ähnlichkeit öffnen.[347]

---

343 Cassin, Der Maler-König, S. 121 [zur Differenzierung der französischen Begriffe vgl. Cassin, Le peintre-roi, S. 135)].
344 Prange, *Der Verrat der Bilder*, S. 44.
345 Bauer, Ähnlichkeit als Provokation, S. 129.
346 Prange, *Der Verrat der Bilder*, S. 64. So werde „Magrittes eigene private Mythologie" nur einem „Teil seiner künstlerischen Arbeit gerecht" aufgrund der „Verabsolutierung des mysteriösen Gegenstands"; Foucault allerdings werde ihm nicht gerecht aufgrund der „Verabsolutierung der Zeichen in der Kette ihrer ‚Gleichartigkeit.'" (Ebd.)
347 Ansätze dazu finden sich in der hier zitierten Literatur und insbesondere in den Aufsätzen des Katalogs: Ottinger, *Magritte*.

6.6 Die ‚Ordnung der Ähnlichkeit' im Denkbild

> La ressemblance [...] réunit spontanément des figures du monde apparent, dans un ordre donné par l'inspiration. (René Magritte)[348]

Das ähnelnde Denken wird nach Magritte sichtbar, indem seine Ordnungsleistungen im Bild erscheinen: Es verwandelt sich der *ordre de ressemblance* an, die das Bild allererst präsentiert. Diese Ordnung zur Erscheinung zu bringen, ist die ästhetisch-epistemologische Leistung des Bildes:

> Das Denken wird – trotz aller Vorurteile – ebenso mit räumlichen Bildern wie mit Ideen, Gefühlen oder Empfindungen identisch. Die üblichen Vorurteile erschweren ein absolutes Denken, das heißt ein Denken, dessen Glieder Beziehungen untereinander haben, die jede Interpretation ausschließen. Der Maler kann in Bildern denken, wenn er nicht Vorurteilen unterworfen ist, die bewirken, daß er sich für einen Künstler hält, der Ideen, Gefühle oder Empfindungen ‚ausdrückt', ‚repräsentiert' oder ‚symbolisiert'. Das Denken eines Malers wird mit Bildern identisch, wenn die Inspiration ihn von diesen Vorurteilen befreit. [...] Ein solches Denken ist geeignet, durch die Malerei sichtbar zu werden, und sein Sinn ist uns genauso verborgen wie der der Welt.[349]

Das ‚sehende Denken', das Magrittes Brief an Foucault beschreibt, bringt das „Denkbild"[350] zur Darstellung: Es „ähnelt der Welt, indem es Gleichartigkeiten mit dem hat, was die Welt ihm bietet, *und* indem es das Mysterium dessen evoziert, was es empfängt"[351]. So manifestiert sich die Relationsstiftung des ähnelnden Denkens in Konstellationen, die seine Ordnungsleistungen sichtbar machen (*ressemblance*) *und* eine ikonische Relation der Entsprechung mit sichtbaren Gegenständen aufweisen (*similitude*). Die reflexiven Effekte, die die Rezeption dieser Bilder prägen, beschreibt Statkiewicz so:

> One can usually distinguish three phases in the experience with Magritte's paintings: an immediate impression of a familiar scene, a shattering of this initial impression – often caused by the image of shattered glass, picture as/or window pane – and finally an effort to make the vision coherent again in an alternative structure of representation. The difficulty of the third phase and the failure of the effort is perhaps the most important feature of Magritte's art.[352]

---

348 Magritte, La ressemblance (Version de Londres), S. 530.
349 Magritte, „Der Ordnungsruf", in: ders., *Sämtliche Schriften*, S. 434f, S. 435. Vgl. Levy, Foucault on Magritte on Resemblance, S. 54. Levy bringt dies als Ausdruck einer Erweiterung der Realität durch eine „tangential vision" mit Claude Levi-Strauss' ‚wildem Denken' in Verbindung (ebd.).
350 Magritte, „Antwort auf die Umfrage: Beleuchtet das Denken ..." (Anmerkungen), in: ders., *Sämtliche Schriften*, S. 314–323, S. 322.
351 Magritte, „Die sichtbare Poesie", in: *Sämtliche Schriften*, S. 468f. [Kapitälchen i. Orig.].
352 Statkiewicz, The Notion of (Re)Semblance in the *Sophist*, S. 115.

Die Destabilisierung des identifizierenden Wiedererkennens lässt sich als ‚simulacral' bezeichnen, insofern sie den Verdacht schürt, dass jeder Akt der Repräsentation die Möglichkeit zum Trugbild birgt. Zugleich begründet für Magritte Ähnlichkeit den Erkenntnisanspruch des Bildes, das als Ganzes in seiner eigenwilligen Ordnung *ähnelt*, wobei seine Bildtechniken die scheinbar „schlichte Codierung des Bildes [...] durch die Vieldeutigkeiten der Oberfläche, eigenartigen Illusionismus und ikonografische Ambiguität gekonnt unterlaufen"[353], um Denk-Operationen des ‚Einens' zu thematisieren und die *Repräsentation der Repräsentation* zu inszenieren. Dies verbildlichen reflexive Verfahren der Unter- und Übercodierung, Kombinatorik, Metamorphose und Identifizierung, die sich mit Gloy als analogisch beschreiben lassen: Konstellationen, deren Drittes nicht die Einheit des Bildes als Tableau ist, sondern eine selbstreferenzielle und ‚selbstähnliche' Bildwelt.[354] Inwieweit diese Bildoperationen als Übersetzung des *ähnelnden Denkens* in das *Bild der Ähnlichkeit*[355] nachzuvollziehen ist, wird nachfolgend an einigen Beispielen untersucht.

---

353 Welchman, Nach der Wagnerianischen Bouillabaisse, S. 82.

354 Mit Gloy lässt sich das ‚Dritte' des Bildes als Analogiefigur der Selbstbezüglichkeit charakterisieren: „Zwei- und Mehrdeutigkeit in Form von Gegensätzlichkeit, Antithetik, Inversion, Symmetrie setzt eine selbstreferenzielle Einheit oder den Bezug auf eine Einheit als tertium comparationis voraus. Nur innerhalb eines geschlossenen Systems läßt sich der Übergang und Umschlag von einer Bedeutung zur anderen – zu der ihr antithetischen – gesetzmäßig erklären." (Gloy, Das Analogiedenken, S. 270) Gloy vergleicht das analogische mit dem dialektischen Denken, dem Suzi Gablik Magrittes Werk zuordnet: In der „Gedankenfigur der Selbstreferenz [...], die von einem Ganzen mit internen Gegensatzgliedern ausgeht oder ein Ganzes aus solchen herstellt [... ,] zeigt sich die Nähe des analogischen Denkens zum dialektischen, basiert doch auch dieses auf einer selbstreferenziellen Struktur mit interner Zweiheit und Gegensätzlichkeit, sei es der Subjekt-Objekt-Relation, sei es der Differenz von Identität und Differenz u.ä." (Ebd., S. 280) Zur Selbstähnlichkeit vgl. Eco, *Kant und das Schnabeltier*, S. 387. Den Begriff verwendet auch Goodman, wenn er „Ähnlichkeit als dyadische Beziehung von etwas zu sich selbst" bezeichnet (Eco, *Kant und das Schnabeltier*, S. 392).

355 Vgl. Eco, *Kant und das Schnabeltier*, S. 396. Eco sieht die Bedeutung der Ähnlichkeit in der Frage nach der Übersetzung der ‚likeness' (*ground*) des Wahrnehmens – die primäre Ikonizität verlange, „den Begriff Ähnlichkeit von dem des Vergleichens los[zu]lösen" – in die Analogie der Bilder und fragt nach der Kontinuität oder Stufen der Übertragung von primärer Ikonizität ins Bild: „Die (schon mit Gesetzen vermengte) Analogie erklärt, wie *Hypoikone* funktionieren." (Ebd., S. 124) Die visuelle Semiotik habe die Problematik diskutiert, die sich aus dem Status von Ähnlichkeit als Wahrnehmungsbedingung ergibt: „[E]s gibt bei den primären Ikonen keine Möglichkeit, auf ein anderes System qualitativen Messens überzugehen – [...] nicht auf der Ebene der Wahrnehmung" (Ebd., S. 96).

6.6.1 Sehen-Denken: Ähnlichkeit und Imagination

Thought is the chief, if not only, mode of representation. (Charles Sanders Peirce)[356]

Magrittes These eines ‚sehenden Denkens' ist interessiert an der *mentalen* Dimension bildhaften Denkens: „Das Sehen ist – meiner Ansicht nach – ein Denken ohne Idee, aber nicht ohne Denken, was absurd wäre."[357] Er geht von einer wahrnehmungsnahen kognitiven Zwischenstellung der Bilder aus: „An ein Bild denken bedeutet ein Bild sehen. Das Gemälde präsentiert dem Gesichtssinn ein sinnlich wahrnehmbares Bild. [...] Im Denken wird dieses Bild ein inneres Bild, das heißt ein Bild, das einen geistigen Wert hat. Das Denken gibt diesen Wert."[358] Als ähnelndes Denken soll es sich mit der Welt identifizieren und einen unmittelbaren Zugang zu ihrer Korrelationalität bieten: Es ist ein „denkendes Sehen oder sehendes Denken, welches gewisse Verwandtschaften zwischen den Dingen stiftet, die dem alltäglichen Sehen verborgen bleiben."[359] Intra- und extramentale Bilder in eins setzend, gleichen Magrittes Bilder „Vexierbildern, die zwischen Gegenständlichkeit und Gedanklichkeit springen":[360] Sie verbildlichen die „Wechselbeziehung von zwei Phänomenen, die sich an der Grenze zwischen dem Subjektiven und dem Objektiven abspielt – eine Verwischung der Identität von innerer und äußerer Welt."[361] So ist Erkenntnis als „das plötzliche Erfassen neuer Beziehungen [...] gekennzeichnet durch die Vereinigung geistiger und visueller Wahrnehmung".[362] Magrittes Begriff der Inspiration deutet auf den Moment, in dem „Erscheinung und Sinn zusammenfallen oder identisch werden", in dem es „zwischen dem Raum des Sichtbaren und dem Raum der eigenen Vorstellung und des reflektierenden Denkens keine Trennung mehr" gibt:[363] Diese „Verschmelzung des Denkens mit der Welt"[364] gründet in einem reflexiv-epiphanischen Zustand der ‚Geistesgegenwart': „[D]ie Inspiration ist ein nicht-vertrautes Ereignis, das unbedingt notwendig ist, damit das Denken die Ähnlichkeit selber sei."[365]

---

356 Zit. n. Elleström, Iconicity as Meaning Miming Meaning and Meaning Miming Form, S. 81.
357 Magritte, *Sämtliche Schriften*, S. 322.
358 Ebd., S. 305.
359 Prange, *Der Verrat der Bilder*, S. 44.
360 Konersmann, *Die verbotene Reproduktion*, S. 21.
361 Gablik, *Magritte*, S. 97 f.
362 Ebd., S. 102.
363 Moser, Sinnbild und Abbild, S. 4.
364 Prange, *Der Verrat der Bilder*, S. 44.
365 Magritte, Die Ähnlichkeit, S. 408. Magritte grenzt die Inspiration vom Geistesblitz des ‚Heureka' ab, als „plötzliche Antwort auf ein Problem einer durch eine Denkweise determinierten Ordnung. Die vollkommene Antwort mußte sich den Anforderungen eines Problems beugen und sich einer besonderen Ordnung fügen. Diese vertraute Auffassung von Inspiration läßt manchmal glauben,

Das *sehende Denken* und *Denken in sichtbaren Figuren* verweist als „mentales Bild"[366] auf den neuzeitlichen Übergang zu kognitiven Bildkonzepten und die moderne „Einsicht, dass die Welt dem Menschen allein kraft der *schöpferischen Aktivität des Erkenntnisvorgangs* [...] gegeben ist".[367] Es lässt sich zugleich auf die weit ältere Dimension des „ästhetische[n] Vorstellen[s]" der „Imagination" als verinnerlichte Bildwelt beziehen[368] und gemahnt an die antike Dimension von *phainesthai*, ‚erscheinen',[369] gerade hinsichtlich des ihr inhärenten Wechselverhältnisses von Außen- und Innenwelt: „Die Phantasie hat eine chiastische Struktur, in der sich innen und außen kreuzen."[370] Magritte positioniert

---

man kenne das, was inspirieren soll, oder zumindest das, woran man sich inspirieren soll." (Ebd., S. 407) Sehen und Denken fallen in eins in einer Lichtmetaphorik, die die onto-epistemologische Valenz des Bildes impliziert (vgl. Magritte, *Sämtliche Schriften*, S. 468 f.) „Das Denken ist wesentlich frei. Es ist das Licht. Dennoch manifestiert unser Denken in den gewöhnlichen und außergewöhnlichen Momenten des Lebens nicht seine ganze Freiheit [... ,] es *koinzidiert* mit tausend Dingen, die es einschränken. Diese *Koinzidenz* ist *fast* permanent." (Magritte, *Sämtliche Schriften*, S. 306 f.). Mit Blumenberg greift Magritte hier zu einer absoluten Metapher für Wahrheitstheorien (vgl. Blumenberg, *Paradigmen zu einer Metaphorologie*, S. 15, 18). Mattenklott erkennt in modernen Lichtmetaphoriken ein „säkular metaphysisches" Element (Mattenklott, Ähnlichkeit, S. 181). Das Denken ist das Licht, aber, so die Reflexion in „Das Licht des Zufalls": „Ohne die Materie ist das Licht unsichtbar." (Zit. n. Blanc, Sehen, um zu glauben, S. 96).

366 Sachs-Hombach, Bildtheorien in Geschichte und Gegenwart, o. S. Neuzeitlich erhält der Bildbegriff in der „bewusstseins- und erkenntnistheoretischen Umformung zur Bezeichnung von Vorstellungen und Wahrnehmungen eine zentrale Funktion. [...] Die Urbild-Abbild-Relation auf die Subjekt-Objekt-Relation übertragend, kann das mentale Bild dann entweder mehr im realistischen Sinn als Abbild der Wirklichkeit oder mehr im idealistischen Sinn als Konstrukt einer spontanen Tätigkeit des Geistes aufgefasst werden. In beiden Fällen handelt es sich um eine Übertragung des repräsentationalistischen Bildbegriffs auf den Anwendungsbereich des Psychischen, bei dem die definierenden Bestimmungen des Bildbegriffs, vor allem Ähnlichkeit und Verursachung, erhalten bleiben." (Ebd.).

367 Koschorke, Das Mysterium des Realen, S. 18. Diese Einsicht habe „eine sehr viel längere und respektablere Vorgeschichte. [...]: Kants Transzendentalismus wurde im ausgehenden 19. Jahrhundert durch Verweis auf die historischen, im 20. Jahrhundert auf die sprachlich-diskursiven Bedingungen der Möglichkeit von Wissen lediglich aktualisiert." (Ebd., S. 18 f.).

368 Seel, *Ästhetik des Erscheinens*, S. 125. Ohne Imagination, ohne die „Mechanik des Bildes in der Zeit", so Foucault, keine Ähnlichkeit und kein Wiedererkennen (*Die Ordnung der Dinge*, S. 105). Vgl. zum historischen Wandel der Imagination als „Seeleneinschreibeverfahren", in dem Ähnlichkeit „zur Einbildung, zum Produkt subjektiver Restitutionsarbeit" wird, Koschorke, *Körperströme und Schriftverkehr*, S. 361 f.

369 Der Begriff des Denkbildes ist zudem in Aristoteles' *noema* vorweggenommen (vgl. Aristoteles, *De anima* III 8, 431 b 20–431 a 14).

370 Wulf, Zur Performativität von Bild und Imagination, S. 43.

sich zu dem besetzten Begriff, indem er *Imagination* und *Imaginäres* differenziert.[371] Die im Brief an Foucault anklingende Abgrenzung, Roussel ‚imaginiere nichts Imaginäres, er beschwöre die Realität der Welt', die ‚Erfahrung und Verstand' verworren betrachteten, führt Magritte wiederholt an: „Das surrealistische Denken – wie ich es auffasse – muß imaginiert werden, aber es ist nicht imaginär; es hat eine Realität derselben ‚Art' wie die Realität des Universums. Diese Realität ist irrational, ihre Irrationalität ist nicht imaginär, aber sie muss imaginiert werden."[372] In Magrittes Bildoperationen kommt dabei, so Levy, der Imagination „the key function of preceding resemblance" zu:

> [W]hat Magritte attempts to present is an overall procedure whereby the creative mind functions in a threefold manner. It begins by admitting an attitude described as ‚liberation'. Within this predisposition, *inspiration or imagination becomes operative and, in turn, these enable the ‚essential' mental act of resemblance to occur.* The actual painted canvas is, therefore, a testimony to this ‚act'.[373]

Diese grundlegende Operation einer ‚Ästhetik des Ähnlichen', wie sie von Aristoteles über die manieristische und romantische Poetik bis zum Surrealismus immer wieder rekonzeptualisiert wird, erläutert Levy mit dem Hinweis auf Samuel Taylor Coleridges Unterscheidung von ‚primärer Imagination', die Gesehenes erinnert oder nicht Existierendes als mentales Bild vorstellt, und ‚sekundärer Imagination' als „driving force which distorts [...] through comparison or combines [...] in new ways' [...]. The corollary of these two points, although not stated, is that resemblance itself would correspond to the actual occurrence of these ‚distortions' and ‚comparisons'".[374] Dem korrespondiert nicht nur Magrittes Bildver-

---

371 „‚L'imagination authentique n'a que faire de l'imaginaire'" (Zit. n. Levy, Foucault on Magritte on Resemblance, S. 55, Anm. 12). Letzteres, das Phantastische, „‚leads only to ‚l'originalité ou la fantaisie'" als „a digression from the world of things, not a *resemblance* to it." (Ebd., S. 55).
372 Brief an Jacques van Lennep, in: Magritte, *Sämtliche Schriften*, S. 562–564, S. 563.
373 Levy, Foucault on Magritte on Resemblance, S. 54. [Hv.: S. B.] Levy betont mit Harry Torczyner „Magritte's argument that ‚l'imagination c'est assurement l'nspiration qui permet de dire ou peindre" (zit. n. ebd.).
374 Ebd, S. 55 (im Verweis auf A. M. Hammacher): „Coleridges primary imagination, which ‚creates mental images of things observed earlier or things unexperienced or even nonexistenting' could easily be seen to correspond to the acute ‚sympathy' for phenomena exercised bv ‚la pensee libre', that is to sav, Magritte's prerequisite for resemblance. Equally, Hammacher continues, the way in which Coleridge's ‚secondary imagination' acts as ‚the driving force which distorts ... through comparisons or combines ... in new ways' could be considered to parallel Magritte's conception of how inspiration maps out a potentially new order of things. The corollary of these two points, although not stated, is that resemblance itself would correspond to the actual occurrence of these ‚distortions' and ‚comparisons'" (ebd., S. 55).

fahren, auch seine Differenzierung ähnelt der Unterscheidung: *imaginary* erhelle, geprägt von einem bewussten Reflexionsprozess, „novel situations which are derived from insights based on an essentially reflective process", während *fancy* bzw. *l'imaginaire* zufällige, kapriziöse Kombinationen meint. Levy betont anhand dieses Aspekts Unterschiede der Sprachbildtheorie Bretons und der Konzeption Magrittes:

> Hammachers description of fancy as a „faculty of the mind which operates whimsically, capriciously and unsystematically in shaping illusory, fantastic or false images and combinations of extravagant things" clearly delineates the trajectory which the meticulous though clumsy argument of „resemblance" assiduously averts.[375]

Magrittes Begriff des ‚sehenden Denkens' kennzeichnet ein Imaginationskonzept, das Perzeption, Kognition, Imagination und Repräsentation (als Vorstellung *und* Darstellung) zusammenschließt: Es „verwirklicht sich methodisch durch eine ‚Kunst des Malens' – verstanden als ein Akt von Ähnlichkeit."[376] Seine Bilder stellen mentale Repräsentationen dar, die in reziproke Wechselwirkung mit extramentalen Bildern treten. Diese Konzeption tendiert dazu, das Denkbild in eine

> transzendente Synthese einzubinden, die die formierenden Bestandteile eines Werkes – Bewußtes, Unbewußtes, Materialien (Buchstaben, Bilder), ja selbst den Kontext – zu einem einheitlichen Zeichen vereint, das einen Gedanken verkörpert. Diese Semiose, oder Signifikationsweise, neigt dazu, die Ausdrucksseite (Signifikant) mit der Inhaltsseite (Signifikat) des Zeichens gleichzusetzen, sie neigt dazu, Denken auf Denken zu beziehen, indem es seine eigene Substanz so rein hält wie einen Katalysator.[377]

Diese Konfiguration verbildlicht etwa *Le Faux miroir* (Abb. 42) von 1929 am Thema des Auges als Schwelle zwischen Innen und Außen und Reflexionsfigur des Sehens und der Imagination. Das Bild zeigt, die Bildfläche füllend, ein aufgeschlagenes Auge. An der Stelle der Iris ist ein Stück blauen Himmels mit weißen

---

[375] Ebd. Vor dem Hintergrund der ausgeführten ähnlichkeitstheoretischen Lesart scheint eine rigide Abgrenzung verfehlt: Nicht in der Berufung auf die Ähnlichkeit ist der Unterschied zu sehen, sondern in ihrem jeweiligen Einsatz: Magritte legt Wert auf die *bewusste* Behandlung und Reflexion, zu deren Gegenstand er seine verfremdet-gegenständliche Bildwelt macht, während Breton auf die ‚Befreiung' der Imagination als Freisetzung unbewusster, latenter sprachlicher Bezüglichkeiten setzt, die eben auch ‚kapriziöse' Verbindungen umfassen. So sucht Magritte nach einer ‚notwendigen' Relation, in der sich die Ähnlichkeit des Denkens manifestiert, zielt also nicht auf den „Beziehungswahn" (Blumenberg) „universeller Korrespondenzen", den Fromm in der Poetologie der Romantik ausmacht (vgl. Fromm, Die Sympathie, S. 53).
[376] Draguet, Vom Bild als Deckmantel zur Kunst des Problems, S. 187.
[377] Welchman, Nach der Wagnerianischen Bouillabaisse, S. 81.

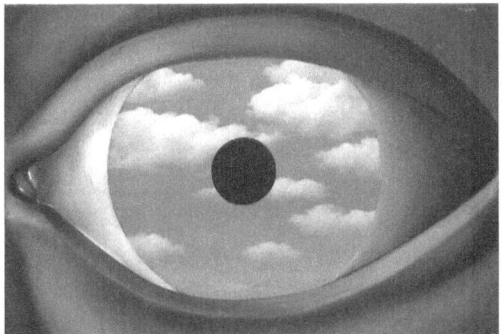

Abb. 42: René Magritte, *Le Faux miroir* (1929), Öl auf Leinwand, 54 x 81 cm, Museum of Modern Art, New York.

Wolken zu sehen; sie erscheint als intransparente Spiegelfläche, die einen Blick in den Himmel wiedergibt – oder: als transparent auf eine Vorstellungsrepräsentanz, die Äußeres verinnerlicht, als, so ließe sich interpretieren, ein Denken, das aus sichtbaren Figuren besteht: „Das schemenhafte Gewölk auf der Iris ist der Anblick, der sich dem bietet, der zum Himmel hinaufschaut, es ist aber auch das Bild, das sich gleichzeitig in seinem Auge spiegelt. Sehen wir also den Augenspiegel oder sehen wir den Blick in den Himmel? Eindeutigkeit erzielen wir auch hier nicht."[378] Dass dieser Spiegel ‚falsch' ist, wie der Titel suggeriert, lässt sich auf mehreren Ebenen verstehen: ‚Falsch' mag er sein hinsichtlich der Rede vom Auge als Spiegel der Außenwelt (wie in Sokrates' Rat, sich in der Pupille des Gegenübers zu spiegeln[379]) oder der Rede vom Auge als Spiegel der Seele als einer tropologischen Übertragung, die Transparenz suggeriert – entsprechend der perspektivischen Umkehrung einer Metapher, die nach Leonardo das Auge als „‚Fenster des menschlichen Körpers'"[380] bestimmt: Sie „*inauguriert* [...] allererst den Denkraum einer Innen/Außen-Unterscheidung im Sehen"[381]. Beide Metaphern korrespondieren mit paradigmenbildenden Topoi des Bildes als spiegelbildliches *Abbild* und *Fenster* zur Welt – und damit einer zweiten Ebene des

---

378 Konersmann, *Die verbotene Reproduktion*, S. 42.
379 Vgl. ebd., S. 41. Der Reflexionsfigur des Auges spricht Karl Philipp Moritz in *Die Signatur des Schönen* in der Vereinigung des Getrennten Bedeutung zu: „Nun gibt es aber in der ganzen Natur keine so sanften und reinen Bewegungen von Linien um- und zueinander als in der Bildung des Auges selbst, in dessen umschatteter Wölbung Himmel und Erde ruht, während daß es das Allerverschiedenste in seinen reinsten Verhältnissen in sich faßt." (Weigel, *Grammatologie der Bilder*, S. 52).
380 Majetschak, Sichtbare Metaphern, S. 242.
381 Ebd., S. 243.

Bildes als ‚falscher Spiegel': Es spiegelt weder Außenwelt, noch ist es darauf transparent. Das Bild eint Gegensätzliches – es zeigt das Ferne im Nahen, das Außen im Innen und die Weite des Raumes im Rahmen des Körperdetails. Die paradoxe Einung entfernter, mit Magritte durch Gleichartigkeit erkennbarer Figuren macht sichtbar, dass ein *Bild nicht Spiegel ist*, sondern Bild: Der Bildraum hebt die Innen-Außen-Unterscheidung auf, entsprechend dem Ziel, „einen Kontakt zwischen dem Bewußtsein und der Außenwelt herzustellen"[382]. So lassen das *Bild des Auges* und das *Bild im Auge*, der falsche Augenspiegel und das falsche Spiegel-Bild, analog etwas sichtbar werden, das kein natürliches Zeichen ist wie die indexalische Reflexion eines Spiegelbildes – diese Konvention bildlicher Repräsentation wird ebenso dementiert wie die entsprechende Sehgewohnheit: „Die über Spiegel eingeübte Art des Sehens ist eine identifikatorische. Alles Sichtbare ist aufgrund seiner Ähnlichkeit sofort identifizierbar. Es erfüllt das Kriterium des ‚Bereits-Gesehenen."[383] *Der Falsche Spiegel* verbildlicht die Ordnung, ‚in der die *Erkenntnis* Figuren der sichtbaren Welt vereinigt' und zeigt, dass „dieses Sehen eines des Denkens ist und jenseits der Spiegeloberfläche vor sich geht, dort, wo die Gedanken entstehen".[384] Es verbildlicht programmatisch den einenden Aspekt des sehenden Denkens, der die Ordnung der Ähnlichkeit hervorbringt. „Indes hat dieses Denken nicht die Passivität eines Spiegels; es ist höchst aktiv, es eint – in der Ordnung, die das Mysterium der Welt und des Denkens evoziert – die Figuren der Erscheinungswelt: Him-

---

382 Magritte, Die Lebenslinie (II), S. 107. *La ligne de vie* beschreibt Mittel „d'obliger les objets à devenir sensationnels et à établir un contact profond entre la conscience et le monde exterieur." (Magritte, *La ligne de vie*, S. 120).
383 Dietmar Kamper, „Ohne Spiegel, âne bilde", in: ders., *Ohne Spiegel leben. Sichtbarkeiten und posthumane Menschenbilder*, hg. v. Manfred Fassler, München 2000, S. 295–299, S. 296. Dies gehört zu den ‚mythischen' Konventionen des Bildgebrauchs, die Magritte aufbricht: Das platonische Abbild wie auch „das sinnliche Einzelding als Abbild des Urbilds" leitet sich wohl von natürlichen Spiegel- und Schattenbildern ab; in der „Verknüpfung einer Verursachungsbeziehung mit einer Ähnlichkeits- bzw. Teilhabebeziehung" haben Bilder der Malerei (*eikon*) „noch minderen Status" und sind „zum ‚bloßen' Schein" degradiert (Sachs-Hombach, Bildtheorien in Geschichte und Gegenwart, o. S.). „Wäre ein ikonisches Zeichen [...] wirklich ein Bild, das alle (wenigstens sichtbaren) Eigenschaften des dargestellten Objekts hat, so wäre das Spiegelbild ikonisches Zeichen *par excellence*, bzw. es wäre das einzige Ikon außerhalb unseres Geistes, von dem wir tatsächlich Erfahrung haben. Aber dieses Ikon im Reinzustand steht nur für sich selber." (Eco, *Kant und das Schnabeltier*, S. 418).
384 Bauer, Ähnlichkeit als Provokation, S. 127. So verweist der Spiegel-Topos auf das Erkenntnismoment: „Es ist die ewige Faszination der Spiegel, aus der die Idee einer Erkenntnis entspringt, die völlige [...] *adäquatio* zwischen Ding und erkennendem Geist wäre. [...] Aus ihr entspringt auch die Idee eines Zeichens, das, des Signifikats beraubt, direkt auf seinen Referenten verweist." (Eco, *Kant und das Schnabeltier*, S. 421).

mel, Personen, Vorhänge, Inschriften, feste Körper usw."[385] Das Motiv steht so „für das rhetorische Verfahren selbst, das [...] Denken und seine Repräsentation ineinander sichtbar macht", die Aufhebung der „Grenze zwischen Phantasie und ihrer Repräsentation" inszenierend.[386]

Das Motiv des „verkehrten Spiegel[s]"[387] zeigt auch *La Reproduction interdite* (1937) (Abb. 43), eines von zwei „portaits manqués'" von Edward James.[388] Das Bild zeigt die Rückenansicht des jungen Mannes, der vor einem Spiegel steht; doch gibt dieser nicht sein Antlitz „en face"[389] wieder, sondern *wiederholt* „augenscheinlich identisch"[390] die Rückenansicht: Nicht ein Spiegelbild ist zu sehen, das die dem Betrachter entzogene Ansicht wiedergäbe, sondern ein ‚verkehrtes' Abbild. Der Spiegel ist zudem ein „Paradoxon", insofern er eigenwillig scheint:[391] Auf einer Konsole rechts liegt das Buch *Arthur Gordon Pym* von Edgar Allen Poe, dessen Bild der Spiegel ‚korrekt' wiedergibt. Mit Ralf Konersmann werden hier drei „Arten des Spiegelns" vorgeführt: die „erwartungsgemäße", die „erwartungswidrige" und die „Verweigerung" der Spiegelung jeglicher Umgebung.[392] Die Rückenansicht als Projektionsfigur der „Imagination des sich einfühlenden Bildbetrachters"[393] reflektiert innerbildlich die „Wahrnehmung der Identität, die den Betrachter zum Beteiligten macht."[394] Das Bild beweist, welche Verwirrung die „kalkulierte Konfusion in der Ordnung der Dinge und im Ablauf der Ereignisse – im Spiegeln des Spiegels – anzurichten vermag"[395], der es um die „*Evokation*" des

---

385 Magritte, *Sämtliche Schriften*, S. 458. Bauer beschreibt Magrittes Werk als Spiegelkabinett, das die Autonomie des Bildes als *nichtnatürliches* Zeichen betont (vgl. Bauer, Ähnlichkeit als Provokation, S. 123).
386 Bauer, Ähnlichkeit als Provokation, S. 123 f.
387 Konersmann, *Die verbotene Reproduktion*, S. 38.
388 Sylvester, *Magritte*, S. 305.
389 Konersmann, *Die verbotene Reproduktion*, S. 44.
390 Ebd., S. 53.
391 Ebd., S. 38.
392 Ebd., S. 47.
393 Prange, Das Denken und die Bilder, S. 65. Die Rückenansicht nutzt besonders die Romantik als Reflexionsfigur der Rezeption, vgl. zu Caspar David Friedrichs „Verrätselung des innerbildlichen Betrachtermotivs" ebd., S. 66, Anm. 26.
394 Konersmann, *Die verbotene Reproduktion*, S. 53. „Das Bild zeigt die Spiegelbegegnung aus der Perspektive eines Dritten" (ebd., S. 47): „Der Spiegel spiegelt ihn, aber nur, um auf uns zu verweisen, die wir uns soeben noch unbeteiligt wähnten." (Ebd., S. 54) „Was der Spiegel uns zeigt, so stellen wir plötzlich fest, ist unser Blick auf jene Figur." (Ebd., S. 64).
395 Ebd., S. 61.

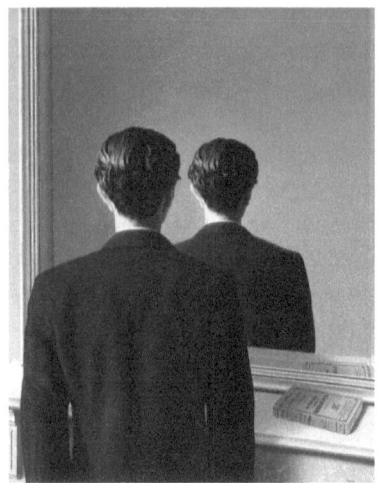

Abb. 43: René Magritte, *La Reproduction interdite* (1937), Öl auf Leinwand, 81 x 65 cm, Collection Museum Boijmans Van Beuningen, Rotterdam.

Verborgenen geht.³⁹⁶ Es ironisiert mit der verweigerten erwartungsgemäßen Spiegelung die ‚kopierende‘ Repräsentation: „[E]in gemalter Spiegel spiegelt nicht"³⁹⁷. Dass ‚Reproduktion untersagt‘ ist, lässt sich so als Demeti gegen eine durch die skandalöse Verdoppelung innerbildlich negierte ‚Kopietheorie‘ der Ähnlichkeit lesen, die das Bild auf eine natürlichen Zeichen wie Spiegelungen entsprechende Abbildfunktion reduziert, und zugleich auf die frustrierte Rezeptionserwartung beziehen: Das Bild symbolisiert das Begehren, das Original oder Modell der Repräsentation zu identifizieren.

> The introduction of a mirror into the picture complicates this play of resemblance/dissemblance and again, just as in Magrittes *Représentation*, displaces the relationship of representation inside the picture. The model and the image are now directly confronted in the picture, and the viewer is made the judge of their resemblance. They certainly do not correspond to each other in any ordinary way, but they evoke, ‚address,‘ the relationship of representation, which they render extraordinary.³⁹⁸

---

396 Ebd., S. 62.
397 Ebd., S. 40.
398 Statkiewicz, The Notion of (Re)Semblance in the *Sophist*, S. 115: „Magritte confronts the enigma of representation by introducing it into the picture, by making it the object of painting. Thus the opposition inside/outside, thing/image, and so forth, is now doubled, if not actually mise en abyme, by the extension of the operation ad infinitum." (Ebd., S. 114).

6.6 Die ‚Ordnung der Ähnlichkeit' im Denkbild

Das Motiv des falschen Spiegels steht wiederum paradigmatisch für die Darstellung des Denkbildes, insofern es das Bild als *Repräsentation der Repräsentation*, oder, mit Freuds Begriff, „Vorstellungsrepräsentanz" inszeniert: Bild und Spiegel haben, so Jacques Lacan, die Ausschnitthaftigkeit gemein, die Rahmung des Gezeigten; doch sei der Spiegel repräsentational, während

> das gemalte Bild nur *représentant de la représentation* ist, Vorstellungsrepräsentanz, Repräsentant der Repräsentation. Es ist der Repräsentant dessen, was im Spiegel die Repräsentation ist. Es gehört nicht zu seinem Wesen, Repräsentation zu sein, und das veranschaulicht [...] die moderne Kunst. Ein Gemälde [...] hat eine Struktur, die sich von jeder Repräsentation unterscheidet.[399]

Im Bereich der Perzeption – Sehen, Anschauung, Projektion – und der Kognition – mentale Bilder, Imagination, Erinnerung, Vision – werden die „Dinge und Beziehungen erzeugt und kombiniert";[400] in ihm ähnelt das Denken, ordnet also Gleichartiges der Ordnung des Ähnlichen gemäß an: Magrittes Bildwelt als Ebene des Austauschs der geeinten Elemente und Ort der „‚fremden Gegenwart der Welt'"[401], der ihre Unverfügbarkeit erhält, soll „den Austausch zwischen den Gemälden und der Welt im Auge und Kopf des Betrachters erlauben."[402] Statt eines identifizierenden Sehens geht es dem ‚denkenden Sehen' darum,

> Bilder, Wahrnehmungen zu ordnen, zu deuten und in ein Beziehungsnetz zu stellen. Die Imagination des schöpferischen Menschen setzt sich mit der Realität der Welt auseinander und ordnet die Dinge in der Welt dergestalt, daß durch eine Bildkomposition Bedeutungskomplexe entstehen, die das Mysterium der Welt zum Erscheinen bringen.[403]

---

[399] Lacan, Vorlesungen über Velázquez' Bild *Las meninas*. Vgl. auch ebd.: „Das Verhältnis des gemalten Bildes zum Subjekt unterscheidet sich grundlegend von dem des Spiegels."
[400] Wulf, Zur Performativität von Bild und Imagination, S. 46. „Wir nehmen wahr, und wir spüren unser Wahrnehmen, und wir richten die Aufmerksamkeit auf Bezüge, die der Wahrnehmung ansonsten entgehen." (Seel, *Ästhetik des Erscheinens*, S. 97). Seel beschreibt Erinnerung als Medium der Imagination (ebd., S. 127).
[401] Zit. n. Bauer, Ähnlichkeit als Provokation, S. 127.
[402] Speidel, Zwischen Wahlverwandtschaft und Beliebigkeit, S. 62. Hier zeigt sich: Die paradoxen Konstellationen lösen einen Rezeptionsprozess aus, der selbst als „Schule des Denkens und Vorstellens" fungiert (ebd., S. 63).
[403] Moser, Sinnbild und Abbild, S. 4.

6.6.2 Von der Kombinatorik des ‚Seziertischs' zum Problem der Ähnlichkeit

> [L]e choc que je ressentis était provoqué précisément par l'affinité des deux objets [...], alors que précédemment ce choc était provoqué par la rencontre d'objets étrangers entre eux. (René Magritte)[404]

> La ressemblance, c'est la pensée qui devient connaissance immédiate et qui garde intactes la richesse et la précision des termes réunis dans la connaissance immédiate. (René Magritte)[405]

Das ähnelnde Denken legt Magritte zufolge keine messenden, vergleichenden Maßstäbe an, sondern soll sich unmittelbar mit Dingen identifizieren, die in unvertrauten Konstellationen im Bild sichtbar werden: Magrittes Bilder „zeigen die Dinge und deren Funktionsbeziehungen nie so, wie wir sie erwarten würden. So einfach und überschaubar die Manipulationen zunächst erscheinen, so viele Fragen werfen sie auf."[406] Die diese Manipulationen operationalisierende Bildtechnik der *Montage*, die „zur Norm auch auf der Ebene der Semantik" wird,[407] entwickelt Magritte in kritischer Auseinandersetzung mit Thesen der Surrealisten um Breton als kombinatorisches Verfahren des Vereinens des Disparaten, das weniger auf die „Bizarrerie" der „Montage möglichst stark differierender Elemente" setzt als auf Isolation, Inversion, Verdopplung oder Umkehrung.[408] Mittels der so bildlich nachvollzogenen Differenzierung von *ressemblance* und *similitude* kann Magritte behaupten, dass seine Bilder als Ganzes ‚ähneln' – nicht die einzelnen, ‚gleichartigen' Bildelemente, sondern ihre Ordnung in der Organisation des *Tableaus*.

Die Problematik der Denk- und Darstellbarkeit von Relationen fasst er in tastende Formulierungen:

> [D]ie Beziehungen zwischen den Dingen sind abstrakte (Formen?) des (Denkens?). Die Wörter: in, zwischen, für, wie usw. machen die ordnungsgemäße Ausübung des Denkens wirklich zu einfach. Wenn es einfach ist, zu sagen: eine Rose im Garten, so ist es nicht einfach, zu sagen: eine Rose im Universum; weil das Wort ‚in' keine abstrakte Auskunft mehr ist, die unser Denken gleichsam ‚außer sich' setzt, sondern eine (Idee?) im Denken.

---

404 Magritte, La ligne de vie I, S. 110.
405 Magritte, L'art de peindre, S. 511.
406 Moser, Sinnbild und Abbild, S. 16.
407 Prange, Das Denken und die Bilder, S. 71.
408 Konersmann, *Die verbotene Reproduktion*, S. 33. Die verfremdenden Akte der Montage setzen an den Transformationsregeln an, der ‚Grammatik' der Maßstäbe, nach denen etwas in den Bildraum übersetzt und als ähnlich wahrgenommen wird – etwa mittels Inversion, Verschiebung der Perspektive, Verkehrung der naturgesetzlichen Ordnung und der Vermeidung des Maßstabs, der der Wahrnehmungserfahrung entspricht.

Solche Punkte müßten, glaube ich, behandelt werden, damit sie von den ‚Schöngeistern' ‚verstanden' würden, es zu erreichen wäre Magie. Vorausgesetzt, sie ist wirklich, direkt, unmittelbar und nicht konventionell, erfordert keine ‚Kenntnisse magischer Art' und ist nicht medial.[409]

Entsprechend zeigten seine Bilder, die „dem Geist nicht offenbaren, was es ist, das Gegenstände veranlassen könnte, in Erscheinung zu treten, was sie verbinden oder ineinander übergehen" lässt[410], die

> Unmöglichkeit, etwas anderes zu erfassen als Ideen, Gefühle oder Empfindungen. Was man sich als ‚Verbindungen' zwischen diesen Dingen vorstellt, ist seinerseits nur eine Idee oder ein Gefühl, und nichts könnte meines Wissens als ‚Verbindung, Beziehung oder Ursache oder Wirkung' ernst genommen werden[411].

Können also solche Relationen nicht sichtbar werden, bleibt, eine Ordnung der Dinge wiederzugeben, die Denkakte der Relationierung im Bild fixiert. Den (Nicht-)Ort solcher Relationierung befragt Magritte in Bildern wie *La Voix de l'absolu*, einem Wortbild aus dem Jahr 1955 (Abb. 44), das – Operation des vierten Satzes aus „Les Mots et les images" – das Wort ‚Rose' durch das Bild einer aufgeblühten rosafarbenen Rose im Zentrum des Schriftzugs „*Une ... dans l'univers*" ersetzt. Wie die Pfeife scheint sie vor dem dunklen, vage definierten Hintergrund zu schweben, der die Assoziation des Kosmos erlaubt. Das Bild konfrontiert mit der in den gemalten Satz semantisch einbegriffenen, zugleich die Abfolge der Wörter und ihren Signifikationsmodus unterbrechenden bildhaften Präsenz der Rose in einem unbestimmten Raum, womit auch hier der Bildraum zu einer Bild- und Schriftzeichen kombinierenden Fläche wird. Die Unfassbarkeit ihrer zugleich inkludierten und transzendierenden Stellung ‚im' Satz mag die der durch ihn ausgesagten ‚Beziehungen' ausdrücken; zugleich erscheint das Bild als der Ort, der sie dennoch zu präsentieren vermag – nicht als das Tableau der Repräsentation, sondern als eigengesetzlicher, paradoxer Bildraum der Wort-Bild-Kopulation.[412] Dabei erscheint es als bildliches Äquivalent zu der von Foucault zitierten absurden Klassifikation

---

[409] Magritte, *Sämtliche Schriften*, S. 359. Schon Diderot beschreibt die „Epiphanie der Ersatzreize" vor Chardins Trompe-l'œil-Gemälden als „Magie" (Eco, *Kant und das Schnabeltier*, S. 405). Mit Frazers/Freuds Deutung der Magie ließe sich anschließen: gerade die Repräsentationsbehauptung impliziert metaleptisch die Verwechslung der Ebenen des Scheins mit ‚Wirklichkeit'.
[410] Magritte, *Sämtliche Schriften*, S. 591.
[411] Magritte, *Sämtliche Schriften*, S. 357.
[412] Vgl. Prange, *Der Verrat der Bilder*, S. 80. In der Montage, in die Schrift eingeführt ist, ist „[d]ie ästhetische Konstruktion [...] keine Supra-Ordnung mehr, die Gegenstand und Raum zusammenbindet, sondern sie artikuliert sich allein aus einem internen Widerspruch von Wiederholung und Authentizität, von Flächenzeichen und Raumerscheinung."

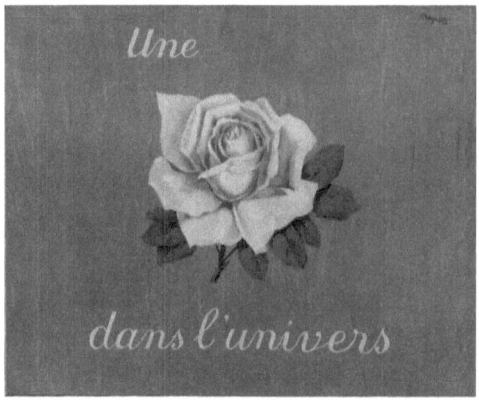

Abb. 44: René Magritte, *La Voix de l'absolu* (1955), Öl auf Leinwand, 40 x 50 cm, Ort unbekannt.

Borges', deren Monstrosität „topologischer Art"⁴¹³ ist, und – eine Nähe, die Foucaults Brief feststellt – zu den sprachlichen Verfahren Roussels: „Das Absurde ruiniert das *Und* der Aufzählung, indem es das *In*, in dem sich die aufgezählten Dinge verteilen, mit Unmöglichkeit schlägt."⁴¹⁴ So lassen sich Magrittes Bilder mit den „*Heterotopien*" vergleichen, die das Denken „unterminieren, weil sie verhindern, daß *dies* und *das* benannt wird, weil sie die gemeinsamen Namen zerbrechen oder sie verzahnen, weil sie im voraus die ‚Syntax' zerstören. Und nicht nur die, die die Sätze konstruiert, sondern die weniger manifeste, die die Wörter und Sachen [...] ‚zusammenhalten' läßt."⁴¹⁵ Dass sie zum Ort der Stiftung neuer Relationen zwischen den aus konventionellen Zusammenhängen befreiten Dingen werden, lässt sich – Einsatzstelle des Nachdenkens über die Konjunktionen („wie" oder „in") bei Magritte, der Lautréamonts Gleichnis der Bildoperation des ‚Vereinens' vergleicht – auf die bereits mehrfach thematisierte Frage nach dem Status des *Seziertischs* beziehen: Im Verweis auf ihn differenziert Foucault Borges' und Roussels Verfahren von der surrealistischen „Bizarrerie ungewohnten Zusammentreffens": „Fortgenommen ist [...] der berühmte ‚Operationstisch' [...] als Tableau, das dem Denken gestattet, eine Ordnungsarbeit [...] vorzunehmen"⁴¹⁶. Dieses „Mißverständnis" ver-

---

413 Balke, Foucault und die Möglichkeiten eines Denkens, S. 50.
414 Foucault, *Die Ordnung der Dinge*, S. 19. Zu „Roussel als ‚Erfinder einer Sprache, die nur sich selbst sagt, einer in ihrem verdoppelten Sein absolut einfachen Sprache, einer Sprache der Sprache'" vgl. ebd., S. 60f.
415 Foucault, *Die Ordnung der Dinge*, S. 20.
416 Ebd., S. 19.

weist, wie oben mit Prange angedeutet, „voraus auf Foucaults Mißverständnis von Magrittes Werk": Der Seziertisch nehme „eben nicht die Funktion des Raums oder des Tableaus ein, in dem Regenschirm und Nähmaschine ihr Nebeneinander, ihre Verwandtschaft begründen könnten": von seiner „hierarchischen Position [...] entbunden", trete er „als drittes Ding neben die anderen beiden Gegenstände"; die „Demontage seiner raumgebenden Rolle" weist ihn als Modell nicht nur der Metapher, sondern auch der Montage aus.[417] Den von Borges' Klassifikation irritierten „gemeinsame[n] Raum des Zusammentreffens"[418] eröffnet demnach nicht nur die „Ortlosigkeit der Sprache"[419], sondern auch der ‚Nichtort' der Bilder. Anstelle eines *tertium comparationis*, nach dem das vergleichende Denken Unterschiedliches und Ähnliches gruppiert,[420] setzt das ähnelnde Denken Relationen ins Werk, die an der Ordnung der Dinge im Bild sichtbar werden; das *Wie* unvermittelten Nebeneinanders, der ‚universellen Koinzidenz', soll, vergleichbar der surrealistischen Metapher, das ähnelnde Denken sichtbar machen: „Die ausdrückliche Negation des Dritten ‚zwischen' den Dingen, das sie übergreift und verbindet, mithin das, was die Collage als solche charakterisiert, ist Magrittes künstlerisches Thema."[421] Die Integration heterogener Elemente und verschiedener Bildebenen stellt keine Identität her: Der homogene Bildraum des Tableaus weicht einer „Mythologie des Partikularen" und wird zum Ort eigengesetzlicher Relationen, der durch den Entzug eines Maßstabs gekennzeichnet ist, der Bild- und Erscheinungswelt abgleichen ließe.[422]

Dieses Thema findet sich abgewandelt auch in *Le Tombeau des lutteurs* (Abb. 45) von 1960: Die dichtgefüllte Blüte einer roten Rose ist, wie an dem angeschnittenen Fensterausblick mit zurückgezogenem Vorhang links erkennbar, in einem Zimmer befindlich und raumfüllend dargestellt. Auch diese Rose ist mit

---

417 Prange, *Der Verrat der Bilder*, S. 60. Vgl. dazu – im Blick auf Ernsts Montagekonzeption – bereits Kap. II.4.3 und Kap. II.5.1.
418 Foucault, *Die Ordnung der Dinge*, S. 18, f.
419 Ebd., S. 19.
420 Die Vermittlung eines „*tertium comparationis*" ordnet die Glieder dem Vergleichsgrund unter; dagegen bleibe „die Analogietheorie grundsätzlich auf derselben Ebene und operiert mit der Gedankenfigur einer Zweiheit in der Einheit wie einer Einheit in der Zweiheit." (Gloy, Das Analogiedenken, S. 293).
421 Prange, *Der Verrat der Bilder*, S. 77.
422 Ebd., S. 65. Ohne *tertium* bleibt die Vermittlung Leerstelle: Halten in der Tradition des Aspektwechsels seit Arcimboldo Tropen die Interpretationsebenen zusammen – selbst Effekte der Analogiebildung – sind Magrittes Bilder Ausdruck der „darstellerischen Freiheit" (Bauer, Ähnlichkeit als Provokation, S. 133). Wo in den Früchtebildern die „hinter der scheinbaren Disparatheit verborgene Ähnlichkeit" (ebd., S. 134) den Wechsel der analogen Ebenen ermöglicht, ist bei Magritte der paradoxe Zusammenhang nur „vorläufige Basis, auf der die Brüche der Denk- und Wahrnehmungskonventionen spielerisch rezipiert werden." (Ebd., S. 135).

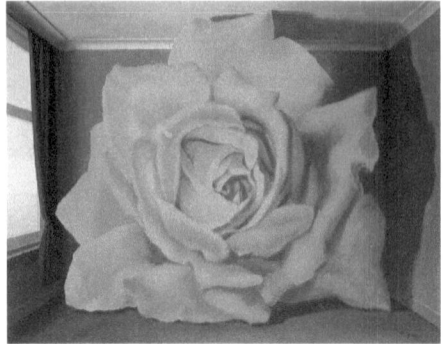

Abb. 45: René Magritte, *Le Tombeau des lutteurs* (1960), Öl auf Leinwand, 89 × 116 cm, Privatsammlung.

Mitteln der Montage, der Isolation und Maßstabsveränderung üblichen Größenverhältnissen entzogen: Das Bild hebt den Maßstab auf, der den Eindruck von Nähe und Entfernung, Größe der Rose und Enge des Raums vergleichend beurteilen ließe; das alogische Verhältnis des Gegenstandes zu seiner Umgebung vermittelt das Rätselhafte seiner übermächtigen Präsenz.[423] Seine Einbindung ins Bild als ‚handgemalte Collage'[424] verweist auf eine Umwelt, die nicht der Kontiguität im Wahrnehmungsraum entspricht, sondern einem Denken, das sie der Topik eines eigengesetzlichen Raumes gemäß ansiedelt, einen ‚mysteriösen' Effekt erzielend. Das Montageverfahren stört die Erwartung einer erfahrungsgemäßen Kontiguität der Dinge im Bildraum, der so trotz der ‚Gleichartigkeit' der einzelnen Bildelemente nicht als repräsentational wahrgenommen wird. Magritte „zitiert die illusionistische Raumbühne des perspektivischen Tafelbilds"[425] und inszeniert zugleich einen Bruch mittels der Störung der Figur-Grund-Verhältnisse: Waren in der „mythischen Konstitution" des Tableaus Autonomie und Referenz vereint, so lässt das Montageverfahren den Bildraum als Erscheinungsdimension

---

[423] Die Rose ist in der Verzerrung der Größenverhältnisse ‚verabsolutiert'. Der Titel eröffnet ein Feld von Assoziationen des Grabes als Interieur, der Rose als Liebes- und Trauersymbol, des abgetrennten Kopfes, der roten Farbe, die für Blut stehen mag.
[424] Vgl. Ernst, An einem Regentag in Köln oder die Entstehung der Collage, S. 90. Ernsts Charakterisierung der Bilder Magrittes als ‚handgemalte Collage' ist für diese Bildformel treffend – weitere Beispiele, etwa einen Apfel im Raum zeigend, funktionieren analog. Dies trifft besonders auf Werke zu, die den „typischen Renaissance-Raum" inszenieren (Sylvester, *Magritte*, S. 140). Vgl. Magrittes Einspruch, den Charakter der „Scheincollagen" wiesen nur bestimmte Bilder auf (ebd., S. 142), andere, etwa aus den späten 20er Jahren, setzten die Collagetechnik nicht ein.
[425] Prange, *Der Verrat der Bilder*, S. 80.

der „Ähnlichkeitsrelation zum Bedeuteten"[426] in Widerspruch zu den Bildelementen geraten – und negiert so auch hier den Abbildcharakter ikonischer Ähnlichkeit, wie ihn Räumlichkeit konstituierende Verfahren suggerieren. Der Widerspruch von gegenständlicher Entsprechung und imaginativer Neuordnung der Dinge erzeugt dabei einen visuell unmittelbar evidenten Verfremdungseffekt, der zugleich überspielt wird; hier ist die Rose gewissermaßen resemantisiert durch den von ihr geworfenen Schatten, der den Bruch verschleift, den die Verzerrung der Proportionen auslöst. Durch solche analogischen Effekte der Manipulation des Bildraums „durch ursprünglich räumliche Vorgänge wie Verschiebung, Vergrößerung oder Verkleinerung, Dehnung oder Zusammenziehung, Streckung oder Kompression, Maximierung oder Minimierung"[427] stört Magritte die Repräsentationskonfiguration: So „löst er die Gegenstände aus ihrem vertrauten Kontext, isoliert sie oder fügt sie in ungewohnte Sachverhalte ein. Seine Absicht ist, uns von der einseitigen und im Wesentlichen funktionalistischen Beziehung zu den Gegenständen zu befreien, für die stets gilt: *Eine Rose ist eine Rose ist eine Rose.*"[428]

Dieses Verfahren ist, wie angedeutet, vergleichbar mit Methoden wie Ernsts Collagetechnik. Dabei legt Magritte Wert darauf, „daß dieses Denken [...] nicht irgendetwas ‚assembliert', nicht ‚komponiert'"[429]:

> Vereinigung passt besser und erlaubt nicht, die Idee des ‚Komponierens' mit der Dekomposition, der Analyse, der Verwesung zu assoziieren. Die Uneinigkeit ist der konstante Zustand dessen, was die Welt dem Denken darbietet. Die Inspiration besteht nicht darin, mit Gegebenem zu ‚komponieren', da es nicht nötig ist, fürs ‚Komponieren' inspiriert zu sein, es genügt, dies oder jenes nebeneinanderzusetzen. Vereinen ist nur mit den Verbindungen möglich, die allein die Inspiration uns gibt (diese Verbindungen sind da, wenn die Inspiration die uneinigen Dinge vereint)[430].

Die Leerstelle einer Erklärung der Übersetzung des ähnelnden Denkens in den Rahmen des Bildes – ein von Magritte affirmiertes Nichtwissen, denn darin offenbart sich das Mysterium – zu füllen, ist Funktion der ‚Inspirationsrhetorik': „Ein Bild der Ähnlichkeit zeigt alles, was es ist, *das heißt eine Vereinigung von Figuren ohne Hintergedanken. Es interpretieren zu wollen [...] heißt ein inspiriertes Bild*

---

426 Ebd., S. 70. Vgl. auch ebd., S. 76, f.
427 Gloy, Das Analogiedenken, S. 285: Gloy beschreibt solche Effekte der Manipulation des Bildraums mit Mitteln der Montage als analogisch, „wobei diese auch im übertragenen Sinne verwendet werden können, teils durch qualitative Manipulationen wie Über- oder Untertreibung, Verstärkung oder Abschwächung" (ebd.).
428 Speidel, Zwischen Wahlverwandtschaft und Beliebigkeit, S. 63.
429 Magritte, *Sämtliche Schriften*, S. 458. Vgl. weiter: „[E]s eint die Dinge dergestalt, daß diese sichtbaren Dinge das Mysterium evozieren, ohne das es nichts gäbe." (Ebd.).
430 Ebd., S. 460.

verkennen"⁴³¹. Die Berufung auf eine inspirierte Vereinigung betont die Offenbarung einer anderen Ordnung der Dinge gegen den technisch-intentionalen Begriff der Komposition: Beleg für die suggerierte Unmittelbarkeit der Anordnung der Dinge ist die Evokation eines in seiner Unfassbarkeit beunruhigenden Eindrucks der Nichtidentifizierbarkeit: „Was das Mysterium betrifft, das Rätsel, das meine Bilder waren, so möchte ich sagen, daß dies der beste Beweis war für meinen Bruch mit der Gesamtheit der absurden Denkgewohnheiten, die im allgemeinen ein echtes Existenzgefühl ersetzen."⁴³²

Die Manipulation durch Montage suspendiert so die vertrauten Relationen zwischen den Dingen: Das Partikulare ist mittels kombinatorischer Operationen der messenden Bestimmung entzogen.⁴³³ Die Dinge werden offen für unvorhergesehene Beziehungen und befreit von den Gesetzen der Erscheinungswelt. Solchen assoziativen Spielraum vermittelt etwa *Le Sens des réalités* (Abb. 46), ein Bild von 1963, das wiederum Gegensätze ‚eint': Der über einer Berglandschaft vor einem bewölkten, blaudämmrigen, mondbeschienenen Himmel schwebende Steinkoloss scheint zu der Umgebung, der er ‚enthoben' ist, in einer entfernten Verwandtschaftsbeziehung zu stehen; doch sind die Gesetze der Schwerkraft und die Gewissheiten der Erfahrung außer Kraft gesetzt: Den „Kontrast"⁴³⁴ von Schwere und Leichtigkeit aufrufend, nimmt der Stein den Platz einer Wolke ein; dies vermittelt den Eindruck unnatürlicher Leichtigkeit und mag zugleich die Assoziation schwerer, grauer Regenwolken wecken – so kommentiert Magritte das explizit eine sol-

---

431 Magritte, *Sämtliche Schriften*, S. 428. Die ästhetische Ordnung entzieht die Bildelemente der Bezeichnungsfunktion und die Dinge der Reduktion auf den Zweckgebrauch. *Ich beschreibe,* so gut ich kann, vermittels gemalter Bilder Gegenstände und das Zusammentreffen von Gegenständen, unter dem Aspekt, zu verhindern, daß ihnen irgendwelche unserer Ideen oder Gefühle anhaften." (Ebd., S. 591) Die Montage bedingt keine Entstellung der Form, sondern die Verfremdung der Eigenschaften, die messende Denkformen den Dingen zuschreiben (Naturgesetze, Perspektive, Zeitwahrnehmung). Gablik zieht hier die Parallele zur modernen Physik, besonders der Relativitätstheorie (Gablik, *Magritte*, S. 126).
432 Magritte, *Sämtliche Schriften*, S. 85.
433 Seel nennt Bilder „konstellative Darbietungen", „deren Sinn an eine nichtsubstituierbare (durch keine andere Kombination von Elementen ersetzbare) Ausführung gebunden ist." (Seel, *Ästhetik des Erscheinens*, S. 157).
434 Konersmann, Die verbotene Reproduktion, S. 24. Hier wird deutlich, dass es weniger um kombinatorische ‚Bizarrerie' geht als um die Manipulation von Wahrnehmungs- und Darstellungskonventionen: Das Ziel ihrer Bewusstmachung steht als ‚operationale' Lesart gewissermaßen zwischen der ‚myhifizierenden' und der ‚technizistischen', die Sylvesters anbietet, wenn er konstatiert, das Bild könne „als Darstellung eines Ereignisses interpretiert werden, in dessen Verlauf ein großer Felsbrocken auf wundersame Weise leichter geworden ist als Luft. Man kann darin aber auch eine Kombination von Bildern sehen, die einen Himmel mit nur wenigen Wolken interessanter macht, indem ein ausgeschnittener Felsbrocken in seine Mitte geklebt wurde" (Sylvester, Magritte, S. 140).

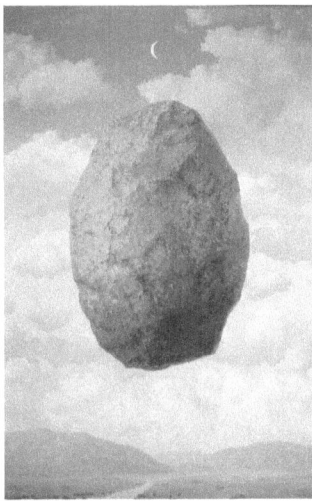

Abb. 46: René Magritte, *Le Sens des réalités* (1963), Öl auf Leinwand, 172 x 116 cm, Privatsammlung.

che Formähnlichkeit realisierende Bild *La Bataille d'Argonne* (1959), das einen neben einer Wolke schwebenden Stein zeigt, es evoziere poetisch das Gefühl oder die Idee des Gewichts jenseits der Regeln der Physik.[435] In der Aufhebung des Maßstabs manifestiert sich die Bildlösung der Frage, „wie man einen Stein zeigt, der ‚wäre, was er ist'"[436], der Darstellung von Schwere ohne ein Maß. Das Spiel mit dem Kontrast erstreckt sich auch auf den Titel; das die ‚Realität', das Sein des Steins, zeigende Bild demonstriert zugleich eher den von Magritte als Freiheit des Denkens gefassten „Möglichkeitssinn", als den ‚Realitätssinn' zu illustrieren.[437]

Die „Suche nach der zwingenden Kombination"[438], die über die Ordnung der Dinge im Bild das Mysterium evoziert, provoziert unterschiedliche Bildlösungen; wo zunächst Verfremdung und Rätselcharakter im Vordergrund stehen, verlangt die Abwehr eines möglichen Vorwurfs willkürlicher Komposition, gegen den sich die Berufung auf die Inspiration und das ‚Einen' verwahrt, nach ‚notwendigen'

---

[435] Vgl. Harry Torcyner, *Magritte: The true Art of Painting*, übers. v. Richard Miller, New York 1979, S. 99 (Brief an Bosmans vom Juli 1961).
[436] Magritte, *Sämtliche Schriften*, S. 322.
[437] Speidel, Zwischen Wahlverwandtschaft und Beliebigkeit, S. 63: „Indem er beide [Dinge und Sprache, S. B.] aus ihrem Kontext löst und in fremde Zusammenhänge setzt, hilft er uns jenen ‚Möglichkeitssinn' zu entwickeln" (ebd.). Vgl. Magritte, *Sämtliche Schriften*, S. 306 f.: „Das Denken hat einige Freiheit, wenn es der Sympathie Wert verleiht, die man für einen Stein empfindet, oder es dem Leben und dem Universum, von dem das Leben abhängt, den höchsten Wert beimißt."
[438] Schneede, *Die Kunst des Surrealismus*, S. 116.

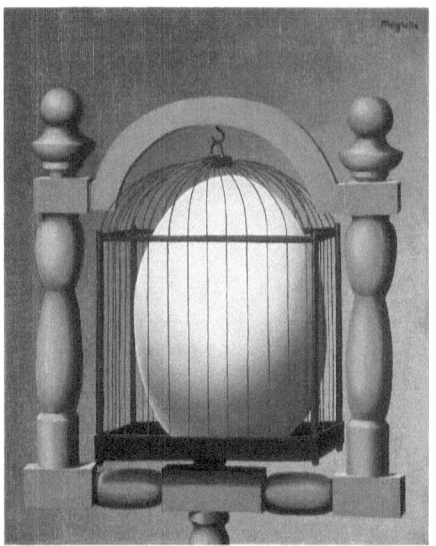

Abb. 47: René Magritte, *Les Affinités électives* (1932), Öl auf Leinwand, 41 x 33 cm, Privatsammlung.

Assoziationen und nichtbeliebigen Relationen, die den „geheimen Affinitäten der Dinge und ihre[n] verborgene[n] Zusammenhänge[n]" entsprechen.[439] Eine entsprechende Verfahrenslogik findet das Bild mit dem sprechenden Titel *Les Affinités électives* (1932) (Abb. 47): Es zeigt in nahe herangerückter Ansicht einen Vogelkäfig mit einem im Verhältnis monströs großen, ihn nahezu ausfüllenden Ei – die Verbildlichung einer Vision im Halbschlaf, wie die fälschlich auf 1936 datierte „Schlüsselanekdote"[440] Magrittes suggeriert: „Ein großartiger Irrtum ließ mich in dem Käfig ein Ei anstelle des verschwundenen Vogels sehen."[441] Dies legt eine Verwechslung aufgrund eines Ambiguitätsphänomens, der Ähnlichkeit von geduckter Vogelgestalt, Ei und der ovalen Form des Käfigs, also eine durch Ähnlichkeitssehen provozierte Übertragung, als Grund der Ersetzung nahe; die Montage lässt das Substituierte – den Vogel – gewissermaßen im Inneren des Denk-Bildes verschwinden. Dies stellt für Magritte eine entscheidende neue Bildlösung dar, deren Entdeckung er emphatisch betont als „neues und erstaunliches

---

[439] Lüdeking, Die Wörter und die Bilder und die Dinge, S. 110.
[440] Prange, Das Denken und die Bilder, S. 81. Prange beschreibt die geschilderte Bildoperation als „metamorphotisches Bildprinzip", das hier auf eine „traumartige Wahrnehmung zurückgeführt" werde (ebd.).
[441] Magritte, Die Lebenslinie I, S. 86. Das Bild stammt aus dem Jahr 1932 oder 1933, der Text aus dem Jahr 1938.

poetisches Geheimnis, denn der Schock, den ich empfand, wurde eben durch die *Verwandtschaft* zweier Gegenstände – Käfig und Ei – hervorgerufen, während zuvor dieser Schock durch die Begegnung einander fremder Gegenstände hervorgerufen wurde."[442] Die Montage heterogener, doch ‚verwandter' Elemente verdichtet sich zu einem Ineinander, das das Verhältnis von Form und Inhalt, Sichtbarkeit und Unsichtbarkeit thematisiert. In der formalen Ähnlichkeit von Ei und Käfig – betont durch den geringen Größenunterschied – ist das *tertium* des Vogels ausgespart; nicht (nur) die entwicklungslogisch verifizierbare „Verwandtschaft"[443] von Ei und Vogel beglaubigt die Affinität: In dem die Vogelgestalt substituierenden Ei mag der Vogel unsichtbar enthalten sein und so auf die Nichtidentität der Erscheinungen in der Zeit und auf ein Denken, das deren Chronologie überwindet, verweisen: den Erkenntnismodus der „*Imagination* als positiver Kraft, die lineare Zeit der Repräsentation in einen gleichzeitigen Raum virtueller Elemente zu verwandeln"[444]. So betont Magritte: „Die Bildhaftigkeit [...] und die mit ihr gegebene Simultaneität begünstigen gegenüber der Sukzessivität der Wirklichkeit eine zeitliche Verschiebung, sogar eine gleichzeitige Darstellung aufeinander folgender Vorgänge."[445] Die Verweisstruktur der Ersetzung ist übercodiert; sowohl Käfig als auch Ei verweisen – selbstreferenziell auf das entzogene *tertium* der Montage – auf den abwesenden Vogel. Dabei muss gerade nicht die natürliche Entwicklungslogik auf die Bildlogik projiziert werden, um die *wahlverwandtschaftlichen* Beziehungen intuitiv zu erfassen, sondern dem Imaginationssprung des Künstlers kann gefolgt werden, um – Operation der Analogiemetapher, die aktiv übertragend familienähnliche oder verwandtschafts*ähnliche* Bezüge jenseits generischer Verwandtschaft stiftet – eins im anderen zu sehen.

---

442 Ebd., S. 86 f. [Hv.: S. B.].
443 Prange, Das Denken und die Bilder, S. 81. Dabei sei eigenartig, dass die Anekdote nur die Gestaltähnlichkeit von Ei und Käfig thematisiere: „Warum Magritte das Ei hier nicht auf die Gestalt des Vogels bezieht, sondern nur auf den Käfig, ist unklar. Diese Verwandtschaft ist aber wohl mitgedacht, denn sie war bereits Thema eines bedeutenden Selbstporträts des Künstlers bei der Arbeit." (Ebd.) Eine naheliegende These wäre: Aufgrund des *wahl*verwandtschaftlichen Zusammenhangs einer formalen Ähnlichkeit, der sich nicht auf die genalogische, substanzielle Bezüglichkeit festlegen lässt, sondern transgenerische Relationen stiftet. Vgl. zur Identität der Analoga Eco, *Kant und das Schnabeltier*, S. 443.
444 Foucault, *Die Ordnung der Dinge*, S. 105. Als metaleptische Umkehrung der Chronologie beschreibt dies Roquet.
445 Magritte, *Sämtliche Schriften*, S. 291. Raumzeitliche Simultaneität statt chronologischer Sukzession kennzeichnet allgemein bildhaftes Denken, doch der für das Bild als Medium des Raumes seit dem Paragone betonte Vorzug gegenüber dem Text, zeitliche Ordnungen der Sukzession durch Simultaneität zu überschreiten, wird in der Montage besonders fruchtbar. Dabei ist der retro- oder prospektive Zeitvektor hier unbestimmt: Eine analeptische Imagination versetzte die Vogelgestalt zurück ins Ei, das wiederum eine projektive Imagination anregen mag.

Die Verbindung zwischen Ei und Käfig legitimiert in diesem „problematologische[n]"[446] Bildkonzept die Bildidee: Die Relation erscheint als nicht-willkürliche Kombination, die die generische Verwandtschaftsrelation mittels einer transgenerischen, ‚wahlverwandtschaftlichen' Beziehung formaler Ähnlichkeit überblendet. Hier lässt sich zudem ein interikonischer Bezug zu La Clef des songes herstellen, womit das „Ensemble Ei-Vogel-Messer-Käfig [...] einen Eindruck des Geflechts zwischen Wort- und Bildgegenständen [gibt], das Magritte knüpft und dessen beinahe unerschöpfliche Beziehungen und Querverbindungen nach wie vor zu Entdeckungen einladen."[447]

Wie sehr sich Magritte mit der gefundenen Lösung identifiziert, zeigt das Bild *La Clairvoyance* von 1936 (Abb. 48), das Thema und Verfahren metareflexiv in einem Selbstporträt verbildlicht. Der Maler überträgt vor der Staffelei sitzend die Ansicht eines auf dem Tisch neben ihm liegenden Eis auf die Leinwand, indem er sie in die eines auffliegenden Vogels übersetzt. So wird der Übersetzungsvorgang des denkenden Sehens bzw. sehenden Denkens als nicht-repräsentationales Verfahren sichtbar: „In diesem Metagemälde scheint Magritte im Übrigen auf sehr wörtliche Weise seinen Willen (oder seine Fähigkeit) zu illustrieren, über den ersten Anschein der Gegenstände hinauszusehen, sie zu durchdringen und vorauszuahnen."[448] Der Gegenstand des Bildes im Bild steht mit dem auf dem Tisch wiederum in einer ‚verwandtschaftlichen' Relation: Die imaginative Projektion

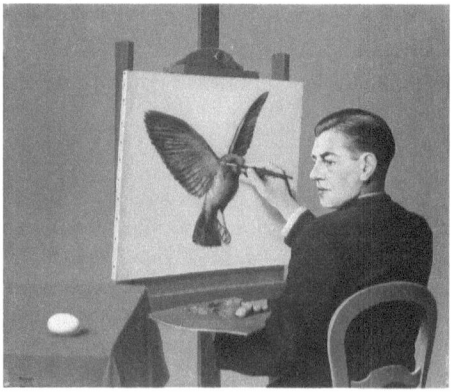

Abb. 48: René Magritte, *La Clairvoyance* (1936), Öl auf Leinwand, 54 x 65 cm, Privatsammlung.

---

446 Draguet, Vom Bild als Deckmantel zur Kunst des Problems, S. 186. Den Zugang behält Magritte zeitlebens bei (vgl. ebd., S. 184).
447 Speidel, Zwischen Wahlverwandtschaft und Beliebigkeit, S. 65, Anm. 25.
448 Ebd., S. 61.

setzt die Verwandlung des Eis in den Vogel ‚hellseherisch' ins Bild. Das Ineinander der Zeiten kommentiert Magritte dabei in anderem Zusammenhang so: „[U]nser Denken umfaßt beides, das Sichtbare und das Unsichtbare. Ich benutze die Malerei, um das Denken sichtbar zu machen. ... Vergangenheit und Gegenwart sind in der Vorstellung geeint. Aber wer kann solch einen poetischen Augenblick erklären?"[449] Die Verschränkung von außerbildlicher Wirklichkeit, Bild und visionärem Denken verweist auf das Ineinander von Wahrnehmung, Imagination und Reflexion im Denkbild. So ist die Freiheit der Imagination von der unmittelbaren Anschauung und den Zwängen der Repräsentation betont, insofern sie – im Sinne eines (aristotelisch) erweiterten Mimesiskonzepts – ins Mögliche ausgreift, einer Eigenlogik folgend, die „anwesende Gegenstände zum Objekt der Imagination" macht.[450] Im aufmerksam auf das Ei gerichteten Blick des Malers liegt dabei ein humorvolles Dementi der Abbildrelation, das verdeutlicht, in welcher Weise Magrittes „Malerei der Welt ähneln muß, um ihr Mysterium evozieren zu können"[451].

Magritte findet so eine Alternative zur Kombinatorik heterogener Bildgegenstände in dem durch „Verwandtschaft" vermittelten Schock, den er durch Substitution erreicht, indem er „das neue metamorphotische Bild dem Schein des Wirklichen wieder einordnet"[452]: Die Bildlösung *motiviert* so die kombinatorischen Relationierungsakte durch arbitraritätseinschränkende Möglichkeiten nicht-willkürlicher Assoziation – mittels der „Ähnlichkeit der Analoga".[453] Sein

---

449 Zit. n. Moser, Sinnbild und Abbild, S. 4 (über *Die Blankovollmacht*, 1965).
450 Seel, *Ästhetik des Erscheinens*, S. 127. „Ästhetischer Schein [...] liegt vor, wenn wir etwas, das so und so erscheint, *als* etwas wahrnehmen können, ohne zu meinen, *daß* es so ist." So können wir das Sichtbare als im Bild erscheinend sehen (ebd., S. 125); die Imagination bewegt sich „in einer mehr oder weniger großen Nähe zur Wahrnehmung eines ästhetischen Scheins – und doch wieder anders. Denn die Imagination ist an keinen Wahrnehmungsschein gebunden" (ebd., S. 127).
451 Magritte, „Jan Walravens: Begegnung mit Magritte", in: ders., *Sämtliche Schriften*, S. 440–451, S. 444.
452 Schneede, *Die Kunst des Surrealismus*, S. 116.
453 Es sei die *Notwendigkeit* der Relationen, „die Gesetzmäßigkeit der Verweisung" in der „Ähnlichkeit der Analoga", die das Analogiedenken als rationalen Denktypus kennzeichne (Gloy, Das Analogiedenken, S. 276): Die Möglichkeit einer Rationalisierung des Analogiedenkens bestimmt Gloy im Blick auf die „Frage, ob der Verweis auf anderes kontingent oder notwendig ist, der Willkür und freien Manipulation unterliegt oder an gewisse naturgegebene Gesetzmäßigkeiten geknüpft ist und eine Nötigung enthält. [...] Was den Übergang von einem Phänomen zum anderen erzwingt, ist die Ähnlichkeit der Analoga, wie sie beispielsweise in der Ähnlichkeit der Form [...] besteht [...]. Es handelt sich um Ähnlichkeiten *formaler*, *struktureller* und *prozessualer* Art, wozu sich noch die *funktionale* Ähnlichkeit gesellt. [...] Das dritte Kriterium des Analogiedenkens neben der Überdetermination und dem Verweis bzw. Hinausgang auf Anderes bildet mithin die Ähnlichkeit der Analoga. Bedenkt man, dass alle Ähnlichkeiten – formale, strukturelle, prozessuale und

Werk wird in der Folge zum Experimentierfeld der Suche nach ‚notwendigen' Relationen als zu verwirklichende „Antwort für jeden Gegenstand"[454]: So untersucht er Gegenstände darauf, ob sie nicht „dank eines ans Licht gebrachten ihnen eigenen und ihnen unausweichlich vorbestimmten Elements [...] die gleiche offensichtliche Poesie enthüllen konnten, wie das Ei und der Käfig sie aufgrund ihrer Vereinigung hervorzubringen vermocht hatten."[455] Diese notwendigen Beziehungen müssen ‚auftauchen': „Dieses zu entdeckende Element, dies jedem Gegenstand vor allen anderen dunkel anhaftende Ding – ich erlangte im Laufe meiner Forschungen die Gewissheit, daß ich es immer schon im voraus kannte, daß aber diese Kenntnis wie auf dem Grunde meines Denkens verloren war."[456] So betont Magritte, dass er „lange vorher im Unbewußten das Ding kannte"[457]; die Schwierigkeit, zu erfassen, unter welchen Bedingungen solche notwendigen Relationen erscheinen, ist konstitutiv, da jede Rationalisierungsbestrebung in Magrittes Befragung des Denkens der Ähnlichkeit Grenzen hat, die nicht durch das Denken aufgelöst werden können, sondern die das Denkbild gerade in seiner Rätselhaftigkeit inszeniert.

6.6.3 Erscheinungsebenen der Koinzidenz: Die selbstähnliche (Re-)Präsentation

> Enfin, il y a la peinture soumise à l'ordre de la ressemblance. (René Magritte)[458]

Magrittes Konzept des Denkbildes tilgt den Unterschied zwischen dem Bild als Medium und dem mentalen Bild. In der „Ausrichtung der Bedeutung eines Bildes auf die Metaphysik des ‚Denkens'" hat dieses kein Original oder Modell, sondern fragt nach der Darstellbarkeit von ‚Problemen'[459]. In der postulierten Identität von Erscheinung, mentalem (Denk-)Bild und gemaltem Bild zeigt sich

---

funktionale – mit Ausnahme der qualitativen auf Verhältnissen basieren, so erweist sich das Analogiedenken als ein In-Verhältnis-Setzen von Verhältnissen." (Gloy, Das Analogiedenken, S. 259).
454 Magritte, Die Lebenslinie (I), S. 87.
455 Ebd.: „Seiner Auffassung nach steht jeder Gegenstand, sogar gemäß der normalen Erfahrung, in Beziehung zu einem anderen Gegenstand, mit dem er gewisse rationelle, wenn auch nicht anerkannte Verbindungen hat, die noch entdeckt werden müssen: der Käfig und das Ei, der Baum und das Blatt, die Öffnung und die Tür." (Gablik, *Magritte*, S. 105).
456 Magritte, Die Lebenslinie (I), S. 87. Vgl. Draguet, Vom Bild als Deckmantel zur Kunst des Problems, S. 186 f.
457 Ebd., S. 88.
458 René Magritte, „L'art de peindre (Texte du manuscrit Coquelet)" in: ders., *Écrits complets*, S. 512.
459 Welchman, Nach der Wagnerianischen Bouillabaisse, S. 83. Vgl. Meister, Les mots et les images, S. 129: Durch die ‚problematologische' Konzeption der Bilder wird ihr „repräsentativer

eine Überdetermination der Bildelemente, eine „Mehrdeutigkeit [...] zwischen einem realen Gegenstand, der geistigen Vorstellung davon und der gemalten Darstellung"[460]; so geht jede Behauptung einer einsinnigen Denotationsbeziehung der Bildelemente fehl. Das Bild wird zu einer Figur des Sowohl-als-Auch, die innerbildlich die Ebenen der *Repräsentation* und der Präsentation einer *Vorstellungsrepräsentanz* überblendet. Eine früh von Magritte in diesem Sinn eingesetzte ‚analogische' Bildtechnik ist die der Metamorphose – der Identifizierung zweier Bilder in einer Bildebene mittels Transformation, Transmutation oder Hybridisierung. In einem Brief an Paul Nougé beschreibt Magritte diese im Bild *Découverte* (1927) erstmals angewendete Verfahrensweise:

> Ich glaube, in der Malerei eine faszinierende Entdeckung gemacht zu haben: Bisher hatte ich zusammengesetzte Gegenstände verwendet, oder manchmal genügte auch die Situation eines Gegenstandes, ihn mysteriös zu machen. Im Verlauf der Recherchen [...] fand ich eine neue Möglichkeit der Dinge: dass sie *allmählich* etwas anderes werden können, ein Gegenstand *verschmilzt* mit einem anderen Gegenstand. Zum Beispiel lässt der Himmel an bestimmten Stellen Holz erscheinen. Das ist, so scheint mir, etwas ganz anderes als das Zusammentreffen zweier Gegenstände, denn hier gibt es weder Bruch noch Grenze zwischen den beiden Materialien. Auf diesem Wege gelange ich jetzt zu Bildern, bei denen der Blick auf ganz andere Art als bisher „denken" muß: die Dinge sind greifbar, und doch werden an bestimmten Stellen Bretter aus massivem Holz unmerklich transparent oder Teile eines weiblichen Körpers gehen in ein anderes Material über.[461]

Das Bild *La Passion des lumières* (Abb. 49) von 1927 zeigt die Ineinssetzung eines Himmelsausschnitts über dem niedrigen Horizont einer hügeligen Landschaft mit der Maserung eines Holzbretts: Himmel und Holzmaserung gehen ineinander über und wirken teils opak, teils diaphan. Dies verunmöglicht, zu differenzieren, welche der qualitativ nicht unterschiedenen Ebenen Figur und Grund, Rahmen und *mise en abyme*, welche ‚scheinhafter' oder auf die andere durchlässig ist; sie sind gleichgeordnet in der Ebene des „vergegenständlichten, körperhaften Bildraums"[462]. Das Bild überblendet zwei Ansichten, um Innen und Außen, Nahes und Fernes, Begrenzung des Blicks und Fernsicht zu einen, und „scheint sich selbst in ein Doppelbild zu verwandeln", worin Sylvester eine Annäherung an vergleichbare Tendenzen surrealistischer Malerei sieht: „[D]ie Übergänge, die auf den

---

Wert [...] aus dem Grund gemindert, dass ihr eigentlicher Bezug nicht mehr derjenige zur Welt, sondern derjenige zur Konstruktion ist, aus der das Bild hervorgegangen ist."
[460] Gablik, *Magritte*, S. 97. Nach Gloy ist dies das erste Kriterium analogischen Denkens: „Jede Form, jede Ebene ist überdeterminiert, indem sie nicht nur sich selbst darstellt, sondern zugleich auf eine andere verweist. Alle Phänomene sind doppel-, sogar mehrdeutig; sie sind durch Ambivalenz und Polysemie ausgezeichnet." (Gloy, Das Analogiedenken, S. 268).
[461] Magritte, *Sämtliche Schriften*, S. 94.
[462] Hevers, *Der Raum eines Denkens*, S. 68.

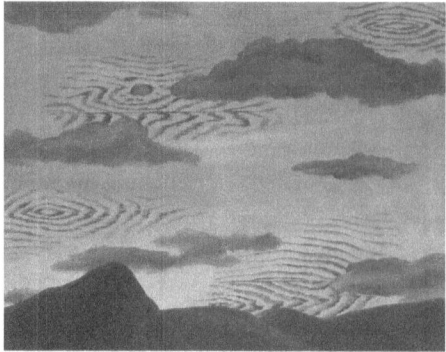

Abb. 49: René Magritte, *La Passion des lumières* (1927), Öl auf Leinwand, 50 x 65 cm, Privatsammlung.

metamorphen Bildern zu sehen sind, scheinen sich – wie die kräftig gemusterten Holzplanken beweisen – an der von Max Ernst entwickelten Frottagetechnik zu orientieren."[463] So lässt sich die Struktur dieses Doppelbildes auf das Ähnlichkeitssehen beziehen; doch anders als in Ernsts Frottagen, die die Spur des Materials imaginativ transformieren und die darin aufblitzenden Ähnlichkeitseffekte ausgestalten, ist in der „metamorphotischen Durchdringung"[464] der Bildebenen Magrittes die Differenz der Ebenen, die kaum ein *Sehen-als* zulassen, zugleich negiert: Es ist nicht zu entscheiden, ob die Holzmaserung die Imagination eines Landschaftsausschnitts angeregt haben mag, die das Bild zu einer Traumlandschaft erweitert, oder ob die „Handlungsbühne selbst als Vorhangfläche zu lesen [ist], unter der ein Steifen Holzmaserung die Existenz einer weiteren Ebene anzeigt"; dies „sabotiert [... .] auf sehr effektive Weise die Subordination des Bildes im Bild."[465] Es zeigt die synoptische Ordnung der Imagination, die die Ebenen ineinander sichtbar macht und ein hybrides Bild mit überdeterminierter Struktur erzeugt: Bei dem Verweis auf anderes auf einer analogischen Ebene könne es sich, so Gloy, „um das bloße Durchscheinen oder Durchschimmern eines anderen, Diaphanität, oder um einen realen Transzensus, eine *Transmutation*, oder in zeitlicher Hinsicht um eine *Metamorphose* handeln."[466] Dabei verbildlicht das Doppelbild zugleich die skeptische Auffassung, der zufolge Magritte eine Landschaft wie „ein

---

463 Sylvester, *Magritte*, S. 166.
464 Prange, Das Denken und die Bilder, S. 72.
465 Ebd., S. 66 – so beschreibt Prange diese Technik für ein anderes Bild: *Le jockey perdu* von 1926.
466 Gloy, Das Analogiedenken, S. 268.

vor meinen Augen hängender Vorhang"[467] erscheint; die Nivellierung der Grenze von Sein und Schein wird damit auf die Realität gewendet: „Problem und Kritik des ästhetischen Scheins werden intellektuell nicht als ein dem künstlerischen Bild inhärentes historisches Problem gefaßt, sondern unmittelbar auf die Konsistenz der Wirklichkeit und ihrer Erkenntnis verschoben."[468]

Auf die bildliche Reflexion dieser Auffassung spielen auch Magrittes gemalte Vorhänge an: Das Ineinander verschiedener Ebenen der Scheinhaftigkeit – das sich auf den Topos des Vorhangs des Parrhasios rückbeziehen lässt[469] – erzeugt eine potenzierte Scheinhaftigkeit, die das „Spiel mit der ästhetischen Grenze"[470] innerbildich reflektiert. Auch weitere metapikturale Elemente wie Spiegel, Fenster, Türen und Öffnungen zeigen den Bildraum als Ort analogischer, die Darstellungsebenen verschränkender ‚Selbstähnlichkeit'.

Eine solche Konstellation zeigen etwa auch Bilder, die, wie *Le Plagiat* von 1940 (Abb. 50), im Einen das Andere sehen lassen: Die Negativform eines vor einem Vorhang auf einem Tisch in einer Vase stehenden Blumenstraußes erscheint wie in Collagetechnik einmontiert; seine Kontur[471] rahmt die den fehlenden Strauß ersetzende Ansicht einer frühlingshaft blühende Wiese, auf der ein Baum mit blühenden Zweigen zu sehen ist; so ist eine metonymische Beziehung von Blumen und Wiese herstellbar. Zugleich mit der Verkehrung von Innen und Außen scheinen die Verhältnisse von Figur und Grund, Form und Inhalt, Räumlichkeit und Fläche invertiert. Das Bild gibt *mehr* zu sehen, als im Innenraum zu sehen wäre, durch den imaginativen Durchblick, den *Ausschnitt* des Straußes oder die überblendende Füllung seiner Form durch eine über die Figur hinausweisende Evokation der Präsenz des Abwesenden; ein paradoxer Widerspruch gegen Seherwartungen, den die „Doppelbilder" als „Strukturelement" einsetzen:

---

467 Magritte, *Sämtliche Schriften*, S. 82. Vgl. auch René Crevels Eintrag zu „Réalité", in: Breton, *Dictionnaire abrégé du surréalisme*, S. 837: „La Réalité devint le paravent derrière quoi se cacher et mépriser, ignorer, nier la mouvante épaisseur des réalités, leurs projections sur tous les plans – intellectuel, moral, scientifique, poétique, philosophique, etc. – eux-mêmes tour à tour émetteur et réflecteurs. En feu d'astre à surprise ou en terre de planète habituelle."
468 Prange, *Der Verrat der Bilder*, S. 65. Prange sieht darin einen Übergang von einer platonischen zu einer plotinischen Auffassung.
469 Vgl. Viktor I. Stoichita, „Magrittes Vorhänge", in: Ottinger, *Magritte*, S 142–149; ders., Der Vorhang des Parrhasios; Scholz, *Bild, Darstellung, Zeichen*, S. 43.
470 Prange, Das Denken und die Bilder, S. 63.
471 Vgl. Moser, Sinnbild und Abbild, S. 16: „Mit seinem künstlerischen Vermögen stellte sich Magritte in die Reihe derer, die die schwierigste Aufgabe der Malerei zu lösen trachteten. Plinius beschrieb dies einmal folgendermaßen: ‚Die schwierigste Aufgabe in der Malerei besteht darin, eine Kontur zu finden, die so herumgeführt wird und den Gegenstand so einschließt, daß in ihr ein Versprechen dessen liegt, was dahinter ist, so daß sie auch das klar andeutet, was sie verbirgt'".

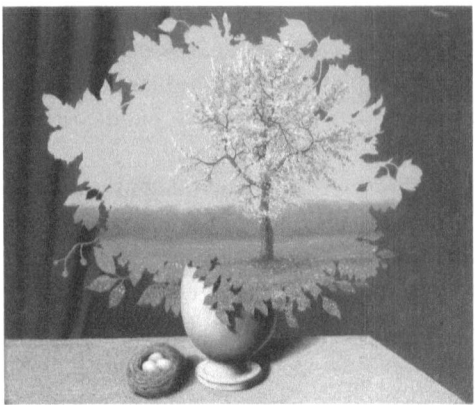

Abb. 50: René Magritte, *Le Plagiat* (1940), Öl auf Leinwand, 54 x 65 cm, Privatsammlung.

In ihnen „stellt sich die Frage der Ähnlichkeit zwischen Denken und Sehen als das Paradox, das Ludwig Wittgenstein anhand des ‚Aspektwechsels' reflektierte. Aspektsehen und Denken gleichen sich darin, „daß dieses Sehen nicht die Folgen des Wahrnehmens hat; daß es darin einem Vorstellen ähnlich ist."'[472] Anders als in Kippbildern wie Wittgensteins ‚Hasenente' oder den ‚Vasenköpfen', die je einen Aspekt aktualisieren, wird eins im anderen sichtbar. Dabei erscheint die Form des Straußes in seiner Transzendierung des (Bild-)Raums diaphan, ohne eine Transparenz zu suggerieren, wie sie Albertis Paradigma des Bildes als Fenster zur Welt aufruft: Die ein Bild im Bild zeigende Kontur verweist auf die Absenz eines repräsentational abgebildeten Gegenstands und die inkommensurable Präsenz eines Bildes, das nicht transparent ist auf Wirklichkeit, sondern auf das ‚sehende Denken': Die Konstellation lässt so das Bild als „Ort des Denkens"[473] reflexiv werden, in dessen Verbildlichung Magritte Sehgewohnheiten und Darstellungskonventionen zu überbieten sucht: „‚Wir sehen von den Dingen

---

[472] Zit. n. Bauer, Ähnlichkeit als Provokation, S. 132. Häufig ist die Synthese paradoxer Bilder, die zwei Ansichten (wie Tag und Nacht) in einer sehen lassen (vgl. Gablik, *Magritte*, S. 123), aber auch die Hybridisation zu einem Doppelbild, Umkehrungen und Negativformen (ebd., S. 127 f.).

[473] Gablik, *Magritte*, S. 98: Ähnlich fragt Wittgenstein: „‚[B]eobachtet der als Subjekt Experimentierende ein Ding oder zwei Dinge? (Sage nicht, daß er ein Ding zweimal beobachtet, nämlich von innen und von außen; denn das beseitigt nicht die Schwierigkeit.) Ich kann sagen ‚in meinem Gesichtsfeld sehe ich das Bild des Baumes rechts von dem Bild des Turmes' oder ‚ich sehe das Bild des Baumes in der Mitte des Gesichtsfeldes'. Und nun möchten wir fragen: ‚und wo siehst du das Gesichtsfeld?" (Zit. n. ebd.).

immer nur eine Seite', hat, glaube ich, Victor Hugo gesagt ... Nun, ich versuche, ‚die andere Seite' auszudrücken"[474].

Gemälde im Bild *mise en abyme* wiederzugeben, die durch Attribute wie Leinwand, Staffelei und Rahmen kenntlich gemacht sind, ist ein weiteres metapikturales Mittel.[475] Durch die Identifizierung der Bildebenen verschränken die Metabilder verschiedene Ebenen der Repräsentation und thematisieren so den Charakter des Bildhaften in paradoxen Reflexionsfiguren. So zeigt ein berühmtes Bild aus der vielfach variierten Serie *La Condition humaine* von 1933 (Abb. 51) einen Ausblick aus einem Zimmer durch ein von langen Vorhängen flankiertes Fenster. Die durch das Fenster zu sehende Landschaft ist in einem auf einer Staffelei aufgestellten Bild im Bild weitergeführt, das augenscheinlich genau den Ausschnitt zeigt, den es verstellt: Horizontlinie, Weg und Wolken werden scheinbar bruchlos weitergeführt. Auf einer in minimalem Winkel zum Betrachterstand-

---

474 Magritte, *Sämtliche Schriften*, S. 587. Eine Skizze Magrittes zeigt die Zeichnung eines Blumenstraußes und ihr gegenüber einen Betrachter, hinter dem ein zweiter Betrachter steht. Während das Motiv ‚Blumenstrauß' („das eigentliche Bild des Gegenstands") *darstellt*, illustriert die „Zwischenstellung" ihres Gegenübers eine mehr oder weniger genaue „Vision" (Vorstellung, Blick, Ansicht), die dritte Person „[d]ie endgültige Interpretation" (zit. n. Gablik, *Magritte*, S. 105). Eco führt zur Frage nach Ersatzreizen Merleau-Pontys Beschreibung eines Würfels an, der seine „visuelle Struktur" in Abhängigkeit vom Beobachterstandpunkt zeige. Doch „das Ding an sich läßt sich von meinem persönlichen Standpunkt aus nicht sehen. Ich erfasse nicht das Ding, sondern meine vom Ding geleitete Erfahrung, meine Art, das Ding zu erleben (alles andere ist, sozusagen, Schlussfolgerung, Hypothese darüber, wie das Ding sein könnte, wenn die anderen es erblicken). [...] Bei einer Ortsveränderung meines Körpers (und meines Standpunktes) würde ich etwas anderes wahrnehmen. Ich habe eine lange Wahrnehmungserfahrung hinter mir, deshalb weiß ich das alles. Doch angesichts des Ersatzreizes (der Darstellung eines Würfels, bei der ich, wenn ich meinen Standpunkt verändere, nicht sehen könnte, was sich möglicherweise hinter dem Würfel befinden könnte) habe ich bereits akzeptiert, daß jemand anderes *für mich gesehen* hat." Der Ersatzreiz ist Interpretation dessen, der „ihn hervorgebracht hat" und dessen Standpunkt der Betrachter einnimmt; Magritte verwischt Unterschiede zwischen Ikonischem und Hypoikonischem, indem er im Bild mehrere Standpunkte herstellt. Der „Ersatzreiz versucht mir die Empfindung aufzudrängen, die ich hätte, wenn ich den Standpunkt dessen einnehmen würde, der ihn hervorgebracht hat" (Eco, *Kant und das Schnabeltier*, S. 406) – das heißt, „die Mannigfaltigkeit der Perspektiven, die die wirkliche Wahrnehmung mir vermitteln würde." (Ebd., S. 407).

475 Zum Rahmen vgl. Vera Beyer, *Rahmenbestimmungen. Funktionen von Rahmen bei Goya, Velázquez, van Eyck und Degas*, München 2008; Louis Marin, „Le cadre de la représentation et quelques-unes de ses figures", in: *Les Cahiers du Musée National d'Art Moderne* 24 (1988), S. 62–81; Jacques Derrida, *Die Wahrheit in der Malerei*, hg. v. Peter Engelmann, übers. v. Michael Wetzel, Wien 1992; Victor I. Stoichita, *Das selbstbewußte Bild: Der Ursprung der Metamalerei*, München 1998; Uwe Wirth (Hg.), *Rahmenbrüche, Rahmenwechsel*, unter Mitarb. von Julia Paganini, Berlin 2013.

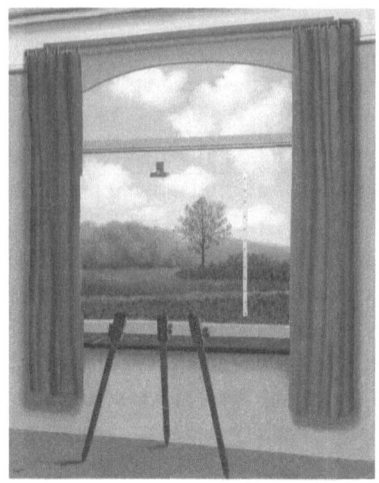

Abb. 51: René Magritte: *La Condition humaine* (1933), Öl auf Leinwand, 100 x 81 cm, National Gallery of Art, Washington, DC.

punkt parallel zur Bildebene aufgestellten Staffelei stehend, stellt das Bild im Bild seinen zweifelhaften Charakter ostentativ aus: Der Wechsel der Bildebenen ist deutlich erkennbar an der Überschneidung des Vorhangs durch die Leinwand und der weißen, unbemalten Kante der Leinwand, die die Kontinuität der auf diese Weise innerbildlich verdoppelten (oder ersetzten) Landschaft unterbricht; dass die Leinwand bildparallel aufgestellt ist, verstärkt die Suggestion der Identität des durch sie verdeckten und zugleich sichtbar gemachten Landschaftsausschnitts. Das Bild im Bild scheint die abbildliche Repräsentation der Landschaft wiederzugeben – spielt aber zugleich mit der Möglichkeit, etwas anderes zu verbergen, als es zeigt: Es ist nicht zu entscheiden, ob es ein *Abbild* oder ein *Trugbild* darstellt. Die von Platon beklagte Ambivalenz der Ähnlichkeit des mimetischen Bildes in seiner Möglichkeit zur Repräsentation *und* deren Subversion stellt es ebenso aus, wie es die von repräsentationaler Ähnlichkeit suggerierte Wahrheitsbehauptung hinterfragt, die Erwartung, das Original zu sehen, frustrierend.[476] „Man wird vermuten, dass hinter dem Bild ein anderes Schauspiel als das gezeigte stattfindet. Es ging mir darum, den Unterschied zwischen einem Blick aufzuheben,

---

[476] Die Konfiguration macht nicht nur auf die Gewohnheit des Bildersehens als *Bild von etwas* aufmerksam, sondern auch darauf, *wie* Bilder wahrgenommen werden: In ihnen „sind Gegenstände von anderen teilweise verdeckt. Wenn nicht besondere Gründe vorliegen, verstehen wir die Bilder dahingehend, dass die verdeckten Teile [...] ausgebildet sind, obwohl das Bild einer Szene in genau demselben Maße ähneln würde, in welcher die entsprechenden Teile fehlen." (Scholz, *Bild, Darstellung, Zeichen*, S. 43). Ein Bild verdeckt nichts, so Magritte an Foucault.

der sich vom Inneren oder außerhalb von einem Zimmer nach außen richtet."⁴⁷⁷ *La Condition humaine* verbildlicht für Magritte das „Problem des Fensters":

> Vor ein Fenster, das vom Innern eines Zimmers aus gesehen wird, stellte ich ein Bild, das genau den Teil der Landschaft darstellte, der von diesem Bild verdeckt wurde. Der auf dem Bild dargestellte Baum versteckte also den Baum hinter ihm, außerhalb des Zimmers. Er befand sich für den Betrachter gleichzeitig innerhalb des Zimmers auf dem Bild und draußen in der wirklichen Landschaft. Diese Existenz in zwei verschiedenen Räumen zugleich ähnelt der Existenz eines identischen Augenblicks in Vergangenheit und Gegenwart, wie das beim „Déjà-Vu" geschieht.⁴⁷⁸

Der Bildraum ist in sich doppeldeutig, denn der Landschaftsausschnitt identifiziert zwei Perspektiven in einer übercodierten Ansicht, so dass „die Distanz zwischen Vorder- und Hintergrund aufgelöst wird, Zweiheit zur Einheit wird"⁴⁷⁹. Das Ineinandersichtbarwerden reflexiv getrennter Ebenen, die in ihrer malerischen Qualität gleichgeordnet sind, verbildlicht mit Foucault eine „Analogie, welche die Repräsentation verneint, indem sie die Zweiheit und Distanz auslöscht"; durch den Kunstgriff, das „Bild mit dem zu vermengen, was es darstellen soll", wird der Bildtopos des Bildes als ‚offenes Fenster' dementiert:⁴⁸⁰ Das Bild im Bild macht sichtbar, was es verbirgt, suggeriert Transparenz wie das Fenster, das es strukturell wiederholt; doch die „‚materielle' Identifizierung der Landschaft mit ihrem realen Naturmodell zielt höchst überzeugend und kritisch auf Albertis Postulat, das Bild müsse sich wie ein Fenster verhalten, seine eigene Materialität also verleugnen zugunsten der unmittelbaren Erfahrbarkeit seiner Gegenstände"; die „ihm eingeschriebene Transparenzillusion"⁴⁸¹ torpediert die Annahme, das Bild lasse durch seine Ähnlichkeit auf ein Modell schließen: „Das geöffnete Fenster wird zum Trugbild, der unendliche Raum implodiert."⁴⁸² Innerbildlich reflektiert, wird die Transparenz des Abbilds so fragwürdig wie die eines gemalten Fensters. „Das Außen ist innen; die Leinwand ist eine Modulation der Wirklichkeit", so vermittelt die metapikturale Reflexion:

> Auf der Leinwand ist das Bild des Außen täuschend perfekt. Aber man bleibt unschlüssig, ob es sich um reine Transparenz oder um absolute Ähnlichkeit handelt. Man weiß nicht, ob die Landschaft sich auf der Leinwand oder im Außen befindet, oder/und außen; ob die Leinwand transparent ist, durchscheinend, ein „Einwegspiegel", oder ob das Gemälde

---

477 Brief Magrittes an Breton, zit. n. Sylvester, *Magritte*, S. 386.
478 Magritte, Die Lebenslinie (I), S. 87.
479 Prange, *Der Verrat der Bilder*, S. 55.
480 Foucault, *Dies ist keine Pfeife*, S. 47.
481 Prange, Das Denken und die Bilder, S. 66.
482 Zimmermann, Chimären der Einbildungskraft, S. 10.

eine exakte, nicht zu unterscheidende Replik des Modells darstellt. Identisch? Aber mit einfallsreichen Hinweisen auf eine Verzerrung[483].

Die Transparenzeffekte repräsentationaler Ähnlichkeit unterlaufend, wird das Bild – mit Magritte – zur Metapher der *conditio humana*:

> „Und so sehen wir die Welt: wir sehen sie als etwas außerhalb von uns Befindliches, obwohl sie nur eine geistige Darstellung dessen ist, was wir in uns erleben. Auf gleiche Weise verlegen wir manchmal etwas, was sich in der Gegenwart vollzieht, in die Vergangenheit. Raum und Zeit verlieren so jene grobe Bedeutung, die allein die alltägliche Erfahrung in Rechnung stellt."[484]

Dieser konstruktivistisch anmutenden Bemerkung zufolge erscheint Welt kognitiv vermittelt; die derealisierende Skepsis zieht, wo sie im Bild *mise en abyme* reflektiert wird, Repräsentation ebenso in Zweifel wie die ‚Wirklichkeit' der ins Denkbild eingeholten Erscheinungswelt.[485] „Die dadurch sich ereignende Aufhebung der Differenz von Realitätsebenen erzeugt den typisch surrealistischen Effekt, d. h. eine Realisierung von Erscheinungen auf der einen Seite und eine ‚Entwirklichung' von Realität auf der anderen Seite."[486]

Dass das Zeigen der ‚anderen Seite' der Dinge in der Verbildlichung unvorhergesehener Relationen Sache des Bildes ist, verdeutlicht auch *Les Promenades d'Euclide* von 1955 (Abb. 52), das ebenfalls die Elemente Bild, Fenster und Vorhang vereint: Das Bild im Bild führt scheinbar akkurat und bruchlos die im Fenster gezeigte Stadtansicht weiter, wobei die Häuserfront von einem spitz zulaufenden Turm im Vordergrund und von einer in den Bildraum führenden Straßenflucht unterbrochen wird: Auch hier weckt die Inszenierung der Mimesis und die metapikturale Staffage Skepsis am Wahrheitsgehalt des ‚Abbilds', die sich durch die Reflexion auf die Perspektive der Darstellung potenziert. Die Straße, die nach per-

---

483 Cassin, Der Maler-König, S. 119. Eine subtile Verschiebung lässt sich feststellen, wollte man das Bild im Bild als Abbild zu plausibilisieren: Der Landschaftsausschnitt dürfte sich nur bruchlos fortsetzen, wäre die Bildebene parallel zur unteren Bildkante des gesamten Bildes und das Bild im Bild zentralperspektivisch auf die Landschaft ausgerichtet. In der gegebenen bildparallelen Ausrichtung läge der Fluchtpunkt weiter rechts: Das Bild zeigt nicht, was aus dieser Perspektive sichtbar würde, sondern den verstellten Ausschnitt. Die dem logisch widersprechende, nahezu bruchlose Kontinuität der Landschaft zeigt, dass der sie ermöglichende Blickpunkt nicht im innerbildlichen Raum des Zimmers liegt, sondern außerhalb des Bildes mit dem des Malers und des Betrachters zusammenfällt.
484 Zit. n. Gablik, *Magritte*, S. 98 f. Zimmermann, Chimären der Einbildungskraft, S. 10.
485 Vgl. auch Magritte, *Sämtliche Schriften*, S. 369 f.: „[E]s gelingt mir nicht zu glauben, daß sich unter der Erscheinung etwas anderes als Erscheinung befindet und unter dieser, ins Unendliche, immerzu Erscheinung. Wäre die Wirklichkeit, ‚die sie uns versteckt', nicht unser Denken, das die Erscheinung sieht, ohne daß das Denken (die Wirklichkeit) sich selbst sehen könnte?" .
486 Böhme, Das ist doch eine Pfeife, S. 169. Vgl. Prange, *Der Verrat der Bilder*, S. 65.

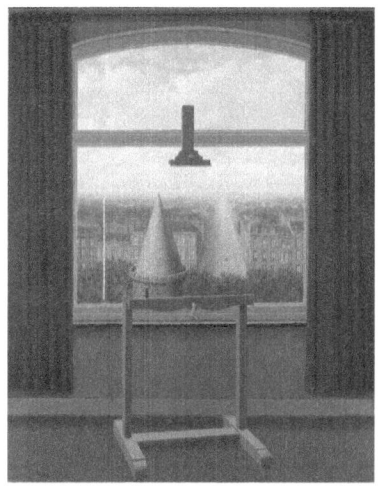

Abb. 52: René Magritte, *Les Promenades d'Euclide* (1955), Öl auf Leinwand, 162,8 x 129,8 cm, Minneapolis Institute of Art.

spektivischen Projektionsregeln auf einen Fluchtpunkt am Horizont zuläuft, suggeriert nicht nur Raumtiefe; sie nimmt auch in Form und Farbe den Turm wieder auf – bis ins Detail eines in die Straße fallenden Schattens und zweier vage zu erkennender Gestalten, die in der Fensternische in der Mauer des Turms ihr seitenverkehrtes Echo finden. Das Bild zeigt Turm und Straße in einer Perspektive, die eine Ähnlichkeit des Unähnlichen herstellt. Der Blickpunkt repräsentiert die subjektive Hinsicht, unter der die Bildelemente im Blick auf ihre Form ähnlich sind; ihre Affinität beruht nicht auf einer inneren Verwandtschaft, sondern auf den ‚Sympathiegesetzen' des imaginativen Ähnlichkeitssehens: Keine messbare Identität begründet den ‚poetischen' Vergleich.[487] Die Paradoxa der Ähnlichkeit in der *Repräsentation der Repräsentation* wecken – gerade durch die Verdoppelung – auch hier Skepsis an der bildplatonischen Ähnlichkeit der Repräsentation und bringen zur Anschauung, inwiefern das Denkbild, Sichtbares vereinigend in sich aufnehmend, ‚ähnelt'. Diese Reflexion lässt für Magritte das ‚Mysterium' erscheinen, evoziert die Korrespondenzen der Welt „de jure"[488].

---

[487] Vgl. Prange, *Der Verrat der Bilder*, S. 77. Selbstähnlichkeit lässt sich so auslegen, dass der Bildgegenstand anderen Bildgegenständen ähnlicher ist als außerbildlich Dargestelltem, Referenz und Originalität in Frage stellend, „während die Doppelgänger durch kleine Unterschiede wiederum das Konzept des einmaligen und Authentischen ins Spiel bringen." (Ebd.).
[488] Magritte, *Sämtliche Schriften*, S. 586. Seine Bilder seien, so Magritte, Ausdruck des Mysteriums, das die Dinge nur ‚de facto' evozieren – wofür die Alltagswahrnehmung blind ist.

Mit Cassin verweisen die Bilder der Serie *La Condition humaine* „sehr direkt auf Platons Höhlengleichnis, sie ‚verbildlichen' es in gewisser Weise."[489] Das Höhlengleichnis, auf dessen Topos Magritte als Szene seiner frühen Berufung zur Malerei verweist, lehrt: „Wir sehen also nur die ‚Schatten' der ‚Bilder' der Dinge. Das ist unsere ganze Wirklichkeit, doppelt entfernt vom Seienden [...], das ist die Allegorie unseres Menschseins [condition humaine]."[490] Nach Platon ahmt der Maler – wie der Sophist – nur das Erscheinende (*phainomenon*) nach, nicht die Wahrheit ihres Seins (*aletheia*), „allerdings in der Form der Erscheinung (*phantasmatos*): keine identische Kopie, sondern eine ‚Nachbildnerei' [‚*simulacre*', S. B.], die darüber hinaus die exakten Proportionen verfälscht und diese perspektivisch darstellt, damit man eher glaubt, man sähe das Objekt."[491] Der Sophist und der Maler wählen „das Bild, die Erscheinung, die Perspektive – den Relativismus der Blickwinkel anstelle der einen Wahrheit."[492] Die Referenz auf das Höhlengleichnis zeigt paradigmatisch eine Version aus dem Jahr 1935 (Abb. 53), die die Konstellation in ein Höhlenszenario transponiert: Sie verbildlicht eine Szene, die den Ausblick aus einer Felsgrotte, ein Feuer und – statt Schattenprojektionen – ein Gemälde zeigt.[493] Zwischen dem Innenraum und dem Ausblick auf die Berglandschaft durch den Höhlenausgang steht auf einer Staffelei ein Bild, das den Anblick des Außen auch hier weniger abzubilden als zu ersetzen scheint: Es zeigt nicht nur die Horizontlinie der Bergkuppen, sondern auch einen daraus aufragenden Turm, dessen Existenz außerhalb des Bildes im Bild zweifelhaft scheint. Magritte nuanciert die Konstellation des Höhlengleichnisses mittels der Insbildsetzung des Bildes; die Sehenden sind in der Perspektive des Malers und der Betrachtenden ‚anwesend'.[494] „Der Maler-König ist wieder in die Höhle hinabgestiegen, um uns das Sehen zu lehren": Er zeige das „eidos" – das, *was Bilder sind*.[495]

---

489 Cassin, Der Maler-König, S. 114. Topos eines „Bildes, angesiedelt in einer Höhle in einem unglaublichen Szenario, das über die Jahrhunderte rezipiert wurde", reicht es von Platon bis zu Alain Badious Kinoallegorie, vgl. ebd., S. 117.
490 Ebd. [Cassin, Le peintre-roi, S. 131].
491 Ebd., S. 118 [vgl. gegenüber der Übersetzung Cassin, Le peintre-roi, S. 132: „[...] mais sous la forme de *phantasme*: non pas une copie à l'identique mais une ‚simuacre' qui, en particulier, fausse les proportions exactes et met en perspective pour mieux faire croire qu'on voit l'objet"].
492 Cassin, Der Maler-König, S. 118, in Bezug auf Ende von *Sophistes* und *Politeia*, vgl. ebd.
493 Vgl. ebd., S. 118.
494 Vgl. ebd., S. 118f.
495 Ebd., S. 119.

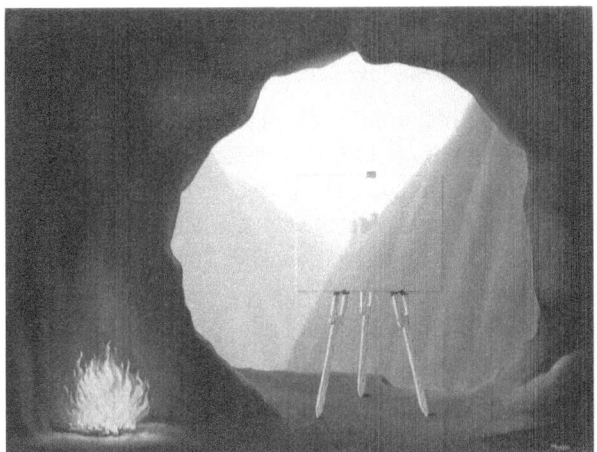

Abb. 53: René Magritte, *La Condition humaine* (1935), Öl auf Leinwand, 54 x 73 cm, Norwich Castle Museum & Art Gallery, Norwich.

> Il importe de reconnaître qu'en refusant la sous-réalité de l'image, en produisant un rapport autrement réversible, et autrement irréversible, entre modèle et image, en abolissant la différence entre ‚monde vrai' et ‚monde des apparences', Magritte faut bouger le réel. Pédagogie du peintre-roi: regardez mon tableau, vous y verrez comment l'image fait être l'être de l'objet.[496]

Magrittes Antiplatonismus besteht demnach in der „Subversion" platonischer Hierarchien: „Bei Platon ähnelt die Welt dem Denken, der gemalte Tisch dem Tisch und der Tisch der Idee des Tisches. Für Magritte ist es dagegen ‚das Denken', das der Welt ähnelt', und das Bild ist ‚die möglichst getreue Beschreibung eines Gedankens'."[497] Dieser ‚platonische Antiplatonismus' stellt das ähnelnde Bild und seinen Erkenntnisanspruch aus:

> Als Platoniker dürfte man die Mimesis nicht ruhigen Gewissens malen, auch wenn – oder gerade weil – man diese denken muss: Bei Platon kann und darf die Malerei, ebenso wie die Poesie, nicht das letzte Wort haben oder die Oberhand über das philosophische Kön-

---

[496] Ebd., S. 134 [Die Übersetzung verunklärt: Cassin, Der Maler-König, S. 119 f.]. Nicht nur die Hierarchie der Bilder ist verkehrt, auch gibt es nur noch eine *immanente* Welt. Vgl. auch Prange, die konstatiert, dass Magrittes „Pfeifenbilder den platonischen Dualismus von unsichtbarem Wesen und sichtbarer Erscheinung, welcher der Repräsentationsbehauptung zugrundeliegt [...] widerlegen. Das Dasein der Höhle [...] wird absolut gesetzt. Es gibt nur noch Schatten des Wirklichen, aber keinen [...] Ausgang aus der Höhle." (Prange, *Der Verrat der Bilder*, S. 48).
[497] Cassin, Der Maler-König, S. 121.

nen gewinnen. In dieser Rückeroberung der Intellektualisierung der Malerei durch die Malerei, das heißt der Rückholung in das, darüber hinaus poetische, Bild besteht meiner Ansicht nach genau der von Magritte gedachte und praktizierte Kraftakt.[498]

So lässt sich angesichts der metapikturalen Bildserie die Frage nach dem *simulacralen* Moment der Malerei Magrittes aufgreifen. Die Ähnlichkeit des Bildes (als Trugbild) ist, so warnt Platon, nur scheinhaft; mehr noch, zudem torpediert es die Unterscheidung von Sein und Schein: Ähnlichkeit suggeriert ein Repräsentationsverhältnis, das sie zugleich zu unterminieren vermag. Foucault beschreibt dies als Überwindung der Repräsentation mit den Mitteln des Trugbilds – das „simulacrum subverts the hierarchical relation of model to copy and suspends the identity of the original within and between its repetitions"[499] – als ‚Triumph des Sophisten' Magritte.[500] Die Bildelemente nehmen in seiner ‚Lektüre' den Charakter unähnlicher Zeichen an. Doch ist das simulacrale Moment mit Cassin und mit Statkiewicz' Relektüre der ‚schlüpfrigen' Ähnlichkeit des *Sophistes* insofern eher im Sinne Platons als im Sinne der antiplatonischen Wendung Deleuzes und Foucaults zu verstehen, als Ähnlichkeit eine Qualität *auch* des Trugbildes ist – und Bild *und* Trugbild Dimensionen der von Magritte gemalten *Mimesis* sind.[501] Magrittes ‚Kunst der Ähnlichkeit' verweist auf den ambigen Charakter des ähnelnden Bildes, der die ikonische Ähnlichkeit des *eikon* nicht von der simulacralen Ähn-

---

498 Ebd., S. 116.
499 Durham, From Magritte to Klossowski, S. 20. Das „simulacrum is just as surely the *product* of the same process it subverts" (ebd.).
500 Durham, *Phantom Communities*, S. 49; es erscheine, so Scott Durham im Duktus Deleuzes, in Magrittes Bildern als „a product of the reigning narratives of origin and legitimacy which is nonetheless [...] turned against those narratives, in a movement that subverts their demonstrations of resemblance and undoes their effects of truth" (ebd.). Vl. auch Durham, From Magritte to Klossowski, S. 20: Durham bemerkt, dass der Humor, mit dem Magritte Seherwartungen enttäusche, in dessen Beschreibung verlorengehe.
501 Vgl. Statkiewicz, The Notion of (Re)Semblance in the *Sophist*, S. 126: „It is only the ‚reality of resemblance' that saves the image from fading into nothingness. But resemblance, a slippery kind, does not mean here the undisputed derivation from a model. Once again, thinking of Foucault's reading of Magritte, we might say that Magritte's pipe would retain its reality even without the other pipe (the ideal one?) that appears hovering above the ostensively painted one in the later version of this theme. For it would not do to limit the notion of resemblance in this text to the domain of eikones. It is clearly the art of the sophist, the art of simulacra (*phantastikē tekhnē*), which is discussed here [in *Sophistes*, S. B.]. We are thus far from the certitude of the first book of the Republic where Socrates effectively related resemblance to identity. Identity as form of resemblance, which points ultimately toward the essential affiliation with the model, the Idea, would not need such a strong dramatic justification. But in the *Sophist* there *is* a question of the ‚resemblance of a pure semblance,' that is, ultimately of a simulacrum."

lichkeit des Trugbilds unterscheiden lässt, und der nicht nur den repräsentationalen Status der Bilder betrifft, sondern auch die Konkurrenz der Mimetiker: Diese Ununterscheidbarkeit – wie die von Sophist und Philosoph –

> cannot be dismissed as a mere play of false resemblance, as ‚mere similarity' (in Foucault's terms), in which case there would be no problem for ‚Platonism'. But the sophist does resemble Socrates, even if the principle of this resemblance is (dis)similarity in mimesis. Both the sophist and Socrates, like the figures in Magritte's [...] paintings, are pieces and players in the play of (re)semblance, the play in and with the order of representation.[502]

Bilder sind, was sie zeigen – das Sein des Bildes ist die Ähnlichkeit, so Platon –, doch der Schein des Ähnlichen ist vom Sein des Bildes nicht zu unterscheiden; die in *Sophistes* angestellte Reflexion innerbildlich auszutragen, lässt das ähnelnde Bild – und damit die „Erkenntnis, daß gerade die Ähnlichkeitsbeziehung auch ein Erkenntnismittel sein *könnte*" – trotz seiner Möglichkeit zum Trugbild triumphieren.[503] Die Rätsel, die die innerbildliche Reflexion der Repräsentation aufgibt, „the shuttling movement between the desire and effort to resolve the problem of resemblance and appearance – the problem of (re)semblance – and the failure to do so", wären dann ein Effekt der Arbeit Magrittes an der „representational connection of resemblance"[504], nicht aber der ‚Auflösung' der Ähnlichkeit: „It is thus perhaps neither image nor simulacrum, but rather a play between the two, that constitutes the basic structure of Magritte's [...] art."[505] Seine Bilder sind also simulacral gerade *in ihrem Einsatz der Ähnlichkeit*. Aus der Einsicht in die Krise der Repräsentation folgt nicht die Abkehr von Mimesis, Repräsentation und Ähnlichkeit, vielmehr holt Magritte deren Reflexion metaleptisch ins Bild und inszeniert ihre „Wiedergabe [...] im Zwischenschalten

---

502 Ebd., S. 131.
503 Andree, *Archäologie der Medienwirkung*, S. 70. Diese Erkenntnis Platons deutet Andree als Indiz einer „*Diskurskonkurrenz*: Platon verdammt die Ähnlichkeit der Kunstimmanenz und ihrer ‚virtuellen Welten', um sie im gleichen Augenblick seiner eigenen Philosophie einzuverleiben" (ebd., S. 71). Vor diesem Hintergrund erklärt sich die Verfolgung des Sophisten und des Mimen in ein und demselben Argument. Vgl. dazu auch Melberg, *Theories of Mimesis*, S. 25: „Platonic dialectics is a struggle against this priority [des Bildes, S. B.], a hopeless struggle".
504 Statkiewicz, The Notion of (Re)Semblance in the *Sophist*, S. 114.
505 Ebd., S. 116. Mit Statkiewicz ist es die „irreducible ambiguity" der Mimesis „that, rather than division, makes of mimesis ‚simultaneously the measure of both Platonism and the possibility of overturning Platonism.'" (Ebd.).

einer Metaebene".⁵⁰⁶ Eine „Ähnlichkeit ‚auf zweiter Stufe'"⁵⁰⁷ ausstellend, affirmieren Magrittes Bilder nicht repräsentational, sondern sind in ihrer reflektierten Scheinhaftigkeit, in der Destabilisierung der Referenz auf ein Original, und im Anspruch auf eine überbietende Repräsentation des entzogenen ‚Realen' als einer anderen ‚Ordnung der Dinge' konstitutiv sur- oder metarealistisch: Anders als Foucault konzediert, hält er darin an Ähnlichkeit fest. In dieser auf die Dimension des Simulacralen entgrenzten mimetischen Ähnlichkeit sieht Camille den Surrealismus als „the most radical and innovative movement of Western art in our century, *maintaining resemblance*, [...] but at the same time undermining its hold over the real".⁵⁰⁸

6.7 Fazit: Die Tücken der Ähnlichkeit: Simulacrum vs. Repräsentation

Es hängt, wie deutlich wurde, von konzeptuellen Vorannahmen ab, ob Magrittes Konzeption als „surrealistische Beschwörung einer numinosen Existenz"⁵⁰⁹ („auf der Ebene der Künstleräußerung"⁵¹⁰) – als Mimesis an die ‚im Stand der Ähnlichkeit' surreal entstellte Welt, mit der das inspirierte Denken und dessen Repräsentation verschmilzt – gewertet wird, oder seine Bildwelt als trugbildnerisch-spielerische Mystifikation der Erscheinungswelt (aus der Betrachtung der Bilder) verstanden wird, ob sie (antiplatonisch) als Triumph des Simulacrums als unähnliches Zeichen oder (antiplatonisch-platonisch) als Triumph des malerischen Scheins der Ähnlichkeit über die Identität der Repräsentation gewertet wird. Zudem ist es von der Bewertung der onto-epistemologischen Basis des ähnelnden Denkens – als residual-vormodernes oder modernes Konzept – abhängig, wie Magrittes Ästhetik und Epistemologie des Ähnlichen eingeschätzt wird. Magritte formuliert im Rückgriff auf den Ähnlichkeitsbegriff eine metarealistische

---

506 Peres, Nachahmung der Natur, S. 29. „[W]enn es Wirklichkeit ist, daß sich die Natur bzw. Wirklichkeit als solche nicht nachahmen läßt, so ist es eine zureichende Nachahmung der Wirklichkeit, die Kluft zwischen Subjekt und Natur in irgendeinem Medium zu thematisieren oder an ihm selbst aufscheinen zu lassen" (ebd.).
507 Endres, Unähnliche Ähnlichkeit, S. 53. Das „ästhetische Ähnlichkeitsurteil" reflektiere „eine Ähnlichkeit ‚auf zweiter Stufe'".
508 Camille, Simulacrum, S. 45.
509 Prange, Das Denken und die Bilder, S. 70.
510 Ebd., S. 58. Vgl. auch Prange, *Der Verrat der Bilder*, S. 65: „Während Magritte als Künstler den Schein revidiert und die Autonomie des Bildraums bestreitet (‚Ceci n'est pas ...'), möchte er als Theoretiker auf den Anspruch, mit seinen Bildern die ‚wahre' Wirklichkeit zu repräsentieren, nicht verzichten."

und modernekritische Überbietung: Die messbaren Ähnlichkeitsbezüge der *similitude* beschreibt er als auf Identität reduzierte Fassung der Ähnlichkeit (als Vergleichspunkt, Messbarkeit und Repräsentationsrelation). Demgegenüber bezeichnet *ressemblance* eine basale Dimension des ähnelnden Denkens als eine Art ‚mimetischen Vermögens', das ereignishaft erfahrbar wird. Diese beiden integrierten Dimensionen vermitteln im Sinne eines mentalistischen Bildbegriffs surrealistisch zwischen dem „realistischen Sinn als Abbild der Wirklichkeit" und dem „idealistischen Sinn als Konstrukt einer spontanen Tätigkeit des Geistes", die metaleptisch und selbstreferenziell in der ‚problematologischen' Konstellation des Bildes vereint sind.[511] Magrittes Bilder finden ihren Referenten in diesem Sein des (Denk-)Bildes, das zugleich etwas zur Erscheinung bringt, was anders nicht zugänglich ist. Der Krise der Zeichenkonzepte begegnet das Bild der Ähnlichkeit, das zwischen Welt und Erkenntnisvermögen vermittelt; in seinem Erscheinen manifestiert sich das Denken als Annäherung an die inkommensurable Welt, wenn die Imagination des Sehen-Denkens ihre Ordnung auf eine kombinatorische Ordnung der Ähnlichkeit abbildet. Magritte schafft in der ‚Repräsentation der Repräsentation' einen Bildraum, dessen Elemente aufeinander verweisen, indem sie sich, Abbildlichkeit, Denotation und Repräsentation querend, horizontal etablieren; anderen Bildern und Bildelementen ähnlicher als einem ‚Vorbild', entfalten sie sich in Serien, die Originalität, Modell und Referenz in Frage stellen: „Or, le tableau de Magritte suspend cette relation verticale de ressemblance entre un modèle et ses copies."[512]

Daraus leitet Foucault den ‚Triumph der Simulacra' ab, indem er *similitude* mit (zeichenhafter) *Unähnlichkeit, Gleichartigkeit* und *Differenz* assoziiert und sie vor der bildplatonisch auf Repräsentation und Identität bezogenen *ressemblance* favorisiert: Seine Deutung geht damit in mehrfacher Hinsicht über eine bloße Interpretation hinaus; sie lässt sich als Überbietung lesen, die die von Magrittes Wortbildern inszenierte Konkurrenz zwischen Sichtbarkeit und Sagbarkeit hervortreibt und verallgemeinert – und letztlich als Versuch einer Einhegung in das Sagbare, einer neuerlichen, wenn auch diesmal postmetaphysischen und postrepräsentationalen Depotenzierung der Ähnlichkeit des Bildes durch die Subsumtion unter die ‚gleichartigen' Zeichen; in der Umdeutung des simulacralen Moments in Magrittes Akt, die Mimesis selbst zu malen, erscheint dann eine neue Konkurrenz zwischen Philosophie und Kunst.[513] So ergibt sich der Eindruck, der Philosoph

---

511 Vgl. Sachs-Hombach, Bildtheorien in Geschichte und Gegenwart, o. S.
512 Sabot, Foucault, Deleuze et les simulacres, o. S.
513 Vgl. zum ‚*agon*' zwischen Sagbarem und Sichtbarem die Ausführungen in Durham, From Magritte to Klossowski, S. 22. Diese Konkurrenz entwirft, wie oben skizziert, Platons *Politeia* (vgl. Sörbom, Mimesis and Art, S. 141), in der Unterscheidung nicht nur der mimetischen Akte von Künstler (Dichter, Sophist) und Philosoph, sondern auch Kunstliebenden und Philosoph,

habe den ‚Malerphilosophen' im Lichte seiner Theoriearbeit interpretiert, um ihn besser zu verstehen als dieser selbst: Wie Foucaults knapper Rekurs auf Magrittes Ähnlichkeitskonzept nahelegt, handelt es sich bei der Diskrepanz der Positionen weniger um ein ‚Missverständnis' als um eine grundlegend unterschiedliche Konzeptualisierung, die dem differenztheoretischen Ähnlichkeitsverdikt geschuldet ist: Die subversive Perspektive des deleuzianisch geprägten Ansatzes, dem Paradigma der Differenz verpflichtet, verstellt mit ihrer Affirmation des Trugbildes ohne ‚innere Ähnlichkeit' Magrittes *mittels der Ähnlichkeit entwickelte surrealistische Kritik* des modernen Denkens: Sie verschiebt den kritischen Vektor seiner Programmatik von der *Kritik der Gleichartigkeit* auf die *Kritik der Ähnlichkeit*. Foucaults Auseinandersetzung ‚übersieht' Magrittes ähnlichkeitsepistemologisches und -ästhetisches Konzept, in dem eine aristotelisch-topische Dimension seines Ähnlichkeitsbegriffs mit einem mentalistischen Repräsentations- und Bildbegriff zusammenzutrifft – wobei Magrittes Bildwelt durchaus die beschriebene ‚antiplatonisch-platonische', simulacrale Dimension eignet, jedoch im Sinne bildhafter Ähnlichkeit, nicht zeichenhafter Unähnlichkeit. Als Theoretiker, der den Erkenntniswert der Mimesis, der Ähnlichkeit und des Bildes betont, und als Maler, der die Repräsentation der Repräsentation inszeniert, scheint dabei Magritte selbst zwischen den Positionen des Philosophen und des Sophisten oder vielmehr eben gerade des malenden Mimetikers immer wieder die Plätze zu tauschen – mit einem ähnlichen Effekt, wie ihn eine Lektüre der Dialoge Platons *als mimetisch* erzeugt: „The slippery resemblance and the ‚many-headed sophist" zwingen dazu, „to recognize the significance of the entanglement [...] of resembling and dissembling images in the ‚stitching' of rhapsodic mimesis".[514]

Die simulacrale Dimension seiner Bildwelt ist dabei nur die eine, skeptische Seite seines janusköpfigen Umgangs mit Repräsentation. Dessen konstruktive Seite ist die ‚Kunst der Ähnlichkeit' und ihr Erkenntnisanspruch: Mimesis und Simulakrum fallen im Denkbild in eins.[515] Magritte inszeniert dabei gerade mittels der ‚*(re)semblance*', der *unähnlichen Ähnlichkeit*, die durch den Einbezug

---

der allein die wahre Erkenntnis des Seienden erlangt: Sokrates nennt den Kunstliebenden einen Träumenden, der, „was irgend einer Sache ähnlich ist, nicht für ähnlich hält, sondern für die Sache selbst, der es gleicht." (Platon, *Politeia*, S. 218) Der alte Streit zwischen Kunst und Philosophie, Sichtbarkeit und Sagbarkeit, würde hier so – verdeckt – über die Begriffe Ähnlichkeit und Gleichartigkeit ausgetragen.
514 Ebd., S. 127.
515 Wellbery unterscheidet wie folgt – und fasst dabei Mimesis repräsentational: „Mimesis: Darstellung eines ideell Wirklichen, Simulakrum: Wirklichkeit der Darstellung. Im Simulakrum gewinnt die Darstellung, die in der Mimesis die Transparenz auf einen ideellen Tiefenraum ist, eine eigene Dichte" (Wellbery, Verzauberung, S. 147). Demgegenüber ließe sich behaupten, Magritte untersucht die ‚Magie' des ähnelnden Bildes als Mimesis *und* Simulation.

der Repräsentation ins Bild reflektiert wird, Paradoxien, die den ambivalenten Charakter der Ähnlichkeit offenbaren. „Such a play of (re)semblance is perhaps the only way to conceive art – phantastic art – and its fiction as a subversive activity", so Statkiewicz: Weder das *ähnelnde* Bild, das „the principle of ‚reality' supported by a clearly defined structure of representation" aufrechterhält, noch das Simulacrum in seiner Ablösung vom Realen seien für sich genommen subversiv: „Effective subversion can only result from the shuttling movement between the two – the movement of (re)semblance." Denn dies sei „able to reflect and to reflect on the model of representation, a task that no Dionysian hubris, no Parmenidean and sophistic argument, could actually perform."[516] Dies wird nur deutlich, wenn Ähnlichkeit – ihrer Desambiguierung in *ikonische Ähnlichkeit* und *simulacrale Differenz* entgegengesetzt – in ihrer Mehrdeutigkeit als *similitude* und *ressemblance* betrachtet und so Magrittes eigene Abkehr von einem bildplatonischen Konzept gerade im Zeichen des Ähnlichen ernst genommen wird.

---

516 Statkiewicz, The Notion of (Re)Semblance in the *Sophist*, S. 131.

7 Roger Caillois' Maskenspiele der Mimesis

J'accorde que la ressemblance est absurde, est scandaleuse, mais je ne puis non plus, pour éviter le scandale, nier l'évidence. (Roger Caillois)[1]

„Ich gebe zu, daß die Ähnlichkeit absurd, ja ärgerlich ist, aber ich kann nun einmal nicht, nur um ein Ärgernis zu vermeiden, den Augenschein leugnen."[2] Dieses ironische, beinahe maliziös wirkende Eingeständnis aus Roger Caillois' Studie *Meduse & Cie* deutet an, dass sich seine Untersuchungen zu Ähnlichkeit, die sich auf von Wahrnehmungsphänomenen „im Register des Visuellen"[3] ausgehende produktive Irritationen einlassen, auf provozierend schlüpfrigem Terrain bewegen. Damit erscheint es als treffendes Motto für die hier behandelten Texte, die nicht nur das Interesse an Ähnlichkeitsphänomenen der Natur vermitteln, sondern auch eine transversale Epistemologie des Ähnlichen etablieren. Ungeachtet der Vorsicht vor „trügerischen Ähnlichkeiten",[4] der Abgrenzung von naiven Analogiebildungen und der Kritik an Anthropomorphismen widmet sich Caillois mit methodischem Eifer der Erforschung natürlicher Ähnlichkeitsphänomene und bildhafter Erscheinungen der Natur und deren Niederschlag in Imagination, Kunst, Literatur und Mythos. Dabei untersucht er Ähnlichkeit auf konzeptuelle Tragfähigkeit im Aufweis und in der Herstellung von Vergleichen, Analogien, Korrespondenzen, Korrelationen und Kontinuitäten. Dieses seinen transdisziplinär angelegten Untersuchungsobjekten entsprechende Vorgehen macht ihn zu einem Grenzgänger zwischen den ‚zwei Kulturen': Caillois ist Anthropologe, Soziologe, Spiel-, Bild- und Literaturtheoretiker, Kulturphilosoph, Religionswissenschaftler und Mythologe und entwirft Ansätze einer „Soziobiologie des Bewusstseins"[5], einer evolutionären Psychologie, einer „bio-mythologischen Entsprechungstheorie"[6] und einer „Phänomenologie der Imagination".[7] Er entwickelt seine Thesen in Auseinanderset-

---

1 Roger Caillois, *Méduse et Cie*, Paris 1979, S. 157.
2 Roger Caillois, „Meduse & Cie", in: ders., *Meduse & Cie. Mit Die Gottesanbeterin und Mimese und legendäre Psychasthenie*, übers. v. Peter Geble, Berlin 2007, S. 45–139, S. 129.
3 Rosalind Krauss, „Corpus Delicti", in: dies., *Das Photographische. Eine Theorie der Abstände*, München 1998, S. 165–198, S. 178.
4 Caillois, Meduse & Cie, S. 53.
5 Krauss, Corpus Delicti, S. 177.
6 Eva Johach, „Diagonale Verwandtschaften. Caillois, Bergson und die sozialen Insekten", in: Anne von der Heiden, Sarah Kolb (Hg.), *Logik des Imaginären. Diagonale Wissenschaft nach Roger Caillois*, Bd. 1: *Versuchungen durch Natur, Kultur und Imagination*, Berlin 2018, S. 159–182, S. 178.
7 Eidelpes, *Entgrenzung der Mimesis*, S. 67. Zur Literaturtheorie Caillois' vgl. Irene Albers, „Reine und unreine Literatur(-wissenschaft) nach Roger Caillois", in: *Zeitschrift für Kulturwis-*

zung mit den surrealistischen und postsurrealistischen Ansätzen Bretons und Batailles,[8] mit dem er und Michel Leiris 1937 das Collège de Sociologie gründen.[9] Als Vertreter eines ‚ethnografischen Surrealismus' (Clifford) sucht er ein ‚anderes', das Heteronome, Marginalisierte, Verdrängte umfassendes Wissen in die Theoriebildung zu integrieren.[10] Während der kurzen Zeit seiner infolge des ‚Springbohnenstreits' aufgekündigten Mitgliedschaft in der surrealistischen Gruppe von 1932–1934[11] publiziert Caillois mehrere Essays in surrealistischen Zeitschriften, darunter „La Mante religieuse" und „Mimétisme et psychasthé-

---

senschaft 1 (2013): *Reinigungsarbeit*, hg. von Marcus Hahn und Nacim Ghanbari, S. 39–53. Caillois polemisiert gegen die Autonomieästhetik und zielt auf „einen Begriff von Literatur, welcher gerade dessen ‚Unreinheit' und damit Heteronomie gegen das Ideal der möglichst größten Freiheit der Literatur positiv fasst." (Ebd., S. 38) Als einer der Vertreter einer „‚Heteronomieästhetik der Moderne'" (Marcus Hahn, zit. n. ebd., Anm. 6) fasst er Autonomie und Heteronomie als ‚*Reinheit*' und ‚*Unreinheit*' (ebd., S. 41).
8 So grenzt Joyce Cheng die Zeitschriften *Minotaure* und *Acéphale*, Surrealisten und *Collège de Sociologie*-Mitglieder ab: Während diese das Sakrale, Mythische und Kultische erforschen, widmen sich jene dem „anchoring alterity in the order of the symbolic"; beides korrespondiert in den 30er Jahren, wobei Caillois eine Scharnierfunktion erfüllt (vgl. Cheng, Mask, Mimicry, Metamorphosis, S. 71).
9 Vgl. Denis Hollier (Hg.), *Das Collège de Sociologie 1937–1939*. Editorisch bearbeitet u. mit einem Nachwort v. Irene Albers u. Stephan Moebius, Berlin 2012 [*Le Collège de sociologie 1937–1939*, Paris 1995].
10 Vgl. Clifford, On ethnographic surrealism, S. 146. Wesentlich für die „ethnographic surrealist attitude" sei „a belief that the other (whether accessible in dreams, fetishes, or Lévy-Bruhl's *mentalité primitive*) was a crucial object of modern research." (Ebd., S. 120) Clifford verweist auf Kontakte (ehemaliger) Surrealisten und Ethnologen, wie Michel Leiris, der an dem von Marcel Mauss mit Paul Rivet und Lucien Lévy-Bruhl 1925 gegründeten *Institut d'Ethnologie* forscht (vgl. ebd., S. 122). Auch Caillois gehört zu Mauss' Schülern (vgl. ebd., S. 141). Die „enduring continuity, if not similarity" zwischen Ethnologen und Avantgardisten (ebd., S. 126) zeigten die Erforschung des Eigenen als eines Fremden (vgl. ebd., S. 143 f.) und Techniken wie Collage und Verfremdung (vgl. ebd., S. 146). Gegen Clifford betont Hollier, dass es keinen ‚ethnografischen Surrealismus' gebe, sondern ein „Zusammentreffen" von Surrealisten und Ethnologen (Denis Hollier, „Der Gebrauchswert des Unmöglichen. Schönheit wird unwiederbringlich oder gar nicht sein", in: Gaßner, *Élan Vital oder Das Auge des Eros*, S. 76–89, S. 87, Anm. 12). Vgl. auch Cheng, Mask, Mimicry, Metamorphosis, S. 66.
11 Vgl. Roger Caillois, „La querelle des Haricots sauteurs", in: *Rencontres*, hg. v. Béatrice Didier, Paris 1978, S. 290–294; ders., „Lettre à Breton" (27.12.1934), in: *Roger Caillois. Œuvres*, hg. v. Dominique Rabourdin, Paris 2008, S. 223–225, S. 223. Vgl. Eidelpes, *Entgrenzung der Mimesis*, S. 67. Der Streit ergibt sich daraus, dass Caillois – anders als Breton, der ihr Geheimnis bewahren will –, die Springbohnen öffnen möchte, um sie auf die in ihnen befindlichen Insektenlarven zu untersuchen.

nie légendaire", die 1934 und 1935 in *Minotaure* erscheinen.[12] Die Analyse beschränkt sich weder auf letzteren Text noch auf die ‚surrealistische' Phase Caillois', der auch nach dem Bruch mit dem „Ästhetizismus" Bretons dem Versuch, „den Surrealismus zu verwissenschaftlichen"[13], verbunden bleibt. Doch steht sein „classic essay on mimetic phenomena"[14] im Zentrum des Kapitels, das sich mit dem Ähnlichkeitsphänomen der *Mimikry* befasst: Erscheinungen, denen nicht nur ein Täuschungspotential zugeschrieben, sondern als deren primäre Funktion Täuschung angenommen wird; ihnen widmet Caillois zwei Studien, die Ähnlichkeiten produzierende mimetische Praktiken in den Fokus des theoretischen Interesses stellen.[15] Damit rückt er ein Phänomen in den Blickpunkt, zu dessen Entstehung und Funktion nach der „Krise der Mimikryforschung" um 1900 im frühen zwanzigsten Jahrhundert nicht nur biologische Thesen konkurrieren.[16] Vielmehr steht Mimikry, die, vermittelt etwa durch Schriften wie Jean-Henri Fabres *Souvenirs entomologiques* (1879–1907) oder Raoul H. Francés *Das Leben der Pflanze* (1906) und *Die Pflanze als Erfinder* (1920),[17] breites Interesse intellektueller Kreise findet, in den 30er Jahren im Schnittpunkt einander überlagernder Diskurse: Biologische Thesen zum Verhältnis von Individuum und Umwelt[18] und medientheoretische und ästheti-

---

12 Vgl. Roger Caillois, „Die Gottesanbeterin", in: ders., *Meduse & Cie*, S. 7–23 [...] „La Mante religieuse", *Minotaure* 5 (1934), S. 23–26 [...]; ders., „Mimese und legendäre Psychasthenie", in: *Meduse & Cie*, S. 27–43 [„Mimétisme et psychasthénie légendaire", in: *Minotaure* 7 (1935), S. 5–10; die Ausgabe trägt den Titel *Le côté nocturne de la nature*]; vgl. Isabel Maurer-Quiepo, Nanette Rissler-Pipka, Volker Roloff (Hg.), *Die grausamen Spiele des Minotaure. Intermediale Analyse einer surrealistischen Zeitschrift*, Bielefeld 2005.
13 Eidelpes, *Entgrenzung der Mimesis*, S. 67 u. S. 68.
14 Marcus Boon, *In Praise of Copying*, Cambridge, MA, London 2010, S. 119.
15 Die frühen Thesen sind im *Mimétisme*-Essay und in erweiterter Fassung in *Le mythe et l'homme* publiziert; sie greift Caillois in *Les jeux et les hommes. Le masque et le vertige* (1958) und *Meduse et Cie* (1960) auf ; vgl. Cha, *Humanmimikry*, S. 84, Anm. 176.
16 Vgl. Cha, *Humanmimikry*, bes. Kap. B.4: „Die Krisen der Mimikryforschung und des Darwinismus um 1900", S. 71–79, S. 71; Kyung-Ho Cha, „Fotografische Haut. Mediumismus und moderne Medien an der Schnittstelle von Technologie und Biologie", in: *Mimesis*, hg. v. Friedrich Bahlke, Bernhard Siegert und Joseph Vogl, Archiv für Mediengeschichte, München 2012, S. 103–112, S. 103.
17 Vgl. Raoul H. Francé, *Die Pflanze als Erfinder*, 10. Aufl. Stuttgart 1920; *Das Leben der Pflanze* behaupte, „daß es Mimikry gibt, die ganz sinnlos und doch sehr vollendet ist", wenn Blumentiere Pflanzen nachahmen (Wickler, *Mimikry*, S. 10).
18 Vgl. zur (neo-)lamarckistischen Milieutheorie Kap. B.3: „Antidarwinismus. Anpassung oder Vererbung?", in: Cha, *Humanmimikry*, S. 39–70. Zum Umweltbegriff, der sich von dem der *Umgebung* als das, was Organismen aufgrund einer Beziehung relativer Nähe objektiv als geteilten Lebensraum wahrnehmen, abgrenzt als das wahrnehmbare und gestaltbare, für Lebewesen subjektiv bedeutungsvolle raum-zeitliche Außen der Lebenswelt vgl. Jakob von Uexküll, *Umwelt*

sche Theorien kristallisieren sich daran ebenso wie – gerade im Kontext des Surrealismus – primitivistische Theoreme.

> Figures such as J. H. Fabre were among the key conduits that helped a further translation from entomology to philosophy (for example, in Bergson's work) but also to avant-garde arts, such as that of the surrealists with their enthusiasm for novel ways of representation and perception but also for such figures as the praying mantis, seen as devouring, half-human half-animal *vagina dentata*.[19]

Die Faszination der Mimikry-Erscheinungen ist – wie in den Überlegungen zu *Mimikry* angedeutet – im Kontext der surrealistischen Arbeit an Ähnlichkeit, Mimesis und Repräsentation keine Überraschung, erscheinen sie doch als „ein Beispiel für die natürliche Produktion von Zeichen, für ein Vorkommnis in der Natur, das sich selbst in die Repräsentation eines anderen verkehrt."[20] Die hybriden, zwischen Fiktion und Wissenschaft changierenden Texte[21] Caillois', der als ein verschiedene Disziplinen und Argumente zusammenführender Diskursvermittler gelten kann,[22] präsentieren die terminologisch als *mimétisme* gefassten Phänomene in einem transversalen Netz von Bezügen und versuchen sich an einer theoretischen Grundlegung mimetischen Verhaltens. Dabei verhandelt Caillois die Mimikrytheorie zeitgenössisch begleitende Fragen nach der Rolle der Imagination in der Interpretation der Mimikry, der Bedeutung der Nachahmung für die morphologische Genese, einer künstlerisch schaffenden Natur in Analogie mit menschlichem kreativem Handeln und einer Strukturverwandtschaft zwischen Natur und Kunst. Seine Texte greifen die im Kontext der surrealistischen Ästhetik reflektierten Zusammenhänge von Mimesis und Metamorphose, Ähnlichkeit und Imagination auf und untersuchen Ähnlichkeit hervorbringende Praktiken, transversale Analogien und ‚unähnliche Ähnlichkeiten' von Mensch und Tier, Dichotomien von Vormoderne und Moderne, Natur und Kultur, Subjekt

---

und Innenwelt der Tiere Berlin ²1921; ders., „Die neue Umweltlehre. Ein Bindeglied zwischen Natur- und Kulturwissenschaften", in: *Die Erziehung* 13, 5 (1937), S. 185–199.
19 Jussi Parikka, *Insect media. An archaeology of animals and technology*, Minneapolis 2010, S. 89.
20 Rosalind Krauss, „Die photographischen Bedingungen des Surrealismus", in: dies., *Das Photographische*, S. 100–123, S. 117. Vgl. auch dies., „Die Fotografie und das Simulakrale", in: dies., *Das Photographische*, S. 210–223.
21 Vgl. Rosa Eidelpes, „Roger Caillois' Biology of Myth and the Myth of Biology", in: *Anthropology & Materialism. A Journal of Social Research*, 2 (2014), online unter https://journals.open edition.org/am/84, 10.3.2018, o. S.
22 Als „node and the point of transformation" ließen Caillois' Texte verstehen, wie „some of the enthusiasm for primitive life interfaced with surrealist considerations concerning space, time, and the human experience" sich an einem Phänomen der Insektenwelt entzünden könne, so Parikka, *Insect Media*, S. 89.

und Objekt querend – eine „Provokation der Grenzen des modernen Denkens, der ‚Reinigungsarbeit', welche die Moderne Bruno Latour zufolge unaufhörlich leistet, um offiziell zwischen Natur und Kultur, Dingen und Diskursen zu trennen, wo sie inoffiziell Hybride produziert".[23]

Ähnlichkeit ist dabei nicht nur ‚augenscheinlicher' Ausgangspunkt der Untersuchung von Mimikry und Mimese, sondern zugleich Schlüssel ihrer Erforschung und Mittel einer provokativen Neudeutung des Phänomens. Sie wird konzeptuell produktiv, indem sie Fragen der Kontinuität tierischen und menschlichen mimetischen Verhaltens, der Korrespondenz zwischen Natur und Kunst und der Subjektivität und Objektivität von Beobachtung und Deutung verhandeln lässt und das Potential „mimetischer Praktiken, Prozesse der Selbstentfremdung und Metamorphose zu initiieren"[24], erschließt. Methodisch begründet sie ein „komparatistisches Verfahren"[25], das entfernte Kontexte annähert und in „Mimétisme et psychasthénie légendaire" zu einer „schwindelerregenden Reise durch Insektenbiologie, Ästhetik des Exzesses, Theorien der sympathetischen Magie und den mimetischen Körper als eine sich selbst gestaltende Kamera"[26] verknüpft, deren Argumentationslinien sich als verwobene Diskursfäden entwirren lassen. Im Zusammenhang mit weiteren Schriften[27] liest sich der Text wie ein Brouillon zu Caillois' Konturierung der *„diagonalen Wissenschaften"* in *Meduse & Cie* (1960), die es zur Erforschung natürlicher Ähnlichkeitsphänomene und der Imagination zu begründen gelte.[28] Die Wiederaufnahme der Thematik lässt neben der fortdauernden Auseinandersetzung mit Phänomenen des *mimétisme* auch Caillois' konzeptuellen Umgang mit Ähnlichkeit nachvollziehen: Erst in deren Neubewertung zeigt sich die Produktivität dieser Ähnlichkeit erzeugenden Praktiken – „a shift in focus brings with it new criteria for similarity, entailing an absence of other criteria for similarity or a divergence in similarity"[29].

---

23 Albers, Reine und unreine Literatur(-wissenschaft), S. 39.
24 Eidelpes, *Entgrenzung der Mimesis*, S. 16.
25 Geble, Der Mimese-Komplex, S. 190.
26 Taussig, *Mimesis und Alterität*, S. 64.
27 Auf einige Argumente wird im Verlauf rekurriert. Vgl. neben „Die Gottesanbeterin" etwa Roger Caillois, *Le mythe et l'homme*, Paris 1938; ders., *Approches de l'Imaginaire*. Paris 1947; ders., *Esthétique généralisée*, Paris 1962 ; ders., *Der Krake. Versuch über die Logik des Imaginativen*, München 1986 (*La pieuvre. Essai sur la logique de l'imaginaire*, Paris 1973).
28 Vgl. Caillois, *Meduse & Cie*, S. 52.
29 Tymoczko, Difference in Similarity, S. 37.

7.1 Pha(nta)smen

> Il peut même paraître condamnable de rapprocher des réalités aussi diverses que, avec l'homomorphie, la morphologie externe de certains insectes, avec la magie mimétique, le comportement concret d'hommes d'un certain type de pensée, avec la psychasthénie, enfin, les postulations psychologiques d'hommes relevant, à ces points de vue, des types opposés. Cependant de telles confrontations me semblent non seulement légitimes (il est tout de même impossible de condamner la biologique comparée), mais presque indispensables dès qu'on aborde le domaine obscur des déterminations inconscientes [...]. (Roger Caillois)[30]

Unter das Motto: „Prends garde: à jouer au fantôme, on le devient"[31], „Vorsicht: Wer Gespenst spielt, wird selber eins"[32], stellt Caillois seine Studie „Mimese und legendäre Psychasthenie" – und deutet so den Ausgang seiner Interpretation an. Dass die Gefahr eines ‚gespenstisch' entwirklichenden Selbstverlusts droht, wenn aus mimetischer Anverwandlung reale Assimilation wird, gilt nicht nur für *Phasmen* oder *Phasmiden*, sondern auch für menschliche *Phantasmen* mimetischer Verwandlung: Da „Anähnlichung eine Entfernung vom eigenen Selbst impliziert", wird eine „Distanznahme des Subjekts von sich selbst [...] zum existenziellen Spiel."[33] In dem kurzen, dicht argumentierenden Text untersucht Caillois Erscheinungen des *mimétisme*, wobei seine Deutung auf Prozess, Mechanismen und Funktionen der Ähnlichkeiten produzierenden und in die Körper einschreibenden Phänomene fokussiert, um sie auf übergeordnete Konzepte der Ähnlichkeit und Mimesis zu beziehen. Er verfolgt über verknappte, sprunghaft-assoziativ und suggestiv wirkende, jedoch komplex verflochtene Argumentationsstränge ein mehrfaches Ziel: Neben der begrifflichen und konzeptuellen Differenzierung der Formen und Funktionen des ‚Mimetismus'[34] ist ein zentrales Anliegen des Textes die Ab-

---

30 Roger Caillois, *Le mythe et l'homme*, Paris 1938, S. 120 f.
31 Roger Caillois, „Mimétisme et psychasthénie légendaire", in: ders., *Le mythe et l'homme*, Paris 1992 [1938], S. 86–122, S. 86.
32 Caillois, Mimese und legendäre Psychasthenie, S. 27. Nachfolgend wird hieraus mittels Kurzzitation im Text zitiert. Das Originalzitat eröffnet (mit *fantôme*: Gespenst, Geist, Phantom, Trugbild) ein Wortfeld zwischen ‚nachahmen' und ‚verschwinden' (zit. n. Krauss, Corpus Delicti, S. 177). Zur Übersetzung als ‚Trugbild' vgl. Petra Löffler, „Phantome – Begegnungen mit dem Ungewissen", in: *ilinx* 1 (2009), S. 98–121, S. 98.
33 Nitsche, Spiele mit der Sichtbarkeit, S. 86.
34 Wo im Französischen *mimétisme* Mimikry und Mimese umfasst, die Caillois differenziert, schlägt Geble den Neologismus *Mimetismus* vor (Geble, Der Mimese-Komplex, S. 188). Morsch nennt „Caillois' Beitrag zur Mimesis eine Zäsur in der Geschichte des Begriffs" (Tomas Morsch, „Mimesis und filmischer Raum. Caillois und Adorno zum Film", in: Becker, Doll, Wiemer, Zechner, *Mimikry*, S. 214). In der Sekundärliteratur zu Caillois wird die Unterscheidung viel-

weisung des „Nutzenkalküls"[35] der Mimikrytheorie aus einer antidarwinistischen, nichtutilitaristischen und nichtfunktionalistischen Perspektive, die lamarckistische Theoreme aufgreift: Caillois widmet sich mit *curiositas* solchen Fällen, die kaum als Selbsterhaltungsstrategie zu begründen sind. Die Schrift erscheint so – wie sein Text über die *Mantis* – zunächst als bizarre entomologische Studie, die vehement die „Adaptionshypothese"[36] evolutionärer Erklärungen abstreitet, „[d]a ein rein evolutionsbiologischer Ansatz übersehe, welch schöpferischer Reichtum diesen Erscheinungen zugrunde liegt"[37]. Dabei schließt sich Caillois „einer Gruppe von Wissenschaftlern" an, die die These vertreten, „dass die körperlichen Merkmale durch Nachahmung entstehen. Sie vermuten außerdem, dass hier eine bislang unbekannte Art von Mimesis vorliegt, durch die die Merkmale reproduziert werden"[38]. Trotz aller Referenzen auf die Mimikryforschung zielt Caillois jedoch nicht auf eine entomologische Erklärung der Ähnlichkeitsphänomene, sondern beschreibt sie anthropologisch und ästhetisch: Er deutet *Mimétisme* als exzentrisches Extrem mimetischen Verhaltens, dem er eine produktive und zugleich zerstörerische Dynamik attestiert und das er in Analogie zu menschlichen Erfahrungen setzt. Er situiert das Phänomen so in einem weiten Kontext anthropologischer Mimesistheorien – ähnlich wie Benjamin, der es explizit dem Begriff der Ähnlichkeit subsumiert: „Die Natur erzeugt Ähnlichkeiten; man braucht nur an die Mimikry zu denken. Die höchste Fähigkeit zum Produzieren von Ähnlichkeiten aber hat der Mensch. Die Gabe, Ähnlichkeiten zu erkennen, ist ja nichts anderes als ein schwaches Überbleibsel des alten Zwanges, ähnlich zu werden und sich zu verhalten."[39] Neben der hier betonten *Kontinuität* der Ähnlichkeitsproduktion, die in Caillois' Denken als „Kontinuität zwischen Natur und Kunst, Außenwelt und Innenwelt, Materie und Geist, unbelebter und belebter Natur"[40] eine wesentliche Rolle spielt, verbinden ihn ähnliche Thesen zur ‚Anähnelung' mit Benjamin, der die Beschäftigung mit mimetischer Ähnlichkeit in *Berliner Kindheit um neunzehnhundert* literarisch umsetzt.[41] Eine der hier geschilderten Szenen korrespondiert dem Motto Caillois'. „Das Kind, das hinter

---

fach verwischt, was Caillois' sich über die Zeit sich wandelnde Einschätzung des Phänomens verunklärt.
35 Nitsche, Spiele mit der Sichtbarkeit, S. 86.
36 Krauss, Corpus Delicti, S. 178.
37 Becker, Doll, Wiemer, Zechner, Einleitung, S. 12.
38 Cha, Fotografische Haut, S. 103.
39 Benjamin, Lehre vom Ähnlichen, S. 204.
40 Albers, Reine und unreine Literatur(-wissenschaft), S. 39.
41 Den Begriff ‚Anähnelung' prägt Benjamin in *Sämtliche Werke* 1991, II/3, S. 858, zit. n. Nitsche, Spiele mit der Sichtbarkeit, S. 74, Anm. 1. vgl. zum Vergleich mit Benjamin auch Cheng, Mask, Mimicry, Metamorphosis, S. 68; Taussig, *Mimesis und Alterität*, S. 63, passim.

der Portiere steht, wird selbst zu etwas Wehendem und Weißem, zum Gespenst."[42] Viele der Kurzprosastücke narrativieren „Benjamins These, das Einfühlungsvermögen führe zu einem Aus-sich-herausgehen"[43], wie etwa „Schmetterlingsjagd":

> Es begann die alte Jägersatzung zwischen uns zu herrschen: je mehr ich selbst in allen Fibern mich dem Tier anschmiegte, je falterhafter ich im Innern wurde, desto mehr nahm dieser Schmetterling in Tun und Lassen die Farbe menschlicher Entschließung an, und endlich war es, als ob sein Fang der Preis sei, um den einzig ich meines Menschendaseins wieder habhaft werden könne.[44]

Nicht nur kindliche Verwandlungsspiele, sondern auch das Erwachsenenleben der Modernen erweist sich als von Ähnlichkeit geprägt, wenn nach Benjamin, wie angedeutet, die Sprache als ‚Archiv unsinnlicher Ähnlichkeiten'[45] rudimentär ein umfassendes Vermögen zur Produktion und Rezeption von Ähnlichkeiten bewahrt. Dabei weist Benjamin auch Mimikry nicht nur als von der Natur erzeugte Ähnlichkeit aus: Er bringt sie auch in Verbindung mit einer Form ‚mimetischer Erkenntnis', als eine

> Art des plötzlichen Aufscheinens von Ähnlichkeiten, wenn er seine Lektüreerfahrung bei Proust ins Bild der Mimikry rückt, bei welcher Ähnlichkeiten augenblickhaft [...] aufblitzen [...]: „Seine [Prousts] genauesten, evidentesten Erkenntnisse sitzen auf ihren Gegenständen wie auf Blättern, Blüten und Ästen Insekten, die nichts von ihrem Dasein verraten, bis ein Sprung, ein Flügelschlag, ein Satz, dem erschreckten Betrachter zeigen, daß hier ein unberechenbares eigenes Leben unscheinbar sich in eine fremde Welt geschlichen hatte."[46]

Eine ähnlich weite, ambivalente Wertung der Potentiale mimetischen Vermögens und Verhaltens zwischen Selbstverlust und Anverwandlung prägt Caillois' Texte. Dass seine Deutung der „Anähnlichungsprozesse"[47] des Mimetismus diese mit

---

42 Walter Benjamin, „Verstecke", in: ders., *Berliner Kindheit um neunzehnhundert*, S. 61. „Die Entwicklung eines jeden Kindes zeigt das mimetische Verhalten noch in seinem Spiel, das auch die Mimikry an tote Gegenstände beinhaltet." (Becker, Doll, Wiemer, Zechner, Einleitung, S. 17) Die Szene der Entdeckung ist „der prekäre Moment, an dem sich erweist, ob die Rückkehr in die Realität der Erwachsenen gelingt, die eine Fixierung der Ich-Grenzen fordert" (Johach, Mersmann, Rulffes, Try to blend in!, S. X).
43 Taussig, *Mimesis und Alterität*, S. 106.
44 Walter Benjamin, „Schmetterlingsjagd", in: ders., *Berliner Kindheit um neunzehnhundert*, S. 20–22, S. 20 f. Cheng nennt *Berliner Kindheit* Benjamins „ethnografic study of childhood with a focus on the paratotemic identification with animals and the magical wanderings in the ‚arsenal of masks'" (ebd., S. 65) und führt dazu Benjamins *Bemerkungen zur Volkskunst* an; diese Nähe betont auch Taussig, *Mimesis und Alterität*, S. 106.
45 Vgl. Becker, Doll, Wiemer, Zechner, Einleitung, S. 17.
46 Zit. n. ebd., S. 12.
47 Nitsche, Spiele mit der Sichtbarkeit, S. 74.

Anverwandlung, mimetischer Magie und Transformation verknüpft, lässt sich – gerade im Kontext der Zeitschrift *Minotaure* – mit surrealistischen Konzepten der *Metamorphose* kontextualisieren und auf das Interesse an Erscheinungsweisen der Alterität und einer „Ethnologie der eigenen Kultur" beziehen.[48] Doch anders als andere Vertreter eines „ethnologisch inspirierten Blicks", die die Stellung und Bewertung des Eigenen im Blick auf die Ähnlichkeit des Anderen relativieren, „zielt Caillois' universalistische Position nicht auf eine kulturelle Relativierung eurozentrischer Ästhetiken, sondern direkt auf ihren impliziten Anthropozentrismus."[49] Denkt er dabei Biologie, Ethnologie, Mythologie, Physik, Ästhetik, Psychologie und Psychoanalyse zusammen, so zielt „[i]hre Synthese [...] darauf ab, die Grenzen des wissenschaftlichen Denkens von innen aufzusprengen"[50], um „Entsprechungen zwischen den Instinkten der Tiere und theatralen und kultischen Handlungen der Menschen"[51] zu (re-)konstruieren. Dass Caillois Mimese weniger entomologisch als mimesistheoretisch und wahrnehmungspsychologisch begründet, verortet das Phänomen zudem im Zusammenhang der surrealistischen „Arbeit an Grenzen und Schwellen der Wahrnehmung und Wahrnehmbarkeit."[52] Der Text bewegt sich der so eröffneten Transdisziplinarität seines Gegenstandes nachgehend in programmatischer Verschränkung disziplinärer Ansätze und mittels mehrfach wechselnder, ineinander verklammerter Register in einem Spannungsfeld von Natur und Kultur, um auch hier, wie Theodor W. Adornos Rezension zu Caillois' Essay „Die Gottesanbeterin" notiert, „,die gemeinhin durch wissenschaftliche Arbeitsteilung abgetrennten Gebiete der Biologie, der Mythenforschung und der Psychologie in Beziehung zu setzen und an einem Modell ihre bruchlose Kontinuität zu entwickeln.'"[53] So wird der Text zu einem Kreuzungs-

---

48 Knut Ebeling, „ilinx. Zur Physik der Sensation in der surrealistischen Spieltheorie", in: *ilinx* 1 (2010), S. 141–187, S. 153; vgl. Clifford, On ethnographic surrealism, S. 141. *Minotaure* popularisiert Alteritätsfiguren (vgl. Cheng, Mask, Mimicry, Metamorphosis, S. 65). *Minotaure* 1 (1933) kündigt „études d'ethnographie et d'archéologie [...] avec la contribution de l'histoire des religions, de la mythologie et de la psychanalyse" an (zit. n. Volker Roloff, „Einleitung", in: Maurer-Quiepo, Rißler-Pipke, Roloff, *Die grausamen Spiele des ‚Minotaure'*, S. 7–16, S. 8).
49 Albers, Reine und unreine Literatur(-wissenschaft), S. 39.
50 Cha, *Humanmimikry*, S. 83.
51 Johach, Mersmann, Rulffes, Try to blend in!, S. XI.
52 Nitsche, Spiele mit der Sichtbarkeit, S. 75.
53 Zit. n. Cha, *Humanmimikry*, S. 83, Anm. 175. Vgl. Theodor W. Adorno, „Roger Caillois, La mante religieuse. Recherche sur la nature et la signification du mythe", in: ders., *Gesammelte Schriften*, Bd. 20.2: Vermischte Schriften II, hg. v. Rolf Tiedemann, Frankfurt a. M. 1986, S. 229 f. Vgl. Johach, Mersmann, Rulffes, Try to blend in!, S. XI; Nitsche, Spiele mit der Sichtbarkeit, S. 75. Benjamin, der auf Caillois in der kritischen Rezension zu *L'Aritide* und im Passagen-Werk auf *Paris, Mythe moderne* verweist, sieht Caillois' Mythenanalyse (wie die des Collège de Sociologie) „mythologisch durchsetzt" und einer „bürgerlichen Naturidolatrie" förderlich, die

punkt der Diskurse, der als „entscheidende terminologische Quelle" seines Mimesisbegriffs Adorno[54] anregt, Jacques Lacans Blick-Diagramm inspiriert[55] und – mit weiteren Texten – Caillois zum Vordenker eines literatur-, kunst- und kulturwissenschaftlichen Interesses an Mimikry und an einer „Logik des Imaginären" macht.[56] In seinem Zentrum steht der Aspekt der *Ähnlichkeit*.[57]

7.1.1 Zwischen Identität und Differenz: Unterscheidung und Transformation

> Wie ich mich zur Philosophie verhalte, kannst du leicht auch denken. Wenn sie sich vorzüglich aufs Trennen legt, so kann ich mit ihr nicht zurechte kommen und ich kann wohl sagen: sie hat mir mitunter geschadet, indem sie mich in meinem natürlichen Gang störte; wenn sie aber vereint, oder vielmehr wenn sie unsere ursprüngliche Empfindung

---

den Faschismus befördere (Cha, *Humanmimikry*, S. 83, Anm. 175); vgl. Tyrus Miller, „Mimesis, Mimikry, and Critical Theory in Exile: Walter Benjamin's Approach to the Collège de Sociologie", in: Marie-Denise Shelton, Elazar Barkan (Hg.), *Borders, Exiles, Diasporas*, Stanford, CA 1998, S. 123–133).
54 Als „Quelle" für Adornos „nicht-aristotelischen, anti-repräsentationalistischen" Mimesis-Begriff bezeichnet die Schrift Morsch, Mimesis und filmischer Raum, S. 212. Die Ambivalenz des Begriffs in *Dialektik der Aufklärung* zeigt sich in „regressivem Zwang zur Nachahmung in der Massenkultur" (ebd.) und einer Form der Hingabe in Nachahmung und Kontakt (vgl. Taussig, *Mimesis und Alterität*, S. 78).
55 Caillois' Text findet „ungewöhnliche Resonanz innerhalb der sich entwickelnden psychoanalytischen Kreise" (Krauss, Corpus Delicti, S. 178); seine „Operationen der Verdoppelung" regen Lacans Subjekt-Konzept ebenso an wie die Blick-Diagramme (vgl. Jacques Lacan, *Die vier Grundbegriffe der Psychoanalyse. Das Seminar von Jacques Lacan, Buch XI* (1964), übers. u. hg. v. Norbert Haas, Freiburg i. Br. 1978, S. 79 f.). Auch in *Le stade de miroir comme formateur de Je* (*Das Spiegelstadium als Bildner der Ichfunktion*) bezieht sich Lacan, der selbst in *Minotaure* veröffentlicht, auf Caillois (vgl. Haß, *Das Drama des Sehens*, S. 70; Geble, Der Mimese-Komplex, S. 190; Walburga Hülk, „Jacques Lacans surrealistische Liaison/Läsion", in: Mauer Quiepo, Rißler-Pipka, Roloff, *Die grausamen Spiele des ‚Minotaure'*, S. 71–82).
56 Vgl. von der Heiden, Kolb, *Logik des Imaginären*, Bd. 1 u. Bd. 2: *Spiel/Raum/Kunst/Theorie*, Berlin 2022; Becker, Doll, Wiemer, Zechner, Einleitung, S. 9; vgl. zur kulturwissenschaftlichen Rezeption auch Cha, *Humanmimikry*, S. 11, Anm. 1.
57 Eine Ausnahme gegenüber dieser in der Forschung kaum explizit verhandelten Ähnlichkeitsthematik stellen die Studien Eidelpes', die das Thema unter dem Aspekt der *Entgrenzung der Mimesis* anreißt, und Heynes, *Wissenschaften vom Imaginären*, dar; Heyne betont, Caillois entwickele in Abgrenzung von Lévy-Bruhl wie von „Bretons ‚totalitäre[n] Korrespondenzen'" ein eigenes, sich im Verlauf weiterentwickelndes Ähnlichkeitskonzept (ebd., S. 157). Vgl. auch die Hinweise in Eidelpes, *Entgrenzung der Mimesis*, S. 80, u. a. auf: Vincent Fleury, „Le démon de l'analogie – Sur une figure récurrente de l'œuvre de Roger Caillois", in: *Europe. Revue littéraire mensuelle* 78 (2000), S. 196–209.

als *seyen wir mit der Natur eins*, erhöht, sichert und in ein ruhiges Anschauen verwandelt [...], dann ist sie mir willkommen [...]. (Johann Wolfgang v. Goethe)[58]

„De quel côté qu'on aborde les choses, le problème se trouve être en fin de compte de la distinction: distinctions du réel et de l'imaginaire, de la veille et du sommeil, de l'ignorance et de la connaissance, etc., toutes distinctions en un mot dont une activité valable doit se montrer la prise exacte de conscience et l'exigence de résolution."[59] Mit diesem Auftakt seiner Mimese-Studie verknüpft Caillois das Phänomen mit einem Problem der *„Unterscheidung"* (27). Mit dem scheinbaren Zugeständnis an die *diakritische* Funktion der Ratio[60] besetzt er zunächst die rationalistische Position des neuzeitlichen und modernen naturwissenschaftlichen Beobachters – den Ort des *Unterscheiders*, den Goethe in seiner Diskussion des Pariser Akademiestreits Georges Cuvier zuschreibt.[61] Er präsentiert sich als Naturforscher, der auf analytische Differenzierung setzt und vor dem Hintergrund biologischer Forschung in wissenschaftlichem Duktus argumentiert, mittels Zitaten, Anmerkungen und einem Fußnotenapparat zeitgenössische Forschungspositionen etwa Lucien Cuénots, Paul Vignons, Alfred Giards und Felix Le Dantecs referierend. Die Formulierung rückt den Topos der Unterscheidung, insbesondere „der Unterscheidung zwischen dem Realen und dem Imaginären" (ebd.), jedoch nicht zufällig in den Kontext eines Erkenntnisproblems.[62] Denn Caillois stellt mit der Mimese, wie er behauptet, nicht nur eine trügerische Erscheinung, sondern eine „Pathologie" des Unterscheidungsvermögens ins Zentrum der Untersuchung, eine betont „statistische", nicht qualitative Einordnung: An der vermeintlich ‚schärfsten' Unterscheidung, der „zwischen Organismus und Außenwelt", zeigen sich im Textverlauf die genannten Grenzen als porös – wie die einschränkende Formulierung, „es gibt zumindest keine [Unter-

---

58 Brief an Heinrich Jacobi, zit. n. Stadler, Ich lehre nicht, ich erzähle, S. 95 [i. Orig. gesperrt].
59 Caillois, Mimétisme et psychasthénie légendaire, S. 86.
60 Vgl. zur Wortherkunft aus gr. *krinein* (unterscheiden, trennen) Arbogast Schmitt, „Schöpferische und produktive Formen der Mimesis bei Aristoteles", in: Becker, Doll, Wiemer, Zechner, Mimikry, S. 173–188, S. 182; vgl. zu der „differenzierende[n] Funktion der Erkenntnis", die *diaphoras* (Unterschiede) entdecke, Gruber, *Topographie des Ähnlichen*, S. 80, Anm. 144: In *Metaphysik* beschreibt Aristoteles den „Sehsinn als den bevorzugten Sinn, weil er uns am meisten Erkenntnis verschafft und viele Unterschiede [...] aufdeckt"; *Analytica posteriora* beschreibt *aisthesis* als allen Lebewesen angeborenes „Differenzierungsvermögen'", *De anima* Wahrnehmung als Unterscheidungsvermögen; zu *aisthesis* als *krinein* vgl. Welsch, *Aisthesis*, S. 33, Anm. 4 (ebd.) Der Auftakt wird im Textverlauf konterkariert.
61 Vgl. zu dem unter dem Titel *Principes de Philosophie zoologique* publizierten Akademiestreit Stadler, Ich lehre nicht, ich erzähle, S. 94, Anm. 50.
62 Cha verweist auf die „erkenntnistheoretische Dimension der Mimikry-Krise" (*Humanmimikry*, S. 80 f.).

scheidung, S. B.], bei der der Eindruck der Trennung unmittelbarer wäre", andeutet (ebd.).

Die Differenzierung der „Gesamtheit der unter dem Namen der Mimese bekannten Erscheinungen" nimmt Caillois vor, um sich von (neo-)darwinistischen Beschreibungen und der Theorie des „Transformationismus" ebenso abzusetzen wie von unwissenschaftlichen Deutungen der Mimikry als Ausdruck einer gottgegebenen Ordnung der Natur (ebd.).[63] Zugleich zielt er auf eine Revision bestimmter Annahmen der für anthropomorphe Spekulationen anfälligen Mimikrytheorie, die um 1900 in die Kritik gerät, terminologisch beliebig und eine ‚Schwärmerei' der durch sie getäuschten Einbildungskraft zu sein:

> Man stößt auf dieses Problem zu einer Zeit, als plötzlich alles und nichts als ‚Mimikry' bezeichnet wird. Das Wissensobjekt ‚Mimikry' scheint ein Versteckspiel mit den Wissenschaftlern zu spielen. Auf einmal gleicht die Natur einem Spiegelkabinett, in dem sich die Ähnlichkeit unendlich fortzupflanzen scheint. Die Einbildungskraft erfindet, was nicht entdeckt werden kann – außer in ihr selbst.[64]

Caillois präsentiert die Untersuchung als wissenschaftlich seriös mittels eines zunächst wenig surrealistisch anmutenden Gestus, der Anwendung einer „strenge[n] Methode" und des Bezugs auf „Tatsachen", nicht deren Interpretation: „Vor allem ist es wichtig, diese Erscheinungen, die, wie die Erfahrung gezeigt hat, aus unschönen Motiven heraus gerne miteinander vermengt werden, genauestens zu klassifizieren." (Ebd.) Seine grundlegende terminologische Differenzierung einführend, unterscheidet er Formen der sich anderen Tierarten (aposematische Zoomimese bzw. Mimikry, *mimétisme mimique*) und der Umgebung (kryptische Phytomimese, *mimétisme*) anähnelnden Mimese. Während seit Bates und bis in die 1920er Jahre diese Varianten als *mimicry* (Mimikry) bezeichnet werden – das damit bezeichnete Phänomen des *mimétisme mimique* klammert Caillois aus noch darzustellenden Gründen aus –, bedeutet *Mimese* ihm zufolge die Angleichung an den umgebenden Raum, mit der die Auflösung der visuellen Differenz von Organismus und Umwelt einhergeht.[65] Der Fokus des Textes ist damit ange-

---

63 Zur biologischen Diskussion vgl. Geble, Der Mimese-Komplex, S. 186, Anm. 5.
64 Cha, *Humanmimikry*, S. 78. Vgl. ebd., S. 76 f. Vgl. dazu Kap. I.3.4.
65 Vgl. Geble, Der Mimese-Komplex, S. 188: Der Begriff *Mimese* wird in den 20er Jahren von Franz Heikertinger eingeführt, setzt sich aber erst in den 60er Jahren durch. Obwohl er darauf verweist, dass Caillois Heikertingers Schriften kennt, hält Cha für „unwahrscheinlich, dass Caillois Mimikry und Mimese dem Begriff und der Sache nach unterscheidet. Aus Caillois' Text wird nicht ersichtlich, dass er sich ihres begrifflichen und konzeptionellen Unterschieds bewusst ist." (Cha, *Humanmimikry*, S. 84, Anm. 176) Diese Auffassung wird hier nicht geteilt: Caillois unterscheidet die Phänomene bewusst und mit konzeptuellen Folgen. Erst *Meduse et Cie* handelt ausführlich von *Mimikry*.

deutet: Werden in der Mimikry Individuen anderer Arten ‚nachgeahmt' oder deren Erscheinung vorgetäuscht, so wird, wo in der Mimese die Differenzierung von Individuum und Umwelt auf dem Spiel steht, nicht nur der Status des Unterscheidungsvermögens, sondern auch der der Identität prekär, wenn Caillois das Verschmelzen mit dem Hintergrund im Verlauf als Symptom einer tiefergehenden Entindividuation vorstellt.

Caillois grenzt weiter „offensive" und „defensive" Formen des Mimetismus voneinander ab, um Angriff und Tarnung, versteckende und „schreckende Mimese" zu unterscheiden, und differenziert direkte und indirekte Mimese: Erstere erziele einen spezifischen Vorteil der „Verkleidung", letztere schaffe auf Grund „einer gemeinsamen Anpassung, einer *Konvergenz*, gewissermaßen ‚professionelle Ähnlichkeiten'" unter verschiedenen Arten (28). Gerade die bekannten Formen der Schutzmimese bzw. der *Mimikry*, bei der etwa ein Schmetterling die Farben der Wespe zu imitieren scheint, provozierten dabei mitunter entlegene Vergleiche: Der Schwärmer *Smerinthus ocellata*, das Abendpfauenauge, ähnele mit gespreizten Flügeln „dem Kopf eines riesigen Raubvogels" (ebd.), der brasilianische Schmetterling *Caligo* dem Gesicht einer Schleiereule – ein Sonderfall präziser Übereinstimmung, der eine anthropomorphe Deutung bewirkt, die noch wissenschaftliche Beschreibungen des auch als ‚Eulenfalter' oder *owl butterfly* bezeichneten Insekts durchzieht.[66] Die kreisförmigen ‚Ozellen'[67] bilden somit ein die Größenmaßstäbe relativierendes *tertium comparationis* zwischen den Flügeln des Schmetterlings und den Augen der Eule. „Die Ähnlichkeit ist so frappierend, daß die Eingeborenen Brasiliens ihn anstelle des Tieres, das er nachahmt, an die Tore ihrer Scheunen nageln." (ebd.) Die Ozellen der Schmetterlinge stehen in dieser magisch-mimetischen Praxis – stellvertretend für die Augen des Nachtvo-

---

[66] Caillois zitiert Vignons Beschreibung des *Caligo*: „‚Es gibt einen glänzenden Fleck, eingefasst von einem lidförmigen Kreis, sodann dicht an dicht Ringe aus kleinen, radial angeordneten Federn mit unregelmäßigen Mustern, die mit höchster Genauigkeit das Gefieder der Schleiereule nachahmen, während der Körper des Schmetterlings dem Schnabel desselben Vogels entspricht.'" (Ebd., 28) Vgl. zur Bezeichnung ‚Eulenfalter' Lunau, *Warnen, Tarnen, Täuschen*, S. 51.

[67] Von Ozellen (von lat. *oculus*) spricht man, wo kein funktionsfähiges Auge vorhanden ist, sondern ein „primitives Sinnesorgan", bei Pflanzen „Zellen mit Linsenwirkung" (Nitsche, Spiele mit der Sichtbarkeit, S. 79), und bei einer ‚augenförmigen' Zeichnung. Augenflecke sind nach Wickler „eines der häufigsten Zeichnungsmuster" (Wickler, *Mimikry*, S. 65): „Der Name ‚Augenfleck' besagt zunächst nur, dass wir an ein Auge erinnert werden." (Ebd.) Es könnte sich einfach um eine kontrastierende runde Form handeln. „Dann wären diese Flecken also nicht Nachahmungen von irgend etwas, sondern die bestmöglichen weil ungewöhnlichsten Blickfänger" (ebd., S. 66). Dagegen sprechen „Glanzlicht-Imitationen", die im Experiment mit Vögeln der Spekulation der Augen-Imitation Plausibilität verleihen (ebd.).

gels – für die „apotropäischen *Oculus individiosus*" (29 [sic, i. Orig. Oculus invidiosus]), die den ‚bösen Blick' abzuwehren in der Lage sind. Dieses Beispiel zeigt die Differenzierung zwischen ‚Tatsachen' und ‚Interpretationen' als problematisch, wenn der Schmetterling als „Imitation der Eule" angesprochen wird, als „eine aus der Natur entnommene Nachahmung und damit ein Bild"; dessen Projektion auf die „Blick-Magie" der Ozellen in der magischen Übertragung gibt „dem Bösen im wörtlichen Sinne ein Gesicht".[68] Das Problem des „Anthropomorphismus" beschränke sich keineswegs auf die Deutungspraxis der ‚Primitiven', sondern stehe „im Zusammenhang mit der tendenziösen Ähnlichkeitsthese", die es zu vermeiden gelte, um die seriöse Forschung nicht zu kompromittieren (ebd.).[69] Gerade bestimmte Fälle von *Mimikry*, so wird deutlich, sind anfällig für ‚tendenziöse' Zuschreibungen von Ähnlichkeit, da nicht zu belegen ist, ob etwa das Flügelmuster des Schmetterlings auf die Imitation des Erscheinungsbildes einer Eule zielt. „Wir haben gesehen, aus welchen Gründen es angeraten schien, die Fälle unberücksichtigt zu lassen, in denen ein Tier ein anderes Tier nachahmt: es handelt sich dabei eher um objektiv schwer nachweisbare Ähnlichkeiten und Erscheinungen magischen Zaubers als um Mimese" (43, Anm. 50). Caillois lässt diese Fälle beiseite – ein Schritt von ebenso großer Tragweite für die Argumentation wie der implizit eingeführte Zusammenhang *mimetischer Magie*. Während in der anthropomorphen Deutung des *Caligo* als ‚Bild' der Eule „die Ähnlichkeit [...] nur im Auge des Betrachters" (29) liege, sei die unmittelbare Wirkung der Ozellen objektiv belegbar, denn „im gesamten Tierreich ist das Auge das Vehikel der Bannkraft" (ebd.); die abergläubische Deutung des *Caligo* als eines apotropäischen Repräsentanten des bösen Blicks beweist deren Fortwirken in der menschlichen Imagination.[70]

Dagegen führt Caillois eine Reihe von Fällen exakter „‚Homomorphie', also der Angleichung an fremde Objekte, nicht andere Arten" an, ‚Tatsachen', die in ihrer Genauigkeit nicht als anthropomorphe Projektion interpretiert werden

---

68 Nitsche, Spiele mit der Sichtbarkeit, S. 79. Caillois bezieht sich auf Seligmans *Der böse Blick und Verwandtes*, vgl. Caillois, Mimese und legendäre Psychasthenie, S. 40 f, Anm. 12.
69 Dem Anthropomorphismus widmet Caillois in der späteren Mimesis-Schrift einen Exkurs; vgl. Caillois, Méduse & Cie, S. 27–43, S. 52f.
70 Vgl. Thomas Hauschild, *Der böse Blick. Ideengeschichtliche und sozialpsychologische Untersuchungen*, Berlin ²1982, S. 60: Das Auge ist bei allen Tieren etwa gleich gestaltet; die Reaktion auf die Augenform lässt sich schon bei Säuglingen nachweisen. Die apotropäische Funktion klären die weiteren Ausführungen: Ozellen sind mehr als „Ornament" durch das „Potential des Blicks" (Nitsche, Spiele mit der Sichtbarkeit, S. 80). Sie werden in der Schreckmimese eingesetzt: Wo das menschliche Auge die Ähnlichkeit mit einer Schleiereule sieht, ist diese nicht Ziel einer ‚Imitation'. Vielmehr erzeuge die überraschende ‚Entbergung' der Schreckmimese einen unheimlichen Effekt, das plötzliche Erscheinen *als Etwas anderes*.

könnten.[71] Solche „Gleichheitsmimese" setzen Insekten oder auch Wassertiere ein, die sich nicht nur an sie umgebende Oberflächen wie Kieselsteine, Blätter, Blüten, Rinde oder Flechten anpassen, sondern sich zudem durch ihr Verhalten aktiv in ihre Umgebung einpassen, etwa Mantiden, „die an Blumen erinnern, indem sie durch sachtes mechanisches Schwanken die Bewegung der Blumen im Wind nachahmen." (Ebd.) Ein weiteres Beispiel einer „perfekten Homomorphie" bietet der *Oxidia*-Schmetterling, der in Färbung und Körperhaltung „das Aussehen eines Eichblattes mimt; ein Aussehen, das durch eine dunkle, über alle vier Flügel laufende Linie, die die Mittellinie des Blattes nachahmt, noch betont wird." (30) Ähnlich perfekt passen sich stabförmige Insekten ein, die Zweige nachbilden, und *Kallima*, deren verschiedene Arten das Aussehen der ihnen jeweils als Lebensraum dienenden Büsche imitieren, denen sie besonders ähneln: durch

> an verschimmelte Flechten und spiegelnde Fensterpartien erinnernde grau-grüne Flecken, die ihnen das Aussehen von durchlöcherten, zerfallenden Blättern verleihen, „bis hin zu fensterartigen Pilzflecken, mit denen die Blätter dieser Gewächse übersät sind: alles, sogar die durchsichtigen Vernarbungen, die die phytophagen Insekten erzeugen, wenn sie stellenweise die Parenchyme der Blätter fressen und nur die durchscheinende Epidermis übriglassen. Die Nachahmungen werden von Lichtflecken hervorgebracht, die ähnlichen Flecken auf der Oberseite der Flügel entsprechen." (Ebd.)

Für die ‚organisierte' Ähnlichkeit dieser Phänomene und ihren „Mechanismus" (31) gebe es keine Erklärung – weder die der „Verzierung" noch die der „‚Präadaption'", des Aufsuchens einer passenden Umgebung, überzeugten „angesichts von Phänomenen von einer derartigen Genauigkeit", ebenso wenig der „Rückgriff auf den Zufall" (31).[72] Angesichts dieses Desiderats bedient sich Caillois der „gewagten Hypothese" Le Dantecs, der zufolge die verähnlichende Entwicklung der *Kallima* auf eine „die Simulation von zerfressenen Blättern ermöglichende Plastizität der Hautorgane" zurückgehe, wobei der auf den Lamarck'schen Gesetzen beruhende „Imitationsmechanismus" aussetze, sobald „die Ähnlichkeit erreicht" sei (32). Diese Spekulation über die morphologische Plastizität der „Vorfahren" lässt Anpassung als durch *Nachahmung* erzeugte mimetische

---

71 Vgl. S. 41, Anm. 13 (Peter Berz).
72 Im Einspruch gegen die Deutung der Mimese als ‚zufällig' führt Caillois Cuénots Übertragung eines Einzelfalls (der Blattschrecken auf Java und Ceylon, die auf dem erst vor kurzem aus Afrika eingeführten Guavebaum leben) und die von Remy Perrier beschriebenen *Kallima* an. Cuénot spricht von einer „*‚ganz gewöhnliche[n] Kombination*, erstaunlich nur wegen ihrer Ähnlichkeit mit einem Gegenstand'" (31); Caillois widerspricht: „Es fällt allerdings schwer zu glauben, daß es sich hier um *gewöhnliche Kombinationen* handelt, denn all diese Details können zusammen vorhanden sein, ohne daß die sich zusammenfügen, ohne daß sie eine Ähnlichkeit ergeben: Es ist nicht das Vorhandensein der Elemente, die [sic] verstörend und entscheidend ist, sondern ihre *wechselseitige Organisation*, ihre *reziproke Topographie*." (32).

Metamorphose oder „Transformation" beschreiben, die die „aktuelle Morphologie der mimetischen Insekten" (ebd.) bestimme.[73] Damit schließt Caillois an neolamarckistische Milieutheorien an, für die

> ein direkter Umwelteinfluss [...] zu der Entstehung einer neuen Art führen kann. [...] Der Gedanke, der dahinter steht, ist kühn: Ein schwarzer Fleck am Flügelrand bildet sich beispielsweise, weil ein schwarzer Fleck auf einem Blatt oder Schmetterlingsflügel kopiert wird; eine Schmetterlingsart transformiert allmählich in eine andere Art, weil sie denselben Umwelteinflüssen ausgesetzt ist oder von dem Vorbild direkt beeinflusst wird. Für die lamarckistischen Theorien repräsentiert die ‚Umwelt' ein morphogenetisches Feld, in dem ein äußerer ‚Medium-Einfluss' in chemisch-physikalischer Form auf den Organismus einwirkt und das Farbmuster überträgt. Innerhalb dieser biologischen Medientheorie wird die Anpassung als ein teleologischer Prozess denkbar.[74]

Caillois' Rekurs auf die ‚Vorfahren' lässt die Dauer dieses Prozesses unbestimmt; doch nimmt er eine „Plastizität des Organismus"[75] an: Im Sinne des Lamarckismus wäre das ontogenetische Ziel „größtmögliche[ ] Ähnlichkeit, wenn nicht sogar Identität mit dem Vorbild"[76]. Ist so Mimese als morphologische Verähnlichungsdynamik gedacht, markiert die Anpassung an die Umgebung einen Akt der „Selbstüberschreitung"[77]. Die „Assimilation"[78] kulminiert in visueller Ununterscheidbarkeit von der Umwelt. In Folge dieser „Identifikation mit dem Ganz-Anderen"[79] wird in der ‚Veranderung'[80] anderes zu Eigenem, wobei die Transformation Nachahmung und bildende Formveränderung in eins fallen lässt. Dies erlaubt den Anschluss einer weiteren ‚gewagten' medientheoreti-

---

[73] Vgl. Cha, *Humanmimikry*, S. 47: „Indem die Mimikry als eine Anpassung, die Anpassung als eine Nachahmung und schließlich die Nachahmung – und in diesem letzten Schritt liegt die Besonderheit einer Lamarckschen Mimikrytheorie – als eine Transformation und Verwandlung gedacht wird, fallen die natürliche Selektion und die Vererbung, mit denen im Darwinismus die Emergenz neuer Eigenschaften erklärt wird, als Evolutionsfaktoren weg."
[74] Ebd., S. 44. Hätte der auf ethologische Fragen konzentrierte Lamarck eine Mimikrytheorie entwickelt, läge deren Fokus wohl weniger auf der „Inkorporierung" von Merkmalen als auf der „Imitation" und „Mimikry des Verhaltens" (ebd., S. 47).
[75] Ebd., S. 47. Vgl. Caillois, Mimese und legendäre Psychasthenie, S. 34 zur Untersuchung der „bestimmende[n] Kraft für die aktuelle Morphologie der mimetischen Insekten [...] in dem Moment, in dem deren Organismus noch formbarer war – wie man angesichts des Faktums der Transformation annehmen muss".
[76] Cha, *Humanmimikry*, S. 46.
[77] Nitsche, Spiele mit der Sichtbarkeit, S. 75.
[78] Ebd., S. 76.
[79] Geble, Der Mimese-Komplex, S. 193.
[80] Den bereits zitierten Begriff ‚Veranderung' prägt Werner Schiffauer, vgl. Schüttpelz, *Die Moderne im Spiegel des Primitiven*, S. 108, Anm. 3. Die „Formel ‚Othering'" (Taussig, *Mimesis und Alterität*, S. 63) betrifft hier die Destabilisierung des Eigenen.

schen Spekulation: Caillois denkt den Vorgang – die neolamarckistische Fotografie-Theorie der Mimese[81] in die Dreidimensionalität des Raumes vertiefend – als vollplastische Reproduktion:

> Die morphologische Mimese könnte somit – ganz wie die chromatische Mimese – eine echte Photographie sein, allerdings eine der Form und der Oberflächenstruktur, eine Photographie auf der Ebene des Objekts und nicht auf der des Bildes, eine Reproduktion im dreidimensionalen Raum mit seiner Fülle und Tiefe: eine Skulptur-Photographie oder besser eine *Teleplastik*, wenn man das Wort jeglichen metaphysischen Inhalts entkleidet. (32)[82]

Die Caillois zufolge „sophistisch anmutende" (32) These einer ‚teleplastischen' Nachbildung versteht das Insekt als „mimetische Maschine"[83], ein mechanisches Verfahren plastischer Kopie mit Volumen und Tiefe unterstellend. Die Fotografie als technisches Medium mit ikonisch-indexalischem Doppelcharakter, das, als *Berührung* von Licht und lichtempfindlichem – vielfach metaphorisch als ‚Haut' bezeichnetem – Material vorgestellt,[84] eine *ähnliche* Abbildung produziert und damit reproduzierende Kultur- und ‚Naturtechniken' wie den Abdruck und seine

---

81 Vgl. Cha, Fotografische Haut, S. 107. Mit der These der ‚chromatischen Mimese' als Fotografie spielt Caillois auf die Neolamarckisten an, die die „Entstehung der Mimikry durch die Wirkung des Lichts erklären. Die chemisch-physikalischen Prozesse, die sich zwischen der organismischen Oberfläche und der Umwelt abspielen sollen, werden für identisch mit fotografischen Prozessen erklärt." (Cha, *Humanmimikry*, S. 48) Die These der „Insekten, die mit ihrem Körper fotografieren", „liegt in der Vorstellung begründet, der zufolge die organismische Oberfläche der Mimikryinsekten fotosensibel ist beziehungsweise einer fotografischen Platte gleicht." (Ebd., S. 49).
82 Caillois schlägt ein mechanisches und wahrnehmungsgesteuertes Prinzip vor, wo der Neolamarckist Le Dantec Willen unterstellt (vgl. S. 41, Anm. 29). Der Gedanke dreidimensionaler Fotografie begegnet bereits im Kaiserpanorama, der Stereoskopie oder Karl Rohwalds *Photoskulptur* von 1900 (vgl. Nitsche, Spiele mit der Sichtbarkeit, S. 75, Anm. 8).
83 Cha, Fotografische Haut, S. 112.
84 Vgl. Shell, *Hide and Seek*, S. 10 f.: „Ever since William Henry Fox Talbot, inventor of the first photographic negative, characterized photography as ‚the pencil of nature' in 1844, critical observers [...] have articulated how conditions of photographic production influence the photograph's status as a ‚trace' or ‚skin' of an original (or protofilmic) form. Philosopher and founder of semiotics Charles Sanders Peirce called attention to the peculiar twinned epistemological status of the photographic negative. The photograph, like the mounted skin of an animal, both materially derives from the live organism with which it is associated (a relationship described as ‚indexical'), and resembles that organism, possessing some of its qualities (a relationship described as ‚iconic')."

„ressemblance par contact"[85] assoziiert, bildet nicht zufällig das Paradigma für diesen Vorgang. „Die Analogie und zum Teil Gleichsetzung von körperlicher Nachahmung und Fotografie, die in der Biologie und Physik um 1900 diskutiert wird, entsprechen einer im neunzehnten Jahrhundert aufkommenden Sichtweise der Fotografie, die in einen direkten Bezug zur körperlichen Mimesis gesetzt wird"[86]. Aus der wissenschaftshistorisch „einmaligen epistemischen Konstellation von Medien- und Biologiegeschichte" gehen die Caillois' Argument grundierenden Verknüpfungen von Mimikry- und Medientheorie wie die umstrittene „Einführung des mechanomorphen Fotografie-Konzepts in die biologische Forschung" hervor, so Kyung-Ho Cha:[87] „In der Bestimmung der Fotografie als einer körperlichen Mimesis und vice versa wird der Wunsch erkennbar, die Fotografie in das bereits bestehende Wissen der Mimesis zu integrieren", um zum einen die „Konkurrenzsituation zwischen ‚alter' körperlicher und ‚neuer' technologischer Mimesis" zu ‚entschärfen'; „[z]um anderen führt die Integration neuer mimetischer Maschinen zur Entstehung imaginärer Cyborgs, die neue, zwischen Tier und Maschine stehende Lebewesen mit bislang unbekannten mimetischen Fähigkeiten repräsentieren."[88]

Die seit den von Thomas Wood und Theodor Eimer veröffentlichten Experimenten mit ‚fotosensiblen' Schmetterlingen von verschiedenen Biologen vertretene Theorie, der zufolge „die Ähnlichkeit der Mimikryinsekten auf ihrer Fähigkeit beruht, ihre Umgebung mit der Haut zu fotografieren"[89], übernimmt Le Dantec, der dies als „photographie des couleurs'" beschreibt.[90] Vignon notiert: „Unter dem

---

85 Vgl. Didi-Huberman, *La Ressemblance par contact*; als *vera ikon* der Moderne bezeichnet die Fotografie Weigel, *Grammatologie der Bilder*, S. 158; zum Natur(selbst)abdruck vgl. ebd., S. 144.
86 Cha, Fotografische Haut, S. 110. Den ersten Vergleich des Mimikryinsekts mit einer Fotografie zieht der Biologe Karl Friedrich Brunner von Watttenwyl (vgl. Cha, *Humanmimikry*, S. 50). Fotografie erscheint hier als ein „körperliches Gedächtnismedium" (ebd., S. 59).
87 Cha, *Humanmimikry*, S. 49. Cha verweist mit Ludwig Fleck auf ein „Meinungssystem" oder einen „Denkstil [...] der Einführung von Theorien und Praktiken aus dem Wissensfeld der Fotografie in die Biologie. Nach Fleck besteht das besondere Merkmal der Meinungssysteme darin, dass sie eine ‚schöpferische Dichtung' auszeichnet. Letztere sei die ‚sozusagen magische Versachlichung der Ideen, das Erklären, daß eigene wissenschaftliche Träume erfüllt seien.' In der Tat wären die glänzenden Mimikryinsekten dann die real-magische Versachlichung eines wissenschaftlichen Traums, in dem die Wirklichkeit in bunt schillernden Fotografien festgehalten wird." (Ebd., S. 61).
88 Cha, Fotografische Haut, S. 112. Vgl. Peter Berz, „Die Kommunikation der Täuschung. Eine Medientheorie der Mimikry", in: Becker, Doll, Wiemer, Zechner, *Mimikry*, S. 27–44, S. 39. Francé (*Die Pflanze als Erfinder*) begreift auch die Pflanze als biotechnische ‚Maschine'.
89 Ebd., S. 107.
90 Ebd., S. 108. Vgl. auch Cha, *Humanmimikry*, S. 53.

Einfluss von Nebenreflexen photographiert das Tier auf sich selbst die Umgebung, die es sieht".[91] Dabei ist Vertretern der Fotografietheorie zufolge „[d]as Licht [...] der fotografische Umweltfaktor, welcher den Erwerb von Eigenschaften, wie etwa die Farbe und Form eines Blattes, ermöglicht."[92] Zu den Theoretikern der „Naturfotografie" zählen auch Otto Wiemer, der Überlegungen zur fotosensiblen Haut der Mimikryinsekten anstellt, um „das Verhältnis von Umwelt und Insekt im Sinne einer Bildübertragung zu beschreiben"[93], Paul Kammerer, der ein neurophysiologisch erweitertes Modell des Mimikryorganismus als Kamera entwirft, sowie der – ebenfalls von Caillois zitierte – Physiologe Jacques Loeb, der den „Farbwechsel von Fischen als ‚Telephotographie' bezeichnet".[94]

Caillois verknüpft diese Theoreme mit einer konkurrierenden Antwort auf die Frage, wie der Einfluss der Umwelt auf das Insekt zu denken wäre, wenn er im Begriff der „Teleplastik" (32) Loebs Theorem umdeutet und dabei unter der Hand einen Erklärungsansatz des Parapsychologen René Sudre einbezieht. Dieser hatte 1933 betont, er habe Vignon, bei der Lektüre seiner *Introduction à la biologie expérimentale* auf Parallelen von beiden untersuchter Phänomene aufmerksam geworden, auf das Phänomen der *Teleplastie* als „organische oder anorganische Materialisierung von ‚Vorstellungen und Gedankenbildern'" hingewiesen.[95] Dass eine solche Vorstellung nichtphysiologischer Übertragungen mit Fotografie-Theorien der Mimese vermittelbar ist, lässt sich etwa auch mit Gabriel Tardes *Les Lois de l'imitation* belegen: „Ich verstehe unter Nachahmung jeden Abdruck zwischengeistiger Fotografie, sei sie nun gleichsam gewollt oder nicht, passiv oder aktiv.'"[96] Solche Theoreme gehen in einen auf den „mechanistischen Materialismus"[97] der Mimikrytheorie reagierenden *psycho*lamarckistischen Deutungs-

---

91 Zit. n. Peter Berz, „Tier-Blatt-Flügel-Herbst. Caillois und sein Biologe: Paul Vignon", in: von der Heiden, Kolb, Logik des Imaginären, S. 115–159, S. 147. Es handle sich dabei um eine von drei Möglichkeiten mimetischer Erscheinungen. Womöglich übernimmt Caillois diesen Dreischritt in die Typologie seiner späteren Studie über Mimikry und Mimese.
92 Cha, *Humanmimikry*, S. 59.
93 Cha, Fotografische Haut, S. 108. Cha führt dies auf die Krise der Entwicklung der Farbfotografie stagnierte (vgl. ebd., S. 109).
94 Cha, *Humanmimikry*, S. 57; vgl. Caillois, Mimese und legendäre Psychasthenie, S. 40, Anm. 6: Berz verweist auf die von Caillois erwähnte Theorie der Farbanpassung bei Fischen Jacques Loebs; vgl. Cha, *Humanmimikry*, S. 88, Anm. 197.
95 Cha, Fotografische Haut, S. 104. Vgl. zu Sudres Vortrag vor dem Londoner *National Laboratory of Psychical Research* ebd.: „‚I explained to M. Vignon that in experimental *teleplasty*, the materialized forms would assume utilitarian shapes or those purely fancyful, just as in mimicry, but with the difference that such production were merely temporary, while in mimicry they passed into the domain of species.'"
96 Ebd., S. 110.
97 Ebd., S. 119.

strang ein, dem neben Francé – der darin eine gegen den (neo-)darwinistischen „‚Zweckgedanken‘"[98] gerichtete „Lösung der ‚wirrig anmutenden Mimikryfrage‘"[99] sieht –, etwa Karl Hauser, Marinus Cornelius Piepers, Georg Lohmer, August Pauly und Auguste-Henry Forel anhängen und an dem Caillois' Text partizipiert.[100] Diesen Theorien zufolge „erfüllt die Mimikry weniger eine Funktion, sondern ist vielmehr der Ausdruck eines Gefühls wie beispielsweise der Angst"[101]. Während Hauser den Nachahmungsmechanismus damit erklärt, dass die „‚Umgebung‘"[102] durch „Suggestion"[103] hypnotisch auf die Psyche des Insekts einwirkt, zieht Lohmer, der in „Hypnose und Mimikry [...] qualitativ ähnliche Gemütsverfassungen" sieht und „die Hypnose als ein künstliches Zurücksinken in primitive pflanzlich-tierische Bewusstseinsformen" erklärt,[104] ähnlich wie Otto Julius Hartmann angesichts des mechanisch wirkenden Verhaltens den „‚*Vergleich mit der Bewußtseinslage der Menschen in Hysterie und Trance*‘"[105]. Im Textverlauf werden die Implikationen dieser zunächst nur angedeuteten spekulativen Argumentationslinie deutlich: Mit dem Rekurs auf die neolamarckistischen Theorien schlägt Caillois eine dezidiert antidarwinistische Argumentationsrichtung ein: „Die Emergenz von Merkmalen wird als eine Transmission [...] begriffen, ohne dass innere Faktoren wie etwa die Erbanlage eine Rolle spielen würden [...]. Der Körper ist für den Lamarckismus vor allem eines: ein Bild seiner Umwelt."[106] Dabei überschreitet Caillois' Argumentation diese „Epistemologie der Oberfläche"[107] auf die Dimensionen der Verkörperung, psychischer Tiefenräume und der imaginären Übertragung hin, was die Einführung einer zentralen Denkbewegung erlaubt: „Imagination steuert die Individualentwicklung"[108].

---

98 Cha, *Humanmimikry*, S. 65.
99 Ebd., S. 64.
100 Vgl. Cha, Fotografische Haut, S. 104 f.
101 Cha, *Humanmimikry* S. 63.
102 Cha, Fotografische Haut, S. 104 f.
103 Cha, *Humanmimikry*, S. 65. „Offensichtlich glaubt man, dass das Mimikryinsekt unter dem Einfluss einer beseelten Umwelt steht. Diese Umwelt hypnotisiert das Tier und übermittelt ihm die zu reproduzierenden Merkmale, etwa eine bestimmte Farbe oder ein bestimmtes Muster, auf dem Wege der Suggestion." (Ebd., S. 66) Die These der Suggestion (vgl. Cha, Fotografische Haut, S. 104) ist der der Fotosensibilität äquivalent, die Verwirklichung der „fotochemische[n] Sichtbarmachung des Bildes auf der Platte" (ebd., S. 111).
104 Ebd., S. 66.
105 Zit. n. ebd., S. 67.
106 Ebd., S. 44.
107 Ebd.
108 Ebd., S. 65.

Wie die Verbindung von Körper und Bild bleibt die Dimension der Bild*übertragung* durch Ähnlichkeit und Kontiguität zunächst implizit. Um auf die subtextuelle Kohärenz der Argumentation hinzuweisen, mag der Hinweis auf die gemeinsame Präsenz in einem Raum und den Vorgang indexalisch-ikonischer ‚Einschreibung' auf einer Oberfläche als gestalthafte Inkorporierung genügen, in dem sich Körper und Bild verschränken. Der Körper als ‚mimetische Maschine' transformiert sich in einem dynamischen Prozess, in dem er als materieller ‚Träger' des Bildes in der Repräsentation des ‚Anderen' unsichtbar wird: „(Ab-)Bildendes und (Ab-)Bild fallen zusammen" in einer Transformation, aus der der mimetische Körper – mit Benjamin – ‚entstellt vor Ähnlichkeit' hervorgeht.[109] Entscheidend ist, dass Mimetismus und Fotografie nicht nur als „Operationen der Verdoppelung, der Replizierung eines bewussten Subjekts durch sein abgebildetes Duplikat"[110] vergleichbar sind – was der *Mimikry* entspräche –, sondern auch im Blick auf eine dispositive Ordnung, durch die die *Mimese* eine „Eintragung des Subjekts in den visuellen Raum, das sich in diesem Moment wie ein Positiv und Negativ zugleich verhält", bedingt.[111] Diese in der surrealistischen Medienreflexion thematische Dimension betrifft weniger die ‚Kopie' eines Originals als die Reflexion eines reziproken Dispositivs des Medialen und dessen simulacraler Qualität:

> In einem solchen Verständnis von Mimesis [als Transformation, S. B.] steht die Nachahmung zur Welt weniger in einer Repräsentations- als vielmehr einer Kontinuitätsbeziehung: Mimesis bildet nicht ab, sondern stellt ein Näheverhältnis her – bis hin zu dem

---

[109] Nitsche, Spiele mit der Sichtbarkeit, S. 74. Vgl. Benjamins Fotografie-Szene: „‚Ich aber bin entstellt vor Ähnlichkeit mit allem, was hier um mich ist'" (zit. n. Nitsche, Spiele mit der Sichtbarkeit, S. 88). „Mimikry wie auch Photographie ist das Moment der ‚Täuschung' eingeschrieben, die sich daraus ergibt, dass der Körper, das Material sich als das völlig andere zu sehen gibt. Im Fall der Mimikry löscht er sich für den Betrachter durch die Art, wie er erscheint, als eigener Körper aus." (Ebd., S. 90) Benjamin und Caillois treffen sich im Rekurs auf die Fotografie nicht als „Folie für die Abbildung von Wirklichkeit", sondern für die Frage nach „Wahrnehmbarkeit" (ebd., S. 74).
[110] Krauss, Corpus Delicti, S. 178. Die Mimese-Theorie nimmt „die anhaltende Exploration des Doubles als eines (in formaler und zugleich thematischer Hinsicht) strukturalen Prinzips der surrealistischen Photographie" vorweg (ebd.).
[111] Haß, *Das Drama des Sehens*, S. 78, Anm. 104. Vgl. Joachim Paechs „Theorie des Dispositivs": „‚Im Dispositiv als einer An-Ordnung bilden der Sehende und das Sehraum ein System, durch das beide in einem Konstrukt zusammengefaßt werden.'" (Zit. n. Roloff, Fragmentierung und Montage, S. 244). „Entscheidend ist nicht, was wir wahrnehmen, sondern wie schon Platons Höhlengleichnis und Lacans Spiegeldrama gezeigt haben, die Situation, d. h. die Art und Weise, wie wir sehen: ‚das Subjekt des Sehens ist immer zugleich Objekt des Systems, in dem es gesehen wird.'" (Zit. nach ebd.)

Punkt, an dem Original und Kopie einander ebenbürtig sind und die platonische Trennung zwischen Mimesis und Methexis obsolet ist.[112]

Die medientechnische Spekulation führt so eine im Verlauf ausgearbeitete These ein: Im Prozess der Angleichung bestimmt der Umraum die Erscheinung des Organismus. Mimese wird als „physische ‚Reaktion' auf die fundamentale Differenz des Lebendigen zu seiner Umwelt"[113] und somit auf eine „Raumeinwirkung auf den Organismus"[114] konzipiert; die eingangs thematisierte Grenze zur Außenwelt wird durch diese Einwirkung problematisiert und erweist sich als durchlässig, noch bevor sich die Kontur des mimetischen Körpers auflöst: „Ähnlichkeit schreibt sich in die Körper ein."[115] Der verähnlichende Metamorphoseprozess findet sein Ziel in einem optischen Kippspiel des Figur-Grund-Verhältnisses: Er führt zugleich mit der „Einschreibung des Raums in den Körper"[116] zu dessen Einblendung in den Raum: Wo der mimetische Prozess die vollkommene Form erreicht hat, löst sich diese optisch auf, wird „unsichtbar, bzw. als etwas anderes sichtbar"[117] und geht, vergleichbar mit einem Stereogramm, im Hintergrund auf. „Es geht bei der Mimikry um das Bildwerden des Körpers und die Reinkarnation des Bildes im Körper. Wofür sich Caillois interessiert, ist die Frage, wie ein Bild auf den Körper wirkt".[118]

Mimese umfasst in dieser Konzeption zum einen die Dynamik der Transformation und ist zum anderen in der „Pendelbewegung"[119], im Umschlag von Präsenz und Absenz, Erscheinen und Verschwinden, Sichtbarkeit und Unsichtbarkeit verortet: Mit dem Kippmoment, in dem das Insekt unsichtbar bzw. *als etwas anderes* sichtbar wird, schreiben sich zugleich – bezogen auf eine Beobachterperspektive – eine Doppeldeutigkeit und ein „Täuschungsmoment" in den Raum ein: Die

---

112 Eidelpes, *Entgrenzung der Mimesis*, S. 16. Magische Praktiken „wollen die Wirklichkeit beeinflussen und sind dem eigenen Anspruch nach so auch *Vorahmung* von Geschehnissen." (Ebd., S. 14) Mittels dieses den ethnologisch entgrenzten Mimesisbegriff vorstellenden Arguments lässt sich die Kohärenz andeuten, mit der sich die Argumentation in Richtung eines solchen Mimesis-Begriff verschiebt.
113 Nitsche, Spiele mit der Sichtbarkeit, S. 75.
114 Geble, Der Mimese-Komplex, S. 190.
115 Ralf Breyer, „Mimikry | Mimese. Gefährlicher Luxus zwischen Natur und Kultur". Tagung zur Bedeutung von Täuschung und Tarnung als ästhetische Praktiken (online unter https://idw-online.de/en/news126368, 14.3.2018), o. S.
116 Krauss, Corpus Delicti, S. 179.
117 Nitsche, Spiele mit der Sichtbarkeit, S. 76.
118 Cha, *Humanmimikry*, S. 87. Morsch spricht von einem Ineinander von Selbst und Bild als „Ineinandergreifen von ‚Leibraum' und ‚Bildraum'" (vgl. Morsch, Mimesis und filmischer Raum, S. 223).
119 Nitsche, Spiele mit der Sichtbarkeit, S. 77.

„Anordnung ist angewiesen auf dasjenige Element, das getäuscht wird und dem sich Raum und Organismus wiederum als Einheit präsentieren."[120] Diese Dimension des Blicks ist bereits Caillois' Thematisierung der bannenden Funktion der Ozellen implizit: Die plötzliche Enttarnung der Schreckmimese wendet gewissermaßen den entdeckenden Blick zurück – ein Figur-Grund-Umschlag, der das Blickverhältnis als reziprok zeigt.[121]

Die Konstellation des für einen beobachtenden Blick aus dem Umraum sichtbaren Individuums ist für Caillois' wahrnehmungstheoretische Perspektive zentral und wird im Textverlauf in der Theoretisierung der Reziprozität von Sehen und Gesehenwerden aufgegriffen. Caillois geht – wie der Einwand gegen die anthropomorphe ‚Ähnlichkeitsthese' andeutet – davon aus, dass die „spezifische Visualität der Mimikry mehr ist als nur eine Projektion, die menschliche Beobachter mit ihrem recht anders gearteten Wahrnehmungssystem auf das Feld der natürlichen Musterung" übertragen.[122] Legt die beschriebene Konstellation nahe, dass es sich bei der Mimese um eine Schutzfunktion handelt, da sie auf Blicktäuschung ausgerichtet scheint, so erhebt Caillois dagegen Einspruch: Da ihre Schutzwirkung zu vernachlässigen sei, könne Mimese nicht allein darauf zurückgeführt werden; sie beruhe vielmehr auf einer „Störung der räumlichen Wahrnehmung" (35). Auf dieses Argument zielend, betont Caillois in einer weiteren Wendung der Argumentation, dass, „wenn denn die Mimese ein Abwehrvorgang ist, sie weit über ihr Ziel hinausschießt" (43, Anm. 56). Nicht nur ist ihr Gelingen an einem schmalen „Grad, der sich der Sichtbarkeit entzieht",[123] verortet: „[D]as Moment der potentiellen Sichtbarwerdung und Enttarnung ist [...] ihr zwingender Bestandteil. Mimikry wird hier zu einem Ähnlich-werden, das im Prozess befindlich und nicht oder aber zu perfekt ist, wodurch sie immer auch ein Moment des Scheiterns und eine immense Gefahr impliziert".[124] Dass sie sich auf eine Weise „‚perfektionieren' kann, dass sie im Effekt in das Gegenteil dessen umschlägt", was das Überleben sichern soll, bedingt zudem die Gefahr eines destruktiven Umschlags des Prozesses, dessen Dynamik Caillois mit Vignon „‚hypertelisch'"[125] nennt. Dieses Argument einer „Überassimilation"[126] als

---

120 Ebd., S. 76.
121 Vgl. zu einer bildtheoretischen Auswertung der Reziprozität des Blicks Georges Didi-Huberman, *Was wir sehen blickt uns an. Zur Metapsychologie des Bildes*, München 1999.
122 Krauss, Corpus Delicti, S. 178 [vgl. hier jedoch den verunklärenden Gebrauch des Begriffs Mimikry].
123 Nitsche, Spiele mit der Sichtbarkeit, S. 76.
124 Ebd., S. 77.
125 Ebd., Nitsche bezeichnet dies als „Dysfunktion" (ebd).
126 Eidelpes, *Entgrenzung der Mimesis*, S. 79.

„maladaptiv[e]" Dynamik „sprengt [...] jeden evolutionstheoretischen Bezugsrahmen".[127] So wendet sich Caillois gegen utilitaristische Auslegungen, indem er suggestiv behauptet, Mimese-Erscheinungen könnten als „Abwehrreaktion" (32) nicht erklärt werden – jedenfalls „not the degree of their virtuosity"[128]. Der Grad der Perfektion, mit der mimetische Insekten etwa nicht nur das Aussehen eines Blattes, sondern selbst Fressspuren imitierten und durch ein die Ähnlichkeit steigerndes Verhalten erstaunliche Detailtreue erreichten, sei damit nicht zu erklären. Caillois bringt auch „[w]eniger sophistisch anmutende Gründe" für die ‚Nutzlosigkeit' der Mimese vor, wie die an biologischen Experimenten gewonnene Beobachtung, dass sich viele Räuber von Mimesephänomenen nicht täuschen lassen, die Insekten teils nur „für den Menschen unsichtbar" werden ließen (33).[129] Als „case of natural adaptation, which actually no more than affirms the random character of natural selection", ist Mimese nach Caillois weniger ein Zeichen des Selbsterhalts als ein „phenomenon of excess",[130] woraus er folgert: „Man hat es also mit einem *Luxus* zu tun und sogar mit einem gefährlichen Luxus" (ebd.). Gefährlich werde der „luxe dangereuse"[131] exzessiver Ähnlichkeit etwa „Spannerraupen", die Gärtner wie die Zweige abschnitten, die sie imitierten (ebd.). Das Leitbeispiel hierfür sind die Blattschrecken (*Phylliidae*), auch Gespenstschrecken (*Phasmiden*) genannt; „sie nagen sich gegenseitig an, da sie sich für Blätter halten. Man könnte hier an eine Art kollektiven Masochismus glauben, der in wechselseitiger Homophagie endet" (ebd.). Auf sie – und ihr *devenir fantôme* – referiert das Motto des Textes: „Die Erfahrung einer Blicktäuschung geht in die entomologischen Bezeichnungen

---

127 Ebd., S. 69. Die Nützlichkeit der Mimikry bestreiten auch die Lamarckisten (vgl. Cha, *Humanmimikry*, S. 41, Anm. 26); so begründe etwa Wattenwyl die „Funktionslosigkeit ästhetisch", vgl. ders., Über die Hypertelie in der Natur, S. 135. Vgl. Kap. I.3.4.
128 Vgl. Cheng, Mask, Mimicry, Metamorphosis, S. 74.
129 Mimesis sei nur im Sonderfall auf Sicht jagender Räuber hilfreich; hier wirke die mimetische „Totenstarre" (32), doch oft ließen sich die Räuber nicht täuschen, wie Caillois auf Versuche Judds und Foucers bezugnehmend bemerkt: „Allgemein finden sich in den Mägen von Räubern zahlreiche Überreste mimetischer Insekten." (33) Oft haben diese noch weitere Verteidigungsmittel, während sich umgekehrt ungenießbare Insekten zusätzlich tarnen; Cuénot leitet die Schlussfolgerung ab, es handle sich um „ein ‚Epiphänomen', [...] dessen ‚Schutzwirkung offenbar gleich null ist.'" (Ebd.)
130 Cheng, Mask, Mimicry, Metamorphosis, S. 74. Den ‚*random character*' der Evolution betont auch Darwin (vgl. Cha, *Humanmimikry*, S. 36) – nicht zuletzt am Beispiel der Mimikry –, um zu zeigen: Selektion operiert zufällig, nicht zielgerichtet.
131 Caillois, Mimétisme et psychasthénie légendaire, S. 106. Diesen Schluss übernimmt Caillois von Vignon, der von einem sinnlosen „‚Luxus'" spricht (Berz, Tier-Blatt-Flügel-Herbst, S. 146). Vgl. auch Boon, *In Praise of Copying*, S. 119.

‚Gespenstschrecke' und ‚*Phasmida*' unmittelbar ein. Das Wort *Phasmida* leitet sich etymologisch vom griechischen Wort ‚Phantom' her."[132] Dabei zeigt Caillois' Interpretation der *Phasmiden* eine für seine Deutung zentrale „Umkehrung des ‚Täuschungsparadigmas'" an: „Während bislang nur von der Täuschung eines (dritten) Beobachters ausgegangen wird, ist es nun das Insekt selbst, das einer Selbsttäuschung anheim fällt, sobald es sich als ein anderes Insekt oder Blatt wahrnimmt. In seiner Wahrnehmung wird es eins mit der Umwelt."[133] Zugleich drohe die Einverleibung durch Artgenossen: Die „Vortäuschung des Blattes ist bei diesem totemistischen Festmahl eine regelrechte *Provokation* zum Kannibalismus" (ebd.). Ungeachtet des spekulativen Charakters des von Caillois sogleich als „zu gewagt" zurückgenommenen (ebd.) Totemismus-Vergleichs[134] leiten die Deutungsangebote ‚Masochismus' und ‚Totemismus' eine anthropologische Wendung der Argumentation ein. „Diese Deutung ist nicht so willkürlich wie es scheint", so Caillois – denn es scheinen „beim Menschen psychologische Möglichkeiten fortzubestehen, die mit diesen Tatsachen seltsam korrespondieren" (33). Er führt diese Korrespondenzen über den im Verlauf ausgeführten Vergleich der Mimese mit menschlichem Denken und Handeln aus, die „Grenze zwischen psychischen

---

132 Cha, *Humanmimikry*, S. 78. Vgl. weiter: „Das neuhochdeutsche ‚Gespenst' ist wiederum auf das mittelhochdeutsche ‚gespanst' und althochdeutsche ‚(gi)spanst' zurückzuführen, was soviel wie ‚Lockung', ‚Verlockung' oder ‚teuflisches Trugbild' bedeutet." Vgl. Didi-Huberman, Das Paradox der Phasmiden, S. 18 f.; Becker, Doll, Wiemer, Zechner, Einleitung, S. 15.
133 Cha, *Humanmimikry*, S. 84.
134 Vgl. zu den von der Boas-Schule und von Claude Lévi-Strauss 1967 in *Das Ende des Totemismus* als Imagination der europäischen Wissenschaft desmaskierten Totemismustheorien das Kap. „Wunsch, Totemist zu werden", in: Schüttpelz, *Die Moderne im Spiegel des Primitiven*, S. 107–136. Schüttpelz analysiert die „im ‚Othering' entstehenden Spiegelungen – den Wunsch und die Gefahr, sich im Fremden – und im ‚Othering' wiederzuerkennen" (ebd., S. 109). Lévi-Strauss attestiert dem Totemismusdiskurs eine „‚Hexenaustreibung von Geisteshaltungen, die unvereinbar sind mit den Forderungen einer Diskontinuität zwischen Mensch und Natur'" und konstatiert die Amalgamierung von Totemismus und Opfer: „Die Opfer-Kommensalität und/oder die Kommensalität überhaupt verdanken sich einer Konsubstanzialität" (ebd., S. 111). Das Wechselspiel von Abwehr und Spiegelung zeige sich auch in Durkheims „Soziophagie" und Freuds „Patrophagie"; ein Caillois' Metapher ähnliches Motiv der „Autophagie" bzw. des „Kannibalismus" findet sich in Canettis Darstellung des Totemismus, der darin die „ursprüngliche Ungeschiedenheit von Mensch und Tier" erkennt (ebd., S. 121). „*Das Gegessene ißt zurück*" (ebd.), dieses mythische Motiv der „Selbstverzehrung" (ebd., S. 123), sieht Schüttpelz als in den diskutierten Totemismustheorien nicht enthaltenes Element, womit Caillois an der Nebenlinie einer „imaginäre[n] Ethnographie" der Totemopfer partizipiert, die das autophage Element benennt (vgl. ebd., S. 129 f.). Der Totemismus zeigt sich darin als „Idiom der Selbstdifferenz und Selbst-VerAnderung, als [...] Vorgeschichte der modernen Assimilation." (Ebd., S. 135).

und physischen Prozessen" der Verähnlichung zunehmend verwischend.[135] Diesen Vergleich legitimiert die These einer universellen „Tendenz zur Nachahmung" (34) als „spezienübergreifendes Vermögen", deren „‚relative Kontinuität'"[136] auf Caillois' hier implizite, andernorts ausgeführte Annahme der „Kontinuität zwischen Materie und Einbildungskraft"[137] verweist.

7.1.2 Mimetische Praktiken zwischen Magie und Imagination

Den angedeuteten ‚korrespondierenden psychologischen Möglichkeiten' nachgehend, verschiebt Caillois das ihm zufolge durch die Biologie unzureichend erklärte Phänomen in den Rahmen eines ähnlichkeitstheoretischen Erklärungsmodells, indem er Mimese mit dem *Ähnlichkeitsdenken* assoziiert – genauer, mit dem von der zeitgenössischen Ethnologie erforschten „unermeßliche[n] Bereich der mimetischen Magie, der zufolge Gleiches durch Gleiches erzeugt wird und auf der jede Beschwörungspraxis mehr oder weniger beruht." (Ebd.) Damit führt er ein im Verweis auf den *Caligo* bereits angedeutetes Theorem ein, das seit Bates und Darwin die Mimikrytheorie begleitet: Begriffs- und ideengeschichtlich handelt es sich um eine Rückwendung des von Bates, der ihn auch zur Beschreibung ‚primitiver' Nachahmungspraktiken wie Totemrituale gebrauchte, metaphorisch übertragenen Begriffs auf seinen Ursprung in einer Analogiemetapher.[138] Explizit betont Caillois im Rekurs auf Tylor, Frazer, Hubert und Mauss die Ähnlichkeiten ‚primitiver' und moderner Denkweisen – genauer, die von ihnen

> hervorgehobene Korrespondenz zwischen den Prinzipien der Magie und denen der Ideenassoziation: dem Gesetz der Magie: *die Dinge, die miteinander in Berührung gestanden haben, bleiben vereint*, entspricht die Assoziation durch Kontiguität, so wie die Assoziation durch Ähnlichkeit exakt der *attractio similium* der Magie entspricht: *Gleiches erzeugt Gleiches*. Also regieren die gleichen Prinzipien hier die subjektive Assoziation der Ideen und dort die objektive Assoziation der Tatsachen: hier die absichtslosen (oder was man so nennt) Verknüpfungen der Gedanken und dort die kausalen Verknüpfungen der Dinge. (34)[139]

---

135 Nitsche, Spiele mit der Sichtbarkeit, S. 76. Implizit ist der Vergleich bereits in der medientheoretischen Spekulation.
136 Zit. n. Eidelpes, *Entgrenzung der Mimesis*, S. 71.
137 Caillois, *Der Krake*, S. 140. Vgl. dazu Albers, Reine und unreine Literatur(-wissenschaft), S. 42.
138 Vgl. Cha, *Humanmimikry*, S. 34; Becker, Doll, Wiemer, Zechner, Einleitung, S. 9.
139 Caillois zitiert Hubert und Mauss (vgl. 42, Anm. 39; Anm. 38 führt die „Assoziation durch Kontrast" auf den „Fall der Ähnlichkeit" zurück).

Ohne diese Thesen auszuführen, betont Caillois als den genannten Schriften „[w]esentlich" den Hinweis auf die „Universalität" der „Tendenz zur Nachahmung":

> Wesentlich ist, daß beim ‚Primitiven' eine gebieterische Tendenz zur Nachahmung fortbesteht, verbunden mit dem Glauben an die Wirksamkeit dieser Nachahmung, eine Tendenz, die aber auch beim ‚Zivilisierten' noch mächtig genug ist, bleibt sie bei ihm doch eine der beiden Bedingungen für den Fortgang seines sich selbst überlassenen Denkens. (Ebd.)

Die Implikationen des Arguments liegen – wie in der medientheoretischen Spekulation – in den von der mimetischen Magie etablierten Beziehungen der *Ähnlichkeit* und *Kontiguität*, die die zitierten Autoren beschreiben. Frazers *The Golden Bough* (1890) differenziert mit der auf Ähnlichkeit beruhenden *imitativen* oder *homöopathischen* und der auf Berührung beruhenden *kontagiösen* zwei Arten der Magie; bereits Tylor, auf den er dabei zurückgreift, verbindet in *Primitive Culture* (1871) die „‚Logik der Magie'" mit den Gesetzen der „‚Ideenassoziation'".[140] Ähnlichkeit bedingt in der imitativen Magie symbolische Wirksamkeit, indem ein Bild durch magische Teilhabe auf den Körper wirkt. Hubert und Mauss kritisieren dabei den Ähnlichkeitsbegriff Frazers in „Esquisse d'une théorie générale de la magie" (1902) mit dem Hinweis, dass *Ähnlichkeit und Berührung* „im Innersten sympathetischer Magie" zusammenwirken.[141] Selbst wenn

---

[140] Zit. n. Taussig, *Mimesis und Alterität*, S. 82. Die Magie nehme den der Logik entgegengesetzten Weg; eine „ideelle Beziehung, so Tylor, werde für eine wirkliche Beziehung gehalten, Analogie – so wie in Frazers Beispiel der durchbohrten Figürchen – wörtlich genommen." (Ebd., S. 82 f.) Vgl. Wittgensteins Kritik an Frazers primitivistischer Magie-Theorie als einer Komplexität reduzierenden, ‚primitives' Denken zuschreibenden wissenschaftliche Projektion: Ludwig Wittgenstein, „Bemerkungen über Frazers Golden Bough", in: ders., *Vortrag über Ethik und andere kleine Schriften*, hg. u. übers. v. Joachim Schulte, Frankfurt a. M. 1989; vgl. Kimmich, *Ins Ungefähre*, S. 85 f.

[141] Taussig, *Mimesis und Alterität*, S. 76; vgl. ebd., S. 82 ff. Auf der Überkreuzung der Paradigmen von Berührung und Ähnlichkeit, Index und Ikon, *methexis* und *similitudo* beruht auch die Vorstellung der Bildmagie, die verunmöglicht, „in der letztendlichen Auswirkung die Kraft des Bildes von der der Substanz zu unterscheiden." (Ebd., S. 88) Die „Übertragung", die Besessenheit auslöst, konnotiert das semantische Feld von (Un-)Reinheit und Ansteckung (ebd., S. 87; Anm. 96 „*Contact or Contagion*" assoziiert körperliche Ansteckung, Unreinheit, Mischung). Hubert und Mauss betonen, dass Frazers Gesetz der Ähnlichkeit „*gesellschaftliche Konventionen* der Klassifikation und Repräsentation" ebenso voraussetzt wie einen „Mechanismus der ‚Aufmerksamkeit' und ‚Abstraktion'", Toleranz gegenüber ‚Entstellung', formaler Abstraktion oder metonymische Vertretung ähnlich den Deformationsmechanismen der Traumarbeit (vgl. ebd., S. 86): „Auf die Ähnlichkeit kommt es dabei wenig an. Man kann auch irgendein Objekt zu seinem Bild ‚ernennen'." (Freud, *Totem und Tabu*, S. 85). „Berührung oder oberflächliches Erkennen tatsächlicher Substanz" gleicht visuelle Unähnlichkeit aus (vgl. Taussig, *Mimesis und Alterität*, S. 93). So bedarf es keiner direkten Ähnlichkeitsbeziehung, die Puppe *entspricht* dem Gemeinten: In magischen Praktiken können verschiedene Elemente zusammentreten zu einem „Kreuzungs-

Caillois es bei dem Hinweis auf die Prinzipien der Magie und der Ideenassoziation belässt, ohne genauer auszuführen, wie die Wirkung von Gleichem auf Gleiches – „le semblable produit le semblable", diese Wendung ruft die Ähnlichkeitsformel des *similia similibus* auf[142] – im Fall der Mimese zu denken wäre, besitzt der Rekurs auf diese zeitgenössisch populären ethnologischen Theoreme suggestive Plausibilität: „Vor allem die Praxis der Besessenheitskulte wird in der ethnologischen Literatur als Mimesis oder auch Mimikry beschrieben".[143] So betont etwa Frazers Beschreibung des Voodoo-Zaubers die „fetischartige Macht der Kopie", kraft derer „*in der magischen Praxis die Nachahmung das Original in einem Maße befällt, daß die Darstellung die Eigenschaften des Dargestellten teilt oder abzieht*".[144] Caillois' Anspielung auf die ‚Beschwörungspraxis' verweist auf eine Technik der „sympathetischen Magie, in der Krankheit aufgefasst wird als eine Krankheit des Patienten durch eine äußere Kraft, die das Opfer von seiner Person enteignet, die man aber durch Mimikry bekämpfen kann, wenn ein Schamane in einem Ritus neue Besessenheit vorspielt und so den Abzug der schädlichen Kraft aus dem Patienten ermöglicht."[145] Diesen ‚enteignenden' Einfluss wird Caillois in einem ‚besessenen' Verhältnis des Individuums zum umgebenden Raum lokalisieren.[146]

Die metaphorischen Implikationen dieses Arguments ‚realisierend' formuliert Caillois: „Die Mimese müßte daher zutreffend als *eine auf ihrem Kulminationspunkt fixierte Beschwörung* definiert werden, bei der der Zauberer in die eigene Falle gegangen ist." (34) Mimetische Angleichung wird so als apotropäisches Verhalten „magischen Zaubers" (Anm. 50, S. 43) gegen die überwältigende Wirkung des Umraumes beschrieben. Der Raum in seiner inkommensurablen

---

punkt von Kopie und Substanz", so dass „Bild und Berührung einander durchdringen" (ebd., S. 92 f.).
142 Caillois, Mimétisme et psychasthénie légendaire, S. 107.
143 Becker, Doll, Wiemer, Zechner, Einleitung, S. 22. Vgl. Assenka Oksiloff, *Picturing the Primitive: Visual Culture, Ethnography, and Early German Cinema*, New York 2001, S. 31.
144 Taussig, *Mimesis und Alterität*, S. 81.
145 Krauss, Corpus Delicti, S. 179.
146 In dieser These resoniert die sie subtextuell vorbereitende psycholamarckistische Annahme der Hypnose- und Suggestionstheorien, „dass das Mimikryinsekt unter dem Einfluss einer beseelten Umwelt steht" (Cha, *Humanmimikry*, S. 65). Zur Theorie des Animismus bemerkt Macho, dass ‚Beseelungen' als „Funktionen, Relationen und nicht als Substanzen oder Besitztümer" denkbar sind, zumal die Vorstellung des „‚Animismus'" eine historisch späte Projektion ist (Thomas Macho, „Beseelungen. Zur Geschichte der Verwandlung", in: Assmann, Assmann, *Verwandlungen*, S. 401–408, S. 404). Sie ließen sich als „Prozesse der Überschreitung, der Verwandlung", gegen die „Logik der Identität" setzen und seien „weder als Projektion noch als Einfühlung angemessen erfasst" (ebd., S. 405).

Ausdehnung und Differenz bedroht das von ihm ‚besessene' Insekt mit Assimilation und Einverleibung; die Assimilierung ist eine sympathetische Abwehrreaktion gegen diese Bedrohung – die, wo sie ‚hypertelisch' wird, in die ‚Falle' der überassimilierten mimetischen Form führt, wie Caillois' Leitbeispiel der *Phasmiden* suggeriert: *Wer Gespenst spielt, wird selbst eins.* Betont Didi-Huberman – wie Frazer – an diesem paradoxen Metamorphoseprozess, der Anderes als im doppelten Sinne *einverleibtes* Eigenes hervorbringt,[147] dass die *Phasmiden* damit potentiell die Hierarchie der Imitation umkehren,[148] so schlägt dieses subversive simulacrale Täuschungspotential nach Caillois in Selbsttäuschung und gegenseitige Einverleibung um: „Dem von der Ethnologie beschriebenen Repertoire an magischen Praktiken fügt Caillois also eine ‚invertierte' oder ‚fehlgeleitete' Magie bzw. die ‚Manie' hinzu."[149]

Die Analogisierung von Mimese und mimetischer Magie wird flankiert von einer die Eingangsformel nuancierenden Metabemerkung, die Caillois' Methode legitimiert, *sowohl Unterschiede als auch Ähnlichkeiten* festzustellen: Zugleich mit einer neuerlichen Betonung der notwendigen Differenzierung von Mimikry und Mimese, die die Skepsis gegenüber ‚trügerischen Ähnlichkeiten' markiert, besteht Caillois auf der Erklärungskraft der Korrespondenz, möglichen Vorwürfen einer hypertrophen Einbildungskraft entgegentretend. „Man sage nicht, es sei Wahnsinn, Insekten mit Magie in Verbindung zu bringen: ein neuer Wortgebrauch darf nicht die tiefe Einfachheit der Sache verdecken. Wie anders als *magischen Zauber* und *Faszination* soll man die Erscheinungen nennen, die man einhellig unter dem Begriff der Mimese zusammengefaßt hat?" (34).[150] Die apo-

---

147 Didi-Hubermann, Das Paradox der Phasmiden, S. 19: „Die Phasmiden *sind das, was sie fressen und worin sie leben.*"
148 Didi-Hubermann, Einleitung, S. 11. Vgl. Taussig, Mimesis und Alterität, S. 75: „[N]achahmen heißt, chamäleongleich alles und jeden kopieren. Ein Aufstand von Verschmelzungen und Kopien, die als Originale posieren."
149 Eidelpes, *Entgrenzung der Mimesis*, S. 81.
150 Der Strategiewechsel der Argumentation von dem rationalistischen Argument des Ausschlusses der anthropomorph gedeuteten Fälle von Mimikry als ‚Erscheinungen magischen Zaubers' hin zu einer spekulativen Auseinandersetzung mit der Mimese als ‚magischem Zauber' zeigt zugleich einen Wechsel der Position des Forschers und des textuellen Registers an. Cha verweist auf die Krise der Mimikryforschung um 1900, in der der Vorwurf hypertropher Einbildungskraft allgegenwärtig ist: „Es überrascht nicht, dass sich ausgerechnet an der Mimikry ein Streit um Wahnsinn und Vernunft in der biologischen Forschung entzündet." (Cha, *Humanmimikry*, S. 78). Der Kritik an der Einbildungskraft stehen Forscher wie Wattenwyl gegenüber (vgl. ebd., S. 78, Anm. 164).

tropäische Funktion ‚magischen Zaubers' scheinen die ‚faszinierenden'[151] Ozellen in der Spiegelung eines abstrakten Blicks zu teilen – Fälle, die man voreilig und teils anthropomorphisierend gedeutet der Mimikry zugeordnet habe, und die in ihrer „Genese [...] zweifellos jenen der wirklichen Mimese vergleichbar" seien (35). Den ‚primitiven' Glauben an deren magische Schutzwirkung belegt der angeführte Fall des *Caligo*.[152]

Der Befund einer *Korrespondenz* der mimetischen Anverwandlung mit den Prinzipien der sympathetischen Magie und der modernen Ideenassoziation wird so auf ein universelles Prinzip der *Mimesis* und auf die „allgemeine Frage der *Ähnlichkeit*" (ebd.) bezogen und durch die argumentative Klammer des ethnologisch abgesicherten Theorems „primitiver Nachahmung"[153] als eines elementaren magisch-mimetischen Weltverhältnisses gestützt. Wie Caillois' Rekurs auf das *Assoziationsgesetz der Ähnlichkeit* andeutet, hat dieser „gewollte Glaube sich bis in die Moderne weitergetragen":[154] Mit den zitierten Ethnologen auf Ähnlichkeits- und Kontiguitätsassoziationen verweisend, betont Caillois diese *Kontinuität*, indem er nach den *mimetischen Grundlagen des Denkens* fragt, die er – vergleichbar Benjamins These des ‚mimetischen Vermögens' als Rudiment des Zwanges, ‚ähnlich zu werden und sich zu verhalten' – als „geistige Gabe, kognitives Verhältnis zur Welt" behandelt, das bereits bei den Insekten angelegt ist.[155] Dieses Argument findet eine Basis nicht nur in der ‚eigenen' Ähnlichkeitsreflexion, sondern, wie betont, in einem auf Ähnlichkeit beruhenden ‚anderen' Denken: In den etwa von Lévy-Bruhl beschriebenen mimetischen Denkweisen und ihren „Ähnlichkeits-, Ansteckungs- und Verwandtschaftsbezügen."[156] Diese Konzeptualisierung der Ähnlichkeit verweist implizit zugleich auf das eigene Textverfahren: „Ähnlichkeiten zu produzieren bedeutet also einerseits, Analogien herzustellen,

---

151 Den Begriff Faszination beschreibt Seligmann als ‚Magie des Auges' (vgl. Nitsche, Spiele mit der Sichtbarkeit, S. 79, Anm. 17). Caillois deutet die Richtung der Argumentation an, wenn er ‚Wahnsinn' einführt, zugleich die Anfechtung seiner Vergleichspraxis vorwegnehmend.
152 Das als *Mimikry* gedeutete Phänomen der Ozellen gehört Caillois' Differenzierung zufolge eher zur *Mimese* als Reaktion auf die Raumwirkung, die in der Abwehr der Macht des fremden Blicks den Raum auf Distanz hält. Dies erklärt die apotropäische Funktion der Ozellen. Deren „Übertragung, auf die Caillois und Freud hinweisen, muss mitgedacht werden. Diese beinhaltet den Glauben, dass die Schutzfunktion, die die Ozellen des Caligos für diesen besitzen, übertragbar ist." (Nitsche, Spiele mit der Sichtbarkeit, S. 80).
153 Kimmich, Das Missverständnis der Mimesis, S. 197.
154 Nitsche, Spiele mit der Sichtbarkeit, S. 79; vgl. auch Taussig, *Mimesis und Alterität*, S. 102, passim. S. 81.
155 Vgl. ebd., S. 63. Angelegt ist die These, dass Insekten die „Fähigkeit zur Phantasiebildung" besitzen (Eidelpes, *Entgrenzung der Mimesis*, S. 70).
156 Eidelpes, *Entgrenzung der Mimesis*, S. 12f.

andererseits aber auch, den eigenen Körper einem anderen Gegenstand oder Lebewesen ähnlich zu machen – und letzteres kann die ganze Breite magisch-kultischer und biologischer Phänomene umfassen".[157] Entsprechend betont Caillois die zentrale Bedeutung einer weiterführenden Erforschung der ‚Frage der Ähnlichkeit', die „im Gefühlsleben und – unter dem Namen der *Korrespondenz* – in der Ästhetik" von zentraler Wichtigkeit, jedoch „noch lange nicht geklärt" und andernorts weiter aufzuklären sei (34). Auf sie kommt er in späteren Schriften wiederholt zurück, wenn er Ähnlichkeitsphänomene – reflexiv auf die eigene Methode, Analogien und Korrespondenzen herzustellen – untersucht.

Bei der Interpretation des mimetischen Insekts als Zauberer handelt es sich so weniger um eine Spekulation hypertropher Einbildungskraft als um eine den primitivistischen Ursprung des Mimikrybegriffs reflektierende *Analogie-Metapher*, einen ‚neuen Wortgebrauch' mit suggestivem, Bedeutungsfelder zusammenschließendem Charakter – und zugleich um eine gezielte Verschiebung der Argumentation von einem *diakritischen* zu einem *analogischen* Erklärungsansatz. Die Einführung der Magie verschränkt die Thesen und gruppiert sie um den Kerngedanken des mimetischen *Produzierens von Ähnlichkeiten*: „sowohl die Magie als auch die Mimese beruhen auf einem Denken in Ähnlichkeiten."[158] Der Mimese, der sympathetischen Magie und der Ideenassoziation sind die Prinzipien von Ähnlichkeit und Berührung inhärent; die Verschränkung von Körper und Bild, die Produkte magischer Praktiken zu einem „Kreuzungspunkt von Kopie und Substanz"[159] macht, verweist zugleich zurück auf die fotografietheoretische Spekulation, zumal Theorien der Fotografie mit bildmagischen Vorstellungen durchsetzt sind. Ihr eignet eine ‚Aura' des Magischen und Gespenstischen: „Sie ‚erscheint als Kontaktreliquie des Realen, die das Original durch mediale Metamorphose zu ersetzen vermag'".[160] Caillois' Kontextualisierung des Mimetismus

---

157 Johach, Mersmann, Rulffes, Try to blend in!, S. X.
158 Eidelpes, *Entgrenzung der Mimesis*, S. 81.
159 Taussig, *Mimesis und Alterität*, S. 92.
160 Hesse, zit. n. Matthias Bruhn, *Das Bild. Theorie – Geschichte – Praxis*, Berlin 2009, S. 135. Damit gebe sie „das Thema der Wirkungsmacht der technischen Bilder bis heute vor." (Ebd.) Von der „Aura des Magischen" spricht Benjamin in *Kleine Geschichte der Photographie* (Petra Löffler, „Phantome – Begegnungen mit dem Ungewissen", in: *ilinx* 1 (2009), S. 98–121, S. 105), von einer magischen „Spur des Realen" Barthes (Sigrid Weigel, *Grammatologie der Bilder*, S. 157; Weigel verweist auf die Magie des „Schattenbildes", „die in der spezifischen Bedeutung des *Doubles* im Animismus" Ausdruck finde (ebd., S. 154); zu Ähnlichkeit und Indexalität der Fotografie vgl. ebd., S. 156–161. Vgl. Siegfried Kracauer, „Die Photographie", in: ders., *Schriften*, Bd. 5.2: Aufsätze 1927–1931, hg. v. Inka Mülder-Bach, Frankfurt a. M. 1990, S. 83–98, S. 91. Georges Didi-Hubermann verweist auf den Glauben des *similia similibus*, „dass nur das Gleichartige ein Gleichartiges wirklich sieht" (Georges Didi-Huberman, „Der Erfinder des Wortes

verschiebt so dessen Deutung in ein umfassendes mimesistheoretisches Register. Seit Platon als (trug-)bildhafte Ähnlichkeit auch in einer simulacralen Dimension konzipiert – „The presence of absence – representation, mimesis – ‚is' ghostliness"[161] –, geht der hier veranschlagte Mimesisbegriff über Repräsentation hinaus. Der auf die Wurzeln des Mimikrybegriffs im magisch-mimetischen Verhalten der ‚Primitiven' zurückweisende, ethnologisch entgrenzte Mimesisbegriff impliziert die mimetische Metamorphose, das ambivalente „becoming another"[162] der ‚niederen' Mimesis, „die bereits bei Platon als moralische Bedrohung für das Gemeinwesen ausgewiesen wird"[163].

Implizit bleibt hier, wie das ‚Fortbestehen psychologischer Möglichkeiten' der mimetischen Tendenz in der Moderne zu denken ist. Als Residuen des modernen Denkens in Ähnlichkeiten nennt Caillois Psychologie und Kunst. Dem Hinweis auf die mimetischen Grundlagen des Denkens lässt sich der Verweis auf die – von Caillois zum zentralen Thema seiner Forschung erhobene – Imagination anschließen, ebenso wie die Bereiche des Symbolischen, des Theatralischen (Referenzbereich des Begriffs *mimicry*) und des Spiels.[164] Die zunächst nur mit dem Hinweis auf die Ähnlichkeitsassoziation begründete These der *Kontinuität* mimetischen Denkens lässt sich etwa auf die Theorie der symbolischen Wirksamkeit beziehen: Der Einsatz symbolischer Artefakte und Handlungen *in effigie* substituiert nicht nur in magischen Praktiken die Handlung. Die analogische Logik erlaubt, durch „Theater" Effekte zu erzielen oder Bedürfnisse zu befriedigen.[165] „So zu tun, als ob", bedingt die Wirksamkeit der „symbolischen Kausalität", gemäß der Annahme, *„dass aus der symbolischen Darstellung einer Sache die wirkliche Sache selbst werden kann."*[166] Freud beschreibt als Effekt der Magie,

---

‚photographieren'", in: *Phasmen*, S. 55–63, S. 61). Das Wort „phôteinographeistai" (ebd., S. 60) führt er auf Philoteos zurück, der ins Licht blickte, um den Schöpfer „von Angesicht zu Angesicht" zu sehen (ebd., S. 61).
161 Thomas Dutoit, „Just ... Mimesis: Jack Hitt's Act V", in: *Revue française d'études américaines* 2013/1, 135 (2013), S. 94–109 (online unter https://www.cairn.info/revue-francaise-d-etudes-americaines-2013-1-page-94.htm?try_download=1, 16.8.2019), im Verweis auf Derrida.
162 Vgl. Melberg, *Theories of Mimesis*, S. 20.
163 Eidelpes, *Entgrenzung der Mimesis*, S. 79. „Im ethnologischen Diskurs implizieren mimetische Praktiken immer auch die Transformation des mimetisch agierenden Subjektes" (ebd., S. 16).
164 Vgl. Becker, Doll, Wiemer, Zechner, Einleitung, S. 10. Aristoteles' Definition der Tragödie als „Nachahmung einer beobachteten Handlung, die von Handelnden wiederum für Beobachter (die Zuschauer) aufgeführt wird" mache die „homologe Struktur deutlich, mit welcher es sowohl Biologen als auch Geistes- und Kulturwissenschaftler zu tun haben" (ebd.).
165 Robert Pfaller, *Ästhetik der Interpassivität*, Hamburg 2008, S. 297.
166 Ebd., S. 300. „Dies kann mit einem Begriff aus der Ethnologie als das Prinzip der ‚symbolischen Wirksamkeit' (‚efficacité symbolique') in der Komödie bezeichnet werden." (Ebd., im

dass „die Grenze zwischen Phantasie und Wirklichkeit verwischt wird, wenn etwas real vor uns hintritt, was wir bisher für phantastisch gehalten haben, wenn ein Symbol die volle Leistung und Bedeutung des Symbolisierten übernimmt",[167] und beschreibt moderne Formen der „Herrschaft der Ideenassoziation", der ‚Verwirklichung' der animistischen ‚Allmacht der Gedanken', in Psychose, Spiel und Kunst.[168] Ein Argument dafür, „dass die Einbildungskraft das mimetische Vermögen ist"[169], skizziert Lima anhand des „Phänomen[s] der Identifizierung": Nach Freuds „Die Identifizierung" (1921) ruft die „Gefühlsbindung mit [...] einer Person, die imitiert wird, [...] die *Ähnlichkeit* von Einstellungen oder Rollen hervor", als eine auf Einfühlung basierende Imitation, die keine sichtbaren Zeichen tragen müsse.[170] „‚Die Theorie der Identifizierung ist eigentlich eine Theorie der Mimesis – ein dem Modell vollständiges oder teilweises Ähnlichwerden durch Aneignung'", an dem „*nicht ihr Kopiercharakter, sondern der Transformationsprozeß*" zentral sei:

> Wenn ich nun eine ähnliche, mehr oder minder große Bewegung bei einem anderen wahrnehme, wird der sicherste Weg zum Verständnis [...] derselben sein, daß ich sie nachahmend ausführe [...]. Ein solcher Drang zur Nachahmung tritt gewiß beim Wahrnehmen von Bewegungen auf. In Wirklichkeit aber führe ich die Nachahmung nicht durch [...]. Anstelle der Nachahmung der Bewegung durch meine Muskeln setzte ich das Vorstellen derselben vermittels meiner Erinnerungsspuren an die Aufwände bei inneren Bewegungen.[171]

Mit dieser Freuds *Der Witz und seine Beziehung zum Unbewussten* (1905) entnommenen Passage folgert Lima, „das Entscheidende bei der Konstituierung der *Mimesis* [...] [sei] die Hervorbringung einer Inszenierung, die weniger ein

---

Verweis auf Lévi-Strauss): Pfaller beschreibt dies als „‚Magie der Zivilisierten'" (ebd., S. 297): „In der Komödie übernimmt, wie in der Interpassivität, immer das Symbol den vollen Wert des Symbolisierten" (ebd., S. 298).
167 Freud, Das Unheimliche, S. 267. In der Beschreibung des Unheimlichen, das er auf den Animismus zurückführt, zählt er Metamorphosen von belebter in unbelebte Materie auf, Wahnsinn, insbesondere Ich-Spaltungen und deren bedrohliche Verdoppelungen, den Anblick abgetrennter Gliedmaßen und sexuelle Neurosen (vgl. ebd.); vgl. Pfaller, *Ästhetik der Interpassivität*, S. 297; Krauss, Corpus Delicti, S. 188.
168 Freud, *Totem und Tabu*, S. 89. „Mit Recht spricht man vom Zauber der Kunst und vergleicht den Künstler mit einem Zauberer." (Ebd., S. 96).
169 Recki, Mimesis, S. 125.
170 Lima, *Die Kontrolle des Imaginären*, Kap. 5 „Das Imaginäre und die Mimesis", S. 79–94, S. 84.
171 Zit. n. ebd., S. 84 f. (im Verweis auf Sérgio Paulo Rouanet und – für das letzte Zitat – Freud).

Modell wiederholt, als daß sie *die Organisation einer Antwort auf dieses, die auf der Ebene des sinnlich Wahrnehmbaren vollzogen wird*, impliziert."[172]

So lässt sich Caillois' Annahme eines modernen Fortwirkens der Verbindung von Ähnlichkeitsdenken und Mimesis – im Sinne eines anthropologisch weiten Mimesisbegriffs – mit zeitgenössischen Thesen kontextualisieren. Nicht nur den imaginären, mythischen und phantasmatischen Entsprechungen mimetischer Praktiken, sondern auch der These der ‚Bildwerdung' des Trieb- und Reflexhaften, das in der Imagination fortdauere, widmet er in seinen Studien Überlegungen, die symbolische, spielerische, ästhetische und theatrale Dimensionen der Mimesis thematisieren. Die Anschlussfähigkeit solcher Überlegungen zu einem imaginativen mimetischen Vermögen in surrealistischen Programmatiken mimetischer Metamorphose belegt die Strahlkraft von Lévy-Bruhls Theorie der „‚mystischen Partizipation'",[173] die etwa auch Einsteins an Bildern Massons entwickelte These der „totemistischen Identifikation" grundiert: „Denken wir auch an jene beeindruckenden Identifikationen, durch die sich der Mensch Pflanzen, Sternen und Steinen gleichsetzte."[174] Angesichts der Tendenz der surrealistischen Kunst, die er als ‚primitivistische' Identifikation mit dem Gegenstand, als Bewältigung einer „*idée fixe* durch Projektion" beschreibt, spricht Einstein von einer ‚animistischen' und ‚totemistischen' „Regression".[175] Auch dem nach Breton durch den Surrealismus provozierten „Zusammenbruch der Unterscheidung zwischen Imagination und Realität"[176] korrespondiert die mimetische Anähnelung an den Umraum, die in Caillois' Argumentation zunächst als physischer Prozess beschrieben und schrittweise in den Bereich des Psychischen und Imaginären verschoben wird. Wo die Assimilation die Unterscheidung von Innen und Außen problematisiert und bis zur Selbsttäuschung verwischt, betrifft die entsprechende ‚Pathologie des Unterscheidungsvermögens' beim Menschen die „Unterscheidung zwischen dem Realen und dem Imaginären" (27). So erweitert sich der argumentative

---

172 Ebd., S. 85. Freud beschreibt „‚Vorstellungsmimik'" als spontane Nachahmung (Taussig, *Mimesis und Alterität*, S. 80).
173 Eidelpes, *Entgrenzung der Mimesis*, S. 14. In ihr seien „die Subjekt-Objekt-Grenzen [...] Kraft gesetzt".
174 Einstein, André Masson, S. 404. Vgl. dazu auch Kap. I.3.2.
175 Einstein, *Die Kunst des 20. Jahrhunderts*, S. 171: „Der Gegenstand ist [...] Symptom eines Erlebnisses, einer Besessenheit und wirkt mit der Kraft einer *idée fixe*. [...] Man kann solche *idées fixes* abreagieren, indem man sie von sich selbst auf Unmenschliches überträgt, zum Beispiel in eine Landschaft, auf Tiere usw. Damit eine solche Projektion wirke, muß eine vorübergehende Identifikation mit dem Motiv stattgefunden haben. Nun überträgt man sein eigenes Leiden, die bedrohende *idée fixe* durch Projektion [...]. Wir stellen hier eine weitere wichtige Regression [neben der animistischen, S. B.] fest, die totemistische" (ebd.).
176 Krauss, Corpus Delicti, S. 188.

„Rahmen möglicher Konvergenzen um das Pathologische: um Korrespondenzen zu menschlichen Obsessionen, Phantasmen und Zwangsvorstellungen".[177] Caillois' Erklärung der Mimese als „*pathologisches* Streben des Insekts nach Selbstauflösung durch eine vollständige Assimilation an seine Umwelt"[178] schließt an die im Psycholamarckismus angelegte „Tendenz zur Psychologisierung der Mimikry"[179] an. Sein Text verortet sich mittels einer weiteren, wahrnehmungspsychologisch tingierten Volte der Argumentation in einer „Konstellation der 1930er Jahre, in der die Spekulation über mimetische Verwandlungen nicht nur mit rituellen und kulturellen, sondern auch mit psychiatrischen Phänomenen verknüpft wurde".[180]

7.1.3 Die Verführung des Raumes: Abwehr und Hingabe

> Im Grenzenlosen sich zu finden, / Wird gern der einzelne verschwinden, / Da löst sich aller Überdruß; / Statt heißem Wünschen, wildem Wollen / Statt lästgem Fordern, strengem Sollen / Sich aufzugeben ist Genuß. (Johann Wolfgang v. Goethe)[181]

Caillois begründet unter Einbeziehung biologischer ‚Tatsachen' seine Hypothese weiter: Als universales Prinzip sei die ‚Tendenz zur Nachahmung' gleichermaßen „bestimmende Kraft" (34) für die Realisierung einer Formmöglichkeit in dem auf Anähnelung ausgerichteten metamorphotischen Prozess der Mimese wie für Formen des menschlichen Denkens in Ähnlichkeiten, wie Assoziation und Imagination. Dabei sei die „magische Tendenz des Strebens nach Gleichheit" (35) nicht Selbstzweck, sondern nur „Mittel, wenn nicht gar wie ein Zwischenschritt. Das Ziel ist offensichtlich die *Angleichung an die Umgebung*" (ebd.).[182] Die morphologische Ähnlichkeit des Insekts werde dabei durch mimetisches *Verhalten* instinktiv ergänzt: etwa durch die Positionierung auf dem Blatt und die Nachahmung der Erscheinungsweise der Umgebung durch passives Verhalten bis hin zur Starre. Der Prozess kulminiert in der Stillstellung der Bewegung, einer Pose des *tableau vivant*. Diese aktiv-passive Anpassung beschreibt Caillois als Reaktion auf eine „*Versuchung durch den Raum*" (ebd.).[183] Beispielhaft dafür sind nicht

---

177 Johach, Mersmann, Rulffes, Try to blend in!, S. XI.
178 Eidelpes, *Entgrenzung der Mimesis*, S. 69 f.
179 Cha, *Humanmimikry*, S. 83.
180 Johach, Mersmann, Rulffes, Try to blend in!, S. XVI.
181 Goethe, Eins und alles, S. 514.
182 ‚Gleichheit' [„semblable", Mimétisme et psychasthénie légendaire, S. 108] bedeutet das Gegenteil selbstidentischer Einheit: nämlich *Alterität*.
183 Vgl. Cheng, Mask, Mimicry, Metamorphosis, S. 62.

nur Mimesephänomene, sondern auch „,Schutztrachten'", durch die etwa Spinnenkrabben ihre Gehäuse in die Umgebung einpassen, die wahllos „bepflanzt" werden: Bei diesem offenbar von der Sehfähigkeit abhängenden Vorgang – „nachts" und bei Entfernung der Augenstiele, so zeigten Experimente, wird das Verhalten eingestellt – spricht Caillois von einem „,Automatismus'" (ebd.).[184] Wie er als abzuleitende Tatsache wiederholt, sei „Mimese kein Abwehrvorgang" (ebd.), vielmehr sei gerade eine solche Deutung anthropomorph: „Caillois hält die Adaptionsthese für eine menschliche Projektion. Die optische Verschmelzung mit der Umgebung sei vielmehr von einer visuellen Erfahrung des Insekts abhängig".[185] Er ergänzt seine Interpretation um eine *wahrnehmungstheoretische* These, wenn er davon ausgeht, dass Mimese auf eine „Störung der räumlichen Wahrnehmung" (ebd.) zurückzuführen sei, die als „Symptom einer Störung der Fremd- und Selbstwahrnehmung bzw. als eine Art Ichstörung"[186] die Nachahmung in den Exzess führt.

Das zur Erklärung dieser These eingeschobene Modell der Raumwahrnehmung und -vorstellung, dem implizit anthropologische Thesen unterlegt scheinen, differenziert nicht zwischen tierischer und menschlicher Wahrnehmung. Der Vergleich von tierischem Instinkthandeln und menschlichem Denken findet damit eine Basis in dem so modellierten Raumverhältnis: Caillois' knapper Ausführung zu diesem „wahrnehmungspsychologischen Koordinatensystem"[187] zufolge wird Raum „simultan wahrgenommen und vorgestellt" (36): In der Überlagerung des sinnlich wahrgenommenen Raums der *„Handlung"* und des gedachten der Imagination konstituiert er sich als „doppelter Diëder, dessen Größe und Lage sich ständig verändert" (ebd.).[188] Die Diëder sind definiert durch die Horizontale des Bodens und die Vertikale der beweglichen Position im ‚Handlungsraum', den das Individuum als flexibles Zentrum mit sich trägt, respektive die vorgestellte Horizontale des Bodens und eines Gegenstandes im *„Diëder der Vorstellung"* (ebd.). Caillois sucht das Raumverhältnis als ein Sich-Abheben vom Umraum und eine differenzielle, objektivierende und zentrierende Beziehung zu

---

184 Caillois zitiert hier Fol; in der experimentell belegten Wahllosigkeit der „,Verkleidung'" mit Umweltmaterialien sieht er einen Beleg für die Zweckfreiheit des Phänomens. Zudem belegt er daran den Zusammenhang mit der Sichtbarkeit. Nach der experimentellen Blendung sei der „Kontakt mit anderen Körpern" entscheidend (ebd., S. 42, Anm. 41).
185 Haß, *Das Drama des Sehens*, S. 70.
186 Eidelpes, *Entgrenzung der Mimesis*, S. 70.
187 Cha, *Humanmimikry*, S. 85.
188 Diëder sind Flächen mit Vorder- und Rückseite, Diëderwinkel eine „Winkelform, die nicht abstrakt, sondern im Zusammenhang mit einer Fläche im Raum gebildet wird." Haß unterscheidet „Aktionswinkel" und „Repräsentationswinkel" (Haß, *Das Drama des Sehens*, S. 71).

beliebigen Punkten im Raum zu fassen, um die potenzielle Ablösung des imaginären Raums vom körperlichen Handlungsraum zu erklären: Nur solange beide Räume kongruent sind und der ‚reale' Raum der Handlung und Wahrnehmung dominiert, ist das Subjekt ihr perspektivisches Zentrum. Wo die Raumwahrnehmung gestört ist, droht der „*Zusammenbruch in der Beziehung von wahrnehmendem Organismus und Raum*".[189] Die „Einschreibung des Beobachtet-Werdens in die Sichtbarkeit des Organismus" konzipiert das Wahrnehmungs-Dispositiv der „Mimikry als reflexive Sichtbarkeit".[190] Dieser Aspekt ist zentral für Lacans Rezeption des Textes, der daraus, interessiert an der „Wirkung von Bildern" in der Imagination und an der Konzeption eines „Subjekt[s] der Vorstellung",[191] im Seminar von 1964 sein Theorem einer „,Spaltung von Auge und Blick'" ableitet: „Mimikry interessiert Lacan als ‚Inskription des Subjekts ins Tableau'. Sie ist in diesem Zusammenhang von Bedeutung, da sie das ‚Angeblickt-Werden' immer schon voraussetzt und in ihr dem Gesehen-Werden eine bestimmte Gestalt verliehen wird."[192] Ulrike Haß' Beschreibung dieses Theorems ist auch für Caillois' Koordinatensystem erhellend: „Die Problematik des Abstandes gehört dem geometralen Feld an und definiert den Betrachter als geometrales Subjekt. Doch steht er von vornherein auch in einer umgekehrten Beziehung zu den sichtbaren Dingen."[193] Das Subjekt als perspektivischer Ursprung ist zugleich Objekt des Ge-

---

189 Haß, *Das Drama des Sehens*, S. 79.
190 Becker, Doll, Wiemer, Zechner, Einleitung, S. 18.
191 Ebd. Vgl. Krauss, Corpus Delicti, S. 181; vgl. das Kap. „Lacans Diagramme", in: Haß, *Das Drama des Sehens*, S. 69–81. Lacans Konzept des Sehens ist historisch, mit Bezug auf die in der Renaissance entwickelte Perspektive. Im konstruierten Diagramm ist das Bild an Dürers oder Albertis Schema des ‚offenen Fensters' angelehnt; Konstruktionslinien können durch Lichtstrahlen definiert sein, durch Fäden oder geometrische Visualisierung. Das Wesentliche des Sehens ist jedoch unpersönlich zwischen den Dingen, dem Subjekt und dem Licht zu verorten, im visuellen Raum. Die unsichere Verortung des Subjekts wird historisch an der surrealistischen Auseinandersetzung entwickelt.
192 Becker, Doll, Wiemer, Zechner, Einleitung, S. 19. Der andere Blick kann das Eingebundensein ins Tableau erschüttern; Maske und Täuschung sind Abwehr-Taktiken dagegen (vgl. ebd., S. 19 f.).
193 Haß, *Das Drama des Sehens*, S. 76. In Lacans Modell steht im ersten Diagramm, dem Blickmodell, der Blickpunkt des Betrachters dem Bild der perspektivischen Projektion (Tableau) gegenüber: Bündelt dieser Blick die „Herrschaftsfunktion" des „richtenden Subjekts", wird der „selbstgewisse Blick" invertiert im zweiten Schema, das den Körper ins Sichtfeld einordnet – mit der Folge einer „bedrohlichen Wirkung der Nichtung des Subjekts" (ebd., S. 77): Sichtbarkeit, das „*optische* Verhältnis des Subjekts zur Erscheinung des Lichts", kennzeichnet das zweite Diagramm, das Augenmodell. Methodisch überschneiden sich beide, so dass sich Objekt und Blick und Subjekt und Tableau entsprechen; in der Mitte steht das Bild/der Körper als „Schirm" (ebd., S. 74).

sehenwerdens: Es blickt nicht nur von einer vermeintlich perspektivisch stabilen Position aus, sondern ist von jedem Punkt im Raum aus sichtbar. Durch dieses Bewusstsein der Sichtbarkeit noch vor jeder bewussten ‚Selbstreflexion' wird es „sehendes *Objekt*", eine immer schon „von sich selbst entfremdete Projektion".[194] Die Reziprozität des Blicks führt so zu einer „*Einschreibung des Wahrnehmenden in ein Gesehenwerden*" und einer „Verräumlichung des Körpers".[195] Damit verliert das Subjekt potenziell den zentrierten Standpunkt und die Distanz schaffende Ordnungsleistung des Blicks und ist einem anderen Blick ausgesetzt. Im „vorgestellten Raum" (ebd.) ist es *bildhaft*, „wo das Feld des ‚Bildes' sich von der geometrischen, letztlich taktilen Konzeption des perspektivischen Raumes ablöst", führt dies zu Orientierungsverlust,[196] so Caillois: „[D]as Lebewesen, der Organismus, ist nicht mehr der Ursprung der Koordinaten, sondern ein Punkt unter vielen, es ist seines Privilegs beraubt und *weiß nicht mehr* (im starken Wortsinn), *wohin mit sich.*" (ebd.)

Subjekt und Blick sind ambivalent assoziiert in der Frage nach dem Agens objektivierender Aneignung oder assimilierender ‚Unterwerfung' unter einen *anderen* Blick und den Raum als dessen *panoptischen* Repräsentanten: „Der Raum ist die absolute Entfremdung",[197] so Adorno. Im Gegensatz zur distanzierenden Leistung des Blicks steht die „Verlockung zur Verschmelzung"[198] und imaginären Hingabe an den ‚Bildraum'; dies entspricht Lacans Inversion des Blickmodells durch das Augenmodell als Verwirklichung des begehrenden Subjekts, das vom abstrakten Blickmodell verdrängt wurde: „Aber dieses begehrende Subjekt befindet sich in völliger Abstandslosigkeit. Das Wahrnehmbare liegt nicht vor ihm, sondern umgibt es, doppeldeutig, veränderlich, unbeherrschbar."[199] Das Begehren, „‚an der Sicht eines anderen auf sich selbst und

---

[194] Ebd., S. 74.
[195] Haß, *Das Drama des Sehens*, S. 76.
[196] Krauss, Corpus Delicti, S. 181. Dies vergleicht Haß einem „belichteten Bild" (Haß, *Das Drama des Sehens*, S. 77); als Teil des Raums fühlt es sich nach Lacan beobachtet, „rechnet mit einem absoluten Blick" (ebd.). Lacan sagt: „Was Licht ist, blickt mich an'" (ebd., S. 73). Der Raum verliert „seine körperhafte Ausdehnung. In alleiniger Beziehung zum Licht zählt nur noch das Opake des Körpers, der als Oberfläche akzentuiert ist. Gerade nicht als Subjekt, sondern als eine dem Subjekt enteignete Projektion." (Ebd., S. 80).
[197] Zit. n. Cha, *Humanmimikry*, S. 70.
[198] Krauss, Corpus Delicti, S. 179.
[199] Haß, *Das Drama des Sehens*, S. 77. Der Körper gehört zum „Grund des Gesehenwerdens" (ebd., S. 76), doch seine Undurchlässigkeit „schreibt sich als Fleck in das Tableau ein"; hier wird Lacans Bezugnahme auf Caillois besonders deutlich: „Das Subjekt fungiert in seiner Distanzlosigkeit wie ein Bildträger" (ebd., S. 79). „Der Abstand ist nivelliert": An seiner Stelle bleibt „nicht abbildbare Körperlichkeit" als *„Fleck im Bild"* (ebd., S. 76). Damit führt der Kör-

auf mich'" teilzuhaben, beschreibt auch Merleau-Ponty als „Versuchung des exzentrischen Blicks [...]. Sie gleicht einer Beschwörung von Phantomen."[200] Der Umraum als dem Individuum entgegengesetztes *Anderes* provoziert diesen Theoremen zufolge nicht nur ein Abgrenzungs-, sondern auch ein Aneignungs- bzw. Anverwandlungsstreben, das sich als Streben nach Entindividuation beschreiben lässt. „Die Auflösung des Subjekts, die Depersonalisierung im Raum und durch ihn, wird als Eintauchen in den Raum verstanden. Es tritt ein assimilatorischer ‚Immersionseffekt' ein, bei dem sich das Subjekt im Bild auflöst."[201] Diese „Identifikation mit dem Inbegriff der Gestaltlosigkeit, der Grenzenlosigkeit des Raumes" führt in Caillois' Deutung zu einer „„Derealisation'"[202], zu einem prekären Status der Identität,[203] in deren Transgression das „Ich bloß ein flüchtiger Punkt unter anderen wäre, der seine Begrenzung verliere. Caillois versucht dieses Drama in seiner extremsten Ausformung zu beschreiben, wo das nachahmende Ich, durch den Raum verführt, sich verräumlicht, sein Koordinatensystem verliert".[204]

Auf diese These führt Caillois hin durch den Vergleich mit der Wahrnehmungssituation mimetischer Tiere, in der durch den Verlust des visuellen Unterscheidungsvermögens die Distanz zur Umwelt nicht aufrechterhalten werden kann. Während das Individuum als Sehendes im hellen Raum unterscheiden kann, ist es in der Dunkelheit der Nähe und Berührung des Raumes blind ausgeliefert, wie Caillois anfügt. „Der magische (man kann ihn tatsächlich ohne Übertreibung so bezeichnen) Einfluß der Nacht und der Dunkelheit, auch die Furcht im Dunkeln, hat ohne Zweifel seine Wurzeln in der Bedrohung des Gegensatzes von Organismus und Umgebung." (37) Das Sehen ermöglicht Distanz und Differenzie-

---

per als Schirm eine Spannung ein, denn er widersteht dem Begehren, zu sehen, das Lacan als „Begehren *nach* dem Anderen" definiert (nicht: des Anderen). Dieses Begehren nennt er „„skopischer Trieb'" (zit. n. Krauss, Corpus Delicti, S. 182).
200 Zit. n. Löffler, Phantome, S. 103: „Merleau-Pontys Argumentation [in *Das Auge und der Geist*] kreist um das Paradox des exzentrischen Sehens, darum dass ‚mein Körper zugleich sehend und sichtbar ist'" (ebd.); vgl. dazu Benjamins Aura-Konzeption in *Über einige Motive bei Baudelaire* als Erwartung der „Erwiderung des Blicks, welche unerfüllt bleibt" (vgl. Nitsche, Spiele mit der Sichtbarkeit, S. 87); vgl. im Zusammenhang mit dem Paradigma der Fotografie Barthes' *punctum* (vgl. Krauss, Corpus Delicti, S. 188 f.). Auch der bannende Blick der Ozellen erlaubt die Lacansche Differenzierung von Blick und Auge: „Der Blick des Caligo repräsentiert also weniger das Sehen als vielmehr eine Berührung und ein Getroffen-Werden" (Nitsche, Spiele mit der Sichtbarkeit, S. 80).
201 Cha, *Humanmimikry*, S. 85.
202 Krauss, Corpus Delicti, S. 195.
203 Ebd., S. 179.
204 Taussig, *Mimesis und Alterität*, S. 64.

rung: „Während der helle Raum zurücktritt und die Materialität der Gegenstände hervortreten läßt" (ebd.), wird der dunkle Raum Medium taktiler Nähe und Kontiguität. Er „berührt das Individuum direkt, hüllt es ein, durchdringt es" (ebd.), wodurch es den *„dunklen Raum"* nahezu substantiell als Materie und „'Stoff'" erfährt – „'die Unterscheidung von innen und außen, und infolgedessen auch die Sinnesorgane, insofern sie die äußere Wahrnehmung ermöglichen, spielen hier nur eine sehr untergeordnete Rolle.'" (Ebd.)[205] Sichtbarkeit ist ersetzt durch Taktilität, die „eine Grenze überschreitet, die das Sehen noch bewahren kann".[206]

Caillois leitet so die imaginäre Grenzüberschreitung aus der Störung der Raumbeziehung her: Erscheint in seinem Modell die graduelle Ablösung der Raum*vorstellung* von der Raum*wahrnehmung* „als ein strukturales Problem im Feld der Repräsentation",[207] so beschreibt er deren Extrem als pathologisch.

> Das Gefühl von Persönlichkeit als einem Gefühl des Organismus, sich von seiner Umgebung abzuheben, die Verbindung zwischen dem Bewußtsein und einem bestimmten Punkt im Raum, muß unter diesen Bedingungen ernsthaft Schaden nehmen; man tritt

---

205 Caillois zitiert Minkowskis Analyse *Le temps vécu. Etudes phénoménologiques et psychopathologiques*, Paris 1933, zit. n. S. 43, Anm. 49. Die archaische Angst im Dunkeln erscheint so als elementares Rudiment des Mimetischen in der Moderne.
206 Nitsche, Spiele mit der Sichtbarkeit, S. 80. Mit Taussig lässt sich hier Benjamins Begriff des ‚Optisch-Unbewussten' anschließen, der Überlegungen zu Fotografie, Taktilität und Magie verbindet und eine „epistemische Überschreitung" andeutet (Taussig, *Mimesis und Alterität*, S. 60): Das Optisch-Unbewusste als „These über die Imaginationstechnologien der Moderne [...], die an Stelle der Magie zur von ihm so bezeichneten *profanen Illumination* führt" (ebd., S. 94), tritt auf als „neue Form des Sehens, des taktilen Erkennens" (ebd., S. 60). Vgl. auch die Durchdringung von „'Leib und Bildraum'" (vgl. ebd., S. 95). In der Konstellation von Raum, Blick und Licht und der „Trennung des Sehens vom Gesehenwerden" (Bischof, *Souveränität und Subversion*, S. 92) durch die Kamera ist zudem der Bezug auf die Fotografie naheliegend. Die ‚Objektivierung' des Blicks und die Effekte der Entstellung (Benjamin) und Verdinglichung (Adorno) verweisen auf das technische ‚mimetische Dispositiv': „Durch die Photographie kann sich der Blick einer abstrakten Allgemeinheit die Existenz des einzelnen annektieren. Die Identität [...] hat in der Photographie das technische Medium ihrer Realisierung gefunden." (Ebd.).
207 Krauss, Corpus Delicti, S. 180. Caillois zieht Parallelen zu Wissenschaft und Physik: „Man kann schon die charakteristische wissenschaftliche Haltung erkennen" (36); vgl. S. 42, Anm. 45: „Tendenziell ist für die Wissenschaft alles Umgebung"; Hegel schreibt von der Tendenz, „'in die Materie zu versinken'" als „'Sichselbstgleichheit im Anderssein'"; ohne die Hegel'sche Raison drohe die Gefahr, „daß Mimesis sich wie wirr in Sinnesfragmente oder eine nicht anzuhaltende Reproduktionsmetamorphose verirrt." (Taussig, *Mimesis und Alterität*, S. 67 f.) Auch die Physik entwerfe komplexe Raummodelle: „[E]s ist höchst bemerkenswert, daß es gerade vorgestellte Räume sind, die die moderne Wissenschaft in wachsender Zahl hervorbringt: Finsler-Raum, Fermats-Raum, Riemann-Christoffels Hyperraum" (36). Der Moderne seien so kollektive Pathologien des imaginären Raumverhältnisses zu diagnostizieren.

dann in die Psychologie der Psychasthenie ein, genauer in die Psychologie der *legendären Psychasthenie*, wenn wir die Störung in den oben definierten Beziehungen zwischen Persönlichkeit und Raum so bezeichnen wollen. (36)

Mit dem Begriff der *Psychasthenie* als „schizophrenes Depersonalisationsphänomen, das sich durch einen Ausfall der differenzierten Raumwahrnehmung auszeichnet",[208] beruft sich Caillois explizit auf Pierre Janets Forschungen, um die „Strukturähnlichkeiten" der ‚Symptome' zu belegen: Spaltung und Identitätsverlust sind bedingt durch die prekäre „Durchlässigkeit der Grenzen, die zwischen Wahrnehmendem und Wahrgenommenem verlaufen".[209] Kennzeichnet menschliches Bewusstsein eine „Differenz zwischen Person und Umwelt, Raum und Selbst, die ausgehalten werden muss",[210] so wird diese „Spannung" in der Psychose imaginär aufgelöst – eine These ‚gestörter' psychischer Ökonomie.[211] „Das Wahrnehmungssubjekt dezentriert sich, indem es sich halluzinierend auf der Ebene der Objekte projiziert, wodurch die Unterscheidung von Innen und Außen, Selbst und Umwelt sowie von Realem und Imaginärem verhindert wird."[212] Die das Ich auflösende Identifikation markiert mithin die Grenze zur Psychose: „Kein Bezug zur Welt, sondern Überwältigung durch den Raum"[213] kennzeichnet die Dissoziation von Sehen und Denken, Wahrnehmung und Imagination, Körper und Bewusstsein, die Caillois so verbalisiert: *„Ich weiß, wo ich bin, aber ich fühle mich nicht an dem Ort, an dem ich mich befinde"* (36). Den Moment der *Depersonalisation* markiert dabei ein Perspektivwechsel: Caillois beglaubigt die Darstellung durch den Bericht „persönliche[r] Erfahrungen" (36),[214] die sich mit Janets Untersuchungen decken:

---

208 Cha, *Humanmimikry*, S. 84.
209 Nitsche, Spiele mit der Sichtbarkeit, S. 77.
210 Ebd., S. 87: Dies impliziert das paradoxe Bewusstsein, „Materie und Selbst zugleich zu sein".
211 Vgl. ebd., S. 78. Nitsche spricht von „psychologischer Dysfunktion". Vgl. Taussig, *Mimesis und Alterität*, S. 64 f.: In „der Mimesis geht es nicht bloß darum, ein anderes Wesen zu sein, sondern um diese spannungsgeladene, fließende, theatralische Beziehung zwischen Gestalt und Raum".
212 Cha, *Humanmimikry*, S. 85.
213 Geble, Der Mimese-Komplex, S. 195.
214 Sie seien, so Caillois (43, Anm. 48), „Aufzeichnungen entnommen, die während eines zu Askese- und Deutungszwecken willentlich verstärkten ‚legendären Psychasthenie'-Anfalls entstanden sind." So führt er „ohne Drogen" Selbstexperimente durch und „gerät dadurch in einen hypersensiblen Zustand mit halluzinatorischen Episoden" (Peter Geble, „Zeittafel II: Maske und Rausch, Gletscher und Sinne", S. 187–194, S. 188). Geble liest den Text als „Versuch, die Depersonalisierungserfahrungen von 1929 mit Hilfe einer Analogiebildung zu verarbeiten" (ebd.).

Der Raum erscheint diesen enteigneten Wesen als ein alles verschlingender Wille. Der Raum verfolgt sie, umzingelt sie, verschlingt sie in einer gigantischen Phagozytose. Zuletzt nimmt er ihre Stelle ein. Der Körper dissoziiert sich vom Denken, das Individuum überschreitet seine Körpergrenzen und besetzt die andere Seite seiner Sinne. Es versucht, *sich selbst zu sehen, von irgendeinem Punkt im Raum aus*. Es fühlt sich selbst Raum werden, *dunkler Raum, in den man keine Dinge hineinstellen kann*. Es ist gleich. Nicht irgend etwas Besonderem gleich, sondern einfach *gleich*. Und es erfindet Räume, deren ‚konvulsivische Besessenheit' es ist. (37)[215]

Die phantasmagorische Erfahrung eines als „simplement *semblable*" beschriebenen Zustands, eines „‚Nullpunkts' der Ähnlichkeit", beschreibt den „höchsten Einsatz des mimetischen Vermögens": Die imaginäre Identifikation in der „Vorstellung der Präsenz als eines erfundenen Raums"[216] besetzt die impersonale Leere des Subjekts als ‚bewusstloser' Körper, der „mit seiner Umwelt verfließt, enteignet und entwirklicht wird".[217] Diese Enteignung des ‚Besessenen' entspricht der hypertelischen Kulmination der Mimese. „Das Ähnlich-Werden [...] ist ‚mimetischer Exzess' geworden."[218] Die *„Depersonalisation durch Angleichung an den Raum, d. h. das, was die Mimese morphologisch an bestimmten Tierarten realisiert"* (37), bleibe somit in der menschlichen Vorstellungswelt als psychopathologisches Phänomen der Abspaltung eines imaginären Doubles bestehen, in dem das Subjekt „selbst zum Raum geworden [ist], in dem es sich auflöst."[219] Dieses *‚Außersichsein'* korrespondiert der ästhetischen Disposition

---

215 Im Original: „Il est semblable, non pas semblable à quelque chose, mais simplement *semblable. Et il invente des espaces dont il est ‚la possession convulsive.'"* (Caillois, Mimétisme et psychasthénie légendaire, S. 111). So beschreibt Caillois den kataleptischen Endpunkt der Mimese. (Taussig und Morsch übersetzen *semblable* mit ‚ähnlich'). Die Formulierung ‚konvulsivische Besessenheit' verweist nicht nur auf die psycholamarckistische These der Nähe von Mimese und Hysterie, sondern auch auf die Metapher des ‚Zauberers' in der eigenen Falle, wie die Metapher der Phagozytose die ‚Selbstvergessenheit' mit dem homophagen Verhalten der Blattschrecken als Totemismus assoziiert. So stützt die Passage durch metaphorische Verklammerung der Register den Vergleich zwischen Insekten und Menschen. Der Begriff des Konvulsivischen mag sich auf Bretons „La Beauté sera convulsive" beziehen (vgl. dazu Krauss, Die photographischen Bedingungen des Surrealismus, S. 117).
216 Taussig, *Mimesis und Alterität*, S. 65.
217 Krauss, Corpus Delicti, S. 179.
218 Eidelpes, *Entgrenzung der Mimesis*, S. 83. Als „überwältigende Praxis" und „Besessenheit" beschreibt dies auch Eidelpes (ebd., S. 83f.).
219 Cha, *Humanmimikry*, S. 85. Auflösungsphantasmen der „Dissoziation, Trennung, Spaltung, Depersonalisierung" (Nitsche, Spiele mit der Sichtbarkeit, S. 78), beschreibt Janet, der den Begriff „Dissoziation" prägt, in der das „Selbst als fragil und angreifbar" erfahren wird (ebd.).

des *hors de soi*,²²⁰ und dem an Batailles Konzept der *Formlosigkeit* geknüpften epistemologischen Programm: Rosalind Krauss bezeichnet die „Auflösung der Unterscheidungen als Ziel des *informe*".²²¹

Die Erklärung der Mimese ist so in den Bereich einer „Humanmimikry" der Moderne verschoben, wobei die Beschreibung der Erfahrung der ‚enteigneten Wesen' Mimese und Psychasthenie überblendet: „Die Psychasthenie (beim Menschen) ist eine Wahnvorstellung. Sie entspricht keiner Wirklichkeit"; dagegen soll

> [d]ie Selbstwahrnehmung des Insekts [...] die plastische Nachbildung des Körpers nach sich ziehen. Caillois versucht auf diese Weise darzulegen, wie psychasthenische Wahnvorstellung und organismische Plastizität zusammenhängen können. [...] Am Anfang steht also die halluzinatorische Identifikation, bei der eigener Körper und Umwelt ungeschieden sind; es folgt das Eingehen in das Vorstellungsbild und schließlich die Verwandlung des Körpers in das Bild. Der Außenraum wird in das Körperschema integriert.²²²

Dabei lässt sich die von einer ‚persönlichen Erfahrung' berichtende Passage als *Identifikation* nicht nur mit dem Psychotiker, sondern auch mit dem mimetischen Insekt lesen. Durch den Duktus *en abyme* gesetzt und rhetorisch eingebettet, impliziert sie ein zentrales Argument: Der Einschub einer perspektivisch vermittelten, mimetischen Einfühlung spiegelt die Auflösung personaler Identität sprachlich im Übergang von der dissoziierten (‚*Ich weiß, wo ich bin, aber ich fühle mich nicht an dem Ort* ...') zur depersonalisierten Formulierung (‚*es ist gleich*') und stilistisch in einem parataktischen Reihungsstil, der eine paranoide Atmosphäre vermittelt. Diese Verschiebung oder Verdoppelung – wenn nicht Verwandlung – der Sprecher-

---

220 Vgl. Cheng, Mask, Mimicry, Metamorphosis, S. 64. Cheng ordnet den Text einem „particular theoretical discourse on a specific mode of *depersonalization* or *hoirs-de-soi*" zu (ebd.). Das ‚Außer sich sein', das im Surrealismus ästhetisch provoziert wird, ist der Erfahrungsmodus, der mimetisch-metamorphotische Prozesse, Verwandlungen in psychologischer Virtualität, die Trance des Schamanen im Ritus, ‚animistische' Identifikation, Besessenheit oder ‚Beseelung' ermöglicht. Es lässt sich dies gegen Tendenzen richten, ‚Beseelungen' zu verbannen; entgegen einer animistischen Projektion der Seele „als Innenraum [...], abgegrenzt von den äußeren Räumen", und als Substanz sei Besessenheit als Übergangszustand denkbar (Macho, Beseelungen, S. 407). Den damit einhergehenden Selbstverlust beschreibt Benjamin als „Lockerung des Ich" (vgl. Nitsche, Spiele mit der Sichtbarkeit, S. 78, Anm. 15). Die Hinwendung zu „Ausnahmezuständen der Wahrnehmung" (ebd., S. 78) entspricht der „*otherness* and the suspension of the self" (Cheng, Mask, Mimicry, Metamorphosis, S. 80) des mimetischen Exzesses.
221 Krauss, Corpus Delicti, S. 197. „Was könnte nämlich formloser sein als dieser Spasmus der Natur, in dem Grenzen durchbrochen und Unterscheidungen tatsächlich verwischt werden?" (Ebd., S. 179).
222 Cha, *Humanmimikry*, S. 86f. [sic].

position des Forschersubjekts ergänzt die zunächst diakritisch und im Verlauf analogisch vorgehende Perspektive; als *Persona*, so suggeriert der Text, spricht es als ‚Veranderter' von einer Erfahrung des Außersichseins.[223] Die Perspektive der von dem Topos der Unterscheidung ausgehenden Argumentation wird invertiert durch die Gegenposition eines „gelebte[n] Beobachterstandpunkt[s]",[224] der sich selbst zum Objekt der Beobachtung einer Erfahrung macht. So bezeugt die *mimetische Annäherung* den Zustand der Assimilation nicht nur als empirische Quelle, sondern sucht diese im Nachvollzug zu erfahren und einfühlbar zu machen. Diese Perspektivierung inszeniert autologisch die Integration einer extremen mimetischen Erfahrung durch das Forschersubjekt, das sich in der ‚mimetischen Passage' durch das Erkenntnisobjekt transformieren lässt, um die These des Fortbestands ‚psychologischer Möglichkeiten' zu belegen. Sie lässt sich so als methodischer Gegenpol zu der unterscheidenden Position auffassen. Diese epistemische Überschreitung beglaubigt die latente Kontinuität des Mimetismus und lässt sich als implizites Argument für die Integration eines durch mimetische Identifikation erlangten Wissens verstehen. Dies gemahnt an die surrealistische Selbstethnografie[225] und ein auch im Collège de Sociologie praktiziertes „Experimentieren mit mimetischen *Praktiken*: Die Faszination, die von den vermeintlich ‚Primitiven' ausging, kulminierte nämlich in dem Wunsch, sich deren Weltzugänge selbst auf *mimetische* Art und Weise anzueignen – bspw. in Form von Experimenten mit einem kollektiven ‚sakralen' Extasezustand".[226]

Statt den hier angelegten epistemologischen Perspektivismus explizit auszuwerten, nimmt Caillois' Argumentation eine letzte, konsequente Wendung: Mit seiner Schlussfolgerung geht er – mit dem Motto der Mantis-Schrift – einen

---

223 Die Person „beyond that of a sovereign individual with rational mastery of the self" (ebd.) entspricht Mauss' Thesen zur „persona'" als Maske, die den Gebrauch der ersten Person in vielen Kulturen überwiege; „avant-garde recuperation of the mask has at least resuscitated the transcultural value of the third-person, whose historical marginalization in the West must be held partially responsible for the rift between modern Europe and the cultures that became victims to its various forms of social, political, and spiritual violence." (Cheng, Mask, Mimicry, Metamorphosis, S. 83).
224 Eidelpes, *Entgrenzung der Mimesis*, S. 68. Nach Lacan bedeutete dies einen Wechsel vom Blick- zum Augenmodell.
225 Von „self-ethnography" spricht Cheng; vergleichbare „narrative testimonies of the experience of depersonalization" (Cheng, Mask, Mimicry, Metamorphosis, S. 76) lassen sich in Leiris' Schriften ebenso finden wie in Benjamins *Berliner Kindheit*. Das Verhältnis der Passage zum Ko-Text ließe sich mit Genette beschreiben als Palimpsest und Pastiche mimetischen Erzählens (vgl. Gérard Genette, *Palimpseste. Die Literatur auf zweiter Stufe*, Stuttgart 1993).
226 Eidelpes, *Entgrenzung der Mimesis*, S. 16.

weiteren Schritt „[v]on der Biologie zur Psychoanalyse",[227] wenn er feststellt, die „Angleichung an den Raum" ziehe „zwangsläufig ein vermindertes Gefühl von Persönlichkeit und Lebenskraft" (37) nach sich, wobei er den unterstellten „Trieb zur Selbstaufgabe" von dem „Todestrieb der Psychoanalytiker" (43) unterscheidet.[228] Diese aus der Konzentration auf *Mimese* heraus konsequente Pointe dient als Gegenmodell zu teleologischen und funktionalistischen Thesen und zum Integrationsstufenmodell der „Einpassung" (38),[229] zumal, wie Caillois betont, das „Phänomen stets nur *in einer Richtung*" auftritt: Das „Tier ahmt das Pflanzliche nach [...]. *Das Leben weicht um eine Stufe zurück*. Mitunter macht die Angleichung an der Oberfläche nicht halt"; die Starre der „kataleptischen Haltungen" (37) perfektioniere die Anpassung durch ein entsprechendes *Verhalten* und führe zu einem Rückgang von Lebendigkeit, einem „allgemeinen Gesetz der Entropie, der Tendenz zur Gleichförmigkeit" folgend.[230] Der Begriff der Katalepsie lässt sich gleichermaßen auf psychopathologische Formen der Muskelstarre beziehen, wie sie im psychiatrischen Bereich in Verbindung mit Hysterie und Schizophrenie beschrieben wurden, wie die „Thanatomorphose[ ]",[231] die Starre mimetischer Tiere wie Spannerraupen, oder das „mechanische Wiegen" der Mantiden, das an einen „Tick" (38) erinnere.

---

227 Caillois, Die Gottesanbeterin, S. 8.
228 Die in Anm. 56 angedeutete Differenzierung wird nicht ausgeführt. Adorno und Horkheimer analogisieren die „'Tendenz [...,] deren Überwindung das Kennzeichen aller Entwicklung ist: sich an die Umgebung zu verlieren, anstatt sich tätig in ihr durchzusetzen, den Hang, sich gehen zu lassen, zurückzusinken in Natur. Freud hat sie den Todestrieb genannt, Caillois le mimétisme'" (zit. n. Taussig, *Mimesis und Alterität*, S. 79). Rosalind Krauss kommentiert diese ‚Enteignung' so: „Das Leben jedes Organismus hängt von der Möglichkeit der Aufrechterhaltung seiner eigenen Unterschiedenheit ab, der Grenze, innerhalb deren er enthalten ist, dem Ausdruck einer Art von ‚Eigen-Besitz'. Mimikry [...] ist der Verlust dieses Besitzes" (Krauss, Corpus Delicti, S. 179).
229 Dies lässt sich als Einwand gegen die These der funktionalen ‚Einpassung' des Organismus lesen, wie sie bspw. Uexküll vertritt.
230 S. 43, Anm. 53 (Anm. Peter Berz): Das Argument entstammt einem hier nicht abgedruckten mehrseitigen Argumentationszusammenhang. Darin ähnelt der Entwurf Mauss' Forschung zur Gabe und lässt sich Batailles Begriff der Verausgabung in *La notion de la dépense* (1933) anschließen; vgl. Georges Bataille, *Das theoretische Werk I: Die Aufhebung der Ökonomie. Der Begriff der Verausgabung. Der verfemte Teil. Kommunismus und Stalinismus*. Hg. v. Gerd Bergfleth, München 1975; vgl. Parikka, *Insect media*, S. 98 f. Dies offenbart einen impliziten *Thermodynamismus*.
231 Flaker, Metamorphose, S. 397. Diese Fälle seien zeitgenössisch der Mimikry zugeordnet worden, so Cha, *Humanmimikry*, S. 12. Noch Gebauer und Wulf sprechen von einer „Mimikry ans Tote", die „zu Erstarrung und Leblosigkeit führt" (Gebauer, Wulf, Mimesis, S. 435). Adorno notiert: „In Panik vorm Tod haben sie Mimikry an den Tod geübt.'" (Zit. n. Cha, *Humanmimikry*, S. 86).

Ähnlich wie die [...] Suggestionstheoretiker unter den Psycholamarckisten, die Mimikryinsekten zu hysterischen Tieren und zu den evolutionären Urahnen des Hysterikers erklären, entwirft Caillois eine Evolutionspsychologie der Psychose, an deren Anfang die Mimikryinsekten stehen: Die Mimikryinsekten nehmen sich selbst als ein Blatt wahr, weil sie ihren eigenen Körper nicht von der Umwelt unterscheiden können.[232]

So fokussiert der Ausgang des Textes auf die Auswertung dieser „Theorie der Entsubjektivierung",[233] die Caillois durch vergleichende Beispiele einer symbolischen Verarbeitung in Literatur und Kunst stützt. Die metamorphotische Anähnelung, seit der Antike literarisches Motiv, thematisiere etwa Gustave Flauberts Roman *La Tentation de Saint Antoine* mit dem „Schauspiel einer allgemeinen Mimese" im Phantasma des Heiligen als einer „Verführung durch den materiellen Raum: er will sich überall teilen, in allem sein, ‚jedes Atom durchdringen, bis auf den Grund der Materie steigen – die Materie *sein*'" (38). Dies lässt sich als häretisches, nicht nur „pantheistische[s]" (ebd.), sondern auch panerotisches[234] Begehren der Regression in eine mythische, erotische oder pränatale Einheit vor aller Differenz lesen und vermittelt die Imagination einer degradierenden, deklassierenden Metamorphose zum Animalischen, zur Pflanze oder zum Unbelebten und zur formlosen Materie, die der Aszension zum Göttlichen entgegensteht.[235] In der slowakischen Volkskunst und Bildern Dalís findet Caillois „ähnliche Erscheinungen", die „weniger das Zeugnis paranoischer Doppel- oder Mehrdeutigkeiten [...], als vielmehr das einer mimetischen Angleichung des Belebten an das Unbelebte" darstellten (ebd.). Sie beschreibt er als Beispiele „jenes Prozesses, durch den sich *der Raum* auf Kosten des Individuums *verallgemeinert*, es sei denn, man verwendet das psychoanalytische Vokabular und spricht von der Rückkehr in die ursprüngliche Fühllosigkeit und ins vorgeburtlich Unbewusste: ein Streit um

---

232 Cha, *Humanmimikry*, S. 85. Cha beschreibt dies als „Steigerung der Transformationsbiologie" Lamarcks in der Kombination von Neo- und Psycholamarckismus: „Das Insekt verwandelt sich aufgrund einer Wirklichkeit gewordenen Wahnvorstellung in ein Blatt." (Ebd., S. 88).
233 Ebd., S. 85.
234 Von „,panerotic'" spricht Cheng, Mask, Mimicry, Metamorphosis, S. 62. Cha verweist darauf, dass die „ekstatische Verschmelzungs- und Einheitsphantasie" sich im Gott Pan ausdrückt, der etymologisch auch den ‚panischen Schrecken' begründe (Cha, *Humanmimikry*, S. 86).
235 Vgl. dazu Kap. II.3.2. Augustinus' Vision der „Vorgeschichte der Erde vor der Schöpfung – als *informe*" in den *Bekenntnissen* gibt, insofern die „niedere Materialität als nicht vereinbar mit der Sphäre des Geistes" gilt (Rübel, *Plastizität*, S. 82), der Verführung der Einbildungskraft nach – eine „Position, die der große Theologe in seinem Text anschließend ‚konvertieren' wird" (Didi-Huberman, *Formlose Ähnlichkeit*, S. 17). Häretisch erscheint der Versuchung, Metamorphose selbst zu begreifen, nicht als ‚Einbildung' abzutun; Augustinus zufolge bedeutet „[d]ie Körperlichkeit der Imagination [...] einen wuchernden, ausschweifenden Einfluß auf alles Seelische." (Schulte-Sasse, Art. Einbildungskraft/Imagination, S. 93).

Worte." (Ebd.)[236] So erscheint die Absorbtion durch den Raum als Phantasie der Verschmelzung, als Ausdruck des Strebens nach einem „ungebrochenen Verhältnis zwischen Natur und Mensch", das der etwa von Kant und Hegel formulierten *differentia specifica* des Menschen diametral entgegensteht.[237] Eine solche Auflösung der Individualität in Erotik und Tod, durch die „die Vereinzelung des Wesens, seine Diskontinuität durch ein Gefühl tiefer Kontinuität" ersetzt werde, beschwört auch Bataille in *Der heilige Eros*:

> Wir sind diskontinuierliche Wesen [...], aber wir haben Sehnsucht nach der verlorenen Kontinuität. Wir ertragen die Situation schwer, die uns an die Zufalls-Individualität fesselt, an die vergängliche Individualität, die wir sind. Zu gleicher Zeit, da wir das geängstigte Verlangen nach der Dauer dieses Vergänglichen hegen, sind wir von dem Gedanken einer ursprünglichen Kontinuität besessen, die uns ganz allgemein mit dem Sein verbindet.[238]

Abschließend stellt Caillois fest, dass „neben dem Selbsterhaltungstrieb [...], sich sehr häufig ein *Trieb zur Selbstaufgabe* zeigt, der [...] zu einer eingeschränkten Lebensweise zurückdrängt, die tendenziell weder Bewußtsein noch Empfindung kennt, zur *Trägheit des élan vital* sozusagen." (Ebd.) So erscheint das Begehren nach einer Rückkehr in „nondual ‚sameness' as the necessary condition for the appearance of mimetic phenomena" – ein „dissolving of purposiveness in ultimate nonduality".[239] Dies lässt sich als eine im eigentlichen Sinn *entgrenzte* Di-

---

236 Die „Assoziation der Gebärmutter als das mimetische Organ" (Taussig, *Mimesis und Alterität*, S. 65) bezieht Taussig auf Kristevas Konzept der „‚semiotischen Chora'", als „Verstrickung von Körper und Sprache, worin das Subjekt im Objekt verschwimmt, das Kind in seiner Mutter." (Ebd., S. 47) Auch Freuds Begriff des ‚ozeanischen Gefühls' ließe sich anschließen.
237 Nitsche, Spiele mit der Sichtbarkeit, S. 87. Kant betont die „Differenz von rein naturgesetzhafter Notwendigkeit und menschlicher Freiheit" (van Hoorn, *Naturgeschichte in der ästhetischen Moderne*, S. 37), verortet aber die „Anlage zur Mündigkeit des Menschen in seinen Naturanlagen" (ebd., S. 38). Hegels Dualismus betrachtet „die Natur als ‚das Andere des Geistes'" (ebd., S. 40): „Der Mensch ist der Teil der Natur, der qua Vernunft das Potential hat, sich dem Naturkreislauf gegenüberzustellen, der sich durch seinen Willen der Determination durch seine (Trieb-)Natur entziehen kann." (Ebd., S. 41).
238 Georges Bataille, *Der heilige Eros*, hg. u. übers. v. Max Hölzer, Neuwied am Rhein 1963, S. 17 [*L'Érotisme*, Paris 1957], S. 17; Bataille beschreibt „Verschmelzungen" als Ziel der Erotik (ebd.) und verweist auf eine „Identität zwischen der Kontinuität und dem Tod", „deren Faszination das vorherrschende Zeichen der Erotik ist" (ebd., S. 142). Vgl. zu Batailles antihegelianischem Affekt gegen die Individuation und den Dualismus von Mensch und Natur als eine gleichwohl unumkehrbare Trennung Jonathan David York, „Flesh and the consciousness. Georges Batailles and the Dionysian" (online unter www.jcrt.org/archives/04.3/york.pdf, 17.8.2019); vgl. Batailles *Der verfemte Teil* (1937).
239 Boon, *In Praise of Copying*, S. 121.

mension des Mimetischen beschreiben, die sich sowohl mit der transgressiv-metamorphotischen Anverwandlung der ‚primitiven' mimetischen Magie[240] als auch mit der als vergleichbar weit (re-)konstruierten kultisch-dionysischen Bedeutungsdimension eines vorplatonischen antiken Mimesisbegriffs, den Platon etwa im Verdikt gegen die Anverwandlung ans Tier als ‚niedere Mimesis' zu disziplinieren sucht, in Bezug setzen lässt.[241]

So sei, wie Caillois rekapituliert „den – biologischen wie magischen – Erscheinungen der Mimese wie auch der psychasthenischen Erfahrung eine gemeinsame Wurzel zuzuweisen" (39). Die Reaktion auf die *„Herausforderung durch den Raum"* sei „elementar und mechanisch" (ebd.): Sie begründe die Kontinuität mimetischen Verhaltens noch der entwicklungsgeschichtlich entferntesten Lebewesen und soll die ‚unähnliche Ähnlichkeit' morphologischer Erscheinungen der Mimese und imaginärer Phänomene im Spannungsfeld zwischen Ähnlichkeitsassoziation und psychotischer Assimilation erklären. Der Insektenmimese entsprechen magisch-mimetische Praktiken der ‚Primitiven', die in der Ideenassoziation und der psychasthenischen Reaktion auf den Raum in der Imagination der Modernen erhalten blieben. Caillois fügt in einer ephemer erscheinenden Anmerkung an: „Diese Parallele ist durchaus begründet, wenn man bedenkt, daß die biologische Notwendigkeit einen Trieb erzeugt oder, bei einem Mangel eines solchen, eine Imagination, die in der Lage ist, dieselbe Rolle zu spielen, d. h. beim Einzelnen ein analoges Verhalten auszulösen." (43, Anm. 55) Dieses Bergson'sche Argument[242] begründet das ‚Fortbestehen psy-

---

240 In diesem Sinn spricht Eidelpes von einer *Entgrenzung* der Mimesis, die sich „*durch* die mimetische Anpassung *an* diese Welt anzuverwandeln sucht" (Eidelpes, *Entgrenzung der Mimesis*, S. 16), und die Caillois' Text als ‚manisch' beschreibe.
241 Vgl. zu dieser These Tomberg, Mimesis, S. 419: „M[imesis] [...] verstanden die Griechen als das Wagnis einer rückhaltlosen Öffnung aller Sinne in das Naturganze hinein, zu einer völligen Verschmelzung hintendierend, wie sie den Kulttänzern in Rausch, Extase und selbstvergessener Raserei nahezukommen schien, letztlich aber nur im Tod zu universaler Unmittelbarkeit gelangen [...] konnte. [...] Den Lebenden [...] war die göttliche Unmittelbarkeit nur in der Vermittlung zugänglich, einer M[imesis], einer Nachahmung, die zugleich mit der Widerspiegelung ihres Gegenstandes diesen als ein zu ihr Anderes negierte [...]." Die spekulativ-mythisierende Ursprungserzählung, die die Verbindung mit kultischen, theatralischen und musischen Praktiken transportiert, übernimmt Tomberg von Hermann Koller.
242 In der in *Le Mythe et l'homme* publizierten Textfassung verweist Caillois auf Bergsons These, dass „diese mythische Vorstellung (ein quasi halluzinatorisches Bild) dazu bestimmt ist, bei fehlendem Instinkt das Verhalten hervorzurufen, das dieser selbst ausgelöst hätte"; es handle sich jedoch nicht um eine „schöpferische Bewegung (*élan vital*)" und auch nicht um ein ‚nützliches' Verhalten (Johach, Diagonale Verwandtschaften, S. 173). Bergsons *Les deux sources de la morale et de la religion* und *Évolution créatrice* thematisieren das Beispiel der „Insektengesellschaften" (ebd., S. 164) als „Antipoden des Menschen", wobei beide Pole der Evo-

chologischer Möglichkeiten' und legitimiert methodisch die Annäherung der entfernten Phänomene. So endet der Text mit der Formulierung: „Unter seinem [des Raumes, S. B.] Einfluß scheint das Leben an Boden zu verlieren, im Rückzug die Grenze zwischen Organismus und Umgebung zu verwischen und *in dem gleichen Maß die Grenzen herauszurücken, innerhalb derer wir,* nach Pythagoras, *erkennen dürfen und sollen, daß die Natur überall die gleiche ist.*" (39)[243]

7.1.4 Die Ähnlichkeit des Anderen

Caillois' den Text abschließende Rekapitulation betont die Vorläufigkeit seiner Argumentation, nicht ohne die exzessiv angewandte komparatistische Methode zu legitimieren, indem er zu erwartende Einwände gegen die Herstellung ‚unähnlicher' Ähnlichkeiten vorwegnimmt:

> Es mag sogar verwerflich erscheinen, derart unterschiedliche Wirklichkeiten miteinander zu vergleichen: die äußerliche Morphologie gewisser Insekten (im Fall der Homomorphie), das konkrete Verhalten von Menschen eines bestimmten Zivilisationstyps mit vielleicht eigenen Formen des Denkens (im Fall der mimetischen Magie) und schließlich die psychologischen Grundlagen von Menschen, die in kultureller und geistiger Hinsicht völlig unterschiedlichen Typen angehören (im Fall der Psychasthenie). Mir scheinen solche Gegenüberstellungen indes nicht nur legitim (es ist immerhin unmöglich, die vergleichende Biologie zu verurteilen), sondern, sofern man sich mit dem dunklen Bereich der unbewußten Determinierungen befaßt, sogar unumgänglich. (38 f.)

Es bedarf also einer Methode, um Phänomenen augenscheinlicher Ähnlichkeit auf den Grund zu gehen und rational unzugängliche, schwer zu belegende Verbindungen und verborgene Korrespondenzen zu entdecken, wie Caillois sie am Beispiel des mimetischen Verhaltens verfolgt. Die *synoptische* Betrachtung des entfernt Ähnlichen, dessen Erkennen es zu üben gilt, gehört nach Aristoteles

---

lution aufgrund des gemeinsamen *élan vital* als „‚vage komplementär' erscheinen" (ebd., S. 165). Im Blick auf die entgegengesetzten Lösungen „Instinkt" und „Intelligenz" (ebd., Anm. 13) evolutionär weitestmöglich entfernt, seien doch auch „Menschen als Lebewesen" zu betrachten (ebd., S. 166), bei denen der Instinkt noch „über den Umweg der Imagination" wirkt; die „‚fabulatorische[] Funktion'" schaffe als „virtuell gewordener Instinkt" soziale „Bindungskräfte" (ebd., S. 167).

243 Caillois ist von der Identität der tierischen und menschlichen Welt überzeugt; dieses monistische Modell stellt er gegen den anthropozentrischen Standpunkt, der die Nützlichkeit der Mimikry unterstelle. Zwar plädiert er nicht eigentlich für Entdifferenzierung oder Verschmelzung mit der Natur, sondern betont die Ambivalenz der Mimese-Phänomene; doch nennt Cheng Caillois' Text zu Recht einen „discourse, which at time risks becoming a vertiguous labyrinth of scientific esotericism." (Cheng, Mask, Mimicry, Metamorphosis, S. 75).

nicht nur zu den Fähigkeiten des Metaphorikers, sondern als ein das *diakritische* Unterscheidungsvermögen ergänzendes Instrument der Induktion und des Syllogismus zu den Erkenntniswerkzeugen. Dies gilt, so suggeriert Caillois, gerade angesichts transversaler Phänomene wie der Mimikry, die die typologische Klassifikation nach *genus proximum et differentia specifica* ebenso queren wie Verwandtschaftsverhältnisse. Die Imagination spielt eine programmatische Rolle bei der Erforschung der Phänomene – gerade vor dem Hintergrund der zeitgenössischen Abwehr der als hypertroph diskreditierten Einbildungskraft einerseits, naiv anthropomorphisierenden Deutungen, die nur für ein menschliches Auge relevante Ähnlichkeiten hineinsehen, andererseits. Sie stellt gewissermaßen die Brücke zwischen den entfernten Phänomenen dar und wird als evolutionärer ‚Rest' Argument für einen geteilten Lebenszusammenhang.

> Aus wissenschaftsgeschichtlicher Perspektive betrachtet, begehrt Caillois' Theorie gegen die darwinistische Mimikryforschung und gegen jene Wissenschaftsideale auf, die während der Krise der Mimikryforschung für den Ausschluss der Einbildungskraft aus der wissenschaftlichen Forschung plädieren. Während die Wissenschaft das ‚Spiel der Phantasie' der sogenannten ‚Mimikryfanatiker' mit Verachtung straft, bemüht sich Caillois um die Rehabilitierung der Einbildungskraft.[244]

Caillois' Text setzt dabei auf ein hybrides, ‚unreines' Verfahren, wobei er weniger der entomologischen Forschung als dem ästhetischen Interesse einer romantisch inspirierten ‚surrealistischen Wissenschaft' verpflichtet ist: „Bei seiner Wertschätzung der Einbildungskraft hängt er ganz offensichtlich der romanischen Idee nach, dass der Naturwissenschaftler die Natur erst dann vollständig zu begreifen imstande ist, wenn er sie mit den Augen eines Künstlers wahrnimmt."[245] Dabei ist der Übergang von der *diakritischen* Position des Auftakts zu einer *analogisierenden* Position des Schlussplädoyers deutlich markiert, die sich in der ‚Betrachtung des Ähnlichen' übt – in Goethes Worten: von der Position des *Unterscheidenden* zu der des *Zusammenfassenden*, die die ‚Analogien der Geschöpfe und ihre geheimnisvollen Verwandtschaften' aufzeige und damit die ‚ursprüngliche Empfindung, als *seyen wir mit der Natur eins*', betone.[246] Weit entfernte Phänomenbereiche werden

---

244 Cha, *Humanmimikry*, S. 88.
245 Ebd.
246 Stadler, Ich lehre nicht, ich erzähle, S. 94, Anm. 50: „Goethe sympathisiert im Streit zwischen Geoffroy de Saint-Hillaire (dem ‚Zusammenfassenden') und dem Baron Cuvier (dem ‚Unterscheidenden') mit dem ersteren [...]. Sowohl der ‚Unterscheidende' wie auch der ‚Zusammenfassende' arbeiten mit der Homologie; bei beiden spielt das Ganze, die Idee, eine entscheidende Rolle. Gerade aber in der Einstellung zum Ganzen weichen sie voneinander ab: ‚Cuvier arbeitet unermüdlich als Unterscheidender, das Vorliegende genau Beschreibender und gewinnt sich eine Herrschaft über eine unermeßliche Breite. Geoffroy de Saint-Hillaire hingegen ist im

so im Textverlauf angenähert und hybridisiert. Dabei kommt Caillois' Legitimation der vergleichenden Methode dem „Vorwurf mangelnder Strenge" (39) und naturwissenschaftlicher Häresie zuvor, indem er die Stringenz der Argumentation betont, die Erklärungslücken mittels mimesis- und medientheoretischer, ethnologischer, psychologischer, psychiatrischer und psychoanalytisch informierter Thesen zu schließen suche. Mit dieser transdisziplinären Kontextualisierung des Erkenntnisobjekts einhergehend verschiebt sich der Beobachterstandpunkt von der Differenzierung zur Analogisierung und vorübergehend sogar zur Anähnelung, Einfühlung, Identifikation und Assimilation, die als *mimetische* Position die Suspension des Unterscheidungsvermögens symbolisiert. Diese zur Verschiebung der Deutung beitragenden Perspektiven lassen sich als ‚Masken' lesen, als performativer Akt der „diskursiven Mimikry",[247] der selbst die Integration einer Verwandlungserfahrung ermöglicht, die sich im mimetischen Nachvollzug der Erfahrung des ‚enteigneten Wesens', in dem Insekt und Psychotiker argumentativ kurzgeschlossen werden, annähert. Dieser Wechsel der Perspektive suggeriert die Einnahme eines dezentrierten, dem tierischen imaginativ korrespondierenden Standpunkts, die sich als epistemische mimetische Metamorphose lesen lässt.[248]

Darin deutet sich eine Ähnlichkeit von Insekt und Mensch an, deren (Re-)Konstruktion den Text auf mehreren Ebenen prägt. Dass auf dieser Basis eines kontinuierlichen Lebenszusammenhangs die ‚Frage der *Ähnlichkeit*' eine entscheidende Bedeutung für die Interpretation des Phänomens Mimese besitzt, steht für

---

stillen um die Analogien der Geschöpfe und ihre geheimnisvollen Verwandtschaften bemüht; jener geht aus dem Einzelnen in ein Ganzes, welches *zwar vorausgesetzt, aber nie erkennbar betrachtet wird*; dieser hegt das Ganze im innern Sinne und lebt in der Überzeugung fort: das Einzelne könne daraus nach und nach entwickelt werden.'" [I. Orig. gesperrt.].
247 Vgl. Schmitz-Emans, Diskursive Mimikry; der Ansatz beschreibt „literarische Texte, die wissenschaftliche Problemstellungen, Methoden und Darstellungspraktiken adaptieren", und fragt, „welche Rolle sprachliche, visuelle und andere Darstellungsstrategien dabei spielen": Es kann „keine Metasprache geben [...], die die verschiedenen Formen der Sprachverwendung, eine Differenzierung zwischen Nicht-Fiktion und Fiktion, zwischen wissenschaftlichen ‚Tatsachen' einerseits und Produkten der Imagination andererseits, regulieren könnte." Schmitz-Emans schlägt für die Untersuchung solcher Texte Wittgensteins Begriff der „Sprachspiele" vor (Becker, Doll, Wiemer, Zechner, Einleitung, S. 26).
248 Vgl. Descola, Anthropologie de la nature, S. 629: „La métamorphose n'est donc pas un dévoilement de l'humanité des personnes animales, ou un déguisement de l'humanité des personnes humaines, mais le stade culminant d'une relation où chacun, en modifiant la position d'observation que sa physicalité originelle impose, s'attache à coïncider avec la perspective sous laquelle il pense que l'autre s'envisage lui-même".

Caillois außer Frage; doch *welche* Ähnlichkeiten konstruiert werden, erweist sich als entscheidend.[249] Zugunsten der „connections among mimicry, magic and convulsive hysteria"[250] wird hier das Spektrum produktiverer Aspekte mimetischen Verhaltens vernachlässigt: „Left theoretically underdeveloped is the contrast between, on the one hand, socially mediated, artfully controlled, and essentially theatrical forms of metamorphosis such as masquerades, shamanism, and trance, and, on the other, existentially solitary loss of agency in mental illness."[251] Doch ist Caillois' Deutung insofern konsequent, als sie Thesen aus dem diskursiven Feld um das Wissensobjekt Mimikry mit dem klaren Ziel synthetisiert und verschränkt, das Mimese-Phänomen durch die Unterstellung der Eigendynamik des ‚hypertelischen' mimetischen Verwandlungsprozesses von Deutungen der Zweckfunktion zu entkoppeln: „Stripped of purpose, mimesis is a matter of succumbing to the lure of the environment".[252] So wird das Phänomen jenseits der Nützlichkeit – „non-procreative, non-utilitarian, and thereby creative"[253] – frei für *ästhetische* Deutungen, wie Caillois, Vignon umdeutend, bemerkt: „[S]ollte man das ästhetische Streben auf eine Tendenz reduzieren wollen, sich in einen Gegenstand oder einen Raum zu verwandeln, so widersetzte ich mich dem nicht" (43, Anm. 56). Der Text stellt „nicht nur die Hypothese auf, die Mimese verwirkliche ein in der Natur angelegtes, zweckfreies Ähnlichkeitsstreben. Er vergleicht darüber hinaus die mimetischen Praktiken der Tierwelt mit fotografischen Bildern und dreidimensionalen Skulpturen und suggeriert so, der Natur wohne bereits ein künstlerisches Prinzip inne".[254] Dabei positioniert sich Caillois auf spezifische Weise in einem modernen Diskursfeld.

Caillois' ästhetisch-psychologische Mimikrytheorie ist ein Produkt der europäischen Avantgarde, die den letzten Versuch einer Synthese der zwei Kulturen von Geistes- und

---

249 Vgl. Doll, Becker, Wiemer, Einleitung, S. 10, Anm. 16: „[E]ine noch so neutral sich gebende Illustration interpretiert die dargestellte Tier- und Pflanzenwelt."
250 Lomas, Artist-sorcerers, S. 367.
251 Cheng, Mask, Mimicry, Metamorphosis, S. 77.
252 Boon, *In Praise of Copying*, S. 121.
253 Cheng, Mask, Mimicry, Metamorphosis, S. 74. Bereits Vignon kommt zu diesem skandalösen Schluss: „Es gibt Insekten, die Künstler sind und Wissende" (Berz, Tier-Blatt-Flügel-Herbst, S. 149). Vignon, der von einem sinnlosen „‚Luxus'" spricht (ebd., S. 146), folgert, es müsse sich um ein ästhetisches Phänomen handeln, das er als „‚Stil'" (*décor*) deutet (ebd., S. 142). Dagegen grenzt sich Caillois ab; sein späterer Vergleich mit der Mode rückt in diese Richtung. Wenn die Natur Phänomene hervorbringt, die als „most creative, art-like" (Cheng, Mask, Mimicry, Metamorphosis, S. 74) gelten können, lässt sich mimetisches Verhalten entsprechend der Kontinuitätsthese anthropologisch als Antrieb der Kunst begreifen. Dies wertet Caillois in der späteren Studie über Mimikry und Mimese systematisch aus.
254 Eidelpes, *Entgrenzung der Mimesis*, S. 78 f.

Naturwissenschaften unternimmt. Vertreter dieser Gruppe stammen aus der Gruppe der Surrealisten um André Breton und aus dem Collège de Sociologie, zu dessen Begründern Caillois gehört. Die hysterische Insektenmimikry entspricht dem Muster psychischer Automatismen, die die Surrealisten in ihren Bann schlagen.[255]

Die Nähe zu Positionen der surrealistischen Ästhetik und Epistemologie des Ähnlichen zeigt sich nicht nur in dem in den Ausführungen zum Konzept der *Mimikry* betonten ästhetischen Interesse an natürlichen Ähnlichkeitsphänomenen, der Praxis des exzessiven Vergleichens, im Einsatz der Analogie, in der Würdigung der Imagination und im Einbezug einer Theorie der Fotografie, die die Einschreibung in ein mediales Dispositiv mit simulacralem Charakter beschreibt. Der Fokus der Deutung entspricht einem Interesse an mimetischen Denkformen, das zugleich eine „Faszination für das Archaische, den Rausch der Verwandlung, den Wahnsinn"[256] impliziert: Caillois' Text ist ein Paradefall der Konzeptualisierung eines entgrenzten, nichtrepräsentationalen Begriffs der Mimesis und der „,mimetischen Metamorphose'"[257] und ein Dokument der ethnologisch inspirierten Erforschung mimetischen Verhaltens, die „das Mimetische zugleich lustvoll und gefährlich, archaisch und kreativ und nicht selten nostalgisch besetzt".[258] Mimesis figuriert hier entsprechend der Wiederentdeckung ihrer verdrängten ‚niederen' Dimension als „a terrifically ambiguous power [...] to represent the world, yet that same power is a power to falsify, mask, and pose."[259] Zugleich impliziert dieses Mimesiskonzept die Durchkreuzung einer der primitivistischen Argumentation inhärenten vertikalen Fortschrittsthese mittels eines Verfahrens des *rapprochement*, das ein horizontales Relationsgefüge etabliert und damit auf die Ähnlichkeit des Anderen verweist.[260]

Diese relationale Epistemologie entgrenzt der Text über den anthropologischen Bereich hinaus in einer spezifischen Aktualisierung der Analogie zugleich von Natur und Kultur und Natur und Kunst, die nicht nur auf den Nachweis

---

255 Cha, *Humanmimikry*, S. 88 f.
256 Johach, Mersmann, Rulffes, Try to blend in!, S. IX. Die Surrealisten finden in Artefakten animistischer und totemistischer Kulturen „similar forms of life that had long become marginalized in the west" (Cheng, Mask, Mimicry, Metamorphosis, S. 65), entsprechend dem „ethos of artistic and ethnographic surrealism in the 1930s, a project consisting in developing a corpus of figures of alterity in conjunction with phenomenological description of the experience of *hors de soi*" (ebd., S. 72).
257 Zit. n. Eidelpes, *Entgrenzung der Mimesis*, S. 30 (im Verweis auf Cheng). Vgl. Kap. 1.3: „Mimikry und Imagination: Roger Caillois Theorie der Einbildungskraft", in ebd., S. 67–84.
258 Johach, Mersmann, Rulffes, Try to blend in!, S. IX.
259 Taussig, *Mimesis and Alterity*, S. 42 f.
260 Vgl. Leclercq, Schön wie die zufällige Begegnung einer aphrodisischen Jacke mit einer Yupuk-Maske, S. 29; Bangert, Rapprochement, Documents, Sciences diagonales, S. 53.

einer basalen mimetischen und ästhetischen Tendenz, sondern auch auf eine monistische Einbindung des Menschen in die Natur zielt und die Oppositionen von Mensch und Tier, Subjekt und Objekt, Vormoderne und Moderne, Natur und Kultur irritiert. Dies lässt eine Positionierung in einem vielstimmigen Diskursfeld der ästhetischen Moderne erkennen, das in der Analogisierung von Natur und Kunst biologische Theoreme und Leitmetaphoriken aufgreift; so grundieren ‚biotechnische' Theoreme etwa auch im Konstruktivismus architekturtheoretische Positionen.[261] Caillois analogisiert Natur und Kultur, Natur und Kunst nicht im Blick auf formale Analogien einer maßvollen Oberflächenornamentik, die technische und organische Figuren assoziiert, oder auf einen elementaren, abstrakten oder geometrischen Formenschatz als Ausdruck mathematischer Harmonie, sondern in der Konzeptualisierung entgrenzter mimetischer Ähnlichkeit. Mimetisches Verhalten in dieser exzentrisch-dezentrierenden Dynamik wird nicht nur gegen den teleologischen Formbegriff[262] des Funktionalismus in Stellung gebracht; auch stellt die Dimension der ‚niederen' Mimesis eine Intervention gegen im Feld der Mimesistheorie artikulierte Betonungen der anthropologischen Differenz in der Tradition von Aristoteles' Bemerkung dar: „[D]er Mensch unterscheidet sich dadurch von den übrigen Lebewesen, daß er in besonderem Maße zur Nachahmung befähigt ist".[263] Wird demgegenüber mimetischer Gestaltwandel als quasi-kreatives Ähnlichkeitsphänomen der Natur lesbar, das die Trennung von *phsysis* und *techné* unterläuft, schließt dies eher an Aristoteles' Hinweis auf die „Kunstfertigkeit" der Natur an.[264] Dabei geht es hier nicht um deren Auswertung als schöpferisches Prinzip einer autonomen Kunst in Analogie zur *natura naturans*. Caillois' ‚heteronome' Ästhetik ließe sich eher auf Derridas Kritik an einem ‚anthropo-theologischen' Mimesisbegriff beziehen, den er in „Economimesis" Kants Analogie von Natur und Kunst abliest: Er verweist auf die logozentrische Dimension der diesem Mimesiskonzept inhärenten *Herausstellung des Mensch-*

---

261 Es handelt sich um ein ausdifferenziertes Diskursfeld der ästhetischen Moderne: Der Topos, die Natur sei kunstartig, begründet so unterschiedliche Entwürfe wie die Ernst Haeckels, Carl Bloßfeldts oder Raoul Francés. Besonders im Konstruktivismus spielen die Begriffe Anpassung und Funktion eine bedeutende Rolle.
262 Mauthner weist auf das Problem hin, den „anthropomorphischen Zweckbegriff aus der Erklärung der Organismen zu entfernen" (Mauthner, Form, S. 503) und polemisiert gegen den „Rausch über ästhetische Formen, der dem Rausch über die teleologischen Formen der Tier- und Pflanzenwelt nichts nachgibt" (ebd., S. 500). Vgl. dazu Kap. II.3.4.
263 Aristoteles, *Poetik*, S. 11 f.
264 Aristoteles, *Physik* [II.8 199a], S. 44 f. (199a). „Kunstfertigkeit bringt teils zur Vollendung, was die Natur nicht zu Ende bringen kann, teils eifert sie ihr (der Natur) nach".

lichen („l'homme-dieu"), das sich in Abgrenzung von einem undifferenzierten Animalischen konstituiere „pour eviter la contamination par le ‚bas'".[265]

So lässt sich Caillois' Argumentation als auf mehreren Ebenen implizit auf die Stellung des Menschen in der Natur verweisende Textstrategie der Überführung von „Differentialismus" in „Assimilationisimus" beschreiben und auf ein umfassendes, über den Bereich der Ästhetik hinausweisendes Projekt beziehen: die „assimilationistisch[e]" Zurückweisung der „anthropologischen Differenz".[266] Der „Anthropomorphisierung des Insekts",[267] die Mimese als imaginäre und wahrnehmungspsychologische Reaktion beschreibt und Gefühle wie Angst und sogar ein ‚Gefühl von Persönlichkeit' unterstellt, korrespondiert eine Tendenz, die den „Menschen theriomorphisiert",[268] indem imaginäre Reaktionen, als ‚elementar und mechanisch' beschrieben, als Residuum mimetischer Assimilation unterstellt werden. Spezifisch scheint diese These – gerade angesichts des Argumentationsverlaufs vom Topos der Unterscheidung zu der postulierten Tendenz, die ‚Grenze zwischen Organismus und Umgebung zu verwischen' – Ansätze wie etwa Helmut Plessners die Grenze des Körpers und die Beziehung zur Umwelt thematisierende Theorie der ‚exzentrischen Positionalität' zu konterkarieren. Dass das Insekt in einem ‚vorgestellten' Raum orientierungslos ist und vom Raum überwältigt wird, unterstellt – wie die Dynamik der ‚Selbstveränderung' –

---

265 Derrida, Economimesis, S. 67f. Die ‚listige und naive' Logik der ‚Economimesis' bestehe darin, dies in einer Geste der Naturalisierung zu begründen: „La productivité pure et libre doit ressembler à celle de la nature. Et elle le fait précisément parce que, libre et pure, elle ne dépend pas des lois naturelles. [...]. La *mimesis* n'est pas ici la représentation d'une chose par une autre, le rapport de ressemblance ou d'identification entre deux étants, la reproduction d'un produit de la nature par un produit de l'art. Elle n'est pas le rapport de deux produits mais de deux productions. Et de deux libertés. [...]. Mais puisqu'une analogie a déjà fait de la *natura naturans* l'art d'un sujet auteur et, on peut même le dire, d'un dieu artiste, la *mimesis* déploie l'identification de l'acte humain à l'acte divin."
266 Wild, *Die anthropologische Differenz*, S. 1. Wild unterscheidet zwei Argumentationen der „humanen Selbstverständigung", die vom „Höhenweg der anthropologischen Differenz" oder als „Aufstieg von der Talsohle, ausgehend von der Tatsache, dass der Mensch ein Tier unter Tieren ist" (ebd.), argumentieren: „Differentialismus" und „Assimilationismus" (ebd., S. 2, im Anschluss an R. Brandom). Die stärkste Position des Differentialismus sei der Rationalismus, der Sprache, Staatenbildung und Geist als Merkmale der spezifischen Differenz des Menschen definiere (vgl. ebd.). „Der heikle Punkt der anthropologischen Differenz besteht darin, dass sie nicht nur den Menschen vom Tier unterscheidet, sondern zugleich auch den Menschen als Menschen von sich selbst als Tier." (Ebd., S. 8) Der Assimilationismus nähert Mensch und Tier an und sucht „sozusagen von unten und von außen zu bestimmen, was Geist ist bzw. worauf der Geist aufbaut." (Ebd., S. 9 [Hv.: S. B.]).
267 Eidelpes, *Entgrenzung der Mimesis*, S. 70.
268 Cha, *Humanmimikry*, S. 90.

eine Überschreitung der zentrischen Positionalität des Tiers, in der zwar eine Differenzierung vom Raum anzunehmen ist, aber keine Selbstbezüglichkeit, nach Plessner *differentia specifica* der exzentrischen Positionalität des Menschen.²⁶⁹

Diese die Basis für den Vergleich von Mensch und Tier in der Imagination verortende Argumentation lässt sich nicht nur auf Bergson, sondern auf einen früheren prominenten Vordenker zurückbeziehen: Bereits Michel de „Montaigne opponiert gegen eine anthropologische Differenz, die in der Form des mentalistischen Rationalismus einen spezifischen qualitativen Unterschied zwischen Mensch und Tier ansetzt und diesem den Vorrang vor der Ähnlichkeit gibt."²⁷⁰ Der Trennung von Körper, Geist und Seele im mentalistischen Rationalismus hält Montaigne nicht nur ein „Gleichgewicht von Mensch und Tier" und „*cette ressemblace*", die „Ähnlichkeit von Mensch und Tier als natürliche[] Lebewesen (*mais c'est soubs le visage d'une mesme nature*)"²⁷¹ entgegen, sondern auch die körperliche Fundierung der Einbildungskraft: Die *Essais* begründen die „equalité et correspondance des nous aux bestes"²⁷² über die auch von Caillois vertretene, nachfolgend skizzierte These einer „materiellen Einbildungskraft".²⁷³

---

269 Vgl. Helmuth Plessner, *Die Stufen des Organischen und der Mensch*, Berlin, New York 1975 [1928]. Der gegen Hegels rationalistischen und idealistischen Dualismus gerichteten These zufolge ist (allein) der Mensch zugleich Körper und Bewusstsein und steht so ‚neben sich'. Thesen Uexkülls zur Umwelt greift auch Heidegger auf, der auf der Differenz von Mensch und Tier beharrt, insofern das Tier „im Gegensatz zum Menschen in seiner Umwelt völlig aufgeht" (vgl. Cha, *Humanmimikry*, S. 85, Anm. 184).
270 Wild, *Die anthropologische Differenz*, S. 106 f.
271 Ebd., S. 107. Montaigne argumentiert für eine „Tiervernunft" (ebd., S. 43) und eine „*körperlicher Natur*" (ebd., S. 107), die „kognitive[] Vermögen" (ebd., S. 109) umfasst. So geht es um die „Anerkennung der tierischen Natur des Menschen" (ebd.): „Die skeptische Einschränkung der menschlichen Perspektive und deren Vergleichbarkeit mit den Tieren tritt an die Stelle des Strebens nach dem Göttlichen und Übermenschlichen – mit L. Strauss gesprochen: ‚The imitation of the beast takes the place of the imitation of God.'" (Zit. n. 108).
272 Zit. n. ebd., S. 112. „Der Mensch ist das Tier, das wie andere Tiere auch über eine Einbildungskraft verfügt, das aber die unglückliche Tendenz hat, seine animalische Bedingtheit zu transzendieren. [...] Es gibt bei Montaigne durchaus eine anthropologische Differenz." Doch „[d]ie Möglichkeit, dass sich unser Geist von seinen körperlichen Bedingungen emanzipiert, stellt in Montaignes Augen keine ‚praeexcellence vraye et essentielle' dar. Sie stellt jene Krankheit dar, die es mit den Mitteln der Skepsis zu bekämpfen gilt. Die Skepsis dient Montaigne als Gegendiskurs gegen die anthropologische Differenz [...], und dadurch als therapeutisches Mittel gegen die ausschweifende Einbildungskraft des Menschen" (ebd.). In Reaktion auf deklassierende Argumente spricht er von der menschlichen Unnatur (vgl. ebd.).
273 Ebd., S. 116. Mit der These, dass die „Einbildungskraft [...] materiell und körperlich" (ebd.) sei und dass „ce mesme privilege [...] semble estre bien evidamment aux bestes" (ebd., S. 115 f.), neigt Montaigne weniger zur Anthropomorphisierung, die Tieren „eine höhere, im-

Die mimesis- und imaginationstheoretisch begründete Annahme der *Ähnlichkeit von Mensch und Tier, Natur und Kunst* prägt Caillois' weitere Forschung. Dabei lässt er in späteren Studien zu Mimikry und Mimese zugunsten produktiverer Ausdeutungen der „Strukturverwandtschaft zwischen den (nach-)bildenden Verfahren von Natur und Kunst"[274] die These der maladaptiven „Anähnelung ans Anorganische"[275] fallen, „da ihm die Engführung von Zoologie und Psychopathologie in ‚Mimétisme et psychasthénie légendaire' in ihrer radikalen Form nicht mehr plausibel erscheint".[276] In der spieltheoretischen Studie *Les Jeux et les hommes. Le masque et le vertige* (1958) nimmt er die frühere Deutung explizit zurück: „‚Ich würde heute aus dem Mimetismus keine Trübung der Wahrnehmung des Raumes mehr machen und keine Tendenz, ins Leblose zurückzukehren, sondern [...] in dieser Erscheinung bei den Insekten ein Äquivalent für die Verwandlungsspiele des Menschen sehen.'"[277] In der Studie *Meduse & Cie* (1960) führt er diese Korrespondenzen des Mimetismus mit menschlichen ‚Verwandlungsspielen' aus – „diejenigen Ähnlichkeiten, an denen er festhielt."[278] Auch hier gilt das Augenmerk weniger den Differenzierungen, die zu seiner Neudeutung beitragen, als den methodisch reflektierten „Potentialitäten, die die Herstellung von Ähnlichkeiten und Übertragungen erzeugt".[279]

7.2 ‚Kreuzwege der Einbildungskraft'

> Comparant les modèles les plus achevés des deux évolutions divergentes du règne animal, évolutions aboutissant respectivement à l'homme et aux insectes, il ne devra pas paraître périlleux de chercher des correspondances entre les uns et les autres et plus spécialement *entre le comportement des uns et la mythologie des autres*. (Roger Caillois)[280]

---

materielle Seele" zuspreche (ebd., S. 110), als zur „Vertierung menschlicher Vermögen": diese „verzichtet auf eine höhere, immaterielle Seele" (ebd.).
274 Johach, Mersmann, Rulffes, Try to blend in!, S. VIII.
275 Ebd., S. XII.
276 Cha, *Humanmimikry*, S. 279.
277 Zit. n. Becker, Doll, Wiemer, Zechner, Einleitung, S. 12: „[I]n *Les jeux et les hommes* fasst er in seiner Rubrizierung der verschiedenen Aspekte des menschlichen Spiels neben Wettstreit (*Agon*), Zufall (*Alea*) und Schwindel/Taumel (*Ilinx*) das Trugbild oder den Schein als *Mimikry*" (Ebd.). In dieser Typologie gebraucht er erstmals *mimicry* statt des weiten Begriffs des *mimétisme*: „‚Um die elementare und gleichsam organische Natur dieser Bekundungen zu charakterisieren, wähle ich den Ausdruck *mimicry*, was im Englischen den Mimetismus umschreibt, insbesondere die Wandlungs- und Anpassungsfähigkeiten der Insekten.'" (Zit. n. Cha, *Humanmimikry*, S. 282).
278 Johach, Mersmann, Rulffes, Try to blend in!, S. XII, Anm. 18.
279 Nitsche, Spiele mit der Sichtbarkeit, S. 90.
280 Roger Caillois, *Le mythe et l' homme*, Paris, 1938, S. 24.

Caillois' Schriften zum ‚Mimetismus' stehen im Kontext ähnlichkeitstheoretischer Annahmen, die nicht zuletzt die theoretische Fundierung der – im Kontext der ‚Krise der Mimikryforschung' diskreditierten – Einbildungskraft betreffen: Im Rahmen seiner Forschungen zur ‚Logik des Imaginären' entwickelt Caillois eine „Theorie der ‚empirischen' oder ‚affektiven' Imagination".[281] In der Studie *La Pieuvre. Essai sur la logique de l'imaginaire* (1973) konstatiert er,

> daß die Einbildungskraft die Beobachtung immer dann verdrängt, wenn Wirbeltiere, Gliederfüßler oder Weichtiere irgendeine Anomalie oder eine zufällige Ähnlichkeit mit einem ansonsten bekannten, bei ihnen aber ungewöhnlichen Phänomen aufweisen: so legt die an einen Totenkopf gemahnende Zeichnung auf dem Rücken des Brustabschnitts der *Acherontia Atropos* die Vermutung nahe, dieser Nachtschwärmer bringe Unglück.[282]

Solche von der Wissenschaft als naive und abergläubische Produkte einer hypertrophen Einbildungskraft beurteilten Phänomene nicht als phantasmatische Verirrungen abzutun, sondern Korrespondenzen von Imagination und Ähnlichkeitsphänomenen der Natur nachzugehen, ist für Caillois' Erforschung der „Funktionsprinzipien der menschlichen Einbildungskraft" zentral, die er als „passiven, mimetischen Reflex der Angleichung des menschlichen Geistes an die Außenwelt" auffasst:[283] „Der Bezug der Einbildungskraft zur Außenwelt ist [...] ein *mimetischer*, setzt also jene reflexhafte Reaktion voraus, die er in seinem Aufsatz zur Insektenmimese in Bezug auf das tierische Tarnverhalten diskutiert."[284]

Diesen Gedanken entwickelt Caillois unter anderem in seinen Studien über die Mantis und den Kraken. Die Einbildungskraft korrespondiert mit „einer ‚lyrischen' Struktur der Welt, an der auch der Mensch teilhat",[285] und die Caillois

---

281 Rosa Eidelpes, „Von der empirischen Imagination zur natürlichen Ästhetik. Caillois' antianthropozentrische Theorie der Kunst", in: von der Heiden, Kolb, *Logiken des Imaginären*, S. 87–114, S. 94. „‚Imagination'" kennzeichnet „den ‚untergründigen' Schlüsselbegriff und ‚zentrales Enigma' und ‚Hauptgegenstand' seines Denkens" (Albers, Reine und unreine Literatur(-wissenschaft), S. 45). Zu ihrer Verbindung mit Ähnlichkeit vgl. auch Heyne, *Wissenschaften vom Imaginären*, S. 37 und bes. Kap. IV.1–3.4, S. 143–191.
282 Caillois, *Der Krake*, S. 5.
283 Eidelpes, *Entgrenzung der Mimesis*, S. 25. An die Stelle einer „‚reine[n]' oder transzendentale[n] Einbildungskraft" setzt Caillois die These der Korrespondenz (ebd., S. 74): Es geht nicht nur um die Funktion einer „der Einbildungskraft sich verdankende[n] Synthesis des Mannigfaltigen" (Warning, Mimesis als Mimikry, S. 16, im Verweis auf Kant). Caillois zielt auf die „Revision klassischer philosophischer Theorien der Einbildungskraft", indem er in der „menschliche[n] Einbildungskraft eine mimetische Reaktion auf die Außenwelt" ausmacht (ebd., S. 79).
284 Ebd., S. 77.
285 Ebd., S. 79. Darin sieht Eidelpes keine „Einschränkung, sondern die *Ausweitung* des Wirkungsbereiches des Ästhetischen" (ebd., S. 79).

als ein Bild- und Zeichenwerden natürlicher Phänomene beschreibt: Den Modellfall des „lyrischen Ideogramms"[286] untersucht er 1934 in „Die Gottesanbeterin". Die Mantis, die „wie eine fromme Beterin wirkt", und die den Kopf drehen und Angreifer wie Beute „bei unbewegtem Körper mit den Augen folgen kann, wird überall, wo sie häufig vorkommt, wegen dieser Besonderheit, die ihr etwas Menschliches verleiht, Gegenstand vielfältiger abergläubischer Vorstellungen, ja selbst weit verbreiteter Mythen."[287] Die anthropomorphe Projektion transportiert ihr Name, der als metaphorische „Übertragung" mit „Bedeutungsüberschuss" den Eingang des mimetischen Vermögens noch in die Wissenschaftssprache spiegelt: *Mantis* bedeutet ‚Wahrsagerin'.[288] Caillois bemerkt, dass solche Ähnlichkeiten eine „heimliche Identifikation"[289] begünstigen, und beschreibt die Mantiden als „*objektive Ideogramme, die in der Außenwelt die lyrischen und affektiven Möglichkeiten des Bewußtseins materiell verwirklichen*".[290] Solche „Spiegelungen, Übertragungen und Projektionen sichtbar [zu] machen", ist ein Ziel seiner Erforschung des Imaginären und Mythischen,[291] ihren ‚Mechanismus' zu verstehen, ein weiteres. In der in *Le Mythe et l'homme* publizierten Version der Studie führt Caillois die These einer „„biologischen Konditionierung der Imagina-

---

[286] Albers, Reine und unreine Literatur(-wissenschaft), S. 42. Auch in *La necessité de l'esprit* und *Approches de l'imaginaire* untersucht Caillois die „Form des Denkens, die er als ‚lyrisch' qualifiziert und mit dem, was er ‚affektive Imagination' [...] nennt, gleichsetzt" (Ebd., S. 43). Der Begriff des „‚objektiven lyrischen Ideogramms'" beschreibt eine „Überdeterminierung" der Form und „Fusion von Bild und Gedanken, Gegenstand und Begriff, Zeichenhaftigkeit und Objektcharakter." (Ebd.)
[287] Caillois, Die Gottesanbeterin, S. 6.
[288] Nitsche, Spiele mit der Sichtbarkeit, S. 82. Vgl. Wickler, *Mimikry*, S. 136.
[289] Caillois, Die Gottesanbeterin, S. 12. Vgl. auch ebd., S. 20.
[290] Ebd., S. 19.
[291] Nitsche, Spiele mit der Sichtbarkeit, S. 82. Die *Mantis* ist für Caillois ein ambivalente Emotionen hervorrufender „‚Spiegel'" und damit eine Reflexionsfigur der Alterität (ebd.). Sie vereint Angst und Begehren zu einem verdichteten Zeichen für ‚Lustangst'. Ein Faszinosum sei sie nicht etwa nur für Breton, Éluard, Dalí oder Baudelaire; vielmehr werde sie in verschiedenen Kulturkreisen eingeschätzt als heiliges/unheimliches Tier (vgl. Caillois, Die Gottesanbeterin, S. 15). Unheimlich sind nicht nur die Figurationen regressiven Begehrens und ihr Kannibalismus, sondern auch das plötzliche Erscheinen im „Übergang von Tarnung zu Mimikry", wobei die Gottesanbeterin Ozellen für eine Drohstellung nutzt (Wickler, *Mimikry*, S. 142) – und die Überschreitung der Grenze zwischen Belebtem und Unbelebtem, „where the very opposition between brute nature and what is commonly understood as human agency fails" (Cheng, Mask, Mimicry, Metamorphosis, S. 72). Caillois' Auslegung korrespondiert entsprechend der Mimese-Schrift: Ihre Starre sei „Illustration des menschlichen Verlangens nach Rückkehr in die ursprüngliche Fühllosigkeit, eines Verlangens, das mit der pantheistischen Vorstellung eines Aufgehens in der Natur zusammenhängt. Diese Vorstellung gibt in Literatur und Philosophie oft die Rückkehr ins vorgeburtlich Unbewußte wieder." (Caillois, Die Gottesanbeterin, S. 17f.).

tion'" ein, wobei er „die Psychologie der Imagination seiner frühen Texte auf die Dimension der kollektiven Imagination hin"[292] erweitert. In Henri Bergsons „Unterscheidung von *instinct reel* und *instinct virtuel*" und seiner These einer ‚fabulatorischen' Einbildungskraft findet er eine Grundlage „für seine Hypothese, wonach zwischen realen Instinkthandlungen und ihren virtuellen, imaginären Entsprechungen in Gestalt menschlicher Imaginationen ‚objektive' Korrespondenzen bestehen", und damit eine theoretische Lösung, „um das instinktgebundene Insekt dem mythengebundenen Menschen gegenüberzustellen" und die Imagination als „strukturelles Analogon des tierischen Instinkts" zu konzipieren.[293]

An der geradezu mythischen Gestalt des Kraken untersucht Caillois die postulierte Kontinuität von Naturformen und Imagination, die Korrespondenzen zwischen Subjekt und Objekt schaffe. So sind die historischen Wandlungen der Darstellung des Kraken Untersuchungsobjekt der Hypothese, die „Einbildungskraft" sei „angeregt" durch unerklärliche Ähnlichkeiten.[294] Ähnliche Reaktionen wie Krake und Gottesanbeterin lösten die Alraune aus, Zikaden, über die Lautréamont in *Les Chants de Maldoror* schreibt, Spinnen, Schildkröten oder Fledermäuse: „Ihre Lebensweise insgesamt sowie einzelne bezeichnende äußere Eigenheiten können auf die Einbildungskraft wie ein *Impfstoff* mit positiver Reaktion wirken; sie gerät dadurch in Bewegung."[295] Sie affizieren die Imagination wie ein *Pharmakon*, das „spontane[], assoziative[ ] Reaktionen"[296] hervorruft. Die „Erscheinung" des Kraken als „Gestalt, und zwar sie allein, regt die Einbildungskraft an": Formen und Eigenschaften wie Tentakel und Kopffüßlertum, durch

---

292 Albers, Reine und unreine Literatur(-wissenschaft), S. 43. In *Le Mythe et l'homme* ergänzt Caillois die „spekulative Psychologie" seiner Studien zwischen 1933 und 1936, die er unter dem Titel *La nécessité d'esprit* zu publizieren beabsichtigte, „mit Bezug auf Henri Bergsons Konzept der ‚fabulatorischen Funktion' in *Les deux sources de la morale et de la religion* [...] zu der spekulativen These einer Entsprechung des animalischen Instinktes und der menschlichen Einbildungskraft." (Ebd., S. 42).
293 Johach, Diagonale Verwandtschaften, S. 169. Zu Bergsons These der ‚fabulatorischen Funktion' vgl. ebd.
294 Caillois, *Der Krake*, S. 7; vgl. ebd., S. 139. Wechselwirkungen der Vorstellungskraft mit der Natur sind auf die Intensität ‚lyrischer Objektivitäten' zurückzuführen, die als Projektions- und Identifikationsfiguren erkennbar sind. Morphologische Ähnlichkeit regt die Einbildungskraft an, als übercodiertes Phänomen ein Assoziationsfeld aufdecken. So sind Krake, Fledermaus oder Blutegel „Brennpunkt des Traums, zumindest der Neugier, und rufen einen unerklärlichen Schrecken hervor." (Ebd., S. 7).
295 Caillois, *Der Krake*, S. 7 [Hv.: S. B.]. Die Metaphorik der Impfung suggeriert einen Vorgang des Berührt/Betroffen-Werdens – wie die Kontiguität der sympathetischen Magie –, das eine mimetisch anähnelnde oder apotropäische Reaktion auslöst. Ozellen, die *Mantis* und der Krake rufen vor jeder Symbolik Affektivität hervor (vgl. Geble, Der Mimese-Komplex, S. 190).
296 Eidelpes, *Entgrenzung der Mimesis*, S. 75.

das „der Krake aufrecht zu gehen scheint (wie der Mensch)", die auffälligen Augen, die chromatische Mimese und die Ähnlichkeit zur Spinne werden zur Objektivation psychischer Gegebenheiten wie unbewusster Ängste und Auslöser von Emotionen.[297] Diese tragen zur Mythenbildung bei, wenn die symbolische Bedeutungsstiftung zur ‚natürlichen Ähnlichkeit' hinzutritt – „von der Natur vorgeschlagene[ ] Fixpunkte, Spiegelungen und Redundanzen, die im Fall des Kraken im Wesentlichen dem Bereich des rein Imaginativen angehören."[298] Die Herausbildung ‚lyrischer' Formvorstellungen beschreibt Caillois metaphorisch als verfestigende „Kristallisation":[299] Die Natur bringe Gestalten „einer unbestimmten, flüchtigen, schwebenden Existenz" hervor, „fast nur Ahnungen", von denen einzelne „an Deutlichkeit, an Umrissen [...] gewinnen. Zuweilen erlangen sie, vorübergehend, eine fragile Festigkeit. Sie bleiben im Gedächtnis haften, Schatten, die sich im Geiste niederschlagen und einer ersten Beständigkeit teilhaftig werden" – und, als eine „Weiterentwicklung der Natur", wo sie „gedeihen, [...] zu Ideen, Mythen, Glaubensvorstellungen, Gedichten [werden]. Ihre Verbündeten sind die Sensibilität, die Intelligenz, die Kunst".[300] So begründet Caillois die These einer „Kontinuität zwischen Materie und Einbildungskraft":

> Zwänge und Druck schaffen Dauer und Autonomie. Sie ermöglichen das Gestalthafte. Stoffe und Träume schlagen Wege ein, die nicht die gleichen sind, sich aber entsprechen. In diesem Sinne gibt es meiner Meinung nach Kontinuität zwischen Materie und Einbildungskraft. Ich möchte sogar vermuten, daß eine solche Innervation das einheitliche Feld durchdringt und in entferntesten Punkten, die sich so *unähnlich* sind, daß sie in allem und jedem gegensätzlich erscheinen, *Annäherungswege* schafft, Normen setzt, die zwar nicht identisch, zumindest aber kohärent und solidarisch, die homogen sind [...].[301]

Um die „Anstöße der Einbildungskraft" und die „ihnen innewohnende Logik" zu untersuchen, die auch als „Triebkräfte der Poesie fungieren",[302] folgt Caillois den mythischen, literarischen und künstlerischen Darstellungen des Kraken von der Antike bis in die Moderne,[303] und postuliert: „Was der Aberglaube auf der Ebene der Scheinbarkeit konstruiert, beruht auf Zusammenhängen,

---

297 Caillois, *Der Krake*, S. 113.
298 Ebd., S. 139.
299 Ebd., S. 7. Der Kristall fasziniert wegen seiner organischen Strukturen, durch die er die Dichotomie von Unbelebtem und Belebtem zu überschreiten scheint (vgl. auch Caillois, Meduse & Cie, S. 48).
300 Ebd., S. 140. Vgl. auch Kämpf, Roger Caillois, S. 89.
301 Ebd., S. 40 [Hv.: S. B.].
302 Caillois, *Der Krake*, S. 10.
303 Im ersten Teil resümiert Caillois Krakendarstellungen seit Plinius' *Naturkunde*. Die christliche Literatur mache den Kraken zum Versucher (vgl. ebd., S. 19). In Ägypten existiere ein Vergleich mit der Poesie (ebd., S. 20), ein sinnlicher Aspekt knüpft sich an die vielen Arme und

deren Logik zwar undurchschaubar ist, aber stets einer ausdauernden, universalen, zuverlässigen Kohärenz verpflichtet bleibt."[304] Diese „Konstanten" verwiesen auf eine „verborgene Kontinuität des Weltengewebes", die „auf eine fast zwangsläufig abweichende kryptische Art Ausdruck oder Verbildlichung" finde.[305] Zu deren Entschlüsselung entwirft Caillois die „Theorie der treffenden Einbildungskraft".[306] Dieses Konzept der Einbildungskraft ist „unrein"; sie ist „‚materiell', weil die ‚unreinen' Elemente der Phantasie den Körper und die Affekte involvieren, und ‚empirisch', weil sie sich an der direkten Konfrontation mit den sinnlichen Phänomenen selbst entzündet."[307] Caillois' biosemiotische These erklärt, wie Natur zeichenhaft wird und Relationsgefüge bildet, die durch eine entsprechende Rezeptionshaltung zu entdecken seien: Die ‚treffende Einbildungskraft' ist – „obwohl eine ängstliche, am unrechten Ort strenge Logik gerade auf Grund mangelnder Einbildungskraft darauf beharrt, die beiden Termini würden nicht zusammenpassen" – das epistemische Werkzeug, das sie „aufdeckt":

> Hin und wieder führt die Kumulation von Umständen zur Formation einer Struktur, einer Eigenschaft oder einer Art. Dadurch findet das Vorhandensein fundamentaler Konstanten, die die verborgene Kontinuität des Weltengewebes gewährleisten, deutlicher als gewöhnlich, wenn auch gleichzeitig auf eine fast zwangsläufig abweichende, kryptische Art Ausdruck oder Verbildlichung. Dann gibt der Gegenstand ein Zeichen, dann *wird* er Zeichen. Er zieht die treffende Einbildungskraft, die ihn mehr aufdeckt als erfindet, auf sich. Sie ahnt die Beziehung, von der er Zeugnis ablegt. Sie identifiziert ihn, gibt ihm eine mehr oder weniger gelungene, scharfsinnige Form. Sie beschwört auch in der Seele eine

---

‚Münder' des Kraken. In der Volkskunde gelte er als „klassischer Fall analogischer Magie" (ebd., S. 23). Aldrovandis *Naturkunde* (1606) widme ihm 35 Seiten. Die moderne Legende ist geprägt von Olaus Magnus' *Historia de gentibus septentrionalibus* (1555), die einen Riesenkraken vorstellt. In der ersten Auflage von Linnés *Systema naturae* präsent, wird er später aus wissenschaftlicher Skepsis getilgt. Im neunzehnten Jahrhundert widmet Denys-Montforts *Historia naturale, géneralé et particulière, des Molusques* 400 Seiten Krakendarstellungen. Besonderen Raum nimmt der Krake in der Romantik ein. Victor Hugos *Die Arbeiter des Meeres* stelle ihn als „Zwitterwesen zwischen Trugbild und Wirklichkeit" dar (ebd., S. 49) und entwerfe ein „neues (und mythisches) Bild" (ebd., S. 51). Er führe die Bezeichnung ‚pieuvre' ein und begründe eine Kraken-Mode (ebd., S. 55). Auch in Lautréamonts *Die Gesänge des Maldoror* figuriert ein Krake. So könne die „Entstehung eines Mythos" beobachtet werden (ebd., S. 64), der sich bis in die Moderne fortpflanze und in der Psychoanalyse thematisch werde: als „polyphallische[s] Symbol" für die einen, für andere „eine Kette enthüllender Einbildungen", die Caillois als „letzte Entwicklungsstufe der Mythologie des Kraken" beschreibt (ebd., S. 95).
304 Caillois, *Der Krake*, S. 128 f.
305 Ebd., S. 141.
306 Kämpf, Roger Caillois, S. 90. Vgl. Caillois, *Der Krake*, S. 140.
307 Eidelpes, *Entgrenzung der Mimesis*, S. 73.

Gefühlslage, eine Art Unruhe, die die Aufteilung überzeugender und eindringlicher macht. Beim Ablesen dieses magnetischen Stromkreises werden unvorhergesehene Merkmale, begleitende Umstände nach und nach ausgeschieden. Das Netz, das er bildet, läßt sich erahnen, in Träumen, Metaphern, Mythologien, die überdauern, tritt es zutage.[308]

So wird durch die Imagination „[W]iedererkennen" möglich; aus den „Überdeterminierung[en]" der Welt lassen sich keine „Kausalreihen" ableiten, doch „vielfache Überschneidungen und Beweise ihrer unergründlichen Verbundenheit" erkennen.[309] Der Struktur des ‚Weltengewebes' mit seinen hybriden, halb natürlichen, halb symbolischen Gegenständen korrespondiert die ‚treffende Einbildungskraft', die die übercodierten Verweisungsnetze aufdeckt. Dieses modern reformulierte Lesen in einer Natur, an deren ‚lyrischer' Struktur die Imagination teilhat, geht der bild- und zeichenhaft verweisenden Dimension der Korrespondenzen nach:

> Wenn ein Geheimnis aufwühlen, wenn Ungewöhnliches fesseln kann, wenn die Poesie möglich ist, dann vielleicht auf Grund der komplexen, verwirrenden Entsprechungen, in die die Einheit des Kosmos zerfallen ist. Alles, was an diese erinnert, ruft im Empfindenden Einverständnis und Entgegenkommen, ein im vornherein zustimmendes Echo und Sehnsucht nach Einstimmigkeit hervor.[310]

An den Metamorphosen des Kraken-Mythos arbeitet Caillois „Relais und Kreuzwege der Einbildungskraft" heraus, um eine ähnlichkeitsbasierte ‚Logik des Imaginativen' zu entwickeln:

> Manche Philosophen haben unbedenklich das Wirkliche und das Rationale definiert. Ich bin überzeugt, daß ein anderes, ebenso gewagtes Vorgehen, sofern es sich auf viele, ganz genaue Untersuchungen stützen und zu solchen anregen würde, den Raster fundierter Analogien und versteckter Verknüpfungen, die die Logik des Imaginativen ausmachen, entdecken könnte.[311]

Diese romantisierenden Formulierungen deuten auf die ontische Fundierung der Korrespondenzen in der Kontinuität der Welt ebenso hin wie darauf, dass sie sich mittels einer ihr subjektiv-objektives Wechselverhältnis[312] systematisch auswertenden Methode entschlüsseln lassen – worin das ästhetisch-epistemologische Potential der treffenden Einbildungskraft gründet. Die durch sie ermöglichte ima-

---

308 Caillois, *Der Krake*, S. 140f.
309 Caillois, Die Gottesanbeterin, S. 19.
310 Caillois, *Der Krake*, S. 142.
311 Ebd., S. 142f.
312 Auch Heyne spricht von „Wechselwirkungen zwischen ähnlichkeitsproduzierendem Gegenstand sowie ähnlichkeitsproduzierenden [...] Verfahren" (*Wissenschafte vom Imaginären*, S. 37).

ginative „Rekonstruktion einer verlorenen ‚Einstimmigkeit'" erschließt die ‚Einheit des Kosmos', indem sie sie nicht als „eine neue und einstimmige Realität erschafft, sondern aufgrund von Analogiebildungen an bereits Gegebenes anschließt und auf dieses reagiert."[313] Die Analogie erweist sich so als eine der weltimmanenten Kontinuität angemessene, epistemologisch valide Methode zur Aufdeckung „verborgener, vielschichtiger Bedeutung".[314] Entsprechend geht Caillois die Naturreiche transversal querenden Ähnlichkeiten und Analogien nach, etwa am Beispiel der Dendriten.[315] In seinem Essay „Au Cœur du fantastique" (1962) widmet er ein Kapitel dem ‚Dämon der Analogie';[316] im Motto zu *Récurrences dérobées* (1978) erklärt er sein Ziel „d'essayer de réunir par quelques biais même ténu les parties disjointes et contrastées de notre indivisible univers."[317] Diese Thesen lassen sich mit der einer subjektiv-objektiven, körperlich-empirischen Basis der Imagination und ihrer Wechselbeziehung mit den Phänomenen als modern rekonzeptualisiertes ästhetisch-epistemologisches Denken in Ähnlichkeiten beschreiben. Darin knüpft Caillois an vormoderne und moderne Topoi des Ähnlichkeitsdenkens an, wie die Signaturenlehren,[318] die romantische Suche nach dem die Einheit der Natur universalwissenschaftlich erschließenden ‚Zauberstab der Analogie' und die symbolistische

> Korrespondenz- und Analogielehre [...], wie sie im 19. Jahrhundert programmatisch von Baudelaire betrieben wurde, für den die Imagination von allen Vermögen des Menschen das „wissenschaftlichste [ist], weil sie allein die universale Analogie begreift, oder das, was eine mystische Religion Korrespondenz nennt."[319]

---

313 Hans Ulrich Treichel, Kristalline Erstarrung und halluzinatorisches Koma, S. 243 f.
314 Caillois, Die Gottesanbeterin, S. 19.
315 Die Dendriten als sowohl vegetabile als auch mineralische Wachstumsstrukturen als „deux formes en définitive semblables, mais issues de deux mondes en principe inconciliables" (Fleury, Le démon de l'analogie, S. 199) sind ein Beispiel für die von Caillois untersuchten transversalen Ähnlichkeiten zwischen den Naturreichen.
316 Roger Caillois, „Au cœur du fantastique", in: ders., *Cohérences aventureuses. Esthétique généralisé. Au cœur du fantastique la dissymétrie*, Paris 1962, Kap. III: „Le démon de l'analogie", S. 141–160.
317 Roger Caillois, *Récurrences dérobées. Le champ des signes. Aperçu sur l'unité et la continuité du monde physique intellectuel et imaginaire ou premiers éléments d'une poétique généralisée*, Paris 1978, S. 7.
318 In den späten 20er Jahren liest Caillois nicht nur moderne Literatur, u. a. der Surrealisten, sondern auch okkulte Schriften etwa Swedenborgs und Paracelsus'. „Seine [Paracelsus'] Theorie von der Signatur der Dinge kam mir dreißig Jahre später sehr zustatten, als ich darauf verfiel, die Konzeption eines notwendigerweise von wiederkehrenden und abzählbaren Formen erfüllten Universums zu entwickeln." (Zit. n. Geble, Zeittafel III: Dichtung und Diagonale Wissenschaften, S. 263).
319 Zit. n. Treichel, Kristalline Erstarrung und halluzinatorisches Koma, S. 245.

Dass das Ineinander von Imagination und Ähnlichkeit in der Theorie der treffenden Einbildungskraft zur Methode werden kann, lässt sich auf den für Ähnlichkeitsannahmen charakteristischen Doppelcharakter, vorgefunden und hineingesehen zu sein, rückbeziehen – das (Er-)Finden und die (Re-)Konstruktion von Ähnlichkeiten, die in ihrem onto-epistemologischen Changieren für Caillois eine Restitution der ‚Entsprechungen, in die die Einheit des Kosmos zerfallen ist', ermöglichen. Sowohl methodisch im Sinne des Einbezugs ‚gelebter Beobachtung' als auch ethisch grundiert die monistische Annahme Caillois' dieses Vorgehen, insofern sich der Mensch nicht aus dem Zusammenhang „isolieren"[320] könne.

Sein zugleich wissenschaftliches und wissenschaftskritisches, poetisches und ‚rückverzauberndes' Projekt verbindet Caillois mit und trennt ihn zugleich von dem Projekt ‚der' Surrealisten: „Wenn Caillois [...] den Terminus ‚empirische Imagination' (‚*imagination empirique*') einführt, dann, um deutlich zu machen, dass aus seiner Sicht im Gegensatz zu der surrealistischen Konzeption des Bildes der Ausgangspunkt der ‚Bilder' und ‚Vorstellungen' in der Realität liegen muss".[321] Dabei überschreitet er den poetischen Ansatz des Surrealismus auf eine wissenschaftliche Dimension hin. Dies verdeutlichen die Abgrenzung von Bretons Surrealismus und die Suche nach epistemologischer Rückbindung und methodischer Schärfung der Erforschung des Irrationalen: Caillois wendet sich 1934/1935 von der surrealistischen Gruppe ab,[322] bleibt allerdings in seiner Erforschung transver-

---

320 Caillois, Méduse & Cie, S. 52.
321 Albers, Reine und unreine Literatur(-wissenschaft), S. 42.
322 1935 macht Caillois dem Surrealismus in *Procès intellectuel de l'art* „den Prozess, ein Prozess gegen die Kunst im Namen der Wissenschaft. Und ein exemplarischer Prozess gegen den Surrealismus im Namen eines anderen Konzeptes von Literatur und Poesie, gegen die aus Caillois' Sicht falsch verstandene Autonomie der Literatur, des schreibenden Subjektes wie der literarischen Sprache." (Albers, Reine und unreine Literatur(-wissenschaft), S. 41) Er polemisiert gegen die „Reinigung" der Literatur „von jedem Inhalt, jeder Repräsentation", die der „naiven Idee folge, [...] dass sich die Repräsentation aus der Sprache ganz austreiben lasse" (ebd.). Cha sieht die Abkehr vom Surrealismus im Kontext einer „stärkeren Orientierung an den Naturwissenschaften [... ,] was schließlich zur Trennung von Breton führt, dem er einen Mangel an wissenschaftlicher Methodik und Akkuratheit vorwirft." (Cha, *Humanmimikry*, S. 88, Anm. 205). Die Mitgliedschaft in Bretons Kreis beendet er aufgrund von Auseinandersetzungen mit Breton, die an dem genannten ‚Springbohnenstreit' offenbar werden: Caillois fordert Methoden der Erforschung des Irrationalen, die er nicht der Poesie des Wunderbaren überlassen will. Im Brief an Breton, in dem er seine Distanznahme ausdrückt, zitiert er Bachelard (vgl. Parkinson, *Surrealism, Art and modern Science*, S. 188). In Anlehnung an ihn und den Wiener Kreis fordert er in *Procès intellectuel de l'art* methodische Regeln für eine wissenschaftliche Erforschung von ‚Komplexität' (vgl. ebd., S. 189).

saler Analogien und entlegener Korrespondenzen einer surrealistischen Ästhetik und Epistemologie des Ähnlichen verpflichtet. „[I]n kritischer Auseinandersetzung mit dem, was auch für Caillois das Paradigma moderner Literatur war, mit dem Surrealismus", entwickelt er neben eigenen Bestimmungen der Imagination und des Bildes Thesen und Verfahren einer ‚poetischen Wissenschaft' und einer ‚empirisch' angeregten Dichtung.[323] Dabei zeigt sich Caillois nicht nur im Interesse an den „Deformationen der Einbildungskraft (‚*l'art impur*') [...] und entsprechend auch an den Deformationen der Natur"[324] surrealistisch inspiriert; auch schließt er in der Annahme, dass die Erforschung der Imagination, zeichen- und bildhafter Phänomene der Natur, der Korrespondenzen und Analogien (auch) Sache der Ästhetik und Poetik, der Kunst und Literatur ist, und in einem methodischen Einsatz des *rapprochement* als Annäherung des Entfernten, um es auf verborgene Beziehungen zu prüfen, an den Surrealismus an. Sowohl seine Definition des Bildes[325] als auch seine Praxis des (il-)legitimen, grenzüberschreitenden Vergleichens lassen sich mit der *unähnlichen Ähnlichkeit* surrealistischer Sprachbilder in Verbindung bringen. Zugleich wendet er sich im Verweis auf das ‚treffende' Bild[326] gegen kombinatorische Willkür und bemerkt, „daß es nicht befriedigend sei, einen Apfel mit einer Orange zu vergleichen und ebenso wenig, eine Katze mit einer Flöte. Im ersten Fall sei die Ähnlichkeit zu groß und im zweiten Fall sei der Abstand zu groß."[327] So verwahrt er sich gegen die Auffassung, alles sei mit

---

[323] Albers, Reine und unreine Literatur(-wissenschaft), S. 40. Der Aspekt, der im Anschluss an die „kritische Abgrenzung vom Surrealismus im Vordergrund steht, ist die Ausarbeitung der ‚Unreinheit' der Literatur als Heteronomie (oder ‚Unreinheit') der literarischen Sprache und der literarischen Bilder." (Ebd., S. 42) Die „‚Wissenschaft von der Unreinheit in der Literatur' [...] führte zu einer (unorthodoxen) Psychologie der Dichtung als ‚objektiver Poesie' sowie zu einer (nicht weniger unorthodoxen) Soziologie des Romans als moderner Form des Mythos und der ‚Folklore', schließlich zu einer Kosmologie der Literatur als einer nicht exklusiv menschlichen Aktivität" (ebd., S. 40). Gegen das automatische Schreiben polemisiert er in *Les impostures de la poesie* und in *Art Poetique*; vgl. Peter Geble, „Zeittafel III. Dichtung und diagonale Wissenschaften", in: von der Heiden, Kolb, *Logik des Imaginären*, S. 197–194, S. 265 u. 267.
[324] Eidelpes, *Entgrenzung der Mimesis*, S. 76.
[325] Vgl. Kämpf, Roger Caillois, S. 90: Es gelte, „diametral entgegengesetzte Positionen zu vereinen", so dass die „Offensichtlichkeit des Bildes selbst die Überraschung hervorruft. Man kann sagen, dass Bilder keine neue, sondern eine bisher verborgene Qualität der Wirklichkeit sichtbar machen sollen."
[326] Im Artikel „Image" des *Vocabulaire esthetique* definiert er dieses Prinzip als *justesse*: Das Bild muss zutreffend (*juste*) sein und überraschend (vgl. ebd., S. 89). *Justesse* als Notwendigkeit formuliert das ‚Treffende' und fungiert als Korrektiv gegen exzentrische Willkür und Absurdität.
[327] Ebd., S. 89.

allem vergleichbar, nicht ohne den „Vergleich weit auseinander liegender Tatsachen" zum methodischen Leitprinzip zu erklären.[328] Caillois' Positionierung bleibt mithin auf der Demarkationslinie einer surrealistischen und poetischen Wissenschaft,[329] wobei die Nähe von Poesie und Wissenschaft zugleich – trotz der Polemik gegen die Romantik[330] – an die romantische Durchdringung von Poesie und Wissenschaft gemahnt. Dabei umfasst das Forschungsfeld seiner ‚surrealistischen Wissenschaft' auch die Literatur als Gegenstand und Methode. Wenn er das ‚Ende' der Literatur erklärt, die in der Moderne durch die Autonomieästhetik in eine Sackgasse geraten sei, verbirgt sich dahinter „zugleich eine emphatische Aufwertung der Literatur, allerdings nicht als ästhetische, sondern im weitesten Sinn als anthropologische, soziale und schließlich nicht allein menschliche Praxis. [...] Caillois betrachtet Literatur als ‚Sonderfall' übergeordneter Phänomene, des Mythos, des Imaginären oder einer ‚allgemeinen Poetik'".[331] So dienen ihm Texte von Flaubert, Mallarmé, Novalis, Baudelaire, Sacher-Masoch oder Maurice Scève als Beispiele für „Manifestationen des Imaginären",[332] die ebenso wie Mythen oder ethnologische Berichte als Forschungsfeld der ‚poetischen Wissenschaft' dienen.

Denn auch die Poesie könne die komplexen Bedeutungspotentiale vermitteln, die die ‚treffende Einbildungskraft' auffindet. In dem kurzen Text „Spécification de la poésie" (1933) zieht Caillois „*Geistesabwesenheit*" der „Geistesgegenwart" vor, indem er die „trügerische, sonst so glänzende Freiheit des Geistes der *Notwendigkeit des Geistes* – die weniger vergibt und mehr weiß" – gegenüberstellt.[333]

---

328 Caillois, Meduse et Cie, S. 50.
329 „Die intellektuelle Prägung durch den Surrealismus bleibt [...] unverkennbar, etwa wenn er die ‚extreme Ausdifferenzierung der Wissenschaft' als eine negative Entwicklung beschreibt." (Cha, *Humanmimikry*, S. 89) Vgl. Möbius, *Zauberlehrlinge*, S. 227 f. u. S. 360 ff. Caillois betrachtet die epistemologischen Investigationen des Surrealismus als ‚grenzgängerische' Wissenschaft. „Doch gerade in dem Maße wie der Surrealismus die Dichtkunst als Tatsache betrachtet und sie systematisch bis an die äußersten Grenzen ausgeschöpft hat – Grenzen, die ihrerseits poetische Tatsachen sind und zu geschlossener kontinuierlicher Erweiterung geeignet –, hat er sich das Recht erworben, die empirische Imagination mit einer gewissen Gültigkeit kritisch zu beurteilen." (Roger Caillois, „Zur näheren Bestimmung der Dichtkunst", in: Metken, *Als die Surrealisten noch recht hatten*, S. 251–253, S. 251).
330 So spotte er, die Romantik nähere sich der Naaturwissenschaft lediglich ästhetisch (vgl. Parkinson, *Surrealism, Art and modern Science*, S. 194).
331 Albers, Reine und unreine Literatur(-wissenschaft), S. 38.
332 Ebd., S. 43.
333 Caillois, Zur näheren Bestimmung der Dichtkunst, S. 235. „Man kann zur Not noch hinnehmen, daß eine industrielle Zivilisation zum Vorteil ihrer Sonderinteressen die Äußerungen der Wirklichkeit, die aus ihrer Sicht nicht unmittelbar nutzbar sind (Traum und Wahnsinn zum Beispiel), in Verruf bringt." Doch „in einer Philosophie, die dem Geistigen keine Sonderstellung zugesteht" könnten „die Begriffe ‚Erscheinung' und ‚Subjektivität' keinen Sinn

Diese *Notwendigkeit* ergibt sich aus der Kontinuität von Materie und Einbildungskraft: Die ‚korrespondierende' Imagination stellt weniger die Freiheit der Erfindung unter Beweis als die virulente Bild-Macht[334] der Natur, die die Schrift über den Kraken betont: So „hat indessen die Phantasie allem Anschein zum Trotz, lediglich Folge geleistet."[335] Caillois fordert entsprechend, „*die Dichtkunst zu organisieren*": Organisierte Verdichtung entsprechend dem Modell ‚lyrischer Objektivität' ermögliche, die Bedeutungsverdichtung zu fassen, die nicht nur imaginäre Formen, sondern gerade auch die Sprache kennzeichnet.[336] Vor allem in *Approches de la poésie* (1978) entwirft er die Aufgabe einer „verallgemeinerte[n] Poetik" als „Analogiebildung":

---

haben" (Ebd.). Darin zeigt sich die „Kritik an der Vorstellung von der ‚Autonomie der Literatur/Kunst'" (Albers, Reine und unreine Literatur(-wissenschaft), S. 39) und ihrer Hervorbringung durch ein ‚höheres' Geistesvermögen.

334 Die „Macht der Bilder" (Albers, Reine und unreine Literatur(-wissenschaft), S. 44) lässt sich mit dem Diskurs über die Lebendigkeit der Bilder verbinden. Die biologisch grundierten Formen bilden ein ‚Vehikel' der Imagination, die in ihrer affektiven Wirkung etwa Warburgs ‚Pathosformeln' vergleichbar sind.

335 Caillois, Der Krake, S. 139. Die korrespondierende Imagination findet ihre Basis nicht in der Selbstvergessenheit des Automatismus Bretons. Die Dichtkunst zeichne sich dadurch aus, der Potenz des Wortes gerecht zu werden, wenn sie es „in der theoretischen Unendlichkeit seiner Darstellungsweisen" ernst nimmt; als Beispiel zieht er „den irrationalen Begriff der Spinne als eine Summe von Erfahrungen" heran (Caillois, Zur näheren Bestimmung der Dichtkunst, S. 252). Der Begriff wird bestimmt vom Gegenstand, „vom Potential seiner Darstellungsweisen", vom Subjekt, „der bewußten und unbewußten Einordnung seiner Erinnerungen und Neigungen" und „von den früheren Wechselbeziehungen zwischen Wort und Begriff [...]: die Spinnweben, die man beim Vorwärtstasten im Dunkel zerstört hat, die Heliogabal in ungeheuren Mengen vor der Dämmerung sammeln ließ; die Beine der Spinnen, die man Weberknechte nennt, die sich lange auf offener Hand bewegen; die gelehrten Werke über Spinnen; die Spinnen, die die Gefangenen in ihrer Zelle abrichten; die Spinnen und das Nachtwandeln; die Spinnen und die Speisen, die man kalt essen muß." (Ebd.) Auch Batailles Artikel zu *informe* nutzt die Beispiele der Spinne und der Spucke, um ‚erniedrigende' Vergleiche für das ‚Universum' zu finden; dies entspricht dem Konzept, „Bedeutung sich als formlos vorzustellen" (Krauss, Corpus Delicti, S. 172).

336 Caillois, Der Krake, S. 139. „Unter dieser Voraussetzung sind Begriff und Gegenstand im Grunde gleichwertige Beziehungspunkte, da zwischen dem Begriff und der Summe eigener Erlebnisse, worauf er gefühlsmäßig beruht, die gleiche *konkrete Unabhängigkeit* besteht, die gleichen beunruhigenden Beziehungen, wie zwischen dem Gegenstand und seiner Nützlichkeit [...]. Es ist offenbar, daß niemals die Nützlichkeit eines Gegenstandes seine Form vollkommen rechtfertigt, anders ausgedrückt: der Gegenstand übertrifft immer das Werkzeug. So ist es möglich, in jedem Gegenstand einen irrationalen Rest zu entdecken [...]. Gleichwie jeder Begriff einen spezifischen anschaulichen Wert besitzt, der es gestattet, ihn als Ding anzusehen und nicht mehr als Abstraktion" (Caillois, Zur näheren Bestimmung der Dichtkunst, S. 251).

> In der Beschäftigung mit der Lyrik von Saint-Jahn Perse habe er die wesentliche Eigenschaft der Poesie wiederentdeckt, die darin bestehe, dass sie „Analogien organisiert" [...]. Nach der Erfindung der neuzeitlichen Wissenschaft, die sich auf quantitative Relationen und Gesetzmäßigkeiten konzentriere, sei die Poesie als die „Wissenschaft des Konkreten und Affektiv-Sinnlichen" geblieben [...], deren wesentliches Erkenntnisinstrument das Bild darstelle. [...] Nicht das arbiträre und kontingente Bild, sondern das „effiziente", das „richtige" Bild, das sich nicht der Freiheit und Phantasie des dichtenden Subjektes verdankt, sondern der „eigenen Poesie der Dinge" [...].[337]

Caillois versteht somit Dichtung als „Aktivität", die „dem universellen Projekt einer Erkundung der Korrespondenzen, der Zeichen einer verborgenen Kohärenz', die sich jeweils nur in flüchtigen Augenblicken zeige, verpflichtet" ist.[338] Sie hat somit teil an dem privilegierten Erkenntnisanspruch seiner ‚poetischen Wissenschaft', indem sie eine Dimension der Wirklichkeit aufdeckt oder trifft, die anders nicht zugänglich zu machen ist. Noch in seinem letzten Interview bekräftigt er, die ‚treffende Einbildungskraft' sei für ihn der wichtigste Begriff:

> „Imagination juste" bedeutet für mich, nur das zu schreiben, was durch irgendeine Form von Wirklichkeit gedeckt ist, zumal die Wirklichkeit viel mehr deckt, als man glaubt. Ich hasse das Willkürliche, das aus der Luft gegriffene. Imagination allein genügt nicht, das Imaginierte muss mit einem wirklichen System von Echos und Bezugspunkten korrespondieren. Da die Welt [...] endlich ist, wiederholen, überschneiden, überlagern sich die Dinge in ihr zwangsläufig. Erst das ermöglicht die Dichtung, jene Wissenschaft von den unendlichen Pleonasmen und Korrespondenzen.[339]

Wenn Caillois gegenüber ihrer eigenlogischen poetischen Entbindung auf der wissenschaftlichen Ergründung der Ana-Logik der Imagination beharrt, so bleibt er nicht nur dem Verfahren des *rapprochement*, sondern auch der surrealistischen Kritik und ‚surrationalistischen' Zielrichtung des Einsatzes von Ähnlichkeit und Analogie verbunden, die den ausschließlichen Erkenntnisanspruch der Vernunft dementiert, um „alles anzuerkennen, was der industrielle und rationale

---

[337] Albers, Reine und unreine Literatur(-wissenschaft), S. 45. „Wie in Caillois' frühen Texten wird hier die Grenze zwischen Zeichen und Realität überschritten, ist die sprachliche Poesie eine Form einer allgemeinen und ‚natürlichen Poesie'". Caillois verweist hier auf die frühen Studien zur Gottesanbeterin und auf „Kontinuität zwischen der Biologie und der Mythologie und dem Imaginären" (ebd.).
[338] Ebd., S. 45. Vgl. den Verweis auf Baudelaires *Correspondances* gegen Ende des Textes. „In seiner Vorstellung ist dabei (ähnlich wie für Bataille, [...]) die Dissymmetrie das Ursprüngliche, die rätselhaften Risse und Verwerfungen, der ‚Luxus' der Natur, nicht eine immer schon gegebene Harmonie oder Funktion".
[339] Zit. n. Geble, Zeittafel III, S. 269f. (Interview mit Héctor Bianchiotti und Jean-Paul Enthoven).

Pragmatismus von der Wirklichkeit abzustreichen versucht hatten".[340] Dabei geht in Caillois' poetischer Wissenschaft die Kritik des modernen Rationalismus, seiner ‚gereinigten' Klassifikationen, seiner Projektion anthropomorpher Prinzipien wie Nützlichkeit und Zweckmäßigkeit und seiner Isolierung des Menschen aus dem natürlichen Zusammenhang durch die Betonung der anthropologischen Differenz – des „impliziten Anthropozentrismus der Ästhetik und Wissenschaft"[341] – mit einer Aktualisierung früherer Ähnlichkeitsepistemologien einher: Gerade in ihrem Einsatz von Ähnlichkeit und Analogie als Werkzeug der Erforschung der Kontinuität und Korrelationalität der Welt[342] wird sie als moderne Ästhetik und Epistemologie des Ähnlichen lesbar, die zwischen poetischer Sinnstiftung und ‚Rückverzauberung' einerseits und der transdisziplinären Erforschung von Ähnlichkeitsphänomenen und Imagination andererseits, zwischen dem Entdecken und Konstruieren von Analogien und Korrespondenzen changiert.[343] In der ästhetischen Interpretation von Naturphänomenen, die als Entschlüsselung der Bild- und Zeichenhaftigkeit eines ikonischen Verweissystems der in der Kontinuität des Seienden ontisch fundierten Analogien vorgestellt wird, und in der Integration eines neuzeitlich und modern nicht erkenntnisfähigen Wissens – etwa der Verknüpfung entomologischer Thesen mit Quellen wie Literatur und Mythos – schließt Caillois an eine Wissenschaft der Analogien an, die die Naturforschung der Renaissance, des Barock und der Romantik prägt. So vereinen seine Forschungen zur Logik des Imaginativen transversal Bereiche, die die moderne Wissenschaft trennt, umfassen ‚natürliche' Zeichen ebenso wie deren Wirkung in der Imagination und beziehen Morphologie und Ethologie

---

340 Caillois, Zur näheren Bestimmung der Dichtkunst, S. 253: „[M]an konnte annehmen, daß er [der Surrealismus, S. B.] daran arbeite, die Realität in Verruf zu bringen oder, genauer gesagt, alles objektiv fest Umrissene auf Grund von Beweisen in Zweifel zu ziehen. Die Behauptung ist nur dialektisch richtig, wenn man also gleichzeitig auch den antithetischen Aspekt dieser Bemühungen in Betracht zieht [...]."
341 Albers, Reine und unreine Literatur(-wissenschaft), S. 39.
342 Von diesen „vernachlässigten Korrelationen" handelt auch Caillois, *Meduse & Cie*, S. 52.
343 Vergleichbar mit Ecos Notiz zum ‚Glauben' an Signaturmodelle und an Magie in der „primitive[n] magische[n] Mentalität" (Eco, *Grenzen der Interpretation*, S. 90) wird das Modell in der Annahme einer analogischen Ontologie schlüssig, zumal Caillois die Annahme der Kontinuität und die Logik des Imaginativen sorgfältig argumentiert – wo sie für unglaubwürdig befunden wird, fällt also die ontische Fundierung weg, erscheint Caillois' ‚Raster der Analogien' als ‚Fiktion' oder ‚Rhetorik der Ähnlichkeit'. Er macht bei aller Polemik gegen die moderne Rationalität deutlich, dass es ihm nicht um eine maliziöse Konstruktion zu tun ist, sondern um die seriöse Erforschung der monistisch gedachten Welt: Darin erscheint „Ähnlichkeit als Ausdruck eines umfassenden Prinzips, das die von ihm angenommene, geheime Struktur der Welt bestimmt, ohne auf ein transzendentes Prinzip zu verweisen" (Heyne, *Wissenschaften des Imaginären*, S. 158).

ebenso ein wie literarische und mythische Quellen – wie es Foucault und Cassirer für die Naturforschung des sechzehnten Jahrhunderts betonen:

> Mit Cassirer könnte man also glauben, dass die Gelehrten im Zeitalter der Ähnlichkeit nicht zwischen der Natur eines Tieres und seiner symbolischen Form zu unterschieden vermochten, dass sie das, was sie an der Schlange beobachteten und in eine zusammenhängende Ordnung von Identitäten und Differenzierungen eintragen könnten, *zugleich* mit allem präsentierten, was die Schlange zu einem diskursiven Objekt macht, was von ihr (wie bei den medizinischen Anwendungen) durch Entzug bestimmter Substanzen (‚Gift') eine therapeutische Wirksamkeit abgewinnt. Wir würden vielleicht nicht mehr wie Buffon all diese Aspekte als einen „Schwall des Geschriebenen" bezeichnen […], aber wir neigen doch spontan dazu, diese kulturellen Codes und Techniken als ebenso viele *Schichten* vorzustellen, die sich um den naturalistisch konzipierten Kern des Tieres lagern und die man der Reihe nach abtragen kann […].[344]

Caillois' Forschung erscheint darin als Revision eines ‚Reinigungsprozesses' der modernen Wissenschaft; erst im Lichte jüngerer kulturtheoretischer Überlegungen scheint deutlich zu werden, „dass die Diskreditierung dieses Schicht- oder Etagenmodells kultureller und medialer Coderungen ein Effekt der Erosion des ontologischen Dispositivs ist, das mit dem Naturalismus etabliert wurde und das wir dabei sind, mühsam zu revidieren."[345] In einer Geste der Integration restituiert Caillois' poetische Wissenschaft das „komplexere, vormoderne Wissen um die Notwendigkeit der Bildung von Bündnissen zwischen unterschiedlichen Agenten".[346] Dies zeigt sich in dem onto-epistemologischen Stellenwert der Analogie als Methode der Erforschung der Kontinuität der Welt ebenso wie in der vitalistisch grundierten Einbindung der Imagination in die Natur als körperliches Vermögen des Menschen und der – an Montaignes Projekt erinnernden – assimilationistisch begründeten Ähnlichkeit von Mensch und Tier.

7.3 *Meduse und Cie*: Ähnlichkeit als Methode der poetischen Wissenschaft

> Jedes Existierende ist ein Analogon alles Existierenden; daher erscheint uns das Dasein immer zur gleichen Zeit gesondert und verknüpft. Folgt man der Analogie zu sehr, so fällt

---

344 Balke, Foucault und die Möglichkeiten eines Denkens, S. 59. Foucaults *Die Ordnung der Dinge* zitiert Aldrovandis Beschreibung der Schlange. Vgl. zur Polemik Buffons gegen Aldrovandi, der Mythen und Erzählungen zu den Gegenständen seiner Naturgeschichte zählt und damit ‚Fabeln' mit naturkundlichen ‚Fakten' vereint, van Hoorn, *Naturgeschichte in der ästhetischen Moderne*, S. 21 f. Zum Versuch der Aufklärer, die Poesie auszutreiben, vgl. ebd., S. 18.
345 Balke, Foucault und die Möglichkeiten eines Denkens, S. 59.
346 Ebd., S. 65.

7.3 *Meduse und Cie*: Ähnlichkeit als Methode der poetischen Wissenschaft — **805**

alles identisch zusammen; meidet man sie, so zerstreut sich alles ins Unendliche. In beiden Fällen stagniert die Betrachtung, einmal als überlebendig, das andere Mal als getötet. (Johann Wolfgang v. Goethe)[347]

Die Studie *Meduse & Cie* (1960) präsentiert ein Resümee der „Fragen der Ästhetik und der Poetik, die Caillois seit dem Surrealismus beschäftigten"; darin zeigt sich „weniger ein Neueinsatz seiner Theorie als eine systematische Wiederaufnahme der Frage nach dem Verhältnis von Kunst und Natur".[348] Der Text führt Thesen zu verschiedenen natürlichen Ähnlichkeitsphänomenen und Theoreme aus früheren Schriften mit der Neudeutung der Phänomene des Mimetismus zusammen, die in einer deutlichen „Wende von der Entomologie zur Anthropologie"[349] die *produktiven* Aspekte der Analogien von Natur und Kultur und Natur und Kunst auswertet. Als ‚Manifest'[350] einer Wissenschaft, die in der Erforschung transversaler Ähnlichkeitsphänomene mittels einer Praxis des Vergleichens von Entlegenem die Grenzen etablierter Disziplinen überschreitet, plädiert der Text für eine Ästhetik und Epistemologie des Ähnlichen, die in ihrem transgressiven Charakter provoziert und zugleich aktuelle Forderungen nach Transdisziplinarität vorwegnimmt. Die kleinteiligen Schritte der entomologischen und ethologischen Argumentationen werden hier lediglich summarisch nachvollzogen, doch wird deren Linie gefolgt, um nachzuvollziehen, wie Caillois seinen methodischen Einsatz der Ähnlichkeit begründet. Seine Untersuchungsgegenstände lassen sich als Versuchsfeld der systematischen Erforschung nicht nur vorgefundener, sondern subtil (re-)konstruierter Ähnlichkeiten lesen, deren Herstellung – über den ‚Abgrund' zwischen Insekt und Mensch, Natur und Kunst hinweg – als Verfahren einer ‚Wissenschaft des Ähnlichen' legitimiert wird.

---

347 Johann Wolfgang v. Goethe, „Maximen und Reflexionen. Aus Wilhelm Meisters Wanderjahren", in: ders., *Sämtliche Werke*, Bd. 9, Zürich 1977, S. 554–606, S. 517.
348 Albers, Reine und unreine Literatur(-wissenschaft), S. 44. Dieses Projekt wird in der *Esthétique généralisé* (1962) fortgeführt (vgl. ebd).
349 Cha, *Humanmimikry*, S. 280. *Mimikry* und *Mimese* werden in *Meduse & Cie* auf menschliches Verhalten bezogen, indem Caillois typologisch differenzierten Aspekten Formen der „menschlichen Vorstellungswelt" zuordnet (Geble, Der Mimese-Komplex, S. 188).
350 Vgl. Yves Florenne, „Méduse et Cie ou Roger Caillois en diagonal", in: *Le Monde*, 10.12.1960 (online unter https://www.lemonde.fr/archives/article/1960/12/10/meduse-et-cie-ou-roger-caillois-en-diagonale_2106112_1819218.html, 17.6.2018).

7.3.1 ‚Sciences diagonales': Diagonale Wissenschaften des Ähnlichen

Das methodische Vorwort unter dem Titel „Diagonale Wissenschaften" beginnt mit einer programmatischen Feststellung, die sich gegen die unkritische Gleichsetzung von Ungleichem stellt – zugleich aber gegen die Unterstellung, jede Feststellung von Analogien, Korrespondenzen und Korrelationen sei naiv oder unwissenschaftlich: „Der Erkenntnisfortschritt besteht zum Teil darin, oberflächliche Analogien aus der Welt zu schaffen und grundlegende Verwandtschaftsbeziehungen aufzuzeigen, die möglicherweise weniger sichtbar, dafür aber wichtiger und bedeutsamer sind."[351] Die Aufdeckung solcher Beziehungen exerziert der Text in der Untersuchung natürlicher Ähnlichkeitsphänomene, möglichen Vorwürfen mangelnder Wissenschaftlichkeit mittels dezidierter Einwände begegnend. Dabei folgt er gerade den Phänomenen, denen eine mit Identitäten und Differenzen operierende Wissenschaft „ausweichen" musste, um jene „wirklich nützlichen Unterscheidungen" zu hüten, „die das Feld einer jeden Disziplin begrenzen" (47). So würden manche „trügerischen Erscheinungen" um der Reinheit der Klassifikation willen ausgeklammert, obwohl doch bereits ein Vergleich etwa im Hinblick auf die Funktion des Flügelschlags eine Überschreitung der Klassifikation nach Artverwandtschaften rechtfertige (ebd.).[352] Obwohl die „Legitimität, ja die Notwendigkeit" des Vergleichs außer Frage stehe, sehe es die ausdifferenzierte, auf die Wahrung der Disziplinengrenzen bedachte Wissenschaft als „Sakrileg", solche „Phänomene einander anzunähern" (48), selbst angesichts ähnlicher Prozesse, die nicht nur Effekte einer „trügerischen Analogie" oder „einfachen Metapher" sind (ebd.).[353] „Auf der gesamten Stufenleiter der Natur treten [...] zahlreiche Analogien auf, und es wäre vermessen zu behaupten, daß sie nichts bedeuten und nur imstande seien, der träumerischen Einbildungskraft zu schmeicheln, daß sie aber niemals zum Gegenstand strenger Forschung werden könnten." (49) Die Klassifikationen, die „unterscheiden", seien pragmatisch, doch „kurzlebig" (124); vor allem aber erfassten sie nicht die „Kombinationsmöglichkeiten" und „transversalen Vorgehensweisen der Natur selbst", denn diese

---

[351] Caillois, Meduse & Cie, S. 47. Im Folgenden wird auch hier unter Angabe der Seitenzahl im Text zitiert.
[352] Ein Beispiel bildet hier der Vergleich von Kolibri und Schwärmer (ebd., S. 48).
[353] Als Beispiel führt Caillois die „Narbenbildung" bei lebendem Gewebe und Kristallen an. „Mir ist natürlich der Abgrund bewußt, der die unbelebte von der belebten Materie trennt", dennoch unterliegen sie „dem gleichen Gesetz" (ebd.). So verbinde die Spirale symmetrische Ordnung und Wachstum sowohl im Pflanzen- und Tierreich als auch im „Sternennebel" (ebd., S. 49).

verlaufen quer zu den geltenden Klassifikationen. Die Wissenschaft konnte sich um so weniger an sie halten, als sie per definitionem interdisziplinär sind. Um wahrgenommen zu werden, erfordern sie darüber hinaus den Vergleich weit auseinanderliegender Tatsachen, deren Studium von Spezialisten betrieben wird, die notwendigerweise in gegenseitiger Unkenntnis ihrer Arbeiten leben. Man kann indes nicht ausschließen, daß diese transversalen Schnitte eine unerläßliche Rolle spielen, um Phänomene zu erklären, die für sich genommen abwegig erscheinen, deren Bedeutung jedoch besser erkannt würde, würde man den Mut aufbringen, all diese Ausnahmen im Zusammenhang zu betrachten und sie auf ihre möglicherweise miteinander verwandten Mechanismen hin zu untersuchen. (49 f.)

Caillois plädiert daher für eine „Wende" hin zu disziplinärem „Austausch", dafür, „durch notwendige Abkürzungen die zahlreichen Außenposten einer maßlos ausgedehnten Peripherie miteinander zu verbinden", um „innere Verbindungslinien" der Phänomene auszumachen und die ‚transversalen Vorgehensweisen' der Natur mittels des Vergleichs von Entlegenem, der *Analogie als Methode*, zu erforschen: „Die miteinander zu vergleichenden Gegebenheiten liegen nicht offen zutage." (50) Dabei warnt er vor einem Rückschritt zu „oberflächlichen und qualitativen Analogien" und bezeichnet vormoderne Analogieschlüsse als „Falle" für ein verführbares Denken (ebd.). So funktionierten Leonardos Maschinen nicht, weil seine „visuelle Wissenschaft der Analogien" sich nach sichtbaren Erscheinungen richtete, wenn er das Flugzeug Vogelflügeln nachempfand, statt nach funktionellen „Korrelationen" suchend Gerät für Organ einzusetzen; ähnlich heiße es, wenn Goethe „die Archetypen der Erscheinungen" im Visuellen suche,

> als Maler, als Dichter, nicht als Wissenschaftler zu handeln; denn für den letzteren besteht die eigentliche Aufgabe gerade darin, die Korrespondenzen zu bestimmen, die für den Laien verborgen, unsichtbar und unvorstellbar sind. Und das sind nur selten jene, die offen zutage liegen und logisch oder wahrscheinlich erscheinen. Die neuen Beziehungen verbinden dagegen Phänomene, die zunächst überhaupt keine Gemeinsamkeit zu haben scheinen. In Zusammenhängen, die sich kaum miteinander vergleichen lassen, vereinigen sie ganz unerwartet Einzelaspekte, die selbst wiederum nur die Wirkungen eines gleichen Gesetzes, die Folgen eines gleichen Prinzips, die Antworten auf eine gleiche Herausforderung sind. Einzellösungen machen es einer naiv vorgehenden Forschung freilich fast unmöglich, die disparaten Verfahren einer geheimen Ökonomie zu entdecken, deren Prinzip sich überall gleich bleibt. Dieses Prinzip gilt es zu entdecken. (51)

Im Sinn der Erforschung dieses Prinzips reklamiert die Bestimmung der analogischen und vergleichenden Methode als Werkzeug der Herstellung von Ähnlichkeiten im Unähnlichen das surrealistische *rapprochement* entfernter Ähnlichkeiten für den *Wissenschaftler*. Denn die Korrelationalität der Natur könne nur durch ein „polyvalentes Wissen" erfasst werden (51 f.): „Meist ist es nur der Zufall, verbunden mit einer gewissen imaginativen Kühnheit, der dieser Art von Entdeckungen den Weg bahnt." (52) Als transdisziplinäre Forschergemeinde imaginiert Caillois die „*diagonalen Wissenschaften*", die „ihre Ergebnisse, Methoden und Sackgassen [...] mit denen anderer Disziplinen" vergleichen solle, um „jene vernachlässigten Korrelationen aufzuspüren [...], die das Netz der bereits gefundenen Beziehungen vervollständigen" (52).[354] So begegnet er dem ‚Grenzwächtertum' der Wissenschaften mit der Forderung, diese Querverbindungen – Analogien, Korrespondenzen und Korrelationen – zu erforschen. Darin lässt sich mehr als ein Plädoyer für eine vergleichende Biologie lesen, die funktionale Beziehungen erforscht; vielmehr erscheint dies vor dem Hintergrund der monistischen Naturauffassung Caillois' und der Kontinuitätsthese als moderne Ähnlichkeitsepistemologie: Ist Seiendes sich in gewisser Hinsicht ähnlich oder analog, ist anzunehmen, dass „unsere jeweiligen Erkenntnismittel unsere jeweiligen Erkenntnisgegenstände nur dann erreichen, wenn sie strukturell irgendwie ähnlich sind oder ähnlich gemacht werden können".[355] Diese Annahme beglaubigt die epistemologische Erschließungskraft von Analogien und Metaphern.

Dem Haupttext vorangestellt ist eine knappe Diskussion des Problems des „Anthropomorphismus" (53), in der Caillois Einwände gegen die analogische Methode und den Vergleich von Tier und Mensch vorwegnimmt. Bei aller skeptisch betonten Vorsicht vor anthropomorphen Projektionen und „trügerischen Ähnlichkeiten" und der „Vermeidung oberflächlicher Analogien" sieht er in der Abwehr der Annahme den Menschen einbegreifender natürlicher Verhältnisse ethische Konsequenzen (53): Denn

> sobald dieses Mißtrauen systematisch wird, gerät selbst die geringste Analogie mit einem menschlichen Verhalten unter Verdacht, und man wird, um den Vorwurf zu vermeiden, von vornherein andere, weitab liegende Erklärungen suchen, die zur Natur und den Gewohnheiten des Menschen in keinerlei Beziehung stehen. Geht man darin aber nicht zu weit? Heißt das nicht, den Menschen ungebührlich zu isolieren – unter dem Vorwand, das, was ihm eigen scheint, nicht auf eine andere Art oder auf die anderen Naturreiche zu projizieren? (52)[356]

---

354 Das Collège de Sociologie folgt in gewisser Hinsicht diesem Anspruch – allerdings ohne die hier formulierten methodischen Vorgehensweisen Caillois' und ihre onto-epistemologischen Grundannahmen zu teilen: So bleibt etwa die Vorstellung seiner Thesen über Tiergesellschaften im Rahmen eines Vortrags im Collège (1937), in dem er über die Unmöglichkeit einer strengen Abgrenzung zwischen Tier und Mensch spricht, nicht ohne Widerspruch Batailles, der an dem oben angedeuteten Dualismus festhält (vgl. Hollier, *Das Collège de Sociologie*, S. 83–93).

355 So verallgemeinert Köller das epistemologische Prinzip, das im Hintergrund des obigen Zitats Goethes steht: „Goethe hat in seiner integrativ ausgerichteten Weltsicht nicht gescheut, differenziert verwendeten Analogien einen ziemlich universalen Geltungsanspruch zuzuschreiben." (Köller, *Sinnbilder für Sprache*, S. 61).

356 Caillois zielt hier auf ein rationalistisches Gegenargument gegen die assimilationistische Strategie: Rationalistische Gegenargumente umfassen, so Wild, nicht nur die Betonung von

Gegen den Vorwurf des Anthropomorphismus richtet Caillois das Argument des *Anthropozentrismus*: „Sowie der Mensch aus dem Universum ausgeschlossen wird, handelt es sich [...] um einen [...] negativen Anthropozentrismus, der aber nicht weniger schädlich ist als jener andere, der den Menschen in den Mittelpunkt der Welt stellt und alles nur auf ihn bezieht. Es sind zwei Folgeerscheinungen desselben Hochmuts." (53)[357] Dagegen betont er assimilationistisch die „Kontinuität" der Natur: „Der Mensch ist ein Tier wie alle anderen. [...] Warum also wird dem Versuch, die Eigenschaften seiner Natur anderswo wiederzufinden, bzw. umgekehrt die in der Tierwelt regierenden Gesetze bei ihm wiederzufinden a priori unterstellt, er sei notwendigerweise Manie, Illusion oder Einbildung? Alles spricht doch für Kontinuität." (Ebd.)[358] Die daraus resultierenden Phänomene der „Verwandtschaft", „Korrespondenz" und „Korrelation" gelte es unvoreingenommen zu untersuchen: Das Kontinuum der Natur, deren Lebensbedingungen der Mensch in einer „unvermeidlichen Existenzgemeinschaft" mit allem Lebendigen teilt, erkläre die von Caillois erforschten „grundlegenden Übereinstimmungen" (ebd.).

Unter dem programmatischen Titel „Der Mensch ein Teil der Natur" führt der folgende Exkurs zur *Mantis* diese Argumentation weiter (54), der das Verhalten des Insekts, die ihm in unterschiedlichen Kulturen entgegengebrachte Faszination und das Phantasma der männerverschlingenden Frau verknüpft. Mehr als eine „Koinzidenz", so Caillois, sei diese Faszination „durch das Vorwissen einer solchen Korrelation" bedingt: So scheine hier „die Einbildungskraft den Instinkt zu ersetzen, die Fiktion ein Verhalten und der von einer düsteren Phantasie hervorgerufene Schrecken die automatische, verhängnisvolle Auslösung eines gnadenlosen Reflexes." (55)[359] Mensch und Insekt als „die beiden Endpunkte der biologischen Evolution" bilden Vergleichspole einer gemeinsamen Entwicklung, deren gemeinsames Drittes „die Existenz von Ge-

---

Unterschieden, etwa, dass das Tier keine Sprache und daher keine Gedanken habe, sondern auch das Anthropomorphismus-Argument: „Unsere gegenläufigen Intuitionen verdanken sich einer naiven und unkritischen (und vielleicht sogar eingeborenen) Neigung zu Anthropomorphismen und pathetischen Fehlschlüssen" (Wild, *Die anthropologische Differenz*, S. 11). Konkreter zielt Caillois darauf, das, was dem Menschen ‚eigen scheint', in der (körperlichen) Natur zu verorten.

357 Vgl. dazu auch die ‚antianthropozentrische' Forschung Bruno Latours, Philippe Descolas und Viveiros de Castros.
358 Deutlich wird hier die Betonung gemeinsamer Lebensbedingungen wie „Biologie", „Schwerkraft" und „Chemie": Gerade im Kontext des Anthropomorphismus-Vorwurfs zeigt sich, dass Caillois „Assimilationismus [als] eine explanatorische Strategie, die bei Gemeinsamkeiten ansetzt", einsetzt (Wild, *Die anthropologische Differenz*, S. 9f.).
359 Hier wiederholt Caillois pointiert Bergsons oben angeführte These.

sellschaften" und die darin begründete Notwendigkeit zur Kommunikation in der Gruppe sei: „Mein unausgesprochenes Postulat lautet, daß *die Komplexität als solche Bindungen schafft*, Verwandtschaften anregt und gleichlautende Antworten auf analoge Probleme enthält." (56) Die Betonung der Tatsache, dass die Herstellung von Analogien und Vergleichen von der gleichzeitigen Berücksichtigung von Unterscheidungskriterien lebt,[360] verweist nicht nur auf die notwendige Verbundenheit von Ähnlichkeit und Differenz, sondern auch auf eine grundlegende differentialistische These: Während natürliche, instinkthafte Mechaniken durch Invarianz und Wiederholung charakterisiert seien (vgl. ebd.), kennzeichneten die durch „beständigen Wandel" und die „Kontingenz" der „*Geschichte*" geprägte menschliche Existenz und Erfahrungswelt die Faktoren Bewusstsein, Individualität, Varianz, Disponibilität – etwa die Verfügbarkeit von Werkzeug, Kleidung, etc. – und Spiel. Sie seien geprägt von der „Freiheit", sich von instinktiven Motivationen zu distanzieren: „Der Instinkt wirkt hier nur noch *auf dem Umweg über das Bild*" (57).[361] Sein Nachleben in Imagination, Mythen, Sagen und Legenden gilt es zu erforschen – als

> ein Bild, eine äußerliche Repräsentation, die man zurückweisen, verändern und verscheuchen kann. So despotisch es auch wirkt, es erlaubt doch mindestens ein Zögern, vielleicht sogar ein Denken, selbst wenn es sich um ein noch unter dem Bann des Schreckens stehendes Denken handelt. Was absoluter, unmittelbarer Mechanismus war, ist nur mehr Impuls oder fixe Idee, Reminiszenz oder Phantasma. (57)[362]

Caillois greift hier die kritische Rezeption der in der *Mantis*-Schrift gezogenen „Parallele" zwischen dem Verhalten der Mantis und dem Phantasma als ein bloßes „Ideenkonstrukt" (ebd.) von „rein autobiografischem Wert" (58) auf, indem er den Einwand programmatisch umkehrt. Der in die Forschung einbezogene „Erfahrungshintergrund[]" stütze gerade die „Hypothese" eines „mythologischen Erbe[s]", an dem der Forscher selbst partizipiere: „Als Betroffener bin ich Beweis; als Nicht-Betroffener ein möglicher Einwand." So füge er „Tatsachen, deren Konver-

---

[360] Ebd., S. 58. Dies beweist hier die „Gegensätzlichkeit" von Bienentanz und Sprache: Der „Signalcode" der Insekten enthält „keine Antwort [...], keinen Dialog, keine Doppeldeutigkeit, keine unbegrenzten, wechselnden Kombinationen, aus denen sich ein echter Wortschatz und eine authentische Syntax entwickeln könnten."
[361] In dieser Formulierung hallt Bergsons These der ‚fabulatorischen Einbildungskraft' nach (vgl. Johach, Diagonale Verwandtschaften, S. 177).
[362] Die Konzentration auf die ambivalente Lebendigkeit des Bildes und den Zwang, die Bannkraft und den apotropäischen und magischen Charakter von Bildern lässt sich an Benjamins Begriff der *Aura* als „Vermögen [...], den Blick aufzuschlagen" (Weigel, *Grammatologie der Bilder*, S. 58), aber auch an Warburgs Begriff des ‚Denkraums' anschließen.

genz den Beobachter in die größte Ratlosigkeit stürzt", zusammen, die jedoch weder „erfunden" noch eine „bloße Koinzidenz" seien (ebd.).

Um glaubhaft zu machen, dass diese „im Grunde unbeweisbare[n] Korrelationen" nicht nur „Koinzidenzen" sind, sondern sich daraus „Homologien" ableiten ließen, die nicht als „reine Zufälle" zu werten sind, präsentiert die Untersuchung eine Reihe unterschiedlicher Ähnlichkeitsphänomene mit dem Ziel, zu „beweisen, daß es sich nicht lediglich um eine persönliche Träumerei oder eine zufällige Ähnlichkeit handelt." (Ebd.) Die These einer „Äquivalenz der Phantasietätigkeit beim Menschen und des Instinkts beim Tier als zwei entgegengesetzte und korrespondierende Lösungen" (ebd.) wird weitergeführt, wenn Caillois Belege für solche Korrespondenzen (re-)konstruiert, etwa im Vergleich von Schmetterlingsflügeln und Malerei. Seine Untersuchung von Bilder-Steinen setzt „Naturästhetik" und „Kunst" ins Verhältnis; die Typologisierung der Funktionen der Mimese, die er als *„Travestie, Tarnung* und *Einschüchterung"* ausdifferenziert, verweist auf Äquivalenzen in Bildern, Mythen und Ritualen (ebd.). Verkleidung und „Verwandlungsmythen" entsprechen der hier nun explizit thematisierten *„Mimikry* im eigentlichen Sinne" (58), Unsichtbarkeit und Tarnung der *Mimese* und die Schreckmimese durch Ozellen der Funktion der „Maske" in „sogenannten primitiven Gesellschaften" (59). Die Dichotomien von Subjekt und Objekt, Natur und Kunst/Kultur, Vormoderne und Moderne überschreitet die subjektiv-objektive Herstellung von Ähnlichkeiten, ohne dass Differenzen – die gegenüber der früheren Mimese-Studie stärker hervorgehobenen Unterschiede zwischen „Mechanik und Freiheit, zwischen Fixiertheit und Geschichte" – geleugnet würden, die die Elemente des Vergleichs denkbar weit entfernt erscheinen lassen:

> Ich gestehe, daß jede dieser Parallelen [...] wie eines jener hartnäckigen Delirien wirkt, die ein Merkmal der *folies raisonnantes* sind. Anderseits läßt die Konvergenz der verschiedenen Entwicklungen die Angemessenheit eines so absoluten und voreiligen Verdikts einigermaßen zweifelhaft erscheinen. Sie sollte nicht nur nahelegen, es einer Revision zu unterziehen, sondern auch dazu ermutigen, derartige Untersuchungen zu verallgemeinern und eine allgemeine Gegenüberstellung der Welt der Insekten und der Welt der Menschen in Angriff zu nehmen. Ich werde nicht müde werden zu betonen: die eine und die andere sind Teil desselben Universums. (59)

7.3.2 Bilder der Natur

Caillois stellt, um diesen Beweis zu führen, zunächst zwei Untersuchungen zu *Kunstformen* der Natur in einem Kapitel „Zeichnungen und Entwürfe" zusammen, „Die Flügel der Schmetterlinge"[363] und „Natura pictrix".[364] Zu Beginn widmet er sich der ungeklärten Frage nach Bedeutung, Funktion und Zweck der „Zeichnungen und Färbungen" der Schmetterlingsflügel und stellt die Vermutung auf, diese seien „so etwas wie ihre ‚Malerei'" (61). Dem widersprächen die Differenzen zwischen Malerei und natürlicher Färbung nicht, die „den Gegensatz zwischen Mensch und Insekt ganz allgemein ausmachen", sondern sie „erhöhen vielmehr die Berechtigung des Vergleichs" (ebd.). So seien beide, deren *tertium* die „so nutzlose[] wie aufwendig gestaltete[] Einheit" der „Oberflächen" darstelle, „obwohl unvergleichlich, einander homolog" (ebd.). Denn bei allen „unüberwindlichen Unterschiede[n]" sei den Phänomenen eine „‚Tendenz' zu Farbzeichnungen" gemein (62). Die „Sonderstellung" des Menschen in der Natur, auf die Caillois in einem knappen Exkurs eingeht, zeige sich dabei nicht nur in „Bewußtsein", „Wille" und „Urteilskraft" (61), sondern auch in der Flexibilität seiner körperlichen Gestalt – statt einer spezifischen Anpassung – und seiner Erzeugnisse (62): „Der Mensch baut sich externe Lösungen, die eben darum für eine Unzahl an Kombinationen geeignet sind." (63)[365] Was als Argument für anthropologische Differenz erscheint, verweist so zugleich auf ein *analoges* Verhältnis der „Werkzeuge", „Waffen", „Maschinen" und „Apparate" zu tierischen Organen: Während eine solche Analogie im Hinblick auf die *Funktionalität* der Werkzeuge, die das Fehlen körperlich ausgebildeter Spezialisierungen kompensieren, gerechtfertigt und eine solche Beweisführung „evident" oder gar redundant scheine, so Caillois, werde die Feststellung einer „Korrespondenz" natürlicher Farbgebung und Malerei als „skandalös und alles andere als evident" betrachtet.

---

363 Ebd., S. 60–72.
364 Ebd., S. 72–80.
365 Das Argument des *homo compensator* und *homo adaptivus*, demzufolge der Mensch „mittels sukzessiver Eliminierungen vor[geht], wobei er zunehmend ‚verarmt', [...] um ein größeres Repertoire nützlicher Verhaltensweisen zu erwerben" (ebd.), lässt sich auf Montaigne rückbeziehen: Die biotechnischen Lösungen des *homo technologicus*, „Apparate, die er alle zugleich besitzt und deren er sich abwechselnd zu bedienen vermag" (ebd., S. 64), beschreibt Montaigne als eine ‚natürliche' Lösung: „Die scheinbare körperliche Unterlegenheit wird durch Artefakte ausgeglichen [...]. Diese Artefakte, die sich bei allen Menschen finden, rechnet Montaigne zur natürlichen und nicht zur kulturellen Ausstattung des Menschen" (Wild, *Die anthropologische Differenz*, S. 106). Dabei „wird mit der Kompensationsfigur die Beziehung zwischen der von Montaigne hervorgehobenen Ähnlichkeit von Tier und Mensch einerseits und der skeptischen Technik der Entgegensetzung zur Erreichung eines Gleichgewichts andererseits deutlicher: Nicht nur kann der scheinbaren Überlegenheit des Menschen argumentativ entgegengetreten werden, auch die Überlegenheitsdifferenzen sind durch Mängel [...] ausgeglichen" (ebd.).

Und doch ist die Beziehung die gleiche. Sieht man näher zu, ist sie in dem einen Fall nicht mehr oder weniger akzeptabel als in dem anderen. Der einzige Unterschied, den ich zwischen den beiden Analogiereihen feststellen kann, ist der, daß es sich im ersten Fall um nützliche Organe, Werkzeuge oder Funktionen handelt, im zweiten um verschwenderische Supplemente, deren Nutzlosigkeit offensichtlich ist. (64)

Diese spezifisch *ästhetische* Argumentation entwickelt Caillois an dem „besonders passende[n]" Beispiel der Schmetterlingsflügel (ebd.), die sich auf dem – in der ästhetischen Moderne alles andere als unbesetzten – Feld der Analogisierung von Natur und Kunst positioniert. Caillois führt „elementare" geometrische und abstrakte Formen wie Spirale und Polyeder an, die der Mensch aufgrund ihrer „Gleichgewichte und Symmetrien" (65) als schön empfinde, um zu belegen, dass sich „*natürlich* [...] zwischen der Intelligenz des Menschen und den rein biologischen Erscheinungen der Kalkbildung bei den niedrigen Organismen trotz des Abgrunds, der sie trennt, eine tiefe Verwandtschaft zeigt" (66). Sei diese Geometrie – Caillois erwähnt Platons *Timaios* und die in Ernst Haeckels *Kunstformen der Natur* (1899–1904) abgebildeten Radiolaren – in ihrer prototypischen Varianz letztlich „begrenzt, unveränderlich und ohne jede Entwicklungsmöglichkeit",[366] so vermöge die „strenge und erbarmungslose Deduktion der menschlichen Logik" in imaginierten Räumen „komplizierte mathematische Beziehungsgefüge" darzustellen (ebd.). Auch die natürliche Geometrie folge einer „Ökonomie" – einer Ressourcenverteilung, die Harmonie hervorbringe, „weil *Harmonie* eine Mathematik und Ästhetik gemeinsame Eigenschaft" sei (67).[367] Davon und von dem der ästhe-

---

[366] „Mit ihnen steigt aus den Tiefen der warmen Meere das ganze Spektrum winzig kleiner, zerbrechlicher und uralter Körpermodelle herauf, deren Idealform von Platon deduziert wurde, obwohl er von der Existenz dieser natürlichen Archetypen nicht das mindeste ahnte." (Ebd., S. 65) Haeckels *Grundriss einer allgemeinen Naturgeschichte der Radiolarien* ist „über weite Strecken eine klassische Naturgeschichte mit taxonomischer Orientierung, d. h. ein Werk, das eine Differenzierung und Bestimmung der unterschiedlichen Radiolarienarten ermöglichen will" (van Hoorn, *Naturgeschichte in der ästhetischen Moderne*, S. 30; vgl. Ernst Haeckel, *Kunstformen der Natur*, Leipzig, Wien, 1899).

[367] Diese ‚Ökonomie' betonen in den 20er Jahren in Folge der Rezeption Haeckels und Francés Apologeten der Funktion und Vertreter des Konstruktivismus wie Ludwig Mies van der Rohe, die elementare Formgesetze der Gestaltung propagieren. Dieser Zusammenhang zeigt sich besonders in einer „Spielart des monistischen Vitalismus" und der „Forderung nach einer holistischen Eingliederung des Menschen in die Umwelt und biokonstruktivistischen Überzeugungen einer Fusion von Technik und Leben. Diese zunächst unwahrscheinlich anmutende Verbindung von Technikkult und vitalistischer Ganzheitsemphase erlaubt es Architekten und Stadtutopikern, ihre Modelle als Beiträge zu einem als harmonisch gedachten, biologischzivilisatorischen Evolutionsprozess zu positionieren. Als wirkmächtige Denkfigur erweist sich dabei die Übertragung von Prinzipien der biologischen Formengenese auf technische Entwicklungsprozesse, wie sie von Raoul H. Francé [...] vorgenommen wurde. Sein in Avantgardekrei-

tischen Auswertung dieser Harmonie impliziten Formbegriff grenzt Caillois ab, was er an „Schmuck" und „wirkliche[r] Schönheit" der Schmetterlingsflügel der Malerei vergleicht, „glückliche Kombinationen von Formen und Farben, die sich nicht durch bloße Ökonomie erklären lassen." (67 f.) Er beschreibt den Variantenreichtum der Zeichnungen und Färbungen, um zu schließen: „In dieser verschwenderischen Vielfalt von Formen, Motiven und Farben offenbart sich ein Überfluß, der um so überraschender ist, als er fast das genaue Gegenteil des strengen Kalküls ist, das eben noch bei den Radiolaren die Verteilung des wertvollen Protoplasmas regelte." (67) Darin zeige sich eine „Verschwendung", die Caillois gegen konstruktivistische und funktionalistische Vergleiche des Insekts mit einem Ingenieur – er zitiert Samivels Definition des Insekts als „‚introvertierter Techniker'" und seine Annahme, dass „*die Funktion das Organ schafft*" – richtet, um vielmehr den Vergleich mit dem „*Künstler*" und „*Maler*" zu plausibilisieren (68). Mögliche Einwände gegen diese „skandalöse Spekulation" seien die schwer zu erklärende „Initiative zur eigenen Gestaltausbildung" und der Hinweis auf Darwins Selektionslehre, die einer Ausgestaltung des „Nutzlosen" widerspreche (69):[368] Sie konstruiere einen „Gegensatz zwischen dem Notwendigen und dem Verschwenderischen. Man ist davon überzeugt, daß, was nutzlos ist, auch keine determinierende Kraft haben darf. Das Nutzlose ist unzulässig. Anders gesagt, was überflüssig ist, scheint *a priori* unerklärlich." (70) Die die antiutilitaristische Zielrichtung der Mimese-Studie aufgreifende These einer Ähnlichkeit der natürlichen Farbgebung mit der Malerei fungiert so als Gegenargument gegen einen „tiefsitzenden Anthropomorphismus", der der Natur ein universelles Prinzip der Nützlichkeit unterstellt, Analogiebildungen wie die Caillois' abwehrend. „Es fällt dabei gar nicht ins Gewicht, daß derjenige, der diese Ausdrucksweise gewählt hat, eine ebensolche Sorgfalt darauf verwendet, auch die Unterschiede und Gegensätze herauszustreichen." (Ebd.) Es geht dabei nicht nur um die Verteidigung einer Methode, die mit der Herstellung von Ähnlichkeiten nicht zugleich Differenzen leugnet. Auch ist es die Reflexion der *Hinsichten*, Kriterien und inhärenten Vorannahmen etablierter und akzep-

---

sen der 1920er-Jahre intensiv rezipierter Text *Die Pflanze als Erfinder* entwirft […] eine evolutionistisch geschulte Prozess-Ontologie mit esoterisch-teleologischen Motiven. Der Text propagiert die ‚Vereinigung' von Natur und Technik im emphatisch verkündeten Telos: ‚Das Weltgesetz erzwingt es, das zuletzt die Technik des Organischen und die des Menschen identisch sind.'" (Zit. n. Klaus Müller-Richter, Daniela Schmeiser, Sara Bangert, Sascha Hofmann, „Luft(t)räume. Kieslers Urbanisierung des Luftraumes", in: Ingo Zechner et al. (Hg.), *Die helle und die dunkle Seite der Moderne*, Wien 2014, S. 213–221, S. 217.

368 Selbst wo sie organische „Plastizität" anerkenne, betrachte sie schmückende Gestaltung nicht als determinierend (ebd.).

tierter Analogien und Anthropomorphismen – und damit die Hinterfragung der methodologischen, ethischen und normativen *constraints* wissenschaftlicher und ästhetischer Diskurse –, die Caillois' Neujustierung der Analogie von Natur und Kunst einfordert. Der heuristische Wert seiner Analogiebildung sei offensichtlich, wo doch in der Natur „eine enorme Verschwendung herrscht und wo alles, absolut alles dafür spricht, daß die exzessive Verausgabung ohne erkennbaren Zweck eine weitaus stärker befolgte Regel ist als die Erhaltung des strikten Lebensinteresses, als das Gebot der Arterhaltung." (Ebd.) Mit dieser an Batailles Begriff des *dépense* erinnernden[369] Argumentation betont Caillois die Projektion utilitaristischer Prinzipien auf die Natur, die der Neigung entspringe, „an die ökonomischste aller Welten zu glauben" (ebd.). Das „Kriterium [...], um hier dem Ausdruck ‚nutzlos' einen präzisen Sinn zu geben", sei letztlich eine „rein menschliche" Unterscheidung. „Vermutlich ist dies der letzte Irrtum des eigentlichen Anthropomorphismus" (ebd.).[370] Den vorhergesehenen Einwand umkehrend, formuliert er:

> Ich ahne zwar, daß ich es sein werde, den man eines aberwitzigen Anthropomorphismus bezichtigen wird: was gibt es auch Lächerlicheres als die Flügel der Falter mit dem Werk der Maler zu vergleichen? Und doch könnte sich mein Bezugssystem als das *dezentrierteste* von allen entpuppen: denn es läßt *auch* zu, die Bilder der Maler als die menschliche Spielart von Schmetterlingsflügeln zu denken. (70 f.)

Die Argumentation geht, der rhetorischen Strategie folgend, Gegenargumente vorwegzunehmen und zu invertieren, auch hier von einer differentialistischen zu einer assimilationistischen Position über – gerade der letzte Satz verdeutlicht die Tendenz, menschliche Vermögen zu theriomorphisieren[371] –, die ein ästhetisches Prinzip der Freiheit, Variation und Kreativität *natürlicher* Prozessen unterstellt. Angesichts dieser „Korrespondenz" und der Unmöglichkeit einer „Letztbestim-

---

369 Caillois' Verweis auf „Verschwendung" und „exzessive Verausgabung", lässt sich, wie in Zusammenhang mit der These des ‚Luxus' der Mimese bemerkt, auf Batailles *La Notion de la dépense* (1933) beziehen. Auch seine spieltheoretische Rehabilitierung des Rausches als „Figur einer unproduktiven Verausgabung" (Ebeling, ilinx, S. 166) weist eine Nähe zu Batailles Antiökonomie auf, die die Verbindung von Rationalität und Ökonomie zu unterbrechen und „außerrationale Agenten" (ebd., S. 169) der Ökonomie ausfindig zu machen sucht.
370 Implizit ist damit jede Essentialisierung und Naturalisierung von Unterscheidungen des Anthropomorphismus angeklagt. Zumindest wird aber kritisch befragt, welche Grenzen und Unterscheidungen angesichts der transversalen Natur unangemessen scharf gezogen werden.
371 Zur Theriomorphisierung des Menschen vgl. Cha, *Humanmimikry*, S. 90, zur „Vertierung menschlicher Vermögen" bei Montaigne Wild, *Die anthropologische Differenz*, S. 117. Die Unterstellung eines ästhetischen Prinzips als Form der Organisation lässt sich auf die biosemiotische These des ‚Bildwerdens' natürlicher Phänomene rückbeziehen, die die Einbildungskraft anregen, die auch in der Kunst ‚lediglich Folge leistet'.

mung" in der „Kette von Ursache und Wirkungen" setzt Caillois gegen die „sakrosankte Arterhaltung" die These einer „autonome[n] ästhetische[n] *Ordnung*", die „bewirkt, daß unter ungleichen Bedingungen entgegengesetzte Entwicklungen zum gleichen Ziel führen: dem Spiel der Formen und Farben." (71) Der Mensch empfinde solche Erscheinungen als schön, da er „dem gleichen organischen Gesetz des Universums" unterworfen sei,

> jener *natürlichen* Entfaltung, durch die sich Harmonie und Schönheit definieren, denn der Mensch – integraler Bestandteil derselben *Natur* – bemerkt notwendiger Weise Harmonie und Schönheit, in Übereinstimmung mit der umfassenden Grundstruktur, die die Form der Kristalle, der Muscheln, der Blätter, der Blütenkronen bestimmt und ihm hinterrücks die Übereinstimmungen suggeriert, in denen er nicht ohne Voreingenommenheit sein persönliches Genie an den Tag zu legen glaubt. (Ebd.)

Die Differenz bestehe darin, dass „Flügel Teil des Schmetterlings" sind, während das „Bild vom Maler entworfen und ausgeführt" wird, und damit in dessen Freiheit in Entwurf und Ausführung und seinem möglichen Scheitern als „fehlbares Wesen" (69).[372] Der Vergleich nivelliert diese grundlegende Differenz nicht; dennoch erlaubt die verfolgte Korrespondenz, die Analogie von Natur und Kunst auf spezifische Weise auszuwerten, indem sie sie als ein *ästhetisches* Phänomen betrachtet, das sie nicht einer anthropozentrisch rationalisierten Naturordnung gemäß zu deuten beansprucht.

Ein korrespondierendes Beispiel aus einem anderen Naturreich stellen die im Kapitel „Natura pictrix. Anmerkungen zur figurativen und nichtfigurativen ‚Malerei' in Natur und Kunst" angeführten Bildersteine dar, Kristalle und Mineralien-Schnittflächen, die als Träger von „natürlichen Zeichnungen" erscheinen, „deren Ähnlichkeit mit den Werken der Malkunst die Einbildungskraft der Betrachter oft derart beeindruckt hat, daß ihnen die Natur bisweilen selbst als eine Art Künstler vorkam" (72). Ihre Aufnahme ordnet Caillois' Untersuchung explizit der surrealistischen Aktualisierung und Erforschung eines Ähnlichkeitsdenkens und Ähnlichkeitssehens im engeren Sinn bei, erlaubt aber zugleich einige Differenzierungen. Die von Breton in „Langue des pierres" (1957),

---

[372] Mit diesem Argument scheint Caillois – wie Goethe – ein Gleichgewicht zwischen Differenzierung und Analogisierung und – wie Montaigne – ein Gleichgewicht zwischen Mensch und Tier anzustreben: Die nicht geleugnete Differenz ist nicht als anthropologische Differenz im starken Sinn formuliert: Der Aspekt, der Mensch und Insekt distanziert, ist zurückgenommen. Ähnlich dem Ansatz Montaignes, der der Überlegenheit des Menschen nicht als reinen Vorteil wertet, wie Wild formuliert: „Wir zahlen für unsere kognitive Überlegenheit den Preis des Irrtums und des Rückschlags" (Wild, *Die anthropologische Differenz*, S. 106), schließt Caillois mit dem Satz: „Menschliche Größe bestand stets darin, fehlbar zu sein und tastend Neues hervorzubringen." (Caillois, Meduse & Cie, S. 80).

von Jurgis Baltrušaitis in *Aberrations* (1957) und von Caillois in *Les Pierres* (1966) thematisierten Bildersteine verknüpfen Phänomene des Ähnlichkeitssehens mit der surrealistischen Ästhetik der Metamorphose und des Formlosen.[373] Wie die ‚vis plastica' der Frottage-Technik Ernsts beruht die Faszination der Steine auf der „projektiven Kraft des Sehens von Ähnlichkeiten [...], das Figuren in Steinformationen hineinliest".[374] Die Bildersteine sind bevorzugte Gegenstände eines transhistorischen (Er-)Findens von „entfernte[n] Ähnlichkeiten".[375] Habe in figurativen Epochen, so Caillois, ein imaginatives Ähnlichkeitssehen auf Bildersteinen „Wesen, Szenen, Landschaften oder Gegenstände" erkannt und darin „trügerische" Ähnlichkeiten zur gegenständlichen Kunst gesehen, so scheinen die Ähnlichkeiten zur abstrakten Kunst noch vordringlicher: So ließen sich hier

> Überkreuzungen, Interferenzen, ja sogar Fälschungen zwischen den beiden Ordnungen, dem Natürlichen und dem Künstlichen, feststellen, Überschneidungen, die widerstreitenden, immer aber auch verlockenden Herausforderungen entsprechen, so daß es wohl der Mühe wert ist, am Beispiel der mineralischen Welt die verschiedenen Formen von Einverständnis oder Konkurrenz zwischen der Natur und dem Künstler zu untersuchen. (73)[376]

Bereits in der Antike sind, wie etwa Plinius' Bericht über den Achat des Pyrrhus überliefert, Bildersteine bekannt. Vor allem im Spätmittelalter kommen natürliche – wie Ruinenmarmor – und künstlerisch ergänzte Bildersteine in Mode, wie Caillois im Rekurs auf Baltrušaitis schreibt, der seine Studie passend mit dem oben diskutierten Zitat Leonardos einleite, das zur künstlerischen Auswertung des Ähnlichkeitssehens aufruft:

> Betrachtest du von Flecken bedeckte oder aus Steinen aller Art zusammengesetzte Mauern, um dir irgendeine Szene vorzustellen, so kannst du darauf etwas den Landschaften mit dem Schmuck ihrer Gebirge, Flüsse, Felsen, Ebenen, tiefen Täler und Hügel Entsprechendes, in vielfältiger Weise angeordnet, erkennen. Sehen kannst du dort auch Schlachten und Figuren in rascher Bewegung, merkwürdige Gesichter und Kleider und eine Unzahl von Dingen, die du in eine klare und vollständige Form bringen kannst. Und dies erscheint verworren auf den Mauern wie in den Klang der Glocken: In ihren Schlägen kannst du alle Klänge und Worte finden, die du dir vorstellen magst. (74)

---

373 Vgl. Blümle, Mineralischer Sturm, S. 83, im Verweis auf André Breton, Langue des pierres, S. 150; vgl. auch Blümle, Natura Pictrix.
374 Johach, Mersmann, Rulffes, Try to blend in!, S. XVIII. „In Stein oder Holz Figurationen zu sehen – sei es in der roh belassenen Form als Skulptur oder aufgeschnitten als Malerei – zeigt, in welcher Weise im Gewirr der Flecken und Unebenheiten Visionen Gestalt annehmen können" (Blümle, Natura pictrix, S. 27).
375 Blümle, Mineralischer Sturm, S. 77.
376 Vgl. Albers, Reine und unreine Literatur(-wissenschaft), S. 44: „So wie Bildsteine den Eindruck erwecken, von Menschenhand gemalt zu sein, gibt es abstrakte Bilder, die Formen aus der Natur [...] abzubilden scheinen."

Naturforscher des Mittelalters, der Renaissance und des Barock – Caillois führt Aldrovandis *Museum Metallicum*, Athanasius Kirchers *Mundus subtraneus* und Hainhofers bemalte Bildersteine an – seien fasziniert von den „Wundern der unerklärlichen – und überdies willkürlichen und folgenlosen Analogie" (76),[377] die sich als Wirkung der „Einbildungskraft" beschreiben lasse: „Analogie und Ähnlichkeit sind die Leitbegriffe dieser Ästhetik", die in Steinbildern meist religiöse Motive ausmache (77). Während in der westlichen Tradition eine „formale Ähnlichkeit" von Interesse sei, eine scheinbare „flüchtige Ähnlichkeit" mit figürlichen Szenen (78), wurden etwa von chinesischen Künstlern Steine signiert und betitelt und eine eher „affektive oder abstrakte als [...] morphologische" Ähnlichkeit gesucht. Vor allem die moderne, abstrakte Kunst weise jedoch Ähnlichkeiten mit Bildersteinen auf: „Ein solches Bild ähnelt einem Gewebeschnitt"; so riefen einige Minerale den Eindruck hervor, sie seien „tatsächlich die ‚Bilder' der Natur." (79) Gerade in der Darstellung eines ungegenständlichen „Elementaren" sehe sich die moderne Malerei daher ihrer „schlimmsten Konkurrenz" gegenüber: einer Natur, die in der ‚malerischen' Gestaltung der Schmetterlingsflügel und Bildersteine selbst „das Formlose" bereits vorweggenommen habe (80).

> Die chaotisch formlosen oder geometrischen Strukturen offenbaren in aller Deutlichkeit, *dass asignifikante Farbflecken und Linien eine entfesselte Kraft der Ähnlichkeit produzieren, sobald sie in ein Beziehungsgeflecht eingebunden sind*. Der einstige Umgang mit den wunderbaren Bildern im Stein, wie Baltrušaitis, Breton und Caillois ihn wieder entdeckt haben, zeigt, wie schwierig es ist, zwischen imaginärer Projektion und sinnlicher Wahrnehmung, zwischen unbewussten Trugbildern und bewussten Abbildern zu unterscheiden.[378]

Das Ähnlichkeitsphänomen der Bildersteine ist – als ein besonders eindrückliches natürliches Ähnlichkeitsphänomen, das selbst Ähnlichkeiten zu formgenetischen ästhetischen Verfahren ausweist, die auch der Surrealismus auswertet – mit der imaginativen Herstellung von Ähnlichkeiten und dem „Problem des Trugbildes" verbunden, das im zweiten Teil der Studie mit Mimikry und Mimese aufgegriffen

---

377 Hainhofer füge den Steinen menschliche Figuren hinzu (vgl. 74). „Insbesondere im Barock wurden solche Steinbilder gesammelt, geordnet und systematisch katalogisiert; die mineralischen Formationen in den gefundenen Steinen wurden im Laufe der Zeit auch abgezeichnet" (vgl. Blümle, Natura pictrix, S. 27). „Der Zufall, der einerseits die Formen und Figuren im Stein generiert hat, wurde im 17. Jahrhundert malerisch in die Figuration überführt" (ebd.). Im „Kontext der Kunstkammer" und im „Diskurs der Naturphilosophie" (ebd., S. 29), etwa in der Mineraliensammlung Eugène Patrins, nehmen die Steine ihren Platz ein.
378 Blümle, Natura Pictrix, S. 30 f. [Hv.: S. B.] Vgl. dazu Stelzer, *Die Vorgeschichte der abstrakten Kunst*.

wird.³⁷⁹ Caillois' Argument konzentriert sich jedoch letztlich ebenso wenig auf formale Ähnlichkeiten mit der figurativen Kunst als Ausdruck (vor-)modernen Analogiedenkens wie sein Interesse den pareidolischen „Irritationen des Blicks" gilt; er „argumentiert nicht erkenntnistheoretisch, sondern ontologisch", um einer ‚tiefer liegenden' Ähnlichkeit, einer allgemeinen, die Naturformen umfassenden Ästhetik auf den Grund zu gehen, die angesichts ihres ‚Bildwerdens' auf die unbelebte Natur zu erweitern ist:³⁸⁰ „Der Vergleich ist unvermeidlich: die Kriterien, die gestatten, Originalität, Reiz und Wert von Werken zu beschreiben", gleichen sich (80). Der Unterschied liege allein im Willen zur Komposition hier und der „Metamorphose eines anderen, weniger differenzierten Teils der Materie" dort (ebd.). „Die Welt der Formen ist nicht geteilt in Natur und Kultur, denn die Kultur ist wie der Mensch Teil der Natur, ihr nicht äußerlich."³⁸¹

7.3.3 Entomo-Eth(n)ologie des Mimetismus

Das Kapitel „Kontraste und Parallelen" widmet sich erneut der Untersuchung der Phänomene des Mimetismus, genauer: der „drei Funktionen der Mimese." (81) Anschließend an den Hinweis auf die Problematiken des Mimikrybegriffs und eine knappe Anführung biologischer Klassifikationsversuche – er nennt Hugh Cotts, Edward Poultons, Henry Bates', Fritz Müllers und Sir Julian Huxleys Differenzierungen apathetischer, sematischer und kryptischer Färbung und Unterformen wie pseudo-apo-sematische, syn-apo-sematische oder epi-sematische Färbungen (vgl. 82f.) – betont Caillois die Mängel der hauptsächlich auf die Färbung, nicht spezifisch auf Mimese und kaum auf „Morphologie" und „Mimik", also das *Verhalten* bezogenen Kategorisierungen:

---

379 Ebd., S. 32. In *Die Schrift der Steine* schreibt Caillois: „‚Die Landschaftssteine sind Traum-Abstellplätze. Sie ködern die Einbildungskraft und lassen sie erst in Ruhe, wenn sie irgendein Bild in ihren Auslagen identifiziert hat. Die lockenden Trugbilder, die jene eher projiziert als entdeckt, verdanken sich gänzlich dem Zufall' [...]. Die Mythen und Doktrinen, die sich um diese Objekte gebildet haben, werden bei ihm in Frage gestellt, um die Deutung des zufälligen und bedeutungslosen Spiels mit Ähnlichkeiten hervorzuheben. Die Formen und Zeichnungen der Steine rufen Bilderrätsel hervor und führen vor, dass diese Projektionen selbst Trugbilder sind" (ebd.). So „wird der Charakter der vollständig arbiträren und aufgrund ihrer Analogie umso signifikanter und schwieriger zu entziffernden Interpretationen selbst evident. Genau aus diesem Grund bringen die starren Steinformationen in ihrer Schnittfläche die Bewegung und das Werden ins Spiel" (ebd.).
380 Albers, Reine und unreine Literatur(-wissenschaft), S. 44.
381 Ebd.

In Wirklichkeit sind die gewählten Kriterien ambivalent: das Tier kann sich verbergen, um zu fliehen oder anzugreifen. Seine Drohung kann berechtigt oder unberechtigt sein. In beiden Fällen muß das Erscheinungsbild, soll es wirksam sein, identisch sein, unabhängig von den Absichten oder Mitteln der Beteiligten. Das Tier strebt eine angenehme Ähnlichkeit an, um anzulocken, eine unangenehme, um auf Distanz zu halten, eine furchterregende, um zu schrecken. Es kommt auch vor, dass es gar keine Ähnlichkeit anstrebt, sich an die Umgebung angleicht oder durch irgendeine sichtbare Verwandlung plötzlich monströs wird und erschreckt, ohne sich dabei auf etwas Bekanntes oder tatsächlich Existierendes zu beziehen. (84)[382]

Caillois plädiert daher für eine „auf der Wesensart des von dem Tier angestrebten oder erzielten Ergebnisses" beruhende, in die drei Aspekte „*Travestie*", „*Tarnung*" und „*Einschüchterung*" (84) differenzierte Typologie. Als unterschiedliche Phänomene der „Täuschung" innerhalb einer Familie oder Ordnung oder zwischen verschiedenen Ordnungen konzipiert, denen Aspekte der Färbung, der Morphologie und des Verhaltens zugeordnet werden, zeigt sich die Typologie zugleich als „Versuch einer einheitlichen Klassifikation von Insekten- und Humanmimikry."[383] In einer Tabelle gliedert Caillois die Kriterien und führt Vergleiche mit menschlichem Verhalten und „Entsprechungen in der menschlichen Vorstellungswelt" (87) an, wobei er zugleich Genderaspekte einführt. „Sein universaler Versuch einer die Grenze von menschlicher Kultur und animalischer Natur überschreitenden Ethologie hat seinen Ausgangspunkt in der Annahme, dass ein natürlicher Trieb der Maskerade existiert."[384] Damit markiert Caillois Mimetismus-Phänomene – gegenüber

---

[382] So „hätten viele Fehler vermieden werden können, wenn die Tiere häufiger in vivo [...] untersucht worden wären" (ebd.). Dies wäre im Sinne der Lamarck'schen Ethologie. Doch statt die Transformation der Morphologie in den Blick zu nehmen, die die frühere Schrift als Metamorphose diskutiert, konzentriert sich Caillois auf Korrespondenzen des menschlichen und tierischen Verhaltens.
[383] Cha, *Humanmimikry*, S. 280; vgl. dazu Caillois, *Meduse & Cie*, S. 85. Die Praktiken „Täuschen" und „Verbergen" (*simulatio*, *dissimulatio*) sind im gesellschaftlich-sozialen Verhalten verankert, wie Caillois nachfolgend herausarbeitet (Geble, Der Mimese-Komplex, S. 188). Die drei Typen ließen sich auf Vignons fotografietheoretische Typologie zurückbeziehen.
[384] Cha, *Humanmimikry*, S. 280. Es sei „dieselbe Lust an der Maskerade, die den Menschen zum Schauspieler macht und die unter den niederen Lebewesen als Insektenmimikry in Erscheinung tritt. Die Geschichte der Mimikry ist die Stammesgeschichte der [...] Maskierung. ,Sobald man diese Hypothese zuläßt, deren Kühnheit ich durchaus ermesse, liefert die unerklärliche Mimikry der Insekten plötzlich ein außerordentliches Gegenstück zu dem Hang des Menschen, sich zu verstellen, zu verkleiden, eine Maske zu tragen, *eine Persönlichkeit darzustellen*. Bei den Insekten allerdings bilden Maske und Verkleidung einen Teil des Körpers, sie sind kein hergestelltes Zubehör. In beiden Fällen jedoch dient die Verkleidung genau den gleichen Zwecken. Sie soll die äußere Erscheinung des Trägers verwandeln und dem anderen Furcht einflößen.'" (Zit. n. ebd., im Verweis auf *Die Spiele und die Menschen*).

der früher beschriebenen Tendenz zur (Über-)Assimilation – deutlich als mimetische Praktiken und bezieht nun auch Mimikry im eigentlichen Sinn ein, den anthropologischen Ursprungskontext des Begriffs *mimicry* revozierend. Den Begriffen seiner Typologie ordnet Caillois Beispiele zu, die er um menschliche Vorstellungen und Praktiken ergänzt. Der *Travestie* (der Mimikry) als „Nachahmung", als „Übernahme eines bestimmten – trügerischen – Erscheinungsbildes und eines identifizierenden Verhaltens, das sich vom Vorbild nicht unterschiedet", entsprechen menschliche „Verwandlungsmythen" und die Verkleidung mit dem Ziel einer „Ähnlichkeit" und Angleichung an anderes (ebd.).[385] *Tarnung* (Mimese) als „Verschwinden" und „Abstreifen der Individualität, die sich auflöst und nicht mehr zu erkennen ist" (88), entsprechen menschlichen Vorstellungen und Praktiken der Unsichtbarkeit, Reglosigkeit und Empfindungslosigkeit mit dem Ziel, zu verschwinden. Der *Einschüchterung* durch Ozellen und bedrohliche Körperformen entspricht der Glaube an bannende Bilder und den bösen Blick, die Tätowierung, der Einsatz von „Maske", „Raserei", „Schreckmimik" und erschreckenden Geräuschen (87). Während Travestie Aktivität erfordert, beruht Tarnung auf Passivität und Einschüchterung auf „Trance" und „Verwandlung" (88). Die durch diese transspezifisch entgrenzte Typologie des Mimetismus hervorgehobenen „Konvergenzen" mit menschlichen Verhaltensweisen, seien, so Caillois, nicht als anthropomorphisierende Projektion zu verstehen, sondern als ‚dezentriertes Bezugssystem', dessen „Kategorien" sich auf „Mythologien oder auf nicht zu unterdrückende Neigungen beziehen" lassen (ebd.). „Einmal mehr sind es unsichere und fehlbare Verhaltensweisen, insbesondere aber Obsessionen, Phantasmen, [...] die Welt der Zwangsvorstellungen und der festsitzenden Ängste, die beim Menschen der Physiologie und dem Automatismus des Insekts entsprechen." (89)

Praktiken der Travestie entsprechen der „in ihrem Kern rätselhafte[n] Erscheinung" der *Mimikry*.[386] Angesichts der die in eine Sackgasse – die thematisierte ‚Krise der Einbildungskraft' – geratene Mimikrytheorie dominierenden Fragen: „Beruht die behauptete Ähnlichkeit lediglich auf einer Täuschung des menschlichen Beobachters und – falls nicht – bietet sie dem Insekt einen wirksamen Schutz?" (ebd.), resümiert Caillois, dies suggeriere eine Scheinalternative, die tendenziös die der Selektionstheorie folgende Zuschreibung einer Schutz-

---
[385] Vgl. auch ebd., S. 88. Dies bringt Caillois mit dem weiblichen Geschlecht in Verbindung; zeitgenössisch ist diese Differenzierung, während Tarnung ein sowohl weiblich als auch männlich konnotiertes Verhalten und Einschüchterung ein männlich codiertes Verhalten sei.
[386] Caillois spricht auch hier von *Mimese*, verdeutlicht aber im Hinweis auf die „nach wie vor unentschiedene[] Debatte über die Mimese im engeren Wortsinn", dass hier *Mimikry*phänomene gemeint sind (ebd., S. 90).

funktion unterstelle: „[S]cheint eine Ähnlichkeit unbestreitbar, muß sie nützlich sein", oder: „die Mimese ist nutzlos, also handelt es sich um eine einfache optische Täuschung seitens der Beobachter." (Ebd.) Doch selbst wenn zufällige Ähnlichkeiten wie die des Totenkopffalters hypertrophe Interpretationen von Gestalt und Zeichnung zur Folge hätten, rechtfertige dies nicht, „jegliche Nachahmung, jegliche Ähnlichkeit, und sei sie noch so präzise und komplex, zu leugnen" (90). Anhand diverser Beispiele und entomologischer Argumente sucht Caillois die These der Nützlichkeit sowohl der Müller'schen als auch der Bates'schen Mimikry zu widerlegen und zugleich zu zeigen, dass Mimikry ‚skandalös' „[n]utzlos und damit unerklärlich [...] nur im Blick auf den ‚struggle for existence'" (94)[387] sei. Sein Ziel ist es, der Forschung in dieser Hinsicht eine neue „Richtung" zu geben (97) und Gegenargumente zu entkräften, die bis zur Leugnung der Mimikry mittels solcher Argumente reichen, die sie als Konstrukt einer getäuschten, Ähnlichkeiten hineinsehenden Einbildungskraft bezeichnen: Sie

> behaupten, dieses trompe l'œil täusche nur das menschliche Auge, oder besser, nur die menschliche Einbildungskraft, die in außergewöhnlichen Gestaltähnlichkeiten, wie z. B. Wolkenformationen, Rindenfeldern oder Mauerrissen, gerne alle möglichen Gegenstände zu erkennen glaubt. Diese neue Position ist stark, denn es genügt, sich unnachgiebig und unbeugsam zu zeigen. Jede Ähnlichkeit kann geleugnet oder dem Zufall, einer willkürlichen Interpretation oder einer unvermeidlichen, aus identischen äußeren Umständen hervorgegangenen Konsequenz zugeschrieben werden. (94)[388]

Ein starkes Gegenargument aus der Genetik beweise allerdings: „Die Mimese existiert, und zwar als autonomer Mechanismus" (96). Die polymorphen Weibchen der Schmetterlingsart *Papilio dardanus* und *Merope* ahmten, zu einer Art mit identisch aussehenden Männchen gehörend, verschiedene Arten nach, *Melinaea* sogar geografisch unterschiedlich geformte *Heliconius*-Schmetterlinge, wobei die „Ähnlichkeit [...] durch unterschiedliche Mittel erreicht" werde (ebd.).[389] „Wozu aber all diese

---

[387] Caillois diskutiert in einer längeren Textpassage die einander widersprechenden Positionen: So würden auch genießbare und seltene ungenießbare Arten nachgeahmt, wodurch sich beim Räuber kein Lerneffekt einstelle; zudem sei im Sinne der Selektionstheorie nicht erklärbar, wie die Koevolution mit Räubern wie Vögeln, von denen angenommen werde, dass sie schlechte Augen haben, in den Anfängen verlaufen sein könne. Nehme man an, die Vögel hätten gute Augen, müsste die Transformation plötzlich erfolgen, um einen Überlebensvorteil zu bieten. Auch habe eine Studie McAtees zum Inhalt von Vogelmägen, in denen insgesamt wenige Schmetterlinge, aber viele mimetische Arten gefunden wurden, die „völlige Nutzlosigkeit der Mimese" erkannt (ebd., S. 94).
[388] Eine solche Position vertritt etwa Franz Heikertinger, auf den Caillois hier verweist.
[389] Die Nachahmung eines Vorbilds durch „verschiedene Nachahmer" schließe „einen alleinbestimmenden, aus der Umwelt kommenden Einfluß auf den Nachahmer offenbar" aus (ebd.) Auch hier ist die frühere These implizit zurückgenommen.

Übereinstimmungen, all diese Nachahmungen" (ebd.), fragt Caillois – und vergleicht das durch die Biologie nicht abschließend erklärte Phänomen der menschlichen „Mode", die er auf „Mimese", „Ansteckung" und „Faszination" durch ein „grundlos nachgeahmtes Modell" gegründet sieht (97). Mehr als eine „Metapher", dient dieser bewusst spekulative Vergleich dazu, „die schädlichen und unfruchtbaren Verbindungen aufzulösen, die im Geist der Spezialisten die Mimese und den biologischen Nutzen so eng miteinander vereinen" (ebd.). Caillois setzt das im Rekurs auf die polymorphen Schmetterlingsweibchen belegte „Gesetz der reinen Verkleidung", das mimische „Streben, für etwas anderes durchzugehen", gegen die Rückführung der Mimese auf „biologische Notwendigkeit". Allein: „Der Mechanismus bleibt zweifellos rätselhaft" (ebd.), nach dem die „autoplastische Energie" das äußere *Erscheinungsbild*" forme; Caillois nimmt auch hier eine „organische Plastizität, die die Mimese ermöglicht", an, wobei in Fällen, in denen etwa Ameisen und Wespen imitiert werden, die „gesamte Körperstruktur" und zudem das bedrohliche Verhalten ‚mitkopiert' werde, wenn – so Caillois' anthropomorphisierende Wendung – eine „falsche Wespe schauspielert" (98).[390]

Eine noch „verwirrender[e]" Assimilierung erreiche der zweite Typ, die Tarnung der *Mimese*:

> Die Metamorphose, die Anpassung kann immer noch vollständiger, noch weitgehender sein und eine vollkommene Ähnlichkeit mit einem Blatt, einem Ästchen, einem Dorn, einer Rinde, einer Flechte, einem Kiesel erreichen. Sie lösen, so scheint es, das Tier in seiner Umwelt auf und entziehen es den Blicken. (99)

Um solche „Angleichung" und „Unsichtbarkeit" zu erreichen, werden die Konturen des Körpers durch Färbung aufgehoben, durch „Reglosigkeit" und weitere Mittel „bis hin zu der verwirrenden Ähnlichkeit der Blatt-Insekten oder Ästchen-Insekten, bei denen das Zusammenspiel von Färbung und Körperstruktur eine vollendete Täuschung ergibt." (Ebd.) Caillois führt die frühere Mimese-Studie ergänzende Beispiele von ‚Verkleidungen' und ‚Maskierungen', der Homochronie und Homotypie an, darunter das der Schmetterlingsflügel, die in der Nähe großer Industriestädte schwarz würden, Flecken und Streifen im Wald lebender Tiere, aber auch die Formangleichung etwa der Blatt-Fische, Seedrachen bzw. Fetzenfische.[391] Vor allem Insekten wie *Kallima* oder die Heuschrecken *Pterochroza* und *Anommatoptera manifesta*, die auf perfekte Weise

---

[390] Vgl. Cha, *Humaanmimikry*, S. 281. Hier werde die Müller'sche Mimikry des Schmetterlings *Aegeria apiformis* beschrieben. Nur die „äußere Form" werde verändert; die übrigen „Unterscheidungsmerkmale seiner Art" blieben gleich (ebd.).
[391] Zu den „‚somatolytischen' Farben, die den Gegenstand auflösen oder zerstreuen" (ebd., S. 102) kommen die veränderlichen Hautfarben bspw. des Chamäleons.

das Aussehen zerfressener, pilzbefallener Blätter mimen, steigerten die Tarnung zu einer außerordentlichen Komplexität, wobei

> das Gebaren die Form ergänzt. Das Insekt nimmt instinktiv das Verhalten an, das ihm den größten Vorteil aus der vorgetäuschten Ähnlichkeit zu ziehen erlaubt. Deswegen ist es schwierig, diese Ähnlichkeit lediglich als einfache Sinnestäuschung oder auch nur als das erstaunliche, aber doch folgenlose Ergebnis einer zwischen Pflanze und Tier gleichlaufenden Anpassung abzutun. Denn die Ähnlichkeit wird *ausgenutzt*. (104)[392]

Doch biete auch die Mimese keinen besonderen Schutz und sei insofern ‚nutzlos', als seltener die „Gestalt" den Räuber anlocke als Geruch und Bewegung; auch sei die „Unzahl an Trugbildern" und die „Raffinesse" etwa der Vortäuschung von Fraßspuren als Schutzfunktion allein nicht zu erklären (105). Auch als bloßer Zufall lasse sich das Phänomen nicht fassen, denn die Täuschung gelinge einzig durch eine bestimmte „Konfiguration", die durch die Körperhaltung und aktive Verhaltensweisen ergänzt werde (ebd.). Caillois verweist hier auf die „Faszination durch das Andere", die für die Travestie (Mimikry) geltend gemacht wurde, eine Identifikation, „die den Mimen dazu bringt, freiwillig ein bestimmtes Äußeres und ein bestimmtes Verhalten zu übernehmen"; parallel dazu nimmt er eine „Neigung, sich täuschend unsichtbar zu machen" an, eine Tendenz zur „Selbstauslöschung" (ebd.). Angesichts des „Perfektionswahns" mancher mimetischer Insekten spricht Caillois auch hier von der „*Hypertelie*" des „Streben[s] nach Unsichtbarkeit" (ebd.). Auch die menschliche Tarnung greife auf somatolytische Farben und Blattwerk zurück, wie in der Camouflage.[393] „Doch wie immer ist in der menschlichen Einbildungskraft die wirkliche Entsprechung zu den in der Anatomie bzw. im Instinkt des Insekts fixierten Phantasmen zu suchen." (106) Kinderspiele, Märchen, Mythen und Sagen thematisieren das Unsichtbarwerden, unsichtbar machende oder unsichtbare Gegenstände oder Personen und die „plötzliche" Enttarnung unscheinbarer Helden (ebd.). Hier zeigt sich ein Zusammenhang mit der dritten Mimese-Funktion: der der Einschüchterung.

Im Blick auf diese dritte Funktion müsse die Mimese von einem „allzu engen Ähnlichkeitsbegriff" gelöst werden, „auch wenn man von ihm nicht vollständig absehen" könne (107). Wo etwa das Einschüchterungsverhalten ein großes und gefährliches Tier vortäusche, sei

---

[392] Dies deutet einen bewussten *Einsatz* der Mittel an, was so etwas wie Selbstbewusstsein oder Technik voraussetzt, die der oben als ‚kognitive' anthropologische Differenz formulierten Abgrenzung menschlicher kognitiver Funktion von tierischen Instinkten zu widersprechen scheint.
[393] Vgl. ebd., S. 106; vgl. Shell, *Hide and Seek*; vgl. das Kap. „Warfare and camouflage", in: Boon, *In Praise of Copying*, S. 118–120.

die Ähnlichkeit nur eine Folge der Einschüchterung [...]: sie ergibt sich, weil die Mittel der Einschüchterung nicht unbegrenzt, sondern wahrscheinlich weniger zahlreich sind als die überhaupt möglichen Erscheinungsformen oder Verhaltensweisen. Also werden gewisse abschreckende Formen oder Verhaltensweisen einander zwangsläufig ähneln, ohne daß wir es notwendigerweise mit einer einseitigen Kopie zu tun hätten. (Ebd.)

Beispiel für diese These sind die Ozellen, die „Augen ähneln"; ihre „starre, strahlende Kreisform" (ebd.),[394] das plötzliche Vorzeigen und ihre *„unmäßig*[e]" Größe im Verhältnis zum Körper, die monströs und verfremdend wirkt, sind die Aspekte, durch die sie erschrecken (110). Die durch ihre „starre Kreisform hypnotisch" wirkenden und durch die „Ähnlichkeit [...] der Kreisform" an Augen *erinnernden* Ozellen erregten die Imagination aufgrund ihrer „Zweideutigkeit" (112). Es handle sich *nicht* um ein „Trugbild" oder „Abbild des Auges"; Caillois zufolge sind Ozellen kein „Nachbild oder Sinnbild des anderen", sondern eher „übernatürliche Erscheinungen [...] wie aus dem Jenseits", die plötzlich erscheinen, „riesig, blind, empfindungslos, phosphoreszierend und mit der Starre und unheimlichen Perfektion geometrischer Figuren" (112 f.).[395] Dem korrespondiere der in Magie, Mythologie und Volksglaube belegte, „ausgehend von einem bereits überwundenen animalischen Atavismus" entwickelte „Glaube an den bösen Blick", dessen Bann es durch Flucht oder „Gegenzauber" zu brechen gilt (113).

Diese Hypothese leitet ein zweites Unterkapitel ein: „Um es zu wiederholen: Das Verhalten des Insekts erklärt – mit den üblichen Abweichungen und über den Umweg der Fabulation – die Mythologie des Menschen" (ebd.).[396] Die mythologische Entsprechung der Ozellen wird am Beispiel der „Medusa" ausgeführt: „[W]er sie [die Gorgonen, S. B.] erblickt, oder wen sie erblicken, den lähmen sie und verwandeln ihn in Stein." (114)[397] Auch die versteinernden und

---

394 So wird der Fall des *Caligo* aufgegriffen: Es handle sich nicht um eine tatsächliche Ähnlichkeit, da die „Ozellen von *Caligo* an sich abschreckend wirken, ohne daß der Schmetterling dabei im Geringsten an eine Eule erinnert; denn die Augenflecke sind auf den Flügelunterseiten der in Ruhestellung zusammengefalteten Flügel und daher nie gleichzeitig zu sehen. (Ebd., S. 108) Vgl. Lunau, *Warnen, Tarnen, Täuschen*, S. 53, der die Hypothese anführt, hier werde die *Anolis*-Eidechse nachgeahmt.
395 Als Beleg dient ihm die ‚Kombination' von Auge und Ozellen, als die er die Augen der Nachtvögel beschreibt – die zudem ebenfalls getarnt seien, so dass man allein die monströsen Augen sehe (vgl. ebd., S. 112).
396 Der Begriff der ‚Fabulation' verweist wiederum im Wortlaut auf ‚fabulatorische Funktion' der Einbildungskraft.
397 Aus der Umdeutung des Mythos Perseus', der das Gorgonenhaupt abschlägt, zu einem Initiationsritus, aus dem der Jüngling mit der Maske bewährt hervortritt, leitet Caillois einen Zusammenhang zwischen dem Glauben an den bösen Blick und „dem Sinngehalt der Maske in den primitiven Gesellschaften" ab: Das *tertium comparationis* bilde die Tatsache, dass der

tötenden Blicke des von Alexander von Myndos beschriebenen Wildschafs Gorgo, Plinius' Katoblepas und der von ihm erwähnte Basilisk, den sein eigener Anblick im Spiegel tötet, verkörpern die „Angst vor dem Auge" und die Bannkraft des „Zeichen[s] des Kreises", die durch apotropäisch projizierte Monstren, Masken und Trancen verkörpert wird (116).[398] Diese „Homologie" leitet über zu dem „Problem der Maske", das Caillois im dritten Kapitel, „Zauberei" bespricht, das er mit dem Motto einleitet: *„Die Zauberei, oder – was auf das selbe hinausläuft – der Glaube an die Zauberei läßt sich nur erklären, wenn sie auf etwas beruht, das über die Grenzen der Gattung hinausgeht oder älter ist als sie."* (117) Diese transgenerische bzw. transspezifische Struktur soll auch hier eine ‚diagonale Verwandtschaft'[399] sein.

Dass Ozellen tragende Insekten meist mimetisch im Sinne der Tarnung seien, ist Caillois zufolge kein Zufall; er geht von einer janusköpfigen Verbindung beider Phänomene aus, die ermögliche, dass Schreckmale plötzlich

> *erscheinen*. Zunächst sind sie unsichtbar, aber schlagartig blitzen sie auf. Die Mimese verbirgt nicht nur, sie läßt ihren Träger verschwinden. Und plötzlich tauchen da, wo gar nichts vorhanden zu sein schien, aus einer Art Abwesenheit oder mindestens einer schwer auszumachenden, unkenntlichen Neutralität enorme, unglaubliche Kreise in grellen Farben auf, deren Starre fasziniert. (118)

Die Theatralik dieser Inszenierung steigere die „Wirksamkeit der furchtbaren Überraschung", die einen „hyperbolischen, imaginären Schrecken, dem keine tatsächliche Gefahr entspricht", auslöst, der allein durch „das Fremde und Phantastische wirkt", sogar „übernatürlich erscheint, auf nichts Wirkliches verweist und gewissermaßen aus dem Jenseits auftaucht" (ebd.). Dieses durch die „zweiteilige Maske" hervorgerufene Einschüchterungsverhalten (ebd.), begleitet von einer der „Trance" vergleichbaren Mimik, entspreche dem ekstatischen „Gebaren des Magiers" in magisch-mimetischen Praktiken (119).[400] Zwar trete die „Bedeutung der Maske und des Maskentaumels", so Caillois' von ethnologischen Berichten gestützte „kühne Hypothese", mit dem Eintritt in „die Geschichte und in die Zivilisation" zurück; doch bewahre die Maske als Gegenstand des Karnevals und

---

„zufällige oder frevelhafte Anblick der Maske durch einen Uneingeweihten so oft als todbringend" oder gefährlich beschrieben wird. (Ebd., S. 115) Caillois führt die Analogie noch weiter. So sei die „Ägide ein Doppel des *Gorgoneion*", das Ziegenfell, das später zum Harnisch Athenes wird und mit dem Gorgonenhaupt als Schild kombiniert wird; sie sei „ursprünglich eine komplette Verkleidung und das *Gorgoneion* die Maske dazu" (ebd.).
398 Vgl. Plinius d. Ä., *Naturkunde*, Lat.-Dt., hg. v. Robert König, Buch VIII: Zoologie: Landtiere, Kapitel XXXIII, § 78.
399 Vgl. Johach, Diagonale Verwandtschaften.
400 Caillois schiebt hier einen Exkurs aus *Les Jeux et les Hommes* ein.

des Festes ihre „Macht": Als „körperfremdes Gesicht, das zugleich verbirgt und Entsetzen hervorruft", „vereinigt [sie] die Funktionen von Mimese und Ozellen" (120). Funktional äquivalent seien das plötzliche Vorzeigen von Ozellen und Masken, die der Magier plötzlich aufnimmt, die Verwandlung der Trance und ihre „optischen und rhythmischen Effekte", durch die er von einer anderen Macht „verfremdet" scheint (121).[401] Dabei betont Caillois auch für menschliche Praktiken der *Verwandlung*: „[D]ie Masken, die bannen, sind auch mimetisch. Die verschiedenartigsten Kleinigkeiten tragen in wohldurchdachter Weise dazu bei, sie dem menschlichen Antlitz so *unähnlich* wie irgend möglich zu machen."[402]

Gestalten mit seltsamen Körperformen ausgestatteter mimetischer Insekten erschienen dabei der Forschung mitunter als zweckmäßige Tarnung, wo sie doch im Gegenteil einer Zurschaustellung gleichkämen, und geben so Anlass zu einer Fehlinterpretation aufgrund trügerischer Ähnlichkeiten – „[n]ichts ist bedenklicher als diese Interpretationen, nichts willkürlicherer als die Ähnlichkeit mit der oder jener Pflanzenform" (123).[403] Caillois warnt vor solchen scheinbar offensichtlichen „Analogien",

> die zu direkt in meine Richtung gehen. Klüger scheint es mir, allzu großen Ähnlichkeiten zu mißtrauen. Ich suche nicht die formalen Analogien, sondern die funktionalen Korrespondenzen, und in dieser Hinsicht ist das Pendant zum maskentragenden Zauberer nun einmal der Träger von Ozellen. (124)

Ein im vierten Kapitel verhandeltes letztes Beispiel ist die Leuchtzirpe *Fulgora*, deren Fall dem der „Truggesichter" entspreche (ebd.)[404] – ein weiteres Beispiel für eine erschreckende Gestalt, die nach G. M. Henry einen Auswuchs in Form einer Krokodilschnauze trägt.[405] Die alligatorähnliche Form dieses Kopfes löst die abergläubische Mythenbildung um den ‚bösen Blick' des Insekts aus, das auch unter den Namen „Kopf des Jacare (i. e. Alligator, auf Guarani)" (127) und *alligator bug* bekannt ist. „An irgendeine Mimese läßt sich kaum denken", da

---

[401] Caillois spricht von „konvulsivischem Zittern" (ebd., S. 121).
[402] Ebd., S. 122 [Hv.: S. B.].
[403] Als Beispiel dient die Art *Parantonae dipteroides*, die nach Fowler einer Fliege ähnelt. Doch die „Anhängsel ähneln [...] eigentlich überhaupt nichts und dienen auch zu nichts" – so könnten Gestalten verschiedenste Assoziationen wecken, etwa an Manuskriptseiten Tagores oder – so Paul Pesson – an ozeanische Masken (ebd.).
[404] Ihr Beispiel motiviert den Hinweis: „Klassifikationen sind sehr kurzlebig" (ebd.). Eine Fehlinterpretation, unter anderem begründet von Marie-Sybille Merian, hielt die Leuchtzirpe, die einen blasenförmigen, transparenten Auswuchs am Kopf trage, für ein leuchtendes Insekt („„Laternenträger'"); Victor Hugos literarische Verarbeitung habe sie „mit der dämonischen Alraune in Zusammenhang gebracht" (ebd.).
[405] Vgl. ebd., S. 111.

ein „Krokodilskopf" in Miniaturmaßstab an einem Insekt schwerlich zu erklären sei – jedenfalls nicht im Sinne einer *Imitation* (128). So wurde gegen die Mimikryhypothese das Argument vorgebracht, es handle sich um eine Täuschung der „menschlichen Einbildung" (129). Doch werde deren „Einfluss" hier überschätzt, so Caillois; denn die „Elemente, die die Ähnlichkeit bewirken, erzielen diesen Effekt nur aufgrund ihrer besonderen Verteilung"; so korrespondiere die Anordnung der Formen tatsächlich in der Genauigkeit eines „Puzzles" der Form eines Krokodilkopfes und sei *kein* zufälliger Effekt des Ähnlichkeitssehens – was den als Motto zitierten Kommentar motiviert: „Ich gebe zu, daß die Ähnlichkeit absurd, ja ärgerlich ist, aber ich kann nun einmal nicht, nur um ein Ärgernis zu vermeiden, den Augenschein leugnen." (Ebd.)

Die *Fulgoriden* seien durchaus mimetisch, durch unscheinbare Färbung und Musterung getarnt, um, so Caillois, den Effekt der „Echsen-Maske" zu verstärken, die durch große Ozellen ergänzt werde; auch wenn der Krokodilkopf in Anbetracht der Größenverhältnisse lächerlich scheine, mag er doch – einer These Henrys folgend – als „Instrument des Schreckens" dienen (ebd.). Caillois' „abenteuerliche" Spekulation legt nahe, dass, ebenso „[w]ie das Gebaren der Mantis einem menschlichen Mythos entspricht, die Strukturen der Strahlentierchen platonisch sind, [...] der *Vorrat an Schreckmasken* begrenzt" ist:

> Die Maske der Leuchtzirpe *ahmt* eine Echsenschnauze *nicht* etwa *nach*. Sie stellt vielmehr eine Variante davon im Insektenmaßstab dar [...]. Es handelt sich nicht um eine Nachbildung, vielmehr um ein Original, das ebenso alt ist wie der Kopf des Krokodils, der dem Menschen nur deshalb als Modell erscheint, weil er ihm länger bekannt und vertrauter und vielleicht auch, weil er größer ist. (130)

So sei unter anderen Umständen ebenso denkbar, dass man sich fragen müsse, warum „das Krokodil wohl die Leuchtzirpe nachahmen sollte" (ebd.). Diese polemische Formulierung deutet nicht nur an, dass die Mimikryforschung eine problematische Richtung der *Nach*ahmung unterstellt, die Fehlinterpretationen erzeugt – so erscheint hier Ähnlichkeit nicht als *Ziel*, sondern als *Effekt* mimetischen Verhaltens –, sondern auch, dass die ‚ärgerliche' „Ähnlichkeit des Aussehens" offenbar einer alternativen Ausdeutung bedarf:

> Bleibt die Ähnlichkeit des Aussehens: Hier kommt mir meine Hypothese nun selber ungereimt vor, wenigstens nach dem derzeitigen Stand der Wissenschaft. Ich nehme an, daß die beiden Abbildungen nichts miteinander zu tun haben und trotzdem einander homolog sind, daß sie einander tatsächlich entsprechen, ohne daß eins dem anderen etwas schuldet. Ich unterstelle, daß beide zugleich autonom und verschwistert sind. Dabei gebe ich zu

bedenken, daß die Urbilder oder Archetypen, über die die Natur verfügt, nur in begrenzter Zahl vorhanden sind. Ich will sagen, daß eine gewisse Trägheit oder ein gewisser Geiz die Anzahl der Muster, die Schreckmasken inbegriffen, von sich aus begrenzt. (130 f.)[406]

Angesichts des Gebrauchs von Ozellen und ‚Schreckmasken' – eine „wirksame Verwendung der Attrappe", denn das „Insekt gebärdet sich als ‚Allbezwinger', als Träger von Masken'" –, den Caillois psycholamarckistisch durch „Angst" motiviert sieht, folgert er: „Ich glaube also nicht länger an Zufälle und Konvergenzen", und formuliert seine anthropomorphisierende Deutungsentscheidung als Credo: „Meine Wahl steht fest" – von der *„Maske* der Leuchtzirpe" zu sprechen (131).[407] Analogien und Analogiemetaphern können also als bewusste Deutungsakte, so suggeriert Caillois, anders unerklärliche transversale Phänomene erschließen: Die funktionale Äquivalenz im beschriebenen Sinn – die ethologische Homologie des *Einsatzes* der Maske – wird so angemessen bezeichnet. Ein letztes Mal den Unterschied der Vergleichspole, der morphologisch manifestierten 'Maske' und ihres „bewegliche[n] äußere[n] Scheinbild[s]" im magischen Gebrauch, herausstellend, schließt er: „Aber der beabsichtigte Effekt ist der gleiche, die Mittel, ihn zu erreichen, sind symmetrisch." (Ebd.) Die vergleichende Feststellung von Ähnlichkeiten leugnet nicht Differenzen, sondern bedarf ihrer – die somit kein notwendiges Gegenargument darstellen: „Nur so, in Anerkennung dieses Unterschiedes, ist die Übereinstimmung genau." (132)

Der Schluss des Textes reformuliert die These der *Kontinuität*: „Jede dieser Gegebenheiten entspricht irgendeiner Zwangsvorstellung, einem Mythos, irgendeinem Glauben, einem irrationalen und gebieterischen Verhalten des Menschen." (Ebd.) Caillois wiederholt die *tertia* des Vergleichs von Insekt und Mensch, wie Gemeinschaftsbildung und Kommunikation, und zugleich den „unvermeidlichen Gegensatz zwischen Automatismus und Freiheit, zwischen starrem Schema mit ewiger Wiederholung und der erfinderischen Neuerung, dem Geschichtsverlauf": Morphologie und Instinkt stehen der menschlichen „Fähigkeit, (zunächst) ungefüge Werkzeuge, (zunächst) unzureichende Waffen, und beschwerliche Klei-

---

406 Die „abenteuerliche" Deutung sei weniger „irrwitzig" als die Annahme einer teleologischen „Finalität", die darauf ziele, durch das Krokodilgesicht Affen zu erschrecken (ebd.). In dem von Henry beschriebenen Fall der Puppe von *Dysphania (Euschema) palmyra* sehe „der Vogel [...] in der Puppe nicht seinen auf ein Kleinformat reduzierten Feind, doch löse die Ähnlichkeit in ihm den Reflex der Furcht aus." (Ebd., S. 111).
407 Dies verweist nicht nur darauf, dass hier eine Analogie-Metapher als ‚neuer Name' dient, der eine Homologie benennt; es verschiebt die Argumentation in die Richtung der Annahme einer Absicht und Technik des Insekts als Anlage kognitiver oder imaginärer Funktionen, die sich von denen des Menschen nur graduell unterscheiden.

dungsstücke anzufertigen, die nicht körpereigen sind", gegenüber (ebd.). Dieses adaptiv-kompensatorische Vermögen „begründet die Freiheit der Entscheidung", die ambige Sprache[408] oder die Wechselfälle der Geschichte menschlicher Gesellschaften an Stelle der unveränderlichen „Ökonomie" der Insektengesellschaft; es „lädt ein zur mathematischen Spekulation mit Hyperräumen, mit unanschaulichen, wenn nicht unbegreiflichen abstrakten Volumina, hervorgegangen aus einem raffinierten freien Spiel mit willkürlichen Symbolen." (133)[409] Die menschliche „Fähigkeit" zu Entwicklung, Erfindung und Gestaltung, deren Anlagen in der Natur verortet wurden, bringe etwa Malerei hervor,

> führt zu Mythen, Phantasmen, möglicherweise Alpträumen, aber nicht zu aufgezwungenen Verhaltensweisen und Verhängnissen, die keine Wahl lassen. Mit einem Wort: sie bringt das Individuum ins Spiel, das freier und fruchtbarer ist als die Art. Das Bewußtsein, das außerhalb und nicht im Organismus, seinem Träger, wirksam ist, hat zweifellos die Eigenschaft verloren, unfehlbar und nachtwandlerisch sicher zu sein. Es zögert, es tastet umher. (Ebd.)[410]

Es folge zwar den „gleichen dauerhaften und geheimnisvollen Entwürfen" wie die Insektenwelt, doch „innerhalb der Grenzen, die es genau kennt, vielleicht hinauszurücken lernt, ist seine unbeholfene Phantasie frei. Und sie erschafft." (Ebd.) Hier bricht Caillois seine „abenteuerliche, [...] schimärische Konstruktion" ab, um noch einmal der Assoziation von Maske und Leuchtzirpen-Kopf zu folgen – sie zeige „[e]in letztes Mal: es gibt nur eine einzige Natur. Vielleicht ist es das Glück des Menschen – vielleicht sein Mißgeschick? – in dieses ungeheure Räderwerk einen spielerischen Zug gebracht zu haben." (134)

Die „Nivellierung der anthropologischen Differenz"[411] erscheint in diesem Ausklang gemäßigter und differenzierter als in der surrealistischen Grenzverschiebung der Mimese-Studie: Bewusstsein, Individualität, Freiheit, Spiel, Sprache und Kunst unterscheiden den Menschen vom Tier. Doch betont Caillois auch

---

408 „Diese Fähigkeit, die sich unendlich entwickeln kann, ist der Inbegriff des Probierens, des Irrtums und der Korrektur des Irrtums. Zugleich begründet sie die Freiheit der Entscheidung. An Stelle eines Systems eindeutiger Zeichen wie jenes feststehenden Codes von Volten und strenger Choreographie, der in völliger Verkennung des verworrenen Wesens der Sprache, aber doch auch in Würdigung einer einwandfreien funktionalen Ähnlichkeit mit ihr *Bienensprache* genannt wird, setzt sie ein ungenaues, zweideutiges Verständigungsmittel voraus, das zu Sinnwidrigkeiten Anlaß gibt." (133).
409 Wie bei Montaigne, so wird hier deutlich, gereicht die Überlegenheit des Menschen ihm nicht nur zum Vorteil.
410 Hier scheint Caillois nun Plessners These der ‚exzentrischen Positionalität' oder eine vergleichbare These anzunehmen.
411 Cha, *Humanmimikry*, S. 285.

hier: *Es gibt nur eine einzige Natur.* Dies bedinge das Weiterwirken mimetischer Triebe und Verhaltensweisen in der Imagination, in Praktiken, Mythen, Atavismen und Phantasmen; zugleich wird eine zweckfreie, spielerische, ästhetische Tendenz der Natur unterstellt, woraus sich vielfältige Korrespondenzen zwischen Natur und Kunst ableiten lassen. Dabei wird die assimilationistische Argumentation in der transspezifischen ethologischen Typologie noch expliziter. Differenzen zwischen Mensch und Tier werden anerkannt, doch nicht als bedeutend genug gewertet, um Analogiebildungen zu delegitimieren oder die Annahme einer anthropologischen Differenz im starken Sinn zu rechtfertigen: „Man positioniert den Menschen sozusagen möglichst nahe beim Tier, indem man davon ausgeht, dass auch Tiere über alle die Merkmale verfügen, an denen die anthropologische Differenz festgemacht wird. Man kann auch von einer *Entwicklungskontinuität* verschiedener Tierarten ausgehen, zu denen der Mensch mit gehört."[412] Anthropologische Differenz wird auch hier durch eine Argumentation konterkariert, die, mal den Menschen in dezentrierender Perspektive theriomorphisierend,[413] mal anthropomorphisierend, Differenzen einräumt und dennoch explizit *Ähnlichkeiten* zwischen Mensch und Tier, Natur und Kunst, Natur und Kultur betont. Dieses ausbalancierende Moment entspricht nicht nur dem von Montaigne gesuchten ‚Gleichgewicht' zwischen Mensch und Tier als Lebewesen ‚einer Natur', sondern auch dem integrativen Ansatz Goethes, der das Analoge zugleich ‚gesondert und verknüpft' sieht und der angestrebten Synthese der Positionen des Unterscheidenden und des Zusammenfassenden zum Trotz für den Analogiker plädiert. Beide Aspekte lassen sich als Teil der strategischen Ähnlichkeitsepistemologie Caillois' lesen, die ihre Thesen oft genug als ‚abenteuerlich' und spekulativ markiert, sie jedoch zugleich als explorative Interventionen gegen eine reduktive Naturdeutung und anthropozentrische Überheblichkeit setzt.

Dabei geht es in der Neudeutung der Phänomene von Mimikry und Mimese – die ihre frühere Deutung als Störung des Raumverhältnisses, Pathologie des Unterscheidungsvermögens und Manie exzentrischer Mimesis zugunsten einer theoretischen Entwicklung unterschiedlicher Aspekte mimetischen Verhaltens ersetzt –,

---

412 Wild, *Die anthropologische Differenz*, S. 8f. Wild unterscheidet eine schwache Form des Assimilationismus (z. B. Locke), und eine starke, die Unterschiede nicht als wichtig genug bewertet, um anthropologische Differenz anzunehmen (z. B. Hume) (ebd., S. 9f.). Das ‚differentialistische' „Problemfeld", das aus der Positionierung des Tiers „möglichst weitentfernt vom Menschen" entsteht: „Wie müsste eine Theorie aussehen, die die zahlreichen, den menschlichen kognitiven und praktischen Leistungen analogen Leistungen der Tiere erklären kann, ohne auf die Fähigkeiten zurückzugreifen, welche den Menschen gerade so stark vom Tier unterscheiden, d. h. dem Tier abgesprochen werden?" (ebd., S. 8), scheint Caillois in diesem Text als argumentative Maske einer ‚diskursiven Mimikry' anzunehmen.
413 Cha, *Humanmimikry*, S. 90.

auch um Praktiken der „Humanmimikry" in ‚primitiven' Gesellschaften, in denen „noch ein Glaube an die Verwandlungen existiert und das Spiel mit Masken gepflegt wird", und in der Moderne: Ist „die Fähigkeit zur Mimikry [...] auf dem langen Weg in die moderne Zivilisation ausgetrieben worden? Oder finden sich noch in der Gegenwart Reste dieses einst so mächtigen Verlangens?"[414] Diese Frage beantwortet Caillois ähnlich wie Benjamin positiv, etwa am Beispiel der Mode, der Funktion der Maske im Karneval, in Literatur und Imagination – gerade auch im Rekurs auf die mimetischen Entsprechungen der ‚treffenden' Einbildungskraft. So ist es auch hier das „Auftauchen des Menschen inmitten der Mimikrytiere", das es ermöglicht, „das Feld des Wissens neu zu strukturieren".[415] Explizit behandelt Caillois in den auf mimetische Praktiken „in diversen kulturellen, historischen und religiösen Kontexten und Variationen [...], sei es als Nachahmung im Kindesalter, im Theater, im Film, im Alltag oder in totemistischen Ritualen", konzentrierten Schriften *Meduse et Cie* und *Les jeux et les hommes* das mit ‚Ähnlichkeit' assoziierte Phänomen der Mimikry, das er von der mit ‚Verschwinden' verbundenen Mimese abgrenzt. So thematisiert er auch hier ähnlichkeitserzeugende mimetische Praktiken, die den Körper des Nachahmenden verwandeln, etwa im sibirischen Schamanenkult:

> Die *mimicry* erscheint dagegen in der Pantomime, der sich der Besessene hingibt. Er ahmt Laut und Haltung übernatürlicher Tiere nach, die sich in ihm inkarnieren: Er kriecht auf der Erde wie die Schlange[,] brüllt, läuft auf allen Vieren wie der Tiger, ahmt das Tauchen der Ente nach oder bewegt die Arme wie der Vogel seine Flügel. Sein Gewand zeigt seine Verwandlung an.[416]

Moderne Formen mimetischer Praktiken wie Theater und Karneval implizieren demgegenüber eine „Domestizierung und Disziplinierung von Instinkten wie der Mimikry, die verbannt werden, weil sie rauschhafte Zustände befördern."[417] Entgegen solcher Disziplinierung, die „die rauschhaften Kunstformen der Verwandlung marginalisiert", betont die „‚Verbindung von Maske und Rausch'" ihr „schöpferisches Potential" – nicht frei von romantischer Nostalgie und „primitivistische[r] Faszination" gegenüber einer als „fantasiefeindlich angesehenen Zivilisation".[418] Cha sieht darin eine Ambivalenz bezüglich der produktiven Kraft des *hors de soi*:

---

414 Ebd., S. 279.
415 Ebd., S. 280. Dies, so Cha, um den Preis begrifflicher Unschärfe; so werde Bates'sche Mimikry der Travestie zugeordnet (vgl. ebd., S. 81).
416 Zit. n. ebd., S. 283 (im Verweis auf Caillois, *Les jeux et les hommes*).
417 Ebd., S. 284. Vgl. zu Adornos und Horkheimers Konzeption der Mimesis als zivilisatorisch unterdrückt und organisiert in der Zuschreibung von Alterität als Legitimation der Disziplinierung Taussig, *Mimesis und Alterität*, S. 108 f., passim.
418 Cha, *Humanmimikry*, S. 283.

7.3 *Meduse und Cie*: Ähnlichkeit als Methode der poetischen Wissenschaft

Das Konzept der Mimikry erfordere Kontrolle, um „den ästhetischen Schein im Als-ob-Modus zu halten", die in der schamanistischen Verwandlung ‚korrumpiert' sei.[419] Doch *Ähnlich-sein* ist nicht gleichbedeutend mit dem überassimilierten *Gleich-Sein*, wie es Caillois' frühere Studie als Extrem mimetischer Anverwandlung konzeptualisiert. Bildet in der Mimese-Studie die pathologische Assimilation das *tertium* des Vergleichs von Tier und Mensch, so deutet sich in der späteren Umperspektivierung mimetischer Praktiken das Repertoire eines produktiven Umgangs mit der Ähnlichkeit des Anderen und dem Wunsch nach Verähnlichung und Selbstveränderung an.[420] Der Einsatz mimetischer Gesten gehört nicht nur zu den Techniken der Magie, die den Modellfall für eine solche *Kunst der Verwandlung* darstellen, mimetische Praktiken umfassen neben Formen von Spiel und Kunst auch die Integration der Imagination: In dem sich darin implizit andeutenden Ansatz einer Mimesis als „alternative Wissenschaft"[421] ließe sich ein ‚souveränes'[422]

---

[419] Vgl. ebd., S. 283, Anm. 528: „Die Korruption der mimicry [...] entsteht, wenn der Schein nicht mehr als solcher wahrgenommen wird, wenn derjenige, der sich verkleidet, an die Realität der Rolle, der Travestie oder der Maske glaubt. Dann spielt er nicht mehr diesen anderen, den er darstellt. Er ist überzeugt, der andere zu sein und verhält sich in der Folge so, als vergäße er, wer er ist. Der Verlust seiner eigentlichen profunden Identität wird die Strafe für den, der unfähig ist, seine Neigung, eine fremde Persönlichkeit anzunehmen, auf das Spiel zu beschränken."

[420] Vgl. Eidelpes, *Entgrenzung der Mimesis*, S. 81: „Gegenüber gelungenen magischen Handlungen bleiben ‚manische' Formen der Magie wie die Mimese letztlich passiv und machtlos." Der Schamanismus gehöre gerade nicht zu der ‚manischen' Form. In Prozessen der „‚mythic figuration'", in Spiel, Theater oder Trance werden mit Masken und Verkleidungen Identitäten angelegt, die Auslöser einer Verwandlung sind (Cheng, Mask, Mimicry, Metamorphosis, S. 76). Vgl. dazu auch Macho, Beseelungen, S. 406: „Besessenheit ist in den alten Kulturen – ganz im Gegensatz zu den Krankheitsregistern moderner Psychopathologie – kein dauerhafter Zustand, sondern eine zeitweilige Erfahrung, eine Verwandlung, die sich der Polarisierung von Gesundheit und Krankheit ebenso widersetzt wie dem Dualismus von Gut und Böse." Auch in Lacans Blickmodell wird ein ‚Einsatz' des Nicht- oder Als-anderes-gesehen-Werdens thematisch: Wo das „Subjekt der Vorstellung/*représentation*" die Maske ‚aufsetzt', löst es sich aus dem Bann des Gesehenwerdens, indem es den Blick zurückgibt. (Haß, *Das Drama des Sehens*, S. 76) Caillois notiert: „Der Mensch schlechthin [...] könnte mit mehr Recht als Descartes sagen: ‚Ich trete maskiert auf'" (Caillois, *Meduse & Cie*, S. 120).

[421] Taussig, *Mimesis und Alterität*, S. 80, im Blick auf die *Dialektik der Aufklärung*, die die Hingabe an Natur und Dinge gegen die moderne Domestizierung der Mimesis in Stellung bringt.

[422] Bataille konzipiert ‚gelebte' Erkenntnis als „eine Erkenntnis, die gerade diejenigen Bereiche des Wirklichen erschließt, über denen ein rationales Tabu liegt. Dieses Tabu, das die Distanz des erkennenden Subjekts gegenüber den Gegenständen seiner Erkenntnis begründet, muß gebrochen werden, damit sich die inoffizielle Wahrheit der Subjektivität aktualisiert. Die Erkenntnis des Souveränen setzt mithin die Infragestellung allen Wissens voraus." (Rita Bischof, *Souveränität und Subversion. Georges Batailles Theorie der Moderne*, München 1984, S. 20).

Wissen des Mimetischen verorten, das es zu integrieren gilt.[423] Hier ist dies nicht über die epistemische Überschreitung, die ‚mimetische Passage' der Beobachterposition vermittelt, sondern über die Integration der Entdeckungen der ‚treffenden Einbildungskraft' als eines Wissens des Ähnlichen, das die *constraints'* moderner Wissenschaft in Frage zu stellen vermag. Neben der transspezifischen Typologie von Mimese und Mimikry führt *Meduse & Cie* methodologische Argumente auf, die im argumentativen Gestus gemäßigter, doch unmissverständlich die Ästhetik und Epistemologie des Ähnlichen belegen, die Caillois' Erforschung des Mimetismus und anderer Ähnlichkeitsphänomene der Natur prägt. So argumentiert er für einen integrativen Ansatz, der ein Zusammenspiel von Ähnlichkeit und Differenz im komparativen und analogischen Verfahren annimmt, das Differenzen nicht leugnet, und dennoch monistisch und assimilationistisch die anthropologische Differenz dementiert.

7.4 Fazit: Ähnlichkeit als Logik des Imaginären

Caillois stellt seine frühe Mimese-Studie explizit in den Kontext der ‚Frage der Ähnlichkeit': „Das Insekt bzw. der Psychastheniker denkt sich *als der Welt ähnlich*, weshalb am Ursprung der Mimese, wie auch am Ursprung der Kunst, die allgemeine Frage der Ähnlichkeit (*ressemblance*) stehe".[424] Damit ordnet er das Phänomen einer verallgemeinerten Ästhetik und einer weiten Dimension des Konnexes von Mimesis und Ähnlichkeit zu, für die einführend bestimmt wurde, dass *Ähnlichkeit mimetisches Verhalten orientiert* und *mimetisches Verhalten Ähnlichkeiten produziert*. Der Essay konstruiert ein dichtes Netz ineinandergreifender Analogien und „Familienähnlichkeiten",[425] in dem ‚kein Faden durchläuft', sondern argumentative Brücken zwischen entfernten Wissensbereichen die Homologie von Mensch und Insekt (re-)konstruieren. Dass Caillois den transdisziplinär

---

423 Vgl. zu der Annäherung an ein mimetisches Denken Eidelpes, *Entgrenzung der Mimesis*, S. 16 f. Vgl. dazu auch Recki, Mimesis, S. 124: „[M]agische Aneignung und Triumph in der Verfügung über die eigenen Mittel sind in jedem Fall die Elemente des Komplexes. Ist es überhaupt vorstellbar, daß diese Magie jemals verdunstet? Ist die Befriedigung darüber, das Vorgefundene genauso wiedergeben zu können, tatsächlich etwas so subalternes, daß sich der moderne Mensch darüber nur noch wie eine überholte Stufe in der Entwicklung des Geistes mokieren kann – oder zeigt sich in dieser anverwandelten Aneignung des Unverfügbaren nicht gerade die Autonomie, die im kurzgegriffenen Anspruch einer Emanzipation von der Natur lediglich ihre *verkürzte* Programmformel findet?".
424 Eidelpes, *Entgrenzung der Mimesis*, S. 81. Eidelpes sieht dies als „ästhetische Perspektive auf die Welt".
425 Ebd., S. 71.

konturierten Wissensgegenstand, die ‚Diskursfigur' Mimikry, im Rekurs auf das Ähnlichkeitsdenken erklärt, verweist auf die Anschlussfähigkeit und Schlüsselposition der Ähnlichkeit in der ästhetischen Moderne, der Ethnologie und Kulturtheorie. Ausgehend von sichtbaren Ähnlichkeitsphänomenen arbeitet er in Auseinandersetzung mit der Mimikrytheorie und unter Einbezug der durch sie problematisierten ähnlichkeitserzeugenden Imagination Entsprechungen heraus, die nicht offen zutage liegen, indem er die Felder von Biologie, Ethnologie, Psychologie, Psychiatrie und Ästhetik verknüpft. Mimikry und Mimese erweisen sich dabei als geeignetes Feld der Erforschung imaginärer und mythischer Reste, transgenerischer Korrespondenzen und der Kontinuität mimetischer Praktiken als Ähnlichkeit produzierende Verfahren. Der ethnologische Argumentationsstrang impliziert eine Rückwendung auf die primitivistischen Wurzeln des Begriffs *mimicry* und eine explizite Auswertung des ethnologisch entgrenzten Mimesisbegriffs magisch-mimetisch-metamorphotischer Praktiken für die ähnlichkeitstheoretische Auswertung der Phänomene. Die Frage nach dem modernen Stellenwert mimetischer Vermögen, Praktiken, Techniken und Medien mitverhandelnd, dient die von Caillois betonte Kontinuität des ‚Mimetismus' der ‚Nivellierung der anthropologischen Differenz' (Cha)[426] im Feld der Mimesistheorie, wie sie etwa Gebauer und Wulf im Ausgang ihrer Untersuchung konstatieren: „[I]n anthropologischer Hinsicht gilt Mimesis als eine Fähigkeit, die den Menschen vom Tier unterscheidet."[427] Demgegenüber verortet Caillois eine mimetische Tendenz in der Natur; ihr attestiert er nicht nur eine luxuriöse Nutzlosigkeit, sondern auch eine Ambivalenz, die destruktiv umschlagen kann, wenn das Anähneln sich in Überassimilation entgrenzt. Diese Deutung unterstellt dem mimetischen Streben als Nachahmungstrieb und Assimilationsphantasma eine exzentrische Tendenz, die, als instinktive oder imaginative mimetische Reaktion auf die Wirkung des Raums gedeutet, im pathologischen Fall eine depersonalisierende Wirkung des *hors de soi* zur Folge hat.

So äußert sich darin nicht nur ein Interesse an Mimese als Bildwerden natürlicher Phänomene und deren ästhetischer Interpretation jenseits der anthropomorphistischen Unterstellung seiner Nützlichkeit, wie sie etwa auch lamarckistischen Deutungen implizit ist: Der Text arbeitet auf mehreren Ebenen an der „theoretische[n] Dezentrierung des Subjekts"[428] und der Einebnung der an-

---

[426] Vgl. Cha, *Humanmimikry*, S. 285.
[427] Gebauer, Wulf, Mimesis, S. 435. „Die Welt, mit der sich die Mimesis auseinandersetzt, ist selbst symbolisch konstituiert. Die menschlichen Symbolsysteme, die bei der Mimesis gebraucht werden, sind nicht Ergebnis von Anpassungen des Organismus, sondern [...] freie Schöpfungen von Menschen." (Gebauer Wulf, *Mimesis*, S. 436).
[428] Ebeling, ilinx, S. 142.

thropologischen Differenz. Auf der metatextuellen Ebene erscheint er als surrealistisches Sprachspiel diskursiver Mimikry: Von entomologischen Thesen zu Mimikry ausgehend, transformiert er sich zunächst in ein Laboratorium der Analogien und schließlich in ein „Mimen ‚primitiver' Denkformen",[429] das zugleich – als Mimesis der Mimesis – die Einfühlung in den Forschungsgegenstand, ein Hybrid aus Tier, ‚Primitivem' und Psychotiker suggeriert. Dabei verlässt Caillois den vermeintlich festen Standpunkt der Unterscheidung zwischen Realität und Imagination, aber auch zwischen Mensch und Tier – den Ort des ‚Unterscheiders' und die Position des Differentialismus, die durch das *rapprochement* des Entfernten konterkariert werden. *Unähnliche Ähnlichkeit* erscheint hier als Methode einer ‚surrealistischen Wissenschaft' im Dienst des Assimilationismus. Dieser wird nicht nur mittels einer Vergleichspraxis propagiert, die, zwischen Anthropomorphisierung des Insekts und Theriomorphisierung des Menschen changierend, die Grenzen zwischen Mensch und Tier verwischt, sondern auch durch die implizite These einer körperlichen und ‚tierischen' Einbildungskraft, die auch im Feld der Imaginationstheorie die „kognitive anthropologische Differenz"[430] dementiert.

Caillois' Text lässt sich als Dokument für die moderne Faszination der Praktiken und Phänomene entgrenzter mimetischer Ähnlichkeit lesen: Ähnlich wie Benjamin versteht er „Mimikry als ein schöpferisches Moment der Natur, welches sich im ‚mimetischen Vermögen' des Menschen, sowohl Ähnlichkeiten zu produzieren als auch wahrzunehmen, fortsetzt".[431] Caillois' Epistemologie des Ähnlichen, die im Aufweis einer Kontinuität des Natürlichen den Menschen in eine ‚symmetrische Anthropologie' einfügt, etabliert einen ‚relativistischen Relativismus'.[432] Dieser zielt zum einen auf einen amodern relativierten Perspektivismus,

---

[429] Eidelpes, *Entgrenzung der Mimesis*, S. 16, Anm. 60 (im Verweis auf Schüttpelz).
[430] Vgl. Wild, *Die anthropologische Differenz*, S. 9: Gegenüber der Annahme eines „eindeutigen und qualitativen kognitiven Unterscheidungsmerkmal[s] [...] kann die anthropologische Differenz auch schwächer angesetzt und gleichsam verstreut werden. Dabei wird ein Tieren und Menschen gemeinsames Geflecht kognitiver Fähigkeiten identifiziert, die sich nur graduell unterscheiden. Es kann beispielsweise ein Netz von kognitiven Merkmalen zusammengenommen werden, um den Menschen vom Tier zu unterscheiden, oder es können kognitive Stufungen eingeführt werden. Dies bedeutet zwar keinen Verzicht auf eine Mensch-Tier-Unterscheidung, denn offenbar unterscheiden sich die kognitiven Fähigkeiten von Menschen beträchtlich von denjenigen der Tiere. Es bedeutet aber einen Verzicht auf eine anthropologische Differenz."
[431] Becker, Doll, Wiemer, Zechner, Einleitung, S. 16.
[432] Vgl. Bruno Latour, *Nous n'avons jamais été modernes*, Paris 1991 [*Wir sind nie modern gewesen. Versuch einer symmetrischen Anthropologie*, übers. v. Gustav Roßler, Berlin 1995]. Zum ‚relativistischen Relativismus' vgl. Bangert, Rapprochement, Documents, Sciences diagonales.

der die horizontale, transversale Analogik der dihairetisch-vertikalen Logik der Klassifikation entgegengestellt: In der durch die ahistorische Analogisierung von Korrespondenzen beglaubigten Kontinuität mimetischen Verhaltens bildet er einen relativierenden Vektor innerhalb der implizit entwicklungsgeschichtlichen Argumentation, der entomologische und ethologische, anthropologische, ethnologische und primitivistische Argumente in ein ‚familienähnliches' Netz analoger Bezüge einträgt. Er zielt zum anderen auf eine Kritik des Anthropozentrismus, der das Andere nicht nur in „vormoderne[n] und außereuropäische[n] Praktiken"[433] sucht, sondern in der Perspektive einer „radikal anti-anthropozentrischen Ästhetik",[434] die das Andere als Ähnliches integriert und dem Eigenen annähert. So dementiert die Annäherung der gegensätzlichen Pole von Insekt und Mensch nicht nur die anthropologische Differenz zum Tier, sondern auch die Dichotomien von Natur und Kultur, ‚Primitiven' und Modernen, Vormoderne und Moderne, Subjekt und Objekt. Dieser grenzüberschreitende Aspekt der Ähnlichkeitsepistemologie Caillois' lässt sich im genauen Sinn der surrealistisch inspirierten ‚Entgrenzung der Mimesis' und Entgrenzung der Ähnlichkeit zuordnen.

In der Integration eines modern nicht erkenntnisfähigen Wissens des Ähnlichen schließt Caillois explizit an die ‚Tradition' der Ästhetik und Epistemologie des Ähnlichen an, entwirft jedoch zugleich eine spezifisch moderne Ähnlichkeitsepistemologie. So kritisiert er oberflächliche Analogien und trügerische Ähnlichkeiten nicht nur an vormodernen Beispielen, sondern gerade auch der modernen Mimikryforschung, und entwickelt die vitalistisch gründierte These einer körperlichen und empirischen Fundierung der ‚treffenden' Einbildungskraft, die die Bildung von Phantasmen durch Ansteckung behauptet. So entwirft er eine Methodik, die der systematischen Erfassung von Ähnlichkeitsphänomenen nicht nur in der Analogiebildung, sondern auch im Einbezug der mimetischen Imagination dient. Damit provozieren sowohl seine Untersuchungsgegenstände als auch deren – von expliziten Reflexionen über die Erkenntnisfähigkeit der Herstellung von Ähnlichkeiten gestützte – ähnlichkeitstheoretische Perspektivierung die „‚Reinigungsarbeit'"[435] der Moderne. Ähnlichkeit ist in Caillois' Studien Gegenstand wie Methode einer transgressiven, transdisziplinären und tansversalen Epistemologie, die „Fragen der Ästhetik und der Poetik von dem in unserer Kultur als exklusive Domäne der Kunst und der Literatur definierten Bereich abzulösen"[436] und zu verallgemei-

---

[433] Albers, Reine und unreine Literatur(-wissenschaft), S. 46. Vgl. ebd., S. 39. Von einer „antianthropozentrischen Theorie der Kunst" spricht Eidelpes, Von der empirischen Imagination zur natürlichen Ästhetik, S. 112.
[434] Albers, Reine und unreine Literatur(-wissenschaft), S. 45.
[435] Ebd., S. 39.
[436] Ebd.

nern sucht. Wenn er bemerkt, es sei „nicht befriedigend [...], einen Apfel mit einer Orange zu vergleichen und [...] eine Katze mit einer Flöte", da „[i]m ersten Fall [...] die Ähnlichkeit zu groß und im zweiten Fall [...] der Abstand zu groß"[437] sei, gemahnt dies nicht an ein willkürliches *rapprochement* beliebiger Vergleichsaspekte, sondern an die bereits von Aristoteles betonte epistemologische Valenz der Ähnlichkeitsfeststellung und an Goethes Plädoyer für ein reflektiertes Analogisieren. Gerade der sprichwörtliche Vergleich von ‚Äpfeln und Birnen' kann also produktiv werden, insofern er das heuristische Potential der Aufdeckung latenter Relationen birgt: Der ‚Vergleich weit auseinander liegender Tatsachen' ist methodisches Leitprinzip der ‚diagonalen Wissenschaft'.[438] Dieses Zusammenstellen *entfernter* Ähnlichkeiten, das nach funktionalen Homologien, Analogien und Korrespondenzen sucht, die quer zu biologischen Klassifikationen und den Grenzen der Disziplinen liegen, ist alles andere als unreflektiert: Caillois fordert wissenschaftliche Strenge, von der auch seine Methodenreflexion zeugt. Es müssen „vergleichbare, sich gegenseitig stützende Beispiele" gesammelt werden, die über den kritischen Punkt der Koinzidenz hinaus bedeutsam werden: Belege dafür, dass „es sich nicht lediglich um eine persönliche Träumerei oder zufällige Ähnlichkeit handelt."[439] Die Beweislast für den nicht nur heuristischen und epistemologischen, sondern nicht zuletzt auch ethischen Wert der wissenschaftlichen Grenzüberschreitungen liegt auf Seiten dessen, der Ähnlichkeiten herausstellt, dem die moderne Wissenschaft jedoch skeptisch gegenüberstehe. Caillois warnt vor oberflächlichen Analogien und der anthropomorphistischen Projektion von Ähnlichkeiten und betont neben der Kontinuität Unterschiede zwischen Instinkt und Einbildungskraft, Mechanik und Freiheit, Reflex und Imagination, Verhalten und Fiktion: Ähnlichkeiten zu (re-)konstruieren bedeutet nicht, Differenzen einzuebnen, noch, das Unterscheidungsvermögen aufzugeben, und ist kein Selbstzweck. So formuliert Caillois seine Thesen explizit gegen einen Anthropozentrismus, wie er in der Biologie ebenso wie auf dem ästhetischen Feld artikuliert wird. Nicht nur dass, sondern auch, *welche* Ähnlichkeiten hergestellt werden, ist mithin relevant und kritisch zu reflektieren – wie auch Caillois' eigene Neudeutung des Mimetismus belegt. Die darin erhalten bleibende Zielrichtung seiner skeptischen Intervention, der dezentrierenden Umperspektivierung, hat hier ihr ethisches Fundament. Die angenommene Kontinuität ist es, die „in entferntesten Punkten, die sich so unähnlich sind, daß sie in allem und jedem gegensätzlich erscheinen, Annäherungswege schafft" und „Normen setzt, die [...] kohärent und solidarisch, die homogen sind",[440] und die

---

437 Kämpf, Roger Caillois, S. 89.
438 Vgl. Caillois, *Meduse & Cie*, S. 50.
439 Ebd., S. 58.
440 Caillois, *Der Krake*, S. 140.

zudem in einer onto-epistemologischen Dimension die subjektiv-objektive ‚Trefflichkeit' der ‚treffenden Einbildungskraft' suggeriert.

Caillois gesteht ein, dass seine ‚Annäherungen', die heuristisch dort ansetzen, wo das objektive, positive Wissen endet, ‚abenteuerlich', provokativ und spekulativ sind und seine Schlussfolgerungen sich nicht beweisen lassen. Nicht zuletzt aus diesem Grund lassen sich seine Schriften

> als *poetische* Texte lesen, in denen die ‚aufgedeckten' Analogien zwischen natürlicher Welt und menschlicher Psyche mit textuellen Verfahren allererst hergestellt werden. Caillois war sich dieser literarischen Dimension seiner Aufsätze durchaus bewusst. Rückblickend verortet er sein Werk in der Tradition Baudelaires und bekennt sich selbst zu einer intellektuellen „Besessenheit" vom „Dämon der Analogie" im Mallarmé'schen Sinne.[441]

Die daran anknüpfende Kritik an Caillois' „‚Ähnlichkeitsdenken'", dass er „ein Klassifikationssystem aufgrund falscher bzw. erfundener Ähnlichkeiten einführe'", ein „Konzept mit einer gewissen ‚poetischen Effizienz', aber ohne ‚rationales wissenschaftliches Fundament'",[442] trifft insofern zu, als Analogien *verwandtschaftsähnliche* Bezüge stiften – und Caillois, gerade nicht auf verwandtschaftliche Phänomene im engeren Sinn zielend, für eine *verwandtschaftsanaloge* Methodik argumentiert. Im Gegenzug lässt sich behaupten, dass Caillois' Wissenschaft des Ähnlichen als Plädoyer für eine *andere* Wissenschaft, die sich einer Erforschung der Ähnlichkeiten etwa zwischen Mensch und Tier, der Logik des Imaginären, der Integration des durch die ‚Reinigungsarbeit' der Moderne ausgeschlossenen und der Annäherung an ein mimetisches Denken öffnet, aktuelle kulturtheoretische Ansätze vorwegnimmt. Hier wird deutlich, welche Erkenntnisse Analogiebildungen privilegieren: Die Überschreitung von disziplinären und kategorialen Grenzen und die Destabilisierung von Dichotomien wie Innen und Außen, Identität und Differenz, Natur und Kultur, Vormoderne und Moderne, die Verkehrung der Hierarchien zwischen Original und Kopie und die Neuverhandlung der Beziehung von Subjekt und Objekt der Erkenntnis. Sie dienen als heuristisches Instrument einer ästhetischen und epistemologischen „Dynamik einer Positivierung [...], wie sie für die jüngere kulturwissenschaftliche Theoriebildung prägend geworden ist."[443] Solche Perspektiven ergeben sich nicht zuletzt dort, wo das Denken in Ähnlichkeiten nicht dichotom in vormoderne oder amoderne und moderne Denkformen geschie-

---

441 Eidelpes, *Entgrenzung der Mimesis*, S. 80; im Verweis auf Caillois, *La fleuve Alphée*.
442 Eidelpes, *Entgrenzung der Mimesis*, S. 80, Anm. 247, im Verweis auf Anne-Élisabeth Halpern, „La taupe de l'analogie qui se croyait un papillon: Roger Caillois et la biologie animale", in: Jean-Patrice Courtois, Isabelle Krzywkowski (Hg.), *Diagonales sur Roger Caillois. Syntaxe du monde, paradoxe de la poésie*. Paris 1999, S. 161–186. Im Verweis auf Kritiken des Analogiedenken Caillois' (ebd., Anm. 247): Fleury, Le démon de l'analogie.
443 Ebeling, ilinx, S. 151.

den wird. So betont etwa Stanley J. Tambiah, „‚daß Magie im allgemeinen eine ähnliche Stoßrichtung wie die angewandte Wissenschaft verfolgte, Ereignisse zu kontrollieren. Eines der Mittel, durch die sie dies zu erreichen hofft, besteht darin, *über Ähnlichkeiten Verbindungen zwischen den Dingen herzustellen*'".[444] So lässt sich Caillois' Verfahren als wissenschaftliches, mimetisches oder poetisches Verfahren der Konstruktion bedeutungsvoller Entsprechungen perspektivieren – angesichts seiner eigenen Stellungnahme aus der Perspektive der späteren Texte gibt es gute Gründe, darin einen

> Beweis für den letztlich literarischen Charakter seiner Theorie zu sehen, als würde Caillois am Ende seines Weges eingestehen, dass die ‚Logik des Imaginären' doch ‚nur' eine Poetik darstellt, sich auf die Welt der Zeichen, der Sprache und der Kultur beschränkt, er sich davon habe verführen lassen. Genau diese Kritik ist häufig in der Caillois-Forschung anzutreffen [...]. Man kann sie aber auch als Symptom dafür lesen, wie skandalös Caillois' Theorie im Kontext der für unser Denken konstitutiven konzeptuellen Opposition von Natur und Kultur, Realität und Zeichen bleibt, welche ‚Reinigungsoperationen' sie immer noch provoziert. Was diese Reinigungsoperationen allerdings verschenken, ist das Potential von Caillois' spekulativen Reflexionen, über europäische und spezifisch moderne Literaturbegriffe hinauszuführen.[445]

Was sie ebenfalls ‚verschenken', wo sie die ‚falschen bzw. erfundenen Ähnlichkeiten' beklagen, ist das Potential der Ähnlichkeit und der Analogie, das – von Aristoteles über Montaigne, Goethe und Caillois bis Descola – über die Grenzen und Beschränkungen bestehenden Wissens umperspektivierend hinausweist: als ästhetische und epistemologische Praxis der Annäherung und als ein „Verfahren der Integration, ‚das es ermöglicht, Solidaritätsstränge in alle Richtungen sowie Kontinuitätsbindungen zu schaffen.'"[446]

---

444 Zit. n. Taussig, *Mimesis und Alterität*, S. 83 [Hv.: S. T.]. So äußert Tambiah zur wissenschaftlichen Aussagekraft der Analogie, G.E.R. Lloyds Kommentar zu Evans-Pritchards Buch über die Zande-Magie in Polarity and Analogy zitierend, dass die „strukturelle Logik der Analogie diese mimetische Annahme der Ähnlichkeit – genau wie Wissenschaft selbst" – annehme (ebd.).
445 Albers, Reine und unreine Literatur(-wissenschaft), S. 46.
446 Balke, Foucault und die Möglichkeiten eines Denkens, S. 66 (im Verweis auf Descola).

Zur entgrenzten Ähnlichkeit des Surrealismus: Rückblick und Ausblick

Die im Milieu des Surrealismus entwickelte Ästhetik und Epistemologie des Ähnlichen hat Teil an einer – nicht zuletzt aufgrund der Dominanz des Differenzparadigmas und der Ähnlichkeitskritik der analytischen Philosophie – bislang kaum thematisierten modernen Konjunktur der Ähnlichkeitsreflexion und -produktion, die jedoch im Kontext aktueller Forschungsbemühungen um eine Revision der Marginalisierung der Ähnlichkeit zunehmend in den Blick rückt. Sie lässt sich einer „asymmetrischen Moderne-Erzählung"[1] einfügen: Der Rekurs auf ähnlichkeitsepistemologische Konzepte als eine „Restitutionsarbeit", deren Affinität zu Denkformen der „alte[n] ‚Ähnlichkeit oder Analogie'" mit ihrer Nähe zum magischen, mimetischen oder mythischen Denken sich aus einer kritischen Wendung gegen die rationalistische Selbstbeschreibung der Moderne erklärt, sucht die Selbstsicherheit zu destabilisieren, mit der sich diese von den „Erfahrungsrückständen" der Ähnlichkeit emanzipiert hat.[2] Die der Ähnlichkeit im Surrealismus und in der kritischen Kulturtheorie, die diese vermeintliche Überwindung der Ähnlichkeit zu korrigieren suchen, zuerkannte ästhetische und epistemologische Valenz ist nicht zuletzt von ihrem in der Moderne in Teilen epistemologisch problematisch gewordenen Status abhängig. In der überbietenden Positionierung gegenüber Realismus, Rationalismus und Objektivismus,[3] der kritischen Reflexion von Mimesis, Referenz und Repräsentation und der Subversion der ‚Reinigungsarbeit' der modernen Identitätslogik gehen surrealistische Ähnlichkeitskonzepte zugleich über einen bloß nostalgischen Rückgriff auf Topoi vormodernen Ähnlichkeitsdenkens ebenso hinaus wie über ein willkürliches Überborden des Ähnlichen in ‚Beziehungswahn' und ‚wilder Semiose': Ähnlichkeit wird nicht nur emphatisch als ‚Anderes' des ‚eigenen' Denkens gesetzt, das um des Reichtums ästhetischer Erfahrung willen aus der Latenz eines residualen Raums der Kunst heraus aktiviert würde; vielmehr wird das basale Wirken der Ähnlichkeit im Zentrum des ‚eigenen' Denkens – in Wahrnehmung, Imagination, Assoziation, Sprache, Bild, Vergleich und Metapher – reflektiert und in einer entgrenzten Ähnlichkeitsproduktion zur Erweiterung ästhetischer und poetischer Verfahren eingesetzt. Sie wird so als Paradigma

---

1 Koschorke, Ähnlichkeit, S. 39.
2 Koschorke, *Körperbilder und Schriftverkehr*, S. 362 (im Verweis auf Berkeley).
3 Kuni erkennt in dieser Überbietung eine Art „Dialektik der Aufklärung, zu der neben dem Sensorium für die ‚Mythologien der Aufklärung' auch ein [...] Interesse an der ‚Weltgeschichte der Magie' gehörte" (Kuni, Von der Magie der Kunst und ihrer Politik, S. 40).

transversaler – transgenerischer, transmedialer und transdisziplinärer – Relationierung, das polyvalente Beziehungsgefüge herzustellen vermag, und als im Rahmen ästhetischer Konzepte in verschiedenen Dimensionen konzeptuell reflektiertes Instrument der kritischen Arbeit an Mimesis, Repräsentation, Identität und Form produktiv. Auf die zugleich basale und metareflexive Verfasstheit der Ähnlichkeit zurückgreifend, dementiert der Surrealismus in erkenntnis-, repräsentations-, sprach- und begriffskritischen Interventionen die Absolutheitsansprüche moderner Rationalität und Realitätsauffassung, durchkreuzt deren imitative und referentielle Affirmation und klagt den Ausschluss ‚anderer', analogischer oder mimetischer Denkweisen an. Die Suche nach solchen alternativen Rationalitätsformen zeigt sich in Rückbezügen auf die ähnlichkeitsepistemologische und -ästhetische Tradition ebenso wie in der Annäherung an von der zeitgenössischen Ethnologie untersuchte ‚primitive' Denkweisen, die der Surrealismus in einer Geste horizontaler Relationierung und Integration des ‚Anderen' aufgreift.

Die surrealistische Konzeptualisierung der Ähnlichkeit gesteht dieser eine spezifisch ästhetische, einen Erkenntnisanspruch der Kunst einfordernde und zugleich über den Bereich der Kunst hinausweisende epistemologische Valenz zu. Sie wirkt in einem metaphorisierenden, umperspektivierenden Blick, in Ähnlichkeit hervorbringenden Text- und Bildverfahren und transversalen Heuristiken als Werkzeug einer Methodik, die Analogien und Korrelationen stiftet. Ähnlichkeitskonzepte wie Metapher und Analogie, Mimikry, Metamorphose und Simulacrum stehen im Zentrum literarischer und bildkünstlerischer Programme, die der poetischen und ästhetischen Erschließung der ‚sur-realen' Welt verpflichtet sind. Metaphorische und analogische Reflexionsformen und nichtimitativ-mimetische Verfahren provozieren in der Destabilisierung referentieller und repräsentationaler Bezüge die Öffnung surrealistischer Texte und Bilder auf die Imagination, entautomatisieren die Wahrnehmung und loten in der Reorganisation von Bild- und Sprachelementen ihre Potentiale zu Mehrdeutigkeit, analogischen Sprüngen und einer polyvalenten Relationierung aus. Darin ist die entgrenzende Arbeit des Surrealismus zu erkennen, Ähnlichkeit gegenüber der Identitätslogik zu verteidigen und sie von ihrer Verankerung in logischen Fundamenten, Denkformen des Messens und Vergleichens, sprachlich sedimentierten Denkweisen und Transparenzillusionen zu lösen: Logisch verifizierbare, konventionell etablierte, eingespurte Ähnlichkeitsbezüge etwa der ‚mechanischen' Assoziation, des begrifflichen Denkens und der repräsentational codierten Bildrezeption störend, stiftet sie unvorhergesehene, Ähnliches im Unähnlichen (er-)findende Relationen, die auf eine andere Ordnung verweisen. Die variable Relationalität und Perspektivität der Ähnlichkeit erlaubt damit nicht nur ihre Rekonzeptualisierung jenseits ihrer depotenzierenden Verkürzung auf Repräsentation und jenseits der Logik von Identität und Differenz, sondern auch die Etablierung einer relationalen Epistemologie, die den Kontakt zu einer ‚sur-realen' Wirklichkeit nicht verliert, deren Gestaltung sie fordert, deren Inkommensurabilität sie poetischen Ausdruck verleiht oder deren transversalen Phänomenen sie analog folgt.

Zu analysieren, wie diese Aspekte in den heterogenen ästhetischen und epistemologischen Programmen des Surrealismus wirksam werden, ist nicht nur aufschlussreich für die literatur-, kunst- und kulturwissenschaftliche Erforschung der modernen Konjunktur der Ähnlichkeit. Dieser Fokus erlaubt auch, Einzelbefunde etwa zur Bedeutung der Analogie, des Traums, zu Assoziation, Imagination, Metapher und Metamorphose, zu der Wahlverwandtschaft des Surrealismus zu Manierismus und Romantik und dem Stellenwert primitivistischer Diskurse unter einem verbindenden Blickpunkt zu betrachten, der weniger der analytischen Perspektive entstammt als den verflochtenen Ähnlichkeitskonzepten und dem Meta-Konzept Ähnlichkeit selbst. Dessen Untersuchung wäre zu erweitern, um das in der Avantgardeforschung konturierte differenzierte Bild des Surrealismus weiter zu ergänzen. Die hier summarisch resümierten Schlussfolgerungen zur surrealistischen Ähnlichkeitsreflexion und -produktion vertiefend, werden abschließend Ergebnisse rekapituliert und mögliche Perspektiven aufgezeigt, die sich aus diesen Überlegungen für eine weitere Erforschung der Ähnlichkeit ergeben.

In den einführenden Überlegungen zu *Schlüsselbegriffen* des Ähnlichen wurde deutlich, dass der Begriff ‚Ähnlichkeit' nicht nur nicht zu ‚klären' ist, sondern dass die Marginalisierung der Ähnlichkeit in der zweiten Hälfte des zwanzigsten Jahrhunderts nicht zuletzt aus den Schwierigkeiten resultiert, die theoretischen Versuchen ihrer Verbegrifflichung, Formalisierung und Generalisierung entstehen. So ist nicht nur das ‚Fehlen eines praktikablen Ähnlichkeitsbegriffs' (Endres) zu konstatieren; die Unschärfe der Ähnlichkeit wurde mehr noch zu einem Hauptargument der Ähnlichkeitskritik im zwanzigsten Jahrhundert – neben ihrer von der Repräsentationskritik postmoderner Differenztheorien problematisierten Verbindung mit Identität und Repräsentation. Gerade ihre Widerständigkeit gegenüber logischer Formalisierung scheint zu einer gewissen Desillusionierung bezüglich ihrer Erkenntnisfähigkeit geführt zu haben: Die ‚Hochstaplerin' Ähnlichkeit (Goodman) löst offenbar keine philosophischen Probleme, sondern stellt sie. Zugleich wurde zum einen gerade das basale und komplexe Wirken der Ähnlichkeit in Wahrnehmung, Denken und Sprache deutlich, dessen Erforschung bei Weitem nicht abgeschlossen ist.[4] Zum anderen ließ sich – ausgehend von Ansätzen Lud-

---

4 Vgl. dazu aktuell etwa neben der umfangreichen Forschung in den Kognitionswissenschaften Alexis Anne-Braun, Alexandre Declos, Philosophies de la ressemblance/Resemblance in Contemporary Philosophy.

wig Wittgensteins, Hans Blumenbergs und Gerhard Gamms – die vermeintliche Defizienz der Ähnlichkeit positiv wenden und so der methodischen Herausforderung begegnen, ihre Produktivität theoretisch zu fassen. Gegenüber Versuchen, Ähnlichkeit in der Reduktion auf den ‚Grundbegriff' Identität handhabbar zu machen, ist die – besonders seitens sprachphilosophischer und metaphorologischer Theorien betonte – Unbegrifflichkeit und Ungleichheit des Ähnlichen gerade für ihre Affiliation mit der Ästhetik kennzeichnend. Die historisch und konzeptuell außerordentlich variable Bedeutung der Ähnlichkeit als eines ästhetischen Grundbegriffs, die hier in einigen Aspekten mimetischer, bildhafter und sprachlicher Ähnlichkeit konturiert wurde, gilt es im Rahmen literatur-, kunst- und bildwissenschaftlicher Forschung weiter zu untersuchen. Insbesondere ihre verkürzende Identifikation mit imitativer Mimesis oder einer ‚Kopietheorie' der Repräsentation, die den komplexen und persistenten Konnex von Ähnlichkeit, Mimesis und Repräsentation unterschätzt, ist dabei zu dementieren: Ähnlichkeit geht weder in *einer* ‚mimetischen Kodifizierung' auf noch in der Repräsentationsrelation oder einem Realismuskonzept; vielmehr wird mimetische Ähnlichkeit äußerst variabel konzeptualisiert.

Über die variablen Funktionen der Ähnlichkeit geben die Niederschläge des Denkens in Ähnlichkeiten in einer vielstimmigen ästhetisch-epistemologischen Tradition Aufschluss, die hier im Blick auf einige *Schlüsselmomente* der Vorgeschichte der modernen und surrealistischen Ästhetik und Epistemologie des Ähnlichen konturiert wurde: Ähnlichkeit ist kein genuin modernes, vielmehr ein in seinen Wurzeln vormodernes Paradigma; zugleich ist das Denken in Ähnlichkeiten nicht per se als vormodern einzuschätzen. Aus der Rekonstruktion antiker Quellen, die Ähnlichkeit als epistemologischen und ästhetischen Begriff bestimmen, wurden Aspekte deutlich, die die Ähnlichkeitsreflexion bis heute prägen. Platons und Aristoteles' philosophische Großkonzepte fassen die Urszenen der Ähnlichkeit in Wahrnehmung, Denken, Sprache, Bild, Mimesis und Repräsentation und beschreiben sie als maßgeblich sowohl für ästhetische Praktiken als auch für die philosophische Erkenntnis. Das Weiterwirken dieser Bestimmungen bis in die Moderne zeigt sich gerade im ästhetischen Kontext, etwa im Einsatz von Mimesis und Metapher und in der ästhetischen Restitution mimologischer Zeichenkonzepte und analogischer Erkenntnismodelle, die mit onto-epistemologischen Ähnlichkeitsannahmen verknüpft sind. Diese Persistenz widerspricht periodisierenden Thesen, die Ähnlichkeit als vormoderne Erkenntnisform einschätzen. Dabei wird nahezu einstimmig angenommen, dass sich im Übergang zur Moderne die ontische Fundierung der Ähnlichkeit ändert: Ähnlichkeitsepistemologien, die von der (substanz-)ontologischen Fundierung der Ähnlichkeit in der Welt und der Analogie als Seinsform ausgehen, erscheinen dann als vormodern, wobei topische, dialektische und analogische Erkenntnismodelle der Antike und des Mittelalters mit der Renaissance und spätestens mit Kants Transzendentalismus durch die subjektive, relationale, konstruktive und mentale Herstellung von Ähnlichkeit abgelöst würden. Dies scheint so plausibel wie verkürzt. Demgegenüber gilt es die konstruktiven Momente auch älterer Ähnlichkeitsepistemologien zu betonen, angesichts derer „es möglicherweise plausibler ist, die Analogie nicht als Seins-, sondern eher als ein Denkphänomen anzusehen."[5] So ist etwa dem ‚Sehen' des Ähnlichen bereits nach Aristoteles ein Ineinander subjektiver und objektiver Momente inhärent. Zugleich gehen auch moderne Ähnlichkeitsepistemologien davon aus, dass noch unter den Bedingungen einer ‚nachanalogischen' Ontologie Ähnlichkeitsaspekte – etwa in Metaphern und Analogien – etwas in der Welt ‚treffen'.[6] Die gerade in der überbietenden Tendenz der Ästhetik des Ähnlichen reflektierte Frage, ob Ähnlichkeiten nicht eher *erfunden* als *gefunden* werden, also weniger gegeben als geschaffen sind, verweist zum einen darauf, dass es sich bei poetisch und ästhetisch gestifteten Ähnlichkeiten nicht um ein ‚Abbilden' in der (sichtbaren) Erfahrungswelt auffindbarer Ähnlichkeitsrelationen handeln muss, zeigt zum anderen aber, dass Ähnlichkeitsfeststellungen – auch dort, wo sie etwa nur mit gegebenem (Sprach-)Material arbeiten – immer subjektive und objektive Momente, Aspekte des Auffindens und Hineinsehens verbinden. Vermag die Ähnlichkeitsfeststellung durch diese triadische Struktur zwischen Subjekt und Objekt und zwischen einem konstruktiven und einem realistischen oder mimetischen Pol des Weltbezugs zu vermitteln, so impliziert sie mit Endres „nicht nur eine Erkenntnisleistung bezüglich der Wirklichkeit, sondern ist auch mit einer Gestaltung derselben verbunden – eine Konsequenz, die wesentlich für die Prominenz der Ähnlichkeit im ästhetischen Diskurs verantwortlich ist".[7]

Entgegen dem vielfach konstatierten Verlust seiner epistemologischen Valenz erfährt das Denken in Ähnlichkeiten in der Moderne eine Konjunktur sowohl in ästhetischen Konzepten als auch auf dem theoretischen Feld, wie im Verweis auf Nietzsche, Freud, Mauthner, Benjamin, Warburg und Wittgenstein angedeutet wurde: Vor dem Hintergrund einer kritischen Selbstverständigung der Moderne, die die unscharfen, metaphorischen, analogischen und figurati-

---

5 Köller, *Sinnbilder für Sprache*, S. 60. Demgegenüber spielen „Schöpfungsspekulationen" und auch „Überlegungen zur Evolution unseres Erkenntnisapparats" eine Rolle bei der von Köller untersuchten Auffassung der Analogie als Seinsphänomen (ebd.).
6 Vgl. zu dieser Formulierung Strub, Abbilden und Schaffen von Ähnlichkeiten, S. 121 f., Anm. 42. Die Metapher löse die Konzeption der Analogie historisch als Weltmodell ab; jene habe wie diese einen variablen ontologischen Effekt: „Mittels der Tropen werden die ontologischen Grundstrukturen unserer Welt verrätselt" (Strub, *Kalkulierte Absurditäten*, S. 348). Sie sei „Reflex einer *analogischen* Theorie über die verschiedenen Existenzweisen von Sachen in der Welt", die selbst nicht rhetorisch fassbar ist (ebd., S. 325).
7 Endres, Unähnliche Ähnlichkeit, S. 33.

ven Fundamente des ‚eigenen' Denkens aufdeckt, spielt Ähnlichkeit im Kontext kulturtheoretischer, sprachphilosophischer und metaphorologischer Überlegungen des frühen zwanzigsten Jahrhunderts eine bedeutende Rolle. Darin lassen sich eine moderne Wendung ‚von der Identität zur Ähnlichkeit' und eine ‚Positivierung des Unbestimmten' (Gamm) erkennen. Auch arbeiten kritische Kulturtheorie, Ethnologie und vor allem die im Kontext einer primitivistischen ‚Ästhetik des Ähnlichen' stehende surrealistische Avantgarde an einer transversalen Relationierung von Eigenem und Anderem und einer epistemischen Integration, die die Ähnlichkeit des Anderen anerkennt – gerade im Hinweis auf ein mimetisches Denken in Ähnlichkeiten. Dies ist verbunden mit der anthropologischen Entgrenzung der Mimesis, die der Fehleinschätzung einer antimimetischen Moderne entgegenzustellen ist: Der Einsatz mimetischer Ähnlichkeit, der ihre Mehrdimensionalität als Vermögen, Verfahren, Praxis und Effekt der Hervorbringung und Wahrnehmung von Ähnlichkeiten auslotet, zeigt, dass sie weder in einer imitativen Repräsentationsfunktion aufgeht, noch modern ‚verabschiedet' wird, sondern vielmehr *nichtimitativ* rekonzeptualisiert wird. Der Surrealismus reflektiert dieses erweiterte mimetische Weltverhältnis im Ausdruck einer tieferen Ähnlichkeit, im Einsatz nichtimitativer Ähnlichkeitskonzepte und der Integration mimetischer Denkweisen.

Um zu erarbeiten, inwiefern Ähnlichkeit dabei auf konzeptueller Ebene produktiv wird, wurden die *Schlüsselkonzepte* Metapher, Metamorphose, Simulacrum und Mimikry in historisch-systematischen Dimensionen konturiert.[8] Dabei wurden ähnlichkeitsästhetisch und -theoretisch zentrale Aspekte dieser miteinander verflochtenen Konzepte skizziert – so zeigten sich hier wie auch in den Analysen Verflechtungen etwa zwischen Metapher und Metamorphose, Metamorphose und Mimikry, Mimikry und Simulacrum –, um systematische Einsatzstellen der surrealistischen (Re-)Konzeptualisierung zu markieren und in der ästhetischen Moderne zu kontextualisieren, und analytische Perspektiven aufgezeigt. Deutlich wurde dabei, dass die konzeptuelle Arbeit des Surrealismus an Ähnlichkeit Beiträge leistet, die etwa im Kontext der Metapherntheorie zu einer fundamentalen Revision der Einschätzung metaphorischer Ähnlichkeit geführt oder eine Umperspektivierung auf eine simulacrale Dimension der Ästhetikgeschichte angeregt haben. Hier erweist sich die Produktivität des ästhetischen und theoretischen Umgangs mit Ähnlichkeit, der in der Moderne neue Antworten herausfordert. Sie wurde in den Analysen der den Schlüsselkonzep-

---

8 Ein weiteres Konzept, das das der Metamorphose radikalisiert und die idealistischen Verbindungen von Ähnlichkeit und Form attackiert, ist Batailles Konzept des *Formlosen*, das Didi-Huberman umfassend im Blick auf ‚formlose Ähnlichkeit' untersucht hat.

ten zugeordneten Ähnlichkeitskonzepte Bretons, Ernsts, Magrittes und Caillois' exemplarisch herausgearbeitet.

Der ‚Ähnlichkeitstropus' *Metapher* ist seit Aristoteles' Bestimmung, die ihn auf ein ‚Erkennen des Ähnlichen' gründet, mit ähnlichkeitsepistemologischen und -ästhetischen Annahmen verbunden, die in variablen Konzeptionen bis in die Moderne weiterwirken. Dass die Metapher als „*der* Tropus der Mediation"[9] die Sphären von Semantik und Imagination vereint, wertet Bretons Konzeptualisierung des Sprach*bilds* (*image*) aus, die das ikonische Wirken der Imagination betont. Breton konzipiert den surrealistischen Blick auf die Welt als einen metaphorisierenden, der Ähnlichkeiten im Unähnlichen herstellt. Das Sprachbild und die *écriture automatique* als textuelles Verfahren der Korrelation evozieren die Stiftung unvorhergesehener Relationen, wobei die referentielle Funktion und Bedeutung der Zeichen zugunsten ‚Funken schlagender' Verbindungen *unähnlicher Ähnlichkeit* zurücktritt. Dabei zeigt sich in Bretons Rekonzeptualisierung metaphorischer Ähnlichkeit ein Anschluss an eine ‚überbietende' Tendenz der ähnlichkeitsästhetischen Tradition, die die etablierte Metaphorik zu überdehnen und die in Sprache und Denken sedimentierten ‚assoziierten Gemeinplätze' aufzusprengen sucht: Wie in den manieristischen und romantischen Metaphoriken[10] sind es entfernte Ähnlichkeiten, die die Metapher stiftet; doch ist die Kompetenz zur Reorganisation dem ingeniösen Subjekt entzogen und an die Sprache delegiert, deren Assoziabilität es ermöglicht, ihre latenten Beziehungsmöglichkeiten aus der unbewussten „Tiefenstruktur der Assoziation" heraus zu erweitern.[11] So werden mittels des Verfahrens der *Annäherung* heterogener Elemente gegen den Widerstand des Bewusstseins – in der ‚Überwindung der Unähnlichkeit', wie Breton formuliert – neue Relationen erkennbar: Das *rapprochement* lässt an die Stelle einer mechanisch und linear gedachten Ideenassoziation und ihrer konventionalisierten Ähnlichkeitsbezüge die ‚bisoziative' Spannung diaphorischer Sprachbilder treten. Breton geht dabei, wie an Lautréamonts Gleichnis des ‚Seziertischs' als Modell der Metapher beschrieben, dem Zusammenwirken von Unbewusstem, Sprache, Wahrnehmung und Imagination in der Metapher als dem rational unzugänglichen Wirken imaginativer Übertragung auf

---

9 Specht, Experiment und Metapher, S. 262.
10 Bereits in der konzeptistischen Metapher wird „mittels künstlicher, ‚problematischer' Ähnlichkeitsoperationen die Ähnlichkeit als substanzielle Kategorie infrage gestellt und doch zugleich als rhetorisches Verfahren exerziert." (Greber, *Textile Texte*, S. 211) Zugleich werden Konzepte der ‚lebendigen' (Ricœur), ‚emphatischen' (Black) oder ‚kühnen' (Weinrich) Metapher vorweggenommen. Der als Überdehnung des Vergleichsprinzips beschriebene Aspekt reflektiert die Zerstörung und Neubildung sprachlich sedimentierter und gestifteter Ähnlichkeiten.
11 Lobsien, *Kunst der Assoziation*, S. 221.

den Grund. Im ‚Inneren' der Metapher zeigen sich die Stiftung von Relationen, die Genese neuer Bedeutung und die basale, vorpropositionale und protosemiotische Formierung sprachlichen Sinns in einem Zwischenbereich, in dem die Sphären sprachlichen und bildhaften Denkens ineinandergreifen.[12] Diese Emergenz beschreibt Bretons Programmatik als quasi-mythisches, sprachmagisches, sekundär-mimologisches, aber zugleich semiologisch gewendetes Ereignis. Dies zeigt den ‚Seziertisch' nicht (mit Foucault) als Tableau einer Ordnungsarbeit, sondern als *operational ground*, als Ort des *blending*, der hybridisierenden Verwandlung – und zugleich als ‚*shifting ground*', dessen metamorphotisch abirrende ko-textuelle Dynamisierung im Automatismus die Stiftung analogischer Verweisungszusammenhänge und neuen sprachlichen Sinns in den Tiefenschichten der Imagination provoziert. Dieses Wirken der Imagination wurde mit Ricœur und Strub – deren Konzeptualisierung metaphorischer Ähnlichkeit als ‚Ent-Fernung', Resemantisierung in der Prädikation und aus der Unähnlichkeit hervorgehende Ähnlichkeit sich für die Analyse der surrealistischen Metapher als aufschlussreich erwies – als Akt des ‚*Sehen-als*' gefasst. Breton beschreibt entsprechend neue Verähnlichung nicht im Sinne dieser etwas zu simplen theoretischen Opposition als ein das (imitative) ‚Abbilden' ersetzendes (kreatives) ‚Schaffen' von Ähnlichkeit, sondern als ein ‚Registrieren' eines Lichtphänomens und als ein ‚Akzentuieren'. Dies verweist auf die ikonische Vermittlung kognitiv-perzeptueller und semantischer Momente in der Imagination und auf den Doppelcharakter der Ähnlichkeit – „[d]ie Tatsache, daß bei Ähnlichkeiten scheinbar immer subjektive Schaffens- und objektive Gegebenheitsfaktoren zum Tragen kommen müssen".[13] Dabei sind die im Grenzbereich von Wahrnehmung, Denken, Unbewusstem, Sprache und Bild ‚registrierten' Ähnlichkeiten nicht messbar, sondern weisen eine intuitive Evidenz auf.

Problematisiert die surrealistische Programmatik metaphorische Ähnlichkeit mittels der ‚Kühnheit' der gestifteten Verbindungen, so betont sie vor dem Hintergrund der Einsicht in die basale Metaphorizität der Sprache in einer vergleichs- und begriffskritischen Wendung gegen die Identitätslogik zugleich emphatisch den Erkenntnis- und Gestaltungsanspruch der Metapher: Es gibt keine ontologisch

---

[12] Die Verknüpfung dieser Bereiche ist nicht nur programmatischer Reflex der ästhetischen Reflexion des Surrealismus, sondern veranlasste Wittgenstein zu der Forderung, die Sprache ‚durchzupflügen': „Wenn man es für selbstverständlich hält, dass sich der Mensch an seiner Phantasie vergnügt, so bedenke man, dass diese Phantasie nicht wie ein gemaltes Bild oder ein plastisches Modell ist, sondern ein kompliziertes Gebilde aus heterogenen Bestandteilen: Wörtern und Bildern. Man wird dann das Operieren mit Schrift- und Lautzeichen nicht mehr in Gegensatz stellen zu dem Operieren mit ‚Vorstellungsbildern' der Ereignisse. Wir müssen die ganze Sprache durchpflügen." (Wittgenstein, Bemerkungen über Frazers *Golden Bough*, S. 36).
[13] Strub, *Kalkulierte Absurditäten*, S. 474, Anm. 9, im Verweis auf Hausmann und Peirce.

eindeutige außersprachliche Realität, wo von der „metaphorischen Konstruktion des Wissens durch geistige Bilder" ausgegangen wird.[14] In der Überdehnung der Analogiemetapher greift die entgrenzende Arbeit an der logischen Sedimentierung metaphorischer Ähnlichkeit im Vergleich – genauer, in ihrer Definition als *tertium comparationis*, das die Metapher *ratione translata* macht – der metapherntheoretischen Beschreibung diaphorischer Ähnlichkeit vor. So reflektiert sie die in der Moderne verschärfte Problematik, dass es kein begrenzendes Kriterium für die Festlegung des Vergleichspunktes gibt, auf dem die Metapher und ihre Auslegung basiert, sondern – da die Hinsichtlichkeit des Ähnlichkeitsurteils subjektiv, relativ und nicht geregelt ist – alles mit allem verglichen werden kann. Aus der poetischen Auswertung dieser Einsicht, die als ästhetischer Freiraum für eine entgrenzte Metaphernproduktion und die ihr inhärente Potenzierung „semantischer Plastizität" gewertet wird, bezieht die surrealistische Programmatik eine perspektivische Flexibilität, die lehrt, dass „andere Weltauslegungen als die kanonisierte unserer Alltagserfahrung möglich" sind.[15] Angesichts der Metaphorizität der Sprache und der Nichtfestlegbarkeit der Relevanzaspekte ist „Metaphorisieren als Perspektivenwechsel nicht mehr eine akzidentelle, sondern die wesentliche Handlung des Subjekts".[16] Der diaphorisch-epiphorische, de-/konstruktive Doppel-Aspekt der surrealistischen Metaphorik betont damit weniger die Beliebigkeit von Ähnlichkeitsurteilen als gerade die Konventionalität sprachlicher Interpretationsakte,[17] die es durch außergewöhnliche Verbindungen zu durchbrechen gilt. Damit erfüllt die Metapher, so Strub, in der nachanalogischen Ontologie der Moderne eine der Analogie komplementäre Funktion: als „Weltbezug per Ähnlichkeit durch Hinweis auf Unähnlichkeiten, die die Ähnlichkeiten voraussetzen, und damit als das neue Sehen alter Vertrautheiten."[18] Metaphorisieren gewinnt so ethisch-ästhetisches und emanzipatorisch-kritisches Gewicht: Darin zeigen sich die Rückbindung an die ‚sur-real' erweiterte Wirklichkeit in der mimetischen Annäherung an die flexible Korrelationalität einer ästhetischen und poetischen Ordnung der Dinge ebenso wie der Anspruch einer Veränderung des Denkens, der Wahrnehmung, der Sprache und der ‚Sensibilität'. Die rezeptionsästhetische Wirksamkeit surrealistischer Verfahren wie Metapher und Montage als Operatoren unähnlicher Ähnlichkeit ist dabei bedingt durch die Offenlegung der Um-

---

14 Welchmann, Nach der Wagnerianischen Bouillabaisse, S. 78.
15 Wellbery, Übertragen, S. 152.
16 Strub, *Kalkulierte Absurditäten*, S. 497.
17 Ebd., S. 495.
18 Ebd., S. 502. Wie dargestellt, reflektiert die surrealistische Kritik im Kontext der sprachskeptisch geprägten Moderne deren „offene Ontologie und ihre sprachlichen Grenzen" (Strub, Abbilden und Schaffen von Ähnlichkeiten, S. 118).

schlagmomente des *Sehen-als* ‚epiphorischer' Resemantisierung, als eine Umperspektivierung, die neue Kohärenzstiftung ermöglicht. Der entgrenzte Einsatz metaphorischer Ähnlichkeit und noch die poetische Restitution der Analogie, die Bretons späte Ähnlichkeitsepistemologie vertritt, begründen in ihrer Ausrichtung auf das Neue, Mögliche und Ungesehene das der Metapher emphatisch-utopisch zugesprochene Potential.[19] Dass sich Bretons Programmatik ‚des alten Konzepts der Analogie bedient' und zugleich ‚gegen das vergleichende Denken opponiert' (Strub), erscheint so als konsequenter Ausdruck eines modernen Denkens in Ähnlichkeiten und der entgrenzenden Arbeit an deren logischer Sedimentierung: Sie lässt sich als ähnlichkeitspoetischer Ansatz beschreiben, der eine immer wieder neu zu sehende Welt ‚im Stand der Ähnlichkeit' entwirft.

Ein relationales Weltmodell impliziert auch das Schlüsselkonzept der *Metamorphose*, das Ähnlichkeit als Figur des kontinuierlichen Übergangs denken lässt. Es verweist auf eine wandelbare Welt, der es ästhetisch Ausdruck zu verleihen gilt, statt sie in ‚Theorien des Festen' und distinkten Identitäts- und Formkonzepten zu disziplinieren. Der Surrealismus setzt Metamorphose als vielfältiges mythopoetisches Konzept der ‚Selbstveranderung' in *hors de soi* und mimetischer Metamorphose ebenso wie in formgenetischen Bildverfahren und ‚(halb-)automatischen' Textverfahren ein – die Emergenz neuer Gestalten auf dem ‚Grund' der Metapher und Montage beschreiben Breton und Ernst programmatisch als Metamorphose. Unter Ernsts Bildkonzepten lässt sich neben der Montage insbesondere die Frottage als formgenetisches, strukturmimetisches Verfahren der Durchreibung einer mehrdimensionalen Ästhetik der Metamorphose zuordnen. Darin zeigt sich eine prozessuale Transformation der ‚blind gezeichneten' Spur – die in ihrem Erscheinen auf dem Papier erst sichtbar wird – ins Ikonische. Diese von einem präfigurativen Moment ausgehende Ikonifizierung der Spur ist vermittelt durch das Ähnlichkeitssehen, das in der durchgeriebenen Textur erscheinende Ähnlichkeitseffekte entdeckt, in deren Ausgestaltung sich – vergleichbar der imaginativen Reorganisation in der Metapher – die Neuschöpfung ikonischer Figuration vor jeder konventionellen Zeichen-Codierung und jenseits imitativ-repräsentationaler Abbildlichkeit nachvollziehen lässt. Dabei greift Ernst im Rekurs auf Leonardo da Vinci auf die künstlerische Zufallstechnik zurück, die das imaginativ anregende Potential des Ähnlichkeitssehens auswertet. Zudem steht das Verfahren im Kontext zeitgenössischer Paradigmen des Zeichnens wie der Kritzelei und des Graphismus

---

19 Das Changieren zwischen der kritischen und der emphatischen Haltung ist charakteristisch: Im Wissen um die *Gemachtheit* der Analogie als Form des Denkens, nicht als ontische Form, nutzen die Surrealisten Metapher und Analogie (und ihre ontologischen Effekte) zu einer poetischen Restitution einer Dimension der Welt, die von der modernen Rationalität nicht anerkannt wird.

der Aufzeichnung, mittels derer es kunsttheoretisch abgesicherte Theoreme des Zeichnens wie den *disegno* und die idealistische Aufladung von Linie und Form konterkariert. Die doppelte Aufzeichnung der in der Berührung zum Ausgangspunkt der Imagination werdenden Spur des Materials und der imaginativen Effekte des Ähnlichkeitssehens überblendet Abdruck und Linienführung, Kontiguität und Similarität, Präsenz und Repräsentation. Ernsts Frottageserie *Histoire naturelle* wertet die Leistungen dieses nichtimitativen Bildverfahrens in Anspielung auf konkurrierende repräsentationalistische und ähnlichkeitsepistemologische Modelle der Wissensorganisation aus. So reflektiert das Ineinander von Verfahren und Motivik ironisch auf den historischen Ort der klassischen Naturgeschichte als Medium von Weltordnungsversuchen, die das Kontinuum der Natur in ein systematisches Ordnungsraster der Identitäten und Differenzen zerlegen. Auf die moderne Überwindung dieses Ordnungsmodells durch ein Denken der ‚Geschichte der Natur', durch das Evolutionsparadigma und durch seinen Nachhall in modernen Metamorphosekonzepten verweist Ernsts Naturgeschichte, die ihre hybriden Figurationen aus dem Prozess der Frottage entstehen lässt und das Interesse am Hybriden und Monströsen und an analogischen Konstellationen der vormodernen Naturgeschichten aufruft.

Das Frottageverfahren verlangt eine differenzierte Beschreibung der in der Lineatur erscheinenden ikonischen Ähnlichkeit: Statt als Paradigma abbildlicher Ähnlichkeit lässt sie sich als *Berührungsähnlichkeit*, *Archi-Ähnlichkeit*, imaginative Ähnlichkeitsproduktion des *Ähnlichkeitssehens* und transformationale *formgenetische Verähnlichung* fassen. In Anlehnung an das von Didi-Huberman beschriebene Ineinander von Index und Ikon im Abdruck und an Derridas Theoreme des ‚Unmotiviert-Werdens' der Spur und deren Aufzeichnung durch den ‚blinden' Zeichner wurde der Transformationsprozess der Frottage als Interferenz zweier Spuren gefasst. Die Ikonifizierung der indexikalischen Spur ließ sich mit Rancières Begriff der *Archi-Ähnlichkeit* als ‚Bezug des Erzeugers zum Erzeugten' und ‚Spur des Dings' und mit Weigels Auslegung des Begriffs als ‚Erscheinen einer Ähnlichkeit' im Unähnlichen beschreiben. Diese Vermittlung subikonischer Wahrnehmungsmomente ins Zeichenhafte wurde zudem auf die von Peirce beschriebene primäre ‚Likeness' der Ikonizität der Wahrnehmung bezogen. Wie die Emergenz ikonischen Sinns in der Metapher lässt sich das Erscheinen der Figuration so als basaler Signifikationsakt beschreiben, der in einem Moment der Transformation, der *aisthesis* und *semiosis* verbindet, in den Blick gerät. Dieser „Moment der Osmose zwischen Zeichen und Präsenz ist eben jenes Schwellenphänomen, das zu beschreiben einer nachmetaphysischen Semiotik und Medientheorie aufgegeben ist".[20] Die metamorphotische Prozesslogik der Frottage macht diesen Grenzbereich sichtbar. Der Nachvollzug solcher Bildprozesse verweist zugleich auf eine wirkungsästhetische Dimension, die mit Merleau-Pontys Begriff der ‚wirksamen Ähnlichkeit' thematisiert wurde. So ergeben sich hier ähnlichkeitstheoretisch anschlussfähige Perspektiven, um ikonische Ähnlichkeit jenseits ihrer Reduktion auf eine repräsentationale Funktion differenziert zu untersuchen.

Das Schlüsselkonzept *Simulacrum* denken die – surrealistisch angeregten – differenztheoretischen Reflexionen Deleuzes und Foucaults anschließend an Platons Differenzierung von Bild und Trugbild post-repräsentational. Die Konstellation dieses Konzepts mit Magrittes ‚Kunst der Ähnlichkeit' erlaubte, die Diskrepanzen herauszuarbeiten, die zwischen Magrittes Ähnlichkeitsbegriff und Foucaults Auslegung seiner Bildwelt als Triumph der Simulacra entstehen. Magrittes Bildoperationen vermitteln eine Skepsis gegenüber Repräsentation, in deren Reflexivwerden sie das Bild als Abbild ebenso infrage stellen wie den referentiellen oder denotativen Bezug der Bildelemente als ikonische Zeichen – ohne allerdings konzeptuell auf Ähnlichkeit zu verzichten. Magrittes Ähnlichkeitskonzept unterscheidet das ähnelnde Denken (*ressemblance*) von einem in Gleichartigkeiten ordnenden, messenden und vergleichenden Denken (*similitude*); beide Dimensionen wirken zusammen in der ‚Kunst der Ähnlichkeit', die Ähnlichkeiten mit der Erscheinungswelt aufweist und zugleich in der Konstellierung der Bildelemente das ähnelnde Denken sichtbar macht, das sich dem ‚Mysterium' einer surrealen Welt anverwandelt. Dieser Modus des sich anähnelnden, aktiv Zuordnungen vornehmenden Denkens, der den Doppelcharakter der Ähnlichkeit als gegeben *und* aktiv geeint formuliert, erscheint als moderne Ähnlichkeitsepistemologie; ihre Bezugspunkte lassen sich schon insofern nicht vollständig rationalisieren, als sie den Erkenntnisanspruch des Bildes, das die ‚Ordnung der Ähnlichkeit' allein zur Erscheinung bringt, an dessen Evidenz festmacht: Sie hat es mit dem konstitutiv Unbestimmten eines nichtpropositionalen Wissens zu tun, ohne dabei einen phantastischen Irrationalismus oder metaphysische Transzendenz zu vertreten. Doch formuliert sie mit der der Ähnlichkeit zugesprochenen epistemologischen Valenz ein utopisches Moment, in dem das (sur-)reale Sein der Dinge, das sich der Repräsentation entzieht, aufscheint. Trägt Magritte einerseits die epistemologische Skepsis der ‚Krise der Repräsentation' in die Bilder ebenso ein wie in die Realitätsauffassung, so schlägt er andererseits einen ästhetisch-epistemologischen Modus des Denkens vor, dessen Akte der Relationierung und Anverwandlung einen

---

20 Rautzenberg, Zeichen/Präsenz, S. 156f.

privilegierten Zugang zu unmittelbarer Erkenntnis garantieren sollen. Das Ähnlichkeitskonzept bietet ihm damit die Möglichkeit, eine Erfahrungsdimension einzuführen, die das moderne Weltverhältnis verloren hat, und die Kluft zwischen Mensch und Welt, Zeichen und Dingen sichtbar zu machen und zugleich durch das ‚(Denk-)Bild der Ähnlichkeit' zu überbrücken.

Dieses epistemologische Potential gibt Foucaults Deutung preis, die Ähnlichkeit auf repräsentationale Abbildlichkeit reduziert. Wie gezeigt wurde, greift er Magrittes Bestimmung der Ähnlichkeit als ‚die Souveränität, die zum Erscheinen bringt', und ‚das Eigentümliche des Denkens' auf, belässt diesen Hinweis aber in einem Modus der Frage, ohne ihn mit seiner Deutung in Bezug zu setzen: Die Passage bleibt isoliert und hypothetisch. Indem er Magrittes begriffliche Differenzierung von *ressemblance* und *similitude* aufnimmt, jedoch umbesetzt, vernachlässigt Foucault die Ähnlichkeitsreflexion Magrittes zugunsten seines differenztheoretischen Ansatzes. Von theoretischem Interesse ist, dass Foucault mittels des Begriffs *similitude* Ähnlichkeit *als* Unähnlichkeit und Differenz denkt, also in der mit Deleuzes Begriff des Simulacrums bezeichneten Dimension ‚ohne innere Ähnlichkeit'. Für Magritte hingegen meint *similitude* – darauf verweist die deutsche Übersetzung mit dem Begriff ‚Gleichartigkeit' – die Identifizierungs- und Differenzierungsoperationen der Identitätslogik und die Repräsentationsrelation. Dass Foucault damit Magrittes Bildkonzept von der *Kritik der Gleichartigkeit* auf die *Kritik der Ähnlichkeit* verschiebt, lässt sich als Konkurrenz im Umgang mit der Ähnlichkeit beschreiben. Die differenztheoretische Repräsentationskritik setzt an die Stelle einer auf Identität und Repräsentation reduzierten, platonisch-repräsentationalen und aristotelisch-topischen Ähnlichkeit die Begriffe Differenz und Wiederholung. Deleuzes Konzept des Simulacrums aufgreifend, das Ähnlichkeit ontologisch ‚entgründet', sucht Foucault die Austreibung der Ähnlichkeit aus Magrittes Bildwelt zu beschreiben. Doch Magritte denkt Ähnlichkeit nicht bildplatonisch im Sinne einer repräsentationalen ‚Kopietheorie' oder eines imitativen Mimesisbegriffs, aufgrund derer Foucault den Ähnlichkeitsbegriff ablegt, sondern in ihrer zweifachen Dimension zugleich aristotelisch – mit der Imagination verbunden – und ‚antiplatonisch-platonisch'–, insofern sie sich simulacral-mimetisch im Medium des Bildes äußert. Magrittes Bildwelt spielt die Ambivalenz der Ähnlichkeit aus, die Platons Dihairesis an die Grenze zur Sophistik führt: In der mimetischen Überbietung, die Mimesis zu malen, in der ‚Repräsentation der Repräsentation', wird sie reflexiv auf die Ununterscheidbarkeit von Bild und Trugbild. So offenbar ein genauerer Blick auf Deleuzes in Foucaults Deutung resonierende Bezugnahme auf Platon gerade die schlüpfrige Ähnlichkeit des Bildes, die Magritte inszeniert. Dass das Bild damit zum Medium der Präsentation oszillierender innerbildlicher Bezüge wird, die nicht hierarchisch auf ein Vorbild ausgerichtet sind, beschreibt Foucault als simulacrale Dimension der Gleichartigkeit und Wiederholung. Dies überführt die Ähnlichkeit des Bildes *und* den in Magrittes Ähnlichkeitstheorie artikulierten epistemologischen Anspruch des ähnelnden Denk-Bilds als auf das ‚Mysteriöse', Poetische oder Sur-Reale verweisende, offenbarende Dimension in eine referenzlose Zirkulation unähnlicher Zeichen: Ihre Autonomie löst in Foucaults postmoderner Aktualisierung, nach der Magrittes Bilder die „Obsoletheit der alten Auffassung, derzufolge die Welt in Wort und Bild repräsentierbar war",[21] ausstellen, die repräsentationale Ähnlichkeit auf.

So eröffnen die unterschiedlichen Konzeptionen verschiedene Perspektiven auf Dimensionen der Ähnlichkeit, die Magritte und Foucault jeweils einer repräsentationalen Verkürzung des Ähnlichkeitsbegriffs entgegenstellen: *Similitude* wird von ersterem als der Identität, von letzterem der Differenz verbunden gedacht, *ressemblance* von ersterem als mentalistisch-mimetischer Begriff aufgewertet, von letzterem als repräsentational-mimetischer Begriff abgewertet. Dieses in der Forschung beschriebene ‚Missverständnis' erscheint als ein Akt differenztheoretischer Umdeutung, der die Erscheinungsdimension des *ähnlichen Bildes* der des *unähnlichen Zeichens* unterordnet. Demgegenüber wurde abschließend Magrittes Bildwelt auf seine Ähnlichkeitstheorie bezogen: Ihre Konzeption als Ineinander von *similitude* (eine gegenständliche Malweise) und *ressemblance* (mittels verschiedener Bildtechniken zum Ausdruck gebrachte relationierende Akte ähnelnden Denkens) wurde an der Analyse ausgewählter Bilder nachvollzogen. Dabei wurde angedeutet, dass die metareflexive Bildwelt Magrittes – nicht nur vor dem Hintergrund seines ähnlichkeitsepistemologischen Konzepts, sondern auch im Blick auf den in Foucaults Begriff des Simulacrums tendenziell desambiguierten Charakter bildhafter Ähnlichkeit – ohne die konzeptuelle Preisgabe der Ähnlichkeit akkurater gefasst werden kann: Magritte entwickelt diese simulacrale Dimension als ein Ineinander von Abbild und Trugbild, Bild und Denkbild in der Perspektive einer von ihm absolut gesetzten bildhaften Ähnlichkeit. Es gibt in ihr nur noch den Schein des Bildes, das in der Verweigerung der Repräsentationsfunktion auf sich selbst als mentalistisch-imaginäres Denkbild verweist – und damit zu-

---

21 Prange, *Der Verrat der Bilder*, S. 47. Prange zufolge hallt im Spiel der referenzlosen Zeichen die „magische Funktion der Ähnlichkeit" nach, der die *Ordnung der Dinge* in der Autonomie der modernen Literatur nachspüre (ebd., S. 49). Ihre Deutung unterschlägt jedoch Foucaults Rekurs auf Deleuze. Die sich hier andeutende Nivellierung der Unterschiede von Bild- und Zeichencharakter verweist auf eine Konkurrenz von Philosophie und Kunst, Sagbarkeit und Sichtbarkeit, Zeichen und Erscheinung: Platons dihairetisch und repräsentational eingehegter Dimension des Ähnlichen stellt Deleuzes und Foucaults semiologisch gewendete Lektüre das Trugbild in seiner zeichenhaften Differenz und Unähnlichkeit entgegen; bei Platon und Magritte bleibt die Ambivalenz bildhafter Ähnlichkeit erhalten.

gleich der ‚tieferen Ähnlichkeit' einer Welt zu korrespondieren beansprucht, die nicht in einer vernunftgemäßen Ordnung vorliegt.

Konzeptuell mit dem Trugbild ebenso wie mit Metapher und Metamorphose verflochten ist das Schlüsselkonzept der *Mimikry*. Als tarnendes und täuschendes Ähnlichkeitsphänomen der Natur besitzt Mimikry das Potential, auch die menschliche Einbildungskraft zu täuschen. Aus dem Mimesisbegriff abgeleitet, legt das Konzept die Analogie zu menschlichen mimetischen Praktiken schon ideen-, begriffs- und wissenschaftsgeschichtlich nahe. Dass es sich mithin anbietet, um in seiner Erforschung als ein transgenerisch die Art- und Gattungsgrenzen querendes analogisches Phänomen auch die Grenzen der Naturreiche und Disziplinen transversal zu überschreiten, führen exemplarisch Caillois' Texte vor, die Mimikry und Mimese in den Erklärungsrahmen eines ethnologisch inspirierten, entgrenzten Mimesisbegriffs stellen und im Blick auf die ‚Frage der *Ähnlichkeit*' verhandeln. Caillois' Biologie, Medientheorie, Wahrnehmungstheorie, Ethnologie, Psychologie, Mythologie und Literatur transdisziplinär einbeziehende Studie „Mimese und legendäre Psychasthenie" wurde als Dokument für die Faszination der Praktiken und Phänomene mimetischer Ähnlichkeit im Kontext des ‚ethnographischen Surrealismus' beschrieben. Die Dichotomien von Vormoderne und Moderne, Natur und Kultur, Tier und Mensch, Subjekt und Objekt überschreitend, beschreibt die Studie Mimese als Anähnelung an den Umraum über Analogien zu Fotografie, Praktiken mimetisch-magischer Metamorphose und psychotischer Depersonalisierung: In ihrem destruktiven Umschlag in ‚hypertelische' Assimilation gerate sie zur Selbsttäuschung, mit dem Umraum eins zu sein, die Caillois als Störung der Beziehung zum Raum beschreibt und deren imaginäres Nachwirken er an einer ‚psychasthenischen' Selbsterfahrung des *hors de soi* und an Beispielen aus Literatur und Kunst belegt.

Weniger dieses Extrem mimetischer Anverwandlung erweist sich als anschlussfähig für Caillois' spätere Studien als deren produktive Aspekte und die Textstrategie einer ‚assimilationistischen' Annäherung von Mensch und Tier, Natur und Kultur. Inkonsistenzen, Sprünge der Argumentation und Wechsel der Erklärungsmodelle werden durch ein suggestives Textverfahren der Analogisierung überspielt, in dem Caillois die Register seiner Deutung verklammert.[22] Dabei lässt sich die Studie als *Diskursmimikry* naturwissenschaftlicher Forschung verstehen. Sie drängt auf eine Integration der Imagination und mimetischer

---

22 Die Ähnlichkeit der Vergleichspole fungiert als verbindendes Moment zwischen den verklammerten Registern – Mimese, Fotografie, Metamorphose, mimetische Magie und Psychose – und suggeriert ein korrelatives Muster, ein Netz von Bezügen. Dessen Kohärenz zu plausibilisieren, bleibt nicht zuletzt den Lesenden anheimgestellt, die die logische Stringenz der Argumentation nachzuvollziehen suchen.

Denkformen, fordert im Verweis auf den der Wissenschaft inhärenten Anthropomorphismus und Anthropozentrismus eine Blickumstellung auf die Ähnlichkeit des Anderen (des Insekts,[23] des ‚Primitiven' und des Psychotikers) und verweist auf das Desiderat einer an anderer Stelle fortzusetzenden Erforschung der Ähnlichkeit. So stehen Caillois' Studien zu Mimikry im Kontext einer umfassenderen Ästhetik und Epistemologie des Ähnlichen, der das *rapprochement* des Entfernten, das Ähnlichkeiten im Unähnlichen ausmacht, als Methode dient. Seine Theorie der ‚treffenden Einbildungskraft', die auf der biosemiotisch hergeleiteten These beruht, dass Formen oder Gegenstände zeichenhaft werden und ein verweisendes Beziehungsnetz bilden können, mit dem die Imagination in Wechselwirkung tritt, beruft sich auf die poetisch und wissenschaftlich auszuwertende epistemologische Valenz der Ähnlichkeit. Sie bietet ein Modell der subjektiv-objektiven Entdeckung von Ähnlichkeiten, Korrespondenzen und Analogien durch die Imagination, die auf die Eingebundenheit des Menschen in die Welt, eine ‚homologe' Struktur (tierischer) triebhafter und (mensch-tierlicher) imaginärer Phänomene und so auf die Kontinuität der Natur verweisen. Im Spannungsfeld einer romantisch inspirierten ‚surrealistischen Wissenschaft' bewegt Caillois sich noch als Vertreter der in *Meduse & Cie* entworfenen ‚diagonalen Wissenschaft', die den transversalen Vorgängen der Natur disziplinenübergreifend folgen soll. Sein methodologischer Kommentar vertritt explizit eine analogische Methodik, die auf die Aufdeckung letztlich nicht beweisbarer, verborgener Relationsgefüge setzt. Die hier mit anderen Argumenten weiterverfolgte assimilationistische Textstrategie einer Anähnelung von Mensch und Tier, die die ‚anthropologische Differenz' unterläuft, begründet eine Dezentrierung des anthropozentrischen Blicks, etwa indem – in der Anthropomorphisierung des Insekts und der Theriomorphisierung des Menschen – vermeintlich höhere Geistesfunktionen und mimetische und kreative Tendenzen in der Natur verortet werden. Dabei betont *Meduse & Cie* gegenüber der früher beschriebenen destruktiven Dynamik die produktiven Potentiale mimetischen Verhaltens, die Caillois in einer transspezifischen ethologischen Klassifikation differenziert. Auch diese moderatere Deutung, die Aspekte der anthropologischen Differenz wie Sprache, Freiheit und Bewusstsein hervorhebt, unterzieht die Dichotomien von Tier und Mensch, Natur und Kultur, Nachahmung und Kreativität, Vormoderne und Moderne, Subjekt und Objekt einer Revision und fordert die Integration eines analogischen und mimetischen Wissens.

---

23 Wie ausgeführt wurde, zeigt sich eine assimilationistische Argumentationsstrategie auch darin, dass die mimetische Reaktion des Insekts als (imaginäre) Reaktion auf den Raum gewertet wird, der eine Selbstbezüglichkeit und Selbstüberschreitung inhärent ist, die in zeitgenössischen Thesen zum Verhältnis zur Umwelt dem Menschen vorbehalten ist.

Anschlussfähig vor dem Hintergrund aktueller theoretischer Überlegungen ist nicht nur Caillois' weites, ambivalentes Verständnis der Mimesis – eines destruktiven Umschlags des mimetischen Verhaltens in Assimilation einerseits und einer subversiven Verkehrung der Hierarchien von Vorbild und Abbild, Original und Kopie andererseits, die gerade auch in der „Ergänzung zu Mimesis-Konzepten der nachahmenden Repräsentation"[24] theoretisches Anregungspotential entfaltet –, sondern auch, dass er „transdisziplinäre Felder eröffnet und (unorthodox-surrealistisch gegenüber den Disziplinen) bespielt hat, Felder wie sie jetzt wieder beispielsweise zwischen Ästhetik und Evolutionspsychologie oder Emotionsforschung entstehen".[25] Wie gezeigt wurde, zielen die in Caillois' Theoremen angelegte Dezentrierung des Anthropozentrismus und Einebnung der anthropologischen Differenz – etwa im Nachweis von Korrespondenzen der Mimese mit menschlichen Denk- und Verhaltensweisen –, die den aus einem monistischen „Ganzheitsdenken"[26] motivierten assimilationistischen Hintergrund seiner Argumentationen bilden, auf eine ethisch-ästhetische Neubestimmung der Stellung des Menschen in Natur, Wissenschaft und Ästhetik,[27] die die Dichotomie von Vormoderne und Moderne ebenso relativiert wie eurozentrische und anthropozentrische Grenzziehungen.[28]

---

24 Morsch, Mimesis und filmischer Raum, S. 212. Vgl. auch Becker, Doll, Wiemer, Zechner, Einleitung, S. 15 f. So greifen etwa Adorno, Lacan, Taussig und Didi-Huberman diese Thesen in unterschiedlichen Kontexten auf.
25 Albers, Reine und unreine Literatur(-wissenschaft), S. 46.
26 Vgl. Cha, *Humanmimikry*, S. 285. Dies bestimmt – vergleichbar mit Ansätzen Bruno Latours oder Eduardo Viveiros de Castros – die „Anerkennung anderer Ontologien" (Albers, Reine und unreine Literatur(-wissenschaft), S. 46, Anm. 15).
27 Die monistisch gedachte Kontinuität formuliert Caillois auf Basis eines moderaten Anthropomorphismus. So tritt das Ähnlichkeitsdenken gegen den Anthropozentrismus und die beziehungslose Stellung des Subjekts als ‚Loch im Sein' (Spaemann) ein. Durch die Einbindung des Menschen in die Kontinuität der Natur wird dieser neu ‚verortet'. Vgl. dazu Spaemanns ontologische Konzeption der Ähnlichkeit: „Sein von etwas bedeutet Ähnlichkeit mit unserem Dasein und mit allem anderen, oder es bedeutet nichts." (Spaemann, Ähnlichkeit, S. 56).
28 Auf die im Verlauf im Blick auf das Ähnlichkeitsdenken im Primitivismusdiskurs angedeutete, andernorts erarbeitete Kolonialismuskritik des Surrealismus konnte hier nicht ausführlich eingegangen werden. Vgl. u. a. Maria Kunda, *The Politics of Imperfection: The Critical Legacy of Surrealist Anti-colonialism* [Diss.], 2010, online unter https://eprints.utas.edu.au/10817/, 22.2.2022; vgl. Calas' Verweis auf Pierre Mabilles Text „Le Surréalisme, un nouveau climat sensible", aus dem er zitiert: „‚Surrealism is the first conscious and collective sign of a complete break with classical European tradition, as it created for certain intellectuals a new climate of sensitivity which began to question the validity of the premises upon which Western culture was developed.'" (Zit. n. Calas, The Challenge of Surrealism, o.S.).

Daraus ergeben sich Perspektiven wie der „Vergleich zur neueren Wissenschaftsforschung",[29] etwa zu Bruno Latours ‚symmetrischer Anthropologie' und Eduardo Viveiros de Castros Perspektivismus, die das „ontologische[] Trennungsgebot von Natur und Kultur"[30] hinterfragen und „die Anthropologie und das ihr zugrundeliegende ontologische Dispositiv [...] von der Seite des Tieres [...] in Frage [...] stellen".[31] Insbesondere Philippe Descola wirbt für eine theoretische Aufwertung von Ähnlichkeit und Analogie als „Verfahren der ‚Ver- bzw. Anähnlichung', der Stiftung einer Verwandtschafts- oder Allianzbeziehung zwischen heterogenen Elementen"[32] – so spricht er von der „disposition générale grâce à laquelle je peux établir des différences et des ressemblances entre moi et les existants"[33]. Damit erscheint Caillois als Vordenker einer Neubewertung der Ähnlichkeit in einem Bereich der *humanities*, für den etwa Descola steht; nicht nur die von Caillois geforderte Transdisziplinarität ist sowohl Herausforderung als auch Chance aktueller Ähnlichkeitsforschung, denn als *travelling concept* steht Ähnlichkeit im Schnittpunkt verschiedenster Methoden, Disziplinen und Epistemologien, zwischen denen sie zugleich zu vermitteln vermag, wie etwa Arduini betont: „[S]imilarity stands for one of those transdisciplinary ideas and topics [...] necessary to identify in order that we can push research onwards".[34] Auch verweist die Einforderung eines methodisch reflektierten, den eigenen Standpunkt bedenkenden Umgangs mit Ähnlichkeiten – in Caillois' ‚surrealistischer Wissenschaft' ein relationierendes Verfahren des *rapprochement* als ‚Ent-Fernung' und ‚Überwindung der Unähnlichkeit'[35] – auf ein mehrfaches Desiderat aktueller Theo-

---

29 Balke, Foucault und die Möglichkeiten eines Denkens, S. 59.
30 Ebd., S. 61.
31 Ebd., S. 62. Vgl. Latour, *Nous n'avons jamais été modernes*; Descola, *Par-delà nature et culture*; Eduardo Viveiros de Castro, *The Relative Native. Essays on Indigenous Conceptual Worlds*, Chicago 2016.
32 Ebd., S. 66. Vgl. ebd.: „Die Ähnlichkeit entspricht einem Denkmodus, der die Gesamtheit dessen, was existiert, ‚durch geringfügige Abweichungen getrennt' betrachtet, so dass es möglich wird, ‚das System der anfänglichen Kontraste wieder zu einem dichten Netz von Analogien zusammenzufügen, das die inneren Eigenschaften der unterschiedene Entitäten miteinander verbindet.' Die Logik der anthropologischen Differenz zielt auf die Zerstörung dieses Gewebes durch ‚Absonderung' bestimmter Entitäten aus der Gesellschaft der Lebewesen." (Im Verweis auf Descola, Jenseits von Natur und Kultur, S. 301).
33 Philippe Descola, „Anthropologie de la nature" (online unter https://www.college-de-france.fr/media/philippe-descola/UPL28452_UPL51939_DescolaR01_02.pdf, 28.3.2019), S. 627.
34 Arduini, Introduction, S. 10: „[W]e need ideas that can hover above these [disciplinary, S. B.] lines of demarcation and transform our thinking by allowing us to network knowledge and ideas" (ebd.).
35 Vgl. die die Nähe zu der mit Ricœur beschriebenen Konzeptualisierung metaphorischer Ähnlichkeit Bretons als ‚Überwindung der Unähnlichkeit', aber auch Spaemanns Begriff der

riebildung in den Geistes- und Kulturwissenschaften, die nicht nur konstitutiv mit vagen und hybriden Phänomenen zu tun haben, sondern auch mit dem Verhältnis von Eigenem und Anderen, und die – nicht zuletzt im Kontext einer epistemologischen Nivellierung der rationalistischen Ansprüche der europäischen Moderne[36] – Anregungen aus einem vermeintlich vormodernen oder amodernen Wissenstyp beziehen. Dies ist nicht etwa nur Caillois' Verdienst. Foucaults Würdigung Bretons schreibt ihm die Entdeckung und Öffnung eines modernen „Raum[s] der Erfahrung" zu, die sich

> mit unerhörtem Reichtum in einer Einheit und zugleich Vielheit entwickelt, die alle einstmals gezogenen Grenzen zwischen den Gebieten auslöscht. Das Netz, das die Werke von Breton, Bataille, Leiris und Blanchot ebenso durchzieht wie die Ethnologie, die Kunstgeschichte, die Religionsgeschichte, die Sprachwissenschaft und die Psychologie, tilgt mit einem Schlag die alten Rubriken, in die unsere Kultur sich selbst einteilte, und führt uns unerwartete Verwandtschaften, Nachbarschaften und Beziehungen vor Augen. Mit großer Wahrscheinlichkeit verdanken wir diese neue Auffächerung und diese neue Einheit unserer Kultur der Person und dem Werk André Bretons.[37]

Doch erweist sich gerade Caillois' ‚Wissenschaft der Ähnlichkeiten' als besonders anschlussfähig für aktuelle kulturwissenschaftliche Ansätze. So gewinnen Ähnlichkeitsepistemologien gerade im Kontext eines kulturtheoretischen Relationismus und Perspektivismus erneut Relevanz. Friedrich Balke zufolge ist

> [d]ie „Verwischung der ontologischen Grenzen" [...] in der heutigen Kultur- und Medienwissenschaft ebenso wie in der Wissenschaftsforschung mit ihrer symmetrischen Ansetzung des Verhältnisses von *humans* und *non-humans* [...] nicht der Effekt eines unscharfen Denkens, sondern der Beleg für die Wiederkehr einer epistemischen Disposition, die alle Unterschiede und Differenzen auf die Erfahrung einer prinzipiellen Ähnlichkeit bezieht und die Arbeit der Kultur daher als die komplizierte Herstellung von Bündnisbeziehungen und Allianzen begreift.[38]

‚Ent-Fernung' (Spaemann, Ähnlichkeit, S. 57). Ein solches *rapprochement* setzt etwa auch Julliens Theorie der „kulturellen Abstände" ein (François Jullien, *Es gibt keine kulturelle Identität*, S. 71): Sie bringe ein „*Zwischen* zum Vorschein" (ebd., S. 75), um aus Spannung „Gemeinsames hervorzubringen" (ebd., S. 77), „ein ‚ähnliches' Verhältnis' zwischen bestimmten Termen, eine ‚analoge' Form der Interaktion oder Mediation" (ebd., S. 84) jenseits der „Assimilation" (ebd., S. 85), wie es „Dialog" und „Übersetzung" (ebd., S. 92) erreichten.

36 Desiderat bleiben musste hier eine globalgeschichtliche Perspektive, die Ähnlichkeit als Teil einer um nicht-europäische Konzepte ergänzten *global conceptual history* beschriebe.
37 Michel Foucault, „Er war ein Schwimmer zwischen zwei Worten", in: ders., *Schriften*, Bd. 1, S. 715–718, S. 717 f.
38 Balke, Foucault und die Möglichkeiten eines Denkens, S. 68.

Die „Erneuerung des Zeitalters der Ähnlichkeit"[39] werde so aktuell wieder zu einer Denkoption, wie Balke im Verweis auf das von Descola beschriebene „‚ontologische Dispositiv'" des „Naturalismus", der einer „distinktive[n] Objektivität der Nichtmenschen' [...] die ebenso distinkte Subjektivität oder Interiorität der Menschen" gegenüberstelle, und in Bezug auf Foucaults Ähnlichkeitsepisteme konstatiert: So

> könnte es sein, dass wir uns heute im Zeitalter einer Erneuerung dieser Wissensform befinden. Unsere heutige Denkmöglichkeit im Gebiet der *humanities* wäre dann aufs engste mit der Neuentdeckung der Figur der Ähnlichkeit verbunden, die sich für die ‚Fransen' (Whitehead) und die Übergangszonen interessiert, in denen [...] ein Objekt der Wissenschaft, ganz gleich wie exakt und experimentell sie vorgeht und wie sehr sie ihren Gegenstand von allen kulturellen ‚Kontexten' reinigt, zum Generator und Medium eines weitverzweigten Wissens wird.[40]

Hier deutet sich an, dass Ähnlichkeit, die in der Moderne vielfach totgesagt wurde, so etwas wie eine – nicht zuletzt von der Reinheit objektivistischer Unterscheidungen und einem Denken in Identitäten und Differenzen produzierte – theoretische Wiedergängerin sein könnte, die in einem Zeitalter nach dem Naturalismus wiederkehrt, oder: nach ihrer Konjunktur in der Moderne des frühen zwanzigsten Jahrhunderts erneut aus einer Phase der Latenz heraustritt. So ist aktuell eine theoretische Konjunktur der Ähnlichkeit zu erkennen, deren Perspektive die weitgehend konsensuelle Identifikation von Moderne und Differenz relativiert und eine moderne Wendung von der Identität zur Ähnlichkeit in den Blick nimmt.

Dabei zeigt sich gerade im surrealistischen Einsatz der Ähnlichkeit eine nicht nur ästhetik-, sondern auch theoriegeschichtlich zentrale Vermittlung des Ähnlichkeitsdenkens in die Moderne. Nicht zuletzt die historische Position des Surrealismus in der Diskursgeschichte und Theorieentwicklung des zwanzigsten Jahrhunderts ist dabei von Bedeutung: Seine Kritik der Moderne und seine Teilhabe an Psychoanalyse, Marxismus und Ethnologie als trianguläres „set of concepts with which to map surrealism"[41] bilden ein produktives Milieu etwa für das Denken Walter Benjamins, Ernst Blochs, Theodor Adornos, Jacques Lacans oder Michel Foucaults. Als Bewegung eines „agonistic modernism" und „countermodernism" stellt der Surrealismus eine „crucial reference for a critical postmodernism"[42] dar – wobei an ihm zugleich die Konjunktur eines identitäts- und repräsentationskritischen Denkens der Ähnlichkeit vor dessen Marginali-

---

39 Ebd., S. 54.
40 Ebd., S. 57.
41 Vgl. Foster, *Compulsive Beauty*, S. XIV.
42 Vgl. ebd., S. XIV.

sierung wiederzuentdecken ist: Die postmoderne Kritik der Identität und der Repräsentation schließt vielfach an die hier formulierte Kritik an, die sie differenztheoretisch radikalisiert. Gilt es aus dieser Perspektive, das Differenzparadigma um ein Ähnlichkeitsparadigma zu ergänzen, so lässt sich darin an die moderne Konjunktur der Ähnlichkeitsreflexion anschließen.

Entsprechend lässt sich eine weitere Erforschung der Ähnlichkeit sowohl als Desiderat kulturwissenschaftlicher Forschung im „Rahmen der aktuellen Diskussionen über Inter- oder Transkulturalität"[43], der Überlegungen zu einer ‚symmetrischen Anthropologie' und der Öffnung auf nichteurozentrische und nichtanthropozentrische Epistemologien beschreiben, als auch als Aufgabe literatur-, kunst- und medienwissenschaftlicher Forschung, die Ähnlichkeit seit einigen Jahren ebenfalls verstärkt in den Fokus rückt. Die Produktivität der Ähnlichkeit als vielgestaltiges ästhetisches Paradigma ist dabei weiter zu untersuchen: Zu analysieren, „in wie weit Konzepte von Ähnlichkeit Realitätsbezüge und Kunsttheorie neu in Beziehung setzen können und welche Rolle Ähnlichkeit im Rahmen des ‚repräsentativen Apparates' eines Kunstwerkes sowie als Darstellungsmechanismus und -mittel einnimmt", eröffnet wichtige Perspektiven auf einen ästhetischen Grundbegriff, der nicht nur aufgrund der Identifikation mit einem imitativ verkürzten Mimesisverständnis und einer ‚Kopietheorie' der Repräsentation, sondern auch aufgrund seiner Vagheit und ‚Schlüpfrigkeit' theoretisch marginalisiert wurde. Für die Kunst-, Literatur- und Kulturwissenschaften gilt demgegenüber gleichermaßen: In ihrer „Funktion als selbstreflexive Kategorie [...], die zugleich kunstimmanente, ästhetische und theoretische Diskurse auf ihr ‚Davor' hin öffnen kann, gebührt der Ähnlichkeit größere und differenziertere Aufmerksamkeit."[44] Ihre weitere Erforschung scheint so nicht nur dringend geboten, weil sie als grundlegend für Wahrnehmung, Denken, Sprache und Bild in alltäglichen wie ästhetischen Kontexten sowie für damit befasste Theorien, Modelle und Disziplinen einzuschätzen ist, sondern auch im Blick auf die Methodenreflexion der Geistes- und Kulturwissenschaften – nicht zuletzt angesichts der Konjunktur vergleichender Konzepte, die Ähnlichkeiten methodisch reflektiert einzusetzen haben.

Im Verlauf dieser Überlegungen wurden zudem nicht nur vielfach Bezüge zu ähnlichkeitstheoretischen Ansätzen hergestellt, sondern auch Hinweise auf ambitionierte Theorieoptionen in verschiedenen Feldern angesprochen, die von der Ähnlichkeitsreflexion eröffnete Vermittlungsleistungen zumindest heuristisch

---

[43] Dorothee Kimmich, „Orte der Ähnlichkeit. Literarische Aushandlungen im bürgerlichen Realismus", in: Bhatti, Kimmich, *Ähnlichkeit*, S. 187–202, S. 187.
[44] Kohl, Gaier, Saviello, Ähnlichkeit als Kategorie der Porträtgeschichte, S. 15.

aufzeigen: zwischen Identität und Differenz/Alterität (Bhatti, Kimmich)[45], zwischen Hermeneutik und Dekonstruktion (Mattenklott),[46] zwischen Zeichen und Präsenz (Rautzenberg),[47] zwischen Naturalismus und Konventionalismus (Blanc-Benon),[48] zwischen Realismus und Nominalismus (Kohne)[49] und zwischen Konstruktivismus und Realismus (Koschorke).[50] Daraus lässt sich nicht nur ersehen, dass Ähnlichkeit ein Korrektiv gegen vereinfachende Dichotomien und monolithische Theorie-Oppositionen jeder Art sein kann, sondern auch, dass sich durch Ähnlichkeit als *travelling concept* Anschlüsse zwischen verschiedenen Methoden, Modellen, Wissensfeldern und Disziplinen und fruchtbare Blickumstellungen ergeben können, deren theoretische und methodische Potentiale es weiter zu erforschen gilt.

Einleitend wurde die Vermutung formuliert, dass das Anregungspotential einer Auseinandersetzung mit der surrealistischen Arbeit an Ähnlichkeit einerseits darin liegen könnte, die Leistungsfähigkeit des Denkens in Ähnlichkeiten im Umgang mit Vagheit, Mehrdeutigkeit und unscharfen Grenzen in den Blick zu nehmen, andererseits darin, ein Instrumentarium zu entwickeln, das komplexe ästhetische Ähnlichkeitskonzepte zu fassen vermag. Beides lässt sich rückblickend bestätigen. Die vielschichtigen und komplexen Dimensionen, die gerade ästhetische Ähnlichkeit auf theoretischer, konzeptueller und figurativer Ebene eröffnet, scheinen sich wissenschaftlichen Versuchen des Aufweises von Spezifikationen, Relevanzkriterien, Maßstäben und Grenzen des Ähnlichen immer wieder zu entziehen. Dass zumal der entgrenzende Umgang des Surrealismus mit Ähnlichkeit Versuchen der Formulierung solcher *constraints* entgegensteht, mithin die Produktivität des epistemologisch-ästhetischen Ähnlichkeitsparadigmas in der surrealistischen Reflexion und ästhetischen Praxis sich nicht ohne syste-

---

45 Vgl. Bhatti, Vorwort, S. 7: „Es wird zunehmend evident, dass Identitätspolitik und Alteritätsbehauptung Teil einer umfassenden Segmentierung der Welt sind, welche die dialektischen Möglichkeiten einer wirklichen inkludierenden Globalisierung verhindern."
46 Mattenklott sieht Ähnlichkeit – als „Begriff […], dem […] größere Aufmerksamkeit gebührt, als ihm gewöhnlich zuteil wird" – und „Verähnlichung" als Denkansatz einer „Balance" zwischen Hermeneutik und Dekonstruktion (Mattenklott, Ähnlichkeit, S. 168, S. 167 f.).
47 Rautzenberg fordert eine Balance phänomenologischer und semiotischer Ansätze (vgl. Rautzenberg, Zeichen/Präsenz).
48 Blanc-Benon diskutiert naturalistische und konventionalistische Ansätze der bildtheoretischen Forschung als vermeintliche Dichotomien einer ‚falschen Debatte' (Blanc-Benon, *La question du réalisme en peinture*, bes. S. 61).
49 Vgl. Kohne, *Drei Variationen über Ähnlichkeit*.
50 Zu dieser noch die aktuelle kulturwissenschaftliche Forschung beschäftigenden Spaltung der Perspektiven als auf Kants Transzendentalismus zurückzuführende „*condition moderne*" vgl. Koschorke, Das Mysterium des Realen in der Moderne, S. 19.

matische Übersetzungsschritte für ein theoretisches Interesse fruchtbar machen lässt, ist evident. So dürften Konzepte, die das Ähnliche als transversal, vorpropositional und unbegrifflich thematisieren, kaum solche wissenschaftlichen Ansätze von ihren Vorzügen überzeugen, die die Vagheit und Unbegrifflichkeit der Ähnlichkeit kritisieren. Hier soll weder die theoretische Übernahme eines unökonomischen, komplexitätsproduzierenden Entgrenzungspotentials nahegelegt, noch etwa „analogistische Hypertrophie"[51] propagiert werden. Im Blick auf das Desiderat einer angemessen komplexen Theoretisierung der Ähnlichkeit sind an der surrealistischen Rekonzeptualisierung allerdings fruchtbare Perspektiven zu gewinnen – auf konkrete Ansätze einer Erforschung und theoretischen Perspektivierung der Fragestellungen, die sich aus dem vorgestellten ästhetisch-epistemologischen Einsatz der Ähnlichkeit ergeben, wurde jeweils hingewiesen. Die surrealistische Konzeptualisierung der Ähnlichkeit kann so die weitere Theoriearbeit verschiedener mit der Ähnlichkeitsforschung befasster Disziplinen informieren, denn der hier paradigmatisch ausgeloteten Produktivität der Ähnlichkeit gilt es gerecht zu werden – zumal die Ähnlichkeitsproduktion und -reflexion des Surrealismus in ihrem Überbietungsgestus einen hohen Reflexionsgrad erreicht. Dem sollten ähnlichkeitstheoretische Ansätze ebenso gerecht werden, wie sie Einsichten der Ähnlichkeitskritik zu berücksichtigen haben. Das grundlegende innovative und kritische Potenzial der surrealistischen Arbeit an Ähnlichkeit erweist sich dabei nicht zuletzt darin, Ähnlichkeit *mit* Differenz zu denken, aber jenseits von Identität: Ihre Konzeptualisierung ‚unähnlicher Ähnlichkeit' fordert ein, Ähnlichkeit entgegen ihrer Depotenzierung als defiziente Vorstufe des Identischen und imitative Relation der Repräsentation in ihrer Unbegrifflichkeit und Ungleichheit zu erfassen – sie also weder auf den ‚Grundbegriff' Identität zu reduzieren[52] noch auf eine Repräsentationsfunktion; dies wurde hier als Entgrenzung der identitätslogischen und repräsentationalen Einhegung der Ähnlichkeit um ihres ästhetisch-epistemologischen Eigenwerts willen beschrieben.

In den Effekten dieser Entgrenzung verweist die im Milieu des Surrealismus entwickelte Ästhetik und Epistemologie des Ähnlichen auf eine – auch ihrem Nachvollzug abverlangte – Souveränität im Umgang mit der Ähnlichkeit des Anderen, mit Mehrdeutigkeit und Ambiguität, Vagheit, Unschärfe und Uneindeutigkeit, von der die moderne Welterfahrung ebenso geprägt ist wie noch die gegenwärtige.

---

51 Barner, Einleitung, S. 4.
52 Vgl. dazu etwa Remotti, Identity barriers and resemblance networks, S. 141: „Breaking free from identity means letting the network of resemblance emerge"; vgl. für einen Zugang aus dem Bereich der Kognitionstheorie, der Ähnlichkeit „as a primitive, unreduced notion" nicht an Identität orientiert, Decock, Douven, Two accounts of similarity compared, S. 389.

Auch jenseits einer emphatischen Identifikation mit utopisch-revolutionären Potentialen, wie sie etwa Bretons Programmatik dem Sprachbild zugesteht, lässt die Ähnlichkeitsproduktion des Surrealismus „das subversive Potential des Ähnlichkeitsdenkens"[53] erkennen, ein „ermächtigendes und emanzipatorisches Potential, mittels dessen sich das ‚moderne' Subjekt gegen die Totalität von Wahrheits-, Wissens- und Repräsentationssystemen richtet":[54] Sein Einsatz der Ungleichheit des Ähnlichen fordert ein Ethos des „Umperspektivierens"[55], das jüngst als gesellschaftspolitisch ebenso relevant markiert wurde wie „Ambiguitätstoleranz".[56] Es handelt sich dabei nicht um „ein als ‚postmodern' charakterisierbares Vergnügen am Unfeststellbaren"[57], sondern um ein kulturpolitisches Desiderat und ein Ethos des Zusammenlebens, das Anil Bhatti im Anschluss an Samir Amin als Forderung einer „‚Ähnlichkeit in Diversität'"[58] artikuliert: „Man ist wieder sensibler geworden für Analogien, Ambiguität und Vergleiche, die beim Umgang mit Diversität unsere Analysen prägen."[59]

---

53 Bhatti, Vorwort, S. 11.
54 Patrut, Rössler, Ähnlichkeit um 1800, S. 17: „Verstanden in diesem Sinne erweist sich die Forderung nach einer Kultivierung des Ähnlichen auch angesichts jüngster gesellschaftspolitischer Debatten weniger als unzeitgemäß denn als notwendig." (Ebd.).
55 Aleida Assmann, *Menschenrechte und Menschenpflichten. Schlüsselbegriffe für eine humane Gesellschaft*, Wien 2018, S. 167. „Ähnlichkeiten und Differenzen entstehen [...] in einem fließenden Feld der Erscheinungen durch unterschiedliche Formen des Sehens und Selektionsprozesse in der Zusammenstellung relevanter Merkmale, die mal so, mal so sortiert werden können." (Ebd., S. 166) „Die Entdeckung solcher unvermuteter Ähnlichkeiten setzt pragmatisch oder spielerisch den Druck der Differenz außer Kraft und ermöglicht paradoxe Handlungen, überraschende Interventionen und spontane Allianzen, die unerwartet Bewegung in das rigide Muster distanzierender und trennender Differenz bringen. [...] Der performative und situative Rahmen ist dabei ebenso entscheidend wie der transgressive Charakter dieser sich über kulturelle Grenzen und eingefleischte Selbstverständlichkeiten hinwegsetzenden Wahrnehmung von Ähnlichkeit [...]. Eine solche „Performanz der Ähnlichkeit" kann deshalb Auswege aus der Falle der Identitätspolitik öffnen, die auf der Basis dichotomischer Kategorien wie ‚fremd/eigen' oder ‚selbst/anderer' konstruiert wurde." (Ebd., S. 167f.) Vgl. Carolin Emcke, *Gegen den Hass*, Frankfurt a. M. 2916, S. 189f., im Verweis auf Aleida Assmann, „Ähnlichkeit als Performanz. Ein neuer Zugang zu Identitätskonstruktionen und Empathie-Regimen", in: Bhatti, Kimmich, Ähnlichkeit, S. 167–185, S. 171. Ihren hier aufgegriffenen Ansatz hat Assmann in dem zuletzt genannten Titel weiterentwickelt, der die „Beziehungen zwischen dem Selbst und dem Anderen" thematisiert (ebd., S. 164). Vgl auch Patrut, Rössler, Ähnlichkeit um 1800, S. 17.
56 Vgl. Wolfgang Streitbörger, „Ambiguitätstoleranz. Lernen, mit Mehrdeutigkeit zu leben" (online unter https://www.ardaudiothek.de/zeitfragen-feature/ambiguitaetstoleranz-lernen-mit-mehrdeutigkeit-zu-leben/70417070, 10.1.2019).
57 Schmitz-Emans, *Poetiken der Verwandlung*, S. 169.
58 Patrut, Rössler, Ähnlichkeit um 1800, S. 18.
59 Vgl. Bhatti, Vorwort, S. 7.

Dabei, so betont auch Bhatti, ließen sich gerade aus der „Ästhetik der Ähnlichkeit" wichtige kulturtheoretische Perspektiven gewinnen: Sie habe „einen Bereich des ‚Sowohl-als-Auch' und des ‚Zusammenhangs' wachgehalten gegenüber der dominanten Logik vom rigiden ‚Entweder-Oder' und ‚Trennungen', die dem kolonialen Denken zu Grunde liegen."[60] In der Öffnung auf die Ähnlichkeit des Anderen zeigt sich mithin eine wissenschafts- wie kulturpolitisch angezeigte Ausrichtung auf eine relationale Epistemologie, der sich Ähnlichkeit als Paradigma anbietet, das jenseits der Eindeutigkeit identitärer Festlegungen und differenzieller Grenzziehungen allererst produktiv wird. So geht es in der Entwicklung eines ähnlichkeitstheoretischen Instrumentariums darum, einen produktiven, flexiblen und angemessen komplexen Umgang mit Uneindeutigkeit zu entwickeln, und darum – statt in Dichotomien von Identität und Differenz zu denken –, den Blick auf Zwischenräume zu richten und mit Übergängen, Denkfiguren des Dritten und Graustufen zu operieren. Gerade das Verhältnis der Nähe und Distanz, der Ähnlichkeit und Differenz von Eigenem und Anderem ist angesichts aktueller identitätspolitischer Indienstnahmen und eines erhöhten gesellschaftlichen und individuellen Sicherheits- und Abgrenzungsbedürfnisses, aber etwa auch in Ansätzen, die Solidaritäten mit nichtmenschlichen Agenten einfordern, hochaktuell geworden. Dazu, den Umgang mit der Ähnlichkeit des Anderen einzuüben, kann die entgrenzte Ähnlichkeit des Surrealismus einen Beitrag leisten.

---

60 Ebd., S. 8.

Literatur

Adamowicz, Elza: *Surrealist Collage in Text and Image. Dissecting the Exquisite Corps*, Cambridge 1998.
Ades, Dawn: *Undercover Surrealism: Georges Bataille and Documents*, London 2006.
Adorno, Theodor W.: *Ästhetische Theorie*, hg. von Gretel Adorno u. Rolf Tiedemann, Frankfurt a. M. 1973.
Adorno, Theodor W.: „Roger Caillois, La mante religieuse. Recherche sur la nature et la signification du mythe", in: ders.: *Gesammelte Schriften*, Bd. 20, 2: *Vermischte Schriften*, hg. v. Rolf Tiedemann, Frankfurt a. M. 1986, S. 229 f.
Adorno, Theodor W.: „Zum Gedächtnis Eichendorffs", in: ders.: *Noten zur Literatur*, Frankfurt a. M. ³1990, S. 69–94.
Agacinski, Sylviane, Jacques Derrida, Sarah Kofman, Philippe Lacoue-Labarthe, Jean-Luc Nancy, Bernard Pautrat (Hg.): *Mimésis des Articulations*, Paris 1972.
Albers, Irene: „Reine und unreine Literatur(-wissenschaft) nach Roger Caillois", in: *Zeitschrift für Kulturwissenschaft* 1 (2013): *Reinigungsarbeit*, hg. von Marcus Hahn und Nacim Ghanbari, S. 39–53.
Allen, Michael J. B. (Hg.): *Marsilio Ficino. Icastes: Marsilio Ficino's Interpretation of Plato's Sophist: Five Studies and a Critical Edition with Translation*, Berkeley 1989.
Alt, Peter-André: *Der Schlaf der Vernunft. Literatur und Traum in der Kulturgeschichte der Neuzeit*, München 2002.
Alt, Peter-André, Christiane Leiteritz (Hg.): *Traum-Diskurse der Romantik*, Berlin 2005.
Andree, Martin: *Archäologie der Medienwirkung: Faszinationstypen von der Antike bis heute* (Simulation, Spannung, Fiktionalität, Authentizität, Unmittelbarkeit, Geheimnis, Ursprung) [Diss. 2004], München 2005 (online unter http://nbn-resolving.de/urn/resolver.pl?urn=urn:nbn:de:bvb:12-bsb00052261-6,abgerufen am 21.6.2016).
Anne-Braun, Alexis, Alexandre Declos (Hg.): *Philosophies de la ressemblance/Resemblance in Contemporary Philosophy*, *Philosophia Scientiæ* 24, 2 (2020), online unter https://journals.openedition.org/philosophiascientiae/2227, abgerufen am 12.1.2022.
Anonym (Educateam/Musées royaux des Beaux-Arts de Belgique): „Dossier Magritte, 7. Les mots et les images", in: *Extra-Edu* (online unter http://www.extra-edu.be/Theme07?PHPSESSID=c5fb3e73fb688aa9b7a7342828f16095, abgerufen am 12.6.2019).
Aragon, Louis: *Le Paysan de Paris*, Paris 1926.
Aragon, Louis: *Abhandlung über den Stil. Surrealistisches Traktat*, übers. v. Jenny Graf-Bicher, hg. v. Klaus Bittermann u. Holger Fock, Berlin 1987 [*Traité du style*, Paris 1928].
Arduini, Stefano: „Introduction: Similarity and Difference in Translation", in: ders., Robert Hodgson Jr. (Hg.): *Similarity and Difference in Translation. Proceedings of the International Conference on Similarity and Translation*, Rimini 2004, S. 7–14.
Aris, Marc-Aeilko, et al.: „Universalienstreit", in: *Theologische Realenzyklopädie Online* (2010), online unter https://www.degruyter.com/database/TRE/entry/tre.34_340_3/html, abgerufen am 2.12.2021.
Aristoteles: *Poetik*, Griechisch/ Deutsch, übers. v. Manfred Fuhrmann, Stuttgart 2001.
Art. „Simulacrum/Le simulacre", in: *Concept and Form: The Cahiers pour l'Analyse and Contemporary French Thought* (online unter http://cahiers.kingston.ac.uk/concepts/simulacrum.html, abgerufen am 16.1.2019, o. S.).

Art. „Ähnlichkeit", in: *Wörterbuch der philosophischen Begriffe*, hg. v. Arnim Regenbogen u. Uwe Meyer, Hamburg 1998, S. 18 f.
Art. „Analogie, Analogieschluß", in: *Metzler-Lexikon Philosophie: Begriffe und Definitionen*, hg. v. Peter Prechtl u. Franz-Peter Burkard, Stuttgart, Weimar 2008, S. 22.
Art. „Analogie", in: *Wörterbuch der philosophischen Begriffe*, hg. v. Arnim Regenbogen u. Uwe Meyer, Hamburg 1998, S. 33.
Art. „Analogismus", in: *Wörterbuch der Philosophischen Begriffe*, hg. v. Arnim Regenbogen u. Uwe Meyer, Hamburg 1998, S. 33.
Art. „analogon rationis", in: *Wörterbuch der philosophischen Begriffe*, hg. v. Arnim Regenbogen u. Uwe Meyer, Hamburg 1998, S. 34.
Art. „Signifikant/Signifikat", in: *Literaturtheorien im Netz*, online unter https://www.geisteswissenschaften.fu-berlin.de/v/littheo/glossar/signifikant.html, abgerufen am 12.6.2019.
Asmuth, Bernhard: „Metapher", in: *Literaturwissenschaftliches Lexikon, Grundbegriffe der Germanistik*, hg. v. Horst Brunner u. Rainer Moritz, Berlin ²2006, S. 259–263.
Assmann, Aleida: „Die Sprache der Dinge. Der lange Blick und die wilde Semiose", in: Hans Ulrich Gumbrecht, Karl Ludwig Pfeiffer (Hg.): *Materialität der Kommunikation*, Frankfurt a. M. 1995, S. 237–251.
Assmann, Aleida: „Kulturen der Identität, Kulturen der Verwandlung", in: dies., Jan Assmann (Hg.): *Verwandlungen. Archäologie der literarischen Kommunikation* IX, München 2006, S. 25–45.
Assmann, Aleida: *Im Dickicht der Zeichen*, Berlin 2015.
Audouard, Xavier: „Le simulacre", in: *Concept and Form: The Cahiers pour l'Analyse and Contemporary French Thought*, Bd. 3: *Sur l'objet de la psychoanalyse* (1966), S. 57–71 (online unter http://cahiers.kingston.ac.uk/pdf/cpa3.4.audouard.pdf, abgerufen am 20.8.2019).
Auerbach, Erich: *Mimesis. Dargestellte Wirklichkeit in der abendländischen Literatur*, Tübingen, Basel 2001 [1946].
Augusta, Georg: „Die Droge und die Frage der Unentscheidbarkeit von Gabe und Gift (Mauss, Derrida, Lacan)", in: *Wiener Zeitschrift für Suchtforschung* 31, 1 (2008), S. 13–18.
Augustinus, Aurelius: *Bekenntnisse/Confessiones*. Lateinisch – Deutsch. Mit einer Einführung v. Norbert Fischer, übers. v. Wilhelm Thimme, Düsseldorf, Zürich 2004.
Bachmann, Manuel, Karen Gloy (Hg.): *Das Analogiedenken. Vorstöße in ein neues Gebiet der Rationalitätstheorie*, Freiburg i. Br., München 2000.
Bachmann, Thomas: *Die Ähnlichkeit von Ereignisbegriffen bei der Analogiebildung*, Münster 1998.
Bachmann-Medick, Doris: *Forschungsseminar „Kulturkonzepte"*, online unter: http://www.topoi.org/wp-content/uploads/2013/05/Kulturkonzepte.pdf, abgerufen am 16.01.2020.
Bal, Mieke: *Travelling Concepts in the Humanities. A Rough Guide*, Toronto 2002.
Balakian, Anna: „Reminiscences and Reflections on André Breton", in: *L'Esprit Créateur* 36, 4 (1996): *André Breton*, S. 21–31 (online unter https://www.jstor.org/stable/26287725?seq=5, abgerufen am 20.11.2021).
Balke, Friedrich, Bernhard Siegert, Joseph Vogl (Hg.): *Mimesis*, München 2012.
Balke, Friedrich: „Michel Foucault und die Möglichkeiten eines Denkens in der ‚Leere des verschwundenen Menschen'", in: Wilhelm Vosskamp, Günter Blamberger, Martin Roussel (Hg.): *Möglichkeitsdenken. Utopie und Dystopie in der Gegenwart*, München 2013, S. 45–68.

Balke, Friedrich: „Ähnlichkeit und Entstellung. Mindere Mimesis und maßgebender Anblick bei Platon und Benjamin", in: *Comparatio* 7, 2 (2015), S. 261–283.
Balke, Friedrich, Bernhard Siegert, Joseph Vogel: „Editorial", in: dies. (Hg.): *Mikrozeit und Tiefenzeit*, Paderborn 2018, S. 5–9.
Ball, Hugo: „Eröffnungs-Manifest. 1. Dada-Abend Zürich, 14. Juli 1916", in: Wolfgang Asholt, Walter Fähnders (Hg.): *Manifeste und Proklamationen der europäischen Avantgarde (1909–1938)*, Stuttgart, Weimar 1995, S. 121.
Ballauff, Theodor: Art. „Metamorphose", in: *Historisches Wörterbuch der Philosophie*, hg. v. Joachim Ritter u. Karlfried Gründer, Basel 1980, Sp. 1177–1179.
Baltrušaitis, Jurgis: *Anamorphoses, les perspectives dépravées*, Paris 1984.
Bambrough, Renford: „Universals and Family Resemblance", in: George Pitcher (Hg.): *Wittgenstein. The Philosophical Investigations*, New York 1966, S. 186–204.
Bandmann, Günter: „Der Wandel der Materialbewertung in der Kunsttheorie des 19. Jahrhunderts", in: H. Koopmann, J. A. Schmoll (Hg.): *Beiträge zur Theorie der Künste im 19. Jahrhundert*, Bd. 1, Frankfurt a. M. 1971, S. 129–157.
Bangert, Sara: *Aspekte der Ähnlichkeit in der surrealen Ästhetik. Am Beispiel von André Bretons Programmatik des Sprachbildes und Max Ernsts ‚Histoire naturelle'* (Magisterarbeit, Univ. Tübingen, 2013) [Unveröffentlichtes Manuskript].
Bangert, Sara: „‚Unähnliche Ähnlichkeit' in Romantik und Surrealismus", in: Sebastian Lübcke, Johann Thun (Hg.): *Romantik und Surrealismus. Eine Wahlverwandtschaft?*, Bern, Berlin u. a. 2018, S. 185–206.
Bangert, Sara: „Rapprochement, Documents, Sciences diagonales. Transversale Ähnlichkeitskonzepte im Milieu des Surrealismus", in: Dorothee Kimmich u. Nicole Colin (Hg.): *Ähnlichkeit/Similitude* (Dossier), *lendemains* 173, 44 (2019), S. 49–67.
Bangert, Sara: „Ähnlichkeit als Konzept des SurRealismus", in: Moritz Baßler et al. (Hg.): *Realisms of the Avant-Garde*, Berlin 2020, S. 123–137.
Barck, Karlheinz, „Avantgarde", in: ders. et al. (Hg.): *Ästhetische Grundbegriffe*, Bd. l, Stuttgart, Weimar 2000, S. 544–577.
Barck, Karlheinz: „Phantasie und Bilderrausch im Surrealismus. In zwei Sätzen und einer Coda", in: Gerhard Bauer, Robert Stockhammer (Hg.): *Möglichkeitssinn. Phantasie und Phantastik in der Erzählliteratur des 20. Jahrhunderts*, Wiesbaden 2000, S. 135–146.
Barthes, Roland: *Elemente der Semiologie*, Frankfurt a. M. ²1981.
Barthes, Roland: „Arcimboldo oder Rhétoriqueur und Magier", in: ders.: *Der entgegenkommende und der stumpfe Sinn*, Kritische Essays III, Frankfurt a. M. 1990, S. 136–156.
Barthes, Roland: *Wie zusammen leben: Simulationen einiger alltäglicher Räume im Roman. Vorlesung am Collège de France 1976–1977*, hg. v. Éric Marty, Frankfurt a. M. 2007 [*Comment vivre ensemble*, Paris 2002].
Baßler, Moritz: *Die kulturpoetische Funktion und das Archiv. Eine literaturwissenschaftliche Text-Kontext-Theorie*, Tübingen 2005.
Bataille, Georges: „Informe", in: *Documents* 7 (1929), S. 382.
Bataille, Georges: *Der heilige Eros*, hg. u. übers. v. Max Hölzer, Neuwied am Rhein 1963 [*L'Érotisme*, Paris 1957].
Bataille, Georges: *Documents*, hg. v. Bernard Noël, Paris 1968 (online unter https://gallica.bnf.fr/ark:/12148/bpt6k32951f/f27.image.r=documents (1, 1929) und https://gallica.bnf.fr/ark:/12148/bpt6k32952s.r=documents?rk=42918;4 (2, 1930)).

Bataille, Georges: *Das theoretische Werk I: Die Aufhebung der Ökonomie. Der Begriff der Verausgabung. Der verfemte Teil. Kommunismus und Stalinismus*, hg. v. Gerd Bergfleth, München 1975.
Bataille, Georges: Art. „Metamorphose – 3) Wilde Tiere", in: *Kritisches Wörterbuch*, hg. v. Rainer Maria Kiesow, Berlin 2005, S. 39.
Bataille, Georges: Art. „Formlos", in: *Kritisches Wörterbuch*, hg. v. Rainer Maria Kiesow, Berlin 2005, S. 44 f.
Bates, Henry Walter: „Contributions to an Insect Fauna of the Amazon Valley. Lepidoptera: Heliconidae", in: *Transactions of the Linnean Societey* 23, 3 (1862), S. 495–566.
Batteux, Charles: *Les Beaux-Arts réduits à un même principe*, Paris 1746.
Baudelaire, Charles: „L'Art romantique. Réflexions sur quelques-uns de mes contemporains", in: ders.: *Œuvres complètes*, Bd. 2, 2, hg. v. Jacques Crépets, Paris 1925.
Baudelaire, Charles: „Correspondances", in: ders.: *Œuvres complètes*, Bd. 1, hg. Claude Pichois, Paris 1975.
Baudelaire, Charles: *Die künstlichen Paradiese. Die Dichtung vom Haschischrausch*, übers. v. Hannelise Hinderberger, Zürich 2000 [*Les paradis artificiels, opium et haschisch*, Paris 1860].
Baudrillard, Jean: *Agonie des Realen*, übers. v. Lothar Kurzawa u. Volker Schäfer, Berlin 1978.
Baudrillard, Jean: *Simulacres et Simulation*, Paris 1981.
Bauduin, Tessel M.: *Surrealism and the Occult. Occultism and Western Esotericism in the Work and Movement of André Breton*, Amsterdam 2014.
Bauer, Gerd: „Die Surrealisten und Sigmund Freud", in: *Jahresring* 27 (1980/81), S. 139–154.
Bauer, Markus: „Ähnlichkeit als Provokation. Zur Funktion der Bildwelten im Surrealismus", in: Gerald Funk, Gert Mattenklott, Michael Pauen (Hg.): *Ästhetik des Ähnlichen. Zur Poetik und Kunstphilosophie der Moderne*, Frankfurt a. M. 2001, S. 111–135.
Bauereisen, Astrid, Stephan Pabst, Achim Vesper (Hg.): *Kunst und Wissen: Beziehungen zwischen Ästhetik und Erkenntnistheorie im 18. und 19. Jahrhundert*, Würzburg 2009.
Bäuerle, Carsten: *Zwischen Rausch und Kritik. Auf den Spuren von Nietzsche, Bataille, Adorno und Benjamin*, Berlin 2003.
Baumgarten, Alexander Gottlieb: *Ästhetik*. Lateinisch-Deutsch, übers. u. mit einer Einführung, Anmerkungen und Registern hg. v. Dagmar Mirbach, 2 Bde., Hamburg 2007.
Becker, Andreas, Martin Doll, Serjoscha Wiemer, Anke Zechner (Hg.): *Mimikry/Mimese. Gefährlicher Luxus zwischen Natur und Kultur* (Zeiterfahrung und ästhetische Wahrnehmung, Bd. 4), Schliengen 2008.
Becker, Andreas, Martin Doll, Serjoscha Wiemer, Anke Zechner: „Einleitung", in: dies. (Hg.): *Mimikry. Gefährlicher Luxus zwischen Natur und Kultur* (Zeiterfahrung und ästhetische Wahrnehmung, Bd. 4), Schliengen 2008, S. 7–26.
Béguin, Albert: *L'âme romantique et le rêve, essai sur le romantisme allemand et la poésie française*, Marseille 1937 [*Traumwelt und Romantik*, Bern 1972].
Belting, Hans: *Bild und Kult. Eine Geschichte des Bildes vor dem Zeitalter der Kunst*, München 1990.
Benjamin, Walter: *Gesammelte Schriften*, Bd. I, 3, hg. v. Rolf Tiedemann u. Hermann Schweppenhäuser, Frankfurt a. M. 1974.
Benjamin, Walter: „Über das mimetische Vermögen", in: ders., *Gesammelte Schriften*, Bd. II, hg. v. Rolf Tiedemann und Hermann Schweppenhäuser, Frankfurt a. M. 1977, S. 210–213.
Benjamin, Walter: „Lehre vom Ähnlichen", in: ders.: *Gesammelte Schriften*, Bd. II, 1, hg. v. Rolf Tiedemann u. Hermann Schweppenhäuser, Frankfurt a. M. ²1989, S. 204–210.

Benjamin, Walter: „Zum Bilde Prousts", in: ders.: *Gesammelte Schriften*, Bd. II, 1, hg. v. Rolf Tiedemann u. Hermann Schweppenhäuser, Frankfurt a. M. 1991, S. 318–324.
Benjamin, Walter: „Das Kunstwerk im Zeitalter seiner technischen Reproduzierbarkeit (Zweite Fassung)", in: ders.: *Gesammelte Schriften*, Bd. VII, 1, hg. v. Rolf Tiedemann u. Hermann Schweppenhäuser, Frankfurt a. M. 1991, S. 350–384.
Benjamin, Walter: „Schmetterlingsjagd", in: ders.: *Berliner Kindheit um neunzehnhundert. Mit einem Nachwort von Theodor W. Adorno*, Frankfurt a. M. 2006 [1987], S. 20–22.
Benjamin, Walter: „Die Mummerehlen", in: ders.: *Berliner Kindheit um neunzehnhundert. Mit einem Nachwort von Theodor W. Adorno*, Frankfurt a. M. 2006 [1987], S. 59 f.
Benjamin, Walter: „Verstecke", in: ders.: *Berliner Kindheit um neunzehnhundert. Mit einem Nachwort v. Theodor W. Adorno*, Frankfurt a. M. 2006 [1987], S. 61.
Benjamin, Walter: „Der Sürrealismus. Die letzte Momentaufnahme der europäischen Intelligenz", in: ders.: *Passagen. Schriften zur französischen Literatur*, hg. v. Gérard Raulet, Frankfurt a. M. 2007, S. 145–159.
Bergemann, Lutz et al.: „Transformation. Ein Konzept zur Erforschung kulturellen Wandels", in: Hartmut Böhme et al. (Hg.): *Transformation. Ein Konzept zur Erforschung kulturellen Wandels*, München 2011, S. 39–56.
Bergson, Henri: „Einführung in die Metaphysik", in: ders.: *Denken und schöpferisches Werden. Aufsätze und Vorträge*, S. 180–225.
Bernzen, Rolf: Art. „Modell", in: Hans Jörg Sandkühler (Hg.): *Europäische Enzyklopädie zu Philosophie und Wissenschaften*, Hamburg 1990, S. 425–432.
Berz, Peter: „Die Kommunikation der Täuschung. Eine Medientheorie der Mimikry", in: Becker, Andreas, Martin Doll, Serjoscha Wiemer, Anke Zechner (Hg.): *Mimikry/Mimese. Gefährlicher Luxus zwischen Natur und Kultur* (Zeiterfahrung und ästhetische Wahrnehmung, Bd. 4), Schliengen 2008, S. 27–44.
Berz, Peter: „Tier Blatt Flügel Herbst. Caillois und sein Biologe: Paul Vignon", in: Sarah Kolb, Anne von der Heiden (Hg.): *Logik des Imaginären. Diagonale Wissenschaft nach Roger Caillois*, Bd. 1: *Versuchungen durch Natur, Kultur und Imagination*, Köln 2018, S. 115–158.
Beyer, Vera: *Rahmenbestimmungen. Funktionen von Rahmen bei Goya, Velázquez, van Eyck und Degas*, München 2008.
Beyme, Klaus von: *Das Zeitalter der Avantgarden. Kunst und Gesellschaft 1905–1955*, München 2005.
Bhabha, Homi K.: „Of mimicry and Man. The Ambivalence of Colonial Discourse", in: ders.: *The Location of Culture*, London, New York 1994, S. 85–92.
Bhatti, Anil: „‚... zwischen zwei Welten schwebend.' Zu Goethes Fremdheitsexperiment im ‚West-östlichen Divan'", in: Hans-Jörg Knobloch, Helmut Koopmann (Hg.): *Goethe. Neue Ansichten*, Würzburg 2007, S. 103–121.
Bhatti, Anil: „Der Orient als Experimentierfeld. Goethes ‚Divan' und der Aneignungsprozess kolonialen Wissens", in: *Goethe-Jahrbuch* 126 (2009), S. 115–128.
Bhatti, Anil et al: „Ähnlichkeit. Ein kulturtheoretisches Paradigma", in: *IASL* 36, 1 (2011), S. 233–247.
Bhatti, Anil, Dorothee Kimmich (Hg.): *Ähnlichkeit. Ein kulturtheoretisches Paradigma*, Konstanz 2015.
Bhatti, Anil: „Vorwort", in: Iulia-Karin Patrut, Reto Rössler (Hg.): *Ähnlichkeit um 1800. Konturen eines literatur- und kulturtheoretischen Paradigmas am Beginn der Moderne*, Bielefeld 2019, S. 7–12.
Biese, Alfred: *Philosophie des Metaphorischen*, Hamburg, Leipzig 1893.

Bischof, Rita: *Souveränität und Subversion. Georges Batailles Theorie der Moderne*, München 1984.
Black, Max: *Models and Metaphors. Studies in Language and Philosophy*, Ithaca u.a. 1962.
Black, Max: „More About Metaphors", in: Andrew Ortony (Hg.): *Metaphor and Thought*, New York 1979, S. 19–41.
Black, Max: „Die Metapher", in: Anselm Haverkamp (Hg.): *Theorie der Metapher*, Darmstadt 1996, S. 55–79.
Blanc-Benon, Laure: *La Question du réalisme en peinture. Approches contemporaines* (Essais d'art et de philosophie), Paris 2009.
Blanchard, Frances Bradshaw: *Retreat from Likeness in the Theory of Painting*, New York 1949.
Blumenberg, Hans: „,Nachahmung der Natur'. Zur Vorgeschichte der Idee des schöpferischen Menschen", in: *Studium Generale*, 10, 5 (1957), S. 266–283.
Blumenberg, Hans: „Ausblick auf eine Theorie der Unbegrifflichkeit", in: ders.: *Schiffbruch mit Zuschauer. Paradigma einer Daseinsmetapher*, Frankfurt a. M. 1979, S. 75–93.
Blumenberg, Hans: *Die Lesbarkeit der Welt*, Frankfurt a. M. 1986.
Blumenberg, Hans: „Eine absolute Metapher" (II), in: ders.: *Zu den Sachen und zurück*, aus dem Nachlaß hg. v. Manfred Sommer, Frankfurt a. M. 2007, S. 12.
Blumenberg, Hans: *Theorie der Unbegrifflichkeit*, aus dem Nachlaß hg. u. mit einem Nachwort v. Anselm Haverkamp, Frankfurt a. M. 2007.
Blumenberg, Hans: *Paradigmen zu einer Metaphorologie*, Kommentar v. Anselm Haverkamp, Frankfurt a. M. 2013.
Blümle, Claudia, Anne von der Heiden (Hg.): *Blickzähmung und Augentäuschung. Zu Jacques Lacans Bildtheorie*, Berlin 2005.
Blümle, Claudia: „Natura Pictrix. Zur Wiederentdeckung der Steinbilder durch Jurgis Baltrušaitis und Roger Caillois", in: Markus Müller (Hg.): *Nutzen und Nachteil* [Ausstellungskatalog], Zürich 2006, S. 25–32.
Blümle, Claudia: „Mineralischer Sturm", in: Werner Busch, Oliver Jehle (Hg.): *Vermessen: Landschaft und Ungegenständlichkeit*, Zürich u.a. 2007, S. 151–164 (online unter https://archiv.ub.uni-heidelberg.de/artdok/2071/1/Bluemle_Mineralischer_Sturm_2007.pdf, abgerufen am 26.8.2017, S. 73–95).
Busch, Katrin, Iris Därmann (Hg.): *Bildtheorien aus Frankreich. Ein Handbuch*, München 2011.
Böck, Ingrid: „R&Sie und Georges Batailles Idee des ,Formlosen'", in: Anselm Wagner (Hg.): *Abfallmoderne: Zu den Schmutzrändern der Kultur*, Wien 2010, S. 253–270.
Böhme, Gernot: „Das ist doch eine Pfeife – über Kunst und Werbung bei Magritte", in: *Kunstforum international* 129 (1995), S. 166–177.
Böhme, Hartmut et al. (Hg.): *Transformation. Ein Konzept zur Erforschung kulturellen Wandels*, München 2011.
Bohrer, Karl-Heinz: „Surrealismus und Terror", in: *Merkur* 23, 10 (1969), S. 921–940.
Bois, Yve-Alain, Benjamin H. D. Buchloh, Hal Foster, Denis Hollier, Rosaling Krauss, Helen Molesworth: „The Politics of the Signifier II: A Conversation in the Informe and the Abject", in: *October* 67 (1994), S. 3–21.
Bondaz, Julien: „L'ethnographie parasitée? Anthropologie et entomologie en Afrique de l'Ouest (1928–1960)", in: *L'homme* 206 (2013), S. 121–150 (online unter https://journals.openedition.org/lhomme/24519?file=1, abgerufen am 15.1.2019).
Bonnet, Marguerite, Étienne-Alain Hubert: „Kommentar zu ,Les vases communicants'", in: Marguerite Bonnet (Hg.): *André Breton. Œuvres complètes*, Bd. 2, Paris 1992, S. 1348–1369.

Bonz, Jochen, Karen Struve: „Homi K. Bhabha: Auf der Innenseite kultureller Differenz: ‚in the Middle of Differences'", in: Stephan Moebius, Dirk Quadflieg (Hg.): *Kultur. Theorien der Gegenwart*. Wiesbaden 2006, S. 140–153.
Boon, Marcus: *In Praise of Copying*, Cambridge, MA, London 2010.
Borch, Christian, Urs Stäheli (Hg.): *Soziologie der Nachahmung und des Begehrens. Materialien zu Gabriel Tarde*, Frankfurt a. M. 2009.
Borges, Jorge Luis: „Die analytische Sprache von John Wilkins", in: ders.: *Inquisitionen. Essays*, Frankfurt a. M. 1992, S. 113–117.
Bormann, Claus von et al.: Art. „Form und Materie", in: *Historisches Wörterbuch der Philosophie*, Bd. 2, hg. v. Joachim Ritter, Basel, Stuttgart 1972, Sp. 975.
Bosquet, Jacques: *Les thèmes du rêve dans la littérature romantique (France, Angleterre, Allemagne). Essai sur la conaissance et l'évolution des images*, Paris 1964.
Bossinade, Johanna: *Poststrukturalistische Literaturtheorie*, Stuttgart, Weimar 2000.
Brabant, Dominik: „Rezension von: ‚Vera Beyer: Rahmenbestimmungen. Funktionen von Rahmen bei Goya, Velázquez, van Eyck und Degas', München 2008", in: *Kunstforum* 10 (2010) (online unter: https://www.arthistoricum.net/kunstform/rezension/ausgabe/2010/10/, abgerufen am 12.3.2019).
Breger, Claudia: „Mimikry als Grenzverwirrung. Parodistische Posen bei Yoko Tawada", in: Claudia Benthien, Irmela Marei Krüger-Fürhoff (Hg.): *Über Grenzen. Limitationen und Transgression in Literatur und Ästhetik*, Stuttgart, Weimar 1999, S. 176–206.
Breidbach, Olaf: „Topiken oder über das Vage in der Anschauung von Welt. Mit acht Farbabbildungen", in: Richard Hoppe-Sailer, Claus Volkenandt, Gundolf Winter (Hg.): *Logik der Bilder. Präsenz – Repräsentation – Erkenntnis*, Berlin 2005, S. 255–269.
Breidbach, Olaf: *Goethes Metamorphosenlehre*, München 2006.
Breidbach, Olaf: „Gedanken zu Goethes Metamorphosenlehre", in: *Goethe-Jahrbuch* 125 (2008), S. 95–109.
Breidbach, Olaf: „Analoge Anthropologien. Zur Reanimierung des Mikro-Makrokosmos-Denkens im 19. Jahrhundert", in: Michael Eggers (Hg.): *Von Ähnlichkeiten und Unterschieden, Vergleich, Analogie und Klassifikation in Wissenschaft und Literatur (18./19. Jahrhundert)*, Heidelberg 2011, S. 33–55.
Breitenbürger, Gerd: *Metaphora. Die Rezeption des aristotelischen Begriffs in den Poetiken des Cinquecento*, mit einem Vorwort von Hugo Friedrich, Kronberg/Ts. 1975.
Breton, André: *Introduction au discours sur le peu de réalité*, Paris 1927.
Breton, André: „Notes sur la poesie", in: *La Revolution surrealiste* 12 (1929), S. 53.
Breton, André, Paul Eluard: „Enquête sur la rencontre", in: *Minotaure* 3, 4 (1933), S. 101–116.
Breton, André: „Signe ascendant", in: ders.: *Signe ascendant*, Paris 1949, S. 7–13.
Breton, André: „Langue des pierres", in: ders.: *Perspective cavaliere*, hg. v. Marguerite Bonnet, Paris 1970, S. 147–155 [*Le Surréalisme même* 3 (1957), S. 62–69].
Breton, André: *Der Surrealismus und die Malerei*, übers. v. Manon Maren-Griesebach, Berlin 1967 [*Le surrealisme et la peinture*, Paris 1965 (1928)].
Breton, André: *Anthologie des schwarzen Humors*, übers. v. Rudolf Wittkopf, München 1971 [*Anthologie du l'humour noir*, Paris 1940].
Breton, André: *Die kommunizierenden Röhren*, übers. v. Elisabeth Lenk u. Fitz Meyer, München 1973 [*Les Vases communicants*, Paris 1955].
Breton, André: *Œuvres complètes*, Bd. 1, hg. v. Marguerite Bonnet, unter Mitarbeit v. Philippe Bernier, Étienne-Alain Hubert u. José Pierre, Paris 1988.

Breton, André: *Œuvres complètes*, Bd. 2, hg. v. Marguerite Bonnet unter Mitarbeit v. Philippe Bernier, Étienne-Alain Hubert u. José Pierre, Paris 1992.
Breton, André: „Dictionnaire abrégé du surréalisme", in: ders., Marguerite Bonnet (Hg.): *Œuvres complètes*, Bd. 2, Paris 1992, S. 786–862.
Breton, André: *Œuvres complètes*, Bd. 3, hg. v. Marguerite Bonnet u. Étienne-Alain Hubert unter Mitarbeit v. Philippe Bernier, Marie-Claire Dumas u. José Pierre, Paris 1999.
Breton, André: *Œuvres completes*, Bd. 4, hg. v. Marguerite Bonnet, Étienne-Alain Hubert, Philippe Bernier, Marie-Claire Dumas, Paris 2008.
Breton, André: *Nadja*, übers. v. Bernd Schwibs, Frankfurt a. M. 2002 [*Nadja*, Paris 1928].
Breton, André: *Die Manifeste des Surrealismus*, Reinbek bei Hamburg [11]2004.
Brodkorb, Mathias: „Vom Verstehen zum Entlarven – Über ‚neu-rechte' und ‚jüdische Mimikry' unter den Bedingungen politisierter Wissenschaft", in: *Jahrbuch Extremismus & Demokratie* 22 (2010), S. 32–46.
Bronfen, Elisabeth: *Crossmappings. Essays zur visuellen Kultur*, Zürich 2009.
Brubaker, Rogers, Frederick Cooper: „Beyond ‚Identity'", in: *Theory and Society* 29, 1 (2000), S. 1–47.
Bruhn, Matthias: *Das Bild. Theorie – Geschichte – Praxis*, Berlin 2009.
Brunner-von Wattenwyl, Carl: „Über die Hypertelie in der Natur. Festrede der Jahres-Sitzung der k.k. zoolog.-botan. Gesellschaft", in: *Verhandlungen der kaiserlich-königlichen zoologisch-botanischen Gesellschaft in Wien* 23 (1873), S. 133–138.
Buntfuss, Markus: *Tradition und Innovation. Die Funktion der Metapher in der theologischen Theoriesprache*, Berlin, New York 1997.
Buñuel, Luis: *Un chien andalou* [Film], Frankreich 1929.
Buñuel, Luis: *L'age d'or* [Film], Frankreich 1930.
Bürger, Peter (Hg.): *Theorie der Avantgarde*, Frankfurt a. M. 1974.
Bürger, Peter (Hg.): *Surrealismus*, Darmstadt 1982.
Bürger, Peter: „Die Dichtung Bretons", in: ders. (Hg.): *Surrealismus*, Darmstadt 1982, S. 231–243.
Bürger, Peter: „Die Wiederkehr der Analogie. Ästhetik als Fluchtpunkt in Foucaults *Die Ordnung der Dinge*", in: ders., Christa Bürger (Hg.): *Postmoderne. Alltag, Allegorie und Avantgarde*, Frankfurt a. M. 1987.
Bürger, Peter: *Der französische Surrealismus. Studien zur avantgardistischen Literatur. Um neue Studien erweiterte Ausgabe*, Frankfurt a. M. 1996.
Burghartz, Susanna: „Vermessung der Differenz. Die Magellanstraße als europäischer Projektionsraum um 1600", in: *Historische Anthropologie* 19, 1, S. 4–30 (online unter https://edoc.unibas.ch/46187/1/%5BHistorische%20Anthropologie%5D%20Vermessung%20der%20Differenz.pdf, abgerufen am 16.7.2019).
Busch, Werner, Oliver Jehle, Bernhard Maaz (Hg.): *Ähnlichkeit und Entstellung. Entgrenzungstendenzen des Porträts*, München, Berlin 2010.
Cacciari, Cristina (Hg.): *Similarity in language, thought, and perception*, Turnhout 1995.
Caillois, Roger: *Le mythe et l'homme*, Paris 1938.
Caillois, Roger: *Approches de l'Imaginaire*. Paris 1947.
Caillois, Roger: *Les jeux et les hommes. Le masque et le vertige*, Paris 1958 [*Die Spiele und die Menschen. Maske und Rausch*, übers. v. Peter Geble, Berlin 2017].
Caillois, Roger: *Esthétique généralisée*, Paris 1962.
Caillois, Roger: „Zur näheren Bestimmung der Dichtkunst", in: Günter Metken (Hg.): *Als die Surrealisten noch recht hatten. Texte und Dokumente*, Stuttgart 1976, S. 251–253.

Caillois, Roger: „La querelle des Haricots sauteurs", in: *Rencontres*, hg. v. Béatrice Didier, Paris 1978, S. 290–294.
Caillois, Roger: *Récurrences dérobées. Le champ des signes. Aperçu sur l'unité et la continuité du monde physique intellectuel et imaginaire ou premiers éléments d'une poétique généralisée*, Paris 1978.
Caillois, Roger: *Der Krake. Versuch einer Logik des Imaginativen*, München 1986 [*La pieuvre. Essai sur la logique de l'imaginaire*, Paris 1973].
Caillois, Roger: „Mimétisme et psychasthénie légendaire", in: ders.: *Le mythe et l'homme*, Paris 1992 (1938), S. 86–122.
Caillois, Roger: „Die Gottesanbeterin", in: ders.: *Meduse & Cie. Mit Die Gottesanbeterin und Mimese und legendäre Psychasthenie*, Berlin 2007, S. 7–23 [„La Mante religieuse", *Minotaure* 5 (1934), S. 23–26].
Caillois, Roger: „Mimese und legendäre Psychasthenie", in: ders.: *Meduse & Cie. Mit Die Gottesanbeterin und Mimese und legendäre Psychasthenie*, Berlin 2007, S. 25–43 [„Mimétisme et psychasthénie légendaire", *Minotaure* 7 (1935), S. 5–10].
Caillois, Roger: „Meduse & Cie", in: ders.: *Meduse & Cie. Mit Die Gottesanbeterin und Mimese und legendäre Psychasthenie*, Berlin 2007, S. 45–139.
Caillois, Roger: „Mimese und legendäre Psychasthenie", in: ders.: *Meduse & Cie. Mit Die Gottesanbeterin und Mimese und legendäre Psychasthenie*, Berlin 2007, S. 27–43.
Calas, Nicolas: „The Challenge of Surrealism", in: *Artforum* 17, 5 (1979), S. 24–29 (online unter https://www.artforum.com/print/197901/the-challenge-of-surrealism-35901, abgerufen am 18.11.2021).
Camille, Michael: „Simulacrum", in: *Critical Terms for Art History*, hg. v. Robert S. Nelson, Richard Shiff, Chicago, London ²2003, S. 35–48.
Campe, Rüdiger: „Vor Augen Stellen. Über den Rahmen rhetorischer Bildgebung", in: Helmut Lethen, Ludwig Jäger, Albrecht Koschorke (Hg.): *Auf die Wirklichkeit zeigen. Zum Problem der Evidenz in den Kulturwissenschaften. Ein Reader*, Frankfurt a. M., New York 2015, S. 106–136.
Casale, Rita: „Die Verwandlung der Philosophie in eine historische Diagnostik der Differenzen", in: Helma Lutz, Norbert Wenning (Hg.): *Unterschiedlich verschieden. Differenz in der Erziehungswissenschaft*, Opladen 2001, S. 25–46.
Cassin, Barbara (Hg.): *Vocabulaire Éuropéenne des Philosophies. Dictionnaire des Intraduisables*, Paris 2004.
Cassin, Barbara: „Der Maler-König", in: Didier Ottinger (Hg.): *Magritte. Der Verrat der Bilder*, München, London, New York 2017, S. 114–123 [„Le peintre-roi", in: Didier Ottinger (Hg.): *Magritte. La trahison des images*, München, London, New York 2017, S. 128–137].
Celan, Paul: „Edgar Jené und der Traum vom Träumen", in: ders.: *Gesammelte Werke in fünf Bänden*, Bd. 3: *Gedichte III, Prosa, Reden*, hg. v. Beda Allemann u. Stefan Reichert, Frankfurt a. M. 1983, S. 155.
Cha, Kyung-Ho: „Mundus vult decipi. Die Fälschung als ästhetisches, literarisches und wissenschaftliches Grenzphänomen (Rezension zu Anne-Kathrin Reulecke (Hg.): *Fälschungen. Zu Autorschaft und Beweis in Wissenschaften und Künsten*, Frankfurt a. M. 2006)", online unter http://www.iaslonline.lmu.de/index.php?vorgang_id=3084, abgerufen am 12.12.2018.
Cha, Kyung-Ho: *Humanmimikry. Poetik der Evolution*, München 2010.

Cha, Kyung-Ho: „Psychologie als Überlebensstrategie. Die Evolution der Demokratie nach Friedrich Nietzsche", in *ilinx. Berliner Beiträge zur Kulturwissenschaft* 2 (2011): *Mimesen*, S. 122–135.

Cha, Kyung-Ho: „Fotografische Haut. Mediumismus und moderne Medien an der Schnittstelle von Technologie und Biologie", in: *Mimesis*, hg. v. Friedrich Balke, Bernhard Siegert und Joseph Vogl, Archiv für Mediengeschichte, Heft 12 (2012), S. 103–112.

Chang, Han-Liang: „Plato and Peirce on Likeness and Semblance", in: *Biosemiotics* 5, 3 (2012), S. 301–312.

Charbonel, Nanine: *Critique des métaphysiques du propre. La ressemblance et le verbe*, Hildesheim, Zürich, New York 2014.

Charbonnier, Georges: *Le Monologue du peintre*, Neuilly-sur-Seine 1980.

Cheng, Joyce: „Mask, Mimicry, Metamorphosis: Roger Caillois, Walter Benjamin and Surrealism in the 1930s", in: *Modernism/modernity* 16, 1 (2009), S. 61–86.

Chesterman, Andrew: „Where is Similarity", in: Stefano Arduini, Robert Hodgson Jr. (Hg.): *Similarity and Difference in Translation. Proceedings of the International Conference on Similarity and Translation*, Rimini 2004, S. 63–75.

Chojnowski, Peter: „Pankalia: The Catholic Vision of Beauty", online unter http://www.lifeissues.net/writers/cho/cho_18pankalia.html, abgerufen am 3.3.2018.

Clam, Jean: *Was heißt, sich an Differenz statt an Identität orientieren? Zur De-ontologisierung in Philosophie und Sozialwissenschaft*, Konstanz 2002.

Clifford, James: „On Ethnographic Surrealism", in: ders.: *The Predicament of Culture: Twentieth-Century Ethnography, Literature, and Art*, Cambridge, MA 1988, S. 117–151.

Cornelius, Hans: „Ueber ‚Gestaltqualitäten'", in: *Zeitschrift für Psychologie und Physiologie der Sinnesorgane* 22 (1900), S. 101–121 (online unter https://archive.org/stream/zeitschriftfrps06psycgoog#page/n117/mode/2up/search/Cornelius, abgerufen am 5.4.2016).

Crevel, René: Art. „Realité", in: André Breton (Hg.): *Dictionnaire abrégé du surréalisme* (*Œuvres complètes*, Bd. 2), Paris 1992, S. 786–862.

Daiber, Jürgen: „Die Suche nach der Urformel: Zur Verbindung von romantischer Naturforschung und Dichtung", in: *Aurora* 60 (2000), S. 75–103 (online unter http://www.goethezeitportal.de/fileadmin/PDF/db/wiss/epoche/daiber_urformel.pdf, abgerufen am 16.01.2020, S. 1–30).

Danneberg, Lutz, Andreas Graeser, Klaus Petrus (Hg.): *Metapher und Innovation. Die Rolle der Metapher im Wandel von Sprache und Wissenschaft*, Bern 1995.

Därmann, Iris: *Fremde Monde der Vernunft: die ethnologische Provokation der Philosophie*, München 2005.

Darwin, Charles: *Über die Entstehung der Arten durch natürliche Zuchtwahl oder die Erhaltung der begünstigten Rassen im Kampfe ums Dasein*, übers. v. Julius Victor Carus (1884) [*On the Origin of Species by Means of Natural Selektion, or the Preservation of Favoured Races in the Struggle for Life*, 1859], online unter http://www.textlog.de/23735.html, abgerufen am 7.3.2018.

Debatin, Bernhard: Art. „Metapher", in: *Metzler Philosophie Lexikon. Begriffe und Definitionen*, hg. v. Peter Prechtl u. Franz-Peter Burckhard, Stuttgart, Weimar ²1999, S. 361f.

Decock, Lieven, Igor Douven: „Two Accounts of Similarity Compared", in: Alexander Hieke, Hannes Leitgeb (Hg.): *Reduction, Abstraction, Analysis*, Frankfurt a. M., Paris, Lancaster, New Brunswick 2009, S. 389–401 (online unter http://wittgensteinrepository.org/agora-ontos/article/viewFile/2104/2343, abgerufen am 20.7.2019).

Decock, Lieven, Igor Douven: „Similarity After Goodman", in: *Review of Philosophy and Psychology* 2, 1 (2011), S. 61–75 (online unter https://link.springer.com/article/10.1007%2Fs13164-010-0035-y, abgerufen am 10.8.2018).
Decottignies, Jean: „Surrealistisches Werk und Ideologie", in: Peter Bürger (Hg.): *Surrealismus*, Darmstadt 1982, S. 112–138.
Deleuze, Gilles: *Differenz und Wiederholung*, übers. v. Joseph Vogl, München 1992 [*Différence et répetition*, Paris 1968].
Deleuze, Gilles: „Simulacres et philosophie antique", in: ders.: *Logique du sens*, Paris 1969, S. 292–307.
Deleuze, Gilles: „Trugbild und antike Philosophie", in: ders.: *Logik des Sinns*, Frankfurt a. M. 1993, S. 311–340.
Deleuze, Gilles: *Francis Bacon. Logik der Sensation*, übers. v. Joseph Vogl, München 1995.
Derrida, Jacques: *Grammatologie*, übers. v. Hans-Jörg Rheinberger und Hanns Zischler, Frankfurt a. M. 1974 [*De la grammatologie*, Paris 1967].
Derrida, Jacques: „Economimesis", in: Sylviane Agacinski, Jacques Derrida, Sarah Kofman, Philippe Lacoue-Labarthe, Jean-Luc Nancy, Bernard Pautrat (Hg.): *Mimesis des articulations*, Paris 1975, S. 56–93.
Derrida, Jacques: *Die Wahrheit in der Malerei*, hg. v. Peter Engelmann, übers. v. Michael Wetzel, Wien 1992.
Derrida, Jacques: „Pas", in: ders.: *Gestade*, Wien 1994, S. 21–118.
Derrida, Jacques: „Die zweifache Séance", in: ders.: *Dissemination*, Wien 1995, S. 193–322 [„La double séance", in: ders.: *La dissémination*, Paris 1972, S. 215–347].
Derrida, Jacques: „Die Form und das Bedeuten. Bemerkungen zu einer Phänomenologie der Sprache", in: ders.: *Randgänge der Philosophie*, hg. v. Peter Engelmann, Wien 1999, S. 177–194 [*Marges de la philosophie*, 1972].
Derrida, Jacques: „Die weiße Mythologie. Die Metapher im philosophischen Text", in: ders.: *Randgänge der Philosophie*, hg. v. Peter Engelmann, Wien ²1999, S. 229–290, S. 401.
Derrida, Jacques: „Außer dem Namen (Post scriptum)", in: ders.: *Über den Namen*, Wien 2000, S. 61–121.
Descola, Philippe: *Jenseits von Natur und Kultur*, übers. v. Eva Moldenhauer, Berlin 2011 [*Par-delà nature et culture*, Paris 2005].
Descola, Philippe: „Anthropologie de la nature", online unter. https://www.college-de-france.fr/media/philippe-descola/UPL28452_UPL51939_DescolaR01_02.pdf, abgerufen am 28.3.2019, S. 627–644.
Didi-Huberman, Georges: „L'imitation comme mythe à la Renaissance", in: Thomas W. Gaehtgens (Hg.): *Künstlerischer Austausch/Artistic exchange. Akten des XXVIII. Internationalen Kongresses für Kunstgeschichte*, Bd. 2, Berlin 1993, S. 493–501.
Didi-Huberman, Georges: *Fra Angelico. Unähnlichkeit und Figuration*, München 1995.
Didi-Huberman, Georges: *Ähnlichkeit und Berührung. Archäologie, Anachronismus und Modernität des Abdrucks*, München 1999 [*La Ressemblance par contact. Archéologie, anachronisme et modernité de l'empreinte*, Paris 2008].
Didi-Huberman, Georges: *Was wir sehen blickt uns an. Zur Metapsychologie des Bildes*, München 1999.
Didi-Huberman, Georges: „Einleitung", in: ders.: *Phasmes. Essays über Erscheinungen von Fotografien, Spielzeug, mystischen Texten, Bildausschnitten, Insekten, Tintenflecken, Traumerzählungen, Alltäglichkeiten, Skulpturen, Filmbildern*, übers. v. Christoph Hollender, Köln 2001, S. 9–12.

Didi-Huberman, Georges: „Das Paradox der Phasmiden", in: ders.: *Phasmes. Essays über Erscheinungen von Fotografien, Spielzeug, mystischen Texten, Bildausschnitten, Insekten, Tintenflecken, Traumerzählungen, Alltäglichkeiten, Skulpturen, Filmbildern*, übers. v. Christoph Hollender, Köln 2001, S. 15–21.

Didi-Huberman, Georges: „Der Erfinder des Wortes ‚photographieren'", in: *Phasmes. Essays über Erscheinungen von Fotografien, Spielzeug, mystischen Texten, Bildausschnitten, Insekten, Tintenflecken, Traumerzählungen, Alltäglichkeiten, Skulpturen, Filmbildern*, übers. v. Christoph Hollender, Köln 2001, S. 55–63.

Didi-Huberman, Georges: *Formlose Ähnlichkeit oder die fröhliche Wissenschaft des Visuellen nach Georges Bataille*, übers. v. Markus Sedlazec, München 2010 [*La ressemblance informe ou le Gai savoir visuel selon Georges Bataille*, Paris 1995].

Didi-Huberman, Georges: „Der kurze Sommer der Verausgabung", in: Franz Engel, Yannis Hadjinicolaou (Hg.): *Formwerdung und Formentzug* (Actus und Imago, Bd. XVI), Berlin, Boston 2016, S. 123–169.

Diekmann, Herbert: „Die Wandlung des Nachahmungsbegriffs in der französischen Ästhetik des 18. Jahrhunderts", in: Hans Robert Jauß (Hg.) *Nachahmung und Illusion. Poetik und Hermeneutik I*, München 1969, S. 28–59.

Donoghue, Denis: *Metaphor*, Cambridge, MA 2014.

Dommaschk, Niklas: *Ähnlichkeit und ästhetische Erfahrung, Eine Konstellation der Moderne: Kant, Benjamin, Valéry und Adorno*, Würzburg 2019.

Dorner, Leo: *Traktat über vormoderne und moderne Kunst*, online unter www.leo-dorner.net/Traktat%20ueber%20vormoderne%20und%20moderne%20Kunst.pdf, abgerufen am 1.6.2017.

Dorschel, Andreas: *Verwandlung. Mythologische Ansichten, technologische Absichten*, Göttingen 2009.

Draguet, Michel: „Vom Bild als Deckmantel zur Kunst des Problems", in: Didier Ottinger (Hg.): *Magritte. Der Verrat der Bilder*, München, London, New York 2017, S. 178–187.

Draguet, Michel: „De l'image-écran à l'art u problème", in: Didier Ottinger (Hg.): *Magritte. Der Verrat der Bilder*, München, London, New York 2017, S. 200–209.

Driesen, Christian: „Die Kritzelei als Ereignis des Formlosen", in: ders., Rea Köppel, Eike Wittrock, Benjamin Meyer-Krahmer (Hg.): *Über Kritzeln. Graphismen zwischen Bild, Schrift, Text und Zeichen*, Zürich 2012, S. 23–37.

Driesen, Christian: *Theorie der Kritzelei*, Wien 2016.

Ducasse, Isidore (Comte de Lautréamont): „Die Gesänge des Maldoror", in: ders.: *Das Gesamtwerk*, Reinbek b. Hamburg ³2009, S. 9–256.

Dunker, Axel: „Artistische Erkenntnis. Sprachalchimie und Manierismus in der Romantik", in: Rüdiger Zymner (Hg.): *Manier und Manierismus*, Tübingen 2000, S. 323–338.

Durham, Scott: „From Magritte to Klossowski. The Simulacrum, Between Painting and Narrative", in: *October* 64 (1993), S. 16–33.

Durham, Scott: *Phantom Communities. The Simulacrum and the Limits of Postmodernism*, Stanford, CA 1998.

Dutton, Denis (Hg.): *The Forger's Art. Forgery and the Philosophy of Art*, Berkeley 1983.

Dynel, Marta: „Creative Metaphor is a Birthday Cake: Metaphor as the Source of Humour", online unter http://www.metaphorik.de/sites/www.metaphorik.de/files/journal-pdf/17_2009_dynel.pdf, abgerufen am 12.9.2017.

Ebeling, Knut: „ilinx. Zur Physik der Sensation in der surrealistischen Spieltheorie", in: *ilinx* 1 (2010), S. 141–187.

Eco, Umberto: *Semiotik und Philosophie der Sprache*, München 1985.
Eco, Umberto: *Die Grenzen der Interpretation*, übers. v. Günter Memmert, München 1995.
Eco, Umberto: *Kant und das Schnabeltier*, München, Wien 2000.
Eco, Umberto (Hg.): *Die Geschichte der Hässlichkeit*, München 2007.
Eggers, Michael (Hg.): *Von Ähnlichkeiten und Unterschieden. Vergleich, Analogie und Klassifikation in Wissenschaft und Literatur* (18./19. Jahrhundert), Heidelberg 2011.
Eggers, Michael: „Vom Wissen zur Wissenschaft. Vergleich, Analogie und Klassifikation als wissenschaftliche Ordnungsmethoden im 18. und 19. Jahrhundert – zur Einleitung", in: ders. (Hg.): *Von Ähnlichkeiten und Unterschieden. Vergleich, Analogie und Klassifikation in Wissenschaft und Literatur* (18./19. Jahrhundert), Heidelberg 2011, S. 7–31.
Eidelpes, Rosa: „Batailles Primitivismus. Stationen einer transgressiven Reintegration", in: *lendemains* 40, 157 (2015), S. 25–39.
Eidelpes, Rosa: *Entgrenzung der Mimesis. Georges Bataille – Roger Caillois – Michel Leiris*, Berlin 2018.
Eidelpes, Rosa: „Von der empirischen Imagination zur natürlichen Ästhetik. Caillois' anti-anthropozentrische Theorie der Kunst", in: Anne von der Heiden, Sarah Kolb (Hg.): *Logik des Imaginären. Diagonale Wissenschaft nach Roger Caillois*, Bd. 1: *Versuchungen durch Natur, Kultur und Imagination*, Berlin 2018, S. 87–114.
Einstein, Carl: Die *Kunst des 20. Jahrhunderts*, Leipzig 1988.
Einstein, Carl: *Bebuquin oder Die Dilettanten des Wunders*, Leipzig, Weimar 1989.
Einstein, Carl: „Collagen", in: Hubertus Gasner (Hg.): *Élan Vital oder das Auge des Eros*, München 1994, S. 481f.
Einstein, Carl: „André Masson. Eine ethnologische Untersuchung", in: Hubertus Gaßner (Hg.): *Élan Vital oder das Auge des Eros*, München 1994, S. 492–494.
Einstein, Carl: Art. „Absolut", in: Georges Bataille, Michel Leiris et al.: *Kritisches Wörterbuch*, übers. u. hg. v. Rainer M. Kiesow u. Henning Schmidgen, Berlin 2005, S. 11f.
Elleström, Lars: „Iconicity as Meaning Miming Meaning and Meaning Miming Form", in: Jac Conradie et al. (Hg.): *Signergy* (= Iconicity in Language and Literature, Bd. 9), Amsterdam 2010, S. 73–100.
Éluard, Paul: „Donner à voir", in: ders.: *Œuvres complètes*, Bd. I, hg. v. Lucien Scheler, Marcelle Dumas, Paris 1968, S. 917–1004.
Emch, Rita: „Picasso, Meister der Metamorphose", in: *swissinfo* (2015) (online unter https://www.swissinfo.ch/ger/picasso-meister-der-metamorphose/4614718, abgerufen am 24.3.2019).
Endres, Johannes: „Unähnliche Ähnlichkeit. Zu Analogie, Metapher und Verwandtschaft", in: Martin Gaier, Jeanette Kohl, Alberto Saviello (Hg.): *Similitudo. Konzepte der Ähnlichkeit in Mittelalter und Früher Neuzeit*, München 2012, S. 29–58.
Endres, Johannes: „Meaningful Complexity. Goethe's Concept of Similarity", in: *Modern Language Notes* 130, 3 (2015), S. 466–486.
Engel, Franz, Yannis Hadjinicolaou: „Formwerdung und Formentzug. Zur Einleitung", in: dies. (Hg.): *Formwerdung und Formentzug*, Berlin, Boston 2016, S. 7–16.
Engel, Manfred: „Traumnotat, literarischer Traum und traumhaftes Schreiben bei Franz Kafka. Ein Beitrag zur Oneiropoetik der Moderne", in: Bernard Dieterle (Hg.): *Träumungen. Traumerzählungen in Film und Literatur*, St. Augustin 2002, S. 233–262.
Engelberg-Dočkal, Eva von, Markus Krajewski, Frederike Lausch (Hg.): *Mimetische Praktiken in der neueren Architektur: Prozesse und Formen der Ähnlichkeitserzeugung*, Heidelberg 2017.

Engelberg-Dočkal, Eva von, Markus Krajewski, Frederike Lausch, Hans-Rudolf Meier, Carsten Ruhl: „Einleitung: Mimetische Praktiken in der neueren Architektur. Prozesse und Formen der Ähnlichkeitserzeugung", in: Eva von Engelberg-Dočkal, Markus Krajewski, Frederike Lausch (Hg.): *Mimetische Praktiken in der neueren Architektur: Prozesse und Formen der Ähnlichkeitserzeugung*, Heidelberg 2017, S. 10–17.

Engelke, Henning, Ute Röschenthaler: „Mimesis und Reflexivität in Jean Rouchs *Les maîtres fous*", in: Andreas Becker, Martin Doll, Serjoscha Wiemer, Anke Zechner (Hg.): *Mimikry. Gefährlicher Luxus zwischen Natur und Kultur* (Zeiterfahrung und ästhetische Wahrnehmung, Bd. 4), Schliengen 2008, S. 120–146.

Engell, Lorenz, Bernhard Siegert, Joseph Vogl (Hg.): *Wolken* (Archiv für Mediengeschichte, Bd. 5), Weimar 2005.

Erchinger, Philipp: „Die Evolution des Textes. Mimikry als Selbstbeschreibungsverfahren (Nashe, Cervantes, Sterne)", in: Andreas Becker, Martin Doll, Serjoscha Wiemer, Anke Zechner (Hg.): *Mimikry. Gefährlicher Luxus zwischen Natur und Kultur* (Zeiterfahrung und ästhetische Wahrnehmung, Bd. 4), Schliengen 2008, S. 288–305.

Erhard, Christopher: *Denken über nichts. Intentionalität und Nicht-Existenz bei Husserl*, Berlin, Boston 2014.

Ernst, Max: „An einem Regentag in Köln oder die Entstehung der Collage", in: ders.: *Schnabelmax und Nachtigall. Texte und Bilder*, mit einem Vorwort von Heribert Becker, hg. v. Pierre Gallissaires, Hamburg ²2006, S. 89.

Etzold, Jörn, Moritz Hannemann (Hg.): *rhythmos. Formen des Unbeständigen nach Hölderlin*, Paderborn 2016.

Eusterschulte, Anne: „Mimesis", in: *Historisches Wörterbuch der Rhetorik*, hg. v. Gert Ueding und Walter Jens, Bd. 5, Tübingen 2001, Sp. 1232–1294.

Evans, Mary Alice: „Mimicry and the Darwinian Heritage", in: *Journal of the History of Ideas* 26, 2 (1965), S. 211–220.

Evans-Pritchard, E.E.: *Theorien über primitive Religionen*, Frankfurt a. M. 1968.

Falkenhayner, Nicole: *After Postcolonialism. Similarities in an Entangled* World. *Tagungsbericht*, online unter https://www.exc16.uni-konstanz.de/aehnlichkeit-bericht.html?&L=1%2Findex.php, abgerufen am 2.7.2019.

Feichtinger, Johannes: „Kakanische Mischungen. Von der Identität- zur Ähnlichkeitswissenschaft", in: Anil Bhatti, Dorothee Kimmich (Hg.): *Ähnlichkeit. Ein kulturtheoretisches Paradigma*, Konstanz 2015, S. 219–243.

Ferron, Isabella: „Der Traum im Surrealismus: ein romantisches Erbe?", in: Sebastian Lübcke, Johann Thun (Hg.): *Romantik und Surrealismus. Eine Wahlverwandtschaft?*, Bern u. a. 2018, S. 71–83.

Filippi, Elena F., Harald Schwaetzer (Hg.): *Spiegel der Seele. Reflexionen in Mystik und Malerei*, Münster 2012.

Fittler, Doris: *„Ein Kosmos der Ähnlichkeit". Frühe und späte Mimesis bei Walter Benjamin*, Bielefeld 2005.

Flaker, Aleksandar: Art. „Metamorphose", in: ders. (Hg.): *Glossarium der russischen Avantgarde*, Wien, Graz 1989, S. 390–400.

Flemming, Victoria von: „Mediale Ausprägungen des Phantastischen: Bildende Kunst (2.1)", in: *Phantastik. Ein interdisziplinäres Handbuch*, hg. v. Hans Richard Brittnacher, Markus May, Stuttgart, Weimar 2013, S. 198–226.

Fliethmann, Axel: „Korrespondenzen", in: *Handbuch der Mediologie. Signaturen des Medialen*, hg. v. Christiane Bartz et al., München 2012, S. 135–141.

Fliethmann, Axel: *Texte über Bilder. Zur Gegenwart der Renaissance*, Freiburg i. Br., Berlin, Wien 2014.
Flubacher, Christophe, Cäsar Menz, Fondation Pierre Arnaud (Hg.): *Surrealismus und primitive Kunst: Eine Wahlverwandtschaft* [Ausstellungskatalog], Ostfildern 2014.
Fontius, Martin: „Das Ende einer Denkform. Zur Ablösung des Nachahmungsprinzips im 18. Jahrhundert", in: *Literarische Widerspiegelung. Geschichte und Theoretische Dimensionen eines Problems*, hg. v. Dieter Schlenstedt, Berlin, Weimar 1981, S. 189–238.
Fontius, Martin: „Mimesis/Nachahmung, I. Der Verschmelzungsprozeß seit der Renaissance" (S. 86–91), Teil I aus: Luiz Costa Lima: „Mimesis/Nachahmung", in: *Ästhetische Grundbegriffe. Historisches Wörterbuch in sieben Bänden*, hg. v. Karlheinz Barck, Martin Fontius, Dieter Schlenstedt, Bd. 4, Stuttgart, Weimar 2002, S. 84–120.
Foster, Hal: *Compulsive Beauty*, Cambridge, MA, London 1993.
Foucault, Michel: *Les Mots et les choses. Une archéologie des sciences humaines*, Paris 1966 [dt. *Die Ordnung der Dinge. Eine Archäologie der Humanwissenschaften*, Frankfurt a. M. 1971].
Foucault, Michel: „La prose du monde", in: *Diogène* 53 (1966), S. 20–41 [dt. „Die Prosa der Welt", übers v. Michael Bischoff, in: ders.: *Schriften in vier Bänden. Dits et Ecrits*, Bd. I: 1954–1969, Frankfurt a. M. 2001, S. 622–644].
Foucault, Michel: „Ceci n'est pas une pipe", in: *Les Cahiers du chemin* 2 (15.1.1968), S. 79–105 [dt. „Dies ist keine Pfeife", übers v. Michael Bischoff, in: *Schriften in vier Bänden. Dits et ecrits*, Bd. I: 1954–1969, hg. v. Daniel Defert u. Francois Ewald unter Mitarbeit v. Jacques Lagrange, Frankfurt a. M. 2001, S. 812–830].
Foucault, Michel: „Die Ordnung der Dinge (Gespräch mit R. Bellour)", übers v. Michael Bischoff, in: ders.: *Schriften in vier Bänden. Dits et Ecrits*, Bd. I, 1954–1969, hg. v. Daniel Defert u. Francois Ewald unter Mitarbeit v. Jacques Lagrange, Frankfurt a. M. 2001, S. 644–652 [„Michel Foucault, Les Mots et les Choses" (entretien avec R. Bellour), in: *Les Lettres francaises*, Nr. 1125 (31. März – 6. April 1966), S. 3–4].
Foucault, Michel: „Theatrum Philosophicum", übers v. Michael Bischoff, in: ders.: *Dits et Ecrits. Schriften in vier Bänden*, Bd. II: 1970–1975, hg. v. Daniel Defert u. François Ewald, Frankfurt a. M. 2002, S. 93–122 [„Theatrum philosophicum", in: *Critique* 282 (1970), S. 885–908].
Foucault, Michel: *Ceci n'est pas une pipe*, Montpellier 2010 [1973] [dt. *Dies ist keine Pfeife*. Mit zwei Briefen und vier Zeichnungen von René Magritte, übers. u. mit einem Nachwort v. Walter Seitter, München, Wien 1997].
Francé, Raoul H.: *Das Leben der Pflanze*, Stuttgart 1906.
Francé, Raoul H.: *Die Pflanze als Erfinder*, Stuttgart ¹⁰1920.
Frank, Claudine (Hg.): *The Edge of Surrealism. A Roger Caillois Reader*, Durham, London 2003.
Franke, Anselm, Tom Holert (Hg.): *Neolithische Kindheit. Kunst in einer falschen Gegenwart, ca. 1930* [Ausstellungskatalog], Berlin 2018.
Frazer, James G.: *The Magic Art*, 2 Bde., London ³1911.
Frazer, James G.: *The Golden Bough. A Study in Magic and Religion*, Hertfordshire 1993.
Freud, Sigmund: „Das Unheimliche" (1919), in: ders.: *Psychologische Schriften* (= Freud-Studienausgabe, Bd. IV), hg. v. Alexander Mitscherlich, Angela Richards u. James Strachey, Frankfurt a. M. ⁵1970, S. 214–274.
Freud, Sigmund: „Über den Traum" (1901), in: ders.: *Über Träume und Traumdeutungen*, Frankfurt a. M. 1971, S. 11–52.
Freud, Sigmund: *Die Traumdeutung* (= Freud-Studienausgabe, Bd. II), hg. v. Alexander Mitscherlich, Angela Richards u. James Strachey, Frankfurt a. M. 1972.

Freud, Sigmund: *Totem und Tabu. Einige Übereinstimmungen im Seelenleben der Wilden und der Neurotiker*, Frankfurt a. M. 1973.

Freud, Sigmund: „Das Unbehagen in der Kultur" (1930), in: ders.: *Fragen der Gesellschaft, Ursprünge der Religion* (= Freud-Studienausgabe, Bd. IX), hg. v. Alexander Mitscherlich, Angela Richards u. James Strachey, Frankfurt a. M. 1974, S. 191–270.

Freud, Sigmund: „Das Unbewußte" (1915), in: ders.: *Psychologie des Unbewußten* (= Freud-Studienausgabe, Bd. III), hg. v. Alexander Mitscherlich, Angela Richards u. James Strachey, Frankfurt a. M. ^{6}1989, S. 119–173.

Friedrich, Hugo: *Die Struktur der modernen Lyrik. Von der Mitte des neunzehnten bis zur Mitte des zwanzigsten Jahrhunderts*, Reinbek b. Hamburg 1967.

Friedrich, Hugo: „Geleitwort", in: Gerd Breitenbürger: *Metaphora. Die Rezeption des aristotelischen Begriffs in den Poetiken des Cinquecento*, Kronberg/ Ts. 1975, S. V–VII.

Fromm, Waldemar: „Inspirierte Ähnlichkeit. Überlegungen zu einem ästhetischen Verfahren des Novalis", in: *Deutsche Vierteljahrsschrift für Literaturwissenschaft und Geistesgeschichte* 71, 4 (1997), S. 559–588.

Fromm, Waldemar: „Die Sympathie des Zeichens mit dem Bezeichneten. Ähnlichkeit in Literatur und Sprachästhetik um 1800", in: Gerald Funk, Gert Mattenklott, Michael Pauen (Hg.): *Ästhetik des Ähnlichen. Zur Poetik und Kunstphilosophie der Moderne*, Frankfurt a. M. 2001, S. 35–68.

Froschauer, Eva Maria: „Operationen des Ähnlichmachens. Methodische Anmerkungen, um von einem vorbildlichen Ding auf einen architektonischen Entwurf zu schließen", in: Eva von Engelberg-Dočkal, Markus Krajewski, Frederike Lausch (Hg.): *Mimetische Praktiken in der neueren Architektur: Prozesse und Formen der Ähnlichkeitserzeugung*, Heidelberg, S. 20–28.

Fuld, Werner: *Das Lexikon der Fälschungen. Fälschungen, Lügen und Verschwörungen aus Kunst, Historie, Wissenschaft und Literatur*, Frankfurt a.M. 1999.

Funk, Gerald, Gert Mattenklott, Michael Pauen (Hg.): *Ästhetik des Ähnlichen. Zur Poetik und Kunstphilosophie der Moderne*, Frankfurt a. M. 2001.

Funk, Gerald, Gert Mattenklott, Michael Pauen: „Symbole und Signaturen. Charakteristik und Geschichte des Ähnlichkeitsdenkens" (Einleitung der Herausgeber), in: dies. (Hg.): *Ästhetik des Ähnlichen. Zur Poetik und Kunstphilosophie der Moderne*, Frankfurt a. M. 2001, S. 7–34.

Füzesi, Nicolas: „Nietzsches analogisches Denken", in: Manuel Bachmann, Karen Gloy (Hg.): *Das Analogiedenken. Vorstöße in ein neues Gebiet der Rationalitätstheorie*, Freiburg i. Br., München 2000, S. 346–359.

Gablik, Suzi: *Magritte*, Greenwich, Ct. 1970 [dt. *Magritte*, übers. v. Charlotte Blauensteiner, München, Wien, Zürich 1971].

Gabriel, Gottfried: „Der Witz als Erkenntnisvermögen und ästhetisches Prinzip", in: Astrid Bauereisen, Stephan Pabst, Achim Vesper (Hg.): *Kunst und Wissen: Beziehungen zwischen Ästhetik und Erkenntnistheorie im 18. Jahrhundert*, Würzburg 2009, S. 35–48.

Gadamer, Hans-Georg: *Die Aktualität des Schönen, Kunst als Spiel, Symbol und Fest*, Stuttgart 2003 (1977).

Gaier, Martin, Jeanette Kohl, Alberto Saviello (Hg.), *Similitudo. Konzepte der Ähnlichkeit in Mittelalter und Früher Neuzeit*, München 2012.

Gamm, Gerhard: *Die Macht der Metapher: Im Labyrinth der modernen Welt*, Stuttgart 1992.

Gamm, Gerhard: *Flucht aus der Kategorie. Die Positivierung des Unbestimmten als Ausgang aus der Moderne*, Frankfurt a. M. 1994.

Gasché, Rodolphe: „Das Vergnügen an Vergleichen. Über Kants Ausarbeitung der *Kritik der praktischen Vernunft*", in: Michael Eggers (Hg.): *Von Ähnlichkeiten und Unterschieden. Vergleich, Analogie und Klassifikation in Wissenschaft und Literatur* (18./19. Jahrhundert), Heidelberg 2011, S. 167–181.

Gaßner, Hubertus (Hg.): *Élan Vital oder das Auge des Eros. Kandinsky, Klee, Arp, Miró, Calder*, München 1994.

Gebauer, Gunter, Christoph Wulf: *Mimesis. Kultur, Kunst, Gesellschaft*, Reinbek b. Hamburg 1992.

Gebauer, Gunter, Christoph Wulf (Hg.): *Mimetische Weltzugänge. Soziales Handeln – Rituale und Spiele – ästhetische Produktionen*, Stuttgart 2003.

Geble, Peter: „Der Mimese-Komplex", in: *ilinx. Berliner Beiträge zur Kulturwissenschaft* 2 (2011): *Mimesen*, S. 185–195.

Geble, Peter: „Zeittafel II: Maske und Rausch, Gletscher und Sinne", in: Anne von der Heiden, Sarah Kolb (Hg.): *Logik des Imaginären. Diagonale Wissenschaft nach Roger Caillois*, Bd. 1: *Versuchungen durch Natur, Kultur und Imagination*, Berlin 2018, S. 187–194.

Geble, Peter: „Zeittafel III. Dichtung und diagonale Wissenschaften", in: Anne von der Heiden, Sarah Kolb (Hg.): *Logik des Imaginären. Diagonale Wissenschaft nach Roger Caillois*, Bd. 1: *Versuchungen durch Natur, Kultur und Imagination*, Berlin 2018, S. 197–194.

Gellhaus, Axel: „Friedrich Nietzsche" (aus: „Die Erkenntnisfunktion der Kunst. Philosophische Positionen von F. Schlegel bis Heidegger", zus. mit. Stephanie Over) in: Monika Fick, Sybille Goessl (Hg.): *Der Schein der Dinge. Einführung in die Ästhetik*, Tübingen 2002, S. 63–95.

Genette, Gérard: „Le rhétorique restreinte", in: ders.: *Figures*, Bd. 3, Paris 1972, S. 32 f.

Genette, Gérard: *Palimpseste. Die Literatur auf zweiter Stufe*, übers. v. Wolfram Bayer und Dieter Hornig, Stuttgart 1993 [*Palimpsestes. La littérature au second degré*, Paris 1982].

Genette, Gérard: *Mimologiken. Reise nach Kratylien*, Frankfurt a. M. 2001 [*Mimologiques. Voyage en Cratylie*, Paris 1976].

Gentner, Dedre, Arthur B. Markman: „Similarity is Like Analogy: Structural Alignment in Comparison", in: Cristina Cacciari (Hg.): *Similarity in Language, Thought, and Perception*, Turnhout 1995, S. 111–147.

Gess, Nicola: „‚So ist damit der Blitz zur Schlange geworden'. Anthropologie und Metapherntheorie um 1900", in: *Deutsche Vierteljahrsschrift für Literaturwissenschaft und Geistesgeschichte* 83, 4 (2009), S. 643–666.

Geulen, Eva: „Metamorphosen der Metamorphose", in: Alexandra Kleihues, Barbara Naumann, Edgar Pankow (Hg.): *Intermedien. Zur kulturellen und artistischen Übertragung*, Zürich 2010, S. 203–217.

Geulen, Eva: „Realismus Revisited", in: *ZfL Blog. Blog des Leibniz-Zentrums für Literatur- und Kulturforschung*, online unter https://www.zflprojekte.de/zfl-blog/2016/04/14/realis mus-revisited-eva-geulen/, abgerufen am 20.10.2019.

Ghanbari, Nacim, Marcus Hahn (Hg.): *Reinigungsarbeit* (Zeitschrift für Kulturwissenschaften 1 (2013)), Bielefeld 2013.

Ginzburg, Carlo: „Götzen und Abbilder. Die Wirkungsgeschichte eines Origenes-Textes", in: ders.: *Holzaugen. Über Nähe und Distanz*, übers. v. Renate Heimbucher, Berlin 1999, S. 144–158.

Girard, René: *Figuren des Begehrens: Das Selbst und der Andere in der fiktionalen Realität. Beiträge zur mimetischen Theorie*, München, Wien 1999.

Gloy, Karen (Hg.): „Das Analogiedenken der Renaissance. Seine Herkunft und seine Strukturen", in: Enno Rudolph (Hg.): *Die Renaissance als erste Aufklärung*, Bd. 2: *Die Renaissance und die Entdeckung des Individuums in der Kunst*, Tübingen 1998, S. 103–134.

Gloy, Karen: *Rationalitätstypen*, Freiburg i. Br., München 1999.

Gloy, Karen: „Kalkulierte Absurdität. Die Logik des Analogiedenkens", in: dies. (Hg.): *Rationalitätstypen*, Freiburg i. Br., München 1999, S. 213–245.

Gloy, Karen: „Das Analogiedenken unter besonderer Berücksichtigung der Psychoanalyse Freuds", in: dies., Manuel Bachmann (Hg.): *Das Analogiedenken. Vorstöße in ein neues Gebiet der Rationalitätstheorie*, Freiburg, München 2000, S. 256–297.

Goethe, Johann Wolfgang von: „Die Metamorphose der Pflanzen", in: ders.: *Sämtliche Werke in 18 Bänden*, Bd. 1: *Sämtliche Gedichte, Erster Teil: Die Gedichte der Ausgabe letzter Hand*, hg. v. Ernst Beutler, Zürich, München 1977, S. 516–518.

Goethe, Johann Wolfgang von: „Die Metamorphose der Pflanzen", in: ders.: *Sämtliche Werke*, Bd. 17: *Naturwissenschaftliche Studien*, Zweiter Teil, hg. v. Ernst Beutler, Zürich 1977, S. 22–58.

Goethe, Johann Wolfgang von: „Die Metamorphose der Pflanzen. Zweiter Versuch", in: ders.: *Sämtliche Werke*, Bd. 17: *Naturwissenschaftliche Studien*, Zweiter Teil, hg. v. Ernst Beutler, Zürich 1977, S. 58–62.

Goethe, Johann Wolfgang von: „Bildung und Umbildung organischer Naturen (Der Inhalt bevorwortet)", in: ders.: *Sämtliche Werke*, Bd. 17: *Naturwissenschaftliche Studien*, Zweiter Teil, hg. v. Ernst Beutler, Zürich 1977, S. 11–21.

Goethe, Johann Wolfgang von: „Eins und Alles", in: *Sämtliche Werke*, Bd. 1: *Sämtliche Gedichte*, hg. v. Ernst Beutler, Zürich, München ³1977, S. 514.

Goethe, Johann Wolfgang von: „Wilhelm Meisters Wanderjahre", in: ders.: *Sämtliche Werke in 18 Bänden*, Bd. 8, hg. v. Ernst Beutler, Zürich, München ³1977, S. 7–521.

Goethe, Johann Wolfgang von: „Zahme Xenien III", in: ders.: *Sämtliche Werke*, Bd. 1: *Sämtliche Gedichte*. Erster Teil: *Die Gedichte der Ausgabe letzter Hand*, Zürich 1977, S. 624–632.

Goldman, Alan, Dominic M. McIver Lopes, Gabriela Sakamoto: Art. „Representation", in: *Encyclopedia of Aesthetics*, hg. v. Michael Kelly, 4 Bde., Bd. 1, New York 1998, S. 137–148.

Gombrich, Ernst H.: *Bild und Auge. Neue Studien zur Psychologie der bildlichen Darstellung*, Stuttgart 1984.

Gombrich, Ernst H.: „Icones Symbolicae", in: ders.: *Das symbolische Bild, Zur Kunst der Renaissance II*, Stuttgart 1986, S. 151–152.

Goodman, Nelson: „Seven Strictures on Similarity", in: ders.: *Problems and Projects*, Indianapolis, New York 1972, S. 437–446.

Goodman, Nelson: *Languages of Art. An Approach to a Theory of Symbols*, Indianapolis ²1976 [1968] (*Sprachen der Kunst. Ansatz zu einer Symboltheorie*, übers. v. Jürgen Schlaeger, Frankfurt a. M. 1973).

Gould, Stephan Jay, Richard C. Lewontin: „The Spandrels of San Marco and the Panglossian Paradigm. A critique of the Adaptation Programme", in: *Proceedings of the Royal Society of London* B 205 (1979), S. 581–598.

Goumegou, Susanne: *Traumtext und Traumdiskurs. Nerval, Breton, Leiris*, München 2007.

Goumegou, Susanne, Marie Guthmüller (Hg.): *Traumwissen und Traumpoetik. Onirische Schreibweisen von der literarischen Moderne bis zur Gegenwart*, Würzburg 2011.

Graevenitz, Gerhart von: „Die Gewalt des Ähnlichen. Concettismus in Piranesis *Carceri* und in Kleists *Erdbeben in Chili*", in: Christine Lubkoll und Günter Oesterle (Hg.): *Gewagte Experimente und kühne Konstellationen. Kleists Werk zwischen Klassizismus und Romantik* (= Stiftung für Romantikforschung, Bd. 12), Würzburg 2001, S. 63–92.
Grassi, Ernesto: *Die Theorie des Schönen in der Antike*, Köln 1962.
Greber, Erika: *Textile Texte: Poetologische Metaphorik und Literaturtheorie. Studien zur Tradition des Wortflechtens und der Kombinatorik*, Köln 2002.
Griaule, Marcel: Art. „Schwelle", in: Georges Bataille, Michel Leiris et al.: *Kritisches Wörterbuch*, übers. u. hg. v. Rainer M. Kiesow u. Henning Schmidgen, Berlin 2005, S. 53.
Grimm, Jacob und Wilhelm Grimm: *Deutsches Wörterbuch von Jacob und Wilhelm Grimm*, 16 Bde. in 32 Teilbänden, Leipzig 1971 [1854–1961], Bd. 13 (online unter http://woerterbuchnetz.de/cgi-bin/WBNetz/call_wbgui_py_from_form?sigle=DWB&mode=Volltextsuche&hitlist=&patternlist=&lemid=GN00075#XGN00075, abgerufen am 1.5.2017).
Groebner, Valentin: „Keine Werbung und keine Pornos bitte, wir sind Kunsthistoriker. Anmerkungen zu zwei Neuerscheinungen", in: David Gugerli et al (Hg.): *Zirkulationen* (= Nach Feierabend. Zürcher Jahrbuch für Wissensgeschichte, Bd. 7), Zürich 2011, S. 201–208.
Groebner, Valentin: „Porträt, Passbild, Werbeplakat. Neue Identitäten aus dem Mittelalter", in: *Merkur* 6 (Juni 2012), S. 498–509.
Grossmann, Evelyne: *La défiguration. Artaud, Beckett, Michaux*, Paris 2004.
Gruber, Bernhard: *Topographie des Ähnlichen: Aristoteles und die gegenwärtige Kritik an ‚Repräsentation'* (Die Geistesgeschichte und ihre Methoden. Quellen und Forschungen, hg. v. Stephan Otto, Münchner Universitätsschriften, Bd. XXII), München 2001.
Haeckel, Ernst: *Kunstformen der Natur*, Leipzig, Wien, 1899.
Haftmann, Werner: „Das Ding und seine Verwandlung. Zur Vorgeschichte der zeitgenössischen Auffassung vom Gegenstand", in: Neuer Berliner Kunstverein e.V. (Hg.): *Metamorphose des Dinges, Kunst und Antikunst 1910–1970*, Brüssel 1971, S. 11–32.
Hahn, Ulrike, Nick Chater, Lucy B. Richardson: „Similarity as Transformation", in: *Cognition* 87 (2003), S. 1–32.
Hahnemann, Samuel: „Versuch über ein neues Princip zur Auffindung der Heilkräfte der Arzneysubstanzen, nebst einigen Blicken auf die bisherigen", in: *Journal der practischen Arzneykunde und Wundarzneykunst* 2 (1796), S. 391–439 und S. 465–561.
Hamacher, Werner: „The Word Wolke – If It Is One", in: *Studies in 20th Century Literature* 11, 1 (1986), S. 133–162.
Hamburger, Jeffrey F.: „In the Image and Likeness of God: Pictorial Reflection on Images and the Imago Dei", in: Jean-Claude Schmitt (Hg.): *Femmes, art et religion au Moyen Âge*, Strasbourg 2004, S. 1–18.
Hamburger, Jeffrey F.: „The Hand of God and the Hand of the Scribe: Craft and Collaboration at Arnstein", in: Michael Embach (Hg.): *Die Bibliothek des Mittelalters als dynamischer Prozess* (Trierer Beiträge zu den historischen Kulturwissenschaften 3), Wiesbaden 2012, S. 55–80.
Harper, Konrad: „Vater- und Mentorfiguren bei Robert Walser. Dialog, Mimikry und Subversion", in: *Études Germaniques* 72, 1 (2017), S. 21–38.
Haß, Ulrike: *Das Drama des Sehens. Auge, Blick und Bühnenform*, München 2005.
Hattori, Seiji: „‚Vergleichen' als ein ‚Ritual' des Verstehens aufgrund des Ähnlichkeitsdenkens? Überlegungen zu einer literaturwissenschaftlichen

Verfahrensweise am Schnittpunkt von Hermeneutik, Dekonstruktivismus und Kulturwissenschaft", in: Japanische Gesellschaft für Germanistik (Hg.): *Rituale des Verstehens – Verstehen der Rituale. Beiträge des Vierten Internationalen Kolloquiums der Japanischen Gesellschaft für Germanistik an der Doshisha-Universität*, Kyoto, 9.–10. Oktober 2005, München 2006, S. 73–93.

Hauschild, Thomas: *Der böse Blick. Ideengeschichtliche und sozialpsychologische Untersuchungen*, Berlin ²1982.

Hauser, Karl: *Allerhand Schauspieler in der Tierwelt. Mimikry u. Schutzfärbung*, Godesberg 1908.

Haverkamp, Anselm (Hg.): *Theorie der Metapher*, Darmstadt 1996.

Haverkamp, Anselm (Hg.): *Die paradoxe Metapher*, Frankfurt a. M. 1998.

Hedges, Inez: „Surrealist Metaphor: Frame Theory and Componential Analysis", in: *Poetics Today* 4, 2 (1983), S. 275–295.

Hegel, Georg Wilhelm Friedrich: „Vorlesungen über die Ästhetik I", in: ders.: *Werke in 20 Bänden mit Registerband*, hg. v. Eva Moldenhauer u. Karl Markus Michel, Bd. 13, Frankfurt a. M. 1986.

Heiden, Anne von der, Sarah Kolb (Hg.): *Logik des Imaginären. Diagonale Wissenschaft nach Roger Caillois*, Bd. 1: *Versuchungen durch Natur, Kultur und Imagination*, Berlin 2018.

Heiden, Anne von der, Sarah Kolb (Hg.): *Logik des Imaginären. Diagonale Wissenschaft nach Roger Caillois*, Bd. 2: *Spiel/Raum/Kunst/Theorie*, Berlin 2022 (im Erscheinen).

Heikertinger, Franz: „Über die Begriffe ‚Mimikry' und ‚Mimese' mit besonderer Berücksichtigung der Myrmekoidie. Zugleich eine Antwort an E. Wasmann", in: *Biologisches Zentralblatt* 45, 5 (1925), S. 272–289.

Heimböckel, Hendrick: „Poetologie der Einbildungskraft: Eine semantische Isotopie produktionsästhetischer Reflexionen bei Schelling, Novalis, Aragon und Breton", in: Sebastian Lübcke, Johann Thun (Hg.): *Romantik und Surrealismus. Eine Wahlverwandtschaft?*, Bern 2018, S. 35–54.

Heinrich, Richard: „Ein so vielfarbiges verschiedenes Selbst. Gedanken gegen das Mimetische", in: Andreas Becker, Martin Doll, Serjoscha Wiemer, Anke Zechner (Hg.): *Mimikry/Mimese. Gefährlicher Luxus zwischen Natur und Kultur* (Zeiterfahrung und ästhetische Wahrnehmung, Bd. 4), Schliengen 2008, S. 162–172.

Heister, Hans-Werner, Bernhard Spies (Hg.): *Mimesis, Mimikry, Simulatio. Tarnung und Aufdeckung in den Künsten vom 16. bis 21. Jahrhundert. Festschrift für Erwin Rothermund*, Berlin 2013.

Heister, Hans-Werner, Bernhard Spies: „Erwin Rothermund zum achtzigsten Geburtstag – Präludium", in: dies.: *Mimesis, Mimikry, Simulatio. Tarnung und Aufdeckung in den Künsten vom 16. bis 21. Jahrhundert. Festschrift für Erwin Rothermund*, Berlin 2013, S. 9–12.

Helbling, Niklaus: Art. „Mime, mimisch", in: *Metzler Goethe-Lexikon*, hg. v. Benedikt Jeßing, Berndt Lutz, Inge Wild, Stuttgart, Weimar 1999.

Heraklit: *Fragmente*, Griechisch u. Deutsch, Zürich 1989.

Hettche, Walter: Art. „Mimesis", in: *Literaturwissenschaftliches Lexikon. Grundbegriffe der Germanistik*, hg. v. Horst Brunner u. Rainer Moritz, Berlin 1997, S. 226–228.

Hevers, Edda: *Der Raum eines Denkens. Studien zum surrealistischen Frühwerk René Magrittes* [Diss.], Hamburg 1991.

Heyne, Elisabeth: *Wissenschaften vom Imaginären. Sammeln, Sehen, Lesen und Experimentieren bei Roger Caillois und Elias Canetti*, Berlin 2020.

Hocke, Gustav René: *Die Welt als Labyrinth. Manier und Manie in der europäischen Kunst*, Hamburg 1957 [1978].
Hocke, Gustav René: *Manierismus in der Literatur. Sprach-Alchemie und esoterische Kombinationskunst*, Hamburg 1959 [1978].
Hocke, Gustav René: *Malerei der Gegenwart. Der Neomanierismus. Vom Surrealismus zur Meditation*, Wiesbaden, München 1975.
Hockney, David: *Secret Knowledge: Rediscovering the Lost Techniques of the Old Masters*, London 2001.
Hoenen, Maarten J.F.M.: Art. „Analogie", in: *Historisches Wörterbuch der Rhetorik*, hg. v. Gert Ueding und Walter Jens, Bd. 1, Tübingen 1992, S. 498–514.
Höfer, Kristina: „Mimikry", in: *Poetiken der Migration. Ein Glossar*, online unter https://www.uni-saarland.de/lehrstuhl/solte-gresser/forschung/poetiken-der-migration.html#c83776; abgerufen am 22.11.2018.
Hofstadter, Douglas: „Edifying Thoughts of a Tobacco Smoker", in: *Gödel, Escher, Bach. An Eternal Golden Braid*, New York 1999, S. 480–494.
Hofstadter, Douglas: *Gödel, Escher, Bach. An Eternal Golden Braid*, New York 1999.
Hofstadter, Douglas, Emmanuel Sander: *Die Analogie. Das Herz des Denkens*, übers. v. Susanne Held, Stuttgart 2014 [*Surfaces and Essences. Analogy as the Fuel and Fire of Thinking*, New York 2013/*L'Analogie. Cœur de la pensée*, Paris 2013].
Holländer, Hans: „Ars inveniendi et investigandi: Zur surrealistischen Methode", in: Peter Bürger (Hg.): *Surrealismus*, Darmstadt 1982, S. 244–312.
Hollier, Denis (Hg.): *Das Collège de Sociologie 1937–1939. Texte von Georges Bataille, Roger Caillois, Georges Duthuit, René M. Guastalla, Pierre Klossowski, Alexandre Kojève, Michel Leiris, Anatole Lewitzky, Hans Mayer, Jean Paulhan, Denis de Rougemont, Jean Wahl und anderen.* Editorisch bearbeitet u. mit einem Nachwort v. Irene Albers u. Stephan Moebius, Berlin 2012 (frz. *Le Collège de sociologie 1937–1939*, Paris 1995).
Hollmann, Eckhard, Jürgen Tesch: „Glaube nicht, was Du siehst. Zum Begriff des Trompel'œil", in: dies. *Die Kunst der Augentäuschung*, München 2004, S. 9–19 (online unter https://bilder.buecher.de/zusatz/27/27954/27954120_lese_1.pdf, abgerufen am 20.8.2019).
Holthusen, Johannes: *Tiergestalten und metamorphe Erscheinungen in der russischen Literatur* der Avantgarde *(1909–1923)*, München 1974.
Holz, Hans Heinz: Art. „Analogie", in: *Handbuch philosophischer Grundbegriffe*, hg. v. Hermann Krings, Hans Michael Baumgartner und Christoph Wild, Bd. 1, München 1973, S. 51–65.
Holz, Hans Heinz: Art. „Ästhetik", in: Hans-Jörg Sandkühler, Arnim Regenbogen (Hg.): *Europäische Enzyklopädie zu Philosophie und Wissenschaften*, Bd. 1, Hamburg 1990, S. 53–70.
Holz, Hans Heinz: Art. „Metapher", in: Hans-Jörg Sandkühler, Arnim Regenbogen (Hg.): *Europäische Enzyklopädie zu Philosophie und Wissenschaften*, Bd. 3, Hamburg 1990, S. 378–383.
Holz, Hans Heinz: *Immanente Transzendenz*, Würzburg 1997.
Hölz, Karl: *Destruktion und Konstruktion. Studien zum Sinnverstehen in der modernen französischen Literatur*, Frankfurt a. M. 1980.
Hötter, Gerd: *Surrealismus und Identität. André Breton. ‚Theorie des Kryptogramms'. Eine poststrukturalistische Lektüre seines Werks*, Paderborn 1990.

Houdebine, Jean-Luis: „André Breton und die doppelte Aszendenz des Zeichens", in: Peter Bürger (Hg.): *Surrealismus*, Darmstadt 1982, S. 79–111.
Huber, Jörg, Martin Heller, Hans-Ulrich Reck (Hg.): *Imitationen. Nachahmung und Modell. Von der Lust am Falschen*, Basel, Frankfurt a. M. 1989.
Hubert, Henri, Marcel Mauss: „Esquisse d'une théorie générale de la magie" in: *L'Année Sociologique* 7 (1902–1903), S. 1–146.
Hugo, Victor: *Les travailleurs de la mer*, Bd. I, Paris 1891.
Hugo, Victor: [Auszug aus] *Choses vues*, online unter http://classes.bnf.fr/essentiels/grand/ess_2212.htm, abgerufen am 22.1.2019.
Hülk, Walburga: „Jacques Lacans surrealistische Liaison/Läsion", in: Maurer-Quiepo, Isabel, Nanette Rissler-Pipka, Volker Roloff (Hg.): *Die grausamen Spiele des Minotaure. Intermediale Analyse einer surrealistischen Zeitschrift*, Bielefeld 2005, S. 71–82.
Hume, David: *Eine Untersuchung über den menschlichen Verstand*, übers. u. hg. v. Herbert Herring, Stuttgart 1976 (*An Enquiry Concerning Human Understanding*, 1748).
Hüttinger, Stefanie: *Der Tod der Mimesis als Ontologie und ihre Verlagerung zur mimetischen Rezeption. Eine mimetische Rezeptionsästhetik als postmoderner Ariadnefaden*, Frankfurt a. M. u.a.1994.
Iser, Wolfgang: „Mimesis und Performanz", in: ders.: *Das Fiktive und das Imaginäre. Perspektiven literarischer Anthropologie*, Frankfurt a. M. 1991, S. 481–503.
Jakobson, Roman: „Der Doppelcharakter der Sprache. Die Polarität zwischen Metaphorik und Metonymik", in: Jens Ihwe (Hg.): *Literaturwissenschaft und Linguistik. Ergebnisse und Perspektiven*, Bd. 1, Frankfurt a. M. 1972.
Jakobson, Roman: „Linguistik und Poetik", in: ders., *Poetik. Ausgewählte Aufsätze 1927–1971*, hg. v. Elmar Holenstein u. Tarcisius Schelbert, Frankfurt a. M. ²1989, S. 83–121.
Jakobson, Roman: „Was ist Poesie", in: ders.: *Poetik. Ausgewählte Aufsätze 1927–1971*, hg. v. Elmar Holenstein u. Tarcisius Schelbert, Frankfurt a. M. ²1989, S. 67–82.
Jamme, Christoph, Hans Jörg Sandkühler: „Repräsentation, Krise der Repräsentation, Paradigmenwechsel. Skizze eines interdisziplinären Forschungsprogramms", in: Silja Freudenberger, Hans Jörg Sandkühler (Hg.): *Repräsentation, Krise der Repräsentation, Paradigmenwechsel. Ein Forschungsprogramm in Philosophie und Wissenschaften*, Frankfurt a. M. 2003, S. 15–45.
Janet, Pierre: *L'automatisme psychologique. Essai de psychologie expérimentale sur les formes inférieures de l'activité humaine*, Paris 1889.
Jay, Martin: „In the Empire of the Gaze. Foucault and the Denigration of Vision in Twentieth-Century French Thought", in: David Couzens Hoy (Hg.): *Foucault. A Critical Reader*, Oxford, New York 1986, S. 175–204.
Jay, Martin: „Mimesis und Mimetologie: Adorno und Lacoue-Labarthe", in: Gertrud Koch (Hg.): *Auge und Affekt*, Frankfurt a. M. 1995, S. 175–201.
Jessica Ullrich, Antonia Ulrich: „Mimesis, Mimikry, Mimese" (Editorial), in: *Tierstudien* 11 (2017), S. 7–9.
Johach, Eva, Jasmin Mersmann, Evke Rulffes: „Try to Blend In!" (Editorial), in: *ilinx – Berliner Beiträge zur Kulturwissenschaft* 2 (2011): *Mimesen*, S. VII–XVIII.
Jung, Werner: *Von der Mimesis zur Simulation. Eine Einführung in die Geschichte der Ästhetik*, Hamburg 1995.
Junker, Reinhard: *Ähnlichkeiten, Rudimente, Atavismen*, Holzgerlingen 2002.
Kablitz, Andreas, Gerhard Neumann (Hg.): *Mimesis und Simulation*, Freiburg i. Br. 1998.

Kablitz, Andreas: „Laura und die alten Mythen. Zum Verhältnis von antikem Mythos und christlicher Heilsgeschichte in Petrarcas Canzoniere", in: Klaus W. Hempfer u. Gerhard Regn (Hg.): *Petrarca-Lektüren. Gedenkschrift für Alfred Noyer-Weidner*, Stuttgart 2003, S. 69–96.

Kaczmarek, Ludger: „Aspekte scholastischer Sprachursprungstheorien", in: Joachim Gessinger, Wolfert von Rahden (Hg.): *Theorien vom Ursprung der Sprache*, Bd. 1, Berlin, New York 1989, S. 65–88.

Kaffenberger, Helmut: „Denkbilder des dritten Raums? Walter Benjamins Theorie des Ähnlichen", in: Claudia Breger, Tobias Döring (Hg.): *Figuren der/des Dritten. Erkundungen kultureller Zwischenräume*, Amsterdam u.a. 1998, S. 39–64.

Kamper, Dietmar: „Ohne Spiegel, âne bilde", in: Manfred Fassler (Hg.): *Ohne Spiegel leben. Sichtbarkeiten und posthumane Menschenbilder*, München 2000, S. 295–299.

Kämpf, Heike: „Roger Caillois", in: *Bildtheorien aus Frankreich. Ein Handbuch*, hg. v. Katrin Busch, Iris Därmann, München 2011, S. 86–90.

Keller, Rudi: „Zeichenbegriff und Metaphern", in: Gisela Harras (Hg.): *Die Ordnung der Wörter. Kognitive und lexikalische Strukturen*, Berlin, New York 1995, S. 179–192 (online unter https://ids-pub.bsz-bw.de/frontdoor/deliver/index/docId/8739/file/Keller_Zeichenbe griff_und_Metaphern_1995.pdf, abgerufen am 12.04.22).

Kenny, Anthony: *Wittgenstein*, Frankfurt a. M. 1974.

Kiefer, Klaus K.: „Die Ethnologisierung des kunstkritischen Diskurses – Carl Einsteins Beitrag zu ‚Documents'", in: Hubertus Gaßner (Hg.): *Élan Vital oder das Auge des Eros. Kandinsky, Klee, Arp, Miró, Calder*, München 1994, S. 90–103.

Kienpointner, Manfred: „Inventio" (2013), in: *Historisches Wörterbuch der Rhetorik Online* (online unter https://www.degruyter.com/database/HWRO/entry/hwro.4.inventio/html, abgerufen am 12.12.2021).

Kilcher, Andreas: „Seven Epistemological Theses on Esotericism. Upon the Occasion of the 10th Anniversary of the Amsterdam Chair", in: Wouter Hanegraaff, Joyce Pijnenburg (Hg.): *Hermes in the Academy. Ten Years' Study of Western Esotericism at the University of Amsterdam*, Amsterdam 2009, S. 143–148.

Kimmich, Dorothee: *Lebendige Dinge in der Moderne*, Konstanz 2011.

Kimmich, Dorothee, Anil Bhatti: „Ähnlichkeit in der Wissensgeschichte" (Einleitung), in: dies. (Hg.): *Ähnlichkeit. Ein kulturtheoretisches Paradigma*, Konstanz 2015, S. 7–34.

Kimmich, Dorothee: „Orte der Ähnlichkeit. Literarische Aushandlungen im bürgerlichen Realismus", in: dies., Anil Bhatti (Hg.): *Ähnlichkeit. Ein kulturtheoretisches Paradigma*, Konstanz 2015, S. 187–202.

Kimmich, Dorothee: „Das Missverständnis der Mimesis. Bemerkungen zur Theoriegeschichte der mimetischen Verständigung", in: Klaus Sachs-Hombach (Hg.): *Verstehen und Verständigung. Intermediale, multimodale und interkulturelle Aspekte von Kommunikation und Ästhetik*, Köln 2016, S. 194–205.

Kimmich, Dorothee: *Ins Ungefähre. Ähnlichkeit und Moderne*, Paderborn 2017.

Kircher, Hartmut: „Guillaume Apollinaire – ein Avantgardist nicht ohne Tradition", in: Hartmut Kircher, Maria Kłańska und Erich Kleinschmidt (Hg.): *Avantgarden in Ost und West*, Köln, Weimar, Wien 2002, S. 111–129.

Kirchner, Friedrich: *Wörterbuch der philosophischen Grundbegriffe* (1907) (online unter http://www.textlog.de/1071.html, abgerufen am 6.9.2016).

Kistner, Ulrike: „Arbeit der Ähnlichkeiten – Arbeit an Ähnlichkeiten", in: Anil Bhatti, Dorothee Kimmich (Hg.): *Ähnlichkeit. Ein kulturtheoretisches Paradigma*, Konstanz 2015, S. 61–74.

Klee, Paul: „Schöpferische Konfession", in: Kasimir Edschmid (Hg.): *Tribüne der Kunst und Zeit. Eine Schriftensammlung*, Bd. XIII: *Schöpferische Konfession*, Berlin 1920, S. 28–40.
Klee, Paul: *Tagebücher 1898–1918*, textkritische Neuedition, hg. v. der Paul Klee-Stiftung Kunstmuseum Bern, bearb. v. Wolfgang Kersten, Bern 1988.
Kleine, Sabine: „Mimesis und Imagination", in: Horst Albert Glaser und György M. Vajda (Hg.): *Die Wende von der Aufklärung zur Romantik 1760–1820. Epoche im Überblick*, (= A Comparative History of Literatures in European Languages, Bd. XIV), Amsterdam, Philadelphia 2001, S, 443–459.
Klette, Cornelia: *Simulakrum Schrift. Untersuchungen zu einer Ästhetik der Simulation bei Valéry, Pessoa, Borges, Klosswski, Tabucchi, Del Giudice, De Carlo*, München 2001.
Kliche, Dieter: Art. „Häßlich", in: *Ästhetische Grundbegriffe. Historisches Wörterbuch in sieben Bänden*, hg. v. Karlheinz Barck et al., Bd. 3, Stuttgart 2004, S. 25–66.
Kloft, Hans: „Metamorphose und Morphologie. Ovids Verwandlungen und Goethes Naturanschauung", in: *Abhandlungen der Braunschweigischen Wissenschaftlichen Gesellschaft*, Bd. 64, Braunschweig 2011, S. 77–97 (online unter https://publikationsserver.tu-braunschweig.de/servlets/MCRFileNodeServlet/dbbs_derivate_00028249/Kloft_Metamorphose_und_Morphologie.pdf, abgerufen am 11.3.2018).
Klossowski, Pierre: *Die Ähnlichkeit*, übers. v. Walter Seitter, Bern, Berlin 1986 [*La ressemblance*, Paris 1965].
Klossowski, Pierre: *Die lebende Münze*, übers. v. Martin Burkhardt, Berlin 1998 [*La Monnaie vivante*, Paris 1970].
Kluge, Alexander: *Die Lücke, die der Teufel lässt. Im Umfeld des neuen Jahrhunderts*, Frankfurt a. M. 2003.
Kluxen, Wolfgang: Art. „Analogie (I)", in: *Historisches Wörterbuch der Philosophie*, hg. v. Joachim Ritter, Darmstadt 1971, S. 214–227.
Knörer, Ekkehard: *Entfernte Ähnlichkeiten. Zur Geschichte von Witz und ingenium*, München 2007.
Koch, Gertrud, Martin Vöhler, Christiane Voss (Hg.): *Die Mimesis und ihre Künste*, München 2010.
Koestler, Arthur: *Der göttliche Funke. Der schöpferische Akt in Kunst und Wissenschaft*, übers. v. Agnes von Cranach u. Willy Thaler, Bern 1966.
Kohl, Jeanette, Martin Gaier, Alberto Saviello: „Ähnlichkeit als Kategorie der Porträtgeschichte", in: dies. (Hg.): *Similitudo. Konzepte der Ähnlichkeit in Mittelalter und Früher Neuzeit*, München 2012, S. 11–27.
Kohne, Jens: *Drei Variationen über Ähnlichkeit. Eine systematische Einführung in die Eigenschaftsontologie*, Hildesheim 2005.
Köller, Wilhelm: „Dimensionen des Metaphernproblems", in: *Zeitschrift für Semiotik* 8 (1986), S. 379–410.
Köller, Wilhelm: *Narrative Formen der Sprachreflexion. Interpretationen zu Geschichten über Sprache von der Antike bis zur Gegenwart*, Berlin, New York 2006.
Köller, Wilhelm: *Sinnbilder für Sprache: Metaphorische Alternativen zur begrifflichen Erschließung von Sprache*, Berlin, Boston 2012.
Konersmann, Ralf: *Die verbotene Reproduktion. Über die Sichtbarkeit des Denkens*, Frankfurt a. M. 1991.
Köller, Wilhelm: *Lebendige Spiegel. Die Metapher des Subjekts*, Frankfurt a. M. 1991.
Koobatian, James (Hg.): *Faking it. An International Bibliography of Art and Literary Forgeries 1949–1986*, Washington, D. C. 1987.

Koschorke, Albrecht: *Körperströme und Schriftverkehr. Mediologie des 18. Jahrhunderts*, München 2003.
Koschorke, Albrecht: „Ähnlichkeit. Valenzen eines post-postkolonialen Konzepts", in: Anil Bhatti, Dorothee Kimmich (Hg.): *Ähnlichkeit. Ein kulturtheoretisches Paradigma*, Konstanz 2015, S. 35–45.
Koschorke, Albrecht: „Das Mysterium des Realen in der Moderne", in: ders., Helmut Lethen, Ludwig Jäger (Hg.): *Auf die Wirklichkeit zeigen. Zum Problem der Evidenz in den Kulturwissenschaften. Ein Reader*, Frankfurt a. M., New York 2015, S. 13–38.
Kracauer, Siegfried: „Die Photographie", in: *Schriften*, Bd. 5.2: *Aufsätze 1927–1931*, hg. v. Inka Mülder-Bach, Frankfurt a. M. 1990, S. 83–98.
Kraft, Victor: *Der Wiener Kreis: Der Ursprung des Neopositivismus. Ein Kapitel der jüngsten Philosophiegeschichte*, Wien 1968.
Krämer, Sybille: „Die Suspendierung des Buchstäblichen. Über die Entstehung metaphorischer Bedeutung", in: *Allgemeine Zeitschrift für Philosophie* 15, 2 (1990), S. 61–68.
Krämer, Sybille: „Sagen und Zeigen. Sechs Perspektiven, in denen das Diskursive und das Ikonische in der Sprache konvergieren", in: *Zeitschrift für Germanistik* 13, 3 (2003), S. 509–519.
Krauss, Rosalind, Yve-Alain Bois (Hg.): *L'informe. Mode d'emploi* [Ausstellungskat., Centre Pompidou], Paris 1996.
Krauss, Rosalind: „Corpus Delicti", in: dies.: *Das Photographische. Eine Theorie der Abstände*, München 1998, S. 165–198.
Krauss, Rosalind: „Die Fotografie und das Simulakrale", in: dies.: *Das Photographische. Eine Theorie der Abstände*, München 1998, S. 210–223.
Krauss, Rosalind,: „Die photographischen Bedingungen des Surrealismus", in: dies.: *Das Photographische. Eine Theorie der Abstände*, München 1998, S. 100–123.
Kristeva, Julia: *Sens et non-sens de la révolte*, Paris 1966.
Kristeva, Julia: *Die Revolution der poetischen Sprache*, übers. u. mit einer Einleitung v. Reinold Werner, Frankfurt a. M. 1999 [*La Révolution du langage poétique: l'avant-garde à la fin du XIXe siècle: Lautréamont et Mallarmé*, Paris 1974].
Krönig, Franz Kasper: „Wie fängt eine Gesellschaft damit an, ‚auf Differenzen umzustellen'. Die technische Herstellung funktioneller Ganzheiten als moderner Prototyp", in: Jan Broch, Markus Rassiller (Hg.): *Protomoderne. Schwellen früherer Modernität*, Würzburg 2008, S. 235–247.
Kunda, Maria: *The Politics of Imperfection: The Critical Legacy of Surrealist Anti-colonialism* [Diss., Univ. of Tasmania], 2010, online unter https://eprints.utas.edu.au/10817/, abgerufen am 22.2.2022.
Kuni, Verena: „Metamorphose im Zeitalter ihrer technischen Reproduzierbarkeit", in: Eva Huber (Hg.): *Technologien des Selbst. Zur Konstruktion des Subjekts*, Frankfurt a. M., Basel 2000, S. 51–75.
Kuni, Verena: Art. „Metamorphose", in: Karlheinz Barck et al.: *Ästhetische Grundbegriffe*, Bd. 4, Stuttgart, Weimar 2002, S. 71–83.
Kuni, Verena: „Von der Magie der Kunst und ihrer Politik. Auftritt des Künstler-Magiers", in: *Kunstforum International* 136 (2003): *Das Magische*, Bd. I, S. 37–53.
Kunz, Werner: „Die Bedeutung der Mimikry für das Verständnis des Artbegriffs", in: *Entomologie heute* 23 (2011) S. 3–22.
Kurz, Gerhard: *Metapher, Allegorie, Symbol*, Göttingen ³1993.

Küster, Bärbel: *Matisse und Picasso als Kulturreisende. Primitivismus und Anthropologie um 1900*, Berlin 2003.
Kyratzis, Sakis: „Laughing Metaphorically: Metaphor and Humour in Discourse", online unter http://wwwling.arts.kuleuven.ac.be/iclc./Papers/Kyratzis.pdf, abgerufen am 2.8.2016.
Lacan, Jacques: *Die vier Grundbegriffe der Psychoanalyse. Das Seminar von Jacques Lacan*, Buch XI (1964), übers. u. hg. v. Norbert Haas, Freiburg i. Br. 1978 [*Les quatre concepts fondamentaux de la psychanalyse*, Paris 1973].
Lacan, Jacques: „Vorlesungen über Las meninas von Velázquez (Teil IV)", übers. v. Rolf Nemitz, online unter https://lacan-entziffern.de/phantasma/jacques-lacan-vorlesungen-ueber-las-meninas-von-velazquez-uebersetzung-teil-iv/, abgerufen am 20.10.2019.
Lachmann, Renate: „Die ‚problematische Ähnlichkeit'. Zu Sarbiewskis Traktat ‚De acuto et arguto' im Kontext concettistischer Theorien des 17. Jahrhunderts", in: dies. (Hg.): *Slavische Barockliteratur II. Gedenkschrift für Dmitrij Tschižewskij (1894–1977)*, München 1983, S. 87–114.
Lachmann, Renate: „Die Mystifikation der Ähnlichkeit. Anmerkungen zu Vladimir Nabokovs Roman Otčajanie (Verzweiflung)", in: Susi Frank, Renate Lachmann, Sylvia Sasse, Schamma Schahadat, Caroline Schramm (Hg.): *Mystifikation, Autorschaft, Original*, Tübingen 2001, S. 313–330.
Lala, Marie-Christine: „Bataille et Breton: Le malentendu considérable", in: Christian Descamps (Hg.): *Surréalisme et philosophie*, Paris 1992, S. 49–61.
Lang, Tilman: *Mimetisches oder Semiotisches Vermögen? Studien zu Walter Benjamins Begriff der Mimesis*, Göttingen 1998.
Latour, Bruno: *Nous n'avons jamais été modernes*, Paris 1991 [*Wir sind nie modern gewesen. Versuch einer symmetrischen Anthropologie*, übers. v. Gustav Roßler, Berlin 1995].
Lau, Dieter: *Metaphertheorien der Antike und ihre philosophischen Prinzipien. Ein Beitrag zur Grundlagenforschung in der Literaturwissenschaft*, Frankfurt a. M. 2006.
Leclercq, Sophie: „Schön wie die zufällige Begegnung einer aphrodisischen Jacke mit einer Yupuk-Maske: der Primitivismus der Surrealisten qua Analogie", in: Fondation Pierre Arnaud (Hg.): *Surrealismus und primitive Kunst. Eine Wahlverwandtschaft* [Ausstellungskatalog], Ostfildern 2014, S. 20–41.
Lefèvre, Wolfgang: „‚Das Ende der Naturgeschichte' neu verhandelt. Historisch-genealogische oder epigenetische Neukonzeption der Natur?" (Preprint 476 des Max-Planck-Instituts für Wissenschaftsgeschichte (2016)), online unter https://www.mpiwg-berlin.mpg.de/sites/default/files/Preprints/P476.pdf, abgerufen am 15.8.2019.
Leiris, Michel: *Phantom Afrika. Tagebuch einer Expedition von Dakar nach Djibouti 1931–1933* (Ethnologische Schriften, Bd. 3 u. 4), übers. v. Rolf Wintermeyer, hg. v. Hans-Jürgen Heinrichs, Frankfurt a. M. 1985.
Leiris, Michel: *Das Auge des Ethnographen* (Ethnologische Schriften, Bd. 2), übers. v. Rolf Wintermeyer, hg. v. Hans-Jürgen Heinrichs, Frankfurt a. M. 1987.
Leiris, Michel: „Von dem unmöglichen Bataille zu den unmöglichen *Documents*", in: ders.: *Das Auge des Ethnographen* (Ethnologische Schriften, Bd. 2), übers. v. Rolf Wintermeyer, hg. v. Hans-Jürgen Heinrichs, Frankfurt a. M. 1987, S. 67–76.
Leiris, Michel: „Metamorphose – 2) *Außer sich*", in: *Kritisches Wörterbuch*, übers. u. hg. v. Rainer M. Kiesow u. Henning Schmidgen, Berlin 2005, S. 38 f.
Lemieux, René: „De la nécessité d'une imposture historiale. Réflexions sur le post- de notre époque, à partir de Heidegger et Deleuze", online unter http://oic.uqam.ca/sites/oic.uqam.ca/files/documents/lemieux-de-la-necessite.pdf, abgerufen am 22.9.2019.

Lemke, Anja: „Zur späteren Sprachphilosophie", in: *Benjamin-Handbuch*, hg. v. Burkhardt Lindner, Stuttgart, Weimar 2006, S. 643–653.
Lenk, Elisabeth: *Der springende Narziß. André Bretons poetischer Materialismus*, München 1971.
Lenk, Elisabeth: *Die unbewußte Gesellschaft. Über die mimetische Grundstruktur in der Literatur und im Traum*, München 1983.
Lenk, Elisabeth: *Kritische Phantasie. Gesammelte Essays*, München 1986.
Lenk, Elisabeth: „Sinn und Sinnlichkeit" in: dies.: *Kritische Phantasie. Gesammelte Essays*, München 1986, S. 61–78.
Lenk, Elisabeth: „Warum wird der Surrealismus in Deutschland so wenig beachtet?", in: dies.: *Kritische Phantasie. Gesammelte Essays*, München 1986, S. 57–60.
Lepenies, Wolf: *Das Ende der Naturgeschichte. Wandel kultureller Selbstverständlichkeiten in den Wissenschaften des 18. und 19. Jahrhunderts*, Frankfurt a. M. 1978.
Lersch, Philipp: *Der Traum in der deutschen Romantik*, München 1923.
Lethen, Helmut: „Die Masken der Authentizität. Der Diskurs des ‚Primitivismus' in Manifesten der Avantgarde", in: Hubert van den Berg, Ralf Grüttemeier (Hg.): *Manifeste: Intentionalität*, Amsterdam, Atlanta 1998, S. 227–256.
Lethen, Helmut, Ludwig Jäger, Albrecht Koschorke (Hg.): *Auf die Wirklichkeit zeigen. Zum Problem der Evidenz in den Kulturwissenschaften. Ein Reader*, Frankfurt a. M., New York 2015.
Levin, Samuel R.: *The Semantics of Metaphor*, Baltimore 1977.
Lévi-Strauss, Claude: *Das wilde Denken*, übers. v. Hans Naumann, Frankfurt a. M. 1968 [*La Pensée sauvage*, Paris 1962].
Lévi-Strauss, Claude: „Meditative Malerei", in: ders.: *Der Blick aus der Ferne*, Frankfurt a. M. 2008, S. 355–360 [*Le Regard éloigné*, Paris 1983].
Levy, Silvano: „Foucault on Magritte on Resemblance", in: *The Modern Language Review* 85, 1 (1990), S. 50–56.
Lichtenstein, Jacqueline: „La fenêtre d' Alberti", in: *Dictionnaires le Robert* (2019) (online unter https://vep.lerobert.com/Pages_HTML/$MIMESIS2.HTM, abgerufen am 20.10.2019).
Lichtenstern, Christa: *Die Wirkungsgeschichte der Metamorphosenlehre Goethes. Von Philipp Otto Runge bis Joseph Beuys* (= Metamorphose in der Kunst des 19. und 20. Jahrhunderts, Bd. 1), Weinheim 1990.
Lichtenstern, Christa: *Metamorphose. Vom Mythos zum Prozeßdenken. Ovid-Rezeption, Surrealistische Ästhetik. Verwandlungsthematik der Nachkriegszeit* (= Metamorphose in der Kunst des 19. und 20. Jahrhunderts, Bd. 2), Weinheim 1992.
Lima, Luiz Costa: *Die Kontrolle des Imaginären. Vernunft und Imagination in der Moderne*, übers. v. Armin Bierman, Frankfurt a. M. 1990.
Lima, Luiz Costa: Art. „Mimesis/Nachahmung", in: Luiz Costa Lima: „Mimesis/Nachahmung", in: *Ästhetische Grundbegriffe. Historisches Wörterbuch in sieben Bänden*, hg. v. Karlheinz Barck, Martin Fontius, Dieter Schlenstedt, Bd. 4, Stuttgart, Weimar 2002, S. 84–120.
Lima, Luiz Costa: *Mimesis. Herausforderung an das Denken*, übers. v. Johannes Kretschmer u. Ellen Spielmann, Berlin 2012.
Lipps, Theodor: „Zu den ‚Gestaltqualitäten'", in: *Zeitschrift für Psychologie und Physiologie der Sinnesorgane* 22 (1900), S. 383–385 (online unter https://archive.org/stream/zeitschriftfrps06psycgoog#page/n399/mode/2up/search/Lipps, abgerufen am 5.4.2016).
Liu, Jiangang, Jun Li, Lu Feng, Ling Li, Jie Tian und Kang Lee: „Seeing Jesus in toast: Neural and behavioral correlates of face pareidolia", in: *Cortex* 53 (2014), S. 60–77.

Lobsien, Eckard: *Kunst der Assoziation. Phänomenologie eines ästhetischen Grundbegriffs vor und nach der Romantik*, München 1999.
Löffler, Petra: „Phantome – Begegnungen mit dem Ungewissen", in: *ilinx* 1 (2009), S. 98–121.
Lomas, David: „Artist-Sorcerers: Mimicry, Magic and Hysteria", in: *Oxford Art Journal* 35, 3 (2012), S. 363–388.
Lopes, Dominic M. McIver: „Representation: Depiction", in: *Encyclopedia of Aesthetics*, hg. von Michael Kelly, New York u. a. 1998, S. 139–142.
Loreck, Hanne: „Mimikry, Mimese und Camouflage: Biologische, ästhetische und technisch-militärische Praktiken der Tarnung um 1900", in: Anne-Rose Meyer, Sabine Sielke (Hg.): *Verschleierungstaktiken. Strategien von eingeschränkter Sichtbarkeit, Tarnung und Täuschung in Natur und Kultur*, Frankfurt a. M. 2011, S. 159–184.
Lorenz, Kuno: Art. „Ähnlichkeitserinnerung", in: *Enzyklopädie Philosophie und Wissenschaftstheorie*, Bd. 1, hg. v. Jürgen Mittelstraß, Stuttgart, Weimar 2005, S. 52.
Lorenz, Kuno: Art. „Analogon", in: *Enzyklopädie Philosophie und Wissenschaftstheorie*, Bd. 1, hg. v. Jürgen Mittelstraß, Stuttgart, Weimar 2005, S. 100.
Löwy, Michael: *Rédemption et Utopie. Le judaïsme libertaire en Europe centrale*, Paris 1988.
Löwy, Michael: „Explosive Charge: Surrealism as a Revolutionary Romantic Movement", online unter http://www.europe-solidaire.org/spip.php?article2443, abgerufen am 1.8.2016.
Löwy, Michael: „Le concept d'affinité élective chez Max Weber", in: *Archives de sciences sociales des religions* 127 (2004), S. 93–103.
Lübcke, Sebastian, Johann Thun (Hg.): *Romantik und Surrealismus. Eine Wahlverwandtschaft?*, Bern 2018.
Lübcke, Sebastian, Johann Thun: „Zur Einleitung: Methodische und wissenschaftstheoretische Überlegungen zur ‚Wahlverwandtschaft' zwischen Romantik und Surrealismus", in: dies. (Hg.): *Romantik und Surrealismus. Eine Wahlverwandtschaft?*, Bern 2018, S. 7–14.
Lüdeking, Karlheinz: „Die Wörter und die Bilder und die Dinge. Magritte und Foucault", in: Marcel Broodthaers et al. (Hg.): *René Magritte. Kunst und Konversation*, München, New York 1996, S. 58–72.
Lüdeking, Karlheinz: „Das Zeug und die Zeichen", in: ders.: *Grenzen des Sichtbaren*, München 2006, S. 45–76.
Lüdeking, Karlheinz: „Was Bilder zeigen und was sie bedeuten", in: ders.: *Grenzen des Sichtbaren*, München 2006, S. 77–96.
Lueg, Gabriele: *Studien zur Malerei des Deutschen Informel* [Diss.], Aachen 1983.
Luhmann, Niklas: „Zeichen als Form", in: Dirk Baecker (Hg.): *Probleme der Form*, Frankfurt a. M. 1993, S. 45–69.
Lukrez (Titus Lucretius Carus): *Über die Natur der Dinge* [*De rerum natura*], übers. v. Klaus Binder, Frankfurt a. M. 2014.
Lunau, Klaus: *Warnen, Tarnen, Täuschen: Mimikry und andere Überlebensstrategien in der Natur*, Darmstadt 2002.
Lüsebrink, Hans-Jürgen, Manfred Schmeling, Christiane Solte-Gresser (Hg.): *Zwischen Transfer und Vergleich. Theorien und Methoden der Literatur- und Kulturbeziehungen aus deutsch-französischer Perspektive*, Stuttgart 2013.
Lutz, Helga, Jan-Friedrich Missfelder, Tilo Renz (Hg.): *Äpfel und Birnen. Illegitimes Vergleichen in den Kulturwissenschaften*, Bielefeld 2006.
Lyotard, Jean-François: *Discours, figure*, Paris 1985.
Mach, Ernst: *Erkenntnis und Irrtum. Skizzen zur Psychologie der Forschung*, Darmstadt 1991 [1905].

Macho, Thomas: „Beseelungen. Zur Geschichte der Verwandlung", in: Aleida Assmann, Jan Assmann (Hg.): *Verwandlungen. Archäologie der literarischen Kommunikation* IX, München 2006, S. 401–408.
Macho, Thomas: „Tiere, Menschen, Maschinen. Zur Kritik der anthropologischen Differenz", in: Jörn Ahrens, Georg Toepfer und Mirjam Biermann (Hg.): *Die Diffusion des Humanen: Grenzregime zwischen Leben und Kulturen*, Frankfurt a. M. 2007, S. 17–29.
Macke, August: „Die Masken", in: Wassili Kandinsky, Franz Mark (Hg.): *Der Blaue Reiter*, dokumentarische Neuausgabe v. Klaus Lankheit, München, Zürich 2002, S. 53–59.
Maclean, Ian: „Foucault's Renaissance Episteme Reassessed: An Aristotelian Counterblast", in: *Journal of the History of Ideas* 59, 1 (1998), S. 149–166.
Magerski, Christine: *Theorien der Avantgarde. Gehlen – Bürger – Bourdieu – Luhmann*, Wiesbaden 2011.
Magritte, René: *Écrits complets*, hg. u. kommentiert v. André Blavier, Paris 1979.
Magritte, René: *Sämtliche Schriften*, hg. v. André Blavier, übers. v. Christiane Müller u. Ralf Schiebler, Frankfurt a. M., Berlin, Wien 1985.
Majetschak, Stefan: „Sichtbare Metaphern. Bemerkungen zur Bildlichkeit von Metaphern und zur Metaphorizität in Bildern", in: Richard Hoppe-Sailer, Claus Volkenandt, Gundolf Winter (Hg.): *Logik der Bilder. Präsenz – Repräsentation – Erkenntnis*, Bonn 2005, S. 239–253.
Mallarmé, Stéphane: „Crise de Vers", in: *Œuvres complète*s, hg. v. Henri Mondor u. G. Jean-Aubry, Paris 1945, S. 360–368.
Mallarmé, Stéphane: „Unheimliche Analogie [Le Démon de l'analogie]", in: ders.: *Sämtliche Dichtungen*, Französisch u. deutsch, mit einer Auswahl poetologischer Schriften, übers. v. Carl Fischer u. Rolf Stabel, München ³2007, S. 135 f.
Mansfeld, Jaap (Hg.): *Die Vorsokratiker I: Milesier, Pythagoreer, Xenophanes, Heraklit, Parmenides*, Griechisch/ Deutsch,übers. u. erläutert v. Jaap Mansfeld, Stuttgart 1999.
Marin, Louis: „Le cadre de la représentation et quelques-unes de ses figures", in: *Les Cahiers du Musée National d'Art Moderne* 24 (1988), S. 62–81.
Mattenklott, Gert: „Ähnlichkeit. Jenseits von Expression, Abstraktion und Zitation", in: Gerald Funk, Gert Mattenklott, Michael Pauen (Hg.): *Ästhetik des Ähnlichen. Zur Poetik und Kunstphilosophie der Moderne*, Frankfurt a. M. 2001, S. 167–183.
Maurer-Quiepo, Isabel, Nanette Rissler-Pipka, Volker Roloff (Hg.): *Die grausamen Spiele des ‚Minotaure'. Intermediale Analyse einer surrealistischen Zeitschrift*, Bielefeld 2005.
Mauthner, Fritz: *Beiträge zu einer Kritik der Sprache*, Bd. 1: *Zur Sprache und zur Psychologie*, Frankfurt a. M, Berlin, Wien 1982.
Mauthner, Fritz: *Beiträge zu einer Kritik der Sprache*, Bd. 2: *Zur Sprachwissenschaft*, Frankfurt a. M, Berlin, Wien 1982.
Mauthner, Fritz: Art. „Form", in: ders.: *Wörterbuch der Philosophie. Neue Beiträge zu einer Kritik der Sprache* (Das philosophische Werk, Bd. I, 1), nach d. Ausgaben letzter Hand hg. v. Ludger Lütkehaus, Wien, Köln, Weimar 1997 [1923], S. 478–506.
McCort, Dennis: *Going Beyond the Pairs. The Coincidence of Opposites in German Romanticism, Zen, and Deconstruction*, Albany 2001.
Meister, Carolin: „Les mots et les images: Eine optische Maschine von Rene Magritte", in: *Zeitschrift für Kunstgeschichte* 67, 1 (2004), S. 115–130.
Melberg, Arne: *Theories of Mimesis*, Cambridge, New York 1995.
Menke, Christoph: *Kraft. Ein Grundbegriff ästhetischer Anthropologie*, Frankfurt a. M. 2008.

Menke, Bettine: „Witz", in: Eva Erdmann (Hg.): *Der komische Körper. Szenen – Figuren – Formen*, Bielefeld 2003, S. 238–247.
Menninghaus, Winfried: *Walter Benjamins Theorie der Sprachmagie*, Frankfurt a. M. 1995.
Menninghaus, Winfried: *Ekel. Theorie und Geschichte einer starken Empfindung*, Frankfurt a. M. 2002.
Merleau-Ponty, Maurice: *L'Œil et l'esprit*, Paris 1964.
Merleau-Ponty, Maurice: „Das Auge und der Geist", in: ders., *Das Auge und der Geist. Philosophische Essays*, hg. u. übers. v. Hans Werner Arndt, Reinbek bei Hamburg 1967, S. 13–43
Mersch, Dieter: „Das Bild als Argument. Visualisierungsstrategien in der Naturwissenschaft", in: Christoph Wulf, Jörg Zirfas (Hg.): *Ikonologie des Performativen*, München 2005, S. 322–344.
Mersch, Dieter: „Materialität und Bildlichkeit", online unter http://www.dieter-mersch.de/.cm4all/iproc.php/Mersch_Materialita%CC%88t%20und%20Bildlichkeit_2011.pdf?cdp=a, abgerufen am 19.6.2019.
Mersch, Dieter: „Sichtbarkeit/Sichtbarmachung: Was heißt ‚Denken im Visuellen'?", online unter http://dieter-mersch.de/.cm4all/iproc.php/Mersch_Denken%20im%20Visuellen_2013.pdf?cdp=a, abgerufen am 17.6.2019.
Mertins, Detlef: „‚Where Architecture Meets Biology': An Interview with Detlef Mertins", online unter http://repository.upenn.edu/arch_papers/7, abgerufen am 20.6.2018.
Metscher, Thomas: „Form/Inhalt", in: *Europäische Enzyklopädie zu Philosophie und Wissenschaften*, hg. v. Hans-Jörg Sandkühler, Bd. 2, Hamburg 1990, S. 85.
Metscher, Thomas: *Mimesis*, Bielefeld 2015.
Miller, Tyrus: „Mimesis, Mimikry, and Critical Theory in Exile: Walter Benjamin's Approach to the Collège de Sociologie", in: Marie-Denise Shelton, Elazar Barkan (Hg.): *Borders, Exiles, Diasporas*, Stanford, CA 1998, S. 123–133.
Mitchell, W. T.: „Metapictures", in: ders.: *Picture Theory: Essays on Verbal and Visual Presentation*, Chicago 1994, S. 35–82.
Mohr, Georg: Art. „Arbor porphyriana", in: *Metzler Lexikon Philosophie: Begriffe und Definitionen*, hg. v. Peter Prechtl u. Franz-Peter Burkard, Stuttgart, Weimar 2008, S. 41.
Moosmüller, Alois: „Kulturelle Differenz: Diskurse und Kontexte", in: ders. (Hg.): *Konzepte kultureller Differenz*, Münster u. a. 2009, S. 13–45.
Morsch, Thomas: „Mimesis und filmischer Raum. Caillois und Adorno zum Film", in: Andreas Becker, Martin Doll, Serjoscha Wiemer, Anke Zechner (Hg.): *Mimikry/Mimese. Gefährlicher Luxus zwischen Natur und Kultur* (Zeiterfahrung und ästhetische Wahrnehmung, Bd. 4), Schliengen 2008, S. 212–227.
Moser, Sibylle-Karin: „Sinnbild und Abbild. Zur Funktion des Bildes", in: Paul Naredi-Rainer (Hg.): *Sinnbild und Abbild. Zur Funktion des Bildes*, Innsbruck 1994, S. 3–22.
Motte, André, Christian Rutten, Pierre Somville (Hg.): *Philosophie de la forme: Eidos, idea, morphè dans la philosophie grecque des origines à Aristote*, Actes du Colloque interuniversitaire de Liège, 29 et30 mars 2001, Louvain-La-Neuve u. a. 2003.
Mühlbacher, Manuel: „Narratives Gegengift. Mimesis und Mimikry bei Shaftesbury", in: Frauke Berndt, Daniel Fulda (Hg.): *Erzählende und erzählte Aufklärung*, Hamburg 2017, S. 192–201.
Müller, Fritz: „Ituna and Thyridia. A Remarkable Case of Mimicry in Butterflies", in: *Proceedings of the Royal Entomological Society of London* 30 (1879), S. XX–XXIX.

Müller-Richter, Klaus, Daniela Schmeiser, Sara Bangert, Sascha Hoffmann: „Luft(t)räume. Kieslers Urbanisierung des Luftraumes", in: Werner Michael Schwarz, Ingo Zechner (Hg.): *Die helle und die dunkle Seite der Moderne. Festschrift für Siegfried Mattl*, Wien, Berlin 2014, S. 213–221.

Musil, Robert: *Mann ohne Eigenschaften*. Roman, Bd. II, aus d. Nachlass hg. v. Adolf Frisé, Reinbek b. Hamburg [17]2007.

Naredi-Rainer, Paul (Hg.): *Imitatio. Von der Produktivität künstlerischer Anspielungen und Mißverständnisse*, Berlin 2001.

Neumann, Birgit, Ansgar Nünning (Hg.): *Travelling Concepts for the Study of Culture*, Berlin 2012.

Neumann, Gerhard: „Kafkas Verwandlungen", in Aleida Assmann, Jan Assmann (Hg.): *Verwandlungen. Archäologie der literarischen Kommunikation* IX, München 2006, S. 245–266.

Nickel, Florian: „Parallelen der Imagination zwischen E.T.A. Hoffmann und André Breton", in: Sebastian Lübcke, Johann Thun (Hg.): *Romantik und Surrealismus. Eine Wahlverwandtschaft?*, Bern 2018, S. 17–34.

Nida-Rümelin, Julian: „Begrüßungsrede/Opening Address", in: ders. (Hg.): *Rationalität, Realismus, Revision. Vorträge des 3. internationalen Kongresses der Gesellschaft für Analytische Philosophie vom 15. bis zum 18. September 1997 in München*, Berlin 2000, S. VII–X.

Nietzsche, Friedrich: „Ueber Wahrheit und Lüge im aussermoralischen Sinne", in: ders.: *Werke. Nachgelassene Schriften 1870–1873*, hg. v. Giorgio Colli u. Mazzino Montinari, Berlin, New York 1973, S. 367–384.

Nietzsche, Friedrich: *Werke. Kritische Gesamtausgabe*, Abt. 1, Bd. 4: *Nachgelassene Aufzeichnungen* (Herbst 1864 bis Frühjahr 1868), begr. v. Giorgio Colli u. Mazzino Montinari, weitergeführt v. Wolfgang Müller-Lauter u. Karl Pestalozzi, Berlin 1999.

Nitsche, Jessica: „Spiele mit der Sichtbarkeit. Mimétisme und mimetisches Vermögen nach Roger Caillois und Walter Benjamin", in: Andreas Becker, Martin Doll, Serjoscha Wiemer, Anke Zechner (Hg.): *Mimikry. Gefährlicher Luxus zwischen Natur und Kultur* (Zeiterfahrung und ästhetische Wahrnehmung, Bd. 4), Schliengen 2008, S. 74–91.

Novalis: *Schriften. Die Werke Friedrich von Hardenbergs* [HKA], Bd. 3. Das philosophische Werk II, hg. v. Richard Samuel in Zusammenarbeit mit Hans-Joachim Mähl und Gerhard Schulz, Abt. XII, *Aphorismen und Fragmente 1799–1800* [559], Darmstadt 1968, S. 525–693.

Oechslin, Werner: „Vorwort: Ein Loblied auf Nachahmung und die similitudo – gegen die nihilistischen Neutöner und deren kulturgeschichtliche Blindheit", in: Eva von Engelberg-Dočkal, Markus Krajewski, Frederike Lausch (Hg.): *Mimetische Praktiken in der neueren Architektur: Prozesse und Formen der Ähnlichkeitserzeugung*, Heidelberg 2017, S. 6–8.

Olariu, Dominic: „Miniaturinsekten und bunte Vögel. Naturbeobachtung und Tierdarstellungen in Manuskripten des 13. Jahrhunderts", in: Martin Gaier, Jeanette Kohl, Alberto Saviello (Hg.), *Similitudo. Konzepte der Ähnlichkeit in Mittelalter und Früher Neuzeit*, München 2012, S. 59–76.

Oppitz, Michael: *Notwendige Beziehungen. Abriß der strukturalen Anthropologie*, Frankfurt a. M. 1975.

Oppitz, Michael: „Ähnlichkeit", in: ders., Erdmut Wizisla (Hg.): *Benjamins Begriffe*, Bd. 1, Frankfurt a. M. 2000, S. 15–50.

Orchard, Karin, Jörg Zimmermann (Hg.): *Die Erfindung der Natur. Max Erst, Paul Klee, Wols und das surreale Universum* [Ausstellungskatalog], Freiburg i. Br. 1994.

Ortony, Andrew: „Metaphor, Language and Thought", in: ders. (Hg.): *Metaphor and Thought*, London, New York 1979, S. 1–18.
Ortony, Andrew: „The Role of Similarity in Similes and Metaphors", in: ders. (Hg.): *Metaphor and Thought*, London, New York 1979, S. 186–201.
Ott, Karl-Heinz: *Die vielen Abschiede von der Mimesis*, Stuttgart 2010.
Ott, Michaela: „Gilles Deleuze", in: *Bildtheorien aus Frankreich. Ein Handbuch*, hg. v. Kathrin Busch u. Iris Därmann, München 2011, S. 113–123.
Ottinger, Didier (Hg.): *Magritte. Der Verrat der Bilder* [Ausstellungskatalog], München, London, New York 2017 [*La Trahison des images*, Paris 2017].
Otto, Stephan: *Das Wissen des Ähnlichen. Michel Foucault und die Renaissance*, Frankfurt a. M., Bern, New York, Paris 1992.
Otto, Stephan: „Représentation et ressemblance. Stratégies de la ‚representatio mundi' dans les modes de pensée de la Renaissance et dans la philosophie cartésienne", in: Emmanula Faye (Hg.): *Descartes et la renaissance*, Paris 1999, S. 235–248.
Otto, Stephan: *Die Wiederholung und die Bilder. Zur Philosophie des Erinnerungsbewußtseins*, Hamburg 2007.
Otto, Ulf: „Mimesis", in: *Handbuch Kulturelle Bildung*, hg. v. Hildegard Bockhorst, Vanessa-Isabelle Reinwand, Wolfgang Zacharias, München 2012, S. 208–210 (online unter https://www.kubi-online.de/artikel/mimesis, abgerufen am 14.7.2016).
Ovid (P. Ovidius Naso): *Metamorphosen. Epos in 15 Büchern*, übers. u. hg. v. Hermann Breitenbach, Stuttgart 2005.
Pacholek-Brandt, Elke: *Imagination (Un)Limited. Zum Stellenwert manieristischer Traditionen in amerikanischer Prosa der Postmoderne*, Frankfurt a. M. 1988, S. 41–43.
Panowski, Erwin: „Die Perspektive als ‚symbolische Form'", in: ders.: *Aufsätze zu Grundfragen der Kunstwissenschaft*, hg. v. Hariolf Oberer u. Egon Verheyen, Berlin 1998, S. 49–75.
Paracelsus: *Das Buch Paragranum*, online unter https://www.hermetik-international.com/de/mediathek/historische-schriften-zur-alchemie/paracelsus-das-buch-paragranum/, abgerufen am 20.7.2018.
Parikka, Jussi: *Insect Media. An Archaeology of Animals and Technology*, Minneapolis, London 2010.
Parkinson, Gavin: *Surrealism, Art and Modern Science. Relativity, Quantum Mechanics, Epistemology*, New Haven, Conn. 2008.
Pastor, Eckart: *Studien zum dichterischen Bild im frühen französischen Surrealismus. Untersuchungen zum Bildbereich des Feuers mit Hilfe einer systematischen Bildkonkordanz*, Paris 1972.
Patrut, Iulia-Karin, Reto Rössler (Hg.): *Ähnlichkeit um 1800. Konturen eines literatur- und kulturtheoretischen Paradigmas am Beginn der Moderne*, Bielefeld 2019.
Patrut, Iulia-Karin, Reto Rössler: „Ähnlichkeit um 1800. Konturen eines literatur- und kulturtheoretischen Paradigmas am Beginn der Moderne", in: dies. (Hg.): *Ähnlichkeit um 1800. Konturen eines literatur- und kulturtheoretischen Paradigmas am Beginn der Moderne*, Bielefeld 2019, S. 7–24.
Patrut, Iulia-Karin: „Grenzen der Ähnlichkeit", online unter http://www.litwiss-fl.de/projekte/grenzen-der-aehnlichkeit/, abgerufen am 8.10.2019.
Paul, Jean: „Grönländische Prozesse oder Satirische Skizzen. 2. Bändchen", in: ders. *Sämtliche Werke*, Abt. II, Bd. 1: *Jugendwerke* 1, Darmstadt 1974, S. 487–582.

Peres, Constanze: „Nachahmung der Natur. Herkunft und Implikationen eines Topos", in: Hans Körner et al. (Hg.): *Die Trauben des Zeuxis. Formen künstlerischer Wirklichkeitsaneignung*, Hildesheim, Zürich, New York 1990, S. 1–39.

Petersen, Jürgen H.: *Mimesis – Imitatio – Nachahmung. Eine Geschichte der europäischen Poetik*, Stuttgart 2000.

Petersen, Jürgen H.: „‚Mimesis' versus ‚Nachahmung'. Die Poetik des Aristoteles – nochmals neu gelesen", in: *Arcadia. Zeitschrift für vergleichende Literaturwissenschaft* 27 (1992), S. 3–46.

Pfaller, Robert: *Ästhetik der Interpassivität*, Hamburg 2008.

Pfeiffer, Ingrid, Max Hollein (Hg.): *Surreale Dinge. Skulpturen und Objekte von Dalí bis Man Ray* [Ausstellungskatalog], Ostfildern 2011.

Pfütze, Hermann: „Identitäten", in: *Kunstforum International* 164 (2003): *Das Magische*, Bd. II, S. 266–269.

Piaget, Jean: *Nachahmung, Spiel und Traum: Die Entwicklung der Symbolfunktion beim Kinde*, Stuttgart 2009.

Piepers, Marinus Cornelius: *Mimikry, Selektion, Darwinismus*, Leiden 1903.

Platon: „Kratylos", in: ders.: *Sämtliche Dialoge*, Bd. II: *Menon, Kratylos, Phaidon, Phaidros*, übers. v. Otto Apelt, Hamburg 2004 (1922), S. 37–158.

Platon: „Parmenides", in: ders.: *Säliche Dialoge*, Bd. IV: *Theätet, Parmenides, Philebos*, übers. v. Otto Apelt Hamburg 2004 (1923), S. 51–162.

Platon: *Sämtliche Dialoge*, Bd. II: *Menon, Kratylos, Phaidon, Phaidros*, übers. v. Otto Apelt, Hamburg 2004 (1922).

Platon: *Sophistes*, in: ders.: *Sämtliche Dialoge*, Bd. VI: *Timaios, Kritias, Sophistes, Politikos, Briefe*, übers. v. Otto Apelt, Hamburg 2004 (1922), 27–156.

Plessner, Helmuth: *Die Stufen des Organischen und der Mensch*, Berlin, New York 1975.

Plessner, Helmuth: „Der imitatorische Akt", in: ders.: *Gesammelte Schriften*, Bd. VII: *Ausdruck und menschliche Natur*, Frankfurt a. M. 2003, S. 449–457.

Plessner, Helmuth: „Zur Anthropologie der Nachahmung", in: ders.: *Gesammelte Schriften*, Bd. VII: *Ausdruck und menschliche Natur*, Frankfurt a. M. 2003, S. 391–398.

Plinius Secundus d. Ä.: *Naturkunde*, Lateinisch – deutsch, Buch VIII: *Zoologie: Landtiere*, hg. u. übers. v. Roderich König, Darmstadt 1976.

Plinius Secundus d. Ä.: *Naturkunde*. Lateinisch – deutsch. Buch XXXV: *Farben, Malerei, Plastik*, hg. u. übers. v. Roderich König in Zusammenarbeit mit Gerhard Winkler, Darmstadt 1987.

Popper, Karl: *Logik der Forschung*, Tübingen 1989.

Posner, Roland: „Ikonismus in den natürlichen Sprachen", in: ders. et al. (Hg.): *Ikonismus in den natürlichen Sprachen*, *Zeitschrift für Semiotik* 2, 1/2 (1980), S. 57–82.

Potolsky, Matthew: *Mimesis*, New York, London 2006.

Prange, Regine: „Hinüberbauen in eine jenseitige Gegend. Paul Klaas Lithografie ‚Der Tod für die Idee' und die Genese der Abstraktion", in: *Wallraf-Richartz-Jahrbuch* 54 (1993), S. 281–314.

Prange, Regine: *Der Verrat der Bilder. Foucault über Magritte*, Freiburg i. Br., Berlin 2001.

Prange, Regine: „‚Das Denken und die Bilder.' René Magrittes reflexiver Surrealismus", in: Oliver Kase (Hg.): *Traum-Bilder. Ernst, Magritte, Dalí, Picasso, Antes, Nay. Die Wormland-Schenkung* [Ausstellungskatalog], Ostfildern 2013, S. 58–87 (online unter: http://archiv.ub.uni-heidelberg.de/artdok/5155/1/Prange_Das_Denken_und_die_Bilder_2013.pdf, abgerufen am 16.9.2019).

Prechtl, Peter: Art. „Abbildtheorie", in: *Metzler Philosophie Lexikon. Begriffe und Definitionen*, hg. v. Peter Prechtl und Franz-Peter Burkard, Stuttgart, Weimar ³2008, S. 1–2.
Preisendanz, Wolfgang: „Zur Poetik der deutschen Romantik I: Die Abkehr vom Grundsatz der Naturnachahmung", in: Hans Steffen (Hg.): *Die deutsche Romantik. Poetik, Formen und Motive*, Göttingen 1967, S. 54–74.
Proust, Marcel: *À la recherche tu temps perdu*, Bd. I: *Du côté de chez Swann* (Premier Partie), in: *Œuvres complets*, Paris 1919 [*Auf der Suche nach der verlorenen Zeit*, Bd. 1: *In Swanns Welt* 1, übers. v. Eva Rechel-Mertens, Frankfurt a. M. 1974].
Rancière, Jacques: *Politik der Bilder*, Zürich 2005 [*Le Destin de l'image*, Paris 2003].
Ransmayer, Christoph: *Die letzte Welt. Roman. Mit einem Ovidischen Repertoire*, hg. v. Hans-Magnus Enzensberger, Nördlingen 1988.
Rautzenberg, Markus: „Zeichen/Präsenz. Zu einer vermeintlichen Dichotomie", in: Helga Lutz, Jan-Friedrich Missfelder, Thilo Renz (Hg.): *Äpfel und Birnen. Illegitimes Vergleichen in den Kulturwissenschaften*, Bielefeld 2006, S. 149–164.
Reber, Ursula: *Formenverschleifung. Zu einer Theorie der Metamorphose*, Paderborn 2009.
Recki, Birgit: „Mimesis: Nachahmung der Natur. Kleine Apologie eines missverstandenen Leitbegriffs", in: *Kunstforum International, Imitation und Mimesis* 114 (1991), S. 116–126.
Reckwitz, Andreas: *Das hybride Subjekt. Eine Theorie der Subjektkulturen von der bürgerlichen Moderne zur Postmoderne*, Weilerswirst 2006.
Rehkämper, Klaus: *Bilder, Ähnlichkeit und Perspektive. Auf dem Weg zu einer neuen Theorie der bildhaften Repräsentation*, Wiesbaden 2002.
Rehkämper, Klaus: „Ist der Begriff der bildhaften Ähnlichkeit wirklich undefinierbar?", in: Christian Nimtz, Ansgar Beckermann (Hg.): *Philosophie und/als Wissenschaft. Hauptvorträge und Kolloquiumsbeiträge zu GAP.5*, Paderborn 2005, S. 236–242 (online unter http://www.gap5.de/proceedings/pdf/236-242_rehkaemper.pdf, abgerufen am 20.7.2019).
Remotti, Francesco: „Identity barriers and resemblance networks", in: *Acta musicologica* 84, 2 (2012), S. 137–146.
Renn, Joachim: „Ähnlichkeit und Einheit des Sprachgebrauchs bei Ludwig Wittgenstein", in: Gerald Funk, Gert Mattenklott, Michael Pauen (Hg.): *Ästhetik des Ähnlichen. Zur Poetik und Kunstphilosophie der Moderne*, Frankfurt a. M. 2001, S. 137–165.
Reuter, Julia: *Ordnungen des Anderen. Zum Problem des Eigenen in der Soziologie des Fremden*, Bielefeld 2002.
Richards, Ivor Armstrong: „Die Metapher (1936)", übers. v. Margit Smuda, in: Anselm Haverkamp (Hg.): *Theorie der Metapher*, Darmstadt 1996, S. 31–52.
Richards, Ivor Armstrong: *The Philosophy of Rhetoric*, New York 1967.
Ricœur, Paul: *Die lebendige Metapher*, übers. v. Rainer Rochlitz, hg. v. Richard Grathoff u. Bernhard Waldenfels, München 1986.
Ricœur, Paul: „Die Metapher und das Hauptproblem der Hermeneutik", in: ders.: *Vom Text zur Person. Hermeneutische Aufsätze (1970–1999)*, übers. u. hg. v. Peter Welsen, Hamburg 2005, S. 109–134.
Riffaterre, Michael: „La vision hallucinatoire chez Victor Hugo", in: *MLN Modern Language Notes* 78, 3 (1963), S. 225–241.
Riffaterre, Michael: „Die Reihenmetapher in der surrealistischen Dichtung", in: Peter Bürger (Hg.): *Surrealismus*, Darmstadt 1982, S. 207–230 [„La Métaphore fille dans la poésie surréaliste", in: *Langue francaise* 3 (1969), S. 46–60].

Rißler-Pipka, Nanette: „Denken von Differenz und Ähnlichkeit: Das Siglo de Oro als zweifelhaftes Vorbild für Buñuels Spätwerk", in: Uta Felten, Volker Roloff (Hg.): *Spielformen der Intermedialität im spanischen und lateinamerikanischen Surrealismus*, Bielefeld 2004, S. 125–140.
Roloff, Volker: „Fragmentierung und Montage: Intermediale Aspekte (am Beispiel surrealistischer Texte, Filme, Bilder)", in: Arlette Camion et al. (Hg.): *Über das Fragment – Du fragment*, Heidelberg 1999, S. 238–295.
Roloff, Volker: „Einleitung", in: Isabel Maurer-Quiepo, Nanette Rissler-Pipka, Volker Roloff (Hg.): *Die grausamen Spiele des ‚Minotaure'. Intermediale Analyse einer surrealistischen Zeitschrift*, Bielefeld 2005, S. 7–16.
Römer, Stefan: *Künstlerische Strategien des Fake. Kritik von Original und Fälschung*, Köln 2001.
Roque, Georges: „Sous la signe des Magritte", in: John Pier, Jean-Marie Schaeffer (Hg.): *Métalepses. Entorses au pacte de la représentation*, Paris 2005, S. 263–276.
Rose, Margaret A.: *Parodie, Intertextualität, Interbildlichkeit*, Bielefeld 2006.
Rosen, Valeska von: „Interpikturalität", in: *Metzler Lexikon Kunstwissenschaft. Ideen, Methoden, Begriffe*, hg. v. Ulrich Pfisterer, Stuttgart, Weimar 2003, S. 161–164.
Rosen, Valeska: „Nachahmung", in: *Metzler Lexikon Kunstwissenschaft. Ideen, Methoden, Begriffe*, hg. v. Ulrich Pfisterer, Stuttgart, Weimar 2003, S. 240–244.
Rosenkranz, Karl: *Ästhetik des Hässlichen*, hg. u. mit einem Nachwort v. Dieter Kliche, Stuttgart [3]2007.
Rothman, Roger: „Between Music and the Machine: Francis Picabia and the End of Abstraction", online unter http://toutfait.com/between-music-and-the-machine-francis-picabia-and-the-end-of-abstraction/, abgerufen am 1.7.2017.
Rübel, Dietmar: *Plastizität. Eine Kunstgeschichte des Veränderlichen*, München 2012.
Ruin, Hans: „Alexander Bain", online unter http://www.gleichsatz.de/b-u-t/trad/hk/ruin_bain.html#14, abgerufen am 6.9.2016.
Sabot, Philippe: „Foucault, Deleuze et les simulacres", online unter http://philippesabot.over-blog.com/article-foucault-deleuze-et-les-simulacres-96220210.html, abgerufen am 15.7.2019.
Sachs-Hombach, Klaus: „Zur Revision des Bildbegriffs", in: Julian Nida-Rümelin (Hg.): *Rationalität, Realismus, Revision. Vorträge des 3. internationalen Kongresses der Gesellschaft für Analytische Philosophie vom 15. bis zum 18. September 1997 in München*, Berlin 2000, S. 778–787.
Sachs-Hombach, Klaus: „Bildtheorien in Geschichte und Gegenwart", online unter https://www.theomag.de/25/ksh1.htm, abgerufen am 3.8.2019.
Sachs-Hombach, Klaus: „Einleitung", in: ders. (Hg.): *Bildtheorien. Anthropologische und kulturelle Grundlagen des Visualistic Turn*, Frankfurt a. M. 2009, S. 7–14.
Sakamoto, Gabriela: „Representation: Resemblance", Unterkapitel in: Alan Goldman, Dominic M. McIver Lopes, Gabriela Sakamoto: „Representation", in: *Encyclopedia of Aesthetics*, hg. v. Michael Kelly, 4 Bde., Bd. 1, New York 1998, S. 142–148.
Sandkühler, Hans Jörg: Art. „Analogie", in: ders. (Hg.): *Europäische Enzyklopädie zu Philosophie und Wissenschaften*, Bd. 1, Hamburg 1990, S. 101–108.
Scheerer, Eckart et al.: Art. „Repräsentation", in: *Historisches Wörterbuch der Philosophie*, hg. v. Joachim Ritter u. Karlfried Gründer, Basel 1992, S. 790.
Scheerer, Thomas M.: *Textanalytische Studien zur ‚écriture automatique'*, Bonn 1974.

Schenk, Günther: Art. „Ähnlichkeit", in: *Europäische Enzyklopädie zu Philosophie und Wissenschaften*, hg. von Hans-Jörg Sandkühler, Bd. 1, Hamburg 1990, S. 51–53.

Schiffauer, Werner: *Fremde in der Stadt. Zehn Essays über Kultur und Differenz*, Frankfurt a. M. 1997.

Schildknecht, Christiane: Art. „Form", in: *Reallexikon der deutschen Literaturwissenschaft. Neubearbeitung des Reallexikons der deutschen Literaturgeschichte*, hg. v. Klaus Weimar, Bd. I, Berlin, 1997, S. 612–615.

Schiller, Hans-Ernst: *Ähnlichkeit und Analogie. Zur Erkenntnisfunktion des mimetischen Vermögens*, Frank & Timme, Berlin 2021.

Schirra, Jörg R. J.: „Mimikry (Exkurs zu: Gleichheit, Ähnlichkeit und Identität)", online unter http://www.gib.uni-tuebingen.de/netzwerk/glossar/index.php?title=Exkurs:Mimikry, abgerufen am 3.7.2018.

Schirra, Jörg R. J., Klaus Sachs-Hombach: „Gleichheit, Ähnlichkeit und Identität", in: Jörg R. J. Schirra, Mark A. Halawa, Dimitri Liebsch (Hg.): *Glossar der Bildphilosophie* (2013) (online unter http://www.gib.uni-tuebingen.de/netzwerk/glossar/index.php?title=Gleichheit,_%C3%84hnlichkeit_und_Identit%C3%A4t, abgerufen am 28.7.2017).

Schittko, Martin Paul: *Analogien als Argumentationstyp. Vom Paradeigma zur Similitudo*, Göttingen 2003.

Schklowski, Viktor: *Von der Unähnlichkeit des Ähnlichen in der Kunst*, hg. u. übers. v. Alexander Kämpfe, München 1972.

Schlüter, Dietrich: Art. „Ähnlichkeit", in: *Historisches Wörterbuch der Philosophie*, hg. v. Joachim Ritter et al. (online unter https://www.schwabeonline.ch/schwabe-xaveropp/elibrary/start.xav#__elibrary__%2F%2F*%5B%40attr_id%3D%27verw.ahnlichkeit%27%5D__1549839246885, abgerufen am 20.2.2019).

Schmitt, Arbogast: „Schöpferische und produktive Formen der Mimesis bei Aristoteles", in: Andreas Becker, Martin Doll, Serjoscha Wiemer, Anke Zechner (Hg.): *Mimikry/Mimese. Gefährlicher Luxus zwischen Natur und Kultur* (Zeiterfahrung und ästhetische Wahrnehmung, Bd. 4), Schliengen 2008, S. 173–188.

Schmitz-Emans, Monika: „Rezension zu Gerhard Gamm: ‚Die Macht der Metapher. Im Labyrinth der modernen Welt.' Stuttgart (Metzler) 1992", in: *Zeitschrift für Germanistik. Neue Folge* 3 (1994), S. 692–695.

Schmitz-Emans, Monika: „Romantische Sprachästhetik", in: Horst Albert Glaser, György M. Vajda (Hg.): *Die Wende von der Aufklärung zur Romantik 1760–1820. Epoche im Überblick* (= A Comparative History of Literatures in European Languages, Bd. 14), Amsterdam, Philadelphia 2001, S. 567–587.

Schmitz-Emans, Monika: *Poetiken der Verwandlung*, Innsbruck, Wien, Bozen 2008.

Schmitz-Emans, Monika: „Diskursive Mimikry. Zu Gattung und Poetik des fiktiven Forschungsberichts", in: Andreas Becker, Martin Doll, Serjoscha Wiemer, Anke Zechner (Hg.): *Mimikry/Mimese. Gefährlicher Luxus zwischen Natur und Kultur* (Zeiterfahrung und ästhetische Wahrnehmung, Bd. 4), Schliengen 2008, S. 270–287.

Schmitz-Emans, Monika: „Surrealismus", online unter http://homepage.ruhr-uni-bochum.de/niels.werber/Avantgarden/Schmitz-Emans.htm, abgerufen am 3.7.2018.

Schmitz-Emans, Monika: „Metapher", online unter http://users.unimi.it/dililefi/costazza/corsi/2010-11/Metapher-Schmitz-Emans.pdf, abgerufen am 12.6.2019.

Schneede, Uwe: *Die Kunst des Surrealismus. Malerei, Skulptur, Dichtung, Fotografie, Film*, München 2006.

Schneider, Norbert: *Geschichte der Ästhetik von der Aufklärung bis zur Postmoderne*, Stuttgart 2002.
Scholz, Oliver R.: *Bild, Darstellung, Zeichen. Philosophische Theorien bildlicher Darstellung*, Frankfurt a. M. ²2004.
Schöndorf, Harald: Art. „Ähnlichkeit", in: *Philosophisches Wörterbuch*, hg. v. Walter Brugger, Harald Schöndorf, Freiburg i. Br. 2010, S. 18–19.
Schöttler, Tobias: *Von der Darstellungsmetaphysik zur Darstellungspragmatik. Eine historisch-systematische Untersuchung von Platon bis Davidson*, Münster 2012.
Schöttler, Tobias: „Mimesis", in: Jörg R. J. Schirra, Mark A. Halawa, Dimitri Liebsch (Hg.): *Glossar der Bildphilosophie* (2013) (online unter http://www.gib.uni-tuebingen.de/netzwerk/glossar/index.php?title=Mimesis, abgerufen am 15.6.2018).
Schöttler, Tobias: „Darstellung (historisch)", in: Jörg R. J. Schirra, Mark A. Halawa, Dimitri Liebsch (Hg.): *Glossar der Bildphilosophie* (2013) (online unter http://www.gib.uni-tuebingen.de/netzwerk/glossar/index.php?title=Darstellung_(historisch), abgerufen am 20.3.2919).
Schreier, Christoph: *René Magritte: Sprachbilder 1927–1930*, Hildesheim, Zürich, New York 1985.
Schulte-Sasse, Jochen: Art. „Einbildungskraft/Imagination", in: *Ästhetische Grundbegriffe. Historisches Wörterbuch in sieben Bänden*, hg. v. Karlheinz Barck, Martin Fontius, Dieter Schlenstedt et al., Bd. 2, Stuttgart 2001, S. 88–120.
Schulz, Martin: *Ordnungen der Bilder. Eine Einführung in die Bildwissenschaft*, München ²2009.
Schulz, Reinhard: „Erwartungen im Modus methodischer Wissbarkeit. Zum Verhältnis von hermeneutischer und naturwissenschaftlicher Erfahrung", in: Reinhold Esterbauer, Elisabeth Pernkopf, Mario Schönhart (Hg.): *Spiel mit der Wirklichkeit. Zum Erfahrungsbegriff in den Naturwissenschaften*, Würzburg 2004, S. 211–230.
Schüttpelz, Erhard: *Die Moderne im Spiegel des Primitiven*, München 2005.
Schweikle, Günther: Art. „Metamorphose", in: *Metzler Lexikon Literatur: Begriffe und Definitionen*, hg. v. Dieter Burdorf, Christoph Fasbender, Burkhard Moennighoff, Stuttgart, Weimar 2007, S. 494.
Schweppenhäuser, Gerhard: *Ästhetik: Philosophische Grundlagen und Schlüsselbegriffe*, Frankfurt a. M., New York 2007.
Schweppenhäuser, Hermann: „Die Vorschule der profanen Erleuchtung" (Einleitung), in: Walter Benjamin: *Über Haschisch. Novellistisches, Berichte, Materialien*, hg. v. Tillman Rexroth, Frankfurt a. M. 1972, S. 7–30.
Schwinger, Reinhold: Art. „Form und Inhalt", in: *Historisches Wörterbuch der Philosophie*, hg. v. Joachim Ritter. Bd. 2, Basel, Stuttgart 1972, Sp. 976–977.
Schwinger, Reinhold: Art. „Form, innere", in: *Historisches Wörterbuch der Philosophie*. Hg. v. Joachim Ritter. Bd. 2, Basel, Stuttgart 1972, Sp. 974–975.
Seel, Martin: *Ästhetik des Erscheinens*, Frankfurt a. M. 2003.
Seitter, Walter: „Michel Foucault und die Malerei" (Nachwort), in: Michel Foucault: *Dies ist keine Pfeife*. Mit zwei Briefen und vier Zeichnungen von René Magritte, übers. u. mit einem Nachwort v. Walter Seitter, München, Wien 1997, S. 61–68.
Seitter, Walter: „Pierre Klossowski", in: *Bildtheorien aus Frankreich. Ein Handbuch*, hg. v. Kathrin Busch u. Iris Därmann, München 2011, S. 175–180.

Seligman, Siegfried: *Der böse Blick und Verwandtes. Ein Beitrag zur Geschichte des Aberglaubens aller Zeiten und Völker*, 2 Bde., Nachdr. d. Ausg. Berlin 1910, Hildesheim 1985.
Serres, Michel: *Hermes*, Bd. I. *Kommunikation*, übers. v. Michael Bischoff, Berlin 1991.
Shapiro, Gary: „Pipe Dreams: Eternal Recurrence and Simulacrum in Foucault's Ekphrasis of Magritte", in: *Word & Image* 13, 1 (1997), S. 69–76.
Shell, Hanna Rose: *Hide and Seek. Camouflage, Photography and the Media of Reconnaissance*, New York 2012.
Siegert, Bernhard: „Der Blick als Bildstörung. Zwischen Mimesis und Mimikry", in: Claudia Blümle, Anne von der Heiden (Hg.): *Blickzähmung und Augentäuschung. Zu Jacques Lacans Bildtheorie*, Berlin 2005, S. 103–126.
Siepe, Hans T.: *Der Leser des Surrealismus. Untersuchungen zur Kommunikationsästhetik*, Stuttgart 1977.
Smith, Daniel W.: „The Concept of the Simulacrum: Deleuze and the Overturning of Platonism", online unter https://www.academia.edu/16974440/The_Concept_of_the_Simulacrum_Deleuze_and_the_Overturning_of_Platonism, abgerufen am 20.8.2019.
Sörbom, Göran: *Mimesis and Art. Studies in the Origin and Early Development of an Aesthetic Vocabulary*, Uppsala 1966.
Spaemann, Robert: „Ähnlichkeit", in: ders.: *Schritte über uns hinaus. Gesammelte Reden und Aufsätze*, Bd. II, Stuttgart 2011, S. 50–57.
Spaemann, Robert: „Nähe und Ferne", in: ders.: *Schritte über uns hinaus. Gesammelte Reden und Aufsätze*, Bd. II, Stuttgart 2011, S. 58–59.
Spariosu, Mihai (Hg.): *Mimesis in Contemporary Theory: An Interdisciplinary Approach*, Bd. I: *The Literary and the Philosophical Debate*, Philadelphia, Amsterdam 1984.
Specht, Benjamin: „Experiment und Metapher. Zur Tropologie und Rhetorik des Wissens", in: Michael Gamper (Hg.): *Experiment und Literatur. Themen, Methoden, Theorien*, Göttingen 2010, S. 252–277.
Speidel, Klaus: „Des signes arbitraires aux affinités électives. Peindre contre les bornes imaginaires de l'imagination", in: Didier Ottinger (Hg.): *Magritte. Der Verrat der Bilder* [Ausstellungskatalog], München, London, New York 2017 [*La trahison des images*, Paris 2017], S. 60–69.
Speidel, Klaus: „Zwischen Wahlverwandtschaft und Beliebigkeit. Annalen gegen die imaginären Grenzen der Imagination", in: Didier Ottinger (Hg.): *Magritte. Der Verrat der Bilder* [Ausstellungskatalog], München, London, New York 2017 [*La trahison des images*, Paris 2017], S. 56–65.
Spies, Werner: „Die Desaster des Jahrhunderts", in: ders. (Hg.): *Max Ernst: ‚Une semaine de bonté'*, Köln 2008, S. 10–71.
Stadler, Ulrich: „Ich lehre nicht, ich erzähle. Über den Analogiegebrauch im Umkreis der Romantik", in: *Athenäum. Jahrbuch für Romantik* 3 (1993), S. 83–105 (online unter http://edoc.hu-berlin.de/hostings/athenaeum/documents/athenaeum/1993-3/stadler-ulrich-83/PDF/stadler.pdf, abgerufen am 6.3.2016).
Städtke, Klaus: Art. „Form", in: *Ästhetische Grundbegriffe. Historisches Wörterbuch in sieben Bänden*, hg. v. Karlheinz Barck et al., Bd. 2, Stuttgart, Weimar 2001, S. 462–494.
Stafford, Barbara M.: *Artful Science. Enlightenment, Entertainment and the Eclipse of Visual Education*, Cambridge, MA 1994 [dt. *Kunstvolle Wissenschaft. Aufklärung, Unterhaltung und Niedergang der visuellen Bildung*, Amsterdam u.a. 1998].

Stafford, Barbara M.: *Visual Analogy. Consciousness as the Art of Connecting*, Cambridge, MA 1999.
Starobinski, Jean: „Freud, Breton, Myers", in: Peter Bürger (Hg.): *Surrealismus*, Darmstadt 1982, S. 139–155.
Statkiewicz, Max: „The Notion of (Re)Semblance in the *Sophist*", in: ders.: *Rhapsody in Philosophy. Dialogues with Plato in Contemporary Thought*, Philadelphia 2009, S. 102–131.
Stekel, Wilhelm: „Ähnlichkeiten", in: *Zentralblatt für Psychoanalyse. Medizinische Monatsschrift für Seelenkunde* 3, 6/7 (1913) (online unter https://archive.org/stream/ZB_III_1913_6_7_k/ZB_III_1913_6_7_k_djvu.txt, abgerufen am 4.2.2019).
Stelzer, Otto: *Die Vorgeschichte der abstrakten Kunst. Denkmodelle und Vor-Bilder*, München 1964.
Stierle, Karlheinz: „Metamorphosen des Mythos. Petrarcas Kanzone ‚Nel dolce tempo' (Rime 23)", in: Walter Haug, Burghard Wachinger (Hg.): *Traditionswandel und Traditionsverhalten*, Tübingen 1991, S. 24–45.
Stifter, Adalbert: „Nachkommenschaften", in: Ders.: *Werke und Briefe* (HKA), Bd. 3, 2: *Erzählungen*, hg. v. Johannes John, Stuttgart 2003, S. 23–94.
Stjernfelt, Frederik: *Diagrammatology. An Investigation on the Borderlines of Phenomenology, Ontology and Semiotics*, Dordrecht 2007.
Stockhammer, Robert: *Zaubertexte. Die Wiederkehr der Magie und die Literatur 1880–1945*, Berlin 2000.
Stoichita, Victor I.: *Das selbstbewußte Bild. Der Ursprung der Metamalerei*, München 1998.
Stoichita, Victor I.: „Der Vorhang des Parrhasios. Das Bild der Ähnlichkeit von Giotto bis Magritte", in: Claudia Blümle, Beat Wismer: *Hinter dem Vorhang: Verhüllung und Enthüllung seit der Renaissance – von Tizian bis Christo*, München 2016, S. 66–73.
Stoichita, Victor I.: „Magrittes Vorhänge", in: Didier Ottinger (Hg.): *Magritte. Der Verrat der Bilder* [Ausstellungskatalog], München, London, New York 2017 [*La trahison des images*, Paris 2017], S 142–149.
Strohmaier, Alexandra: „Zu Homi K. Bhabhas Theorem der kolonialen Mimikry", in: Anna Babka, Julia Malle (Hg.): *Dritte Räume. Homi K. Bhabhas Kulturtheorie. Kritik. Anwendung. Reflexion*, Wien, Berlin 2012, S. 69–85.
Strub, Christian: *Kalkulierte Absurditäten. Versuch einer historisch reflektierten Metaphorologie*, Freiburg i. Br, München 1991.
Strub, Christian: „Abbilden und Schaffen von Ähnlichkeiten. Systematische und historische Thesen zum Zusammenhang von Metaphorik und Ontologie", in: Lutz Danneberg, Klaus Petrus, Andreas Graeser (Hg.): *Metapher und Innovation. Die Rolle der Metapher im Wandel von Sprache und Wissenschaft*, Bern, Stuttgart, Wien 1995, S. 105–125.
Strunk, Marion: „Die Wiederholung", online unter https://marionstrunk.ch/texte/84-2/, abgerufen am 4.7.2019.
Sylvester, David: *Magritte*. Mit einer Einführung v. Michel Draguet, Köln 2009.
Tarde, Gabriel: *Die Gesetze der Nachahmung*, Frankfurt a. M. 2003 [*Les lois de l'imitation. Etude sociologique*, Paris 1890].
Tatarkiewicz, Władysław: *Geschichte der sechs Begriffe Kunst, Schönheit, Form, Kreativität, Mimesis, Ästhetisches Erleben*, übers. v. Friedrich Griese, hg. v. Dieter Bingen, Frankfurt a. M. 2003.
Taussig, Michael: *Mimesis and Alterity. A Particular History of the Senses*, New York, London 1993.

Taussig, Michael: *Mimesis und Alterität. Eine eigenwillige Geschichte der Sinne*, übers. v. Regina Mundel u. Christoph Schirner, Konstanz 2014.
Thiel, Christian: Art. „Analogie", in: *Enzyklopädie Philosophie und Wissenschaftstheorie*, hg. v. Jürgen Mittelstraß, Bd. 1, Stuttgart, Weimar ²2005, S. 117.
Todorov, Tzvetan: *Symboltheorien*, übers. v. Beat Gyger (=Konzepte der Sprach- und Literaturwissenschaft, Bd. 54), Tübingen 1995.
Tomberg, Friedrich: „Mimesis", in: *Europäische Enzyklopädie zu Philosophie und Wissenschaften*, Bd. 3, hg. v. Hans-Jörg Sandkühler, Arnim Regenbogen, Hamburg 1990, S. 418–421.
Torczyner, Harry: *Magritte: The True Art of Painting*, übers. v. Richard Miller, New York 1979.
Treml, Martin, Sabine Flach, Pablo Schneider (Hg.): *Warburgs Denkraum. Formen, Motive, Materialien* (Trajekte), München 2014.
Tversky, Amos: „Features of Similarity", in: *Psychological Review* 84 (1977), S. 327–354.
Tymoczko, Maria: „Difference in Similarity", in: Stefano Arduini, Robert Hodgson Jr. (Hg.): *Similarity and Difference in Translation*, S. 27–43.
Ubl, Ralph: *Prähistorische Zukunft. Max Ernst und die Ungleichzeitigkeit des Bildes*, München 2004.
Uexküll, Jacob von: *Umwelt und Innenwelt der Tiere*, Berlin ²1921.
Uexküll, Jacob von: „Die neue Umweltlehre. Ein Bindeglied zwischen Natur- und Kulturwissenschaften", in: *Die Erziehung* 13, 5 (1937), S. 185–199.
Ullrich, Jessica, Antonia Ulrich (Hg.): *Tierstudien* 11 (2017): Mimesis – Mimikry – Mimese.
Ullrich, Peter-Otto: *Immanente Transzendenz. Georg Simmels Entwurf einer nachchristlichen Religionssoziologie*, Frankfurt a. M. 1981.
Viveiros de Castro, Eduardo: *The Relative Native. Essays on Indigenous Conceptual Worlds*, Chicago 2016.
Vogt, Irmgard: *Zur Psychologie der Ähnlichkeit. Problemheuristische und experimentelle Untersuchungen*, Meisenheim am Glan 1972.
Volkelt, Johannes: „Die Traum-Phantasie", in: Stefan Goldmann (Hg.): *Traumarbeit vor Freud. Quellentexte zur Traumanalyse im späten 19. Jahrhundert*, Gießen 2005, S. 94–240.
Vollmann, Benedikt Konrad (Hg.): *Carmina Burana: Texte und Übersetzungen*; mit Miniaturen aus der Handschrift, Frankfurt a. M. 1987.
Vosniadou, Stella, Andrew Ortony: *Similarity and Analogical Reasoning*, Cambridge 1989.
Vowinckel, Annette: *Das relationale Zeitalter. Individualität, Normalität und Mittelmaß in der Kultur der Renaissance*, München 2011.
Wagner, Hans: „Begriff", in: *Handbuch philosophischer Grundbegriffe*, hg. v. Hermann Krings, Hans Michael Baumgartner und Christoph Wild, Bd. 1, München 1973, S. 191–209.
Wagner, Monika: *Das Material der Kunst. Eine andere Geschichte der Moderne*, München 2001.
Wagner, Monika: Art. „Material", in: *Ästhetische Grundbegriffe. Historisches Wörterbuch in 7 Bänden*, hg. v. Karlheinz Barck, Bd. 3, München, Stuttgart 2001, S. 866–882.
Walther, Ingo F.: *Pablo Picasso. 1881–1973. Das Genie des Jahrhunderts*, Köln u. a. 1986.
Walton, Kendall L.: *Mimesis as Make-Believe. On the Foundations of the Representational Arts*, Cambridge, MA, London 1993.
Warburg, Aby M.: *Schlangenritual. Ein Reisebericht*. Mit einem Nachwort v. Ulrich Raulff, Berlin 1988.
Warning, Rainer: *Die Phantasie der Realisten*, München 1999.

Warning, Rainer: „Mimesis als Mimikry: Die ‚Realisten' vor dem Spiegel" (Kap. I), in: ders.: *Die Phantasie der Realisten*, München 1999, S. 9–34. (online unter https://digi20.digitale-sammlungen.de/de/fs1/object/display/bsb00043501_00016.html, abgerufen am 7.1.2019).
Wattenwyl, Carl Brunner von: „Über die Hypertelie in der Natur. Festrede der Jahres-Sitzung der k.k. zoolog.-botan. Gesellschaft", in: *Verhandlungen der kaiserlich-königlichen zoologisch-botanischen Gesellschaft in Wien* 23 (1873), S. 133–138.
Weber, André: *Wolkencodierungen bei Hugo, Baudelaire und Maupassant im Spiegel des sich wandelnden Wissenshorizonts von der Aufklärung zur Chaostheorie*, Berlin 2012.
Wehrli, Beatrice: *Imitation und Mimesis in der Geschichte der deutschen Erzähltheorie unter besonderer Berücksichtigung des 19. Jahrhunderts*, Göppingen 1974.
Weigel, Sigrid: *Entstellte Ähnlichkeit. Walter Benjamins theoretische Schreibweise*, Frankfurt a. M. 1997.
Weigel, Sigrid: *Grammatologie der Bilder*, Berlin 2015.
Weimann, Robert: *Shakespeare und die Macht der Mimesis. Autorität und Repräsentation im elisabethanischen Theater*, Berlin, Weimar 1988.
Weimar, Klaus: „Vom barocken Sinn der Metapher", in: *MLN Modern Language Notes* 105, 3 (1990), S. 453–471.
Weinrich, Harald: „Semantik der kühnen Metapher", in: Anselm Haverkamp (Hg.): *Theorie der Metapher*, Darmstadt 1996, S. 316–339.
Weissmahr, Béla: „Analogie", in: *Philosophisches Wörterbuch*, hg. v. Walter Brugger, Harald Schöndorf, Freiburg 2010, S. 23–25.
Welchman, John C.: „Nach der Wagnerianischen Bouillabaisse. Theorie und Praxis des Wort-Bildes in Dada und Surrealismus", in: Judi Freeman (Hg.): *Das Wort-Bild in Dada und Surrealismus*, München 1990, S. 56–95.
Wellbery, David E.: „Übertragen: Metapher und Metonymie", in: Heinrich Bosse, Ursula Renner (Hg): *Literaturwissenschaft – Einführung in ein Sprachspiel*, Freiburg i. Br. 1999, S. 130–155.
Wellbery, David E.: „Verzauberung. Das Simulacrum in der romantischen Lyrik", in: ders.: *Seiltänzer des Paradoxalen. Aufsätze zur ästhetischen Wissenschaft*, München 2006, S. 146–176.
Welsch, Wolfgang: *Vernunft. Die zeitgenössische Vernunftkritik und das Konzept der transversalen Vernunft*, Frankfurt a. M. 1996.
Welsch, Wolfgang: „Was ist eigentlich Transkulturalität?", in: Lucynda Darowska, Claudia Machold (Hg.): *Hochschule als transkultureller Raum? Beiträge zu Kultur, Bildung und Differenz*, Bielefeld 2009, S. 39–65.
Werkmeister, Sven: „Analoge Kulturen. Der Primitivismus und die Frage der Schrift um 1900", in: Nicola Gess (Hg.): *Literarischer Primitivismus*, Berlin, New York 2012, S. 29–58.
Wetzel, Michael: „Verweisungen. Der semiologische Bruch im 19. Jahrhundert", in: Friedrich A. Kittler, Georg C. Tholen (Hg.): *Arsenale der Seele. Literatur- und Medienanalyse seit 1870*, München 1989, S. 71–95.
Wetzlau, Friedrich: „Ähnlich", in: *Zeitschrift für deutsche Wortforschung* 6 (1905), S. 99–100 (online unter https://archive.org/stream/bub_gb_Yuc0AAAAIAAJ#page/n107/mode/2up, abgerufen am 23.10.2016).
Wheelwright, Philip: *Metaphor and Reality*, Bloomington 1962.
Wickler, Wolfgang: „Mimicry and the Evolution of Animal Communication", in: *Nature* 208 (1965), S. 519–521.

Wickler, Wolfgang: *Mimikry. Nachahmung und Täuschung in der Natur*, München 1968.
Wiesing, Lambert: *Sehen lassen. Die Praxis des Zeigens*, Frankfurt a. M. 2013.
Wieviorka, Michel: *Kulturelle Differenzen und kollektive Identitäten*, Hamburg 2003.
Willer, Stefan: *Poetik der Etymologie. Texturen sprachlichen Wissens in der Romantik*, Berlin 2003.
Willer, Stefan: „Metapher/metaphorisch", in: *Ästhetische Grundbegriffe. Historisches Wörterbuch in sieben Bänden*, hg. v. Karlheinz Barck, Martin Fontius, Dieter Schlenstedt, Bd. 7, Stuttgart, Weimar 2005, S. 89–148.
Willer, Stefan: „Grenzenlose Zeit, schlingender Grund. Genealogische Ordnungen in Stifters Nachkommenschaften", in: *Figuren der Übertragung. Adalbert Stifter und das Wissen seiner Zeit*, hg. v. Michael Gamper u. Karl Wagner, Zürich 2009, S. 45–62.
Willer, Stefan: „Die Allgemeinheit des Vergleichs. Ein komparatistisches Problem und seine Entstehung um 1800", in: Michael Eggers (Hg.): *Von Ähnlichkeiten und Unterschieden. Vergleich, Analogie und Klassifikation in Wissenschaft und Literatur (18./19. Jahrhundert)*, Heidelberg 2011, S. 143–165.
Winkler, Hartmut: *Ähnlichkeit*, Berlin 2021.
Winkler, Hartmut: „Medien – Speicher – Gedächtnis", online unter http://homepages.uni-paderborn.de/winkler/gedacht.html, abgerufen am 3.1.2018.
Wirth, Uwe (Hg.): *Rahmenbrüche, Rahmenwechsel*, unter Mitarb. von Julia Paganini, Berlin 2013.
Wittgenstein, Ludwig: *Philosophische Untersuchungen*, Frankfurt a. M. 1971.
Wittgenstein, Ludwig: „Bemerkungen über Frazers Golden Bough", in: ders.: *Vortrag über Ethik und andere kleine Schriften*, hg. u. übers. v. Joachim Schulte, Frankfurt a. M. 1989, S. S. 29–46.
Wittgenstein, Ludwig: *Wiener Ausgabe*, Bd. 11: *The Big Typescript*, hg. v. Michael Nedo, Wien, New York (Lizenzausgabe Frankfurt a. M.) 2000.
Wittmann, Barbara: „Zeichnen, im Dunkeln. Psychophysiologie einer Kulturtechnik um 1900", Preprint 291 des Max-Planck-Instituts für Wissenschaftsgeschichte (online unter https://www.mpiwg-berlin.mpg.de/sites/default/files/Preprints/P291.pdf, abgerufen am 8.10.2014).
Witzel, Frank: „Erzählte Theorie Zweite Vorlesung", in: Uwe Timm, Frank Witzel: *Grenzüberschreitungen: Räume, Texte, Theorien*. Tübinger Poetik-Dozentur 2018, Künzelsau 2019.
Wollheim, Richard: „Sehen-als, sehen-in und bildliche Darstellung", in: ders. (Hg.): *Objekte der Kunst*, übers. v. Max Looser, Frankfurt a. M. 1982.
Woodfield, Richard: „Resemblance", in: David Cooper (Hg.): *A Companion to Aesthetics: Blackwell Companions to Philosophy*, Oxford 1992, S. 369–372.
Wuketits, Franz M.: „Die sieben Formen der biologischen Ähnlichkeit", in: *Biologie in unserer Zeit* 7 (1977), S. 106–111.
Wuketits, Franz M.: „Analogie – eine Erkenntnis- und Wissensquelle", in: *Lexikon der Biologie* (1999) (online unter http://www.spektrum.de/lexikon/biologie/analogie-eine-erkenntnis-und-wissensquelle/3257, abgerufen am 3.11.2017).
Wulf, Christoph: „Mimesis", in: Dietmar Kamper et al. (Hg.): *Historische Anthropologie. Zum Problem der Humanwissenschaften heute oder Versuche einer Neubegründung*, Reinbek b. Hamburg 1989, S. 83–125.
Wulf, Christoph: „Zur Performativität von Bild und Imagination", in: ders., Jörg Zirfas (Hg.): *Ikonologie des Performativen*, München 2005, S. 35–49.

Wyss, Eva Lia: „Liaisons dangereuses? Intertextualitäten und Mimikry der Werbung im Fernsehen, in Zeitungen und im Internet", in: Herbert Willems (Hg.): *Die Gesellschaft der Werbung. Kontexte und Texte. Produktionen und Rezeptionen. Entwicklungen und Perspektiven*, Wiesbaden 2002, S. 597–613.

Zill, Rüdiger: *Messkünstler und Rossebändiger. Zur Funktion von Modellen u. Metaphern in philosophischen Affekttheorien* [Diss.], Berlin 1996.

Zimmer, Jörg: „Identität und Differenz. Zur Dialektik der Metapher", in: ders.: *Schein und Reflexion. Studien zur Ästhetik*, Köln 1996, S. 73–108.

Zimmermann, Jörg: „Philosophische Horizonte der *Histoire Naturelle* von Max Ernst", in: Karin Orchard, Jörg Zimmermann (Hg.): *Die Erfindung der Natur. Max Erst, Paul Klee, Wols und das surreale Universum* [Ausstellungskatalog], Freiburg i. Br. 1994, S. 15–24.

Zimmermann, Jörg: „Chimären der Einbildungskraft. Zur Inversion des cartesianischen Zweifelspiels im Horizont des Surrealismus", in: Wilhelm Friedrich Niebel, Angelica Horn, Herbert Schnädelbach (Hg.): *Descartes im Diskurs der Neuzeit*, Frankfurt a. M. 2000, S. 329–348 (online unter http://www.aesthetik-der-verwitterung.de/download/Text/Chi maeren_der_Einbildungskraft.pdf, abgerufen am 4.7.2019).

Zirfas, Jörg: „Die Ästhetik der Mimesis. Über kulturelle Wechselspiele und Zirkulationsformen", in: *Paragrana* 23, 2 (2014), S. 85–98.

Zirfas, Jörg, Benjamin Jörissen (Hg.): *Phänomenologien der Identität. Human-, sozial- und kulturwissenschaftliche Analysen*, Wiesbaden 2007.

Zuschlag, Christoph: „Auf dem Weg zu einer Theorie der Interikonizität", in: Silke Horstkotte, Karin Leonhard (Hg.): *Lesen ist wie Sehen. Intermediale Zitate in Bild und Text*, Köln 2006, S. 89–99.

Zymner, Rüdiger: Art. „Metapher", in: *Metzler Lexikon Literatur. Begriffe und Definitionen*, hg. v. Dieter Burdorf, Christoph Fasbehnder und Burkhard Moenninghoff, Stuttgart, Weimar ³2007, S. 494–496.

Abbildungsverzeichnis

Abb. 1 Max Ernst, *L'ascaride de sable …* (1920), Wasserfarbe, Collage auf Papier, 11,5 x 51,5 cm, Privatsammmlung (Quelle: Werner Spies (Hg.), *Max Ernst. Collagen. Inventar und Widerspruch* [Ausstellungskatalog], Köln 1974, Abb. 10), © VG Bild-Kunst, Bonn 2023

Abb. 2 Max Ernst, *Poire* (1925), Aquarell, Bleistift, Frottage auf Papier, 29 x 18,1 cm, Staatliche Museen zu Berlin, Nationalgalerie, Sammlung Scharf-Gerstenberg, © VG Bild-Kunst, Bonn 2023 / Foto: bpk / Nationalgalerie, SMB, Sammlung Scharf-Gerstenberg / Jörg P. Anders

Abb. 3–36 Max Ernst, *Histoire naturelle* (1926), 34 Lichtdrucke (nach Bleistiftfrottagen); Papier (elfenbeinfarben), 50 x 32,30 cm, Staatsgalerie Stuttgart, Graphische Sammlung, © VG Bild-Kunst, Bonn 2023 / Fotos: Staatsgalerie Stuttgart

Abb. 3 Blatt 1 *La Mer et la pluie* (Das Meer und der Regen), Lichtdruck; Papier (elfenbeinfarben), 50 x 32,30 cm, Staatsgalerie Stuttgart, Graphische Sammlung, A 2014/7947,1, © VG Bild-Kunst, Bonn 2023 / Foto: Staatsgalerie Stuttgart

Abb. 4 Blatt 2 *Un Coup d'œil* (Ein kurzer Blick), Lichtdruck; Papier (elfenbeinfarben), 50 x 32,30 cm, Staatsgalerie Stuttgart, Graphische Sammlung, A 2014/7947,2, © VG Bild-Kunst, Bonn 2023 / Foto: Staatsgalerie Stuttgart

Abb. 5 Blatt 3 *Petites Tables autour de la terre* (Drei Tischlein umkreisen die Erde), Lichtdruck; Papier (elfenbeinfarben), 50 x 32,30 cm, Staatsgalerie Stuttgart, Graphische Sammlung, A 2014/7947,3, © VG Bild-Kunst, Bonn 2023 / Foto: Staatsgalerie Stuttgart

Abb. 6 Blatt 4 *Le Châle à fleurs de givre* (Ein Schal aus Eisblumen), Lichtdruck; Papier (elfenbeinfarben), 50 x 32,30 cm, Staatsgalerie Stuttgart, Graphische Sammlung, A 2014/7947,4, © VG Bild-Kunst, Bonn 2023 / Foto: Staatsgalerie Stuttgart

Abb. 7 Blatt 5 *Le Tremblement de terre* (Das Erdbeben), Lichtdruck; Papier (elfenbeinfarben), 50 x 32,30 cm, Staatsgalerie Stuttgart, Graphische Sammlung, A 2014/7947,5, © VG Bild-Kunst, Bonn 2023 / Foto: Staatsgalerie Stuttgart

Abb. 8 Blatt 6 *Les Pampas* (Die Pampas), Lichtdruck; Papier (elfenbeinfarben), 50 x 32,30 cm, Staatsgalerie Stuttgart, Graphische Sammlung, A 2014/7947,6, © VG Bild-Kunst, Bonn 2023 / Foto: Staatsgalerie Stuttgart

Abb. 9 Blatt 7 *Il tombera loin d'ici* (Er wird weit von hier fallen), Lichtdruck; Papier, 50 x 32,30 cm, Staatsgalerie Stuttgart, Graphische Sammlung, A 2014/7947,7, © VG Bild-Kunst, Bonn 2023 / Foto: Staatsgalerie Stuttgart

Abb. 10 Blatt 8 *Les Fausses positions* (Falsche Stellungen), Lichtdruck; Papier (elfenbeinfarben), 50 x 32,30 cm, Staatsgalerie Stuttgart, Graphische Sammlung, A 2014/7947,8, © VG Bild-Kunst, Bonn 2023 / Foto: Staatsgalerie Stuttgart

Abb. 11 Blatt 9 *Les Confidences* (Die Vertraulichkeiten), Lichtdruck; Papier (elfenbeinfarben), 50 x 32,30 cm, Staatsgalerie Stuttgart, Graphische Sammlung, A 2014/7947,9, © VG Bild-Kunst, Bonn 2023 / Foto: Staatsgalerie Stuttgart

Abb. 12 Blatt 10 *Elle garde son secret* (Sie bewahrt ihr Geheimnis), Lichtdruck; Papier (elfenbeinfarben), 50 x 32,30 cm, Staatsgalerie Stuttgart, Graphische Sammlung, A 2014/7947,10, © VG Bild-Kunst, Bonn 2023 / Foto: Staatsgalerie Stuttgart

Abb. 13 Blatt 11 *Coups de fouet ou ficelles de lave* (Peitschenhiebe oder Lavastränge), Lichtdruck; Papier (elfenbeinfarben), 50 x 32,30 cm, Staatsgalerie Stuttgart, Graphische Sammlung, A 2014/7947,11, © VG Bild-Kunst, Bonn 2023 / Foto: Staatsgalerie Stuttgart

Abb. 14 Blatt 12 *Les Champs d'honneur, les inondations, les plantes sismiques* (Feld der Ehre, Überschwemmungen, Erdbebenpflanzen), Lichtdruck; Papier (elfenbeinfarben), 50 x 32,30 cm, Staatsgalerie Stuttgart, Graphische Sammlung, A 2014/7947,12, © VG Bild-Kunst, Bonn 2023 / Foto: Staatsgalerie Stuttgart

Abb. 15 Blatt 13 *Les Épouvantails* (Die Vogelscheuchen), Lichtdruck; Papier (elfenbeinfarben), 50 x 32,30 cm, Staatsgalerie Stuttgart, Graphische Sammlung, A 2014/7947,13, © VG Bild-Kunst, Bonn 2023 / Foto: Staatsgalerie Stuttgart

Abb. 16 Blatt 14 *Le Start de châtaigner* (Der Start des Kastanienbaums), Lichtdruck; Papier (elfenbeinfarben), 50 x 32,30 cm, Staatsgalerie Stuttgart, Graphische Sammlung, A 2014/7947,14, © VG Bild-Kunst, Bonn 2023 / Foto: Staatsgalerie Stuttgart

Abb. 17 Blatt 15 *Les Cicatrices* (Die Narben), Lichtdruck; Papier (elfenbeinfarben), 50 x 32,30 cm, Staatsgalerie Stuttgart, Graphische Sammlung, A 2014/7947,15, © VG Bild-Kunst, Bonn 2023 / Foto: Staatsgalerie Stuttgart

Abb. 18 Blatt 16 *Le Tilleul est docile* (Die Linde ist gelehrig), Lichtdruck; Papier (elfenbeinfarben), 50 x 32,30 cm, Staatsgalerie Stuttgart, Graphische Sammlung, A 2014/7947,16, © VG Bild-Kunst, Bonn 2023 / Foto: Staatsgalerie Stuttgart

Abb. 19 Blatt 17 *Le fascinant Cyprès* (Die faszinierende Zypresse), Lichtdruck; Papier (elfenbeinfarben), 50 x 32,30 cm, Staatsgalerie Stuttgart, Graphische Sammlung, A 2014/7947,17, Foto: © VG Bild-Kunst, Bonn 2023 / Foto: Staatsgalerie Stuttgart

Abb. 20 Blatt 18 *Les Mœurs des feuilles* (Blättersitten), Lichtdruck; Papier (elfenbeinfarben), 50 x 32,30 cm, Staatsgalerie Stuttgart, Graphische Sammlung, A 2014/7947,18, © VG Bild-Kunst, Bonn 2023 / Foto: Staatsgalerie Stuttgart

Abb. 21 Blatt 19 *L'Idol* (Das Idol), Lichtdruck; Papier (elfenbeinfarben), 50 x 32,30 cm, Staatsgalerie Stuttgart, Graphische Sammlung, A 2014/7947,19, Foto: © VG Bild-Kunst, Bonn 2023 / Foto: Staatsgalerie Stuttgart

Abb. 22 Blatt 20 *La Palette de César* (Cäsars Palette), Lichtdruck; Papier (elfenbeinfarben), 50 x 32,30 cm, Staatsgalerie Stuttgart, Graphische Sammlung, A 2014/7947,20, © VG Bild-Kunst, Bonn 2023 / Foto: Staatsgalerie Stuttgart

Abb. 23 Blatt 21 *Rasant les murs* (Mauerkratzer), Lichtdruck; Papier (elfenbeinfarben), 50 x 32,30 cm, Staatsgalerie Stuttgart, Graphische Sammlung, A 2014/7947,21, © VG Bild-Kunst, Bonn 2023 / Foto: Staatsgalerie Stuttgart
Abb. 24 Blatt 22 *Entre dans les continents* (Herein in die Kontinente), Lichtdruck; Papier (elfenbeinfarben), 50 x 32,30 cm, Staatsgalerie Stuttgart, Graphische Sammlung, A 2014/7947,22, © VG Bild-Kunst, Bonn 2023 / Foto: Staatsgalerie Stuttgart
Abb. 25 Blatt 23 *Le Pain vaccine* (Das geimpfte Brot), Lichtdruck; Papier (elfenbeinfarben), 50 x 32,30 cm, Staatsgalerie Stuttgart, Graphische Sammlung, A 2014/7947,23, © VG Bild-Kunst, Bonn 2023 / Foto: Staatsgalerie Stuttgart
Abb. 26 Blatt 24 *Les Éclairs au-dessus de quatorze ans* (Blitze unter vierzehn Jahren), Lichtdruck; Papier (elfenbeinfarben), 50 x 32,30 cm, Staatsgalerie Stuttgart, Graphische Sammlung, A 2014/7947,24, © VG Bild-Kunst, Bonn 2023 / Foto: Staatsgalerie Stuttgart
Abb. 27 Blatt 25 *Les Diamants conjugaux* (Die vermählten Diamanten), Lichtdruck; Papier (elfenbeinfarben), 50 x 32,30 cm, Staatsgalerie Stuttgart, Graphische Sammlung, A 2014/7947,25, © VG Bild-Kunst, Bonn 2023 / Foto: Staatsgalerie Stuttgart
Abb. 28 Blatt 26 *L'Origine de la pendule* (Die Geburt der Turmuhr), Lichtdruck; Papier (elfenbeinfarben), 50 x 32,30 cm, Staatsgalerie Stuttgart, Graphische Sammlung, A 2014/7947,26, © VG Bild-Kunst, Bonn 2023 / Foto: Staatsgalerie Stuttgart
Abb. 29 Blatt 27 *Dans l'Écurie du sphinx* (Im Stall der Sphinx), Lichtdruck; Papier (elfenbeinfarben), 50 x 32,30 cm, Staatsgalerie Stuttgart, Graphische Sammlung, A 2014/7947,27, © VG Bild-Kunst, Bonn 2023 / Foto: Staatsgalerie Stuttgart
Abb. 30 Blatt 28 *Le Repas du mort* (Die Mahlzeit des Toten), Lichtdruck; Papier (elfenbeinfarben), 50 x 32,30 cm, Staatsgalerie Stuttgart, Graphische Sammlung, A 2014/7947,28, © VG Bild-Kunst, Bonn 2023 / Foto: Staatsgalerie Stuttgart
Abb. 31 Blatt 29 *La Roue de la lumière* (Das Lichtrad), Lichtdruck; Papier (elfenbeinfarben), 50 x 32,30 cm, Staatsgalerie Stuttgart, Graphische Sammlung, A 2014/7947,29, © VG Bild-Kunst, Bonn 2023 / Foto: Staatsgalerie Stuttgart
Abb. 32 Blatt 30 *L'Évadé* (Der Ausbrecher), Lichtdruck; Papier, 50 x 32,30 cm, Staatsgalerie Stuttgart, Graphische Sammlung, A 2014/7947,30, © VG Bild-Kunst, Bonn 2023 / Foto: Staatsgalerie Stuttgart
Abb. 33 Blatt 31 *Système de monnaie solaire* (System von Sonnengeld), Lichtdruck; Papier (elfenbeinfarben), 50 x 32,30 cm, Staatsgalerie Stuttgart, Graphische Sammlung, A 2014/7947, 31, © VG Bild-Kunst, Bonn 2023 / Foto: Staatsgalerie Stuttgart
Abb. 34 Blatt 32 *A tout oublier* (Alles vergessen), Lichtdruck; Papier (elfenbeinfarben), 50 x 32,30 cm, Staatsgalerie Stuttgart, Graphische Sammlung, A 2014/7947,32, © VG Bild-Kunst, Bonn 2023 / Foto: Staatsgalerie Stuttgart
Abb. 35 Blatt 33 *L'Étalon et la fiancée du vent* (Der Hengst und die Windsbraut), Lichtdruck; Papier (elfenbeinfarben), 50 x 32,30 cm, Staatsgalerie

	Stuttgart, Graphische Sammlung, A 2014/7947,33, © VG Bild-Kunst, Bonn 2023 / Foto: Staatsgalerie Stuttgart
Abb. 36 Blatt 34	*Eve, la seule qui nous reste* (Eva, die einzige, die uns bleibt), Lichtdruck; Papier (elfenbeinfarben), 50 x 32,30 cm, Staatsgalerie Stuttgart, Graphische Sammlung, A 2014/7947,34, © VG Bild-Kunst, Bonn 2023 / Foto: Staatsgalerie Stuttgart
Abb. 37	René Magritte, *L'Empire des lumières* (1954), Öl auf Leinwand, 164 x 114 cm, Musées royaux des Beaux-Arts de Belgique (Bruxelles), inv. 6715, © VG Bild-Kunst, Bonn 2023 / Foto: J. Geleyns
Abb. 38.1 und 38.2	René Magritte, „Les Mots et les images", in: *La Révolution Surréaliste* 5, 12 (1929), © VG Bild-Kunst, Bonn 2023 / Foto: Bibliothèque nationale de France
Abb. 39	René Magritte, *La Clef des songes* (1927), Öl auf Leinwand, 38 x 55 cm, Bayerische Staatsgemäldesammlungen – Sammlung Moderne Kunst in der Pinakothek der Moderne, München (Inv.-Nr. 16260), © VG Bild-Kunst, Bonn 2023 / Foto: Bayerische Staatsgemäldesammlungen – Sammlung Moderne Kunst in der Pinakothek der Moderne
Abb. 40	René Magritte, *La Trahison des images* (1929), Öl auf Leinwand, County Museum of Art, Los Angeles CA, © VG Bild-Kunst, Bonn 2023 / Foto: Photothéque R. Magritte / Adagp Images, Paris, 2023
Abb. 41	Miniatur aus der Handschrift *Carmina Burana*, Bayerische Staatsbibliothek München, Carmina Burana – BSB Clm 4660, [S.l.] Kärnten/Steiermark oder Südtirol, um 1230 bis 14. Jahrhundert, Bildnr. 148, https://daten.digitale-sammlungen.de/0008/bsb00085130/images/index.html?fip=193.174.98.30&id=00085130&seite=148 (CC BY-NC-SA 4.0)
Abb. 42	René Magritte, *Le Faux miroir* (1929), Öl auf Leinwand, 54 x 81 cm, Museum of Modern Art, New York, © VG Bild-Kunst, Bonn 2023 / Foto: Photothéque R. Magritte / Adagp Images, Paris, 2023
Abb. 43	René Magritte, *La Reproduction interdite* (1937), Öl auf Leinwand, 81 x 65 cm, Collection Museum Boijmans Van Beuningen, Rotterdam, © VG Bild-Kunst, Bonn 2023 / Foto: Studio Tromp
Abb. 44	René Magritte, *La Voix de l'absolu* (1955), Öl auf Leinwand, 40 x 50 cm, Ort unbekannt, © VG Bild-Kunst, Bonn 2023 / Foto: Photothéque R. Magritte / Adagp Images, Paris, 2023
Abb. 45	René Magritte, *Le Tombeau des lutteurs* (1960), Öl auf Leinwand, 89 x 116 cm, Privatsammlung, © VG Bild-Kunst, Bonn 2023 / Foto: Photothéque R. Magritte / Adagp Images, Paris, 2023
Abb. 46	René Magritte, *Le Sens des réalités* (1963), Öl auf Leinwand, 172 x 116 cm, Privatsammlung, © VG Bild-Kunst, Bonn 2023 / Foto: Photothéque R. Magritte / Adagp Images, Paris, 2023
Abb. 47	René Magritte, *Les Affinités électives* (1932), Öl auf Leinwand, 41 x 33 cm, Privatsammlung, © VG Bild-Kunst, Bonn 2023 / Foto: Photothéque R. Magritte / Adagp Images, Paris, 2023

Abb. 48	René Magritte, *La Clairvoyance* (1936), Öl auf Leinwand, 54 x 65 cm, Privatsammlung, © VG Bild-Kunst, Bonn 2023 / Foto: Photothéque R. Magritte / Adagp Images, Paris, 2023
Abb. 49	René Magritte, *La Passion des lumières* (1927), Öl auf Leinwand, 50 x 65 cm, Privatsammlung, © VG Bild-Kunst, Bonn 2023 / Foto: Sotheby's 2023
Abb. 50	René Magritte, *Le Plagiat* (1940), Öl auf Leinwand, 54 x 65 cm, Privatsammlung, © VG Bild-Kunst, Bonn 2023 / Foto: Photothéque R. Magritte / Adagp Images, Paris, 2023
Abb. 51	René Magritte, *La Condition humaine* (1933), Öl auf Leinwand, 100 x 81 cm, Gift of the Collectors Committee, National Gallery of Art, Washington, DC, 1987.55.1, © VG Bild-Kunst, Bonn 2023 / Foto: Courtesy National Gallery of Art, Washington
Abb. 52	René Magritte, *Les Promenades d'Euclide* (1955), Öl auf Leinwand, 162,8 x 129,8 cm, Minneapolis Institute of Art, Accession number: 68.3, © VG Bild-Kunst, Bonn 2023 / Foto: C. Herscovici / Artists Rights Society (ARS), New York
Abb. 53	René Magritte, *La Condition humaine* (1935), Öl auf Leinwand, 54 x 73 cm, Norwich Castle Museum & Art Gallery, Norwich, Accession number: NWHCM : 1995.88.2, © VG Bild-Kunst, Bonn 2023 / Foto: Norwich Castle Museum & Art Gallery (Norfolk Museums Service)

Namensregister

Angaben in eckigen Klammern verweisen auf Erwähnungen in Fußnoten.

Adorno, Theodor W. 21 [93], 35, 78 [249], 614 [434], 742, 743, 743 [54], 771, 773 [206], 778 [228, 231], 832 [417], 857 [24], 860
Agricola, Rudolf 204 [540], 205, 212, 213, 216
Agrippa von Nettesheim 189, 189 [455], 191, 192, 209, 210, 599
Alberti, Leon Battista 88, 88 [300], 174 [376], 175, 175 [387], 551, 552 [147], 553, 554 [157], 555, 576, 720, 723, 770 [191]
Aldrovandi, Ulisse 189, 198 [509], 350 [293], 605, 606 [388], 795 [303], 804 [344], 818
Apelles 172 [365], 549, 549 [137], 551
Aquin, Thomas von 181, 181 [413], 182 [418], 183, 184, 185, 426, 247, 581 [280]
Aragon, Louis 295 [1041], 416 [10], 437, 441, 441 [122], 443, 447 [151], 450, 462, 462 [227], 475 [298], 488, 492, 502, 524, 526, 531 [51, 54], 645, 666
Arcimboldo, Giuseppe 225, 226, 226 [669], 512 [493], 549 [287], 588 [320], 610, 667 [231], 668 [231], 707 [422]
Aristoteles 2, 3, 5, 5 [27], 6, 39, 47, 49, 50, 54, 54 [128], 55, 62, 64, 68, 78, 84, 86, 87, 105, 105 [387], 107, 110, 110 [406], 112, 121, 123, 127 [46], 134, 135–150, 164, 166–171, 175 [385], 176, 177, 177 [394], 178, 185 [434], 204 [544], 212, 212 [581], 213, 213 [595], 214, 215, 215 [600], 216, 220, 224, 299, 301, 302, 302 [24], 303, 303 [31], 305, 305 [46], 306, 307, 308, 308 [63], 312, 312 [85], 313, 314 [94], 318 [118], 319, 326, 334, 336, 341 [246], 342 [247], 343, 372 [413], 392, 410 [614], 455, 456 [195], 459, 461, 463 [234], 464, 467, 473 [287], 479 [316], 481, 514, 516 [512], 517, 551, 554 [158], 584 [296], 652, 696 [369], 697, 744 [60], 765 [164], 782, 787, 838, 840, 844, 845, 847

– aristotelisch 6, 17, 115, 132, 135 [91], 136, 137 [106], 141, 143, 145 [161], 170, 171, 177, 182 [420], 183, 204, 206, 208, 208 [562], 212, 212 [581], 213, 214, 215, 223 [655], 235, 286 [1000], 287, 294, 294 [1039], 303, 306 [55], 308, 309, 312, 312 [85], 342, 379, 385, 411, 524, 551, 669, 669 [235], 688, 715, 732, 853
Augustinus von Hippo 180, 181, 185 [438], 186, 187, 187 [447], 347, 347 [277], 629 [34], 779 [235]

Ball, Hugo 327 [169], 447 [155], 450
Baltrušaitis, Jurgis 90 [312], 556 [168], 601 [370], 817, 818
Barthes, Roland 225, 336 [217], 343 [253], 348, 350, 378, 450 [167], 512 [493], 534 [69], 594, 610, 667 [231], 764 [160], 772 [200]
Bashō, Matsuo 509, 512
Bataille, Georges 19, 19 [81], 21, 21 [94, 95], 22 [96], 36, 360, 361 [352], 366, 366 [382], 369, 369 [395], 370, 370 [398], 377, 416 [10], 444 [137], 516 [510], 735, 776, 778 [230], 780, 780 [238], 801 [335], 802 [339], 808 [354], 815, 815 [369], 833 [422], 846 [8], 859
Baudelaire, Charles 255–260, 277, 296, 316 [104], 317, 357, 427, 427 [34], 439 [108], 441, 441 [122], 460, 465, 509, 510 [480], 557, 792 [291], 797, 800, 802 [338], 839
Baudrillard, Jean 371, 371 [408], 374 [423], 378, 378 [442]
Benjamin, Walter 3, 35, 48, 68, 92, 110, 111, 115 [428], 238 [741], 253 [833], 257, 259, 266 [902], 278, 279, 279 [976]280–283, 284, 297, 321, 321 [135], 322 [136], 328, 337, 356, 357, 389, 390, 405, 426 [28], 437 [95], 439 [108], 441, 442 [125], 484 [343], 485 [343], 488 [362], 489 [354], 494, 495 [396], 506, 516, 652, 657, 662 [202], 740, 740 [41], 741, 741 [44], 742

[53], 754, 754 [109], 764 [166], 772
[200], 773 [206], 776 [220], 777 [225],
810 [362], 832, 836, 845, 860
Bergson, Henri 61 [166], 354, 354 [317], 734
[6], 737, 781, 781 [242], 789, 793, 793
[292, 293], 809 [359], 810 [361], 825
[396]
Black, Max 313 [91], 314 [96], 318, 323, 323
[148], 324, 324 [149, 151], 325, 325 [156],
335, 423, 423 [11], 460 [216], 466 [249],
480 [320], 481, 481 [327], 514, 847 [10]
Blanchot, Maurice 19, 376, 859
Bloch, Ernst 860
Bloßfeld, Carl 787 [261]
Blumenberg, Hans 68, 344 [258], 483 [341],
486 [348], 611, 696 [365], 698 [375],
844
Böhme, Jakob 189, 191, 209, 244, 246, 246
[792], 247, 247 [799]
Borges, Jorge Luis 1–13, 611 [419], 674 [260],
690, 706, 707
Breton, André 18, 19 [79, 81], 22, 23, 295
[1041], 298 [5], 299, 317, 317 [107], 323
[146], 337 [223], 338, 360, 361, 361
[352], 362, 363 [362], 364, 416 [10], 419,
420, 421–521, 526, 527, 528, 528 [33],
531 [51], 537 [85], 539, 540 [96], 557,
562, 567, 568 [231], 570 [239], 574, 581
[281], 588, 592, 601, 613, 637 [69], 650
[130], 657, 659 [184], 660 [189], 662
[202], 664, 667, 668, 698 [375], 704,
735, 735 [11], 743 [57], 757 [215], 767,
786, 792 [291], 798, 798 [322], 801
[335], 816, 818, 847, 848, 850, 858 [35],
859, 864
Bruno, Giordano 187 [447], 189, 247, 247
[799]

Caillois, Roger 18, 22, 24, 37, 295, 366, 366
[382], 392 [515], 396 [406], 397 [544],
403, 404, 407, 411, 418, 420, 734–840,
847, 855, 856, 857, 857 [27], 858, 859
Campanella, Tommaso 3, 149 [189], 207,
208, 208 [562]
Cassirer, Ernst 109 [401], 194 [481], 268
[913], 353 [307], 354, 354 [317], 454
[186], 517 [515], 804

Castro, Eduardo Viveiros de 66 [188], 809
[357], 856 [26], 858, 858 [31]
Celan, Paul 413 [1], 575, 575 [265], 599/600
[366]
Chirico, Giorgio de 388, 666, 666 [221]
Cicero, Marcus Tullius 47, 149, 177, 207
[559], 212, 213, 216, 308, 308/309 [66],
309, 455, 458, 623 [11]
Cusanus (Nikolaus von Kues) 178, 178 [395],
192, 193 [478], 247, 286, 286 [1000],
319, 320, 652 [148]

da Vinci, Leonardo 85, 105 [388], 175, 348,
349, 349 [285, 286], 355, 364, 539, 546
[128], 550, 552, 552 [147, 149], 553, 567
[229], 587, 699, 807, 817, 850
Dalí, Salvador 360, 361 [351], 366, 437 [95],
479 [317], 792 [291]
Darwin, Charles 71 [214], 352, 353 [307], 361
[355], 393, 393 [519], 394, 394 [525,
530], 404, 593 [334], 595 [344], 603,
608, 757 [130], 759, 814
Deleuze, Gilles 3, 24, 51, 51 [109], 59, 61, 61
[169], 62, 62 [171], 63, 64, 66 [188], 78,
89, 370, 371, 378, 378 [442, 443], 379,
379 [448, 449], 380, 380 [494], 382, 383,
383 [470], 384, 385, 386, 386 [490], 387,
387 [493], 388, 389, 389 [503], 407, 407
[596], 769 [235], 682, 682 [302], 683,
685, 685 [314], 686, 687, 691, 691 [342],
728, 728 [500], 852, 853, 854 [21]
della Porta, Giambattista 189, 194 [484], 210
[572]
Derrida, Jacques 60, 60 [161], 91 [317], 243
[767], 266 [904], 289 [1013], 299, 308
[65], 378, 406 [595], 484 [342], 515, 544,
544 [119], 545, 545 [120], 558, 558 [183],
561, 563, 563 [211], 571 [244, 245], 573,
787, 851
Descartes, René 7 [35], 40 [50], 59, 74, 80,
81 [265], 97, 97 [348, 350], 98, 110, 200,
200 [521], 206 [555], 263, 286, 300 [14],
328, 344 [258], 430 [55], 563 [207], 276
[272], 607 [393], 629 [35], 651 [142],
677, 833 [420]
Descola, Philippe 616 [441], 784 [248], 809
[357], 840, 858, 860

Diderot, Denis 406 [595], 430, 430 [52], 557, 581, 592 [331], 605, 605 [386], 606 [390], 612, 795 [409]
Didi-Huberman, Georges 36, 94, 106 [391], 179 [403], 181, 182 [419], 349 [286], 407, 408, 408 [605, 608], 538 [88], 541, 542 [106], 546 [127], 556 [168], 564 [213], 565, 573, 581 [280], 597 [353], 601 [369], 756 [121], 762, 764 [160], 846 [8], 851, 857 [24]

Eco, Umberto 3, 4 [21], 33 [16], 38, 38 [37], 103, 103 [379, 380], 104, 118, 119 [441], 208, 209, 209 [568], 210, 211, 211 [577, 578], 264, 332, 402 [573], 481 [325], 694 [355], 721 [474], 803 [343]
Eichendorff, Joseph von 231, 243 [772]
Einstein, Carl 295, 327, 327 [170], 353 [307], 360, 361 [352], 364 [369], 365, 365 [373, 375, 378], 366, 366 [381], 367, 368, 368 [390], 370, 417, 418, 427, 436, 442, 453, 461, 470 [273], 472 [284], 488, 488 [362], 492, 539, 556, 556 [172], 562, 562 [201], 563, 565, 569, 597 [351], 599, 615 [437], 655 [162], 767
Éluard, Paul 295 [1041], 360, 362, 363 [362], 457, 457 [205], 458, 499, 501, 509 [476], 512, 568 [233], 570, 570 [242], 577 [274], 591, 593 [333], 598, 616, 637 [69], 673 [259], 792 [291]
Ernst, Max 18, 22, 23, 363 [365], 360, 364, 365, 365 [378], 388, 403 [578], 420, 471, 475, 478, 495, 522–619, 666, 667, 707 [417], 708 [424], 709, 718, 817, 847, 850, 851

Ficino, Marsilio 189, 372 [412]
Foucault, Michel 3, 5 [25], 7–14, 22, 24, 40 [50], 62 [171], 63, 64, 74, 78 [250], 113, 120, 120 [1], 177, 188, 192, 193–207, 208 [562], 209, 211 [578], 218, 218 [622], 223, 224, 255 [845], 264, 278, 283, 284, 288, 292, 293, 294, 371, 378, 378 [443], 381 [458], 383, 387, 388, 389, 431 [59], 476, 476 [301], 517 [515], 535, 556 [170], 576, 603, 603 [378], 604, 604 [383], 605, 606 [388], 610, 611,

622, 632 [50], 639, 639 [76], 641, 644, 645, 646 [111], 651 [130], 671, 671 [245], 672–692, 693, 696 [368], 697, 705, 706, 707, 723, 728, 728 [501], 729, 730, 731, 732, 769 [235], 804, 804 [344], 848, 852, 853, 854, 854 [21], 859, 860
Francé, Raoul 736, 751 [88], 753, 787 [261], 813 [367]
Frazer, James George 273, 273 [944], 274, 274 [948], 275, 277 [963], 278, 283, 705 [409], 759, 760, 760 [140, 141], 761, 762
Freud, Sigmund 61, 265, 270, 271, 271 [928], 272–275, 278 [969], 279 [448], 284, 296, 327 [170], 358, 388 [502], 389 [502], 415 [3], 433, 433 [70], 434–438, 446 [148], 454 [185], 489 [354], 494, 506, 535 [75], 637 [67], 703, 705 [409], 758 [134], 763 [152], 765–767, 778 [228], 780 [236], 845

Genette, Gérard 131, 132 [70], 245, 259 [863], 487 [352], 777 [225]
Goethe, Johann Wolfgang von 7, 174 [379], 186 [440], 209 [568], 236 [732], 238 [741], 248, 253 [833], 282 [987] 338, 350, 351, 352, 353 [308], 354, 373 [365], 405 [586], 599, 608, 608 [402], 609, 614 [434], 744, 768, 783, 783 [246], 805, 807, 808 [355], 816 [372], 831, 838, 840
Goodman, Nelson 4, 38, 50 [106], 53, 57, 58, 65, 65 [185], 77 [244], 98, 98 [355], 99 [359], 100, 100 [367], 102, 106, 107, 180 [408], 478 [310], 555 [163], 631, 640 [83], 694 [354], 843
Gracián, Baltasar 215 [599], 217, 219, 223, 223 [655], 237

Haeckel, Ernst 352 [307], 396, 615 [436], 787 [261], 813, 813 [366, 367]
Hegel, Georg Wilhelm Friedrich 2 [10], 62, 64, 80 [263], 248, 248 [803], 253, 263, 300 [14], 352, 352 [303], 354, 459 [212], 516 [511], 614 [434], 773 [207], 780, 780 [237], 789 [269]
Heidegger, Martin 60, 61, 61 [166, 168, 1699], 652 [149], 654 [157], 655 [160], 789 [269]

Hofstadter, Douglas Richard 39, 637, 639, 640, 644
Hugo, Victor 265 [854], 355, 355 [322], 450, 458, 721, 795 [303]
Hume, David 3, 50 [101], 201, 228 [680], 264, 831 [412]
Husserl, Edmund 51 [107], 60 [161], 69 [205], 266, 272 [934]

Jakobson, Roman 30 [7], 110, 221 [647], 255, 266, 274, 274 [949], 300 [11], 313 [91], 314 [95], 359 [344], 416 [8], 461 [222], 470 [273], 478 [310], 481 [326], 495, 497 [408], 499 [426], 526, 627 [24], 683 [305]
Jean Paul 227, 234, 237, 238, 238 [741], 239, 239 [742, 744], 244, 245, 253 [833], 357, 478 [310]
Jünger, Ernst 398, 401, 606 [391]

Kafka, Franz 353 [307], 356, 356 [323, 328], 363 [362]
Kandinsky, Wassily 388, 389 [499, 501], 598 [357], 674 [260], 676, 678
Kant, Immanuel 3, 35, 47, 81, 110, [406], 204 [541], 226 [671], 228 [680, 681], 229, 236, 237, 242, 242 [766, 767], 243, 243 [769], 248, 248 [802], 251, 252 [826], 263 [889], 286, 286 [1000], 288, 298 [1013], 319, 453, 481 [325], 521 [528], 595 [344], 607 [393], 612 [424], 696 [367], 780, 780 [237], 787, 845, 862 [50]
Klee, Paul 91 [316], 289, 289 [1013], 359, 359 [342], 366 [381], 418, 527 [28], 530 [47], 555, 561, 568, 571 [244], 665, 674 [260], 676
Kiesler, Friedrich 363 [364]
Klossowski, Pierre 377, 377 [440], 378, 378 [442, 443], 387 [493], 687 [321]

Lacan, Jacques 378 [441], 388 [502], 529 [42], 623 [12], 703, 743, 743 [55], 754 [111], 770, 770 [191, 193], 771, 771 [196, 199], 772 [199, 200], 777 [224], 833 [420], 857 [24], 860

Lamarck, Jean-Baptiste de 603, 607 [393], 748, 749 [73, 74], 362, 603
– (Neo-)Lamarckismus 736 [18], 740, 749, 750, 750 [81, 82], 752, 753, 757 [127], 761 [146], 768, 775 [215], 779, 779 [232], 820 [382], 829, 835, 395, 395 [538], 397 [549], 398, 401
Latour, Bruno 356 [324], 616 [441], 738, 809 [357], 857 [26], 858
Lautréamont, Comte de (Isidore Lucien Ducasse) 11, 13, 14, 22 [98], 317, 361, 361 [355], 362 [356], 403, 423, 449, 462 [227], 463, 470, 471, 471 [278, 279, 280], 473, 474 [292], 477, 491, 492, 492 [378], 511, 527, 528, 528 [35], 532, 532 [59], 538, 610 [411], 667, 690, 706, 793, 795 [303], 847
Leibniz, Gottfried Wilhelm 3, 59, 80 [264], 102 [373], 188 [450], 237
Leiris, Michel 360, 364 [369], 365 [378], 366, 368, 368 [391], 369 [394, 395], 370, 417, 435, 435 [10], 777 [225], 859
Lévi-Strauss, Claude 444, 473, 473 [288], 474, 492, 693 [349], 758 [134], 766 [166]
Lévy-Bruhl, Lucien 275, 275 [953], 278, 283, 735 [10], 743 [57], 763, 767
Linné, Carl von 605, 605 [387], 606 [390], 608
Llull, Ramon (Raimund Lull) 188, 188 [450], 528 [33]
– Lullismus, lullistisch 188 [450], 189 [454], 204, 204 [541], 206, 232, 237 [734]
Lukrez (Titus Lucretius Carus) 121, 122, 343 [253], 372

Mach, Ernst 48, 48 [92], 266
Magritte, René 18, 22, 23, 24, 361 [351], 378, 388, 389, 390, 420, 476 [301], 621–733, 847, 852, 853, 854, 854 [21]
Mallarmé, Stéphane 91 [317], 199, 255, 255 [845, 846, 847], 260, 296, 317, 427 [33], 800, 255, 441, 465 [244], 839
Manetti, Gianozzo 189
Mauss, Marcel 275, 283, 735 [10], 759, 759 [139], 760, 760 [141]

Mauthner, Fritz 3, 27, 43, 68, 79, 110,
    185 [434], 262, 266, 268, 269, 354,
    354 [317], 396, 787 [262], 845
Merleau-Ponty, Maurice 97, 118, 567, 571,
    574, 575, 630 [39], 651, 721 [474], 772,
    772 [200], 852
Mill, John Stuart 3, 108 [398], 270 [922], 612
Montaigne, Michel de 789, 789 [271, 272,
    273], 812 [365], 815 [371], 816 [372], 830
    [409], 831, 840

Nietzsche, Friedrich 61, 65, 68, 74, 266, 266
    [905], 267, 296, 327, 327 [170], 347
    [272], 352, 353, 353 [311], 354, 360, 361,
    365, 368 [390], 370, 379, 387, 405, 415
    [3], 433, 447, 489, 515, 515 [505], 646
    [111], 661, 845
Novalis (Georg Philipp Friedrich von
    Hardenberg) 209 [568], 227, 227 [676],
    230 [692], 231, 231 [696], 232, 232
    [706], 233, 237, 243 [771], 244 [776],
    246, 246 [792], 247, 247 [797, 799,
    801], 249 [809], 250, 251, 252, 295
    [1049], 427, 427 [33], 465 [245], 507,
    509 [475], 800

Ovid (Publius Ovidius Naso) 58, 344, 344
    [259], 345, 347, 348, 350, 350 [293],
    360, 361 [351], 368

Paracelsus 105 [386], 189, 189 [455], 190,
    190 [458], 196 [493], 205, 205 [547],
    209, 348 [281], 509 [475], 797 [318]
Parrhasios 151, 151 [206], 172, 173, 583,
    719, 854
Peirce, Charles Sanders 30, 30 [7], 38, 38
    [37], 53, 60 [161], 99, 103, 103 [378, 379,
    380], 104, 104 [385], 110, 118, 402, 423
    [23], 443 [124], 481 [325], 544, 549 [135],
    373 [352], 572, 573, 625 [18, 19], 695,
    750 [84], 848 [13], 851
Pellegrini, Matteo (Peregrini) 215, 217, 219,
    220, 221
Picasso, Pablo 277, 278 [968], 289 [1014],
    365, 366 [381], 418, 418 [18], 527 [28]
Platon (Plato) 2, 3, 4, 5, 5 [27] 6, 47, 50, 54,
    55, 56, 58, 60, 80 [263], 84, 90, 95, 96,
    96 [342], 97, 97 [348], 102 [374], 107,
    110, 116, 122 [12], 123, 124–134, 135, 138
    [116], 141 [132], 150, 151, 151 [200],
    152–166, 168 [327], 169, 170, 171, 176,
    177, 177 [394], 178, 179 [402], 180, 184,
    184 [430, 433], 185, 204 [544], 263,
    282, 286, 286 [1000], 288, 301, 302,
    341 [246], 342, 345, 346 [266], 347,
    370, 372, 372 [413], 373 [418], 374, 374
    [423, 424], 378, 379, 379 [449], 380,
    381, 382, 382 [468], 383, 384, 385, 390,
    420 [30], 477 [306], 501 [442], 516 [512],
    623 [11], 624, 624 [15], 631, 640 [83],
    660, 670, 685, 722, 726, 726 [489], 727,
    728, 729, 729 [503], 731 [513], 732, 754
    [111], 765, 781, 813, 813 [366], 844, 852,
    853, 854 [21]
– platonisch 88, 95, 128, 128 [49], 135, 154,
    164 [304], 170, 177, 179, 180, 183, 188,
    203, 207, 215 [600], 245, 286 [1000],
    305 [46], 319 [123], 320 [123, 124], 341,
    343, 378, 385, 386, 387, 549 [137], 560
    [191], 585, 622, 639 [79], 646, 654 [157],
    669, 669 [235, 236], 670, 688, 691,
    692, 700 [383], 719 [468], 727, 727
    [496], 730, 732, 755, 828, 853
Plinius Secundus Maior (d. Ä.) 105 [388],
    172–177, 349, 392, 392 [515], 549, 549
    [137], 550, 551, 553, 559 [186], 581 [282],
    583, 584, 603, 623 [11], 719 [471], 794
    [303], 817, 826
Proust, Marcel 258, 258 [862], 259 [863],
    281, 356, 441, 741

Quintilian 149, 177, 207 [559], 307 [57], 308,
    309, 309 [72], 310

Rabelais, François 11
Rancière, Jacques 38, 79, 82, 92, 118,
    287, 290, 525, 525 [20], 544, 545,
    573, 851
Reverdy, Pierre 323 [146], 337 [223], 423,
    424, 451, 452, 462, 471, 509, 510 [481],
    511, 512
Richards, Ivor Armstrong 109 [401], 308 [63],
    322, 323, 323 [143, 148], 325, 337 [223],
    423, 474

Ricœur, Paul 60 [165], 78, 299, 302 [24], 303 [31], 304, 306, 306 [55], 307, 307 [58], 313, 313 [90, 91, 92], 314, 314 [93, 95] 317, 325, 325 [156], 326, 328 [172], 331, 334, 335, 336, 336 [216], 337, 337 [223], 423, 459, 466 [249], 467, 468, 473, 476, 479 [318], 480, 480 [322], 481, 481 [325, 326], 483, 483 [338, 341], 498, 499, 500, 503, 848

Rimbaud, Arthur 296, 316, 318 [113], 419, 427, 427 [33], 470 [274], 478, 510 [480], 527, 532, 557, 567, 570 [239], 572, 610 [411]

Roussel, Raymond 12, 673, 674 [260], 690, 697, 706, 706 [414]

Saussure, Ferdinand von 30 [7], 96, 110, 245 [783], 266, 270, 274, 625 [18], 632

Schklowskij, Viktor 2 [10], 35, 79, 114, 115, 316, 330 [189], 360, 373, 417, 575 [265], 613

Schlegel, August Wilhelm 240, 241, 250 [819], 253 [832], 259

Schlegel, Friedrich 227, 231, 232, 232 [704], 233, 237, 240, 241, 245, 245 [783], 246, 247 [799], 249, 432 [62]

Schopenhauer, Arthur 354, 354 [317]

Shakespeare, William 349, 349 [287], 427 [33], 544

Spaemann, Robert 39, 51, 55, 56, 56 [138], 107, 113, 124, 182 [420], 264, 270 [923], 655 [160], 857 [27], 859 [35]

Swedenborg, Emanuel 256 [854], 257, 509 [475], 510 [480], 512 [492], 797 [318]

Tambiah, Stanley 840, 840 [444]

Taussig, Michael 282, 283 [989], 288 [1005], 393 [519], 409 [610], 749 [80], 773 [206], 775 [215], 780 [236], 832 [417], 857 [24]

Tesauro, Emanuele 215, 217, 218 [626], 219, 220, 464 [240]

Tylor, Edward B. 273 [944], 275, 759, 760, 760 [140]

Valéry, Paul 35, 254, 255, 255 [846], 258 [861], 260, 261, 262, 426, 874 [261]

Vasari, Giorgio 552, 553, 560, 596 [346]

Warburg, Aby 265, 276, 276 [961], 277 [964], 284, 801 [334], 810 [362], 845

Wittgenstein, Ludwig 3, 30, 30 [7], 39, 67, 68, 69, 69 [209], 70, 71, 71 [213], 72, 73, 74, 75 [232], 77, 78 [249], 79, 80 [263], 105 [389], 108 [400], 109 [401], 110, 113, 265, 277 [963], 335 [212], 336, 431 [62], 481, 483 [341], 500, 500 [433], 506, 506 [465], 513, 520, 574 [261], 625 [18, 22], 626 [22], 630 [39], 720, 720 [473], 760 [140], 784 [247], 844, 845, 848 [12]

Xenophon 151, 151 [200], 152, 172, 177

Zeuxis von Herakleia 169 [338], 172, 173, 173 [370], 376 [428], 583, 583 [291], 584, 623 [11]

Zuccari, Federico 224, 225, 560

Sachregister

Angaben in eckigen Klammern verweisen auf Erwähnungen in Fußnoten.

Abbild, Abbildung 15, 23, 45 [77], 60, 84, 90–93, 95, 100 [364], 115, 117, 122, 125–127, 130 [64], 131 [67], 152, 154, 154 [225], 155, 158 [260], 160–162, 164, 165, 176, 178–181, 182 [418], 184, 206, 209, 280 [979], 290, 291, 293, 300, 321 [136], 322 [136], 316, 319, 321–326, 332, 333, 337, 359, 372–376, 379–386, 387 [497], 388, 389, 401, 406 [595], 408, 415, 425 [22], 426, 464, 484 [341], 489 [364], 518, 521, 525, 528, 547 [130], 548–550, 559, 563, 565, 577, 583, 584, 586, 602, 617, 618, 621, 624, 628 [29], 631, 636, 639 [79], 642 [95], 647, 661 [198], 669, 670, 674 [264], 680, 681, 684, 685, 687, 692, 696 [366], 699, 700 [383], 701, 702, 709, 722–724, 731, 750, 754 [109], 825, 845, 848, 850–854, 857
– abbilden, abbildlich. *Siehe* Abbild
– Abbildverhältnis, Abbildrelation 90, 189, 602, 631, 647, 650, 661 [198], 684, 715

Abdruck 96 [342], 105 [388], 174 [378], 175, 176, 179, 179 [403], 364, 537, 538 [88], 541–543, 546, 546 [127, 128], 548–550, 558, 561, 564, 564 [213], 566, 568, 571–573, 586, 588–590, 596, 597, 597 [351, 353], 601, 601 [369], 614, 617, 750, 751 [85], 752, 851

Alchemie 188, 470, 470 [274], 478
– alchemistisch, alchemisch 191 [464], 247, 348, 355, 361, 362, 478 [314], 484, 486, 532, 571 [242]

Allegorie 4, 48 [95], 111, 221 [647], 230, 237 [733], 253, 240 [757], 336 [217], 348, 507, 524, 576, 726
– Allegorik. *Siehe* Allegorie
– allegorisch 5 [25], 48 [95], 217, 228, 238, 241, 244, 348, 350 [293], 504, 508 [471]

analogia entis 183, 184, 249

Analogie 4, 5 [25], 7, 13 [63], 18, 23, 24, 31 [10], 33 [16], 36, 37 [32], 39, 43, 44 [67], 45–49, 55, 56 [138], 57, 59, 62, 62 [171], 68, 72, 74, 76, 81, 88, 102 [374], 103, 104, 108 [398], 112, 122–126, 128 [49], 134, 140, 140 [125], 141, 145, 146 [167], 170], 147, 148, 162 [288], 171, 176, 178, 183, 184, 184 [433], 186–189, 194, 195 [486], 196, 196 [495], 198, 204 [542], 207, 210, 212, 214, 216, 218, 223–225, 227, 228, 230, 232 [705], 244 [775], 242–245, 247–254, 255–257, 263, 273, 286, 288, 289, 295, 295 [1042], 296, 298, 299, 302, 304–306, 308, 313 [91], 315, 317, 319, 319 [121], 320, 320 [128], 321 [133], 324, 324 [149], 326 [160], 327 [165], 328, 329, 330 [183], 335 [212], 337, 339 [236], 340, 372, 395, 395 [535], 403, 406 [590], 410 [614], 411 [617], 422, 424, 425, 441, 451, 454, 457, 457 [205], 462, 463, 469, 475, 477, 479 [316], 497 [408], 491, 503, 506–520, 528 [35], 533, 562, 564 [213], 570 [240], 242], 574, 582, 590, 593 [333], 595, 595 [345], 600, 604, 610, 612, 616, 650 [135], 667 [231], 668, 668 [231], 671 [244], 681, 694 [355], 723, 737, 740, 751, 760 [140], 764, 786, 787, 788 [265], 797, 802–804, 806–808, 812, 815, 816, 818, 819 [379], 826 [397], 829 [407], 839, 840–845, 849, 850 [19], 855, 858

Archi-Ähnlichkeit 92, 118, 290, 525, 544, 546, 550, 559, 567, 571, 573, 577, 585, 617, 851

Art 57, 57 [145], 62, 135, 138, 141, 145, 304, 304 [40], 306, 328, 329, 380, 393–399, 411, 411 [617], 608, 612, 749, 795, 808, 822, 823 [390], 827 [403], 830, 855

(Ähnlichkeits-)Aspekt 8 [37], 51, 55, 56, 72, 97, 197, 116, 137, 155, 171, 222, 291, 292, 300 [11], 308, 313, 315, 335, 410, 442, 462, 472, 476, 499, 503, 513, 514,

517, 519, 574, 588, 588 [320], 612, 613, 720, 845
- Aspektsehen 105, 335, 513, 720
- Aspektwechsel 347 [267], 431, 431 [62], 495, 502, 574, 588, 588 [320], 616, 620, 707 [422], 720
Assimilation, *assimilation* 24, 31 [9], 138, 159, 288, 339 [236], 404, 408, 510, 739, 749, 756, 762, 767, 768, 777, 781, 784, 788, 821, 833, 855, 857, 859 [35]
- Assimilationismus, assimilationistisch 788, 788 [266], 804, 808 [356], 809, 809 [358], 815, 831, 831 [412], 834–836, 855–857
Assoziation 4, 17, 49, 59, 95, 107, 109, 110, 222, 232, 233, 243, 269–271, 272 [933, 934], 273 [944], 295, 298, 425, 433, 436, 453, 453 [182], 461, 461 [223], 475 [297], 487, 487 [355], 488, 489 [364], 501, 520, 5587 [311], 599 [361], 601, 705, 710, 715, 759, 759 [139], 768, 780 [236], 830, 841–843, 847
- Ideenassoziation 232, 232 [704], 269 [921], 270 [922], 273, 274, 435, 452, 453, 466, 505, 559, 760, 761, 763, 764, 766, 781, 847
Automatismus 296, 417, 429, 429 [42], 436, 437, 471 [279], 474 [292], 488, 488 [362], 492–494, 499 [425], 503 [488], 505, 513, 539, 540 [96], 567, 569, 597 [351], 664, 769, 801 [335], 821, 829, 848

Begriff 17, 20 [89], 23, 56, 59 [154], 62, 63, 68, 69, 71, 72, 72 [221], 75 [238], 77, 78, 80, 80 [264], 81 [267], 108 [397], 113, 136, 253, 263, 266, 266 [905], 268, 269 [920], 292, 301, 310 [73], 311 [79], 328, 344 [258], 354, 447 [154], 491, 514, 615, 675 [264], 801 [335], 336]
- begrifflich 3, 25 [104], 44, 49, 50, 52, 54, 59, 62, 66, 69, 73, 78 [249], 80, 81, 81 [399], 112–115, 122 [12], 129, 148, 222, 226, 237 [733], 254, 261, 266, 267, 284, 293, 294, 308, 322, 354, 391, 409, 411, 447, 463, 466, 506, 515, 517, 543 [110],

616, 618, 666 [225], 739, 745 [65], 832 [415], 842, 853
- Begriffsbildung 5, 6, 49, 50, 59, 70, 75, 107, 108, 128 [48], 134, 134 [85], 140, 141, 146, 262, 266 [905], 268–270, 328, 434 [74], 464 [240], 515, 519
- Begriffskritik, begriffskritisch 68, 107, 266, 326 [160], 327, 329, 842, 848
- Unbegrifflichkeit 43, 67, 79, 68, 81, 82, 107, 112, 113, 114, 118, 176, 250 [819], 284, 415, 470 [272], 543 [110], 844, 863
- Verbegrifflichung 3, 53, 60, 65, 68, 74, 78, 79, 100, 390, 843
Bildplatonismus, bildplatonisch 95, 101 [369], 165, 171, 176, 389, 525, 684, 687, 731, 733, 755, 853
Buch der Natur 190, 190 [458], 191, 245, 605 [386]

Collage 21 [93], 339 [236], 388, 448, 471 [278], 476, 478, 479, 523, 524–537, 540, 620, 644, 644/645 [102], 666, 707, 708, 708 [424], 735 [10]
comme (wie) 257 [858], 457, 457 [204, 205], 470, 471–473, 512, 512 [489], 518, 570 [242]
Concetto, concettistisch 215, 215 [600], 216, 217, 217 [616, 621], 218, 219, 222, 223 [655], 224, 224 [661], 225, 226, 231, 233, 237, 318 [118], 326 [161, 162], 376, 473 [287], 475, 501, 560, 560 [191], 561

Dämon der Analogie 23, 254, 255, 442, 797, 839
Darwinismus, darwinistisch 57 [144], 396, 609 [409], 745, 749 [73], 753, 783
- antidarwinistisch 395, 395 [538], 740, 753
Depersonalisierung, Depersonalisation 24, 772, 774, 774 [214], 775, 775 [219], 776 [220], 777 [225], 855
Diagrammatik, diagrammatisch 38, 38 [37], 547, 548, 548 [131], 549
Diaphorizität, diaphorisch 21, 23, 314, 314 [92, 94], 316, 317, 326, 332, 334, 335, 423, 451, 453, 456, 466–468, 470, 473–475, 482, 483, 484 [341], 488

[333], 490, 491, 504, 513, 516, 518, 521, 525, 535, 627 [23], 847, 849
Differenz 2, 5, 8, 9 [45], 15, 24, 30, 43, 50–53, 55, 59–67, 69 [209], 71, 89, 80, 93 [329], 99, 110 [407], 118, 127, 128, 130, 134, 135 [91], 138 [115], 140, 146, 177 [394], 183, 191, 202 [533], 217, 220, 222, 228 [681], 230, 231, 231 [700], 234 [721], 235, 235 [783], 260–264, 278, 286, 292, 293, 314 [92, 94], 320, 321, 325 [156], 331, 335, 339, 373, 375 [426], 379, 379 [445], 383, 383 [470], 385, 386, 389, 390, 407 [596], 410, 459 [212], 464, 468, 481 [325], 483 [339], 523, 525, 558 [183], 573, 574, 605, 627 [25], 628, 629 [34], 635 [58], 640 [83], 642, 650, 657, 694 [354], 731–733, 743, 755, 774, 779, 780 [237], 787–789, 803, 810, 812, 816, 816 [372], 824 [392], 830, 831, 831 [312], 834–837, 839, 842, 853, 854, 854 [21], 856, 857, 858 [32], 860, 862, 863, 864 [55], 865
Disegno 224, 224 [661], 225, 341 [246], 525 [17], 526, 552, 559, 559 [186, 188], 560, 560 [189, 191, 195], 561, 571, 571 [245], 595, 596 [346], 617, 851

écriture automatique 23, 362, 363, 429, 432 [63], 433 [70], 436, 490, 493, 493 [385], 494 [393], 496, 496 [403], 497, 499 [425], 514, 522, 538, 539, 540 [96], 568, 568 [233], 569 [236], 665, 847
Einbildungskraft 292, 327 [165], 345 [264], 348, 355, 364, 396 [538], 400, 425, 430, 453, 460, 480 [322], 481 [325], 532, 543, 554 [158], 560 [189], 566, 568, 610, 614, 616, 745, 759, 762, 762 [150], 764, 766, 779 [235], 783, 789–791, 793–796, 798–802, 806, 809, 810 [361], 815 [371], 816, 818, 819 [379], 821, 822, 824, 825 [396], 832, 836–839, 855, 856
Entgrenzung, entgrenzt 4, 5, 17, 18, 24, 36, 192, 279, 283, 288, 291, 294, 297, 321, 332, 358, 360 [346], 362, 370, 403, 415, 415 [2], 420, 439, 455, 463, 468, 491, 492, 499, 500, 518, 520, 558, 617, 619, 730, 743 [57], 755 [112], 765, 780, 781

[240], 786, 787, 821, 835–837, 841, 846, 849, 855, 863, 865
Entsprechung 4, 45, 70, 76 [242], 93, 118, 122, 123, 140, 159, 184, 188, 189, 190, 192, 194, 207, 218, 256, 262, 278 [968], 300, 301, 334, 438 [102], 484 [343], 486, 488, 496, 524, 593, 684, 693, 709, 734, 742, 767, 793, 793 [292], 796, 798, 820, 824, 825, 832, 835, 840
Erscheinung 60 [163], 69 [209], 104 [385], 105, 152, 154, 155, 158, 165, 186, 191, 192, 210, 241, 244, 247 [797], 280, 291, 292, 328, 341 [246], 344, 359 [342], 372, 379, 380, 393, 407, 408, 429, 445 [139], 459, 480 [322], 509, 532, 538, 544, 545, 550, 551, 559, 562, 571, 574, 594, 597, 619, 625 [21], 627, 629, 640, 630 [39], 631 [46], 641, 645, 645 [102], 654, 654 [157], 657, 660 [194], 661, 662, 665 [215], 666, 669 [236], 671, 677, 680, 685, 688 [327], 693, 695, 705, 713, 716, 724, 724 [485], 726, 727 [496], 731, 734, 736, 737, 739, 740, 744, 745, 746, 747, 755, 757, 762, 770 [193], 779, 781, 790, 793, 800 [333], 806, 807, 813, 816, 820, 820 [384], 821, 823, 825, 852, 854 [21]
– Erscheinungsdimension 631, 634, 692, 708, 854
– Erscheinungswelt 253 [833], 621 651, 653, 659, 700, 707, 710, 724, 730, 852
Esoterik 197, 198 [509], 509, 509 [478]

Familienähnlichkeit, familienähnlich 39, 68, 70, 71, 71 [213, 214, 215], 72, 73, 74, 75 [232], 79, 107, 108 [400], 115 [428], 298, 298 [1], 336, 340, 476, 476 [302], 500, 500 [433], 517, 834
Fleck 175, 349, 523, 551, 552, 552 [149], 553, 555, 587, 601, 665, 748, 749, 771 [199], 817, 818, 823
– Klecks 552/553 [149], 552, 559
– Klecksographie 555 [167]
Form 21 [94, 95], 78 [249], 105 [388], 139 [118], 153, 166, 175, 181, 181 [413, 415], 185, 185 [434], 186, 186 [439], 190, 199, 232 [705], 249, 261, 286, 286 [1000],

304, 318, 318 [115], 338, 339, 341–343, 344 [259], 345–347, 352, 353, 354 [317], 359, 359 [342], 363 [364], 367, 368 [391], 396, 407, 443 [131], 484, 496, 497 [408], 511, 513, 522, 531, 533, 536, 542, 544, 547, 549, 550, 552, 553, 559–561, 565, 566, 566 [223], 567 [227], 575, 586, 617, 618, 641, 679, 710 [431], 713, 715 [453], 719, 750, 762, 792 [286], 795, 801 [336], 804, 814, 816, 817, 823 [390], 842, 846 [8], 850, 851

Formlosigkeit, formlos 21, 22 [95], 36, 175, 182 [419], 185, 185 [438], 186, 343, 363 [364], 366, 407, 542, 561, 565, 566 [223], 567, 601, 776, 776 [221], 779, 801 [335], 817, 818, 846 [8]

Fotografie 24, 290 [1020], 437 [95], 50 [445], 529 [45], 546 [125], 750–752, 754, 754 [109], 764, 764 [160], 772 [200], 773 [206], 785, 786, 820 [383], 855, 855 [22]

Frottage 23, 360, 363 [365], 364, 523–525, 537, 537 [85], 539–575, 580, 583–585, 587, 587 [309, 310], 589, 591, 594–596, 598, 599, 601, 609, 612, 617–619, 850, 851, 852

Gattung 47 [84], 62, 124, 108, 108 [397], 124, 128, 128 [47], 129 [51], 130, 131 [65], 132, 138–140, 141, 141 [132, 135], 143, 143 [145], 145–148, 285, 304, 304 [40], 305 [46], 314 [94], 319, 319 [123], 320, 320 [124], 328 [173], 329, 380, 416, 602, 826
– Gattungsbegriff. *Siehe* Gattung
– Gattungsidentität 51, 62, 79, 464

Gestalt 6, 12, 44, 72, 102, 161, 191, 192, 209, 210 [571], 255, 260, 306, 327 [166], 335 [212], 341 [246], 343, 344, 344 [512], 346, 349, 355, 360 [346], 361 [351], 362, 365, 367, 399, 482, 550, 562 [201], 565, 570, 591, 713 [443], 770, 774 [211], 793, 812, 817 [374], 822, 824, 827

Gleichartigkeit 23, 50 [101], 232, 303, 386, 647–658, 659, 672, 676, 678, 679, 679 [288], 681, 681 [293, 295], 682, 682 [299], 683, 684, 684 [307], 685, 688 [325], 689, 689 [334] 690, 690 [336], 691, 692, 692 [346], 700, 708, 731, 732, 732 [513], 853

Gleichheit 9, 45, 50, 50 [106], 51, 51 [107], 52, 55, 63, 122 [12], 162, 180, 181 [415], 200, 201, 230, 231, 231 [700], 232, 234, 238, 239, 245, 262, 268, 291, 402 [574], 512 [490], 518, 652, 768, 768 [182]

Gleichnis 111, 180, 213, 238, 250, 259 [863], 308, 311, 311 [81], 317, 330 [189], 435, 451, 471 [279], 472, 472 [284], 476, 477, 478, 491, 528, 667, 667 [228], 690, 706, 847

Hinsicht 45, 51, 52, 58, 58 [149], 126, 129, 129 [54], 137–139, 141, 149, 192, 305, 305 [47], 308, 310, 311 [79], 313, 315, 319 [123], 330, 335, 410, 455, 457, 458, 462, 500, 725, 808
– Hinsichtlichkeit. *Siehe* Hinsicht

Homologie, homolog 45, 45 [76], 86 [291], 486 [352], 590, 593, 765 [164], 783 [246], 811, 812, 826, 828, 829 [924], 834, 856

hors de soi 366, 368–370, 776, 786 [256], 832, 835, 850, 855

Humor 325 [157], 434, 475 [298], 569 [238], 728 [500]
– Humortheorie 474, 475

Hybridität 31, 340, 394 [528], 536 [79], 592, 609, 610, 618, 738, 836, 851
– der/die/das Hybride. *Siehe* Hybridität
– hybrid 23, 214, 356 [324], 394 [527], 401, 478, 482, 580, 592, 593, 604, 618, 718, 737, 783, 796, 851, 859
– Hybridisierung 611, 616, 717, 720 [472], 848

Identität 2, 3, 5, 8, 9, 12, 15, 25, 29, 39, 43, 49–53, 55, 59, 61–69, 71–74, 76–79, 113, 114, 117, 119, 122 [10], 124, 128, 128 [49], 129, 132, 138–140, 147, 173, 173 [369], 183, 202, 224, 230, 260 [874], 261–264, 266, 272, 273 [944], 292, 293, 305, 313, 314 [92], 315, 316 [101], 327, 331, 338–341, 354, 358 [335], 359, 367,

370, 380 [453], 382, 386, 389, 391, 404, 409, 411, 415, 415 [2], 416, 426 [31], 429, 444 [137], 447, 463, 468, 481 [325], 483 [339], 506 [467], 507, 515, 516 [511], 519, 523, 525 [20], 532, 553, 569, 569 [239], 569, 570, 570 [239], 574, 575, 583, 604–606, 610, 616–618, 629, 629 [58], 640, 642, 649, 650, 650 [135], 657, 666 [225], 668 [231], 690 [335], 692, 694 [354], 695, 701, 707, 713 [443], 716, 722, 725, 730, 731, 743, 746, 749, 761 [146], 772, 773 [206], 776, 782 [243], 804, 806, 833 [419], 833 [420], 839, 842–844, 846, 851, 853, 854, 860, 863, 863 [52], 865
- Identitätsannahme, -aussage, -behauptung, - urteil. *Siehe* Identität
- Identitätskritik 78, 69, 78, 389, 860, 861, 862
- Identitätslogik 17, 66, 68, 73, 112, 292, 415, 416, 428, 470, 507, 616, 618, 841, 842, 848, 853, 863
- Identitätsprinzip 62 [173], 527
Identifikation
- (identifizierende) Identifikation, Identifizierung 14 [65], 15, 16, 88, 95, 101, 101 [369], 114, 173 [370], 229, 247 [797], 261, 275 [955], 305, 326, 342, 415, 416, 429, 430, 434, 435, 445, 462, 463, 512, 519, 527, 546, 556, 574 [261], 624, 635, 635 [58], 646 [111], 647, 675 [267], 694, 702, 703, 717, 721, 723, 795, 844, 853, 860, 861
- (mimetische, sympathetische) Identifikation (mit dem Anderen) 157, 164, 169, 288, 357, 368, 403, 439, 570, 665 [217], 695, 704, 749, 766, 767, 767 [175], 772, 774–777, 784, 792, 793 [294], 821, 824
- animistische, totemistische Identifikation 346 [266], 356, 367, 368, 368 [390], 370, 616, 767, 776 [220]
- metamorphotische Identifikation 366 [381], 569
Ikon 104, 104 [385], 179 [403], 481 [325], 538, 538 [88], 542 [106], 545, 571, 574, 617, 700 [383], 751 [85], 760 [141], 851

- ikonisch, das Ikonische 23, 38 [37], 82, 99, 103, 104, 107, 110, 112 [418], 118, 174, 175, 175 [383], 179, 186, 188, 245, 307 [58], 313 [91], 364, 374, 402, 429, 467, 480, 487 [352], 449, 468, 481, 483, 483 [334], 484, 490, 500, 503, 517, 524, 525, 531, 532, 537, 542, 542 [106], 543 [107], 544, 545, 546, 547 [130], 548, 549, 549 [135], 550, 557, 565, 567 [227], 571, 572, 573, 575, 576, 585, 589, 588, 590, 591, 592 [331], 600, 617, 619, 646, 647, 649, 650, 658–660, 669, 682, 686, 693, 700 [383], 709, 728, 733, 750, 754, 803, 847, 848, 850, 851, 852
- Ikonizität 38, 38 [37], 45, 104, 104 [384], 110, 112, 113, 118, 118 [441], 209, 334, 402, 484 [342], 519, 531, 545, 572, 572 [252], 694 [355], 851
Illusion 65, 82, 161, 161 [281], 173, 217, 218, 218 [622], 287 [905], 288 [1005], 274, 371, 371 [403], 372 [413], 373 [415], 375 [427], 376 [429], 386, 446, 498, 501 [436], 577 [274], 640 [83], 645, 678, 690 [335], 809
- Illusionismus 529, 584, 586, 588, 659, 659 [189], 694
- illusionistisch, illusionär 156 [241], 160, 271, 547 [130], 548, 583, 584, 585, 617, 621, 678, 695 [189], 708
Imagination 2, 5, 6, 10, 11, 18, 23, 24, 32, 38, 49, 59, 63 [174], 105, 105 [386], 106, 108 [398], 115, 151, 170, 171 [357], 175 [387], 200, 201, 202 [530], 204 [541], 231, 233, 237, 245 [783], 246, 252, 254, 257, 274 [947], 289, 295, 295 [1042], 296, 298, 326 [160], 327 [165], 336, 349, 357, 360, 364, 365, 368, 375, 376, 379, 403, 415, 419, 420, 425–429, 431, 431 [59], 433, 434, 439, 440 [113], 443, 444 [137], 445–447, 449, 466, 480, 480 [322], 481, 481 [325], 484, 484 [342], 485, 486 [348], 487, 487 [355], 488, 490, 493, 499, 503 [448], 512, 521–524, 528 [35], 534, 535, 541, 554, 555, 556 [170], 557, 564, 566, 567, 571, 572, 574, 576, 584, 591, 596, 602, 610–617, 653 [154], 655 [162], 663, 695–698, 701, 703, 703

[399, 400], 713, 713 [445], 715, 715 [450], 718, 731, 734, 737, 738, 747, 753, 758 [134], 759, 765, 767–770, 774, 779, 779 [235], 781, 782 [242], 783, 784 [247], 786, 789, 791, 791 [281], 792 [286], 793, 796–798, 799, 800 [329], 801–804, 810, 825, 831–833, 835–838, 841–843, 847, 848, 851, 853, 855, 856
– imaginativ 231, 237, 336, 349, 355, 357, 359, 363, 364, 366, 369, 424, 427, 430, 431, 431 [59], 432, 435, 436, 439, 440, 441, 443, 445 [146], 448, 454, 468, 470, 476–479, 480 [321], 483, 484, 487, 499, 503, 513, 517, 519, 521, 523–526, 529, 530, 535, 537, 541, 543–545, 548–553, 555, 561, 562 [201], 563, 564, 570, 571, 573, 574, 595, 612, 619, 709, 714, 718, 719, 725, 767, 784, 794, 796, 803, 803 [343], 807, 817, 818, 835, 847, 850, 851

Imitation 4, 6, 82, 84, 86 [285], 87, 90, 93, 94 [333], 117, 153 [213], 157 [251], 158 [254], 165, 181 [413], 194, 242 [767], 303, 316, 366, 373, 376, 389, 408, 426, 429, 456, 493, 634, 651, 689, 746 [67], 747, 747 [70], 748, 749 [74], 762, 766, 789 [271], 828
– *imitatio* 46, 84, 85, 88, 88 [298], 93, 96, 193 [480], 283, 284 [309]
– imitativ 16, 17, 43, 91, 94, 243, 259, 273, 282, 287, 289, 291, 296, 405, 409, 415, 417, 426, 430 [51], 431, 525, 602, 621, 760, 684, 842, 844, 846, 848, 850, 853, 861, 863

Index 179 [403], 193 [480], 538, 542 [106], 571, 573, 574, 617, 760 [141], 851
– indexikalisch 23, 454 [186], 524, 542, 545, 548, 550, 559 [185], 750 [84], 821, 851

Ingenium 15, 17, 144 [153, 155], 213–216, 219–221, 223 [655], 231, 234, 234 [721], 236, 596

Isomorphie 45, 45 [77], 85, 102, 102 [374], 140 [126]
– Isomorphieverhältnis 650, 650 [135]

Kombinatorik 36, 83 [275], 188 [450], 211, 214, 216, 219, 237 [734], 314 [95], 358, 363, 436, 464, 464 [240], 475 [297], 484 [343], 506 [465], 522, 528, 528 [35], 532, 537, 537 [85], 590, 623, 631, 637, 690 [339], 694, 704, 415
– kombinatorisch 15, 36 [28], 111, 137, 188, 218, 232, 233, 247, 255, 294, 295 [1042], 419 [25], 448, 452 [178], 453, 464, 466, 471 [284], 487 [352], 506, 506 [465], 512, 523, 531, 662 [202], 617, 704, 710, 710 [434], 715, 731, 799

Kontiguität 4, 6, 13 [63], 109, 194, 217, 218, 270, 271, 273–275, 304 [40], 359 [343], 430, 453, 454 [186], 477, 478 [310], 481, 495 [395], 561, 564, 571, 708, 754, 759, 760, 773, 793 [295], 851
– Kontiguitätsrelation 259 [863], 274

Kontinuität 6, 34, 46, 72 [216], 123, 185, 293, 330, 339, 354, 394, 394 [528], 416, 516 [511], 536, 537 [83], 580, 604, 610, 612, 665 [214], 694 [335], 738, 740, 742, 759, 763, 765, 777, 780, 780 [238], 781, 793–797, 801, 802 [337], 803, 803 [343], 804, 809, 829, 835–838, 856, 857 [27]

Konventionalität 96, 98, 110, 327, 448, 497, 625, 625/626 [21], 634, 638 [71], 641 [89], 849
– Konventionalitätsthese 98 [355], 99, 110, 131–133, 625 [21], 631, 640

Kopie 4, 85, 117, 151, 152, 164, 165, 176, 386, 387, 401, 408, 409 [610], 428, 453 [182], 554 [158], 564 [213], 669 [236], 726, 750, 754, 755, 761, 761 [141], 764, 825, 839, 557
– Kopietheorie 96, 101 [369], 105, 106, 389, 647, 702, 844, 853, 861

Korrelation 82, 208 [562], 207, 209, 211 [577], 219, 473, 476 [272], 491, 502, 625, 734, 803 [342], 806, 807, 808, 809, 811, 842, 847
– korrelational. *Siehe* Korrelation
– Korrelationalität 208 [562], 399, 489, 505, 507, 695, 803, 807, 849

Korrespondenz(en) 4, 6, 9, 17, 37, 45, 91, 93, 153, 189, 189 [455], 191, 211, 211 [578], 217, 217 [616], 218, 219 [633], 223, 223 [655], 232, 254, 255, 257, 258, 260, 261,

280, 282, 285, 291, 296, 298, 318, 416,
418, 439, 441, 463, 491, 503, 507, 526,
617, 698 [375], 725, 734, 738, 743 [57],
758, 759, 762, 763, 764, 768, 790, 791,
791 [283], 793, 796–799, 802, 803,
806–809, 811, 812, 815, 816, 820 [382],
827, 831, 835, 837, 838, 856, 857
- Korrespondenzverhältnisse 7, 281
- Korrespondenzverknüpfung 223, 326
Kratylismus 6, 121, 205, 245, 301 [21], 485
[344], 487 [354], 626, 191 [468], 198
[505]
Kreativität 5, 82, 144 [155], 240 [754], 261,
410, 815, 856
Kritzelei 564–567, 571, 850

Linie 174, 524, 524 [16], 525, 525 [17],
542–545, 549, 549 [137], 550, 552, 553,
555, 558–561, 562 [203], 564–566, 568,
569, 573, 581, 596, 851
- Linienführung, Linienzug. *Siehe* Linie
Lullismus, lullistisch. *Siehe* Llull, Ramon

Magie 36, 106, 197 [503], 215 [599], 218,
237, 237 [944], 274–276, 281 [892],
283, 285, 348, 368, 453 [180], 495, 501,
510, 510 [480], 542 [105], 601 [369], 606
[388], 660, 661 [194], 705, 705 [409],
723 [515], 738, 739, 742, 747, 759–764,
765, 766 [167], 773 [206], 782, 793
[295], 795 [303], 803 [343], 825, 833,
833 [420], 834 [423], 840, 840 [444],
841 [3], 855 [22]
- Entzauberung 228, 618
- Sprachmagie, sprachmagisch 111, 250
[819], 281 [982, 983], 337, 419 [25], 470
[273], 484, 484/485 [343], 484 [343],
487, 532
- Zauber, Zauberei 11, 13, 164, 179 [403],
347, 434, 660 [194] 762, 762 [150], 766
[168], 826
- Zauberer 761, 764, 766 [168], 827
Manierismus 15, 16, 16 [76], 17, 36, 120, 150,
214–226, 228, 253 [833], 257, 294, 294
[1039], 318, 319, 337, 349, 350, 419,
431, 432 [62], 451, 451 [174], 484 [343],
504 [450], 555, 592, 697, 843, 847

- Manieristisch. *Siehe* Manierismus
Metamorphose 18, 23, 24, 35, 275 [955],
288, 299, 338–370, 389 [503], 411, 431,
434, 471 [280], 478, 492, 492 [378],
522–524, 526, 530 [47], 532, 532 [59],
535–538, 543, 548, 550, 553, 570, 572,
575, 576, 580, 581, 592, 597, 608 [402],
609, 617, 694, 717, 718, 737, 738, 742,
749, 764, 765, 767, 779, 779 [235],
784–786, 817, 819, 820 [382], 823, 824,
843, 846, 846 [8], 850, 855, 855 [22]
- metamorphotisch 22, 111, 340, 352, 357,
359, 361, 363 [364], 364, 364 [372],
368, 404, 420, 479, 485, 491, 493, 512,
524 [16], 536–538, 569, 576, 595, 610,
612, 613, 617–619, 623, 712 [440], 715,
718, 768, 776 [220], 779, 852, 835
Metapher 4, 6, 14, 15, 17, 18, 21–23, 32, 33
[17], 35, 36, 38, 49 [59], 69, 69 [205],
71–74, 77, 79, 79 [266], 82, 95, 107,
108, 110–113, 115, 116, 118, 123, 123
[20], 125 [31], 127 [46], 134, 135, 139,
142–149, 177, 187, 187 [447], 189, 197,
211 [576], 212–216, 217 [621], 218 [622],
220, 221 [647], 225, 226, 226 [669],
230, 230 [693], 231, 233, 235–243,
253–255, 257, 259 [863], 263, 266–268,
273, 275, 294, 295, 295 [1042], 298, 298
[1], 299–338, 342, 342 [249], 344, 344
[258], 347 [277], 354, 357 [330], 359,
362, 364, 380 [453], 402, 410, 410
[614], 411, 411 [615], 420, 421–521, 535,
526, 532, 532 [59], 535, 555, 557, 558,
561, 562, 576, 594, 613, 616, 617, 626,
627 [23], 636, 652, 667–669, 696 [365],
699, 707, 724, 758 [134], 764, 775 [215],
796, 806, 808, 823, 829 [407],
841–851, 855
- Metaphernbildung 144 [152], 226 [669], 267,
301 [20], 303, 452, 453 [177], 470, 514
- Metapherntheorie 6, 23, 112, 116, 125 [31],
132, 135 [89], 144 [155], 145, 145 [161],
150, 212, 215, 287, 287 [1002], 300, 301
[18], 308, 314–316, 319, 320 [124], 325,
326, 326 [160], 331–333, 337, 423, 424,
457, 461, 469 [266], 476, 481 [326],
846

- metapherntheoretisch 23, 112, 227, 423, 424, 452 [180], 453, 478 [310], 460, 518, 849
- metaphorisch, das Metaphorische 22, 23, 33 [16], 48, 48 [95], 69, 71 [213], 74, 81, 110, 112, 113, 113 [422], 115 [428], 118, 126, 128, 134, 135, 144, 144 [152], 145, 146 [164], 147 [173], 151 [200], 177 [392], 168, 184 [433], 210, 211 [576], 212, 214, 217, 218, 220, 221, 222, 228, 238, 240, 240 [753], 242 [762, 763], 243, 243 [772], 252, 253, 255, 266, 268, 272, 275, 280 [980], 295, 299–338, 354, 386, 392, 392 [517], 399, 401, 403, 416 [8], 420, 421–521, 524, 526, 537, 538, 556 [170], 563 [207], 574, 590, 612, 617, 619, 623 [11], 632, 632 [50], 671, 761, 750, 759, 775 [215], 792, 794, 842, 845–850, 858 [35]
- Reihenmetapher 495, 496 [403], 497 [408], 501, 502

metaphysical poets 215, 235 [725], 326, 464

Mikrokosmos und Makrokosmos 188, 189, 197, 198, 207, 251, 251 [822], 265 [897], 280, 600

Mimesis 2, 4, 6, 15, 16, 18, 36, 38, 66, 79, 82–94, 95, 96, 107, 110, 111, 116–118, 121, 123, 125, 125 [29], 150–171, 173, 176, 177, 193 [480], 202 [532], 223–225, 242 [766], 252, 257, 259, 259 [863], 279, 281 [982], 282, 282 [987], 283, 285 [998], 287–291, 299, 303, 306, 306 [55], 312 [136], 322 [136], 325 [156], 326 [162], 337, 346, 346 [266], 366 [382], 370–372, 374–377, 380, 385 [481], 388, 390, 391, 392 [517], 303 [519], 402–406, 408, 409, 409 [610], 415, 415 [2], 416, 420, 420 [30], 426–428, 430 [51], 432 [63], 433 [68], 436, 494, 502, 504, 506, 521, 523, 525, 526, 546, 547, 548 [132], 549 [137], 554, 554 [158], 555, 560 [195], 577, 580 [279], 582 [285], 584–587, 595, 598 [357], 609, 617, 621, 622, 628, 670, 684, 684 [309], 686 [317], 689, 691 [342], 724, 727–732, 734, 737, 739, 739 [34], 740, 743 [57], 744 [60], 747 [69], 751, 754, 755, 755 [112], 757 [129], 761, 763, 765, 766, 767, 773 [206], 774 [211], 781, 781 [240], 784–787, 788 [265], 790, 831, 832 [417], 833–837, 841, 842, 844, 846, 853, 857
- mimetisch 5, 16–18, 24, 76 [242], 82–84, 89–95, 107, 110, 111, 115–117, 124, 130 [63], 131 [70], 144, 150, 152–156, 157 [247], 158, 158 [254, 257], 159, 159 [266], 161, 162 [292], 164–166, 170, 171, 175, 176, 178 [396], 216, 222, 245 [783], 248, 252, 259, 274–276, 278–285, 287, 288, 290, 298 [5], 321, 322 [136], 336, 345, 357, 358 [335], 366, 367, 371, 373, 375, 376, 384 [476], 389, 390, 392, 395, 396 [543], 399, 401, 403–406, 409 [610], 410, 411, 416 [8], 420 [30], 424, 430, 447, 448, 466, 487, 494 [393], 502, 503, 506, 507, 525, 542 [105], 549, 551, 555, 558, 559, 564, 565, 580, 581 [281], 582, 584–586, 602, 614, 616, 617, 621, 622, 624, 628, 628 [29], 636, 635 [58], 652, 657, 669, 683, 684 [307], 685, 687, 692, 722, 730–732, 736–742, 746–751, 752 [91], 754, 755, 757, 757 [129], 759–768, 772, 773 [205, 206], 775–779, 780 [236], 781, 781 [240], 782, 784–788, 797, 791, 791 [283], 792, 793 [295], 821, 822 [387], 824, 826–828, 831–837, 839, 840 [444], 841, 842, 844, 845, 846, 849, 850, 853–857
- Mimesisbegriff 16, 24, 43, 82–94, 117, 117 [437], 150, 158, 160, 162 [290], 163–165, 171, 176, 202 [532], 281–283, 288, 288 [1005], 341, 371 [404], 391, 405, 506, 743, 743 [54], 755 [112], 765, 767, 781, 787, 835, 853, 855
- Mimesiskonzept(ion) 1, 88, 91 [320], 94, 134, 170, 715, 171, 173, 279 [976], 321 [136], 450, 506, 576, 582, 588, 616, 617, 634, 715, 786, 787

Mimikry 18, 24, 32, 38, 66, 93, 298, 366 [382], 370, 371, 389, 390–411, 486, 592, 608, 736–738, 739 [34], 740, 741, 741 [42], 743, 744 [62], 745, 745 [65], 746, 747, 749 [73], 750 [81], 751, 752 [91],

Sachregister — 931

753–756, 757 [127, 130], 761–763, 768, 770, 778 [228, 231], 782 [243], 783–786, 790, 790 [277], 792 [291], 805 [348], 811, 818, 820 [384], 821, 822, 823 [390], 824, 831–836, 842, 846, 855, 856
– Mimese 24, 366 [382], 392, 397, 397 [544], 398 [554], 399, 407, 409, 441 [122], 738, 739 [34], 742, 744–747, 748 [72], 749, 750, 750 [81], 752, 752 [91], 754, 754 [110], 755–759, 761–764, 768, 769, 775–779, 781, 782 [243], 784, 785, 785 [253], 788, 790, 792 [291], 794, 805 [348], 811, 814, 815 [369], 818, 819, 821–824, 826, 827, 830–835, 855, 855 [22], 857
– Mimikrybegriff 390–411, 764, 765, 819
– Mimikrytheorie 22, 393, 396, 397 [544], 399, 401, 403, 410, 420, 737, 740, 745, 749 [73, 74], 752, 759, 785, 821, 835
– Mimikryforschung 391 [510], 397 [544, 548], 400, 401, 736, 736 [16], 740, 762 [150], 783, 791, 782, 837
Monstrosität 11, 350, 347, 364, 552, 592, 594, 604, 605, 606 [388], 610, 610 [411], 618, 706, 712, 820, 825, 825 [395], 826, 851
– Monster, Monstrum 350, 570 [239], 594, 604, 606
– monströs. *Siehe* Monstrosität
Montage 14, 21, 22 [96], 23, 93, 430 [51], 431 [59], 436, 448, 471, 471 [278], 479, 523–539, 560 [195], 576, 617, 623, 637, 644, 665, 704, 704 [408], 705 [412], 707, 707 [417], 708, 709 [427], 710, 710 [431], 712, 713, 754 [111], 849, 850
Mysterium 180, 290, 488 [362], 622, 649, 651, 653–658, 659 [187], 663, 664, 665 [214, 217], 666–668, 673, 688 [327], 689, 693, 700, 703, 709–711, 715, 725, 725 [488], 85
– mysteriös, das Mysteriöse 420, 661, 663, 689, 692 [346], 708, 85
Mythos 77, 150, 150 [197], 157, 163, 169, 169 [340], 174 [376], 181, 182, 276 [961], 285, 292, 344, 344 [258], 346 [266], 347 [277], 348 [279], 361 [351], 366, 380, 380 [454], 411, 442 [126], 471 [280], 482 [333], 483 [341], 484, 487 [355], 518

[517], 532 [59], 616, 621, 623 [11], 734, 795 [303], 796, 799 [323], 800, 803, 825 [397], 828, 829
– mythisch, das Mythische 18, 53, 182, 182 [418], 198 [505], 228, 284, 295 [1042], 296, 344–346, 353, 361 [351], 363, 364, 367, 380, 442, 482 [333], 483, 486, 501, 509, 516 [511], 517, 518 [517], 520, 534 [71], 688 [325], 700 [383], 708, 767, 792–794, 795 [303], 835, 848

Nachahmung 4, 15, 16, 38, 82, 85, 85 [282], 86, 87, 87 [295], 88, 88 [298], 90, 91, 91 [320], 92 [320], 93, 95, 96, 117, 121, 131 [69], 150, 152, 152 [211], 153, 155, 156 [241], 158–160, 161 [284], 162, 163 [293], 165–172, 179 [403], 225 [663], 251, 258 [861], 259, 280, 282, 287–291, 320, 336, 371 [404], 381, 388, 391–393, 397, 397 [549], 398, 398 [555], 401, 404–406, 409, 428 [39], 432, 450, 494 [393], 503, 525 [20], 555, 555 [166], 564 [213], 577 [276], 582 [285], 584, 596 [348], 680, 624, 652, 730 [506], 737, 740, 743 [54], 746 [67], 747, 748, 749 [73], 751, 752, 754, 759–761, 763, 765 [164], 766, 767 [172], 768, 769, 781 [241], 787, 821–823, 828, 832, 856
– Nachahmungsbegriff 96, 290, 554
– Nachahmungskunst 161, 163 [293], 382
Nähe 11, 51, 52, 56, 75 [234], 84, 94, 179 [403], 194, 194 [484], 239 [748], 275, 315, 336 [222], 406 [590], 483, 483 [338], 537 [83], 546 [127], 555, 563, 563 [211], 565, 589, 655 [160], 708, 736 [18], 772, 773, 865
Naturgeschichte 23, 522 [4], 540, 575, 576, 576 [267], 577, 581, 581 [282], 582, 582 [286], 584, 584 [296], 587, 592, 592 [331], 593, 594 [339], 595, 595 [344], 598, 602–616, 618, 619, 804 [344], 813 [366], 851
Natursprache 111, 188, 189, 191, 198, 244, 245, 246

Pareidolie 4, 4 [21], 105, 445
Pathosformel 276, 801 [334]

Phantasie 19, 80, 105, 105 [386], 136 [99], 165 [310], 168, 204, 216, 222–225, 227, 232, 233, 240, 241, 298, 298 [2], 344 [258], 356, 357, 374, 376, 388, 388 [502], 396 [538], 400, 402, 428, 434, 443, 446 [148], 469 [267], 493, 499 [425], 502, 534 [71], 554 [158], 560 [194], 562 [201], 574, 582 [285], 592 [331], 595 [345], 602, 658, 662, 696, 701, 766, 780, 783, 795, 801, 802, 809, 830, 848 [12]
- Phantasietätigkeit 434, 811
- Phantasiewesen 593, 599
- *phantasia* 133, 134, 134 [84], 160, 160 [277], 216 [607], 224–226, 326 [162], 560 [189]
- Phantasma 155, 161, 162 [292], 175 [385], 349, 371–374, 377, 380, 384–388, 408 [608], 551, 564 [213], 683 [303], 685, 686 [317], 726, 779, 809, 810, 835
- phantasmatisch 105, 175, 387 [497], 487 [355], 551, 557, 561, 564, 767
- Phantasmagorie, phantasmagorisch 442 [126], 594, 775, 791
Phantastik 355, 659, 664
- phantastisch, das Phantastische 3, 259, 348, 361, 364, 376, 386 [490], 437 [95], 446, 446 [148, 149], 482 [333], 529, 552, 591, 605, 697 [371], 698, 766, 826, 852
Phasmen 408 [608], 739
Prädikation 130, 132, 146 [164], 147, 302, 302 [24], 304, 305, 305 [47], 311 [79], 314–316, 318 [115], 329, 337, 456 [196], 457, 468, 472, 476 [302], 483, 483 [334], 484 [341], 521, 848
Präsenz 60 [161], 103, 173, 343 [256], 371, 371 [403], 374 [422], 375, 375 [426], 377, 444, 487, 487 [354], 542 [205], 546, 550, 568, 571, 584, 586, 586 [304], 588, 646, 659 [198], 705, 708, 719, 720, 754, 755, 775, 851, 862
Primitivismus 17, 73 [226], 277–279, 283, 393 [519], 420 [29], 760 [140], 835, 843, 857 [28]
- primitivistisch 277, 278, 279 [972], 283, 296, 404, 409, 570 [241], 737, 760 [140], 764, 767, 786, 832, 835, 837, 843, 846

Prototyp, prototypisch 75, 75 [232, 234, 238], 76, 237 [733], 639 [79], 813
- Prototypentheorie 39, 75, 102

rapprochement 432, 448, 450, 452, 452 [176], 454, 457 [205], 466, 547, 739, 786, 799, 802, 807, 836, 838, 847, 856, 858, 859 [35]
Realismus 4, 15, 16, 38 [37], 69 [209], 78, 82, 94, 101, 108, 116, 155, 168, 193 [480], 287, 320, 337 [226], 389, 406, 415–417, 426, 426 [28], 430, 431, 433, 433 [68], 484 [343], 521, 546, 549, 550, 565, 587, 621, 655, 663, 841, 844, 862
- realistisch 38, 55, 85, 91, 102, 109, 152, 155 [235], 182 [420], 214 [598], 225, 297, 426, 429, 536 [76], 545, 546, 582, 621, 623, 624, 645, 662, 668, 696 [366], 731, 845
Referenz, referentiell 82, 97, 98, 165, 304, 314 [93], 336, 406 [595], 415 [3], 416, 449, 482, 483, 483 [334], 496 [403], 497 [408], 535, 546, 548, 565, 618, 621, 624, 628–631, 635–637, 640, 640 [83], 644 [99], 645 [102], 674–680, 683 [305], 688 [327], 708, 725 [487], 730, 731, 842, 847, 852
Registriermaschine 440, 567
Relativismus, relativistisch 41, 127, 331, 455, 605 [386], 419, 426, 836, 836 [432]
Repräsentation 4, 6, 8, 9, 13, 15–17, 23, 24, 59, 60, 69 [165], 61–66, 78, 79, 82, 84, 85, 89, 93, 94, 96–98, 101, 105, 109, 110, 113–119, 150 [197], 151, 155, 159, 165, 166, 171, 173, 175, 199–201, 203, 220, 247 [797], 250 [819], 278, 287, 293, 306 [55], 359, 371, 374, 374, 376, 379, 383, 386, 387 [494], 388–390, 415–417, 420, 426–428, 430–432, 523, 525, 542 [105], 546, 548–550, 555, 566, 569, 571, 575, 576, 586, 586 [304], 588, 605, 610–612, 616, 617, 621–624, 628–631, 645, 636 [65], 639, 641, 644 [97], 646 [111], 647, 650, 655–657, 660 [189], 661, 661 [198], 663, 668, 676–678, 680–682, 685, 692, 694, 698, 700–703, 705, 713, 715, 717, 721–725,

728, 729–733, 737, 764, 760 [141], 765, 773, 798 [322], 810, 841–844, 851–853, 857, 861, 863
- repräsentational, repräsentationalistisch 16–18, 66, 84, 89, 89 [310], 93, 94, 100 [365], 101, 103, 105, 117, 163, 171, 176, 291, 375, 406, 415, 419, 430, 446, 545, 552, 585, 563, 601 [198], 602, 612, 617, 618, 624, 637, 644, 645, 661, 663, 669, 670, 684, 696 [366], 703, 708, 720, 722, 724, 729, 730, 732 [515], 842, 850–854, 863
- Krise der Repräsentation 59, 61 [167], 117, 415, 433, 729, 852
- Kritik der Repräsentation, Repräsentationskritik 1, 21, 60 [165], 64, 66, 78, 92, 94, 326 [160], 377, 378, 385, 389, 390, 419 [25], 576, 618, 646 [111], 689, 690, 692, 843, 853, 861

Ressemblance 23, 44 [67], 94, 95, 97, 98, 106, 196 [391], 254, 261, 370, 413, 511 [485], 620, 628 [30], 647, 648–651, 657, 658, 668, 672, 673, 674, 674 [262], 678 [288], 684, 686, 687 [321], 691, 693, 704, 716, 731, 733, 734, 751, 788 [265], 834, 852–854

Romantik 9, 15, 16, 20 [89], 34, 36 [28], 120, 150, 192, 209 [568], 210, 226, 227–255, 258, 259, 262, 275, 277, 288 [1006], 289, 290, 293–296, 298, 300 [11], 326, 326 [161], 337, 355, 415 [2], 427, 427 [33], 431, 432 [62], 433, 473 [287], 484 [343], 488 [382], 555 [166], 571 [242], 581 [281], 598 [357], 690 [337], 698 [375], 701 [393], 795 [303], 800 [330], 803, 843
- romantisch 17, 23, 36, 314, 226, 227–254, 259, 271, 289, 295, 295 [1041], 317, 318, 318 [118], 326 [160], 352 [301], 376, 388, 403, 419, 424, 425, 430, 433, 439 [108], 442, 442 [126, 127], 443, 451, 454 [185], 464, 484, 487 [355], 504 [450], 507, 509, 556 [172], 570 [241], 610, 656 [165], 690 [337], 697, 783, 797, 800, 832, 847, 856

Sehen-als 105, 105 [389], 280 [980], 335, 481, 481 [329], 495, 499, 500, 503, 532, 574, 574 [261], 589, 718, 848, 850

- Seeing as. *Siehe* Sehen-als

Seziertisch 14, 317, 470–492, 505, 528, 533, 535, 538, 667, 690, 691,707, 848

Signatur 188–191, 195, 196 [494, 495], 197 [503, 504], 205 [547], 206, 209–211, 244, 254, 560 [191], 564, 576 [268], 603, 707 [318]
- Signaturenlehre 7, 9, 111, 188, 190, 191, 205, 209, 210, 244, 246, 246 [792], 611, 797

Similarität 224, 232, 255, 270, 273–275, 253, 274, 300, 453, 478 [310], 495 [395], 971, 851

Similitude 23, 44 [67], 193, 235 [724], 236 [725], 355 [322], 374, 457 [205], 647, 649, 650, 657–659, 668, 672, 673, 674 [262], 679 [288], 683, 684, 686–688, 691, 691 [342], 693, 704, 731, 733, 852–854

similitudo 38, 44 [67], 46, 81, 96, 178, 180, 180 [407], 181, 181 [413], 208 [562], 212, 213, 216, 308, 308 [66], 309–311, 374 [424], 760 [141]

Simulacrum 18, 21–24, 60 [161], 65, 66, 97, 122, 161 [281], 162, 162 [292], 163, 166, 173, 180 [407], 182 [419], 218, 298, 370–390, 403, 420, 557, 597 [357], 407, 408, 410, 622, 644, 659 [189], 672, 678, 679 [287], 682 [299], 683–687, 691, 691 [342], 694, 726, 728, 728 [499, 501], 729–733, 754, 762, 765, 786, 842, 846, 852–854
- Simulacre. *Siehe* Simulacrum
- Simulacral. *Siehe* Simulacrum

Simulation 4, 6, 66, 82, 89, 202 [532], 371, 371 [403, 408], 372, 372 [413], 374–376, 377 [440, 441], 386, 387, 586, 623 [11], 691 [342], 732 [515], 748, 820 [382]

Sophist 160–163, 344 [258], 372, 372 [413], 373, 373 [415, 418], 380–382, 384, 384 [476], 686 [316, 317], 726, 728 [501], 728, 729, 729 [503], 731 [513], 732
- sophistisch 54, 126, 127, 133 [83], 161, 161 [284], 164, 381, 458
- Sophistik 124, 129, 133, 163, 373, 384, 853

Sowohl-als-Auch 31 [10], 117, 588, 593, 717, 865

Spiegel, spiegeln 96 [342], 155, 166 [278], 189, 194, 202 [533], 258 [862], 409 [610], 426, 428 [39], 430–432, 439, 509, 516 [511], 552 [147], 564 [213], 577 [274], 612, 620, 621, 651, 682, 683, 699–703, 719, 723, 748, 754 [111], 792 [291], 826
- Spiegelung 96, 105 [388], 160, 194, 409, 552 [147], 572, 671, 701, 702, 758 [134], 763, 782, 794
- Spiegelungsverhältnis. *Siehe* Spiegelung
- Spiegelbild 91 [316], 92, 125, 125 [23], 126, 154 [225], 525, 564 [213], 621, 700, 700 [383], 701
- Spiegelkabinett 432, 701 [385], 754
- Spiegelflucht 431
- Widerspiegelung 93, 117, 431, 506, 781 [241]

Spiel 70, 72, 173, 195, 195 [490], 197, 198 [511], 211, 217, 218, 226, 232, 243, 245 [783], 259, 274, 282, 282 [987], 333 [204], 376 [429], 386, 408, 429 [42], 431, 473, 493 [385], 499 [424], 500, 508 [471], 517, 521, 523, 537, 537 [83], 548, 584, 598 [360], 636, 637, 639 [79], 656, 676, 677, 680–682, 688 [325], 689, 691 [340], 711, 719, 734, 739, 741 [42], 765, 766, 783, 790 [277], 810, 816, 819 [379], 830, 832, 833, 833 [419, 420], 854 [21]
- Sprach-Spiel 68, 72, 73, 74, 79, 255, 437, 487 [352], 500, 784 [247], 836

Sprachbild 23, 235, 298 [5], 312 [87], 316 [104], 317, 317 [108], 336, 420–425, 436, 436 [84], 437, 440, 448–450, 454, 457, 460, 467–472, 474, 475, 479, 480, 485–487, 490, 491, 492, 498, 503 [448], 505, 507, 516, 518, 519, 520, 524, 526, 570 [242], 594, 632, 664, 668, 698, 799, 799 [326], 847, 864
- *image* (Sprachbild). *Siehe* Sprachbild
- Sprachbildlichkeit 111, 455, 455 [189], 469, 486 [348], 519

Spur 23, 60, 60 [161, 163], 61, 66, 92, 174 [379], 175, 175 [383], 179, 179 [403], 181, 440, 523, 525, 525 [17, 20], 542, 542 [106], 543, 545, 545 [120], 546, 546 [127], 549, 550, 557, 559, 559 [185], 562–565, 568, 569, 571–573, 576, 580, 585, 595, 597, 609, 614, 617, 669 [234], 718, 764 [160], 850, 851
- spurhaft. *Siehe* Spur

Strich. *Siehe* Linie

Substitution 210, 301, 302 [24], 304, 311 [79], 313, 313 [91], 451, 455, 462, 590, 627, 627 [23, 24, 25], 715
- Substitutionstheorie 148 [186], 302 [24, 26], 313, 315, 316 [104], 440 [162], 454, 455, 516 [512], 519 [520]

Symbol, symbolisch 4, 48 [95], 99 [359], 103 [380], 111, 179 [402], 198 [507], 200, 230, 231 [700], 241, 245, 253, 435, 458, 529, 548, 639, 664, 665, 760, 766, 766 [166], 767, 794, 795 [303]
- symbolische Zeichen 245
- symbolische Praxis 276

Sympathie 7, 46, 194, 195, 195 [490], 196, 196 [494], 204 [542], 209 [568], 210, 210 [571], 230, 244, 247 [797], 251, 275, 291, 486 [350], 535, 711 [437], 725

Tableau 8, 12, 14, 14 [65], 23, 63, 64, 97, 476, 581 [282], 602, 689, 690, 694, 705, 706, 770, 779 [192, 193], 771 [199], 848

Tarnung 392, 396, 397, 307 [546], 399, 403, 405 [587], 406, 407, 746, 756, 792 [291], 811, 820, 821, 821 [385], 823, 824, 826, 827

Täuschung, täuschen 3–5, 54 [126], 66, 95, 129, 155, 160–162, 172, 172 [365], 173, 173 [370], 218, 225 [663], 236, 308, 371, 371 [404], 373, 373 [418], 375, 375 [426], 378, 381, 381 [461, 464], 389, 391–393, 396, 397, 397 [544], 398 [554], 399, 400, 401, 403, 446, 458 [206], 472 [413], 402, 403, 406, 584, 640, 660 [189], 723, 736, 754 [109], 757, 757 [129], 758, 770 [192], 820–824, 828, 855
- Täuschungspotential 391, 400, 736, 762

Taxonomie, taxonomisch 11, 13, 43, 71 [214], 200, 391, 393, 393 [534], 394 [525], 395, 401, 593, 594, 605–608, 610, 611, 612, 813 [366]

tertium comparationis 23, 45, 47 [84], 62, 213, 217, 221, 224, 309, 312 [87], 313, 316–318, 326, 330, 330 [189], 332, 335,

453, 455–458, 460, 462, 474–476, 481 [327], 707 [420], 746, 825 [397], 829, 849
topische Ähnlichkeit 5, 17, 39, 54, 68, 78, 107, 118, 135–150, 177, 218, 222, 224, 226, 294, 302, 303, 390, 514, 732, 743
Transformation, transformieren, transformational 23, 32, 40, 49, 92, 138, 149, 174, 179, 195, 200, 260, 280, 321, 339, 340, 341, 349, 352, 355, 358, 360, 362, 364, 368, 401, 411, 416, 419, 448, 474, 478, 502, 506, 523, 524, 532, 357, 538, 542–544, 546–548, 550, 551, 553, 557, 567, 571–573, 576, 580, 588, 608, 717, 718, 742, 745, 749, 754, 755, 766, 777, 850, 851
Traum 18, 35, 105, 152 [210], 217, 232, 233, 267, 271, 272, 273, 373 [942], 275, 295, 295 [1042], 296, 298, 355–358, 362, 419, 425, 429, 429 [42], 433–439, 440 [114], 442 [126, 127], 444, 473 [284], 494, 495, 510 [481], 527, 535 [75], 551, 568, 569, 597 [351], 637 [67], 662, 664, 665 [217], 793 [294], 800, 819 [379], 843
– Traumdeutung 271, 272 [934], 274, 433 [70], 434, 434 [77], 435, 436 [84], 437
– Traumlogik 271, 274, 435, 436, 438 [103], 439, 494, 535, 637
Trompe-l'œil 172, 218 [622], 376 [482, 431], 487, 584, 586, 588, 659 [189], 705 [409], 822
Trope, Tropus, tropisch 74, 116, 213 [589], 218, 220, 221, 222, 226, 231, 239, 240, 294, 299, 299 [9], 302, 308–310, 311 [79, 81], 320, 320 [127], 359 [344], 424, 451, 464, 466, 512, 582 [281], 707 [422], 845 [6], 847
– Tropenlaboratorium 470, 470 [274]
– Tropenlehre 308
Trugbild 59, 61, 63, 65, 66, 89, 95, 102 [375], 161–164, 180, 218, 347, 374 [424], 370–374, 376 [429], 378–387, 389, 393, 407, 408, 311, 583, 621, 639 [79], 678, 679, 680, 682, 684–686, 692, 694,

722, 723, 728, 729, 732, 739 [32], 758 [132], 790 [277], 795 [303], 818, 824, 825, 852–855

Unähnlichkeit 4, 21, 43, 52, 53, 53 [117], 62 [171], 63, 66, 89, 90, 97, 98, 101, 105 [389], 106, 106 [391, 392], 107, 110, 124, 127, 128, 129, 134, 138 [115], 153, 173, 177, 177 [394], 178 [395], 181–183, 185, 185 [438], 186 [438], 202 [533], 216, 217, 219, 219 [633], 220, 221, 234, 236, 239, 248, 274, 307 [56], 316, 317, 323, 326, 330 [189], 334, 337, 340, 371, 374 [424], 378, 382, 383, 383 [470], 385, 386 [486], 390, 407, 408 [607], 423, 423, 423 [13], 459, 460, 466, 474–476, 480, 491, 500, 518, 520, 521, 565, 566 [223], 547, 574 [261], 659, 677, 685, 686, 731, 732, 760 [141], 847–849, 853, 854 [21], 858, 858 [35]
– unähnlich, Unähnliches 23, 99 [359], 124 [26], 127 [42], 128, 129 [54], 137, 138, 175, 177 [394], 183, 185, 186, 214, 215, 217, 220, 226, 229, 234, 235 [725], 237, 237 [737], 239, 248, 260, 261, 269 [920], 275, 294, 306, 317, 326, 326 [160, 161], 330 [189], 334, 340, 372, 373 [416], 374 [422], 377, 389, 408, 408 [607], 420, 449, 459, 464, 465, 465 [223], 470, 488, 522, 525, 656, 567, 571, 606 [388], 684, 617, 728, 730, 737, 781, 782, 794, 827, 836, 838, 847, 849, 854, 863
– Unähnlichkeitstheorie 97, 337, 423, 423 [13], 500 [431], 518 [517], 520
unbewusst, Unbewusstes 35, 45, 61 [169], 223, 270, 271, 274, 281, 295, 295 [1034], 298, 358, 362, 363, 417, 428, 433–436, 438, 440, 441 [125], 449, 460 [219], 473 [284], 466, 486, 487, 489, 489 [362], 490, 494, 506, 562, 568 [233], 597 [351], 662, 664, 665, 698 [375], 716, 782, 773 [206], 779, 794, 801 [335], 818, 847
Ungleichheit 35, 67, 68, 79, 114, 116, 234, 292, 337, 360, 385, 415, 417, 472, 515, 613, 844, 863, 864
unheimlich, das Unheimliche 3, 20 [87], 446 [148], 766 [167], 792 [291]

Universale 55, 655 [160]
Urbild 82, 95, 100 [364], 125–127, 130 [64], 131 [67], 154 [225], 158 [260], 179, 184, 372, 379, 380, 383, 383 [470], 406 [595], 408, 408 [605], 586, 628 [29], 639 [79], 696 [366]
Ursprache 188, 197, 198, 240, 245, 245 [786], 246, 246 [792], 482 [333], 690 [337]

Vagheit 15, 31 [10], 43, 44, 53, 54, 57, 58, 67, 68, 73, 74, 98, 100, 101, 114, 264, 268, 284, 325 [156], 343, 344, 354, 650 [135], 657, 861–863
vera ikon (Acheiropoieton) 179, 542 [06], 546 [127], 179, 179 [403], 542, 580, 751 [85]
Verfremdung, verfremden 17, 35 [26], 146 [166], 216 [610], 318 [118], 332, 337, 356, 360 [346], 377, 443, 473 [287], 479, 485, 528, 534, 534 [70], 353, 528 [37], 521, 529, 530, 555, 586, 651 [142], 661, 704 [408], 709, 710 [431], 711, 735 [10], 825
– Verfremdungseffekt. *Siehe* Verfremdung
Vergleich, vergleichen 4, 6, 8 [37], 14, 17, 22, 23, 32, 37, 41, 45, 50 [102], 51, 52, 55, 57, 59, 104, 109 [402] 115, 115 [428], 123 [16], 118, 120 [3], 122, 129, 140, 145, 163 [295], 173, 201, 207, 213, 213 [589], 216, 219, 235, 251, 259 [863], 263, 265, 269 [921], 276, 300, 307–309, 311, 312, 313 [91], 315–317, 322 [137], 323 [143], 326 [160], 329–333, 422, 423, 430 [55], 445, 451–453, 455–457, 459, 460, 462–464, 467, 471, 472, 476 [303, 304], 482, 496, 498, 511, 512 [492], 518–520, 547, 574 [261], 556, 572, 608 [405], 649, 650 [132], 657, 666, 667, 667/668 [231], 704, 706, 707, 725, 734, 740 [41], 751 [86], 753, 758, 759, 772, 775 [215], 782, 784, 785 [253], 789, 799, 806–808, 810–812, 814–816, 819, 823, 829, 833, 838, 841, 849, 850, 852, 858
– vergleichendes Denken. *Siehe* Vergleich
– Vergleichstheorie (der Metapher) 308, 315, 324 [151], 325, 337 [223], 454, 455, 520
Verisimilitudo 46, 81

Verwandlung 23, 109 [402], 202, 232 [705, 706], 237, 239, 252, 273 [941], 280 [979], 282, 288, 321, 338, 338 [229], 339, 341, 343, 344–350, 353, 353 [311], 355–370, 371 [404], 403, 477, 478, 484, 492, 504, 509 [476], 551, 553, 570, 571, 587, 591, 594, 596, 602, 610, 618, 636, 715, 739, 749 [73], 761 [146], 768, 776 [220], 786, 820, 821, 827, 832, 833, 833 [420], 848
– Anverwandlung 24, 66, 03, 276, 345, 357, 403, 411, 506 [467], 739, 741, 742, 763, 772, 781, 833, 852, 855
– Verwandlungsmythen 347, 811, 821
– Verwandlungsspiele 337, 337 [226], 368, 741, 790
Verwandtschaft 4, 5 [25], 14, 37 [32], 44 [68], 45, 45 [76], 48, 70, 72, 72 [216, 221], 77 [243], 109 [402], 111 [415], 115 [428], 178 [400], 194, 195, 209 [568], 218 [622], 220, 232, 236, 238 [741], 249, 251, 257, 279, 292 [1025], 298, 306, 328, 329, 358 [335], 394, 395, 395 [534], 411 [617], 476 [302], 508 [472], 514, 556, 572, 580, 580 [279], 608, 647, 695, 707, 713–715, 725, 783, 784 [246], 809, 810, 813, 826, 859
– verwandtschaftsanalog 71 [213], 72, 115, 476 [302], 839
– verwandtschaftsähnlich 403, 411, 713, 839

Wahlverwandtschaft, wahlverwandtschaftlich 36 [28], 37, 37 [32], 46, 120, 249, 295, 444, 636 [65], 713, 713 [443], 714, 843
Wahnsinn, wahnsinnig 73 [226], 296, 400, 556 [217], 658, 762, 762 [150], 763 [151], 766 [167], 786, 800 [333]
– Wahn, wahnhaft 3, 446 [150], 494 [393]
Wiederholung, wiederholen 10, 41, 45, 61–64, 66, 85 [282], 89, 165 [310], 298, 339, 339 [237], 371, 378, 379, 379 [446], 389, 409, 426, 456, 462 [226], 548, 548 [132], 566 [223], 585, 628, 677–679, 682, 683, 684 [307], 691, 701, 705 [412], 723, 767, 810, 829, 853
– Wiederholungsbegriff 379, 390

Witz 15, 80 [254], 111, 144 [155], 216, 216 [607], 226, 226 [671], 227, 231, 237, 233–239, 244 [775], 245, 248 [802], 254, 271, 273, 295 [1042], 465, 474, 475, 478 [310], 490, 506 [465], 677, 766
– witzig, gewitzt. *Siehe* Witz

Zeichen 5 [25], 7, 10, 13, 13 [60], 14, 24, 45, 60, 61 [169], 82, 96, 97, 99, 99 [359], 102, 103, 103 [378], 106, 109, 110, 113, 121, 136, 136 [97, 99], 137 [102], 189, 190–192, 194–199, 200 [521], 201–203, 214 [598], 118, 220, 222, 223 [655], 227, 228, 228 [681], 231, 238, 241, 242 [763], 244–247, 250 [819], 252, 253, 255, 258, 263 [889], 272 [938], 292, 293, 295 [1042], 368, 371 [403], 377, 386, 408, 415, 424, 425 [22], 431–433, 437, 441 [125], 444, 444 [137], 445 [139], 477 [309], 483, 484 [342], 485, 485 [347] 486, 488, 490, 508, 512, 514, 516, 516 [511], 517 [513], 525, 528, 535, 538, 541 [99], 543 [110], 545, 571, 572, 612, 621, 624 [15], 625 [21], 627–629, 630 [39], 631, 632, 632 [50], 634, 635 [58, 59], 640, 640 [82, 83], 641, 645, 645 [102], 646, 671 [245], 674 [262], 676, 677, 678 [281], 681 [293], 682 [299], 683 [303], 684, 684 [307], 685, 688, 688 [325, 327], 689, 689 [334], 690 [337, 339], 691 [340], 692 [346], 698, 700, 700 [383, 384], 701 [385], 728, 730, 731, 737, 792 [291], 795, 799, 802, 802 [337], 826, 830 [408], 840, 847, 850–852, 853, 854, 854 [21], 862
– motivierte Zeichen 205, 215 [598], 244, 245, 247 [797]
– natürliche Zeichen 96, 101 [369], 102 [373], 111, 174, 174 [377], 175, 246 [793], 550, 551, 631, 634, 647, 702, 803
– ikonische Zeichen 38, 98, 99, 103, 110, 196, 188, 245, 487 [352]
– indexikalische Zeichen 538 [88], 545, 548
– zeichenhaft, Zeichenhaftigkeit 107, 271, 390, 490, 538 [88], 565, 628, 634, 641 [91], 677 [281], 691 [340], 702 [286], 731, 732, 795, 796, 803, 851, 854 [21], 856
– Zeichenbegriff 102, 371 [403], 629 [35], 684, 684 [307]
Zeichnung 106 [392], 118, 174, 224 [661], 544, 550 [140], 558–562, 564–566, 568 [232], 571–573, 588, 612, 617, 626, 628, 629 [35], 641, 641 [91], 642, 674, 675, 675 [265]
– Zeichenverfahren 523

www.ingramcontent.com/pod-product-compliance
Lightning Source LLC
Chambersburg PA
CBHW031601210526
45464CB00004B/1385